Große-Wilde/Ouart
Deutscher Erbrechtskommentar

Deutscher Erbrechtskommentar

Herausgegeben von

Franz M. Große-Wilde
Rechtsanwalt, FA ErbR, FA BauR, Bonn

und

Dr. Peter E. Ouart
Rechtsanwalt, Freiburg, Präsident der Deutschen Gesellschaft für Erbrechtskunde e.V.

Bearbeitet von

Prof. Dr. Wolfgang Burandt, LL.M., M.A., MBA (Wales)
Rechtsanwalt, FA ErbR, FA FamR, Mediator (BAFM), Hamburg, Honorarprofessor an der Nordakademie – Hochschule der Wirtschaft

Jürgen Gemmer
Rechtsanwalt, Notar a.D., FA SteuerR, Magdeburg

Franz M. Große-Wilde
Rechtsanwalt, FA ErbR, FA BauR, Bonn

Hendrik Güse
Rechtsanwalt, FA BauR, Bielefeld

Hans Oskar Jülicher
Rechtsanwalt, FA ErbR, Heinsberg

Prof. Dr. Tobias Lenz
Rechtsanwalt, Köln

Dr. Peter E. Ouart
Rechtsanwalt, Freiburg, Präsident der DGE

Dr. Hubertus Rohlfing
Rechtsanwalt und Notar, FA ErbR, Hamm

Dr. Thorsten Schäckel
Rechtsanwalt, FA ArbR, Duisburg

Dr. Knut Schnabel
Rechtsanwalt, FA ErbR, Stuttgart

Holger Siebert
Rechtsanwalt, FA ErbR, FA SteuerR, Alsfeld

Michael E. Völkl
Rechtsanwalt, München

Dr. Heinrich Thomas Wrede
Rechtsanwalt, FA ErbR, FA FamR, FA ArbR, Prien am Chiemsee

Dr. Günter Zecher
Rechtsanwalt, Ilsfeld

Dr. Michael Zecher
Rechtsanwalt, FA ErbR, FA FamR, Ilsfeld

2. komplett überarbeitete und aktualisierte Auflage

 Carl Heymanns Verlag 2010

Bibliografische Information Der Deutschen Bibliothek

Die Deutsche Nationalbibliothek verzeichnet diese Publikation in der Deutschen Nationalbibliografie; detaillierte bibliografische Daten sind im Internet über http://dnb.d-nb.de abrufbar.

Das Werk ist urheberrechtlich geschützt. Die dadurch begründeten Rechte, insbesondere die der Übersetzung, des Nachdrucks, der Entnahme von Abbildungen, der Funksendung, der Wiedergabe auf fotomechanischem oder ähnlichem Wege und der Speicherung in Datenverarbeitungsanlagen, bleiben vorbehalten.

Es haben bearbeitet:

BGB		§§ 2274–2289	Wolfgang Burandt
Einl. vor § 1922	Franz M. Große-Wilde	§§ 2290–2302	Franz M. Große-Wilde
§§ 1922–1941	Michael Zecher	§§ 2303–2338	Jürgen Gemmer
§§ 1942–1966	Peter E. Ouart	§§ 2239–2345	Knut Schnabel
§§ 1967–2017	Hans Oskar Jülicher	§§ 2346–2352	Hendrik Güse
§§ 2018–2031	Tobias Lenz	§§ 2353–2370	Hubertus Rohlfing
§§ 2032–2063	Heinrich Thomas Wrede	§§ 2371–2385	Peter E. Ouart
§§ 2064–2086	Jürgen Gemmer		
§§ 2087–2146	Franz M. Große-Wilde	EGBGB	
§§ 2147–2196	Thorsten Schäckel	Einleitung IPR	Peter E. Ouart
§§ 2197–2228	Holger Siebert	Art. 25, 26	Michael E. Völkl
§§ 2229–2264	Knut Schnabel	Art. 235	Michael E. Völkl
§§ 2265–2273	Günter Zecher	Länderberichte	Peter E. Ouart

Zitiervorschlag: Dt. ErbRK/Bearbeiter §... Rn. ...

ISBN 978-3-452-27147-1

Carl Heymanns – eine Marke von Wolters Kluwer Deutschland GmbH.
© 2010 by Wolters Kluwer Deutschland GmbH, Luxemburger Str. 449, 50939 Köln

E-Mail: info@wolterskluwer.de
http://www.wolterskluwer.de
Umschlagkonzeption: Martina Busch, Grafikdesign, Fürstenfeldbruck
Satz: TypoScript GmbH, München
Druck: Wilhelm & Adam OHG, Heusenstamm

Gedruckt auf säurefreiem und alterungsbeständigem Papier

Vorwort

Die 1. Auflage des Deutschen Erbrechtskommentars liegt schon einige Jahre zurück. Die Zielsetzung, die mit der Kommentierung verbunden war, nämlich eine auf den Erbrechtspraktiker ausgerichtete Kommentierung verbunden mit praktischen Tipps und Musterformulierungen zu schaffen, wurde hierbei nicht in allen Teilen konsequent umgesetzt.

Mit der zweiten Auflage wollen wir dem erbrechtlichen Praktiker ein unverzichtbares Arbeitsmittel zur Verfügung stellen, die praktische Handhabung verbessern und den Inhalt auf den neuesten Stand bringen. Bei der Neuauflage konnte eine Reihe von erfahrenen Praktikern als neue Autoren hinzugewonnen werden. Das Werk richtet sich nach wie vor in erster Linie an den Berater nach dem Erbfall, für die in dem Kommentar bereits Muster, Empfehlungen und praktische Hinweise eingearbeitet sind. Grundlegende Gestaltungsempfehlungen sind gleichwohl aufgenommen.

Der Stand des Kommentars bezieht sich auf den Rechtsstand vom 1.1.2010. Die durch das Gesetz zur Reform des Erb- und Verjährungsrecht erfolgten Änderungen sind ebenso wie die mit der Einführung des FamFG verbundenen Neuerungen komplett eingearbeitet. Literatur und Rechtsprechung sind bis einschließlich April 2010 berücksichtigt.

Unser Dank gilt den Autoren, die mit erheblichem zeitlichen Einsatz und Engagement an dem Werk mitgearbeitet haben. Wir hoffen, dass unsere Zielsetzung erreicht wird und die Leser aus dem Werk praktischen Gewinn ziehen, der ihre tägliche Arbeit erleichtert. Trotz aller Bemühungen werden Verbesserungen möglich sein. Anregungen und Vorschläge können Sie gerne an die Herausgeber über den Verlag richten (Info@WoltersKluwer.de).

Bonn und Freiburg, im Mai 2010

Franz M. Große-Wilde
Dr. Peter E. Ouart

Inhalt

Vorwort V
Inhalt VII
Allgemeine Abkürzungen XXI
Abgekürzt zitierte Literatur XXVII

Bürgerliches Gesetzbuch (BGB) 1

Fünftes Buch Erbrecht 1

Einleitung vor § 1922 BGB 1

Abschnitt 1 Erbfolge 18

§ 1922 Gesamtrechtsnachfolge 18
§ 1923 Erbfähigkeit 31
§ 1924 Gesetzliche Erben erster Ordnung 35
§ 1925 Gesetzliche Erben zweiter Ordnung 39
§ 1926 Gesetzliche Erben dritter Ordnung 41
§ 1927 Mehrere Erbteile bei mehrfacher Verwandtschaft 42
§ 1928 Gesetzliche Erben vierter Ordnung 43
§ 1929 Fernere Ordnungen 44
§ 1930 Rangfolge der Ordnungen 45
§ 1931 Gesetzliches Erbrecht des Ehegatten 46
§ 1932 Voraus des Ehegatten 51
§ 1933 Ausschluss des Ehegattenerbrechts 53
§ 1934 Erbrecht des verwandten Ehegatten 56
§ 1935 Folgen der Erbteilserhöhung 57
§ 1936 Gesetzliches Erbrecht des Staates 58
§ 1937 Erbeinsetzung durch letztwillige Verfügung 60
§ 1938 Enterbung ohne Erbeinsetzung 67
§ 1939 Vermächtnis 68
§ 1940 Auflage 69
§ 1941 Erbvertrag 70

Abschnitt 2 Rechtliche Stellung des Erben 73

Titel 1 Annahme und Ausschlagung der Erbschaft, Fürsorge des Nachlassgerichts 73

§ 1942 Anfall und Ausschlagung der Erbschaft 73
§ 1943 Annahme und Ausschlagung der Erbschaft 77
§ 1944 Ausschlagungsfrist 80
§ 1945 Form der Ausschlagung 89
§ 1946 Zeitpunkt für Annahme oder Ausschlagung 98
§ 1947 Bedingung und Zeitbestimmung 99
§ 1948 Mehrere Berufungsgründe 101
§ 1949 Irrtum über den Berufungsgrund 105
§ 1950 Teilannahme; Teilausschlagung 108

Inhalt

§ 1951	Mehrere Erbteile	109
§ 1952	Vererblichkeit des Ausschlagungsrechts	114
§ 1953	Wirkung der Ausschlagung	116
§ 1954	Anfechtungsfrist	118
§ 1955	Form der Anfechtung	127
§ 1956	Anfechtung der Fristversäumung	128
§ 1957	Wirkung der Anfechtung	131
§ 1958	Gerichtliche Geltendmachung von Ansprüchen gegen den Erben	132
§ 1959	Geschäftsführung vor der Ausschlagung	135
§ 1960	Sicherung des Nachlasses; Nachlasspfleger	138
§ 1961	Nachlasspflegschaft auf Antrag	155
§ 1962	Zuständigkeit des Nachlassgerichts	158
§ 1963	Unterhalt der werdenden Mutter eines Erben	160
§ 1964	Erbvermutung für den Fiskus durch Feststellung	161
§ 1965	Öffentliche Aufforderung zur Anmeldung der Erbrechte	165
§ 1966	Rechtsstellung des Fiskus vor Feststellung	167

Titel 2 Haftung des Erben für die Nachlassverbindlichkeiten ... 169

Untertitel 1 Nachlassverbindlichkeiten ... 169

§ 1967	Erbenhaftung, Nachlassverbindlichkeiten	169
§ 1968	Beerdigungskosten	171
§ 1969	Dreißigster	174

Untertitel 2 Aufgebot der Nachlassgläubiger ... 175

§ 1970	Anmeldung der Forderungen	175
§ 1971	Nicht betroffene Gläubiger	177
§ 1972	Nicht betroffene Rechte	178
§ 1973	Ausschluss von Nachlassgläubigern	179
§ 1974	Verschweigungseinrede	180

Untertitel 3 Beschränkung der Haftung des Erben ... 182

§ 1975	Nachlassverwaltung; Nachlassinsolvenz	182
§ 1976	Wirkung auf durch Vereinigung erloschene Rechtsverhältnisse	186
§ 1977	Wirkung auf eine Aufrechnung	187
§ 1978	Verantwortlichkeit des Erben für bisherige Verwaltung, Aufwendungsersatz	188
§ 1979	Berichtigung von Nachlassverbindlichkeiten	191
§ 1980	Antrag auf Eröffnung des Nachlassinsolvenzverfahrens	192
§ 1981	Anordnung der Nachlassverwaltung	196
§ 1982	Ablehnung der Anordnung der Nachlassverwaltung mangels Masse	197
§ 1983	Bekanntmachung	198
§ 1984	Wirkung der Anordnung	199
§ 1985	Pflichten und Haftung des Nachlassverwalters	201
§ 1986	Herausgabe des Nachlasses	203
§ 1987	Vergütung des Nachlassverwalters	205

Inhalt

§ 1988	Ende und Aufhebung der Nachlassverwaltung	206
§ 1989	Erschöpfungseinrede des Erben	207
§ 1990	Dürftigkeitseinrede des Erben	208
§ 1991	Folgen der Dürftigkeitseinrede	211
§ 1992	Überschuldung durch Vermächtnisse und Auflagen	213

Untertitel 4 Inventarerrichtung, unbeschränkte Haftung des Erben 214

§ 1993	Inventarerrichtung	214
§ 1994	Inventarfrist	214
§ 1995	Dauer der Frist	216
§ 1996	Bestimmung einer neuen Frist	216
§ 1997	Hemmung des Fristablaufs	217
§ 1998	Tod des Erben vor Fristablauf	217
§ 1999	Mitteilung an das Gericht	218
§ 2000	Unwirksamkeit der Fristbestimmung	218
§ 2001	Inhalt des Inventars	219
§ 2002	Aufnahme des Inventars durch den Erben	220
§ 2003	Amtliche Aufnahme des Inventars	221
§ 2004	Bezugnahme auf ein vorhandenes Inventar	222
§ 2005	Unbeschränkte Haftung des Erben bei Unrichtigkeit des Inventars	222
§ 2006	Eidesstattliche Versicherung	223
§ 2007	Haftung bei mehreren Erbteilen	225
§ 2008	Inventar für zum Gesamtgut gehörende Erbschaft	226
§ 2009	Wirkung der Inventarerrichtung	228
§ 2010	Einsicht des Inventars	229
§ 2011	Fiskus als Erbe	229
§ 2012	Nachlasspfleger; Nachlassverwalter	230
§ 2013	Folgen der unbeschränkten Haftung des Erben	231

Untertitel 5 Aufschiebende Einreden 232

§ 2014	Dreimonatseinrede	232
§ 2015	Einrede des Aufgebotsverfahrens	233
§ 2016	Ausschluss der Einreden bei unbeschränkter Erbenhaftung	234
§ 2017	Fristbeginn bei Nachlasspflegschaft	235

Titel 3 Erbschaftsanspruch 236

§ 2018	Herausgabepflicht des Erbschaftsbesitzers	236
§ 2019	Unmittelbare Ersetzung	242
§ 2020	Nutzungen und Früchte	245
§ 2021	Herausgabepflicht nach Bereicherungsgrundsätzen	246
§ 2022	Ersatz von Verwendungen und Aufwendungen	247
§ 2023	Haftung bei Rechtshängigkeit, Nutzungen und Verwendungen	250
§ 2024	Haftung bei Kenntnis	251
§ 2025	Haftung bei unerlaubter Handlung	252
§ 2026	Keine Berufung auf Ersitzung	253
§ 2027	Auskunftspflicht des Erbschaftsbesitzers	255

Inhalt

§ 2028	Auskunftspflicht des Hausgenossen	258
§ 2029	Haftung bei Einzelansprüchen des Erben	260
§ 2030	Rechtsstellung des Erbschaftserwerbers	261
§ 2031	Herausgabeanspruch des für tot Erklärten	263

Titel 4 Mehrheit von Erben ... 265

Untertitel 1 Rechtsverhältnis der Erben untereinander ... 265

§ 2032	Erbengemeinschaft	265
§ 2033	Verfügungsrecht des Miterben	269
§ 2034	Vorkaufsrecht gegenüber dem Verkäufer	272
§ 2035	Vorkaufsrecht gegenüber dem Käufer	274
§ 2036	Haftung des Erbteilkäufers	276
§ 2037	Weiterveräußerung des Erbteils	276
§ 2038	Gemeinschaftliche Verwaltung des Nachlasses	277
§ 2039	Nachlassforderungen	285
§ 2040	Verfügung über Nachlassgegenstände, Aufrechnung	288
§ 2041	Unmittelbare Ersetzung	290
§ 2042	Auseinandersetzung	291
§ 2043	Aufschub der Auseinandersetzung	300
§ 2044	Ausschluss der Auseinandersetzung	301
§ 2045	Aufschub der Auseinandersetzung	304
§ 2046	Berichtigung der Nachlassverbindlichkeiten	305
§ 2047	Verteilung des Überschusses	307
§ 2048	Teilungsanordnungen des Erblassers	308
§ 2049	Übernahme eines Landgutes	311
§ 2050	Ausgleichungspflicht für Abkömmlinge als gesetzliche Erben	312
§ 2051	Ausgleichspflicht bei Wegfall eines Abkömmlings	316
§ 2052	Ausgleichungspflicht für Abkömmlinge als gewillkürte Erben	318
§ 2053	Zuwendung an entfernteren oder angenommenen Abkömmling	318
§ 2054	Zuwendung aus dem Gesamtgut	319
§ 2055	Durchführung der Ausgleichung	320
§ 2056	Mehrempfang	324
§ 2057	Auskunftspflicht	326
§ 2057a	Ausgleichungspflicht bei besonderen Leistungen eines Abkömmlings	327

Untertitel 2 Rechtsverhältnis zwischen den Erben und den Nachlassgläubigern ... 334

§ 2058	Gesamtschuldnerische Haftung	334
§ 2059	Haftung bis zur Teilung	338
§ 2060	Haftung nach der Teilung	341
§ 2061	Aufgebot der Nachlassgläubiger	343
§ 2062	Antrag auf Nachlassverwaltung	345
§ 2063	Errichtung eines Inventars, Haftungsbeschränkung	346

Inhalt

Abschnitt 3	**Testament**	348
Titel 1	**Allgemeine Vorschriften**	348
§ 2064	Persönliche Errichtung	348
§ 2065	Bestimmung durch Dritte	350
§ 2066	Gesetzliche Erben des Erblassers	354
§ 2067	Verwandte des Erblassers	356
§ 2068	Kinder des Erblassers	357
§ 2069	Abkömmlinge des Erblassers	358
§ 2070	Abkömmlinge eines Dritten	363
§ 2071	Personengruppe	364
§ 2072	Die Armen	366
§ 2073	Mehrdeutige Bezeichnung	367
§ 2074	Aufschiebende Bedingung	368
§ 2075	Zuwendung unter auflösender Bedingung	374
§ 2076	Bedingung zum Vorteil eines Dritten	375
§ 2077	Unwirksamkeit letztwilliger Verfügungen bei Auflösung der Ehe oder Verlobung	376
§ 2078	Anfechtung wegen Irrtums oder Drohung	380
§ 2079	Anfechtung wegen Übergehung eines Pflichtteilsberechtigten	385
§ 2080	Anfechtungsberechtigte	388
§ 2081	Anfechtungserklärung	390
§ 2082	Anfechtungsfrist	392
§ 2083	Anfechtbarkeitseinrede	394
§ 2084	Auslegung zugunsten der Wirksamkeit	395
§ 2085	Teilweise Unwirksamkeit	403
§ 2086	Ergänzungsvorbehalt	405
Titel 2	**Erbeinsetzung**	407
§ 2087	Zuwendung des Vermögens, eines Bruchteils oder einzelner Gegenstände	407
§ 2088	Einsetzung auf Bruchteile	411
§ 2089	Erhöhung der Bruchteile	413
§ 2090	Minderung der Bruchteile	414
§ 2091	Unbestimmte Bruchteile	414
§ 2092	Teilweise Einsetzung auf Bruchteile	415
§ 2093	Gemeinschaftlicher Erbteil	416
§ 2094	Anwachsung	417
§ 2095	Angewachsener Erbteil	419
§ 2096	Ersatzerbe	420
§ 2097	Auslegungsregel bei Ersatzerben	423
§ 2098	Wechselseitige Einsetzung als Ersatzerben	424
§ 2099	Ersatzerbe und Anwachsung	424

Inhalt

Titel 3 Einsetzung eines Nacherben 425

Einleitung vor § 2100 BGB 425
§ 2100 Nacherbe 430
§ 2101 Noch nicht gezeugter Nacherbe 436
§ 2102 Nacherbe und Ersatzerbe 438
§ 2103 Anordnung der Herausgabe der Erbschaft 439
§ 2104 Gesetzliche Erben als Nacherben 440
§ 2105 Gesetzliche Erben als Vorerben 442
§ 2106 Eintritt der Nacherbfolge 443
§ 2107 Kinderloser Vorerbe 444
§ 2108 Erbfähigkeit; Vererblichkeit des Nacherbrechts 446
§ 2109 Unwirksamwerden der Nacherbschaft 447
§ 2110 Umfang des Nacherbenrechts 449
§ 2111 Unmittelbare Ersetzung 450
§ 2112 Verfügungsrecht des Vorerben 455
§ 2113 Verfügungen über Grundstücke, Schiffe und Schiffsbauwerke;
        Schenkungen 457
§ 2114 Verfügungen über Hypothekenforderungen, Grund- und Rentenschulden ... 463
§ 2115 Zwangsvollstreckungsverfügungen gegen Vorerben 464
§ 2116 Hinterlegung von Wertpapieren 465
§ 2117 Umschreibung; Umwandlung 467
§ 2118 Sperrvermerk im Schuldbuch 467
§ 2119 Anlegung von Geld 467
§ 2120 Einwilligungspflicht des Nacherben 469
§ 2121 Verzeichnis der Erbschaftsgegenstände 471
§ 2122 Feststellung des Zustands der Erbschaft 473
§ 2123 Wirtschaftsplan 473
§ 2124 Erhaltungskosten 474
§ 2125 Verwendungen; Wegnahmerecht 476
§ 2126 Außerordentliche Lasten 477
§ 2127 Auskunftsrecht des Nacherben 478
§ 2128 Sicherheitsleistung 479
§ 2129 Wirkung einer Entziehung der Verwaltung 480
§ 2130 Herausgabepflicht nach dem Eintritt der Nacherbfolge, Rechenschafts-
        pflicht 481
§ 2131 Umfang der Sorgfaltspflicht 483
§ 2132 Keine Haftung für gewöhnliche Abnutzung 483
§ 2133 Ordnungswidrige oder übermäßige Fruchtziehung 484
§ 2134 Eigennützige Verwendung 485
§ 2135 Miet- und Pachtverhältnis bei der Nacherbfolge 486
§ 2136 Befreiung des Vorerben 487
§ 2137 Auslegungsregel für die Befreiung 490
§ 2138 Beschränkte Herausgabepflicht 491
§ 2139 Wirkung des Eintritts der Nacherbfolge 492
§ 2140 Verfügungen des Vorerben nach Eintritt der Nacherbfolge 494
§ 2141 Unterhalt der werdenden Mutter eines Nacherben 495

§ 2142	Ausschlagung der Nacherbschaft	495
§ 2143	Wiederaufleben erloschener Rechtsverhältnisse	497
§ 2144	Haftung des Nacherben für Nachlassverbindlichkeiten	498
§ 2145	Haftung des Vorerben für Nachlassverbindlichkeiten	499
§ 2146	Anzeigepflicht des Vorerben gegenüber Nachlassgläubigern	500
Titel 4	**Vermächtnis**	502
Einleitung vor § 2147 BGB		502
§ 2147	Beschwerter	507
§ 2148	Mehrere Beschwerte	508
§ 2149	Vermächtnis an die gesetzlichen Erben	509
§ 2150	Vorausvermächtnis	510
§ 2151	Bestimmungsrecht des Beschwerten oder eines Dritten bei mehreren Bedachten	513
§ 2152	Wahlweise Bedachte	515
§ 2153	Bestimmung der Anteile	516
§ 2154	Wahlvermächtnis	516
§ 2155	Gattungsvermächtnis	518
§ 2156	Zweckvermächtnis	521
§ 2157	Gemeinschaftliches Vermächtnis	522
§ 2158	Anwachsung	523
§ 2159	Selbstständigkeit der Anwachsung	523
§ 2160	Vorversterben des Bedachten	524
§ 2161	Wegfall des Beschwerten	524
§ 2162	Dreißigjährige Frist für aufgeschobenes Vermächtnis	525
§ 2163	Ausnahmen von der dreißigjährigen Frist	526
§ 2164	Erstreckung auf Zubehör und Ersatzansprüche	527
§ 2165	Belastungen	528
§ 2166	Belastung mit einer Hypothek	530
§ 2167	Belastung mit einer Gesamthypothek	533
§ 2168	Belastung mit Gesamtgrundschuld	533
§ 2168a	Anwendung auf Schiffe, Schiffsbauwerke und Schiffshypotheken	534
§ 2169	Vermächtnis fremder Gegenstände	534
§ 2170	Verschaffungsvermächtnis	539
§ 2171	Unmöglichkeit, gesetzliches Verbot	542
§ 2172	Verbindung, Vermischung, Vermengung der vermachten Sache	544
§ 2173	Forderungsvermächtnis	545
§ 2174	Vermächtnisanspruch	548
§ 2175	Wiederaufleben erloschener Rechtsverhältnisse	554
§ 2176	Anfall des Vermächtnisses	556
§ 2177	Anfall bei einer Bedingung oder Befristung	557
§ 2178	Anfall bei einem noch nicht erzeugten oder bestimmten Bedachten	558
§ 2179	Schwebezeit	559
§ 2180	Annahme und Ausschlagung	560
§ 2181	Fälligkeit bei Beliebigkeit	563
§ 2182	Haftung für Rechtsmängel	563

Inhalt

§ 2183	Haftung für Sachmängel	564
§ 2184	Früchte; Nutzungen	566
§ 2185	Ersatz von Verwendungen und Aufwendungen	567
§ 2186	Fälligkeit eines Untervermächtnisses oder einer Auflage	568
§ 2187	Haftung des Hauptvermächtnisnehmers	570
§ 2188	Kürzung der Beschwerungen	571
§ 2189	Anordnung eines Vorrangs	572
§ 2190	Ersatzvermächtnisnehmer	573
§ 2191	Nachvermächtnis	574

Titel 5 Auflage ... 578

§ 2192	Anzuwendende Vorschriften	578
§ 2193	Bestimmung des Begünstigten, Vollziehungsfrist	583
§ 2194	Anspruch auf Vollziehung	586
§ 2195	Verhältnis von Auflage und Zuwendung	590
§ 2196	Unmöglichkeit der Vollziehung	591

Titel 6 Testamentsvollstrecker ... 593

Einleitung vor § 2197 BGB ... 593

§ 2197	Ernennung des Testamentsvollstreckers	597
§ 2198	Bestimmung des Testamentsvollstreckers durch einen Dritten	601
§ 2199	Ernennung eines Mitvollstreckers oder Nachfolgers	603
§ 2200	Ernennung durch das Nachlassgericht	604
§ 2201	Unwirksamkeit der Ernennung	607
§ 2202	Annahme und Ablehnung des Amtes	609
§ 2203	Aufgabe des Testamentsvollstreckers	612
§ 2204	Auseinandersetzung unter Miterben	616
§ 2205	Verwaltung des Nachlasses, Verfügungsbefugnis	624
§ 2206	Eingehung von Verbindlichkeiten	639
§ 2207	Erweiterte Verpflichtungsbefugnis	641
§ 2208	Beschränkung der Rechte des Testamentsvollstreckers, Ausführung durch den Erben	642
§ 2209	Dauervollstreckung	644
§ 2210	Dreißigjährige Frist für die Dauervollstreckung	647
§ 2211	Verfügungsbeschränkung des Erben	651
§ 2212	Prozessführungsbefugnis für Aktivprozesse	653
§ 2213	Gerichtliche Geltendmachung von Ansprüchen gegen den Nachlass	655
§ 2214	Gläubiger des Erben	657
§ 2215	Nachlassverzeichnis	659
§ 2216	Verwaltung des Nachlasses, Befolgung von Anordnungen	663
§ 2217	Überlassung von Nachlassgegenständen	666
§ 2218	Rechtsverhältnis zum Erben; Rechnungslegung	669
§ 2219	Haftung des Testamentsvollstreckers	673

Inhalt

§ 2220	Zwingendes Recht	675
§ 2221	Vergütung des Testamentsvollstreckers	676
§ 2222	Nacherbenvollstrecker	682
§ 2223	Vermächtnisvollstrecker	684
§ 2224	Mehrere Testamentsvollstrecker	685
§ 2225	Erlöschen des Amtes des Testamentsvollstreckers	688
§ 2226	Kündigung durch den Testamentsvollstrecker	690
§ 2227	Entlassung des Testamentsvollstreckers	691
§ 2228	Akteneinsicht	695

Titel 7 Errichtung und Aufhebung eines Testaments 696

§ 2229	Testierfähigkeit Minderjähriger, Testierunfähigkeit	696
§ 2230	*(weggefallen)*	698
§ 2231	Ordentliche Testamente	699
§ 2232	Öffentliches Testament	700
§ 2233	Sonderfälle	702
§§ 2234–2246	*(weggefallen)*	704
§ 2247	Eigenhändiges Testament	704
§ 2248	Verwahrung des eigenhändigen Testaments	716
§ 2249	Nottestament vor dem Bürgermeister	717
§ 2250	Nottestament vor drei Zeugen	720
§ 2251	Nottestament auf See	723
§ 2252	Gültigkeitsdauer der Nottestamente	724
§ 2253	Widerruf eines Testaments	726
§ 2254	Widerruf durch Testament	726
§ 2255	Widerruf durch Vernichtung oder Veränderungen	728
§ 2256	Widerruf durch Rücknahme des Testaments aus der amtlichen Verwahrung	730
§ 2257	Widerruf des Widerrufs	732
§ 2258	Widerruf durch ein späteres Testament	733
§ 2258a	*(aufgehoben)*	735
§ 2258b	*(aufgehoben)*	735
§ 2259	Ablieferungspflicht	735
§ 2260	*(aufgehoben)*	737
§ 2261	*(aufgehoben)*	737
§ 2262	*(aufgehoben)*	737
§ 2263	Nichtigkeit eines Eröffnungsverbots	738
§ 2263a	*(aufgehoben)*	738
§ 2264	*(aufgehoben)*	738

Titel 8 Gemeinschaftliches Testament 739

Einleitung vor §§ 2265 ff. BGB		739
§ 2265	Errichtung durch Ehegatten	740
§ 2266	Gemeinschaftliches Nottestament	744
§ 2267	Gemeinschaftliches eigenhändiges Testament	745
§ 2268	Wirkung der Ehenichtigkeit oder -auflösung	746

Inhalt

§ 2269	Gegenseitige Einsetzung	749
§ 2270	Wechselbezügliche Verfügungen	763
§ 2271	Widerruf wechselbezüglicher Verfügungen	766
§ 2272	Rücknahme aus amtlicher Verwahrung	771
§ 2273	*(ab 1.9.2009 ersetzt durch § 349 FamFG)*	772

Vierter Abschnitt   Erbvertrag 775

Einleitung vor §§ 2274–2289 BGB 775

§ 2274	Persönlicher Abschluss	783
§ 2275	Voraussetzungen	785
§ 2276	Form	788
§ 2277	Besondere amtliche Verwahrung	796
§ 2278	Zulässige vertragsmäßige Verfügungen	796
§ 2279	Vertragsmäßige Zuwendungen und Auflagen, Anwendung von § 2077	802
§ 2280	Anwendung von § 2269	805
§ 2281	Anfechtung durch den Erblasser	807
§ 2282	Vertretung, Form der Anfechtung	812
§ 2283	Anfechtungsfrist	813
§ 2284	Bestätigung	815
§ 2285	Anfechtung durch Dritte	816
§ 2286	Verfügungen unter Lebenden	818
§ 2287	Den Vertragserben beeinträchtigende Schenkungen	822
§ 2288	Beeinträchtigung des Vermächtnisnehmers	830
§ 2289	Wirkung des Erbvertrages auf letztwillige Verfügungen, Anwendung von § 2338	833
§ 2290	Aufhebung durch Vertrag	838
§ 2291	Aufhebung durch Testament	842
§ 2292	Aufhebung durch gemeinschaftliches Testament	844
§ 2293	Rücktritt bei Vorbehalt	847
§ 2294	Rücktritt bei Verfehlungen des Bedachten	850
§ 2295	Rücktritt bei Aufhebung der Gegenverpflichtung	852
§ 2296	Vertretung, Form des Rücktritts	855
§ 2297	Rücktritt durch Testament	858
§ 2298	Gegenseitiger Erbvertrag	861
§ 2299	Einseitige Verfügungen	864
§ 2300	Anwendung der §§ 2259 und 2263; Rücknahme aus der amtlichen oder notariellen Verwahrung	866
§ 2300a	Eröffnungsfrist	869
§ 2301	Schenkungsversprechen von Todes wegen	869
§ 2302	Unbeschränkbare Testierfreiheit	878

Abschnitt 5   Pflichtteil 880

§ 2303	Pflichtteilsberechtigte; Höhe des Pflichtteils	880
§ 2304	Auslegungsregel	885
§ 2305	Zusatzpflichtteil	887

§ 2306	Beschränkungen und Beschwerungen	889
§ 2307	Zuwendung eines Vermächtnisses	896
§ 2308	Anfechtung der Ausschlagung	900
§ 2309	Pflichtteilsrecht der Eltern und entfernteren Abkömmlinge	902
§ 2310	Feststellung des Erbteils für die Berechnung des Pflichtteils	904
§ 2311	Wert des Nachlasses	906
§ 2312	Wert eines Landgutes	915
§ 2313	Ansatz bedingter, ungewisser oder unsicherer Rechte, Feststellungspflicht des Erben	917
§ 2314	Auskunftspflicht des Erben	920
§ 2315	Anrechnung von Zuwendungen auf den Pflichtteil	931
§ 2316	Ausgleichungspflicht	936
§ 2317	Entstehung und Übertragbarkeit des Pflichtteilsanspruchs	942
§ 2318	Pflichtteilslast bei Vermächtnissen und Auflagen	946
§ 2319	Pflichtteilsberechtigter Miterbe	951
§ 2320	Pflichtteilslast des an die Stelle des Pflichtteilsberechtigten getretenen Erben	953
§ 2321	Pflichtteilslast bei Vermächtnisausschlagung	956
§ 2322	Kürzung von Vermächtnissen und Auflagen	957
§ 2323	Nicht pflichtteilsbelasteter Erbe	958
§ 2324	Abweichende Anordnungen des Erblassers hinsichtlich der Pflichtteilslast	958
§ 2325	Pflichtteilsergänzungsanspruch bei Schenkungen	959
§ 2326	Ergänzung über die Hälfte des gesetzlichen Erbteils	974
§ 2327	Beschenkter Pflichtteilsberechtigter	975
§ 2328	Selbst pflichtteilsberechtigter Erbe	979
§ 2329	Anspruch gegen den Beschenkten	980
§ 2330	Anstandsschenkungen	987
§ 2331	Zuwendungen aus dem Gesamtgut	988
§ 2331a	Stundung	989
§ 2332	Verjährung	992
§ 2333	Entziehung des Pflichtteils	999
§ 2334	Entziehung des Elternpflichtteils	1003
§ 2335	Entziehung des Ehegattenpflichtteils	1004
§ 2336	Form, Beweislast, Unwirksamwerden	1005
§ 2337	Verzeihung	1008
§ 2338	Pflichtteilsbeschränkung	1009
Abschnitt 6	**Erbunwürdigkeit**	**1014**
§ 2339	Gründe für Erbunwürdigkeit	1014
§ 2340	Geltendmachung der Erbunwürdigkeit durch Anfechtung	1018
§ 2341	Anfechtungsberechtigte	1020
§ 2342	Anfechtungsklage	1021
§ 2343	Verzeihung	1023
§ 2344	Wirkung der Erbunwürdigerklärung	1024
§ 2345	Vermächtnisunwürdigkeit; Pflichtteilsunwürdigkeit	1027

Inhalt

Abschnitt 7	**Erbverzicht**	1030
§ 2346	Wirkung des Erbverzichts, Beschränkungsmöglichkeit	1030
§ 2347	Persönliche Anforderungen, Vertretung	1044
§ 2348	Form	1047
§ 2349	Erstreckung auf Abkömmlinge	1049
§ 2350	Verzicht zugunsten eines anderen	1051
§ 2351	Aufhebung des Erbverzichts	1053
§ 2352	Verzicht auf Zuwendungen	1056
Abschnitt 8	**Erbschein**	1061
Einleitung vor §§ 2353 ff. BGB		1061
§ 2353	Zuständigkeit des Nachlassgerichts, Antrag	1063
§ 2354	Angaben des gesetzlichen Erben im Antrag	1068
§ 2355	Angaben des gewillkürten Erben im Antrag	1071
§ 2356	Nachweis der Richtigkeit der Angaben	1072
§ 2357	Gemeinschaftlicher Erbschein	1075
§ 2358	Ermittlungen des Nachlassgerichts	1077
§ 2359	Voraussetzungen für die Erteilung eines Erbscheins	1080
§ 2360	*(weggefallen)*	1081
§ 2361	Einziehung oder Kraftloserklärung des unrichtigen Erbscheins	1082
§ 2362	Herausgabeanspruch zugunsten des wirklichen Erben	1085
§ 2363	Inhalt des Erbscheins für den Vorerben	1086
§ 2364	Angabe des Testamentsvollstreckers im Erbschein, Herausgabeanspruch des Testamentsvollstreckers	1088
§ 2365	Vermutung der Richtigkeit des Erbscheins	1090
§ 2366	Öffentlicher Glaube des Erbscheins	1091
§ 2367	Leistung an Erbscheinserben	1094
§ 2368	Testamentsvollstreckerzeugnis	1095
§ 2369	Gegenständlich beschränkter Erbschein	1098
§ 2370	Öffentlicher Glaube bei Todeserklärung	1101
Abschnitt 9	**Erbschaftskauf**	1103
Einleitung vor §§ 2371–2385 BGB		1103
§ 2371	Form	1119
§ 2372	Dem Käufer zustehende Vorteile	1124
§ 2373	Dem Verkäufer verbleibende Teile	1125
§ 2374	Herausgabepflicht	1126
§ 2375	Ersatzpflicht	1128
§ 2376	Haftung des Verkäufers	1129
§ 2377	Wiederaufleben erloschener Rechtsverhältnisse	1131
§ 2378	Nachlassverbindlichkeiten	1133
§ 2379	Nutzungen und Lasten vor Verkauf	1134
§ 2380	Gefahrübertragung, Nutzungen und Lasten nach Verkauf	1136
§ 2381	Ersatz von Verwendungen und Aufwendungen	1136
§ 2382	Haftung des Käufers gegenüber Nachlassgläubigern	1138
§ 2383	Umfang der Haftung des Käufers	1140

| § 2384 | Anzeigepflicht des Verkäufers gegenüber Nachlassgläubigern, Einsichtsrecht | 1142 |
| § 2385 | Anwendung auf ähnliche Verträge | 1143 |

Einführungsgesetz zum Bürgerlichen Gesetzbuch (EGBGB) 1159

Einleitung vor Art. 25, 26 EGBGB/Internationales Erbrecht 1159
Einführungsgesetz zum Bürgerlichen Gesetzbuche (EGBGB) 1171

Vierter Abschnitt   Erbrecht 1171

| Art. 25 EGBGB | Rechtsnachfolge von Todes wegen | 1171 |
| Art. 26 EGBGB | Verfügungen von Todes wegen | 1199 |

Fünftes Buch   Erbrecht 1212

Art. 235 § 1	Erbrechtliche Verhältnisse	1212
Art. 235 § 2	Verfügungen von Todes wegen	1215
Anhang 1:	Vertragstexte	1217
Anhang 2:	Länderberichte	1262

Sachregister 1287

Allgemeine Abkürzungen

a.A.	anderer Ansicht
a.a.O.	am angegebenen Ort
Abk.	Abkommen
Abs.	Absatz
AcP	Archiv für die civilistische Praxis (Zeitschrift)
AdotpG	Adoptionsgesetz
a.F.	alte Fassung
AK	Alternativkommentar zum Bürgerlichen Gesetzbuch
AktG	Aktiengesetz
AktienO	Aktienordnung
allg.M.	allgemeine Meinung
Alt.	Alternative
AnfG	Anfechtungsgesetz
Anl.	Anlage
Arg.	Argument
Art.	Artikel
AO	Abgabenordnung
ausf.	ausführlich
AV	Allgemeine Verfügung
BAnz	Bundesanzeiger
BauNVO	Baunutzungsverordnung
Bay., bay	Bayern, bayerisch
BayObLG	Bayerisches Oberstes Landesgericht
BayObLGZ	Amtliche Sammlung von Entscheidungen des Bayerischen Obersten Landesgerichts in Zivilsachen
BayZ	Zeitschrift für Rechtspflege in Bayern
BB	Der Betriebs-Berater (Zeitschrift)
Bd.	Band
BdF	Bundesminister der Finanzen, Bundesministerium der Finanzen
BdF-Erl.	Erlass des Bundesminister der Finanzen
BeurkG	Beurkundungsgesetz
BewG	Bewertungsgesetz
BewG-DDR	Bewertungsgesetz in der DDR
BewRL	Richtlinie zum Bewertungsgesetz
BewRGr	Richtlinien für die Bewertung von Grundvermögen
BFH	Bundesfinanzhof
BFHE	Entscheidungssammlung des Bundesfinanzhofs
BFH/NV	Sammlung der (bis 1997 amtlich nicht veröffentlichten) Entscheidungen des Bundesfinanzhofs
BGB	Bürgerliches Gesetzbuch
BGBl I, II, III	Bundesgesetzblatt, Teil I, II, III
BGH	Bundesgerichtshof
BGH LM	Bundesgerichtshof Kommentierte Rechtsprechung Lindenmeier-Möhring
BGHZ	Entscheidungen des Bundesgerichtshofes in Zivilsachen
BMF	Bundesminister der Finanzen
BodSchätzG	Bodenschätzungsgesetz

Allgemeine Abkürzungen

BRDrs.	Bundesratsdrucksache
BStBl I–III	Bundessteuerblatt, Teil I–III
BTDrs.	Bundestagsdrucksache
BV	Betriebsvermögen
BVerfG	Bundesverfassungsgericht
BW	Baden-Württemberg
BWNotZ	Zeitschrift für das Notariat in Baden-Württemberg (vorher: Mitteilungen aus der Praxis)
DB	Der Betrieb (Zeitschrift)
DBA	Doppelbesteuerungsabkommen
DDR	Deutsche Demokratische Republik
d.h.	das heißt
DJZ	Deutsche Juristenzeitung
DNotZ	Deutsche Notar-Zeitschrift
DR	Deutsches Recht vereinigt mit Juristische Wochenschrift
DRiZ	Deutsche Richterzeitung
DStR	Deutsches Steuerrecht (Zeitschrift)
DStZ	Deutsche Steuer-Zeitung
DStZ/E	Deutsche Steuer-Zeitung/Eildienst
DtZ	Deutsch-deutsche Rechts-Zeitschrift
DV/DVO	Durchführungsverordnung
DVR	Deutsche Verkehr-Steuer-Rundschau (dann: Umsatzsteuer- und Verkehrssteuerrecht)
ebd.	ebenda
EFG	Entscheidungen der Finanzgerichte (Zeitschrift)
EG	Europäische Gemeinschaft(en)
EGBGB	Einführungsgesetz zum Bürgerlichen Gesetzbuch
EheG	Ehegesetz
Einf.	Einführung
Einl.	Einleitung
ErbbauVO	Erbbauverordnung
ErbGleichG	Erbrechtsgleichstellungsgesetz
ErbR	Zeitschrift für die gesamte erbrechtliche Praxis
ErbRÄndG	Gesetz zur Änderung des Erb- und Verjährungsrechts
ErbStDV	Erbschaftsteuer-Durchführungsverordnung
ErbStH	Hinweise zu den Erbschaftsteuerrichtlinien
ErbStG	Erbschaftsteuer- und Schenkungsteuergesetz
ErbStR	Allgemeine Verwaltungsvorschrift zur Anwendung des Erbschaftsteuer- und Schenkungssteuerrecht (Erbschaftsteuerrichtlinien)
Erl.	Erläuterung Erlass
ErStG	Erstattungsgesetz
ErStrG	Erstreckungsgesetz
ESt	Einkommensteuer
EstDV	Einkommensteuer-Durchführungsverordnung
EStG	Einkommensteuergesetz
EstR	Einkommensteuer-Richtlinie
EuGVÜ	Übereinkommen der Europäischen Gemeinschaft über die gerichtliche Zuständigkeit und die Vollstreckung gerichtlicher Entscheidungen in Zivil- und Handelssachen vom 27.9.1968

Allgemeine Abkürzungen

EWiR	Entscheidung zum Wirtschaftsrecht (Zeitschrift)
f.	und folgende Seiten
FA	Finanzamt
FamFG	Gesetz über das Verfahren in Familiensachen und in Angelegenheiten der freiwilligen Gerichtsbarkeit vom 17.12.2008
FamRZ	Zeitschrift für das gesamte Familienrecht
ff.	und fortfolgende Seiten
FG	Finanzgericht
FGB DDR	Familiengesetzbuch der Deutschen Demokratischen Republik
FG BW	Finanzgericht Baden-Württemberg
FGG	Gesetz über die Angelegenheiten der freiwilligen Gerichtsbarkeit
FGG-RG	Gesetz zur Reform des Verfahrens in Familiensachen und in den Angelegenheiten der freiwilligen Gerichtsbarkeit vom 17.12.2008
FGO	Finanzgerichtsordnung
FGPrax	Praxis der Freiwilligen Gerichtsbarkeit (Zeitschrift)
FinMin	Finanzminister(ium)
FM	Finanzminister(ium)
Fn.	Fußnote
FR	Finanz-Rundschau. Deutsches Steuerblatt (Zeitschrift)
FS	Festschrift
GBO	Grundbuchordnung
GbR	Gesellschaft bürgerlichen Rechts
GG	Grundgesetz für die Bundesrepublik Deutschland
gem.	gemäß
GesSt	Gesellschaftsteuer
GewSt	Gewerbesteuer
ggf.	gegebenenfalls
GmbH	Gesellschaft mit beschränkter Haftung
GmbHG	Gesetz betreffend die Gesellschaft mit beschränkter Haftung
GmbHR	GmbH-Rundschau (Zeitschrift)
GrdstVG	Grundstücksverkehrsgesetz
GrEStG	Grunderwerbsteuergesetz
h.A.	herrschende Ansicht
HeimG	Heimgesetz
HEZ	Höchstrichterliche Entscheidungen. Slg. von Entscheidungen der Oberlandesgericht und der Obersten Gerichte in Zivilsachen
HGB	Handelsgesetzbuch
h.L.	herrschende Lehre
h.M.	herrschender Meinung
HöfeO	Höfeordnung
HRR	Höchstrichterliche Rechtsprechung (Zeitschrift)
Hs.	Halbsatz
i.d.R.	in der Regel
i.d.S.	in diesem Sinne
i.e.S.	im engeren Sinne
InsO	Insolvenzordnung

Allgemeine Abkürzungen

IPG	Murad Ferid, Gerhard Kegel, Konrad Zweigert, Gutachten zum internationalen und ausländischen Privatrecht
IPR	Internationales Privatrecht
IPRax	Praxis des internationalen Privat- und Verfahrensrechts (Zeitschrift)
IPRspr	Die deutsche Rechtsprechung auf dem Gebiet des internationalen Privatrechts im Jahre (in den Jahren) ... (Sonderheft der Zeitschrift für ausländisches und internationales Privatrecht)
i.R.d.	im Rahmen des/der
i.R.e	im Rahmen eines/einer
i.S.d.	im Sinne des/der
i.S.e.	im Sinne einer/eines
i.S.v.	im Sinne von
i.V.m.	in Verbindung mit
JA	Juristische Arbeitsblätter (Zeitschrift)
JFG	Jahrbuch für Entscheidungen in Angelegenheiten der freiwilligen Gerichtsbarkeit und des Grundbuchrechts, begr. von Ring
JMBl	Justiz-Ministerialblatt für die Preußische Gesetzgebung und Rechtspflege
JR	Juristische Rundschau (Zeitschrift)
JStG	Jahressteuergesetz
JurBüro	Das juristische Büro (Zeitschrift)
Jus	Juristische Schulung (Zeitschrift)
JW	Juristische Wochenschrift
JZ	Juristenzeitung (Zeitschrift)
KB	Kriegsbeschädigter
KG	Kammergericht; Kommanditgesellschaft
KGBl	Blätter für die Rechtspflege im Bezirk des Kammergerichts
KGJ	Jahrbuch für Entscheidungen des Kammergerichts in Sachen der freiwilligen Gerichtsbarkeit in Kosten-, Stempel- und Strafsachen
KHG	Krankenhausfinanzierungsgesetz
KO	Konkursordnung
KostO	Kostenordnung
LFGG	Landesgesetz über die freiwillige Gerichtsbarkeit
LG	Landgericht
LM	Lindenmaier-Möhring, Nachschlagewerk des Bundesgerichtshofs (Kommentar)
LPartG	Lebenspartenerschaftsgesetz
LSG	Landessozialgericht
LuF	Land und Forstwirtschaft
LZ	Leipziger Zeitschrift für Deutsches Recht
MDR	Monatsschrift für Deutsches Recht
MittBayNot	Mitteilungen der Bayerischen Notarvereins (Zeitschrift)
MittRhNotK	Mitteilungen der Rheinischen Notarkammer (Zeitschrift)
Mot.	Motive
m.w.N.	mit weiteren Nachweisen

Allgemeine Abkürzungen

n.F.	neue Fassung
Nds.	Niedersachsen
Nds.Rpfl	Niedersächsische Rechtspflege (Zeitschrift)
NEhelG	Gesetz über die rechtliche Stellung der nichtehelichen Kinder
NJOZ	Neue Juristische Online-Zeitschrift
NJW	Neue Juristische Wochenschrift (Zeitschrift)
NJW-RR	NJW-Rechtsprechungs-Report (Zeitschrift)
NJW-Spezial	NJW-Spezial – Beilage zur NJW (Zeitschrift)
Not.	Notar
Nr.	Nummer
o.e.	oben erwähnt
OFD	Oberfinanzdirektion
OHG	Offene Handelsgesellschaft
OLG	Oberlandesgericht
OLG Rspr.	Die Rechtsprechung der Oberlandesgerichte auf dem Gebiete des Zivilrechts, hrsg. von Mugdan und Falkmann
OLGE	Sammlung der Rechtsprechung der Oberlandesgerichte
OLGZ	Entscheidungen der Oberlandesgerichte in Zivilsachen einschließlich der freiwilligen Gerichtsbarkeit
OWiG	Gesetz über Ordnungswidrigkeiten
PartGG	Gesetz über Partnerschaftsgesellschaften Angehöriger Freier Berufe (Partnerschaftsgesellschaftsgesetz)
Prot.	Protokoll(e)
pVV	positive Vertragsverletzung
R	Richtlinie
RAG	Amtliche Sammlung der Entscheidungen des Reichsarbeitsgericht
RBewG	Reichsbewertungsgesetz
RdA	Recht der Arbeit (Zeitschrift)
Rn.	Randnummer bei externen Verweisen
RFH	Reichsfinanzhof
RG	Reichsgericht
RGBl	Reichsgesetzblatt
RGRK	Das Bürgerliche Gesetzbuch unter besonderer Berücksichtigung der Rechtsprechung des Reichsgerichts und des Bundesgerichtshofs (Kommentar)
RGSt	Amtliche Sammlung der Entscheidungen des Reichsgerichts in Strafsachen (1880–1944)
RGZ	Amtliche Sammlung der Entscheidungen des Reichsgerichts in Zivilsachen (1880–1945)
RJA	Entscheidungen in Angelegenheiten der freiwilligen Gerichtsbarkeit und des Grundbuchrechts, zusammengestellt im Reichsjustizamt (1900–1922)
RPfleger	Der Deutsche Rechtspfleger (Zeitschrift)
RPflG	Rechtspflegergesetz
Rspr.	Rechtsprechung
RStBl	Reichssteuerblatt (1920–1945)
Rz.	Randziffer bei internen Verweisen

Allgemeine Abkürzungen

S.	Seite Satz
s.	siehe
s.a.	siehe auch
SchlHA	Schleswig-Holsteinische Anzeigen
SchRegO	Schiffsregisterordnung
SeemG	Seemannsgesetz
SeuffArch	Seufferts Archiv für Entscheidungen der obersten Gerichte in den deutschen Staaten (1847–1944)
Slg.	Sammlung
s.o.	siehe oben
sog.	sogenannt
SoldG	Gesetz über die Rechtsstellung der Soldaten (Soldatengesetz)
StAG	Staatsangehörigkeitsgesetz
StEntlG	Steuerentlastungsgesetz
StGB	Strafgesetzbuch
str.	streitig
TestG	Gesetz über die Errichtung von Testamenten und Erbverträgen (Testamentgesetz)
TV	Testamentvollstrecker
Tz.	Textziffer
u.a.	unter anderem
Übk.	Übereinkommen
UFITA	Archiv für Urheber-, Film, Funk- und Theaterrecht (Zeitschrift)
UStG	Umsatzsteuergesetz
u.U.	unter Umständen
UVR	Umsatzsteuer- und Verkehrsteuer-Recht (Zeitschrift)
VE	Vorentwurf; Verpflichtungsermächtigung
VerschG	Verschollenheitsgesetz
vgl.	vergleiche
VO	Verordnung
Vorb.	Vorbemerkung
WarnRspr	Sammlung zivilrechtlicher Entscheidungen des Reichsgerichts, hrsg. von Buchwald (1942–1941, vorher: Rspr. des Reichgerichts aus dem Gebiet des Zivilrechts, begr. von Warneyer)
WM	Wertpapiermitteilungen (Zeitschrift)
z.B.	zum Beispiel
ZEV	Zeitschrift für Erbrecht und Vermögensnachfolge
ZGB	Zivilgesetzbuch der DDR
ZDG	Gesetz über den Zivildienst der Kriegsdienstverweigerer (Zivildienstgesetz)
ZNotP	Zeitschrift für die Notarpraxis
ZPO	Zivilprozessordnung
ZSG	Zivilschutzgesetz
zust.	zustimmend; zuständig

Abgekürzt zitierte Literatur

AnwK-BGB/*Bearbeiter*	Barbara Dauner-Lieb (Hrsg.), Kommentar zum BGB, Bonn u.a. 2004 ff.
Bahrenfuß	Dirk Bahrenfuss, FamFG, Gesetz über das Verfahren in Familiensachen und in den Angelegenheiten der freiwilligen Gerichtsbarkeit, Kommentar, Berlin 2009
Bamberger/Roth/Bearbeiter	Heinz Georg Bamberger, Herbert Roth, Kommentar zum Bürgerlichen Gesetzbuch, 2. Auflage, München 2008
Bartholomeyczik	Horst Bartholomeyczik, Erbeinsetzung, andere Zuwendungen und Erbschein (5. Denkschrift des Erbrechtsausschusses der Akademie für deutsches Recht), Tübingen 1942
Bassenge/Roth	Peter Bassenge, Herbert Roth, FamFG/RPflG, Gesetz über die Angelegenheiten der freiwilligen Gerichtsbarkeit, Kommentar, 12. Auflage, Heidelberg 2009
Battes	Robert Battes, Gemeinschaftliches Testament und Ehegattenerbvertrag als Gestaltungsmittel für die Vermögensordnung der Familie, Schriften zum deutschen und europäischen Zivil-, Handels- und Prozessrecht, Bd., 79, Bielefeld 1974
Bauer/v. Oefele	Hans-Joachim Bauer, Helmut Freiherr von Oefele, Grundbuchordnung, Kommentar, 2. Auflage, München 2006
Baumbach/Hopt	Adolf Baumbach, Klaus J. Hopt, Handelsgesetzbuch, Kommentar, 34. Auflage, München 2010
Baumbach/Hueck	Adolf Baumbach, Alfred Hueck, GmbHG, Kommentar, 19. Auflage, München 2010
Baumbach/Lauterbach/Albers/Hartmann	Adolf Baumbach, Wolfgang Lauterbach, Jan Albers, Peter Hartmann, Zivilprozessordnung, Kommentar, 68. Auflage, München 2010
Baumgärtel/Bearbeiter Bd.	Gottfried Baumgärtel, Hans-Willi Laumen, Hanns Prütting, Handbuch der Beweislast in 9 Bänden, 3. Auflage, Köln 2007 ff.
Baur/Stürner	Jürgen F. Baur, Rolf Stürner, Sachenrecht, 18. Auflage, München 2009
Bayer	Walter Bayer, Der Vertrag zugunsten Dritter, Tübingen 1995
Bengel/Reimann	Manfred Bengel, Wolfgang Reimann, Handbuch der Testamentsvollstreckung, 4. Auflage, München 2010
Bernstorff	Christoph Graf von Bernstorff, Einführung in das englische Recht, 3. Auflage, München 2006
Bley/Mohrbutter	Erich Bley, Jürgen Mohrbutter, Vergleichsordnung, Kommentar, 4. Auflage, Berlin u.a. 1979 ff.
Bonefeld/Kroiß/Tanck	Michael Bonefeld, Ludwig Kroiß, Manuel Tanck, Der Erbprozess, 3. Auflage, Angelbachtal 2009
Bonefeld/Tanck/Daragan	Michael Bonefeld, Hanspeter Daragan, Manuel Tanck, Arbeitshilfen Erbrecht, 3. Auflage, Bonn 2009
Brambring/Mutter/Bearbeiter	Günter Brambring, Christoph Mutter, Becksches Formularbuch Erbrecht, 2. Auflage, München 2009
Brox/Walker	Hans Brox, Wolf-Dietrich Walker, Erbrecht, 23. Auflage, Köln 2009

Abgekürzt zitierte Literatur

Canaris	Claus-Wilhelm Canaris, Die Vertrauenshaftung im deutschen Privatrecht, München 1971
Cornelius	Eike Cornelius, Der Pflichtteilsergänzungsanspruch hinsichtlich der Übertragung von Grundstücken unter dem Vorbehalt von Rechten des Schenkens, Angelbachtal 2004
Creifelds	Carl Creifelds, Rechtswörterbuch, 19. Auflage, München 2007
Crezelius	Georg Crezelius, Unternehmenserbrecht, 2. Auflage, München 2009
Dallafior	Roberto Dallafior, Die Legitimation des Erben – Eine rechtsvergleichende und international privatrechtliche Studie, Diss. Zürich 1990
Damrau	Jürgen Damrau, Der Erbverzicht als Mittel zweckmäßiger Vorsorge auf den Todesfall, Mainz 1966
Damrau	Jürgen Damrau, Praxiskommentar Erbrecht, Baden-Baden 2004
Dauner-Lieb/Heidel	Barbara Dauner-Lieb, Thomas Heidel u.a., Das neue Schuldrecht in der anwaltlichen Praxis, Bonn 2002
Dieckmann	Albrecht Dieckmann, Bemerkungen zu »wertverschiebenden« Teilungsanordnungen in: Festschrift für Helmut Coing, Band II, München 1982, S. 53 ff.
Druey	Jean Nicolas Druey, Grundriss des Erbrechts, 5. Auflage, Schweiz 2002
Ebeling/Geck/Grune	Jürgen Ebeling, Reinhard Geck, Jörg Grune, Handbuch der Erbengemeinschaft, Loseblatt, Köln
Ebenroth	Carsten Thomas Ebenroth, Erbrecht, München 1992
EE	Erbrecht effektiv (Jahr, Seite)
Eisele	Dirk Eisele, Erbschaftsteuerreform 2009, Herne 2009
Engel	Elmar Engel, Bewertungs-Ratgeber in der Tierhaltung, Einheitsbewertung und Abgrenzung zum Gewerbe, 2. Auflage, St. Augustin 1995
ErbR	Zeitschrift für die gesamte erbrechtliche Praxis (Jahr, Seite)
Erman	Walter Erman, Handkommentar zum Bürgerlichen Gesetzbuch, Köln 2008
Esch/Baumann/ Schulze zur Wiesche	Günter Esch, Wolfgang Baumann, Dieter Schulze zur Wiesche, Handbuch der Vermögensnachfolge, 7. Auflage, Berlin 2009
Ferid	Murad Ferid, Internationales Privatrecht, 3. Auflage, Berlin 1986
Ferid/Firsching/ Dörner/Hausmann	Murad Ferid, Karl Firsching, Heinrich Dörner, Rainer Hausmann, Internationales Erbrecht, Bände I–IV, Loseblatt, München
Firsching/Graf	Karl Firsching, Hans L. Graf, Nachlassrecht, 9. Auflage, München 2008
Flick/Piltz	Hans Flick, Detlev Jürgen Piltz, Der internationale Erbfall, 2. Auflage, München 2008
Frank	Rainer Frank, Erbrecht, 4. Auflage, München 2007
FK-InsO/Bearbeiter	Klaus Wimmer (Hrsg.), Frankfurter Kommentar zur Insolvenzordnung, 5. Auflage, Köln 2009
Frieser	Andreas Frieser, Fachanwaltskommentar Erbrecht, 2. Auflage, Köln 2008 (zit.: FAKomm-ErbR/*Bearbeiter*)

Abgekürzt zitierte Literatur

Frieser u.a.	Andreas Frieser, Ernst Sarres, Wolfgang Stückemann, Ursula Tschichoflos, Handbuch des Fachanwalts Erbrecht, 3. Auflage, Köln 2009 (zit.: FA-ErbR/*Bearbeiter*)
FuR	Zeitschrift Familien und Recht (Jahr, Seite)
Gebel	Dieter Gebel, Gesellschafternachfolge im Schenkung- und Erbschaftsteuerrecht, 2. Auflage, Bielefeld 1997
Geimer	Reinhold Geimer, Internationales Zivilprozessrecht, 6. Auflage, Köln 2009
Gräfe/Lenzen/ Schmeer	Jürgen Gräfe, Rolf Lenzen, Andreas Schmeer, Steuerberaterhaftung, 3. Auflage, Herne 1998
Griem	Michael Griem, Probleme des Fremdrechtserbscheins nach §2369 BGB, Frankfurt am Main 1990
Groll/Bearbeiter	Michael Groll, Praxishandbuch Erbrechtsberatung, 3. Auflage, Köln 2010
Gürsching/Stenger	Lorenz Gürsching, Alfons Stenger, Kommentar zum Bewertungsgesetz und Vermögenssteuergesetz, Loseblatt, Köln
Haar/Wittenmayer	Horst Haar, Heinz Wittenmayer, Lehrbuch des Bewertungsrechts: Einheitsbewertung und Bedarfsbewertung, 6. Auflage, Herne 1998
Haegele/Winkler	Karl Haegele, Karl Winkler, Der Testamentsvollstrecker nach Bürgerlichem, Handels- und Steuerrecht, 16. Auflage, Regensburg 2001
Hartmann	Bernhard Hartmann, Testamentsvollstreckung, Nießbrauch und Vorerbschaft zur Sicherung der Nacherbfolge des Einzelunternehmers im Zivil- und Steuerrecht, 2. Auflage, Köln 1983
Hay	Peter Hay, US-Amerikanisches Recht, 4. Auflage, München 2008
HK-InsO/*Bearbeiter*	Gerhart Kreft (Hrsg.), Heidelberger Kommentar zur Insolvenzordnung, 5. Auflage. Heidelberg 2008
Hellwig	Konrad Hellwig, Die Verträge auf Leistungen an Dritte, Leipzig 1899 (Neudruck Aalen 1968)
Henrich/Huber	Dieter Henrich, Peter Huber, Einführung in das englische Privatrecht, 3. Auflage, Köln 2003
HKBGB/*Bearbeiter*	Reiner Schulze, Heinrich Dörner, Ina Ebert, Thomas Hoeren, Rainer Kemper, Ingo Saenger, Klaus Schreiber, Hans Schulte-Nölke, Ansgar Staudinger, Handkommentar zum BGB, 6. Auflage, Baden-Baden 2009
Hohmann	Klaus Hohmann, Rechtsfolgen von Störungen im Rahmen eines entgeltlichen Erbvertrages und Sicherung der Rechte der Vertragsparteien, Diss. Würzburg 1993
Horschitz	Harald Horschitz, Bewertungsrecht, 12. Auflage, Stuttgart 2004
Hülsmeier	Rudolf Hülsmeier, Die bindende Wirkung des Erbvertrages, Diss. Münster 1984
Hüßtege	Rainer Hüßtege, Internationales Privatrecht – einschließlich Grundzüge des internationalen Verfahrensrechts, 4. Auflage, München 2005
Ivens	Michael Ivens, Hamburger Handbuch zur Vermögensnachfolge, Band 1: Testament, Erbvertrag und Erbfall, 2. Auflage, Norderstedt 2006

Abgekürzt zitierte Literatur

Jauernig	Othmar Jauernig, Bürgerliches Gesetzbuch, 13. Auflage, München 2009
Jayme/Hausmann	Erik Jayme, Rainer Hausmann, Internationales Privat- und Verfahrensrecht, Gesetzestext, 14. Auflage, München 2009
jurisPKBGB/ *Bearbeiter*	Wolfgang Hau (Hrsg.), juris Praxiskommentar BGB, Band 5 Erbrecht, 4. Auflage, Saarbrücken 2009
Kapp/Ebeling	Reinhard Kapp, Jürgen Ebeling, Erbschaftsteuer- und Schenkungsteuergesetz, Loseblatt
Karpf	Tamara Karpf, Selbstanfechtungsrecht des Erblassers beim Erbvertrag, Diss. Bayreuth 1993
Kasper	Martin Alexander Kasper, Anrechnung und Ausgleichung im Pflichtteilsrecht, München 1999
Keidel/Bearbeiter	Theodor Keidel (Hrsg.), FamFG, Kommentar zum Gesetz über das Verfahren in Familiensachen und die Angelegenheiten der freiwilligen Gerichtsbarkeit, 16. Auflage, München 2009
Kegel/Schurig	Gerhard Kegel, Klaus Schurig, Internationales Privatrecht, 9. Auflage, München 2004
Kerscher/Riedel/ Lenz	Karl Ludwig Kerscher, Christopher Riedel, Nina Lenz, Pflichtteilsrecht in der anwaltlichen Praxis, 3. Auflage, Bonn 2002
Kerscher/Tanck	Karl-Ludwig Kerscher und Manuel Tanck, Pflichtteilsrecht in der anwaltlichen Praxis – Erfolgreiche Durchsetzung und Abwehr von Pflichtteils- und Pflichtteilsergänzungsansprüchen, 2. Auflage, Bonn 1999
Kersten/Bühling	Fritz Kersten, Selmar Bühling, Formularbuch und Praxis der Freiwilligen Gerichtsbarkeit, 22. Auflage, Köln 2008
Kipp/Coing	Theodor Kipp, Helmut Coing, Erbrecht, 14. Auflage, Tübingen 1990
Koch/Magnus/Winkler v. Mohrenfels	Harald Koch, Ulrich Magnus, Peter Winkler von Mohrenfels, IPR und Rechtsvergleichung, 4. Auflage, München 2010
Koltermann	Jörg Koltermann, Fallsammlung Bewertungsrecht und Erbschaftsteuer, 10. Auflage, Herne 2002
Kornexl	Thomas Kornexl, Der Zuwendungsverzicht, Schriftenreihe des Deutschen Notarinstituts, Band 7, München 1998
Kroiß	Ludwig Kroiß, Internationales Erbrecht: Einführung und Länderüberblick, Bonn 1999
Kroiß	Ludwig Kroiß, Ausgewählte Zuständigkeitsprobleme der freiwilligen Gerichtsbarkeit, München 1994
Kroiß/Seiler	Ludwig Kroiß, Christian Seiler, Das neue FamFG, Praxisleitfaden, 2. Auflage, Baden-Baden 2009
Krug	Walter Krug, Die Auswirkungen der Schuldrechtsreform auf das Erbrecht, Bonn 2002
Krug/Rudolf/Kroiß	Walter Krug, Michael Rudolf, Ludwig Kroiß, Erbrecht, 3. Auflage, Bonn 2006
Krug/Tanck/Kerscher	Walter Krug, Manuel Tanck, Karl Ludwig Kerscher, Das erbrechtliche Mandat, 3. Auflage, Bonn 2003
Kuchinke	Kurt Kuchinke, Beeinträchtigende Anordnungen des an seine Verfügungen gebundenen Erblassers in: Festschrift für Ulrich von Lübtow, Berlin 1991, S. 283 ff.
Kunttner	Kunttner, Das Verhältnis des Zivilprozesses zum Erbscheinsverfahren, FS für Otto von Gierke, 1910 II, S. 163 ff.

Abgekürzt zitierte Literatur

Lange/Kuchinke	Heinrich Lange, Kurt Kuchinke, Lehrbuch des Erbrechts, 5. Auflage, München 2001
Lange/Wulff/ Lüdtke-Handjery	Rudolf Lange, Hans Wulff, Christian Lüdtke-Handjery, Höfeordnung für die Länder Hamburg, Niedersachsen, Nordrhein-Westfalen und Schleswig-Hostein, Kommentar, 10. Auflage, München 2001
Langen	Werner Langen, Anwendungsbereich und Rechtsfolgen des § 2301 Abs. 1 S. 1 BGB, Diss. Köln 1984
Langenfeld	Gerrit Langenfeld, Handbuch der Eheverträge und Scheidungsvereinbarungen, 4. Auflage, München 2000
Langenfeld	Gerrit Langenfeld, Testamentsgestaltung, 4. Auflage, Köln 2010
Leipold	Dieter Leipold, Erbrecht, 14. Auflage, Tübingen 2002
Lemke	Rainer Lemke, Der Erbschein im System der Gutglaubensvorschriften, Diss. Göttingen 1981
Löber/Huzel	Burckhardt Löber, Erhard Huzel, Erben und Vererben in Spanien, 4. Auflage, Frankfurt 2004
Loritz	Sabine Loritz, Freiheit des gebundenen Erblassers und Schutz des Vertrags- und Schlußerben vor Zweitverfügungen, Diss. Gießen 1991
Lorz	Rainer Lorz, Testamentsvollstreckung und Unternehmensrecht, München 1995
Lübtow, v.	Ulrich von Lübtow, Erbrecht, Band I, Berlin 1971
Lüke	Wolfgang Lüke, Vertragliche Störungen beim »entgeltlichen« Erbvertrag, Heidelberg 1990
Mansees	Norbert Mansees, Das Erbrecht des Kindes nach künstlicher Befruchtung – zugleich eine Analyse des Systems der gesetzlichen vermögens- und personenrechtlichen Kindeszuordnung, Diss. Berlin 1991
Mayer, Jörg	Der Rechtsirrtum und seine Folgen im bürgerlichen Recht, Bielefeld 1989
Mayer/Bonefeld/ Daragan	Jörg Mayer, Michael Bonefeld, Hanspeter Daragan, Praxishandbuch Testamentsvollstreckung, 2. Auflage, Angelbachtal 2005
Mayer/Süß/Tanck/ Bittler/Wälzholz	Jörg Mayer, Rembert Süß, Manuel Tanck, Jan Bittler, Eckhard Wälzholz, Handbuch des Pflichtteilsrechts, 2. Auflage, Bonn 2010
Meincke	Jens Meincke, Erbschaftsteuer- und Schenkungsteuergesetz, 15. Auflage, München 2009
Michalski	Lutz Michalski, BGB-Erbrecht, 2. Auflage, Heidelberg 2001
Moench	Dietmar Moench, Erbschaft- und Schenkungsteuer, Kommentar, Loseblatt, Köln
Möhring/Beisswingert/Klingelhöffer	Oskar Möhring, Rolf Beisswingert, Hans Klingelhöffer, Vermögensverwaltung in Vormundschafts- und Nachlaßsachen, 7. Auflage, Heidelberg 1992
Müller	Frank Jürgen Müller, Geschichtliche Entwicklung der Rechnungslegung unter dem Aspekt der Vorratsbewertung am Beispiel der G7-Staaten, Diss. Bayreuth 1997
MüKoBGB/ Bearbeiter	Münchener Kommentar zum Bürgerlichen Gesetzbuch, 5. Auflage, München, 2006 ff.
MüKoInsO/ Bearbeiter	Münchener Kommentar zur Insolvenzordnung, 2. Auflage, München 2007 f.

Abgekürzt zitierte Literatur

MüKoZPO/*Bearbeiter*	Münchener Kommentar zur Zivilprozessordnung, 3. Auflage, München 2007 ff.
Münchener Anwaltshandbuch Erbrecht	Stephan Scherer (Hrsg.), Münchener Anwaltshandbuch Erbrecht, 3. Auflage, München 2010 (zit.: MAH/*Bearbeiter*)
Münchener Vertragshandbuch/*Bearbeiter*	Münchener Vertragshandbuch, 6. Auflage (zit.: MVH/*Bearbeiter*)
Mugdan	Benno Mugdan, Die gesamten Materialien zum Bürgerlichen Gesetzbuch für das deutsche Reich, hrsg. v. Mugdan, Band I–V, Berlin 1899 (Neudruck Aalen 1979)
Muscheler	Karlheinz Muscheler, Die Haftungsordnung der Testamentsvollstreckung, Tübingen 1994
Muscheler	Karlheinz Muscheler, Universalsukzession und Vonselbsterwerb – die rechtstechnischen Grundlagen des deutschen Erbrechts, Tübingen 2002
Musielak	Hans-Joachim Musielak, Kommentar zur Zivilprozessordnung, 7. Auflage, München 2009
Nieder/Kössinger	Heinrich Nieder, Handbuch der Testamentsgestaltung, 3. Auflage, München 2008
Nolting	Dietmar Nolting, Der Änderungsvorbehalt beim Erbvertrag, Diss. Passau 1993
Olzen	Dirk Olzen, Die vorweggenommene Erbfolge, Bochum 1983
Palandt/Bearbeiter	Otto Palandt, Bürgerliches Gesetzbuch (Kommentar), 69. Auflage, München 2010
Pauli/Maßbaum	Rudolf Pauli, Michael Maßbaum, Erbschaftsteuerreform 2009 – Beratungsschwerpunkte und Checklisten, Köln 2009
Petzoldt	Rolf Petzoldt, Erbschaftsteuer- und Schenkungsteuergesetz, Kommentar, 2. Auflage, Herne 1986
Planck	Gottlieb Planck, Bürgerliches Gesetzbuch, Erbrecht, Band V, 4. Auflage, Berlin 1930
Priester	Hans-Joachim Priester, Testamentsvollstreckung am GmbH-Anteil in: Festschrift für Stimpel, Berlin 1985, S. 463 ff.
Prütting/Gehrlein	Hanns Prütting, Markus Gehrlein, Zivilprozessordnung, Kommentar, 1. Auflage, Köln 2010 (zit.: PG/*Bearbeiter*)
Prütting/Wegen/Weinreich	Hanns Prütting, Gerhard Wegen, Gerd Weinreich, Bürgerliches Gesetzbuch, Kommentar, 4. Auflage, Köln 2009 (zit.: PWW/*Bearbeiter*)
Rainer	Frank Rainer, Erbrecht, 4. Auflage, München 2007
Raiser	Ludwig Raiser, Dingliche Anwartschaften, Tübingen 1961
Rather	Wilfried Rather, Die Erbeserbengemeinschaft, Diss. Göttingen 1978
Rauscher	Thomas Rauscher, Reformfragen des gesetzlichen Erb- und Pflichtteilsrechts, Regensburg 1990
Reimann, M.	Mathias Reimann, Einführung in das US-amerikanische Privatrecht, 2. Auflage, München 2004
Reimann	Wolfgang Reimann, Testamentsvollstreckung in der Wirtschaftsrechtspraxis, 3. Auflage, Köln 1998

Abgekürzt zitierte Literatur

Reimann	Wolfgang Reimann, Vergütung des Testamentsvollstreckers bei Verwaltung von Unternehmen und Unternehmensbeteiligungen in: Festschrift für Flick, Köln 1997, S. 361 ff.
Reimann/Bengel/ Mayer	Wolfgang Reimann, Manfred Bengel, Jörg Mayer, Testament und Erbvertrag (Kommentar mit Erläuterungen, Checklisten und Gestaltungsvorschlägen), 5. Auflage, Neuwied 2006
Reithmann/Martiny	Christoph Reithmann, Dieter Martiny, Das internationale Privatrecht der Schuldverträge, 5. Auflage, Köln 1996
Reubold	Ludwig Reubold, Die Aushöhlung des Erbvertrages und des bindend gewordenen gemeinschaftlichen Testaments, Diss. Frankfurt a.M. 1970
RGRK/Bearbeiter	Das Bürgerliche Gesetzbuch unter besonderer Berücksichtigung der Rechtsprechung des Reichsgerichts und des Bundesgerichtshofs, 12. Auflage, Berlin 1975
Riedel	Christopher Riedel, Die Bewertung von Gesellschaftsanteilen im Pflichtteilsrecht, Angelbachtal 2006
Rössler/Troll	Rudolf Rössler, Max Troll, Bewertungsgesetz, Kommentar, Loseblatt, München
Röttger	Robert Röttger, Die Kernbereichslehre im Recht der Personenhandelsgesellschaften, Heidelberg 1989
Rohlfing	Hubertus Rohlfing, Erbrecht in der anwaltlichen Praxis, 2. Auflage, Bonn 1998
Sarres/Krause	Ernst Sarres, Thomas Krause, Das neue Erb- und Verjährungsrecht, Köln 2010
Scheer	Ingrid Scheer, Der Erbschein, Erteilung, Einziehung und Änderung, Diss. Münster 1987
Schindler	Andreas Schindler, Pflichtteilsberechtigter Erbe und pflichtteilsberechtigter Beschenkter, Angelbachtal 2004
Schlüter	Wilfried Schlüter, Erbrecht, Studienbuch, 17. Auflage, München 2007
Schmidt, G.	Gerd Schmidt, Handbuch der freiwilligen Gerichtsbarkeit, 2. Auflage, München 1996
Schmidt, K.	Karsten Schmidt, Gesellschaftsrecht, 4. Auflage, Köln 2002
Schmidt, L.	Ludwig Schmidt, Einkommensteuergesetz, 28. Auflage München 2009
Schömmer/Reiß	Hans-Peter Schömmer, Jürgen Reiß, Internationales Erbrecht Italien, 2. Auflage, München 2005
Schömmer/ Steinhauer/Haydu	Hans-Peter Schömmer, Thomas Steinhauer, Ralph Haydu, Internationales Erbrecht Frankreich, München 2005
Schöner/Stöber	Hartmut Schöner, Kurt Stöber, Grundbuchrecht, 14. Auflage, München 2008
Scholz	Christian Scholz, Die Ausweisfunktion des Erbscheins, Diss. Köln 1967
Schotten	Günther Schotten, Das internationale Privatrecht in der notariellen Praxis, München 1995
Siebert	Wolfgang Siebert, Die Bindungswirkung des Erbvertrages, Festschrift für Justus Wilhelm Hedemann, Berlin 1968, S. 237 ff.
Simon/Cors/Troll	Jürgen Simon, Klaus G. Cors, Max Troll, Handbuch der Grundstückswertermittlung, 4. Auflage, München 1997

Abgekürzt zitierte Literatur

Soergel/Bearbeiter	Hans Theodor Soergel, Bürgerliches Gesetzbuch, Kommentar, 13. Auflage, Stuttgart 1999 ff.
Spiegelberger	Sebastian Spiegelberger, Vermögensnachfolge, München 1994
Staudinger/ Bearbeiter	Julius von Staudinger, Kommentar zum Bürgerlichen Gesetzbuch, 12. Auflage, Berlin 1978 ff., 13. Auflage 1993 ff., danach in bandweiser Neubearbeitung
Steiner	Anton Steiner, Das neue Erbschaftsteuerrecht, Köln 2009
Steinhardt	Rolf Steinhardt, Kommentar zum Bewertungsgesetz, Vermögenssteuergesetz, Loseblatt, Herne
Stöber	Kurt Stöber, Forderungspfändung, 15. Auflage, Bielefeld 2010
Strohal	Emil Strohal, Das deutsche Erbrecht auf Grundlage des BGB, Band I, 3. Auflage, Berlin 1903
Sudhoff/Bearbeiter	Unternehmensnachfolge, 5. Auflage, München 2005
Süß/Bearbeiter	Rembert Süß, Erbrecht in Europa, 2. Auflage, Angelbachtal 2007
Tanck/Krug/ Daragan	Manuel Tanck, Walter Krug, Hanspeter Daragan, Testamente in der anwaltlichen und notariellen Praxis, 2. Auflage, Bonn 2002
Tiedtke	Klaus, Tiedtke, Gutgläubiger Erwerb im bürgerlichen Recht, im Handelsrecht und Wertpapierrecht, Berlin 1985
Tipke/Kruse	Klaus Tipke, Heinrich Wilhelm Kruse, Loseblatt-Kommentar zur AO und FGO, Köln
Troll/Gebel/Jülicher	Max Troll, Dieter Gebel, Marc Jülicher, Erbschaft- und Schenkungsteuergesetz, Loseblatt, München
Tschichoflos	Ursula Tschichoflos, Erbrecht in der anwaltlichen Beratung, 2. Auflage, Köln 2008
Uhlenbruck/ Bearbeiter	Wilhelm Uhlenbruck (Hrsg.), Kommentar zur Insolvenzordnung, 13. Auflage, München 2010
Veit	Markus Veit, Die Anfechtung von Erbverträgen, Diss. München 1991
Viskorf/Glier/Knobel	Hermann-Ulrich Viskorf, Josef Glier, Wolfgang Knobel, Bewertungsgesetz, Kommentar, 4. Auflage, Herne 1998
Weirich	Hans-Armin Weirich, Erben und Vererben, 5. Auflage, Herne 2004
Westermann u.a.	Harm Peter Westermann, Georg Crezelius, Wolfgang Grunsky, Jürgen Brand, Handbuch der Personengesellschaften, Kommentar, Loseblatt, Köln
Wiemhoff	Karl-Heinz Wiemhoff, Bewertungsrecht, Vermögensteuer, 8. Auflage 1994
Windscheid/Kipp	Bernhard Windscheid, Theodor Kipp, Lehrbuch der Pandektenrechts, Band 1–3, Frankfurt am Main 1997
Winkler	Karl Winkler, »Echte« Testamentsvollstreckung am Unternehmen und OHG-Anteil? in: Festschrift für Schippel, München 1996, S. 519 ff.
Winkler	Karl Winkler, Unternehmensnachfolge, Testamente und Gesellschaftsverträge in der Praxis, 4. Auflage, Herne 1997
Wöhrmann	Heinz Wöhrmann, Das Landwirtschaftserbrecht, 9. Auflage, Köln 2008

Abgekürzt zitierte Literatur

ZErb	Zeitschrift für die Steuer- und Erbrechtspraxis (Jahr, Seite)
Zimmermann	Walter Zimmermann, Die Testamentsvollstreckung, Berlin 2001
Zimmermann/Heller	Peter Zimmermann, Robert Heller, Der Verkehrswert von Grundstücken, 2. Auflage, München 1999
Zöller/Bearbeiter	Richard Zöller, Zivilprozessordnung, Kommentar, 28. Auflage, Köln 2010

Bürgerliches Gesetzbuch (BGB)

Fünftes Buch
Erbrecht

Einleitung vor § 1922 BGB

Übersicht

		Rz.			Rz.
I.	Funktion des Erbrechts	1	IX.	Überblick über die Erbschaftsteuer	68
II.	Verfassungsrechtliche Garantien	4		1. Allgemeines	68
III.	Begriff des Erbrechts	10		2. Neues Erbschaftsteuerrecht seit 1.1.2009	71
	1. Erbrecht im objektiven Sinne	10		a) Neuregelungen im Rahmen der Wertermittlungen	73
	2. Erbrecht im subjektiven Sinne	12		b) Steuerbefreiung des Familienheims	75
IV.	Wesentliche Änderungen	15		c) Übertragung unternehmerischen Vermögens	78
	1. Nichteheliche Kinder	17		d) Zu Wohnzwecken vermietete Grundstücke	85
	2. Adoptierte Kinder	22		e) Steuerberechnung	86
	3. Ehegattenerbrecht	26		f) Abzugsfähigkeit von Nutzungsvorbehalten	90
	4. Reformvorhaben	29		3. Reform der Reform: Wachstumsbeschleunigungsgesetz	91
V.	Erbrechtliche Grundsätze	31		a) Änderungen im Bereich der Betriebsvermögensbegünstigungen	93
VI.	Totenfürsorge	40		b) Erleichterung bei der Erbschaft- und Schenkungsteuer in Steuerklasse II	95
VII.	Sonderrechtsnachfolgen	47			
	1. Höfe- und Anerbenrecht	48			
	2. Postmortales Persönlichkeitsrecht	50			
	3. Wohnraummiete	52			
	4. Rechtsgeschäfte auf den Todesfall	55			
VIII.	Öffentlich-rechtliche Positionen	58			
	1. Sozialleistungen	59			
	2. Beamtenrechtliche Ansprüche	61			
	3. Steuern	63			
	4. Restitutionsansprüche	67			

I. Funktion des Erbrechts

Das Erbrecht steht im engen Zusammenhang mit dem Eigentum und ergänzt dieses. Erst durch das Erbrecht erhält der Eigentümer die Möglichkeit, sein Vermögen auch nach seinem Tode in eine andere private Hand weiterzugeben. Weil das Erbrecht auch der »Selbstbestimmung des Einzelnen im Rechtsleben«[1] dient, enthält es auch freiheitliche Elemente. Eigentum, auch ererbtes Eigentum, gibt dem Einzelnen Unabhängigkeit, insb. auch gegenüber dem Staat. Eigentum, Erbrecht und die Freiheit des Einzelnen gehören deshalb zusammen. Damit hat das Erbrecht auch eine starke politische Dimension. Angesichts des in Deutschland breit gestreuten privaten Wohlstands ist das Erbrecht für große Bevölkerungskreise von Bedeutung. 1

Bestünde diese Möglichkeit zur privaten Weitergabe nicht, so wäre der Eigentümer bestenfalls eine Art Nießbraucher.[2] Diese Vorstellung hat sich insb. in sozialistischen und kommunistischen Vorstellungen niedergeschlagen. In diesen wurde ein allgemeines Erbrecht des Staates oder eine radikale Beschränkung des Erbrechts etwa durch massive Steuereingriffe oder durch Begrenzung auf das persönliche Eigentum vorgesehen.[3] 2

---

1 BVerfGE 99, 341, 350.
2 *Lange/Kuchinke* S. 1 mit Hinweis auf *Kipp*.
3 Vgl. hierzu ausführlich *Kipp/Coing* S. 2 f.

Franz M. Große-Wilde

3   Aufgabe des Erbrechts ist es, das Vermögen des Erblassers nach seinen privaten Vorstellungen in neue Hände zu legen. Hierbei ist der Erblasser zwar auch im deutschen Recht nicht völlig frei, hat aber einen großen Gestaltungsspielraum. Begrenzt werden seine Möglichkeiten inhaltlich durch das Pflichtteilsrecht. Grenzen zieht das Erbrecht des BGB auch in zeitlicher Hinsicht, etwa indem die Festlegung von Vermögen über mehrere Generationen hinweg verhindert wird. So endet das Auseinandersetzungsverbot der Erbengemeinschaft nach 30 Jahren § 2044 Abs. 2. Ebenso wird nach 30 Jahren die Einsetzung eines Nacherben unwirksam, § 2109 Abs. 1, und eine Dauertestamentsvollstreckung beendet, § 2210.[4] Frühere Vermögensbindungen, wie etwa Familienfideikommisse, sind bei der Einführung des BGB zwar zunächst über das Landesrecht noch erhalten geblieben, aber später ersatzlos abgeschafft worden.

II. Verfassungsrechtliche Garantien

4   Art. 14 GG schützt das Eigentum **und** das Erbrecht. Bezogen auf das Erbrecht wird nicht nur das individuelle Recht des Einzelnen auf die Verfügung über sein Vermögen und den Erwerb einer Erbschaft geschützt, sondern ebenso auch das Erbrecht als Institution.[5] Wenn der Gesetzgeber nach Art. 14 Abs. 1 S. 2 GG gleichwohl Inhalt und Schranken des Erbrechts bestimmen darf, so muss er auch bei Änderungen den grundlegenden Gehalt wahren.

5   Zum grundlegenden Gehalt gehört die **Testierfreiheit** als Ausfluss der Privatautonomie des Einzelnen. Die Testierfreiheit räumt dem Erblasser ein, die Erbfolge durch Verfügung von Todes wegen nach seinen persönlichen Vorstellungen zu regeln. Dies gibt ihm die Möglichkeit seine gesetzlichen Erben vom Erbe auszuschließen oder den einen gar nicht und den anderen besser zu bedenken. Gleiches gilt auch für das Recht des Erben, kraft Erbfolge zu erwerben.[6]

6   Geschützt ist auch der Charakter des Erbrechts als **Privaterbrecht**. Hierunter ist zu verstehen, dass der Nachlass grundsätzlich in privater Hand zu bleiben hat. Das gesetzliche Erbrecht des Staates in § 1936 ist hierbei unbeachtlich, weil es nur im Ausnahmefall zur Geltung kommt. Erst wenn sich dieses mit der Ziel der Umverteilung erweitern würde, würden die Schranken überschritten werden.[7]

7   Hierbei ist aber auch die **Erbschaftsteuer** als Instrument der faktischen Umverteilung einzubeziehen. Wenn auch hier dem Gesetzgeber ein weiter Spielraum eingeräumt wird, weil ein Vermögensübergang stattfindet, so darf es sich nicht um eine konfiskatorische Besteuerung handeln.[8] Ob das zum 1.1.2009 in Kraft getretene Erbschaftsteuerrecht diesen Anforderungen gerecht wird, erschien sehr zweifelhaft.[9] In die Steuerklasse II fielen auch Geschwister und deren Abkömmlinge. Der Zugriff mit 30 % im unteren Bereich und mit 50 % im oberen Bereich lag in einer Größenordnung, der nicht mehr aus sich heraus finanzierbar ist und letztlich zur Veräußerung des gesamten oder wesentlicher Teile des Vermögens zwingt. Zwar hat das BVerfG (bei damals noch 4 Steuerklassen) sich ausschließlich mit der Steuerklasse I befasst und jedenfalls hierfür vorgesehen, dass der »deutlich überwiegende« Teil dem Erben verbleiben müsse. Auch wenn Art. 6 Abs. 1 GG nach überwiegender Ansicht nur die »Kleinfamilie« erfasst, so muss jedenfalls im Bereich des Erbrechts diese Linie weiter gezogen werden. Eine Gleichstellung von nahen Verwandten mit Nichtver-

---

4 Vgl. hierzu auch *Reimann* NJW 2007, 3034.
5 Zuletzt BVerfG – 1 BvR 1644/00 vom 19.4.2005, Abs. 62 = NJW 2005, 1561 ff.
6 Vgl. zum ganzen BVerfGE 91, 346, 360; 99, 341, 349.
7 Eine engere Grenzziehung des Verwandtenerbrechts durch ein Erbgrenze wird zu Recht als zulässig angesehen, vgl. MüKoBGB/*Leipold* Einleitung zu § 1922 Rn. 30 m.w.N.
8 BVerfGE 63, 312, 327; BVerfGE 93, 165, 172 ff. = NJW 1995, 2624.
9 *Lang* hält das neue Recht für verfassungswidrig: StuW 2008, 189 ff.

wandten kann dem nicht gerecht werden.¹⁰ Mittlerweile hat der Gesetzgeber mit Wirkung zum 1.1.2010 diesen Bedenken Rechnung getragen und die Steuerbelastung der Steuerklasse II auf einen Eingangssteuersatz von 15 % und einen Höchstsatz von 43 % reduziert.¹¹

Ebenso ist auch das **Familienerbrecht** als verfassungsrechtlich geschützter Teil des Erbrechts anzusehen. Art. 6 Abs. 1 GG enthält die Pflicht des Staates zur Förderung der Familiensolidarität. Dies gilt sicher im Hinblick auf die nächsten Verwandten, also Kinder und Ehepartner. Allerdings knüpft der Familienbegriff an das bürgerlich-rechtliche Institut der Familie an, die sich nicht auf die Kleinfamilie beschränken lässt. Die Ansicht, dass Geschwister nicht mehr unter den Familienbegriff fallen,¹² lässt sich insb. für das Erbrecht angesichts der gesetzlichen Erbfolge nur schwer verstehen.¹³ Zweifelhaft ist, ob die Rechtsstellung des eingetragenen Lebenspartners ebenfalls verfassungsrechtlichen Schutz genießt. 8

Damit ist jedenfalls auch das **Pflichtteilsrecht** der Kinder und des Ehegatten von der Verfassung geschützt. Als tradiertes Element der Verwandtenerbfolge steht das Pflichtteilsrecht der Testierfreiheit gegenüber. Es soll den wirtschaftlichen und ideellen Zusammenhang von Vermögen und Familie über den Tod des Erblassers hinaus ermöglichen.¹⁴ Ein kompletter Entfall des Pflichtteilsrechts, wie immer wieder diskutiert, lässt sich verfassungsrechtlich nicht umsetzen.¹⁵ 9

III. Begriff des Erbrechts

1. Erbrecht im objektiven Sinne

Erbrecht in diesem Sinne ist die Gesamtheit aller privatrechtlichen Normen, die die Erbfolge regeln. Damit umfasst das Erbrecht nicht nur die im 5. Buch des BGB enthaltenen Vorschriften, sondern auch weitere Normen, die aufgrund ihres Sachzusammenhangs in anderem Kontext stehen. Dies betrifft etwa die §§ 857 und 1371, um nur einige zu nennen. Außerhalb des BGB sind etwa § 10 LPartG, § 14 HeimG, § 27 HGB oder die HöfeO anzuführen. 10

Andere Vorschriften regeln zwar die Rechtsposition Dritter im Falle des Todes des bisherigen Rechtsinhabers, halten sich aber bewusst außerhalb des Erbrechts, weil die Rechte gerade nicht nach den erbrechtlichen Prinzipien übergehen sollen, etwa in den §§ 330, 331, 563, 563a. Sie sind deshalb nicht zum Erbrecht zu rechnen. 11

2. Erbrecht im subjektiven Sinne

Unter dem Erbrecht im subjektiven Sinne ist das Recht einer Person (als Alleinerbe) oder mehrerer Personen (als Erbengemeinschaft) zur Erbfolge zu verstehen. Dieses Erbrecht entsteht erst mit dem Erbfall. Vor dem Erbfall besteht bestenfalls eine Aussicht aufs Erbe.¹⁶ Diese Aussicht kann nur Gegenstand eines Zuwendungs- oder Erbverzichts sein. Das (subjektive) Erbrecht stellt die einheitliche Grundlage für die Erbfolge dar. Ebenso kann das Erbrecht (nur) insgesamt ausgeschlagen werden.¹⁷ 12

Zu beachten ist, dass die einheitliche Verfügung über das Erbrecht des Alleinerben ausgeschlossen ist. Der Erbschaftskauf als Verpflichtungsgeschäft muss beim Alleinerben durch Übertragung der einzelnen Rechte und Verpflichtungen des Nachlasses auf den Käufer umgesetzt werden. Anders ist dies beim Miterben, der durch § 2033 zur Übertragung seines Nachlassanteils ausdrücklich berechtigt wird. 13

---

10 Im Ergebnis ebenso *Crezelius* ZEV 2009, 1, 2; zweifelnd auch *Seer* GmbHR 2009, 225, 229.
11 Siehe unten Rz. 92.
12 So BVerwG NVwZ 1994, 385; BVerfGE 48, 327, 339; *Maunz-Dürig/Badura* GG, Art 6, Rn. 60.
13 Ebenso *Jarras/Pieroth* GG, Art. 6 Rn. 4; MüKo/*Coester-Waltjen* Art. 6, Rn. 11.
14 Vgl. BVerfG, 1 BvR 1644/00 vom 19.4.2005, Abs. 73 m.w.N.
15 BVerfG – 1 BvR 1644/00 vom 19.4.2005, Abs. 77.
16 Eine Anwartschaft ist nur in Sonderfällen, etwa beim Nacherbe, möglich.
17 Die Möglichkeit der Ausschlagung wegen eines bestimmten Berufungsgrundes ändert daran nichts.

14 Im Gegensatz dazu hat der Vermächtnisnehmer im deutschen Recht[18] kein unmittelbares Erbrecht, sondern nur einen schuldrechtlichen Anspruch gegen die Erben, §§ 1939, 2174.

IV. Wesentliche Änderungen

15 Die erbrechtlichen Vorschriften des BGB haben seit ihrem Inkrafttreten eine Vielzahl von Änderungen erfahren, die allerdings die Grundzüge nicht angetastet haben. Auch andere Gesetze hatten Auswirkungen auf die erbrechtlichen Verhältnisse.[19] Da nach Art. 213 EGBGB für alle Erbfälle ab dem 1.1.1900 die Regeln des BGB anzuwenden sind, wird diese Vorschrift auch bei späteren Gesetzesänderungen entsprechend angewandt, soweit nicht in speziellen Übergangsvorschriften etwas anderes geregelt ist.[20] Insoweit sind frühere Vorschriften nur für Erbfälle der Vergangenheit von Bedeutung.

16 Einige Änderungen, auch außerhalb der erbrechtlichen Vorschriften, haben aber nach wie vor Bedeutung auch für heutige Erbfälle und sollen deshalb gesondert angeführt werden:

1. Nichteheliche Kinder

17 Bei nichtehelichen Kindern hat es nicht nur eine Änderung gegeben. Bis zum 1.7.1970 gab es für nichteheliche Kinder und ihre Väter mangels Verwandtschaft kein gesetzliches Erbrecht. Durch Art. 1 Nr. 88 NEhelG[21] wurde dem nichtehelichen Kind und seinem Vater (und auch gegenüber den väterlichen Verwandten) erstmalig ein Erbrecht eingeräumt. Gleichzeitig wurde für diese Kinder unter bestimmten Umständen ein (später wieder abgeschaffter) Erbersatzanspruch und ein Anspruch auf vorzeitigen Erbausgleich in den §§ 1934a bis e[22] zugebilligt.

18 Durch die Überleitungsvorschrift in Art. 12 § 10 NEhelG wurde für Erbfälle vor dem 1.7.1970 die bisherige Rechtslage beibehalten, für spätere Erbfälle auf das neue Recht abgestellt. Für **vor dem 1.7.1949** geborene Kinder machte Art. 12. § 10 Abs. 2 NEhelG eine Ausnahme. Hier blieb es auch bei späteren Erbfällen bei der früheren Rechtslage (keine Verwandtschaft, kein Erbrecht) gegenüber dem Vater.[23] Diese Regelung wurde vom Bundesverfassungsgericht in zwei Entscheidungen für verfassungsgemäß erklärt.[24] Kind und Vater konnten nach Art. 12 § 10a NEhelG für künftige Erbfälle durch notariell beurkundete Vereinbarung hiervon abweichen.[25] Ebenso führte eine spätere Eheschließung der Eltern in der bis zum 30.6.1998 gültigen Fassung von § 1719 BGB zur nachträglichen Legitimation und zum gesetzlichen Erbrecht. Für nach dem 1.7.1998 geschlossene Ehen gilt trotz Aufhebung der Vorschrift das Gleiche.[26] Allerdings hat jetzt der Europäische Gerichtshof für Menschenrecht (EGMR) die deutsche Rechtslage als konventionswidrige Diskriminierung beurteilt, soweit es im konkreten Fall ein Familienleben gab.[27] Konsequenz dieser Entscheidung wird sein, dass der deutsche Gesetzgeber für Erbfälle ab dem

---

18 Dies ist nicht zwingend und insb. in den romanischen Rechtsordnungen anders. Nach französischem Recht erwirbt der Universalvermächtnisnehmer (légataire universel) oder Erbteilvermächtnisnehmer (légataire à titre universel) direkt mit dem Erbfall. Selbst der dem deutschen Recht nahekommende Stückvermächtnisnehmer (légataire particulier) erwirbt unmittelbar, Art. 1014 Abs. 1 code civil, s.a *Große-Wilde*, EE, 2008, 197 ff.
19 Ein umfassender Überblick findet sich bei MüKoBGB/*Leipold* Einleitung zu § 1922 Rn. 62 ff.
20 BGH NJW 1989, 2054 (für das zur Pflichtteilsentziehung maßgebliche Recht).
21 Gesetz über die rechtliche Stellung der nichtehelichen Kinder vom 19.8.1969, BGBl I, 1243.
22 Die Vorschriften sind kommentiert etwa von MüKoBGB/*Leipold*, 3. Auflage oder von *Palandt/Edenhofer*.
23 Vgl. MüKoBGB/*Leipold* Einleitung zu § 1922 Rn. 121 ff.
24 BVerfGE 44, 1 = NJW 1977, 1677; BVerfG ZEV 2004, 114.
25 Zu den Einzelheiten s. MüKoBGB/*Leipold* Einleitung zu § 1922 Rn. 128 ff.
26 BVerfGE 1 BvR 755/08 vom 8.1.2009, Abs. 24.
27 EGMR v. 28.5.2009 – Brauer vs Germany ZEV 2009, 510.

28.5.2009 eine geänderte Regelung finden muss, die die Diskriminierung vermeidet.[28] Bis dahin wird allerdings wegen der klaren gesetzlichen Regelung eine geänderte Beurteilung durch die Gerichte ausgeschlossen sein.[29] Einen Referentenentwurf hat der Bundesminister der Justiz bereits vorgelegt, nach dem für Erbfälle nach dem 28.5.2009 Art. 12 § 10 Abs. 2 NEhelG gestrichen werden soll. Bei hinterbliebenen Ehefrauen oder Lebenspartner soll das Kind aber nur Nacherbe werden. Für frühere Erbfälle wird ein Entschädigungsanspruch eingeführt, wenn der Fiskus Erbe war.[30]

Eine weitere Besonderheit ergab sich dann aufgrund der Deutschen Einheit. Nach Art. 235 EGBGB galt die zeitliche Begrenzung für vor dem 1.7.1949 geborene nichteheliche Kinder dann nicht, wenn der Erblasser am 3.10.1990 seinen gewöhnlichen Aufenthaltsort im Gebiet der ehemaligen DDR hatte.[31] Für diese Kinder bestand von vornherein die volle erbrechtliche Gleichstellung, den Verweis auf einen Erbersatzanspruch gab es hier nicht. **19**

Schließlich wurde für alle ab dem 1.4.1998 eingetretenen Erbfälle die volle erbrechtliche Gleichstellung der nichtehelichen Kinder eingeführt.[32] Gleichzeitig wurden der Erbersatzanspruch und der Anspruch auf vorzeitigen Erbausgleich wieder beseitigt. Hiervon blieben lediglich die vor dem 1.7.1949 geborenen Kinder nach wie vor ausgenommen. **20**

Wegen der bis dahin bestehenden Möglichkeit, durch eine Vereinbarung einen vorzeitigen Erbausgleich herbeizuführen, musste aber eine Überleitung erfolgen. Nach Art. 227 Abs. 1 Nr. 2 EGBGB blieb es auch bei einem späteren Erbfall bei der bisherigen Rechtslage, wenn zwischen Vater und nichtehelichem Kind eine wirksame Vereinbarung über den vorzeitigen Erbausgleich geschlossen worden war. Außerdem werden Zahlungen auf einen nicht wirksam zustande gekommenen Erbausgleich nach Art. 227 Abs. 2 EGBGB als Ausstattung im Sinne der Anrechnungsvorschriften behandelt.[33] **21**

2. Adoptierte Kinder

Bis zum Adoptionsgesetz[34] bestand ein Verwandtschaftsverhältnis nur zwischen dem Angenommen und dem Annehmenden. Die Verwandtschaft zur leiblichen Familie blieb bestehen. Der Annehmende erhielt kein Erbrecht nach dem Angenommen. Im Annahmevertrag konnte auch das Erbrecht des Angenommenen ausgeschlossen werden. **22**

Mit Wirkung zum 1.1.1977 ergaben sich wesentliche Änderungen. Die Adoption Minderjähriger wurde jetzt als Volladoption ausgestaltet, so dass das Kind die volle Rechtsstellung eines leiblichen Kindes des Annehmenden erhält. Die verwandtschaftlichen Beziehungen zu den bisherigen Eltern und Verwandten fallen weg. Dies wirkt sich auch auf die erbrechtliche Stellung in gleicher Weise aus. **23**

Bei der Erwachsenenadoption entsprechen die Wirkungen der Rechtslage vor dem Adoptionsgesetz. Danach erstreckt sich die Annahme nicht auf die Verwandten des Annehmenden oder dessen Ehegatten.[35] Außerdem bleibt der Angenommene mit seinen bisherigen Verwandten verwandt. Hierdurch können 3 oder 4 gesetzlich erbberechtigte Elternteile beim Tode des Angenommenen vorhanden sein.[36] **24**

Für die Kinder, die am 1.1.1977 bereits angenommen, aber noch minderjährig waren, ergibt sich aus den Überleitungsvorschriften in Art. 12 AdoptG im Regelfall die Anwen- **25**

---

28 Ausführlich hierzu *Leipold* ZEV, 2009, 488; ebenso MüKoBGB/*Leipold* Einleitung zu § 1922 Rn. 130.
29 OLG Stuttgart ZErb 2010, 34.
30 Zum Entwurf ausführlich *Krause* EE 2010, 70.
31 Anderer Ansicht LG Chemnitz ZEV 2007, 227 mit (ablehnender) Anm. *de Leve*.
32 Gesetz zur erbrechtlichen Gleichstellung nichtehelicher Kinder, vom 16.12.1997, BGBl I 2968, berichtigt BGBl I 1998, 524.
33 Zu den Einzelheiten MüKoBGB/*Leipold* Einleitung zu § 1922 Rn. 131.
34 Gesetz über die Annahme als Kind und zur Änderung anderer Vorschriften vom 2.7.1976, BGBl I S. 1749.
35 Ausnahmen sind nach § 1772 gleichwohl möglich.
36 S. hierzu § 1925 Rz. 8.

dung des neuen Rechts ab dem 1.1.1978. Dies galt nur dann nicht, wenn bis zu diesem Zeitpunkt einer der Beteiligten in notarieller Urkunde gegenüber dem Amtsgericht Berlin-Schöneberg eine Erklärung abgegeben wurde, dass am alten Rechtszustand festgehalten werden solle, Art. 12 § 2 AdoptG.[37]

3. Ehegattenerbrecht

26 Durch das GleichberG[38] wurde mit Wirkung zum 1.7.1958 die Zugewinngemeinschaft eingeführt und § 1371 BGB mit den dort enthaltenen erbrechtlichen Regelungen eingefügt. Der dem Ehegatten bis dahin zustehende gesetzliche Erbteil lag bei ¼, eine Erhöhungsmöglichkeit wie in § 1371 Abs. 1 gab es noch nicht.

27 Durch das NichtEhelG wurde mit Wirkung ab dem 1.7.1970 § 1931 Abs. 4 für den Fall der Gütertrennung eingefügt. Hierdurch erhöht sich der Erbteil des Ehegatten in den dort angeführten Fällen.

28 Beide Änderungen können für bisher nicht aufgelöste Erbengemeinschaften bei einer Auseinandersetzung von Bedeutung sein.

4. Reformvorhaben

29 Grundlegende erbrechtliche Reformen wurden beginnend bereits 1908 immer wieder diskutiert,[39] sind aber letztlich unterblieben. Seit 2007 lag ein Reformentwurf der Regierung,[40] insb. zum Pflichtteilsrecht und zu den Ausgleichungsvorschriften, vor, der mit Wirkung zum 1.1.2010 in Kraft getreten ist.[41] Bis auf die geplante Änderung von § 2306 und die in der Praxis unbedeutenden Vorschriften der Pflichtteilsentziehung hatten die geplanten Änderungen vielfache, oft auch berechtigte Kritik erfahren.[42] Im Ergebnis wurde deshalb nur eine gegenüber dem Entwurf deutlich reduzierte Version verabschiedet. Die Neuregelung ist in den nachfolgenden Vorschriften eingearbeitet.

30 Auch die Europäische Kommission hat 2005 ein Grünbuch zum Erb- und Testamentsrecht vorgelegt, das eine Harmonisierung insb. im Kollisionsrecht, teilweise aber auch im materiellen Recht erörtert.[43] Die Kommission hat diese Initiative jetzt aufgenommen und eine entsprechende Verordnung für die Abwicklung von Nachlasssachen mit Auslandsbezug in der EU vorgeschlagen.[44] Durch diese Verordnung soll u.a. sichergestellt werden, dass in allen Fällen nur ein einziges Gericht zuständig sein kann, außerdem soll ein europäisches Nachlasszeugnis eingeführt werden. Die Verordnung sieht weiter vor, dass sich in Zukunft das anwendbare Recht für Erbfälle vorrangig nach dem Recht des letzten Wohnortes richtet, allerdings mit Wahlrechtsmöglichkeiten zugunsten der Staatsangehörigkeit.[45] Die Anknüpfung an die Staatsangehörigkeit wird auf europäischer Ebene als politisch

---

37 Zu den Einzelheiten MüKoBGB/*Maurer* 5. Aufl. § 1772 Anh. Rn. 8 ff.
38 Gesetz über die Gleichberechtigung von Mann und Frau auf dem Gebiete des bürgerlichen Rechts vom 18.6.1957, BGBl. I, S. 609 (GleichberG).
39 Zum Reformentwurf 1908 vgl. *Bamberger* DJZ 1910, 69, zur Reformentwicklung ab 1969 vgl. *Lange/Kuchinke* § 2 V 1.
40 Regierungsentwurf des Gesetz zur Änderung des Erb- und Verjährungsrechts (BTDrs. 16/8954).
41 Der Entwurf war nach der 1. Lesung in die Ausschüsse verwiesen worden. Der Rechtsausschuss des Bundestages führte am 8.10.2008 eine Expertenanhörung durch. Eine Beschlussempfehlung lag Mitte April 2009 noch nicht vor.
42 Vgl. die ausführliche Stellungnahme von *J. Mayer* in der öffentlichen Anhörung, abrufbar unter www.bundestag.de/ausschuesse/.
43 KOM(2005) 0065, abrufbar unter www.eur-lex.europa.eu.
44 Pressemitteilung der Europäischen Kommission vom 14.10.2009 (IP/09/1508) und KOM(2009) 0154, abrufbar unter www.eur-lex.europa.eu.
45 KOM (2009) 0154; s. hierzu auch *Dörner* ZEV 2005, 137 ff.

nicht mehr korrekt betrachtet.⁴⁶ Ob, wann und in welcher Form die Verordnung in Kraft treten könnte, ist noch offen.⁴⁷ Allerdings wurde auch durch das seit dem 1.9.2009 in Kraft getretene FamFG die internationale Zuständigkeit ausdrücklich geregelt und die Zuständigkeit dem örtlich zuständigen Gericht zugewiesen, § 105 FamFG. Diese richtet sich nach dem letzten Wohnsitz des Erblassers, § 343 Abs. 1 FamFG. Dies ist nach den §§ 7–11 BGB der Mittelpunkt der gesamten Lebensverhältnisse einer Person.⁴⁸

V. Erbrechtliche Grundsätze

Im Erbrecht sind einige grundlegende Wertungen enthalten, die in ihrem Kerngehalt auch durch das Grundgesetz abgesichert sind. 31

Die **Privaterbfolge** lenkt das Vermögen des Erblassers grundsätzlich wieder in die private Hand des Erben. Dies ist auch die Konsequenz der Eigentumsordnung insgesamt. Eine Begrenzung der Erbordnungen durch eine Erbgrenze wurde auch aus diesem Grunde bei der Schaffung des BGB abgelehnt. 32

Die **Testierfreiheit** gewährt dem Erblasser die Möglichkeit, durch Verfügung von Todes wegen seinen Erben selbst zu bestimmen oder einzelne Gegenstände bzw. bestimmte Gegenstände zuzuweisen. Zudem kann er dem Begünstigten Anweisungen für die Verwaltung mitgeben und so seinen Willen auch noch nach seinem Tode durchsetzen. Insoweit entspricht die Testierfreiheit in gewisser Weise der Privatautonomie des Vertragsrechts.⁴⁹ 33

Das **Familienerbrecht** findet seine Grundlage in einer 2000-jährigen Tradition, die vom römischen, aber auch vom germanischen Recht gleichermaßen abgeleitet ist. Es entspricht gleichzeitig auch den heutigen Wertungen,⁵⁰ wobei dem Ehegatten heute eine stärkere Position eingeräumt ist. In diesen Kontext ist heute auch das Erbrecht (und Pflichtteilsrecht) des eingetragenen Lebenspartners einzuordnen. Zum Familienerbrecht gehört letztlich auch das Pflichtteilsrecht, mit dem die Testierfreiheit durchbrochen wird. 34

Zwischen dem Pflichtteilsrecht und der Testierfreiheit besteht ein Spannungsverhältnis, dass das Erbrecht dadurch zu lösen sucht, dass es den engsten Verwandten und dem Ehegatten eine Mindestteilhabe am Nachlass sichert. Umgekehrt bleibt das weitere Vermögen frei verfügbar. Lediglich in Sonderfällen kann das Pflichtteilsrecht unter (sehr) engen Voraussetzungen entfallen. 35

Die **Gesamtrechtsnachfolge** wird man nicht mehr als zu den leitenden Grundsätzen gehörig ansehen.⁵¹ In ihr kommt nur ein zwar bedeutsames, aber nur technisches Umsetzungsprinzip des BGB zum Tragen.⁵² Der Gesamtrechtsnachfolge liegt keine Wertentscheidung zugrunde. Sie könnte ohne weiteres auch durch andere Umsetzungssysteme ersetzt werden, wie sie in ausländischen Rechtsordnungen vorhanden sind, die gleichwohl auf den identischen Wertentscheidungen für Privateigentum und Freiheit aufbauen.⁵³ 36

Die Ausgestaltung des Erbrechts des BGB geht auf das römische Recht zurück. Das erbrechtliche Instrumentarium und viele Einzelregelungen gehen auf das antike römische Recht zurück, die deshalb auch in anderen europäischen Rechtsordnungen in vergleichbarer Form zu finden sind. 37

Während das römische Recht bereits frühzeitig den Grundsatz der Universalsukzession verfolgte, hatte das germanische Recht Grundbesitz und Fahrnis getrennt vererbt.⁵⁴ Aller- 38

---

46 Vgl. die Anmerkung zu EuGH FamRZ 2009, 1571 – Hadidi – von *Kohler* FamRZ 2009, 1574; ebenso *Süß* ZErb 2009, 343.
47 *Süß* ZErb 2009, 342 geht sehr optimistisch von 2011 aus.
48 BayObLGZ 93, 89, Vgl. weiter zum neuen Recht *Kroiß* ZEV 2009, 493.
49 *Kipp/Coing*, S. 6.
50 Vgl. etwa BGH NJW 1983, 674, 675.
51 Anders *Lange/Kuchinke*, S. 9; unklar *Kipp/Coing*, S. 4.
52 Dafür etwa *Kipp/Coing*, S. 4; MüKoBGB/*Leipold*, Einleitung zu § 1922 Rn. 4 ff.
53 S. etwa das englische Recht.
54 *Lange/Kuchinke* S. 6.

dings wurde zunächst nur innerhalb der Familie vererbt, ein Recht des Erblassers zur Verfügung von Todes wegen kam erst im Laufe der Zeit auf.[55] Reste dieser germanischen Tradition finden sich heute noch in der Höfeordnung, bei der der bäuerliche Hof nach anderen Systemen übergeht.

39 Auch der **unmittelbare Übergang** des Nachlasses ipso jure hat hier seinen Ursprung. Im frühen germanischen Recht erfolgte diese Umsetzung durch einen Treuhänder,[56] ähnlich wie er als personal representative auch heute noch im angelsächsischen Rechtskreis vorhanden ist.[57] In den romanischen Rechtsordnungen ist teilweise auch eine ausdrückliche Annahme erforderlich.[58]

VI. Totenfürsorge

40 Die Entscheidungen über die Bestattung, aber ebenso auch die Rechte an den sterblichen Überresten, stehen nicht den Erben, sondern den nächsten Angehörigen zu.[59] Dies gilt unabhängig von der Verpflichtung der Erben, die Kosten der Bestattung nach § 1968 BGB zu tragen. Betroffen sind hiervon die Art und der Ort der Bestattung, die Auswahl und Beschriftung des Grabmals, eine spätere Umbettung, die Exhumierung, die Obduktion sowie der Umgang mit den sterblichen Überresten. Mit zu den sterblichen Überresten gehören auch fest verbundene künstliche Teile (Zahngold,[60] künstliche Gelenke, Herzschrittmacher).[61] Hierin gehört auch das Recht zur Gestaltung des Grabes und die Grabpflege.[62] Berechtigt (und verpflichtet) ist hier zunächst der (auch getrennt lebende) Ehegatte, dann die Kinder (auch wenn sie noch minderjährig sind),[63] schließlich die weiteren Verwandten in der Reihenfolge des §2 des Feuerbestattungsgesetzes bzw. der entsprechenden landesrechtlichen Vorgaben.[64]

41 Bei ihren Entscheidungen haben die Berechtigten zunächst auf den geäußerten oder mutmaßlichen Willen des Verstorbenen abzustellen. Dieser Wille muss hierbei nicht formgerecht erklärt sein.[65] Im Übrigen sind bei einer Entscheidung die frühere Lebensstellung des Erblassers und die Stellung seiner Familie zu beachten.[66] Bei einer Umbettung ist zudem die Totenruhe einzubeziehen, die ein solches Verlangen nur bei besonderen Gründen gestattet.[67] Eine gerichtlich angeordnete Exhumierung muss der Berechtigte dulden.[68]

42 Allerdings ist der Erblasser berechtigt, auch für die Totenfürsorge Anordnungen zu treffen. So kann er das Recht zur Totenfürsorge Dritten, etwa seinem Lebensgefährten oder dem Testamentsvollstrecker übertragen. Ebenso kann er konkrete Anordnungen für den Umgang mit seinen sterblichen Überresten treffen.

43 Über Streitigkeiten im Zusammenhang mit der Totenfürsorge entscheidet das Zivilgericht. Die Beweislast für einen bestimmten Willen des Verstorbenen trägt derjenige, der ihn behauptet.[69]

---

[55] *Kipp/Coing* S. 5.
[56] *Lange/Kuchinke* S. 7.
[57] *Süß/Odersky* England und Wales, I 2 c.
[58] So etwa im spanischen Recht, vgl. den Überblick bei *Große-Wilde* EE 2008, 99.
[59] BGH FamRZ 92, 657.
[60] Im Ergebnis OLG Bamberg NJW 2008, 1543.
[61] Sonstige Hilfsmittel wie Prothesen fallen in den Nachlass.
[62] *Lange/Kuchinke* S. 106; OLG Frankfurt/Main NJW RR 1989, 1159; LG Bonn NJW-RR 1994, 522; AG Grevenbroich NJW 1998, 2063, dies gilt unabhängig von den Kosten der Grabpflege, s. hierzu § 1968 Rz. 5 f.
[63] AG Brandenburg FamRZ 2009, 1518 m.w.N.
[64] OLG Leipzig FamRZ 2005, 1124; MüKoBGB/*Küpper* § 1968 Rn. 7; *Lange/Kuchinke* S. 105.
[65] BGH NJW-RR 1992, 834.
[66] Unzulässig kann etwa das Pressen von künstlichen Diamanten aus der Asche des Verstorbenen sein, vgl. AG Wiesbaden NJW 2007, 2562.
[67] OLG Oldenburg NJW-RR 1990, 1416.
[68] OLG Hamm FamRZ 2005, 1192.
[69] BGH FamRZ 1992, 657.

Das Totenfürsorgerecht ist ein sonstiges Recht i.S.d. § 823 I BGB. Der Rechtsinhaber **44** kann deshalb Unterlassungs-, Beseitigungs- und Schadensersatzansprüche haben.[70]

Organentnahmen für eine Transplantation regeln sich nach den §§ 3 ff. des Transplantati- **45** onsgesetzes.[71] Hiernach ist zunächst der schriftlich geäußerte Wille des Verstorbenen maßgeblich. Liegt nichts vor, sind die nächsten Angehörigen nach Maßgabe obiger Ausführungen zur Entscheidung berufen, wobei sie den mutmaßlichen Willen des Verstorbenen zu beachten haben.

Samenspenden, Eizellen oder Embryonen unterliegen nicht dem Erbrecht, sondern den **46** vom Spender getroffenen Bestimmungen.[72]

VII. Sonderrechtsnachfolgen

In einigen Bereichen bestehen Sondererbfolgen, die für einzelne Nachlassgegenstände oder **47** Nachlassgesamtheiten eine Ausnahme vom Grundsatz der Universalsukzession darstellen. Besonderheiten gelten wegen des Vorrangs des Gesellschaftsrechts etwa bei der Nachfolge in Personengesellschaftsanteile.[73] Bei arbeitsrechtlichen Ansprüchen besteht keine Sonderrechtsnachfolge, hier ist im Einzelfall nur der Übergang als solcher fraglich.[74]

1. Höfe- und Anerbenrecht

Eine Sondererbfolge ordnen die Höfeordnung[75] (für die Länder Hamburg, Niedersachsen, **48** Nordrhein-Westfalen und Schleswig-Holstein) oder vergleichbare Landesgesetze (für Südbaden, Bremen, Hessen und Rheinland-Pfalz) für landwirtschaftliche Betriebe an. Die Sondererbfolge gilt nur für Höfe im Sinne dieser Gesetze, wobei die Regelungen in den Ländern unterschiedlich sind. Typischerweise geht der Hof auf jeweils einen Hoferben über, während die weichenden Miterben nur Abfindungsansprüche auf der Basis geringer Werte haben. Nachabfindungsansprüche können entstehen, wenn der Hof oder Teile davon vom Hoferben innerhalb von 20 Jahren nach dem Erbfall veräußert oder belastet werden.[76] Miterfasst werden hier auch die auf dem Hof liegenden Nachlassverbindlichkeiten, § 15 HöfeO.

Daneben kann außerhalb des Anwendungsbereichs der Höfeordnung und der entspre- **49** chenden Landesgesetze auch eine Zuweisung eines landwirtschaftlichen Betriebes nach den §§ 13 ff. Grundstücksverkehrsgesetz[77] auf Antrag eines Miterben durch das Landwirtschaftsgericht erfolgen. Insoweit ist aber keine Sondererbfolge gegeben. Hierbei bleiben die Verbindlichkeiten außerhalb der Zuweisung und sind zunächst aus dem hoffreien Vermögen zu bedienen, § 16 Abs. 2 GrdstVG. Auch hier besteht für einen Zeitraum von 15 Jahren ein Anspruch auf Nachabfindung.[78]

2. Postmortales Persönlichkeitsrecht

Das Persönlichkeitsrecht kann auch über den Tod hinauswirken und unterliegt dann eben- **50** falls dem Schutz über die im Gesetz geregelten Fälle (§ 22 KunstUrhG, § 83 UrhG, §§ 168, 189 StGB) hinaus. Differenziert wird hierbei zwischen den ideellen und den vermögenswerten Bestandteilen des Persönlichkeitsrechts. Bei einer Verletzung der ideellen Teile

---

70 OLG Karlsruhe ZEV 2001, 445.
71 Transplantationsgesetz vom 5.11.1997, BGBl I, 2631.
72 *Soergel/Stein* Rn. 21.
73 S. hierzu § 1922 Rz. 30 ff.
74 Vgl. MüKoBGB/*Leipold* § 1922 Rn. 30.
75 Fassung vom 26.7.1976, BGBl. I S. 881.
76 S. hierzu MüKoBGB/*Leipold*, Einleitung zu § 1922 Rn. 167 ff.; *Lange/Wulff/Lüdtke-Handjeri* § 13 Rn. 21 ff., *Frieser/Dingerdissen* Landgut- und Höferbrecht Rn. 142.
77 Grundstückverkehrsgesetz vom 26.7.1961, BGBl I S. 1091, 1652, 2000.
78 *Frieser/Dingerdissen* Landgut- und Höferbrecht Rn. 89 ff.

steht dem Berechtigten nur ein Abwehrrecht zu.[79] Die Berechtigung folgt hier der Berechtigung zur Totenfürsorge.[80] Bei einer Verletzung der vermögenswerten Bestandteile bestehen sowohl Abwehr- als auch Schadensersatzansprüche, die dann aber dem Erben zustehen. Dieser Schutz der vermögenswerten Bestandteile des Persönlichkeitsrechts endet 10 Jahre nach dem Tode entsprechend § 22 S. 3 KUG.[81]

51 Der Anspruch auf Einsicht in die Patientenunterlagen steht nicht den Angehörigen, sondern den Erben zu, weil dieses auch eine vermögensrechtliche Komponente enthält.[82] Sollen durch die Erben Ansprüche wegen eines Behandlungsfehler des Arztes geltend gemacht werden, so ist eine mutmaßliche Einwilligung des Verstorbenen regelmäßig anzunehmen.[83]

3. Wohnraummiete

52 Für die Wohnraummiete gelten die besonderen Regeln des Mietrechts für den Tod des Mieters in den §§ 563, 563a vorrangig. Nur wenn nach diesen Vorschriften Eintritts- bzw. Fortsetzungsberechtigte nicht vorhanden sind, treten die Erben des Mieters ein, § 564 BGB. Bei Tode des Vermieters ergeben sich dagegen keine Besonderheiten.

53 Eintrittsberechtigt sind hier sind hier nur diejenigen Personen, die mit dem Erblasser einen gemeinsamen Haushalt geführt haben. Vorrangig tritt der Ehegatte oder der Lebenspartner, anschließend die Kinder und weitere Verwandte ein. Über § 563 Abs. 2 S. 4 gilt dies auch für andere Personen, die mit dem Erblasser einen auf Dauer angelegten Haushalt führten. Die eintrittsberechtigten Haushaltsmitglieder können binnen Monatsfrist ab Kenntnis vom Tode des Mieters erklären, dass sie das Mietverhältnis nicht fortsetzen wollen.

54 Waren mehrere Personen Mieter, so wird das Mietverhältnis nach § 563a BGB mit den überlebenden Mietern fortgesetzt. Hier haben die überlebenden Mieter innerhalb der vorgenannten Frist ein außerordentliches Kündigungsrecht.[84]

4. Rechtsgeschäfte auf den Todesfall

55 Ein Vermögensanfall außerhalb des Nachlasses kann auch durch lebzeitige Rechtsgeschäfte auf den Todesfall ausgelöst werden.

56 Bei Kapitallebensversicherungen liegen häufig widerrufliche Bezugsrechte vor, die mit dem Tode des Versicherungsnehmers unwiderruflich werden. Besteht keine Bezugsberechtigung, fällt die Versicherungssumme in den Nachlass. Wird eine Lebensversicherung als Sicherheit für Kreditverbindlichkeiten abgetreten, so liegt darin ein Widerruf des Bezugsrechtes, soweit dieser für den Sicherungszweck erforderlich ist. Dies beinhaltet regelmäßig, dass die Sicherheit in erster Linie zur Tilgung der gesicherten Darlehen herangezogen werden kann, ohne dass dies zu Ausgleichsansprüchen des Bezugsberechtigten gegenüber den Erben führt.[85] Umstritten war, wenn als Bezugsberechtigte »die Ehefrau« benannt war, ob durch die Scheidung der Ehe die Geschäftsgrundlage für das Bezugsrecht entfallen war und welche Ehefrau bei mehreren Eheschließungen gemeint war. Dies ist mittlerweile höchstrichterlich dahin entschieden, dass der zum Zeitpunkt der Festlegung verheiratete Ehegatte gemeint ist und sich hieran auch durch die Scheidung nichts ändert.[86] Dieses Ergebnis ist allerdings nicht überzeugend und aus der Sicht der Betroffenen nicht erklär-

---

79 BGH ZEV 2006, 270 = NJW, 2006, 605.
80 OLG Köln NJW 1999, 1969; *Frieser/Scholz Löhnig*, § 1922 Rn. 82; a.A. AG Charlottenburg MMR 2005, 254.
81 S. zum ganzen BGH ZEV 2007, 131 = NJW 2007, 684 (Klaus Kinski); BVerfG ZEV 2007, 129.
82 BGH NJW 1983, 2627; OLG München ZEV 2009, 40.
83 OLG München ZEV 2009, 40.
84 S. zum ganzen *Lange/Kuchinke* S. 147 ff. sowie die Kommentierungen zu den §§ 563 ff. BGB.
85 OLG Koblenz ZEV 2007, 389.
86 BGH NJW-RR 2007, 976.

bar. Es dürfte regelmäßig nicht den Vorstellungen des Versicherungsnehmers entsprechen, dass seine geschiedene Ehefrau in den Genuss einer von ihm abgeschlossenen Lebensversicherung kommt. Die sich ausschließlich am Wortlaut der Bezugsberechtigung orientierende Auslegung übersieht, dass der Wille der Vertragsparteien ebenso zu berücksichtigen wäre. Es dürfte deshalb ohne weiteres auf § 313 Abs. 2 zurückgegriffen werden, wenn der BGH schon die in § 2077 Abs. II enthaltenen Rechtsgedanken nicht aufnehmen will.

Ein weiteres Beispiel sind Bank- und Bauspargutbhaben mit Anweisungen an die Bank oder Bausparkasse zugunsten Dritter. Ebenso werden hiervon Schenkungen auf den Todesfall erfasst, soweit sie vollzogen sind. Diese Möglichkeiten des Erblassers werden nicht als Umgehung der erbrechtlichen Vorschriften, sondern als zulässige Gestaltungen angesehen. Freilich ist die Abgrenzung im Einzelfall nicht einfach.[87] Eine transmortale Vollmacht berechtigt nur zur Verfügung über das Guthaben, nicht zur Umschreibung des Kontos.[88]

57

VIII. Öffentlich-rechtliche Positionen

Der Übergang dieser Positionen richtet sich in erster Linie nach dem öffentlichen Recht bzw. dem Zweck der jeweiligen Vorschriften. Bei Fehlen derartiger Vorgaben kann § 1922 entsprechend angewandt werden. Bei laufenden Ansprüchen können nur die bereits vor dem Tode entstandenen Ansprüche vererblich sein. Vielfach gehen die Ansprüche in der Person des Verstorbenen unter und entstehen bei den Angehörigen neu.

58

1. Sozialleistungen

Geldleistungsansprüche nach dem Sozialgesetzbuch, die zu Lebzeiten des Verstorbenen entstanden waren, gehen nach § 58, 59 SGB I nur dann auf die Erben über, wenn keine Sonderrechtsnachfolge besteht (regelmäßig nach den §§ 56 und 57 bei gemeinsamem Haushalt) und über sie ein Verwaltungsverfahren anhängig war oder der Anspruch festgestellt war. Sach- und Dienstleistungsansprüche erlöschen dagegen. Allerdings wird bei Sozialhilfeleistungen nach wie vor Unvererblichkeit angenommen,[89] wenn nicht wegen Säumigkeit der Behörde ein Dritter vorgeleistet hatte und hierdurch Schulden des Erblassers entstanden waren.[90] Anders ist dies bei Rückerstattungsansprüchen des Staates, hier gehen die Verpflichtungen auf die Erben über.[91] Auch der sozialrechtliche Anspruch auf Feststellung einer Behinderung ist nicht vererblich.[92] Gleiches gilt auch für Blindengeld im Land Schleswig-Holstein.[93]

59

Bei Wohngeld wird Vererblichkeit angenommen, wenn der Erblasser alleiniger Mieter war. Ebenso sind Ansprüche auf Rückgewähr von Sozialversicherungsbeiträgen nicht personengebunden und vererblich.

60

2. Beamtenrechtliche Ansprüche

Das Beamtenverhältnis ist unvererblich.[94] Nur rückständige Gehaltsansprüche einschließlich des Sterbemonats gehen auf die Erben über. Die den Hinterbliebenen zustehenden Ansprüche etwa auf Sterbegeld entstehen mit dem Tode des Beamten neu bei den Berech-

61

---

87 Zu den Einzelheiten s. § 2301 Rz. 14 ff.
88 BGH ZEV 2009, 306 mit Anm. *Werkmüller*.
89 MüKoBGB/*Leipold* Einleitung zu § 1922 Rn. 194.
90 BVerwG NJW 1994, 2844.
91 BGH NJW 95, 2287; OLG Köln ZEV 2007, 489 (zum Anspruch nach 528 BGB); BVerwG NJW 2002, 1892 (bei überzahltem Pflegegeld); LSG NRW, ZEV 2008, 548 (bei darlehensweise gewährter Sozialhilfe).
92 LSG Baden-Württemberg BeckRS 2009, 68963 = EE 2010, 40 (*Sarres*).
93 OVG Schleswig FamRZ 2009, 1865.
94 Vgl. etwa VG Stuttgart v. 15.11.2007 – 17 K 3803/07, FD-ErbR 2007, 247643.

Franz M. Große-Wilde

Einleitung vor § 1922 BGB

tigten. Eine Anrechnung des Sterbegeldes auf die Beerdigungskosten kommt deshalb nicht in Betracht. Beihilfeansprüche gehören zum Nachlass, wenn sie vor dem Tode festgesetzt wurden.[95]

62 Eigene Beihilfeansprüche für die bis zum Tode des Beamten und aus Anlass des Todes entstandenen Aufwendungen stehen den Hinterbliebenen nach § 16 Abs. 1 BhV zu, wenn sie die Originalbelege vorlegen. Gleiches gilt auch für diejenigen, die derartige Aufwendungen bezahlt haben. Auch für die Erben gilt dies schließlich, wenn der Erblasser die Aufwendungen schon bezahlt hatte.

3. Steuern

63 Forderungen und Verbindlichkeiten aus dem Steuerschuldverhältnis gehen nach § 45 Abs. 1 AO auf den Erben über, soweit Gesamtrechtsnachfolge stattfindet. Hierzu gehören auch Säumniszuschläge und andere Nebenforderungen, auch wenn Säumniszuschläge Elemente mit Beugecharakter enthalten. Auch im Übrigen tritt der Erbe in die abgabenrechtliche Stellung des Erblassers, etwa im Hinblick auf Wahlrechte, ein.[96] Von diesem Grundsatz bestehen allerdings wesentliche Ausnahmen.

64 Während nach früherer Auffassung Verlustabzüge nach § 10d EStG vererbt wurden, hat der BFH dies jetzt verneint.[97] Allerdings hat er im Hinblick auf den Schutz des Vertrauens dies nur für Erbfälle in der Zukunft (ab dem 13. März 2008) vorgesehen. Hier kann dem Erben im Einzelfall noch die Ausübung von Wahlrechten helfen.[98] Wird der Fiskus Erbe, so bleibt ein Einkommensteueranspruch bei Zusammenveranlagung beim überlebenden Ehegatten bestehen, soweit ein Zugriffsrecht nach § 278 Abs. 2 AO besteht.[99]

65 Ausgenommen sind außerdem Zwangsgelder, die reinen Beugecharakter haben, § 45 Abs. 1 S. 2 AO.

66 Auch Geldstrafen und Geldbußen gehen nicht auf die Erben über, §§ 459c StPO, 101 OWiG. Selbst für die Verfahrenskosten haftet der Nachlass dann nicht, wenn das Verfahren beim Tod noch nicht rechtskräftig abgeschlossen war.

4. Restitutionsansprüche

67 Ansprüche nach dem Vermögensgesetz sind erst mit dem Inkrafttreten des Gesetzes (29.9.1990) entstanden. Insofern werden sie nur vererbt, wenn der Erblasser erst nach dem Inkrafttreten verstorben ist.[100] Ist er früher verstorben, dann sind die Ansprüche wegen der dinglichen Wirksamkeit der Übertragungen in der Person des Erben unmittelbar entstanden.[101]

IX. Überblick über die Erbschaftsteuer

1. Allgemeines

68 Das Erbschaftsteuergesetz unterwirft
 – den Erwerb von Todes wegen, § 1 Abs. 1 Nr. 1, § 3 ErbStG
 – die Schenkung unter Lebenden, § 1 Abs. 1 Nr. 2, § 7 ErbStG
 – die Zweckzuwendung,[102] § 1 Abs. 1 Nr. 3 ErbStG
 – und das Vermögen einer Familienstiftung (alle 30 Jahre), § 1 Abs. 1 Nr. 4 ErbStG
der Erbschaftsteuer.

---

95 BVerwG NVwZ 1991, 169.
96 BFHE 199, 19 = ZEV 2002, 245 = NJW 2002, 2126.
97 BFH vom 17.12.2007 – GrS 2/04, NJW 2008, 1616 = ZEV 2008, 199 hierzu u.a. *Staats* ZErb 2008, 157 ff.
98 Ausführliche Hinweise hierzu bei *Piltz* ZEV 2008, 376 ff.
99 BFH BB 2006, 1434 = NJW-RR 2006, 1232.
100 BGHZ 131, 22.
101 BVerwG VIZ 1996, 710; ausführlich zum ganzen *Kuchinke* DtZ 1996, 194.
102 Vgl. dazu § 8 ErbStG.

Wie bei den meisten Steuern unterscheidet auch das Erbschaftsteuergesetz zwischen unbeschränkter und beschränkter Steuerpflicht. Eine **unbeschränkte** Steuerpflicht besteht gem. § 2 Abs. 1 Nr. 1 ErbStG, wenn alternativ entweder der Erblasser im Zeitpunkt des Todes, der Schenker im Zeitpunkt der Schenkung oder der Erwerber im Zeitpunkt der Entstehung der Steuer (Steuer-)Inländer ist. Als Inländer gelten nach § 2 Abs. 1 Nr. 1a ErbStG Personen, die im Inland **einen** Wohnsitz[103] (§ 8 AO) oder ihren gewöhnlichen Aufenthalt (§ 9 AO) haben und nach § 2 Abs. 1 Nr. 1b und c ErbStG Deutsche ohne Wohnsitz im Inland, die sich noch keine 5 Jahre[104] dauernd im Ausland aufgehalten haben oder bei einer inländischen juristischen Person des öffentlichen Rechts angestellt sind. In allen anderen Fällen besteht eine bloß **beschränkte** Steuerpflicht, die auf den Vermögensanfall, der aus dem Inlandsvermögen[105] besteht, beschränkt ist. 69

Steuerschuldner ist immer der Erwerber, § 20 Abs. 1, Hs. 1, bei Schenkungen unter Lebenden gleichzeitig auch der Schenker, § 20 Abs. 1, Hs. 2. Bei mehreren Miterben schuldet jeder nur die auf seinen Anteil entfallende Steuer. 70

2. Neues Erbschaftsteuerrecht seit 1.1.2009[106]

Seit dem 1.1.2009 gilt ein neues Erbschaftsteuerrecht. Ausgangspunkt für die Reform war der Beschluss des BVerfG vom 7.11.2006,[107] der das damals geltende Erbschaft- und Schenkungsteuerrecht für verfassungswidrig erklärt hat. Maßgeblich war hierfür die Anwendung des einheitlichen Tarifs des § 19 Abs. 1 ErbStG a.F. auf die sich aus § 12 ErbStG a.F. ergebenden unterschiedlichen Bemessungsgrundlagen. Das Verfassungsgericht hat gleichwohl für das alte Recht noch einen Übergangszeitraum eingeräumt und dem Gesetzgeber überlassen, bis spätestens zum 31.12.2008 eine Neuregelung zu schaffen. Dem ist der Gesetzgeber mit dem zum 1.1.2009 in Kraft getretenen Erbschaftsteuerreformgesetz (ErbStRG) nachgekommen. 71

Neuregelungen ergeben sich insb. in folgenden Bereichen: 72
– im Rahmen der Wertermittlung (vgl. unter a)
– bei der Steuerbefreiung des Familienheims (vgl. unter b)
– bei der Übertragung unternehmerischen Vermögens (vgl. unter c)
– bei zu Wohnzwecken vermieteten Grundstücken (vgl. unter d)
– im Zusammenhang mit der Steuerberechnung (vgl. unter e)
– bei der Abzugsfähigkeit von Nutzungsvorbehalten (vgl. unter f)
Dazu im Einzelnen:

a) Neuregelungen im Rahmen der Wertermittlungen

Generell wird bei der zugrunde zu legenden Bewertung auf den »gemeinen Wert«[108] abgestellt. Die früheren Bewertungsvorteile, insb. bei Grundstücken und Personengesellschaften, wurden ersatzlos gestrichen. Viele Bewertungsprobleme sind damit weggefallen. Noch nicht völlig geklärt ist, insb. bei Betriebsvermögen, auf welche Bewertungsmethoden zurückgegriffen werden darf und wem die Methodenwahl zusteht.[109] 73

---

103 Für einen Wohnsitz kann schon der regelmäßige mehrwöchige Aufenthalt in einer Wohnung in Deutschland reiche, vgl. BFH BStBl. II, 182.
104 Der Zeitraum kann durch DBA auch verändert sein, etwa im DBA USA auf 10 Jahre.
105 Was zum Inlandsvermögen zählt, ist in § 121 BewG abschließend aufgeführt.
106 Zur Erbschaftsteuerreform vgl. u.a.: *Pauli/Maßbaum*, Erbschaftsteuerreform 2009, *Eisele*, Erbschaftsteuerreform 2009, *Crezelius* ZEV 2009, 1, *Söffing* ErbStB 2009, 48, *Siebert* EE 2009, 55.
107 BVerfG v. 7.11.2006, 1 BVL 10/02, NJW 2007, 573 = ZEV 2007, 76 m. Anm. *Piltz*.
108 Der »gemeine Wert« ist der Verkehrswert, der voraussichtlich erzielbare Verkaufspreis, vgl. *Meincke* ErbStG § 12, Rn. 102, Gemeiner Wert.
109 Vgl hierzu *Viskorf* ZEV 2009, 591.

74 Der neu eingeführte § 10 Abs. 10 S. 1 ErbStG bestimmt, dass von Todes wegen übergegangene Anteile an Personengesellschaften, die auf Grund Abfindungsklausel auf die übrigen Mitgesellschafter übertragen werden, in Höhe des Abfindungsanspruchs beim Erben zu versteuern sind. Sofern der tatsächliche Wert des Gesellschaftsanteils darüber liegt, gilt dieser als Bereicherung der übrigen Gesellschafter, die unter den Voraussetzungen der §§ 13a, 13b ErbStG von Verschonungsabschlägen profitieren.

b) Steuerbefreiung des Familienheims

75 Die höhere Bewertung von Grundbesitz sollte für das selbstgenutzte Einfamilienhaus durch Steuerbefreiungen aufgehoben werden. § 13 Abs. 1 Nr. 4a–c ErbStG sieht deshalb eine Steuerbefreiung des Familienwohnheims bei Zuwendungen unter Lebenden an den Ehegatten/Lebenspartner sowie jetzt auch von Todes wegen an den Ehegatten/Lebenspartner und an Abkömmlinge vor.

76 Der Erwerb von Todes wegen durch den **Ehegatten/Lebenspartner** ist aber nur steuerfrei, soweit der Erblasser bis zum Erbfall die Wohnung zu eigenen Wohnzwecken genutzt hat oder sie aus zwingenden Gründen[110] nicht zu eigenen Wohnzwecken nutzen konnte. Nutzt der Ehegatte/Lebenspartner das Familienheim nicht über die nächsten **zehn Jahre** selbst, entfällt die Steuerbefreiung rückwirkend in voller Höhe, es sei denn, er ist ebenfalls an der Selbstnutzung aus zwingenden Gründen gehindert.

77 Beim Erwerb von Todes wegen durch **Abkömmlinge** muss das Familienheim unverzüglich zur Selbstnutzung zu eigenen Wohnzwecken bestimmt sein. Ferner gilt die Befreiung hier nur bis zu einer Wohnfläche von 200 qm.

c) Übertragung unternehmerischen Vermögens

78 Kern der Erbschaftsteuerreform ist sicherlich die Neuregelung bei der Übertragung unternehmerischen Vermögens. Wie bereits bisher begünstigt § 13a ErbStG
– land- und forstwirtschaftliches Vermögen
– Anteile an Kapitalgesellschaften
– Betriebsvermögen.

79 Nach § 13b Abs. 2 ErbStG ist von den Begünstigungen unternehmerisches Vermögen ausgenommen, wenn es zu mehr als 50 % aus Verwaltungsvermögen besteht. Ist dies der Fall, so führt dies zu einem vollständigen Ausschluss von begünstigungsfähigem Vermögen. Stellt das Verwaltungsvermögen weniger als 50 % des unternehmerischen Vermögens dar, so wird die Begünstigung nicht gewährt, soweit das Verwaltungsvermögen dem Betriebsvermögen weniger als 2 Jahre zuzurechnen ist. Was als Verwaltungsvermögen anzusehen ist, definiert das Gesetz in einem Katalog in § 13b Abs. 2 S. 1 ErbStG.

Neu gefasst wurde darüber hinaus die Art der Begünstigung:

aa) Verschonungsabschlag

80 Gem. § 13a Abs. 1 S. 1, § 13b Abs. 4 ErbStG wird unternehmerisches Vermögen zu 85 % von der Steuer befreit (Verschonungsabschlag). Der Verschonungsabschlag unterliegt keiner zeitlichen Reglementierung und kann beliebig oft in Anspruch genommen werden. Er wird von Amts wegen gewährt. Die Gewährung des Verschonungsabschlags setzt voraus:
– die Einhaltung der Lohnsummenregelung
– die Einhaltung der Behaltensfrist
– der Erwerber darf nicht zur Weiterleitung des begünstigten Vermögens verpflichtet sein oder begünstigtes Vermögen auf einen Miterben übertragen.

---

110 Etwa Pflegebedürftigkeit, vgl. *Meincke* Erbschaftsteuergesetz, § 13 Rn. 25 a.E.

Die Lohnsummenregelung setzte voraus, dass innerhalb der Lohnsummenfrist von 7 Jahren insgesamt 650 % der Ausgangslohnsumme[111] nicht unterschritten wurde (Mindestlohnsumme). Es gilt das Stichtagprinzip. Für den Vergleich maßgeblich sind also allein der Zeitpunkt des Erwerbs und der Zeitpunkt des Fristablaufs. Für Betriebe mit bis zu 10 Mitarbeitern entfällt der Lohnsummennachweis.[112]

Ein Verstoß gegen die Behaltensfrist ist gegeben, wenn einer der in § 13a Abs. 5 ErbStG genannten Nachversteuerungstatbestände erfüllt ist.

bb) Abzugsbetrag

Die nicht dem Verschonungsabschlag unterfallenden 15 % sind der Steuer zu unterwerfen. Von dieser Besteuerung sieht § 13a Abs. 2 ErbStG dann ab, wenn diese 15 % betragsmäßig unter dem als Freigrenze ausgestalteten Betrag von 150.000 € liegen. Übersteigt der 15 %-Anteil des begünstigten Vermögens den Abzugsbetrag von 150.000 €, so mindert sich der Abzugsbetrag um die Hälfte des überschießenden Betrags. Bei einem Wert des 15 %-Anteils in Höhe von 300.000 € beträgt der Abzugsbetrag noch 75.000 €; bei einem Wert von 450.000 € beträgt der Abzugsbetrag 0.

cc) Optionaler Verschonungsabschlag

Nach § 13a Abs. 8 hat der Steuerpflichtige die Möglichkeit, durch unwiderrufliche Erklärung zu einer 100 %igen Steuerverschonung zu optieren. Voraussetzungen für den Erhalt des 100 %igen Verschonungsabschlag sind:
– die Lohnsummen- und Behaltensfrist beträgt 10 Jahre[113] (statt 7)
– die Mindestlohnsumme beträgt 1.000 %[114] (statt 650 %)
– der Anteil des schädlichen Verwaltungsvermögens darf nicht mehr als 10 % des Betriebsvermögens ausmachen.

d) Zu Wohnzwecken vermietete Grundstücke

Bei i.S.v. § 181 Abs. 9 BewG zu Wohnzwecken vermieteten Wohnungen, die nicht zu begünstigtem Vermögen i.S.d. § 13a ErbStG gehören und die im Inland, in der EU oder im EWR belegen sind, ist gem. § 13c Abs. 1, Abs. 3 ErbStG ein Bewertungsabschlag von 10 % vorzunehmen. Ferner kann die auf diese Vermögenswerte entfallende Steuer bis zu zehn Jahren gestundet werden (§ 28 Abs. 3 ErbStG).

e) Steuerberechnung

Durch das Erbschaftsteuerreformgesetz geändert wurden auch die persönlichen und die sachlichen Freibeträge sowie die Steuersätze (vgl. dazu die unten stehenden Übersichten).

Persönliche Freibeträge

	alt	neu
Ehegatte	307.000	500.000
Eingetragener Lebenspartner	5.200	500.000
Kinder, Stiefkinder und Enkel, wenn Eltern verstorben sind	205.000	400.000
Enkel	51.200	200.000
Eltern und Voreltern im Erbfall	51.200	100.000

---

111 Jetzt rückwirkend ab 1.1.2009 geändert auf 5 Jahre und 400 %, s.u. Rz. 93.
112 Jetzt rückwirkend ab 1.1.2009 geändert auf 20 Mitarbeiter, s.u. Rz. 93.
113 Jetzt rückwirkend ab 1.1.2009 geändert auf 7 Jahre, s.u. Rz. 94.
114 Jetzt rückwirkend ab 1.1.2009 geändert auf 700 %, s.u. Rz. 94.

Einleitung vor § 1922 BGB

	alt	neu
Steuerklasse II (Geschwister, Nichten, Eltern bei Schenkung)	10.300	20.000
Steuerklasse III (Entfernte Verwandte, Lebensgefährte)	5.200	20.000
Versorgungsfreibetrag Ehegatte (§ 17 ErbStG)	256.000	256.000
– eingetragener Lebenspartner	0	256.000
– Kinder, nach Alter gestaffelt	bis 52.000	bis 52.000
Beschränkte Steuerpflichtige	1.100	2.000

Sachliche Freibeträge

88

Steuer-Klasse	Begünstigungstatbestand	Freibetrag – bisher – in €	Freibetrag – neu – in €	Rechtsgrundlage in § 13 Abs. 1 ErbStG
I	Hausrat, Wäsche und Kleidungsstücke	41.000	41.000	Nr. 1a
I	andere bewegliche körperliche Gegenstände	10.300	12.000	Nr. 1b
II/III	Hausrat und andere bewegliche körperliche Gegenstände	10.300	12.000	Nr. 1c

Steuersätze

89

Steuerlicher Erwerb ab 2009 bis einschl. € (in Klammern bis 2008)	Steuerklasse I		Steuerklasse II			Steuerklasse III	
	2008	2009	2008	2009	2010	2008	2009
75.000 (52.000)	7	7	12	30	15	17	30
300.000 (256.000)	11	11	17	30	20	23	30
600.000 (512.000)	15	15	22	30	25	27	30
6 Mio. (5,113 Mio.)	19	19	27	30	30	32	30
13 Mio. (12,783 Mio.)	23	23	32	50	35	37	50
26 Mio. (25,565 Mio.)	27	27	37	50	40	47	50
Darüber	30	30	40	50	43	50	50

f) Abzugsfähigkeit von Nutzungsvorbehalten

90 Der alte § 25 ErbStG, nach dem ein vom Schenker vorbehaltenes Nutzungsrecht bei der Berechnung der Erbschaft- bzw. Schenkungsteuer nicht als Belastung vom Erwerbsgegenstand abgezogen werden durfte, sondern lediglich die Steuer, die auf den Kapitalwert entfiel, zinslos gestundet wurde, wurde ersatzlos gestrichen. Nach der neuen Regelung sind vorbehaltene Nutzungsrechte nunmehr als Abzugsposten berücksichtigungsfähig.

3. Reform der Reform: Wachstumsbeschleunigungsgesetz

Bereits kurz nach seinem Inkrafttreten ist das neue Erbschaftsteuerrecht in der Literatur in einigen Punkten heftig kritisiert worden und neuerliche verfassungsrechtliche Ungereimtheiten wurden angeprangert.[115] Bemängelt wird u.a. 91

- die Unterscheidung zwischen der Vermietung von Wohnimmobilien und Gewerbeimmobilien, insb. im Hinblick auf mögliche Vergünstigungen[116]
- dass i.R.v. § 19 Abs. 1 ErbStG Barschenkungen anders als durch den Verschonungsabschlag steuerbefreites Betriebsvermögen mit dem Nennbetrag besteuert werden.[117]
- dass bei Schenkungen zwischen Geschwistern (Steuerklasse II) derselbe Steuersatz zur Anwendung kommt wie bei den unter Steuerklasse III fallenden Schenkungen.[118]

Mittlerweile hat der Gesetzgeber auf diese Kritik reagiert. Das Erbschaftsteuerrecht wird durch das Wachstumsbeschleunigungsgesetz[119] mit Wirkung zum 1.1.2010, teilweise rückwirkend zum 1.1.2009 erneut geändert. Hiernach werden folgende Maßnahmen wirksam: 92

a) Änderungen im Bereich der Betriebsvermögensbegünstigungen

Die Lohnsummenregelung für den Erhalt des 85 %igen Verschonungsabschlags wird rückwirkend ab dem 1.1.2009 entschärft. Die Behaltensfrist wird auf 5 Jahre verkürzt, die Lohnsumme nach der Behaltensfrist von 650 % auf 400 % gesenkt. Die Lohnsummenregelung muss nur von Betrieben mit mehr als 20 Mitarbeitern eingehalten werden. 93

Beim optionalen Verschonungsabschlag (100 %ige Befreiung) wird, ebenfalls rückwirkend ab dem 1.1.2009 die Lohnsumme von bisher 1.000 % auf nunmehr 700 % der Ausgangslohnsumme und die Behaltensfrist auf 7 Jahre reduziert. 94

b) Erleichterung bei der Erbschaft- und Schenkungsteuer in Steuerklasse II

Erwerbe werden ab dem 1.1.2010 wieder mit einem allerdings geringfügig angehobenen Progressionssatz von 15–43 % besteuert. Bei den in 2009 erfolgten Erwerben bleibt es bei dem hohen Steuersatz von 30 bzw. 50 %. Die Einzelheiten ergeben sich aus obiger Tabelle. 95

Daneben sind noch einige weitere kleinere Änderungen erfolgt, die ebenfalls für Erwerbe zur Anwendung kommen, für die die Steuer nach dem 31.12.2009 entsteht. 96

---

115 Vgl. dazu den Beitrag von *Spiegelberger/Wartenburger* ErbStB 2009, 98.
116 So jedenfalls geht dies aus einem vom Bundesverband Freier Immobilien- und Wohnungsunternehmen (BFW) in Auftrag gegebenen Gutachten hervor. Eine Kurzübersicht steht auf der Internetseite des BFW zum Download bereit.
117 Das FG München hat allerdings die Aussetzung der Vollziehung abgelehnt, ZEV 2009, 644.
118 Vgl. nur *Crezelius* ZEV 2009, 1, 2; Hinsichtlich der beiden letztgenannten Punkte hat das FG München durch Beschluss v. 5.10.2009 – 4 V 1548/09 die Aussetzung der Vollziehung wegen möglicher Zweifel an der Verfassungsmäßigkeit des § 19 Abs. 1 ErbStG abgelehnt. Die Beschwerde zum BFH wurde zugelassen.
119 BTDrs 17/15, mit kleinen Änderungen, zusammengefasst in BRDrs. 865/09.

Abschnitt 1
Erbfolge

§ 1922
Gesamtrechtsnachfolge

(1) Mit dem Tode einer Person (Erbfall) geht deren Vermögen (Erbschaft) als Ganzes auf eine oder mehrere Personen (Erben) über.

(2) Auf den Anteil eines Miterben (Erbteil) finden die sich auf die Erbschaft beziehenden Vorschriften Anwendung.

Übersicht	Rz.		Rz.
I. Normzweck	1	8. Sozialrechtliche Ansprüche	21
II. Erbrechtliche Legaldefinitionen	3	9. Totenfürsorge	22
1. Erbfall	3	IV. Sonderrechtsnachfolge	23
2. Erbschaft	6	1. Hoferbrecht	23
3. Erben	9	2. Grundstücke in der ehemaligen DDR	25
4. Erbteil	10	3. Eintritt in den Mietvertrag	26
5. Testierfreiheit	11	4. Gesellschaftsrechtliche Nachfolge	31
6. Darlegungs- und Beweislast	12	V. Praxishinweise	45
III. Gesamtrechtsnachfolge	13	1. Unzulässigkeit von Feststellungsklagen	45
1. Schuldrechtliche Verträge	14	2. Übergang prozessrechtlicher Positionen	46
2. Schadensersatzansprüche	15	3. Vollmachten	50
3. Sachenrecht	16	4. Verjährung	52
4. Anwartschaftsrechte	17	5. Formulierungshilfen für gesellschaftsvertragliche Klauseln	58
5. Immaterialgüterrechte	18		
6. Familienrechtliche Beziehungen	19		
7. Erbrechtliche Rechtspositionen	20		

I. Normzweck

1 § 1922 BGB definiert die Begriffe Erbfall, Erbschaft, Erben, Erbteil.

2 Darüber hinaus stellt die Vorschrift klar, dass mit dem Tod des Erblassers dessen gesamtes Vermögen einschließlich seiner Verbindlichkeiten auf den oder die Erben übergeht (sog. Von-Selbst-Erwerb). Die Erben werden Gesamtrechtsnachfolger des Verstorbenen, und zwar unabhängig davon, ob sie Kenntnis vom Erbfall haben. Durch die Gesamtrechtsnachfolge soll der Nachlass im Interesse der Erben, der Nachlassgläubiger und der Allgemeinheit zunächst als Einheit erhalten bleiben, auch wenn mehrere Erben berufen sind.

II. Erbrechtliche Legaldefinitionen

1. Erbfall

3 Der Erbfall tritt mit dem Tod des Erblassers ein. Als Todeszeitpunkt wird nach weithin herrschender Auffassung und in Übereinstimmung mit der medizinischen Wissenschaft auf den Eintritt des Gehirntods abgestellt.[1] Danach ist der Mensch tot, wenn alle Funktionen von Großhirn, Kleinhirn und Hirnstamm vollständig und irreversibel ausgefallen sind und dauerhaft keine Gehirnkurven mehr geschrieben werden können.

4 Die Todeserklärung nach dem Verschollenheitsgesetz begründet die Vermutung, dass der Tod in dem im Beschluss genannten Zeitpunkt eingetreten ist (§§ 9 Abs. 1, 44 Abs. 2 VerschG). Diese Vermutung kann jedoch widerlegt werden.

---

1 BayObLG NJW-RR 1999, 1309, OLG Frankfurt a.M. FamRZ 1998, 190.

Die Frage nach dem exakten Todeszeitpunkt erlangt insb. dann Bedeutung, wenn in dem maßgeblichen Zeitraum weitere Personen verstorben sind, die als Erben und/oder Erblasser in Betracht kommen. Versterben z.B. Ehepartner in Folge eines Unfalls (Verkehrsunfall) und kann nicht geklärt werden, welcher von beiden zuerst verstorben ist, greift die Vermutung des § 11 VerschG und jeder Ehepartner wird von seinen gesetzlichen Erben beerbt. Eine gegenseitige Erbeinsetzung ist gegenstandslos,[2] außer das Testament enthält eine auf den vorstehenden Fall gemünzte Regelung (sog. Katastrophenklausel).[3]

2. Erbschaft

Mit dem Tod des Erblassers gehen alle vererblichen Rechte sowie alle Verbindlichkeiten auf den Erben über (Universalsukzession). Der Erbe tritt also in die gesamte Rechts- und Pflichtenstellung des Erblassers ein und setzt dessen Stellung fort, so wie sie bei seinem Tode bestand.

Vererblich sind alle dinglichen und persönlichen Vermögensrechte und Verbindlichkeiten einschließlich der Rechte und Verbindlichkeiten aus unerlaubten Handlungen. Nicht vererblich sind dagegen höchstpersönliche Rechte des Erblassers (z.B. Unterhaltsansprüche, Mitgliedschaften in Vereinen oder Genossenschaften, usw.). Der Übergang vollzieht sich kraft Gesetzes, ohne dass es einer Übertragung einzelner Rechte bedarf.

Eigentlich systemwidrig verwendet das BGB an vielen Stellen (z.B. §§ 1960 f., 1975, 2032 f.) den Begriff »Nachlass«, der jedoch deckungsgleich mit dem Begriff Erbschaft zu sehen ist.

3. Erben

Erbe ist diejenige Person, auf die mit dem Erbfall die **Gesamtheit** der vererblichen Rechtspositionen übergeht. Davon zu unterscheiden sind der Vermächtnisnehmer, der Pflichtteilsberechtigte sowie der Erbersatzberechtigte, da sie nicht Träger der Gesamtheit des Nachlasses werden, sondern sie nur Ansprüche gegen den Erben erlangen. Die Erbenstellung erwächst erst im Augenblick des Todes des Erblassers. Zuvor gibt es weder für einen testamentarisch eingesetzten noch für einen gesetzlichen Erben eine rechtlich gesicherte Position i.S.e. Anwartschaftsrechts.

4. Erbteil

Der Erbteil ist der Anteil eines Miterben an der Erbschaft. Mehrere Erben werden als Gesamthandsgemeinschaft Träger aller Rechte und Verbindlichkeiten. Der Erbteil für den Miterben besteht in einer Quote am Nachlass, nicht in einer Wertsumme oder in einem Einzelgegenstand. Hat der Erblasser den Anteil der Miterben nicht nach Bruchteilen, sondern durch Zuwendung von einer Geldsumme oder durch Zuordnung von Gegenständen ausgedrückt, ist die Erbquote durch Auslegung zu ermitteln. Nach Abs. 2 sind auf den Erbteil alle Vorschriften anzuwenden, die von »Erbschaft« sprechen.

5. Testierfreiheit

Das Erbrecht, also das Recht des Erblassers sein Vermögen zu vererben[4] wie auch das Recht des Erben Vermögen durch Erbfolge zu erwerben, fällt unter den verfassungsrechtlichen Schutz des Art. 14 Abs. 1 S. 1 GG.[5] Der Grundsatz der Testierfreiheit ist ferner die erbrechtliche Ausprägung des Prinzips der Privatautonomie, wonach der einzelne seine

---

2 RGZ 149, 200.
3 Vgl. zur Katastrophenklausel: *Feick* ZEV 2006, 16, *Daragan* ZErb 2006, 119.
4 Egal ob durch gesetzliche oder gewillkürte Erbfolge.
5 BVerfG NJW 1999, 1853.

privaten Lebensverhältnisse nach seinem Willen gestalten kann. Die Testierfreiheit als über den Tod hinaus wirkende Privatautonomie unterliegt somit auch dem Schutz des Art. 2 Abs. 1 GG. Die Testierfreiheit steht indes in einem Gegensatz zum Familienerbrecht, das dem Schutz des Art. 6 GG unterfällt. Das Gesetz löst den Konflikt zwischen Testierfreiheit einerseits und Familienerbrecht andererseits dadurch, dass es das Pflichtteilsrecht einführt, die Testierfreiheit als solche jedoch unangetastet lässt.[6]

6. Darlegungs- und Beweislast

12 Der Tod und der Zeitpunkt des Todes werden durch die Sterbeurkunde belegt.[7] Vom Grundsatz hat derjenige, der eine Erbenstellung behauptet, die Voraussetzungen darzulegen und zu beweisen, aus denen sich ein Erbrecht ergibt. Bei gesetzlicher Erbfolge hat der vermeintliche Erbe seine Verwandtschaft zum Erblasser nachzuweisen.[8] Die Verwandtschaft zum Erblasser ergibt sich im Regelfall aus den Personenstandsurkunden, wie z.B. dem Familienbuch. Bei gewillkürter Erbfolge ist der Nachweis der Erbenstellung durch Vorlage der handschriftlichen bzw. notariellen Urkunde zu führen, aus der sich die Erbenstellung ergibt.

III. Gesamtrechtsnachfolge

13 Ziel der Universalsukzession ist es, das Vermögen des Erblassers im Interesse der Erben und der Nachlassgläubiger unverändert auf den Erben zu überführen. Die in § 1922 Abs. 1 angeordnete Gesamtrechtsnachfolge ist zwingendes Recht.

1. Schuldrechtliche Verträge

14 Ansprüche und Verbindlichkeiten aus schuldrechtlichen Verträgen sind grundsätzlich vererblich. Dies gilt sowohl für Haupt- und Nebenleistungsverpflichtungen, als auch für vorvertragliche Verpflichtungen. Ferner für gesetzliche Schuldverhältnisse, Gestaltungsrechte, Ansprüche auf Auskunftserteilung oder Rechnungslegung und das Recht auf Abgabe der eidesstattlichen Versicherung. Nicht vererblich sind lediglich höchstpersönliche Ansprüche, beispielsweise aus einem Partnerschaftsvermittlungsvertrag.

2. Schadensersatzansprüche

15 Vererblich sind Schadensersatzansprüche wegen Persönlichkeitsverletzung sowie auch Schmerzensgeldansprüche. Letztere selbst dann, wenn der Erblasser zu Lebzeiten nicht beabsichtigt hatte, Schmerzensgeld zu fordern. Ist der Erblasser kurz nach dem Unfall verstorben, ohne das Bewusstsein wieder zu erlangen, so ist umstritten, ob ein Anspruch auf Schmerzensgeld aus übergegangenem Recht besteht.[9]

3. Sachenrecht

16 Dingliche Rechte und die an ihnen bestehenden dinglichen Belastungen sind vom Grundsatz ebenfalls vererblich. Neben dem Eigentum gehören dazu u.a. die Rechte aus einer Vormerkung inklusive der daraus begründeten Bindung (§ 884 BGB), das Erbbaurecht (§ 1 Abs. 1 ErbbRVO), die Hypotheken-, Grund- und Rentenschuld sowie die Reallast. Nicht vererblich sind hingegen Nießbrauch (§ 1061 BGB) und dingliches Vorkaufsrecht (§§ 514, 1098 Abs. 1 BGB).

---

6 Vgl. dazu ausführlich: *Reimann/Bengel/Mayer* A 53.
7 §§ 37, 60, 64, 66 PStG.
8 Zu den Anforderungen an den Nachweis der Abstammung vgl. LG Mainz RPfleger 1989, 25.
9 Bejahend: OLG Karlsruhe OLGR 1997, 20; verneinend: KG NZV 2002, 38.

4. Anwartschaftsrechte

Anwartschaftsrechte, die auf Gesetz oder Rechtsgeschäft beruhen, sind ebenfalls vererblich: z.B. die Anwartschaft aus aufschiebend bedingter Übereignung, § 449, das Anwartschaftsrecht des Nacherben i.R.d. § 2108 Abs. 2. Vererblich ist auch die Rechtsposition aus einer Eintragungsbewilligung, denn eine vom Erblasser erklärte Eintragungsbewilligung, § 885, bzw. Auflassung, § 873, 925, wirkt fort wie eine vom Erben abgegebene Willenserklärung. Ist eine Eintragungsbewilligung oder Auflassung zugunsten des Erblassers erklärt, so ist auch die dadurch begründete Rechtsstellung vererblich, so dass auf Antrag die Erben einzutragen sind.[10]

17

5. Immaterialgüterrechte

Vererblich sind auch Immaterialgüterrechte wie Urheberrechte (§ 28 Abs. 1 UrhG), Patentrechte (§ 15 S. 1 PatG), Gebrauchsmuster (§ 22 S. 1 GebrMG), Geschmacksmuster (§ 3 S. 1 GeschmMG) und geschützte Marken (§ 27 Abs. 1 MarkenG).

18

6. Familienrechtliche Beziehungen

Rechte aus familienrechtlichen Beziehungen des Erblassers (Scheidung, Sorge, usw.) sind grundsätzlich nicht vererblich. Zu den vererblichen familienrechtlichen Positionen zählen Unterhaltsansprüche oder Unterhaltsschulden aus § 1601, die im Zeitpunkt der Erbfalls bereits entstanden waren; im Übrigen erlöschen Unterhaltsansprüche unter Verwandten nach § 1615 Abs. 1 mit dem Tod des Berechtigten oder des Verpflichteten mit der Ausnahme des § 16151 Abs. 3 S. 3 für den nicht mit der Mutter verheirateten Vater. Ebenso vererblich sind Unterhaltsansprüche eines geschiedenen Ehegatten oder Lebenspartners, die im Zeitpunkt des Erbfalls bereits entstanden waren. Künftige Unterhaltsverpflichtungen des Erblassers sind auch Nachlassverbindlichkeiten, § 1586b, allerdings mit einer summenmäßigen Haftungsbeschränkung für die Erben auf den »fiktiven« Pflichtteil, § 1586b Abs. 1 S. 3. Auch der Zugewinnausgleichsanspruch, § 1378 Abs. 3 S. 1, ist vererblich, wenn er vor dem Tod des Ausgleichsberechtigten entstanden ist; ein Zugewinnausgleichsanspruch des Verstorbenen entsteht infolge der Beendigung der Zugewinngemeinschaft durch Tod nicht; das gilt selbst dann, wenn der Erblasser die Ausgleichsforderung schon in einem Scheidungsverfahren rechtshängig gemacht hatte, aber vor Scheidung gestorben ist.[11] Vererblich ist auch der Anteil am ehelichen Gesamtgut, § 1482, bei Gütergemeinschaft.[12] Ebenso in den Nachlass fällt die Verpflichtung zur Leistung des Versorgungsausgleichs, § 1587e Abs. 2.[13]

19

7. Erbrechtliche Rechtspositionen

War der Erblasser selbst Mitglied einer Erbengemeinschaft, so fällt sein Anteil in den Nachlass. Vererblich sind darüber hinaus der Anspruch auf den Voraus des Ehegatten und des eingetragenen Lebenspartners, § 1932, § 10 Abs. 1 S. 5 LPartG, das Vorkaufsrecht des Miterben, § 2034 Abs. 2 S. 2, das Anwartschaftsrecht des Nacherben zwischen Eintritt des Erbfalls und des Nacherbfalls, § 2108 Abs. 2, der entstandene Anspruch aus einem Vermächtnis sowie der Pflichtteilsanspruch, § 2317 Abs. 2. Nicht vererblich ist hingegen der Anspruch auf den Dreißigsten, § 1969.

20

---

10 KG HRR 1930 Nr. 1610; LG Düsseldorf RPfleger. 1987, 14.
11 BGH FamRZ 1995, 597.
12 BayObLG RPfleger. 1981, 282.
13 BGH NJW 1982, 1939.

8. Sozialrechtliche Ansprüche

21 Für Sozialleistungen ergibt sich die Vererblichkeit aus den §§ 56–59 SGB 1, soweit nicht die Anwendung dieser Vorschriften durch abweichende spezielle Regelungen oder § 37 SGB 1 ausgeschlossen ist. Sozialhilfeleistungen (§ 9 SGB 1) sind nach derzeit (noch) geltender Rechtsprechung unvererblich, weil sie auf die Bedürfnisse einer bestimmten hilfsbedürftigen Person zugeschnitten und damit höchstpersönlicher Natur sind.[14] Fällige Wohngeldzahlungsansprüche i.S.d. § 7 SGB 1 gehen auf diejenigen Personen über, die mit dem Erblasser bei Eintritt des Erbfalls in einem Haushalt gelebt haben oder von ihm wesentlich unterhalten wurden, § 56 Abs. 1 SGB 1.[15] Grundsätzlich vererblich sind Übergangsleistungen der gesetzlichen Unfallversicherung nach § 3 Abs 2 BKV[16] sowie der Anspruch auf Landesblindengeld.[17] Unvererblich ist hingegen der Feststellungsanspruch zum Grad der Behinderung.[18]

9. Totenfürsorge

22 Das Recht zur Totenfürsorge steht nicht den Erben, sondern den nahen Angehörigen des Erblassers zu.[19] Dabei gilt folgende Reihenfolge:
- Ehegatte
- eingetragene Partner (LPartG)
- Kinder (auch minderjährige)[20]
- Eltern
- Großeltern
- Geschwister
- Enkelkinder
- Verlobte
- Partner nichtehelicher Lebensgemeinschaft

Zu beachten ist, dass der Wille des Erblassers stets vorrangig ist.

IV. Sonderrechtsnachfolge

1. Hoferbrecht[21]

23 Die Vererbung von land- und forstwirtschaftlichem Vermögen richtet sich in verschiedenen Bundesländern abweichend vom BGB nach der HöfeO v. 26.7.1976.[22, 23] Diese sieht eine Nachlassspaltung dergestalt vor, dass das Hofesvermögen einer Sondererbfolge unterliegt, das hofesfreie Vermögen nach den Vorschriften der §§ 1922 ff. BGB vererbt wird. In Baden-Württemberg gilt für Teile des ehemaligen Landes Baden das Badische Hofgütergesetz i.d.F.v. 12.7.1949. Das Württembergische Anerbengesetz wurde hingegen zum 31.12.2000 aufgehoben. In Rheinland-Pfalz gilt das Gesetz über die Höfeordnung vom 18.12.1981, welches im Wesentlichen mit der HöfeO übereinstimmt.

---

14 BVerwG NJW 1980, 1119.
15 BVerwGE 30, 123: zur alten Rechtslage § 1 WohnGG.
16 BSG, Urteil v. 05.02.2008 – B 2 U 18/06.
17 OVG Schleswig v. 22.06.2009 – 2 LB 68/08 = FamRZ 2009, 1865.
18 LSG Baden Württemberg v. 18.6.2009 – L 6 SB 286/08; *Sarres* EE 2010, 40.
19 BGH FamRZ 1978, 15; BGHZ 1961, 238; OLG Oldenburg NJW-RR 1990, 1416; OLG Karlsruhe MDR 1990, 443.
20 AG Brandenburg FamRZ 2009, 1519.
21 Vgl. allgemein zur Sonderrechtsnachfolge nach Höferecht: Vor § 1922 Rz. 48. Eine ausführliche Darstellung zum Höfe- und Anerbenrecht findet sich in MüKoBGB/*Leipold*, Einleitung zu § 1922 Rn. 108 ff.
22 BGBl. I 76, S. 1933.
23 So z.B. in Niedersachsen, Hamburg, Nordrhein-Westfalen und Schleswig-Holstein.

Erfasst werden von den Sonderregelungen land- und forstwirtschaftliche Betriebe, die 24
über eine Hofstelle verfügen, die einen Wirtschaftswert von mindestens 10.000 € haben
und deren Hoferbenvermerk in der Höferolle eingetragen ist.

2. Grundstücke in der ehemaligen DDR

Hinsichtlich eines Grundstücks in der ehemaligen DDR, das einem zwischen dem 1.7.1976 25
und 3.10.1990 verstorbenem Bürger der damaligen Bundesrepublik gehörte, tritt eine
Nachlassspaltung ein. Wegen der Kollisionsnorm des Art. 25 Abs. 2 RAG bestimmen sich
Eigentum und andere Rechte an Immobilien der ehemaligen DDR weiterhin nach dem
Recht der DDR.

3. Eintritt in den Mietvertrag

Mit dem Tod des Mieters kam es nach § 569a BGB a.F. zum automatischen Eintritt des 26
Ehegatten bzw. anderer Familienangehöriger in den Mietvertrag, wenn dieser mit dem
Verstorbenen einen gemeinsamen Hausstand geführt hat.

Daneben konnten nach der Regelung des § 569a BGB a.F. andere Familienangehörige in 27
den Mietvertrag eintreten.

In der seit 1.9.2001 gültigen Gesetzesfassung tritt gem. § 563 Abs. 1 BGB auch der 28
Lebenspartner des verstorbenen Mieters zunächst automatisch in den Mietvertrag ein.
Möchte er das Mietverhältnis nicht fortsetzen, kann er, genauso wie der Ehepartner, gem.
§ 563 Abs. 3 BGB innerhalb eines Monats nachdem er vom Tod des Mieters Kenntnis
erlangt hat, durch Erklärung gegenüber dem Vermieter den Eintritt rückgängig machen.

Daneben bestimmt § 563 BGB die Reihenfolge der Eintrittsrechte anderer Personen. 29

Keine (analoge) Anwendung findet § 563 BGB auf eine gepachtete Kleingartenparzelle 30
inklusive zu Wohnzwecken genutzter Laube.[24]

4. Gesellschaftsrechtliche Nachfolge

a) BGB-Gesellschaft[25]

Der Tod eines Gesellschafters führt nach § 727 Abs. 1 BGB zur Auflösung der Gesell- 31
schaft, wenn nicht im Gesellschaftsvertrag etwas anderes bestimmt ist. Die Erben erhalten
gesamthänderisch den Anteil an der Liquidationsgesellschaft.[26] Findet sich im Gesellschaftsvertrag eine **Fortsetzungsklausel**, wächst der Gesellschaftsanteil des Erblassers bei
den übrigen Gesellschaftern an und diese führen die Gesellschaft alleine fort. Sieht der
Gesellschaftsvertrag eine **Nachfolgeklausel** vor, geht der Gesellschaftsanteil im Wege der
Singularsukzession in Höhe der jeweiligen Erbquoten auf die Erben über. Bei Vereinbarung einer **qualifizierten Nachfolgeklausel** im Gesellschaftsvertrag erfolgt der Übergang
des Gesellschaftsanteils unmittelbar auf den bestimmten Miterben, der unmittelbar in die
gesellschaftsrechtliche Position des Erblassers einrückt. Die qualifizierte Nachfolgeklausel
hat die Wirkung einer Teilungsanordnung. In diesem Fall haben die übrigen Erben einen
erbrechtlichen Ausgleichsanspruch gegen den in die Gesellschaft eintretenden Erben, weil
sich ihre quantitative Beteiligung am Nachlass nicht ändert. Ein solcher Ausgleichsanspruch kann zwar gesellschaftsrechtlich ausgeschlossen werden, wegen des Pflichtteilsrechts jedoch nicht erbrechtlich.

Eine **Eintrittsklausel** räumt dem/den Erben das Recht ein, durch Rechtsgeschäft unter 32
Lebenden in die Gesellschaft einzutreten. Die Gesellschaft wird unter den übrigen Gesell-

---

24 BGH FamRZ 2007, 632.
25 Eine sehr anschauliche Darstellung der Nachfolge in eine BGB-Gesellschaft findet sich in BayObLG,
 Beschluss vom 12.8.1991 – 2 BReg.Z 93/91.
26 OLG Düsseldorf NJW-RR 1987, 732.

schaftern fortgesetzt, wobei die Erben ihr Eintrittsrecht ausüben können. Wird das Eintrittsrecht nicht ausgeübt, stehen den Erben gegenüber den Gesellschaftern Abfindungsansprüche zu, die je nach Gesellschaftsvertrag unterschiedlich ausgestaltet werden können.

33 In steuerlicher Hinsicht treten die Erben verfahrens- und materiellrechtlich in die Rechtsstellung des Erblassers ein, soweit nicht höchstpersönliche Verhältnisse betroffen sind. Einkommensteuerrechtlich gilt für Mitunternehmeranteile im Erbfall der Zwang zur Buchwertfortführung (§ 6 Abs. 3 EStG). Der laufende Gewinn aus dem Gesellschaftsanteil bis zum Todestag ist dem Erblasser zuzurechnen.[27] Es ist auf diesen Tag eine Steuererklärung für den Erblasser abzugeben. Resultiert daraus eine Steuerschuld, ist diese Nachlassverbindlichkeit. Pflichtteilsverbindlichkeiten, Vermächtnisschulden, Schulden aus Auflagen oder Zugewinnausgleichsschulden gelten für unentgeltlich erwerbende Erben nicht als Anschaffungskosten. Gleiches gilt auch für einen Wertausgleich, der auf Grund einer qualifizierten Nachfolgeklausel an weichende Erben zu entrichten ist.

34 Die Liquidation führt zur Aufgabe des Mitunternehmeranteils. Einen der Erbengemeinschaft dabei entstehenden Aufgabegewinn haben die Miterben nach anteiliger Zurechnung zu versteuern, § 34 i.V.m. § 16 EStG. Erbschaftsteuerlich haben die Erben bei Liquidation den anteiligen Wert des auf sie übergegangenen Gesellschaftanteils, bei Ausscheiden des Erblassers aus der Gesellschaft den Wert des ihnen zufallenden Abfindungsanspruchs (§ 3 Abs. 1 Nr. 1 ErbStG) zu versteuern.

b) OHG/KG

35 Seit Inkrafttreten des Handelsrechtsreformgesetzes am 1.7.1998 führt der Tod eines Gesellschafters einer OHG oder eines Komplementärs einer KG nicht mehr zur Auflösung der Gesellschaft (so: § 131 HGB a.F.).

36 Der Tod eines OHG-Gesellschafters oder eines Komplementärs einer KG führt gem. § 131 Abs. 3 Nr. 1 zu dessen Ausscheiden aus der Gesellschaft.[28]

37 Die Erben erhalten einen schuldrechtlichen Anspruch auf Abfindung, der mangels Regelung im HGB und aufgrund des Verweises in § 105 Abs. 3 HGB aus § 738 BGB abgeleitet wird. Der Abfindungsanspruch besteht gegenüber den übrigen Gesellschaftern und bemisst sich nach dem Verkehrswert des Anteils, also unter Berücksichtigung der vorhandenen stillen Reserven und des Goodwills.

38 Ertragsteuerlich wird das Ausscheiden gegen Abfindung wie eine entgeltliche Veräußerung des Mitunternehmeranteils des verstorbenen Gesellschafters an die verbleibenden Gesellschafter behandelt. Der Veräußerungsgewinn entsteht insoweit noch in der Person des Erblassers. Für die verbleibenden Gesellschafter stellen die Abfindungsleistungen Anschaffungskosten dar.

39 Beim Tod eines Kommanditisten wird die Gesellschaft gem. § 177 HGB mit den Erben fortgesetzt.

40 Jeweils Abweichendes kann per Gesellschaftsvertrag geregelt werden.

c) Partnerschaftsgesellschaft

41 Für die Partnerschaftsgesellschaft gilt gem. § 9 Abs. 1 PartGG das bei der OHG/KG ausgeführte. Die Gesellschaft wird beim Tod eines Gesellschafters mit den übrigen Gesellschaftern fortgeführt. Den Erben steht ein Abfindungsanspruch zu.[29] Dieser leitet sich aus § 1 Abs. 4 PartGG i.V.m. § 738 BGB ab.

---

27 BFH BStBl. II 1973, 544.
28 Zum Thema Minderjährige als Erbe eines Komplementärs vgl. *Carlé* ErbStB 2009, 195.
29 Vgl. hierzu ausführlich: *Heyde* ZEV 1998, 161.

Abweichendes kann per Gesellschaftsvertrag geregelt werden, wobei für den Fall einer Nachfolgeklausel zu beachten ist, dass der Nachfolger im Zeitpunkt des Erbfalls über die nach dem Berufsrecht erforderliche Qualifikation verfügen muss. 42

d) GmbH

Anteile an einer GmbH sind kraft Gesetzes vererblich (§ 15 Abs. 1 GmbHG), wobei Miterben ihren Anteil gesamthänderisch erwerben (§ 2032).[30] Die Vererbung der Anteile kann nicht durch Gesellschaftsvertrag ausgeschlossen werden. Zulässig ist jedoch die Aufnahme einer Einziehungsklausel, die vorsieht, dass im Fall des Todes eines Gesellschafters dessen Anteil von den übrigen Gesellschaftern eingezogen werden kann oder auf einen Dritten zu übertragen ist.[31] In erbschaftsteuerlicher Hinsicht ist zu beachten, dass die Privilegierungen für Betriebsvermögen nur in Anspruch genommen werden können, wenn der Erblasser mit mehr als 25 % an der Kapitalgesellschaft beteiligt war (§ 13a Abs. 4 Nr. 3, 19a Abs. 2 Nr. 3 ErbStG). 43

e) AG

Aktien sind vererblich und werden von den Miterben ebenso wie bei der GmbH gesamthänderisch gehalten. Durch Satzung kann die Vererblichkeit nicht ausgeschlossen werden. Um die Übertragung von Aktien an unerwünschte Personen zu verhindern, kann nach § 237 AktG die Zwangseinziehung für Fall des Todes in der Satzung bestimmt werden. 44

V. Praxishinweise

1. Unzulässigkeit von Feststellungsklagen

Zu Lebzeiten des Erblassers ist eine Klage auf Feststellung eines künftigen Erbrechts mangels eines Feststellungsinteresses (§ 256 ZPO) unzulässig. Dies gilt auch dann, wenn die Aussicht auf ein Erbe der Lebenserfahrung entspricht. 45

2. Übergang prozessrechtlicher Positionen

Im Zivilprozess tritt bei Tod einer Prozesspartei nach § 239 ZPO eine Unterbrechung des Verfahrens bis zur Aufnahme durch den Erben ein. 46

Bei Erbengemeinschaften ist jeder einzelne Miterbe Rechtsnachfolger.[32] 47

Erblasser = Kläger: Miterben können nur Leistung an alle verlangen.

Erblasser = Beklagter: Jeder Miterbe kann den Prozess alleine fortführen, wenn er gem. den §§ 1967, 2058 als Gesamtschuldner haftet.[33]

Im Vollstreckungsverfahren sind die § 239 ff ZPO nicht anwendbar. War bereits für oder gegen den Erblasser eine Vollstreckungsklausel ausgefertigt worden, kann sie auf die Erben nach §§ 795, 750, 727, 731 ZPO umgeschrieben werden. Mit der Titelumschreibung ist bei einem gegen den bzw. die Erben gerichteten Titel auch eine Vollstreckung in sein bzw. ihr eigenes Vermögen möglich. Um dies zu verhindern, ist die Haftung auf den Nachlass zu beschränken (§§ 781, 785, 767 bzw. § 780 Abs. 1, 767 Abs. 2). Antrag: »Es wird beantragt, dem/den Beklagten die Beschränkung der Haftung auf den Nachlass des am ... verstorbenen Erblassers ... vorzubehalten.« 48

Strafverfahren sind durch förmlichen Beschluss einzustellen.[34] 49

---

30 Vgl. BGHZ 1992, 386.
31 BGH NJW-RR 1996, 1377; vgl. auch *Ivo* ZEV 2006, 252.
32 OLG Frankfurt MDR 1966, 153.
33 BGH NJW 1964, 2301.
34 BGH NJW 1999, 3644.

3. Vollmachten

50 Hat der Erblasser einer dritten Person eine Vollmacht (z.B. Vorsorgevollmacht) erteilt, ist deren Erlöschen gem. § 168 S. 1 vom zu Grunde liegenden Rechtsgeschäft abhängig. In aller Regel liegt der Vollmacht ein Auftrag, § 662, oder ein Geschäftsbesorgungsvertrag, § 675, zu Grunde und die Vollmacht erlischt zwar mit dem Tod des Bevollmächtigten (§§ 673, 675), nicht jedoch mit dem Tod des Vollmachtgebers (§§ 672, 675). Darüber hinaus werden die meisten Vollmachten in der Regel auch ausdrücklich transmortal erteilt. Eine über den Tod des Erblassers hinaus geltende Vollmacht können die einzelnen Miterben, also auch jeder Miterbe gesondert, oder der Testamentsvollstrecker jedoch nach allgemeinen Grundsätzen (§ 168 S. 2, 3) widerrufen. Die Vereinbarung einer (auch für die Erben) unwiderruflichen Vollmacht kommt nur in den Fällen in Betracht, in denen der Bevollmächtigte ein den Interessen des Vollmachtgebers mindestens gleichwertiges Interesse an dem auszuführenden Geschäft hat.[35]

51 Die einem Ehepartner erteilte transmortale Kontovollmacht berechtigt grundsätzlich weder zu Lebzeiten des Erblassers noch nach seinem Tod zur Umschreibung des Kontos auf den Bevollmächtigten.[36]

4. Verjährung

52 Die Verjährung erbrechtlicher Ansprüche richtet sich nach § 197 Abs. 1 Nr. 2, soweit nicht nach § 197 Abs. 2 oder im fünften Buch des BGB (Erbrecht) etwas Abweichendes geregelt ist. Danach verjähren erbrechtliche Ansprüche nach 30 Jahren.[37] Hieran wurde auch durch die Schuldrechtsreform nichts verändert. Grund für die Beibehaltung der 30jährigen Verjährungsfrist ist die Tatsache, dass erbrechtliche Verhältnisse oftmals erst lange Zeit nach dem Eintritt des Erbfalls geklärt werden.[38]

53 Die 30jährige Verjährung gilt für alle Ansprüche, die auf einer erbrechtlichen Grundlage basieren, bspw:
– Ansprüche einzelner Erben nach §§ 2032 ff.
– Erfüllungsansprüche aus einem Erbauseinandersetzungsvertrag
– Herausgabeansprüche nach §§ 2018, 2029
– Vermächtnisansprüche nach § 2174
– Ansprüche zwischen Vor- und Nacherben, §§ 2124 ff., 2130 ff.
– Ansprüche auf Auflagenvollziehung, § 2194
– Ansprüche aus Geschäftsführung des Erben vor der Ausschlagung[39]
– erbrechtliche Auskunftsansprüche, allerdings mit der Einschränkung, dass sie als Nebenansprüche nicht nach dem eigentlichen Hauptanspruch verjähren.

54 Ferner gilt die 30jährige Verjährung für Ansprüche im Zusammenhang mit Testamentsvollstreckung, Erbersatzansprüche nach § 2219 oder den Vergütungsanspruch nach § 2221.

55 Für regelmäßig wiederkehrende Leistungen wie z.B. eine vermächtnisweise zugewendete Altersrente oder dauernde Last gilt hingegen die dreijährige Verjährungsfrist des § 195.

56 Durch § 202 Abs. 2 besteht in Abänderung zu § 225 a.F. nunmehr auch die Möglichkeit eine Vereinbarung über die Verjährung zu treffen, also z.B. eine Verjährungsverlängerung zu vereinbaren.

57 Für laufende Verjährungsfristen von Ansprüchen, die zu einem Nachlass gehören oder sich gegen einen Nachlass richten, gilt § 211.

---

35 BGH v. 13.11.1964 – V ZR 179/62.
36 BGH v. 24.03.2009 – XI ZR 191/08.
37 Ausführlich: *Löhnig* ZEV 2004, 267 ff.
38 Vgl. BTDrs. 14/6040.
39 *Schlichting* ZEV 2002, 478 ff.

5. Formulierungshilfen für gesellschaftsvertragliche Klauseln

Um eine kontrollierte Unternehmensnachfolge zu gewährleisten bietet sich die Aufnahme gesellschaftsvertraglicher Vorgaben für die Übertragbarkeit der Anteile an. **58**

Wie bereits oben dargestellt, sind die gesetzlichen Regelungen abdingbar und werden in der Kautelarpraxis auch häufig abbedungen, wenn die gesetzliche Lösung nicht interessengerecht ist. Bei der Nachfolgeplanung müssen erb- und gesellschaftsrechtliche Maßgaben beachtet und aufeinander abgestimmt werden. Es gilt der Grundsatz des Vorrangs des Gesellschaftsrechts vor dem Erbrecht: die Bestimmung eines Erben zum Nachfolger als Gesellschafter erfordert in erster Linie die Zulassung im Gesellschaftsvertrag, d.h. die Zustimmung der Mitgesellschafter. Fehlt sie, läuft eine entsprechende Bestimmung in einer letztwilligen Verfügung ins Leere. Umgekehrt kann aber auch eine gesellschaftsvertragliche Klausel ihr Ziel verfehlen, wenn ihr die testamentarische Regelung nicht entspricht. **59**

a) BGB-Gesellschaft

aa) Fortsetzungsklausel

Bei Vereinbarung einer Fortsetzungsklausel im Gesellschaftsvertrag scheidet der verstorbene Gesellschafter aus der Gesellschaft aus, ohne dass ein Nachfolger an seine Stelle tritt. Die Fortsetzungsklausel kann auf bestimmte Fälle beschränkt oder auch nur für den Tod einzelner Gesellschafter vereinbart werden. Da Fortsetzungsklauseln in aller Regel Abfindungsansprüche der weichenden Erben zur Folge haben, sollte neben der Fortsetzungsklausel auch eine Abfindungsregelung in den Gesellschaftsvertrag aufgenommen werden. **60**

> *Muster:* **61**
> *(1) Durch den Tod eines Gesellschafters wird die Gesellschaft nicht aufgelöst. Der verstorbene Gesellschafter scheidet aus der Gesellschaft aus und die verbleibenden Gesellschafter führen die Gesellschaft fort.*
> *Verbleibt nur noch ein Gesellschafter, hat er das Recht, das Gesellschaftsvermögen mit allen Aktiva und Passiva im Wege der Gesamtrechtsnachfolge zu übernehmen.*
> *(2) Die Erben haben einen Anspruch auf Abfindung entsprechend § ... des Gesellschaftsvertrages. Hierzu ist eine Auseinandersetzungsbilanz auf den Todestag des Gesellschafters aufzustellen.*

bb) Nachfolgeklausel

Die einfache Nachfolgeklausel sieht vor, dass beim Tod eines Gesellschafters die Gesellschaft mit den Erben fortgesetzt wird. Der Nachfolge richtet sich in diesem Fall nach dem Erbrecht, sprich der testamentarischen oder gesetzlichen Erbfolge. Die Klausel kann auch bestimmen, dass neben Erben auch Vermächtnisnehmer nachfolgen können. **62**

> *Muster:* **63**
> *(1) Durch den Tod eines Gesellschafters wird die Gesellschaft nicht aufgelöst, sondern mit seinen gesetzlichen oder testamentarischen Erben oder Vermächtnisnehmern, oder, falls solche nicht vorhanden sind, unter den verbleibenen Gesellschaftern fortgesetzt.*
> *(2) Sind die Erben oder Vermächtnisnehmer minderjährig, werden deren Rechte durch deren jeweilige gesetzliche Vertreter wahrgenommen*

cc) Qualifizierte Nachfolgeklausel

64 Auch bei der qualifizierten Nachfolgeklausel wird die Gesellschafterstellung vererblich gestellt. Allerdings wird der Kreis der Nachfolger konkretisiert und die erbrechtliche Gestaltungsmöglichkeit des Erblassers eingeschränkt.

65 *Muster:*
(1) Durch den Tod eines Gesellschafters wird die Gesellschaft nicht aufgelöst, sondern mit seinen gesetzlichen oder testamentarischen Erben oder, falls solche nicht vorhanden sind, unter den verbleibenden Gesellschaftern fortgesetzt.
(2) Nachfolger in der Gesellschafterstellung des Verstorbenen können nur dessen leibliche Abkömmlinge sein. Andere Erben oder Vermächtnisnehmer werden nicht Gesellschafter. Sind keine Abkömmlinge vorhanden oder sind sie vom Erbe ausgeschlossen, so wird die Gesellschaft unter den verbleibenden Gesellschaftern fortgesetzt. Die Erben werden abgefunden.
(3) Zur Tätigkeit in der Gesellschaft ist ein Abkömmling nur berechtigt, wenn er über eine entsprechende berufliche Qualifikation verfügt oder diese erwirbt. Zur Geschäftsführung und Vertretung der Gesellschaft ist ein Abkömmling nur berufen, sofern er die Meisterprüfung/das Examen ... abgelegt hat.

dd) Eintrittsklausel

66 Durch die Eintrittsklausel wird einer Person, die als Nachfolger in Betracht kommt, schuldrechtlich der Anspruch eingeräumt, von den verbliebenen Gesellschaftern die Aufnahme in die Gesellschaft zu verlangen. Diese Person kann, muss jedoch nicht Erbe sein. Der Eintritt in die Gesellschaft erfolgt durch Rechtsgeschäft.

67 *Muster:*
(1) Durch den Tod eines Gesellschafters wird die Gesellschaft nicht aufgelöst, sondern zwischen den verbleibenden Gesellschaftern fortgesetzt.
(2) Demjenigen Erben oder Vermächtnisnehmer, der im Zeitpunkt des Todes des Gesellschafters das 25. Lebensjahr bereits erreicht hat und ein abgeschlossenes Universitätsstudium der Betriebswirtschaft nachweisen kann, steht das Recht zu, in die Gesellschaft nach den Bestimmungen des zum Zeitpunkt des Todes des Gesellschafters geltenden Gesellschaftsvertrages einzutreten. Der Eintritt erfolgt durch einseitige Erklärung des Erben oder Vermächtnisnehmers gegenüber den verbliebenen Gesellschaftern. Diese Eintrittserklärung muss innerhalb einer Frist von drei Monaten, gerechnet vom Todestag des Gesellschafters, sämtlichen verbliebenen Gesellschaftern zugegangen sein.
(3) Sind mehrere Erben oder Vermächtnisnehmer mit diesen Merkmalen vorhanden, können die verbliebenen Gesellschafter verlangen, dass nur einer von ihnen in die Gesellschaft eintritt. Können sich die Erben oder Vermächtnisnehmer nicht auf einen von ihnen innerhalb einer Frist von einem Monat einigen, gerechnet ab dem Verlangen der verbliebenen Gesellschafter nur einen Erben als eintretenden Gesellschafter zu benennen, können die Erben bzw. Vermächtnisnehmer entsprechend § ... dieses Vertrages abgefunden werden.

b) OHG/KG

aa) Fortsetzungsklausel

Danach wird die Gesellschaft, wie es beim Versterben eines persönlich haftenden Gesellschafters die gesetzliche Regel ist, unter Ausschließung und ggf. Abfindung der Erben zwischen den überlebenden Gesellschaftern fortgeführt. 68

> *Muster:* 69
> *Beim Tod eines Gesellschafters wird die Gesellschaft unter den übrigen Gesellschaftern unter Ausschluss der Erben des Verstorbenen fortgeführt. Den Erben steht eine Abfindung nach Maßgabe des § 12 zu.*

bb) Nachfolgeklausel

Durch eine Nachfolgeklausel wird die Gesellschaft mit allen oder einzelnen Erben oder auf Grund Rechtsgeschäfts unter Lebenden fortgeführt. 70

> *Muster:* 71
> *(1) Durch den Tod eines Gesellschafters wird die Gesellschaft nicht aufgelöst, sondern entweder mit seinen gem. Abs. 2 nachfolgeberechtigten Erben oder Vermächtnisnehmern oder, falls solche nicht vorhanden sind, zwischen den übrigen Gesellschaftern fortgesetzt.*
> *(2) Nachfolgeberechtigt i.S.d. Abs. 1 sind nur andere Gesellschafter oder Abkömmlinge des Verstorbenen oder andere Gesellschafter. Die Erben bzw. Vermächtnisnehmer müssen sich durch Vorlage eines Erbscheins oder einer beglaubigten Abschrift des Testamentseröffnungsprotokolls und der letztwilligen Verfügung legitimieren.*
> *(3) Der nachfolgeberechtigte Erbe oder Vermächtnisnehmer eines Komplementärs wird Kommanditist, falls er nicht schon vorher Komplementär war oder auf Grund eines Beschlusses der Gesellschafterversammlung mit einer Mehrheit von ³/₄ der abgegebenen Stimmen Komplementär wird.*
> *(4) Existieren mehrere nachfolgeberechtigte Erben oder Vermächtnisnehmer eines Gesellschafters, die bislang noch nicht an der Gesellschaft beteiligt waren, können sie ihre Gesellschafterrechte nur einheitlich durch einen gemeinsamen Vertreter ausüben. Gemeinsamer Vertreter kann nur ein Gesellschafter oder ein kraft Gesetzes zur Berufsverschwiegenheit verpflichteter Dritter sein. Bis zur Legitimierung der Erben bzw. Vermächtnisnehmer und – soweit notwendig – bis zur Bestellung eines gemeinsamen Vertreters ruhen die Rechte aus dem Gesellschaftsanteil des verstorbenen Gesellschafters.*

c) GmbH

Die GmbH-Satzung kann eine Abtretungspflicht des Erben oder ein Einziehungsrecht der Gesellschafter anordnen. Sie kann auch bestimmen, dass nur bestimmte Personen (Ehegatte, Kinder) den Geschäftsanteil behalten dürfen. Als Zessionar des Geschäftsanteils kann die Gesellschaft selbst, ein Gesellschafter oder eine dritte Person vorgesehen werden. Die Abtretungsverpflichtung der Erben kann durch ein Einziehungsrecht flankiert werden, falls die Erben der Abtretungsverpflichtung nicht innerhalb einer bestimmten Frist nachkommen. 72

73 | *Muster:*
(1) Wird ein Gesellschafter nach seinem Tode auch von einer oder mehreren Personen beerbt, die nicht der Ehegatte des Gesellschafters, einer seiner Abkömmlinge oder Mitgesellschafter sind, so ist die Gesellschaft berechtigt, zu verlangen, dass der Anteil ganz oder geteilt an die Gesellschaft, einen oder mehrere Mitgesellschafter, einen oder mehrere Erben oder an einen oder mehrere Dritte gegen Entgelt nach den Bestimmungen des § ... dieses Vertrages übertragen wird. Die Aufforderung hat durch Übergabeeinschreiben gegenüber jedem einzelnen Erben, bei Vorhandensein eines gemeinsamen Bevollmächtigten gegenüber diesem, zu erfolgen.
(2) Erfolgt eine Übertragung nach Abs. 1 nicht innerhalb von drei Monaten nach Zugang der Aufforderung bei dem letzten Miterben, so ist die Gesellschaft zur Einziehung des Geschäftsanteils gegen Zahlung einer Abfindung nach Maßgabe des § ... dieses Vertrages berechtigt.

d) Rechtsprechung zu gesellschaftsvertraglichen Klauseln

aa) Fortsetzungsklausel in der BGB-Gesellschaft:[40]

74 (1) Scheidet der vorletzte Gesellschafter aus einer BGB-Gesellschaft aus, für die im Gesellschaftsvertrag bestimmt ist, dass die Gesellschaft unter den verbleibenden Gesellschaftern fortgesetzt wird, führt dies – soweit nichts Abweichendes geregelt ist – zur liquidationslosen Vollbeendigung der Gesellschaft und zur Anwachsung des Gesellschaftsvermögens bei dem letzten verbliebenen Gesellschafter.
(2) Der Beschluss über die Eröffnung des Insolvenzverfahrens über das Vermögen eines nicht existenten Schuldners (hier: einer voll beendeten BGB-Gesellschaft) ist nichtig.

bb) Fortsetzungsklausel in der BGB-Gesellschaft:[41]

75 (1) Der Nachweis der Unrichtigkeit des Grundbuchs ist in der Form des § 29 GBO zu führen, auch wenn die Möglichkeit, eine formgerechte Erklärung abzugeben im Einzelfall erschwert oder sogar unmöglich sein sollte; notfalls ist der dingliche Anspruch auf Bewilligung der Berichtigung aus § 894 BGB klageweise durchzusetzen. Nur wenn auch dies nicht möglich ist, muss sich das Grundbuchamt ausnahmsweise mit einem nicht in der Form des § 29 GBO entsprechenden Nachweis begnügen.
(2) Eine solche Ausnahme liegt vor, wenn als Eigentümer eines Grundstücks im Grundbuch mehrere Personen als Gesellschafter bürgerlichen Rechts eingetragen sind und das Grundbuch nach dem Tod eines Gesellschafters unrichtig wird. Enthält der Gesellschaftsvertrag eine **Fortsetzungsklausel**, so vollzieht sich die Rechtsnachfolge nicht nach erbrechtlichen Regeln, die Erben des verstorbenen Mitgesellschafters sind zur Bewilligung der Grundbuchberichtigung nicht befugt und infolgedessen auch nicht i.S.d. § 894 BGB verpflichtet der Berichtigung zuzustimmen. Die gesellschaftsvertragliche **Fortsetzungsklausel** führt die Mitgliedschaft am Nachlass vorbei; die erbrechtlichen Regeln gelten nicht.

cc) Fortsetzungsklausel in der OHG:[42]

76 Haben die Gesellschafter bei Abschluss des Gesellschaftsvertrages einen regelungsbedürftigen Punkt nicht bedacht und besteht insoweit eine Lücke, so ist zunächst auf der Grundlage des Gesellschaftsvertrages zu ermitteln, wie die Gesellschafter einen offen gebliebenen

---

40 BGH v. 7.7.2008 – II ZR 37/07.
41 OLG Zweibrücken v. 28.3.1995 – 3 W 42/95.
42 BGH v. 21.10.1985 – II ZR 57/85.

Punkt unter Berücksichtigung des Gebots von Treu und Glauben geregelt hätten, wenn sie bei Abschluss des Vertrages an ihn gedacht hätten. Haben die Gesellschafter indes im Gesellschaftsvertrag vereinbart, dass »im übrigen für die offene Handelsgesellschaft und das Verhältnis der Gesellschafter untereinander die gesetzlichen Bestimmungen ungeachtet dessen gelten sollen und dass der Notar sie über die Möglichkeit einer anderen Vertragsgestaltung belehrt hatte, so kann dem Gesellschaftsvertrag auch nicht im Wege der ergänzenden Auslegung eine Fortsetzungsklausel entnommen werden.

dd) Nachfolgeklausel in der OHG:[43]

Eine auf den Eintritt eingeschränkte Nachfolgeklausel ist wirksam. 77

ee) Nachfolgeklausel in der KG:[44]

Scheitert die gesellschaftsvertraglich festgelegte erbrechtliche Nachfolgeregelung daran, 78
dass die im Gesellschaftsvertrag vorgesehenen Personen nicht Erben geworden sind, so kann dieser Klausel im Wege der ergänzenden Vertragsauslegung die Bedeutung einer rechtsgeschäftlichen Eintrittsklausel zuzuerkennen sein.

§ 1923
Erbfähigkeit

(1) Erbe kann nur werden, wer zur Zeit des Erbfalls lebt.

(2) Wer zur Zeit des Erbfalls noch nicht lebte, aber bereits erzeugt war, gilt als vor dem Erbfalle geboren.

I. Normzweck

§ 1923 führt den Rechtsgedanken der Gesamtrechtsnachfolge des §1922 konsequent weiter, 1
indem er nur denjenigen als Erben zulässt, der im Zeitpunkt des Erbfalls lebt. Damit werden sowohl diejenigen von der Erbfolge ausgeschlossen, die vor dem Erblasser gestorben sind, als auch die, die nach dem Erbfall geboren werden. Eine Ausnahme gilt für den, der im Zeitpunkt des Erbfalls bereits gezeugt ist, den sog. Nasciturus. Der Anfall der Erbschaft erfolgt hingegen erst mit der Geburt.

II. Erbfähigkeit

1. Erbfähigkeit natürlicher Personen

Erbfähig sind grundsätzlich die zur Zeit des Erbfalls lebenden natürlichen Personen. 2

Die Erbfähigkeit setzt also voraus, dass der Erbe den Erblasser überlebt. Hierfür genügt, 3
dass er den Erblasser wenigstens um eine Sekunde überlebt hat, weil ihm dann der Nachlass angefallen ist (§ 1942 Abs. 1) und mit dem Ausschlagungsrecht (§ 1952 Abs. 1) auf den Erbes-Erben übergeht.

Kommt es beim Tod mehrerer Personen auf den genauen Todeszeitpunkt an, so hat ihn 4
das Nachlassgericht von Amts wegen exakt zu ermitteln (§ 2358). Dabei darf sich das Gericht nicht damit begnügen, ein Überlappen festzustellen oder von einem gleichzeitigen Versterben auszugehen. Die Beweislast für ein Überleben trifft denjenigen, der hieraus Rechte herleitet, z.B. der Erbes-Erbe.

---

43 BGH v. 9.5.1974 – II ZR 99/72.
44 BGH v. 29.9.1977 – II ZR 214/75.

5   Kann nicht bewiesen werden, wer länger gelebt hat, gilt die Vermutung, dass beide gleichzeitig verstorben sind (§ 11 VerschG, sog. Kommorientenvermutung). Dies bedeutet, dass keine der beteiligten Personen Erbe des anderen sein kann. Diese Vermutung wird nicht dadurch ausgeschlossen, dass der Todeszeitpunkt standesamtlich beurkundet wurde. Die Vermutung greift auch dann ein, wenn der Todeszeitpunkt nur bei einer Person feststeht.

6   Durch eine Todeserklärung gilt die Vermutung des Versterbens zu dem Zeitpunkt, der im Beschluss festgestellt wurde (§ 9 Abs. 1 S. 1 VerschG). Diese Vermutung ist jedoch widerlegbar.

2. Erbfähigkeit des Nasciturus

7   Durch § 1923 Abs. 2 wird der Zeitpunkt der Erbfähigkeit vorverlegt. Ein Kind, das beim Tod des Erblassers noch nicht geboren, aber bereits gezeugt war, gilt als Erbe, wenn es lebend zur Welt kommt. Seine Lebensfähigkeit ist nicht erforderlich, es muss aber nach der Geburt kurz gelebt haben. Das Erbe fällt dem Kind mit der Geburt zu (§ 1942). Bis zur Geburt kann somit gem. § 2357 BGB nur ein Teilerbschein beantragt werden. Nach Ansicht des OLG Stuttgart[1] und des OLG Oldenburg[2] kann eine Ausschlagung der Erbschaft des nasciturus durch die Eltern auch bereits vor der Geburt erfolgen. Darüber hinaus können die Eltern eine Klage auf Feststellung der Erbberechtigung des Nasciturus erheben, da bereits in der Schwebezeit eine rechtlich gesicherte Erbaussicht und damit ein entsprechendes Feststellungsinteresse besteht. Die Mutter hat bis zur Entbindung einen Anspruch auf Unterhalt aus dem Nachlass (§§ 1963, 2141).

8   Bei einer künstlichen Befruchtung (Insemination) wendet die wohl h.M. § 1923 Abs. 2 analog an, wenn diese postmortal erfolgt.

9   Bei einer Befruchtung außerhalb des Mutterleibs (In-Vitro-Fertilisation) wird teilweise angenommen, dass ein Erzeugtsein i.S.d. § 1923 erst vorliegt, wenn die befruchtete Eizelle im Mutterleib eingepflanzt ist.[3] Ein andere Auffassung lässt es genügen, dass die Eizelle zum Zeitpunkt des Erbfalls bereits befruchtet war, aber erst nach dem Erbfall in den Mutterleib implantiert wird.[4]

10 Erbe kann nicht sein, wer zum Zeitpunkt des Erbfalls noch nicht erzeugt war. Er kann aber als Nacherbe (§ 2101 Abs. 1) oder als Vermächtnisnehmer (§§ 2162 Abs. 2, 2178) eingesetzt werden.

11 Die Beweislast für das Erzeugtsein im Zeitpunkt des Erbfalls obliegt dem Kind und ist aufgrund freier Beweiswürdigung festzustellen (§ 286 ZPO), etwa durch ein Abstammungsgutachten.

3. Erbfähigkeit juristischer Personen

12 Juristische Personen des privaten oder des öffentlichen Rechts sind aufgrund ihrer Rechtsfähigkeit auch erbfähig (§§ 2044 Abs. 2 S. 3, 2101 Abs. 2, 2106 Abs. 2, 2109 Abs. 2, 2163 Abs. 2). Voraussetzung ist allerdings, dass sie im Zeitpunkt des Erbfalls bestehen, andernfalls sie im Zweifel als Nacherben eingesetzt sind. Eine analoge Anwendung des § 1923 Abs. 2 kommt insoweit nicht in Betracht.

13 Eine Ausnahme gilt für Stiftungen. Eine Stiftung wird mit Anerkennung, § 80, rechtsfähig. Bei Stiftungen von Todes wegen greift § 84: Die Stiftung gilt als vor dem Tod des Stifters entstanden, auch wenn die Genehmigung erst nach dessen Tod erteilt wird.[5]

---

1 OLG Stuttgart v. 5.11.1992 – 8 W 484/92.
2 OLG Oldenburg v. 26.1.1994 – 5 W 9/94.
3 *Brox/Walker* Rn. 9.
4 MüKoBGB/*Leipold*, § 1923, Rn. 15.
5 Vgl. dazu: *Turner* ZEV 1995, 206; OLG Zweibrücken NJW-RR 2000, 815.

Für die Erbfähigkeit einer ausländischen Stiftung ist das jeweilige Heimatrecht maßgeblich. Danach kann auch eine ausländische Stiftung, die erst nach dem Eintritt des Erbfalls errichtet wird erbfähig sein, wenn sie nach ihrem Heimatrecht Rechtsfähigkeit erlangt hat.[6] 14

4. Erbfähigkeit nicht rechtsfähiger Personenvereinigungen

Nicht rechtsfähige Personenvereinigungen sind dann als erbfähig anzusehen, wenn sie einer juristischen Person stark angenähert sind. Deswegen ist die Erbfähigkeit von OHG und KG angesichts der ihnen durch § 124 Abs. 1, 161 Abs. 2 HGB verliehenen Fähigkeit, als Einheit im Rechtsverkehr aufzutreten, allgemein anerkannt. Erbschaft und Vermächtnis werden bei OHG und KG unmittelbar Bestandteil des Gesamthandsvermögens der Gesellschaft. Aufgrund des Verweises in § 7 Abs. 2 PartGG kann auch die Partnerschaft freier Berufe erbfähig sein. 15

Bei der BGB-Gesellschaft ist nach der Entscheidung des BGH v. 29.1.2001[7] zur Rechtsfähigkeit der (Außen-)GbR analog § 124 Abs. 1 HGB auch von einer Erbfähigkeit auszugehen.[8] 16

Die Rechts- und Erbfähigkeit einer Erbengemeinschaft wird hingegen von der Rechtsprechung weiterhin abgelehnt.[9] 17

III. Erbunfähigkeit

Bestimmte Personen sind auf Grund ihrer Amtsstellung oder einer besonderen Beziehung zum Erblasser relativ erbunfähig. 18

1. Relative Erbunfähigkeit kraft gesetzlicher Bestimmungen

Ein Notar kann als Urkundenperson nicht erben, wenn er bei der Beurkundung der letztwilligen Verfügung mitgewirkt hat. Gleiches gilt auch für seinen Ehepartner bzw. sonstige Angehörige i.S.d. § 7 BeurkG. Rechtsfolge ist die Unwirksamkeit der letztwilligen Verfügung. 19

Die testamentarische Bestimmung eines mit dem beurkundenden Notar in Sozietät stehenden Notars soll hingegen nicht gegen § 7 BeurkG verstoßen.[10] 20

Im Beamtenrecht besteht das Verbot der Annahme von Belohnungen (§ 43 BRRG, § 70 BBG). Die Verbotsnorm umfasst auch die Zuwendung durch letztwillige Verfügung. Hierzu korrespondierend dürfen Angestellte des öffentlichen Dienstes Zuwendungen nur mit Zustimmung des Arbeitgebers entgegennehmen (§ 10 BAT). 21

Rechtsfolge des Verstoßes gegen eine dieser Vorschriften ist jedoch **nicht** die Unwirksamkeit der letztwilligen Verfügung. Jedenfalls bei einem Verstoß gegen § 10 Abs. 1 BAT hat der BGH[11] eine Anwendung von § 134 verneint mit der Folge, dass die Zuwendung an den Bedachten wirksam war. Im vorliegenden Fall ging es um eine Schenkung an einen Sparkassenangestellten, der dem Bundesangestelltentarifvertrag unterlag. Begründet wird die Auffassung u.a. damit, dass dem Verbotszweck durch andere Maßnahmen, z.B. disziplinarrechtlicher Art Genüge getan wird. Darüber hinaus sei für die nach § 134 BGB gebotene Abwägung wesentlich, ob sich das betreffende Verbot an alle Beteiligten des Geschäfts richte oder ob das Verbot nur eine Partei binde. Seien beide Teile Adressaten des Verbots, so könne regelmäßig angenommen werden, das verbotswidrige Geschäft solle keine Wirkungen entfalten. Richte sich das Verbot dagegen nur gegen eine Partei, sei regel- 22

---

6 OLG München v. 8.4.2009 – 31 Wx 121/08 = ZEV 2009, 512.
7 BGHZ 146, 341.
8 Ebenso: *Ulmer* ZIP 2001, 585; Palandt/*Edenhofer*, § 1923 Rn. 7; anders noch: BayObLG FamRZ 1999, 170.
9 BGH NJW 2002, 2289.
10 BGH v. 4.2.1987 – Iva ZR 229/85.
11 BGHZ 143, 283.

mäßig der gegenteilige Schluss berechtigt. Die zu § 10 BAT ergangene Entscheidung ist nach Meinung der Literatur auch auf §§ 43 BRRG, 70 BBG zu übertragen.[12] Dem kann aus den aus dem Urteil hervorgehenden Gründen auch gefolgt werden. Dies gilt um so mehr, als Erbeinsetzungen in letztwillige Verfügungen vorgenommen werden, von denen der Begünstigte häufig im Vorfeld gar keine Kenntnis erlangt.[13]

2. Beschränkungen nach dem Heimgesetz

23 Auch § 14 HeimG stellt eine Verbotsnorm i.S.d. § 134 dar.[14] Die Verfassungsmäßigkeit der Vorschrift wurde vom BVerfG bejaht.[15]

24 § 14 Abs. 1 HeimG untersagt dem **Heimträger**, sich über das vereinbarte Entgelt hinaus von Heimbewohnern oder -bewerbern Geld oder geldwerte Leistungen versprechen oder gewähren zu lassen. Ausnahmen von diesem Grundsatz regelt § 14 Abs. 2 HeimG.

25 § 14 Abs. 5 HeimG untersagt dem **Heimleiter**, den **Beschäftigten** und **sonstigen Mitarbeitern** des Heims, sich von Heimbewohnern Geld oder geldwerte Leistungen versprechen oder gewähren zu lassen.

26 Die Verbote in § 14 HeimG finden auch auf Zuwendungen von Todes wegen Anwendung.[16] Sie bezwecken die Gleichbehandlung der Heimbewohner, deren Schutz vor finanzieller und wirtschaftlicher Ausnutzung und die Sicherung der Testierfreiheit.[17]

27 Die Einsetzung der in § 14 HeimG genannten Personen als Testamentsvollstrecker dürfte jedenfalls dann nicht zur Unwirksamkeit führen, wenn diese unentgeltlich erfolgt.[18]

a) Heim

28 Heim ist eine Einrichtung, die zum Zweck der nicht nur vorübergehenden Aufnahme und Unterbringung von alten Menschen sowie pflegbedürftigen oder behinderten Volljährigen gegen Entgelt betrieben wird und in ihrem Bestand von Wechsel und Zahl ihrer Bewohner unabhängig ist,[19] wobei die Unterbringung neben der Überlassung der Unterkunft auch die Gewährung von Verpflegung und Betreuung umfassen muss, § 1 Abs. 1 S. 1 HeimG.

29 Keine Anwendung findet § 14 HeimG bei rein familiärer Betreuung[20] sowie für Angestellte eines Pflegedienstes, die den Erblasser in dessen Haus gepflegt haben.[21]

30 Unter § 1 HeimG fällt hingegen derjenige, der familienfremde Personen in seinem Haus verpflegt und betreut, jedenfalls dann, wenn er die Absicht hat, dies auch in Zukunft wieder zu tun.[22]

b) Versprechen/gewähren lassen

31 Versprechen/gewähren lassen setzt voraus, dass der Begünstigte noch zu Lebzeiten des Heimbewohners Kenntnis über die ihn begünstigende letztwillige Verfügung erlangt.[23] Für den Heimträger ist dabei auf einen Repräsentanten des Heims abzustellen.[24] Genügen kann

---

12 Soergel/*Stein* § 1923 Rn. 13; *Damrau* § 1923 Rn 7.
13 Vgl. dazu auch: BAG MDR 1985, 169.
14 Vgl. dazu: BGH NJW 1990, 1603.
15 BVerfG FamRZ 1998, 1498.
16 BGH NJW 1996, 145.
17 OLG Frankfurt NJW 2001, 1504.
18 Vgl. dazu: *Everts* ZEV 2006, 544.
19 OLG Saarbrücken OLGR 1998, 92.
20 BayObLG NJW-RR 1998, 729.
21 OLG Düsseldorf NJW 2001, 2338.
22 BayObLG NJW 1999, 1454.
23 OLG Frankfurt ZEV 2001, 364; BayObLG NJW-RR 2001, 295.
24 BayObLG FamRZ 2001, 1171 (Heimleiter).

insoweit die Kenntnis eines Heimmitarbeiters, sofern dieser einen gewissen Einfluss auf die Lebenssituation der Heimbewohner ausüben kann.[25]

Erfährt der Begünstigte zu Lebzeiten des Heimbewohners nichts von der letztwilligen Verfügung, so findet § 14 HeimG keine Anwendung.[26] 32

c) Beweislast

Der nach § 14 Abs. 5 HeimG geforderte Zusammenhang zwischen Leistung und Erfüllungspflichten des Heimmitarbeiters wird widerleglich vermutet.[27] 33

d) Umgehung von § 14 HeimG

Ein Umgehungstatbestand liegt dann vor, wenn durch die gewählte rechtliche Gestaltung der Tatbestand des Verbotsgesetzes selbst zwar nicht erfüllt ist, dennoch der von ihm verbotene Erfolg herbeigeführt wird.[28] Dies ist immer dann der Fall, wenn der Verbotsadressat nicht selbst, sondern eine ihm nahe stehende Person begünstigt wird. Die Testierfreiheit des Erblassers soll hierdurch nicht unzumutbar beeinträchtigt werden, denn die Beteiligten hätten um eine Ausnahmegenehmigung[29] nach § 14 Abs. 6 HeimG nachsuchen können.[30] 34

Nach OLG München v. 20.6.2006[31] soll ein Verstoß gegen § 14 HeimG auch dann vorliegen, wenn die Zuwendung durch einen Dritten erfolgt und der Heimträger erst nach dem Tod des Dritten Kenntnis von der Zuwendung erlangt.[32] 35

§ 1924
Gesetzliche Erben erster Ordnung

(1) Gesetzliche Erben der ersten Ordnung sind die Abkömmlinge des Erblassers.

(2) Ein zur Zeit des Erbfalls lebender Abkömmling schließt die durch ihn mit dem Erblasser verwandten Abkömmlinge von der Erbfolge aus.

(3) An die Stelle eines zur Zeit des Erbfalls nicht mehr lebenden Abkömmlings treten die durch ihn mit dem Erblasser verwandten Abkömmlinge (Erbfolge nach Stämmen).

(4) Kinder erben zu gleichen Teilen.

I. Normzweck

Wenn der Erblasser keine oder nur eine unwirksame Verfügung von Todes wegen errichtet hat, tritt die gesetzliche Erbfolge ein. Die Erbfolge erfolgt nach Ordnungen, wobei die jüngere Generation gegenüber der älteren Generation bevorzugt wird. Nach § 1924 sind die Abkömmlinge des Erblassers gesetzliche Erben erster Ordnung. 1

Das Prinzip der Erbfolge nach Ordnungen wird durch das Repräsentationsprinzip des Abs. 2 ergänzt. Dabei schließt der nähere Abkömmling des Erblassers seine eigenen Abkömmlinge aus. Diese kommen nach dem Eintrittsprinzip des Abs. 3 erst nach Wegfall des sie repräsentierenden näheren Abkömmlings zum Zug. Sie beerben den Erblasser aus eigenem Recht und nicht etwa den Weggefallenen. 2

---

25 OLG Karlsruhe ZEV 1996, 146 (Oberschwester).
26 BayObLG NJW-RR 2001, 295.
27 OLG Frankfurt ZEV 2001, 364 m. Anm. *Rossak*.
28 BayObLG NJW 2000, 1959.
29 Zur Ausnahmegenehmigung bei Behindertentestament vgl. *Limmer* ZEV 2008, 603.
30 OLG Frankfurt NJW 2001, 1504.
31 OLG München NJW 2006, 2642.
32 Kritisch dazu: *Tersteegen* ZErb 2007, 414.

II. Abkömmlinge des Erblassers

3 Erben erster Ordnung sind die Abkömmlinge des Erblassers (Kinder, Enkel, Urenkel), also diejenigen, die in absteigender gerader Linie vom Erblasser abstammen. Dabei gilt nur die rechtlich anerkannte Verwandtschaft, § 1589, und nicht schon die biologische Verwandtschaft.[1]

4 Die Erbberechtigung bestimmt sich nach den zum Zeitpunkt des Erbfalls geltenden Vorschriften des Familienrechts. Die Fälle einer künstlichen Befruchtung unter Ehepartnern werden der natürlichen Zeugung gleichgestellt. Insofern ergeben sich keine erbrechtlichen Besonderheiten.[2]

5 Entsprechendes gilt für quasi-homologe Insemination bzw. In-vitro-Fertilisation unter Partnern einer nichtehelichen Lebensgemeinschaft sowie bei Befruchtung einer fremden Eizelle, die die Wunschmutter eingepflanzt bekommt (künstliche Fertilisation).

6 Sofern umgangssprachlich (z.B. in einem Testament) der Begriff »Nachkommen« verwendet wird, kann dies den Abkömmlingen i.S.d. Vorschrift gleichgestellt werden.[3]

III. Nichteheliches Kind

7 Nichteheliche Kinder haben gem. § 1591 von Gesetzes wegen eine Mutter. Erbrechtlich ergeben sich insoweit keine Besonderheiten. Hingegen haben nichteheliche Kinder von Gesetzes wegen nicht automatisch einen Vater. Die Vaterschaft muss erst förmlich festgestellt werden und zwar entweder durch rechtskräftiges Urteil, §§ 1592 Nr. 3, 1600d, oder durch wirksames Anerkenntnis, §§ 1592 Nr. 2, 1594, 1596 ff. Ist die Vaterschaft förmlich festgestellt, sind nichteheliche Kinder gem. dem seit 1.7.1970 geltenden NEhelG Erben erster Ordnung nach dem Vater. Durch das ErbGleichG vom 16.12.1997 wurden nichteheliche Kinder mit ehelichen Kindern für ab dem 1.4.1998 eingetretene Erbfälle gleichgestellt. Die Sonderregelungen der §§ 1934 a–c sind ersatzlos weggefallen.

1. Erbfall nach dem 1.7.1970 und vor dem 1.4.1998

8 Bei Erbfällen vor dem 1.4.1998 sind die beim Erbfall geltenden Vorschriften anzuwenden (Art. 227 Abs. 1 Nr. 1 EGBGB).[4] In Erbfällen seit dem 1.7.1970 und dem 31.3.1998 beerbten nichteheliche Kinder ihre Väter, wobei sie neben ehelichen Kindern und/oder dem Ehegatten des Erblassers nur einen Erbersatzanspruch hatten (§ 1934a a.F.).

9 Der Erbersatzberechtigte wird also nicht Erbe und damit nicht Gesamtrechtsnachfolger; ihm steht stattdessen nur ein Geldanspruch auf Zahlung des Wertes seines gesamten Erbteils zu. Berechnung und Geltendmachung des Erbersatzanspruchs sind in § 1934b a.F. geregelt.

10 Nicht erbberechtigt sind nach der derzeit (noch) gültigen Rechtslage (Art. 12 I § 10 Abs. 2 S. 1 NEhelG) nichteheliche Kinder, die vor dem 1.7.1949 geboren wurden. In seiner Entscheidung vom 28.5.2009[5] hat der Europäische Gerichtshof für Menschenrechte (EGMR) dahingehend entschieden, dass die in Art. 12 I § 10 Abs. 2 S. 1 NEhelG enthaltene Regelung, nach der die vor dem 1.7.1949 geborenen nichtehelichen Kinder von der gesetzlichen Erbfolge nach ihrem Vater ausgeschlossen sind, gegen das Diskriminierungsverbot des Art. 14 i.V.m. Art. 8 EMRK verstößt. Insofern muss der Gesetzgeber tätig werden, um weitere Konventionsverletzungen zu vermeiden. Dabei ist er indes nicht verpflichtet die

---

1 BGH NJW 1989, 2197.
2 Vgl. dazu: *Quantius* FamRZ 1998, 1145; *Kirchmeier* FamRZ 1998, 1281.
3 BGH v. 7.10.1992 – IV ZR 160/91.
4 Gleiches gilt auch, wenn bis zum 31.03.1998 eine wirksame Vereinbarung für den vorzeitigen Erbausgleich getroffen wurde oder dieser durch rechtskräftiges Urteil anerkannt wurde (OLG Düsseldorf NJW 1999, 1560).
5 FamRZ 2009, 1293.

Rechtslage für die Zeit vor Verkündung des Urteils (28.5.2009) zu ändern – diesbezüglich besteht sogar Vertrauensschutz für den Erblasser. Für Erbfälle ab 28.5.2009 muss der Gesetzgeber jedoch handeln.[6]

Ohnehin auch nach jetziger Rechtslage erbberechtigt sind vor dem 1.7.1949 geborene nichteheliche Kinder, wenn der Vater am 2.10.1990 seinen gewöhnlichen Aufenthalt in der DDR hatte (Art. 235 § 1 Abs. 2 EGBGB). 11

Durch die nachträgliche Eheschließung der Eltern (§§ 1719, 1722 a.F.) oder durch seine Ehelicherklärung (§§ 1736, 1740 ff.) erlangte das zunächst nichteheliche Kind seine Stellung als gesetzlicher Erbe. Nur bei einer Statusänderung durch Ehelichkeitserklärung wurde das Kind noch nach dem Tod des Vaters dessen gesetzlicher Erbe (§ 1733 Abs. 3 a.F.). Mit Inkrafttreten des KindRG sind die vorgenannten Vorschriften zum 1.7.1998 weggefallen. 12

2. Erbfall vor dem 1.7.1970

Bis zum Inkrafttreten des NEhelG galt das nichteheliche Kind mit seinem Vater oder seinen väterlichen Vorfahren als nicht verwandt (§ 1589 a.F.) und konnte daher nicht dessen gesetzlicher Erbe sein. Nach der Übergangsregelung des Art. 12 § 10 NEhelG wird jedoch nur auf den Zeitpunkt des jeweiligen Erbfalls abgestellt, so dass das nichteheliche Kind, falls dessen Vater vor dem 1.7.1970 verstorben war, gleichwohl dessen zu diesem Zeitpunkt noch lebende Eltern beerben konnte. 13

3. Sonderregelung für das Beitrittsgebiet

a) Erbfälle bis zum 2.10.1990

Für Erbfälle bis zum 2.10.1990 bleibt das Erbrecht der DDR anwendbar, Art. 235 § 1 Abs. 1 EGBGB. Hiernach war das nichteheliche Kind in vollem Umfang dem ehelichen gleichgestellt, § 365 ZGB. Nichteheliche Kinder waren ohne Einschränkung bereits für Erbfälle seit dem 1.1.1976 ges Erben erster Ordnung. 14

b) Erbfälle seit dem 3.10.1990

aa) Bis zum 2.10.1990 geborene Kinder

Für Erbfälle seit dem 3.10.1990 gelten für nichteheliche Kinder, die vor dem 3.10.1990 geboren wurden, die Vorschriften des BGB für eheliche Kinder, wenn der Erblasser seinen gewöhnlichen Aufenthalt vor dem 3.10.1990 im Gebiet der ehemaligen DDR hatte, Art. 235 § 1 Abs. 2 EGBGB.[7] 15

bb) Seit dem 3.10.1990 geborene Kinder

Für nichteheliche Kinder, die seit dem 3.10.1990 in den neuen Bundesländern geboren wurden, gilt das BGB in der jeweils anwendbaren Fassung. Das hat zur Folge, dass nichteheliche Kinder, die zwischen dem 3.10.1990 und dem 31.3.1998 geboren wurden, im Gegensatz zu den zuvor geborenen Kindern den ehelichen Kindern nicht gleichgestellt sind. 16

IV. Annahme als Kind

Durch das Adoptionsgesetz vom 1.1.1977 wurden adoptierte Kinder den ehelichen 17
 – leiblichen Kindern gleichgestellt. Damit gelten auch adoptierte Kinder als Abkömmlinge i.S.v. § 1924 BGB. Das adoptierte Kind erlangt die Stellung eines
 – ehelichen Kindes und erbt neben diesen zu gleichen Teilen.

---

6 Vgl. zum Ganzen: *Leipold* ZEV 2009, 488; OLG Stuttgart ZErb 2010, 34.
7 OLG Brandenburg FamRZ 1997, 1031; OLG Köln FamRZ 1993, 484; OLG Dresden ZErb 2010, 27.

1. Adoption vor dem 1.1.1977

18 Für Adoptionen vor dem 1.1.1977 gilt das frühere Recht, Art. 12 AdoptG.
19 Danach wurde die Verwandtschaft des angenommenen Kindes zu den natürlichen Eltern und den Verwandten nicht aufgehoben. Das adoptierte Kind behielt sein volles Erbrecht gegenüber seinen Blutsverwandten (§ 1764 BGB a.F.) Zusätzlich erhielt das adoptierte Kind ein Erbrecht nach dem Annehmenden, ein Erbrecht zu den Verwandten des Annehmenden entstand indes nicht. Auch der Annehmende selbst erlangte gegenüber dem Adoptivkind kein Erbrecht (§ 1759 BGB a.F).

2. Adoption nach dem 1.1.1977

20 Für Adoptionen nach dem 1.1.1977 ist zu unterscheiden, ob das adoptierte Kind zu
 – diesem Zeitpunkt bereits volljährig war oder nicht. Bei Volljährigkeit verbleibt es
 – beim alten Recht für bis zum 31.12.1977 eingetretene Erbfälle: Das Verwandtschaftsverhältnis des Anzunehmenden zu den Blutsverwandten bleibt grds. bestehen, § 1770 Abs. 2. Gegenüber den Verwandten des Annehmenden entsteht kein Erbrecht. Lediglich auf Antrag kann die Volljährigenadoption der Minderjährigenadoption in deren Rechtsfolgen gleichgestellt werden (§ 1772). Bei Minderjährigen gilt das neue Recht der Minderjährigen-Adoption (Art. 12 § 2 Abs. 2 S. 1 AdoptG).
21 Es kommt zu einer Volladoption, d.h. das Verwandtschaftsverhältnis des minderjährigen Kindes zu den bisherigen Verwandten wird aufgelöst und es wird Erbe erster Ordnung. Es besteht damit keine gesetzliche Erbfolge des adoptierten Kindes zu den leiblichen Eltern, § 1755. Es wird in die Familie des Annehmenden vollständig integriert und erhält ein volles Erbrecht auch gegenüber dessen Verwandten, § 1754.

3. Internationales Adoptionsrecht

22 Das Adoptionsstatut bestimmt sich nach Art. 22, 23 EGBGB
23 Für die Frage der Anwendung der §§ 1767 ff. oder §§ 1741 ff. ist nicht Art. 22 EGBGB sondern das Recht des Staates einschlägig, dem das Kind angehört.
24 Für die Frage, ob durch die Adoption ein Erbrecht entsteht oder erlischt ist auf das Adoptionsstatut abzustellen.[8] Die erbrechtliche Position des Kindes richtet sich nach dem Erbstatut.

V. Verteilung des Erbes

25 Sind bei Eintritt des Erbfalls mehrere Abkömmlinge vorhanden, so schließt das Kind des Erblassers seine eigenen Abkömmlinge von der Erbfolge aus (§ 1924 Abs. 2). Nach dem sog. Repräsentationsprinzip kommt der mit dem Erblasser am nächsten Verwandte zum Zug und vertritt somit seinen Stamm.
26 Bei Vorversterben eines Abkömmlings treten wiederum dessen Abkömmlinge an seine Stelle (§ 1924 Abs. 3).
27 Jedes Kind des Erblassers erhält dieselbe Erbquote (§ 1924 Abs. 4). Diese Bestimmung gilt auch innerhalb der Stämme. Hatte der Erblasser zwei Kinder und lebte von ihnen zum Zeitpunkt des Erbfalls nur noch eines, wobei das vorverstorbene Kind selbst zwei Kinder hinterlässt, so erbt das noch lebende Kind des Erblassers ½ und seine bei den Enkel jeweils ¼.
28 § 1924 Abs. 4 begründet keine (sittliche) Pflicht, Abkömmlinge in letztwilligen Verfügungen oder durch lebzeitige Übertragungen gleich zu behandeln.[9]

---

[8] BGH NJW1989, 2197.
[9] BGH v. 29.6.2005 – IV ZR 56/04.

Übersicht: Gesetzliche Erben erster Ordnung

Viktor Alt (vorverstorben)	Monika Alt (Erblasserin)	
±		
Stefan Alt ½	Tamara Neu (½) (vorverstorben)	Manfred Neu
Eveline ⅙	Erika ⅙	Egon ⅙

§ 1925
Gesetzliche Erben zweiter Ordnung

(1) Gesetzliche Erben der zweiten Ordnung sind die Eltern des Erblassers und deren Abkömmlinge.

(2) Leben zur Zeit des Erbfalls die Eltern, so erben sie allein und zu gleichen Teilen.

(3) Lebt zur Zeit des Erbfalls der Vater oder die Mutter nicht mehr, so treten an die Stelle des Verstorbenen dessen Abkömmlinge nach den für die Beerbung in der ersten Ordnung geltenden Vorschriften. Sind die Abkömmlinge nicht vorhanden, so erbt der überlebende Teil allein.

(4) In den Fällen des § 1756 sind das angenommene Kind und die Abkömmlinge der leiblichen Eltern oder des anderen Elternteils des Kindes im Verhältnis zueinander nicht Erben der zweiten Ordnung.

I. Normzweck

Gesetzliche Erben der zweiten Ordnung sind die Eltern des Erblassers und deren Abkömmlinge. Hierdurch wird der älteren Generation der Vorzug vor den Geschwistern des Erblassers gegeben. Dies erklärt sich dadurch, dass die Eltern ihrem Kind in der Regel durch die Finanzierung einer Ausbildung oder Zuwendungen die Schaffung eines eigenen Vermögens ermöglicht haben. Es gilt das sog. Linienprinzip, weil die Hälfte des Erbes jeweils an die mütterliche und die väterliche Linie geht. 1

II. Erbrecht der Eltern

Hat der Erblasser keine Abkömmlinge oder sind diese wegen Ausschlagung, Erbverzichts oder Erbunwürdigkeit nicht Erben geworden, sind die gesetzlichen Erben der Zweiten Ordnung berufen. 2

Gesetzliche Erben der zweiten Ordnung sind die Eltern des Erblassers und deren Abkömmlinge, § 1925 Abs. 1. Die Eltern erben allein und zu gleichen Teilen, § 1925 Abs. 2, unabhängig davon, ob ihre Ehe noch besteht. 3

Der Vater eines nichtehelichen Kindes gehört zu den Erben zweiter Ordnung, wenn das Kind seit dem 1.7.1949 geboren und der Erbfall seit dem 1.7.1970 eingetreten ist. 4

III. Vorversterben eines Elternteils

An die Stelle eines verstorbenen Elternteils treten dessen ehelichen und nichtehelichen Abkömmlinge, § 1925 Abs. 3. Für die Beerbung sind die für die erste Ordnung geltenden Vorschriften der §§ 1924 Abs. 2, Abs. 3 und Abs. 4 anzuwenden, wonach der näher verwandte Abkömmling entferntere Abkömmlinge von der Erbfolge ausschließt. Ist kein Abkömmling des vorverstorbenen Elternteils mehr vorhanden, so erhält der andere Elternteil den gesamten Nachlass, § 1925 Abs. 3 S. 2. 5

IV. Vorversterben beider Elternteile

6 Wenn beide Elternteile vorverstorben sind, erben allein deren Abkömmlinge. Da die Abkömmlinge nur an die Stelle des mit ihnen verwandten Elternteils treten, ist zwischen gemeinsamen und einseitigen Abkömmlingen zu unterscheiden. Die einseitigen Abkömmlinge erben nur die Hälfte dessen, was auf den mit dem Erblasser verwandten Elternteil entfallen wäre.

V. Adoption

1. Adoption eines Minderjährigen

7 Der als Minderjährige Adoptierte wird von seinen Adoptiveltern und deren Abkömmlingen beerbt. Seine leiblichen Eltern und deren Abkömmlinge sind von der Erbfolge ausgeschlossen, weil sie als nicht mehr verwandt gelten, § 1755.

2. Adoption eines Volljährigen

8 Bei Adoption eines Volljährigen sind sowohl die leiblichen Eltern als auch die Adoptiveltern gesetzlicher Erben zweiter Ordnung. Bei Vorversterben der Adoptiveltern treten jedoch nicht ihre Abkömmlinge an ihre Stelle, weil sich die Adoptionswirkungen nicht auf deren Verwandten erstrecken, § 1770 Abs. 1.

9 Liegt eine Adoption durch eine Einzelperson vor, erbt diese neben den leiblichen Eltern zu ½.[1]

3. Adoption eines Verwandten

10 Sind der Annehmende und das Kind im zweiten oder dritten Grad miteinander verwandt, erlischt das Verwandtschaftsverhältnis zu den leiblichen Eltern, § 1756. Durch § 1925 Abs. 4 wird klargestellt, dass auch die leiblichen Geschwister des angenommenen Kindes keine Erben zweiter Ordnung sind. Wird also z.B. der Erblasser von den Großeltern adoptiert, ist sowohl das Erbrecht der leiblichen Eltern wie auch der Geschwister des Erblassers ausgeschlossen.

11 Umgekehrt kann das angenommene Kind seine leiblichen Eltern, von denen eines ein Geschwister des Annehmenden ist, dann beerben, wenn diese keine anderen Abkömmlinge als Erben hinterlassen und die vorrangig berufenen Grosseltern und der Annehmende weggefallen sind.

4. Stiefkind-Adoption

12 Bei einer Stiefkind-(bzw. Halbwaisen-)Adoption erlischt nach § 1756 Abs. 2 das Verwandtschaftsverhältnis nicht zu den Verwandten des anderen Elternteils, wenn dieser die elterliche Sorge hatte. Dennoch besteht nach § 1925 Abs. 4 kein Eintrittsrecht der Abkömmlinge des erstverstorbenen Elternteils. Auch werden diese umgekehrt nicht von dem angenommenen Kind beerbt.

Übersicht: Gesetzliche Erben zweiter Ordnung

Viktor Alt ½ (vorverstorben) ± (vorverstorben)	Monika Alt ½	Bernhard Spät
Stefan Alt (Erblasser)	Tamara Neu (½) (vorverstorben)	Manfred Neu Norbert Spät (aus 1. Ehe)
Eveline ⅙	Erika ⅙	Egon ⅙

---

[1] MüKoBGB/*Leipold* § 1925 Rn. 8; a.A. Staudinger/*Werner* § 1925 Rn. 9: je 1/3.

§ 1926
Gesetzliche Erben dritter Ordnung

(1) Gesetzliche Erben der dritten Ordnung sind die Grosseltern des Erblassers und deren Abkömmlinge.

(2) Leben zur Zeit des Erbfalls die Grosseltern, so erben sie allein und zu gleichen Teilen.

(3) Lebt zur Zeit des Erbfalls von einem Großelternpaar der Großvater oder die Großmutter nicht mehr, so treten an die Stelle des Verstorbenen dessen Abkömmlinge. Sind die Abkömmlinge nicht mehr vorhanden, so fällt der Anteil des Verstorbenen dem anderen Teile des Großelternpaars und, wenn dieser nicht mehr lebt, dessen Abkömmlingen zu.

(4) Lebt zur Zeit des Erbfalls ein Großelternpaar nicht mehr und sind Abkömmlinge der Verstorbenen nicht vorhanden, so erben die anderen Grosseltern oder ihre Abkömmlinge allein.

(5) Soweit Abkömmlinge an die Stelle ihrer Eltern oder ihrer Voreltern treten, finden die für die Beerbung in der ersten Ordnung geltenden Vorschriften Anwendung.

I. Normzweck

Die Grosseltern des Erblassers sind Erben der dritten Ordnung. Für sie gelten die gleichen Prinzipien wie für die zweite Ordnung. Bei Wegfall eines Großelternteils treten ihre Abkömmlinge (Onkel, Tanten, Vetter und Kusinen) in die Erbfolge ein. 1

II. Erbrecht der Grosseltern

Leben zum Zeitpunkt des Erbfalls die Grosseltern mütterlicher- und väterlicherseits, so erben sie jeweils die Hälfte (§ 1926 Abs. 2). Die Grosseltern eines nichtehelichen Kindes gehören zu den Erben, wenn es nach dem 1.7.1949 geboren und der Erbfall nach dem 1.7.1970 eingetreten ist. Mangels Verwandtschaft hat die väterliche Linie bei Erbfällen vor dem 1.7.1970 kein Erbrecht. 2

III. Erbrecht bei Vorversterben der Grosseltern

Jedes Großelternpaar ist als Einheit anzusehen. Lebt ein Großelternteil zum Zeitpunkt des Erbfalls nicht mehr, so treten an seine Stelle seine Abkömmlinge, § 1926 Abs. 3 S. 1. Die Beerbung erfolgt nach Stämmen (§ 1926 Abs. 5 i.V.m. § 1924 Abs. 2–4). 3

Hinterlässt der verstorbene Großelternteil keine Abkömmlinge, fällt sein Anteil dem noch lebenden Großelternteil zu. Ist auch dieser vorverstorben, erben dessen Abkömmlinge (§ 1926 Abs. 3 S. 2). 4

Erst wenn ein Großelternpaar wegfällt und keine Abkömmlinge hinterlässt, erbt das andere Großelternpaar zusätzlich (§ 1926 Abs. 4). 5

Sind in einem Testament die »übrigen Verwandten« bedacht, so kann im Wege der Auslegung auf § 1926 zurückgegriffen werden. Die ausdrücklich im Testament erwähnten Personen fallen dann nicht mehr unter diese Formulierung.[1] 6

---

[1] BayObLG v. 10.09.1991 – Breg 1 Z 29/91.

IV. Adoption

1. Adoption eines Minderjährigen

7 Der als Minderjährige Adoptierte wird von der Familie der Annehmenden beerbt (§§ 1754, 1755). Die Adoptivgroßeltern sind in diesem Fall Erben dritter Ordnung. Die leiblichen Großeltern scheiden als Erben aus.

2. Adoption eines Volljährigen

8 Bei Adoption eines Volljährigen sind die leiblichen Grosseltern und deren Abkömmlinge Erben dritter Ordnung (§ 1770 Abs. 1). Die Adoptivgroßeltern und deren Abkömmlinge werden keine Erben dritter Ordnung.

3. Adoption eines Verwandten

9 Durch die Adoption eines Verwandten wird die Verwandtschaft zu den bisherigen Grosseltern nicht berührt. Vielmehr hat das adoptierte Kind nunmehr drei Großelternpaare, die mit ihren Abkömmlingen zu den Erben dritter Ordnung zählen. Beim Erbfall werden die Adoptivgrosseltern aber nicht doppelt bedacht, weil weder eine mehrfache Verwandtschaft noch eine Zugehörigkeit zu mehreren Stämmen vorliegt.

4. Stiefkind-Adoption

10 Auch in Fällen der Stiefkind-Adoption kann das adoptierte Kind drei Großelternpaare haben. Diese werden sodann gesetzliche Erben dritter Ordnung, da das Verwandtschaftsverhältnis zu den Verwandten des anderen Elternteils, der die elterliche Sorge hatte und verstorben ist, nicht erlischt (§ 1756 Abs. 2).[2]

§ 1927
Mehrere Erbteile bei mehrfacher Verwandtschaft

Wer in der ersten, der zweiten oder der dritten Ordnung verschiedenen Stämmen angehört, erhält den in jedem dieser Stämme ihm zufallenden Anteil. Jeder Anteil gilt als besonderer Erbteil.

I. Normzweck

1 § 1927 regelt den Fall der mehrfachen Verwandtschaft mit dem Erblasser.

2 Bei mehrfacher Verwandtschaft mit dem Erblasser innerhalb derselben Ordnung erhält der Begünstigte die Erbteile aus jeder dieser Verwandtschaften.

3 Dieser Vorteil begründet sich einerseits damit, dass das gesetzliche Erbrecht auch sonst schematisch den Verwandtschaftsbeziehungen folgt, andererseits damit, dass der mehrfach Verwandte ansonsten eine geringere Zahl an Erbmöglichkeiten besitzen würde.

4 Wegen der Eigenständigkeit der Anteile finden die Vorschriften über die Erbschaft Anwendung.

---

2 Zur Frage, wie die gesetzliche Erbfolge dritter Ordnung zu beurteilen ist, wenn die Stiefkindadoption des Abkömmlings eines Großelternteils nach vorder-österreichischem Recht zu berücksichtigen wäre vgl. BayObLG 30.10.2000 – 1 Z BR 82/00.

II. Zugehörigkeit zu mehreren Stämmen

Eine Zugehörigkeit zu mehreren Stämmen kann entweder durch Heirat oder Adoption eines Verwandten eintreten. 5

1. Heirat eines Verwandten

Eine Ehe unter Verwandten kann zu einer mehrfachen Verwandtschaft führen, z.B. bei einer Heirat zwischen Vetter (V) und Cousine (C). Hinterlassen diese ein Kind (K), so gehört dieses beim Tod eines der beiden Großelternteile von V und C zu dessen gesetzlichen Erben der ersten Ordnung in zwei verschiedenen Stämmen. 6

2. Adoption eines Verwandten

Auch die Adoption eines Verwandten kann zu einer mehrfachen Verwandtschaft führen, vorausgesetzt, dass die bisherigen Verwandtschaftsbeziehungen des Adoptierten bestehen bleiben. Dies ist der Fall, wenn ein Volljähriger adoptiert wurde (§ 1770 Abs. 2) oder das adoptierte Kind im zweiten oder dritten Grad mit dem Annehmenden verwandt ist (§ 1756 Abs. 1). Wird ein Enkel vom Großvater väterlicherseits adoptiert, so beerbt er diesen in der ersten Ordnung einerseits auf Grund der Adoption, andererseits (wenn der leibliche Vater vorverstorben ist) auch kraft des Eintritts nach § 1924 Abs. 3. 7

Die bis zum 1.7.1998 mögliche Annahme des eigenen nichtehelichen Kindes (§ 1741 Abs. 3 S. 2 a.F.) führt nicht zu einer mehrfachen Verwandtschaft. 8

III. Eigenständigkeit der Erbteile

Die aufgrund der mehrfachen Verwandtschaft anfallenden Erbteile gelten als besondere Erbteile (§ 1927 Abs. 2). Dies bedeutet, dass jeder Anteil gesondert ausgeschlagen (§ 1951) und bei Vorliegen einer Miterbengemeinschaft über ihn gesondert verfügt werden kann (§ 2033 Abs. 1). Vermächtnisse und Auflagen belasten nur den Erbteil, für den sie angeordnet wurden. Die Haftung für Nachlassverbindlichkeiten ist für jeden Anteil selbstständig zu beurteilen (§ 2007 S. 1). 9

§ 1928
Gesetzliche Erben vierter Ordnung

(1) Gesetzliche Erben der vierten Ordnung sind die Urgroßeltern des Erblassers und deren Abkömmlinge.

(2) Leben zur Zeit des Erbfalls Urgroßeltern, so erben sie allein; mehrere erben zu gleichen Teilen, ohne Unterschied, ob sie derselben Linie oder verschiedenen Linien angehören.

(3) Leben zur Zeit des Erbfalls Urgroßeltern nicht mehr, so erbt von ihren Abkömmlingen derjenige, welcher mit dem Erblasser dem Grade nach am nächsten verwandt ist; mehrere gleich nahe Verwandte erben zu gleichen Teilen.

I. Normzweck

In der vierten Ordnung wurde das Erbrecht nach Stämmen und Linien aufgegeben. Stattdessen ist auf das sog. Gradualsystem übergegangen worden, wonach die jeweils mit dem Erblasser am nächsten Verwandten erben. Hierdurch soll die Erbermittlung erleichtert und eine Zersplitterung des Nachlasses vermieden werden. 1

2   Der Erbfall in der vierten Ordnung ist selten, zumal diese Erben von einem etwa vorhandenen Ehegatten des Erblassers verdrangt werden (§ 1931 Abs. 2). Seit dem 1.8.2001 gilt dies auch für den eingetragenen Lebenspartner.

II. Erbrecht der Urgrosseltern

3   Die Urgrosseltern und ihre Abkömmlinge sind Erben der vierten Ordnung. Lebt beim Erbfall noch ein Urgroßelternteil, so sind alle Abkömmlinge der anderen Urgrosseltern von der Erbschaft ausgeschlossen (§ 1928 Abs. 2 Hs. 1).

4   Die noch lebenden Urgrosseltern erben jeweils zu gleichen Teilen und zwar unabhängig davon, ob sie mit dem Erblasser über denselben oder über verschiedene Großelternteile verwandt sind (§ 1928 Abs. 2).

III. Erbrecht der Abkömmlinge der Urgrosseltern

5   Wenn keiner der Urgrosseltern den Erbfall erlebt, erben diejenigen, die mit dem Erblasser am nächsten verwandt sind (§ 1928 Abs. 3 Hs. 1). Der Grad der Verwandtschaft bemisst sich nach der Anzahl der sie vermittelnden Geburten (S 1589 5. 3). Gleich nah verwandte Abkömmlinge erben zu gleichen Teilen (§ 1928 Abs. 3 Hs. 2).

6   Dabei spielt es keine Rolle, ob sie gemeinsame Abkömmlinge eines Urgroßelternpaares oder einseitige Abkömmlinge eines Urgroßelternteils sind. Auch ein dem Grade nach näherer halbbürtiger Verwandter geht vollbürtigen entfernteren Verwandten vor.[1]

7   § 1927 findet i.R.d. Erben vierter Ordnung keine Anwendung, so dass eine Mehrfachverwandtschaft unberücksichtigt bleibt.

§ 1929
Fernere Ordnungen

(1) Gesetzliche Erben der fünften Ordnung und der ferneren Ordnungen sind die entfernteren Voreltern des Erblassers und deren Abkömmlinge.

(2) Die Vorschriften des § 1928 Abs. 2, 3 finden entsprechende Anwendung.

I. Normzweck

1   Das Verwandtenerbrecht wird ohne Begrenzung fortgeführt, so dass auch der noch entfernteste Verwandte dem Staat als Erben vorgezogen wird. Kann ein Verwandtschaftsverhältnis der fünften ferneren Ordnung nicht mehr nachgewiesen, kommt es zum Erbrecht des Fiskus (§ 1936). Häufig wird zur Ermittlung von Erben dieser Ordnungen ein Erbenermittlungsverfahren gem. §§ 1964, 1965 zu erfolgen haben.

2   Das Gradualsystem und das Erben nach Kopfteilen gelten auch für die fünfte und fernere Ordnungen.

II. Erbrecht der Voreltern

3   Lebende Voreltern, z.B. Ururgroßeltern, erben jeweils allein und zu gleichen Teilen.

4   In diesen Fällen sind alle Abkömmlinge der Voreltern vom Erbrecht ausgeschlossen, gleich ob sie von den lebenden oder anderen Voreltern abstammen.

---

[1] Nach Ansicht des AG Starnberg (FamRZ 2003, 1131) verstößt diese fehlende Unterscheidung von Vater- und Mutterseite ab der vierten Ordnung gegen Art. 3, 14 GG.

III. Erbrecht von Abkömmlingen der Voreltern

Sind keine lebenden Voreltern mehr vorhanden, so erben die mit dem Erblasser am nächsten Verwandten. Bei gleichem Verwandtschaftsgrad erben sie nach Kopfteilen (Abs. 2 i.V.m. § 1928 Abs. 3). Wie schon bei § 1928 spielt die Zugehörigkeit zu mehreren Stämmen keine Rolle.

§ 1930
Rangfolge der Ordnungen

Ein Verwandter ist nicht zur Erbfolge berufen, solange ein Verwandter einer vorhergehenden Ordnung vorhanden ist.

I. Normzweck

In § 1930 ist das Prinzip der Erbfolge nach Ordnungen verankert (Parentel-System). Danach geht ein Angehöriger einer niedrigeren Ordnung einem Angehörigen einer höheren Ordnung vor und zwar ohne Rücksicht auf die Nähe des Verwandtschaftsgrads.

So schließt z.B. ein Abkömmling des Erblassers (Erbe erster Ordnung, § 1924 Abs. 1) die Eltern des Erblassers und deren Abkömmlinge (Erben der zweiten Ordnung, § 1925 Abs. 1) aus.

Außerhalb der Ordnungen steht der Ehegatte, dessen gesetzliches Erbrecht sich nach § 1931 bestimmt. Seit 1.8.2001 gilt dies auch für den eingetragenen Lebenspartner.

II. Verwandte nachfolgender Ordnungen

Ein Verwandter ist dann i.S.v. § 1930 vorhanden, wenn er entweder zum Zeitpunkt des Erbfalls lebt (§ 1923 Abs. 1) oder erzeugt ist und später lebend geboren wird (§ 1923 Abs. 2). Darüber hinaus darf der Berufung zum gesetzlichen Erben kein Hindernis entgegenstehen, d.h. der erbberechtigte Verwandte darf nicht vor dem Erbfall weggefallen sein,[1] er darf keinen wirksamen Erbverzicht erklärt haben (§ 2346 Abs. 1 S. 2), er darf nicht wegen eines vorzeitigen Erbausgleichs nicht mehr erbberechtigt sein (§ 1934 EGBGB), er darf nicht für erbunwürdig erklärt worden sein oder darf nicht die Erbfolge ausgeschlagen haben. Ansonsten gilt er als nicht vorhanden i.S.v. § 1930. Gleiches gilt auch dann, wenn er durch ein sog. Negativtestament (§ 1938) enterbt wurde.

Nur wenn ein Verwandter einer vorhergehenden Ordnung vor dem Erbfall gestorben ist oder wegen Ausschlagung, Erbverzichts etc. weggefallen ist, kommt ein Verwandter einer nachfolgenden Ordnung zum Zug. Der entferntere Verwandte ist zur Erbfolge berufen, wenn er zwar zum Zeitpunkt des Erbfalls lebt, aber nicht mehr bei Wegfall des näheren Verwandten.

Beispielsweise wird der noch lebende Bruder des Erblassers als Erbe zweiter Ordnung auch dann Erbe, wenn er zwischen dem Erbfall und der Ausschlagung der Erbschaft durch den einzigen Abkömmling des Erblassers verstirbt.

III. Vorhandensein eines nichtehelichen Kindes bei Erbfall vor dem 1.4.1998

Nach § 1934 a.F. war das nichteheliche Kind nur auf einen Erbersatzanspruch beschränkt. Die Beschränkung auf einen Erbersatzanspruch führte nach § 1930 a.F. jedoch

---

[1] Stirbt der Verwandte nach dem Erbfall, dann hat dies auf die Erbfolge keinen Einfluss mehr.

nicht zur Berufung eines Verwandten aus der nächsthöheren Ordnung, so dass es diese von der gesetzlichen Erbfolge ausschloss. Diese Regelung ist mit dem Inkrafttreten des ErbGleichG zum 1.4.1998 überflüssig geworden.

§ 1931
Gesetzliches Erbrecht des Ehegatten

(1) Der überlebende Ehegatte des Erblassers ist neben Verwandten der ersten Ordnung zu einem Vierteile, neben Verwandten der zweiten Ordnung oder neben Großeltern zur Hälfte der Erbschaft als gesetzlicher Erbe berufen. Treffen mit Großeltern Abkömmlinge von Großeltern zusammen, so erhält der Ehegatte auch von der anderen Hälfte den Anteil, der nach § 1926 den Abkömmlingen zufallen würde.

(2) Sind weder Verwandte der ersten oder der zweiten Ordnung noch Großeltern vorhanden, so erhält der überlebende Ehegatte die ganze Erbschaft.

(3) Die Vorschriften des § 1371 bleiben unberührt.

(4) Bestand beim Erbfall Gütertrennung und sind als gesetzliche Erben neben dem überlebenden Ehegatten ein oder zwei Kinder des Erblassers berufen, so erben der überlebende Ehegatte und jedes Kind zu gleichen Teilen; § 1924 Abs. 3 gilt auch in diesem Falle.

Übersicht	Rz.		Rz.
I. Normzweck	1	V. Die Erbquoten	21
II. Das Ehegattenerbrecht im Allgemeinen	4	1. Erbquote bei Zugewinngemeinschaft	27
III. Die Voraussetzungen des gesetzlichen Erbrechts	10	2. Erbquote bei Gütertrennung	36
IV. Die nichteheliche Lebensgemeinschaft . . .	18	3. Erbquote bei Gütergemeinschaft	40

I. Normzweck

1 Das gesetzliche Erbrecht des Ehegatten entspringt ebenso wie das gesetzliche Erbrecht der Verwandten dem Prinzip der Familienerbfolge. Dennoch oder vielleicht auch gerade deswegen stehen die beiden Erbanrechte in einem starken Spannungsverhältnis zueinander, welches es zu lösen gilt.

2 Das Ehegattenerbrecht an sich verfolgt überwiegend ethische und wirtschaftliche Ziele.

3 In **ethischer** Hinsicht soll das Zusammenleben des Überlebenden Ehegatten mit dem Erblasser honoriert und mit Zuordnung eines Vermögensanteils gewürdigt werden. In **wirtschaftlicher** Hinsicht soll die (weitere) Existenz des überlebenden Ehegatten sichergestellt und zwar in Anlehnung an die bisherigen ehelichen Lebensverhältnisse.

II. Das Ehegattenerbrecht im Allgemeinen

4 Das Erbrecht des Ehegatten unterliegt nicht dem Ordnungsprinzip wie das Verwandtenerbrecht. Vielmehr hat der Gesetzgeber dem überlebenden Ehegatten, der mit dem Erblasser bei dessen Tod rechtsgültig verheiratet war, in § 1931 **ein eigenes (gesetzliches)** Erbrecht zuerkannt, welches gleichrangig neben dem der Verwandten steht.

5 Das Erbrecht steht nur dem Ehegatten selbst zu. Ein Eintrittsrecht für dessen Abkömmlinge, wie dies beim Verwandtenerbrecht der Fall ist, gibt es nicht.[1]

---

1 *Soergel/Stein* § 1931 Rn. 13.

Die Höhe des Ehegattenerbteils richtet sich zum einen nach dem Güterstand, in dem 6
der Ehegatte mit dem Erblasser verheiratet war und zum anderen nach der Frage neben
Abkömmlingen welcher Ordnung er zum Erben berufen ist.

Das Ehegattenerbrecht basiert auf dem Teilungsprinzip und reicht von einem 1/4 Anteil 7
bis zu einem 1/1 Anteil. Je entfernter der Erblasser mit den überlebenden Verwandten verwandt war, umso größer ist der dem überlebenden Ehegatten zustehende gesetzliche Erbanteil.

Hatte der Erblasser seinem **Ehegatten das gesetzliche Erbrecht entzogen,** so erhält er 8
gem. § 2303 Abs. 2 nur seinen Pflichtteil. Zusätzlich steht ihm als sog. gesetzliches Vermächtnis (§ 1932) ein Anspruch auf Herausgabe der Hausratsgegenstände zu.

Daneben hat der überlebende Ehegatte gem. § 1931 Abs. 3 i.V.m. § 1371 einen Anspruch 9
auf **pauschalen Zugewinnausgleich**[2].

III. Die Voraussetzungen des gesetzlichen Erbrechts

Das Ehegattenerbrecht greift nur dann, wenn der überlebende Ehegatte im Zeitpunkt des 10
Todes des Erblassers mit diesem **rechtsgültig verheiratet** war und die **Ehe noch Bestand**
hatte.

Eine wirksame Ehe liegt dann **nicht** vor, 11
– wenn die Ehe geschieden wurde, § 1564 BGB
– bei einer Nichtehe i.S.v. § 1310 BGB
– wenn die Ehe aufgehoben wurde, §§ 1313 ff. BGB oder
– wenn nach Eintritt des Todes eine Aufhebung nach § 1318 Abs. 5 BGB erfolgte.

Die Beweislast für das Vorliegen einer wirksamen Ehe trägt grundsätzlich der überlebende 12
Ehepartner. Zu beachten ist aber ein etwaiger Ausschluss des Ehegattenerbrechts nach
§ 1933.

Sterben beide Ehepartner durch ein- und dasselbe Ereignis, so ist gleichwohl der exakte 13
Todeszeitpunkt zu ermitteln. Ist dies nicht möglich, so ist von ihrem gleichzeitigen Versterben auszugehen. Dann kann der eine Ehegatte nicht von dem anderen beerbt worden
sein. Vielmehr werden beide Ehepartner dann von ihren Verwandten beerbt. In diesen Fällen scheidet auch ein Anspruch auf Zugewinnausgleich aus.[3]

Hingegen erben beide überlebende Ehepartner anteilig den gesetzlichen Anteil des Ehe- 14
gatten, wenn der Erblasser in einer **Doppelehe** verheiratet war, ohne dass die Aufhebung
der Ehe beantragt wurde.[4] Bestehen unterschiedliche Güterstände, so ist eine Aufteilung
nach der jeweiligen Quote vorzunehmen. Dies gilt nach § 1318 Abs. 5 BGB nicht für den
bösgläubigen Ehegatten, der bereits bei Eheschließung wusste, dass seine Ehe aufhebbar
ist.[5] Bei einer nach ausländischem Recht zu beurteilenden Ehe besteht die Möglichkeit
einer (zulässigen) Polygamie. Diese ist wie die Doppelehe zu behandeln.[6]

Der **verschollene und für tot erklärte Ehegatte** wird bezüglich seines gesetzlichen 15
Erbrechts genauso behandelt wie im Falle einer rechtskräftigen Ehescheidung. Geht der
überlebende Ehegatte eine neue Ehe ein, dann lebt das gesetzliche Erbrecht des Verschollenen nicht wieder auf, wenn er in Wahrheit noch gelebt hat. Denn da die frühere Ehe mit
Schließung der neuen Ehe aufgelöst wird, kann ein gesetzliches Erbrecht des früheren
Ehegatten nicht mehr bestehen.[7]

Neben der bereits erwähnten Vorschrift des § 1933 kann das Ehegattenerbrecht auch 16
durch andere Tatbestände ausgeschlossen sein: Neben der Enterbung (§ 1938) und dem

---

2 Dazu unten Rz. 27 ff.
3 BGHZ 72, 85.
4 MüKoBGB/*Leipold* § 1931 Rn. 11.
5 MüKoBGB/*Leipold* § 1931 Rn. 9.
6 MüKoBGB/*Leipold* § 1931 Rn. 13.
7 § 1319 Abs. 2 S. 1 BGB.

Erbverzicht (§ 2346) kommt noch die Erbunwürdigkeit (§ 2344) in Betracht. Das Pflichtteilsrecht des Ehegatten (§ 2303 Abs. 2) bleibt davon unberührt.

17 Ein dem Ehegattenerbrecht nachgebildetes Erbrecht hat der eingetragene Lebenspartner nach § 10 LPartG, solange die Partnerschaft nicht durch rechtskräftiges Urteil aufgehoben wurde.

IV. Die nichteheliche Lebensgemeinschaft

18 Nach ganz überwiegender Auffassung findet § 1931 keine Anwendung auf nichteheliche Lebensgemeinschaften.[8] Hintergrund ist der, dass die nichteheliche Lebensgemeinschaft auch in anderen Bereichen keine Rechtsfolgen entfaltet, die der Ehe vorbehalten sind (z.B. Unterhaltsansprüche, Versorgungsausgleich, Zugewinnausgleichsansprüche, o.ä.).

19 Aus diesem Grund kann in der Konsequenz der überlebende nichteheliche Partner auch kein gesetzliches Erbrecht erlangen.

20 Unter Umständen stehen dem überlebenden Partner aber gegen die gesetzlichen Erben Ansprüche aus besonderen Vereinbarungen zu, die den Nachlass gem. § 1967 belasten. Ebenso wie dem nichtehelichem Lebenspartner Ansprüche gegen die Erben zustehen können, können auch umgekehrt Ansprüche bestehen. So können Ansprüche aus einem gesellschaftsvertraglichen Verhältnis nach Beendigung der nichtehelichen Lebensgemeinschaft entstanden sein.[9] Außerdem hat die Rechtsprechung ihre bisherige Haltung geändert, nach der bei Beendigung einer nichtehelichen Lebensgemeinschaft Ansprüche im Übrigen ausgeschlossen sind.[10]

V. Die Erbquoten

21 Bei der Berechnung der Erbquote des überlebenden Ehegatten neben Verwandten ist zunächst maßgeblich, welcher Ordnung i.S.d. §§ 1924 ff. letztere angehören. Hinzu kommt noch die Verknüpfung des gesetzlichen Ehegattenerbrechtes mit dem gesetzlichen Güterstand.

22 Gemäß § 1931 Abs. 1 S. 1 erbt der Ehegatte neben Verwandten der **ersten Ordnung** ¼ Anteil, der sich um einen weiteren ¼ Anteil erhöht, sofern die Ehegatten im gesetzlichen Güterstand gelebt haben.

23 Neben Verwandten der **zweiten Ordnung** steht dem Ehegatten eine gesetzliche Erbquote von ½ zu. Diese Quote gilt auch dann, wenn es sich bei den Verwandten der zweiten Ordnung um Abkömmlinge eines Elternteils des Erblassers handelt.[11]

24 Neben Verwandten der **dritten Ordnung** erbt der überlebende Ehegatte ebenfalls zu ½. Für die zweite Hälfte bestehen aber Besonderheiten:
- Leben überhaupt keine Großeltern mehr, so fällt die 2. Hälfte ebenfalls dem Ehegatten zu, auch wenn Erben dritter Ordnung, also Abkömmlinge der Großeltern, vorhanden sind. § 1931 Abs. 2.
- Lebt noch wenigstens ein Großelternteil, so erhöht sich die Erbquote des überlebenden Ehegatten um die Anteile, die nach § 1926 den Abkömmlingen der vorverstorbenen Großeltern zufallen würden. Die erbrechtliche Beteiligung des überlebenden Ehegatten ist also um so größer, je größer der Anteil ist, der nach § 1926 den vorhandenen Abkömmlingen neben einem oder mehreren Großelternteilen zustehen würde.
- Sind hingegen Abkömmlinge der vorverstorbenen Großeltern **nicht** vorhanden, so wächst dieser Anteil an der zweiten Hälfte den verbliebenen Großeltern nach Maßgabe des § 1926 zu. Der Ehegatte erhält in diesem Fall stets (nur) die Hälfte, sofern auch nur ein Großelternteil lebt (§ 1931 Abs. 1).

---

8 Vgl. z.B.: OLG Celle FamRZ 1982, 63; OLG Frankfurt NJW 1982, 1885; *Grziwotz* ZEV 1994, 267.
9 BGH NJW 2008, 443.
10 BGH NJW 2008, 3277.
11 OLG Celle FamRZ 2003, 560.

Ist ein Großelternteil vorverstorben, so ist also stets zu prüfen, wem dessen Anteil nach 25
§ 1926 Abs. 3 und 4 zufallen würde: Wären es Abkömmlinge, so wächst der Erbanteil dem
Ehegatten zu; ist es ein anderer Großelternteil, so verbleibt er diesem.

Von den Abkömmlingen sind aber nur diejenigen zu berücksichtigen, die ohne den Ehe- 26
gatten auch tatsächlich erben würden; ihr Erbverzicht oder ihre Enterbung wirkt sich also
nicht zugunsten des Ehegatten aus, während eine mögliche Ausschlagung der – gar nicht
zur Erbfolge gelangenden – Abkömmlinge keine Rolle spielen kann.[12]

1. Erbquote bei Zugewinngemeinschaft

Lebten die Ehegatten im gesetzlichen Güterstand der Zugewinngemeinschaft, so hat der 27
Überlebende die Wahl zwischen der Erbrechtlichen Lösung (§ 1317 Abs. 1) und der güterrechtlichen Lösung (§ 1371 Abs. 2, 3).

Bei der **erbrechtlichen Lösung** findet der Zugewinnausgleich in der Weise statt, dass 28
sich der gesetzliche Erbteil des überlebenden Ehegatten um 1/4 Anteil erhöht, ungeachtet
dessen, welcher Ehegatte tatsächlich einen höheren Zugewinn erzielt hat, aus welchen
Gründen die Ehe geschlossen wurde und wie lange sie bestand.[13] Der Ehegatte erhält
neben Kindern 1/2 Anteil, neben Eltern und Großeltern 3/4 Anteil. Der Erbteil, also der
gesetzliche und im Wege des Zugewinns erhöhte Erbteil, ist ein einheitlicher Erbteil, der
auch nur insgesamt angenommen oder einheitlich ausgeschlagen werden kann (§ 1950).[14]

Streitig ist, wie die Berechnung des Ehegattenerbteils aussieht, wenn neben den Großel- 29
tern Abkömmlinge vorhanden sind, deren Erbrecht von dem überlebenden Ehegatten verdrängt wird: Entweder muss zunächst von dem um ¼ erhöhten Hälfteanteil des § 1931
Abs. 1 S. 1 ausgegangen werden, oder es ist zunächst ohne Berücksichtigung des § 1371 zu
rechnen. Dann bekäme der Ehegatte schon aus § 1931 Abs. 1 S. 2 3/4 Anteil und wäre nach
Erhöhung um 1/4 Anteil Alleinerbe.

Der Gesetzgeber ist aber, wie sich aus dem Kontext der Vorschriften der §§ 1924 ff. 30
ergibt, davon ausgegangen, dass den Verwandten stets Rechtsanteile, nämlich mindestens
1/16 Anteil verbleiben sollen.[15]

Das Problem wird nach überwiegender Ansicht[16] dahin gehend gelöst, dass den Großel- 31
tern und deren Abkömmlingen rechnerisch zunächst 1/4 Anteil zugemessen wird und
sodann die auf Abkömmlinge entfallenden Anteile dem Ehegatten zugeschlagen werden.
Damit erhält der Ehegatte neben einem Großelternpaar und einem Abkömmling des einen
Paares 7/8 Anteil und die Großeltern je 1/16 Anteil.[17]

Im Rahmen der erbrechtlichen Lösung ist noch zu beachten, dass der zusätzliche Erbteil 32
(pauschaler Zugewinn) durch einen Ausbildungsanspruch des Stiefabkömmlings belastet
sein kann (§ 1371 Abs. 4). Berechtigt sind die Abkömmlinge des Erblassers, die nicht aus
der durch den Tod aufgelösten Ehe stammen, sofern sie als Erben berufen sind. Kein Ausbildungsanspruch besteht, wenn der Ehegatte Testamentserbe oder Vermächtnisnehmer
wird.[18]

Bei der **güterrechtlichen Lösung** kann der überlebende Ehegatte den gesetzlichen Erb- 33
teil (einschließlich Zugewinnerhöhung) auszuschlagen und stattdessen den güterrechtlichen Zugewinnausgleich i.S.v. § 1371 Abs. 2 verlangen. Zusätzlich kann er gem. § 2303 den
ihm als Ehegatten ohnehin zustehenden »kleinen« Pflichtteil verlangen (§ 1371 Abs. 3). Der

---

12 *Palandt/Edenhofer* § 1931 Rn. 7; *Soergel/Stein* § 1931 Rn. 21; *Staudinger/Werner* § 1931 Rn. 23 ff.;
   MüKoBGB/*Leipold*, § 1931 Rn. 20.
13 OLG Bamberg OLGR 1999, 265.
14 *Palandt/Edenhofer* § 1931 Rn. 8; MüKoBGB/*Leipold* § 1931 Rn. 30.
15 MüKo/*Leipold* § 1931 Rn. 24.
16 *Soergel/Stein* § 1931 Rn. 25 m.w.N.
17 *Palandt/Edenhofer* § 1931 Rn. 9.
18 Vgl. ausführlich zum Ausbildungsanspruch: *Lenz* ZErb 2000, 110, 111.

»kleine« Pflichtteil berechnet sich nach der nicht erhöhten Erbquote des § 1931 Abs. 1 u. 2.

34 Wurde der überlebende Ehegatte von der Erbfolge ausgeschlossen und ihm auch kein Vermächtnis zugewandt, dann kann er nur den Zugewinnausgleich i.V.m. dem »kleinen« Pflichtteil geltend machen. Auf die Geltendmachung eines »großen« Pflichtteils kann sich der überlebende Ehegatte nicht berufen.[19]

35 Erhebliche Schwierigkeiten ergeben sich, wenn der Erblasser Ausländer ist. In diesen Fällen kann es, wenn nicht für das Erbrecht und das Güterrecht das gleiche Recht anwendbar ist, zu einem Normenwiderspruch zwischen ausländischem Erbrecht und deutschem Güterrecht kommen. In diesen Fällen ist der Ausgleich im Einzelfall streitig,[20] eine brauchbare Lösung ist, § 1371 Abs. 3. unberücksichtigt zu lassen und auch ohne Ausschlagung die güterrechtliche Lösung anzuwenden. In der Literatur wird die ersatzlose Streichung von § 1931 Abs. 3 bereits empfohlen.[21]

2. Erbquote bei Gütertrennung

36 Lebte der Erblasser im Güterstand der Gütertrennung, so entfällt die beim gesetzlichen Güterstand der Zugewinngemeinschaft vorgesehene (§ 1371 Abs. 1) Erhöhung des gesetzlichen Ehegattenerbteils. Dies bedeutet, dass der Ehegatte, wenn er mit dem Erblasser in Gütertrennung lebte, neben einem Kind zu 1/2 Anteil und neben zwei Kindern zu 1/3 Anteil berufen ist.[22] Sind mehr als zwei Kinder vorhanden, so tritt wieder die allgemeine Regelung gem. § 1931 Abs. 1 in Kraft, wonach dem Ehegatten ¼ Erbteil zusteht. Als Abkömmlinge kommen eheliche, nichteheliche und angenommene Kinder in Betracht.

37 Sie müssen als gesetzliche Erben berufen sein und dürfen ihr Erbrecht nicht durch Erbverzicht, Erbunwürdigkeit oder dergleichen verloren haben.

38 Aus den §§ 1924 Abs. 3, 1953 Abs. 2 i.V.m. § 1931 Abs. 4 Hs. 2 ergibt sich, dass an die Stelle eines vor dem Erbfall durch Tod oder danach durch Ausschlagung weggefallenen Kindes dessen Abkömmlinge treten. Dadurch soll verhindert werden, dass sich der dem Ehegatten verbleibende Erbteil auf weniger als den einem Abkömmling zustehenden Erbteil reduziert.[23]

39 Seit der ab dem 1.4.1998 geltenden Gesetzesänderung sind die nichtehelichen Kinder des Erblassers ehelichen Kindern gleichgestellt.[24] Bei Gütertrennung haben einseitige Kinder keinen besonderen Ausbildungsanspruch wie ihn § 1371 Abs. 4 bei Zugewinngemeinschaft gewährt.

3. Erbquote bei Gütergemeinschaft

40 Bei der Gütergemeinschaft, die allerdings in der Praxis nur noch selten anzutreffen ist, richtet sich die Erbquote ausschließlich nach § 1931 Abs. 1 und 2. Zum Nachlass gehört hier neben dem Sonder- und Vorbehaltsgut der Anteil des Erblassers am Gesamtgut der Eheleute, § 1482 BGB. Dieser Anteil ist zunächst zwischen dem überlebenden Ehegatten und dem Erben, bzw. der Erbengemeinschaft nach güterrechtlichen Maßstäben (§ 1471 BGB) auseinanderzusetzen. Bei der fortgesetzten Gütergemeinschaft nach § 1483 BGB beschränkt sich der Nachlass auf das Sonder- und Vorbehaltsgut.

---

19 BGHZ 42, 182.
20 Siehe hierzu eingehend Art. 25 EGBGB Rz. 33 ff.; s.a. *Horn* ZEV 2008, 417.
21 So *Palandt/Edenhofer*, § 1931 Rn. 16; *Horn* ZEV 2008, 417.
22 Abs. 4 wurde durch das NEhelG eingefügt und ist am 1.7.1970 in Kraft getreten.
23 Zur Begründung BTDrs. V/4179, 5.
24 Vgl. zur früheren Rechtslage Einleitung vor § 1922 Rz. 17.

§ 1932
Voraus des Ehegatten

(1) Ist der überlebende Ehegatte neben Verwandten der zweiten Ordnung oder neben Großeltern gesetzlicher Erbe, so gebühren ihm außer dem Erbteil die zum ehelichen Haushalt gehörenden Gegenstände, soweit sie nicht Zubehör eines Grundstücks sind, und die Hochzeitsgeschenke als Voraus. Ist der überlebende Ehegatte neben Verwandten der ersten Ordnung gesetzlicher Erbe, so gebühren ihm diese Gegenstände, soweit er sie zur Führung eines angemessenen Haushalts benötigt.

(2) Auf den Voraus sind für Vermächtnisse geltenden Vorschriften anzuwenden.

I. Normzweck

1 Unabhängig vom Güterstand erhält der überlebende Ehegatte zusätzlich zu seinem Erbteil den sog. Voraus. Dies gilt allerdings nur, wenn der Erblasser und sein Ehegatte einen gemeinsamen Haushalt geführt haben.[1]

2 Hintergrund dieser Regelung ist, dass der den Erblasser überlebende Ehegatte diejenigen Gegenstände behalten dürfen soll, die bislang den äußeren Rahmen der ehelichen Lebensgemeinschaft darstellten.[2] Ferner ergibt sich zugunsten des überlebenden Ehegatten ein Eintrittsrecht hinsichtlich der gemieteten Ehewohnung aus § 563 f. Wie sich aus § 2110 Abs. 2 für den Nacherben und aus § 2373 für den Erbschaftskäufer ergibt, haben diese grundsätzlich keinen Anspruch auf den Voraus.

II. Die Voraussetzungen

3 Der Ehegatte muss endgültig gesetzlicher Miterbe geworden sein; ist er als testamentarischer Erbe eingesetzt worden, so hat er keinen Anspruch auf den Voraus.[3] Das gleiche gilt, wenn er von der gesetzlichen Erbfolge ausgeschlossen ist (§§ 1933, 1938) oder auf sein Erbrecht verzichtet hat (§ 2346). Ferner, wenn er erbunwürdig ist oder die Erbschaft ausgeschlagen hat.[4] Daraus folgt, dass es dem Ehegatten verwehrt ist, die Erbschaft auszuschlagen und den Voraus anzunehmen. Umgekehrt darf er aber den Voraus ausschlagen und die Erbschaft annehmen.[5] Da dem Voraus nicht die rechtliche Qualifikation des Pflichtteilsrechts zukommt, hat der Erblasser die Möglichkeit, seinem Ehegatten den Voraus zu entziehen.[6] Der Anspruch auf den Voraus ist i.R.d. § 2345 anfechtbar.[7]

4 Wie oben bereits ausgeführt, hat der überlebende Ehegatte gewisse Gestaltungsmöglichkeiten: So kann er, um den Voraus zu erhalten, seine auf einer Verfügung von Todes wegen beruhende Erbeinsetzung ausschlagen (um auf diesem Wege den Status des gesetzlichen Erben zu erlangen) und seinen gesetzlichen Ehegattenerbteil annehmen (§ 1948). Er kann seine Annahme aber nicht allein auf den Voraus beschränken.[8] Die Ausschlagung geht allerdings ins Leere, wenn der Erblasser durch die testamentarische Erbeinsetzung gerade beabsichtigte, die Nachlassbeteiligung seines Ehegatten in der Weise zu begrenzen, dass ihm der Voraus entzogen werden sollte.[9] Ob der Ehegatte Anspruch auf den Voraus auch

---
1 MüKoBGB/*Leipold*, § 1932 Rn. 9.
2 *Eigel* MittRhNotK 83, 1.
3 BGHZ 73, 29.
4 *Staudenmaier* DNotZ 1965, 72.
5 Allg. Ansicht, vgl. nur *Palandt/Edenhofer* § 1932 Rn. 2.
6 *Erman/Schlüter* § 1932 Rn. 15.
7 *Palandt/Edenhofer* § 1932 Rn. 2.
8 So die h.M, vgl nur *Staudinger/Werner* § 1931 Rn. 9; a.A. MüKoBGB/*Leipold* § 1932 Rn. 5.
9 MüKoBGB/*Leipold* § 1932 Rn. 5.

dann hat, wenn der Erblasser eine Verfügung von Todes wegen errichtet und in dieser seine gesetzlichen Erben, also auch den Ehegatten, bedacht hat, ist umstritten. Man wird zunächst entsprechend der Auslegungsregel des § 2066 prüfen müssen, ob der Erblasser seinen Ehegatten im Testament berücksichtigt hat. Ist dies der Fall, so hat der Ehegatte aufgrund seiner Stellung als testamentarischer Erbe keinen Anspruch auf den Voraus.

5 Ebenso wie der Ehegatte hat auch der eingetragene Lebenspartner nach § 10 Abs. 1 S. 3 LPartG einen Anspruch auf den Voraus. Der Wegfall des gesetzlichen Erbrechts für den Lebenspartner führt auch zum Wegfall des Voraus.[10]

III. Die Rechtsnatur

6 Gemäß § 1932 Abs. 2 sind auf den Voraus die für Vermächtnisse geltenden Vorschriften anzuwenden. Daraus folgt, dass es sich beim Voraus um ein gesetzliches Vermächtnis handelt. Der Anspruch des Ehegatten aus § 1932 ist als Nachlassverbindlichkeit i.S.v. § 1967 Abs. 2 zu behandeln und deshalb vorweg zu berichtigen (§ 2046), es sei denn, der Nachlass ist unzureichend oder der Nachlasskonkurs ist eröffnet. Dann hat der auf § 1932 geschützte Anspruch keinen Vorrang und ist erst nach den sonstigen Verbindlichkeiten zu erfüllen (§ 1991 Abs. 4, § 327 Abs. 1 Nr. 2 InsO).

7 Bezüglich des Übergangs des Eigentums gelten die allgemeinen sachrechtlichen Vorschriften, also Eigentumsübertragung grundsätzlich durch Einigung und Übergabe. Letztere ist entbehrlich, wenn der Anspruchsberechtigte die fraglichen Gegenstände bereits besitzt.[11]

8 Die gerichtliche Geltendmachung des Voraus erfolgt vor dem Prozessgericht, nicht vor dem Nachlassgericht oder i.R.e. Hausratsverfahrens.

IV. Der Umfang

9 Der Anspruch auf den Voraus erfordert, dass die Eheleute zuletzt einen gemeinsamen Haushalt geführt haben. Strittig ist, ob – wenn die Eheleute zuletzt getrennt gelebt haben – die noch verbliebenen Gegenstände des früheren Haushaltes gefordert werden können. Dies wird teilweise bejaht,[12] wobei gem. § 2169 Abs. 3 i.V.m. § 1932 Abs. 2 die Gegenstände des früheren gemeinsamen Haushalts sogar als Surrogat gefordert werden können.[13] Haushaltsgegenstände in diesem Sinne sind nur diejenigen Sachen und Rechte, die dem Erblasser gehört und dem gemeinsamen Haushalt gedient haben.[14] Da Hochzeitsgeschenke (zu trennen von der Aussteuer, § 1624) im Zweifel Eigentum beider Eheleute sind, hat der überlebende Ehegatte einen Anspruch gegen den Erben auf Verschaffung der ideellen Eigentumshälfte.[15]

10 Sind neben dem überlebenden Ehegatten Abkömmlinge der ersten Ordnung vorhanden, so ist der Voraus eingeschränkt (§ 1932 Abs. 1 S. 2). Der Ehegatte hat in diesem Fall nur Anspruch auf die Haushaltsgegenstände, soweit sie zur Führung eines angemessenen Haushalts erforderlich sind. Für die Beurteilung der Angemessenheit ist auf den Zeitpunkt des Erbfalls abzustellen.[16] Entscheidend ist, ob der überlebende Ehegatte genügend Gegenstände dieser Art hat oder ihm die Beschaffung aus eigenen Mitteln zugemutet werden kann.[17] Im Rahmen

---

10 *Leipold* ZEV 2001, 218.
11 KG FamRZ 1960, 71.
12 KG OLGZ 24, 80.
13 Strittig; a.A.: *Soergel/Stein* § 1932 Rn. 5.
14 *Palandt/Edenhofer* § 1932 Rn. 4.
15 *Palandt/Edenhofer* § 1932 Rn. 4.
16 *Ripfel* BWNotZ 1965, 268.
17 *Steffen* RGRK § 1937 Rn. 8.

der Interessenabwägung ist die Reduzierung des Haushalts wegen geringeren Bedarfs zu berücksichtigen.[18]

Gegenständlich zählen zum Haushalt insb.: Möbel, Teppiche, Bett- und Tischwäsche, Tafelsilber, Geschirr, Küchengeräte, Waschmaschine, Fernseher, Radio, Stereoanlage, Schallplatten, CDs und allgemeine Literatur. Ein Pkw, der gemeinsam und ausschließlich privat genutzt wird, zählt ebenfalls zum Hausrat.[19] Gleiches gilt für einen privat genutzten Computer. Der Wert der Gegenstände ist nicht von Bedeutung.[20] 11

Nicht zum Hausrat zählen hingegen Gegenstände, die ein Ehegatte zu beruflichen Zwecken oder für ein spezielles Hobby benötigt, wie z.B. Fachliteratur, eine Münz- oder Briefmarkensammlung. Ist der Erblasser Kunstsammler gewesen, kann auch eine Sammlung, die im Hause der Eheleute hing, als spezielles Hobby betrachtet werden. 12

Ein Computer oder ein Fahrzeug, die überwiegend beruflich genutzt werden, fallen nicht in den Voraus nach § 1932. 13

V. Die Berechnung des Pflichtteils

Bei der Berechnung des dem Ehegatten zustehenden Pflichtteils sind die zum Voraus gehörenden Nachlassgegenstände zusammen unter das Aktivvermögen des Nachlasses einzustellen.[21] 14

Andersherum ist bei der Berechnung des Pflichtteils eines Abkömmlings und der Eltern des Erblassers der Wert des zum Voraus gehörenden Gegenstände vom Nachlass nur dann abzuziehen, wenn der überlebende Ehegatte gesetzlicher Erbe geworden ist.[22] 15

§ 1933
Ausschluss des Ehegattenerbrechts

Das Erbrecht des überlebenden Ehegatten sowie das Recht auf den Voraus ist ausgeschlossen, wenn zur Zeit des Todes des Erblassers die Voraussetzungen für die Scheidung der Ehe gegeben waren und der Erblasser die Scheidung beantragt oder ihr zugestimmt hatte. Das gleiche gilt, wenn der Erblasser berechtigt war, die Aufhebung der Ehe zu beantragen, und den Antrag gestellt hatte. In diesen Fällen ist der Ehegatte nach Maßgabe der §§ 1569 bis 1586b unterhaltsberechtigt.

I. Normzweck

Mit dem 1. EheRG und dem Übergang vom Verschuldens- zum Zerrüttungsprinzip hat der Gesetzgeber auch den Normzweck des § 1933 geändert.[1] Zwar wurde grundsätzlich am Ausschluss des Ehegattenerbrechts festgehalten, jedoch wurde dieser beschränkt, und zwar auf den Fall, dass der Erblasser entweder einen begründeten Scheidungsantrag gestellt oder aber einem solchen Antrag zugestimmt hat. Dem gleichgestellt wurde der Antrag auf Aufhebung der Ehe. 1

Als Hintergrund der Regelung wurde genannt, dass das gesetzliche Erbrecht in den vorgenannten Situationen nicht dem mutmaßlichen Willen des Erblassers entspräche.[2] 2

---

18 MüKoBGB/*Leipold*, § 1932 Rn. 14.
19 AG Erfurt FamRZ 2002, 849; ebenso ein Wohnmobil, OLG Köln FamRZ 1992, 696.
20 MüKoBGB/*Leipold* § 1932 Rn. 10.
21 RGRK/*Steffen* § 2311 Rn. 11.
22 BGHZ 73, 29.
1 Vgl. dazu ausführlich MüKoBGB/*Leipold*, § 1933 Rn. 2.
2 So z.B. *Battes* FamRZ 1977, 433, 437.

3   Hiergegen lässt sich allerdings argumentieren, dass dann die gesetzliche Erbberechtigung für beide Ehegatten entfalle, was § 1933 indes nicht vorsehe.[3]

4   Umgehen lässt sich diese Rechtsfolge in der Praxis dadurch, dass als Antragsgegner eines Scheidungsverfahrens grundsätzlich frühestmöglich ein eigener Antrag gestellt wird.

5   Mit der Neufassung der Vorschrift wurde der Unterhaltsanspruch gem. § 1933 S. 3 eingefügt. Dadurch erfolgt eine Gleichstellung des Ehegatten, der durch § 1933 sein Erbrecht verloren hat, mit dem geschiedenen Ehegatten.

II. Tatbestand

6   Der Erbrechtsausschluss nach dieser Vorschrift kommt zum Tragen, wenn es durch den Tod des Erblassers in einem bereits rechtshängigen Ehescheidungsverfahren nicht mehr zu einer abschließenden Entscheidung kommt. Dem Willen des Erblassers, der die Scheidung begehrt hatte, trägt die gesetzliche Regelung in der Weise Rechnung, dass der überlebende Ehegatte nicht durch den Ehegattenerbteil begünstigt werden soll, obgleich die eheliche Lebensgemeinschaft schon vor dem Ableben des Erblassers zerrüttet war.

7   Die Vorschrift findet indes nur Anwendung, wenn auch die rechtlichen Voraussetzungen für eine Scheidung gegeben sind.

1. Formelle Voraussetzungen

8   Der Erblasser muss vor seinem Tod die Ehescheidung oder die Aufhebung der Ehe beantragt haben. Die gleichen Rechtswirkungen treten ein, wenn der überlebende Ehegatte den Ehescheidungsantrag gestellt und der Erblasser der beabsichtigen Ehescheidung zugestimmt hatte. Für den Scheidungsantrag ist auf den Zeitpunkt der Rechtshängigkeit, also der Zustellung des Scheidungsantrags abzustellen.

9   Die Zustellung hat **vor dem Erbfall** zu erfolgen.[4] Für den Fall der Zustellung erst nach dem Erbfall, soll eine Rückdatierung auf den Zeitpunkt der Einreichung nicht stattfinden.[5] Auch scheidet eine analoge Anwendung von § 270 Abs. 3 ZPO a.F. (nunmehr § 167 ZPO n.F.) aus, d.h., eine Rückwirkung auf den Zeitpunkt der Einreichung des Ehescheidungsantrags bei Gericht kommt nicht in Frage.

10 Daraus folgt, dass es für den Ausschluss des Ehegattenerbrechts nach § 1933 nicht genügt, wenn die Zustellung des Ehescheidungantrags (an den überlebenden Ehegatten) »alsbald« nach dem Tode des Erblassers erfolgt. Die Rechtsprechung führt zur Begründung dieser Grundsätze an, dass es bei der aufgrund der Zustellung des Ehescheidungsantrages eintretenden Rechtshängigkeit weder um eine Fristwahrung zur Erhaltung eines Rechts noch um die Unterbrechung einer Verjährung gehe.[6]

11 Ausgelöst werden die Rechtsfolgen des § 1933 auch durch einen unzulässigen Scheidungsantrag, nicht hingegen durch einen Antrag auf Bewilligung von Prozesskostenhilfe.

12 Die Zustimmungserklärung setzt einen ordnungsgem. zugestellten Scheidungsantrag voraus. Die Erklärung muss regelgerecht gegenüber dem Gericht abgegeben werden, wobei eine Erklärung zu Protokoll der Geschäftsstelle ausreichend ist.[7] Seit 1.9.2009 richten sich die Formerfordernisse für einen Ehescheidungsantrag nach dem FamFG.[8]

13 Bei Rücknahme des Ehescheidungsantrags oder der Aufhebungsklage vor dem Erbfall entfallen die Rechtswirkungen des § 1933. Der Rücknahme gleichgestellt wird ein langjähriges Nichtbetreiben des Scheidungsverfahrens.[9] Mit der Rücknahme des Antrages durch

---

3 Zu den Bedenken s. *Zopfs* ZEV 1995, 309.
4 BGHZ 111, 329; BayObLGZ 1990, 20.
5 BGHZ 111, 329; BayObLGZ 1990, 20.
6 BGHZ 111, 329; BayObLGZ 90, 20.
7 Vgl. MüKoBGB/*Leipold*, § 1933 Rn. 7.
8 Vgl. dazu *Sarres* EE 2010, 15; *Czubayko* ZEV 2009, 551.
9 OLG Düsseldorf FamRZ 1991, 1107 (über 25 Jahre).

den einen Ehegatten verliert die Zustimmung ihre Wirkung. Dies kann in der Praxis verhindert werden, indem statt der Zustimmung ein eigener Scheidungsantrag gestellt wird.[10] Eine nach dem Tod des Erblassers durch dessen Bevollmächtigten vorgenommene Rücknahme hat dagegen keine Auswirkungen mehr.[11]

Dies gilt jedoch nicht bei einem im Zeitpunkt des Ablebens des Erblassers noch nicht rechtskräftigen Urteil. Unstreitig ist dies der Fall, wenn der Erblasser Rechtsmittel gegen ein antragabweisendes Urteil eingelegt hatte.

Umstritten ist jedoch, ob die Rechtswirkungen des § 1933 auch dann eintreten, wenn der Erblasser aufgrund seines Ablebens kein Rechtsmittel mehr einlegen konnte.

Der überwiegende Teil der Literatur[12] bejaht dies und stellt den Fall des Nichteinlegens eines Rechtsmittels infolge Tod des Erblassers dem Fall gleich, dass er noch Rechtsmittel eingelegt hatte.

Lediglich eine Mindermeinung[13] will die Rechtsfolgen des § 1933 nicht eingetreten wissen, da nicht ohne weiteres fingiert werden könne, dass der Erblasser von dem Rechtsmittel auch Gebrauch gemacht hätte. Hierauf kommt es indes nicht an, da die Antragstellung noch fort wirkt und die ergangene antragsabweisende Entscheidung keinen dem Erblasser zurechenbaren actus contrarius darstellt.

2. Materielle Voraussetzungen

Die Rechtswirkungen des § 1933 greifen nur dann Platz, wenn – wäre nicht der Tod des Erblassers eingetreten – die Ehe auf seinen Antrag hin geschieden (bzw. aufgehoben) worden wäre.

Mithin müssen die allgemeinen Voraussetzungen, unter denen die Ehe geschieden (§§ 1565–1568) bzw. aufgehoben (§§ 1313–1318) werden kann, vorliegen.[14] Nach der Rechtsprechung[15] ist das Scheitern der Ehe, bezogen auf den Zeitpunkt des Erbfalls, entsprechend den subjektiven Vorstellungen der Ehegatten bezüglich ihrer konkreten Lebensgemeinschaft festzustellen. Es gelten die allgemeinen Beweislastregelungen.

III. Rechtsfolgen

Wenn die Voraussetzungen nach § 1933 S. 1 oder S. 2 erfüllt sind, hat der überlebende Ehegatte sein aus § 1931 folgendes Erbrecht verloren. Er geht ferner seines Rechts auf Voraus (§ 1932) verlustig. Ebenso entfällt sein Pflichtteilsrecht, weil er infolge der (fiktiven) rechtskräftigen Ehescheidung nicht mehr von der gesetzlichen Erbfolge ausgeschlossen werden konnte (§ 2303 Abs. 2 S. 1).

Bei Vorliegen einer Verfügung von Todes wegen, ist deren Bestand nach § 2077 zu beurteilen. Handelt es sich um ein gemeinschaftliches Testament, greifen die Vorschriften §§ 2077 i.V.m. 2268 und beim Erbvertrag §§ 2077 i.V.m. 2279.

Haben die Ehegatten im gesetzlichen Güterstand der Zugewinngemeinschaft gelebt, so entfällt ein erbrechtlicher Ausgleich nach der »erbrechtlichen Lösung« (§ 1931 Abs. 3 i.V.m. § 1371 Abs. 1); der überlebende Ehegatte kann dann nur noch auf die »güterrechtliche Lösung« verwiesen werden,[16] wobei dann nicht der Zeitpunkt des Erbfalls, sondern – in analoger Anwendung des § 1384 – der Zeitpunkt der Rechtshängigkeit des Scheidungsantrages (bzw. der Aufhebungsklage) maßgeblicher Stichtag sein soll.[17]

---

10 OLG Frankfurt NJW 1997, 3099.
11 OLG Frankfurt FamRZ 2007, 502, 504.
12 MüKoBGB/*Leipold* § 1933 Rn. 9; *Soergel/Stein* § 1933 Rn. 5.
13 *Staudinger/Werner* § 1933 Rn. 6.
14 Siehe zu speziellen Einzelfragen: *Palandt/Edenhofer* § 1933 Rn. 6–8 m.w.N.
15 BGH NJW 1995, 108 Z.
16 BGHZ 46, 343.
17 BGHZ 99, 304; kritisch: *Hohloch* JuS 1987, 745.

23 Hinsichtlich des güterrechtlichen Ausgleichsanspruchs des überlebenden Ehegatten steht dem Erben nur bei grober Unbilligkeit (§ 1381) das Recht zur Erfüllungsverweigerung zu.

IV. Unterhaltsanspruch nach S. 3

24 Nach § 1933 S. 3 steht dem überlebenden Ehegatten ein Unterhaltsanspruch gegenüber den Erben nach Maßgabe der §§ 1569-1586b zu. Die Erben haften begrenzt auf den fiktiven Pflichtteil, § 1586b Abs. 1 S. 3. Hatte der überlebende Ehegatte hingegen auf den Pflichtteil verzichtet oder war der Pflichtteil entzogen, so entfällt auch der Unterhaltsanspruch.[18]

25 Erfolgte lediglich ein Verzicht auf den Erbteil, nicht hingegen auf den Pflichtteil, bleibt der fiktive Pflichtteil erhalten und der Unterhaltsanspruch in den Grenzen des § 1586b Abs. 2 BGB bestehen.

26 Die – insb. öffentlich-rechtlichen – Versorgungsansprüche eines verwitweten Ehegatten werden durch § 1933 nicht berührt, weil diese sich nicht aus dem Erbrecht ergeben. Der familienrechtliche Versorgungsausgleich wird nicht mehr durchgeführt. Der Zugewinnausgleich erfolgt güterrechtlich.[19]

V. Ausschluss des Erbrechts des Lebenspartners

27 Die korrespondierende Regelung im Lebenspartnerschaftsgesetz zu § 1933 ist § 10 Abs. 3 S. 1 Nr. 1 LPartG. Danach ist das Erbrecht des überlebenden Lebenspartners ausgeschlossen, wenn z.Zt. des Todes des Erblassers die Voraussetzungen für die Aufhebung der Lebenspartnerschaft nach § 15 Abs. 2 Nr. 1 oder 2 LPartG gegeben waren und der Erblasser die Aufhebung beantragt oder ihr zugestimmt hatte. Entsprechendes gilt, wenn der Erblasser einen Antrag nach § 15 Abs. 2 Nr. 3 LPartG gestellt hatte und dieser begründet war.

§ 1934
Erbrecht des verwandten Ehegatten

Gehört der überlebende Ehegatte zu den erbberechtigten Verwandten, so erbt er zugleich als Verwandter. Der Erbteil, der ihm aufgrund der Verwandtschaft zufällt, gilt als besonderer Erbteil.

I. Das mehrfache Erbrecht

1 Die Vorschrift des § 1934 regelt ein mehrfaches Erbrecht des überlebenden Ehegatten. Diese Fallkonstellation ist eher theoretischer Natur. Sie ist denkbar, wenn der überlebende Ehegatte mit dem Erblasser in zweiter Ordnung verwandt, also mit einer Tante oder einem Onkel verheiratet war.[1]

2 Im umgekehrten Fall (der Erblasser war ein Neffe oder eine Nichte seines Ehepartners) ist ein mehrfaches Erbrecht ausgeschlossen, da der überlebende Ehepartner (Onkel bzw. Tante des Erblassers) ein Abkömmling der Großeltern des Erblassers ist. Dann gilt § 1931 Abs. 1 S. 2.

---

18 *Dieckmann* NJW 1980, 2777; *Dieckmann* FamRZ 1992, 633; a.A.: *Grziwotz* FamRZ 1991, 1258; *Pentz* FamRZ 1998, 1344.
19 MüKoBGB/*Leipold*, § 1933 Rn. 20, 21.
1 Vgl. zu dieser Fallkonstellation: MüKoBGB/*Leipold* § 1933 Rn. 1.

II. Die Rechtsfolge

Die als Nichte/Neffe und zugleich überlebender Ehepartner erbberechtigte Person (§ 1931) erhält zusätzlich den Erbteil aus § 1925 als Verwandtenerbrecht, welches von § 1933 nicht betroffen wird und gesondert ausgeschlagen werden kann.[2]

III. Anwendbarkeit auf die Lebenspartnerschaft

Eine dem § 1934 entsprechende Vorschrift findet sich seit dem 1.1.2005 im LPartG in § 10 I Satz 6 und 7 LPartG. Nach überwiegender Auffassung[3] war § 1934 bis dahin jedoch analog anzuwenden.

§ 1935
Folgen der Erbteilserhöhung

Fällt ein gesetzlicher Erbe vor oder nach dem Erbfalle weg und erhöht sich infolgedessen der Erbteil eines anderen gesetzlichen Erben, so gilt der Teil, um welches sich der Erbteil erhöht, in Ansehung der Vermächtnisse und Auflagen, um denen dieser Erbe oder der wegfallende Erbe beschwert ist, sowie in Ansehung der Ausgleichsleistungspflicht als besonderer Erbteil.

I. Normzweck

Die Vorschrift regelt die Erhöhung des Erbteils bei gesetzlicher Erbfolge. Sie stellt das Pendant zum Rechtsinstitut der Anwachsung (bei gewillkürter Erbfolge) dar, welche in den §§ 2094, 2095, 2158, 2159 geregelt ist. Die Vorschrift will eine Überlastung des gesetzlichen Erben durch Vermächtnisse (§§ 2147 ff.), Auflagen (§§ 2192 ff.) oder eine den Wegfallenden treffende Ausgleichungspflicht (§§ 2050 ff.) verhindern.[1] Eine Benachteiligung wäre gegeben, wenn der Teil, um welchen sich der Erbteil erhöht mit Vermächtnissen, Auflagen oder einer Ausgleichungspflicht belastet ist und sich diese dann auf den gesamten Erbteil auswirken würden.

Die Vorschrift ist insofern missverständlich, als begriffsnotwendig *vor* dem Erbfall noch kein gesetzlicher Erbe existieren kann, da zu Lebzeiten des Erblassers sowohl der gesetzlich berufene als auch der eingesetzte Erbe nur eine tatsächliche Aussicht auf dessen Vermögen, nicht aber eine gesicherte Rechtsposition i.S.e. Erbschaft hat[2]

II. Tatbestand

1. Wegfall vor dem Erbfall

Die Formulierung »Wegfall vor dem Erbfall« meint die Situation, dass die eigentlich als gesetzlicher Erbe berufene Person vor Eintritt des Erbfalls wegfällt (also z.B. Vorversterben, Erbverzicht gem. § 2346, Enterbung gem. § 1938, Ausschluss des Ehegattenerbrechts gem. § 1933, vorzeitiger Erbausgleich vor dem 01.04.1998).

---

2 Zu weiteren Einzelfragen: *Palandt/Edenhofer* § 1934 Rn. 2.
3 *Leipold* ZEV 2001, 218, 220; *v. Dickhuth-Harrach* FamRZ 2001, 1660, 1662.
1 MüKoBGB/*Leipold* § 1935 Rn. 1.
2 *Palandt/Edenhofer* § 1922 Rn. 3.

2. Wegfall nach dem Erbfall

4 Ein Wegfall des gesetzlichen Erben nach dem Erbfall kommt in Betracht durch Ausschlagung (§ 1953), durch Erbunwürdigkeitserklärung (§ 2344) oder wenn eine zur Zeit des Erbfalls bereits erzeugte Person nicht lebend geboren wird.[3]

5 Kein Wegfall i.S.d. Vorschrift ist dagegen das Versterben eines gesetzlichen Erben nach dem Erbfall.

3. Erbteilserhöhung

6 Durch den Wegfall eines gesetzlichen Erben muss sich der Erbteil eines anderen gesetzlichen Erben erhöhen. Dies ist immer dann der Fall, wenn der begünstigte gesetzliche Erbe zwar vorher schon als Erbe berufen war, jedoch zu einer geringeren Quote.[4]

III. Die Rechtsfolgen

7 Während die erbrechtlichen Vorschriften des BGB im Allgemeinen die Einheitlichkeit des jeweiligen Erbteils unterstreichen, beinhaltet § 1953 eine Trennung des Erbteils zwischen dem ursprünglichen und dem erhöhten Erbteil.

8 Diese Trennung greift indes nur für die oben genannten Fälle. Für Fragen der Annahme und Ausschlagung der Erbschaft oder Nachlassverbindlichkeiten, ist von einer Einheit des Erbteils auszugehen.

9 Als Rechtsfolge aus § 1935 ergibt sich insb., dass der Erbe die Verpflichtungen aus Vermächtnissen und Auflagen im Fall des § 1991 Abs. 4 nur aus dem beschwerten Anteil erfüllen braucht und dass er nach § 1992 vorgehen kann, wenn nur der beschwerte Anteil überschuldet ist.

10 Entsprechendes gilt auch für eine Ausgleichungspflicht nach den §§ 2050 ff., d.h. die Erbteile sind im Hinblick auf die Ausgleichungspflicht gesondert zu behandeln.

§ 1936
Gesetzliches Erbrecht des Staates

Ist zur Zeit des Erbfalls kein Verwandter, Ehegatte oder Lebenspartner des Erblassers vorhanden, erbt das Land, in dem der Erblasser zur Zeit des Erbfalls seinen letzten Wohnsitz hatte oder, wenn ein solcher nicht feststellbar ist, seinen gewöhnlichen Aufenthalt hatte. Im Übrigen erbt der Bund.

Fassung bis zum 31.12.2009

§ 1936
Gesetzliches Erbrecht des Staates

(1) Ist zur Zeit des Erbfalls weder ein Verwandter, ein Lebenspartner noch ein Ehegatte des Erblassers vorhanden, so ist der Fiskus des Bundesstaats, dem der Erblasser zur Zeit des Todes angehört hat, gesetzlicher Erbe. Hat der Erblasser mehreren Bundesstaaten angehört, so ist der Fiskus eines jeden dieser Staaten zu gleichem Anteile zur Erbfolge berufen.

(2) War der Erblasser ein Deutscher, der keinem Bundesstaat angehörte, so ist der Reichsfiskus gesetzlicher Erbe.

---

3 MüKoBGB/*Leipold* § 1935 Rn. 2.
4 Ausführlich hierzu vgl. *Damrau/Seiler* § 1935 Rn. 5.

I. Normzweck

Die Vorschrift stellt klar, dass das Erbrecht des Ehegatten und der Verwandten des Erblassers dem Erbrecht des Staates vorgeht. Die Neufassung der Vorschrift hat zum einen sprachliche Anpassungen vorgenommen. Inhaltlich hat sich geändert, dass die Vorschrift nicht mehr auf deutsche Staatsangehörige bezogen ist, sondern auf den Wohnsitz/Aufenthalt abgestellt wird.

Das gesetzliche Erbrecht des Staates hat lediglich eine Ordnungsfunktion, um herrenlose Nachlässe zu vermeiden und eine ordnungsgem.e Abwicklung aller Nachlässe zu gewährleisten. In den Fällen, in denen das Erbrecht des Staates eingreift, handelt es sich nicht um öffentliches Recht, sondern um privates Erbrecht entsprechend den allgemeinen Regeln.[1] Wird der Staat Erbe, so umfasst sein Erbrecht auch etwaige im Ausland befindliche Vermögenswerte des Erblassers.[2]

Voraussetzung für die Geltendmachung des Staatserbrechts ist stets, dass ein Feststellungsbeschluss des Nachlassgerichts gem. § 1964 erlassen wurde.

II. Tatbestand

Aus dem Gesetzeswortlaut ergibt sich, dass das Erbrecht des deutschen Staates **bei allen in Deutschland ansässigen Personen** eingreift, allerdings unter der Voraussetzung, dass deutsches Erbrecht eingreift.[3] Die Anwendung des Deutschen Erbrechts und damit auch der Vorschrift des § 1936 ergibt sich nach Maßgabe des Art. 25 I EGBGB. Einzubeziehen ist hier auch die Möglichkeit, dass über Art. 4 Abs. 1 eine Verweisung auf das deutsche Recht erfolgt. Dies gilt insb. in Fällen der Nachlassspaltung, bei denen in Deutschland vorhandenes Grundvermögen nach deutschem Recht vererbt wird, Art. 3 a Abs. 2 EGBGB. Für die Berücksichtigung eines fremden Staatserbrechts kommt es wie bisher darauf an, ob dieses als privates Erbrecht ausgestaltet ist.

Bei dem früheren Recht ergab sich ein Erbrecht des Staates für alle deutschen Staatsangehörigen, wobei es nicht darauf ankam, wo der Erblasser seinen letzten Wohnsitz hatte. Die früher strittige Frage, ob eine ausländische Staatsangehörigkeit neben der deutschen Staatsangehörigkeit unberücksichtigt zu bleiben habe, war durch Art. 5 Abs. 1 S. 2 EGBGB geklärt worden. Die Anerkennung eines ausländischen Fiskuserbrechts im Inland kam dann in Frage, wenn das ausländische Fiskuserbrecht als privates Erbrecht ausgestaltet ist.[4] Fehlte es an diesem Erfordernis und zeigte sich, dass vielmehr ein öffentlich-rechtlicher Aneignungsanspruch geltend gemacht werden soll, so schied die Geltendmachung eines solchen Rechts außerhalb des betreffenden Staatsgebietes aus.[5]

An die Stelle des Staates kann nach Art. 138 EGBGB auch eine **öffentlich-rechtliche Körperschaft** treten. Allerdings hat die Regelung keine praktische Relevanz erlangt.[6]

In Art. 139 EGBGB sind überdies Fälle geregelt, in denen ein ausschließliches Erbrecht des Staates oder anderer Körperschaften des öffentlichen Rechts in Betracht kommen, so etwa, wenn der Erblasser vom Fiskus oder einer juristischen Person des öffentlichen Rechts Pflege- oder sonstige Unterstützungsleistungen erhalten hat. Auch diese Vorschrift ist ohne praktische Relevanz, weil lediglich Hessen von dieser Möglichkeit für die in eine Einrichtung eingebrachten Sachen einer dort untergebrachten Person Gebrauch gemacht hat.[7] Hiermit sind nicht etwa die Ansprüche nach dem SGB gemeint, die auf den Staat übergegangen sind. Diese lassen die erbrechtliche Stellung völlig unberührt.

---

1 *Kipp/Coing* § 6 I 2.
2 *Palandt/Edenhofer* § 1936 Rn. 1.
3 Zur Begründung BTDrs. 16/8954, 16.
4 *Palandt/Edenhofer* § 1936 Rn. 3.
5 KG OLGZ 85 280; *Firsching* IPrax 1986, 25; OLG Stuttgart IPrax 1987, 125.
6 MüKoBGB/*Schlichting* Art. 139 EGBGB Rn. 1.
7 MüKoBGB/*Schlichting* Art. 139 EGBGB Rn. 7.

III. Rechtsfolgen

8 Wie jeder andere Erbe auch, wird der Staat Gesamtrechtsnachfolger. Er tritt damit in alle vererblichen Rechte und Pflichten des Erblassers ein.

9 Auch für die Haftung für Nachlassverbindlichkeiten und deren Beschränkung gelten die allgemeinen Vorschriften. Besonderheiten ergeben sich für die Inventarfrist – eine solche kann dem Fiskus nach § 2011 nicht gesetzt werden – und für die Einrede der beschränkten Erbenhaftung, die nach § 780 Abs. 2 ZPO nicht erforderlich ist.

10 Wird der Fiskus gesetzlicher Erbe, so erledigt sich ein noch offener Einkommensteueranspruch – auch aus einer Zusammenveranlagung – vollen Umfangs durch die Vereinigung von Forderung und Schuld (Konfusion). Es kommt nicht darauf an, ob die Erbschaft bei dem Bundesland des letzten Wohnsitzes oder beim Bund eingetreten ist.[8]

§ 1937
Erbeinsetzung durch letztwillige Verfügung

Der Erblasser kann durch einseitige Verfügung von Todes wegen (Testament, letztwillige Verfügung) den Erben bestimmen.

Übersicht	Rz.		Rz.
I. Normzweck	1	2. Erbrechtliche Anordnungen	17
II. Definition	5	3. Sonstige Anordnungen	22
1. Verfügung von Todes wegen	5	4. Schiedsklausel	26
2. Testament, letztwillige Verfügung	8	5. Rechtswahl	33
3. Gemeinschaftliches Testament	10	IV. Die Wirksamkeit letztwilliger Verfügungen	34
4. Erbvertrag	12	V. Die Unwirksamkeit letztwilliger Verfügungen	37
5. Sorgerechtsverfügung	13		
6. Patiententestament	15		
III. Inhalt einer Verfügung von Todes wegen	16	VI. Die Rechtsfolgen	43
1. Testierfreiheit	16	VII. Die Haftung des Beraters	45

I. Normzweck

1 Im Gesetz findet sich keine allgemeine Vorschrift über die Testierfreiheit eines Erblassers.

2 Einzige gesetzliche Verankerung des Prinzips der Testierfreiheit sind die §§ 1937–1941, in denen die wichtigsten Verfügungen aufgezählt werden, die der Erblasser treffen kann.

3 § 1937 gestattet es dem Erblasser, seine(n) Erben durch Testament zu bestimmen und bringt zusammen mit §§ 1938 und 1941 den Vorrang der gewillkürten vor der gesetzlichen Erbfolge zum Ausdruck.

4 Ferner beinhaltet § 1937 eine gesetzliche Definition des Begriffs der **Verfügung von Todes wegen**, und eine Einordnung der Begriffe **Testament und letztwillige Verfügung**.

II. Definition

1. Verfügung von Todes wegen

5 Die Bezeichnung **Verfügung von Todes** *wegen* stellt den Oberbegriff zu den Termini *Testament, letztwillige Verfügung* und *Erbvertrag* dar.[1]

---

[8] BFH v. 7.3.2006 – VII R 12/05, NJW-RR 2006, 1232.
[1] Vgl. dazu auch: BGH NJW 1995, 1087, 1088.

Die Verfügung von Todes wegen ist eine rechtsgeschäftliche Anordnung, die in einer bestimmten (erbrechtlichen) Form erfolgt und die erst beim Tod wirksam wird.[2] 6

Im Unterschied zur Verfügung unter Lebenden bleibt die Rechtslage durch eine Verfügung von Todes wegen zu Lebzeiten des Erblassers unberührt. Daraus folgt, dass die allgemeinen Vorschriften über Verfügungsgeschäfte, z.B. § 185, nicht anwendbar sind.[3] 7

2. Testament, letztwillige Verfügung

Die Begriffe **Testament** und **letztwillige Verfügung** werden in § 1937 gleichgesetzt. In der Folge verwendet das Gesetz dann jedoch unscharf den Begriff Testament für den äußeren Rahmen der Verfügung (als Ganzes) und den Begriff letztwillige Verfügung, wenn es einzelne Anordnungen meint. 8

Beim Testament bzw. der letztwilligen Verfügung handelt es sich um eine **einseitige** Verfügung von Todes wegen, also eine Verfügung durch einseitige nicht empfangsbedürftige Willenserklärung des Erblassers. Zu Lebzeiten des Erblassers hat der potenzielle Erbe lediglich eine wirtschaftlich unbedeutende Aussicht auf Erlangung eines Vermögensvorteils – hingegen erwirbt er kein Anwartschaftsrecht o.ä. Dies ergibt sich bereits daraus, dass der Erblasser jederzeit neu testieren kann. 9

3. Gemeinschaftliches Testament

Als Testamente gelten auch das **gemeinschaftliche Testament** von Ehegatten und von eingetragenen Lebenspartnern, § 2265 bzw. § 10 Abs. 4 LPartG. 10

Ein gemeinschaftliches Testament kann sowohl einseitige als auch wechselbezügliche Verfügungen (§ 2270) enthalten. Letztere können nach dem Tod des Erstversterbenden nicht mehr frei widerrufen werden, § 2271 Abs. 2. 11

4. Erbvertrag

Nicht zu den letztwilligen Verfügungen gehören vertragsmäßige (bindende) Verfügungen in einem Erbvertrag.[4] Ein Erbvertrag kann allerdings auch einseitige Verfügungen enthalten (§ 2299 Abs. 2), die den letztwilligen Verfügungen gleichstehen. 12

5. Sorgerechtsverfügung

Mit einer Sorgerechtsverfügung können sorgeberechtigte Personen (Eltern) bestimmen, wer für den Fall, dass sie zur Sorgerechtsausübung nicht mehr in der Lage sind, stattdessen die elterliche Sorge für ein minderjähriges Kind ausüben soll. Von der Verfügungsmöglichkeit umfasst sind die Personen- und die Vermögenssorge, über die nicht einheitlich verfügt werden muss. Die Sorgerechtsverfügung ist sinnvollerweise in der Form der §§ 2229 ff. zu errichten.[5] 13

Häufig finden sich in einem Testament sog. familienrechtliche Anordnungen über die Vormundschaft minderjähriger Kinder. Vorteil der Sorgerechtsverfügung im Vergleich zu solchen familienrechtlichen Anordnungen im Testament ist jedoch, dass die Testamentseröffnung meist erst einige Zeit nach dem Erbfall erfolgt und zu diesem Zeitpunkt oft bereits ein Vormund bestimmt ist. Gleiches gilt für Bestattungsanordnungen, die ebenfalls in eine gesonderte Verfügung gehören. 14

---

2 MüKoBGB/*Leipold* § 1937 Rn. 4.
3 BGH NJW 1995, 1087, 1088.
4 BGH DRiZ 1971, 26, 27.
5 Ausführlich zur Sorgerechtsverfügung vgl. *Zecher* EE 2006, 99.

6. Patiententestament

15 Eine umgangssprachlich häufig als Patiententestament bezeichnete Verfügung fällt nicht in den Bereich von § 1937, da es Anordnungen enthält, wie eine medizinische Behandlung aussehen soll und daher Wirkung bereits zu Lebzeiten entfaltet. Die sprachlich korrekte Bezeichnung wäre **Patientenverfügung**.

III. Inhalt einer Verfügung von Todes wegen

1. Testierfreiheit

16 Art. 14 Abs. 1 S. 1 GG garantiert neben dem Eigentum das Erbrecht. Hiervon erfasst ist das Erbrecht nicht nur als Rechtsinstitut, sondern auch als Individualrecht.[6] Hieraus folgt, dass der Erblasser über sein Vermögen beliebig verfügen kann. Das verfassungsrechtlich garantierte Erbrecht findet seine Schranken in den allgemeinen Gesetzen, wobei die gesetzliche Beschränkung der gewillkürten Einsetzung ihren Niederschlag in den Bestimmungen über das Pflichtteilsrecht (§§ 2303 ff.) gefunden hat. Ferner im Verbot der sittenwidrigen Verfügungen i.S.v. § 138.[7] Aus der Testierfreiheit folgt, dass der Erblasser eigenmächtig, also ohne Rücksicht auf die im Gesetz vorgesehene Erbfolge, seine Vermögensnachfolger bestimmen kann. Es obliegt ferner seiner eigenen Entscheidungsfreiheit, ob eine aufgrund seiner Erbeinsetzungen verursachte Aufteilung seines Vermögens rechtlich und wirtschaftlich sinnvoll ist. Die Testierfreiheit erstreckt sich ferner auf die Einsetzung mehrerer Erben und der Bestimmung ihrer Anteile sowie auf die Vornahme sonstiger testamentarischer Verfügungen.[8] Beim Ehegattentestament folgen aus dem Güterrecht grundsätzlich keine Beschränkungen in Bezug auf die Testierfreiheit.[9]

2. Erbrechtliche Anordnungen

17 Wenn auch in den §§ 1937–1940 nur Beispiele für den Inhalt einer letztwilligen Verfügung angeführt sind, die als nicht abschließend anzusehen ist,[10] so gibt es im Erbrecht gleichwohl einen Typenzwang.[11] So kann etwa ein Vermächtnis nur obligatorisch wirken, Universalvermächtnisse wie im französischen Recht oder Vindikationslegate sind ausgeschlossen. Allerdings kann der Erblasser durch die Kombination verschiedener Anordnungen unter Einbeziehung auch von Bedingungen gleichwohl von großer Wahlfreiheit Gebrauch machen.[12]

18 Der Erblasser kann entweder – positiv – eine oder mehrere bestimmte Personen, die nach dem Gesetz entweder gar nicht oder nicht in dem vom Erblasser gewünschten Umfang zum Erben berufen wären, zum Erben einsetzen oder – negativ – anordnen, dass ein aufgrund der gesetzlichen Regelung vorgesehener Erbe von der Erbfolge ausgeschlossen sein soll.[13]

19 Hat der Erblasser positiv eine Erbeinsetzung angeordnet, so beurteilen sich die Fragen über Auslegung und Ergänzung sowie über die Einsetzung von Ersatzerben und Nacherben nach den §§ 2084, 2087 ff. und den §§ 2100 ff.

20 Der Erblasser kann auch einen Nichtverwandten zum Erben einsetzen. Dieser muss aber damit rechnen, dass der aufgrund seiner **Erbeinsetzung** übergangene gesetzliche Erbe seine Erbeinsetzung anficht (§ 2079) oder er sich Pflichtteilsansprüchen (§§ 2303 ff.) ausge-

---

6 BVerfGE 67, 329 ff., s.a. Einleitung vor § 1922 Rz. 4.
7 BGH FamRZ 1983, 53; s.a. BVerfG NJW 2004, 2008; OLG Düsseldorf FGPrax 2009, 25.
8 BVerfG NJW 1982, 565.
9 BGH FamRZ 1964, 25; BGH NJW 1964, 2298.
10 Grundlegend RGZ 100, 76, 77.
11 *Kipp/Coing* § 20 I; MüKoBGB/*Leipold* § 1937 Rn. 10.
12 MüKoBGB/*Leipold* § 1937 Rn. 12 ff.
13 Dazu unten bei § 1938 Rz. 2.

setzt sieht. Eine wirksame Erbeinsetzung setzt voraus, dass die zum Erben berufene Person allein aufgrund der in der letztwilligen Verfügung enthaltenen Willensäußerung des Erblassers festgestellt werden kann.[14] Hier muss der Erblasser, um Personenverwechslungen auszuschließen, sinnvollerweise die von ihm eingesetzte Person möglichst genau, zweckmäßigerweise mit Namen, Vornamen, ggf. Geburtsdatum, und Anschrift benennen. Eine Erbeinsetzung auf bestimmte einzelne Gegenstände des Nachlasses ist nicht möglich; erst recht nicht mit dinglicher Wirkung. Möchte der Erblasser einer bestimmten Person einzelne Nachlassgegenstände zuwenden, so handelt es sich nicht um eine Erbeinsetzung, sondern um ein **Vermächtnis**. Eigentum an dem zugewandten Gegenstand erwirbt der Vermächtnisnehmer aufgrund einer sodann durch den Erben bzw. den Testamentsvollstrecker vorzunehmenden Eigentumsübertragung. Die Erbeinsetzung bringt das subjektive Erbrecht frühestens mit dem Erbfall zum Entstehen. Vor diesem Zeitpunkt existiert nur eine tatsächliche Aussicht oder – bei Bindung des Erblassers an seine letztwillige Verfügung – eine Anwartschaft.[15] Bestimmt der Erblasser in seiner letztwilligen Verfügung, dass die gesamte Erbmasse kraft Erbeinsetzung an andere als nach dem Gesetz vorgesehene Personen fallen soll, bewirkt dies zeitgleich den Ausschluss der gesetzlichen Erben, denen allerdings unter den Voraussetzungen der §§ 2303, 2305 ein Pflichtteilsanspruch zusteht.[16]

Neben der Einsetzung von Erben kann der Erblasser aber auch andere erbrechtliche 21 Anordnungen in seiner letztwilligen Verfügung treffen. Hierzu gehört beispielsweise die Enterbung (§ 1938), der Widerruf früherer letztwilliger Verfügungen (§§ 2254, 2258), die Ernennung eines Testamentsvollstreckers (§ 2197). Er kann ferner Teilungsanordnungen i.S.v. § 2048 treffen. Er kann einem gesetzlichen Erben den Pflichtteil entziehen (§ 2336) oder diesen beschränken (§ 2338). Er kann eine Stiftung gründen, die nach dem Ableben des Erblassers ins Leben gerufen werden soll.[17]

3. Sonstige Anordnungen

Neben letztwilligen Verfügungen kann der Erblasser in seinem Testament familienrechtliche 22 Anordnungen mit erbrechtlichen Bezügen treffen.

Sowohl im Testament als auch im Erbvertrag kann ein Vaterschaftsanerkenntnis i.S.v. 23 §§ 1600a, 1600e abgegeben werden.[18] Von besonderer Bedeutung sind auch die in einem Testament oder einem Erbvertrag enthaltenen empfangsbedürftigen Willenserklärungen.

Möglich ist etwa der Widerruf einer Schenkung[19] oder die Erteilung einer Vollmacht.

Häufig enthalten Testamente auch Anordnungen über die Bestattung, wenngleich diese 24 besser in separaten Verfügungen enthalten sein sollten, weil es sonst zu spät sein kann.

Die Bezugsberechtigung hinsichtlich der Rechte aus einer Lebensversicherung kann 25 dagegen grundsätzlich nicht durch letztwillige Verfügung widerrufen werden, jedenfalls dann nicht, wenn sie nach dem den Versicherungsvertrag zugrundeliegenden Versicherungsbedingungen dem Versicherer schriftlich anzuzeigen ist.[20]

4. Schiedsklausel[21]

Nach nahezu einhelliger Meinung in Rechtsprechung und Literatur kann die Einberufung 26 eines Schiedsgerichts i.S.v. § 1048 ZPO qua letztwilliger Verfügung angeordnet werden.[22]

---

14 BayObLG, FamRZ 1982, 403.
15 BGHZ 37, 319; *Mattern* BWNotZ 1962, 229; *Palandt/Edenhofer* § 1937 Rn. 8.
16 *Palandt/Edenhofer* § 1937 Rn. 8.
17 BGHZ 70, 313.
18 *Soergel/Stein* § 1937 Rn. 11.
19 RGZ 170, 383.
20 BGH NJW 1993, 3134.
21 Zur Entwicklung des Schiedsrecht von 2007 bis 2008 vgl. *Kröll* NJW 2009, 1183.
22 MüKoBGB/*Leipold* § 1937 Rn. 26; *Soergel/Stein* § 1937 Rn. 13; OLG Koblenz ZFE 2009, 239.

Als Begründung wird zumeist der Wortlaut des § 1066 ZPO herangeführt.

27 Auch im Erbvertrag kommt die Aufnahme einer Schiedsklausel in Betracht. Eine vertragsmäßige Bindung ist hingegen gem. § 2278 Abs. 2 nicht möglich.

28 Eine Schiedsklausel kann für alle Rechtsbeziehungen vorgesehen werden, die der Erblasser im Testament regeln kann, also Streitigkeiten über Vermächtnisse, Auflagen, die Erbberechtigung, die Auslegung eines Testaments, usw.

29 Nicht der Schiedsgerichtsbarkeit unterstellt werden können Ansprüche, die nicht der Verfügungsmacht des Erblassers unterliegen, wie z.B. Pflichtteilsansprüche, Ansprüche von Nachlassgläubigern oder die Frage, ob ein Gegenstand zum Nachlass gehört.

30 Auch Streitigkeiten über die Entlassung eines Testamentsvollstreckers können nicht dem Schiedsgericht zugewiesen werden.[23]

31 Als Person des Schiedsrichters kommt nur eine Person in Betracht, die nicht gleichzeitig Partei ist.

32 Musterformulierung Schiedsklausel:
Streitigkeiten der Erben, Vermächtnisnehmer oder sonstiger Beteiligter untereinander über die Geltung oder den Inhalt meines Testament soll ein Schiedsrichter unter Ausschluss des ordentlichen Rechtsweges entscheiden, soweit dies gesetzlich zulässig ist. Zum Schiedsrichter bestimme ich Herrn ... Kann oder will dieser nicht Schiedsrichter werden, so obliegt die Bestimmung des Schiedsrichters der Deutschen Schiedsgerichtsbarkeit für Erbstreitigkeiten e.V. (DSE).
Der Schiedsrichter hat den Streit nach Maßgabe der bestehenden Gesetze und den anerkannten Auslegungsregeln unter Berücksichtigung des Grundsatzes der Billigkeit zu entscheiden.
Tatsachen kann der Schiedsrichter auf Kosten des Nachlasses durch einen Schiedsgutachter feststellen lassen.
Der Schiedsrichter erhält als Honorar die Gebühren eines Rechtsanwalts in der Berufungsinstanz, wobei die Termingebühr doppelt anfällt. Auslagen darf der Schiedsrichter zusätzlich abrechnen.

5. Rechtswahl

33 Nach § 25 Abs. 2 EGBGB kann der Erblasser bestimmen, dass für alle im Inland gelegenen Grundstücke deutsches Erbrecht zur Anwendung kommen soll. Eine solche Anordnung ist auch isoliert, also unabhängig von anderweitigen Anordnungen, möglich.

IV. Die Wirksamkeit letztwilliger Verfügungen

34 Folgende Voraussetzungen müssen vorliegen, um von einem wirksamen Testament oder Erbvertrag ausgehen zu können:
– Der Erblasser muss im Zeitpunkt der Errichtung der letztwilligen Verfügung testierfähig (§§ 2229, 2275) gewesen sein.
– Er muss die letztwillige Verfügung höchstpersönlich (§§ 2064, 2274) errichtet haben.
– Er muss sie formgerecht (§§ 2231, 2276) errichtet haben.
– Die Bestimmungen der §§ 134, 138 über eine möglicherweise Nichtigkeit von Anfang an als auch diejenigen über eine u.U. nachträglich eintretende Nichtigkeit[24] sind zu beachten.

---

23 OLG Karlsruhe ZEV 2009, 466.
24 Dazu unten Rz. 41.

Die Wirksamkeit der in einem Testament oder Erbvertrag enthaltenen Verfügungen von 35
Todes wegen kann auch dann tangiert sein, wenn sich der Erblasser bereits durch eine
andere, abweichende letztwillige Verfügung gebunden hatte (§§ 2289, 2271 Abs. 2). Die
Vorschriften des Allgemeinen Teils des BGB über die Abgabe von Willenserklärungen,
über die Geschäftsfähigkeit und Willensmängel sowie über Bedingungen, Vertretungen
und Genehmigungen (§§ 158–185) kommen zur Anwendung.

Insoweit sind jedoch die Sondervorschriften des Fünften Buches (§§ 2064, 2074 ff., 2084, 36
2085) zu beachten. Bei Anfechtung einer letztwilligen Verfügung wegen Irrtums, Täuschung oder Drohung sind die §§ 119 ff. ausgeschlossen. Es gelten statt dessen die Sondervorschriften der §§ 2078 ff.

V. Die Unwirksamkeit letztwilliger Verfügungen

Neben den vorstehend beschriebenen allgemeinen Anforderungen an die Wirksamkeit von 37
Testamenten müssen zwingende gesetzliche Vorschriften beachtet werden.

Verstößt die letztwillige Verfügung gegen die guten Sitten, so ist sie als von Anfang an 38
nichtig anzusehen (§ 138). Da die Anwendung von § 138 BGB mit der Testierfreiheit des
Erblassers kollidiert, darf die Unwirksamkeit eines Testaments oder Erbvertrags wegen
Sittenwidrigkeit nur in besonderen Ausnahmefällen angenommen werden.[25] Ob eine sittenwidrige Erbeinsetzung vorliegt, ist entweder anhand einer »klaren, deutlich umrissenen
Wertung des Gesetzgebers« oder anhand »einer allgemeinen Rechtsauffassung« zu bestimmen.[26] Bei § 138 handelt es sich um eine gesetzliche Schranke i.S.v. Art. 14 Abs. 1 Satz 2
GG; sie ist eine Generalklausel und wegen des Bestimmtheitsgebotes der Schranken[27] restriktiv auszulegen.[28] Die eigenen Gerechtigkeitsvorstellungen des Richters müssen gegenüber dem Willen des Erblassers zurücktreten.[29] Beurteilungsmaßstäbe für ein eventuell zu
treffendes Sittenwidrigkeitsurteil sind Faktoren wie Inhalt, Motiv, Zweck und die
Umstände des Einzelfalles.

Führt der sich aus diesen Einzelfaktoren ergebende Gesamtcharakter der letztwilligen 39
Verfügung zu einer unredlichen Gesinnung des Erblassers, die in seinem Testament verwirklicht werden sollte, so ist die Sittenwidrigkeit zu bejahen.[30]

Praktisch relevant sind Verstöße gegen § 14 Abs. 1 S. 1 des Heimgesetzes. Hiernach dür- 40
fen die Betreiber, Leiter und Mitarbeiter eines Heims sich keine Zuwendungen über das
vereinbarte Entgelt hinaus von den Heimbewohnern versprechen oder gewähren lassen.
Dies umfasst auch die Zuwendung durch Verfügung von Todes wegen. Davon ist auch
eine Verfügung betroffen, die schon vor dem Einzug erfolgt ist.[31]

Die gleichen Rechtswirkungen, also Nichtigkeit ex tunc, liegen vor, wenn bei öffentli- 41
chen Testamenten die zwingenden Verfahrensvorschriften des Beurkundungsgesetzes nicht
eingehalten wurden. Die Berufung einer in einer formnichtigen letztwilligen Verfügung
zum Erben eingesetzten Person auf die Grundsätze von Treu und Glauben (§ 242) ist nicht
möglich.[32]

Tatbestände, die zur nachträglichen Unwirksamkeit letztwilliger Verfügungen führen, 42
sind beispielsweise der Widerruf (§§ 2253-2258) oder die Änderung der Verfügung; die
Anfechtung (§§ 2078 ff.); die Auflösung einer Ehe oder eines Verlöbnisses (§§ 2077, 2268,
2279). Auch der Erbverzicht (§ 2352), ein Vorversterben der zum Erben eingesetzten Per-

---

25 BGHZ 111, 36.
26 BGH NJW 1994, 248.
27 BVerfGE 56, 1 ff.
28 *Pieroth* NJW 1993, 173.
29 BGH NJW 1983, 674.
30 BGH NJW 1983, 674; BayObLG FamRZ 1985, 1082.
31 VGH Mannheim NJW 2004, 3792.
32 *Palandt/Edenhofer* § 1937 Rn. 18.

son (§ 1923 Abs. 1), die Ausschlagung (§ 1944) oder die Erbunwürdigkeitserklärung (§§ 2344, 2342 Abs. 2) führen zur nachträglichen Unwirksamkeit der letztwilligen Verfügung. Das gleiche gilt bei Zeitablauf i.S.v. §§ 2109, 2162, 2210, 2252.

VI. Die Rechtsfolgen

43 Hinsichtlich der Rechtsfolgen ist zu differenzieren:
Bei teilweiser Sittenwidrigkeit ist nur der entsprechende Teil der Verfügung von Todes wegen nichtig.

44 Ansonsten ist im Zweifel von der Nichtigkeit der gesamten Verfügung von Todes wegen auszugehen. Die Begünstigung eines Dritten (§ 2077 Abs. 1) kann bestehen bleiben.[33] Im Falle der Unwirksamkeit oder Nichtigkeit der letztwilligen Verfügung kann – ganz oder zum Teil – gesetzliche Erbfolge eintreten oder auch ein früheres Testament wirksam werden oder bleiben, da die §§ 2255, 2258 einen wirksamen Widerruf voraussetzen. Möglich ist aber auch eine Umdeutung i.S.v. § 140, wodurch ein Mangel an der Wirksamkeit der letztwilligen Verfügung u.U. geheilt werden kann. Dann kann zum Beispiel ein nichtiges öffentliches Testament als eigenhändiges oder ein nichtiger Erbvertrag als gemeinschaftliches oder einseitiges Testament gewertet werden. Ob eine Verfügung von Todes wegen nichtig bzw. unwirksam ist, muss das Nachlassgericht von Amts wegen prüfen. Bejaht es die Unwirksamkeit oder Nichtigkeit, so darf es den Erbschein nur unter Berücksichtigung der getroffenen Feststellungen erteilen, also zum Beispiel nur einen Erbschein nach gesetzlicher Erbfolge erteilen, oder es muss den Antrag auf Erteilung eines Erbscheins zurückweisen.

VII. Die Haftung des Beraters

45 Werden vom Erblasser beabsichtigte Erbeinsetzungen durch schuldhaftes Verhalten eines Dritten (zum Beispiel Rechtsanwalt und/oder Notar) in der letztwilligen Verfügung nicht umgesetzt, so berührt dies den Bestandteil der letztwilligen Verfügung nicht.[34] Der Berater macht sich allerdings u.U. gegenüber der nichtbedachten Person schadensersatzpflichtig.[35] Auch bei einer gestaltenden Beratung kann eine Haftung ausgelöst werden, etwa wenn die Gestaltung des Testaments zum Verlust von Gesellschaftsanteilen führt.[36]

46 Das gleiche gilt, wenn die Errichtung des Testaments oder des Erbvertrages aufgrund schuldhafter Versäumnisse des Rechtsanwalts/Notars unterblieb.[37] Hierbei kann aber ein Mitverschulden des Erblassers die Haftung ausschließen.[38]

47 Schadensersatzverpflichtungen werden ferner ausgelöst, wenn eine vom Erblasser nicht mehr gewollte letztwillige Verfügung infolge Amtspflichtverletzung des Notars nicht beseitigt wurde.[39] Besonders schadensträchtig ist der nicht ordnungsgem. ausgeübte Widerruf eines gemeinschaftlichen Testaments oder Erbvertrags zu Lebzeiten der Eheleute.[40]

---

33 *Dieterle* BWNotZ 1970, 170.
34 *Palandt/Edenhofer* § 1937 Rn. 20.
35 BayObLG FamRZ 1985, 1082.
36 BGH NJW 2002, 2787.
37 BGH NJW 1965, 1955; a.A. *Lorenz* JZ 1966, 141; *Lorenz,* JZ 1995, 317; *Boehmer* MDR 1966, 468; *Zimmermann* FamRZ 1980, 99.
38 BGH NJW 1997, 2327.
39 BGH NJW 1979, 2033; *Palandt/Edenhofer* § 1937 Rn. 20 m.w.N.
40 Siehe hierzu § 2271.

§ 1938
Enterbung ohne Erbeinsetzung

Der Erblasser kann durch Testament einen Verwandten, den Ehegatten oder den Lebenspartner von der gesetzlichen Erbfolge ausschließen, ohne einen Erben einzusetzen.

I. Normzweck

Während § 1937 die positive Erbenbestimmung gestattet, ermöglicht § 1938 dem Erblasser, sich mit einem negativen Testament, d.h. mit einer Ausschließung von der gesetzlichen Erbfolge zu begnügen. 1

Das BGB fasst die gesetzliche und die gewillkürte Erbfolge nicht als einander ausschließende Gegensätze auf, sondern lässt die gesetzliche Erbfolge insoweit zum Zug kommen, als keine gewillkürte Erbfolge bestimmt ist. 2

II. Enterbung ohne Erbeinsetzung (negatives Testament)

Der Erblasser hat die Möglichkeit, einen Verwandten oder seinen Ehegatten von der Erbfolge auszuschließen, ohne gleichzeitig eine bestimmte Person als Erben einzusetzen. Das gesetzliche Erbrecht des Staates i.S.v. § 1936 kann der Erblasser hingegen nicht ausschließen; tut er dies, läuft er Gefahr, dass seine letztwillige Verfügung als unwirksam angesehen wird.[1] Den Staat als Erbe kann der Erblasser aber durch Einsetzung eines anderen umgehen. Nicht ausschließen kann er auch nach Landesrecht i.S.v. Art. 139 EGBGB bestehende Erbrechte,[2] die aber ohne praktische Bedeutung sind. 3

Die Enterbung, also der Ausschluss eines Verwandten oder des Ehegatten von der gesetzlichen Erbfolge, erfolgt durch Testament oder Erbvertrag (§§ 2278 Abs. 2, 2299), im letzteren Fall durch eine einseitige im Erbvertrag enthaltene Verfügung.[3] Der Ausschluss kann auch mit einer Bedingung verknüpft oder auf einen Teil des Nachlasses beschränkt werden.[4] Warum der Erblasser die Enterbung vornimmt ist unerheblich; er braucht sie nicht zu begründen. Nimmt er eine falsche Begründung in seine letztwillige Verfügung auf, so ist dies zwar unschädlich, berechtigt den von der Erbfolge Ausgeschlossenen aber u.U. zur Anfechtung der letztwilligen Verfügung.[5] Auch ein »stillschweigender Ausschluss« soll möglich sein, wobei der Ausschließungswille des Erblassers aber in jedem Fall unzweideutig zum Ausdruck kommen muss.[6] Wird einem gesetzlichen Erben lediglich ein Vermächtnis zugewandt, ist es eine Frage der Auslegung, ob hierin gleichzeitig von einer Enterbung auszugehen ist.[7] Die Aufteilung des Nachlasses in einer letztwilligen Verfügung zwischen der ehelichen Familie einerseits und der Mutter der nichtehelichen Kinder, die lediglich als deren Ersatzerben bestimmt sind, andererseits kann als schlüssige Enterbung der nichtehelichen Kinder durch Vergabe des Nachlasses an andere zu werten sein.[8] 4

Bereits das Reichsgericht hat entschieden, dass Enterbung vorliegt, wenn der Erblasser einem Verwandten oder seinem Ehegatten nur den Pflichtteil zuwendet.[9] 5

---

1 *Palandt/Edenhofer* § 1938 Rn. 1.
2 Vgl. hierzu MüKoBGB/*Schlichting* Art. 139 EGBGB, Ziff. 6; *Staudinger/J.Mayer* Art. 139 EGBGB Rn. 14.
3 Vgl. dazu auch: BayObLG FamRZ 1993, 240.
4 *Palandt/Edenhofer* § 1938 Rn. 2.
5 BGH NJW 1965, 584.
6 BayObLGZ 65, 166/174; BayObLG FamRZ 1992, 986; LG Aachen DAV 1979, 623.
7 Bejahend: OLG Stuttgart BWNotZ 1981, 141; BayObLG FamRZ 1992, 986; verneinend: OLg Darmstadt OLGE 14, 314.
8 BGH NJW-RR 2006, 948.
9 RGZ 61, 15.

6   Auch die »Entziehung des Pflichtteils« ist als Enterbung auszulegen.[10] Werden Verwandte der ersten bis dritten Ordnung enterbt, so erstreckt sich dies grundsätzlich nicht auf deren Abkömmlinge, da diese kraft selbstständigen eigenen Rechts erben (§ 1924 Abs. 3, § 1925 Abs. 3 S. 1; § 1926 Abs. 3 S. 1) und nicht kraft Erbrechts ihres Stammelternteils.[11] Daraus folgt, dass die Abkömmlinge des Ausgeschlossenen an dessen Stelle treten, es sei denn, der letztwilligen Verfügung ist entweder im Wege der Auslegung ein anderer Wille des Erblassers zu entnehmen oder er hat positiv bestimmt, in welche Hände der Nachlass fallen soll.[12]

III. Enterbung bei unwirksamer Erbeinsetzung

7   Wurde eine Person zum Erben eingesetzt, führt dies gleichzeitig dazu, dass die gesetzlichen Erben von der Erbfolge ausgeschlossen sind. War die Erbeinsetzung aus irgendeinem Grund unwirksam, wird man indes in der Regel nicht davon ausgehen können, dass die Enterbung bestehen bleibt, es sei denn, aus den Umständen ist ein entsprechender Erblasserwille zu entnehmen.[13]

8   Wird eine in § 2303 genannte Person enterbt, so ist diese berechtigt, den Pflichtteil zu fordern. Zu beachten ist aber, dass der Erblasser möglicherweise auch die Berechtigung, den Pflichtteil zu fordern, ausgeschlossen hat (§ 2333). Hieran ist immer dann zu denken, wenn für den Entzug eine Begründung gegeben wird. Entzieht der Erblasser seinem Ehegatten den gesetzlichen Erbanspruch bzw. (wirksam) den Pflichtteilsanspruch, so geht er auch des Rechts auf den Voraus verlustig.

§ 1939
Vermächtnis

Der Erblasser kann durch Testament einem anderen, ohne ihn als Erben einzusetzen, einen Vermögensvorteil zuwenden (Vermächtnis).

I. Normzweck

1   Die Vorschrift stellt den Begriff des Vermächtnisses in Abgrenzung zur Erbeinsetzung klar und bejaht gleichzeitig die Zulässigkeit einer Vermächtniseinsetzung.

II. Der Begriff des Vermächtnisses

2   Der Erblasser kann einer oder mehreren Personen einen bestimmten Vermögensvorteil oder Vermögensgegenstand zuwenden, ohne dass diese Person die Stellung eines Erben einnimmt (§ 2087 Abs. 2). Das Vermächtnis begründet nur einen schuldrechtlichen Anspruch (Damnationslegat) des Vermächtnisnehmers gegenüber dem Erben.[1]

3   Das Gesetz kennt außer dem Voraus (§ 1932) und dem Dreißigsten (§ 1969) keine gesetzlichen Vermächtnisse. Vermächtnisse sind stets durch letztwillige Verfügungen anzuordnen. Der Erblasser hat auch die Möglichkeit, dem Erben selbst ein Vermächtnis zuzuwenden (Vorausvermächtnis), § 2150.

---

10 BayObLG FamRZ 1996, 826, 828.
11 BGH FamRZ 1959, 149; BayObLG FamRZ 1989, 1006.
12 *Palandt/Edenhofer* § 1938 Rn. 3 m.w.N.
13 OLG München ZEV 2001, 153.
1 MüKoBGB/*Leipold* § 1939 Rn. 2–3.

In einzelnen gesetzlichen Vorschriften finden sich allerdings dem Vermächtnis nachgebildete Rechtsinstitute (z.B. die Ansprüche gem. §§ 12 Abs. 5, 13 HöfeO oder die Rechte auf bestimmte Sachen nach Art. 139 EGBGB). Vermächtnisse können durch alle Formen letztwilliger Verfügungen, auch durch Erbvertrag, angeordnet werden, §§ 1941, 2278, 2299. Ist ein dem deutschen Recht unbekanntes dingliches Vermächtnis (Vindikationslegat), z.B. die unmittelbare Einräumung des Eigentums an einem Grundstück, unwirksam, so kann es beim Erben als Teilungsanordnung (§ 2048) oder Vorausvermächtnis (§ 2150) bei einem Dritten als schuldrechtliches Vermächtnis aufrechterhalten werden.[2]

III. Gegenstand des Vermächtnisses

Als Vermächtnis kommt grds. alles in Betracht, was auch Inhalt einer Leistung sein kann. Zwar spricht § 1939 von der »Zuwendung eines Vermögensvorteils«. Hierin ist jedoch keine Eingrenzung zu sehen. Vielmehr ist der Begriff des Vermögensvorteils weit auszulegen und z.B. auch auf mittelbare Vorteile zu erstrecken.[3] Auch Gegenstände die keinen materiellen Wert haben (Erinnerungsstücke) können als Vermächtnis zugewandt werden.

Beispiele für ein Vermächtnis:
Geldbetrag, bewegliche oder unbewegliche Sache, Nießbrauch, Wohnungsrecht, Anspruch auf dingliche Sicherung eines Rechts, Übernahmerecht, Anspruch auf Erlass einer Forderung, Gesellschaftsanteil, Versorgung einer Person, usw.[4]

IV. Bestimmtheitsgrundsatz

Sowohl die Person des Vermächtnisnehmers als auch das Zugedachte müssen entweder bestimmt oder zumindest bestimmbar sein.[5] Vermächtnisnehmer kann jede natürliche oder juristische Person sein, gem. § 1923 Abs. 2 auch der nasciturus.

Der Anspruch des Vermächtnisnehmers auf Erfüllung entsteht erst mit dem Erbfall; vorher hat der Vermächtnisnehmer weder einen Anspruch noch eine rechtlich gesicherte Anwartschaft;[6] dies gilt selbst dann, wenn das Vermächtnis in einem Erbvertrag enthalten ist.[7]

Eine Anwartschaft zugunsten des Vermächtnisnehmers wird allerdings dann mit dem Erbfall begründet, wenn die Zuwendung zu seinen Gunsten in einem aufschiebend bedingten oder befristeten Vermächtnis enthalten ist (§§ 2177 ff.). Der vertragliche Vermächtnisnehmer ist über § 2288 geschützt, wobei dieser Schutz auch für den Vermächtnisnehmer aufgrund eines wechselbezüglichen Testaments gilt.[8]

§ 1940
Auflage

Der Erblasser kann durch Testament den Erben oder einen Vermächtnisnehmer zu einer Leistung verpflichten, ohne einem anderen ein Recht auf die Leistung zuzuwenden (Auflage).

---

2 MüKoBGB/*Leipold* § 1939 Rn. 4.
3 OLG Hamm FamRZ 1994, 1210, 1212.
4 Vgl. dazu: MüKoBGB/*Leipold* § 1939 Rn. 7.
5 BGH NJW 1981, 1562.
6 RGRK/*Steffen* § 139 Rn. 3.
7 BGHZ 12, 115.
8 Siehe § 2287 Rz. 1 a.E.

I. Begriff

1 Der Begriff der Auflage ist in § 1940 legal definiert. Die Auflage ist von der Zuwendung (hierzu zählen Erbeinsetzungen und Vermächtnisse, s. § 2279) zu unterscheiden. Demgem. handelt es sich bei der Auflage nicht um eine Zuwendung, sondern um eine in der letztwilligen Verfügung enthaltene Auferlegung einer Verpflichtung, ohne dass eine bestimmte Person daraus Rechte herleiten könnte. Ausnahmen insoweit ergeben sich aus § 2194. Allgemein zu den Vollzugsvorschriften betreffend Auflage: §§ 2192–2196.Danach gilt: Nur der Vollziehungsberechtigte kann die Durchsetzung einer Auflage erzwingen.

II. Inhalt

2 Inhalt einer Auflage kann jegliches Tun oder Unterlassen sein.[1] Erforderlich ist weder, dass die Leistung einer anderen Person zugutekommt, noch muss es sich um eine vermögenswerte Leistung handeln.

3 Beispiele für eine Auflage:[2]
Geld- oder Sachleistungen zugunsten eines bestimmten Personenkreises oder für bestimmte Zwecke, Verpflichtung zur Grabpflege, Errichtung eines Grabmals, Durchführung der Bestattung, Instandhaltung von Gebäuden und Parkanlagen, Pflege von Tieren, usw.

4 Daneben kann auch die Gründung einer Gesellschaft oder einer unselbstständigen Stiftung angeordnet werden.[3]

§ 1941
Erbvertrag

(1) Der Erblasser kann durch Vertrag einen Erben einsetzen sowie Vermächtnisse und Auflagen anordnen (Erbvertrag).

(2) Als Erbe (Vertragserbe) oder als Vermächtnisnehmer kann sowohl der andere Vertragschließende als ein Dritter bedacht werden.

I. Normzweck

1 § 1941 gestattet bindende Verfügungen von Todes wegen, wenn sie im Wege eines erbrechtlichen Vertrages errichtet werden. Damit wird eine Basis für Leistungen geschaffen, die zu Lebzeiten des Erblassers und im Hinblick auf dessen Verfügung von Todes wegen erbracht werden. Abgeschwächt wird die Bindungswirkung des Erbvertrages durch die Zulassung einer Anfechtung wegen Motivirrtums (§§ 2281, 2078 Abs. 2) und wegen Übergehung eines Pflichtteilsberechtigten (§ 2079).

2 Der Erbvertrag stellt neben dem Testament die zweite Art der Verfügung von Todes wegen dar.

---

1 OLG Koblenz NJW-RR 1986, 1039, 1040.
2 Zur Gestaltung der Nachfolge von Todes wegen durch Auflagen vgl. *Daragan/Tanck* ZErb 1999, 2.
3 MüKoBGB/*Leipold* § 1940 Rn. 6.

II. Begriff

Beim Erbvertrag handelt es sich um eine besondere, weil in Vertragsform errichtete Verfügung von Todes wegen. Die Einzelheiten zum Erbvertrag sind in den §§ 2274–2300a geregelt. Kein Erbvertrag ist der Erbverzicht (s. hierzu §§ 2346 ff.) der aber mit einem Erbvertrag verbunden werden kann,[1] Ob ein Erbvertrag vorliegt, ist nach den Umständen zu beurteilen. So ist zum Beispiel ein als »Ehevertrag« überschriebener Vertrag, dessen Inhalt aber nur eine Verfügung von Todes wegen enthält, als Erbvertrag anzusehen.[2] Verfügungen im Erbvertrag können sowohl beide Vertragschließenden als auch nur der eine Teil treffen. Nicht nur der andere Vertragspartner kann bedacht werden, sondern auch Dritte.[3] Obgleich im Erbvertrag Dritte bedacht werden können (§ 1941 Abs. 2), bedeutet dies nicht, dass der Erbvertrag ein Vertrag zugunsten Dritter i.S.v. § 328 BGB wäre. Denn der Erbvertrag, in welchem ein Dritter bedacht wird, enthält keinerlei Leistungen i.S.v. § 328, weil weder eine Verpflichtung eingegangen wird noch dem Dritten ein Forderungsrecht erwächst. Vielmehr vollzieht sich der Erwerb des Dritten regelmäßig erst mit dem Tode des Erblassers.[4]

III. Abgrenzung Erbvertrag/Testament

Der **wesentliche Unterschied zwischen Erbvertrag und Testament** besteht darin, dass es sich beim Erbvertrag um eine Erbeinsetzung handelt, die eine Bindungswirkung gem. § 2289 zur Folge hat. Vermächtnisse und Auflagen §§ 1941, 2278 können ebenfalls Gegenstand eines Erbvertrages sein und vertragsmäßig getroffen werden. Neben mindestens einer vertragsmäßigen (bindenden) Verfügung können beliebig viele einseitige (nicht bindende) Verfügungen vorgenommen werden (§ 2299). Neben dem Vertragspartner können auch am Erbvertrag nicht Beteiligte bedacht werden (§ 1941 Abs. 2). Aufgrund der Bindungswirkung (§ 2289) sind die vom Erblasser i.R.d. Erbvertrages getroffenen Verfügungen nicht mehr frei widerruflich, weil er seine Testierfreiheit im Umfang der von ihm freiwillig eingegangenen Bindung aufgegeben hat.[5] Während das gemeinschaftliche Testament nur Ehegatten gestattet ist (§ 2265), kann der Erbvertrag von unverheirateten Personen (auch von mehr als zwei Personen) geschlossen werden. Im letzteren Fall spricht man von einer »mehrseitigen Verfügung«.[6]

Der Erbvertrag unterscheidet sich vom Testament weiterhin dadurch, dass ein Testament frei widerrufen werden kann (§§ 2253 ff.), wobei der Erbvertrag grundsätzlich unwiderruflich ist. Hierbei ist allerdings darauf zu achten, dass der Erblasser nur an seine vertragsmäßigen Verfügungen gebunden ist, nicht aber an seine einseitigen Verfügungen, § 2299 Abs. 2. Der Erblasser kann allerdings eine Vorbehaltsklausel in den Erbvertrag aufnehmen, aufgrund derer er berechtigt ist, vertragsmäßige Verfügungen nachträglich einseitig zu ändern oder aufzuheben.[7]

IV. Rechtsnatur

Der Erbvertrag hat eine Doppelnatur, d.h. er ist Vertrag und Verfügung von Todes wegen zugleich. Er hat rein erbrechtlichen Charakter und ist ein zweiseitiges Rechtsgeschäft von Todes wegen. Die Verfügungen wirken nicht auf die Rechtslage unter Lebenden. Durch einen Erbvertrag bleibt also auch die Freiheit des Erblassers, durch Rechtsgeschäfte unter Lebenden zu verfügen, unangetastet (§ 2286). Allerdings können derartige Verfügungen zugunsten der im Erbvertrag bedachten Personen Ansprüche nach den §§ 2287, 2288 auslösen.

---

1 MüKoBGB/*Leipold* § 1941 Rn. 8; BGHZ 22, 364.
2 LG München I FamRZ 1978, 364.
3 *Palandt/Edenhofer* § 1941 Rn. 1.
4 MüKoBGB/*Leipold* § 1941 Rn. 4.
5 *Staudinger/Kanzleiter* vor §§ 2274 ff. Rn. 9.
6 Vor §§ 2274–2289 Rz. 11 m.w.N.
7 BGH NJW 1982, 441; BayObLG NJW-RR 1997, 1027; BayObLG FamRZ 1991, 1359.

7 Auch erhält der Vertragserbe keinen schuldrechtlichen Anspruch, sondern zu Lebzeiten des Erblassers erhält er nur eine Anwartschaft, später möglicherweise Erbe zu werden (Erwerbsaussicht).[8]

8 Diese Anwartschaft ist nicht vererblich und nicht übertragbar[9] und auch nicht Vermögen i.S.d. § 1836.[10] Auch bei einem erbvertraglich ausgesetzten Vermächtnis besteht vor dem Erbfall nur eine tatsächliche Aussicht und kein schuldrechtlicher Anspruch.[11]

IV. Form

9 Der Erbvertrag kann nur zur Niederschrift eines Notars bei gleichzeitiger Anwesenheit aller Vertragsbeteiligten geschlossen werden (§ 2276) und wird in amtliche Verwahrung des Notars genommen (§ 2277).

10 Im Zusammenhang mit der Beurkundung des Erbvertrages kommt es allerdings nicht auf den Willen und die inhaltlichen Vorstellungen des Notars, sondern auf die des Erblassers an.[12] Allerdings ist das Verständnis des Urkundsnotars gegebenenfalls von indizieller Bedeutung.[13] Die Formbedürftigkeit der Erklärungen (§ 2276) setzt der Auslegung allerdings gewisse Grenzen.[14]

11 Ein Erbvertrag, welcher nicht der Formvorschrift des § 2276 errichtet worden ist, ist zwingend nichtig.

V. Nichtigkeit und Umdeutung

12 Ein **Erbvertrag kann ferner nichtig sein**, wenn sein Inhalt gegen ein gesetzliches Verbot oder gegen die guten Sitten verstößt (§§ 134, 138). Ein Verstoß gegen § 138 ist stets anzunehmen, wenn der Erbvertrag auf eine sittlich zu missbilligende Art zustande gekommen ist, zum Beispiel wenn der Erblasser dem Vertragserben außergewöhnliche Vorteile bietet oder dieser die Unerfahrenheit des Erblassers ausgenützt hat.[15] Nichtigkeit des Erbvertrages ist auch dann anzunehmen, wenn der Vertragserbe eine psychische Zwangslage des Erblassers herbeigeführt und ausgenützt hat.[16] Erbvertragliche Regelungen, die dem behinderten Kind zu seinen Lebzeiten zusätzlich zu den Leistungen der Sozialhilfe laufende Einnahmen verschaffen, den Nachlass aber dem Zugriff des Trägers der Sozialhilfe entziehen, sind nach der Rechtsprechung des Bundesgerichtshofes als nicht sittenwidrig einzustufen.[17] Sollte sich der Erbvertrag als nichtig herausstellen, so ist eine Umdeutung in ein Testament oder eine Schenkung nach § 2301 möglich.[18]

13 Haben Ehegatten einen zweiseitigen Ehevertrag geschlossen, der sich später als nichtig erweist, ist eine Umdeutung in ein gemeinschaftliches Testament möglich.[19]

14 Eine weitere Umdeutung ist bei Hofnachfolge in die Anordnung einer Ausgleichsverpflichtung zugunsten des im ungültigen Erbvertrag Bedachten möglich.[20]

15 Eine Umdeutung kommt auch dann in Betracht, wenn ausländisches Recht einzubeziehen ist, das den Erbvertrag nicht anerkennt.[21]

---

8 *Kapp* BB 1980, 845.
9 BGHZ 37, 319.
10 BayObLGZ 52, 290.
11 BGHZ 12, 115.
12 BayObLG FamRZ 1997, 911.
13 BayObLG NJW-RR 1997, 835.
14 Vgl. hierzu § 2278 Rz. 2 ff.
15 *Palandt/Edenhofer* Überbl. vor § 2274 Rn. 9.
16 BGHZ 50, 63, 70; *Johansen* WM 1971, 927 ff.
17 BGHZ 111, 39; 123, 368; a.A. *Goebel* FamRZ 1997, 656.
18 BayObLG NJW-RR 1996, 8; BGH NJW 1978, 423.
19 Vor §§ 2274–2289 Rz. 8.
20 BGH FamRZ 1964, 25.
21 MüKoBGB/*Birk* Art. 26 EGBGB Rn. 134.

Abschnitt 2
Rechtliche Stellung des Erben

Titel 1
Annahme und Ausschlagung der Erbschaft, Fürsorge des Nachlassgerichts

§ 1942
Anfall und Ausschlagung der Erbschaft

(1) Die Erbschaft geht auf den berufenen Erben unbeschadet des Rechtes über, sie auszuschlagen (Anfall der Erbschaft).

(2) Der Fiskus kann die ihm als gesetzlichem Erben angefallene Erbschaft nicht ausschlagen.

Übersicht	Rz.			Rz.
I. Normzweck	1	III.	Vorläufiger Erbe/Endgültiger Erbe	8
1. Grundsatz des ipso-iure-Erwerbs	1	IV.	Ausschlagungsrecht des Erben	12
2. Schwebezustand bis zur Ausschlagung	2	V.	Kein Ausschlagungsrecht des Fiskus/Erbrecht des Staates	14
3. Praxistipp	3	VI.	Stiftungen	16
II. Anfall der Erbschaft	4	VII.	Insolvenz	17
1. Voraussetzungen	4	VIII.	Beratungshinweise	20
2. Inhalt	6			

I. Normzweck

1. Grundsatz des ipso-iure-Erwerbs

Ebenso wie die Vorschrift des § 1922 Abs. 1 betont das Gesetz auch in § 1942 den Grundsatz des ipso-iure-Erwerbs (sog. **Vonselbsterwerb**). Der Erwerb der Erbschaft tritt mit dem Erbfall ein. Die Systematik des Gesetzes zeigt sich im Zusammenwirken der Regelungen des § 1922 Abs. 1 und § 1942 Abs. 1. Nach § 1922 Abs. 1 geht die Erbschaft im Zeitpunkt des Erbfalles als Ganzes auf die Erben über. Das gilt sowohl für gesetzliche als auch testamentarisch berufene Erben. § 1942 Abs. 1 knüpft an diese Regelung an. Die Lehre spricht hier auch vom **Anfallprinzip**.[1] Der Erwerb der Erbschaft erfolgt ohne Mitwirkung des Erben. Weder eine Willensentscheidung noch die Geschäftsfähigkeit des Erben sind Voraussetzung für den Erbanfall. 1

2. Schwebezustand bis zur Ausschlagung

Dem Erben wird jedoch die Möglichkeit eingeräumt, die Erbschaft innerhalb bestimmter Fristen auszuschlagen und sich damit rückwirkend wieder von der Erbschaft zu befreien. Solange eine Ausschlagung möglich ist, befindet sich der Erbschaftsanfall somit in einem vorübergehenden **Schwebezustand**, der durch Ausschlagung gem. §§ 1942 Abs. 1, 1944, 1945, 1953 Abs. 1 rückwirkend wieder beseitigt werden kann. 2

---

1 *Brox/Walker* Rn. 301; *Staudinger/Otte* § 1942 Rn. 2, 6; vgl. auch *Muscheler*, Universalsukzession und Vonselbsterwerb, 2002, S. 141 ff.

3. Praxistipp

3   Der Anwalt ist verpflichtet, den Erben darüber aufzuklären, dass er sich der nach § 1942 angefallenen Erbschaft durch Ausschlagung wieder entledigen kann.[2] Er hat dabei auf die Frist des § 1944 und seine Berechnung hinzuweisen. Der Erbe sollte bereits bei der ersten Beratung über die knappe Frist, den Ablauf der Ausschlagungsfrist und die sich aus der Annahme bzw. Ausschlagung der Erbschaft ergebenden Rechtsfolgen hingewiesen werden.

II. Anfall der Erbschaft

1. Voraussetzungen

4   Der Anfall der Erbschaft hängt lediglich von zwei Voraussetzungen ab: 1.) Berufung zum Erben durch Gesetz oder Verfügung von Todes wegen, 2.) Erbfähigkeit zum Zeitpunkt des Erbfalles; Hier ist insb. auf die Regelung des § 1923 Abs. 2 betreffend den nasciturus hinzuweisen.

5   Für den Anfall der Erbschaft ist weder eine Willenserklärung des Erben noch die Geschäftsfähigkeit des Erben Voraussetzung. Ebenso wenig ist eine Annahmeerklärung, Annahmehandlung oder auch nur die Kenntnis vom Erbfall erforderlich. Diese Kenntnis wird erst im Zusammenhang mit der Ausschlagung und der Berechnung der Ausschlagungsfrist bedeutsam (vgl. dazu § 1944 Abs. 2). Weder der Erbe noch der Erblasser können den Anfall der Erbschaft von einer besonderen Annahmeerklärung abhängig machen (vgl. für den Erben § 1947).

2. Inhalt

6   Der ipso-iure-Erwerb schützt den Erben mit sofortiger Wirkung seit dem Erbfall vor Eingriffen Dritter. Denn der Erbe wird mit dem Erbfall sogleich dinglich Berechtigter und zugleich auch Besitzer der Nachlassgegenstände (§ 857). Der Gesetzgeber hat mit dem ipso-iure-Erwerb den Grundsatz der Rechtsklarheit in den Vordergrund der Regelung gestellt. Mit dem Erbfall soll von Anfang an eine klare Regelung über den Nachlassberechtigten vorliegen. Allerdings wird diese Regelung durch den bis zum Ablauf der Ausschlagungsfrist bestehenden Schwebezustand beschränkt, da die Ausschlagung mit Rückwirkung auf den Erbfall (ex tunc) gilt (§ 1953 Abs. 1). Mit dem Anfall der Erbschaft geht das gesamte vererbliche Vermögen des Erblassers einschließlich der Verbindlichkeiten auf den Erben im Wege der Gesamtrechtsnachfolge über. Dabei kommt es im Regelfall zur Verschmelzung des Nachlasses mit dem Eigenvermögen des Erben. Bei einer Miterbengemeinschaft kann es allerdings bei einzelnen Nachlassgegenständen zu einer Sonderrechtsnachfolge kommen. Diese Nachlassgegenstände gehören zwar zum Nachlass, fallen jedoch nur einem Mitglied der Erbengemeinschaft an. Dies ist zum Beispiel der Fall, wenn die Mitgliedschaft in einer OHG vererbt wird, bei einem Erbfall nach der Höfeordnung oder beim Übergang eines Wohnraummietverhältnisses auf den Ehegatten oder Angehörige des Erblassers nach § 563 a und b.

7   Der Vorteil des ipso-iure-Erwerbs besteht gegenüber einem Antrittserwerbs darin, dass Gläubigern und Schuldnern der Erbschaft der Beweis der Annahme erspart wird, die Erben wesentlich schneller festzustellen sind und das Schicksal der Erbschaft aufgrund der kurzen Ausschlagungsfrist des § 1944 rasch entschieden ist.

---

[2] LG Köln NJW 1981, 351.

III. Vorläufiger Erbe/Endgültiger Erbe

Während des Schwebezustandes zwischen dem Anfall der Erbschaft und dem Ende der Ausschlagungsfrist hat der Erbe den Status als Vorläufiger Erbe. Mit Ablauf der Ausschlagungsfrist wird er zum Endgültigen Erben. 8

Der Schwebezustand endet nach Ablauf der Ausschlagungsfrist oder durch die ausdrückliche Annahmeerklärung des Erben. Damit wird der Erbschaftserwerb vollendet. Während der sechswöchigen Überlegungszeit ist der vorläufige Erbe durch §§ 207, 1958, 1995 Abs. 2 sowie §§ 239 V, 778 ZPO geschützt. Soweit vorläufiger Erbe und endgültiger Erbe personenverschieden sind, muss sich der endgültige Erbe im Insolvenzverfahren die ggf. anfechtbaren Rechtshandlungen des vorläufigen Erben anrechnen lassen.[3] Unterschiedliche Auffassungen bestehen über die Rechtsstellung des vorläufigen Erben. Nach h.M. gilt auch der vorläufige Erbe als wirklicher Erbe. Seine Rechtsnachfolge ist für den Fall der Ausschlagung allerdings auflösend bedingt.[4] Zum Teil wird der vorläufige Erbe lediglich als Erbschaftsverwalter bis zum Zeitpunkt des Ablaufs der Ausschlagungsfrist angesehen.[5] Letztlich ist dieser Meinungsstreit unerheblich, weil die Gesamtsystematik der §§ 1942 ff. auch für die Schwebezeit der vorläufigen Erbschaft alle maßgeblichen Sonderregelungen trifft. IV. Zeitpunkt des Erbschaftsanfalls 9

Nach der Systematik des § 1942 fällt die Erbschaft dem Erben im Zeitpunkt des Erbfalles, also im Augenblick des Todes des Erblassers an. Diese Regelung gilt auch für den erzeugten, aber noch nicht geborenen Erben (nasciturus) nach § 1923 Abs. 2. Wird der nasciturus später lebend geboren, so gilt er als vor dem Erbfall geboren und erhält hinsichtlich des Nachlasses die Rechtsfähigkeit vom Augenblick des Erbfalles an. Diese gesetzliche Systematik, immer auf den Zeitpunkt des Erbfalles abzustellen, gilt auch bei anderen ähnlichen Konstellationen. Sollte beispielsweise der Erbschaftserwerb durch einen Ausländer oder eine ausländische juristische Person durch eine nach Art. 86 S. 2 EGBGB erlassene Rechtsverordnung von einer Genehmigung abhängen, so würde bei einer erteilten Genehmigung die Erbschaft ebenfalls mit dem Erbfall anfallen. Ähnliche Parallelen ergeben sich auch für den Beginn der Berechnung der Ausschlagungsfrist des § 1944.[6] 10

Dieselbe Systematik gilt auch beim Wegfall eines Erben. Wenn der zunächst berufene Erbe nach dem Erbfall als Erbe wegfällt, so wird auch seine Erbenstellung rückwirkend auf den Zeitpunkt des Erbfalles beendet (ex tunc) mit der Folge, dass der Neuberufene wiederum vom Erbfall an als Rechtsträger des Nachlasses gilt. Dies folgt für den Fall der Ausschlagung aus § 1953 Abs. 1 und 2. Der Zeitpunkt des Erbschaftsanfalles, der in jedem Fall auf den Erbfall zurückwirkt, zeigt sich insb. bei einem zwischenzeitlichen Todesfall des neuberufenen Erben. Infolge der Rückwirkung auf den Zeitpunkt des Erbfalles ist es deshalb genügend, wenn der Neuberufene zum Zeitpunkt des Erbfalles gelebt hat und damit seine Erbfähigkeit auf den Zeitpunkt des Erbfalles feststeht. Ein gesetzlicher Ausnahmefall von dieser Systematik besteht nur für den Nacherben (§ 2100). Für den Nacherben gilt nicht der Zeitpunkt der Erbfalles, sondern der Eintritt des Nacherbfalles. Sein Erwerb tritt also nicht ex tunc mit dem Zeitpunkt des Erbfalles an, sondern ex nunc mit dem Zeitpunkt des Nacherbfalles. 11

IV. Ausschlagungsrecht des Erben

Das Ausschlagungsrecht des Erben gehört zu den nicht entziehbaren gesetzlichen Garantien, die insb. nicht durch eine Verfügung von Todes wegen des Erblassers beeinträchtigt 12

---

[3] BGH NJW 1969, 1349; PWW/*Tschichoflos* § 1942 Rn. 7; vgl. zur Insolvenz auch Rz. 17 ff.
[4] So zu Recht *Damrau/Masloff* § 1942 Rn. 2; *Brox/Walker* Erbrecht Rn. 301, 310; MüKoBGB/*Leipold* § 1942 Rn. 3; *Palandt/Edenhofer* § 1942 Rn. 2.
[5] So z.B. *v. Lübtow*, S. 748; *Lange/Kuchinke* § 8 I Fn. 14 m.w.N.
[6] MüKoBGB/*Leipold* § 1942 Rn. 9.

werden können. Innerhalb der Ausschlagungsfrist obliegt die Ausschlagungsentscheidung dem freien Willen des Erben. Bis zum Ablauf der Ausschlagungsfrist gehört der Nachlass damit auch nicht zur Haftungsgrundlage für Gläubiger des Erben. Er gilt bis zu diesem Zeitpunkt noch als vorläufiger Erbe und kann sich damit auf besondere gesetzliche Schutzinstrumente berufen (vgl. §§ 207, 1953 Abs. 2, 1995 Abs. 2 oder §§ 239 V, 778 ZPO). Die Gläubiger des vorläufigen Erben können vor der Annahme der Erbschaft nicht in den Nachlass vollstrecken. Der endgültige Erbe kann hingegen eine Beschränkung seiner Haftung nur noch in eingeschränktem Maße herbeiführen und z.B. die Nachlassverwaltung, Nachlassinsolvenz herbeiführen (§§ 1975, 1980, 1981) oder die Dürftigkeitseinrede (§ 1990) erheben.

13 Gegen das Prinzip der freien Willensentscheidung des Erben über die Ausschlagung würde es auch sprechen, den Gläubigern des Erben oder dem Insolvenzverwalter das Recht zuzuerkennen, die Ausschlagung nach den Vorschriften des Anfechtungsgesetzes oder nach §§ 129 ff. InsO anzufechten.[7] Ebenso wenig kann der Sozialhilfeträger, der dem Erben Leistungen gewährt hat, durch eine Anspruchsüberleitung das Ausschlagungsrecht erlangen, beispielsweise mit dem Ziel, über § 2306 Abs. 1 S. 2 einen Pflichtteilsanspruch zu bekommen. Die Ausschlagung durch den Erben verwehrt dem Sozialhilfeträger den Zugriff auf den Erbteil.[8]

V. Kein Ausschlagungsrecht des Fiskus/Erbrecht des Staates

14 Nach Abs. 2 ist der Fiskus grundsätzlich nicht zur Ausschlagung der Erbschaft berechtigt. Dies gilt in allen Fällen, in denen der Fiskus als gesetzlicher Erbe gem. § 1936 berufen ist. Damit will der Gesetzgeber verhindern, dass ein herrenloser Nachlass z.B. bei Kettenausschlagungen entsteht. Im Gegenzug ist der Fiskus durch die Regelungen in §§ 1966, 2011 und 780 Abs. 2 ZPO begünstigt. Der Schluss folgt aus der Regelung des Abs. 2, dass der Fiskus als gewillkürter Erbe die Erbschaft ebenso ausschlagen kann, wie jeder andere Erbe auch.

15 Durch die Erbrechtsreform wird das Erbrecht des Staates in § 1936 klarer gefasst. Die Neuregelung betont, dass ein gesetzliches Erbrecht des Staates und nicht des Fiskus besteht. Erbe wird danach das Land, in dem der Erblasser zur Zeit des Erbfalles seinen letzten Wohnsitz oder, wenn ein solcher nicht feststellbar ist, seinen gewöhnlichen Aufenthalt hat. Im übrigen erbt der Bund.[9]

VI. Stiftungen

16 Zunehmend werden in den letzten Jahren auch Stiftungen durch Verfügungen von Todes wegen als Erbe oder Vermächtnisnehmer eingesetzt. Hier gelten keine Besonderheiten. Für eine erst nach dem Tod des Stifters genehmigte und damit als rechtsfähig anerkannte Stiftung gilt nach § 84, dass diese für die Zuwendung als vor dem Tode entstanden gilt und daher erbberechtigt ist. Die Stiftung erbt daher, wenn sie als Erbe eingesetzt ist, den Nachlass ebenfalls mit Wirkung vom Erbfall an. Hat beispielsweise der Erblasser eine Stiftung durch Erbeinsetzung errichtet, so kann der Stiftungsvorstand nicht ausschlagen.[10] Auch das Erbrecht von Stiftungen folgt daher der Gesamtsystematik des § 1942.

---

[7] MüKoBGB/*Leipold* § 1942 Rn. 14; MüKoInsO/*Schumann* § 83 Rn. 4; Erman/*Schlüter* § 1945 Rn. 2; HK-InsO/*Eickmann*/*Kreft* § 83 Rn. 7, § 129 Rn. 19.
[8] MüKoBGB/*Leipold* § 1942 Rn. 14; Staudinger/*Otte* § 1942 Rn. 16.
[9] Vgl. zur Neuregelung auch § 1964 Rz. 1.
[10] RGRK/*Johannsen* §1942 Rn. 4; PWW/*Tschichoflos* §1942 Rn. 5.

VII. Insolvenz

Es wurde bereits darauf hingewiesen, dass die Entscheidung über die Ausschlagung dem freien Willen des Erben übertragen ist und im Falle einer Insolvenz diese Entscheidung nicht dem Insolvenzverwalter zusteht. Das ergibt sich deutlich aus der Regelung in § 93 Abs. 1 InsO, der zufolge die Entscheidung über die Ausschlagung Sache des Insolvenzschuldners ist. Dies gilt unabhängig davon, ob die Erbschaft dem Insolvenzschuldner vor oder nach Insolvenzeröffnung angefallen ist. In der Ausschlagung kann auch keine Obliegenheitsverletzung des Schuldners gesehen werden.[11]

In der Insolvenz des Nachlasses können benachteiligende Rechtshandlungen des vorläufigen Erben nach § 131 InsO angefochten werden.[12]

Häufig diskutiert ist das Verhältnis zwischen Erbe und Sozialhilfeträger, wenn der Erbe öffentliche Leistungen wie z.B. Sozialhilfe oder Arbeitslosenhilfe in Anspruch nimmt. Grundsätzlich gilt, dass das Ausschlagungsrecht nicht auf den Sozialhilfeträger übergeleitet wird.[13] Nach herrschender Auffassung ist auch bei dem Bezug öffentlicher Leistungen die Ausschlagung einer werthaltigen Erbschaft nicht sittenwidrig.[14]

VIII. Beratungshinweise

Auch wenn die Erbschaft dem Erben ipso iure anfällt, sollte diese nicht voreilig angenommen werden. Denn der Erbe wird durch die Ausschlagungsfrist geschützt. Der ohnehin kurze Zeitraum von sechs Wochen sollte von dem Erben ausgeschöpft werden, um die Werthaltigkeit und eine etwaige Überschuldung des Nachlasses zu prüfen. Insb. bei belasteten Immobilien oder in den Nachlass fallenden Gesellschaftsanteilen kann es ratsam sein, rechtzeitig vor Ablauf der Ausschlagungsfrist eine Bewertung herbeizuführen. Grundsätzlich sollte sich der Erbe über den Umfang des Nachlasses innerhalb der Ausschlagungsfrist Kenntnis verschaffen. Bis zum Ablauf der Ausschlagungsfrist kann ein bestehender Anspruch, der sich gegen den Nachlass richtet, nicht gegen den vorläufigen Erben geltend gemacht werden, § 1958. Ebenso wenig kann der Erbe vor der Annahme der Erbschaft zur Fortsetzung eines Rechtsstreites für oder gegen den Erblasser verpflichtet werden (§ 239 V ZPO). Auch Zwangsvollstreckungsmaßnahmen können vor Ablauf der Ausschlagungsfrist nur gegen den Nachlass, nicht jedoch gegen das eigene Vermögen des Erben gerichtet werden. Schließlich beginnt gem. § 1995 Abs. 2 der Lauf der dem Erben gesetzten Inventarfrist nicht vor Annahme der Erbschaft.

§ 1943
Annahme und Ausschlagung der Erbschaft

Der Erbe kann die Erbschaft nicht mehr ausschlagen, wenn er sie angenommen hat oder wenn die für die Ausschlagung vorgeschriebene Frist verstrichen ist; mit dem Ablaufe der Frist gilt die Erbschaft als angenommen.

---

11 *Kübler/Prütting/Wenzel* InsO §295 Rn. 19b; MüKo-InsO/*Ehricke* §295 Rn. 49; **a.A.** *Bartels* KTS 2003, 41, 64f.
12 BGH NJW 1969, 1349; *Erman/Schlüter* §1942 Rn. 3.
13 H.M.; *Soergel/Stein* §1942 Rn. 7; *Staudinger/Otte* §1942 Rn. 16; *Klüssner* RPfleger 1993, 133f.; **a.A.** *van de Loo* NJW 1990, 2852, 2856.
14 AnwK-BGB/*Ivo* §1942 Rn. 21; *Ivo* FamRZ 2003, 6ff.; **a.A.** OLG Stuttgart ZEV 2002, 367.

I. Normzweck

1 Die Vorschrift stellt klar, zu welchem Zeitpunkt der vorläufige Erbe zum endgültigen Erben wird. Die endgültige Erbenstellung tritt ein, sobald die Annahme der Erbschaft durch den Erben erfolgt ist oder die gesetzliche Ausschlagungsfrist des § 1944 verstrichen ist, ohne dass die Ausschlagung zuvor erklärt worden wäre. Die ausdrückliche oder stillschweigende Annahme der Erbschaft bewirkt zugleich den Verlust des Ausschlagungsrechtes.

II. Annahmeerklärung

2 Die Annahmeerklärung kann ausdrücklich oder stillschweigend durch schlüssiges Verhalten des Erben erklärt werden. Zur Annahme der Erbschaft bedarf es der vollen Geschäftsfähigkeit des Erben. Die Annahmeerklärung beseitigt den Schwebezustand, der vorläufige Erbe wird damit zum endgültigen Erben. Die Annahme bewirkt zugleich den Verlust des Ausschlagungsrechtes während der noch laufenden Ausschlagungsfrist.

3 Die Annahmeerklärung ist eine nicht empfangsbedürftige Willenserklärung.[1] Sie bedarf keiner Form.[2] Sie muss auch nicht höchstpersönlich erklärt werden, Stellvertretung ist zulässig.[3] Umstritten ist, ob die Annahmeerklärung gegenüber Nachlassbeteiligten abzugeben ist[4] oder ob die Annahmeerklärung gegenüber jedermann ausreichend und bindend ist.[5] Richtigerweise wird man nicht nur aus Sinn und Zweck der Vorschrift, sondern auch aus Gründen der Rechtsklarheit eine Erklärung gegenüber einem Nachlassbeteiligten (z.B. Gläubigern, Miterben, Vermächtnisnehmern oder gegenüber einem Nachlassgericht) fordern müssen. Die Annahme kann nicht vor dem Erbfall erfolgen.

4 Ist dem Erben die Annahme der Erbschaft aus anderen Rechtsgründen verboten (z.B. beamtenrechtlich oder tarifrechtlich), so entfaltet seine Annahmeerklärung gleichwohl erbrechtliche Wirksamkeit, sofern er die Erbschaft trotz bestehenden Verbotes annimmt. Das Verbot entfaltet damit nur dienstrechtliche Wirkung, lässt die Wirksamkeit der Erbschaftsannahme jedoch unberührt.[6]

III. Konkludente Annahme

5 Rechtliche Probleme entstehen häufig bei einer stillschweigenden Annahmeerklärung durch schlüssiges Verhalten. Voraussetzung für eine solche konkludente Annahme ist eine nach außen erkennbare Handlung des Erben, der nach allgemeinen Auslegungsgrundsätzen und durch Zugrundelegung eines veobjektivierten Empfängerhorizontes[7] das Vorliegen eines Annahmewillens beim Erben entnommen werden kann.[8] Die Rspr. verlangt, dass der Erbe gegenüber Dritten objektiv eindeutig zum Ausdruck bringt, Erbe sein und die Erbschaft behalten zu wollen.[9] Ob diese Voraussetzungen vorliegen, kann im Einzelfall streitig sein. Rechtsprechung und Literatur haben hierzu bereits eine Reihe von Beispielen behandelt und entschieden, denen diesbezüglich eine klare Tendenz entnommen werden kann. So sind sämtliche vorläufigen Fürsorgemaßnahmen des Erben zugunsten des Nachlasses oder die Ermittlung fehlender oder abhanden gekommener Nachlassgegenstände nicht geeignet, auf eine konkludente Annahme zu schließen. Maßnahmen des Erben hinge-

---

1 *Soergel/Stein* § 1943 Rn. 2; *Erman/Schlüter* § 1943 Rn. 2.
2 BayObLG ZEV 2006, 455; *Staudinger/Otte* § 1943 Rn. 3; *Brox/Walker* Erbrecht Rn. 310.
3 MüKoBGB/*Leipold* § 1943 Rn. 9; *Staudinger/Otte*, § 1943 Rn. 11.
4 So z.B. MüKoBGB/*Leipold* § 1943 Rn. 3, der aus teleologischen Gründen eine Erklärung gegenüber einem Nachlassbeteiligten fordert.
5 So die wohl h.M.: *Erman/Schlüter* § 1943 Rn. 2; *Palandt/Edenhofer* § 1943 Rn. 2; *Soergel/Stein* § 1943 Rn. 3.
6 Vgl. dazu auch *Soergel/Stein* § 1943 Rn. 7; PWW/*Tschichoflos* § 1943 Rn. 5.
7 *Damrau/Masloff* § 1943 Rn. 3.
8 *Soergel/Stein* § 1943 Rn. 4; *Lange/Kuchinke* § 8 II 3; *Staudinger/Otte* § 1943 Rn. 7.
9 BayObLGZ 83, 153; BayObLG FamRZ 1999, 1172.

gen, die bereits konkret in den Nachlass eingreifen und nicht aus Gründen der Fürsorge oder der vorübergehenden Verwaltung erfolgen, sind i.d.R. geeignet, auf einen konkludenten Annahmewillen des Erben zu schließen.

In folgenden Fällen ist eine konkludente Annahmeerklärung zu bejahen: Stellung eines Erbscheinsantrages;[10] Erhebung der Klage auf Erbauseinandersetzung; ganzer oder teilweiser Verkauf der Erbschaft oder des eigenen Erbteils;[11] Verfügung über einzelne Nachlassgegenstände, sofern es sich nicht ersichtlich um bloße Fürsorge- oder Verwaltungsmaßnahmen handelt;[12] das Angebot eines Nachlassgrundstückes über einen Makler;[13] Abgabe von Verkaufsangebot für Nachlassgrundstück;[14] Antrag auf Erlass eines Gläubigeraufgebots;[15] Grundbuchberichtigungsantrag zur Eintragung der eigenen Person;[16] Geltendmachung des Erbschaftsanspruches;[17] Antrag auf Nachlassinsolvenz.[18] 6

Eine konkludente Annahmeerklärung ist dagegen zu verneinen: Bei Erhebung einer Auskunftsklage gegen den Testamentsvollstrecker;[19] Durchführung einer Kontensperrung;[20] Antrag auf Testamentseröffnung;[21] Erklärungen gegenüber dem Nachlassgericht über den Nachlass;[22] Antrag auf Nachlassverwaltung oder Nachlassinsolvenz;[23] Zahlung der Beerdigungskosten;[24] vorläufige Fortführung eines Handelsgeschäftes unter der bisherigen Firma bzw. die Eintragung des Erben im Handelsregister;[25] Richtigerweise wird die Eintragung des Erben im Handelsregister i.d.R. ein starkes Argument für eine konkludente Annahmeerklärung sein; im Einzelnen sei hier auf die sehr übersichtliche tabellarische Darstellung bei *Damrau*, PraxisK/ErbR, § 1943, Rn. 4 verwiesen. 7

Beratungshinweis: Sofern von einer konkludenten Annahmeerklärung auszugehen ist, bleibt dem Erben im Allgemeinen nur die Anfechtung seiner Erklärung nach §§ 119 ff., 1954. Sollte eine Annahme gegenüber Abwesenden erklärt worden sein, kommt auch noch der Widerruf nach § 130 Abs. 1 S. 2 in Betracht.[26] 8

IV. Stellvertretung

Bei der Annahmeerklärung kann der Erbe sich nach den allgemeinen Vorschriften der §§ 164 ff. rechtsgeschäftlich vertreten lassen.[27] Ebenso wie die Annahmeerklärung bedarf auch die Vollmacht keiner Form.[28] Testamentsvollstrecker, Nachlasspfleger oder Nachlassverwalter scheiden wegen des Selbstkontrahierungsverbotes des § 181 als rechtsgeschäftliche Stellvertreter des Erben aus. Etwas anderes gilt für Ergänzungspfleger, Betreuer und Abwesenheitspfleger.[29] Für beschränkt Geschäftsfähige und Geschäftsunfähige können 9

---

10 BGH RdL 68, 97, 99; OLG Hamm ZEV 2004, 286 (zur Zustimmung zur Beantragung eines gemeinschaftlichen Erbscheins durch einen Miterben).
11 BayOblG Recht 2006, Nr.2515.
12 BayOblGZ 83, 153, 159.
13 OLG Oldenburg FamRZ 1995, 574.
14 OLG Oldenburg NJW-RR 1995, 141.
15 *Erman/Schlüter* § 1943 Rn. 3.
16 *Lange/Kuchinke* § 8 II 3.
17 *Staudinger/Otte* § 1943 Rn. 10.
18 *Damrau/Masloff*, § 1943 Rn. 4.
19 BayOblG NJW-RR 2005, 232; *Staudinger/Otte* § 1943 Rn. 9.
20 OLG Celle OLGZ 65, 30.
21 OLG Celle OLGZ 65, 30.
22 OLG Köln OLGZ 80, 235.
23 *Lange/Kuchinke* § 8 II 3; a.A. *v. Lübtow* S. 677.
24 MüKoBGB/*Leipold* § 1943 Rn. 5.
25 PWW/*Tschichoflos* § 1943 Rn. 8; str.: vgl. *Damrau/Masloff* § 1943 Rn. 4.
26 MüKoBGB/*Leipold* § 1943 Rn. 10.
27 Soergel/*Stein* § 1943 Rn. 6; *Damrau/Masloff* § 1943 Rn. 7 jeweils m.w.N.
28 *Erman/Schlüter* § 1943 Rn. 4; *Staudinger/Otte* § 1943 Rn. 11.
29 MüKoBGB/*Leipold* § 1943 Rn. 7; *Erman/Schlüter* § 1943 Rn. 4; *Jauernig/Stürner* § 1943 Rn. 3; *Staudinger/Otte* § 1943 Rn. 12.

ihre gesetzlichen Vertreter die Annahme im Gegensatz zur Ausschlagung ohne vormundschaftsgerichtliche Genehmigung erklären.[30] Handeln die Eltern als gesetzliche Vertreter, bedarf es der Erklärung beider Elternteile.[31] Erben, die im Zeitpunkt der Annahmeerklärung das achtzehnte Lebensjahr noch nicht vollendet haben, bedürfen der Einwilligung ihrer Eltern. Hier ist eine nachträgliche Genehmigung wegen § 111 nicht ausreichend. Jedoch wird eine Genehmigung in eine Annahmeerklärung des gesetzlichen Vertreters umgedeutet werden können.[32]

§ 1944
Ausschlagungsfrist

(1) Die Ausschlagungsfrist kann nur binnen sechs Wochen erfolgen.

(2) Die Frist beginnt mit dem Zeitpunkt, in welchem der Erbe von dem Anfall und dem Grunde der Berufung Kenntnis erlangt. Ist der Erbe durch Verfügung von Todes wegen berufen, so beginnt die Frist nicht vor der Verkündung der Verfügung. Auf den Lauf der Frist finden die für die Verjährung geltenden Vorschriften der §§ 206, 210 entsprechend Anwendung.

(3) Die Frist beträgt sechs Monate, wenn der Erblasser seinen letzten Wohnsitz nur im Ausland gehabt hat oder wenn sich der Erbe bei dem Beginne der Frist im Ausland aufhält.

Übersicht

		Rz.			Rz.
I.	Normzweck	1	V.	Berechnung der Frist	23
II.	Allgemeines	2	VI.	Verlängerte Ausschlagungsfrist	
III.	Ausschlagungsrecht	3		(6 Monate)	27
IV.	Fristbeginn	4	VII.	Beweislast	30
	1. Kenntnis vom Anfall der Erbschaft	8	VIII.	Beratungshinweise	32
	2. Kenntnis von dem Berufungsgrund	14			
	3. Fristbeginn durch Verkündung des Testamtens	18			

I. Normzweck

1 Der Zweck der Vorschrift besteht darin, dass Ausschlagungsrecht des Erben zeitlich zu begrenzen, um damit Gläubigern und sonstigen Nachlassbeteiligten früh Klarheit über die erbrechtliche Situation und die Person des Erben zu verschaffen. Bei der Fristbestimmung handelt es sich um eine zwingende Regelung, die nicht durch Verfügung von Todes wegen verlängert werden kann. Im Zweifelsfall kann eine Verfügung des Erblassers allerdings als aufschiebend bedingte Erbeinsetzung ausgelegt werden.[1] Mit der Regelfrist von sechs Wochen handelt es sich dabei um eine für den Erben äußerst kurz bemessene Frist, die heute auch nicht mehr angemessen erscheint. Das hängt nicht nur mit der seit Inkrafttreten des BGB stark angestiegenen Zahl von Nachlassfällen zusammen, sondern auch mit der oftmals erheblichen Schwierigkeit des Erben, sich innerhalb kurzer Zeit einen zuverlässigen Überblick über den Umfang des Nachlasses und dessen Werthaltigkeit zu verschaffen.

---

30 BayObLG RPfleger 1996, 455; OLG Hamm NJW-RR 2010, 83 f.
31 PWW/*Tschichoflos* § 1943 Rn. 9.
32 *Damrau/Masloff* § 1943 Rn. 8.
1 Soergel/Stein § 1944 Rn. 2, 19; Erman/Schlüter § 1944 Rn. 2; Damrau/Masloff §1944 Rn. 1; Staudinger/Otte § 1944 Rn. 2; **a.A.** MüKoBGB/Leipold § 1944 Rn. 22; Lange/Kuchinke § 8 III.

Insb. bei einem Unternehmernachlass, bei dem Gesellschaftsanteile in den Nachlass fallen, ist es dem Erben häufig überhaupt nicht möglich, sich innerhalb der kurzen Frist von sechs Wochen einen zuverlässigen Überblick über den Wert eines Unternehmens oder bestimmter Gesellschaftsanteile zu verschaffen. Dies gilt in noch verschärfter Weise, wenn Gesellschaftsanteile ausländischer Unternehmen oder Unternehmensteile betroffen sind. Zwar ist der kurze Fristenlauf durch die Regelung in Abs. 2 und Abs. 3 abgemildert. Denn die Frist beginnt erst mit dem Zeitpunkt, in welchem der Erbe von dem Anfall und dem Grunde seiner Berufung zum Erben Kenntnis erlangt, bei Verfügungen von Todes wegen beginnt die Frist nicht vor der Verkündung der Verfügung. Eine verlängerte Frist von sechs Monaten gilt, wenn der Erblasser seinen letzten Wohnsitz nur im Ausland hatte oder wenn sich der Erbe bei dem Beginn der Frist im Ausland aufhält (Abs. 3). Ein längerer Zeitraum kann sich darüber hinaus auch bei einer Aneinanderreihung von Ausschlagungen durch nachfolgende Erben (sog. Kettenausschlagung) ergeben.[2] Auch in diesen Fällen wird die vorgeschilderte Problematik durch den kurzen Fristenlauf allerdings nicht beseitigt. In vielen Fällen beginnt die Frist überdies zeitgleich mit dem Erbfall. In diesen Fällen kommt zu der Trauer des Erben noch der vom Gesetzgeber ausgelöste Zeitdruck hinzu, sich innerhalb kurzer Frist über die Frage klar zu werden, ob die Erbschaft angenommen oder ausgeschlagen wird. Hier würde auch vor dem Hintergrund des Abs. 3 eine Regelfrist von drei Monaten sehr viel eher geeignet sein, einen angemessenen Ausgleich zwischen den schützenswerten Interessen aller Nachlassbeteiligten zu schaffen. Es wäre wünschenswert, wenn der Gesetzgeber zukünftig eine angemessene Verlängerung der Regelfrist beschließen würde.

II. Allgemeines

Die Regelung des § 1944 bewirkt die Beendigung der vorläufigen Rechtsstellung des Erben. Sie ermöglicht es dem vorläufigen Erben, sich über die Nachlassverhältnisse zu unterrichten und die Entscheidung über Ausschlagung oder Annahme der Erbschaft herbeizuführen. Endet die Frist, ohne dass die Ausschlagung erklärt wird, treten die Folgen des § 1943 Hs. 2 ein. Beim Bestehen einer Erbengemeinschaft sind der Fristbeginn, die Dauer der Frist und die Fristberechnung für jeden Miterben gesondert festzustellen.[3]

2

III. Ausschlagungsrecht

Das Ausschlagungsrecht steht jedem Erben zu. Gleichgültig ist, ob der Erbe gesetzlich, testamentarisch oder durch Erbvertrag berufen ist. Ausgenommen ist allein der Staat als Zwangserbe nach § 1942 Abs. 2. Ferner ist für alle Erben das Recht zur Ausschlagung ausgeschlossen, die die Erbschaft bereits angenommen haben. Die Erklärung über die Ausschlagung ist nach Zugang unwiderruflich.[4] Die Ausschlagungserklärung kann – anders als die Annahmeerklärung – nur gegenüber dem Nachlassgericht erklärt werden (§ 1945). Solange die Erklärung dem Nachlassgericht noch nicht zugegangen ist, kann sie formlos nach § 130 Abs. 1 S. 2, Abs. 3 widerrufen werden.[5] Gem. § 1952 Abs. 1 ist das Ausschlagungsrecht vererblich und geht auf die Erben über. Es ist jedoch nicht rechtsgeschäftlich übertragbar, insb. geht es nicht auf den rechtsgeschäftlichen Erwerber einer Erbschaft über.[6] Auch durch eine Vorsorgevollmacht kann das Recht zur Ausschlagung einer Erbschaft einem Dritten nicht wirksam übertragen werden.[7] Durch die Eröffnung eines Insol-

3

---

2 *Damrau/Masloff* § 1944 Rn. 1.
3 *Soergel/Stein* § 1944 Rn. 3; *Staudinger/Otte* § 1944 Rn. 29.
4 *Lange/Kuchinke* § 8 IV 1.
5 *Staudinger/Otte* § 1945 Rn. 1.
6 *Brox/Walker* Erbrecht Rn. 302.
7 OLG Zweibrücken NJW 2008, 1007 = ZErb 2008, 88, 89.

venzverfahrens über das Vermögen des Erben wird die Ausschlagung nicht gehindert. Die Ausschlagung unterliegt im Übrigen weder der Gläubiger- noch der Insolvenzanfechtung.

IV. Fristbeginn

4 Die Ausschlagungsfrist beginnt mit der positiven Kenntnis des vorläufigen Erben von dem Anfall der Erbschaft (§ 1944 Abs. 2 S. 1 Alt. 1) und dem Berufungsgrund (§ 1944 Abs. 2 S. 1 Alt. 2). Beide Voraussetzungen müssen kumulativ vorliegen. Allein die Kenntnis von dem Anfall der Erbschaft reicht nicht aus. Sofern die Berufung zum Erben durch letztwillige Verfügung erfolgt ist, beginnt die Frist erst mit deren Verkündung (§ 1944 Abs. 2 S. 2). Bei Miterben läuft die Frist für jeden vorläufigen Miterben gesondert.[8] Bei gesetzlich vertretenen Erben kommt es auf die Kenntnisnahme des gesetzlichen Vertreters an. Umstritten ist, ob es bei mehreren gesetzlichen Vertretern, z.B. den Eltern, auf die Kenntnisnahme beider Vertreter ankommt[9] oder ob die Kenntnisnahme eines Vertreters ausreicht, um die Frist in Gang zu setzen.[10] Richtigerweise ist hier aber auf die Kenntnis beider Vertreter abzustellen. Dies gilt nicht zuletzt mit Blick auf getrennt lebende Eltern. Die gegenteilige Auffassung würde sowohl zur Benachteiligung des betroffenen Kindes als auch des betroffenen Elternteils führen. Deshalb fordert die h.M. zurecht die Kenntnisnahme beider gesetzlichen Vertreter über sämtliche Voraussetzungen des Fristbeginns.[11] Ist bei gesetzlicher Stellvertretung die Kenntnisnahme durch mehrere gesetzliche Vertreter erforderlich, so beginnt die Frist erst in dem Zeitpunkt, zu dem der letzte der Vertreter Kenntnis erlangt.[12]

5 In Fällen der gewillkürten Stellvertretung nach §§ 164 ff. genügt nach h.M. sowohl die Kenntnisnahme des Erben als auch des Stellvertreters. Hier reicht es also aus, wenn entweder der Erbe oder der Stellvertreter Kenntnis vom Fristbeginn hat. Eine Kenntnisnahme beider ist nicht erforderlich. In Fällen der gewillkürten Stellvertretung muss sich die Bevollmächtigung allerdings gerade auf die Annahme oder Ausschlagung der Erbschaft beziehen. Dies ist im Einzelfall konkret festzustellen.[13] Liegt bei gewillkürter Stellvertretung sowohl die Kenntnis des Stellvertreters als auch des Erben vor, so ist für den Fristbeginn die früher ablaufende Frist entscheidend, gleichgültig wessen Kenntnis davon betroffen ist.[14]

6 Für das gezeugte, aber noch nicht geborene Kind (nasciturus) kann die Kenntnisnahme frühestens zum Zeitpunkt der Geburt des Kindes erfolgen. Dies ergibt sich aus der Systematik des § 1923 Abs. 2.[15] Bei Stiftungen beginnt die Frist mit der Kenntnis von der Genehmigung der Stiftung.[16]

7 Bei der Nacherbschaft kommt es auf den Zeitpunkt der Kenntnis vom Eintritt des Nacherbfalles für den Beginn der Ausschlagungsfrist an.[17]

---

[8] *Erman/Schlüter* § 1944 Rn. 9; *Soergel/Stein* § 1944 Rn. 3; *Staudinger/Otte* § 1944 Rn. 29.
[9] LG Freiburg BWNotZ 1993, 44.
[10] MüKoBGB/*Leipold* § 1944 Rn. 14; *Soergel/Stein* § 1944 Rn. 12.
[11] OLG Hamm NJW 1959, 2215; *Damrau/Masloff* § 1944 Rn. 2; *Palandt/Edenhofer* § 1944 Rn. 8.
[12] *Damrau/Masloff* § 1944 Rn. 3.
[13] BayObLG NJW 1953, 1431 f.; *Erman/Schlüter* § 1944 Rn. 6; *Jauernig/Stürner* §1944 Rn. 2; a.A. *Staudinger/Otte* § 1944 Rn. 12; MüKoBGB/*Leipold* § 1944 Rn. 14, der die Anwendung von § 166 ablehnt; *Soergel/Stein* § 1944 Rn. 13.
[14] *Damrau/Masloff* § 1944 Rn. 3.
[15] Vgl. dazu *Erman/Schlüter* § 1942 Rn. 2, § 1944 Rn. 6; *Damrau/Masloff* § 1944 Rn. 4; jwls. m.w.N.
[16] MüKoBGB/*Leipold* § 1944 Rn. 2; *Damrau/Masloff* § 1944 Rn. 4; *Staudinger/Otte* § 1944 Rn. 16.
[17] *Erman/Schlüter* § 1942 Rn. 2; *Staudinger/Otte* § 1944 Rn. 18; MüKoBGB/*Leipold* § 1944 Rn. 2; *Damrau/Masloff* § 1944 Rn. 4, der zu Recht auf § 2142 Abs. 1 verweist sowie darauf, dass der Nacherbe vorher keine Kenntnis von seiner Erbenstellung hat.

1. Kenntnis vom Anfall der Erbschaft

Die Kenntnis vom Anfall der Erbschaft erfordert bei dem Erben positive Kenntnis über folgende Punkte: 8
- Kenntnis über den Eintritt des Erbfalles (d.h. Kenntnis vom Tod des Erblassers)
- Kenntnis über die die Erbschaft begründenden verwandtschaftlichen oder ehelichen Verhältnisse (bei gesetzlicher Erbfolge)
- Kenntnis über das Nichtvorhandensein eines vorhergehenden Erben (bei gesetzlicher Erbfolge)[18]
- Kenntnis über das Nichtvorhandensein einer die gesetzliche Erbfolge ausschließenden letztwilligen Verfügung (bei gesetzlicher Erbfolge)[19]
- Kenntnis über die Erbeinsetzung (bei gewillkürter Erbfolge)
- Kenntnis vom Eintritt des Nacherbfalles (bei Nacherbfolge)

Sofern ein Erbe die Erbschaft ausgeschlagen hat und dadurch eine andere Person zum Erben berufen ist, erfolgt der Fristbeginn bereits mit der Kenntnis über die Ausschlagung des anderen Teils und nicht erst mit der Mitteilung des Nachlassgerichtes.[20] Etwas anderes gilt bei gewillkürter Erbfolge, wenn die Verkündung noch nicht erfolgt ist (§ 1944 Abs. 2 S. 2). 9

Bei der Kenntnis vom Tod des Erblassers wird überwiegend auf das Kriterium der zuverlässigen Kenntnis abgestellt, die dann nicht vorliegen soll, wenn der Erbe einem verständlichen Tatsachen- und/oder Rechtsirrtum unterlegen ist.[21] Die Unfähigkeit zur Kenntnisnahme infolge körperlichen oder geistigen Verfalls setzt die Ausschlagungsfrist hingegen nicht in Gang.[22] Kennenmüssen oder grob fahrlässige Unkenntnis steht der Kenntnis nicht gleich; sie verhindert den Fristbeginn.[23] Positive Kenntnis soll sogar dann zu verneinen sein, wenn dem Erben eine entsprechende Mitteilung des Nachlassgerichtes zugeht.[24] Diese Auffassung ist abzulehnen, weil das Nachlassgericht auch in zahlreichen anderen Fällen berufen ist, verbindliche Entscheidungen zugunsten oder zulasten der Erben zu treffen. Sofern dem Erben deshalb eine Mitteilung des zuständigen Nachlassgerichtes über den Tod des Erblassers zugegangen ist, ist mit dem Zeitpunkt des Zuganges die positive Kenntnis vom Tod des Erblassers zu bejahen, sodass dann auch die Ausschlagungsfrist beginnt. 10

In besonderen Fällen kann eine zu Beginn der Ausschlagungsfrist gewonnene Kenntnis im Verlaufe der Frist wieder entfallen, sodass der relevante Zeitpunkt letztlich das Ende der Ausschlagungsfrist ist.[25] 11

Grundsätzlich setzt die Kenntnis voraus, dass dem Erben die maßgeblichen Umstände bekannt sind, d.h. die tatsächlichen und rechtlichen Umstände müssen ihm in so zuverlässiger Weise bekannt geworden sein, dass bei pflichtgemäßer Würdigung der Umstände von ihm vernünftigerweise erwartet werden kann, über die Annahme oder Ausschlagung der Erbschaft entscheiden zu können.[26] Bei einem rechtlich Unkundigen kann u.U. das Fehlen eines Aktivnachlasses oder die Annahme, ein solcher fehle, die Kenntnis vom Anfall der 12

---

18 OLG Brandenburg FamRZ 2004, 1900 f.
19 BayObLGZ 18, A 301, 303.
20 KG OLGE 11, 225, 227.
21 BGH ZErb 2000, 232, 233; BGH WM 1968, 542, 542 f. = RPfleger 1968, 183; BayObLG FamRZ 1994, 264, 265; ferner MüKoBGB/*Leipold* § 1944 Rn. 12; *Damrau/Masloff* § 1944 Rn. 5.
22 *Soergel/Stein* § 1944 Rn. 8.
23 OLG Brandenburg FamRZ 1998, 1619; *Staudinger/Otte* § 1944 Rn. 10.
24 BayObLGZ 1968, 68, 74; OLG München ZEV 2006, 554; *Erman/Schlüter* § 1944 Rn. 3; *Soergel/Stein* § 1944 Rn. 8.
25 OLG Hamm NJW 1969, 1355; *Damrau/Masloff* § 1944 Rn. 5.
26 BGH ZErb 2000, 232, 233; OLG Zweibrücken NJW-RR 2006, 1594.

Erbschaft ausschließen.²⁷ Auf die Erkenntnisquelle, aus der der vorläufige Erbe seine Kenntnis erhält, kommt es grundsätzlich nicht an. Allerdings sollen unüberprüfbare private Mitteilungen nicht genügen, um den Fristbeginn auszulösen.²⁸

13 Geht der Erbe irrtümlich davon aus, dass die ursprünglich angenommene Berufung zum gesetzlichen Erben durch eine Verfügung von Todes wegen beseitigt wurde, fehlt es an der Kenntnis.²⁹ Die Kenntnis des Erben ist auch dann zu verneinen, wenn ein nichtiges Testament, das den Erben von der Erbfolge ausschließt, irrtümlich für wirksam erachtet wird.³⁰ Im Ergebnis ist bei gesetzlicher Erbfolge die Kenntnis regelmäßig zu bejahen, wenn der vorläufige Erbe um den Tod des Erblassers, die Verwandtschaftsverhältnisse und das gesetzliche Erbrecht weiß. Bei gewillkürter Erbfolge muss der vorläufige Erbe um seine Einsetzung wissen. Die Rechtsprechung lässt es als bereits ausreichend erscheinen, wenn er die Möglichkeit des Vorliegens eines Testamentes nicht ohne begründete Zweifel ausschließen kann.³¹ Diese Auffassung ist in dieser Allgemeinheit abzulehnen. Sie widerspricht dem Grundsatz, dass der vorläufige Erbe positive und zuverlässige Kenntnis von den Umständen, die sein Erbrecht begründen, haben muss. Diese Voraussetzung liegt nicht vor, wenn von ihm verlangt würde, die Möglichkeit eines Testamentes nur bei begründeten Zweifeln ausschließen zu können.

2. Kenntnis von dem Berufungsgrund

14 Auch für die Kenntnis vom Berufungsgrund ist positive Kenntnis des Erben erforderlich. Insb. muss der Erbe wissen, ob er als gesetzlicher Erbe oder durch Verfügung von Todes wegen (Testament, Erbvertrag) berufen ist.³²

15 Dazu gehört bei gesetzlicher Erbfolge, dass der Erbe weiß, aufgrund welcher Verwandtschaftsverhältnisse oder Ehe er berufen ist. Ferner muss der vorläufige Erbe positive Kenntnis davon haben, dass er nicht durch vorrangige gesetzliche oder gewillkürte Erben ausgeschlossen ist.³³ Ist der vorläufige Erbe durch eine Verfügung von Todes wegen berufen, so dürfen bei ihm keine verständlichen Zweifel über das Vorliegen oder die Wirksamkeit eines Testamentes bestehen; nicht erforderlich ist, dass der vorläufige Erbe bereits Kenntnis über den genauen Umfang seines Erbteils, die rechtliche Qualifizierung der Verfügung von Todes wegen als Erbvertrag oder Testament oder weitere Einzelheiten seiner Erbeinsetzung kennt.³⁴

16 Bei der Kenntnis vom Berufungsgrund bestehen in Rechtsprechung und Literatur abweichende Auffassungen bei einem Irrtum des vorläufigen Erben. Zwar besteht Einigkeit, dass ein Rechtsirrtum ebenso wie ein Irrtum über relevante Tatsachen dann beachtlich ist, wenn ein Irrtum über die Berufung selbst oder dessen Wirksamkeit beim Erben vorliegt.³⁵

17 Der Irrtum des Erben über Einzelheiten des Nachlasses wird dagegen unterschiedlich beurteilt. Dies kann die Frage der Überschuldung des Nachlasses betreffen oder die Relevanz der Zugehörigkeit einzelner Vermögensgegenstände zum Nachlass. Zum Teil werden derartige Irrtümer für unbeachtlich erklärt.³⁶ Zum Teil halten Rechtsprechung und Litera-

---

27 BGH WM 1968, 542, 543 = RPfleger 1968, 183; BayObLG NJW-RR 1994, 202; PWW/*Tschichoflos* § 1944 Rn. 5; *Erman/Schlüter* § 1944 Rn. 4; *Soergel/Stein* § 1944 Rn. 9.
28 BayObLG NJW-RR 1994, 202.
29 OLG Hamm NJW 1969, 1355; PWW/*Tschichoflos* § 1944 Rn. 8.
30 AnwK-BGB/*Ivo* § 1944 Rn. 10.
31 BayObLG NJW 1953, 1431.
32 OLG München ZEV 2006, 554.
33 Vgl. im Einzelnen *Erman/Schlüter* § 1944 Rn. 5; MüKoBGB/*Leipold* § 1944 Rn. 6; *Palandt/Edenhofer* § 1944 Rn. 4; *Damrau/Masloff* § 1944 Rn. 7.
34 MüKoBGB/*Leipold* § 1944 Rn. 5; **a.A.** *Jauernig/Stürner* § 1944 Rn. 2.
35 BGH ZErb 2000, 232, 233; BGH WM 1968, 542, 544; *Damrau/Masloff* § 1944 Rn. 8; *Erman/Schlüter* § 1944 Rn. 5; *Staudinger/Otte* § 1944 Rn. 11.
36 Vgl. etwa MüKoBGB/*Leipold* § 1944 Rn. 11.

tur derartige Umstände aber auch für beachtlich.[37] Grundsätzlich werden im Zweifelsfall die Umstände des Einzelfalls entscheidend sein.[38] Zu Recht wird in der Literatur darauf hingewiesen, dass die Anerkennung solcher Irrtümer restriktiv zu handhaben ist, weil man sich an dem Grundsatz zu orientieren hat, dass die Kenntnis von Einzelheiten im Rahmen des Berufungsgrundes nicht erforderlich ist.[39] Dennoch sind wesentliche Irrtümer des Erben über den Berufungsgrund zu berücksichtigen. Existieren mehrere Verfügungen des Erblassers mit unterschiedlichen Inhalten, ist Voraussetzung für die Kenntnis des Erben vom Berufungsgrund, dass er positive Kenntnis von dem bestimmten, ihn berufenden Testament hat.[40] Es reicht in einem solchen Fall nicht aus, wenn der vorläufige Erbe weiß, dass mehrere Verfügungen von Todes wegen existieren, auch wenn er in allen Verfügungen bedacht wurde. Ebenfalls nicht ausreichend ist es, wenn der Erbe nur eine zeitlich frühere – damit nicht wirksame – Verfügung von Todes wegen kennt, ihm aber die wirksame zeitlich spätere Verfügung unbekannt ist; auch in solchen Fällen ist es unerheblich, ob der vorläufige Erbe in beiden Verfügungen in gleicher Weise bedacht wurde oder nicht; eine ausreichende Kenntnis vom Berufungsgrund liegt nicht vor, solange der vorläufige Erbe von dem maßgeblichen Berufungsgrund, also der letztlich wirksamen Verfügung keine positive Kenntnis hat.

3. Fristbeginn durch Verkündung des Testamtens

§ 1944 Abs. 2 S. 2 bestimmt bei gewillkürter Erbfolge, dass die Ausschlagungsfrist nicht vor der Verkündung der Verfügung (Testament oder Erbvertrag) beginnt. Dabei besteht Einigkeit in Literatur und Rechtsprechung, dass die Ausschlagungsfrist keinesfalls vor der gerichtlichen Verkündung der Verfügung (§ 2260) beginnen kann. Die bloße Eröffnung des Testamentes nach § 2260 reicht für den Fristbeginn dann nicht aus, wenn der Erbe weder geladen noch anwesend war.[41] Im Übrigen ist umstritten, ob für den Fristbeginn nach dem Wortlaut von § 1944 Abs. 2 S. 2 auf die Verkündung abzustellen ist oder ob bei systematischer Betrachtung auch die bloße Eröffnung nach § 2260 für den Fristenlauf ausreichend ist.[42] Die wohl h.M. stellt auf die Verkündung ab und verlangt, dass der vorläufige Erbe zum Verkündungstermin geladen oder tatsächlich anwesend sein muss. Ist der vorläufige Erbe zum Verkündungstermin geladen, erscheint aber nicht im Termin, so beginnt die Frist gleichwohl.[43] Richtigerweise soll erst bei fehlender Verkündung oder Vorlegung (§ 2260 Abs. 2 S. 1) der Zeitpunkt der Eröffnung gem. Eröffnungsprotokoll maßgeblich sein.[44] Dieser Auffassung ist zuzustimmen. Die Regelung des § 1944 Abs. 2 S. 2 soll einen klaren Zeitpunkt für den Beginn der Ausschlagungsfrist ermöglichen. Diese Voraussetzung ist erfüllt, wenn der vorläufige Erbe von dem Verkündungs- oder Eröffnungstermin bei Nachweis des Zugangs der ordnungsgemäßen Ladung informiert ist. Ob es in dem Termin dann tatsächlich nur zur Eröffnung oder auch zur Verkündung des Testamentes kommt (§ 2260 Abs. 2), ist insofern unerheblich. Die Verkündung darf im Falle der Vorlegung des Testamentes ebenso unterbleiben (§ 2260 Abs. 2 S. 2) wie in dem Falle, dass im Termin keiner der Beteiligten erscheint (§ 2260 Abs. 2 S. 3). Richtigerweise beginnt die Ausschlagungsfrist somit nach entsprechender Ladung des vorläufigen Erben mit dem Zeitpunkt der Verkündung oder Eröffnung des Testamentes nach § 2260. Da § 1944 Abs. 2

---

[37] So etwa BayObLG FamRZ 1994, 264; *Erman/Schlüter* § 1944 Rn. 4; diff. *Soergel/Stein* § 1944 Rn. 9; vgl. auch *Damrau/Masloff* § 1944 Rn. 8.
[38] *Staudinger/Otte* § 1944 Rn. 11.
[39] So zu Recht *Damrau/Masloff* § 1944 Rn. 8.
[40] MüKoBGB/*Leipold*, § 1944, Rn. 4; PWW/*Tschichoflos*, § 1944, Rn. 10.
[41] BayObLG NJW-RR 2005, 232.
[42] Vgl. zum Streitstand *Damrau/Masloff* § 1944 Rn. 9.
[43] BGH NJW 1991, 169; *Erman/Schlüter* § 1944 Rn. 5.
[44] Vgl. *Damrau/Masloff* § 1944 Rn. 9.

S. 2 nicht ausdrücklich eine Terminierung durch das Nachlassgericht verlangt, ist deshalb auch die Eröffnung des Testamentes durch ein anderes Gericht (§ 2261) ausreichend, wobei auch hier zu fordern ist, dass der vorläufige Erbe zum Eröffnungstermin zu laden ist. Anderenfalls beginnt die Ausschlagungsfrist nicht.

19 Entscheidend für den Fristenlauf ist somit das »Ob« der Verkündung/Eröffnung, ohne dass es der Form des § 2262 zwingend bedarf.[45] Die Literatur hingegen vertritt teilweise die Auffassung, dass es für den Lauf der Frist nur auf § 2260 und damit auf die Eröffnung als solche ankomme und selbst eine Ladung zum Eröffnungstermin nicht zwingend erforderlich ist.[46] Diese Auffassung ist abzulehnen. Denn damit könnte es ohne Kenntnis des vorläufigen Erben zu einem früheren Beginn der Ausschlagungsfrist kommen. Es würde überdies die Gefahr entstehen, dass die kurze Ausschlagungsfrist endet, bevor der vorläufige Erbe überhaupt Kenntnis von den fristauslösenden Voraussetzungen erlangt. Diese Auffassung erscheint auch im Hinblick auf die kurz bemessene Ausschlagungsfrist nicht sachgerecht.[47]

20 Bei gemeinschaftlichen Testamenten oder Erbverträgen erfolgt regelmäßig der Fristbeginn erst mit der Verkündung, selbst wenn der Erbe der überlebende Ehegatte oder der Vertragspartner ist.

21 Bei Minderjährigen kommt es hinsichtlich sämtlicher Voraussetzungen für den Beginn der Ausschlagungsfrist auf die Person des gesetzlichen Vertreters an.[48] Ist keine Urkunde des Testaments mehr vorhanden, weil die Urkunde zerstört wurde oder verloren gegangen ist und konnte dadurch keine Verkündung erfolgen, beginnt die Frist mit der Kenntnis des Erben von den notwendigen Tatsachen, aus denen sich ergibt, dass keine Verkündung durchgeführt werden kann.[49] Ist nur noch eine Ausfertigung der letztwilligen Verfügung vorhanden (§ 46 BeurkG), beginnt die Ausschlagungsfrist erst mit Verkündung oder Eröffnung der Ausfertigung.[50]

22 Die Regelung des Abs. 2 S. 2 gilt nicht bei der gesetzlichen Erbfolge, wenn dem Erben mit Verfügung von Todes wegen lediglich Beschränkungen oder Beschwerungen auferlegt worden sind.[51] Etwas anderes gilt bei einem Pflichtteilsberechtigten, der auf einen Erbteil eingesetzt wurde, der die Hälfte seines gesetzlichen Erbteils übersteigt, jedoch diesem auch Beschränkungen oder Beschwerungen auferlegt wurden. Nach § 2306 Abs. 1 S. 2 beginnt die Frist in diesem Fall erst, wenn der Pflichtteilsberechtigte Kenntnis von der Beschränkung oder Beschwerung erlangt.[52]

V. Berechnung der Frist

23 Für die Berechnung sind die allgemeinen Vorschriften nach §§ 187 Abs. 1, 188 und 193 anzuwenden. Insofern wird der Tag, an dem die Frist zu laufen beginnt, nicht mitgerechnet. Eine Hemmung der Frist tritt nach § 206 ein, wenn der Erbe durch höhere Gewalt an der Abgabe der Ausschlagungserklärung gehindert wird. Hierunter fällt auch der Stillstand der Rechtspflege. Ein Fall der höheren Gewalt wird z.B. angenommen, wenn der gesetzliche Vertreter zur Ausschlagung der Erbschaft nicht rechtzeitig die vormundschaftsgerichtliche Genehmigung erhält.[53] Die Hemmung fällt in diesem Fall mit dem Zugang des Genehmigungsbeschlus-

---

45 Vgl. allg. BGH NJW 1991, 169 = BGHZ 112, 229, 234; OLG Karlsruhe RPfleger 1989, 62; *Damrau/Masloff* § 1944 Rn. 9; *Erman/Schlüter* § 1944 Rn. 5; *Jauernig/Stürner* § 1944 Rn. 3.
46 MüKoBGB/*Leipold*, 4. Auflage, § 1944 Rn. 15 Fn. 32; *Soergel/Stein* § 1944 Rn. 14.
47 So im Ergebnis auch *Damrau/Masloff* § 1944 Rn. 9, der ergänzend darauf hinweist, dass die bloße Eröffnung dem vorläufigen Erben insb. keine ausreichend gesicherte Kenntnisnahme vom Anfall der Erbschaft aufgrund der Berufung ermöglicht.
48 *Gottwald* ZEV 2006, 293.
49 MüKoBGB/*Leipold* § 1944 Rn. 20; a.A. *Staudinger/Otte* § 1944 Rn. 21.
50 *Damrau/Masloff* § 1944 Rn. 9; *Erman/Schlüter* § 1944 Rn. 5.
51 *Staudinger/Otte*, BGB § 1944 Rn. 19.
52 OLG Zweibrücken ZEV 2007, 97; s. hierzu auch § 2306 Abs. 1.
53 *Palandt/Edenhofer* § 1944 Rn. 9; *Lange/Kuchinke* § 8 III.

ses beim gesetzlichen Vertreter weg. Für die darauffolgende benötigte Zeit zur Vorlage beim Nachlassgericht besteht keine Hemmung der Verjährung.[54] Ein Fall der höheren Gewalt wurde auch dann angenommen, wenn ein rechtsunkundiger Betreuer eines Geschäftsunfähigen wegen der Erbfallsschwierigkeiten beim Vormundschaftsgericht die Bestellung eines anderen Betreuers angeregt hat. In diesem Fall bleibt die Frist bis zur Entscheidung des Vormundschaftsgerichts gehemmt.[55] Fällt der gesetzliche Vertreter vor Ablauf der Ausschlagungsfrist ersatzlos weg, so beginnt mit der Bestellung eines neuen Vertreters oder mit Eintritt der Geschäftsfähigkeit des Erben eine neue Frist zu laufen.[56] In diesem Fall wird jedoch nicht gefordert, dass der neue Vertreter oder der geschäftsfähig gewordene Erbe vom Anfall und vom Berufungsgrund Kenntnis erlangt haben muss.[57]

Stirbt der Erbe selbst, so ist dies kein Fall der höheren Gewalt, jedoch gelten dann die Regelungen des § 1952 Abs. 2.[58] 24

Sind mehrere Personen zu Erben berufen, so läuft die Frist für jeden gesondert ab dem jeweiligen Kenntniszeitpunkt über den Anfall und des Berufungsgrundes. Sofern bei einem Erbe die Frist gehemmt ist, können sich andere Erben nicht auf diese Hemmung berufen.[59] 25

Für den Ablauf der Ausschlagungsfrist sind die allgemeinen Verjährungsvorschriften der §§ 206, 210 anwendbar, § 1944 Abs. 3. Durch den Verweis wird klargestellt, dass nicht sämtliche der Verjährungsvorschriften der §§ 203 ff. bei der Berechnung der Ausschlagungsfrist des § 1944 anwendbar sind.[60] Im Übrigen gilt, dass die Anwendung der Verjährungsvorschriften bei der Berechnung der Ausschlagungsfrist zwingend sind und somit nicht vom Erblasser durch Verfügung von Todes wegen etwas anderes bestimmt werden kann. Das gilt auch für § 1944 Abs. 3. 26

VI. Verlängerte Ausschlagungsfrist (6 Monate)

§ 1944 Abs. 3 sieht anstelle der Sechswochenfrist des Abs. 1 in zwei Fällen eine deutlich längere Frist von sechs Monaten vor. Diese verlängerte Frist gilt, wenn 27
a) der Erblasser seinen letzten Wohnsitz nur im Ausland gehabt hat, § 1944 Abs. 3 Alt. 1, oder
b) sich der Erbe bei dem Beginn der Frist im Ausland aufhält, § 1944 Abs. 3 Alt 2.

a) Der Wohnsitz bestimmt sich nach § 7 ff. Verlängerte Ausschlagungsfrist setzt deshalb voraus, dass sich der Erblasser ausschließlich an einem ausländischen Ort ständig niedergelassen hat und dort bis zum Todesfall ausschließlich seinen Lebensmittelpunkt hatte. Die Regelung von § 7 Abs. 2, wonach der Wohnsitz auch gleichzeitig an mehreren Orten bestehen kann, ist deshalb für § 1944 Abs. 3 nicht anwendbar.[61] Hatte der Erblasser seinen ausschließlichen Wohnsitz vor seinem Tod im Ausland, so ist es unschädlich, wenn der Erblasser im Inland verstirbt, soweit es zuvor zu keinem Wohnsitzwechsel gekommen ist.[62] 28

b) Die Sechsmonatsfrist gilt auch, wenn der Erbe sich bei Fristbeginn im Ausland aufhält. Eine besondere Bedeutung erhält § 1944 Abs. 3 auch in Fällen der gesetzlichen Stellvertretung. Hier kommt es darauf an, ob sich bei Fristbeginn der Stellvertreter oder einer von mehreren Stellvertretern im Ausland aufhält. Bei gewillkürter Stellvertretung hingegen stellt die h.M. in diesen Fällen nur auf den Erben ab.[63] Es erscheint zweifelhaft, ob diese 29

---

54 OLG Frankfurt a.M. OLGZ 1966, 337.
55 BayObLG FamRZ 1998, 642.
56 *Lange/Kuchinke* § 8 IV.
57 *Planck/Flad* § 1944 Rn. 7b; *Staudinger/Otte* § 1944 Rn. 27.
58 S. hierzu § 1952 Rz. 3.
59 *Staudinger/Otte*, § 1944 Rn. 29.
60 *Damrau/Masloff* § 1944 Rn. 9.
61 *Soergel/Stein* § 1944 Rn. 4.
62 *Damrau/Masloff* § 1944 Rn. 15.
63 *Soergel/Stein* § 1944 Rn. 4; *Staudinger/Otte* § 1944 Rn. 5.

Auffassung mit der Systematik des § 1944 Abs. 3 zu vereinen ist, wenn der vorläufige Erbe infolge des Auslandsaufenthaltes des Stellvertreters keine Möglichkeit hat, innerhalb der nach h.M. dann anwendbaren kurzen Frist des § 1944 Abs. 1 rechtzeitig eine Entscheidung über die Ausschlagung gemeinsam mit dem Stellvertreter herbeizuführen. Es erscheint auch nicht zwingend, insoweit zwischen gesetzlicher Stellvertretung und gewillkürter Stellvertretung zu differenzieren, zumal die Auswirkungen für den vorläufigen Erben infolge der unterschiedlichen Fristen gravierend sein können.

VII. Beweislast

30 Die Beweislast für die erfolgte Ausschlagung trägt derjenige, der sich auf diese beruft. Der Beweis als solches ist jedoch unschwer aufgrund der Formvorschriften des § 1945 BGB zu führen. Strittig ist die Frage, wer die Rechtzeitigkeit zu beweisen hat. Von der herrschenden Meinung wird die Ansicht vertreten, dass die Beweislast bei demjenigen liegt, der sich auf die Verspätung der Ausschlagung beruft.[64]

31 Dies gilt auch für die Beweislast bezüglich einer etwaigen Hemmung der Ausschlagungsfrist.[65] Die Beweislast für den Verlust des Ausschlagungsrechtes insb. das Verstreichen der Ausschlagungsfrist als rechtsvernichtende Einwendung trifft denjenigen, der sich darauf beruft.[66] Erforderlich hierbei ist, dass sowohl die objektiven als auch subjektiven Voraussetzungen durch denjenigen dargelegt und bewiesen werden, der sich auf sie beruft. Ebenso muss derjenige, der sich auf die Sechsmonatsfrist des § 1944 Abs. 3 beruft, deren Voraussetzungen ebenfalls darlegen und beweisen.[67]

VIII. Beratungshinweise

32 Die Erbschaftsausschlagung ist genauso wie die Annahme der Erbschaft unwiderruflich. Bis zur Abgabe einer entsprechenden Erklärung sollte daher die Frist gut ausgenutzt werden. Selbstverständlich sollte – sofern die Abgabe einer Ausschlagungserklärung nicht ausgeschlossen wird – früh genug Kontakt mit dem Nachlassgericht aufgenommen werden und vorsorglich ein Termin vereinbart werden. Dabei gilt zu beachten, dass das Nachlassgericht keine Möglichkeit hat, die Ausschlagungsfrist zu verlängern.

33 Bevor die Ausschlagungserklärung abgegeben wird, sollte die Vermögenslage des Nachlasses genau untersucht werden. Hierbei soll folgende Checkliste helfen:

Checkliste
- Der Mandant sollte eine Liste mit dem aktiven Nachlass und den Verbindlichkeiten erstellen.
- Er sollte sich alle Unterlagen, insb. Bankunterlagen, Versicherungsunterlagen vorlegen lassen
- Der Mandant sollte alle Freunde und Verwandten des Erblassers nach möglichen Schulden befragen.
- Auch gegenüber dem Finanzamt sollte erfragt werden, ob Steuerschulden bestehen.
- Schließlich sollte im Rahmen der Ausschlagung überprüft werden, ob eine solche zugunsten von Personen mit besseren Steuerklassen in Betracht kommt.
- Ist der Nachlass überschuldet, so ist daran zu denken auch für die Abkömmlinge des Mandanten (sofern Vollmacht vorhanden) die Erbschaft auszuschlagen.

---

64 Rechtsvernichtende Einwendung: MüKoBGB/*Leipold* § 1944 Rn. 29; *Staudinger/Otte* § 1944 Rn. 30; **a.A.**: *Erman/Schlüter*, § 1944 Rn. 10.
65 BGH ZErb 2000, 232, 234; *Staudinger/Otte* § 1944 Rn. 30.
66 *Damrau/Masloff* § 1944. Rn. 18; *Erman/Schlüter* § 1944 Rn. 10; jew. m.w.N.
67 *Soergel/Stein* § 1944 Rn. 7.

§ 1945
Form der Ausschlagung

(1) Die Ausschlagung erfolgt durch Erklärung gegenüber dem Nachlassgericht; die Erklärung ist zur Niederschrift des Nachlassgerichts oder in öffentlich beglaubigter Form abzugeben.

(2) Die Niederschrift des Nachlassgerichts wird nach den Vorschriften des Beurkundungsgesetzes errichtet.

(3) Ein Bevollmächtigter bedarf einer öffentlich beglaubigten Vollmacht. Die Vollmacht muss der Erklärung beigefügt oder innerhalb der Ausschlagungsfrist nachgebracht werden.

Übersicht

	Rz.		Rz.
I. Formbedürftigkeit der Ausschlagungserklärung	1	VI. Beratungshinweise	26
		VII. Muster	27
1. Erklärung gegenüber dem Nachlassgericht	1	1. Ausschlagung der Erbschaft aus allen Berufungsgründen	27
2. Erklärung zur Niederschrift oder öffentlich beglaubigte Form	8	2. Ausschlagungserklärung bezüglich einer von Gesetzes wegen angefallenen Erbschaft	28
3. Kosten	13		
II. Erklärungsinhalt	16	3. Ausschlagung einer Erbschaft durch den gesetzlichen Vertreter	29
III. Stillschweigende Ausschlagungserklärung	17		
IV. Ausschlagungserklärung des Ehegatten	18	4. Ausschlagung der Erbschaft durch einen Bevollmächtigten	30
V. Stellvertretung	19		
1. Gesetzlicher Vertreter	19	5. Ausschlagungserklärung des Nacherben	31
2. Gewillkürte Stellvertretung	25		

I. Formbedürftigkeit der Ausschlagungserklärung

1. Erklärung gegenüber dem Nachlassgericht

Die Ausschlagungserklärung hat dem Nachlassgericht gegenüber zu erfolgen. Eine Erklärung auf andere Weise ist unzulässig.[1] Etwas anderes gilt für die Ausschlagung von Vermächtnissen, diese kann formlos gegenüber dem Beschwerten erfolgen.[2] 1

Mit Inkrafttreten des FamFG zum 1.9.2009 entfällt die bisherige Zuständigkeitsregelung von § 72 FGG. Künftig ergibt sich die sachliche Zuständigkeit des Nachlassgerichtes aus § 23a Abs. 2 Nr. 2 GVG.[3] Bei der örtlichen Zuständigkeit entspricht die Neuregelung des § 343 FamFG weitgehend der bisherigen Regelung in § 73 FGG. In *Baden-Württemberg* wurde von Art. 147 EGBGB Gebrauch gemacht und durch §§ 1, 36, 38 LFGG die Aufgabe des Nachlassgerichts den Notariaten übergeben.[4] Nach der Höfeordnung hat die Ausschlagung des Hofes gegenüber dem Landwirtschaftsgericht zu erfolgen, in dessen Bezirk der Hof (Hofstelle) liegt.[5] Die Ausschlagung der gesamten Erbschaft hat gegenüber dem Nachlassgericht zu erfolgen. 2

Es ist streitig, ob die Erklärung dem sachlich und örtlich zuständigen Gericht gegenüber zu erfolgen hat. Gem. § 343 FamFG (vormals § 73 FGG) ist das Amtsgericht des letzten Wohnsitzes oder des Aufenthaltes des Erblassers zuständig. Sofern kein letzter Wohnsitz 3

---

1 *Staudinger/Otte* § 1945 Rn. 13.
2 *Staudinger/Otte* § 1945 Rn. 28.
3 Zu den Ausnahmen vgl. *Kroiß*, Zuständigkeitsprobleme in der freiwilligen Gerichtsbarkeit, S. 125.
4 In Württemberg sind die Bezirksnotare und in Baden die Notare zuständig; zu den landesrechtlichen Besonderheiten vgl. *Firsching/Graf* Rn. 2.7.
5 § 11 HöfeO.

im Inland vorhanden ist, gilt der letzte Aufenthaltsort.⁶ Liegt für einen deutschen Erblasser im Inland weder ein Wohnsitz noch ein Aufenthaltsort vor, so ist das *AG Berlin-Schöneberg* zuständig, § 343 Abs. 2 FamFG, vormals § 73 Abs. 2 S. 1 FGG.⁷ Die früher h.M. verlangte dies im Interesse der Rechtsklarheit.⁸ Keine Bedenken bestehen zwischenzeitlich, wenn das unzuständige Gericht die Erklärung an das zuständige Gericht weiterreicht und diese dort rechtzeitig eintrifft.⁹ Von der h.M. wird auch eine Wirksamkeit angenommen, wenn das unzuständige Gericht die Erklärung entgegennimmt.¹⁰ Denn insofern darf der Erklärende auf die Zuständigkeitsprüfung des Gerichts vertrauen.¹¹ Wurde ein anderes Gericht vom Nachlassgericht im Rahmen der Rechtshilfe um Entgegennahme der Erklärung erbeten, so ist die Erklärung gegenüber diesem Gericht als fristwahrend anzusehen. Unschädlich ist es, wenn die Erklärung erst nach Fristablauf an das Nachlassgericht gelangt.¹²

4 Sachlich zuständig für den Empfang der Ausschlagungserklärung ist der Rechtspfleger.
5 Sofern ein gesetzlicher Vertreter für den geschäftsunfähigen oder beschränkt geschäftsfähigen Erben die Ausschlagungserklärung abgibt, bedarf er der vormundschaftsgerichtlichen Genehmigung.
6 Die Ausschlagungserklärung eines Minderjährigen durch seinen Vertretungsberechtigten wird nicht erst mit dem Einreichen der familiengerichtlichen Genehmigung durch den Vertretungsberechtigten beim Nachlassgericht, sondern bereits mit der Zustellung der Genehmigung an den Vertretungsberechtigten wirksam.¹³
7 Wird die Ausschlagungserklärung durch den gesetzlichen Vertreter ohne vormundschaftsgerichtliche Genehmigung abgegeben, so ist sie nichtig. Dies galt auch für Ausschlagungserklärungen gegenüber den Behörden der früheren DDR. Soweit ein gesetzlicher Vertreter gegenüber den früheren Behörden der DDR eine Ausschlagungserklärung hinsichtlich des in der DDR belegenen Nachlasses eines geschäftsunfähigen oder beschränkt geschäftsfähigen Erben abgegeben hat, ohne dass dafür eine vormundschaftsgerichtliche Genehmigung vorlag, so kann der Erbe etwaiges in der früheren DDR belegenes Nachlassvermögen mangels wirksamer Ausschlagung zurückfordern.

2. Erklärung zur Niederschrift oder öffentlich beglaubigte Form

8 Das Gesetz stellt mit § 1945 erhebliche formelle Anforderungen an die Ausschlagungserklärung. Damit unterscheidet sich die Ausschlagungserklärung wesentlich von der nicht formbedürftigen Annahmeerklärung nach § 1943. Die Ausschlagungserklärung kann entweder zur Niederschrift des Nachlassgerichtes oder diesem gegenüber in öffentlich beglaubigter Form abgegeben werden. Die Niederschrift des Nachlassgerichtes ist nach § 1945 Abs. 2 nach den Vorschriften des BeurkG vorzunehmen. Damit gelten insb. die §§ 8 ff. BeurkG. Zuständig beim Nachlassgericht ist der Rechtspfleger.
9 Die öffentliche Beglaubigung ist vor einem Notar vorzunehmen, wobei dies nicht zwingend ein deutscher Notar zu sein hat (Art. 11 EGBGB).¹⁴ Eine notarielle Beurkundung der Ausschlagungserklärung erfüllt ebenfalls die Formvorschrift des § 1945 Abs. 1, weil diese

---

6 § 343 Abs. 1 Hs. 2 FamFG.
7 Beim Nachlass von Ausländern, die zur Zeit des Erbfalls weder im Inland einen Wohnsitz noch einen Aufenthalt hatten, ist als Nachlassgericht jedes Gericht zuständig, in dessen Bezirk sich Nachlassgegenstände befinden, § 343 Abs. 3 FamFG.
8 KG OLGE 21, 299 f.; KGJ 39 A 57.
9 BGHZ 36, 197; *Lange/Kuchinke* § 8 III.
10 BayObLG FamRZ 1998, 924 = NJW-RR 1998, 797 f.; *Palandt/Edenhofer* § 1945, Rn. 7; *Krug/Rudolf/Kroiß* Erbrechtsformulare § 7 Rn. 121.
11 *Staudinger/Otte* § 1945 Rn. 17: Im Entgegennehmen ist eine Bestätigung i.S.v. § 7 FGG zu sehen.
12 BayObLGZ 1952, 291, 296; MüKoBGB/*Leipold* § 1945 Rn. 12.
13 LG Berlin, Beschluss v. 11.7.2006 – 83 T 572/05.
14 *Soergel/Stein* § 1945 Rn. 12; *Erman/Schlüter* § 1945 Rn. 6; *Staudinger/Otte* § 1945 Rn. 25.

ein »Mehr« der öffentlichen Beglaubigung darstellt (§§ 128, 129).[15] Es ist im Rahmen der Abgabe in öffentlich beglaubigter Form nicht erforderlich, dass der Ausschlagende zum Zugangszeitpunkt noch gelebt hat, die Erklärung muss jedoch noch zu Lebzeiten abgegeben worden sein. Eine Ausschlagungserklärung in einem Testament ist mithin nicht wirksam.[16] Selbst wenn das Testament in amtliche Verwahrung genommen wird, erfolgte keine Heilung dieses Formmangels.[17]

Eine telegrafische Ausschlagungserklärung genügt nicht. 10

Hinsichtlich der Errichtung der Niederschrift verweist § 1945 Abs. 2 auf das Beurkundungsgesetz.[18] Das Verfahren über die öffentlich beglaubigte Form richtet sich nach den §§ 39 f. BeurkG. Zuständig sind hierfür die Notare. 11

Eine Ausschlagungserklärung einer Behörde bedarf dann nicht der öffentlich beglaubigten Form, wenn die Voraussetzungen einer öffentlichen Urkunde gem. §§ 415, 417 ZPO erfüllt sind.[19] 12

3. Kosten

An Kosten fallen für die Beglaubigung der Unterschrift ein Viertel der vollen Gebühr, höchstens jedoch 130 € an, § 45 Abs. 1 S. 1 KostO. Bei der Entgegennahme der Erklärung durch das Nachlassgericht, unabhängig ob zur Niederschrift oder in öffentlich beglaubigter Form, wird gem. § 112 Abs. 1 Nr. 2 KostO ein Viertel der vollen Gebühr erhoben. Sofern mehrere Erben die Ausschlagung gegenüber dem Nachlassgericht gleichzeitig erklären, wird die Gebühr nur einmal erhoben. 13

Der Wert bestimmt sich nach der ausgeschlagenen Erbschaft. Der Wert der Erbteile ist nach Abzug der Nachlassverbindlichkeiten zu ermitteln. Ist der Nachlass überschuldet, so fällt die Mindestgebühr an. 14

Die Kosten für die Ausschlagungserklärung fallen grundsätzlich dem vorläufigen Erben und nicht dem Nachlass zur Last.[20] 15

II. Erklärungsinhalt

Inhalt der Ausschlagungserklärung ist, dass der Erbe nicht Erbe sein will. Es ist strittig, ob zur Wirksamkeit der Ausschlagungserklärung erforderlich ist, dass der Erbe Kenntnis darüber hat, dass ihm die Erbschaft tatsächlich, zumindest möglicherweise angefallen ist.[21] Es ist nicht erforderlich, dass der Ausschlagende bestimmte Worte hierzu benützt.[22] Völlig ausreichend ist es, wenn der Erbe erklärt, die Erbschaft nicht annehmen zu wollen.[23] Allein die Erklärung, das Erbrecht einer anderen Person anzuerkennen oder von der eigenen Erbeinsetzung kein Gebrauch machen zu wollen, ist per se jedoch nicht als Ausschlagungserklärung zu werten.[24] Vielmehr kann darin auch der Erklärungsinhalt gesehen werden, einen Rechtsstreit vermeiden zu wollen. 16

---

15 *Damrau/Masloff* § 1945 Rn. 2.
16 KG OLGE 40, 105 f.; MüKoBGB/*Leipold* § 1945 Rn. 8; *Soergel/Stein* § 1945, Rn. 12.
17 *Staudinger/Otte*, § 1945 Rn. 19; **a.A.:** *Palandt/Edenhofer*, § 1945 Rn. 3.
18 Insb. §§ 8 ff. BeurkG.
19 BGHZ 45, 362, 365 f.
20 *Erman/Schlüter* § 1945 Rn. 8; *Damrau/Masloff* § 1945 Rn. 19.
21 Bejahend: BayObLG OLGE 41, 80; MüKoBGB/*Leipold* § 1945 Rn. 3.; **a.A.:** *Soergel/Stein* § 1945 Rn. 4; *Staudinger/Otte* § 1945 Rn. 2 nach der Lehre vom Empfangshorizont.
22 BayObLGZ 1967, 33, 37.
23 OLG Dresden OLGE 35, 178.
24 OLG München DNotZ 1937, 706, 708; *Staudinger/Otte* § 1945 Rn. 2.

III. Stillschweigende Ausschlagungserklärung

17 Nach wohl h.M. kann die Ausschlagungserklärung trotz des Formzwanges des § 1945 grundsätzlich auch stillschweigend (konkludent) erklärt werden.[25] Wie bei anderen empfangsbedürftigen Willenserklärungen auch soll sich die Auslegung dabei an den allgemeinen Auslegungsgrundsätzen gem. § 157 orientieren. Maßgeblich ist damit der Empfängerhorizont. Keine konkludente Ausschlagungserklärung liegt allerdings in der Erklärung des Erben, er wolle von dem Testament, gegen dessen Wirksamkeit Bedenken bestanden, keinen Gebrauch machen. Umstritten ist, ob in der Erklärung eines Erben, er sei wegen aller Erbansprüche befriedigt, eine konkludente Ausschlagungserklärung zu sehen ist.[26] Obwohl hinsichtlich der stillschweigenden Ausschlagungserklärung grundsätzlich die allgemeinen Regeln über empfangsbedürftige Willenserklärungen zur Anwendung kommen, wird die Anwendbarkeit von § 116 S. 2 und § 117 S. 1 mit der Begründung abgelehnt, dass das empfangszuständige Nachlassgericht materiell unbeteiligt sei und der Schutzbereich der Norm daher nicht berührt werde.[27]

IV. Ausschlagungserklärung des Ehegatten

18 Der Ehegatte benötigt zur Ausschlagungserklärung der Erbschaft nicht die Zustimmung des anderen Ehegatten. Dies ist im Fall, dass der Ehegatte nicht das Gesamtgut bzw. nicht allein verwaltet ausdrücklich in den §§ 1432, 1455 Nr. 1 geregelt. Eine Vereinbarung durch Ehevertrag, dass die Zustimmung des anderen Ehegatten notwendig ist, ist nicht möglich.

V. Stellvertretung

1. Gesetzlicher Vertreter

19 Für die Ausschlagungserklärung ist die volle Geschäftsfähigkeit notwendig. Ist der Erbe in seiner Geschäftsfähigkeit beschränkt, so benötigt er die Einwilligung seines gesetzlichen Vertreters gem. § 107. Bei Kindern sind dies i.d.R. beide Elternteile im Rahmen der Gesamtvertretung nach § 1629 Abs. 1 S. 2.[28] Dies gilt auch für den Fall, wenn der Erblasser einen oder beide Elternteile von der Verwaltung des Nachlasses ausgeschlossen hat.[29] Die Ausschlagungserklärung der gesetzlichen Vertreter bleibt auch dann wirksam, wenn bis zum Zugang der Ausschlagungserklärung der Vertretene volljährig wird.[30] Die Eltern können auch bereits für den nasciturus die Ausschlagung erklären.[31] Denn es besteht bei einer überschuldeten Erbschaft ein großes Interesse daran festzustellen, dass das Kind nicht Erbe geworden ist.[32] Die Ausschlagungserklärung ist jedoch bei einer Gesamtvertretung nur dann wirksam, wenn beide Elternteile die Ausschlagung formgerecht erklären. Hat ein Elternteil der Ausschlagung nur formlos zugestimmt, ist diese unwirksam.[33]

20 Anders als bei der Annahme der Erbschaft, benötigt der gesetzliche Vertreter zur Ausschlagungserklärung die Genehmigung des Vormundschaftsgerichts, §§ 1643 Abs. 2, 1822 Nr. 2, 1897, 1915. Die Genehmigungspflicht soll verhindern, dass eine Erbschaft oder ein

---

25 BayObIG NJW 1967, 1135; *Erman/Schlüter* § 1945 Rn. 2; *Soergel/Stein* § 1945 Rn. 4.
26 Vgl. die Nachweise und Fallbeispiele bei *Damrau/Masloff* § 1945 Rn. 2; KG OLGE 30, 167, 168; ferner BayObIG NJW 1967, 1135.
27 *Damrau/Masloff* § 1945 Rn. 3; *Soergel/Stein* § 1945 Rn. 3; **a.A.** *Pohl* AcP 177, 52, 65 ff.
28 Es ist nur ein Elternteil allein zur Ausschlagung in Vertretung seines Kindes berechtigt, wenn er die elterliche Sorge allein ausübt oder ihm die Entscheidung allein übertragen wurde.
29 OLG Karlsruhe FamRZ 1965, 573; *Engler* FamRZ 1972, 7 ff.
30 *Staudinger/Otte* § 1945 Rn. 5.
31 OLG Stuttgart RPfleger 1993, 157; *Soergel/Stein* § 1946 Rn. 2; *Staudinger/Otte* § 1945 Rn. 6, **a.A.**: AG Recklinghausen RPfleger 1988, 106; AG Schöneberg RPfleger 1990, 362 f.; LG Berlin RPfleger 1990, 363.
32 OLG Oldenburg ZEV 1994, 305; *Peter* RPfleger 1988, 107.
33 *Palandt/Edenhofer* § 1945 Rn. 5.

Vermächtnis zum Nachteil des Kindes ausgeschlagen wird. Die Genehmigungspflicht gilt für die Eltern, ebenso wie für den Vormund, Betreuer und Pfleger. Für die Abgabe der Erklärungen, d.h. der Ausschlagungs- und der Genehmigungserklärung bedarf es keiner Reihenfolge, sofern diese rechtzeitig vor Fristablauf dem Nachlassgericht vorliegen.[34] Das Vormundschaftsgericht darf die Genehmigung nicht mit dem Argument verweigern, dass die Ausschlagungsfrist bereits abgelaufen sei; die Prüfung des Fristablaufs ist allein Sache des Nachlassgerichts bzw. im streitigen Fall Sache des Prozessgerichts.[35]

Wurde die Genehmigung verzögert und erfolgte diese erst nach Fristablauf, so ist darin ein Fall der Verhinderung durch höhere Gewalt zu sehen.[36] Die Ausschlagungserklärung ist nur dann nicht genehmigungsbedürftig, wenn das Erbrecht des Kindes aus der Ausschlagung der Eltern folgt, § 1643 Abs. 2 S. 2.[37] Denn in diesem Fall ist davon auszugehen, dass die Ausschlagung keine rechtlichen Nachteile mit sich bringt, wenn bereits die Eltern davon abgesehen haben, die Erbschaft anzunehmen. Dies gilt auch für den Fall der Nacherbfolge.[38] Eine Genehmigung ist auch dann nicht erforderlich, wenn der Anfall der Erbschaft lediglich bei einem Elternteil erfolgt ist, die Eltern als gesetzliche Vertreter infolge ihrer Gesamtvertretungsberechtigung jedoch zusammen für das Kind die Ausschlagungserklärung abzugeben haben.[39]

Anders als bei der vormundschaftsgerichtlichen Genehmigung, die bei einer Verzögerung durch das Vormundschaftsgericht ggf. auch nachgereicht werden kann, ist für die formwirksame Ausschlagungserklärung die nachträgliche Genehmigung durch den gesetzlichen Vertreter nicht ausreichend (§ 111 S. 1). Vielmehr muss dafür die Einwilligung des gesetzlichen Vertreters zugleich mit der Ausschlagungserklärung beim Nachlassgericht vorliegen. Auch die nachgereichte schriftliche Einwilligung reicht nicht aus, weil § 111 S. 2 auf amtsempfangsbedürftige Willenserklärungen nicht anwendbar ist.[40] Allerdings kann eine nachträgliche Genehmigung in eine eigene Ausschlagungserklärung des gesetzlichen Vertreters umzudeuten sein.[41] Allerdings muss diese dann fristgerecht beim Nachlassgericht eingegangen sein.

Streitig ist es, ob die Eltern nach § 181 von der gesetzlichen Vertretung ausgeschlossen sind, wenn diese durch die erfolgte Ausschlagung des Erbrechts des Kindes Erbe werden. Die h.M. geht davon aus, dass das gesetzliche Vertretungsrecht bei den Eltern verbleibt.[42] Denn durch die Regelung des § 1643 Abs. 2 würden die Kindesinteressen ausreichend berücksichtigt. Das Vormundschaftsgericht habe zudem die Möglichkeit, die Vermögenssorge den Eltern teilweise zu entziehen und anstatt derer einen Pfleger nach § 1909 zu bestellen.

Demgegenüber weisen die Vertreter der gegenteiligen Auffassung jedoch zu Recht darauf hin, dass gerichtliche Genehmigung und gesetzliche Vertretung zu trennen seien.[43] Zutreffend ist auch der Hinweis, dass bei einer Ablehnung der Anwendung von § 181 die Gefahr entstehen kann, dass Vertreter ihre Vollmacht missbrauchen, um selbst in den Genuss der Erbschaft zu gelangen.[44] Ebenso wäre nicht zu akzeptieren, dass es einem gesetzlichen Vertreter möglich wäre, die Ausschlagung für den vorläufigen Erben zu erklä-

---

34 Abweichend zu § 1831; RGZ 118, 145; *Brox/Walker* Erbrecht Rn. 304; *Palandt/Edenhofer*, § 1945 Rn. 6; *Staudinger/Otte* § 1945 Rn. 9.
35 BayObLGZ 1969, 14; KG OLGE 41, 76, 77; *Staudinger/Otte* § 1945 Rn. 9.
36 *Lange/Kuchinke*, § 8 IV; BayObLGZ 1969, 14, 18.
37 Die Genehmigung ist in diesem Fall nur erforderlich, wenn das Kind neben dem gesetzlichen Vertreter zum Erbe berufen ist.
38 *Staudinger/Otte* § 1945 Rn. 11.
39 OLG Stuttgart NJW 1962, 52; OLG Hamm NJW 1959, 2215.
40 So zu Recht *Damrau/Masloff* § 1945 Rn. 8.
41 *Soergel/Stein* § 1945 Rn. 5.
42 OLG Frankfurt FamRZ 1964, 154; MüKoBGB/*Leipold* § 1945 Rn. 19; *Jauernig/Stürner* § 1945 Rn. 3.
43 *Damrau*, § 5, Rn. 32 mit Hinweis auf *Buchholz* NJW 1993, 1161 ff. m.w.N.
44 *Heldrich*, FS Lorenz (1991), S. 97.

ren, wenn er zugleich eine andere Person vertritt, die ersatzweise infolge der Ausschlagung Erbe werden würde (Doppelvertretung); ebenso ist eine Vertretung ausgeschlossen, wenn der gesetzliche Vertreter selbst Ersatzerbe würde.[45] Auch wenn in derartigen Fällen das Familien- bzw. Vormundschaftsgericht dem gesetzlichen Vertreter nach § 1769 regelmäßig die Vertretung entziehen und eine Pflegschaft stellen würde,[46] so scheitert eine wirksame Stellvertretung in derartigen Fällen richtigerweise bereits an dem Verbot der Selbstkontraktion gem. § 181.

2. Gewillkürte Stellvertretung

25 Der Erbe kann sich zur Ausschlagungserklärung eines Bevollmächtigten bedienen. Die Vertretungsmacht muss jedoch bereits bei der Abgabe der Ausschlagungserklärung vorgelegen haben,[47] § 180 S. 1. Eine nachträgliche Genehmigung der Ausschlagung durch den vollmachtslosen Vertreter kann jedoch als erneute Ausschlagung gewertet werden. Die Grundsätze über die Anscheins- und/oder Duldungsvollmacht kommen jedoch nicht in Betracht. Aufgrund des Rechtsgedankens des § 181 scheiden Testamentsvollstrecker, Nachlasspfleger oder Nachlassverwalter als Stellvertreter von vorne herein aus.[48]

VI. Beratungshinweise

26 Sofern eine Ausschlagungserklärung gegenüber dem Nachlassgericht erfolgte, sollte sich der Erklärende – zu Beweiszwecken – eine Bestätigung mit Eingangsstempel geben lassen. Bestehen Zweifel über die örtliche Zuständigkeit des Nachlassgerichts, empfiehlt es sich, die Ausschlagungserklärung gegenüber allen in Betracht kommenden Gerichten zu erklären. Sollte bei gesetzlicher oder gewillkürter Stellvertretung die Genehmigung des Vormundschaftsgerichtes bei drohendem Ablauf der Ausschlagungsfrist noch nicht vorliegen, so sollte die Ausschlagungserklärung bei dem Nachlassgericht fristgerecht mit dem Hinweis eingereicht werden, dass die Genehmigungserklärung des Vormundschaftsgerichtes nachgereicht wird; zugleich sollte dem Nachlassgericht der Antrag an das Vormundschaftsgericht mit entsprechendem Eingangsstempel des Vormundschaftsgerichtes beigefügt werden, um einer späteren Auseinandersetzung vorzubeugen. Empfehlenswert könnte es auch sein, bei drohendem Ablauf der Ausschlagungsfrist, die Ausschlagungserklärung in der nach § 1945 notwendigen Form bereits dem Vormundschaftsgericht vorzulegen und diese mit dem Eingangsstempel des Vormundschaftsgerichtes sodann beim Nachlassgericht vorzulegen, sofern die Genehmigung bis zum Ablauf der Ausschlagungsfrist noch nicht erteilt ist. In solchen Fällen wird die Ausschlagungsfrist gem. § 1944 Abs. 3 i.V.m. §§ 206, 209 gehemmt. Der Erbe ist in solchen Fällen aufgrund höherer Gewalt an der Erklärung der Ausschlagung gehindert, wobei Verzögerungen bei ordnungsgemäßer und rechtzeitig beantragter Entscheidung des Familien- bzw. Vormundschaftsgerichts allgemein anerkannt sind.[49] Ist die Genehmigung des Familien- bzw. Vormundschaftsgerichtes dann dem gesetzlichen Vertreter bekannt gemacht (§ 1828), verbleibt dem gesetzlichen Vertreter für die Vorlage der Genehmigung beim Nachlassgericht noch der Zeitraum zwischen Antragsstellung und ursprünglichen Fristablauf.

---

45 *Damrau/Masloff* § 1945 Rn. 9.
46 *Staudinger/Otte* § 1945 Rn. 8 m.w.N.; *Coing* NJW 1985, 6, 7 ff.
47 *Staudinger/Otte* § 1945 Rn. 12; **a.A.**: MüKoBGB/*Leipold* § 1945 Rn. 17: Hier wird die Regelung des § 1945 Abs. 3 S. 2 als ausreichender Schutz angesehen.
48 *Soergel/Stein* § 1945 Rn. 7; *Damrau/Masloff* § 1945 Rn. 7.
49 BayObLG FamRZ 1983, 834, 835; *Erman/Schlüter* § 1944 Rn. 8; *Soergel/Stein* § 1944 Rn. 21; *Damrau/Masloff* § 1944 Rn. 13; *Jauernig/Stürner* § 1944 Rn. 6.

VII. Muster

1. Ausschlagung der Erbschaft aus allen Berufungsgründen

> An das
> Amtsgericht – Nachlassgericht – (in Baden-Württemberg Notariat)
> Straße
> Ort
> – Per Einschreiben –
>
> Ausschlagung der Erbschaft bezüglich des Nachlasses von Frau/Herrn ..., verstorben am ...
>
> Sehr geehrte Damen und Herren,
>
> hiermit zeigen wir an, dass wir Frau/Herrn ..., ... (Straße), ... (Ort) anwaltlich vertreten. Frau/Herr ... ist ... (Verwandtschaftsgrad: z.B. Schwester) des/der am ... (Sterbedatum) verstorbenen ... (Name des Erblassers) in ... (Ort), ... (Straße). Als Anlage übersenden wir Ihnen die öffentlich beglaubigte Ausschlagungserklärung unserer Mandantschaft aus allen Berufungsgründen.
> Der Wert des Nachlasses ist unserem Mandanten nicht bekannt.
> Wir bitten, die Erbschaftsausschlagung und den Zeitpunkt des Eingangs zu bestätigen.[50]
>
> Mit freundlichen Grüßen
>
> Rechtsanwältin/Rechtsanwalt
>
> Anlage:
>
> **Ausschlagungserklärung bezüglich aller Berufungsgründe[51]**
>
> Ich, ... (Name, Anschrift), bin die/der ... (Verwandtschaftsverhältnis: z.B. Schwester, Bruder etc.) des/der am ... (Sterbedatum) in ... (Ort, Straße) verstorbenen ... (Name Erblasser). Hiermit schlage ich die mir sei es aufgrund einer Verfügung von Todes wegen oder aufgrund gesetzlicher Erbfolge angefallene Erbschaft aus. (*Sofern sich die Ausschlagung auch auf alle Berufungsgründe, die nicht bekannt sind, jedoch möglicherweise bestehen, beziehen sollen, ist folgender Zusatz empfehlenswert*: Die Ausschlagung erfolgt vorsorglich auch aus solchen Berufungsgründen, die mir noch nicht bekannt sind.)
>
> Ich habe Abkömmlinge. Dies sind: ... (Name, Anschrift)[52]
> oder
> Ich habe keine Abkömmlinge.
>
> Ort, Datum
>
> Unterschrift
>
> *Beglaubigungsvermerk*

---

50 Es empfiehlt sich, bereits bei der Einreichung zwecks Herstellung der Bescheinigung eine Abschrift der Ausschlagungserklärung beizufügen, die auf Verlangen von der Geschäftsstelle beglaubigt werden kann.
51 Mit dieser Erklärung bringt der Erbe zum Ausdruck, dass sich die Ausschlagung auf alle Berufungsgründe beziehen soll, § 1949 Abs. 2.
52 Sofern geschäftsunfähige oder beschränkt geschäftsfähige Abkömmlinge vorhanden sind, ist es bei einer überschuldeten Erbschaft ratsam, auch für diese als gesetzlicher Vertreter die Ausschlagung zu erklären. Hierbei ist zu beachten, dass diese in der Regel der vormundschaftsgerichtlichen Genehmigung bedarf, wenn die Erbschaft nicht aufgrund der Ausschlagung durch die gesetzlichen Vertreter erfolgte. S. hierzu auch die Ausführungen zu § 1945 Rz. 7.

2. Ausschlagungserklärung bezüglich einer von Gesetzes wegen angefallenen Erbschaft[53]

28 | Anlage:

Ausschlagungserklärung bezüglich gesetzlich angefallener Erbfolge

Ich, ... (Name, Anschrift) bin die/der ... (Verwandtschaftsverhältnis: z.B. Ehefrau etc.) des/der am ... (Sterbedatum) in ... (Ort, Straße) verstorbenen ... (Name Erblasser). Dieser/Diese ist ohne Hinterlassung einer Verfügung von Todes wegen verstorben. Hiermit schlage ich die mir aufgrund gesetzlicher Erbfolge angefallene Erbschaft aus. Der Nachlass ist nach meinen Feststellungen überschuldet.

Der Erblasser hat Abkömmlinge. Dies sind: ... (Name, Anschrift)[54]
oder
Der Erblasser hat keine Abkömmlinge.

Ort, Datum

Unterschrift

Beglaubigungsvermerk

3. Ausschlagung einer Erbschaft durch den gesetzlichen Vertreter

29 | An das
Amtsgericht – Nachlassgericht – (in Baden-Württemberg Notariat)
Straße
Ort
– Per Einschreiben –

Ausschlagung der Erbschaft bezüglich des Nachlasses von Frau/Herrn ..., verstorben am ..., durch gesetzliche Vertreter

Sehr geehrte Damen und Herren,

hiermit zeigen wir an, dass wir Frau/Herrn ..., ... (Straße), ... (Ort), anwaltlich vertreten. Frau/Herr ... ist die ... (Verwandtschaftsgrad: z.B. Ehefrau) des/der am ... (Sterbedatum) verstorbenen ... (Name des Erblassers) in ... (Ort), ... (Straße). Der/Die Erblasser/in hat seine Frau/seinen Ehemann und seine Kinder je hälftig testamentarisch zu seinen Erben eingesetzt. Frau/Herr ... schlägt die Erbschaft bezüglich des Nachlasses ihres/seiner Ehemannes/Ehefrau aus.
Aufgrund des Todes des Ehemannes/Ehefrau ist Frau/Herr alleiniger gesetzlicher Vertreter der Kinder ... (Name), geb. am ... Frau/Herr ... schlägt als gesetzlicher Vertreter auch für diese die Erbschaft aus. Als Anlage übersenden wir Ihnen die öffentlich beglaubigte Ausschlagungserklärung unserer Mandantschaft sowie eine Ausfertigung des vormundschaftsgerichtlichen Genehmigungsbeschlusses.

---

53 Zum Anschreiben s. Muster: Ausschlagung der Erbschaft aus allen Berufungsgründen, Rz. 10.
54 Sofern geschäftsunfähige oder beschränkt geschäftsfähige Abkömmlinge vorhanden sind, ist es bei einer überschuldeten Erbschaft ratsam, auch für diese als gesetzlicher Vertreter die Ausschlagung zu erklären. Hierbei ist zu beachten, dass diese in der Regel der vormundschaftsgerichtlichen Genehmigung bedarf, wenn die Erbschaft nicht aufgrund der Ausschlagung durch die gesetzlichen Vertreter erfolgte. S. hierzu auch die Ausführungen zu § 1945 Rz. 7. Die Angabe von Abkömmlingen empfiehlt sich, da andernfalls mit einer Rückfrage des Nachlassgerichts zu rechnen ist.

Form der Ausschlagung § 1945

Der Nachlass ist erheblich überschuldet.
Wir bitten, die Erbschaftsausschlagung und den Zeitpunkt des Eingangs zu bestätigen.

Mit freundlichen Grüßen

Rechtsanwältin/Rechtsanwalt

Anlage:

Ausschlagungserklärung im eigenen Namen und als gesetzlicher Vertreter

Ich, ... (Name, Anschrift) bin die/der Ehefrau/Ehemann des/der am ... (Sterbedatum) in ... (Ort, Straße) verstorbenen ... (Name Erblasser).
Mein Ehemann/Meine Ehefrau hat mich und unsere gemeinschaftlichen Kinder testamentarisch zu dessen/deren Erben eingesetzt.
Hiermit schlage ich die Erbschaft in eigenem Namen und im Namen meiner Kinder: ... (Name) aus allen Berufungsgründen aus.
Das Vormundschaftsgericht hat die Erbausschlagung hinsichtlich der Kinder genehmigt. Anliegend übersende ich Ihnen die Ausfertigung des Genehmigungsbeschlusses unter Hinweis auf den darauf befindlichen Zustellungsvermerk.
Als gesetzliche Erben des Verstorbenen/der Verstorbenen kommen meiner Kenntnis nach nunmehr folgende Personen in Betracht: ... (Name und Anschrift).
Der Nachlass ist erheblich überschuldet.

Ort, Datum

Unterschrift

Beglaubigungsvermerk

4. Ausschlagung der Erbschaft durch einen Bevollmächtigten

An das
Amtsgericht – Nachlassgericht – (in Baden-Württemberg Notariat)
Straße
Ort
– Per Einschreiben –

Ausschlagung der Erbschaft bezüglich des Nachlasses von Frau/Herrn ..., verstorben am ..., durch den Bevollmächtigen, Herrn/Frau ...

Sehr geehrte Damen und Herren,

hiermit zeigen wir an, dass wir Frau/Herrn ..., ... (Straße), ... (Ort) anwaltlich vertreten. Frau/Herr ... ist die ... (Verwandtschaftsgrad: z.B. Ehefrau) des/der am ... (Sterbedatum) verstorbenen ... (Name des Erblassers) in ... (Ort), ... (Straße).
Sie/Er wurde testamentarisch zu dessen Erben eingesetzt. Frau/Herr ... (Mandant) befindet sich seit mehreren Jahren in Argentinien. Hiermit schlage ich, die Unterzeichnende/der Unterzeichnende die Erbschaft im Auftrag und mit Vollmacht von Frau/Herrn ... aus allen Berufungsgründen aus.

Peter E. Ouart

> Die mir übergebene öffentlich beglaubigte Vollmacht füge ich diesem Schreiben bei.
> Der Nachlass ist erheblich überschuldet.
> Wir bitten, die Erbschaftsausschlagung und den Zeitpunkt des Eingangs zu bestätigen.
>
> Mit freundlichen Grüßen
>
> Rechtsanwältin/Rechtsanwalt
>
> Anlage: öffentlich beglaubigte Vollmachtserklärung[55]
>
> *Beglaubigungsvermerk*

5. Ausschlagungserklärung des Nacherben[56]

31

> **Ausschlagungserklärung des Nacherben**
>
> Ich, ... (Name, Anschrift) bin die/der ... (Verwandtschaftsgrad) des/der am ... (Sterbedatum) in ... (Ort, Straße) verstorbenen ... (Name Erblasser).
> Herr/Frau ... wurde als alleinige/r Vorerbe und ich als Nacherbe eingesetzt. Hiermit schlage ich die Nacherbschaft in eigenem Namen aus allen Berufungsgründen aus.
> An meine Stellen treten als Nacherben meine Kinder ... (Name) ein. Hiermit schlagen wir, die Eheleute ... die Erbschaft für unsere unter unserer elterlichen Sorge stehenden Kinder ... (Name), geb. am ... aus.[57]
> Der Nachlass ist erheblich überschuldet.
>
> Ort, Datum
>
> Unterschrift
>
> *Beglaubigungsvermerk*

§ 1946
Zeitpunkt für Annahme oder Ausschlagung

Der Erbe kann die Erbschaft annehmen oder ausschlagen, sobald der Erbfall eingetreten ist.

I. Allgemeines

1 Die Annahme oder Ausschlagung der Erbschaft kann erst ab dem Zeitpunkt des Erbfalls erfolgen. Eine vor dem Erbfall erklärte Annahme oder Ausschlagung ist wirkungslos.[1] Soll der künftige Erbe bereits vor dem Erbfall von der Erbschaft Abstand nehmen, kann dies nur durch einen Erbverzicht nach § 2346 oder einen Vertrag nach § 312 Abs. 2 erfolgen. Für den Pflichtteilsberechtigten gilt ergänzend § 2306 Abs. 1 S. 2.

---

55 Die Vollmacht muss innerhalb der Ausschlagungsfrist dem Nachlassgericht zugegangen sein.
56 Anschreiben an das Nachlassgericht s. Muster unter Rz. 12.
57 Eine Genehmigungspflicht entfällt in diesem Fall nach den Vorschriften des § 1643 Abs. 2 BGB.
1 *Staudinger/Otte* § 1946 Rn. 2.

Der Nacherbe kann gem. § 2142 bereits vor dem Eintritt der Nacherbfolge die Erbschaft ausschlagen.[2] Dagegen kann der Schlusserbe die Erbschaft erst nach dem Tode des Letztversterbenden ausschlagen, da er nur diesen beerbt.[3]

Nach dem Erbfall kann der Erbe diese annehmen oder ausschlagen, unabhängig davon, ob er sichere und hinreichende Kenntnis vom Anfall und Berufungsgrund hat bzw. dass bei der Berufung durch letztwillige Verfügung die Verkündung erfolgte.[4] Ferner ist es auch nicht notwendig, dass die Erbschaft dem Erben angefallen ist, insofern kann der Nachberufene die Erbschaft bereits in dem Stadium ausschlagen, in dem sie vom vorigen Erben noch nicht ausgeschlagen wurde. Für die Ausschlagungs- bzw. Annahmeerklärung ist mithin allein das Vorliegen des Erbfalls notwendig, § 1946 macht die Erklärung nicht vom Anfall abhängig. Daraus folgt auch, dass die Eltern für den nasciturus die Annahme oder Ausschlagung erklären können, sobald der Erbfall eingetreten ist.[5] Allerdings ist die Genehmigung des Familiengerichts erforderlich (vgl. § 1945). Eine Annahme der Erbschaft ist hingegen erst mit der Geburt möglich.

II. Beratungshinweise

Grundsätzlich kann eine Erbschaft erst nach Eintritt des Erbfalls angenommen oder ausgeschlagen werden. Eine Ausschlagungserklärung vor dem Erbfall ist wirkungslos. Soll bereits vor dem Erbfall vereinbart werden, dass die Erbschaft nicht angenommen wird, ist dies durch einen Erbverzicht oder einen Vertrag zu regeln.

§ 1947
Bedingung und Zeitbestimmung

Die Annahme und die Ausschlagung können nicht unter einer Bedingung oder einer Zeitbestimmung erfolgen.

I. Allgemeines

Die Annahme als auch die Ausschlagung sind bedingungs- und befristungsfeindlich. Als Bedingung i.S.v. § 1947 ist die rechtsgeschäftliche Bedingung gemeint. Erklärt der Erbe die Annahme oder Ausschlagung hingegen unter einer Rechtsbedingung, die an objektive Voraussetzungen des Erbrechts anknüpft, so ist dies unschädlich. Beispiel: Die Annahme erfolgt unter der Bedingung, dass der Erblasser tatsächlich gestorben ist; oder die Annahme erfolgt unter der Bedingung, dass der Erbe tatsächlich zum Erben eingesetzt wurde oder ein vorher Berufener wirksam ausschlägt.[1] Selbst Annahme oder Ausschlagung für den Fall eines bestimmten Berufungsgrundes wird als zulässige Rechtsbedingung akzeptiert.[2] Bloße Motive (Beweggründe) sind ebenfalls unschädlich. Rechtsgeschäftliche Bedingungserklärungen wie z.B. die Erbschaft unter der Bedingung anzunehmen, dass diese nicht überschuldet ist, sind hingegen unwirksam.[3] Die Unterscheidung zwischen unschädlichen Rechtsbedingungen und Motiven sowie schädlichen rechtsgeschäftlichen

---

2 Dies gilt auch für die Annahme der Erbschaft: *Staudinger/Otte* § 1946 Rn. 8. S. Muster unter § 1945 Rz. 7.
3 BGH NJW 1998, 543; **a.A.**: OLG Düsseldorf FamRZ 1996, 1567.
4 *Staudinger/Otte* § 1946 Rn. 3; *Erman/Schlüter* § 1946 Rn. 1.
5 OLG Stuttgart RPfleger 1993, 157; OLG Oldenburg FamRZ 1994, 847; *Peter* RPfleger 1988, 107; *MüKoBGB/Leipold* § 1923 Rn. 21; **a.A.**: LG Berlin RPfleger 1990, 363; *Palandt/Edenhofer* § 1946 Rn. 1.
1 BayObLG RPfleger 1982, 69; OLG Brandenburg ZErb 2004, 132; *Staudinger/Otte* § 1947 Rn. 2; *MüKoBGB/Leipold* § 1947 Rn. 2.
2 *Staudinger/Otte* § 1947 Rn. 3; *Erman/Schlüter* § 1947 Rn. 3; *MüKoBGB/Leipold* § 1947 Rn. 3.
3 *Staudinger/Otte* § 1947 Rn. 2.

Bedingungen kann im Einzelfall schwierig sein. Eine zuverlässige Abgrenzung richtet sich im Zweifelsfall danach, ob durch die Bedingung ein unsicherer Schwebezustand eintritt oder nicht, den § 1947 verhindern will.[4]

II. Sonderfälle

2 Infolge der oftmals schwierigen Differenzierung zwischen schädlichen und unschädlichen Bedingungen haben sich einige Sonderfälle herausgebildet, die oftmals streitig diskutiert werden. Diese Sonderfälle haben für die anwaltliche Beratungspraxis besondere Relevanz.

1. Ausschlagung zugunsten Dritter

3 Der vorläufige Erbe kann zugunsten Dritter ausschlagen, wenn deren Benennung bloß Motiv für die Ausschlagung ist. Die Grenze zur schädlichen Bedingung wird allerdings dann überschritten, wenn die Ausschlagungserklärung nur für den Fall gelten soll, dass der begünstigte Dritte die Erbschaft auch erhält oder deren Annahme erklärt. Dadurch entsteht ein unsicherer Schwebezustand.[5] Hingegen ist die Ausschlagung zugunsten eines Dritten zulässig, wenn dieser ohnehin Erbe wird. Das setzt allerdings voraus, dass der Dritte für den ausgeschlagenen Erbteil tatsächlich zum Erben berufen sein muss.[6]

2. Ausschlagung unter dem Vorbehalt des Pflichtteils

4 Darunter sind die Fälle zusammenzufassen, in denen der ausschlagende vorläufige Erbe einen Pflichtteilsanspruch anstrebt. Die Literatur ist in diesen Fällen gespalten.[7]

3. Vorbehalt des Vermächtnisses

5 Sofern der vorläufige Erbe mit der Ausschlagung ein Vermächtnis erlangen will, besteht eine ähnliche Konstellation wie in den vorstehend zu Ziffer 2 beschriebenen Fällen. Ist nach einem Testament unklar, ob ein Vorausvermächtnis oder eine Teilungsanordnung vom Erblasser gewollt war und entscheidet ein Nachlassgericht später zugunsten der Teilungsanordnung, so wird auch in solchen Fällen eine auf das Vermächtnis abzielende bedingte Ausschlagung als bloße Rechtsbedingung zu behandeln sein. Zumindest wäre dem Ausschlagenden mit der vom OLG Hamm vertretenen Rechtsauffassung (vgl. oben Ziffer 2) ein Anfechtungsrecht zuzuerkennen.

III. Rechtsfolgen

6 Die Ausschlagungserklärung mit einer unzulässigen Bedingung oder Befristung führt dazu, dass die Erklärung insgesamt unwirksam ist. Der eindeutige Wortlaut von § 1947 schließt es aus, in solchen Fällen eine teilweise Unwirksamkeit nur der Bedingung selbst anzunehmen. Da dem vorläufigen Erben infolge einer unwirksamen Ausschlagungserklärung die Erbschaft insgesamt anfällt, wird er damit zugleich zum endgültigen Erben. Zu prüfen ist in solchen Fällen allerdings, ob dem Erben ein Anfechtungsrecht nach § 1954 zusteht.

---

4 Vgl. *Staudinger/Otte* § 1947 Rn. 3; *Erman/Schlüter* § 1947 Rn. 3; MüKoBGB/*Leipold* § 1947 Rn. 3; *Damrau/Masloff* § 1947 Rn. 3.
5 BayObLG RPfleger 1982, 69; *Erman/Schlüter* § 1947 Rn. 4; MüKoBGB/*Leipold* § 1947 Rn. 4 f.
6 *Damrau/Masloff* § 1947 Rn. 4; *Staudinger/Otte* § 1944 Rn. 6.
7 Zustimmend: MüKoBGB/*Leipold* § 1950 Rn. 5; *Lange/Kuchinke* § 8 VI 1d für die Fälle des § 1371 Abs. 3 und § 2306 Abs. 1 S. 2; zustimmend auch *Damrau/Masloff*, der die Unkenntnis hinsichtlich der rechtlichen Voraussetzungen für die Entstehung eines Pflichtteilsanspruches nicht als einen objektiv unsicheren Schwebezustand ansieht; differenzierend *Soergel/Stein* § 1950 Rn. 1; ablehnend *Staudinger/Otte* § 1950 Rn. 6; *Mayer/Süß/Tanck* § 11 Rn. 135 ff., 170; nach Auffassung des OLG Hamm soll in derartigen Fällen zumindest ein Anfechtungsrecht bestehen, OLG Hamm RPfleger 1981, 402 f.

IV. Beratungshinweise

Dem Mandanten sollte aufgrund der bedingungsfeindlichen Regelung des § 1947 keinesfalls geraten werden, die Ausschlagung zugunsten einer dritten Person zu erklären. Sofern es sich lediglich um einen Beweggrund handelt, ist diese Erklärung unschädlich und macht die Ausschlagung nicht unwirksam.[8] Etwas anderes ist es jedoch, wenn die Ausschlagung nicht lediglich als Beweggrund, sondern vielmehr nur aus dem Motiv heraus erfolgte, dass die Erbschaft an einen bestimmten Dritten gelangt.[9] Eine solche Erklärung wäre als unzulässige Bedingung aufzufassen. Denn es ist ungewiss, ob der Dritte tatsächlich Erbe wird. Die Erbenstellung ist nicht allein von der Ausschlagung abhängig; selbst wenn die Erbschaft dem Dritten anfällt, könnte dieser sie z.B. ausschlagen. Sollte tatsächlich eine Ausschlagung unter einer solchen Bedingung erfolgt sein, so kann u.U. in einer solchen unwirksamen Bedingungserklärung die Annahme der Erbschaft gesehen werden mit der Erklärung, dass die Erbschaft an den Dritten veräußert werden soll.[10]   7

Allerdings ist in diesen Fällen zu beachten, dass derartige Vereinbarungen der notariellen Beurkundung bedürfen (§§ 2033, 2371, 2385). Daran wird es bei der Ausschlagungserklärung zumeist fehlen.   8

Sofern der Mandant eine bedingte Ausschlagungserklärung abgeben möchte, ist er über die Rechtsfolgen des § 1947 zu belehren. Eine bedingte Ausschlagungserklärung ist in jedem Falle so vorsichtig zu formulieren, dass dadurch kein Schwebezustand entstehen kann, der von weiteren noch unsicheren Rechtshandlungen des endgültigen Erben abhängig ist. Dies wäre beispielsweise dann der Fall, wenn die Ausschlagung nur für den Fall erklärt wird, dass der Ausschlagende den Pflichtteil erhält oder ein vom Erblasser ausgesetztes Vermächtnis bekommt.[11] Vielmehr sollte bei der Formulierung der bedingten Ausschlagung die Rechtsbedingung genau bezeichnet werden, aus der hervorgehen muss, dass zum Zeitpunkt der Erklärung nur eine rechtliche Unsicherheit, nicht aber eine tatsächliche Unsicherheit besteht. In jenem Fall ist bei der Formulierung bedingter Ausschlagungserklärungen äußerste Vorsicht geboten.   9

§ 1948
Mehrere Berufungsgründe

(1) Wer durch Verfügung von Todes wegen als Erbe berufen ist, kann, wenn er ohne die Verfügung als gesetzlicher Erbe berufen sein würde, die Erbschaft als eingesetzter Erbe ausschlagen und als gesetzlicher Erbe annehmen.

(2) Wer durch Testament oder Erbvertrag als Erbe berufen ist, kann die Erbschaft aus dem einen Berufungsgrund annehmen und aus dem anderen ausschlagen.

I. Normzweck

Die Regelung des § 1948 umfasst in Abs. 1 und Abs. 2 zwei verschiedene Konstellationen der Ausschlagung für den doppelt berufenen Erben. Abs. 1 umfasst die Regelung, dass ein Erbe sowohl durch Verfügung von Todes wegen als auch von Gesetzes wegen zur Erbschaft berufen ist. Ihm eröffnet Abs. 1 die Möglichkeit, die Erbschaft als eingesetzter Erbe auszuschlagen und als gesetzlicher Erbe anzunehmen.   1

---

8 *Soergel/Stein* § 1947 Rn. 2.
9 OLG Hamm NJW 1981, 2585.
10 KG DNotZ 1974, 597; *Soergel/Stein* § 1947 Rn. 2; *Staudinger/Otte* § 1947 Rn. 8.
11 Vgl. dazu *Damrau/Masloff* § 1947 Rn. 7; *Soergel/Stein* § 1950 Rn. 1.

2   Abs. 2 erfasst den Fall, dass der Erbe durch Verfügung von Todes wegen doppelt berufen ist, zum einen durch Testament, zum anderen durch Erbvertrag. Die gesetzliche Regelung in Abs. 2 ist in der Weise zu verstehen, dass der Erbe durch das Testament **und** Erbvertrag berufen ist. In diesen Fällen kann er die Erbschaft wahlweise aus dem einen Berufungsgrund annehmen und aus dem anderen ausschlagen.

3   Die Regelung des § 1948 ist im Zusammenhang mit § 1944 Abs. 2 zu sehen. Beide Regelungen verdeutlichen, dass der Berufungsgrund des Erben wesentliche Bedeutung für Annahme und Ausschlagung der Erbschaft hat und insb. das gesamte Recht der Ausschlagung maßgeblich prägt. Die Regelung des § 1948 ist insoweit konsequent, bildet sie doch mit dem Ausschlagungsrecht bei mehreren Berufungsgründen die denklogische Abrundung des gesetzlichen Ausschlagungsrechtes.

II. Ausschlagung des gesetzlichen Erben bei gewillkürter Erbschaft (Abs. 1)

4   Der Erbe kann auf die ganze Erbschaft oder zu demselben Erbteil jedoch aus unterschiedlichen Gründen zum Erben berufen sein. Die Berufung aus verschiedenen Gründen liegt z.B. bei der Erbschaft aus Testament und Gesetz, aus Erbvertrag und Gesetz oder Testament und Erbvertrag vor.[1] Sofern der Erbe aufgrund Verfügung von Todes wegen berufen wurde und ohne diese gesetzlicher Erbe geworden wäre, kann er die Stellung des eingesetzten Erben ausschlagen und die als gesetzlicher Erbe annehmen.[2] § 1948 gibt dem Erben nicht das Wahlrecht als solches, zwischen der Erbfolge aufgrund Verfügung von Todes wegen oder der gesetzlichen Erbfolge zu wählen. Die Regelung des § 1948 greift nur ein, wenn der Erblasser bei Ausschlagung die gesetzlichen Erbfolge nicht ausgeschlossen hat. Dies ist der Fall, wenn der Erblasser z.B. keinen Ersatzerben benannt hat. Mit »Verfügung« ist i.S.d. § 1948 nicht das Testament bzw. der Erbvertrag als ganzes zu sehen, sondern die getroffene Verfügung, die die Einsetzung des Ausschlagenden zum Inhalt hat.

5   U.U. kann der Erblasser in der letztwilligen Verfügung zum Ausdruck gebracht haben, dass der Bedachte lediglich als Testamentserbe in Betracht kommen soll. In diesem Fall liegt neben der Erbeinsetzung ein Ausschluss der gesetzlichen Erbfolge vor und § 1948 ist nicht anwendbar.[3]

6   Zu beachten ist in diesem Zusammenhang insb. der Vorrang der letztwilligen Verfügung gem. § 1937. Es ist im Einzelfall sorgfältig zu prüfen, ob der Erblasser mit der letztwilligen Verfügung mit der testamentarischen Erbeinsetzung zugleich einen Ausschluss des gesetzlichen Erbrechts des eingesetzten Erben bewirken wollte.

7   Im Zusammenhang mit der Regelung des § 1948 sind auch die Vorschriften von §§ 2069, 2094 bedeutsam, wonach die Abkömmlinge an die Stelle des Ausschlagenden treten und der Erbteil des Ausschlagenden den Miterben anwächst. Bei der Anwendung von § 1948 Abs. 1 gilt es zu beachten, dass das gesetzliche Erbrecht bei einer beabsichtigten Ausschlagung des gewillkürten Erbteils hinsichtlich Umfang und beteiligter Dritter sorgfältig geprüft werden sollte. Denn wird infolge einer Ausschlagung des gewillkürten Erbrechtes tatsächlich ein Dritter gesetzlicher Erbe, so ist die Erwartung der gesetzlichen Erbschaft durch den Ausschlagenden ein unbeachtlicher Motivirrtum, der eine Anfechtung nach § 1954 ausschließt.[4]

8   Rechtliche Vorteile kann die Ausschlagung und gleichzeitige Berufung zum gesetzlichen Erben mit dem Erhalt des Voraus nach § 1932 oder von Ausgleichsansprüchen nach § 2050 mit sich bringen.[5] Vorteile kann die Ausübung des Wahlrechtes für den gesetzlichen Erben

---

1 Die Berufung zu mehreren Erbteilen ist in § 1951 geregelt, s. hierzu § 1951 Rz. 5.
2 Anders als im österreichischem Recht, nach dem die Erbschaft aufgrund einer Verfügung von Todes wegen nicht ausgeschlagen werden darf, wenn sie als gesetzlicher Erbe angenommen wird; in diesem Fall besteht jedoch die Möglichkeit, sich den Pflichtteil vorzubehalten, § 808 österr. ABGB.
3 *Staudinger/Otte* § 1948 Rn. 6.
4 *Damrau/Masloff* § 1948 Rn. 2; *Soergel/Stein* § 1948 Rn. 2.
5 *Erman/Schlüter* § 1948 Rn. 2; *Jauernig/Stürner* § 1948 Rn. 2; **a.A.** *Staudinger/Otte* § 1948 Rn. 10; *Soergel/Stein* § 1948 Rn. 3.

auch dadurch bringen, wenn die Verfügung von Todes wegen Belastungen erhält, die nur für den eingesetzten Erben gelten. Mitunter kann die Ausübung des Wahlrechtes auch erbschaftsteuerliche Vorteile bedeuten, wenn die bei einer Ausschlagung des gewillkürten Erbteils neben dem Erben zugleich gesetzlichen Miterben berufen wären, sodass insgesamt höhere Steuerfreibeträge ausgeschöpft werden könnten. Dies gilt insb. nach der Erhöhung der Steuerfreibeträge durch die seit 2009 geltende Erbschaftsteuerreform. Im Einzelnen hängt dies allerdings sowohl vom Wert des Nachlasses als auch von den konkreten Verwandtschaftsgraden des Ausschlagenden sowie der Miterben ab.

III. Doppelberufung durch Testament und Erbvertrag (Abs. 2)

Wurde der Erbe durch Testament **und** Erbvertrag auf dasselbe berufen, so kann er gem. § 1948 Abs. 2 die Berufung aus dem einen Grunde ausschlagen und aus dem anderen annehmen. § 1948 Abs. 2 regelt jedoch nicht den Fall, dass eine Berufung aufgrund von zwei Testamenten erfolgte. Hier besteht kein Wahlrecht.[6] **9**

Der Fall des § 1948 Abs. 2 hat wenig praktische Bedeutung, da gem. § 2289 eine frühere wie spätere Verfügung unwirksam ist, sofern sie die erbvertragliche Verfügung beeinträchtigt. Insofern kommt die Regelung des § 1948 Abs. 2 nur zur Anwendung, wenn die testamentarische und erbvertragliche Verfügung den Erben völlig gleichmäßig einsetzen. In diesem Fall nimmt man an, dass beide Verfügungen gelten.[7] Wurden dem Erben im Erbvertrag bestimmte Beschränkungen und Belastungen z.B. Vermächtnisse auferlegt, so bleiben diese auch bei Ausschlagung aufgrund der Berufung durch Erbvertrag bestehen. Eine Erbausschlagung würde dem Erbe daher nichts bringen. Es sei denn, der Wille des Erblassers geht dahin, dass nur der vertragsmäßig Beschwerte das Vermächtnis zu leisten hat. **10**

Zu der Berufung aus mehreren Erbteilen s. § 1951 Rz. 2. **11**

IV. Kosten

Hinsichtlich der Kosten s. die Ausführungen zu § 1945 Rz. 3. Die mit der Ausschlagung gleichzeitig erfolgte Annahme der Erbschaft ist gem. § 112 Abs. 3 KostO gebührenfrei. **12**

V. Beratungshinweise

Auch die Regelung von § 1948 zeigt erneut, dass bei der Formulierung von Ausschlagungs- und Annahmeerklärungen in der Praxis Vorsicht geboten ist. **13**

Grundsätzlich sollte vor der Ausschlagung nach § 1948 Abs. 1 sorgfältig geprüft werden, ob tatsächlich ein gesetzliches Erbrecht besteht und ob möglicherweise andere gesetzliche Erben vorhanden sind, deren Erbrecht vorrangig ist. Es ist für die Praxis besonders bedeutsam, weil die einmal erklärte Ausschlagungserklärung nicht mehr angefochten werden kann, da in diesem Fall lediglich ein unbeachtlicher Motivirrtum[8] vorliegt.[9] **14**

Ferner sollten genau die einzelnen in Betracht kommenden Berufungsgründe geprüft werden. Mit der Ausschlagungserklärung sollte der Berufungsgrund, gegen den die Ausschlagung erfolgt, genau bezeichnet werden. Ebenso empfiehlt es sich, den Berufungsgrund, zu dem die Erbschaft angenommen wird, ebenfalls ausdrücklich zu benennen, damit spätere Auslegungsschwierigkeiten vermieden werden. Denn Unklarheiten gehen damit regelmäßig zulasten des Erklärenden, zumal sich die Ausschlagung nach § 1949 Abs. 2 im Zweifel auf alle Berufungsgründe erstreckt. **15**

Hinsichtlich des gesetzlichen Erbrechts wird der Erbe bei Ausschlagung der gewillkürten und Annahme der gesetzlichen Erbschaft auf seinen Pflichtteils**rest**anspruch verwie- **16**

---

6 KG OLGE 42, 127.
7 *Lange/Kuchinke* § 8 VI 2b.
8 Es liegt hier nur ein Irrtum über die Rechtsfolge vor.
9 MüKoBGB/*Leipold* § 1948 Rn. 2; *Staudinger/Otte* § 1948 Rn. 3.

sen, § 2305.¹⁰ Insofern ist es nicht ratsam, dem Mandanten zu empfehlen, die Erbschaft auszuschlagen, wenn er nur zu einem geringen Teil als Erbe eingesetzt wurde (z.B. 1/10), als gesetzlicher Erbe jedoch die gesamte Erbschaft erhalten würde. Denn in diesem Fall würde er nur noch seinen Pflichtteilsanspruch erhalten abzüglich des eingesetzten Erbteils, welches er ausgeschlagen hat (= Pflichtteils**rest**anspruch). Die Ausschlagung als eingesetzter Erbe ist jedoch vorteilhaft, wenn die Einsetzung mit Beschränkungen oder Beschwerungen erfolgte und diese den Mandanten nach dem Willen des Erblassers als gesetzlichen Erben nicht treffen würden. Zu beachten ist hierbei, dass Vermächtnisse und Auflagen auch bei der gesetzlichen Erbfolge bestehen bleiben, §§ 2161, 2192. Gleiches gilt für Beschränkungen, Einsetzung eines Nacherben, § 2100, Ernennung eines Testamentsvollstreckers, § 2197, Bestimmung der Pflichtteilslast, § 2324.¹¹

17   Sofern ein wechselbezügliches Ehegattentestament errichtet wurde, bietet es sich zum Teil für den überlebenden Ehegatten an, dieses auszuschlagen. Durch die Ausschlagung wird die Bindung an die eigene Verfügung verhindert, § 2271 Abs. 2 S. 1 Hs. 2.¹² Ferner kann die Ausschlagung für den Ehegatten auch in folgendem Fall vorteilhaft sein: Der Erblasser ist kinderlos und hat seinen Ehegatten zum Alleinerben eingesetzt sowie seine Eltern enterbt. In diesem Fall würde – sofern der überlebende Ehegatte die Erbschaft als eingesetzter Erbe annehmen würde – bei der Bewertung der Erbschaft und mithin des Pflichtteilsanspruchs der Eltern der Voraus miteinbezogen, da dem Ehegatten als eingesetzten Erbe der Voraus nicht gebührt, § 2311 Abs. 1 S. 2 i.V.m. § 1932. Würde der Ehegatte die gewillkürte Erbschaft ausschlagen, so bleiben die Eltern enterbt, insofern bleibt er alleiniger gesetzlicher Erbe. In diesem Fall bleibt der Voraus jedoch bei der Bewertung des Pflichtteils unberücksichtigt, § 2311 Abs. 1 S. 2.¹³

VI. Muster

18   **Ausschlagungserklärung des berufenen Ehegatten als Erben unter gleichzeitiger Annahme der Erbschaft als gesetzlicher Erbe**

> An das
> Amtsgericht – Nachlassgericht – (in Baden-Württemberg Notariat)
> Straße
> Ort
> – Per Einschreiben –
>
> Ausschlagung der Erbschaft durch letztwillige Verfügung unter Annahme der Erbschaft als gesetzlicher Erbe bezüglich des Nachlasses von Frau/Herrn …, verstorben am …
>
> Sehr geehrte Damen und Herren,
>
> hiermit zeigen wir an, dass wir Frau/Herrn …, … (Straße), … (Ort), anwaltlich vertreten. Frau/Herr … ist … (Ehemann/Ehefrau) des/der am … (Sterbedatum) verstorbenen … (Name des Erblassers) in … (Ort), … (Straße). Als Anlage übersenden wir Ihnen die öffentlich beglaubigte Ausschlagungserklärung unserer Mandantschaft hinsichtlich des Berufungsgrundes der letztwilligen Verfügung. Unser Mandant nimmt die Erbschaft als gesetzlicher Erbe an.

---

10 S. hierzu auch § 2305.
11 S. hierzu auch: *Lange/Kuchinke* § 8 VI Fn. 127.
12 *Palandt/Edenhofer* § 2271 Rn. 17; s. hierzu auch § 2271.
13 *Lange/Kuchinke* § 8 VI 2a Fn. 130; *Soergel/Stein* § 1948 Rn. 3; *Staudenmaier* DNotZ 1965, 68.

> Wir bitten, die Erbschaftsausschlagung bezüglich der gewillkürten Erbeinsetzung zu bestätigen.
>
> Mit freundlichen Grüßen
>
> Rechtsanwältin/Rechtsanwalt
>
> Anlage:
>
> **Ausschlagungserklärung der Erbschaft aufgrund letztwilliger Verfügung unter gleichzeitiger Annahme der Erbschaft als gesetzlicher Erbe bei Ehegatten**
>
> Ich, … (Name, Anschrift), bin die/der … (Ehefrau/Ehemann) des/der am … (Sterbedatum) in … (Ort, Straße) verstorbenen … (Name Erblasser). Der Wohnsitz des/der Erblassers/in war … (Ort).
>
> In dem gemeinschaftlichen Testament vom … (Datum) haben wir uns gegenseitig als Erben eingesetzt und bestimmt, dass nach dem Tode des Überlebenden der Nachlass je zur Hälfte an meine und meines/r Ehemannes/Ehefrau Verwandte fallen sollen. Die Verwandten sind im Testament näher bezeichnet.
>
> Hiermit schlage ich die mir aufgrund letztwilliger Verfügung angefallene Erbschaft aus und nehme die Erbschaft als gesetzlicher Erbe an.
>
> Ort, Datum
>
> Unterschrift
>
> *Beglaubigungsvermerk*

§ 1949
Irrtum über den Berufungsgrund

(1) Die Annahme gilt als nicht erfolgt, wenn der Erbe über den Berufungsgrund im Irrtum war.

(2) Die Ausschlagung erstreckt sich im Zweifel auf alle Berufungsgründe, die dem Erben zur Zeit der Erklärung bekannt sind.

I. Irrtum über den Berufungsgrund (Abs. 1)

§ 1949 regelt die Folgen beim Irrtum über den Berufungsgrund. Für die Regelung des § 1949 spielt es keine Rolle, ob die Annahme ausdrücklich oder stillschweigend durch ein Handeln i.S.v. *pro herede gestio*[1] erfolgt ist. Maßgebend ist auch nicht, ob bei der Annahme ausdrücklich auf den Berufungsgrund Bezug genommen wurde oder dieser nur stillschweigend vorausgesetzt wurde.[2] Für die Regelung des § 1949 ist es ferner ohne Bedeutung, ob der Irrtum über den Berufungsgrund entschuldbar ist. 1

Ein relevanter Irrtum i.s.v. § 1949 ist dann anzunehmen, wenn der Erbe über den Tatbestand, aufgrund dessen er zum Erben berufen wurde, eine irrige Vorstellung hat. Beispiele: Der Erbe glaubt aufgrund eines Testaments zum Erbe berufen zu sein, obwohl er tatsächlich aufgrund eines Erbvertrages zum Erbe berufen wurde; wenn der Erbe bei Vorliegen mehrerer Testamente oder Erbverträge der Ansicht ist, aufgrund eines bestimmten Testamentes zum Erbe berufen zu sein, tatsächlich aufgrund eines anderen Testamentes zum 2

---

1 S. hierzu § 1943, Rz. 2.
2 *Staudinger/Otte* § 1949 Rn. 4.

Erbe berufen wurde oder wenn der Erbe der Ansicht ist, aufgrund verwandtschaftlicher Beziehungen zum Erbe berufen zu sein, tatsächlich jedoch aufgrund eines Testamentes zum Erbe berufen wurde. Insofern macht auch ein Rechtsirrtum, z.B. die irrige Annahme, dass die Erbschaft aufgrund eines angeblich formnichtigen Testaments von Gesetzes wegen angefallen ist, die Annahmeerklärung unwirksam.[3]

3 Der Irrtum über den Berufungsgrund setzt das unbewusste Auseinanderfallen zwischen vorgestelltem und tatsächlichem Berufungsgrund voraus.[4] Dabei ist auch die unrichtige Vorstellung über die rechtlichen Verhältnisse des vorgestellten Berufungsgrundes als **Rechtsirrtum** beachtlich, wie in den oben bezeichneten Beispielen.

4 Von der Regelung des § 1949 nicht erfasst wird dagegen der Irrtum über Einzelheiten einer letztwilligen Verfügung oder über Eigenschaften des Nachlasses wie z.B. der Irrtum über die Liquidität des Nachlasses, Belastungen durch Vermächtnisse oder einzelne Regelungen eines Erbvertrages. Entgegen a.A. kommt es dabei nicht darauf an, ob es sich dabei um wesentliche Einzelheiten handelt.[5] Entscheidend ist vielmehr, dass der Erbe von dem tatsächlichen Berufungsgrund Kenntnis hatte und wusste, dass er aus diesem Berufungsgrund zur Erbschaft berufen ist. Ist der Berufungsgrund dem Erben allerdings gleichgültig, so dass seine Annahmeerklärung nicht auf der Richtigkeit seiner Vorstellung vom Berufungsgrund notwendigerweise beruht, dann ist seine falsche Vorstellung für die Annahme mangels Kausalität irrelevant.[6]

5 Die Regelung des § 1949 ist von den konkurrierenden Anfechtungsregeln der §§ 1954–1956 sowie den allgemeinen Vorschriften über Willensmängel (§§ 119 ff.) zu unterscheiden. Ein Irrtum, der nach § 1949 irrelevant sein kann, berechtigt möglicherweise zur Anfechtung nach den besonderen Bestimmungen der §§ 1954–1956 i.V.m. §§ 119 ff. Dies ist im Einzelfall gesondert zu prüfen. Im Gegensatz zu der vorbezeichneten Regelung ist nach § 1949 Abs. 1 keine Anfechtungserklärung erforderlich.[7] So kann der Irrtum über den Berufungsgrund auch durch eine entgegengesetzte Erklärung, z.B. Ausschlagung statt Annahme, ohne Weiteres geltend gemacht werden. Überdies gilt nach h.M. die Regelung des § 1949 Abs. 1 entsprechend auch für die Ausschlagung.[8] Dies gilt ungeachtet der Regelung des § 1949 Abs. 2.

1. Folge des Irrtums über den Berufungsgrund

6 Die Rechtsfolge eines Irrtums über den Berufungsgrund ist, dass die Annahme als nicht erfolgt gilt und damit nichtig ist. Deshalb bleibt dem Erben bei der Annahme und einem relevanten Irrtum über den Berufungsgrund die Anfechtung erspart. Vielmehr gilt die Annahme von vorne herein als nicht erfolgt. Die Ausschlagungsfrist beginnt in einem solchen Fall erst ab dem Zeitpunkt, in dem der Irrtum weggefallen ist und der Erbe über den wirklichen Berufungsgrund Kenntnis erlangt, da der Beginn der Ausschlagungsfrist von der Kenntnis des Berufungsgrundes abhängig ist.[9]

2. Beweislast

7 Grundsätzlich trifft denjenigen die Beweislast für den Irrtum über den Berufungsgrund, der sich darauf beruft.[10]

---

3 MüKoBGB/*Leipold* § 1949 Rn. 2; *Staudinger/Otte* § 1949 Rn. 6.
4 *Damrau/Masloff* § 1949 Rn. 2.
5 So etwa *Damrau/Masloff* § 1949 Rn. 2.
6 OLG Karlsruhe ZEV 2007, 380 f.; so nun auch *Staudinger/Otte* § 1949 Rn. 4 unter gleichzeitiger Aufgabe der abweichenden Auffassung in der Vorauflage.
7 *Jauernig/Stürner* § 1949 Rn. 1; *Staudinger/Otte* § 1949 Rn. 3.
8 *Palandt/Edenhofer* § 1949 Rn. 4; *Damrau/Masloff* § 1949 Rn. 1; *Soergel/Stein* § 1949 Rn. 1.
9 *Lange/Kuchinke*, Erbrecht, § 8 VII 1d.
10 *Staudinger/Otte* § 1949 Rn. 4.

II. Ausschlagung bei mehreren Berufungsgründen (Abs. 2)

Wurde die Ausschlagung vom Erben nicht auf einen Berufungsgrund konkretisiert, so gilt die Ausschlagung im Zweifel für alle Berufungsgründe. 8

Die Regelung des § 1949 Abs. 2 findet jedoch nur dann Anwendung, wenn die Erbschaft von Anfang an aus mehreren Berufungsgründen angefallen ist.[11] 9

Sie erfasst dann alle dem Ausschlagenden bekannten Berufungsgründe und ferner auch alle gesetzlichen Berufungsgründe, aus denen der Ausschlagende erneut berufen sein würde.[12] Dagegen soll § 1949 Abs. 2 keine Anwendung finden, sofern die Erbschaft zukünftig erst durch weitere Ereignisse anfällt (z.B. Ausschlagungen ersatzweise berufener Erben). Sofern sich der Erklärende über den Berufungsgrund keinerlei Gedanken macht, erfasst die Ausschlagung alle Berufungsgründe.[13] Anders als bei der Regelung gem. Abs. 1 gehört eine analoge Anwendung der Vorschrift des Abs. 2 auf den Fall der Annahme abgelehnt.[14] 10

III. Anwendungskonkurrenz

Nach wohl h.M. sind die Regelungen in § 1949 Abs. 1 und Abs. 2 neben der Irrtumsanfechtung gem. §§ 1954, 1956 anwendbar.[15] Die gegenteilige Auffassung meint, dass § 1949 als *lex specialis* die Anwendung der allgemeinen Regeln über die Anfechtung nach §§ 1954, 1956 ausschließt.[16] 11

IV. Beratungshinweise

U.U. kann die Regelung des § 1949 für den Erben von Vorteil sein, da ihm aufgrund eines Irrtums die Möglichkeit gegeben wird, die Erbschaft aufgrund des nunmehr bekannt gewordenen Berufungsgrundes auszuschlagen. Insofern ist der Erbe jedoch für das Vorhandensein des Irrtums beweispflichtig. Soweit der Erbe die Annahme der Erbschaft ausdrücklich erklärt, ist zu überlegen, ob der Mandant den Berufungsgrund in der Annahmeerklärung dokumentiert. Im Falle der Dokumentation erleichtert dies dem Erben im Irrtumsfall die spätere Beweisführung. Andererseits ist bei mehreren Berufungsgründen eine voreilige Annahmeerklärung vor Ablauf der Ausschlagungsfrist und einer sorgfältigen Prüfung von § 1948 mit Risiken behaftet. Hier muss zuvor sorgfältig geprüft werden, welcher Berufungsgrund für die Annahme aus Sicht des Erben vorteilhafter ist und welcher Berufungsgrund möglicherweise eine Ausschlagung der Erbschaft rechtfertigt. 12

Ebenso ist es bei der Ausschlagung der Erbschaft empfehlenswert, in der Erklärung klarzustellen, aus welchem Berufungsgrunde die Ausschlagung erfolgt, sofern die Berufung aus einem anderen Grunde zugleich Vorteile verspricht. Dadurch sichert sich der Berufene die Möglichkeit, die ausgeschlagene Erbschaft aufgrund eines noch unbekannten Berufungsgrundes anzunehmen. 13

Nur dann, wenn auch aufgrund eines anderen Berufungsgrundes zu erwarten ist, dass die Erbschaft – z.B. bei Überschuldung des Nachlasses – nicht angenommen wird, ist eine allgemein gehaltene Ausschlagungserklärung empfehlenswert. Andernfalls wäre der Erbe verpflichtet, bei dem Auftreten neuer Berufungsgründe, die Erbschaft erneut auszuschlagen.[17] 14

---

11 *Staudinger/Otte* § 1949 Rn. 12; *Soergel/Stein* § 1949 Rn. 8; **a.A.**: *MüKoBGB/Leipold* § 1949 Rn. 9.
12 *MüKoBGB/Leipold* § 1949 Rn. 9; *Damrau/Masloff* § 1949 Rn. 5; diff.: *Palandt/Edenhofer* § 1949 Rn. 4, der für eine Einzelfallbetrachtung eintritt; **a.A.** *Soergel/Stein* § 1949 Rn. 8.
13 *Soergel/Stein* § 1949 Rn. 5.
14 *Damrau/Masloff* § 1949 Rn. 5.
15 *Palandt/Edenhofer* § 1954 Rn. 1; *MüKoBGB/Leipold* § 1954 Rn. 2; *Damrau/Masloff* § 1949 Rn. 6.
16 *Soergel/Stein* § 1954 Rn. 1; *Staudinger/Otte* § 1954 Rn. 2.
17 S. hierzu auch das Muster unter § 1945 Rz. 10.

§ 1950
Teilannahme; Teilausschlagung

Die Annahme und die Ausschlagung können nicht auf einen Teil der Erbschaft beschränkt werden. Die Annahme oder Ausschlagung eines Teiles ist unwirksam.

I. Normzweck

1 Die Regelung des § 1950 konstituiert den Grundsatz der Unteilbarkeit von Annahme und Ausschlagung der Erbschaft. Eine teilweise Annahme ist ebenso wie eine teilweise Ausschlagung der Erbschaft unwirksam. Damit folgt die Norm konsequent dem Grundsatz der Universalsukzession von § 1922. Die Regelung ist auch durch Verfügung von Todes wegen weder ganz noch teilweise abdingbar. § 1950 ist deshalb für jede Annahme und Ausschlagung zwingend zu beachten.

II. Generelles Beschränkungsverbot

2 Nach § 1950 darf die Annahme bzw. die Ausschlagung nicht auf einen Teil der Erbschaft beschränkt werden. Die Erbschaft kann also nur einheitlich ausgeschlagen oder angenommen werden.[1] Dieses Beschränkungsverbot gilt für einen ideellen Bruchteil ebenso wie für einen realen Nachlassgegenstand.[2] Annahme und Ausschlagung können also weder auf einen Bruchteil des Nachlasses noch auf bestimmte Nachlassgegenstände beschränkt werden. Das grundsätzliche Beschränkungsverbot gilt jedoch nicht für den Fall, dass einem Erben mehrere Erbteile angefallen sind.[3] Das Verbot des § 1950 erfasst also nicht die isolierte Annahme oder Ausschlagung eines rechtlich selbstständigen Nachlassteils bei einer Nachlassspaltung[4]

3 Beim gesetzlichen Erbteil des Ehegatten nach § 1931 Abs. 2, 3 und dessen Erhöhung bei der Zugewinngemeinschaft nach § 1371 Abs. 1 geht die h.M. von einem einheitlichen Erbteil aus, der nur als ganzer angenommen bzw. ausgeschlossen werden kann.[5] Ein Ehegatte kann deshalb nicht den Erbteil nach § 1931 Abs. 1 annehmen und die Erhöhung nach § 1371 Abs. 1 ausschlagen oder umgekehrt.

4 Wurde die Erbschaft zum Teil angenommen und keine Ausschlagung erklärt, so ist davon auszugehen, dass der Erbe die Erbschaft als Ganzes angenommen hat. Dies folgt aus der Regelung des § 1943. Sofern dies nicht seinem Willen entsprach, hat er die Möglichkeit der Anfechtung.[6]

5 Zwingende Folge der Unwirksamkeit einer Teilannahme oder Teilausschlagung ist, dass die ganze Erbschaft als angenommen gilt, sobald die Ausschlagungsfrist abgelaufen ist.[7]

6 Umstritten ist die Ausschlagung unter Vorbehalt des Pflichtteils. Dabei stellt sich die Frage, ob das Bestehen eines Pflichtteilsanspruchs aus Sicht des Ausschlagenden ein unbeachtliches Motiv oder eine unzulässige Bedingung (§ 1947) war. Die wohl h.M. weist zu Recht darauf hin, dass eine Ausschlagung unter Vorbehalt des Pflichtteils nicht möglich ist.[8] Es bleibt dann nur eine Prüfung über die Anfechtung der Ausschlagung nach §§ 1954 ff.[9]

---

1 *Brox/Walker* Erbrecht Rn. 297.
2 *Lange/Kuchinke* § 8 VI, 1 a.
3 *Staudinger/Otte* § 1950 Rn. 2.
4 *Palandt/Edenhofer* § 1950 Rn. 1.
5 *Erman/Schlüter* § 1931 Rn. 22; *Palandt/Edenhofer* § 1950 Rn. 2.
6 *Lange/Kuchinke*, § 8 VI, 1 a.
7 *Soergel/Stein* § 1950 Rn. 1.
8 RGZ 93, 9; *Staudinger/Otte* § 1950 Rn. 6.
9 Vgl. dazu auch OLG Hamm RPfleger 1981, 402 f.; MüKoBGB/*Leipold* § 1950 Rn. 5; *Damrau/Masloff* § 1950 Rn. 3; *Jauernig/Stürner* § 1950 Rn. 1; *Staudinger/Otte* § 1950 Rn. 6.

III. Ausnahmen vom Beschränkungsverbot

Nach dem Höferecht ist eine gegenständliche Ausschlagung möglich.[10]

Ferner besteht gem. § 1952 Abs. 3 die Möglichkeit einer Beschränkung der Ausschlagung. § 1952 Abs. 3 regelt den Fall, dass eine Miterbengemeinschaft Erbeserbe geworden ist. In diesem Fall, ist jeder Erbeserbe allein berechtigt, seine Erbschaft auszuschlagen bzw. anzunehmen.[11] Bei Ehegatten ist schließlich eine Ausschlagung unter dem Vorbehalt des Pflichtteils im Rahmen des Güterstandes der Zugewinngemeinschaft möglich.[12] Eine Ausschlagungserklärung unter dem Vorbehalt des Pflichtteils ist ferner im Rahmen des § 2306 Abs. 1 S. 2 möglich.

IV. Beratungshinweise

Eine Teilausschlagung der Erbschaft ist nicht möglich. Sofern ein Erbe die nach ihm Berufenen an der Erbschaft beteiligen möchte, kann er dies nicht damit bewirken, dass er die Erbschaft zum Teil ausschlägt. Insofern bleibt ihm in diesem Fall nur die Möglichkeit, einen Teil der Erbschaft zu übertragen.

Die Erbschaft kann auch nicht mit dem Vorbehalt ausgeschlagen werden, dass der Pflichtteil in Anspruch genommen wird, da der eingesetzte Erbe keinen Pflichtteilsanspruch hat sondern allenfalls einen Pflichtteilsrestanspruch. S. hierzu auch die Beratungshinweise zu § 1948 Rz. 4.

§ 1951
Mehrere Erbteile

(1) Wer zu mehreren Erbteilen berufen ist, kann, wenn die Berufung auf verschiedenen Gründen beruht, den einen Erbteil annehmen und den anderen ausschlagen.

(2) Beruht die Berufung auf demselben Grunde, so gilt die Annahme oder Ausschlagung des einen Erbteils auch für den anderen, selbst wenn der andere erst später anfällt. Die Berufung beruht auf demselben Grund auch dann, wenn sie in verschiedenen Testamenten oder vertragsmäßig in verschiedenen zwischen denselben Personen geschlossenen Erbverträgen angeordnet ist.

(3) Setzt der Erblasser einen Erben auf mehrere Erbteile ein, so kann er ihm durch Verfügung von Todes wegen gestatten, den einen Erbteil anzunehmen und den anderen auszuschlagen.

Übersicht	Rz.		Rz.
I. Normzweck	1	V. Wahlrecht bei Bildung mehrerer Erbteile durch den Erblasser (Abs. 3)	13
II. Berufung zu mehreren Erbteilen (Abs. 1)	2		
III. Verschiedene Berufungsgründe (Abs. 1)	8	VI. Beratungshinweise	14
IV. Rechtsfolgen	11	VII. Muster	16

I. Normzweck

Die Regelung des § 1951 erfasst diejenigen Fälle, in denen ein Erbe zu mehreren Erbteilen berufen ist. Die Vorschrift des § 1951 tritt damit neben die Regelungen in § 1948 und

---

10 *Lange/Kuchinke* § 53 VIII 1.
11 S. hierzu auch § 1952 Rz. 1.
12 § 1371 Abs. 3.

§ 1950, die jeweils nur einen angefallenen Erbteil betreffen. Deshalb können die durch § 1951 gegebenen Wahlrechte über die des § 1948 hinausgehen.[1] Im Einzelnen ist genau auf die vom Gesetzgeber gewählten Rechtsbegriffe in den §§ 1948, 1950, 1951 zu achten. Der Begriff »Erbteil« in § 1951 ist nicht gleichbedeutend mit dem Begriff »Teil der Erbschaft« in § 1950. In § 1951 geht es um den dem Erben angefallenen gesamten Erbteil, wohingegen § 1950 klarstellt, dass Annahme und Ausschlagung nicht auf einen Teil der Erbschaft (bezogen auf den dem Erben angefallenen gesamten Erbteil) beschränkt werden können. Ebenso ist bei der Anwendung von § 1951 sorgfältig zu differenzieren zwischen den Begriffen »Erbteil« und »Berufungsgrund«. Zu Recht wird darauf hingewiesen, dass in Teilen der Literatur und Rspr. die vorbezeichneten Begriffe zum Teil miteinander vermengt werden.[2] Der Erbe kann einen Erbteil annehmen und den anderen ausschlagen, wenn folgende Voraussetzungen vorliegen:

II. Berufung zu mehreren Erbteilen (Abs. 1)

2 Voraussetzung des Wahlrechtes nach Abs. 1 ist zunächst, dass der Erbe zu mehreren Erbteilen berufen ist. Als weitere Voraussetzung fordert die Vorschrift, dass die Berufung zu mehreren Erbteilen auf verschiedenen Berufungsgründen beruhen muss (vgl. dazu nachfolgend III.).

3 Zu mehreren Erbteilen kann der Erbe in folgenden Fällen berufen sein:
– Gesetzliche Erbenstellung durch Verwandtschaft und Ehe, § 1934; ein solcher Fall liegt vor aufgrund einer Eheschließung zwischen Verwandten[3]
– Gesetzliche Erbenstellung aufgrund mehrfacher Verwandtschaft, § 1927
– Erbenstellung durch gesetzliche Erbfolge und aufgrund eines Testaments
– Erbenstellung aufgrund gesetzlicher Erbfolge und eines Erbvertrages
– Erbenstellung aufgrund Testaments und Erbvertrages
– Erbenstellung aufgrund mehrerer Testamente
– Erbenstellung aufgrund mehrerer Erbverträge
– Erbenstellung aufgrund Bildung mehrerer Erbteile durch ein oder mehrere Verfügungen von Todes wegen gem. § 1951 Abs. 3; der Erblasser kann durch ein und dieselbe Verfügung von Todes wegen mehrere Erbteile bilden, z.B. durch Einsetzung eines Erben als Vollerbe, teils als Nacherbe[4] oder durch die Einsetzung eines Erben, der zugleich als Ersatzerbe für einen Miterben eingesetzt wird oder durch die Einsetzung eines Erben zu mehreren Bruchteilen, die jeweils mit einem gesonderten Vermächtnis beschwert sind.

4 Keine Einsetzung auf mehrere Erbteile liegt ferner vor, mit der Folge, dass ein Wahlrecht nach § 1951 Abs. 1 nicht entsteht, wenn der Erbe als Vorerbe und für den Fall der Ausschlagung der Vorerbschaft als Vollerbe unter gleichzeitiger Anordnung von Vermächtnissen eingesetzt wird; in solchen Fällen ist der Erbe nicht zu mehreren Erbteilen berufen, vielmehr ist ihm der gesamte Nachlass unter jeweils unterschiedlichen Voraussetzungen zugewendet worden.[5]

5 Die vorstehend beschriebenen Fälle werden in Lit. und Rspr. zum Teil unterschiedlich bewertet.[6]

6 Dagegen liegt keine Berufung zu mehreren Erbteilen vor bei dem erhöhten oder angewachsenen Erbteil (vgl. §§ 1935, 2094). Das bedeutet, dass ein Wahlrecht nach Abs. 1 in

---

[1] MüKoBGB/*Leipold* § 1951 Rn. 1; *Staudinger/Otte* § 1951 Rn. 1.
[2] *Damrau/Masloff* § 1951 Rn. 2.
[3] Vgl. dazu *Staudinger/Werner* § 1934 Rn. 2.
[4] KG NJW-RR 2005, 592; *Staudinger/Otte* § 1951 Rn. 3.
[5] BayObLG ZEV 1996, 425; *Edenfeld* ZEV 1996, 427; **a.A.** *Soergel/Stein* § 1951 Rn. 7; MüKoBGB/*Leipold* § 1951 Rn. 6.
[6] Vgl. den jwlg. Überblick bei *Erman/Schlüter* § 1951 Rn. 1 f.; *Damrau/Masloff* § 1951 Rn. 2.

diesen Fällen nicht besteht, sodass die Annahme oder Ausschlagung immer auch den erhöhten oder angewachsenen Erbteil erfasst.[7] Es handelt sich bei dem erhöhten oder angewachsenen Erbteil immer um ein und denselben Erbteil. Nicht erfasst von Abs. 1 ist deshalb auch die Erhöhung des Ehegattenerbteils durch § 1371 Abs. 1.[8]

Eine Besonderheit gilt nach der HöfeO. Gem. §§ 4, 11 HöfeO kann der Erbe den Anfall 7 des Hofes ausschlagen, ohne zugleich die Erbschaft in das übrige Vermögen auszuschlagen. Umstritten ist, ob der Hoferbe in entsprechender Anwendung des § 1951 auch umgekehrt die übrige Erbschaft ausschlagen und den Anfall des Hofes annehmen kann.[9] Im Hinblick auf die besondere Interessenlage des Hoferben erscheinen Fallkonstellationen denkbar, in denen eine entsprechende Anwendung von Abs. 1 und damit die Annahme des Hofes bei gleichzeitiger Ausschlagung der übrigen Erbschaft vertretbar erscheinen.

III. Verschiedene Berufungsgründe (Abs. 1)

Als zweite wesentliche Voraussetzung des Wahlrechtes von Abs. 1 fordert das Gesetz, dass 8 der Erbe nicht nur zu mehreren Erbteilen berufen sein muss, sondern dass die Berufung auch auf verschiedenen Berufungsgründen beruht. Es ist also zu ermitteln, ob die Berufung auf verschiedenen Gründen oder auf dem selben Grund beruht. Systematisch knüpft der Begriff des Berufungsgrundes an die Regelungen in § 1944 Abs. 2 und § 1949 an. Verschiedene Berufungsgründe liegen demnach in folgenden Fällen vor:
– Erbenstellung infolge Testament und Gesetz
– Erbenstellung infolge Testament und Erbvertrag
– Erbenstellung aufgrund mehrerer Erbverträge, die der Erblasser mit verschiedenen Personen geschlossen hat
– Erbenstellung infolge Verfügung von Todes wegen gem. § 1951 Abs. 3

Auf dem selben Berufungsgrund beruhen hingegen die Einsetzung des Erben durch mehrere 9 Testamente oder durch mehrere Erbverträge, die der Erblasser mit der selben Person abgeschlossen hat. Ebenso besteht ein einheitlicher Berufungsgrund bei der Einsetzung des Erben durch ein Testament oder durch einen Erbvertrag. Dasselbe gilt, wenn der Erbe aufgrund eines Testaments eingesetzt ist, das den Erben unter verschiedenen Voraussetzungen durch mehrere Nacherbschaften beschränkt.

Umstritten sind die Fälle, in denen die gesetzliche Erbenstellung durch Verwandtschaft 10 und Ehe entsteht (§ 1934) und in denen die gesetzliche Erbenstellung durch mehrfache Verwandtschaft begründet wird (§ 1927). Früher wurde die gesetzliche Erbenstellung als einheitlicher Berufungstatbestand angesehen. Inzwischen vertreten Rspr. und Lit. allerdings mehrheitlich die Auffassung, dass insoweit mehrere Berufungsgründe anzunehmen sind.[10]

IV. Rechtsfolgen

Nach Abs. 1 kann der Erbe bei mehreren Berufungsgründen nach dem eindeutigen Wort- 11 laut den einen Erbteil annehmen und den anderen ausschlagen. Wenn der Erbe seine Erklärung auf einen Erbteil beschränkt, ist sie dagegen insgesamt unwirksam. Das ergibt sich bereits aus § 1950 und gilt auch bei mehreren Erbteilen, die auf unterschiedlichen Berufungsgründen beruhen.

---

7 *Palandt/Edenhofer* § 1951 Rn. 1; *Soergel/Stein* § 1951 Rn. 3.
8 Vgl. dazu *Staudinger/Werner* § 1931 Rn. 39.
9 Bejahend: *Wöhrmann/Stöcker* § 11 HöfeO Rn. 1; *MüKoBGB/Leipold* § 1950 Rn. 9; *Olshausen* AgrarR 1977, 138; ablehnend: *Erman/Schlüter* § 1951 Rn. 6; *Staudinger/Otte* § 1951 Rn. 4 m.w.N.
10 Vgl. dazu *Soergel/Stein* § 1951 Rn. 2; *MüKoBGB/Leipold* § 1951 Rn. 2; *Staudinger/Otte* § 1951 Rn. 11 m.w.N.

12 Liegt hingegen nur ein einheitlicher Berufungsgrund vor, so regelt Abs. 2 unzweideutig, dass die Annahme oder Ausschlagung im Zweifel auch den anderen Erbteil erfasst. Dies gilt auch dann, wenn der andere Erbteil dem Erben erst später z.B. als Ersatz- oder Nacherbe anfällt.[11] Etwas anderes gilt auch hier, sofern die Annahme- oder Ausschlagungserklärung ausdrücklich oder stillschweigend auf einen Erbteil beschränkt wird. Eine solche beschränkende Erklärung gilt dann nicht etwa nach dem Rechtsgedanken von Abs. 2 auch für den anderen Erbteil; vielmehr ist eine solche Erklärung wegen § 1950 ebenfalls als unwirksam zu bewerten. Hier ist zu beachten, dass die Versäumung der Ausschlagungsfrist nach § 1943 zur Unterstellung der Annahme der Erbschaft führt, die dann allenfalls noch der Anfechtung nach § 1956 unterliegt.

V. Wahlrecht bei Bildung mehrerer Erbteile durch den Erblasser (Abs. 3)

13 Die Regelung des Abs. 3 bietet dem Erblasser eine besondere Gestaltungsmöglichkeit. Durch Bildung mehrerer Erbteile kann der Erblasser das Wahlrecht des Erben erheblich ausweiten. So kann der Erblasser mehrere Erbteile bilden und dem Erben testamentarisch oder durch Erbvertrag die getrennte Annahme oder Ausschlagung gestatten. Umstritten ist, ob der Erblasser einen einheitlichen Erbteil oder sogar den ganzen Nachlass zur Ermöglichung der teilweisen Annahme oder Ausschlagung beliebig aufspalten kann.[12] Andere Stimmen in der Lit. sehen dieses Dispositionsrecht durch die Regelung in § 1950 und den Schutz der Universalsukzession beschränkt.[13] Festzustellen ist allerdings, dass der Wortlaut der Regelung in Abs. 3 eine solch einschränkende Auslegung kaum zulässt. Aus der Regelung des § 1950 lässt sich eine solch einschränkende Auslegung nicht ableiten, weil Adressat dieser Regelung der Erbe, nicht aber der Erblasser ist. Zweifelhaft erscheint auch, die Testierfreiheit wegen des Schutzes von Nachlassgläubigern einzuschränken. Der Wortlaut der Regelung des Abs. 3 verbietet es dem Erblasser jedenfalls nicht, eine Aufspaltung seines Nachlasses in eine Vielzahl von Erbteilen vorzunehmen und dem Erben jeweils die getrennte Annahme und Ausschlagung zu gestatten. Vielmehr könnte aus der Systematik der Regelungen in § 1950 und § 1951 sogar herausgelesen werden, dass es dem Erblasser gerade gestattet sein soll, beliebige Erbteile zu bilden und deren getrennte Annahme und Ausschlagung im Rahmen der Testierfreiheit zu verfügen, wohingegen das Gesetz nach § 1950 eben nur den Erben, die auf einen Teil der Erbschaft beschränkte Annahme bzw. Ausschlagung untersagt. Der Wortlaut der Regelung in Abs. 3 zeigt hingegen, dass für den Erblasser diese Bindungswirkung gerade nicht gelten soll.

VI. Beratungshinweise

14 Bei der Erbenberufung aus verschiedenen Gründen ist der Erbe berechtigt, die Berufung aus dem einen Grunde auszuschlagen und aus dem anderen anzunehmen. Dabei ist jedoch die Regelung des § 1949 Abs. 2 zu beachten, nach dem sich im Zweifel die Ausschlagung auf alle Berufungsgründe erstreckt, die dem Erben zur Zeit der Erklärung bekannt sind. Sofern die Ausschlagung daher nur auf die Erbeinsetzung aus einem Grunde erfolgt, ist klar und deutlich zu erklären, dass die Erbeinsetzung aus dem anderen Grunde angenommen wird. S. hierzu das nachfolgende Muster Rz. 7.

15 Sofern eine unzulässige Teilausschlagung bzw. -annahme erklärt wurde, ist die Vorschrift des § 1943 maßgebend. Durch Versäumung der Ausschlagungsfrist liegt eine Erbschaftsannahme vor. Diese Wirkung ist nur noch durch die Anfechtung nach § 1956 zu korrigieren.

---

11 KG NJW-RR 2005, 592.
12 Bejahend: BayObLG ZEV 1996, 425, 426; *Lange/Kuchinke* §8 VI 3 d, e; *Soergel/Stein* § 1951 Rn. 7.
13 *Erman/Schlüter* § 1951 Rn. 3; *Palandt/Edenhofer* § 1951 Rn. 5; *Damrau/Masloff* sprechen von einem unzulässigen »cherry picking« zum Nachteil der Nachlassgläubiger.

VII. Muster
Ausschlagung eines Erbteils bei Berufung zu mehreren Erbteilen

16

> An das
> Amtsgericht – Nachlassgericht – (in Baden-Württemberg: Notariat)
> Straße
> Ort
> – Per Einschreiben –
>
> Ausschlagung eines Erbteils bei Berufung zu mehreren Erbteilen bezüglich des Nachlasses von Frau/Herrn ..., verstorben am ...
>
> Sehr geehrte Damen und Herren,
>
> hiermit zeigen wir an, dass wir von Frau/Herrn ..., ... (Straße), ... (Ort), anwaltlich vertreten. Frau/Herr ... ist ... (Verwandtschaftsgrad: z.B. die Schwester) des/der am ... (Sterbedatum) verstorbenen ... (Name des Erblassers) in ... (Ort), ... (Straße). Unser Mandant wurde aus verschiedenen Berufungsgründen zu mehreren Erbteilen eingesetzt. Herr/Frau ... (Mandant) schlägt die Berufung zum Erben bezüglich eines Erbteils aus, der weitere Erbteil wird angenommen. Als Anlage übersenden wir Ihnen die öffentlich beglaubigte Ausschlagungserklärung unserer Mandantschaft hinsichtlich eines Erbteils. Der Wert des Nachlasses beziffert sich auf ... €.
> Wir bitten, die Erbschaftsausschlagung und den Zeitpunkt des Eingangs zu bestätigen.
>
> Mit freundlichen Grüßen
>
> Rechtsanwältin/Rechtsanwalt
>
> Anlage:
>
> ### Ausschlagungserklärung bezüglich eines Erbteils
>
> Ich, ... (Name, Anschrift) bin die/der ... (Verwandtschaftsverhältnis: z.B. Schwester, Bruder etc.) des/der am ... (Sterbedatum) in ... (Ort, Straße) verstorbenen ... (Name Erblasser).
> Der Erblasser hat am ... (Datum) mit seiner Ehefrau, ... (Name) einen Erbvertrag geschlossen, in dem er seine Frau und mich je zur Hälfte zu dessen Erben eingesetzt hat. Nach dem Tode seiner Ehefrau am ... hat der Erblasser ein Testament errichtet, nach dem er mich auch als Erbin bezüglich der zweiten Hälfte eingesetzt hat. Die Erbeinsetzung erfolgte unter Anordnung mehrerer Vermächtnisse und der Testamentsvollstreckung.
> Hiermit schlage ich die Erbschaft aus dem Testament aus und nehme die aus dem Erbvertrag an.
>
> Ort, Datum
>
> Unterschrift
>
> *Beglaubigungsvermerk*

§ 1952
Vererblichkeit des Ausschlagungsrechts

(1) Das Recht des Erben, die Erbschaft auszuschlagen, ist vererblich.

(2) Stirbt der Erbe vor dem Ablaufe der Ausschlagungsfrist, so endigt die Frist nicht vor dem Ablaufe der für die Erbschaft des Erben vorgeschriebenen Ausschlagungsfrist.

(3) Von mehreren Erben des Erben kann jeder den seinem Erbteil entsprechenden Teil der Erbschaft ausschlagen.

I. Vererblichkeit des Ausschlagungsrechts

1   Das Ausschlagungsrecht ist vererblich. Stirbt der Erbe, ohne dass für diesen das Ausschlagungsrecht verlorengegangen ist, so läuft die Ausschlagungsfrist für den ersten Erbfall erst mit der für den zweiten ab. Dadurch wird dem zweiten Erben die Überlegungsfrist gewährt. Da die erste Erbschaft Bestandteil der zweiten ist, bestimmt sich in häufigen Fällen die Frage der Ausschlagung der ersten entscheidend für die Annahme oder Ausschlagung der zweiten Erbschaft.[1]

2   Das Ausschlagungsrecht ist quasi Bestandteil der angefallenen Erbschaft. Insofern ist der Erbeserbe berechtigt, die Erbschaft des Erben anzunehmen und die des Erblassers auszuschlagen; er kann auch beide annehmen und ausschlagen, er ist jedoch nicht berechtigt, die entferntere Erbschaft anzunehmen und die nähere auszuschlagen. Dies folgt daraus, dass die entferntere Erbschaft nur als Bestandteil der näheren dem Erbeserbe angefallen ist.

3   Hat der Erbeserbe die Erbschaft des Erblassers ausgeschlagen, so fällt sie demjenigen an, der berufen gewesen wäre, wenn der unmittelbare Erbe selbst die Erbschaft ausgeschlagen hätte.[2]

4   Auf Vermächtnisse des Erblassers findet die Regelung des § 1952 Abs. 2, 3 nach § 2180 Abs. 3 entsprechende Anwendung.

II. Mehrheit von Erben

5   Bei mehreren Erbeserben kann jeder selbstständig für sich seinen Teil der Erbschaft ausschlagen. Die Regelung des § 1952 Abs. 3 stellt eine Ausnahme zu der allgemeinen Regel, der Nichtigkeit der Teilausschlagung nach § 1950 dar.[3] Sofern bei mehreren Miterben als Erbeserben ein Erbeserbe die Erbschaft ausschlägt, kommt dieser Anteil nach der heute herrschenden Meinung den Miterbeserben zugute.[4] Nach dem Rechtsgedanken des § 1953 Abs. 2 ist das gesetzliche Erbrecht nach dem Ausschlagenden gar nicht eröffnet. Aus diesem Grund ist die Auffassung abzulehnen, dass bei der Ausschlagung der vorherigen Erbschaft durch einen Miterbeserben die gesetzlichen Erben des Ausschlagenden erben werden; vielmehr wächst die vorherige Erbschaft infolge der Ausschlagung den anderen Miterbeserben nach § 2094 an. Insofern gelten in diesem Fall die Regelungen der Anwachsung und Erhöhung des § 2094 Abs. 1 S. 2 entsprechend.[5]

---

1   *Lange/Kuchinke* § 8 IV mit weiteren Ausführungen.
2   BayObLG NJW 1953, 1432.
3   Hier wird auch das Gesamthandprinzip durchbrochen, MüKoBGB/*Leipold* § 1951, Rn. 10.
4   *Lange/Kuchinke* § 8 VI; *Soergel/Stein* § 1952 Rn. 5; MüKoBGB/*Leipold* § 1952, Rn. 18; *Palandt/Edenhofer* § 1952 Rn. 3; *Erman/Schlüter* § 1952 Rn. 4; *Damrau/Masloff* § 1952 Rn. 6, der mit Recht auf die Regelung in § 1953 Abs. 2 verweist mit der Folge, dass die Miterbeserben an die Stelle des Ausschlagenden treten; **a.A.**: *Kipp/Coing*, § 54 IV: Nach dessen Meinung erfolgt eine Anwachsung unter den Erben des Ausschlagenden; sehr differenziert auch *Staudinger/Otte* § 1952 Rn. 8 (unter Aufgabe der in der Vorauflage von *Staudinger/Otte* vertretenen Auffassung, mit Hinweis auf *Heinrich/Heinrich* RPfleger 1999, 203 f.).
5   S. hierzu auch § 2094 Abs. 1 S. 2 BGB.

III. Ausschlagungsfrist

Die Ausschlagungsfrist des Erbeserben endet nicht vor dem Ablauf der Ausschlagungsfrist für die dem Erbeserben direkt angefallene Erbschaft. Sofern sich der Erbeserbe im Ausland aufhält, gilt für diesen die verlängerte sechsmonatige Frist. Dies gilt auch, wenn für die erste Erbschaft lediglich die sechswöchige Frist gilt.[6]

IV. Erbschaftsteuer

Im Hinblick auf die aktuelle Reform der Erbschaftsteuer empfiehlt sich die Prüfung einer Ausschlagung nur der vorherigen Erbschaft. Eine solche Ausschlagung kann aus erbschaftsteuerlichen Gründen nicht nur sinnvoll sein, um mehrere Freibeträge zugunsten der nächstberufenen Erben zu nutzen. Im Hinblick auf die infolge der Steuerreform stark erhöhten Freibeträge in der Steuerklasse I ist im Einzelfall zu prüfen, ob durch die Ausschlagung in vermehrtem Umfang erhöhte Freibeträge genutzt werden können.

V. Kosten

Zu den Kosten siehe die Ausführungen zu § 1945 Rn. 3. Schlägt der Erbeserbe beide nacheinander folgenden Erbschaften aus, so wird der Wert beider Erbschaften zusammengerechnet und nach dem zusammengerechneten Wert die Gebühr nur einmal erhoben, § 112 Abs. 2 S. 3 KostO.

VI. Muster

Erbschaftsausschlagung durch den Erbeserben

An das
Amtsgericht – Nachlassgericht – (in Baden-Württemberg Notariat)
Straße
Ort
– Per Einschreiben –

Ausschlagung der Erbschaft bezüglich des Nachlasses von Frau/Herrn ..., verstorben am ... aufgrund der Erbeserbenstellung

Sehr geehrte Damen und Herren,

hiermit zeigen wir an, dass wir Frau/Herrn ..., ... (Straße), ... (Ort), anwaltlich vertreten. Frau/Herr ... ist ... (Verwandtschaftsgrad des Mandanten: z.B. die Tochter) des/der am ... (Sterbedatum) verstorbenen ... (Name des Erblassers) in ... (Ort), ... (Straße). Frau/Herr ... (Erblasser) hat Herrn/Frau ... (Erbe) als seinen/seine Erbin durch testamentarische Verfügung vom ... eingesetzt. Herr/Frau ... (Erbe) verstarb am ... Unser Mandant wurde neben Herrn/Frau ... Erbe von Herrn/Frau ... (Erbe). Herr/Frau ... (Mandant) ist mithin Erbeserbe geworden.
Als Anlage übersenden wir Ihnen die öffentlich beglaubigte Ausschlagungserklärung unserer Mandantschaft bezüglich der durch den Tod des Herrn/Frau ... (Erblasser) angefallenen Erbschaft.
Wir bitten, die Erbschaftsausschlagung und den Zeitpunkt des Eingangs zu bestätigen.

Mit freundlichen Grüßen

Rechtsanwältin/Rechtsanwalt

---

6 *Staudinger/Otte* § 1952 Rn. 5.

> Anlage:
>
> **Ausschlagungserklärung des Erbeserben**
>
> Ich, ... (Name, Anschrift) bin die/der ... (Verwandtschaftsverhältnis: z.B. Tochter, Sohn etc.) des/der am ... (Sterbedatum) in ... (Ort, Straße) verstorbenen ... (Name Erblasser).
>
> Herr/Frau ... (Erblasser) hat seinen Ehefrau/Ehemann ... testamentarisch als Erben eingesetzt. Diese/Dieser verstarb am ... Erben von Frau/Herrn ... (Erbe) sind ... (Name der Erbeserben) sowie der/die Unterzeichnende.
>
> Hiermit schlage ich den mir durch den Tod meiner Mutter/meines Vaters angefallenen Teil der Erbschaft meines Vaters/meiner Mutter aus. Die Entscheidung über die Annahme der mir direkt angefallenen Erbschaft von ... (Erbe) behalte ich mir ausdrücklich vor.[7]
>
> Ort, Datum
>
> Unterschrift
>
> *Beglaubigungsvermerk*

§ 1953
Wirkung der Ausschlagung

(1) Wird die Erbschaft ausgeschlagen, so gilt der Anfall an den Ausschlagenden als nicht erfolgt.

(2) Die Erbschaft fällt demjenigen an, welcher berufen sein würde, wenn der Ausschlagende zur Zeit des Erbfalls nicht gelebt hätte; der Anfall gilt als mit dem Erbfall erfolgt.

(3) Das Nachlassgericht soll die Ausschlagung demjenigen mitteilen, welchem die Erbschaft infolge der Ausschlagung angefallen ist. Es hat die Einsicht der Erklärung jedem zu gestatten, der ein rechtliches Interesse glaubhaft macht.

I. Normzweck

1   Der Zweck der Regelung besteht darin, den Nachlass infolge des ipso-iure-Erwerbs auch im Falle der Ausschlagung zu keinem Zeitpunkt ohne Rechtsnachfolger zu lassen. Deshalb bestimmen Abs. 1 und Abs. 2 durch zwei Fiktionen die Rechtswirkung der Ausschlagung ex tunc. Zum einen wird der Anfall der Erbschaft beim Ausschlagenden rückwirkend als nicht erfolgt behandelt und zum anderen erfolgt der Anfall der Erbschaft an den Nächstberufenen ebenfalls ex tunc mit dem Erbfall. Durch diese Regelung wird sichergestellt, dass auch im Falle der Ausschlagung zu keinem Moment der Nachlass ohne Rechtsnachfolger ist.

---

7 Zum Teil wird in der Ausschlagung der Erbschaft des Erblassers durch den Erbeserben die stillschweigende Annahme der Erbschaft des Erben gesehen; um dem entgegenzuwirken, ist ein erklärter Vorbehalt ratsam.

II. Rückwirkungsfunktion

In § 1953 Abs. 1 und 2 ist die Rückwirkung der Ausschlagung sowohl für den Ausschlagenden (Abs. 1) als auch für den Nächstberufenen (Abs. 2) gesondert geregelt. Die Rückwirkung erfolgt sowohl bei der gesetzlichen als auch bei der gewillkürten Erbfolge. Durch die Rückwirkungsfiktion erfolgte eine unmittelbare Überleitung der Erbschaft auf den endgültig feststehenden Erben. Der nach § 857 erworbene Besitz gilt als nicht erworben. Sofern der ausschlagende Erbe tatsächlich von der Erbschaft Besitz ergriffen hat, besteht der Besitz bis zur Herausgabe. Da es sich mit dem Anfall der Erbschaft um eine von Gesetzes wegen gestattete Erbschaft gehandelt hat, ist darin keine verbotene Eigenmacht nach § 858 zu sehen.[1] Der endgültige Erbe hat gegenüber dem ausschlagenden Erben u.U. einen Herausgabeanspruch nach den Regelungen der §§ 1959 Abs. 1, 681, 667 sowie einen Auskunftsanspruch nach § 2027 Abs. 2 und den Herausgabeanspruch des unrichtigen Erbscheins an das Nachlassgericht, § 2362. Er hat jedoch keinen Erbschaftsanspruch nach den §§ 2018 ff.[2]

Gemäß § 2180 Abs. 3 sind die Regelungen des § 1953 Abs. 1, 2 auf Vermächtnisse entsprechend anwendbar. Beschwerungen, d.h. Vermächtnisse und Auflagen bleiben nach §§ 2161, 2192 im Zweifel in Kraft, denn die Ausschlagung bewirkt nicht den Verlust von letztwilligen Vorteilen.[3]

III. Nächstberufener Erbe

Durch die Ausschlagung wird nach § 1953 Abs. 2 fingiert, dass der Ausschlagende zur Zeit des Erbfalls als verstorben anzusehen ist. An seine Stelle tritt bei der gesetzlichen Erbfolge der nach ihm berufene gesetzliche Erbe. Bei der gewillkürten Erbschaft tritt an die Stelle des Ausschlagenden der etwaige Ersatzerbe, wenn dieser nicht vorhanden ist, der nach der gesetzlichen Erbfolge nächstberufene Erbe.[4] In diesem Zusammenhang ist auch die nach § 2069 vermutete Ersatzerbeinsetzung zu berücksichtigen. Wurde bei der gewillkürten Erbschaft kein Ersatzerbe eingesetzt bzw. wenn dieser die Erbschaft auch ausschlägt, ist der nächstberufene Erbe der gesetzliche Erbe.[5] Maßgeblicher Zeitpunkt für den nächstberufenen Erben ist der Erbfall. Ist jemand zu diesem Zeitpunkt noch nicht gezeugt worden, so ist er von der Erbschaft ausgeschlossen.[6] Ist der nächstberufene Erbe nach dem Erbfall des Erblassers verstorben, so geht die Erbschaft auf dessen Erben über. Das Erleben des Erbfalles ist ausreichend.[7]

Wurde die Erbschaft durch mehrere Miterben ausgeschlagen, dann erfolgt bei gewillkürter Erbfolge eine Anwachsung nach den Regelungen des § 2094. Im Rahmen der gesetzlichen Erbfolge fällt der Erbteil zunächst an die erbberechtigten Abkömmlinge des Ausschlagenden. Sind keine Abkömmlinge des Ausschlagenden vorhanden, so erhöht sich der Anteil der übrigen Miterben der gleichen Ordnung entsprechend.[8]

Wurde eine Nacherbschaft ausgeschlagen, so wird der Vorerbe – sofern der Erblasser nichts anderes bestimmt hat – zum Vollerben.[9]

---

1 *Staudinger/Otte* § 1953 Rn. 4.
2 *Lange/Kuchinke*, § 40 II 2.
3 *Staudinger/Otte* § 1953 Rn. 8.
4 *Brox/Walker* Erbrecht Rn. 309.
5 *Staudinger/Otte* § 1953 Rn. 5.
6 S. hierzu § 1923, Rz. 5.
7 RGZ 61, 14, 16.
8 *Brox/Walker* Erbrecht Rn. 309.
9 *Brox/Walker* Erbrecht Rn. 309.

7 Der nächstberufene Erbe ist bis zum Ablauf von dessen Ausschlagungsfrist nur vorläufiger Erbe. Für ihn beginnt die Ausschlagungsfrist frühestens zum Zeitpunkt der Ausschlagung, da er erst zu diesem Zeitpunkt vom Anfall der Erbschaft Kenntnis erlangt haben kann.

IV. Mitteilungspflicht des Nachlassgerichts

8 Durch die Mitteilungspflicht des Nachlassgerichts nach § 1953 Abs. 3 soll die Ausschlagungsfrist des nächstberufenen Erben schnellstmöglich in Gang gesetzt werden. Ist der nächstberufene Erbe nicht bekannt, so hat das Nachlassgericht gebührenfrei und von Amts wegen[10] Ermittlungen anzustellen.[11] Der Fristbeginn für die Ausschlagungserklärung kann bereits vor der Mitteilung des Nachlassgerichts erfolgen, wenn der Erbe bereits aufgrund anderer Umstände Kenntnis von der Erbschaft erlangt hat.[12]

9 Bis zur Ermittlung des nächstberufenen Erben trifft das Nachlassgericht nach § 1960 die Fürsorgepflicht.

V. Einsichtsrecht hinsichtlich der Ausschlagungserklärung

10 Jeder, der ein rechtliches Interesse geltend macht, kann beim Nachlassgericht die Einsicht der Ausschlagungserklärung fordern. Dies sind i.d.R. der durch eine Ausschlagungserklärung zum Erbe berufenen und die Nachlassgläubiger. Das rechtliche Interesse ist gegeben, wenn dieses behauptet und glaubhaft gemacht wurde. Sind andere Interessen geltend gemacht worden, so wird damit nur die Befugnis des Nachlassgerichts begründet, die Einsicht zu gestatten.[13]

VI. Beratungshinweise

11 Trotz der Rückwirkungsfiktion des § 1954 bleibt der Erbe aus schuldrechtlichen Geschäften die er bis zur Ausschlagung vorgenommen hat, verpflichtet. Um diese Folge abzuwenden, empfiehlt es sich, bei Rechtsgeschäften eine Haftungsbeschränkung auf den Nachlass zu vereinbaren. Im Innenverhältnis hat der vorläufige Erbe gegenüber dem endgültigen Erben die Stellung eines Geschäftsführers ohne Auftrag, § 1959 Abs. 1.[14]

§ 1954
Anfechtungsfrist

(1) Ist die Annahme oder die Ausschlagung anfechtbar, so kann die Anfechtung nur binnen sechs Wochen erfolgen.

(2) Die Frist beginnt im Falle der Anfechtbarkeit wegen Drohung mit dem Zeitpunkt, in welchem die Zwangslage aufhört, in den übrigen Fällen mit dem Zeitpunkt,

---

10 Amtsermittlungsgrundsatz, § 26 FamFG, vormals § 12 FGG; es gilt weiterhin der »Freibeweis« (§ 29 FamFG); das Nachlassgericht erhebt die erforderlichen Beweise in der ihm nach Inhalt und Umfang angemessen erscheinenden Weise.
11 *Palandt/Edenhofer*, § 1953 Rn. 6.
12 Zu den Voraussetzungen der »Kenntnis« s. die Ausführungen bei § 1944 Rz. 10.
13 BayObLG OLGE 25, 403; BGHZ 4, 323; **a.A.**: für die Gleichsetzung von rechtlichen und berechtigten Interessen: MüKo-BGB/*Leipold*, § 1953 Rn. 16.
14 S. hierzu § 1959 Rz. 1.

in welchem der Anfechtungsberechtigte von dem Anfechtungsgrunde Kenntnis erlangt. Auf den Lauf der Frist finden die für die Verjährung geltenden Vorschriften der §§ 206, 210, 211 entsprechende Anwendung.

(3) Die Frist beträgt sechs Monate, wenn der Erblasser seinen letzten Wohnsitz nur im Auslande gehabt hat oder wenn sich der Erbe bei dem Beginne der Frist im Ausland aufhält.

(4) Die Anfechtung ist ausgeschlossen, wenn seit der Annahme oder der Ausschlagung dreißig Jahre verstrichen sind.

Übersicht	Rz.			Rz.
I. Normzweck	1	IV.	Anfechtungsberechtigte	20
II. Anfechtungsgründe	3	V.	Wirkung der Anfechtung	21
1. Inhalts- und Erklärungsirrtum	5	VI.	Beweislast	22
2. Eigenschafts- und Motivirrtum	9	VII.	Kosten	23
3. Irrtum des Pflichtteilsberechtigten über den Wegfall einer Beschwerung oder Beschwerung	14	VIII.	Beratungshinweise	24
		IX.	Muster	26
			1. Anfechtung der Erbschaftsannahme	26
4. Irrtum des Vertreters	15		2. Anfechtung der Erbschaftsausschlagung	27
III. Anfechtungsfrist	16			

I. Normzweck

§ 1954 ist die zentrale Vorschrift für die Anfechtung von Annahme- und Ausschlagungserklärung. Die Vorschrift regelt sowohl die Anfechtungsgründe als auch die Anfechtungsfrist. Annahme und Ausschlagung der Erbschaft sind grundsätzlich unwiderrufliche Willenserklärungen. Die Annahme ist nach Abgabe der Erklärung, die Ausschlagung mit Zugang der Erklärung beim Nachlassgericht verbindlich. Eine Korrektur kann danach nur nach den allgemeinen Vorschriften über die Nichtigkeit und Anfechtbarkeit von Willenserklärungen erfolgen, sofern das Gesetz nichts anderes bestimmt. Die allgemeinen Vorschriften der §§ 116-118 gelten für die Annahme und Ausschlagung nur begrenzt. Abgesehen von den in § 1954 enthaltenen Ausnahmeregelungen enthält die Vorschrift ebenfalls eine recht kurze Frist von sechs Wochen, wie sie auch für die Ausschlagung der Erbschaft nach § 1944 Abs. 1 gilt. 1

Zu beachten ist, dass der Erbe seine Annahme nicht anzufechten braucht, sofern er über den Berufungsgrund im Irrtum war, weil in diesem Fall die Annahme gem. § 1949 als nicht erfolgt gilt. Dem gem. beginnt in einem solchen Fall die Frist zur Ausschlagung der Erbschaft erst mit Kenntnis über den wahren Berufungsgrund. Auch die Anfechtungsfrist bei einer anfechtbaren Annahme oder Ausschlagung beginnt in diesem Fall entsprechend später. 2

II. Anfechtungsgründe

Die Anfechtungsgründe folgen aus den allgemeinen Vorschriften der §§ 119 ff. Folgende Anfechtungsgründe kommen insoweit in Betracht: 3
– Inhalts- und Erklärungsirrtum, § 119 Abs. 1,
– Eigenschafts- und Motivirrtum, § 119 Abs. 2,
– Irrtum wegen Übermittlungsfehler, § 120,
– widerrechtliche Drohung und arglistige Täuschung, § 123
– Irrtum des Pflichtteilsberechtigten über den Wegfall einer Beschränkung oder Beschwerung, § 2308.

4 Im Einzelnen bestehen in Rspr. und Lit. unterschiedliche Auffassungen über die rechtliche Einordnung bei bestimmten Irrtumskonstellationen.[1]

1. Inhalts – und Erklärungsirrtum

5 Der Erbe kann Annahme und Ausschlagung des Nachlasses anfechten, wenn er über den Inhalt seiner Erklärung im Irrtum war oder eine Erklärung des tatsächlichen Inhalts gar nicht abgeben wollte. Dies gilt z.B. bei der stillschweigenden Annahme (§ 1943) in Unkenntnis des Ausschlagungsrechts.[2] Das ist der Fall, wenn der Erbe keine Kenntnis von der Möglichkeit der Ausschlagung besaß und seinem Verhalten daher keinen Erklärungswert beigemessen hat. Ebenso kann der Erbe anfechten, wenn er im Irrtum darüber handelte, dass sein Verhalten als stillschweigende Annahme gelten konnte. Ebenso kann ein Irrtum des Erben über Bestehen bzw. die Bedeutung der Ausschlagungsfrist oder die durch die nicht erfolgte Ausschlagung erfolgte Annahme der Erbschaft als beachtlicher Irrtum nach § 119 Abs. 1 bewertet werden.[3] Ebenso liegt ein beachtlicher Irrtum nach § 119 Abs. 1 vor, wenn der Erbe sich bei der Annahme- oder Ausschlagungserklärung im Irrtum über die Erbschaft selbst, Berufungsgründe oder Erbteile befand, diese also verwechselt hat; auch dann ist er zur Anfechtung seiner Erklärung berechtigt. Sofern der Erbe dem Nachlassgericht gegenüber die Annahme erklärt hat, kommt ein Fehlen des Erklärungsbewusstseins nicht in Betracht. Die Annahme kann in diesem Fall nicht wegen Unkenntnis des Ausschlagungsrechts angefochten werden. Der Erbe kann aber auch in einem solchen Fall einem Inhaltsirrtum unterliegen, ihn trifft dafür allerdings die Beweislast.[4]

6 Von einem Inhaltsirrtum ist auch auszugehen, wenn der Testamentserbe glaubt, durch die Ausschlagung gesetzlicher Erbe zu werden und sich dadurch zugleich allen Beschwerungen entledigen zu können.[5]

7 Sofern der Irrtum aufgrund einer fehlerhaften Rechtsberatung entstanden ist, soll dieser nicht über den Weg der Anfechtung, sondern auf haftungsrechtliche Weise bereinigt werden.[6] Richtigerweise wird aber auch hier eine Anfechtungsmöglichkeit bejaht werden müssen, weil letztlich nicht entscheidend ist, wie der Irrtum bei dem Erben entstanden ist, sondern dass überhaupt ein rechtlich beachtlicher Irrtum bei Abgabe der Erklärung vorlag.

8 Voraussetzung einer Anfechtung ist in allen Fällen die Kausalität zwischen Irrtum und Erklärung. Ein Anfechtungsgrund besteht also nur, wenn der Irrtum ursächlich für die Erklärung war, der Erbe also bei Kenntnis der objektiven Umstände anders gehandelt hätte (§ 119 Abs. 1 Hs. 2, Abs. 2). Nach h.M. kann es an der erforderlichen Kausalität fehlen, wenn der Erbe infolge der erklärten Ausschlagung wirtschaftlich nicht schlechter steht als ohne Ausschlagung.[7] Auch kommt eine Anfechtung mangels Erheblichkeit des Irrtums nicht in Betracht, wenn der Erbe zwar irrtümlich die Überschuldung des Nachlasses angenommen hat, ihm die etwaige Höhe seines Erbteils jedoch gleichgültig war.[8]

---

1 MüKoBGB/*Leipold* § 1954 Rn. 5 f.; *Erman/Schlüter* § 1954 Rn. 3 ff.; *Jauernig/Stürner* § 1954 Rn. 1 m.w.N.; vgl. auch die Übersicht bei *Damrau/Masloff* § 1954 Rn. 6.
2 BayObLG MDR 1983, 937.
3 OLG Hamm FamRZ 1985, 1185; BayObLG NJW-RR 1993, 780 f.; LG Bonn RPfleger 1985, 148.
4 BayObLG NJW-RR 1995, 904, 906.
5 OLG Düsseldorf NJW-RR 1998, 150.
6 Dt. Erbrechtskommentar/*Hanhörster/Dospil*, 1. Auflage, § 1954 Rn. 3.
7 BGH NJW 1988, 2597, 2599; *Erman/Schlüter* § 1954 Rn. 4; *Soergel/Stein* § 1954 Rn. 4.
8 OLG Düsseldorf ZEV 2005, 255.

2. Eigenschafts – und Motivirrtum

Der Irrtum über verkehrswesentliche Eigenschaften der Person oder der Sache berechtigt grundsätzlich zur Anfechtung. Bei dem Eigenschaftsirrtum gem. § 119 Abs. 2 irrt der Erklärende nicht über die Erklärung und dessen Inhalt, sondern über verkehrswesentliche und wertbildende Eigenschaften des Geschäftsgegenstandes seiner Erklärung, also des Nachlasses.[9] Hingegen ist der reine Motiv- oder Rechtsirrtum unbeachtlich. Als Motivirrtum wird ein Irrtum des Erklärenden über die Beweggründe seiner Erklärung verstanden. Ein Rechtsirrtum liegt vor, wenn der Erklärende sich über die rechtlichen Folgen seiner Erklärung geirrt hat.[10] Im Einzelnen kann die Abgrenzung schwierig sein.   9

Unbeachtlich ist die Vorstellung des Ausschlagenden darüber, wem die Erbschaft aufgrund der Ausschlagung anfällt.[11] Ebenso ist die irrige Annahme des Nacherben, durch seine Ausschlagung entfalle die Anordnung der Vor- und Nacherbschaft insgesamt und die Vorerbin erlange die unbeschränkte Stellung als Vollerbin, ein unbeachtlicher Motivirrtum.[12] Auch der Irrtum des Ausschlagenden über die Bereitschaft des nachfolgenden Erben zur Annahme der Erbschaft berechtigt nicht zur Anfechtung.[13] Dasselbe gilt für eine ausdrückliche Annahmeerklärung im Irrtum über das Bestehen des Ausschlagungsrechtes.[14] Auch der Irrtum über erbschaftsteuerliche, oder güterrechtliche Folgen der Annahme oder Ausschlagung sind unbeachtlich.[15] Auch ist unbeachtlich, wenn das mit der Ausschlagung einer Erbschaft erstrebte Ziel wegen der Unwirksamkeit der Erklärung eines der Miterben nicht erreicht wird.[16] Mittlerweile überholt ist demgegenüber die frühere Rspr., nach der es sich ebenfalls um einen unbeachtlichen Motivirrtum handelte, wenn dem Annehmenden der Verlust seines Pflichtteilsrechts infolge der Annahmeerklärung unbekannt war oder der Ausschlagende in Unkenntnis der Voraussetzungen des § 2306 Abs. 1 S. 2 der fehlerhaften Ansicht war, durch die Ausschlagung pflichtteilsberechtigt zu werden.[17] In einem solchen Fall stellt die Rspr. nunmehr darauf ab, dass sich der Erbe falsche Vorstellungen von den Voraussetzungen des Pflichtteilsanspruchs macht und über sein aus § 2306 Abs. 1 S. 2 resultierendes Wahlrecht als eine unmittelbare und wesentliche Wirkung seiner Erklärung irrt.[18] Daher handelt es sich um einen beachtlichen Rechtsfolgenirrtum.   10

Als verkehrswesentliche Eigenschaft ist zudem sowohl der Irrtum über die Erbquote anerkannt[19] als auch der Irrtum darüber, dass ein weiterer Erbe berufen wurde.[20]   11

---

9 *Palandt/Heinrichs* § 119 Rn. 7 ff. m.w.N.; vgl. ferner *Damrau/Masloff* § 1954 Rn. 2; OLG Stuttgart ZErb 2009, 297 f.
10 MüKoBGB/*Leipold* § 1954 Rn. 3; *Palandt/Heinrichs* § 119 Rn. 29.
11 OLG Düsseldorf FamRZ 1997, 905; OLG Stuttgart MDR 1983, 751; *Palandt/Edenhofer*, § 1954 Rn. 3, *Soergel/Stein*, § 1954 Rn. 2.
12 LG München FamRZ 2000, 1328; **a.A.** *Staudinger/Otte* § 1954 Rn. 5.
13 OLG Stuttgart MDR 1983, 751.
14 BayOblG NJW-RR 1995, 904 ff.
15 BayOblG, ebd.
16 OLG München NJW 2010, 687 ff.
17 BayObLG NJW-RR 1995, 904; OLG Düsseldorf ZEV 2001, 109.
18 BGHZ 168, 210 = NJW 2006, 3353; OLG Hamm ZEV 2006, 168 ff.
19 OLG Hamm NJW 1966, 1080 f.; MüKoBGB/*Leipold* § 1954 Rn. 9.
20 BGH NJW 1997, 392, 394.

12 Der Irrtum über den Nachlasswert oder Nachlassgegenstände war nach früherer Auffassung unbeachtlich.[21] Nach heute h.M. ist ein Irrtum über Aktiva und Passiva des Nachlasses ebenso wie über die gesamte Zusammensetzung des Nachlasses hingegen beachtlich.[22] Die irrige Annahme der Überschuldung des Nachlasses berechtigt nach h.M. jedoch nur dann zur Anfechtung, wenn der Irrtum nicht auf der Bewertung einzelner Nachlassgegenstände beruht, sondern auf der Zugehörigkeit von Nachlassgegenständen (Aktiva) bzw. Nachlassverbindlichkeiten (Passiva) zur Erbschaft als wertbildende Faktoren.[23] Ebenso ist der Irrtum über das Bestehen von öffentlich-rechtlichen Ansprüchen gegen den Nachlass beachtlich, nicht aber die bloße Bewertung solcher Ansprüche.[24] Auch der Irrtum über die Zusammensetzung der Erbengemeinschaft und damit über das Bestehen von etwaigen Zustimmungspflichten ist beachtlich.[25] Umstritten ist, ob der Irrtum des Erben über das Bestehen einer Beschränkung des Erbteils durch Vermächtnis, Auflage oder Nacherbfolge zur Anfechtung berechtigt.[26]

13 Als verkehrswesentliche Eigenschaft werden auch Verbindlichkeiten aus Vermächtnissen und Auflagen anerkannt, sofern diese den Pflichtteil des Annehmenden gefährden.[27] Ebenso werden testamentarische Beschränkungen wie die Anordnung der Testamentsvollstreckung und Nacherbeneinsetzung als verkehrswesentliche Eigenschaft anerkannt, die den Erben bei einem Irrtum zur Anfechtung berechtigen.[28]

3. Irrtum des Pflichtteilsberechtigten über den Wegfall einer Beschränkung oder Beschwerung

14 In § 2308 wird dem Pflichtteilsberechtigten ein besonderer Anfechtungsgrund gegeben. Insofern ist dieser zur Anfechtung der Ausschlagung berechtigt, wenn die Beschränkung oder Beschwerung zur Zeit der Ausschlagung weggefallen war und ihm dieser Wegfall nicht bekannt war. Die Höhe der Beschränkung ist dabei unbeachtlich.[29]

4. Irrtum des Vertreters

15 Nach der Regelung des § 166 Abs. 1 kommt es bei der Annahme oder Ausschlagung durch einen Vertreter auf den Willensmangel des Vertreters an. Wurde die Erbschaft durch die gesetzlichen Vertreter ausgeschlagen oder angenommen, so kommt es ausschließlich auf deren Willensmangel an.[30] Der Erbe kann sich insoweit nicht auf einen eigenen Irrtum berufen, wenn nicht zugleich der selbe Irrtum auch bei dem Vertreter zum Zeitpunkt der Abgabe der Erklärung vorgelegen hat.

---

21 RGZ 103, 21; BayObLG OLGE 41, 80; *Staudinger/Otte* § 1954 Rn. 5; offengelassen durch OLG Zweibrücken ZEV 1996, 428.
22 BGHZ 106, 359, 363; BayObLG FamRZ 1997, 1175; 1994, 848; 1983, 834; NJW-RR 1999, 592; KG OLGZ 1993, 1; *Marotzke* JZ 1986, 463; *Weithase* RPfleger 1988, 441; *Palandt/Edenhofer*, § 1954 Rn. 4.
23 BGHZ 106, 359 ff.; BayObLG NJW-RR 1993, 780 f.; BayObLG NJW-RR 1995, 904 ff.; BayObLG NJW 2003, 216, 221; **a.A.** *Staudinger/Otte* § 1954 Rn. 15.
24 BayObLG NJW-RR 1999, 590; **a.A.** KG NJW 1969, 191.
25 BGH NJW 1997, 392, 394.
26 Bejahend: BGHZ 106, 359 ff. (für Vermächtnis); BayObLG FamRZ 1997, 188, 190; verneinend: OLG Stuttgart MDR 1983, 751.
27 BGHZ 106, 359.
28 BayObLG NJW-RR 1997, 72; OLG Hamm ZEV 2004, 286 f.
29 *Staudinger/Otte* § 1954 Rn. 13.
30 OLG Karlsruhe NJW-RR 1995, 1349; LG Koblenz FamRZ 1968, 656.

III. Anfechtungsfrist

Die Anfechtungsfrist beginnt mit dem Zeitpunkt des Wegfalls des Hindernisses, bei Irrtümern mit Kenntnis des Anfechtungsgrundes. Die Anfechtungsfrist beträgt sechs Wochen. Sofern der Erblasser seinen letzten Wohnsitz im Ausland hatte oder sich bei Fristbeginn der Erbe im Ausland aufgehalten hat, beträgt die Frist sechs Monate. Eine unverzügliche Anfechtung i.S.d. § 121 ist daher nicht notwendig. Sie verlängert sich auch nicht nach § 124 auf ein Jahr bei arglistiger Täuschung und Drohung. § 1954 Abs. 4 begrenzt die Anfechtungsmöglichkeit auf eine Frist von dreißig Jahren nach erfolgter Annahme bzw. Ausschlagung.

Die Anfechtung der Ausschlagung kann nicht widerrufen werden. Insofern kann diese jedoch wiederum wegen Irrtums angefochten werden.[31] Für die Anfechtung der Anfechtung sind die Fristen des § 1954 nicht maßgebend, hier gelten die Fristen der §§ 121, 124.

Die maßgebliche Anfechtungsfrist nach § 1954 beginnt bei einer Anfechtung wegen Drohung mit dem Wegfall der Zwangslage (§ 1954 Abs. 2 S. 1) und in den übrigen Fällen mit der Kenntnis des Anfechtungsgrundes. Nicht erforderlich ist, dass der Anfechtungsberechtigte vollkommene Gewissheit über den Anfechtungsgrund erlangt.[32] Positive Kenntnis über den Anfechtungsgrund ist aber erforderlich, wobei die Kenntnis über die für das Anfechtungsrecht maßgeblichen tatsächlichen Umstände genügt. Fahrlässiges Nichtwissen, auch grob fahrlässige Unkenntnis reicht für den Beginn der Anfechtungsfrist hingegen nicht.

Für den Lauf der Anfechtungsfrist finden die Verjährungsregeln der allgemeinen Vorschriften des BGB (§§ 206, 210, 211) entsprechende Anwendung. Verstirbt der Erbe innerhalb der noch bestehenden Anfechtungsfrist, so kann der Erbeserbe noch die Anfechtung des vorherigen Erbes innerhalb der für ihn geltenden Anfechtungsfrist für das zweite Erbe erklären.[33] Zu beachten ist auch das Verhältnis von Ausschlagungsfrist und Anfechtungsfrist: Liegt ein Fall des § 1943 vor, so dass der Erbe die Erbschaft durch Versäumen der Ausschlagungsfrist angenommen hat, so beginnt die Ausschlagungsfrist schon mit Kenntnis von der Annahmewirkung und nicht erst mit Kenntnis des Anfechtungsgrundes.[34]

IV. Anfechtungsberechtigte

Anfechtungsberechtigt sind diejenigen Personen, die auch nach §§ 1943, 1945 die Annahme oder Ausschlagung der Erbschaft erklären können. Die Anfechtung kann auch von Stellvertretern erklärt werden; bei der Kenntnis von den Anfechtungsgründen kommt es dann nach § 166 Abs. 1 auf die Kenntnis des Vertreters an.[35] Umstritten ist, ob ein gesetzlich vertretenes Kind nach Eintritt der Volljährigkeit anfechten kann, wenn in der Person des gesetzlichen Vertreters ein Anfechtungsgrund vorlag.[36]

V. Wirkung der Anfechtung

Die Wirkung der Anfechtung richtet sich nach den allgemeinen Vorschriften, ergänzend gilt insb. § 1957. Zu beachten ist, dass neben der Anfechtung nach § 1954 ein Widerruf nicht möglich ist. Eine Ausnahme gilt insoweit nur nach § 130 Abs. 1. Auch die Grund-

---

31 BayObLG MDR 1980, 492.
32 BayObLG NJW-RR 1998, 797 f.
33 *Damrau/Masloff* § 1954 Rn. 10.
34 OLG Hamm RPfleger 1985, 364, 365; BayObLG NJW-RR 1993, 780, 781; dazu auch *Damrau/Masloff* § 1954 Rn. 8; *Soergel/Stein* § 1954 Rn. 10.
35 KG NJW-RR 2004, 804 f.; *Jauernig/Stürner* § 1965 Rn. 1.
36 OLG Karlsruhe NJW-RR 1995, 1349; MüKoBGB/*Leipold* § 1954 Rn. 16; für Fälle rechtsgeschäftlicher Stellvertretung: *Soergel/Stein* § 1954 Rn. 9.

sätze über den Wegfall der Geschäftsgrundlage sind neben den Anfechtungsregelungen für die Annahme- oder Ausschlagungserklärung nicht anwendbar.[37]

VI. Beweislast

22 Für die Voraussetzungen der Anfechtung ist der Anfechtende darlegungs- und beweisbelastet. Er ist damit für die Anfechtungserklärung und den Anfechtungsgrund verantwortlich. Dagegen muss er nicht die Einhaltung der Anfechtungsfrist darlegen und beweisen. Hierbei handelt es sich um einen rechtsvernichtenden Einwand. Die Versäumung der Anfechtungsfrist muss deshalb der Anfechtungsgegner darlegen. Das ist derjenige, der das Anfechtungsrecht bestreitet und die Versäumung der Anfechtungsfrist geltend macht. Der Anfechtungsgegner muss deshalb den Zeitpunkt der Kenntnisnahme des Anfechtungsgrundes durch den Anfechtenden oder den Wegfall einer Zwangslage darlegen und beweisen.[38]

VII. Kosten

23 Bei der Entgegennahme der Anfechtungserklärung durch das Nachlassgericht, unabhängig ob zur Niederschrift oder in öffentlich beglaubigter Form, wird gem. § 112 Abs. 1 Nr. 2 KostO ein Viertel der vollen Gebühr erhoben.

VIII. Beratungshinweise

24 Sowohl die Erbschaftsannahme als auch dessen Ausschlagung kann angefochten werden. Dabei ist jedoch die kurze Frist von 6 Wochen (in Auslandsfällen: 6 Monate, s. Rz. 8) zu beachten. Die Anfechtungserklärung kann nicht widerrufen werden, jedoch besteht die Möglichkeit, eine erneute Anfechtung zu erklären. In diesem Fall sind die Fristen der §§ 121, 124 einzuhalten. Aufgrund der Beweispflicht ist es ratsam, in der Anfechtungserklärung alle Anfechtungsgründe zu nennen, die in Frage kommen. Dies ist auch deshalb empfehlenswert, weil das Nachlassgericht nur prüft, ob die vorgetragenen Anfechtungsgründe beachtlich sind, nicht dagegen, ob die Anfechtung auch noch auf andere Umstände gestützt werden kann.[39]

25 Hinsichtlich der Form der Anfechtung sind die Regelungen in § 1955 zu beachten.

IX. Muster

1. Anfechtung der Erbschaftsannahme

26 An das
Amtsgericht – Nachlassgericht – (in Baden-Württemberg Notariat)
Straße
Ort
– Per Einschreiben –

Anfechtung der Erbschaftsannahme bezüglich des Nachlasses von Frau/Herrn ..., verstorben am ...

Sehr geehrte Damen und Herren,

---

[37] *Soergel/Stein* § 1954 Rn. 5 m.w.N.
[38] *MüKoBGB/Leipold* § 1954 Rn. 24; *Damrau/Masloff* § 1954 Rn. 15.
[39] *Damrau/Masloff* § 1955 Rn. 16.

hiermit zeigen wir an, dass wir Frau/Herrn ..., ... (Straße), ... (Ort), anwaltlich vertreten. Frau/Herr ... ist ... (Verwandtschaftsgrad: z.B. Schwester) des/der am ... (Sterbedatum) verstorbenen ... (Name des Erblassers) in ... (Ort), ... (Straße).
Der Bruder ... (Name) unserer Mandantin ist neben dieser zum Erben berufen worden. Dieser empfahl ihr, die Erbschaft anzunehmen, da der Nachlass ein erhebliches Vermögen darstellen würde. Hierbei wurden unserer Mandantin diverse Sparbücher aus dem Nachlass vorgelegt. Wie sich nunmehr jedoch herausgestellt hat, bestehen erhebliche Steuerverbindlichkeiten, die den Wert des Nachlasses bei weitem überschreiten. Nach der herrschenden Rechtsauffassung ist ein Irrtum über die Zusammensetzung des Nachlasses in aktiver wie auf passiver Seite beachtlich.[40] Insofern unterliegt die Annahme aufgrund einer Unkenntnis über Nachlassverbindlichkeiten der Anfechtung. Unsere Mandantin ficht daher die Annahme der Erbschaft an.
Als Anlage übersenden wir Ihnen die öffentlich beglaubigte Anfechtungserklärung unserer Mandantschaft.
Wir bitten, die Anfechtung der Erbschaftsannahme und den Zeitpunkt des Eingangs zu bestätigen.[41]

Mit freundlichen Grüßen

Rechtsanwältin/Rechtsanwalt

Anlage:

Anfechtung der Erbschaftsannahme

Ich, ... (Name, Anschrift) bin die/der ... (Verwandtschaftsverhältnis: z.B. Schwester, Bruder etc.) des/der am ... (Sterbedatum) in ... (Ort, Straße) verstorbenen ... (Name Erblasser).
Mein Bruder ... (Name) ist neben mir zum Erben berufen worden. Dieser empfahl mir die Erbschaft anzunehmen, da diese vermögend sei. Dabei legte er mir diverse Sparbücher aus dem Nachlass vor.
Aufgrund dieser Empfehlung habe ich die Erbschaft angenommen.
Wie sich nunmehr jedoch herausgestellt hat, bestehen erhebliche Steuerverbindlichkeiten, die den Wert des Nachlasses bei weitem überschreiten. Zur Glaubhaftmachung übersende ich anliegend eine Kopie des Steuerbescheides. Von diesen Steuerbescheiden habe ich erst am ... Kenntnis erhalten.
Hiermit fechte ich die Annahme der Erbschaft wegen Irrtums an.

Ort, Datum

Unterschrift

Beglaubigungsvermerk

---

[40] BGHZ 106, 359, 363; BayObLG FamRZ 1997, 1175; 1994, 848; 1983, 834; NJW-RR 1999, 592; KG OLGZ 1993, 1; *Marotzke* JZ 1986, 463; *Weithase* RPfleger 1988, 441; *Palandt/Edenhofer* § 1954 Rn. 4.
[41] Es empfiehlt sich, bereits bei der Einreichung zwecks Herstellung der Bescheinigung eine Abschrift der Ausschlagungserklärung beizufügen, die auf Verlangen von der Geschäftsstelle beglaubigt werden kann.

2. Anfechtung der Erbschaftsausschlagung

27

An das
Amtsgericht – Nachlassgericht – (in Baden-Württemberg Notariat)
Straße
Ort
– Per Einschreiben –

Anfechtung der Erbausschlagung bezüglich des Nachlasses von Frau/Herrn ..., verstorben am ...

Sehr geehrte Damen und Herren,

hiermit zeigen wir an, dass wir Frau/Herrn ..., ... (Straße), ... (Ort), anwaltlich vertreten. Frau/Herr ... ist ... (Verwandtschaftsgrad: z.B. Schwester) des/der am ... (Sterbedatum) verstorbenen ... (Name des Erblassers) in ... (Ort), ... (Straße).
Der Bruder ... (Name) unserer Mandantin ist neben dieser zum Erben berufen worden. Dieser empfahl ihr, die Erbschaft auszuschlagen, da diese erheblich überschuldet sei. Wie sich nunmehr herausgestellt hat, wurde Frau ... (Mandantin) arglistig getäuscht, der Erblasser hat ein Vermögen von über 1 Mio. hinterlassen. Als Anlage übersenden wir Ihnen die öffentlich beglaubigte Anfechtungserklärung unserer Mandantschaft.
Wir bitten, die Anfechtung der Erbschaftsausschlagung und den Zeitpunkt des Eingangs zu bestätigen.[42]

Mit freundlichen Grüßen

Rechtsanwältin/Rechtsanwalt

Anlage:

Anfechtung der Erbausschlagung

Ich, ... (Name, Anschrift) bin die/der ... (Verwandtschaftsverhältnis: z.B. Schwester, Bruder etc.) des/der am ... (Sterbedatum) in ... (Ort, Straße) verstorbenen ... (Name Erblasser).
Mein Bruder ... (Name) ist neben mir zum Erben berufen worden. Dieser empfahl mir, die Erbschaft auszuschlagen, da diese erheblich überschuldet sei. Wie sich nunmehr herausstellte, wurde ich arglistig getäuscht. Zur Glaubhaftmachung trage ich folgendes vor: ... (z.B.: Meiner Anfechtungserklärung füge ich den Brief meines Bruders vom ... bei aus dem sich ergibt, dass dieser mir zur Anfechtung der Erbschaft riet).
Wie sich nunmehr herausstellte, hat der Erblasser ein Vermögen über ...€ hinterlassen. Mein Bruder hat davon Kenntnis gehabt, da er die Erbschaft angenommen hat.
Aufgrund der arglistigen Täuschung haben ich die Erbschaft mit Erklärung vom ... gegenüber dem Nachlassgericht ..., AZ: ... ausgeschlagen.
Hiermit fechte ich die Ausschlagung der Erbschaft wegen arglistiger Täuschung an.

Ort, Datum

Unterschrift

Beglaubigungsvermerk

---

[42] Es empfiehlt sich, bereits bei der Einreichung zwecks Herstellung der Bescheinigung eine Abschrift der Ausschlagungserklärung beizufügen, die auf Verlangen von der Geschäftsstelle beglaubigt werden kann.

§ 1955
Form der Anfechtung

Die Anfechtung der Annahme oder der Ausschlagung erfolgt durch Erklärung gegenüber dem Nachlassgerichte. Für die Erklärung gelten die Vorschriften des § 1945.

I. Allgemeines/Normzweck

Die Norm des § 1955 regelt die Zuständigkeit für die Erklärung der Anfechtung von Annahme oder Ausschlagung. Gem. § 1955 hat die Anfechtung der Annahme oder Ausschlagung gegenüber dem Nachlassgericht zu erfolgen. Die Zuständigkeit regelt sich nach dem nunmehr in Kraft getretenen FamFG nach § 23a Abs. 2 Nr. 2 GVG. § 1955 verweist für die Anfechtungserklärung auf die Regelungen des § 1945.[1] Danach ist die Anfechtungserklärung in öffentlich beglaubigter Form oder zur Niederschrift des Nachlassgerichts abzugeben. Bei der Anfechtung durch einen Bevollmächtigten ist die Vollmacht in öffentlich beglaubigter Form abzugeben, ferner ist die Vollmacht innerhalb der Anfechtungsfrist nachzureichen.[2] Sofern die Ausschlagung der vormundschaftsgerichtlichen Genehmigung bedarf, gilt dies auch für die Anfechtung der Annahme, da sie gem. § 1957 Abs. 1 als Ausschlagung gilt.[3] Für die Anfechtungserklärung ist kein besonderer Inhalt vorgegeben, es ist jedoch eine Erklärung abzugeben, aus der hervorgeht, dass eine Anfechtung hinsichtlich einer nicht geltenden Willenserklärung erfolgen soll.[4] Die Anfechtung ist gem. den Regelungen der §§ 1957 Abs. 1, 1947 bedingungs- und befristungsfeindlich.[5] Für die Anfechtung der Anfechtungserklärung einer Erbschaftsannahme oder -ausschlagung ist § 145 analog anzuwenden.[6]

1

II. Sachliche und örtliche Zuständigkeit

Nach Inkrafttreten des neuen FamFG anstelle der bisherigen Regelungen im Gesetz über die freiwillige Gerichtsbarkeit (FGG) ergibt sich die sachliche Zuständigkeit der Nachlassgerichte aus § 23a Abs. 2 Nr. 2 GVG.[7] Nach § 342 Abs. 1 Ziff. 5 FamFG ist die Entgegennahme von Erklärungen nach den §§ 1945, 1955 und 1956 des Bürgerlichen Gesetzbuches Nachlasssache i.S.d. FamFG. Die Zuständigkeit der Amtsgerichte ergibt sich danach unmittelbar aus § 23a GVG, demzufolge die Amtsgerichte für Nachlass- und Teilungssachen sachlich zuständig sind.

2

Die örtliche Zuständigkeit ist dagegen unmittelbar in § 343 FamFG geregelt. Die Vorschrift entspricht weitestgehend dem bisher geltenden § 73 FGG. Danach bestimmt sich die örtliche Zuständigkeit grundsätzlich nach dem Wohnsitz, den der Erblasser zur Zeit des Erbfalls hatte; fehlt ein inländischer Wohnsitz, ist das Gericht zuständig, in dessen Bezirk der Erblasser zur Zeit des Erbfalls seinen Aufenthalt hatte (§ 343 Abs. 1 FamFG).

3

Ist der Erblasser Deutscher und hatte er zur Zeit des Erbfalls im Inland weder Wohnsitz noch Aufenthalt, ist das Amtsgericht Schöneberg in Berlin zuständig. Es kann die Sache aus wichtigen Gründen an ein anderes Gericht verweisen (§ 343 Abs. 2 FamFG).

4

Ist der Erblasser ein Ausländer und hatte er zur Zeit des Erbfalls im Inland weder Wohnsitz noch Aufenthalt, so ist jedes Gericht für alle Nachlassgegenstände zuständig, in dessen Bezirk sich Nachlassgegenstände befinden (§ 343 FamFG). Die Regelung in § 343

5

---

1 S. hierzu § 1945 Rz. 1.
2 §§ 1955, 1945 Abs. 3.
3 *Brox/Walker* Erbrecht Rn. 312.
4 *Staudinger/Otte*, § 1955 Rn. 3; MüKoBGB/*Leipold* § 1955 Rn. 3 verlangt eine Begründung der Anfechtung in groben Zügen.
5 S. hierzu § 1947 BGB.
6 OLG Hamm NJW-RR 2009, 1664 ff.
7 Zu den Ausnahmen vgl. *Kroiß* Zuständigkeitsprobleme in der freiwilligen Gerichtsbarkeit, S. 125.

Abs. 3 FamFG führt damit dazu, dass der Anfechtende sich aus mehreren zuständigen Nachlassgerichten ein Gericht auswählen kann. Das ist immer dann der Fall, wenn mehrere Nachlassgegenstände sich in unterschiedlichen Gerichtsbezirken befinden. Das angerufene Gericht ist dann nach dem Wortlaut der Vorschrift für alle Nachlassgegenstände zuständig. Ist in einem Fall mit Auslandsberührung die Entscheidung eines deutschen Gerichtes in Nachlasssachen begehrt, auch wenn es sich dabei ausschließlich um eine Entscheidung über die Anfechtung der Annahme oder Ausschlagung des Nachlasses handelt, so stellt sich grundsätzlich die Frage nach der internationalen Zuständigkeit der deutschen Gerichte. Es sei an dieser Stelle auf die Ausführungen zum internationalen Erbrecht verwiesen sowie darauf, dass es sich bei der internationalen Zuständigkeit um eine Verfahrensvoraussetzung handelt, die von Amts wegen zu prüfen ist (§§ 56 ZPO, 26 FamFG; außerdem ist Art. 25 EGBGB zu beachten).[8]

III. Verfahrensfragen

6 Die Beweislast für die Einhaltung der Form- und Fristerfordernisse trifft grundsätzlich den Anfechtenden. In den Fällen des § 1945 Abs. 3 (Vorlage der Vollmachtsurkunde) wird derjenige für beweisverpflichtet gehalten, der zu seinen Gunsten rechtsvernichtend eine verspätete Nachreichung der Vollmachtsurkunde behauptet.[9]

IV. Beratungshinweise

7 Bei Abgabe der Anfechtungserklärung gegenüber dem Nachlassgericht sollte sich der Erklärende – zu Beweiszwecken – eine Bestätigung geben lassen. Bestehen Zweifel an der örtlichen Zuständigkeit des Nachlassgerichtes, so sollte die Ausschlagungserklärung gegenüber allen in Betracht kommenden Gerichten erklärt werden.[10] Dies sollte insb. dann beachtet werden, wenn der Ablauf der Anfechtungsfrist kurz bevor steht, sodass möglicherweise für eine eingehende Prüfung keine Zeit verbleibt.

§ 1956
Anfechtung der Fristversäumung

Die Versäumung der Ausschlagungsfrist kann in gleicher Weise wie die Annahme angefochten werden.

I. Allgemeines/Normzweck

1 Das Anfechtungsrecht bei Fristversäumung besteht aus Billigkeitsgründen.[1] Die Annahme der Erbschaft erfolgt sowohl durch ausdrückliche oder stillschweigende Erklärung als auch durch Fristablauf. Da derjenige, dessen Annahme durch Fristablauf fingiert wird, nicht schlechter gestellt werden soll als derjenige, der die Erbschaft wirklich angenommen hat, steht auch diesem das Anfechtungsrecht zu. Ein Anfechtungsrecht besteht daher auch für denjenigen, der nicht wusste, dass sein Schweigen als Annahme gilt, d.h. über die objektive Bedeutung seines Verhaltens im Irrtum war.[2] So z.B., wenn der Erbe irrig davon ausgeht, dass sein Schweigen als Ausschlagung gewertet wird.[3] Dies gilt auch beim Irrtum

---
8 Vgl. dazu AnwK-BGB/*Kroiß* Art. 25 EGBGB Rn. 125.
9 *Damrau/Masloff* § 1955 Rn. 2; *Soergel/Stein* § 1955 Rn. 1.
10 Das Kind getrennt lebender Eltern kann z.B. einen Doppelwohnsitz besitzen, BGH NJW 1984, 971.
1 *Brox/Walker* Erbrecht, Rn. 314; *Staudinger/Otte* § 1956, Rn. 1.
2 *Palandt/Edenhofer* § 1956 Rn. 2; *Staudinger/Otte* § 1956 Rn. 3.
3 *Palandt/Edenhofer* § 1956 Rn. 2.

über die Formbedürftigkeit der Ausschlagung,[4] der Länge der Ausschlagungsfrist[5] oder der irrigen Ansicht, die Erbschaft wirksam ausgeschlagen zu haben.[6]

II. Anfechtbarkeit

Anfechtbar ist die Versäumung der Ausschlagungsfrist ebenso wie die Fiktion der Annahme durch Fristablauf wegen Irrtums, Täuschung oder Drohung nach den allgemeinen Vorschriften der §§ 119, 123. Hingegen kann die Anfechtung mangels Ursächlichkeit nicht begründet werden durch einen Irrtum über den Nachlassbestand.[7] Zu Recht wird auch die Anfechtung der Anfechtung wegen Versäumung der Anfechtungsfrist mangels Analogiefähigkeit von § 1956 abgelehnt.[8]

Der Irrtum über das Bestehen oder die Bedeutung der Ausschlagungsfrist oder die Rechtsfolge der Nichtausschlagung kann dagegen ein beachtlicher Irrtum nach § 119 Abs. 1 sein.[9] Ein Inhaltsirrtum wird bejaht, wenn der Ausschlagende über die Wirksamkeit der ausdrücklichen Ausschlagungserklärung im Irrtum war, z.B. wegen mangelnder Form des § 1945, Verstoßes gegen § 1947 oder Fehlen vormundschaftsrechtlicher Genehmigungen.[10] Die wiederholte Erklärung der Ausschlagung kann ebenfalls als stillschweigende Anfechtung gewertet werden.[11]

Besondere Beachtung gebührt dem Kausalitätserfordernis. Diese ist zu bejahen, wenn der Erbe die Erbschaft ausgeschlagen hätte, sofern ihm die Konsequenz des Fristablaufs bekannt gewesen wäre. Bei objektiver Betrachtung muss bei dem Erben im Zeitpunkt des Endes der Ausschlagungsfrist überhaupt ein vernünftiger Beweggrund zur Ausschlagung (z.B. Überschuldung des Nachlasses; Absicht der Begünstigung eines anderen) vorhanden gewesen sein.[12] Die Bewertung einzelner Voraussetzungen ist durchaus umstritten.[13] Allerdings kann die Anfechtbarkeit mangels Kausalität nicht begründet werden durch einen Irrtum über den Nachlassbestand.[14] Bei einem Irrtum über verkehrswesentliche Eigenschaften des Nachlasses soll nur die bewusste Fristversäumnis des Erben das Erfordernis der Kausalität erfüllen, weil anderenfalls nicht davon ausgegangen werden könne, dass die Fehlvorstellung über verkehrswesentlichen Eigenschaften den Willen zur Fristversäumnis und damit zur Ausschlagung bewirkt hat.[15]

Soweit die Fristversäumung auf einer Täuschung oder Drohung beruht und die Anfechtung nach § 123 begründet wird, so ist erforderlich, dass der Erbe durch arglistige Täuschung oder Drohung gerade daran gehindert wurde, die Ausschlagung nicht fristgemäß zu erklären (z.B. infolge einer Nötigung). Es kommt dabei nicht darauf an, ob er die Frist bewusst oder unbewusst verstreichen ließ.[16]

---

4 BayObLG DNotZ 1994, 402.
5 OLG Hamm OLGZ 1985, 286; es genügt ein unbewusstes Versäumen der Frist: RGZ 143, 419.
6 BayObLG MittRhNotK 1979, 159.
7 KG NJW 1969, 191.
8 MüKoBGB/*Leipold* § 1956 Rn. 10; PWW/*Tschichoflos* § 1958 Rn. 4.
9 OLG Hamm FamRZ 1985, 1185; BayObLG NJW-RR 1993, 780, 781; LG Bonn RPfleger 1985, 148.
10 BayObLG FamRZ 1983, 834; BayObLG RPfleger 1994, 168; *Damrau/Masloff* § 1956 Rn. 3; MüKoBGB/*Leipold* § 1956 Rn. 9.
11 Vgl. etwa *Damrau/Masloff* a.a.O.; *Soergel/Stein* § 1955 Rn. 1.
12 OLG Köln MDR 1980, 493; LG Bonn RPfleger 1985, 148.
13 Vgl. MüKoBGB/*Leipold* § 1956 Rn. 9; *Jauernig/Stürner* § 1956 Rn. 1; *Damrau/Masloff* § 1956 Rn. 3.
14 KG NJW 1969, 191.
15 Vgl. dazu MüKoBGB/*Leipold* § 1956 Rn. 6; *Damrau/Masloff* § 1956 Rn. 4; zu undifferenziert: *Palandt/Edenhofer* § 1956 Rn. 2; unklar auch: *Soergel/Stein* § 1956 Rn. 2; dazu aber auch: *Staudinger/Otte* § 1956 Rn. 4.
16 MüKoBGB/*Leipold* § 1956 Rn. 5.

III. Beratungshinweise

6 Es gelten dieselben Form- und Fristbestimmungen wie bei der Anfechtung der Annahme. Die Anfechtung der Fristversäumnis muss innerhalb von sechs Wochen gegenüber dem Nachlassgericht erfolgen. Fristbeginn ist der Zeitpunkt, zu dem der Anfechtende gesicherte Kenntnis vom Ablauf der Ausschlagungsfrist und ihrer rechtlichen Wirkungen erlangt.[17]

IV. Muster

7 **Anfechtung der Fristversäumung der Ausschlagungsfrist**

> An das
> Amtsgericht – Nachlassgericht – (in Baden-Württemberg Notariat)
> Straße
> Ort
> – Per Einschreiben –
>
> Anfechtung der Fristversäumung der Ausschlagungsfrist gem. § 1956 BGB hinsichtlich der Erbschaft des Nachlasses von Frau/Herrn …, verstorben am …
>
> Sehr geehrte Damen und Herren,
>
> hiermit zeigen wir an, dass wir Frau/Herrn …, … (Straße), … (Ort), anwaltlich vertreten. Frau/Herr … ist … (Verwandtschaftsgrad: z.B. Sohn) des/der am … (Sterbedatum) verstorbenen … (Name des Erblassers) in … (Ort), … (Straße).
> Der Erblasser hat testamentarisch seine Frau hälftig sowie die gemeinschaftlichen Kinder je zu ¼ zum Erben eingesetzt. Die Erbeinsetzung der Kinder erfolgte mit der Beschwerung der Anordnung eines Testamentsvollstreckers. Ferner kann unser Mandant gegenüber dem Testamentsvollstrecker nur die jähr- lichen Erträgnisse aus dem Nachlass geltend machen.
> Am … erklärte unser Mandant gegenüber den Miterben und dem Testamentsvollstrecker, dass er die Erbschaft ausschlage. Er war insofern der irrigen Auffassung, dass dies als Ausschlagungserklärung genüge.
> Durch unsere Beratung haben wir Herrn … (Mandant) davon in Kenntnis gesetzt, dass die Anfechtungserklärung nicht formgerecht war und dem Nachlassgericht hätte zugehen müssen.
> Als Anlage übersenden wir Ihnen die öffentlich beglaubigte Anfechtungserklärung unseres Mandanten bezüglich der Versäumung der Ausschlagungsfrist.
> Wir bitten, die Anfechtungserklärung und den Zeitpunkt des Eingangs zu bestätigen.[18]
> Mit freundlichen Grüßen
> Rechtsanwältin/Rechtsanwalt

---

17 OLG Hamm FamRZ 1985, 1185.
18 Es empfiehlt sich, bereits bei der Einreichung zwecks Herstellung der Bescheinigung eine Abschrift der Ausschlagungserklärung beizufügen, die auf Verlangen von der Geschäftsstelle beglaubigt werden kann.

> Anlage:
>
> **Anfechtungserklärung wegen Versäumung der Ausschlagungsfrist**
>
> Ich, ... (Name, Anschrift) bin die/der .... (Verwandtschaftsverhältnis: z.B. Schwester, Bruder etc.) des/der am ... (Sterbedatum) in ... (Ort, Straße) verstorbenen ... (Name Erblasser).
>
> Der Erblasser, mein Vater, hat testamentarisch meine Mutter hälftig sowie die gemeinschaftlichen Kinder, meine Schwester und mich je zu ¼ zu Erben eingesetzt. Die Erbeinsetzung meiner Schwester und meiner Person erfolgte mit der Beschwerung der Anordnung eines Testamentsvollstreckers. Ferner kann ich gegenüber dem Testamentsvollstrecker in Höhe meines Erbteils nur die jährlichen Erträgnisse aus dem Nachlass geltend machen.
>
> Am ... erklärte ich gegenüber den Miterben und dem Testamentsvollstrecker, dass ich die Erbschaft ausschlage. Ich war insofern der irrigen Auffassung, dass dies als Ausschlagungserklärung genüge.
>
> Durch die Beratung bei der Anwaltskanzlei ... habe ich erfahren, dass die Anfechtungserklärung nicht formgerecht war und dem Nachlassgericht hätte zugehen müssen.
>
> Hiermit fechte ich die Versäumung der Ausschlagungsfrist an und schlage die Erbschaft aus.
>
> Ort, Datum
>
> Unterschrift
>
> *Beglaubigungsvermerk*

§ 1957
Wirkung der Anfechtung

(1) Die Anfechtung der Annahme gilt als Ausschlagung, die Anfechtung der Ausschlagung gilt als Annahme.

(2) Das Nachlassgericht soll die Anfechtung der Ausschlagung demjenigen mitteilen, welchem die Erbschaft infolge der Ausschlagung angefallen war. Die Vorschrift des § 1953 Abs. 3 S. 2 findet Anwendung.

I. Normzweck

1 Durch § 1957 erfolgt eine abweichende Regelung der allgemeinen Vorschrift des § 142 Abs. 1. Denn ohne die Regelung des § 1957 würde durch die erfolgte Anfechtung eine Schwebelage herbeigeführt, d.h. der Zustand der vorläufigen Erbenstellung würde wieder bestehen. Dieser Umstand wäre wenig befriedigend und dient nicht der Rechtsklarheit. Durch § 1957 erfolgt die unwiderlegliche Vermutung, dass mit der angefochtenen Annahme eine Ausschlagung und mit der angefochtenen Ausschlagung eine Annahme erfolgt ist. Sofern für die Ausschlagung eine vormundschaftsgerichtliche Genehmigung erforderlich ist, gilt dies daher auch für die Anfechtung der Annahme.[1]

2 Die Wirkung des § 1957 ist auch dann anzunehmen, wenn der Nacherbe bereits vor Eintritt des Nacherbfalles die Annahme der Nacherbschaft anficht.[2]

---

[1] BayObLGZ 1983, 13 f.; *Palandt/Edenhofer* § 1956, Rn. 4; *Staudinger/Otte* § 1957 Rn. 2.
[2] BayObLGZ 62, 239.

II. Allgemeines

3 Die Vorschrift gilt auch für die Annahme oder Ausschlagung der Nacherbschaft (§ 2142). Im Falle der Anfechtung der Ausschlagung durch den Erben kann dieser gegen einen ersatzweise berufenen Erben als Erbschaftsbesitzer nach § 2018 vorgehen, weil dessen Recht zum Besitz ex tunc entfällt.[3]

III. Mitteilungspflicht des Nachlassgerichts

4 Das Nachlassgericht hat die Anfechtung der Annahme nach § 1953 Abs. 3 dem nächstberufenen Erben mitzuteilen. Die Anfechtung der Ausschlagung hat das Nachlassgericht gem. der Regelung des § 1957 Abs. 2 ebenfalls entsprechend mitzuteilen. Ferner gelten die Vorschriften über die Einsichtnahme des § 1953 Abs. 3 S. 2 entsprechend.[4]

IV. Beratungshinweise

5 I.R.e. Anfechtung sind auch deren Rechtsfolgen für mögliche Schadensersatzansprüche zu beachten. Sie sollten Ihren Mandanten vor Erklärung einer Anfechtung darauf hinweisen, dass er bei einer Anfechtung gegenüber einem Dritten zum Schadensersatz verpflichtet ist, sofern diesem im Vertrauen auf die Gültigkeit der Annahme oder der Ausschlagung ein Schaden entstanden ist.[5] Insofern sind z.B. einem Nachlassgläubiger die nach der Annahme entstandenen Prozesskosten zu ersetzen. Wird durch die erfolgreiche Anfechtung der Ausschlagung beispielsweise ein als Ersatzerbe berufener Dritter der Erbschaft wieder enthoben, so sind ihm etwaige Aufwendungen im Zusammenhang mit der Nachlassverwaltung oder der Auseinandersetzung des Nachlasses zu ersetzen. Es kann deshalb angeraten sein, vor Erklärung einer Anfechtung festzustellen, mit welchen Kosten der Anfechtende im Falle einer erfolgreichen Anfechtung zu rechnen hat. Dazu dürfte der Anwalt im Zweifelsfall verpflichtet sein, wenn er selbst zum Zeitpunkt der Beratung über eine etwaige Anfechtung Kenntnis von derartigen Tatsachen besitzt. Grundsätzlich besteht über § 122 eine generelle Schadensersatzpflicht des Anfechtenden gegenüber jedem, der auf die Wirksamkeit von Annahme oder Ausschlagung vertraut hat.[6]

§ 1958
Gerichtliche Geltendmachung von Ansprüchen gegen den Erben

Vor der Annahme der Erbschaft kann ein Anspruch, der sich gegen den Nachlass richtet, nicht gegen den Erben gerichtlich geltend gemacht werden.

I. Normzweck

1 Der Erbe wird durch die Regelung des § 1958 geschützt. Solange er nur vorläufiger Erbe ist, d.h. solange er die Erbschaft nicht ausdrücklich angenommen[1] hat oder die Ausschlagungsfrist nicht abgelaufen ist, bleibt er vor gerichtlichen Verfahren als Erbe verschont. Die Norm des § 1958 schützt den vorläufigen Erben somit vor Passivprozessen, um ihm die (ohnehin kurze)

---

[3] *Erman/Schlüter* § 1957 Rn. 2; MüKoBGB/*Leipold* § 1957 Rn. 3; *Damrau/Masloff* § 1957 Rn. 4; *Staudinger/Otte* § 1957 Rn. 5; a.A. *Soergel/Stein* § 1957 Rn. 2: *Stein* hält allerdings § 2027 für anwendbar.
[4] S. hierzu § 1953 Rz. 5.
[5] *Palandt/Edenhofer* § 1957, Rn. 2.
[6] *Staudinger/Otte* § 1957 Rn. 4; *Soergel/Stein* § 1957 Rn. 2; *Damrau/Masloff* § 1957 Rn. 3; diff. MüKoBGB/*Leipold* § 1957 Rn. 4, der eine Schadensersatzpflicht nur bei einem unmittelbar durch die Anfechtung entstandenen Schaden für begründet hält.
[1] Dies ist auch durch stillschweigendes Handeln pro herede gestio möglich.

Ausschlagungsfrist auch als Überlegungsfrist zu sichern.[2] In dieser Zeit bleibt auch sein eigenes Vermögen vor dem Zugriff der Nachlassgläubiger geschützt. Die Vorschrift gilt jedoch nur für die gerichtliche Geltendmachung. Insofern ist es dem Gläubiger gegenüber dem vorläufigen Erben nicht verwehrt, seine Forderung außergerichtlich geltend zu machen. Dies gilt auch für die Mahnung, Kündigung, Anfechtung, Genehmigung, Rücktritt, Aufrechnung und das Zurückbehaltungsrecht. Diese außergerichtliche Geltendmachung bleibt auch gegenüber dem endgültigen Erben wirksam.[3] Erfüllt der vorläufige Erbe gegenüber dem Gläubiger nicht, so gerät er jedoch nicht in Verzug.[4]

II. Tatbestand

Maßgeblicher Zeitpunkt für die Wirksamkeit einer Klage gegen den Erben und damit Voraussetzung der passiven Prozessführungsbefugnis des Erben ist die Annahme der Erbschaft, § 1943. Der Erbe ist damit bis zum Zeitpunkt der Annahme vor schuldrechtlichen Ansprüchen geschützt, die gegen den Nachlass erhoben werden.[5] Der Regelung des § 1958 korrespondiert § 239 ZPO, der für sämtliche Urteilsverfahren (auch für Feststellungs- und Widerklagen) sowie für Mahn-, Arrest- und einstweilige Verfügungsverfahren gilt.[6] 2

Maßnahmen zum Schutz absoluter Rechte werden durch § 1958 nicht gehindert.[7] 3

§ 1958 ist nicht anwendbar in Fällen einer Testamentsvollstreckung, Nachlassverwaltung oder Nachlasspflegschaft (§§ 2213 Abs. 2, 1960 Abs. 3). Will ein Gläubiger somit bereits vor Annahme der Erbschaft gegen den vorläufigen Erben vorgehen, muss er nach § 1961 die Nachlasspflegschaft beantragen. Allerdings kann durch die Nachlasspflegschaft nicht verhindert werden, dass der vorläufige Erbe Verfügungen zulasten des Nachlasses nach § 1959 trifft. Ob ein Gläubiger auch die Nachlassverwaltung beantragen kann, wird zum Teil bezweifelt.[8] 4

III. Der Erblasser stirbt während des Rechtsstreits

Je nachdem, ob der Erblasser im Rechtsstreit durch einen Prozessbevollmächtigten vertreten war, ergeben sich unterschiedliche Folgen: 5

1. Vertretung durch einen Prozessbevollmächtigten

Sofern der Erblasser durch einen Prozessbevollmächtigten im Rechtsstreit vertreten war, erfolgt keine Unterbrechung durch dessen Tod. In diesem Fall hat das Gericht jedoch auf Antrag des Prozessbevollmächtigten oder des Prozessgegners die Aussetzung des Verfahrens anzuordnen, § 246 Abs. 1 ZPO. Die Aussetzung erfolgt bis zur Annahme der Erbschaft, §§ 246 Abs. 2, 239 Abs. 5 ZPO. 6

2. Keine Vertretung durch einen Prozessbevollmächtigten

War der Erblasser im Rechtsstreit nicht durch einen Prozessbevollmächtigten vertreten, so wird gem. § 239 Abs. 1 ZPO das Verfahren bis zur Aufnahme durch den Rechtsnachfolger 7

---

2 *Erman/Schlüter* § 1958 Rn. 1; *Soergel/Stein* § 1958 Rn. 1.
3 *Palandt/Edenhofer* § 1958, Rn. 4; s. hierzu auch die Kommentierung zu § 1959 Rz. 2.
4 RGZ 79, 203; ein Verzug tritt im Gegensatz zu der Regelung des § 2014 BGB nicht ein, s. hierzu § 2014 Rz. 3.
5 *Palandt/Edenhofer* § 1958 Rn. 1; interessant hierzu: MüKoBGB/*Leipold* § 1958 Rn. 2, der zwischen Erblasserschulden, Erbfallschulden und Nachlasserben unterscheidet; i.E. allerdings nicht überzeugend.
6 BGH NJW 1962, 589, 591; *Zöller/Greger* § 239 Rn. 17; *Erman/Schlüter* § 1958 Rn. 2; MüKoBGB/*Leipold* § 1958 Rn. 3; *Soergel/Stein* § 1958 Rn. 2; **a.A.** *Jauernig/Stürner* § 1958 Rn. 1, der ein Verfahren des einstweiligen Rechtsschutzes für zulässig erachtet.
7 *Erman/Schlüter* § 1958 Rn. 2; *Damrau/Masloff* § 1958 Rn. 2.
8 Vgl. dazu *Palandt/Edenhofer* § 1958 Rn. 3; PWW/*Tschichoflos* § 1958 Rn. 12.

unterbrochen. Der Erbe ist vor der Annahme der Erbschaft nach § 239 Abs. 5 ZPO nicht zur Fortführung des Rechtsstreits verpflichtet. Sofern er dennoch bereits im Schwebezustand den Prozess aufnimmt, kann dies u.U. als Annahme gewertet werden.[9]

IV. Der Rechtstreit wird nach dem Tod des Erblassers anhängig gemacht

8 Wird der Rechtsstreit erst nach dem Tod des Erblassers anhängig gemacht, so ist § 1958 dahingehend zu beachten, dass vor der Erbschaftsannahme kein Anspruch gegen den Nachlass gegen den Erben gerichtlich geltend gemacht werden darf. Nach der herrschenden Meinung ist die Annahme der Erbschaft Prozessvoraussetzung. Insofern ist die Annahme der Erbschaft von Amts wegen zu prüfen.[10]

V. Zwangsvollstreckung durch einen Nachlassgläubiger

9 Bei der Zwangsvollstreckung durch einen Nachlassgläubiger sind zwei Fälle zu unterscheiden:

1. Fortsetzung der Zwangsvollstreckung nach dem Erbfall

10 War die Zwangsvollstreckung bereits zu Lebzeiten des Erblasser begonnen worden, so kann sie in den Nachlass fortgesetzt werden, § 779 Abs. 1 ZPO. Eine Titelumschreibung ist hierzu nicht erforderlich.[11] Bis zum Zeitpunkt der Annahme der Erbschaft ist jedoch nur eine Zwangsvollstreckung in den Nachlass zulässig, § 778 Abs. 1 ZPO.

2. Beginn der Zwangsvollstreckung nach dem Erbfall

11 Wird die Zwangsvollstreckung erst nach dem Tod des Erblassers begonnen, so ist eine Titelumschreibung erforderlich, § 727 ZPO. Dies ist jedoch aufgrund der Regelung des § 1958 während des Schwebezustandes bis zur Annahme der Erbschaft nicht zulässig.

VI. Verfahrensfragen/Beweislast

12 Macht ein Nachlassgläubiger einen Anspruch gegen den Erben gerichtlich geltend, hat er die Annahme der Erbschaft durch den vorläufigen Erben darzulegen und ggf. zu beweisen.[12] Aktivprozessen des vorläufigen Erben steht § 1958 nicht entgegen. In solchen Fällen können Nachlassgläubiger zwar an einer Widerklage prozessual gehindert werden, diese können jedoch aufrechnen oder Zurückbehaltungsrechte geltend machen.[13]

13 Das Nachlassinsolvenzverfahren wird durch § 1958 nicht gehindert (§ 360 InsO).

VII. Zwangsvollstreckung durch persönliche Gläubiger

14 Persönliche Gläubiger des vorläufigen Erben dürfen im Interesse des endgültigen Erben und der Nachlassgläubiger vor der Annahme der Erbschaft nicht in den Nachlass vollstrecken.[14] Eine solche Zwangsvollstreckung ist unwirksam, § 778 Abs. 2 ZPO.

---

9 *Brox/Walker* Erbrecht Rn. 315.
10 MüKoBGB/*Leipold* § 1958 Rn. 1, 10 f.; **a.A.**: Die Annahme begründet nur die Passivlegitimation: *Brox/Walker* Erbrecht Rn. 315.
11 *Brox/Walker* Erbrecht Rn. 315.
12 PWW/*Tschichoflos* § 1958 Rn. 10.
13 MüKoBGB/*Leipold* § 1958 Rn. 6; *Staudinger/Marotzke* § 1958 Rn. 6.
14 *Brox/Walker*, Erbrecht Rn. 315.

VIII. Beratungshinweise

Der Erbe eines überschuldeten Nachlasses ist häufig Zwangsvollstreckungen der Nachlassgläubiger ausgesetzt. Wurde die Erbschaft noch nicht angenommen, so darf sie, sofern die Zwangsvollstreckung bereits zu Lebzeiten des Erblassers begonnen hat, nur in den Nachlass erfolgen. Sollte dennoch eine Zwangsvollstreckung in das eigene Vermögen des Erben versucht werden, so steht diesem wahlweise die Drittwiderspruchsklage nach § 771 ZPO oder die Erinnerung gegen die Art und Weise der Zwangsvollstreckung nach § 766 ZPO zu. Das Recht der Erinnerung steht auch den persönlichen Gläubigern des Erben zu, da diese durch solche Zwangsvollstreckungsmaßnahmen beschwert werden.[15] 15

Eine Titelumschreibung ist während des Schwebezustandes des Anfalls der Erbschaft bis zur Annahme nicht zulässig, § 1958. Sofern das Gericht dennoch eine Klausel erteilt hat, kann sich der vorläufige Erbe dagegen mit der Einwendung gegen die Zulässigkeit der Vollstreckungsklausel wehren, § 732 ZPO. Ferner kann er nach § 768 ZPO eine Vollstreckungsklauselgegenklage erheben. Wurde ohne Titelumschreibung erst nach dem Tod des Erblassers mit der Zwangsvollstreckung gegen den Erbe begonnen, so sind die notwendigen Voraussetzungen zur Zwangsvollstreckung nicht gegeben. In diesem Fall hat der Erbe das Recht, Erinnerung nach § 766 ZPO einzulegen. 16

Sollte ein persönlicher Gläubiger des vorläufigen Erben in den Nachlass – vor dessen Annahme – vollstrecken, so stehen dem Erben die Rechte aus den §§ 766 oder 771 ZPO zu. Die Nachlassgläubiger sowie der Nachlasspfleger, Nachlassverwalter und Testamentsvollstrecker haben die Möglichkeit der Erinnerung nach § 766 ZPO. 17

Sofern der Gläubiger bereits vor der Annahme der Erbschaft gegen den Nachlass klagen oder in den Nachlass vollstrecken will, hat er zuvor die Bestellung eines Nachlasspflegers[16] zu bewirken.[17] Die Klage ist in diesem Fall gegen den Nachlasspfleger zu richten.[18] 18

§ 1959
Geschäftsführung vor der Ausschlagung

(1) Besorgt der Erbe vor der Ausschlagung erbschaftliche Geschäfte, so ist er demjenigen gegenüber, welcher Erbe wird, wie ein Geschäftsführer ohne Auftrag berechtigt und verpflichtet.

(2) Verfügt der Erbe vor der Ausschlagung über einen Nachlassgegenstand, so wird die Wirksamkeit der Verfügung durch die Ausschlagung nicht berührt, wenn die Verfügung nicht ohne Nachteil für den Nachlass verschoben werden konnte.

(3) Ein Rechtsgeschäft, das gegenüber dem Erben als solchem vorgenommen werden muss, bleibt wenn es vor der Ausschlagung dem Ausschlagenden gegenüber vorgenommen wird, auch nach der Ausschlagung wirksam.

I. Normzweck

Die Vorschrift von § 1959 ist gleichsam die abschließende Regelung über Rechte und Pflichten des vorläufigen Erben. Mit der Regelung stellt der Gesetzgeber einen Ausgleich im Verhältnis zwischen vorläufigem und endgültigem Erben auf. Soweit der vorläufige Erbe vor der Ausschlagung betreffend den Nachlass rechtsgeschäftlich tätig geworden ist, 1

---

15 *Brox/Walker* Erbrecht, Rn. 315.
16 S. hierzu § 1961 Rz. 1.
17 *Brox/Walker* Erbrecht, Rn. 315.
18 *Brox/Walker* Erbrecht, Rn. 315.

gilt er als Geschäftsführer ohne Auftrag und hat gegenüber dem endgültigen Erben Rechte und Pflichten aus GoA. Die Regelung knüpft systematisch an § 1953 an und stellt klar, dass wirksame Rechtsgeschäfte mit dem vorläufigen Erben auch nach der Ausschlagung weiterhin wirksam sind. Für dingliche Rechtsgeschäfte gilt hingegen die spezielle Regelung in § 1959 Abs. 2.

II. Geschäftsführung ohne Auftrag

2 Grundsätzlich ist der vorläufige Erbe zur Verwaltung des Nachlasses nicht verpflichtet. Ihn trifft keine Pflicht zur Nachlassfürsorge.[1] Ihn trifft auch nicht die Pflicht zur Beantragung der Nachlassinsolvenz (§ 316 Abs. 1 InsO i.V.m. § 1980).[2] Für die Sicherung des Nachlasses ist grundsätzlich das Nachlassgericht gem. § 1960 zuständig. Wird der vorläufige Erbe dennoch vor seiner Ausschlagung rechtsgeschäftlich für den Nachlass tätig, so ist er wie ein auftragsloser Geschäftsführer zu behandeln. Gem. § 677 hat er die Geschäfte so zu führen, wie es das Interesse des endgültigen Erben mit Rücksicht auf dessen wirklichen oder mutmaßlichen Willen erfordert.[3] Der Ausschlagende haftet dem endgültigen Erben auf die Herausgabe des Erlangten gem. §§ 681 S. 2, 667. Ferner hat der endgültige Erbe dem Ausschlagenden gegenüber einen Haftungsanspruch bei einer schuldhafter Pflichtverletzung. Grundsätzlich ist der vorläufige Erbe, der die Ausschlagung oder die Anfechtung der Annahme erklärt hat (§§ 1943, 1957) dem endgültigen Erben gegenüber für alle erbschaftsbezogenen Geschäftsbesorgungen nach den Grundsätzen der GoA (§§ 677 ff.) berechtigt und verpflichtet. Das gilt auch dann, wenn der vorläufige Erbe sich irrtümlich für den endgültigen Erben hält; erbschaftsbezogene Geschäfte sind dabei alle tatsächlichen und rechtsgeschäftlichen Handlungen, die im Zusammenhang mit dem Nachlass oder dem Erbfall stehen.[4] Nach h.M. ist der Begriff der erbschaftsbezogenen Geschäfte grundsätzlich weit auszulegen. Dazu gehören grundsätzlich sämtliche Rechtsgeschäfte im Zusammenhang mit der Beerdigung des Erblassers, Abwicklung und Erfüllung von Verträgen des Erblassers und Regelungen von Nachlassverbindlichkeiten, Abschluss von Verträgen zur Verwaltung des Nachlasses, Fortführung eines Unternehmens des Erblassers und Passivprozesse des vorläufigen Erben betreffend den Nachlass.[5] Für solche Geschäfte hat der endgültige Erbe einzustehen. Die dem Ausschlagenden daraus erwachsenen Erstattungsansprüche sind ebenso wie Aufwendungsersatzansprüche Nachlassverbindlichkeiten; im Nachlassinsolvenzverfahren sind sie Masseschulden nach § 324 Abs. 1 Nr. 6 InsO.

3 Kein erbschaftsbezogenes Geschäft ist nach h.M. die aktive Prozessführung des vorläufigen Erben. Sie begründet keine Rechtskraft gegenüber dem endgültigen Erben.[6]

III. Wirksamkeit von Verfügungsgeschäften (Abs. 2)

4 Dingliche Verfügungen des vorläufigen Erben über einen Nachlassgegenstand bleiben auch nach der zeitlich späteren Ausschlagung grundsätzlich wirksam, sofern die Verfügung nicht ohne Nachteil für den Nachlass verschoben werden konnte. Es muss sich also um eine unaufschiebbare Verfügung handeln. Ob eine unaufschiebbare Verfügung im Einzelfall vorlag, bestimmt sich nach objektiven und wirtschaftlichen Kriterien.[7] Der Begriff der Verfügung in Abs. 2 umfasst richtigerweise lediglich dinglich wirkende Rechtsgeschäfte. Solche Geschäfte bleiben gegenüber dem endgültigen Erben und gegenüber Drit-

---

1 *Palandt/Edenhofer* § 1959 Rn. 1.
2 *Damrau/Boecken* § 1959 Rn. 1, dort fehlerhafterweise als § 1960 bezeichnet.
3 OLG Celle MDR 1970, 1012; sofern der Handelnde überhaupt nicht zum Erben berufen war und mithin auch die Erbschaft nicht ausgeschlagen hat, haftet er wie ein Dritter als Erbschaftsbesitzer gem. §§ 2018 ff.
4 *Soergel/Stein* § 1959 Rn. 3; MüKoBGB/*Leipold* § 1959 Rn. 3.
5 Vgl. im Einzelnen übersichtliche Darstellung bei *Damrau/Boecken* § 1959 Rn. 2.
6 RGRK/*Johannsen* § 1959 Rn. 2.
7 MüKoBGB/*Leipold* § 1959 Rn. 6.

ten wirksam.⁸ Dazu gehört sowohl die Annahme einer Leistung als Erfüllung (§§ 362 ff.), die Erfüllung von Nachlassverbindlichkeiten, aber auch die Ausübung von Gestaltungsrechten (Kündigung, Anfechtung etc.). Insb. zählen hierzu auch die Annahme von Zahlungen zwecks Erfüllung einer Nachlassforderung⁹ und der Verkauf verderblicher Waren.¹⁰

Streitig kann im Einzelfall sein, ob die entsprechende Verfügung des Ausschlagenden unaufschiebbar i.S.v. Abs. 2 gewesen ist. Die dafür notwendigen objektiven und wirtschaftlichen Kriterien erfordern nach h.M. eine objektive Betrachtung bezogen auf den Zeitpunkt der Verfügung. Geringfügige und vorübergehende Wertminderungen für den Nachlass sollen insofern nicht ausreichend sein, sodass im Zweifel eine Unaufschiebbarkeit und damit die Wirksamkeit der entsprechenden Verfügung zu verneinen ist.¹¹ Aufschiebbare Verfügungen sind damit grundsätzlich unwirksam, können aber vom endgültigen Erben nach § 185 Abs. 2 genehmigt werden.¹² Ferner können unwirksame Verfügungen auch durch gutgläubigen Erwerb nach §§ 932 ff. wirksam werden.¹³ Hingegen ist die erforderliche Dringlichkeit dann zu bejahen, wenn anderenfalls Annahmeverzug eintreten würde oder wenn ein späterer Ausfall der Forderung zulasten des endgültigen Erben zu befürchten wäre.¹⁴ 5

Das schuldrechtliche Verpflichtungsgeschäft ist von der Regelung des § 1959 Abs. 2 nicht erfasst.¹⁵ 6

IV. Einseitige Rechtsgeschäfte gegenüber dem vorläufigen Erben (Abs. 3)

Einseitige empfangsbedürftige Rechtsgeschäfte i.S.v. Abs. 3, die dem vorläufigen Erben gegenüber vorgenommen werden, bleiben auch nach der Ausschlagung wirksam. Dabei kommt es nicht darauf an, ob der Erklärende die Vorläufigkeit des Erbrechts kennt oder nicht.¹⁶ Allerdings muss der vorläufige Erbe der richtige Adressat der Erklärung sein. Zum Teil besteht bereits im Stadium vor der Annahme der Erbschaft ein Bedürfnis für Dritte, ein Rechtsgeschäft vorzunehmen. Dies ist z.B. gegeben, wenn der Dritte einen Vertrag anfechten, kündigen oder von diesem zurücktreten möchte bzw. eine Aufrechnungserklärung¹⁷ abgibt. Dasselbe gilt bei Genehmigungen oder einem Widerruf, ebenso bei Forderungsanmeldungen nach § 1974 Abs. 1, bei der Ausübung von Vorkaufsrechten oder bei der Annahme von Vertragsangeboten, die gegenüber dem Erblasser abgegeben wurden. 7

V. Anspruchskonkurrenzen

Die Ausgleichsregelungen nach § 1959 konkurrieren nicht mit Ansprüchen gegen den Erbschaftsbesitzer nach §§ 2018 ff., weil der vorläufige Erbe bei rückwirkender Betrachtung nach dem Zeitpunkt der Ausschlagung den Nachlass nicht als Erbschaftsbesitzer besaß.¹⁸ Der endgültige Erbe kann von dem Ausschlagenden allerdings nach § 2027 Abs. 2 Auskunft über Erbschaftsgegenstände verlangen. Darüber hinaus sind auch die §§ 280 ff. (Leistungsstörung) anwendbar. Ferner sind auch Herausgabeansprüche aus § 985 möglich. Hingegen sind deliktische Ansprüche (§§ 823 ff.) sowie kondiktionsrechtliche Ansprüche 8

---

8 *Erman/Schlüter* § 1959 Rn. 4; *Soergel/Stein* § 1959 Rn. 9.
9 *PWW/Tschichoflos* § 1959 Rn. 5.
10 *Jauernig/Stürner* § 1959 Rn. 2.
11 OLG Düsseldof ZEV 2000, 64, 65; MüKoBGB/*Leipold* § 1959 Rn. 6.
12 *Staudinger/Marotzke* § 1959 Rn. 13 ff.
13 *Lüke* JuS 1978, 254.
14 *PWW/Tschichoflos* § 1959 Rn. 5.
15 So die h.M.; *Palandt/Edenhofer*, BGB, § 1959, Rn. 3; a.A.: *Bertzel*, AcP, 158, 107.
16 *Erman/Schlüter* § 1959 Rn. 6.
17 Ein Erlöschen der Forderung ist nur dann nicht gegeben, wenn es sich bei der Gegenforderung um eine persönliche, nicht zum Nachlass gehörende Forderung handelt und der vorläufige Erbe die Erbschaft ausschlägt.
18 Vgl. dazu *Palandt/Edenhofer* § 2018 Rn. 7; *Soergel/Stein* § 1959 Rn. 1; *Erman/Schlüter* § 1953 Rn. 2.

(§§ 812 ff.) ausgeschlossen. Denn bei Vorliegen der Voraussetzungen des § 1959 sind Handlungen und rechtsgeschäftliche Verfügungen des Ausschlagenden gerechtfertigt bzw. mit Rechtsgrund erfolgt und damit ausgeschlossen.[19] Nicht anwendbar sind auch die Regelungen über das Eigentümer/Besitzer-Verhältnis (§§ 986 ff.). Der vorläufige Erbe gilt für die Zeit vor der Ausschlagung als rechtmäßiger Besitzer.[20]

VI. Beweislast

9 Für die Ansprüche nach Abs. 1 ist derjenige für die tatbestandlichen Voraussetzungen darlegungs- und beweisbelastet, der diese Ansprüche geltend macht.[21]

10 Für die Ansprüche nach Abs. 2 trifft die Darlegungs- und Beweislast denjenigen, der sich auf die Wirksamkeit der Verfügung beruft. Er muss insb. die Unaufschiebbarkeit der Verfügung beweisen.[22]

VII. Beratungshinweise

11 Sofern der Mandant von einem vorläufigen Erbe wegen einer Nachlassforderung in Anspruch genommen wird, sollte an diesen keine Leistung erfolgen, sofern keine Dringlichkeit vorliegt. Denn die Einziehung der Forderung durch den vorläufigen Erben stellt eine Verfügung nach § 1959 Abs. 2 dar. Insofern kommt es bei dieser Verfügung auf die Dringlichkeit an. Besteht keine Dringlichkeit, so ist die Verfügung unwirksam. Damit die Forderung nicht an den Falschen gelangt, empfiehlt es sich, die Forderungssumme oder den Forderungsgegenstand zu hinterlegen.

§ 1960
Sicherung des Nachlasses; Nachlasspfleger

(1) Bis zur Annahme der Erbschaft hat das Nachlassgericht für die Sicherung des Nachlasses zu sorgen, soweit ein Bedürfnis besteht. Das gleiche gilt, wenn der Erbe unbekannt oder wenn ungewiss ist, ob er die Erbschaft angenommen hat.

(2) Das Nachlassgericht kann insb. die Anlegung von Siegeln, die Hinterlegung von Geld, Wertpapieren und Kostbarkeiten sowie die Aufnahme eines Nachlassverzeichnisses anordnen und für denjenigen, welcher Erbe wird, einen Pfleger (Nachlasspfleger) bestellen.

(3) Die Vorschrift des § 1958 findet auf den Nachlasspfleger keine Anwendung.

Übersicht	Rz.		Rz.
I. Normzweck	1	VI. Hinterlegung von Geld, Wertpapieren und Kostbarkeiten	19
II. Nachlasssicherung	2	VII. Sperrung eines Kontos	20
1. Unbekanntheit des Erben	4	VIII. Nachlassverzeichnis	21
2. Bedürfnis zu Sicherungsmaßnahmen	7	IX. Andere Nachlasssicherungsmaßnahmen	22
III. Sicherungsmaßnahmen	9	X. Verfahren/Neues FamFG	23
IV. Nachlasspfleger	10	XI. Internationale Erbfälle	24
1. Einsetzung des Nachlasspflegers	10	XII. Kosten	25
2. Beschwerderecht	16	XIII. Beratungshinweise	28
3. Vergütung des Nachlasspflegers	17		
V. Anlegung von Siegeln	18		

---

19 *Soergel/Stein* § 1959 Rn. 8.
20 MüKoBGB/*Leipold* § 1959 Rn. 2.
21 *Soergel/Stein* § 1959 Rn. 6; RGRK/*Johannsen* § 1959 Rn. 15.
22 *Soergel/Stein* § 1959 Rn. 10; RGRK/*Johannsen* § 1959 Rn. 15.

	Rz.		Rz.
XIV. Muster	29	7. Berichterstattung des Nachlasspflegers an das Nachlassgericht	35
1. Antrag auf Nachlasssicherung	29	8. Nachlassverzeichnis bei einem Anwesen	37
2. Antrag auf Bestellung eines Nachlasspflegers	30	9. Mitteilungsschreiben des Nachlasspflegers an die Bank	39
3. Antrag auf Siegelung	31	10. Auskunftsersuchen des Nachlasspflegers an Bankenverein	40
4. Antrag auf Kontensperrung	32		
5. Einwohnermeldeamtsanfrage des Nachlasspflegers zur Erbenermittlung	33		
6. Standesamtsanfrage des Nachlasspflegers zur Erbenermittlung	34		

I. Normzweck

Mit der Regelung des § 1960 erhält der Staat eine Legitimation zum Eingriff in private Nachlassangelegenheiten in besonderen Fällen. Zugleich macht der Gesetzgeber mit der Regelung deutlich, dass staatliche Fürsorgemaßnahmen die Ausnahme sind und Sicherungsmaßnahmen zugunsten des Nachlasses nur unter besonderen Voraussetzungen zulässig sind.[1] Nur wenn ein besonderes Bedürfnis für Sicherungsmaßnahmen des Nachlassgerichtes besteht, der Erbe unbekannt ist oder wenn Ungewissheit über die Erbschaftsannahme besteht, kann das Nachlassgericht eigene Maßnahmen bis hin zur Bestellung eines Nachlasspflegers ergreifen.

II. Nachlasssicherung

Für die Nachlasssicherung ist grundsätzlich der Erbe als Gesamtrechtsnachfolger des Erblassers zuständig. Der Staat greift in die privaten Nachlassangelegenheiten des Erben nur ausnahmsweise ein, soweit das Gesetz dafür ein besonderes Bedürfnis sieht. Es besteht deshalb keine generelle Verpflichtung des Nachlassgerichts, i.R.e. Erbfalls tätig zu werden.[2] Soweit das Nachlassgericht keine Zweifel an der Existenz der Erben, ihrer Identität, Erbberechtigung und Erbschaftsannahme hat, sind staatliche Fürsorgemaßnahmen nicht angezeigt.[3] Sofern der Erbe die Erbschaft noch nicht angenommen hat oder unbekannt ist, wer Erbe geworden ist, *kann* das Nachlassgericht jedoch diverse Sicherungsvorkehrungen treffen. Die Sicherung des Nachlasses hat zu erfolgen, soweit der Erbe *unbekannt* ist und ein *Bedürfnis* besteht. Das Nachlassgericht hat in diesem Falle die Voraussetzungen von Amts wegen zu überprüfen und festzustellen.[4] Hierbei darf die Anordnung nicht davon abhängig gemacht werden, ob umfangreiche und zeitraubende Ermittlungen im Raum stehen.[5] Die Frage, ob die Ermittlung des Erben überhaupt möglich sein wird, hat in diesem Fall nicht das Nachlassgericht zu beurteilen, sondern der eingesetzte Nachlasspfleger.[6]

Liegt eine schuldhafte Amtspflichtverletzung bei der Beauftragung und Beaufsichtigung des Nachlasspflegers vor, so haftet der Staat gem. § 839, Art. 34 GG gegenüber den Erben, nicht jedoch gegenüber den Nachlassgläubigern.[7]

1. Unbekanntheit des Erben

Als »*unbekannt*« i.S.d. § 1960 Abs. 1 S. 2 gilt der Erbe auch dann, wenn zwar mehrere Erben in Betracht kommen, es aber ungewiss ist, wer von ihnen der richtige Erbe ist.[8] Dies ist z.B. der Fall,

---

1 BayObLG FamRZ 2001, 40f.
2 Landesrechtlich bestehen Ausnahmen in Baden-Württemberg und Bayern (§ 41 BW-LFGG, Art. 37 BayAGGVG).
3 OLG Düsseldorf FamRZ 1995, 895.
4 KG OLGE 7, 132.
5 OLG Köln RPfleger 1989, 238 ff.; BayObLG NJW-RR 1999, 157, 159; OLG Karlsruhe FamRZ 2004, 222, 223.
6 *Staudinger/Marotzke*, § 1960 Rn. 9.
7 *Tidow* RPfleger 1991, 400, 406; *Staudinger/Marotzke* § 1985 Rn. 43.
8 OLG Düsseldorf JR 1949, 354; LG Verden MDR 1951, 34; AG Starnberg FamRZ 1982, 1280.

wenn Zweifel hinsichtlich der Gültigkeit eines Testaments bestehen.[9] Ferner wenn die Geburt eines Erben oder Miterben zu erwarten ist oder eine noch zu errichtende Stiftung als Erbe berufen ist. Weitere Gründe sind: Klageerhebung wegen Erbunwürdigkeit[10] oder wenn die Verwandtschaft einer Person zweifelhaft ist.[11] Ergibt sich in dieser Situation ein Bedürfnis zu Fürsorgemaßnahmen, so muss das Nachlassgericht geeignete Maßnahmen treffen.

5 Sofern derjenige, der als Erbe berufen sein würde, verschollen ist, kommt es darauf an, ob für ihn zur Zeit des Erbfalls noch die Lebendvermutung des § 10 VerschG[12] zutrifft. Ist der Erbe seiner Person nach zwar bekannt, sein Aufenthalt jedoch unbekannt, so ist dies kein Fall des § 1960, sondern ein Fall der Abwesenheitspflegschaft nach § 1911.

6 Hingegen ist ein Erbe als bekannt anzusehen, wenn das Nachlassgericht aufgrund der tatsächlichen Verhältnisse mit hoher Wahrscheinlichkeit feststellen kann, wer Erbe geworden ist.[13] Letzte Gewissheit ist dafür nicht erforderlich. Ein erteilter Erbschein stellt eine Vermutung dafür auf, dass der Erbe bekannt ist.[14] Nach einer Einziehung des Erbscheines kann das Nachlassgericht allerdings Sicherungsmaßnahmen veranlassen, wenn es zu dem Ergebnis gelangt, dass infolge der Einziehung des Erbscheins der Erbe unbekannt ist.

2. Bedürfnis zu Sicherungsmaßnahmen

7 Voraussetzung für staatliche Sicherungsmaßnahmen ist das Bedürfnis zu einer gerichtlichen Fürsorge. Das Nachlassgericht entscheidet darüber nach eigenem Ermessen. Ermessensgrundlage bildet hierbei die Kenntnis des Nachlassgerichts zum Zeitpunkt seiner Entscheidung.[15] An einem Bedürfnis fehlt es i.d.R., wenn Abkömmlinge, Ehegatten oder ein Testamentsvollstrecker vorhanden sind.[16] Ferner fehlt es an einem Bedürfnis, wenn die Nachlassangelegenheiten von einem Bevollmächtigten ordnungsgemäß[17] erledigt werden oder vertrauenswürdige Miterben vorhanden sind.[18] Ein Streit zwischen vorhandenen Erben reicht grundsätzlich nicht aus.[19]

8 Ein Sicherungsbedürfnis besteht hingegen, wenn der Bestand des Nachlasses ohne das Eingreifen des Nachlassgerichtes gefährdet wäre.[20] Beurteilungsmaßstab für ein Sicherungsbedürfnis sind für das Nachlassgericht die Interessen des endgültigen Erben, nicht dagegen der Nachlassgläubiger. Ihnen stehen die Antragsverfahren nach §§ 1961, 1981 Abs. 2 offen, mit denen eine Nachlasspflegschaft oder eine Nachlassverwaltung bei Gefährdung von Gläubigerinteressen angeordnet werden kann.

III. Sicherungsmaßnahmen

9 Die Aufzählung in § 1960 Abs. 2 ist nicht abschließend.[21] Folgende Maßnahmen kommen z.B. in Betracht:
– Bestellung eines Nachlasspflegers,[22] s. Rz. 5 ff.,
– Anlegung von Siegeln, s. Rz. 11,

---

9 BayObLG NJW-RR 2004, 939, 941.
10 *Staudinger/Marotzke* § 1960 Rn. 8.
11 OLG Stuttgart NJW 1975, 880.
12 Evtl. Bestellung eines Abwesenheitspflegers.
13 KG NJW-RR 1999, 157.
14 BayObLG FamRZ 2003, 561; BayObLG NJW-RR 2002, 1518.
15 KG RPfleger 1982, 184.
16 OLG Düsseldorf ZEV 2001, 366, 368.
17 Nimmt der Bevollmächtigte seine Aufgaben jedoch nicht wahr, liegt ein Bedürfnis vor; vgl. OlG Karlsruhe FamRZ 2004, 222, 223.
18 KG ZEV 1999, 395 f; OLG Karlsruhe FamRZ 2005, 836 f.; *Staudinger/Marotzke*, § 1960 Rn. 15.
19 Vgl. dazu OLG Zweibrücken RPfleger 1986, 433.
20 OLG Karlsruhe FamRZ 2004, 222.
21 *Brox/Walker* Erbrecht Rn. 615.
22 Zwingend in den Fällen des § 1961 BGB vorgesehen.

- Hinterlegung von Geld, Wertpapieren, Schmuck und anderer Kostbarkeiten, s. Rz. 12,
- Sperrung eines Kontos, s. Rz. 13,
- Erstellung eines Nachlassverzeichnisses, s. Rz. 14,
- möglich sind jedoch auch andere Sicherungsmaßnahmen, s. Rz. 15.

IV. Nachlasspfleger

1. Einsetzung des Nachlasspflegers

Ein Nachlasspfleger ist nicht nur dann zu bestellen, wenn der Erbe unbekannt ist oder die Erbschaft nicht angenommen hat bzw. die Annahme ungewiss ist, sondern auch dann, wenn ein Gläubiger einen Anspruch gegen den Nachlass geltend macht und eine Nachlasspflegschaft beantragt. 10

Die Nachlasspflegschaft ist auch bezüglich eines Erbteils anzuordnen, wenn diese Erbfolge noch ungeklärt ist, die übrigen jedoch feststehen.[23] Wurde festgestellt, dass im Inland nur Nachlassschulden eines ausländischen Erblassers bestehen, so ist kein Nachlasspfleger zu bestellen.[24] Es kann auch kein Nachlasspfleger allein zur Mitwirkung an der Erbauseinandersetzung für einzelne unbekannte Miterben bestellt werden.[25] Sofern ein Testamentsvollstrecker sein Amt angenommen hat, besteht grundsätzlich kein Bedürfnis, die Nachlasspflegschaft anzuordnen.[26] Dies gilt auch hinsichtlich der den unbekannten Erben zustehenden Ansprüche auf Rechnungslegung und Herausgabe des Nachlasses durch den Testamentsvollstrecker.[27] 11

In der Nachlasspflegschaft ist eine Pflegschaft i.S.d. §§ 1909 ff. zu sehen. Gem. § 1915 sind die Regelungen über die Vormundschaft entsprechend anzuwenden. Anstelle des Vormundschaftsgerichts tritt jedoch gem. § 1962 das Nachlassgericht. Das Nachlassgericht kann den Wirkungskreis des Nachlasspflegers beschränken, soweit eine Beschränkung ausreichend ist.[28] Es kann auch mehrere Personen zum Nachlasspfleger bestellen, § 1797.[29] I.d.R. hat der Nachlasspfleger den Erben zu ermitteln und den Nachlass in Besitz zu nehmen sowie diesen zu verwalten. In besonders schwierigen Fällen darf sich der Nachlasspfleger eines gewerblichen Erbenermittlers bedienen.[30] Zur Verwaltung gehören auch die Angaben der Steuererklärung und Zahlung der Erbschaftssteuer, §§ 31 Abs. 6, 32 Abs. 2 ErbStG sowie §§ 34, 36, 69 AO. Abweichend von der Regelung des § 91 Abs. 1 AO wird dem Nachlasspfleger der Steuerbescheid zugestellt. Der Nachlasspfleger kann für die Verwaltung und Erhaltung des Nachlasses Verbindlichkeiten eingehen. Hinsichtlich der in den §§ 1821, 1822 aufgeführten Rechtsgeschäfte bedarf er vorab der Genehmigung des Nachlassgerichts nach §§ 1915, 1962. Hierzu gehört z.B. die Veräußerung eines Grundstücks, Verfügung über ein Sparkonto.[31] 12

Er kann jedoch nicht für den Erben die Erbschaft annehmen oder ausschlagen bzw. zur Abwehr unbeschränkter Haftung Nachlassverwaltung beantragen. Schließlich kann er auch keine Auseinandersetzung vornehmen. Dies gilt auch dann, wenn eine Teilungsanordnung des Erblassers vorliegt.[32] Denn die Ausführung der letztwilligen Verfügung gehört nicht zu den Aufgaben des Nachlasspflegers. Er ist gegenüber dem Nachlassgericht zur Rechnungslegung verpflichtet und haftet den Erben für eine mögliche Pflichtverletzung nach §§ 1915 Abs. 1, 13

---
23 KGJ 48 A 77.
24 OLG Hamm JMBlNRW 1962, 209.
25 KG FamRZ 1972, 50.
26 Sofern dennoch eine Nachlasspflegschaft angeordnet wurde, steht dem Testamentsvollstrecker ein Beschwerderecht zu.
27 KG MDR 1972, 1036.
28 KG NJW 1965, 1719; BayObLGZ 1960, 93.
29 OLG Oldenburg FGPrax 1998, 108.
30 OLG Bremen ZEV 1999, 322 ff.
31 OLG München ZErb 2010, 54 f.
32 RGZ 154, 110 ff., 114.

1833. Die Anordnung der Nachlasspflegschaft wird mit Bekanntgabe an den Pfleger gem. § 16 FGG wirksam. Der Nachlasspfleger erhält vom Nachlassgericht eine Bestallungsurkunde, aus der sich die ihm übertragenen Geschäfte ergeben.

14 Das Nachlassgericht hat die Nachlasspflegschaft aufzuheben, wenn deren Grund entfällt, §§ 1962, 1919, z.B. wenn der richtige Erbe gefunden wurde, dieser die Erbschaft angenommen hat, die Schlussabrechnung eingereicht und diese geprüft wurde. Die Nachlasspflegschaft endet nicht von selbst oder kraft Gesetzes, sondern ist vielmehr mit Beschluss aufzuheben, § 1919. Allein wenn die Nachlasspflegschaft auf eine einzelne Angelegenheit beschränkt wurde, endet diese automatisch mit der Erledigung der Angelegenheit, § 1918 Abs. 3.[33] Wurde die Nachlasspflegschaft für mehrere Erben angeordnet, so ist sie hinsichtlich der Miterben aufzuheben, deren Person ermittelt wurde bzw. bei denen der Anordnungsgrund weggefallen ist. Wurde eine Nachlassinsolvenz über den Nachlass eröffnet, so endet damit nicht automatisch die Nachlasspflegschaft. Vielmehr gelten in diesem Falle für den Nachlasspfleger die allgemeinen Verfügungsbeschränkungen, die auch einen Schuldner i.R.e. Insolvenz treffen. Sobald der richtige Erbe ermittelt wurde, hat dieser die Verantwortung für den Nachlass zu tragen.[34]

15 Nachlassgläubiger haben das Recht, bereits vor der Annahme der Erbschaft gegen den Nachlasspfleger als Vertreter des Erben vorzugehen, § 1960 Abs. 3, nicht jedoch gegenüber den Erben, § 1958. Gegenüber den Nachlassgläubigern ist der Nachlasspfleger zur Auskunft über den Bestand der Erbschaft verpflichtet. Er haftet diesen gegenüber persönlich. Es kann ihm jedoch keine Inventarfrist gesetzt werden.[35]

2. Beschwerderecht

16 Die Erbprädenten haben gegen die Anordnung der Nachlasspflegschaft das Beschwerderecht.[36] Vom Beschwerderecht ausgeschlossen sind die Ersatzerben und der Nachlassinsolvenzverwalter. Ferner kann gegen die Ablehnung der Anordnung der Nachlasspflegschaft derjenige Beschwerde einlegen, der ein rechtliches Interesse an der Änderung der Verfügung geltend macht (z.B. Nachlassgläubiger).

3. Vergütung des Nachlasspflegers

17 Grundsätzlich ist die Nachlasspflegschaft unentgeltlich zu führen, §§ 1836 Abs. 1 S. 1, 1915 Abs. 1. Ausnahmsweise wird sie jedoch dann entgeltlich geführt, wenn das Nachlassgericht einen berufsmäßigen Pfleger zum Nachlasspfleger bestellt, § 1836. Das Nachlassgericht hat einem berufsmäßigen Nachlasspfleger die Vergütung gem. den §§ 1836 Abs. 2 S. 1, 1915 Abs. 1, 1962 BGB, 56 g FGG zu bewilligen. Dabei kann die Vergütung einmalig oder für bestimmte Zeitabschnitte bewilligt werden.[37] Der Festsetzungsbeschluss stellt einen Vollstreckungstitel[38] dar. Die fehlerhafte Führung einer Nachlasspflegschaft bleibt bei der Vergütungsfestsetzung unberücksichtigt; insofern sind Schadensersatzansprüche i.R.e. Klage gegenüber dem Pfleger geltend zu machen.[39] Gegen die Festsetzung ist das Rechtsmittel der sofortigen Beschwerde zulässig. Zur Beschwerde sind der Nachlasspfleger und die Erben berechtigt. Wurde dem Nachlasspfleger vorsätzlich eine überhöhte Vergütung gewährt, so ist dies gem. §§ 266 Abs. 1, 339 StGB strafbar.[40] Hinsichtlich der festgesetzten

---

33 BayObLGZ 22, 111.
34 LG Frankenthal RPfleger 1983, 153.
35 *Staudinger/Marotzke* § 1960 Rn. 45.
36 OLG Köln FamRZ 1989, 547, 548; OLG Karlsruhe FamRZ 2004, 222 f.
37 BayObLG FamRZ 1994, 266, 267.
38 § 56 g I, VI, VII FGG.
39 KG OLGZ 1988, 281; OLG Köln FamRZ 1991, 483 f.; **a.A.**: *Zimmermann* ZEV 1999, 329, 335.
40 BGH NJW 1988, 2809 ff.

Vergütung bzw. des Aufwendungsersatzes des Nachlasspflegers haften die Erben.[41] Dies gilt auch dann, wenn eine dritte Person die Anordnung der Nachlasspflegschaft beantragt hat.[42] Der Vergütungsanspruch stellt eine Nachlassverbindlichkeit dar.[43] Sofern der Nachlass mittellos sein sollte, darf eine Vergütung gem. § 1836 Abs. 3 nicht bewilligt werden. Insofern kommt eine Vergütung nach § 1836 Abs. 1 S. 2, Abs. 2 in Betracht (Vergütung aus der Staatskasse). Die Mittellosigkeit bestimmt sich nicht nach dem Vermögen des Erben, sondern allein nach dem Nachlasswert.[44]

V. Anlegung von Siegeln

Für die Anordnung der Siegelung ist das Nachlassgericht zuständig. Die Entscheidung darüber trifft der Rechtspfleger. Die Siegelung kann von Amts wegen oder auf Antrag erfolgen. Die Ausführung der Versiegelung kann der Rechtspfleger selbst durchführen, i.d.R. wird er dies jedoch auf Organe übertragen.[45] Sofern die Versiegelung behindert wird, kann sie auf Anordnung des Nachlassgerichts erzwungen werden.[46] Sofern ein Erbe oder Miterbe bekannt ist und dieser die Erbschaft in Besitz hat, besteht für diesen kein Anspruch auf die Anlegung von Siegeln. In diesem Fall besteht für den Erben auch kein Beschwerderecht gegen die Aufhebung der Siegelung.[47]   18

VI. Hinterlegung von Geld, Wertpapieren und Kostbarkeiten

Die Hinterlegung von Geld, Wertpapieren und Kostbarkeiten kommt dann in Betracht, wenn diese bei der Siegelung aufgefunden werden. In diesem Fall hat der die Siegelung durchführende Beamte die aufgefundenen Gegenstände sofort zu verzeichnen und in die amtliche Aufbewahrung zu bringen.   19

VII. Sperrung eines Kontos

Das Nachlassgericht kann zur Nachlasssicherung eine Kontensperrung veranlassen. Hierbei kann das Gericht den Beteiligten zur Fortführung des Geschäftsbetriebes und des Haushalts sowie zur Erfüllung von dringenden Nachlassverbindlichkeiten, z.B. der Bestreitung der Beerdigungskosten, einen bestimmten Geldbetrag überlassen, mit der Auflage, mit den Erben später abzurechnen. Bei der Kontensperrung hat das Nachlassgericht Rechte Dritter zu berücksichtigen, insb. wenn Dritte nach dem Erbfall Rechte am Nachlassvermögen erworben haben.[48]   20

VIII. Nachlassverzeichnis

Im Bedarfsfall kann das Nachlassgericht die Erstellung eines Nachlassverzeichnisses anordnen.[49] Ein Nachlassverzeichnis ist z.B. bei der Fortführung eines Betriebes mit der Feststellung der Aktiva und Passiva zu einem Stichtag empfehlenswert.[50] In analoger   21

---

41 OLG Braunschweig OLGE 26, 289 f.
42 OLG Frankfurt a.M. NJW-RR 1993, 267 f.
43 BayObLG FamRZ 1997, 185, 186.
44 KG NJW-RR 1995, 459 f.
45 *Krug/Rudolf/Kroiß* Erbrecht § 6 A II 1.
46 *Krug/Tanck/Kerscher* Das erbrechtliche Mandat § 11 Rn. 27.
47 *Krug/Rudolf/Kroiß* Erbrecht § 6 A II 1.
48 S. hierzu: OLGZ 1982, 398 ff.
49 *Staudinger/Marotzke* § 1961 Rn. 1.
50 *Krug/Rudolf/Kroiß* Erbrecht § 6 II 4; BayObLGZ 14, 524; dieses Verzeichnis ist nicht mit dem Nachlassverzeichnis gem. §§ 260, 2314 Abs. 1 S. 1 BGB bzw. §§ 1993 ff. zu verwechseln.

Anwendung zu § 2010 ist die Einsicht in das Verzeichnis jedem zu gestatten, der ein rechtliches Interesse glaubhaft macht.[51]

IX. Andere Nachlasssicherungsmaßnahmen

22 Die Aufzählung im § 1960 Abs. 2 erfolgt beispielhaft. Insofern sind auch andere Nachlasssicherungsmaßnahmen möglich. So kann das Nachlassgericht in dringenden Fällen, z.B. bei Lebensmitteln, einen Räumungsverkauf anordnen. Der Erlös gehört in diesem Fall zum Nachlass. Bei besonders vermögendem Nachlass kommt z.B. auch die Bestellung eines Hauswächters in Betracht. Als Sicherungsmaßnahmen kommen ferner Vormerkungen und die Postsperre in Betracht.

X. Verfahren/Neues FamFG

23 Zuständig für Sicherungsmaßnahmen sowie für die Prüfung, ob Sicherungsmaßnahmen erforderlich sind, ist das Nachlassgericht. Auch die Nachlasspflegschaft fällt in die Zuständigkeit des Nachlassgerichtes, § 1962. Daneben ist auch jedes Amtsgericht zuständig, in dessen Bezirk ein Fürsorgebedürfnis zugunsten des Nachlasses besteht; dies folgte bislang aus § 74 FGG; mit Inkrafttreten des neuen FamFG zum 1.9.2009 folgt diese Zuständigkeit aus § 344 Abs. 4 FamFG. Danach ist für die Sicherung des Nachlasses jedes Gericht zuständig, in dessen Bezirk das Bedürfnis für die Sicherung besteht. Auch die Abgabe einer Nachlasspflegschaft an ein anderes Gericht ist grundsätzlich möglich, wenn dies aus Zweckmäßigkeitserwägungen gerechtfertigt ist, z.B. wenn der Nachlass im Wesentlichen aus Immobilien besteht, die im Bezirk eines anderen Amtsgerichts belegen sind.[52]

XI. Internationale Erbfälle

24 Bei internationalen Erbfällen ist folgendes zu beachten: Bei den im Ausland belegenen Nachlassgegenständen eines deutschen Erblassers richtet sich die Zulässigkeit von Sicherungsmaßnahmen des deutschen Nachlassgerichtes grundsätzlich danach, ob Nachlassspaltung eingetreten ist.[53] Bei einem ausländischen Erblasser ist das deutsche Nachlassgericht zur Sicherung des inländischen Nachlasses nach Art. 25 EGBGB berechtigt.[54] Bei einem ausländischen Erblasser ist das deutsche Nachlassgericht ebenfalls nach Art. 25 EGBGB zur Sicherung des inländischen Nachlasses befugt. Auch hier kann das deutsche Nachlassgericht die nach § 1960 in Betracht kommenden Sicherungsmaßnahmen einschließlich der Nachlasspflegschaft anordnen. Das gilt auch dann, wenn das für den Erblasser maßgebliche ausländische Erbrecht eine Nachlasspflegschaft nicht kennt.[55]

XII. Kosten

25 Vom Gericht wird für die Kosten der Nachlasssicherung eine volle Gebühr erhoben, § 104 Abs. 1 KostO. Die Gebührenhöhe richtet sich nach dem Wert des sichergestellten Nachlasses unabhängig davon, ob Verbindlichkeiten bestehen. Verbindlichkeiten werden nicht vom Wert abgezogen, § 18 Abs. 1, 3 KostO. Sofern ein Nachlassgläubiger zur weiteren Zwangsvollstreckung einen Nachlasspfleger bestellt, ist nicht dessen einzelne Forderung für den Wert maßgebend, sondern der gesamte sichergestellte Nachlass.[56] Sofern durch das Nachlassgericht eine Siegelung oder die Aufnahme eines Vermögensverzeichnisses erfolgt,

---

51 MüKoBGB/*Leipold* § 1960 Rn. 27.
52 Vgl. dazu OLG Brandenburg FamRZ 2006, 1862.
53 Dazu BayObLGZ 82, 284.
54 BGH FamRZ 1968, 26.
55 BGHZ 49, 1 ff.; *Palandt/Edenhofer* § 1960 Rn. 8.
56 Die Nachlasspflegschaft erfolgt für den gesamten Nachlass.

fällt eine weitere halbe Gebühr nach dem Wert der verzeichneten Gegenstände an, § 104 Abs. 2 i.V.m. § 52 KostO. Kostenschuldner sind die Erben, § 6 KostO. Diese Kosten können aus dem Nachlass beigetrieben werden.

Sofern die Nachlasspflegschaft angeordnet wurde, entsteht eine volle Gebühr gem. § 106 KostO. Dies gilt auch, wenn mehrere Nachlasspfleger gemeinsam für denselben Wirkungskreis bestimmt werden. Wurde bereits eine Gebühr nach § 104 KostO erhoben, so wird diese Gebühr auf den § 106 KostO angerechnet, § 106 Abs. 2 KostO. Etwas anderes gilt, wenn nach der Nachlasspflegschaft die Nachlassverwaltung angeordnet wurde. In diesem Fall wird eine neue Gebühr in vollem Umfang erhoben, da der Anordnungszweck unterschiedlich ist. 26

Es entsteht eine ¼ Gebühr, wenn der Antrag auf Anordnung der Nachlasspflegschaft abgelehnt wurde, § 106 Abs. 3 KostO. In diesem Fall ist nicht der Erbe, sondern der Antragsteller Kostenschuldner. 27

XIII. Beratungshinweise

Die Anordnung der Nachlassverwaltung ist für den Nachlassgläubiger ein wirksames Mittel, um eine Vermischung eines vermögenden Nachlasses mit einem insolventen Erben zu verhindern. Durch die Nachlassverwaltung wird eine Gütersonderung erreicht.[57] Dabei wird die Trennung der Vermögensmassen auf den Zeitpunkt des Erbfalls fingiert. Durch diese Sicherung wird der Zugriff der Privatgläubiger des Erben auf den Nachlass verhindert und der Zugriff der Nachlassgläubiger auf den Nachlass begrenzt. In der Regel werden Anwälte zu Nachlasspflegern eingesetzt. Bei der Übernahme einer Nachlasspflegschaft sollte grundsätzlich ein besonderes Augenmerk auf die Nachlasssicherung gelegt werden. Mit eine der ersten Handlungen sollte die Inventarisierung des Nachlasses sein. Die Inventarliste ist dem Nachlassgericht vorzulegen (s. hierzu auch Muster Rz. 25). Hinsichtlich der Erbenermittlung können u.U. folgende Adressen hilfreich sein: 28
- *Zentralarchive der Kirchen*
    - Katholisches Kirchenbuchamt des Verbands der Diözesen Deutschlands, Dachauer Str. 50 II, 80335 München
    - Evangelisches Zentralarchiv, Jebensstr. 3, 10623 Berlin
- *Standesämter*
- *Standesamt Arolsen* (führt die Sterbebucheinträge von Insassen deutscher Konzentrationslager), Postfach, 34454 Arolsen
- *Wehrmachtsauskunftsstelle* (führt die Sterbefälle von Kriegsteilnehmern im 1. und 2. Weltkrieg), Deutsche Dienststelle für die Benachrichtigung der Angehörigen von Wehrmachtsgefallenen – Wehrmachtsauskunftsstelle – Eichborndamm 179, 13403 Berlin
- *Krankenbuchlager Berlin* (führt die Sterbefälle von Kriegsteilnehmern im 1. und 2. Weltkrieg sowie militärische Dienstzeiten und Spitalbehandlungen infolge militärischer Einwirkung), Wattstr. 11, 13355 Berlin
- *Suchdienst des Deutschen Roten Kreuzes*, Suchdienst München, Chiemgaustr. 109, 81549 München[58]
- *Zentralstelle der Heimatortskarteien*, Lessingstr. 3, 80336 München

---

57 *Krug/Rudolf/Kroiß* Erbrecht § 6 IV.
58 Hier ist es u.U. empfehlenswert, die Anfrage über das Nachlassgericht durchführen zu lassen, da Anfragen von Nachlasspflegern nur zum Teil beantwortet werden.

XIV. Muster

1. Antrag auf Nachlasssicherung

29

An das
Amtsgericht – Nachlassgericht – (in Baden-Württemberg Notariat)
Straße
Ort

Antrag auf Nachlasssicherung bezüglich des Nachlasses von Frau/Herrn ..., verstorben am ...

Sehr geehrte Damen und Herren,

hiermit zeigen wir an, dass wir Frau/Herrn ..., ... (Straße), ... (Ort), anwaltlich vertreten. Frau/Herr ... ist die/der Vermieter/in des/der am ... (Sterbedatum) verstorbenen ... (Name des Erblassers) in ... (Ort), ... (Straße). Der Mietvertrag wurde noch zu Lebzeiten gekündigt auf den ...

Es wurde kein Testament im Nachlass aufgefunden, Verwandte sind unserer Mandantin nicht bekannt. Da unser/e Mandantin/Mandant die an die Erblasserin vermietete Wohnung anderweitig vermieten möchte, bitten wir hiermit, die Möbel und die sonstige Einrichtung der Erblasserin sicherzustellen.

Mit freundlichen Grüßen

Rechtsanwältin/Rechtsanwalt

2. Antrag auf Bestellung eines Nachlasspflegers

30

An das
Amtsgericht – Nachlassgericht – (in Baden-Württemberg Notariat)
Straße
Ort

Antrag auf Nachlasspflegschaft bezüglich des Nachlasses von Frau/Herrn ..., verstorben am ...

Sehr geehrte Damen und Herren,

hiermit zeigen wir an, dass wir Frau/Herrn ..., ... (Straße), ... (Ort), anwaltlich vertreten.
Frau/Herr ... ist die/der Verpächter/in des/der am ... (Sterbedatum) verstorbenen ... (Name des Erblassers) in ... (Ort), ... (Straße). Frau/Herr ... (Mandant) hat die Gaststätte ... an die/den Erblasser/in verpachtet.
Es wurde kein Testament im Nachlass aufgefunden, Verwandte sind unserer Mandantin nicht bekannt.
Da unser/e Mandantin/Mandant die an die Erblasserin verpachtete Gaststätte anderweitig verpachten möchte, bitten wir um Bestellung eines Nachlasspflegers.

Mit freundlichen Grüßen

Rechtsanwältin/Rechtsanwalt

3. Antrag auf Siegelung

An das
Amtsgericht – Nachlassgericht – (in Baden-Württemberg Notariat)
Straße
Ort

Antrag auf Siegelung bezüglich des Nachlasses von Frau/Herrn ..., verstorben am ...

Sehr geehrte Damen und Herren,

hiermit zeigen wir an, dass wir Frau/Herrn ..., ...(Straße), ... (Ort), anwaltlich vertreten.
Frau/Herr ... ist höchstwahrscheinlich der/die Erbe/Erbin des/der Erblasserin Herrn/Frau ... verstorben am ... in ... (Ort), ... (Straße).
Wie Sie der beigefügten Kopie des Testaments des Erblassers vom ... (Datum) entnehmen können, wurde unser/unsere Mandant/in zum Alleinerben eingesetzt.
Das Original des Testaments befindet sich höchstwahrscheinlich noch in der Wohnung des/der Erblassers/erin. Es ist zu befürchten, dass die gesetzlichen Erben des/der Erblassers/in die Wohnung aufsuchen werden und somit das Schicksal des Testaments ungewiss ist. Unser/e Mandant/in ist verständlicherweise an einer Sicherung der Wohnung und des Inventars dringend interessiert. Wir beantragen daher, die Wohnung des/der Erblassers/Erblasserin in der ...Straße in ... (Wohnort) im ... Stock zu versiegeln.

Mit freundlichen Grüßen

Rechtsanwältin/Rechtsanwalt

31

4. Antrag auf Kontensperrung

An das
Amtsgericht – Nachlassgericht – (in Baden-Württemberg Notariat)
Straße
Ort

Antrag auf Kontensperrung bezüglich des Nachlasses von Frau/Herrn ...., verstorben am ...

Sehr geehrte Damen und Herren,

hiermit zeigen wir an, dass wir Frau/Herrn ..., ... (Straße), ... (Ort) anwaltlich vertreten.
Frau/Herr ... ist höchstwahrscheinlich der/die Erbe/Erbin des/der Erblassers/in Herrn/Frau ... verstorben am ... in ... (Ort), ... (Straße).

32

Wie Sie der beigefügten Kopie des Testaments des Erblassers vom … (Datum) entnehmen können, wurde unser/unsere Mandant/in zum Alleinerben eingesetzt.
Der Sekretär des/der Erblassers/Erblasserin; Herr …, … (Adresse), verfügt hinsichtlich der Konten aus dem Nachlass bei der …-Bank, Nr. …, eine Kontenvollmacht.
Ferner ist unserer/unserem Mandanten nicht bekannt, ob noch weitere Personen über eine Kontenvollmacht verfügen.
Der Sekretär erklärte unserem/unserer Mandanten/tin gegenüber, dass er noch frei über das Konto verfügen könne und nicht der Ansicht wäre, dass unser/unsere Mandant/in Erbe geworden sei. Es besteht insofern der Verdacht, dass die Vollmacht missbraucht wird.
Im Auftrag und mit Vollmacht unseres/unserer Mandanten/in beantragen wir daher das Konto bei der …-Bank, Nr. …, BLZ … zu sperren.

Mit freundlichen Grüßen

Rechtsanwältin/Rechtsanwalt

5. Einwohnermeldeamtsanfrage des Nachlasspflegers zur Erbenermittlung

33

An das
Einwohnermeldeamt
Stadt …
Straße
Ort

Nachlassangelegenheit des/der …, verstorben am …, zuletzt wohnhaft: …

Sehr geehrte Damen und Herren,

ausweislich beigefügter Kopie des Pflegerausweises teile ich Ihnen mit, dass mich das Nachlassgericht … in der Nachlassangelegenheit des am … verstorbenen … (Name Erblasser) als Nachlasspfleger bestellt hat.
Als Anlage übersende ich Ihnen weiterhin eine Kopie der Sterbeurkunde.
Ich bin mit der Erbenermittlung beauftragt worden. Nach den bislang erfolgten Recherchen kommt Frau/Herr … als möglicher Erbe in Betracht. Dieser war in Ihrer Gemeinde/Stadt unter folgender Adresse wohnhaft: … .
Die dorthin versandte Post kommt jedoch mit dem Vermerk: »unbekannt verzogen« wieder zurück. Insofern bitte ich Sie hiermit, mir alle Ihnen bekannten Meldedaten mitzuteilen. Hinsichtlich der Auskunftsgebühr übersenden wir Ihnen als Anlage einen Verrechnungsscheck über 10 €/Briefmarken im Wert von 10 €.

Mit freundlichen Grüßen

Rechtsanwältin/Rechtsanwalt

6. Standesamtsanfrage des Nachlasspflegers zur Erbenermittlung

An das Standesamt
Stadt ...
Straße
Ort

Nachlassangelegenheit des/der ..., verstorben am ..., zuletzt wohnhaft: ...

Sehr geehrte Damen und Herren,

ausweislich beigefügter Kopie des Pflegerausweises teile ich Ihnen mit, dass mich das Nachlassgericht ... in der Nachlassangelegenheit des am ... verstorbenen ... (Name Erblasser) als Nachlasspfleger bestellt hat.
Ferner übersende ich Ihnen eine Kopie der Sterbeurkunde.
Ich bin mit der Erbenermittlung beauftragt worden. Nach den bislang erfolgten Recherchen kommt Frau/Herr ... als möglicher Erbe in Betracht.
Eine Adresse von Frau/Herrn ... ist nicht bekannt. Im Jahr ... war Frau/Herr ... in ... wohnhaft. Möglicherweise hat Frau ... geheiratet und den Namen ihres Ehemannes angenommen./Möglicherweise ist Frau/Herr ... verstorben. Insofern bitte ich Sie um Ihre Mithilfe und frage an, ob Ihnen ein weiterer Name von Frau/Herrn bekannt ist bzw. mir eine entsprechende Personenstandsauskunft mitzuteilen.
Hinsichtlich der bei Ihnen entstehenden Kosten übersende ich als Anlage einen Verrechnungsscheck über 10 €/Briefmarken im Wert von 10 € beigefügt.

Mit freundlichen Grüßen

Rechtsanwältin/Rechtsanwalt

Anlage:

7. Berichterstattung des Nachlasspflegers an das Nachlassgericht

An das
Amtsgericht – Nachlassgericht – (in Baden-Württemberg Notariat)
Straße
Ort

In der Nachlassangelegenheit

AZ: ...

des/der ... (Erblasser), verstorben am ..., zuletzt wohnhaft: ...

Sehr geehrte Damen und Herren,

in vorbezeichneter Angelegenheit habe ich den Nachlass in der Zeit vom ... bis ... gesichtet. Den von mir festgestellten Anfangsbestand gebe ich nachfolgend wieder. Sollten sich nachträgliche Änderungen der Vermögenswerte ergeben, bzw. weitere Gegenstände im Nachlass festgestellt werden, so werde ich dies unverzüglich mitteilen. Den Verkehrswert des Nachlasses schätze ich auf ... €. Hierbei möchte ich betonen, dass es sich um einen reinen Schätzwert handelt, i.R.e. Versteigerung können sich auch andere Werte ergeben.

Mit freundlichen Grüßen

Rechtsanwältin/Rechtsanwalt

36 Anlage:
Vermögensübersicht zum Nachlass von ... (Erblasser)
Aktiva

1. Bankguthaben

Bank: Sparkasse Konstanz	
BLZ: 690 500 01	
KontoNr.: 34 2343 2323	
Kontoart: Girokonto	
Kontostand (Stichtag ist der Erbfall):	23.234,58 €
Bank: Sparkasse Konstanz	
BLZ: 690 500 01	
KontoNr.: 234987 234	
Kontoart: Sparbuch	
Kontostand (Stichtag ist der Erbfall):	87.233,00 €
Bank: Union Investment Fondation	
BLZ: 456 800 23	
KontoNr.: 234234 234	
Kontoart: Depot	
Kontostand (Stichtag ist der Erbfall):	650.342,00 €
GESAMT:	760.809,58 €

2. Schließfach bei ...-Bank

Pfandbrief	50.000,00 €
Goldmünzen Krügerrand (Tageswert)	23.234,58 €
GESAMT:	73.234,58 €

3. Wertpapiere

10 Boss Aktien	280,00 €
34 Liberata Exacta Aktien	22.000,00 €
GESAMT:	22.280,00 €

4. Lebensversicherungen

Inventuria Colaniala VersNr. 234234234234	100.000,00 €
Longlife Aralia VersNr. 234 234234	250.000,00 €
GESAMT	350.000,00 €

5. Beteiligungen an Gesellschaften

30 % Gesellschaftsanteile bei der FIT-GmbH	100.000,00 €
Genossenschaftsanteil Radia eG	15.000,00 €
GESAMT:	115.000,00 €

6. Bargeld

Im Haussafe aufgefunden	120.000,00 €

7. Antiquitäten

S. beigefügtes Möbelverzeichnis Ermittelte Wert gem. Wertgutachten von ... vom .../durch Eigenschätzung	180.000,00 €

8. Schmuck

S. beigefügtes Schmuckverzeichnis Ermittelter Wert gem. Wertgutachten von ... vom .../durch Eigenschätzung	80.000,00 €

9. Fahrzeuge

Marke: Maserati Typ: Quattroporbe Baujahr: 2009 Kilometerstand: 15.000 km Geschätzter Wert	90.000,00 €
Marke: Porsche Typ: Boxster Baujahr: 1999 Kilometerstand: 134.000 km Geschätzter Wert	25.000,00 €
GESAMT:	115.000,00 €

10. Immobilienvermögen

Lage: ...	
Grundbuch: ...	
☐ Freistehendes Haus ☐ Wohnungseigentum	
Baujahr: ...	
Brandversicherungswert: ... €	
Bodenrichtwert: ... €	
Geschätzter Verkehrswert:	350.000,00 €
Lage: ...	

§ 1960   *Sicherung des Nachlasses; Nachlasspfleger*

Grundbuch: ...	
☐ Freistehendes Haus ☐ Wohnungseigentum	
Baujahr: ...	
Brandversicherungswert: ... €	
Bodenrichtwert: ... €	
Geschätzter Verkehrswert:	150.000,00 €
GESAMT	500.000 €

Passiva

Darlehen, Bank: ... Nr.: ... Betrag:	34.000,00 €
Kontokorrent, Bank: ... KontoNr.: ... Betrag:	7.345,98 €
Grundschuld Grundbuch ... Objekt ... Valutiert	58.000,00 €
Steuerverbindlichkeiten gem. Bescheid vom ..., Finanzamt ...	23.234,00 €
Beerdigungskosten	2.600,00 €
Grabsteinkosten, Grabpflege	2.000,00 €
GESAMT:	127.179,98 €

Übersicht

Summe Aktiva	... €
Summe Passiva	... €
Nachlasswert:	... €

8. Nachlassverzeichnis bei einem Anwesen

37   Nachlassangelegenheit des/der Herrn/Frau ..., verstorben am ..., zuletzt wohnhaft: ...
      Am ... wurde das Anwesen des/der Erblasser/in besichtigt. Das Anwesen besteht aus ... Räumen (s. hierzu auch anliegenden Lageplan). Das anschließende Verzeichnis gibt den Inhalt der Räumlichkeiten wieder.[59]

---

[59] Bei sehr vielen Gegenständen empfiehlt es sich, zur besseren Übersichtlichkeit die Gegenstände durchzunummerieren und diese mit entsprechenden kleinen Nummernklebern zu versehen.

1. Raum: Diele 38
a) Möbel
– ... (z.B. Garderobenschrank, Stühle etc.)
b) Bilder
– ...
c) Teppiche
– ...
d) Kunstgegenstände
– ...
e) sonstige Gegenstände
– ... (z.B. Spiegel, Schmuck, Pelze etc.)

2. Raum: Wohnzimmer
a) Möbel
– ... (z.B. Tisch, Stühle etc.)
b) Bilder
– ...
c) Teppiche
– ...
d) Kunstgegenstände
– ...
e) sonstige Gegenstände
– ... (z.B. Stereoanlage etc.)

3. Raum: Esszimmer
a) Möbel
– ... (z.B. Vitrine, Tisch, Stühle etc.)
b) Bilder
– ...
c) Teppiche
– ...
d) Kunstgegenstände
– ...
e) sonstige Gegenstände
– ... (z.B. Geschirr, Tafelwäsche etc.)

4. Raum: Schlafzimmer
   a) Möbel
– ... (z.B. Bauernschrank etc.)
b) Bilder
– ...
c) Teppiche
– ...
d) Kunstgegenstände
– ...
e) sonstige Gegenstände
– ... (z.B. wertvolle Kleidungsstücke, Schmuck etc.)

9. Mitteilungsschreiben des Nachlasspflegers an die Bank

39

An
...-Bank
Straße
Ort

Nachlassangelegenheit des/der ..., verstorben am ..., zuletzt wohnhaft: ...

Sehr geehrte Damen und Herren,

ausweislich beigefügter Kopie des Pflegerausweises teile ich Ihnen mit, dass mich das Nachlassgericht ... in der Nachlassangelegenheit des am ... verstorbenen ... (Name Erblasser) als Nachlasspfleger bestellt hat.
Als Anlage übersende ich Ihnen weiterhin eine Kopie der Sterbeurkunde.

Zur Bestandsaufnahme des Nachlasses bitte ich Sie, mir folgende Informationen zukommen zu lassen:
– Angabe aller bei Ihnen geführten Konten des Erblassers.
– Kontenstand zum Todestag – Anzeige gem. § 33 ErbStG.
– Welche Daueraufträge bestehen?
– Haben dritte Personen Verfügungsrechte über die Konten?
– Hat der/die Erblasser/in ein Schließfach bei Ihnen geführt?
– Sind Ihnen Verbindungen zu anderen Banken, Lebensversicherungen oder Bausparverträgen u.a. bekannt?
– Bestehen Darlehensverträge und/oder Bürgschaften?

Ab sofort bitte ich meine ausschließliche Kontoführungsbefugnis zu vermerken und mir die Kontoauszüge zukommen zu lassen. Sofern Sparkonten bestehen, bitte ich einen entsprechenden Sperrvermerk anzubringen. Bei Sparbüchern ist der Vermerk anzubringen: *Verfügungsbefugnis nur mit Genehmigung des Nachlassgerichts möglich.*
Bitte senden Sie mir eine Bestätigung über die von Ihnen veranlassten Maßnahmen.

Mit freundlichen Grüßen

Rechtsanwältin/Rechtsanwalt

10. Auskunftsersuchen des Nachlasspflegers an Bankenverein

40

An
...-Bankenverein[60]
Straße
Ort

Nachlassangelegenheit des/der ..., verstorben am ..., zuletzt wohnhaft: ...

Sehr geehrte Damen und Herren,

---

60 Die Banken sind in Landesverbänden organisiert; Sparkassen und die Postbank sind gesondert anzuschreiben, da diese nicht im Landesverband sind.

> ausweislich beigefügter Kopie des Pflegerausweises teile ich Ihnen mit, dass mich das Nachlassgericht ... in der Nachlassangelegenheit des am ... verstorbenen ... (Name Erblasser) als Nachlasspfleger bestellt hat.
> Als Anlage übersende ich Ihnen weiterhin eine Kopie der Sterbeurkunde.
> Der Erblasser hat nach Mitteilung von Bekannten diverse Konten geführt. Es ist jedoch nicht bekannt, bei welchen Banken diese bestehen. Ich bitte Sie daher, Ihre Mitglieder hinsichtlich möglicher Konten zu befragen und mir diese mitzuteilen.
> Mit freundlichen Grüßen
> Rechtsanwältin/Rechtsanwalt

§ 1961
Nachlasspflegschaft auf Antrag

Das Nachlassgericht hat in den Fällen des § 1960 Abs. 1 einen Nachlasspfleger zu bestellen, wenn die Bestellung zum Zwecke der gerichtlichen Geltendmachung eines Anspruchs, der sich gegen den Nachlass richtet, von dem Berechtigten beantragt wird.

I. Normzweck/Allgemeines

§ 1961 regelt die sog. Klagepflegschaft. Die Norm knüpft an die Regelung von § 1960 an. Sofern der Erbe unbekannt ist, besteht für die Nachlassgläubiger das grundsätzliche Problem, ihre Ansprüche nicht gegenüber einer konkreten Person geltend machen zu können. Im Rahmen des § 1961 kann in diesem Fall auf Antrag ein Nachlasspfleger bestellt werden. Dabei ermöglicht die Bestellung eines Nachlasspflegers z.B. die Fortsetzung eines durch den Tod des Erblassers unterbrochenen Rechtsstreits oder die Durchführung einer Zwangsvollstreckung. Die Anordnung der Nachlasspflegschaft ist z.B. auch möglich, wenn nur ein Teil der Erben nicht bekannt ist. In diesem Fall liegt eine Erbteilspflegschaft vor. 1

Zu beachten ist, dass anders als in der Regelung des § 1960 die Anordnung der Nachlasspflegschaft nicht im Ermessen des Nachlassgerichts steht, sondern, sofern die Voraussetzungen gegeben sind, die Bestellung zwingend ist. Dem antragstellenden Gläubiger steht gegen die Antragsablehnung das Recht der Beschwerde zu.[1] 2

II. Antrag auf Nachlasspflegschaft

Jeder Nachlassgläubiger, der einen Anspruch gegen den Nachlass gerichtlich geltend machen will, ist antragsberechtigt nach § 1961. Ebenso jeder, der berechtigt ist, eine Forderung des Nachlassgläubigers geltend zu machen.[2] Der Antrag ist grundsätzlich formfrei. Es empfiehlt sich aber, den Antrag schriftlich oder zu Protokoll der Geschäftsstelle des zuständigen Nachlassgerichtes zu stellen. Grundsätzlich muss auch jedes andere Amtsgericht den Antrag nach § 1961 entgegen nehmen.[3] Allerdings muss der Antrag Angaben zur Inhaberschaft gegenüber dem Nachlass enthalten. Zwar wird nicht verlangt, dass der Anspruch glaubhaft zu machen ist, er kann aber bei offensichtlicher Unbegründetheit 3

---

[1] OLG Hamm RPfleger 1987, 416.
[2] *Soergel/Stein* § 1961 Rn. 1.
[3] *Staudinger/Marotzke* § 1961 Rn. 5.

abgelehnt werden.⁴ Es ist nicht erforderlich, dass der Gläubiger die gerichtliche Geltendmachung gegenüber dem Nachlassgericht in einem bestimmten Zeitraum erklärt. Es ist also nicht nötig, dass der Gläubiger die sofortige gerichtliche Geltendmachung nachweist. Vielmehr ist das Vorliegen eines Rechtsschutzinteresses zugunsten des antragstellenden Gläubigers ausreichend.⁵

III. Aufgabe des Nachlasspflegers

4 Der Nachlasspfleger hat grundsätzlich eine unbeschränkte Vertretungsbefugnis, sofern das Nachlassgericht die Vertretungsbefugnis nicht ausdrücklich eingeschränkt hat.⁶ Damit ist der Nachlasspfleger auch für die Nachlasssicherung i.S.v. § 1960 zuständig.⁷ Der Nachlasspfleger hat damit den Nachlass vollumfänglich zu verwalten, wobei er bei seiner Tätigkeit die Interessen aller Beteiligten zu berücksichtigen hat, d.h. insb. der Erben und der übrigen Nachlassgläubiger neben dem Antragsteller. Es besteht damit hinsichtlich der Vertretungsbefugnis kein Unterschied zwischen dem Nachlasspfleger, der nach § 1961 bestellt ist und demjenigen, der auf der Grundlage von § 1960 Abs. 1 und 2 bestellt worden ist.⁸

5 Soweit die Pflegschaft durch das Nachlassgericht auf einzelne Aufgaben des Nachlasspflegers beschränkt war, endet die Pflegschaft nach § 1918 Abs. 3 unmittelbar mit der Erledigung der jeweiligen Angelegenheit oder mit dem Abschluss der letzten dem Nachlasspfleger übertragenen Angelegenheit, ohne dass es in solchen Fällen der ausdrücklichen Aufhebung der Nachlasspflegschaft durch das Nachlassgericht bedürfte.⁹

IV. Rechtsmittel

6 Lehnt das Nachlassgericht einen Antrag auf Bestellung eines Nachlasspflegers ab, so kann der Antragsteller hiergegen Beschwerde einlegen.¹⁰ Umstritten ist, ob auch solche Nachlassgläubiger beschwerdebefugt sind, die keinen Antrag gestellt haben, diesen aber im Zeitpunkt der Beschwerdeeinlegung wirksam stellen könnten.¹¹ Richtigerweise wird man auch andere Nachlassgläubiger für beschwerdeberechtigt ansehen müssen; anderenfalls wären diese darauf angewiesen, zunächst erneut einen Antrag beim Nachlassgericht zu stellen. Allein die dadurch eintretende Verfahrensverzögerung sowie der Grundsatz der Verfahrensökonomie spricht dafür, die Beschwerdebefugnis nicht allein auf den Antragsteller zu beschränken.

7 Auch gegen die Anordnung der Nachlasspflegschaft ist Beschwerde möglich. Die Beschwerdebefugnis steht denen zu, die durch die Anordnung beeinträchtigt sind, insb. die Erben, der Testamentsvollstrecker und auch ein Nachlass- und Insolvenzverwalter.

8 Ebenso ist die Beschwerde gegen die spätere Aufhebung der Nachlasspflegschaft möglich. Allerdings steht dem Nachlasspfleger insoweit kein Beschwerderecht zu.¹²

---

4 Vgl. dazu KG OLGE 3, 251; *Staudinger/Marotzke* § 1961 Rn. 7; MüKoBGB/*Leipold* § 1961 Rn. 8.
5 BayObLG FamRZ 2003, 562; MüKoBGB/*Leipold* § 1961 Rn. 6.
6 Vgl. dazu BayObLG MDR 1960, 674.
7 OLG Hamm RPfleger 1987, 416.
8 Vgl. dazu *Damrau/Boecken* § 1961 Rn. 16.
9 BayObLG FamRZ 1988, 321 Nr. 169; *Damrau/Boecken* § 1961 Rn. 19.
10 KG NJWE-FER 2000, 15 f.
11 KG NJW-RR 1990, 1292; BayObLG NJW-RR 1992, 150 ff.; BGH NJW 1993, 662; dazu auch *Bumiller/ Winkler* FGG § 20 Rn. 43.
12 BayObLGZ 1961, 277, 278.

V. Kosten

Die Kosten einer angeordneten Nachlasspflegschaft tragen die Erben gem. § 6 S. 1 **9**
KostO i.V.m. §§ 1967 ff. 1975. Hingegen treffen den antragstellenden Nachlassgläubiger, der die Anordnung der Nachlasspflegschaft durch das Nachlassgericht durch seinen Antrag bewirkt hat, keine Kosten.[13] Konsequenterweise kann von dem Nachlassgläubiger bei Antragstellung auch kein Kostenvorschuss verlangt werden.[14] Auch darf von einem Gläubiger, der bei einem überschuldeten Nachlass eine Nachlasspflegschaft beantragt, um seinen Anspruch klageweise anzumelden, die Anordnung der Nachlasspflegschaft nicht von einem Kostenvorschuss abhängig gemacht werden.[15] Sind im Nachlass keine ausreichenden Mittel zur Bezahlung des Pflegers vorhanden, muss dem Antrag des Gläubigers auf Bestellung eines Nachlasspflegers dennoch stattgegeben werden.[16]

VI. Beratungshinweise

Der Antrag auf Bestellung eines Nachlasspflegers sollte schriftlich oder zu Protokoll der **10**
Geschäftsstelle beim zuständigen Nachlassgericht gestellt werden.[17] Der Antrag kann aber auch bei jedem anderen Amtsgericht gestellt werden. Der Antragsteller muss einen Anspruch gegen den Nachlass darlegen und die Absicht anzeigen, den Anspruch erforderlichenfalls gerichtlich geltend zu machen. Es ist jedoch nicht erforderlich, dass die gerichtliche Geltendmachung als primäres Ziel vorgetragen wird. Der Anspruch muss auch nicht durch Urkunden oder eidesstattliche Versicherungen glaubhaft gemacht werden.[18] Ist der Anspruch jedoch offensichtlich unbegründet oder mutwillig, so ist der Antrag zurückzuweisen.[19] Allein aus diesen Gründen empfiehlt es sich, so konkret wie möglich den Anspruch darzulegen. Hinsichtlich der Kosten der Nachlasspflegschaft haften die Erben, da die Kosten als Nachlassverbindlichkeiten behandelt werden. Insofern kann das Gericht die Anordnung nicht davon abhängig machen, dass der Gläubiger die Gerichtskosten vorschießt.

Der Nachlasspfleger hat darauf zu achten, dass er die Interessen des Nachlasses im Ganzen **11**
wahrzunehmen hat, und nicht nur der Vertreter hinsichtlich einer Aufgabe ist. Er kann daher nicht nur einen Gläubiger befriedigen, wenn die Verschuldung des Nachlasses feststeht. In diesem Fall besteht vielmehr die Verpflichtung, einen Antrag auf Nachlassinsolvenz zu stellen. Insofern endet die Nachlasspflegschaft nicht automatisch bei Beendigung des Prozesses mit dem antragstellenden Gläubiger, sondern bedarf eines Beschlusses. Eine automatische Beendigung der Nachlasspflegschaft kann nur in dem Fall angenommen werden, wenn das Nachlassgericht den Nachlasspfleger ausdrücklich mit einer bestimmten einzelnen Aufgabe betraut hat.[20]

---

13 OLG Düsseldorf RPfleger 2002, 227.
14 OLG Düsseldorf ebd.; LG Oldenburg RPfleger 1989, 460.
15 OLG Hamm NJW-Spezial 2010, 168.
16 OLG Dresden ZErb 2010, 112 ff.
17 *Staudinger/Marotzke* § 1961 Rn. 5.
18 *Staudinger/Marotzke* § 1961 Rn. 7.
19 MüKoBGB/*Leipold* § 1961 Rn. 8.
20 BayObLG MDR 1960, 674.

VII. Muster

12 **Antrag auf Bestellung eines Nachlasspflegers zum Zwecke der gerichtlichen Geltendmachung eines Anspruchs**

> An das
> Amtsgericht – Nachlassgericht – (in Baden-Württemberg Notariat)
> Straße
> Ort
>
> Antrag auf Nachlasspflegerbestellung bezüglich des Nachlasses von Frau/Herrn ..., verstorben am ..., zum Zwecke der gerichtlichen Geltendmachung eines Anspruchs
>
> Sehr geehrte Damen und Herren,
>
> hiermit zeigen wir Ihnen an, dass wir Frau/Herrn ..., ... (Straße), ... (Ort) anwaltlich vertreten. Frau/Herr ... ist Inhaber des Autohauses .... Am ... kam der/die Erblasser/in in die Geschäftsräumlichkeiten unseres Mandanten und erwarb dort einen BMW. Als Anlage übersenden wir Ihnen den vom/von der Erblasser/erin unterzeichneten Kaufvertrag. Das Fahrzeug wurde dem Erblasser am ... übergeben und befindet sich nach dem Kenntnisstand unseres Mandanten im Nachlass. Der Kaufpreis über 80.000 € wurde bislang jedoch noch nicht bezahlt.
> Es wurde ein Testament im Nachlass aufgefunden. Die Wirksamkeit des Testaments ist jedoch streitig. Die gesetzlichen Erben, d.h. die beiden Söhne des Erblassers, bezweifeln die Wirksamkeit des Testamentes, in dem der Erblasser die Krankenschwester Berta Talmacher eingesetzt hat. Insofern ist unklar, wer Erbe geworden ist. Sowohl die Söhne als auch Frau Talmacher haben die Bezahlung des Kaufpreises verweigert. Möglicherweise muss daher die Begleichung des Kaufpreises gerichtlich geklärt werden. Zur Geltendmachung der Ansprüche beantragen wir daher im Auftrag und mit Vollmacht unserer Mandantschaft die Einsetzung eines Nachlasspflegers.
>
> Mit freundlichen Grüßen
>
> Rechtsanwältin/Rechtsanwalt

§ 1962
Zuständigkeit des Nachlassgerichts

Für die Nachlasspflegschaft tritt an die Stelle des Vormundschaftsgerichts das Nachlassgericht.

I. Allgemeines

1 Hinsichtlich der Nachlasspflegschaft finden die Regelungen über die Pflegschaft Anwendung, § 1915. Insofern wäre das Vormundschaftsgericht zuständig. Aus Gründen der Zweckmäßigkeit wurde jedoch in § 1962 bestimmt, dass an Stelle des Vormundschaftsgerichts das Nachlassgericht[1] zuständig ist.

---

1 In Baden-Württemberg sind zum Teil die Notariate die Nachlassgerichte.

Die örtliche Zuständigkeit des Nachlassgerichts bestimmt sich seit Inkrafttreten des 2
neuen FamFG (seit 1.9.2009)² nach den §§ 343, 344 Abs. 7 FamFG. Für etwaige Anträge,
die vor Inkrafttreten des FamFG, also vor dem 1.9.2009 gestellt wurden, gilt nach der in
Art. 111 des Reformgesetzes enthaltenen Übergangsvorschrift weiterhin das FGG, sodass
für Altanträge hinsichtlich der örtlichen Zuständigkeit des Nachlassgerichtes §§ 73, 74
FGG weiterhin anwendbar sind.

Die Nachlasspflegschaft ist eine Pflegschaft i.S.d. §§ 1909 ff. Abweichend hiervon ist 3
jedoch nicht das Vormundschaftsgericht, sondern das Nachlassgericht zuständig.³

Demnach ist das Nachlassgericht für die Bestellung, Beaufsichtigung und Festsetzung 4
der Vergütung des Nachlasspflegers zuständig, §§ 1962, 1915 Abs. 1, 1789, 1791 sowie
§§ 1915 Abs. 1, 1837 und §§ 1915 Abs. 1, 1836. Ferner hat das Nachlassgericht die Genehmigung für Geschäfte auszusprechen, die der Nachlasspfleger nicht allein vornehmen
kann, §§ 1915 Abs. 1, 1821 f.

Die Anordnung einer Nachlasspflegschaft obliegt dem Rechtspfleger, § 3 Nr. 2 c RPflG. 5
Das Nachlassgericht ist gem. § 12 ErbStDV verpflichtet, dem Finanzamt von der Einleitung eine Mitteilung zu machen.

II. Sachliche Zuständigkeit des Nachlassgerichtes/Haftung des Nachlasspflegers

Das Nachlassgericht ist nach § 1962 anstelle des Vormundschaftsgerichtes für die Anord- 6
nung der Pflegschaft, die Auswahl und Bestellung des Nachlasspflegers, dessen Beaufsichtigung, Festsetzung seiner Vergütung sowie die Aufhebung der Pflegschaft zuständig,
§§ 1915, 1789, 1791, 1836, 1837. Bei einer tatsächlichen oder rechtlichen Verhinderung des
Pflegers kann das Nachlassgericht gem. § 1846 selbst tätig werden. Nach Festsetzung der
Vergütung des Nachlasspflegers hat das Nachlassgericht auch dessen Rechnungslegung zu
prüfen.⁴ Ferner ist das Nachlassgericht berechtigt, etwaige Pflichtwidrigkeiten des Pflegers
durch geeignete Gebote und/oder Verbote zu ahnden und ggf. durch Festsetzung von
Zwangsmitteln gem. § 1837 einzugreifen. Der Pfleger ist nach § 1886 zu entlassen, wenn
durch seine Tätigkeit Interessen des Erben gefährdet werden. Bei erforderlichen Maßnahmen muss das Nachlassgericht sich stets von den Interessen des endgültigen Erben leiten
lassen.⁵ Bei einer vorsätzlichen Pflichtverletzung durch den Rechtspfleger kommt eine
Strafbarkeit wegen Untreue (§ 266 StGB) und wegen Rechtsbeugung (§ 336 StGB) in
Betracht, weil seine Tätigkeit als richterliche Tätigkeit zu bewerten ist.⁶

III. Beratungshinweise

Sind im Nachlass hauptsächlich Grundstücke vorhanden, die sich nicht im Bezirk des ört- 7
lich zuständigen Nachlassgerichts befinden, so kann angeregt werden, dass die Pflegschaft
an das Gericht, in dessen Bezirk sich die Grundstücke befinden, abgegeben wird. Die
Abgabe kann aus wichtigem Grund erfolgen, sofern das andere Nachlassgericht zur Übernahme bereit ist.⁷

---

2 BGBl. I 2008, 2585; das BMJ hat im Juni 2005 einen Referentenentwurf für ein FGG-Reformgesetz vorgelegt, das mit Inkrafttreten das FGG ersetzt. Dem vom Bundestag beschlossenen Gesetz (BTDrs. 16/3655)
hat der Bundesrat am 19.9.2008 zugestimmt.
3 Hinsichtlich der Befugnis dt. Konsulate zur Sicherung des Nachlasses Deutscher, die im Ausland verstorben
sind, s. §§ 2, 9 Abs. 2 Konsulargesetz.
4 OLG Frankfurt NJW 1963, 2278.
5 BGH DRiZ 1966, 395.
6 BGH NJW 1988, 2809.
7 *Staudinger/Marotzke* § 1962 Rn. 2.

§ 1963
Unterhalt der werdenden Mutter eines Erben

Ist zur Zeit des Erbfalls die Geburt des Erben zu erwarten, so kann die Mutter, falls sie außerstande ist, sich selbst zu unterhalten, bis zur Entbindung angemessenen Unterhalt aus dem Nachlass oder, wenn noch andere Personen als Erben berufen sind, aus dem Erbteile des Kindes verlangen. Bei der Bemessung des Erbteils ist anzunehmen, dass nur ein Kind geboren wird.

I. Allgemeines

1 Die Regelung des § 1963 stellt eine Fürsorge an das werdende Kind dar und soll nicht den Unterhalt der Kindesmutter absichern. Insofern erfolgt der Unterhaltsanspruch auch nur, wenn die Kindesmutter ihren Unterhalt nicht selbst bestreiten kann[1] und auch nur bis zum Zeitpunkt der Entbindung. Der Anspruch kann vom Erblasser weder beschränkt noch ausgeschlossen werden. Er kann der Kindesmutter auch nicht wegen einer möglichen Erbunwürdigkeit versagt werden. Der Anspruch besteht unabhängig davon, ob der Erblasser mit der Kindesmutter verheiratet war oder nicht. Rechtlich ist der Anspruch nicht als Vermächtnis, sondern als Nachlassverbindlichkeit[2] anzusehen. Er besteht auch bei einem überschuldeten Nachlass.[3]

2 Anspruchsvoraussetzung ist, dass sowohl die Schwangerschaft, die Erbberechtigung des werdenden Kindes als auch die Bedürftigkeit der Mutter feststehen. Die Erbenstellung darf nicht vom Wegfall der Erbenstellung eines anderen Erben abhängig gemacht werden.[4] Ein Anspruch auf Ersatzerbenstellung ist nur dann ausreichend, wenn der Vorberufene bereits weggefallen ist.[5] Eine Stellung als Vermächtnisnehmer ist nicht ausreichend. Sofern ein Pflichtteilsanspruch besteht, ist § 1963 analog anwendbar.[6]

3 Von einer Unterhaltsbedürftigkeit der Mutter ist dann auszugehen, wenn diese ihre Bedürfnisse weder aus Einkünften, Arbeitseinkommen oder ihrem Vermögen bestreiten kann. Sofern die Mutter bereits Ansprüche nach § 1969 geltend machen kann (Dreißigsten), kann sie für deren Dauer keine Ansprüche nach § 1963 beanspruchen.[7] Zeitlich ist der Anspruch bis zur Entbindung befristet. Die Höhe des Anspruchs bestimmt sich nach der Lebensstellung der Mutter. Insofern besteht nicht nur ein Anspruch auf Ersatz der allgemeinen Lebenshaltungskosten, sondern z.B. auch für ärztliche Heilbehandlungen[8] und sonstige gesundheitliche Maßnahmen.

4 Sofern der nasciturus Alleinerbe ist, ist der Unterhalt aus dem Nachlass zu gewähren. Bei mehreren Erben tritt an die Stelle des Nachlasses der Erbteil des Kindes. Hinsichtlich der Bemessung dieses Erbteils ist davon auszugehen, dass nur ein Kind geboren wird.[9] Das an die Mutter Gezahlte ist später mit dem Erbteil des Kindes zu verrechnen.[10] Gegenüber der Mutter besteht kein Rückerstattungsanspruch, sofern kein lebendes Kind geboren wurde, denn der

---

1 *Staudinger/Marotzke* § 1963 Rn. 2: Der Anspruch ersetzt die gemeinrechtliche *missio in possessionem ventris nomine*.
2 Einfache Insolvenzforderung; nach Insolvenzeröffnung stellt der Unterhaltsanspruch eine Masseverbindlichkeit dar, § 100 InsO.
3 MüKoBGB/*Leipold* § 1963 Rn. 7.
4 *Lange/Kuchink*, § 47 III 2b.
5 *Soergel/Stein* § 1963 Rn. 2: Die Erbenstellung muss entweder vor dem Erbfall oder später mit sich auf diesen beziehender Rückwirkung bestehen.
6 *Staudinger/Marotzke* § 1963 Rn. 4; a.A.: MüKoBGB/*Leipold* § 1963 Rn. 3.
7 MüKoBGB/*Leipold* § 1963 Rn. 5.
8 Auch die Kosten der Entbindung.
9 *Staudinger/Marotzke* § 1963 Rn. 8; MüKoBGB/*Leipold* § 1963 Rn. 8: Dies gilt auch, wenn tatsächlich Zwillinge erwartet werden.
10 *Staudinger/Marotzke* § 1963 Rn. 10.

Anspruch begründet sich nicht aus der Geburt, sondern aus der Schwangerschaft.[11] Ein Rückerstattungsanspruch besteht jedoch, wenn die Schwangerschaft irrtümlich angenommen wurde. Wusste die Anspruchstellerin, dass sie nicht schwanger war, so besteht eine verschärfte Haftung nach § 819 (§§ 823, 826 i.V.m. § 263 StGB). Ferner besteht ein Rückerstattungsanspruch, wenn sich i.R.e. gesetzlichen Erbfolge nachträglich herausstellt, dass das Kind einen anderen Familienstamm hat und nicht mit dem Erblasser verwandt ist.

II. Unterhaltsgläubiger

Nur die Mutter des Kindes, nicht dagegen das Kind selbst ist Gläubigerin des Unterhaltsanspruchs nach § 1963. Für die Anspruchsberechtigung der Mutter ist unbeachtlich, ob die Mutter mit dem Kindsvater verheiratet war oder nicht, weil nach dem Erbrechtsgleichstellungsgesetz vom 1.4.1998 auch das nicht-eheliche Kind in vollem Umfang gesetzlicher Erbe nach seinem biologischen Vater wird.

Wie oben unter Ziff. I bereits ausgeführt, handelt es sich bei dem Unterhaltsanspruch um eine Nachlassverbindlichkeit gem. § 1967 Abs. 2. Allerdings steht dem Erben die Dreimonatseinrede des § 2014 gegenüber einem Unterhaltsanspruch nach § 1963 nicht zu.[12]

III. Beratungshinweise

Die praktische Bedeutung der Regelung des § 1963 ist relativ gering. Bei der Geltendmachung ist zu beachten, dass sich der Anspruch gegen den Nachlass richtet und insofern bei eingesetztem Nachlasspfleger oder Testamentsvollstrecker gegen diesen zu richten ist. Der Anspruch kann als monatliche Vorauszahlung in Rentenform geltend gemacht werden.

§ 1964
Erbvermutung für den Fiskus durch Feststellung

(1) Wird der Erbe nicht innerhalb einer den Umständen entsprechenden Frist ermittelt, so hat das Nachlassgericht festzustellen, dass ein anderer Erbe als der Fiskus nicht vorhanden ist.

(2) Die Feststellung begründet die Vermutung, dass der Fiskus gesetzlicher Erbe sei.

Übersicht	Rz.		Rz.
I. Normzweck/Erbrechtsreform	1	IV. Verfahrensfragen	7
II. Allgemeines	4	V. Beratungshinweise	10
III. Ermittlung des Erben	5	VI. Muster	11

I. Normzweck/Erbrechtsreform

Die Regelung in § 1964 knüpft an das gesetzliche Erbrecht des Fiskus in § 1936 an. Die Vorschrift dient der Feststellung des gesetzlichen Erbrechtes des Staates für den Fall, dass ein anderer Erbe nicht ermittelt werden kann. Grundlage für das gesetzliche Erbrecht des Staates ist die Regelung in § 1936, wonach der Fiskus gesetzlicher Erbe wird, wenn zur Zeit des Erbfalls weder ein Verwandter noch ein Ehegatte des Erblassers vorhanden ist. Durch das aktuelle Erbrechtsreformgesetz[1] wird die Vorschrift des § 1936 neu gefasst. Sie lautet:

»Gesetzliches Erbrecht des Staates

---

11 MüKoBGB/*Leipold* § 1963 Rn. 9.
12 Vgl. dazu MüKoBGB/*Küpper* § 2014 Rn. 3.
1 BTDrs. 16/8954.

2 Ist zur Zeit des Erbfalls kein Verwandter, Ehegatte oder Lebenspartner des Erblassers vorhanden, erbt das Land, in dem der Erblasser zur Zeit des Erbfalls seinen letzten Wohnsitz oder, wenn ein solcher nicht feststellbar ist, seinen gewöhnlichen Aufenthalt hatte. Im übrigen erbt der Bund.«

3 Damit wird zukünftig das Erbrecht des Fiskus durch die konkretere Regelung des gesetzlichen Erbrechtes des Bundes bzw. eines Bundeslandes ersetzt. Dies wird damit begründet, dass die Vorschrift in ihrer bislang geltenden Fassung staatsrechtlich und sprachlich überholt ist. Die Staatsangehörigkeit eines Bundesstaates hat heute keine rechtliche Relevanz mehr. Die Bundesrepublik Deutschland besteht aus Ländern, nicht aus Bundesstaaten. Der frühere Begriff »Reichsfiskus« ist heute als Fiskus des Bundes auszulegen. Deshalb soll die Vorschrift sprachlich modernisiert werden. Da das Erbrechtsreformgesetz zum Zeitpunkt dieser Kommentierung noch nicht in Kraft getreten ist, wird im Folgenden allerdings noch der derzeit geltende Begriff des Fiskus weiterhin verwendet. Zukünftig wird das jeweilige Bundesland staatlicher Erbe, in dem der letzte Wohnsitz oder Aufenthaltsort des Erblassers liegt. Nur dann, wenn weder ein letzter Wohnsitz noch ein gewöhnlicher Aufenthalt des Erblassers in Deutschland ermittelt werden kann, erbt zukünftig der Bund.

II. Allgemeines

4 Sofern kein Erbe innerhalb eines angemessenen Zeitraums ermittelt werden konnte, hat das Nachlassgericht das gesetzliche Erbrecht des Fiskus festzustellen. Das Verfahren nach den Regelungen der §§ 1964 bis 1966 hat von Amts wegen zu erfolgen. Insofern ist strittig, ob das Staatserbrecht auch dann festzustellen ist, wenn kein Nachlass vorhanden oder dieser überschuldet ist.[2] Die Ermittlung kann das Nachlassgericht entweder selbst vornehmen oder hierzu einen Nachlasspfleger zu diesen Zwecken einsetzen. Funktionell ist der Rechtspfleger zuständig.[3] Die Intensität der Ermittlungsarbeit steht im Ermessen des Gerichtes.[4] Vor der Erklärung der Feststellung hat eine öffentliche Aufforderung zur Anmeldung von Erbrechten zu erfolgen, § 1965. Sodann erfolgt ein Feststellungsbeschluss, der die Grundlage des Staatserbrechts bildet.[5] Gegen den Feststellungsbeschluss kann sowohl der Fiskus als auch der Erbprädent Beschwerde einlegen, § 58 FamFG, § 11 RPflG. Bei einem ablehnenden Beschluss steht ferner den Nachlassgläubigern das Beschwerderecht zu.[6] Auch an dieser Stelle ist darauf hinzuweisen, dass die Beschwerde mit Inkrafttreten des FamFG – anders als bisher – binnen einer Frist von einem Monat zu erfolgen hat (§ 63 Abs. 1 FamFG). Ferner ist die Beschwerde gem. § 64 Abs. 1 FamFG zwingend bei dem Gericht einzulegen, dessen Beschluss angefochten wird, also beim Nachlassgericht. Die Möglichkeit, die Beschwerde auch beim Beschwerdegericht einzulegen, entfällt. Die im Beschluss wiedergegebene Vermutung des Staatserbrechts ist widerlegbar.[7] Der gegenteilige Beweis kann sowohl im Prozess als auch im Erbscheinsverfahren erbracht werden. Insofern kann der Beschluss jederzeit wieder aufgehoben werden.[8] Der Feststellungsbeschluss begründet nicht den z.B. im Erbschein wiedergegebenen guten Glauben zugunsten redlicher Dritter. Insofern ersetzt der Feststellungsbeschluss auch nicht den Erbschein.[9]

---

2 LG Düsseldorf RPfleger 1981, 358 (bejahenden); BayObLG 57, 360 (stellt es in das Ermessen des Nachlassgerichts); *Staudinger/Marotzke* § 1964 Rn. 3 (analog § 1965 Abs. 2 S. 2 BGB darf die Ermittlung unterbleiben, wenn die Kosten gegenüber dem Aktiv-Nachlass unverhältnismäßig hoch sind).
3 *Palandt/Edenhofer* § 1964 Rn. 2.
4 *Staudinger/Marotzke* § 1964 Rn. 3.
5 BayObLG JW 1935, 2518.
6 BayObLGZ 57, 360.
7 *Staudinger/Marotzke* § 1964 Rn. 1.
8 *Palandt/Edenhofer* § 1964 Rn. 4.
9 OLG Frankfurt MDR 1984, 145; OLG Dresden OLG-NL 1999, 159, 160; **a.A.**: AG Lüneburg RPfleger 1971, 23.

III. Ermittlung des Erben

Das Nachlassgericht hat den Erben von Amts wegen zu ermitteln und dafür die geeigneten Beweise zu erheben. Die Intensität der Ermittlungen und die Art und Weise liegen im pflichtgemäßen Ermessen des Nachlassgerichtes. Hierbei sind keine bestimmten Maßnahmen durch das Gesetz vorgegeben. Damit steht dem Nachlassgericht frei, bestimmte Personen (z.B. Nachbarn, Bekannte), Behörden, Sozialdienste und Kirchen zu befragen oder in Adressbüchern oder im Internet nach namensgleichen Personen zu recherchieren oder Erbenermittler einzuschalten.[10] Die Intensität der Ermittlungen wird durch den Wert des Nachlasses maßgeblich bestimmt. Sofern Ermittlungen im Verhältnis zum Wert des Nachlasses unverhältnismäßige Kosten auslösen würden, können Ermittlungen auch unterbleiben. Dies folgt aus der analogen Anwendbarkeit der Regelung des § 1965 Abs. 1 S. 2; in landesgesetzlichen Regelungen finden sich dazu gleichlautende Vorschriften, z.B. § 41 Abs. 1 S. 2 LFGG-BW.

Vor der Feststellung des Nachlassgerichtes, dass ein anderer Erbe als der Fiskus nicht vorhanden ist, müssen die Ermittlungen innerhalb einer angemessenen Frist durchgeführt werden. Welche Frist hier angemessen ist, richtet sich nach den Umständen des Einzelfalles. Der Gesetzgeber hat eine bestimmte Mindestfrist nicht vorgesehen. Wie bereits unter Ziff. I ausgeführt, hat vor der Feststellungserklärung eine öffentliche Aufforderung zur Anmeldung von Erbrechten durch das Nachlassgericht zu erfolgen, § 1965. Mangels einer erkennbaren Dürftigkeit des Nachlasses wird man allerdings vom Nachlassgericht fordern müssen, vor einer Feststellung ernsthafte Nachforschungen anzustellen und diese zu dokumentieren, da es durch das in §§ 1924–1929 festgelegte Verwandtensystem beinahe ausgeschlossen ist, dass es keine Erben einer entfernteren Ordnung gibt. Infolge dessen muss die Feststellungserklärung des Nachlassgerichtes zugunsten des Fiskus eine vorherige ernsthafte Erbenermittlung erkennen lassen.

IV. Verfahrensfragen

Das Verfahren wird durch den Feststellungsbeschluss nach § 1964 Abs. 1 abgeschlossen. Der Beschluss schafft die widerlegliche Vermutung, dass der Fiskus gesetzlicher Erbe ist. Der Feststellungsbeschluss nach Abs. 1 begründet jedoch weder ein Erbrecht des Fiskus noch werden Erbrechte vorrangiger Erben ausgeschlossen.[11] Der Feststellungsbeschluss des Nachlassgerichtes nach Abs. 1 hat deshalb letztlich nur eine dauerhafte Vermutungswirkung. Damit kommt dem Feststellung dieselbe Wirkung zu, wie dem Erbschein gem. § 2365. Der Feststellungsbeschluss genießt allerdings nicht den öffentlichen Glauben des Erbscheins gem. § 2366, sodass der rechtsgeschäftliche Erwerb eines gutgläubigen Dritten nicht geschützt wird.[12] Allerdings kann der Fiskus nach ergangenem Feststellungsbeschluss gem. § 2353 beim Nachlassgericht die Erteilung eines Erbscheins für sich beantragen. Das ist z.B. für Grundbucheintragungen notwendig, weil § 35 GBO den Nachweis durch Erbschein verlangt.[13] Für die Aushändigung des Nachlasses an den Fiskus ist der Feststellungsbeschluss nach § 1964 Abs. 1 jedoch genügend. Die Vermutungswirkung des Feststellungsbeschlusses nach § 1964 Abs. 1 entfällt, wenn der Feststellungsbeschluss später aufgehoben wird, weil z.B. die Ermittlung der Erben durch das Nachlassgericht nicht erschöpfend war.[14] Ein etwa erteilter Erbschein zugunsten des Fiskus kann in diesem Fall gem. § 2361 eingezogen werden, eine etwaige Eintragung infolge des Feststellungsbe-

---

10 Vgl. dazu *Frohn* RPfleger 1986, 37, 39; *Gutbrod* ZEV 1994, 337 ff.
11 Vgl. dazu OLG Dresden NJWE-FER 1999, 302 f.; OLG Dresden VIZ 2000, 55 ff.; weitere Nachweise bei *Damrau/Boecken* § 1964 Rn. 10.
12 OLG Dresden, a.a.O.
13 Vgl. dazu OLG Frankfurt MDR 1984, 145; BayObLG MDR 1987, 762.
14 OLG Dresden, a.a.O.

schlusses im Grundbuch ist dann zu löschen, wobei der Nachweis der Aufhebung des Feststellungsbeschlusses zur Widerlegung der Vermutung des § 891 ausreichend ist, weil damit der Erwerbsgrund widerlegt ist.[15]

8   Nach § 26 FamFG (bislang § 12 FGG) ist das Nachlassgericht verpflichtet, Ermittlungen über die Richtigkeit eines Erbscheines anzustrengen, sobald Anhaltspunkte für einen Einziehungsgrund vorliegen. Erlangt das Nachlassgericht, gleich auf welchem Wege, Kenntnis von der möglichen Unrichtigkeit eines Erbscheines, so hat es von Amts wegen die notwendigen Ermittlungen durchzuführen. Die Formulierung in § 2361 Abs. 3 »kann« ist insoweit missverständlich. Hier besteht kein Ermessen des Nachlassgerichtes. Die Bestimmung ist auch vor dem Hintergrund des neuen § 26 FamFG als »muss« zu lesen.

9   Gegen den Feststellungsbeschluss des § 1964 Abs. 1 können sowohl als Erben in Betracht kommende Beteiligte als auch der Fiskus Beschwerde nach § 58 i.V.m. § 63 Abs. 1 FamFG innerhalb eines Monats einlegen. Wichtig ist bei der durch die Neuregelung des FamFG eingeführten Beschwerdefrist § 63 Abs. 3. Die Beschwerdefrist beginnt mit der schriftlichen Bekanntgabe des Beschlusses an die Beteiligten. Da eine schriftliche Bekanntgabe an Beteiligte in Fällen des § 1964 meist ausscheidet, beginnt die Frist nach § 63 Abs. 3 S. 2 FamFG spätestens mit Ablauf von 5 Monaten nach Erlass des Beschlusses. Im Hinblick darauf, dass es sich bei dem Beschluss nach § 1964 Abs. 1 um eine widerlegliche Vermutung handelt, erscheint die neue Fristregelung für die Einlegung der Beschwerde auf den ersten Blick wenig sachgerecht. Allerdings muss diese Regelung in Zusammenhang mit der Vorschrift von § 2361 gesehen werden. Da ein unrichtiger Erbschein durch das Nachlassgericht jederzeit eingezogen werden kann, ist auch die Aufhebung des Feststellungsbeschlusses durch das Nachlassgericht jederzeit möglich. Das Nachlassgericht ist in solchen Fällen zu einer Aufhebung des Beschlusses nach § 1964 Abs. 1 genauso verpflichtet wie im Falle eines unrichtig erteilten Erbscheines. Ebenso kann der Erbanwärter neben der Möglichkeit der Beschwerde gegen den Feststellungsbeschluss auch ein Erbscheinsverfahren weiterhin durchführen[16] oder auch Feststellungsklage gegen den Fiskus erheben.[17] Mit Blick auf die Neuregelung der Beschwerdefrist in § 63 Abs. 1 FamFG stehen dem Erbanwärter diese verfahrensrechtlichen Möglichkeiten auch zur Verfügung, sollte die Beschwerdefrist gegen den Feststellungsbeschluss nach § 1964 Abs. 1 bereits abgelaufen sein.

V. Beratungshinweise

10 Vor Erlass eines Feststellungsbeschlusses müssen folgende Voraussetzungen gegeben sein:

Checkliste zum Feststellungsbeschluss
- Es wurde kein Erbe als der Fiskus innerhalb einer den Umständen entsprechenden Frist ermittelt.[18]
- Eine überschuldete Erbschaft stellt keinen Grund dar, die Feststellung zu unterlassen.
- Der Feststellungsbeschluss hat zu unterbleiben, wenn eine oder mehrere Personen ein Erbrecht geltend machen und die Erbenstellung streitig ist bzw. ein Prozess darüber noch andauert.
- Der Feststellungsbeschluss hat ferner zu unterbleiben, wenn der Fiskus als Erbe vom Erblasser eingesetzt wurde.

---

15 OLG Dresden VIZ 2000, 55 ff.
16 KG RPfleger 1970, 339 f.; BayObLGZ 1983, 204 ff.
17 *Lange/Kuchinke* § 38 V 2 b; *Damrau/Boecken* § 1964 Rn. 20.
18 Von der Festsetzung einer genauen gesetzlichen Frist wurde abgesehen, da die Erbfälle sehr unterschiedlich gelagert sein können. Die Dauer der Frist steht daher im Ermessen des Nachlassgerichts.

VI. Muster

Anmeldung eines Erbberechtigten in dem Feststellungsverfahren, dass kein anderer Erbe als der Fiskus vorhanden ist

11

> An das
> Amtsgericht – Nachlassgericht – (in Baden-Württemberg Notariat)
> Straße
> Ort
>
> Anmeldung eines Erbberechtigten bezüglich des Nachlasses von Frau/Herrn ..., verstorben am ...
> AZ: ...
>
> Sehr geehrte Damen und Herren,
>
> hiermit zeigen wir an, dass wir Frau/Herrn ..., ... (Straße), ... (Ort), anwaltlich vertreten. Frau/Herr ... ist ... (Verwandtschaftsgrad: z.B. Schwester) des/der am ... (Sterbedatum) verstorbenen ... (Name des Erblassers) in ... (Ort), ... (Straße).
> Am ... erfolgte durch das Amtsgericht ... eine öffentliche Aufforderung, dass die Erben des am ... verstorbenen ... (Erblasser) binnen einer Frist von drei Monaten ihre Erbrechte anzumelden haben.
> Aus den vom Nachlassgericht angestellten Ermittlungen ergibt sich, dass der Vater des Erblassers der am ... verstorbene ... war. Dessen Mutter war die am ... verstorbene ... . Unsere Mandantin ist die Tochter der Frau ... . Sofern nicht andere Verwandte des Erblassers einer näheren Ordnung vorhanden sind, ist unsere Mandantin Erbin bzw. Miterbin des Erblassers. Hiermit melden wir im Auftrag und mit Vollmacht unserer Mandantin deren Erbrecht an. Zur Glaubhaftmachung des Erbrechts übersenden wir Ihnen als Anlage beglaubigte Kopien der Geburtsurkunde sowie die Sterbeurkunde der Mutter.
>
> Mit freundlichen Grüßen
>
> Rechtsanwältin/Rechtsanwalt
>
> Anlage: 1. beglaubigte Kopie der Geburtsurkunde
>   2. beglaubigte Kopie der Sterbeurkunde

§ 1965
Öffentliche Aufforderung zur Anmeldung der Erbrechte

(1) Der Feststellung hat eine öffentliche Aufforderung zur Anmeldung der Erbrechte unter Bestimmung einer Anmeldungsfrist vorauszugehen; die Art der Bekanntmachung und die Dauer der Anmeldungsfrist bestimmen sich nach den für das Aufgebotsverfahren geltenden Vorschriften. Die Aufforderung darf unterbleiben, wenn die Kosten dem Bestand des Nachlasses gegenüber unverhältnismäßig groß sind.

(2) Ein Erbrecht bleibt unberücksichtigt, wenn nicht dem Nachlassgericht binnen drei Monaten nach dem Ablaufe der Anmeldungsfrist nachgewiesen wird, dass das Erbrecht besteht oder dass es gegen den Fiskus im Wege der Klage geltend gemacht wird. Ist eine öffentliche Aufforderung nicht ergangen, so beginnt die dreimonatige Frist mit der gerichtlichen Aufforderung, das Erbrecht oder die Erhebung der Klage nachzuweisen.

I. Öffentliche Aufforderung

1. Art der Bekanntmachung

1 Dem nach § 1964 vorgesehenen Feststellungsbeschluss hat regelmäßig eine öffentliche Aufforderung zur Anmeldung der Erbrechte nach § 1965 vorauszugehen. Für die Kosten des Aufgebots haftet der Fiskus nicht, § 12 KostO.[1] Es ist empfehlenswert, in der Aufforderung darauf hinzuweisen, dass als Folge des Verschweigens der Erlass eines Feststellungsbeschlusses gem. § 1964 vorgesehen ist.[2]

2 Das Verfahren richtet sich nunmehr nicht mehr nach dem FGG, sondern nach dem neuen FamFG.[3] Nur die Art der Bekanntmachung als auch die Anmeldungsfrist richten sich nach den Vorschriften des Aufgebotsverfahrens (§§ 948–950 ZPO). Insofern hat die Bekanntmachung durch Anheftung an die Gerichtstafel und Veröffentlichung im Bundesanzeiger zu erfolgen, § 948 Abs. 1 ZPO. Es steht ferner im Ermessen des Gerichts, die Veröffentlichung in anderen Blättern anzuordnen, § 948 Abs. 2 ZPO. Die Anmeldefrist hat mindestens sechs Wochen zu dauern. Fristbeginn ist der Tag der ersten Ankündigung im Bundesanzeiger, § 950 ZPO. Hierbei muss die Frist mit der öffentlichen Aufforderung verbunden werden, § 1965 Abs. 1 S. 1. Landesrechtlich kann ferner vorgeschrieben werden, dass ein Aufgebotstermin zur Verhandlung über die angemeldeten Rechte bestimmt wird. Hinsichtlich der Fristberechnung gelten die allgemeinen Vorschriften, insb. § 222 ZPO, §§ 186 ff.

2. Wartefrist

3 Nach der sechswöchigen Anmeldefrist hat gem. § 1965 Abs. 2 S. 1 noch eine dreimonatige Wartefrist zu erfolgen. Der Lauf der Dreimonatsfrist beginnt dabei unabhängig vom Zeitpunkt der Anmeldung eines Erbrechts nach Ablauf der Anmeldefrist des § 1965 Abs. 1 S. 1. Dem entsprechend verkürzt sich die Dreimonatsfrist, wenn ein Erbrecht erst nach Ablauf der Anmeldefrist, jedoch vor Erlass eines Festsetzungsbeschlusses angemeldet worden ist. Im Fall des § 1965 Abs. 2 S. 2 beginnt die dreimonatige Frist mit der gerichtlichen Aufforderung zum Nachweis. Innerhalb dieser Frist hat der Erbprädent nachzuweisen, dass sein Erbrecht besteht bzw. dass dieses gegen den Fiskus im Wege der Klage geltend gemacht wird. Sofern innerhalb der sechswöchigen Anmeldefrist keine Anmeldung erfolgt ist, kann von der Einhaltung der Wartefrist abgesehen werden. D.h., der Feststellungsbeschluss kann bereits nach Ablauf der Anmeldefrist ergehen.[4] Etwas anderes gilt, wenn zwischen Ablauf der Anmeldefrist und Erlass des Feststellungsbeschlusses eine Anmeldung erfolgt. In diesem Fall ist die Wartefrist einzuhalten.

II. Absehen von der öffentlichen Aufforderung

4 Von der öffentlichen Aufforderung kann abgesehen werden, wenn dadurch im Verhältnis zum Bestand des Nachlasses unverhältnismäßig hohe Kosten entstehen bzw. wenn eine die Kosten deckende Nachlassmasse nicht vorhanden ist. In diesem Fall kann die Feststellung des Erbrechts des Fiskus alsbald nach Abschluss der Ermittlungen getroffen werden. Die Entscheidung darüber, ob eine öffentliche Aufforderung unterbleiben kann, liegt im Ermessen des Nachlassgerichts. Meldet ein Erbprädent in einem Verfahren, in dem von einer öffentlichen Aufforderung abgesehen wurde, sein Erbrecht an, so hat an diesen die gerichtliche Aufforderung zu ergehen, dass er sein Erbrecht oder die Erhebung der Feststellungsklage innerhalb einer Wartefrist von drei Monate nachzuweisen hat, § 1965 Abs. 2 S. 2.

---

[1] BayObLG RPfleger 1970, 181.
[2] *Staudinger/Marotzke* § 1965 Rn. 3; MüKoBGB/*Leipold* § 1965 Rn. 2.
[3] Vgl. § 1962 Rz. 1.
[4] *Palandt/Edenhofer* § 1965 Rn. 2; MüKoBGB/*Leipold* § 1965 Rn. 3; *Staudinger/Marotzke* § 1965 Rn. 7.

III. Klageerhebung gegen den Fiskus auf Feststellung des Erbrechts

Der Erbprädent selbst hat sein Erbrecht bzw. die klagweise Geltendmachung gegenüber dem Nachlassgericht fristgerecht nachzuweisen. Das Nachlassgericht ist insofern nicht verpflichtet, von Amts wegen tätig zu werden. Grundsätzlich ist das Erbrecht als solches vom Erbprädenten nachzuweisen, der Nachweis einer nur entfernten verwandtschaftlichen Beziehung ist dem nicht gleichzustellen, hindert jedoch ebenfalls den Erlass eines Feststellungsbeschlusses.[5] Für den Nachweis einer Erbberechtigung ist der Erbprädent nicht auf den Beweis durch öffentliche Urkunden beschränkt, er kann sich vielmehr aller zulässigen Beweismittel bedienen. Es steht im Ermessen des Nachlassgerichts, wann es ein Erbrecht für festgestellt hält.[6] Es empfiehlt sich für das Nachlassgericht, den Erbprädenten auf die klagweise Geltendmachung nach § 1965 Abs. 2 hinzuweisen, sofern der angebotene Beweis für nicht ausreichend erachtet wird. Sofern nachgewiesen wurde, dass eine entsprechende Feststellungsklage erhoben wurde, darf kein – auch nicht vorläufiger – Feststellungsbeschluss ergehen.[7] Dies gilt auch, wenn der Fiskus eine negative Feststellungsklage erhoben hat.[8] Wird der Prozess jedoch nicht weitergeführt bzw. nicht wirklich betrieben oder unbegründet ruhen gelassen, so kann das Nachlassgericht dem Erbprädenten eine Frist setzen, innerhalb der er den Prozess fortzuführen hat.

Nach rechtskräftiger Beendigung des Feststellungsprozesses ist das Nachlassgericht an die Entscheidung des Prozessgerichts gebunden.[9]

IV. Beratungshinweise

Die Erbberechtigung eines Mandanten sollte bestmöglich dargelegt werden. U.U. kann der Nachweis jedoch mit zeitraubenden Recherchen verbunden sein. Insofern besteht das Risiko, die dreimonatige Frist nicht einhalten zu können. In diesem Fall sollte die Anmeldung mit der Bitte verbunden werden, alsbald eine Rückmeldung zu geben, sofern das Gericht den erbrachten Beweis für nicht ausreichend hält, damit entsprechende Feststellungsklage erhoben werden kann. Hinsichtlich der Anmeldung s.a. das Muster zu § 1964 Abs. 3.

§ 1966
Rechtsstellung des Fiskus vor Feststellung

Von dem Fiskus als gesetzlichen Erben und gegen den Fiskus als gesetzlichen Erben kann ein Recht erst geltend gemacht werden, nachdem von dem Nachlassgericht festgestellt worden ist, dass ein anderer Erbe nicht vorhanden ist.

I. Allgemeines

Der Staat darf den Nachlass erst dann an sich ziehen, wenn seine gesetzliche Erbenstellung nach § 1964 festgestellt wurde. Ebenso können Forderungen auch erst nach erfolgtem Feststellungsbeschluss gegen den Fiskus als Erben geltend gemacht werden. Dies gilt

---

5 *Staudinger/Marotzke* § 1965 Rn. 9.
6 *Palandt/Edenhofer* § 1965 Rn. 2: Ein nicht nachgewiesenes Recht erlischt jedoch nicht, sondern bleibt lediglich »unberücksichtigt«.
7 Im Gegensatz zum früheren preußischen Recht, das eine Feststellung unter Vorbehalt angemeldeter Erbrechte kannte, RGZ 8, 243.
8 *Soergel/Stein* § 1965 Rn. 2.
9 *Palandt/Edenhofer* § 1965 Rn. 2; BayObLGZ 69, 184.

sowohl für die gerichtliche als auch die außergerichtliche Geltendmachung.[1] Die Regelung eröffnet dem Fiskus außerprozessual ein Leistungsverweigerungsrecht gegen mögliche Nachlassgläubiger. Prozessual ist eine gegen den Fiskus erhobene Klage unwirksam, wenn sie vor Erlass des Feststellungsbeschlusses erhoben wurde.[2] Bei gewillkürter Erbfolge bedarf es keines Feststellungsbeschlusses nach § 1966; in diesen Fällen erlangt der Staat die Erbschaft sofort; es gelten die allgemeinen Vorschriften der §§ 1942 Abs. 1, 1958, 2014.

II. Beratungshinweise

2 Für die Geltendmachung von Forderungen der Nachlassgläubiger gegenüber dem Fiskus ist es erforderlich, zunächst den Feststellungsbeschluss gem. § 1964 abzuwarten. Da dieses Verfahren u.U. sehr lange dauern kann (Risiko der Feststellungsklage eines Erbprädenten) empfiehlt es sich, die Bestellung eines Nachlasspflegers gem. § 1961 zu beantragen. Auf diesen findet die Regelung des § 1966 keine Anwendung.[3]

---

[1] MüKoBGB/*Leipold* § 1966 Rn. 1.
[2] *Soergel/Stein* § 1966 Rn. 1; PWW/*Tschichoflos* § 1966 Rn. 6; AnwK-BGB/*Krug* § 1966 Rn. 12 verweist auf die analoge Anwendbarkeit von § 1958.
[3] *Staudinger/Marotzke* § 1966 Rn. 2.

Titel 2
Haftung des Erben für die Nachlassverbindlichkeiten

Untertitel 1
Nachlassverbindlichkeiten

§ 1967
Erbenhaftung, Nachlassverbindlichkeiten

(1) Der Erbe haftet für die Nachlassverbindlichkeiten.

(2) Zu den Nachlassverbindlichkeiten gehören außer den vom Erblasser herrührenden Schulden die den Erben als solchen treffenden Verbindlichkeiten, insb. die Verbindlichkeiten aus Pflichtteilsrechten, Vermächtnissen und Auflagen.

I. Erbenhaftung

1. Grundsatz der unbeschränkten Erbenhaftung

Der Erbe tritt aufgrund der Universalsukzession nicht nur hinsichtlich der aktiven Vermögenswerte die Nachfolge des Erblassers an; er erbt auch dessen Verbindlichkeiten. Grundsätzlich haftet der Erbe nach der Annahme der Erbschaft unbeschränkt für Nachlassverbindlichkeiten, also auch mit seinem persönlichen Vermögen. Der Erbe kann jedoch unter bestimmten Bedingungen die Haftung auf das ererbte Vermögen beschränken.[1] § 1967 stellt klar, dass neben diesen so genannten Erblasserschulden (s. Rz. 6) auch die Erbfallschulden (s. Rz. 7) zu den Nachlassverbindlichkeiten zählen, also die Schulden, die erst durch den Erbfall entstehen. 1

2. Ausnahmen

Eine Ausnahme von dieser unbeschränkten Erbenhaftung ist die Haftung im **Sozialrecht** nach § 102 SGB XII (früher § 92c BSHG – Haftung für rechtmäßig in den letzten 10 Jahren geleistete Sozialhilfe) und im Rahmen des § 35 SGB II. Dabei wird die Haftung kraft Gesetz auf den Wert des Nachlasses beschränkt. Dies ist unabhängig davon, ob das ererbte Vermögen für den Erblasser sog. Schonvermögen war.[2] 2

Ein weiterer Ausnahmefall ist die **Minderjährigenhaftung** gem. § 1629a BGB. Danach haftet der Minderjährige für Verbindlichkeiten, die aus einem Erwerb von Todes wegen stammen, nur mit dem Bestand des Nachlasses, der bei Eintritt seiner Volljährigkeit vorhanden ist. Eine unterbliebene Inventarerrichtung trotz Fristsetzung ist daher für die Haftungsbeschränkung des Minderjährigen unschädlich. Etwas anderes gilt allerdings, wenn der Minderjährige mit Zustimmung seines gesetzlichen Vertreters **und** des Familiengerichts ein ererbtes Erwerbsgeschäft nach § 112 BGB fortgeführt hat. Bei einer Fortsetzung über mehr als 3 Monate nach Eintritt der Volljährigkeit treten allerdings Haftungsverschärfungen nach §§ 162a Abs. 4 und 27 Abs. 2 HGB ein. 3

Ansprüche des miterbenden Stiefkindes nach **§ 1371 Abs. 4** sind rechnerisch beschränkt auf den Wert des Zusatzviertels für den Ehegatten nach § 1371 Abs. 1. 4

Die Haftung für **Unterhaltsansprüche des geschiedenen Ehegatten** nach § 1586b ist ebenfalls beschränkt, und zwar auf den fiktiven, nicht nach § 1371 Abs. 1 erhöhten Pflichtteil. 5

---

[1] S. hierzu die Kommentierung zu den §§ 1975–1992 BGB.
[2] Sehr instruktiv hierzu: *Conradis* ZEV 2005, 379 ff.

II. Erblasserschulden

6 Als Erblasserschulden werden nach § 1967 Abs. 2 S. 2 alle Verbindlichkeiten bezeichnet, die vom Erblasser »herrühren« – seien es vertragliche, außervertragliche oder gesetzliche Verbindlichkeiten. Dies gilt auch, wenn die Folgen erst nach dem Erbfall eintreten.[3] Voraussetzung ist aber, dass die den Verbindlichkeiten zugrunde liegenden Ansprüche vererblich sind. Dies ist z.B. bei Unterhaltsansprüchen – soweit es sich nicht um Rückstände und die eben zitierten Ansprüche handelt – nicht der Fall. Zu den Erblasserschulden gehören z.B.:
- Darlehensverbindlichkeiten
- Betreuerkosten,[4]
- Herausgabeansprüche
- bedingte oder befristete Schulden (z.B. aus Bürgschaft),[5]
- Ansprüche aus Dienstverhältnissen, soweit es sich nicht um höchstpersönliche Ansprüche handelt, die mit dem Tod erlöschen
- Prozesskosten, soweit sie bis zum Erbfall entstanden sind[6]
- Steuerschulden des Erblassers,[7]
- Ansprüche auf Abgabe von Willenserklärungen und Auskunftserteilung,[8]
- Anspruch auf Ausgleich des öffentlich-rechtlichen Versorgungsausgleichs[9] und Geldforderung aus Zugewinnausgleich,[10]
- Wohngeldschulden, auch durch Beschluss der Eigentümergemeinschaft nach dem Tod entstehende, wenn die Eigentumswohnung der Befriedigung der Nachlassgläubiger zugeführt wird[11]
- Zugewinnausgleichsansprüche

III. Erbfallschulden

7 Erbfallschulden werden alle Schulden genannt, die aus dem Erbfall entstehen. Zu den Erbfallschulden gehören daher z.B.:
- Pflichtteilsansprüche und Pflichtteilsergänzungsansprüche,[12]
- Vermächtnisse und vermächtnisähnliche Ansprüche,[13]
- Beerdigungskosten, § 1968,
- Kosten der Todeserklärung, §§ 34 Abs. 2, 40 VerschG,
- Nachlasssicherungskosten,[14]
- Erbschaftssteuer,[15]

---

[3] Z.B. Ehefrau des Mieters begeht Selbstmord durch Öffnen des Gashahns. Nach ihrem Tod zerstört eine Gasexplosion das Haus. MüKoBGB/*Küpper* § 1967 Rn. 9 a.E.
[4] LG München, NJW-RR 1998, 438; für Regressansprüche der Staatskasse wegen bezahlter Betreuerkosten haftet der Erbe nur mit dem Nachlass, § 1836e Abs. 1 S. 3 BGB.
[5] BGH WM 1976, 808.
[6] BGH NJW 1970, 1742.
[7] BFH NJW 1993, 350.
[8] BGH NJW 1988, 2729.
[9] Dies ergibt sich aus § 1587e Abs. 4 BGB.
[10] BFH NJW 1993, 2462.
[11] BayObLG FamRZ 2000, 909.
[12] BGHZ 80, 206.
[13] Wie Voraus, § 1932 BGB; Dreißigster, § 1969; Anspruch der Abkömmlinge auf Ausbildungsbeihilfe nach § 1371 Abs. 4 (strittig).
[14] MüKoBGB/*Küpper* § 1967 Rn. 11.
[15] BFH NJW 1993, 350.

– Vergütung des Nachlasspflegers und Testamentsvollstreckers sowie Verbindlichkeiten aus deren wirksamen Rechtshandlungen[16] und
– Kosten der Testamentseröffnung, nicht aber die Kosten für einen Erbschein

Zu den Nachlassverbindlichkeiten zählen auch Rückerstattungsansprüche wegen unberechtigt nach dem Tod des Erblassers gezahltem Altersruhegeld.[17] Diese Forderungen richten sich gegen den Erben unmittelbar. Keine Nachlassverbindlichkeiten sind aber Einkommensteuerforderungen, die aufgrund von Einkünften des Erben aus dem Nachlassvermögen entstanden sind.[18] Geldstrafen dürfen gem. § 459c Abs. 3 StPO nicht in den Nachlass des Verurteilten vollstreckt werden. Dies gilt gem. § 101 OWiG auch für Geldbußen. 8

IV. Nachlasserbenschulden

Als Nachlasserbenschulden bezeichnet man Verbindlichkeiten, die durch Handlungen des Erben anlässlich eines Erbfalles entstehen. Grundsätzlich handelt es sich hier um eigene Schulden des Erben, für die der Erbe mit seinem eigenen Vermögen haftet.[19] Wenn die vom Erben vorgenommenen Handlungen mit dem Nachlass oder dem Erbfall in Verbindung stehen, haftet der Erbe im Außenverhältnis sowohl mit dem eigenen Vermögen als auch mit dem Nachlass.[20] Im Innenverhältnis hat der Erbe einen Ersatzanspruch gegenüber dem Nachlass.[21] 9

V. Beratungshinweise

Der Erbe kann aber mit dem Gläubiger vereinbaren, dass die Verbindlichkeit nur gegenüber dem Nachlass oder dem Eigenvermögen bestehen soll.[22] Möchte der Erbe die Haftung auf den Nachlass beschränken, genügt es, wenn er zum Ausdruck bringt, dass er nur für den Nachlass handelt, und der Gläubiger darauf eingeht.[23] Der Erbe sollte darauf achten, den Nachlass bis zur Klärung seiner Haftung und des Haftungsumfangs getrennt von seinem eigenen Vermögen zu halten. 10

§ 1968
Beerdigungskosten

Der Erbe trägt die Kosten der Beerdigung des Erblassers.

I. Anspruchsberechtigte

Beerdigungskosten sind Nachlassverbindlichkeiten. Im Insolvenzverfahren sind sie Masseschulden, § 324 Abs. 1 Nr. 4 InsO. Ein Erstattungsanspruch steht grundsätzlich nur dem Bestattungsberechtigten zu, der später nicht Erbe geworden ist. Eine andere Person, der das Recht zur Totenfürsorge nicht zusteht, kann keinen Anspruch aus § 1968 geltend 1

---

16 RGZ 60, 30; Sofern ein genehmigungsbedürftiges Rechtsgeschäft des Nachlasspflegers nicht genehmigt wurde, handelt es sich nicht um Nachlassverbindlichkeiten.
17 BGHZ 71, 180; BGH NJW 1979, 763 f.; anders teilweise die 1. Auflage.
18 BFH NJW 1993, 350.
19 OLG Köln NJW 1952, 1145.
20 BGHZ 32, 60; *Erman/Schlüter* § 1967 Rn. 9: Einheitliches Schuldverhältnis mit doppeltem Haftungsgegenstand.
21 *Palandt/Edenhofer* § 1967 Rn. 8.
22 RGZ 146, 346; BGH BB 1968, 769.
23 *Palandt/Edenhofer* § 1967 Rn. 10.

machen.[1] U.U. bestehen für sie aber Ansprüche aus GoA,[2] § 812, § 844 Abs. 1 oder § 2022 Abs. 2.[3] Der Nacherbe kann für die Kosten der Beerdigung eines Vorerben nicht in Anspruch genommen werden.[4]

II. Weitere Zahlungsverpflichtete

2 Neben dem Erben können u.U. auch Dritte aus Vertrag oder aufgrund einer Ersatzpflicht in Anspruch genommen werden.[5] Der Sozialhilfeträger ist zur Begleichung der Beerdigungskosten verpflichtet, soweit dem Verpflichteten (Erbe)[6] nach seinen wirtschaftlichen Verhältnissen die Tragung der Beerdigungskosten nicht zugemutet werden kann.[7] Auf eine Unzumutbarkeit beispielsweise wegen Unterhaltpflichtverletzungen des Verstorbenen kommt es nach ständiger Rechtsprechung nicht an, wenn nach den landesrechtlichen Bestattungsvorschriften eine Bestattungspflicht besteht. Der Sozialhilfeträger muss vor der Bestattung nicht unterrichtet werden.[8] Örtlich zuständig ist die Behörde, die bis zum Tode die Sozialhilfe gewährt hat, sonst die Behörde, in dessen Bezirk der Sterbeort liegt, § 98 Abs. 3 SGB XII.

III. Beerdigungskosten

3 Die Erben haben die Kosten für die Beerdigung oder die der Feuerbestattung zu begleichen.[9] Der Aufwand für die Beerdigung ist jedoch auf die Lebensstellung des Erblassers beschränkt.[10]

4 Zu den Beerdigungskosten zählen:
– die Bestattungskosten als solche[11] (d.h. das Grab,[12] Kosten des Bestatters, Todesanzeige, Danksagung)
– Kosten einer üblichen kirchlichen oder bürgerlichen Feier,[13]
– Grabstein und Erstanlage des Grabes,[14]
– Kosten der Trauerkleidung[15] werden zwar in der wohl noch als überwiegend zu bezeichnenden Meinung als erstattbar angesehen; in der heutigen Zeit dürfte dies aber überholt sein. Allenfalls noch in besonders ländlich bzw. religiös geprägten Gebieten ist das Tragen von Trauerkleidung für die ersten Wochen nach der Beerdigung von der Witwe und im Extremfall von weiteren sehr nahen Verwandten üblich und wird teilweise noch erwartet. In diesen Fällen könnte man im Einzelfall eine Einstufung als Beerdigungskosten vornehmen.
– Den Erben treffen auch die Kosten einer Umbettung, sofern hierfür maßgebliche Gründe vorliegen.[16]

---

1 Wurde ein Bestattungsunternehmen z.B. von einem Dritten beauftragt, die Bestattung durchzuführen, so kann es die Kosten nur gegen den Dritten geltend machen.
2 *Widmann* FamRZ 1988, 351.
3 OLG Düsseldorf MDR 1973, 671.
4 OLG Celle HRR 41, Nr. 127.
5 *Fritz* BWNotZ 1992, 137.
6 BVerwG NJW 1998, 1329.
7 OVG Münster NJW 1998, 2154.
8 BVerwG FamRZ 1997, 1472.
9 RGZ 154, 270.
10 OLG Düsseldorf NJW-RR 1995, 1161.
11 RGZ 139, 394.
12 OLG Düsseldorf NJW-RR 1995, 1161.
13 AG Grimma NJW-RR 1997, 1027.
14 OLG Düsseldorf NJW-RR 1995, 1161; jedoch nicht die Mehrkosten für ein Doppelgrab: BGH NJW 1973, 2103 f.; OLGSaarbrücken MDR 2009, 1341.
15 OLG Hamm DAR 1956, 217; a.A.: MüKoBGB/*Küpper* § 1968 Rn. 4.
16 OLG München NJW 1974, 703.

Nicht als Beerdigungskosten angesehen werden: 5
- die Reisekosten von Angehörigen zur Beerdigung[17]
- Kosten der Grabpflege.

Diese werden von der h.M. und der Rechtsprechung als rein sittliche Pflicht angesehen.[18] 6
Hiergegen wendet sich *Damrau* in ZEV 2004, 456 mit beachtlichen Argumenten. Die der maßgeblichen BGH-Entscheidung zugrunde liegende Entscheidung des RG[19] begründet die Einbeziehung der Kosten für den Grabstein in die Beerdigungskosten nach § 1968 damit, dass diese Kosten bei der Erbschaftsteuer Berücksichtigung finden. Der Gesetzgeber habe sie daher zu den Bestattungskosten zählen wollen. Die Grabpflegekosten waren – anders als heute – zu der Zeit der Entscheidung des RG noch nicht absetzbar bei der Erbschaftsteuer. Auch bei der Entscheidung des BGH im Jahre 1973 war dies noch nicht möglich. Erst seit dem Gesetz vom 17.4.1974 wurde diese Möglichkeit eingeführt. Die h.M., die offenbar ohne tiefere Auseinandersetzung mit der Problematik das Ergebnis von RG und BGH übernimmt, führt zu einem unbefriedigenden Ergebnis: der Erbschaftsteuerpflichtige darf die Kosten pauschal ohne Nachweis bei der Steuer absetzen. Der Nutzungsberechtigte der Grabstelle, der mit dem Steuerpflichtigen nicht identisch sein muss, wird durch Friedhofssatzungen gezwungen, das Grab in einem angemessenen Zustand zu halten, muss diese Kosten aber ohne Erstattungsanspruch an den absetzungsberechtigten Erben tragen. Da mit dem Erwerb des Nutzungsrechts die Verpflichtung zur angemessenen Instandhaltung direkt verknüpft ist, ist auch die »zeitliche Nähe« zur Bestattung selber gegeben, die als weiteres Argument für die Eigenschaft der Kosten für das Grabmal als Teil der Bestattungskosten herangezogen wird. Bei der **Höhe der Grabpflegekosten** orientiert sich die Praxis bisher in der Regel an den Sätzen einer professionellen Grabpflege. Hierbei wird völlig außer Acht gelassen, dass die »normale« Grabpflege von Angehörigen erbracht wird, die im Gegensatz zu den Grabpflegeunternehmen damit nicht ihren Lebensunterhalt bestreiten und diese Einnahmen auch noch versteuern. Man wird bei privater Grabpflege von diesen Sätzen in der Regel einen Abschlag von 40–50 % machen müssen.

IV. Beratungshinweise

Wird vom Erblasser die Grabpflege dem oder den Erben oder sonstigen Begünstigten 7
übertragen – was in der Beratungspraxis zu empfehlen ist -, gelten diese Kosten als Nachlassverbindlichkeiten. Er kann auch verfügen, dass ein Grabpflegevertrag mit einer Treuhandstelle abgeschlossen wird. Zudem besteht die Möglichkeit für einen Erblasser, schon zu Lebzeiten einen Grabpflegevertrag zu schließen, in dem das Kündigungsrecht des Erben ausgeschlossen wird.[20] Um Streit zu vermeiden empfiehlt es sich, seitens des Erblassers den Umfang der Grabpflege genau festzulegen.

Sollte der Gläubiger von Beerdigungskosten die Kosten beim Tod eines Unterhaltsberechtigten nicht von dessen Erben erstattet erhalten, so haftet der Unterhaltsverpflichtete 8
für die Bestattungskosten, § 1615 Abs. 2.[21] Ebenso haftet der Vater bei Tod einer nichtehelichen Mutter infolge einer Schwangerschaft oder der Entbindung, § 1615m.

---

17 BGHZ 32, 72; dies gilt nicht, wenn das öffentliche Recht den Angehörigen zur Teilnahme an der Beerdigung verpflichtet: OLG Karlsruhe MDR 1970, 48; anders die eventuell notwendigen Kosten für die Vorbereitung und Durchführung der Beerdigung einschließlich Reisekosten und Verdienstausfall, falls kein naher Verwandter oder Verwandter vor Ort ist.
18 BGH NJW 1973, 2103 f.; zuletzt OLG Schleswig ZErb 2010, 90, das sich aber mit der Erhaltenspflicht nicht auseinandersetzt.
19 RGZ 139, 393.
20 Zur Sittenwidrigkeit solcher Verträge wegen unangemessener hoher Vorauszahlung s.: LG München NJW-RR 1989, 197.
21 S. hierzu auch: LG Dortmund NJW-RR 1996, 775.

Hans-Oskar Jülicher

§ 1969
Dreißigster

(1) Der Erbe ist verpflichtet, Familienangehörigen des Erblassers, die zur Zeit des Todes des Erblassers zu dessen Hausstande gehören und von ihm Unterhalt bezogen haben, in den ersten dreißig Tagen nach dem Eintritte des Erbfalls in demselben Umfang, wie der Erblasser es getan hat, Unterhalt zu gewähren und die Benutzung der Wohnung und der Haushaltsgegenstände zu gestatten. Der Erblasser kann durch letztwillige Verfügung eine abweichende Anordnung treffen.

(2) Die Vorschriften über Vermächtnisse finden entsprechend Anwendung.

I. Anspruchsberechtigte

1 Anspruchsberechtigt sind alle Angehörigen des Erblassers, die aufgrund der persönlichen Beziehung zum Erblasser zu dessen Hausstand (§ 1969) und damit zur Familiengemeinschaft zählen.[1] Zu den Angehörigen gehören auch Pflegekinder und seit dem 1.8.2001 auch der eingetragene Lebenspartner, § 11 LPartG. Auch der Lebensgefährte einer nichtehelichen Lebensgemeinschaft gehört nach jetzt wohl h.M. zu den Angehörigen.[2] Der getrennte, in Scheidung lebende Ehegatte gehört nicht zu dem in § 1969 geschützten Personenkreis.[3] Auch Hausangestellte gehören nicht hierzu, da diese keinen Unterhalt vom Erblasser beziehen sondern Lohn. Es ist unerheblich, ob der bis zum Erbfall bezogene Unterhalt aufgrund einer rechtlichen Verpflichtung oder aus sonstigen Gründen geleistet wurde.[4]

II. Anspruchsumfang

2 Der Unterhalt ist im bisherigen Umfang in Natur zu leisten. Wenn eine Haushaltsauflösung vor Ablauf der dreißig Tage erfolgt, richtet sich der Anspruch auf eine Geldzahlung. Zieht der Berechtigte vor Ablauf der 30-Tage-Frist aus der Wohnung aus, kann er wegen § 1613 keine Abgeltung für die verbliebene Zeit verlangen. Der Erblasser kann den Anspruch durch letztwillige Verfügung erhöhen, herabsetzen oder aber auch ganz ausschließen. Er kann aber auch andere Personen als die Erben mit dieser Verpflichtung belasten. Der Anspruch endet mit dem Tod des Berechtigten. Die Beerdigungskosten für den Berechtigten gehören nach h.M. nicht zu den Leistungen, die der Verpflichtete zu erbringen hat.

III. Beratungshinweis

3 Der Anspruch nach § 1969 ist weder übertragbar noch pfändbar, §§ 399, 400. Ihm gegenüber kann daher weder aufgerechnet (§ 394) noch kann ein Zurückbehaltungsrecht geltend gemacht werden. Das Aufgebotsverfahren gilt für den Anspruch nicht. Der Anspruch kann wegen § 1613 nicht für die Vergangenheit gefordert werden. Da er vor der Annahme der Erbschaft nicht gegen den Erben geltend gemacht werden kann, ist hier ein Nachlasspfleger nach § 1961 zu bestellen, falls der Anspruch durchgesetzt werden muss.

---

1 *Staudinger/Marotzke* § 1969 Rn. 4.
2 OLG Düsseldorf NJW 1983, 1566; MüKoBGB/*Küpper* § 1969 Rn. 2.
3 Hier wird es regelmäßig an der Haushaltszugehörigkeit fehlen; a.A.: *Soergel/Stein* § 1969 Rn. 2.
4 *Palandt/Edenhofer* § 1969 Rn. 1.

Untertitel 2
Aufgebot der Nachlassgläubiger

§ 1970
Anmeldung der Forderungen

Die Nachlassgläubiger können im Wege des Aufgebotsverfahrens zur Anmeldung ihrer Forderungen aufgefordert werden.

I. Normzweck

Mit dem Aufgebotsverfahren kann sich der Erbe einen zuverlässigen Überblick über die Nachlassverbindlichkeiten verschaffen. Hierdurch soll er in die Lage versetzt werden, eine sinnvolle Entscheidung über die Ergreifung von Haftungsbeschränkungsmaßnahmen zu treffen. Das Verfahren führt nur gegenüber den mit Ausschließungsbeschluss ausgeschlossenen Gläubigern zu einer Haftungsbeschränkung. 1

II. Aufgebotsverfahren und Antragsberechtigung

Das Aufgebotsverfahren ist in den §§ 433–441, 454–464 FamFG geregelt. Antragsberechtigt sind: 2
– der Erbe,[1] § 455 Abs. 1 und 3 FamFG (sobald die Erbschaft angenommen wurde),
– der Nachlasspfleger, der Nachlassverwalter,
– der Testamentsvollstrecker nach Annahme der Erbschaft und
– der Erbschaftskäufer, § 463 FamFG.
Sachlich zuständig ist das Amtsgericht, § 23a Abs. 1 Nr. 2, Abs. 2 Nr. 2 GVG. Die örtliche Zuständigkeit richtet sich nach den § 454 Abs. 2 FamFG. Im Gegensatz zur bisherigen Regelung in der ZPO entfällt nun der Aufgebotstermin. Dieser wird durch ein Anmeldeverfahren ersetzt. Entscheidungsform ist der Beschluss. Das Verfahren wird allein vom Rechtspfleger betrieben. Für den Aufgebotsantrag gibt es keine Ausschlussfrist. Es empfiehlt sich jedoch, zur Vermeidung von Schadensersatzpflichten den Antrag unverzüglich zu stellen. Das Antragsrecht erlischt, wenn der Erbe unbeschränkt haftet, § 455 Abs. 1 FamFG. Haftet er nur einzelnen Gläubigern gegenüber unbeschränkt, kann er dennoch mit dem Aufgebotsverfahren wegen der übrigen Gläubiger eine Haftungserleichterung erreichen. 3

Dem Antrag ist ein Verzeichnis über die bekannten Nachlassgläubiger beizufügen. Im Zweifel kann durch das Gericht vom Antragsteller eine eidesstattliche Versicherung zur Bekräftigung verlangt werden, § 439 Abs. 1 FamFG. Wird bei der Antragstellung die Aufnahme eines bekannten Gläubigers unterlassen, so macht sich der Antragsteller schadensersatzpflichtig und kann keine Einrede nach § 1973 geltend machen. 4

Der Erlass des Aufgebots enthält nach § 434 FamFG die Aufforderung an alle Gläubiger, ihre Ansprüche und Rechte bis zu einem bestimmten Termin anzumelden. Gleichzeitig ist den Gläubigern anzudrohen, dass sie bei Unterlassen der Anmeldung der Gläubiger mit seiner Forderung ausgeschlossen wird mit den Folgen des § 1973. Das Aufgebot muss öffentlich bekannt gemacht werden durch Aushängung an der Gerichtstafel sowie durch Veröffentlichung im elektronischen Bundesanzeiger, § 435 Abs. 1 FamFG. Das Gericht 5

---

[1] Antragsberechtigt sind auch: Vorerbe, Ersatzerbe, Nacherbe oder Miterbe bzw. die, die an die Stelle eines zunächst Berufenen treten.

kann auch anordnen, dass die Veröffentlichung zusätzlich auch auf andere Weise und durch Bekanntmachung in einem anderen elektronischen Informations- und Kommunikationssystem erfolgt, das im Gericht öffentlich zugänglich ist. Die Aufgebotsfrist hat mindestens sechs Wochen seit der ersten Veröffentlichung im Bundesanzeiger zu betragen und soll sechs Monate nicht übersteigen. Der Aufgebotsantrag ist abzuweisen, wenn bereits ein Nachlassinsolvenzverfahren beantragt wurde. Das Verfahren wird durch die Eröffnung des Nachlassinsolvenzverfahrens beendet.[2] Die Kosten des Aufgebotsverfahrens sind Nachlassverbindlichkeiten und i.R.e. Insolvenzverfahrens als Masseverbindlichkeiten zu behandeln, § 324 InsO.

III. Betroffene Nachlassgläubiger

6   Vom Aufgebotsverfahren sind alle Nachlassgläubiger, deren Forderung zu Beginn des Aufgebotsverfahrens bestand, betroffen, unabhängig davon, ob die Forderung tituliert ist oder nicht. Sofern der Erbe selbst Nachlassgläubiger ist, braucht er seine Forderung jedoch nur anzumelden, wenn das Verfahren auf Antrag des Nachlasspflegers, -verwalters oder Testamentsvollstreckers betrieben wird. Vom Verfahren **nicht** betroffen sind
– die in §§ 1971, 1972 benannten Personen und Forderungen,
– Forderungen, die erst nach Erlass des Ausschlussurteils entstanden sind,
– Forderungen, die durch Rechtshandlungen des Nachlasspflegers bzw. Testamentsvollstreckers nach Erlass des Aufgebots entstanden sind und
– Forderungen von Eigengläubigern des Erben.[3]

IV. Beratungshinweis

7   Die Beantragung eines Aufgebotsverfahrens bietet sich an, wenn die Höhe der Nachlassverbindlichkeiten den Erben nicht bzw. nur ungenau bekannt ist. Es kann auch vorbereitend zur Beantragung einer Nachlassverwaltung oder eines Nachlassinsolvenzverfahrens durchgeführt werden. Ferner sichert es die Erben gegenüber ihnen unbekannten Nachlassgläubigern ab, § 1973. Das Aufgebotsverfahren allein führt allerdings nicht zu einer Haftungsbeschränkung. Eine Inventarerrichtung ist keine Voraussetzung für das Aufgebotsverfahren (§ 2013 Abs. 1 S. 2). Das Aufgebotsverfahren dient vielmehr dazu, die Inventarerrichtung vorzubereiten.

8   Ein Zwangsversteigerungsverfahren läuft trotz Antragstellung weiter, § 178 Abs. 2 ZVG. Die Einleitung eines Aufgebotsverfahrens ist bei unbekannten, jedoch zu erahnenden Verbindlichkeiten dringendst zu empfehlen. Wenn der Erbe den Antrag auf Aufgebot unterlässt, obwohl er hinreichende Anhaltspunkte für unbekannte Nachlassverbindlichkeiten hat, gilt seine dadurch verursachte Unkenntnis der Überschuldung des Nachlasses als fahrlässig verschuldet, § 1980 Abs. 2. Liegen derartige Anhaltspunkte vor, hat der Erbe unverzüglich Nachlassinsolvenz zu beantragen. Sonst macht er sich Nachlassgläubigern gegenüber schadensersatzpflichtig.

---

2   *Staudinger/Marotzke* § 1970 Rn. 9.
    § 457 FamFG.
3   RGZ 92, 344.

V. Muster

Antrag auf Aufgebot der Nachlassgläubiger gem. § 1970 9

> An das
> Amtsgericht – Nachlassgericht – (in Baden-Württemberg Notariat)
> Straße
> Ort
>
> Antrag auf Aufgebot der Nachlassgläubiger bezüglich des Nachlasses von Frau/Herrn ..., verstorben am ...
>
> Sehr geehrte Damen und Herren,
>
> hiermit zeigen wir an, dass wir die rechtlichen Interessen von Frau/Herrn ..., ... (Straße), ... (Ort), vertreten. Frau/Herr ... ist ... (Verwandtschaftsgrad: z.B. Schwester) des/der am ... (Sterbedatum) verstorbenen ... (Name des Erblassers) in ... (Ort), ... (Straße).
> Frau/Herr ... ist neben ihren/seinen drei Geschwistern gesetzliche/r Erbe des Erblassers. Die Erbschaft wurde von unserer Mandantschaft angenommen. Für die Nachlassverbindlichkeiten haftet unser/e Mandant/in nicht unbeschränkt.[4]
> Namens und in Vollmacht unseres/r Mandanten/in beantragen wir, die Nachlassgläubiger im Wege des Aufgebotsverfahrens zur Anmeldung ihrer Forderungen aufzufordern, sie auf mögliche nachteilige Rechtsfolgen bei nicht rechtzeitiger Anmeldung hinzuweisen und nach Fristablauf den Ausschließungsbeschluss zu erlassen.
> Ein Adressverzeichnis der unserem/r Mandanten/in bekannten Nachlassgläubiger fügen wir diesem Schriftsatz bei.
>
> Mit freundlichen Grüßen
>
> Rechtsanwältin/Rechtsanwalt

§ 1971
Nicht betroffene Gläubiger

Pfandgläubiger und Gläubiger, die im Insolvenzverfahren den Pfandgläubigern gleichstehen, sowie Gläubiger, die bei der Zwangsvollstreckung in das unbewegliche Vermögen ein Recht auf Befriedigung aus diesem Vermögen haben, werden, soweit es sich um die Befriedigung aus den ihnen haftenden Gegenständen handelt, durch das Aufgebot nicht betroffen. Das gleiche gilt von Gläubigern, deren Ansprüche durch eine Vormerkung gesichert sind oder denen im Insolvenzverfahren ein Aussonderungsrecht zusteht, in Ansehung des Gegenstandes ihres Rechtes.

I. Allgemeines

Dinglich gesicherte Gläubiger und diesen gleichgestellte Gläubiger sind von der Ausschlusswirkung des § 1973 nicht betroffen. Sie müssen ihre Forderungen nicht im Aufgebotsverfahren anmelden.[1] Dies gilt unabhängig davon, ob sie die bevorrechtigte Stellung vor oder nach dem Erbfall erlangt haben. Voraussetzung ist lediglich, dass sie vor dem 1

---

4 Das Antragsrecht erlischt, wenn der Erbe unbeschränkt haftet, § 455 FamFG.
1 Anders als im Insolvenzverfahren: § 321 InsO.

Ausschließungsbeschluss bestand. Zu den nicht betroffenen Gläubigern nach § 1971 zählen z.B.:
- Pfandgläubiger, §§ 1204, 1273;
- Absonderungs- und Aussonderungsberechtigte; §§ 47 f. InsO;[2]
- Realberechtigte in der Zwangsversteigerung, § 10 ZVG;
- Gläubiger von Ansprüchen, die durch Vormerkung gesichert sind.

2 Hintergrund ist, dass diese dinglich Berechtigten bekannt sind durch Grundbucheintragung oder Besitzeinräumung beim Pfandrecht an beweglichen Sachen.

3 Auch andere Gläubiger sind nicht vom Aufgebotsverfahren betroffen, auch wenn sie in § 1971 nicht genannt sind:
- der antragstellende (Mit)Erbe mit seinen Ansprüchen gegen den Nachlass
- der Gläubiger einer Nachlasserbenschuld hinsichtlich seines Anspruchs gegen das Eigenvermögen des Erben
- Gläubiger, denen gegenüber der Erbe unbeschränkt haftet (§ 2013 Abs. 1)
- Gläubiger, deren Forderung erst nach der Bekanntmachung des Aufgebots dem Grunde nach entstanden ist[3]

II. Beratungshinweise

4 Dinglich gesicherte Gläubiger müssen ihre Ansprüche im Aufgebotsverfahren nicht zur Rechtswahrung anmelden. Dies bezieht sich aber nur auf die Gegenstände, die mit dem Sicherungsrecht belastet sind. Sofern weitergehende Rechte aus den dem Recht zugrunde liegenden Forderungen geltend gemacht werden sollen – weil z.B. das Sicherungsgut die volle Forderung nicht abdeckt oder ein (Teil)Ausfall droht –, muss eine Anmeldung erfolgen. Für diese Forderungen gilt die Privilegierung des § 1971 nämlich nicht. Es empfiehlt sich daher grundsätzlich die Anmeldung der schuldrechtlichen Forderung unter gleichzeitigem Hinweis auf das Sicherungsrecht.

§ 1972
Nicht betroffene Rechte

Pflichtteilsrechte, Vermächtnisse und Auflagen werden durch das Aufgebot nicht betroffen, unbeschadet der Vorschrift des § 2060 Nr. 1.

1 Folgende Forderungen sind vom Aufgebotsverfahren nicht betroffen:
- Pflichtteilsrechte,
- Vermächtnisse und
- Auflagen;

2 Der Grund für diese Regelung ist, dass der Erbe von diesen Verbindlichkeiten in der Regel durch die letztwillige Verfügung Kenntnis hat. In diesem Sinn wird auch von den nachlassbeteiligten Gläubigern gesprochen.[1] Die Rechtsstellung dieser Gläubiger ist schwächer als die anderer Nachlassgläubiger, da sie selbst durch Aufgebot ausgeschlossenen Nachlassgläubigern gegenüber nachrangig sind (§ 1973 Abs. 1 S. 2). Sie werden nur aus einem nicht durch andere Nachlassverbindlichkeiten überschuldeten Nachlass befriedigt. Hat der Erbe

---

2 Bzw. Gläubiger, die an Gegenständen ein rechtsgeschäftlich, gesetzlich oder durch Pfändung erlangtes Pfandrecht, ein kaufmännisches Zurückbehaltungsrecht oder ein Zurückbehaltungsrecht wegen Verwendungen auf eine Sache haben.
3 MüKoBGB/*Küpper* § 1971/1972 Rn. 7.
1 *Palandt/Edenhofer* § 1972 Rn. 1.

nachlassbeteiligte Gläubiger bereits befriedigt, können die übrigen Gläubiger dies nach § 322 InsO oder § 5 AnfG anfechten.

Aufgrund der hier einbezogenen Vorschrift des § 2060 Nr. 1 haften dem Gläubiger der genannten Rechte nach der Teilung des Nachlasses die einzelnen Erben nur noch anteilig entsprechend ihrer Quote am Nachlass. Wer sich als ein derartiger Gläubiger die gesamtschuldernersiche Haftung erhalten möchte, sollte daher seine Rechte im Aufgebotsverfahren anmelden.[2] 3

§ 1973
Ausschluss von Nachlassgläubigern

(1) Der Erbe kann die Befriedigung eines im Aufgebotsverfahren ausgeschlossenen Nachlassgläubigers insoweit verweigern, als der Nachlass durch die Befriedigung der nicht ausgeschlossenen Gläubiger erschöpft wird. Der Erbe hat jedoch den ausgeschlossenen Gläubiger vor den Verbindlichkeiten aus Pflichtteilsrechten, Vermächtnissen und Auflagen zu befriedigen, es sei denn, dass der Gläubiger seine Forderung erst nach der Berichtigung dieser Verbindlichkeiten geltend macht.

(2) Einen Überschuss hat der Erbe zum Zwecke der Befriedigung des Gläubigers im Wege der Zwangsvollstreckung nach den Vorschriften über die Herausgabe einer ungerechtfertigten Bereicherung herauszugeben. Er kann die Herausgabe der noch vorhandenen Nachlassgegenstände durch Zahlung des Wertes abwenden. Die rechtskräftige Verurteilung des Erben zur Befriedigung eines ausgeschlossenen Gläubigers wirkt einem anderen Gläubiger gegenüber wie die Befriedigung.

I. Normzweck

In § 1973 werden die Rechtsfolgen eines Ausschließungsbeschlusses geregelt. Der Erbe 1 haftet gegenüber den Gläubigern, die ihre Forderung im Aufgebotsverfahren ordnungsgemäß angemeldet haben. Diese Gläubiger sind vorrangig zu befriedigen. Gläubiger, die sich im Rahmen des Aufgebotsverfahrens nach § 1970 nicht angemeldet haben, werden zurückgesetzt. Hierbei handelt es sich um eine außerordentliche Beschränkung der Haftung. Selbst wenn der Erbe gegenüber den »angemeldeten« Gläubigern unbeschränkt haftet, beschränkt sich seine Haftung gegenüber den ausgeschlossenen Nachlassgläubigern auf den Nachlassüberschuss.[1] Diese braucht der Erbe nur aus den Mitteln des Nachlasses zu befriedigen. Ist der Nachlass hierdurch erschöpft, kann er die Befriedigung der ausgeschlossenen Gläubiger verweigern, § 1973 Abs. 1 S. 1. Eine Befriedigung ausgeschlossener Gläubiger hat erst dann zu erfolgen, wenn alle nicht ausgeschlossenen Gläubiger befriedigt wurden. Die ausgeschlossenen Gläubiger sind jedoch vorrangig gegenüber den Pflichtteilsberechtigten, Vermächtnisnehmern und Auflagebegünstigten zu befriedigen, es sei denn, dass die Forderung erst nach Berichtigung dieser eigentlich nachrangigen Verbindlichkeiten geltend gemacht wurde.

Die zurückgesetzten Gläubiger haben also nur einen Anspruch auf den Überschuss. Der 2 Erbe kann diese ausgeschlossenen Gläubiger befriedigen, ohne dass er hierbei eine Reihenfolge zu beachten hätte. Der Erbe haftet gegenüber den zurückgesetzten Erben nur nach dem Bereicherungsrecht. Dies bedeutet, dass er nach Erlass des Ausschlussurteils nach seinem Belieben mit dem Nachlass vorgehen kann. Er kann diesen u.U. sogar auch durch

---

2 *Damrau* Praxiskommentar Erbrecht § 1972 Rn. 3.
1 *Palandt/Edenhofer* § 1973 Rn. 1: Auch der ausgeschlossene Gläubiger kann Nachlassinsolvenz beantragen, § 317 I InsO.

Hans-Oskar Jülicher

Luxusreisen aufzehren.² Wird dem Erben jedoch die Forderung eines zurückgesetzten Gläubigers bekannt, so haftet er nach den Bestimmungen des § 819 Abs. 1.

3 Gegenüber den zurückgesetzten Gläubigern hat der Erbe zudem die Möglichkeit, vorhandene Nachlassgegenstände durch Geldzahlung abzulösen.

II. Beratungshinweis

4 Lässt der ausgeschlossene Nachlassgläubiger seinen Anspruch titulieren, so hat der Erbe die Erschöpfungseinrede schon im Prozess geltend zu machen. Gelingt dem Erben dieser Nachweis, ist die Klage als z.Zt. unzulässig zu verwerfen. Anderenfalls würde dem Gläubiger die Möglichkeit genommen, beim Auftauchen neuer Nachlassgegenstände in diese zu vollstrecken. Führt diese nicht zur Klageabweisung, so muss der Erbe im Rahmen der Zwangsvollstreckung die beschränkte Haftung durch die Vollstreckungsabwehrklage, § 785 ZPO, geltend machen, was allerdings voraussetzt, dass er mit seinem Einwand der Haftungsbeschränkung nicht präkludiert ist. Sofern bereits unter dem Druck der Zwangsvollstreckung eine Zahlung erfolgte, kann diese nach den Vorschriften der §§ 813, 814 zurückverlangt werden.³

§ 1974
Verschweigungseinrede

(1) Ein Nachlassgläubiger, der seine Forderung später als fünf Jahre nach dem Erbfalle dem Erben gegenüber geltend macht, steht einem ausgeschlossenen Gläubiger gleich, es sei denn, dass die Forderung dem Erben vor dem Ablauf der fünf Jahre bekannt geworden oder im Aufgebotsverfahren angemeldet worden ist. Wird der Erblasser für tot erklärt oder wird seine Todeszeit nach den Vorschriften des Verschollenheitsgesetzes festgestellt, so beginnt die Frist nicht vor dem Eintritt der Rechtskraft des Beschlusses über die Todeserklärung oder die Feststellung der Todeszeit.

(2) Die dem Erben nach § 1973 Abs. 1 S. 2 obliegende Verpflichtung tritt im Verhältnis von Verbindlichkeiten aus Pflichtteilsrechten, Vermächtnissen und Auflagen zueinander nur insoweit ein, als der Gläubiger im Falle des Nachlassinsolvenzverfahrens im Range vorgehen würde.

(3) Soweit ein Gläubiger nach § 1971 von dem Aufgebot nicht betroffen wird, finden die Vorschriften des Absatzes 1 auf ihn keine Anwendung.

I. Allgemeines

1 Die Verschweigungseinrede schützt den Erben vor sehr später Geltendmachung von Gläubigeransprüchen. Wenn Gläubiger ihre Ansprüche später als fünf Jahre nach dem Erbfall geltend machen, werden sie wie ausgeschlossene Gläubiger i.S.v. § 1973 behandelt. Bei der Todeserklärung gilt als Beginn der 5-Jahresfrist der erste Tag der Rechtskraft des Feststellungsbeschlusses, §§ 39 ff. VerschG. Eine Versäumung der Frist durch den Gläubiger liegt vor, wenn dieser seine Forderung innerhalb der Fünf-Jahres-Frist überhaupt nicht geltend gemacht hat, also weder gegenüber dem Nachlasspfleger noch gegenüber dem Nachlassverwalter, dem Testamentsvollstrecker oder dem vorläufigen Erben. Sofern der Nachlass bereits geteilt wurde, gilt hinsichtlich der Miterben § 2060 Nr. 2.[1]

---

2 *Lange/Kuchinke* Erbrecht § 49 IX.
3 RGZ 64, 244.
1 S. hierzu § 2060 BGB.

Gegenüber folgenden Gläubigern kann keine Verschweigungseinrede geltend gemacht werden:
- Gläubiger, die im Aufgebotsverfahren ihre Forderung angemeldet haben,
- Gläubiger, die vom Aufgebotsverfahren gem. § 1971 nicht betroffen sind oder
- Gläubiger, deren Forderung dem Erben vor Fristablauf bekannt wurde. Dabei reicht, dass der Erbe weiß, dass sich der Gläubiger dieser Forderung berühmt.

Die Verschweigung hat nach § 1974 Abs. 1 die gleiche Wirkung wie die Ausschließung im Aufgebotsverfahren, so dass der Erbe nur mit dem Überschuss haftet.

Werden mehrere Ansprüche aus Pflichtteilsrechten, Vermächtnissen und Auflagen zunächst verschwiegen, regelt § 1974 Abs. 2, dass diese Ansprüche im Verhältnis zueinander zu befriedigen sind wie im Insolvenzverfahren. Derartige Ansprüche haben den gleichen Rang und sind daher verhältnismäßig zu befriedigen (§ 327 InsO).

II. Beratungshinweis

Mit der Regelung des § 1974 wird der Erbe vor sehr später Inanspruchnahme durch Gläubiger geschützt. Die Regelung des § 1974 kann sich auch der Nacherbe zunutze machen, § 2144.

Grundsätzlich ist jedoch zu beachten, dass die Verschweigungseinrede durch den Erben dann nicht mehr geltend gemacht werden kann, wenn der Erbe noch vor Ablauf der Fünfjahresfrist sein Haftungsbeschränkungsrecht verliert, § 2013 Abs. 1. Verliert er das Recht nach § 1994 Abs. 1 S. 2 oder § 2005 Abs. 1 erst nach Ablauf der Frist, kann er sich dennoch nach § 2013 Abs. 1 S. 2 auf die Haftungsbeschränkung berufen.

Untertitel 3
Beschränkung der Haftung des Erben

§ 1975
Nachlassverwaltung; Nachlassinsolvenz

Die Haftung des Erben für die Nachlassverbindlichkeiten beschränkt sich auf den Nachlass, wenn eine Nachlasspflegschaft zum Zwecke der Befriedigung der Nachlassgläubiger (Nachlassverwaltung) angeordnet oder das Nachlassinsolvenzverfahren eröffnet ist.

I. Normzweck

1 Gem. § 1975 tritt eine Haftungsbeschränkung des Erben entweder durch Nachlassverwaltung oder durch die Eröffnung des Nachlassinsolvenzverfahrens ein.

2 In diesen Fällen wird dem Erben die Verwaltung des Nachlasses völlig entzogen und einem amtlich bestellten Verwalter[1] übertragen, § 1981 bzw. § 80 InsO. Beide Anordnungen, sei es die der Nachlassverwaltung oder die des Nachlassinsolvenzverfahrens, führen zu einer rückwirkenden Trennung von Nachlassvermögen und Erbenvermögen auf den Zeitpunkt des Erbfalls; der Erbe kann dann nicht mehr auf Leistung verklagt werden.[2] Der beschränkt haftende Erbe kann in diesem Fall verlangen, dass Zwangsvollstreckungen wegen Nachlassverbindlichkeiten in sein Eigenvermögen aufgehoben werden, § 784 Abs. 1 ZPO. Umgekehrt darf in diesem Fall auch kein Eigengläubiger[3] in den Nachlass vollstrecken, § 1984 Abs. 2.[4] Dem Nachlassverwalter kann (und muss) die Aufhebung von Zwangsvollstreckungen von Eigengläubiger in den Nachlass verlangen, § 784 Abs. 2 ZPO. Im Insolvenzverfahren gilt ein allgemeines Vollstreckungsverbot.

II. Nachlassverwaltung

3 Die Nachlassverwaltung ist eine Art der Nachlasspflegschaft.[5] Auf sie finden, soweit der besondere Zweck der Nachlassverwaltung dem nicht entgegensteht,[6] die Vorschriften über die Pflegschaft entsprechende Anwendung,[7] also auch die Regelungen über die Vormundschaft, § 1915 Abs. 1.[8] Die Nachlassverwaltung ist in vielen Bereichen eher entsprechend dem Insolvenzrecht gestaltet als nach dem Pflegschaftsrecht. Die Rechtsstellung des Nachlassverwalters ist in den §§ 1984–1987 normiert. Nach der Amtstheorie hat der Nachlassverwalter nicht wie im Pflegschaftsrecht die Stellung eines gesetzlichen Vertreters, sondern er ist ein amtlich bestelltes Organ zur Verwaltung fremden Vermögens mit eigener Parteistellung im Rechtsstreit.[9] Die Nachlassverwaltung ist über einen Erbteil oder nach Teilung des Nachlasses[10] nicht mehr zulässig. Trotz Vorhandensein eines Nachlasspflegers[11] kann aber Nachlassverwaltung angeordnet werden.[12] Wird während der Nachlassverwaltung die Überschuldung des Nachlasses festgestellt, so geht das Verfahren in der Regel in ein Nach-

---

1 Nachlassverwalter oder Insolvenzverwalter.
2 RG NJW 1913, 752; *Palandt/Edenhofer* § 1975 Rn. 1: jedoch auf Feststellung und künftige Leistung.
3 Der nicht Nachlassgläubiger ist.
4 S. hierzu auch § 1984 Rz. 6.
5 *Staudinger/Marotzke* § 1975 Rn. 11.
6 RGZ 135, 305, 307.
7 OLG Jena RPfleger 1998, 427.
8 RGZ 72, 260 (263); BayObLGZ 15, 31 ff.
9 MüKoBGB/*Küpper* § 1975 Rn. 3.
10 § 2062 BGB.
11 Gem. § 1960 BGB.
12 BayObLGZ 76, 167, 171.

lassinsolvenzverfahren[13] über. Der Nachlassverwalter ist in diesem Fall zur Stellung des Insolvenzantrages verpflichtet (§ 1985 Abs. 2 S. 2). Sofern das Einverständnis aller Nachlassgläubiger vorliegt, kann die Nachlassverwaltung auch zur Abwendung der wertvernichtenden Nachlassinsolvenz angeordnet werden.[14] Für die Nachlassverwaltung ist das Nachlassgericht sachlich zuständig, da sie eine Art der Nachlasspflegschaft ist, § 1962. Antragsberechtigt sind der Erbe und die Nachlassgläubiger unter den Voraussetzungen des § 1981 Abs. 2. Die Anordnung der Nachlassverwaltung und das Antragsrecht durch Erben und Nachlassgläubiger wird in § 1981 geregelt. Die Verwaltung endet durch Aufhebung seitens des Nachlassgerichts bzw. durch Eröffnung der Nachlassinsolvenz. Die Kosten der Nachlassverwaltung stellen Nachlassverbindlichkeiten dar. Bei mehreren Erben kann die Nachlassverwaltung nur von den Erben gemeinschaftlich beantragt werden (§ 2062).[15]

III. Nachlassinsolvenz

Die Nachlassinsolvenz ist in den §§ 315–331 InsO geregelt.[16] Das Nachlassinsolvenzverfahren wird immer über den Nachlass als Ganzen geführt, ein Verfahren über einen Erbteil ist unzulässig, § 316 Abs. 3 InsO. Die Nachlassinsolvenz kann anders als die Nachlassverwaltung auch von einzelnen Miterben beantragt werden (§ 2062, § 316 InsO). Auch der unbeschränkbar haftende Erbe kann Nachlassinsolvenz beantragen (§ 316 InsO). Insolvenzgrund sind Überschuldung und Zahlungsunfähigkeit. Sogar schon drohende Zahlungsunfähigkeit ist Insolvenzgrund, wenn der Antrag vom Erben, dem Nachlassverwalter, einem Nachlasspfleger oder vom Testamentsvollstrecker gestellt wird. (§ 320 InsO). Die Einzelheiten des Verfahrens sind in den §§ 315 bis 331 InsO geregelt.

IV. Beratungshinweis

Sowohl durch die Nachlassverwaltung als auch durch die Nachlassinsolvenz kann der Erbe eine **Haftungsbeschränkung** auf den Nachlass erreichen. Hinsichtlich der Auswahl des Verfahrens gilt, dass die Nachlassverwaltung insb. bei unübersichtlichem Nachlass beantragt werden sollte, bei dem ausreichende Nachlassmasse vorhanden ist. Die Nachlassinsolvenz sollte dagegen beantragt werden, wenn deutlich wird, dass der Nachlass überschuldet ist. Die Haftungsbeschränkung beginnt mit der Anordnung der Nachlassverwaltung bzw. der Eröffnung der Nachlassinsolvenz. Der Erbe sollte jedoch schon bei einem laufenden Prozess den Vorbehalt gem. § 780 ZPO beantragen, um sich danach auf die zwischenzeitlich eingetretene Haftungsbeschränkung berufen zu können.[17] Nach Beendigung der Nachlassverwaltung und Aufhebung des Insolvenzverfahrens bleibt die Haftungsbeschränkung bestehen.[18] Unbeschadet der Aufhebung des Insolvenzverfahrens können die Gläubiger ihre Ansprüche gegenüber dem Erben geltend machen. Der Erbe haftet ihnen gegenüber gem. § 1973 jedoch nur wie gegenüber ausgeschlossenen Gläubigern.[19] Wurde das Nachlassinsolvenzverfahren mangels Masse abgewiesen, tritt keine Haftungsbeschränkung ein. Der Erbe kann jedoch die Dürftigkeitseinrede gem. §§ 1990, 1991 erheben.

Nach Beendigung der Nachlassverwaltung haftet der Erbe auf den Nachlass beschränkt (§ 1990).

---

13 S. hierzu: § 1980 Rz. 1.
14 *Staudinger/Marotzke* § 1975 Rn. 12.
15 Näheres zu den Voraussetzungen s. dort.
16 Seit Einführung der Insolvenzordnung zum 1.1.1999 wurde das Nachlassvergleichsverfahren ersatzlos gestrichen.
17 RGZ 59, 301, 305.
18 H.M.: BGH NJW 1954, 635.
19 S. hierzu: § 1973 Abs. 1 BGB.

V. Muster

1. Antrag des Alleinerben auf Nachlassverwaltung

7 | An das
Amtsgericht – Nachlassgericht –[20]
Straße
Ort

Antrag auf Nachlassverwaltung bezüglich des Nachlasses von Frau/Herrn ..., verstorben am ...

Sehr geehrte Damen und Herren,

hiermit zeigen wir Ihnen die rechtliche Interessenwahrnehmung von Frau/Herrn ..., ... (Straße), ... (Ort) an. Frau/Herr .... ist ... (Verwandtschaftsgrad: z.B. Schwester) des/der am ... (Sterbedatum) verstorbenen ... (Name des Erblassers) in ... (Ort), ... (Straße). Sie/Er ist ausweislich beigefügtem Erbschein alleiniger Erbe.
Namens und im Auftrag unseres Mandanten beantragen wir die Nachlassverwaltung anzuordnen. Eine die Kosten der Nachlassverwaltung deckende Masse ist vorhanden. Beleg hierzu fügen wir ebenfalls bei.

Mit freundlichen Grüßen

Rechtsanwältin/Rechtsanwalt

2. Antrag eines Erben auf Eröffnung des Nachlassinsolvenzverfahrens

8 | An das
Amtsgericht – Insolvenzgericht –[21]
Straße
Ort

Antrag auf Eröffnung des Nachlassinsolvenzverfahrens bezüglich des Nachlasses von Frau/Herrn ..., verstorben am ...

Sehr geehrte Damen und Herren,

hiermit zeigen wir an, dass wir die rechtlichen Interessen von Frau/Herrn ..., ... (Straße), ... (Ort) vertreten. Frau/Herr ... ist ... (Verwandtschaftsgrad: z.B. Schwester) des/der am ... (Sterbedatum) verstorbenen ... (Name des Erblassers) in ... (Ort), ... (Straße).
Frau/Herr ... ist neben ihren/seinen drei Geschwistern gesetzliche/r Erbe/in des Erblassers. Die Erbschaft wurde von unserer Mandantschaft angenommen.
Bis auf die Wohnungseinrichtung und ein Sparbuch über 10.000 € konnte keinerlei Vermögen festgestellt werden. Insofern erhielt unser Mandant jedoch bereits von diversen Gläubigern des Erblassers Zahlungsaufforderungen. Dies fügen wir diesem Schriftsatz bei. Insgesamt belaufen sich die bereits festgestellten Forderungen gegen den Erblasser auf 30.000 €.

---

20 Die Anordnung der Nachlassverwaltung obliegt dem Rechtspfleger.
21 Örtlich zuständig ist das Amtsgericht am letzten Wohnsitz des Erblassers, in dessen Bezirk das Landgericht seinen Sitz hat (§ 2 InsO), sofern dieser selbstständig tätig war, bei dem Amtsgericht, in dessen Bezirk die unternehmerische Tätigkeit lag.

> Namens und in Vollmacht unseres/r Mandanten/in beantragen wir, das Nachlassinsolvenzverfahren über das Vermögen des am ... verstorbenen, ... (Name Erblasser) zu eröffnen. Die Kosten des Verfahrens müssten durch das Guthaben auf dem Sparbuch gedeckt sein. Sollte das Gericht von höheren Kosten ausgehen, bitten wir um Rückmeldung, damit unser Mandant einen Kostenvorschuss leisten kann.
>
> Mit freundlichen Grüßen
>
> Rechtsanwältin/Rechtsanwalt

3. Antrag eines Nachlassgläubigers auf Eröffnung des Nachlassinsolvenzverfahrens

> An das
> Amtsgericht – Insolvenzgericht –[22]
> Straße
> Ort
>
> Antrag auf Eröffnung des Nachlassinsolvenzverfahrens bezüglich des Nachlasses von Frau/Herrn ..., verstorben am ...
>
> Sehr geehrte Damen und Herren,
>
> hiermit zeigen wir an, dass wir die rechtlichen Interessen von Frau/Herrn ..., ... (Straße), ... (Ort) vertreten. Am ... verstarb in ... Herr/Frau ... (Name, Straße und Ort). Herr/Frau ... war Inhaber der Firma: ... (Name und Anschrift). Wie sich aus beigefügtem Vollstreckungsbescheid ergibt, besitzt unser Mandant eine Forderung über 75.000 € gegen den Erblasser. Die Ehefrau/Der Ehemann des Erblassers, Herr/Frau ..., die/der die Erbschaft angenommen hat, erklärte uns gegenüber mit Schriftsatz vom ..., dass sie/er außerstande sei, die Forderung zu begleichen. Auch dieses Schreiben haben wir in Kopie beigefügt. Die Ehefrau/Der Ehemann gab die Auskunft, dass der Erblasser noch einen Monat vor seinem Tode unter dem AZ. ... M .../... des Amtsgericht ... die eidesstattliche Versicherung abgegeben hat. Insofern beantragen wir namens und im Auftrag unseres Mandanten, dass über den Nachlass des Herrn/der Frau ... das Insolvenzverfahren eröffnet wird.
> Die Richtigkeit des vorgetragenen Sachverhaltes ergibt sich auch aus beigefügter eidesstattlicher Versicherung unseres Mandanten.[23]
> Von Aufforderung zur Zahlung eines Vorschusses bitten wir abzusehen. Aus dem Betrieb des Geschäftes des Erblassers müssten die entsprechenden Mittel zur Kostendeckung des Insolvenzverfahrens aufgebracht werden.
>
> Mit freundlichen Grüßen
>
> Rechtsanwältin/Rechtsanwalt

9

---

22 Örtlich zuständig ist das Amtsgericht am letzten Wohnsitz des Erblassers, in dessen Bezirk das Landgericht seinen Sitz hat (§ 2 InsO), sofern dieser selbstständig tätig war, bei dem Amtsgericht, in dessen Bezirk die unternehmerische Tätigkeit lag.
23 Der Vortrag ist glaubhaft zu machen.

§ 1976
Wirkung auf durch Vereinigung erloschene Rechtsverhältnisse

Ist die Nachlassverwaltung angeordnet oder das Nachlassinsolvenzverfahren eröffnet, so gelten die infolge des Erbfalls durch Vereinigung von Recht und Verbindlichkeit oder von Recht und Belastung erloschenen Rechtsverhältnisse als nicht erloschen.

I. Allgemeines Hedwig Hanhörster/ Joachim Dospil

1 Durch Nachlassverwaltung oder Nachlassinsolvenz werden Nachlass und Eigenvermögen des Erben von einander getrennt. Die nach § 1922 eingetretene Verschmelzung der beiden Vermögen wird rückwirkend wieder aufgehoben. Das setzt voraus, dass ein Rechtsverhältnis durch den Erbfall erloschen ist. Im Fall des § 889 ist diese Konsolidierung ausgeschlossen, so dass hierfür § 1976 nicht gilt. Gleiches gilt in den Fällen von Nießbrauch und Pfandrecht nach den §§ 1063, 1068, 1256 und 1273, wenn der Erbe ein rechtliches Interesse am Fortbestand des Rechtes hat. Durch die Nachlassabsonderung verliert der Erbe ex nunc die Verwaltungs- und Verfügungsbefugnis über die Nachlassgegenstände, § 1984 Abs. 1 S. 1, §§ 22 Abs. 1 S. 1, 80 Abs. 1 InsO. Die materielle Berechtigung des Erben am Nachlass wird so behandelt, als ob sie von Anfang an nicht bestanden hätte. Sofern Forderungen mit dem Erbfall durch Konfusion, Rechte durch Konsolidation untergegangen sind, werden sie im Verhältnis Erbe, Nachlass und Nachlassgläubiger so behandelt, als ob sie vom Erbfall an fortbestanden hätten. Konfusion als auch Konsolidation stehen von Anfang an unter der auflösenden Bedingung der Nachlassabsonderung. Diese Rechtsfolge tritt ipso jure ein. Es entsteht nicht lediglich eine schuldrechtliche Verpflichtung zur Wiederherstellung.[1]

2 Beispiele:
– Hat der Erblasser dem Erben Geld geschuldet, so wird der Erbe mit der Absonderung wieder Gläubiger seiner Forderung.[2]
– Eine Fremdgrundschuld des Erben, die mit dem Tode des Erblassers zur Eigentümergrundschuld wurde, lebt mit der Absonderung wieder als Fremdgrundschuld auf.[3] Wurde allerdings eine Hypothek vor Rückgängigmachung der Vereinigung gelöscht und hat der Erbe als Eigentümer einem Dritten eine andere Hypothek bestellt, so kann auch nach Anordnung der Nachlassverwaltung die wieder einzutragende gelöschte Hypothek nur mit Rang nach der Hypothek des Dritten eingetragen werden.[4]
– Auflassungsvormerkung.[5]
– Eine Bürgschaft lebt mit der Absonderung wieder auf.[6]

3 Zu beachten ist jedoch, dass ein einmal erloschenes Pfandrecht die nachrückenden Pfandrechte durch die Absonderung nicht wieder zurückdrängt.[7] Auch ändert eine Nachlassabsonderung nichts, wenn beim Erbfall die Anwachsung des Gesellschaftsanteils des Erblassers auf die übrigen Gesellschafter kraft Gesellschaftsvertrag erfolgte.[8]

---

1 *Staudinger/Otte* § 1976 Rn. 1.
2 *Lange/Kuchinke* Erbrecht § 49 II 2c.
3 *Palandt/Edenhofer* § 1976 Rn. 3; *Staudinger/Otte* § 1976 Rn. 9.
4 MüKoBGB/*Küpper* § 1976 Rn. 5.
5 *Ebel* NJW 1982, 724 (728).
6 *Soergel/Stein* § 1976 Rn. 1.
7 Das Pfandrecht geht mit der Forderung unter, es sei denn der Erbe hat ein rechtliches Interesse an seinem Fortbestand, § 1256 Abs. 2.
8 RGZ 136, 97; MüKoBGB/*Küpper* § 1976 Rn. 7.

Im Rahmen der Erbschaftssteuer gelten die Rechte und Belastungen infolge eines Erbfalls selbst dann nicht als erloschen, wenn es an den Voraussetzungen des § 1976 fehlt. Die Erbschaftssteuer knüpft an die beim Erben eingetretene Bereicherung an.[9]

II. Beratungshinweis

§ 1976 lässt die Rechte des Erben gegen den Nachlass wiederaufleben. Deshalb kann der Erbe seine Forderungen als Nachlassgläubiger gegen den Nachlassverwalter oder Insolvenzverwalter geltend machen.[10]

Sind Erbe und Erblasser Miteigentümer eines Grundstücks gewesen, so kann nach der Wirkung des § 1976 die Zwangsvollstreckung nur in die vom Erblasser herrührende Grundstückshälfte erfolgen. Erfolgt die Zwangsvollstreckung in das gesamte Anwesen, so kann der Erbe nach § 784 Abs. 1 ZPO vorgehen.[11]

Zu beachten ist, dass vor Verfahrenseröffnung erfolgte Verfügungen wirksam bleiben. Verfügungen, die der Erbe über Nachlassgegenstände getroffen hat, werden durch die Verfahrenseröffnung nicht unwirksam.

§ 1977
Wirkung auf eine Aufrechnung

(1) Hat ein Nachlassgläubiger vor der Anordnung der Nachlassverwaltung oder vor der Eröffnung des Nachlassinsolvenzverfahrens seine Forderung gegen eine nicht zum Nachlass gehörende Forderung des Erben ohne dessen Zustimmung aufgerechnet, so ist nach der Anordnung der Nachlassverwaltung oder der Eröffnung des Nachlassinsolvenzverfahrens die Aufrechnung als nicht erfolgt anzusehen.

(2) Das Gleiche gilt, wenn ein Gläubiger, der nicht Nachlassgläubiger ist, die ihm gegen den Erben zustehende Forderung gegen eine zum Nachlass gehörende Forderung aufgerechnet hat.

I. Allgemeines

Eine Aufrechnung eines Nachlassgläubigers gegen eine Forderung, die der Erbe persönlich gegen ihn hat, führt grundsätzlich zum Erlöschen beider Forderungen. Da der Erbe auch der persönliche Schuldner aller Nachlassverbindlichkeiten ist, stehen die Ansprüche der Nachlassgläubiger im Gegenseitigkeitsverhältnis auch zu den nicht in den Nachlass gehörenden Forderungen des Erben. Eine Aufrechnung ist daher gem. § 387 grundsätzlich möglich. Würde man dies im Fall der Nachlassverwaltung oder Nachlassinsolvenz ohne weiteres bestehen lassen, wäre die Haftungsbeschränkungsmöglichkeit des Erben unterlaufen.

Durch die Nachlassabsonderung bei Nachlassverwaltung oder Nachlassinsolvenz gilt daher die erfolgte Aufrechnung als ex tunc wirkungslos. Es wird fingiert, dass die Gegenseitigkeit von Anfang an nicht bestanden hat. Gleiches gilt bei der Aufrechnung eines Eigengläubiger des Erben mit einer Nachlassforderung. Haftet der Erbe für die Nachlassverbindlichkeiten schon unbeschränkt, kommt nach § 2013 Abs. 1 die Vorschrift des § 1977 nicht zur Anwendung. Die Regelung des § 2013 Abs. 1 findet jedoch keine Anwendung, wenn die Haftung nur gegenüber einzelnen Nachlassgläubigern unbeschränkbar geworden ist.[1]

---
9 S. hierzu auch: § 10 Abs. 3 ErbStG; BGH NJW 1987, 1260, 1262.
10 BGHZ 48, 214, 219.
11 *Staudinger/Otte* § 1976 Rn. 8.
1 *Staudinger/Otte* § 1977 Rn. 6.

3   Hat der Erbe jedoch der Aufrechnung zugestimmt, bleibt sie nach § 1977 bestehen.[2] Gleiches gilt nach h.M., wenn der Erbe mit einer Nachlassforderung gegenüber einem Eigengläubiger die Aufrechnung erklärt hat,[3] da die Verfügungsmacht des Erben aufgrund der Nachlassabsonderung nicht rückwirkend sondern ex nunc entzogen wird, § 1984.

4   Nach der inzwischen wohl überwiegenden Meinung findet § 2013 Abs. 1 auf den Fall des § 1977 Abs. 2 keine Anwendung, d.h., dass auch bei unbeschränkbarer Haftung des Erben die Wirkungen einer Aufrechnung eines Eigengläubigers gegen eine Forderung des Nachlasses gegen ihn ohne Zustimmung des Erben bei Nachlassverwaltung und Nachlassinsolvenz rückwirkend wegfallen.[4]

II. Beratungshinweis

5   Die Wirkung des § 1977 tritt nur ein, wenn die Aufrechnung nach dem Erbfall, jedoch vor der Anordnung der Nachlassverwaltung oder der Eröffnung der Nachlassinsolvenz erklärt wurde. Diese Wirkung gilt sowohl für die Aufrechnungserklärungen des Nachlassgläubigers als auch für die Aufrechnungen der Eigengläubiger des Erben mit Forderungen des Nachlasses gegen ihn ohne Zustimmung oder unter Widerspruch des Erben. Als Gläubiger empfiehlt es sich daher, die Aufrechnungserklärung und insb. eine eventuelle Zustimmung entsprechend zu dokumentieren.

6   Wurde über die Anordnung einer Nachlassverwaltung oder die Eröffnung einer Nachlassinsolvenz noch keine Entscheidung getroffen, so ist dem Erben davon abzuraten, einer Aufrechnung zuzustimmen. Es sollte in jedem Fall ein ausdrücklicher Widerspruch in nachweisbarer Form erfolgen, um jegliche Risiken auszuschalten. Der Erbe kann sich zwar nach der Regelung des § 1977 durch Zustimmung von seinen Eigenverbindlichkeiten endgültig befreien, jedoch ist er den Nachlassgläubigern nach § 1978 Abs. 1 und § 812 ersatzpflichtig.[5]

7   Zu beachten ist, dass der Fall in dem der Erbe seine Privatforderung an den Nachlassgläubiger gegen dessen Forderung aufrechnet, von der Wirkung des § 1977 nicht erfasst wird. Denn es steht dem Erben frei, sein eigenes Vermögen als Erfüllungssurrogat zu opfern.[6] Eine Aufrechnung ist in diesem Fall auch wirksam, wenn sie nach Verfahrenseröffnung erfolgt.[7]

§ 1978
Verantwortlichkeit des Erben für bisherige Verwaltung, Aufwendungsersatz

(1) Ist die Nachlassverwaltung angeordnet oder das Nachlassinsolvenzverfahren eröffnet, so ist der Erbe den Nachlassgläubigern für die bisherige Verwaltung des Nachlasses verantwortlich, wie wenn er von der Annahme der Erbschaft an die Verwaltung für sie als Beauftragter zu führen gehabt hätte. Auf die vor der Annahme der Erbschaft von dem Erben besorgten erbschaftlichen Geschäfte finden die Vorschriften über die Geschäftsführung ohne Auftrag entsprechende Anwendung.

(2) Die den Nachlassgläubigern nach Abs. 1 zustehenden Ansprüche gelten als zum Nachlass gehörend.

---

2   Ablehnend: *Lange/Kuchinke* Erbrecht § 49 2.c Fn. 40.
3   MüKoBGB/*Küpper* § 1977 Rn. 3.
4   MüKoBGB/*Küpper* § 1977 Rn. 7.
5   S. hierzu auch § 1978 Rz. 1.
6   *Staudinger/Marotzke* § 1977 Rn. 4.
7   *Palandt/Edenhofer* § 1977 Rn. 2.

(3) Aufwendungen sind dem Erben aus dem Nachlass zu ersetzen, soweit er nach den Vorschriften über den Auftrag oder über die Geschäftsführung ohne Auftrag Ersatz verlangen könnte.

I. Allgemeines

Durch die Nachlassabsonderung (Anordnung der Nachlassverwaltung bzw. Eröffnung des Nachlassinsolvenzverfahrens) wird der Erbe so behandelt, als ob er ab dem Zeitpunkt des Erbfalls Verwalter fremden Vermögens gewesen wäre. Hat der Erbe die Erbschaft noch nicht angenommen, haftet er den Nachlassgläubigern gegenüber wie ein Geschäftsführer ohne Auftrag, nach der Annahme wie ein Beauftragter. Im Gegenzug ist der Erbe berechtigt, für seine Maßnahmen Aufwendungsersatz aus dem Nachlass nach den Geschäftsführungsregeln zu fordern. 1

Die Ansprüche der Nachlassgläubiger auf Ersatz oder Herausgabe können bei der Nachlassabsonderung nicht von einem einzelnen Nachlassgläubiger geltend gemacht werden. § 1978 Abs. 2 fingiert vielmehr die Ansprüche als zum Nachlass gehörend. Die Ansprüche sind vom Nachlassverwalter oder vom Nachlassinsolvenzverwalter geltend zu machen.[1] 2

Die Ansprüche der Nachlassgläubiger aus § 1978 richten sich jeweils gegen das Eigenvermögen des Erben, unabhängig davon, ob eine beschränkte Haftung des Erben besteht oder nicht. 3

Sofern der Erbe vor der Nachlassabsonderung Nachlassverbindlichkeiten erfüllt hat, haben die Nachlassgläubiger diese Tilgung als für Rechnung des Nachlasses gegen sich gelten zu lassen, wenn der Erbe davon ausgehen konnte, dass der Nachlass für alle Gläubiger ausreichend ist, § 1979. 4

1. Regelung für die Verwaltung vor Annahme der Erbschaft

Die Regelungen über die Geschäftsführung ohne Auftrag sind auf die vom Erben besorgten Geschäfte nur entsprechend und nicht unmittelbar anwendbar.[2] Es wird daher von dem Erben nicht gefordert, nach dem womöglich schwierig festzustellenden tatsächlichen Willen eines Nachlassgläubigers handeln zu müssen. Ausreichend ist, wenn er sein Verhalten an sachlichen Erwägungen und dem objektiven Interesse ausrichtet.[3] 5

Hat der Erbe zur Abwendung einer für den Nachlass drohenden Gefahr gehandelt, so hat er gem. §§ 1978, 680 nur Vorsatz und grobe Fahrlässigkeit zu vertreten. 6

2. Regelung für die Verwaltung nach Annahme der Erbschaft

Ab Annahme der Erbschaft ist der Erbe zu deren Verwaltung verpflichtet. Rechtlich ist er wie ein Beauftragter zu behandeln. Als Verwaltung ist die gesamte tatsächliche und rechtliche Verfügung des Erben zu verstehen. Der Erbe hat den Nachlass zu erhalten, er ist nicht zur Veräußerung der Erbschaft befugt.[4] Er haftet für Vorsatz und Fahrlässigkeit. Insb. besteht eine Schadenersatzpflicht, wenn der Erbe trotz Kenntnis oder fahrlässiger Unkenntnis der Überschuldung des Nachlasses kein Aufgebotsverfahren beantragt oder keinen Antrag auf Nachlassinsolvenz stellt, § 1980. Ferner besteht für den Erben die Verpflichtung, von den Einreden nach §§ 2014, 2015 Gebrauch zu machen.[5] 7

---

[1] S. hierzu auch: *Ebenroth* Erbrecht § 16 V Rn. 1136.
[2] *Staudinger/Marotzke* § 1975 Rn. 5.
[3] *Brox/Walker* Erbrecht Rn. 650.
[4] *Staudinger/Marotzke* § 1978 Rn. 12.
[5] MüKoBGB/*Küpper* § 1978 Rn. 10.

8 Gegenüber den Nachlassgläubigern ist er gem. § 666 zur Auskunft und Rechenschaftslegung verpflichtet. Nach § 667 hat der Erbe alles, was er aus der Verwaltung erlangt hat, an den Nachlassverwalter bzw. den Nachlassinsolvenzverwalter herauszugeben. Ebenso ist er zur Herausgabe von Surrogaten verpflichtet, wenn sie zufällig, also ohne eigenes Zutun des Erben, in den Nachlass gelangt sind.[6] Bei einem rechtsgeschäftlichen Erwerb fehlt es an der Surrogationsnorm. In diesem Fall ist der Erbe zwar zur Ersatzleistung verpflichtet, nicht jedoch zur Herausgabe des aus den Nachlassmitteln Angeschafften.[7] Nur wenn der Erbe den Willen, für den Nachlass das Rechtsgeschäft tätigen zu wollen, deutlich nach außen erkennbar gemacht hat, wird der erworbene Gegenstand unmittelbarer Nachlassbestandteil.[8]

9 Hat der Erbe Geld aus dem Nachlass entnommen, so hat er es herauszugeben und nach § 668 zu verzinsen. Eigengläubiger des Erben dürfen aus dem Nachlassvermögen nicht befriedigt werden. Zwangsvollstreckungen der Eigengläubiger hat der Erbe zu vermeiden, indem er die Gläubiger aus seinem eigenen Vermögen befriedigt oder z.B. die Nachlassverwaltung beantragt; andernfalls haftet er nach Bereicherungsrecht.

3. Aufwendungsersatzanspruch des Erben

10 **Vor der Annahme** der Erbschaft steht dem Erben nur im Rahmen des § 683 ein Aufwendungsersatzanspruch zu, d.h. er kann nur dann Aufwendungen ersetzt verlangen, wenn die Besorgung der Geschäfte dem Interesse[9] der Nachlassgläubiger entsprach. Andernfalls kann er nur gem. § 684 die Herausgabe der Bereicherung beanspruchen.

11 **Nach der Annahme** der Erbschaft kann der Erbe gem. § 670 einen Aufwendungsersatz verlangen, wenn er die Verwaltung nach den Umständen für erforderlich halten konnte. Die Aufwendungen sind zu verzinsen.

12 Die Aufwendungsersatzansprüche des Erben können von dessen Eigengläubiger gepfändet werden.[10]

13 Die Aufwendungsersatzansprüche sind gegenüber dem Nachlassverwalter bzw. den Nachlassinsolvenzverwalter geltend zu machen. Bei mehreren Erben kann nur der Erbe, der Aufwendungen getätigt hat, einen Erstattungsanspruch geltend machen.[11] Der Erbe kann nach der herrschenden Meinung gegenüber dem Nachlassverwalter kein Zurückbehaltungsrecht hinsichtlich seiner Aufwendungsersatzansprüche geltend machen.[12] Nach § 323 InsO steht dem Erben gegenüber dem Nachlassinsolvenzverwalter kein Zurückbehaltungsrecht zu.

14 Der Erbe ist grundsätzlich nicht berechtigt, eine Vergütung für seine Geschäftsführung und Verwaltung zu beanspruchen.[13]

II. Beratungshinweis

15 Bei der Bewertung der Ersatz-, Herausgabe- und Aufwendungsersatzansprüche nach § 1978 ist zunächst zu prüfen, ob bereits eine Annahme der Erbschaft erfolgte. Je nachdem kann der Erbe unterschiedlich in Anspruch genommen werden bzw. kann selbst begrenzt (vor Annahme der Erbschaft) oder erweitert (nach der Annahme der Erbschaft) Aufwendungsersatzansprüche geltend machen. Für den Erben ist es von Bedeutung, ob er die Erbschaft angenommen hat. Vor der Annahme empfiehlt es sich daher genauestens, die Ver-

---

6 BGHZ 46, 221; *Ebenroth* Erbrecht Rn. 1136.
7 MüKoBGB/*Küpper* § 1978 Rn. 6.
8 Staudinger/*Marotzke* § 1975 Rn. 17; weitergehend: Palandt/*Edenhofer* § 1978 Rn. 3.
9 Mutmaßlicher Wille ist ausreichend, s. hierzu oben Rz. 7.
10 Staudinger/*Marotzke* § 1978 Rn. 37.
11 OLG Braunschweig OLGE 24, 64 (65).
12 MüKoBGB/*Küpper* § 1978 Rn. 16; Palandt/*Edenhofer* § 1978 Rn. 5.
13 BGHZ 122, 297, 306.

mögensmasse des Nachlasses zu überprüfen. In diesem Stadium ist der Erbe auch nicht verpflichtet, den Nachlass zu verwalten. Erst nach der Annahme kann ihm die »Nicht«- oder »Fehl«-Verwaltung zur Last gelegt werden.

§ 1979
Berichtigung von Nachlassverbindlichkeiten

Die Berichtigung einer Nachlassverbindlichkeit durch den Erben müssen die Nachlassgläubiger als für Rechnung des Nachlasses erfolgt gelten lassen, wenn der Erbe den Umständen nach annehmen durfte, dass der Nachlass zur Berichtigung aller Nachlassverbindlichkeiten ausreiche.

I. Allgemeines

Gem. § 1979 ist der Erbe befugt, alle Nachlassgläubiger[1] nach seinem Belieben zu befriedigen, sofern er ohne Fahrlässigkeit davon ausgehen durfte, dass der Nachlass zur Berichtigung aller Verbindlichkeiten ausreichend sei. Nachlassgläubigern gegenüber, die sich erst später beim Erben melden, macht er sich durch die vorherige Befriedigung anderer Nachlassgläubiger nicht ersatzpflichtig. 1

Grundsätzlich trifft den Erben vor der Berichtigung von Nachlassverbindlichkeiten eine Pflicht zu prüfen, ob der Nachlass überschuldet ist.[2] Dazu hat er alle ihm zur Verfügung stehenden Mittel zur Feststellung des Aktiv- und Passivbestandes auszuschöpfen.[3] So ist der Erbe verpflichtet, bei dem begründeten Verdacht von unbekannten Nachlassverbindlichkeiten ein Aufgebotsverfahren zu beantragen.[4] Der Erbe ist im Rahmen seiner Prüfung jedoch nicht verpflichtet, bei der Tilgung den konkreten Interessen der Gläubiger zu entsprechen.[5] Ferner braucht sich der Erbe auch nicht das Wissen eines Testamentsvollstreckers über die Überschuldung des Nachlasses zurechnen zu lassen. 2

Hat der Erbe aus Eigenvermögen Nachlassverbindlichkeiten getilgt, so kann er Aufwendungsersatz nach den Regelung des § 1978 Abs. 3 verlangen. Sofern er den Gläubiger mit einem geringeren Betrag abgefunden hat, kann er auch nur diesen Betrag ersetzt verlangen.[6] 3

II. Beratungshinweis

Zu beachten ist, dass die Regelung des § 1979 keine Anwendung findet, wenn der Erbe unbeschränkbar haftet, § 2013. § 1979 findet jedoch in dem Fall Anwendung, dass der Erbe nur gegenüber einzelnen Gläubigern unbeschränkt haftet. 4

Der Erbe trägt hinsichtlich der Voraussetzungen des § 1979 die Beweislast.[7] Da es sich bei der Ersatzpflicht des Erben um eine Eigenverbindlichkeit handelt, ist diese Frage bereits im Prozess zu klären. Die Regelungen der §§ 780 ff. ZPO finden keine Anwendung.[8] 5

---

1 *Lange/Kuchinke* Erbrecht § 49 VIII 4a: auch minderberechtigte Nachlassgläubiger.
2 BGH NJW 1985, 140.
3 *Staudinger/Marotzke* § 1979 Rn. 5.
4 § 1980 Abs. 2 BGB.
5 *Staudinger/Marotzke* § 1979 Rn. 4.
6 MüKoBGB/*Küpper* § 1979 Rn. 4.
7 BGH NJW 1985, 140.
8 *Staudinger/Marotzke* § 1979 Rn. 9.

Hans-Oskar Jülicher

§ 1980
Antrag auf Eröffnung des Nachlassinsolvenzverfahrens

(1) Hat der Erbe von der Zahlungsunfähigkeit oder der Überschuldung des Nachlasses Kenntnis erlangt, so hat er unverzüglich die Eröffnung des Nachlassinsolvenzverfahrens zu beantragen. Verletzt er diese Pflicht, so ist er den Gläubigern für den daraus entstehenden Schaden verantwortlich. Bei der Bemessung der Zulänglichkeit des Nachlasses bleiben die Verbindlichkeiten aus Vermächtnissen und Auflagen außer Betracht.

(2) Der Kenntnis der Zahlungsunfähigkeit oder der Überschuldung steht die auf Fahrlässigkeit beruhende Unkenntnis gleich. Als Fahrlässigkeit gilt insb., wenn der Erbe das Aufgebot der Nachlassgläubiger nicht beantragt, obwohl er Grund hat, das Vorhandensein unbekannter Nachlassverbindlichkeiten anzunehmen; das Aufgebot ist nicht erforderlich, wenn die Kosten des Verfahrens dem Bestand des Nachlasses gegenüber unverhältnismäßig groß sind.

I. Allgemeines

1   Der Erbe ist bei Kenntnis einer Überschuldung des Nachlasses verpflichtet, die Nachlassinsolvenz zu beantragen. Kommt er dieser Pflicht trotz Kenntnis bzw. fahrlässiger Unkenntnis nicht nach, macht er sich gegenüber den Nachlassgläubigern schadensersatzpflichtig. Die gleiche Verpflichtung trifft nach den Regelungen der §§ 1985, 1980 auch den Nachlassverwalter, nicht jedoch den Testamentsvollstrecker, der nur gegenüber dem Erben[1] verantwortlich ist.[2]

2   Bei drohender Zahlungsunfähigkeit, die auch zur Antragstellung berechtigt,[3] machen sich Erbe und Testamentsvollstrecker nicht schadensersatzpflichtig, wenn sie keinen Insolvenzantrag stellen. Ihnen soll in diesem Stadium für Sanierungsversuche freier Raum gelassen werden.[4]

3   Sofern die Überschuldung des Nachlasses auf Vermächtnissen und Auflagen beruht, besteht nach § 1980 Abs. 1 S. 3 keine Antragspflicht.[5] Ferner besteht gegenüber nach § 1973 ausgeschlossenen Gläubigern und diesen nach § 1974 gleichgestellten keine Antragspflicht.[6] Schließlich entfällt die Beantragungspflicht, wenn der Erbe allgemein unbeschränkt haftet, § 2013 Abs. 1 S. 1, oder die Nachlassgläubiger den Erben die Verpflichtung erlassen. Insofern kann jedoch nur jeder Nachlassgläubiger den Erlass mit Wirkung gegen sich selbst erklären.[7]

1. Zuständigkeit des Insolvenzgerichts

4   Der Insolvenzantrag ist beim Insolvenzgericht zu stellen. Insolvenzgericht ist für einen Landgerichtsbezirk das Amtsgericht, in dessen Bezirk ein Landgericht seinen Sitz hat.[8] Örtlich zuständig ist das Insolvenzgericht, in dessen Bezirk der Erblasser seinen letzten allgemeinen Gerichtsstand hatte, § 315 InsO. Sofern der Erblasser wirtschaftlich selbstständig tätig war, ist das Insolvenzgericht ausschließlich zuständig, in dem die unternehmerische Tätigkeit ausgeübt wurde.

---

1   Sowie Vermächtnisnehmer.
2   MüKoBGB/*Küpper* § 1980 Rn. 12.
3   § 320 InsO: Antragsberechtigt sind: Erbe, Nachlasspfleger, Testamentsvollstrecker, Nachlassverwalter.
4   BTDrs. 12/3803.
5   Diese Ausnahme gilt nicht für Pflichtteilsrechte, *Staudinger/Marotzke* § 1980 Rn. 2.
6   *Palandt/Edenhofer* § 1980 Rn. 2; MüKoBGB/*Küpper* § 1980 Rn. 6.
7   *Staudinger/Marotzke* § 1980 Rn. 6 m.w.N.
8   S. hierzu auch: § 1975 Rz. 2.

2. Antragsberechtigung

Nach § 317 Abs. 1 InsO sind folgende Personen zur Antragstellung berechtigt: 5
- der Erbe;
- der Nachlassverwalter sowie ein anderer Nachlasspfleger;
- der Testamentsvollstrecker, dem die Verwaltung des Nachlasses zusteht,
- jeder Nachlassgläubiger (hierzu gehören auch: Erbersatzberechtigte, Vermächtnisnehmer und Vollziehungsberechtigte einer Auflage).[9]

Bei mehreren Erben ist jeder Miterbe für sich zur Antragstellung berechtigt. Sofern der 6
Antrag bei einer Mehrheit von Erben nur von einem Erben gestellt wird, ist der Eröffnungsgrund glaubhaft zu machen, § 317 Abs. 2 InsO. Das Insolvenzgericht hat in diesem Fall die übrigen Erben vor der Entscheidung über die Eröffnung anzuhören, § 317 Abs. 2 InsO. Bei Vor- und Nacherbschaft ist der jeweilige Vor- bzw. Nacherbe während seiner Erbzeit antragsberechtigt.[10] Mit der Ausschlagung verliert der Erbe sein Antragsrecht.[11] Sofern der Nachlass zum Gesamtgut einer Gütergemeinschaft gehört, ist sowohl der Ehegatte, der Erbe ist, als auch der Ehegatte, der nicht Erbe ist, antragsberechtigt, § 318 Abs. 1 InsO. Die Zustimmung des anderen Ehegatten ist nicht erforderlich. Stellt nur ein Ehegatte den Antrag, ist der Eröffnungsgrund glaubhaft zu machen und der andere Ehegatte anzuhören, § 318 Abs. 2 InsO.

Ein Nachlassgläubiger kann nur innerhalb einer Zwei-Jahres-Frist ab Annahme der 7
Erbschaft den Insolvenzantrag stellen, § 319 InsO. Er muss zudem ein rechtliches Interesse an der Eröffnung, das Bestehen einer Forderung und das Vorliegen eines Eröffnungsgrundes glaubhaft machen, § 14 Abs. 1 InsO.

3. Zulässigkeitsvoraussetzungen

Das Nachlassinsolvenzverfahren kann nur hinsichtlich des gesamten Nachlasses beantragt 8
werden. Ein Antrag hinsichtlich nur eines Erbteils ist nicht zulässig, § 316 Abs. 3 InsO.

Die Eröffnung kann auch erfolgen, wenn der Erbe die Erbschaft noch nicht angenom- 9
men hat oder wenn der Erbe für die Nachlassverbindlichkeiten unbeschränkt haftet, § 316 Abs. 1 InsO. Sind mehrere Erben vorhanden, ist die Eröffnung des Verfahrens auch noch nach der Nachlassteilung zulässig.

Eröffnungsgrund sind die Zahlungsunfähigkeit und die Überschuldung des Nachlasses. 10
Drohende Zahlungsunfähigkeit ist ein weiterer Eröffnungsgrund, wenn die Nachlassinsolvenz von einem Erben, einem Nachlassverwalter oder einem anderen Nachlasspfleger oder vom Testamentsvollstrecker beantragt wird, § 320 InsO. Die Überschuldung des Nachlasses kann auch auf Erbfall-, Nachlasskosten- und Nachlassverwaltungsschulden zurückzuführen sein. Wenn die Überschuldung nur auf Vermächtnisse oder Auflagen zurückzuführen ist, ist der Erbe nicht zur Stellung des Insolvenzantrages verpflichtet, § 1980 Abs. 1. Nach den §§ 1992, 1973, 1974 ist in diesen Fällen eine **private Abwicklung** des Nachlasses durch den Erben zulässig. Sein Recht zur Stellung des Insolvenzantrages ist dadurch nicht eingeschränkt.

4. Insolvenzmasse

Zur Insolvenzmasse gehört der Nachlass zum Zeitpunkt der Nachlassinsolvenzeröff- 11
nung,[12] ferner das, was der Erbe aufgrund des Nachlasses während des Verfahrens erlangt, § 35 InsO, die Ansprüche aus der bisherigen Verwaltung gegen den Erben, § 1978, sowie

---

9 *Lange/Kuchinke* Erbrecht § 49 IV 3 Fn. 118.
10 *Lange/Kuchinke* Erbrecht § 49 IV 3 Fn. 116.
11 OLG Koblenz RPfleger 1989, 510.
12 In dem Rahmen, wie er einer Zwangsvollstreckung unterliegt, § 36 Abs. 1 InsO: Die Regelungen der §§ 850, 850a, 850c, 850e, 850f Abs. 1, 850g–850i ZPO gelten entsprechend.

Schadensersatzansprüche wegen verspäteter Antragstellung nach § 1980. Schließlich gehören hierzu die Rückgewähransprüche aus Anfechtung, §§ 129, 322 InsO.

5. Haftungsvoraussetzung und Haftungsinhalt

12 Folgende Voraussetzungen müssen gegeben sein, um den Erben bzw. Nachlassverwalter nach den Regelungen des § 1980 haftbar machen zu können:
– Überschuldung oder Zahlungsunfähigkeit des Nachlasses,
– Kenntnis des Erben bzw. Nachlassverwalters über die Überschuldung bzw. fahrlässige Unkenntnis hierüber,
– Unterlassung eines unverzüglichen Eröffnungsantrages (Achtung: keine Antragspflicht, wenn Überschuldung nur auf Vermächtnisse und Auflagen zurückzuführen ist – s. Rz. 10 am Ende).

13 Eine **Überschuldung** ist gegeben, wenn die bestehenden Verbindlichkeiten durch den Nachlass nicht gedeckt werden, § 19 Abs. 2 S. 1 InsO. Hiervon ausgeschlossen sind Verbindlichkeiten aus Vermächtnissen, Auflagen und Forderungen, die im Aufgebotsverfahren ausgeschlossen wurden, bzw. Forderungen, die diesen gleichgestellt sind.[13] Eine **Zahlungsunfähigkeit** besteht, wenn die fälligen Zahlungsverpflichtungen nicht erfüllt werden können, § 17 Abs. 2 S. 1 InsO. Bei der Überprüfung der Zahlungsunfähigkeit hat das Eigenvermögen des Erben außer Betracht zu bleiben.[14]

14 Eine **Kenntnis** der Überschuldung liegt vor, wenn dem Erben bei der Gegenüberstellung von Passiva und Aktiva deutlich wird, dass der Nachlass die Verbindlichkeiten nicht decken wird. Eine Kenntnis der einzelnen Verbindlichkeiten in genauer Höhe ist nicht erforderlich. Das Unterlassen des Aufgebotsverfahrens wird als Fahrlässigkeit gewertet, sofern der Erbe Grund zur Annahme hatte, dass unbekannte Nachlassverbindlichkeiten vorhanden sind, § 1980 Abs. 2 S. 2. Etwas anderes gilt nur, wenn die Kosten des Verfahrens dem Bestand des Nachlasses gegenüber unverhältnismäßig hoch sind, § 1980 Abs. 2 S. 2 Hs. 2.

15 Der Antrag ist **unverzüglich**, d.h. ohne schuldhaftes Zögern[15] zu stellen. Die Unverzüglichkeit ist jeweilige Tatfrage. Insofern ist der Erbe nicht unter allen Umständen haftbar zu machen. Sofern der Erbe hoffen durfte, eine Einigung mit den Gläubigern zu erreichen – unter Vermeidung schädigender Zugriffe einzelner Gläubiger –, wird man noch keinen Verstoß gegen § 1980 annehmen können.[16]

16 Die Ersatzpflicht des Erben beinhaltet die Herstellung des Zustandes, der bestehen würde, wenn der zum Ersatz verpflichtende Umstand nicht eingetreten wäre.[17] Der Nachlassgläubiger kann daher nur für den Schaden Ersatz verlangen, der ihm durch eine unverzügliche Antragstellung nicht entstanden wäre. Miterben haften als Gesamtschuldner, soweit ihnen ein Verschulden zur Last fällt, §§ 823 Abs. 2, 830, 840 Abs. 1, 421 ff. Der Ersatzanspruch gehört zur Insolvenzmasse und ist vom Nachlassinsolvenzverwalter geltend zu machen. Die Beweislast für die Überschuldung als auch für die Kenntnis des Erben bzw. dessen fahrlässige Unkenntnis trifft die Nachlassgläubiger. Bei dem Insolvenzgrund der Zahlungsunfähigkeit kann der Beweis dadurch geführt werden, dass der Erbe seine Zahlungen eingestellt hat.[18]

---

[13] §§ 1973, 1974.
[14] *Staudinger/Marotzke* § 1980 Rn. 9.
[15] Vgl. § 121.
[16] *Staudinger/Marotzke* § 1980 Rn. 13; a.A.: *Bley/Mohrbutter* VerglO § 113 Rn. 13.
[17] BGH NJW 1985, 140 (141).
[18] *Staudinger/Marotzke* § 1980 Rn. 18.

II. Beratungshinweis

Zu beachten ist, dass der Erbe nach Anordnung der Nachlassverwaltung noch antragsberechtigt ist. Sofern die Antragspflicht bereits vor Anordnung der Nachlassverwaltung bestand, ist der Erbe auch verpflichtet, Nachlassinsolvenz zu beantragen.[19] Solange die Erbschaft noch nicht angenommen wurde, trifft den Erben keine Verwaltungs- und mithin auch keine Antragspflicht. Die Antragspflicht lebt aber auf, wenn der Erbe die Überschuldung des Nachlasses durch Befriedigung einzelner Gläubiger herbeigeführt hat.[20]

III. Muster

Antrag eines Erben auf Eröffnung des Nachlassinsolvenzverfahrens

---

An das
Amtsgericht – Insolvenzgericht –[21]
Straße
Ort

Antrag auf Eröffnung des Nachlassinsolvenzverfahrens bezüglich des Nachlasses von Frau/Herrn ..., verstorben am ...

Sehr geehrte Damen und Herren,

hiermit zeigen wir an, dass wir die rechtlichen Interessen von Frau/Herrn ..., ... (Straße), ... (Ort) vertreten. Frau/Herr ... ist ... (Verwandtschaftsgrad: z.B. Schwester) des/der am ... (Sterbedatum) verstorbenen ... (Name des Erblassers) in ... (Ort), ... (Straße).
Frau/Herr ... ist neben ihren/seinen drei Geschwistern gesetzliche/r Erbe des Erblassers. Die Erbschaft wurde von unserer Mandantschaft angenommen.
Bis auf die Wohnungseinrichtung und ein Sparbuch über 10.000 € konnte keinerlei Vermögen festgestellt werden. Insofern erhielt unser Mandant jedoch bereits von diversen Gläubigern des Erblassers Zahlungsaufforderungen. Dies fügen wir diesem Schriftsatz bei. Insgesamt belaufen sich die bereits festgestellten Forderungen gegen den Erblasser auf 30.000 €.
Namens und in Vollmacht unseres/r Mandanten/in beantragen wir, das Nachlassinsolvenzverfahren über das Vermögen des am ... verstorbenen, ... (Name Erblasser) zu eröffnen. Die Kosten des Verfahrens müssten durch das Guthaben auf dem Sparbuch gedeckt sein. Sollte das Gericht von höheren Kosten ausgehen, bitten wir um Rückmeldung, damit unser Mandant einen Kostenvorschuss leisten kann.

Mit freundlichen Grüßen

Rechtsanwältin/Rechtsanwalt

Anlage:
Eidesstattliche Versicherung des Erben über die Überschuldung[22]

---

[19] *Palandt/Edenhofer* § 1980 Rn. 2.
[20] *Soergel/Stein* § 1980 Rn. 5.
[21] Örtlich zuständig ist das Amtsgericht am letzten Wohnsitz des Erblassers, in dessen Bezirk das Landgericht seinen Sitz hat (§ 2 InsO), sofern der Erblasser selbstständig tätig war, bei dem Insolvenzgericht, in dessen Bezirk die unternehmerische Tätigkeit lag.
[22] Stellt nur ein Erbe den Insolvenzantrag bei einer Mehrheit von Erben, so ist der Eröffnungsgrund glaubhaft zu machen.

§ 1981
Anordnung der Nachlassverwaltung

(1) Die Nachlassverwaltung ist von dem Nachlassgericht anzuordnen, wenn der Erbe die Anordnung beantragt.

(2) Auf Antrag eines Nachlassgläubigers ist die Nachlassverwaltung anzuordnen, wenn Grund zu der Annahme besteht, dass die Befriedigung der Nachlassgläubiger aus den Nachlass durch das Verhalten oder die Vermögenslage des Erben gefährdet wird. Der Antrag kann nicht mehr gestellt werden, wenn seit der Annahme der Erbschaft zwei Jahre verstrichen sind.

(3) Die Vorschriften des § 1785 finden keine Anwendung.

I. Allgemeines

1   Im Gegensatz zur gewöhnlichen Nachlasspflegschaft gem. § 1960 wird die Nachlassverwaltung nur auf Antrag der Beteiligten beim zuständigen Nachlassgericht (§ 1962) angeordnet.

2   Erst mit der Bekanntmachung an den Erben wird die Anordnung nach § 15 FamFG wirksam. Bei unbekannten Erben wird ein Nachlasspfleger bestellt, dem die Anordnung bekannt gemacht werden muss.

3   Das Nachlassgericht ordnet die Nachlassverwaltung an:
 – auf **Antrag des Erben**, wenn dieser allen Gläubigern gegenüber noch nicht unbeschränkt haftet, § 2013 Abs. 1 S. 1, Abs. 2. In diesem Fall dient die Nachlassverwaltung der Abwehr einer Vollstreckung in das Eigenvermögen des Erben, in gewissen Fällen auch der Umgehung des Nachlassinsolvenzverfahrens.[1]
 – Der Erbe kann bei bestehender Nachlassverwaltung eine Nachlassforderung dann einklagen, wenn er vom Nachlassverwalter zur Prozessführung ermächtigt ist und ein eigenes rechtsschutzwürdiges Interesse an der Prozessführung im eigenen Namen hat. Ein solches Interesse ergibt sich in der Regel schon daraus, dass der Erbe Träger des materiellen Rechts ist.[2] Für den Antrag gibt es keine Befristung. Wenn eine die Kosten deckende Masse vorhanden ist (§ 1982), muss das Gericht (»ist .... anzuordnen«) die Nachlassverwaltung anordnen. Die weiteren Voraussetzungen nach § 1981 Abs. 2 brauchen nicht vorzuliegen.
 – auf **Antrag des Nachlassgläubigers**, innerhalb von zwei Jahren seit der Erbschaftsannahme, sofern Grund zur Annahme besteht, dass die Befriedigung der Nachlassgläubiger aus den Nachlass durch das Verhalten oder die Vermögenslage des Erben gefährdet würde. Es genügt auch, wenn nur ein Miterbe die Voraussetzungen erfüllt, z.B.: leichtfertiges Verschleudern des Nachlasses, Gleichgültigkeit, voreilige Befriedigung einzelner Nachlassgläubiger.
 – Beeinträchtigungen einzelner Gläubiger können nicht als ausreichend angesehen werden.

4   Mangels kostendeckender Masse kann die Anordnung der Nachlassverwaltung abgelehnt werden, § 1982.

II. Nachlassverwalter

5   Der Nachlassverwalter wird vom Rechtspfleger nach pflichtgemäßem Ermessen eingesetzt. Der Erbe selbst kann nicht Verwalter sein. Von der Einsetzung eines Miterben als Nachlassverwalter ist abzuraten, da es zu einem Interessenkonflikt führen könnte.[3]

---

1   S.a. *Palandt/Edenhofer* § 1975 Rn. 4.
2   BGHZ 38, 281 in Fortführung von BGHZ 35, 180.
3   S.a. *Prange* MDR 1994, 235; a.A. *Reihen* MDR 1989, 603.

III. Beratungshinweis

Mehrere Erben können die Nachlassverwaltung nur gemeinschaftlich und nur so lange der Nachlass noch nicht geteilt ist beantragen, § 2062. Die Anordnung der Nachlassverwaltung über einen Erbteil ist unzulässig.[4] Das Vorhandensein eines Testamentsvollstreckers steht der Anordnung der Nachlassverwaltung nicht entgegen,[5] ebenso wenig eine angeordnete Nachlasspflegschaft.[6] 6

Nach § 12 ErbStDVO muss eine Nachlassverwaltung dem Finanzamt mitgeteilt werden. 7

IV. Muster

(s. § 1975 Abs. 3 Nr. 1) 8

§ 1982
Ablehnung der Anordnung der Nachlassverwaltung mangels Masse

Die Anordnung der Nachlassverwaltung kann abgelehnt werden, wenn eine den Kosten entsprechende Masse nicht vorhanden ist.

I. Kosten

Die **Kosten** umfassen neben den Gerichtsgebühren (§ 106 KostO) auch Gebühren und Auslagen, die bei der Nachlassverwaltung entstehen (s. §§ 1983, 1987). Zur **Masse** sind etwaige Ersatzansprüche gegen den Erben gem. §§ 1978 ff. zu rechnen.[1] 1

II. Kostendeckende Masse

Ob tatsächlich eine **kostendeckende Masse** vorhanden ist, hat das Nachlassgericht nach eigenem Ermessen zu bestimmen. Im Zweifelsfall muss vorab eine Schätzung durch einen Sachverständigen vorgenommen werden.[2] 2

III. Ablehnung der Anordnung

Die **Ablehnung der Anordnung** der Nachlassverwaltung ist dann möglich, wenn keine entsprechende Masse vorhanden ist, um die Kosten zu decken (s. § 26 InsO). Dies ist dann der Fall, wenn die zu erwartenden Kosten mit Sicherheit die vorhandene Masse übersteigen werden. Dabei bleibt ein eventuell vorhandener oder geschätzter ganz geringfügiger Überschuss außer Betracht.[3] Es ist ebenso unerheblich, ob durch die Kosten ein großer Teil der Masse verbraucht wird.[4] Leistet der Antragssteller einen Vorschuss zur Deckung des fehlenden Betrages, so kann dadurch die Ablehnung abgewendet werden (entsprechend § 107 Abs. 1 S. 1 KostO). 3

Die Nachlassverwaltung kann nachträglich aufgehoben werden (§ 1988 Abs. 2), wenn sich erst nach deren Anordnung herausstellt, dass die Masse zur Deckung der Kosten nicht 4

---

4 *Staudinger/Marotzke* § 1975 Rn. 13.
5 KG OLGE 18, 316; OLG Colmar OLGE 39, 12 f.
6 BayObLGZ 1976, 167, 171.
1 *Staudinger/Marotzke* § 1982 Rn. 2.
2 MüKoBGB/*Küpper* § 1982 Rn. 1.
3 So *Staudinger/Marotzke* § 1982 Rn. 3; *Palandt/Edenhofer* § 1982 Rn. 1; a.A.: *Soergel/Stein* § 1982 Rn. 5.
4 MüKoBGB/*Küpper* § 1982 Rn. 1.

ausreicht. Auch diese Aufhebung kann durch Zahlung eines Vorschusses durch den Antragsteller vermieden werden (Analogie zu § 204 Abs. 1 S. 2 KostO).[5]

5 Zu den **haftungsbeschränkenden Einreden** aus §§ 1990, 1991 s. dort.[6]

§ 1983
Bekanntmachung

Das Nachlassgericht hat die Anordnung der Nachlassverwaltung durch das für seine Bekanntmachungen bestimmte Blatt zu veröffentlichen.

I. Allgemeines

1. Veröffentlichungspflicht

1 Die Veröffentlichungspflicht des § 1983 stellt nach ihrem Sinn und Zweck eine Schutzfunktion für die Nachlassgläubiger dar. Sie zielt darauf ab, im Rahmen des § 1984 Abs. 1 S. 2 i.V.m. § 82 InsO zu verhindern, dass Nachlassschuldner nach dem Wirksamwerden der Anordnung der Nachlassverwaltung noch mit befreiender Wirkung an den Erben leisten und damit die Nachlassgläubiger beeinträchtigen.

2. Bekanntmachung

2 Die Bekanntmachung ist nicht Voraussetzung für die Wirksamkeit der Verfahrensanordnung. Sie wird bereits in dem Zeitpunkt wirksam, in dem sie gegenüber dem Erben bzw. dem Nachlasspfleger oder dem Testamentsvollstrecker gem. § 15 FamFG bekannt gemacht wird. In dem Fall, dass mehrere Erben vorhanden sind, muss die Bekanntmachung sämtlichen Erben des Nachlasses zugestellt werden.[1]

3 Inhaltlich kann sie sich auf die nähere Bezeichnung des Nachlasses und die entsprechenden Daten des Nachlassverwalters beschränken. Die Erben müssen nicht explizit namentlich aufgeführt werden; dies ist überdies unüblich.[2]

4 Eine Veröffentlichung im Bundesanzeiger ist ebenso nicht erforderlich.

3. Eintragung

5 Die Eintragung der angeordneten Nachlassverwaltung ins Grundbuch kann in Ermangelung einer gesetzlichen Vorschrift, die dem § 38 GBO entspricht, nicht vom Nachlassgericht selbst ersucht werden.[3] Berechtigt und verpflichtet ist nur der Nachlassverwalter. Das Nachlassgericht kann ihn jedoch dazu anhalten, §§ 1985, 1915, 1837. Das Grundbuch wird jedoch nicht unrichtig, wenn das Grundbuchamt trotz fehlender Verpflichtung einem Eintragungsersuchen des Nachlassgerichts nachkommt.[4]

II. Beratungshinweis

6 Da es für die in § 1984 vorgeschriebene entsprechende Anwendung der §§ 81 und 82 InsO auf die Veröffentlichung ankommt, ist eine sofortige Veröffentlichung zu empfehlen. Gleiches gilt in Bezug auf die sich entfaltende Schutzfunktion (s.o. Rz. 1).

---

[5] *Staudinger/Marotzke* § 1982 Rn. 5.
[6] § 1990 Rz. 1, § 1991 Rz. 1.
[1] *Soergel/Stein* § 1981 Rn. 1, a.A. *Staudinger/Marotzke* § 1984 Rn. 2.
[2] MüKoBGB/*Küpper* § 1983 Rn. 1.
[3] Statt vieler: *Palandt/Edenhofer* § 1983 Rn. 2.
[4] MüKoBGB/*Küpper* § 1983 Rn. 2; *Staudinger/Stein* § 1983 Rn. 2; s. § 53 GBO.

§ 1984
Wirkung der Anordnung

(1) Mit der Anordnung der Nachlassverwaltung verliert der Erbe die Befugnis, den Nachlass zu verwalten und über ihn zu verfügen. Die Vorschriften der §§ 81 und 82 der Insolvenzordnung finden entsprechende Anwendung. Ein Anspruch, der sich gegen den Nachlass richtet, kann nur gegen den Nachlassverwalter geltend gemacht werden.

(2) Zwangsvollstreckungen und Arreste in den Nachlass zugunsten eines Gläubigers, der nicht Nachlassgläubiger ist, sind ausgeschlossen.

I. Allgemeines

1. Zeitpunkt der Anordnung

Die Anordnung der Nachlassverwaltung wird bereits wirksam mit der Bekanntmachung des Beschlusses gegenüber dem Erben gem. § 15 FamFG. Die Veröffentlichung nach § 1983 ist in diesem Zusammenhang nicht von Bedeutung. 1

2. Verlust der Verwaltungs- und Verfügungsbefugnis (Abs. 1 S. 1 u. 2)

Auswirkung der Anordnung der Nachlassverwaltung ist, dass der Erbe nach Abs. 1 S. 1 die Verwaltungs- und Verfügungsbefugnis über den Nachlass kraft Gesetzes unmittelbar und sofort verliert.[1] 2

Hierunter fallen insb. die Möglichkeit der rechtsgeschäftlichen Rechtsübertragung, -begründung, -änderung oder -belastung sowie die Rechtsaufgabe.[2] 3

Auch ein Testamentsvollstrecker[3] sowie ein vom Erblasser über seinen Tod hinaus Bevollmächtigter bzw. vom Erben zur Nachlassverwaltung (im technischen Sinne) Bevollmächtigter werden von der Verfügungsbeschränkung betroffen.[4] Ein Miterbe kann unberührt dessen über seinen Anteil verfügen (§ 2033), da dieser nicht Teil des Nachlasses, sondern Beteiligung am Nachlass ist[5] und deshalb die Rechte des Nachlassverwalters und der Nachlassgläubiger nicht einschränkt. 4

Verfügungen des Erben, die er nach der Anordnung der Nachlassverwaltung trifft, sind gegenüber den Nachlassgläubigern nach Abs. 1 S. 2 i.V.m. § 81 Abs. 1 InsO absolut unwirksam.[6] Handelt der Erbe zunächst in Unkenntnis der Anordnung, so ist er gegenüber den Nachlassgläubigern nach §§ 1978 Abs. 1, 674 geschützt. 5

Die Wertung der Rechtshandlungen des Erben gegenüber Dritten beurteilt sich nach §§ 81, 82 InsO. Der gute Glaube an die Verfügungsbefugnis des Erben wird somit nach den §§ 892, 893 (§ 81 Abs. 1 S. 2 InsO) geschützt. Ein gutgläubiger lastenfreier Erwerb von Grundstücksrechten ist deshalb möglich, wenn die Anordnung der Nachlassverwaltung nicht im Grundbuch eingetragen und der Erwerber diesbezüglich in gutem Glauben war. 6

Anders verhält es sich aber bei Mobiliarverfügungen. Aus dem Umkehrschluss zu § 81 Abs. 1 S. 2 InsO ergibt sich, dass die Vorschriften über den gutgläubigen Erwerb beweglicher Sachen und von Rechten an solchen (§§ 932, 1032, 1207 i.V.m. §§ 135 Abs. 2, 136) keine Anwendung finden. Eine Verfügung des Erben ist demnach also auch dann unwirksam, wenn dem Erwerber die Anordnung der Nachlassverwaltung unbekannt geblieben 7

---
[1] RG 130, 193.
[2] Soergel/Stein § 1984 Rn. 3.
[3] KG OLGE 18, 316; Soergel/Stein § 1984 Rn. 3.
[4] OLGE Hamburg 10, 196; a.A.: KG NJW 1971, 566, wonach ein Widerruf erforderlich sein soll.
[5] Soergel/Stein § 1984 Rn. 3.
[6] Nicht nur relativ; s.a. Staudinger/Marotzke § 1984 Rn. 8 bzw. BGHZ 46, 266.

ist.⁷ Hiervon ist jedoch dann eine Ausnahme zu machen, wenn dem Erwerber ohne grobe Fahrlässigkeit die Zugehörigkeit des Gegenstandes zum Nachlass unbekannt geblieben war.⁸

3. Prozessuale Auswirkung der Anordnung der Nachlassverwaltung (Abs. 1 S. 3)

8   Mit der Anordnung der Nachlassverwaltung verliert der Erbe ipso jure die Prozessführungsbefugnis für Nachlassprozesse. Sie geht auf den Nachlassverwalter über. Daraus folgt, dass eine *nach* Anordnung der Nachlassverwaltung erhobene Klage, durch den Erben oder gegen ihn, als unzulässig abzuweisen ist. War der Rechtsstreit *bereits* anhängig, so wird er gem. § 241 Abs. 1, 3 ZPO unterbrochen und kann vom Nachlassverwalter fortgesetzt werden.⁹ Es besteht ferner aber die Möglichkeit, dass der Erbe vom Verwalter ermächtigt wird, einen Aktivprozess im Wege gewillkürter Prozessstandschaft in eigenem Namen für den Nachlass zu führen.¹⁰

4. Auswirkungen der Anordnung auf Zwangsvollstreckungsmaßnahmen (Abs. 2)

9   Vollstreckungsmaßnahmen von Nachlassgläubigern bleiben nach dem klaren Wortlaut des § 1984 Abs. 2 wirksam und nehmen, ohne dass es einer Vollstreckungsklausel nach § 727 ZPO bedarf, ihren Fortgang.

10 Der Erbe kann aber Zugriffe auf sein **Eigenvermögen** abwehren, § 1975. Dies ist mit der Vollstreckungsgegenklage nach §§ 785, 767 ZPO oder gegen bereits erfolgte Maßnahmen mit der Klage auf Aufhebung aller Vollstreckungsmaßregeln nach §§ 781, 784 Abs. 1, 785, 767 ZPO möglich.

11 Eigengläubiger des Erben hingegen können nach § 1984 Abs. 2 nicht mehr in den Nachlass vollstrecken. Dem Verwalter stehen hierbei zum Schutz des Nachlasses die Abwehr- (§§ 784 Abs. 2, 785, 767 ZPO) bzw. Aufhebungsklage zur Verfügung, unabhängig davon, ob der Erbe schon unbeschränkt haftet.¹¹

12 Von den Eigengläubigern ist lediglich der zukünftige Anspruch des Erben gegen den Verwalter auf Herausgabe des Überschusses pfändbar, der sich nach Befriedigung oder Sicherstellung der Nachlassgläubiger ergibt (§ 1986; §§ 829, 844 ZPO).¹²

II. Beratungshinweis

13 Der Erbe verliert gem. § 80 InsO durch die Nachlassabsonderung zugunsten des Nachlassverwalters die Aktiv- und Passivlegitimation im Prozess.

14 Nach § 2033 kann der Miterbe jedoch über seinen Anteil am Nachlass verfügen, da dies die Rechte der Gläubiger und die Stellung des Verwalters unangetastet lässt.

15 Diese Problematik wird jedoch von § 1984 nicht vollständig erfasst. Des Weiteren sind die §§ 1975–1977, 2000 und §§ 241, 246, 784 ZPO zu beachten.

16 Durch die Verfügungsbeschränkung des Erben haben seine Rechtshandlungen nach Anordnung der Nachlassverwaltung gegenüber den Nachlassgläubigern nach Abs. 1 S. 2 i.V.m. § 81 Abs. 1 InsO keinerlei Wirkung, da diese kraft Gesetzes unmittelbar und sofort eintritt. Der Erbe ist gegenüber den Nachlassgläubigern gem. §§ 1978 Abs. 1, 674 geschützt, wenn er in Unkenntnis der Anordnung gehandelt hat.

---

7 Statt vieler: *Staudinger/Marotzke* § 1984 Rn. 14.
8 H.M.; a.A. *Staudinger/Marotzke* § 1984 Rn. 15.
9 *Palandt/Edenhofer* § 1984 Rn. 4.
10 BGH NJW 1963, 297.
11 MüKoBGB/*Küpper* § 1984 Rn. 10.
12 *Lange/Kuchinke* Erbrecht § 49 III 5 Fn. 95.

Gegenüber Dritten beurteilt sich die Wertung der Rechtshandlung des Erben nach den §§ 81, 82 InsO. Somit findet gem. den §§ 892, 893 (§ 81 Abs. 1 S. 2 InsO) ein Schutz des guten Glaubens an die Verfügungsbefugnis des Erben statt.

§ 1985
Pflichten und Haftung des Nachlassverwalters

(1) Der Nachlassverwalter hat den Nachlass zu verwalten und die Nachlassverbindlichkeiten aus dem Nachlass zu berichtigen.

(2) Der Nachlassverwalter ist für die Verwaltung des Nachlasses auch den Nachlassgläubigern verantwortlich. Die Vorschriften des § 1978 Abs. 2 und der §§ 1979, 1980 finden entsprechende Anwendung.

I. Allgemeines

1. Rechtsstellung des Nachlassverwalters

Zweck der Nachlassverwaltung ist die Wahrnehmung der Interessen aller Beteiligter. Der Nachlassverwalter vertritt also nicht einseitig die Erben oder die Nachlassgläubiger. Er ist im Übrigen nicht gesetzlicher Vertreter des Nachlasses, der Erben oder der Nachlassgläubiger,[1] sondern amtlich bestelltes Organ zur Verwaltung einer fremden Vermögensmasse mit eigener Parteistellung.[2]

Dies hat zur Folge, dass der Nachlassverwalter sein Amt eigenverantwortlich und unabhängig führt. Bei reinen Zweckmäßigkeitserwägungen ist er auch nicht an gerichtliche Weisungen gebunden.[3] Nur indirekt unterliegt er nach § 1915 dem Vormundschaftsrecht und untersteht somit der Aufsicht des Nachlassgerichts. Dieses ist in den Fällen der §§ 1821, 1822, 1828–1831 für die Genehmigung zuständig, derer der Nachlassverwalter auch dann bedarf, wenn die Erben nicht minderjährig sind.[4] Der Nachlassverwalter ist nach § 1839 zur jederzeitigen Auskunftserteilung gegenüber dem Gericht und in der Regel auch zur Rechnungslegung über seine Amtsführung verpflichtet, §§ 1840, 1841, 1843.

Der Nachlassverwalter ist befugt zur Verwaltung des Nachlasses und kann über die Nachlassgegenstände verfügen. Entsprechend verliert der Erbe mit Wirksamwerden der Nachlassverwaltung diese Befugnisse. Bei ihm tritt insofern eine Verfügungsbeschränkung ein.[5]

Ebenso ruht das Recht eines eventuell vorhandenen Testamentsvollstreckers zur Verwaltung des Nachlasses vorübergehend für die Zeit der Nachlassverwaltung, lebt mit deren Beendigung aber wieder auf.[6]

Sind die Interessen des Erben oder der Nachlassgläubiger gefährdet, kann der Nachlassverwalter entlassen werden, wenn mildere Mittel nicht zum Erfolg führen. Verschulden seitens des Nachlassverwalters ist nicht erforderlich. Vielmehr reicht gem. §§ 1915, 1897, 1886 die genannte Interessengefährdung.[7]

---

1 BayObLG 1976, 171; h.M.
2 So schon die Definition des Reichsgerichts (RGZ 135, 307).
3 BGHZ 49, 1.
4 *Palandt/Edenhofer* § 1985 Rn. 2.
5 *Lange/Kuchinke* Erbrecht § 49 III 5 m.w.N.; der Erbe verliert insb. die Verpflichtungs-, Verfügungs-, Erwerbs- und Prozessführungsbefugnis bezüglich des Sondervermögens Nachlass.
6 Vgl. dazu auch unten § 1986 Rz. 3.
7 *Palandt/Edenhofer* BGB § 1985 Rn. 3.

2. Die Nachlassverwaltung

6 Als Gegenstand der Nachlassverwaltung kommen alle vermögensrechtlichen Bestandteile des Nachlasses in Betracht. Erfasst sind dabei auch die nach dem Erbfall entstandenen Ansprüche. Nicht der Nachlassverwaltung unterliegen jedoch höchstpersönliche Rechte des Erblassers oder Gegenstände ohne besonderen Verkehrswert. Dem Zugriff des Nachlassverwalters entzogen ist auch das unpfändbare Vermögen, wobei sich in diesem Fall die Pfändbarkeit nach der Person des Erben bestimmt.[8]

7 Die Verwaltungsbefugnis des Nachlassverwalters erstreckt sich auch auf die Fortführung eines zum Nachlass gehörenden **Erwerbsgeschäftes**.[9] War der Erblasser Mitglied in einer Personengesellschaft und ist dieses Mitgliedsrecht im Gesellschaftsvertrag vererblich ausgestaltet, so muss nach allgemeiner Auffassung dieses Recht beim Erben verbleiben. Es handelt sich hierbei um ein höchstpersönliches Recht, das, wie oben bereits angesprochen, nicht von der Nachlassverwaltung erfasst wird. Vermögensrechte, die aus der Gesellschafterstellung in der Personengesellschaft resultieren, können dagegen vom Nachlassverwalter geltend gemacht werden. Diese Rechte unterliegen der Nachlassverwaltung.[10]

3. Berichtigung der Nachlassverbindlichkeiten

8 Die Berichtigung der eventuell vorhandenen Nachlassverbindlichkeiten gehört zur Hauptaufgabe des Nachlassverwalters. Er hat dabei neben den Interessen der Gläubiger auch möglichst die Interessen des Erben zu berücksichtigen, ist jedoch ansonsten in der Wahl seiner Vorgehensweise frei.

9 Außerdem muss er die §§ 1979, 1980 beachten (Abs. 2 S. 2). Forderungen einzelner Gläubiger dürfen nur erfüllt werden, wenn der Nachlass voraussichtlich zur Begleichung aller Verbindlichkeiten ausreicht. Andernfalls hat sich der Nachlassverwalter gegenüber den Nachlassgläubigern auf die §§ 2014, 2015 zu berufen und, sobald er von der Überschuldung des Nachlasses Kenntnis erlangt, ein Nachlassinsolvenzverfahren (§ 1980, § 317 InsO) zu beantragen.[11] Es ist deshalb für den Nachlassverwalter ratsam, dieses auch dann zu beantragen, wenn mangels Masse mit der Ablehnung der Eröffnung eines solchen Verfahrens zu rechnen ist.

4. Weitere Aufgaben des Nachlassverwalters und Grenzen der Nachlassverwaltung

10 Den Erben kann der Nachlassverwalter notdürftigen Unterhalt gewähren, sofern ausreichende Masse vorhanden ist. Jedoch ist dabei die Genehmigung des Nachlassgerichts erforderlich.

11 Zur Errichtung eines Inventars ist der Nachlassverwalter nicht befugt. Dieses Recht steht weiterhin allein dem Erben zu.[12]

12 Nicht zu den Aufgaben des Nachlassverwalters gehört auch die Auseinandersetzung des Nachlasses bzw. dessen Verteilung unter die Miterben.[13]

5. Haftung des Nachlassverwalters

13 Gem. §§ 1985, 1915 Abs. 1, 1833 ist der Nachlassverwalter in erster Linie dem Träger des von ihm verwalteten Vermögens verantwortlich, also dem Erben. Zu diesem entsteht ein gesetzliches Schuldverhältnis.[14] Somit haftet der Nachlassverwalter für jedes Verschulden persönlich. Eine

---

[8] Vgl. MüKoBGB/*Küpper* § 1985 Rn. 4 m.w.N.; a.A.: *Soergel/Stein* § 1985 Rn. 6.
[9] MüKoBGB/*Küpper* § 1985 Rn. 5.
[10] Vgl. *Ebenroth* Erbrecht Rn. 1139.
[11] *Palandt/Edenhofer* § 1985 Rn. 7.
[12] *Staudinger/Marotzke* § 1985 Rn. 37.
[13] RGZ 72, 260; BayObLGZ 25, 454, 456.
[14] RGZ 150, 190.

Haftungsbeschränkung kann sich aus einer abweichenden Vereinbarung mit dem Erben ergeben. Im Übrigen verstößt es u.U. gegen den Grundsatz von Treu und Glauben (§ 242), wenn der Erbe den Nachlassverwalter für jeden entstandenen Schaden zur Verantwortung zieht. Dies gilt insb., wenn der Verwalter zur Erhaltung des Vermögens des Erben über seine gesetzliche Verpflichtung hinausgehende Anstrengungen unternommen hat und andernfalls der Erbe einen bedeutend größeren Schaden zu verkraften gehabt hätte.[15]

Auch gegenüber den Nachlassgläubigern ist der Nachlassverwalter verantwortlich, § 1985 Abs. 1 S. 1. Gegenüber diesen besteht ebenfalls ein gesetzliches Schuldverhältnis. Zu den Pflichten des Nachlassverwalters in diesem Zusammenhang gehört, dass er einzelne Gläubiger nur auszahlt, wenn der Nachlass voraussichtlich zur Tilgung auch aller übrigen Verbindlichkeiten ausreichen wird. Außerdem muss bei drohender Überschuldung des Nachlasses ein Nachlassinsolvenzverfahren beantragt werden.[16] **14**

Zudem haftet der Nachlassverwalter, wenn er den Nachlassrest an den Erben »ausantwortet«.[17] **15**

II. Beratungshinweis

Bei der Verwaltung des Nachlasses geht es nicht nur um die Erhaltung des Nachlasswertes zum Zeitpunkt des Erbfalls. Vielmehr ist der Nachlassverwalter auch zu allen rechtsgeschäftlichen und tatsächlichen Verfügungen verpflichtet, die erforderlich sind, um das Vermögen zu erhalten und nach den Regeln einer ordnungsgemäßen Wirtschaft zu vermehren.[18] Hierzu muss der Verwalter das Nachlassvermögen in Besitz nehmen. **16**

Weigert sich der Erbe, den Besitz an den zum Nachlass gehörenden Gegenständen herauszugeben, so kann der Nachlassverwalter nur mit Hilfe einer Herausgabeklage gegen ihn vorgehen. Der Anordnungsbeschluss des Nachlassgerichts bezüglich der Nachlassverwaltung ist selbst noch kein Vollstreckungstitel.[19] **17**

§ 1986
Herausgabe des Nachlasses

(1) Der Nachlassverwalter darf den Nachlass dem Erben erst ausantworten, wenn die bekannten Nachlassverbindlichkeiten berichtigt sind.

(2) Ist die Berichtigung einer Verbindlichkeit zurzeit nicht ausführbar oder ist eine Verbindlichkeit streitig, so darf die Ausantwortung des Nachlasses nur erfolgen, wenn dem Gläubiger Sicherheit geleistet wird. Für eine bedingte Forderung ist Sicherheitsleistung nicht erforderlich, wenn die Möglichkeit des Eintritts der Bedingung eine so entfernte ist, dass die Forderung einen gegenwärtigen Vermögenswert nicht hat.

I. Allgemeines

1. Gläubigerschutz

Sinn der Verpflichtung des Nachlassverwalters in Abs. 1 ist es, die Gläubiger vor einer verfrühten Herausgabe des Nachlassrestes an den Erben[1] zu schützen. Verstößt der Verwalter **1**

---

15 MüKoBGB/*Küpper* § 1985 Rn. 10.
16 S.o. Rz. 9.
17 Zu den Einzelheiten: vgl. Kommentierung zu § 1986 BGB.
18 Vgl. Mot. V, 627.
19 MüKoBGB/*Küpper* § 1985 Rn. 3 m.w.N.
 1 Sog. Ausantwortung.

gegen diese Pflicht, so wird er gegenüber den Gläubigern schadensersatzpflichtig.[2] Davor kann sich der Verwalter u.U. durch Sicherheitsleistung schützen.[3]

2. Ausantwortung

2 Die Herausgabe des Nachlassrestes ist nach dem ausdrücklichen Gesetzeswortlaut erst nach Berichtigung aller bekannten Verbindlichkeiten zulässig.

3 Sie hat an den Erben bzw. bei mehreren Erben an diese gemeinschaftlich oder an den Testamentsvollstrecker zu erfolgen. Dessen Recht zur Verwaltung lebt mit dem Ende der Nachlassverwaltung wieder auf.[4] Eine Herausgabepflicht besteht im Übrigen auch gegenüber einem eventuell neu bestellten Nachlassverwalter.[5]

3. Wirkung der Ausantwortung

4 Die Nachlassverwaltung wird durch die Auszahlung des Nachlassrestes an den Erben nicht beendet. Beendigung erfolgt erst durch gerichtliche Aufhebung, §§ 1919, 1988.[6] Dies hat zur Folge, dass ein Gläubiger, der sich nach der Ausantwortung, aber noch vor dem gerichtlichen Aufhebungsbeschluss meldet, noch befriedigt werden muss. Der Nachlassverwalter hat dazu den Nachlassrest vom Empfänger zurückzufordern.[7]

4. Sicherheitsleistung (Abs. 2)

5 In manchen Fällen kann die Berichtigung einer Verbindlichkeit gegenüber einem Gläubiger unmöglich sein, z.B. wenn er nicht auffindbar (Abs. 2 S. 1 Fall 1), die Forderung bestritten[8] (Abs. 2 S. 1 Fall 2) oder die Forderung bedingt ist. Für solche Fälle sieht das Gesetz zum Schutz des Verwalters die Sicherheitsleistung nach §§ 232 ff. vor. Alternativ kommt auch eine Hinterlegung (§§ 372 ff.) in Betracht.

6 Bei einer Forderung, die unter einer Bedingung steht, ist eine Sicherheitsleistung dann nicht erforderlich, wenn der Bedingungseintritt sehr fern liegt (Abs. 2 S. 2).

7 Die im Gesetz vorgeschriebene Sicherheitsleistung betrifft zwar nur bekannte Forderungen, der Nachlassverwalter hat jedoch auch unbekannte Gläubiger zu berücksichtigen. Er muss sich vor der Auszahlung des Nachlassrestes an den Berechtigten entsprechend absichern.[9]

II. Beratungshinweis

8 Die Absicherung des Nachlassverwalters gegenüber ihm nicht bekannten Gläubigern erfolgt am besten durch ein Aufgebotsverfahren gem. §§ 1985, 1980.[10] Dessen Ergebnis hat der Nachlassverwalter zunächst abzuwarten, bevor er den Nachlassrest an den Berechtigten auszahlt.

9 Zu beachten ist außerdem, dass vor der Ausantwortung die Erbschaftssteuer beglichen werden muss.[11]

---

2 MüKoBGB/*Küpper* § 1986 Rn. 1.
3 S.u. Rz. 5.
4 MüKoBGB/*Küpper* § 1986 Rn. 4.
5 KG NJW 1971, 566.
6 *Palandt/Edenhofer* § 1986 Rn. 1.
7 *Staudinger/Marotzke* § 1986 Rn. 7.
8 Es kommt hierbei allein darauf an, ob der Nachlassverwalter die Forderung bestreitet. Die Ansicht des Erben ist insoweit unbeachtlich, JZ 1953, 53.
9 S.u. Rz. 8.
10 *Soergel/Stein* § 1986 Rn. 3.
11 MüKoBGB/*Küpper* § 1986 Rn. 2.

§ 1987
Vergütung des Nachlassverwalters

Der Nachlassverwalter kann für die Führung seines Amtes eine angemessene Vergütung verlangen.

I. Allgemeines

1. Anspruch auf Vergütung

Berufsmäßige sowie ehrenamtliche Nachlassverwalter erhalten eine Vergütung, da sie dem Testamentsvollstrecker (§ 2221) und dem Insolvenzverwalter (§ 63 InsO) gleichstehen. Denn im Gegensatz zum Vormund und Pfleger sind sie zur Amtsübernahme nicht verpflichtet, und ihre Handlungen sollen dem Wohl des Erben und weniger der Öffentlichkeit dienen. Bei der Bestellung des Nachlassverwalters ist es deshalb unerheblich, ob dieser die Verwaltung berufsmäßig ausübt, § 1836 Abs. 1 S. 3. **1**

Allerdings ist keine Vergütung zu entrichten, wenn der Nachlassverwalter nicht tätig geworden ist. **2**

2. Höhe der Vergütung

Als Maßstab für eine vom Gesetz als »angemessen« bestimmte Vergütung ist grundsätzlich der § 1836 heranzuziehen, auf den über § 1915 verwiesen ist.[1] **3**

Danach erscheint es richtig, den Nachlassverwalter nach Zeitaufwand zu vergüten. Bezüglich der Höhe des Stundensatzes ist auf die Schwierigkeit des Einzelfalls und den Beruf des Verwalters abzustellen.[2] Dies gilt jedenfalls für Verwaltertätigkeit seit dem 1.1.1999, da zu diesem Zeitpunkt der § 1836 Abs. 2 vom Gesetzgeber dahin gehend konkretisiert wurde, dass nutzbare Fachkenntnisse sowie Umfang und Schwierigkeit der Geschäfte bei der Vergütung zu berücksichtigen seien. **4**

Für Verwaltungen, die vor dem 1.1.1999 angeordnet wurden, gelten dagegen die alten Grundsätze.[3] **5**

II. Beratungshinweis

Der Beschluss des Nachlassgerichts über die Festsetzung der Vergütung bildet für sich noch keinen Vollstreckungstitel des Nachlassverwalters gegen den Testamentsvollstrecker oder die Erben.[4] Um einen solchen Titel zu erlangen, muss der Nachlassverwalter das Prozessgericht anrufen, das seinerseits aber an die Festsetzung des Nachlassgerichts bezüglich der Vergütung gebunden ist. In diesem Verfahren kann der Erbe Einwendungen gegen den Anspruch auf Vergütung geltend machen, so insb., dass eine abweichende Vereinbarung bestanden oder der Nachlassverwalter auf eine Vergütung verzichtet habe. Aufrechnung mit Ersatzansprüchen des Erben nach § 1985 ist ebenfalls möglich.[5] **6**

---

1 Denn die Nachlassverwaltung ist eine besondere Form der Pflegschaft, § 1975 BGB.
2 *Palandt/Edenhofer* § 1987 Rn. 2.
3 Vgl. BayObLG 1986, 448.
4 Vgl. § 86 FamFG.
5 MüKoBGB/*Küpper* § 1987 Rn. 2.

§ 1988
Ende und Aufhebung der Nachlassverwaltung

(1) Die Nachlassverwaltung endigt mit der Eröffnung des Nachlassinsolvenzverfahrens.

(2) Die Nachlassverwaltung kann aufgehoben werden, wenn sich ergibt, dass eine den Kosten entsprechende Masse nicht vorhanden ist.

I. Allgemeines

1. Eröffnung des Insolvenzverfahrens (Abs. 1)

1 Bei der Nachlassverwaltung handelt es sich um eine Form der Pflegschaft (§ 1975). Diese dient aber nicht nur der Erledigung einer einzelnen Angelegenheit. Nach Erfüllung der Aufgaben der Nachlassverwaltung endet deshalb die Nachlassverwaltung nicht automatisch. Vielmehr ist gem. § 1919 zur Beendigung der Nachlassverwaltung die Aufhebung durch das Nachlassgericht vorgesehen.[1]

2 Eine Ausnahme davon bildet § 1988 Abs. 1. Hier endet die Nachlassverwaltung kraft Gesetzes mit der Eröffnung des Nachlassinsolvenzverfahrens. Diese Ausnahme wurde deshalb vorgesehen, weil mit Eröffnung dieses Verfahrens die Verwaltungs- und Verfügungsbefugnis des Nachlassverwalters auf den Nachlassinsolvenzverwalter übergeht.[2] Für eine Nachlassverwaltung neben dem Insolvenzverfahren ist aufgrund dieser Regelung kein Raum mehr.

2. Aufhebung durch Nachlassgericht

3 Weitere Gründe für die Aufhebung der Nachlassverwaltung sind eine mangelnde Masse oder Zweckerreichung.

4 Der Zweck der Nachlassverwaltung ist erreicht, wenn alle bekannten Nachlassverbindlichkeiten berichtigt bzw. sichergestellt wurden.[3]

5 Eine Aufhebung der Nachlassverwaltung kann vor Zweckerreichung weder von den Erben, noch von den Nachlassgläubigern durch Aufhebungsanträge etc. erzwungen werden.[4] Auch wenn ein Beteiligter seinen Antrag auf Nachlassverwaltung zurückzieht, reicht dies nicht als Aufhebungsgrund aus.

6 Ein Aufhebungsgrund ist dagegen gegeben, wenn der Erbe, der die Nachlassverwaltung beantragt hatte, die Erbschaft wirksam ausschlägt, und der Nachberufene eine Aufhebung der Nachlassverwaltung betreibt.[5]

3. Rechtsfolgen der Aufhebung

7 Die Aufhebung der Nachlassverwaltung wird wirksam, sobald der Aufhebungsbeschluss dem Nachlassverwalter zugestellt worden ist.[6] Der Nachlassverwalter ist dann zur Schlussrechnung (§ 1890) und zur Herausgabe des Nachlassrestes an den Erben (§ 1986) verpflichtet.

8 Ihm steht in diesem Fall, im Gegensatz zur Aufhebung der Nachlassverwaltung wegen Eröffnung des Insolvenzverfahrens, wegen seiner Ansprüche auf Aufwendungsersatz und Vergütung ein Zurückbehaltungsrecht gem. § 273 zu.[7]

---

1 *Staudinger/Marotzke* § 1988 Rn. 1.
2 MüKoBGB/*Küpper* § 1988 Rn. 1.
3 *Palandt/Edenhofer* § 1988 Rn. 3.
4 KGJ 42, 94.
5 *Staudinger/Marotzke* § 1988 Rn. 12.
6 Vgl. § 15 FamFG.
7 *Palandt/Edenhofer* § 1988 Rn. 5.

II. Beratungshinweis

Die praktische Bedeutung der Aufhebung mangels Masse dürfte gering sein, da § 1982 bereits die Ablehnung der Nachlassverwaltung mangels einer die Verfahrenskosten deckenden Nachlassmasse vorsieht. Entsprechend § 1982 entfällt auch hier die Befugnis des Gerichts zur Aufhebung der Nachlassverwaltung, wenn ein zur Deckung der Kosten ausreichender Betrag vorgeschossen wird.[8]

Stirbt der Nachlassverwalter oder wird er entlassen, so endet grundsätzlich nur seine Amtsstellung. Die Nachlassverwaltung selbst bleibt davon unberührt. Besteht kein Grund für deren Aufhebung, so ist unverzüglich ein neuer Nachlassverwalter zu bestellen.[9]

Wurde die Nachlassverwaltung aufgehoben, so können die Erben oder der Verwalter beantragen, dass eventuelle Vermerke im Grundbuch über die Nachlassverwaltung gelöscht werden.[10]

§ 1989
Erschöpfungseinrede des Erben

Ist das Nachlassinsolvenzverfahren durch Verteilung der Masse oder durch einen Insolvenzplan beendet, so findet auf die Haftung des Erben die Vorschrift des § 1973 entsprechende Anwendung.

I. Allgemeines

Die Haftungsbeschränkung des § 1989 BGB setzt voraus, dass ein Nachlassinsolvenzverfahren entweder durch Verteilung der Masse (§§ 196, 200 InsO) oder durch einen Insolvenzplan (§§ 217 ff. InsO) beendet wurde. Nur in diesen beiden Fällen haftet der Erbe den nicht befriedigten Gläubigern wie Nachlassgläubigern, die im Aufgebotsverfahren wegen Nichtanmeldung ihrer Forderungen ausgeschlossen worden wären (§§ 1989 i.V.m. 1973), also unter Beschränkung auf den Nachlass und nach Bereicherungsrecht.[1] Eine nachfolgende Inventarerrichtung hat darauf keinen Einfluss. Sie ist vielmehr entbehrlich, da im Insolvenzverfahren bereits ein Aufgebot stattgefunden hat, § 2000 S. 3.[2] Wurde das Insolvenzverfahren auf eine andere Art und Weise beendet,[3] ist § 1989 nicht anwendbar.[4] Dies ist insb. bei einer Aufhebung des Eröffnungsbeschlusses nach § 34 InsO der Fall. Hierbei gilt die Eröffnung des Verfahrens als nicht erfolgt, weshalb eine Haftungsbeschränkung nach § 1975 schon nicht eintreten kann.[5] Bei einer Einstellung des Insolvenzverfahrens muss jedoch zwischen der Einstellung des Verfahrens mit Zustimmung aller Gläubiger nach § 213 InsO[6] und der Einstellung mangels Masse nach § 207 InsO unterschieden werden. Im ersten Fall werden die Auswirkungen des § 1975 aufgrund des Einverständnisses zwischen Gläubigern und dem Schuldner wieder aufgehoben. Wird das Verfahren hingegen mangels Masse eingestellt, richtet sich die Haftung des Erben nach § 1990.[7] Weiterhin

---
8 MüKoBGB/*Küpper* § 1988 Rn. 3.
9 Vgl. zu Einzelheiten *Soergel/Stein* § 1988 Rn. 6.
10 Vgl. § 163 Abs. 3 KO.
1 MüKoBGB/*Küpper* § 1989 Rn. 5.
2 S. hierzu auch § 2000 Rz. 1.
3 Dazu zählt auch die bloße Nachlassverwaltung.
4 Auch eine analoge Anwendung kommt nicht in Betracht, so auch *Soergel/Stein* § 1989 Rn. 1.
5 Rechtshandlungen, die vom Insolvenzverwalter zwischenzeitlich vorgenommen worden sind, haben dennoch Bestand, § 34 III 3 InsO, FK-InsO § 34 Rn. 41a.
6 Sog. Ganzverzicht.
7 S. hierzu auch § 1990 Rz. 1.

findet § 1989 keine Anwendung, wenn der Erbe bereits unbeschränkbar haftet, § 2013 Abs. 1 S. 1.

1. Beendigung des Nachlassinsolvenzverfahrens durch Verteilung der Masse

2 Nach Verteilung der Masse können die Gläubiger ihre restlichen Forderungen grundsätzlich unbeschränkt gegen den Erben geltend machen, § 201 Abs. 1 InsO. Dem wirkt § 1989 damit entgegen, dass er den Erben entsprechend § 1973[8] nur mit einem etwaigen Nachlassüberschuss, nicht aber mit seinem sonstigen Vermögen einstehen lässt.[9] Tauchen dagegen nach dem Vollzug der Schlussverteilung noch Nachlassgegenstände auf, werden diese frei oder fließen sie zurück,[10] so hat der Verwalter eine Nachtragsverteilung nach §§ 203, 205 InsO vorzunehmen. Auch hierauf können die Gläubiger außerhalb des Insolvenzverfahrens keinen Zugriff nehmen.[11] Die Haftung des Erben wird somit im Ergebnis weiter eingeschränkt.

2. Beendigung durch Aufhebungsbeschluss mit Insolvenzplan nach § 258 Abs. 1 InsO

3 Hier gilt grundsätzlich nichts anderes als bei einer Beendigung durch Verteilung der Masse: Es tritt eine endgültige Haftungsbeschränkung ein. Der Inhalt des Insolvenzplans, der notfalls durch Auslegung zu ermitteln ist, ist ausschlaggebendes Indiz. Oftmals sieht er vor, dass der Erbe für die festgestellten Forderungen auch mit seinem Eigenvermögen haftet.[12, 13] Durch den Insolvenzplan kann jedoch nicht in die Rechte der Aussonderungsberechtigten sowie der Massegläubiger eingegriffen werden, da der Verwalter sie nach § 258 InsO vor der Aufhebung zu berücksichtigen hat.[14]

4 Bezüglich der Haftung nach § 1973 wird auf die dortigen Ausführungen verwiesen.

II. Beratungshinweis

5 § 1989 erhält primär bei Insolvenzgläubigern Relevanz, die ihre Forderungen nicht angemeldet haben (§ 254 Abs. 1 S. 3 InsO), denn auch Ansprüche nachrangiger Insolvenzgläubiger[15] gelten als erlassen, soweit der Insolvenzplan nichts anderes vorsieht.[16]

§ 1990
Dürftigkeitseinrede des Erben

(1) Ist die Anordnung der Nachlassverwaltung oder die Eröffnung des Nachlassinsolvenzverfahrens wegen Mangels einer den Kosten entsprechenden Masse nicht tunlich oder wird aus diesem Grunde die Nachlassverwaltung aufgehoben oder das Insolvenzverfahren eingestellt, so kann der Erbe die Befriedigung eines Nachlassgläubigers insoweit verweigern, als der Nachlass nicht ausreicht. Der Erbe ist in diesem Falle verpflichtet, den Nachlass zum Zwecke der Befriedigung des Gläubigers im Wege der Zwangsvollstreckung herauszugeben.

---

8 Solange er nicht unbeschränkbar haftet.
9 *Soergel/Stein* § 1989 Rn. 2.
10 Vgl. FK-InsO § 203 Rn. 3 ff.
11 *Soergel/Stein* § 1989 Rn. 2.
12 *Staudinger/Marotzke* § 1989 Rn. 15.
13 Schweigt der Insolvenzplan über diesen Punkt, kann nicht ohne Weiteres davon ausgegangen werden, dass der Erbe mit seinem Eigenvermögen haftet. *Staudinger/Marotzke* § 1989 Rn. 15; a.A. MüKoBGB/*Küpper* § 1989 Rn. 7.
14 MüKoBGB/*Küpper* § 1989 Rn. 7.
15 Auch die des § 327 InsO.
16 *Palandt/Edenhofer* § 1989 Rn. 1.

(2) Das Recht des Erben wird nicht dadurch ausgeschlossen, dass der Gläubiger nach dem Eintritte des Erbfalls im Wege der Zwangsvollstreckung oder der Arrestvollziehung ein Pfandrecht oder eine Hypothek oder im Wege der einstweiligen Verfügung eine Vormerkung erlangt hat.

I. Allgemeines

Der Erbe kann nach § 1990 mittels einer Einrede seine Haftung gegenüber den Nachlassgläubigern beschränken. Voraussetzung ist, dass der Nachlass zur Erfüllung der Verbindlichkeiten unzureichend und die Nachlassverwaltung oder das Nachlassinsolvenzverfahren mangels einer die Kosten deckenden Masse aufgehoben bzw. eingestellt worden ist, §§ 1988 Abs. 2, § 207 InsO. Um eine Beschränkung seiner Haftung auf den Nachlass zu erreichen, ist der zunächst unbeschränkt haftende Erbe somit nicht gezwungen, die Verfahrenskosten selbst vorzuschießen, § 26 Abs. 1 S. 2 InsO.

Haftet der Erbe bereits unbeschränkbar, ist die Anwendung des § 1990 ausgeschlossen.[1] Meist wird die Einrede nach § 1990, natürlich stets unter der Voraussetzung, dass eine kostendeckende Masse nicht vorhanden ist, begrifflich in weitere Arten unterteilt:
– die reine Dürftigkeitseinrede,[2] wenn keine Überschuldung des Nachlasses vorliegt;[3]
– die Unzulänglichkeitseinrede, bei der zudem geltend gemacht wird, dass der dürftige Nachlass überschuldet ist.[4] Die Nachlassgläubiger werden hierbei auf einen Nachlassrest verwiesen;[5]
– die Erschöpfungseinrede, die dann zur Verfügung steht, wenn überhaupt keine Nachlassaktiva mehr vorhanden sind und nicht einmal Ersatzforderungen gegen den Erben nach § 1991 bestehen.[6]

Der Vollständigkeit halber sei noch die so genannte Überschwerungseinrede des § 1992 erwähnt, die nur gegenüber bestimmten Nachlassgläubigern besteht und ebenfalls eine Überschuldung voraussetzt.[7]

II. Dürftigkeitseinrede

Von einem sog. dürftigen Nachlass wird gesprochen, wenn die Nachlassaktiva nicht ausreichen, die Kosten der Nachlassverwaltung oder des Nachlassinsolvenzverfahrens zu decken. Überschuldung muss hierbei nicht vorliegen, schadet aber auch nicht.[8] Den Nachweis der Dürftigkeit hat der Erbe zu führen.[9] Diesen kann er durch Vorlage von Entscheidungen, bei denen die Nachlassverwaltung oder das Nachlassinsolvenzverfahren mangels kostendeckender Masse abgelehnt oder aufgehoben worden sind, oder auch auf sonstige Weise, wie z.B. durch Inventarerrichtung,[10] führen. Diese Entscheidungen sind für das Prozessgericht bindend.[11]

---

1 § 2013 Abs. 1 S. 1 BGB, s. § 2013 Rz. 2.
2 *Soergel/Stein* § 1990 Rn. 2.
3 H.M.; a.A.: *Staudinger/Marotzke* § 1990 Rn. 2, 3.
4 Dies entscheidet sich nach Herausgabe nach Abs. 1 S. 2 grundsätzlich erst in der Zwangsvollstreckung.
5 *Soergel/Stein* § 1990 Rn. 2.
6 S. hierzu auch § 1991 Rz. 1.
7 S. hierzu § 1992 BGB.
8 *Lange/Kuchinke* Erbrecht § 49 VIII.
9 MüKoBGB/*Küpper* § 1990 Rn. 3.
10 S.a. § 2009 BGB.
11 BGH NJW-RR 1989, 1226.

5   Maßgeblicher Zeitpunkt zur Bestimmung des Vorliegens der Dürftigkeit ist die Entscheidung über die Einrede.[12] Dadurch können sich u.U. gegenüber verschiedenen Gläubigern unterschiedliche Zeitpunkte ergeben.[13]

6   Das Recht zur Erhebung der Einrede besteht gegenüber allen Nachlassgläubigern, denen der Erbe nicht unbeschränkbar haftet.[14] Hierzu zählen auch Ansprüche der Pflichtteilsberechtigten sowie öffentlich-rechtliche Erstattungsansprüche.[15]

7   Die Einrede ist dispositiv, der Erbe kann auch auf sie verzichten. Sie kann vom Erben und seinen gewillkürten oder gesetzlichen Vertretern, einschließlich des Nachlasspflegers, geltend gemacht werden. Gleiches gilt für den Testamentsvollstrecker und den Insolvenzverwalter.[16]

III. Dingliche Sicherung

8   Das Recht des Erben, die Einrede nach Abs. 1 zu erheben, besteht auch dann, wenn Nachlassgläubiger nach Eintritt des Erbfalls die aufgezählten Sicherungsrechte (§§ 804, 866, 887 ZPO) erhalten haben. Bei Vorliegen der Voraussetzungen nach Abs. 1 kann der Erbe im Wege der Vollstreckungsabwehrklage nach §§ 785, 767 ZPO gegen eine Vollstreckung in sein Eigenvermögen vorgehen. Die Vollstreckungsmaßnahme ist dann aufzuheben. Hat die Vollstreckung jedoch in den Nachlass stattgefunden, so hat sie grundsätzlich Bestand.[17] Eine Aufhebung kann nur verlangt werden, wenn der Erbe in seinen Rechten aus § 1991 Abs. 4 oder § 1978 Abs. 3 beeinträchtigt wird.

IV. Eigengläubiger

9   Keine gesetzliche Regelung besteht für den Fall, dass Eigengläubiger des Erben in den Nachlass vollstrecken. Nach mittlerweile überiegender Auffassung kann sich der Erbe hiergegen entsprechend §§ 784 Abs. 2, 767 ZPO im Wege der Vollstreckungsabwehrklage verteidigen,[18] um nicht die Haftungssituation einseitig zum Nachteil der Nachlassgläubiger zu ändern.

V. Aufrechnung

10 Um die Beschränkbarkeit der Haftung nach § 1990 nicht zu umgehen, können Nachlassgläubiger nicht gegen eine Eigenforderung des Erben aufrechnen.[19] Zulässig ist eine Aufrechnung jedoch gegen eine Nachlassforderung.[20]

VI. Rechtsfolgen

11 Wird die Einrede des § 1990 vom Erben oder dem sonstigen berechtigten Personenkreis erhoben, so ist er nach Abs. 1 S. 2 verpflichtet, den gesamten Nachlass zum Zwecke der Befriedigung im Wege der Zwangsvollstreckung herauszugeben. Von der Herausgabepflicht sind auch solche Nachlassgegenstände erfasst, die nach § 811 ZPO unpfändbar

---

12 BGHZ 85, 274; a.A.: *Lange/Kuchinke* Erbrecht § 49 VIII: Zeitpunkt der Geltendmachung des Anspruchs durch die Gläubiger; *Staudinger/Marotzke* § 1990 Rn. 7: Geltendmachung der Einrede.
13 *Palandt/Edenhofer* § 1990 Rn. 3.
14 *Soergel/Stein* § 1990 Rn. 5.
15 Z.B. nach dem LAG BVerwGE 15, 234.
16 Jedoch nicht für den Nachlassverwalter, § 1988 Abs. 2 BGB, da die Nachlassverwaltung mangels kostendeckender Masse aufgehoben werden kann.
17 § 1991 Abs. 3, *Palandt/Edenhofer* § 1990 Rn. 6.
18 *Soergel/Stein* § 1990 Rn. 9, *Palandt/Edenhofer* § 1990 Rn. 7, *Ebenroth* Erbrecht § 16 VI 4; MüKoBGB/*Küpper* § 1990 Rn. 7.
19 BGHZ 35, 317.
20 Nach h.M. fällt die haftungsbeschränkende Einrede nicht unter § 390, S. 1 BGB.

wären.²¹ Dies resultiert aus der in § 1991 angeordneten hypothetischen Vermögenssonderung.²² Beachtet werden muss, dass die Einrede nur zur Abwehr des Zugriffs auf das Eigenvermögen des Erben dient. Es findet keine Absonderung des Nachlasses vom Eigenvermögen statt.²³ Somit fungiert der Erbe wie ein Selbstverwalter,²⁴ woraus sich eine Verantwortung für seine bisherige Verwaltung nach §§ 1991, 1978 bis 1980 ergibt. Die daraus resultierenden Ersatzansprüche fallen nach § 1978 Abs. 2 dem Nachlass zu.

VII. Beratungshinweis

Im Prozess ist es wichtig, den Haftungsbeschränkungsvorbehalt nach § 780 ZPO zu erreichen. Deshalb ist die Einrede unbedingt geltend zu machen.²⁵   12

1. Im Prozess

Die Erhebung der Dürftigkeitseinrede im Prozess führt entweder zur Aufnahme des Vorbehalts nach § 780 ZPO im Urteil oder das Gericht prüft die Unzulänglichkeit des Nachlasses bereits hier und beschränkt die Vollstreckung im Urteil auf bestimmte Nachlassgegenstände.²⁶ Welcher Variante sich das Gericht bedient, steht in seinem Ermessen.²⁷   13

Die Erhebung der Unzulänglichkeits- bzw. Erschöpfungseinrede führt bei bewiesenem oder unstreitigem Vorliegen ihrer Voraussetzungen zur Klageabweisung, andernfalls zum Vorbehalt nach § 780 ZPO.²⁸ Die Darlegungs- und Beweislast für die Dürftigkeit des Nachlasses trägt der Erbe.²⁹ Die Aufnahme des Vorbehaltes nach § 780 ZPO ist auch in der Berufungsinstanz noch möglich, wenn die Erbenstellung unstreitig ist.³⁰   14

2. In der Zwangsvollstreckung

In der Zwangsvollstreckung hingegen bewirkt nur der Vorbehalt im Urteil nach § 780 ZPO, dass der Erbe die Unzulässigkeit der Zwangsvollstreckung gegen denjenigen Gläubiger geltend machen kann, der in sein Vermögen vollstreckt. Die Einwendung muss, um Berücksichtigung zu erlangen, vom Erben erhoben werden.³¹   15

§ 1991
Folgen der Dürftigkeitseinrede

(1) Macht der Erbe von dem ihm nach § 1990 zustehenden Recht Gebrauch, so finden auf seine Verantwortlichkeit und den Ersatz seiner Aufwendungen die Vorschriften der §§ 1978, 1979 Anwendung.

---

21 *Soergel/Stein* § 1990 Rn. 9.
22 *MüKoBGB/Küpper* § 1990 Rn. 13; a.A.: *Staudinger/Marotzke* § 1990 Rn. 32, welcher sich auf die Zweckbestimmung des Abs. 1 S. 2 beruft.
23 *Palandt/Edenhofer* § 1990 Rn. 9.
24 H.M., *Brox/Walker* Rn. 683, *Palandt/Edenhofer* § 1990 Rn. 9; a.A. *Staudinger/Marotzke* § 1990 Rn. 28.
25 Der Rechtsanwalt sollte wegen einer Schadensersatzpflichtigkeit bei Unterlassen auch vorsorglich den Vorbehalt in den Titel aufnehmen lassen, BGH NJW 1991, 2839.
26 *Soergel/Stein* § 1990 Rn. 10.
27 BGH NJW 1983, 2379; BayObLG FamRZ 2000, 909.
28 *Palandt/Edenhofer* § 1990 Rn. 12.
29 LG Nürnberg-Fürth FamRZ 2010, 70 f.
30 BGH 2.2.2010 NJW-Spezial 2010, 200.
31 Vgl. § 781 ZPO.

(2) Die infolge des Erbfalls durch Vereinigung von Recht und Verbindlichkeit oder von Recht und Belastung erloschenen Rechtsverhältnisse gelten im Verhältnis zwischen dem Gläubiger und dem Erben als nicht erloschen.

(3) Die rechtskräftige Verurteilung des Erben zur Befriedigung eines Gläubigers wirkt einem anderen Gläubiger gegenüber wie die Befriedigung.

(4) Die Verbindlichkeiten aus Pflichtteilsrechten, Vermächtnissen und Auflagen hat der Erbe so zu berichten, wie sie im Falle des Insolvenzverfahrens zur Berichtigung kommen würden.

1 Führt der Erbe die Haftungsbeschränkung des § 1990 herbei, so unterliegt er gem. §§ 1991 Abs. 1, 1978 ff. der verschuldensunabhängigen Verwalterhaftung.[1] In erster Linie bedeutet dies, dass er für die bisherige Verwaltung so verantwortlich ist, wie wenn er ab Annahme der Erbschaft für die Nachlassgläubiger als Beauftragter die Verwaltung geführt hätte. Daraus resultierende Ansprüche sind dem Nachlass hinzuzurechnen.[2] Insoweit haftet der Erbe mit seinem Eigenvermögen.[3] Allerdings können ihm auch aus diesem Auftragsverhältnis Aufwendungsersatzansprüche nach § 1978 Abs. 3 zustehen, die er den Nachlassgläubigern in Rechnung stellen kann.

2 Auf die Handlungen des Erben, die vor Annahme der Erbschaft stattgefunden haben, finden die Vorschriften über die Geschäftsführung ohne Auftrag entsprechende Anwendung, § 1978 Abs. 1 S. 2 BGB.[4]

3 Für die Berechnung des Nachlassbestandes ist neben den Ansprüchen aus § 1978 zu beachten, dass nach Abs. 2 das Wiederaufleben der beim Erbfall infolge Konfusion oder Konsolidation erloschenen Forderungen und Rechte zugunsten und zulasten des Erben fingiert wird.[5] In Abweichung zu § 1976[6] findet dies nur relativ statt, d.h. die Wirkung entfaltet sich nur im Verhältnis zu den jeweiligen Gläubigern, also nicht zu seinen Eigengläubigern.[7]

4 Bei der Befriedigung der Gläubiger muss sich der Erbe an keine Rangfolge halten.[8] Dieser Grundsatz ändert sich aber, sobald er annehmen muss, dass der Nachlass nicht zur Befriedigung aller Gläubiger ausreicht.[9] Auch die im Nachlassinsolvenzverfahren geltende Rangordnung muss nicht beachtet werden. Ausgeschlossene und diesen gleichstehende Gläubiger hat der Erbe jedoch hinter die anderen zurückzustellen;[10] aber auch diese sind noch vor den nachlassbeteiligten Gläubigern des Abs. 4 zu befriedigen (§ 327 Abs. 1 Nr. 1, 2 InsO). Abs. 4 gilt auch für Pflichtteilsergänzungsansprüche.[11]

5 Eine Ausnahme besteht für Nachlassgläubiger, die gegen den Erben ein rechtskräftiges Urteil erwirkt haben.[12] Diese gehen nach Abs. 3 den noch nicht befriedigten Gläubigern vor. Abs. 3 soll den Erben nach h.M. sogar verpflichten, den Urteilsgläubiger vor den übrigen Gläubigern zu befriedigen.[13] Aber auch diesen kann der Erbe die Herausgabe des Nachlasses zur Zwangsversteigerung verweigern, soweit dies zur Befriedigung seiner eige-

---

1 BGH NJW 1992, 2694.
2 S. § 1978 Abs. 2 BGB.
3 *Soergel/Stein* § 1991 Rn. 2.
4 Hierzu ausführlich § 1978 Rz. 2.
5 *Soergel/Stein* § 1991 Rn. 5.
6 Der im übrigen § 1991 Abs. 2 BGB entspricht.
7 BGHZ 113, 132.
8 S. hierzu § 1979 Rz. 1.
9 MüKoBGB/*Küpper* § 1991 Rn. 7: fahrlässige Unkenntnis genügt.
10 Palandt/*Edenhofer* § 1991 Rn. 9.
11 BGHZ 85, 274, 280.
12 Sog. Urteilsgläubiger, Palandt/*Edenhofer* § 1991 Rn. 4.
13 *Staudinger/Marotzke* § 1991 Rn. 17; *Lange/Kuchinke* Erbrecht § 51 III 3c Fn. 236.

nen Aufwendungsersatzforderungen gegen den Nachlass erforderlich ist, da er diese nicht einklagen kann.[14]

Dem Erben kann weiterhin ein Bereicherungsanspruch nach §§ 813, 814 gegen einen Gläubiger zustehen, sofern er diesen in Unkenntnis der Unzulänglichkeit des Nachlasses befriedigt hat, vorausgesetzt dass dessen Forderung bei Einredeerhebung nicht berücksichtigt worden wäre.[15] 6

§ 1992
Überschuldung durch Vermächtnisse und Auflagen

Beruht die Überschuldung des Nachlasses auf Vermächtnissen und Auflagen, so ist der Erbe, auch wenn die Voraussetzungen des § 1990 nicht vorliegen, berechtigt, die Berichtigung dieser Verbindlichkeiten nach den Vorschriften der §§ 1990, 1991 zu bewirken. Er kann die Herausgabe der noch vorhandenen Nachlassgegenstände durch Zahlung des Wertes abwenden.

I. Allgemeines

Da der Erbe bei einer Überschuldung des Nachlasses, die auf Vermächtnissen und Aufla- 1
gen beruht, nicht von der Antragspflicht des § 1980 Abs. 1 S. 3 erfasst wird, soll ihm ein Insolvenzantrag nach § 317 InsO erspart bleiben. § 1992 ist insoweit eine Sonderregelung.[1] Er haftet daher Vermächtnisnehmern und Auflagenberechtigten gegenüber nicht, solange der Nachlass zu ihrer Befriedigung nicht ausreicht; der Erbe darf das Recht zur Haftungsbeschränkung jedoch nicht verloren haben (§ 2013 Abs. 1).

Das Recht, die Einrede zu erheben, steht nicht nur dem Erben, sondern auch dem 2
Nachlassverwalter, dem Testamentsvollstrecker und dem Nachlasspfleger zu.[2]

Die Rechtsfolge der erhobenen Einreden bestimmt sich nach §§ 1990, 1991.[3] Allerdings 3
kann hier[4] Herausgabe der noch vorhandenen Nachlassgegenstände durch Zahlung ihres Wertes abgewendet werden (S. 2).[5] Maßgebend für die Höhe der Zahlung ist dabei der Verkehrswert im Zeitpunkt der Erhebung der Einrede.[6]

II. Beratungshinweis

Für das Geltendmachen der Einrede wird auf § 1990 verwiesen.[7] Das dort Gesagte ent- 4
spricht dem prozessualen Geltendmachen und ihrer Berücksichtigung in der Zwangsvollstreckung. Die Einrede des § 1992 fällt ebenso unter §§ 780, 781 ZPO.[8]

Die Ausführungen zur Aufrechnung im Rahmen des § 1990 finden auch hier Anwen- 5
dung.[9] Entscheidend ist, dass gegen eine eigene Forderung des Erben nicht mit einem Vermächtnisanspruch aufgerechnet werden kann; wohl aber gegen eine Nachlassforderung analog §§ 94 ff. InsO.[10]

---

14 Vgl. BGH NJW 1983, 120.
15 *Soergel/Stein* § 1991 Rn. 8; *Brox/Walker* Rn. 685.
1 *MüKoBGB/Küpper* § 1992 Rn. 1.
2 *Staudinger/Marotzke* § 1992 Rn. 15.
3 *Palandt/Edenhofer* § 1992 Rn. 3.
4 Im Gegensatz zur Unzulänglichkeitseinrede des § 1990 BGB, s. dort.
5 Sog. Abfindungsrecht.
6 *Soergel/Stein* § 1992 Rn. 4.
7 S. hierzu § 1990 Rz. 1.
8 BGH NJW 1964, 2298, 2300.
9 S. dort.
10 *Palandt/Edenhofer* § 1992 Rn. 4.

Untertitel 4
Inventarerrichtung, unbeschränkte Haftung des Erben

§ 1993
Inventarerrichtung

Der Erbe ist berechtigt, ein Verzeichnis des Nachlasses (Inventar) bei dem Nachlassgericht einzureichen (Inventarerrichtung).

1 Der Begriff des Inventars ist als ein Verzeichnis des Nachlasses in § 1993 legal definiert. Die Inventarerrichtung ist die Einreichung dieses Verzeichnisses beim Nachlassgericht. Dieses ist nach § 23a Abs. 1 Nr. 2, Abs. 2 Nr. 2 GVG das Amtsgericht. Örtlich zuständig ist das Gericht, in dessen Bezirk der Erblasser seinen Wohnsitz bzw. sein Aufenthalt zur Zeit des Erbfalls hatte (§ 343 FamFG).

2 Der Erbe kann vom Nachlassgericht eine Empfangsbestätigung, der Nachlassgläubiger nach § 2010 BGB, § 13 FamFG eine Abschrift des Inventars verlangen.[1]

3 Berechtigt zur Inventarerrichtung ist der Erbe (§ 1993). Bei mehreren Erben ist jeder Miterbe selbstständig zur Inventarerrichtung berechtigt (vgl. § 2063).[2] Bei in Gütergemeinschaft lebenden Ehegatten kann der Erbende auch ohne Zustimmung seines verwaltenden Partners ein Inventar errichten (§ 1432 Abs. 2). Die Inventarerrichtung kann aber auch vom verwaltenden Ehegatten, der nicht Erbe ist, nach den Bestimmungen der §§ 2008 Abs. 1 S. 3, 1455 Nr. 3[3] vorgenommen werden.[4] Die Aufnahme und Errichtung des Inventars ist auch durch einen Bevollmächtigten möglich.[5]

4 Der Inhalt des Inventars richtet sich nach § 2001.[6] Die Inventarerrichtung ist zudem an keine Frist gebunden.[7] Ihre Kosten sind stets Nachlassverbindlichkeiten (s. §§ 6, 52, 114 Nr. 1 KostO).

§ 1994
Inventarfrist

(1) Das Nachlassgericht hat dem Erben auf Antrag eines Nachlassgläubigers zur Errichtung des Inventars eine Frist (Inventarfrist) zu bestimmen. Nach dem Ablaufe der Frist haftet der Erbe für die Nachlassverbindlichkeiten unbeschränkt, wenn nicht vorher das Inventar errichtet wird.

(2) Der Antragsteller hat seine Forderung glaubhaft zu machen. Auf die Wirksamkeit der Fristbestimmung ist es ohne Einfluss, wenn die Forderung nicht besteht.

1 Die Inventarfrist wird in § 1994 Abs. 1 S. 1 als die vom Nachlassgericht auf Antrag eines Nachlassgläubigers dem Erben bestimmte Frist zur Errichtung des Inventars[1] definiert. Kommt er innerhalb der gesetzten Frist der Inventarerrichtung nicht nach, so verletzt er

---

1 MüKoBGB/*Küpper* § 1993 Rn. 2; RG 129, 243.
2 *Staudinger/Marotzke* § 1993 Rn. 14.
3 S. dort.
4 MüKoBGB/*Küpper* § 1993 Rn. 4.
5 Anwendbar sind die §§ 164 ff. BGB nur analog, da es sich nicht um Willens-, sondern um Wissenserklärungen handelt; *Staudinger/Marotzke* § 1993 Rn. 15.
6 S. dort.
7 *Palandt/Edenhofer* BGB § 1993 Rn. 1.
1 S. hierzu § 1993 Rz. 1.

eine Obliegenheit,² die für ihn nach Abs. 1 S. 2 den Eintritt unbeschränkter, d.h. nicht mehr beschränkbarer Haftung zur Folge hat. Dieselbe Rechtsfolge tritt auch dann ein, wenn er absichtlich falsche Angaben macht, welche zur Unrichtigkeit des Inventars führen oder die Auskunft nach § 2003 Abs. 2 verweigert bzw. vorsätzlich i.S.d. § 2005 Abs. 1 S. 2 verzögert.³

I. Voraussetzungen

Voraussetzung der Fristbestimmung ist der Antrag eines Nachlassgläubigers. Darin ist glaubhaft zu machen (Abs. 2), dass seine Forderung gegen den Nachlass sowie seine Eigenschaft als Nachlassgläubiger besteht.⁴ Der Umstand, dass der Antragsgegner Erbe geworden sei, ist von ihm nur zu behaupten,⁵ die Feststellung hat das Nachlassgericht von Amts wegen zu treffen.⁶ Ferner muss der Erbe die Erbschaft noch nicht angenommen haben (§ 1995 Abs. 2). Hat er sie bereits wirksam ausgeschlagen, so ist der Antrag auf Bestimmung einer Frist abzulehnen.⁷ Antragsberechtigt ist grundsätzlich jeder Nachlassgläubiger. Ausgeschlossen hiervon ist der nach § 1973 ausgeschlossene Gläubiger und der ihm Gleichgestellte, § 1974.⁸ Auch ein Antragsrecht von Miterben, die zugleich Nachlassgläubiger sind, ist abzulehnen.⁹

Die Kosten des Antrags fallen dem Antragsteller zur Last (§ 114 Nr. 1 KostO). Die Fristbestimmung ist unabhängig vom Vorhandensein eines aktiven Nachlasses.¹⁰ Ihre Wirksamkeit wird auch nicht dadurch beseitigt, dass die Forderung nicht existiert (Abs. 2 S. 2). Die Bestimmung der Frist erfolgt, nach Anhörung der Erben,¹¹ unter Maßgabe der §§ 1995 ff. durch Beschluss des Nachlassgerichts bzw. Rechtspflegers (§ 3 Nr. 2c RPflG).

II. Rechtsmittel

Dem Erben und den Nachlassgläubigern stehen gegen die Bestimmung der Inventarfrist die befristete Beschwerde zu, § 11 Abs. 1 RPflG i.V.m. § 63 FamFG. Neben der Länge der Frist kann auch eine zu Unrecht gewährte Fristverlängerung (§ 1995 Abs. 3) bzw. Neubestimmung der Frist (§ 1996) beanstandet werden.¹² Dem Erben stehen zusätzlich noch als Gründe zur Verfügung: eine zu kurze Fristgewährung sowie zu Unrecht angenommene Voraussetzungen.¹³

Die befristete Beschwerde¹⁴ hingegen ist einschlägig, wenn der Erbe gegen die Ablehnung der Entgegennahme des Inventars vorgehen bzw. der Antragsteller sich gegen die Ablehnung der Fristbestimmung wehren will. Zu beachten ist des Weiteren, dass der Ablauf der Frist nicht durch die Einlegung der sofortigen Beschwerde gehemmt wird.¹⁵

---

2 *Soergel/Stein* § 1994 Rn. 1.
3 S. hierzu §§ 2003, 2005.
4 S. § 31 FamFG, § 294 Abs. 1 ZPO; BayObLGZ 92, 162.
5 *Palandt/Edenhofer* § 1994 Rn. 2.
6 S. § 31 FamFG.
7 NJW-RR 1994, 202; MüKoBGB/*Küpper* § 1994 Rn. 4.
8 *Palandt/Edenhofer* § 1994 Rn. 3; a.A.: *Soergel/Stein* § 1994 Rn. 3, der als Argument zum einen ein erhebliches tatsächliches Interesse an der Inventarerrichtung anführt und zum anderen auf den Wortlaut des § 1994 BGB abstellt.
9 *Palandt/Edenhofer* § 1994 Rn. 3; a.A.: *Staudinger/Marotzke* § 1994 Rn. 2; unstreitig aber kein Antragsrecht allein aufgrund seiner Forderung als Mitglied der Erbengemeinschaft; *Soergel/Stein* § 1994 Rn. 2; BayObLGZ 24, 305.
10 *Staudinger/Marotzke* § 1994 Rn. 19.
11 BayObLGZ 92, 162.
12 *Staudinger/Marotzke* § 1994 Rn. 26.
13 *Soergel/Stein* § 1994 Rn. 10.
14 S. hierzu § 11 RPflG i.V.m. §§ 55 ff FamFG.
15 § 35 Abs. 5 FamFG; *Palandt/Edenhofer* § 1994 Rn. 5.

§ 1995
Dauer der Frist

(1) Die Inventarfrist soll mindestens einen Monat, höchstens drei Monate betragen. Sie beginnt mit der Zustellung des Beschlusses, durch den die Frist bestimmt wird.

(2) Wird die Frist vor der Annahme der Erbschaft bestimmt, so beginnt sie erst mit der Annahme der Erbschaft.

(3) Auf Antrag des Erben kann das Nachlassgericht die Frist nach seinem Ermessen verlängern.

I. Fristbeginn

1   Die Inventarfrist beginnt nach Abs. 1 S. 2 mit der Zustellung des Beschlusses an den Erben.[1] Hat die Fristbestimmung bereits vor Annahme der Erbschaft nach §§ 1943 ff.[2] stattgefunden, so beginnt sie erst mit deren Annahme (Abs. 2). Schlägt der Erbe die Erbschaft aus, wird die Fristbestimmung ipso jure unwirksam.[3] Ein Verstoß gegen Abs. 1 macht sie nicht unwirksam.[4] Der Beschluss ist bei Unklarheiten auslegungsfähig.[5]

II. Fristverlängerung

2   Nach Abs. 3 kann das Nachlassgericht auf begründeten und vor Fristablauf[6] zu stellenden Antrag des Erben hin die Frist verlängern. Die Verlängerung steht im Ermessen des Gerichts. Es ist dabei weder an den Antrag noch an die Höchstfrist des Abs. 1 gebunden.[7]

3   Rechtsmittel ist sowohl für den Erben als auch für den Nachlassgläubiger die sofortige Beschwerde.[8] Die Kosten, die durch den Verlängerungsantrag entstehen, sind vom Erben zu tragen.[9]

§ 1996
Bestimmung einer neuen Frist

(1) Ist der Erbe durch höhere Gewalt verhindert worden, das Inventar rechtzeitig zu errichten oder die nach den Umständen gerechtfertigte Verlängerung der Inventarfrist zu beantragen, so hat ihm auf seinen Antrag das Nachlassgericht eine neue Inventarfrist zu bestimmen. Das gleiche gilt, wenn der Erbe von der Zustellung des Beschlusses, durch den die Inventarfrist bestimmt worden ist, ohne sein Verschulden Kenntnis nicht erlangt hat.

(2) Der Antrag muss binnen zwei Wochen nach der Beseitigung des Hindernisses und spätestens vor dem Ablauf eines Jahres nach dem Ende der zuerst bestimmten Frist gestellt werden.

(3) Vor der Entscheidung soll der Nachlassgläubiger, auf dessen Antrag die erste Frist bestimmt worden ist, wenn tunlich gehört werden.

---

1   § 40 FamFG, §§ 208–213 ZPO.
2   S. hierzu § 1943 Rz. 1.
3   *Soergel/Stein* § 1995 Rn. 1.
4   *Palandt/Edenhofer* § 1995 Rn. 1.
5   BayObLG FamRZ 92, 1326.
6   BayObLG FamRZ 92, 1326.
7   *Palandt/Edenhofer* § 1995 Rn. 3; RPfleger 85, 193.
8   S. hierzu § 1994 Rz. 3.
9   *Soergel/Stein* § 1995 Rn. 3.

§ 1996 dient dem Schutze des Erben gegen die unverschuldete Versäumung der Inventarfrist in den aufgezählten Fällen. Ihm wird eine Art Wiedereinsetzung in den früheren Stand gewährt.[1] Voraussetzung ist neben dem Vorliegen eines der aufgezählten Gründe, dass zunächst eine wirksam bestimmte Frist vorgelegen hatte.[2] 1

Nicht als Wiedereinsetzungsgrund ist anzusehen, wenn ein Dritter im Besitz des Nachlasses oder eines Teiles von ihm ist und über ihn keine Auskunft erteilt.[3] Hiergegen muss der Erbe gerichtlich vorgehen und sich seiner Rechte aus §§ 1995 Abs. 3, 2003 bedienen. 2

Zu beachten ist ferner die Zwei-Wochen- bzw. Jahresfrist des Abs. 2. Die Anhörung des Antragstellers nach Abs. 3 ist heute aufgrund des Art. 103 Abs. 1 GG obligatorisch. 3

Zulässiges Rechtsmittel ist wiederum für Erben bzw. Gläubiger die sofortige Beschwerde[4] nach § 11 RPflG i.V.m. § 360 FamFG.[5] 4

Die rechtskräftige Entscheidung des Nachlassgerichts über die erneute Fristsetzung hat für das Prozessgericht Bindungswirkung.[6] 5

§ 1997
Hemmung des Fristablaufs

Auf den Lauf der Inventarfrist und der im § 1996 Abs. 2 bestimmten Frist von zwei Wochen finden die für die Verjährung geltenden Vorschriften der §§ 206, 210 entsprechende Anwendung.

Der Fristablauf wird gehemmt, wenn der Erbe aufgrund höherer Gewalt an der Rechtsverfolgung gehindert wird, § 206. 1

Hemmung des Fristablaufs tritt außerdem ein, solange ein geschäftsunfähiger oder in seiner Geschäftsfähigkeit beschränkter Erbe keinen gesetzlichen Vertreter hat, § 210. Zu beachten ist, dass Fristablauf auch dann eintritt, wenn der geschäftsfähig gewordene Erbe oder ein neuer gesetzlicher Vertreter von der Fristsetzung keine Kenntnis erlangt hat.[1] Die Rechtslage muss so hingenommen werden, wie sie vorgefunden wird. In einem solchen Fall kommt freilich die Bestimmung einer neuen Inventarfrist gem. § 1996 Abs. 1 S. 2 in Betracht. 2

§ 1997 gilt im Übrigen auch für die Fristen nach § 1995 Abs. 3 und § 1996 Abs. 1. 3

Bezüglich der Frist nach § 1996 Abs. 2 tritt auch bei Verhinderung im Sinne der §§ 206, 210 keine Hemmung ein. Wiedereinsetzung aus diesem Grund scheidet somit aus.[2] 4

§ 1998
Tod des Erben vor Fristablauf

Stirbt der Erbe vor dem Ablauf der Inventarfrist oder der im § 1996 Abs. 2 bestimmten Frist von zwei Wochen, so endigt die Frist nicht vor dem Ablauf der für die Erbschaft des Erben vorgeschriebenen Ausschlagungsfrist.

---

1 Vgl. RGZ 54, 149, 151 f.; § 233 ZPO; *Staudinger/Marotzke* § 1996 Rn. 1.
2 BayObLGZ 92, 162.
3 *Palandt/Edenhofer* § 1996 Rn. 1; *Soergel/Stein* § 1996 Rn. 1.
4 S. hierzu §§ 1994, 1995.
5 NJW-RR 1993, 780: zur Beschwerdeberechtigung des Erben.
6 *Soergel/Stein* § 1996 Rn. 6.
1 Vgl. *Palandt/Edenhofer* § 1944 Rn. 9.
2 *Palandt/Edenhofer* § 1997 Rn. 1; h.M.

1 Diese Vorschrift ist wie § 1997 eine Ergänzung zu den §§ 1995, 1996. Damit wird die Vorschrift des § 1952 Abs. 2 aus Zweckmäßigkeitserwägungen auch auf die Frist zur Inventarerrichtung übertragen.[1] Mit der Fristverlängerung nach § 1998 soll sich der Erbeserbe zunächst in Ruhe über die Annahme der ihm zugefallenen Erbschaft informieren können (§ 1952 Abs. 2). Die Ausschlagungsfrist beträgt nach § 1944 Abs. 1 sechs Wochen. Erst danach soll er darüber entscheiden, ob und ggf. wie er seine Haftung für die zum Nachlass gehörende erste Erbschaft beschränken soll. Es ist jedoch auch hier unerheblich, ob der Erbeserbe von der Fristsetzung tatsächlich Kenntnis erlangt hat.

2 Auch der Erbe des ursprünglichen Erben kann eine Verlängerung der Frist oder deren Neufestsetzung (§ 1996) beantragen.

§ 1999
Mitteilung an das Gericht

Steht der Erbe unter elterlicher Sorge oder unter Vormundschaft, so soll das Nachlassgericht dem Familiengericht von der Bestimmung der Inventarfrist Mitteilung machen. Fällt die Nachlassangelegenheit in den Aufgabenbereich eines Betreuers des Erben, tritt an die Stelle des Familiengerichts das Betreuungsgericht.

1 § 1999 dient dem Schutz des unter elterlicher Sorge, Vormundschaft oder Betreuung stehenden Erben gegen die Versäumung der Inventarfrist durch seinen gesetzlichen Vertreter. Dessen Verhalten wird dem Erben zugerechnet. Deshalb wird dem Nachlassgericht die Pflicht auferlegt, unverzüglich dem Familiengericht bzw. dem Betreuungsgericht von der Bestimmung der Inventarfrist Mitteilung zu machen. Das informierte Gericht hat dann von Amts wegen darauf zu achten, dass die Inventarfrist eingehalten wird.[1] Es hat ggf. auch die Eltern oder den Vormund zur Errichtung des Inventars anzuhalten.

2 Entsprechendes gilt, wenn für den Erben ein Betreuer für die Nachlassangelegenheit bestellt ist (§ 1915).[2]

3 Bei der Bestimmung des § 1999 handelt es sich um eine bloße Ordnungsvorschrift. Die Nichtbeachtung der Vorschrift hat auf Beginn und Lauf der Frist keinen Einfluss.[3] Daher ist im Rahmen der Gewährleistung des Minderjährigenschutzes in § 1629a bestimmt worden, dass die Haftung des Minderjährigen auf den Bestand seines Vermögens zum Zeitpunkt des Eintritts seiner Volljährigkeit beschränkt ist.

§ 2000
Unwirksamkeit der Fristbestimmung

Die Bestimmung einer Inventarfrist wird unwirksam, wenn eine Nachlassverwaltung angeordnet oder das Nachlassinsolvenzverfahren eröffnet wird. Während der Dauer der Nachlassverwaltung oder des Nachlassinsolvenzverfahrens kann eine Inventarfrist nicht bestimmt werden. Ist das Nachlassinsolvenzverfahren durch Verteilung der Masse oder durch einen Insolvenzplan beendet, so bedarf es zur Abwendung der unbeschränkten Haftung der Inventarerrichtung nicht.

---

1 MüKoBGB/*Küpper* § 1998 Rn. 1.
1 MüKoBGB/*Küpper* § 1999 Rn. 1.
2 Staudinger/*Marotzke* § 1999 Rn. 1; MüKoBGB/*Küpper* § 1999 Rn. 3.
3 Staudinger/*Marotzke* § 1999 Rn. 2; Palandt/*Edenhofer* § 1999 Rn. 1.

Bei der Anordnung der Nachlassverwaltung oder der Eröffnung des Nachlassinsolvenz- 1
verfahrens wird die Bestimmung einer Inventarfrist von selbst[1] unwirksam (S. 1). Voraussetzung ist aber, dass sie noch nicht versäumt wurde. Dies hat seinen Grund darin, dass bereits durch die Nachlassverwaltung bzw. das Nachlassinsolvenzverfahren eine Haftungsbeschränkung herbeigeführt (s. § 1975) und deshalb die Gewährleistung für eine ordnungsgemäße Bestandsaufnahme erreicht wurde.[2]

Aus diesem Grund kann auch während der Dauer der Nachlassverwaltung oder des 2
Nachlassinsolvenzverfahrens keine Inventarfrist bestimmt werden (S. 2).

In beiden Alternativen steht dem Erben zur Wahrung seiner Rechte die befristete 3
Beschwerde nach § 360 FamFG zu.[3]

Wurde bereits ein Nachlassinsolvenzverfahren durchgeführt, so kann auch danach keine 4
Inventarfrist bestimmt werden (S. 3). Hier gelten bereits die §§ 1989, 1973.[4] Der Erbe kann somit in den genannten Fällen eine ihm gesetzte Frist unbeachtet lassen, da er, selbst wenn er sie versäumt, nicht gem. § 1994 Abs. 1 S. 2 unbeschränkbar haften würde.[5]

Endet das Nachlassinsolvenzverfahren aber auf andere Weise als durch Verteilung der 5
Masse oder durch einen Insolvenzplan, so findet S. 3 keine Anwendung.[6] Vielmehr kann dem Erben durch Antrag eines Nachlassgläubigers erneut eine Inventarfrist bestimmt werden.[7] Der Erbe kann sich in diesem Falle jedoch auf ein Verzeichnis des Nachlassverwalters berufen, § 2004.

War bereits bei Anordnung der Nachlassverwaltung oder der Eröffnung des Nachlassin- 6
solvenzverfahrens ein Inventar errichtet und hat sich der Erbe nach § 2005 Abs. 1 S. 1 der Inventaruntreue schuldig gemacht, so bleibt die unbeschränkbare Haftung bestehen.

Errichtet der Erbe hingegen während des Nachlassinsolvenzverfahrens oder der Nach- 7
lassverwaltung freiwillig ein Inventar (§ 1993) und macht sich dabei der Inventaruntreue schuldig, so führt dies nicht zu seiner unbeschränkten Haftung.[8]

§ 2001
Inhalt des Inventars

(1) In dem Inventar sollen die bei dem Eintritt des Erbfalls vorhandenen Nachlassgegenstände und die Nachlassverbindlichkeiten vollständig angegeben werden.

(2) Das Inventar soll außerdem eine Beschreibung der Nachlassgegenstände, soweit eine solche zur Bestimmung des Wertes erforderlich ist, und die Angabe des Wertes enthalten.

Bereits aus dem Wortlaut des § 2001 Abs. 1 ergibt sich, dass die Vorschrift als Soll-Bestim- 1
mung eine reine Ordnungsvorschrift darstellt. Ihre Nichtbeachtung führt demnach weder zum Verlust bestehender Haftungsbeschränkungen noch zur Nichtigkeit des Inventars. Die erschwerenden Umstände des § 2005 Abs. 1 sind jedoch zu berücksichtigen.

---

1 Sie tritt mit dem entspr. Beschluss des Nachlassgerichts ein und bedarf keines besonderen Ausspruchs, MüKoBGB/*Küpper* § 2000 Rn. 2.
2 *Palandt/Edenhofer* § 2000 Rn. 1.
3 *Staudinger/Marotzke* § 2000 Rn. 4.
4 S. dort.
5 *Staudinger/Marotzke* § 2000 Rn. 5.
6 *Palandt/Edenhofer* § 2000 Rn. 1.
7 Z.B. bei Ablehnung mangels Masse, s. FamRZ 95, 57.
8 Str., so aber *Palandt/Edenhofer* § 2000 Rn. 2; MüKoBGB/*Küpper* § 2000 Rn. 6; a.A.: *Staudinger/Marotzke* § 2000 Rn. 8.

2   Nach Abs. 1 sollen in dem Inventar vollständig zum einen alle vorhandenen Nachlassgegenstände (Aktiva) zum Zeitpunkt des Erbfalls aufgeführt werden,[1] zum anderen auch sämtliche im Zeitpunkt der Inventarerrichtung bekannten und vorhandenen Nachlassverbindlichkeiten (§ 1967).[2] Diese sind einzeln und hinreichend identifizierbar anzugeben.[3] Eine lediglich pauschalisierte Zusammenfassung ist nicht ausreichend. Hierzu gehört auch, dass nach Abs. 2 eine Beschreibung der Gegenstände, soweit sie zur Bestimmung ihrer Werte erforderlich ist, aus dem Inventar hervorgehen soll.

3   Auch das Inventar eines Miterben sowie das eines Nacherben[4] ist unter Zugrundlegung dieser Vorschrift zu erstellen und muss somit den gesamten Nachlass umfassen.[5]

§ 2002
Aufnahme des Inventars durch den Erben

Der Erbe muss zu der Aufnahme des Inventars eine zuständige Behörde oder einen zuständigen Beamten oder Notar zuziehen.

1   Nimmt der Erbe das Inventar selbst auf, so hat die Aufnahme des Inventars unter amtlicher Mitwirkung zu erfolgen.[1] Ein Inventar, das der Erbe alleine anfertigt (sog. »reines Privatinventar«),[2] ist vom BGB nicht zugelassen. Vielmehr soll durch die amtliche Mitwirkung sichergestellt werden, dass das Inventar als brauchbare Grundlage für Dritte zur Beurteilung des Bestandes der Erbschaft dienen kann.[3]

2   Die amtliche Mitwirkung beschränkt sich auf Beistandleisten und Belehren.[4] Eine Prüfung der Vollständigkeit und sachlichen Richtigkeit der Angaben des Erben findet nicht statt.[5] Hier liegt auch der Unterschied zu der rein amtlichen Inventaraufnahme nach § 2003. Der Erbe bleibt nämlich trotz des amtlichen Beistandes allein für die inhaltliche Richtigkeit und die Einreichung des Inventars beim Nachlassgericht verantwortlich. Als Folge dessen hat er auch das Inventar selbst oder durch einen Bevollmächtigten zu unterschreiben.[6] Die Mitunterschrift der Amtsperson oder des Notars ist gesetzlich nicht vorgeschrieben; sie ist folglich entbehrlich, schadet aber nicht.[7]

3   Die Zuständigkeit des Notars, der Behörde bzw. des Beamten richtet sich in sachlicher und örtlicher Hinsicht nach dem jeweiligen Landesrecht. Der Notar ist in allen Ländern sachlich zuständig.[8]

4   Die Kosten der Aufnahme und Errichtung nach § 52 KostO fallen dem Nachlass zur Last.[9]

5   Allein durch die Hinzuziehung der Amtsperson wird die Frist noch nicht gewahrt. Erst durch rechtzeitiges Einreichen des Inventars beim Nachlassgericht nach § 1993.[10]

---

1 *Staudinger/Marotzke* § 2001 Rn. 1.
2 *Palandt/Edenhofer* § 2001 Rn. 1, BGHZ 32, 60.
3 *Soergel/Stein* § 2001 Rn. 2; *MüKoBGB/Küpper* § 2001 Rn. 3.
4 S. hierzu § 2144 Rz. 1.
5 *Staudinger/Marotzke* § 2001 Rn. 7; *Palandt/Edenhofer* § 2001 Rn. 1 a.E.
1 Eine andere Alternative ist die amtliche Aufnahme des Inventars nach § 2003 BGB (s. dort).
2 *Soergel/Stein* § 2002 Rn. 1.
3 *Staudinger/Marotzke* § 2002 Rn. 1.
4 *Soergel/Stein* § 2002 Rn. 4; *Palandt/Edenhofer* § 2002 Rn. 1.
5 *Palandt/Edenhofer* § 2002 Rn. 1.
6 *MüKoBGB/Küpper* § 2002 Rn. 2.
7 Statt vieler: *Staudinger/Marotzke* § 2002 Rn. 2 a.E.
8 *Palandt/Edenhofer* § 2002 Rn. 2.
9 S. hierzu § 1993 Rz. 1 a.E.
10 NJW 1962, 53; *Palandt/Edenhofer* § 2002 Rn. 3.

§ 2003
Amtliche Aufnahme des Inventars

(1) Auf Antrag des Erben hat das Nachlassgericht entweder das Inventar selbst aufzunehmen oder die Aufnahme einer zuständigen Behörde oder einem zuständigen Beamten oder Notar zu übertragen. Durch die Stellung des Antrags wird die Inventarfrist gewahrt.

(2) Der Erbe ist verpflichtet, die zur Aufnahme des Inventars erforderliche Auskunft zu erteilen.

(3) Das Inventar ist von der Behörde, dem Beamten oder dem Notar bei dem Nachlassgericht einzureichen.

Statt das Inventar selbst aufzunehmen – wie in § 2002 – kann der Erbe die Aufnahme auf Antrag auch vollständig dem Nachlassgericht überlassen. Der Erbe ist hierbei zwar auch zur Mitwirkung verpflichtet, im Gegensatz zu § 2002 beschränkt sich diese aber auf eine bloße Auskunftspflicht i.S.d. Abs. 2. 1

Antragsberechtigt ist nach dem Wortlaut nur ein Erbe. Ein einzelner Miterbe kann nach § 2003 Abs. 1 die Aufnahme des Inventars beantragen, auch wenn er nicht im Besitz des Nachlasses ist.[1] Nachlassgläubiger sind hingegen nicht antragsbefugt.[2] 2

Die Antragsstellung wahrt nach Abs. 1 S. 2 die Inventarfrist, folgend von den Regelungen des § 1994 Abs. 1 S. 2. Dies gilt auch dann, wenn nur einer von mehreren Miterben den Antrag gestellt hat für alle, § 2063 Abs. 1. 3

Überträgt das Nachlassgericht die Aufnahme einer Behörde, so bestimmt sich deren Zuständigkeit nach Landesrecht, Art. 147 EGBGB.[3] Das Nachlassgericht ist im Allgemeinen das örtlich zuständige Amtsgericht (§ 23a Abs. 1 Nr. 2, Abs. 2 Nr. 2 GVG). 4

Zur Form der Inventaraufnahme enthält das BGB keine Regelungen. 5

Der Erbe ist verpflichtet, als einzige Art der Mitwirkung dem mit der Aufnahme beauftragten Organ Auskunft zu erteilen (Abs. 2). Zu beachten ist, dass dies u.U. auch nach § 260 erfolgt. Sollte der Erbe dieser Pflicht insb. durch Nichterteilung von Auskünften oder durch erhebliche, absichtliche Verzögerung nicht nachkommen, so trifft ihn die Rechtsfolge des § 2005 Abs. 1 S. 2: unbeschränkte Haftung bei Inventaruntreue.[4] 6

Nach Abs. 3 wird der aufnehmenden amtlichen Stelle aufgerlegt, das Inventar bei dem Nachlassgericht einzureichen. Erst dann ist das Inventar i.S.d. § 1993[5] »errichtet«.[6] 7

Die Kosten der Inventarerrichtung nach § 52 KostO sind Nachlassverbindlichkeiten.[7] 8

Die Aufnahme des Inventars nach § 2003 genügt den Anforderungen, die das italienische Recht an die Inventarerrichtung stellt.[8] 9

---

[1] *Soergel/Stein* § 2003 Rn. 1.
[2] MüKoBGB/*Küpper* § 2003 Rn. 2; *Palandt/Edenhofer* § 2003 Rn. 3; OLGE 35, 361.
[3] S.a. *Palandt/Edenhofer* § 2003 Rn. 2; sehr ausführlich: *Soergel/Stein* § 2003 Rn. 3.
[4] S. hierzu § 2005 Rz. 1.
[5] S. dort.
[6] *Staudinger/Marotzke* § 2003 Rn. 2, 10.
[7] S. hierzu § 1993 Rz. 1 a.E.
[8] BayObLG NJW 1967, 447, 449, *Palandt/Edenhofer* § 2003 Rn. 1.

§ 2004
Bezugnahme auf ein vorhandenes Inventar

Befindet sich bei dem Nachlassgerichte schon ein den Vorschriften der §§ 2002, 2003 entsprechendes Inventar, so genügt es, wenn der Erbe vor dem Ablauf der Inventarfrist dem Nachlassgericht gegenüber erklärt, dass das Inventar als von ihm eingereicht gelten soll.

1 Durch die Möglichkeit, sich auf ein bereits beim Nachlassgericht befindliches Inventar zu berufen, steht dem Erben eine dritte Möglichkeit der Inventarerrichtung zur Verfügung. Voraussetzung ist jedoch, dass das Inventar ihm noch nicht zugerechnet wird. Deshalb scheidet ein Inventar aus, das von seinem gesetzlichen oder gewillkürten Vertreter eingereicht wurde und es somit keiner Erklärung mehr von ihm bedarf.[1] Deshalb kommt für ein Vermögensverzeichnis nach § 2004 insb. das Inventar des Nachlassverwalters, Insolvenzverwalters,[2] Testamentsvollstreckers sowie das von einem Erbschaftsbesitzer errichtete in Betracht.

2 Die Erklärung des Erben, das vorhandene Inventar als von ihm eingereicht anzusehen, bedarf keiner Form.[3] Sie muss jedoch innerhalb der Inventarfrist erfolgen. Sie kann auch von einem Stellvertreter abgegeben werden.[4]

3 Im Einklang mit dem Wortlaut, ist ein den Vorschriften der §§ 2002, 2003 entsprechendes Inventar erforderlich. Es scheidet somit eine Vermögensaufstellung aus, die entgegen § 2001 nur die Nachlassaktiva für den Zeitpunkt der Inventaraufstellung, nicht also für den Erbfall feststellt, wie z.B. ein solches des § 1960 Abs. 2.[5]

4 Auch in dieser Variante der Inventarerrichtung kann eine Inventaruntreue nach § 2005 (analog) und somit der Verlust einer Haftungsbeschränkung eintreten. Vor allem dann, wenn der Erbe weiß, dass das von einem anderen eingereichte Inventar, auf das er sich beruft, objektiv unrichtig ist. Fehlt ihm die Kenntnis der Unrichtigkeit, findet § 2005 Abs. 2 (analog) Anwendung.[6]

§ 2005
Unbeschränkte Haftung des Erben bei Unrichtigkeit des Inventars

(1) Führt der Erbe absichtlich eine erhebliche Unvollständigkeit der im Inventar enthaltenen Angabe der Nachlassgegenstände herbei oder bewirkt er in der Absicht, die Nachlassgläubiger zu benachteiligen, die Aufnahme einer nicht bestehenden Nachlassverbindlichkeit, so haftet er für die Nachlassverbindlichkeiten unbeschränkt. Das Gleiche gilt, wenn er im Falle des § 2003 die Erteilung der Auskunft verweigert oder absichtlich in erheblichem Maße verzögert.

(2) Ist die Angabe der Nachlassgegenstände unvollständig, ohne dass ein Fall des Absatzes 1 vorliegt, so kann dem Erben zur Ergänzung eine neue Inventarfrist bestimmt werden.

---

1 *Palandt/Edenhofer* § 2004 Rn. 2.
2 Wegen § 2000 S. 3 BGB eher selten.
3 MüKoBGB/*Küpper* § 2003 Rn. 3.
4 *Palandt/Edenhofer* § 2004 Rn. 1.
5 *Soergel/Stein* § 2004 Rn. 2.
6 *Staudinger/Marotzke* § 2004 Rn. 9.

Liegen die Voraussetzungen der Inventaruntreue vor, so haftet der Erbe allen Nachlass- 1
gläubigern gegenüber unbeschränkbar. Bei einem Miterben gilt dies nur bezüglich eines
seinem ideellen Erbteil entsprechenden Teiles jeder Nachlassverbindlichkeit.[1] Unrichtige
Angaben, die ein (gesetzlicher oder gewillkürter) Vertreter des Erben im Rahmen der
Inventaruntreue macht, gehen zu seinen Lasten (§ 278).[2]

Abs. 1 unterscheidet zwischen zwei Alternativen:

Zunächst tritt die Inventaruntreue bei absichtlicher Herbeiführung einer erheblichen 2
Unvollständigkeit bei den Angaben über die Nachlassaktiva ein. Dies soll nicht für die
Beschränkung oder die Wertangaben nach § 2001 Abs. 2 gelten.[3] Der Erbe muss hierbei
absichtlich handeln. Erforderlich ist deshalb zusätzlich, dass er mit der Herbeiführung
einer Unvollständigkeit einen bestimmten Zweck verfolgt hat. Ausreichend ist hierbei die
Absicht, die Nachlassgläubiger zu schädigen[4] oder der Steuerbehörde gegenüber den
Nachlass geringer erscheinen zu lassen. Ein Benachteiligungsvorsatz ist bei dieser Variante
nicht erforderlich.

Die zweite Alternative verlangt hingegen ein Handeln des Erben in der Absicht, die 3
Nachlassgläubiger zu benachteiligen. Konkret muss er mit dieser Absicht die Aufnahme
einer nicht bestehenden Nachlassverbindlichkeit verfolgen. In Betracht kommt beispielsweise die Vorspiegelung der Überschuldung des Nachlasses.

Weiterhin trifft ihn die Rechtsfolge der Inventaruntreue, wenn er seine Auskunftpflicht 4
im Falle des § 2003 Abs. 2 verletzt (Abs. 1 S. 2). Entscheidend ist aber, dass dem Erben
bereits eine Inventarfrist gesetzt worden sein muss[5] und diese auch zu laufen begonnen
hat. Begründet wird dies damit, dass verhindert werden soll, dass sich der Erbe dem
Schutz der fristwahrenden Folge bedienen kann, um eine korrekte Bestandsaufnahme zu
vereiteln. Das Eintreten dieser Rechtsfolge ist deshalb bei einer freiwilligen Inventarerrichtung (§ 1993) nicht zu erwarten. Ferner dann nicht, wenn im Falle des § 2003 keine Absicht
vorliegt.

Eine neue Inventarfrist, wie sie in Abs. 2 erachtet wird, kann nur bestimmt werden, 5
wenn kein Fall des Abs. 1 gegeben ist, also etwa bei unerheblicher oder nicht absichtlich
herbeigeführter Unvollständigkeit. Nach § 1994 kann die Frist zur Ergänzung des Inventars auf Antrag eines Nachlassgläubigers bestimmt werden. Antragsberechtigt ist aber auch
der Erbe.[6] Für die neue Frist gelten die §§ 1994–2000.[7]

§ 2006
Eidesstattliche Versicherung

(1) Der Erbe hat auf Verlangen eines Nachlassgläubigers zu Protokoll des Nachlassgerichts an Eides Statt zu versichern, dass er nach bestem Wissen die Nachlassgegenstände so vollständig angegeben habe, als er dazu imstande sei.

(2) Der Erbe kann vor der Abgabe der eidesstattlichen Versicherung das Inventar
vervollständigen.

(3) Verweigert der Erbe die Abgabe der eidesstattlichen Versicherung, so haftet er
dem Gläubiger, der den Antrag gestellt hat, unbeschränkt. Das Gleiche gilt, wenn er

---
1 *Staudinger/Marotzke* § 2005 Rn. 2.
2 *Palandt/Edenhofer* § 2005 Rn. 1.
3 *Palandt/Edenhofer* § 2005 Rn. 2.
4 *Staudinger/Marotzke* § 2005 Rn. 4.
5 Dies ist ungeschriebene Voraussetzung des § 2005 Abs. 1 S. 2 BGB, s.a. *Staudinger/Marotzke* § 2005 Rn. 7.
6 MüKoBGB/*Küpper* § 2005 Rn. 5, *Soergel/Stein* § 2005 Rn. 7.
7 *Palandt/Edenhofer* § 2005 Rn. 5.

weder in dem Termin noch in einem auf Antrag des Gläubigers bestimmten neuen Termin erscheint, es sei denn, dass ein Grund vorliegt, durch den das Nichterscheinen in diesem Termine genügend entschuldigt wird.

(4) Eine wiederholte Abgabe der eidesstattlichen Versicherung kann derselbe Gläubiger oder ein anderer Gläubiger nur verlangen, wenn Grund zu der Annahme besteht, dass dem Erben nach der Abgabe der eidesstattlichen Versicherung weitere Nachlassgegenstände bekannt geworden sind.

I. Allgemeines

1   Da eine Gewähr für die Vollständigkeit und Richtigkeit des vom Erben errichteten Inventars trotz §§ 2002, 2003 nicht gegeben ist, hat der Gesetzgeber den Nachlassgläubigern das Recht verliehen, vom Erben die Bekräftigung des Inventars durch eidesstattliche Versicherung zu verlangen. Sofern der Erbe die eidesstattliche Versicherung i.S.d. § 2006 abgibt, verstärkt dies die Vermutung des § 2009 dahingehend, dass keine weiteren Nachlassgegenstände vorhanden sind; zudem erhält sich der Erbe das Recht der Beschränkung der Haftung auf den Nachlass.

II. Voraussetzungen der Pflicht zur Abgabe der eidesstattlichen Versicherung[1]

2   Es müssen folgende Voraussetzungen gegeben sein:
 – Voraussetzung zur Pflicht der Abgabe einer eidesstattlichen Versicherung ist, dass der Erbe selbst oder durch einen Vertreter ein formgültig nach §§ 2002, 2003 aufgenommenes Inventar »errichtet« hat, vgl. § 1993. Ausreichend dabei ist, wenn ihm ein Inventar zustatten kommt, welches ein Ehegatte, § 2008 Abs. 1 S. 3, Miterbe, § 2063 Abs. 1, Vorerbe, § 2144 Abs. 2, oder Erbschaftskäufer, § 2383 Abs. 2, errichtet hat. Auch ein solches kann der Erbe vor der Abgabe der eidesstattlichen Versicherung berichtigen.
 – Die eidesstattliche Versicherung muss von einem Nachlassgläubiger verlangt werden. Dieser hat entsprechend § 1994 seine Forderung glaubhaft zu machen.
 – Die Abgabe der eidesstattlichen Versicherung kann nur vom Erben, nicht aber vom Nachlasspfleger oder -verwalter oder Ehegatten des Erben verlangt werden.[2]
 – Das Recht des Nachlassgläubigers auf Abgabe der eidesstattlichen Versicherung entfällt, wenn bereits feststeht, dass der Erbe wegen Inventaruntreue allgemein unbeschränkt haftet.

III. Zuständigkeit/Verfahren

3   Gem. Abs. 1 ist die eidesstattliche Versicherung vor dem Nachlassgericht abzugeben. Es handelt sich dabei um einen Akt der freiwilligen Gerichtsbarkeit, § 361 FamFG, gem. § 3 Nr. 2c RPflG ist der Rechtspfleger zuständig.

4   Folgende Besonderheit ist zu beachten: In Baden-Württemberg ist nach §§ 1 Abs. 2 38 LFGG das Notariat zuständig, im württembergischen Rechtsgebiet erfolgt die Abnahme durch den Notar, im badischen Teil durch den Rechtspfleger, § 35 Abs. 1 und 3 RPflG.

5   Nach § 361 FamFG sind beide Teile zum Termin zu laden, die Anwesenheit des Gläubigers ist jedoch nicht erforderlich.

6   Derjenige, der ein berechtigtes Interesse geltend machen kann (z.B. andere Gläubiger) hat nach § 357 FamFG das Recht zur Protokolleinsicht.

---

1   Vgl. auch *Staudinger/Marotzke* § 2006 Rn. 3 ff.
2   *Staudinger/Marotzke* § 2006 Rn. 8.

IV. Inhalt der eidesstattlichen Versicherung/Verweigerung

Der Erbe muss versichern, dass er alle Nachlassgegenstände angegeben hat, die ihm zum Zeitpunkt der Versicherung bekannt sind. Welche Nachlassgegenstände im Inventar anzugeben sind, richtet sich nach § 2001 Abs. 1. Nachforschungen muss der Erbe nur anstellen, wenn sich Anhaltspunkte dafür ergeben.[3]

Bei Verweigerung der eidesstattlichen Versicherung, kann der Erbe nicht zur Abgabe gezwungen werden. Folge davon ist allerdings, dass der Erbe gegenüber dem Nachlassgläubiger, der den Antrag gestellt hat, das Recht zur Beschränkung der Haftung hinsichtlich der im Antrag bezeichneten Forderung dieses Gläubigers verliert.[4]

Die gleiche Folge tritt nach Abs. 2 S. 3 ein, wenn der Erbe weder in dem Termin noch in einem auf Antrag des Gläubigers bestimmten neuen Termin erscheint, wenn kein genügender Entschuldigungsgrund vorliegt. Die Versäumung des auf Antrag des Erbens wiederholt bestimmten Termins ist unschädlich.[5]

Die Verweigerung der Abgabe durch den Erben einem Gläubiger gegenüber schließt das Recht eines anderen Gläubigers, die Versicherung zu verlangen, nicht aus.[6] Die vorsätzlich wahrheitswidrige Abgabe der eidesstattlichen Versicherung steht dem Fall der Verweigerung gleich,[7] gleichzeitig macht sich der Erbe gem. §§ 15, 156 StGB strafbar.

V. Kosten:

Die Kosten des Verfahrens berechnen sich nach § 124 KostO und sind gem. § 2 KostO vom Antragsteller zu tragen.

§ 2007
Haftung bei mehreren Erbteilen

Ist ein Erbe zu mehreren Erbteilen berufen, so bestimmt sich seine Haftung für die Nachlassverbindlichkeiten in Ansehung eines jeden der Erbteile so, wie wenn die Erbteile verschiedenen Erben gehörten. In den Fällen der Anwachsung und des § 1935 gilt dies nur dann, wenn die Erbteile verschieden beschwert sind.

I. Allgemeines

Von der Regelung des § 1951 über die Berufung des Erben zu mehreren Erbteilen ausgehend, unterscheidet § 2007 zwischen der Berufung des Erben zu mehreren Erbteilen und den Fällen der Anwachsung eines gewillkürten Erbteils (§ 2095) sowie der Erhöhung eines gesetzlichen Erbteils (§ 1935). Nach § 2007 soll sich im ersten Falle die Haftung des Erben für die Nachlassverbindlichkeiten in Ansehung eines jeden der Erbteile so verhalten, wie wenn die Erbteile verschiedenen Erben gehörten (S. 1), im anderen soll dies nur gelten, soweit sie verschieden beschwert sind (S. 2).

II. Einzelheiten zu den Fällen des S. 1

S. 1 bietet dem Erben beim Hinzuerwerb eines weiteren selbstständigen Erbteils die Möglichkeit, hinsichtlich diesem die Beschränkung seiner Haftung herbeizuführen ungeschadet dessen, ob er

---

3 *Lange/Kuchinke* Erbrecht § 48 VI 7c Fn. 156; *Soergel/Stein* § 2006 Rn. 5.
4 Ganz h.M., vgl. *Palandt/Edenhofer* § 2006 Rn. 5.
5 MüKoBGB/*Küpper* § 2006 Rn. 6 a.E.
6 Prot. V 758.
7 *Staudinger/Marotzke* § 2006 Rn. 16.

bereits unbeschränkbar haftet. Besondere Bedeutung hat dies bei mehreren Erben. Der Miterbe, dem mehrere Erbteile angefallen sind, haftet nämlich vor der Teilung gem. § 2059 Abs. 1 S. 2 mit seinem Privatvermögen nur für den Anteil der Nachlassverbindlichkeiten, welcher der Quote des Erbteils entspricht, mit der er bereits unbeschränkt haftet. Bis zur Teilung steht ihm diesbezüglich das Leistungsverweigerungsrecht des § 2059 Abs. 1 zu.

3   Die Situation hinsichtlich des Alleinerben beurteilt sich ähnlich, soweit ihm mehrere Erbteile zustehen. Nach herrschender Meinung[1] erfolgt eine analoge Anwendung des § 2059 Abs. 1 S. 2. Tritt die unbeschränkte Haftung allerdings erst zu einem Zeitpunkt ein, in dem der Erbe die verschiedenen Erbteile bereits endgültig erworben hat, so findet § 2007 keine Anwendung.[2] Die Inventarfrist wird dem Erben in diesem Falle in Bezug auf den gesamten Nachlass gesetzt (§ 1994).

III. Einzelheiten zu den Fällen des S. 2

4   Vorausgesetzt, die Erbteile sind unterschiedlich beschwert, so gilt bei der Anwachsung und in den Fällen des § 1935 dasselbe wie in S. 1. Zu beachten ist jedoch, dass die Selbstständigkeit der Erbteile nur hinsichtlich Vermächtnissen und Auflagen erhalten bleibt. Das Gesetz geht nämlich bei der Anwachsung und Erhöhung des Erbteils grundsätzlich von einer Einheit des vergrößerten Erbteils aus.[3] Somit findet eine Einschränkung des Anwendungsbereichs des S. 2 auf die Erbenhaftung gegenüber Vermächtnisnehmern und Auflagenberechtigten statt.[4]

5   Gegenüber den übrigen Nachlassgläubigern liegen deshalb keine selbstständigen Erbteile vor, vielmehr ist von einem einheitlichen Erbteil auszugehen.[5]

§ 2008
Inventar für zum Gesamtgut gehörende Erbschaft

(1) Ist ein in Gütergemeinschaft lebender Ehegatte Erbe und gehört die Erbschaft zum Gesamtgut, so ist die Bestimmung der Inventarfrist nur wirksam, wenn sie auch dem anderen Ehegatten gegenüber erfolgt, sofern dieser das Gesamtgut allein oder mit seinem Ehegatten gemeinschaftlich verwaltet. Solange die Frist diesem gegenüber nicht verstrichen ist, endet sie auch nicht dem Ehegatten gegenüber, der Erbe ist. Die Errichtung des Inventars durch den anderen Ehegatten kommt dem Ehegatten, der Erbe ist, zustatten.

(2) Die Vorschriften des Absatzes 1 gelten auch nach der Beendigung der Gütergemeinschaft.

I. Allgemeines

1   Die Vorschrift ist nur anwendbar, wenn
1. der erbende Ehegatte im Güterstand der Gütergemeinschaft lebt,
2. der Nachlass in das Gesamtgut fällt und

---

1 *Soergel/Stein* § 2007 Rn. 2, *Palandt/Edenhofer* § 2007 Rn. 1, *MüKoBGB/Küpper* § 2007 Rn. 2; a.A. *Staudinger/Marotzke* § 2007 Rn. 6: Die analoge Anwendung verstoße gegen Sinn und Zweck des § 2059 BGB, da beim Alleinerben gerade keine gesamthänderische Bindung vorliege.
2 *Staudinger/Marotzke* § 2007 Rn. 13.
3 Vgl. hierzu § 1935 Rz. 3; *Soergel/Stein* § 2007 Rn. 3.
4 *Staudinger/Marotzke* § 2007 Rn. 17; *Palandt/Edenhofer* § 2007 Rn. 2, *Lange/Kuchinke* Erbrecht § 48 VI 5b Fn. 132.
5 *MüKoBGB/Küpper* § 2007 Rn. 3.

3. die Verwaltung des Gesamtguts entweder dem nichterbenden Ehegatten allein oder gemeinschaftlich mit dem erbenden Ehegatten zusteht.
Nur unter diesen Voraussetzungen trifft auch den nichterbenden Ehegatten die Haftung für Nachlassverbindlichkeiten.

II. Regelungszweck

Die Regelung des § 2008 soll verhindern, dass der das Gesamtgut (mit-)verwaltende Ehegatte die ihm zur Verfügung stehenden Haftungsbeschränkungsmittel dadurch verliert, dass der Ehegatte, der Erbe ist, eine allein ihm bestimmte Inventarfrist versäumt oder eine sonstige Inventarverfehlung i.S.d. §§ 2005 Abs. 1, 2006 Abs. 3 begeht.[1]

III. Verfahren/Fristbeginn

Der Fristsetzungsbeschluss ist von Amts wegen beiden Ehegatten zuzustellen. Gem. § 1995 Abs. 1 S. 2 beginnt die Frist mit der Zustellung für jeden Ehegatten zu laufen, sie endet jedoch auch dem Erben gegenüber nicht, solange sie dem Ehegatten des Erben gegenüber nicht verstrichen ist, Abs. 1 S. 2.

Unerheblich ist, wann der Nachlass Gesamtgut geworden ist. Wenn die Ehegatten erst nach dem Anfall der Erbschaft geheiratet oder Gütertrennung vereinbart haben, muss dem nichterbenden allein- oder mitverwaltenden Ehegatten dann nachträglich noch eine Inventarfrist gesetzt werden.

Der Ehegatte kann daher auch Fristverlängerung (§ 1995 Abs. 3) und Bestimmung einer neuen Inventarfrist (§ 1996) beantragen sowie sofortige Beschwerde gegen den Fristsetzungsbeschluss einlegen.

Das Inventar kann von beiden Ehegatten – auch gemeinsam – errichtet werden. Nach Abs. 1 S. 3 haftet der erbende Ehegatte für die Nachlassverbindlichkeiten erst ab dem Zeitpunkt unbeschränkbar, wenn auch der allein- oder mitverwaltende Ehegatte die Inventarfrist versäumt hat. Der Ehegatte eines bereits unbeschränkbar haftenden Erben ist daher in der Lage, durch Errichtung eines dem Erben zustatten kommenden Inventars diesem das bereits verwirkte Haftungsbeschränkungsrecht wieder zu verschaffen, um sich dann selbst auf dieses berufen zu können,[2] soweit es um das Gesamtgut und die damit evtl. zusammenhängende persönliche Haftung des Ehegatten des Erben geht.

Gem. Abs. 2 haftet der Ehegatte auch nach Beendigung der Gütergemeinschaft bis zur »Auseinandersetzung« des Gesamtgutes (§ 1472).[3]

IV. Beratungshinweis

Folgende Haftungsbeschränkungsmöglichkeiten bestehen für den Ehegatten des Erben:
– Die haftungsbeschränkenden Einreden aus §§ 1973, 1974, 1989, 1990–1992, 2014, 2015 kann der Ehegatte des Erben immer geltend machen. Dies gilt auch in dem Fall, dass der Nachlass zwar zum Gesamtgut gehört, er dieses aber nicht (mit-)verwaltet.

Nachfolgende Haftungsbeschränkungsmöglichkeiten bestehen jedoch nur, wenn der Nachlass nicht zum Sondergut (§ 1417) oder zum Vorbehaltsgut (§ 1418 Abs. 2 Nr. 1, 2) gehört:[4]
– Beantragung des Aufgebots der Nachlassgläubiger (§ 999 ZPO; vgl. auch § 1973 BGB);
– Beantragung der Eröffnung eines Nachlassinsolvenzverfahrens (§ 318 InsO; §§ 1975, 1989 BGB);
– Beantragung der Anordnung der haftungsbeschränkenden Nachlassverwaltung (§ 1975).

---

1 *Staudinger/Marotzke* § 2008 Rn. 11, 24 ff.
2 *Staudinger/Marotzke* § 2008 Rn. 22 f.
3 A.A.: *Soergel/Stein* § 2008 Rn. 8.
4 Vgl. auch *Staudinger/Marotzke* § 2008 Rn. 3 ff.

§ 2009
Wirkung der Inventarerrichtung

Ist das Inventar rechtzeitig errichtet worden, so wird im Verhältnisse zwischen dem Erben und den Nachlassgläubigern vermutet, dass zur Zeit des Erbfalls weitere Nachlassgegenstände als die angegebenen nicht vorhanden gewesen seien.

I. Allgemeines

1. Voraussetzungen

1 Voraussetzung für die Vermutung nach § 2009 ist, dass
 – das Inventar rechtzeitig[1] errichtet,
 – die Vorschriften der §§ 2002, 2003 beachtet wurden und
 – kein Fall der Inventaruntreue nach § 2005 Abs. 1 vorliegt.
2 Nach herrschender Meinung wird bei Unvollständigkeit des Inventars i.S.d. § 2005 Abs. 2 die negative Vermutung nicht unwirksam.[2] Bei vorsätzlicher Unvollständigkeit tritt jedoch unbeschränkbare Haftung des Erben ein.

2. Inhalt der Vermutung

3 Die Vermutung bezieht sich auf den Zeitpunkt des Erbfalls und hat den negativen Inhalt, dass andere als die angegebenen Gegenstände im Nachlass nicht vorhanden waren. Dies bedeutet im Umkehrschluss allerdings nicht, dass vermutet wird, die aufgeführten Vermögensgegenstände gehörten zum Nachlass.

3. Reichweite der Vermutung

4 Die Vermutung des Inventarinhalts gilt lediglich im Verhältnis zwischen Erben und Nachlassgläubigern. Sie wirkt so, dass die Angabe der Nachlassgegenstände im Inventar als vollständig gilt. Gleichzeitig wird angenommen, dass nicht aufgeführte Gegenstände auch nicht zum Nachlass gehören, was insb. im Rahmen der Vollstreckungsgegenklage nach § 785 ZPO Bedeutung erlangt. Diese Vermutung kann durch Beweis bezüglich jedes einzelnen Gegenstandes entkräftet werden.
5 Die Vermutung gilt jedoch nicht gegenüber Erbschaftsbesitzern, Erbschaftskäufern und Testamentsvollstreckern[3] sowie im Verhältnis zwischen Vorerben und Nacherben und zwischen dem Erben und seinen persönlichen Gläubigern.[4] In Rechtsstreitigkeiten zwischen diesen Personen unterliegt das Inventar der freien Beweiswürdigung (§ 286 ZPO).

II. Beratungshinweis

6 Die Regelung des § 2009 ist für den Erben vorteilhaft, da für ihn bis zum Gegenbeweis der Umfang zur Pflicht zur Herausgabe des Nachlasses begrenzt ist. Ferner wird ihm hierdurch der Nachweis der Nichtzugehörigkeit des Vollstreckungsgegenstandes zum Nachlass wesentlich erleichtert. Andererseits besteht für den Gläubiger die Möglichkeit des Gegenbeweises mit allen zulässigen Mitteln.
7 Eine Bekräftigung des Inventars durch eine eidesstattliche Versicherung (§ 2006) des Erben ist möglich, jedoch in der Regel nicht erforderlich. Denn durch sie wird der Gegen-

---

[1] Das Inventar wurde freiwillig oder vor Fristablauf nach § 1994 Abs. 1 errichtet.
[2] *Palandt/Edenhofer* § 2009 Rn. 2.
[3] *Palandt/Edenhofer* § 2009 Rn. 1.
[4] Ganz h.M., a.A. nur *Wendt* AcP 86, 395.

beweis gegenüber der Vermutung nicht ausgeschlossen; auch bleibt die Vermutung gegenüber den Gläubigern, die nicht Antragsteller i.S.d. § 2006 waren, bestehen.

§ 2010
Einsicht des Inventars

Das Nachlassgericht hat die Einsicht des Inventars jedem zu gestatten, der ein rechtliches Interesse glaubhaft macht.

I. Rechtliches Interesse

§ 2010 verlangt für die Einsicht in das Inventar ein rechtliches Interesse. Dieser Begriff ist enger zu verstehen als der des rechtlichen Interesses, welches z.B. in § 357 FamFG vorausgesetzt wird. Konsequenzen für Rechtsverhältnisse dürfen folglich nicht ausgeschlossen werden. 1

II. Einsichtsberechtigte

Einsichtsberechtigt sind demnach stets Nachlassgläubiger, Nachlassverwalter, Testamentsvollstrecker, Miterben sowie die Steuerbehörde.[1] Es »kann« auch die Erteilung einer Abschrift nach pflichtgemäßem Ermessen des Gerichts erteilt werden.[2] Zuständig ist hierfür der Rechtspfleger nach § 3 Nr. 2c RPflG. 2

III. Unwirksamkeit eines versiegelten Verzeichnisses

§ 2010 ist des Weiteren zu entnehmen, dass eine Inventarerrichtung durch Übergabe eines verschlossenen (versiegelten) Verzeichnisses unwirksam ist, auch dann, wenn bei der Eröffnung die Einsicht gestattet wird.[3] 3

§ 2011
Fiskus als Erbe

Dem Fiskus als gesetzlichem Erben kann eine Inventarfrist nicht bestimmt werden. Der Fiskus ist den Nachlassgläubigern gegenüber verpflichtet, über den Bestand des Nachlasses Auskunft zu erteilen.

I. Ausschluss der Inventarfrist beim Fiskus als Erben

Da der Staat als gesetzlicher Erbe (§§ 1936, 1942 Abs. 2, 1964, 1966) die Erbschaft nicht ausschlagen kann, bewahrt ihn S. 1 des § 2011 davor, dass er durch Versäumung der Inventarfrist die Haftungsbeschränkungsmöglichkeit verliert. Dies gilt ferner für die nach Art. 138 EGBGB an die Stelle des Fiskus tretende Körperschaft, Anstalt oder Stiftung.[1] Zur Anwendung der §§ 2005, 2006 kommt es somit ebenfalls nicht.[2] 1

---

1 *Palandt/Edenhofer* § 2010 Rn. 1.
2 MüKoBGB/*Küpper* § 2010 Rn. 2, Staudinger/Marotzke § 2010 Rn. 3.
3 *Palandt/Edenhofer* § 2010 Rn. 2, Erman/*Schlüter* § 2010 Rn. 1, MüKoBGB/*Küpper* § 2010 Rn. 4, *Staudinger/ Marotzke* § 1993 Rn. 21.
1 *Palandt/Edenhofer* § 2011 Rn. 1.
2 Vgl. unten zu Staat als gewillkürter Erbe.

§ 2012

2 In prozessualer Hinsicht kommt dies der Regelung des § 780 Abs. 2 ZPO gleich, wonach sich der gesetzlich erbende Staat die Beschränkbarkeit der Haftung nicht vorbehalten lassen muss. Nach Palandt/Edenhofer[3] haftet der Staat somit praktisch stets nur mit dem Nachlass. Aber auch er muss sich den Beschränkungsmitteln der Nachlassverwaltung, des Nachlassinsolvenzverfahrens oder der Einreden der §§ 1990, 1992 bedienen, um eine endgültige Haftungsbeschränkung zu erreichen.[4]

3 Zu beachten ist ferner, dass § 2011 in erster Linie einen Ausgleich für die Rechtsstellung des Staates als Zwangserben schaffen soll. Die Bestimmung ist deshalb nicht anwendbar, wenn der Fiskus aufgrund Verfügung von Todes wegen zur Erbfolge berufen ist.[5]

II. Obliegenheit zur Auskunftserteilung

4 An die Stelle der Obliegenheit zur Inventarerrichtung tritt nach S. 2 ein Anspruch zugunsten der Nachlassgläubiger gegen den Fiskus auf Auskunftserteilung über den Bestand des Nachlasses. Hierunter fällt auch die Verpflichtung zur Vorlage eines Verzeichnisses nach § 260 Abs. 1 und zur eidesstattlichen Versicherung nach § 260 Abs. 2. Diese Regelung findet, sofern ein Grund zur Annahme nachlässiger Aufstellung besteht, ebenfalls Anwendung.

5 Anders als in § 2001 bezieht sich der Anspruch jedoch auf den gegenwärtigen Bestand.[6]

6 Der Auskunftsanspruch entsteht im Zeitpunkt der Feststellung gem. § 1964 (§ 1966) und ist auf prozessualem Wege geltend zu machen.[7]

§ 2012
Nachlasspfleger; Nachlassverwalter

(1) Einem nach den §§ 1960, 1961 bestellten Nachlasspfleger kann eine Inventarfrist nicht bestimmt werden. Der Nachlasspfleger ist den Nachlassgläubigern gegenüber verpflichtet, über den Bestand des Nachlasses Auskunft zu erteilen. Der Nachlasspfleger kann nicht auf die Beschränkung der Haftung des Erben verzichten.

(2) Diese Vorschriften gelten auch für den Nachlassverwalter.

1 Die Regelung des § 2012 dient dem Schutz des Erben, da ihm mit der angeordneten Nachlassverwaltung oder -pflegschaft, der Zugriff auf den Nachlass entzogen wurde. Insofern verliert er weder durch Säumnis noch durch Verzichtserklärung des Nachlassverwalters- oder -pflegers sein Recht zur Beschränkung der Haftung.

2 Um ausreichenden Schutz für die Gläubiger zu gewährleisten, ist der Nachlasspfleger oder -verwalter verpflichtet, ein ordnungsgemäßes Verzeichnis der Nachlassmasse zu führen[1] und gegebenenfalls darüber Auskunft zu erteilen. Diese Auskunftspflicht ist wie in § 2011 ausgestaltet und erfolgt durch die Vorlage des Verzeichnisses nach § 260 Abs. 1 und gegebenenfalls durch eidesstattliche Versicherung nach § 260 Abs. 2. Diese Regelung findet, sofern ein Grund zur Annahme nachlässiger Aufstellung besteht, ebenfalls Anwendung.

---

3 S. § 2011 Rz. 1.
4 *Staudinger/Marotzke* § 2011 Rn. 4.
5 *Soergel/Stein* § 2011 Rn. 3.
6 *Palandt/Edenhofer* § 2011 Rn. 2.
7 Im Gegensatz zur Inventarobliegenheit.
1 §§ 1915, 1802.

§ 2013
Folgen der unbeschränkten Haftung des Erben

(1) Haftet der Erbe für die Nachlassverbindlichkeiten unbeschränkt, so finden die Vorschriften der §§ 1973 bis 1975, 1977 bis 1980, 1989 bis 1992 keine Anwendung; der Erbe ist nicht berechtigt, die Anordnung einer Nachlassverwaltung zu beantragen. Auf eine nach § 1973 oder nach § 1974 eingetretene Beschränkung der Haftung kann sich der Erbe jedoch berufen, wenn später der Fall des § 1994 Abs. 1 S. 2 oder des § 2005 Abs. 1 eintritt.

(2) Die Vorschriften der §§ 1977 bis 1980 und das Recht des Erben, die Anordnung einer Nachlassverwaltung zu beantragen, werden nicht dadurch ausgeschlossen, dass der Erbe einzelnen Nachlassgläubigern gegenüber unbeschränkt haftet.

I. Regelungszweck

Unbeschränkte Haftung i.S.d. § 2013 ist die allgemein unbeschränkte Haftung, d.h. die Fälle, in denen der Erbe sowohl mit Nachlass- als auch Eigenvermögen haftet. Diese tritt bei Versäumnis der Inventarfrist gem. § 1994 Abs. 1 S. 2, bei absichtlicher Unvollständigkeit des Inventars gem. § 2005 Abs. 1 und bei Verzicht des Erben durch entsprechende Haftungsvereinbarung[1] ein. 1

In Abs. 1 des § 2013 werden zunächst die Folgen geregelt, sofern der Erbe gegenüber allen Nachlassgläubigern sein Recht verloren hat, seine Haftung zu beschränken. Abs. 2 erläutert sodann die Rechte, wenn der Erbe nur einzelnen Nachlassgläubigern sein Beschränkungsrecht verloren hat. § 2013 stellt mithin eine kraft Gesetzes entstandene Verwirkung dar.[2] 2

II. Folgen der unbeschränkten Haftung

Aus der unbeschränkten Haftung des Erben folgt, dass er nicht mehr das Gläubigeraufgebotsverfahren gem. § 991 Abs. 1 ZPO beantragen kann, seine Ausschließungs- und Verschweigungseinrede nach §§ 1973, 1974[3] verliert. Die Erschöpfungs- und Überlastungseinrede gem. §§ 1989–1992 und die aufschiebende Einrede nach § 2016 Abs. 1 kann nicht mehr in Anspruch genommen werden. 3

Ferner hindert eine Nachlassverwaltung oder Nachlassinsolvenz nicht mehr die persönliche Inanspruchnahme des Erben. Unbenommen hiervon kann der Erbe die Nachlassinsolvenz beantragen, §§ 316 Abs. 1, 317 InsO. Die Möglichkeit der Aufrechnung bleibt. 4

III. Ausnahmen der unbeschränkten Haftung

Gem. §§ 1973, 1974 kann eine eingetretene Haftungsbeschränkung bestehen bleiben. Der Erbe behält in diesen Fällen gegenüber den nach §§ 1973, 1974 ausgeschlossenen Gläubigern die Ausschließungs- und Verschweigungseinrede, obwohl er gegenüber den übrigen Gläubigern sein Haftungsbeschränkungsrecht verwirkt[4] hat. 5

IV. Unbeschränkte Haftung gegenüber einzelnen Nachlassgläubigern

Eine unbeschränkte Haftung gegenüber einem einzelnen Nachlassgläubiger entsteht, wenn der Erbe sich weigert eine eidesstattliche Versicherung gem. § 2006 Abs. 3 abzugeben. Gleiches gilt bei dem Verlust des Vorbehalts gem. § 780 Abs. 1 ZPO. 6

---

1 Gem. § 2012 Abs. 1 S. 3 BGB kann jedoch der Nachlasspfleger nicht auf die Beschränkung der Haftung des Erben verzichten.
2 *Palandt/Edenhofer* § 2013 Rn. 1.
3 Eine Ausnahme gilt jedoch hinsichtlich der Regelung des § 2013 Abs. 1 S. 2 BGB.
4 Z.B. durch ungenutzten Ablauf der Inventarfrist oder absichtliche Falschangaben in dem Inventar, §§ 1994, 2005 BGB.

Untertitel 5
Aufschiebende Einreden

§ 2014
Dreimonatseinrede

Der Erbe ist berechtigt, die Berichtigung einer Nachlassverbindlichkeit bis zum Ablauf der ersten drei Monate nach der Annahme der Erbschaft, jedoch nicht über die Errichtung des Inventars hinaus, zu verweigern.

I. Allgemeines

1 Vor Annahme der Erbschaft können Nachlassgläubiger wegen § 1958 nicht gerichtlich gegen den Erben vorgehen. Nach Annahme der Erbschaft gewährt § 2014 dem noch nicht bereits unbeschränkt haftenden Erben (§ 2016) für die Zeit nach der Annahme der Erbschaft eine Art Schonfrist[1] von 3 Monaten. Innerhalb dieser Frist kann er versuchen, sich ein klares Bild über Aktiva und Passiva des Nachlasses zu verschaffen.

2 Die Frist beginnt mit der Annahme der Erbschaft[2] und endet nach drei Monaten. Bei einer Inventarisierung vor Ablauf der Drei-Monats-Frist ist davon auszugehen, dass sich der Erbe bereits einen Überblick über den Nachlass verschaffen konnte und daher die längere Frist nicht benötigt. In diesem Fall endet sie daher schon mit dem Abschluss der Inventarerstellung.

3 Zur Erhebung der Einrede ist zunächst der endgültige Erbe berechtigt, aber auch der Nachlasspfleger, der Nachlassverwalter (vgl. § 2017) und der Testamentsvollstrecker (vgl. § 2213 Abs. 1 S. 1) sowie der gesamtgutverwaltende Ehegatte bei Vorliegen von Gütergemeinschaft.

II. Ausschluss der Einrede

4 Von der Dreimonatseinrede sind Ansprüche von Nachlassgläubigern erfasst. Eine Einschränkung gilt jedoch für dinglich gesicherte Gläubiger.[3] Ferner ist sie nicht gegenüber Forderungen der werdenden Mutter eines Erben nach § 1963 und dem Dreißigsten anwendbar, § 1969. Eine Anwendbarkeit würde dem Sinn und Zweck dieser Ansprüche zuwiderlaufen.[4] Eine Anwendbarkeit wird jedoch bei Erbersatzansprüchen in Erbfällen vor dem 1.4.1998 bejaht.[5] Unanwendbar ist die Einrede auch dann, wenn der Erbe bereits allgemein unbeschränkbar haftet, § 2016 Abs. 1.

5 Soweit ein Gläubiger seine Forderung nur gegen den Nachlass verfolgt, kann die Erhebung auch treuwidrig und somit ausgeschlossen sein.[6] insb. dann, wenn der Erbe alle Gläubiger kennt und wenn offensichtlich ist, dass der Nachlass zur Erfüllung der Nachlassverbindlichkeiten ausreicht.[7]

III. Folgen und Wirkung der Einrede

6 In prozessualer und vollstreckungsrechtlicher Hinsicht schließt die Erhebung der Einrede durch den Erben seine Verurteilung zur Leistung an Nachlassgläubiger nicht aus. Es wird ihm jedoch die Beschränkung seiner Haftung im Urteil vorbehalten, §§ 305 Abs. 1, 780

---

[1] *Palandt/Edenhofer* § 2014 Rn. 1.
[2] Spätestens von dem Tag an, an dem nach § 1943, 1944 die Ausschlagungsfrist endet.
[3] S. § 2016 Abs. 2 BGB.
[4] *Soergel/Stein* § 2014 Rn. 1.
[5] *Palandt/Edenhofer* § 2014 Rn. 1.
[6] *Staudinger/Marotzke* § 2014 Rn. 6.
[7] *Soergel/Stein* § 2014 Rn. 2.

ZPO. Auch die Vollstreckung kann nicht vollständig unterbunden werden. Sie lässt sich nur auf die Dauer der Dreimonatsfrist nach § 2014 auf eine Sicherungsvollstreckung beschränken, §§ 782, 783, 785 ZPO.[8]

In materiell-rechtlicher Hinsicht entfaltet die Erhebung der Einrede keine Wirkung.[9]

Ein Schuldnerverzug des Erben ist deshalb nicht ausgeschlossen,[10] so dass er für Verzugszinsen, Schadensersatz sowie Vertragsstrafen haftet. Die Verjährung wird nicht gehemmt.[11]

Da kein Fall des § 390 S. 1 vorliegt, steht die Einrede auch nicht einer Aufrechung der Nachlassgläubiger gegen Nachlassforderungen entgegen.[12]

IV. Beratungshinweis

Mit Erhebung der Einrede hat der Erbe die Erbschaft angenommen.[13] Bezüglich des Beginns der Dreimonatsfrist bzw. der Inventarerrichtung trägt der Gläubiger die Beweislast. Die Annahme der Erbschaft hat er aber nur dann zu beweisen, wenn der Beklagte bestreitet, Erbe zu sein, und sich hilfsweise auf § 2014 stützt.[14]

Der Erbe hingegen trägt die Beweislast für die Ausschlagung der Erbschaft innerhalb der Ausschlagungsfrist.

§ 2015
Einrede des Aufgebotsverfahrens

(1) Hat der Erbe den Antrag auf Einleitung des Aufgebotsverfahrens der Nachlassgläubiger innerhalb eines Jahres nach der Annahme der Erbschaft gestellt und ist der Antrag zugelassen, so ist der Erbe berechtigt, die Berichtigung einer Nachlassverbindlichkeit bis zur Beendigung des Aufgebotsverfahrens zu verweigern.

(2) *aufgehoben*

(3) Wird der Ausschließungsbeschluss erlassen oder der Antrag auf Erlassung des Ausschließungsbeschlusses zurückgewiesen, so ist das Aufgebotsverfahren erst dann als beendet anzusehen, wenn der Beschluss rechtskräftig ist.

I. Zweck der gleichmäßigen Befriedigung

Der von der Aufgebotseinrede des § 2015 verfolgte Zweck ist die Gewährleistung gleichmäßiger Befriedigung der Nachlassgläubiger. Unbekannte Gläubiger sollen vor einer Vorwegbefriedigung bekannter Gläubiger geschützt werden.[1] Dazu gibt die Regelung des § 2015 Abs. 1 dem Erben das Recht, die Vorabbefriedigung einzelner Nachlassgläubiger zu verweigern. Voraussetzung ist hierfür allerdings, dass der Erbe oder einer der Miterben (§ 460 FamFG) innerhalb eines Jahres nach der Annahme der Erbschaft einen Antrag auf Erlass des Aufgebots der Nachlassgläubiger gestellt hat und dieser zugelassen worden ist (§ 434 Abs. 2

---

8 MüKoBGB/*Küpper* § 2014 Rn. 4.
9 Heute wohl h.M., MüKoBGB/*Küpper* § 2014 Rn. 5, Soergel/*Stein* § 2014 Rn. 4, *Ebenroth* Erbrecht Rn. 1107; a.A. Staudinger/*Marotzke* § 2014 Rn. 8.
10 RGZ 79, 206: keine Unbilligkeit, wenn der Erbe die Folgen der Unübersichtlichkeit und Nichterfüllung einer zu erfüllenden Verbindlichkeit trägt.
11 Palandt/*Edenhofer* § 2014 Rn. 3.
12 MüKoBGB/*Küpper* § 2014 Rn. 5.
13 Soergel/*Stein* § 2014 Rn. 6; a.A.: Staudinger/*Marotzke* § 2014 Rn. 15.
14 MüKoBGB/*Küpper* § 2014 Rn. 7, Soergel/*Stein* § 2014 Rn. 6.
1 Palandt/*Edenhofer* § 2015 Rn. 1.

FamFG), wobei die Zulassung des Aufgebots auch nach Ablauf der Jahresfrist erfolgen kann.[2] Ebenso wie bei der Dreimonatseinrede nach § 2014 findet auch die Aufgebotseinrede keine Anwendung, wenn der Erbe bereits unbeschränkt haftet.[3] Der Antrag eines Erben kommt den Miterben zugute, sofern diese nicht bereits unbeschränkt haften.[4]

II. Fristende der Einrede

2 Ist das Aufgebot erlassen, so kann der Erbe die Einrede bis zur Beendigung des Verfahrens geltend machen. Das Verfahren endet mit Rechtskraft des Ausschließungsbeschlusses. Bis dahin sind Ermittlungen des Gerichts möglich z.B. die Versicherung der Wahrheit der Behauptungen des Antragstellers an Eides statt. Auch sind nach § 439 Abs. 4 FamFG die Vorschriften über die Wiedereinsetzung anwendbar.

§ 2016
Ausschluss der Einreden bei unbeschränkter Erbenhaftung

(1) Die Vorschriften der §§ 2014, 2015 finden keine Anwendung, wenn der Erbe unbeschränkt haftet.

(2) Das gleiche gilt, soweit ein Gläubiger nach § 1971 von dem Aufgebot der Nachlassgläubiger nicht betroffen wird, mit der Maßgabe, dass ein erst nach dem Eintritte des Erbfalls im Wege der Zwangsvollstreckung oder der Arrestvollziehung erlangtes Recht sowie eine erst nach diesem Zeitpunkt im Wege der einstweiligen Verfügung erlange Vormerkung außer Betracht bleibt.

I. Unanwendbarkeit bei unbeschränkter Haftung des Erben

1 Dem unbeschränkt haftenden Erben stehen die Schonungseinreden der §§ 2014, 2015 nicht zu. Mit ihnen kann hier der gesetzlich verfolgte Zweck, sich über die Verhältnisse der Erbschaft zu unterrichten, nicht mehr erreicht werden.

2 Der Ausschluss entfaltet sowohl für den Fall der allgemeinen unbeschränkbaren Haftung als auch dann, wenn der Erbe sein Beschränkungsrecht nur gegenüber einzelnen Gläubigern verloren hat, aber dann nur im Verhältnis zu diesen, seine Wirksamkeit.

3 Eine Ausnahme gilt für Nachlassverwalter und verwaltende Testamentsvollstrecker, da sie trotz unbeschränkbarer Haftung des Erben das Aufgebotsverfahren betreiben können[1] und nach der Regelung des § 2015 die Aufgebotseinrede geltend machen.

II. Ausschluss bei dinglich gesicherten Gläubigern

4 Die Einreden der §§ 2014, 2015 wirken auch nicht gegenüber Pfandgläubigern und anderen dinglich Berechtigten, soweit sie sich auf die Geltendmachung dieser dinglichen Ansprüche beschränken.

5 Das gleiche gilt für Gläubiger, die vor dem Erbfall ein dingliches Recht an Nachlassgegenständen im Wege der Zwangsvollstreckung oder der Arrestvollziehung erlangt haben. Ist das Recht hingegen erst nach dem Erbfall erlangt worden, so kann der Erbe diesem die aufschiebenden Einreden des § 1990 und § 321 InsO entgegenhalten. Das Geltendmachen der Einrede bemisst sich nach §§ 782, 783, 785 ZPO.

---

2 *Palandt/Edenhofer* § 2015 Rn. 1.
3 S. hierzu die Ausführungen zu § 2016 Rz. 1.
4 *Palandt/Edenhofer* § 2015 Rn. 1.
1 H.M.: *Staudinger/Marotzke* § 2016 Rn. 2, *Palandt/Edenhofer* § 2016 Rn. 1; a.A.: *Soergel/Stein* § 2016 Rn. 1.

Gleiches gilt auch für eine nach dem Erbfall im Wege der einstweiligen Verfügung erlangten Vormerkung. Die Einrede bleibt aber ausgeschlossen, soweit es sich um eine vom Erben nach § 885 bewilligte Vormerkung handelt.[2]

§ 2017
Fristbeginn bei Nachlasspflegschaft

Wird vor der Annahme der Erbschaft zur Verwaltung des Nachlasses ein Nachlasspfleger bestellt, so beginnen die im § 2014 und im § 2015 Abs. 1 bestimmten Fristen mit der Bestellung.

Nach § 2017 werden Nachlasspfleger (§§ 1960, 1961) und Nachlassverwalter[1] als berechtigt angesehen, die Einreden der §§ 2014, 2015 zu erheben. Zweck des § 2017 ist es, den Fristbeginn der Einreden nach §§ 2014, 2015 dann anders zu regeln, wenn die aufgeführten Personen bereits vor Erbschaftsannahme durch Erben bestellt wurden.[2]

In dieser Konstellation hätten die Nachlassgläubiger u.U. erhebliche Zeit bis zur Befriedigung ihrer Ansprüche abwarten müssen, obwohl sie diese schon vorher gegen den Nachlasspfleger hätten geltend machen können (§§ 1960 Abs. 3, 1958, 1961).

Fristbeginn ist deshalb nach § 2017 der Zeitpunkt der Bestellung des Nachlasspflegers (bzw. Nachlassverwalters).[3] Nimmt der Erbe demnächst die Erbschaft an, so laufen ihm gegenüber die Fristen gem. § 2017 weiter.[4]

Auf die §§ 2014, 2015 kann sich auch der verwaltende Testamentsvollstrecker berufen.[5] Ausschlaggebender Zeitpunkt für den Fristbeginn ist für diesen aber nicht die Annahme des Amtes,[6] sondern bleibt der Zeitpunkt der Erbschaftsannahme bzw. nach § 2017 die Bestellung des Pflegers.[7]

Haftet der Erbe bereits unbeschränkt, so können sich Nachlassverwalter und Testamentsvollstrecker nicht auf die Dreimonatseinrede berufen. Dies ergibt sich aus ihrem vom Erben abgeleiteten Recht.

---

2 MüKoBGB/*Küpper* § 2016 Rn. 2, *Staudinger/Marotzke* § 2016 Rn. 5.
1 *Soergel/Stein* § 2017 Rn. 1.
2 Für den Nachlassverwalter ist dies eher die Ausnahme, s.a. § 1981 Abs. 2 BGB.
3 Also die Bekanntmachung nach § 40 FamFG.
4 § 1919 BGB; MüKoBGB/*Küpper* § 2017 Rn. 1.
5 MüKoBGB/*Küpper* § 2017 Rn. 3.
6 Entsprechend § 2017.
7 *Soergel/Stein* § 2017 Rn. 4.

Titel 3
Erbschaftsanspruch

§ 2018
Herausgabepflicht des Erbschaftsbesitzers

Der Erbe kann von jedem, der ihm aufgrund eines ihm in Wirklichkeit nicht zustehenden Erbrechts etwas aus der Erbschaft erlangt hat (Erbschaftsbesitzer), die Herausgabe des Erlangten verlangen.

Übersicht	Rz.		Rz.
I. Sinn und Zweck des Erbschaftsanspruchs, Allgemeines	1	IV. Einwendungen des Erbschaftsbesitzers	20
II. Voraussetzungen des Erbschaftsanspruchs	5	V. Beweislast	22
1. Aktivlegitimation	5	VI. Gerichtsstand	23
2. Passivlegitimation	10	VII. Beratungshinweise	24
III. Gegenstand des Erbschaftsanspruchs	17	1. Allgemeines	24
		2. Formulierungshilfen	27

I. Sinn und Zweck des Erbschaftsanspruchs, Allgemeines

1 Der Erbschaftsanspruch stellt einen neben den allgemeinen Ansprüchen (§§ 985, 1007, 861, 812, 823 ff.) bestehenden Gesamtanspruch des Erben gegen den Erbschaftsbesitzer auf Herausgabe all dessen dar, was letzterer aufgrund eines ihm nicht zustehenden Erbrechts aus der Erbschaft erlangt hat. Dieser Herausgabeanspruch, der seine Grundlage aus dem Erbrecht ableitet, ist absoluter Natur,[1] er richtet sich auf den Nachlass als Ganzes[2] und ist gegen den Erbschaftsbesitzer unabhängig von dessen Verschulden begründet.

2 Sinn und Zweck des Erbschaftsanspruchs ist es, dem wahren Erben die Möglichkeit einzuräumen, den gesamten Nachlass, zumindest dessen vollen Wert, in Besitz zu nehmen, ohne auf Einzelklagen angewiesen zu sein. Die Rechtsverfolgung für den Erben soll erleichtert werden. Deshalb dienen die §§ 2018 ff., die die Herausgabepflicht des Erbschaftsbesitzers nicht nur auf das unmittelbar Erlangte, sondern auch auf die Ersatzgegenstände und gezogenen Nutzungen erstreckt, in erster Linie dem Schutz des wahren Erben, in einem gewissen Umfang aber auch dem Schutz des gutgläubigen Erbschaftsbesitzers.[3] Denn diesem wird ein großzügiger Verwendungsersatz gewährt und ein erweitertes Zurückbehaltungsrecht eingeräumt.[4]

3 Dieser sog. Gesamtanspruch auf Herausgabe einzelner Gegenstände macht deren genaue Bezeichnung in einem eventuellen Rechtsstreit nicht entbehrlich.[5]

4 Nach nunmehr h.M. wird der Erbschaftsanspruch als ein einheitlicher Gesamtanspruch angesehen, der neben den Sigularansprüchen auf Herausgabe, Schadenersatz etc. besteht.[6] Neben dem Erbschaftsanspruch kann der Erbe gegen den Besitzer von Nachlassgegenständen auch die Einzelansprüche erheben, die ihm aufgrund seiner Rechtsstellung als Gesamtnachfolger des Erblassers zustehen. Dementsprechend kann er den dinglichen Herausgabeanspruch des § 985 geltend machen. Er kann aber auch nach § 861 gegen denjenigen vorgehen, der ohne seinen Willen nach dem Erbfall Nachlassgegenstände in Besitz genom-

---

1 *Lange/Kuchincke* § 40 I 1.
2 AnwK/*Wendt* § 2018 Rn. 1.
3 MüKoBGB/*Helms* § 2018 Rn. 3.
4 PWW/*Tschichoflos* § 2018 Rn. 1.
5 Staudinger/*Gursky* Vorb. §§ 2018 ff. Rn. 16.
6 BGH FamRZ 2004, 537, 539; MüKoBGB/*Helms* § 2018 Rn. 7; *Bamberger/Roth/Müller-Christmann* § 2018 Rn. 6; *Palandt/Edenhofer* § 2018 Rn. 1.

men hat, und damit verbotene Eigenmacht ausübt. Er kann bei beweglichen Sachen auch nach § 1007 vorgehen oder aber eventuell bei Vorliegen eines rechtswidrigen und schuldhaften Eingriffs nach §§ 823, 249 oder den Bereicherungsanspruch geltend machen. Eine gesonderte Abtretung des Erbschaftsanspruchs unabhängig von den Einzelansprüchen ist daher zulässig.[7] Auch ist der Erbschaftsanspruch vererblich und pfändbar.[8] Der Erbschaftsanspruch verjährt nach 30 Jahren. Zwar ist § 197 Abs. 1 Nr. 2 a.F. durch das Gesetz zur Änderung des Erb- und Verjährungsrechts vom 24.9.2009 mit Wirkung zum 1.1.2010 gestrichen, jedoch ist der Herausgabeanspruch aus § 2018 ausdrücklich in § 197 Abs. 1 Nr. 1 erwähnt, so dass sich an der dreißigjährigen Verjährungsfrist nichts ändert. Vergleiche zum Recht in den »neuen Bundesländern« die Kommentierung der Vorauflage Rz. 12. Im Rahmen seiner Entscheidung vom 12.12.2003 hat der V. Zivilsenat des BGH klargestellt, dass der im Zivilgesetzbuch der DDR nicht mehr vorgesehene Herausgabeanspruch des Erben gegen den Erbschaftsbesitzer auch nach dessen Inkrafttreten am 1.1.1976 entstehen konnte, wenn der Erbfall vor diesem Zeitpunkt eingetreten war.[9] Bei internationalen Erbfällen können die §§ 2018 ff. nur zur Anwendung gelangen, soweit Erbstatut deutsches Recht ist, wobei sich die Feststellung des Erbstatuts nach Art. 25 EGBGB richtet.[10]

II. Voraussetzungen des Erbschaftsanspruchs

1. Aktivlegitimation

Der Erbschaftsanspruch steht dem »wahren« Erben zu: Das ist neben dem Alleinerben der Vor- und Nacherbe während seiner jeweiligen Berechtigungszeit.[11]

Weiterhin sind die Miterben anspruchsberechtigt. Ein Miterbe kann allein klagen, sofern er nur Leistung an alle Miterben oder Hinterlegung (Verwahrung) für alle fordert nach § 2039.[12] Ein Miterbe kann auch den Erbschaftsanspruch gegen die übrigen Miterben geltend machen, die ihm entweder sein Erbrecht insgesamt absprechen[13] oder aber nicht in Höhe der ihm tatsächlich zustehenden Erbteilsquote anerkennen.[14]

Gläubiger eines Anspruchs nach § 2018 können auch der Nachlassverwalter, der Nachlassinsolvenzverwalter sowie der Testamentsvollstecker sein, mithin sämtlichst Personen, die zur eigenverantwortlichen Verwaltung des Nachlasses berufen sind.[15]

Richtiger Ansicht nach sollte auch der Nachlasspfleger den Anspruch aus § 2018 geltend machen können.[16] Zwar kann der Nachlasspfleger den Nachlass aus eigenem Recht nach §§ 1960, 1915, 1793 in Besitz nehmen, der Nachteil des Ausschlusses des § 2018 besteht jedoch darin, dass die §§ 1960, 1915, 1793 nicht die Surrogate (§ 2019), die Nutzungen (§ 2020) sowie die Ersatzleistungen (§ 2021) umfassen, was jedoch der Interessenlage entsprechen würde. Die Rechtsprechung befürwortet die analoge Anwendung des § 2019,[17] so dass der Nachlasspfleger auch die Surrogate beanspruchen kann.

Dem **Erbteilserwerber** – Rechtsnachfolger eines Miterben – steht der Erbschaftsanspruch nach § 2033 ebenso zu[18] wie dem Pfändungsgläubiger eines Erbteils.[19] Hingegen

---

7 *Staudinger/Gursky* § 2018 Rn. 15.
8 *Palandt/Edenhofer* § 2018 Rn. 1.
9 BGH FamRZ 2004, 537, 538.
10 MüKoBGB/*Helms* § 2018 Rn. 1.
11 KG OLG 21, 310; *Staudinger/Gursky* § 2018 Rn. 2; MüKoBGB/*Helms* § 2018 Rn. 11.
12 *Palandt/Edenhofer* § 2039 Rn. 1; § 2018 Rz. 3.
13 *Staudinger/Werner* § 2039 Rn. 20, 21; *Erman/Schlüter* § 2018 Rn. 1.
14 *Staudinger/Gursky* § 2018 Rn. 1; *Lange/Kuchinke* § 40 II 1.
15 *Soergel/Dieckmann* § 2018 Rn. 1; RGRK/*Kregel* § 2018 Rn. 3.
16 So *Staudinger/Gursky* § 2018 Rn. 3; *Erman/Schlüter* § 2018 Rn. 1 m.w.N.; MüKoBGB/*Helms* § 2018 Rn. 13; a.A. BGH NJW 1972, 1752; BGH NJW 1983, 226; RGRK/*Kregel* § 2018 Rn. 3.
17 BGH NJW 1983, 226.
18 *Lange/Kuchinke* § 40 II 1 a.
19 RG Warn 11 Nr. 39.

kann der Erbschaftskäufer erst mit Abtretung des Erbschaftsanspruchs aus diesem vorgehen.[20]

2. Passivlegitimation

10 Nach der Legaldefinition des § 2018 ist **Erbschaftsbesitzer** derjenige, der aufgrund eines ihm in Wirklichkeit nicht zustehenden Erbrechts etwas aus der Erbschaft erlangt hat.

11 Mithin ist neben der objektiven Voraussetzung »des aus dem Nachlass Erlangten« subjektive Voraussetzung, dass der Inhaber des in Streit befindlichen Gegenstandes sich ein Erbrecht (nicht lediglich ein Vermächtnis) anmaßt, das ihm nicht oder jedenfalls nicht in dem Umfang zusteht. Gleichgültig ist es hierbei, ob der sog. Erbprätendant gut- oder bösgläubig ist.[21]

12 Deshalb ist herausgabepflichtig jeder Nachlassschuldner, der dem wahren Erben die Erfüllung unter Berufung auf eigenes Erbrecht verweigert.[22] Dementsprechend greift § 2018 bei dem Miterben ein, der ein weitergehendes Erbrecht beansprucht als ihm zusteht.[23] Die Begründung des alleinigen Besitzes eines Miterben am Nachlassgegenstand ist nur dann als Anmaßung einer tatsächlich nicht bestehenden Alleinerbenstellung zu verstehen, soweit sie mit einer Negierung des den übrigen Miterben zustehenden Rechts zum Mitbesitz verbunden ist.[24] Dies ist beispielsweise der Fall, wenn eine freiwillige Auskunft über Nachlassgegenstände verweigert wird und keine Rechenschaft über durchgeführte Verfügungen erteilt wird.[25] Mithin ist eine etwaige Erbanmaßung eines Miterben durch Negierung des den übrigen Miterben zustehenden Rechts zum Mitbesitz aus der Art und Weise seines Vorgehens zu entnehmen.[26] Auch ist derjenige herausgabepflichtig nach § 2018, der sein Erbrecht infolge erfolgreicher Anfechtung einer Verfügung von Todes wegen durch Dritte oder wegen Erbunwürdigkeit rückwirkend verloren hat.[27]

13 Nach überwiegender Auffassung ist es für die Anwendung des § 2018 ausreichend, dass der Erbschaftsbesitzer den im Streit befindlichen Nachlassgegenstand irgendwann einmal als vermeintlicher Erbe innegehabt hat,[28] also z.B. im Zeitpunkt der Erlangung, aber auch die dem Besitzerwerb nachfolgende Anmaßung eines Erbrechts reicht aus.[29] Im Gegenzug dazu entfällt deshalb die Herausgabepflicht nach § 2018 nicht, wenn der Erbschaftsbesitzer seine Erbrechtsanmaßung im Nachhinein aufgibt.[30]

14 Nach § 2030 steht dem Erbschaftsbesitzer derjenige gleich, der die **Erbschaft** von ihm **durch Vertrag erworben** hat.

15 Hingegen scheidet als Erbschaftsbesitzer aus, wer die Erbschaft ausgeschlagen hat (gegen diesen hat der wahre Erbe ggf. Ansprüche aus Geschäftsführung ohne Auftrag, § 1959). Ebenfalls nicht Erbprätendant ist der Dieb, der zwar einen Erbschaftsgegenstand besitzt, jedoch ohne Geltendmachung eines Besitzrechts.[31] Ebensowenig ist der Anspruch gegen denjenigen zu richten, der seine Rechtsstellung als Eigentümer des in Streit befindlichen Gegenstandes infolge Erwerbs durch Rechtsgeschäft unter Lebenden oder durch Schenkung von Todes wegen oder als Besitzer eines persönlichen oder sonstigen dinglichen Rechts herleitet. Darüber hinaus sind auch Testamentsvollstrecker, Nachlassverwal-

---

20 *Staudinger/Gursky* § 2018 Rn. 2.
21 H.M.; *Palandt/Edenhofer* § 2018 Rn. 4 m.w.N.
22 *Erman/Schlüter* § 2018 Rn. 2; MüKoBGB/*Helms* § 2018 Rn. 26.
23 RGZ 81, 293.
24 BGH WM 2002, 909, 910; OLG Koblenz ZErb 2008, 168.
25 OLG Koblenz ZErb 2008, 168.
26 OLG Koblenz aaO.
27 BGH FamRZ 1985, 1019.
28 BGH NJW 1985, 3069.
29 H.M.; RGZ 81, 293, 294.
30 H.M.; *Staudinger/Gursky* § 2018 Rn. 10 m.w.N.
31 *Erman/Schlüter* § 2018 Rn. 2.

ter, Nachlasspfleger und Nachlassinsolvenzverwalter nicht Erbschaftsbesitzer, da sie nicht aufgrund angemaßten Erbrechts, sondern kraft ihres Amtes besitzen,[32] es sei denn, sie verwalten Gegenstände aufgrund eines bereits vom Erblasser angemaßten Erbrechts.[33]

Nach h.M. wird auch der Vorerbe, der den Eintritt der Nacherbfolge zu Unrecht bestreitet, nicht Erbschaftsbesitzer; vielmehr soll für ihn als lex specialis zu § 2018 die Sonderregelung des § 2130 einschlägig sein.[34] Der Erbe des Erbschaftsbesitzes ist ebenfalls zur Herausgabe verpflichtet, da der Erbschaftsanspruch als Nachlassverbindlichkeit auf den Erben übergeht.[35] Ihm steht jedoch die Möglichkeit der Haftungsbeschränkung zu, soweit er sich nicht selbst das Erbrecht des Gläubigers des Erbschaftsanspruchs anmaßt.[36] Nur für den Fall der Erbrechtsanmaßung wird der Erbe des Erbschaftsbesitzers selbst zum Erbschaftsbesitzer. 16

III. Gegenstand des Erbschaftsanspruchs

Der Erbe kann von dem Erbschaftsbesitzer dasjenige herausverlangen, was dieser aus dem Nachlass erlangt hat. Demnach kommt jeder Vermögensvorteil in Betracht, der aus dem Nachlass oder wegen § 2019 aus dessen Mitteln herrührt, selbst der gesamte Nachlass.[37] Hierbei kommt Eigenbesitz, mittelbarer wie unmittelbarer, ebenso in Betracht wie Fremdbesitz; letzteres wenn beispielsweise der Erbprätendant Sachen, die der Erblasser entliehen oder gemietet hat, als Erbe in gleicher Eigenschaft besitzt.[38] 17

Als Vermögensvorteile erlangt sein können neben Sachen auch **Forderungen und Rechte**. Weiterhin gilt als erlangt die durch Aufrechnung gegen eine Nachlassforderung erlangte Schuldbefreiung sowie was an den Erbschaftsbesitzer auf Nachlassforderungen geleistet worden ist, jeweils vorausgesetzt, der Erbprätendant kann einen Erbschein aufweisen.[39] Weiter fällt unter § 2018, was der Erbschaftsbesitzer bereits vor dem Erbfall erlangt und dann aufgrund der Erbanmaßung zurückbehalten hat, wie z.B. ein vom Erblasser an ihn gegebenes Darlehen, das er nun nicht mehr zurückzahlen will.[40] Auch eine zu Unrecht aufgrund eines unrichtigen Erbscheins erlangte Bucheigentümerposition ist ein aus dem Nachlass erlangter Vermögensvorteil.[41] 18

Ist dem als Erben Eingesetzten seitens des Erblassers ein Blankoscheck übergeben worden, aufgrund dessen er erst nach dem Tod des Erblassers einen Betrag erhält, so hat der als Erbe Eingesetzte auch diesen Betrag herauszugeben, wenn das Testament nichtig ist, da die Leistung erst nach dem Erbfall erfolgte,[42] zwar nicht unmittelbar i.S.v. § 2018, aber als Surrogat nach § 2019.[43] 19

IV. Einwendungen des Erbschaftsbesitzers

Der Erbschaftsbesitzer kann dem Herausgabeverlangen des Erben sämtliche ihm zustehenden Einzel- oder Singulareinreden aus seinem Verhältnis zum Erblasser oder zum Erben entgegenhalten, auch wenn sie sich nur auf einzelne Nachlassgegenstände beziehen 20

---

[32] *Soergel/Dieckmann* § 2018 Rn. 6.
[33] *Soergel/Dieckmann* § 2018 Rn. 8.
[34] *Staudinger/Gursky* § 2018 Rn. 12; *Soergel/Dieckmann* § 2018 Rn. 7; *Erman/Schlüter* § 2018 Rn. 2; MüKoBGB/*Helms* § 2018 Rn. 19.
[35] BGH FamRZ 2004, 537, 538.
[36] MüKoBGB/*Helms* § 2018 Rn. 21.
[37] *Palandt/Edenhofer* § 2018 Rn. 6; *Erman/Schlüter* § 2028 Rn. 3.
[38] *Lange/Kuchinke* Erbrecht § 40 II 3; MüKoBGB/*Helms* § 2018 Rn. 22.
[39] *Erman/Schlüter* § 2018 Rn. 3.
[40] *Lange/Kuchinke* § 40 II 3; PWW/*Tschichoflos* § 2018 Rn. 19.
[41] BGH FamRZ 2004, 537; PWW/*Tschichoflos* § 2018 Rn. 19.
[42] KG NJW 1970, 329.
[43] MüKoBGB/*Helms* § 2018 Rn. 22.

und sich nicht gegen den Gesamtanspruch als solchen richten.[44] Die Einwendung kann dinglicher, aber auch schuldrechtlicher Art sein.[45]

21 Richtiger Ansicht zufolge besteht sowohl für den Vermächtnisnehmer wie auch den Pflichtteilsberechtigten weder ein Besitzrecht noch ein Zurückbehaltungsrecht an Nachlassgegenständen,[46] da aufgrund der Reihenfolge der Regulierung der Nachlassverbindlichkeiten der Vermächtnisanspruch an letzter Stelle erfolgt und überdies soll der Erbschaftsanspruch nach seinem Sinn und Zweck dem Erben zunächst ermöglichen, durch Zusammenfassung des gesamten Nachlasses sämtliche gegen ihn gerichteten Ansprüche zu befriedigen. Ein Herausgabeverlangen des wahren Erben kann aber u.U. gegen Treu und Glauben verstoßen.[47]

V. Beweislast

22 Der Erbe muss sein Erbrecht beweisen, d.h. im Falle gesetzlicher Erbfolge kann er den Erbschein vorlegen, der die widerlegbare Vermutung enthält, dass er Erbe ist (§ 2365), oder aber er beweist das Verwandtschaftsverhältnis oder die Ehe durch andere Beweismittel. Bei gewillkürter Erbfolge kann der Erbe sein Erbrecht durch Vorlage einer wirksamen letztwilligen Verfügung nachweisen. Darüber hinaus ist der Erbe beweispflichtig für die Tatsache, dass die herausverlangten Gegenstände zum Nachlass gehören, d.h. dass der Beklagte Erbschaftsbesitzer ist. Demgegenüber obliegt dem Erbschaftsbesitzer der Beweis für das Vorliegen eines eventuellen Besitzrechts bzw. der Verlust des Besitzes etc.[48] Die Eigentumsvermutung des § 1006 gilt auch i.R.d. Erbschaftsanspruchs.[49] Kann der Erbe sein Erbrecht nicht beweisen, ist die Klage selbst bei unberechtigtem Besitz des Beklagten abzuweisen.[50]

VI. Gerichtsstand

23 Für Klagen aus dem Erbschaftsanspruch ist sowohl der allgemeine Gerichtsstand des Beklagten, §§ 12, 13 ff. ZPO, sowie auch der besondere Gerichtsstand der Erbschaft, § 27 ZPO, gegeben. Auch wenn der Herausgabeanspruch nach § 2018 nur Grundstücke betrifft, ist der dingliche Gerichtsstand nach § 24 ZPO ausgeschlossen.[51] Der Gerichtsstand der Erbschaft (§ 27 ZPO) gilt allerdings nicht für die Einzelansprüche.[52]

VII. Beratungshinweise

1. Allgemeines

24 Der Erbschaftsanspruch als Gesamtanspruch entbindet den Erben nicht von der Pflicht, i.R.e. Klage die einzelnen herausverlangten Gegenstände konkret und bestimmt zu bezeichnen, § 253 Abs. 2 Nr. 2 ZPO. Er kann sie aber nach Rechtshängigkeit noch ergänzen. Andernfalls entstünden gegebenenfalls unüberwindbare Schwierigkeiten im Zusammenhang mit Fragen der Rechtshängigkeit, der Rechtskraft und im Zwangsvollstreckungsverfahren. Da der Erbe jedoch u.U. über keine genauen Kenntnisse in Bezug auf Umfang

---

[44] *Erman/Schlüter* § 2018 Rn. 4.
[45] AnwK/*Wendt* § 2018 Rn. 70.
[46] So AnwK/*Wendt* § 2018 Rn. 73, 75; *Erman/Schlüter* § 2018 Rn. 4; a.A. *Staudinger/Gursky* § 2018 Rn. 22; MüKoBGB/*Helms* § 2018 Rn. 26, sofern eine wirtschaftlich sinnvolle Nachlassabwicklung nicht gefährdet wird.
[47] AnwK/*Wendt* § 2018 Rn. 74.
[48] Vgl. zu der Beweislast *Palandt/Edenhofer* § 2018 Rn. 11.
[49] Vgl. im einzelnen AnwK/*Wendt* § 2018 Rn. 88.
[50] *Palandt/Edenhofer* § 2018 Rn. 12.
[51] MüKoBGB/*Helms* § 2018 Rn. 32.
[52] MüKoBGB/*Helms* § 2018 Rn. 32.

und Verbleib der Nachlassgegenstände verfügt, andererseits dem Erben aus § 2027 ein Auskunftsrecht erwächst, empfiehlt sich in diesem Falle die Erhebung einer Stufenklage, § 254 ZPO. Auf diese Weise entgeht der Erbe der Pflicht, die Gegenstände von vornherein bestimmt zu bezeichnen. Es kann zunächst die Auskunft, d.h. die Vorlage eines Vermögensverzeichnisses, und eventuell die Abgabe der eidesstattlichen Versicherung abwarten und anschließend die vorbehaltene Benennung von Nachlassgegenständen vornehmen. Ferner sollte der Erbe neben der Leistungsklage – zumindest wenn die Möglichkeit besteht, dass der Erbschaftsbesitzer außer den in seiner Auskunft angegebenen Gegenständen noch weitere in Besitz hat – einen Feststellungsantrag dahingehend formulieren, dass er Erbe ist und der Beklagte zur Herausgabe aller weiteren aus der Erbschaft erlangten Gegenstände verpflichtet ist. Denn nur mit Hilfe dieses Feststellungsantrages wird eine einheitliche Verjährung des Herausgabeanspruchs hinsichtlich aller Gegenstände bewirkt. Leistungsklage und Feststellungsklage können miteinander verbunden werden, § 260 ZPO.

Der Erbe ist berechtigt, in einer Klage mit dem Erbschaftsanspruch **Einzelansprüche zu verbinden** oder die Klage vom Erbschaftsanspruch auf den Einzelanspruch umzustellen, § 264 ZPO. Zu beachten ist hierbei jedoch, dass für die Einzelansprüche der Gerichtsstand der Erbschaft nicht gilt,[53] so dass insoweit die Gefahr einer Klageabweisung wegen Unzuständigkeit zu beachten ist. Eine einstweilige Verfügung mit dem Antrag auf Herausgabe der Erbschaftsgegenstände i.R.e. Leistungsverfügung ist nur ausnahmsweise gerechtfertigt, soweit der Erbe die Gegenstände zur Erzielung seines Lebensunterhaltes oder zur Notlagenbeseitigung oder -verminderung benötigt.[54] Indes ist die Sicherungsverfügung möglich, wenn die Substanz der Nachlassgegenstände durch die Nutzung eines Dritten nachhaltig beeinträchtigt oder erheblich verschlechtert wird.[55]

Dem Erbschaftsbesitzer ist anzuraten, seine Verteidigung i.R.e. möglichen Rechtsstreits zum einen auf den Haupteinwand zu stützen, er sei der wahre Erbe, und daneben hilfsweise die Einwendung mit einem Recht zum Besitz zu erheben.

2. Formulierungshilfen

Entsprechend den obigen Ausführungen könnten die Klageanträge i.R.e. Stufenklage auf Herausgabe von Nachlassgegenständen verbunden mit einem Feststellungsantrag folgendermaßen lauten:

Der Beklagte wird verurteilt,
1. dem Kläger Auskunft über den Bestand der Erbschaft nach dem am … verstorbenen … und über den Verbleib der Nachlassgegenstände zu erteilen;
2. bei begründeter Annahme, dass die Auskunft nicht mit der erforderlichen Sorgfalt erteilt worden ist, auf Verlangen zu Protokoll an Eides Statt zu versichern, dass er nach bestem Wissen die Auskunft so vollständig erteilt hat, als er dazu imstande sei;
3. an den Kläger die nach Erteilung der Auskunft noch bestimmt zu bezeichnenden Nachlassgegenstände herauszugeben.
4. Es wird festgestellt, dass der Kläger Alleinerbe des am … verstorbenen … geworden ist und der Beklagte deshalb zur Herausgabe aller weiteren aus der Erbschaft erlangten Gegenstände verpflichtet ist.

---

[53] *Baumbach/Lauterbach/Albers/Hartmann* § 27 Rn. 5.
[54] OLG Köln VersR 1997, 467.
[55] OLG Düsseldorf MDR 1995, 635; PWW/*Tschichoflos* § 2018 Rn. 29.

§ 2019
Unmittelbare Ersetzung

(1) Als aus der Erbschaft erlangt gilt auch, was der Erbschaftsbesitzer durch Rechtsgeschäfte mit Mitteln der Erbschaft erwirbt.

(2) Die Zugehörigkeit einer in solcher Weise erworbenen Forderung zur Erbschaft hat der Schuldner erst dann gegen sich gelten zu lassen, wenn er von der Zugehörigkeit Kenntnis erlangt; die Vorschriften der §§ 406 bis 408 finden entsprechende Anwendung.

I. Sinn und Zweck des Ersetzungsgrundsatzes

1 Durch die Regelung des § 2019, der in seinem Abs. 1 eine unmittelbare dingliche Surrogation anordnet, soll sichergestellt werden, dass zum einen der wirtschaftliche Wert des Nachlasses erhalten bleibt und das Nachlassvermögen in seinem wechselnden Bestand dem Zugriff des oder der Erben unterliegt, und zum anderen der Nachlass als Haftungsgrundlage für die Nachlassgläubiger erhalten bleibt.[1] Zu diesem Zweck ist in § 2019 unter den dort genannten Voraussetzungen geregelt, dass die seitens des Erbschaftsbesitzers mit Nachlassmitteln rechtsgeschäftlich erworbenen Gegenstände ohne Rücksicht auf den Willen der Beteiligten und ohne weiteren Übertragungsakt zwischen dem Erben und dem Erbschaftsbesitzer dem Nachlass zufallen.[2] Mit Hilfe dieser unmittelbaren Zuordnung wird – anders als bei dem sog. Durchgangs- bzw. Zwischenerwerb – sichergestellt, dass dem Erben im Falle der Insolvenz des Erbschaftsbesitzers ein Aussonderungsrecht nach § 47 InsO zusteht und er darüber hinaus i.R.v. Zwangsvollstreckungen, die ein Gläubiger des Erbschaftsbesitzers in Nachlass- bzw. Ersatzgegenstände betreibt, die Drittwiderspruchsklage nach § 771 ZPO erheben kann.[3]

2 Um dem Schutzzweck des § 2019 gerecht zu werden, werden von dem Ersetzungsgrundsatz – nach Aufgabe der höchstrichterlichen Rechtsprechung zum Erwerb einer Kommanditistenstellung mit Nachlassmitteln[4] – selbst nicht übertragbare Rechtspositionen, wie beispielsweise die durch Einbringung des Nachlasses in eine neue Gesellschaft entstandene Gesellschafterstellung[5] erfasst.

II. Voraussetzungen des Ersetzungsgrundsatzes

1. Rechtsgeschäftlicher Erwerb

3 Die Vorschrift, die § 2018 ergänzt und keine eigenständige Anspruchsgrundlage darstellt, setzt einen Erwerb durch Rechtsgeschäft voraus. Die einfache oder auch gesetzliche Surrogation, wie sie in den §§ 2041, 2111 Abs. 1 ihren Ausdruck findet, ist in § 2019 Abs. 1 nicht erwähnt. Dennoch stehen dem Erben die gesetzlichen Ersatzvorteile, also was aufgrund eines zum Nachlass gehörigen Rechts oder als Ersatz für die Beschädigung, Zerstörung oder Entziehung eines Nachlassgegenstandes erlangt wird, ohnehin – auch ohne ausdrückliche Erwähnung in § 2019 – zu.[6] Lediglich für den Schuldner nicht rechtsgeschäftlich erworbener Forderungen gilt nicht § 2019 Abs. 2, sondern es gelten die §§ 851, 893, 2367.[7]

4 Eine mehrfache Surrogation, d.h. Erwerb eines Ersatzgegenstandes durch die Hingabe eines Ersatzgegenstandes, ist möglich.[8] Nicht entscheidend ist es, welchen Zweck der Erb-

---

[1] Vgl. MüKoBGB/*Helms* § 2019 Rn. 1; *Palandt/Edenhofer* § 2019 Rn. 1.
[2] Vgl. *Soergel/Dieckmann* § 2019 Rn. 1 m.w.N.; PWW/*Tschichoflos* § 2018 Rn. 2.
[3] MüKoBGB/*Helms* § 2019 Rn. 1.
[4] BGHZ 109, 214 ff.; anders noch BGH NJW 1977, 433.
[5] OLG Düsseldorf FamRZ 1992 600.
[6] Vgl. *Soergel/Dieckmann* § 2019 Rn. 6; MüKoBGB/*Helms* § 2019 Rn. 4 m.w.N.
[7] *Palandt/Edenhofer* § 2019 Rn. 3.
[8] Sog. Kettensurrogation, MüKoBGB/*Helms* § 2019 Rn. 3; PWW/*Tschichoflos* § 2019 Rn. 9.

schaftsbesitzer mit dem Rechtsgeschäft verfolgt.[9] Ebenfalls von § 2019 erfasst werden Gegenstände, die der Erbschaftsbesitzer im Wege der Zwangsvollstreckung mit Mitteln aus dem Nachlass erwirkt,[10] weshalb der Begriff des Rechtsgeschäfts i.S.v. § 2019 nicht eng auszulegen ist.

2. Rechtsgeschäftlicher Erwerb mit Erbschaftsmitteln

Als Erbschaftsmittel kommen alle Nachlassmittel wie etwa Geld, Forderungen, bewegliche und unbewegliche Sachen sowie sonstige Rechte in Betracht.[11] Diese Nachlassmittel dürfen jedoch nicht von dem Erbschaftsbesitzer durch eigene Mittel für den Nachlass erworben worden sein. Weiterhin schließt die Voraussetzung des Erwerbs mit Erbschaftsmitteln einen unentgeltlichen Erwerb aus, es sei denn, dieser stünde in engem Zusammenhang mit Gegengeschenken aus dem Nachlass.[12] Gleichgültig ist es hingegen, ob der Ersatzgegenstand und der hingegebene Gegenstand aus dem Nachlass gleichwertig sind.[13] 5

Unter den Begriff Mittel der Erbschaft fällt auch der Besitz,[14] allerdings kann der Ersetzungserwerb dem Erben nur zu dem Recht am Ersetzungsgegenstand verhelfen, das der Erblasser an der weggegebenen Sache innehatte.[15] 6

Hingegen zählt zu den Mitteln der Erbschaft nicht, was der Erbschaftsbesitzer nach Bereicherungsrecht (§ 2021) oder als Schadensersatz (§§ 2023–2025) schuldet.[16] 7

Hat der Erbschaftsbesitzer den Erwerb zum Teil mit Eigenmitteln, zum Teil jedoch auch mit Nachlassmitteln getätigt, so führt dies zur Mitberechtigung nach Bruchteilen oder aber, wenn die Ersatzgegenstände zu Eigentum erworben werden, zu Miteigentum.[17] 8

Nach heute herrschender Meinung ist es nicht zwingend erforderlich, dass der Erbschaftsbesitzer über die Nachlassgegenstände wirksam verfügt hat. Denn soweit die Verfügung unwirksam war, liegt in dem Herausgabeverlangen des Erben die Genehmigung der unwirksamen Verfügung nach § 185 aufschiebend bedingt durch die tatsächliche Herausgabe des Ersatzgegenstandes.[18] Hierdurch wird verhindert, dass einerseits der Erbe nicht nebeneinander vom Dritten den Nachlassgegenstand und vom Erbschaftsbesitzer den Ersatzgegenstand verlangen kann, andererseits aber der Erbe der Gefahr ausgesetzt ist, beide Gegenstände zu verlieren. Eventuell bestehende Schadensersatzansprüche des Erben gegen den Erbschaftsbesitzer werden durch die Genehmigung des Erben zwar nicht ausgeschlossen, jedoch der Höhe nach begrenzt auf den durch die Herausgabe des Ersatzgegenstandes nicht gedeckten Schaden.[19] 9

3. Kein Ausschluss der Surrogation

Die Surrogation ist ausgeschlossen bei Erwerb eines höchstpersönlichen Rechts, wie etwa dem Nießbrauch,[20] sowie bei Rechten, die Bestandteil eines dem Erbschaftsbesitzer gehörigen Grundstücks sind, § 96. Des Weiteren erfolgt ein Wertausgleich lediglich nach Bereicherungsgrundsätzen, § 2021, sofern die erlangten Vorteile im Vermögen des Erbschaftsbe- 10

---

9 *Erman/Schlüter* § 2018 Rn. 1.
10 *Staudinger/Gursky* § 2019 Rn. 18; *MüKoBGB/Helms* § 2019 Rn. 8.
11 *Lange/Kuchinke* § 41 III 2 c; *Bamberger/Roth/Müller-Christmann* § 2019 Rn. 7.
12 *Soergel/Dieckmann* § 2019 Rn. 2.
13 *Soergel/Dieckmann* § 2019 Rn. 2; *PWW/Tschichoflos* § 2019 Rn. 6.
14 *Erman/Schlüter* § 2019 Rn. 4; a.A. *Staudinger/Gursky* § 2019 Rn. 10.
15 So *Soergel/Dieckmann* § 2019 Rn. 4.
16 *Erman/Schlüter* § 2019 Rn. 4.
17 Vgl. *MüKoBGB/Helms* § 2019 Rn. 9 m.w.N.
18 *Palandt/Edenhofer* § 2019 Rn. 2; *Soergel/Dieckmann* § 2019 Rn. 3; *MüKoBGB/Helms* § 2019 Rn. 9, 10, 11 m.w.N.
19 *Soergel/Dieckmann* § 2019 Rn. 3.
20 *Palandt/Edenhofer* § 2019 Rn. 4; *MüKoBGB/Helms* § 2019 Rn. 6; a.A. unter Hinweis auf die neue BGH-Rechtsprechung wohl *Soergel/Dieckmann* § 2019 Rn. 7.

sitzers aufgehen, z.B. bei Aufrechnung mit einer Nachlassforderung gegen eine Eigenschuld oder bei Bezahlung eigener Schulden mit Erbschaftsmitteln.[21]

4. Die Rechtsfolgen des Ersetzungsgrundsatzes

11 Ohne einen Durchgangs- oder Zwischenerwerb fallen dem Erben die durch Rechtsgeschäft mit Mitteln der Erbschaft erworbenen Gegenstände unmittelbar an (mit den entscheidenden Vorteilen für den Erben in der Insolvenz des Erbschaftsbesitzers oder im Zwangsvollstreckungsverfahren gegen diesen); er erhält jedoch nur das Recht an dem Ersetzungsgegenstand, das der Erblasser an dem vom Erbschaftsbesitzer weggegebenen Nachlassgegenstand hatte.[22] Die Herausgabe kann über die Anspruchsgrundlage des § 2018 begehrt werden. Um dem Zweck des § 2019 – den Zwischenerwerb auszuschalten – gerecht zu werden, erhält der Erbe richtiger Ansicht zufolge die Gegenleistung aus einem Kreditgeschäft des Erbschaftsbesitzers selbst dann unmittelbar, wenn der Erbschaftsbesitzer die von ihm geschuldete Leistung aus Nachlassmitteln erst nach Erhalt der Gegenleistung erbringt.[23]

III. Schutz gutgläubiger Dritter

12 Zum Schutz der gutgläubigen Dritten ordnet Abs. 2 die entsprechende Anwendung der §§ 406–408 an. Zwar erfolgt bereits ein Schutz des gutgläubigen Dritten über §§ 892, 893, 932–936, 1032, 1138, 1155, 1207, 1244, 2366, 2367, da der Erbschaftsbesitzer als Nichtberechtigter verfügt; jedoch entfällt bei beweglichen Sachen der Gutglaubensschutz nach §§ 857, 935, jedenfalls soweit der Erbschaftsbesitzer nicht durch einen Erbschein ausgewiesen war.[24]

13 Den weitergehenden Schutz des gutgläubigen Dritten übernehmen deshalb über Abs. 2 die §§ 406–408, weil die Rechtslage ähnlich der eines gesetzlichen Forderungsübergangs, § 412, ist. Demnach kann der Schuldner den Erbschaftsbesitzer bis zur Kenntniserlangung als Gläubiger der Forderung – nach Maßgabe der §§ 406–408 – betrachten. Dabei bezieht sich das Erfordernis der fehlenden Kenntniserlangung i.S.v. § 2019 Abs. 2 darauf, dass der Schuldner des Erbschaftsbesitzers keine Kenntnis davon haben darf, dass die Forderung mit Nachlassmitteln erworben und der Erbschaftsbesitzer nicht der wahre Erbe ist.[25] Auch kann er – dies ergibt sich aus § 404 – dem Erben sämtliche Einwendungen entgegenhalten, die dem Erbschaftsbesitzer bis zur Kenntniserlangung dem Grunde nach entstanden waren.[26]

IV. Beratungshinweise

14 Um den Anspruch des Erben zügig und umfassend durchsetzen zu können, empfiehlt es sich, bereits in einem ersten Anspruchsschreiben auf die umfassende Rechtslage, insb. auf den Ersetzungsgrundsatz hinzuweisen und damit dem Erbschaftsbesitzer bereits frühzeitig den Umfang des Erbschaftsanspruchs insgesamt zu verdeutlichen. Insoweit nämlich ist die seitens des Erbschaftsbesitzers nach § 2027 zu erteilende Auskunft auch auf den Verbleib einzelner Erbschaftsgegenstände und damit eventueller Austauschgegenstände zu richten.

---

21 *Staudinger/Gursky* § 2019 Rn. 4.
22 *MüKoBGB/Helms* § 2019 Rn. 15.
23 *Soergel/Dieckmann* § 2019 Rn. 1 mit ausführlicher Begründung; a.A. *Staudinger/Gursky* § 2019 Rn. 3; *MüKoBGB/Helms* § 2019 Rn. 14.
24 *Soergel/Dieckmann* § 2019 Rn. 8; *MüKoBGB/Helms* § 2019 Rn. 16.
25 *MüKoBGB/Helms* § 2019 Rn. 17.
26 *RGRK/Kregel* § 2019 Rn. 4.

§ 2020
Nutzungen und Früchte

Der Erbschaftsbesitzer hat dem Erben die gezogenen Nutzungen herauszugeben; die Verpflichtung zur Herausgabe erstreckt sich auch auf Früchte, an denen er das Eigentum erworben hat.

I. Normzweck

Die Vorschrift, die der Rechtslage beim Eigentümer-Besitzer-Verhältnis, §§ 987–998, im wesentlichen entspricht, wird ebenfalls dem Grundgedanken des Erbschaftsanspruchs – den Nachlass als Ganzes zu erhalten – gerecht, indem sie vorsieht, dass der Erbschaftsbesitzer alle gezogenen Nutzungen, nach § 100 demnach Sach- und Rechtsfrüchte sowie Gebrauchsvorteile, herauszugeben hat. 1

II. Inhalt der Regelung

An den unmittelbaren Sachfrüchten erhält der Erbe – unterstellt der Erbschaftsbesitzer war bösartig – unmittelbar Eigentum, weshalb er gegen den Erbschaftsbesitzer einen dinglichen Herausgabeanspruch hat, der in der Insolvenz des Erbschaftsbesitzers zur Aussonderung nach § 47 InsO und bei Zwangsvollstreckung zur Erhebung der Drittwiderspruchsklage nach § 771 ZPO berechtigt.[1] War der Erbschaftsbesitzer hingegen gutgläubig, so erlangt dieser das Eigentum an den Früchten, und dem Erben steht lediglich ein schuldrechtlicher Herausgabeanspruch gegen den Erbschaftsbesitzer nach § 2020 2. Hs. zu. Stand aber bereits dem Erblasser an Sachen kein Fruchtziehungsrecht zu, so werden weder der Erbe noch der Erbschaftsbesitzer Eigentümer dieser Früchte; dennoch hat der Erbschaftsbesitzer diese herauszugeben.[2] 2

Mittelbare Sach- und Rechtsfrüchte – wie beispielsweise Miet- und Pachtzinsforderungen über Nachlassgrundstücke – erwirbt der Erbe richtiger Ansicht zufolge bereits aufgrund des Ersetzungsgrundsatzes des § 2019, da die Früchte mit Mitteln der Erbschaft erworben werden.[3] Die Ansicht, dem Erben stünde insoweit nur ein schuldrechtlicher Herausgabeanspruch zu, da § 2020 2. Hs. den § 2019 verdrängt,[4] wird dem Grundgedanken des Surrogationsgrundsatzes nicht gerecht. 3

Gebrauchsvorteile, die der Erbschaftsbesitzer aus einer Nachlasssache gezogen hat, geben dem Erben einen schuldrechtlichen Anspruch auf Herausgabe der Bereicherung (§§ 2021, 818 Abs. 2). 4

Soweit dem Erbschaftsbesitzer die Herausgabe der Früchte in Natur unmöglich geworden ist, hat er nach Bereicherungsgrundsätzen einzustehen. Da der gutgläubige Erbschaftsbesitzer nur für gezogene Nutzungen haftet, tritt eine Verschärfung mit Eintritt der Rechtshängigkeit und der Bösgläubigkeit ein (§§ 2023 Abs. 2, 2024, 987 Abs. 2). 5

III. Beratungshinweise

Da § 2020 ebenso wie § 2019 den Umfang des Erbschaftsanspruchs kennzeichnet, ist das Anspruchsschreiben des Erben gegen den Erbschaftsbesitzer auch auf die gezogenen Nutzungen zu richten.[5] 6

---

1 MüKoBGB/*Helms* § 2020 Rn. 3.
2 *Soergel/Dieckmann* § 2020 Rn. 2.
3 MüKoBGB/*Helms* § 2020 Rn. 4; *Soergel/Dieckmann* § 2020 Rn. 2; *Staudinger/Gursky* § 2020 Rn. 8.
4 So *Palandt/Edenhofer* § 2020 Rn. 1.
5 Vgl. bereits § 2019 Rn. 17.

§ 2021
Herausgabepflicht nach Bereicherungsgrundsätzen

Soweit der Erbschaftsbesitzer zur Herausgabe außerstande ist, bestimmt sich seine Verpflichtung nach den Vorschriften über die Herausgabe einer ungerechtfertigten Bereicherung.

I. Normzweck

1 § 2021 dient dem Schutz des unverklagten gutgläubigen Erbschaftsbesitzers, indem er dessen Herausgabepflicht – für den Fall, dass der Erbschaftsbesitzer zur Herausgabe in Natur außerstande ist – dem Umfang nach auf eine Haftung nach Bereicherungsgrundsätzen beschränkt. Der ursprüngliche dingliche Herausgabeanspruch verwandelt sich mithin in einen schuldrechtlichen Wertersatzanspruch.[1] Bei § 2021 handelt es sich um eine bloße Rechtsfolgenverweisung, d.h. die Voraussetzungen eines Bereicherungsanspruchs nach den §§ 812 ff. sind nicht entscheidend.[2] Die Haftung des Erbschaftsbesitzers verschärft sich nach Maßgabe der §§ 2023–2025, sofern der Erbschaftsbesitzer bösgläubig ist (§ 2024), Rechtshängigkeit eingetreten ist (§ 2023) oder aber auch, wenn er den Besitz durch eine strafbare Handlung oder durch schuldhaft verbotene Eigenmacht (§ 2025) erlangt hat. Ist Rechtshängigkeit eingetreten, so wird § 819 Abs. 1 durch die Spezialvorschrift des § 2024 gänzlich verdrängt.[3]

II. Voraussetzungen des § 2021

2 Der Erbschaftsbesitzer muss zur Herausgabe außerstande sein. Dies bedeutet, dass ihm die Herausgabe des Nachlassgegenstandes bzw. dessen Surrogat oder Nutzungen und Früchte in Natur unmöglich ist. Worauf die Unmöglichkeit zurückzuführen ist, ob der Nachlass- bzw. Ersatzgegenstand etwa untergegangen, vom Erbschaftsbesitzer verbraucht, veräußert, verschenkt oder sogar verschwendet wurde, ist ohne Bedeutung.[4] So ist dem Erbschaftsbesitzer die Herausgabe unmöglich bei Erlangung lediglich von Gebrauchsvorteilen, wie beispielsweise die mietfreie Nutzung der Erblasserwohnung;[5] sowie bei Erwerb eines höchstpersönlichen Rechts. Auch wenn das Erlangte in dem Eigenvermögen des Erbschaftsbesitzers völlig aufgeht, ist ihm die Herausgabe unmöglich.[6] Sofern der Herausgabeanspruch auf Geld gerichtet war, kann sich der Erbschaftsbesitzer auf den Wegfall der Bereicherung nach § 818 Abs. 3 berufen.[7] Ebenfalls nach Bereicherungsrecht kann der Erbe den Unterschiedsbetrag zwischen dem Wert des weggegebenen Nachlassgegenstandes und dem des Surrogats als Wertersatz verlangen.[8]

III. Umfang der Haftung nach Bereicherungsrecht

3 Der Erbschaftsbesitzer, welcher zur Herausgabe außerstande ist, schuldet nach § 818 Abs. 2 grundsätzlich Wertersatz. Dieser Wertersatzanspruch entfällt nach § 818 Abs. 3, sofern die Bereicherung des gutgläubigen unverklagten Erbschaftsbesitzers entfallen ist.

4 Veräußert der Erbschaftsbesitzer Nachlassgegenstände und verwendet er den Erlös, um seine Lebenshaltung zu verbessern oder eine Vergnügungsreise zu machen, die er sonst

---

1 *Palandt/Edenhofer* § 2021 Rn. 3.
2 RGZ 81, 204, 206; RGZ 139, 17, 22.
3 Vgl. § 2023.
4 *Palandt/Edenhofer* § 2021 Rn. 2; *MüKoBGB/Helms* § 2021 Rn. 2.
5 *Palandt/Edenhofer* § 2021 Rn. 2.
6 *MüKoBGB/Helms* § 2021 Rn. 2.
7 *Staudinger/Gursky* § 2021 Rn. 2.
8 *Soergel/Dieckmann* § 2021 Rn. 2.

nicht unternommen hätte, so ist er lediglich um die ersparten normalen Lebenshaltungskosten bereichert, im Übrigen liegt ein Wegfall der Bereicherung vor.

Auf § 818 Abs. 3 kann sich der Erbschaftsbesitzer auch dann berufen, wenn er zwar den Nachlass geschont, jedoch im Vertrauen auf das Behaltendürfen des erlangten Nachlasses Eigenmittel verbraucht hat, um seine Lebenshaltung zu erhöhen.[9] Kann er aber hingegen die Nachlassgegenstände, Surrogate oder Früchte noch herausgeben, kann der Erbschaftsbesitzer sich in diesem Fall ebenfalls über § 2022 schadlos halten.[10] Verwendungen des Erbschaftsbesitzers auf den Nachlass mindern grundsätzlich seine Bereicherung,[11] es sei denn, es wurden Aufwendungen getätigt, um in den Besitz der Erbschaft zu gelangen, wie etwa die Kosten für die Erteilung eines unrichtigen Erbscheins oder die Kosten eines Prozesses mit dem Ziel der Erbschaftserlangung.[12] 5

Sofern der Erbschaftsbesitzer den Nachlass-, Ersetzungsgegenstand, Frucht einem Dritten unentgeltlich zugewendet hat, so haftet der Erwerber Bereicherungsgrundsätzen zufolge nach § 822; eine Haftung des Dritten nach § 816 Abs. 1 S. 2 erfolgt bei wirksamer Verfügung des Erbschaftsbesitzers als Nichtberechtigter über Nachlassgegenstände.[13] 6

§ 2022
Ersatz von Verwendungen und Aufwendungen

(1) Der Erbschaftsbesitzer ist zur Herausgabe der zur Erbschaft gehörenden Sachen nur gegen Ersatz aller Verwendungen verpflichtet, soweit nicht die Verwendungen durch Anrechnung auf die nach § 2021 herauszugebende Bereicherung gedeckt werden. Die für den Eigentumsanspruch geltenden Vorschriften der §§ 1000 bis 1003 finden Anwendung.

(2) Zu den Verwendungen gehören auch die Aufwendungen, die der Erbschaftsbesitzer zur Bestreitung von Lasten der Erbschaft oder zur Berichtigung von Nachlassverbindlichkeiten macht.

(3) Soweit der Erbe für Aufwendungen, die nicht auf einzelne Sachen geltend gemacht worden sind, insb. für die im Abs. 2 bezeichneten Aufwendungen, nach den allgemeinen Vorschriften in weiterem Umfang Ersatz zu leisten hat, bleibt der Anspruch des Erbschaftsbesitzers unberührt.

I. Normzweck und Regelungsbereich

§ 2022 bevorzugt den gutgläubigen, bislang nicht verklagten Erbschaftsbesitzer im Hinblick auf die von ihm getätigten Verwendungen gegenüber demjenigen, der lediglich aus den Vorschriften des Eigentümer-Besitzer-Verhältnisses nach §§ 994–996 in Anspruch genommen werden kann. Die Anwendbarkeit der Regelung des § 2022 setzt eben nicht voraus, dass der Erbschaftsbesitzer notwendige, nützliche und werterhöhende Verwendungen gemacht hat. 1

Obschon § 2022 dem Wortlaut nach auf den dinglichen Herausgabeanspruch des Erben zugeschnitten ist, findet die Regelung entsprechend Anwendung auf den schuldrechtlichen 2

---

9 RGRK/*Kregel* § 2021 Rn. 5; *Staudinger/Gursky* § 2021 Rn. 7.
10 *Soergel/Dieckmann* § 2021 Rn. 4; PWW/*Tschichoflos* § 2021 Rn. 4.
11 RGRK/*Kregel* § 2021 Rn. 5.
12 MüKoBGB/*Helms* § 2021 Rn. 6.
13 *Soergel/Dieckmann* § 2021 Rn. 3.

Herausgabeanspruch bezüglich der Früchte, an denen der Besitzer Eigentum erworben hat, sowie auf den auf Berichtigung des Grundbuchs gerichteten Herausgabeanspruch.[1]

II. Voraussetzungen des Anspruchs

3   Der Erbschaftsbesitzer muss Verwendungen getätigt haben. Verwendungen sind alle freiwilligen Ausgaben, die der Erbschaftsbesitzer aus eigenen Mitteln im Interesse des gesamten herauszugebenden Nachlasses (Abs. 2) oder auch nur einer einzelnen Nachlasssache gemacht hat.[2] Unerheblich im Hinblick auf die Berechtigung des Verwendungsersatzanspruchs ist der Umstand, dass die Verwendungen eventuell überflüssig und zwecklos waren.[3] Vielmehr sind alle für die Erbschaft im allgemeinen gemachten Verwendungen, auch die überflüssigen, die nicht nutzbringenden und die auf einen anderen als den konkret herausverlangten Nachlassgegenstand gemachten,[4] nach Maßgabe der §§ 1000–1003 zu ersetzen, soweit sie nicht schon durch Anrechnung die nach § 2021 herauszugebende Bereicherung mindern. Die eigene Arbeitsleistung des Erbschaftsbesitzers kommt – aufgrund des Erfordernisses des Vermögensopfers – nur dann als Verwendung i.S.d. Vorschrift in Betracht, sofern der Erbschaftsbesitzer bedingt durch diese Arbeit einen Verdienstausfall erlitten hat.[5] Hingegen fallen unter den Begriff der Verwendungen auch die Kosten für die Gewinnung der Früchte, die der Erbschaftsbesitzer nach § 2022 herauszugeben hat. Insoweit nämlich verdrängt § 2022 die §§ 102, 998.[6] Über Abs. 2 zählen zu den Verwendungen auch die Aufwendungen, die der Erbschaftsbesitzer zur Bestreitung von Lasten der Erbschaft oder zur Berichtigung von Nachlassverbindlichkeiten aus eigenen Mitteln getätigt hat, wie etwa die Erbschaftsteuerschuld, beschränkt auf den Umfang, wie sie bei dem Erben angefallen wäre.[7] Nach h.M. ist das im Hinblick auf die Regelung des § 267 resultierende Problem – der Erbschaftsbesitzer, der eine vermeintlich eigene Schuld begleichen will, ist strenggenommen nicht Drittzahler – mit Hilfe der Konstruktion über die nachträgliche Tilgungsbestimmung zu lösen.[8]

4   **Aufwendungen** aber, die der Erbschaftsbesitzer im Vertrauen auf die Beständigkeit des Erbanfalls auf eigene Sachen getätigt hat, oder Leistungen aus eigenen Mitteln auf nur vermeintliche Nachlassverbindlichkeiten werden nicht über § 2022 erfasst, sondern können allenfalls als Minderung des Bereicherungsanspruchs nach § 2021 Berücksichtigung finden.

III. Durchsetzung des Verwendungsersatzanspruchs

5   Den Ersatz seiner Verwendungen kann der Erbschaftsbesitzer nach den für den Eigentumsanspruch geltenden Vorschriften der §§ 1000–1003 geltend machen. Daraus folgt, dass ihm die folgenden Rechte zustehen:

6   Dem Erbschaftsbesitzer steht wegen der von ihm gemachten Verwendungen ein Zurückbehaltungsrecht an allen herauszugebenden Sachen zu. Dabei ist unerheblich, ob die Verwendungen nur einzelnen Nachlassgegenständen oder dem Gesamtnachlass oder aber auch nicht mehr vorhandenen Sachen zugute gekommen sind.[9] Das Zurückbehaltungsrecht ist nicht gegeben, sofern der Erbschaftsbesitz durch eine vorsätzliche unerlaubte Handlung erlangt wurde, wie es i.d.R. in dem Fall des bösgläubigen Erwerbs der

---

1 *Staudinger/Gursky* § 2022 Rn. 2; *Palandt/Edenhofer* § 2022 Rn. 1 und 4.
2 OLG Düsseldorf FamRZ 1992, 600.
3 *Soergel/Dieckmann* § 2022 Rn. 2.
4 BGH FamRZ 2004, 536, 537.
5 KG OLGZ 74 17; *PWW/Tschichoflos* § 2022 Rn. 4; a.A. *MüKoBGB/Helms* § 2022 Rn. 3 m.w.N.
6 *MüKoBGB/Helms* § 2022 Rn. 3.
7 *Staudinger/Gursky* § 2022 Rn. 6.
8 *MüKoBGB/Helms* § 2022 Rn. 5.
9 RG Warn 1913 Nr. 233; *Staudinger/Gunsky* § 2022 Rn. 4.

Fall sein dürfte.¹⁰ Ist der Erbschaftsbesitzer zugleich Pflichtteilsberechtigter oder Vermächtnisnehmer, so steht ihm das Zurückbehaltungsrecht nur wegen der Verwendungen, nicht auch wegen der Pflichtteils- oder Vermächtnisansprüche zu.¹¹ Auch dem Nachlasspfleger kann u.U. ein Zurückbehaltungsrecht nach § 2022, 1000 analog zustehen.¹²

Der Erbschaftsbesitzer hat weiterhin das Recht, den Anspruch innerhalb der Ausschlussfrist des § 1002 (einen Monat bei beweglichen Sachen und sechs Monate bei Grundstücken, beginnend mit der Herausgabe der betreffenden Sache oder aber des letzten Nachlassgegenstandes, wenn die Verwendung auf den Nachlass im Ganzen erfolgte) nach § 1001 S. 1 klageweise geltend zu machen. Die erfolgreiche Durchsetzung der Klage ist u.a. davon abhängig, dass der Erbe die Verwendungen genehmigt oder die Sache, auf welche die Verwendungen erfolgt sind, beziehungsweise das Surrogat (§ 2019) oder den entsprechenden Wertersatz (§ 2021) erlangt hat.¹³ Der Erbe kann sich nach § 1001 S. 2 durch Rückgabe sämtlicher wiedererlangter Nachlassgegenstände befreien.¹⁴ 7

Dem Erbschaftsbesitzer steht entsprechend den Regelungen der §§ 997, 258 ein Wegnahmerecht zu¹⁵ und ein pfandähnliches Befriedigungsrecht an allen sich in seinem Besitz befindlichen Nachlassgegenständen (§ 1003). 8

IV. Weitergehende Ansprüche

Als weitergehende Ansprüche, die nach § 2022 Abs. 3 unberührt bleiben sollen, kommen nur solche aus ungerechtfertigter Bereicherung in Betracht.¹⁶ Ansprüche aus Geschäftsführung ohne Auftrag werden von dieser Regelung aufgrund des fehlenden Fremdgeschäftsführungswillens nicht angesprochen. 9

V. Beweislast

Dem Erbschaftsbesitzer obliegt die Darlegungs- und Beweislast für die von ihm gemachten Verwendungen auf einzelne Nachlasssachen oder den Nachlass insgesamt, sowie auf den Bestand der von ihm getilgten Nachlassverbindlichkeit. Hingegen trifft den Erben die Darlegungs- und Beweislast für seine Behauptung, die geltend gemachten Verwendungen seien bereits durch Anrechnung nach § 2021 gedeckt. 10

VI. Beratungshinweise

Der Erbschaftsbesitzer sollte sogleich nach seiner Inanspruchnahme durch den wahren Erben seine von ihm getätigten Verwendungen auflisten und sich früh klar werden, welches der ihm zur Verfügung stehenden Rechte zur Durchsetzung seines Verwendungsersatzanspruchs er sich bedienen will. 11

---

10 MüKoBGB/*Helms* § 2022 Rn. 9.
11 KG OLGZ 74 17; BGHZ 120, 96; PWW/*Tschichoflos* § 2022 Rn. 8.
12 BGH NJW 1972, 1752, 1753; MüKoBGB/*Helms* § 2022 Rn. 10.
13 So die h.M. Erman/*Schlüter* § 2022 Rn. 4; Soergel/*Dieckmann* § 2022 Rn. 7; a.A. Staudinger/*Gursky* § 2022, Rn. 10, der die Herausgabe des gesamten Erbschaftsbesitzes verlangt.
14 Staudinger/*Gursky* § 2022 Rn. 9, 10.
15 Palandt/*Edenhofer* § 2022 Rn. 5.
16 Soergel/*Dieckmann* § 2022 Rn. 10 weiter ausführend.

§ 2023
Haftung bei Rechtshängigkeit, Nutzungen und Verwendungen

(1) Hat der Erbschaftsbesitzer zur Erbschaft gehörende Sachen herauszugeben, so bestimmt sich von dem Eintritte der Rechtshängigkeit an der Anspruch des Erben auf Schadensersatz wegen Verschlechterung, Unterganges oder einer aus einem anderen Grunde eintretenden Unmöglichkeit der Herausgabe nach den Vorschriften, die für das Verhältnis zwischen dem Eigentümer und dem Besitzer vor dem Eintritte der Rechtshängigkeit des Eigentumsanspruchs an gelten.

(2) Das gleiche gilt von dem Anspruche des Erben auf Herausgabe oder Vergütung von Nutzungen und von dem Anspruche des Erbschaftsbesitzers auf Ersatz von Verwendungen.

I. Zweck und Anwendungsbereich der Regelung

1 Von dem Zeitpunkt des Eintritts der Rechtshängigkeit an verschlechtert sich die Position des Erbschaftsbesitzers, der von nun an damit rechnen muss, den Nachlass aufgrund eventuellen Prozessverlustes nicht behalten zu dürfen, weshalb er mit den Gegenständen wie mit fremden umzugehen hat.

2 Nach dem Wortlaut der Regelung findet diese Anwendung auf den dinglichen Herausgabeanspruch des Erben gegen den Erbschaftsbesitzer wegen der Nachlassgegenstände und deren Surrogate, § 2023 Abs. 1, sowie wegen Abs. 2 auf den Anspruch des Erben auf Herausgabe oder Vergütung von Nutzungen. Ob die Regelung darüber hinaus auch im Hinblick auf den schuldrechtlichen Anspruch des Erben gegen den Erbschaftsbesitzer auf Herausgabe der Früchte gilt, an welchen der Erbschaftsbesitzer Eigentum erworben hat,[1] kann offenbleiben, da andernfalls § 292 einschlägig ist, der ebenfalls auf die Vorschriften des Prozessbesitzers nach §§ 987, 989 verweist.[2]

3 Haftet der Erbschaftsbesitzer hingegen nur aufgrund des Bereicherungsanspruchs des § 2021, findet ab Eintritt der Rechtshängigkeit nicht § 2023 Anwendung; vielmehr sind § 818 Abs. 4 i.V.m. §§ 291, 292, 987 einschlägig mit der Konsequenz, dass ab Rechtshängigkeitszeitpunkt eine Berufung auf den Wegfall der Bereicherung ausgeschlossen ist.[3]

II. Voraussetzungen

4 Rechtshängigkeit muss eingetreten sein. Damit ist nach §§ 261 Abs. 1 und 2, 253 Abs. 1, 696 Abs. 3 ZPO der Zeitpunkt der Zustellung der Klageschrift bzw. des Mahnbescheides gemeint. Durch Klagerücknahme, Vergleich oder Urteil endet die Rechtshängigkeit. Erbschaftssachen müssen infolge Verschuldens (§ 276) des Erbschaftsbesitzers schlechter werden, untergehen oder aus einem anderen Grund von ihm nicht herausgegeben werden können.

III. Umfang der Haftungsverschärfung

5 Der Erbschaftsbesitzer kann nach § 989 für den Untergang, die Verschlechterung oder sonstige Unmöglichkeit der Herausgabe einer Sache (bezüglich des dinglichen Herausgabeanspruchs sowie des schuldrechtlichen Herausgabeanspruchs der Sache als Nutzung) bei Verschulden auf Schadensersatz in Anspruch genommen werden, § 989.

---

[1] RGRK/*Kregel* § 2023 Rn. 1.
[2] MüKoBGB/*Helms* § 2023 Rn. 2.
[3] BGH NJW 1982, 1585, 1586; Staudinger/*Gursky* § 2023 Rn. 14; MüKoBGB/*Helms* § 2023 Rn. 3; a.A. Soergel/*Dieckmann* § 2023 Rn. 2; Ermann/*Schlüter* § 2023 Rn. 2.

Auch für schuldhaft nicht gezogene Nutzungen haftet der Erbschaftsbesitzer nach § 987 Abs. 2.

Dem Umkehrschluss des § 2024 S. 3 wird entnommen, dass Verzug des gutgläubigen verklagten Erbschaftsbesitzers dessen Haftung nicht verschärft.[4]

IV. Auswirkungen auf den Verwendungsersatzanspruch

Der Verwendungsersatzanspruch des Erbschaftsbesitzers bestimmt sich – einerlei, ob der Anspruch dinglichen oder schuldrechtlichen Inhalts ist – nach den Regeln der §§ 994 Abs. 2, 996. Maßgeblich ist mithin, ob die Verwendungen notwendig waren und sie dem wirklichen oder mutmaßlichen Willen des Erben entsprochen haben oder letzterer sie genehmigt hat. Unerheblich ist, ob die Verwendungen gerade auf die herauszugebenden Sachen gemacht wurden.[5] Besteht die Verwendung in der Bezahlung von Nachlassschulden, kann Ersatz nur begehrt werden, wenn die Verwaltung des Nachlasses entsprechend der §§ 1078–1980, 1991 erfolgt ist.[6] § 2022 Abs. 3 bleibt auch nach dem Eintritt der Rechtshängigkeit anwendbar.[7]

§ 2024
Haftung bei Kenntnis

Ist der Erbschaftsbesitzer bei dem Beginne des Erbschaftsbesitzes nicht in gutem Glauben, so haftet er so, wie wenn der Anspruch des Erben zu dieser Zeit rechtshängig geworden wäre. Erfährt der Erbschaftsbesitzer später, dass er nicht Erbe ist, so haftet er in gleicher Weise von der Erlangung der Kenntnis an. Eine weitergehende Haftung wegen Verzugs bleibt unberührt.

I. Allgemeines

Die Haftung des bösgläubigen Erbschaftsbesitzers wird der des gutgläubigen nach Eintritt der Rechtshängigkeit – mit Ausnahme der Verzugsregeln – gleichgestellt. Die Haftungsverschärfung gilt sowohl für den dinglichen wie auch den schuldrechtlichen Anspruch,[1] damit ein Auseinanderklaffen der Rechtsfolgen vermieden wird.

II. Bösgläubigkeit

Der Erbschaftsbesitzer ist bösgläubig, wenn er bei Beginn seines Erbschaftsbesitzes weiß oder infolge grober Fahrlässigkeit nicht weiß, dass er nicht Erbe ist.

Weiterhin ist der Erbschaftsbesitzer bösgläubig, wenn er später, d.h. nach Erlangung des Erbschaftsbesitzes, positiv erfährt, dass er nicht Erbe ist. Dem wird gleichgestellt der Umstand, dass der Erbschaftsbesitzer sich der Kenntnisnahme seines fehlenden Erbrechts vorsätzlich entzieht.[2]

Eine Haftung wegen Bösgläubigkeit scheidet für den Fall aus, dass der Erbschaftsbesitzer zwar im Hinblick auf sein fehlendes Erbrecht bösgläubig, aber bezüglich seines Besitz-

---

4 *Staudinger/Gursky* § 2023 Rn. 3.
5 *Staudinger/Gursky* § 2023 Rn. 10; *Soergel/Dieckmann* § 2023 Rn. 3; a.A. *Palandt/Edenhofer* § 2023 Rn. 3.
6 MüKoBGB/*Frank* § 2023 Rn. 6.
7 Vgl. MüKoBGB/*Helms* § 2023 Rn. 7.
1 *Erman/Schlüter* § 2024 Rn. 1.
2 *Staudinger/Gursky* § 2024 Rn. 5.

rechts für einen einzelnen Gegenstand gutgläubig ist.³ Die Frage, ob der Erbe des Erbschaftsbesitzers der für anspruchsverändernde Sachverhalte nach Eintritt des Erbfalls nach §§ 2018 ff. haftet, sich die Bösgläubigkeit des Erblassers zurechnen lassen muss, hat der BGH nunmehr – nachdem er sie zunächst verneint hatte –⁴ zugunsten der verschärften Haftung des Erben bei Bösgläubigkeit des Erblassers beantwortet.⁵

III. Verzug des bösgläubigen Erbschaftsbesitzers

5   Ist der bösgläubige Erbschaftsbesitzer in Verzug gesetzt worden, so richtet sich seine Haftung überdies nach der allgemeinen Regel des § 286, die unter bestimmten Voraussetzungen eine Zufallshaftung normiert. Im Hinblick auf die Beurteilung des Verschuldensmaßstabs des Erbschaftsbesitzers in Ansehung seines fehlenden Erbrechts gilt ausschließlich § 2024.⁶

§ 2025
Haftung bei unerlaubter Handlung

Hat der Erbschaftsbesitzer einen Erbschaftsgegenstand durch eine Straftat oder eine zur Erbschaft gehörende Sache durch verbotene Eigenmacht erlangt, so haftet er nach den Vorschriften über den Schadensersatz wegen unerlaubter Handlungen. Ein gutgläubiger Erbschaftsbesitzer haftet jedoch wegen verbotener Eigenmacht nach diesen Vorschriften nur, wenn der Erbe den Besitz der Sache bereits tatsächlich ergriffen hatte.

I. Allgemeines

1   Die Regelung des § 2025 ist dem § 992 nachgebildet und verschärft die Haftung des Erbschaftsbesitzers nach den Regeln über Schadensersatz wegen unerlaubter Handlung. Beide Vorschriften enthalten eine Rechtsgrundverweisung auf die §§ 823 ff. Im Rahmen von § 2025 bleibt der Ersetzungsgrundsatz des § 2019 mit der Folge anwendbar, dass es an einem (teilweisen) Schaden des Erben fehlen kann.¹

II. Voraussetzungen des Eingreifens der deliktischen Haftung

2   Erlangung des Erbschaftsbesitzes durch eine strafbare Handlung führt zur Anwendung von Deliktsrecht. Hierbei sind folgende Straftaten denkbar: Urkundenfälschungen bezüglich Testamenten oder Erbscheinen, Abgabe falscher eidesstattlicher Versicherungen im Erbscheinsverfahren, Betrug und Erpressung sowie Diebstahl. Einhergehend mit diesen Straftaten wird in der Regel Bösgläubigkeit gegeben sein, ist aber nicht Voraussetzung.²

3   Auch im Falle verbotener Eigenmacht nach § 858 gelangt Deliktsrecht zur Anwendung, vorausgesetzt die verbotene Eigenmacht erfolgte vorsätzlich oder fahrlässig.³ Da der Erbe den Besitz über § 857 schon mit dem Erbfall erworben hat, kann verbotene Eigenmacht bereits dann vorliegen, wenn der Erbe den Nachlass noch nicht tatsächlich in Besitz

---

3   *Erman/Schlüter* § 2024 Rn. 2 m.w.N.; a.A. *Soergel/Dieckmann* § 2024 Rn. 2, der eine verschärfte Haftung nur für den betreffenden Gegenstand entfallen lassen will.
4   BHG NJW 1985, 3068, 3070.
5   BGH FamRZ 2004, 537, 538.
6   *Erman/Schlüter* § 2024 Rn. 3; Olzen Jura 2000, 223, 227.
1   *Erman/Schlüter* § 2025 Rn. 1.
2   *Staudinger/Gursky* § 2025 Rn. 6.
3   MüKoBGB/*Helms* § 2025 Rn. 4 m.w.N.

genommen hat. Der gutgläubige Erbschaftsbesitzer, dem allenfalls wegen der Unkenntnis seines fehlenden Erbrechts leichte Fahrlässigkeit vorgeworfen werden kann, haftet nach S. 2 wegen schuldhaft verbotener Eigenmacht nur dann nach Deliktsrecht, wenn der Erbe den Besitz der Sache – mittelbarer Besitz genügt insoweit – bereits tatsächlich ergriffen hatte.[4]

Da § 2025 eine Rechtsgrundverweisung auf die §§ 823 ff. enthält, ist es neben dem Vorliegen der schuldhaft verbotenen Eigenmacht erforderlich, dass der Erbschaftsbesitzer den vollen Tatbestand der unerlaubten Handlung erfüllt. Mithin entfällt eine Haftung nach Deliktsrecht, wenn der Erbschaftsbesitzer sich schuldlos für den Erben hält. 4

III. Umfang der Haftung

Die Schadensersatzpflicht bestimmt sich nach §§ 823 ff., 249 ff., so dass der Erbschaftsbesitzer über § 848 bereits für zufälligen Untergang, Verschlechterung oder Unmöglichkeit der Herausgabe haftet. Der Verwendungsersatzanspruch des Erbschaftsbesitzers richtet sich nach dem Eigentümer-Besitzer-Verhältnis, d.h. nach den §§ 850, 994–996, d.h. Ersatz kann nur noch für notwendige, allenfalls noch für nützliche Verwendungen begehrt werden. 5

Nur für den Schadensersatzanspruch des § 2025 gilt – wie für das Deliktsrecht – die regelmäßige Verjährungsfrist von drei Jahren nach §§ 195, 199.[5] Die Gegenmeinung, die für den Schadensersatzanspruch aus § 2025 ebenfalls die dreißigjährige Verjährungsfrist des § 197 Abs. 1 Nr. 2 a.F. befürwortet,[6] ist durch die Neufassung des § 197 Abs. 1 Nr. 1 und den Wegfall der Nr. 2 a.F. durch das Gesetz zur Änderung des Erb- und Verjährungsrechts vom 24.9.2009 mit Wirkung ab 1.1.2010 obsolet geworden, da die dreißigjährige Verjährungsfrist nur noch Herausgabeansprüche aus §§ 2018, 2130, nicht aber Schadensersatzansprüche erfasst. 6

§ 2026
Keine Berufung auf Ersitzung

Der Erbschaftsbesitzer kann sich dem Erben gegenüber, solange nicht der Erbschaftsanspruch verjährt ist, nicht auf die Ersitzung einer Sache berufen, die er als zur Erbschaft gehörend im Besitz hat.

I. Normzweck

§ 2026 schreibt die einheitliche Verjährung des Gesamtanspruchs – gleichgültig ob der Anspruch schuldrechtlicher oder dinglicher Natur ist –, die nach § 197 Abs. 1 Nr. 2 a.F., § 197 Abs. 1 Nr. 1, in der durch das Gesetz zur Änderung des Erb- und Verjährungsrechts geänderten Fassung mit Wirkung ab 1.1.2010, in der der Anspruch aus § 2018 ausdrücklich genannt wird, dreißig Jahre beträgt, fest. Mit dieser Regelung soll verhindert werden, dass die Verjährungsfrist des Anspruchs durch die nur zehnjährige Ersitzungszeit bei beweglichen Sachen, § 937 Abs. 1, unterlaufen wird. Hingegen spielt die Vorschrift bei Grundstücken und Grundstücksrechten nahezu keine Rolle, da die Ersitzungszeit hier ebenfalls dreißig Jahre beträgt (§ 900), nicht vor der Verjährungsfrist zu laufen beginnt und auch die Regelungen über die Hemmung mit denen des Verjährungsrechts überwiegend gleichlautend sind (§§ 900 Abs. 1, 2, 902, 939, 941). Nur in dem seltenen Fall, in dem der Erb- 1

---

[4] Soergel/Dieckmann § 2025 Rn. 3.
[5] Ermann/Schlüter § 2025 Rn. 4; Staudinger/Gursky § 2025 Rn. 13; RGRK/Kregel § 2025 Rn. 4; Palandt/Edenhofer § 2025 Rn. 3; PWW/Tschichoflos § 2025 Rn. 1.
[6] Lange/Kuchinke § 40 IV 4b; MüKoBGB/Helms § 2025 Rn. 8.

schaftsbesitzer die Verjährungsfrist durch ein Anerkenntnis nach § 212 neu in Gang setzt, kann die Vorschrift des § 2026 bei Grundstücken zum Tragen kommen.[1]

II. Verjährung des Erbschaftsanspruchs

2 Nach § 197 Abs. 1 Nr. 1 n.F. verjährt der Erbschaftsanspruch einheitlich nach Ablauf von dreißig Jahren. Lediglich der aus § 2025 folgende Schadensersatzanspruch verjährt gem. §§ 195, 199 bereits nach drei Jahren. Die dreißigjährige Verjährungsfrist gilt auch für den Erbschaftsanspruch eines Miterben gegen einen anderen Miterben.[2] § 758 ist nicht maßgebend, da es nicht um die Aufhebung der Gemeinschaft, sondern vielmehr um die Herstellung des Zustandes geht, der dieser Gemeinschaft entspricht.

3 Die dreißigjährige **Verjährungsfrist beginnt** nach h.M. für den ganzen Erbschaftsanspruch einheitlich, sobald der Erbschaftsbesitzer »etwas« aus der Erbschaft erlangt hat und sich als Erbe geriert.[3] Darin eingeschlossen sind auch solche Gegenstände, die der Erbschaftsbesitzer erst später erlangt.[4]

4 Für den Fall, dass der Erbe durch wirksame Anfechtung wegen Erbunwürdigkeit oder wegen Willensmangel (§§ 2078, 2340) rückwirkend zum Erbschaftsbesitzer wird, so beginnt die Verjährungsfrist – nachdem im Rahmen des Schuldrechtsmodernisierungsgesetzes zum 1.1.2002 § 200 a.F. gestrichen wurde – nicht mehr mit der Zulässigkeit der Anfechtung zu laufen (§ 200 a.F.), sofern der Anfechtungsgegner nur etwas aus der Erbschaft erlangt hat (§ 199 a.F.), sondern erst mit Entstehung des Anspruchs, also mit Ausübung des Anfechtungsrechts.[5]

5 Die **Verjährung** wird aufgrund Klageerhebung nur bezüglich der im Klageantrag bestimmten bezeichneten Gegenstände **gehemmt**, es sei denn, der Erbe hat den Weg der Stufenklage gewählt, der eine Präzisierung des Herausgabeanspruchs erst im Rahmen des Prozesses nach Auskunftserteilung vorsieht.[6]

6 Sofern der Erbschaftsbesitz aufgrund eines Erbschaftskaufs (§ 2371) oder eines ähnlichen Geschäfts (§ 2385) auf einen Rechtsnachfolger übertragen wird, kommt diesem die bereits verstrichene Verjährungsfrist sowohl bei dinglichen wie schuldrechtlichen Ansprüchen, zugute.[7]

7 Ist die **Verjährungsfrist abgelaufen**, so kann der Erbschaftsbesitzer dem Erben gegenüber die Einrede der Verjährung erheben und damit die Herausgabe erfolgreich verweigern; er tritt jedoch nicht in die Rechtsstellung des Erben ein.[8]

III. Folgen der Ersitzung

8 Bewegliche Sachen des Erblassers kann der gutgläubige Erbschaftsbesitzer nach Ablauf der zehnjährigen Ersitzungszeit ersitzen, d.h. er erwirbt nach zehn Jahren Eigentum – vorausgesetzt, er erfährt nicht zuvor, dass er nicht Erbe ist. Dritten gegenüber kann der Erbschaftsbesitzer seine Rechte aus dem erlangten Eigentum voll geltend machen. Dem Erben gegenüber aber darf er sich nach § 2026 nicht auf die Ersitzung einer Sache berufen, d.h. er bleibt dem Erben gegenüber schuldrechtlich zur Übertragung des Eigentums verpflichtet.[9]

---

1 *Palandt/Edenhofer* § 2026 Rn. 2.
2 *Erman/Schlüter* § 2026 Rn. 1.
3 BGH FamRZ 2004, 536, 537.
4 RGRK/*Kregel* § 2026 Rn. 4; *Erman/Schlüter* § 2026 Rn. 1; MüKoBGB/*Helms* § 2026 Rn. 3 ff. m.w.N. und Aufzeigung des Meinungsstandes; a.A. *Lange/Kuchinke* Erbrecht § 40 IV 7, die Verjährung beginne für jeden einzelnen Erbschaftsgegenstand jeweils mit Besitzerlangung; a.A. Siber Erbrecht, S. 124: Die Verjährungsfrist beginnt erst mit der Besitzerlangung des letzten Erbschaftsgegenstandes an zu laufen. Vgl. die Vorauflage § 2026 Rn. 3.
5 Soergel/*Diekmann* § 2026 Rn. 2; MüKoBGB/*Helms* § 2026 Rn. 3.
6 S. hierzu § 2018 Rz. 1, 13 ff.
7 *Erman/Schlüter* § 2026 Rn. 1; PWW/*Tschichflos* § 2026 Rn. 6.
8 Soergel/*Dieckmann* § 2026 Rn. 2; MüKoBGB/*Helms* § 2026 Rn. 3.
9 MüKoBGB/*Helms* § 2026 Rn. 7 m.w.N.; a.A. Soergel/*Dieckmann* § 2026 Rn. 3 m.w.N., der annimmt, dass der Ersitzungserwerb des Erbschaftsbesitzers dem Erben gegenüber relativ unwirksam ist.

Hat der Erbschaftsbesitzer eine Sache eines Dritten als zur Erbschaft gehörend in Besitz gehabt, so kommt die bei diesem bereits abgelaufene Ersitzungszeit dem Erben dann zugute, wenn auch dieser an die Zugehörigkeit der Sache zum Nachlass glaubt.[10]

IV. Beweislast

Der Erbschaftsbesitzer, der die Ersitzung dem Erben gegenüber behauptet, hat sowohl die Ersitzung als auch den Eintritt der Verjährung des Erbschaftsanspruchs darzulegen und zu beweisen.[11]

V. Beratungshinweise

Die Verjährung des aus § 2025 folgenden Schadensersatzanspruchs erfolgt entgegen dem ansonsten einheitlich verjährenden Erbschaftsanspruch von dreißig Jahren gem. §§ 195, 199 nach drei Jahren.

§ 2027
Auskunftspflicht des Erbschaftsbesitzers

(1) Der Erbschaftsbesitzer ist verpflichtet, dem Erben über den Bestand der Erbschaft und über den Verbleib der Erbschaftsgegenstände Auskunft zu erteilen.

(2) Die gleiche Verpflichtung hat, wer, ohne Erbschaftsbesitzer zu sein, eine Sache aus dem Nachlass in Besitz nimmt, bevor der Erbe den Besitz tatsächlich ergriffen hat.

I. Normzweck

Dem Erben, der oftmals über den Umfang des Nachlasses keine genauen Kenntnisse hat, andererseits aber verpflichtet ist, im Falle eines Rechtsstreits sämtliche Gegenstände im Klageantrag einzeln aufzuführen, soll die Durchsetzung seines Erbschaftsanspruchs ermöglicht werden. Zwar ist der Erbschaftsbesitzer, welcher verpflichtet ist, die Erbschaft als Ganzes herauszugeben, bereits über § 260 verpflichtet, dem Erben ein Bestandsverzeichnis vorzulegen und eventuell eine eidesstattliche Versicherung abzugeben. § 2027 aber erweitert die Auskunftspflicht des Erbschaftsbesitzers.

Zum Recht in den neuen Bundesländern, vgl. die Kommentierung in der Vorauflage § 2027 Rn. 6.

II. Auskunftspflicht des Erbschaftsbesitzers

Den Anspruch auf Auskunft können der Erbe und alle sonstigen Anspruchsberechtigten geltend machen.[1] Der Auskunftsanspruch ist gemeinsam mit dem Erbschaftsanspruch vererbbar,[2] nicht jedoch selbstständig abtretbar.[3]

Zu richten ist der Auskunftsanspruch gegen den Erbschaftsbesitzer i.S.v. § 2018 oder gegen dessen Erben, bei welchem die Auskunftspflicht gegenüber dem Erben sowohl originär wie auch vererblich besteht.[4]

---

10 MüKoBGB/*Helms* § 2026 Rn. 9.
11 MüKoBGB/*Helms* § 2026 Rn. 6.
1 Vgl. hierzu auch § 2018 Rz. 2.
2 BayObLG DJZ 1901, 144.
3 OLG Karlsruhe FamRZ 1967, 691, 692.
4 BGH NJW 1985, 3068; OLG Nürnberg OLGZ 1981, 115, 116.

5 Dem **Umfang** nach muss der Erbschaftsbesitzer dem Erben Auskunft über den Bestand der Erbschaft mitsamt allen Surrogaten i.S.v. § 2019 sowie Nutzungen i.S.v. § 2020 und darüber hinaus über den Verbleib der Erbschaftsgegenstände – Veräußerung, Verschlechterung, Untergang etc. – geben, die nicht mehr vorhanden sind. Damit kann die Auskunftspflicht praktisch zu einer Rechenschaftspflicht über die Verwaltung des Nachlasses führen.[5] Die Auskunftspflicht erstreckt sich auch auf die Gegenstände, die dem Erbschaftsbesitzer als Voraus oder als Vorausvermächtnis zukommen sollen,[6] sowie auf Gegenstände, die beim Tod des Erblassers nur in dessen Besitz gestanden haben.[7] Hingegen werden Angaben über den Wert der Nachlassgegenstände und etwaige Nachlassforderungen nicht verlangt.[8]

6 Der Erbe kann von dem Erbschaftsbesitzer die Abfassung eines übersichtlichen Bestandsverzeichnisses i.S.v. § 260 Abs. 1 verlangen, u.U. aber können mehrere Teilverzeichnisse eine ausreichende Auskunft darstellen.[9] § 260 Abs. 1 erfordert eine eigene schriftlich verkörperte Erklärung des Schuldners, die jedoch nicht die gesetzliche Schriftform des § 126 erfüllen muss und durch einen Boten dem Gläubiger übergeben werden kann.[10]

7 Die Frage, ob eine nach Verurteilung des Erbschaftsbesitzers erteilte Auskunft den gestellten Anforderungen genügt, ist im Zwangsvollstreckungsverfahren zu klären.[11] Sofern die Auskunft unvollständig ist, kann ihre Ergänzung nicht über eine neue Klage, vielmehr nur durch das Verlangen auf Abgabe einer eidesstattlichen Versicherung erzwungen werden.[12] Nur für den Fall, dass das Verzeichnis einen ganzen Vermögensteil nicht enthält, den der Erbschaftsbesitzer zu Unrecht nicht zum Nachlass gehörend gerechnet hat, wird eine Ausnahme gemacht.[13]

III. Auskunftspflicht des Besitzers von Nachlasssachen

8 Gem. Abs. 2 ist ebenfalls auskunftspflichtig der Besitzer, der zwar nicht Erbschaftsbesitzer ist, der jedoch eine Sache aus dem Nachlass in Besitz nimmt, bevor der Erbe den Besitz (unmittelbaren oder mittelbaren) tatsächlich ergriffen hat. Die Auskunftspflicht entsteht unabhängig von dem Grund der Besitzergreifung und auch unabhängig davon, ob der Besitzer von der Nachlasszugehörigkeit Kenntnis hatte.[14] Die Auskunftspflicht trifft auch denjenigen, der aufgrund eines Rechts zum Besitz die Sache eigenmächtig an sich genommen hat.[15] Hat der Besitzer die Sache an ein eigenes Erbrecht glaubend in Besitz genommen, so ist er als Erbschaftsbesitzer auch über Abs. 1 zur Auskunft verpflichtet.

9 Vom Wortlaut der Vorschrift ausgehend sind von ihrem Anwendungsbereich ausgenommen diejenigen, die den Besitz schon vor dem Tod des Erblassers erlangt haben[16] oder aber wer nach dem Tod des Erblassers eine Sache in Besitz nimmt, die der Erblasser einem Dritten überlassen hatte.[17]

10 Ebenfalls nicht auskunftspflichtig nach § 2027 Abs. 2 sind der verwaltende Testamentsvollstrecker, Nachlassverwalter und Nachlasspfleger, da sie bereits aufgrund von Sondernormen Rechenschaft geben müssen.[18] Eine Auskunftspflicht kann für diesen Personen-

---

5 OLG Braunschweig OLGZ 26, 296.
6 OLG Kiel SeuffA 66, 141.
7 BGH LM Nr. 1 zu § 260.
8 RGSt. 71, 360.
9 BGH NJW 1962, 1499.
10 BGH BeckRS 2008, 01830.
11 MüKo-BGB/*Helms* § 2027 Rn. 8.
12 *Erman/Schlüter* § 2027 Rn. 1.
13 BGH LM Nr. 1 zu § 260; RGZ 84, 41, 44.
14 *Erman/Schlüter* § 2027 Rn. 2.
15 OLG Braunschweig OLGRspr. 24, 70 f.
16 *Palandt/Edenhofer* § 2027 Rn. 3.
17 BGH LM Nr. 1 zu § 1421.
18 RGZ 81, 30, 32.

kreis jedoch über Abs. 1 gegeben sein, soweit sie Erbschaftsbesitzer sind.[19] Der Miterbe, der Nachlassgegenstände für die Erbengemeinschaft in Besitz nimmt, hat als Beauftragter oder als auftragsloser Geschäftsführer Auskunft nach §§ 666, 681 zu geben.[20] Der Miterbe hingegen, der sich über seinen Anteil hinausgehend ein Erbrecht anmaßt, ist Erbschaftsbesitzer und hat demnach über § 2027 Abs. 1 Auskunft zu erteilen.[21]

Der Umfang der Auskunftspflicht nach Abs. 2 entspricht dem des Abs. 1. 11

IV. Verfahrensrechtliches

Die Erhebung der Klage auf Auskunftserteilung bewirkt nicht die Rechtshängigkeit des Erbschaftsanspruchs und unterbricht auch nicht dessen Verjährung.[22] § 27 ZPO – besonderer Gerichtsstand der Erbschaft – gilt nach h.M. nicht nur für den Auskunftsanspruch nach § 2027 Abs. 1, sondern auch hinsichtlich der Auskunftsklage nach § 2027 Abs. 2.[23] Die Vollstreckung des Auskunftsurteils richtet sich nach § 888 ZPO. Ob eine nach Verurteilung des Erbschaftsbesitzers erteilte Auskunft den Anforderungen entspricht, ist im Zwangsvollstreckungsverfahren zu klären.[24] Der Einwand des Erbschaftsbesitzers, er habe die Auskunft bereits vollständig erteilt, ist im Wege der Vollstreckungsabwehrklage nach § 767 ZPO geltend zu machen.[25] Eine Fristsetzung ist beim Antrag auf Festsetzung eines Zwangsmittels gem. § 888 ZPO nicht erforderlich.[26] 12

V. Beratungshinweise

Der Auskunftsanspruch des Erben gegen den Erbschaftsbesitzer ist für ersteren oftmals die einzige Möglichkeit, sich einen Überblick über den Umfang der Erbschaft zu verschaffen. Sofern der Erbe den Bestand der Erbschaft und/oder den Verbleib von Nachlassgegenständen nicht ganz sicher kennt, ist es ratsam, den Erbschaftsbesitzer zunächst auf Auskunft in Anspruch zu nehmen. Denn obschon es sich bei dem Erbschaftsanspruch um einen Gesamtanspruch handelt, ist der Erbe verpflichtet, sämtliche Gegenstände, deren Herausgabe er begehrt, i.R.e. Rechtsstreits bestimmt genug, einzeln zu bezeichnen. Insoweit bietet sich, sollte eine außergerichtliche Regelung scheitern, die Erhebung einer sog. Stufenklage[27] an. 13

Folgende Auskunftsansprüche kann der Erbe geltend machen: 14
- § 2027: Auskunftspflicht der Erbschaftsbesitzers bzw. des Besitzers nach Abs. 2 über den Bestand der Erbschaft und den Verbleib der Erbschaftsgegenstände
- § 2030: Die Auskunftspflicht des § 2027 erstreckt sich auch auf den Erbschaftserwerber, der dem Erbschaftsbesitzer im Verhältnis zu den Erben gleichsteht
- § 260: Da der Erbschaftsbesitzer den Nachlass als Ganzes herauszugeben hat, ist er bereits nach § 260 verpflichtet, dem Erben ein Verzeichnis über den Bestand der Erbschaft vorzulegen und dies unter bestimmten Voraussetzungen durch eine eidesstattliche Versicherung zu bekräftigen
- § 2028: Auskunftspflicht der mit dem Erblasser zur Zeit des Erbfalls in häuslicher Gemeinschaft Lebenden über Kenntnisse bezüglich des Verbleibs von Erbschaftsgegenständen und über Geschäfte, die er geführt hat

---

19 Vgl. hierzu § 2018, Rn. 5 f.
20 Soergel/Dieckmann § 2027 Rn. 3.
21 Vgl. § 2018 Rz. 5 f.
22 RGZ 115, 27, 28 f.
23 OLG Nürnberg OGZ 81, 115; Palandt/Edenhofer § 2027 Rn. 5; PWW/Tschichoflos § 2027 Rn. 12; a.A. MüKo-BGB/Helms § 2027 Rn. 14 m.w.N.
24 MüKo-BGB/Helms § 2027 Rn. 8.
25 PWW/Tschichoflos § 2028 Rn. 13.
26 OLG Brandenburg ZErb 2004, 104.
27 Vgl. insoweit § 2018 Rz. 13 ff. sowohl zu den Vorteilen der Stufenklage wie auch zu Formulierungsvorschlägen für die Klageanträge.

§ 2028
Auskunftspflicht des Hausgenossen

(1) Wer sich zur Zeit des Erbfalls mit dem Erblasser in häuslicher Gemeinschaft befunden hat, ist verpflichtet, dem Erben auf Verlangen Auskunft darüber zu erteilen, welche erbschaftlichen Geschäfte er geführt hat und was ihm über den Verbleib der Erbschaftsgegenstände bekannt ist.

(2) Besteht Grund zu der Annahme, dass die Auskunft nicht mit der erforderlichen Sorgfalt erteilt worden ist, so hat der Verpflichtete auf Verlangen des Erben zu Protokoll an Eides Statt zu versichern, dass er seine Angaben nach bestem Wissen so vollständig gemacht habe, als er dazu imstande sei.

(3) Die Vorschriften des § 259 Abs. 3 und des § 261 finden Anwendung.

I. Normzweck

1 Die Tatsache, dass das Leben in einer häuslichen Gemeinschaft Kenntnisse und Verfügungsmöglichkeiten über Nachlassgegenstände verschafft und dem Erben jede Möglichkeit der Gewinnung eines Überblicks über den gesamten Nachlass gegeben werden soll, bildet den Grund für diese Regelung.

II. Auskunftspflichtige Personen

2 Auskunftspflichtig nach § 2028 ist jeder, der sich zur Zeit des Erbfalls mit dem Erblasser in häuslicher Gemeinschaft befunden hat. Im Hinblick auf Sinn und Zweck der Regelung ist der Begriff der »häuslichen Gemeinschaft« weit auszulegen.[1] Aus diesem Grunde ist für die Annahme einer häuslichen Gemeinschaft anders als in § 1619 keine Zugehörigkeit zum Hausstand und anders als in § 1969 keine Familiengemeinschaft und auch keine Verwandtschaft erforderlich. Deshalb werden als auskunftspflichtige Personen insb. gesehen: Familienangehörige, Lebensgefährte, Hausangestellte, Pflegepersonal, Zimmer- und Flurnachbarn.[2] Da die Auskunftspflicht jeden treffen soll, der zur Zeit des Erbfalls aufgrund seiner räumlichen und persönlichen Kontakte zum Erblasser Gelegenheit hatte, Kenntnis über den Verbleib der Nachlassgegenstände zu erlangen oder auf die Gegenstände selbst einzuwirken, ist selbst der Familienbesuch nach dieser Vorschrift auskunftspflichtig, der aufgrund Krankheit des Erblassers diesen unmittelbar vor dessen Tod aufgesucht und bei diesem gewohnt hat.[3] Weiter ist auch derjenige auskunftspflichtig, der die Wohnung des Erblassers gemietet, dem Erblasser dort ein Zimmer überlassen und seine Versorgung übernommen hat.[4] Die Auskunftspflicht entfällt auch nicht aufgrund des Umstandes, dass der Erblasser kurz vor seinem Tode in ein Krankenhaus eingewiesen wurde.[5] Die Auskunftspflicht kann auch einen Minderjährigen und den Miterben treffen, der Hausgenosse des Erblassers war.[6]

III. Auskunftsberechtigte

3 Auskunftsberechtigt sind neben dem Erben die Miterben nach § 2039 und sämtliche zur Verwaltung des Nachlasses berechtigte Personen.

---

[1] BGH LM Nr. 1 zu § 2028.
[2] MüKoBGB/*Helms* § 2028 Rn. 3.
[3] RGZ 80, 285, 286.
[4] BGH LM Nr. 1 zu § 2028.
[5] RG Warn 1922 Nr. 75.
[6] RGZ 81, 30, 32.

IV. Umfang und Inhalt der Auskunftspflicht

Die Auskunftspflicht des § 2028 reicht nicht so weit wie die des § 2027; so ist beispielsweise 4 die Vorlage eines Bestandsverzeichnisses nicht erforderlich.[7] Andererseits erstreckt sich die Auskunftspflicht des § 2028 auch auf die Führung erbschaftlicher Geschäfte. Die Erfüllung dieser Pflicht, die sich im Übrigen bereits aus den §§ 681, 666, 259, 260 ergibt, kann auch nach § 2028 noch verlangt werden, wenn der Betreffende bereits nach § 2027 Auskunft erteilt hat.[8] Unter »Verbleib der Erbschaftsgegenstände«, zu denen Sachen und Rechte gehören, fallen auch solche, die schon vor dem Erbfall beiseite geschafft wurden,[9] sowie Wertangaben über den Gegenwert aus Rechtsgeschäften, die eine Verfügung über Nachlassgegenstände beinhalteten,[10] nicht aber Schenkungen des Erblassers aus dem Nachlass.[11] Als Auskunft i.S.d. § 2028 kann i.d.R. nur eine Erklärung gewertet werden, die der Erklärende auf Fragen hin in dem Bewusstsein abgibt, eine gesetzliche Pflicht zu erfüllen.[12]

V. Versicherung an Eides Statt

Die Versicherung an Eides Statt bezieht sich im Unterschied zu § 260 nicht auf die Voll- 5 ständigkeit des Bestandes, sondern auf die Vollständigkeit der gemachten Angaben. Voraussetzung für die Abgabe der Versicherung an Eides Statt ist zum einen, dass dies verlangt wurde und weiterhin die Besorgnis besteht, dass die Auskunft nicht mit der erforderlichen Sorgfalt erteilt worden ist. Letzteres ist nicht immer schon dann anzunehmen, wenn die Angaben objektiv unvollständig sind, vielmehr müssen weitere Indizien und Anhaltspunkte für die Annahme mangelnder Sorgfalt vorliegen.[13]

Der nach § 2028 Auskunftspflichtige kann die Versicherung an Eides Statt freiwillig vor 6 Gericht abgeben. Voraussetzung ist auch hier das Verlangen des Erben oder sonst Auskunftsberechtigten, welches i.d.R. in der Klage auf Abgabe der Versicherung an Eides Statt liegt, bzw. dessen Einverständnis. Das Gericht der freiwilligen Gerichtsbarkeit überprüft die gemachten Angaben nicht auf deren Richtigkeit und Vollständigkeit.[14]

Sofern der Hausgenosse die Abgabe der Versicherung an Eides Statt verweigert, muss 7 der Erbe auf deren Abgabe klagen und das Urteil über § 889 ZPO vollstrecken.

Bei Angelegenheiten geringer Bedeutung – Geringfügigkeit des Nachlasses[15] – entfällt 8 die Pflicht zur Abgabe der eidesstattlichen Versicherung.

VI. Beweislast und Gerichtsstand

Der Erbe ist i.R.e. Klage darlegungs- und beweispflichtig für die Behauptung, die Aus- 9 kunft sei aus mangelnder Sorgfalt unvollständig oder unrichtig erteilt worden.

Für Ansprüche aus § 2028 ist ebenso wie bei § 2027 der besondere Gerichtsstand der 10 Erbschaft, § 27 ZPO, gegeben.[16]

---

7 KG OLGZ 20, 428.
8 OLG Braunschweig OLGRspr. 26, 296 f.; MüKoBGB/*Helms* § 2028 Rn. 5; a.A. *Erman/Schlüter* § 2028 Rn. 4.
9 RGZ 81, 293, 296.
10 RGRK/*Kregel* § 2028 Rn. 3.
11 RGZ 84, 204, 206.
12 BGH WM 1971, 443, 445.
13 BGH DB 1964, 1443.
14 KG KGJ 45, 112.
15 MüKoBGB/*Helms* § 2028 Rn. 8.
16 *Soergel/Dieckmann* § 2028 Rn. 6; a.A. MüKoBGB/*Helms* § 2028 Rn. 11.

§ 2029
Haftung bei Einzelansprüchen des Erben

Die Haftung des Erbschaftsbesitzers bestimmt sich auch gegenüber den Ansprüchen, die dem Erben in Ansehung der einzelnen Erbschaftsgegenstände zustehen, nach den Vorschriften über den Erbschaftsanspruch.

I. Normzweck

1 Der Erbe, in dessen freiem Belieben es steht, ob er gegen den Erbschaftsbesitzer mit dem Gesamtanspruch oder aber mit den – dinglichen oder schuldrechtlichen – Einzelansprüchen vorgeht, soll nicht auch noch darüber befinden können, welche Rechte dem Erbschaftsbesitzer zustehen. Denn ohne den § 2029, nach welchem sich auch Umfang und Inhalt der Einzelansprüche nach den Vorschriften über den Erbschaftsanspruch bestimmen, wäre der gutgläubige Erbschaftsbesitzer bei Durchsetzung von Einzelansprüchen z.B. im Hinblick auf den Ersatz aller seiner Verwendungen schlechter gestellt. Andererseits muss sich der Erbschaftsbesitzer auch die Regelungen entgegenhalten lassen, die ihn gegenüber denen der Einzelansprüche schlechter stellen, wie z.B. zur Herausgabe von Ersatzgegenständen und Nutzungen verpflichtet zu sein.

II. Anzuwendende Vorschriften

2 Anwendbar auf die Einzelansprüche sind nach § 2029 alle Vorschriften, die Art und Umfang der Leistungspflicht des Erbschaftsbesitzers regeln, unabhängig von dem Umstand, ob sie für den Erbschaftsbesitzer von Vorteil oder Nachteil sind. Anzuwenden sind demnach die Vorschriften über die Herausgabe der Surrogate, Nutzungen sowie der Bereicherung (§§ 2019–2021, 2024), weshalb der gutgläubige Erbschaftsbesitzer bei Unmöglichkeit der Herausgabe von Nachlassgegenständen nach Bereicherungsrecht nur insoweit haftet, als er durch den Besitz der Erbschaft noch bereichert ist.[1] Weiterhin sind die Vorschriften über den Verwendungsersatz, § 2022, anzuwenden, so dass dem gutgläubigen Erbschaftsbesitzer ein Zurückbehaltungsrecht wegen Verwendungen auch auf andere Sachen als die eingeklagten oder auf den ganzen Nachlass zusteht. Darüber hinaus sind die Regelungen über die Wirkung der Rechtshängigkeit (§ 2023), die Voraussetzungen und Wirkungen der Bösgläubigkeit (§ 2024), über die Verjährung und den Ausschluss des Ersitzungseinwandes (§ 2026) Anwendung.

3 Im Rahmen der Besitzentziehungsklage nach den §§ 861, 858, 862 kann sich der Erbschaftsbesitzer entgegen § 863 auf sein Zurückbehaltungsrecht wegen seiner Verwendungen aus § 2022 berufen, vorausgesetzt er ist gutgläubig und hat den Erbschaftsgegenstand vor der tatsächlichen Besitzergreifung durch den Erben in Besitz genommen. Der Erbe kann das Zurückbehaltungsrecht des Erbschaftsbesitzers nach den §§ 2025 S. 2, 249 ff. für den Fall beseitigen, dass der Erbschaftsbesitzer bösgläubig war und den vom Erben bereits begründeten Besitz gebrochen hat.[2]

4 Die Vorschriften über den Erbschaftsanspruch sind, jedenfalls sofern sich aus dem Vortrag der Parteien ergibt, dass der Beklagte Erbschaftsbesitzer ist, im Prozess von Amts wegen zu berücksichtigen.

5 Der Sondernachfolger des Erbschaftsbesitzers, d.h. der Erwerber einer Nachlasssache kann sich, da er selbst nicht Erbschaftsbesitzer ist, nicht auf § 2029 berufen.[3] Das Gericht

---

[1] Vgl. § 2021 Rz. 2.
[2] *Erman/Schlüter* § 2029 Rn. 2.
[3] MüKoBGB/*Helms* § 2029 Rn. 5.

hat die § 2018 ff. von Amts wegen zu berücksichtigen, wenn unstreitig oder erwiesen ist, dass der Beklagte Erbschaftsbesitzer ist.[4]

III. Gerichtsstand

Der besondere Gerichtsstand der Erbschaft (§ 27 ZPO) gilt bei Geltendmachung von Einzelansprüchen des Erben nicht.[5] 6

§ 2030
Rechtsstellung des Erbschaftserwerbers

Wer die Erbschaft durch Vertrag von einem Erbschaftsbesitzer erwirbt, steht im Verhältnis zu dem Erben einem Erbschaftsbesitzer gleich.

I. Normzweck und Anwendungsbereich

Auch für den Fall, dass der Erbschaftsbesitzer die Erbschaft oder einem Erbteil durch Vertrag auf einen Dritten überträgt (§§ 2371, 2385), soll dem Erben die Durchsetzung des Erbschaftsanspruchs, d.h. das Verlangen der Herausgabe der Erbschaft als Ganzes, möglich bleiben; ihm soll nicht die Erhebung von Einzelklagen zugemutet werden. 1

Die Formulierung in § 2030, dem Erbschaftsbesitzer steht derjenige gleich, »wer die Erbschaft durch Vertrag von einem Erbschaftsbesitzer erwirbt«, ist insofern ungenau, als ein Erwerb der Erbschaft durch einen einheitlichen Vertrag nicht möglich ist. Denn für den Erwerb der Erbschaft ist außer einem entsprechenden Verpflichtungsgeschäft erforderlich, dass die einzelnen Nachlassgegenstände nach den für ihre Übertragung jeweils geltenden Vorschriften durch Rechtsgeschäft übertragen werden. Deshalb unterliegen § 2030 zum einen die Fallgestaltungen, in denen der Dritte aufgrund eines auf die Veräußerung des Nachlasses als Ganzes gerichtetes Verpflichtungsgeschäft mit dem Erbschaftsbesitzer (§§ 2385, 2371) Nachlassgegenstände aufgrund einzelner Verfügungsgeschäfte erlangt hat.[1] Weiterhin vom Anwendungsbereich des § 2030 erfasst sind die Fälle, in denen der Erbschaftsbesitzer einem Dritten einen angeblichen Erbteil übertragen hat oder sich zur Übertragung eines solchen Erbteils verpflichtet und der Erwerber zumindest an einem Nachlassgegenstand Mitbesitz erlangt hat.[2] 2

§ 2030 ist hingegen nicht anwendbar, wenn zwar wesentliche Nachlassgegenstände verkauft werden, aber dem Erwerber nicht die Sorge für die Nachlassabwicklung anvertraut wird,[3] mithin nicht die Erbschaft erlangt hat. 3

Für die Anwendung des § 2030 ist das Vorliegen eines formgültigen Verpflichtungsgeschäfts nicht erforderlich.[4] 4

II. Rechtsfolgen

Ein gutgläubiger Erwerb nach §§ 932 ff., 892 f., 2366, 2366 f. durch denjenigen, der vom Erbschaftsbesitzer Nachlassgegenstände nach § 2030 erwirbt, ist ausgeschlossen wegen der Gleichstellung von Erbschaftsbesitzer und Erwerber.[5] Aus Letzterem folgt, dass der Erbe 5

---

4 MüKoBGB/*Helms* § 2029 Rn. 2.
5 OLG Nürnberg OLGZ 81, 115; PWW/*Tschichoflos* § 2029 Rn. 7.
1 MüKoBGB/*Helms* § 2030 Rn. 2; Erman/*Schlüter* § 2030 Rn. 1.
2 Soergel/*Dieckmann* § 2030 Rn. 1, 3; RGRK/*Kregel* § 2030 Rn. 2.
3 Staudinger/*Gursky* § 2030 Rn. 2.
4 MüKoBGB/*Helms* § 2030 Rn. 4 mit Begründung; a.A. Ermann/*Schlüter* § 2030 Rn. 1.
5 Palandt/*Edenhofer* § 2030 Rn. 1; PWW/*Tschichoflos* § 2030 Rn. 4.

vom Erwerber das Erlangte (§ 2018), die Surrogate (§ 2029), die Nutzungen (§ 2020), die Bereicherung (§ 2021) herausverlangen kann. Die verschärfte Haftung nach §§ 2023, 2025 ist jedoch nur dann gegeben, wenn in der Person des Erwerbers die Haftungsvoraussetzungen gegeben sind. Andererseits kann der Erwerber auch die Verwendungen geltend machen, die er und auch der Erbschaftsbesitzer nach § 2022 vom Erben ersetzt verlangen können. Hierzu gehört nicht der Kaufpreis für den Erwerb der Erbschaft.[6] Dem Erwerber kann die Ersitzungszeit des Erbschaftsbesitzers ebenso wie die bereits gegen den Erbschaftsbesitzer abgelaufene Verjährungsfrist zugute kommen, §§ 942, 198.

III. Ansprüche gegen den Erbschaftsbesitzer und den Erbschaftserwerber

6 Der Erbe hat gegen den Erbschaftsbesitzer – sofern dieser die Erbschaft gegen Entgelt veräußert hat – zunächst einen Anspruch auf Herausgabe des Kaufpreises als Surrogat nach §§ 2018, 2019. Weiterhin aber steht dem Erben gegen den Erbschaftserwerber nach §§ 2030, 2018 ein Anspruch auf Herausgabe der Erbschaft zu. Damit aber der Erbe die Erbschaft nicht doppelt erhält, besteht Einigkeit dahingehend, dass der Erbe die aufgezeigten Ansprüche nur wahlweise geltend machen kann.

7 Gegen den Erbschaftsbesitzer kann der Erbe zunächst den Anspruch auf Herausgabe des Kaufpreises geltend machen, § 2019. Die Herausgabe jedoch erfolgt nur Zug um Zug gegen die Genehmigung der Verfügungen, die der Erbschaftsbesitzer über die erlangten Nachlassgegenstände getroffen hat.[7] Die Genehmigung reicht für den Fall, dass ein Bereicherungsanspruch aus § 2021 am Wegfall der Bereicherung scheitert, immer gerade so weit, wie der Erbe aus dem noch vorhandenen Kaufpreis Befriedigung erzielt hat.[8] Dem Erbschaftserwerber, der aufgrund fehlender Genehmigung einzelner Verfügungen die entsprechenden Nachlassgegenstände an den Erben herausgeben muss, steht gegen den Erbschaftsbesitzer ein Anspruch aus Rechtsmängelhaftung jedenfalls dann nach §§ 2476, 435, 437 zu, wenn er den Rechtsmangel nicht gekannt hat, § 442 Abs. 1.

8 Der Erbe könnte stattdessen sowohl gegen den Erbschaftsbesitzer als auch gegen den Erbschaftserwerber jeweils Anspruch auf Herausgabe der bei ihnen jeweils noch vorhandenen Nachlassgegenstände geltend machen.[9]

9 Weiterhin besteht die Möglichkeit für den Erben, den nach §§ 2023 ff. verschärft haftenden Erbschaftsbesitzer unmittelbar auf Schadensersatz wegen Unmöglichkeit der Herausgabe zu belangen, allerdings nur gegen die Abtretung der Ansprüche gegen den Erbschaftserwerber, die der Erbschaftsbesitzer gegen diesen jedoch wegen dessen Gegenansprüchen aus §§ 2376, 442 nicht durchsetzen kann.[10]

10 Gegen den Erbschaftserwerber kann der Erbe nach §§ 2030, 2018 vorgehen und Herausgabe der Nachlassgegenstände verlangen.[11] Erhält der Erbe sämtliche Gegenstände, so kann er gegen den Erbschaftsbesitzer allerdings noch den Anspruch auf Schadensersatz aus der Verschlechterung einzelner Nachlassgegenstände durchsetzen.[12] Für den Fall, dass der Erbe nicht sämtliche Nachlassgegenstände zurückerhält, kann er nach h.M. von dem Erbschaftsbesitzer noch einen Teil des Kaufpreises, nämlich den für die nicht erhaltenen Gegenstände, verlangen.[13]

---

6 *Soergel/Dieckmann* § 2030 Rn. 2; *Staudinger/Gursky* § 2030 Rn. 7.
7 MüKoBGB/*Helms* § 2030 Rn. 8.
8 MüKoBGB/*Helms* § 2030 Rn. 8; PWW/*Tschichoflos* § 2030 Rn. 5.
9 *Staudinger/Gursky* § 2030 Rn. 13.
10 MüKoBGB/*Helms* § 2030 Rn. 9.
11 Zur dogmatischen Begründung des Ausschlusses der Ansprüche gegen den Erbschaftsbesitzer in diesem Fall: MüKoBGB/*Helms* § 2030 Rn. 11.
12 MüKoBGB/*Helms* § 2030 Rn. 12.
13 *Erman/Schlüter* § 2030 Rn. 4; *Palandt/Edenhofer* § 2030 Rn. 1; *Bamberger/Roth/Müller-Christmann* § 2030 Rn. 8; a.A. *Staudinger/Gursky* § 2030 Rn. 11.

IV. Entsprechende Anwendung

§ 2030 ist entsprechend anzuwenden auf die Fälle, in denen der Erwerber die Nachlassgegenstände aufgrund Vermächtnisses in letztwilliger Verfügung des Erbschaftsbesitzers erwirbt.[14]

V. Gerichtsstand

Der Anspruch des Erben gegen den Erbschaftserwerber kann ebenfalls im besonderen Gerichtsstand der Erbschaft nach § 27 ZPO geltend gemacht werden.[15]

VI. Beratungshinweise

Aufgrund der verschiedenen Möglichkeiten des Erben, den Nachlass zu erlangen bzw. Ersatzansprüche geltend zu machen, besteht in diesem Fall erhöhter Beratungsbedarf. Bevor einer der möglichen Anspruchsgegner angegangen wird, ist genau zu eruieren, welche Ansprüche erfolgversprechend durchgesetzt werden können. Denn die Ansprüche gegen den Erbschaftsbesitzer und den Erbschaftserwerber bestehen nicht in der Weise nebeneinander, dass der Erbe aus beiden Ansprüchen volle Befriedigung erlangen kann; da er andernfalls die Erbschaft doppelt erlangen würde.[16] Auch ist zwischen dem Erbschaftsbesitzer und dem Erbschaftserwerber kein Gesamtschuldverhältnis gegeben.

§ 2031
Herausgabeanspruch des für tot Erklärten

(1) Überlebt eine Person, die für tot erklärt oder deren Todeszeit nach den Vorschriften des Verschollenheitsgesetzes festgestellt ist, den Zeitpunkt, der als Zeitpunkt ihres Todes gilt, so kann sie die Herausgabe ihres Vermögens nach den für den Erbschaftsanspruch geltenden Vorschriften verlangen. Solange sie noch lebt, wird die Verjährung ihres Anspruchs nicht vor dem Ablauf eines Jahres nach dem Zeitpunkt vollendet, in welchem sie von der Todeserklärung oder der Feststellung der Todeszeit Kenntnis erlangt.

(2) Das gleiche gilt, wenn der Tod einer Person ohne Todeserklärung oder Feststellung der Todeszeit mit Unrecht angenommen worden ist.

I. Normzweck

Ausgehend von der Überlegung, dass der scheinbar Verstorbene u.U. vor den gleichen Schwierigkeiten steht wie der Erbe, sein Vermögen zurückzuerhalten, wollte man ihm ebenfalls einen Gesamtanspruch, welcher dem Erbschaftsanspruch nachgebildet ist, zur Verfügung stellen.

II. Anspruchsbefugnis

Anspruchsbefugt nach § 2031 Abs. 1 ist derjenige, der für tot erklärt oder dessen Todeszeit festgestellt worden ist, aber die Zeit überlebt hat, die als Zeitpunkt seines Todes gilt, §§ 9, 23, 39 ff., 44 VerschG. Der Todeszeitpunkt wird bei Todeserklärung oder Todeszeitfeststellung durch Beschluss festgestellt, §§ 23, 44 VerschG. Nach Art. 2 § 2 Abs. 3 des Gesetzes

---

14 *Erman/Schlüter* § 2030 Rn. 5; RGRK/*Kregel* § 2030 Rn. 6.
15 *Staudinger/Gursky* § 2030 Rn. 11.
16 MüKoBGB/*Helms* § 2030 Rn. 2.

vom 14.1.1951[1] ist der vermutete Todestag für Kriegsverschollene des 1. Weltkrieges der 10.1.1920 und für Kriegsverschollene des 2. Weltkrieges der 31.12.1945. Nach § 2031 Abs. 2 ist anspruchsbefugt, wer zu Unrecht für tot gehalten wurde, beispielsweise aufgrund einer unrichtigen Sterbeurkunde, bei Scheintod oder aber auch bei Aufhebung von Todeserklärung sowie Todeszeitfeststellung, § 30 VerschG. In diesem Falle kann der Anspruch aus § 2031 Abs. 2 auch von einem Abwesenheitspfleger, § 1911, durchgesetzt werden.

III. Anspruchsgegner

3   Anspruchsgegner ist, wer als vermeintlicher Erbe oder als dessen Gesamtnachfolger das Vermögen oder Teile hiervon von dem scheinbar Toten erlangt hat.[2] Analog anwendbar ist die Vorschrift des § 2031 auch gegen denjenigen, der das Vermögen dadurch erlangt hat, dass er sich selbst als der Verschollene ausgegeben hat.[3] Hingegen ist § 2031 nicht anwendbar, auch nicht entsprechend, bei anderweitigen Eingriffen in das Vermögen des Totgeglaubten, hier muss letzterer die Einzelansprüche verfolgen.[4]

IV. Rechtsfolge

4   Sämtliche Vorschriften über den Erbschaftsanspruch sind auf den Gesamtanspruch aus § 2031 entsprechend anzuwenden.[5]

5   Der Anspruch aus § 2031 ist vererblich, d.h. er geht auf den Erben des Todgeglaubten über.

6   Aufgrund der Überlegung, dass der nur scheinbar Verstorbene seinen Anspruch nicht durch Ablauf der Verjährungsfrist, §§ 2026, 194, 197 Abs. 1 Nr. 1 n.F. – auch nach dem ErbverjRÄndG mit Wirkung ab 1.1.2010 grundsätzlich geltenden 30 Jahre –, verlieren soll, hemmt § 2031 Abs. 1 S. 2 beim Gesamtanspruch den Ablauf der Verjährungsfrist. Die Regelung des § 2031 Abs. 1 S. 2 gilt jedoch nicht zugunsten der Erben des scheinbar Verstorbenen.[6]

7   Derjenige, der vom vermeintlichen Erben gutgläubig aufgrund eines Rechtsgeschäftes Gegenstände erwirbt, wird über § 2370 geschützt.

V. Gerichtsstand

8   § 27 ZPO – besonderer Gerichtsstand der Erbschaft – gilt nicht für den Gesamtherausgabeanspruch aus § 2031.[7]

---

1   BGBl. 1951 I S. 59.
2   *Soergel/Dieckmann* § 2031 Rn. 4.
3   *Erman/Schlüter* § 2031 Rn. 1.
4   MüKoBGB/*Helms* § 2031 Rn. 4.
5   MüKoBGB/*Helms* § 2031 Rn. 5.
6   *Soergel/Dieckmann* § 2031 Rn. 9.
7   *Staudinger/Gursky* § 2031 Rn. 8.

Titel 4
Mehrheit von Erben

Untertitel 1
Rechtsverhältnis der Erben untereinander

§ 2032
Erbengemeinschaft

(1) Hinterlässt der Erblasser mehrere Erben, so wird der Nachlass gemeinschaftliches Vermögen der Erben.

(2) Bis zur Auseinandersetzung gelten die Vorschriften der §§ 2033 bis 2041.

Übersicht	Rz.		Rz.
I. Normzweck	1	VII. Erbengemeinschaft und ihre Mitglieder	32
II. Erbengemeinschaft	2	VIII. Prozessuales	38
III. Gemeinschaftliches Vermögen und Sondervermögen	11	1. Aktivprozesse	38
		2. Passivprozesse	40
IV. Nachlassgegenstand	15	3. Sonstiges	43
V. Wesen der Miterbengemeinschaft	19	4. Übertragung von Unternehmen an eine Miterbengemeinschaft	44
VI. Erbengemeinschaft und Dritte	29		

I. Normzweck

Mit § 2032 werden die Regeln für die durch den Tod eines Erblassers, der mehrere Erben in gesetzlicher Erbfolge hinterlässt, kraft Gesetzes entstehende Gesamthandsgemeinschaft aufgestellt. Sie unterscheidet sich dadurch von den anderen Gesamthandsgemeinschaften, wie z.B. Gesellschaft und Gütergemeinschaft, dass ihr Zweck nur die Abwicklung, d.h. die Auflösung ist. 1

II. Erbengemeinschaft

Eine Erbengemeinschaft entsteht – ohne dass deren Mitglieder kraft eigener Willenserklärung eine bilden oder verhindern können – nach dem Tod eines Erblassers, wenn seine Rechtsnachfolger kraft Gesetzes (§§ 1924 ff.) oder Verfügung von Todes wegen (§§ 1937, 1941, 2064, 2274 f.) gleichzeitig und nebeneinander mehrere Personen sind. 2

Ersatz- (§ 2096) und/oder Nacherben sind deshalb zunächst keine Mitglieder einer Erbengemeinschaft. Sie werden es erst, wenn der Ersatz- bzw. Nacherbfall eintritt.[1] 3

Hat der Erblasser Vor- und Nacherbfolge angeordnet und ist die Erbengemeinschaft beim Tod des Vorerben noch nicht auseinandergesetzt, tritt an die Stelle des Vorerben der Nacherbe. Bei mehreren Nacherben rücken diese mit Eintritt des Nacherbfalls als eine weitere Erbengemeinschaft **nach dem ursprünglichen Erblasser** in die Position des Vorerben in der ursprünglichen Erbengemeinschaft ein. 4

Stirbt ein Mitglied einer bestehenden Erbengemeinschaft, tritt sein Erbe bzw. treten seine Erben an die Stelle der Verstorbenen (§ 1922 Abs. 1), letztere in Form einer eigenen Erbengemeinschaft.[2] 5

Miterben sind Personen, die als wirkliche Erben in die Erbfolge eintreten. Miterben sind nicht die, die ausschlagen (§ 1953), deren Erbteil vorzeitig ausgeglichen wurde (§ 1934 f.), 6

---

[1] Mischfall: BayObLGZ 28, 117.
[2] *Rather* Erbeserbengemeinschaft.

die enterbt (§ 1938), für erbunwürdig (§ 2344) erklärt wurden und die, die auf ihr Erbe verzichtet (§ 2346) haben.

7 **Nichteheliche Kinder** und deren Väter (beim Tode des nichtehelichen Kindes, weil das nichteheliche Kind und sein Vater als Nichtverwandt galten) waren bis zum Erbrechtsgleichstellungsgesetz vom 16.12.1997 keine Miterben, weil ihnen nur ein Erbersatzanspruch (§§ 1934a–e BGB)[3] zustand, ausgenommen, sie waren im Rahmen gewillkürter Erbfolge zu Erben berufen. Seit dem 1.4.1998 haben nichteheliche Kinder in der Bundesrepublik die gleiche erbrechtliche Stellung wie eheliche. Aufgrund einer EuGH-Entscheidung werden nichteheliche Kinder den Ehelichen generell gleich gestellt werden.

8 Mittlerweile bildet sich ein neuer Problemkreis um die Erbberechtigung im Rahmen künstlicher Befruchtungen. Bei einer in-vitro-Fertilisation geht man mittlerweile von Erbfolge für das so geborene Kind aus – auch wenn der Embryo erst nach dem Tod des Vaters in den Mutterleib implantiert wird. Schwieriger wird es mit der in Deutschland verbotenen Befruchtung von Samen und Eizellen Verstorbener (Embryonenschutzgesetz). Gleichwohl muss damit gerechnet werden, dass Fälle dieser Art auftreten. In diesem Zusammenhang wird § 1591 zum Prüfstein werden.

9 Eine Erbengemeinschaft endet, wenn alle Mitglieder einem Mitglied der Erbengemeinschaft ihre Anteile übertragen haben oder wenn die Mitglieder den letzten Nachlassgegenstand auseinandergesetzt haben.

10 Die Erben können nach teilweiser oder ganzer Auseinandersetzung die Erbengemeinschaft nicht wieder begründen. Was auseinandergesetzt ist, ist endgültig und unwiderruflich aus dem gemeinschaftlichen Vermögen der Erben ausgeschieden. Etwas anderes gilt nur dann, wenn ein Auseinandersetzungsvertrag wirksam angefochten oder wenn ein gesetzliches (**nicht** vertragliches) Rücktrittsrecht ausgeübt wird.

III. Gemeinschaftliches Vermögen und Sondervermögen

11 Die Väter des BGB gestalteten die Erbengemeinschaft als eine Gesamthandsgemeinschaft und nicht als Bruchteilsgemeinschaft. Der auf die Erbengemeinschaft übergegangene Nachlass ist damit ein Sondervermögen, das nur durch den Verwaltungs-, Nutzungs- und Liquidationszweck dinglich gebunden ist.

12 Die einzelnen zum Nachlass gehörenden Sachen und Rechte gehen mit dem Erbfall in das Gesamthandseigentum der Mitglieder der Erbengemeinschaft über. Forderungen und Ansprüche des Nachlasses stehen der Gemeinschaft der Mitglieder der Erbengemeinschaft zu. Der Besitz am Nachlass geht nach § 857 als Mitbesitz (§ 866) in die Gesamthand der Mitglieder der Erbengemeinschaft über.

13 Der Anteil eines Mitgliedes der Erbengemeinschaft an dem Sondervermögen Nachlass wird durch den vom Gesetz oder vom Erblasser bestimmten Bruchteil definiert. Dieser Bruchteil ist nicht notwendig identisch mit dem Wertanteil bei der Auseinandersetzung. Er kann sich durch Vermächtnisse oder sonstige Auflagen und Bestimmungen zu Lasten eines oder mehrerer Mitglieder der Erbengemeinschaft verändern.

14 Hinterlassen zwei Erblasser demselben Personenkreis ihren Nachlass, entstehen zwei getrennte Sondervermögen.

IV. Nachlassgegenstand

15 Den Mitgliedern einer Erbengemeinschaft steht der Anteil, den sie am Sondervermögen Nachlass haben, auch an den einzelnen Nachlassgegenständen zu. Dieser Anteil des Einzelnen an den Nachlassgegenständen ist aber **kein** beschränktes Teilrecht an einem Nachlassgegenstand. Dieser gehört vielmehr allen Mitgliedern der Erbengemeinschaft in gesamthänderischer Verbundenheit.

---

[3] Näheres *Rauscher* ZEV 1998, 41–45.

Verfügt ein Mitglied der Erbengemeinschaft über einen einzelnen Nachlassgegenstand 16 handelt es als Nichtberechtigter i.S.v. § 185. Das hat zur Folge, dass die Verfügung unwirksam ist. Verfügt ein Mitglied der Erbengemeinschaft über seinen Anteil an einem Nachlassgegenstand, ist das unwirksam.[4]

Sachenrechtlich indessen gehören die Nachlassgegenstände jedem einzelnen Miterben 17 zur Gänze, allerdings mit der Beschränkung durch die Rechte der übrigen Mitglieder der Erbengemeinschaft an ihnen.

Stirbt von Eheleuten ein Ehegatte ist zu beachten, dass Nachlassgegenstand n u r der 18 Anteil des verstorbenen Ehegatten ist. Das führt dazu, dass der überlebende Ehegatte in der Erbengemeinschaft neben seinen Kindern nicht automatisch die Stimmenmehrheit hat. Sein Anteil an der daneben bestandenen ehelichen Gemeinschaft bleibt bei der Bestimmung der Anzahl der Stimmen in der Erbengemeinschaft unberücksichtigt.

V. Wesen der Miterbengemeinschaft

Sie ist weder juristische Person noch eine Gesellschaft bürgerlichen Rechts. Sie kann auch 19 nicht in den Gesellschaftsformen des HGB tätig werden oder sich an solchen Gesellschaften beteiligen. Für zulässig gehalten wird allerdings die Beteiligung einer Erbengemeinschaft an der Gründung einer GmbH oder Aktiengesellschaft.[5]

Sie ist nicht parteifähig i.S.v. § 50 Abs. 1 ZPO. Die Teilnahme der Erbengemeinschaft am 20 Rechtsverkehr ist durch die Vorschriften der §§ 2038 ff. geregelt und möglich.

Bis zur Auseinandersetzung ist der Nachlass als Sondervermögen der Mitglieder der 21 Erbengemeinschaft zu erhalten.[6] Alles, was dem Nachlass – aus welchem Rechtsgrund auch immer – zufließt, gehört zum Sondervermögen Nachlass (§ 2041).

Für Nachlassverbindlichkeiten gilt ebenfalls das Gesamthandsprinzip. Die Mitglieder 22 der Erbengemeinschaft haften als Gesamtschuldner (§ 2058).

Bis zur Teilung kann jedes Mitglied gem. § 2059 Abs. 1 S. 1 seine Haftung auf seinen 23 Anteil am Nachlass beschränken.

Nachlassgläubiger können, gestützt auf § 2058, gegen die Mitglieder Gesamtschuldklage 24 erheben oder von ihnen gem. § 2059 Abs. 2 Befriedigung aus dem ungeteilten Nachlass verlangen.

Nach der Teilung entfällt für Nachlassgläubiger die Klagemöglichkeit nach § 2059 25 Abs. 2; es bleibt ihnen aber die Klage nach § 2058. Die Mitglieder der Erbengemeinschaft können dann ihre Haftung nur noch über § 2060 ff. beschränken.

Daneben können die Mitglieder der Erbengemeinschaft sämtliche Haftungsbeschränkung 26 des Alleinerben geltend machen.

Bestreiten Mitglieder einer Erbengemeinschaft das Miterbenrecht eines Dritten, so kann 27 dieser gegen die Erbengemeinschaft die Klage nach § 2018 erheben, allerdings nur mit dem Ziel auf Einräumung des Miteigentums- und -besitzes. Daneben ist die sog. Statusklage zulässig, mit der die Eigenschaft als Miterbe festgestellt wird.

Eine Klage nach § 2018 ist aber ausgeschlossen, wenn ein Mitglied der Erbengemeinschaft 28 einen zu hohen Anteil am Nachlass beansprucht. In einem solchen Fall muss die sog. Erbteilsfeststellungsklage erhoben werden. Beanspruchen mehrere Mitglieder zu viel, so sind sie keine notwendigen Streitgenossen, weil Erbenstellung und Erbanteil nicht einheitlich festgestellt werden können.

---

[4] RGZ 88, 21, 27.
[5] *Staudinger/Werner* BGB § 2023 Rn. 23 m.w.N.
[6] Arg. § 2032 Abs. 2 BGB.

VI. Erbengemeinschaft und Dritte

29 Oberster zu beachtender Grundsatz ist, dass das Sondervermögen der Erbengemeinschaft und das Eigenvermögen der Mitglieder der Erbengemeinschaft Vermögen verschiedener Rechtsträger sind.

30 Daraus folgt, dass eine Aufrechnung (§ 387) nur erklärt bzw. ein Zurückbehaltungsrecht (§ 273) nur geltend gemacht werden kann, wenn tatsächlich vollumfänglich Gegenseitigkeit besteht.

31 Ein Nachlassschuldner kann also nur dann gegenüber einer Nachlassforderung aufrechnen, wenn sich seine Forderung gegen den Nachlass richtet und nicht, wenn sie sich gegen einzelne Mitglieder der Erbengemeinschaft richtet (§ 2040 Abs. 2).

VII. Erbengemeinschaft und ihre Mitglieder

32 Bestehende Rechte und Verbindlichkeiten zwischen dem Erblasser und einzelnen Mitgliedern der Erbengemeinschaft gehen durch den Erbfall nicht unter.
Beispiel: Mietvertrag zwischen Erblasser und einem Mitglied der Erbengemeinschaft

33 Jedes Mitglied der Erbengemeinschaft kann mit einzelnen anderen Mitgliedern Verträge aller Art über Nachlassgegenstände abschließen. Dabei sind sie an die Verwaltungsregeln der §§ 2038 ff. gebunden. Aufwendungsersatz kann ein Mitglied von den übrigen Mitgliedern verlangen, wenn die Aufwendungen im Interesse der Gemeinschaft gemacht werden (§ 748).

34 Hat ein Miterbe zu Lebzeiten des Erblassers als Nichtberechtigter über einen späteren Nachlassgegenstand verfügt, so wird diese Verfügung durch den Erbfall nicht geheilt. Heilung tritt nur ein, wenn der nichtberechtigt Verfügende den Gegenstand bei der Auseinandersetzung der Erbengemeinschaft erwirbt (§ 185 Abs. 1 S. 1, 2. Alternative).

35 Hat der Erblasser verfügt, wird die Verfügung mit seinem Tode wirksam (§ 185 Abs. 2 S. 1, 3. Alternative), wenn der Miterbe für die Nachlassverbindlichkeiten haftet.

36 Die Mitglieder der Erbengemeinschaft können das Gesamthandseigentum ganz oder teilweise in Bruchteilseigentum der Mitglieder oder Alleineigentum eines Mitglieds umwandeln. Das geschieht durch dingliche Veräußerungsakte. Bei Grundstücken ist die notarielle Form (§ 313) zu beachten; Auflassung und Eintragung im Grundbuch ist erforderlich. Die Übertragung von Gesamthandsvermögen auf Dritte bedarf zu ihrer Wirksamkeit jedenfalls der rechtsgeschäftlichen Eigentumsübertragung.

37 Sind Minderjährige Mitglieder einer Erbengemeinschaft, ist auf familiengerichtliche Genehmigung (§ 1821 Nr. 1 und 4) und bei Insichgeschäften (§ 181) darf die Einschaltung eines Pflegers nicht übersehen werden.

VIII. Prozessuales

1. Aktivprozesse

38 Aus einem Recht der Gesamthänder können entweder alle Mitglieder der Erbengemeinschaft klagen – dann ist notwendige Streitgenossenschaft gegeben (= Aktivprozess der Gesamthand) – oder einzelne Mitglieder der Erbengemeinschaft klagen – dann liegt einfache Streitgenossenschaft vor.

39 Leistung kann aber immer nur an die Erbengemeinschaft verlangt werden.

2. Passivprozesse

40 Nach § 2058 kann jeder Erbe einzeln als Gesamtschuldner verklagt werden (= keine notwendige Streitgenossenschaft).

41 Nach § 2059 Abs. 2 richtet sich die Gesamthandsklage gegen alle Erben. Es kann in dieser Klageform nur einheitlich entschieden werden (= notwendige Streitgenossenschaft).

Bei Passivprozessen darf nicht vergessen werden, die Haftung der Erben hinsichtlich Hauptsache, Zinsen und Kosten auf den Nachlass zu beschränken. Die entsprechenden Anträge (§§ 780, 781 ZPO) sind zu stellen. 42

3. Sonstiges

- Jeder Erbe kann nach § 13 Abs. 2 GBO die Eintragung der Erbengemeinschaft i.S.v. § 47 GBO als Eigentümer von Grundbesitz im Grundbuch beantragen, wenn zum Nachlass Grundbesitz gehört. 43
- Bis zur Teilung des Nachlasses können nur alle Mitglieder der Erbengemeinschaft Nachlassverwaltung beantragen (§ 2062). Den Antrag auf Durchführung des Nachlassinsolvenzverfahrens (§ 11 Abs. 2 Nr. 2 InsO) kann jedoch jedes einzelne Mitglied der Erbengemeinschaft stellen.
- Jedes Mitglied der Erbengemeinschaft kann Antrag auf Erteilung des gemeinschaftlichen Erbscheines oder des Teilerbscheines stellen.
- Bei der Zwangsvollstreckung in das Gesamthandsvermögen ist ein Titel gegen alle Mitglieder der Erbengemeinschaft nötig (§ 2040 i.V.m. § 747 ZPO).
- Bei der Zwangsvollstreckung gegen ein Mitglied der Erbengemeinschaft können nur die Rechte dieses Mitglieds an der Erbengemeinschaft im Zusammenhang mit dem Anspruch auf Auseinandersetzung der Erbengemeinschaft gepfändet werden.
- Hat ein Miterbe im Prozess seine Haftung auf den Nachlass vorbehalten, verhindert dies über §§ 780, 781, 785, 767 ZPO die Zwangsvollstreckung in sein Eigenvermögen.

4. Übertragung von Unternehmen an eine Miterbengemeinschaft

Gehört zum Nachlass ein Handelsgeschäft, so geht es – ob es im Handelsregister eingetragen ist oder nicht – in das Gesamthandsvermögen der Erbengemeinschaft über, weil es gem. § 22 Abs. 1 HGB vererblich ist. Es kann von den Mitgliedern der Erbengemeinschaft werbend fortgeführt werden. 44

Gehört zum Nachlass eine Beteiligung an einer Personengesellschaft, muss zunächst sorgfältig geprüft werden, was der Gesellschaftsvertrag für den Fall des Todes eines Gesellschafters vorsieht. Entsprechend diesen Bestimmungen gestaltet sich die Rechtsstellung der Erbengemeinschaft. 45

Gehören zum Nachlass der Geschäftsanteil an einer GmbH oder Aktien einer Aktiengesellschaft, so gehen die Anteile bzw. die Aktien an die gesamthänderische Verbundenheit der Erbengemeinschaft über, weil beide Beteiligungsarten vererblich sind. 46

Gleiches gilt für Genossenschaftsanteile. 47

§ 2033
Verfügungsrecht des Miterben

(1) Jeder Miterbe kann über seinen Anteil an dem Nachlasse verfügen. Der Vertrag durch den ein Miterbe über seinen Anteil verfügt, bedarf der notariellen Beurkundung.

(2) Über seinen Anteil an den einzelnen Nachlassgegenständen kann ein Miterbe nicht verfügen.

I. Normzweck

§ 2033 und § 2042 bilden die »magna carta« des Miterben. Durch sie ist er in der Lage, den Zweck der Miterbengemeinschaft – nämlich deren Auseinandersetzung – zu vollziehen. 1

II. Grundsätzliches

2 Weil jede Erbengemeinschaft auf Auflösung bzw. Aufhebung gerichtet ist, kann jeder Miterbe (und dessen Rechtsnachfolger § 2037) über seinen Anteil an der Erbengemeinschaft verfügen. Nicht möglich ist es,
– über seinen Anteil an einzelnen Nachlassgegenständen und
– über einen künftigen Erbanteil zu verfügen, weil ein verfügungsfähiges Recht an einem Erbanteil erst durch den Erbfall entsteht.

3 Ausgenommen sind Verträge gem. § 312 Abs. 2.

4 Verfügungsberechtigt sind daneben diejenigen, die bedingt oder befristet als Miterben eingesetzt sind – auch Vorerben unbeschadet der Nacherbfolge.

5 Der Nacherbe kann nach § 2018 Abs. 2 über die Anwartschaft nach § 2033 Abs. 1 analog verfügen.

III. Gegenstand der Verfügung

6 Solange die Erbengemeinschaft besteht, kann Gegenstand der Verfügung eines Miterben nur dessen jeweiliger Anteil am Inbegriff des Nachlasses sein. Hierüber kann verfügt werden, solange die Erbengemeinschaft noch einen einzigen Nachlassgegenstand im Gesamthandsbesitz hält. Gegenstand der Verfügung kann auch der Anteil eines Miterben an der Beteiligung des Erblassers an einer Gesellschaft oder Erbengemeinschaft sein.

7 Vereinigen sich durch Übertragungen alle Anteile in der Person eines Miterben, ist die Erbengemeinschaft aufgelöst. Von diesem Zeitpunkt an kann der Eigentümer des gesamten Nachlasses auch einzelne Gegenstände des Nachlasses übertragen.

8 Aus dem Gesetzeswortlaut ergibt sich zweifelsfrei, dass ein Miterbe auch über einen Bruchteil seines Anteils an einem Nachlass verfügen kann. Nicht hingegen kann er über sein »Auseinandersetzungsguthaben« an dem Nachlass verfügen.

9 **Verfügung** ist jedes Rechtsgeschäft, das den Bestand des Rechts am Nachlass ändert: Aufhebung, Belastung (= Nießbrauch § 1068), Verpfändung (§ 1273), Inhaltsänderung und Übertragung.

10 Für Verfügungen ist zwingend die notarielle Form vorgeschrieben (§§ 2033 Abs. 1, S. 2 i.V.m. § 128 BGB, 20 BNotO). Bei Nichteinhaltung der notariellen Form ist das Verfügungsgeschäft nichtig (§ 125 BGB). Bei Beteiligung Minderjähriger ist zusätzlich die familiengerichtliche Genehmigung erforderlich. Bei land- und forstwirtschaftlichen Betrieben sind §§ 2 Abs. 2 Nr. 2 und 3 GrdstVG und – wo sie gelten – die Höfeordnungen zu beachten; § 12 WEG scheidet aus. Bei Gütergemeinschaft kann die Einwilligung des nichtverwaltenden Ehegatten nach § 1424 u.U. erforderlich sein.

11 Die Anteilsübertragung führt zur Gesamtrechtsnachfolge. Bei Nachlassgrundstücken wird das Grundbuch durch die Übertragung unrichtig; der Erwerber ist als Gesamthänder der ungeteilten Erbengemeinschaft einzutragen (§ 894 i.V.m. § 22 GBO). Eine Auflassung ist nicht nötig.

12 Der Nießbrauch kann als Recht am Nachlass oder an einem Bruchteil des Nachlasses bestellt werden (§§ 1069 Abs. 1, 2033 Abs. 1, S. 2). Die Verpfändung (§ 1273) ist nach §§ 1274 Abs. 1, 2033 Abs. 1, S. 2 durchzuführen. Die Anzeige nach § 1280 entfällt, weil ein Recht und keine Forderung verpfändet wird. Auch hier können nur der Erbteil und nicht einzelne Nachlassgegenstände Gegenstand der Rechtsbestellung sein. Der Ausschluss der Tilgung der Forderung, wegen derer der Erbteil verpfändet wird, führt zur Nichtigkeit der Pfandrechtsbestellung.

13 Weil ein Anteil am Nachlass verpfändet werden kann, kann er auch gepfändet werden (§§ 859 Abs. 2, 857 ZPO). Der Gläubiger muss den angeblichen Anteil seines Schuldners an der Erbengemeinschaft pfänden und sich zur Einziehung übertragen lassen (§ 859 Abs. 2 ZPO). Es empfiehlt sich, klarstellend zusätzlich dessen – für sich allein nicht pfändbaren – Nebenansprüche, nämlich: den Auseinandersetzungsanspruch, Teilungsanspruch,

den Überrest betreffend, und den Anspruch auf Auskunft über den Bestand des Nachlasses mit zu pfänden. Drittschuldner sind die alle Mitglieder der Erbengemeinschaft – also auch der Schuldner. Ihm muss der Pfändungs- und Überweisungsbeschluss einmal als einem der Drittschuldner und zum anderen als Schuldner zugestellt werden. Wird das vergessen, ist die Pfändung unwirksam. Die erfolgte Pfändung kann im Grundbuch eingetragen werden, wenn zum Erbanteil Grundbesitz gehört.

Hinweis: Testamentsvollstreckung und/oder Nachlassverwaltung hindern die Pfändung nicht. 14

Die bestehenden Vorkaufsrechte der Miterben sind zu beachten. 15

Die gesetzlichen Vorkaufsrechte (z.B. nach dem BBauG und RSiedlG) greifen nicht, weil über den Erbanteil und nicht über das Grundstück verfügt wird. Das wird damit begründet, dass auch der Anteil an einer Erbengemeinschaft – wie das Erbrecht insgesamt – unter dem besonderen Schutz des Grundgesetzes (Art. 14 Abs. 1 GG) stehen. 16

Verfügungsbeschränkungen nach §§ 719, 1419, 1471 Abs. 2, 1497 Nr. 2 hindern Verfügungen über den Anteil nicht. Das gilt auch für eine angeordnete Testamentsvollstreckung. Der Vorerbe kann nur so weit verfügen, als er dabei den Nacherben nicht beeinträchtigt. 17

Gutglaubensschutz genießt der Erwerber nur dann, wenn ein Miterbe als »Alleinberechtigter« über einen Nachlassgegenstand verfügt. 18

IV. Notarielle Form

Wie bereits ausgeführt, ist die **notarielle Form** zwingend zu beachten. Sie gilt auch für Vollmachten zur Erbteilsveräußerung oder zum Erbteilserwerb. Ein Verstoß gegen diese Formvorschrift führt zur Nichtigkeit des Verfügungsvertrages (§ 125 S. 1). Ausnahmen gibt es nur, wenn die Übertragung im gerichtlichen Erbteilungsverfahren (§ 91 FGG) erfolgt oder wenn ein gepfändeter Erbteil im Wege der Zwangsvollstreckung durch Zuschlag auf den Erwerber übergeht. 19

Zu beachten ist, dass u.U. eine Anteilsübertragung, bei der die **notarielle Form nicht beachtet** wurde, ein (formlos) gültiger Auseinandersetzungsvertrag[1] oder eine wirksame schuldrechtliche Verpflichtung sein kann.[2] Obwohl die schuldrechtliche Verfügung zu einer Verfügung über den Erbteil nicht immer formgebunden ist, empfiehlt es sich, stets die notarielle Form zu beachten bzw. zu wählen, weil im Wege der Beurkundung die dinglichen Verpflichtungen mit beurkundet werden können und deren Vollzug mit der Zwangsvollstreckungsunterwerfung gesichert ist. 20

Formfrei sind die Verpflichtungen zur Verpfändung, Veräußerung und Nießbrauchbestellung. 21

Kontrovers behandelt wird die Frage der **Heilung mangelnder Form** nach § 313 S. 2. Vollziehung heilt den Mangel nicht.[3] Die Rechtsprechung lehnt Heilung ab; das Schrifttum bejaht sie. 22

Bei Schenkung ist Heilung wegen § 518 Abs. 2 allgemein anerkannt. 23

V. Wirkung der Übertragung

Die **Erbteilsübertragung bewirkt**, dass der Erwerber in die vermögensrechtliche Stellung des Veräußerers tritt. Er wird dessen Gesamtrechtsnachfolger. Der Erwerber tritt durch die Erbteilsübertragung nicht an die Stelle des Veräußerers als Miterbe in die Miterbengemeinschaft ein. Auf ihn gehen nur die Rechte und Pflichten im Rahmen der Verwaltung und Auseinandersetzung des Nachlasses über. 24

---

1 RG JW 32, 1354.
2 RGRK/*Kregel*, BGB, § 2033, Rn. 13.
3 BGH NJW 1967, 1128, 1130 f., zur Frage möglicher Heilung s: MüKoBGB/*Musielak* § 2371 Anm. 6.

25   Der Veräußerer bleibt Erbe. Er kann den Testamentsvollstrecker entlasten. Ihm stehen weiterhin Pflichtteilsrest- und -ergänzungsansprüche zu.[4] Er haftet weiter für Nachlassverbindlichkeiten.

26   Der Erbschein wird durch Veräußerungen nicht unrichtig; auch nach einer Übertragung ist ein Erbschein auf den veräußernden Miterben und nicht auf den Erwerber auszustellen.

VI. Verfügungsverbot

27   Nachlassgegenstände i.S.v. § 2033 Abs. 2 sind zum einen alle zum Nachlass gehörenden Sachen (§ 90) und zum anderen Forderungen und Anteile an einem zum Nachlass gehörenden Handelsgeschäft sowie der Anteil eines zur Erbschaft gehörenden weiteren Nachlasses.

28   Das Verfügungsverbot des Abs. 2 erfasst auch Verfügungen aller Miterben einer Erbengemeinschaft über Anteile an Nachlassgegenständen (s.a. § 859 Abs. 2 ZPO). Verfügt werden kann von allen Miterben nur über einen Nachlassgegenstand insgesamt (§ 2040 Abs. 1).

§ 2034
Vorkaufsrecht gegenüber dem Verkäufer

(1) Verkauft ein Miterbe seinen Anteil an einen Dritten, so sind die übrigen Miterben zum Vorkaufe berechtigt.

(2) Die Frist für die Ausübung des Vorkaufsrechts beträgt zwei Monate. Das Vorkaufsrecht ist vererblich.

I. Normzweck

1   Dieses gesetzliche Vorkaufsrecht – ein Gestaltungsrecht – soll die Erbengemeinschaft vor Überfremdung schützen. Deshalb ist es nicht pfändbar und gehört auch nicht zur Insolvenzmasse eines einzelnen Miterben.

2   Es ist geregelt in den §§ 2034–2037 i.V.m. §§ 463 ff. Es kann nicht übertragen werden (§ 473 ff.) – auch nicht zusammen mit dem zu übertragenden Nachlassanteil.

II. Vorkaufsrecht

3   Das Vorkaufsrecht besteht nur, wenn ein Dritter (s. Gesetzestext) kauft. Kauft ein Mitglied der Erbengemeinschaft von einem anderen Mitglied der Erbengemeinschaft, löst dieser Kauf ein Vorkaufsrecht der anderen Mitglieder der Erbengemeinschaft nicht aus. Dritter ist jeder, der nicht Miterbe ist.

4   Übt ein Miterbe das Vorkaufsrecht aus, kann er weiter übertragen. Üben mehrere Miterben das Vorkaufsrecht aus, wächst ihnen der erworbene Anteil anteilsmäßig zu. Der Einzelne, der das Vorkaufsrecht zusammen mit den übrigen Miterben ausgeübt hat, kann über seinen Anteil am hinzu Erworbenen wegen § 2033 Abs. 2 nicht weiter verfügen.

5   Dieses Recht kann nur ausgeübt werden, wenn ein Miterbe seinen Anteil mit einem gültigen Kaufvertrag (§ 2371) an einen Dritten veräußert. Es gilt nicht bei jeder anderen Erwerbs- oder Verfügungsart – auch nicht bei Versteigerung zum Zwecke der Auseinandersetzung der Erbengemeinschaft. Auch löst ein Kaufvertrag, mit dem eine vorweggenommene Erbregelung bezweckt wird (meist gemischte Schenkung), das Vorkaufsrecht nicht aus. Dagegen besteht ein Vorkaufsrecht, wenn ein Vorerbe an den Nacherben verkauft, weil der Nacherbe Dritter in Bezug auf die bestehende Erbengemeinschaft ist.

---

4 *Damrau/Rißmann* § 2033 Rn. 10.

Aber: Wegen der Gefahr von Umgehungen kann § 2034 auch auf andere Verträge ange- 6
wendet werden. Maßgebend ist der verfolgte wirtschaftliche Zweck und nicht die verwendeten Begriffe und Vertragskonstruktionen. In folgenden Fällen könnte das Vorkaufsrecht ausgeübt werden: bei Übertragung an Zahlung statt, wenn die Ausgangssumme bestimmbar ist; Sicherungsübereignung für gewährtes Darlehen, wenn Rückübertragung und Darlehensrückzahlung endgültig abgeschlossen sind.

Weitere Voraussetzung für die Ausübungsmöglichkeit des Vorkaufsrechtes ist, dass ein 7
Miterbe oder dessen Erbe verkauft.

Besteht eine Erbengemeinschaft in einer Erbengemeinschaft, eine sog. Erbeserbenge- 8
meinschaft – z.B. nach dem Tod eines Miterben – und verkauft ein Mitglied dieser Erbeserbengemeinschaft seinen Anteil an der ursprünglichen Erbengemeinschaft, so haben nur die Mitglieder der Erbeserbengemeinschaft das Vorkaufsrecht. Nur wenn alle Mitglieder der Erbeserbengemeinschaftlich verkaufen, steht den Mitgliedern der Ausgangserbengemeinschaft das Vorkaufsrecht zu.

Veräußert der Erwerber, der nicht Mitglied der Erbengemeinschaft ist, so steht den Mit- 9
erben **kein** Vorkaufsrecht zu. Veräußert der Insolvenzverwalter oder erfolgt der Verkauf im Rahmen der Zwangsvollstreckung, so steht den Miterben ebenfalls kein Vorkaufsrecht zu (§ 471).

Abreden, die das Vorkaufsrecht umgehen oder erschweren, sind in aller Regel nichtig 10
(§ 138).

Das Vorkaufsrecht greift nur, wenn **ein Anteil** (§ 2033 Abs. 1) an der Miterbengemein- 11
schaft verkauft wird. Es greift nicht, wenn ein Mitglied der Erbengemeinschaft seinen Anteil an einem Nachlassgegenstand veräußert. Ein solcher Vertrag ist wegen § 2033 Abs. 2 nichtig.

III. Ausübungsberechtigte

Ausübungsberechtigt sind alle übrigen Mitglieder der Erbengemeinschaft (§§ 2034 Abs. 1, 12
472). Nicht ausübungsberechtigt ist der Miterbe, der seinen Anteil bereits veräußert hat. Der Anteilserwerber wird dadurch, dass er sich in die Erbengemeinschaft hinein gekauft hat, nicht ausübungsberechtigt, weil er durch den Erwerb seines Anteils nicht Miterbe geworden ist.

Wollen von mehreren Miterben nur einige das Vorkaufsrecht ausüben, so können sie das 13
Recht gemeinsam ausüben. Will nur einer ausüben, so kann er das allein tun. Ein Widerspruchsrecht gegen die Ausübung des Vorkaufsrechts haben Miterben, die das Vorkaufsrecht nicht ausüben wollen, nicht.

IV. Die Ausübungserklärung

Die Ausübungserklärung ist formlos nach Abschluss des Kaufvertrages bis zur Anteils- 14
übertragung gegenüber dem veräußernden Miterben (§ 464 Abs. 1) und danach, wenn der Anteil bereits dinglich übertragen ist, gegenüber dem Käufer (§ 2035) zu erklären. Wurde das Vorkaufsrecht gegenüber dem Veräußerer ausgeübt und erfolgt danach Übertragung auf den Erwerber ist nach § 2035 Abs. 1 S. 1 zu verfahren.

Aus der Erklärung muss sich der Wille des Berechtigten ergeben, ohne Bedingungen in 15
den Kaufvertrag als Erwerber einzutreten. Üben das Vorkaufsrecht mehrere Mitglieder der Erbengemeinschaft aus, muss die Erklärung einheitlich von allen zur Auflassung an alle, aber nicht notwendig in einer Urkunde, erfolgen.

Die Erklärung ist unwirksam, wenn sie gegen Treu und Glauben verstößt (z.B. wenn der 16
Berechtigte gar nicht in der Lage ist, den Vertrag zu erfüllen oder die Erfüllung gar ablehnt).

V. Die Ausübungsfrist

17 Die Ausübungsfrist ist eine Ausschlussfrist. Sie beträgt zwei Monate und beginnt mit dem Zugang der formlosen – auch mündlichen – Mitteilung über den Kaufvertragsabschluss. Diese Mitteilung muss über den Kaufvertrag zutreffend und vollständig unterrichten. Fehlt zum Beispiel die Mitteilung des Kaufpreises, liegt keine Mitteilung i.S. von § 469 Abs. 1 vor.

18 Für die Mitglieder der Erbengemeinschaft beginnt jeweils nach der Mitteilung die Zwei-Monats-Frist zu laufen. Die Frist kann also zu unterschiedlichen Zeitpunkten in Gang gesetzt werden und damit zu unterschiedlichen Zeitpunkten enden. Für die Fristberechnungen gelten §§ 187, 188.

19 Die Frist beginnt nur einmal zu laufen unabhängig davon, ob es nach der ersten Veräußerung innerhalb der Ausübungsfrist eine Weiterveräußerung gibt. Eine Weiterveräußerung setzt also keine neue Zwei-Monats-Frist in Gang. Maßgebend ist der Lauf der ersten in Gang gesetzten Frist (arg.: Der Weiterveräußerer ist kein Miterbe).

20 Die Beweislast für den Zugang und Inhalt der Mitteilung hat grundsätzlich derjenige, der sich darauf beruft.

VI. Die Wirkung

21 Mit der Ausübung des Vorkaufsrechts entsteht kraft Gesetzes ein Schuldverhältnis zwischen dem Veräußerer und dem oder den vorkaufsberechtigten Miterben. Die Vorkaufsberechtigten treten in die Rechte und Pflichten des Dritten ein und erlangen zu den Bedingungen des abgeschlossenen Kaufvertrages den schuldrechtlichen Anspruch auf Übertragung des Erbteils. Bei mehreren Berechtigten entsteht der Anspruch in gesamthänderischer Verbundenheit und zwar in dem Verhältnis ihrer Erbanteile.

22 Zu den auf den Vorkaufsberechtigten übergangenen Pflichten gehört neben der Kaufpreiszahlung auch die Bezahlung der Kosten, die der Erwerber in der notariellen Urkunde übernommen hat.

VII. Erlöschen des Vorkaufsrechts

23 Das Vorkaufsrecht erlischt mit seiner Ausübung (Verbrauch), mit Ablauf der Ausübungsfrist, durch jederzeitigen – auch vor Kaufvertragsabschluss möglichen – formlosen Verzichtsvertrag der Berechtigten und durch Rückübertragung des verkauften Erbteils an den Veräußerer.

§ 2035
Vorkaufsrecht gegenüber dem Käufer

(1) Ist der verkaufte Anteil an den Käufer übertragen, so können die Miterben das ihnen nach § 2034 dem Verkäufer gegenüber zustehende Vorkaufsrecht dem Käufer gegenüber ausüben. Dem Verkäufer gegenüber erlischt das Vorkaufsrecht mit der Übertragung des Anteils.

(2) Der Verkäufer hat die Miterben von der Übertragung unverzüglich zu benachrichtigen.

I. Normzweck

1 Aufgrund dieser Vorschrift wird der Schutz der Vorkaufsberechtigten erweitert. Berechtigte können das Vorkaufsrecht auch noch ausüben, wenn der Erbteilskauf innerhalb der Ausübungsfrist des § 2034 Abs. 2 S. 1 vollzogen ist.

II. Voraussetzungen

Die Voraussetzungen für das Vorkaufsrecht nach § 2034 müssen auch in diesem Fall erfüllt sein. Es ändert sich nach dinglicher Übertragung des Erbteils **lediglich** die Person des Erklärungsgegners. Die Erklärung, das Vorkaufsrecht auszuüben, ist also nicht mehr gegenüber dem Veräußerer, sondern gegenüber dem Erwerber abzugeben.

III. Wirkung

Die Erklärung gegenüber dem Erwerber, das Vorkaufsrecht auszuüben, bewirkt auch hier das Entstehen eines gesetzlichen Schuldverhältnisses, und zwar in der Weise, dass der Vertrag zwischen dem Käufer und dem Vorkaufsberechtigten zu den Bedingungen des Ausgangsvertrages zustande kommt.

IV. Zurückbehaltungsrecht

Ein Zurückbehaltungsrecht steht dem Käufer gegenüber dem Vorkaufsberechtigten nach herrschender Meinung gem. §§ 273 f. bzw. 320 bzw. § 1100 zu, wenn er seinen Verpflichtungen aus dem Ausgangsvertrag bereits nachgekommen ist. Er kann Zug um Zug die Erstattung seiner Aufwendungen gegen die Übertragung des von ihm erworbenen Erbteils verlangen.

V. Zahlungsverzug

Bei Zahlungsverzug der Vorkaufsberechtigten steht dem Käufer nach herrschender Meinung kein Rücktrittsrecht zu. § 325, 326 entfallen wegen mangelnden Leistungsaustausches des entstandenen gesetzlichen Schuldverhältnisses.[1]

VI. Drittwirkung

Nicht im Gesetz geregelt ist der Fall, wenn der Dritte den von ihm erworbenen Anteil weiter veräußert, obwohl ihm gegenüber erklärt worden ist, dass einer oder mehrere Miterben beabsichtigen, das Vorkaufsrecht auszuüben. Dank der der Vorschrift des § 2035 innewohnenden Drittwirkung muss der zweite Käufer die gegenüber seinem Verkäufer abgegebenen Erklärungen gegen sich als ihm gegenüber abgegeben gelten lassen. Eine erneute Erklärung, das Vorkaufsrecht auszuüben, ist nicht möglich, weil es mit der Ausübung erloschen und der Anspruch auf Übertragung entstanden ist.

VII. Unverzügliche Benachrichtigung (Abs. 2)

Die Pflichten des Verkäufers ergeben sich aus dem Gesetz. Diese Benachrichtigungspflicht unterscheidet sich allerdings von der Mitteilung über den Abschluss des Kaufvertrages. § 469 Abs. 1 S. 2 gilt entsprechend. Dabei ist »unverzüglich« i.S.v. § 121 zu verstehen. Die gleiche Pflicht trifft den Verkäufer im Fall der Weiterveräußerung.

Wird pflichtwidrig nicht benachrichtigt, kann das Vorkaufsrecht immer noch gegenüber dem Verkäufer ausgeübt werden. Zu beachten ist aber, dass unabhängig von § 2035 Abs. 2 die Frist des § 2034 Abs. 2 läuft.

---

[1] Ein Rücktrittsrecht gestehen *Lange/Kuchinke* Erbrecht § 44 Abs. 3c dem Käufer lediglich nach § 2242 BGB zu.

§ 2036
Haftung des Erbteilkäufers

Mit der Übertragung des Anteils auf die Miterben wird der Käufer von der Haftung für die Nachlassverbindlichkeiten frei. Seine Haftung bleibt jedoch bestehen, soweit er den Nachlassgläubigern nach den §§ 1978 bis 1980 verantwortlich ist; die Vorschrift der §§ 1990, 1991 finden entsprechende Anwendung.

I. Normzweck

1 Grundsätzlich haftet der Käufer eines Erbteils den Nachlassgläubigern gegenüber unausschließbar (§ 2382 Abs. 2) nach §§ 1922 Abs. 2 2382, 2383, 2385 für alle Nachlassverbindlichkeiten. Diese Haftung bleibt auch im Fall der Weiterveräußerung bestehen.

2 Sie entfällt nur dann (§ 2036 S. 1), wenn der Käufer den Anteil an den oder die vorkaufsberechtigten Erben abgeben muss.

II. Freistellungserklärung

3 Kontrovers behandelt wird die Frage, ab wann der Käufer von seiner Haftung freigestellt ist. Zu recht wird überwiegend auf den Zeitpunkt der Übertragung und nicht auf den Zeitpunkt der Ausübung des Vorkaufsrechtes abgestellt. Hat der Käufer das Haftungsbeschränkungsrecht verloren, wird er dennoch frei; die das Vorkaufsrecht ausübenden Erben haften mit dem hinzu erworbenen Erbteil (§ 2007) unbeschränkt.

4 Nach S. 2 haftet der Käufer bei Ausübung des Vorkaufsrechts nach Übertragung auf die Erben nach §§ 1978 bis 1980 entsprechend, d.h. seine Haftung für fehlerhaftes Verwaltungshandeln bleibt bestehen. Er haftet mit seinem Privatvermögen.

5 Die Vorschrift ist, was die Verweisung auf § 1990 f. anbelangt, missverständlich: Voraussetzung für eine Haftung ist, dass der Haftende den Nachlass in Besitz hat. Damit reduziert sich die Haftung auf die Fälle, in denen eine Nachlassverwaltung oder eine Nachlassinsolvenz wegen Dürftigkeit ausscheidet. Anspruchsberechtigt sind nur der Nachlass- bzw. Insolvenzverwalter. Erst, wenn das eine und/oder das andere wegen Dürftigkeit nicht angeordnet wird, haftet der Käufer den Nachlassgläubigern.

III. Aufwendungen

6 Der Ersatz von Aufwendungen des Käufers richtet sich nach § 1978 Abs. 3.

IV. Ansprüche der Miterben

7 Den vorkaufsberechtigten Miterben gehen im Falle des Erbteilverkaufs durch einen Miterben Ansprüche nicht verloren. Der Käufer haftet ihnen nach §§ 1922 Abs. 1, 2382; der Erwerber nach §§ 2042 Abs. 2, 756.

§ 2037
Weiterveräußerung des Erbteils

Überträgt der Käufer den Anteil auf einen anderen, so finden die Vorschriften der §§ 2033, 2035, 2036 entsprechende Anwendung.

Mit § 2037 wird das Vorkaufsrecht des § 2034 so verstärkt, dass es auch bei weiteren Übertragungen nach dem erstmaligen Verkauf ausgeübt werden kann. Ausgenommen bleibt dabei lediglich die Übertragung aufgrund der Ausübung des Vorkaufsrechtes.

Es entsteht durch die Übertragung vom Käufer auf den Dritten **kein neues** Vorkaufsrecht. Das einmal nach § 2034 entstandene Vorkaufsrecht greift dann aber in jedwedes weitere Übertragungsgeschäft ein.

Weil kein neues Vorkaufsrecht entsteht, beginnt auch keine neue Ausübungsfrist zu laufen.

Andererseits löst jede weitere Übertragung die Pflicht des § 2035 Abs. 2 aus, die Mitglieder der Erbengemeinschaft von der Übertragung zu benachrichtigen. Die weitere Übertragung befreit die früheren Erwerber von der Haftung für Nachlassverbindlichkeiten (§ 2036).

§ 2038
Gemeinschaftliche Verwaltung des Nachlasses

(1) Die Verwaltung des Nachlasses steht den Erben gemeinschaftlich zu. Jeder Miterbe ist den anderen gegenüber verpflichtet, zu Maßregeln mitzuwirken, die zur ordnungsgemäßen Verwaltung erforderlich sind; die zur Erhaltung notwendigen Maßregeln kann jeder Miterbe ohne Mitwirkung der anderen treffen.

(2) Die Vorschriften der §§ 743, 745, 746, 748 finden Anwendung. Die Teilung der Früchte erfolgt erst bei der Auseinandersetzung. Ist die Auseinandersetzung auf längere Zeit als ein Jahr ausgeschlossen, so kann jeder Miterbe am Schlusse jeden Jahres die Teilung des Reinertrages verlangen.

Übersicht	Rz.		Rz.
I. Normzweck	1	3. Notwendige (Einzel)Verwaltung	
II. Die Verwaltung	2	(§ 2038 Abs. 1 S. 2, 2. Hs.)	53
III. Verwaltungsarten	9	IV. Verweisungen nach § 2028 Abs. 2	65
1. Außerordentliche Verwaltung (§ 2038 Abs. 1 S. 1)	10	V. Gerichtliche Überprüfung	71
2. Ordentliche Verwaltung (§ 2038 Abs. 1 S. 2, 1. Hs.)	13	VI. Aufwendungsersatz	74
		VII. Teilung der Früchte (§ 2028 Abs. 2 S. 2 und 3)	75

I. Normzweck

Diese Vorschrift stellt die Regeln auf, nach denen die Mitglieder der Erbengemeinschaft den Nachlass bis zur Auseinandersetzung zu verwalten haben.

II. Die Verwaltung

Die Verwaltung umfasst – eine Legaldefinition gibt es nicht – alle »rechtlichen und tatsächlichen Maßregeln, die der Verwaltung, Sicherung, Erhaltung, Vermehrung, Nutzungsgewinnung, Verwertung von Nachlassgegenständen und der Schuldentilgung dienen«.[1]

Die Verwaltung durch die Miterben ist ausgeschlossen, wenn sie dem Testamentsvollstrecker zusteht (§ 2205) oder dem Nachlassverwalter (§ 1984) oder dem Insolvenzverwalter (§ 80 Abs. 1 InsO; § 6 KO für Altfälle).

Personen, die einen Erbersatzanspruch haben (§§ 1934a bis 1934c bis 1.4.1998), sind nicht mit verwaltungsberechtigt, weil sie keine Miterben sind.

---

[1] Einzelfälle s. MüKoBGB/*Gergen* § 2038 Rn. 16, 17.

5 Das Verwaltungsrecht eines Miterben entfällt, wenn es durch Pfändung dem Pfändungsgläubiger überwiesen ist.

6 Die Miterben sind frei, durch Mehrheitsbeschluss oder einstimmigen Beschluss jede denkbare Verwaltungsregelung zu beschließen; der Vollzug muss aber einheitlich erfolgen. Diese Regelungen können von jedem Erben aus wichtigem Grund gekündigt werden. Wegen der Beschränkung des Kündigungsrechtes auf das Vorliegen eines wichtigen Grundes, ist die Durchsetzung wegen des unbestimmten Begriffs risikobehaftet. Voraussetzung sind erhebliche Veränderungen der tatsächlichen Verhältnisse. Weiter muss die Änderung in Anbetracht der Veränderungen gerechtfertigt sein. Bei erheblicher Veränderung der tatsächlichen Verhältnisse kann eine Änderung in der Regel verlangt werden. Voraussetzung hierfür ist jedoch, dass die Änderung gerechtfertigt erscheint.[2]

7 Ein erteilter Verwaltungsauftrag kann jederzeit gekündigt oder widerrufen werden. Das gilt auch für entsprechende Vollmachten.

8 Der Erlass von Nachlassforderungen gehört nicht zur Verwaltung des Nachlasses. Schlechterfüllung eines oder mehrerer mit der Verwaltung betrauter Miterben löst nur bei Vorliegen besonderer Umstände Schadensersatzansprüche aus.[3]

III. Verwaltungsarten

9 Bei der Verwaltung des Nachlasses durch die Miterben ist zwischen verschiedenen Verwaltungsarten zu unterscheiden:

Gemeinschaftliche Verwaltung	sie gilt nur für die außerordentliche bzw. die nicht ordentliche.
Mehrheitsverwaltung	sie gilt für die ordnungsgemäße Verwaltung i.S.v. § 2038 Abs. 2 S. 1 i.V.m. § 745.
Einzelverwaltung	sie gilt für die notwendigen Maßregeln zur Erhaltung des Nachlasses.

1. Außerordentliche Verwaltung (§ 2038 Abs. 1 S. 1)

a) Gemeinschaftlichkeit

10 Bei ihr ist Gemeinschaftlichkeit erforderlich, d.h. es müssen alle Mitglieder der Erbengemeinschaft ohne Ausnahme übereinstimmend die Verwaltungsmaßnahme beschließen und ausführen (§ 2040). Dieses Erfordernis gilt sowohl für das Innen- als auch das Außenverhältnis. Das Innenverhältnis erfordert einen einstimmigen Beschluss. Im Außenverhältnis kann die Umsetzung des einstimmigen Beschlusses in allen Formen der Abgabe einvernehmlicher Erklärungen erfolgen, z.B. Handeln eines Einzelnen mit Zustimmung oder Vollmacht der anderen Miterben. Wenn die Voraussetzungen vorliegen, ist auch Duldungsvollmacht denkbar. Im Übrigen gelten §§ 177 ff., 180.

b) Rechtsfolgen

aa) Gemeinschaftliches Handeln der Miterben

11 Ist klar erkennbar, dass das gemeinschaftliche Handeln für den Nachlass erfolgt, haften die Erben nur mit dem Nachlass. Andernfalls gilt § 164 Abs. 2 mit der Folge persönlicher Haftung.

---

2 KG NJW 1961, 733.
3 BGH NJW 1983, 2142.

bb) Fehlen gemeinschaftlichen Handelns

Als aus § 2038 zwingende Folge ist die Handlung sowohl im Innen- als auch im Außenverhältnis unwirksam, weil das Merkmal »gemeinsam« fehlt. Für die Haftung der Handelnden gelten wahlweise: culpa in contrahendo, § 179, 311 Abs. 2 + 3.

2. Ordentliche Verwaltung (§ 2038 Abs. 1 S. 2, 1. Hs.)

a) Jeder Miterbe ...

Die Mitwirkungspflicht trifft nur die Miterben. Dritte können nur dann mitwirken, wenn sie sich von einem Miterben dessen diesbezügliche Ansprüche abtreten lassen oder von ihm bevollmächtigt sind.

Auch Prozessstandschaft ist möglich.

b) ist den anderen (Miterben) ...

Die anderen sind tatsächlich nur die übrigen Miterben der Erbengemeinschaft. (Dritte s. oben unter Jeder Miterbe).

c) verpflichtet zu Maßregeln mitzuwirken

Die ordentliche Verwaltung ist zunächst Mehrheitsverwaltung. Gefasste Mehrheitsbeschlüsse können aber nur einstimmig umgesetzt werden.

Die Mehrheitsverwaltung ist bei der ordnungsgemäßen Verwaltung zweckmäßig, um widerstreitende Interessen demokratisch zu lenken. Gelingt das nicht oder nicht mehr, bleibt nur die Auseinandersetzung nach § 2042.

aa) Stimmberechtigung

Die Mehrheitsverwaltung folgt demokratischen Prinzipien. Ausgeführt wird das, was die Mehrheit beschließt (§§ 2038 Abs. 1 S. 1 i.V.m. § 745 Abs. 1 S. 1). Die Anzahl der Stimmen richtet sich nicht nach der Anzahl der Miterben, sondern nach der den einzelnen Miterben zustehenden Quote am Nachlass (§ 745 Abs. 1 S. 2). Sie richtet sich auch nicht danach, welche Rechte ein Miterbe im Übrigen an einem Nachlassgegenstand hat.

Beispiel:
Die in Zugewinngemeinschaft verheirateten Ehegatten A + B sind Eigentümer eines Grundstücks mit aufstehendem Haus zu je ½. Sie haben zwei Kinder C + D. Stirbt der Ehegatte A ohne letztwillige Verfügung, hinterlässt er seine Ehefrau B und seine Kinder C + D in Erbengemeinschaft.
In der Erbengemeinschaft haben B (¼ + ¼) also ½ und die Kinder je ¼ der Stimmen.
Bei Abstimmungen in der Erbengemeinschaft entsteht eine Pattsituation, wenn B einerseits und C + D andererseits kontrovers votieren. B kann sich nicht auf ein höheres Stimmrecht mit der Begründung berufen, ihr gehöre bereits die eine Hälfte des Grundstücks, folglich habe sie ¾ der Stimmen und B + D zusammen ¼.
An die Stelle der vormaligen Zugewinngemeinschaft A + B ist die Gemeinschaft bestehend aus B + Erbengemeinschaft, diese wiederum bestehend aus B + C + D getreten. Die Stimmverteilung in dieser Gemeinschaft ist ebenfalls 50 : 50, sodass auch hier eine Pattsituation entsteht, wenn B und die Erbengemeinschaft kontrovers abstimmen.

Eine Majorisierung der Erbengemeinschaft aufgrund eines höheren Stimmanteils ist für sich gesehen nicht rechtsmissbräuchlich. Die Minderheit kann eine solche Majorisierung jedoch dadurch unterlaufen, dass sie nach § 2043 die Auseinandersetzung der Gesellschaft betreibt. Bei Stimmengleichheit zweier Erben können diese nur gemeinsam handeln; sie sind gezwungen, sich zu einigen oder den Nachlass auseinanderzusetzen.

bb) Beschlussfassung

20 Das Beschlussverfahren orientiert sich an §§ 32 ff. Die Art der Beschlussfassung ist nicht vorgeschrieben; es ist jede Art der Abstimmung möglich: formlos in der Versammlung der Miterben; im schriftlichen Umlaufverfahren, i.R.e. Telefonkonferenz. Schweigen eines Mitglieds gilt als Stimmenthaltung. Zweckmäßigerweise sollten sich die Miterben darüber absprechen, welche Abstimmungsart sie wählen. Zu beschließende Maßnahmen sollten in einer Art Tagesordnung zuvor bekannt gegeben werden. Alle Miterben sind zwingend vor der Beschlussfassung anzuhören. Welche Folgen ein Verstoß gegen das Gebot der Anhörung hat, wird kontrovers beurteilt. Auf Grund der Mitwirkungspflicht aller Miterben bei der Verwaltung und dem dieser Pflicht innewohnenden Rechts zur Mitwirkung nimmt ein Teil der Literatur und Rechtsprechung Unwirksamkeit des so gefassten Beschlusses an;[4] das ist im Fall von notwendiger Einstimmigkeit richtig. Andere gewähren dem von der Abstimmung Ausgeschlossenen lediglich einen Schadensersatzanspruch;[5] das ist bedenklich, kann aber bei Mehrheitsbeschlüssen hingenommen werden, falls diese eindeutig und nicht zu knapp ausfallen.

cc) Mehrheitsverwaltung und Außenverhältnis

21 Im Außenverhältnis gilt zwingend, dass Willenserklärungen für den Nachlass einvernehmlich von allen Miterben abzugeben sind und umgekehrt Willenserklärungen gegen den Nachlass gegenüber allen Miterben abzugeben sind

22 Bei der Mehrheitsverwaltung kann es daher im Außenverhältnis zu Problemen kommen, wenn ein im Beschlussverfahren unterlegener Miterbe sich weigert, an dem im Außenverhältnis notwendig einvernehmlichen Auftreten der Erbengemeinschaft mitzuwirken. Die erforderliche Zustimmung des sich weigernden Miterben muss durch Urteil ersetzt werden.

23 Die Mitglieder einer Erbengemeinschaft können nur dann Verpflichtungen für die Erbengemeinschaft eingehen, wenn sie zuvor einen der beabsichtigten Verfügung entsprechenden Beschluss gefasst haben. Ein solcher Beschluss, seine Wirksamkeit im Innenverhältnis vorausgesetzt, entfaltet Außenwirkungen in der Weise, dass die Mehrheit oder die von der Mehrheit Beauftragten Vertretungsmacht auch für die übrigen Mitglieder der Erbengemeinschaft haben (§ 745 Abs. 1). Für die eingegangenen Verpflichtungen der Handelnden gelten §§ 164, 179 bzw. §§ 278, 831; bei persönlicher Haftungsübernahme des Handelnden gelten §§ 670, 683 – ordnungsgemäße Verwaltung vorausgesetzt. § 31 gilt hier nicht.

24 Die Mitglieder einer Erbengemeinschaft können Verfügungen treffen. Auch hierfür bedarf es zu deren Ausführung eines entsprechenden Beschlusses. Seine Umsetzung bedarf jedoch zwingend der Mitwirkung aller Mitglieder der Erbengemeinschaft (§ 2040).

25 Soweit Miterben nach außen klar zu erkennen geben, dass sie ausschließlich und nur für das Sondervermögen Nachlass handeln, haften sie nicht mit ihrem übrigen Vermögen. Die Beweislast für die beschränkte Haftung hat der, der sich darauf beruft (arg. § 164 Abs. 2).

26 Durch Mehrheitsbeschlüsse kann in gesetzliche Sonderrechte einzelner Miterben nicht eingegriffen werden (§ 745 Abs. 2). Aufgrund Mehrheitsbeschlusses kann z.B. ein Handelsgeschäft von allen Erben nicht fortgeführt werden, weil niemand durch Mehrheitsbeschluss in die persönliche Haftung nach §§ 25, 27 HGB gebracht werden kann.

dd) Die Mitwirkungspflicht

27 Die Mitwirkungspflicht, die nur die Miterben an der gemeinschaftlichen Verwaltung trifft, ergibt sich aus §§ 2038 Abs. 2 S. 2. Sie bezieht sich sowohl auf das Innen- als auch auf das Außenverhältnis und richtet sich nach § 745.

---

4 MüKoBGB/*K. Schmidt* §§ 744, 745 Rn. 19.
5 BGH NJW 1971, 1265.

Sie umfasst nicht nur die bloße Zustimmung zu den Handlungen der Gemeinschaft. Das 28
Gesetz verlangt das Mitwirken »zu Maßregeln«. Es erfordert in bestimmten Fällen eigenes
aktives und auch rechtsgeschäftliches Handeln der einzelnen Miterben.

Weil die wechselseitige Mitwirkungspflicht die Verwaltung des Nachlasses betrifft, 29
erfasst sie auch Auskunftspflichten, weil ohne die zur Verwaltung erforderlichen Auskünfte Handlungsunfähigkeit die Folge ist.

ee) Die Auskunftspflicht

Ob das Mitwirkungsrecht und der Mitwirkungsanspruch auch **Auskunftspflichten** der 30
Miterben untereinander auslösen, ist unverständlicherweise umstritten.[6]

Die Auskunftspflicht besteht uneingeschränkt, wenn Auskünfte für ein zu erstellendes 31
Nachlassverzeichnis erforderlich sind.

Zuzugeben ist, dass sich aus § 2038 Abs. 1 S. 2 eine normierte allgemeine Auskunfts- 32
pflicht für die Mitglieder der Erbengemeinschaft nicht ergibt. Vergegenwärtigt man sich
jedoch, dass die Mitwirkungspflicht zur Verwaltung gegebenenfalls gerichtlich durchgesetzt werden kann und dass eine ordnungsgemäße Verwaltung nur funktionieren kann,
wenn die Miterben der Erbengemeinschaft ihr Wissen zur Verfügung stellen, kann es keine
ernsthaften Gründe geben, eine Auskunftspflicht zu verneinen. Schließlich kann die Auskunftspflicht über § 242 aus dem zwischen den Erben bestehenden Gemeinschaftsverhältnis abgeleitet werden.

Auskunftspflichtig sind in jedem Fall gegenüber den nicht verwaltenden Miterben: der 33
Einzelverwalter bzw. die verwaltenden Miterben und die Personen – seien sie Miterben
oder Dritte –, die vom Erblasser bevollmächtigt waren.

> **Hinweis:**
> Die Durchsetzung dieser Auskunfts- und Rechenschaftslegungsansprüche ist ein Fall
> der ordnungsgemäßen Verwaltung.

d) Die ordnungsgemäße Verwaltung

Ordnungsgemäße Verwaltung ist durch § 2038 Abs. 2 S. 1 i.V.m. 745 definiert. Ergänzend 34
können §§ 1365 Abs. 2, 1472 Abs. 3, 2120, 2130 Abs. 1 S. 1, 2206 Abs. 1 S. 1 und 2216 Abs. 1
herangezogen werden.

Durch die ausdrückliche Verweisung auf § 745 ist klargestellt, dass sich die ordnungsge- 35
mäße Verwaltung auf den gesamten Nachlass und nicht auf einzelne Nachlassgegenstände
bezieht. Damit ist die einstimmige Verfügung über einzelne Nachlassgegenstände unschädlich, wenn der Nachlass im Übrigen verwaltet und nicht wesentlich (§ 745 Abs. 3) verändert wird.

Bei Verwaltungsmaßnahmen ist auf die wirtschaftliche Beurteilung abzustellen, die eine 36
verständige Person im konkreten Fall vornehmen würde. Stehen mehrere Varianten zur
Wahl, muss die einfachere, leichtere und günstigere umgesetzt werden. Natürlich können
sich die Mitglieder der Erbengemeinschaft auf eine bestimmte andere Variante einstimmig
verständigen. Die Verwaltungsmaßnahmen dürfen aber weder den Nachlass noch die dem
Nachlass zustehenden Nutzungen beeinträchtigen bzw. gefährden. Weil kein Nachlass
dem anderen gleicht, muss in jedem Fall und bei jeder Verwaltungsmaßnahme eine Einzelprüfung vorgenommen werden, die an dem übereinstimmenden oder mehrheitlichen Willen der Mitglieder der Erbengemeinschaft zu messen ist.

---

[6] Zum Meinungsstand: MüKoBGB/*Heldrich* § 2038 Rn. 47 f.

37 Wie fließend eng die Grenzen sind, zeigen die beiden nachfolgenden Beispiele:
38 Der Wiederaufbau eines durch Brand zerstörten Hauses unter Einsatz der Versicherungssumme gilt als ordnungsgemäße Verwaltung;[7] der Wiederaufbau eines kriegszerstörten Hauses dagegen nicht.[8]

e) Erforderlichkeit

39 Grundsätzlich ist jede Maßnahme als erforderlich anzusehen, mit der eine ordnungsgemäße Verwaltung sichergestellt ist und wird. Auch hier gilt es, den schonendsten Weg zu wählen. Weitere Vorgaben zur Erforderlichkeit können nicht gegeben werden, weil sie stets vom Einzelfall bestimmt wird.

f) Interessenkollisionen

40 Interessenkollisionen (§ 181) gibt es in der Regel nicht, wenn die Erbengemeinschaft ein Mitglied mit der Verwaltung beauftragt – ausgenommen bei der Vergütungsvereinbarung. Denkbar sind im Einzelfall indes auch Kollisionen bei Verträgen zwischen der von einem Mitglied vertretenen Erbengemeinschaft mit einer Gesellschaft, die von der gleichen Person beherrscht wird.

g) Rechtsfolgen

aa) Mehrheitsbeschlüsse

41 – Mit Mehrheitsbeschluss gefasste Maßnahme ordnungsgemäßer Verwaltung:
Die handelnden Erben gelten damit als bevollmächtigt, die Erbengemeinschaft auch im Außenverhältnis als Ganzes zu verpflichten.
42 Hat der Mehrheitsbeschluss auch eine Verfügung zum Gegenstand, müssen zu deren Umsetzung im Außenverhältnis alle Erben mitwirken (§ 2040).
– Mit Mehrheitsbeschluss gefasste Maßnahme nicht ordnungsgemäßer Verwaltung
43 Die beschlossene Maßnahme entfaltet weder für die Miterbengemeinschaftt noch im Außenverhältnis Wirkung.
44 Der für die Erbengemeinschaft Handelnde haftet den Erben über § 678.

bb) Verletzung der Mitwirkungspflicht

45 Die sich entziehenden Miterben können, wenn noch kein Beschluss gefasst ist, auf Zustimmung zu der genau zu beschreibenden Maßnahme verklagt werden. Das Urteil ersetzt die Zustimmung (§ 894 ZPO). Daneben kann bei schuldhafter Verletzung der Mitwirkungspflicht Schadensersatz in Betracht kommen (§ 280 Abs. 1).
46 Verweigert ein Miterbe seine erforderliche Mitwirkung, kann ihn jedes andere Mitglied der Erbengemeinschaft auf Erfüllung seiner Mitwirkungspflicht verklagen
47 Bei dem Klageantrag ist darauf zu achten, dass Klagegegenstand nur Zustimmung zu einer bestimmten Maßregel bzw. Vornahme einer bestimmten Handlung sein kann. Verklagt zu werden brauchen aber nur die bzw. der Miterbe, der seiner Mitwirkungspflicht nicht nachkommt.
48 Das die Mitwirkungspflicht eines Erben an einer Verfügung ersetzende rechtskräftige Urteil muss dem Verfügungsempfänger bekannt gemacht bzw. zugestellt werden.
49 Die Zwangsvollstreckung richtet sich nach §§ 894, 887 f. ZPO.
50 Der aus der Mitwirkungspflicht folgende Mitwirkungsanspruch kann ver- und gepfändet[9] und auch abgetreten werden. Der Abtretungs- bzw. Pfändungsgläubiger hat in sol-

---

7 BGH BB 1954, 905.
8 BGH BB 1954, 913.
9 Nicht isoliert pfändbar; nur zusammen mit dem Miterbenanteil am Nachlass.

chen Fällen das Prozessführungsrecht. Er kann aber auch das Mitbestimmungsrecht im Wege der Prozessstandschaft geltend machen.

cc) Handeln eines Miterben ohne Beschluss

Wird ein Erbe ohne Beschluss der Erbengemeinschaft tätig, haftet er für alle damit zusammenhängenden Folgen persönlich. Gleichwohl kann er die Miterben auf Genehmigung der von ihm getroffenen Maßregel verklagen, um sie so in die Mithaft zu nehmen. Im Prozess wird geprüft, ob die Maßregel i.S.v. § 2038 gerechtfertigt war. 51

Wird von den Miterben lediglich Auslagenersatz verlangt, kann sogleich die Leistungsklage erhoben werden. Von dem verauslagten Betrag muss der Teilbetrag abgezogen werden, der der Quote des den Ersatz fordernden Miterben am Nachlass entspricht. 52

3. Notwendige (Einzel)Verwaltung (§ 2038 Abs. 1 S. 2, 2. Hs.)

Das von den übrigen Mitgliedern der Erbengemeinschaft unabhängige Recht zur Einzelverwaltung ist auf notwendige Maßregeln zur Erhaltung des Nachlasses beschränkt. 53

Dieses Recht begründet aber auch die ihm entsprechende Pflicht jedes einzelnen, im Notfall entsprechende Maßregeln zu ergreifen. Das gilt insb. bei unaufschiebbaren Erhaltungsmaßnahmen. In einem solchen Fall hat der Miterbe auch in vertretbarem Umfang Eigenmittel einzusetzen. 54

Untätigkeit löst, wenn es eine zur Erhaltung notwendige Maßregel schuldhaft nicht ergriffen wird, Schadensersatzansprüche aus. 55

Dieses (sicher erforderliche) alleinige Notverwaltungsrecht (bzw. -pflicht) steht natürlich im Widerspruch zu den Regelungen, die der Miterbengemeinschaft im Übrigen gegeben sind. Weil Notverwaltung immer eine Maßnahme der ordnungsgemäßen Verwaltung ist, müssen die Grenzen des Rechts und der Pflicht zur Notverwaltung sehr eng gezogen werden. Wird dieses Recht im Einzelfall bejaht, hat der Berechtigte auch das Recht, die nachträgliche Genehmigung der übrigen Mitglieder zu der von ihm veranlassten Notmaßregel zu erzwingen. Ein Beschlussverfahren vor Ausführung der notwendigen Maßregel durchzuführen, ist zwar sicherer, birgt aber die Gefahr von Schadensersatzansprüchen, wenn es zu lange dauert. Zu beachten ist aber immer, dass die Mehrheitsverwaltung der Einzelverwaltung vorgeht. 56

a) Die zur Erhaltung notwendigen Maßregeln

Hierbei handelt es sich um das jedem Miterben zustehende **Einzel-Not-Verwaltungsrecht**. Es ermächtigt (und verpflichtet!) im Notfall ohne Abstimmung mit der übrigen Miterben Rettungs- und Erhaltungsmaßnahmen für die Erbengemeinschaft zu ergreifen. 57

Notwendig ist eine Maßregel, deren Nichtvornahme für den Nachlass oder einzelne Nachlassgegenstände schädlich ist; Nützlichkeit allein genügt nicht. 58

Ob Notwendigkeit vorliegt, richtet sich auch hier danach, was ein billig und wirtschaftlich Denkender zur Zeit der Vornahme der Maßregel veranlasst hätte. Die Dringlichkeit muss so immanent sein, dass die Zustimmung der übrigen Mitglieder der Erbengemeinschaft nicht eingeholt werden kann. Dabei muss auch abgestuft werden, wie sehr die einzelne Maßregel den Nachlass belastet. Je einschneidender die Maßregel ist, um so behutsamer muss der Berechtigte entscheiden und vorgehen. 59

Das Einzel-Not-Verwaltungsrecht umfasst zwingend auch die **Einzel-Not-Verwaltungsmacht** über den Nachlass bzw. einzelne Nachlassgegenstände. § 2038 Abs. 1 S. 2, 2. Hs., ist lex specialis zu § 2040. 60

Das Einzel-Not-Verwaltungsrecht wirkt wie die übrigen Verwaltungsarten nicht nur im Innenverhältnis der Mitglieder der Erbengemeinschaft, sondern auch im Außenverhältnis, für das es die erforderliche Vertretungsmacht begründet. Tritt sie beim Handeln des Notverwalters erkennbar nicht hervor, gilt § 164 II. 61

b) Kann(vorschrift in § 2038)

62 Die Ermächtigung des Gesetzes, wonach der Einzelne Notmaßregeln ergreifen »kann« überlässt es nicht dem Belieben des Einzelnen, ob er tätig werden will oder nicht. Es ist auf das Rechtsverhältnis Erbengemeinschaft und den ganzen S. 2 abzustellen, in dem es jedem Miterben zur Pflicht gemacht ist »zu Maßregeln mitzuwirken«. Damit ist jeder Miterbe i.S.v. § 2038 Abs. 1 S. 2, 2. Hs. verpflichtet, im Ernstfall Notverwaltungsmaßnahmen zu ergreifen.

c) Ohne Mitwirkung der anderen

63 Voraussetzung dafür, dass ein einzelner Miterbe ohne die anderen Miterben im Notfall tätig werden kann, ist, dass die Mitwirkung der anderen aus räumlichen und/oder zeitlichen Gründen im Moment nicht möglich ist.

64 Andererseits geht aber die Ermächtigung des § 2038 Abs. 1 S. 2, Hs. im Extremfall sogar so weit, dass der einzelne Miterbe auch gegen den Willen der anderen Notverwaltungsmaßnahmen ergreifen kann.[10]

IV. Verweisungen nach § 2028 Abs. 2

a) § 743

65 Diese Vorschrift regelt das Innenverhältnis. Die angesprochenen »Bruchteile« entsprechen in der Erbengemeinschaft den jeweiligen Quoten, der einzelnen Miterben am Nachlass. Was Früchte sind, ergibt sich aus § 99. Hierzu gehören auch die Nutzungen i.S.v. § 100.[11]

66 Zu beachten ist, dass Früchte und Nutzungen gem. §§ 953 i.V.m. 2041 Gesamthandsvermögen der Erbengemeinschaft sind. Die Erbengemeinschaft muss zum Vermeid von Streit Regelungen treffen, wie mit den Früchten und Nutzungen zu verfahren ist.

67 Das Gleiche gilt für das Recht zum Besitz an Nachlassgegenständen. Nutzt ein Miterbe einen Nachlassgegenstand, z.B. die vormalige Wohnung des Erblassers, können die übrigen Miterben einen Ausglich in Geld nur verlangen, wenn eine Benutzungsregelung zumindest stillschweigend getroffen wurde oder die nach § 745 Abs. 2 mögliche Klage erhoben ist.

b) § 745

68 Diese Vorschrift regelt die Verwaltung und Benutzung, die Stimmberechtigung, die Mehrheiten und die Form der Beschlussfassung. Wie das in Bezug auf die Erbengemeinschaft geregelt ist, ist oben unter § 2038 »Stimmberechtigung« beschrieben (Anm. 18).

c) § 746

69 Mit dieser Vorschrift wird klar gestellt, dass die Beschlüsse der Erbengemeinschaft die Rechtsnachfolger einzelner Miterben binden.

d) § 748

70 Mit dieser Vorschrift ist vorgegeben, dass die Lasten des Nachlasses die Mitglieder intern entsprechend ihren Erbquoten zu tragen haben.

---

10 MüKoBGB/*Heldrich*, § 2038 Rn. 57.
11 BGH in NJW 1966, 1707 f.

V. Gerichtliche Überprüfung

Im Aktiv- und Passivprozess sind alle Mitglieder der Erbengemeinschaft Partei. Bei Handeln einzelner für die Miterben gelten die §§ 164 ff. uneingeschränkt. 71

Eine gerichtliche Überprüfung von Beschlüssen beschränkt sich – immer bezogen auf den Zeitpunkt der Beschlussfassung – auf die Einhaltung der Verfahrensvorschriften, ob ordnungsgemäße Verwaltung vorliegt und/oder ob rechtswidrig in Rechte einzelner Miterben eingegriffen wurde. 72

Ob eine Verwaltungsmaßnahme nützlich oder zweckmäßig war oder ist, ist der gerichtlichen Nachprüfung entzogen; maßgeblich ist nur das, was ein billig und wirtschaftlich Denkender in vergleichbarer Situation veranlasst hätte. 73

VI. Aufwendungsersatz

Die Bezahlung von **Aufwendungsersatz** richtet sich nach §§ 669, 670 und ist nach den Erbteilen aller Mitglieder – also auch denen des oder der Verwaltenden – umzulegen (§ 748). Gibt es keinen entsprechenden Beschluss der Erbengemeinschaft, gelten §§ 683 ff. Der Anspruch ist sofort zur Zahlung fällig und spätestens bei der Auseinandersetzung der Erbengemeinschaft zu begleichen (§ 2046). Die Klage auf Auslagenersatz des oder der Verwalter richtet sich gegen die übrigen Mitglieder der Erbengemeinschaft. Bei der einzuklagenden Summe ist der auf den/die Klagenden entfallende Anteil abzuziehen, weil sie diesen Anteil nach § 748 selbst zu tragen haben. 74

VII. Teilung der Früchte (§ 2028 Abs. 2 S. 2 und 3)

Die Teilung der Früchte entsprechend den Erbteilen (nicht des Auseinandersetzungsguthabens!) soll grundsätzlich erst bei Auseinandersetzung der Erbengemeinschaft erfolgen (§ 2038 Abs. 2 S. 2). Daraus folgt, dass sie zunächst das Gesamthandsvermögen (§§ 953, 2041) mehren. Eine Grenze setzt allerdings § 242, wenn der Aufschub bis zur endgültigen Auseinandersetzung im Einzelfall grob unbillig wäre. 75

Soweit Fruchtziehung im Rahmen des Gebrauchs von Nachlassgegenständen erfolgt, ist darüber eine Vereinbarung der Mitglieder der Erbengemeinschaft oder ein Mehrheitsbeschluss erforderlich. 76

Die Früchte sind auf Verlangen eines Mitglieds der Erbengemeinschaft am Schluss eines jeden Jahres in der Weise zu teilen, dass der Überschuss zwischen den Früchten und den auf sie bezogenen Ausgaben entsprechend den Erbquoten geteilt wird. Verteilt wird also nur der Reinertrag. Voraussetzung hierfür ist, dass die Auseinandersetzung der Erbengemeinschaft für länger als ein Jahr ausgeschlossen ist. 77

§ 2039
Nachlassforderungen

Gehört ein Anspruch zum Nachlass, so kann der Verpflichtete nur an alle Erben gemeinschaftlich leisten und jeder Miterbe nur die Leistung an alle Erben fordern. Jeder Miterbe kann verlangen, dass der Verpflichtete die zu leistende Sache für alle Erben hinterlegt oder, wenn sie sich nicht zur Hinterlegung eignet, an einen gerichtlich bestellten Verwahrer abliefert.

I. Normzweck

1 Diese Vorschrift ist die logische Ergänzung zu der Konstruktion der Erbengemeinschaft als Gesamthandsgemeinschaft. Der verpflichtete Dritte kann nur an alle Erben gemeinsam leisten. Berechtigte Mitglieder der Erbengemeinschaft können Leistung (auch im Aktivprozess) nur an alle Mitglieder der Erbengemeinschaft verlangen. Ausgenommen sind der Testamentsvollstrecker (§ 2212), der Nachlassverwalter und der Nachlassinsolvenzverwalter.

II. Nachlassansprüche

2 Von dieser Vorschrift werden alle schuldrechtlichen, dinglichen, erbrechtlichen und öffentlich rechtlichen **Nachlassansprüche** (§ 194) erfasst, die entweder nach dem Erbfall entstanden sind oder mit ihm auf die Erbengemeinschaft übergegangen sind.

3 Nicht erfasst werden,
– die Ausübung von Gestaltungsrechten, darunter auch das Gestaltungsrecht auf Testamentsanfechtung;[1]
– der Anspruch auf Übertragung eines OHG- oder KG-Anteils;
– der Anspruch gegen den Testamentsvollstrecker auf ordnungsgemäße Verwaltung.

4 Zu den Ansprüchen der Erbengemeinschaft gehören nicht die Ansprüche des Vertragserben nach § 2287. Hierbei handelt es sich um persönliche Ansprüche. Sie können jeweils nur von dem/den beeinträchtigten Miterben geltend gemacht werden.

III. Gemeinschaftliche Leistung

5 Angebot und Leistung müssen an alle Miterben (entsprechend § 432 Abs. 1 S. 1) erfolgen, wobei sich der Leistungsort durch den Erbfall nicht ändert.

6 Sie sind auch erfolgt, wenn an ein zur Entgegennahme bevollmächtigtes Mitglied der Erbengemeinschaft oder an den oder die Verwalter der Erbengemeinschaft geleistet wird.

7 Annahmeverzug aller Mitglieder der Erbengemeinschaft tritt ein, wenn auch nur ein Miterbe die Annahme verweigert.

8 Verweigert ein Erbe, kann je nach Fallgestaltung Hinterlegung oder Übergabe an einen Verwalter verlangt werden.

9 Das Vermögen der Erbengemeinschaft ist Sondervermögen. Deshalb kann ein Schuldner der Erbengemeinschaft Ansprüche nicht entgegenhalten, die er gegen ein Mitglied der Erbengemeinschaft hat (arg. § 2040 Abs. 2). Das gilt entsprechend für Einreden, Einwendungen und Aufrechnungen.

IV. Leistung an alle Erben

10 Das einzelne Mitglied der Erbengemeinschaft kann Leistung an sich nicht verlangen. Verlangt werden kann nur Leistung an alle Miterben. Das gilt auch für den Fall, dass der Einzelne von dem Anspruch der Erbengemeinschaft nur den Teil geltend macht, der seiner Quote am Nachlass entspricht.

11 Leistung an sich bezüglich einer zum Nachlass gehörenden Forderung kann ein Mitglied der Erbengemeinschaft nur dann verlangen, wenn es hierzu von den übrigen Miterben ermächtigt bzw. bevollmächtigt ist. Ein der Erbengemeinschaft zustehender Anspruch kann mit der Maßgabe, dass an alle Mitglieder der Erbengemeinschaft zu leisten ist, von einem Mitglied auch gegen den Willen widersprechender Mitglieder der Erbengemeinschaft geltend gemacht werden.

12 Jedes Mitglied einer Erbengemeinschaft kann einen Schuldner der Erbengemeinschaft durch Mahnung in Verzug setzen.

---

[1] Hinweis. Streitwert für den Anfechtenden = Wert seines Anteils am Nachlass.

Aufrechnungserklärungen können nur von allen Mitgliedern abgegeben werden – es sei 13
denn, der Erblasser hatte zu seinen Lebzeiten die Aufrechnung bereits erklärt.

V. Klagebefugnis

Jeder Miterbe kann unter den Voraussetzungen des § 2039 alle ihm geeignet erscheinenden 14
Maßnahmen zur Realisierung eines Anspruchs der Erbengemeinschaft ergreifen. Er kann
auf Leistung an alle Mitglieder klagen (in gesetzlicher Prozessstandschaft). Es besteht
keine notwendige Streitgenossenschaft. Daher sind die übrigen Miterben als Zeugen frei.
Es kann auch Klage auf zukünftige Leistung erhoben werden.

Klagt ein Miterbe gegen den Willen aller übrigen Mitglieder der Erbengemeinschaft eine 15
Nachlassforderung ein, kann der Gegner, wenn die Klage nicht ordnungsgemäßer Verwaltung entspricht, u.U. Rechtsmissbrauch einwenden. Der Einwand hat zur Folge, dass die
Klage als unzulässig abgewiesen werden muss. Daher sollte der betroffene Erbe zunächst
von seinen Miterben Zustimmung zur Klageerhebung einholen und gegebenenfalls
gerichtlich durchsetzen, ehe er den Dritten verklagt.

Die ordnungsgemäße Klageerhebung eines Miterben unterbricht für alle Mitglieder der 16
Erbengemeinschaft die Verjährung.

Jeder Miterbe kann bzw. muss einen durch den Tod des Erblassers unterbrochenen Pro- 17
zess aufnehmen, mit der Möglichkeit, etwaige Prozessführungsmängel durch Genehmigung zu heilen.

Neben der Leistungsklage kann der einzelne Miterbe jede Art von Feststellungsklage 18
erheben, wenn sie sich auf einen Anspruch der Erbengemeinschaft bezieht. Auch sind
unter diesen Voraussetzungen Auskunftsklagen möglich.

> *Hinweis:* Zu den von der Erbengemeinschaft geltend zu machenden Auskunftsansprüchen gehört auch der Anspruch auf Auskunft gegen den Steuerberater des Erblassers.

§ 2039 gilt ebenso für Widerklagen und Rechtsmittel sowie für Aufnahme- und Nichtig- 19
keitsklagen. Weiter gilt diese Vorschrift für Beschwerden. Schließlich gilt sie für die
Zwangsvollstreckung, die Einziehung von Nachlassansprüchen betreffend.

Die Vorschrift gilt ferner für Sicherungsmaßnahmen wie einstweilige Verfügung, Arrest 20
und den Antrag auf Insolvenzeröffnung.

VI. Streitwert

Der **Streitwert** richtet sich immer nach der Höhe des geltend gemachten Anspruchs der 21
Erbengemeinschaft.

VII. Kosten

Der klagende Miterbe trägt seine Kosten und die des von ihm beauftragten Rechtsanwalts 22
sowie die Gerichtskosten. Die übrigen Mitglieder der Erbengemeinschaft können aber
über § 670 zum Ausgleich verpflichtet werden.

Ein Sonderfall kann die Prozesskostenhilfe werden, wenn vermögende Miterben einen 23
vermögenslosen Miterben die Klage führen lassen. Die Gewährung von PKH dürfte auf
verständliche Schwierigkeiten stoßen, weil es eine rechtsmissbräuchliche Gestaltung sein
kann.

VIII. Ansprüche der Miterbengemeinschaft gegen eines ihrer Mitglieder

24 § 2039 erfasst natürlich auch die Ansprüche der Erbengemeinschaft gegen eines ihrer Mitglieder.

25 Dem geltend gemachten Anspruch kann das in Anspruch genommene Mitglied der Erbengemeinschaft das sich aus dem Erbauseinandersetzungsanspruch (§ 2042) ergebende Zurückbehaltungsrecht entgegensetzen, wenn die Voraussetzungen des § 273 Abs. 1 erfüllt sind.

26 Es ist allerdings auch der Einwand des Rechtsmissbrauchs denkbar, wenn unschwer zu erkennen ist, dass die eingeforderte Verbindlichkeit niedriger ist als der Miterbenanteil des betroffenen Mitglieds.

§ 2040
Verfügung über Nachlassgegenstände, Aufrechnung

(1) Die Erben können über einen Nachlassgegenstand nur gemeinschaftlich verfügen.

(2) Gegen eine zum Nachlasse gehörende Forderung kann der Schuldner nicht eine ihm gegen einen einzelnen Miterben zustehende Forderung aufrechnen.

I. Normzweck

1 Auch diese Vorschrift ist eine logische Konsequenz des die Erbengemeinschaft beherrschenden Gesamthandprinzips.

2 Zu beachten ist, dass sie nur für »einen« Nachlassgegenstand, d.h. einzelne Sachen und Rechte – auch Surrogate hiervon (§ 2041) – gilt und **nicht** für den Gesamtnachlass.

II. Verfügungsbefugnis

3 Zur Verfügung über einen Nachlassgegenstand ist die Zustimmung aller Miterben zwingend erforderlich. Es gelten §§ 182 ff.

4 Diese Vorschrift kann bei Verwaltungsmaßnahmen, die ordentliche Verwaltung sind und eine Verfügung über einen Nachlassgegenstand zur Folge haben, zu Problemen führen. Im Innenverhältnis genügt ein Mehrheitsbeschluss; im Außenverhältnis müssen alle Erben bei der Verfügung mitwirken. Verweigert ein Miterbe seine Mitwirkung bei der Verfügung, kann nicht übertragen werden; er muss zuvor rechtskräftig zu der erforderlichen Mitwirkung verurteilt werden. (§ 2038 Abs. 1 S. 2 i.V.m. § 894 ZPO).

5 Bei Verfügungen nach § 2038 Abs. 1 S. 2 letzter Halbsatz verdrängt diese Vorschrift als lex specialis (§ 2040 Abs. 1).

III. Nachlassgegenstand

6 In § 2039 wurde geregelt, wie Nachlassansprüche zu behandeln sind. § 2040 regelt, wie mit einzelnen Nachlassgegenständen zu verfahren ist.

IV. »Verfügung«

7 Der Begriff »**verfügen**« richtet sich nach den allgemeinen Regeln des BGB. Damit sind alle Rechtsgeschäfte erfasst, die Rechte begründen, die bestehende Rechte aufheben, belasten und/oder inhaltlich verändern.

8 Diese strikte Auslegung des Verfügungsbegriffs kann die Verwaltung des Nachlasses belasten. Deshalb wird vielfach zu Unrecht dafür eingetreten, den Verfügungsbegriff nicht zu eng auszulegen. Dem kann vor dem Hintergrund nicht gefolgt werden, dass Erbenge-

meinschaften durch geeignete Vertreterbestellung die Verwaltung des Nachlasses so effizient gestalten können, wie es im konkreten Einzelfall erforderlich ist.

Jedes dingliche Rechtsgeschäft ist damit eine Verfügung im Sinne dieser Vorschrift. 9
Umgekehrt ist eine rein schuldrechtliche Verpflichtung keine Verfügung; sie greift nicht in das Recht am Nachlassgegenstand ein.

Ausgenommen sind 10

a) schuldrechtliche Erklärungen, die für sich allein ein Schuldverhältnis umgestalten. Sie sind Verfügungen; dazu gehören: Erlass (§ 397), Abtretung (§§ 398 ff.), befreiende Schuldübernahme (§§ 414 ff.),

b) Gestaltungserklärungen, auch sie sind Verfügungen. Dazu gehören: Anfechtung (§ 142), Rücktritt (§ 349), Aufrechnung (§ 388), Widerspruch gem. § 613a Abs. 1 S. 1, Kündigung und Widerruf.[1]

c) Zwangsvollstreckungsmaßnahmen gem. §§ 857, 859 Abs. 2 ZPO; auch sie sind Verfügungen. Deshalb kann nur ein Anteil am Nachlass, nicht aber der an einem Nachlassgegenstand gepfändet werden

Keine Verfügungen sind z.B. Anerkenntnis einer Nachlassverbindlichkeit, weil sich dieser 11
Vorgang nur nach § 2038 richtet; Widerruf der vom Erblasser erteilten Vollmachten; Ausschlagung der Erbschaft (§ 1952 Abs. 3).

V. Gemeinschaftlichkeit

a) Handeln der Erbengemeinschaft:

Gemeinschaftlichkeit bedeutet nicht unbedingt, dass die Mitglieder gleichzeitig handeln 12
müssen. Denkbar sind alle möglichen Arten des Zusammenwirkens, die letztlich die gemeinsame Verfügung ergeben (Stellvertretung, Genehmigung, Vollmacht, das die Zustimmung ersetzende Urteil). Zwingend erforderlich ist es, die Verfügungserklärungen der einzelnen Mitglieder der Erbengemeinschaft auf ihre Übereinstimmung und Wirksamkeit hin zu überprüfen. Gegebenenfalls ist zusätzlich auf familiengerichtliche Genehmigung zu achten.

b) Handeln gegenüber der Erbengemeinschaft:

§ 2040 Abs. 1 hat umgekehrt zur Folge, dass ein Dritter sich sämtlichen Mitgliedern einer 13
Erbengemeinschaft gegenüber gleichlautend erklären muss, wenn er gegenüber der Erbengemeinschaft eine Verfügung, einen Nachlassgegenstand betreffend, vornehmen will.

§ 2040 Abs. 1 hat auch zur Folge, dass in einen einzelnen Nachlassgegenstand die 14
Zwangsvollstreckung nur dann betrieben werden kann, wenn diesbezüglich ein Urteil gegen alle Mitglieder der Erbengemeinschaft vorliegt.

c) Handeln der Erbengemeinschaft gegenüber einem Mitglied und umgekehrt:

Schließlich gilt § 2040 auch dann, wenn die Erbengemeinschaft wegen eines Nachlassge- 15
genstandes gegenüber einem Mitglied der Erbengemeinschaft eine Verfügung treffen will oder umgekehrt ein Mitglied der Erbengemeinschaft eine Verfügung über einen Nachlassgegenstand gegenüber den übrigen Miterben treffen will.

VI. Abs. 2

Die Regelung des Abs. 2 spricht für sich. Der rechtliche Schutz der Gesamthandsgemein- 16
schaft wird dadurch abgerundet.

Was Nachlassforderungen sind, bestimmt sich nach § 2039 Abs. 1. 17

---

1 *Palandt/Ellenberger*, Überblick § 104 Rn. 16 ff.

18 Das Aufrechnungsverbot (§ 387) greift auch beim Zurückbehaltungsrecht, wenn dieses Recht nicht allen Mitgliedern der Erbengemeinschaft gegenüber ausgeübt werden kann.
19 Mit Gegenforderungen Dritter muss sich die Erbengemeinschaft nur befassen, wenn sie sich gegen alle Mitglieder der Erbengemeinschaft richten.
20 Diese Vorschrift haben auch Erbteilserwerber und Nacherben zu beachten. Wie der Berechtigte den Anteil erlangt hat, spielt dabei keine Rolle.

§ 2041
Unmittelbare Ersetzung

Was aufgrund eines zum Nachlass gehörenden Rechts oder als Ersatz für die Zerstörung, Beschädigung oder Entziehung eines Nachlassgegenstandes oder durch ein Rechtsgeschäft erworben wird, das sich auf den Nachlass bezieht, gehört zum Nachlass. Auf eine durch ein solches Rechtsgeschäft erworbene Forderung findet die Vorschrift des § 2019 Abs. 2 Anwendung.

I. Normzweck

1 Hierbei handelt es sich um eine Schutzvorschrift zugunsten der Miterben der Erbengemeinschaft und der Nachlassgläubiger. Sie soll primär sicherstellen, dass die Werthaltigkeit des Nachlasses erhalten bleibt. Handlungen Dritter, die nicht Miterben sind, werden von § 2041 BGB nicht erfasst.

II. Was (Surrogat)

2 Auf Grund der Verwendung des Wortes »Was« ist klar, dass der Inbegriff all dessen von dieser Vorschrift erfasst wird, das an die Stelle eines zum Nachlass gehörenden Rechtes oder Gegenstandes getreten ist. Er gehört damit zum Nachlass.

III. Erwerb

3 Zu beachten ist, dass § 2041 S. 1 **nur** den Erwerb durch Mitglieder der Erbengemeinschaft regelt. Für den Erwerb durch einen Erbschaftsbesitzer gelten §§ 2019 ff.; für den des Vorerben, der Mitglied einer Erbengemeinschaft ist, gelten § 2111 i.V.m. § 2041.
4 § 2041 S. 1 findet keine Anwendung, wenn über den Nachlass Nachlassverwaltung oder Nachlasspflegschaft angeordnet oder das Nachlassinsolvenzverfahren eröffnet ist, weil im Rahmen der für dieses Verfahren geltenden Vorschriften ausreichender Schutz der Berechtigten gewährleistet ist. Er wird im Fall der Nachlassverwaltung durch §§ 1978 Abs. 2, 1985 Abs. 2 S. 2 sogar noch verstärkt.
5 Geregelt sind drei Erwerbsvorgänge
1. Die erste Alternative des § 2041 S. 1 regelt die sog. **Rechtssurrogation**. Unter Rechten im Sinne dieser Vorschrift sind nicht nur schuldrechtliche und dingliche Ansprüche zu verstehen, sondern auch die Früchte des Nachlasses (s. § 2038 Abs. 2 S. 2), Gestaltungsrechte (z.B.: Rücktritt, Widerruf, Anfechtung, Kündigung), Besitzrechte (§ 986) und auch sog. absolute Rechte wie z.B. Persönlichkeits- und Urheberrechte. Zu unterscheiden ist, welchen Ursprung die Surrogation hat. Geht sie auf den Erblasser zurück, liegt Rechtssurrogation vor
2. Die zweite Alternative des § 2041 S. 1 regelt die sog. **Ersatzsurrogation**. Das ist nach dem Wortlaut der Vorschrift dasjenige, das die Erbengemeinschaft auf Grund von Schadensersatzansprüchen für die »Zerstörung, Beschädigung oder Entziehung« von Nachlassgegenständen im weitesten Sinne erhält.

3. Die dritte Alternative des § 2041 S. 1 regelt die sog. **Beziehungssurrogation**. Diese Alternative ist auslegungsbedürftig. Angesprochen sind der Erwerb mit »Mitteln des Nachlasses« (= Mittelsurrogation; §§ 2019, 2111) und der Erwerb durch ein Rechtsgeschäft, das sich lediglich auf den Nachlass bezieht. Der nicht exakt eingrenzbare Begriff des »Bezugs« zum Nachlass hat zu einer ausufernden Meinungsvielfalt[1] geführt. Sie kann letztlich wegen des starken Schutzes der Erbengemeinschaft und des Gläubigerschutzes pragma-tisch darauf reduziert werden, dass die Beziehungssurrogation in erster Linie Mittelsurrogation ist.

IV. Zum Nachlass gehörend

Art und Umfang des Nachlasses ist durch § 1922 (§ 1976) bestimmt. 6

Der Erwerb durch Surrogation vollzieht sich durch den Vorgang an sich. Das gilt natürlich auch für den Erwerb von Surrogaten der Surrogate (sog. Kettensurrogation). Das Surrogat wird ohne Förmlichkeiten Eigentum der Gesamthandsgemeinschaft. Es bedarf also keines gesonderten Übertragungsaktes. Ein etwa entgegenstehender Wille der Erbengemeinschaft und/oder einzelner Miterben ist unbeachtlich. Alles, was im weitesten Sinne ersetzt wird, ist sofort Teil des Nachlasses. 7

V. S. 2

Die Verweisung auf § 2019 Abs. 2 dient dem Schutz des Schuldners einer Forderung. Er kann, wenn er die Ersetzung der Forderung nicht kennt, nach wie vor an den bisherigen Gläubiger leisten.[2] 8

§ 2042
Auseinandersetzung

(1) **Jeder Miterbe kann jederzeit die Auseinandersetzung verlangen, soweit sich nicht aus den §§ 2043–2045 ein anderes ergibt.**
(2) **Die Vorschrift des § 749 Abs. 2, 3 und der §§ 750–758 finden Anwendung.**

Übersicht	Rz.		Rz.
I. Normzweck	1	VII. Verweise in Abs. 2	68
II. Anspruchsberechtigung	5	1. § 749 II und III	68
III. Fälligkeit, Verjährung und Verwirkung	10	2. § 750	70
IV. Auseinandersetzung	14	3. § 751	71
1. Testamentsvollstreckung	16	4. § 752	72
2. Auseinandersetzungsvertrag	18	5. § 753	76
3. Abschichtung	26	6. § 754	78
4. Gerichtliches Vermittlungsverfahren	31	7. § 755	79
5. Erbteilungsklage	41	8. § 756	80
6. Übertragung der Erbteile auf einen Miterben	56	9. § 757	81
		10. § 758	82
7. Schiedsgerichtsverfahren	57	VIII. Sonderfälle	83
V. Verlangen	58	1. Landwirtschaft	83
VI. Einschränkungen nach §§ 2043–2045	59	2. Zugewinngemeinschaft	84

---
1 Für alle: MüKoBGB/*Gergen* § 2041 Rn. 12–32.
2 S. Kommentierung zu § 2019.

§ 2042

I. Normzweck

1 Erbengemeinschaften sind nach dem Willen des Gesetzes keine Dauergemeinschaften, sondern reine Liquidationsgemeinschaften, in denen die Mitglieder den Zeitpunkt der Auflösung mit dem Verlangen auf Auseinandersetzung in den Grenzen der §§ 2043–2045 BGB bestimmen.

2 Die Mitglieder der Erbengemeinschaft sind völlig frei, in welcher Weise sie sich auseinandersetzen. Sie können das ganz oder teilweise tun. Sie können sich als Erbengemeinschaft auseinandersetzen und andere Rechtsformen (z.B. Gesamthand; Bruchteil) begründen. Bei Handelsunternehmen sind die Übernehmenden allerdings an die vorgegebene Gesellschaftsform des zum Nachlass gehörenden Unternehmens gebunden (das hindert aber eine spätere Umwandlung dieser Gesellschaft nicht).

3 Anerkennen alle Mitglieder einen bestimmten Auseinandersetzungsanspruch eines Miterben, so ist auch jede Art von Auseinandersetzung, ganz oder teilweise, persönlich oder gegenständlich, möglich.

4 Widersetzt sich auch nur ein Miterbe einem nicht auf vollständige Auseinandersetzung gerichteten Antrag, findet eine Teilauseinandersetzung nicht statt. Mögliche Teilauseinandersetzungen sind über Früchte (§ 2038 Abs. 2 S. 3) möglich oder wenn besondere Umstände eine Teilauseinandersetzung als gerechtfertigt erscheinen lassen.

II. Anspruchsberechtigung

5 **Jeder Erbe ist berechtigt**, den Auseinandersetzungsantrag zu stellen. Allerdings sind Ausschlüsse und Aufschübe zu beachten.

6 Das Recht, Auseinandersetzung zu verlangen, steht auch zu:
– dem über einen Nachlassteil eingesetzten Testamentsvollstrecker unter Ausschluss des Miterben, dessen Anteil unter Testamentsvollstreckung steht;
– dem Abwesenheitspfleger;
– dem Anteilserwerber;
– dem Nießbraucher eines Miterbenanteils;
– dem Pfandgläubiger **vor Pfandreife** nur zusammen mit dem Mitglied der Erbengemeinschaft, dessen Erbteil verpfändet ist, **danach** dem Pfandgläubiger allein;
– dem Pfändungspfandgläubiger nur, **wenn** die Pfändung und Überweisung des Erbteils mit dem (Neben)Recht nach § 2042 Abs. 1 gepfändet ist;

7 Antragsberechtigt ist ferner der Miterbe, der aufgrund von anzurechnenden Vorempfängen kein Auseinandersetzungsguthaben mehr hat. Dies ist gerechtfertigt, weil er sonst keine Möglichkeit hat, aus der Erbengemeinschaft auszuscheiden. Das Recht, Auseinandersetzung durch Zwangsversteigerung zu verlangen, ist ihm jedoch als unzulässige Rechtsausübung versagt.

8 Nicht anspruchsberechtigt sind:
– Nachlassgläubiger ohne die oben genannten Voraussetzungen,
– Nacherben;
– Nachlasspfleger;
– Miterben, deren Anteil <u>mit</u> den Nebenrechten wirksam gepfändet ist.

9 **Der Anspruch richtet sich gegen die übrigen Mitglieder** der Erbengemeinschaft und **nicht** gegen den Nachlass. Der Anspruch kann gerichtlich durchgesetzt werden. Verklagt zu werden brauchen aber nur die Miterben, die sich der Auseinandersetzung widersetzen.

III. Fälligkeit, Verjährung und Verwirkung

Fällig ist der Auseinandersetzungsanspruch nach dem Wortlaut des Gesetzes in dem 10
Moment, in dem von einem dazu Berechtigten die Auseinandersetzung verlangt wird.[1]
Liegen Aufschub- und/oder Ausschlussgründe für die Auseinandersetzung vor, gilt § 723
Abs. 2 nicht; wohl aber im Einzelfall indirekt über § 242.

Bei angeordneter Nachlassverwaltung und Nachlassinsolvenz ist das Verlangen unzulässig. 11

Verjährung des Auseinandersetzungsanspruchs gibt es nicht; er ist unverjährbar (§ 2043 12
Abs. 2 i.V.m. § 758).

Verwirkung des Anspruchs ist denkbar,[2] weil der Erbschaftsanspruch der Verjährung 13
unterliegt (§ 2026), kann nach 30-jährigem Eigenbesitz eines Erben der Anspruch aus
§ 2042 seine Wirkung verlieren.

IV. Auseinandersetzung

Die Auseinandersetzung erfolgt nach den gesetzlichen Vorgaben, (§§ 2043–2045, 2042 14
Abs. 2, 2046 f., 752 ff.) **und** den Anordnungen des Erblassers (§°2048).

Auf Grund des Gläubigerschutzes müssen zunächst die Nachlassverbindlichkeiten ausgeglichen werden (§2046). Dazu gehören auch die Aufwendungen und Schadensersatzansprüche einzelner Miterben. Erst danach kann der Überschuss im Verhältnis der Erbteile unter Beachtung etwaiger Ausgleichspflichten(§ 2050 ff.) ausgekehrt werden.

Es gibt eine Reihe von Möglichkeiten, Erbengemeinschaften auseinander zu setzen: 15

1. Testamentsvollstreckung

Ist **Testamentsvollstreckung** angeordnet, erfolgt die Auseinandersetzung durch den Testamentsvollstrecker.[3] Sie ist die effektivste Art der Auseinandersetzung. Der Testamentsvollstrecker bewirkt die Auseinandersetzung (§§ 2004 ff.) kraft Amtes. Es verleiht ihm die nötige Verfügungsmacht (§ 2205). 16

Die Testamentsvollstreckung nimmt den Erben die Nachlassverwaltung, die dabei in 17
den Hintergrund gedrängt wird. Der Testamentsvollstrecker setzt nach einem von ihm
aufzustellenden Auseinandersetzungsplan den Nachlass auseinander. Zu dem Plan muss er
die Erben vor dessen Umsetzung nur anhören (§ 2204). In dem Plan hat er lediglich die
Anordnungen des Erblassers zu befolgen und die gesetzlichen Auseinandersetzungsvorschriften zu beachten.

2. Auseinandersetzungsvertrag

In diesem Vertrag regeln die Mitglieder der Erbengemeinschaft das Verfahren, wie sich die 18
Erbengemeinschaft bezüglich des Nachlasses und der Nachlassgegenstände auseinandersetzt.

Die Vertragsschließenden, d.h. die Parteien dieses Vertrages, sind die Mitglieder der 19
Erbengemeinschaft – nicht etwaige Nacherben. Pfändungsgläubiger müssen vor Pfandreife
genehmigen (§§ 1273 Abs. 2, 1258 Abs. 2); bis zur Genehmigung ist der Vertrag schwebend
unwirksam. Nach Pfandreife kann der Gläubiger unter Ausschluss des Erben, dessen
Anteil er als Pfand hält, den Auseinandersetzungsvertrag abschließen. Für Nießbraucher
gilt § 1066 Abs. 2.

---

[1] Grenzen s. §§ 2043 ff BGB.
[2] *Johannsen* WM 1979, 602.
[3] Ausführlich hierzu s. Kommentierung zu §§ 2197 ff.

a) Inhalt

20 Inhaltlich regelt der Auseinandersetzungsvertrag die schuldrechtlichen Ansprüche für die nachfolgende dingliche Teilung des Nachlasses. Beachtet der Vertrag die vom Erblasser und/oder vom Gesetz vorgegebenen Auseinandersetzungsregeln, ist er rein deklaratorisch; weicht er davon ab, hat er konstitutive Wirkung. Im letzteren Fall sind denkbar: Vergleich – als Hauptfall der sog. Erbvergleich –, Verzicht und Anerkenntnis. Bei Abschluss eines Auseinandersetzungsvertrages ist darauf zu achten, dass in ihm auch sein Vollzug geregelt wird. Bei Grundstücksübertragungen ist also auch die Auflassung nötig.

b) Form

21 Der Auseinandersetzungsvertrag ist grundsätzlich formfrei. Es ist jedoch aus Beweisgründen angezeigt, die Vereinbarungen schriftlich niederzulegen und von allen Mitgliedern unterzeichnen zu lassen. Bei größeren Erbengemeinschaften und umfänglicheren Regelungen ist in jedem Fall notarielle Beurkundung mit Zwangsvollstreckungsunterwerfungen zu empfehlen. Nur so ist auch die dingliche Umsetzung der getroffenen Vereinbarungen gesichert. Notarielle Beurkundung ist unumgänglich, wenn der Auseinandersetzungsvertrag Vereinbarungen enthält, die der notariellen Form bedürfen (z.B. § 313b Abs. 1, § 15 Abs. 1 Nr. 3 GmbHG).

c) Genehmigung

22 Genehmigungen sind einzuholen, soweit genehmigungspflichtige Rechtsgeschäfte abgeschlossen werden. Das ist insb. bei Beteiligung Minderjähriger und Betreuter der Fall (in der Regel braucht jede dieser Personen einen eigenen Betreuer bzw. Ergänzungsbetreuer). An Genehmigungen ist auch bei Personen zu denken, die im gesetzlichen Güterstand der Zugewinngemeinschaft (§ 1365) oder Gütergemeinschaft (§§ 1416, 1422) verheiratet sind.

d) Vollzug

23 Jeder nur schuldrechtliche Auseinandersetzungsvertrag muss dinglich durch ihn realisierende Einzelakte vollzogen werden (s. oben: Inhalt). Alle vertragsschließenden Miterben sind verpflichtet, hierbei mitzuwirken. Weigern sie sich, ist die Mitwirkungspflicht gerichtlich durchsetzbar.

24 Vollzogen ist der Auseinandersetzungsvertrag erst, wenn alle dinglichen Verfügungen erfüllt sind, d.h. das Sondervermögen Nachlass auf die einzelnen Mitglieder der Erbengemeinschaft, unter Ausschluss der übrigen, entsprechend deren Quoten aufgeteilt und übereignet ist.

e) Gefahrtragung

25 Die Gefahrtragung ist so geregelt, dass bis zum Vollzug alle Mitglieder das Risiko von ganz oder teilweisem Verzug bzw. Beschädigung gemeinsam tragen. Nach dem Vollzug trägt dieses Risiko der jeweilige Zuteilungsberechtigte.

3. Abschichtung

26 Diese Art der Auseinandersetzung ist ein Ergebnis der Rechtsprechung, die neben der Erbteilsübertragung (§ 2033 Abs. 1) und dem Auseinandersetzungsvertrag möglich ist. Sie führt im Allgemeinen aber nur zu einer teilweisen Auseinandersetzung. In seiner Entscheidung vom 21.1.1998 hat der BGH diese Art einvernehmlichen Ausscheidens aus einer Erbengemeinschaft für zulässig erklärt.[4] Die Leitsätze dieser Entscheidung können als Vorlage für eine Abschichtung dienen:

---

[4] In NJW 1998, S. 1557 f.

Leitsatz 1: 27
Ein Miterbe kann auch aus einer Erbengemeinschaft, zu der ein Grundstück gehört, formfrei im Wege der Abschichtung ausscheiden. Ob seine Abfindung aus dem Nachlass oder aus dem Privatvermögen des (oder der) anderen Erben geleistet wird, ist für die Formbedürftigkeit des Ausscheidens nicht von Bedeutung.

Leitsatz 2: 28
Wenn als Abfindung die Leistung eines Gegenstands vereinbart wird, der nur durch formbedürftiges Rechtsgeschäft übertragen werden kann (etwa ein Grundstück), ist die für dieses Rechtsgeschäft geltende Form zu beachten (§ 311b Abs. 1 S. 1 BGB).

Leitsatz 3: 29
Als Folge der Abschichtung wächst der Erbteil des ausgeschiedenen Miterben den verbleibenden an.[5]

Diese Art der Abschichtung kann so lange fortgesetzt werden, bis auch der letzte Miterbe auf diese Weise ausgeschieden ist. Die letzte Anwachsung führt zum Alleineigentum des letzten Miterben am Nachlass mit der Folge, dass der Nachlass mit ihr auseinander gesetzt ist. 30

4. Gerichtliches Vermittlungsverfahren

Gerichtliche Hilfe für einen abzuschließenden Auseinandersetzungsvertrag konnte schon früher nach § 86 Abs. 1 FGG auf Antrag in Anspruch genommen werden. 31

An die Stelle des FGG ist zum 1.9.2009 das FamFG getreten. Der Antrag ist jetzt nach § 363 Abs. 1 und 2 FamFG zu stellen. 32

Das Verfahren ist nach wie vor auf Vermittlung angelegt und kommt nur zum Tragen, wenn ihr alle Mitglieder der Erbengemeinschaft zustimmen. Widerspricht (§ 370 FamFG) auch nur ein Mitglied der Erbengemeinschaft dieser Vermittlung, entfällt diese durchaus sinnvolle Unterstützung durch das Gericht bei der Auseinandersetzung. Das gilt auch noch während des Verfahrens: widerspricht ein Mitglied im Termin (nicht schriftlich) kann die Vermittlung nicht fortgeführt werden (aber: Länderregelung § 487 FamFG). 33

Zuständig ist das Nachlassgericht. Es kann auch, wenn die Höfeordnung gilt, einvernehmlich prorogiert werden (Normalerweise § 2 Abs. 1 LwVfG). 34

Antragsberechtigt ist jedes Mitglied einer Erbengemeinschaft, der Erbteilserwerber, der Pfandgläubiger, der Nießbraucher; der Vollstreckungsgläubiger aber nur mit rechtskräftigem Titel. 35

Zu beteiligen sind Nacherben und Ehegatten, soweit sie zuzustimmen haben, und bei Abwesenden deren bestellter Vertreter. 36

Der **Antrag** soll – wie beim Antrag auf Erteilung des Erbscheins – alle relevanten Angaben (Erblasser, Erbfall, Teilungsmasse, Mitglieder der Erbengemeinschaft, letztwillige Verfügungen des Erblassers zugunsten Dritter etc.) enthalten. Das angerufene Nachlassgericht kann von Amts wegen weiter ermitteln. 37

Er ist **zulässig,** solange eine Erbengemeinschaft besteht, auch wenn Erbteilungsklage erhoben ist, Streit über Erbteile besteht, gesetzliche oder letztwillige Teilungsverbote bestehen, Teilungsanordnungen vorliegen oder ein verbindlich vereinbarter Teilungsausschluss der Mitglieder der Erbengemeinschaft besteht. 38

Unzulässig ist er nur bei angeordneter Testamentsvollstreckung über den gesamten Nachlass, während bestehender Nachlassverwaltung sowie während des Nachlassinsolvenzverfahrens. 39

Das Verfahren sieht zwei mündliche Verhandlungen vor: einen vorbereitenden (§ 366 FamFG; alt § 91 FGG) und einen Auseinandersetzungstermin (§ 368 FamFG; alt § 93 FGG). Beides kann auch in einen Termin zusammengefasst werden oder sich über jeweils 40

---

5 Leitsatz 3 stammt nicht vom BGH, sondern von der Redaktion der NJW.

mehrere Einzeltermine erstrecken. Säumnis im Termin löst die Benachrichtigung des säumigen Beteiligten über die getroffenen Vereinbarungen aus (§ 366 Abs. 3) gleichzeitig ist ihm mitzuteilen, dass seine Zustimmung unterstellt wird, wenn er innert einer zu setzenden Frist nicht widerspricht, oder im nächsten Termin erneut säumig ist. (§§ 366 Abs. 3, 368 Abs. 2 FamFG; alt §§ 91 Abs. 3, 93 Abs. 2 FGG).

5. Erbteilungsklage

41 Die Erbteilungsklage – Auseinandersetzungsklage – ist nötig, wenn sich die Erben selbst auseinandersetzen müssen und es entweder definitiv unter ihnen zu keiner Einigung kommt oder eine Mitwirkung verweigert wird. Sie kann nur erhoben werden, wenn Teilungsreife des Nachlasses gegeben ist, d.h.
 – der gesamte Nachlass muss bekannt sein,
 – der gesamte Nachlass muss im Antrag der Klage erfasst sein,
 – sämtliche Nachlassverbindlichkeiten müssen berichtigt sein,
 – die vorhandenen Nachlassgegenstände müssen teilbar bzw. versilbert worden sein,
 – das zu Verteilende muss entsprechend der Erbquoten auf die Miterben verteiltbar sein.

42 Der Kläger muss also einen bestimmten Teilungsplan aufstellen. Er sollte, ehe die Klage eingereicht wird, zweckmäßigerweise mit den mitwirkungsbereiten Miterben abgestimmt werden. Sind nur Teile streitig, genügt es, zunächst das Strittige zum Spruch zu stellen (ggf. Feststellungsklage).

43 Der **Klageantrag** richtet sich
 auf den Abschluss des schuldrechtlichen Auseinandersetzungsvertrages auf der Basis des in ihm enthaltenen, konkreten Teilungsplanes, der alles enthält, was Gegenstand des Nachlasses ist
 und
 auf Zustimmung zu den für dessen Umsetzung erforderlichen dinglichen Erklärungen.

44 Die **Verbindung des Schuldenberichtigungsanspruchs** (§ 2046) mit dem Auseinandersetzungsantrag (§ 2042) und dem Verteilungsantrag ist zulässig. Es kann also gegebenenfalls gleichzeitig auch der Anspruch auf Verwertung von Nachlassgegenständen zum Zweck der Tilgung von Nachlassverbindlichkeiten beantragt werden. (Risiko! – daher Alternativen anbieten und auf § 139 ZPO verweisen).

45 Die Klage ist begründet, wenn der vom Kläger aufgestellte Teilungsplan die anzuwendenden Auseinandersetzungsregeln[6] befolgt. Es ist also nur die Begründetheit der Anträge zu prüfen. An sie ist das Gericht gebunden (§ 308 ZPO). Insoweit hat das Gericht keine Gestaltungsbefugnis – ausgenommen, es ist ein Fall des § 2048 S. 3 zu entscheiden.

46 Die Klage ist unbegründet, solange Teilungsreife nicht gegeben ist. Sie liegt u.a. nicht vor, wenn die nach § 2057 geforderten Auskünfte nicht erteilt und Nachlassverbindlichkeiten nicht vollständig getilgt sind. Auch dürfen keine Ausschluss- bzw. Aufschubgründe vorliegen.

47 Zu beachten ist, dass Grundstücke zunächst zum Zwecke der Aufhebung der Gemeinschaft (§ 180 ZVG) versteigert werden müssen, wenn über deren Verteilung keine Einigung erzielt werden kann. Ist der Versteigerungserlös hinterlegt, tritt Teilungsreife erst dann ein, wenn auch beantragt ist, zuzustimmen, den hinterlegten Erlös entsprechend der Erbquoten zu verteilen.

48 Teilungsanordnungen des Erblassers sind im Streitfall durch Leistungsklage zu realisieren.

49 Gibt es nur bestimmte Streitpunkte, so können diese isoliert im Wege einer Feststellungsklage ausgeräumt werden.

---

6 Verbindung mit dem Antrag auf Schuldenberichtigung ist möglich, verkompliziert aber unnötig (s. Anm. 44).

Verweigert ein Miterbe lediglich den Vollzug des wirksamen Auseinandersetzungspla- 50
nes, ist nur Klage auf dessen Vollzug zu erheben.
Gerichtsstand ist der allgemeine des Beklagten oder der nach § 27 ZPO. 51
Unzulässig ist die Klage bei angeordneter Testamentsvollstreckung über den Nachlass, 52
sowie während der Dauer der Nachlassverwaltung und des Nachlassinsolvenzverfahrens.
Bei Beteiligung von Minderjährigen, Betreuten und Eheleuten muss vor Klageerhebung 53
die erforderliche Genehmigung eingeholt werden.
Parteien des Rechtsstreits sind auf Klägerseite der oder die, die die klageweise Ausei- 54
nandersetzung betreiben wollen, und auf der Beklagtenseite alle diejenigen, die sich der
vorgeschlagenen Auseinandersetzung widersetzen.
Der Streitwert bestimmt sich nach dem Interesse des Klägers an der Auseinanderset- 55
zung. Maßgebend ist also der Wert des Erbteils, den der Kläger bei der angestrebten Auseinandersetzung erwartet.

6. Übertragung der Erbteile auf einen Miterben

Übertragen alle Miterben ihre jeweiligen Anteile auf einen Miterben oder einen Dritten, ist 56
die Erbengemeinschaft ebenfalls auseinandergesetzt. Übertragen nur einige der Miterben
ihre Miterbenanteile auf andere, scheiden diese nach Vollzug der Übertragung aus der Miterbengemeinschaft aus.

7. Schiedsgerichtsverfahren

Schiedsgerichtsverfahren[7] können stattfinden entweder, wenn der Erblasser für die Beile- 57
gung von Streitigkeiten dieses Verfahren vorgegeben hat, oder wenn sich die Mitglieder
der Erbengemeinschaft gem. §§ 1025 ff. ZPO auf ein solches Verfahren verständigt haben.
Dem Schiedsgericht können die Gestaltungsbefugnisse übertragen werden mit der Folge,
dass das Schiedsgericht und nicht die Mitglieder der Erbengemeinschaft den Auseinandersetzungsplan aufstellt. § 2048 S. 2 und 3 gilt in diesem Fall nicht!

V. Verlangen

Das formlose Recht nach § 2042 hat seine Wurzeln in der Erbengemeinschaft als einer aus- 58
einanderzusetzenden Gemeinschaft. Es ist mit der Mitwirkungspflicht des § 2038 Abs. 1
S. 1 zu vergleichen. Verlangt werden kann die Mitwirkung zu allen Maßnahmen, die zur
Auseinandersetzung führen.

VI. Einschränkungen nach §§ 2043–2045

Obwohl es nicht nötig gewesen wäre, auf die §§ 2043 bis 2045 hinzuweisen, weil sie ohne- 59
hin Gesetz sind, wird die Notwendigkeit deren Beachtung und Vorrangigkeit durch den
Hinweis verstärkt.
Aufschub- und Ausschlussgründe für die Auseinandersetzung ergeben sich aus §§ 2043– 60
2045.
Gesetzliche Ausschlussgründe sind: 61
– Unbestimmtheit der Erbanteile aus den in § 2043 aufgezählten Gründen;
– Ausschluss durch letztwillige Verfügung ist in den Grenzen des § 2044 durch den Erblasser möglich.
Vertraglicher Ausschluss der Auseinandersetzung durch (**nur schuldrechtliche**) Vereinba- 62
rung der Erben ist möglich; ebenso die Vereinbarung besonderer Bedingungen, unter
denen die Auseinandersetzung verlangt werden kann. Eine solche Vereinbarung der Mit-

---

[7] Spezialisiert auf Schiedsverfahren im Erbrecht ist: Deutsche Schiedsgerichtsbarkeit für Erbstreitigkeiten e.V., Hauptstr. 18, 74981 Angelbachtal.

glieder der Erbengemeinschaft ist keine Verwaltungsmaßnahme nach § 2038; Einstimmigkeit ist also zu ihrer Wirksamkeit erforderlich; die Frist des § 2044 Abs. 2 gilt hierfür nicht. Der Gegenstand der Vereinbarung ist frei; er kann einzelne Nachlassgegenstände oder den ganzen Nachlass beinhalten.

63 Die Vereinbarung wirkt für und gegen die Rechtsnachfolger des die Vereinbarung Schließenden und gegenüber dem Nießbraucher.

64 Sie wirkt nicht gegenüber dem Pfändungspfandgläubiger, wenn ein Erbteil wirksam gepfändet ist.

65 Ist die Kündigung der Vereinbarung vertraglich ausgeschlossen, kann dennoch aus wichtigem Grund gekündigt werden (§ 749 Abs. 2 und 3).

66 Ist der Ausschluss der Auseinandersetzung vereinbart, um ein zum Nachlass gehörendes Handelsunternehmen fortzuführen, gilt für die Erbengemeinschaft u.U. nicht mehr das Erbrecht, sondern das Gesellschaftsrecht des BGB oder des HGB.

67 Den **Aufschub** der Auseinandersetzung kann jeder Miterbe verlangen, wenn Nachlassgläubiger zu ermitteln sind (§ 2045 i.V.m. § 2046).

VII. Verweise in Abs. 2

1. § 749 II und III

68 Geregelt wird, wie zu verfahren ist, wenn die Miterben vereinbaren, die Auseinandersetzung auf gewisse Dauer oder für immer auszuschließen. Liegt eine solche Vereinbarung vor, wird in der Literatur[8] teilweise mit beachtlichen Argumenten angenommen, dass mit ihr die Erbengemeinschaft auseinandergesetzt sei. Zur Begründung wird in erster Linie angeführt, dass Vereinbarungen dieser Art an die Stelle dessen treten, was der Erblasser – auch durch Unterlassen entsprechender Anordnungen – gewollt hat. Insoweit handele es sich um eine eigenständige Regelung der Miterbengemeinschaft, die den Erblasserwillen verdränge. Folgt man dieser Meinung, haften die Miterben nicht nur mit dem Nachlass, sondern auch mit ihrem eigenen Vermögen (§ 2059 Abs. 1).

69 Kommt es im Laufe der Zeit zu Unzuträglichkeiten in der Gemeinschaft, kann trotz des Ausschlusses auseinandergesetzt werden, wenn ein wichtiger Grund vorliegt. Ob ein solcher vorliegt, ist stets Frage des Einzelfalles. Die Bandbreite der Bejahung eines wichtigen Grundes in der Rechtsprechung reicht von der Verfeindung, die die Fortsetzung der Gemeinschaft insgesamt unzumutbar macht bis zum Eintritt der Volljährigkeit eines Mitgliedes der Erbengemeinschaft.[9]

2. § 750

70 Diese Vorschrift regelt, dass im Zweifel der Tod eines Mitglieds der Erbengemeinschaft kein wichtiger Grund i.S.v. § 749 Abs. 2 ist. In einer Vereinbarung sollten daher für den Fall des Todes eines Miterben klare Regelungen getroffen werden.

3. § 751

71 Das zu § 751 Ausgeführte gilt auch für den Fall, dass ein Sondernachfolger Mitglied einer Erbengemeinschaft wird.

4. § 752

72 Die **Teilung** hat grundsätzlich in Natur zu erfolgen, soweit eine Zerlegung möglich und sinnvoll ist (§ 752).

---

8 *Damrau/Rißmann* § 2042 Rn. 27 m.w.N.
9 Einzelfälle, s. MüKoBGB/*Schmidt* § 749 Rn. 11 f.

Hat der Erblasser Veräußerungen an Dritte ausgeschlossen, müssen die Nachlassgegen- 73
stände unter den Erben versteigert werden (§ 753 Abs. 1 S. 2).

Können sich die Erben über die Auseinandersetzungsart nicht einigen, kann über § 1246 74
i.V.m. §§ 410, 411 Abs. 4 FamFG (alt: § 166 FGG) versucht werden, die Teilung anders zu gestalten. Das ist immer angezeigt, wenn Familienbesitz in den Familienstämmen verbleiben und nicht zerrissen werden soll.

Denkbar ist auch, dass ein Miterbe einen Nachlassgegenstand gegen Zahlung dessen 75
Wertes an die Miterben übernimmt oder ihn sich auf seinen Anteil am Auseinandersetzungsguthaben anrechnen lässt.

5. § 753

Ist Teilung in Natur nicht möglich, muss verkauft und der Erlös geteilt werden. Bei 76
Grundstücken erfolgt dies durch Zwangsversteigerung zum Zwecke der Aufhebung der Gemeinschaft (§§ 180 ff. ZVG); bei den übrigen Sachen und Rechten erfolgt dies im Rahmen des Pfandverkaufs (§§ 1234–1240).

Der **Abverkauf** und bei Grundstücken die Zwangsversteigerung sind nur Vorstufen der 77
Auseinandersetzung. Der Erlös tritt als Surrogat an die Stelle des jeweiligen Nachlassgegenstandes.

6. § 754

Der Verkauf einer Forderung darf nur erfolgen, wenn sie noch nicht fällig ist. Ist sie fällig 78
hat deren Einziehung den Vorrang. Die Erben können sich aber auch auf jede andere Art der Verwertung, z.B. Übernahme durch einen Erben gegen Ausgleichszahlung oder Anrechnung, verständigen.

7. § 755

Die Anwendung dieser Vorschrift ist nur nachrangig zu beachten, weil die Erbengemein- 79
schaft nach § 2046 Abs. 1 S. 1 vor der Auseinandersetzung zunächst die Verbindlichkeiten zu berichtigen hat. Hauptsächlich ist diese Vorschrift bei Nachlasserbenschulden anzuwenden.

8. § 756

Diese Vorschrift regelt, wie die Miterben untereinander Verbindlichkeiten regeln, die ihren 80
Grund in der Erbengemeinschaft haben, z.B. Aufwendungen des Notverwalters oder Ansprüche aus GoA.

9. § 757

Diese Vorschrift regelt die Gewährleistung der Miterben gegenüber den übrigen Miterben 81
bei Zuteilung von Nachlassgegenständen. Zu berücksichtigen ist dabei, dass es bei Teilung von gleichartigen Nachlassgegenständen keine Gewährleistungsansprüche gibt, weil § 757 ungleiche Folgerisiken nicht deckt.[10]

10. § 758

Diese Vorschrift ist eng auszulegen. Unverjährbar ist nur der Auseinandersetzungsan- 82
spruch als solcher. Für alle mit ihm zusammenhängenden und abgeleiteten Ansprüche gelten die jeweiligen Verjährungsvorschriften.

---

10 MüKoBGB/*Schmidt* § 757 Rn. 4.

VIII. Sonderfälle

1. Landwirtschaft

83 Landwirtschaftliche Betriebe sind nach §§ 13 bis 15, 33 GrdstVG und den Höfeordnungen bei Vorliegen der Voraussetzungen entsprechend der Vorschriften zuzuteilen.

2. Zugewinngemeinschaft

84 Bei Zugewinngemeinschaften sind u.U. §§ 1371 Abs. 2, 3 und 1383 i.V.m. § 53a ZPO zu beachten.

§ 2043
Aufschub der Auseinandersetzung

(1) Soweit die Erbteile wegen der zu erwartenden Geburt eines Miterben noch unbestimmt sind, ist die Auseinandersetzung bis zur Hebung der Unbestimmtheit ausgeschlossen.

(2) Das gleiche gilt, soweit die Erbteile deshalb noch unbestimmt sind, weil die Entscheidung über eine Ehelicherklärung, über einen Antrag auf Annahme als Kind, über die Aufhebung des Annahmeverhältnisses oder über die Genehmigung einer vom Erblasser errichteten Stiftung noch aussteht.

I. Normzweck

1 Mit dieser Regelung soll der Erbteil des Nasciturus gesichert werden. Gleiches gilt für die Erbteile des in Abs. 2 aufgezählten Personenkreises.

II. Aufschubgründe

2 Die **Gründe für den Aufschub** sind in § 2043 abschließend geregelt. Andere vergleichbare Unbestimmbarkeiten werden von § 2043 auch nicht im Wege ergänzender Auslegung erfasst. Gegebenenfalls muss man sich mit Pflegerbestellung behelfen oder dem Auseinandersetzungsanspruch Arglist entgegenhalten.

III. Unbestimmtheit

3 Unbestimmtheit ist nur dann gegeben, wenn die Möglichkeit besteht, dass jemand aus dem aufgezählten Personenkreis Erbe wird. Unbestimmbarkeit liegt also nicht vor, wenn die genannten Personen von der Erbfolge ausgeschlossen sind (§§ 1930, 1938). Maßgebend ist weiter, dass sich die Unbestimmbarkeit nur auf **Erbteile** bezieht. Wenn also bei verschiedenen Erbstämmen nur die Größe der Erbteile eines oder mehrerer Stämme unbestimmt ist, bei anderen Erbstämmen sich durch das Hinzukommen einer Person aus dem Kreis der in § 2023 genannten Personen nichts ändert, dann können der bzw. die nicht betroffenen Erbstämme die Auseinandersetzung verlangen. Nicht auseinandergesetzt werden dann lediglich der bzw. die Erbstämme, bei denen sich etwas ändern kann. Die Auseinandersetzung des Erbteils des betroffenen Erbenstammes ist also bis zur Beseitigung der Ungewissheit aufgeschoben.

4 Beispiel: *Steht nicht fest, wie viele Erben der Erblasser hat, sind die gesamten Erbteile ungewiss. Steht nicht fest, wie viele Enkel den Erblasser beerben, ist nur der Erbteil der Enkel ungewiss, so dass die übrigen Erbteile mit Ausnahme des der Enkel ausgeglichen werden können.*

5 Für die zu erwartende Geburt eines Erben gilt § 1923 Abs. 2.

IV. Auseinandersetzung trotz Aufschubs

Wird trotz der Aufschubgründe auseinandergesetzt, ist die Auseinandersetzung nicht 6
nichtig, weil es sich bei § 2043 nicht um ein gesetzliches Verbot handelt. Es liegt lediglich
ein Abschlussmangel vor, der gegebenenfalls zur Aufhebung der Auseinandersetzungsvereinbarung führt. Insb. ist die Auseinandersetzungsvereinbarung nur schwebend unwirksam, wenn der erwartete Erbe in ihm berücksichtigt ist. Dieser Erbe ist an die Vereinbarung nicht gebunden. Er kann sie aber genehmigen.

Wird trotz Verweigerung der Genehmigung nicht rückabgewickelt, bleibt nur die Fest- 7
stellungsklage dahingehend, dass die Auseinandersetzung unwirksam ist. Im zweiten
Schritt müssen die einzelnen Miterben verklagt werden, das aus dem Nachlass Empfangene an die Erbengemeinschaft zurückzugeben. Stufenklage ist denkbar.

V. Folgen im Zusammenhang mit künstlicher Befruchtung

Die damit zusammenhängenden Fragen sind in der Kommentierung zu §§ 2032 und 2050 8
angesprochen. Ob allein der Umstand, dass potenzielle Erben auf Grund des Fortschrittes
der Medizin zu relativ frei bestimmbaren Zeitpunkten ausgetragen werden können, dazu
führt, dass Erbengemeinschaften auf längere Sicht nicht auseinandergesetzt werden können, muss künftiger Rechtssprechung vorbehalten werden.

§ 2044
Ausschluss der Auseinandersetzung

(1) Der Erblasser kann durch letztwillige Verfügung die Auseinandersetzung in Ansehung des Nachlasses oder einzelner Nachlassgegenstände ausschließen oder von der Einhaltung eine Kündigungsfrist abhängig machen. Die Vorschriften des § 749 Abs 2, 3 und der §§ 751 ff. und des § 1010 Abs. 1 finden entsprechende Anwendung.

(2) Die Verfügung wird unwirksam, wenn dreißig Jahre seit dem Eintritte des Erbfalles verstrichen sind. Der Erblasser kann jedoch anordnen, dass die Verfügung bis zum Eintritt eines bestimmten Ereignisses in der Person eines Miterben oder, falls er eine Nacherbfolge oder ein Vermächtnis anordnet, bis zum Eintritt der Nacherbfolge oder bis zum Anfalle des Vermächtnisses gelten soll. Ist der Miterbe, in dessen Person das Ereignis eintreten soll, eine juristische Person, so bewendet es sich bei der dreißigjährigen Frist.

I. Normzweck

§ 2044 ist eine – wenn auch schwache – Ausnahme von § 2042, die ihren Ursprung in der 1
Testierfreiheit hat. Sie dient vor allem der Erhaltung von Familienbesitz.

Letztwillige Verfügung im Sinne dieser Vorschrift ist i.S.v. § 1937 als einseitige Verfü- 2
gung definiert. Der Ausschluss kann aber auch unter bestimmten Voraussetzungen in
einem Erbvertrag und in einem gemeinschaftlichen Testament verfügt werden.

Der Testierende ist frei, wie er ausschließt: gegenständlich, zeitlich oder personell. 3

Der Testierende kann sowohl die Form der Kündigung als auch die Länge der Kündi- 4
gungsfrist bestimmen.

Die Verfügungen können den gesamten Nachlass oder Teile davon, alle Erben oder ein- 5
zelne Erben erfassen. Ziel der Beschränkung ist der Ausschluss der Auseinandersetzung
bzw. deren Hinauszögern durch eine Kündigungsfrist. Möglich ist es auch, letztwillig
anderweitige Erschwernisse einer Auseinandersetzung zu verfügen.

II. Rechtliche Einordnung des Begriffs Ausschluss

6   Bei der Anordnung der Ausschließung der Auseinandersetzung ist darauf zu achten, wie sie ausgestaltet ist bzw. ausgestaltet werden soll. Sie kann negative Teilungsanordnung, Vermächtnis bzw. Vorausvermächtnis oder Auflage sein. Welche der Möglichkeiten der Erblasser gewollt hat, muss gegebenenfalls durch Auslegung ermittelt werden.

1. Negative Teilordnung

7   Hierbei handelt es sich lediglich um ein einfaches Verbot des Erblassers, die Erbengemeinschaft auseinander zu setzen. Es kann nur einseitig, d.h. nicht in einem Erbvertrag (arg. § 2278 Abs. 2) und auch nicht im gemeinschaftlichen Testament (arg. § 2270 Abs. 3) angeordnet werden.

2. Vermächtnis bzw. Vorausvermächtnis

8   Der Ausschluss kann ein Vermächtnis bzw. Vorausvermächtnis sein, wenn er vom Erblasser entsprechend ausgestaltet ist. Er ist Vorausvermächtnis (§ 2150), wenn der Erblasser den Ausschluss zugunsten eines Miterben angeordnet hat. Ist er zugunsten eines Außenstehenden verfügt, handelt es sich um ein Vermächtnis (§ 1939). Beide Vermächtnisarten können auch im Wege des Erbvertrages und des gemeinsamen Testamentes angeordnet werden. Der oder die Berechtigten können von dem die Auseinandersetzung Betreibenden deren Unterlassung verlangen.

3. Auflage

9   Der Ausschluss kann auch eine Auflage (§§ 1940, 2192) sein. Dies ist dann der Fall, wenn er die Auseinandersetzung gegen den übereinstimmenden Willen der Erben verhindern soll. Vollzogen wird sie gem. § 2194 BGB. Dingliche Verfügungen der Erben nach § 2040 Abs. 1 sind jedoch wirksam. Die Auflage gibt dem einzelnen Erben keinen eigenen Unterlassungsanspruch gegen die Übrigen; der einzelne Miterbe kann nur den Vollzug der Auflage als Erblasserwillen verlangen bzw. seine Mitwirkung bei der Auseinandersetzung zu Recht verweigern. Berechtigt, dies zu verlangen bzw. zu tun, sind neben den Erben die in § 2194 aufgezählte Personen – also auch der Ersatzerbe; nicht aber der Ersatznacherbe.

III. Wirkung der Ausschließung

10 Die Anordnung der Ausschließung **wirkt** (§ 751 S. 1) für und gegen Sonderrechtsnachfolger, die ihre Rechte aus § 2033 herleiten. Sie wirkt nicht für und gegen den Pfändungspfandgläubiger (§ 751 S. 2), der mit einem rechtskräftigen Titel gegen einen Miterben die Zwangsvollstreckung betreibt.

IV. Wirkung der Anordnung

11 Die Verfügungen nach § 2044 entfalten stets nur schuldrechtliche Wirkung.
12 Solange sich ein Miterbe an die Verfügungen des Erblassers nach § 2044 hält, sind Auseinandersetzungsverträge unter Missachtung der Verfügungen unwirksam. Betreibt ein Miterbe trotz der angeordneten Ausschließung der Auseinandersetzung die Teilungsversteigerung, können die anderen dagegen mit der Drittwiderspruchsklage vorgehen (§ 771 ZPO).
13 Der letztwillig angeordnete Ausschluss kann nicht ins Grundbuch eingetragen werden, weil die Anordnungen des Erblassers keine dinglichen Wirkungen haben, sondern lediglich eine schuldrechtliche Unterlassungspflicht i.S.v. § 137 Abs. 2 sind.
14 Der Erblasser kann durch letztwillige Verfügung weder den Erben noch dem Testamentsvollstrecker die Verfügungsmacht nehmen, weil § 137 S. 1 der Vorschrift des § 2208 vorgeht.

Das hat zur Folge, dass sich die Erben über die Ausschlussverfügungen des Erblassers 15
einvernehmlich hinwegsetzen können. Auch hilft die Anordnung von Testamentvollstreckung nicht weiter, wenn sich der Testamentvollstrecker (§ 2204 Abs. 1!) mit Zustimmung aller Erben über die Verfügungen des Erblassers hinwegsetzt. In einem solchen Fall hat der Testamentsvollstrecker nämlich Schadensersatzansprüche wegen Pflichtverletzung nicht zu befürchten, wenn er sich gegenüber der Erbengemeinschaft gehörig absichert.

Will der Erblasser sichergehen, dass nichts auseinandergesetzt wird, bleiben ihm folgende Möglichkeiten: 16
- bedingte Erbeinsetzung:
  Den Erben bleibt ihre Erbstellung erhalten, solange sie den Nachlass nicht auseinandersetzen. Für den Fall der verbotswidrigen Auseinandersetzung muss ein Ersatzerbe bestimmt werden.
- Anordnung eines aufschiebend bedingten Vermächtnisses:
  zugunsten einer gemeinnützigen Einrichtung in Höhe eines die Erbengemeinschaft erheblichen belastenden Betrages. Letzteres empfiehlt sich, wenn Pflichtteilsberechtigte in der Erbengemeinschaft sein werden.
  Die Höhe dieses »Strafvermächtnisses« muss wegen § 2307 so gewählt werden, dass den betroffenen pflichtteilsberechtigten Miterben mehr als der Pflichtteil verbleibt.

V. Verweise in § 2044, S. 2

Zu §§ 749 Abs. 2 und 3, 750 und 751 17
S. Kommentierung zu § 2042.

Zu § 1010 18
Die Bestimmungen der Sonderrechtsnachfolge gem. § 1010 sind nur eingeschränkt i.R.v. § 2044 anwendbar. Nach herrschender Rechtsprechung ist § 1010 nur anwendbar, wenn die Anordnungen des Erblassers eine Umwandlung der Erbengemeinschaft in eine Bruchteilsgemeinschaft zulassen, deren Teilung aber vom Erblasser ausgeschlossen ist.

VII. Auseinandersetzung trotz Ausschlusses

Wollen die Erben trotz des Auseinandersetzungsverbotes den Nachlass auseinandersetzen, 19
ist Voraussetzung, dass sich alle Miterben absolut einig sind und wechselseitig unwiderruflich auf Schadensersatzansprüche verzichten. Ist ein Testamentvollstrecker eingesetzt, muss er zur Mitwirkung gewonnen werden. Das Gleiche gilt für eingesetzte Ersatzerben und die mit aufschiebend bedingten Vermächtnissen Begünstigten.

VII. Grenzen der Ausschließung (Abs. 2)

Die Ausschließung hat sachlich und zeitlich Grenzen. 20

Die **sachlichen Grenzen** ergeben sich aus § 2044 Abs. 2 S. 2. Die aufgeführten Vorschriften sind sinngemäß anzuwenden. 21

Die Ausschließung kann gem. § 749 Abs. 2 bei Eintreten eines wichtigen Grundes wirkungslos werden mit der Folge der Nichtigkeit (§ 749 Abs. 2). Ob ein wichtiger Grund gegeben ist, ist anhand der Bestimmungen und Regeln der Dauerrechtsbeziehungen in sinngemäßer Anwendung von § 626 Abs. 1 festzulegen. Ob ein wichtiger Grund vorliegt, entscheidet das Prozessgericht; ist Testamentsvollstreckung angeordnet, entscheidet der Testamentsvollstrecker. 22

Ist die Auseinandersetzung nur auf Zeit ausgeschlossen, tritt sie analog § 750 außer Kraft, 23
wenn ein Miterbe stirbt. In diesem Fall wird eine neue Situation angenommen.

Die **zeitliche Grenzen** ergeben sich aus § 2044 Abs. 2. Danach verliert der Ausschluss 24
mit dem Ablauf von dreißig Jahren nach dem Erbfall seine Wirksamkeit. Das gilt streng für juristische Personen (S. 3). Bei natürlichen Personen sind längere Zeiträume denkbar,

die an ein bestimmtes Ereignis geknüpft sind, z.B. Eintritt der Nacherbschaft (hier allerdings mit der Beschränkung des § 2109), Heirat, Erreichen eines bestimmten Alters.

§ 2045
Aufschub der Auseinandersetzung

Jeder Miterbe kann verlangen, dass die Auseinandersetzung bis zur Beendigung des nach § 1970 zulässigen Aufgebotsverfahrens oder bis zum Ablauf der in § 2061 bestimmten Anmeldungsfrist aufgeschoben wird. Ist das Aufgebot noch nicht beantragt oder die öffentliche Aufforderung nach § 2061 noch nicht erlassen, so kann der Aufschub nur verlangt werden, wenn unverzüglich der Antrag gestellt oder die Aufforderung erlassen wird.

I. Normzweck

1   Mit § 2045 hat der Gesetzgeber eine weitere Ausnahme zu § 2042 normiert. Sie ist sinnvoll und notwendig vor dem Hintergrund der Erbenhaftung für Nachlassverbindlichkeiten.

II. Sachverhalt

1. »Miterbe« und »verlangen«

2   Wer Miterbe ist, bestimmt sich nach § 2033. Das »Verlangen« ist in diesem Fall eine Einrede.

2. Nachlassverbindlichkeiten

3   Die **Nachlassverbindlichkeiten** können auf zweierlei Weise **ermittelt** werden: durch den sog. Gläubigeraufruf nach § 2061 und durch das gerichtliche Aufgebotsverfahren nach §§ 1970 ff. BGB, 989 ff. ZPO.

4   Der durch eines der Verfahren ausgeschlossene Gläubiger kann nach Teilung des Nachlasses von den einzelnen Erben nur noch den deren Erbteil entsprechenden Teil der Nachlassforderung begehren (§ 997 Abs. 2 ZPO, §§ 2060 f.).

3. Aufschubdauer

5   Der Aufschub dauert bis zur Beendigung des nach § 1970 zulässigen Aufgebotsverfahrens, d.h. bis sämtliche Rechtsmittelfristen abgelaufen bzw. sämtliche Rechtsmittel dieses Verfahrens erschöpft sind.

4. Rechtsfolgen

6   Die Auseinandersetzung darf während des Laufs der Verfahren zur Ermittlung der Gläubiger nicht durchgeführt werden.

7   Ist die Auseinandersetzung bereits begonnen, so kann der Aufschub nur noch durch unverzügliches Handeln i.S.v. § 2045 S. 2 i.V.m. § 121 Abs. 1 S. 1 erreicht werden.

8   Der Rechtsstreit auf Auseinandersetzung ist auszusetzen, wenn die sich aus § 2045 ergebende Einrede erhoben ist.

§ 2046
Berichtigung der Nachlassverbindlichkeiten

(1) Aus dem Nachlass sind zunächst die Nachlassverbindlichkeiten zu berichtigen. Ist eine Nachlassverbindlichkeit noch nicht fällig oder ist sie streitig, so ist das zur Berichtigung Erforderliche zurückzubehalten.

(2) Fällt eine Nachlassverbindlichkeit nur einigen Miterben zur Last, so können diese die Berichtigung nur aus dem verlangen, was ihnen bei der Auseinandersetzung zukommt.

(3) Zur Berichtigung ist der Nachlass, soweit erforderlich, in Geld umzusetzen.

I. Normzweck

Diese Vorschrift gibt den Miterben die Möglichkeit für die Tilgung der Nachlassverbindlichkeiten der Erbengemeinschaft zu sorgen, um ihre persönliche Haftung nach der Teilung auszuschließen. Weiter gibt die Vorschrift die Regeln, wie Nachlassverbindlichkeiten zu begleichen sind, nämlich vor der Auseinandersetzung und unter Bildung von Rücklagen für noch nicht fällige Forderungen. Zur Erfüllung der Verbindlichkeiten ist der Nachlass, so weit erforderlich, in Geld umzusetzen. Zu beachten sind daneben die §§ 1978–1980 und die §§ 1990–1922. 1

II. Innenverhältnis

§ 2046 berührt nur das **Innenverhältnis** der Erbengemeinschaft ohne einem Gläubiger Rechte zu gewähren. Es handelt sich um eine Einredemöglichkeit der Miterben gegenüber dem Auseinandersetzungsanspruchs des § 2041 Abs. 1, wenn im Zeitpunkt der verlangten Auseinandersetzung noch Verbindlichkeiten der Erbengemeinschaft bestehen. 2

»Zunächst« bedeutet, dass die Verbindlichkeiten als erste Maßnahme vor der Auseinandersetzung und vor der Teilung des Überschusses zu berichtigen sind. 3

Die Vorschrift ist nicht zwingend. Die Miterben können frei vereinbaren, den Nachlass ganz oder teilweise vor Berichtigung der Schulden auseinanderzusetzen; denkbar ist auch, dass einem Miterben bestimmte Nachlassgegenstände mit der Auflage einvernehmlich zugewiesen werden, Verbindlichkeiten allein zu erfüllen. 4

Der Erblasser kann frei bestimmen (§ 2048), welcher Erbe welche Nachlassverbindlichkeiten zu erfüllen hat. 5

Die Rechte der Nachlassgläubiger ergeben sich aus §§ 2058 ff. mit den Möglichkeiten des vorläufigen Rechtsschutzes. 6

Außerdem können die Erben mit den Gläubigern jederzeit abweichende Vereinbarungen nach den allgemeinen Vorschriften (Erlass, Schuldübernahme etc.) treffen. 7

III. Nachlassverbindlichkeiten

Nachlassverbindlichkeiten im Sinne dieser Vorschrift sind in § 1967 Abs. 2 aufgezählt. Zu ihnen gehören auch nicht einklagbare und rein moralische Verpflichtungen.[1] 8

Auch bei den Begriffen »streitig« und »nicht fällig« wird primär auf das Innenverhältnis der Erbengemeinschaft abgestellt. Nachlassverbindlichkeiten sind schon dann als streitig und/oder nicht fällig zu behandeln, wenn darüber innerhalb der Erbengemeinschaft Streit besteht. 9

---

[1] MüKoBGB/*Ann* § 2046 Rn. 3.

10 Gleiches gilt für strittige Regressforderungen der Erbengemeinschaft gegen einen Miterben.[2]
11 Zu den Nachlassverbindlichkeiten im weiteren Sinne zählen nicht die Ausgleichspflichten nach § 2050. *Heldrich*[3] bejahte dies unter Bezug auf eine ältere Kammergerichtsentscheidung (OLGE 9, 389, 391). Dem ist zu recht entgegenzuhalten,[4] dass § 2050 lediglich eine Berechnungsregel vorgibt und keine Nachlassverbindlichkeiten i.S.v. § 1967 Abs. 2.

IV. Andere Forderungen

12 Bei anderen Forderungen, für die Erben als Gesamtschuldner gem. § 748 entsprechend ihren Anteilen haften, kann jeder Miterbe im Rahmen der Auseinandersetzung Tilgung aus dem Nachlass verlangen (§§ 2040 Abs. 2, 755). Nur so kann er vermeiden, dass er nach der Auseinandersetzung allein in Anspruch genommen wird und dann gezwungen ist, ohne die Sicherheit des ungeteilten Nachlasses zu regressieren.

V. Nachlassgläubiger

13 Nachlassgläubiger kann auch ein Miterbe sein. Das führt aber nicht zu einer Verschmelzung der beiden Rechtsstellungen. Auch er kann – wie sonstige Nachlassgläubiger – vorab Erfüllung seiner Forderung verlangen. Zu diesen Nachlassgläubigern zählt auch der Miterbe, den der Erblasser mit einem Vorausvermächtnis bedacht hat. Allerdings sind Konstellationen denkbar, bei denen der Miterbe nach Treu und Glauben bis zur Auseinandersetzung zuwarten muss.[5]
14 Ein Miterbe kann zugleich Nachlassgläubiger und -schuldner sein.
15 Ihm steht grundsätzlich ein Zurückbehaltungsrecht aus § 273 Abs. 1 BGB gegenüber der Erbengemeinschaft zu. Hat der Miterbe jedoch Anspruch auf ein Vorausvermächtnis, steht ihm ein Zurückbehaltungsrecht nicht zu (§ 2050), wenn die Erfüllung der Nachlassverbindlichkeit für die Abwicklung des Nachlasses im Übrigen erforderlich ist.
16 Umgekehrt können die übrigen Miterben Erfüllung verweigern, solange der Miterbengläubiger seinen Verpflichtungen gegenüber dem Nachlass nicht nachgekommen ist.
17 Die übrigen Miterben können Ausgleich statt in Geld auch nach den §§ 2050 ff. verlangen.

VI. Durchsetzung der Ansprüche

18 Die gerichtliche Durchsetzung der Ansprüche des Miterbengläubigers hat durch Klage entweder gegen alle übrigen Miterben (Gesamthandsklage nach § 2059 Abs. 2) oder durch Klage gegen diejenigen, die seinen Anspruch bestreiten, zu erfolgen.
19 Entstehen aufgrund der Erbengemeinschaft Ansprüche der Erben untereinander (§ 756 BGB), kann der Miterbengläubiger verlangen, dass seine Forderung vorab aus dem Auseinandersetzungsguthaben seines Miterbenschuldners befriedigt wird (§§ 2042 Abs. 2, 756).
20 Erfasst werden alle Ansprüche, die dem Gläubiger zustehen, weil er Miterbe ist.
21 Miterbenschuldner müssen sich ihre Verbindlichkeiten auf ihren Erbteil anrechnen lassen.
22 Die Regelung von Abs. 1 S. 2 entspricht dem Grundsatz von § 2041 Abs. 1 S. 1.
23 Das für die Befriedigung noch nicht fälliger oder strittiger Forderungen Benötigte darf auf Verlangen eines Miterben bis zu Klärung nicht auseinandergesetzt werden.

VII. § 2046 Abs. 2

24 Hier erfolgt in gewissen Umfang eine Art Vorabauseinandersetzung. Es sind zwei Konstellationen denkbar:

---

2 OLG Celle FamRZ 2003, 1224, 1226; *Palandt/Edenhofer* § 2046 Rn. 2.
3 MüKoBGB/*Heldrich*, 4. Aufl., § 2046 Rn. 10, auch *Palandt/Edenhofer* § 2046 Rn. 2.
4 *Damrau/Rißmann* § 2046 Rn. 2.
5 BGH NJW 1953, 501.

Zum einen, die Anordnung des Erblassers, dass einzelne Miterben bestimmte Nachlass- 25
verbindlichkeiten zu tragen haben und zum anderen, dass nur einzelne Miterben beispielsweise nach § 2320 eine Pflichtteilslast trifft.

Den Anspruch aus § 2046 Abs. 2 kann nur der jeweilige belastete Miterbe geltend 26
machen. Er schließt nicht aus, dass die Tilgung der Nachlassverbindlichkeiten vor der Teilung zu erfolgen hat. Der Grund liegt darin, dass Abs. 2 nur das regelt, was den einzelnen
Miterben zusteht. Die Tilgung ist dem Teil/Gegenstand des Nachlasses zu entnehmen, der
dem betreffenden Miterben bei der Auseinandersetzung zusteht.

VIII. Art der Verwertung

Die Verwertung nach § 2046 Abs. 3 erfolgt durch Forderungseinzug oder Veräußerung. 27
Letztere richtet sich nach §§ 753 ff. 28
Die Auswahl dessen, was versilbert wird, ist eine Verwaltungsmaßnahme i.S.v. § 2038 29
Abs. 1 S. 1. Ein Mehrheitsbeschluss genügt also nicht. Einstimmigkeit ist erforderlich.
Widersprechende Erben sind gegebenenfalls auf Zustimmung zu verklagen.

§ 2047
Verteilung des Überschusses

(1) Der nach der Berichtigung der Nachlassverbindlichkeiten verbleibende Über-
schuß gebührt den Erben nach dem Verhältnis der Erbteile.

(2) Schriftstücke, die sich auf die persönlichen Verhältnisse des Erblassers, auf dessen
Familie oder auf den ganzen Nachlass beziehen, bleiben gemeinschaftlich.

I. Normzweck

Mit dieser Vorschrift wird die logische Konsequenz gezogen, die der Berichtigung der 1
Nachlassverbindlichkeiten folgt. Sie gewährt jedem Miterben einen seinem Anteil entsprechenden schuldrechtlichen Anspruch gegen die übrigen Miterben auf Auskehrung seiner
um die erfüllten Nachlassverbindlichkeiten geminderten Erbquote.

II. § 2047 Abs. 1

Überschuss ist die Teilungsmasse, die vom Nachlass nach Hinzurechnung der ausgleichs- 2
pflichten Zuwendungen (§ 2055 Abs. 1 S. 2) und der eingezogenen Forderungen des Erblassers nach Abzug der Verbindlichkeiten verbleibt.

Verteilung ist der Vollzug der Auseinandersetzung unter Beachtung der Quoten der 3
Erben nach gesetzlicher Vorschrift, den Teilungsanordnungen des Erblassers oder entsprechend den Vereinbarungen der Erbengemeinschaft. Für die Verteilung ist es natürlich
nötig, die einzelnen Nachlassgegenstände zu bewerten.

III. § 2047 Abs. 2

Nach Abs. 2 haben die Erben keinen Auseinandersetzungsanspruch die Schriftstücke des 4
Erblassers betreffend.

Die hier angesprochenen Schriftstücke betreffen auch Schriftstücke, die einen nachhalti- 5
gen Wert haben. Das gilt insb. für schriftstellerische Lebenserinnerungen.

Die Schriftstücke verbleiben im Gesamthandseigentum der Erben, dass nach §§ 2038, 6
745 zu verwalten ist. Es kann entsprechend diesen Vorschriften von den Erben benutzt
werden.

7   Weil aber kein entsprechendes Verbot besteht, können die Erben einvernehmlich jede denkbare vertragliche Regelung über die angesprochenen Schriftstücke treffen.
8   Die Vorschrift bezieht sich nicht auf alle anderen Familienerinnerungsstücke, insb. nicht auf Familienbilder (arg. § 2373 S. 2).
9   Setzt der Erblasser letztwillig Dritte und nicht Familienangehörige ein und erwähnt dabei die hier angesprochen Schriftstücke nicht, ist denkbar, dass in dieser Erbeinsetzung eine Zuweisung der Schriftstücke an die Familie zu sehen ist.

§ 2048
Teilungsanordnungen des Erblassers

Der Erblasser kann durch letztwillige Verfügung Anordnungen für die Auseinandersetzung treffen. Er kann insbesondere anordnen, dass die Auseinandersetzung nach dem billigen Ermessen eines Dritten erfolgen soll. Die von dem Dritten auf Grund der Anordnung getroffene Bestimmung ist für die Erben nicht verbindlich, wenn sie offenbar unbillig ist; die Bestimmung erfolgt in diesem Falle durch Urteil.

I. Normzweck

1   Diese Vorschrift ist das Gegenstück zu § 2044. Dort ist dem Erblasser die Möglichkeit eingeräumt anzuordnen, dass der Nachlass nicht bzw. nur unter erschwerten Bedingungen auseinandergesetzt werden kann. Hier wird dem Erblasser die Freiheit an die Hand gegeben zu bestimmen, wie auseinanderzusetzen ist.

1. Form

2   Anordnungen nach § 2048 können nur durch letztwillige Verfügungen getroffen werde, d.h., dass sie nach dem Wortlaut von § 1937 zunächst einmal nur durch einseitige Verfügung von Todes wegen angeordnet werden können. Weil in der Vorschrift nicht von einseitiger, sondern nur von letztwilliger Verfügung die Rede ist, sind Teilungsanordnungen auch in gemeinschaftlichen Testamenten (§ 2269) und in Erbverträgen (§ 1941) grundsätzlich möglich (arg. § 2099).
3   Zu beachten ist indes, dass eine wechselbezügliche und/oder vertraglich bindende Teilungsanordnung nicht vereinbart werden kann. Das folgt aus §§ 2270 Abs. 3 und 2278 Abs. 2 weil dort Teilungsanordnungen nicht erwähnt sind.
4   Werden Anordnungen mit einer Auflage oder einem Vermächtnis verbunden, geschieht dies im Erbvertrag nach § 2278 Abs. 1 und im gegenseitigen Testament nach § 2270 Abs. 2.
5   **Mündliche oder maschinenschriftliche** Anordnungen sind wegen Nichteinhaltung der Form nichtig; sie haben allenfalls eine moralische Wirkung, können aber im Wege ausdrücklicher Anerkennung durch die Erben umgesetzt werden.

2. Teilungsanordnungen für die Auseinandersetzung

6   Die reinen Auseinandersetzungsanordnungen begründen nur schuldrechtliche Ansprüche der Erben untereinander in der Weise, dass der Erbe, dem ein Nachlassgegenstand zugewiesen ist, von den Übrigen die der Anordnung entsprechende Auseinandersetzung verlangen kann. Zugleich ist er aber verpflichtet, das Zugeteilte dann auch zu nehmen bzw. zu übernehmen.
7   Die Teilungsanordnung gewährt keinen Leistungsanspruch. Sie regelt nur, wie auseinanderzusetzen ist und wirkt sich erst mit der dinglichen Auseinandersetzung aus. Sie kann

mehr als bloße Teilungsanordnung sein, weil rechtlich nicht beratene Erblasser häufig keine Erbeinsetzungen, sondern lediglich Teilungsanordnungen verfügen.

Der Erblasser kann über § 2048 bestimmen, wie der Nachlass zu verwalten und auseinanderzusetzen ist. Der Erblasser hat die Möglichkeit, alle denkbaren Arten der Verwaltung und Aufteilung seines Nachlasses anzuordnen. Die Anordnungen können so umfassend sein, dass eine schuldrechtliche Auseinandersetzung der Erben selbst nicht mehr erforderlich ist. Denkbar ist insb. auch die Zuteilung eines Nachlassgegenstandes an einen Erben mit der Auflage, dass dieser Erbe den übrigen Erben Ausgleichsleistungen zu erbringen hat. 8

Solche Auseinandersetzungsanordnungen sind in der Regel weder Vermächtnis noch Auflage; sie können aber durchaus so ausgestaltet sein und werden. 9

Sie gehen den gesetzlichen Regeln vor. Der Erblasser kann jede Art von Auseinandersetzung anordnen bis dahin, dass diese durch einen Dritten nach dessen billigem Ermessen zu erfolgen hat. 10

Ungeachtet der Teilungsanordnungen des Erblassers können die Mitglieder der Erbengemeinschaft einvernehmlich **Vereinbarungen** treffen, wie sie die bestehende Erbengemeinschaft auseinandersetzen wollen. Dabei können sie sogar Teilungsanordnungen des Erblassers einvernehmlich übergehen. 11

Testamentsvollstrecker, Richter und Notare sind in jedem Fall an die Teilungsanordnung des Erblassers gebunden. Ist für die Auseinandersetzung der Erbengemeinschaft Testamentsvollstreckung angeordnet, können die Erben Vereinbarungen über die Auseinandersetzung wirksam nicht schließen. Daran ändern auch übereinstimmende Miterbenvereinbarungen nichts. Allerdings drohen keine Konsequenzen, wenn seitens des Testamentsvollstreckers den Miterbenvereinbarungen gefolgt wird. Es empfiehlt sich für den Testamentsvollstrecker dann aber in jedem Fall Freizeichnung. 12

Ist Testamentsvollstreckung nur für einen Miterben angeordnet, kann der Testamentsvollstrecker nur die Auseinandersetzung der Erbengemeinschaft verlangen. 13

Vermächtnisse oder Auflagen können die Mitglieder der Erbengemeinschaft jedoch nur mit Zustimmung der Begünstigten abändern. 14

Der Vorerbe kann ohne Zustimmung des Nacherben Auseinandersetzungsanordnungen des Erblassers erfüllen, weil der Nacherbe, wie der Vorerbe, in gleicher Weise verpflichtet ist, die Teilungsanordnungen zu erfüllen. 15

Ist es dem Erben in der Teilungsanordnung freigestellt, ob er einen bestimmten Nachlassgegenstand gegen Wertausgleich übernimmt, so steht ihm ein Gestaltungsrecht zu. Der Anspruch auf Übertragung entsteht also erst, wenn der Bedachte sich entsprechend erklärt hat. 16

3. Grenzen

Ihre Grenzen finden Teilungsanordnungen dann, wenn durch sie gegen § 2306 verstoßen wird oder wenn sie sittenwidrig und/oder schikanös sind (§§ 138, 226). Durch §§ 317, 319 ist der Erblasser nicht beschränkt. Willkürliche Anordnungen sind also durchaus möglich. 17

Wird in letztwilligen Verfügungen nicht scharf getrennt zwischen Erbeinsetzungen, Vermächtnissen, Auflagen und Teilungsanordnungen, treten Probleme auf, den Erblasserwillen richtig einzuordnen. Nicht selten kommt es vor, dass ein Testament nur Teilungsanordnungen enthält und keine Erbeinsetzung. Die »Anordnungen« können auch bloße Empfehlungen ohne verpflichtende Wirkung sein. Schließlich findet man auch »Anordnungen«, die bloße Teilungsvorschläge sind, die nur durch Mehrheitsbeschluss der Erben wirksam umgesetzt werden können. 18

II. Auseinandersetzungsanordnungen mit Auflagen oder Vorausvermächtnis

19 Denkbar sind auch Auseinandersetzungsanordnungen mit Auflagen. Auch sie können von den Erben gemeinsam umgangen werden. Deshalb empfiehlt es sich, an deren Nichterfüllung Sanktionen, wie z.B. Einsetzen eines Ersatzerben, zu knüpfen, wenn ein Abweichen durch die Erben verhindert werden soll.

20 Häufig kann sich hinter einer Teilungsanordnung ein Vorausvermächtnis verbergen. Das ist dann anzunehmen, wenn durch die Zuweisung – häufig ohne Wertausgleich – ein Miterbe begünstigt wird. Ist jedoch die angeordnete Anrechnungssumme höher als der Wert des zugeteilten Gegenstandes, liegt umgekehrt ein Vorausvermächtnis für die übrigen Erben vor.[1]

21 Die rechtliche Einordnung ist bei Fällen dieser Art besonders wichtig, weil sich – je nach Fall – verschiedene Rechtsfolgen ergeben. Der Vermächtnisempfänger ist in einer wesentlich stärkeren Position (§§ 2180, 2176, 2278 Abs. 2 2288, 2270 Abs. 3) als der durch eine bloße Teilungsanordnung Begünstigte. Sind Vorausvermächtnisse und Vor- und Nacherbschaft angeordnet, gehört das Vorausvermächtnis nicht zur Vor- und Nacherbschaft. Handelt es sich dagegen nur um Teilungsanordnungen, gehört das Zugeteilte zur Vor- und Nacherbschaft.

III. Verteilung durch einen Dritten

22 Nach § 2048 S. 2 kann der Erblasser anordnen, dass die Verteilung der Nachlassgegenstände nach billigem Ermessen eines Dritten erfolgen soll. Die Anordnung ist grundsätzlich keine Anordnung der Testamentsvollstreckung. Unter Umständen kann sie aber die Anordnung von Testamentsvollstreckung unter Beschränkung auf bestimmte Aufgaben (§§ 2204, 2208) sein. Dieser Dritte kann jeder sein, auch ein Miterbe oder eine Personenmehrheit. Testamentsvollstreckung ist hierfür nicht nötig, aber nicht ausgeschlossen.

23 Der berufene Dritte hat einen Teilungsplan frei von den gesetzlichen Teilungsanordnungen des § 2042 nach billigem Ermessen (§§ 315, 317) aufzustellen. Dieser Plan hat nur schuldrechtliche Bedeutung für die Erben; sie sind verpflichtet, die Auseinandersetzung gem. dem Plan durchzuführen. Mit dinglicher Wirkung kann nur auseinandergesetzt werden, wenn der Dritte die Befugnisse des Testamentsvollstreckers hat.

24 Nach § 2048 S. 3 sind die Erben an den Teilungsplan des Dritten nicht gebunden, wenn der Plan offenbar unbillig ist. Dies bestimmt sich nach § 319. Liegt Unbilligkeit vor, gilt § 2048 S. 3 HS 2.

IV. Prozessuales

25 Für die Klage besteht nur dann ein Rechtschutzbedürfnis, solange auch nur ein Erbe den Teilungsplan für offenbar unbillig hält. Die Klage ist gegen den bzw. die Widersprechenden zu erheben. Beantragt werden muss ein durch das Gericht aufzustellender Teilungsplan (Gestaltungsurteil). Dabei ist auch das Gericht nicht an die gesetzlichen Teilungsregelungen gebunden.

26 Auch dieses Urteil hat für die Erben nur schuldrechtliche Wirkung, die des dinglichen Vollzugs bedarf.

---

[1] S.a. § 2150 BGB.

§ 2049
Übernahme eines Landgutes

(1) Hat der Erblasser angeordnet, dass einer der Miterben das Recht haben soll, ein zum Nachlass gehörendes Landgut zu übernehmen, so ist im Zweifel anzunehmen, dass das Landgut zu dem Ertragswert angesetzt werden soll.

(2) Der Ertragswert bestimmt sich nach dem Reinertrag, den das Landgut nach seiner bisherigen wirtschaftlichen Bestimmung bei ordnungsgemäßer Bewirtschaftung nachhaltig gewähren kann.

I. Normzweck

Diese Vorschrift dient dazu, eine funktionsfähige Landwirtschaft zu erhalten und damit zu verhindern, dass landwirtschaftlicher Grundbesitz zerschlagen wird. Sie ist nicht anzuwenden, wenn der Verkehrswert niedriger als der Ertragswert ist. Sie gilt auch für die Berechnung des Erbersatzanspruches nach § 1943b Abs. 1. Sie ist eine reine Auslegungsregel; der Erblasserwille ist also zu ermitteln. 1

II. Landgut

Ein Landgut ist eine auf Dauer eingerichtete, selbstständig betriebene, wirtschaftliche Einheit, einschließlich der dazugehörigen land- und forstwirtschaftlichen Grundstücke, der Hofstelle mit Wohn- und Wirtschaftsgebäude und des Zubehörs i.S.v. § 98 Ziffer 2. Weitere Voraussetzung ist eine gewisse Größe, die den Unterhalt des Inhabers gewährleistet. Das gilt auch für die sog. Nebenerwerbslandwirtschaften, wenn sie zu einem erheblichen Teil den Lebensunterhalt des Inhabers sicher stellen. 2

Unter »Landgut« ist auch der gütergemeinschaftliche Anteil eines Erblassers an einem Landgut zu verstehen. 3

III. Ertragswert und Reinertrag

Die Berechnung des Ertragswertes kann nach Abs. 2 allein nicht berechnet werden. In erster Linie sind neben den einschlägigen steuerrechtlichen Bestimmungen maßgebend die landesrechtlichen Vorschriften (Art. 137 EGBGB).[1] 4

Der Reinertrag errechnet sich in dem man den Aufwand vom Rohertrag substrahiert.[2] 5

IV. Voraussetzungen für die Anwendung

Primär muss im Zeitpunkt des Todes des Erblassers das Nachlassobjekt die Voraussetzungen eines Landgutes erfüllen. 6

Abzustellen ist auf den Zeitpunkt des Erbfalles, weil mit dieser Vorschrift die Erhaltung eines lebensfähigen landwirtschaftlichen Betriebes in der Hand eines Landwirts sicher gestellt werden soll. 7

Ob diese Voraussetzungen im Einzelfall vorliegen, muss der Tatrichter gegebenenfalls prüfen. Die Fortführung als Landgut muss der Begünstigte darlegen und beweisen. 8

---

[1] S.a. BStBl. 1993 I S. 62, Schreiben des BMF vom 11.1.1993, TZ 86–95 – abgedruckt in: *Bonefeld/Daragan/Tank* Erbrecht und Steuerrecht S. 465 ff.
[2] *Palandt/Edenhofer* § 2049 Rn. 3.

§ 2050
Ausgleichungspflicht für Abkömmlinge als gesetzliche Erben

(1) Abkömmlinge, die als gesetzliche Erben zur Erbfolge gelangen, sind verpflichtet, dasjenige, was sie von dem Erblasser bei dessen Lebzeiten als Ausstattung erhalten haben, bei der Auseinandersetzung untereinander zur Ausgleichung zu bringen, soweit nicht der Erblasser bei der Zuwendung ein anderes angeordnet hat.

(2) Zuschüsse, die zu dem Zweck gegeben worden sind, als Einkünfte verwendet zu werden, sowie Aufwendungen für die Vorbildung zu einem Berufe sind insoweit zur Ausgleichung zu bringen, als sie das den Vermögensverhältnissen des Erblassers entsprechende Maß überstiegen haben.

(3) Andere Zuwendungen unter Lebenden sind zur Ausgleichung zu bringen, wenn der Erblasser bei der Zuwendung die Ausgleichung angeordnet hat.

Übersicht	Rz.			Rz.
I. Normzweck	1	V.	Rechtsfolge der Zuwendung	17
II. Voraussetzungen für den Ausgleich	2	VI.	Arten der Vorempfänge nach § 1624	19
1. Mehrere Stämme	2		1. Übermaß-Ausstattungen	20
2. Zuwendungen an Abkömmlinge	3		2. Übermaß-Zuschüsse	21
3. Gesetzliche Erbfolge	8		3. Übermaß-Ausbildung	24
4. Miterben	9		4. »Andere« Übermaß-Zuwendungen	25
III. Zuwendung	11	VII.	Abdingbarkeit	28
IV. Ausstattung	14	VIII.	Prozessuales	35

I. Normzweck

1 Mit dieser Vorschrift wird geregelt, wie Abkömmlinge als Erben untereinander dasjenige auszugleichen haben, was sie zu Lebzeiten vom Erblasser zugewendet erhalten hatten. Die Vorschrift ist auch in zahlreichen Fällen analog anzuwenden: §§ 1934b Abs. 1, 1934d Abs. 4, 3, 2032, 2315f, 1503 Abs. 2, § 16 GrdStVG, § 12 Abs. 9 Höfeordnung.

II. Voraussetzungen für den Ausgleich

1. Mehrere Stämme

2 Voraussetzung ist zunächst, dass es mehrere Abkömmlinge gibt und der Erblasser lebzeitig ausgleichspflichtige, den Wert des Nachlasses mindernde Zuwendungen an Personen dieser Stämme gemacht hat.

2. Zuwendungen an Abkömmlinge

3 Weitere Voraussetzung ist, dass nur Zuwendungen an Abkömmlinge erfasst werden und die Ausgleichung nur unter diesen stattfindet.

Beispiel:

Hat der Erblasser seinem Sohn A 50.000 €, seiner Tochter B 10.000 € und seiner Gattin C 100.000 € zugewendet, findet Ausgleichung nur zwischen A und B statt. Etwas anderes gilt nur dann, wenn der Erblasser in Bezug auf seine Ehefrau Ausgleichung angeordnet hat.

4 Abkömmlinge sind ausschließlich die Verwandten des Erblassers in absteigender gerader Linie (§ 1589 S. 1). Das Nähere ergibt sich aus §§ 1591 bis 1593. Fällt ein ausgleichspflichtiger Abkömmling weg, gilt 2051.

Durch Adoption Minderjähriger (§ 1754) und Volljähriger (§§ 1754, 1767 Abs. 2) entstehen ebenfalls Abstammungen in gerader Linie. Früher galten das nichteheliche Kind und sein Vater als nicht verwandt. Die fortschreitende rechtliche Gleichstellung aller Kinder macht mittlerweile eine Unterscheidung überflüssig.[1] Zunehmend wird man sich in Zukunft auch mit Fällen der Befruchtung außerhalb des Mutterleibes und mit postmortaler Befruchtung zu befassen haben. Bei einer im Zeitpunkt des Erbfalles bereits erfolgten in-vitro-Fertilisation wird man die Abstammung bejahen, auch wenn die Implantation des Embryos erst nach dem Erbfall erfolgt.[2] Obwohl es nach dem Embryonenschutzgesetz verboten und strafbar ist, bei einer Befruchtung Samen und Eizellen Verstorbener einzusetzen, muss damit gerechnet werden, dass gerade das geschieht. Auch hier wird vermutlich § 1923 Abs. 2 letztlich greifen. Allerdings führt derzeit kein Weg an § 1591 vorbei.

Wenn es Zweifel an der Eigenschaft »Abkömmling« gibt, sollte den sich daran anknüpfenden erbrechtlichen Fragen der Statusprozess vorangestellt werden.

Nicht betroffen sind:
– Stiefkinder;
– Erben, die Zuwendungen für einen Pflichtteilsverzicht erhalten haben, § 2346;
– entfernte Abkömmlinge, für sie gilt § 2053;
– Ehegatten und andere Miterben, es sei denn, der Erblasser hat eine Ausgleichung angeordnet.

3. Gesetzliche Erbfolge

Letztlich ist für die Anwendung von § 2050 Voraussetzung, dass gesetzliche Erbfolge eingetreten ist. Auf welche Weise sie eintritt, ist irrelevant. Das kann der Fall sein, wenn keine bzw. eine unwirksame letztwillige Verfügung vorliegt, wenn die letztwillige Verfügung keine Erbeinsetzung enthält, sondern nur Teilungsanordnungen bzw. wenn in der letztwilligen Verfügung gesetzliche Erbfolge angeordnet ist. Schwierig wird es, wenn eine unwirksame letztwillige Verfügung vorliegt, in der der Erblasser von der gesetzlichen Erbfolge abweichende Quoten verfügt hat. Es stellt sich in einem solchen Fall die Frage, ob durch die angeordneten Erbquoten in einer an und für sich unwirksamen letztwilligen Verfügung die Ausgleichungspflicht entfällt. Eine Auslegungsregel kann es hierzu nicht geben, es kommt im Einzelfall auf die Ausgestaltung der unwirksamen Anordnungen des Erblassers an.

4. Miterben

Natürlich sind die Miterben berechtigt, von den anderen den Ausgleich zu verlangen. Zur Vorbereitung des Anspruchs auf Durchführung der Ausgleichung steht den Miterben der Auskunftsanspruch des § 2057 zur Verfügung.

Ausgleichsrecht und Ausgleichspflicht hängen an dem Erbteil, sind also vererblich und gehen auch auf den Erbteilserwerber über. Diese Rechte wirken auch für und gegen Pfändungs- und Nachlassgläubiger.

III. Zuwendung

Die Vorschrift erfasst Zuwendungen, die der Erblasser – beim gemeinschaftlichen Testament oder Erbvertrag auch der Erstversterbende – unter Lebenden einem der Mitglieder der Erbengemeinschaft gemacht hat.

---

1 Für Altfälle und die damit verbundenen Zeitschranken: *Palandt/Edenhofer* § 1924 Rn. 8–10 und MüKoBGB/*Leipold* § 1924 Rn. 4.
2 Festschrift für Kralik, *Leipold* 1986 S. 467: Erbrechtliche Aspekte der künstlichen Befruchtung und der künstlichen Verlängerung des Lebens; *Mansees* Das Erbrecht des Kindes nach künstlicher Befruchtung.

12 Zuwendung ist jeder Vermögensvorteil, den ein ausgleichspflichtiger Abkömmling aus dem Erblasservermögen erhält. Erforderlich ist zusätzlich, dass der Vermögensvorteil so in das Vermögen des Abkömmlings gelangt sein muss, dass parallel dazu das Vermögen des Erblassers und damit das Auseinandersetzungsguthaben für die übrigen Miterben verringert wird.

13 Davon streng zu trennen ist natürlich das, was zurückzugeben ist. Letzteres wird zur Nachlassforderung (z.B. Darlehen).

IV. Ausstattung

14 Was Ausstattung ist, bestimmt sich nach § 1624. Primär handelt es sich um Zuwendungen an ein Kind. Über § 2050 Abs. 1 gilt das auch für entsprechende Ausstattung von Enkeln und weiter entfernten Abkömmlingen. Erfasst wird hiervon auch ein verbindliches Ausstattungsversprechen, wenn es die übrigen Erben zu erfüllen haben, und die sog. Gleichstellungszahlungen, die an Geschwister gezahlt werden, die keine Ausstattung erhalten haben. Möglich ist es, auch einmalige Zuwendungen von Geld oder anderen Vermögensgegenständen (z.B. Grundstück) als Ausstattung zu geben.

15 Schwierige Rechtsfragen treten nach dem Scheitern einer Ehe auf, wenn die Zuwendung (auch) dem Verlobten bzw. Ehegatten des Kindes (oder Enkels) gemacht wurden.

16 Bei der Aufarbeitung der damit zusammenhängenden Rechtsfragen wird man der alten Rechtsprechung wohl nicht (mehr) folgen können, wonach sich der so Ausgestattete für das Kind bzw. dem Ehegatten im Sinne der Anrechnungsvorschrift verpflichtete. Weil Ausstattungsempfänger nur der Personenkreis sein kann, der in § 2050 angesprochen ist, geht die neuere Rechtsprechung analog der Grundsätze der sog. ehebedingten Zuwendungen davon aus, dass es sich auch bei Zuwendungen der angesprochenen Art um ein familienrechtliches Verhältnis eigener Art handelt, aus dem sich bei Scheitern der Beziehung Rückforderungsansprüche ergeben.[3] Streng genommen handelt es sich bei diesem Rückforderungsanspruch nicht um einen Ausgleichsanspruch der Erbengemeinschaft, sondern um eine einzuziehende Nachlassforderung der Erbengemeinschaft gegen einen außen-stehenden Dritten. Die Forderung kann daher teils Ausgleichsforderung das Kind betreffend sein und teils Nachlassforderung das Schwiegerkind betreffend.

V. Rechtsfolge der Zuwendung

17 Rechtlich und wirtschaftlich bedeutet die Ausgleichspflicht, dass die Zuwendung auf den Erbteil des betreffenden Erben angerechnet wird; sein Auseinandersetzungsguthaben wird geringer, das der Übrigen erhöht sich, ohne dass die Quote oder die Erbenstellung verändert wird. Es entsteht ein schuldrechtliches Ausgleichsverhältnis.

18 Ein Miterbe bleibt selbst dann Miterbe, wenn er aufgrund empfangener Zuwendungen aus dem Nachlass nichts mehr bekommt. Das gilt auch für den Fall, dass er mehr erhalten hat, als ihm nach der Auseinandersetzung zusteht (§ 2056).

VI. Arten der Vorempfänge nach § 1624

19 Zu beachten ist vorab, dass nicht jede Ausstattung und nicht jede Zuwendung, die die Eltern ihren Kindern gewähren, im Erbfall nach § 2050 auszugleichen ist. Voraussetzung für den schuldrechtlichen Ausgleichsanspruch ist stets, dass die Ausstattung im Zeitpunkt der Zuwendung das »entsprechende Maß« übersteigt. Im Umkehrschluss bedeutet das, dass alles, was in vergleichbaren Fällen zu »normalen« Ausstattungen und Zuwendungen gehört, nicht auszugleichen ist. Es empfiehlt sich, sich das zu vergegenwärtigen und stets zu prüfen, ob es sich um »Übermaß-Ausstattungen« bzw. »Übermaß-Zuwendungen« han-

---

[3] BGH FamRZ 199, 1060 ff; die Grundsätze werden auf das »Erblasser-Schwiegerkind-Verhältnis übertragen.

delt. Ob Übermaß bei den Zuwendungen und Ausstattungen i.S.v. § 2050 Abs. 2 bzw. § 1624 Abs. 1 vorliegt, ist in aller Regel sehr schwer feststellbar und kann nur sehr behutsam eingeschätzt werden. Es kommt immer auf den Einzelfall und die Gesamtumstände an. Geprüft werden kann dies unter Heranziehung der jeweiligen Unterhaltspflichten der Eltern gegenüber ihren Kindern. All das, was in Erfüllung der gesetzlichen Unterhaltspflicht geleistet wird, kann nicht Übermaß sein. Die Grenze zum Übermaß ist überschritten, wenn der Selbstbehalt des Elternteils im Zeitpunkt der Zuwendung beeinträchtigt worden ist. Sind Zuwendungen an mehrere Abkömmlinge erfolgt, muss gegebenenfalls anhand der Mangelberechnung festgestellt werden, ob Übermaß vorliegt oder nicht.

1. Übermaß-Ausstattungen

Was Ausstattungen i.S.v. § 2050 Abs. 1 sind, ist in § 1624 abschließend aufgeführt, nämlich 20 Zuwendungen mit Rücksicht auf die Verheiratung oder zur Erlangung einer selbstständigen Lebensstellung oder zur Begründung oder Erhaltung der Wirtschaft oder Lebensstellung. Auch bei diesen Aufwendungen ist Voraussetzung für die Ausgleichungspflicht, dass Übermaß vorliegt.

2. Übermaß-Zuschüsse

Hierbei handelt es sich in erster Linie um Zuschüsse in Geld mit dem Ziel, die Einkommenssituation des Abkömmlings zu verbessern. Sie fallen nur dann unter § 2050 Abs. 2, 21 wenn sie für eine bestimmte Dauer bzw. regelmäßig gewährt werden. Hierunter fallen auch finanzielle Zuwendungen in Form einer Rente.

Maßgeblich ist immer die Zweckbestimmung, die der Zuwendende der Zuwendung gibt 22 und eine gewisse regelmäßige Nachhaltigkeit.

Fehlt eine Zweckbestimmung, gilt § 2050 Abs. 3. Ein einmaliger Übermaß-Zuschuss für 23 eine Urlaubsreise fällt unter § 2050 Abs. 3.

3. Übermaß-Ausbildung

Zu den Aufwendungen der Eltern »für die Vorbildung zu einem Berufe« des Kindes gehö- 24 ren nicht die Kosten der allgemeinen Schulbildung, sondern die Ausgaben für Studium, Promotion oder Fachhochschule. Die Berufsausbildung endet mit dem vorgesehenen Abschlussexamen. Für die Grenzziehung zum Übermaß spielt auch hier die gesetzliche Unterhaltspflicht eine Rolle. Auszugleichen ist nur, wenn »die Aufwendungen das den Einkommens- und Vermögensverhältnissen der Eltern im Zuwendungszeitpunkt entsprechende Maß übersteigen« (§ 2050 Abs. 2).

4. »Andere« Übermaß-Zuwendungen

Andere Zuwendungen i.S.v. § 2050 Abs. 3 sind z.B. Geschenke, Reisekostenübernahme 25 oder Befreiung von Schulden, ohne dass ihnen eine gesetzliche Pflicht der Eltern zugrunde liegen muss.

Diese Art von Zuwendungen sind jedoch nur auszugleichen, wenn der Zuwendende 26 dies bei der Zuwendung formfrei anordnet. Soweit allerdings das Grundgeschäft einer besonderen Form bedarf, bedarf die Anordnung der gleichen Form. Minderjährigen, denen etwas unter der Auflage nach § 2050 Abs. 3 zugewendet wird, bedürfen nicht der Zustimmung des gesetzlichen Vertreters nach § 107.

Wichtig ist, dass die Anordnung nur wirksam ist, wenn sie entweder »vor« oder »aus 27 Anlass« der Zuwendung erfolgt.

VII. Abdingbarkeit

28 Der Zuwendende ist frei in beiden Fällen (§ 2050 Abs. 1 und § 2050 Abs. 3) zu bestimmen, ob ganz oder teilweise auszugleichen ist oder nicht. Dies kann er **aber nur bei der Zuwendung** anordnen.

29 Soll im Fall von § 2050 Abs. 3 nachträglich eine Anrechnung erreicht werden, ist das durch einen entsprechenden Vertrag zwischen Zuwender und Zuwendungsempfänger möglich. Rechtlich handelt es sich bei dieser Gestaltung um einen Vertrag zugunsten Dritter (= der übrigen Miterben).

30 Im Übrigen ist im Fall von § 2050 Abs. 3 eine einseitige Abänderung nur letztwillig in Form eines Vorausvermächtnisses zugunsten der übrigen Miterben in der Weise möglich, dass das Zugewendete als auszugleichen zu behandeln ist.

31 Umgekehrt (§ 2050 Abs. 1) kann der Zuwendende die Ausgleichspflicht dadurch ausschließen, dass er i.R.e. Vorausvermächtnisses die übrigen Erben damit belastet, den Ausstattungsempfänger von der Ausgleichspflicht freizustellen.

32 Die Befreiung kann auch i.R.e. Erbvertrages durch Vorausvermächtnis vereinbart werden. Zu beachten ist dabei aber stets § 2316, soweit durch Vorausvermächtnis oder -empfang in die Rechte eines Pflichtteilsberechtigten eingegriffen wird.

33 Eine Art Enterbung kann dadurch bewirkt werden, dass der Erblasser einen ausgestatteten Abkömmling zum Erben einsetzt, aber gleichzeitig verfügt, er sei durch Vorausempfänge bereits abgefunden.

34 Weil die Ausgleichsregeln nicht zwingender Natur sind, können die Erben einvernehmlich von den Anordnungen des Erblassers abweichen. Im Übrigen können die Erben auch einvernehmlich ganz oder teilweise von der Ausgleichspflicht des § 2050 Abs. 1 abweichende Vereinbarungen treffen. Sie können aber auch nicht Ausgleichspflichtiges als auszugleichen vereinbaren.

VIII. Prozessuales

35 Grundsätzlich ist im Wege der Leistungsklage (Erbteilungsklage) vorzugehen. Weil diese Klageart erhebliche Risiken in sich birgt, ist zur Klärung einer Vorfrage der Teilungsreife eine Klage auf Feststellung zulässig, dass der Zuwendungsempfänger sich auf seinen Erbteil das Zugewendete in Form eines bestimmten Geldbetrages anrechnen lassen muss.

36 Der, der sich auf die Ausgleichungspflicht beruft, muss ihr Vorliegen beweisen. Behauptet ein Abkömmling, eine Zuwendung nach § 2050 Abs. 1 oder Abs. 2 BGB sei nicht ausgleichspflichtig, muss er das beweisen.

37 Streitwert ist stets der volle Betrag, der anzurechnen bzw. nicht anzurechnen ist.

§ 2051
Ausgleichspflicht bei Wegfall eines Abkömmlings

(1) Fällt ein Abkömmling, der als Erbe zur Ausgleichung verpflichtet sein würde, vor oder nach dem Erbfall weg, so ist wegen der ihm gemachten Zuwendungen der an seine Stelle tretende Abkömmling zur Ausgleichung verpflichtet.

(2) Hat der Erblasser für den wegfallenden Abkömmling einen Ersatzerben eingesetzt, so ist im Zweifel anzunehmen, dass dieser nicht mehr erhalten soll, als der Abkömmling unter Berücksichtigung der Ausgleichspflicht erhalten würde.

I. Normzweck

Mit dieser Vorschrift wird die Ausgleichspflicht des »nachrückenden« Erben geregelt. Ihn 1
trifft die Ausgleichungspflicht des weggefallenen. Mit ihr wird erreicht, dass diese Pflicht
nicht etwa durch Ausschlagung ins Leere läuft.

II. »Wegfall«

Der Wegfall eines Erben tritt ein durch Vorversterben (§ 1924 Abs. 3) – Regelfall –; durch 2
Ausschlagung (§ 1953), Erbunwürdigkeit (§ 2344), Erbverzicht (§§ 2346, 2349) sowie durch
Enterbung (§ 1938), auch §§ 24, 27 BeurkG.

Wird jemand als Erbe unter Umgehung des Ausgleichspflichtigen eingesetzt, ist das kein 3
Wegfall.

III. Ausgleichspflichtiger

Ausgleichspflichtig sind der durch den Wegfall nachrückende Abkömmling des Erblassers 4
bzw der für den betreffenden Erben eingesetzte Ersatzerbe.

1. Abkömmling des gesetzlichen Erben

Es kommt nur auf die Stellung als Nachrücker an. Dabei braucht der Nachrücker nicht 5
Erbe des Weggefallenen sein. Fällt der Abkömmling nach dem Tod des Erblassers weg,
geht die Ausgleichspflicht auf seine Erben über, auch wenn diese keine Abkömmlinge des
vorverstorbenen Erblassers sind.

2. Ersatzerbe

Ersatzerbe ist der, auf den die §§ 2096 ff., 2102 zutreffen. Ist der Ersatzerbe Abkömmling, 6
hat er über § 2052 Abs. 1 auszugleichen; ist er kein Abkömmling, hat er über § 2052 Abs. 2
auszugleichen. Ist er direkt bedacht, gilt § 2053.

3. Entstehung der Ausgleichungspflicht

Die Ausgleichspflicht entsteht mit der Annahme der Erbschaft. Rücken mehrere Erben 7
nach, trifft sie die Ausgleichspflicht im Verhältnis ihrer Erbteile.

4. Höchstgrenze

Die Höchstgrenze dessen, was der Ersatzerbe bekommen soll, ist das, was der Wegfallende 8
unter Berücksichtigung seiner Ausgleichspflicht erhalten hätte.

IV. Rechtsnatur

Die Vorschrift des § 2051 Abs. 2 ist wiederum eine reine Auslegungsregel; bei ihrer 9
Anwendung ist daher der Erblasserwille zu ermitteln. Die Beweislast für ein Abweichen
von der Regel trägt der Ersatzerbe.

Auch hier ist die Erbengemeinschaft frei, sich für die Ausgleichung die Regelungen zu 10
geben, die sie einvernehmlich realisieren will.

§ 2052
Ausgleichungspflicht für Abkömmlinge als gewillkürte Erben

Hat der Erblasser die Abkömmlinge auf dasjenige als Erben eingesetzt, was sie als gesetzliche Erben erhalten würden, oder hat er ihre Erbteile so bestimmt, dass sie zueinander in demselben Verhältnisse stehen wie die gesetzlichen Erbteile, so ist im Zweifel anzunehmen, dass die Abkömmlinge nach den §§ 2050, 2051 zur Ausgleichung verpflichtet sein sollen.

I. Normzweck

1 Diese Ausgleichungsregel ist die Ergänzung zu § 2050. Sie greift nur in dem Fall ein, in dem aufgrund letztwilliger Verfügung die der gesetzlichen Regelung entsprechende Erbfolge eintritt. Die Erben Miterben müssen Abkömmlinge sein. Bezüglich einer Ausgleichspflicht seitens des Erblassers ist nichts verfügt.

II. Rechtsfolgen

2 Auch diese Vorschrift ist eine Auslegungsregel, bei der der Erblasserwille zu ermitteln ist. Geregelt sind zwei Fallkonstellationen: einmal Erbeinsetzung exakt auf die gesetzlichen Erbteile und zum anderen Erbeinsetzung in verhältnismäßiger Entsprechung der gesetzlichen Erbteile.

3 Die gewillkürte Erbeinsetzung auf die gesetzlichen Erbteile gibt keine Schwierigkeiten. Die »verhältnismäßige Entsprechung« der gewillkürten Erbeinsetzung greift ein, wenn der Erblasser nur einige seiner Abkömmlinge nach dem Verhältnis ihrer Erbteile eingesetzt hat. Nur diese sind dann untereinander zur Ausgleichung verpflichtet.

4 Unter § 2052 fällt auch die übliche Schlusserbeneinsetzung i.R.e. Berliner Testamentes (§ 2269). Sie wirkt sich erst aus, wenn der überlebende Ehegatte ebenfalls verstorben ist.

5 Führt die Erbfolge zu einer Anwachsung, sind die beiden Erbteile je als besondere Erbteile zu behandeln.

6 Derjenige, der behauptet, nicht zum Ausgleich verpflichtet zu sein, ist beweisbelastet.

7 § 2052 ist analog auf den Erbersatzanspruch (§ 1934b Abs. 3) und bei besonderen Leistungen (§ 2057a) anzuwenden; bei fortgesetzter Gütergemeinschaft gilt § 1503 Abs. 2.

8 Den Erben steht es wiederum frei, gemeinsam etwas anderes einvernehmlich zu vereinbaren.

§ 2053
Zuwendung an entfernteren oder angenommenen Abkömmling

(1) Eine Zuwendung, die ein entfernterer Abkömmling vor dem Wegfall des ihn von der Erbfolge ausschließenden näheren Abkömmlings oder ein an die Stelle eines Abkömmlings als Ersatzerbe tretender Abkömmling von dem Erblasser erhalten hat, ist nicht zur Ausgleichung zu bringen, es sei denn, dass der Erblasser bei der Zuwendung die Ausgleichung angeordnet hat.

(2) Das gleiche gilt, wenn ein Abkömmling, bevor er die rechtliche Stellung eines solchen erlangt hatte, eine Zuwendung von dem Erblasser erhalten hat.

I. Normzweck

Die Vorschrift schränkt die gesetzliche Vermutung ein, ein Erblasser wolle seine Abkömmlinge stets gleichmäßig bedenken: Wendet ein Erblasser zu Lebzeiten einem entfernten Abkömmling etwas zu, ohne dabei eine Ausgleichspflicht anzuordnen, ist im Zweifel davon auszugehen, dass ein Ausgleich nicht zu erfolgen hat. Dieses hat seinen Grund darin, dass man gewöhnlich unterstellt, nicht der entferntere Abkömmling, sondern der nähere werde der Erbe. 1

II. Zeitpunkt der Zuwendung

Auch bei dieser Vorschrift wird der mutmaßliche Erblasserwille angesprochen. Der wirkliche Erblasserwille kann nur dann berücksichtigt werden, wenn er bei der Zuwendung selbst oder später ausdrücklich geäußert wurde oder dokumentiert ist. 2

Maßgebend ist der Zeitpunkt der Zuwendung (§ 2053 Abs. 1 1. Alternative): 3

Der **entferntere Abkömmling** erhält vor Wegfall des ihn von der Erbfolge Ausschließenden eine Zuwendung. Sie ist später nicht ausgleichspflichtig, wenn im Erbfall der nähere Abkömmling weggefallen ist bzw. wegfällt.[1] War der nähere Abkömmling zum Zeitpunkt der Zuwendung z.B. durch letztwillige Verfügung enterbt und damit weggefallen, gelten §§ 2050 ff.

In den denkbaren Fällen, in denen der Erblasser sich im Irrtum über die Ausgleichspflicht befindet, werden die Konsequenzen kontrovers behandelt. Abzustellen ist aber immer zunächst auf den tatsächlichen Sachverhalt, weil ein etwaiger Irrtum des Erblassers in den seltensten Fällen nachgewiesen werden kann. Diese Sachbehandlung entspricht den Regeln der §§ 2050 ff. 4

Der als **Ersatzerbe eingesetzte Abkömmling** erhält vor Wegfall des ihn von der Erbfolge Ausschließenden eine Zuwendung (**§ 2053 Abs. 1 2. Alternative**). Sie ist nicht ausgleichspflichtig, wenn der Ersatzerbe kein Abkömmling des Erblassers ist (§ 2050). 5

III. Gleichstellung

Gleichgestellt werden durch § 2053 Abs. 2 diejenigen, die Zuwendungen erhalten haben, ehe sie Abkömmlinge wurden (Altfälle = Legitimation durch spätere Eheschließung, §§ 1719 ff., Ehelichkeitserklärung, §§ 1723 ff., und heute nur noch Adoption, §§ 1741 ff.). 6

IV. Anwendungsgrenze

Ist im Erbfall der den entfernteren Abkömmling von der Erbfolgende ausschließende nähere Erbe nicht weggefallen, greift eine etwaige Anordnung des Erblassers nicht; es sei denn, dass dieser Fall in der Anordnung im Wege des Vertrags zugunsten Dritter berücksichtigt wurde. Dritter ist in diesem Fall der nähere Erbe. 7

§ 2054
Zuwendung aus dem Gesamtgut

(1) Eine Zuwendung, die aus dem Gesamtgut der Gütergemeinschaft erfolgt, gilt als von jedem der Ehegatten zur Hälfte gemacht. Die Zuwendung gilt jedoch, wenn sie an einen Abkömmling erfolgt, der nur von einem der Ehegatten abstammt, oder wenn einer der Ehegatten wegen der Zuwendung zu dem Gesamtgut Ersatz zu leisten hat, als von diesem Ehegatten gemacht.

(2) Diese Vorschriften sind auf eine Zuwendung aus dem Gesamtgut der fortgesetzten Gütergemeinschaft entsprechend anzuwenden.

---

1 S. hierzu § 2051.

I. Normzweck

1 Diese Vorschrift ist eine logische – abweichende Anordnungen i.R.v. §§ 2050 ff. zulassende – Ergänzung zu den Bestimmungen der Gütergemeinschaft. Sie postuliert widerlegbare Vermutungen und gilt auch für den Pflichtteilsergänzungsanspruch (§ 2331). Erfasst sind nur Zuwendungen aus dem Gesamtgut. Für Zuwendungen aus dem Vorbehalts- bzw. Sondergut gilt § 2050.

II. Zuwendungen

2 Keine Probleme bereitet der Fall, in dem **beide Ehegatten zur Verwaltung berechtigt** sind. Dann erfolgt die Zuwendung ohnehin durch beide.

3 **Verwaltet nur ein Ehegatte**, dann gilt für die Zuwendung die gesetzliche Fiktion von § 2094 Abs. 1 S. 1.

4 Die Ausnahmeregelung des § 2054 Abs. 1 S. 2 verhindert, dass Gesamtgutsverschiebungen zu Lasten des Erbenstammes des anderen Ehegatten vorgenommen werden können.

5 Nur der Ehegatte ist Zuwender, der
1. einem Abkömmling, der nur von ihm abstammt, etwas zuwendet oder wenn er
2. Zuwendungen macht,
   – die die Verhältnisse des Gesamtgutes übersteigen (§§ 1444, 1446) oder
   – in der Absicht, das Gesamtgut zu schädigen, oder
   – ohne Zustimmung des anderen Ehegatten.

6 Diese drei Formen von Zuwendungen müssen, damit sie dem Verfügenden zugeordnet werden können, die Schadensersatzpflicht des Zuwenders wegen seines Handelns gegenüber dem Gesamtgut ausgelöst haben.

7 Tatbestandsmerkmale sind hier die Abstammung und das Auslösen der Ersatzpflicht. Welcher der Ehegatten handelt, ist sekundär.

8 Verfügt der nichtverwaltende Ehegatte, sind §§ 1429, 1438 zu beachten.

III. Fortgesetzte Gütergemeinschaft

9 Die fortgesetzte Gütergemeinschaft wird von Abs. 2 angesprochen. Die rechtlichen Besonderheiten dieses Güterstandes muss man sich hierbei vor Augen halten: Wird die Gütergemeinschaft mit den gemeinschaftlichen Abkömmlingen fortgesetzt (1483 ff,), wird der Anteil des verstorbenen Ehegatten als nicht zum Nachlass (§ 1483 Abs. 1 S. 3) gehörend behandelt; es gibt keine Ausgleichungspflicht. Der überlebende Ehegatte wird oder bleibt Alleinverwalter; die anteilsberechtigten Abkömmlinge wachsen in die Position des anderen Ehegatten (§ 1487 Abs. 1).

10 Daraus folgt, dass Zuwendungen aus dem Gesamtgut erst nach Beendigung der fortgesetzten Gütergemeinschaft auszugleichen sind (§ 1503 Abs. 1). Erst dann gilt § 2054.

§ 2055
Durchführung der Ausgleichung

(1) Bei der Auseinandersetzung wird jedem Miterben der Wert der Zuwendung, die er zur Ausgleichung zu bringen hat, auf seinen Erbteil angerechnet. Der Wert der sämtlichen Zuwendungen, die zur Ausgleichung zu bringen sind, wird dem Nachlasse hinzugerechnet, soweit dieser den Miterben zukommt, unter denen die Ausgleichung stattfindet.

(2) Der Wert bestimmt sich nach der Zeit, zu der die Zuwendung erfolgt ist.

I. Normzweck

Mit den Vorschriften der §§ 2055 und 2056 regelt der Gesetzgeber, wie die Ausgleichung nach §§ 2050 ff. durchzuführen ist.

Die an der Ausgleichung beteiligten Erben können, weil auch § 2055 keine zwingende Vorschrift ist, einvernehmlich von ihr abweichen und übereinstimmend die Ausgleichung auf andere Art und Weise durchführen. Auch kann der Erblasser eine andere Art der Ausgleichung bestimmen; dies allerdings auch hier mit der Einschränkung, dass dadurch ein Pflichtteilsberechtigter nicht benachteiligt werden darf.

II. Berechnungsweg und -beispiel

1. Berechnungsschritte:

Im ersten Rechenschritt ist der Wert des Aktiv-Nachlasses, d.h. all dessen, was im Todeszeitpunkt des Erblassers vorhanden war, zu ermitteln.

Dazu sind alle Nachlassgegenstände, d.h. alles, was zum Nachlass gehört, mit ihrem tatsächlichen Geldwert anzusetzen. Er ist im Zweifel durch Sachverständigengutachten zu bestimmen.

Gleichzeitig sind die Nachlassverbindlichkeiten zu ermitteln (= Passiv-Nachlass).

Die Teilungsmasse wird dadurch ermittelt, dass von den Aktiva die Passiva subtrahiert werden.

Maßgeblicher Zeitpunkt ist der Todestag des Erblassers.

Früchte und Nutzungen sind gesondert entsprechend der Erbquoten der einzelnen Miterben zu teilen.

Erbt die Ehefrau neben den Abkömmlingen, unterfällt ihr Anteil am Nachlass nicht der Ausgleichung.

Im zweiten Rechenschritt ist der Wert der Zuwendungen zum Zeitpunkt[1] der Zuwendung – nicht etwa des Zuwendungsversprechens – zu ermitteln, d.h. all dessen, was den einzelnen Miterben als ausgleichspflichtig zugeflossen ist. Dazu ist alles Zugewendete mit seinem jeweiligen Geldwert anzusetzen.

Wie dieser Wert zu ermitteln ist, ist durch gesetzliche Vorschriften nicht geregelt, sodass grundsätzlich eine **freie Schätzung** in Betracht kommt. Weil der Wert im Zuwendungszeitpunkt maßgeblich ist, wird man in aller Regel ein Sachverständigengutachten benötigen, um einigermaßen sicher den Gegenwert in Geld feststellen zu können, der im Zuwendungszeitpunkt für einen bestimmten Gegenstand aufzuwenden war.

Der Wert etwaiger Gegenleistungen ist – bezogen auf den Zuwendungstag – abzusetzen. Hat der Erblasser bestimmt, mit welchem Wert das Zugewendete anzusetzen ist, ist dieser Wert maßgebend.

Zwischenzeitlich aus dem Zugewendeten gezogene Früchte oder eingetretene Wertveränderungen bleiben außer Ansatz.

Weil der Wert der Zuwendung nur in Geld ausgedrückt werden kann und sich dies auf den Sachwert auswirkt, ist eine spätere Veränderung des Geldmaßstabes durch Entwertung oder Umstellung – etwa auf Euro – zu berücksichtigen.[2]

Es ist unerheblich ob die Zuwendung im Todeszeitpunkt des Erblassers noch vorhanden ist oder nicht.

Im vierten Rechnungsschritt muss, um zu gerechten Ergebnissen zu kommen, der Wert einer in der Vergangenheit liegenden Zuwendung auf das Wertniveau zur Zeit des Erbfalles

---

1 Bei Grundstücken: Eintragung im Grundbuch.
2 *Harmening-Duden* Die Währungsgesetze 1948.

umgerechnet werden.[3] Dies erfolgt unter Berücksichtigung der Entwicklung des aktuellen Verbraucherpreisindexes (z.Zt.: Basis 2005 = 100) nach den amtlichen Umrechnungsformeln.

Das gilt auch für den vom Erblasser vorgegebenen Wert einer Zuwendung.

7   Im fünften Rechnungsschritt müssen die Ergebnisse der ersten drei Rechnungsschritte addiert werden. Die Summe ergibt den sog. Teilungsnachlass.

8   Im sechsten Rechnungsschritt wird aus dem Teilungsnachlass ermittelt, welcher Betrag den einzelnen Miterben jeweils gem. ihrer Quote zusteht, wobei sich deren Quoten aus dem Erbschein ergeben.

9   Im siebten Rechenschritt wird mit demjenigen Miterben begonnen, der die höchste Zuwendung erhalten hatte.[4] Diese Zuwendung wird von dem Anteil dieses Miterben abgezogen, den er vom Teilungsnachlass erhalten hat. Die Differenz erhält er aus dem realen Nachlass.

In gleicher Weise wird mit den übrigen Miterben verfahren. Dabei fällt der erste Miterbe und sein Anteil weg.

10 Die Summe der aus dem realen Teilungsnachlass an die Miterben nach Durchführung der Ausgleichung auszukehrenden unterschiedlichen Beträge muss mit dem Wert des Teilungsnachlasses identisch sein (= Verprobung).

11 Ist die Zuwendung höher als sein rechnerischer Anteil, gilt § 2056.

2. Berechnungsbeispiel

12 *Ein in gesetzlicher Zugewinngemeinschaft verheirateter Erblasser hinterlässt laut Erbschein seine Ehefrau und vier Kinder als seine gesetzlichen Erben. Sein Nachlass hat nach Erfüllung der Nachlassverbindlichkeiten einen Wert von 100.000 €. Von seinen Kindern haben zu Lebzeiten des Erblassers und unter Berücksichtigung des Inflationsausgleiches als ausgleichungspflichtige Zuwendung erhalten:*

A 10.000 €
B 15.000 €
C 5.000 €
D nichts.

Rechenweg:

Im ersten Rechenschritt ist in diesem Beispiel der reale Nachlass vorgegeben. Von ihm erhält die Ehefrau ¼ + ¼ = ½ = 50.000 € (nämlich ¼ als gesetzlichen Erbteil § 1931 Abs. 1 S. 1 und ¼ als Zugewinnausgleich nach §§ 1931 Abs. 1 S. 3, 1371 Abs. 1)

Die Ehefrau ist k e i n Abkömmling des Erblassers, deshalb ist der auf sie entfallende Teil des Nachlasses abzuziehen mit der Folge, dass nur der restliche Nachlass in Höhe von 50.000 € den Vorschriften über die Ausgleichung unterliegt. Diese haben nur die betroffenen berechtigten und verpflichteten Abkömmlinge durchzuführen.

Im zweiten und dritten Rechenschritt wurden die Werte der Zuwendungen festgestellt und indexiert. Im Beispiel ebenfalls vorgegeben.

Im vierten Rechenschritt werden die indexierten Zuwendungen dem realen Nachlass hinzugerechnet (§ 2055 Abs. 1 S. 2):

Realer Nachlassteil für die Berechnung	*50.000 €*
+ Zuwendung an A	*10.000 €*
+ Zuwendung an B	*15.000 €*
+ Zuwendung an C	*5.000 €*
30.000 €	*30.000 €*

---

3   BGH NJW 1975, 1831 f. dazu BGH NJW 1974, 137.
4   Wichtig wegen § 2056; s. dort.

Damit errechnet sich für den ausgleichspflichtigen Nachlassteil folgender »Ausgleichungsnachlass« 80.000 € als rein rechnerische Größe:
Von diesem »Ausgleichungsnachlass« entfällt auf jedes der vier Kinder je ¼ (§ 1924 IV) mit je 20.000 € als Rechengröße mit der Maßgabe, dass darauf die jeweils empfangenen Beträge anzurechnen sind.

A erhält 20.000 € – 10.000 €	*= 10.000 €*
B erhält 20.000 € – 15.000 €	*= 5.000 €*
C erhält 20.000 € – 5.000 €	*= 15.000 €*
D erhält	*20.000 €*
	50.000 €
Gegenprobe	*50.000 € = Realer Nachlass.*

Hinweise:
Die quotale Erbenstellung wird durch die Ausgleichspflicht nicht berührt. Der zu ¼ berufene Miterbe bleibt zu ¼ Miterbe, selbst wenn er aufgrund der Höhe seiner Vorempfänge aus dem Nachlass nichts mehr zu bekommen hat.
Für den Pflichtteil gilt das gleiche Rechenschema.

III. Früchte

Früchte, die aufgrund von Absprachen der Erbengemeinschaft oder gem. § 2038 Abs. 2 S. 3 vor der Auseinandersetzung der Quote entsprechend verteilt wurden, sind nachträglich auszugleichen, wenn sich unter Berücksichtigung der Ausgleichspflicht herausstellt, dass der Bezug übermäßig war.

IV. Erbteile

Verschiedene Erbteile, die im Wege eines nachfolgenden Erbganges auf einen Dritten übergehen, bleiben gem. § 1927 trotzdem rechtlich getrennte Erbteile. Das gilt auch bei einer sog. Anwachsung von Erbteilen gem. § 2095 und bei Erbteilserhöhungen gem. § 1935. Schließlich sind auch Erbteile getrennt zu behandeln, wenn sie sich in der Person eines Miterben vereinigen, z.B. wenn ein Miterbe Nacherbe eines weiteren Miterben geworden ist.

V. Nachlassgläubiger

Bei Nachlassgläubigern ist im Zusammenhang mit Ausgleichungen zu unterscheiden, wann sie ihre Forderungen geltend machen.

1. Vor der Auseinandersetzung

Machen sie vor der Auseinandersetzung ihre Ansprüche geltend, haften alle Erben im Außenverhältnis für die Nachlassverbindlichkeiten gem. §§ 2058 f. nur mit dem Nachlass als Gesamtschuldner entsprechend; im Innenverhältnis mit den Erbteilen <u>und nicht</u> mit den »Ausgleichungsquoten«.

2. Nach der Auseinandersetzung

Nach der Auseinandersetzung gilt die gesamtschuldnerische Haftung grundsätzlich weiter. Bei Vorliegen der Voraussetzungen können die einzelnen Miterben ihre Haftung nun jedoch auf das beschränken, was sie tatsächlich aus dem Nachlass erhalten haben (Ausgleichungsquote).

19 Ausgleichspflichtige Zuwendungen haben die einzelnen Miterben nicht von Todes wegen erhalten; sie zählen nicht zum Haftungsvermögen.[5]

VI. Prozessuales

20 Die Beweislast für einen höheren als den zugestandenen Wert einer Zuwendung hat der, der sich auf den höheren Wert beruft.

21 Streitwert ist der Betrag, der anzurechnen bzw. zusätzlich anzurechnen ist.

22 Eine Feststellungsklage mit dem Ziel, dass ein Miterbe aufgrund der Höhe seines Vorempfangs aus dem Nachlass nichts mehr zu bekommen hat, ist zulässig.

§ 2056
Mehrempfang

Hat ein Miterbe durch die Zuwendung mehr erhalten, als ihm bei der Auseinandersetzung zukommen würde, so ist er zur Herauszahlung des Mehrbetrages nicht verpflichtet. Der Nachlass wird in einem solchen Fall unter die übrigen Erben in der Weise geteilt, dass der Wert der Zuwendung und der Erbteil des Miterben außer Ansatz bleiben.

I. Normzweck

1 Diese Vorschrift ist ein Sonderfall des § 2055. Geregelt wird der Fall, dass ein Miterbe als Zuwendung mehr erhalten hat, als ihm bei der Nachlassteilung zusteht. Den Mehrbetrag braucht er nicht zu erstatten.

II. Berechnungsweg und -beispiel

1. Berechnungsschritte

2 Die Berechnungsschritte 1–6 sind mit denen des § 2055 identisch.

3 Im sechsten Rechenschritt wird wiederum mit dem Miterben begonnen, der der höchsten Vorbezug erhalten hat. Ergibt die Berechnung, dass er mehr bekommen hat, als ihm nach dem 5. Rechenschritt zusteht, wird seine Zuwendung vom Teilungsnachlass abgezogen. Außerdem bleibt für den nächsten Rechenschritt seine Beteiligung am Erbe unberücksichtigt Es muss der Teilungsnachlass für die verbleibenden Miterben berechnet werden. So wird weiter verfahren, bis bei den Berechnungen im sechsten Rechnungsschritt nach § 2055 weiter gerechnet werden kann.

2. Berechnungsbeispiel

4 *Der verwitwete Erblasser A hinterlässt laut Erbschein seine Kinder B, C, D, E. Kind B hat zu Lebzeiten des A als ausgleichspflichtige Zuwendung 80.000 € erhalten, C eine solche in Höhe 40.000 €, D und E haben nichts erhalten.*
Der Nachlass beläuft sich auf 50.000 €.
Die Rechenschritte eins bis drei sind durch die Beispielsgestaltung vorweggenommen.
Im vierten Rechenschritt werden die indexierten Zuwendungen dem realen Nachlass hinzugerechnet.

---

[5] Weitere Varianten ergeben sich aus §§ 2058, 2059 und 2060 BGB.

Ausgleichspflichtiger Nachlass	50.000 €
+ Zuwendung an A	80.000 €
+ Zuwendung an B	40.000 €
Ergibt den Ausgleichungsnachlass in Höhe von	170.000 €

Von diesem Ausgleichsnachlass entfällt auf jedes der beteiligten vier Kinder 1/4 mit je 42.500 €. Hierauf sind die empfangenen Beträge anzurechnen.

A erhält 42.500 € – 80.000 €   = Mehrbezug von 37.500 €

Weil A den Mehrbezug nicht auszugleichen hat, ist der B, C und D betreffende Teilungsnachlass zu berechnen. Dabei scheidet A mit dem Betrag von 80.000 € und seiner Erbquote aus.

Ausgleichspflichtiger Nachlass	50.000 €
+ Zuwendung an B	40.000 €
Ergibt den Ausgleichungsnachlass in Höhe von	90.000 €

Von diesem Ausgleichsnachlass entfällt auf jedes der jetzt noch beteiligten drei Kinder 1/3 mit je 30.000 €.

B erhält 30.000 € – 40.000 €   =Mehrbezug von 10.000 €

Weil B den Mehrbezug nicht auszugleichen hat, ist der C und D betreffende Teilungsnachlass zu berechnen. Dabei scheidet B mit dem Betrag von 40.000 € und seiner Erbquote aus.

Ausgleichpflichtiger Nachlass	50.000 €

Weil C und D keine ausgleichspflichtigen Zuwendungen erhalten haben, braucht bei ihnen nichts hinzugerechnet zu werden. Der vorhandene Nachlass ist zwischen ihnen aufzuteilen.

III. Schutz des Vorempfängers nach § 2056

1. Erbquote

Der nicht zurückzugebende Mehrbezug beeinträchtigt die Erbquote des Miterben nicht. Bis zur Auseinandersetzung behält er seine Miterbenstellung incl. Stimmrecht.

2. Haftung

Nach der Teilung bleibt im Außenverhältnis die Haftung für Nachlassverbindlichkeiten bestehen. Auch hier gilt, dass ausgleichspflichtige lebzeitige Zuwendungen nicht zum Haftungsvermögen zählen. Der im Rahmen der Ausgleichung aus der Erbengemeinschaft ausgeschiedene ist gegenüber den Gläubigern frei.

Die Haftung bleibt jedoch bestehen, wenn es sich bei der Zuwendung um eine einen Vertragserben beeinträchtigende Schenkung handelt (§ 2287).[1]

3. Pflichtteils- und Pflichtteilsergänzungsansprüche

§ 2056 schützt den Vorempfänger auch vor Ansprüchen Pflichtteilsberechtigter, weil die Zuwendung den Nachlasswert nicht erhöht, sondern nur zum Zwecke der Ausgleichung zugerechnet wird. § 2316 schließt nämlich die Anwendung von § 2056 nicht aus. Die Vorschrift schützt den Zahlungsempfänger auch vor Pflichtteilsergänzungsansprüchen, es sei denn, dass es sich bei der Zuwendung um eine Schenkung (§§ 516 ff.) handelt. Das gilt mit

---

1 *Damrau/Bothe* § 2055/56 Rn. 13 mit anschaulichem Berechnungsbeispiel.

der Einschränkung, dass der Vorempfang rechnerisch höher ist, als es der Erbteil unter Hinzurechnung des Vorempfanges wäre.

§ 2057
Auskunftspflicht

Jeder Miterbe ist verpflichtet, den übrigen Erben auf Verlangen Auskunft über die Zuwendungen zu erteilen, die er nach §§ 2050 bis 2053 zur Ausgleichung zu bringen hat. Die Vorschriften der §§ 260, 261 über die Verpflichtung zur Abgabe der eidesstattlichen Versicherung finden entsprechende Anwendung.

I. Normzweck

1 Diese Vorschrift ergänzt in sinnvoller Weise die i.R.v. § 2038 bestehende Auskunftspflicht, weil Ausgleichsberechtigte ohne Kenntnis der Zuwendungen des Erblassers die Ausgleichsansprüche nicht berechnen können.

II. Auskunftsberechtigte und -verpflichtete

2 Auskunft verlangen können:
1. Jeder Miterbe selbstständig für sich, soweit er zu den Ausgleichsberechtigten gehört.
2. Jeder enterbte pflichtteilsberechtigte Abkömmling, der seinen Pflichtteil nach § 2316 berechnen muss.
3. Der Testamentsvollstrecker, er kann ohne die Auskünfte den Teilungsplan nicht aufstellen.
4. Der Nachlass- und Insolvenzverwalter, beschränkt auf die Fälle, in denen es erforderlich ist, die Höhe bestimmter Erbteile festzustellen.

3 Der Auskunftsanspruch richtet sich gegen jeden Auskunftspflichtigen i.S.v. §§ 2050 ff. und damit auch gegen einen nichterbenden pflichtteilsberechtigten Abkömmling.

III. Umfang der Auskunftspflicht

4 Auskunft ist zu erteilen über die Zuwendungen, die nach §§ 2050 ff. auszugleichen sind. Die Auskunftspflicht ist weit auszulegen, sodass sie auch Zuwendungen erfasst, die nur möglicherweise ausgleichspflichtig sind. Die Grenze ist fließend. Früher[1] ging die Rechtsprechung davon aus, dass alle Zuwendungen bis ins kleinste Detail anzugeben sind, damit der Auskunftsberechtigte in die Lage versetzt ist, selbst zu entscheiden, was er als ausgleichspflichtig ansieht und was nicht. Mittlerweile muss nicht mehr jede Kleinigkeit angegeben werden. Trotzdem ist wegen der im Zweifel abzugebenden eidesstattlichen Versicherung auf größtmögliche Vollständigkeit zu achten.

5 Die Auskunftspflicht erfasst weiter den Zeitpunkt der Zuwendung und etwaige Auflagen des Zuwenders, die in geeigneter Weise nachzuweisen sind.

6 Nach dem Gesetzeswortlaut ist der auf Auskunft in Anspruch genommene Miterbe nur verpflichtet über die ihm (!) gemachten Zuwendungen Auskunft zu erteilen.

7 Die Auskunftspflicht umfasst nicht die Ermittlung des Wertes der einzelnen Zuwendungen durch den Auskunftspflichtigen. Er hat jedoch zu dulden, dass der Auskunftsberechtigte auf eigene Kosten den Wert durch Gutachten ermitteln lässt.

---

[1] RGZ 58, 88, 91.

IV. Form

Eine besondere Form der Auskunftserteilung ist nicht vorgeschrieben. Mündliche Auskunftserteilung genügt daher, wenn es auch im Hinblick auf die eidesstattliche Versicherung sicherer ist, die Auskunft schriftlich zu erteilen. 8

Allerdings muss die Form des § 260 Abs. 1 beachtet werden, wenn der Vorempfang ein »Inbegriff von Gegenständen« ist. 9

V. Prozessuales

Der Auskunftsanspruch ist einklagbar. 10

Anlass zur Klage gibt der Miterbe, der die Auskunft verweigert. Der Kläger muss nur darlegen und beweisen, dass beide Parteien Mitglieder einer Erbengemeinschaft mit eventuell vorzunehmenden Ausgleichungen (§ 2050) sind. 11

Von der Erhebung der Stufenklage ist abzuraten. Zum einen weil Verjährung (30 Jahre) im Prinzip keine Rolle spielt und zum anderen in der Leistungsstufe der Teilungsplan zum Spruch gestellt werden muss. Wegen der damit verbundenen Schwierigkeiten empfiehlt sich die isolierte Auskunftsklage zur Klärung einer Vorfrage. 12

Die Zwangsvollstreckung aus dem Urteil richtet sich nach § 888 ZPO. 13

Die eidesstattliche Versicherung kann verlangt werden, wenn die Voraussetzungen von §§ 260 Abs. 2. vorliegen. Wird sie freiwillig abgegeben gelten §§ 361, 412, 413 FamFG (alt § 379, 163 FGG) Zuständig für die Abnahme ist das für den Wohnsitz des Auskunftspflichtigen zuständigen Amtsgericht. 14

Sie ist in der Weise abzugeben, dass der Auskunftspflichtige versichert, er habe die Zuwendungen an ihn so vollständig angegeben, als er dazu in der Lage ist. 15

Ist die Abgabe gerichtlich durchzusetzen, ist der Klageantrag gleichlautend zu stellen und die Gründe darzulegen und zu beweisen, die die Zweifel an der Richtigkeit der erteilten Auskunft begründen. 16

§ 2057a
Ausgleichungspflicht bei besonderen Leistungen eines Abkömmlings

(1) Ein Abkömmling, der durch Mitarbeit im Haushalt, Beruf oder Geschäft des Erblassers während längerer Zeit, durch erhebliche Geldleistungen oder in anderer Weise in besonderem Maße dazu beigetragen hat, dass das Vermögen des Erblassers erhalten oder vermehrt wurde, kann bei der Auseinandersetzung eine Ausgleichung unter den Abkömmlingen verlangen, die mit ihm als gesetzliche Erben zur Erbfolge gelangen; § 2052 gilt entsprechend. Dies gilt auch für einen Abkömmling, der den Erblasser während längerer Zeit gepflegt hat.

(2) Eine Ausgleichung kann nicht verlangt werden, wenn für die Leistungen ein angemessenes Entgelt gewährt oder vereinbart worden ist oder soweit dem Abkömmling wegen seiner Leistungen ein Anspruch aus anderem Rechtsgrund zusteht. Der Ausgleichungspflicht steht es nicht entgegen, wenn die Leistungen nach den §§ 1619, 1620 erbracht worden sind.

(3) Die Ausgleichung ist so zu bemessen, wie es mit Rücksicht auf die Dauer und den Umfang der Leistungen und auf den Wert des Nachlasses der Billigkeit entspricht.

(4) Bei der Auseinandersetzung wird der Ausgleichungsbetrag dem Erbteil des ausgleichungsberechtigten Miterben hinzugerechnet. Sämtliche Ausgleichungsbeträge werden vom Werte des Nachlasses abgezogen, soweit dieser den Miterben zukommt, unter denen die Ausgleichung stattfindet.

Zu § 2057 a: Geändert durch G vom 24.9.2009 (BGBl I S. 3142) (1.1.2010).

Fassung bis 31.12.2009

§ 2057a
Ausgleichungspflicht bei besonderen Leistungen eines Abkömmlings

(1) Ein Abkömmling, der durch Mitarbeit im Haushalt, Beruf oder Geschäft des Erblassers während längerer Zeit, durch erhebliche Geldleistungen oder in anderer Weise in besonderem Maße dazu beigetragen hat, dass das Vermögen des Erblassers erhalten oder vermehrt wurde, kann bei der Auseinandersetzung eine Ausgleichung unter den Abkömmlingen verlangen, die mit ihm als gesetzliche Erben zur Erbfolge gelangen; § 2052 gilt entsprechend. Dies gilt auch für einen Abkömmling, der unter Verzicht auf berufliches Einkommen den Erblasser während längerer Zeit gepflegt hat.

(2) Eine Ausgleichung kann nicht verlangt werden, wenn für die Leistungen ein angemessenes Entgelt gewährt oder vereinbart worden ist oder soweit dem Abkömmling wegen seiner Leistungen ein Anspruch aus anderem Rechtsgrund zusteht. Der Ausgleichspflicht steht es nicht entgegen, wenn die Leistungen nach den §§ 1619, 1620 erbracht worden sind.

(3) Die Ausgleichung ist so zu bemessen, wie es mit Rücksicht auf die Dauer und den Umfang der Leistungen und auf den Wert des Nachlasses der Billigkeit entspricht.

(4) Bei der Auseinandersetzung wird der Ausgleichungsbetrag dem Erbteil des ausgleichungsberechtigten Miterben hinzugerechnet. Sämtliche Ausgleichungsbeträge werden vom Werte des Nachlasses abgezogen, soweit dieser den Miterben zukommt, unter denen die Ausgleichung stattfindet.

Übersicht

		Rz.			Rz.
I.	Normzweck	1		4. Pflegeleistungen	13
II.	Ausgleichsberechtigte	3		5. Beiträge in anderer Weise	14
III.	Ausgleichspflichtige	6	VI.	Ausnahmen (Abs. 2)	15
IV.	Nicht Ausgleichsberechtigte	7	VII.	Berechnung des Ausgleichs (Abs. 3)	21
V.	Gegenstand des Ausgleichs	8	VIII.	Prozessuales	25
	1. Beitragsarten	10	IX.	Ausgleichszeitpunkt (Abs. 4)	27
	2. Unentgeltlichkeit	11	X.	Abdingbarkeit	29
	3. Erhebliche Geldleistungen	12	XI.	Beispielsrechnung	31

I. Normzweck

1 Mit § 2057a wird eine Lücke in den Ausgleichsbestimmungen geschlossen. Er soll die Fälle regeln, in denen ein Abkömmling das Vermögen des Erblassers gemehrt hat. Damit wird auch diese Konstellation in die Ausgleichspflichten einbezogen. Voraussetzung für die Anwendung dieser Vorschrift ist, dass der Abkömmling neben anderen Abkömmlingen in gesetzlicher Erbfolge oder durch letztwillige Verfügung auf den gesetzlichen Erbteil gesetzt wird oder Abkömmlinge im Verhältnis der gesetzlichen Erbteile eingesetzt werden (§ 2052).

2 Für Erbfälle ab dem 1.1.2010 entfällt in Abs. 1 S. 2 die Voraussetzung, wonach bei der Pflege auf eigenes Einkommen verzichtet sein musste.

II. Ausgleichsberechtigte

3 Ausgleichsberechtigt sind
 – Abkömmlinge des Erblassers
  (= mit dem Erblasser in gerader, absteigender Linie verwandte Person, d.h. Kinder- auch nicht eheliche und adoptierte),

- Nachrücker,
d.h. diejenigen Abkömmlinge, die an die Stelle eines Ausgleichsberechtigten treten, der weggefallen ist (arg. § 2051),[1]
- Ersatzerben
in den Fällen des § 2051 Abs. 2
- Erbe des ausgleichungsberechtigten Abkömmlings,
der nach dem ihn begünstigenden Erbfall verstorben ist, weil die Ausgleichungsrechte vererblich sind.
- Erbschaftskäufer,
wenn der Verkäufer ausgleichsberechtigt war,
- Pfändungsgläubiger,
wenn der Verpfänder oder Gepfändete ausgleichsberechtigt war.
- Entfernter Abkömmling bzw. Ersatzerbe, 4
der für den Erblasser Leistungen erbracht hat, solange er durch Vorrangige ausgeschlossen war (z.B. der durch seinen Vater aus geschlossene Enkel des Erblassers) sie sind Ausgleichsberechtigt so auch Ann.[2]

Sonderfall: 5
Beim **Berliner Testament** (§ 2269) gilt auch als Erblasser i.S.v. § 2057a der Erstversterbende, wenn ein Abkömmling diesem Leistungen i.S.v. § 2057a erbracht hat. Der Ausgleich kann aber erst nach dem Tode des Letztversterbenden verlangt werden.

III. Ausgleichspflichtige

Ausgleichspflichtig sind 6
- eheliche und nichteheliche Abkömmlinge,
- die gesetzliche Erben sind bzw. nach § 2052 BGB letztwillig entsprechend der gesetzlichen Erbquoten eingesetzt wurden. Ausgleichspflichtig sind ferner
- der Erbe eines weggefallenen Abkömmlings sowie
- der Erwerber des Erbteils eines ausgleichsberechtigten Abkömmlings
- der Pfändungsgläubiger eines ausgleichsberechtigten Abkömmlings

IV. Nicht Ausgleichsberechtigte

Nicht ausgleichsberechtigt sind Abkömmlinge, deren Abkömmlinge Leistungen für den 7 Erblasser i.S.v. § 2057a erbracht haben. Nicht ausgleichsberechtigt sind ferner Ehegatten, weil deren Leistungen bei der Zugewinngemeinschaft nach §§ 1371, 1931 Abs. 5 und bei der Gütertrennung nach § 1931 Abs. 6 pauschal abgegolten werden.

V. Gegenstand des Ausgleichs

Auszugleichen sind nach dem Wortlaut des Gesetzes Leistungen, die »im besonderen 8 Maße dazu beigetragen haben, das Vermögen des Erblassers zu erhalten oder zu vermehren«. Beispielhaft führt die Vorschrift folgende Sonderleistungen auf:
- Mitarbeit während längerer Zeit,
- erhebliche Geldleistungen oder Leistungen sonstiger Art,
- Pflege des Erblassers unter Verzicht auf eigenes Einkommen

Dazu gehören natürlich nicht Leistungen, die die Parteien einander üblicherweise erbringen 9 und zu erbringen haben. Diese fallen in den Bereich der Unterhaltspflichten (§ 1601 ff.) und der Pflicht zur Mitarbeit im Familienverband (§§ 1619, 1620), wenngleich im letzteren Fall

---

[1] Zu beachten ist, dass diese Vorschrift von den nichtehelichen Abkömmlingen nur die erfasst, die nach dem 30.6.1949 geboren sind und nur für Erbfälle gilt, die nach dem 30.6.1970 eingetreten sind, Art. 12 § 10 Abs. 1 NEhelG.
[2] Dafür: MüKoBGB/*Ann* § 2057a Rn. 7; a.A.: *Palandt/Edenhofer* § 2057a Rn. 3.

eine Ausgleichung nach § 2057a Abs. 2 S. 2 möglich ist. Die über das normale Maß hinausgehenden Leistungen des Abkömmlings müssen sich positiv auf das Vermögen des Erblassers auswirken; das kann freilich auch durch deren Entlastung geschehen, wie z.B. die Übernahme von Verbindlichkeiten oder durch laufende Zuzahlungen, um den Vermögensverzehr zu vermeiden. Maßgeblich ist auch hier das von § 2050 her bekannte Übermaß.

1. Beitragsarten

10 Das Gesetz sieht folgende Beitragsarten vor:
   a) **Mitarbeit** unentgeltlich (Abs. 2) in Haushalt, Beruf oder Geschäft des Erblassers über einen längeren Zeitraum.
   b) Der **Haushalt** umfasst alles, was mit dem Hauswesen des Erblassers zusammenhängt.
   c) Der **Beruf** umfasst jede selbstständige oder unselbstständige Tätigkeit des Erblassers und alles, was damit in engerem oder weiterem Zusammenhang steht.
   d) Das **Geschäft** ist jedes Unternehmen des Erblassers, auch Beteiligung an Unternehmen. Hierunter fällt auch der sog. Hoferbe, der in der Landwirtschaft des Erblassers mitarbeitet,[3] wenn er nicht Ansprüche im Rahmen des Anerbengesetzes hat.

2. Unentgeltlichkeit

11 **Unentgeltlichkeit** der nicht zwingend persönlich zu erbringenden Mitarbeit ist Voraussetzung, den Ausgleichsanspruch durchsetzen zu können. Werden Leistungen teilweise entgeltlich und teilweise unentgeltlich erbracht, ist nur der unentgeltliche Teil zu berücksichtigen.

3. Erhebliche Geldleistungen

12 Die Feststellung, dass eine erhebliche Geldleistung vorliegt, muss mindestens ergeben, dass sie so hoch gewesen ist, dass das Vermögen des Erblassers nicht unerheblich vermehrt wurde. Unterhaltsleistungen i.S.v. §§ 1601 ff. scheiden – um das noch einmal zu wiederholen – aus (§ 1602 Abs. 1). Andererseits können freiwillige Unterhaltszahlungen ausgleichspflichtig werden, wenn ihretwegen der Erblasser eigenes Vermögen nicht anzugreifen braucht. Der Zweck der Zahlungen hat keinen Einfluss auf die Ausgleichspflicht. Empfänger der erheblichen Zahlungen kann auch ein Gläubiger des Erblassers sein.

4. Pflegeleistungen

13 Pflegeleistungen während längerer Zeit sind ebenfalls ausgleichspflichtig. Auch hier ist es erforderlich, dass diese Leistungen über ein normales Maß hinausgehen. Daneben muss das Erbringen der Pflegeleistungen zumindest zu Einkommenseinbußen beim Pflegenden führen.[4] Werden Pflegekräfte über Abkömmlinge bezahlt, ist das, wenn die entsprechenden Voraussetzungen vorliegen, aber eine erhebliche Geldleistung. Die Pflegeleistungen können nur gegenüber dem Erblasser erbracht werden. Werden sie einem Dritten gegenüber erbracht, dem der Erblasser zum Unterhalt verpflichtet ist, so kann das ein Beitrag »in anderer Weise« sein.

5. Beiträge in anderer Weise

14 Hierunter können alle erheblichen Leistungen sonstiger Art für den Erblasser fallen, wie z.B. Übernahme einer Bürgschaft, Bestellung einer Grundschuld an einem eigenen Grundstück, dass eine gegen den Erblasser gerichtete Forderung besichert und sonstige Sachleistungen (s.a. Anm. 13 am Ende).

---

3 Zur Bemessung *Palandt/Edenhofer* BGB § 2057a Rn. 12.
4 Bei Erbfällen, die bis 31.12.2009 eingetreten sind; danach gilt die Neufassung von § 2057a Abs. 1 S. 2

VI. Ausnahmen (Abs. 2)

Abs. 2 des § 2057a relativiert die Ausgleichspflicht nach Abs. 1. Unter bestimmten Voraus- 15
setzungen findet danach eine Ausgleichung nicht statt, wenn
- der Abkömmling für seine Leistungen vom Erblasser ein angemessenes Entgelt erhalten hat. Die Beurteilung, ob ein Entgelt der Leistung entspricht, d.h. angemessen ist, ist nach der üblichen Vergütung für diese Leistungen zu beurteilen (§ 1612 Abs. 2). Wenn das Entgelt zur Leistung in einem Missverhältnis steht, ist der nicht gedeckte Teil die unentgeltliche Leistung. Der nicht gedeckte Teil muss aber trotzdem erheblich im Sinne der obigen Kommentierung sein.
- dem Abkömmling für seine Leistungen aus einem anderen Rechtsgrund ein Ausgleichsanspruch zusteht. Als Anspruchsgrundlage sind hier denkbar: Geschäftsführung ohne Auftrag (§§ 667 ff.) und/oder ungerechtfertigte Bereicherung (§§ 812 ff.).

Dazu gehören auch Leistungen der Pflegeversicherung 16

Ist einer der Ansprüche aus Abs. 2 zu Lebzeiten des Erblassers diesem gegenüber gel- 17
tend gemacht worden, so ist dieser Anspruch Nachlassverbindlichkeit i.S.v. § 1967, der alle Erben gleichermaßen belastet und nicht nur etwaige Ausgleichspflichtige.

Kann also der Anspruchsberechtigte seinen Anspruch aus Vertrag oder sonstigem 18
Rechtsgrund realisieren, ist ihm der Ausgleich über § 2057a verwehrt.

Auf § 2057a kann sich ein Anspruchsberechtigter allerdings dann stützen, wenn sein 19
sonstiger Anspruch verjährt ist. Zum Vermeid von Nachteilen der Betroffenen können sie in diesem Fall nur in der Höhe zum Ausgleich verpflichtet werden, die sie getroffen hätte, wenn die Forderung nicht verjährt wäre.

Ist der Anspruch des Ausgleichsberechtigten verwirkt oder durch Verzicht erloschen, 20
findet keine Ausgleichung statt.

VII. Berechnung des Ausgleichs (Abs. 3)

Das aus § 2057a resultierende Recht kann nur im Rahmen der Erbauseinandersetzung 21
(§ 2042) bzw. bei der Errechnung des Erbersatzanspruchs (§ 1934b) geltend gemacht werden. Es stellt keinen selbstständigen Anspruch dar; es wirkt sich nur im Verhältnis der erb- bzw. erbersatzberechtigten Erben aus. Es ist mit dem jeweiligen Erbteil verbunden und mit diesem vererblich und übertragbar (§§ 2372 und 2376).

Das Recht ist auch bei der Errechnung des Pflichtteilsanspruchs zu beachten (§ 2316 22
Abs. 1 S. 1).

Die Höhe des bei der Berechnung anzusetzenden Ausgleichungsbetrages folgt nicht 23
mathematischen Grundsätzen, sondern nach Billigkeit. Damit wird die Ausgleichung nach § 2057a auch noch bei der Bestimmung des Ausgleichsbetrages wegen der unbestimmten Rechtsbegriffe zu einem Unterfangen mit ungewissem Ergebnis.

Für die Ermittlung des Ausgleichsanspruchs sind einmal der Umfang und die Dauer der 24
erbrachten Leistungen zu beurteilen und die dadurch bedingten Verluste des den Ausgleich begehrenden Abkömmlings. Daneben ist natürlich der Wert des Nachlasses nach Erfüllung der Nachlassverbindlichkeiten heranzuziehen, denn nur aus diesem Wert können Rückschlüsse auf die Steigerung durch die Leistung des Abkömmlings gezogen werden. Würde die Leistung eines Abkömmlings den gesamten Nachlass aufzehren, muss eine Reduzierung erfolgen, weil Maßstab stets auch der Wert des bereinigten Nachlasses ist. Im Ergebnis muss also der Ausgleichsbetrag unter Berücksichtigung aller Umstände des Einzelfalls billig und gerecht sein. Das bedeutet, dass der anzusetzende Ausgleichsbetrag großzügiger festgelegt werden kann, je höher der Wert des Nachlasses ist.

VIII. Prozessuales

25 Beweiserleichternd wird angenommen, dass alle Sonderleistungen i.S.v. § 2057a Abs. 1 regelmäßig zur Vermögenserhaltung und -mehrung beitragen. Die nach den Verhältnissen üblichen Leistungen unter Angehörigen sind aber keine Leistungen i.S.v. § 2057a Abs. 1. Haben alle Abkömmlinge Leistungen erbracht, brauchen nur diejenigen Leistungen ausgeglichen werden, die die übrigen Leistungen übersteigen.

26 Im Prozess muss das Gericht den Ausgleichsbetrag festlegen. Es empfiehlt sich wegen der Unwägbarkeiten, die ihren Grund in den unbestimmten Rechtsbegriffen dieser Vorschrift haben, einen unbezifferten Antrag zu stellen und die Höhe der Ausgleichung in das Ermessen des Gerichts zu stellen. Der Ermessensspielraum muss aber in der Begründung dem Gericht aufgezeigt werden. Die Beweiswürdigung wird in aller Regel i.R.v. § 287 Abs. 2 ZPO erfolgen, weil aufgrund der Vorschrift keine großen Anforderungen an die Substanziierungspflicht gestellt werden können. Kommt es i.R.e. Vermittlungsverfahrens vor dem Nachlassgericht zum Rechtsstreit über den Ausgleichsbetrag, ist das Vermittlungsverfahren gem. § 95 FGG auszusetzen.

IX. Ausgleichszeitpunkt (Abs. 4)

27 Die Sonderleistungen werden – wie die Vorempfänge – erst bei der Auseinandersetzung ausgeglichen. Rechnerisch wird nach § 2057 Abs. 4 BGB verfahren; § 2055 BGB gilt in diesem Zusammenhang **nicht**!

28 Zunächst müssen daher von dem zu verteilenden Nachlass die Beträge abgezogen werden, die auf die nicht am Ausgleich nach § 2057a BGB beteiligten Miterben entfallen.

X. Abdingbarkeit

29 Abdingbar ist § 2057a in der Weise, dass der Erblasser letztwillig die Ausgleichung ausschließt oder bestimmt, wie sie durchzuführen ist. Schließt der Erblasser die Ausgleichung aus, so ist das ein Vorausvermächtnis zugunsten der von der Ausgleichung befreiten Erben. Der Erblasser kann aber auch letztwillig bestimmen, dass Personen in die Ausgleichung mit einbezogen werden, die nicht zum Kreis der nach § 2057a BGB angesprochenen Berechtigten gehören.

30 Auch können die Miterben einvernehmlich die Ausgleichung regeln. Ausgleichsberechtigte können auf Ausgleich bei der Leistung und im Erbfall verzichten. In beiden Fällen findet der Ausgleich dann nicht statt.

XI. Beispielsrechnung

31 Berechnungsschritte 1–4.
Die Berechnungsschritte 1–4 sind mit denen des § 2055 identisch (Anm. 3 und 4 zu § 2055).

32 Im 5. Berechnungsschritt
muss die Summe der ersten vier Rechnungsschritte ermittelt werden. Dabei sind die ausgleichspflichtigen Zuwendungen i.S.v. § 2050 zu addieren und die ausgleichspflichtigen Zuwendungen nach § 2057a zu subtrahieren. Das Ergebnis ist der Teilungsnachlass.

33 Im 6. Rechenschritt
wird aus dem Teilungsnachlass ermittelt, welcher Betrag den einzelnen Miterben aus dem realen Nachlass zusteht, wobei sich deren Quoten aus dem Erbschein ergeben.

34 Im 7. Rechenschritt
Wird wiederum mit demjenigen Miterben begonnen, der die höchste Zuwendung erhalten hatte. Diese Zuwendung wird von dem Betrag abgezogen, den derjenige aus dem Teilungsnachlass zu bekommen hat. Die Differenz erhält er aus dem Nachlass.

Ausgleichungspflicht bei besonderen Leistungen eines Abkömmlings § 2057a

In gleicher Weise wird mit den übrigen Miterben verfahren – ausgenommen den Ausgleichsberechtigten nach § 2057a: Deren Ausgleichungsbetrag wird addiert. 35

Berechnungsbeispiel: 36
Ein in gesetzlicher Zugewinngemeinschaft verheirateter Erblasser hinterlässt laut Erbschein seiner Ehefrau und seinen 4 Kindern als gesetzliche Erben nach Erfüllung der Nachlassverbindlichkeiten 400.000 €.
Kind A hat von dem Erblasser Zuwendungen erhalten, von denen nach §§ 2050–2057 ausgleichspflichtig sind 20.000 €.
Kind B steht gegen den Nachlass ein Ausgleichsanspruch in Höhe von 12.000 € nach § 2057a zu.
Kind C und Kind D haben nichts auszugleichen.
Im ersten Rechenschritt
ist der reale Nachlass vorgegeben. Von ihm erhalten die Ehefrau nach §§ 1931 Abs. 1, Abs. 3 i.V.m. § 1371 Abs. 1 200.000 € und die Kinder je 50.000 €, insgesamt also 200.000 € Das ist der maßgebliche reale Nachlass für die Berechnung der Ausgleichungsansprüche, weil die Ehefrau kein Abkömmling des Erblassers ist.
Im 2. und 3. Rechenschritt
werden die Werte der Zuwendungen festgestellt und indexiert. Das ist im Beispielsfall ebenfalls vorgegeben.
Im 4. Rechenschritt
werden die indexierten Zuwendungen je nach ihrer Bestimmung dem Nachlasswert hinzugerechnet bzw. von ihm abgezogen:

Realer Nachlassteil für die Berechnung	200.000 €
+ Zuwendung an A	20.000 €
Zwischensumme	220.000 €
./. Zuwendung der B an den Nachlass	12.000 €
Ergibt den Ausgleichungsnachlass i.H.v.	208.000 €

Von diesem Ausgleichungsnachlass erhält jedes der vier Kinder rechnerisch ¼, also je 52.000 €.
Bei der Berechnung der aus dem realen Nachlass zu verteilenden Beträge sind bei den Betreffenden die ausgleichspflichtige Beträge abzuziehen (§ 2055) und Ausgleichsansprüche (§ 2057a) zuzurechnen.

A erhält (weniger)	*52.000 €./. 20.000 €*	32.000 €
B erhält (mehr)	*52.000 €+ 12.000 €*	64.000 €
C erhält, weil nichts auszugleichen ist		52.000 €
D erhält, weil nichts auszugleichen ist		52.000 €
		200.000 €

Damit sind auch gleichzeitig die Zahlen verprobt. Die Summe der ausgekehrten Beträge entspricht dem realen Nachlass.

Untertitel 2
Rechtsverhältnis zwischen den Erben und den Nachlassgläubigern

§ 2058
Gesamtschuldnerische Haftung

Die Erben haften für die gemeinschaftlichen Nachlassverbindlichkeiten als Gesamtschuldner.

Übersicht

	Rz.		Rz.
I. Normzweck	1	3. Keine Nachlassverbindlichkeiten	14
II. Haftungsmasse und -umfang	4	4. Folgen	15
III. Gemeinschaftliche/nicht gemeinschaftliche Verbindlichkeiten	10	IV. Sonderfall: Miterbe als Nachlassgläubiger	20
		V. Personengesellschaft im Nachlass	26
1. Gemeinschaftlich	10	VI. Verhältnis der Erben untereinander	33
2. Nicht gemeinschaftlich	12	VII. Prozessuales	37

I. Normzweck

1 Die Regelungen in §§ 2058 ff. sind nicht isoliert zu betrachten. Sie ergänzen vielmehr die in §§ 1967–2017, §§ 755–757 und §§ 780–785 ZPO.

2 Dabei ist § 2058 die zusammenfassende Klammer für §§ 2059 und 2060. Ziel der Regelung ist es, die Erben zu veranlassen nach § 2046 zu verfahren und vor der Auseinandersetzung die Nachlassverbindlichkeiten zu berichtigen.

3 Zu beachten ist aber, dass der Erblasser letztwillig einseitig und die Erben übereinstimmend frei sind, bezüglich der Haftung für Nachlassverbindlichkeiten von den Erbquoten abzuweichen.

II. Haftungsmasse und -umfang

4 Nach § 2058 haften die Erben im Außenverhältnis in aller Regel als Gesamtschuldner. Zu beachten ist dabei der wichtige Unterschied zwischen der Haftungsmasse (was haftet? – der Nachlass und/oder das Eigenvermögen der Erben?) und dem Haftungsumfang (wie wird gehaftet? – gesamtschuldnerisch und/oder anteilig?).

5 Gemeinschaftliche Nachlassverbindlichkeiten lösen die Haftung aller Miterben als Gesamtschuldner aus.

6 Was eine Nachlassverbindlichkeit ist, bestimmt sich nach § 1967. Dabei handelt es sich um die Erblasser-, die Erbfall- und die Nachlasserbenschulden.

7 **Erblasserschulden** sind die Verbindlichkeiten, die schon in der Person des Erblassers entstanden sind, also dessen vertragliche und gesetzliche Verpflichtungen (z.B.: Miete, Kaufpreis, Schadensersatz, Steuer, Unterhaltsverpflichtungen bis zum Tod, Kosten der Betreuung des Erblassers bis zu dessen Tod.

8 **Erbfallschulden** sind die Verbindlichkeiten, die erst mit dem Tod des Erblassers entstehen, in seiner Person aber ihre Ursache haben (z.B.: alle Arten von Pflichtteilsansprüchen; Vermächtnisse; Beerdigungskosten; Kosten der Handlungen von Nachlassverwalter, -pfleger und Testamentsvollstrecker, incl. deren Kosten und Gebühren; auch dem Erblasser geleistete Sozialhilfe: § 102 SGB XII; auch Erbschaftssteuer – str.).

9 **Nachlasserbenschulden** sind die Verbindlichkeiten, die die Erben aus Anlass der Verwaltung des Nachlasses eingehen. Dabei handelt es sich zunächst grundsätzlich um Eigenschulden des jeweiligen Erben, es sei denn er hat bei der Eingehung der die Verbindlichkeit auslösenden Maßnahmen klargestellt, dass er ausschließlich für den Nachlass handelt.

III. Gemeinschaftliche/nicht gemeinschaftliche Verbindlichkeiten

1. Gemeinschaftlich

bedeutet, dass nur die unter dieser Vorschrift subsumierten Nachlassverbindlichkeiten erfasst sind. Für sie haften alle Miterben den Nachlassgläubigern. Das sind die zuvor aufgeführten Erblasser- und die Erbfallschulden. Die Nachlasserbenschulden fallen unter den genannten besonderen Voraussetzungen ebenfalls unter die gemeinschaftlichen Verbindlichkeiten.

Bei Verbindlichkeiten dieser Art löst Verzug auch nur eines Miterben die Haftung aller Miterben für den Verzugsschaden als Gesamtschuldner aus. § 425 BGB gilt insoweit nicht.[1]

2. Nicht gemeinschaftlich

bedeutet, dass nur der eine oder andere Miterbe für Nachlassverbindlichkeiten haftet – d.h. nicht alle Erben für sie einzustehen haben.[2] Das sind die sog. Erbteilsverbindlichkeiten, (z.B.: Vermächtnisse bzw. Auflagen, mit denen nur einzelne Miterben belastet sind oder Pflichtteilsansprüche, die nur einzelne Miterben treffen, Ansprüche nach § 1361 Abs. 4 und § 1586b, wenn sie nur einzelne Miterben treffen).

Richten sich diese Ansprüche nur gegen einen Teil der Miterben, dann gilt natürlich für diese Gruppe untereinander § 2058.

3. Keine Nachlassverbindlichkeiten

sind etwa die Ansprüche, die durch Nachlassabsonderung nach §§ 1978 ff. entstehen (arg. § 1978 Abs. 1). Sie gehören als Forderungen gegen die Miterben persönlich zum Nachlass.

4. Folgen

Bei Forderungen der Nachlassgläubiger gegen die Erbengemeinschaft besteht grundsätzlich gesamtschuldnerische Haftung der Erben für die Nachlassverbindlichkeiten (§ 421) mit der Folge, dass jeder Miterbe im Außenverhältnis für jede Nachlassverbindlichkeit in voller Höhe haftet. Als Gesamtschuldner haftet auch der Miterbe, der wegen erhaltener Vorempfänge bei der Verteilung des Nachlasses nichts mehr erhält. Vorsicht bei Ausgleichungen (Anm. 16 ff. zu § 2055, Anm. 6 zu § 2056).

Das Gesamtschuldverhältnis entsteht zusammen mit der Erbengemeinschaft und der Annahme der Erbschaft. Es kann – ausgenommen §§ 2060 f. – über die Nachlassteilung hinaus fortbestehen.

Die Haftung erfasst das gesamte Vermögen der einzelnen Miterben, also nicht nur deren Anteile am Nachlass sondern auch deren Privat- oder Eigenvermögen. Das hat zur Folge, dass ein Nachlassgläubiger auch in das Privatvermögen des einzelnen Miterben vollstrecken kann. Jedoch kann jeder Miterbe seine Haftung für Nachlassverbindlichkeiten auf den Nachlass beschränken. Diese Haftungsbeschränkung kann er außergerichtlich geltend machen und gerichtlich, in dem er beantragt, in den Tenor des Urteils aufzunehmen, dass er seine Haftung auf den Nachlass beschränkt.

Die allgemeinen Vorschriften zur Haftungsbegrenzung gelten grundsätzlich auch nach der Teilung. Zu prüfen ist, ob nach §§ 2060 f. eine Teilschuld entstanden ist.

Bei Nachlassverwaltung und -insolvenz gelten für die Miterben §§ 2060, 2062 und 2063.

---

1 OLG Neustadt DNotZ 1963, 58.
2 Z.B. Auflagen bzw. Vermächtnisse, mit denen einzelne Miterben belastet sind; Pflichtteilsansprüche, die sich nur gegen einzelne Miterben richten.

IV. Sonderfall: Miterbe als Nachlassgläubiger

20 Ist ein Miterbe zugleich Gläubiger der Erbengemeinschaft, vereinigen sich Nachlassverbindlichkeit und -forderung nicht, weil der Nachlass bis zur Teilung Sondervermögen ist; das gilt auch dann, wenn alle Miterben Gläubiger einer Nachlassforderung sind (Gesamtgläubiger).

21 Daraus folgt, dass ein Miterbengläubiger **vor der Teilung** Befriedigung aus dem Nachlass verlangen kann.

22 Durchsetzen kann er die Forderung mit der **Gesamtschuldklage** gegen jeden einzelnen der anderen Miterben – allerdings vermindert um den seiner Quote am Nachlass entsprechenden Teilbetrag. Dies, obwohl sich die Gesamtschuldklage des Gläubigererben ausschließlich auf das Außenverhältnis (hie Gläubiger – da Gesamtschuldner) stützt. Es ist jedoch treuwidrig, die ganze Verbindlichkeit einzuklagen, weil der auf den Miterbengläubiger entfallende Teil der Gesamtschuld von diesem sofort wieder zurückzugeben wäre (§ 426).

23 Alternativ kann der Miterbengläubiger auch die **Gesamthandsklage** wählen (§ 2059 Abs. 2). Sie ist gegen alle Miterben gerichtet auf Zahlung aus dem Nachlass. Wählt er diese Klageart braucht er seinen Anteil an der Nachlassverbindlichkeit nicht abzuziehen, weil ihn der Abzug über die Reduzierung der Teilungsmasse (§§ 2046 f.) trifft.

24 Hinweis: Treuwidrig handelt der Miterbengläubiger, der – obwohl er wegen seiner Ausgleichungspflicht bei der Verteilung des Nachlasses nichts mehr zu erwarten hat – seine Forderung einklagt. Das Gleiche gilt auch, wenn die Erbengemeinschaft durch die Geltendmachung zu finanziellen Einbußen durch Notverkäufe o.ä. gezwungen wird.

25 **Nach der Teilung** haften die Miterben grundsätzlich weiterhin als Gesamtschuldner für die Nachlassverbindlichkeiten. Eine Beschränkung der Haftung tritt nur unter den Voraussetzungen des § 2060 Ziffern 1–3 ein. Hat ein Miterbe nach der Verteilung eine Nachlassverbindlichkeit erfüllt, richtet sich der Erstattungsanspruch nicht mehr nach § 426 Abs. 1 sondern nach §§ 2038 Abs. 2, 748.[3] Nach der Teilung ist nur noch die Gesamtschuldklage möglich. Der klagende Miterbengläubiger muss in seinem Klageantrag wegen § 426 das Rückgriffsrecht der übrigen Miterben ihm gegenüber berücksichtigen und von der Klagesumme den auf ihn entfallenden Teilbetrag abziehen, will er mit seiner Klage nicht teilweise unterliegen.

V. Personengesellschaft im Nachlass

26 Hatte der Erblasser als Mitglied einer **Personengesellschaft** gegenüber dieser Gesellschaft Verbindlichkeiten, so haften seine Erben der Gesellschaft als Gesamtschuldner. Dabei sind folgende Varianten denkbar:

27 a) Wird die **Gesellschaft aufgelöst** mangels entsprechender Vereinbarung im Gesellschaftsvertrag, gilt § 727. Den Erben steht als Gesamtgläubigern der Auseinandersetzungsanspruch zu. Für persönliche Verbindlichkeiten des Erblassers gegenüber der Gesellschaft haben die Erben nach §§ 1975 ff. und 2058 ff. mit den sich hieraus ergebenden Haftungsbeschränkungsmöglichkeiten einzustehen. Das gilt auch, wenn der Gesellschaftsanteil des Erblassers nur auf einen der Miterben übergeht[4]

28 b) Wird die **Gesellschaft fortgesetzt unter den übrigen Gesellschaftern** kraft entsprechender Eintrittsklausel im Gesellschaftsvertrag, gelten für den Abfindungsanspruch nach §§ 738–740. Verbindlichkeiten des Erblassers gegenüber der Gesellschaft werden auch in diesem Fall Nachlassverbindlichkeiten, für die die Erben als Gesamtschuldner haften.

---

[3] Arg. § 2058 regelt nur das Verhältnis Gläubiger–Miterben, nicht aber das Verhältnis der Miterben untereinander.
[4] *Damrau/Syrbe* § 2058 Rn. 20 a.E.

c) Wird die **Gesellschaft fortgesetzt mit den Miterben,** rückt die Erbengemeinschaft in die Gesellschafterstellung des Erblassers ein (§ 2032 Abs. 1). Für Verbindlichkeiten des Erblassers gegenüber der Gesellschaft haften die Miterben nach §§ 2058 ff.; für Verbindlichkeiten der Gesellschaft haften sie nach §§ 128, 130 HGB. Für sonstige Verbindlichkeiten gilt § 2059 Abs. 1 S. 1. 29

Die Organhaftung nach §§ 128, 130 HGB gilt bei BGB-Gesellschaften nicht. Bei ihnen gilt nur die Haftung nach Erbrecht. 30

d) Wird die **Gesellschaft fortgesetzt mit einigen oder einem der Miterben,** so haften die, die Rechtsnachfolger werden, wie Gesellschafter und die, die nicht Rechtsnachfolger werden, haften nur nach Erbrecht 31

e) Übt ein Erbe sein Recht nach § 139 HGB aus, haftet er als ausgeschiedener Gesellschafter bzw. Kommanditist gem. § 139 Abs. 4 HGB mit der Möglichkeit, die Haftung auf den Nachlass zu beschränken. Das gilt auch für die innerhalb der Dreimonatsfrist entstehenden weiteren Verbindlichkeiten. 32

VI. Verhältnis der Erben untereinander

Vor der Verteilung sind die Miterben verpflichtet, bei der Erfüllung bzw. Tilgung der Nachlassverbindlichkeiten aus dem Nachlass mitzuwirken (§ 2046 Abs. 1 S. 1). 33

Gem. § 2059 Abs. 1 S. 1 ist ein Miterbe im Außenverhältnis verpflichtet, die Nachlassverbindlichkeit als Gesamtschuldner zu tilgen. Im Innenverhältnis haftet er so weit wie sie anteilsmäßig auf ihn entfällt. Er hat aber die Möglichkeit, die Befriedigung aus dem Vermögen zu verweigern, das er neben dem Anteil an der Erbengemeinschaft hat (»Eigenvermögen« § 2059 Abs. 1 S. 1). 34

Tilgt er aus seinem Eigenvermögen freiwillig oder im Wege der Zwangsvollstreckung mehr, als seinem Anteil an der Verbindlichkeit entspricht, kann er von den übrigen Erben Ausgleichung nach § 426 BGB verlangen. Wichtig ist in diesem Zusammenhang § 426 Abs. 1. Auf den Miterben, der eine Nachlassverbindlichkeit erfüllt, geht die Gläubigerforderung über. 35

Rückgriffsansprüche aus, Geschäftsführung ohne Auftrag und/oder ungerechtfertigte Bereicherung, scheitern an § 2059 Abs. 1 und daran, dass der Rückgriff nach § 426 Abs. 2 über die Vorschrift des § 426 Abs. 1 nicht hinausgeht. Auch aus diesen Gründen ist es angezeigt, stets darauf zu achten, dass vor der Verteilung die Nachlassverbindlichkeiten getilgt werden. 36

VII. Prozessuales

Erfüllen die gesamtschuldnerisch haftenden Miterben die Nachlassverbindlichkeiten nicht, kann der Nachlassgläubiger Klage gegen die Erbengemeinschaft erheben (= Gesamtschuldsklage). Sie kann aber auch gegen jeden einzelnen Miterben erhoben werden, was aber nicht unbedingt empfehlenswert ist. Sie muss auch nicht einheitlich entschieden werden (arg. § 425). Daraus folgt, dass die Erbengemeinschaft keine notwendige Streitgenossenschaft i.S.v. § 62 ZPO ist. 37

Bis zur Nachlassteilung hat der Gläubiger die Wahl zwischen der Gesamtschuldklage (§ 2058) oder der Gesamthandsklage (§ 2059 Abs. 2). Er kann aber auch von der einen Klageart zur anderen wechseln (§ 264 Nr. 2 ZPO). 38

Ist der Nachlass geteilt, bleibt nur die **Gesamtschuldklage.** 39

Nur das mit der Gesamtschuldklage erstrittene Urteil ermöglicht die Zwangsvollstreckung in das Eigenvermögen der Miterben (wenn diese sich im Tenor des Urteils nicht die Haftung auf den Nachlass vorbehalten haben) und in den Nachlass (§ 859 ZPO). 40

Der Gerichtsstand bestimmt sich nach §§ 27 f. ZPO: 41

Gegen die Gesamtschuldklage gibt es folgende erbrechtliche Einwände: 42
Vor der Annahme der Erbschaft:

- Nichtannahme bzw. Ausschlagung der Erbschaft:
- die Klage ist unzulässig.

Nach der Annahme der Erbschaft:
- Dürftigkeitseinrede (§§ 1990–1992): Die Haftung wird auf den unzulänglichen Nachlass beschränkt,
- Dreimonatseinrede (§§ 2014 ff.; 305, 782, 785 ZPO): Die Klage ist derzeit unbegründet,
- Aufgebotseinrede (§ 2015): Die Klage ist derzeit unbegründet,
- die Ausschließungseinrede § 1973 i.V.m. § 997 ZPO: Die Klage ist in Bezug auf ausgeschlossene Gläubiger unzulässig,
- die Verschweigungseinrede § 1974: Die Klage ist in Bezug auf den betroffenen Gläubiger unzulässig.

43 Wird ein Miterbe im Rahmen der Gesamtschuldklage in Anspruch genommen, kann er den klagenden Gläubiger einredeweise auf dessen Aufrechnungsmöglichkeit gegen eine fällige Forderung der Erbengemeinschaft verweisen. Das hat zur Folge, dass die Klage in Höhe der Gegenforderung abzuweisen ist (§§ 770 Abs. 2 129 HGB) – **also keine** Zug-um-Zug-Verurteilung!

§ 2059
Haftung bis zur Teilung

(1) Bis zur Teilung des Nachlasses kann jeder Miterbe die Berichtigung der Nachlassverbindlichkeiten aus dem Vermögen, das er außer seinem Anteil an dem Nachlasse hat, verweigern. Haftet er für seine Nachlassverbindlichkeiten unbeschränkt, so steht ihm dieses Recht in Ansehung des seinem Erbteil entsprechenden Teiles der Verbindlichkeit nicht zu.

(2) Das Recht der Nachlassgläubiger, die Befriedigung aus dem ungeteilten Nachlasse von sämtlichen Miterben zu verlangen, bleibt unberührt.

I. Normzweck

1 Diese Vorschrift befasst sich mit der Haftung der Erbengemeinschaft bis zur Teilung.
2 Sie ergänzt § 2058 BGB hinsichtlich der Masse, mit der die Miterben Nachlassgläubigern gegenüber haften. Sie ist die konsequente Folge des Umstandes, dass der Nachlass des Erblassers Sondervermögen der Miterbengemeinschaft wird, sich also mit deren Eigenvermögen durch den Erbfall nicht vermischt.[1]

II. Teilung

3 Die Nachlassteilung vollzieht sich in zwei Schritten, nämlich im ersten in der von den Erben eingegangenen Verpflichtung, nach bestimmten Vorgaben, d.h. in aller Regel dem Teilungsplan den Nachlass auseinander zu setzen. Im zweiten Schritt folgt der dingliche Vollzug des Planes, d.h. die Aufteilung der vormalig gesamthänderisch gehaltenen Gegenstände auf die einzelnen Mitglieder der Erbengemeinschaft zu jeweiligem Alleineigentum der einzelnen Miterben. Wenn dies geschehen ist, ist die Teilung des Nachlasses vollzogen. In ihrer Folge ist die vormalige gesamthänderische Bindung aufgehoben. An ihre Stelle tritt Einzeleigentum der jeweiligen Mitglieder der Erbengemeinschaft.
4 Weil die dingliche Auseinandersetzung sich gewöhnlich über einen längeren Zeitraum hinzieht, bleibt die Erbengemeinschaft solange nicht alle Nachlassgegenstände auseinan-

---
1 S. § 2032 BGB.

dergesetzt sind, bestehen. Wann bei einer Auseinandersetzung dieser Art die Erbengemeinschaft letztlich auseinandergesetzt ist, ist Tatfrage. Sie ist jedenfalls so lange nicht auseinandergesetzt, solange sie zumindest noch einen erheblichen Teil des Nachlasses hält oder Nachlassgegenstände hält, um eine Sicherheit für noch nicht fällige Nachlassforderungen zu haben. Bei der Beurteilung ist ein objektiver Maßstab anzulegen.

Ist der Nachlass geteilt, ist damit das Sondervermögen Nachlass aufgelöst. Der einzelne 5
Miterbe kann über die ihm zugeteilten Nachlassgegenstände frei verfügen. Sie sind Teil seines Eigenvermögens geworden. Des Schutzes des einzelnen Miterben durch die Gemeinschaft bedarf es jetzt nicht mehr.

Beruft sich ein Mitglied der Erbengemeinschaft in einem Fall der noch nicht vollzoge- 6
nen vollständigen Verteilung der Erbengemeinschaft darauf, dass sie noch nicht auseinandergesetzt ist, ist er für diese Behauptung darlegungs- und beweisbelastet.

Ist der Anteil an der Personengesellschaft in Ansehung des Nachlasses im Übrigen 7
untergeordnet, so ist die Teilung kraft Gesetzes so zu behandeln wie die vorzeitige Verteilung einzelner Nachlassgegenstände, die dem Vollstreckungszugriff des Nachlassgläubigers unterliegen. Der Gläubiger kann also die aus dem Nachlass vorab ausgesonderten und einem Miterben zugeteilten Nachlassgegenstände – aber nur diese! – pfänden. Mit diesem Ziel ist, auch wenn noch kein Titel vorliegt, die Gesamthandklage (§ 2059 Abs. 2) zulässig. Der Antrag muss dahingehend gestellt werden, dass der Miterbe die Zwangsvollstreckung wegen der Nachlassgläubigerforderung in den vorab verteilten Gegenstand zu dulden hat.

III. Unbeschränkte Haftung

Haftet ein Erbe unbeschränkt,[2] muss er mit seinem um seinen Anteil am vormaligen Nach- 8
lass erweiterten Eigenvermögen voll für die Nachlassverbindlichkeiten haften.

Sie tritt ein mit Vollzug der Teilung, bzw. dem Verlust der Haftungsbeschränkungsmög- 9
lichkeiten, durch Vertrag und/oder Unterlassen, den Vorbehalt nach § 780 Abs. 1 ZPO im Prozess zu beantragen.

Die einzige Möglichkeit, trotzdem noch die Haftungsbeschränkung zu erreichen, ist der 10
Antrag auf Durchführung der Nachlassverwaltung, der aber von allen Miterben gestellt werden muss. Als letzter Ausweg bleibt der Antrag auf Durchführung des Nachlassinsolvenzverfahrens, den jeder Miterbe allein stellen kann.

Bis zur Teilung wird diese Haftung aber durch § 2059 Abs. 1 und Abs. 2 dahin gehend 11
abgemildert, dass er mit seinem Eigenvermögen nur bis zu der Höhe haftet, die wertmäßig seinem Anteil am Sondervermögen Nachlass entspricht. Den Zugriff auf sein Eigenvermögen kann der einzelne Miterbe über § 2059 Abs. 1 S. 1 abwenden, solange nicht auseinandergesetzt ist.

Beweisbelastet für die volle Haftung ist der Gläubiger; für die Quote der Erbe. 12

IV. Haftungsbeschränkung (§ 2059 Abs. 1 S. 1)

Die Haftungsbeschränkung nach § 2059 Abs. 1 S. 1 wirkt nur für einen beschränkten Zeit- 13
raum, nämlich von der Annahme der Erbschaft an bis zur Teilung des Nachlasses. Daneben bestehen die weiteren Haftungsbeschränkungsmöglichkeiten des Erben nach §§ 1975 ff.

Im Prozess muss der Erbe neben der Erhebung dieser aufschiebenden Einrede die Ein- 14
räumung des Vorbehaltes im Urteil nach § 780 ZPO beantragen.

---

2 Vgl. § 2013 BGB.

V. Haftungsbeschränkung nach § 2059 Abs. 1 S. 2

15 Auch diese Haftungsbeschränkung wirkt zunächst nur von der Annahme der Erbschaft an bis zum Vollzug der Auseinandersetzung (Teilung).

16 Angesprochen ist von dieser Vorschrift derjenige von mehreren Miterben, der aus welchen Gründen auch immer (z.B.: Inventaruntreue) seine Haftungsbeschränkungsmöglichkeiten verloren hat. Er muss im Außenverhältnis die Befriedigung des Gläubigers aus seinem Privatvermögen nur bis zur Höhe seines ideellen Erbanteils am Nachlass dulden. Im Prozessfall genügt es auch hier, den allgemeinen Vorbehalt nach § 780 ZPO zu beantragen:

17 »Dem Beklagten bleibt bis zur Nachlassteilung die Beschränkung seiner Haftung auf einen höheren Betrag als € ... auf seinen Anteil am Nachlass vorbehalten«.

18 Das gilt nach dem Gesetzeswortlaut auch für den Fall, dass die Nachlassforderung unteilbar sein sollte. Der Gläubiger muss die Voraussetzung der Haftung nach § 2059 Abs. 1 S. 2 beweisen, der beklagte Erbe die Höhe seiner Quote und den Umstand, dass der Nachlass nicht geteilt ist.

VI. Der Miterben-Gläubiger

19 Die Doppelstellung des Miterbengläubigers als Gläubiger auf der einen und als Erbe und damit als Schuldner auf der anderen Seite löst die Einschränkungen aus, die unter § 2058 aufgeführt sind.

20 Der Miterbengläubiger kann ebenfalls die Gesamthandsklage erheben, wenn die übrigen Miterben die Erfüllung der Nachlassverbindlichkeit verweigern. Er muss den Titel gegen die übrigen Miterben erwirken. Seine Stellung als Kläger in dem Prozess ersetzt den Titel gegen sich selbst.

VII. Prozessuales

21 Verklagt ein Nachlassgläubiger einen Miterben und will dieser sein Recht nach § 2059 Abs. 1 S. 1 geltend machen, muss er behaupten und beweisen, dass der Nachlass noch nicht geteilt ist, und beantragen, die Haftungsbeschränkungen in das Urteil (§ 780 ZPO) aufzunehmen wie folgt:

22 »Dem Beklagten bleibt bis zur Nachlassteilung die Beschränkung der Erbenhaftung auf den Nachlass des ... vorbehalten.«

23 Die Aufnahme dieses Vorbehaltes ins Urteil ist auch zu beantragen, wenn ein auf den Erblasser ergangener Titel auf die Erben umgeschrieben wird. Nach der Teilung des Nachlasses entfällt dieser Vorbehalt.

24 Vollstreckt ein Gläubiger trotz des Vorbehaltes in das Privatvermögen eines Miterben, kann dieser gegen die Vollstreckung nach §§ 781, 785, 767 ZPO vorgehen, solange der Nachlass nicht geteilt ist. Beweisbelastet ist der Miterbe, gegen den sich die Zwangsvollstreckung richtet.

25 Klagt der Gläubiger – was allerdings nicht zu empfehlen ist – von vornherein auf »Leistung aus dem Erbteil«, ist die Beschränkung entbehrlich.

26 Aufgrund von § 2059 Abs. 2 kann der Gläubiger die Gesamthandsklage gegen alle Miterben als notwendige Streitgenossen ohne die Einschränkungen des Abs. 1 auf Befriedigung aus dem ungeteilten Nachlass erheben. Wenn die Zwangsvollstreckung in den Nachlass erfolgen soll, ist ein Titel gegen alle Miterben notwendig (§ 747 ZPO), aber nicht notwendig ein einheitlicher. So brauchen die Miterben, die den Anspruch unwiderruflich – auch zu notarieller Urkunde – anerkennen, nicht verklagt zu werden. Weil dieser Titel aber nur für die Zeit bis zur Teilung wirkt, ist es empfehlenswert, sogleich die Gesamtschuldklage zu erheben, weil ein auf sie ergangenes Urteil auch über den Zeitpunkt der Teilung hinaus wirkt.

Die Einwendungen gegen die Gesamthandsklage sind beschränkt auf: Stundung; Nicht- 27
entstehen der Forderung; § 1958; Drei-Monats-Einrede; Aufgebotseinrede.³

Gehört zum Nachlass ein Anteil an einer Personengesellschaft, so geht der Anteil des 28
Erblassers automatisch auf die Miterben je im Anteilsverhältnis ihrer Erbquoten über,
wenn die Gesellschaft nach dem Gesellschaftsvertrag mit den Erben des Gesellschafters
fortgeführt werden soll. In diesem Fall ist die Teilung **kraft Gesetzes** erfolgt. Die Miterben
können sich nicht auf § 2059 berufen.

§ 2060
Haftung nach der Teilung

Nach der Teilung des Nachlasses haftet jeder Miterbe nur für den seinem Erbteil entsprechenden Teil einer Nachlassverbindlichkeit:
1. **wenn der Gläubiger im Aufgebotsverfahren ausgeschlossen ist; das Aufgebot erstreckt sich insoweit auch auf die im § 1972 bezeichneten Gläubiger sowie auf die Gläubiger, denen der Miterbe unbeschränkt haftet;**
2. **wenn der Gläubiger seine Forderung später als fünf Jahre nach dem in § 1974 Abs. 1 bestimmten Zeitpunkte geltend macht, es sei denn, dass die Forderung vor dem Ablaufe der fünf Jahre den Miterben bekannt geworden oder im Aufgebotsverfahren angemeldet worden ist; die Vorschrift findet keine Anwendung, soweit der Gläubiger nach § 1971 von dem Aufgebote nicht betroffen wird;**
3. **wenn das Insolvenzverfahren eröffnet und durch Verteilung der Masse oder durch einen Insolvenzplan beendigt worden ist.**

I. Normzweck

Nach der Teilung des Nachlasses haftet jeder Miterbe unbeschränkt mit seinem Eigenver- 1
mögen, in dem sein Anteil am Nachlass aufgegangen ist. § 2060 normiert Ausnahmen von
diesem Grundsatz. Unter den näher beschriebenen Umständen haftet der einzelne Miterbe
für eine Nachlassverbindlichkeit nur mit dem Betrag, der dem Wert seines Anteils am
Nachlass entspricht. In diesen Fällen erfolgt also kraft Gesetzes eine Umwandlung der
Gesamtschuld in eine Teilschuld, wenn die Tatbestandsvoraussetzungen hierfür vorliegen.

Die dinglichen Ansprüche von Nachlassgläubigern werden von § 2060 nicht erfasst. 2

II. Teilung

Der Begriff »Teilung« ist in § 2059 und § 2060 im gleichen Sinn zu verstehen; s. hierzu 3
Kommentierung zu § 2059.

III. Haftumfang

Der Umfang, in dem ein Miterbe für eine Nachlassverbindlichkeit nach § 2060 haftet, rich- 4
tet sich nach der Höhe seines Anteils am geteilten Nachlass. Maßgebend ist nur die Quote
des in Anspruch genommenen Miterben, die dieser vom Nachlass erhalten hat (also nicht
seine Erbquote!). Das kann u.U. dazu führen, dass ein Nachlassgläubiger i.R.v. § 2060 volle
Befriedigung nicht erhalten kann. Denkbar ist z.B. der Fall, dass ein Miterbe beschränkt
haftet (§§ 1975 ff.) und aus dem Nachlass wegen empfangener ausgleichspflichtiger Vorbezüge nichts erhält. Dann haftet er einem Nachlassgläubiger gegenüber nicht. Von den übrigen Miterben kann dieser Gläubiger seine Forderung nur entsprechend deren Quoten gel-

---
3 §§ 2014 ff. BGB i.V.m. 305, 782, 785 ZPO.

tend machen mit der Folge, dass er mit seiner Forderung teilweise ausfällt, obwohl ausreichend »Masse« vorhanden ist. Dieses Ergebnis muss als Gesetzgeberwille hingenommen werden. Der Gläubiger hätte diese Folge durch rechtzeitiges Geltendmachen seiner Forderung verhindern können.

IV. Haftung bei Erbteilserwerb

5   Bei Erbteilserwerben durch Miterben haftet der übernehmende Miterbe für die seinem Erbteil entsprechende Teilschuld nach §§ 2060 ff.; für die übernommenen Erbteile haftet er nach §§ 2382, 2385 aber wiederum nur anteilig je übernommenem Erbteil nach § 2060.
6   Bei Erbteilserwerb durch Dritte gilt Entsprechendes über §§ 2382, 2385.
7   Ist eine Nachlassschuld unteilbar (z.B. Auflassungsanspruch), so muss der Nachlassgläubiger entgegen § 431 in analoger Anwendung der insolvenzrechtlichen Bestimmungen den Geldwert seiner Forderung geltend machen oder auf Schadensersatz umstellen.

V. Zu den einzelnen Fallgestaltungen

1. Ziffer 1

8   Das Verfahren zum Aufgebot von Nachlassgläubigern (§§ 1970 ff. i.V.m. §§ 454 ff. FamFG) führt nur dann zu einer beschränkten Haftung der Miterben, wenn es **vor** der Teilung betrieben, zumindest beantragt wird. Das ergibt sich aus dem Wortlaut von 2040 Abs. 1 S. 1, wonach vor der Teilung zunächst die Nachlassverbindlichkeiten zu berichtigen sind. Damit kann die Beschränkung vernünftigerweise nur bei »einer nicht voreiligen Teilung« eintreten.
9   Antragsberechtigt ist jeder nicht unbeschränkt haftende Miterbe (§ 455 Abs. 1 FamFG), Nachlasspfleger, -verwalter und Testamentsvollstrecker unter der Voraussetzung, dass ihnen die Verwaltung des Nachlasses zusteht (§ 455 Abs. 2 FamFG). Der Erbe und der Testamentsvollstrecker können den Antrag erst nach Annahme der der Erbschaft stellen (§ 455 Abs. 3 FamFG). Dem Antrag ist das Verzeichnis der bereits bekannten Nachlassgläubiger mit deren Anschriften beizufügen (§ 456 FamFG) Im Antrag sind den Gläubigern die Nachteile nach §§ 1973 ff, 2060 Nr. 1 anzudrohen (§ 458 FamFG).
10 Das Ausschlussurteil – wenn es auch nur ein Mitglied der Erbengemeinschaft erwirkt – kommt allen Miterben zugute (§ 460 Abs. 1 S. 1 Hs. 1 FamFG).
11 Das Verfahren nach §§ 1970 ff. kann auch ein bereits unbeschränkt haftender Miterbe einleiten. Das Ausschlussurteil ändert an seiner unbeschränkten Haftung nichts (§ 2013), führt aber wegen § 2060 Nr. 1 zur Teilschuld. Es wirkt auch gegenüber dem in § 1972 aufgeführten Personenkreis, jedoch mit der Einschränkung, dass die Haftungsmasse nicht verändert wird.
12 Zu beachten ist, dass der aus § 2060 folgende Nachteil weitergehender ist als der aus § 1973. Deshalb muss im Aufgebotsverfahren diese besonders nachteilige Folge aufgeführt werden (arg. § 460 Abs. 1 S. 2 FamFG), dass eine Teilschuld entsteht, wenn die Forderung nicht fristgerecht angemeldet wird.

2. Ziffer 2

13 Die Forderung eines Nachlassgläubigers wird zur Teilschuld, wenn der Gläubiger seine Forderung erst fünf Jahre nach dem Tod des Erblassers geltend macht (§§ 2060 Ziffer 2 i.V.m. 1974 Abs. 1 S. 1). Die Frist beginnt mit der Feststellung des Todeszeitpunktes zu laufen, gegebenenfalls mit der Rechtskraft des Beschlusses über die Todeserklärung.
14 Die Form der Geltendmachung ist erfüllt, wenn der Gläubiger – auch außergerichtlich – hinreichend klar macht, dass er Erfüllung seiner Forderung begehrt.
15 Geltend gemacht ist eine Forderung auch dann, wenn sie im gerichtlichen Aufgebotsverfahren angemeldet wurde. Nicht so die Geltendmachung im privaten Aufgebotsverfahren

nach § 2061 – ABER: Dieses Verfahren führt in aller Regel zur Kenntnis der Erben von der Forderung

Unabhängig von der Geltendmachung genügt die Kenntnis des jeweiligen Miterben von der Nachlassverbindlichkeit. Weil es auf die Kenntnis ankommt, kann ein Miterbe gesamtschuldnerisch und ein anderer teilschuldnerisch haften. Der gesamtschuldnerisch Haftende kann im Innenverhältnis Ausgleich verlangen – allerdings mit den möglichen Einschränkungen, die oben beim Umfang der Haftung aufgeführt wurden. 16

Der Rechtsirrtum über den Bestand einer Forderung ist wie Unkenntnis zu behandeln. 17

§ 1971 privilegiert auch in diesem Fall die Gläubiger dinglicher Forderungen. 18

3. Ziffer 3

Im Rahmen der Anwendung dieser Ziffer ist darauf zu achten, dass das Insolvenzverfahren vor der Teilung eröffnet werden muss. Auch hier darf eine übereilte Teilung nicht zu Nachteilen für die Gläubiger führen. Wird daher das Insolvenzverfahren erst nach der Teilung eröffnet, findet § 2060 Ziffer 3 BGB keine Anwendung 19

Wird das Insolvenzverfahren eingestellt (§§ 207, 213 InsO), entsteht keine Teilschuld. 20

Endet das Insolvenzverfahren auf andere Weise als durch Aufhebung wegen Verteilung der Masse (§ 200 InsO) oder durch rechtskräftigen Insolvenzplan (§ 258 InsO), tritt keine Teilschuld ein. Im Übrigen ist § 1980 zu beachten. 21

Ziffer 3 kommt, das hat die Erfahrung gezeigt, nur sehr selten zum Zuge, weil gleichzeitig die Erschöpfungseinrede nach § 1989 erhoben werden kann. Damit greift Ziffer 3 nur dann, wenn bei Abschluss des Insolvenzverfahrens ein Überschuss verbleibt. 22

VI. Rechtsfolgen

Das Vorliegen der Voraussetzungen des § 2060 ist von Amt wegen zu prüfen. 23

Der Nachlassgläubiger ist für die rechtzeitige Anmeldung seines Anspruchs beweispflichtig, der Miterbe für die Voraussetzungen des § 2060 Ziffer 1–3 **und** dafür, dass die Teilung noch nicht erfolgt ist. 24

Der verklagte Erbe ist anteilig zu verurteilen. Eines Vorbehaltes i.S.v. § 780 ZPO bedarf es nicht, weil der Einwand des Miterben aus § 2060 auf Beschränkung der Schuld und nicht auf Beschränkung der Haftung gerichtet ist. 25

Der Vorbehalt aus § 780 ZPO muss aber geltend gemacht werden, wenn der Miterbe seine Haftung für die Teilschuld auf die Gegenstände beschränken will, die er im Wege der Nachlassteilung erhalten hat. 26

Tritt der Wandel von Gesamtschuld in Teilschuld erst nach der letzten mündlichen Verhandlung ein, bleibt nur die Vollstreckungsgegenklage (§ 767 ZPO). Ist die ursprüngliche Schuld durch eine Hypothek gesichert, bleibt deren dingliche Sicherung in vollem Umfang erhalten, auch wenn eine Teilschuld entstanden ist. 27

Damit das Ausschlussurteil seine Wirkung entfalten kann, muss es vor der Teilung ergehen. 28

§ 2061
Aufgebot der Nachlassgläubiger

(1) Jeder Miterbe kann die Nachlassgläubiger öffentlich auffordern, ihre Forderungen binnen sechs Monaten bei ihm oder bei dem Nachlassgericht anzumelden. Ist die Aufforderung erfolgt, so haftet nach der Teilung jeder Miterbe nur für den seinem Erbteil entsprechenden Teil einer Forderung, soweit nicht vor dem Ablaufe der Frist die Anmeldung erfolgt oder die Forderung ihm zur Zeit der Teilung bekannt ist.

(2) Die Aufforderung ist durch den Bundesanzeiger und durch das für die Bekanntmachung des Nachlassgerichts bestimmte Blatt zu veröffentlichen. Die Frist beginnt mit der letzten Einrückung. Die Kosten fallen dem Erben zur Last, der die Aufforderung erlässt.

I. Normzweck

1 Mit dieser Vorschrift ist den Erben neben § 2060 eine weitere, einfachere Möglichkeit an die Hand gegeben, die Nachlassverbindlichkeiten im Wege des Privataufgebots zu beschränken. Auch über diese Vorschrift können dingliche Rechte nicht reduziert werden.

II. Voraussetzung für die Umwandlung von Gesamtschuld in Teilschulden

2 Um die Gesamtschuld in Teilschulden zu verwandeln, bedarf es der Erfüllung von vier Voraussetzungen:
a) Aufforderung der Nachlassgläubiger in der Form des Abs. 2,
b) ihre Forderungen an den Nachlass
c) binnen einer Frist von sechs Monaten
d) bei dem bzw. den auffordernden Miterben oder dem Nachlassgericht anzumelden.

3 Im Unterschied zu § 2060 erfolgt die Aufforderung nicht durch das Gericht. Auffordern kann jeder – auch der unbeschränkt haftende – Miterbe. Wie aufzufordern ist, regelt § 2061 Abs. 2. Danach muss im Bundesanzeiger und in dem Blatt veröffentlicht werden, das das für den Erbfall zuständige Nachlassgericht für seine Veröffentlichungen bestimmt hat.

4 Die sechsmonatige Anmeldefrist – eine Ausschlussfrist – beginnt mit dem letzten Tag der Einrückung in die Blätter zu laufen und ist nach den §§ 187, 188, 193 BGB zu berechnen.

III. Auslösen der Wirkung

5 Die Wirkungen des § 2061 Abs. 1 werden nur ausgelöst, **wenn:**
a) Vor dem Ablauf der Sechsmonatsfrist keine Anmeldung beim auffordernden Erben bzw. dem zuständigen Nachlassgericht erfolgt und den Miterben innerhalb dieser Frist eine Nachlassforderung auch in sonstiger Weise nicht bekannt wird. Dieses Zur-Kenntnis-Gelangen wirkt aber immer nur gegenüber dem Miterben, der Kenntnis von einer Forderung erhält. Das kann zu unterschiedlichem Haftungsumfang führen. Der, der Kenntnis in sonstiger Weise erlangt hat, haftet als Gesamtschuldner, die anderen nur anteilig.

6 Die Anmeldung ist nur dann ordnungsgemäß, wenn sie innerhalb der Sechs-Monats-Frist bei dem auffordernden Miterben oder dem zuständigen Nachlassgericht eingeht. Nur dann wirkt sie gegenüber allen Miterben. Wird bei einem beliebigen anderen Miterben angemeldet, erlangt nur dieser »in sonstiger Weise« Kenntnis, es sei denn dieser leitet die Anmeldung innerhalb der Frist an den auffordernden Miterben bzw. das Nachlassgericht weiter (= Heilung).

7 **b) Erst nach dem Ablauf der Sechsmonatsfrist**, d.h. erst nach Beendigung des Aufforderungsverfahrens darf der Nachlass geteilt werden. Wird vor Ablauf der Frist oder gar vor Einleitung des Aufgebots geteilt, ist »voreilige Teilung« zu unterstellen (Gläubigerschutzgedanke). Das hat zur Folge, dass das Aufgebotsverfahren nicht mehr zulässig ist bzw. seine Wirkung verliert.

8 Nach dem Ablauf der Frist muss rasch geteilt werden, weil nur das Kenntniserlangen **nach** Teilung unschädlich ist.

IV. Rechtsfolgen

9 Die Beweislastverteilung und die rechtlichen Fragen sind genauso zu behandeln wie bei § 2060.

Das Privataufgebot löst die gleichen Wirkungen aus wie das Aufgebotsverfahren nach 10
§ 2060 Ziffer 1. Einzige Ausnahme ist, dass es nicht zu einem Ausschlussurteil führt.

Nach der Durchführung des Aufgebotsverfahrens und anschließender Teilung haften die 11
Miterben, in deren Person die Voraussetzungen des § 2060 vorliegen, nur noch für den Teil
einer Nachlassforderung, der ihrer Quote am Nachlass entspricht.

Bei den Kosten des Aufgebotsverfahrens handelt es sich nicht um Nachlassverbindlich- 12
keiten, sondern um Auslagen des Antragstellers, die er über die Regeln der Geschäftsführung
ohne Auftrag von den übrigen Miterben erstattet verlangen kann.

Durch das RVG ist bei Einschaltung von Anwälten das gerichtliche Aufgebotsverfahren 13
kostengünstiger als das Privataufgebot geworden. Neben der halben Gerichtsgebühr (§ 3
GKG, KV 1630) fällt nur die 1.0 Anwaltsgebühr der Nr. 3324 VV-RVG an; während bei
dem privaten Aufgebot die Anwaltsgebühr der Nr. 2400 VV-RVG mit 0,5–2,5, d.h. in aller
Regel nicht unter 1.3 anfällt. Zieht man in die Erwägungen den umfänglicheren Schutz des
gerichtlichen Aufgebotes (dauerhafte Einrede nach § 1973) mit ein, ist dem gerichtlichen
der Vorzug zu geben.

§ 2062
Antrag auf Nachlassverwaltung

Die Anordnung einer Nachlassverwaltung kann von den Erben nur gemeinschaftlich beantragt werden; sie ist ausgeschlossen, wenn der Nachlass geteilt ist.

I. Normzweck

Diese Vorschrift hebt für den schwerwiegenden Eingriff in das Verwaltungsrecht der Mit- 1
erbengemeinschaft die Bedeutung der Gemeinsamkeit hervor.

II. Gemeinschaftlicher Antrag

Der gemeinschaftliche Antrag als Voraussetzung für die Anordnung der Nachlassverwal- 2
tung ist systemgerecht. Durch die Nachlassverwaltung (§ 1984 Abs. 1 S. 1) verlieren nämlich die Miterben das Recht, den Nachlass gemeinsam zu verwalten (§ 2038) und über ihn
gemeinsam zu verfügen (§ 2040). Auf der anderen Seite sind die Miterben zunächst bis zur
Teilung hinreichend dadurch geschützt, dass sich deren Haftung nicht auf ihr Eigenvermögen erstreckt (§ 2059 Abs. 1 S. 1) und sie die Auseinandersetzung bis zur Ermittlung der
Forderungen der Nachlassgläubiger verhindern können. Schließlich kann jeder Miterbe
das Aufgebotsverfahren (§§ 2060 oder 2061) in Gang setzen und auf die Inventarerrichtung
(§ 2063) hinwirken. Deshalb ist es richtig, bei einer Miterbengemeinschaft als Vorausset-
zung für die Durchführung der gerichtlichen Nachlassverwaltung einen entsprechenden
Antrag aller Miterben zu verlangen. Weil die Beantragung der Nachlassverwaltung keine
Verwaltungsmaßnahme i.S.v. § 2038 ist, ist für den Antrag auf deren Durchführung ein
Mehrheitsbeschluss zwecklos. § 2062 Hs. 1 verdeutlicht dies.

III. Antragsberechtigung

Daneben muss die Antragsberechtigung bei allen Miterben bis zur Entscheidung des 3
Gerichts über den Antrag vorliegen.

Der Antrag ist bzw. wird unzulässig, wenn auch nur ein Miterbe das Antragsrecht bis 4
zur Entscheidung verliert, z.B. weil er allen Nachlassgläubigern unbeschränkbar haftet
(§ 2013 Abs. 1 S. 1 Hs. 2). Das Gleiche gilt, wenn ein Miterbe seinen Antrag zurückzieht,
bevor das Gericht über den Antrag der Erbengemeinschaft entschieden hat. Diese Rege-

lung ist auch nicht unbillig, weil die übrigen Miterben die Auseinandersetzung des Nachlasses so lange verhindern können, als nicht alle Nachlassverbindlichkeiten getilgt sind.

5 Ausnahme: Ist ein Miterbe zugleich Nachlassgläubiger, ist auf dessen Antrag als Nachlassgläubiger, wenn die Voraussetzungen des § 1981 Abs. 2 vorliegen, die Nachlassverwaltung anzuordnen. Der Mitwirkung der übrigen Erben bedarf es dann nicht.

IV. Rechtsfolgen

6 Die Anordnung der Nachlassverwaltung, die auf Antrag der Miterben ergeht, ist unanfechtbar (§ 359 Abs. 1 FamFG; alt 76 Abs. 1 FGG). Ist die Nachlassverwaltung entgegen § 2062 auf Antrag nur eines oder einiger Miterben angeordnet worden, so kann dieser Beschluss mit der einfachen Beschwerde angegriffen werden (§§ 58 ff FamFG; alt § 19 FGG). Ist der Antrag aller Miterben auf Anordnung der Nachlassverwaltung zurückgewiesen worden, ist dagegen Beschwerde (§ 58 FamFG) möglich. Hierbei müssen aber wiederum alle Miterben das Rechtsmittel ergreifen.

V. Geteilter Nachlass

7 Haben die Miterben den Nachlass geteilt, kann Nachlassverwaltung weder von den Miterben noch von einem Nachlassgläubiger beantragt werden. Wird die Miterbengemeinschaft nicht durch Teilung aufgehoben, ist Nachlassverwaltung möglich. Das ist z.B. in den Fällen denkbar, in denen der Anteil eines Erblassers an einer Personengesellschaft kraft Sondererbfolge im Gesellschaftsvertrag auf die Miterben übergeht, ohne dass diese auf die Teilung Einfluss nehmen können. Gleiches gilt, wenn sich alle Erbteile in der Hand eines Miterben durch eine nicht rechtsgeschäftliche Übertragung vereinigen.

§ 2063
Errichtung eines Inventars, Haftungsbeschränkung

(1) Die Errichtung des Inventars durch einen Miterben kommt auch den übrigen Erben zustatten, soweit nicht ihre Haftung für die Nachlassverbindlichkeiten unbeschränkt ist.

(2) Ein Miterbe kann sich den übrigen Erben gegenüber auf die Beschränkung seiner Haftung auch dann berufen, wenn er den anderen Nachlassgläubigern gegenüber unbeschränkt haftet.

I. Normzweck

1 Diese Vorschrift schafft die notwendige und sinnvolle Ergänzung für die Erbengemeinschaft neben den §§ 1993–2013.

2 Einerseits wird geregelt (Abs. 1):
Das Inventar eines Mitglieds der Erbengemeinschaft wirkt zugunsten auch der übrigen Miterben, wenn es rechtzeitig, vollständig und wahrhaftig errichtet wurde, den gesamten Nachlass, nicht nur einen Erbteil, erfasst und wenn es die übrigen Miterben ebenfalls unschwer errichten könnten.

3 Andererseits wird geregelt (Abs. 2):
Das Recht eines im Außenverhältnis bereits unbeschränkt haftenden Miterben, sich gegenüber den Miterben auf den Fortbestand der Haftungsbeschränkung zu berufen.

II. Inventarerrichtung durch ein Mitglied der Erbengemeinschaft

Der Begriff Inventar ist in § 1993 als Verzeichnis des Nachlasses definiert. Inventarerrichtung bedeutet die Einreichung des Inventars bei Gericht.

Soll das Nachlassverzeichnis die gewünschte Vermutung auslösen, muss es den gesamten Nachlass erfassen und nicht nur den Teil, der den das Verzeichnis errichtende Miterben betrifft. In aller Regel wird es bei der Errichtung des Nachlassverzeichnisses durch einen Miterben für die Erbengemeinschaft nicht zu Schwierigkeiten kommen, weil der Nachlass allen Miterben zur gesamten Hand gehört, also zwangsläufig jeder Gegenstand erfasst werden muss.

Stellt ein Miterbe das Verzeichnis bewusst nur für seinen Erbteil zusammen, muss er gleichwohl alle Gegenstände aufnehmen, weil ihm nur ideelle Anteile an den Nachlassgegenständen zustehen. In einem solchen Fall sollte trotzdem ein weiteres vollständiges Inventar verfasst und eingereicht werden.

Wegen der Möglichkeit der Inventaruntreue darf auf ein bereits errichtetes Verzeichnis nicht sorglos Bezug genommen werden.

III. Gläubiger

Verlangt ein Gläubiger, dass die Miterben das Inventar errichten, muss jedem einzelnen Mitglied der Erbengemeinschaft Frist zur Errichtung gesetzt werden. Das kann dazu führen, dass die Fristen unterschiedlich laufen und Rechtsfolgen zu unterschiedlichen Zeitpunkten eintreten. Weil jedem Miterben gesondert Frist zu setzen ist, kann sich der Miterbe, der die ihm gesetzte Errichtungsfrist versäumt hat, nicht darauf berufen, dass ein anderer Miterbe das Inventar rechtzeitig und vollständig errichtet hat. Die Miterben haften auch nicht für Fehler[1] anderer Miterben bei der Errichtung deren Inventare. Das gilt freilich dann nicht, wenn alle Miterben die gleiche Urkundsperson mit dem Verfassen und der Errichtung des Inventars beauftragt haben. In diesem Fall ist das Inventar allen Miterben zuzurechnen mit der Folge, dass alle dafür einzustehen haben.

IV. Miterbengläubiger

Abs. 2 bestimmt, dass sich die Haftungsmasse zugunsten eines Miterbengläubigers selbst dann nicht verändert, wenn ein Miterbe anderen Nachlassgläubigern gegenüber wegen Inventarverstößen bereits unbeschränkbar haftet. Das hat seinen logischen Grund darin, dass jeder Miterbe selbst das Inventar errichten und so den Nachlass selbst in Erfahrung bringen kann. Die Stellung eines Miterben als Teil- oder Gesamtschuldner gegenüber einem Miterbennachlassgläubiger bestimmt sich allein nach §§ 2060 f. Gegenüber Miterbennachlassgläubigern kann sich der Miterbe nur durch die gesetzlichen Haftungsbeschränkungen schützen (§ 2059 BGB i.V.m. § 780 ZPO).

Das bedeutet, dass der Miterbe sich vor der Teilung zum Schutz seines Eigenvermögens auf § 2059 Abs. 1 S. 1 i.V.m. § 780 ZPO berufen muss. Nach der Teilung bleibt ihm nur der Antrag auf Eröffnung der Nachlassinsolvenz und/oder die Erhebung der Unzulänglichkeitseinrede (§§ 1990, 1992). Wenn die Voraussetzungen gegeben sind, kann er sich auf Verschweigung (§ 1974) oder ein Aufgebotsverfahren, bei dem der Miterbengläubiger ausgeschlossen wurde, oder auf ein abgeschlossenes Nachlasskonkursverfahren[2] oder abgeschlossenes Nachlassinsolvenzverfahren berufen.

Wendet der Miterbe keines dieser Beschränkungsmittel ein, haftet er dem Miterbengläubiger gegenüber mit seinem Eigenvermögen.

---

1 Versäumung der Inventarfrist, Inventaruntreue.
2 Bis 31.12.1998.

Abschnitt 3
Testament

Titel 1
Allgemeine Vorschriften

§ 2064
Persönliche Errichtung

Der Erblasser kann ein Testament nur persönlich errichten.

I. Normzweck

1 Diese Vorschrift dient dem Ziel, die Testierfreiheit zu sichern. Verfügungen von Todes wegen (hierzu zählen das Testament und der Erbvertrag) sollen unmittelbar dem Willen des Erblassers entspringen und inhaltlich von seinem persönlichen Willen getragen werden. Mit dieser Vorschrift wird dem Umstand Rechnung getragen, dass Verfügungen des Erblassers auf den Ehegatten, Abkömmlinge und sonstige Verwandte als gesetzliche Erben erhebliche Auswirkungen haben.

2 Die Vorschrift bezieht sich nach dem Wortlaut nur auf das Testament (Einzeltestament oder gemeinschaftliches Testament).

3 Ein Testament kann nicht durch einen bevollmächtigten Vertreter abgeschlossen werden. Dieser Vertretungsausschluss gilt auch für einen gesetzlichen Vertreter (z.B. Eltern, Vormund, Pfleger). Testierunfähige Personen (s. hierzu § 2229) können also weder persönlich noch durch einen Vertreter eine Verfügung von Todes wegen errichten.

4 Der Grundsatz der Höchstpersönlichkeit gilt auch beim Widerruf eines Testamentes, wenn dieser wiederum durch Testament erfolgt (s. hierzu §§ 2254, 2258).

5 Der Erblasser kann testamentarisch keinem anderen gestatten, nach dem Erbfall Verfügungen von Todes wegen für ihn zu treffen (z.B. Vermächtnisse aus dem Nachlass anzuordnen). Diese Gestaltungsmöglichkeit verbietet bereits der Wortlaut des § 2064 und ist auch deshalb unwirksam, weil die Verfügungen zum Zeitpunkt des Erbfalls wirksam vorliegen müssen. Von dem Verbot der testamentarischen Bevollmächtigung zu unterscheiden ist die Fallkonstellation, dass der Erblasser die Geltung oder den Inhalt seiner Verfügungen von Erklärungen einer anderen Person abhängig macht. Nähere Erläuterungen s. hierzu § 2065.

II. Rechtsfolgen

6 Wird ein Testament unter Verstoß gegen § 2064 errichtet, ist es von Anfang an nichtig. Eine Heilung der Nichtigkeitsfolgen durch Genehmigung des Erblassers ist nicht möglich.

III. Beratungshinweise

1. Beratungs-Checkliste bei der Gestaltung von Verfügungen von Todes wegen

7 – Grundlagen
  – persönliche Daten (Name, Vornamen, Geburtstag, Geburtsort) von Erblasser, Ehegatten, Abkömmlingen und Eltern;
  – Staatsangehörigkeit des/der Erblasser;
  – Güterstand (gesetzlicher Güterstand, modifizierte Zugewinngemeinschaft, Gütertrennung, Gütergemeinschaft, ausländischer Güterstand).

- **Zusammensetzung des Vermögens**
  - Immobilarvermögen;
  - Geldvermögen;
  - sonstiges Vermögen, jeweils untergliedert in Privatvermögen, Betriebsvermögen;
  - Schulden – gesichert durch Grundpfandrechte/ungesichert.
- **Bisherige Verfügungen**
  - Verträge unter Lebenden (Gesellschaftsverträge, Schenkungsverträge, Nießbrauchsverträge, Wohnungsrechtsverträge, Erb- und Pflichtteilsverzichtsverträge);
  - frühere Verfügungen von Todes wegen (Testament, gemeinschaftliches Testament, Erbvertrag);
  - Bindungswirkung dieser Verfügungen; Widerruf und Anfechtung; Beseitigung der Bindung durch Ausschlagung oder Anfechtung.
- **Familiäre Besonderheiten**
  - behinderte Kinder;
  - überschuldeter Ehegatte/Abkömmlinge;
  - nichteheliche Kinder; Kinder aus anderen Ehen; Vorversterbensfälle bei Abkömmlingen.
- **Wünsche des Erblassers, insb. unter Berücksichtigung von**
  - Absicherung des Ehepartners;
  - Vermögenszusammensetzung und Entwicklung;
  - Stör- und Streitfallanalyse aufgrund der familiären Situation.
- **Wahl des erbrechtlichen Gestaltungsmittels**
  - Testament, gemeinschaftliches Testament oder Erbvertrag;
  - inhaltliche Ausgestaltung (Erbeinsetzung; Vermächtnis; Auflagen; Testamentsvollstreckung; Bestimmungen über die Auseinandersetzung).
- **Steuerliche Überlegungen**
- **Kosten**

2. Empfohlener Grundaufbau für jedes Testament (auch für einen Erbvertrag verwendbar)

Hilfreich ist ein festes **Übersichtsschema**. Es dient der Übersichtlichkeit bei der Gestaltung einer Verfügung von Todes wegen, insb. dem Praktiker, der beauftragt ist, eine Verfügung von Todes wegen nach den Wünschen des Erblassers rechtssicher zu gestalten.

Folgendes **Gliederungsschema** wird empfohlen:

I. Widerruf früherer Verfügungen von Todes wegen;
II. Erbeinsetzung;
III. Vermächtnisse und Auflagen;
IV. Testamentsvollstreckung;
V. Bindung (gilt nur beim gemeinschaftlichen Testament oder Erbvertrag).

§ 2065
Bestimmung durch Dritte

(1) Der Erblasser kann eine letztwillige Verfügung nicht in der Weise treffen, dass ein anderer zu bestimmen hat, ob sie gelten oder nicht gelten soll.

(2) Der Erblasser kann die Bestimmung der Person, die eine Zuwendung erhalten soll, sowie die Bestimmung des Gegenstandes der Zuwendung nicht einem anderen überlassen.

Übersicht	Rz.		Rz.
I. Normzweck	1	2. Zweite Fallkonstellation	11
II. Verhältnis zur Auslegung	3	3. Dritte Fallkonstellation	12
III. Abgrenzung zu den zulässigen Bedingungen	5	V. Bestimmung des Zuwendungsempfängers	14
IV. Geltung der Verfügung	7	VI. Bestimmungen über den Gegenstand der Zuwendung	20
1. Erste Fallkonstellation	10	VII. Rechtsfolgen eines Verstoßes	22

I. Normzweck

1 Grundsätzlich soll diese Vorschrift den Erblasser daran hindern, die Entscheidung über die Geltung seiner Verfügungen auf andere Personen zu übertragen. Dadurch soll erreicht werden, dass der Erblasser die Verfügungen in vollem Umfange persönlich durchdenkt und seinen abschließenden Willen bildet. Diese Vorschrift ist eine Ergänzung zu § 2064, der eine Stellvertretung ausschließt. Mit 2065 soll die höchstpersönliche Verantwortung des Erblassers für seine Verfügungen gewährleistet sein.[1]

2 Das **Prinzip der abschließenden und vollständigen Willensbildung** wird von dem Gesetz nicht ausnahmslos durchgeführt. Die Unvollständigkeit einer Verfügung kann ihre Ursache darin haben, dass der Erblasser zwar genaue Vorstellungen über die beabsichtigte Nachfolgeregelung entwickelt, andererseits aber bestrebt ist, künftige, noch nicht vollständig überschaubare Entwicklungen zu berücksichtigen. Deshalb ist es geboten, eine gewisse Flexibilität im Rahmen der Verfügungen zu akzeptieren. So gestattet das Gesetz aufschiebende und auflösende Bedingungen (vgl. §§ 2074 f.). Ob die zur Bedingung gemachten Umstände eintreten, kann vom Willen anderer Personen abhängen. Derartige Potestativbedingungen werden von § 2065 nicht grundsätzlich verboten, sondern nur dann, wenn sich im Gewande der Bedingung eine Übertragung der Entschließungsfreiheit verbirgt. Eine Ausnahme für das Vermächtnis machen §§ 2151 Abs. 1, 2193; für den Testamentsvollstrecker § 2198.

II. Verhältnis zur Auslegung

3 Sowohl die **einfache als auch die ergänzende Auslegung hat Vorrang vor § 2065**. Enthält ein Testament unklare oder unvollständige Anordnungen, muss zunächst versucht werden, den erklärten Willen des Erblassers im Wege der Auslegung (s. hierzu § 2084) festzustellen. Hierbei sind auch die gesetzlichen Auslegungsregeln (z.B. §§ 2066 ff.) heranzuziehen.

4 § 2065 ist allerdings auch eine gewisse **Grenze der Auslegung** zu entnehmen. Sie darf nicht dazu führen, den Willen eines Dritten, auch nicht des Auslegenden, an die Stelle des Erblasserwillens treten zu lassen oder zum Beispiel eine im Testament nicht enthaltene Erbenbestimmung nur aus Umständen außerhalb des Testaments zu entnehmen.[2]

---

1 BGHZ 15, 199, 200; OLG Zweibrücken NJW-RR 1989, 453, 454.
2 Vgl. BayObLG FamRZ 1981, 402 403; OLG Köln RPfleger 1981, 357.

III. Abgrenzung zu den zulässigen Bedingungen

Aus §§ 2074, 2075 ergibt sich, dass Verfügungen von Todes wegen **unter aufschiebenden oder auflösenden Bedingungen** getroffen werden können. Zur Bedingung können auch Ereignisse gemacht werden, deren Eintritt allein vom Willen des Bedachten oder eines Dritten abhängt. Das Gesetz enthält kein Verbot derartiger Potestativbedingungen. Durch eine Potestativbedingung[3] wird zwar die Geltung der Verfügung, der Gegenstand der Zuwendung oder die Person des Zuwendungsempfängers beeinflusst; dem steht aber § 2065 generell nicht entgegen. Andererseits würde der Normzweck vom § 2065 verfehlt, wenn es zulässig wäre, die bloße Erklärung eines Dritten über Geltung oder Inhalt der Verfügung zur Bedingung zu machen. Daher dürfen Potestativbedingungen nicht auf eine Vertretung im Willen hinauslaufen.[4] Zulässig sind nur solche Potestativbedingungen, bei denen der Erblasser seinen Willen vollständig gebildet hat und dabei in seine Überlegungen das mögliche, wenn auch willensabhängige künftige Ereignis einbezogen hat. Beispiele, die § 2065 nicht entgegenstehen: Der Erblasser trifft Verfügungen für den Fall der Annahme oder Ausschlagung der Erbschaft oder der Geltendmachung eines Pflichtteils. Der Erblasser trifft Verfügungen und macht deren Geltung davon abhängig, dass der Bedachte eine bestimmte Ausbildung durchlaufen oder einen bestimmten Beruf innehat.

Der Erblasser kann **bestimmte Ereignisse zu einer aufschiebenden oder auflösenden Bedingung** machen und die **Entscheidung über den Eintritt der Bedingung** einer bestimmten Person **zuweisen**. Ein Widerspruch zu § 2065 ergibt sich hierbei nicht, weil der Wille des Erblassers nicht unvollständig ist, sondern die Entscheidung über den Bedingungseintritt einem Dritten im Vertrauen auf dessen sachgerechte Beurteilung übertragen wird. Stellt sich die Entscheidung des Dritten als offenbar unrichtig heraus, so ist sie analog § 319 Abs. 1 unwirksam. Im Streitfall haben darüber die zuständigen Gerichte zu entscheiden. Der Erblasser kann in einer Verfügung von Todes wegen diese Rechtsfolgen nicht wirksam ausschließen, d.h., die Entscheidung des Dritten über den Bedingungseintritt unter allen Umständen als verbindlich zu erklären. Eine solche Bestimmung würde gegen § 2065 verstoßen, weil sie auf eine Abhängigkeit der Verfügung vom bloßen Willen des Dritten hinausläuft.

IV. Geltung der Verfügung

Der Erblasser muss die Geltung seiner Verfügungen **selbst anordnen**. Nach Abs. 1 darf die Geltung nicht vom Willen einer anderen Person abhängig gemacht werden. Der Erblasser kann seine Verfügungen weder an die Zustimmung eines anderen knüpfen noch einen anderen zu Änderungen oder zum Widerruf der Verfügung ermächtigen.

Ein »anderer« i.S.d. § 2065 ist jede Person mit Ausnahme des Erblassers. Dies hat zur Folge, dass weder dem Ehegatten, den Abkömmlingen, einem gesetzlichen Vertreter, einem Testamentsvollstrecker, einer Behörde, dem Bedachten oder dem Beschwerten die Entscheidung über die Geltung der Verfügung von Todes wegen übertragen werden kann.

Dem Erblasser ist gestattet, Nacherben unter der Bedingung einzusetzen, dass der Vorerbe keine anderweitigen Verfügungen von Todes wegen über den Nachlass trifft.[5] Hierunter verbergen sich drei Fallkonstellationen:

---

3 Zur Begriffserläuterung s. § 2074 Rz. 10.
4 Vgl. BGHZ 15, 199 201 f.; KG, JFG 20, 144; KG OLGE 43, 394; OLG Hamm OLGZ 1968, 80, 84; BayObLG FamRZ 1986, 606, 607; Erman/M. Schmidt § 2065 Rn. 5; RGRK/Johannsen § 2065 Rn. 7; Soergel/Loritz § 2065 Rn. 13.
5 BGHZ 2, 35; 15, 199, 204; 59, 220; BGH LM Nr. 6 (BGH, LM § 2314 Nr. 11 = NJW 1981, 2051, 2052 lässt aber die Frage ausdrücklich offen!); BayObLGZ 2001, 203, 207 = ZEV 2001, 483, 484; OLG Hamm ZEV 2000, 197, 198.

1. Erste Fallkonstellation

10   Die Einsetzung einer bestimmten, vom Erblasser benannten Person zum Nacherben soll davon abhängen, ob diese auch Erbe des Vorerben wird. Hierin liegt eine zulässige Potestativbedingung.

2. Zweite Fallkonstellation

11   Der Erblasser macht die Geltung einer Nacherbeneinsetzung ohne solche Kopplung mit dem Erbrecht nach dem Vorerben allein davon abhängig, dass der Vorerbe nicht anderweitig über den Nachlass des Erblassers verfügt. Soweit ersichtlich geht die herrschende Meinung auch hier von einer zulässigen Anordnung aus. Zur Begründung wird u.a. angeführt, dass der Erblasser hier lediglich eine eigentümliche Schwäche der Vor- und Nacherbenstellung ausnutze, die aus der Zulässigkeit von Potestativbedingungen folge.[6] Gewöhnlich steht diese Klausel unter dem Schlagwort: »Der Vorerbe habe auch das Recht, Vollerbe zu werden, wenn er dies wolle«.

3. Dritte Fallkonstellation

12   Zum Teil hält man auch Verfügungen für wirksam, die dem Vorerben das Recht geben, den Nacherben aus einem bestimmten Personenkreis auszuwählen oder die Erbquote – abweichend von den Bestimmungen des Erblassers – anders festzulegen. Sieht man in der zweiten Fallkonstellation keinen Verstoß gegen § 2065, ist konsequenterweise auch in dieser Fallkonstellation kein Verstoß gegen § 2065 zu sehen. Denn wenn der Vorerbe die Nacherbschaft schon vollständig beseitigen kann, müsste es ihm rechtlich auch möglich sein, eine Änderung der Erbteile vorzunehmen. Dennoch sind hier die ablehnenden Stimmen häufiger.[7]

13   Eine dem Normzweck des § 2065 gerecht werdende Betrachtungsweise führt zu dem Ergebnis, dass nur solche Anordnungen Bestand haben können, wenn sie die Einsetzung des Nacherben oder seine Erbquote davon abhängig machen, ob der Eingesetzte auch Erbe des Vorerben wird. Nur in diesem Falle handelt es sich um eine über die bloße Willensäußerung des Vorerben zu den Verfügungen des Erblassers hinausgehende und daher zulässige Bedingung. Diese hier vertretene Ansicht führt zu dem Ergebnis, dass lediglich die Fallkonstellation 1 im Einklang mit § 2065 steht.

V. Bestimmung des Zuwendungsempfängers

14   Unter Zuwendungen i.S.d. § 2065 Abs. 2 ist **jeder Vermögensvorteil** zu verstehen, den der Erblasser durch Verfügung von Todes wegen einem anderen verschaffen will. Abs. 2 gilt sowohl für die Bestimmung des Erben, der Miterben und des Vermächtnisnehmers.

15   Der Erblasser muss den **Bedachten** so **genau bezeichnen,** dass seine Person aus der Verfügung von Todes wegen zum Zeitpunkt des Erbfalls zumindest im Wege der Auslegung und unter Heranziehung der gesetzlichen Auslegungsregeln entnommen werden kann. Der Erblasser kann auch Personen benennen, die im Zeitpunkt der Errichtung der Verfügung noch nicht existieren (Beispiele: künftige Abkömmlinge, künftiger Ehegatte). Kommen mehrere Personen in Betracht, muss die Bezeichnung der Person so gestaltet sein, dass eine objektive Bestimmung anhand des Testaments möglich ist (z.B. der älteste Sohn, das zweite Kind des Sohnes des Erblasser usw.).

16   **Abs. 2** bestimmt zwar, dass der Erblasser die Auswahl des Erben dem freien Ermessen eines anderen nicht überlassen darf. Anders ist aber die Rechtslage, wenn der Erblasser nicht nur den Personenkreis bestimmt, aus dem die Auswahl zu erfolgen hat, sondern

---

[6] So OLG Oldenburg NJW-RR 1991, 646.
[7] OLG Frankfurt a.M. DNotZ 2001, 143, 144; RGRK/*Johannsen* § 2065 Rn. 16, m.w.N.

auch die sachlich entscheidenden Gesichtspunkte dafür festlegt. Da an der Zulässigkeit solcher Verfügungen ein besonderes sachliches Interesse in der Praxis besteht, hat die Rechtsprechung solche Verfügungen in begrenztem Maße zugelassen (Beispiel: Der Erblasser kann im Zeitpunkt der Errichtung der Verfügung noch nicht übersehen, welche Personen für die Weiterführung seines Unternehmens geeignet sind). In diesem Fall muss der Erblasser die entscheidungsberechtigte Person festlegen. Das Nachlassgericht kann nicht zur Entscheidung für zuständig erklärt werden. Wenn keine bestimmungsberechtigte Person genannt ist und auch im Wege der Auslegung nicht ermittelt werden kann, ist die Verfügung unwirksam.[8]

Die Auswahl des Erben muss auch aus einem vom Erblasser **eng begrenzten Personenkreis** erfolgen. Der BGH[9] verlangt, die Angaben des Erblassers müssten so genau sein, dass dadurch die Bezeichnung des Bedachten für jede sachkundige Person objektiv bestimmbar sei. Dies hätte zur Folge, dass der entscheidungsberechtigten Person kein Werturteil zugebilligt werden könnte. Die sachlichen Bedürfnisse der Praxis, die zu der einschränkenden Auslegung des Abs. 2 in der Rechtsprechung geführt haben, könnten dann aber kaum noch erfüllt werden. Daher ist mit den etwas großzügigeren Anforderungen des Reichsgerichts[10] lediglich zu fordern, dass die für die Auswahl maßgebenden Gesichtspunkte so genau festgelegt sein müssen, um für eine Willkür des Dritten keinen Spielraum zu belassen. Als zulässig ist demnach die Bestimmung anzusehen, der Dritte solle z.B. denjenigen der Kinder des Erblassers als Erben bestimmen, der zur Fortführung des Unternehmens oder zur Verwaltung einer Vermögensmasse am besten geeignet erscheint.[11] Die Einsetzung eines Schiedsgutachters oder Schiedsrichters wird für zulässig gehalten.[12]

Da das Gesetz für eine solche Erbenbestimmung keine ausdrücklichen Regelungen enthält, fehlen hierzu auch verfahrensrechtliche Vorschriften. Der Erblasser sollte daher auch **bestimmen, in welcher Frist und Form** gegenüber wem die Entscheidung zu treffen ist. Fehlen solche Anordnungen, ist die Auswahlerklärung analog § 2198 Abs. 1 in öffentlich beglaubigter Form gegenüber dem Nachlassgericht abzugeben.

Im **Geltungsbereich der Höfeordnung** kann der Erblasser dem überlebenden Ehegatten durch Verfügung von Todes wegen die Bestimmung des Hoferben unter den Abkömmlingen des Erblassers übertragen.[13] Die Ausübung des Bestimmungsrechts und die Rechtsfolgen sind in § 14 Abs. 3 HöfeO näher geregelt.

VI. Bestimmungen über den Gegenstand der Zuwendung

Grundsätzlich kann der Erblasser einen **anderen nicht ermächtigen,** die Höhe der Erbteile zu bestimmen oder Abweichungen von den Erbteilen festzulegen, die der Erblasser vorgesehen hat. Wegen der Ausnahme wird auf die Ausführungen zur Nacherbfolge und zur Erbenbestimmung durch einen Dritten aus einem eng begrenzten Personenkreis verwiesen.

Grundsätzlich gilt Abs. 2 auch für die **Erbauseinandersetzung,** d.h., es ist nicht zulässig, in der Verfügung von Todes wegen zu bestimmen, dass ein Dritter nach freiem Belieben darüber entscheiden soll, welche Gegenstände die einzelnen Miterben bei der Auseinandersetzung erhalten sollen. Allerdings ist auf die Vorschrift des § 2048 S. 2 hinzuweisen, aufgrund derer die Auseinandersetzung dem billigen Ermessen eines Dritten übertragen werden kann.

---

8 BGH LM Nr. 5 = NJW 1965, 2201; BayObLGZ 1998, 160, 165 = FamRZ 1999, 1119.
9 BGHZ 15, 199, 203, BayObLG ZEV 2001, 22, 23.
10 RGZ 159, 296, 299; der Sache nach auch OLG Köln FamRZ 1995, 57, 58.
11 OLG Köln, OLGZ 84, 299.
12 KG ZEV 1998, 182.
13 So etwa OLG Köln FamRZ 1995, 57.

VII. Rechtsfolgen eines Verstoßes

22 Verfügungen, die nicht im Einklang mit § 2065 stehen, sind nichtig. Man beachte aber den Vorrang der Auslegung. Zur Frage der Umdeutung wird auf § 2084 verwiesen. Ob die Nichtigkeit einer Verfügung nach § 2065 auch andere Verfügungen des Testaments ergreift, beurteilt sich nach § 2085 (s. dort).

§ 2066
Gesetzliche Erben des Erblassers

Hat der Erblasser seine gesetzlichen Erben ohne nähere Bestimmung bedacht, so sind diejenigen, welche zur Zeit des Erbfalls seine gesetzlichen Erben sein würden, nach dem Verhältnis ihrer gesetzlichen Erbteile bedacht. Ist die Zuwendung unter einer aufschiebenden Bedingung oder unter einer Bestimmung eines Anfangstermins gemacht und tritt die Bedingung oder der Termin erst nach dem Erbfall ein, so sind im Zweifel diejenigen als bedacht anzusehen, welche die gesetzlichen Erben sein würden, wenn der Erblasser zur Zeit des Eintritts der Bedingung oder des Termins gestorben wäre.

I. Normzweck

1 Die Vorschrift greift ein, um Verfügungen von Todes wegen auch dann als gewillkürte Erbregelung aufrechtzuerhalten, wenn der Erblasser ohne nähere Bestimmung auf die gesetzliche Erbfolge Bezug genommen hat. Entstehende Unklarheiten über diese Frage werden durch die gesetzlichen Hilfsregeln auch dann behebbar, wenn sich ein bestimmter Wille des Erblassers weder aus dem Wortlaut der Verfügung entnehmen lässt, noch durch Auslegung feststellbar ist.

2 S. 1 stellt eine gesetzliche Ergänzungsnorm dar.[1] Damit wird von Gesetzes wegen eine im Testament nicht enthaltene Festlegung hinzugefügt. Demgegenüber enthält S. 2 eine gesetzliche Auslegungsregel, was aus der Formulierung »im Zweifel« folgt.[2]

II. Anwendungsbereich des S. 1

3 Hierunter fallen solche Verfügungen, in denen der Erblasser seine »gesetzlichen Erben« bedenkt, d.h. ohne nähere Konkretisierung mit dieser allgemeinen Bezeichnung umschreibt. Dies gilt auch, wenn die Umschreibung mit den Begriffen »meine Erben« oder »meine rechtmäßigen Erben« geschieht. Hat allerdings der Erblasser schon in einer früheren Verfügung von Todes wegen bestimmte Personen zu Erben eingesetzt, sind unter dem Begriff »meine Erben« meist die seinerzeit Bedachten gemeint, so dass § 2066 keine Anwendung findet.[3] Sofern die Bedachten namentlich benannt oder durch anderweitige individualisierende Merkmale bezeichnet sind, kommt § 2066 nicht zum Zuge.

4 Werden durch den Erblasser nicht die eigenen gesetzlichen Erben eingesetzt, sondern die gesetzlichen Erben eines anderen (z.B. die gesetzlichen Erben meiner Schwester), so ist § 2066 nicht unmittelbar anwendbar, sondern **analog**.[4]

5 Die **Ergänzungsregel des S. 1** gilt nur insoweit, als der Erblasser keine nähere Bestimmung getroffen hat. Enthält seine Verfügung etwas über die Höhe der Erbteile oder über

---

1 RGRK/*Johannsen* § 2066 Rn. 6; MüKoBGB/*Leipold,* § 2066 Rn. 2.
2 Allg.M., z.B. RGRK/*Johannsen* § 2066 Rn. 6; Erman/M. *Schmidt,* § 2066 Rn. 1; Staudinger/*Otte* § 2066 Rn. 2.
3 MüKoBGB/*Leipold* § 2066 Rn. 3.
4 *Staudinger/Otte* § 2066 Rn. 13; MüKoBGB/*Leipold* § 2066 Rn. 4.

den Zeitpunkt, der für die Bestimmung des Personenkreises maßgebend sein soll, so kommt die gesetzliche Ergänzungsregelung nur in dem Bereich zur Anwendung, bei der der Erblasser keine Regelung getroffen hat.

§ 2066 gilt nicht nur bei Zuwendungen im Testament, sondern auch bei **Erbverträgen**, und zwar für einseitige (§ 2299 Abs. 2 S. 1) und vertragsmäßige Verfügungen (§ 2279 Abs. 1).

III. Rechtsfolgen des S. 1

Mangels näherer Bestimmung in der Verfügung von Todes wegen sind nach S. 1 diejenigen Personen bedacht, welche zum Zeitpunkt des Erbfalls die gesetzlichen Erben wären. Es ist aber zu beachten, dass es sich trotzdem um eine »gewillkürte« Erbfolge handelt. Dies folgt aus der Formulierung des Gesetzes (»sein würden«). Sind mehrere Personen nebeneinander als gesetzliche Erben berufen, so sind die Erbteile genauso zu bemessen wie bei der gesetzlichen Erbfolge.

Zwischen Testamentserrichtung und Erbfall können sich **Rechtsänderungen** ergeben. Dies kann darauf beruhen, dass der Kreis der gesetzlichen Erben oder die Höhe der Erbteile durch natürliche Ereignisse wie z.B. Geburt, Tod, Eheschließung, Ehescheidung und dergleichen sich verändern oder eine Gesetzesänderung eintritt. Für diese Fälle ergibt sich aus S. 1, dass beim Fehlen einer näheren Bestimmung, die möglicherweise durch Auslegung ermittelt werden kann, auf das im Zeitpunkt des Erbfalls geltende Recht abzustellen ist.[5]

Da die Vorschrift eine Ergänzungsregelung darstellt, ist es unerheblich, ob der Erblasser bei Testamentserrichtung mit einer Gesetzesänderung gerechnet hat. Ebenso braucht nicht auf den hypothetischen Willen des Erblassers abgestellt werden, d.h., man braucht nicht die Frage zu stellen, ob der Erblasser, wenn er die spätere gesetzliche Erbregelung gekannt hätte, ebenfalls seine »gesetzlichen Erben« bedacht hätte. Sofern der Nachweis geführt werden kann, dass der Erblasser bei seiner Erklärung bestimmte Vorstellungen über den Personenkreis hatte und dass er die Willenserklärung nicht abgegeben haben würde, wenn er gewusst hätte, wer später zum Kreis der gesetzlichen Erben gehört, so verbleibt es trotzdem bei dem durch S. 1 ergänzten Inhalt der Willenserklärung. In diesem Fall kommt jedoch nach dem Erbfall eine Anfechtung in Betracht (s. hierzu § 2078).

IV. Zuwendungen unter Bedingung oder Anfangstermin (S. 2)

Die Auslegungsregel des S. 2 gilt bei bedingter oder bei befristeter Zuwendung. In diesen Fällen ist auf den **Zeitpunkt des Bedingungseintritts oder des Termins** abzustellen. Dies gilt allerdings nur dann, wenn kein anderer Wille des Erblassers feststellbar ist. Denn bei S. 2 handelt es sich um eine echte Auslegungsregel. Die Fiktion, der Erblasser sei erst zu dem späteren Zeitpunkt gestorben, gilt auch für § 1923 Abs. 2.[6] Somit gehören Personen, die erst zu dem späteren Zeitpunkt erzeugt, aber noch nicht geboren sind, zu den Bedachten, wenn sie später lebend geboren werden. Bei Anordnung einer Nacherbfolge unter Berufung der gesetzlichen Erben als Nacherben gilt S. 2 ebenfalls.[7]

---

[5] RGRK/*Johannsen* § 2066 Rn. 1, 3; *Staudinger/Otte* § 2066 Rn. 7; MüKoBGB/*Leipold* § 2066 Rn. 10.
[6] *Bamberger/Roth/Litzenburger* § 2066 Rn. 9.
[7] OLG Zweibrücken FamRZ 1990, 668; *Bamberger/Roth/Litzenburger* § 2066 Rn. 9.

§ 2067
Verwandte des Erblassers

Hat der Erblasser seine Verwandten oder seine nächsten Verwandten ohne nähere Bestimmung bedacht, so sind im Zweifel diejenigen Verwandten, welche zur Zeit des Erbfalls seine gesetzlichen Erben sein würden, als nach dem Verhältnis ihrer gesetzlichen Erbteile bedacht anzusehen. Die Vorschrift des § 2066 S. 2 findet Anwendung.

I. Normzweck und Rechtsnatur

1 Werden in einer Verfügung von Todes wegen der Kreis der bedachten Personen mit »seinen Verwandten« umschrieben, so ist die Verfügung nicht eindeutig. Denn kaum jemand wird alle seine Verwandten nebeneinander als Erben einsetzen wollen. Auch bei der Bezeichnung »nächsten Verwandten« ist der Personenkreis nicht hinreichend abgegrenzt. § 2067 hilft, derartige Verfügungen wegen ihrer Unklarheit nicht scheitern zu lassen. S. 1 ist eine **Auslegungsregel.** Sie bringt die Auswahlmaßstäbe des gesetzlichen Erbrechts nur dann zur Geltung, wenn es im Testament an einer näheren Bestimmung fehlt, und auch dann nur im Zweifel.

II. Voraussetzungen

2 Es müssen die »Verwandten« oder die »nächsten Verwandten« des Erblassers mit diesen allgemeinen Bezeichnungen bedacht sein. Andere generelle Bezeichnungen können dem gleichstehen. Allerdings ist hierbei stets zunächst zu prüfen, ob nicht durch die abweichenden Formulierungen auf eine nähere Bestimmung des Personenkreises durch den Erblasser geschlossen werden kann. Zuwendungen an »meine Familie« oder »meine Hinterbliebenen« werden im Regelfall nicht nur die Verwandten, sondern auch den Ehegatten umfassen. § 2067 ist dann hinsichtlich der Verwandten entsprechend anwendbar.

3 Enthält das Testament **nähere Bestimmungen** oder kann durch **Auslegung** festgestellt werden, was der Erblasser gewollt hat, gilt die Auslegungsregel des § 2067 nicht. Ergibt die Auslegung anhand von Umständen innerhalb oder außerhalb des Testaments, dass mit der Bezeichnung »Verwandte« oder »nächste Verwandte« auch der Ehegatte des Erblassers gemeint ist, ergeben sich folgende Konsequenzen:

4 Welche Verwandte neben dem Ehegatten berufen sind, richtet sich gem. § 2067 an der gesetzlichen Erbfolge aus. Dies gilt auch für die Zuwendungsquoten, sowohl der Verwandten als auch des Ehegatten. Kann man durch nähere Bestimmungen oder durch Auslegung nur teilweise Klarheit schaffen (z.B. über den Personenkreis), verbleibt es im Übrigen bei der Auslegungsregel des § 2067 (z.B. hinsichtlich der Quoten).

5 Eine **entsprechende Anwendung der Vorschrift** ist möglich, wenn der Erblasser z.B. nicht seine eigenen Verwandten, sondern die Verwandten eines Dritten ohne nähere Bestimmung eingesetzt hat. Gemeint sind im Zweifel diejenigen Verwandten des Dritten, die dessen gesetzliche Erben wären. Wie bereits unter Rz. 2. ausgeführt, kann auch der Ehegatte mit den »Verwandten« mitgemeint sein. Dies wird man jedoch nicht als Regel ansehen können.[1] Eine andere Beurteilung dürfte bei einem Testament gerechtfertigt sein, das unter der Geltung des ZGB errichtet wurde. Da durch § 365 Abs. 1 ZGB der Ehegatte in die erste Ordnung der gesetzlichen Erben einbezogen wurde, könnte dieser Umstand als »Regel« dafür sprechen, dass der Erblasser den Ehegatten zu den Verwandten gerechnet hat.

6 Hat der Erblasser eine bestimmte Gruppe von Verwandten, z.B. seine Kinder, Geschwister, Abkömmlinge, Enkel und dergleichen, eingesetzt, so sind innerhalb dieser

---

[1] A.A. *Soergel/Loritz* § 2067 Rn. 13; *Palandt/Edenhofer* § 2067 Rn. 2.

Gruppen im Zweifel die Auswahl der Bedachten und die Bestimmung der Quoten analog § 2067 vorzunehmen.

III. Rechtsfolgen

Die Personen des Bedachten und ihre Anteile an der Zuwendung sind **nach den Regeln** 7
der gesetzlichen Erbfolge zu bestimmen. Im Zweifel sind daher nur die Verwandten i.S.d. § 1589 bedacht, d.h. nicht der Ehegatte des Erblassers und nicht die mit ihm Verschwägerten. Zu den Verwandten gehören aber als Kind angenommene und das nichteheliche Kind.

Es entscheidet der **Zeitpunkt des Erbfalls**, nicht der der Errichtung der Verfügung von 8 Todes wegen. Bei der Einsetzung von Schlusserben im gemeinschaftlichen Testament kommt es deshalb auf den Zeitpunkt des Versterbens des zweiten Ehepartners an. Entsprechendes gilt, wenn die Verwandten des einen oder anderen Ehegatten je zur Hälfte als Erben des überlebenden Ehegatten eingesetzt sind.[2] Der Kreis der Verwandten kann sich durch natürliche Ereignisse oder auch durch Änderung der Rechtslage verändern. Da der Erblasser mit der Einsetzung seiner Verwandten ohne nähere Bestimmung eine gewisse Unsicherheit durch spätere Veränderung des Kreises der Bedachten in Kauf nimmt, sind im Zweifel daher die erbberechtigten Verwandten nach dem zur Zeit des Erbfalls geltenden Recht zu bestimmen.

Die **durch S. 2 erfolgte Verweisung auf § 2066 S. 2** hat zur Folge, dass im Zweifel auf 9 den Zeitpunkt des Bedingungseintritts oder des Anfangstermins abzustellen ist, wenn dieser nach dem Erbfall liegt.

§ 2068
Kinder des Erblassers

Hat der Erblasser seine Kinder ohne nähere Bestimmung bedacht und ist ein Kind vor der Errichtung des Testaments mit Hinterlassung von Abkömmlingen gestorben, so ist im Zweifel anzunehmen, dass die Abkömmlinge insoweit bedacht sind, als sie bei der gesetzlichen Erbfolge an die Stelle des Kindes treten würden.

I. Normzweck

Die Vorschrift betrifft nur das **Vorversterben eines Kindes vor Errichtung des Testa-** 1
ments. Der Wegfall eines bedachten Abkömmlings nach Errichtung des Testaments wird durch § 2069 geregelt. Der Gesetzgeber[1] ging davon aus, dass im Alltagssprachgebrauch mit dem Begriff Kinder nicht nur Söhne und Töchter gemeint sind, sondern auch die weitergehenden Abkömmlinge. Auf dieser Grundlage ist die Auslegungsregel des § 2068 formuliert.

II. Vorversterben eines Kindes

Es muss sich um eine Verfügung von Todes wegen handeln, in der der Erblasser **allgemein** 2
seine »Kinder« bedenkt, ohne Äußerung darüber, ob auch die Abkömmlinge eines oder mehrerer vorverstorbener Kinder eingesetzt sein sollen. Die Vorschrift ist auch anwendbar, wenn die Erbteile der Kinder festgelegt sind.[2] Für die Anwendung des § 2068 ist es unerheblich, ob der Erblasser von dem Vorversterben eines Kindes und/oder vom Vorhanden-

---

2 OLG Karlsruhe ZEV 1994, 454, 455.
1 Vgl. Mot. *Mugdan*, Bd. V, S. 20.
2 MüKoBGB/*Leipold* § 2068 Rn. 2.

sein von dessen Abkömmlingen Kenntnis hatte. Diese Umstände können jedoch Bedeutung bei der einzelfallorientierten Auslegung haben, die stets Vorrang hat.

3   Die Abkömmlinge des vorverstorbenen Kindes treten nach den Regeln der gesetzlichen Erbfolge (§ 1924 Abs. 2–4) an dessen Stelle. **Entscheidend ist der Zeitpunkt des Erbfalls.** Dies gilt für die Auswahl der bedachten Personen und für die Bestimmung der Quoten. Nichteheliche Kinder[3] sowie Adoptivkinder sind im selben Umfange einzubeziehen, wie bei gesetzlicher Erbfolge nach dem Erblasser, es sei denn, die vorrangige Auslegung ergibt etwas anderes.

4   Eine **analoge Anwendung der Vorschrift** wird man in folgenden Fällen bejahen können:
– Der Erblasser bedenkt die »Söhne« oder »Töchter« und eines der eingesetzten Kinder ist vorverstorben.[4]
– Eine entsprechende Anwendung ist auch gerechtfertigt, wenn die Kinder neben der allgemeinen Bezeichnung namentlich genannt sind. Zu einem solchen Fall wird es allerdings nur kommen, wenn der Erblasser vom Vorversterben keine Kenntnis hat.
– § 2068 ist auch entsprechend anzuwenden, wenn nicht die Kinder des Erblassers, sondern die »Kinder eines Dritten« eingesetzt sind.[5]

5   Sind die bedachten Kinder eines Dritten dagegen von dem Erblasser namentlich bezeichnet, so dürfte eine analoge Anwendung nicht in Betracht kommen, da man dann nicht ohne besondere Anhaltspunkte davon ausgehen kann, dass sie wegen einer Kindes-Eigenschaft eingesetzt sind.

III. Auslegungsfragen bei Einsetzung von Kindern oder Abkömmlingen

6   § 2068 hilft bei Auslegungsproblemen nicht weiter, soweit es um das Vorversterben eines Kindes **nach Testamentserrichtung** geht. In diesem Fall ist analog § 2067 im Zweifel nach den Regeln der gesetzlichen Erbfolge, bezogen auf den Zeitpunkt des Erbfalls, die Bestimmung über den Personenkreis und die Zuwendungsquoten vorzunehmen. Daraus folgt mit Blick auf § 2069, dass anstelle eines nach Testamentserrichtung verstorbenen Kindes im Zweifel dessen Abkömmlinge bedacht sind. Handelt es sich nicht um die Sammelbezeichnung »Kinder«, sondern werden namentlich benannte Kinder bedacht, so gilt für deren Wegfall nach Testamentserrichtung unmittelbar § 2069.

7   Sind die Kinder eines Dritten eingesetzt und liegt Vorversterben eines Kindes nach Testamentserrichtung vor, regeln sich Personenkreis und Quoten analog § 2067 im Zweifel nach den Regeln der gesetzlichen Erbfolge, bezogen auf den Dritten als fiktiven Erblasser.

§ 2069
Abkömmlinge des Erblassers

Hat der Erblasser einen seiner Abkömmlinge bedacht und fällt dieser nach der Errichtung des Testaments weg, so ist im Zweifel anzunehmen, dass dessen Abkömmlinge insoweit bedacht sind, als sie bei der gesetzlichen Erbfolge an dessen Stelle treten würden.

---

3 RGRK/*Johannsen* § 2068 Rn. 5; *Soergel/Loritz* § 2068, Rn. 3; *Staudinger/Otte* § 2068 Rn. 4, 7.
4 *Erman/M. Schmidt* § 2068 Rn. 1; RGRK/*Johannsen* § 2068 Rn. 3; *Soergel/Loritz* § 2068 Rn. 2, *Staudinger/Otte* § 2068 Rn. 2.
5 Vgl. RGRK/*Johannsen* § 2068 Rn. 6 – gegen Analogie KG FamRZ 1991, 4876, 489 (aber bei der Auslegung zu berücksichtigen); *Soergel/Loritz* § 2068, Rn. 14; *Staudinger/Otte* § 2068 Rn. 9.

Übersicht

	Rz.		Rz.
I. Normzweck und Rechtsnatur	1	V. Rechtsfolgen	18
II. Zuwendung an einen Abkömmling	3	VI. Wegfall eines Nacherben	22
III. Wegfall nach Errichtung des Testaments	7	VII. Entsprechende Anwendung und ergänzende Auslegung	23
IV. Vorrang einer testamentarischen Regelung und der individuellen Auslegung	15		

I. Normzweck und Rechtsnatur

Fällt nach Errichtung des Testaments **der ursprünglich Bedachte weg,** erstrecken sich 1 Zuwendungen an den weggefallenen Abkömmling durch diese Norm im Zweifel auf dessen Abkömmlinge. Hinter dieser Testamentsauslegungsregel ist die gesetzgeberische Vorstellung von der Motivationslage des Erblassers zu sehen, d.h., die Annahme, der Erblasser habe den Bedachten in erster Linie wegen seiner Eigenschaft als Abkömmling eingesetzt. Fällt dieser nach Errichtung des Testaments weg, ist den allgemeinen Wertvorstellungen, wie sie im gesetzlichen Erbrecht in der Erbfolge nach Stämmen zum Ausdruck kommen, zu entsprechen.

Die Vorschrift unterscheidet sich wesentlich von den §§ 2066–2068. Während es jenen 2 Bestimmungen um Zuwendungen an Personen geht, die von vornherein mit auslegungsfähigen Begriffen benannt worden sind, dient die Vorschrift des § 2069 dazu, der ursprünglichen Verfügung einen anderen, der später entstandenen Lage (durch Wegfall des ursprünglich Bedachten) angemessenen Inhalt zu geben. Allerdings sei auch hier nochmals betont, dass diese Regelung nur im Zweifel gilt, mithin dann nicht, wenn sich nachweisen lässt, dass der Erblasser bei Kenntnis vom Wegfall des ursprünglich Bedachten keine Erstreckung auf dessen Abkömmlinge gewollt hätte.

II. Zuwendung an einen Abkömmling

§ 2069 findet Anwendung für Zuwendungen in Einzeltestamenten, gemeinschaftlichen 3 Testamenten und Erbverträgen. Hierbei spielt es keine Rolle, um welche Art der Zuwendung es sich handelt. Es kann sich beispielsweise um Erbeinsetzungen, Vermächtnisse oder auch Auflagen handeln. Insoweit dürfte es also auch sachgerecht sein, diese Vorschrift entsprechend auf unentgeltliche Zuwendungen unter Lebenden auf den Todesfall, die nicht unter die Vorschrift des § 2301 fallen, anzuwenden.

Zu den »bedachten Abkömmlingen« gehören in erster Linie diejenigen, die von dem 4 Erblasser abstammen, also Kinder, Enkel, Urenkel usw. Zu den Abkömmlingen des Erblassers gehören bereits seit dem Inkrafttreten des Nichtehelichkeitsgesetzes auch nichteheliche Kinder nach dem Vater. Desgleichen sind auch nichteheliche Kinder des Sohnes usw. Abkömmlinge. Hierzu gehören auch diejenigen Personen, die vom Erblasser oder von einem Abkömmling des Erblassers als Kind angenommen wurden, soweit dadurch die Verwandtschaft mit dem Erblasser begründet wurde.[1]

Die Vorschrift des § 2069 gilt auch dann, wenn beispielsweise im gemeinschaftlichen 5 Testament oder im Erbvertrag einseitige Abkömmlinge des erstverstorbenen Ehegatten zu Schlusserben oder zu Vermächtnisnehmern nach dem Tod des Zweitverstorbenen eingesetzt worden sind. Zu der Anwendung der Vorschrift kommt man nicht unmittelbar nach dem Wortlaut, sondern über seine Zielrichtung, die lautet, dass die Eigenschaft als Abkömmling der entscheidende Gesichtspunkt für die Zuwendung ist.[2]

Für die **Anwendung der Vorschrift** ist es unerheblich, ob der Erblasser einen oder 6 mehrere Abkömmlinge hat. Aus dem Wortlaut der Vorschrift könnte man dies allerdings

---

[1] Vgl. auch § 1924 Rz. 16 f.
[2] BGH FamRZ 2001, 993, 994.

folgern, soweit es dort heißt »einen seiner Abkömmlinge«. Entscheidend ist allerdings allein, dass jemand bedacht wurde, der Abkömmling ist. Denn der innere Grund der Vorschrift liegt in der Zuwendung wegen der Eigenschaft als Abkömmling.

III. Wegfall nach Errichtung des Testaments

7 Der **Wegfall** muss stets **nach Errichtung der Verfügung von Todes wegen eingetreten sein.** § 2069 erfasst als wichtigsten Fall das Versterben des Bedachten zwischen Errichtung der Verfügung und dem Erbfall. Hieraus folgt im Umkehrschluss, dass der Tod des Eingesetzten nach dem Erbfall grundsätzlich nicht unter die Vorschrift des § 2069 fällt. Handelt es sich allerdings um eine Zuwendung unter einer aufschiebenden Bedingung und der Bedachte nach dem Erbfall, aber vor dem Bedingungseintritt verstirbt, kommt die Vorschrift des § 2069 zur Anwendung.[3]

8 Der **Verzicht auf das gesetzliche Erbrecht** (vgl. § 2346 Abs. 1 S. 1) lässt die Wirksamkeit der Verfügung von Todes wegen unberührt. Der Verzicht kann damit keinen Wegfall des Bedachten i.S.d. § 2069 herbeiführen. Fällt der Bedachte, der auf das gesetzliche Erbrecht verzichtet hat, aus anderen Gründen weg, so steht dieser Verzicht der Ersatzberufung von Abkömmlingen nicht entgegen.[4]

9 Der **Verzicht auf die testamentarische Zuwendung** gem. § 2352 ist dagegen als Wegfall i.S.d. § 2069 zu betrachten. Der Verzicht erstreckt sich nicht auf die Abkömmlinge des Verzichtenden, weil § 2349 bei Verzicht auf Zuwendungen nicht gilt. Folglich sind die Abkömmlinge im Zweifel Ersatzberufene nach § 2069.

10 Hat der Verzichtende jedoch eine vollständige Abfindung im Wege der vorgenommenen Erbfolge erhalten, so ist von der tatsächlichen Vermutung auszugehen, dass eine Erstreckung der Zuwendung auf die Abkömmlinge nicht dem hypothetischen Willen des Erblassers entspricht. Diese tatsächliche, von der Rechtsprechung statuierte Vermutung begründet sich damit, dass ansonsten der Stamm des Verzichtenden in mehrfacher Weise am Vermögen des Erblassers teilnehmen würde.[5]

11 Auch die **Ausschlagung** der Erbschaft ist als »Wegfall« i.S.d. § 2069 zu betrachten. Die Vorschrift gilt auch dann, wenn der Ausschlagende pflichtteilsberechtigt ist und den Pflichtteil verlangt.[6]

12 Der vorsichtige Testamentsgestalter sollte jedoch für eindeutige Regelungen in der Verfügung von Todes wegen sorgen, z.B. wie folgt: »Jede Ersatzschlusserbeneinsetzung ist auflösend bedingt für den Fall, dass der jeweilige Schlusserbe mit dem Längerlebenden einen Zuwendungsverzichtsvertrag schließt, auch wenn dies ohne gleichwertige Gegenleistung geschieht (alternativ: ..., sofern eine gleichwertige Gegenleistung erbracht wurde).«

13 Unter diese Vorschrift fällt auch die **Erbunwürdigkeitserklärung**.[7]

14 Wird eine Verfügung von Todes wegen zugunsten des Abkömmlings **angefochten,** sei es vor oder nach dem Erbfall, dann ist sie gem. § 142 Abs. 1 von Anfang an als nichtig anzusehen. Daher führt die Anfechtung nicht zur Anwendung des § 2069.[8]

IV. Vorrang einer testamentarischen Regelung und der individuellen Auslegung

15 Hat der Erblasser für den Wegfall des ursprünglich bedachten Abkömmlings eine **ausdrückliche Verfügung** getroffen, so geht diese der Auslegungsregelung des § 2069 vor.

---

3 RGRK/*Johannsen* § 2069 Rn. 3.
4 Soergel/*Loritz,* § 2069 Rn. 8; *Staudinger/Otte* § 2069 Rn. 22.
5 BGH, LM § 140 Nr. 9 = NJW 1974, 43; *Staudinger/Otte* § 2069 Rn. 15.
6 MüKoBGB/*Leipold* § 2069 Rn. 13.
7 *Staudinger/Otte* § 2069 Rn. 7.
8 MüKoBGB/*Leipold* § 2069 Rn. 15; a.A. *Staudinger/Otte* § 2069 Rn. 14.

Der Erblasserwille kann auch ohne ausdrückliche anderweitige Verfügung eine Anwendung des § 2069 verhindern. Denn mit den Worten »**im Zweifel**« bringt der Gesetzgeber zum Ausdruck, dass die einzelfallorientierte Auslegung Vorrang hat. Hierbei bedarf es nicht unbedingt der Anhaltspunkte im Testament. Auch Umstände außerhalb des Testaments können ergeben, dass die Erstreckung auf Abkömmlinge des Bedachten dem Erblasserwillen entgegenstehen. Auch insoweit gilt § 2069 nicht. 16

Derjenige, der sich auf die Nichtanwendung des § 2069 beruft, muss den abweichenden Willen des Erblassers im Zweifelsfalle darlegen und beweisen.[9] Hierbei dürfte nicht nur der reale Wille bei Testamentserrichtung zu berücksichtigen sein, sondern auch ein feststellbarer hypothetischer Wille, sofern der Erblasser bei Testamentserrichtung an den späteren Wegfall gedacht hätte. 17

V. Rechtsfolgen

An die Stelle des zunächst Bedachten treten dessen **Abkömmlinge,** sofern sie bei gesetzlicher Erbfolge nach dem Erblasser berufen wären. Personenkreis und die Erbquoten bestimmen sich damit nach § 1924 (bezogen auf den Erblasser). 18

Es können nur solche Abkömmlinge des Weggefallenen nachrücken, die mit dem Erblasser verwandt sind. Dazu gehören seit dem AdoptG vom weggefallenen Abkömmling als Kind angenommene minderjährige Personen, da sich die Wirkungen dieser Adoption heute auch auf die Verwandten des Annehmenden erstrecken, nicht dagegen im Regelfall (Ausnahme s. § 1772) auf Personen, die als Volljährige vom weggefallenen Abkömmling des Erblassers adoptiert wurden. Denn sie sind nach § 1770 Abs. 1 S. 1 nicht mit dem Erblasser verwandt.[10] In Adoptionsfällen ist es empfehlenswert, stets die Einzelheiten zu prüfen, weil durch die Änderungen des Adoptionsrechtes zum 1.1.1977 die Folgen für frühere Adoptionen nicht immer übersichtlich sind.[11] 19

Diejenigen Abkömmlinge des Weggefallenen sind berufen, die **zum Zeitpunkt des Erbfalls gesetzliche Erben des Erblassers wären.** Hieraus folgt, dass sie zum Zeitpunkt des Erbfalls leben oder erzeugt sind. Ist jedoch die Zuwendung aufschiebend bedingt oder von einem Anfangstermin abhängig und Bedingung oder Termin erst nach dem Erbfall eingetreten, so muss man analog § 2066 S. 2 auf diesen Zeitpunkt abstellen. 20

Diejenigen, die nach § 2069 berufen sind, erhalten **dieselbe Rechtsstellung,** die dem Weggefallenen zugedacht war, gegebenenfalls aufgeteilt nach den Quoten, die bei gesetzlicher Erbfolge nach dem Erblasser gelten würden. 21

VI. Wegfall eines Nacherben

Auch die Einsetzung eines Abkömmlings als Nacherbe wird von § 2069 erfasst. Wenn der Bedachte vor dem Erbfall verstirbt, treten im Zweifel seine Abkömmlinge an seine Stelle, soweit sie den Erblasser gesetzlich beerben würden.[12] Dies gilt auch bei Wegfall nach dem Erbfall durch Ausschlagung der Nacherbschaft oder Erbunwürdigerklärung. Da diese Gründe auf den Erbfall zurückwirken, hat der ursprünglich eingesetzte Abkömmling auch die Nacherbenanwartschaft zu keinem Zeitpunkt erworben. Wenn der Erblasser ausdrücklich Ersatznacherben eingesetzt hat, wird dies in der Regel auch für den Fall gelten, dass der ursprünglich bedachte Nacherbe zwischen Erbfall und Nacherbfall verstirbt. Die ausdrückliche Bestimmung von Ersatznacherben hat also im Zweifel **Vorrang** vor der Vererblichkeit der Nacherbenanwartschaft gem. § 2108 Abs. 2 S. 1. Zweifelhaft ist aber, ob 22

---

9 RGRK/*Johannsen* § 2069 Rn. 2.
10 Ebenso BayObLGZ 1984, 246, 251 = FamRZ 1985, 426; LG München I FamRZ 2000, 569, 571; *Staudinger/ Otte* § 2069 Rn. 21.
11 Einzelheiten s. § 1924 Rz. 16 f.
12 OLG Bremen NJW 1970, 1923.

auch ohne ausdrückliche Verfügung an die Stelle eines nach dem Erbfall verstorbenen Abkömmlings, der als Nacherbe eingesetzt ist, dessen Abkömmlinge treten können. Bezogen auf die Nacherbenanwartschaft ist der Tod des bedachten Nacherben zwischen Erbfall und Nacherbfall kein Wegfall i.S.d. § 2069; denn die Anwartschaft hat der Verstorbene schon mit dem Erbfall erlangt. Andererseits ist ihm die Erbschaft selbst noch nicht angefallen; insofern erscheint daher die Anwendung des § 2069 möglich. Eine Ersatzberufung der Abkömmlinge als Regelauslegung nach § 2069 steht jedoch im Widerstreit zu § 2108 Abs. 2 S. 1, der als Regelfall die Vererblichkeit der Nacherbenanwartschaft vorsieht. Danach können andere Personen berufen sein (zB auch der Ehegatte des zunächst berufenen Abkömmlings oder ein gewillkürte Erbe) als die nach § 2069 nachrückenden Abkömmlinge. § 2069 führt zum Verbleib der Erbschaft in der Familie des Erblassers, während § 2108 Abs. 2 S. 1 die Stellung des Nacherben zwischen Erbfall und Nacherbfall aufwertet und als bereits erlangten Vermögenswert begreift. Der BGH[13] räumt der Vererblichkeit der Nacherbenanwartschaft den Vorrang ein, betont aber zugleich, dass die Möglichkeit eines entgegenstehenden Erblasserwillens besonders dann sorgfältig zu prüfen ist, wenn sich Ehegatten gegenseitig zu Vorerben und einen gemeinschaftlichen Abkömmling zum Nacherben berufen haben. Diese Rechtsprechung verdient Zustimmung. Zur Begründung lässt sich anführen, dass gerade der Wegfall eines als Nacherben bedachten Abkömmlings zwischen Erbfall und Nacherbfall den wohl häufigsten Fall bildet, für den § 2108 Abs. 2 S. 1 überhaupt in Betracht kommt. Dem § 2069 jetzt den Vorrang zuzugestehen bedeutete, der Vorschrift des § 2108 Abs. 2 S. 1 den hauptsächlichen Anwendungsbereich zu entziehen. Soweit § 2069 unmittelbar anwendbar ist oder die Auslegung zu einem Nachrücken der Abkömmlinge führt, sind diejenigen Abkömmlinge des Weggefallenen berufen, die zum Zeitpunkt des Nacherbfalls gesetzliche Erben des Erblassers wären. Handelt es sich um eine aufschiebend bedingte Nacherbschaft, folgt aus § 2108 Abs. 2 S. 2 i.V.m. § 2074, dass der Nacherbe im Zweifel den Eintritt der Bedingung erleben muss. Daher ist beim Wegfall des ursprünglich Bedachten vor Bedingungseintritt § 2069 anwendbar, auch wenn der zunächst Berufene nach dem Erbfall, aber vor Eintritt der aufschiebenden Bedingung verstirbt. Es rücken dann diejenigen Abkömmlinge des Weggefallenen nach, die zum Zeitpunkt des Bedingungseintritts gesetzliche Erben des Erblassers würden.

VII. Entsprechende Anwendung und ergänzende Auslegung

23 Eine Anwendung auf nicht erbrechtliche Rechtsgeschäfte, etwa auf eine Zuwendung durch Vertrag zugunsten Dritter (auch auf den Todesfall) kommt nicht in Betracht.[14] Die entsprechende Anwendung des § 2069 bedeutet, dass im Zweifel ein Nachrücken der Abkömmlinge des Weggefallenen auch in solchen Fällen zu bejahen ist, in denen der ursprünglich Bedachte kein Abkömmling des Erblassers ist. Eine Analogie dürfte gerechtfertigt sein, wenn im gemeinschaftlichen Testament oder Erbvertrag einseitige Abkömmling des erstverstorbenen Ehegatten als Schlusserben eingesetzt sind. In den übrigen in Betracht kommenden Fällen fehlt dagegen eine hinreichende Vergleichbarkeit mit der unmittelbar in § 2069 geregelten Sachlage. Denn die Abkömmlings-Eigenschaft ist gerade nach den Wertungen des Erbrechts durch nichts anderes zu ersetzen, seien es tatsächliche Verhältnisse oder andere Verwandtschaftsformen. Die ergänzende Auslegung nach allgemeinen Grundsätzen kann aber auch in solchen Fällen zum Nachrücken von Abkömmlingen des nach Testamentserrichtung Weggefallenen führen. Der Schluss, der Erblasser habe den Bedachten eingesetzt und hätte bei Kenntnis seines späteren Wegfalls die Zuwendung auf die Abkömmlinge des ursprünglichen Bedachten erstreckt, liegt vor allem bei Zuwendungen

---

13 BGH LM § 2108 Nr. 1 = NJW 1963, 1150.
14 Vgl. BGH FamRZ 1993, 1059.

an engere Verwandte (z.B. Geschwister)[15] nahe. Dies gilt in besonderem Maße, wenn die ursprünglich eingesetzten Personen auch bei gesetzlicher Erbfolge den Erblasser beerbt hätten. Aber auch Zuwendungen an Nichtverwandte z.B. den Lebensgefährten[16] können nach Maßgabe des konkreten Falles im Wege ergänzender Auslegung auf diejenigen Abkömmlinge des ursprünglich Bedachten verlängert werden, die bei gesetzlicher Erbfolge nach dem **Weggefallenen** an dessen Stelle getreten wären – die Erbeinsetzung bildet aber nur dann einen Anhaltspunkt für eine Ersatzberufung der Abkömmlinge, wenn der Bedachte ein naher Angehöriger des Erblassers war oder zwischen ihm und dem Erblasser enge persönliche Beziehungen bestanden.[17] Dies dürfte bei einer langjährigen außerehelichen Partnerschaft anzunehmen sein. Verstirbt dann der Lebensgefährte, der von dem Erblasser testamentarisch zum Erben eingesetzt ist, vor diesem, können die Kinder des Partners im Wege der ergänzenden Auslegung als Ersatzberufene angesehen werden.

§ 2070
Abkömmlinge eines Dritten

Hat der Erblasser die Abkömmlinge eines Dritten ohne nähere Bestimmung bedacht, so ist im Zweifel anzunehmen, dass diejenigen Abkömmlinge nicht bedacht sind, welche zur Zeit des Erbfalls oder, wenn die Zuwendung unter einer aufschiebenden Bedingung oder unter Bestimmung eines Anfangstermins gemacht ist und die Bedingung oder der Termin erst nach dem Erbfall eintritt, zur Zeit des Eintritts der Bedingung oder des Termins noch nicht gezeugt sind.

I. Normzweck

Bedenkt der Erblasser die Abkömmlinge eines Dritten ohne nähere Bestimmung, so hätte dies nach der Gesetzessystematik nicht zwingend zur Folge, dass nur die beim Erbfall lebenden oder erzeugten Personen bedacht sind. Denn später erzeugte Abkömmlinge des Dritten können durchaus als Nacherben eingesetzt sein (vgl. hierzu § 2101 Abs. 1 S. 1) oder ein mit der Geburt anfallendes Vermächtnis (vgl. § 2178) oder ein Nachvermächtnis (§ 2191) erhalten. Die gesetzliche Regelung beschränkt jedoch die Zuwendung »im Zweifel« auf die zum Zeitpunkt des Erbfalls erbfähigen Personen. Der Gesetzgeber bringt hiermit den typischen Erblasserwillen zum Ausdruck, nur die beim Erbfall oder zum Zeitpunkt des Bedingungseintritts oder Anfangstermins vorhandenen Abkömmlinge des Dritten zu bedenken. 1

II. Voraussetzungen

Nur die Zuwendungen an »**Abkömmlinge**« eines Dritten, nicht die an Abkömmlinge des Erblassers werden hier erfasst. Die »Abkömmlinge« eines Dritten müssen nicht etwa namentlich bedacht sein. Auch bei inhaltlich gleichwertigen Sammelbegriffen, etwa »Kinder«, »Nachkommen« und dergleichen kann die Auslegungsvorschrift herangezogen werden. 2

Sofern der Erblasser in seiner Verfügung über den Kreis der Bedachten eine nähere Bestimmung getroffen hat, geht diese der Auslegungsregel des § 2070 vor. Denn diese Norm tritt immer dann zurück, wenn ein wirklicher oder hypothetischer Wille des Erblassers festzustellen ist. 3

---

[15] BayObLG FamRZ 2000, 1186; NJW-RR 2004, 158; OLG Karlsruhe FamRZ 1993, 363.
[16] KG DNotZ 1976, 564 (bejaht die Erstreckung auf einen Abkömmling); OLG Hamm FamRZ 1979, 552 (verneinend); BayObLG FamRZ 1991, 865 (verneinend); FamRZ 1993, 1496 (offen lassend).
[17] BayObLG NJW 1988, 1033; vgl. auch OLG München NJW-RR 2006, 1597.

III. Rechtsfolgen

4   Mit der Auslegungsregel wird lediglich bestimmt, welche Abkömmlinge des Dritten nicht bedacht sind **(negative Abgrenzung)**. Mithin werden alle erst nach dem Erbfall Erzeugten ausgeschlossen; nicht jedoch diejenigen Personen, die beim Erbfall schon erzeugt sind, erst jedoch nach dem Erbfall geboren werden.

5   Ist die Zuwendung von einer **aufschiebenden Bedingung oder einem Anfangstermin** abhängig und liegt dieser Zeitpunkt erst nach dem Erbfall, werden auch diejenigen nach der Auslegungsregel bedacht, die zur Zeit des Bedingungseintritts oder des Anfangstermins erzeugt und später lebend geboren sind.

6   Existieren zum Zeitpunkt des Erbfalls überhaupt **keine lebenden oder erzeugten Abkömmlinge des Dritten**, so kann die Verfügung des Erblassers mit ihrem ursprünglichen Inhalt nicht wirksam werden. Trotzdem gilt die Auslegungsregel auch hier.[1] Dies folgt aus dem Wortlaut der gesetzlichen Regelung, die rein negativ formuliert ist, mithin nicht zur Voraussetzung hat, dass erbfähige Abkömmlinge des Dritten beim Erbfall vorhanden sind.

7   Im Zweifel ist die Verfügung allerdings dann unwirksam, so dass – abhängig von dem sonstigen Testamentsinhalt – Ersatzerben berufen sind oder Anwachsung an verbliebene Erben eintritt oder die gesetzliche Erbfolge zum Zuge kommt.

IV. Andere Auslegungsfragen

8   Aus § 2070 lässt sich beim Fehlen einer näheren Bestimmung nicht entnehmen, wer Abkömmling des Dritten im Sinne der Verfügung von Todes wegen ist und mit welchen Quoten die Abkömmlinge bedacht sind. Ergeben sich hierzu Zweifel, wird man wohl analog § 2067 sich an den Regeln der gesetzlichen Erbfolge orientieren können. Hierbei muss man sich dann aber auf den Dritten als fiktiven Erblasser beziehen.[2]

§ 2071
Personengruppe

Hat der Erblasser ohne nähere Bestimmung eine Klasse von Personen oder Personen bedacht, die zu ihm in einem Dienst- oder Geschäftsverhältnis stehen, so ist im Zweifel anzunehmen, dass diejenigen bedacht sind, welche zur Zeit des Erbfalls der bezeichneten Klasse angehören oder in dem bezeichneten Verhältnis stehen.

I. Normzweck

1   Die Vorschrift ist eine **Auslegungsregel** und ist deshalb nur dann anzuwenden, wenn sich durch individuelle Testamentsauslegung nach § 133 der tatsächliche Erblasserwille nicht eindeutig feststellen lässt. Bedeutung hat sie nur für die Fälle, bei denen sich der vom Erblasser bedachte Personenkreis in der Zeit zwischen der Errichtung der letztwilligen Verfügung und dem Erbfall verändert hat. Die Regelung lässt sich von dem Gedanken leiten, dass es im Normalfall einer derartigen Verfügung dem Willen des Erblassers entsprechen wird, Veränderungen des Personenkreises bis zum Erbfall zu berücksichtigen.

---

[1] RGRK/*Johannsen* § 2070 Rn. 4.
[2] *Staudinger*/*Otte* § 2070 Rn. 2.

II. Voraussetzung

Eine **festumgrenzte Gruppe von Personen** ist bedacht, wenn allein die Zugehörigkeit zu einer Gruppe über die Qualifizierung als Zuwendungsempfänger entscheidet. Durch die Bezeichnung der Gruppe muss der Kreis der bedachten Personen fest umrissen sein, so dass ihre Mitglieder namentlich festgestellt werden können und über die Zugehörigkeit der einzelnen Personen kein Zweifel besteht. Damit führen zu unbestimmte Gruppenbezeichnungen wie »alle wahren Segelfreunde« und dergleichen zur Unwirksamkeit der Verfügungen, es sei denn, die Bedachten können durch Auslegung ermittelt werden. Kein Fall des § 2071 liegt vor, wenn der Erblasser Sammelbezeichnungen und Namensnennung miteinander verknüpft (z.B. meine Segelkameraden, nämlich »A, B, C, D«). Insoweit liegt eine »nähere Bestimmung« vor, während § 2071 als Merkmal »ohne nähere Bestimmung« fordert.

Für die Anwendung des § 2071 ist es nicht erforderlich, dass der Klasse jeweils mehr als eine Person angehört.[1] In diesen Fällen ist jedoch darauf zu achten, ob nicht die persönliche Beziehung des Erblassers zu der Person, die im Zeitpunkt der Testamentserrichtung diese Klasse bildete, für die Zuwendung maßgebend war. Einen solchen Fall wird man annehmen können, wenn der Erblasser die Zuwendung an »meine Ehefrau« oder ähnliches verfügt. Aufgrund des geänderten Anschauungswandels in unserer Gesellschaft dürfte Entsprechendes bei Zuwendung an einen nichtehelichen Partner (z.B. »meinen Lebensgefährten«) gelten. Soweit also die persönliche Beziehung des Erblassers zu der Person, die im Zeitpunkt der Testamentserrichtung diese Klasse bildete, im Vordergrund steht, kann § 2071 nicht angewandt werden.

Auch die **Arbeitnehmer oder Geschäftskunden** des Erblassers bilden Klassen i.S.d. § 2071 (z.B. »meine Hausangestellten«, »meine Mitarbeiter«, »meine Mitgesellschafter aus der GmbH«, »mein Bürovorsteher« und dergleichen).

Sofern der Erblasser einen **Kreis von Personen, die als juristische Person organisiert sind oder eine juristische Person** selbst bedacht hat, so ist zunächst im Wege der Auslegung zu ermitteln, ob er den Mitgliedern persönlich oder aber der Personenvereinigung als selbstständigem Rechtsträger etwas zuwenden wollte. Trifft letzteres zu, so ist für die Anwendung des § 2071 kein Raum. Wird ein nicht rechtsfähiger Verein bedacht, muss man wie folgt unterscheiden: Betrachtet man den nichtrechtsfähigen Verein als erbfähig, so scheidet eine Anwendung des § 2071 aus. Folgt man dem nicht, so wird man eine letztwillige Verfügung zugunsten eines nicht rechtsfähigen Vereins (Entsprechendes gilt für sonstige nicht rechtsfähige Zusammenschlüsse) regelmäßig dahin auslegen können, dass die einzelnen Mitglieder bedacht werden sollen und somit § 2071 Anwendung findet.[2]

III. Auslegungsergebnis

Maßgeblicher **Zeitpunkt** für die Bestimmung der Personen, die als bedacht anzusehen sind, ist im Zweifel nicht der der Testamentserrichtung, sondern der Zeitpunkt des Erbfalles. Dies gilt auch bei einer bedingten oder befristeten Verfügung, weil in § 2071 eine den § 2066 S. 2, § 2070, 2. alternativ entsprechende Ergänzungsregelung fehlt.

Sofern zum Zeitpunkt des Erbfalls niemand vorhanden ist, der zu dem bezeichneten Personenkreis gehört, ist die Verfügung unwirksam, sofern sie nicht dahin gehend ausgelegt werden kann, dass für diesen Fall der Zeitpunkt der Testamentserrichtung entscheidend sein soll.

Das **Verhältnis der Anteile** der einzelnen als Bedachte ermittelten Personen richtet sich bei fehlender getroffener Anordnung durch den Erblasser nach den §§ 2091, 2157.[3]

---

1 *Staudinger/Otte* § 2071 Rn. 2.
2 *Soergel/Loritz* § 2071 Rn. 6.
3 *Staudinger/Otte* § 2071 Rn. 4.

§ 2072
Die Armen

Hat der Erblasser die Armen ohne nähere Bestimmung bedacht, so ist im Zweifel anzunehmen, dass die öffentliche Armenkasse der Gemeinde, in deren Bezirk er seinen letzten Wohnsitz gehabt hat, unter der Auflage bedacht ist, das Zugewendete unter Arme zu verteilen.

I. Normzweck

1 Eine letztwillige **Verfügung zugunsten der »Armen«** ohne nähere Bestimmung des Kreises der Bedachten bietet keine ausreichende sichere Grundlage für die Ermittlung der Zuwendungsempfänger. Daher präzisiert die Auslegungsregel des § 2072, dass im Zweifel nicht die Armen selbst, sondern eine der Armenpflege dienende öffentliche Einrichtung Zuwendungsempfänger sein soll und die Abwicklung nach dem Recht der Auflage (§§ 2192 ff.) erfolgt.

II. Auslegungsergebnis

2 Die Verfügung wird **durch** die **Auslegungsregel in dreifacher Hinsicht näher bestimmt** und damit praktikabel.

3 **»Öffentliche Armenkasse«** im Sinne der Vorschrift ist diejenige Stelle, die gesetzlich zur Erfüllung der früher als »öffentliche Armenpflege« bezeichneten Aufgaben bestimmt ist. Dies sind heute die kreisfreien Städte bzw. Landkreise als Träger der Sozialhilfe i.S.d. § 3 Abs. 2 SGB XII

4 Der **örtliche Zuwendungsbereich** wird insoweit eingeschränkt, als im Zweifel die Armenkasse (= derjenige örtliche Träger der Sozialhilfe) gemeint sein soll, in deren Bezirk der Erblasser seinen letzten Wohnsitz gehabt hat. Hatte der Erblasser zum Zeitpunkt seines Todes mehrere Wohnsitze, so sind die Sozialhilfeträger der Wohnsitzgemeinden zu gleichen Teile bedacht.[1]

5 Eine Zuwendung hat der bedachte Sozialhilfeträger unter den Armen zu verteilen. Die Verteilung hat nach **pflichtgemäßen Ermessen** zu geschehen. Der Erbe hat nicht das Recht, sich in die Art der Verteilung einzumischen. Nach § 2194 S. 1 kann er lediglich verlangen, dass die Auflage vollzogen wird. Ebenso hat die zuständige Behörde einen Anspruch auf Vollziehung der Auflage gem. § 2194 S. 2. Dies ist die zuständige Aufsichtsbehörde des Sozialhilfeträgers. Die Armen selbst haben keinen Anspruch auf Vollziehung.[2]

III. Entsprechende Anwendung der Norm

6 Eine entsprechende Anwendung wird man für die Fälle bejahen können, bei denen der Erblasser zwar nicht wörtlich »die Armen« bedacht hat, sondern in seiner letztwilligen Verfügung Begriffe wie »die Bedürftigen«, »die sozial Schwachen« oder ähnliches verwandt hat. Auch hier wird der Erblasser in erster Linie an die in seiner Gemeinde bestehenden Fälle von Hilfsbedürftigkeit gedacht haben, so dass der örtliche Sozialhilfeträger der letzten Wohnsitzgemeinde des Erblassers als bedacht anzusehen ist.

---

[1] Im Ergebnis ebenso RGRK/*Johannsen* § 2072 Rn. 4; a.A. *Staudinger/Otte* § 2072 Rn. 4, der den Hauptwohnsitz für entscheidend hält.
[2] *Soergel/Loritz* § 2072 Rn. 6.

§ 2073
Mehrdeutige Bezeichnung

Hat der Erblasser den Bedachten in einer Weise bezeichnet, die auf mehrere Personen passt, und lässt sich nicht ermitteln, wer von ihnen bedacht werden sollte, so gelten sie als zu gleichen Teilen bedacht.

I. Normzweck

Die Vorschrift soll verhindern, dass eine Zuwendung wegen mehrdeutiger Bezeichnung des Bedachten zur Unwirksamkeit führt. Somit handelt es sich hier um eine gesetzliche Fiktion. Damit wird erreicht, dass eine an sich unwirksame Verfügung wirksam bleibt und damit dem Erblasserwillen zum Durchbruch verhilft. 1

Die Fiktion kann nur zum Zuge kommen, wenn sämtliche Möglichkeiten der Auslegung erschöpft sind, ohne dass sich der vom Erblasser tatsächlich Bedachte ermitteln lässt. 2

II. Anwendungsbereich und Rechtsfolgen

Vorausgesetzt wird, dass die vom Erblasser gewählte Bezeichnung der bedachten Person eine **individualisierende Bestimmung** ermöglicht. Weiterhin ist erforderlich, dass sämtliche vom Erblasser beschriebenen Merkmale gleichzeitig auf mehrere Personen zutrifft. 3

Beispiel 1: Erblasser will seiner Nichte Anita etwas vermachen. Erblasser hat allerdings zwei Nichten dieses Namens, wobei weder die eine noch die andere nachweisen kann, dass der Erblasser ausschließlich sie damit gemeint habe. 4

Beispiel 2: Der Tierschutzverein in C wird bedacht. In dieser Stadt gibt es jedoch zwei Tierschutzvereine, von denen keiner genau die im Testament verwendete Bezeichnung trägt)[1]. 5

Sollte allerdings die vom Erblasser benannte Person nicht existieren oder nicht ausfindig gemacht werden können, im Wege der ergänzenden Auslegung aber ein weiterer Kreis von Personen sich »bezeichnen« lässt, kommt § 2073 nicht zur Anwendung, weil die Bezeichnung nicht vom Erblasser selbst stammt.[2] 6

Die Anwendung des § 2073 setzt unabdingbar voraus, dass die möglicherweise Bedachten einen festumgrenzten Kreis von Personen bilden, unter denen sich der wirklich Gemeinte mit Sicherheit befindet und von denen jeder als möglicher Anwärter in Betracht kommt. 7

Die **mehreren als bedacht geltenden Personen** werden im Falle der Erbeinsetzung Miterben zu gleichen Teilen, bei einer Vermächtnisanordnung steht ihnen das Zugewendete zu gleichen Teilen zu. 8

III. Formulierungshinweise zu den gesetzlichen Auslegungs- und Vermutungsregelungen

Wird eine Verfügung von Todes wegen von einem Notar oder Rechtsanwalt konzipiert, dürften an sich nach dem Tode des Erblassers die zuvor kommentierten Auslegungs-, Vermutungs- und Ergänzungsregelungen nicht bemüht werden. Dies gilt uneingeschränkt für die Bestimmung der Erben. Problematischer ist es bei der Anordnung der **Ersatznacherbfolge**. Nach einer Entscheidung des Bayrischen Obersten Landesgerichts[3] soll auch eine ausdrücklich angeordnete Ersatznacherbfolge nicht eingreifen, wenn die Testamentsausle- 9

---

1 OLG Celle NJW-RR 2003, 368.
2 KG OLGZ 1968, 329, 331; *Soergel/Loritz* § 2073 Rn. 4.
3 BayObLGZ 1993, 334.

gung ergebe, dass die Vermutung des § 2069 vorrangig oder das Anwartschaftsrecht des Nacherben gem. § 2108 Abs. 2 S. 1 vererblich ist.

10 Daher folgender Formulierungsvorschlag:[4]

> »Abweichend von anders lautenden gesetzlichen Auslegungs-, Vermutungs- und Ergänzungsregeln und anderer gesetzlicher Bestimmungen wird zum (alleinigen) Ersatz(-nach)erben bestimmt ...«

§ 2074
Aufschiebende Bedingung

Hat der Erblasser eine letztwillige Zuwendung unter einer aufschiebenden Bedingung gemacht, so ist im Zweifel anzunehmen, dass die Zuwendung nur gelten soll, wenn der Bedachte den Eintritt der Bedingung erlebt.

Übersicht

	Rz.		Rz.
I. Normzweck und Rechtsfolgen	1	3. Rechtsfolgen bei sittenwidriger Bedingung	15
II. Zulässigkeit und Arten der Bedingungen bei Verfügungen von Todes wegen	4	IV. Verwirkungsklauseln	16
1. Bedingungen – Begriff und Arten	5	1. Begriff	16
2. Rechtsfolgen	9	2. Ungültigkeitsmaßstab	17
III. Potestativbedingungen	10	3. Pflichtteilsklauseln	22
1. Begriff, Zulässigkeit und erbrechtliche Schranken	10	4. Rechtsfolgen	26
2. Sittenwidrige Potestativbedingungen	12	5. Zeitliche Grenzen	27

I. Normzweck und Rechtsfolgen

1 Das Gesetz geht von der Zulässigkeit aufschiebender Bedingungen bei Verfügungen von Todes wegen aus und befasst sich nur mit dem Fall, dass der Bedachte vor Eintritt der aufschiebenden Bedingung verstorben ist. Mit den Worten »im Zweifel« ist klargestellt, dass § 2074 eine Auslegungsregel enthält. In erster Linie ist also auf den erklärten Willen des Erblassers abzustellen, der sich entweder ausdrücklich oder stillschweigend aus der Verfügung ergibt. Lässt sich ein solcher Wille nicht feststellen, kommt § 2074 zum Zuge.

2 Die Zuwendung muss unter einer aufschiebenden Bedingung (§ 158 Abs. 1) stehen, mithin von einem künftigen, ungewissen Ereignis nach dem Erbfall abhängig sein. Bei dieser Zuwendung kann es sich sowohl um eine Erbeinsetzung als auch um ein Vermächtnis handeln. Im Falle der Erbeinsetzung liegt – ungeachtet der Tatsache, ob der Erblasser dies ausdrücklich angeordnet hat – notwendigerweise (s. Rz. 9) die Einsetzung als Nacherbe vor. Bei einem Vermächtnis gilt die Vorschrift nicht, wenn der Anfall an einen Termin oder ein künftiges, sicheres Ereignis geknüpft ist oder eine Befristung vorliegt. In all diesen Fällen entscheidet allein die Auslegung im Einzelfall darüber, ob der Bedachte den Eintritt des Ereignisses oder des Termins erlebt haben muss. § 2074 ist auch nicht auf die Einsetzung eines Ersatzerben oder Ersatzvermächtnisnehmers anzuwenden.[1] Dieser Personenkreis muss also nur beim Erbfall gelebt haben (s. § 1923 Abs. 1 und 2), nicht zum Zeitpunkt eines eventuellen späteren Ereignisses.

---

[4] Zitiert aus *Meyer* MittBayNot 1984, 114.
[1] RGRK/*Johannsen* § 2074 Rn. 20, 21; Staudinger/*Otte* § 2074 Rn. 70; Soergel/*Loritz* § 2074 Rn. 8.

Der aufschiebend bedingt Bedachte muss beim Erbfall gelebt oder zumindest erzeugt gewesen sein. Dies ergibt sich bereits aus § 1923 Abs. 1 und 2. Ist der Bedachte nach dem Erbfall, aber vor dem Eintritt der Bedingung verstorben, so wird die Zuwendung nach § 2074 im Zweifel unwirksam. Dies bedeutet, dass der Bedingungseintritt nicht zu einem Anfall an die Erben des Verstorbenen führt. Ergibt allerdings die vorrangige, einzelfallorientierte Auslegung einen anderen Willen des Erblassers, gehen die Rechte aus der bedingten Zuwendung auf die gesetzlichen oder gewillkürten Erben des Erstbedachten über. Diese können dann bei Bedingungseintritt entweder Vermächtnisnehmer oder Nacherben des ursprünglichen Erblassers werden.   3

II. Zulässigkeit und Arten der Bedingungen bei Verfügungen von Todes wegen

Das Gesetz spricht die grundsätzliche Zulässigkeit von Bedingungen bei Verfügungen von Todes wegen nicht ausdrücklich an. Es ist aber unbestritten, dass Verfügungen von Todes wegen mit Bedingungen verknüpft werden können.[2]   4

1. Bedingungen – Begriff und Arten

a) Begriff

Eine Bedingung im Sinne der §§ 158 ff. liegt vor, wenn die Wirkungen eines Rechtsgeschäfts nach dem erklärten Parteiwillen vom Eintritt oder vom Unterbleiben eines künftigen ungewissen Umstandes abhängig gemacht werden. Umstände, von denen die Rechtswirkungen schon nach dem Gesetz abhängen, sind selbst dann keine Bedingungen, wenn sie in der rechtsgeschäftlichen Erklärung besonders angesprochen werden. Sie werden als sog. Rechtsbedingungen bezeichnet.   5

b) Gegenwartsbedingung, Befristung

Aus §§ 158 ff. folgt nicht, dass nur die dort genannten echten Bedingungen zulässig wären. Der Erblasser ist deshalb nicht daran gehindert, die Wirksamkeit seiner Verfügung auch vom Vorliegen oder Nichtbestehen eines in der Vergangenheit liegenden Umstandes abhängig zu machen. Ebenso bleibt es ihm unbenommen, seine Verfügungen mit einem künftigen, aber gewiss eintretenden Umstand zu verknüpfen, z.B. Tod des in erster Linie Bedachten. Auch die Angabe eines Anfangs- oder Endtermins (Befristung) ist wirksam (s. § 163). Ebenso ist es zulässig, die Verfügung von einer beim Erbfall bestehenden Situation abhängig zu machen, also z.B. jemanden für den Fall einzusetzen, dass beim Erbfall keine Erben erster Ordnung des Erblassers vorhanden sind oder Vor- und Nacherbschaft anzuordnen, sofern bis zum Tode des Erblassers keine Abkömmlinge des Erben geboren wurden. Ebenso ist es zulässig, wenn der Erblasser eine Verfügung für den Fall trifft, dass ein bestimmter Umstand entweder bis zum Erbfall oder nach dem Erbfall eintritt.   6

c) Aufschiebende und auflösende Bedingung

Hier geht es um die echten Bedingungen im Sinne der § 158 ff. Handelt es sich um ein nach dem Erbfall eintretendes, ungewisses Ereignis, welches die Wirkung der Verfügung erst beginnen lässt, spricht man von einer aufschiebenden Bedingung (§ 158 Abs. 1). Im umgekehrten Fall, also wenn das Ereignis die Wirkung der Verfügung beendet, von einer auflösenden Bedingung (§ 158 Abs. 2).   7

d) Abgrenzung vom Beweggrund

Die Mitteilung eines Beweggrundes unterscheidet sich von der Bedingung dadurch, dass nach dem Inhalt der Erklärung keine unmittelbare Verknüpfung zwischen dem Vorliegen   8

---

[2] Statt vieler: BayObLGZ 1993, 248, 251 = FamRZ 1993, 1494.

oder Eintritt des Umstandes und der Rechtswirkung des Geschäfts bestehen soll. Ob Bedingung oder Beweggrund vorliegen, ist im Wege der Auslegung zu ermitteln, wobei gerade im Erbrecht mit der Annahme einer echten Bedingung zurückhaltend umgegangen werden soll. Selbst wenn die angegebene Motivation für den Erblasser entscheidende Bedeutung hat, lässt sich hieraus noch nicht zwingend auf eine echte Bedingung schließen. Denn das Erbrecht stellt für den Fall des Motivirrtums die Anfechtbarkeit der Verfügung von Todes wegen zur Verfügung (s. hierzu § 2078).

2. Rechtsfolgen

9 Im Erbrecht ergeben sich die Rechtsfolgen aufschiebender und auflösender Bedingungen weitgehend aus den §§ 158 ff. Im Übrigen gelten nur wenige Sondervorschriften (zum aufschiebend oder auflösend bedingten Vermächtnis s. § 2177; zu den Rechtsfolgen während der Schwebezeit s. § 2179). Bei der Erbeinsetzung unter Bedingung muss der zwingende Grundsatz berücksichtigt werden, dass die Erbschaft sofort mit dem Erbfall auf den Erben übergeht, d.h., keine Erbschaft ohne Rechtsträger. Daher muss eine Erbeinsetzung unter aufschiebender Bedingung zwangsläufig damit verbunden sein, dass die Erbschaft zunächst mit dem Erbfall einem anderen anfällt. Somit gelangt man bei aufschiebend bedingter Erbeinsetzung zwingend zur Vor- und Nacherbfolge. Eine auflösend bedingte Erbeinsetzung führt zwangsläufig beim Eintritt der Bedingung zur Nacherbfolge. Als Nacherben sind, wenn der Erblasser nichts anderes angeordnet hat, diejenigen Personen berufen, die zum Zeitpunkt des Eintritts der Bedingung die gesetzlichen Erben des Erblassers wären – s. hierzu § 2104.

III. Potestativbedingungen

1. Begriff, Zulässigkeit und erbrechtliche Schranken

10 Von einer Potestativbedingung spricht man, wenn Umstände zur Bedingung gemacht werden, deren Eintritt oder Nichteintritt vom Willen des Bedachten abhängen. Da das Gesetz keine Einschränkungen festschreibt, ist die grundsätzliche Zulässigkeit solcher Potestativbedingungen kraft der Privatautonomie zu bejahen. Dies wird durch die Vorschrift des § 2075 (s. dort) bestätigt. § 2065 Abs. 1 und 2 setzt eine spezifisch erbrechtliche Grenze für Potestativbedingungen, denn diese Bestimmung darf nicht durch eine Bedingung umgangen werden. Hieraus folgt: Bedingungen sind unwirksam, die Geltung, Inhalt oder Empfänger einer Zuwendung von der bloßen Willensäußerung eines anderen abhängig machen oder zwar formal an bestimmte Handlungen oder Unterlassungen anknüpfen, aber nur wegen des dadurch geäußerten Willens (s. § 2065 Rz. 2). Lässt sich der Verstoß nicht im Wege der Auslegung oder Umdeutung vermeiden, folgt aus Sinn und Zweck des § 2065 die Nichtigkeit der unter einer unzulässigen Bedingung stehenden Verfügung.

11 Hingegen ist es zulässig, wenn der Erblasser eine Zuwendung an die Bedingung knüpft, dass der Bedachte bestimmte Verfügungen von Todes wegen trifft.[3]

2. Sittenwidrige Potestativbedingungen

12 In problematischen Fällen ist zunächst zu prüfen, ob es sich wirklich um eine echte Bedingung handelt oder um einen Wunsch des Erblassers. Die Grenzen zulässiger Potestativbedingungen ergeben sich aus § 138 Abs. 1. Letztlich sind stets die Umstände des Einzelfalles zu beachten, ob Sittenwidrigkeit vorliegt oder nicht.

13 Die Motivation des Erblassers zur Setzung von Potestativbedingungen sind sehr vielschichtig und damit einzelfallorientiert. Es lassen sich etwa drei Gruppen von Potestativbedingungen bilden.

---

[3] *Staudinger/Otte* § 2074 Rn. 53; *Soergel/Loritz* § 2074 Rn. 19; a.M. RGRK/*Johannsen* § 2074 Rn. 12.

1. Gruppe: Mit der Potestativbedingung will der Erblasser versuchen, auf das Verhalten des Bedachten nach dem Erbfall einzuwirken. Prinzipiell ist es dem Erblasser nicht verwehrt, eine solche Potestativbedingung aufzustellen. Das von dem Erblasser gewollte Verhalten des Bedachten darf jedoch nicht seinerseits gesetz- oder sittenwidrig sein. Selbst wenn das erhoffte Verhalten für sich betrachtet weder gesetz- noch sittenwidrig ist, kann bei einer Gesamtschau immer noch Sittenwidrigkeit zu bejahen sein. Dies gilt etwa dann, wenn durch die Bedingung massiver mittelbarer Druck auf den Bedachten und seine Freiheitsrechte ausgeübt werden. Dabei ist als Grundsatz zu beachten, dass die Testierfreiheit zwar dem Erblasser ermöglicht, über das Schicksal seines Vermögens zu bestimmen. Ihm ist allerdings nicht das Recht eingeräumt, die persönliche Lebensführung des Bedachten zu regeln.

2. Gruppe: Vielfach sollen Potestativbedingungen nicht das Verhalten des Bedachten beeinflussen, sondern den Gegebenheiten Rechnung tragen, die sich aus bestimmten Entschlüssen des Bedachten ergeben. So ist beispielsweise die Anordnung der Testamentsvollstreckung für die Dauer der Zugehörigkeit des Erben zu einer umstrittenen religiösen Gemeinschaft jedenfalls dann nicht sittenwidrig, wenn der Erblasser dadurch den Fortbestand einer zum Nachlass gehörenden Firma sichern wollte.[4] Entscheidendes Kriterium für Bejahung oder Verneinung der Sittenwidrigkeit ist die Bewertung der Verknüpfung von Mittel und Zweck, d.h., ob der Erblasser durch wirtschaftlichen Anreiz in einer gegen das »Anstandsgefühl aller billig und gerecht Denkenden«[5] verstoßenden Weise ein bestimmtes Verhalten zu erzwingen versucht.

3. Gruppe: Hierzu gehören Bedingungen, die sich auf die Verwaltung des vererbten Vermögens beziehen und einer vernünftigen Besorgnis über die sinnvolle Nutzung und Bewahrung des Vermögens entsprechen. Derartige Bedingungen werden im Allgemeinen nicht gegen die guten Sitten verstoßen. Zu dieser Fallgruppe gehört beispielsweise auch die an den Bedachten gerichtete Bedingung, im Falle einer Heirat Gütertrennung zu vereinbaren oder das ererbte Vermögen durch entsprechende Vereinbarungen vom Zugewinnausgleich auszunehmen. Dies gilt jedenfalls dann, wenn aufgrund der Art der Zuwendung (z.B. Gesellschaftsanteil an einer Personengesellschaft) eine derartige Klausel auf nachvollziehbaren, sachlichen Erwägungen beruht.

3. Rechtsfolgen bei sittenwidriger Bedingung

Das Gesetz gibt zu der Frage, ob eine sittenwidrige und daher nichtige Bedingung die Verfügung insgesamt unwirksam macht oder ob die Verfügung dann als unbedingt bestehenbleibt, keine eindeutige Antwort. Diese Frage kann meines Erachtens nach nicht nach § 139 oder § 2085 beurteilt werden, weil es sich nicht um abtrennbare Teile eines Rechtsgeschäfts im Sinne der genannten Vorschriften handelt, d.h., die Bedingung lässt sich nicht von der letztwilligen Verfügung abkoppeln. Vielmehr bildet beides eine Einheit. Daher wäre es naheliegend, eine Aufrechthaltung der Verfügung nur im Wege der Umdeutung (§ 140) zuzulassen.[6] Dieser Weg dürfte aber häufig nicht zu sachgerechten Lösungen führen. Vielfach wird man zu dem Ergebnis kommen, dass der hypothetische Wille des Erblassers im Einzelfall dahin geht, dass er die Verfügung ohne die Bedingung gerade nicht gewollt haben würde. Dies hätte die Unwirksamkeit der gesamten Verfügung zur Folge und würde zum Nachteil des Bedachten führen. Andererseits beruht die Unwirksamkeit von Bedingungen gerade auf einer Begrenzung der Privatautonomie des Erblassers, häufig zu dem Zweck, die Freiheit des Bedachten vor ungerechtem Druck zu schützen. Richtiger Anknüpfungspunkt dürfte daher der Zweck jener Vorschriften sein, die für die Nichtigkeit

---

[4] OLG Düsseldorf NJW 1988, 2615, unter Aufhebung von LG Düsseldorf NJW 1987, 3141.
[5] Zu dieser Formel s. z.B. MüKoBGB/*Armbrüster* (5. Aufl. 2006) § 138 Rn. 14 f. m.w.N.
[6] So zum Beispiel MüKoBGB/*Leipold* § 2074 Rn. 27.

der Bedingung ursächlich ist. Ist also eine Bedingung deswegen unwirksam, weil der Erblasser in die Freiheitsrechte des Bedachten in unzulässiger Weise eingreifen wollte (s. hierzu insb. Gruppe 1, oben Rz. 14), dann gebietet es der Schutzzweck, die Zuwendung ohne die Bedingung aufrechtzuerhalten.

IV. Verwirkungsklauseln

1. Begriff

16 Von Verwirkungsklauseln wird gesprochen, wenn der Erblasser denjenigen, der gegen seinen letzten Willen vorgeht, androht, er solle nichts oder nur den Pflichtteil erhalten. Sinn und Zweck derartiger Klauseln sind darin zu sehen, die Verwirklichung des letzten Willens des Erblassers zu sichern. Darüber hinaus sollen sie der Streitvermeidung unter den Hinterbliebenen vorbeugen. Die besondere Problematik derartiger Klauseln liegt häufig in ihrer Unbestimmtheit und in der Kollision mit zwingenden gesetzlichen Vorschriften sowie mit dem Recht der Beteiligten, sich auf die gesetzlichen Rechtsfolgen zu berufen.

2. Ungültigkeitsmaßstab

17 Häufig enthalten Strafklauseln sehr unbestimmte Formulierungen. Obwohl der Betroffene sehr schwer erkennen kann, unter welchen Voraussetzungen er den Verlust der Zuwendung riskiert, werden auch derartige vage Anordnungen von der herrschenden Meinung noch als gültig behandelt. Sie stützt sich auf den erbrechtlichen Grundsatz, soweit wie möglich dem Erblasserwillen zum Erfolg zu verhelfen. Die herrschende Meinung bestimmt allein durch Auslegung, wann die Voraussetzungen einer Verwirkungsklausel erfüllt sind.[7] Die Grenzen der Verfügungsfreiheit lassen sich dort ziehen, wo die Verwirkungsklausel dazu verwendet wird, den Bereich der Testierfreiheit über das gesetzlich vorgesehene Maß hinaus zu erweitern und den Beteiligten die Berufung auf das zwingende Recht zu verwehren. Nachfolgende Fallbeispiele sollen dies verdeutlichen:

18 Die Nichtbefolgung testamentarischer Verpflichtungen (z.B. Auflagen, Teilungsanordnung und dergleichen) deren Wirksamkeit vom Verpflichteten nicht bestritten wird, darf unbedenklich zur auflösenden Bedingung von testamentarischen Zuwendungen gemacht werden.

19 Dem Erblasser ist es nicht gestattet, über zwingende Wirksamkeitserfordernisse des Testaments durch eine Strafklausel zu verfügen.[8] Wird zum Beispiel die Testierunfähigkeit oder ein Formmangel hinsichtlich des gesamten Testaments mit Erfolg geltend gemacht, so kann die Strafklausel nicht wirken, weil sie ihrerseits von der Nichtigkeit des Testaments erfasst ist. Entsprechendes dürfte auch für Testamentsanfechtungen gelten.

20 Als Ergebnis lässt sich festhalten, dass erfolgreiche Angriffe gegen Verfügungen von Todes wegen nicht von der Verwirkungsklausel erfasst werden, und zwar unabhängig davon, ob der Erblasser dies wollte oder nicht.

21 Unbegründete Angriffe gegen die Gültigkeit einer Verfügung von Todes wegen stellen das Kernproblem dar. Auf der einen Seite steht die Testierfreiheit des Erblassers, die jedoch keine schrankenlose Geltung haben kann. Denn andererseits haben die Beteiligten das Recht, ihren Rechtsstandpunkt geltend zu machen und Rechtsschutz durch Gerichte zu beanspruchen. Um hier einen sachgerechten Interessenausgleich zu schaffen, ist es unabdingbar, auf das Verschulden des Beteiligten abzustellen. Demnach kann man folgenden Grundsatz aufstellen: Dem Erblasser ist es gestattet, schuldhafte unbegründete

---

[7] RGRK/*Johannsen* § 2074 Rn. 6.
[8] Vgl. RGRK/*Johannsen* § 2074 Rn. 16.

Angriffe gegen seinen letzten Willen mit der Sanktion des Zuwendungsverlustes zu belegen, also Angriffe, die vorsätzlich oder fahrlässig erfolgen.[9]

3. Pflichtteilsklauseln

a) Begriff

Hierunter versteht man Verwirkungsklauseln des Inhalts, ein Bedachter solle eine Zuwendung nicht erhalten, wenn er sich nicht damit zufriedengäbe und den Pflichtteilsanspruch geltend mache. Man spricht hierbei vorwiegend in älterer Literatur von Socinischen Klauseln. Als Exkurs zum Pflichtteilsrecht und der dortigen Kommentierung sei an dieser Stelle folgendes Grundsätzliche erwähnt: Derartige Klauseln können den Pflichtteilsanspruch – vorbehaltlich einer Pflichtteilsentziehung nach §§ 2333 f. – nicht entziehen. Dies gilt selbst dann, wenn die Formulierung lautet, der Bedachte solle überhaupt nichts bekommen, wenn er sich nicht mit dem Zugewendeten zufriedengäbe. Soweit schon das Gesetz nur die Wahl zwischen der Zuwendung und dem Pflichtteil einräumt (s. § 2306 Abs. 1 S. 2), ist die testamentarische Klausel gegenstandslos. Trifft der Erblasser eine Verfügung, die unter § 2306 Abs. 1 S. 1 fällt, kann er die Rechtsfolge dieser Bestimmung nicht durch letztwillige Verfügung unmittelbar ausschalten. Dieses Ziel kann er aber auch nicht dadurch erreichen, dass er eine auflösende Bedingung formuliert, um über diesen Umweg mittelbar den zwingenden Charakter der pflichtteilsrechtlichen Vorschriften zu umgehen. 22

b) Ausgewählte gültige Pflichtteilsklauseln

In gemeinschaftlichen Testamenten oder im Ehegattenerbvertrag kommt häufig die Klausel mit dem Inhalt vor, die zu Schlusserben nach dem zweitversterbenden Ehegatten eingesetzten Personen sollen auch bei dem zweiten Erbfall nur den Pflichtteil erhalten, wenn sie bereits beim ersten Erbfall den Pflichtteil geltend gemacht haben.[10] 23

Die Anordnung, die als Schlusserben vorgesehenen einseitigen Abkömmlinge des erstverstorbenen Ehegatten sollen beim zweiten Erbfall nichts erlangen, wenn sie beim ersten Erbfall den Pflichtteil verlangen, ist auch dann wirksam, wenn das Vermögen vom erstverstorbenen Ehegatten stammt.[11] 24

Um sicher zu verhindern, dass der den Pflichtteil beanspruchende Schlusserbe aus dem Vermögen des erstverstorbenen Ehegatten mehr als den Pflichtteil erhält, kann den anderen Schlusserben ein Vermächtnis nach dem erstverstorbenen Ehegatten in Höhe ihres gesetzlichen Erbteils zugewandt werden, dessen Fälligkeit auf den Tod des zweiten Ehegatten hinausgeschoben wird (»Jastrowsche Klausel«).[12] 25

---

9 S.a. OLG Celle ZEV 1996, 308 (*Skibbe*); unberechtigtes und vorwerfbares Verlangen einer Vermächtniskürzung löst die Verwirkungsklausel aus.
10 So auch BayObLGZ 1990, 58, 60 = FamRZ 1990, 1158; *Staudinger/Otte* § 2074 Rn. 64.
11 BayObLGZ 1994, 164 = ZEV 1995, 191 (zust. *Hofstetter*) = FamRZ 1995, 249. Zur Auslegung einer Pflichtteilsklausel, wenn das Kind beim zweiten Erbfall nicht pflichtteilsberechtigt ist, BGH LM § 2075 Nr. 2 = NJW-RR 1991, 706. Danach kann die Anordnung, die einseitigen Abkömmlinge des Erstverstorbenen sollten, wenn sie den Pflichtteil verlangen, auch nach dem zweiten Erbfall nur den Pflichtteil erhalten, auch so zu verstehen sein, dass nochmals der Pflichtteil nach dem Erstverstorbenen verlangt werden könne. Näher liegt es, dass in einem solchen Fall die einseitigen Abkömmlinge nach dem zweiten Erbfall leer ausgehen, weil ihnen eben kein Pflichtteil zusteht und der Erblasserwille darauf gerichtet war, bei Geltendmachung des Pflichtteils im ersten Erbfall insgesamt so wenig wie rechtlich möglich zu belassen.
12 Vgl. auch zu Weiterentwicklungen dieser Klausel, *Reimann/Bengel/J. Mayer* Testament und Erbvertrag Teil E Rn. 104 ff.

4. Rechtsfolgen

26 Wird der Tatbestand einer Verwirkungsklausel erfüllt, so entfällt von nun an die unter der auflösenden Bedingung stehende Zuwendung. Handelt es sich um eine auflösend bedingte Erbeinsetzung, so tritt notwendigerweise Nacherbfolge ein (s. Rz. 9).

5. Zeitliche Grenzen

27 Die zeitlichen Grenzen richten sich nach §§ 2109, 2162 f. Auch die § 2109 Abs. 1 S. 2 und § 2163 dürften anzuwenden sein.[13]

§ 2075
Zuwendung unter auflösender Bedingung

Hat der Erblasser eine letztwillige Zuwendung unter der Bedingung gemacht, dass der Bedachte während eines Zeitraums von unbestimmter Dauer etwas unterlässt oder fortgesetzt tut, so ist, wenn das Unterlassen oder das Tun lediglich in der Willkür des Bedachten liegt, im Zweifel anzunehmen, dass die Zuwendung von der auflösenden Bedingung abhängig sein soll, dass der Bedachte die Handlung vornimmt oder das Tun unterlässt.

I. Normzweck und Rechtsnatur

1 Die Vorschrift baut auf § 2074 auf und befasst sich mit einem Einzelproblem. Besteht die Bedingung in einem fortgesetzten Tun oder Unterlassen des Bedachten auf unbestimmte Dauer, so ist im Zweifel eine auflösende Bedingung anzunehmen. Die Auslegung als auflösende Bedingung erreicht das Ziel, die Zuwendung zugleich mit dem Erbfall dem Bedachten anfallen zu lassen. In dieser Vorschrift verwirklicht sich der typische Wille des Erblassers. Denn mit seiner bedingten Zuwendung möchte der Erblasser gegenüber dem Bedachten einen Anreiz zu dessen gefordertem fortgesetzten Tun oder Unterlassen schaffen. Bei der Vorschrift handelt es sich um eine Auslegungsregel, was sich aus den Worten »im Zweifel« ergibt. Lässt sich also ein abweichender Erblasserwillen feststellen, hat dieser Vorrang vor § 2075.

II. Voraussetzungen

2 § 2075 setzt eine echte rechtsgeschäftliche Bedingung (Potestativbedingung) voraus und deutet sie für den Zweifelsfall als auflösende Bedingung. Die vorrangige Frage, ob überhaupt eine Bedingung im Rechtssinne vorliegt, entscheidet sich nicht nach § 2075, sondern nach den allgemeinen Auslegungsgrundsätzen.

3 Hängt das fortgesetzte Tun oder Unterlassen nicht allein von der Willkür des Bedachten ab, so würde § 2075 nach dem Wortlaut nicht gelten. Die sachlichen Gründe aber – mutmaßlicher Wille des Erblassers zum Schutz des Bedachten – sprechen dann erst recht dafür, im Zweifel eine auslösende und keine aufschiebende Bedingung anzunehmen. Beispielsweise ist die Bedingung, dass der Bedachte eine andere Person fortgesetzt pflegt oder betreut, im Zweifel nach § 2075 als auflösende Bedingung zu verstehen, und zwar ungeachtet der Tatsache, dass die Pflegetätigkeit nur mit Willen der zu betreuenden Personen mög-

---

[13] Staudinger/*Otte* § 2074 Rn. 26.

lich ist.¹ Bei unmöglicher auflösender Bedingung ist nur die Bedingung, nicht die Zuwendung als wirkungslos zu betrachten.²

Da die Bedingungen in einem unterlassenen oder fortgesetzten Tun während eines Zeitraumes von unbestimmter Dauer bestehen, fallen Handlungen, die innerhalb eines unbestimmten Zeitraums vorzunehmen sind, nicht unter § 2075. Unter § 2075 fallen aber zum Beispiel Verwirkungsklauseln³ – soweit sie wirksam sind (s. hierzu Kommentierung zu § 2074 Rz. 16 ff.) – oder die Wiederverheiratungsklausel.

III. Rechtsfolgen

Die testamentarische Bestimmung ist im Zweifel als auflösende Bedingung i.S.v. § 158 Abs. 2 auszulegen. Tritt die Bedingung ein, verliert die Zuwendung ohne Rückwirkung ihre Wirksamkeit. Handelt es sich um eine Erbeinsetzung, so muss notwendigerweise Nacherbfolge eintreten. Im Allgemeinen wird es dem Willen der Erblassers entsprechen, dem Bedachten bis zum Bedingungseintritt eine möglichst umfassende Rechtsstellung zu gewähren. Folglich wird man von einer befreiten Vorerbschaft ausgehen können.⁴ Handelt es sich um ein bedingtes Vermächtnis, kommt es nur dann zu einem Nachvermächtnis, wenn der Erblasser dies ausdrücklich angeordnet hat (§ 2191). Ansonsten erlischt der Vermächtnisanspruch. Bereits gewährte Leistungen sind dann nach Bereicherungsrecht zurückzugewähren.

§ 2076
Bedingung zum Vorteil eines Dritten

Bezweckt die Bedingung, unter der eine letztwillige Zuwendung gemacht ist, den Vorteil eines Dritten, so gilt sie im Zweifel als eingetreten, wenn der Dritte die zum Eintritt der Bedingung erforderliche Mitwirkung verweigert.

I. Normzweck

Der Erblasser will auf den Willen des Bedachten einwirken, die Bedingung zu erfüllen. Wenn er eine Zuwendung mit der Bedingung verknüpft, die einem Dritten einen Vorteil verschaffen soll, ist der Bedachte bereit mitzuwirken und scheitert die Erfüllung deshalb, weil der Dritte den Vorteil nicht haben will, würde es dem typischen Erblasserwillen widersprechen, dem Bedachten aus diesem Grunde die Zuwendung vorzuenthalten. Es handelt sich hierbei zum Schutz des bedingt Bedachten um eine gesetzliche, ergänzende Testamentsauslegung.

II. Voraussetzung

Es muss eine rechtsgeschäftliche Bedingung vorliegen. Handelt es sich um keine Bedingung, sondern beispielsweise um ein Vermächtnis oder eine Auflage zugunsten eines Dritten, so gilt § 2076 nicht. Die Bedingung muss den Vorteil des Dritten – nicht notwendigerweise muss es sich hier um einen geldwerten Vorteil handeln – bezwecken.¹

---

1 Ebenso BayObLGZ 1998, 22, 26 = FamRZ 1998, 1141, 1142; *Staudinger/Otte* § 2075 Rn. 3.
2 A.M. *Soergel/Loritz* § 2075 Rn. 4, der auf die ergänzende Auslegung verweist.
3 BayObLGZ 1990, 58, 60 = FamRZ 1990, 1158; BayObLGZ 1994, 164, 169 = FamRZ 1995, 249; BayObLG FamRZ 1995, 1447, 1449; zur Interpretation einer Verwirkungsklausel s. BGH ZEV 2009, 459.
4 MüKoBGB/*Leipold* § 2075 Rn. 9.
1 *Soergel/Loritz* § 2076 Rn. 3.

3   Der Gesetzeswortlaut bezieht sich auf eine aufschiebende Bedingung. Nur in diesem Falle ist es im Interesse des Bedachten, den Eintritt der Bedingung zu fingieren. Sollte allerdings die Nichterfüllung eines bestimmten Verhaltens, welches einem Dritten Vorteile bringt, zur auflösenden Bedingung der Zuwendung gemacht sein, gebietet es nach meiner Ansicht die übereinstimmende Interessenlage, eine analoge Anwendung des § 2076 zu bejahen.

4   Die Erfüllung der Bedingung darf nur an der verweigerten Mitwirkung des Dritten scheitern. Der Bedachte muss zur ordnungsgemäßen Erfüllung bereit sein und dies dem Dritten kundgetan haben. Wird die Erfüllung der aufschiebenden Bedingung aus anderen Gründen unmöglich, gilt § 2076 nicht.

III. Rechtsfolgen

5   Die Bedingung gilt im Zweifel als eingetreten. Die Zuwendung fällt dem Bedachten also mit der Weigerung der Mitwirkung durch den Dritten an (§ 158 Abs. 1). Ein entgegenstehender Wille des Erblassers kann sich ausdrücklich oder durch Auslegung aus dem Testament ergeben. Dann ist letzteres maßgebend.

§ 2077
Unwirksamkeit letztwilliger Verfügungen bei Auflösung der Ehe oder Verlobung

(1) Eine letztwillige Verfügung, durch die der Erblasser seinen Ehegatten bedacht hat, ist unwirksam, wenn die Ehe vor dem Tode des Erblassers aufgelöst worden ist. Der Auflösung der Ehe steht es gleich, wenn zur Zeit des Todes des Erblassers die Voraussetzungen für die Scheidung der Ehe gegeben waren und der Erblasser die Scheidung beantragt oder ihr zugestimmt hatte. Das gleiche gilt, wenn der Erblasser zur Zeit seines Todes berechtigt war, die Aufhebung der Ehe zu beantragen, und den Antrag gestellt hatte.

(2) Eine letztwillige Verfügung, durch die der Erblasser seinen Verlobten bedacht hat, ist unwirksam, wenn das Verlöbnis vor dem Tode des Erblassers aufgelöst worden ist.

(3) Die Verfügung ist nicht unwirksam, wenn anzunehmen ist, dass der Erblasser sie auch für einen solchen Fall getroffen haben würde.

Übersicht	Rz.		Rz.
I. Normzweck	1	IV. Letztwillige Verfügung zugunsten des eingetragenen Lebenspartners	11
II. Letztwillige Verfügungen zugunsten des Ehegatten	3	V. Vorrang des Erblasserwillens	12
III. Letztwillige Verfügungen zugunsten des Verlobten	9	VI. Schenkung, Versorgungszusage, Lebensversicherung	17

I. Normzweck

1   Die Erbeinsetzung des Ehegatten beruht in der Regel auf der familienrechtlichen Bindung. Diesem Umstand trägt § 2077 dergestalt Rechnung, dass bei Auflösung der Ehe die Unwirksamkeit der Erbeinsetzung angeordnet wird.

Eine analoge Anwendung des § 2077 auf den Fall, dass Eltern den Ehegatten ihres Kindes zum Erben eingesetzt haben, lehnt der BGH[1] in erster Linie deshalb ab, weil es an einer die Analogie rechtfertigenden vergleichbaren Lebenserfahrung hinsichtlich des Erblasserwillens fehle. Diese Rechtsprechung ist abzulehnen, weil nicht einmal andeutungsweise erkennbar ist, woher der BGH seine »Lebenserfahrung« ableitet. Näherliegend ist die Annahme, dass Schwiegerkinder durch Schwiegereltern in der Regel auf Grund der bestehenden Ehe mit dem eigenen Kind bedacht werden, so dass im Zweifel (die konkrete Auslegung hat ohnehin den Vorrang) mit dem Scheitern dieser Ehe auch die Zuwendung ihre innere Rechtfertigung verliert. Allerdings deutet der BGH überraschender Weise sogar gewisse Zweifel an, ob im Verhältnis von Ehegatten heute noch von einer den § 2077 rechtfertigenden Lebenserfahrung ausgegangen werden könne. Dann liegt eine analoge Anwendung naturgemäß fern. Möglich bleibt nach Ansicht des BGH, je nach den Umständen des Einzelfalles, die Anfechtung nach § 2078 Abs. 2, gegebenenfalls auch eine zur Unwirksamkeit führende ergänzende Auslegung.

II. Letztwillige Verfügungen zugunsten des Ehegatten

Abs. 1 S. 1 behandelt den Fall der nicht mehr bestehenden Ehe. Die Wirksamkeit einer letztwilligen Verfügung zugunsten des Ehegatten ist im Zweifel (s. Abs. 3) vom Bestehen der Ehe beim Tode des Erblassers abhängig. Das Bestehen der familienrechtlichen Bindung zum Zeitpunkt der Errichtung der letztwilligen Verfügung genügt. Diese Vorschrift gilt auch dann, wenn der Erblasser und die bedachte Person im Zeitpunkt der Testamentserrichtung miteinander verlobt waren und sie danach geheiratet haben. Hingegen ist die Vorschrift nicht anzuwenden, wenn die später verheirateten Personen bei Errichtung der letztwilligen Verfügung noch nicht verlobt waren.[2] Denn das Gesetz unterstellt einen klaren Zusammenhang zwischen Ehe oder Verlobung und der Zuwendung. Im letzteren Falle fehlt jedoch dieser Zusammenhang. Erfolgt die Verfügung in Erwartung der späteren Eheschließung und des Fortbestandes der Ehe, kann eine Anfechtung nach § 2078 Abs. 2 weiterhelfen.

Abs. 1 S. 2 und 3 erfassen Fälle, in denen im Todeszeitpunkt die Ehe noch besteht. Die Unwirksamkeit der letztwilligen Verfügung tritt ein, wenn die Voraussetzungen für die Scheidung oder Aufhebung der Ehe im Todeszeitpunkt gegeben waren und das Verfahren durch den Erblasser oder mit seiner Zustimmung eingeleitet war. Hierfür ist die Rechtshängigkeit des Scheidungsantrags oder des Aufhebungsantrags des Erblassers oder die Zustimmung zum rechtshängigen Scheidungsantrag des überlebenden Ehegatten erforderlich.[3]

Das Nachlassgericht hat im Erbscheinsverfahren die Voraussetzungen für die Scheidung oder Aufhebung der Ehe zu prüfen. Entsprechendes gilt für das Prozessgericht bei der Erbschaftsklage. Die Beweislast dafür, dass die Voraussetzungen der Scheidung zum Zeitpunkt des Todesfalles vorlagen, trägt derjenige, der sich auf den Wegfall des testamentarischen Erbrechts beruft. Diese Beweislastregelung wird auch nicht dadurch geändert, dass ein Erbschein erteilt worden ist.[4]

§ 2077 Abs. 1 ordnet als **Rechtsfolge** die Unwirksamkeit der letztwilligen Verfügung an.

Der Erbrechtspraktiker sollte sich nicht mit der gesetzlichen Regelung des § 2077 begnügen, die insb. im Hinblick auf Abs. 3 Auslegungsprobleme und Rechtsstreitigkeiten hervorrufen kann. Vielmehr muss der Fall der späteren Ehescheidung (bzw. Aufhebung des Verlöbnisses) ausdrücklich im Testament oder Erbvertrag geregelt werden. Für gemeinschaftliche Testamente und Ehegattenerbverträge bietet sich folgende Formulierung an:

---

1 BGHZ 154, 336 = NJW 2003, 2095 (abl. *Keim* NJW 2003, 3248) = ZEV 2003, 284 (abl. *Leipold*).
2 Ebenso *Soergel/Loritz* § 2077 Rn. 14; a.M. wohl FamRZ 1961, 364, 366.
3 Dabei ist § 167 ZPO nicht analog anzuwenden. BGHZ 111, 329, 333 = NJW 1990, 2382, 2383.
4 BGHZ 128, 125 = NJW 1995, 1082 = ZEV 1995, 150 *(Klumpp)*.

»Ist beim Tode eines Ehegatten ein begründeter Scheidungsantrag rechtshängig, sollen die Verfügungen von Todes wegen ihrem ganzen Inhalt nach unwirksam sein. Die Anwendung von § 2269 (i.V.m. § 2280 – beim Erbvertrag) wird ausgeschlossen.«

8   Bei einseitigen Testamenten kann wie folgt formuliert werden:
»Ist bei meinem Tode ein von mir oder meinem Ehepartner gestellter Scheidungsantrag rechtshängig, sollen die Verfügungen ihrem ganzen Inhalt nach unwirksam sein. Die Anwendung von § 2077 Abs. 3 BGB wird ausgeschlossen.«

III. Letztwillige Verfügungen zugunsten des Verlobten

9   Abs. 2 ordnet eine Abs. 1 entsprechende Regelung für Verlobte an. Voraussetzung ist das Vorhandensein eines Verlöbnisses nach § 1297 ff., also ein ernsthaftes wechselseitiges Heiratsversprechen. Die Beendigung einer nichtehelichen Lebensgemeinschaft wird vom Gesetzeswortlaut nicht erfasst. Eine entsprechende Anwendung des Abs. 2 auf die Beendigung einer nichtehelichen Lebensgemeinschaft wird nach wie vor abgelehnt.[5]

10 Wird das Verlöbnis vor dem Tode des Erblassers aufgelöst, führt dies vorbehaltlich des Abs. 3 zur Unwirksamkeit der Verfügung. Die Rechtsfolgen des Abs. 2 treten unabhängig davon ein, ob ein Verschulden eines der Verlobten an der Auflösung der Verlöbnisses ursächlich war. Endet das Verlöbnis durch anschließende Eheschließung der Verlobten, so ist die Erbeinsetzung der Verlobten als Zuwendung an den Ehegatten gem. § 2077 Abs. 1 zu bewerten.[6]

IV. Letztwillige Verfügung zugunsten des eingetragenen Lebenspartners

11 Für letztwillige Zuwendungen des Erblassers zugunsten des eingetragenen Lebenspartners gilt gem. § 10 Abs. 5 LPartG § 2077 in vollem Umfang entsprechend. Seit der Reform des LPartG ist auch das Verlöbnis vorgesehen. Die Ausführungen zu Rz. 9 f. gelten entsprechend.[7]

V. Vorrang des Erblasserwillens

12 Die Auslegungsregel der Abs. 1 und 2 greifen nur ein, soweit ein gegenteiliger Wille des Erblassers nicht festgestellt werden kann. Zunächst ist der Versuch zu unternehmen, den wirklichen Willen des Erblassers durch unmittelbare Erklärungsauslegung zu ermitteln. Gelingt es nicht, den wirklichen Willen des Erblassers zu erforschen, ist auf den hypothetischen Erblasserwillen abzustellen. Der maßgebliche Zeitpunkt ist der der Errichtung der letztwilligen Verfügung.[8]

13 Eine ganz andere Frage ist, welche Umstände bei der Ermittlung des hypothetischen Willens zu berücksichtigen sind. Die Berücksichtigung späterer Umstände ist unbedenklich, soweit hieraus Rückschlüsse auf den hypothetischen Erblasserwillen zur Zeit der Errichtung der letztwilligen Verfügung gemacht werden können.[9] In die Prüfung, wie der Erblasser verfügt hätte, wenn er im Zeitpunkt der Errichtung der letztwilligen Verfügung die Möglichkeit der Auflösung der Ehe bedacht hätte, sind konkrete Verhaltensweisen des Erblassers nach der Errichtung des Testaments einzubeziehen. Praktische Relevanz erhält das Problem bei der nachträglichen Aussöhnung der geschiedenen Ehegatten oder bei

---

5   OLG Celle ZEV 2003, 328; BayObLG ZEV 2001, 438; *Staudinger/Otte* § 2077 Rn. 3; *Soergel/Loritz*, § 2077 Rn. 13.
6   BayObLG FamRZ 1993, 362; *Staudinger/Otte* § 2077 Rn. 16.
7   MüKoBGB/*Leipold* § 2077 Rn. 21.
8   BGH FamRZ 1960, 28, 29; 1961, 364; OLG Frankfurt RPfleger 1978, 412; BayObLG FamRZ 1996, 760, 762; OLG Hamm RPfleger 1992, 109; *Dieterle* BWNotZ 1970, 170; *Soergel/Loritz* § 2077 Rn. 17; OLG Dresden ZErb 2010, 29.
9   BGH FamRZ 1960, 28, 29; BayObLG FamRZ 1993, 362; FamRZ 1995, 1088; FamRZ 1996, 760, 762.

deren Wiederheirat. Die Aussöhnung der geschiedenen Ehegatten allein reicht nicht aus, um über § 2077 Abs. 3 die letztwillige Verfügung aufrechtzuerhalten. Denn diese Aussöhnung ist Ausdruck eines späteren Willens und lässt keine Rückschlüsse auf den hypothetischen Willen bei Testamentserrichtung zu.[10]

Für den Fall der Wiederheirat der Ehegatten wird in Rechtsprechung und Literatur 14 ebenfalls angenommen, allein die Wiederheirat könne die Verfügung nicht nach § 2077 aufrechterhalten[11]0. Diese Rechtsansicht übersieht jedoch die Bedürfnisse der Praxis. Ein Erblasser, der nach Scheidung den früheren Ehepartner wieder heiratet, geht in der Regel davon aus, dass seine damalige letztwillige Verfügung zugunsten des Ehegatten nach wie vor wirksam ist. Aus diesem Grunde wird er auch kein neues Testament im Regelfalle errichten. Diejenigen, die auch im Falle der Wiederheirat § 2077 anwenden wollen, argumentieren dahin gehend, dass bei Wiederheirat mit dem bedachten früheren Ehegatten eine neue Ehe geschlossen und nicht die alte Ehe wiederhergestellt werde. Diese formale Unterscheidung wird durch den Normzweck des § 2077 nicht untermauert. Denn hieraus ergibt sich gerade nicht, dass die Unwirksamkeit der Verfügung anzunehmen sei, in dem beim Erbfall eine nach der Art gleiche, wenn auch formal nicht identische familienrechtliche Beziehung besteht wie im Zeitpunkt der Errichtung der letztwilligen Verfügung. Eine an den Bedürfnissen der Praxis orientierte Betrachtungsweise lässt deshalb das Ergebnis zu, die letztwillige Verfügung zugunsten des Ehegatten auch nach Wiederheirat desselben Ehegatten ungeachtet § 2077 Abs. 1 in seinem ursprünglichen Sinn aufrechtzuerhalten; auf den hypothetischen Erblasserwillen nach Abs. 3 kommt es hierbei nicht an.[12]

Heiratet der Erblasser nach der Scheidung eine andere Person, so ist die Verfügung von 15 Todes wegen nach § 2077 Abs. 1 unwirksam. Sie gilt dann nicht zugunsten des neuen Ehepartners weiter.

Derjenige, der sich auf die Weitergeltung der Verfügung gem. § 2077 Abs. 3 beruft, hat 16 diese darzutun. Diese Beweislast bezieht sich nur auf die tatsächlichen Umstände, die zur Begründung eines hypothetischen Willens vorgetragen werden. Die Ermittlung des hypothetischen Willens selbst ist hingegen Gegenstand der tatrichterlichen Bewertung.

VI. Schenkung, Versorgungszusage, Lebensversicherung

Liegt ein Schenkungsversprechen von Todes wegen i.S.d. § 2301 Abs. 1 vor, d.h., ein nicht 17 unter Lebenden vollzogenes Schenkungsversprechen, so finden hierauf die Vorschriften über Verfügungen von Todes wegen; somit auch § 2077 Anwendung. Alle anderen Schenkungsversprechen wird man in vollem Umfange als Rechtsgeschäfte unter Lebenden behandeln müssen, so dass im Ergebnis auch eine analoge Anwendung des § 2077 nicht in Betracht kommt.[13]

In der Praxis kommt es häufig vor, dass Arbeitgeber und Arbeitnehmer durch Vertrag 18 für den Fall des Todes des Arbeitnehmers für dessen Ehefrau eine Versorgung vereinbaren. Soweit ersichtlich wird hier eine analoge Anwendung des § 2077 dann verneint, wenn ein Wegfall des Versorgungsanspruches der geschiedenen Ehefrau anderen, dem Erblasser näher stehenden Personen nicht zugute kommt. In solchen Fällen muss stets die Auslegung im Einzelfall das entscheidende Kriterium für die Anwendung des § 2077 sein.[14]

---

10 *Tappmeier*DNotZ 1997, 715, 724; *Staudinger/Otte* BGB § 2077 Rn. 20.
11 So KG FamRZ 1968, 217; wohl auch *Tappmeier* DNotZ 1987, 715, 717, 724.
12 Im Ergebnis ebenso RGRK/*Johannsen* BGB § 2077 Rn. 6; *Soergel/Loritz* § 2077 Rn. 17; *Staudinger/Otte* § 2077 Rn. 20. Dagegen stellt BayObLG NJW 1996, 133 (dazu krit. *Reimann* ZEV 1995, 329, 330) für die Weitergeltung der Verfügungen beim gemeinschaftlichen Testament auf den durch Auslegung zu ermittelnden wirklichen oder hypothetischen Willen der Ehegatten im Zeitpunkt der Testamentserrichtung ab und will die spätere Wiederheirat im Rahmen der Auslegung berücksichtigen.
13 So auch *Staudinger/Otte* BGB § 2077 Rn. 28.
14 So auch BFH BB 1985, 1450, der im konkreten Fall den Fortbestand der Versorgungszusage trotz der Scheidung bejaht hat.

19 Weiterhin von praktischer Relevanz ist die Einsetzung des Ehegatten als Bezugsberechtigten einer Lebensversicherung. Ist die bei Abschluss der Lebensversicherung bestehende Ehe geschieden worden und war der Erblasser im Zeitpunkt seines Todes wieder verheiratet, so ist es zunächst eine Auslegungsfrage, ob der geschiedene Ehegatte oder der Ehegatte zum Zeitpunkt des Todes gemeint ist.[15] Fällt die Auslegung nicht zugunsten des neuen Ehegatten aus oder ist der Erblasser im Zeitpunkt seines Todes nicht verheiratet, ergibt sich die Frage, ob der geschiedene Ehegatte bezugsberechtigt ist. Eine analoge Anwendung des § 2077 auf diesen Fall wird von der herrschenden Meinung abgelehnt.[16] Trotzdem kann infolge der Ehescheidung dennoch eine Pflicht des früheren Ehegatten zur Herausgabe der Versicherungssumme bestehen. Denn im Valutaverhältnis besteht wegen Wegfalls der Geschäftsgrundlage kein Recht mehr zum Behaltendürfen.[17]

§ 2078
Anfechtung wegen Irrtums oder Drohung

(1) Eine letztwillige Verfügung kann angefochten werden, soweit der Erblasser über den Inhalt seiner Erklärung im Irrtum war oder eine Erklärung dieses Inhalts überhaupt nicht abgeben wollte und anzunehmen ist, dass er die Erklärung bei Kenntnis der Sachlage nicht abgegeben haben würde.

(2) Das Gleiche gilt, soweit der Erblasser zu der Verfügung durch die irrige Annahme oder Erwartung des Eintritts oder Nichteintritts eines Umstandes oder widerrechtlich durch Drohung bestimmt worden ist

(3) Die Vorschrift des § 122 findet keine Anwendung.

Übersicht

		Rz.			Rz.
I.	Zweck der Testamentsanfechtung	1		2. Umstände, die von den Vorstellungen des Erblassers abweichen	15
II.	Vorrang der Auslegung	4		3. Die Erheblichkeit	18
III.	Verhältnis zum Allgemeinen Teil des BGB	5	VI.	Anfechtung wegen Drohung	19
IV.	Anfechtungsgründe (Abs. 1)	7	VII.	Verhältnis zu anderen Anfechtungsgründen und zur Erbunwürdigkeit	20
	1. Irrtum in der Erklärungshandlung (Abs. 1 Alt. 2)	8	VIII.	Wirkung der Anfechtung	22
	2. Inhaltsirrtum (Abs. 1 Alt. 1)	9	IX.	Bestätigung eines anfechtbaren Testaments	24
	3. Erheblichkeit des Irrtums	10	X.	Verfahren, Beweislast	25
V.	Anfechtung wegen Motivirrtums	11			
	1. Die Vorstellungen des Erblassers	11			

I. Zweck der Testamentsanfechtung

1 Bei der Testamentsanfechtung geht es darum, dass Dritte, die von der Erklärung des Erblassers betroffen werden, diese nicht gegen sich geltend lassen müssen. Der Zweck der Testamentsanfechtung liegt daher vorrangig im Schutz der Interessen des Anfechtungsberech-

---

15 Dazu eingehend *Bayer* Der Vertrag zugunsten Dritter S. 237 ff., der entgegen der h.M. eine Auslegung zugunsten des neuen Ehegatten befürwortet. Ebenso bei einer Unfallversicherung (unter Betonung des Unterschieds zur Lebensversicherung) OLG Stuttgart MDR 1987, 848 = NJW-RR 1988, 1180.
16 BGH NJW 1976, 290; BGHZ 128, 125 = NJW 1995, 1082; *Soergel/Loritz* § 2077 Rn. 22.
17 Diesen Lösungsweg beschreitet BGH NJW 1987, 3131 = LM Nr. 3; BGHZ 128, 125 = NJW 1995, 1082 bestätigt diese Entscheidung, betont aber, dass den Kläger, der die Versicherungssumme vom Ehegatten des Erblassers herausverlangt, die Beweislast dafür trifft, dass das Fortbestehen der ehelichen Lebensgemeinschaft Geschäftsgrundlage der Zuwendung war.

tigten vor einer fehlerhaften Erklärung des Erblassers. Bestätigt wird dies durch die Regelung des Kreises der Anfechtungsberechtigten. Denn das Gesetz gewährt nur dem von der Aufhebung der Verfügung unmittelbar Begünstigten das Anfechtungsrecht (s. § 2080 Abs. 1). Soweit der Anfechtungsgrund nur bestimmte Personen betrifft, sind diese allein anfechtungsberechtigt (vgl. § 2080 Abs. 2 und 3).

Die Anfechtung ist kein Instrument, den wahren Willen des Erblassers zu verwirklichen. Dies ist allein Aufgabe der Auslegung, sofern die Erklärung dies gestattet. Die Anfechtung hingegen beseitigt Verfügungen, die nicht dem wahren Willen des Erblassers entsprechen oder auf einem Motivationsirrtum beruhen. Sie führt allerdings nicht notwendigerweise diejenige erbrechtliche Lage herbei, die dem wahren, aber nicht erklärten Willen des Erblassers entsprechen.[1]

Die Anfechtungsgründe der §§ 2078 f. gelten auch für die Anfechtung eines Erbvertrages. Wesentlicher Unterschied zur Testamentsanfechtung ist der Umstand, dass der Erblasser selbst anfechtungsberechtigt ist. Beim gemeinschaftlichen Testament werden für die Anfechtung wechselbezüglicher Verfügungen nach dem Tod des ersten Ehegatten die Vorschriften über die Anfechtung des Erbvertrages in analoger Anwendung zugelassen.[2]

II. Vorrang der Auslegung

Wie bereits unter Rz. 2 angedeutet, ist die Auslegung einer Verfügung von Todes wegen vorrangig vor der Anfechtung, weil sie das Ziel verfolgt, dem erklärten Willen des Erblassers zum Erfolg zu verhelfen.[3] Demgegenüber führt die Anfechtung nur zur Beseitigung der fehlerhaften Erklärung. Dieser Vorrang gilt auch für die ergänzende Auslegung.[4]

III. Verhältnis zum Allgemeinen Teil des BGB

Die erbrechtlichen Anfechtungsregeln gehen den Bestimmungen des allgemeinen Teils vor. Sie stellen jedoch keine vollständige Sonderregelung für die Anfechtung der Verfügungen von Todes wegen dar. Daher sind die Vorschriften des Allgemeinen Teils heranzuziehen, soweit im Erbrecht keine Bestimmungen enthalten sind.

Die Anfechtungsgründe sind abschließend in §§ 2078 ff. geregelt. Es ist daher unzulässig, auf die §§ 119, 123 zurückzugreifen. Die Anfechtungsberechtigung ist für Testamente in § 2080, bei Erbverträgen zusätzlich in § 2281 und § 2285 geregelt. Die Anfechtungserklärung wird weitgehend in § 2081 geregelt; im Übrigen ist § 143 maßgebend. Die Anfechtungsfrist ist für Testamente in § 2082, für Erbverträge in § 2283 geregelt. Da sich das Erbrecht zur Wirkung der Anfechtung nicht äußert, gilt § 142 Abs. 1.

IV. Anfechtungsgründe (Abs. 1)

Abs. 1 enthält in wörtlicher Übereinstimmung dieselben beiden Irrtumsarten wie § 119 Abs. 1. Es kann daher zunächst auf die einschlägigen Kommentierungen zu § 119 verwiesen werden. Die weiteren Ausführungen beschränken sich daher auf die erbrechtlichen Besonderheiten.

1. Irrtum in der Erklärungshandlung (Abs. 1 Alt. 2)

Hierfür ist erforderlich, dass das äußere Erklärungsverhalten des Erblassers nicht von seinem Willen getragen ist; mit anderen Worten: Der Erblasser verschreibt oder verspricht

---
1 RGRK/*Johannsen* § 2078 Rn. 68; *Staudinger/Otte* § 2078 Rn. 6, 34.
2 Nähere Einzelheiten s. § 2281 Rz. 3 (Erbvertrag) und § 2271 Rz. 11 (gemeinschaftliches Testament).
3 BGH LM § 2100 Nr. 1; KG NJW 1971, 1992; BayObLG FamRZ 2002, 911, 912; *Staudinger/Otte* § 2078 Rn. 6 f.
4 BGH NJW 1978, 264, 266; BayObLGZ 1966, 390, 394; BayObLG FamRZ 1991, 982.

sich. In der Praxis dürfte eine Korrektur dieses Fehlers im Wege der vorrangigen Auslegung im Regelfalle möglich sein, so dass eine Anfechtung nicht zum Zuge kommt.

2. Inhaltsirrtum (Abs. 1 Alt. 1)

9　Hierzu ist erforderlich, dass sich der Erblasser in einem Irrtum über die Bedeutung seiner Erklärung befunden hat.

Beispiele: Errichtung eines Erbvertrages in der Annahme, nur frei widerrufliche Erklärungen abzugeben;[5] Irrtum über erbvertraglichen Ausschluss des Anfechtungsrechts wegen Übergehung eines Pflichtteilsberechtigten.[6]

3. Erheblichkeit des Irrtums

10　Neben dem Irrtum ist erforderlich, dass der Erblasser die Erklärung bei Kenntnis der Sachlage nicht abgegeben hätte. Es ist also damit nur auf die subjektive Denk- und Anschauungsweise des Erblassers abzustellen.[7] Hierbei sind alle Besonderheiten seiner Persönlichkeit zu berücksichtigen.[8]

V. Anfechtung wegen Motivirrtums

1. Die Vorstellungen des Erblassers

11　Eine Annahme oder Erwartung des Erblassers i.S.d. Abs. 2 ist gegeben, wenn er sich über bestimmte Tatsachen Gedanken gemacht hat und dadurch die subjektive Überzeugung von dem Vorliegen oder Nichtvorliegen dieser Tatsachen gewonnen hat. Beispiele positiver Vorstellungen: Annahme, es bestehe ein bestimmtes Verwandtschaftsverhältnis zu dem Bedachten, zwei Bedachte seien miteinander verheiratet,[9] einzelne Abkömmlinge lebten in besseren wirtschaftlichen Verhältnissen als andere.[10]

12　Dagegen ist das Nichtbedenken von Umständen, also nicht vorhandene Vorstellungen, kein Anfechtungsgrund.[11] Der BGH fügt in der genannten Entscheidung jedoch hinzu, dass zu den wirklichen Vorstellungen und Erwartungen auch solche gehören, die ein Erblasser zwar nicht in seinem Bewusstsein aufgenommen habe, die er aber als selbstverständlich seiner Verfügung zugrunde lege, sog. unbewusste Vorstellungen.[12] In einer späteren Entscheidung entschloss sich der BGH,[13] nicht mehr von »unbewussten Vorstellungen« zu sprechen, sondern – ohne inhaltliche Veränderung seiner Ansicht – von »selbstverständlichen Vorstellungen« (Beispiele: unbewusste Vorstellungen, die Ehe werde harmonisch verlaufen;[14] zwischen den Beteiligten werde ein gewisses Maß an gegenseitiger Achtung und Rücksichtnahme gewahrt bleiben;[15] der Bedachte werde nicht aufgrund der Zugehörigkeit zu einer Sekte den Nachlass einer vernünftigen Verwertung entziehen).[16]

13　Da Abs. 2 jeden Motivirrtum erfasst, kommt es auf den Grund der Fehlvorstellung nicht an.

5　BayObLG FamRZ 1997, 1430.
6　BayObLG FamRZ 1997, 1430, 1433.
7　BGHZ 4, 91, 95; KG FamRZ 1977, 271, 273.
8　Vgl. BGH FamRZ 1983, 898, 899.
9　BayObLG FamRZ 1984, 422.
10　RGZ 172, 83.
11　BGH WM 1971, 1153, 1154 (gegen RGZ 77, 165, 174).
12　BGH LM Nr. 4, 8; WM 1971; 1153, 1155; FamRZ 1983, 8983, 899. Ebenso z.B. BayObLGZ 1971, 147, 149; KG FamRZ 1977, 271; BayObLG FamRZ 1984, 1270, 1271; OLG Hamm ZEV 1994, 109, 111 = FamRZ 1994, 849.
13　BGH WM 1987, 1019, 1020 = NJW-RR 1987, 1412.
14　BayObLG FamRZ 1983, 1275, 1277.
15　OLG Hamm ZEV 1994, 109, 111 = FamRZ 1994, 849.
16　OLG München NJW 1983, 2577 (zur Hare-Krishna-Sekte).

Bereits aus dem Gesetzestext folgt, dass auf den Zeitpunkt der Testamentserrichtung 14
abzustellen ist. Eine analoge Anwendung auf spätere Fehlvorstellungen scheidet daher aus.
So hat es der BGH[17] abgelehnt, ein Anfechtungsrecht zu bejahen, wenn der Erblasser die
errichtete Verfügung vergessen hatte und in der Annahme, es werde ohnehin die seinem
Willen entsprechende gesetzliche Erbfolge eintreten, von einer neuen Verfügung Abstand
nahm.

2. Umstände, die von den Vorstellungen des Erblassers abweichen

Nach dem Gesetzestext sind die Umstände nicht definiert. Daher kommen alle Umstände 15
in Betracht, unabhängig davon, ob sie sich z.B. auf den Erblasser, auf andere Personen, auf
Gegenstände oder auf rechtliche oder wirtschaftliche Verhältnisse beziehen. Es kann sich
um vergangene, gegenwärtige oder auch künftige Umstände handeln.

Ob sich aus Umständen, die nach dem Erbfall liegen, ein Anfechtungsgrund herleiten 16
lässt, ist zweifelhaft. Die Rechtsprechung lehnt dies nicht von vornherein ab,[18] setzt aber
als Korrekturelement die Prüfung der Erheblichkeit ein.[19] Aktuell wurde diese Frage im
Zusammenhang mit der deutschen Einigung und den sich hieraus ergebenden Rechtsfolgen. Bei vor dem 3.10.1990 eingetretenen Erbfällen stellt sich häufig die Frage, ob die mit
dem Erbfall wirksam gewordenen Verfügungen noch wegen nachträglich eingetretener
Veränderungen angefochten werden können. In der Rechtsprechung ist eine Tendenz
dahin gehend festzustellen, in derartigen Fällen die nach dem Erbfall eingetretene Entwicklung zu berücksichtigen[20]0. Allerdings werden strenge Anforderungen an die Prüfung
des hypothetischen Willens im Zeitpunkt der Errichtung des Testaments gestellt.[21]

Die Rechtsprechung hat die Anfechtung auch zugelassen, wenn der Erblasser die Ursa- 17
chen, aus denen sich die Sachlage anders entwickelt hat, selbst verursacht oder sogar willentlich herbeigeführt hat.[22] Insoweit ist jedoch zu beachten, dass der Anfechtungsgrund
vom Erblasser nicht unter Verstoß gegen Treu und Glauben geschaffen werden darf.[23]

3. Die Erheblichkeit

In Abs. 2 muss der Erblasser durch die irrige Vorstellung zu der Verfügung bestimmt worden 18
sein. Zusätzlich muss festgestellt werden, dass der Erblasser die Erklärung bei Kenntnis der
Sachlage nicht abgegeben haben würde (Abs. 2 nimmt auf Abs. 1 Bezug durch die Worte »das
gleiche gilt«). Ebenso wie bei Abs. 1 ist also stets auch bei dem Motivirrtum zu prüfen, ob der
Irrtum oder das Nichtwissen aus der Sicht des Erblassers so bedeutsam ist, dass sich die
Gesamtmotivation nicht mehr als tragfähig erweist. Hierbei wird ein sehr strenger Maßstab
angelegt, um einem Ausufern des Anfechtungsrechtes entgegenzuwirken.[24]

---

17 BGHZ 42, 327, 332; s.a. OLG Köln NJW 1986, 2199, 2200 (Vergessen führt nicht zur Unwirksamkeit des Testaments).
18 RGZ 86, 206, 210; BGH DB 1966, 379 (LS); offenlassend BGH WM 1987, 1019, 1020 = NJW-RR 1987, 1412.
19 BGH LM Nr. 11 (keine Anfechtung wegen Verfügungen des Erben über den Nachlass, die von den Vorstellungen des Erblassers abweichen); ebenso OLG Frankfurt OLGZ 1993, 461, 467 = FamRZ 1993, 858, 861; *Staudinger/Otte* § 2078 Rn. 16.
20 So OLG Frankfurt DtZ 1993, 214 = FamRZ 1993, 613; LG Gießen DtZ 1993, 217, 218; *Wasmut*, DNotZ 1992, 3, 10; *R. Meyer* ZEV 1994, 12, 14; *Staudinger/Rauscher* Art. 235 § 1 EGBGB, Rn. 177ff.
21 Die Kausalität verneinend BGHZ 124, 270, 279ff.; im Allg. gegen Annahme der Kausalität *Staudinger/Otte* (1996) § 2078 Rn. 52.
22 KG OLGE 26, 312. Ebenso RGRK/*Johannsen* § 2078 Rn. 38; *Staudinger/Otte* § 2078 Rn. 15.
23 BGHZ 4, 91; FamRZ 1962, 426 = LM § 2281 Nr. 2 (LS); FamRZ 1973, 539, 541.
24 Nach BGH WM 1987, 1019, 1020 = NJW-RR 1987, 1412 muss es sich um (für den Erblasser) besonders schwerwiegende Umstände handeln; ebenso OLG Köln FamRZ 1990, 1038, 1039. – Irrtümliche Vorstellungen über die erbschaftsteuerlichen Folgen werden daher die Anfechtung in der Regel nicht rechtfertigen, vgl. OLG Hamburg MDR 1955, 291.

VI. Anfechtung wegen Drohung

19 Abs. 2 regelt in wörtlicher Übereinstimmung mit § 123 Abs. 1 die Anfechtbarkeit wegen rechtswidriger Drohung. Es kann daher auf die einschlägigen Kommentierungen verwiesen werden. Mit dem BGH[25] ist unter einer Drohung die Ankündigung eines künftigen Übels zu verstehen, auf dessen Eintritt oder Nichteintritt der Drohende einwirken zu können behauptet. Die Rechtswidrigkeit der Drohung kann sich a) aus dem angewandten Mitteln, b) dem verfolgten Zweck oder c) aus dem Verhältnis zwischen Mittel und Zweck ergeben (sog. Mittel-Zweck-Relationen). Von wem die Drohung ausgeht, spielt keine Rolle. Die zuletzt genannte Möglichkeit hat gerade im Erbrecht Bedeutung. Danach kann die Drohung mit dem Entzug einer bisher gewährten Leistung (z.B. der Pflege des Erblassers) auch dann rechtswidrig sein, wenn der Drohende an sich zu der Leistung nicht verpflichtet ist,[26] wenn aber sein angedrohtes Verhalten darauf abzielt, den Erblasser in eine akute Notsituation zu bringen.

VII. Verhältnis zu anderen Anfechtungsgründen und zur Erbunwürdigkeit

20 § 2078 stellt eine erbrechtliche Sonderregelung dar und verhindert den Rückgriff auf die Anfechtungsgründe des Allgemeinen Teils. Neben § 2079 ist § 2078 aber anwendbar (s. hierzu Kommentierung zu § 2079).

21 Anfechtung nach § 2078, Anfechtungsklage nach § 2342 sowie Anfechtung wegen Vermächtnisunwürdigkeit gem. § 2345 Abs. 1 stehen selbstständig nebeneinander.[27]

VIII. Wirkung der Anfechtung

22 Wenn ein Anfechtungsgrund besteht und der Anfechtungsberechtigte rechtzeitig gegenüber dem richtigen Adressaten die Anfechtung erklärt hat, ist die angefochtene Verfügung von Anfang an nichtig. Die Erbregelung ist also so zu beurteilen, als ob die angefochtene Verfügung niemals wirksam errichtet worden wäre. Dies kann zur Geltung der gesetzlichen Erbfolge führen, aber auch zur gewillkürten Erbfolge auf Grund einer früheren Verfügung, wenn das Widerrufstestament bzw. das inhaltlich widersprechende Testament wirksam angefochten sind. Wer auf Grund eines zunächst bestehenden, dann aber durch Anfechtung weggefallenen Erbrechts etwas aus dem Nachlass erlangt hat, ist in Folge der Rückwirkung der Anfechtung von Anfang an als Erbschaftsbesitzer anzusehen.[28] Von der Anfechtung wird nicht das gesamte Testament erfasst, sondern nur die einzelne an einem Willensmangel leidende Verfügung.[29] Sind in dem Testament mehrere Verfügungen enthalten, richtet sich der Bestand der nicht angefochtenen Verfügungen nach § 2085.[30]

23 Da Abs. 3 ausdrücklich die Anwendung des § 122 ausschließt, besteht eine Schadensersatzpflicht des Anfechtenden nicht. Entsprechendes gilt für die Anfechtung eines gemeinschaftlichen Testaments oder eines Erbvertrages.

IX. Bestätigung eines anfechtbaren Testaments

24 Dem Erblasser wird das Recht zur Bestätigung eines anfechtbaren Testaments von der herrschenden Meinung mit der Begründung versagt, er sei selbst zur Anfechtung seiner letztwilligen Verfügung nicht berechtigt, so dass § 144 für ihn nicht zur Anwendung

---

25 BGH FamRZ 1996, 605, 606 (Anfechtung eines Ehe- und Erbvertrages wegen Vortäuschens eines Selbstmordversuchs.).
26 KG NJW 2001, 903, 905.
27 BGH LM § 2339 Nr. 1 = FamRZ 1968, 152, 153.
28 BGH LM § 2018 Nr. 2 = NJW 1985, 3068 = FamRZ 1985, 1019.
29 BGH LM § 2080 Nr. 3 = NJW 1985, 2025; BayObLG FamRZ 1995, 1523.
30 BGH LM § 2080 Nr. 3 = NJW 1985, 2025, 2026; h.M.

komme.³¹ Die Nichtanwendung des § 144 muss man in der Beratungspraxis beachten und den Erblasser darauf hinweisen, dass er die Anfechtbarkeit seiner letztwilligen Verfügung nur durch eine formgerechte neue letztwillige Verfügung beseitigen kann, in der er den Willen zum Ausdruck bringt, die anfechtbare Verfügung aufrechtzuerhalten.³²⁰

X. Verfahren, Beweislast

Über die Wirksamkeit einer Anfechtung ist sowohl im streitigen Verfahren als auch im Erbscheinverfahren³³ zu entscheiden Die Amtsermittlung im Erbscheinverfahren beschränkt sich auf den geltend gemachten Anfechtungsgrund.³⁴ Die Beweislast (Feststellungslast) für den Anfechtungsgrund,³⁵ aber auch für die ordnungsgemäße und rechtzeitige Anfechtungserklärung, trifft (im Erbscheinverfahren wie im Zivilprozess) denjenigen, der aus den Wirkungen der Anfechtung Rechtsfolgen herleiten will, also i.d.R. den Anfechtenden.³⁶

§ 2079
Anfechtung wegen Übergehung eines Pflichtteilsberechtigten

Eine letztwillige Verfügung kann angefochten werden, wenn der Erblasser einen zur Zeit des Erbfalls vorhandenen Pflichtteilsberechtigten übergangen hat, dessen Vorhandensein ihm bei der Errichtung der Verfügung nicht bekannt war oder der erst nach der Errichtung geboren oder pflichtteilsberechtigt geworden ist. Die Anfechtung ist ausgeschlossen, soweit anzunehmen ist, dass der Erblasser auch bei Kenntnis der Sachlage die Verfügung getroffen haben würde.

I. Normzweck

§ 2079 setzt nicht voraus, dass sich der Erblasser eine Vorstellung über ein gegenwärtiges oder künftiges Pflichtteilsrecht gemacht hat. Es handelt sich also letztlich auch hier um einen Fall, der als Motivirrtum gekennzeichnet ist, verbunden mit der Maßgabe, dass allein aus der Unkenntnis vom Pflichtteilsrecht und der Übergehung des Pflichtteilsberechtigten die Verfügung von Todes wegen keine tragfähige Motivation besitzt. Damit wird im Rahmen des § 2079 die Anfechtbarkeit ohne weitere Begründung als Regelfall statuiert. Die Ausnahmen ergeben sich nach S. 2, d.h., wenn festgestellt werden kann, dass der Erblasser die Verfügung auch bei Kenntnis der Sachlage errichtet hätte.

Durch § 2079 soll die Rechtsposition des Pflichtteilsberechtigten geschützt werden.¹ Das Recht zur Anfechtung ist ausschließlich dem Pflichtteilsberechtigten zugestanden.

II. Voraussetzungen der Anfechtbarkeit

Zum Kreis der Pflichtteilsberechtigten gehören die Abkömmlinge (auch als Kind Angenommene), der Ehegatte, eingetragene Lebenspartner und die Eltern des Erblassers (s.

---

31 RGRK/*Johannsen* BGB § 2078 Rn. 79; verneinend auch BayObLG RPfleger 1975, 242.
32 OLG Hamm ZEV 1994, 168 (zust. *Langenfeld*) = FamRZ 1994, 1062.
33 KG NJW 1963, 766.
34 BayObLGZ 1962, 47, 53.
35 BayObLGZ 2002, 128, 135 = FamRZ 2003, 259, 261; BayObLG FamRZ 1977, 347, 349, 1984, 1270, 1271 (auch für die Ursächlichkeit des Irrtums); OLG Köln FamRZ 1990, 1038 1040; FamRZ 1991, 117 (auch zum Umfang der Amtsermittlungspflicht im Erbscheinverfahren).
36 BayObLGZ 1962, 299, 304; 1971, 147, 150; KG NJW 1963, 766 (auch im Verfahren über die Einziehung eines Erbscheins); OLG Hamm OLGZ 1966, 497.
1 OLG Hamm, ZEV 1994, 168, 169; RGRK/*Johannsen* § 2079 Rn. 26; *Soergel/Loritz* § 2079 Rn. 1.

hierzu § 2303). Diese Personen müssen zur Zeit des Erbfalls als Pflichtteilsberechtigte vorhanden sein, mithin ohne Verfügung von Todes wegen zu gesetzlichen Erben oder als Erbersatzberechtigte berufen sein. Sind entferntere durch nähere Abkömmlinge oder die Eltern durch Abkömmlinge zur Zeit des Erbfalls vom gesetzlichen Erbrecht oder Pflichtteilsrecht (s. § 2309) ausgeschlossen, sind sie für § 2079 nicht von Bedeutung. Aus der Gesetzesformulierung »Vorhandensein« folgt, dass ein Erbanfall möglich sein muss. Es genügt deshalb, wenn der Pflichtteilsberechtigte zum Zeitpunkt des Erbfalls zwar noch nicht geboren, aber bereits erzeugt ist und später lebend geboren wird (s. § 1923 Abs. 2).

4   Eine »Übergehung« i.S.d. § 2079 liegt jedenfalls dann vor, wenn der Pflichtteilsberechtigte in der Verfügung von Todes wegen überhaupt nicht erwähnt ist und der Nachlass so weitgehend verteilt wurde, dass das gesetzliche Erbrecht dadurch ganz oder teilweise entzogen oder geschmälert ist. Kommt der im Testament nicht genannte Pflichtteilsberechtigte über § 2088 zu seinem ungeschmälerten gesetzlichen Erbteil, so ist § 2079 nicht anzuwenden.² Keine »Übergehung« i.S.v. § 2079 liegt bei dem Pflichtteilsberechtigten vor, der ausdrücklich enterbt ist oder dem ein Erbteil oder ein Vermächtnis zugewandt ist. Im letzteren Falle kommt es nicht auf die Höhe der Zuwendung an.

5   Hat der Erblasser zu einem Zeitpunkt, als ihm das Pflichtteilsrecht nicht bekannt war oder ein solches noch nicht bestand, dem Betreffenden eine unter dem (späteren) gesetzlichen Erbteil liegende Zuwendung gemacht, so entspricht es dem Zweck der Vorschrift, auch hier ein Übergehen »als Pflichtteilsberechtigter« anzunehmen,³ solange die Zuwendung unter dem gesetzlichen Erbteil verbleibt. Beispiel für vorgenannte Fallkonstellation: Vermächtnis zugunsten einer Haushälterin, die der Erblasser später heiratet, oder zugunsten eines Kindes aus einer verwandten oder bekannten Familie, das der Erblasser später als Kind annimmt.

6   Ein Übergehen i.S.d. Gesetzes kann nicht bejaht werden, wenn die Zuwendung bereits im Vorgriff auf die künftige Rechtsstellung als Pflichtteilsberechtigter gemacht wurde, etwa zugunsten des künftigen Ehegatten, wobei die Eheschließung unmittelbar bevorsteht.⁴

7   War der Übergangene schon bei der Errichtung der Verfügung vorhanden und zu diesem Zeitpunkt pflichtteilsberechtigt, verlangt der Gesetzeswortlaut für die Anfechtbarkeit, dass dem Erblasser das Vorhandensein nicht bekannt war. Hierzu gehören Fälle, in denen dem Erblasser die Geburt eines Abkömmlings nicht bekannt war, oder bei irriger Annahme, eine pflichtteilsberechtigte Person sei schon verstorben. Nach Sinn und Zweck des Gesetzes muss man auch die Anfechtbarkeit bejahen, wenn der Erblasser zwar von der Existenz der pflichtteilsberechtigten Person Kenntnis hatte, ihm aber die tatsächlichen Umstände, aus denen sich das Pflichtteilsrecht ableitet, unbekannt waren. Bloße Rechtsirrtümer dürften hingegen nicht als Unkenntnis i.S.d. § 2079 zu werten sein.⁵

8   Ein später entstandenes Pflichtteilsrecht führt quasi automatisch zur Anfechtungsberechtigung. Hierzu gehören die Fälle, dass der Pflichtteilsberechtigte erst nach Errichtung der Verfügung geboren oder erst nach Testamentserrichtung pflichtteilsberechtigt geworden ist.

9   Entsteht das Pflichtteilsrecht beispielsweise nachträglich durch Heirat, wird diese Situation vom Erblasser willentlich geschaffen. Trotzdem schließt dies nicht die Anfechtbarkeit aus.

---

2   Ebenso *Staudinger/Otte* § 2079 Rn. 3; a.A. RGRK/*Johannsen* § 2079 Rn. 12, der eine Übergehung aufgrund der Nichterwähnung im Testament generell bejaht, auch wenn der Pflichtteilsberechtigte über § 2088 als gesetzlicher Erbe berufen ist.
3   *Soergel/Loritz* § 2079 Rn. 3. Zu dieser Ansicht neigt auch OLG Hamm ZEV 1994, 168, 169.
4   OLG Hamm ZEV 1994, 168 (zust. *Langenfeld*) = FamRZ 1994, 1062; OLG Düsseldorf FamRZ 1999, 122.
5   MüKoBGB/*Leipold* § 2079 Rn. 10; a.A. RGRK/*Johannsen* § 2079 Rn. 24; *Soergel/Loritz* § 2079 Rn. 4; *Staudinger/Otte* § 2079 Rn. 7.

Die Anfechtbarkeit entfällt nach S. 2, soweit anzunehmen ist, dass der Erblasser die Anfechtung auch bei Kenntnis der Sachlage getroffen hätte. Man muss also fragen, aus welchen Gründen der Erblasser die Verfügung, die das gesetzliche Erbrecht des Pflichtteilsberechtigten ausschließt, getroffen hat. Danach wird beurteilt, ob aus der Sicht des Erblassers diese Gründe so großes Gewicht hatten, dass auch die Kenntnis vom Pflichtteilsrecht an der Verfügung nichts geändert hätte. Maßgeblicher Zeitpunkt ist der der Testamentserrichtung.[6]

Äußert der Erblasser nach Erlangung der Kenntnis, dass er das zuvor errichtete Testament aufrechterhalten wolle, also zu einem Zeitpunkt, zu dem der Erblasser positiv weiß, dass ein von ihm nicht bedachter Pflichtteilsberechtigter vorhanden ist, wird man dies als Bestätigung i.S.v. § 144 Abs. 1 aufzufassen haben. Damit ist die Anfechtung ausgeschlossen. Wird mit der wohl überwiegenden Meinung eine Bestätigung des anfechtbaren Testaments durch den Erblasser abgelehnt, kommt man bei derartigen Fallgestaltungen jedoch über § 2079 S. 2 zu dem Ergebnis, dass der Erblasser die Verfügung auch bei Kenntnis ebenso errichtet hätte. Das Ergebnis ist also nach der einen oder anderen Rechtsmeinung identisch.

Im Falle des § 2079 S. 2 trägt derjenige die Behauptungs- und Beweislast hinsichtlich der tatsächlichen Gesichtspunkte, der sich gegen die Anfechtbarkeit wendet.[7] Die negative Fassung des Gesetzes hat weitreichende Bedeutung. Denn die Feststellung des hypothetischen Willens ist letztlich keine Tatsachenfeststellung, sondern eine tatrichterliche Bewertung. Verbleiben hier Zweifel, so ist bei § 2079 davon auszugehen, dass sich die fehlende Kenntnis auf den Erblasserwillen ausgewirkt hat, d.h., es ist im Zweifel die Erheblichkeit der Unkenntnis zu bejahen.

III. Wirkung der Anfechtung

Die Wirkungen der Anfechtung nach § 2079 stimmen grundsätzlich mit den bei § 2078 (s. hierzu § 2078 Rz. 15) dargestellten Rechtsfolgen überein.

In Rechtsprechung und Literatur ist es umstritten, in welchem Umfang die getroffenen Verfügungen von Todes wegen durch die Anfechtung nach § 2079 vernichtet werden. Nach einer Auffassung[8] führt die Anfechtung grundsätzlich zur Nichtigkeit des gesamten Testaments oder Erbvertrages. Über § 2079 S. 2 können einzelne Verfügungen nur wirksam bleiben, wenn positiv feststellbar ist, dass sie der Erblasser auch in Kenntnis der Erb- und Pflichtteilsberechtigung in gleicher Weise errichtet hätte. Die Gegenmeinung[9] bejaht die Nichtigkeit des Testaments oder Erbvertrages nur insoweit, als die Verfügung den Pflichtteilsberechtigten von seinem gesetzlichen Erbrecht ausschließt. Die Auswirkungen beider Rechtsmeinungen sollen an folgendem Fall exemplarisch verdeutlicht werden: Erblasser ist kinderlos, unverheiratet im Zeitpunkt der Testamentserrichtung und hat beispielsweise eine Schwester. Als alleinige Erbin setzt er seine Pflegemutter ein. Später heiratet Erblasser, dessen Ehefrau das Testament nach § 2079 anficht. Nach der ersten Rechtsmeinung wäre die Erbeinsetzung in vollem Umfange nichtig; mithin würde hinsichtlich des gesamten Nachlasses die gesetzliche Erbfolge eintreten. Neben der Witwe (gesetzlicher Erbteil im Güterstand der Zugewinngemeinschaft ¾ – s. hierzu §§ 1931 Abs. 1, 3, 1371 Abs. 1) wäre dann die Schwester des Erblassers zu ¼ berufen. Die Pflegemutter würde nichts erhalten,

---

[6] BGH LM Nr. 1; BGHZ 80, 5290, 294 (Fn. 9); BayObLGZ 1971, 147, 151; OLG Hamm OLGZ 1972, 387, 390 = NJW 1972, 1088, 1089; BayObLG FamRZ 1985, 534, 535; BayObLG ZEV 1996, 188, 189 (*Kössinger*); OLG Frankfurt FamRZ 1995, 1522.
[7] BayObLG FamRZ 1983, 952, 953; 1985, 534; OLG Karlsruhe ZEV 1995, 454, 456 (*Ebenroth/Koos*); OLG Frankfurt FamRZ 1995, 1522; OLG Hamburg FamRZ 1990, 910.
[8] BayObLGZ 1971, 147; 1975, 6, 9; 1980, 42, 49; BayObLG FamRZ 1983, 952, 954; OLG Frankfurt FamRZ 1995, 1522.
[9] OLG Köln NJW 1956, 1522; LG Darmstadt JZ 1988, 671; *Soergel/Loritz* § 2079 Rn. 9; *Bamberger/Roth/Litzenburger* Rn. 8.

es sei denn, es könnte positiv festgestellt werden, dass der Erblasser auch bei Kenntnis von der pflichtteilsberechtigten Person (Ehefrau) seine Pflegemutter wenigstens auf des restliche Viertel eingesetzt hätte. Nach der zweiten Rechtsansicht bliebe hingegen die Erbeinsetzung der Pflegemutter im Regelfall ohne weiteres in Höhe von ¼ gültig, weil das Testament insoweit das gesetzliche Erbrecht der Witwe nicht berührt.

15 Der **Unterschied zwischen beiden Rechtsauffassungen** liegt letztlich im verschiedenen **Regel-Ausnahme-Verhältnis.** Diesem kann aber angesichts der Schwierigkeiten, einen bestimmten hypothetischen Willen des Erblassers festzustellen, in der Praxis entscheidende Bedeutung zukommen.

16 Welcher der dargestellten Rechtsmeinungen der Vorzug einzuräumen ist, beurteilt sich nach meiner Meinung nach folgenden Fallgruppen.

17 Handelt es sich um eine Anfechtung eines Testaments oder Erbvertrages nach dem Erbfall, geht es allein um den Schutz des pflichtteilsberechtigten, gesetzlichen Erben. Daher ist es gerechtfertigt, die Verfügung grundsätzlich nur insoweit zu vernichten, als sie dem gesetzlichen Erbrecht des Pflichtteilsberechtigten entgegensteht.

18 Geht es um die Anfechtung eines Erbvertrages oder bindend gewordener wechselbezüglicher Verfügungen durch den Erblasser selbst, ist die Situation eine ganz andere. Hier verfolgt die Anfechtung in erster Linie den Zweck, dem Erblasser die Entschließungsfreiheit zurückzugeben. Daher erscheint es auch sachgerecht, das Testament und den Erbvertrag grundsätzlich in vollem Umfang zu vernichten.

19 Die oben dargestellte Rechtsmeinung, wonach die Anfechtung zur umfassenden Nichtigkeit des Testaments führt, ist nach diesseitiger Auffassung nur in den Fällen sachgerecht, in denen das Gesetz dem Erblasser selbst das Anfechtungsrecht zugesteht, also bei Anfechtung eines Erbvertrages oder bindend gewordener wechselbezüglicher Verfügungen.

IV. Verhältnis zu § 2078

20 § 2079 und § 2078 schließen sich gegenseitig nicht aus. Eine Anfechtung kann daher zugleich auf die Vorschrift des § 2079 und auf die des § 2078 gestützt werden.

21 Stützt sich eine Anfechtungserklärung nur auf § 2079, stellt sich die Frage, ob sie auch als zureichende Anfechtung gem. § 2078 bewertet werden kann. Da – wie zur Kommentierung von § 2081 näher dargestellt – in der Anfechtungserklärung lediglich ein Lebenssachverhalt dargestellt werden muss, auf den die Anfechtung gestützt wird, kann man ohne Weiteres eine derartige Anfechtung auch als Geltendmachung der Anfechtung nach § 2078 ansehen und umgekehrt. Dies gilt allerdings immer nur unter der Voraussetzung, dass es sich im Wesentlichen um denselben Sachverhalt handelt.

§ 2080
Anfechtungsberechtigte

(1) Zur Anfechtung ist derjenige berechtigt, welchem die Aufhebung der letztwilligen Verfügung unmittelbar zustatten kommen würde.

(2) Bezieht sich in den Fällen des § 2078 der Irrtum nur auf eine bestimmte Person und ist diese anfechtungsberechtigt oder würde sie anfechtungsberechtigt sein, wenn sie zur Zeit des Erbfalls gelebt hätte, so ist ein anderer zur Anfechtung nicht berechtigt.

(3) Im Falle des § 2079 steht das Anfechtungsrecht nur dem Pflichtteilsberechtigten zu.

I. Normzweck

Wird eine Verfügung von Todes wegen nach dem Tod des Erblassers angefochten, ist die Anfechtungsberechtigung stets nach § 2080 zu beurteilen. Hierbei spielt es keine Rolle, ob es sich um ein Testament, gemeinschaftliches Testament oder um einen Erbvertrag handelt. Der Kreis der Anfechtungsberechtigten ist durch Abs. 1 eng gehalten und somit auf diejenigen Personen beschränkt, die von der anfechtbaren Verfügung in ihrer Rechtsstellung unmittelbar betroffen werden. Durch die Abs. 2 und 3 wird der Kreis der Anfechtungsberechtigten sogar noch weiter eingeschränkt. § 2080 ist eine Schutznorm zugunsten des von der Verfügung nachteilig Betroffenen. Es liegt allein in seiner Hand, ob die fehlerhafte Verfügung Bestand hat oder vernichtet wird.

§ 2080 gestattet die Anfechtung stets erst nach dem Erbfall. Dies ist besonders hervorzuheben, weil der Gesetzestext den frühestens Anfechtungszeitpunkt (»nach dem Erbfall«) nicht so deutlich zum Ausdruck bringt.

II. Unmittelbares Zustattenkommen

Nach Abs. 1 dieser Vorschrift ist die Anfechtung nur demjenigen gestattet, dem der Wegfall der Verfügung unmittelbar zustattenkommen würde. Es reicht also nicht aus, dass dem Anfechtenden die Aufhebung der Verfügung nach Wegfall einer anderen Person (z.B. eines vorgehenden gesetzlichen Erben) zugutekommen könnte. Wer also durch die Aufhebung der Verfügung erst dann einen Vorteil erlangen würde, wenn ein anderer den Erwerb ausschlägt, kann nicht anfechten. Hat jedoch beispielsweise der vorgehende gesetzliche Erbe die Erbschaft ausgeschlagen – ohne selbst angefochten zu haben – ist die Anfechtungsberechtigung zu bejahen.[1] Zum Zwecke der Anfechtungsberechtigung ist ein Vergleich zwischen der Rechtslage bei Gültigkeit der Verfügung und derjenigen vorzunehmen, die sich bei wirksamer Anfechtung ergeben würde.[2]

Die Vorschrift des § 2080 Abs. 1 stellt für den Kreis der Anfechtungsberechtigten darauf ab, wem der Wegfall der Verfügung unmittelbar zustattenkommen würde. Dies sind diejenigen Personen, die durch die rückwirkende Vernichtung der letztwilligen Verfügung einen rechtlichen Vorteil erlangen. Dieser Vorteil kann in einem Erbrecht bestehen (z.B. Anfechtung der Erbeinsetzung eines anderen durch den gesetzlichen Erben, Anfechtung der Enterbung, Anfechtung der Erbeinsetzung durch den Ersatzerben oder der Vorerbeneinsetzung durch den Nach- und Ersatzerben). Hierzu gehört aber auch der Erwerb eines Anspruchs (z.B. Anfechtung eines Vermächtniswiderrufs durch den Vermächtnisnehmer) oder der Wegfall einer Beschwerung (Anfechtung eines Vermächtnisses oder einer Auflage durch den Beschwerten). Nicht ausreichend ist ein rein tatsächlicher Vorteil, so dass der Widerruf einer Auflage nicht vom Auflagebegünstigten angefochten werden kann.

Der rechtliche Vorteil muss nicht unbedingt in einem dinglichen Recht oder einem Anspruch bestehen; es genügt auch die Erlangung einer Verfügungs- oder Verwaltungsberechtigung. Somit kann beispielsweise der Widerruf einer Testamentsvollstreckerernennung durch den ursprünglich vorgesehenen Testamentsvollstrecker angefochten werden.

III. Einschränkungen durch Abs. 2 und 3

Irrtum bezüglich einer bestimmten Person liegt beispielsweise vor, wenn der Erblasser bei Widerruf seines ursprünglichen Testaments irrtümlich davon ausging, eine in dem ersten Testament bedachte Person sei inzwischen verstorben. Die Frage, ob diese Person selbst anfechtungsberechtigt ist, beurteilt sich nach Abs. 1. Über Abs. 2 werden alle anderen Personen von der Anfechtungsberechtigung ausgeschlossen, sofern das Anfechtungsrecht

---
1 *Staudinger/Otte* § 2080 Rn. 3; RGRK/*Johannsen* § 2080 Rn. 3.
2 BGH NJW 1985, 2025 = LM Nr. 3.

gegeben ist oder gegeben wäre, sofern die betreffende Person den Erbfall erlebt hätte. Der Schutzzweck der Anfechtung wird in diesen Fällen auf die vom Irrtum »betroffenen« Personen beschränkt. Durch diese Vorschrift wird erreicht, dass Dritte aus einer Fehlmotivation dann keinen Vorteil ziehen dürfen, wenn die Personen, auf die sich der Irrtum bezieht, die Gültigkeit der Verfügung bestehen lassen wollen oder von ihrem Anfechtungsrecht deshalb keinen Gebrauch machen können, weil sie vorverstorben sind.

7 Abs. 2 erfasst nicht den Fall, dass der Anfechtungsberechtigte nach dem Erbfall verstorben ist. Insoweit ist das Anfechtungsrecht vererblich.[3]

8 Durch die Regelung des Abs. 3 wird eine Anfechtung nach § 2079 allein dem nicht bedachten Pflichtteilsberechtigten vorbehalten. Fällt diese Person vor dem Erbfall weg, insb. durch Vorversterben, kann die Verfügung nicht angefochten werden, weil § 2079 S. 1 das Vorhandensein des Pflichtteilsberechtigten zum Zeitpunkt des Erbfalls voraussetzt. Stirbt hingegen der übergangene Pflichtteilsberechtigte nach dem Erbfall, so ist das Anfechtungsrecht vererblich (s. Fn. 3).

IV. Mehrheit von Anfechtungsberechtigten

9 Sind in einer Verfügung von Todes wegen (Testament oder Erbvertrag) mehrere enthaltene Verfügung anfechtbar, sind die Anfechtungsberechtigten voneinander unabhängig, d.h. nur die jeweils einzelne Verfügung wird betroffen. Die Auswirkung auf nicht angefochtene Teile des Testaments oder Erbvertrages richtet sich nach § 2085. Steht mehreren Personen (z.B. mehrere Abkömmlinge eines Erblassers) das Anfechtungsrecht hinsichtlich derselben Einzelverfügung zu, hat jeder der betroffenen Personen ein selbstständiges Anfechtungsrecht.[4] Die von einem Anfechtungsberechtigten erklärte Anfechtung hat absolute Wirkung, d.h., sie bewirkt die Nichtigkeit der Verfügung zugunsten aller Anfechtungsberechtigten.[5]

§ 2081
Anfechtungserklärung

(1) Die Anfechtung einer letztwilligen Verfügung, durch die ein Erbe eingesetzt, ein gesetzlicher Erbe von der Erbfolge ausgeschlossen, ein Testamentsvollstrecker ernannt oder eine Verfügung solcher Art aufgehoben wird, erfolgt durch Erklärung gegenüber dem Nachlassgericht.

(2) Das Nachlassgericht soll die Anfechtungserklärung demjenigen mitteilen, welchem die angefochtene Verfügung unmittelbar zustatten kommt. Es hat die Einsicht der Erklärung jedem zu gestatten, der ein rechtliches Interesse glaubhaft macht.

(3) Die Vorschrift des Absatzes 1 gilt auch für die Anfechtung einer letztwilligen Verfügung, durch die ein Recht für einen anderen nicht begründet wird, insb. für die Anfechtung einer Auflage.

---

[3] *Erman/M. Schmidt* § 2080 Rn. 4; RGRK/*Johannsen* § 2080 Rn. 8; *Soergel/Loritz* § 2080 Rn. 22.
[4] BayObLG FamRZ 1983, 1275, 1277.
[5] BGH LM Nr. 1; NJW 1985, 2025, 2026 = LM Nr. 3; Lange/*Kuchinke* § 36 VI 1a; Kipp/*Coing* § 24 IV 1 b; *Erman/M. Schmidt* § 2080 Rn. 2; *Soergel/Loritz* § 2080 Rn. 19 nimmt eine absolute Wirkung nur dann an, wenn derselbe Anfechtungsgrund mehrere Personen zur Anfechtung berechtigt und nicht in ihrer Person begründet ist.

I. Normzweck und Anwendungsbereich

Abs. 1 bestimmt in Abweichung von § 143 Abs. 4 S. 1, dass die Anfechtungserklärung gegenüber dem Nachlassgericht zu erfolgen habe. Diese Vorschrift dient der Rechtssicherheit und dem Interesse des Anfechtenden. Denn somit wird ihm die Schwierigkeit erspart, den richtigen Anfechtungsgegner gem. § 143 Abs. 4 S. 1 ausfindig zu machen. Darüber hinaus erleichtert diese Vorschrift die Einhaltung der Anfechtungsfrist.

Abs. 2 schafft eine (notwendige) verfahrensrechtliche Ergänzung. Denn letztlich sind die sachlich Verfügungsbegünstigten von einer Anfechtung betroffen; sie müssen daher auch von der erklärten Anfechtung Kenntnis erlangen.

Abs. 3 enthält andere Erwägungen. Die Vorschrift behandelt Verfügungen, bei dem kein Recht eines anderen betroffen ist; es mithin an einer Person fehlt, die nach § 143 Abs. 4 S. 1 durch die angefochtene Verfügung einen rechtlichen Vorteil erlangt. Daher war es notwendig, ausdrücklich auch für diesen Fall die Anfechtung gegenüber dem Nachlassgericht vorzuschreiben.

Von § 2081 werden nicht alle testamentarischen Verfügungen erfasst. Vor allem Vermächtnisse fallen nicht in den Anwendungsbereich der Vorschrift. Ebenso gilt § 2081 nicht für die Anfechtung eines Erbvertrages durch den Erblasser. Vielmehr muss diese Anfechtung in notariell beurkundeter Form (§ 2282 Abs. 3) nach § 143 Abs. 2 dem Vertragspartner gegenüber erklärt werden, nach dessen Tod gem. § 2281 Abs. 2 gegenüber dem Nachlassgericht. Rechtsgeschäftliche Vertretung ist nach § 2282 Abs. 1 nicht zulässig.

II. Anfechtung gegenüber dem Nachlassgericht

Ausschließung von der Erbfolge, Erbeinsetzung, Ernennung eines Testamentsvollstreckers sowie die Aufhebung einer derartigen Verfügung sind nach Abs. 1 gegenüber dem Nachlassgericht anzufechten. Zu den vorgenannten Erbeinsetzungen gehört auch die Einsetzung von Ersatzerben sowie von Vor- oder Nacherben.

Neben der in Abs. 3 ausdrücklich genannten Auflage gehört hierzu auch z.B. die Ausschließung der Auseinandersetzung (§ 2044) oder die Entziehung oder Beschränkung des Pflichtteilsrechts.[1]

Da es sich bei der Anfechtungserklärung um eine empfangsbedürftige Willenserklärung handelt, wird diese erst mit Zugang bei dem sachlich und örtlich zuständigen Nachlassgericht wirksam (§ 130 Abs. 3). Wird die Anfechtungserklärung gegenüber einem unzuständigen Gericht abgegeben, wird sie erst mit Zugang bei dem zuständigen Gericht wirksam.

Eine besondere Form für die Anfechtungserklärung ist nicht vorgeschrieben. Sie kann auch zu Protokoll des Nachlassgerichts erklärt werden (§ 11 FGG; § 25 FamFG ab 1.9.2009).

III. Anfechtung gegenüber dem Verfügungsberechtigen

Handelt es sich weder um Verfügungen, die unter Abs. 1 oder Abs. 3 fallen, kommt die allgemeine Regelung des § 143 Abs. 4 S. 1 zum Zuge, d.h. die (formlose) Erklärung muss gegenüber demjenigen abgegeben werden, der aus der Verfügung unmittelbar einen rechtlichen Vorteil erlangt. Hierzu zählen insb. die Vermächtnisse, die also durch Erklärung gegenüber dem Vermächtnisnehmer anzufechten sind.[2] Liegt ein Insolvenzfall vor, ist der Insolvenzverwalter der richtige Adressat, sofern das Vermächtnis zur Insolvenzmasse gehört.[3]

---

[1] So auch RGRK/*Johannsen* § 2081 Rn. 8.
[2] OLG Koblenz FD-ErbR 2009, 294979.
[3] *Staudinger/Otte* § 2081 Rn. 7.

IV. Mischfälle

10 Soweit ein Testament mehrere anfechtbare Verfügungen enthält, ist der Anfechtungsgegner für jede Verfügung selbstständig zu bestimmen. Wer z.B. sowohl eine Erbeinsetzung als auch ein Vermächtnis anficht, muss die Anfechtung der Erbeinsetzung gegenüber dem Nachlassgericht, die Anfechtung des Vermächtnisses gegenüber dem Vermächtnisnehmer erklären. Da die gesetzliche Regelung nach dem Inhalt der angefochtenen Verfügung unterscheidet, können sich Schwierigkeiten ergeben, wenn der Anfechtende der Verfügung einen bestimmten Inhalt beimisst und sie gegenüber dem bei dieser Auslegung richtigen Erklärungsadressaten anficht, während später das erkennende Gericht einer anderen Auslegung folgt. Man denke vor allem an die Qualifizierung einer Verfügung als Erbeinsetzung oder als Vermächtnisanordnung. Wenn hier die vermeintliche Erbeinsetzung z.B. gegenüber dem Nachlassgericht angefochten wurde, die Verfügung aber dann als Vermächtniszuwendung ausgelegt wird, so wäre es mit dem Zweck des § 2081 Abs. 1, die Anfechtung zu erleichtern, nicht zu vereinbaren, wenn der Anfechtungserklärung die Wirksamkeit versagt wird (z.B. weil die Anfechtungserklärung zwar gegenüber dem Nachlassgericht innerhalb der Anfechtungsfrist abgegeben wurde, die Mitteilung an den Bedachten aber erst nach Fristablauf erfolgte). Es sollte daher jedenfalls dann, wenn für den Anfechtenden nach seiner Kenntnis der Dinge die »richtige« Auslegung nicht ohne weiteres erkennbar war, jeweils die von ihm gewählte Anfechtungserklärung, auch hinsichtlich der Wahrung der Anfechtungsfrist ausreichen.[4] Ungeachtet dessen ist es für die Praxis zu empfehlen, in Zweifelsfällen zwei Anfechtungserklärungen abzugeben, um von vornherein solche Unsicherheiten auszuschalten.

V. Inhalt der Anfechtungserklärung

11 Weder das Erbrecht noch der allgemeine Teil des BGB enthalten eine ausdrückliche Aussage darüber, welchen Inhalt eine Anfechtungserklärung haben muss. Es genügt daher, wenn durch Auslegung zu erkennen ist, dass die Erklärung auf die Rechtsfolgen einer Anfechtung hinzielt und welche Verfügungen betroffen sein sollen. Die herrschende Meinung steht im Übrigen auf dem Standpunkt, es brauche kein Grund der Anfechtung angegeben zu werden.[5]

§ 2082
Anfechtungsfrist

(1) Die Anfechtung kann nur binnen Jahresfrist erfolgen.

(2) Die Frist beginnt mit dem Zeitpunkt, in welchem der Anfechtungsberechtigte von dem Anfechtungsgrunde Kenntnis erlangt. Auf den Lauf der Frist finden die für die Verjährung geltenden Vorschriften der §§ 206, 210, 211 entsprechende Anwendung.

(3) Die Anfechtung ist ausgeschlossen, wenn seit dem Erbfalle 30 Jahre verstrichen sind.

I. Normzweck

1 Dem Anfechtungsberechtigten gibt das Gesetz ein Gestaltungsrecht und überlässt es damit seiner freien Entscheidung, ob die Verfügung gelten soll oder vernichtet wird. Hiermit ein-

---

4 Ähnlich *Staudinger/Otte* Nr. 10.
5 BayObLGZ 2001, 289, 296 = FamRZ 2002, 497, 498; RGRK/*Johannsen* § 2081 Rn. 2.

hergehend ergibt sich ein Schwebezustand, weshalb das Anfechtungsrecht befristet ist, um die Unsicherheitsphase zeitlich zu beschränken. Die Fristregelung des § 2082 gilt nur für eine Anfechtung nach dem Erbfall. Die Frist für die Anfechtung eines Erbvertrages oder einer bindend gewordenen wechselbezüglichen Verfügung im gemeinschaftlichen Testament durch den Erblasser ist hingegen nach § 2283 zu bestimmen.

II. Dauer, Rechtsnatur und Beginn der Frist

Ungeachtet des Anfechtungsgrundes gilt die Jahresfrist für die Anfechtung wegen Irrtums (§ 2078 Abs. 1 und 2), wegen Drohung (§ 2078 Abs. 2) und wegen Übergehung eines Pflichtteilsberechtigten (§ 2079). Die Frist ist eine Ausschlussfrist, nach deren Ablauf das Anfechtungsrecht erlischt. Sie ist daher von Amts wegen zu berücksichtigen. Dreißig Jahre nach dem Erbfall ist das Anfechtungsrecht auf alle Fälle erloschen (Abs. 3).

Um den Fristbeginn beurteilen zu können, muss klargestellt sein, um welchen Anfechtungsgrund es geht. Hierbei ist entscheidend, wie man den Begriff des Anfechtungsgrundes i.S.v. Abs. 2 S. 1 auslegt. Durch weite oder enge Interpretation dieses Begriffes kann man entweder mehr dem Interesse des Anfechtenden oder dem Interesse der anderen Beteiligten Rechnung tragen. Geht man vom Zweck der Regelung aus, so ist entscheidend, ob sich der Anfechtungsberechtigte subjektiv in der Lage sah, zu dem ihm die Ausübung des Anfechtungsrechts möglich war. Insgesamt spricht alles dafür, nur die Kenntnis der relevanten Tatsachen entscheiden zu lassen; ein Irrtum in der rechtlichen Beurteilung kann den Fristbeginn nicht hindern.[1]

Die Rechtsprechung geht zwar ebenfalls davon aus, dass auf die Kenntnis der relevanten Tatsachen für den Fristbeginn abzustellen sei, hat die Grenze aber nicht immer eingehalten und hierbei die Frage der Abgrenzung zwischen Tatsachen- und Rechtsirrtum mit der Frage verknüpft, ob auch der Irrtum über Tatsachen relevant sei, die bereits außerhalb des Anfechtungsgrundes im engeren Sinn liegen. Ungeachtet dessen hält die Rechtsprechung aber daran fest, dass ein bloßer Rechtsirrtum über das Bestehen des Anfechtungsrechts den Fristbeginn nicht ausschließt.[2]

Auf der Grundlage der hier vertretenen Auffassung ist also der Irrtum über die Gültigkeit der angefochtenen Verfügung nur dann erheblich, wenn er auf einem Tatsachenirrtum beruht. Beispiele für die fehlende Kenntnis des Anfechtungsgrundes: Anfechtungsberechtigter glaubt, die Verfügung sei widerrufen worden, oder wenn er beim gemeinschaftlichen Testament davon ausging, der erklärte Widerruf sei dem anderen Ehegatten zu Lebzeiten zugestellt worden.[3] Beispiele für nicht relevante Irrtümer: Irrtum bezieht sich darauf, ein gemeinschaftliches Testament könne durch nichtempfangsbedürftige Erklärung widerrufen werden; bindend gewordene wechselbezügliche Verfügungen oder ein Erbvertrag könnten durch einseitige Verfügung aufgehoben werden; es wird irrtümlich angenommen, ein Ehegatte habe das Testament zu Lebzeiten des anderen vernichtet und dadurch wirksam widerrufen.[4]

Fristbeginn beim gemeinschaftlichen Testament: Soweit es nicht um die Anfechtung durch den Erblasser selbst geht, kann die Anfechtungsfrist immer frühestens mit dem Erb-

---

[1] Für die Grenzziehung zwischen Tatsachen- und Rechtsirrtum; RGRK/*Johannsen* § 2082 Rn. 12; *Schubert/Czub* JA 1980, 335, 336; a.A. *Kipp/Coing* § 24 V 4 b (S. 177); teils auch *Rosemeier* ZEV 1995, 124, 129; *Soergel/Loritz* § 2082, Rn. 6; *Staudinger/Otte* § 2082 Rn. 11, die zwischen Kenntnis oder Nichtkenntnis des Anfechtungsgrundes (mit Beachtlichkeit des Rechtsirrtums) und Kenntnis des Anfechtungsrechts unterscheiden. Krit. zur Judikatur *Bates* Gemeinschaftliches Testament und Ehegattenerbvertrag als Gestaltungsmittel für die Vermögensordnung der Familie 1974 S. 323; *J. Mayer* Der Rechtsirrtum und seine Folgen im bürgerlichen Recht S. 265 ff. (Rechtsirrtum hinsichtlich der materiellen Anfechtungsvoraussetzungen stets beachtlich).
[2] BayObLG FamRZ 1990 1037, 1038.
[3] OLG Hamm OLGZ 1971 312, 314.
[4] A.A. BayObLGZ 1990, 95 = FamRZ 1990, 1159.

fall beginnen. Ficht ein Dritter (z.B. ein Abkömmling) Verfügungen eines gemeinschaftlichen Testaments an, so ist entscheidend, welche Verfügung er angreift. Soweit er sich dagegen wendet, nicht Erbe des erstverstorbenen Ehegatten geworden zu sein, beginnt die Frist mit dem ersten Erbfall (und der Kenntnis des Anfechtungsgrundes). Wenn dagegen die Schlusserbeneinsetzung i.S.d. § 2269 Abs. 1 angefochten wird, beginnt die Frist mit dem zweiten Erbfall. Denn insoweit kann immer nur die Verfügung des zweitverstorbenen Ehegatten Wirksamkeit erlangen.[5]

III. Hemmung des Fristablaufes

7 Nach § 2082 Abs. 2 S. 2 sind auf die Jahresfrist einzelne Vorschriften über die Hemmung von Verjährungsfristen entsprechend anzuwenden. Hier sei erwähnt der Stillstand der Rechtspflege als Unterfall des § 206. Dieser ist nur bei Erklärungen gegenüber dem Nachlassgericht von Bedeutung. Eine Hemmung der dreißigjährigen Frist des Abs. 3 gibt es nicht.

IV. Beweislast

8 Derjenige, der in einem Prozess seinen Rechtsstandpunkt auf eine wirksame Anfechtung stützt, trägt die Beweislast für den Anfechtungsgrund und für die ordnungsgemäße Ausübung des Anfechtungsrechts. Voraussetzung für die Wirksamkeit der Anfechtung ist auch die rechtzeitige Abgabe der Anfechtungserklärung. Nach der herrschenden Meinung[6] trägt der Anfechtende die Beweislast für den Zeitpunkt der Anfechtungserklärung; der Anfechtungsgegner die Beweislast für Beginn und Ende der Anfechtungsfrist. Entsprechendes gilt für die dreißigjährige Frist des Abs. 3.

§ 2083
Anfechtbarkeitseinrede

Ist eine letztwillige Verfügung, durch die eine Verpflichtung zu einer Leistung begründet wird, anfechtbar, so kann der Beschwerte die Leistung verweigern, auch wenn die Anfechtung nach § 2082 ausgeschlossen ist.

I. Normzweck

1 Diese Vorschrift, die über § 2345 auch für den Fall der Vermächtnis- oder Pflichtteilsunwürdigkeit gilt, ist angelehnt an die §§ 821, 853. Dahinter steht die gesetzgeberische Vorstellung, wenn einem Erben oder Vermächtnisnehmer eine Verbindlichkeit auferlegt sei, sei auch von dem anderen Teil zu erwarten, dass er sein Recht geltend mache. Solange dies allerdings nicht geschehe, habe der Beschwerte keinen Anlass, von sich aus die Anfechtung zu erklären.

II. Anwendungsfälle

2 Hierunter fallen Verfügungen von Todes wegen, die Vermächtnisse und Auflagen enthalten. Nicht hierzu gehören Erbeinsetzungen, auch nicht Nacherbeinsetzungen, ebensowenig Teilungsanordnungen und Ausgleichspflichten.[1]

---

5 OLG Frankfurt ZEV 2002, 109, 110.
6 BayObLGZ 1963, 260, 265 = NJW 1964, 205, 207; BayObLG FamRZ 1983, 1275, 1278; für volle Beweislast des Anfechtenden dagegen RGRK/*Johannsen* § 2082 Rn. 16.
1 Soergel/*Loritz* § 2083 Rn. 2.

Im Falle eines Erbvertrages oder eines gemeinschaftliches Testamentes greift § 2083 nicht 3 ein, wenn dem Beschwerten die Anfechtung nach § 2285 deshalb verwehrt ist, weil bereits der Erblasser die Anfechtungsfrist hat verstreichen lassen.[2]

III. Geltendmachung

Bei der Vorschrift des § 2083 handelt es sich um eine echte Einrede; d.h., das Leistungsver- 4 weigerungsrecht ist nur beachtlich, wenn sich der Verpflichtete außerhalb oder innerhalb eines Prozesses hierauf beruft.

Die Einrede steht nur dem Anfechtungsberechtigten zu, mithin also nicht dem Testa- 5 mentsvollstrecker oder Nachlassverwalter.

Hat der Anfechtungsberechtigte nach Ablauf der Anfechtungsfrist in Kenntnis des Anfech- 6 tungsgrundes ohne Erhebung der Einrede geleistet, so besteht gem. § 814 kein Rückforderungsrecht. Fehlt es an der Kenntnis, dürfte sich ein Anspruch aus § 813 ergeben.

§ 2084
Auslegung zugunsten der Wirksamkeit

Lässt der Inhalt einer letztwilligen Verfügung verschiedene Auslegungen zu, so ist im Zweifel diejenige Auslegung vorzuziehen, bei welcher die Verfügung Erfolg haben kann.

Übersicht	Rz.		Rz.
I. Grundsätze der Auslegung der Verfügungen von Todes wegen	1	2. Hypothetischer Wille des Erblassers	25
1. Auslegungsziel	1	3. Weitere Grenzen	26
2. Anwendbare Vorschriften und Auslegungskriterien	2	4. Änderung des Willenentschlusses des Erblassers	27
3. Wortlaut und Auslegung	6	5. Ergänzende Auslegung bei gemeinschaftlichem Testament oder Erbvertrag	29
4. Umstände außerhalb des Testaments	12		
5. Errichtungszeitpunkt	14	6. Ergänzende Auslegung anlässlich der Wiedervereinigung Deutschlands	31
6. Besonderheiten bei Erbvertrag und gemeinschaftlichem Testament	15	IV. Umdeutung	33
II. Wohlwollende Auslegung	18	1. Zulässigkeit	33
1. Zweck der Vorschrift	18	2. Wirkungen des anderen Rechtsgeschäfts	38
2. Unmittelbarer Anwendungsbereich	19		
3. Analoge Anwendung des § 2084	21	3. Anwendungsfälle	40
III. Ergänzende Auslegung	23	V. Verfahrensrechtliche Behandlung	41
1. Zulässigkeit	23		

I. Grundsätze der Auslegung der Verfügungen von Todes wegen

1. Auslegungsziel

Das Ziel der Auslegung ist es, den rechtlich geltenden Inhalt der Verfügung von Todes 1 wegen festzustellen.[1]

---

2 BGHZ 106, 359, 362.
1 BGH ZEV 1997, 376.

2. Anwendbare Vorschriften und Auslegungskriterien

2 Auf der Ebene des internationalen Privatrechts richtet sich die Auslegung nach dem Erbstatut (s. hierzu Art. 26 EGBGB). Im Falle der Rückverweisung gilt auch für die Auslegung deutsches Recht.[2]

3 § 133 ist die allgemeine Norm über die Auslegungsmethode. Sie ist auch für die Auslegung sämtlicher Verfügungen von Todes wegen maßgeblich.[3] Die speziellen erbrechtlichen Auslegungsregeln (§§ 2066 ff.) sowie § 2084 treten neben die Grundnorm des § 133, ohne sie zu verdrängen. Damit werden lediglich im Erbrecht besonders wichtige Teilaspekte der Auslegungsmethode hervorgehoben. § 133 besagt, dass es um die Auslegung der Willenserklärung geht. Folglich kann der »wirkliche Wille« immer nur derjenige sein, der im Rechtssinne erklärt ist. In diesem Sinne hat der Bundesgerichtshof[4] klargestellt, dass es ihm nicht um die Ermittlung eines von der Erklärung losgelösten Willens des Erblassers geht, sondern um die Frage, was der Erblasser mit seinen Worten habe sagen wollen.

4 Auch § 2084 lässt nicht den Schluss zu, im Erbrecht sei allein auf den Willen des Erblassers abzustellen. Auch diese Vorschrift verfolgt den Zweck, einer getroffenen Verfügung nach Möglichkeit zum Erfolg zu verhelfen. Dies ist allerdings nur möglich, wenn überhaupt letztwillig verfügt worden ist und dessen Inhalt verschiedene Auslegungen zulässt.

5 Im Rahmen der Auslegung ist also entscheidend darauf abzustellen, welcher Wille im Rechtssinn als erklärt anzusehen ist.

3. Wortlaut und Auslegung

6 Rechtsfolgen können nur aus dem erklärten Willen herbeigeführt werden. Erste Voraussetzung, um eine wirksame Verfügung von Todes wegen annehmen zu können, ist stets, dass der Wortlaut als Ausdruck des Willens aufzufassen ist. Die herrschende Meinung folgt dabei der sog. Andeutungs- oder Anhaltstheorie. Diese Theorie hat bei der einfachen Testamentsauslegung einerseits und der ergänzenden Auslegung andererseits durchaus verschiedenen Gehalt. Nachfolgend zunächst die einfache Auslegung (zur ergänzenden Auslegung s. Rz. 23 f.).

7 Da eine Erklärung gefordert wird, muss der Wille zu einer bestimmten Rechtsfolge in dem Testament irgendwie in positiver Weise zum Ausdruck kommen. Es ist also erforderlich, einen wenn auch unvollkommenen Anhaltspunkt in dem Testament zu finden.[5]

8 Der Bundesgerichtshof[6] hat in einem als Grundsatzentscheidung gedachten Urteil die These aufgestellt, der klar und eindeutige Wortlaut setze der Auslegung keine Schranken. Dies steht jedoch nicht im Widerspruch zu der oben erwähnten Andeutungstheorie, besagt sie doch, wie der Bundesgerichtshof[7] klargestellt hat, keineswegs, dass einer Willenserklärung ein Sinn beigelegt werden kann, der in ihr nicht zum Ausdruck kommt. Die neuere Formel lautet also: Eine isoliert betrachtet eindeutige Formulierung kann gleichwohl anders zu verstehen sein, wenn das Testament – möglicherweise auch der Zusammenhang mit anderen Verfügungen – hinreichende Anhaltspunkte für eine andere Auslegung ergibt.

9 Bei einer vom klaren Wortlaut abweichenden Auslegung ist jedoch Vorsicht geboten. Anderenfalls besteht die Gefahr, den wahren Willen des Erblassers zu verfehlen. Andererseits ist zu berücksichtigen, dass der Lebenssprachgebrauch häufig recht ungenau ist, insb. bei Wörtern, die zugleich einen präzise umschriebenen Rechtsbegriff kennzeichnen. Daher

---

2 Vgl. OLG Köln NJW 1986, 2199.
3 Unstreitig, s. z.B. BGH LM § 2078 Nr. 3.
4 BGH ZEV 2002, 20.
5 BGH WM 1970, 221; 1971, 54; NJW 1980, 1276; BGHZ 80, 242 = NJW 1981, 1737; OLG Düsseldorf ZEV 1998, 229, 230; BayObLG FamRZ 1986, 608, 609; NJW 1988, 2742; FamRZ 1991, 231, 232; FamRZ 1994, 853, 854; ZEV 1994, 47, 49; ZEV 2004, 200.
6 BGHZ 86, 41 = NJW 1983, 672.
7 BGH FamRZ 1987, 475, 476.

hat die neuere Rechtsprechung zutreffend Wörter wie Vor- und Nacherbe oder Ersatzerbe als auslegungsfähig angesehen.⁸ An dieser Stelle muss man auch differenzieren, ob es sich um eine letztwillige Verfügung von Todes wegen handelt, die in einer notariellen Urkunde enthalten ist oder handschriftlich von dem Erblasser verfasst wurde. Im ersten Falle ist in der Regel davon auszugehen, dass der Notar den wirklichen Willen des Erblassers erfragt und erforscht und das Gewollte in eine juristisch einwandfreie Sprache umgesetzt hat.

Neben diesen Aspekten ist stets auf den gesamten Inhalt des Testaments abzustellen. Denn ein Wort, das für sich genommen eindeutig ist, kann durch sonstige Bestimmungen des Testaments Anhaltspunkte für einen anderen Sinn ergeben.

Beispiele zur Bedeutung des Wortlauts und der sog. **Andeutungstheorie**:
– Die Verfügung bestimmt, dass der überlebende Ehegatte bewegliche Sachen, die nur einen kleinen Teil des gesamten Nachlasses ausmachen, an bestimmte Personen verteilen soll. Dies allein stellt keinen ausreichenden Anhaltspunkt für die Einsetzung des Ehegatten als Alleinerben dar.⁹
– Eine Verfügung enthält die Einsetzung zum »Alleinerben der Wohnung«. Diese Bestimmung kann dahin gehend ausgelegt werden, dass der Inhalt der Wohnung gemeint ist, und wenn die wesentlichen Nachlasswerte dort aufbewahrt wurden, kann dies eine Einsetzung zum Alleinerben darstellen.¹⁰
– Die Bezeichnung einer Person als »Haupterbin« neben anderen Personen braucht nicht zu bedeuten, dass sie zur Alleinerbin oder mit einem größeren Erbteil als die anderen Bedachten eingesetzt ist.¹¹
– Die Bestimmung, der Sohn habe die gesamte Hinterlassenschaft zu verwalten, genügt als testamentarischer Anhaltspunkt, um eine Auslegung als Einsetzung zum Alleinerben anzunehmen.¹²
– Zwei Kinder werden zu gleichen Teilen testamentarisch als Erben eingesetzt. Zuvor ist bereits eines der Kinder durch Erbvertrag als Erbe zu ½ eingesetzt worden, während sich der Erblasser die Verfügung über die zweite Hälfte in dem Erbvertrag ausdrücklich vorbehalten hat. Hier liegen ausreichende Anhaltspunkt vor, hinsichtlich des erbvertraglich bedachten Kindes nur eine Wiederholung der Erbeinsetzung auf die Hälfte des Nachlasses anzunehmen, nicht jedoch eine weitere, zusätzliche Zuwendung.¹³
– Die Verfügung lautet: »Meine beiden Söhne und ihre leiblichen Nachkommen werden zu gleichen Teilen als Erben eingesetzt.« Nach dem Wortlaut ist nicht eindeutig, dass die Nachkommen der beim Erbfall lebenden Söhne neben diesen als Erben berufen sind.¹⁴
– Eine Erbfolgeregelung für den Fall des »gleichzeitigen Versterbens« von Ehegatten ist einer Auslegung in dem Sinn zugänglich, dass sie auch bei einem kurz nacheinander erfolgten Ableben eingreift.¹⁵
– Die Formulierung »im Fall unseres beiderseitigen Todes«¹⁶ oder »im Fall unseres beiderseitigen Ablebens«¹⁷ kann auch nur auf das gleichzeitige Versterben begrenzt sein, sofern aus dem Testament deutlich wird, dass für den Fall des Nacheinanderversterbens eine möglichst starke erbrechtliche Position des Überlebenden gewollt war.

---

8 BGH LM § 2100 Nr. 1; LM § 2269 Nr. 7 = NJW 1983, 277.
9 BayObLG FamRZ 1994, 853.
10 BayObLG ZEV 1994, 377.
11 BayObLG FamRZ 1992, 228 (LS).
12 BayObLG FamRZ 1989, 786.
13 BayObLG FamRZ 1991, 231.
14 BGH NJW 1993, 256.
15 OLG Düsseldorf FamRZ 2000, 119, 120; OLG Stuttgart OLGZ 1994, 330 = FamRZ 1994, 852.
16 BayObLG FamRZ 1990, 563.
17 BayObLGZ 1986, 426 = FamRZ 1987, 208; OLG Hamm FamRZ 1997, 451.

4. Umstände außerhalb des Testaments

12 Die bisherigen Darlegungen bezogen sich auf Auslegungen innerhalb des Testaments. Seit langem ist jedoch auch anerkannt, dass die zur Auslegung heranzuziehenden Umstände ebenso außerhalb des Testaments liegen dürfen.[18] Welche Umstände zur Auslegung herangezogen werden können, ist ausschließlich einzelfallorientiert. Beispielhaft seien genannt: örtliche Gebräuche, Höhe und Herkunft des Vermögens des Erblassers sowie dessen Bildung und berufliche Stellung. Ebenso können Verwandtschaft, Alter und die Religion bedachter Personen Hinweise für das richtige Verständnis des Testaments abgeben. Auch widerrufene oder wegen Formmangels ungültige Testamente können wertvolle Erkenntnishilfen liefern. Stets ist jedoch sorgfältig zu prüfen, ob aus dem betreffenden Schriftstück tatsächlich ein Schluss auf den gewollten Sinn des Testaments gezogen werden kann.

13 Mündliche Äußerungen des Erblassers können verwertet werden.[19] Hier ist aber größte Vorsicht geboten.

5. Errichtungszeitpunkt

14 Der maßgebende Zeitpunkt zur Feststellung des rechtlichen Sinns ist der Errichtungszeitpunkt.[20] Dies gilt sowohl für den maßgeblichen Sprachgebrauch als auch für den erklärten Erblasserwillen. Spätere Umstände können nur insoweit herangezogen werden, als sie einen Schluss auf den gewollten Sinn der Erklärung im Errichtungszeitpunkt zulassen.[21] Spätere Äußerungen des Erblassers, aus denen sich ergibt, dass er seiner letztwilligen Verfügung einen anderen Sinn beilegt als bei Errichtung, können nicht berücksichtigt werden. Anderenfalls würde man damit eine Änderung oder den Widerruf des Testaments ohne Beachtung der gesetzlich vorgeschriebenen Formen zulassen.

6. Besonderheiten bei Erbvertrag und gemeinschaftlichem Testament

15 Bei Erbverträgen ist bereits nach dem Wortlaut des Gesetzes § 157 als allgemeine Auslegungsregel heranzuziehen,[22] soweit es sich um vertragsmäßige Verfügungen handelt. Geht es um einseitige, in einem Erbvertrag enthaltene Verfügungen, sind diese wie testamentarische Verfügungen zu behandeln (vgl. § 2299 Abs. 2 S. 1).

16 Für die vertragsmäßigen Verfügungen folgt aus § 157 tendenziell eine stärkere, objektivierendere Auslegung als bei Testamenten. Die Auslegung hat sich im Zweifel an der Verkehrssitte zu orientieren, und der Erklärung ist jener Sinn zuzumessen, den sie aus der Sicht des Erklärungsempfängers hat (Auslegung vom Empfängerhorizont).

17 Beim gemeinschaftlichen Testament ist zwischen wechselbezüglichen Verfügungen und den anderen Verfügungen zu unterscheiden. Bei nichtwechselbezüglichen Verfügungen in einem gemeinschaftlichen Testament verbleibt es bei den oben dargestellten Grundsätzen der Testamentsauslegung. Wechselbezügliche Verfügungen, also Erbeinsetzungen, Vermächtnisse oder Auflagen, haben zwar keinen Vertragscharakter. Durch ihre gegenseitige Abhängigkeit und die nach dem Tode des ersten Ehegatten eintretende Bindungswirkung ist die Rechtslage dem des Erbvertrages durchaus vergleichbar. Daher kann man das zur Auslegung von vertragsmäßigen Verfügungen im Erbvertrag Ausgeführte hier entsprechend anwenden.

---

18 BGHZ 86, 41, 45; 94, 36, 38 = NJW 1985, 1554; BayObLG NJW 1988, 2742, 2743.
19 Ebenso BayObLG FamRZ 2003, 191, 193.
20 BayObLG FamRZ 1993, 1250; FamRZ 1995, 1446; OLG Hamm RPfleger 2003, 436, 438.
21 BayObLG FamRZ 1995, 1446; BayObLGZ 1997, 59, 68 = FamRZ 1997, 1365.
22 *Soergel/Loritz* § 2084 Rn. 50.

II. Wohlwollende Auslegung

1. Zweck der Vorschrift

Der Zweck der Vorschrift ist darauf gerichtet, dem Testierwillen des Erblassers soweit wie möglich rechtliche Geltung zu verschaffen. § 2084 entbindet aber nicht von der Aufgabe, den erklärten Willen des Erblassers zunächst zu ermitteln. Bei richtigem Normverständnis folgt dies bereits aus § 133. Daher kann man in der praktischen Anwendung die §§ 133, 2084 einfach nebeneinander heranziehen und als übereinstimmende Grundlage für die Auslegung von Testamenten betrachten.[23]

18

2. Unmittelbarer Anwendungsbereich

Der Inhalt der letztwilligen Verfügung muss mehrere Bedeutungen zulassen, also auslegungsfähig sein. Die wohlwollende Auslegung soll erreichen, dass jene Deutungen unbeachtlich sind, bei denen die Verfügung unwirksam wäre. Hierbei kann es sich einerseits um Fälle der Nichtigkeit, andererseits der der nachträglichen Unwirksamkeit handeln.

19

Erfolg i.S.d. § 2084 ist nur gegeben, wenn die Verfügung zu dem vom Erblasser gewollten Ziel führt. Für eine wohlwollende Auslegung ist daher kein Raum, wenn sich dieses Ziel nicht hinreichend ermitteln lässt. Beispiel: Nach dem Wortlaut des Testaments ist unklar, welche Person der Erblasser bedenken wollte. Über § 2084 kann man die Verfügung nicht auf die eine in Frage stehende Person beziehen, weil die andere inzwischen vorverstorben ist und die Verfügung daher zu ihren Gunsten nicht mehr wirksam werden könnte. Ist aufgrund des Testaments jedenfalls klar, dass der Erblasser nur eine Person bedenken wollte, kann man nicht über § 2084 eine Einsetzung aller in Betracht kommenden Personen – wegen der undeutlichen Bezeichnung der vom Erblasser bedachten Person – in Betracht ziehen.

20

3. Analoge Anwendung des § 2084

Nach § 2084 kann nicht beurteilt werden, ob überhaupt eine Willenserklärung des Erblassers vorliegt oder es sich möglicherweise nur um eine Ankündigung, einen Entwurf oder unverbindlichen Wunsch oder ähnliches handelt. Eine analoge Anwendung auf diese Frage scheidet daher aus, weil die Vorschrift die Errichtung einer letztwilligen Verfügung voraussetzt.[24] Ist hingegen zweifelhaft, ob eine Willenserklärung als Verfügung von Todes wegen oder als Rechtsgeschäft unter Lebenden aufzufassen ist, kommt eine analoge Anwendung des § 2084 zum Zuge, sofern die Erklärung nur bei einer dieser Deutungen rechtlichen Erfolg haben kann.[25]

21

Bestehen Zweifel über Formerfordernisse, muss für die Anwendung des § 2084 unterschieden werden. Kommen mehrere inhaltliche Auslegungen der Verfügung in Frage und sind bei einer dieser Auslegungen die Formerfordernisse erfüllt, bei der anderen nicht, so ist § 2084 unmittelbar anzuwenden (sofern es sich bei allen Auslegungsmöglichkeiten um eine letztwillige Verfügung handelt) oder entsprechend (wenn es bei der einen Alternative eine letztwillige Verfügung, bei der anderen Alternative ein Rechtsgeschäft unter Lebenden ist). Steht jedoch der Inhalt der Verfügung fest und bestehen nur Zweifel an der Erfüllung der Formerfordernisse, so kann man § 2084 weder unmittelbar noch mittelbar anwenden.[26] Dies gilt zum Beispiel für die Fragen, ob Text und Unterschrift eigenhändig vom Erblasser stammen, ob eine abgekürzte Unterschrift den gesetzlichen Anforderungen genügt oder ein Nachtrag von der Unterschrift gedeckt ist.

22

---

23 So z.B. BGH LM § 2078 Nr. 3; BGHZ 32, 60, 63.
24 BGH LM Nr. 13; BayObLG FGPrax 2004, 33, 34; RGRK/*Johannsen* § 2084 Rn. 26.
25 BGH LM Nr. 13; LM Nr. 19 = NJW 1984, 46; FamRZ 1985, 693; RGRK/*Johannsen* § 2084 Rn. 28.
26 *Soergel/Loritz* § 2084 Rn. 58; s.a. BayObLG FamRZ 1983, 836 (LS): Das fehlende Formerfordernis der Unterschrift beim eigenhändigen Testament kann nicht durch Auslegung nach § 2084 ersetzt werden.

III. Ergänzende Auslegung

1. Zulässigkeit

23 Die grundsätzliche Zulässigkeit der ergänzenden Testamentsauslegung ist in Rechtsprechung und Lehre nahezu unbestritten. Sie ist allerdings nur zulässig, wenn das Testament eine Lücke aufweist. Eine derartige Unvollständigkeit kann sich insb. dadurch ergeben, dass sich die Verhältnisse nach Testamentserrichtung ändern und damit die getroffene Verfügung aus diesem Grund undurchführbar wird oder der von dem Erblasser verfolgte Zweck nicht mehr erreicht werden kann. Für die Zulässigkeit der ergänzenden Auslegung ist es nicht entscheidend, ob dem Erblasser die nachträglichen Veränderungen bekannt geworden sind.[27] Dieser Umstand kann sich aber erheblich darauf auswirken, ob der Auslegungsvorgang zu einem über den Testamentswortlaut hinausgehenden Ergebnis führt.

24 Auch unbeabsichtigte ursprüngliche Lücken des Testaments wird man durch ergänzende Auslegung schließen können.[28] Die Auslegung versagt jedoch, wenn z.B. im Testament versehentlich nicht erklärt worden ist, wer der Erbe sein soll und auch aus dem Testamentswortlaut keine Anhaltspunkte ersichtlich sind, wen der Erblasser einsetzen wollte. In diesem Fall ist die Verfügung unwirksam.[29]

2. Hypothetischer Wille des Erblassers

25 Bei der ergänzenden Testamentsauslegung muss an den hypothetischen Willen des Erblassers zum Zeitpunkt der Testamentserrichtung angeknüpft werden.[30] Es ist also zu fragen, wie der Erblasser seine Verfügung inhaltlich gestaltet hätte, wenn er bei Errichtung des Testaments die später eingetretene Entwicklung der Verhältnisse vorausschauend berücksichtigt hätte bzw. – im Fall von ursprünglichen Lücken – von der seinerzeit gegebenen wahren Sachlage ausgegangen wäre.

3. Weitere Grenzen

26 Ob bei der ergänzenden Auslegung allein an die Ermittlung des hypothetischen Erblasserwillen anzuknüpfen ist oder ob darüber hinaus weitere Grenzen zu beachten sind, ist höchst streitig. Die für die Praxis relevante Rechtsprechung lässt sich von dem Gedanken leiten, die ergänzende Auslegung nicht ausufern zu lassen. Nach der vom BGH[31] gebrauchten Formulierung ist eine Ergänzung nur zulässig, wenn sich hierfür eine Grundlage aus einer Willensrichtung des Erblassers ergibt, die anhand des Testaments aufgrund von Umständen außerhalb des Testaments oder der allgemeinen Lebenserfahrung festzustellen ist. Die Rechtsprechung knüpft damit an das Testament und die Einhaltung des durch das Testament gezogenen Rahmens an. Mit dieser Anknüpfung wird eine subjektive und eine objektive Komponente angesprochen. Das subjektive Kriterium knüpft an die Motivation und Zwecksetzung des Erblassers an, d.h. die ergänzende Auslegung darf nur zu solchen Inhalten führen, die der Erblasser vermutlich angeordnet hätte, wenn er seine damals gegebene Motivation mit der veränderten Sachlage konfrontiert und seine Verfügung getreu seiner Zwecksetzung modifiziert hätte. Das objektive Kriterium ergibt sich aus dem Umstand, dass die ergänzende Auslegung nur zu solchen Inhalten führen darf, die sich quasi als Weiterentwicklung einer getroffenen Verfügung darstellen.

---

[27] BayObLG FamRZ 1991, 982, 983.
[28] Bejahend OLG Naumburg FGPrax 1996, 30, 31; BayObLGZ 1997, 197, 201 = FamRZ 1997, 1509, 1510.
[29] OLG Köln RPfleger 1981, 357; s.a. BayObLG FamRZ 1981, 402, 403.
[30] BGH LM Nr. 5; BGH NJW 1963, 1150, 1151 = LM § 2108 Nr. 1; RGZ 142, 171, 175; BayObLGZ 1982, 159, 165; 1988, 165 = NJW 1988, 2744; BayObLG ZEV 2001, 24, 25.
[31] BGH LM Nr. 5; LM § 2078 Nr. 3; s.a. BGH FamRZ 1983, 380, 382. Ebenso z.B. KG NJW 1963, 766, 768; KG OLGZ 1966, 503; BayObLG ZEV 2001, 24, 25. S. zur Anknüpfung an die Willensrichtung auch BGHZ 22, 357, 360.

4. Änderung des Willenentschlusses des Erblassers

Äußert der Erblasser später einen anderen realen Willen als zum Zeitpunkt der Testamentserrichtung, kann er seinen neuen Willensentschlüssen nur durch andere, formgerechte Verfügungen zum Erfolg verhelfen. Trotzdem ist der spätere reale Wille bei der Methode der ergänzenden Auslegung nicht völlig bedeutungslos. Denn die Rechtsprechung hat zugelassen, aus dem späteren wirklichen Willen einen Schluss darauf zu ziehen, welchen hypothetischen Willen der Erblasser bei Testamentserrichtung gebildet hätte.[32] 27

Beispiele: Äußert der Erblasser die an sich irrtümliche Ansicht, seine ursprüngliche Verfügung gelte angesichts der veränderten Umstände ohne weiteres mit einem anderen Inhalt weiter, so ist der Rückschluss auf einen entsprechenden hypothetischen Willen bei Testamentserrichtung erlaubt; ergänzende Auslegung zulässig. Erkennt hingegen der Erblasser selbst, dass sein Testament lückenhaft geworden ist und trifft keine neue Verfügung, so wird im Regelfall eine ergänzende Auslegung nicht zum Zuge kommen.[33] 28

5. Ergänzende Auslegung bei gemeinschaftlichem Testament oder Erbvertrag

Auch Verfügungen von Todes wegen in einem gemeinschaftlichen Testament oder Erbvertrag sind der ergänzenden Auslegung zugänglich. Handelt es sich um die Auslegung einer wechselbezüglichen Verfügung nach dem Tod des zweiten Ehegatten, so muss an sich nach dem hypothetischen Willen des zweiten Ehegatten gefragt werden. Allerdings darf man die der gemeinsamen Testamentserrichtung zugrundeliegende Zwecksetzung nicht unbeachtet lassen, d.h., die ergänzende Auslegung muss sich an der seinerzeit erzielten Einigung der Ehegatten orientieren, nicht jedoch an dem individuellen Interesse des einen oder anderen. Entsprechendes gilt nach dem Tode des ersten Ehegatten für die wechselbezüglichen Verfügungen, sofern eine ergänzende Auslegung notwendig ist. 29

Geht es um die ergänzende Auslegung eines Erbvertrages, ist grundsätzlich nach dem hypothetischen Willen des Erblassers, nicht jedoch des Vertragspartners zu fragen. 30

6. Ergänzende Auslegung anlässlich der Wiedervereinigung Deutschlands

Bei der ergänzenden Auslegung eines in der Verteilung des Erblasservermögens unklaren Testaments kann es eine erhebliche Rolle spielen, wenn aufgrund eines vor dem Erbfall eingetretenen Eigentumsverlusts Restitutionsansprüche nach dem Vermögensgesetz in den Nachlass fallen. Für die Zulässigkeit einer ergänzenden Auslegung spricht in einem solchen Falle, dass diese Ansprüche »im Keim« bereits vor dem Erbfall im Vermögen des Erben vorhanden waren.[34] 31

Hat der Erblasser nur über das »West-Vermögen« testamentarisch verfügt und ergibt sich, dass auch Grundbesitz in der ehemaligen DDR vorhanden war, stellt sich die Frage der ergänzenden Auslegung. Diese kann jedoch nur eingreifen, wenn wenigstens andeutungsweise ein den Grundbesitz betreffender Wille aus dem Testament erkennbar ist.[35] Eine allgemeine Erbeinsetzung ergreift auch das Grundstücksvermögen in der ehemaligen DDR, wenn sich nicht aus dem Testament Anhaltspunkte für eine abweichende ergänzende Auslegung ergeben.[36] 32

---

32 Besonders klar BGH FamRZ 1962, 256, 257 = LM § 2205 Nr. 8.
33 Anders aber, wenn der Erblasser glaubte, die Verfügung nicht mehr ändern zu können, BayObLG FamRZ 1991, 982, 984.
34 OLG Naumburg FGPrax 1996, 30, 32.
35 BayObLG ZEV 1994, 47 = FamRZ 1994, 723.
36 Im konkreten Fall gegen eine einschränkende ergänzende Auslegung OLG Hamm FamRZ 1995, 1092; KG FamRZ 1996, 569 = ZEV 1996, 234; BayObLG DtZ 1996, 214, 215 f.; bejahend BayObLGZ 1995, 79 = FamRZ 1995, 1089 = ZEV 1995, 256 (Limmer).

Jürgen Gemmer

IV. Umdeutung

1. Zulässigkeit

33 Die Zulässigkeit der Umdeutung ist auch im Erbrecht nach § 140 zu beurteilen. Deren Zweck liegt darin, dem auf ein bestimmtes wirtschaftliches Ergebnis gerichteten erklärten Willen zum Erfolg zu verhelfen, obwohl der eingeschlagene rechtliche Weg nicht gangbar ist. Die Umdeutung dient damit im Erbrecht ebenso wie die wohlwollende, erläuternde und ergänzende Auslegung dem Ziel, den Anordnungen des Erblassers Geltung zu verschaffen.

34 Bei dem nichtigen Rechtsgeschäft kann es sich sowohl um einen Vertrag (Erbvertrag, Schenkungsversprechen, Übergabevertrag) als auch um ein einseitiges Rechtsgeschäft (vor allem testamentarische Verfügung) handeln.

35 Die Nichtigkeit i.S.v. § 140 meint einen von Anfang an vorhandenen und bis zum Erbfall nicht behobenen Mangel der Wirksamkeit. Erst nach der Errichtung des Rechtsgeschäfts eingetretene Veränderungen, die die Wirksamkeit einer Verfügung von Todes wegen beim Erbfall verhindern, führen nicht zu einer Nichtigkeit i.S.v. § 140. In diesem Falle kann zwar die ergänzende Auslegung, nicht jedoch die Umdeutung helfen.

36 Die Erfordernisse des anderen Rechtsgeschäfts müssen erfüllt sein. Bei der Umdeutung eines einseitigen Rechtsgeschäfts in einen Vertrag muss allerdings darauf geachtet werden, ob auch die erforderliche vertragliche Erklärung des anderen Teils bejaht werden kann.

37 Die zur Nichtigkeit des ursprünglichen Rechtsgeschäfts führende Norm darf dem anderen Rechtsgeschäft nicht entgegenstehen (unmittelbar oder mittelbar). Daher verbietet sich eine Umdeutung, wenn sich das andere Rechtsgeschäft als ein unzulässiges Umgehungsgeschäft darstellt.

2. Wirkungen des anderen Rechtsgeschäfts

38 Die Rechtsprechung fordert als objektive Voraussetzung der Umdeutung, dass diese nicht zu einer Umänderung oder Ergänzung des abgeschlossenen Geschäfts führen dürfe, d.h., das neue Rechtsgeschäft dürfe in Tatbestand und Wirkung nicht über das nichtige hinausgehen.[37] Diese Aussage ist mit Blick auf die wirtschaftlichen Folgen zu verstehen, d.h., wirtschaftlich wesentlich andere oder weitergehende Folgen dürfen durch die Umdeutung nicht erreicht werden.[38]

39 Die Umdeutung kann nur vorgenommen werden, wenn anzunehmen ist, dass der Erklärende bei Kenntnis von der Nichtigkeit das andere Rechtsgeschäft gewollt hätte. Es kommt also auf den hypothetischen Willen bei Errichtung des Rechtsgeschäfts an. Die Feststellung des hypothetischen Willens ist eine Bewertungsfrage, bei der von den wirtschaftlichen Zwecken und der erkennbaren Interessenbewertung des Erblassers ausgegangen werden muss. Weitere Frage ist, ob das andere Rechtsgeschäft geeignet ist, diese Zwecke zu verwirklichen und letztlich, ob seine Geltung der Interessenbewertung entspricht, von der der Erblasser ausging.[39]

3. Anwendungsfälle

40 Ob die Umdeutung der wirtschaftlichen Zweckrichtung und dem hypothetischen Willen entspricht, ist anhand der Umstände des Einzelfalles zu beurteilen. Nachfolgende Bespiele sollen daher nur ein Beitrag zur Verdeutlichung sein, nicht jedoch zu einer ungeprüften Übernahme auf den konkreten Praxisfall verleiten.
  – Ein Erbvertrag kann, wenn die volle Geschäftsfähigkeit fehlt (vgl. § 2275), aber die Testierfähigkeit des Erblassers gegeben ist, in ein Testament umzudeuten sein.

---

37 BGHZ 40, 218, 225 = NJW 1964, 347, 349.
38 OLG Hamm NJW 1974, 61; s.a. BGH LM § 1366 Nr. 1 (LS) = NJW 1980, 2350, 2352.
39 BGH NJW 1974, 43, 45.

- Ein formungültiges öffentliches Testament kann in ein eigenhändiges umdeutbar sein, wenn dessen Formvoraussetzungen eingehalten sind.
- Umdeutung einer Verfügung von Todes wegen in ein Rechtsgeschäft unter Lebenden: Kann in Betracht kommen, wenn die als Verfügung von Todes wegen gescheiterte Zuwendung als Gegenleistung für erbrachte oder noch zu erbringende Leistungen an den Erblasser gedacht war.
- Umdeutung eines Rechtsgeschäfts unter Lebenden in eine Verfügung von Todes wegen: Hier handelt es sich um häufigere Umdeutungsfälle, weil die Wirkungen der Verfügungen von Todes wegen im Regelfall hinter denen des gescheiterten Rechtsgeschäftes unter Lebenden zurückbleiben, mithin bei Kenntnis der Nichtigkeit wenigstens eine erbrechtliche Zuwendung gewollt sein würde. Formungültiges Schenkungsversprechen unter Lebenden kann daher in ein Vermächtnis in der Form eines eigenhändigen Testaments umzudeuten sein.

V. Verfahrensrechtliche Behandlung

Die Auslegung selbst ist keine Tatsachenfeststellung, sondern eine richterliche Tätigkeit im Bereich der Rechtsanwendung.[40] Dies gilt für die einfache (erläuternde) Auslegung, ergänzende Auslegung und die Umdeutung. 41

Verbleiben im Rahmen der Auslegung Zweifel, ist zu unterscheiden, worauf sich diese Zweifel beziehen. Handelt es sich um eine für die Auslegung bedeutsame Tatsache, die weder bewiesen noch widerlegt werden konnte, handelt es sich um eine Beweislastfrage; der ungeklärte Umstand muss dann bei der Auslegung außer Betracht bleiben. Sind allerdings die Tatsachen geklärt und bleibt die Auslegung dennoch zweifelhaft, so ist dies kein Beweislastproblem, sondern der Richter schwankt in seiner Meinung, wie er das Recht anwenden soll. Der Richter muss sich dann zu einer bestimmten Ansicht entscheiden, die jedoch auch darin bestehen kann, der Sinn der Verfügung sei objektiv endgültig unklar, die Verfügung daher unwirksam. In derartigen Zweifelssituationen helfen aber häufig die besonderen gesetzlichen Auslegungsregeln (§ 2066 ff.). 42

§ 2085
Teilweise Unwirksamkeit

Die Unwirksamkeit einer von mehreren in einem Testament enthaltenen Verfügungen hat die Unwirksamkeit der übrigen Verfügungen nur zu Folge, wenn anzunehmen ist, dass der Erblasser diese ohne die unwirksame Verfügung nicht getroffen haben würde.

I. Normzweck, verwandte Vorschriften

Im Gegensatz zu § 139 bestimmt § 2085 gerade umgekehrt, dass die Unwirksamkeit einer von mehreren in einem Testament enthaltenen Verfügungen die Wirksamkeit der übrigen Verfügungen grundsätzlich nicht berührt. Somit verfolgt die Vorschrift des § 2085 den Zweck, dem erklärten Willen des Erblassers nach Möglichkeit zum Erfolg zu verhelfen. Es handelt sich um eine Auslegungsregel. Hierbei geht das Gesetz von dem typisierten Willen des Erblassers aus, diesem sei es im Regelfall lieber, wenn sein Testament wenigstens teilweise zur Geltung gelangt. Ist allerdings im Einzelfall ein abweichender Wille des Erblassers feststellbar, so geht dieser feststellbare Wille der Auslegungsregel vor. 1

---

40 Vgl. BGH WM 1978, 377, 378 = LM Nr. 14; § 133 Rn. 60 f. m.w.N.

2 Der Grundsatz der Selbstständigkeit mehrerer in einem Testament enthaltenen Verfügungen findet sich auch in weiteren erbrechtlichen Vorschriften wieder. Ein Vermächtnis (s. § 2162) oder eine Auflage (s. § 2192 in Verbindung mit § 2161) bleiben im Zweifel auch dann gültig, wenn der Beschwerte nicht Erbe oder Vermächtnisnehmer wird. Ebenso führt die Unwirksamkeit einer Auflage im Regelfall nicht zur Unwirksamkeit der unter der Auflage erfolgten Zuwendung (§ 2195).

II. Rechtsfolge

3 Die nicht vom Unwirksamkeitsgrund tangierte Einzelverfügung bleibt wirksam. Selbstverständlich kann der Erblasser für den Fall der Unwirksamkeit einzelner Verfügungen besondere Anordnungen treffen. Sind derartige Anordnungen nicht getroffen, lässt § 2085 dennoch den Nachweis zu, dass der Erblasser einzelne oder gegebenenfalls alle Verfügungen nicht ohne die unwirksame Verfügung getroffen haben würde; mithin seine Verfügungen als Einheit zu betrachten sind. Dieser Wille kann sich aus dem Testament oder aber auch aus Umständen außerhalb des Testamentes ergeben.

III. Voraussetzungen

4 Der Grund der Unwirksamkeit ist ohne Belang. § 2085 gilt also nicht nur bei von Anfang an bestehender Nichtigkeit (z.B. Formmangel), sondern auch, wenn durch Anfechtung eine von mehreren Verfügungen nichtig geworden ist.[1]

5 § 2085 setzt voraus, dass der Inhalt des Testaments feststeht. § 2085 kann nicht für den Fall angewandt werden, dass der Inhalt einer von mehreren Verfügungen nicht feststellbar ist.[2]

6 Im Regelfall ist daher das gesamte Testament wegen seiner Ungewissheit unwirksam. Etwas anderes kann nur im Ausnahmefall dann gelten, wenn sich über den Inhalt der unaufklärbaren Testamentsteile wenigstens so viel feststellen lässt, dass die Auswirkungen der getroffenen Verfügungen davon nicht oder nicht wesentlich berührt werden und daher der Wille des Erblassers anzunehmen ist, es solle jedenfalls der festgestellte Teil des Testaments Bestand haben.[3]

7 Das Testament muss mehrere Verfügungen enthalten. Hieran fehlt es: (Beispiel: Erblasser setzt einen Alleinerben ein und verweist einen anderen Pflichtteilsberechtigten auf den Pflichtteil).

IV. Teilunwirksamkeit einer einheitlichen Verfügung

8 Nach dem Wortlaut des § 2085 wird die Unwirksamkeit einer von mehreren Verfügungen von Todes wegen vorausgesetzt. Allerdings ist es auch möglich, dass sich ein Unwirksamkeitsgrund nur auf einen Teil einer einheitlichen Verfügung bezieht. Diese teilweise Aufrechterhaltung der Verfügung kommt allerdings nur dann zum Zuge, wenn sie vom Gegenstand her teilbar ist. Anderenfalls scheidet die Anwendung des § 2085 und auch die des § 139 aus. Beispiele, bei denen die Teilbarkeit einer einheitlichen Verfügung bejaht worden ist: Vermächtnis, mit dem mehrere Erben beschwert waren und das einem Teil der Belasteten gegenüber unwirksam war; Anordnung einer Teiltestamentsvollstreckung bei Erbenmehrheit.

9 In den Fällen der quantitativen Teilbarkeit wird teils auf die allgemeine Regel des § 139 zurückgegriffen[4] (wonach im Zweifel Gesamtnichtigkeit anzunehmen ist). Zum Teil wird

---

[1] BGH NJW 1985, 2025, 2026.
[2] BGH LM Nr. 1 = NJW 1955, 460 (LS); BayObLGZ 1967, 197, 206; RGRK/*Johannsen* § 2085 Rn. 5; *Bamberger/Roth/Litzenburger* § 2085 Rn. 3; a.A. *Staudinger/Otte* § 2085 Rn. 4 f.
[3] BGH LM Nr. 1; BayObLG 1967, 197, 206.
[4] RGRK/*Johannsen* § 2085 Rn. 7.

die analoge Anwendung des § 2085 befürwortet.⁵ Soweit ersichtlich, hat der BGH diese Frage bisher nicht abschließend beantwortet.

V. Gemeinschaftliches Testament, Erbvertrag

Beim gemeinschaftlichen Testament gilt hinsichtlich der wechselbezüglichen Verfügungen der Ehegatten zueinander nicht § 2085, sondern § 2270. § 2085 wird von § 2270 jedoch nur insoweit ausgeschlossen, als die Wechselbezüglichkeit der Verfügungen in Frage steht. 10

Beim Erbvertrag zieht die Nichtigkeit auch nur einer vertragsmäßig bindenden Verfügung durch einen der Vertragschließenden in der Regel die Unwirksamkeit aller vertragsmäßigen Verfügungen nach sich (§ 2298 Abs. 1 und 2 S. 1), es sei denn, es lässt sich ein anderer Wille der Vertragspartner feststellen. 11

§ 2086
Ergänzungsvorbehalt

Ist einer letztwilligen Verfügung der Vorbehalt einer Ergänzung beigefügt, die Ergänzung aber unterblieben, so ist die Verfügung wirksam, sofern nicht anzunehmen ist, dass die Wirksamkeit von der Ergänzung abhängig sein sollte.

I. Normzweck

Die Auslegungsregel des § 2086 dient ebenfalls dem Anliegen, den in einer letztwilligen Verfügung geäußerten Willen des Erblassers nach Möglichkeit Geltung zu verschaffen. Die Unwirksamkeit entgegen der Regel des § 2086 ist nur dann anzunehmen, wenn sich im konkreten Fall aus dem Testament oder aus Umständen außerhalb des Testaments die Schlussfolgerung ergibt, dass der Erblasser die Wirksamkeit seiner Verfügung von der nachzutragenden Ergänzung abhängig machen wollte. 1

Die Beweislast für solche Umstände trägt derjenige, der sich auf die Unwirksamkeit der Verfügung beruft. 2

II. Voraussetzungen

Abgesehen von der unterbliebenen Ergänzung muss ein vollständiges, formgültig errichtetes Testament vorliegen. Fehlen etwa der Name des Bedachten, der Betrag eines Geldvermächtnisses (unentbehrliche Bestandteile einer Verfügung), führt dies zur Unwirksamkeit der Verfügung, es sei denn, im Wege der Auslegung ließe sich der diesbezügliche Wille des Erblassers ermitteln. 3

§ 2086 kommt nur zur Anwendung, wenn der Vorbehalt eines Nachtrages im Testament selbst – sei es ausdrücklich oder konkludent – seinen Niederschlag gefunden hat. Ein vom Erblasser formgültiges, vorbehaltloses errichtetes Testament wird nicht dadurch unwirksam, dass sich lediglich aus späteren Äußerungen des Erblassers folgern lässt, er wolle die Wirksamkeit der getroffenen Verfügungen von noch nachzutragenden Ergänzungen abhängig machen. In diesem Falle gilt § 2086 nicht. Die formgültig getroffene Verfügung von Todes wegen bleibt ausnahmslos in vollem Umfange in Kraft. 4

---

5 OLG Stuttgart ZEV 2003, 79, 81; *Bamberger/Roth/Litzenburger* § 2085 Rn. 6.

III. Beratungshinweise

5 Die Auslegungsvorschriften sind in mehrerer Hinsicht eine wertvolle Hilfe bei der Gestaltung von Verfügungen von Todes wegen:
– Dem Testamentsgestalter geben sie eine Richtschnur, in welchem Umfang der Erblasserwille aufzuklären und in der Verfügung niederzulegen ist.
– Die Auslegungsvorschriften spiegeln die Wertvorstellungen des Gesetzgebers wider, von denen im Interesse einer ausgewogenen Rechtsgestaltung jeweils ausgegangen werden sollte.
– Die Auslegungsvorschriften bieten dem Testamentsgestalter »Auffangregelungen« für den Fall, dass Veränderungen in der Zeit zwischen der Testamentserrichtung und dem Erbfall eintreten. Derartige Änderungen sind nur sehr begrenzt vorhersehbar. Die Auslegungsvorschriften sind »zweckmäßige« Lösungen für diese unvorhergesehenen Veränderungen.
– Der Testamentsgestalter sollte sich nie auf die gesetzlichen Auslegungsregeln verlassen. Diese Punkte sind stets ausdrücklich zu klären und zu regeln, weil sonst u.U. vermeidbar die Ursache für einen Rechtsstreit gesetzt wird, für dessen Kosten sich der Rechtsanwalt/Notar u.U. schadensersatzpflichtig machen kann.

Titel 2
Erbeinsetzung

§ 2087
Zuwendung des Vermögens, eines Bruchteils oder einzelner Gegenstände

(1) Hat der Erblasser sein Vermögen oder einen Bruchteil seines Vermögens dem Bedachten zugewendet, so ist die Verfügung als Erbeinsetzung anzusehen, auch wenn der Bedachte nicht als Erbe bezeichnet ist.

(2) Sind dem Bedachten nur einzelne Gegenstände zugewendet, so ist im Zweifel nicht anzunehmen, dass er Erbe sein soll, auch wenn er als Erbe bezeichnet ist.

Übersicht	Rz.		Rz.
I. Kontext der Vorschrift	1	III. Vermächtnis	25
II. Zuwendung des Vermögens oder eines Bruchteils	8	IV. Beratungshinweise	28

I. Kontext der Vorschrift

Die Vorschrift dient in erster Linie der Regelung von rechtlichen Zweifelsfällen. Entsprechende Regelungen enthalten auch die §§ 2084 und 2304. Eine Abs. 2 entsprechende Regelung enthielt § 375 ZGB/DDR. Die Rechtsprechung zu § 2087 wird deshalb bei der Bewertung von Erbfällen, die dem ZGB/DDR unterliegen, herangezogen.[1] **1**

In allen Fällen tritt der Grundgedanke hervor, dass nicht die Wortwahl der letztwilligen Verfügung, sondern der Wille des Erblassers Geltung finden soll. Anders als ausländische Rechtsordnungen (beispielhaft sei hier das französische Recht genannt) kennt das deutsche Recht keine Erbeinsetzung in bestimmte Vermögensgegenstände, so dass sich zwischen Erbeinsetzung und Vermächtnis und anderen Ansprüchen aufgrund letztwilliger Verfügung grundsätzlich eine scharfe Trennungslinie abzeichnet. Nur wer als Erbe eingesetzt ist, ist **unmittelbar** am Nachlass berechtigt, während sich alle anderen, etwa Vermächtnisnehmer, Pflichtteilsberechtigte und Begünstigte einer Auflage, nur schuldrechtlich an die Erben halten können. **2**

Voraussetzung für eine Anwendung von § 2087 ist zunächst, dass die **Testamentsauslegung** nach Maßgabe der §§ 133 und 2084 zu keinen zweifelsfreien Ergebnissen führt.[2] Führt diese bereits zu einem klaren Ergebnis, kommt es auf die **Auslegungsregel**[3] des § 2087 nicht mehr an. **3**

§ 2087 Abs. 1 wird deshalb auch nicht als zwingend angesehen, so dass das sog. **Quotenvermächtnis** als grundsätzlich zulässig angesehen wird.[4] Unter einem Quotenvermächtnis wird eine Regelung verstanden, bei der dem Erben die Auszahlung eines bestimmten Teils des Nachlasses an den Bedachten auferlegt wird. In diesem Sinne kann auch die Zuwendung des gesetzlichen Erbteils verstanden werden.[5] Zu einer solchen Beurteilung wird man aber nur dann gelangen können, wenn bereits auf der Basis der vorangegangenen Auslegung ein zweifelsfreies Ergebnis in einem solche Sinne erzielt worden ist, so dass die Regel des § 2087 gar nicht zum Tragen kommt (schon wegen der Subsidiarität der Regelung). **4**

---

1 Vgl. OLG Dresden FamRZ 2000, 448.
2 Allg.M.: BGH FamRZ 1972, 561; OLG Köln RPfleger 1992, 199.
3 Keine gesetzliche Vermutung, vgl. OLG Köln FamRZ 1993, 735.
4 BGH NJW 1960, 1759; BGH WM 1978, 377.
5 BayObLG FamRZ 1998, 1264.

5 § 2087 wird von § 2304 ergänzt. Danach ist die Zuwendung des Pflichtteils nicht als Erbteil anzusehen, obgleich auch dieses einen Bruchteil des Vermögens darstellen kann. Eine Antwort auf die Frage, ob in der Zuwendung des Pflichtteils damit ein Quotenvermächtnis liegt, muss grundsätzlich auf dem Wege der Auslegung gefunden werden. Es ist durchaus vorstellbar, dass durch letztwillige Verfügung eine Summe vermacht wird, die eben nur die Höhe des Pflichtteils darstellt.

6 Diese Differenzierung ist von erheblicher praktischer Bedeutung. Denn der Vermächtnisnehmer hat regelmäßig nicht so weitgehende Rechte wie der Pflichtteilsberechtigte. Während der Vermächtnisnehmer nur in Ausnahmefällen Auskunftsansprüche hat,[6] so stehen dem Pflichtteilsberechtigten gesetzliche Auskunftsrechte (§ 2314) zu, die umfassend gestaltet sind.[7] Umgekehrt ist festzuhalten, dass der Pflichtteilsanspruch einer kürzeren Verjährung unterliegt (§ 2332) und insoweit gegenüber dem Vermächtnis nachteilig ausgestaltet ist. Dieser Nachteil ist durch die Erbrechtsreform wegfallen.

7 § 2087 ist grundsätzlich **für alle Arten letztwilliger Verfügungen** anzuwenden, auch für die Einsetzung als Vor- oder Nacherbe, als Ersatzerbe und schließlich auch für Erbverträge gem. § 2279 Abs. 1. Die Vorschrift kann selbst bei Schenkungen von Todes wegen eingreifen.[8]

II. Zuwendung des Vermögens oder eines Bruchteils

8 Wenngleich praktisch in der Vorschrift mit der Erbeinsetzung und dem Vermächtnis auf die wesentlichen Arten der letztwilligen Zuwendung abgestellt wird, so ist in der Formulierung des Abs. 2 durch seine negatorische Gestaltung an keinem Punkte vom Vermächtnis die Rede. Die Vorschrift dient also ausschließlich der Frage, wann eine Erbeinsetzung anzunehmen ist und wann nicht, wie immer auch die jeweilige Alternative ist.

9 Die Zuwendung des Vermögens kann auf verschiedene Art zum Ausdruck gebracht werden. Sogar die Zuwendung einzelner Gegenstände kann, entgegen der Grundregel des Abs. 1, eine Erbeinsetzung bedeuten.[9]

10 Hierbei ist zu berücksichtigen, dass in der umgangssprachlichen Benutzung zwischen den Begriffen »Vererben« und »Vermachen« nur wenig unterschieden wird.[10] Insb. bei privatschriftlichen Testamenten kann nicht damit gerechnet werden, dass eine rechtlich richtige Differenzierung zwischen den verschiedenen Begriffen erfolgt.

11 Als **Erbeinsetzungen** wurden beispielhaft die folgenden Formulierungen verstanden:[11]
– »alles, was ich habe …«
– »Restbetrag meines Vermögens …[12]«
– »meinen Nachlass …«

12 Soweit damit eine Erbeinsetzung erfolgt, die umfangmäßig nicht beschränkt ist, so führt diese zur Nachfolge in das gesamte Vermögen des Erblassers.

13 Dies gilt auch in Fällen der **Nachlassspaltung**.[13] In diesen Fällen werden die jeweiligen Nachlassteile eines Gesamtnachlasses als selbstständiger Nachlass angesehen und je nach den gegebenen Vorgaben beurteilt.[14] Nachlassspaltungen dieser Art kommen insb. bei Erbfällen zwischen dem 1.1.1976 und dem 3.10.1990 bei Grundvermögen eines westdeutschen Erblassers in der früheren DDR in Betracht, darüber hinaus auch bei Fällen der Beteili-

---

6 S. § 2174 BGB, Rn. 9.
7 S. § 2314 BGB, Rn. 12.
8 Ebenso MüKoBGB/*Schlichting* § 2087 Rn. 5.
9 Vgl. BayObLG FamRZ 2000, 60, 61 und unten Rz. 4.
10 Vgl. Palandt/*Edenhofer* § 2087 Rn. 1.
11 MüKoBGB/*Schlichting* § 2087 Rn. 3.
12 BayObLG FamRZ 1990, 1399, 1400.
13 BayObLG ZEV 1995, 256, 259.
14 KG FamRZ 1998, 124.

gung von ausländischem Grundbesitz, da andere Rechtsordnungen für derartige Fälle die Anwendung der örtlichen rechtlichen Vorschriften vorsehen.[15] Keine Nachlassspaltung tritt ein, wenn das Grundeigentum in der ehemaligen DDR enteignet war und nur noch Rückübertragungsansprüche bestehen.[16]

In der Praxis treten besondere Schwierigkeiten immer dann auf, wenn einzelne Gegenstände einem Bedachten (oder etwa mehrere Gegenstände mehreren Bedachten) zugewandt werden, ohne dass jedoch gleichzeitig eine abschließende Regelung sämtlicher Nachlasswerte erfolgt ist. Die gleiche Problemstellung ergibt sich auch dann, wenn Schulden verblieben sind, für die eine Zuordnung nicht erfolgt ist und deren Regulierung nicht durch Auflagen erledigt wurde. Insb. in den Fällen, in denen der Erblasser seine Zuwendung als Verteilung einzelner Gegenstände auf verschiedene Beteiligte verfasst hat, stellt sich regelmäßig die Frage der Anwendung von § 2087. 14

Aber auch dann, wenn der gesamte Nachlass durch Einzelzuweisungen verteilt wird, kann nicht unterstellt werden, dass ein Erbe **nicht** berufen werden sollte.[17] 15

Bei einer gegenständlichen Zuwendung wird geprüft, ob es sich um den wesentlichen Nachlass handelt und ob der Erblasser wollte, dass die bedachten Personen seine wirtschaftliche Stellung fortsetzen sollten.[18] Die Rechtsprechung stellt zur Beurteilung, ob der wesentliche Nachlass erfasst ist, auf den **wirtschaftlichen Wert der Nachlassgegenstände** ab.[19] Ist etwa ein Grundstück der wertmäßig wesentliche Nachlass, so liegt darin regelmäßig eine Erbeinsetzung.[20] Weitere Kriterien für eine Erbeinsetzung können darin liegen, dass der Bedachte 16
– den Nachlass regeln sollte,
– Nachlassschulden tilgen sollte,[21]
– die Bestattung besorgen sollte,[22]
– unmittelbare Rechte am Nachlass erhalten sollte.

Maßgeblich ist hierbei die Vorstellung des Erblassers **zum Zeitpunkt der Testamentserrichtung**, und zwar auch hinsichtlich der Werte der jeweiligen Gegenstände,[23] insb., wenn es dem Erblasser auf eine bestimmte Beteiligung am Nachlass ankam. Änderungen in der Vermögenszusammensetzung oder Wertverschiebungen sind zu berücksichtigen, wenn diese bereits bei der Errichtung in die Überlegungen einbezogen worden sind.[24] Insb. ist eine anteilige gesetzliche Erbfolge beim Vermögenszuwachs oder bei nicht berücksichtigten Wertpositionen in diesem Falle grundsätzlich ausgeschlossen.[25] Fehlt im Testament ein Teil des Vermögens, weil die Erwähnung steuerrechtliche Nachteile mit sich gebracht hätten (ausländische Schwarzgeldkonten), ist dies wie eine nachträgliche Wertverschiebung zu behandeln.[26] Zur Abgrenzung zu § 2088 s.u. § 2088, Rn. 1. 17

Statt der Zuwendung einzelner Gegenstände erfolgt **in der Praxis** häufig auch eine **Verteilung von Gegenständen nach Vermögensgruppen**. Beispielhaft sei hier der Fall genannt, bei dem der eine die Grundstücke,[27] der andere die Wertpapiere erhalten soll.[28] 18

---

15 Vgl. hierzu die Kommentierung zu Art. 25 EGBGB Rz. 20 ff.
16 BayObLG NJW 2000, 440.
17 BayObLG FamRZ 1992, 862; OLG München FamRZ 2008, 725.
18 Vgl. OLG Köln FamRZ 1989, 549; BayObLGZ 1965, 457, 460 f.; zuletzt NJW-RR 1997, 517.
19 OLG Köln RPfleger 1992, 199; aber BGH ZEV 2000, 195, 196.
20 BayObLG FamRZ 1997, 436; 1998, 862; OLG Köln FamRZ 1991, 1482; OLG Düsseldorf ZEV 1995, 410; Gegenbeispiel: BayObLG FamRZ 2004, 567.
21 BayObLG FamRZ 1986, 604; ZEV 2001, 240.
22 BayObLG FamRZ 1986, 835, 837.
23 BGH FamRZ 1972, 561, 563; BayObLG FamRZ 1997, 1177.
24 BayObLG NJW-RR 1993, 581, 582; FamRZ 1995, 246.
25 So auch BayObLG FamRZ 1986, 835; OLG München ZEV 2007, 383.
26 BayObLG ZEV 2003, 331.
27 »Grundbesitz« kann auch eine Entschädigungsforderung sein, OLG Brandenburg NJW-RR 2009, 14.
28 So etwa BGH FamRZ 1972, 561 f.

Auch die Aneinanderreihung von Zuwendungen einzelner wertvoller Nachlassgegenstände an bestimmte Personen kann Erbeinsetzung sein.[29] Bei der Berücksichtigung der Wertverhältnisse des Nachlasses kommt es wesentlich auch auf die Beurteilung des Erblassers an.

19 So ist es auch durchaus denkbar, dass eine ideelle Bewertung eine wesentliche Rolle spielt. So hat das OLG München[30] denjenigen als Erben angesehen, dem aus einem Nachlass das Kernstück von Zeugnissen der Geschichte zugewendet wurde, mögen diese auch objektiv keinen allzu hohen materiellen Wert dargestellt haben.

20 Sind im Rahmen der Anwendung des Abs. 1 mehrere Bedachte vorhanden, dann werden regelmäßig eine Teilungsanordnung und u.U. auch ein Vorausvermächtnis vorliegen, jedenfalls werden die Bedachten **nach dem Verhältnis der jeweiligen Werte des ihnen überlassenen Vermögens als Miterben zu beurteilen** sein. Regelmäßig bestimmt sich das Verhältnis der Erbanteile insgesamt nach den Verhältnissen des Erblassers zur Zeit der Errichtung des Testamentes.[31]

21 Hiervon ist dann abzuweichen, wenn der Erblasser die Wertverschiebungen bis zum Zeitpunkt des Erbfalles bei der Errichtung des Testamentes in seine Überlegungen einbezogen hat. Ist ein solcher Fall gegeben, dann sind die Wertverhältnisse zur Zeit des Erbfalles maßgeblich.[32]

22 Sind Einzelnen der im Testament Bedachten bereits unter Lebenden Teile der oder die im Testament zugedachten Gegenstände übertragen worden, so ist auch hier nach dem Willen des Erblassers zu forschen.[33] Hier gelten ebenso die vorstehend geschilderten Gesichtspunkte. Maßgeblich ist zunächst die Vorstellung, die der Erblasser bei der Errichtung des Testamentes hatte. Lassen sich hiervon abweichende Vorstellungen des Erblassers ermitteln, so sind diese maßgeblich.

23 Ergibt sich damit im Rahmen dieser Auslegung eine bestimmte Aufteilung des Nachlasses, so kann auf die Auslegungsregel des § 2091 nicht zurückgegriffen werden.[34] Stattdessen tritt dann eine verhältnismäßige Erhöhung ihrer Erbteile ein.[35]

24 Entsprechend kann auch in Fällen der nicht erschöpfenden Verteilung auf § 2088 BGB nicht zurückgegriffen werden.[36] Diese Alternative kommt nur in Betracht, wenn die nicht erschöpfende Verteilung durch den Erblasser bewusst erfolgt ist.[37]

III. Vermächtnis

25 Machen Einzelgegenstände oder die Gesamtheit der Einzelgegenstände, die zugewandt worden sind, nicht den wesentlichen Teil des Vermögens des Erblassers aus, so wird eine solche Zuwendung in der Regel als Vermächtnis anzusehen sein.

26 Dies kann auch dazu führen, dass selbst die Zuwendung eines »Haus mit Inhalt« als Vermächtnis anzusehen ist, wenn es nicht den wesentlichen Nachlass ausmacht.[38]

27 Ebenso wird die **Zuwendung eines Geldbetrages** regelmäßig ein Vermächtnis sein.[39] Auch bei einem hohen Betrag ist hiervon auszugehen.[40]

---

29 Vgl. BayObLGZ 1998, 76; aber BayObLG FamRZ 2000, 1611, 1612 (teilweise).
30 UFITA 80, 319, 327.
31 So auch BayObLGZ 1958, 248, 251; FamRZ 1997, 1177; OLG München ZEV 2007, 383.
32 BGH NJW 1993, 1005, 1006 f.
33 BGH NJW 1997, 392.
34 So auch BGH LM, § 2084 Nr. 12; BayObLG NJW-RR 1995, 1096, 1097.
35 BayObLG FamRZ 1999, 62.
36 BayObLG FamRZ 1990, 1278.
37 Vgl. BayObLG FamRZ 1995, 246, 248.
38 BayObLG FamRZ 1990, 1401.
39 BayObLG FamRZ 1997, 1177; NJW-RR 2002, 873.
40 BayObLGZ 1998, 76 f.

IV. Beratungshinweise

Eine in der Praxis typische Problemstellung könnte wie folgt aussehen: 28
A und B sind Kinder des Erblassers. A wird durch Testament ein Hausgrundstück (Wert: 300.000,00 €) zugewendet, B ein Wertpapierdepot (Wert: 200.000,00 €). Weitere Verfügungen sind im Testament nicht enthalten. Im Nachlass ist des Weiteren noch ein Guthaben auf einem Girokonto (Wert: 10.000,00 €) und ein weiteres Guthaben auf einem Sparkonto (Wert: 90.000,00 €) vorhanden.

- 1. Schritt: Auslegung nach §§ 2084, 133 29
  keine weiteren Erkenntnisse
- 2. Schritt: Anwendung der Regeln von § 2087 30
  Haus und Wertpapierdepot sind wesentliches Vermögen: A. und B. sind Erben
- 3. Schritt: 31
  Ergibt sich bei der Auslegung des Testamentes, dass eine Regelung bezüglich des Sparkontos und des Girokontos **bewusst** nicht gewollt war, so findet die Regel des § 2088 Anwendung, so dass der verbleibende Rest an die gesetzlichen Erben geht.
  Ergibt sich dies nicht, so ist die Zuwendung des Grundstückes und des Wertpapierdepots als Erbeinsetzung anzusehen, mit der Folge, dass auch die im Girokonto und im Sparkonto verbliebenen Werte den beiden Erben zustehen, § 2089.
- 4. Schritt: Verteilung zwischen A und B. 32
  Für die Aufteilung von Girokonto und Sparbuch (nach Abzug der Nachlassverbindlichkeiten etc.) wird es darauf ankommen, wie die **Wertverhältnisse** zwischen dem Wertpapierdepot und dem Grundbesitz **zum Zeitpunkt der Testamentserrichtung** gewesen sind. Lässt sich dagegen ermitteln, dass es dem Erblasser nicht auf den Zeitpunkt der Errichtung des Depots, sondern auf den Zeitpunkt des Erbfalles ankam, so würden die Wertverhältnisse zum Zeitpunkt des Nachlasses maßgeblich sein.

Hätte darüber hinaus der Erblasser noch zu Lebzeiten beispielhaft den Bedachten bereits 33
Teile des Nachlasses unter Lebenden zukommen lassen, etwa durch eine vorweggenommene Übertragung einer Wohnung aus einem größeren Wohnungsbestand oder durch Übertragung von Wertpapieren aus einem größeren Wertpapierdepot, so wird zu klären sein, ob es dem Erblasser darauf ankam, dass eine bestimmte Beteiligung am Nachlass bei der Testamentserrichtung vorgesehen war, oder ob es im Wesentlichen um eine gegenständliche Zuordnung ging. Lediglich im erstgenannten Fall wird eine Einbeziehung auch dieses Gegenstandes zu berücksichtigen sein. Lassen sich keine genaueren Feststellungen machen, so wird die Schenkung unter Lebenden nicht zu berücksichtigen sein.

Charakteristisch für die gesamte Rechtsprechung in diesem Bereich ist, dass es in nahezu 34
allen Fällen auf den »Einzelfall« ankommt. Die möglichst umfassende Ermittlung der Umstände ist daher für die spätere Entscheidung von erheblicher Bedeutung.

§ 2088
Einsetzung auf Bruchteile

(1) Hat der Erblasser nur einen Erben eingesetzt und die Einsetzung auf einen Bruchteil der Erbschaft beschränkt, so tritt in Ansehung des übrigen Teil die gesetzliche Erbfolge sein.

(2) Das gleiche gilt, wenn der Erblasser mehrere Erben unter Beschränkung eines jeden auf einen Bruchteil eingesetzt hat und die Bruchteile das Ganze nicht erschöpfen.

I. Bedeutung der Vorschrift

1 Die Vorschrift bringt zum Ausdruck, dass grundsätzlich die testamentarische und die gesetzliche Erbfolge nebeneinander möglich sind. Voraussetzung ist, dass die gewillkürte Erbfolge auf einen Bruchteil beschränkt wurde. Ob eine solche Lücke vorliegt, ist im Wege der ergänzenden Auslegung[1] unter Berücksichtigung der Auslegungsregeln des § 2087 und im Verhältnis zu § 2089 auszulegen. Der Erblasserwille hat Vorrang.[2]

2 Der Fall des Abs. 1, wonach nur ein Erbe eingesetzt ist, kommt in der Praxis selten vor.[3] Viele Fälle lösen sich über die vorgenannten Auslegungsregeln. Selbst bei den Fällen, bei denen ein eingesetzter Erbe ausscheidet, etwa durch Ausschlagung, kommt sehr häufig eine Ersatzerbfolge gem. § 2096 oder die Anwachsung gem. § 2094 in Betracht. In jedem Falle bedarf es für die Anwendung des § 2088 Abs. 1 der **bewussten** Beschränkung durch den Erblasser.[4] Häufig wird in solchen Fällen jedoch dann auch eine Regelung für die übrigen Teile erfolgen.

3 Anwendbar ist § 2088 aber, wenn bewusst nur über einen Teil des Vermögens verfügt wird, etwa weil sich der Erblasser Verfügungen über sein weiteres Vermögen vorbehalten hatte, aber nicht mehr zu einer weiteren Regelung gekommen ist.[5] Dies ist nicht der Fall, wenn nach der Errichtung der Verfügung weiteres Vermögen hinzugekommen ist.[6] Anwendbar ist § 2088 auch, wenn der Erblasser nur über sein westdeutsches Vermögen eine Regelung getroffen hat, weil er nicht mehr mit der Wiedervereinigung gerechnet hat.[7]

4 Größer ist die praktische Bedeutung von Abs. 2 der Vorschrift. Bei mehreren Erben kommt es durchaus häufiger vor, dass die Bruchteile den Nachlass nicht erschöpfen. Dies kann daran liegen, dass einer der Erben durch eine spätere testamentarische Verfügung gestrichen wird oder bei der Verteilung des Nachlasses bis zum Tode erhebliche Veränderungen des Vermögens eintreten, so dass eine Aufteilung von Vermögensgegenständen nicht mehr alles berücksichtigt.

II. Bruchteilseinsetzung

5 Die Bruchteilseinsetzung kommt grundsätzlich nur dann zum Zuge, wenn die Erben tatsächlich auf Bruchteile eingesetzt sind. Nach allgemeiner Auffassung genügt es allerdings, wenn das **Teilungsverhältnis** zwischen den Erben durch Auslegung zu gewinnen ist. Auch bei der Erbeinsetzung auf einzelne Gegenstände kommt daher grundsätzlich die Anwendung des § 2088 in Betracht.[8] Wesentlich ist hierbei, dass ein Teilungsverhältnis ermittelt werden kann, um auf diesem Wege einen Bruchteil zu bestimmen. Die Einsetzung eines Erben auf den »größeren Teil« führt zur Erbeinsetzung wenigstens der Hälfte.[9]

6 § 2088 wird auch angewendet, wenn eine Erbeinsetzung wegen Verstoßes gegen die guten Sitten oder gegen gesetzliche Vorschriften[10] teilweise nichtig war.[11]

III. Rechtsfolge

7 Liegen die Voraussetzungen vor, so tritt im Hinblick auf den nicht verteilten Bruchteil die gesetzliche Erbfolge ein. Besonderheiten ergeben sich in zwei Fällen.

---

1 S. die Kommentierung zu § 2084 Rz. 1 ff.
2 Instruktiv BayObLG ZEV 2003, 241.
3 Etwa BayObLG FamRZ 1999, 62.
4 BayObLG FamRZ 1999, 62.
5 BayObLG NJWE-FER 1998, 61; FamRZ 1998, 1334.
6 BayObLG NJW-RR 2000, 888.
7 KG DtZ 1995, 417.
8 KG DtZ 1995, 417; BayObLG FamRZ 1999, 62.
9 LG München I FamRZ 1999, 959.
10 Etwa § 19 SoldG, § 78 II ZivilDG, § 14 I HeimG.
11 BGH NJW 1969, 1343.

Der auf den Bruchteil Eingesetzte kann auch zugleich gesetzlicher Erbe sein. Es ist 8
durch Auslegung zu ermitteln, ob der Wille des Erblassers dahin geht, ihn auf diesen
Bruchteil zu beschränken. Ergibt sich dies, so liegt in der Verfügung gleichzeitig die Regelung, den gesetzlichen Erben insoweit teilweise auszuschließen.[12]

Gehörte zu den gesetzlichen Erben des Vaters auch sein nichteheliches Kind, so war es 9
streitig, ob in diesen Fällen § 1934a anzuwenden ist. Nach herrschender Auffassung hat der
Wille der Erblassers Vorrang vor dem in § 1934a zugrunde liegenden Grundgedanken, dass
Ehegatte und nichteheliches Kind des Erblassers nicht in einer Erbengemeinschaft zusammentreffen sollen. Wenngleich dieser Punkt durch das Erbrechtsgleichstellungsgesetz seit
dem 1.4.1998 gegenstandslos geworden ist, so ist zumindest für zurückliegende Erbfälle
diese Frage gleichwohl von Bedeutung.[13] Ist das nichteheliche Kind als Testamentserbe
eingesetzt, so scheidet eine Anwendung von § 1934a grundsätzlich aus.

IV. Beratungshinweise

A und B sind die Kinder des Erblassers. A wird durch Testament ein Hausgrundstück 10
(Wert: 300.000,00 €) zugewendet, B ein Wertpapierdepot (Wert: 200.000,00 €). Weitere Verfügungen sind im Testament nicht enthalten. Im Nachlass ist des Weiteren noch ein Guthaben auf einem Girokonto (Wert: 10.000,00 €) und ein weiteres Guthaben auf einem Sparkonto (Wert: 90.000,00 €) vorhanden.

- 1. Schritt: Auslegung nach §§ 2084, 133
  keine weiteren Erkenntnisse.
- 2. Schritt: Anwendung von § 2087
  wesentliches Vermögen: A + B sind Erben.
- 3. Schritt: § 2088 oder § 2089 Auslegung ergibt,
  Beschränkung ist gewollt.
- 4. Schritt: Bruchteilseinsetzung bei jedem!
  Ausreichend ist, wenn ein Teilungsverhältnis ermittelt werden kann.
- 5. Schritt: Beschränkung auf Bruchteil?
  Ist Beschränkung gewollt, so erhalten die weiteren gesetzlichen Erben (nicht A und B)
  Girokonto- und Sparkontoguthaben; ist sie nicht gewollt, sind A und B je zur Hälfte
  eingesetzt.

§ 2089
Erhöhung der Bruchteile

Sollen die eingesetzten Erben nach dem Willen des Erblassers die alleinigen Erben sein, so tritt, wenn jeder von Ihnen auf einen Bruchteil der Erbschaft eingesetzt ist und die Bruchteile das Ganze nicht erschöpfen, eine verhältnismäßige Erhöhung der Bruchteile ein.

I. Voraussetzungen

Voraussetzung der Vorschrift ist ebenso wie bei § 2088 BGB, dass die Bruchteile das Ganze 1
nicht erschöpfen. Weitere Voraussetzung ist, dass die eingesetzten Erben nach dem Willen
des Erblassers die alleinigen Erben sein sollen.

---
12 BayObLGZ 1965, 166, 177.
13 Zu den – theoretischen – Beispielfällen s. MüKoBGB/*Schlichting*, 3. Aufl., § 2088 Rn. 5.

Franz M. Große-Wilde

2 Ob dies der Fall ist, ist nach dem Willen des Erblassers zu ermitteln. Rechtsfolge ist, dass nicht nach Kopfteilen, sondern nach dem Verhältnis der Bruchteile zueinander geteilt wird.

3 Die vorstehend beschriebene Erhöhung ist keine Erhöhung oder Veränderung des Erbteils, die Erben sind vielmehr von vornherein auf den Erbteil eingesetzt gewesen, der sich nach der Erhöhung gem. § 2089 ergibt. Es liegt somit weder ein Fall der Anwachsung, noch ein besonderes Erbteil vor.

4 Vorrang hat die Regelung des § 2092 Abs. 1, da in diesem Falle nicht **jeder** der Erben auf einen Bruchteil gesetzt ist.

5 Bei Vermächtnissen gilt die Vorschrift entsprechend § 2157.

II. Berechnungsbeispiel

6 **Beispiel:** Soll A 1/4, B 1/3 und C 1/3 erhalten, so bleibt ein Bruchteil von 1/12 übrig. Bei einer Verteilung ergibt sich dann, dass A 3/11, B 4/11 und C ebenso 4/11 erhalten würde.

§ 2090
Minderung der Bruchteile

Ist jeder der eingesetzten Erben auf einen Bruchteil der Erbschaft eingesetzt und übersteigen die Bruchteile das Ganze, so tritt eine verhältnismäßige Minderung der Bruchteile ein.

1 § 2090 ist das Gegenstück zu § 2089. Bei einer derartigen Regelung liegt eine Widersprüchlichkeit der Verfügung vor, die jedoch im Interesse der Geltungserhaltung nicht zur Unwirksamkeit der Verfügung führt, sondern eine verhältnismäßige Minderung auslöst. Diese Alternative kommt insb. dann in Betracht, wenn es nicht nur ein Testament gibt, sondern mehrere Testamente, und die späteren Testamente Veränderungen enthalten, die zu einem Übersteigen des Ganzen durch die Bruchteile geführt haben. In diesem Falle ist zu prüfen, ob in den späteren Testamenten ein Widerruf enthalten ist, um die vollen Erbteile des später Eingesetzten zur Geltung zu bringen.

2 Bei Vermächtnissen gilt die Vorschrift entsprechend, § 2157.

§ 2091
Unbestimmte Bruchteile

Sind mehrere Erben eingesetzt, ohne dass die Erbteile bestimmt sind, so sind sie zu gleichen Teilen eingesetzt, soweit sich nicht aus den §§ 2066–2069 BGB ein anderes ergibt.

I. Anwendungsbereich

1 Die Vorschrift ergänzt die Auslegungsregeln. Sie kommt aber nur zum Zuge, wenn alle vorrangigen Methoden versagen. Zunächst ist vorrangig die Auslegung des Testamentes.[1] Hierbei ist die Zuwendung einzelner Gegenstände nach § 2087 zu behandeln,[2] so dass eine

---
1 Vgl. BayObLG FamRZ 1990, 1405.
2 BGH NJW 1975, 1512.

Anwendung von § 2091 ausscheidet.³ Eine mittelbare Bestimmung ist bereits ausreichend. Ergibt sich hieraus keine zweifelsfreie Auslegung, so sind zunächst die §§ 2066–2069 BGB anzuwenden, soweit nicht die Erben **namentlich** bezeichnet werden. Eine entsprechende Anwendung dieser Vorschrift kommt insb. dann in Betracht, wenn eine bestimmte Personengruppe (»die Geschwister«) eingesetzt wurden.⁴ Im Unterschied zu § 2091 regeln die §§ 2066–2068 die nähere Bestimmung der Erben, während § 2091 eine Bestimmung der Erben voraussetzt und lediglich eine Regelung über eine Bestimmung der Erb**teile** trifft. Der Verweis auf § 2069 passt in diesem Zusammenhang nicht ganz, weil die Vorschrift nicht die Unbestimmtheit von Erben beinhaltet.

Da in allen Fällen der §§ 2066–2068 gesetzliche Erben bedacht sind, ist es in der Anwendung streitig, wenn nicht eigene Kinder, sondern die Kinder Dritter, insb. nicht verwandter Personen, eingesetzt worden sind.⁵ In diesen Fällen ist bereits in der Einsetzung der Kinder eines Dritten jedoch ein Anhaltspunkt zu sehen, der im Wege der Auslegung unter Einbeziehung auch außerhalb des Testamentes liegender Umstände Bedeutung gewinnen kann und somit zur – entsprechenden – Anwendung der Vorschriften führen kann.⁶ 2

Bei Vermächtnissen gilt die Vorschrift entsprechend, § 2157. 3

II. Individualisierung

Sind die Erben im Testament **namentlich** genannt oder durch individualisierende Merkmale bezeichnet, so sind die §§ 2066–2068 nicht anzuwenden. Etwas anderes gilt für § 2069, der auch in diesem Falle anzuwenden ist. Hierbei kommt es auch nicht darauf an, ob es sich bei diesen Erben um gesetzliche Erben handelt, § 2091 ist auch für diesen Fall mit der Maßgabe anwendbar, dass die Erben dann zu gleichen Teilen eingesetzt sind. Hatte sich der Erblasser in einem Testament vorbehalten, die Bruchteile im vorstehenden Sinne bestimmter Erben später festzulegen, und ist dies später unterblieben, so führt dies dazu, dass die Erben gem. § 2091 zu gleichen Teilen eingesetzt sind. An einer Bestimmung der Erbteile fehlt es auch dann, wenn eine im Testament enthaltene Verweisung auf das gesetzliche Erbrecht keine Klarheit bringt oder wenn die Erbanteilsziffern im Testament zwar vorhanden, aber unleserlich sind.⁷ 4

§ 2092
Teilweise Einsetzung auf Bruchteile

(1) Sind von mehreren Erben die einen auf Bruchteile, die anderen ohne Bruchteile eingesetzt, so erhalten die letzteren den freigebliebenen Teil der Erbschaft.

(2) Erschöpfen die bestimmten Bruchteile der Erbschaft, so tritt eine verhältnismäßige Minderung der Bruchteile in der Weise ein, dass jeder der ohne Bruchteile eingesetzten Erben so viel erhält, wie der mit dem geringsten Bruchteile bedachte Erbe.

I. Teilweise Einsetzung auf Bruchteile

Die Einsetzung von Erben mit bestimmten Bruchteilen und weiteren ohne bestimmte Bruchteile führt je nach Konstellation zu verschiedenen Ergebnissen. 1

---

3 OLG München NJW-RR 2007, 1163.
4 OLG Frankfurt FamRZ 1994, 327.
5 KG FamRZ 1991, 486.
6 KG FamRZ 1991, 486; BayObLG FamRZ 2000, 58, 59.
7 BayObLG FamRZ 1984, 825.

2 Erschöpfen die bestimmten Bruchteile die Erbschaft (oder gehen sie gar darüber hinaus), so ist Abs. 2 anzuwenden, in den anderen Fällen Abs. 1.

3 Nach Abs. 1 wird der verbleibende Erbteil nach den Grundsätzen des § 2091 verteilt. Hierbei sind die vorrangigen Regelungen der Auslegung zu beachten. Insb. bei in mehreren Testamenten enthaltenen Anordnungen ist zu prüfen, ob nicht spätere Regelungen frühere Regelungen aufgehoben haben, bevor auf die Auslegungsregel zurückgegriffen werden kann.

4 Nach Abs. 2 werden die Bruchteile im Verhältnis zunächst gemindert. Die nicht mit Bruchteilen eingesetzten Erben erhalten so viel wie die mit dem geringsten Bruchteil bedachten. Die Minderungsquote entspricht hierbei den Regelungen in § 2090. Sind gleiche Bruchteile bei den Erben mit bestimmten Anteilen eingesetzt, so führt dies im Ergebnis zu einer gleichmäßigen Verteilung auf alle Miterben.

5 Bei Vermächtnissen gilt die Vorschrift entsprechend, § 2157.

II. Berechnungsbeispiele

6 **Zu Abs. 1**
A ist auf 1/3, B auf 1/4, C und D ohne Bruchteil eingesetzt. Vom verbleibenden Teil (5/12) erhalten C und D je 5/24.

7 **Zu Abs. 2**
A ist auf 1/2, B auf 1/3, C auf 1/4, D und E ohne Bruchteil eingesetzt. D und E steht der gleiche Anteil zu wie C, rechnerisch somit 1/4. Dementsprechend ergibt sich für A 6/12, B 4/12, C 3/12, D 3/12 und E 3/12, zusammen 19/12. Es wird gekürzt im Verhältnis 6/4/3/3/3 auf 6/19, 4/19, 3/19, 3/19 und 3/19.

§ 2093
Gemeinschaftlicher Erbteil

Sind einige von mehreren Erben auf ein und denselben Bruchteil eingesetzt (gemeinschaftlicher Erbteil), so finden in Ansehung des gemeinschaftlichen Erbteils die Vorschriften der §§ 2089–2092 entsprechende Anwendung.

I. Anwendungsbereich

1 Die Vorschrift enthält eine **Legaldefinition** des gemeinschaftlichen Erbteils. Voraussetzung für die Anwendung ist, dass einige von mehreren Erben auf einen gemeinsamen Bruchteil der Erbschaft eingesetzt sind. Wann dies aufgrund einer letztwilligen Verfügung der Fall ist, ist zunächst durch Auslegung zu ermitteln.

2 Insb. bei nicht eindeutiger Anordnung ist klarzustellen, ob mehrere Bedachte gemeinsam eingesetzt sind. Für einen gemeinschaftlichen Erbteil reicht die sprachliche Verbindung oder eine Gesamtbezeichnung nicht aus (»meine Söhne und meine Frau sollen je die Hälfte erben«).[1] Auch die Bezeichnung »Eheleute« ist kein Indiz für einen gemeinschaftlichen Erbteil.[2]

3 Ein Indiz für eine Gruppenbildung ist aber die Zusammenfassung von Gruppen unter einzelnen Ziffern im Testament.[3] Das Vorliegen einer Einsetzung i.S.d. § 2092 Abs. 1 reicht als Indiz nicht aus, weil aus dem Fehlen von Erbanteilen im Testament keine Gruppenbil-

---

1 BayObLG FamRZ 1988, 214, 215.
2 BayObLG FamRZ 2000, 120, 12.
3 Vgl. *Palandt/Edenhofer* § 2093 Rn. 1; MüKoBGB/*Schlichting* § 2093 Rn. 2.

dung abgeleitet werden kann. Hier sind viel mehr zusätzliche Gesichtspunkte für eine entsprechende Auslegung notwendig.[4]

Maßgeblich ist das Vorhandensein einer engeren Gemeinschaft (wohl außerhalb des Testamentes) im Verhältnis zu den übrigen Erben.[5] Dies kann sich aus persönlichen Beziehungen untereinander (»meine Geschwister erhalten unser Elternhaus«) oder einer gemeinsamen Beziehung zu einem Gegenstand ergeben (»meine Freunde X und Y erhalten meine verbliebenen Weinvorräte, mit denen wir viele Stunden gemeinsam verbracht haben«). 4

II. Rechtsfolgen

Auswirkungen hat der gemeinschaftliche Erbteil insb. für die Anwendungen der §§ 2089–2093 im Innenbereich, außerdem für die Anwachsung[6] und die Ersatzberufung.[7] Im Übrigen bilden die Miterben eines gemeinschaftlichen Erbteils keine »Untererbengemeinschaft«, die Gemeinschaft wirkt sich lediglich auf die innerrechtlichen Folgen, wie sie die gesetzlichen Regeln vorgeben, aus. Jeder der Erben eines gemeinschaftlichen Erbteils ist Miterbe und kann seinen Anteil allein veräußern.[8] Es bestehen keine Stimmrechtsbindungen für gemeinschaftliche Erbteile, etwa bei der Verwaltung des Nachlasses oder zum Nachlass gehörenden Handelsgesellschaften, soweit sich nicht aus den gesellschaftsrechtlichen Regelungen einer solchen Beteiligung etwas anderes ergibt. Entsprechendes gilt auch für die Haftung. 5

Für Vermächtnisse gilt die Vorschrift entsprechend, § 2157. 6

§ 2094
Anwachsung

(1) Sind mehrere Erben in der Weise eingesetzt, dass sie die gesetzliche Erbfolge ausschließen und fällt einer der Erben vor oder nach dem Eintritte des Erbfalls weg, so wächst dessen Erbteil den übrigen Erben nach dem Verhältnis ihrer Erbteile an. Sind einige der Erben auf einen gemeinschaftlichen Erbteil eingesetzt, so tritt die Anwachsung zunächst unter ihnen ein.

(2) Ist durch die Erbeinsetzung nur über einen Teil der Erbschaft verfügt und findet in Ansehung des übrigen Teiles die gesetzliche Erbfolge statt, so tritt die Anwachsung unter den eingesetzten Erben nur ein, soweit sie auf einen gemeinschaftlichen Erbteil eingesetzt sind.

(3) Der Erblasser kann die Anwachsung ausschließen.

I. Anwendungsbereich

Voraussetzung für die Anwendung der Vorschrift ist, dass die gesetzliche Erbfolge vollständig ausgeschlossen ist. Hierzu reicht es aus, dass ein Fall des § 2089 vorliegt oder bei der Einsetzung auf bestimmte Gegenstände diese den gesamten Nachlass ausmachen, ohne dass § 2087 Abs. 2 eingreift.[1] 1

Hat der Erblasser in einem späteren Testament die Erbeinsetzung einzelner Personen widerrufen, ohne andere stattdessen einzusetzen, so lässt sich daraus ableiten, dass er nicht 2

---

4 So auch MüKoBGB/*Schlichting* § 2093 Rn. 2; anderer Ansicht *Palandt/Edenhofer* § 2093 Rn. 1.
5 BayObLGZ 1976, 122, 124.
6 § 2094 Abs. 1 S 2.
7 § 2098 Abs. 2.
8 § 2033.
1 BayObLG NJW-RR 1995, 1096, 1097 f.

Franz M. Große-Wilde

abschließend verfügen wollte.² Da hinter der Anwachsung die Vermutung steht, dass nur die erwähnten Erben den Nachlass erhalten sollen, liegen die Voraussetzung für eine Anwachsung in solchen Fällen nicht vor. Statt auf die Anwachsung ist dann auf die Regeln des § 2088 zurückzugreifen.

3 Der Wegfall eines Miterben kann vor dem Tode des Erblassers durch Tod des Erben, § 1923, durch Erbverzicht, § 2352, oder durch Eintritt einer auflösenden Bedingung eintreten. Nach dem Tode des Erblassers tritt ein Wegfall nur durch solche Gründe ein, die auf den Erbfall zurückwirken. Dies sind Ausschlagung, § 1953, Erbunwürdigkeitserklärung, § 2344, Nichterleben einer aufschiebenden Bedingung, § 2074, Nichterteilung der staatlichen Genehmigung, § 84. Die gleiche Wirkung hat das Ausscheiden eines Miterben durch Teilauseinandersetzung.³

4 Umstritten ist, ob die Nichtigkeit oder Unwirksamkeit der Erbeinsetzung ebenfalls zum Wegfall führt. Bei einer Nichtigkeit von Anfang an⁴ lehnt die herrschende Meinung den Wegfall ab, weil der Bedachte nie Erbe werden konnte.⁵ In den anderen Fällen, insb. bei der Anfechtung, §§ 2077 BGB, 7, 27 Beurkundungsgesetz, wird die Auffassung vertreten, dass der Erblasser im Regelfalle abschließend und vollständig verfügen wollte, so dass auch die Anfechtung zum Wegfall eines Erben und damit zur Anwachsung unter den Übrigen führen soll.⁶ Richtigerweise ist jedoch die Differenzierung zwischen Nichtigkeit und Anfechtbarkeit durchaus sachgerecht. Sie knüpft an generelle Wertungen des Gesetzgebers an, denen bei der Auslegung Rechnung getragen werden muss. Die Anfechtung setzt eine Erklärung des Berechtigten voraus, die vom Willen des Erblassers völlig unabhängig ist. Der Erbe oder der Pflichtteilsberechtigte muss eine Anfechtungserklärung nicht abgeben.

5 Soweit sich die Gegenmeinung darauf stützt, dass der Wille des Erblassers für das Ergebnis entscheidend ist, so wird übersehen, dass die Voraussetzung für die Anwendung des § 2094 Abs. 1 immer auch ist, dass der Erblasserwille nicht die Anwachsung ausschließen wollte. Dieser Wille ist vorrangig. Erst wenn dieser Wille nicht ausreichend klar zu ermitteln ist, kommt die gesetzliche Regelung zum Zuge.⁷

6 Entsprechend bewirkt die Feststellung der Nichtigkeit der Erbeinsetzung nicht den Wegfall eines Erben. Entsprechendes gilt auch für einen Widerruf der Erbeneinsetzung.⁸

II. Ausschließung

7 Die Ausschließung der Anwachsung ist gem. Abs. 3 durch Verfügung von Todes wegen ausdrücklich zugelassen. Es reicht hierbei aus, wenn durch Auslegung der Verfügung dieses Ergebnis ermittelt werden kann. Hierbei kann auch zwischen den einzelnen Erben differenziert werden. Der Ausschluss führt, wenn kein Ersatzerbe eingesetzt ist, zur gesetzlichen Erbfolge hinsichtlich des freigewordenen Teils. Ein gesetzlich vorgesehener Fall der Ausschließung ist die Einsetzung eines Ersatzerben, der der Anwachsung gem. § 2099 vorgeht. Ersatzerbe ist gem. § 2102 Abs. 1 im Zweifel auch der Nacherbe, Entsprechendes gilt auch für das Nachrücken von Abkömmlingen gem. § 2069.

8 Ausschließung ist auch die Einsetzung auf den Pflichtteil. Nicht ausreichend ist dagegen die Einsetzung auf bestimmte Bruchteile, da dies zunächst nur das Teilungsverhältnis berührt, es sei denn, der Erblasser war sich dieser Möglichkeit bewusst und wollte eine

---

2 BayObLG FamRZ 1993, 736.
3 BGH ZEV 2005, 22.
4 § 2077 BGB, §§ 7, 27 Beurkundungsgesetz.
5 *Palandt/Edenhofer* § 2094 Rn. 2; RGZ 95, 97; a.A. KG, NJW 1956, 1523; MüKoBGB/*Schlichting* § 2094 Rn. 3.
6 So MüKoBGB/*Schlichting* § 2094 Rn. 3.
7 BayObLG DNotZ 2005, 631.
8 Vgl. auch BayObLG FamRZ 1993, 736.

entsprechende Regelung. Eine Verwirkungsklausel führt nicht zur Ausschließung, § 2094 geht insoweit § 2069 vor.⁹

Fällt ein Nacherbe nach dem Erbfall weg, so geht die Vererblichkeit des Nacherbrechtes im Zweifel dem Anwachsungsrechte vor.

Schwieriger ist die rechtliche Situation beim Vorerben. Fällt einer von mehreren Vorerben weg, so bestehen insgesamt drei Möglichkeiten der Lösung: Es tritt Anwachsung gem. § 2094 BGB ein, es erfolgt ein Übergang auf den Nacherben als Ersatzerben, die Vorerbschaft vererbt sich auf die Erben der Vorerben. Auch hier ist zunächst im Wege der Auslegung zu ermitteln, was und welche Lösung dem Willen des Erblassers entsprochen hat. Im Zweifel tritt die Ersatzerbfolge unter Berücksichtigung des Gedankens des § 2099 ein.¹⁰ Stirbt allerdings der Mitvorerbe nach dem Erbfall, tritt im Zweifel die Nacherbfolge ein.

III. Teilanwachsung

Ist nur ein Teil der Erbschaft durch Testament geregelt und ist der übrige Teil des Nachlasses der gesetzlichen Regelung unterworfen, so erfolgt die Anwachsung nur ausnahmsweise gem. Abs. 2 der Vorschrift. Voraussetzung ist, dass die eingesetzten Erben einen gemeinschaftlichen Erbteil i.S.d. § 2093 haben. Die Anwachsung erfolgt in diesem Falle nur hinsichtlich der Erben des gemeinschaftlichen Erbteils, im Übrigen ist sie ausgeschlossen.

IV. Folge der Anwachsung

Die Anwachsung wird vorgenommen wie die Erhöhung bei gesetzlicher Erbfolge. Die Erbteile der Miterben erhöhen sich im Verhältnis ihrer Anteile. Es tritt kein neuer Erbteil hinzu, vielmehr ist mit dem Erbteil bereits der angewachsene Erbteil erworben. Zu beachten ist lediglich § 2095.

V. Beratungshinweise

Rechnerisch ergibt sich das folgende Beispiel:

Ist A zu 1/2, B zu 1/4 und C zu 1/4 eingesetzt und fällt B weg, so verhalten sich die Erbteile von A und C wie 2/1. Entsprechend erhöht sich der Anteil von A um 2/12 und der von C um 1/12 auf 8/12 = 2/3 für A und auf 4/12 = 1/3 für C.

Das Verhältnis der §§ 2069, 2088, 2094, 2099 und 2102 ist im konkreten Einzelfall erfahrungsgemäß. überaus kompliziert. Im Erbscheinsverfahren ist es daher zweckmäßig, bereits bei der Antragstellung zu den Anwachsungsregelungen Stellung zu nehmen, um die Position des Antragstellers deutlich zu machen. Bei komplizierten rechtlichen Verhältnissen kann es sinnvoll sein, auch Hilfsanträge bereits in der Antragsschrift vorzulegen.

§ 2095
Angewachsener Erbteil

Der durch Anwachsung einem Erben anfallende Erbteil gilt in Ansehung der Vermächtnisse und Auflagen, mit denen dieses Erbe oder der Wegfall des Erbes beschwert ist, sowie in Ansehung der Ausgleichungspflicht als besonderer Erbteil.

Die Regelung entspricht § 1935. Sie soll, obgleich der angewachsene Erbteil eine Einheit bildet, für bestimmte Vorgänge im Wege der Fiktion eine getrennte Behandlung ermögli-

---
9 KG DNotZ 1942, 147.
10 *Soergel/Loritz* BGB § 2094 Rn. 10.

chen. Vermächtnisse und Auflagen sind, soweit sie den angewachsenen Erbteil belasten, nur aus den Mitteln der Erhöhung zu tragen. Der durch die Anwachsung entstandene zusätzliche Teil soll nicht übermäßig beschwert werden. Vermächtnis und Auflagen auf einem Erbteil bleiben aber auch nach dem Wegfall wirksam.[1] Gleiches gilt auch für die Haftung des Erben, wenn die Erbteile unterschiedlich belastet sind.[2] Dem Erben steht insoweit auch für jeden Erbteil getrennt der Weg offen, nach §§ 1991, 1992 BGB vorzugehen. Schließlich ist nach allgemeiner Auffassung § 2095 BGB auch für die Verteilung der Pflichtteilslasten gem. § 2318 BGB anzuwenden.[3] Für das Verhältnis der Verteilung sind dann die jeweils beschwerten Erbteile maßgeblich.

2 Im Gegensatz zu den vorstehenden Regelungen, können Annahme und Ausschlagung des (angewachsenen) Erbteils nur einheitlich erfolgen, § 1951 BGB ist nicht anwendbar.

3 Nach allgemeiner Ansicht ist die Vorschrift dispositiv, so dass der Erblasser grundsätzlich auch andere Regelungen treffen kann. Er kann allerdings zwingende Vorschriften des Pflichtteilsrechtes oder der Haftung Dritten gegenüber hierdurch nicht ändern.

§ 2096
Ersatzerbe

Der Erblasser kann für den Fall, dass ein Erbe vor oder nach dem Eintritt des Erbfalles wegfällt, einen anderen als Erben einsetzen (Ersatzerbe).

I. Normzweck

1 Mit der Einsetzung eines Ersatzerben kann der Erblasser die von ihm gewünschte Erbfolge auch für den Fall sichern, dass der zunächst Eingesetzte aufgrund unvorhergesehener Ereignisse nicht Erbe wird. Die möglicherweise sonst eintretende gesetzliche Erbfolge wird hierdurch ausgeschlossen. Eine solche Regelung ist besonders wichtig, wenn etwa bei Anordnung von Vor- und Nacherbschaft eine u.U. lange Zeitdauer zu berücksichtigen ist.

2 Für einige Fälle sieht das Gesetz bereits eine (nachrangige)[1] Auslegungsregel vor: Beim Wegfall eines **Abkömmlings** treten im Zweifel dessen Abkömmlinge gem. § 2069 an dessen Stelle. Die Anwendung von § 2069 ist auch dann nicht ausgeschlossen, wenn der Erblasser im Testament ausdrücklich noch keine Ersatzerben benannt hat.[2] Gem. § 2102 ist der Nacherbe im Zweifel auch Ersatzerbe. Der Erblasser kann nicht nur einen, sondern auch mehrere Ersatzerben einsetzen, und zwar in einer beliebigen Formation. Sie können so eingesetzt werden, dass zunächst der eine und nach dessen Wegfall der andere Ersatzerbe eintritt. Ebenso können sie auch nebeneinander eingesetzt werden, wobei im Zweifel auf § 2091 bei der Verteilung der Anteile zurückzugreifen ist. § 2098 enthält eine gesetzliche Regelung für bestimmte Fälle der Einsetzung mehrerer Ersatzerben.

3 Bei der Abgrenzung zwischen Nacherbe und Ersatzerbe sind die Grundsätze der §§ 133, 2084 BGB heranzuziehen. Auch die Bezeichnung als »Nacherbe« kann als Ersatzerbeneinsetzung verstanden sein, wenn sich ergibt, dass eine Beschränkung des »Vorerben« nicht erfolgen sollte.[3]

---

1 §§ 2161, 2192.
2 § 2007 S. 2.
3 MüKoBGB/*Schlichting* § 2095 Rn. 3.

1 MüKoBGB/*Schlichting* § 2096 Rn. 8; *Frieser/Löhning* § 2096 Rn. 3; a.A. *Staudinger/Otte* § 2069 Rn. 20; offen lassend BayObLG NJW-RR 1994, 460.
2 Dies ist durch Auslegung zu ermitteln, OLG München ZEV 2009, 239.
3 BayObLG FamRZ 1999, 814.

Auch auf den Ersatzerben ist die Regelung des § 2069 BGB anzuwenden. Fällt also der Ersatzerbe weg, so treten dessen Abkömmlinge an seine Stelle.[4]

II. Voraussetzungen

Voraussetzung für den Ersatzerbfall ist, dass ein vom Erblasser eingesetzter Erbe vor oder nach dem Erbfall wegfällt. § 2074 ist nicht anwendbar. Dieses Wegfallen ist zunächst i.S.v. § 2094 (s. dort unter Abs. 2) zu verstehen. Darüber hinaus ist nach allgemeiner Auffassung[5] auch die Nichtigkeit und der Widerruf als Wegfall zu bewerten. Die differenzierende Beurteilung im Verhältnis zu § 2094 hat im Wesentlichen auch darin seinen Hintergrund, dass bei § 2096 mit der Einsetzung eines Ersatzerben eine positive Äußerung des Erblassers vorliegt, während bei der Anwachsung eine solche positive Äußerung gerade fehlt.

Die Berufung des Ersatzerben kann auch an bestimmte Wegfallgründe geknüpft oder auch in anderer Form bedingt sein.[6] In diesen Fällen ist § 2074 anzuwenden, mit der Folge, dass der Ersatzerbe nicht nur den Erbfall, sondern auch den Eintritt der Bedingung erleben muss.

Ist demgegenüber der zuerst berufene Erbe nur bedingt eingesetzt, so kann sich die Frage ergeben, ob die Bedingung beim Wegfall des Ersterben auch für den Ersatzerben gelten soll. Eine Lösung ergibt sich hier ausschließlich über die dann notwendige Auslegung der letztwilligen Verfügung. Stirbt der Ersterbe nach dem Erbfall, so geht die Erbschaft zunächst mit allen Rechten auf dessen Erben über, auch mit dem Ausschlagungsrecht.[7] Die Erben des Ersterben können daher dessen Erbschaft nach dem ursprünglichen Erblasser[8] ausschlagen, soweit die entsprechenden Fristen noch eingehalten sind. Folge ist, dass der Ersatzerbe als Erbe eintritt.

Von besonders großer praktischer Bedeutung ist dies in den Fällen, in denen der Erblasser einen **nahen Angehörigen** oder Verwandten eingesetzt hat, für den § 2069 BGB nicht anzuwenden ist und der beim Erbfall, etwa durch Tod, weggefallen ist. In diesen Fällen ist durch Auslegung zu ermitteln, ob eine fehlende Ersatzerbeneinsetzung dergestalt zu ergänzen ist, dass dessen Kinder an die Stelle des Weggefallenen treten. Maßgeblich ist hierbei der mutmaßliche Erblasserwille. Ursache für diesen Weg ist, dass § 2069 BGB zwar nicht erweiternd analog anzuwenden ist, dessen Grundgedanke aber auch in diesen Fällen aufgenommen werden kann.[9] Hier ist ein Anhalt bereits in der Erbeinsetzung des Weggefallenen zu sehen. Generelle Voraussetzung ist, dass zum Zeitpunkt der Testamentserrichtung zwischen dem Erblasser und dem Bedachten eine **persönliche nähere Beziehung** bestanden haben muss, die auch dessen Abkömmlinge mit einbezogen hat.[10] Neben nahen Verwandten kommt dies insb. auch bei Personen in Betracht, die mit dem Erblasser in vergleichbarer Form verbunden waren, etwa Stief-, Pflege- und Schwiegerkinder[11] oder der Ehegatte[12] und ein Lebensgefährte[13] Als Ersatzerben sind in diesen Fällen in erster Linie die Abkömmlinge der ursprünglich Bedachten eingesetzt,[14] im Einzelfall aber auch weiter entfernte Verwandte denkbar.

---

4 BayObLG FamRZ 2000, 58; MüKoBGB/*Leipold* § 2069 Rn. 3.
5 *Palandt/Edenhofer* § 2096 Rn. 2; MüKoBGB/*Schlichting* § 2096 Rn. 5.
6 Vgl. etwa BayObLG FamRZ 2000, 983.
7 § 1952 BGB.
8 *Palandt/Edenhofer* § 2096 Rn. 2; MüKoBGB/*Schlichting* § 2096 Rn. 5.
9 Allg.M., s. nur MüKoBGB/*Leipold* § 2069 Rn. 32 ff.
10 BayObLG NJW 1988, 1033; zuletzt OLG München ZEV 2007, 383, 385.
11 MüKoBGB/*Leipold* § 2069 Rn. 34; OLG Oldenburg NdsRpfl. 1950, 73.
12 BayObLG ZEV 1996, 191, 192; OLG Frankfurt ZEV 1995, 457.
13 KG DNotZ 1976, 564; BayObLG FamRZ 1993, 1496; FamRZ 2001, 516.
14 OLG München ZErb 2006, 315.

III. Rechtsfolgen

9 Nach dem Erbfall steht dem Ersatzerben ein **Anwartschaftsrecht**, nach a.A. auch nur eine Anwartschaft zu, die vererblich und übertragbar ist.[15] Der Ersatzerbe muss lediglich den Erbfall erleben, nicht aber notwendigerweise den Ersatzerbfall. Bis zum Wegfall des Erstberufenen hat er allerdings praktisch keinerlei Möglichkeiten, auf die Erbschaft Einfluss zu nehmen,[16] ihm steht lediglich das Recht zur Annahme oder Ausschlagung der Ersatzerbschaft zu,[17] er zählt schließlich auch zum Kreis der Anfechtungsberechtigten gem. § 2080.

10 Nach dem Ersatzerbfall rückt der Ersatzerbe in die Rechtsposition ein, die der Erstberufene bis dahin innegehabt hat. Er ist an Beschwerungen und Teilungsanordnungen des Erblassers gebunden, ihn trifft die Ausgleichungspflicht.

11 Tritt der Ersatzerbfall nach dem Erbfall ein, so ist er so anzusehen, als sei er bereits mit dem Erbfall berufen worden. Er kann dann – etwa im Falle der Ausschlagung – die Rechte des § 1959 gegenüber dem Ersterben ausüben.

12 War dem Ersterben ein Vorausvermächtnis zugedacht, so fällt dieses nicht zwangsläufig auch dem Ersatzerben zu. Vielmehr ist der vermutliche Wille des Erblassers im Einzelfalle zugrunde zu legen. Eine Analogie zu § 2110 Abs. 2 wird in diesen Fällen für nicht zulässig erachtet.

13 Der Erblasser kann schließlich auch die Position des Ersatzerben ohne Weiteres modifizieren, etwa ihn mit Beschwerungen oder Beschränkungen versehen.[18]

IV. Ersatznacherbe

14 Ersatznacherbe ist derjenige, der Ersatzmann des Nacherben ist. Diese Konstellation weist einige Besonderheiten auf, die insb. auch deshalb von Bedeutung sind, weil eine solche Verknüpfung häufig vorkommt. Der Ersatzerbe muss beim Nacherbfall leben, nicht aber beim Wegfall des Nacherben. Der Ersatzerbfall kann auch nach dem Nacherbfall liegen, allerdings nur, wenn der Ersatzfall rückwirkende Wirkungen auf den Nacherbfall ausübt (etwa Ausschlagung, Erbunwürdigkeit).

15 Eine besondere Prüfung ist notwendig, wenn der Nacherbe ausschlägt und an dessen Stelle Ersatznacherben treten, sei es durch ausdrückliche Anordnung oder nach § 2069 BGB. Macht der Nacherbe nach der Ausschlagung Pflichtteilsansprüche geltend, so ist die Einsetzung als Ersatzerbe für diesen Fall in der Regel nicht anzunehmen. Sonst würde der Stamm eines Nacherben doppelt begünstigt.[19]

16 Da das Anwartschaftsrecht des Nacherben vererblich ist[20] ist für den Fall, dass der Nacherbe zwischen Erbfall und Nacherbfall verstirbt, zu prüfen, ob der Ersatznacherbe oder die Erben des Nacherben nunmehr zum Zuge kommen. In diesen Fällen ist durch Auslegung der letztwilligen Verfügung der Wille des Erblassers zu ermitteln.[21]

17 Anders als der Ersatzerbe ist der Ersatznacherbe im Grundbuch im Nacherbenvermerk einzutragen. Gleiches gilt auch für den Erbschein. Mit dem Nacherbfall ist der **Nacherbenvermerk** jedoch unter Einschluss des Ersatzerben zu löschen. Die Veräußerung des Grundstückes durch den Vorerben bedarf im Übrigen auch nur der Zustimmung des Nacherben.[22]

---

15 Vgl. MüKoBGB/*Schlichting* § 2096 Rn. 10 m.w.N.; BayObLGZ 1960, 407, 410.
16 BGHZ 40, 115, 118 f.
17 RGZ 80, 377, 382.
18 *Staudinger/Otte* § 2096 Rn. 11; MüKoBGB/*Schlichting* § 2096 Rn. 11.
19 OLG München ZErb 2006, 383 mit Anm. *Tanck*.
20 § 2108 BGB.
21 Vgl. § 2102 BGB, Rn. 1 ff.; BayObLG NJW-RR 1994, 460 m.w.N.
22 MüKoBGB/*Grunsky* § 2102 Rn. 12.

V. Formulierungsmuster

Wer ein Testament errichtet, sollte immer eine Ersatzerbenregelung treffen.[23]

Bei der Formulierung von Ersatzerbenregelungen muss berücksichtigt werden, dass es gesetzliche Auslegungsregeln gibt, etwa § 2069 (Abkömmlinge) oder § 2102 Abs. 1 (Nacherben). Sollen diese ausgeschlossen sein, so muss dies ausdrücklich verfügt werden. Bei § 2069 ist zu berücksichtigen, dass die Rechtsprechung die Vorschrift nicht unmittelbar auf Abkömmlinge solcher Personen anwendet, die kein engeres Verhältnis zum Erblasser hatten. Zur Klarstellung sollte in diesem Fall eine ausdrücklichere Regelung erfolgen.

18

19

> Ersatzerben sind jeweils die Abkömmlinge der eingesetzten Erben. Ausgenommen sind hiervon die nichtehelichen Kinder männlicher Nachkommen und ihre Abkömmlinge.
>
> Oder:
>
> Nacherben sind unsere gemeinschaftlichen Abkömmlinge. Ersatznacherben sind zunächst ihre Abkömmlinge, danach diese wechselseitig, weitere Ersatznacherben sind die Kinder unseres Bruders Johannes.
>
> Eine häufig gebrauchte, aber schon vom Gesetz vorgesehene Alternative ist die Formulierung:
>
> Ersatzerben sind die Nacherben. Mangels Ersatzerben tritt Anwachsung ein, und zwar jeweils untereinander nach der gesetzlichen Erbregel erster Ordnung.

20

§ 2097
Auslegungsregel bei Ersatzerben

Ist jemand für den Fall, dass der zunächst berufene Erbe nicht Erbe sein kann, oder für den Fall, dass er nicht Erbe sein will, als Ersatzerbe eingesetzt, so ist im Zweifel anzunehmen, dass er für beide Fälle eingesetzt ist.

Die Vorschrift findet Anwendung, wenn die vorrangige Auslegung nicht ergibt, dass der Erblasser den Ersatzfall auf bestimmte Fälle beschränken wollte. Ist dies der Fall, so ist § 2074 anzuwenden.

1

Auch ebenso wenig ist die Vorschrift dann anzuwenden, wenn der Erbe ausschlägt, um den Pflichtteil zu verlangen.[1] Beim Erbvertrag führt ein Verzicht des Erstberufenen, auch gegen Abfindung, nur dann zum Anwendungsausschluss, wenn dies durch eine ausdrückliche Regelung im Erbvertrag klargestellt ist.[2] Ist die Ersatzerbfolge nur für **einen** Grund des Wegfalls angeordnet, so hat dies in einem Erbvertrag besonderes Gewicht.[3]

2

---

23 *Reimann/Bengel/Mayer* Checkliste, Rn. 5 unter Ziffer 8. (S. 347).
1 OLG Stuttgart OLGZ 82, 271.
2 OLG Düsseldorf DNotZ 1984, 367, 370.
3 BayObLG FamRZ 1989, 666.

§ 2098
Wechselseitige Einsetzung als Ersatzerben

(1) Sind die Erben gegenseitig oder sind für einen von ihnen die übrigen als Ersatzerben eingesetzt, so ist im Zweifel anzunehmen, dass sich nach dem Verhältnis ihrer Erbteile als Ersatzerben eingesetzt sind.

(2) Sind die Erben gegenseitig als Ersatzerben eingesetzt, so gehen Erben, die auf einem gemeinschaftlichen Erbteil eingesetzt, sind im Zweifel als Ersatzerben für diesen Erbteil den anderen vor.

1 Voraussetzung für die Anwendung von Abs. 1 ist, dass entweder **alle** Erben gegenseitig oder **alle** übrigen Erben für einen (oder mehrere) als Ersatzerben eingesetzt sind. Ist neben den Miterben ein Dritter als Ersatzerbe eingesetzt, so ist § 2098 nicht mehr anwendbar. Weitere Voraussetzung ist, dass die Auslegung des Testaments nichts anderes ergibt. Umgekehrt kann diese Auslegung aber auch ergeben, dass – etwa bei Beteiligung eines Dritten als Ersatzerben – die Miterben nicht nach Kopfteilen gem. § 2091, sondern entsprechend ihrer Quote zu beteiligen sind.[1]

2 Abs. 2 regelt die Besonderheiten, die sich aus einem gemeinschaftlichen Erbteil[2] ergeben. Innenrechtlich gehen die Ersatzregelungen in diesem gemeinschaftlichen Erbteil vor.

3 Der Erbteil durch Ersatzberufung ist ein selbstständiger Erbteil, was ihn von der Anwachsung unterscheidet. Insoweit ist § 1951 BGB grundsätzlich anwendbar. Rechnerisch führt die Ersatzerbeinsetzung der Erben allerdings zum gleichen Ergebnis wie die Anwachsung (s. die Rechenbeispiele unter § 2094 Rz. 5).

§ 2099
Ersatzerbe und Anwachsung

Das Recht des Ersatzerben geht dem Anwachsungsrecht vor.

1 Die insoweit zwingende Vorschrift[1] regelt das Konkurrenzverhältnis zwischen Ersatzerbeneinsetzung und Anwachsung. Danach geht der Ersatzerbe vor. Dies gilt auch für das Nachrücken gem. § 2069 und § 2102 Abs. 1.

2 Ob ein Ersatzerbe bestimmt ist und wenn ja, unter welchen Voraussetzungen, ist durch Auslegung der letztwilligen Verfügung zu ermitteln. Dies gilt etwa für den Fall, dass ein Ersatzerbe für mehrere Miterben bestellt wurde. Ergibt die Auslegung keine Entscheidung, so geht die Ersatzerbschaft vor.[2]

---

1 So auch RGRK/*Johannsen* § 2098 Rn. 2.
2 § 2093 BGB.
1 *Schopp* MDR 1978, 10, 11.
2 OLG München ZErb 2007, 266; ZErb 2006, 315.

Titel 3
Einsetzung eines Nacherben

Einleitung vor § 2100 BGB

Übersicht	Rz.		Rz.
I. Begriff und Funktion der Nacherbschaft	1	IV. Steuer	17
II. Prozessuales	4	V. Internationales	22
III. Erbschein/Nacherbenvermerk	13	VI. Anfall und Ausschlagung	25

I. Begriff und Funktion der Nacherbschaft

Der Begriff des Nacherben setzt generell voraus, dass vor ihm schon ein anderer Erbe (der Vorerbe) desselben Erblassers geworden ist. Anders als bei Miterben, zwischen denen eine Erbengemeinschaft besteht, folgen Vor- und Nacherbe einander hintereinander nach. Dies ermöglicht es dem Erblasser, die Weitergabe seines Vermögens nicht nur auf verschiedene Beteiligte zu verteilen, sondern sie auch zeitlich gestaffelt zu steuern. Diese zeitliche Staffelung führt gleichzeitig dazu, dass das zunächst auf den Vorerben übergegangene Vermögen des Erblassers ein Sondervermögen bildet, das im Verhältnis zum sonstigen Vermögen des Vorerben einen gesonderten weiteren Weg nimmt. Für dieses Sondervermögen gelten besondere Beschränkungen in der Dispositionsfreiheit des Vorerben, die sicherstellen sollen, dass die Substanz dieses Vermögens weitgehend erhalten bleibt. Insofern hat der Vorerbe in weiten Teilen eine dem Nießbraucher vergleichbare Stellung, so dass der Nießbrauch als solcher auch immer wieder eine Gestaltungsalternative zur Vor-/Nacherbschaft darstellt. 1

Entwickelt wurde die Vor- und Nacherbschaft bereits im 19. Jahrhundert, etwa im preußischen ALR und im österreichischen ABGB. Das Institut geht ursprünglich zurück auf den Universalfideikommiss der römischen Kaiserzeit.[1] 2

Hinter der Anordnung der Vor-/Nacherbschaft stehen regelmäßig spezielle Motive: 3
- Die Einsetzung des Vorerbens soll dessen Unterhalt sichern, ohne ihm aber den vollen Zugriff zu ermöglichen (etwa für den überlebenden Ehegatten oder beim Behindertentestament)
- Der Zugriff von Gläubigern oder des Staates auf den Nachlass soll verhindert werden (etwa beim Behinderten- oder Bedürftigentestament)
- Die Nachfolge in einem Unternehmen soll auf möglichst lange Sicht durch den Erblasser oder dessen Vertraute beeinflusst werden.
- Der geschiedene Ehegatte soll in keinem Falle begünstigt werden, auch dann nicht, wenn etwa das gemeinsame Kind vor dem Ehegatten versterben sollte.
- Pflichtteilsansprüche sollen durch die Berufung als Nacherbe vermieden werden, was allerdings häufig nur Appellfunktion hat, weil die Möglichkeit zur Ausschlagung verbleibt.

II. Prozessuales

Bei der Schaffung dieses Sondervermögens ist regelmäßig auch eine Absicherung dieser Vermögenswerte außerhalb des eigentlichen Erbrechtes notwendig. Insb. im Bereich der Prozessführung oder der Zwangsvollstreckung sind deshalb begleitende Vorschriften in anderen Gesetzen erforderlich. 4

---

[1] Vgl. hierzu eingehend *Kipp/Coing* § 47 Abs. 1 S. 1.

Franz M. Große-Wilde

Einleitung vor § 2100 BGB

5 1. Zur Prozessführung ist bis zum Nacherbfall ausschließlich der Vorerbe befugt. Nach allgemeiner Auffassung stellt die Prozessführung selbst keine Verfügung über das streitbefangene Recht dar, so dass auch eine Beschränkung der Verfügungsbefugnis hieran nichts ändert.[2] Ein Urteil gegen den Vorerben wirkt nur nach Maßgabe des § 326 ZPO, so dass es zwar in der Regel für, aber nicht immer gegen den Nacherben bindet. Bindend wird das Urteil gegen den Nacherben nur dann, wenn ein Gegenstand des Erbes betroffen ist, über den der Vorerbe frei verfügen durfte.

6 Anders ist es bei Nachlassverbindlichkeiten des Erblassers, für die eine Bindung bereits nach § 325 ZPO eintritt. Besonderheiten gelten auch für eine Klage auf Abgabe einer Willenserklärung. Hier muss der Nacherbe mit verklagt werden, wenn er ebenfalls wie der Vorerbe gebunden werden soll.[3]

7 Will der Vorerbe Rechte gerichtlich geltend machen, über die er nur mit Zustimmung des Nacherben verfügen kann, so ist der Vorerbe auch nur bei vorheriger Zustimmung des Nacherben zur Prozessführung aktiv legitimiert. Unterlässt der Prozessgegner den entsprechenden Einwand, so wird durch ein für ihn positives Urteil der Nacherbe nicht gebunden. Um spätere Streitigkeiten zu vermeiden, kann der Prozessgegner aber auch schon vor dem Nacherbfall gegen den Nacherben auf Feststellung klagen, etwa darauf dass eine bestimmter Gegenstand nicht zum Nachlass gehört oder dass der Vorerbe über den Gegenstand frei verfügen kann.

8 Soweit Urteile über die Rechtsverhältnisse des Nachlasses während der Dauer der Vorerbschaft rechtskräftig werden, so binden diese auch den Nacherben. Trotz dieser Bindung hat der Nacherbe keine Klagebefugnis, wenn er etwa gegen einen vom Vorerben nicht angegriffenen Bescheid einer Verwaltungsbehörde Klage erheben will.[4]

9 2. Tritt der Nacherbfall während eines Rechtsstreites ein, so wird das Verfahren dann unterbrochen, wenn der Vorerbe über den Streitgegenstand frei verfügen konnte. Prozessual wird der Erbe hier wie ein Rechtsnachfolger behandelt.[5] In allen anderen Fällen, insb. wenn der Vorerbe nicht über das Recht verfügen konnte, hätte der Nacherbe für eine Erstreckung der Prozesswirkung mit verklagt werden müssen (s.o.), so dass in diesen Fällen der Prozess nicht übergeht, sondern eine gegen den Vorerben gerichtete Klage unter Umständen als unbegründet abzuweisen sein wird.[6]

10 3. Bei der Zwangsvollstreckung in Nachlassgegenstände kann der Nacherbe mit einer Drittwiderspruchsklage aus §§ 773, 771 ZPO vorgehen, allerdings nur, wenn die Vollstreckung zu einer Veräußerung oder Überweisung des Nachlassgegenstandes führen kann. Eine Sicherungsvollstreckung oder die Eintragung einer Sicherungshypothek wird von § 773 ZPO nicht erfasst.[7] Auch bei der Zwangsversteigerung eines Grundstückes ist ein Nacherbenvermerk im Grundbuch nicht zu berücksichtigen, er ist auch als Recht nicht vorzubehalten. Der Nacherbe muss auch hier mit der Drittwiderspruchsklage seine Rechte geltend machen.[8] Anders ist es auch hier, wenn die Zwangsvollstreckung wegen einer Nachlassverbindlichkeit des Erblassers erfolgt[9] oder ein befreiter Vorerbe eine entgeltliche Sicherungshypothek an einem Nachlassgrundstück bestellt hatte.[10] Die gleichen Regeln gelten auch im Falle der Insolvenz des Vorerbens.[11]

---

2 MüKoBGB/*Grunsky* § 2100 Rn. 27.
3 MüKoBGB/*Grunsky* § 2100 Rn. 27.
4 BVerwG NJW 2001, 2417 für einen Rückübertragungsanspruch.
5 *Zöller/Greger* § 242 Rn. 1.
6 Vgl. hierzu MüKoBGB/*Grunsky* § 2100 Rn. 28.
7 *Zöller/Herget* § 773 Rn. 1; ebenso *PG/Scheuch* § 773 Rn. 4.
8 BGH NJW 2000, 3358.
9 BGHZ 110, 179.
10 RGZ 133, 264.
11 S. hierzu MüKoBGB/*Grunsky* Rn. 32.

4. Das Recht des Nacherben selbst ist bis zum Eintritt des Nacherbfalls als Anwartschaftsrecht zu behandeln. Es unterliegt der Pfändung und kann abgetreten werden. Im Falle der Insolvenz des Nacherben wird es vom Insolvenzbeschlag erfasst. Für die praktische Handhabung ist bei der Pfändung zu berücksichtigen, dass Drittschuldner bei einem **Mit**nacherben grundsätzlich die **anderen** Mitnacherben sind. Ist der Nacherbe alleiniger Nacherbe, so ist ein Drittschuldner nicht vorhanden, der Vorerbe ist kein Drittschuldner in diesem Sinne, § 857 Abs. 2 ZPO.[12]

Bei einer vertraglichen Übertragung des Anwartschaftsrechts des Nacherben oder aber bei einer Verpfändung ist die Form des § 2033 BGB zu beachten.[13] Einem Mitnacherben und anschließend dem Vorerben steht ein Vorkaufsrecht analog § 2034 zu. Ein Verzicht des Nacherben zugunsten des Vorerben ist eine vertragliche Übertragung der Anwartschaft. Übertragen alle Nacherben und Ersatznacherben ihre Anwartschaften auf den Vorerben, wird dieser Vollerbe[14]

III. Erbschein/Nacherbenvermerk

Nach § 2363 BGB ist die Nacherbfolge grundsätzlich im Erbschein zu vermerken, um für Dritte die Nacherbschaft bei der Verfügung über Nachlassgegenstände durch den Vorerben deutlich zu machen.[15] Befreiungen sind im Erbschein anzugeben.[16] Bei Eintritt der Nacherbfolge ist der Erbschein des Vorerben einzuziehen.[17] Wird dagegen das Nacherbenanwartschaftsrecht übertragen, muss der Erbschein nicht korrigiert werden.[18]

Um insb. bei Grundstücken die entsprechende Absicherung des Nacherben zu erreichen, wird durch das Grundbuchamt von Amts wegen nach § 51 Abs. 2 GBO bei den von der Nacherbschaft betroffenen Grundstücken ein Nacherbenvermerk eingetragen. Hiervon sind auch solche Grundstücke betroffen, die dem Vorerben mit einer Erbauseinandersetzung übertragen werden und an denen sich die Nacherbfolge im Wege der dinglichen Surrogation fortsetzt.[19] Gehört zum Nachlass ein Anteil an einer Erbengemeinschaft, zu dem wiederum ein Grundstück gehört, so ist bei diesem kein Nacherbenvermerk einzutragen.[20]

In Ausnahmefällen kann der Vermerk auch wegfallen
– bei Veräußerung des Nachlassgrundstückes mit Zustimmung des Nacherben
– bei Übertragung des Anwartschaftsrechtes des Nacherben auf den Vorerben
– bei Verzicht des Nacherben auf Eintragung des Vermerks in grundbuchrechtlicher Form

In allen Fällen ist allerdings Voraussetzung, dass nicht ein Ersatznacherbe oder ein zweiter Nacherbe eingesetzt worden ist, dessen Rechte betroffen sein könnten. Zu beachten ist, dass der Nacherbenvermerk nicht zu einer Sperre des Grundbuches führt. Es soll nur den Nacherben davor schützen, dass durch gutgläubigen Erwerb Vermögenswerte lastenfrei übertragen werden. Ist der Vermerk eingetragen, so führt eine Übertragung des Grundstückes durch den Vorerben nicht zu einer Löschung des Vermerks, dieser bleibt vielmehr weiterhin im Grundbuch. Eine Löschung kommt nur in Betracht, wenn die Unrichtigkeit des Grundbuches offenkundig ist oder förmlich nachgewiesen wurde oder alle eingetragenen Nacherben die Lösung bewilligt haben.[21]

---

12 Vgl. hierzu weiter *Stöber*, Forderungspfändung, Rn. 1652 ff.
13 *Bamberger/Roth/Litzenburger* Rn. 26.
14 BayObLG FamRZ 1992, 728.
15 S. § 2363 Rz. 3.
16 OLG Bremen ZEV 2005, 26.
17 OLG Köln ZEV 2003, 466.
18 OLG Braunschweig NJOZ 2004, 3856.
19 OLG Hamm FamRZ 2003, 484.
20 BGH NJW 2007, 2114.
21 Vgl. hierzu OLG Düsseldorf FamRZ 2008, 1215.

Franz M. Große-Wilde

IV. Steuer

17 1. Erbschaftssteuerrechtlich führt die Einsetzung eines Nacherben dazu, dass im Ergebnis zwei Erbfälle stattfinden: Nach § 6 Abs. 1 ErbStG gilt der Vorerbe als Erbe, nach § 6 Abs. 2 ErbStG erfolgt eine weitere Versteuerung beim Eintritt der Nacherbfolge. Wenngleich diese im Einzelfall innerhalb relativ kurzer Zeit mögliche mehrfache Besteuerung immer wieder den Gerichten vorgelegt worden ist, hat die Rechtsprechung die gesetzliche Regelung als verfassungsrechtlich zulässig angesehen.[22] An dieser Rechtslage hat auch die Reform des Erbschaftssteuerrechts vom 1.1.2009 festgehalten. Steuerrechtlich wird deshalb bei größerem Vermögen im Rahme der Gestaltung eher über die Zuwendung eines Nießbrauches statt einer Vorerbschaft nachgedacht werden müssen. Dies gilt erst recht, nachdem der bisherige § 25 ErbStG weggefallen ist, so dass der Wert des Nießbrauches heute steuerlich vollständig abziehbar ist.

18 2. Für den Vorerben stellt die Erbschaftssteuer eine außerordentliche Last da, so dass er diese aus der Substanz des Nachlasses zahlen darf. Dies wird durch § 20 Abs. 4 ErbStG gestützt, wenngleich die steuerliche Vorschrift im Wesentlichen darauf abzielt, dass auch der Vorerbe für die Steuerschuld einzutreten hat. Als Besonderheit ist zu beachten, dass die Steuerschuld des Vorerben im Verhältnis zum Finanzamt dessen eigene Nachlassverbindlichkeit ist, so dass sie bei dessen Tod nicht auf den Nacherben, sondern auf die Erben des Vorerben übergeht.[23]

19 3. Für den Nacherben hängt die Art und Weise der Versteuerung davon ab, ob die Nacherbfolge beim Tod des Vorerben eintritt oder auf Grund eines anderen Ereignisses.

20 Im Falle des Todes ist der Erwerb so zu versteuern, dass er vom Vorerben stammt. Lediglich auf Antrag des Nacherbens kann bei der Versteuerung auf den Erblasser abgestellt werden, etwa wenn dies steuerlich günstiger ist, § 6 Abs. 2 S. 2 ErbStG. Geht in diesem Falle gleichzeitig auch eigenes Vermögen des Vorerben auf den Nacherben über, sind die beiden Vermögensmassen für die Steuerklasse getrennt zu behandeln, gleichwohl ist die Steuer für jeden Erwerb nach dem Steuersatz zu erheben, der für den gesamten Erwerb gilt, § 6 Abs. 2 S. 3 und S. 5 ErbStG. Ebenso wird auch der Freibetrag im Ergebnis nur einmal zur Verfügung gestellt. Der Freibetrag nach § 16 ErbStG würde durch die Wahl der Versteuerung nach dem Erblasser an sich zweimal anfallen. Maßgeblich ist hier zunächst der Freibetrag für das Nacherbschaftsvermögen, das sich aus dem Verhältnis des Erblassers berechnet. Wird dieser Freibetrag nicht voll verbraucht, kann für das direkt vom Vorerben übergehende Vermögen der hierfür zur Verfügung stehende Freibetrag nur insoweit ausgeschöpft werden, soweit noch ein Freibetrag aus dem Verhältnis zum Erblasser zur Verfügung steht.[24]

21 Kommt es auf ein anderes Ereignis (Wiederverheiratung des überlebenden Ehegatten) an, so wird die vom Vorerben entrichtete Steuer auf die Steuer des Nacherben angerechnet. Allerdings wird der Teil unberücksichtigt gelassen, der auf die verbleibende tatsächliche Bereicherung des Vorerben entfällt, § 6 Abs. 3 ErbStG[25]

V. Internationales

22 Durch die Einsetzung eines Nacherben wird unter Umständen eine langjährige Vermögensbindung des Nachlasses oder von bestimmten Nachlassbestandteilen erreicht. Das BGB begrenzt dies zeitlich, wenngleich die in § 2109 enthaltene Frist von 30 Jahren im Einzelfall überschritten werden kann. Der beim Inkrafttreten des BGB noch zulässige Familienfideikommiss mit den dort enthaltenen noch weitergehenden Möglichkeiten der

---

[22] Vgl. BGH DSTRE 2007, 174; BGH ZEV 2003, 383; ZEV 2001, 327.
[23] *Bamberger/Roth/Litzenburger* § 2100 Rn. 33.
[24] BGH ZEV 1999, 237; *Meincke* § 6 Rn. 16.
[25] Zur Berechnung im Einzelnen s. *Meincke* § 6 Rn. 21.

Vermögensbindung ist zum 1.1.1939 entfallen, was 1947 durch den Gesetzgeber noch einmal bestätigt wurde.

In ausländischen Rechtsordnungen wird dies stärker begrenzt, Vor- und Nacherbfolge werden wegen der hierdurch eintretenden Bindung in einigen Rechtsordnungen als unerwünscht angesehen. Maßgeblich ist für das materielle Recht das Erbstatut nach dem Erblasser, so dass bei einem deutschen Erblasser Vor- und Nacherbfolge an sich zulässig sein dürften.[26] **23**

Das ausländische Recht kann aber von Bedeutung sein, soweit sich im Ausland Vermögen befindet, dass von einer Vor- und Nacherbschaft betroffen ist. Eine dingliche Wirkung für diese Auslandsgegenstände kommt nur in Frage, wenn das ausländische Recht zum einen über entsprechend vergleichbare Instrumentarien wie die Vor- und Nacherbschaft verfügt und zum anderen für Grundstücke ein dazu passendes Instrumentarium bereit stellt. Länder, die eine vergleichbare Rechtstradition haben, wie etwa Österreich und die Schweiz,[27] kennen die Nacherbfolge. In den romanischen Ländern wird die Nacherbfolge stärker beschränkt. In Spanien wird die Vor- und Nacherbfolge für zulässig angesehen.[28] In Italien ist sie nur in Sonderfällen, etwa zur Versorgung eines Entmündigten, zulässig.[29] In Frankreich war die Vor- und Nacherbschaft bis 2006 durch Art. 896 Abs. 1 Code Civil (CC). verboten, ausgenommen war sie nur im Verhältnis Kinder zu Enkeln oder Geschwistern zu deren Kindern. Seit der Reform zum 1.1.2007 ist sie generell zulässig, Art. 1048 ff CC.[30] In den angelsächsischen Ländern[31] ist dagegen die Vor- und Nacherbschaft wegen des unterschiedlichen Systems nicht bekannt. Allerdings stehen hier andere Instrumente für vergleichbare Zwecke zur Verfügung, etwa die Einrichtung eines Trusts.[32] Ob eine Umdeutung in Betracht zu ziehen sein wird, ist sehr fraglich. **24**

VI. Anfall und Ausschlagung

Der Nacherbe ist ebenso wie der Vorerbe der Erbe des Erblassers, so dass er als solcher nicht durch Verfügung von Todes wegen von der Erbfolge ausgeschlossen ist. Er kann deshalb nicht ohne Weiteres Pflichtteilsansprüche geltend machen. Insoweit kann der Nacherbe Pflichtteilsansprüche nur geltend machen, wenn er zuvor ausgeschlagen hat.[33] Der frühestmögliche Zeitpunkt für die Ausschlagung ist nach § 1946 BGB der Vorerbfall, so dass auch der Nacherbe bereits im Erbfall ausschlagen kann.[34] Die Ausschlagungsfrist des § 1944 BGB beginnt für den Nacherben allerdings erst mit Kenntnis vom Eintritt des **Nach**erbfalls.[35] Für die Geltendmachung von Pflichtteilsansprüchen muss der Nacherbe allerdings berücksichtigen, dass die Verjährung nach § 2332 Abs. 2 BGB nicht dadurch gehemmt wird, dass der Pflichtteil erst nach der Ausschlagung geltend gemacht werden kann. **25**

---

26 Vgl. hierzu MüKoBGB/*Birk*, 4. Aufl., Art. 26 Rn. 110; OLG Celle FamRZ 1957, 273.
27 Zur Schweiz *Große-Wilde* EE 2009, 50 ff; für Österreich *Süß/Haunschmidt* Österreich Rn. 55.
28 *Große-Wilde* EE 2008, 95.
29 Vgl. Art. 692 Codice Civile, näher *Süß/Wiedemann* Italien Rn. 74.
30 Vgl. hierzu *Große-Wilde* EE 2008, 193, 194; *Gresser* ZErb 2006 407 ff.
31 Abgesehen von Schottland.
32 Vgl. hierzu *Süß/Odersky* Rn. 44; *Flick/Piltz/Cornelius* Rn. 570.
33 S. § 2306 Rz. 6, 21.
34 S. § 2142 Rz. 2.
35 S. § 2142 Rz. 3.

§ 2100
Nacherbe

Der Erblasser kann einen Erben in der Weise einsetzen, dass dieser erst Erbe wird, nachdem zunächst ein anderer Erbe geworden ist (Nacherbe).

Übersicht

	Rz.		Rz.
I. Anordnung	1	VI. Rechtliche Stellung des Nacherben	18
II. Auslegung	5	1. Bis zum Nacherbfall	18
III. Besondere Gestaltungen	7	2. Nach dem Nacherbfall	21
1. Bedingung und Befristung	7	VII. Gestaltungsempfehlungen	22
2. Ersatznacherbe	10	1. Behindertentestament	22
IV. Gegenstand und Umfang der Nacherbfolge	13	2. Bedürftigen-/Überschuldetentestament	35
V. Rechtliche Stellung des Vorerben	15		

I. Anordnung

1   Die Einsetzung eines Nacherben kann nur durch letztwillige Verfügung erfolgen.[1] Sowohl die Einsetzung als Vorerbe wie auch die Einsetzung als Nacherbe ist eine Erbeinsetzung i.S.d. § 1937 BGB, so dass die Einsetzungen in einem gemeinsamen Testament auch wechselbezüglich sein können.[2] Um die Anordnung des Erblassers zur Wirksamkeit gelangen zu lassen, stehen die gesetzlichen Auslegungsregeln in den §§ 2101–2108 ergänzend zur Verfügung. Grundsätzlich muss der Erblasser aber die Person des Vorerben und des Nacherben sowie den Zeitpunkt des Nacherbfalles festlegen.[3] Bei der Festlegung insb. des Nacherben muss die Vorschrift des § 2065 Abs. 2 BGB beachtet werden. Der Erblasser kann die Bestimmung des Nacherben nur insoweit einem Dritten überlassen, soweit der Personenkreis der möglichen Erben eng begrenzt ist, die Auswahl einem fachkundigen und konkret bezeichneten Dritten überlassen wird und dieser für die Auswahl so konkrete Vorgaben erhalten hat, dass sie auch ein sachkundiger sonstiger Dritter treffen könnte.[4] Auch der Zeitpunkt des Nacherbfalls darf nicht offen gelassen werden, da von diesem auch die Person des Nacherben abhängig sein kann.[5] Als zulässig wurde aber etwa die Bedingung angesehen, dass der überlebende Ehegatte, der als Vorerbe eingesetzt war, nicht anderweitig testierte.[6]

2   Bei der Einsetzung von Vor- und Nacherben hat der Erblasser einen weiten Gestaltungsspielraum. Er kann mehrere Vorerben einsetzen sowie mehrere Nacherben. Die Mitvorerben bilden untereinander eine Erbengemeinschaft, zwischen denen eine Auseinandersetzung (insb. im Hinblick auf die Fruchtziehung) möglich ist. Ebenso können auch mehrere Nacherben eingesetzt sein, die allerdings erst dann eine Erbengemeinschaft bilden, wenn der Nacherbfall eingetreten ist. Möglich ist weiter auch, dass die Vor- und Nacherbfolge nur für Bruchteile des Nachlasses angeordnet ist, während für andere Bruchteile die Vollerbschaft verfügt wurde. Sind einzelne Nachlassgegenstände Nacherben zugeordnet, so kommt es auf die Auslegung nach § 2087 BGB an, ob eine Nacherbschaft oder unter Umständen ein Nachvermächtnis angeordnet wurde.[7]

---

[1] Die Sondervorschriften über die gesetzliche Vor- und Nacherbschaft im Höferecht können nur noch in Altfällen, bei denen der Erbfall vor dem 1.7.1976 eingetreten ist, eine Rolle spielen, vgl. hierzu *Lange/Wulff/Lüdtke-Handjery* § 5 Rn. 54 ff.
[2] § 2270 Abs. 3 steht ihm nicht entgegen.
[3] *Kipp/Coing* § 47 II 1.
[4] Vgl. BayObLG NJW 1999, 1119.
[5] BGHZ 15, 199.
[6] BayObLG NJW-RR 2001, 1588.
[7] BayObLG NJW-RR 2003, 297.

Eine Staffelung kann auch durch die Berufung mehrerer Personen hintereinander erfol- 3
gen. Hierdurch kann der zunächst berufende Nacherbe wieder Vorerbe des ihm folgenden
Nacherben sein.[8] Zeitliche Grenzen setzt hier nur § 2109 BGB.

Kein Nacherbe ist der Schlusserbe eines sog. Berliner Testaments. Dieser erbt nur vom 4
überlebenden Ehegatten und ist deshalb als Erbe des Erstversterbenden ausgeschlossen.[9]

II. Auslegung

Für die einstweilige Verfügung sind grundsätzlich die allgemeinen Auslegungsvorschriften 5
anzuwenden. Der Erblasser muss nicht einmal die Begriffe Vor- und Nacherbschaft verwenden, wesentlich ist lediglich, dass in der letztwilligen Verfügung der Wille zum Ausdruck kommt, dass der Nachlass zunächst einem Erben und in der Folge einem weiteren
Erben zukommen soll. Hierzu reicht es nach allgemeiner Auffassung nicht aus, wenn der
Erblasser nur die Erwartung äußert, dass der Nachlass in einem bestimmten Sinne durch
den »Vorerben« weitergegeben wird. Vielmehr muss in der Verfügung zum Ausdruck
kommen, dass es auch eine rechtliche Bindung gibt.[10] Als Anordnung der Einsetzung eines
Nacherben wurde deshalb etwa angesehen
– die Einsetzung des überlebenden Ehegatten zum Alleinerben mit der Verpflichtung, den
  Nachlass zugunsten der Kinder zu verwalten und ihn ihnen gleichmäßig zuzuwenden
– die Anordnung, dass der Grundbesitz nach dem Erben an eine bestimmte Person gehen
  sollte.[11]
– das Verbot, den Nachlass an andere als die Abkömmlinge der Söhne zu übergeben.[12]
– In der Zuwendung eines »Nießbrauchs«, wenn gleichzeitig freie Verfügung über den
  Nachlass zugewendet wurde.[13]

Insb. bei der Abgrenzung zwischen einem Nießbrauchvermächtnis einerseits und einer 6
Vorerbschaft andererseits ist im Einzelfall durch Auslegung zu ermitteln, was der Erblasser tatsächlich gemeint hat. Wesentlich wird zur Abgrenzung hierbei sein, ob der Erblasser
dem »Vorerben/Nießbraucher« mehr als die Nutzungen bzw. die Ziehung der Früchte
übertragen wollte (dann Vorerbschaft).

III. Besondere Gestaltungen

1. Bedingung und Befristung

Auch bei der Einsetzung von Nacherben besteht die Möglichkeit, Erbeinsetzungen an 7
Bedingungen oder an Befristungen zu knüpfen. Neben der bedingten oder befristeten Erbeinsetzung als solcher im Sinne der §§ 2074 und 2075 BGB kann der Anfall des Erbes an
den Nacherben/Vorerben an eine Bedingung angeknüpft werden oder mit einer Befristung
versehen werden.[14] Auch die in § 2106 BGB enthaltene Regel, nach der die Nacherbfolge
mit dem Tod des Vorerben eintritt, stellt eine aufschiebende Bedingung da.

Derartige Bedingungen können auch an ein bestimmtes Verhalten des Vorerben (etwa 8
nicht wieder zu heiraten, kinderlos zu bleiben oder für einen bestimmten Zeitraum eine
gute Führung an den Tag zu legen) oder des Nacherben (Umsetzung einer Bauverpflichtung[15] oder einer ebenbürtigen Heirat)[16] anknüpfen. Eine Bedingung kann auch

---

8 BayObLG FamRZ 1998, 196.
9 Im Einzelnen unter § 2269 Rz. 2.
10 Vgl. hierzu MüKoBGB/*Grunsky* § 2100 Rn. 8.
11 BayObLG FamRZ 90, 562.
12 BayObLG FamRZ 1986, 608.
13 BayObLG FamRZ 1981, 403.
14 Vgl etwa OLG Brandenburg NJW 2004, 959 – Änderung der politischen Verhältnisse in der »DDR«.
15 Hierzu BayObLG FamRZ 2004, 1752.
16 S. BGH NJW 1999, 566; aber BVerfG ZEV 2004, 241.

sittenwidrig sein, was aber nach den Umständen im Einzelfall vom Belasteten zu beweisen ist.[17]

9   Als weitere in Betracht kommende Bedingung kann auch etwa eine anderweitige Verfügung des Vorerben in Betracht kommen oder zeitlich nachfolgende Nacherbschaften Dritter. Ebenso kann aber auch der Anfall des Erbes an den Vorerben an eine Bedingung geknüpft werden.[18] Ist diese nicht erfüllt, so wird der Nacherbe bereits mit dem Erbfall Erbe und bleibt dies bis zum Eintritt der Bedingung.[19]

2. Ersatznacherbe

10 Der Erblasser kann nicht nur für den Vorerben, sondern auch für den Nacherben einen Ersatz(nach)erben bestimmen. Der Ersatznacherbe muss den Wegfall des Nacherben selbst nicht erlebt haben, er muss aber beim Nacherbfall leben oder zumindest gezeugt sein, § 2108 BGB. Der Ersatznacherbe kommt nur dann zum Zuge, wenn der Nacherbe selbst bis zum Nacherbfall weggefallen ist. Ausnahmsweise kann der Wegfall auch nach dem Nacherbfall auftreten, allerdings nur, wenn das Ereignis eine auf den Nacherbfall rückbezogene Wirkung hat, etwa durch Ausschlagung oder vergleichbare Vorgänge.

11 Ebenso wie der Ersatzerbe hat der Ersatznacherbe bis zum (Nach-)Erbfall keine Rechte. Fällt allerdings der Nacherbe nach dem Erbfall, aber vor dem Nacherbfall weg, so tritt der Ersatznacherbe in das Anwartschaftsrecht des Nacherben ein und kann ab diesem Zeitpunkt dann die Rechte des Nacherben geltend machen. Solange der Ersatzfall für den Ersatznacherben nicht eingetreten ist, bedarf der Vorerbe selbst für Verfügungen über Grundstücke oder unentgeltlichen Verfügungen nicht seiner Zustimmung.[20] Die Zustimmung des Nacherben müssen sowohl der Ersatznacherbe wie auch dem Nacherben folgende weitere Nacherben grundsätzlich hinnehmen.[21]

12 Gleichwohl steht dem Ersatznacherben ab dem Erbfall ein Anwartschaftsrecht zu, dass vererblich, pfändbar und übertragbar ist.[22] Insoweit ist er im Erbschein und im Grundbuch aufzunehmen.[23] Die Wirkungen einer Übertragung entsprechen der Übertragung des Anwartschaftsrechts des Nacherben.[24] Hat der Vorerbe mit Zustimmung des Nacherben wirksam über Nachlassgegenstände verfügt, so setzt sich das Recht des Ersatznacherben am Surrogat fort. Eine Übertragung des Anwartschaftsrechts des Nacherben schränkt seine Rechte nicht ein, denn der Nacherbe kann nur die Rechte übertragen, die er hat.

IV. Gegenstand und Umfang der Nacherbfolge

13 Bei der Bestimmung des Gegenstandes und des Umfangs der Nacherbfolge ist der Erblasser frei. Ebenso wie eine bestimmte Erbquote festlegen kann, kann er auch den dem Nacherbe unterfallenden Teil des Nachlasses quotal festlegen. Eine Zuwendung einzelner Gegenstände kann aber nur ein Vermächtnis oder ein Nachvermächtnis sein.

14 Werden wesentliche Vermögenswerte, wie etwa Unternehmensanteile oder Grundstücke, der Nacherbfolge unterworfen, so ist auch hier die Abgrenzung nach § 2087 BGB vorzunehmen.[25] Hat der Erblasser für sein Vermögen insgesamt einen Erben eingesetzt, aber für einen Teil des Vermögens Nacherbfolge angeordnet, müssen diese Erbteile getrennt durch den Vor-/Vollerben verwaltet werden.

---

17 BGH ZEV 1999, 59; OLG München ZEV 2007, 582.
18 OLG München ZEV 2007, 582.
19 MüKoBGB/*Grunsky* § 2100 Anm. 15.
20 Vgl. BGHZ 40, 115.
21 *Dumoulin* DNotZ 2003, 571.
22 Allg.M., vgl. nur MüKoBGB/*Grunsky* § 2102 Rn. 11; BayObLG FamRZ 1992, 728.
23 MüKoBGB/*Grunsky* § 2102 Rn. 15 f.
24 S. hierzu vor § 2100 Rz. 12.
25 S. hierzu § 2087 Rz. 7.

V. Rechtliche Stellung des Vorerben

Der Vorerbe ist bis zum Nacherbfall der Erbe des Erblassers, so dass auf ihn sämtliche 15
Rechte und Pflichten übergehen.[26] Soweit die Nacherbfolge reicht, ist er im Interesse des
Nacherben in den Verfügungsmöglichkeiten allerdings beschränkt. Im Ergebnis hat der
Vorerbe eine deutlich freiere Stellung als der Nießbraucher hat, wenn er auch im Ergebnis – soweit nicht besondere Befreiungsvorschriften eingreifen – unter dem Strich nur die
Nutzungen endgültig behalten darf. Gehört zum Nachlass eine Gesellschaftsbeteiligung,
so ist der Vorerbe handelsrechtlich unbeschränkt Gesellschafter.[27] Insoweit kann der Vorerbe zwar verfügen, soweit er allerdings in seinen Verfügungen beschränkt ist, sind diese
relativ unwirksam.[28]

Der Vorerbe kann grundsätzlich auch die gesamte Erbschaft veräußern, wobei auch dies 16
an der Verhaftung des Nachlasses nichts ändert. Auch hier bleibt der ursprüngliche Nachlass im Nacherbenrecht befangen. An die Stelle des Nacherbenrechtes tritt in diesem Fall
nicht der Erlös als Surrogat.[29]

I.R.e. Veräußerung (nach § 2033 BGB) ist zu berücksichtigen, dass hier auch dem Vor- 17
oder Nacherben ein Vorkaufsrecht zusteht.[30] Generell gilt, dass sich das Recht des Nacherben immer auf den kompletten Nachlass bezieht, so dass eine Aufteilung vor dem Nacherbfall für ihn keine Wirkung zeigt. Verfügt der Vorerbe über Nachlassbestandteile, so tritt
an deren Stelle das jeweilige Surrogat, wobei dies voraussetzt, dass es sich um eine dem
Nacherben gegenüber wirksame Verfügung handelt. Tritt der Nacherbfall erst nach dem
Tod des Vorerben ein, so treten zunächst die Erben des Vorerben in dessen Rechtsstellung
ein. Endgültig gebühren dem Vorerben (und dessen Erben) die Nutzungen und die
Früchte, §§ 2111, 99, 100 BGB. Der Vorerbe trägt die Fruchtziehungskosten, § 102 BGB,
sowie die gewöhnlichen Verwaltungskosten, § 2124 Abs. 1 BGB. Wenn der Vorerbe eine
letztwillige Verfügung errichtet, kann diese grundsätzlich nur auf sein Eigenvermögen
bezogen sein und – soweit noch Nutzungen aus dem Zeitraum seiner Berechtigung ausstehen – auch auf diese Nutzungen.

VI. Rechtliche Stellung des Nacherben

1. Bis zum Nacherbfall

Durch die Anordnung der Nacherbfolge sind die Rechte des Vorerben beschränkt. Grund- 18
sätzlich soll die Substanz des Nachlasses erhalten werden. Bis zum Nacherbfall steht ihm
lediglich ein Anwartschaftsrecht zu. Dieses Anwartschaftsrecht besteht auch bei einer
bedingten Nacherbeneinsetzung, soweit nicht die Person des Nacherben unbestimmt ist
und deshalb die erforderliche Konkretisierung fehlt. Das Nacherbenrecht bzw. das
Anwartschaftsrecht ist nach den gesetzlichen Vorgaben auch vererblich und übertragbar.
Ebenso kann es auch gepfändet werden. Die Pfändung hindert aber nicht die Ausschlagung durch den Erben.[31]

Dieses Anwartschaftsrecht wird durch weitere gesetzliche Schutzvorschriften noch 19
gestärkt. So stehen dem Nacherben Auskunfts- und Sicherungsrechte zu, soweit der Vorerbe hiervon nicht befreit ist. Wird das Anwartschaftsrecht des Nacherben beeinträchtigt,
kann der Nacherbe auch schon vor dem Nacherbfall seine Rechte durch eine Feststellungsklage geltend machen. Umgekehrt gilt dies auch für den Vorerben. Wenn auch während der Zeit bis zum Nacherbfall eine Auseinandersetzung über den Nachlass zwischen

---

26 BGH NJW 1993, 1582.
27 BayObLG NZG 2001, 124.
28 S. hierzu näher § 2113 Rz 9.
29 *Kipp/Coing* § 49 Abs. 2 S. 2b; MüKoBGB/*Grunsky* § 2100 Rn. 21.
30 MüKoBGB/*Grunsky* § 2100 Rn. 21.
31 LG Hildesheim FamRZ 2009, 1440.

Vor- und Nacherbe nicht vorgesehen ist, so ist sie gleichwohl einvernehmlich möglich.[32] Grundsätzlich wirken zwar die Erklärungen des Nacherben für die ihm folgenden Ersatznacherben und weiteren Nacherben, zweifelhaft ist allerdings, ob bei einer so weitgehenden Regelung nicht auch diese weiteren Beteiligten zustimmen müssen, wann über die Rechte insgesamt verfügt wird.[33]

20 Zwischen dem Vor- und Nacherben besteht auf Grund der gesetzlichen Regeln ein gesetzliches Schuldverhältnis, aus dem sich zwischen den Beteiligten Ansprüche ergeben können. Der Vorerbe ist insoweit zur ordnungsgemäßen Verwaltung des Nachlasses verpflichtet, § 2130 S. 1 BGB. Der Nacherbe ist verpflichtet, zu etwaigen notwendigen Verfügungen seine Zustimmung zu erklären, § 2120 BGB. Bei einer Schenkung des Vorerben an den Nacherben, bei dem ein steuerlich nicht berücksichtigtes Auslandskonto übertragen wurde, kann im Falle einer Steuernachforderung des Finanzamtes an den Vorerben eine Vertragsanpassung und Aufteilung der Steuernachforderung verlangt werden.[34]

2. Nach dem Nacherbfall

21 Mit Eintritt der Nacherbfolge geht der Nachlass unmittelbar an den Nacherben über, ohne dass es noch gesonderter Maßnahmen des Vorerben bedarf. Das Grundbuch ist entsprechend zu berichtigen. Soweit Maßnahmen gleichwohl erforderlich sind (etwa bei der Übertragung von Unternehmensanteilen), sind der Nacherbe bzw. die Erben des Vorerben verpflichtet, die notwendigen Maßnahmen zu treffen. Gleichzeitig entstehen in der Person des Nacherben Herausgabeansprüche sowie Schadensersatz- und Wertersatzansprüche. Da § 857 BGB nicht anwendbar ist, geht der Besitz allerdings nicht automatisch über, so dass insofern auch hier die Erben des Vorerben bzw. der Vorerbe selbst verpflichtet sind.

VII. Gestaltungsempfehlungen

1. Behindertentestament

22 Durch die Neuregelung des § 2306 BGB stellt sich die Frage der Quote am Nachlass heute nicht mehr, da ein Wegfall von Belastungen und Beschwerungen i.S.d. § 2306 BGB nicht mehr vorgesehen ist. Insofern ist bei allen Gestaltungen darauf abzuheben, dass zur Durchsetzung von Pflichtteilsansprüchen, die mit einem Behindertentestament regelmäßig verhindert werden sollen, zunächst eine Ausschlagung erforderlich ist.

23 Während der Pflichtteilsanspruch selbst, auch wenn er bis zur Geltendmachung durch den Betroffenen nicht pfändbar ist, durch Verwaltungsakt gem. § 93 SGB XII überleitbar ist,[35] ist – jedenfalls bisher – das Ausschlagungsrecht weder überleitbar noch übertragbar, weil es sich um ein Gestaltungsrecht handelt.[36] Allerdings sollte bei der Errichtung von Testamenten in die Überlegungen einbezogen werden, dass sich die gesetzliche Situation jederzeit ändern kann. Auch kann sich etwa bei der Inanspruchnahme von Sozialhilfeleistungen die Frage stellen, ob hier nicht eine Verweisung auf die Möglichkeit der Ausschlagung zulässig wäre, um bei einem Verstoß zu einer Leistungskürzung zu kommen.

24 Insoweit ist die früher vertretene Ansicht, dass eine derartige Gestaltung als sittenwidrig anzusehen sei, jedenfalls für das Behindertentestament, weitgehend zurückgedrängt.[37]

---

32 BGH NJW RR 2001, 217.
33 S. hierzu auch *Reimann* DNotZ 2007, 579.
34 BGH FamRZ 2006, 473.
35 BGH ZEV 2005, 115.
36 Vgl. nur OLG Frankfurt ZEV 2004, 24; OLG Köln ZEV 2008, 196.
37 Aus der neueren Literatur ab 2000 nur noch MüKoBGB/*Armbrüster* § 138 Rn. 45.

Mehrere Senate des BGH sind unisono und mit Recht der Auffassung, dass eine Gestaltung wie der nachstehende Vorschlag nicht als sittenwidrig anzusehen ist.[38]

Allerdings gilt dies auch nicht generell. Zum einen darf der aus dem Nachlass abgeleitete Pflichtteil nicht so groß sein, dass mit dem Pflichtteil allein die Versorgung des Behinderten auf Lebenszeit sichergestellt ist. Zum anderen muss dem Behinderten aus der Gestaltung auch ein ausreichender Vorteil entstehen, etwa weil ihm zusätzliche Annehmlichkeiten und Mittel zur Verfügung gestellt werden.[39] Insofern ergibt sich bei einer Beschränkung auf die laufenden Erträge im Rückschluss aus § 2338, dass die Quote am Nachlass nach wie vor wenigstens geringfügig größer als die Pflichtteilsquote sein sollte. 25

Beispiel für ein Behindertentestament (Ausschnitt): 26

1. Für den Fall des Todes eines von uns setzen wir in Höhe der gesetzlichen Erbquote unsere Tochter K. als nicht befreite Vorerbin ein. Befreiung wird nur von der Vorschrift des § 2119 BGB erteilt. Ersatzerbe ist der Überlebende von uns. Für den übrigen Nachlass setzen wir den Überlebenden als von allen Beschränkungen und Verpflichtungen befreiten Vorerben ein.

2. Sollten wir beide durch dasselbe Ereignis, etwa einen gemeinsamen Unfall bedingt, annähernd gleichzeitig versterben, so sollen unsere Abkömmlinge sofort unsere Erben zu gleichen Teilen werden. Unser Tochter K. ist aber nur nicht befreite Vorerbin. Befreiung wird nur von der Vorschrift des § 2119 BGB erteilt. 27

4. Erben des Überlebenden sollen unsere Kinder zu je 1/3 sein. Unsere Tochter K. soll aber nur nicht befreite Vorerbin sein. Befreiung wird nur von der Vorschrift des § 2119 BGB erteilt 28

5. Nacherben sollen in allen Fällen unser Sohn M. und unser Sohn A zu je 1/2 sein. 29

6. Sollte unsere Tochter K. das Erbe ausschlagen und den Pflichtteil verlangen, so ordnen wir für diesen Fall an, dass nach dem Tode von K. deren gesetzliche Erben den ihr hinterlassenen Pflichtteil als Nacherben erhalten sollen. 30

7. Unsere Tochter K. wird vermutlich dauerhaft nicht in der Lage sein, ihre Angelegenheiten eigenverantwortlich zu regeln. Deshalb soll der auf sie entfallende Anteil nicht ausgezahlt werden. Wir ordnen vielmehr für beide auf K. entfallende Erbteile ebenso wie für den Pflichtteil, soweit gesetzlich zulässig, bis zum Tode von K. Dauertestamentsvollstreckung an. Während der Dauer der Testamentsvollstreckung soll K. die laufenden Erträge erhalten. Dieser jährliche Ertrag des Erbteils wird, soweit gesetzlich zulässig, für unabtretbar und unpfändbar erklärt. 31

8. Zum Testamentsvollstrecker ernennen wir zunächst den überlebenden Ehegatten bis zum 2. Erbfall. Danach soll unser ältester Sohn, ersatzweise unser jüngster Sohn Testamentsvollstrecker sein. Notfalls soll das Nachlassgericht um einen Verwalter ersucht werden. Der Testamentsvollstrecker ist von den Beschränkungen des § 181 BGB ausdrücklich befreit. 32

9. Der Testamentsvollstrecker wird für die Anteile von K. angewiesen, dafür Sorge zu tragen, dass ein möglichst großer Teil des Nachlasses und seiner Erträge K. so zukommt, dass sie sich damit Wünsche erfüllen kann, die ihr sonst aus finanziellen Gründen nicht möglich wären. Dies sind etwa 33

– Taschengeld in angemessener Höhe
– Aufwendungen für Kleidung
– Persönliche Anschaffungen für Hobbys und Liebhabereien
– Geschenke zu Festtagen

---

[38] Grundlegend BGH NJW 1994, 248; zuletzt BGH ZEV 2009, 254 mit Anm. *Litzenburger;* ebenso OLG Köln ZEV 2010, 85 mit ablehnender Anm. Armbrüster.
[39] Ebenso BGH NJW 1994, 248, 249; vgl. auch OLG Hamm ZErb 2009, 302 zur Ausschlagung einer werthaltigen Erbschaft.

- Finanzielle Zuwendungen für Ferien und Kuraufenthalte einschließlich einer erforderlichen Begleitperson
- Aufwendungen für Besuche bei Freunden und Verwandten
- Aufwendungen für ärztliche Behandlungen, Hilfsmittel und Ausstattungsgegenstände, die von Krankenkassen nicht oder nicht vollständig bezahlt werden
- Aufwendungen für zusätzliche Betreuung

34 Diese Zahlungsverpflichtungen sollen jedoch entfallen, wenn sie auf öffentliche Leistungen angerechnet werden In diesem Fall ist der Testamentsvollstrecker berechtigt, andere vergleichbare Wege zu suchen. Insgesamt wird der Testamentsvollstrecker angewiesen, soweit wie möglich auf die Bedürfnisse und Wünsche von K. einzugehen.

2. Bedürftigen-/Überschuldetentestament

35 Beim Bedürftigentestament ist regelmäßig neben dem Zugriff staatlicher Stellen auf Empfänger von Grundsicherung etwa unter sozialrechtlichen Gesichtspunkten auch der Zugriff von Drittgläubigern im Auge zu behalten. Insofern ist hier gleichzeitig auch sicherzustellen, dass die Vollstreckung in Vermögenswerte ausgeschlossen ist. Dies lässt sich regelmäßig nur durch eine Dauertestamentsvollstreckung in den Griff bekommen. Während die Verhinderung des Zugriffs von Drittgläubigern im Allgemeinen nicht als sittenwidrig angesehen wird,[40] weil dieser Grundgedanke bereits in der Regelung des § 2338 seinen Ausdruck findet, wird dies für Sozialleistungen, insb. bei Grundsicherung und ALG II, teilweise anders beurteilt.[41]

Hier kann das obige Muster mit Einschränkungen ebenso angewandt werden. Alternativ sollte hier noch sicherheitshalber eine Pflichtteilsbeschränkung in guter Absicht[42] aufgenommen werden.

36 Eine Vielzahl von Gestaltungsalternativen und Mustern finden sich bei *Reimann/Bengel/J. Maier* Testament und Erbvertrag, auf die ergänzend verwiesen werden kann.

§ 2101
Noch nicht gezeugter Nacherbe

(1) Ist eine zur Zeit des Erbfalls noch nicht gezeugte Person als Erbe eingesetzt, so ist im Zweifel anzunehmen, dass sie als Nacherbe eingesetzt ist. Entspricht es nicht dem Willen des Erblassers, dass der eingesetzte Nacherbe werden soll, so ist die Einsetzung unwirksam.

(2) Das Gleiche gilt von der Einsetzung einer juristischen Person, die erst nach dem Erbfall zur Entstehung gelangt; die Vorschrift des § 84 bleibt unberührt.

I. Normzweck

1 Nach § 1923 BGB lautet der Grundsatz, dass der Erbe den Erblasser überlebt haben, oder beim Erbfall bereits gezeugt sein muss. Von diesem Grundsatz macht § 2101 Abs. 1 BGB eine Ausnahme, so dass auch eine beim Erbfall noch nicht gezeugte Person als Erbe, wenn auch nur als Nacherbe, möglich ist. Hierdurch wird dem Erblasser ermöglicht, insb. zukünftigen Nachkommen etwas zuzuwenden.

---

[40] Auch der Verzicht auf die Geltendmachung von Pflichtteilsansprüchen während des Insolvenzverfahrens ist keine Obliegenheitsverletzung, vgl. BGH ZErb 2009, 281.
[41] Etwa SG Dortmund ZEV 2010, 54 mit ablehnender Anm. *Keim*; MüKoBGB/*Armbrüster* § 138 Rn. 45.
[42] Vgl. hierzu § 2338 Rz. 4.

II. Voraussetzungen für Abs. 1

Voraussetzung für die Anwendung der Auslegungsregel ist, dass eine nichtgezeugte Person als Erbe eingesetzt wird. Sie muss nicht als Nacherbe eingesetzt werden, der Erblasser muss hier nicht einmal daran gedacht haben. Die Vorschriften des § 2101 Abs. 1 S. 1 BGB ist für eine Erbeinsetzung als Ersatzerbe oder Schlusserbe entsprechend anzuwenden. Bevor es zur Anwendung der Auslegungsregel kommt, muss allerdings zunächst feststehen, dass die nicht gezeugte Person oder auch die nicht gezeugten Personen tatsächlich als Erben eingesetzt worden sind. Setzt der Erblasser etwa die Kinder seines Sohnes als Erben ein, so ist durch Auslegung des Testamentes zunächst zu ermitteln, ob damit auch noch nicht gezeugte Angehörige dieser Personengruppe gemeint sind. Insoweit besteht keine Auslegungsregel.[1]

III. Rechtsfolgen der Einsetzung

Erfolgt eine derartige Einsetzung, so besteht die Auslegungsregel, dass die noch nicht gezeugte Person als Nacherbe eingesetzt ist. Nach § 2106 Abs. 2 S. 1 fällt in einem solchen Fall die Erbschaft dem Nacherben mit dessen Geburt an. Bis zu diesem Zeitpunkt sind – wenn der Erblasser nichts anderes festgelegt hat – die gesetzlichen Erben Vorerben.

Schwieriger sind die Folgen, wenn beim Erbfall Abkömmlinge schon erzeugt waren oder schon gelebt haben. In diesem Falle werden die lebenden oder beim Erbfall schon gezeugten Abkömmlinge zunächst Erben und hinsichtlich der zu diesem Zeitpunkt noch nicht gezeugten Abkömmlinge Vorerben. Solange nach dem Erbfall noch weitere Personen gezeugt werden könnten, besteht ein Schwebezustand, der im Rahmen der Ausweisungen im Erbschein und im Grundbuch zu berücksichtigen ist. Soweit der Vorerbe etwa über Vermögensgegenstände verfügen will, für die eine Zustimmung zuständig ist, ist für die ungewissen Nacherben ein Pfleger zu bestellen.[2]

Hiervon kann abgesehen werden, wenn feststeht, dass der mögliche weitere Erbe nicht mehr geboren werden kann (etwa aus medizinischen Gründen)[3] oder wenn die 30-jährige Frist des § 2109 Abs. 1 BGB abgelaufen ist. Kommen auch adoptierte Kinder in Frage, scheidet eine Löschung regelmäßig bis zum Tode des Vorerben aus.[4]

IV. Entgegenstehender Wille

Die vorstehenden Überlegungen gelten nicht, wenn sich aus der letztwilligen Verfügung ableiten lässt, dass eine solche Folge nicht dem Willen des Erblassers entspricht. Hierbei reicht aus, dass der Eingesetzte nicht Nacherbe werden soll. Ist dies klar, führt dies im Ergebnis zu einer Unwirksamkeit der Erbeinsetzung über die weitere Regelung des § 1923 BGB. Zu berücksichtigen ist, dass die Beweislast hierfür derjenige trägt, der sich auf die Unwirksamkeit der Verfügung beruft. Die Anforderungen sind hoch.

V. Nichtentstandene juristische Person

Für eine noch nicht entstandene juristische Person gilt im Ergebnis das Gleiche. Auch hier wird diese juristische Person mit ihrer Entstehung Erbin, § 2106 Abs. 2 BGB. Auch hier ist Voraussetzung, dass die juristische Person, die als Erbe vorgesehen ist, genau bestimmt ist. In der Praxis kommt dies eher selten vor. Der häufigere Fall, nämlich der Fall, dass der Erblasser eine Stiftung von Todes wegen errichtet, ist nach § 84 BGB bereits so geregelt, dass die Stiftung als vor dem Tode entstanden anzusehen ist. Insofern ist § 2101 Abs. 2 BGB für diesen Fall gar nicht anzuwenden.

---

1 OLG Köln FamRZ 1992, 475.
2 S.a. MüKoBGB/Grunsky § 2101 Rn. 5.
3 Wobei hier hohe Anforderungen zu bestellen sind, vgl. OLG Saarbrücken FamRZ 1997, 1364.
4 OLG Stuttgart ZEV 2010, 94.

§ 2102
Nacherbe und Ersatzerbe

(1) Die Einsetzung als Nacherbe enthält im Zweifel auch die Einsetzung als Ersatzerbe.

(2) Ist zweifelhaft, ob jemand als Ersatzerbe oder als Nacherbe eingesetzt ist, so gilt er als Ersatzerbe.

I. Normzweck

1 Hintergrund der Regelung des Abs. 1 ist die Tatsache, dass der Nacherbe in jedem Fall, wenn auch mit zeitlicher Verzögerung Erbe werden soll, während der Ersatzerbe nur für den Fall vorgesehen ist, dass der ursprüngliche Erbe ausfällt. Berücksichtigt man weiter, dass nach § 2106 Abs. 1 BGB ohne nähere Bestimmung eines Ereignisses der Tod des Erben zum Nacherbfall führt, zieht § 2102 BGB dies noch etwas vor. Dies macht deutlich, dass der Nacherbe eine stärkere Position als der Ersatzerbe hat. Die weitere Regelung des Abs. 2 verdeutlicht dies noch einmal in anderer Form. Hier führen Zweifel bei der Bestimmung der Position dazu, dass die weniger starke Stellung fingiert wird. Grundsätzlich bleibt es dabei, dass die Auslegung Vorrang hat. Nacherbe und Ersatzerbe können auch kombiniert als Ersatznacherbe vorkommen.[1]

II. Nacherbe als Ersatzerbe (Abs. 1)

2 Die Auslegungsregelung setzt grundsätzlich voraus, dass es ein Bedürfnis für einen Ersatzerben gibt. Der Vorerbe muss also bereits vor dem Erbfall verstorben sein, damit die Regelung Relevanz erhält. Neben dem Wegfall des Vorerben durch Vorversterben kommen auch andere auf den Erbfall rückwirkende Gründe in Betracht, wie etwa die Ausschlagung oder die Unwirksamkeit seiner Einsetzung.[2] Weitere Voraussetzung ist, dass nicht durch Testament des Erblassers ein eindeutiger Wille geäußert worden ist, etwa durch Einsetzung eines Ersatzvorerben. Da der Ersatzerbe nur dann Vollerbe beim Erbfall werden kann, wenn er zu diesem Zeitpunkt lebt oder schon gezeugt ist, kann er nur Nacherbe werden, wenn er zu diesem Zeitpunkt noch nicht gezeugt war. In diesem Falle ist ebenfalls § 2106 BGB anzuwenden, so dass er mit seiner Geburt Erbe wird.

3 Möglich ist auch, dass sich aus dem Testament ergibt, dass der Nacherbe nicht schon mit dem Tode des Vorerben berufen werden soll, etwa wenn die Nacherbfolge an eine zu diesem Zeitpunkt noch nicht eingetretene Bedingung (erfolgreicher Abschluss einer Ausbildung) oder einen bestimmten Zeitpunkt (Erreichen eines bestimmten Alters) anknüpft. In diesen Fällen verbleibt es bei dem festgelegten Nacherbfall, so dass im Falle eines Wegfalls des Vorerbens unter den vorgenannten Bedingungen entweder die gesetzlichen Formen des Vorerben zunächst an dessen Stelle treten oder aber im Falle der Einsetzung von Miterben eine Anwachsung erfolgt

III. Gemeinschaftliches Testament

4 Besonders häufig kommt es zur Anwendung des § 2102 Abs. 1 bei gemeinschaftlichen Testamenten von Eheleuten. In diesen findet sich nicht selten eine Regelung, wonach zunächst der überlebende Ehegatte der Vorerbe werden soll und abschließend Dritte, häufig die Kinder, als Nacherben folgen sollen.

5 Während beim Berliner Testament in klassischer Form die Einheitslösung durch das Gesetz vorgegeben wird, kann im Einzelfall aber auf Grund der Formulierungen die Tren-

---

1 S. hierzu § 2100 Rz. 10.
2 BayObLG NJW-RR 2001, 950 für den Fall des 2077 Abs. 1.

nungslösung denkbar sein. Fehlt es in diesen Fällen bei der Trennungslösung einer Regelung für den Erben des Überlebenden ergibt sich aus § 2102 Abs. 1 die Einsetzung der als Nacherbe des Erstversterbenden eingesetzten Personen auch als Ersatzerbe des länger lebenden Ehegatten. Diese nicht auf den ersten Blick einleuchtende Konsequenz ergibt sich daraus, dass die Einsetzung der Nacherben für jeden der Ehegatten vorgesehen ist.[3] Diese Grundsätze sind auch vom Grundbuchamt im Rahmen des § 35 GBO zu beachten.[4]

Bei der zunehmend häufiger vorkommenden »Patchwork«-Ehe wird dies allerdings dann schwieriger sein, wenn die Eheleute für den Nacherbfall des einen Ehegatten dessen Kinder und für den Nacherbfalls des zweiten Ehegatten dessen Kinder eingesetzt haben. Hier wird eine Ersatzerbschaft nicht aus dem Gesetz abzuleiten sein. 6

Im Zusammenhang mit der Erbeinsetzung der Kinder als Nacherbe bei der Trennungslösung wird sich nicht selten die Frage stellen, ob die Verfügungen der Ehegatten auch im Hinblick auf diese Erbeinsetzung wechselbezüglich waren. Hier sind die Grundsätze des § 2270 BGB anzuwenden.[5] 7

IV. Nacherbe oder Ersatzerbe (Abs. 2)

Abs. 2 enthält die weitere Auslegungsregel, dass der Eingesetzte im Zweifel Ersatzerbe ist. Vor Anwendung der Vorschrift ist die Auslegung des Testamentes von besonderer Bedeutung. Dies hängt damit zusammen, dass insb. bei privatschriftlichen Testamenten die erbrechtlichen Begriffe dem Verfasser eines Testamentes nicht geläufig sein müssen. Selbst bei Verwendung der juristischen Fachbegriffe lässt sich eine eindeutige Zuordnung nicht vornehmen. Es ist deshalb zunächst einmal mit dem Gericht zur Verfügung stehenden Mitteln zu erforschen, wie die Formulierung gemeint ist. Erst wenn sich hier keine Möglichkeiten mehr ergeben, ist auf die Auslegungsvorschrift zurückzugreifen. Eine Einsetzung unter einer Bedingung führt regelmäßig zur Annahme der Nacherbschaft.[6] 8

Streitig ist, ob bei Einsetzung einer beim Erbfall noch nicht gezeugten Person § 2101 Abs. 1 BGB vorrangig Anwendung findet. Die herrschende Meinung gibt zu Recht § 2101 Abs. 1 BGB den Vorrang, weil diese Vorschrift im Ergebnis für jeden Erben anzuwenden ist, also auch für den Ersatzerben. Eine Bevorzugung ist damit nicht verbunden.[7] 9

§ 2103
Anordnung der Herausgabe der Erbschaft

Hat der Erblasser angeordnet, dass der Erbe mit dem Eintritt eines bestimmten Zeitpunkts oder Ereignisses die Erbschaft einem anderen herausgeben soll, so ist anzunehmen, dass der andere als Nacherbe eingesetzt ist.

I. Herausgabepflicht

Die Vorschrift knüpft daran an, dass sich der Erblasser laienhaft ausgedrückt haben kann und anstelle der gesetzlichen Bezeichnungen einfach nur von Herausgabe an einen Dritten gesprochen hat. Eine solche Anordnung liegt nur dann vor, wenn die konkrete Herausgabe darauf abzielt, dem Dritten eine einem Nacherben vergleichbare Stellung zu verlei- 1

---
3 Vlg. hierzu OLG Celle ZEV 2003, 111; OLG Hamm FamRZ 2005, 74; OLG Karlsruhe NJW-RR 2003, 582.
4 Ebenso Staudinger/*Avenarius* § 2102 Rn. 3; OLG Hamm ZEV 1997, 208; LG Aschaffenburg ZEV 2009, 577; a.A. OLG Celle ZEV 2010, 95 mit ablehnender Anm. *Heinze*.
5 Vgl. hierzu OLG Hamm FamRZ 2005, 74; OLG Celle ZEV 2003, 111.
6 OLG Hamm ZErb 2008, 23 – Kinderlosigkeit.
7 *Palandt/Edenhofer* § 2102 Rn. 4 entgegen MüKoBGB/*Grunsky* § 2102 Rn. 7.

hen. Das liegt nicht vor, wenn der Nachlass dem Dritten nur vorübergehend überlassen werden soll, ohne dass ihm, dem Dritten, eine endgültige Eigentümerstellung zukommen soll. Hieran kann es fehlen, wenn der Dritte den Nachlass oder Gegenstände des Nachlasses zur Verwertung für die Erben erhalten sollen[1] oder wenn der Nachlass oder Teile davon für einen bestimmten Zeitraum öffentlich gestellt werden müssen.[2]

II. Herausgabe des Nachlasses

2 Weitere Voraussetzung ist, dass der Nachlass oder ein Teil des Nachlasses herausgegeben werden soll. Soll die Herausgabe nur für bestimmte Nachlassgegenstände erfolgen, so ergibt sich hieraus keine Stellung als Nacherbe, sondern ein aufschiebend bedingtes oder befristetes Vermächtnis. Soll der Erbe nach einem gewissen Zeitablauf eine Quote des Nachlasses herausgeben, wird ein Quotenvermächtnis der Hintergrund sein, dass befristet ausgesetzt wurde. Die Einsetzung eines Dritten auf den Überrest des Nachlasses dürfte dagegen eine Nacherbeneinsetzung, verbunden mit einer Befreiung des Vorerben, bedeuten.[3]

III. Bestimmter Zeitpunkt oder Ereignis

3 Die Einsetzung eines Nacherben setzt generell voraus, dass der Vorerbe zumindest für eine gewisse Zeit als Erbe vorgesehen ist. Wird also die sofortige Herausgabe angeordnet, so kann darin die Ernennung des Beschwerten als Testamentsvollstreckers liegen, während der Herausgabeberechtigte direkt Vollerbe geworden ist. Der Zeitpunkt oder das Ereignis muss in der letztwilligen Verfügung ausreichend bestimmt sein. Insb. kann die Bestimmung des Zeitpunktes einem Dritten nicht überlassen werden.[4]

§ 2104
Gesetzliche Erben als Nacherben

Hat der Erblasser angeordnet, dass der Erbe nur bis zu dem Eintritt eines bestimmten Zeitpunkts oder Ereignisses Erbe sein soll, ohne zu bestimmen, wer alsdann die Erbschaft erhalten soll, so ist anzunehmen, dass als Nacherben diejenigen eingesetzt sind, welche die gesetzlichen Erben des Erblassers sein würden, wenn er zur Zeit des Eintritts des Zeitpunkts oder des Ereignisses gestorben wäre. Der Fiskus gehört nicht zu den gesetzlichen Erben im Sinne dieser Vorschrift.

I. Normzweck

1 Die Vorschrift soll Hilfestellung leisten, wenn eine erbrechtliche Verfügung unvollständig ist. Der nicht näher genannte Nacherbe wird durch die gesetzlichen Erben des Erblassers ersetzt, die zum Zeitpunkt des Nacherbfalls zu diesem Kreis gehören. Hier soll sichergestellt werden, dass eine dem Willen des Erblassers möglichst nahe kommende, konstruktive Lösung gefunden wird. § 2104 BGB ist im Zusammenhang mit der weiteren Vorschrift des § 2142 BGB zu sehen, nach der für den Fall der Ausschlagung des Nacherben die Erbschaft dem Vorerben verbleibt.

---

1 Hierin könnte die Anordnung der Testamentsvollstreckung liegen.
2 S. das Bsp. bei MüKoBGB/*Grunsky* § 2103 Rn. 3.
3 Vgl. auch § 2137 Rz. 2.
4 Palandt/*Edenhofer* § 2065 Rn. 6.

II. Voraussetzungen

Zunächst muss der Erblasser Vor- und Nacherbfolge angeordnet haben, so dass die Anwendung etwa dann ausgeschlossen ist, wenn der vorgesehene Nacherbe vor dem Erbfall verstorben ist und eine Ersatznacherbeneinsetzung unterblieben ist. Im Rahmen der Auslegungsvorschriften, insb. § 2069 BGB, ist allerdings zunächst zu klären, ob keine Ersatzlösung eintritt.

Weitere Voraussetzung ist, dass der Erblasser nicht bestimmt hat, wer Nacherbe sein soll. Dies ist dann der Fall, wenn der Nacherbe nicht genannt ist und sich auch durch Auslegung nicht ermitteln lässt. Gleichgestellt wird dem nach allgemeiner Auffassung der Fall, dass der Erblasser eine Bezeichnung des Nacherben durch ein späteres Testament widerruft, ohne die Anwendung der Nacherbfolge auszuheben.

III. Rechtsfolgen

Rechtsfolge ist, dass die gesetzlichen Erben des Erblassers Nacherben sind. Nach S. 1 ist der Kreis der gesetzlichen Erben im Augenblick des Nacherbfalles maßgeblich. Während der Schwebezeit zwischen dem Vorerbfall und dem Nacherbfall kann ein Anwartschaftsrecht durch die gesetzlichen Erben nicht entstehen, weil der Kreis der gesetzlichen Erben nicht feststeht. Hier können neue gesetzliche Erben hinzu kommen und alte wegfallen, ebenso können Teile anderen Miterben anwachsen. Die Rechtsstellung des gesetzlichen Erben in diesem Falle ist zwar schon vor dem Nacherbfall übertragbar und auch der Pfändung unterworfen, dennoch wird die Übertragung/Pfändung wirkungslos, wenn die Rechtsposition des bisherigen gesetzlichen Erben entfällt.

§ 2104 ist eine Auslegungsregel, sodass durch Anordnungen des Erblassers auch abweichende Bestimmungen möglich sind. Diese abweichenden Bestimmungen können sich auch für den Kreis der gesetzlichen Erben ergeben. Ähnlich wie bei § 2066 kann sich aus der Auslegung der letztwilligen Verfügung ergeben, dass bestimmte gesetzliche Erben nicht bedacht werden sollen, etwa bei Enterbung oder wenn sich beim Nacherbfall die Verhältnisse stark geändert haben und sich aus der letztwilligen Verfügung entnehmen lässt, dass der Kreis der Erben maßgeblich ist, der zum Zeitpunkt des Erbfalls vorhanden war.

IV. Entsprechende Anwendung

Weitgehend unstreitig ist, dass die Vorschrift nicht für den Fall anzuwenden ist, dass der Nacherbe nach § 2344 BGB für erbunwürdig erklärt wird und eine Ersatznacherbenregelung fehlt.[1]

Für einige weitere Fälle der Unvollständigkeit ist es in Rechtsprechung und Literatur umstritten, ob § 2104 entsprechend anzuwenden ist. In der Praxis von besonderer Bedeutung ist ein Verstoß gegen gesetzliche Vorschriften, insb. gegen § 2065 Abs. 2 BGB, § 14 HeimG oder §§ 7, 27 BeurkG.

Hat der Erblasser die Bezeichnung des Nacherben einem Dritten überlassen und hiermit gegen § 2065 Abs. 2 BGB verstoßen, wird man je nach der Zielsetzung des Erblassers zu differenzieren haben. Hat er etwa die Auswahl des Nacherben dem Vorerben überlassen, dürfte ein Rückgriff auf § 2104, gegebenenfalls beschränkt auf bestimmte gesetzliche Erben, zu erfolgen haben.[2] In vielen Fällen wird aber die Auslegung ergeben, dass es dem Willen des Erblassers entspricht, dass der Vorerbe dann Vollerbe wird, so dass dieser dann den Vorgaben des Erblassers Rechnung tragen kann.[3]

---

1 BGH NJW 1986, 1812 *Bamberger/Roth/Litzenburger* § 2104 Rn. 5; *Staudinger/Avenarius* § 2104 Rn. 9.
2 OLG Hamm ZErb 2007, 61 = MDR 2007, 663; OLG Köln FamRZ 2003, 1784; LG München I FamRZ 1998, 1261.
3 BGH NJW 1986, 1812; OLG Frankfurt FamRZ 2000, 1607.

9   Liegt ein Verstoß gegen andere Verbotsgesetze, etwa § 14 HeimG, §§ 7, 27 BeurkG vor, so wird man regelmäßig zu einem Rückgriff auf § 2104 BGB kommen. In diesen Fällen lässt sich die Intention des Erblassers regelmäßig nicht aus der letztwilligen Verfügung ableiten lassen, während gleichzeitig nicht angenommen werden kann, dass der Vorerbe Vollerbe werden soll, so dass ein Rückgriff auf die Vorschrift des § 2142 Abs. 2 BGB zweifelhaft wäre.

10 Verstirbt der eingesetzte Nacherbe vor Eintritt des Nacherbfalls oder wird entgegen den Erwartungen des Erblassers der eingesetzte Nacherbe nicht geboren, liegt vom Grundsatz her eine Bestimmung des Nacherben vor, so dass die Vorschrift des § 2104 nicht anzuwenden ist. In diesen Fällen wird es in der Regel dem Willen des Erblassers entsprechen, dass der Vorerbe dann Alleinerbe wird.

11 Wird die letztwillige Verfügung des Erblassers hinsichtlich der Nacherbeneinsetzung infolge Anfechtung unwirksam, dürfte für den Fall, dass sich nicht etwas anderes durch Auslegung ermitteln lässt, § 2104 ebenfalls entsprechend anzuwenden sein.[4] In der Praxis dürfte in diesen Fällen häufig durch Auslegung zu ermitteln sein, in welche Richtung der Nachlass gehen soll, so dass die Frage meist theoretischer Natur sein wird.[5]

V. Sicherung

12 Sind die Nacherben in derartigen Fällen unbekannt, ist ihnen unter Umständen ein Pfleger zu bestellen, § 1913 BGB. Ob und inwieweit diese Pflegerbestellung auszuweiten ist auf alle gesetzlichen Erben (weil diese ja auch wegfallen können) oder nur auf die unbekannten nicht vorhandenen Erben, ist umstritten.[6] Auch diese Frage wird in der Praxis keine Bedeutung haben, weil bei unklarer Rechtslage die Bestellung des Pflegers sinnvoll sein dürfte.

VI. Der Fiskus

13 Nach S. 2 der Vorschrift gehört der Fiskus nicht zu den gesetzlichen Erben i.S.d. § 2104 BGB. Bleibt also nur der Fiskus als gesetzlicher Erbe übrig, bleibt die Erbschaft den Vorerben.[7]

§ 2105
Gesetzliche Erben als Vorerben

(1) Hat der Erblasser angeordnet, dass der eingesetzte Erbe die Erbschaft erst mit dem Eintritt eines bestimmten Zeitpunkts oder Ereignisses erhalten soll, ohne zu bestimmen, wer bis dahin Erbe sein soll, so sind die gesetzlichen Erben des Erblassers die Vorerben.

(2) Das Gleiche gilt, wenn die Persönlichkeit des Erben durch ein erst nach dem Erbfall eintretendes Ereignis bestimmt werden soll oder wenn die Einsetzung einer zur Zeit des Erbfalls noch nicht gezeugten Person oder einer zu dieser Zeit noch nicht entstandenen juristischen Person als Erbe nach § 2101 als Nacherbeinsetzung anzusehen ist.

---

4 So KG JW 1938, 2821; *Soergel/Harder/Wegman* § 2104 Rn. 5; a.A. *Staudinger/Avenarius* § 2104 Rn. 10, MüKoBGB/*Grunsky* § 2104 Rn. 4.
5 Auch die vom BGH NJW 1986, 1812 zu Grunde liegende Fallgestaltung ist derart ungewöhnlich, dass sich aus dieser kaum abstrakte Überlegungen ableiten lassen.
6 Vgl. hierzu *Palandt/Edenhofer* § 2104 Rn. 5; MüKoBGB/*Grunsky* § 2104 Rn. 8.
7 MüKoBGB/*Grunsky* § 2105 Rn. 7.

I. Abs. 1 der Vorschrift

Die Vorschrift ist die korrespondierende Regelung zu § 2104, so dass wegen der Einzelheiten weitgehend auf die dortigen Ausführungen verwiesen werden kann. Allerdings gibt es einige Abweichungen. Die Vorschrift regelt die Fälle, bei denen der Vorerbe nicht bestimmt ist, wohl aber der Nacherbe. Hier sind die gesetzlichen Erben nach dem Zeitpunkt des Erbfall berufen. Zu den gesetzlichen Erben gehört anders als nach § 2104 S. 2 auch der Staat. Ebenfalls anders als bei § 2104 kommt es auf den Grund für die Nichtbenennung oder den Wegfall eines Vorerben nicht an. Insofern wird § 2105 auch angewandt, wenn die Einsetzung des Vorerben unwirksam ist[1] Bei der Einsetzung von Miterben führt § 2105 dazu, dass Anwachsung nicht eintreten kann.

Der Regel des § 2105 geht allerdings die Auslegung voraus. Die Auslegung kann ergeben, dass sowohl dem Grunde nach als auch von den Rechtsfolgen her veränderte Ergebnisse möglich sind. Auch hier ist zu beachten, dass Söhne, die ausdrücklich enterbt worden sind (§ 1938) oder wegen Erbverzichts oder Erbunwürdigkeit als gesetzlicher Erbe nicht mehr in Betracht kommen, aus dem Personenkreis ausgeschlossen sind.

II. Abs. II der Vorschrift

Die Vorschrift des Abs. 2 stellt eine Ergänzung für die Fälle des § 2101 BGB, in denen noch nicht gezeugte Personen oder noch nicht errichtete Gesellschaften mangels Existenz nicht schon beim Erbfall Erben werden konnten. Die gleiche Folge tritt aber auch dann ein, wenn die Person des Erben durch ein erst nach dem Erbfall eintretendes Ereignis bestimmt wird.

Die erste Fallalternative setzt voraus, dass der potenzielle Erbe beim Erbfall noch objektiv unbestimmt ist (»*der erstgeborene Enkelsohn*«). Steht die Person des Erben allerdings schon objektiv fest, ist sie nur dem Erblasser persönlich unbekannt, liegt eine unmittelbare Erbeinsetzung vor, so dass für eine Vorerbschaft kein Raum besteht. Gegebenenfalls muss in solchen Fällen für den unbekannten Erben ein Nachlasspfleger bestellt werden.[2]

§ 2106
Eintritt der Nacherbfolge

(1) Hat der Erblasser einen Nacherben eingesetzt, ohne den Zeitpunkt oder das Ereignis zu bestimmen, mit dem die Nacherbfolge eintreten soll, so fällt die Erbschaft dem Nacherben mit dem Tod des Vorerben an.

(2) Ist die Einsetzung einer noch nicht gezeugten Person als Erbe nach § 2101 Abs. 1 als Nacherbeinsetzung anzusehen, so fällt die Erbschaft dem Nacherben mit dessen Geburt an. Im Falle des § 2101 Abs. 2 tritt der Anfall mit der Entstehung der juristischen Person ein.

I. Normzweck

Die Vorschrift soll dafür Sorge tragen, dass Auslassungen im Testament des Erblassers dieses nicht zur Unwirksamkeit führen. Hat der Erblasser für den Nacherbfall keine bestimmte Zeit oder kein Ereignis angegeben, wird nach § 2106 der Nacherbfall durch den Tod des Vorerben ausgelöst. Diese gesetzliche Vorgabe entspricht auch weitgehend den

---

[1] Vgl. *Soergel/Harder/Wegmann* Rn. 2; *Palandt/Edenhofer* § 2105 Rn. 1; a.A. *MüKoBGB/Grunsky* § 2105 Rn. 2.
[2] S. *MüKoBGB/Grunsky* § 2105 Rn. 3.

Vorstellungen in der Bevölkerung, da wohl die weitaus meisten Nacherbfolgen durch den Tod des Vorerben ausgelöst werden.

II. Abs. 1 der Vorschrift

2 Die Vorschrift stellt eine Ergänzungsregel da, die voraussetzt, dass weder ein Zeitpunkt noch ein bestimmtes Ereignis im Testament enthalten ist, zu dem der Nacherbfall eintreten soll. Die Vorschrift des § 2106 kann auch mit der Vorschrift des § 2104 kombiniert werden.[1] Die Bestimmung des Nacherbfalls bzw. die Bestimmung des Zeitpunktes darf der Erblasser nicht einem Dritten überlassen, weil hierdurch auch die Person des Erben bestimmt werden könnte. In diesem Fall ist durch Auslegung zu ermitteln, ob die Nacherbschaft entfällt, oder ob die Ergänzungsregel des § 2106 Abs. 1 anzuwenden ist.[2] Wohl aber kann der Erblasser ein Ereignis als Nacherbfall vorsehen, dass dem freien Willen des Vor- bzw. Nacherben unterliegt. Hierzu gehört etwa der Fall der Wiederverheiratung des Vorerben oder der Fall der Heirat des Nacherben. Führt der Nacherbe allerdings den Nacherbfall wider Treu und Glauben herbei, ist nach § 162 Abs. 2 BGB der Anfall ausgeschlossen.[3]

3 Im Erbschein ist der Zeitpunkt bzw. das Ereignis, mit dem der Nacherbfall anzugeben ist, liegt eine Regelung nicht vor, ist der Tod des Vorerben einzutragen.

III. Abs. 2 der Vorschrift

4 2106 Abs. 2 ergänzt die Regelung des § 2101 BGB, mit der entgegen § 1923 BGB auch eine noch nicht gezeugte Person als Nacherbe eingesetzt werden kann. Voraussetzung ist, dass die noch nicht gezeugte Person als Erbe eingesetzt wurde. Bis zum Erbfall, die nach der Vorschrift des § 2106 Abs. 2 S. 1 mit der Geburt der Person eintritt, ist sie zunächst Nacherbe. Eine Rückwirkung wird durch die Vorschrift nicht erzeugt. Auch hier ist die Auslegung wiederum vorrangig. Wurde die noch nicht erzeugte Person nur deshalb als Nacherbe im Testament bezeichnet, weil der Erblasser wusste, dass eine direkte Erbeinsetzung rechtlich nicht möglich ist, kann trotzdem die Erbschaft mit der Geburt anfallen, auch wenn eine Einsetzung als Nacherbe erfolgt ist. In anderen Fällen führt die Einsetzung als Nacherbe dazu, dass es bei der Regel des Abs. 1 bleibt.

§ 2107
Kinderloser Vorerbe

Hat der Erblasser einem Abkömmling, der zur Zeit der Errichtung der letztwilligen Verfügung keinen Abkömmling hat oder von dem der Erblasser zu dieser Zeit nicht weiß, dass er einen Abkömmling hat, für die Zeit nach dessen Tod einen Nacherben bestimmt, so ist anzunehmen, dass der Nacherbe nur für den Fall eingesetzt ist, dass der Abkömmling ohne Nachkommenschaft stirbt.

I. Normzweck

1 Hintergrund der Vorschrift ist der Gedanke, dass ein Dritter als Nacherbe eines Abkömmlings des Erblassers regelmäßig nur dann eingesetzt wird, wenn dieser keine Nachkommen hat. Allerdings handelt es sich um eine Auslegungsregel, die dem hiervon abweichendem

---

[1] BayObLG FamRZ 1996, 1577.
[2] Vgl. MüKoBGB/*Grunsky* § 2106 Rn. 1.
[3] Vgl. etwa BGH NJW 1986, 2051.

Erblasserwillen grundsätzlich nachrangig ist. Dies bezieht auch den durch Auslegung ermittelten Erblasserwillen ein.[1] Wenn auch der Vorschrift der Gedanke zu Grunde legt, dass der Nachlass in der Familie bleiben soll, so ist die Vorschrift gleichwohl auch dann anzuwenden, wenn der Nacherbe ein anderer Abkömmling ist.[2]

Ist ein Vermächtnis ausgesetzt, mit dem der Abkömmling beschwert wird, das aber erst bei seinem Tode fällig ist, findet § 2107 keine Anwendung, auch nicht entsprechend. Lediglich durch Auslegung der letztwilligen Verfügung kann sich hier etwas anderes ergeben.[3]

II. Abkömmling als Vorerbe

Der Erblasser muss einen Abkömmling als Vorerben eingesetzt haben, wobei dies gleichermaßen auch für einen Nacherben gilt, der seinerseits einen weiteren Nacherben hat. Denn insofern wäre er ebenfalls Vorerbe. Zu den Abkömmlingen gehören alle Kinder i.S.d. Gesetzes, so dass auch adoptierte und nichteheliche Kinder darunter fallen. Die Stellung eines Abkömmlings kann auch noch nach dem Erbfall eintreten, ausgenommen ist nur der Fall, dass durch eine Adoption die Vereitlung der Nacherbfolge bezweckt wird.[4]

III. Bei Testamentserrichtung

Zum Zeitpunkt der Testamentserrichtung darf der Abkömmling des Erblassers seinerseits entweder keinen Abkömmling gehabt haben oder er muss dem Erblasser zumindest unbekannt gewesen sein. Ändert sich dies später, bleibt § 2107 anwendbar. Erfährt der Erblasser später davon, ohne das Testament zu ändern, so kann darin eine Bestätigung der Einsetzung des Nacherben liegen.[5]

IV. Tod als Nacherbfall

Die Vorschrift ist nur dann anwendbar, wenn die für den Nacherbfall maßgebliche Bedingung der Tod des Vorerben ist. Andere Ereignisse spielen keine Rolle, § 2107 ist in solchen Fällen nicht entsprechend anzuwenden.

V. Wegfall der Nacherbschaft

Liegen die Voraussetzungen des § 2107 vor, so führt dies zum Wegfall der Nacherbschaft, so dass beim Tod des Vorerben der Nachlass auf dessen Erben übergeht. Wenngleich auch das Vorhandensein eines Abkömmlings für die Anwendung der Vorschrift maßgeblich ist, so ist nicht erforderlich, dass der Vorerbe durch seine Abkömmlinge auch tatsächlich beerbt wird.[6] Allerdings muss der Abkömmling den Vorerben überlebt haben, denn auch dann stirbt er ohne Nachkommenschaft. Die Position des Nacherben ist deshalb bis zum Tod des Vorerben auch dann auflösend bedingt, wenn Abkömmlinge vorhanden sind. Für das hierdurch entstandene Anwartschaftsrecht gelten die allgemeinen Regelungen.[7]

Hat der Vorerbe bei seinem Tod Abkömmlinge, so wird er rückwirkend zum Vollerben. Verfügungen des Vorerben zu Lebzeiten werden damit endgültig wirksam, der Vorerbe kann auch über diesen Nachlassteil von Todes wegen verfügen. Die Folgen des § 2107 tritt von selbst ein, ohne dass es weitere Maßnahmen bedarf. Daneben besteht die Möglichkeit der Anfechtung durch den Vorerben nach § 2078 Abs. 2, wenn die Voraussetzungen vorliegen.

---

1 BayObLG FamRZ 1991, 1243; NJW-RR 1992, 839.
2 BGH NJW 1981, 2744.
3 BGH NJW 1980, 1276.
4 *Palandt/Edenhofer* § 2107 Rn. 1.
5 MüKoBGB/*Grunsky* § 2107 Rn. 5.
6 BGH NJW 1980, 1276.
7 Vgl. § 2100 Rz. 18.

§ 2108
Erbfähigkeit; Vererblichkeit des Nacherbrechts

(1) Die Vorschrift des § 1923 findet auf die Nacherbfolge entsprechende Anwendung.

(2) Stirbt der eingesetzte Nacherbe vor dem Eintritt des Falles der Nacherbfolge, aber nach dem Eintritt des Erbfalls, so geht sein Recht auf seine Erben über, sofern nicht ein anderer Wille des Erblassers anzunehmen ist. Ist der Nacherbe unter einer aufschiebenden Bedingung eingesetzt, so bewendet es bei der Vorschrift des § 2074.

I. Anwendung von § 1923

1   Zunächst führt Abs. 1. der Vorschrift dazu, dass der Nacherbe beim Erbfall gelebt haben muss oder zumindest gezeugt war. Stirbt er später, so kommt es darauf an, ob er vor dem Nacherbfall oder nach dem Nacherbfall verstirbt. Erlebt er den Nacherbfall, so fällt ihm der Nachlass entsprechend den Regelungen im Testament an, stirbt er hingegen vorher, ist die Regelung des § 2108 Abs. 2 der Vorschrift maßgeblich. Von diesen Grundsätzen gibt es eine generelle Ausnahme, die durch § 2101 Abs. 1 S. 1 für den Nacherben gilt. Der Nacherbe muss beim Erbfall nach der vorgenannten Vorschrift noch nicht leben, er kann auch später erzeugt werden.

II. Vererblichkeit des Anwartschaftsrechtes

2   Nach Abs. 2 S. 1 geht das Recht des Nacherben auf dessen Erben über, wenn er nach dem Erbfall aber vor Eintritt der Nacherbfolge verstirbt. Die Vorschrift ist eine Auslegungsregel. Da der Nacherbe bereits eine Anwartschaft hat, geht diese auf seine Erben über. Diese Folge tritt auch beim 2. und späteren Nacherben in gleicher Form ein.[1] Darauf, ob der Erblasser an die Möglichkeit gedacht hat, kommt es nicht an, sondern nur auf seinen positiv geäußerten Willen. Unerheblich ist hierbei auch, ob die gesetzliche oder testamentarische Erbfolge beim Nacherben eintritt, mehrere Erben bilden eine Erbengemeinschaft. Die Darlegungs- und Beweislast für einen abweichenden Willen hat der, der eine andere Auslegung in Anspruch nehmen will.[2]

3   Da die Rechtsfolge nur dann Eintritt, wenn ein anderer Wille des Erblassers nicht anzunehmen ist, kann der Erblasser hier beliebige Regelungen treffen, er kann die Vererblichkeit komplett oder auch teilweise ausschließlichen, er kann die Vererbung nur innerhalb eines bestimmten Kreises ermöglichen oder auch sonstige Grenzen ziehen.[3] Der Anwachsung i.S.d. § 2094 geht die Vererblichkeit regelmäßig vor.[4] Die Vorschrift kommt nicht zur Anwendung, wenn die Nacherben erst zum Zeitpunkt des Nacherbfalls bestimmbar sind, etwa wenn der Erblasser seine Abkömmlinge als Nacherben einsetzt ohne sie namentlich zu bezeichnen.[5]

III. Beispielsfälle

4   Ist im Testament die Regelung lückenhaft, so ist regelmäßig durch Auslegung der Wille des Erblassers zu ermitteln.
   – Wollte der Erblasser das Vermögen in der Familie halten, ist die Vererblichkeit in der Regel ausgeschlossen.

---

[1] MüKoBGB/*Grunsky* § 2108 Rn. 4 m.w.N.
[2] OLG Karlsruhe ZEV 2009, 34.
[3] Vgl. beispielhaft OLG Karlsruhe FamRZ 2000, 63.
[4] OLG Stuttgart FamRZ 1994, 1553.
[5] BayObLG FamRZ 2001, 1561.

- Sind bei der Vor- und Nacherbfolge ausschließlich enge Familienangehörige bedacht, kommt Vererblichkeit nur in Frage, wenn der Nacherbe Abkömmlinge hat. Die Einsetzung eines Ersatznacherben führt regelmäßig zur Unvererblichkeit.[6]
- Schlagen die Erben des Nacherben die Erbschaft aus, geht das Anwartschaftsrecht nicht über.[7]
- Die Erbeinsetzung des einzigen kinderlosen Abkömmlings durch Eheleute in einem gemeinschaftlichen »Berliner-Testament« führt in der Regel zu einem vererblichen Nacherbschaftsrecht.

Wer einen hiervon abweichenden Erblasserwillen behauptet, ist hierfür darlegungs- und beweispflichtig.[8]

IV. Aufschiebend bedingte Nacherbschaft

Liegt dagegen eine aufschiebende Bedingung der Einsetzung als Nacherbe vor, gilt § 2074 BGB, wonach im Zweifel anzunehmen ist, dass die Zuwendung nur für den Erlebensfall Gültigkeit hat. Eine Vererbung findet in diesem Fall also nicht statt. Typische Bedingungen dieser Art sind etwa die Eheschließung, die Geburt eines Abkömmlings, das Bestehen eines Examens. Kann die Bedingung schon vor dem Nacherbfall nicht mehr eintreten, entfällt auch die Anwartschaft.

§ 2109
Unwirksamwerden der Nacherbschaft

(1) Die Einsetzung eines Nacherben wird mit dem Ablauf von 30 Jahren nach dem Erbfall unwirksam, wenn nicht vorher der Fall der Nacherbfolge eingetreten ist. Sie bleibt auch nach dieser Zeit wirksam,
- wenn die Nacherbfolge für den Fall angeordnet ist, dass in der Person des Vorerben oder des Nacherben ein bestimmtes Ereignis eintritt, und derjenige, in dessen Person das Ereignis eintreten soll, zur Zeit des Erbfalls lebt,
- wenn dem Vorerben oder einem Nacherben für den Fall, dass ihm ein Bruder oder eine Schwester geboren wird, der Bruder oder die Schwester als Nacherbe bestimmt ist.

(2) Ist der Vorerbe oder der Nacherbe, in dessen Person das Ereignis eintreten soll, eine juristische Person, so bewendet es bei der dreißigjährigen Frist.

I. Normzweck

Durch § 2109 soll durch die Begrenzung auf einen Zeitraum von 30 Jahren nach dem Tode eine übermäßig lange Bindung des Erben verhindert werden.[1] Die gleiche Vorgabe ergibt sich auch aus anderen Vorschriften, etwa §§ 2044 Abs. 2, 2162 Abs. 1 und 2210. Die während dieser Zeit angeordnete Zahl der Nacherbfälle spielt keine Rolle, auch für diese gilt eine zeitliche Beschränkung.[2]

---

6 OLG Braunschweig FamRZ 1995, 443; BayObLG NJW-RR 1994, 460.
7 LG Krefeld FamRZ 2009, 79.
8 OLG Karlsruhe FamRZ 2009, 729 = ZEV 2009, 34.
1 *Reimann* NJW 2007, 3034.
2 Vgl. hierzu OLG Köln NJW-RR 2008, 602.

II. Zeitliche Grenze

2 Die zeitliche Grenze von 30 Jahren wird nach den Vorschriften der §§ 187 und 188 berechnet. Folge ist, dass mit dem Erreichen dieser Grenze die Einsetzung des Nacherben unwirksam wird, wenn nicht der Fall der Nacherbfolge vorher eingetreten ist. Wurden mehrere Nacherben hintereinander eingesetzt, ist derjenige endgültiger Erbe, der bei Fristablauf Vorerbe ist. Eine Ausnahme ist für den Fall anzunehmen, dass der Erblasser ausdrücklich angeordnet hat, dass mit Fristablauf der Nacherbfall eintreten soll.[3]

III. Ausnahme Ereignis in der Person

3 1. Ausnahmsweise bleibt die Nacherbfolge auch nach dieser Zeit wirksam, wenn die Nacherbfolge an ein Ereignis in der Person des Vorerben oder Nacherben anknüpft. Für dieses Ereignis reicht es aus, wenn eine rechtliche oder wirtschaftliche Beziehung zu der Person des Vor- oder Nacherben besteht. Typischerweise ist dies etwa der Tod des Vorerben, Wiederheirat des Vorerben, Heirat des Nacherben, das Erreichen eines bestimmten Alters oder einer bestimmten beruflichen Stellung. Da es letztlich Sache des Erblassers ist, entsprechende Bestimmungen vorzugeben, können auch andere Vorgänge in Bezug genommen werden. Als ausreichend wurde die wirtschaftliche Wiedervereinigung Deutschlands angesehen.[4] Ausreichend ist in diesem Zusammenhang auch die Anwendung der Vorschrift des § 2106 Abs. 1.[5]

4 2. Die Person, in dessen Person das Ereignis eintritt, muss zum Zeitpunkt des Erbfalls gelebt haben. Ausreichend ist hier auch, wenn die Person zu diesem Zeitpunkt bereits gezeugt und später lebend geboren wurde, weil nach § 1923 Abs. 2 in diesem Falle die Geburt als vor dem Erbfall fingiert wird. § 2109 Abs. 2 macht für eine juristische Person eine Rückausnahme, so dass es hier bei der 30-jährigen Frist bleibt. Als juristische Person werden auch die KG und die OHG behandelt, gleiches dürfte heute auch für die GbR gelten.[6]

IV. Gestaffelte Nacherbfolge

5 Bei der gestaffelten Nacherbfolge kann eine relativ langfristige Bindung des Vermögens eintreten. Knüpft die Nacherbfolge hier an den Tod des jeweiligen Vorerben, ist der letzte Fall der Nacherbfolge der Tod desjenigen, der als letzter Vorerbe geworden ist und den Erbfall noch erlebt hat.

6 **Beispiel:**

Der Erblasser hat seinen ältesten Sohn als Vorerben und jeweils wiederum den ältesten Abkömmling seiner Abkömmlinge als Nacherben eingesetzt. Nacherbe des Nacherben wird jeweils dessen ältester Sohn. Der Nacherbfall tritt jeweils mit dem Tod des Vorerben ein.

7 Beim Tod des Erblassers im Jahre 1970 ist dessen ältester Sohn 40 Jahre alt, der 1960 geborene Enkel ist 10 Jahre alt. Im Jahre 2000 wird der Enkel ebenfalls Vater eines Sohnes. Das Erbe geht zunächst auf den Sohn des Erblassers über, dieser verstirbt 1999. Nacherbe wird der Enkel des Erblassers. Da dieser beim Tode des Großvaters bereits gelebt hat, ist er Vorerbe bis zu seinem Tode, Nacherbe wird der im Jahre 2000 geborene Urenkel. Erst dieser Urenkel wird dann frei und kann mit dem Vermögen nach Belieben verfahren. Geht man von einer Lebensdauer von 80 Jahren aus, führt dies dazu, dass eine Bindung des Ver-

---

3 MüKoBGB/*Grunsky* § 2109 Rn. 2.
4 LG Berlin NJW 1993, 272.
5 OLG Frankfurt FamRZ 2004, 486.
6 Vgl. MüKoBGB/*Grunsky* § 2109 Rn. 7.

mögens bis zum Jahre 2040 eintreten kann, die vom Gesetz vorgesehenen 30 Jahre also deutlich überschritten werden. Je nach Gestaltung kann dieser Zeitraum auch noch höher liegen.

V. Ungeborene Geschwister

Voraussetzung ist, dass dem Vorerben ein Bruder oder eine Schwester als Nacherbe bestimmt wurde, die oder der beim Erbfall noch nicht geboren war. Hier wird die Grenze im Ergebnis durch die Lebensdauer von Vater und Mutter des Geschwisterkindes bestimmt, dann nach deren Tod ist ein solcher Nacherbfall ausgeschlossen. Erfasst werden von der Vorschrift auch Halbgeschwister. Bei Adoptivkindern ist es streitig. Da § 2109 Abs. 1 S. 2 Ziff. 2 festlegt, dass Bruder oder Schwester geboren werden müssen, spricht der Wortlaut der Vorschrift dagegen, dass auch Adoptivkinder gemeint sein könnten. Aus § 1754 heutiger Fassung wird geschlossen, dass dies entsprechend anzuwenden ist, da ein minderjähriges Adoptivkind die Stellung eines ehelichen Kindes erhält. Diese Argumentation ist nicht zwingend und widerspricht dem Gesetzeswortlaut, der ausdrücklich von »geboren« spricht. Insofern unterscheidet sich die Vorschrift wesentlich von anderen Vorschriften, wie etwa § 2107, wo ganz pauschal von einem Abkömmling die Rede ist. Insofern werden Adoptivkinder nicht erfasst.[7] 8

§ 2110
Umfang des Nacherbenrechts

(1) Das Recht des Nacherben erstreckt sich im Zweifel auf einen Erbteil, der dem Vorerben infolge des Wegfalls eines Miterben anfällt.

(2) Das Recht des Nacherben erstreckt sich im Zweifel nicht auf ein dem Vorerben zugewendetes Vorausvermächtnis.

I. Vergrößerter Erbteil

Bei einer Miterbengemeinschaft, die als Vorerbe eingesetzt ist, können Miterben weggefallen sein, so dass insoweit eine Vergrößerung des Erbteils durch Anwachsung, § 2094, Ersatzberufung, § 2096, oder Erbteilserhöhung, § 1935, möglich ist. In all diesen Fällen erstreckt sich die Anordnung der Vorerbschaft auch auf die angewachsenen bzw. entfallenen Erbteile. Allerdings ist die Vorschrift eine Auslegungsregel. Der Vorerbe, der sich auf etwas anderes beruft, muss dies darlegen und beweisen. 1

II. Vorausvermächtnis

Ist dem Vorerben neben dem Erbteil auch ein Vorausvermächtnis zugewandt worden, so gilt für dieses die Vorerbfolge nicht. Auch Abs. 2 ist eine Auslegungsregel. Bei Vorausvermächtnissen spricht die Erfahrung dafür, dass es dem Vorerben endgültig verbleiben soll. Schwierig ist die Abgrenzung in den Fällen, wo sich der Vorerbe dem zugewandten Gegenstand auf seinen Erbteil anrechnen lassen soll. Dies betrifft insb. die Fälle, denen der Wert des Vermögensgegenstandes den Erbteil übersteigt. Hier wird im jeweiligen Einzelfall abzuwägen sein, welche Vorstellungen der Erblasser hatte. Dass für diesen Fall grundsätzlich auch das Vorausvermächtnis der Nacherbschaft unterliegen würde,[1] ist weder 2

---

7 *Soergel/Harder/Wegmann* § 2109 Rn. 4; *Palandt/Edenhofer* § 2109 Rn. 5; a.A. MüKoBGB/*Grunsky* Rn. 6; *Staudinger/Avenarius* § 2110 Rn. 9; *Bamberger/Roth/Litzenburger* § 2110 Rn. 3.
1 MüKoBGB/*Grunsky* § 2110 Rn. 3 unter Bezugnahme auf BGH NJW 1960, 959.

überzeugend noch zwingend. Die zitierte Entscheidung des BGH gibt auch für diese Auffassung nichts her, denn der BGH hat in der Entscheidung das Vorliegen eines Vermächtnisses abgelehnt.

3 Im Erbschein ist ein Gegenstand, der dem Erben als Vorausvermächtnis zu gewandt ist, anzugeben. Der Eintrag eines Nacherbenvermerks im Grundbuch ist für Grundstücke, die als derartiges Vermächtnis anzusehen sind, unzulässig.[2]

§ 2111
Unmittelbare Ersetzung

(1) Zur Erbschaft gehört, was der Vorerbe auf Grund eines zur Erbschaft gehörenden Rechts oder als Ersatz für die Zerstörung, Beschädigung oder Entziehung eines Erbschaftsgegenstands oder durch Rechtsgeschäft mit Mitteln der Erbschaft erwirbt, sofern nicht der Erwerb ihm als Nutzung gebührt. Die Zugehörigkeit einer durch Rechtsgeschäft erworbenen Forderung zur Erbschaft hat der Schuldner erst dann gegen sich gelten zu lassen, wenn er von der Zugehörigkeit Kenntnis erlangt; die Vorschriften der §§ 406 bis 408 finden entsprechende Anwendung.

(2) Zur Erbschaft gehört auch, was der Vorerbe dem Inventar eines erbschaftlichen Grundstücks einverleibt.

Übersicht

		Rz.			Rz.
I.	Normzweck	1		5. Erwerb mit Mitteln der Erbschaft	6
II.	Zur Erbschaft gehörig	2	IV.	Beispielfälle	7
III.	Surrogation	3	V.	Einbeziehung in ein Inventar (Abs. 2)	14
	1. Wirkung	3	VI.	Nutzungen	15
	3. Erwerb auf Grund eines Rechtes	4	VII.	Besonderheiten bei Unternehmen	18
	4. Erwerb als Ersatz	5	VIII.	Schutz Dritter	24

I. Normzweck

1 Die Vorschrift soll den tatsächlichen Bestand des Nachlasses soweit wie möglich während der Vorerbschaft für den Nacherben sichern. Da der Vorerbe vom Grundsatz her berechtigt ist, über den Nachlass zu verfügen, § 2112, schafft § 2111 ein gewisses Korrektiv, nach dem an die Stelle der wegfallenden Gegenstände die im Gegenzug dafür erworbenen Gegenstände treten.

II. Zur Erbschaft gehörig

2 Zur Erbschaft gehörig sind zunächst einmal alle diejenigen Gegenstände, die sich beim Erbfall im Nachlass befunden haben und dort vorhanden sind. Nach § 2111 Abs. 1 S. 1 gehören aber auch alle diejenigen Gegenstände dort hinein, die der Vorerbe als Wertersatz erworben hat (Surrogation). Ausgangspunkt ist aber immer der konkrete Nachlassbestand zum Zeitpunkt des Erbfalls. Bei körperlichen Gegenständen ist dies grundsätzlich unproblematisch, schwieriger ist dies bei Ansprüchen oder Rechten. Hatte der Erblasser etwa beim Erbfall ein Girokonto, das vom Vorerben weitergeführt wurde, so ist nicht das Girokonto der Nachlassgegenstand, sondern die zum Zeitpunkt des Erbfalls gegenüber der Bank bestehende Forderung aus dem Girovertrag.

---

2 OLG Frankfurt ZEV 2005, 401; MüKoBGB/*Grunsky* § 2110 Rn. 3.

III. Surrogation

1. Wirkung

Nach § 2111 führt die Surrogation von Gesetzes wegen zur Zugehörigkeit (mit dinglicher Wirkung) der vom Vorerben erworbenen Gegenstände zum Nachlass. Bei Eintritt des Nacherbfalls sind deshalb nicht nur diejenigen Gegenstände des Nachlasses, die schon beim Erbfall vorhanden waren, herauszugeben, sondern ebenso die Gegenstände, die auf Grund der Surrogation zu Nachlassgegenständen geworden sind. Hiervon macht nur Abs. 1 eine Ausnahme insoweit, soweit der Erwerb dem Vorerben als Nutzung gebührt.[1] Von den Konsequenzen aus § 2111 BGB kann der Erblasser den Vorerben grundsätzlich nicht befreien, die Folgen treten vielmehr in jedem Falle ein.[2] Hierbei ist die Vorschrift trotz ihres Ausnahmecharakters nach wirtschaftlichen Maßstäben auszulegen.[3] Eine Veränderung des Nachlassbestandes durch den Vorerben allein, etwa durch den Tausch von Nachlassgegenständen mit eigenen Vermögenswerten, ist nach allgemeiner Auffassung ausgeschlossen. Vor- und Nacherben haben aber die Möglichkeit durch vertragliche Regelungen den Bestand zu verändern.[4] Die Beweislast für eine Surrogation hat grundsätzlich der Nacherbe.[5] Erwirbt der Vorerbe mit Hilfe des Surrogats einen weiteren Gegenstand, so setzt sich die Surrogation auch hier fort (Kettensurrogation). Verfügungsbeschränkungen, die durch die §§ 2113 ff. vorgesehen sind, hängen nicht davon ab, welcher ursprünglicher Gegenstand im Nachlass war, sondern ausschließlich davon, ob der neue Gegenstand nach den Regeln der §§ 2113 ff. seinerseits Beschränkungen unterliegt. Wird also ein Grundstück mit Zustimmung des Nacherben veräußert, so unterliegt die Geldsumme, die als Erlös dem Konto des Vorerben gutgeschrieben wird, keiner Verfügungsbeschränkung mehr. Erwirbt der Vorerbe aber mit aus dem Nachlass stammenden Geldern ein Grundstück, so gilt für dieses eine Verfügungsbeschränkung, so dass bei einem solchen Erwerb ein Nacherbenvermerk einzutragen ist.[6]

3. Erwerb auf Grund eines Rechtes

Gehört zum Nachlass ein Recht, so kann allein auf Grund dieses Rechtes ein Vermögenszuwachs entstehen, ohne dass ein besonderer Erwerbsvorgang oder ein Rechtsgeschäft erforderlich ist. Neben dem Rechtserwerb aus Verbindung, Vermischung/Verarbeitung gehört hierzu natürlicher Zuwachs oder etwa Zinsen und Dividenden von zur Erbschaft gehörenden Forderungen oder der Erwerb einer noch dem Erblasser angefallenen Erbschaft. Bei Zinsen und Dividenden ist allerdings zu berücksichtigen, dass dies regelmäßig Nutzungen sind, die dem Vorerben endgültig verbleiben. Wesentlich ist dabei aber, dass ein derartiger Zuwachs zunächst prinzipiell unter die Surrogation fällt.

4. Erwerb als Ersatz

Hierunter sind die Fälle erfasst, bei denen durch Zerstörung, Beschädigung oder Entziehung eines Gegenstandes ein Schadenersatzanspruch entsteht. Neben den Schadensersatzansprüchen gehören hierzu auch Bereicherungsansprüche, etwa nach § 951 BGB, Ansprüche auf Versicherungsleistungen, auf Enteignungsentschädigung und auf Lastenausgleich, auch wenn sie schon beim Erblasser geltend gemacht wurden.[7] Hierunter fällt des Weite-

---

1 S. hierzu weiter unten Rz. 15 ff.
2 Vgl. *J. Mayer* ZEV 2000, 1.
3 Vgl. BGH, NJW 1993, 3198.
4 Vgl. hierzu MüKoBGB/*Grunsky* § 2111 Rn. 6; BGHZ 40, 125.
5 Grundlegend BGH NJW 1983, 2874.
6 Vgl. OLG Saarbrücken ZEV 2000, 27; *Bamberger/Roth/Litzenburger* Rn. 16 m.w.N.
7 BGHZ 44, 336; MüKoBGB/*Grunsky* § 2111 Rn. 11 m.w.N.

ren nach Auffassung des BGH auch ein Überschuss aus einer Zwangsversteigerung eines Nachlassgrundstückes.[8]

5. Erwerb mit Mitteln der Erbschaft

6 Ein solcher Erwerb ist der typische Erwerbsvorgang, bei dem durch rechtsgeschäftliche Aktivitäten des Vorerben aus Mitteln der Erbschaft neue Vermögensgegenstände dem Nachlass zugeführt werden. Auch hierbei kommt es auf die Zielrichtung des Vorerben nicht an, die Rechtsfolge tritt von Gesetzes wegen ein. Maßgeblich ist hierbei ausschließlich, ob die für den Erwerb erforderliche Gegenleistung aus dem Nachlass stammt, völlig unabhängig davon, welcher Vertragstyp dem Erwerb zu Grunde liegt, welche Vorstellungen die Parteien dieses Vertrages hatten und/oder ob Vorerbe oder Vertragspartner Kenntnis von diesen Tatsachen hatten. Wird der Vertragsgegenstand teilweise mit Mitteln aus dem Nachlass erworben, tritt Surrogation nur teilweise ein.[9]

IV. Beispielfälle

7 **Auseinandersetzung der Erbengemeinschaft**
Wird dem Vorerben bei Auseinandersetzung der Erbengemeinschaft etwas übertragen, gegebenenfalls auch der Anteil eines Miterben oder die Übernahme eines Nachlassgegenstandes, so ist dies regelmäßig mit Mitteln der Erbschaft erworben.[10]

8 **Realisierung einer Forderung**
Setzt der Vorerbe eine zum Nachlass gehörende Forderung durch, so fallen die Gegenleistungen, Geldzahlungen, bestellten Sicherheiten etc. in den Nachlass. Besteht die Forderung in einem Bankkonto und wird das Bankkonto anschließend von dem Vorerben weitergeführt, so führt dies in aller Regel dazu, dass sich hier das Vermögen des Vorerben und die Nachlassmittel mehr oder weniger vermischen. Wegen der Schwierigkeit der Abgrenzung einerseits und der Tatsache, dass allein der Vorerbe diese Gestaltung beherrschen kann, führt dies zu einer Umkehrung der Beweislast auf den Vorerben. In derartigen Fällen ist grundsätzlich eine Surrogation anzunehmen.[11]

9 **Belastung oder Verkauf eines Grundstücks**
Veräußert der Vorerbe ein Grundstück oder belastet er es mit einer Grundschuld, fällt der Kaufpreis oder das Darlehen in den Nachlass. Tilgt dagegen der Vorerben eine Nachlasshypothek mit eigenen Mitteln, fällt die Eigentümergrundschuld nicht in den Nachlass, sondern steht ihm persönlich zu.[12] Wird die Hypothek allerdings mit Nachlassmitteln getilgt, fällt die entstehende Eigentümergrundschuld in den Nachlass.

10 **Kreditaufnahme**
Erfolgt ein Erwerb mit Kreditmitteln, kommt es darauf an, ob der Kredit aus dem Nachlass oder dem Vermögen des Vorerben zurückgezahlt werden soll. Soll die Rückzahlung aus Nachlassmitteln erfolgen, fällt der Erwerb mit sofortiger Wirkung in den Nachlass. Nimmt der Vorerben dagegen einen Kredit für den Nachlass auf und zahlt er diesen aus freien Mitteln, eventuell aus Nutzungen, die ihm persönlich zustehen, zurück, führt dies zu keiner Surrogation, weil diese grundsätzlich nur zugunsten des Nacherben möglich ist. In einem solchen Fall hat der Vorerbe allerdings einen Ausgleichsanspruch gegen den Nacherben mit Eintritt des Nacherbfalls.

---

8 BGH NJW 1993, 3198; ebenso *Palandt/Edenhofer* § 2111 Rn. 4.
9 BGH NJW 1977, 1631; OLG Stuttgart BWNotZ 1980, 92; OLG Frankfurt RPfleger 1980, 228; MüKoBGB/*Grunsky* § 2111 Rn. 9 bei Fn. 21; a.A. Staudinger/*Avenarius* § 2111 Rn. 31.
10 BGH NJW-RR 2001, 217; BayObLG NJW-RR 2002, 1518.
11 OLG Bremen BeckRS 2003, 30332513; MüKoBGB/*Grunsky* § 2111 Rn. 15 m.w.N.
12 Vgl. hierzu BGH NJW 1993, 3198.

Gesellschaftsbeteiligung

Erwirbt der Vorerbe mit Nachlassmitteln eine Gesellschaftsbeteiligung, fällt diese Beteiligung grundsätzlich in den Nachlass, unabhängig davon, ob die Beteiligung frei übertragbar ist (wie bei Kapitalgesellschaftsanteilen) oder ob besondere Bindungen bestehen, wie bei der KG oder der OHG.[13] Werden dagegen Gesellschaftsbeteiligungen durch den Vorerben veräußert oder scheidet dieser aus einer Gesellschaft aus, fallen die Ansprüche auf das Auseinandersetzungsguthaben oder der Veräußerungserlös in den Nachlass.[14]

Prozesskostenerstattung

Führt der Vorerbe um Nachlassgegenstände Rechtsstreitigkeiten, so fällt der Erstattungsanspruch in den Nachlass, wenn die Kosten aus Nachlassmitteln aufgebracht wurden, andernfalls sind sie freies Vermögen.

Erbschaftskauf

Veräußert der Vorerbe seine Erbschaft, so führt dies zu keiner Surrogation. Hier wird die gesamte Erbschaft entsprechend § 2033 veräußert, die Surrogation tritt hier nur innerhalb des Nachlasses ein.

V. Einbeziehung in ein Inventar (Abs. 2)

Soweit zu einem Nachlass Grundstücke gehören, ist das Inventar eines solchen Grundstückes regelmäßig Teil des Grundstückes. Erwirbt der Vorerbe nun aus eigenen Mitteln entsprechende Gegenstände, die zu einem Inventar werden, so werden sie Teil des Nachlasses. Dem Erben stehen gegebenenfalls Ansprüche nach den §§ 2124, 2125 zu.

VI. Nutzungen

Grundsätzlich unterliegen die Nutzungen des Nachlasses (§§ 99, 100, 101 BGB) nicht der Surrogation. Der Begriff der Nutzungen leitet sich aus § 100 BGB ab und beinhaltet die Früchte, § 99 BGB und die Gebrauchsvorteile. Durch § 101 BGB werden die Nutzungen zeitlich zugeordnet. Hiernach stehen die Nutzungen dem Vorerben ab dem Erbfall bis zum Nacherbfall zu, ab dem Nacherbfall stehen die Nutzungen dem Nacherben zu. Erträge, die auf eine Zeit bis zum Erbfall entfallen, aber erst später ausgekehrt werden, gehören zum Nachlassstamm und sind dem Nacherben beim Nacherbfall herauszugeben.

Soweit die Nutzungen dem Vorerben zustehen, darf er sie dem Nachlass entnehmen. Ob hierbei ein zeitlicher Rahmen vorzunehmen ist, wie dies teilweise mit dem Kalenderjahr empfohlen wird,[15] hängt im Einzelfall von den jeweiligen Nutzungen und deren Art ab. Da der Vorerbe die laufenden Aufwendungen in jedem Falle zu tragen hat, § 2124 BGB, und hierfür auch gegebenenfalls auf eigenes Vermögen zurückgreifen muss, dürfte gegen regelmäßige Entnahmen auch unterjährig nichts einzuwenden sein. Fraglich kann nur sein, ob bei einer langfristigen Nutzung ein Gewinn- und Verlustausgleich stattzufinden hat, etwa bei den Erträgen eines Unternehmens.[16] Maßgeblich für die Nutzungen ist hierbei allerdings immer das gesamte Erbe, das dem Vorerben zusteht. Verluste in einem Teilbereich müssen deshalb durch Gewinne aus anderen Bereichen ausgeglichen werden, so dass nur der insgesamt verbleibende Überschuss entnommen werden darf.[17]

Lässt der Vorerbe die Vermögenswerte, die ihm als Nutzungen zustehen, zunächst stehen, d.h., verbleiben sie zunächst im Nachlass, so kann er diese auch später noch entnehmen oder – wenn der Nacherbfall bereits eingetreten ist – die entsprechenden Vermögenswerte gegenüber dem Nacherben zurückbehalten, oder sie schließlich von ihm heraus

---

13 BGH NJW 1990, 514.
14 BGH 1984, 364.
15 Vgl. etwa MüKoBGB/*Grunsky* § 2111 Rn. 30.
16 S. hierzu weiter unten Rz. 18.
17 So auch MüKoBGB/*Grunsky* § 2111 Rn. 31.

verlangen. Eine Anpassung an Geldwertverluste oder eine Verzinsung ist aber nicht vorgesehen, es ist Sache des Vorerben, hier seine Rechte rechtzeitig geltend zu machen.

VII. Besonderheiten bei Unternehmen

18 1. Besondere Schwierigkeiten ergeben sich bei der Bestimmung der Höhe der Nutzungen bei Unternehmen, die zum Nachlass gehören. Bei Unternehmen ist unter Berücksichtigung der vom Vorerben geschuldeten ordnungsgemäßen Verwaltung, § 2130 BGB, der nach Abzug aller Kosten verbleibende Reingewinn maßgeblich. Abzustellen ist hierbei auf die nach kaufmännischen Regeln zu erstellende Handelsbilanz, die nach den Bilanzierungsvorschriften jeweils jährlich zu erstellen ist. Nicht maßgeblich ist dagegen die Steuerbilanz, weil in dieser regelmäßig steuerlich erhebliche, besondere Posten zusätzlich berücksichtigt werden. Selbst hinsichtlich der Handelsbilanz sind im Einzelfall Korrekturposten einzubeziehen, soweit durch spezifische Wertungsvorschriften zu hohe oder zu niedrige Wertansätze bilanziert werden (etwa stille Reserven).[18] Dass dies im Einzelfall erheblichen Aufwand mit sich bringen kann, mag insofern einmal dahin stehen.[19]

19 Soweit während der unternehmerischen Tätigkeit des Vorerben, insb. durch Nutzung von Marktchancen und Expansion Wertsteigerungen des Unternehmens eintreten, so stehen diese nicht dem Vorerben als Nutzung zu, sondern fallen in den Nachlass.

20 2. Bei Einzelunternehmen ist weiter zu berücksichtigen, dass einem aktiven Unternehmer vor einem Gewinn auch noch der so genannte »Unternehmerlohn« zu zubilligen ist, wie er auch einem Fremdgeschäftsführer in gleicher Lage zustehen würde. Ein Entnahmerecht in Höhe dieses Unternehmerlohns muss der Vorerbe auch dann haben, wenn das Unternehmen keine Gewinne abwirft, so dass die Substanz des Unternehmens angegriffen werden muss. Denn in diesen Fällen würden diese Aufwendungen auch durch die Beauftragung eines Fremdgeschäftsführers anfallen, so dass derartige Aufwendungen einer ordnungsgemäßen Verwaltung entsprechen.[20] Bei Personengesellschaften gelten im Prinzip die gleichen Grundsätze. Soweit der Gesellschaftsvertrag Entnahmebeschränkungen enthält, gelten diese Beschränkungen nur im Verhältnis zu den anderen Mitgesellschaftern, nicht aber im Verhältnis zum Nacherben. Insofern sind derartige Rücklagen spätestens mit dem Nacherbfall durch den Nacherben auszugleichen.

21 3. Bei Kapitalgesellschaften stehen dem Vorerben die Dividenden und sonstigen Erträgnisse zu. Besonderheiten sind insb. bei GmbH-Beteiligungen dann zu berücksichtigen, wenn stille Reserven gebildet worden sind, die später aufgelöst wurden. Auch hier ist eine sachgerechte Abgrenzung vorzunehmen, so dass im Einzelfall Korrekturen, wie oben bereits angesprochen, notwendig sein können. Soweit sich für Gesellschafter bei Kapitalgesellschaften Bezugsrechte für neue Aktien ergeben oder neue Aktien aus Gesellschaftsmitteln ausgegeben werden, so handelt es sich bei derartigen Vorteilen um Surrogate des Nachlassstammes und nicht um Nutzungen. Auch bei Bezugsrechten, bei denen die Ausübung des Bezugsrechtes Mittel aus dem Vermögen des Vorerben selbst nötig macht, ist der Wert dieser Aufwendungen selbstverständlich in die Berechnung einzubeziehen. Insoweit ist eine entsprechende Abgrenzung unter Berücksichtigung des Wertes des Bezugsrechtes selbst und der Aufwendungen des Vorerben vorzunehmen.[21]

22 4. Soweit die Ansicht vertreten wird, dass erst mit dem Eintritt des Nacherbfalles ein Ausgleichsanspruch des Vorerben bei gleichzeitiger Zugehörigkeit der vollen Anteile zum Nachlass entstehen würde,[22] so wird dies den tatsächlichen Verhältnissen nicht ausreichend

---

18 *Bamberger/Roth/Litzenburger* Rn. 13.
19 Ähnlich *Bamberger/Roth/Litzenburger* Rn. 11.
20 Ebenso MüKoBGB/*Grunsky* § 2111 Rn. 35; *Soergel/Harder/Wegmann* Rn. 15; a.A. *Bamberger/Roth/Litzenburger* Rn. 11.
21 MüKoBGB/*Grunsky* § 2111 Rn. 13.
22 *Soergel/Harder/Wegmann* § 2111 Rn. 12.

gerecht. Je nach Dauer kann dies nämlich zu einer Entwertung der Ansprüche führen, was weder gewollt noch sachgerecht erscheint.²³

5. Soweit Steuern anfallen, die nicht auf die Nutzungen bezogen sind (etwa bei der Ver- 23 äußerung von Erbschaftsgegenständen) sind die Belastungen angemessen auszugleichen. Erfahrungsgemäß ist dies allerdings nur in besonderen Fällen von Bedeutung, in der Regel wird sich dies, insb. wenn ein längerer Zeitraum zu Grunde liegt, mit Steuervorteilen aus Neuanschaffungen weitgehend ausgleichen, da die laufenden Steuern ja in jedem Falle vom Vorerben zu tragen sind.

VIII. Schutz Dritter

Nach § 2111 Abs. 1 S. 2 werden gutgläubige Erwerber gegenüber der gesetzlich eintreten- 24 den Surrogation im gewissem Umfange geschützt. Allerdings beschränkt sich der Schutz auf den Schuldner (nicht Gläubiger) einer Forderung, solange dieser von der Zugehörigkeit der Forderung zum Nachlass keine Kenntnis hat. Voraussetzung ist, dass die Forderung auf ein Rechtsgeschäft zurückgeht. Für andere Fälle können die §§ 851, 893 oder 2367 BGB eingreifen.

Nicht geschützt ist durch § 2111 BGB der Nachlassgläubiger. Die Vorschrift des § 2111 25 ist nach allgemeiner Auffassung nur im Verhältnis zwischen Vorerben und Nacherbe anwendbar, so dass Nachlassgläubiger nur auf den ursprünglichen Nachlass zurückgreifen können, soweit nicht bereits ein direkter Anspruch gegen die Erben selbst besteht. Zurückgreifen können Nachlassgläubiger allerdings auch auf die Nutzungen, maßgeblich ist insofern lediglich der ursprüngliche Nachlassbestand beim Erbfall.

§ 2112
Verfügungsrecht des Vorerben

Der Vorerbe kann über die zur Erbschaft gehörenden Gegenstände verfügen, soweit sich nicht aus den Vorschriften der §§ 2113 bis 2115 ein anderes ergibt.

I. Normzweck

Auch wenn der Vorerbe durch die Rechte des Nacherben beschränkt ist, so ist er gleich- 1 wohl Erbe, auf den das Vermögen des Erblassers im vollen Umfange übergegangen ist. § 2112 drückt damit nur den Grundsatz aus. Von den Beschränkungen der §§ 2113 bis 2115 kann der Erblasser den Vorerben in weiten Teilen befreien,¹ auf der anderen Seite soll durch die einschränkenden Vorschriften die Substanz des Nachlasses eben für den Nacherben erhalten bleiben.

II. Verfügung

Die Regelung betrifft grundsätzlich nur die im technischen Sinne zu verstehende Verfü- 2 gung des Vorerben. Gemeint sind damit die dingliche Übertragung oder Belastung eines Nachlassgegenstandes, die Änderung des Inhaltes von Rechten oder die Aufgabe eines Nachlassgegenstandes. Der Begriff der Verfügung i.S.d. § 2112 entspricht demjenigen i.S.d. § 185 Abs. 1 BGB. Er meint also solche Rechtsgeschäfte, die unmittelbar darauf ausgerichtet sind, auf ein bestehendes Recht einzuwirken.²

---

23 *Bamberger/Roth/Litzenburger* § 2111 Rn. 8.
1 S. hierzu § 2136 Rz. 6.
2 Vgl. nur MüKoBGB/*Grunsky* § 2112 Rn. 1.

3   Nicht erfasst sind schuldrechtliche Verpflichtungsgeschäfte, diese kann der Vorerbe ohne irgendwelche Einschränkungen eingehen. Soweit schuldrechtliche Verpflichtungen zu einer langfristigen Bindung führen oder sich in anderer Weise auch auf den Nacherben auswirken (etwa der Abschluss von Mietverträgen) gehen diese schuldrechtlichen Verpflichtungen in der Regel auf den Nacherben über. Entsprechen sie den Grundsätzen einer ordnungsgemäßen Verwaltung, ergeben sich keine weiteren Besonderheiten. Entsprechen sie diesen Grundsätzen nicht, macht sich der Vorerbe schadenersatzpflichtig.

4   Ebenfalls keine Verfügung ist die Prozessführung des Vorerbens über Nachlassgegenstände. Auch die Veräußerung des Vorerbes insgesamt oder des Miterbenanteils durch den Vorerben nach § 2033 unterliegt keiner Beschränkung. In diesem Fall geht die gesamte Rechtsstellung des Vorerben über, so dass der Nacherbe hierdurch nicht beeinträchtigt wird. Auch die Auseinandersetzung einer Miterbengemeinschaft von Vorerben bedarf nicht der Zustimmung des Nacherben. Insoweit bezieht sich das Nacherbenrecht im Wege der Surrogation auf die dem Vorerben zugewiesenen Gegenstände. Allerdings muss der Vorerbe hierbei im Auge behalten, dass dann, wenn die Auseinandersetzung teilweise unentgeltlich erfolgt ist, er also bei der Auseinandersetzung einen geringeren Wertgegenstand erhalten hat als sein Miterbenanteil wert war, die entsprechende Verfügung dem Nacherben gegenüber unwirksam sein dürfte. Nach allgemeiner Ansicht gilt dies auch bei teilweise Unentgeltlichkeit.[3]

5   Ebenso ist auch die letztwillige Verfügung nicht vom Begriff der Verfügung i.S.d. § 2112 erfasst. Insoweit kann der Vorerbe ohne Weiteres – allerdings nur hinsichtlich seines eigenen Vermögens – von Todes wegen beliebig verfügen und unterliegt keinen Beschränkungen.

III. Besonderheiten

1. Testamentsvollstreckung

6   Die Verfügungsbefugnis kann dem Vorerben durch Einsetzung eines Testamentsvollstreckers entzogen werden. Dies gilt auch dann, wenn der Vorerbe von den Beschränkungen, die ihm das Gesetz auferlegt, befreit ist.[4] Ist der Testamentsvollstrecker nur für die Vorerbschaft bestellt, hat auch der Testamentsvollstrecker die Rechte des Nacherben zu wahren. Verfügungen, die unter die §§ 2113 ff. fallen, bedürfen deshalb auch in diesen Fällen der Zustimmung der Nacherben.

2. Vollmacht des Erblassers

7   Hat der Erblasser einem Dritten eine Vollmacht erteilt, die über den Tod hinaus wirkt, so berechtigt die Vollmacht bis zum Nacherbfall zur Vertretung des Vorerben, allerdings nur im Bezug auf den Nachlass. Tritt der Nacherbfall ein, so wirkt ab diesem Zeitpunkt die Vollmacht auch für den Nacherben. Allerdings ist der Vorerbe (und nach dem Nacherbfall auch der Nacherbe) berechtigt, die Vollmacht zu widerrufen. Ist der Vorerbe der vom Erblasser eingesetzte Bevollmächtigte, so erlischt die Vollmacht mit dem Erbfall.[5]

3. Beteiligung an Unternehmen

8   Erbfall und Nacherbfall stellen grundsätzlich zwei Erbfälle dar, so dass in beiden Fällen die Besonderheiten, die etwa beim Eintritt in Personengesellschaften nach den gesellschaftsvertraglichen Grundlagen festgelegt sind, beachtet werden müssen. Die gesellschaftsrechtlichen Nachfolgeklauseln sind insoweit also auch für den Vorerben anwendbar. Soweit dem Erben ein Eintrittsrecht eingeräumt ist oder wenn die Gesellschaft nach dem

---

3   S. hierzu OLG Düsseldorf NJW-RR 2009, 26.
4   Vgl. BayObLG NJW 1959, 1120.
5   Vgl. hierzu MüKoBGB/*Grunsky* § 2112 Rn. 10.

Gesellschaftsvertrag mit den Erben fortgesetzt wird, wird zunächst der Vorerbe unmittelbar Gesellschafter, er ist dann auch ins Handelsregister einzutragen. Ein Nacherbenvermerk ist im Handelsregister nicht vorgesehen, so dass dieser auch nicht eingetragen werden kann.

Die Entscheidung über die Fortführung eines solchen Unternehmens und/oder über die Beendigung einer Gesellschafterstellung steht ausschließlich dem Vorerben zu, einer Zustimmung des Nacherben bedarf es insoweit nicht. Dies gilt auch dann, wenn zum Gesellschaftsvermögen oder Betriebsvermögen ein oder mehrere Grundstücke gehören. Hier kommen bestenfalls Schadensersatzpflichten des Vorerben in Betracht. Liegen beim Vorerben die Voraussetzungen dafür nicht vor, dass er Gesellschafter werden kann, etwa weil besondere persönliche Eigenschaften notwendig sind, so scheidet der Vorerbe aus der Gesellschaft aus und erhält nur einen Abfindungsanspruch. Schließlich kann der Vorerbe auch die Umwandlung seiner Position nach § 139 Abs. 1 HGB in die Stellung eines Kommanditisten verlangen, ohne dass der Nacherbe hierzu gefragt werden muss.[6]

9

§ 2113
Verfügungen über Grundstücke, Schiffe und Schiffsbauwerke; Schenkungen

(1) Die Verfügung des Vorerben über ein zur Erbschaft gehörendes Grundstück oder Recht an einem Grundstück oder über ein zur Erbschaft gehörendes eingetragenes Schiff oder Schiffsbauwerk ist im Falle des Eintritts der Nacherbfolge insoweit unwirksam, als sie das Recht des Nacherben vereiteln oder beeinträchtigen würde.

(2) Das Gleiche gilt von der Verfügung über einen Erbschaftsgegenstand, die unentgeltlich oder zum Zwecke der Erfüllung eines von dem Vorerben erteilten Schenkungsversprechens erfolgt. Ausgenommen sind Schenkungen, durch die einer sittlichen Pflicht oder einer auf den Anstand zu nehmenden Rücksicht entsprochen wird.

(3) Die Vorschriften zugunsten derjenigen, welche Rechte von einem Nichtberechtigten herleiten, finden entsprechende Anwendung.

Übersicht	Rz.		Rz.
I. Normzweck	1	III. Unentgeltliche Verfügungen	16
II. Grundstücksverfügungen (Abs. 1)	2	1. Anwendungsbereich	16
1. Anwendungsbereich	2	2. Anstandsschenkungen	21
2. Sonderfälle	4	IV. Grundstücksverfügungen eines befreiten Vorerben	22
3. Rechtsfolgen	9	V. Grundbuchfragen	24
4. Beeinträchtigung und Vereitelung	11	VI. Gutgläubiger Erwerb (Abs. 3)	26
5. Zustimmung des Nacherben	15		

I. Normzweck

§ 2113 BGB betrifft im Wesentlichen besonders schwerwiegende Verfügungen, also solche über Grundstücke, Schiffe und Schiffsbauwerke, außerdem die Schenkung. Hierdurch soll der Nacherbe besonders geschützt werden. Bei § 2113 Abs. 2 BGB ist zusätzlich anzumerken, dass hier keine Befreiungsmöglichkeit des Erblassers besteht, anders ist dies bei Abs. 1 der Vorschrift. Der Schutzzweck wird des Weiteren durch § 2130 BGB Abs. 2 noch unterstützt. Nach dieser Vorschrift hat der Nacherbe einen Anspruch auf Rechnungslegung, der

1

---

6 Vgl. BGH NJW 1981, 1560.

insb. auch zur Auskunft über die Schenkung von Nachlassgegenständen verpflichtet. Darüber hinaus wird dem Nacherben auch ein Auskunftsanspruch gegen den Beschenkten eingeräumt, wenn er entsprechende Anhaltspunkte über unentgeltliche Verfügungen darlegen kann.[1]

II. Grundstücksverfügungen (Abs. 1)

1. Anwendungsbereich

2 Gegenstand der besonders geschützten Verfügungen können in erster Linie Grundstücke oder Rechte an einem Grundstück sein. Daneben sind auch ins Schiffregister eingetragene Schiffe und Schiffsbauwerke erfasst.[2]

3 Der Begriff der Verfügung wird ebenso wie in § 2112 BGB definiert und meint wie auch dort die Übertragung oder Belastung eines Grundstückes sowie die Aufhebung oder Inhaltsänderung eines Rechts an einem Grundstück. Den Grundstücken ist gleichgestellt auch das Erbbaurecht oder das Wohnungseigentum. Bei der Umschreibung der vorstehenden Vermögenswerte auf den Vorerben wird zum Schutz des Nacherben ein Nacherbenvermerk ins Grundbuch eingetragen.[3] Neben der Belastung des Grundstückes etwa durch eine Grundschuld ist auch der Rangrücktritt eines Grundpfandrechtes, die Bewilligung einer Vormerkung, die erneute Valutierung einer Grundschuld[4] oder die Bestellung einer Baulast zugunsten eines Nachbarn[5] erfasst. Für Verpflichtungsgeschäfte, auch im Hinblick auf ein Grundstück, gilt die Vorschrift dagegen nicht[6]

2. Sonderfälle

a) Kapitalgesellschaft mit Grundstück

4 Verfügungen über Gesellschaftsanteile an einer Kapitalgesellschaft fallen nicht unter die Vorschrift des § 2113 Abs. 1. Dies gilt auch dann, wenn das Gesellschaftsvermögen überwiegend oder aber auch nur aus Grundstücken besteht.

b) Personengesellschaft mit Grundstück

5 Das Gleiche gilt auch bei der Übertragung von Gesamthandsanteilen an Personengesellschaften, wozu nach neuester Rechtsprechung auch die Gesellschaft bürgerlichen Rechts gehören dürfte. Die Gesellschaft bürgerlichen Rechtes ist grundbuchfähig, so dass Unterschiede zu OHG nicht mehr bestehen. Da der Begriff der Verfügung i.S.d. §§ 2112, 2113 BGB rechtlich zu verstehen ist, ist die Vorschrift auch dann nicht anzuwenden, wenn die Grundstücke den Hauptbestandteil des Gesellschaftsvermögens ausmachen.[7]

c) Sonstige Gesamthandsgemeinschaften

6 Grundstücken in Gesellschaftsvermögen stehen Grundstücke im Gesamthandsvermögen mehrerer Beteiligter gleich. Hier ist zunächst zu prüfen, ob Gegenstand der Nacherbfolge der Gesamthandsanteil oder das Grundstück selbst ist. Bei Gesamthandschaft besteht nur ein Auseinandersetzungsanspruch gegenüber den anderen Gesamthändern, aber kein unmittelbares Recht an den zur Gesamthand gehörenden Grundstücken. Eine Verfügung

---

1 BGHZ 58, 237= NJW 1972, 907; *Bamberger/Roth/Litzenburger* Rn. 27 m.w.N.
2 Letztere sind in der Praxis eher selten betroffen, auch deshalb weil im Register eingetragene Schiffe eine gewisse Mindestgröße haben müssen und in der Regel Betriebsvermögen sind.
3 S. vor § 2100 Rz. 13 ff.
4 MüKoBGB/*Grunsky* § 2113 Rn. 7.
5 VGH Mannheim NJW 1990, 268.
6 S. § 2112 Rz. 3.
7 BGH NJW 1976, 893; *Bamberger/Roth/Litzenburger* § 2113 Rn. 2; MüKoBGB/*Grunsky* § 2113 Rn. 5 m.w.N.

über das Grundstück selbst ist daher den einzelnen Gesamthändern nicht möglich. Folge ist, dass § 2113 weder unmittelbar noch entsprechend anzuwenden ist. Dies war in der Vergangenheit streitig.⁸ Die abweichende Entscheidung des OLG Hamm⁹ ist nach einer grundlegenden Entscheidung des BGH überholt.¹⁰

Gehört dagegen ein Bruchteil an einem Grundstück zum Nachlass, muss der Vorerbe § 2113 **7**
BGB beachten. Die Rechte des Nacherben betreffen allerdings nur den entsprechenden Bruchteil. Gehört dem Vorerben bereits die zweite Hälfte kann er bei dieser zweiten Hälfte Belastungen ohne Zustimmung des Nacherben vornehmen. Eine Eigentumsübertragung des gesamten Grundstücks auf einen Dritten kann aber in Teilen unwirksam sein.

Die Vereinbarung der Gütergemeinschaft durch den Vorerben bedarf keiner Zustim- **8**
mung des Nacherben.¹¹ Eine ähnliche Fallkonstellation ist auch bei Gütergemeinschaft gegeben. Hier kann der überlebende Ehegatte ein zum Gesamtgut gehörendes Grundstück veräußern, auch wenn er lediglich Vorerbe ist.¹²

3. Rechtsfolgen

§ 2113 gilt nur im Verhältnis zwischen dem Vorerben und dem Nacherben, wirkt aber hin- **9**
sichtlich seiner Folgen auch auf einen etwaigen Erwerber, weil eine Verfügung des Vorerbens insoweit unwirksam wird wie das Recht des Nacherben veraltet oder beeinträchtigt wird. Auch hier ist ausschließlich nach rechtlichen Gesichtspunkten zu beurteilen. Die vom Nacherben vorgenommen Verfügung ist nicht nichtig, sie kann durch Genehmigung des Nacherben wirksam werden. Sie ist schließlich auf den Eintritt des Nacherbfalls hinausgeschoben, so dass sie bis zu diesem Zeitpunkt grundsätzlich wirksam ist.

Die Bestellung eines bis zum Nacherbfall zeitliche beschränkte Nießbrauches würde **10**
deshalb keine Beeinträchtigung darstellen und ist deshalb wirksam.¹³ Die Unwirksamkeit der Verfügung des Vorerben tritt beim Nacherbfall unmittelbar ein. Sie wirkt gegenüber jedermann und kann unter anderem auch von einem Mitnacherben beim Grundbuchamt geltend gemacht werden. Der Nacherbe kann dies auch schon vor dem Nacherbfall durch Feststellungsklage gegenüber den anderen Beteiligten feststellen lassen.¹⁴ Bestellt der Vorerbe ein zeitlich unbegrenztes Recht an einem Nachlassgrundstück, kommt es auf den Inhalt des Rechtes an. Ein so bestelltes Erbbaurecht ist wegen § 1 Abs. 1 S. 1 ErbbauRVO von Anfang an unwirksam.¹⁵ Ein Nießbrauch dürfte mit dem Nacherbfall erlöschen.

4. Beeinträchtigung und Vereitelung

Die Verfügung des Vorerben ist nur insoweit unwirksam, soweit das Recht des Nacherben **11**
beeinträchtigt wird. Insofern ist unerheblich, ob die Verfügung entgeltlich gewesen ist und sich möglicherweise sogar als gutes Geschäft darstellt, wenn die Gegenleistung in den Nachlass geflossen ist.

Auch die Verfügung über ein zum Nachlass gehörendes Grundstück unter Einbringung **12**
eines wertgleichen oder wertvolleren anderen Grundstücks führt nicht zur Wirksamkeit.¹⁶ Die Löschung eines Eigentümergrundpfandrechtes stellt dann keine Beeinträchtigung des Nacherben da, wenn Rangstellen hierdurch nicht verloren werden, also etwa die ranglänzte Belastung gelöscht wird. Gleiches gilt auch dann, wenn der Vorerbe mit eigenen Mitteln

---
8 Vgl. hierzu MüKoBGB/*Grunsky* § 2113 Rn. 3.
9 RPfleger 1995, 21.
10 BGH NJW 2007, 2114 = ZEV 2007, 323 mit zustimmender Anm. *Schaub*.
11 BayObLG NJW-RR 89, 836.
12 So schon BGH NJW 1976, 893; bestätigend BGH ZEV 2007, 323, 325.
13 Bsp. von *Coing/Kipp* § 49 IV 1 e.
14 BGH NJW 1969, 2043.
15 BGH NJW 1969, 2043.
16 OLG Stuttgart OLG Z 1973, 262; OLG Köln NJW-RR 1987, 267 *Palandt/Edenhofer* § 2113 Rn. 5.

eine Hypothek getilgt hat, die das Grundstück belastet, weil die dem Vorerben zugewachsene Eigentümergrundschuld in diesem Falle nicht der Nacherbfolge unterliegt.[17]

13 Soweit der Vorerbe mit der von ihm vorgenommene Verfügung die Erfüllung von Nachlassverbindlichkeiten bewirkt, liegt eine Vereitelung oder Beeinträchtigung des Nacherbenrechtes nicht vor. Dies gilt etwa dann, wenn der Erblasser zu Lebzeiten einen Grundstückskaufvertrag abgeschlossen hatte oder durch den Vorerben Vermächtnisse, Auflagen oder Teilungsanordnungen erfüllt werden.[18]

14 Die Auffassung, dass der Nacherbe für solche Fälle eine Zustimmungspflicht habe und bis zur Erfüllung dieser Zustimmungspflicht die Verfügung unwirksam sei,[19] ist zumindest insoweit überzogen, soweit der konkrete Nachlassgegenstand in der vorhergehenden Verpflichtung erfasst ist. Denn eine irgendwie geartete Prüfung des Nacherben ist für diesen Fall nicht erforderlich. Anders ist dies allerdings zu beurteilen, wenn der Vorerbe Verfügungen über Nachlassgegenstände vornimmt, die lediglich dazu dienen, finanzielle Mittel zu bekommen, um mit Hilfe dieser Mittel Nachlassverbindlichkeiten bedienen zu können. Hier fehlt es an einer konkreten Zuordnung, so dass eine wirksame Verfügung nur mit Zustimmung des Nacherben möglich ist, die dieser dann aber unter Berücksichtigung des § 2120 in der Regel zu erteilen hat.[20]

5. Zustimmung des Nacherben

15 Hat der Nacherbe der Verfügung zugestimmt, so ist die Verfügung von vornherein vollwirksam. Der Ersatznacherbe muss einer derartigen Verfügung nicht noch ebenfalls zustimmen, eine Vereinbarung zwischen Vorerbe und Nacherbe reicht aus, um Gegenstände aus dem Nachlass auszuscheiden.[21] Ist der Vorerbe gleichzeitig der gesetzliche Vertreter minderjähriger Nacherben, ist eine vormundschaftsgerichtliche Genehmigung, gegebenenfalls die Bestellung eines Ergänzungspflegers notwendig.[22] Sind mehrere Nacherben vorhanden, so müssen alle zustimmen, ebenso muss auch der bedingt eingesetzte Nacherbe zustimmen, es sei denn, dass die Bedingung nicht mehr eintreten kann.

III. Unentgeltliche Verfügungen

1. Anwendungsbereich

16 Die Vorschrift ist auf alle Verfügungen über Nachlassgegenstände anzuwenden, eine Befreiung von der Vorschrift ist nicht möglich. Von der Regelung sind nicht nur Grundstücke erfasst, sondern sämtliche beweglichen Sachen, Forderungen, Gesellschaftsanteile aller Art. Der unentgeltlichen Verfügung wird die Erfüllung eines Schenkungsversprechens gleichgestellt. Nicht erfasst ist hiervon ein noch vom Erblasser abgegebenes wirksames Schenkungsversprechen, dieses wirkt auch gegenüber dem Nacherben.

17 Eine Verfügung ist unentgeltlich, wenn der vom Vorerben weg- oder aufgegebene Vermögensgegenstand wirtschaftlich einen Wert hatte[23] und ihm objektiv kein unter wirtschaftlichen Gesichtspunkten vollwertiges Entgelt gegenüber steht. Eine Ausnahme macht die Rechtsprechung, wenn dem Vorerben die Ungleichwertigkeit nicht bekannt war und er sie auch bei ordnungsgemäßer Verwaltung i.S.d. § 2120 BGB nicht hätte erkennen müssen.[24]

---

17 MüKoBGB/*Grunsky* § 2113 Rn. 12.
18 Vgl. hierzu OLG Hamm NJW-RR 1995, 1289; OLG Düsseldorf ZEV 2003, 296; BayObLG NJW-RR 2001, 1665; a.A. *Bamberger/Roth/Litzenburger* § 2113 Rn. 25; MüKoBGB/*Grunsky* § 2113 Rn. 14.
19 Vgl. etwa OLG Hamm NJW-RR 1995, 1289.
20 Ebenso MüKoBGB/*Grunsky* § 2113 Rn. 15.
21 Vgl. BayObLG NJW-RR 2005, 956.
22 S. etwa BayObLG NJW-RR 2003, 649.
23 BGH NJW 1084, 366; NJW 1999, 2037.
24 Vgl. BGH NJW 1991, 842; MüKoBGB/*Grunsky* § 2113 Rn. 25.

Anders als beim Verfügungsbegriff, der auch in Abs. 2 technisch zu verstehen ist, ist für **18** die Frage der Unentgeltlichkeit eine wirtschaftliche Betrachtungsweise maßgeblich, wobei es allerdings auf den Zeitpunkt der Verfügung ankommt. Neben den klassischen Schenkungen kommen auch andere Verfügungen und Vorgänge in Betracht, etwa zweiseitige Verträge oder einseitige Geschäfte. Auch teilentgeltliche Verfügungen fallen unter die Vorschrift des § 2113, derartige Verfügungen sind dann in vollem Umfange unwirksam.[25]

Eine Gegenleistung ist hierbei nur dann zu berücksichtigen, wenn sie auch in den Nach- **19** lass gelangt ist. Leistungen an Dritte oder in das Eigenvermögen eines nicht befreiten Vorerben sind dagegen unerheblich, weil der Nachlass hierdurch ausgehöhlt werden könnte.[26] Ist ein gegenseitiger Vertrag noch nicht erfüllt, fällt zunächst der Anspruch auf die Gegenleistung in den Nachlass, so dass auch hier Entgeltlichkeit anzunehmen ist. Bei rechtsgrundlosen Verfügungen wird in der Regel von Unentgeltlichkeit auszugehen sein. Hat sich nach Erfüllung eines gegenseitigen Vertrages dessen Unwirksamkeit herausgestellt, so führt dies in der Regel dazu, dass der schuldrechtliche Bereicherungsausgleich zu einer wirtschaftlich adäquaten Gegenleistung führt, so dass der Nacherbe ausreichend geschützt ist.[27]

Bei einer gemischten Schenkung wurde ursprünglich die Auffassung vertreten, dass dem **20** Nacherben nur ein Anspruch auf die Zahlung der Wertdifferenz zustünde. Diese Auffassung ist mittlerweile aufgegeben worden, hier ist der Vertrag insgesamt unwirksam. Ob der Erwerber in einem solchen Fall durch Anbieten einer Ausgleichszahlung dem entgehen kann,[28] ist zweifelhaft. Die Rechtsprechung ist dem bisher nicht gefolgt. Allerdings ist der Erwerber nur verpflichtet, den Gegenstand Zug um Zug gegen Erstattung seiner Gegenleistung herauszugeben, so dass die herrschende Meinung im Ergebnis eine Abmilderung erfährt.[29]

2. Anstandsschenkungen

Eine Ausnahme macht Abs. 2 S. 2 für so genannte Anstandsschenkungen. Erforderlich ist, **21** dass die Schenkung gerade aus dem Nachlass geboten ist, so dass hierunter im Wesentlichen nur Unterstützungen solcher Personen fallen können, die dem Erblasser nahegestanden haben. Dies können unter Umständen auch Institutionen sein. Voraussetzung ist aber, dass eine sittliche Pflicht hierzu gegeben war. Es reicht nicht aus, dass der Erblasser eine derartige Zuwendung nur gutgeheißen hätte. Auch die Größenordnung spielt hierbei eine Rolle. In der Praxis dürfte für die Anwendung dieser Vorschrift nur wenig Raum sein. Immerhin wird die Anerkennung eines verjährten Pflichtteilsanspruchs als unter die Vorschrift fallend angesehen.[30] Im Gegensatz dazu wird die Vornahme von Ausgleichszahlungen an eines der als Nacherben berufenden Kinder im Vorgriff auf §§ 2050, 2052 abgelehnt.[31]

IV. Grundstücksverfügungen eines befreiten Vorerben

Ein vollständig befreiter Vorerbe ist von den Vorgaben des § 2113 Abs. 1 befreit, er kann **22** allerdings nicht von Abs. 2 befreit werden. Die Veräußerung von Nachlassgrundstücken ist also für ihn grundsätzlich möglich. Die Gegenleistung wird als Surrogat dem Nachlass wieder zufließen. Die Verfügung ist wirksam, wenn sie entgeltlich erfolgt ist. Fließt die

---

25 BGH NJW 1985, 382; OLG Hamm, NJW-RR 2002, 1518; OLG Düsseldorf NJW-RR 2009, 26; OLG Bamberg FamRZ 2009, 1784 (LS) = BeckRS 2009, 28594; MüKoBGB/*Grunsky* § 2113 Rn. 37 m.w.N.
26 *Bamberger/Roth/Litzenburger* § 2113 Rn. 17.
27 So MüKoBGB/*Grunsky* § 2113 Rn. 35; Vgl. auch OLG München DNotZ 2005, 697.
28 So MüKoBGB/*Grunsky* § 2113 Rn. 37.
29 BGH NJW 1985, 382.
30 BGH NJW 1973, 1690; MüKoBGB/*Grunsky* § 2113 Rn. 39.
31 MüKoBGB/*Grunsky* § 2113 Rn. 39 m.w.N.

Gegenleistung in diesem Falle dem Vorerben persönlich zu, bleibt sie auch dann entgeltlich, wenn der Vorerbe durch die Verfügung seinen Lebensunterhalt in angemessener Größenordnung bestreitet.[32] Gleiches gilt auch bei der Veräußerung eines Nachlassgrundstückes gegen Leibrente, wenn die Kapitalisierung der Rente dem Wert des Nachlassgrundstückes angemessen ist.[33]

23 Verfügungen im Gesellschaftsrecht können ebenfalls eine unentgeltliche Verfügung beinhalten, wenn in den Änderungen des Gesellschaftsvertrages keine Maßnahme ordnungsgemäßer Verwaltung zu sehen ist. Dies betrifft insb. nachteilige Veränderungen der Gewinnverteilung, Veräußerungsbeschränkungen und Abfindungsbegrenzungen. Betrifft die Vertragsänderung allerdings alle Gesellschafter gleichmäßig, kann auch ein Verzicht auf eine Abfindung beim Ausscheiden durch Tod eines der Gesellschafter eine entgeltliche Verfügung sein.[34]

V. Grundbuchfragen

24 Von praktischer Bedeutung ist insb. die Frage, unter welchen Umständen ein Nacherbenvermerk ohne Zustimmung des Nacherben gelöscht werden darf. Dies ist grundsätzlich immer der Fall, wenn im konkreten Fall der Nacherbenvermerk an sich zur Löschung anstünde. So hat das Grundbuchamt etwa die Frage der Entgeltlichkeit oder Unentgeltlichkeit einer Verfügung zu prüfen. Die Feststellungslast trifft in diesem Falle immer den Antragssteller, konkret also den Vorerben.

25 Besteht nach Lage der Sache kein Anlass, an der Entgeltlichkeit der Verfügung Zweifel zu haben, so muss von der Entgeltlichkeit ausgegangen werden. Dies ist etwa immer dann der Fall, wenn eine Veräußerung an einen Dritten zu normalen Bedingungen erfolgt ist, weil eine Unentgeltlichkeit hierbei nicht angenommen werden kann.[35] Gegebenenfalls ist der Vorerbe gehalten, ein entsprechendes Gutachten dem Grundbuchamt beizubringen, um die Entgeltlichkeit nachzuweisen.[36] Eine Zustimmung des Nacherben ist auch dann nicht erforderlich, wenn der Vorerbe in Erfüllung eines angeordneten Vermächtnisses ein Nachlassgrundstück überträgt.[37]

VI. Gutgläubiger Erwerb (Abs. 3)

26 Der Dritte kann vom Vorerben gutgläubig erwerben. Hierzu muss dem Erwerber von der Nacherbfolge nichts bekannt sein, außerdem darf bei Grundstücken ein Nacherbenvermerk nicht eingetragen sein. Geschützt wird durch Abs. 3 der gute Glaube des Erwerbers, der Vorerbe sei entweder befreiter Vorerbe oder Vollerbe. Nicht geschützt wird dagegen der Irrtum über die Unentgeltlichkeit einer Verfügung.

27 Ist ein Nacherbenvermerk nicht eingetragen, so führt eine unentgeltliche Verfügung (auch teilunentgeltliche Verfügung) zu einem Bereicherungsanspruch des Nacherben gegen den Erwerber nach § 816 Abs. 1 S. 2 BGB.[38] Auf die Übertragung eines Miterbenanteils innerhalb der Erbengemeinschaft ist Abs. 3 nicht anzuwenden, wohl aber bei einer gemeinsamen Veräußerung des Nachlassgrundstückes an Dritte, wenn die entsprechenden Voraussetzungen vorliegen. Die Beweislast für den bösen Glauben des Erwerbers trägt bei fehlendem Nacherbenvermerk der Nacherbe[39]

---

32 BGH NJW 1977, 2075.
33 BGH NJW 1977, 1631; OLG Hamm FamRZ 1991, 113.
34 Vgl. BGH NJW 1981, 115; eingehend zur Problematik aus gesellschaftsrechtlicher Sicht etwa *Baumbach/Hueck/Fastrich* § 34 Rn. 34 ff.
35 Vgl. OLG Hamm FamRZ 2005, 938, 939.
36 So OLG Düsseldorf NJW-RR 2009, 26.
37 OLG Düsseldorf ZEV 2003, 296.
38 MüKoBGB/*Grunsky* § 2113 Rn. 42 m.w.N.
39 OLG Hamm MDR 1971, 665.

§ 2114
Verfügungen über Hypothekenforderungen, Grund- und Rentenschulden

Gehört zur Erbschaft eine Hypothekenforderung, eine Grundschuld, eine Rentenschuld oder eine Schiffshypothekenforderung, so steht die Kündigung und die Einziehung dem Vorerben zu. Der Vorerbe kann jedoch nur verlangen, dass das Kapital an ihn nach Beibringung der Einwilligung des Nacherben gezahlt oder dass es für ihn und den Nacherben hinterlegt wird. Auf andere Verfügungen über die Hypothekenforderung, die Grundschuld, die Rentenschuld oder die Schiffshypothekenforderung finden die Vorschriften des § 2113 Anwendung.

I. Grundsatz

Der Grundsatz der Vorschrift findet sich in S. 3. Hiernach gilt generell § 2113 auch für Hypothekenforderungen, Grund- und Rentenschulden. Die dort genannten anderen Verfügungen sind etwa die Abtretung, die Aufrechnung, die Verpfändung. Eine Ausnahme macht § 2114 nur für die Kündigung und die Einziehung einer solchen Forderung. Hier steht die Kündigung und die Einziehung grundsätzlich dem Vorerben zu. 1

II. Anwendungsbereich

Die Vorschrift gilt sowohl für die gesicherte persönliche Forderung als auch für das dingliche Recht, auch kommt es nicht darauf an, ob das Recht und die Forderung schon beim Erbfall bestand hatte oder erst später durch Surrogation hinzugekommen ist. Die Kündigung und Einziehung kann vom Vorerben ausgehen, Die Vorschrift gilt aber auch für den Fall, dass der Eigentümer bzw. der Schuldner die Kündigung erklärt. Die Kündigung ist gegenüber dem Nacherben auch dann wirksam, wenn sie nicht der ordnungsgemäßen Verwaltung des Nachlasses entspricht. Der Nacherbe muss nicht gefragt werden. Allerdings kann sich ein Schadensersatzanspruch ergeben. 2

III. Einziehung

Zur Einziehung ist der Vorerbe allerdings nur beschränkt berechtigt. Entweder benötigt er zur Einziehung an sich selbst die Einwilligung des Nacherben (bei mehreren Nacherben aller) oder er kann nur die Hinterlegung zugunsten seiner Selbst und des/der Nacherben verlangen. Die Vorschrift gilt auch dann, wenn der Schuldner freiwillig zahlt.[1] Zahlt der Nacherbe freiwillig an den Vorerben, wird der Schuldner dem Nacherben gegenüber nicht befreit.[2] 3

Die in § 2114 angeordnete Beschränkung betrifft allerdings grundsätzlich nur die Hauptforderung (das Kapital). Der Zinsanspruch oder Nebenleistungen sind durch die Einschränkungen nicht berührt, insofern ist der Vorerbe gem. § 2112 zur Einziehung an sich selbst berechtigt. Während die Zinsen ab dem Erbfall dem Vorerben als Nutzungen zustehen, so dass diese auch bei ihm verbleiben, ist für Zinsrückstände, die vor dem Erbfall angefallen sind, zwar der Vorerbe gleichermaßen einzugsberechtigt. Da ihm die entsprechenden Beträge aber nicht zustehen, tritt insoweit Surrogation ein. 4

Von der Beschränkung des S. 2 kann gem. § 2136 Befreiung erteilt werden. 5

---

1 BGH WM 1970, 221.
2 BGH FamRZ 1970, 92.

Franz M. Große-Wilde

§ 2115
Zwangsvollstreckungsverfügungen gegen Vorerben

Eine Verfügung über einen Erbschaftsgegenstand, die im Wege der Zwangsvollstreckung oder der Arrestvollziehung oder durch den Insolvenzverwalter erfolgt, ist im Falle des Eintritts der Nacherbfolge insoweit unwirksam, als sie das Recht des Nacherben vereiteln oder beeinträchtigen würde. Die Verfügung ist unbeschränkt wirksam, wenn der Anspruch eines Nachlassgläubigers oder ein an einem Erbschaftsgegenstand bestehendes Recht geltend gemacht wird, das im Falle des Eintritts der Nacherbfolge dem Nacherben gegenüber wirksam ist.

I. Normzweck

1 Die Vorschrift erweitert § 2113 auf Zwangsvollstreckungsmaßnahmen und vergleichbare Vorgänge von Eigengläubigern des Vorerben. Durch die Vorschrift wird der Schutz des Nacherben auch für den Bereich erweitert, bei dem keine Rechtsgeschäfte des Vorerben zu Grunde liegen. Nicht erfasst sind wie bei § 2113 mangels Schutzbedürfnis die dem Vorerben verbleibenden Nutzungen.

II. Anwendungsbereich (S. 1)

2 1. Erfasst sind Verfügungen, die im Wege der Zwangsvollstreckung, der Arrestvollziehung oder durch den Insolvenzverwalter erfolgen. Unter Zwangsvollstreckung ist hierbei nur die Vollstreckung zur Befriedigung einer Geldforderung zu verstehen. Bei einer Verurteilung zur Abgabe einer Willenserklärung richten sich die Rechtsfolgen nach den §§ 2112, 2113.

3 Streitig ist, ob die Teilungsversteigerung als Akt der Zwangsvollstreckung anzusehen ist. Hier entspricht es allgemeiner Meinung, dass die Teilungsversteigerung nicht hierzu gehört.[1] Hintergrund ist der Umstand, dass die Auseinandersetzung der Erbengemeinschaft ohne Zustimmung der Nacherben erfolgen können muss,[2] Dem wird die Vollziehung eines Arrestes als reiner Sicherungsmaßnahme gleichgestellt.

4 2. Verfügungen, die der Insolvenzverwalter vornimmt, unterliegen den gleichen Maßstäben. Eine Veräußerung ist dem Insolvenzverwalter nach § 83 Abs. 2 InsO (auch für den befreiten Vorerben) untersagt. Von der Vorschrift des § 2115 kann Befreiung nicht erteilt werden. Ein Aussonderungsrecht steht dem Nacherben nicht zu, hierzu kann er frühestens ab dem Nacherbfall berechtigt sein. Entsprechende Anwendung findet die Vorschrift auch auf die Aufrechnung eines Gläubigers des Vorerben gegen eine Nachlassforderung.[3] Hintergrund ist, dass eine Surrogation hierbei ausgeschlossen ist.

III. Wirkungen

5 Zwangsvollstreckungsverfügungen und ähnliche Maßnahmen gegen den Vorerben sind mit dem Eintritt der Nacherbfolge unwirksam, soweit die Rechte des Nacherben vereitelt oder beeinträchtigt werden. Bis zu diesem Zeitpunkt sind alle übrigen Zwangsvollstreckungsmaßnahmen dagegen zulässig, wie etwa die Begründung eines Pfandrechtes, die Durchführung der Zwangsverwaltung, die Bestellung einer Zwangshypothek oder die Einleitung einer Zwangsversteigerung, wobei diese nicht durchgeführt werden darf.

---

[1] BayObLG NJW 1965, S. 1966; *Bamberger/Roth/Litzenburger* § 2115 Rn. 2.
[2] MüKoBGB/*Grunsky* § 2113 Rn. 7; a.A. *Najdecki* DNotZ 2007, 644.
[3] So schon RGZ 80, 30, 33.

Um dem Nacherben ausreichende Möglichkeiten einzuräumen, seine Rechte auch 6
durchzusetzen, wird die Regelung durch die Vorschriften der §§ 326, 773 ZPO ergänzt, der
Nacherbe hat die Möglichkeit einer Drittwiderspruchsklage[4]

Kommt es aber gleichwohl zu einer Veräußerung, wird der Dritte wirksam Eigentümer. 7
Der Nacherbe kann in diesem Falle nur vom Gläubiger die Herausgabe der Bereicherung
verlangen.[5] Auch bei der Teilungsversteigerung ist der Zuschlagsbeschluss gegenüber dem
Nachlass wirksam, § 2113 Abs. 1 greift nicht ein.[6] In diesem Falle tritt der Erlösüberschuss
dann an die Stelle des Grundstückes und gehört zur Erbschaft. Abgesehen von den vorstehenden Gesichtspunkten kommt bei Zwangsvollstreckungsmaßnahmen kein guter Glaube
in Betracht, da eine Regelung wie in § 2113 Abs. 3 BGB nicht vorhanden ist. Die Vorschriften der §§ 892, 932, 1244 gelten nicht für den Erwerb durch Zwangsvollstreckung oder
Arrestvollziehung. Anders ist dies bei freihändigem Verkauf oder öffentlicher Versteigerung durch den Gerichtsvollzieher, hier gelten die allgemeinen Regeln.

IV. Ausnahmen (S. 2)

In S. 2 schafft die Vorschrift zwei Ausnahmen, die aber schon denknotwendig sind: 8
1. Liegt eine Nachlassverbindlichkeit vor, die auf den Erblasser zurückgeht, ist die Zwangsvollstreckung wirksam, da ja auch der Nacherbe als solcher für die Schulden des Nachlasses haftet. Dies gilt auch für Verfügungen des Insolvenzverwalters in gleicher Weise.
2. Das Gleiche gilt auch für besondere Rechte an einzelnen Erbschaftsgegenständen, typischerweise etwa bei einem vom Erblasser bestellten Grundpfandrecht. Entsprechendes gilt auf Grund eines Vermieterpfandrechtes bei vom Erblasser in ein Mietobjekt eingebrachten Gegenständen aus der Erbschaft.[7]

§ 2116
Hinterlegung von Wertpapieren

(1) Der Vorerbe hat auf Verlangen des Nacherben die zur Erbschaft gehörenden Inhaberpapiere nebst den Erneuerungsscheinen bei einer Hinterlegungsstelle oder bei der *Reichsbank*, bei der *Deutschen Zentralgenossenschaftskasse* oder bei der Deutschen Girozentrale (Deutschen Kommunalbank) mit der Bestimmung zu hinterlegen, dass die Herausgabe nur mit Zustimmung des Nacherben verlangt werden kann. Die Hinterlegung von Inhaberpapieren, die nach § 92 zu den verbrauchbaren Sachen gehören, sowie von Zins-, Renten- oder Gewinnanteilscheinen kann nicht verlangt werden. Den Inhaberpapieren stehen Orderpapiere gleich, die mit Blankoindossament versehen sind.

(2) Über die hinterlegten Papiere kann der Vorerbe nur mit Zustimmung des Nacherben verfügen.

I. Normzweck

§ 2116 will – ebenso wie die nachfolgenden Vorschriften der §§ 2117–2119 – den Nacher- 1
ben besonders schützen. Erfasst sind insb. Wertpapiere und Geld, weil bei diesen eine Verwertung für den Vorerben wegen der hohen Verkehrsfähigkeit besonders einfach ist. Bei
einem Verstoß kann der Nacherbe Auskunft verlangen.[1]

---
4 Vgl. OLG Celle NJW 1968, 802.
5 *Staudinger/Avenarius* § 2115 Rn. 24, 27.
6 BayObLGZ 65, 212; BGH NJW 1993, 3198.
7 *Bamberger/Roth/Litzenburger* § 2115 Rn. 3; MüKoBGB/*Grunsky* § 2115 Rn. 5, jeweils m.w.N.
1 *Sarres* ZEV 2004, 56.

II. Hinterlegungspflichtige Wertpapiere

2 Zu hinterlegen sind zunächst Inhaberpapiere nebst Erneuerungsscheinen (S. 1) sowie Orderpapiere mit Blankoindossament (S. 3). Erfasst sind insb. Inhaberschuldverschreibungen,[2] Inhabergrundschuldbriefe (§ 1195 BGB), Inhaberrentenschuldbriefe (§ 1199 BGB) sowie Inhaberaktien (§§ 10, 78 Abs. 3 AktG). Orderpapiere sind Wechsel, Scheck, kaufmännische Orderpapiere (§ 363 HGB), Orderschuldverschreibungen (§ 808a BGB) und Namensaktien (§ 68 AktG). Nicht von der Vorschrift erfasst sind dagegen Legitimationspapiere (§ 808 BGB) wie Sparkassenbücher, Pfandscheine und Inhaberpapiere, die zu den verbrauchbaren Sachen gehören. Zu den letzteren gehören insb. Banknoten.

3 Strittig ist, ob auch solche Wertpapiere zu hinterlegen sind, die zu einem Betriebsvermögen gehören. Denn hier ist eine Hinterlegung von laufenden Papieren schon praktisch weitgehend ausgeschlossen. Insoweit wird man dem Unternehmer zugestehen müssen, dass er nur langfristig festliegende Wertpapiere zu hinterlegen hat, während die im Umlauf befindlichen kurzfristigen Papiere ausnehmen muss.[3] Hier müsste der Nacherbe einer Freigabe sofort zustimmen, so dass auf die Hinterlegung auch ganz verzichtet werden kann.

III. Hinterlegung

4 Der Vorerbe muss diese Papiere nur auf Verlangen des Nacherben hinterlegen. Von dieser Verpflichtung kann er sich unter Berücksichtigung des § 2117 BGB befreien, unabhängig hiervon entfällt diese Verpflichtung, wenn er nach § 2136, 2137 BGB von der Verpflichtung durch den Erblasser befreit ist. Hinterlegungsstelle im Sinne der Vorschrift ist das Amtsgericht nach den Regeln der Hinterlegungsordnung. Daneben kommen die im Gesetz angeführten Banken sowie deren Nachfolgeorganisationen in Betracht. Dies sind die DZ-Bank als Nachfolgerin der Deutschen Zentralgenossenschaftskasse[4] sowie der DK-Bank Deutsche Girozentrale[5] sowie die Bundesbank und die Landeszentralbanken.[6]

IV. Verfügungen nach Abs. 2

5 Sind die Papiere einmal hinterlegt, bedarf der Vorerbe für jede Verfügung der Zustimmung des Nacherben. Zu beachten ist, dass die Beschränkung dingliche Wirkung hat, so dass eine Übertragung von Anfang an unwirksam ist.[7] Durch Genehmigung des Nacherben kann Wirksamkeit eintreten. Werden die Papiere an einen Dritten ausgehändigt, kann dieser gutgläubig nach § 934 BGB erwerben.[8] Ebenso erlischt die Verfügungsbeschränkung bei Herausgabe an den Vorerben.

6 Im Hinblick auf § 2120 kann der Nacherbe allerdings zur Zustimmung für die Herausgabe verpflichtet sein. Die Kosten für die Umschreibung bzw. Umwandlung sind vom Nacherben im Verhältnis zum Vorerben zu tragen.

---

2 Vgl. §§ 793 ff BGB.
3 Ebenso *Staudinger/Avenarius* § 2116 Rn. 3; a.A. *Damrau/Hennicke* Rn. 3.
4 Nach Fusion mit der DG-Bank, im Internet unter www.dzbank.de.
5 Als Nachfolgerin der Deutschen Girozentrale (Deutsche Kommunalbank), im Internet www.dkbank.de.
6 § 27 Hinterlegungsordnung, im Internet www.bundesbank.de.
7 Vgl. MüKoBGB/*Grunsky* § 2116 Rn. 2.
8 MüKoBGB/*Grunsky* § 2116 Rn. 2 am Ende; a.A. *Soergel/Harder/Wegmann* § 2117 Rn. 5.

§ 2117
Umschreibung; Umwandlung

Der Vorerbe kann die Inhaberpapiere, statt sie nach § 2116 zu hinterlegen, auf seinen Namen mit der Bestimmung umschreiben lassen, dass er über sie nur mit Zustimmung des Nacherben verfügen kann. Sind die Papiere vom Bund oder von einem Land ausgestellt, so kann er sie mit der gleichen Bestimmung in Buchforderungen gegen den Bund oder das Land umwandeln lassen.

Der Vorerbe kann die Inhaberpapiere statt sie zu hinterlegen auf seinen Namen umschreiben lassen, wenn gleichzeitig festgehalten wird, dass über sie nur mit Zustimmung des Nacherben verfügt werden darf. Die Umschreibung kann nach § 806 erfolgen. Handelt es sich um Schuldverschreibungen, die der Bund oder ein Bundesland ausgestellt hat, so kann eine Umschreibung in Buchforderungen erfolgen.[1] Entsprechendes gilt auch für die Länder. Hierbei muss gleichzeitig durch den Vorerben festgehalten werden, dass er nur mit Zustimmung des Nacherben über die Forderungen verfügen darf. Voraussetzung ist allerdings, dass die Umschreibung durch den Aussteller auch umgesetzt wird. Hierzu ist der Aussteller nicht immer verpflichtet, von öffentlichen Stellen einmal abgesehen.[2] Die Kosten für die Umschreibung bzw. Umwandlung sind vom Nacherben im Verhältnis zum Vorerben zu tragen. 1

§ 2118
Sperrvermerk im Schuldbuch

Gehören zur Erbschaft Buchforderungen gegen den Bund oder ein Land, so ist der Vorerbe auf Verlangen des Nacherben verpflichtet, in das Schuldbuch den Vermerk eintragen zu lassen, dass er über die Forderungen nur mit Zustimmung des Nacherben verfügen kann.

Die Vorschrift regelt den Fall, dass bereits Buchforderungen gegen den Bund oder ein Land bestehen. In diesem Falle kann auf Verlangen des Nacherben ein Sperrvermerk eingetragen werden, so dass für die Verfügungen über die Forderungen die Zustimmung des Nacherben notwendig ist. 1

Die Kosten für den Sperrvermerk trägt der Nacherbe im Verhältnis zum Vorerben. Eine Befreiung von den Vorschriften ist zulässig, § 2136 BGB. Im Übrigen gelten die gleichen Grundsätze wie bei § 2116. 2

§ 2119
Anlegung von Geld

Geld, das nach den Regeln einer ordnungsmäßigen Wirtschaft dauernd anzulegen ist, darf der Vorerbe nur nach den für die Anlegung von Mündelgeld geltenden Vorschriften anlegen.

---

1 § 7 Abs. 2 Nr. 2 Bundesschuldengesetz vom 12.7.2006.
2 Art. 101 EGBGB.

I. Normzweck

1 Grundsätzlich gelten für Geld die gleichen Besonderheiten wie für Wertpapiere, die ohne Weiteres übertragbar sind. Da der Nachlass dem Nacherben dem Grunde nach erhalten bleiben soll, ist der Vorerbe verpflichtet, Geld, das im Nachlass vorhanden ist oder das er später im Wege der Surrogation erhält, besonders anzulegen.

II. Ordnungsgemäße Wirtschaft

2 Die Anlegung von Geld ist nur insoweit erforderlich, soweit dieses Geld nach den Regeln einer ordnungsgemäßen Wirtschaft dauernd anzulegen ist. Maßgeblich sind hierbei objektive wirtschaftliche Gesichtspunkte, auf die persönlichen Gewohnheiten der Beteiligten (weder des Erblassers noch des Vorerben) kommt es hierbei an.[1] Soweit der Vorerbe allerdings Geld für die Verwaltung des Nachlasses, für die Bedienung von Erblasserschulden oder aber für die laufende Verwaltung benötigt, unterliegt er nicht der Regel des § 2119, vielmehr bestimmt sich der Haftungsmaßstab in diesem Fall nach § 2131 BGB[2] Eine Zustimmung des Nacherben ist weder für die Anlage noch für das Abheben erforderlich.[3]

III. Anlegung

3 Der Vorerbe ist nach § 2119 BGB verpflichtet, derartige Gelder ohne besondere Aufforderung des Nacherben anzulegen. Insofern unterscheidet sich die Vorschrift von §§ 2116 und 2118 BGB. Der Nacherbe hat zur Durchsetzung der Pflicht einen einklagbaren Anspruch.[4] Von der Vorschrift kann durch den Erblasser Befreiung erteilt werden, § 2126 BGB.

4 Die Anlegung des Geldes hat nach den Regeln für die Anlegung von Mündelgeld zu erfolgen. Für die Art und Weise der Anlegung ist auf die Vorschrift des § 1807 BGB zurückzugreifen. Zu beachten ist, dass durch das Betreuungsgesetz die früher einmal bestehenden sehr engen Vorgaben erweitert worden sind, wobei allerdings weiter festzuhalten ist, dass eine risikobehaftete Anlage, etwa in Aktien, ausgeschlossen ist. Hiernach bleiben für die Anlegung von Geldern – praktisch betrachtet – lediglich übrig:
– Forderungen, für die eine sichere Hypothek an einem inländischen Grundstück besteht oder in
– sichere Grund- oder Rentenschulden,
– inländische Grundstücke
– Bundesschuldverschreibungen
– Bundesschatzbriefe,
– Pfandbriefe
– Kommunalobligationen
– Anlage in Festgeldern oder Sparverträgen bei einer inländischen öffentlichen Sparkasse oder bei anderen Kreditinstituten, die einer für die Anlage ausreichenden Sicherungseinrichtung angehören.[5]

5 Besonders ist zu beachten, dass der Vorerbe nicht verpflichtet ist, Anlagen, die bereits der Erblasser nicht mündelsicher angelegt hat, später in eine mündelsichere Anlage umzuwandeln. Hat der Erblasser also risikobehaftete Wertpapiere hinterlassen, etwa Aktien, so besteht eine Verpflichtung des Vorerben nur im Rahmen des § 2116 zur Sicherung, nicht aber zu einer Veränderung der Anlage. Erkennt der Vorerbe allerdings, dass die Anlagen zu große Risiken beinhalten, so ist er verpflichtet, für ein Umwandlung der jeweiligen

---
1 RGZ 73, S. 6; MüKoBGB/*Grunsky* § 2119 Rn. 2.
2 MüKoBGB/*Grunsky* § 2119 Rn. 2.
3 *Staudinger/Avenarius* § 2119 Rn. 6; a.A. wohl MüKoBGB/*Grunsky* Rn. 4.
4 RGZ 73, 4, 7.
5 S. hierzu weiter MüKoBGB/*Wagenitz* § 1807 Rn. 9 ff.

Anlage in eine sichere Anlage Sorge zu tragen. Umgekehrt ist im Falle einer bestehenden Bindung der Nacherbe verpflichtet, Verfügungen des Vorerben zuzustimmen, wenn hiermit eine ordnungsgemäße Verwaltung erfolgt. Der Vorerbe ist weiter verpflichtet, dem Nacherben auf Verlangen Auskunft über die Anlage zu geben, damit dieser sich in die Lage versetzt sieht, über ein Verlangen nach Sicherheit i.S.d. § 2128 entscheiden zu können. Der Anspruch ergibt sich aus § 242 BGB.[6] Einen Sperrvermerk, wie etwa nach § 1809 für Mündelgeld, muss der Vorerbe nicht anbringen lassen, die §§ 1809, 1810 sind nicht entsprechend anzuwenden.[7]

§ 2120
Einwilligungspflicht des Nacherben

Ist zur ordnungsmäßigen Verwaltung, insb. zur Berichtigung von Nachlassverbindlichkeiten, eine Verfügung erforderlich, die der Vorerbe nicht mit Wirkung gegen den Nacherben vornehmen kann, so ist der Nacherbe dem Vorerben gegenüber verpflichtet, seine Einwilligung zu der Verfügung zu erteilen. Die Einwilligung ist auf Verlangen in öffentlich beglaubigter Form zu erklären. Die Kosten der Beglaubigung fallen dem Vorerben zur Last.

I. Normzweck

Zweck der Vorschrift ist, dem Vorerben eine ordnungsgemäße Verwaltung des Nachlasses zu ermöglichen. Der Vorerbe ist durch die Vorschriften der §§ 2113 ff. beschränkt, dennoch kann es erforderlich werden, dass Verfügungen, die Beschränkungen unterliegen, notwendig werden. Um derartige Verfügungen vollwirksam zu machen, legitimiert die Zustimmung des Nacherben den Vorerben im Rechtsverkehr gegenüber Dritten. Daneben verdeutlicht die Vorschrift, dass der Nacherbe zur Zustimmung i.R.e. ordnungsgemäßen Verwaltung verpflichtet ist, wodurch gleichzeitig auch eventuelle Schadensersatzansprüche des Nacherben nach den § 2130, 31 ausgeschlossen werden sollen. 1

Die Einwilligungspflicht des Nacherben dient also letztlich der Rechtssicherheit. Die Verfügungsbefugnisse des Vorerben werden hierdurch nicht erweitert, die Verpflichtung besteht grundsätzlich auch dann, wenn sich der Vorerbe zu einer genehmigungsbedürftigen Verfügung schuldrechtlich verpflichten will.[1] Darüber hinaus kann eine Zustimmungspflicht auch zur Klarstellung bei Zweifeln bestehen. Hierbei ist allerdings zu berücksichtigen, dass die Vorschrift nur im Innenverhältnis zwischen Vorerben und Nacherben eine Rolle spielt.[2] 2

II. Ordnungsgemäße Verwaltung

Wesentlicher Aspekt der Vorschrift ist die Frage, was unter ordnungsgemäßer Verwaltung zu verstehen ist, ausschließlich der Nachlass. Insofern darf der Vorerbe zunächst einmal Nachlassverbindlichkeiten regulieren und – wenn im Nachlass nicht ausreichende Barmittel hierfür vorhanden sind – Nachlassgegenstände veräußern.[3] Ebenso darf der Vorerbe Vermögensgegenstände veräußern, um eine Aussonderung von solchen Teilen des Nachlasses zu bewirken, bei denen er nicht nur Vorerbe, sondern teilweise auch Vollerbe geworden ist.[4] 3

---

6 LG Berlin ZEV 2002, 160; s. weiter *Sarres* ZEV 2004, 56 ff.
7 So LG Lüneburg WM 2002, 2242; *Staudinger/Avenarius* § 2119 Rn. 6; a.A. MüKoBGB/*Grunsky* § 2119 Rn. 4.
1 Vgl. RGZ 90, 91, 96; MüKoBGB/*Grunsky* § 2120 Rn. 3 m.w.N.
2 Vgl. hierzu *Soergel/Harder* § 2120 Rn. 3.
3 Zur Erfüllung von Vermächtnissen und/oder Teilungsanordnungen s. § 2113 Rz. 13.
4 Vgl. hierzu BayObLG Z 58, 113.

4   Droht die Zwangsversteigerung oder Enteignung eines Grundstückes, muss der Nacherbe zustimmen, wenn eine eventuelle Entschädigung oder ein Versteigerungserlös hinter einem Verkaufserlös zurückbleiben würde.[5] Soll dagegen der Einsatz des Nachlasses für Privatzwecke erfolgen oder unentgeltliche Verfügungen vorgenommen werden, so handelt es sich in keinem Falle um eine ordnungsgemäße Verwaltung.[6]

5   Besteht der Nachlass aus Grundstücken oder einem Unternehmen, ist der Vorerbe auch berechtigt, Kredite für den Nachlass aufzunehmen und hierzu den Grundbesitz zu belasten. Ordnungsgemäß ist ein solches Vorgehen dann, wenn der Darlehensbetrag zur Finanzierung etwa notwendiger Reparaturen verwendet werden soll oder wenn eine notwendige Modernisierung etwa eines Mietobjektes ansteht. Bei einer Modernisierung muss Zins und Tilgung in der Regel aus den Erträgen abgedeckt werden können, wobei der Zeitraum der Tilgung nach der Art der Maßnahmen auch länger sein kann und bei Eintritt der Nacherbfolge noch bestehen kann.[7] Sind allerdings Reparaturen zwingend erforderlich, so wird regelmäßig die Aufnahme eines Kredites zur Finanzierung dieser Reparaturen hinzunehmen sein, auch wenn die Erträge nicht ausreichen. Letztlich ist dies eine Frage des Einzelfalls.

6   Ist unter wirtschaftlichen Gesichtspunkten eine Kreditaufnahme erforderlich, so entspricht dies auch einer ordnungsgemäßen Verwaltung. Nur in Ausnahmefällen können auch andere – etwa immaterielle – Aspekte Bedeutung gewinnen, etwa wenn historisch wertvolle Bestandteile im Vermögen vorhanden sind, die in besonderer Weise zu erhalten sind, etwa aus Gesichtspunkten der Familientradition oder bei historisch besonderer Bedeutung.[8]

7   Ob im Falle einer Kreditaufnahme die Einschaltung eines Treuhänders verlangt werden kann, ist ebenfalls im Einzelfall zu entscheiden. Grundsätzlich ist es Sache des Vorerben, hier das richtige Vorgehen zu wählen. Da dem Nacherben Schadensersatzansprüche nach § 2130 zustehen, kann er diese notfalls geltend machen. Dem muss korrespondieren, dass ein Schadensersatzanspruch auch bei Zustimmung des Nacherben dann nicht ausgeschlossen sein darf, wenn sich der Vorerbe nicht an die vereinbarten Regeln gehalten hat oder aber Umstände im Zusammenhang mit der Verfügung nicht richtig mitgeteilt hat.[9]

III. Zustimmungspflicht

8   Der Nacherbe ist zur Zustimmung verpflichtet, wenn die Verfügung für die ordnungsgemäße Verwaltung erforderlich ist.[10] Damit der Nacherbe eine Zustimmung erteilen kann, muss der Vorerbe den Nacherben zunächst auffordern die Zustimmung zu erteilen und ihm hierbei auch im Einzelnen Art der beabsichtigten Verfügung und die dazu führenden Gründe darlegen.

9   Soweit eine besondere (insb. öffentlich beglaubigte) Form der Erklärung notwendig ist, hat der Vorerbe gleichzeitig darauf hinzuweisen, dass die Kosten von ihm übernommen werden.[11] Die Zustimmung kann der Nacherbe sowohl gegenüber dem Vorerben wie auch dem an der Verfügung beteiligten Dritten erklären. Anspruchsinhaber ist aber ausschließlich der Vorerbe, der seinen Anspruch aber abtreten kann.[12] Der Dritte kann sich allerdings auch mit der Arglisteinrede auf die Genehmigungspflicht berufen. Ist bei einem Grundstück ein Nacherbenvermerk eingetragen, so kann der Erwerber gegen den Nacherben auf Zustimmung zur Löschung Klage erheben.

---

5 Vgl. BGH LM § 2120, Nr. 2/3.
6 S. etwa MüKoBGB/*Grunsky* Rn. 4.
7 Vgl. etwa BGH NJW 1990, 1273; NJW 1993, 1582.
8 MüKoBGB/*Grunsky* § 2120 Rn. 7.
9 Ebenso MüKoBGB/*Grunsky* § 2120 Rn. 2; a.A. RGZ 148, 385.
10 Ein Ersatznacherbe muss nicht einwilligen, RGZ 145, 316.
11 OLG Düsseldorf NJW-RR 1996, 905.
12 Allg.M., vgl. nur MüKoBGB/*Grunsky* § 2120 Rn. 8.

Bei Testamentsvollstreckung beim Nacherben muss der Testamentsvollstrecker die 10
Zustimmung erteilen. Sind die Nacherben minderjährig, so ist der gesetzliche Vertreter für
die Erklärung zuständig. Ist der gesetzliche Vertreter des Nacherben der Vorerbe, so kann
er die entsprechende Erklärung gleichwohl abgeben, ohne gegen § 181 zu verstoßen.[13] Ist
die Zustimmung erteilt, so ist sie unwiderruflich. Nach S. 2 ist sie gegebenenfalls auf Verlangen in öffentlich beglaubigter Form zu erklären. Die Kosten sind Erhaltungskosten
i.S.d. § 2124 Abs. 1 BGB und fallen dem Vorerben zur Last, S. 3.

§ 2121
Verzeichnis der Erbschaftsgegenstände

(1) Der Vorerbe hat dem Nacherben auf Verlangen ein Verzeichnis der zur Erbschaft gehörenden Gegenstände mitzuteilen. Das Verzeichnis ist mit der Angabe des Tages der Aufnahme zu versehen und von dem Vorerben zu unterzeichnen; der Vorerbe hat auf Verlangen die Unterzeichnung öffentlich beglaubigen zu lassen.

(2) Der Nacherbe kann verlangen, dass er bei der Aufnahme des Verzeichnisses zugezogen wird.

(3) Der Vorerbe ist berechtigt und auf Verlangen des Nacherben verpflichtet, das Verzeichnis durch die zuständige Behörde oder durch einen zuständigen Beamten oder Notar aufnehmen zu lassen.

(4) Die Kosten der Aufnahme und der Beglaubigung fallen der Erbschaft zur Last.

I. Normzweck

Da der Nacherbe erst mit dem Eintritt des Nacherbfalls unmittelbare Ansprüche auf den 1
Nachlass erhält, hat er bis zu diesem Zeitpunkt nur Informationsinteressen. Von der
Pflicht kann der Erblasser den Vorerben nicht befreien. Der Anspruch auf Bestandsaufnahme wird ergänzt durch den Auskunftsanspruch nach § 2127, der allerdings an
bestimmte Voraussetzungen geknüpft ist, und des Weiteren im Einzelfalle durch § 242
BGB. Obwohl die Vorschrift den Auskunftsansprüchen des Pflichtteilsberechtigten in
gewissen Teilen gleicht, besteht kein Anspruch auf Wertermittlung, eine Verpflichtung zur
Eidesstattlichen Versicherung ist ebenfalls nicht gegeben. Die öffentliche Beglaubigung der
Unterzeichnung des Verzeichnisses stellt wohl kein besonderes Druckmittel da. Die Vorschrift wird durch die folgenden Vorschriften der §§ 2122 und 2123 noch ergänzt.

II. Verzeichnis

Ein Verzeichnis über die zur Erbschaft gehörenden Gegenstände ist vom Vorerben nur auf 2
Verlangen des Nacherben zu erstellen. Der Nacherbe kann dieses Verzeichnis nicht nur
unmittelbar nach dem Erbfall sondern auch noch später verlangen, allerdings nur einmal.
Soweit Testamentsvollstreckung angeordnet ist, sei es für den Vorerben oder für den
Nacherben, ist jeweils der Testamentsvollstrecker Gläubiger/Schuldner des Anspruches.[1]

Ergänzungen oder Nachbesserungen auf Grund von Veränderungen des Nachlassbe- 3
standes kann der Nacherbe nicht verlangen, soweit nicht die Voraussetzung des § 2127
BGB vorliegen.[2] Inhaltlich ist das Bestandsverzeichnis nicht auf den Erbfall ausgerichtet,

---
[13] OLG Hamm NJW 1965.
[1] Vgl. MüKoBGB/*Grunsky* § 2121 Rn. 1, 2; BGHZ 127, 360; BGH NJW 1999, 456.
[2] Bei langer Vorerbschaft und wesentlichen Nachlassveränderungen kann möglicherweise ein neues Verzeichnis verlangt werden, so etwa *Staudinger/Avenarius* § 2121 Rn. 1.

sondern auf den Zeitpunkt seiner Errichtung. Sind seit dem Erbfall Surrogate angefallen, sind diese in das Verzeichnis aufzunehmen, während ausgeschiedene Nachlassgegenstände wegzulassen sind. Wiederzugeben ist der Aktivnachlass, Wertangaben sind nicht erforderlich, als Besonderheit ist zu beachten, dass die Passiva (Nachlassverbindlichkeiten) im Verzeichnis nicht enthalten sein müssen.[3] Da Wertangaben über die Nachlassgegenstände nicht erforderlich sind, so besteht auch kein Anspruch des Nacherben darauf, etwa die Bilanz eines Unternehmens zu erhalten, wenn ein Unternehmen zum Nachlass gehört.[4]

III. Formalien

4   Nach Abs. 1 S. 2 ist das Verzeichnis mit der Angabe des Tages der Aufnahme zu versehen und vom Vorerben zu unterschreiben. Zusätzlich ist die Unterschrift öffentlich zu beglaubigen, wenn der Vorerbe dies verlangt. Die letztgenannte Maßnahme wird den Wahrheitsgehalt nicht erhöhen.

5   Indirekt ergibt sich daraus, dass das Verzeichnis schriftlich abzufassen ist. Nach Abs. 2 der Vorschrift kann der Nacherbe zudem verlangen, bei der Aufnahme des Verzeichnisses hinzugezogen zu werden. Hierbei hat er allerdings weder ein Mitwirkungsrecht noch kann er auf den Inhalt Einfluss nehmen.

IV. Notarielles Verzeichnis

6   Der Nacherbe kann auch verlangen, das Verzeichnis durch einen Notar aufnehmen zu lassen. Ein Notar ist in allen Bundesländern sachlich zuständig nach § 20 Abs. 1 IV der Bundesnotarordnung, in Bayern und Baden-Württemberg ist er ausschließlich zuständig. In der Praxis ist es auch in den anderen Bundesländern kaum umsetzbar, eine Behörde für die Aufnahme zu gewinnen. Bei der Erstellung eines derartigen Verzeichnisses durch den Notar sind die gleichen Maßstäbe einzuhalten wie sie bei einem Verzeichnis nach § 2314 bestehen. Insoweit wird der Notar auch in diesem Falle den Bestand selbst ermitteln müssen.[5] Das Verzeichnis ist eine frei zu würdigende Beweisurkunde, die notarielle Aufnahme erhöht diesen Beweiswert nur wenig.[6]

7   Der Vorerbe ist auch berechtigt, von vornherein ein notarielles Verzeichnis erstellen zu lassen. Insoweit hat der Vorerbe allerdings zu berücksichtigen, dass nach Abs. 4 der Vorschrift die Kosten der Aufnahme und der Beglaubigung der Erbschaft dann ihm zur Last fallen. Insoweit handelt es sich um eine Nachlassverbindlichkeit, die von ihm vorab zu bedienen ist.

8   **Hinweis:**
Es wird regelmäßig für den Vorerben sinnvoll sein, wenn er bei der Erstellung eines Nachlassverzeichnisses nicht nur den Aktivbestand festhält, sondern gleichzeitig auch den Passivbestand mit in seine Aufstellung aufnimmt. Hierzu ist er zwar nicht verpflichtet, spätestens bei Herausgabe des Nachlasses muss der Vorerbe unter Umständen dem Nacherben Rechenschaft ablegen. Je nach der zeitlichen Dauer der Vorerbschaft kann eine derartige Rechenschaftsablegung sehr schwierig und umständlich sein. Da hierbei auch die ordnungsgemäße Verwaltung einzubeziehen ist, kann die frühzeitige Bekanntgabe auch von Nachlassverbindlichkeiten die spätere Herausgabepflicht unproblematischer machen.

---

3   RGZ 164, 208; BGHZ 127, 360, 365.
4   Allg.M., s. etwa MüKoBGB/*Grunsky* § 2121 Rn. 5.
5   S. etwa OLG Celle zu § 2314, DNotZ 2003, 62.
6   *Bamberger/Roth/Litzenburger* § 2121 Rn. 8.

§ 2122
Feststellung des Zustands der Erbschaft

Der Vorerbe kann den Zustand der zur Erbschaft gehörenden Sachen auf seine Kosten durch Sachverständige feststellen lassen. Das gleiche Recht steht dem Nacherben zu.

Die Vorschrift soll dazu dienen, spätere Beweisprobleme zu vermeiden. Jeder Beteiligte 1
kann deshalb nach dieser Vorschrift die Feststellung des Zustandes von zur Erbschaft gehörenden Sachen durch Sachverständige feststellen lassen. Der Anspruch kann auf einzelne Sachen des Nachlasses beschränkt werden und bezieht sich auf die zur Erbschaft gehörenden Sachen, so dass eventuelle Surrogate zum Zeitpunkt der Feststellung mit einbezogen sind. Der Inhalt der Feststellungen richtet sich nicht auf den Wert der Sachen, sondern auf den Zustand. Allerdings kann der Wert ebenfalls ermittelt werden.[1] Die Kosten trägt derjenige, der das Verlangen äußert; die Kosten gehören nicht zu den Nachlassverbindlichkeiten. Das Verfahren richtet sich nach § 410 Abs. 2 FamFG, der an die Stelle des früheren 164 FGG getreten ist.

§ 2123
Wirtschaftsplan

(1) Gehört ein Wald zur Erbschaft, so kann sowohl der Vorerbe als der Nacherbe verlangen, dass das Maß der Nutzung und die Art der wirtschaftlichen Behandlung durch einen Wirtschaftsplan festgestellt werden. Tritt eine erhebliche Änderung der Umstände ein, so kann jeder Teil eine entsprechende Änderung des Wirtschaftsplans verlangen. Die Kosten fallen der Erbschaft zur Last.

(2) Das Gleiche gilt, wenn ein Bergwerk oder eine andere auf Gewinnung von Bodenbestandteilen gerichtete Anlage zur Erbschaft gehört.

Die Vorschrift betrifft lediglich den Fall, dass Wald, ein Bergwerk oder andere auf Gewin- 1
nung von Bodenbestandteilen gerichtete Anlagen (z.B. Kiesgruben) zum Nachlass gehören. Hier können sowohl Vorerbe als auch Nacherbe einen Wirtschaftsplan verlangen. Ziel des Wirtschaftsplanes ist, Streitigkeiten über die Regeln der ordnungsgemäßen Wirtschaft zu vermeiden. Der Wirtschaftsplan muss berücksichtigen, dass eine langfristige Nutzung zu erfolgen hat, bei Wald etwa, wann und wo Bäume gefällt und in welchen Bereichen wieder aufgeforstet wird. Öffentlich-rechtliche Verpflichtungen sind hierbei zu berücksichtigen.

Bei Waldgrundstücken ist zudem zu berücksichtigen, dass die Flächen so groß sein müs- 2
sen, dass sie auch einen Wirtschaftsplan erfordern.[1] Der Anspruch umfasst auch die Hinzuziehung eines Sachverständigen, soweit ein solcher erforderlich ist. Der Anspruch ist im Zivilprozesswege durchzusetzen, die Klage richtet sich auf Zustimmung zu einem bestimmten Plan.

Nach Abs. 1 S. 2 ist bei einer erheblichen Änderung der Umstände eine Abänderung des 3
Planes möglich. Nach Abs. 1 S. 3 der Vorschrift fallen die Kosten der Erbschaft zur Last.[2]

---

1 BGH NJW 1981, 2051.
1 Vgl. hierzu MüKoBGB/*Pohlmann* § 1038 Rn. 2, 3.
2 Anders etwa als beim Nießbrauch, wo es eine vergleichbare Vorschrift in § 1038 BGB gibt.

§ 2124
Erhaltungskosten

(1) Der Vorerbe trägt dem Nacherben gegenüber die gewöhnlichen Erhaltungskosten.

(2) Andere Aufwendungen, die der Vorerbe zum Zwecke der Erhaltung von Erbschaftsgegenständen den Umständen nach für erforderlich halten darf, kann er aus der Erbschaft bestreiten. Bestreitet er sie aus seinem Vermögen, so ist der Nacherbe im Falle des Eintritts der Nacherbfolge zum Ersatz verpflichtet.

I. Grundsätze

1 Die Verteilung der Kosten und Lasten des Nachlasses regeln die §§ 2124–2126 BGB. Die Regeln entsprechen in weiten Teilen den Vorgaben, wie sie auch beim Nießbrauch (§§ 1041, 1043, 1049) gegeben sind. Beim Nießbrauch weist die gesetzliche Regelverteilung Probleme auf, weil die außerordentlichen Lasten und die außerordentlichen Aufwendungen der Eigentümer zu tragen hat, ohne dass dem laufende Einnahmen gegenüber stehen. Dies ist sowohl unter steuerlichen Gesichtspunkten (keine Abzugsfähigkeit der Kosten)[1] wie auch bei der praktischen Umsetzung (Kosten müssen aus Eigenvermögen abgedeckt werden) ungünstig. Bei der Vor- und Nacherbschaft ergeben sich trotz gleicher Lastenverteilung geringere Probleme. Denn der Ausgleich von Aufwendungen, die der Vorerbe gehabt hatte und die tatsächlich vom Nacherben zu tragen sind, wird erst zum Zeitpunkt des Nacherbfalles berücksichtigt, was die Abwicklung deutlich erleichtert. Die gewöhnlichen Erhaltungskosten sind hierbei in § 2124, die sonstigen Verwendungen in § 2125 und die außerordentlichen Lasten in § 2126 geregelt.

2 Eine Befreiungsmöglichkeit von den Vorgaben, insb. der Lastentragung, besteht nicht. Allerdings kann der Erblasser durch letztwillige Verfügung mit Auflagen oder die Anordnung von Vermächtnissen zugunsten des Vorerben ein von der gesetzlichen Regelung abweichendes Ergebnis erzielen und den Vorerben etwa von Ersatzpflichten befreien.[2] Soweit eine entsprechende Befreiung im Testament angeordnet ist, ist eine derartige Zusatzregelung gegebenenfalls als Vermächtnis zu behandeln. Daneben kann auch durch Vereinbarung zwischen Vorerben und Nacherben eine abweichende Regelung vereinbart werden.[3] Die Lastenverteilung zwischen Vorerben und Nacherben betrifft nur diese, Nachlassgläubiger sind hiervon nicht berührt.[4]

II. Gewöhnliche Erhaltungskosten

3 Die gewöhnlichen Erhaltungskosten trägt nach Abs. 1 der Vorerbe. Zu diesen gehören insb.
- Verschleißreparaturen
- Renovierungskosten bei Mietwohnungen (Schönheitsreparaturen)
- Kosten für gewöhnliche Ausbesserungen
- Versicherungsprämien für Gebäudeversicherungen
- Verwaltungskosten
- öffentliche Lasten (soweit laufend, Grundsteuer, Abwassergebühren)
- Zinszahlungen[5]

---

1 BFH BB 1974, 634.
2 BGH ZEV 2004, 425; *Bamberger/Roth/Litzenburger* § 2124 Rn. 1.
3 Vgl. MüKoBGB/*Grunsky* § 2124 Rn. 1.
4 KG FamRZ 2009, 1520.
5 BGH ZEV 2004, 425.

Überschlägig können hierzu die Aufwendungen gerechnet werden, die regelmäßig nach 4
den rechtlichen und wirtschaftlichen Verhältnissen des Nachlasses aufgewandt werden
müssen, um die Erbschaftsgegenstände zu erhalten.[6]

III. Andere Aufwendungen

Außer den gewöhnlichen Erhaltungskosten können auch andere Aufwendungen anfallen, 5
die für die dauerhafte Nutzung notwendig sind. Hierzu gehören insb. Aufwendungen mit
langfristig wertsteigernder Wirkung und für eine grundlegende Erneuerung. Nach Abs. 2
S. 1 darf der Vorerbe diese aus der Erbschaft bestreiten.

Über die Frage, welche Aufwendungen notwendig sind und in welchem Umfange Maß- 6
nahmen getroffen werden, steht dem Vorerben ein Ermessensspielraum zu, wobei aber eine
sorgfältige Prüfung im Einzelfalle geboten ist. Zu den außergewöhnlichen Aufwendungen
gehören bei Grundbesitz etwa
– die Erneuerung des gesamten Daches[7]
– die Sanierung der Fassade (Wärmedämmung, nicht Anstrich)
– der Einbau von Fenstern mit Isolierverglasung in einem Miethaus[8]
– der Einbau einer neuen Heizungsanlage (auch ohne Erneuerung der Heizköper und
  Rohre)[9]
– die Ergänzung von Inventar nach Zerstörung
– die Führung eines Rechtsstreites des Vorerben über gegen den Nachlass gerichtete
  Ansprüche oder über einen Gegenstand, der der Nacherbfolge unterliegt.[10]

IV. Bezahlung

Der Vorerbe darf zum Bestreiten derartiger Kosten Geldmittel aus dem Nachlass entneh- 7
men. Ist dies nicht möglich, so kann er Gegenstände des Nachlasses veräußern, der Nacherbe ist nach § 2120 verpflichtet, hierzu die Einwilligung zu erteilen.[11]

Um grundlegende Renovierungsmaßnahmen durchführen zu können, darf der Vorerbe 8
auch, insb. zur Vermeidung der Veräußerung von Nachlassgegenständen, Kredit aufnehmen und zur Sicherung des Kredites Grundschulden eintragen lassen. Auch hierzu muss
der Nacherbe seine Zustimmung erteilen. Allerdings müssen die Zinsen und auch eine
angemessene Tilgung des Kredites aus den Erträgen des Nachlasses möglich sein. Die Tilgung darf nicht komplett dem Nacherben überlassen werden.[12]

Bestreitet der Vorerbe derartige Aufwendungen aus seinem Eigenvermögen, so ist er 9
nach Abs. 2 S. 2 berechtigt, die Aufwendungen beim Eintritt der Nacherbfolge vom Nacherben erstattet zu verlangen. Zum Eigenvermögen gehören in diesem Zusammenhang auch
die Nutzungen aus der Erbschaft. Bei dem Erstattungsanspruch ist allerdings die Haftungsbeschränkung des Nacherben nach § 2144 zu berücksichtigen.

V. Vorerbschaft bei Unternehmen

Bei einem Unternehmen ist streitig, ob die laufenden Aufwendungen des Unternehmens 10
zu den gewöhnlichen Erhaltungskosten gehören[13] oder ob in diesem Falle die laufenden

---

6 S. hier zum Einzelnen BGH NJW 1993, 3198.
7 BGH NJW 2009, 1810 (zum Nießbrauch).
8 S. BGH NJW 1993, 3198.
9 BGH NJW 1993, 3198.
10 KG FamRZ 2009, 1520.
11 BGH NJW 1993, 3198.
12 BGH NJW 1993, 3198.
13 So *Staudinger/Avenarius* Rn. 6; *Soergel/Harder* § 2124 Rn. 4 im Anschluss an BGH FamRZ 1973, 187.

Betriebsausgaben nur den dem Vorerben gebührenden Gewinn mindern.[14] Angesichts der Besonderheiten eines Unternehmens und der Notwendigkeit, Handelsbilanz und Steuerbilanz im Jahresrhythmus zu erstellen, dürfte der letztgenannten Auffassung der Vorzug zu geben sein, wenn es auch im Ergebnis keine ernstlichen Abweichungen gibt. Allerdings reduziert sich unter Umständen die Rechnungslegung des Vorerben.

11 Ein zum Nachlass gehörendes Unternehmen ist regelmäßig als Gesamtheit anzusehen. Es lässt sich auch nicht hinsichtlich der Aufwendungen aufspalten. Eine Abgrenzung bei einem Unternehmen zwischen notwendigen Aufwendungen (die zeitanteilig abgeschrieben werden müssen) und laufenden Aufwendungen außerhalb der schon generell erforderlichen Jahresabschlüsse würde dem Vorerben ein umfangreiches Rechenwerk aufbürden, das von ihm bei natürlicher Betrachtung nicht verlangt werden kann.

12 Es mag zwar sein, dass die Regelung in §§ 2125 ff. dem nicht ganz Rechnung trägt, indirekt ergibt sich aber auch aus der Rechtsprechung, dass der Vorerbe wirtschaftlich denken muss.[15] Dieser Gedanke muss konsequenterweise auch zu einer bilanziellen Betrachtungsweise führen.

§ 2125
Verwendungen; Wegnahmerecht

(1) **Macht der Vorerbe Verwendungen auf die Erbschaft, die nicht unter die Vorschrift des § 2124 fallen, so ist der Nacherbe im Falle des Eintritts der Nacherbfolge nach den Vorschriften über die Geschäftsführung ohne Auftrag zum Ersatz verpflichtet.**

(2) **Der Vorerbe ist berechtigt, eine Einrichtung, mit der er eine zur Erbschaft gehörende Sache versehen hat, wegzunehmen.**

I. Anwendungsbereich

1 Unter die Vorschrift fallen Verwendungen des Vorerben, die nicht von der Vorschrift des § 2124 erfasst werden. Für diese können die Vorschriften über die Geschäftsführung ohne Auftrag angewendet werden. Es müssen aber grundsätzlich Aufwendungen sein, die über die Erhaltung des Nachlasses bzw. der Erbschaftsgegenstände hierüber hinaus gehen. Dies kann die Umgestaltung eines Grundstückes oder Unternehmen sein, z.B. die Bebauung eines zum Nachlass gehörenden Grundstückes mit einem neuen Gebäude. In der Literatur werden hierunter auch unnötige Prozesskosten erfasst,[1] die aber praktisch kaum Ansprüche aus GoA auslösen können.

II. Rechtsfolgen

2 Soweit der Nacherbe (wie der Geschäftsherr) zum Ersatz verpflichtet ist, hat der Vorerbe einen Ersatzanspruch. Die Verwendungen müssen also dem wirklichen oder mutmaßlichem Willen des Nacherben entsprechen, wie sich aus § 683 ergibt. Daneben verbleibt ein Bereicherungsanspruch nach § 684 BGB. Die Vorschrift ist im Ergebnis wenig praktisch. Aufwendungen, die nicht schon unter § 2124 fallen, sind in der Regel nicht erstattungsfähig, der angesprochene Fall der Bebauung eines Grundstückes dürfte ohne Absprache zwischen den Beteiligten unwahrscheinlich sein.

---

14 So *Bamberger/Roth/Litzenburger* § 2124 Rn. 2 im Anschluss an MüKoBGB/*Grunsky* § 2124 Rn. 4.
15 S. etwa BGH NJW 1993, 3198.
1 Vgl etwa. *Bamberger/Roth/Litzenburger* § 2125 Rn. 1; *de Leve* ZEV 2005, 16.

Nach Abs. 2 hat der Vorerbe darüber hinaus auch noch ein Wegnahmerecht. Soweit das 3
Wegnahmerecht reicht, entfällt der Ersatzanspruch. Der Vorerbe kann dies jederzeit ausüben. Ein Verweis des Nacherben auf das Wegnahmerecht ist ausgeschlossen.[2] Ein Wegnahmerecht besteht auch nach der Einverleibung von Inventarstücken in den Nachlass.[3]

§ 2126
Außerordentliche Lasten

Der Vorerbe hat im Verhältnis zu dem Nacherben nicht die außerordentlichen Lasten zu tragen, die als auf den Stammwert der Erbschaftsgegenstände gelegt anzusehen sind. Auf diese Lasten findet die Vorschrift des § 2124 Abs. 2 Anwendung.

I. Normzweck

Die Vorschrift stellt klar, dass die außerordentlichen Lasten des Stammwertes dem Nacherben zugerechnet werden. Der Vorerbe kann die Lasten also aus der Erbschaft bestreiten. In Abweichung zu den anderen Aufwendungen des § 2124 gehören zu den außerordentlichen Lasten all diejenigen, die nicht der Erhaltung der Erbschaftsgegenstände dienen und nur einmal und nicht wiederkehrend anfallen. Erfasst sind hierbei aber lediglich diejenigen außerordentlichen Lasten, die auf dem Stammwert gelegt sind. Lasten, die die Nutzungen betreffen, sind damit weiter vom Vorerben zu tragen.

II. Außerordentliche Lasten

Hierzu gehören die meisten Nachlassverbindlichkeiten, also die Erblasserschulden sowie 2
die Erbfallschulden (Pflichtteilsansprüche, Testamentsvollstreckerkosten, Beerdigungskosten),[1] soweit diese nicht im Testament anderweitig zugewiesen sind.

Während der Vorerbschaft fällig werdende Grundpfandrechte (nicht dagegen die dafür 3
anfallenden Zinsen), sind außerordentliche Lasten. Handelt es sich um Grundpfandrechte, die bereits der Erblasser aufgenommen hat, fallen auch die Tilgungen dem Stamm des Nachlasses zur Last.[2]

Im öffentlichen Recht gehören zu den außerordentlichen Lasten etwa 4
– Erschließungs- und Ausbaubeiträge für Grundstücke,
– außerordentliche Vermögensabgaben,
– die Erbschaftssteuer,
– bei der Einkommensteuer die Anteile, die auf Veräußerungsgewinne nach § 16, 17 EStG entfallen[3]

Laufende Steuer, wie die Einkommensteuer für die Erträge, hat dagegen der Vorerbe zu 5
tragen. Der Erblasser kann durch Vermächtnis auch andere Regeln treffen.[4]

III. Anwendung von § 2124 Abs. 2

Trägt der Vorerbe die vorstehenden Lasten aus seinem eigenen Vermögen, so ist er berech- 6
tigt, bei Eintritt der Nacherbfolge vom Nacherben Ersatz zu verlangen.

---

[2] Vgl. MüKoBGB/*Grunsky* § 2125 Rn. 4 m.w.N.
[3] MüKoBGB/*Grunsky* § 2125 Rn. 4; *de Leve* ZEV 2005, 16; a.A. *Palandt/Edenhofer* § 2125 Rn. 2.
[1] Ebenso *Woitkewitsch* MDR 2010, 57.
[2] Vgl. BGH ZEV 2004, 425.
[3] BGH NJW 80, 2465.
[4] Vgl. BGH DNotZ 2005, 49.

§ 2127
Auskunftsrecht des Nacherben

Der Nacherbe ist berechtigt, von dem Vorerben Auskunft über den Bestand der Erbschaft zu verlangen, wenn Grund zu der Annahme besteht, dass der Vorerbe durch seine Verwaltung die Rechte des Nacherben erheblich verletzt.

I. Normzweck

1 Die Vorschrift will dem Nacherben, ebenso wie die folgenden Vorschriften Kontroll- und Sicherungsrechte einräumen, mit denen der spätere Herausgabeanspruch des Nacherben nach § 2130 gestützt wird. Darüber hinausgehende Rechte stehen dem Nacherben vor dem Nacherbfall gegen den Vorerben nicht zu. Daneben wird ihm ein aus § 242 BGB abgeleitetes Auskunftsrecht in besonderen Fällen eingeräumt, in diesem Fall dahin gehend, ob zum Nachlass gehörende Gelder auch mündelsicher angelegt worden sind.[1]

2 Ist der Nacherbfall eingetreten, so kann der Nacherbe nach § 2130 Abs. 2 Rechnungslegung verlangen. Der Vorerbe kann von den Verpflichtungen aus der Vorschrift und auch den folgenden Vorschriften befreit werden. Einen Anspruch nach § 2314 BGB hat der Nacherbe nicht, da er Erbe ist, und als solcher auf die ihm insoweit zustehenden Ansprüche beschränkt ist.[2]

II. Anspruchsinhaber

3 Anspruchsinhaber ist grundsätzlich nur der Nacherbe, der Ersatznacherbe erst dann, wenn er Nacherbe geworden ist. Bei mehreren Nacherben kann jeder Nacherbe einzeln Auskunft verlangen.[3] Liegen neue Gründe vor, kann der Anspruch auch mehrfach geltend gemacht werden.

III. Verletzung der Nacherbenrechte

4 Der Anspruch besteht nur dann, wenn die Besorgnis besteht, dass die Nacherbenrechte erheblich verletzt worden sind. Auf eine tatsächliche Verletzung kommt es nicht an, die Besorgnis muss aber konkret und aktuell begründet sein. Eine erhebliche Verletzung liegt vor, wenn sie sich auf wesentliche Teile des Nachlasses bezieht, betroffen ist hierbei nur die Verwaltung des Vorerben.[4]

5 Sind die Maßnahmen des Vorerben durch die Verwaltung ordnungsgemäß und erforderlich, oder war der Nacherbe zur Zustimmung verpflichtet, kann eine begründete Besorgnis nicht angenommen werden.

IV. Umfang der Auskunft

6 Der Anspruch richtet sich auf den gegenwärtigen Bestand der Erbschaft, Auskunft muss weder über Veränderung des Erbschaftsbestandes noch über den Verbleib von früheren Erbschaftsgegenständen erteilt werden. Liegt ein Verzeichnis der Erbschaftsgegenstände nach § 2121 vor, kann der Vorerbe durch Auskunft über die eingetretenen Veränderungen den Anspruch erfüllen. Die Umstände sind grundsätzlich vom Nacherben zu beweisen.

---

1 LG Berlin ZEV 2002, 160.
2 BGH NJW 1981, 2051.
3 BGH WM 66, 373.
4 MüKoBGB/*Grunsky* § 2127 Rn. 3 am Ende.

§ 2128
Sicherheitsleistung

(1) Wird durch das Verhalten des Vorerben oder durch seine ungünstige Vermögenslage die Besorgnis einer erheblichen Verletzung der Rechte des Nacherben begründet, so kann der Nacherbe Sicherheitsleistung verlangen.

(2) Die für die Verpflichtung des Nießbrauchers zur Sicherheitsleistung geltenden Vorschriften des § 1052 finden entsprechende Anwendung.

I. Voraussetzungen

Besteht die Gefahr einer Verletzung der Rechte des Nacherben, kann dieser unter bestimmten Voraussetzungen Sicherheit verlangen.

1. Die Besorgnis kann auf ein Verhalten des Vorerben zurückgehen. Erforderlich ist ein pflichtwidriges Verhalten im Bezug auf die Verwaltung der Erbschaft, wobei ein Verschulden allerdings nicht erforderlich ist.[1] Beispiele für ein derartiges Verhalten sind etwa
- die fehlende Durchsetzung von zur Erbschaft gehörenden Ansprüchen,
- die Verwendung von Nachlassgegenstände für private Zwecke,
- pflichtwidrige Anlegung von Vermögenswerten,
- die Vornahme von Verfügungen ohne Zustimmung des Vorerben, etwa bei Unentgeltlichkeit.

2. Ebenso kann auch eine ungünstige Vermögenslage eine derartige Besorgnis auslösen. Hier kann die Gefährdung der Rechte des Nacherben eintreten, wenn die Vollstreckung in Nachlassgegenstände bevorsteht, während die Überschuldung des Vorerben nicht ausreichend sein soll.[2] Dies erscheint schon deshalb zweifelhaft, weil sich hieraus regelmäßig die Gefahr von Vollstreckungsmaßnahmen ergeben wird, so dass auch die Überschuldung des Vorerben ausreicht.

3. Es muss die Besorgnis einer Verletzung der Nacherbenrechte bestehen. Hier gelten die bereits im Rahmen des § 2127 angesprochenen Gesichtspunkte.[3] Die Verletzung muss noch nicht eingetreten sein, die Gefahr reicht aus.

II. Sicherheitsleistung

Auf Verlangen des Nacherben ist in derartigen Fällen Sicherheit zu leisten, wobei sich die Einzelheiten der Sicherheitsleistung nach den allgemeinen Regeln, also den §§ 232 ff. BGB richtet. Sicherheit ist in Höhe des gesamten Nachlasswertes zu leisten. Besteht die Besorgnis nur für Teile des Nachlasses, etwa weil bestimmte Teile nicht angegriffen werden können, so ist Sicherheit auch nur in Höhe der Werte der Teile des Nachlasses zu leisten. Der Anspruch aus Sicherheitsleistung fällt weg, wenn der Nacherbe die Herausgabe, etwa beim Nacherbfall, bereits beanspruchen kann. Die Sicherheit kann auch aus dem Nachlass geleistet werden.

III. Prozessuales

Der Anspruch auf Sicherheitsleistung ist im Prozesswege durchzusetzen. Mit Verurteilung zur Sicherheitsleistung kann bereits im Urteil eine Frist gesetzt werden, in der die Sicherheit zu leisten ist (§ 255 Abs. 2 ZPO). Andernfalls kann später durch das Vollstreckungsgericht eine Fristsetzung erfolgen (§ 764 ZPO). Wird diese Frist versäumt, kann der Vorerbe

---

[1] MüKoBGB/*Grunsky* § 2128 Ziffer 1 m.w.N.; a.A. *Staudinger/Avenarius* § 2128 Rn. 3, der nicht einmal Pflichtwidrigkeit verlangt.
[2] So MüKoBGB/*Grunsky* § 2128 Rn. 2.
[3] S. § 2127 Rz. 4.

Antrag auf Entzug der Verwaltung stellen und den Nachlass auf einen vom Gericht zu bestellenden Verwalter übertragen lassen.

IV. Abs. 2 der Vorschrift

7 Leistet der Vorerbe nachträglich doch noch Sicherheit, so ist eine Zwangsverwaltung wieder aufzuheben (§ 1052 Abs. 3 BGB). Bei der Einsetzung eines Verwalters kann das Gericht auch den Nacherben einsetzen.[4]

8 Bei dringenden Maßnahmen ist Sicherung durch Arrest und einstweilige Verfügung zulässig. Nach allgemeiner Auffassung gilt dies auch dann, wenn der Vorerbe von den Vorschriften des § 2128 befreit ist, allerdings in diesem Falle nur dann, wenn er den ihm zustehenden weiten Spielraum überschreitet.[5]

§ 2129
Wirkung einer Entziehung der Verwaltung

(1) Wird dem Vorerben die Verwaltung nach der Vorschrift des § 1052 entzogen, so verliert er das Recht, über Erbschaftsgegenstände zu verfügen.

(2) Die Vorschriften zugunsten derjenigen, welche Rechte von einem Nichtberechtigten herleiten, finden entsprechende Anwendung. Für die zur Erbschaft gehörenden Forderungen ist die Entziehung der Verwaltung dem Schuldner gegenüber erst wirksam, wenn er von der getroffenen Anordnung Kenntnis erlangt oder wenn ihm eine Mitteilung von der Anordnung zugestellt wird. Das Gleiche gilt von der Aufhebung der Entziehung.

I. Wirkung der Entziehung

1 Nach Abs. 1 der Vorschrift verliert der Vorerbe mit der Entziehung der Verwaltung nach § 1052 BGB das Verfügungsrecht. Der eingesetzte Verwalter hat dann die zuvor dem Vorerben zustehenden Rechte, für zustimmungspflichtige Verfügungen bedarf es nach wie vor der Zustimmung des Nacherben. Nimmt der Vorerbe gleichwohl Verfügungen vor, so sind sie unwirksam, wobei der Verwalter allerdings eine Genehmigungsmöglichkeit hat. Der Vorerbe ist verpflichtet, den Nachlass zum Zwecke der Verwaltung an den Verwalter herauszugeben, ihm bleiben allerdings die Nutzungsrechte. Soweit der Verwalter Erträge erzielt, hat er diese an den Vorerben abzuführen. Der vom Gericht eingesetzte Verwalter wird durch das Vollstreckungsgericht bestellt, dieses setzt auch die Vergütung des Verwalters fest, die dieser aus den Einkünften des Nachlasses entnehmen darf.

II. Gutgläubiger Erwerb Abs. 2 S. 1

2 Der Gutglaubenschutz bleibt gleichwohl bestehen, ein Erwerber wird so gestellt, als wäre der Vorerbe verfügungsbefugt. Voraussetzung ist natürlich, dass der Erwerber von den Beschränkungen nichts weiß. Um gegen Grundstücksverfügungen abgesichert zu sein, kann auf Antrag des Nacherben oder des Verwalters im Grundbuch die Verfügungsbeschränkung eingetragen werden. Der Erbschein wird dagegen nicht geändert.[1]

---

[4] Allg.M. vgl. nur MüKoBGB/*Grunsky* § 2128 Rn. 4.
[5] MüKoBGB/*Grunsky* § 2128 Rn. 5.
[1] MüKoBGB/*Grunsky* § 2129 Rn. 3.

Bei Grundstücken scheidet gutgläubiger Erwerb bei positiver Kenntnis aus, bei beweglicher Habe schadet dem Erwerber bereits grobe Fahrlässigkeit.[2]

Einen besonderen Schutz genießen darüber hinaus Schuldner von Nachlassforderungen nach Abs. 2 S. 2. Hier ist der Schuldner bis zur Kenntniserlangung oder einer entsprechenden Mitteilung der Anordnung besonders geschützt. Entsprechendes gilt auch für den Fall der Aufhebung der Zwangsverwaltung, die Vorschrift erfasst aber nur Schuldner von Forderungen.[3]

§ 2130
Herausgabepflicht nach dem Eintritt der Nacherbfolge, Rechenschaftspflicht

(1) Der Vorerbe ist nach dem Eintritt der Nacherbfolge verpflichtet, dem Nacherben die Erbschaft in dem Zustand herauszugeben, der sich bei einer bis zur Herausgabe fortgesetzten ordnungsmäßigen Verwaltung ergibt. Auf die Herausgabe eines landwirtschaftlichen Grundstücks findet die Vorschrift des § 596a, auf die Herausgabe eines Landguts finden die Vorschriften der §§ 596a, 596b entsprechende Anwendung.

(2) Der Vorerbe hat auf Verlangen Rechenschaft abzulegen.

I. Normzweck

Die Vorschrift ähnelt dem Erbschaftsanspruch des Erben nach § 2018 BGB, weil auch bei Eintritt des Nacherbfalls unmittelbar der Anfall des Nachlasses an den Nacherben erfolgt, § 2139 BGB. Gleichzeitig wird durch die Vorschrift auch der Umfang der Herausgabe begrenzt, indem auf die ordnungsgemäße Verwaltung abgestellt wird. Der Anspruch ist erbrechtlicher Natur und richtet sich, auch wenn der Anspruch nur gegen den Nacherben gerichtet ist, nicht nur gegen diesen, sondern auch gegen dessen Rechtsnachfolger. Von der Vorschrift kann der Erblasser Befreiung erteilen. Zwar nicht von der Herausgabe selbst, wohl aber im Hinblick auf den Umfang und im Hinblick auf die Rechenschaftslegung.

II. Herausgabeanspruch

Inhaber des Anspruches ist grundsätzlich der Nacherbe, Anspruchsgegner ist der Vorerbe. Ist der Nacherbfall der Tod des Vorerben, so richtet sich der Anspruch gegen den Erben des Vorerben. Dritten gegenüber besteht ein Anspruch nach § 2018 BGB, insb. wenn der Vorerbe Ansprüche des Nachlasses gegen Dritte nicht vollständig durchgesetzt hat. Eine selbstständige Abtretung des Anspruches kommt nicht in Betracht.

Die Verjährung des Anspruches richtet sich nach § 197 Abs. 1 Nr. 1 und beträgt unverändert 30 Jahre. In gleicher Weise ist auch die Verjährung der Ansprüche geregelt, die der Geltendmachung dieser Herausgabeansprüche dienen. Hiervon dürfte nur der Anspruch aus § 2130 Abs. 2 erfasst sein.[1] Damit gehört der Herausgabeanspruch des § 2130 zu den wenigen erbrechtlichen Ansprüchen, bei denen nach wie vor die 30-jährige Verjährung gilt.

---

2 Vgl. nur *Palandt/Edenhofer* § 2129 Rn. 2.
3 Vgl. MüKoBGB/*Grunsky* § 2129 Rn. 5.
1 Die ergänzenden Ansprüche aus § 2134 S. 1 und § 2138 Abs. 2 sind weder Herausgabeansprüche noch dienen sie deren Geltendmachung und dürften damit der kurzen Regelverjährung unterliegen. Die Gesetzesbegründung (BTDrs. 16/8954) enthält keine näheren Angaben.

Franz M. Große-Wilde

III. Inhalt und Umfang

1. Herausgabeanspruch

4 Der Herausgabeanspruch richtet sich auf die gesamte Erbschaft einschließlich der Surrogate. Dies gilt auch dann, wenn die Erbschaft durch den Vorerben besonders gut verwaltet worden ist. Gegenstände, die der Vorerbe für sich hätte behalten dürfen, muss der Vorerbe ebenfalls mit herausgeben. Insoweit stehen ihm aber schuldrechtliche Gegenansprüche zu. Soweit der Vorerbe befreiter Vorerbe war, bezieht sich der Anspruch nur noch auf den beim Nacherbfall vorhandenen Nachlass. Später fällige Nutzungen stehen dem Vorerben allerdings auch noch nach dem Nacherbfall zu, soweit sie auf die Zeit bis zum Nacherbfall entfallen. Spätere Nutzungen sind an den Nacherben herauszugeben. Hier gelten die Vorschriften der §§ 99, 101, 100 BGB.[2]

5 Besonderheiten gelten nach Abs. 1 S. 2 für landwirtschaftliche Grundstücke und Landgüter. Hier sind auch diejenigen Erzeugnisse herauszugeben, die für die Fortführung der Wirtschaft benötigt werden.

6 Vollstreckbare Ausfertigungen eines Vollstreckungstitels über eine Nachlassforderung sind herauszugeben.[3] Hat der befreite Vorerbe noch zu Lebzeiten eine Auflassung in einem Grundstückskaufvertrag erklärt, so ist der Nacherbe hieran gebunden.[4]

2. Schadensersatzansprüche

7 Nach § 1 S. 1 ist die Erbschaft in dem Zustand herauszugeben, wie sie sich bei ordnungsgemäßer Verwaltung darstellen würde. Hält sich der Vorerbe nicht hieran, so ist er dem Nacherben schadensersatzpflichtig. Der Anspruch entsteht allerdings erst mit dem Nacherbfall.[5]

8 Bei der Beurteilung des Schadensersatzanspruches sind die Sorgfaltsmaßstäbe des § 2131 zu berücksichtigen.[6] Bei der Bewertung ist nicht auf die einzelne Verwaltungshandlung, sondern auf die Verwaltung insgesamt abzustellen.[7]

9 Im Übrigen richten sich die Maßstäbe nach den Vorgaben wie sie auch für § 2120 gelten.[8] Anspruchsgrundlage ist § 280 Abs. 1. Zu erstatten ist die Differenz zwischen dem tatsächlichem Nachlasswert und dem, der bei ordnungsgemäßer Verwaltung bestanden hätte.[9] Die Auffassung von *Grunsky*,[10] dass eine Ersatzpflicht auch dann besteht, wenn die Erbschaft zunächst in einem besonders guten Zustand war und später eine Verschlechterung eingetreten ist, das Gesamtergebnis jedoch den Anforderungen entspricht, lässt sich aus dem Gesetzeswortlaut nicht ableiten.

3. Gegenansprüche

10 Dem Vorerben können Ansprüche nach § 2124 BGB insoweit zustehen, dass er Aufwendungsersatz verlangen kann. Ebenso können ihm Ansprüche aus § 2125 Abs. 1 entstanden sein. Für die Ansprüche aus § 2124 Abs. 2 steht ihm ein Entnahmerecht zu, so dass der Herausgabeanspruch hier bereits von vornherein gemindert ist. Für Aufwendungsersatzansprüche im Übrigen hat er ein Zurückbehaltungsrecht und kann mit diesem Anspruch aufrechnen.

---

2 S. hierzu § 2111 Rz. 15 f.
3 Vgl. RGZ 163, 51.
4 KG DNotZ 1942, 108.
5 MüKoBGB/*Grunsky* § 2130 Rn. 6.
6 S. § 2131 Rz. 1.
7 BGH MDR 1973, 759.
8 S. § 2120 Rz. 3.
9 Vgl. *Bamberger/Roth/Litzenburger* Rn. 5.
10 MüKoBGB/*Grunsky* § 2130 Rn. 6.

IV. Rechenschaftslegung

Nach Abs. 2 der Vorschrift ist der Vorerbe auf Verlangen verpflichtet, Rechenschaft abzulegen. Anzuwenden sind die Vorschriften der §§ 259, 260 BGB. Der Rechnungslegungsanspruch ist beschränkt auf den Erbschaftsstamm. Sind bereits zuvor Auskünfte erteilt worden, so kann der Vorerbe hierauf verweisen und die eingetretenen Veränderungen mitteilen. Soweit die Voraussetzungen vorliegen, ist der Vorerbe auch zur Eidesstattlichen Versicherung i.S.d. § 261 verpflichtet. Der Anspruch kann auf normalem Prozesswege durchgesetzt werden.[11] Der Anspruch dient der Geltendmachung des Herausgabeanspruches nach § 2130 Abs. 1 und unterliegt ebenfalls der 30-jährigen Verjährung.

§ 2131
Umfang der Sorgfaltspflicht

Der Vorerbe hat dem Nacherben gegenüber in Ansehung der Verwaltung nur für diejenige Sorgfalt einzustehen, welche er in eigenen Angelegenheiten anzuwenden pflegt.

I. Sorgfaltspflichtbefreiung

In der Haftung gegenüber dem Nacherben ist der Vorerbe nur zur eigenüblichen Sorgfalt verpflichtet. Der Maßstab ist damit ein subjektiver Maßstab. Der Vorerbe, der eine geringere bei ihm übliche Sorgfalt behauptet, als diese nach den allgemeinen Maßstäben geboten ist, ist hierfür darlegungs- und beweispflichtig.[1] Grobe Fahrlässigkeit ist ihm nicht gestattet, § 277 BGB.

II. Ausnahmen von der Regelung

Der Erblasser kann dem Vorerben von dem Maßstab dergestalt Befreiung erteilen, dass er dann nicht einmal für grobe Fahrlässigkeit einzustehen hat. In diesem Falle ergibt sich eine Beschränkung nur aus § 2138 Abs. 2, wonach er für unentgeltliche Verfügungen über Nachlassgegenstände und für Nachlassminderungen mit der Absicht der Benachteiligung des Nacherben einzustehen hat.[2] Ebenso kann der Erblasser dem Vorerben durch konkrete Einzelpflichten weitergehende Verpflichtungen auferlegen, so dass er in diesen Fällen auch für einfache Fahrlässigkeit haftet. Die Ansprüche aus den §§ 2133 und 2134 werden im Übrigen hiervon nicht verändert.[3]

§ 2132
Keine Haftung für gewöhnliche Abnutzung

Veränderungen oder Verschlechterungen von Erbschaftssachen, die durch ordnungsmäßige Benutzung herbeigeführt werden, hat der Vorerbe nicht zu vertreten.

Die Vorschrift stellt lediglich eine Klarstellung dar. Sie entspricht den allgemeinen gesetzlichen Regeln bei Benutzung von Gegenständen. Voraussetzung ist die Ordnungsgemäßheit

---

11 Vgl. MüKoBGB/*Grunsky* Rn. 8.
1 So MüKoBGB/*Grunsky* § 2131 Rn. 1.
2 MüKoBGB/*Grunsky* Rn. 3 unter Bezugnahme auf RGZ 70, 332.
3 MüKoBGB/*Grunsky* § 2131 Rn. 3 m.w.N.

der Benutzung. Ist dieser Maßstab eingehalten, so ist das Vorgehen auch dann nicht rechtswidrig, wenn völliger Verschleiß eintritt. Allerdings enthebt dies den Vorerben nicht davon, die gewöhnlichen Erhaltungskosten zu tragen.[1] Für die Ordnungsmäßigkeit der Benutzung ist der Vorerbe beweispflichtig.

2 Die Regelung entspricht den Vorgaben bei der Miete, § 538, der Leihe, § 602 und dem Nießbrauch, § 1050, so dass die dortigen Maßstäbe ohne Weiteres herangezogen werden können. Eine eventuelle Haftung führt bei einer stärkeren Abnutzung nur dazu, dass die Differenz zur ordnungsgemäßen Benutzung geschuldet ist. Eine Befreiung ist möglich, auch wenn die Vorschrift des § 2132 in § 2136 nicht miterwähnt ist.[2]

§ 2133
Ordnungswidrige oder übermäßige Fruchtziehung

Zieht der Vorerbe Früchte den Regeln einer ordnungsmäßigen Wirtschaft zuwider oder zieht er Früchte deshalb im Übermaß, weil dies infolge eines besonderen Ereignisses notwendig geworden ist, so gebührt ihm der Wert der Früchte nur insoweit, als durch den ordnungswidrigen oder den übermäßigen Fruchtbezug die ihm gebührenden Nutzungen beeinträchtigt werden und nicht der Wert der Früchte nach den Regeln einer ordnungsmäßigen Wirtschaft zur Wiederherstellung der Sache zu verwenden ist.

I. Normzweck

1 Die Früchte gebühren grundsätzlich dem Vorerben, so dass dieser auch Eigentümer der von ihm zu Recht gezogenen Früchte wird. Hiervon sind Übermaßfrüchte nicht ausgeschlossen.[1] Insoweit geht die Regelung der allgemeinen Vorschrift des § 101 vor. Der Anspruch geht auf Wertersatz und kann erst ab dem Nacherbfall geltend gemacht werden.[2] Daneben kann auch ein Schadensersatzanspruch nach §§ 2130, 280 bestehen. Der Erblasser kann den Vorerben von der Ausgleichungspflicht befreien, allerdings begrenzt durch § 2138 Abs. 2 BGB. Umgekehrt kann der Erblasser das Fruchtziehungsrecht auch auf den Reinertrag beschränken.[3]

II. Anspruchsumfang

2 Der Anspruch auf Übermaßfrüchte ist dem Vorerben gegenüber begrenzt, soweit die Früchte nicht zur Wiederherstellung der Sache benötigt werden und die später anfallenden Nutzungen nicht beeinträchtigt werden. Ansonsten sind die Übermaßfrüchte in erster Linie für die Wiederherstellung der Sache zu verwenden, so dass der Vorerbe insoweit Übermaßfrüchte ebenfalls nicht behalten darf.

3 In diesem Rahmen darf er für die Wiederherstellung der früheren Ertragsfähigkeit einer Sache nicht auf andere Erbschaftsgegenstände zurückgreifen. Umgekehrt muss er nicht die ihm zustehenden normalen Erträgnisse verwenden, sondern darf in einem solchen Falle, wenn die Übermaßfrüchte nicht genügen, auf die Substanz zugreifen.[4]

---

1 BGH NJW 2009, 1810, 1811 (zum Nießbrauch).
2 Allg.M. vgl. *Bamberger/Roth/Litzenburger* Rn. 2.
1 S.a. § 1039 BGB beim Nießbrauch.
2 MüKoBGB/*Grunsky* § 2133 Rn. 1.
3 OLG München ZEV 2009, 622.
4 MüKoBGB/*Grunsky* § 2133 Rn. 3.

§ 2134
Eigennützige Verwendung

Hat der Vorerbe einen Erbschaftsgegenstand für sich verwendet, so ist er nach dem Eintritt der Nacherbfolge dem Nacherben gegenüber zum Ersatze des Wertes verpflichtet. Eine weitergehende Haftung wegen Verschuldens bleibt unberührt.

I. Normzweck

Generell steht dem Nacherben der Stammwert des Nachlasses zu, dem Vorerben gebühren die Nutzungen. Verwendet der Vorerbe gleichwohl Erbschaftsgegenstände anderweitig, hat er Wertersatz zu leisten. Von einem Verschulden des Vorerben hängt der Wertersatzanspruch nicht ab. Die Vorschrift greift allerdings nur dann ein, wenn nicht bereits andere Vorschriften eine Regelung treffen. Insb. geht § 2111 vor, durch Surrogation erleidet der Nacherbe keinen Nachteil.[1] 1

II. Verwendung eines Erbschaftsgegenstandes

Voraussetzung ist, dass der Vorerbe einen Gegenstand für sich verwendet hat. Hierunter fallen insb. Verfügungen über Erbschaftsgegenstände, die auch wirksam sind. Typischerweise gehört hierzu die Verwendung von Geld, ohne das ein Surrogat in den Nachlass gelangt ist. Auch die Vorschriften der §§ 946 ff. (Verbindung, Vermischung, Verarbeitung) kommen hier in Betracht. Hierbei muss der Vermögensgegenstand so verschlechtert worden sein, dass es über die gewöhnliche Abnutzung hinausgeht. 2

Ist also ein im Nachlass vorhandener Pkw durch Benutzung wertlos geworden, so ist Wertersatz nicht zu leisten. Hat der (nicht befreite) Vorerbe aber im Nachlass vorhandenes Geld für persönliche Zwecke ausgegeben, muss er Wertersatz leisten. 3

III. Folgen

Folge des Vorgehens ist die Wertersatzpflicht. Zu ersetzen ist hierbei der objektive Wert des Gegenstandes. Tritt ein weitergehender Schaden ein, so ist dieser nur nach S. 2 der Vorschrift ersatzfähig. Maßgeblich ist der Wert zum Zeitpunkt der Verwendung. Die Ersatzpflicht tritt auch erst nach dem Nacherbfall ein und ist auch frühestens ab diesem Zeitpunkt zu verzinsen.[2] Darüber hinausgehend kann im Falle des Verschuldens auch ein weitergehender Schadensersatzanspruch in Verbindung mit § 2130 BGB entstehen. Die Höhe richtet sich hierbei nach den allgemeinen Vorschriften, so dass unter anderem auch Wertsteigerungen des verwendeten Gegenstandes nach der Verwendung ausgleichpflichtig sein können. 4

Insb. bei Geld ist über die Frage der Befreiung des Vorerben tiefer gehend nachzudenken. Soll etwa der Vorerbe aus den Erträgen des Nachlasses seinen Unterhalt bestreiten, so kann eine Befreiung von der Wertersatzpflicht angenommen werden, wenn etwa durch Geldentwertung die Erträge nicht mehr ausreichen. 5

---

[1] BGH NJW 1963, 2320.
[2] Vgl. *Staudinger/Avenarius* Rn. 4.

§ 2135
Miet- und Pachtverhältnis bei der Nacherbfolge

Hat der Vorerbe ein zur Erbschaft gehörendes Grundstück oder eingetragenes Schiff vermietet oder verpachtet, so findet, wenn das Miet- oder Pachtverhältnis bei dem Eintritt der Nacherbfolge noch besteht, die Vorschrift des § 1056 entsprechende Anwendung.

I. Normzweck

1 Bei der Vermietung und Verpachtung eines Grundstückes hat die Vorschrift zur Folge, dass der Rechtsübergang keine Veränderung des Mietverhältnisses mit sich bringt. Der Verweis über § 1056 BGB führt zu den Vorschriften der §§ 566 ff.

II. Anwendungsbereich

2 Die Vorschrift bezieht sich ausschließlich auf vom Vorerben geschlossene Verträge, die ein zur Erbschaft gehörendes Grundstück oder ein eingetragenes Schiff betreffen. Hat der Erblasser bereits die Verträge abgeschlossen, so ist die Bindung bereits über die Gesamtrechtsnachfolge eingetreten.

3 Sind dagegen bewegliche Sachen vermietet worden, ist der Nacherbe nicht gebunden, wenn er nicht zugestimmt hat. Hat der Mietvertrag hier eine über den Nacherbfall hinausgehende Laufzeit, so kann der Mieter lediglich Ansprüche gegen den Vorerben bzw. dessen Erben richten.

4 Für vermietete Grundstücke bzw. Schiffe ist der Nacherbe an den Vertrag gebunden und wird mit dem Nacherbfall Vertragspartei. Der Vorerbe haftet lediglich nach § 566 Abs. 2 S. 1. Für Verfügungen bzw. die Zahlung des Mietzinses gelten die Vorschriften der §§ 566b ff., so dass der Mieter bis zur Kenntnis vom Nacherbfall die Miete auch noch schuldbefreiend an den Vorerben zahlen kann. Die Vorschriften der §§ 566 ff. betreffen zwar prinzipiell zunächst nur Wohnraum, sind aber auch für andere Mietverhältnisse nach § 578 bei sonstigen Grundstücken und Räumen und für eingetragene Schiffe nach § 578a entsprechend anzuwenden.

III. Kündigungsrecht

5 Ebenso wie dem Eigentümer beim Nießbrauch steht dem Nacherben ein Sonderkündigungsrecht nach § 1056 Abs. 2 S. 1 zu, auf Grund dessen er mit der gesetzlichen Kündigungsfrist kündigen kann. Der Mieter oder Pächter kann dem Nacherben eine Frist zur Erklärung setzen, ob er von diesem Kündigungsrecht Gebrauch macht. Dieses Kündigungsrecht ist insb. für lang laufende Verträge von Bedeutung, bei denen das gesetzliche Kündigungsrecht für eine gewisse Zeit ausgeschlossen ist. Hatte der Nacherbe allerdings dem Vertrag zugestimmt, so entfällt dieses Sonderkündigungsrecht.[1]

6 Durch das Sonderkündigungsrecht werden die allgemeinen Schutzvorschriften für Mieter, insb. im Bereich des Wohnraumrechtes nicht tangiert, insofern müssen Kündigungsgründe wie auch dort gegeben sein. Auch bei Baukostenzuschüssen oder Vorausleistungen des Mieters auf den Mietzins ist eine Einschränkung des Kündigungsrechtes entsprechend der Vorschriften des § 57c ZVG zu berücksichtigen.[2]

7 Im Hinblick auf diese Besonderheiten ist es denkbar, dass der Mieter in derartigen Fällen die Zustimmung des Nacherben verlangt. Der Vorerbe kann deshalb die Einwilligung

---
[1] MüKoBGB/*Grunsky* § 2135 Rn. 3.
[2] Vgl. hierzu MüKoBGB/*Grunsky* § 2135 Rn. 3, 4.

vom Nacherben verlangen, wenn die Vermietung der ordnungsgemäßen Verwaltung entspricht, § 2120 BGB.

Soweit zum Nachlass ein Einzelunternehmen gehört, gehen die vom Vorerben abgeschlossenen Arbeitsverhältnisse (soweit sie noch vom Erblasser begründet worden sind, ergibt sich dies bereits aus der Gesamtrechtsnachfolge) auf den Nacherben über. Ob man diese Konsequenz aus einer entsprechenden Anwendung des § 2135, der entsprechenden Anwendung des § 613a BGB oder der Einbeziehung in § 2139 BGB herleitet, ist nicht geklärt, richtigerweise wird man § 2139 BGB zur Anwendung bringen müssen.[3] Dauerrechtsverhältnisse bleiben an sich nicht bestehen.[4] § 613a BGB ist auf die Gesamtrechtsnachfolge nicht anwendbar.[5] Ebenso wenig passt aber die auf die Vermietung von Nachlassgrundstücken zugeschnittene Vorschrift des § 2135.[6] Für ein vom Vorerben begründetes Arbeitsverhältnis kann aber dann nicht anderes gelten, wenn es im Rahmen eines Einzelunternehmens besteht. Denn hier wird das Unternehmen insgesamt als »Nachlassgegenstand« angesehen, dass dann mit allen Teilen in seiner Gesamtheit übergeht.[7] Letztlich ist dies Ausfluss des Prinzips der Surrogation. Das Arbeitsverhältnis der vom Vorerben eingestellten privaten Haushälterin wird dagegen nicht übergehen.

§ 2136
Befreiung des Vorerben

Der Erblasser kann den Vorerben von den Beschränkungen und Verpflichtungen des § 2113 Abs. 1 und der §§ 2114, 2116 bis 2119, 2123, 2127 bis 2131, 2133, 2134 befreien.

I. Normzweck

Ähnlich wie im Sachenrecht herrscht auch im Erbrecht bei den Gestaltungsmöglichkeiten Typenzwang.[1] Dieser Typenzwang wird in einzelnen Bereichen wieder aufgebrochen, so etwa in der Vorschrift des § 2136, in der dem Erblasser für die Vor- und Nacherbschaft ein erheblicher Gestaltungsspielraum eingeräumt wird. Der Erblasser kann also die grundsätzlich zwingend ausgestaltete Position des Vorerben durch Befreiung verbessern, darüber hinaus ist ihm aber auch die Möglichkeit gegeben, noch zusätzliche Beschränkungen anzuordnen, wobei er sich hierbei allerdings wieder an die Typen des Erbrechtes halten muss. Da ihm grundsätzlich die Möglichkeit gegeben ist, bei den verschiedenen Erbschaftsgegenständen unterschiedliche Instrumente des Erbrechtes zum Einsatz zu bringen, besteht selbst außerhalb des Bereiches des § 2136 noch ein nicht geringer Spielraum. Im Rahmen der Vorerbschaft wird die Grenze allerdings durch § 2136 gezogen. Sollen darüber hinaus noch weitere Befreiungen erfolgen oder Einschränkungen gemacht werden, so muss dies etwa durch die Anordnung von Vermächtnissen[2] oder die Bestellung eines Testamentsvollstreckers ermöglicht werden.[3]

Eine Alternative zur befreiten Vorerbschaft kann ein Herausgabevermächtnis sein, mit dem der Erbe verpflichtet wird, zu bestimmten Zeiten festgelegte Vermögenswerte heraus-

---
3 Vgl. MüKoBGB/*Grunsky* § 2135 Rn. 5.
4 Vgl. nur *Lange/Kuchinke*, § 28 IV 10 c.
5 BAG BB 2008, 1175; MüKoBGB/*Grunsky* § 2135 Rn. 3.
6 So MüKoBGB/*Grunsky* § 2135 Rn. 3.
7 Vgl. hierzu MüKoBGB/*Grunsky* § 2111 Rn. 34.
1 Vgl. hierzu *Kipp/Coing* § 20 I.
2 S. BGH DNotZ 2005, 49.
3 BGH NJW 1990, 2056.

zugeben.⁴ Ebenso wie durch Auslegung die einzelnen Befreiungen ermittelt werden können, kann auch im Rahmen der Anordnungen des Erblassers durch Auslegung geklärt werden, ob eine bestimmte Gestaltungsmöglichkeit vorgesehen ist.⁵ So ist etwa beim gemeinschaftlichen Testament regelmäßig zu prüfen, ob die Anordnung der Eheleute sich als Berliner Testament darstellt oder ob der überlebende Ehegatte befreiter Vorerbe und der nach diesem eingesetzte Nacherbe ist.

II. Befreiungsmöglichkeit

3   Im Rahmen des § 2136 sind die Befreiungsmöglichkeiten ausdrücklich gesetzlich geregelt und auf die dort zitierten Vorschriften beschränkt.⁶ Eine weitergehende Befreiung, die die Grenzen des § 2136 BGB übersteigt, ist nichtig.

4   Die Befreiung kann nicht nur inhaltlich auf einzelne Vorschriften beschränkt sein, sondern sie kann ebenso auch auf bestimmte Personen als Nacherben bezogen werden. Sind also mehrere Vor- und mehrere Nacherben vorhanden, kann im Verhältnis jedes zu seinem Nacherben eine separate Regelung des Umfangs der Befreiung erfolgen. Auch bei einer mehrfach gestaffelten Nacherbschaft kann hier zwischen den einzelnen Beteiligten differenziert sein. Möglich ist auch eine bedingte Befreiung, etwa im Falle eines Pflichtteilsverlangens.⁷

5   Ebenso wie eine personelle Differenzierung möglich ist, sind auch gegenständliche Differenzierungen zulässig. Ebenso kann der Erblasser auch zwischen verschiedenen Arten von Verfügungen differenzieren, etwa indem Vermögenswerte wie Grundstücke, Betriebsvermögen etc. keiner Befreiung unterliegen, während etwa das Barvermögen weitgehend befreit ist.

III. Zwingende Beschränkungen

6   Von einigen Vorschriften kann der Erblasser den Vorerben nicht befreien. Dies ist im Einzelnen
   – der Grundsatz der Surrogation, § 2111.⁸
   – das Verbot der unentgeltlichen Verfügung, § 2113, Abs. 2⁹ (Hier wird allerdings angenommen, dass der Nacherbe durch Vermächtnis verpflichtet werden kann, eine Verfügung zu genehmigen.)¹⁰
   – die Unwirksamkeit von Vollstreckungsmaßnahmen, § 2115
   – die Verpflichtung, ein Nachlassverzeichnis mitzuteilen, § 2121
   – die Verpflichtung, den Zustand der Erbschaft feststellen zu lassen, § 2122
   – die Verpflichtung zum Schadensersatz nach § 2138 Abs. 2
   – die Verpflichtung, die gewöhnlichen Erhaltungskosten zu tragen, § 2124 Abs. 1

7   Soweit die vorstehenden Grenzen reichen, stehen dem Erblasser unter Umständen aber noch alternative Gestaltungsmöglichkeiten zur Verfügung. So kann etwa die Pflicht zur Inventarisierung erheblich erleichtert werden, indem der Hausrat dem Vorerben im Wege des Vorausvermächtnisses oder durch Vollerbschaft überlassen wird. Entsprechendes kann auch für bestimmte andere Vermögenswerte umgesetzt werden. Auch die Herausgabepflicht wird indirekt durch eine Befreiung reduziert, wenn auch nicht komplett herausgenommen.¹¹

---

4   S. hierzu etwa *Kneidinger* NJW Spezial 2007, 445.
5   Vgl. *Kipp/Coing* § 51 II 3.
6   BGHZ 7, 274, 276.
7   OLG Karlsruhe FamRZ 2009, 1356.
8   OLG Köln NJW-RR 1987, 267.
9   BGHZ 7, 274, 276.
10 OLG Düsseldorf ZEV 2000, 29; *Staudinger/Avenarius* § 2136 Rn. 7; a.A. *Bamberger/Roth/Litzenburger* Rn. 4; MüKoBGB/*Grunsky* § 2136 Rn. 10.
11 S. hierzu § 2138 Rz. 2.

IV. Zusätzliche Beschränkung

Dem Erblasser ist die Möglichkeit eingeräumt, dem Vorerben weitere Beschränkungen aufzuerlegen, die über die gesetzlichen Bestimmungen hinausgehen.[12] Allerdings muss der Erblasser sich hierzu, wie oben bereits ausgeführt, anderer erbrechtlicher Gestaltungsinstrumente bedienen, wie etwa der Auflage oder des Vermächtnisses oder bei der Verwaltungs- und Verfügungsbefugnis der Einsetzung eines Testamentsvollstreckers.[13] 8

V. Anordnung der Befreiung

1. Allgemeines

Der Erblasser muss die Befreiung von bestimmten oder von allen Vorschriften in einer letztwilligen Verfügung anordnen. Hierfür muss der Erblasser weder den Begriff Befreiung gebrauchen noch eine bestimmte Ausdrucksweise verwenden.[14] Der Befreiungswille muss lediglich zumindest andeutungsweise zum Ausdruck bringen. Bei Zweifeln am Wortlaut muss das Nachlassgericht den Erblasserwillen nach allgemeinen Kriterien ermitteln.[15] Dann noch verbleibende Unklarheiten gehen grundsätzlich zu Lasten desjenigen, der sich auf die Befreiung beruft.[16] 9

2. Beispiele

– Die Bezeichnung als Alleinerbe bedeutet keine Befreiung, gleiches gilt, wenn teilweise Voll- und teilweise Vorerbschaft angeordnet ist. 10
– Soll die Vorerbschaft dem Vorerben die Möglichkeit geben, für den Rest des Lebens ein sicheres Auskommen zu haben, ergibt sich hieraus nicht eine Befreiung von allen Beschränkungen, wohl aber eine aufschiebend bedingte Befreiung für den Fall, dass das Auskommen aus den Erträgen nicht ausreichend ist.
– Gegen eine Befreiung spricht, dass das Vermögen den Nacherben aus familiären Gründen erhalten bleiben soll.
– Nach allgemeiner Auffassung wird eine Befreiung allerdings für den Fall angenommen, dass der überlebende Ehegatte als Vorerbe und die Nacherbschaft für den Fall der Wiederverheiratung angeordnet wurde.[17]
– Ebenso kann der Begriff der unbeschränkten Verwaltung ein Indiz für eine Befreiung sein.[18]
– Ist der Ehegatte bei Fehlen eigener Abkömmlinge Vorerbe und sind entfernte Verwandte oder Dritte zu Nacherben eingesetzt, wird bei gemeinsamem Vermögenserwerb der Eheleute ebenfalls von Befreiung auszugehen sein.[19]

VI. Erbschein/Grundbuch

Die Befreiung des Vorerben ist im Erbschein anzugeben, § 2363 Abs. 1 S. 2.[20] Ebenso ist im Grundbuch bei Eintragung des Vorerben seine Befreiung von Amts wegen zu vermerken, § 51 GBO. Im Grundbuch ist entweder die gänzliche Befreiung oder die Befreiung von den Beschränkungen der §§ 2113, 2114 einzutragen, weil nur diese für das Grundbuch von 11

---

12 Allgemeine Auffassung, s. nur MüKoBGB/*Grunsky* § 2136 Rn. 7.
13 Vgl. etwa BayObLG NJW 1959, 1920; OLG München ZEV 2009, 622.
14 OLG Hamm NJW-RR 1997, 453.
15 BGH NJW 1993, 256; OLG Karlsruhe FamRZ 2006, 582.
16 BGH NJW 1969, 1111.
17 BGH FamRZ 1961, 275; MüKoBGB/*Grunsky* § 2136 Rn. 5 m.w.N.
18 BayObLG FamRZ 2005, 65.
19 OLG Hamm NJW-RR 1997, 453.
20 OLG Bremen ZEV 2005, S. 26.

Bedeutung sind. Ergibt sich die Befreiung aus einem notariellen Testament muss der befreite Vorerbe bei der Übertragung keinen Erbschein vorlegen,[21]

§ 2137
Auslegungsregel für die Befreiung

(1) Hat der Erblasser den Nacherben auf dasjenige eingesetzt, was von der Erbschaft bei dem Eintritt der Nacherbfolge übrig sein wird, so gilt die Befreiung von allen in § 2136 bezeichneten Beschränkungen und Verpflichtungen als angeordnet.

(2) Das Gleiche ist im Zweifel anzunehmen, wenn der Erblasser bestimmt hat, dass der Vorerbe zur freien Verfügung über die Erbschaft berechtigt sein soll.

I. Normzweck

1 Die Vorschrift geht auf zwei typische und häufig gebräuchliche Formulierungen in Testamenten ein, nämlich zum einen die Alternative, dass der Nacherbe auf den Überrest eingesetzt ist, der übrig bleibt und zum zweiten auf die Alternative, dass der Vorerbe von allen Vorschriften, die § 2136 erwähnt, befreit ist. Wegen der praktischen Bedeutung dieser Regelungen wird die Rechtsfolge noch einmal verdeutlicht. Da sich die Konsequenz ohne Weiteres auch durch Auslegung ermitteln lässt, ist die Vorschrift als Auslegungsregel verstanden worden.

II. Einsetzung auf den Überrest

2 Durch die Formulierung im Testament »Einsetzung auf den Überrest« wird eine Befreiung von allen Beschränkungen/Verpflichtungen nach § 2136 angeordnet. Eine abweichende Auslegung ist nach allgemeiner Auffassung dann nicht möglich.[1] Ergibt sich aber aus anderen Formulierung im Testament, dass von bestimmten Vorschriften nicht befreit sein soll, kann und muss eine abweichende Auslegung möglich sein. Zu prüfen ist in derartigen Fällen aber immer, ob überhaupt Vor- und Nacherbschaft angeordnet werden sollte.[2]

III. Freie Verfügung über die Erbschaft (Abs. 2)

3 Bei der zweiten Formulierung ist das Ergebnis nur im Zweifel anzunehmen, insofern liegt eine Auslegungsregel vor, die erst dann greift, wenn die sonstigen Möglichkeiten der Auslegung versagen. Auch bei einer derartigen Formulierung ist im Einzelnen zu prüfen, ob nicht eine Vollerbschaft für den Vorerben vorgesehen ist und die späteren Nacherben nur Vermächtnisnehmer sind.[3]

4 Auch die Einsetzung eines befreiten Vorerben kann mit einer Testamentsvollstreckung für den Vorerben kombiniert werden, mag dies auch für sich genommen Widersprüche in sich tragen. Denn der Testamentsvollstrecker ist in seinen Möglichkeiten naturgemäß auf das reduziert, was dem Vorerben möglich ist. Ein Widerspruch besteht deshalb für eine derartige Kombination nicht.[4]

---

21 LG München I FamRZ 2007, 1198.
1 *Soergel/Harder/Wegmann* § 2137 Rn. 1, *Palandt/Edenhofer* § 2137 Rn. 1; a.A. MüKoBGB/*Grunsky* § 2137 Rn. 1; *Staudinger/Behrens/Avenarius* Rn. 2; *Bamberger/Roth/Litzenburger* § 2137 Rn. 2.
2 *Staudinger/Avenarius* § 2137 Rn. 5.
3 MüKoBGB/*Grunsky* § 2137 Rn. 3 am Ende.
4 Vgl. MüKoBGB/*Grunsky* § 2137 Rn. 4.

§ 2138
Beschränkte Herausgabepflicht

(1) Die Herausgabepflicht des Vorerben beschränkt sich in den Fällen des § 2137 auf die bei ihm noch vorhandenen Erbschaftsgegenstände. Für Verwendungen auf Gegenstände, die er infolge dieser Beschränkung nicht herauszugeben hat, kann er nicht Ersatz verlangen.

(2) Hat der Vorerbe der Vorschrift des § 2113 Abs. 2 zuwider über einen Erbschaftsgegenstand verfügt oder hat er die Erbschaft in der Absicht, den Nacherben zu benachteiligen, vermindert, so ist er dem Nacherben zum Schadensersatz verpflichtet.

I. Normzweck

Die Vorschrift ergänzt die Regeln des § 2136 und § 2137 und beziehen sich praktisch auf den von allen Vorschriften befreiten Vorerben. 1

II. Herausgabepflicht (Abs. 1)

Die Vorschrift stellt zunächst klar, dass sich die Herausgabepflicht auf den tatsächlich vorhandenen Nachlass einschließlich der Surrogate beschränkt. Maßgeblich ist hierbei der Zeitpunkt des Nacherbfalls.[1] Bei einem Streit darüber, ob Surrogation bezüglich bestimmter Gegenstände eingetreten ist, ist der Nacherbe beweispflichtig.[2] Ist durch den Vorerben ein Gegenstand verkauft, aber noch nicht übereignet worden, kann der Vorerbe Befreiung der Verbindlichkeit verlangen, während umgekehrt der vom Käufer geschuldete Kaufpreis dem Nacherben zusteht.[3] 2

Nach S. 2 werden Verwendungsersatzansprüche des Vorerben auf die Gegenstände beschränkt, die er tatsächlich noch herausgegeben hat. Abs. 1 stellt damit gleichzeitig klar, dass Verwendungen auf im Nachlass vorhandene Erbschaftsgegenstände vom Vorerben verlangt werden können und dieser umgekehrt sich nicht schadensersatzpflichtig gemacht hat, wenn er zulässig Gegenstände verbraucht hat. Für den befreiten Vorerben gilt die Verpflichtung zur ordnungsgemäßen Verwaltung insoweit nicht.[4] Er schuldet auch keinen Wertersatz.[5] 3

III. Schadensersatz (Abs. 2)

In zwei Fällen kann der befreite Vorerbe gleichwohl Schadensersatzansprüchen ausgesetzt sein. 4

1. Da ihm unentgeltliche Verfügungen i.S.d. § 2113 Abs. 2 nicht gestattet sind, muss er insoweit Schadensersatz leisten. Ob Unentgeltlichkeit gegeben ist, ist aus dem Blickwinkel eines ordentlichen Verwalters zu prüfen.[6] Für die Ersatzpflicht ist Verschulden erforderlich, die Höhe des Schadensersatzes ist zum Zeitpunkt des Nacherbfalls zu bestimmen. Ob der Vorerbe durch den Erblasser von dieser Regresspflicht dadurch freigestellt werden kann, dass der Nacherbe durch Vermächtnis verpflichtet wird, Schenkungen des Vorerben zu genehmigen oder ob der Vorerbe von dem Anspruch generell befreit werden kann, ist streitig.[7] 5

---

1 S. hierzu BGH NJW 1990, 515; RGZ 163, 53.
2 BGH NJW 1983, 2874.
3 MüKoBGB/*Grunsky* § 2138 Rn. 2.
4 OLG Karlsruhe ZEV 1994, S. 45.
5 *Staudinger/Avenarius* § 2113 Rn. 2.
6 S. im Einzelnen hierzu § 2113 Rz. 16 ff.
7 S. *Palandt/Edenhofer* § 2138 Rn. 3 am Ende.

6 2. Hat der Vorerbe die Erbschaft absichtlich vermindert, um den Nacherben zu benachteiligen, ist er ebenfalls zur Ersatzleistung verpflichtet. Hier ist ein objektiver Missbrauch (etwa i.S.d. § 826 BGB) erforderlich, wobei aber bedingter Vorsatz ausreichend ist. Entschuldet also der Vorerbe das eigene Vermögen mit Nachlassmitteln oder geht er Hochrisikogeschäfte ein, die er mit eigenen Mitteln nicht eingegangen wäre, liegt ein solcher Fall vor.[8] Teilweise wird darüber hinaus unter »Benachteiligungsabsicht« mehr als nur eine vorsätzliche Schädigung verlangt, wobei sich nicht erkennen lässt, was darunter zu verstehen sein soll.[9]

§ 2139
Wirkung des Eintritts der Nacherbfolge

Mit dem Eintritt des Falles der Nacherbfolge hört der Vorerbe auf, Erbe zu sein, und fällt die Erbschaft dem Nacherben an.

I. Normzweck, Übersicht

1 Die §§ 2139–2146 bestimmen die Wirkungen des Nacherbfalls. Der Grundsatz ist in § 2139 enthalten. Nach dieser Vorschrift erwirbt der Nacherbe die Erbschaft unmittelbar vom Erblasser als dessen Gesamtrechtsnachfolger mit dinglicher Wirkung. Die Änderung der Rechtslage tritt automatisch ein, der Nacherbe kann die Erbschaft nur noch ausschlagen und damit den Anfall rückwirkend wieder beseitigen.[1]

II. Vonselbsterwerb

1. Eigentum

2 Wie bereits dargelegt, geht der Nachlass von selbst auf den Nacherben über, dieser wird Eigentümer des gesamten Nachlasses, Gläubiger der Nachlassforderungen und Schuldner sämtlicher Verbindlichkeiten des Nachlasses. Ist der ursprünglich vorgesehene Nacherbe nicht mehr vorhanden, aber ein Ersatznacherbe an dessen Stelle getreten, so fällt der Nachlass dem Ersatznacherben zu. Mehrere Nacherben bilden eine Erbengemeinschaft nach dem Erblasser. Sind die Nacherben durch eine weitere Nacherbschaft belastet, so werden sie im Hinblick auf diese weitere Nacherbschaft zu Vorerben.

2. Besitz

3 Anders als das Eigentum geht der unmittelbare Besitz nicht ohne Weiteres auf den Nacherben über, weil § 857 BGB auf diesen nicht anwendbar ist. Der unmittelbare Besitz geht vielmehr auf die Erben des Vorerben über, die den Besitz auf den Nacherben übertragen müssen. Der Anspruch hierzu ergibt sich aus § 2130. Ist der Nacherbfall nicht der Tod des Vorerben, ist der Vorerbe verpflichtet, den Besitz zu übertragen. Anders ist dies bei Nachlassgegenständen, die nicht im unmittelbaren Besitz des Vorerben waren, hier geht der Herausgabeanspruch gegen den Dritten unmittelbar auf den Nacherben über, so etwa bei Wertpapieren, die in einem Bankdepot verwahrt wurden.[2]

---

8 *Staudinger/Avenarius* § 2138 Rn. 14.
9 So etwa MüKoBGB/*Grunsky* § 2139 Rn. 5; *Soergel/Harder* Rn. 4; *Palandt/Edenhofer* § 2138 Rn. 4.
1 Zu den Einzelheiten s. § 2142 BGB.
2 KG OLGZ 42, 135.

3. Sonstige Folgen

Hatte noch der Erblasser eine über seinen Tod hinaus wirkende Vollmacht erteilt, so bleibt diese auch dem Nacherben gegenüber bestehen, hat der Vorerbe eine Vollmacht erteilt, so erlischt diese mit dem Nacherbfall.[3] Etwas Anderes gilt nur dann, wenn der Nacherbe der Bevollmächtigung zugestimmt hatte oder der Bevollmächtigte noch mit der Abwicklung eines Geschäftes betraut ist, an das der Nacherbe gebunden ist.[4] Ein dem Vorerben zu diesem Zeitpunkt noch zustehendes Ausschlagungsrecht des Vorerben geht auf dessen Erben über, hat allerdings praktisch nur eine geringe Bedeutung. Zum Ausschlagungsrecht des Nacherben s. § 2142.

III. Nachlassverbindlichkeiten

Für Nachlassverbindlichkeiten haftet ab dem Nacherbfall der Nacherbe. Dies gilt auch für solche Verbindlichkeiten, die im Rahmen der ordnungsgemäßen Nachlassverwaltung durch den Vorerben begründet wurden, insoweit muss ein Bezug zum Nachlass vorhanden sein. Für die persönlichen Verbindlichkeiten des Vorerben besteht keine Haftung.[5] Ebenso gehen auch Rechte Dritter im Zusammenhang mit den Erbschaftsgegenständen über (etwa Grundpfandrechte). Gleichzeitig wird der Vorerbe von der Haftung befreit. Die Nachlassverbindlichkeiten gehen in dem Zustand über, wie sie beim Nacherbfall bestehen. Befand sich der Vorerbe also bereits im Verzug, richten sich die Folgen auch gegen den Nacherben.

Bei zum Nachlass gehörenden Handelsgeschäften sind die gesonderten Vorschriften der §§ 25, 27 HGB zu beachten. Hier besteht auf Grund der Vorschriften des HGB eine Nachhaftung des Vorerben, so dass der Vorerbe Freistellung von der persönlichen Haftung verlangen kann, soweit die Verbindlichkeiten auf ordnungsgemäßer Verwaltung beruhen. Im Übrigen bleibt es bei der persönlichen Haftung.[6]

IV. Prozessführung

Im Rahmen der prozessualen Vorschriften wird der Nacherbfall wie ein einzelner Erbfall behandelt, so dass ein Verfahren zwischen dem Vorerben und einem Dritten, soweit der Nachlass betroffen ist, unterbrochen wird.[7] Nicht unterbrochen wird dagegen ein Prozess zwischen dem Vor- und dem Nacherben, es sei denn, dass der Nacherbfall der Tod des Vorerben ist. In diesem Falle ist im Einzelnen zu prüfen, welche Folgen der Nacherbfall hat (möglich ist etwa Erledigung der Hauptsache).

V. Erbschein/Grundbuch

1. Erbschein

Der dem Vorerben erteilte Erbschein wird durch die Nacherbfolge unrichtig und muss eingezogen werden, § 2361 BGB. Der Nacherbe kann die Herausgabe des Erbscheins an das Nachlassgericht verlangen und sich selbst einen Erbschein erteilen lassen.

---

[3] Vgl. MüKoBGB/*Grunsky* § 2139 Rn. 5.
[4] Etwa bei einer dem Notar erteilten Vollmacht im Zuge eines Grundstückskaufvertrages.
[5] Vgl. hierzu BGHZ 32, 60; OLG Oldenburg NJW 1994, 2772.
[6] So auch *Bamberger/Roth/Litzenburger* § 2139 Rn. 4.
[7] Vgl. MüKoBGB/*Grunsky* § 2139 Rn. 7.

2. Grundbuch

9 Ebenso wird das Grundbuch unrichtig. Das Grundbuch ist zu berichtigen.[8] Die Eintragung des Nacherbenvermerks und die Sterbeurkunde des Vorerben reichen für eine Umschreibung allerdings nicht aus.[9] Vielmehr ist für die Umschreibung ein Erbschein zugunsten des Nacherben notwendig, es sei denn, dass die Nacherbfolge beim Grundbuchamt offenkundig ist. Mit der Eintragung des Nacherben ist auch der Nacherbenvermerk nach § 51 GBO zu löschen. Gleiches gilt auch für einen Ersatznacherbenvermerk, soweit er eingetragen ist. Ein Nacherbenvermerk für einen Nachnacherben bleibt bestehen. Die Berichtigung des Grundbuches kann auch das Grundbuchamt erzwingen, § 82 ff GBO.

10 Entsprechendes gilt auch noch für andere Register, in denen ursprünglich der Erblasser später der Vorerbe als Geschäftsinhaber oder Gesellschafter eingetragen war.

§ 2140
Verfügungen des Vorerben nach Eintritt der Nacherbfolge

Der Vorerbe ist auch nach dem Eintritt des Falles der Nacherbfolge zur Verfügung über Nachlassgegenstände in dem gleichen Umfang wie vorher berechtigt, bis er von dem Eintritt Kenntnis erlangt oder ihn kennen muss. Ein Dritter kann sich auf diese Berechtigung nicht berufen, wenn er bei der Vornahme eines Rechtsgeschäfts den Eintritt kennt oder kennen muss.

I. Normzweck

1 Die Vorschrift dient dem Schutz des Vorerben auch dem Schutz des Dritten, solange die Nacherbfolge den Beteiligten noch nicht bekannt ist.

II. Schutz des Vorerben (S. 1)

2 Der Eintritt des Nacherbfalles muss dem Vorerben nicht bekannt sein, insb. wenn der Eintritt an einen nicht in seiner Sphäre liegenden Umstand geknüpft ist (Beispiel: Geburt des Nacherben). Nicht auf die Vorschrift berufen können sich die Erben des Vorerben, wenn Nacherbfall der Tod des Vorerben ist. Gleiches gilt auch für den Vorerben, bei dem dessen Wiederverheiratung der Nacherbfall ist. Ebenso ist der Vorerbe nicht geschützt, wenn er sich über die Person des Nacherben irrt oder gar nicht weiß, dass Nacherbfolge angeordnet ist. Fahrlässige Unkenntnis lässt den Schutz ebenfalls entfallen.

3 Der Umfang der Verfügungsbefugnis ist der Gleiche, wie er bis zum Nacherbfall vorhanden war, eine Befreiung bleibt also bestehen. Entsprechend ist die Vorschrift auf schuldrechtliche Verpflichtungen anzuwenden.[1]

III. Schutz des Dritten (S. 2)

4 In gleicher Weise kann ein Dritter auf die fortdauernde Verfügungsbefugnis des Vorerben zurückgreifen. Hiervon ist er nur dann ausgeschlossen, wenn er beim Rechtsgeschäft den Nacherbfall kannte oder von ihm hätte kennen müssen. War der Vorerbe bei dem Rechtsgeschäft nicht gutgläubig, so wird der Dritte im Rahmen der allgemeinen Vorschriften

---

8 OLG Hamm NJW-RR 2002, 1518.
9 BGHZ 84, 196.
1 Vgl. MüKoBGB/*Grunsky* § 2140 Rn. 4.

geschützt.[2] Der gutgläubige Schuldner einer Nachlassforderung wird durch die entsprechende Anwendung der §§ 406 ff. BGB geschützt.[3]

§ 2141
Unterhalt der werdenden Mutter eines Nacherben

Ist bei dem Eintritt des Falles der Nacherbfolge die Geburt eines Nacherben zu erwarten, so findet auf den Unterhaltsanspruch der Mutter die Vorschrift des § 1963 entsprechende Anwendung.

Nach § 1963 ist der Mutter eines Erben, der zum Zeitpunkt des Erbfalles zu erwarten ist, ein angemessener Unterhalt bis zur Entbindung aus dem Nachlass bzw. dem Erbteil des Kindes zu gewähren. Dieser Anspruch gilt in gleicher Weise nach der Vorschrift auch für die werdende Mutter eines Nacherben. Die Vorschrift wird entsprechend darauf angewandt, dass der Nacherbfall mit Geburt des Nacherben eintritt. Hier entsteht der Anspruch mit der Empfängnis des Kindes, er richtet sich gegen den Vorerben, der dann vom Nacherben Ersatz verlangen kann.[1]

Ist der Nach- oder auch der Ersatznacherbe noch unbekannt, gilt das Gleiche. Hier ist zudem für den unbekannten Nacherben ein Pfleger zu bestellen. Die Ausschlagung des Pflegers bedarf in der Regel einer gerichtlichen Genehmigung. Ist der Vorerbe ein Elternteil des Nacherben, ist bei einem konkreten Interessenwiderstreit ebenfalls ein Pfleger zu bestellen. Stirbt der Erbe vor dem Nacherbfall, so geht das Recht zur Ausschlagung auf seine Erben über.

§ 2142
Ausschlagung der Nacherbschaft

(1) Der Nacherbe kann die Erbschaft ausschlagen, sobald der Erbfall eingetreten ist.

(2) Schlägt der Nacherbe die Erbschaft aus, so verbleibt sie dem Vorerben, soweit nicht der Erblasser ein anderes bestimmt hat.

I. Ausschlagung (Abs. 1)

Die Vorschrift wirkt in zwei Richtungen:

Zum einen stellt die Vorschrift klar, dass der Nacherbe die Ausschlagung bereits unmittelbar nach dem Erbfall erklären kann, es also auf den Eintritt des Nacherbfalles nicht ankommt. Die Ausschlagung ist vom Erben selbst zu erklären. Kann er diese Erklärung nicht abgeben, so ist ein Pfleger zu bestellen[1] Eine Pfändung des Ausschlagungsrechts durch einen Gläubiger oder eine Überleitung des Rechts durch einen Sozialhilfeträger ist nicht möglich.[2]

---

2 *Bamberger/Roth/Litzenburger* Rn. 4.
3 Vgl. KG ZEV 2003, 110.
1 MüKoBGB/*Grunsky* § 2141 Rn. 2.
1 OLG Frankfurt FamRZ 1964, 154.
2 BGH ZEV 2005, 117; LG Hildesheim FamRZ 2009, 1440.

II. Ausschlagungsfrist

3 Für die Ausschlagung des Nacherben ist § 1944 Abs. 2 maßgeblich. Hiernach muss der Nacherbe Kenntnis von Anfall und Grund der Berufung erlangt haben. Ist er durch Verfügung von Todes wegen berufen, wie immer bei einer Nacherbfolge, beginnt die Frist nicht vor Verkündung der Verfügung. Während der zuletzt genannte Gesichtspunkt regelmäßig ohne Bedeutung ist, da das Testament dem Nacherben meist schon beim Erbfall bekannt gegeben wird, beginnt die Ausschlagungsfrist aber erst grundsätzlich mit der Kenntnis vom Nacherbfall. Denn nach § 2139 BGB tritt der Erbfall für den Nacherben mit dem Nacherbfall ein.

4 Der Nacherbe kann also bereits nach dem Erbfall ausschlagen, er kann aber auch ohne Weiteres bis nach dem Nacherbfall abwarten. Allerdings hat er ab Erlangung der Kenntnis nur noch 6 Wochen Zeit. Für die Frage, ob § 1944 Abs. 3 anzuwenden ist, kommt es nicht auf den letzten Wohnsitz des Vorerben, sondern auf den letzten Wohnsitz des Erblassers bzw. des Nacherben an.[3]

5 Besonderheiten sind im Zusammenhang mit der Einsetzung eines Nacherben für Pflichtteilsansprüche zu berücksichtigen. Ist der Nacherbe gleichzeitig Pflichtteilsberechtigter, so kann er von diesem Recht nur Gebrauch machen, wenn er das Erbe ausschlägt. Im Hinblick auf die kurze Verjährung des Pflichtteilsanspruches ist er gezwungen, die Nacherbschaft so rechtzeitig auszuschlagen, dass er seine Pflichtteilsansprüche in unverjährter Zeit geltend machen kann. Nach § 2332 Abs. 2[4] wird die Verjährung nicht dadurch gehemmt, dass der Anspruch erst nach der Ausschlagung der Erbschaft oder eines Vermächtnisses geltend gemacht werden kann. Die Verjährung des Pflichtteilsanspruches beginnt deshalb nicht erst nach dem Nacherbfall, sondern ist bereits auf den Erbfall selbst zurückzuführen.[5]

6 Des Weiteren kann die Ausschlagungsfrist für den Pflichtteilsberechtigten auf der Grundlage der Vorschrift des § 2306 Abs. 1 S. 2 Hs. 2 verlängert sein, wenn der Pflichtteilsberechtigte von Beschränkungen oder Beschwerungen erst später Kenntnis erlangt. Nach dieser Vorschrift beginnt die Ausschlagungsfrist erst mit der Kenntnis von den Beschränkungen und Beschwerungen im Sinne dieser Vorschrift. Dem steht gleich, dass er als Nacherbe eingesetzt ist. In der Praxis wird diese Alternative allerdings ohne große Bedeutung sein, weil der Nacherbe von den testamentarischen Verfügungen in der Regel Kenntnis hat, einmal von dem Fall abgesehen, dass Vor- und Nacherbfall kurz nacheinander eintreten. Die Änderung des § 2306 zum 1.1.2010 hat an dieser Regelung nichts Wesentliches geändert.[6]

III. Wirkung der Ausschlagung (Abs. 2)

7 Die Wirkung ist, dass die Erbschaft dem Vorerben verbleibt, wenn der Erblasser nicht anders bestimmt hat. Hat der Erblasser allerdings Ersatznacherben bestimmt, fällt der Nachlass diesen an. Sind mehrere Nacherben berufen, so führt die Ausschlagung eines von ihnen dazu, dass der Nachlass den übrigen Nacherben anwächst.[7]

8 Ist für den einzelnen Nacherben ein Ersatzerbe bestimmt, so geht das Recht des Ersatzerben dem Recht der Anwachsung vor, hat der Ersatzerbe Abkömmlinge, so treten diese unter der Voraussetzung des § 2069 an seine Stelle. Maßgeblich für den Kreis der Abkömmlinge ist der Zeitpunkt des Nacherbfalls. Zusammenfassend lässt sich sagen, dass die Ersatzerbschaft der Anwachsung vorgeht, während wiederum die Anwachsung dem Recht des Vorerben vorgeht.

---

3 MüKoBGB/*Grunsky* § 2142 Rn. 1.
4 Bis zum 31.12.2009: § 2332 Abs. 3.
5 S. zu den Einzelheiten § 2332 Rz. 5.
6 Vgl. hierzu § 2306 Rz. 21.
7 BayObLG FamRZ 1992, 538.

Eine Ausnahme von diesen Grundsätzen tritt dann ein, wenn die Ausschlagung des 9
Nacherben deshalb erfolgt, um Pflichtteilsansprüche nach dem Erblasser geltend zu
machen. Für diesen Fall ist davon auszugehen, dass es nicht dem Willen des Erblassers entspricht, dass die Erbschaft an die Abkömmlinge des Nacherben fällt und zwar auch dann nicht, wenn sie ausdrücklich als Ersatznacherben benannt sind. Ansonsten bestünde die Gefahr, dass einer der Erbstämme mehr als andere erhalten würde.[8]

Sind andere Wegfallgründe vorhanden als eine Ausschlagung, ist § 2142 Abs. 2 nicht 10
anzuwenden und zwar auch dann nicht, wenn sie ebenfalls auf den Nacherbfall rückwirken. Dies gilt etwa für den Fall des Erbverzichts, der Erbunwürdigkeitserklärung oder des vorzeitigen Erbausgleichs nach altem Recht. In diesen Fällen muss durch Auslegung ermittelt werden, wem die Erbschaft anfallen soll.[9]

IV. Annahme

Für die Annahme der Erbschaft durch den Nacherben gilt ebenfalls §1946, so dass der 11
Nacherbe die Nacherbschaft schon vor dem Nacherbfall annehmen kann.[10] Bekanntlich kann der Nacherbe seine Anwartschaft übertragen, so dass der Erwerber auch sicher sein muss, dass diese nicht durch Ausschlagung später erlischt. In der Übertragung der Anwartschaft wird regelmäßig die Annahme der Nacherbschaft gesehen.[11] Nimmt der Nacherbe dem Vorerben gegenüber seine Rechte und Pflichten war, so liegt darin noch keine Annahme.[12] Ficht der Nacherbe seine Annahme an, so gilt dies als Ausschlagung, auch wenn die Erklärung von dem Nacherbfall erfolgt ist.[13]

§ 2143
Wiederaufleben erloschener Rechtsverhältnisse

Tritt die Nacherbfolge ein, so gelten die infolge des Erbfalls durch Vereinigung von Recht und Verbindlichkeit oder von Recht und Belastung erloschenen Rechtsverhältnisse als nicht erloschen.

I. Normzweck

Mit dem Erbfall erlöschen grundsätzlich die zwischen dem Erblasser und dem Vorerben 1
bestehenden Rechtsverhältnisse durch Konfusion. Mit dem Nacherbfall wird der Nachlass wieder aus dem Vermögen des Vorerben ausgegliedert, soweit also dem Erblasser Ansprüche gegen den Vorerben zugestanden haben, müssen diese nunmehr beim Nacherben wieder entstehen.

II. Wiederaufleben

Ob die zunächst durch Konfusion erloschenen Rechtsverhältnisse wieder neu aufleben 2
oder ob sie nur zeitweilig erloschen sind oder ob sie ruhend gestellt waren, ist für die Praxis ohne Bedeutung. Es bedarf jedenfalls keiner rechtsgeschäftlichen Neubegründung, dies gilt nicht nur im Verhältnis zwischen Vor- und Nacherbe, sondern auch Dritten gegenüber.

---

8 OLG München FamRZ 2007, 767; OLG Düsseldorf NJW 1956, 1880; OLG Frankfurt OLGZ 1971, 208; MüKoBGB/*Grunsky* § 2142 Rn. 5 (allg.M.).
9 S.a. *Coing* NJW 1975, 521 ff.
10 MüKoBGB/*Grunsky* Rn. 6 m.w.N.
11 *Bamberger/Roth/Litzenburger* § 2100 Rn. 26; a.A. MüKoBGB/*Grunsky* § 2100 Rn. 39 m.w.N.
12 RGZ 80, 377, 383; MüKoBGB/*Grunsky* § 2142 Rn. 6.
13 BayObLGZ, 62, 239.

Das Wiederaufleben wirkt auf den Zeitpunkt der Nacherbfolge zurück, so dass für die Zeit zwischen Erb- und Nacherbfall weder Zinsen noch andere Nebenforderungen entstehen können. Nach § 205 BGB ist die Verjährung der erloschenen Forderungen in dieser Zeit gehemmt.[1] Auch die Nebenrechte leben wieder auf, wie eine Bürgschaft oder ein Pfandrecht. Im Hinblick auf diese Folgen ist eine Feststellungsklage des Vorerben gegen den Nacherben möglich.[2]

3 Die Anwendung der Vorschrift ist ausgeschlossen, wenn die Konfusionswirkung vor dem Nacherbfall bereits aus anderen Gründen entfallen oder nicht eingetreten ist, etwa im Falle der Testamentsvollstreckung, der Nachlassverwaltung oder der Nachlassinsolvenz.[3]

§ 2144
Haftung des Nacherben für Nachlassverbindlichkeiten

(1) Die Vorschriften über die Beschränkung der Haftung des Erben für die Nachlassverbindlichkeiten gelten auch für den Nacherben; an die Stelle des Nachlasses tritt dasjenige, was der Nacherbe aus der Erbschaft erlangt, mit Einschluss der ihm gegen den Vorerben als solchen zustehenden Ansprüche.

(2) Das von dem Vorerben errichtete Inventar kommt auch dem Nacherben zustatten.

(3) Der Nacherbe kann sich dem Vorerben gegenüber auf die Beschränkung seiner Haftung auch dann berufen, wenn er den übrigen Nachlassgläubigern gegenüber unbeschränkt haftet.

I. Grundsätze

1 Vorerbe und Nacherbe sind die Erben des Erblassers, so dass sie auch schon von daher für Nachlassverbindlichkeiten haften. Bis zum Eintritt der Nacherbfolge haftet der Vorerbe, mit dem Eintritt der Nacherbfolge wird der Nacherbe Erbe des Erblassers, so dass er nach diesem Zeitpunkt haftet. Der Vorerbe wird insoweit den Gläubigern gegenüber mit der Einschränkung des § 2145 frei.

II. Umfang der Haftung

2 Der Nacherbe haftet zunächst für sämtliche Nachlassverbindlichkeiten i.S.d. § 1967 BGB, somit also auch für Beerdigungskosten[1] und Ähnliches, für Vermächtnisse und Auflagen, soweit diese nicht nur den Vorerben persönlich beschwert haben, für Pflichtteilsansprüche etc. Zu den Nachlassverbindlichkeiten gehören auch diejenigen, die der Vorerbe mit ordnungsgemäßer Verwaltung eingegangen ist.[2]

3 Soweit der Vorerbe weitergehende Verbindlichkeiten während seiner Verwaltungstätigkeit eingegangen ist, so muss er hierfür persönlich einstehen. Dies gilt natürlich dann nicht, wenn der Vorerbe von der Verpflichtung des § 2130 BGB befreit war. Die Nachlassverbindlichkeiten gehen in dem Zustand über, in dem sie beim Nacherbfall bestehen, etwaige Verzugskosten treffen also auch den Nacherben. Im Gegenzug kommt ihm eine dem Vorerben gewährte Stundung zugute. Der Übergang eines Zurückbehaltungsrechts

---

[1] MüKoBGB/*Grunsky* § 2143 Rn. 2; *Bamberger/Roth/Litzenburger* § 2143 Rn. 2.
[2] BGH LM, § 2100, Nr. 5.
[3] BGH NJW 1967, 2399; *Bamberger/Roth/Litzenburger* Rn. 2.
[1] *Woitkewitsch* MDR 2010, 57.
[2] BGH NJW 1960, 959.

des Vorerben setzt einen eigenen Anspruch des Nacherben voraus, in der Regel also einen Anspruch aus dem Nachlass.

Gehört zum Nachlass ein Handelsgeschäft, so gelten die Vorschriften des § 27 Abs. 1, 25 HGB gegenüber Dritten, so dass der Nacherbe für alle vom Vorerben begründeten Verbindlichkeiten einzustehen hat.[3] Eine Ausnahme gilt nur dann, wenn der Nacherbe von der Möglichkeit des § 27 Abs. 2 HGB Gebrauch macht und den Geschäftsbetrieb innerhalb von 3 Monaten einstellt. Bei einer Einstellung bleibt die Haftung für eine ordnungsgemäße Verwaltung bestehen.

III. Haftungsbeschränkung

Für die Haftungsbeschränkung des Nacherben gelten zunächst die allgemeinen Vorschriften der §§ 1975 ff. Ob der Vorerbe in der Haftung beschränkt war oder bereits unbeschränkt haftete, spielt hierbei keine Rolle.[4] Hat der Vorerbe ein Aufgebot oder eine Nachlassverwaltung erwirkt, so kommen diese dem Nacherben ebenso wie ein Nachlassinsolvenzverfahren zugute. Der Nacherbe kann aber auch selbst von diesen Möglichkeiten Gebrauch machen, wobei die Aufgebotsfrist allerdings bereits mit dem (Vor-)Erbfall beginnt (5 Jahre, § 1974) während für die Frist zur Beantragung der Nachlassverwaltung auf den Nacherbfall abzustellen ist. Eine vom Vorerben beantragte Nachlassverwaltung ist, wenn sie noch nicht abgeschlossen ist, auf Antrag des Nacherben aufzuheben, war sie bereits abgeschlossen, so wirkt die Haftungsbeschränkung auch zugunsten des Nacherben.[5]

Umfangsmäßig haftet der Nacherbe nur mit dem an ihn ausgehändigten Nachlass, wobei die bei ihm entstandenen Ansprüche gegen den Vorerben mit hinzukommen.

Hat der Vorerbe ein Nachlassinventar errichtet, so ist dieses auch zugunsten des Nacherben zu berücksichtigen, Abs. 2. Voraussetzung ist allerdings, dass das Inventar des Vorerben ordnungsgemäß errichtet worden ist. Ist dies nicht der Fall gewesen, so kann der Nacherbe ein neues Inventar errichten. Dieses neue Inventar ist ebenfalls auf der Basis des Erbschaftsbestandes zum Zeitpunkt des Erbfalls zu errichten.[6] Bei fehlenden Informationen muss der Nacherbe den Vorerben um Auskunft ersuchen und gegebenenfalls Ansprüche auf Auskunft durchsetzen. Hat der Vorerbe die erforderliche eidesstattliche Versicherung noch nicht abgegeben, so muss dies der Nacherbe tun, gleiches gilt auch dann, wenn dem Nacherben weitere Erkenntnisse zur Verfügung stehen.

Soweit der Nacherbe unter Berücksichtigung der vorstehenden Vorschriften unbeschränkt haftet (§ 2013 Abs. 1) kann er gegenüber Ansprüche des Vorerben insb. aus den §§ 2124–2126, 2143 und 2121 Abs. 4 BGB die Haftungsbeschränkung geltend machen. Im Prozess muss er einen Vorbehalt nach § 780 ZPO erwirken.

§ 2145
Haftung des Vorerben für Nachlassverbindlichkeiten

(1) Der Vorerbe haftet nach dem Eintritt der Nacherbfolge für die Nachlassverbindlichkeiten noch insoweit, als der Nacherbe nicht haftet. Die Haftung bleibt auch für diejenigen Nachlassverbindlichkeiten bestehen, welche im Verhältnis zwischen dem Vorerben und dem Nacherben dem Vorerben zur Last fallen.

---

3 BGH NJW 1960, 959.
4 *Bamberger/Roth/Litzenburger* § 2144 Rn. 1.
5 Vgl. MüKoBGB/*Grunsky* § 2144 Rn. 5.
6 MüKoBGB/*Grunsky* § 2144 Rn. 10 m.w.N.; a.A. *Staudinger/Avenarius* § 2144 Rn. 18: Das Inventar hat auf den Nacherbfall abzustellen.

(2) Der Vorerbe kann nach dem Eintritt der Nacherbfolge die Berichtigung der Nachlassverbindlichkeiten, sofern nicht seine Haftung unbeschränkt ist, insoweit verweigern, als dasjenige nicht ausreicht, was ihm von der Erbschaft gebührt. Die Vorschriften der §§ 1990, 1991 finden entsprechende Anwendung.

I. Normzweck

1 Mit dem Nacherbfall geht die Haftung für die Nachlassverbindlichkeiten auf den Nacherben über, der Vorerbe haftet nicht mehr. Von diesem Grundsatz macht die Vorschrift einige Ausnahmen. Weiter setzt sie voraus, dass der Vorerbe durch den Nacherbfall nicht befreit wird, wenn er bereits unbeschränkt haftete.[1]

II. Verbleibende Haftung

2 Der Vorerbe haftet zunächst für alle von ihm selbst eingegangenen Verbindlichkeiten (Eigenverbindlichkeiten). Unerheblich ist, ob es sich um Verbindlichkeiten i.R.e. ordnungsgemäßen Verwaltung handelt. War es eine ordnungsgemäße Verwaltung, haftet der Nacherbe neben dem Vorerben. Ebenso sind die Ansprüche des Nacherben aus der Verwaltung des Nachlasses gegen den Vorerben hier zuzurechnen. Des Weiteren muss der Vorerbe weiterhin für Verbindlichkeiten eintreten, die ihm im Innenverhältnis gegenüber dem Nacherben zu Last fallen, Abs. 1 S. 2. In erster Linie sind dies die Ansprüche aus § 2124 BGB. Dritten gegenüber sind Vorerbe und Nacherbe Gesamtschuldner. Im Innenverhältnis steht dem Nacherben allerdings ein Ausgleichsanspruch zu.

3 Schließlich bleibt eine Haftung des Vorerben für alle die Verbindlichkeiten, für die der Nacherbe nicht haftet, Abs. 1 S. 1. Hiervon werden etwa Vermächtnisse und Auflagen erfasst, die nur den Vorerben treffen. Nach allgemeiner Auffassung betrifft dies auch den Fall, dass der Nacherbe zwar unbeschränkt haftet, aber nicht in der Lage ist, die Verbindlichkeiten zu erfüllen.[2]

III. Dürftigkeitseinrede

4 Soweit der Vorerbe unbeschränkt haftet oder Eigenverbindlichkeiten hat, kommt eine Haftungsbeschränkung nicht in Betracht. Für alle anderen Verbindlichkeiten kann sich der Vorerbe auf die Dürftigkeitseinrede (§ 1990, 1991) beziehen. Des Weiteren kann er die Bedienung der Nachlassverbindlichkeiten insoweit verweigern, soweit die von ihm gezogenen Nutzungen während der Dauer der Vorerbschaft gereicht haben. Hinzu kommt noch im Falle der Befreiung der Wert von Erbschaftsgegenständen, die der Vorerbe für sich verwandt hat. Im Prozess muss sich der Vorerbe die Beschränkung seiner Haftung nach § 780 ZPO vorbehalten, wenn er von dieser Möglichkeit Gebrauch machen will.

§ 2146
Anzeigepflicht des Vorerben gegenüber Nachlassgläubigern

(1) Der Vorerbe ist den Nachlassgläubigern gegenüber verpflichtet, den Eintritt der Nacherbfolge unverzüglich dem Nachlassgericht anzuzeigen. Die Anzeige des Vorerben wird durch die Anzeige des Nacherben ersetzt.

(2) Das Nachlassgericht hat die Einsicht der Anzeige jedem zu gestatten, der ein rechtliches Interesse glaubhaft macht.

---

1 Allg.M., vgl. MüKoBGB/*Grunsky* § 2145 Rn. 2 m.w.N.
2 MüKoBGB/*Grunsky* § 2145 Rn. 6 m.w.N.

I. Anzeigepflicht

Der Vorerbe ist verpflichtet, dem Nachlassgericht den Nacherbfall unverzüglich anzuzeigen. Verletzt er diese Pflicht, so wird er den Nachlassgläubigern gegenüber schadensersatzpflichtig. Diese Verpflichtung wird nicht durch eine Anzeige des Vorerben an die Nachlassgläubiger ersetzt, wohl aber durch die Anzeige des Nacherben an das Nachlassgericht. Eigene Prüfungen nimmt das Nachlassgericht nicht vor, an Kosten fällt ¼ der vollen Gebühren nach § 112 Abs. 1 Nr. 5 KostO an.

II. Einsichtsrecht

Das Nachlassgericht muss keine Mitteilung von der Anzeige machen, sondern ist lediglich verpflichtet, rechtlich Interessierten Einsichtnahme zu gewähren. Berechtigt sind die Nachlassgläubiger, die Nachlassschuldner sowie diejenigen, die von Verfügungen über Nachlassgegenstände betroffen sind.[1]

---

[1] MüKoBGB/*Grunsky* § 2146 Rn. 2.

Titel 4
Vermächtnis

Einleitung vor § 2147 BGB

Übersicht

	Rz.		Rz.
I. Bedeutung des Vermächtnisses	1	VI. Beratungshinweise	13
II. Gegenstand des Vermächtnisses	4	1. Allgemeines	13
III. Die Person des Bedachten	5	2. Beispiele für Vermächtnisinhalte	16
IV. Die Personen des Beschwerten	8	3. Der Einsatz des Vermächtnisses als steuerrechtliches Gestaltungsmittel	17
V. Steuerrechtliche Rahmenbedingungen	9		

I. Bedeutung des Vermächtnisses

1   Das Vermächtnis ist ein Gestaltungsmittel der gewillkürten Rechtsnachfolge von Todes wegen (§§ 1939, 1941). Der Begriff bezeichnet sowohl die letztwillige Verfügung, die es anordnet, als auch den Zuwendungsgegenstand. Das Vermächtnis gewährt dem Begünstigten einen schuldrechtlichen Anspruch gegen den Beschwerten auf Leistung des zugewandten Vermögensvorteils (§§ 2174, 1939). Der Vermächtnisnehmer erhält also lediglich einen schuldrechtlichen Anspruch und ist nicht mit dinglicher Wirkung am Nachlass beteiligt. Dies gilt auch dann, wenn das als Erbstatut berufene ausländische Recht einem Vermächtnis beim Erbfall unmittelbar dingliche Wirkung beilegt.[1] Der Vermächtnisanspruch entsteht grundsätzlich mit dem Erbfall (§ 2176); etwas anderes gilt für bedingte oder befristete Vermächtnisse, bei denen der Anspruch mit Eintritt der Bedingung oder des Termins entsteht. Vorbehaltlich abweichender Anordnungen des Erblassers ist der Vermächtnisanspruch grundsätzlich sofort fällig (§ 271 Abs. 1); zu Sonderregelungen vgl. §§ 2181, 2186. Vor dem Erbfall besteht weder ein Anspruch noch eine gesicherte Rechtsposition des Bedachten, auch wenn es sich um eine erbvertragliche Vermächtnisanordnung handelt.[2] Der vertragliche Vermächtnisnehmer ist (nur) über § 2288 geschützt.

2   Das Vermächtnis kann testamentarisch (§ 1939), bei gemeinschaftlichen Testamenten auch wechselbezüglich (§ 2270 Abs. 3),[3] oder durch Erbvertrag angeordnet werden (§§ 1941 Abs. 1, 2278 Abs. 2, 2299 Abs. 1).[4]

3   Häufig schwierig ist die **Unterscheidung zwischen Erbeinsetzung und Vermächtnis,** die im Wege der Auslegung vorzunehmen ist (§ 2084). Von Bedeutung sind insb. die Auslegungsregeln der §§ 2087 Abs. 1, Abs. 2. Im Ergebnis ist entscheidend, ob der Erblasser den Willen geäußert hat, den Bedachten in den Kreis der Erben einzubeziehen, ihn also als Allein- oder Miterben zum Gesamtnachfolger seiner vermögensrechtlichen Position zu machen, insb. an der Haftung für Nachlassverbindlichkeiten (§ 1967 Abs. 2) teilnehmen zu lassen (dann Erbeinsetzung) oder ob es ihm daran gelegen war, den Bedachten von einer unmittelbaren Beteiligung am Nachlass auszuschließen und auf eine Forderung gegen den Nachlass zu beschränken (dann Vermächtnis).[5] Auf der anderen Seite unterscheidet sich das Vermächtnis von der Auflage dadurch, dass diese kein Forderungsrecht des Vollzie-

---

1 BGH NJW 1995, 58, 59.
2 Vgl. hierzu im einzelnen § 2174 Rz. 2.
3 Vgl. zur Wechselbezüglichkeit eines Vermächtnisses OLG Saarbrücken, Urteil vom 27.10.2005 – 8 U 626/04.
4 Zur Anfechtung eines Vermächtnisses vgl. OLG Koblenz BeckRS 2009 88054.
5 Erman/*Schlüter* BGB § 1939, Rn. 1. Abgestellt wird dabei u.a. auf die Wertverhältnisse der verteilten Gegenstände, vgl. z.B. OLG Brandenburg, Urteil vom 18.6.2008 – 13 U 77/07; OLG München NJW-RR 2007, 1162, 1163; vgl. i.Ü. § 2087 Rz. 16.

hungsbegünstigten begründet.[6] Die Abgrenzung zum Schenkungsversprechen von Todes wegen ist durch § 2301 Abs. 2 vorgegeben. Ist die Schenkung zu Lebzeiten vollzogen worden, wird sie als Rechtsgeschäft unter Lebenden behandelt, im anderen Fall handelt es sich regelmäßig um ein Vermächtnis.[7] Demgegenüber ist der Vertrag von Todes wegen (insb. Lebensversicherung) ein Rechtsgeschäft unter Lebenden.[8]

II. Gegenstand des Vermächtnisses

Nach § 1939 kann durch ein Vermächtnis jedweder Vermögensvorteil zugewendet werden. Nach einhelliger Auffassung ist dieser Begriff weit auszulegen, insb. ist eine Bereicherung des Begünstigten im Sinne einer Vermögensmehrung nicht erforderlich.[9] Es reicht jede Begünstigung auch im Sinne eines Rechtsvorteils aus, z.B. durch Anspruch auf eine Leistung oder Abschluss eines Vertrages als Möglichkeit zum Erwerb einer bestimmten Sache (auch wenn auf eigene Kosten). Zuwendungsfähig ist damit alles, was i.R.e. Schuldverhältnisses (§§ 241, 311) als Leistung vereinbart werden kann. Dabei existiert eine Beschränkung der Höhe nach nicht, so dass das Vermächtnis auch nachlassaufzehrend sein kann.[10] Der Umfang des Vermächtnisses ist in Zweifelsfällen durch Auslegung zu ermitteln (§ 2084).[11] Die Vermächtnisvorschriften sehen im Vergleich zu den Regelungen der gewillkürten Erbfolge (insb. § 2065 Abs. 2) zugunsten des Erblassers Erleichterungen vor, die im Ergebnis darin begründet sind, dass der Vermächtnisnehmer nur Nachlassgläubiger ist und nicht in die Rechtsstellung des Erblassers eintritt. Mit Blick auf den möglichen Vermächtnisgegenstand ist dem Erblasser daher in Grenzen freigestellt, die Bestimmung durch einen Dritten vornehmen zu lassen (§§ 2153–2156). Zu weiteren Sonderformen (Stückvermächtnis, Gattungsvermächtnis etc.) finden sich Sonderregelungen in den §§ 2154 ff. 4

III. Die Person des Bedachten

Vermächtnisnehmer kann jede natürliche oder juristische Person sein, nach h.M. auch die Gesamthandsgemeinschaft, da lediglich ein schuldrechtlicher Anspruch begründet wird.[12] Für die Außengesellschaft ist dies nach Anerkennung ihrer Rechtsfähigkeit nicht mehr zweifelhaft.[13] Gem. § 2150 kann der Vermächtnisnehmer auch zugleich Erbe sein, wenn er mit einem sog. Vorausvermächtnis bedacht ist, das ihm eine zusätzliche, selbstständige Rechtsposition zuwendet. Der Vermächtnisnehmer muss – anders als der Erbe (§ 1923) – zum Zeitpunkt des Erbfalls noch nicht existieren (§ 2178); es ist allerdings erforderlich, dass der Bedachte zur Zeit des Erbfalls noch lebt (§ 2160). Bei bedingten Vermächtnissen ist im Zweifel davon auszugehen, dass der Bedachte den Eintritt der Bedingung erleben muss (§ 2074). Denkbar ist auch, dass der Beschwerte selbst mit einem Vermächtnis bedacht ist; es liegt dann ein sog. »Rückvermächtnis« vor, das ihm – etwa im Wege des Nachvermächtnisses (§ 2191) – gegenüber dem ursprünglich Bedachten einen Anspruch gem. § 2174 verschafft. Ebenso wie bei der gewillkürten Erbfolge sind auch im Vermächtnisrecht »Nachbedachte« (§ 2191) und »Ersatzbedachte« (§ 2190) vorgesehen. 5

---

6 Vgl. auch § 2192 Rz. 2.
7 Vgl. § 2301 Rz. 11. Zur Umdeutung eines unwirksamen Schenkungsvertrages in ein Vermächtnis vgl. KG, Beschluss vom 26.5.2009 – 1 W 61/08.
8 *Erman/M. Schmidt* BGB § 2301 Rn. 12.
9 *Lange/Kuchinke* § 29 II Nr. 2b.
10 In diesem Fall wird allerdings zu klären sein, ob nicht vielmehr eine Erbeinsetzung gewollt war; vgl. § 2087 Rz. 16.
11 OLG Koblenz FamRZ 1998, 579, 580; OLG Naumburg ZEV 2007, 381, 382.
12 *Schlüter* Rn. 894.
13 BGH NJW 2001, 1056.

6 Der Vermächtnisnehmer ist Nachlassgläubiger, in wesentlichen Punkten allerdings nachrangig.[14]

7 Der Bedachte kann gem. § 2180 ebenso wie die Erbschaft auch das Vermächtnis ausschlagen.

IV. Die Personen des Beschwerten

8 Mit einem Vermächtnis beschwert, d.h. Schuldner des Vermächtnisanspruchs, kann gem. § 2147 S. 1 sowohl der – gesetzliche oder gewillkürte – Erbe als auch der Vermächtnisnehmer selbst sein; im letzten Fall liegt ein Untervermächtnis (§ 2186) vor.

V. Steuerrechtliche Rahmenbedingungen

9 Das Vermächtnis unterliegt der Erbschaftsteuer (§§ 1 Abs. 1 Nr. 1, 3 Nr. 1 ErbStG), die grundsätzlich mit dem Tod des Erblassers entsteht (§ 9 Abs. 1 Nr. 1 ErbStG).[15] Steuerschuldner ist der Vermächtnisnehmer (§ 20 Abs. 1 ErbStG). Verbindlichkeiten aus Vermächtnissen sind Abzugsposten für die Steuerschuld des Erben (§ 10 Abs. 5 Nr. 2 ErbStG). Kosten, die dem Erben im Zusammenhang mit der Erfüllung eines Vermächtnisses entstehen, sind als Nachlassverbindlichkeiten ebenfalls abzugsfähig.[16] Die Steuerschuld des Vermächtnisnehmers mindert sich ihrerseits durch eigene Beschwerungen, etwa Auflagen, Untervermächtnisse (§ 10 Abs. 5 Nr. 2 ErbStG). Als Bewertungsobjekt ist das mit dem Erbfall erlangte Forderungsrecht (und die insoweit erbfallbedingte Bereicherung i.S.d. §§ 9, 11 ErbStG) des Vermächtnisnehmers zugrunde zu legen; dies gilt auch für das Verschaffungsvermächtnis[17] und das Kaufrechtsvermächtnis.[18] Der Vermächtnisgegenstand kann lediglich den Wert des Forderungsrechts beeinflussen.[19] Die Bewertung erfolgt nach dem »gemeinen Wert« (d.h.: Verkehrswert) des Forderungsrechts (§§ 9, 12 Abs. 1 ErbStG, § 9 BewG). Mit der Novellierung des Erbschaftsteuerrechts zum 1.1.2009[20] ist die generelle bewertungsmäßige Privilegierung bestimmter Vermögen aufgehoben worden; auch für Grundbesitz und Betriebsvermögen ist künftig der Verkehrswert maßgebend (§§ 109, 177d BewG). An Stelle dessen hat der Gesetzgeber einige Verschonungsregelungen gesetzt, z.B. für bebaute und zu Wohnzwecken vermietete Grundstücke (Wertabschlag 10 % – § 13d ErbStG), für selbstgenutzte Immobilien (Familienwohnheim: Steuerfreiheit – § 13 Abs. 1 Nr. 4b, c ErbStG). Dabei kommt die Verschonung aber nur bei dem Erwerber an, dem der Grundbesitz letztlich zugewiesen ist.[21]

10 Mit dem ErbStRG ist auch die bislang höchstrichterlich nicht entschiedene Frage hinfällig, ob aus Gründen der Gleichbehandlung bei Sachvermächtnissen ausnahmsweise nicht der gemeine Wert des Forderungsrechts anzusetzen ist, sondern der Steuerwert der Sache, auf die sie gerichtet sind (Korrespondenzprinzip).[22] Denn durch die Bewertung einheitlich für alle Vermögensgruppen anhand des gemeinen Wertes sind die Diskrepanzen beider Wege behoben.

---

14 *Lange/Kuchinke* § 29 II Nr. 2 d.
15 Zur Besteuerung eines formunwirksamen Vermächtnisses vgl. BFH ZEV 2007, 343.
16 BFH FamRZ 1996, 284.
17 BFH ZEV 2007, 343.
18 BFH ZEV 2008, 550; ZEV 2009, 49 (Kaufrechtsvermächtnis: Übernahmerecht an einem Nachlassgegenstand unter Gegenleistung).
19 *Troll/Gebel/Jülicher* § 3 Rn. 170.
20 Erbschaftsteuerreformgesetz (ErbStRG) BGBl I 08, 3018. Das BVerfG hatte mit Beschluss vom 7.12.2006 (NJW 2007, 573) entschieden, dass die durch § 19 Abs. 1 ErbStG a.F. angeordnete Bewertung mit dem sog. Grundbesitzwert verfassungswidrig ist. Zu Einzelheiten vgl. vor § 1922 Rz. 68 ff.
21 Vgl. *Fischl/Roth* NJW 2009, 177, 181, ebenso zur Besteuerungsfreistellung bei Betriebsvermögen (§ 13a ErbStG).
22 Offengelassen von BFH BB 2004, 2394 und ZEV 2007, 343.

Zu beachten ist, dass Erfüllungsvereinbarungen zwischen dem Vermächtnisnehmer und dem Beschwerten erbschaftsteuerlich unbeachtlich sind und den Erwerbs- sowie Besteuerungsgegenstand nicht verändern können.[23] **11**

Das ErbStRG führt dazu, dass die Erbauseinandersetzung künftig besondere Beachtung verdient, jedenfalls soweit (verschonungs)begünstigtes Vermögen (vermietete Wohnimmobilien, Betriebsvermögen) betroffen ist. Der Erbe verliert nämlich die Begünstigung, soweit er dieses Vermögen auf einen anderen (Mit)Erben überträgt (§§ 13a, b ErbStG). Der andere (Mit)Erbe erhält diese Begünstigung nur dann, wenn er im Gegenzug nicht begünstigtes Vermögen eintauscht; zahlt er hingegen einen Ausgleich aus eigenem Vermögen, etwa in bar, geht die Begünstigung verloren. Die Erbauseinandersetzung kann damit – gem. § 175 Abs. 2 Nr. 2 AO als rückwirkendes Ereignis – nachträglich zu wesentlichen Verschiebungen der Steuerlast führen, gleich ob die Verteilung in Umsetzung einer Teilungsanordnung, durch einen Testamentsvollstrecker oder einvernehmlich unter den Erben erfolgt. Daher ist bei der Verteilung auch an etwaige Ausgleichungen im Innenverhältnis zu denken. Gleiches soll für qualifizierte Nachfolgeklauseln von Personengesellschaften und Eintrittsrechte gelten.[24] **12**

VI. Beratungshinweise

1. Allgemeines

Mit Blick auf die häufig praktisch schwierige, aber um so bedeutsamere Abgrenzung zwischen Erbeinsetzung und Vermächtnisanordnung ist gerade, wenn es sich um die Übertragung wesentlicher, einzelner Vermögensgegenstände handelt (z.B. Familiengrundbesitz), auf eine genaue Formulierung zu achten, falls lediglich die Zuwendung eines Vermächtnisses gewollt ist. Missverständnisse können durch Einhaltung der gesetzlichen Terminologie vermieden werden; entscheidend ist, dass zum Ausdruck kommt, dass der Erblasser dem Bedachten lediglich die Stellung eines Nachlassgläubigers einräumen will und ihn nicht als Universalnachfolger in sein Vermögen ansieht. **13**

Zur Sicherung der Vermächtniserfüllung kann der Erblasser entweder den Vermächtnisnehmer selbst bevollmächtigen, sich nach dem Erbfall den Vermächtnisgegenstand selbst zu übertragen, oder er kann den Vermächtnisnehmer oder einen Dritten zu seinem Testamentsvollstrecker ernennen (§ 2203), auch mit der alleinigen Aufgabe, das Vermächtnis an sich selbst zu erfüllen. Hierin liegt kein Verstoß gegen § 181, da es sich um die Erfüllung einer – durch die letztwillige Verfügung geschaffenen – Verbindlichkeit handelt. **14**

Die Anordnung eines Vermächtnisses eignet sich vor allem dann, wenn ein gesetzlicher Erbe zwar wertmäßig seinen Anteil am Nachlass erhalten soll, die Zugehörigkeit zur Erbengemeinschaft aber hinderlich wäre oder den Miterben nicht zugemutet werden soll (z.B. nichteheliches Kind, Partner einer eingetragenen Lebenspartnerschaft). Insoweit bietet sich insb. das sog. Quotenvermächtnis an, das den Vermächtnisnehmer mit einem Geldanspruch in Höhe seiner jeweiligen Nachlassbeteiligung bedenkt.[25] Darüber hinaus kann das Vermächtnis auch als Instrument dienen, Anordnungen des Erblassers zu Einzelheiten der Abwicklung des Nachlasses oder Abstimmung unter mehreren Bedachten umzusetzen, bspw. die Festsetzung einer höheren Vergütung für den Testamentsvollstrecker, die Anordnung, dass Kosten für eine besonders aufwendige Beisetzung den bestat- **15**

---

23 *Gebel* ZEV 1999, 85, 88.
24 Vgl. *Wälzholz* ZEV 2009, 113, 115.
25 Vgl. *Lange/Kuchinke* § 29 II 2 a. Von einem Quotenvermächtnis spricht man dann, wenn ein Bruchteil (vom Barerlös) des nach Abzug der vorrangigen Nachlassverbindlichkeiten verbleibenden Nachlasses vermacht ist. Zur Ermittlung des Nachlassvermögens, u.a. dem Abzug der Erbschaftsteuer hierbei vgl. OLG Naumburg ZEV 2007, 381, 382 (str.).

tungspflichtigen Angehörigen aus dem Nachlass zu ersetzen sind, abweichende Regelungen zur Nutzung bzw. Lastentragung des Vorerben.[26]

2. Beispiele für Vermächtnisinhalte

16 Gegenstand eines Vermächtnisses kann jeder Vermögensvorteil sein, der auch als Leistung innerhalb eines Schuldverhältnisses vereinbart werden kann:
– Dienstleistungen,[27]
– Sicherheit für eine Forderung des Vermächtnisnehmers,
– Forderung (§ 2173),
– Erlass einer Schuld,
– Gesellschaftsanteil,
– Nießbrauch (z.B. an Grundstücken oder Unternehmen oder am Nachlass insgesamt),
– Wohnrecht,[28]
– Rentenansprüche,
– Übernahmerecht bezüglich bestimmter Nachlassgegenstände,[29]
– Ankaufsrecht,[30]
– Hausrat,[31]
– Errichtung einer unselbstständigen Stiftung.[32]

3. Der Einsatz des Vermächtnisses als steuerrechtliches Gestaltungsmittel

a) Das Nießbrauchvermächtnis

17 Es besteht für den Erblasser, der seinen Nachlass zeitlich nachfolgend mehreren Personen zukommen lassen möchte, die Möglichkeit der Anordnung einer Vor- bzw. Nacherbschaft. Alternativ kann er den ansonsten zum Nacherben Berufenen als Alleinerben einsetzen und zugunsten des als Vorerben Vorgesehenen einen Nießbrauch am Nachlass bestimmen (§ 1089). Durch den Nießbrauch erhält dieser eine dem nicht befreiten Vorerben vergleichbare Stellung. Zu beachten ist aber, dass der Nießbraucher nicht Rechtsinhaber der Vermögens-(Nachlass)gegenstände wird und daher nicht über sie verfügen kann, andererseits grundsätzlich nicht für Nachlassverbindlichkeiten haftet.[33] Daher ist ein Nießbrauchvermächtnis vor allem dann anzunehmen (und sinnvoll), wenn der Erblasser die Versorgung des Erstbedachten sicherstellen, zugleich aber zur Substanzerhaltung dessen Verwaltungs- und Verfügungsbefugnis über den Nachlass ausschließen will. Beim Nießbrauch am Nachlass handelt es sich um eine Form des Vermögensnießbrauches, wobei der Nießbrauch an den einzelnen Nachlassgegenständen nach den insoweit geltenden Vorschriften jeweils gesondert eingeräumt werden muss (§ 1085); zuvor tritt keine dingliche Wirkung ein. Der Nießbrauch erlischt nicht durch Ausscheiden einzelner Gegenstände aus dem Nachlass, auch nicht infolge der Auseinandersetzung der Erben; es gibt keine dingliche Surrogation. Der Nießbrauch kann auch an konkreten Nachlassgegenständen eingeräumt werden. In der Praxis häufig sind Nießbrauchvermächtnisse an Grundbesitz oder an Gesellschaftsanteilen an Personen- oder Kapitalgesellschaften.[34]

---

26 Vgl. MüKoBGB/*Schlichting* vor § 2147 Rn. 5.
27 OLG Hamm FamRZ 1994, 1210, 1212.
28 Vgl. *Grziwotz* ZEV 2010, 130.
29 BFH ZEV 2001, 372; BayObLG NJW-RR 2003, 293.
30 BGH NJW 2001, 2883,(2884.
31 Vgl. *Kornexl* ZEV 2002, 173, 175 (mit Formulierungsvorschlag).
32 *Schmidt* ZEV 2003, 316.
33 Vgl. aber die Haftung nach §§ 1086–1089.
34 Vgl. hierzu: MAH/*Scherer/Schlitt* § 13 Rn. 116 ff.

Klageantrag auf Einräumung eines Nießbrauchs an einem Grundstück: 18
Der Beklagte wird verurteilt, dem Kläger einen unentgeltlichen, lebenslangen Nießbrauch an dem Grundstück Grundbuch von ..., Bl. ..., Gemarkung ... Flur ..., Flurstück ... an rangbereiter Stelle zu bestellen und die Eintragung im Grundbuch zu bewilligen.

Erbschaftsteuerlich ist eine Nießbrauchbestellung regelmäßig günstiger als die Einsetzung eines Vor- und Nacherben, da Vorerbschaft und Nacherbschaft jeweils einen eigenen, gesonderten Steuerfall bilden (§ 6 Abs. 1, 2 ErbStG). Zwar muss zwar der Erbe den Erbanfall und der Nießbraucher den Kapitalwert des Nießbrauchs versteuern.[35] Da jedoch der Erwerb des Erben mit dem Nießbrauch belastet ist, kann dieser einen entsprechenden Schuldposten absetzen. Zudem hat eine Aufteilung des Nachlasses auf den Erben und den Nießbraucher den Vorteil, dass u.U. doppelte Freibeträge sowie günstigere Steuersätze einschlägig sind.[36] Einkommensteuerrechtlich empfiehlt es sich daneben, dem Nießbraucher auch die außerordentlichen Instandhaltungskosten aufzuerlegen, um eine Abzugsmöglichkeit für diese Kosten zu schaffen. Der neue Eigentümer hat insoweit nämlich keine Einkünfte aus Vermietung und Verpachtung und daher auch keine Möglichkeit, diese Kosten – etwa bei Grundstücken – abzusetzen.[37] 19

b) Das Vermächtnis beim Berliner Testament
Das sog. Berliner Testament ist ein gemeinschaftliches Testament i.S.d. § 2265, durch das 20 sich die Ehegatten gegenseitig zu Erben einsetzen und zugleich anordnen, dass nach ihrem Tod der beiderseitige Nachlass an einen Dritten, vielfach die gemeinsamen Kinder, fallen soll (§ 2269). Erbschaftsteuerlich führt dies zu Nachteilen, da – sowohl bei der Einheits- als auch bei der Trennungslösung (§ 6 Abs. 1, 2 ErbStG) – zwei getrennte Steuerfälle vorliegen und demzufolge Freibeträge bzgl. des ersten Erbfalls vernachlässigt werden unter gleichzeitiger Erhöhung der Besteuerungsgrundlage sowie Progression und mit Blick auf den zweiten Erbfall eine »Doppelbesteuerung« (nämlich des Gesamtnachlasswertes) eintritt, wiederum mit erhöhter Besteuerungsgrundlage und Steuerprogression. Diese Nachteile können vermieden werden, indem etwa zugunsten der Abkömmlinge – sofort entstehende und fällige – Vermächtnisse i.H.d. Freibeträge bestimmt werden.[38]

§ 2147
Beschwerter

Mit einem Vermächtnis kann der Erbe oder ein Vermächtnisnehmer beschwert werden. Soweit nicht der Erblasser ein anderes bestimmt hat, ist der Erbe beschwert.

I. Normzweck

§ 2147 definiert den Kreis der möglichen, mit einem Vermächtnis beschwerten Personen 1 und bestimmt zugleich, dass ohne eine (anderweitige) Bestimmung des Erblassers der Erbe beschwert ist.

---

35 Der Wert wird ab dem 1.1.2009 auf Grundlage der jeweils aktuellen Sterbetafel erfolgen und dadurch steigen. Für den Nießbraucher besteht weiterhin das Wahlrecht gem. § 23 ErbStG.
36 *Troll/Gebel/Jülicher* § 6 Rn. 24 f.
37 Vgl. »Nießbrauchserlass« i.d.F. vom 24.7.1998, BStBl. I 1998, 914 ff.
38 Zu weiteren Einzelheiten vgl. *Mayer* ZEV 1998, 50; ders. DStR 2004, 1371; *Everts* NJW 2008, 557.

II. Der Personenkreis der Beschwerten

2 Sowohl der gesetzliche als auch der gewillkürte Erbe können Schuldner eines Vermächtnisanspruches sein; für den vertraglichen Erben ist der Schutz des § 2289 Abs. 1 S. 2 zu beachten. Auch der Hoferbe kann mit einem Vermächtnis beschwert sein,[1] ebenso der auf den Todesfall Beschenkte (§ 2301 Abs. 1), nicht allerdings bei Schenkungsvollzug noch zu Lebzeiten (§ 2301 Abs. 2).[2] Ferner kann der Vermächtnisnehmer selbst mit einem (Unter-)-Vermächtnis beschwert werden (§ 2186). Er ist auch bei einem Nachvermächtnis (§ 2191) beschwert, nicht etwa der Erbe. Beschwerter kann also nur derjenige sein, dem der Erblasser von Todes wegen unmittelbar einen Vermögensvorteil zugewendet hat, sodass neben dem zu Lebzeiten Beschenkten auch der Pflichtteilsberechtigte bzw. der Testamentsvollstrecker ausscheiden. Dies gilt auch für den Auflagenbegünstigten, da hier ein Anspruch auf die Zuwendung fehlt (§ 2192).[3] Hat der Erblasser angeordnet, dass ein bestimmter Geldbetrag erst dann zu erfüllen ist, wenn dem Vermächtnisnehmer die Erlöse aus der Veräußerung ihm noch zu Lebzeiten übertragenen Grundbesitzes zugefallen sind, liegt im Zweifel ein zulässiges Untervermächtnis vor, das lediglich in seiner Fälligkeit von einer Liquiditätssicherung abhängig ist.[4] Der Dritte im Falle der §§ 331, 332 kann ebenfalls Beschwerter sein (str.).[5] Der Ersatzerbe bzw. der bedingte Erbe können mit Vermächtnissen nicht vor Eintritt des Ersatzerbfalls bzw. der Bedingung beschwert werden, entsprechend der Nacherbe.[6] Bleibt unklar, ob der Vorerbe oder der Nacherbe beschwert sein soll, ist die Erbschaft als solche beschwert, d.h. die Verpflichtung geht mit Eintritt des Nacherbfalls vom Vorerben auf den Nacherben über.[7]

3 Ohne anderweitige Bestimmung des Erblassers, die sich auch aus den Umständen ergeben kann, soweit sie in der Verfügung Anklang finden, ist der Erbe mit einem Vermächtnis beschwert (§ 2147 S. 2). Der Erblasser kann gem. §§ 2151, 2152 die Bestimmung in Grenzen Dritten überlassen.

§ 2148
Mehrere Beschwerte

Sind mehrere Erben oder mehrere Vermächtnisnehmer mit demselben Vermächtnis beschwert, so sind im Zweifel die Erben nach dem Verhältnis der Erbteile, die Vermächtnisnehmer nach dem Verhältnis des Wertes der Vermächtnisse beschwert.

I. Normzweck

1 § 2148 statuiert eine Auslegungsregel für die Vermächtnishaftung mehrerer Beschwerter im Verhältnis zueinander. Danach ist im Zweifel eine verhältnismäßige Haftung und nicht etwa eine kopfteilige Haftung vorgesehen.

---

1 BGHZ 37, 192.
2 *Staudinger/Otte* BGB § 2147 Rn. 9.
3 Vgl. BGH NJW-RR 1986, 164.
4 OLG Celle ZEV 2000, 200, mit Anm. *Kummer*.
5 *Schlüter* § 43 II 1c.
6 *Lange/Kuchinke* § 29 III 1a (Fn. 71).
7 *Soergel/Wolf* § 2147 Rn. 13.

II. Anwendungsbereich

Die Auslegungsregel betrifft nur das Innenverhältnis der Beschwerten.[1] Gegenüber dem Vermächtnisnehmer haften die Beschwerten als Gesamtschuldner, §§ 2058, 420 ff.[2] Die Regelung ist im Fall gemeinsamer Beschwerung von Erben und Vermächtnisnehmern mit einem Untervermächtnis entsprechend anwendbar.[3] Dies gilt auch für Fälle alternativer Beschwerung, wenn also entweder A oder B das Vermächtnis zu erfüllen haben.[4] Im Außenverhältnis besteht auch hier Gesamtschuldnerhaftung.

III. Ausgleichsmaßstab

Bei Erben regelt sich der Ausgleich nach dem Verhältnis ihrer Erbteile, bei Vermächtnisnehmern entsprechend der Werte zum Zeitpunkt des Erbfalls. Sind Erben und Vermächtnisnehmer gemeinsam beschwert, ist einheitlich der jeweilige Wert der Zuwendung als Maßstab heranzuziehen.[5] Eine gesetzliche Ausnahmeregelung findet sich in § 2320. Da es sich bei § 2148 um eine Auslegungsregel handelt, sind **abweichende Bestimmungen des Erblassers** möglich. Bspw. kann die Haftung sowohl im Innen- als auch im Außenverhältnis auf bestimmte (Mit-)Erben oder Vermächtnisnehmer bzw. anteilig beschränkt werden.

§ 2149
Vermächtnis an die gesetzlichen Erben

Hat der Erblasser bestimmt, dass dem eingesetzten Erben ein Erbschaftsgegenstand nicht zufallen soll, so gilt der Gegenstand als den gesetzlichen Erben vermacht. Der Fiskus gehört nicht zu den gesetzlichen Erben im Sinne dieser Vorschrift.

I. Normzweck

Die Vorschrift ergänzt den Willen des Erblassers, der lediglich (negativ) bestimmt hat, dass den eingesetzten Erben ein bestimmter Erbschaftsgegenstand nicht zufallen soll. § 2149 hilft hier mit der Fiktion eines Vermächtnisses über diesen Gegenstand zugunsten der gesetzlichen Erben.

II. Regelungsinhalt

Ausgangslage ist die Bestimmung des Erblassers, dass trotz gewillkürter Erbfolge ein bestimmter Gegenstand nicht in den Nachlass fallen soll. Die Vorschrift ist daher nicht anwendbar, wenn die auf eine positive Zuwendung gerichtete Verfügung von Todes wegen des Erblassers unwirksam ist.[1] Ebenfalls keine Anwendung, wenn der Erblasser sich lediglich vorbehalten hat, über bestimmte Nachlassgegenstände noch zu verfügen, dies aber nicht mehr nachgeholt hat. In diesem Fall greift § 2086 BGB ein, wobei die Darlegungs- und Beweislast für einen solchen Vorbehalt den eingesetzten Erben trifft.[2] § 2149 ist dagegen anwendbar, wenn nach dem Erblasserwillen der Gegenstand erst ab einem bestimmten

---

1 *Staudinger/Otte* BGB § 2148 Rn. 4; a.A.: *Erman/M.Schmidt* § 2148 Rn. 2.
2 Dies gilt auch für die Haftung mehrerer Vermächtnisnehmer; *Lange/Kuchinke* § 29 III 2b (Fn. 88).
3 *Staudinger/Otte* BGB § 2148 Rn. 5.
4 *Lange/Kuchinke* § 29 III 2 b (Fn. 88).
5 MüKoBGB/*Schlichting* § 2148 Rn. 9.
1 *Lange/Kuchinke* § 29 IV 2b (Fn. 115).
2 OLG Stuttgart ZEV 2008, 434, 437.

Zeitpunkt oder Eintritt einer bestimmten Bedingung den gewillkürten Erben nicht (mehr) zustehen soll (dann gilt § 2066 S. 2).

3 Der Gegenstand fällt an die gesetzlichen Erben als Vermächtnisnehmer nach Maßgabe ihrer Erbteile, § 2066 S. 1 (nicht § 2157), mit Ausnahme des Fiskus, wobei allerdings abweichende Regelungen des Erblassers möglich sind. Sind zum Zeitpunkt des Erbfalls gesetzliche Erben nicht vorhanden, verbleibt der Gegenstand den eingesetzten Erben. Wollte der Erblasser es bei der gesetzlichen Erbfolge belassen und lediglich den Gegenstand den gesetzlichen Erben entziehen, ohne dass auch nach Auslegung ein Zuwendungsempfänger feststellbar ist, ist dieser Teil der Verfügung unwirksam (§ 2085).

III. Beratungshinweise

4 Hat der Erblasser den eingesetzten Erben die Verfügung über einen Nachlassgegenstand untersagt, wird damit regelmäßig eine Auflage verbunden sein (§ 2192), wenn nicht die Auslegung ergibt, dass es sich um einen bloßen Wunsch handelt. Denkbar ist aber auch, dass es sich um ein Nachvermächtnis zugunsten der gesetzlichen Erben oder sogar um eine aufschiebend bedingte Zuwendung handelt.

§ 2150
Vorausvermächtnis

Das einem Erben zugewendete Vermächtnis (Vorausvermächtnis) gilt als Vermächtnis auch insoweit, als der Erbe selbst beschwert ist.

I. Normzweck

1 Die Vorschrift bestimmt, dass auch einem Erben ein zu seinen eigenen Lasten gehendes Vermächtnis zugewandt werden kann und dieses insoweit, als der Erbe selbst beschwert ist, als Vermächtnis zu behandeln ist. Der Erbe erhält also zugleich die Stellung eines Nachlassgläubigers, was für ihn durchaus vorteilhaft sein kann.

II. Voraussetzungen

2 Erforderlich ist die Zuwendung eines Vermögensvorteils zugunsten des Bedachten zusätzlich zu seinem (gesetzlichen oder gewillkürten) Erbteil, ohne dass insoweit eine Anrechnung stattfinden soll. Problematisch ist die Abgrenzung zur Teilungsanordnung (§ 2048). Während die Teilungsanordnung den Erbteil durch Zuweisung eines bestimmten Nachlassgegenstandes konkretisiert und nicht zu einer Wertverschiebung führt, sondern bei wertmäßigem Überschuss zu einer Ausgleichspflicht des Miterben zugunsten des Nachlasses, ermöglicht das Vorausvermächtnis die Zuwendung eines Vermögensvorteils – ohne Wertausgleich – über den wertmäßigen Erbteil des Miterben hinaus. Nach Ansicht des BGH ist für die Abgrenzung entscheidend, ob eine Wertverschiebung nach dem Erblasserwillen eintreten soll.[1] Dabei ist zunächst festzustellen, ob durch die Zuwendung des Vermächtnisgegenstandes im Vergleich zur Quote des Miterben bei Auseinandersetzung eine wertmäßige Begünstigung eintritt.[2] Liegt eine (teilweise) wertmäßige Begünstigung vor, ist durch Auslegung zu ermitteln, ob der Erblasser den Bedachten insoweit gegenüber den Miterben besserstellen wollte; wenn dies bejaht wird, liegt ein Vorausvermächtnis vor, im

---
1 BGHZ 82, 274, 279; ZEV 1998, 23; vgl. auch *Gergen* ZErb 2006, 362.
2 BGH NJW-RR 1990, 391; vgl. auch OLG München BeckRS 2009, 26402.

anderen Fall eine wertausgleichspflichtige Teilungsanordnung.[3] Wenn der Erblasser indes ausdrücklich die Zuwendung des konkreten Gegenstandes zusätzlich zu dem Erbteil des Miterben angeordnet hat bzw. dass diesem der Gegenstand schon *vor* der Erbauseinandersetzung zustehen soll, liegt ein Vorausvermächtnis vor.[4] Ist dem Erblasser eine Zuwendung aufgrund bestehender erbrechtlicher Bindungen nicht möglich, kann nur eine Teilungsanordnung vorliegen.[5] Lässt sich das Begünstigungsmotiv des Erblassers nicht feststellen, kann dennoch ein Vorausvermächtnis vorliegen, wenn die Zuwendung auch (oder gerade) für den Fall gelten sollte, dass der Bedachte die Erbeinsetzung ausschlägt oder nicht Erbe wird.[6] Für die Wertbestimmung ist grundsätzlich auf den Zeitpunkt abzustellen, zu dem die Auseinandersetzung verlangt werden kann.[7] Besonders problematisch ist die Abgrenzung, wenn das Vermächtnis dem Miterben lediglich ein **Übernahmerecht** an einem bestimmten Nachlassgegenstand gegen eine konkrete Gegenleistung zuwendet, da hier der Übernehmer im Ergebnis einen »Wertausgleich« zu leisten hat. Der Unterschied zur Teilungsanordnung liegt darin, dass das Übernahmerecht nicht zur Übernahme verpflichtet. Folgerichtig ist darauf abzustellen, ob der Erblasser den Bedachten auf die Übernahme des Gegenstandes festlegen (dann Teilungsanordnung) oder aber ihm die Entscheidung darüber belassen wollte.[8]

III. Rechtsfolgen

Das Vorausvermächtnis belastet den Nachlass insgesamt, ist also Abzugsposten von der zu verteilenden Nachlassmasse (Nachlassminderung). Beim alleinigen Vorerben tritt Anfall des Vermächtnisses beim Erbfall ausnahmsweise mit dinglicher Wirkung ein.[9] Soweit der Erblasser nichts anderes bestimmt hat, ist der begünstigte (Mit-)Erbe mitbeschwert (§§ 2147 S. 2, 2148). Der Bedachte ist folglich in einer Doppelstellung: Als Vermächtnisnehmer erhält er vorab das Vorausvermächtnis ohne Anrechnung auf den Erbteil; als Miterbe trägt er anteilig in Höhe seines Erbteils die Vermächtniserfüllung mit. **Dazu folgendes Berechnungsbeispiel:** Nachlasswert: 65.000 €, Vorausvermächtnis: 5.000 € Erbquote des Vorausvermächtnisnehmers: ¼. Der vorausbedachte Miterbe erhält vorab 5.000 € und als Miterbe die Quote von ¼ an dem um das Vorausvermächtnis reduzierten Nachlasswert (65.000 € – 5.000 €) also 15.000 €, insgesamt 20.000 €. Das Vorausvermächtnis ist rechtlich selbstständig und insb. von der Erbenstellung unabhängig.[10] Der Bedachte kann das Erbe ausschlagen und das Vorausvermächtnis dennoch annehmen (und umgekehrt). Die Pflicht zur Erfüllung eines Vorausvermächtnisses durch Miterben bleibt trotz ihres Erwerbs des Vermächtnisgegenstandes in einer Teilungsversteigerung bestehen.[11]

3

IV. Beratungshinweise

1. Allgemeines

Der Vorausvermächtnisnehmer kann den Vollzug des Vermächtnisses verlangen, bevor der Nachlass unter den Miterben geteilt wird (§§ 1967, 2046). Der Auseinandersetzungsanspruch gem. §§ 2042 ff. begründet ein Zurückbehaltungsrecht der Miterben gem. § 273 erst

4

---

3 Zur Wertermittlung kann hierbei auf Kosten des Nachlasses ein Sachverständigengutachten gefordert werden (AG Nürnberg-Fürth NJWE-FER 2000, 261).
4 OLG Frankfurt a.M. NJW-RR 2008, 532; *Staudinger/Otte* § 2150 Rn. 13.
5 OLG Koblenz NJW-RR 2005, 1601, 1602.
6 BGH NJW 1995, 721.
7 OLG Köln, Urteil vom 14.11.2006 – 24 U 83/06; *Soergel/Wolf* § 2048 Rn. 13.
8 *Staudinger/Otte* § 2150 Rn. 11.
9 BGHZ 32, 60.
10 OLG Köln FamRZ 1998, 197, 198.
11 BGH ZEV 1998, 23 (24).

Thorsten Schäckel

nach Teilungsreife.¹² Sie können vor Auseinandersetzung auch von sich aus die Mitwirkung des bedachten Miterben beim Vollzug verlangen.¹³ Darüber hinaus ist das Vorausvermächtnis auch für den Alleinerben mit Vorteilen verbunden, vgl. z.B. §§ 2373, 2110 Abs. 2. Eine Bedingung bzw. Unwirksamkeit der Erbeinsetzung gilt nicht ohne Weiteres auch für das Vorausvermächtnis (§ 2085). Die Stellung als Vorausvermächtnisnehmer wird durch eine reine Nachlassvollstreckung nicht beeinträchtigt. Im Vergleich zum Vorausvermächtnis kann eine Teilungsanordnung weder wechselbezüglich (§ 2070 Abs. 3) noch vertragsmäßig (§ 2278 Abs. 2) ausgesetzt werden; insb. der Schutz des § 2288 entfällt damit. Im Falle der Ausschlagung des Erbes ist ausdrücklich zu erklären, ob das Vorausvermächtnis mit umfasst sein soll.

2. Gestaltungsmöglichkeiten

5 Die Entscheidung zwischen Teilungsanordnung und Vorausvermächtnis muss in der letztwilligen Verfügung unmissverständlich zum Ausdruck kommen. Hat der Erblasser eine gegenständliche Aufteilung des Nachlasses vor Augen, wünscht aber keine Ausgleichung in Höhe eines ggf. überschießenden Wertes, bietet sich eine Kombination von Teilungsanordnung und Vorausvermächtnis insoweit an, dass bis zur Höhe des Wertes des jeweiligen Erbteils eine Teilungsanordnung und hinsichtlich des überschießenden Teils ein Vorausvermächtnis verfügt wird.¹⁴ Eine **Verfügung** könnte in diesem Punkt wie folgt lauten:

6 | Zu Erben meines gesamten Vermögens bestimme ich meine Kinder A, B, C, D zu gleichen Teilen. Bei Auseinandersetzung der Miterben soll A das Grundstück (genaue Bezeichnung) erhalten. Ein etwaiger Mehrwert zum Zeitpunkt der Auseinandersetzung im Vergleich zu seiner Auseinandersetzungsquote soll ihm als Vorausvermächtnis ohne Wertausgleichspflicht verbleiben. Ersatzvermächtnisnehmer werden nicht bestimmt.

7 Das Vorausvermächtnis kann dazu dienen, dem Vorerben frei von etwaigen Beschränkungen der Nacherbfolge bestimmte Nachlassgegenstände zukommen zu lassen.¹⁵ Auch kann so dem mit einer Testamentsvollstreckung belasteten Erben ein Gegenstand »frei« verschafft werden. Darüber hinaus kann der Erblasser regeln, ob der Vorausvermächtnisnehmer selbst oder nur die übrigen Miterben auf die Vermächtniserfüllung haften. In letzterem Fall tritt eine Nachlassminderung zu Lasten des Vorausvermächtnisnehmers im Hinblick auf seinen Erbteil nicht ein (es gelten dann die §§ 2046 Abs. 2, 2063 Abs. 2). Dem Erblasser steht es ferner frei, die Zweifelsregelung des § 2085 dadurch zu umgehen, dass er die Zuwendung des Vorausvermächtnisses unter die auflösende Bedingung der Annahme der Erbschaft durch den Bedachten stellt.

3. Erbschein

8 Grundsätzlich wird das Vermächtnis im Erbschein nicht aufgeführt. Etwas anderes gilt für den Erbschein des alleinigen Vorerben, wenn dieser mit einem Vorausvermächtnis bedacht und die Vermutung des § 2110 Abs. 2 nicht widerlegt ist. Auch hier ist allerdings das Vermächtnis nicht als solches, sondern als Ausnahme von der durch die Anordnung der

---

12 OLG Saarbrücken, Urteil vom 27.10.2005 – 8 U 626/04; zum Einwand der Treuwidrigkeit vgl. BGH NJW-RR 1988, 710.
13 OLG Saarbrücken ZEV 2007, 579; LG Krefeld BeckRS 2010, 05508.
14 *Langenfeld* Rn. 173.
15 Vgl. auch Rz. 3.

Nacherbfolge bestehenden Verfügungsbeschränkung anzugeben.[16] Der Vermächtnisnehmer ist nicht berechtigt, die Erteilung eines Erbscheins zugunsten des Erben zu beantragen. Er ist als Nachlassgläubiger im Erbscheinverfahren nicht beschwerdeberechtigt.[17]

4. Durchsetzung des Vorausvermächtnisanspruchs

Dem Bedachten steht gem. § 2059 Abs. 2 die sog. Gesamthandsklage aus dem ungeteilten Nachlass zu, auch wenn er mitbeschwert ist. Zu beachten sind die §§ 1958, 2014. Die Klage ist zu richten auf Verurteilung der Miterben zur Vornahme der Erfüllungshandlung aus dem Nachlass.[18] Die Miterben sind insoweit notwendige Streitgenossen, § 62 ZPO. Zur Vollstreckung in den ungeteilten Nachlass reicht gem. § 747 ZPO ein gegen die übrigen Erben ergangener Titel.[19] Sind nicht alle übrigen Miterben beschwert, ist die Erfüllung aus dem ungeteilten Nachlass nicht möglich.[20] Hier bleibt die Gesamtschuldklage i.S.v. § 2059 Abs. 1 möglich, aber unter Beachtung der eigenen Gesamtschuldnerhaftung des Bedachten. Legt der Vorausvermächtnisnehmer Wert auf die vollständige Erfüllung aus dem Nachlass, ist eine Gesamthandsklage anzustrengen.

5. Steuerrechtliche Anmerkung

Der Erbe ist bei einem Vorausvermächtnis Erbe und Vermächtnisnehmer zugleich. Der Erbschaftssteuer unterliegt daher der zusammengerechnete Wert aus Erbanteil – vermindert um den anteiligen Vermächtniswert – und Vermächtniswert. Vom Gesamtsteuerwert des reinen Nachlasses ist das Vorausvermächtnis als Nachlassverbindlichkeit (Erbfallschuld) mit seinem Steuerwert abzuziehen.[21]

§ 2151
Bestimmungsrecht des Beschwerten oder eines Dritten bei mehreren Bedachten

(1) Der Erblasser kann mehrere mit einem Vermächtnis in der Weise bedenken, dass der Beschwerte oder ein Dritter zu bestimmen hat, wer von den mehreren das Vermächtnis erhalten soll.

(2) Die Bestimmung des Beschwerten erfolgt durch Erklärung gegenüber demjenigen, welcher das Vermächtnis erhalten soll; die Bestimmung des Dritten erfolgt durch Erklärung gegenüber dem Beschwerten.

(3) Kann der Beschwerte oder der Dritte die Bestimmung nicht treffen, so sind die Bedachten Gesamtgläubiger. Das gleiche gilt, wenn das Nachlassgericht dem Beschwerten oder dem Dritten auf Antrag eines der Beteiligten eine Frist zur Abgabe der Erklärung bestimmt hat und die Frist verstrichen ist, sofern nicht vorher die Erklärung erfolgt. Der Bedachte, der das Vermächtnis erhält, ist im Zweifel nicht zur Teilung verpflichtet.

---

16 MüKoBGB/*Schlichting* vor § 2147 Rn. 10.
17 BayObLG, Beschluss vom 13.2.2004 – 1Z BR 94/03 zu § 20 FGG.
18 OLG Karlsruhe NJW-RR 2005, 1317; NJW-RR 1988, 710.
19 BGH NJW-RR 1988, 710; *Musielak* § 747 Rn. 3.
20 *Staudinger*/Otte § 2150 Rn. 6.
21 *Troll/Gebel/Jülicher* § 3 Rn. 191; vgl. aber auch BFH, Urteil vom 1.8.2001 – II R 47/00, wonach der Abzug als Nachlassverbindlichkeit nur zugunsten der Miterben zulässig ist. Dies widerspricht §§ 2147 S. 2, 2148 (so auch OFD München ZEV 2002, 292).

I. Normzweck

1 Die Vorschrift regelt zugunsten des Erblassers eine Erleichterung des Grundsatzes höchstpersönlicher Bestimmung des Zuwendungsempfängers nach § 2065 Abs. 2. Sie ermöglicht auch ein sog. Universalvermächtnis mit Drittbestimmung.[1]

II. Der Personenkreis der Bedachten

2 Es reicht für die Wirksamkeit des Vermächtnisses aus, den Personenkreis der Bedachten allgemein zu bestimmen, wobei die Bestimmung daraus in das völlige Belieben des zur Auswahl Berufenen gestellt werden kann.[2] Die hinreichende Bestimmbarkeit ist gegeben, wenn die in Betracht kommenden Personen als Gesamtgläubiger i.S.d. § 2151 Abs. 3 S. 1 vorstellbar sind.[3] Fehlt es daran, ist also eine zahlenmäßige Ausuferung des Personenkreises denkbar, sodass eine echte Auswahl tatsächlich nicht möglich ist, fehlt es an einem wirksamen Vermächtnis; es liegt u.U. eine Auflage (§ 2193) vor. § 2151 befreit nicht auch von der Voraussetzung der Bestimmtheit des Vermächtnisgegenstandes, zu beachten sind hier die §§ 2154 bis 2156.

3 Zu dem Kreis der Bedachten können sowohl Erben (§ 2150), der Beschwerte, aber auch der Bestimmungsberechtigte zählen, soweit zu seinen Gunsten eine eindeutige Willensbekundung des Erblassers vorliegt. Nachträgliche Veränderungen des Personenkreises sind nicht ausgeschlossen.[4]

III. Ausübung des Bestimmungsrechts

4 Der Erblasser kann sowohl den Beschwerten als auch einen Dritten (Testamentsvollstrecker, überlebender Ehegatte) zur Auswahl ermächtigen; eine weitere Übertragbarkeit ist nicht möglich. Die Bestimmung des Vermächtnisnehmers erfolgt durch unwiderrufliche Erklärung gegenüber dem Beschwerten, wenn sie ein Dritter ausübt; Adressat der Bestimmung durch den Beschwerten ist der Bedachte.

5 Nach Ausübung ist die Bestimmung grundsätzlich bestandskräftig, insb. nach Zugang (§ 130) unwiderruflich; aufgrund ihrer »gestaltenden Wirkung« ist die Erklärung bedingungsfeindlich. Eine Anfechtung ist nach allgemeinen Regeln (§§ 119 ff.) möglich, wobei allerdings ein Irrtum des Bestimmenden über die Eignung der Person als Motivirrtum unbeachtlich ist. Ob und inwieweit eine gerichtliche Überprüfung der Bestimmung zulässig ist, ist umstritten. Da § 2151 anders als § 2156 einen allgemeinen Verweis auf die §§ 315 ff. nicht enthält, wird man eine Kontrolle darauf beschränken müssen, ob etwaige – selbstverständlich zulässige – Vorgaben des Erblassers eingehalten sind; ohne solche Vorgaben beschränkt sich die Rechtskontrolle auf die Frage der wirksamen Auswahl aus dem Kreis der Bedachten und auf etwaige Rechtsverstöße gegen §§ 242, 138.[5] Der Bestimmungsberechtigte ist Willensvertreter des Erblassers, sodass eine allgemeine Billigkeitskontrolle nicht erfolgen kann.

6 Unterbleibt die Ausübung, ist das Vermächtnis dennoch wirksam (§ 2151 Abs. 3 S. 1); die Bedachten sind Gesamtgläubiger (§ 428), wobei § 2151 Abs. 3 S. 3 eine Ausnahme zu § 430 regelt.

---

1 *Schlitt* ZErb 2006, 226; MüKoBGB/*Schlichting* § 2151 Rn. 8 (Unternehmertestament).
2 H.M.: *Staudinger/Otte* § 2151 Rn. 7.
3 Ausreichend z.B.: »meine Neffen« oder »meine Kegelbrüder«.
4 MüKoBGB/*Schlichting* § 2151 Rn. 3 f.
5 *Lange/Kuchinke* § 29 III 2b (Fn. 103).

IV. Beratungshinweise
1. Rechtsdurchsetzung

Die vom Erblasser Bedachten können nicht auf Vornahme der Bestimmung durch den Berechtigten klagen; vielmehr sieht § 2151 Abs. 3 S. 2 den Antrag auf Fristbestimmung durch das Nachlassgericht vor.[6] Bei fruchtlosem Ablauf einer solchen Frist sind die Bedachten Gesamtgläubiger (§ 2151 Abs. 3 S. 2 i.V.m. S. 1). Das Nachlassgericht überprüft nicht Fragen der Wirksamkeit bzw. Auslegung des Testamentes oder der konkreten Anordnung. Gegen die Entscheidung des Nachlassgerichts ist die befristete Beschwerde zulässig.[7] Beschwerdeberechtigt sind im Falle einer ablehnenden Entscheidung der Antragsteller (§ 59 Abs. 2 FamFG) sowie die übrigen potenziell Bedachten, auch wenn Sie keinen eigenen Antrag auf Fristbestimmung gestellt haben.[8] Im Falle der Fristbestimmung ist der Adressat (Beschwerter/Dritter) beschwerdeberechtigt. Da es sich um eine vermögensrechtliche Streitigkeit handelt, muss eine Beschwer von über 600 € gegeben oder die Beschwerde vom Nachlassgericht zugelassen sein (§ 61 FamFG). Die Wertgrenze wird bei einer Fristbestimmung durch das Nachlassgericht i.d.R. nicht überschritten sein, da die Ausübung des Bestimmungsrechts für den Beschwerten bzw. den Dritten keinen relevanten Aufwand bedeutet.[9]

7

2. Gestaltungsmöglichkeiten

Die Möglichkeiten, die § 2151 Abs. 1 in Erleichterung zu § 2065 Abs. 2 bietet, können insb. bei Regelungen zur Unternehmensnachfolge benutzt werden. Hier ist, da nach der Rechtsprechung des BGH bei der Erbeneinsetzung wegen § 2065 Abs. 1 lediglich eine feststellende Drittbestimmung zulässig ist, durch Anordnung eines Vermächtnisses ein entsprechender Gestaltungsspielraum eröffnet, und zwar nach h.M.[10] auch dann, wenn das Vermächtnis den Nachlass im Wesentlichen umfasst.

8

Richtigerweise wird allerdings davon abgeraten, die Unternehmensnachfolge eines Einzelunternehmens durch Vermächtnis zu gestalten; vorzugswürdiger ist die lebzeitige Umwandlung in eine Kapital- oder Personengesellschaft[11] und Verfügung über die Anteile.

9

§ 2152
Wahlweise Bedachte

Hat der Erblasser mehrere mit einem Vermächtnis in der Weise bedacht, dass nur der eine oder der andere das Vermächtnis erhalten soll, so ist anzunehmen, dass der Beschwerte bestimmen soll, wer von ihnen das Vermächtnis erhält.

Die Vorschrift regelt das sog. Personenwahlvermächtnis, das – anders als bei § 2151 – die möglichen Bedachten nicht gattungsmäßig bestimmt, sondern konkret (»meine Neffen A oder B«).[1] Im Zweifel ist der Beschwerte bestimmungsberechtigt; mehrere Beschwerte müssen gemeinsam entscheiden (§ 317 Abs. 2). Für die Ausübung des Bestimmungsrechts sowie die Folgen im Falle des Unterbleibens gilt § 2151 Abs. 3 entsprechend.

1

Zur Anspruchsdurchsetzung vgl. zu § 2151 Rz. 7.

2

---
6 Sachlich zuständig ist das Amtsgericht, § 23a Abs. 2 GVG.
7 Vgl. § 2353 Rz. 31 ff.
8 *Zimmermann* ZEV 2009, 53, 54 (unter Hinweis auf BGH NJW 1993, 662).
9 Vgl. BGH NJW-RR 2007, 724 (zur Auskunftsverpflichtung).
10 *Mayer* ZEV 1995, 248.
11 MAH/*Scherer/Jeschke/Kögel* § 40 Rn. 137 ff.
1 Es können auch mehr als zwei Personen zur Wahl stehen, *Soergel/Wolf* § 2152 Rn. 2.

§ 2153
Bestimmung der Anteile

(1) Der Erblasser kann mehrere mit einem Vermächtnis in der Weise bedenken, dass der Beschwerte oder ein Dritter zu bestimmen hat, was jeder von dem vermachten Gegenstand erhalten soll. Die Bestimmung erfolgt nach § 2151 Abs. 2.

(2) Kann der Beschwerte oder der Dritte die Bestimmung nicht treffen, so sind die Bedachten zu gleichen Teilen berechtigt. Die Vorschrift des § 2151 Abs. 3 S. 2 findet entsprechende Anwendung.

I. Normzweck

1 Die Vorschrift enthält eine weitere Ausnahme zu § 2065 Abs. 2 im Hinblick auf das Erfordernis höchstpersönlicher Bestimmung des Zuwendungsgegenstandes.

II. Voraussetzungen

2 § 2153 setzt voraus, dass der Vermächtnisgegenstand an sich hinreichend klar bezeichnet ist, der Erblasser lediglich die »Verteilung« auf den bedachten Personenkreis einem anderen überantwortet hat. Diese kann dem Beschwerten oder einem Dritten übertragen werden, auch einem der Bedachten. Ist der Vermächtnisgegenstand nicht teilbar, sind ideelle Bruchteile zu bestimmen. Der Verteilungsmaßstab ist vom Willen des Bestimmungsberechtigten abhängig; ob dieser auch ermächtigt ist, ungleich zu verteilen oder einzelne aus dem vom Erblasser festgelegten Personenkreis zu übergehen, ist im Wege der Auslegung zu ermitteln.[1]

III. Ausübung des Bestimmungsrechts

3 Auf die Bestimmungserklärung finden die Regelungen des § 2151 Abs. 2 entsprechende Anwendung; die Bestimmung muss nicht zeitgleich gegenüber allen Bedachten erfolgen.[2] Sie ist erst dann abgeschlossen, wenn alle zur Verteilung erforderlichen Erklärungen abgegeben sind. Die Bestimmung ist ebenso wie bei § 2151 unwiderruflich. Unterbleibt eine Bestimmung, sind die Bedachten zu gleichen Teilen berechtigt (§ 2153 Abs. 2 S. 1).

4 Auch hier besteht für die Bedachten die Möglichkeit der Eigeninitiative in Form eines Antrags auf Fristsetzung durch das Nachlassgericht.[3]

§ 2154
Wahlvermächtnis

(1) Der Erblasser kann ein Vermächtnis in der Art anordnen, dass der Bedachte von mehreren Gegenständen nur den einen oder den anderen erhalten soll. Ist in einem solchen Falle die Wahl einem Dritten übertragen, so erfolgt sie durch Erklärung gegenüber dem Beschwerten.

(2) Kann der Dritte die Wahl nicht treffen, so geht das Wahlrecht auf den Beschwerten über. Die Vorschrift des § 2151 Abs. 3 S. 2 findet entsprechende Anwendung.

---

[1] MüKoBGB/*Schlichting* § 2153 Rn. 4.
[2] *Erman/M.Schmidt* § 2153 Rn. 1.
[3] § 2153 Abs. 2 S. 2. i.V.m. § 2151 Abs. 3 S. 2; vgl. insoweit § 2151 Rz. 4.

I. Normzweck

Das Wahlvermächtnis bedeutet eine weitere Erleichterung von den Vorgaben des § 2065 Abs. 2. 1

II. Anwendbarkeit

Der Erblasser muss eine Auswahl zwischen mehreren Gegenständen angeordnet haben 2 (Wahlvermächtnis). Auf die damit entstehende Wahlschuld finden die Regelungen der §§ 262–265 entsprechende Anwendung, wenn nicht das Wahlrecht einem Dritten übertragen ist.[1] Nach h.M. ist § 2154 entsprechend anwendbar bei trotz Auslegung ungenauer bzw. mehrdeutiger Bezeichnung des Vermächtnisgegenstandes durch den Erblasser.[2] Es reicht im Übrigen aus, dass die Gegenstände der Gattung nach bestimmt sind (§ 2155); die Nachlasszugehörigkeit ist nicht erforderlich (§§ 2169 Abs. 1 Hs. 2, 2170 Abs. 1).

III. Ausübung des Wahlrechts

Berechtigt ist im Zweifel der Beschwerte als Schuldner des Vermächtnisanspruchs (§ 262); 3 der Erblasser kann allerdings auch einen Dritten oder den Bedachten ermächtigen. Die Ausübung durch den Beschwerten hat gegenüber dem Bedachten, die durch den Dritten bzw. Bedachten gegenüber dem Beschwerten zu erfolgen (§ 2154 Abs. 1 S. 2), wobei bei mehreren Beschwerten die Erklärung einem gegenüber ausreicht. Unterbleibt die Ausübung, geht das Wahlrecht auf den Beschwerten über (§ 2154 Abs. 2 S. 1), wobei § 2151 Abs. 3 S. 2 entsprechende Anwendung findet (§ 2154 Abs. 2 S. 2).[3] Mehrere Wahlrechtsinhaber können das Wahlrecht nur gemeinsam ausüben.[4]

IV. Beratungshinweise

1. Allgemeines

Die Möglichkeit der Eigeninitiative durch Antrag auf Fristsetzung durch das Nachlassgericht 4 besteht auch beim Wahlvermächtnis, soweit ein Dritter bestimmungsberechtigt ist. Bei Auswahlbefugnis des Beschwerten kann der Vermächtnisanspruch klageweise geltend gemacht werden, wobei der Antrag auf Verurteilung des Beschwerten zu einer der mehreren Leistungen nach seiner Wahl gerichtet ist und dann aus der alternativen Verurteilung vollstreckt werden kann (§ 264 Abs. 1).[5] Bei Unmöglichkeit einer der Wahlleistungen gilt § 265. Ist der Bedachte oder ein Dritter wahlberechtigt und hat der Beschwerte die Unmöglichkeit zu vertreten, tritt eine Beschränkung der Wahlschuld nicht ein; an die Stelle der unmöglichen Leistung tritt die Haftung des Beschwerten nach §§ 280, 283–284.

2. Vorzeigepflicht gem. §§ 242, 809

Der Beschwerte ist verpflichtet, die vermachten Gegenstände, die dem Wahlrecht unterliegen, 5 dem Wahlberechtigten vorzuzeigen, §§ 242, 809.[6] Diese Möglichkeit ist insb. für den auswahlberechtigten Bedachten von Bedeutung. Die Verpflichtung kann selbstständig im Klageweg geltend gemacht werden; eine einstweilige Verfügung ist möglich,[7] insb. für den Dritten, der durch nachlassgerichtliche Fristsetzung zur Ausübung aufgefordert ist. Bei Nichterfüllung kommt ein Verzug des auswahlberechtigten Bedachten i.S.v. § 264 Abs. 2 nicht in Betracht.

---

1 MüKoBGB/*Schlichting* § 2154 Rn. 1.
2 *Soergel/Wolf* § 2154 Rn. 2.
3 Vgl. hierzu § 2151 Rz. 4.
4 *Pentz* JR 1999, 138.
5 *Soergel/Wolf* § 2154 Rn. 6.
6 MüKoBGB/*Schlichting* § 2154 Rn. 6.
7 PWW/*Buck-Heeb* § 809 Rn. 14.

§ 2155
Gattungsvermächtnis

(1) Hat der Erblasser die vermachte Sache nur der Gattung nach bestimmt, so ist eine den Verhältnissen des Bedachten entsprechende Sache zu leisten.

(2) Ist die Bestimmung der Sache dem Bedachten oder einem Dritten übertragen, so finden die nach § 2154 für die Wahl des Dritten geltenden Vorschriften Anwendung.

(3) Entspricht die von dem Bedachten oder dem Dritten getroffene Bestimmung den Verhältnissen des Bedachten offenbar nicht, so hat der Beschwerte so zu leisten, wie wenn der Erblasser über die Bestimmung der Sache keine Anordnung getroffen hätte.

I. Normzweck

1 § 2155 regelt zum einen die Zulässigkeit des Vermächtnisses, mit dem ein lediglich gattungsmäßig bestimmter Gegenstand zugewendet werden soll und zum anderen gleichzeitig eine erbrechtliche Modifikation der Konkretisierung einer Gattungsschuld (§ 243). Letztlich kann nach § 2155 die Konkretisierung der Sache auch dem Bedachten oder einem Dritten übertragen werden (§ 2155 Abs. 2).

II. Anwendungsbereich

2 Gattungsvermächtnis bedeutet die Zuwendung eines konkret – durch Leistung – erst noch zu bestimmenden Gegenstandes (vgl. § 243). Umstritten ist, ob die Vorschrift nur auf körperliche »Sachen« Anwendung findet (vertretbare und unvertretbare) oder z.B. auch auf Rechte bzw. Dienstleistungen. Da § 2182 für die Gewährleistungshaftung beim Gattungsvermächtnis nach der Neuregelung des Kaufrechts zum 1.1.2002 ausdrücklich auf § 453 und damit den Rechtskauf verweist, ist eine Beschränkung auf körperliche Sachen nicht zu rechtfertigen;[1] hinzu kommt, dass § 2182 im Zuge des Gesetzes zur Änderung des Erb- und Verjährungsrechts nun ausdrücklich »Gegenstände« erfasst.[2] Jedenfalls fällt das Geldvermächtnis hierunter.[3] Nicht erforderlich ist, dass Sachen der Gattung im Nachlass vorhanden sind (§ 2169 Abs. 1 gilt nur für Stückvermächtnisse).

III. Vorerfüllung durch den Erblasser

3 Der Vermächtnisanspruch entsteht gem. § 2176 in der Regel erst mit dem Erbfall. Dennoch kann diese künftige Forderung gegen den Beschwerten bereits durch den Erblasser vorzeitig zu Lebzeiten erfüllt werden.[4] Der Erblasser kann insb. eine zur Erfüllung des Vermächtnisses notwendige Willenserklärung schon zu Lebzeiten abgeben; diese ist wirksam, auch wenn sie erst nach dem Tod zugeht (§ 130 Abs. 2). Das Vermächtnis bleibt im Fall der **Vorerfüllung** durch den Erblasser Rechtsgrund zum Behaltendürfen der Leistung.[5] Entsteht das Vermächtnis nicht, ist der Bedachte zur Rückgewähr verpflichtet (§ 812 Abs. 1 S. 2 Fall 2). Da Schuldner des Vermächtnisanspruchs der Beschwerte ist, liegt ein Fall des § 267 Abs. 1 vor, der zum Eintritt der Erfüllungswirkung erfordert, dass der Bedachte die Vorerfüllung zumindest auch als Leistung auf den künftigen Vermächtnisanspruch verstehen konnte (etwa beim Geldvermächtnis). Der Beschwerte ist hierfür ebenso beweispflichtig wie für den Umstand, dass ggf. das Vermächtnis unter der auflösenden Bedingung angeordnet ist, dass der Bedachte den Gegenstand nicht schon vor dem Erbfall erhalten

---

1 MüKoBGB/*Schlichting* § 2155 Rn. 2; a.A.: *Palandt/Edenhofer* § 2155 Rn. 1.
2 Die unterbliebene Anpassung des § 2155 dürfte ein redaktionelles Versehen sein.
3 *Schlüter* Erbrecht Rn. 91; MüKoBGB/*Schlichting* § 2155 Rn. 2; a.A.: *Soergel/Wolf* § 2155 Rn. 2.
4 *Kuchinke* JZ 1983, 483, 486 f.
5 OLG Frankfurt a.M. ZEV 1997, 295, 296.

werde.⁶ Dieser Wille des Erblassers muss allerdings in der Testamentsurkunde zum Ausdruck kommen.⁷ Fehlt es hieran, liegt eine eigenständige Schenkung vor, die das Vermächtnis unberührt lässt.

IV. Bestimmung der Sache

Der Erblasser bestimmt abstrakt die Gattung des Vermächtnisgegenstandes. Der Vermächtnisanspruch ist gerichtet auf Leistung einer Sache entsprechend der Verhältnisse des Bedachten, nicht also nach mittlerer Art und Güte (§ 243 Abs. 1). Die konkrete Bestimmung kann sowohl dem Beschwerten, dem Bedachten als auch einem Dritten übertragen werden (§ 2155 Abs. 2); im Zweifel ist der Beschwerte als Schuldner zur Bestimmung bzw. Konkretisierung befugt. Leistet der Beschwerte nicht entsprechend den Verhältnissen des Bedachten, so tritt keine Konkretisierung bzw. Erfüllung ein und es besteht keine Abnahmepflicht des Bedachten.⁸ Die Ausübung des Bestimmungsrechts durch den Bedachten bzw. Dritten richtet sich nach § 2155 Abs. 2 i.V.m. § 2154 Abs. 1 S. 2 (Ausübung gegenüber dem Beschwerten) und i.V.m. § 2154 Abs. 2 S. 1 (Übergang des Wahlrechts auf den Beschwerten) sowie i.V.m. § 2154 Abs. 2 S. 2 i.V.m. § 2151 Abs. 3 S. 2 (Möglichkeit eines Antrages zur Fristsetzung durch das Nachlassgericht). Entspricht die Bestimmung des Bedachten oder des Dritten offensichtlich nicht den Verhältnissen des Bedachten, geht das Bestimmungsrecht gem. Abs. 3 auf den Beschwerten über.⁹ Eine offenkundige Divergenz liegt vor, wenn das Bestimmungsrecht missbraucht wurde oder ein grober Irrtum über die tatsächlichen Verhältnisse des Beklagten zu Grunde lag.

V. Beratungshinweise

1. Gestaltungsspielraum

Der Erblasser kann die Gattungsschuld auf den Nachlass beschränken (**sog. beschränktes Gattungsvermächtnis**). Soweit Sachen dieser Gattung nicht im Nachlass vorhanden sind, ist das Vermächtnis in diesem Fall unwirksam, soweit nicht nach § 2169 Abs. 1 2. Halbsatz ein Verschaffungsvermächtnis anzunehmen ist, sodass insoweit eine Klarstellung in der letztwilligen Verfügung zweckmäßig ist. Eine Formulierung könnte wie folgt lauten:

> Ich vermache meinem alten Schulfreund A 10 Flaschen kalifornischen Rotwein aus meinem Weinkeller, soweit nach meinem Tod noch ein ausreichender Bestand davon vorhanden ist.

2. Anspruchsdurchsetzung

Der Bedachte kann seinen Anspruch gegenüber dem Beschwerten klageweise durchsetzen; dabei ist die Klage i.d.R. auf Leistung eines seinen Verhältnissen entsprechenden Gegenstandes zu richten, wobei der Klageantrag durch Formulierung der »Auswahlkriterien« möglichst konkret gefasst werden muss.¹⁰ Die Vollstreckung richtet sich nach § 884 ZPO, soweit Sachen der fraglichen Art im Nachlass vorhanden sind. Anderenfalls kann der Bedachte Leistung des Interesses verlangen (§ 893 ZPO i.V.m. §§ 280, 283). Das Gericht kann zur Leistung einer bestimmten Sache (antragsgemäß) verurteilen, wenn lediglich eine Sache den Verhältnissen des Bedachten – unstreitig – entspricht.¹¹

---

6 OLG Hamm MDR 1995, 1236.
7 BGHZ 80, 242, 243 f.; OLG Hamm MDR 1995, 1236.
8 Vgl. zur Rechtsschutzmöglichkeit des Bedachten unten Rz. 6.
9 MüKoBGB/*Schlichting* § 2155 Rn. 8.
10 Vgl. OLG Bremen ZEV 2001, 401, 402.
11 *Soergel/Wolf* § 2155 Rn. 5.

7 Klage auf Erfüllung eines Gattungsvermächtnisses
Amtsgericht ...
Klage
des Herrn ..., Adresse
– Klägers –
Prozessbevollmächtigte: ...

gegen

Herrn ..., Adresse
– Beklagten –

wegen: Vermächtniserfüllung

Streitwert: 500 € (vorläufig)

Namens und in Vollmacht des Klägers erheben wir Klage und beantragen:
1. *Der Beklagte wird verurteilt, an den Kläger 10 Flaschen kalifornischen Rotwein »San Diego Vineyard – Cabernet Sauvignon Gran Reserva« aus dem Nachlassbestand zu übereignen und herauszugeben.*
2. *Für den Fall, dass die gesetzlichen Voraussetzungen vorliegen, den Erlass eines Versäumnisurteils.*

Begründung:

Der Beklagte ist testamentarischer Alleinerbe des am ... in ... verstorbenen Erblassers .... Er hat das Erbe angenommen.

Beweis: Beiziehung der Nachlassakten AG ... Az. ...

Der Erblasser hat mit seinem Testament vom ... zugunsten des Klägers, seinem Schulfreund, ein Vermächtnis ausgebracht und ihm 10 Flaschen kalifornischen Rotwein aus seinem »Weinkeller« zugedacht. Dabei handelt es sich um ein Gattungsvermächtnis.

Beweis: Testament vom ..., Beiziehung der Nachlassakten, wie vor

Der Kläger hat das Vermächtnis angenommen.

Beweis: Schreiben vom ...

Zum Nachlass gehören unstreitig 25 Flaschen kalifornischer Rotwein »San Diego Vineyard – Cabernet Sauvignon Gran Reserva« (Preis ca. 50 €/Flasche), und 35 Flaschen »Frisco Table Vine« (Preis ca. 5 €/Flasche).

Der Erblasser und der Kläger teilten die Vorliebe für kalifornische Rotweine. Beide haben sich regelmäßig wechselseitig besucht, um neue Weine dieser Region zu verkösten und zu bestellen. Hierbei haben Sie stets nur gehobene Weine ausgesucht, ab einem Wert von 30 € bis maximal 100 €.

Beweis: Zeugnis der Ehefrau des Klägers ..., zu laden über den Kläger

Gem. § 2155 Abs. 1 BGB ist ein Gattungsvermächtnis durch Sachen zu erfüllen, die den Verhältnissen des Bedachten entspricht. Sowohl der Kläger als auch der Erblasser sind bzw. waren gut situiert, sodass sich das Gattungsvermächtnis des Erblassers sich auf die Sorte »San Diego Vineyard – Cabernet Sauvignon Gran Reserva« konkretisiert. Im Vergleich hierzu entspricht die Sorte »Frisco Table Vine« nicht den Verhältnissen des Klägers. Die persönlichen Verhältnisse des Klägers waren dem Erblasser aufgrund der langjährigen Freundschaft auch bestens bekannt.

Beweis: wie vor

Wiederholte außergerichtliche Aufforderungen, zuletzt unter Fristsetzung bis zum ..., sind unbeantwortet geblieben. Daher ist Klage geboten.

Rechtsanwalt

Ist dem Kläger der Nachlassbestand unbekannt, geht der Klageantrag auf Übereignung 8
und Herausgabe von 10 Flaschen kalifornischen Rotwein mit einem Wert zwischen 30 €
und 100 €. Fehlt diese Sorte im Nachlassbestand, ist das Vermächtnis unwirksam.

§ 2156
Zweckvermächtnis

Der Erblasser kann bei der Anordnung eines Vermächtnisses, dessen Zweck er bestimmt hat, die Bestimmung der Leistung dem billigen Ermessen des Beschwerten oder eines Dritten überlassen. Auf ein solches Vermächtnis finden die Vorschriften der §§ 315 bis 319 entsprechende Anwendung.

I. Normzweck

Die Vorschrift enthält eine weitere Auflockerung des § 2065 Abs. 2, in dem eine »mittelbare« Bestimmung des Vermächtnisgegenstandes durch Zweckvorgabe des Erblassers ausreicht.

II. Voraussetzungen

Der Erblasser muss dem Bedachten einen Vermögensvorteil zuwenden wollen und hierzu bei Anordnung des Vermächtnisses einen Zweck vorgegeben haben, dessen Konkretisierung durch Bestimmung der Leistung in das (billige) Ermessen des Beschwerten oder aber eines Dritten gestellt ist. Die Übertragung der Entscheidung, ob überhaupt ein Vermächtnis ausgebracht werden soll, ist demgegenüber gem. §§ 2064, 2065 Abs. 1 unzulässig. Nach h.M. ist eine Überlassung des Bestimmungsrechts nach S. 1 an den Bedachten wegen § 2065 Abs. 2 nicht zulässig.[1] Ebenso ist es dem Erblasser nicht möglich, die Leistungsbestimmung in das freie Ermessen des Ermächtigten zu stellen.[2] Vielmehr finden gem. § 2156 S. 2 die §§ 315 bis 319 entsprechende Anwendung. Dabei kann sich die überlassene Entscheidungsbefugnis beziehen auf den Gegenstand, Bedingungen der Leistung sowie die Leistungszeit, nicht aber auf die Person des Empfängers, es sei denn, es liegt gleichzeitig ein Fall der §§ 2151, 2152 vor. Für die Abgabe der Erklärung gelten §§ 315 Abs. 2 bzw. 318 Abs. 1 entsprechend. Gem. § 318 Abs. 2 ist die Ausübung für den Dritten weder widerruflich noch anfechtbar, sondern nur für den Bedachten bzw. Beschwerten. Die Ausübung des pflichtgemessen Ermessens ist gem. §§ 315 Abs. 3 bzw. 319 Abs. 1 grundsätzlich überprüfbar.[3] Im Falle der (offenbaren) Unbilligkeit ist die Ausübung unverbindlich; die Bestimmung erfolgt dann durch Urteil (§§ 315 Abs. 3 S. 1, 319 Abs. 1 S. 2).

III. Beratungshinweise

Die Vorschrift eröffnet vermeintlich für den Erblasser einen großen Spielraum, da er entsprechende Zweckvorgaben zur Vermächtniszuwendung und mit Bindung für den Ermächtigten anordnen kann. Es ist allerdings erforderlich, dass die Zweckbestimmung ausreichende Anhaltspunkte für die Ermessensausübung – und damit auch für eine Überprüfung – ergibt, eine allgemeine Floskel reicht insoweit nicht aus (z.B. um eine Freude zu

---

1 BGH NJW 1991, 1885, 1886; *Schlüter* Rn. 917; a.A.: *Kanzleiter* DNotZ 1992, 511. In diesem Fall wird im Wege der Auslegung (§ 2084 BGB) dem Beschwerten das Bestimmungsrecht zukommen, BGH NJW 1991, 1885, 1886.
2 BGH NJW 1984, 2570, 2572.
3 BGH NJW 1983, 277, 278.

bereiten). Es genügt z.B. die Zuwendung eines Geldbetrages »für das Studium« bzw. »die Grabpflege«. Fehlen derartige Anhaltspunkte ist die Anordnung des Erblassers unwirksam.[4]

§ 2157
Gemeinschaftliches Vermächtnis

Ist mehreren derselbe Gegenstand vermacht, so finden die Vorschriften der §§ 2089 bis 2093 entsprechende Anwendung.

I. Normzweck

1 Die Vorschrift ordnet zur Ausfüllung etwaiger Lücken bei Vermächtnis desselben Gegenstandes an mehrere Bedachte die entsprechende Anwendung der §§ 2089 bis 2093 an. Lücken können insoweit auftreten, als der Erblasser weder Aufteilungen in reale bzw. ideelle Anteile noch einen Bestimmungsberechtigten (§§ 2151, 2153) bestimmt hat. Geregelt werden die Rechtsfolgen, nicht auch die Voraussetzungen eines gemeinschaftlichen Vermächtnisses.

II. Anwendungsvoraussetzungen

2 Es muss derselbe Gegenstand mehreren Bedachten zugewandt werden, es ist also erforderlich, dass der Erblasser den Gegenstand insgesamt vermachen will. Dabei handelt es sich um eine Auslegungsfrage. Es ist auch möglich in mehreren, zeitlich aufeinanderfolgenden Verfügungen, soweit nicht ein Fall des Widerrufs (§ 2258) vorliegt, was ebenfalls im Wege der Auslegung zu klären ist.

III. Rechtsfolgen

3 Die Vorschrift bestimmt die Anwendung der §§ 2089–2093. Gem. § 2091 ist im Zweifel eine Zuwendung zu gleichen Teilen zugrunde zu legen. Hat der Erblasser Bruchteile bestimmt und erschöpfen diese das Ganze nicht oder übersteigen es, tritt eine verhältnismäßige Erhöhung bzw. Minderung der Bruchteile ein (§§ 2089, 2090). Auf den Vermächtnisanspruch der Bedachten ist – abhängig von der Teilbarkeit des Vermächtnisgegenstandes – entweder § 420 oder § 432 i.V.m. § 741 anwendbar.[1]

IV. Beratungshinweise

4 Bei teilbaren Vermächtnisgegenständen (z.B. Geldvermächtnissen) ist zur Vermeidung von Zweifelssituationen genau zu bestimmen, ob ein gemeinschaftliches Vermächtnis oder aber mehrere Einzelvermächtnisse gewollt sind. Hat der Erblasser eine verhältnismäßige Zuordnung des Gesamtgegenstandes vorgenommen, ist im Zweifel von selbstständigen Vermächtnissen auszugehen.[2]

---

4 BayObLG NJW-RR 1999, 946, 947.
1 MüKoBGB/*Schlichting* § 2157 Rn. 4.
2 *Erman/M. Schmidt* § 2157 Rn. 1 a.E.

§ 2158
Anwachsung

(1) Ist mehreren derselbe Gegenstand vermacht, so wächst, wenn einer von ihnen vor oder nach dem Erbfall wegfällt, dessen Anteil den übrigen Bedachten nach dem Vermächtnis ihrer Anteile an. Dies gilt auch, wenn der Erblasser die Anteile der Bedachten bestimmt hat. Sind einige der Bedachten zu demselben Anteile berufen, so tritt die Anwachsung zunächst unter ihnen ein.

(2) Der Erblasser kann die Anwachsung ausschließen.

§ 2159
Selbstständigkeit der Anwachsung

Der durch Anwachsung einem Vermächtnisnehmer anfallende Anteil gilt in Ansehung der Vermächtnisse und Auflagen, mit denen dieser oder der wegfallende Vermächtnisnehmer beschwert ist, als besonderes Vermächtnis.

I. Zweck und Inhalt der Regelungen

Die für den Erblasser dispositive Regelung des § 2158 Abs. 1 (vgl. Abs. 2) soll Lücken schließen, die durch den Wegfall eines Bedachten bei einem gemeinschaftlichen Vermächtnis (§ 2157) entstehen. Insoweit besteht eine Vergleichbarkeit mit §§ 2094, 2095 für die Erbeinsetzung. Erfasst sind sowohl der Wegfall vor als auch nach dem Erbfall, soweit dieser mit Rückwirkung (z.B. Ausschlagung, Anfechtung, Vermächtnisungültigkeit) eintritt.[1] Die Vorschriften sind entsprechend anwendbar bei Wegfall eines Bedachten durch Eintritt einer auflösenden Bedingung bzw. eines Endtermins,[2] und zwar auch noch nach Anfall des Vermächtnisses.[3] Zu einer Anwachsung kommt es dagegen nicht, wenn ein Ersatzvermächtnis ausgebracht ist (§§ 2190, 2099) oder eine Ersatzberufung gem. § 2069 eingreift. 1

II. Rechtsfolgen

Gem. § 2158 führt der Wegfall eines Bedachten zur Anwachsung, d.h. zur Erhöhung des Vermächtnisanspruchs der übrigen Bedachten nach dem Verhältnis ihrer Anteile. Sind mehrere Vermächtnisnehmer auf einen gemeinschaftlichen Anteil berufen, tritt die Anwachsung zunächst unter ihnen ein (Abs. 1 S. 3). Trotz der Regelung in § 2159 tritt keine generelle rechtliche Selbstständigkeit des anwachsenden Vermächtnisteils ein, insb. ist keine gesonderte Ausschlagung möglich (§§ 2180 Abs. 3, 1950). Vielmehr enthält die Vorschrift nur eine Fiktion der Selbstständigkeit für bestimmte Aspekte, die vor allem mit Blick auf § 2187 relevant ist, da die Haftungsbeschränkung zugunsten eines Hauptvermächtnisnehmers bezogen auf den beschwerten Anteil bei seinem Wegfall erhalten bleibt. Bei Anordnung eines Nachvermächtnisses sind die §§ 2191 Abs. 2, 2110 Abs. 1 zu beachten. 2

---

1 *Erman/M.Schmidt* § 2158 Rn. 1. Verstirbt der Vermächtnisnehmer nach dem Anfall des Vermächtnisses, tritt – soweit keine Beschränkung auf Lebenszeit vorliegt – keine Anwachsung ein, sondern Übergang auf dessen Erben.
2 MüKoBGB/*Schlichting* § 2158 Rn. 2.
3 *Staudinger/Otte* § 2158 Rn. 4.

III. Beratungshinweise

3   Nach § 2158 Abs. 2 kann der Erblasser die Anwachsung ausschließen. Hierzu ist insb. die Einsetzung eines Ersatzvermächtnisnehmers (§§ 2190, 2099) möglich. Durch den bloßen Ausschluss der Anwachsung ohne gleichzeitige Ersatzregelung wird das Vermächtnis hinfällig und kommt dem Beschwerten zugute.[4] Der Erblasser kann auch abweichend von § 2159 bestimmen, dass ursprünglicher und angewachsener Anteil als Einheit zu behandeln sind.

§ 2160
Vorversterben des Bedachten

Ein Vermächtnis ist unwirksam, wenn der Bedachte zur Zeit des Erbfalls nicht mehr lebt.

I. Normzweck

1   Die Vorschrift setzt den nach der Lebenserfahrung anzunehmenden Erblasserwillen um, eine Zuwendung gegenüber lebenden bzw. existierenden Personen nur dann zu wollen, wenn diese den Erbfall auch tatsächlich erleben.

II. Anwendungsbereich

2   Die Unwirksamkeitsfolge setzt voraus, dass der Bedachte zur Zeit des Erbfalls nicht mehr lebt. Erfasst wird damit ein Vorversterben bzw. Wegfall der Existenz einer juristischen Person[1] vor dem Erbfall, nicht aber die Situation, dass der Bedachte beim Erbfall (noch) nicht lebt bzw. existiert.[2] Ebenfalls findet § 2160 keine Anwendung, soweit – vorrangig – ein Fall der Anwachsung (§ 2158) oder ein Ersatzvermächtnis (§§ 2190, 2069) vorliegt.[3] Dabei ist die Annahme eines Ersatzvermächtnisnehmers auch durch ergänzende Testamentsauslegung möglich (§ 2084).[4]

III. Rechtsfolgen

3   Die angeordnete Unwirksamkeit des Vermächtnisses wirkt zugunsten des Beschwerten. Es liegt kein Fall des § 2149 vor, da hier eine positive Zuwendung geregelt wurde.[5] Die Rechtsfolge erstreckt sich nicht auf Untervermächtnisse, die zu Lasten des Erben (§ 2161) bestehenbleiben.

§ 2161
Wegfall des Beschwerten

Ein Vermächtnis bleibt, sofern nicht ein anderer Wille des Erblassers anzunehmen ist, wirksam, wenn der Beschwerte nicht Erbe oder Vermächtnisnehmer wird. Beschwert

---

[4] *Soergel/Wolf* § 2158 Rn. 4.
[1] Vgl. zur ergänzenden Auslegung in diesem Fall: *Staudinger/Otte* § 2160 Rn. 4.
[2] *Palandt/Edenhofer* § 2160 Rn. 1.
[3] *MüKoBGB/Schlichting* § 2160 Rn. 1.
[4] BayObLG NJW-RR 1997, 517, 518.
[5] Vgl. § 2149 Rz. 2.

ist in diesem Falle derjenige, welchem der Wegfall des zunächst Beschwerten unmittelbar zustatten kommt.

I. Normzweck

Die Vorschrift wird z.T. als Ausprägung des § 2085 gewertet, da das Vermächtnis auch 1 wirksam bleibt, wenn der Beschwerte nicht Erbe oder Vermächtnisnehmer wird.

II. Anwendungsbereich

§ 2161 gilt auch, wenn der Bedachte durch den Wegfall des Beschwerten zum gesetzlichen 2 Miterben wird (dann § 2150).[1] Ohne Bedeutung ist, ob der zunächst Beschwerte kraft gesetzlicher oder gewillkürter Bestimmung zum Erben bzw. Vermächtnisnehmer bestimmt war. Der Begriff des »Wegfalls« bestimmt sich im Wesentlichen wie bei § 2094. Es ist eine weite Auslegung erforderlich, die sowohl das Vorversterben (vor Anfall), die Ausschlagung, die Erbunwürdigkeit oder den Widerruf der ursprünglichen Erbeinsetzung umfasst.

III. Person des Ersatzbeschwerten

Nach S. 2 ist beschwert derjenige, welchem der Wegfall des zunächst Beschwerten unmit- 3 telbar zustatten kommt, d.h. der rechtlich an dessen Stelle tritt.[2] Dies sind bei Wegfall der gewillkürten Erben die gesetzlichen Erben, bei Wegfall des Hauptvermächtnisnehmers die Erben. Über § 2187 Abs. 2 bleibt dem Ersatzbeschwerten die Haftungsbeschränkung des ursprünglich Beschwerten erhalten.

IV. Beratungshinweise

Regelung ist für den Erblasser dispositiv. Es ist zu beachten, dass durch § 2161 die Mög- 4 lichkeit des gesetzlichen und zugleich gewillkürten Erben eingeschränkt wird, sich durch Ausschlagung etwaiger Beschwerungen (Vermächtnisse bzw. Auflagen) zu entledigen (vgl. § 1948 Abs. 1).

§ 2162
Dreißigjährige Frist für aufgeschobenes Vermächtnis

(1) Ein Vermächtnis, das unter einer aufschiebenden Bedingung oder unter Bestimmung eines Anfangstermins angeordnet ist, wird mit dem Ablaufe von dreißig Jahren nach dem Erbfall unwirksam, wenn nicht vorher die Bedingung oder der Termin eingetreten ist.

(2) Ist der Bedachte zur Zeit des Erbfalls noch nicht erzeugt oder wird seine Persönlichkeit durch ein erst nach dem Erbfall eintretendes Ereignis bestimmt, so wird das Vermächtnis mit dem Ablaufe von dreißig Jahren nach dem Erbfall unwirksam, wenn nicht vorher der Bedachte erzeugt oder das Ereignis eingetreten ist, durch das seine Persönlichkeit bestimmt wird.

---

1 *Erman/M. Schmidt* § 2161 Rn. 1.
2 *Erman/M. Schmidt* § 2161 Rn. 1.

§ 2163
Ausnahmen von der dreißigjährigen Frist

(1) Das Vermächtnis bleibt in den Fällen des § 2162 auch nach dem Ablaufe von dreißig Jahren wirksam:
1. wenn es für den Fall angeordnet ist, dass in der Person des Beschwerten oder des Bedachten ein bestimmtes Ereignis eintritt, und derjenige, in dessen Person das Ereignis eintreten soll, zur Zeit des Erbfalls lebt;
2. wenn ein Erbe, ein Nacherbe oder ein Vermächtnisnehmer für den Fall, dass ihm ein Bruder oder eine Schwester geboren wird, mit einem Vermächtnisse zugunsten des Bruders oder der Schwester beschwert ist.

(2) Ist der Beschwerte oder der Bedachte, in dessen Person das Ereignis eintreten soll, eine juristische Person, so bewendet es bei der dreißigjährigen Frist.

I. Normzweck

1 Durch die dreißigjährige Frist (§ 2162 Abs. 1) soll – ebenso wie bei der Nacherbschaft (§ 2109) – verhindert werden, dass der bei aufschiebend bedingten bzw. befristeten Vermächtnissen nach §§ 2177, 2179 entstehende Schwebezustand ewig andauert. Daher ordnet § 2162 Abs. 1 bei Überschreitung dieser zeitlichen Grenze die Unwirksamkeit des bedingten bzw. des befristeten Vermächtnisses an. Aus dieser Zweckbestimmung folgt, dass eine spätere Fälligkeit als dreißig Jahre nach dem Erbfall unerheblich ist, soweit nur der Schwebezustand des Vermächtnisanfalls vor Fristablauf behoben ist.

II. Ausnahmen von Unwirksamkeitsfolge (§ 2163)

2 In Anlehnung an § 2109 Abs. 1 S. 2 regelt § 2163 Ausnahmefälle, in denen trotz Überschreitung der Dreißig-Jahres-Frist Vermächtnisse wirksam bleiben; bedeutsam ist die Ausnahme nach § 2163 Abs. 1 Nr. 1, sie gilt allerdings nicht entsprechend für einen früheren Bedachten.[1] »Ereignis« i.S.v. § 2163 Abs. 1 Nr. 1 ist weit auszulegen, d.h. es werden sowohl willensabhängige (z.B. Wiederheirat) als auch willensunabhängige Umstände (z.B. Tod) erfasst; ausreichend ist, dass sie einen Bezug zur Person des Betroffenen haben, der aber auch nur in vermögensrechtlicher Hinsicht bestehen kann.[2] Für juristische Personen gilt gem. § 2163 Abs. 2 ausnahmslos § 2162.

III. Beratungshinweise

3 Die Fristberechnung richtet sich nach § 188 Abs. 2 Alt. 1, wobei im Fall des § 2162 Abs. 2 (vgl. § 2178) eine Verlängerung um die Empfängniszeit zu berücksichtigen ist.[3] Problematisch wird häufig abzugrenzen sein, ob der Erblasser den Entstehungszeitpunkt des Vermächtnisanspruches oder lediglich seine Fälligkeit aufschieben wollte. Hierbei handelt es sich um eine Auslegungsfrage, für die indiziell ist, ab wann dem Bedachten die Rechtsvorteile aus der Zuwendung zufließen sollen (etwa Zinsen). Besondere Bedeutung gewinnen diese Schwierigkeiten bei einem Vermächtnis eines Rechts auf wiederkehrende Leistung, insb. Leibrenten (§ 759). Hier wird man zugrunde legen können, dass ein solches Vermächtnis einheitlich anfällt, sodass – soweit der Anfall innerhalb der Dreißig-Jahres-Frist erfolgt – für die späteren wiederkehrenden Leistungen die Frist nicht von Bedeutung ist.[4]

---

1 BGH FamRZ 1992, 667; 800.
2 BGH NJW 1969, 1112; *Soergel/Wolf* § 2163 Rn. 2.
3 *Palandt/Edenhofer* § 2162 Rn. 1.
4 MüKoBGB/*Schlichting* § 2162 Rn. 2.

§ 2164
Erstreckung auf Zubehör und Ersatzansprüche

(1) Das Vermächtnis einer Sache erstreckt sich im Zweifel auf das zur Zeit des Erbfalls vorhandene Zubehör.

(2) Hat der Erblasser wegen einer nach der Anordnung des Vermächtnisses erfolgten Beschädigung der Sache einen Anspruch auf Ersatz der Minderung des Wertes, so erstreckt sich im Zweifel das Vermächtnis auf diesen Anspruch.

I. Normzweck

Die Vorschrift enthält zwei Auslegungsregeln für typische Situationen unvollständiger Verfügungen von Todes wegen. Zum einen wird mit dem Vermächtnis regelmäßig nur die Hauptsache (einschließlich Bestandteile), nicht aber auch etwaiges Zubehör, bezeichnet;[1] zum anderen wird der Erblasser häufig die Möglichkeit der zwischenzeitlichen Beschädigung nicht bedenken. Die Vorschrift ist entsprechend anwendbar, wenn eine Sachgesamtheit Vermächtnisgegenstand ist (z.B. »Hausrat«).[2]

II. Erstreckung auf Zubehör

Für Umfang und Zustand der kraft Vermächtnisanordnung zu leistenden Sache ist grundsätzlich der Zeitpunkt des Erbfalls maßgeblich, auch im Falle der §§ 2177, 2178. Für Fehlstücke oder Verschlechterungen hat der Beschwerte ggf. gem. §§ 2179, 160 Abs. 1 Ersatz zu leisten. Im Wege ordnungsgemäßer Wirtschaft vom Beschwerten ausgetauschte Zubehörstücke gelten – ggf. als Verschaffungsvermächtnis – als mitvermacht.[3] Was unter Zubehör fällt, richtet sich nach §§ 97, 98; nicht erforderlich ist, dass die Zubehörstücke im Eigentum des Erblassers stehen. Fehlt es an der Eigentumsposition des Erblassers an Zubehörstücken ist insoweit allerdings i.d.R. kein Verschaffungsvermächtnis gegeben (§§ 2169 Abs. 1 Hs. 2, 2170), sondern ein Fall der §§ 2169 Abs. 2, Abs. 3.[4] Darüber hinaus entscheidet der durch Auslegung zu ermittelnde Wille des Erblassers, ob mehr oder weniger als das gesetzliche Zubehör vermacht ist. Grund ist hier aber eine besondere Verfügung des Erblassers, nicht etwa ein »Irrtum über die Zubehöreigenschaft«. Bei einem engen wirtschaftlichen Zusammenhang mit dem Vermächtnisgegenstand – etwa soweit die Sache zur Nutzung erforderlich ist – kann sich im Wege der ergänzenden Auslegung eine Erstreckung auf diese Sache ungeachtet ihrer Zubehöreigenschaft als mitvermacht ergeben.

III. Surrogationsprinzip (§ 2164 Abs. 2)

§ 2164 Abs. 2 enthält eine Auslegungsregel, nach der im Zweifel bei Wertminderungen etwaige Ersatzansprüche des Erblassers als mitvermacht gelten. Dieses Surrogationsprinzip gilt nur für Ansprüche auf Wertminderung infolge von Beschädigungen des Vermächtnisgegenstandes, nicht auch bei Zerstörung oder Entziehung der Sache (hier gilt § 2169 Abs. 3). Schadensersatzansprüche wegen Veräußerung des Vermächtnisgegenstandes sind hiervon ebenfalls nicht erfasst.[5] § 2164 Abs. 2 gilt ferner nur für bis zum Erbfall entstehende Surrogate; entstehen die Ersatzansprüche nach dem Erbfall, gelten die §§ 285, 2184.

Im Übrigen sind Ansprüche unabhängig vom Rechtsgrund erfasst (Vertrag und unerlaubte Handlung; Ansprüche wegen Mängel, allerdings mit Ausnahme des Rücktritts-

---

1 Vgl. § 311c BGB.
2 MüKoBGB/*Schlichting* § 2164 Rn. 4.
3 *Staudinger/Otte* § 2164 Rn. 4.
4 MüKoBGB/*Schlichting* § 2164 Rn. 3.
5 MüKoBGB/*Schlichting* § 2164 Rn. 5. a.E.

rechts aus §§ 437 Nr. 2, 323 Abs. 1, da hier kein Ersatz für eine Wertminderung geregelt wird [str.];[6] ebenfalls nicht unter Abs. 2 fallen Aufwendungsersatzansprüche nach §§ 437 Nr. 3, 280, 284, da es auch hier an einem Wertminderungsausgleich fehlt. Demgegenüber findet das Surrogationsprinzip entsprechende Anwendung auf Ansprüche, die bereits vor Anordnung des Vermächtnisses entstanden sind, vom Erblasser allerdings nicht erkannt wurden.[7]

5 Die **Höhe der mitvermachten Ersatzansprüche**, die ebenfalls noch durch Abtretung übertragen werden müssen (§ 2174), ist durch den Substanzwert des Vermächtnisgegenstandes begrenzt. Eine Ausfallhaftung des Beschwerten existiert nicht.

§ 2165
Belastungen

(1) Ist ein zur Erbschaft gehörender Gegenstand vermacht, so kann der Vermächtnisnehmer im Zweifel nicht die Beseitigung der Rechte verlangen, mit denen der Gegenstand belastet ist. Steht dem Erblasser ein Anspruch auf die Beseitigung zu, so erstreckt sich im Zweifel das Vermächtnis auf diesen Anspruch.

(2) Ruht auf einem vermachten Grundstück eine Hypothek, Grundschuld oder Rentenschuld, die dem Erblasser selbst zusteht, so ist aus den Umständen zu entnehmen, ob die Hypothek, Grundschuld oder Rentenschuld als mitvermacht zu gelten hat.

I. Normzweck

1 Die Vorschrift trägt der Lebenserfahrung Rechnung, dass der Erblasser Gegenstände nur so vermachen will, wie sie ihm selbst zustehen. Folgerichtig enthält sie Auslegungsregeln zum einen dahin, dass dingliche Belastungen des Vermächtnisgegenstandes durch den Bedachten ohne Befreiungsanspruch gegen den Beschwerten übernommen werden (§ 2165 Abs. 1 S. 1) und zum anderen, dass sich das Vermächtnis auf bereits vorhandene Beseitigungsansprüche des Erblassers erstreckt (§ 2165 Abs. 1 S. 2). Eine Sonderregelung findet sich in § 2288 Abs. 2.

II. Übergang des Vermächtnisgegenstandes einschließlich Belastungen

1. Anwendungsbereich

2 § 2165 Abs. 1 regelt die Verteilung der dinglichen Lasten. Die persönliche Schuld (§ 1967 Abs. 2) bleibt zu Lasten des Nachlasses bestehen. Seine Anwendung setzt ausdrücklich voraus, dass der Vermächtnisgegenstand zur Erbschaft gehört (**Stückvermächtnis**). § 2165 Abs. 1 ist daher weder auf Verschaffungsvermächtnisse (§§ 2170, 2182 Abs. 2) noch auf Gattungsvermächtnisse (§§ 2155, 2182) anwendbar. Bei Gattungsvermächtnissen wird grundsätzlich lastenfreie Übertragung geschuldet, mit Ausnahme für Grundstücksvermächtnisse in § 2182 Abs. 3. Die Auslegungsregel des Abs. 1 greift unabhängig davon ein, ob der Erblasser von der Belastung des Vermächtnisgegenstandes wusste; sein Kenntnisstand ist allenfalls für eine abweichende Auslegung relevant.[1] Mit Belastungen sind dingliche Rechte jeglicher Art gemeint.[2] Ein sicherungsübereigneter Gegenstand gehört nicht

---

6 MüKoBGB/*Schlichting* § 2164 Rn. 5; a.A.: *Erman/M. Schmidt* § 2164 Rn. 2, der dies unter § 2169 Abs. 3 fasst.
7 *Erman/M. Schmidt* § 2164 Rn. 2.
1 *Soergel/Wolf* § 2165 Rn. 2.
2 MüKoBGB/*Schlichting* § 2165 Rn. 3.

mehr zur Erbschaft, sodass nach § 2169 Abs. 1 zu entscheiden ist, ob er wirksam vermacht wurde. Man wird im Allgemeinen davon ausgehen können, dass der Erblasser ein Verschaffungsvermächtnis anordnen wollte, gerichtet auf die Verpflichtung des Beschwerten zur Auslösung des Sicherungsgutes ohne Ausgleichungspflicht des Bedachten.[3] Ebenso ist eine Ausgleichspflicht des Bedachten grundsätzlich nicht anzunehmen, wenn der Erbe die durch ein Pfandrecht an dem Vermächtnisgegenstand gesicherte Forderung (§ 1967 Abs. 2) tilgt. Ein anderes Ergebnis kann allenfalls über eine Auslegung der Verfügung von Todes wegen in Betracht kommen, wenn die Ausgleichspflicht als Untervermächtnis zugunsten der Erben ausgebracht ist. Denn vorrangig hat der Erbe eine Nachlassverbindlichkeit getilgt, ohne dass damit eine Vorteilsausgleichung erfolgen müsste.

2. Kein Beseitigungsanspruch des Vermächtnisnehmers

Der Beschwerte erfüllt seine Leistungspflicht, indem er den Vermächtnisgegenstand mit den Belastungen z.Z. des Erbfalls überträgt. Weder muss der Bedachte die gesicherte persönliche Schuld tragen noch kann er Beseitigung der auf dem Gegenstand liegenden Belastung verlangen. Tilgt der Erbe die gesicherte Verbindlichkeit (§ 1967 Abs. 2), entsteht daher (s.o. Abs. 2 S. 1) nicht zwingend ein Ersatzanspruch gegen den Bedachten, sondern nur, wenn ausnahmsweise dessen Ablösungspflicht als Untervermächtnis zugunsten der Beschwerten angeordnet ist. Für die Ablösung durch den Bedachten gelten §§ 1249, 268 Abs. 3 bzw. die Regeln der GoA und §§ 812 ff. Die Annahme eines auf einen Beseitigungsanspruch des Bedachten gerichteten Erblasserwillen ist möglich, insb. bei gesetzlichen Pfandrechten (§§ 562, 647).[4] Anders dagegen, wenn dem Erblasser ein Anspruch auf Beseitigung der Belastung des Vermächtnisgegenstandes zusteht; hier sieht die Auslegungsregel in § 2165 Abs. 1 S. 2 vor, dass – im Zweifel – sich das Vermächtnis auf diesen Anspruch erstreckt, der aber gesondert übertragen werden muss (§ 2174). Erfasst sind nur Beseitigungsansprüche gegen den Inhaber des belastenden Rechts.[5] Ein etwaiger Grundbuchberichtigungsanspruch (§ 894) entsteht in der Person des Vermächtnisnehmers nach Erfüllung des Grundstücksvermächtnisses neu; eine Übertragung ist nicht erforderlich (möglich).

III. Grundpfandrechte des Erblassers (§ 2165 Abs. 2)

§ 2165 Abs. 2 enthält keine Auslegungsregel; vielmehr muss sich den Umständen entnehmen lassen, dass der Erblasser die Grundpfandrechte mitvermachen wollte. Gelingt dies nicht, stehen die Grundpfandrechte dem Erben zu, der Bedachte hat nur Anspruch auf Übertragung des belasteten Grundstücks.[6] Zur Abgrenzung wird man eine wirtschaftliche Betrachtung aus Sicht des Erblassers anstellen müssen, ob nämlich insoweit das Grundstück nicht eigentlich als unbelastet angesehen werden kann,[7] so z.B. nach Tilgung der gesicherten Verbindlichkeit noch durch den Erblasser.[8] Ob dem Erblasser die an dem vermachten Grundstück bestehenden Grundpfandrechte »zustehen«, bestimmt sich nach der materiellen Rechtslage (z.B. §§ 1163, 1168), nicht nach dem Grundbuchstand.

---

[3] *Erman/M. Schmidt* BGB § 2165 Rn. 2. Jedenfalls nach § 2169 Abs. 3 ist der Rückübertragungsanspruch aber mitvermacht.
[4] Vgl. auch BGH NJW 1998, 682.
[5] *Staudinger/Otte* § 2166 Rn. 8.
[6] MüKoBGB/*Schlichting* § 2165 Rn. 7.
[7] BayObLG NJW-RR 2001, 1665 (gleichzeitig zur Ermittlungsbefugnis des Grundbuchamtes).
[8] Anders demgegenüber, wenn es sich um eine vorläufige Eigentümergrundschuld handelt, die durch das Entstehen der Forderung auflösend bedingt ist, oder wenn der Erblasser bewusst eine Eigentümergrundschuld zu seinen Gunsten bestellt hat (§ 1196 BGB). Hier verbleiben die Grundpfandrechte dem Erben, vgl. *Staudinger/Otte* § 2165 Rn. 10.

IV. Beratungshinweise

5 Die Darlegungs- und Beweislast für einen von den Auslegungsregeln des § 2165 Abs. 1 abweichenden Erblasserwillen trägt derjenige, der sich darauf beruft. Dies gilt insb. für die Annahme einer Auslösungs- bzw. Ausgleichungspflicht des Vermächtnisnehmers bei Tilgung der gesicherten Schuld durch den Beschwerten. Demgegenüber trägt der Bedachte die Darlegungs- und Beweislast dafür, dass ihm Grundpfandrechte des Erblassers mitvermacht worden sind.

6 Es ist zu beachten, dass bei der Grundstücksmiete(-pacht) nach § 578, 566, 581 der Vermächtnisnehmer nach Erfüllung in den bestehenden Mietvertrag (Pachtvertrag) eintritt.[9]

§ 2166
Belastung mit einer Hypothek

(1) Ist ein vermachtes Grundstück, das zur Erbschaft gehört, mit einer Hypothek für eine Schuld des Erblassers oder für eine Schuld belastet, zu deren Berichtigung der Erblasser dem Schuldner gegenüber verpflichtet ist, so ist der Vermächtnisnehmer im Zweifel dem Erben gegenüber zur rechtzeitigen Befriedigung des Gläubigers insoweit verpflichtet, als die Schuld durch den Wert des Grundstücks gedeckt wird. Der Wert bestimmt sich nach der Zeit, zu welcher das Eigentum auf den Vermächtnisnehmer übergeht; er wird unter Abzug der Belastungen berechnet, die der Hypothek im Range vorgehen.

(2) Ist dem Erblasser gegenüber ein Dritter zur Berichtigung der Schuld verpflichtet, so besteht die Verpflichtung des Vermächtnisnehmers im Zweifel nur insoweit, als der Erbe die Berichtigung nicht von dem Dritten erlangen kann.

(3) Auf eine Hypothek der im § 1190 bezeichneten Art finden diese Vorschriften keine Anwendung.

I. Normzweck

1 Die Vorschrift erklärt sich vor dem Hintergrund der §§ 2165, 1143. Danach besteht im Zweifel kein Anspruch auf lastenfreie Übertragung des Vermächtnisgegenstandes; dies könnte umgangen werden, indem der Bedachte die gesicherte Forderung gegenüber dem Gläubiger ausgleicht und so (§ 1143) einen Befreiungsanspruch »erwirbt«. Daher regelt § 2166 für die persönliche Schuld im **Innenverhältnis** zwischen Vermächtnisnehmer und Erben, dass Ersterer zur Befriedigung des Gläubigers verpflichtet ist, soweit der Grundstückswert die gesicherte Schuld abdeckt. Für das Außenverhältnis gilt § 1967, es bleibt also bei der Haftung des Erben.

II. Anwendungsbereich

2 Das vermachte Grundstück muss zum Nachlass gehören und mit einer Hypothek für die Schuld des Erblassers oder für eine Drittschuld belastet sein, zu deren Berichtigung der Erblasser dem Schuldner gegenüber verpflichtet ist. Auf Verschaffungsvermächtnisse ist § 2166 daher nicht anwendbar, ebenso wenig auf eine Höchstbetragshypothek, § 2166 Abs. 3.[1] Auf **Grundschulden**, die zur Sicherung persönlicher Schulden des Erblassers bestellt sind, findet die Vorschrift entsprechende Anwendung,[2] nicht allerdings, wenn es um Sicherung von

---

9 Vgl. BGH NJW-RR 2002, 299, 300.
1 Zu Ausnahmen vgl. MüKoBGB/*Schlichting* § 2166 Rn. 5; BGH NJW 1963, 1612.
2 BGH NJW 1963, 1612; vgl. auch § 2168.

Kreditverhältnissen mit laufend wechselndem Forderungsbestand geht[3] oder von Forderungen, die weder einen Bezug zum Grundstück haben noch ihm zugute kommen.[4] Die Befreiungsverpflichtung des Vermächtnisnehmers besteht erst nach Eigentumsübergang des Grundstücks, vgl. § 2166 Abs. 1 S. 1 letzter Hs., S. 2. Entsteht die Schuld erst nach dem Erbfall greift § 2166 wegen seines Normzwecks nicht.

III. Rechtsfolgen

Der Vermächtnisnehmer ist im Wege der Erfüllungsübernahme (§ 329) verpflichtet, die Verbindlichkeit bei Fälligkeit gegenüber dem Gläubiger auszugleichen, soweit diese durch den Wert des Grundstücks gedeckt ist. Es besteht weder eine Verpflichtung zur Freistellung noch zur Sicherheitsleistung. Bei Bruchteilsvermächtnissen beschränkt sich die Pflicht zur Erfüllungsübernahme auf die Höhe des jeweiligen Anteilswertes und darüber hinaus auf den der jeweiligen Vermächtnisquote entsprechenden Anteil der persönlichen Schuld (entsprechend § 2167).[5] Der maßgebende Wert ergibt sich in der Regel aus der Differenz des Grundstücksverkehrswertes und den gem. § 2166 Abs. 1 S. 2 2. Hs. abzuziehenden Belastungen, nämlich die der Hypothek (Sicherungsgrundschuld) vorgehenden Belastungen, zu denen grundsätzlich nicht Höchstbetragshypotheken (§§ 1190, 1166 Abs. 3) zählen, ebenso wenig im Zweifel die mitvermachten Grundpfandrechte gem. § 2165 Abs. 2, es sei denn, der diesen innewohnende wirtschaftliche Wert sollte dem Vermächtnisnehmer nach dem Erblasserwillen in jedem Falle zukommen.[6] Maßgebender Zeitpunkt für die Wertberechnung ist der Zeitpunkt des Eigentumsübergangs auf den Vermächtnisnehmer (§§ 925, 873).[7] Befriedigt der Vermächtnisnehmer den Gläubiger über seine Verpflichtung des § 2166 hinaus, erwirbt er in Höhe des überschießenden Betrages die gesicherte Forderung gem. § 1143. Gleicht der Erbe die gesicherte Schuld aus, geht die Hypothek gem. § 1164 in Höhe des Befriedigungsanspruchs aus § 2166 auf diesen über und kann gem. § 273 als Zurückbehaltungsrecht gegenüber dem Vermächtnisanspruch aus § 2174 entgegengehalten werden. Ebenso besteht ein Anspruch des Vermächtnisnehmers auf Abtretung der Sicherungsgrundschuld seitens des den Gläubiger befriedigenden Erben erst nach Ausgleichung entsprechend § 2166.[8] Ist für das grundpfandrechtlich abgesicherte Darlehen eine Risikolebensversicherung abgeschlossen, die in den Nachlass fällt, ist davon auszugehen, dass die Versicherungsleistung dem Vermächtnisnehmer zugute kommen soll.[9]

IV. Subsidiäre Haftung des Vermächtnisnehmers

Gem. § 2166 Abs. 2 haftet der Vermächtnisnehmer dem Erben im Verhältnis zu Dritten, die dem Erblasser zur Berichtigung der Schuld verpflichtet sind, nur subsidiär (vgl. z.B. §§ 775, 426). Es liegt also kein Fall des § 2165 Abs. 1 S. 2 vor. Befriedigt der Vermächtnisnehmer den Gläubiger dennoch, greifen die §§ 1143 bzw. 1150, 268 i.V.m. 267 ein, wenn er nach Eigentumsübergang leistet.

---

[3] BGHZ 37, 233, 246; vgl. auch *Kornexl* ZEV 2002, 173, 174.
[4] *Grunewald/Rizor* ZEV 2008, 510, 512.
[5] *Staudinger/Otte* § 2166 Rn. 5.
[6] *Erman/M. Schmidt* § 2166 Rn. 1.
[7] A.A.: *MüKoBGB/Schlichting* § 2166 Rn. 8, der auf den Zeitpunkt der Auflassung abstellt.
[8] *Soergel/Wolf* § 2166 Rn. 6.
[9] *Kornexl* ZEV 2002, 173, 174. Eine direkte Benennung des Vermächtnisnehmers als Bezugsberechtigter ist sinnvoller, da dann insoweit keine ordentlichen Pflichtteilsansprüche entstehen.

V. Beratungshinweise

1. Allgemeines

5 § 2166 ist dispositiv, d.h. der Erblasser kann sowohl die Befriedigungspflicht des Vermächtnisnehmers abbedingen als auch dessen Pflicht, die persönliche Schuld gegenüber dem Gläubiger zu übernehmen, durch Ausbringung eines Untervermächtnisses zugunsten des Erben bestimmen.[10] Der Erbe ist beweispflichtig dafür, dass die Berichtigung der Schuld durch den Dritten für ihn nicht zu erlangen ist, eine Vorausklage ist allerdings nicht erforderlich. Der Vermächtnisnehmer wird allerdings in diesem Fall Zug um Zug gegen Befreiung des Gläubigers Abtretung des Befreiungsanspruchs des Erben gegenüber Dritten verlangen können.

2. Exkurs: Grundstücksvermächtnis

6 Der Erblasser kann ein Grundstücksvermächtnis aufgrund eines privatschriftlichen Testaments ausbringen;[11] § 311b Abs. 1 S. 1 findet auf die Übertragungsverpflichtung des Erben keine Anwendung. Allerdings bedarf es zur Erfüllung des Grundstücksvermächtnisses der Einigung nach § 925 und Eintragung in das Grundbuch aufgrund der Bewilligung des Erben und Antrag des Vermächtnisnehmers (§§ 13, 19 GBO); eine Voreintragung des Erben ist nicht erforderlich (§§ 40, 39, 35 GBO). Gutgläubiger lastenfreier Erwerb ist möglich.[12] Bei der Auflassung zum Vermächtnisvollzug besteht für die Eltern minderjähriger Bedachter kein Vertretungsverbot gem. §§ 1629 Abs. 2 S. 1, 1795 Abs. 1 Nr. 1, da sie ausschließlich in Erfüllung einer Verbindlichkeit erfolgt.[13] Die Genehmigung des Vormundschaftsgerichts ist nicht erforderlich, da kein entgeltlicher Erwerb vorliegt (§ 1821 Abs. 1 Nr. 5).[14] Verweigert sich der Erbe, muss der Vermächtnisnehmer auf Auflassung und Bewilligung der Eigentumsumschreibung im Grundbuch klagen; mit Rechtskraft des Urteils gelten gem. § 894 ZPO dann die Willenserklärungen des Erben als abgegeben. Auch nach Rechtskraft des Urteils muss allerdings die Einigungserklärung des Vermächtnisnehmers noch beurkundet werden. Hierzu ist allerdings die gleichzeitige Anwesenheit der Parteien (§ 925) nicht erforderlich; es reicht aus, dass die Erklärung nach Rechtskraft, zweckmäßigerweise also unter Vorlage einer Ausfertigung des rechtskräftigen Urteils, notariell beurkundet wird. Alternativ kann in einem notariellen Testament der Erblasser eine **postmortale Vollmacht** zugunsten des Vermächtnisnehmers einräumen, mit dem dieser die Auflassung selbst vornehmen kann.[15] Die Vermächtniserfüllungsvollmacht sollte vorsorglich unwiderruflich erteilt werden.

7 Häufig verbindet sich die Notwendigkeit, einen Dritten – bspw. den Ehegatten – abzusichern, indem diesem ein lebenslanges Recht zur Wohnnutzung eingeräumt wird. Zu beachten ist, dass hier eine dingliche Absicherung mit in der letztwilligen Verfügung angeordnet sein muss (Wohnrecht), da ansonsten im Zweifel nur ein schuldrechtliches Wohnungsrecht als vermacht gilt, für das auch §§ 566, 578 nicht eingreifen.[16] Ist eine Grundbucheintragung testamentarisch bestimmt, ist das Wohnrecht an der im Erbfallzeitpunkt bereiten Stelle einzutragen.[17]

---

10 Vgl. BGH NJW 1963, 1612.
11 Formulierungsvorschlag bei *Kornexl* ZEV 2002, 173, 174.
12 OLG Naumburg NJW 2003, 3209.
13 BayObLG, Beschluss vom 8.4.2004 – 2Z BR 68/04.
14 Zur Genehmigungsbedürftigkeit, wenn auf Erbenseite ein Minderjähriger beteiligt ist: BayObLG NJW-RR 2000, 1030.
15 OLG Köln FamRZ 1992, 859.
16 Vgl. OLG Bamberg NJW-RR 1994, 1359, 1360; OLG Schleswig, Urteil vom 3.6.2004 – 16 U 39/04. Der Inhaber eines schuldrechtlichen Wohnrechts ist i.d.R. zur Vermietung der Wohnung nicht berechtigt, OLG Celle NJW-RR 2004, 1595; vgl. allg. zum Wohnrechtsvermächtnis *Grziwotz* ZEV 2010, 130.
17 OLG Hamm WM 1998, 1949, 1950.

Da das Grundstücksvermächtnis zu einem Erwerb von Todes wegen führt, unterliegt es 8
nicht der Grunderwerbsteuer, sondern der Erbschaftsteuer (§ 3 Ziff. 2 GrEStG). Dies gilt
auch bei einem Erwerb des Grundstücks aufgrund eines Kaufrechtsvermächtnisses,[18] nicht
dagegen, wenn der Erwerb auf der Ausübung eines aufgrund Vermächtnisses bestellten
dinglichen Vorkaufsrechts beruht.[19]

Zu beachten ist, dass gem. § 2 Abs. 1 GrdstVG die Erfüllung des Grundstücksvermächt- 9
nisses genehmigungsbedürftig ist, nicht dagegen das Vermächtnis selbst.[20]

Da regelmäßig die zum Erwerb des Grundbesitzes begründeten Verbindlichkeiten 10
grundpfandrechtlich über das Grundstück gesichert werden, hat der Berater aufzuklären,
dass ohne anderweitige Regelung gem. §§ 2165 ff. der Vermächtnisnehmer diese Belastungen zu tragen hat. Gleichzeitig sollte an Hand der Kreditverhältnisse geklärt werden, welche Verbindlichkeiten tatsächlich über den vermachten Grundbesitz abgesichert sind.
Denn andere als die Finanzierungsverbindlichkeiten soll der Bedachte in der Regel nicht
übernehmen, sodass dann eine abweichende Haftungsregelung für das Innenverhältnis
zum Beschwerten erfolgen muss.

§ 2167
Belastung mit einer Gesamthypothek

Sind neben dem vermachten Grundstück andere zur Erbschaft gehörende Grundstücke
mit der Hypothek belastet, so beschränkt sich die im § 2166 bestimmte Verpflichtung des
Vermächtnisnehmers im Zweifel auf den Teil der Schuld, der dem Verhältnisse des Wertes
des vermachten Grundstücks zu dem Wert der sämtlichen Grundstücke entspricht. Der
Wert wird nach § 2166 Abs. 1 S. 2 berechnet.

§ 2168
Belastung mit Gesamtgrundschuld

(1) Besteht an mehreren zur Erbschaft gehörenden Grundstücken eine Gesamtgrundschuld oder eine Gesamtrentenschuld und ist eines dieser Grundstücke vermacht, so ist
der Vermächtnisnehmer im Zweifel dem Erben gegenüber zur Befriedigung des Gläubigers in Höhe des Teiles der Grundschuld oder der Rentenschuld verpflichtet, der dem
Verhältnisse des Wertes des vermachten Grundstücks zu dem Wert der sämtlichen
Grundstücke entspricht. Der Wert wird nach § 2166 Abs. 1 S. 2 berechnet.

(2) Ist neben dem vermachten Grundstück ein nicht zur Erbschaft gehörendes
Grundstück mit einer Gesamtgrundschuld oder einer Gesamtrentenschuld belastet, so
finden, wenn der Erblasser zur Zeit des Erbfalls gegenüber dem Eigentümer des anderen Grundstücks oder einem Rechtsvorgänger des Eigentümers zur Befriedigung des
Gläubigers verpflichtet ist, die Vorschriften des § 2166 Abs. 1 und des § 2167 entsprechende Anwendung.

---

18 BFH BB 1993, 2078 (i.E. bestätigt von BFH ZEV 2009, 49).
19 BFH ZEV 2009, 49.
20 Str., vgl. *Palandt/Edenhofer* § 2174 Rn. 3 (wie hier).

§ 2168a
Anwendung auf Schiffe, Schiffsbauwerke und Schiffshypotheken

§ 2165 Abs. 2, §§ 2166, 2167 gelten sinngemäß für eingetragene Schiffe und Schiffsbauwerke und für Schiffshypotheken.

I. Inhalt und Zweck der Regelungen

1 Die Vorschriften ergänzen § 2166 für die Gesamthypothek bzw. -grundschuld durch eine Auslegungsregel für das Innenverhältnis zwischen Vermächtnisnehmer und Erbe. Unabhängig von der unbeschränkten dinglichen Haftung des Bedachten im Außenverhältnis (§ 1132 Abs. 1) gegenüber dem Grundpfandrechtsgläubiger begrenzen die §§ 1167, 1168 seine Verpflichtung im Innenverhältnis gegenüber den Erben nach dem Wertverhältnis zwischen Grundstücksvermächtnis und den die Forderung gemeinsam sichernden Grundstücken. Für die Wertbemessung gilt § 2166 Abs. 1 S. 2 entsprechend.[1]

2 **Anwendungsvoraussetzung** ist, dass das Gesamtgrundpfandrecht an Grundstücken besteht, die zur Erbschaft gehören. Ist dies nicht der Fall, greift § 2166 ein, d.h. nur die zur Erbschaft tatsächlich gehörenden Grundstücke sind in die Wertverhältnisberechnung mit einzubeziehen; im Übrigen besteht eine Haftung für die persönliche Schuld des Erblassers gem. § 2168 Abs. 2 (analog).[2] Für die Gesamtgrundschuld gilt das gleiche wie für die Gesamthypothek; § 2168 enthält nach einhelliger Auffassung in Abs. 1 eine vollständige Parallele zu § 2167. Für die Wertberechnung gilt § 2166 Abs. 2 über § 2168 Abs. 2 i.V.m. § 2167 entsprechend. Die Haftungsbegrenzung durch den Wert des Grundstücks greift ebenfalls, § 2168 Abs. 1 S. 2 i.V.m. § 2166 Abs. 1 S. 2. § 2168 Abs. 2 enthält eine tatbestandliche Erweiterung des § 2166 Abs. 1 für den Fall, dass neben dem vermachten Grundstück ein nicht zur Erbschaft gehörendes Grundstück mit einer Gesamtgrundschuld oder Gesamtrentenschuld belastet ist, sofern der Erblasser zur Zeit des Erbfalls gegenüber dem Eigentümer des anderen Grundstücks oder einem Rechtsvorgänger des Eigentümers zur Befriedigung des Gläubigers verpflichtet war. Die Mithaftung eines nicht zum Nachlass gehörenden Grundstücks für die Gesamtgrundschuld (oder -rentenschuld) führt also nicht zu einer anteiligen Haftungsbeschränkung des Vermächtnisnehmers.[3] Auch in diesem Fall muss der Vermächtnisnehmer den Gläubiger befriedigen (§ 329).

II. § 2168a

3 Die Vorschriften der §§ 2165 Abs. 2, 2166, 2167 gelten sinngemäß für eingetragene Schiffe und Schiffsbauwerke und für Schiffshypotheken.

§ 2169
Vermächtnis fremder Gegenstände

(1) Das Vermächtnis eines bestimmten Gegenstandes ist unwirksam, soweit der Gegenstand zur Zeit des Erbfalls nicht zur Erbschaft gehört, es sei denn, dass der Gegenstand dem Bedachten auch für den Fall zugewendet sein soll, dass er nicht zur Erbschaft gehört.

---

1 Vgl. das instruktive Bsp. bei MüKoBGB/*Schlichting* § 2168 Rn. 3 a.E.
2 MüKoBGB/*Schlichting* § 2167 Rn. 2.
3 *Staudinger/Otte* § 2168 Rn. 4.

(2) Hat der Erblasser nur den Besitz der vermachten Sache, so gilt im Zweifel der Besitz als vermacht, es sei denn, dass er dem Bedachten keinen rechtlichen Vorteil gewährt.

(3) Steht dem Erblasser ein Anspruch auf Leistung des vermachten Gegenstandes oder, falls der Gegenstand nach der Anordnung des Vermächtnisses untergegangen oder dem Erblasser entzogen worden ist, ein Anspruch auf Ersatz des Wertes zu, so gilt im Zweifel der Anspruch als vermacht.

(4) Zur Erbschaft gehört im Sinne des Absatzes 1 ein Gegenstand nicht, wenn der Erblasser zu dessen Veräußerung verpflichtet ist.

Übersicht

	Rz.		Rz.
I. Normzweck	1	IV. Surrogatvermächtnis (§ 2169 Abs. 3)	5
II. Unwirksamkeitsvermutung (§ 2169 Abs. 1)	2	V. Beratungshinweise	6
1. Anwendungsbereich	2	1. Beweislast	6
2. Widerlegung der Vermutung	3	2. Prüfungsreihenfolge	7
III. Besitzvermächtnis (§ 2169 Abs. 2)	4	3. Sonderfall: Zuwendung einer Kapitallebensversicherung	9

I. Normzweck

Die Vorschrift basiert auf dem Erfahrungssatz, dass der Erblasser normalerweise nur Gegenstände vermachen will, die ihm beim Erbfall tatsächlich gehören.[1] Insoweit folgerichtig besteht eine widerlegbare Vermutung der Unwirksamkeit des Vermächtnisses bei Abweichung. Die Regelungen in §§ 2169 Abs. 2, Abs. 3 verstehen sich als »Ersatz-Vermächtnisse«, wenn für den Erben die Eigentumsübertragung an dem Vermächtnisgegenstand nicht möglich ist.

II. Unwirksamkeitsvermutung (§ 2169 Abs. 1)

1. Anwendungsbereich

§ 2169 Abs. 1 ist nur anwendbar auf **Stückvermächtnisse** (»bestimmter Gegenstand«), nicht auch auf Gattungsvermächtnisse, bei denen die Erbschaftzugehörigkeit nicht Wirksamkeitsvoraussetzung ist. Die Vorschrift gilt sinngemäß für **beschränkte Gattungsvermächtnisse**, bei denen die Leistungspflicht des Beschwerten auf Nachlassgegenstände begrenzt ist. Die Zugehörigkeit zur Erbschaft bestimmt sich vorrangig nach den Eigentumsverhältnissen, daneben auch nach wirtschaftlichen Überlegungen; demzufolge ist schon bei einer Veräußerungsverpflichtung des Erblassers von der Ausgliederung des Gegenstandes aus dem Nachlass auszugehen (§ 2169 Abs. 4).[2] Hier kann sich ggf. im Wege der Testamentsauslegung ergeben, dass der Erblasser (auch) die Gegenleistung für die Veräußerung des vermachten Gegenstandes vermachen wollte.[3] Gehört der Gegenstand nur z.T. zur Erbschaft gilt die Unwirksamkeitsvermutung des § 2169 Abs. 1 »insoweit«.[4] Besteht der Nachlass aus einer Beteiligung des Erblassers an einem ungeteilten Gesamthandsvermögen (z.B. Nachlass eines Dritten), ist ein Vermächtnis einzelner Gegenstände daraus aufgrund der Gesamthandsbindung unwirksam.[5] Dagegen ist das Vermächtnis eines

---

[1] BGHZ 31, 13, 16.
[2] BGH FamRZ 1984, 41.
[3] OLG Oldenburg NJW-RR 1994, 843. Allerdings gilt § 2169 Abs. 3 hier nicht analog.
[4] Vgl. auch § 2085.
[5] *Palandt/Edenhofer* § 2169, Rn. 1. Eine Ausnahme kann dann eingreifen, wenn der Erblasser bei Auseinandersetzung des Gesamthandsvermögens den vermachten Gegenstand ganz oder teilweise beanspruchen kann (§ 2169 Abs. 3).

Gegenstandes, an dem der Erblasser zu einem ideellen Bruchteil beteiligt ist, bezüglich dieses Anteils wirksam; i.Ü. gelten §§ 2169 Abs. 1, 2170, 2085.[6] § 2169 Abs. 4 gilt entsprechend bei erbvertraglicher bzw. wechselbezüglicher Verfügung mit Bindungswirkung.[7] **Entscheidender Zeitpunkt** für die Nachlasszugehörigkeit ist der Erbfall.

2. Widerlegung der Vermutung

3   Denkbar ist, wenn sich aus der letztwilligen Verfügung ein sog. **qualifizierter Zuwendungswille** des Erblassers ableiten lässt, dass der Gegenstand unabhängig von der eigentumsrechtlichen Situation dem Bedachten zukommen sollte.[8] Dann liegt ein Verschaffungsvermächtnis vor (§ 2170). Davon kann man ausgehen, wenn aus Sicht des Erblassers der Gegenstand wirtschaftlich zum Nachlass gehört (vgl. § 2169 Abs. 4),[9] etwa weil er ihn aus eigenen Mitteln bezahlt hat. Ebenso, wenn der überlebende Ehegatte einen zum Gesamtgut einer fortgesetzten Gütergemeinschaft gehörenden Gegenstand vermacht.[10] Das Bewusstsein des Erblassers über die Nichtzugehörigkeit zum Nachlass ist nicht erforderlich;[11] weiß der Erblasser allerdings von der fehlenden Zugehörigkeit, liegt eine Widerlegung der Vermutung nahe.[12] Im Übrigen wird man zugrunde legen müssen, was der Erblasser im Zeitpunkt seines Todes gewollt hätte. Bei sicherungsübereigneten Gegenständen ist im Wege der Auslegung entweder von einem Verschaffungsvermächtnis auszugehen (§ 2170) oder es liegt (nur) ein Besitzvermächtnis vor (Abs. 2) sowie ein Ersatzvermächtnis gem. § 2169 Abs. 3 über den Anspruch auf Rückübereignung.[13] Einen besonderen Fall des Verschaffungsvermächtnisses regelt § 2288 Abs. 2.

III. Besitzvermächtnis (§ 2169 Abs. 2)

4   § 2169 Abs. 2 enthält eine Auslegungsregel dahin, dass im Zweifel kein Verschaffungsvermächtnis vorliegt, wenn der Erblasser (nur) im Besitz der vermachten Sache war, sondern in diesem Fall der Besitz als »Ersatz« vermacht ist. Hintergrund ist auch hier, dass der Erblasser nach der Lebenserfahrung (nur) das vermachen will, was er selbst als Rechtsposition inne hatte. Bietet die Besitzposition allerdings keinen rechtlichen Vorteil – wie z.B. bei einem begründeten Herausgabeverlangen eines Dritten –, kommt eine Herausgabepflicht nicht in Betracht, sodass die §§ 2169 Abs. 1, 2170 gelten. War der Erblasser bei Verfügung Besitzer und beim Erbfall Eigentümer, ist i.d.R. das Eigentum vermacht.[14] Abs. 2 gilt entsprechend, wenn dem Erblasser ein Anwartschaftsrecht aus einem Eigentumsvorbehaltskauf zustand.[15]

IV. Surrogatvermächtnis (§ 2169 Abs. 3)

5   § 2169 Abs. 3 ist anwendbar bei Untergang bzw. Entziehung (nicht: Beschädigung, § 2169 Abs. 2) des Vermächtnisgegenstandes nach Anordnung bzw. entsprechend vor Anordnung, wenn der Erblasser davon keine Kenntnis hatte. Im Zweifel ist in diesen Fällen kein Verschaffungsvermächtnis anzunehmen, sondern gilt der Leistungs- oder Ersatzanspruch des Erblassers als vermacht. Der Rechtsgrund des Anspruchs ist unerheblich. Hat der Erblasser zu Lebzeiten den Wertersatz erhalten, gilt § 2173. Wegen des Erlöses nach Veräußerung

---

6 *Staudinger/Otte* § 2169 Rn. 8.
7 *Erman/M. Schmidt* § 2169 Rn. 3.
8 BGH NJW 1983 672 673; FamRZ 1984 41, 42.
9 BGH NJW 1983 937; BayObLG NJW-RR 2003, 293, 295.
10 OLG Saarbrücken, Urteil vom 27.10.2005 – 8 U 626/04.
11 BGH NJW 1983, 937; OLG Oldenburg, FamRZ 1999, 532.
12 OLG Bremen ZEV 2001, 401, 402.
13 Vgl. MüKoBGB/*Schlichting* § 2169 Rn. 12. Denkbar ist aber auch eine Kombination.
14 *Lange/Kuchinke* § 29 V 2b.
15 *Soergel/Wolf* § 2169 Rn. 12.

des Vermächtnisgegenstandes durch den Erblasser scheidet eine analoge Anwendung des § 2169 Abs. 3 aus, da ein allgemeines Surrogationsprinzip nicht existiert. Hier kommt allenfalls im Wege der ergänzenden Auslegung ein sog. Wertersatzvermächtnis in Betracht,[16] so z.B. wenn der Erblasser mit dem Vermächtnis vorrangig die Zuwendung eines wirtschaftlichen Vorteils bezweckte, der sowohl durch den vermachten Gegenstand als auch den Erlös in gleicher Weise realisierbar wäre. Eine Beweisvermutung besteht insoweit nicht.[17]

V. Beratungshinweise

1. Beweislast

Die Beweislast für die Nichtzugehörigkeit des Gegenstandes zum Nachlass trägt der Beschwerte, der sich auf die Unwirksamkeit des Vermächtnisses beruft. Der Vermächtnisnehmer ist für den qualifizierten Zuwendungswillen beweispflichtig,[18] ebenso für den Besitz bzw. Surrogatanspruch des Erblassers. Die Zweifelsregelung der Abs. 2, 3 muss der Beschwerte ggf. widerlegen.

2. Prüfungsreihenfolge

Der systematische Zusammenhang von §§ 2169 Abs. 1–3, 2170 zeigt, dass die Unwirksamkeitsfolge des Abs. 1 zunächst nur bedeutet, dass der Bedachte keinen Anspruch auf Leistung des Vermächtnisgegenstandes erhält; die Vermächtnisverfügung kann dennoch über Abs. 2, 3 Wirkungen entfalten. Daraus ergibt sich folgende **Prüfungsfolge**:

---

1. Nachlasszugehörigkeit des Zuwendungsgegenstandes?
   Wenn ja, Vermächtnis unproblematisch wirksam
   Wenn nein,
   Liegt ein Verschaffungsvermächtnis (§ 2170) vor, d.h. hatte der Erblasser einen sog. qualifizierten Zuwendungswillen?
2. Liegt kein Verschaffungsvermächtnis vor: Existiert Besitz oder Surrogatanspruch des Erblassers?
   Wenn ja: Vermächtnis gem. Abs. 2 bzw. Abs. 3 wirksam
   Wenn nein: Vermächtnis unwirksam.
3. Sonderfall: Zusammentreffen von §§ 2169 Abs. 2, 3 und § 2170, insb. bei Sicherungsübereignung des Gegenstandes.

---

3. Sonderfall: Zuwendung einer Kapitallebensversicherung

Der Lebensversicherungsvertrag begründet im Deckungsverhältnis gegenüber der Versicherung einen eigenen, unmittelbaren Leistungsanspruch des Bezugsberechtigten gem. §§ 331, 328. Die Lebensversicherung fällt damit grundsätzlich nicht in den Nachlass,[19] auch wenn die »Erben« als Bezugsberechtigte angegeben sind (vgl. § 160 Abs. 2 VVG).[20] Hat der Erblasser die Kapitallebensversicherung vermächtnisweise einem Dritten zugewandt, liegt daher ein Verschaffungsvermächtnis (vgl. § 2170) vor, soweit ein entsprechender qualifi-

---

16 Vgl. BGHZ 31, 13, 23; KG FamRZ 1977, 267, 270; OLG Koblenz BeckRS 2009, 88052; OLG Rostock ZEV 2009, 624.
17 OLG Koblenz BeckRS 2009, 88052.
18 BGH FamRZ 1984, 41.
19 BGHZ 130, 377, 381; OLG Köln OLG-R 1999, 186. Etwas anderes gilt dann, wenn es an einer wirksamen Bestimmung der Bezugsberechtigung fehlt (BGHZ 32, 44).
20 OLG München ZEV 1997, 336, 337 mit Anm. *Klingelhöffer*.

zierter Zuwendungswille feststellbar ist.²¹ Der Erblasser wird regelmäßig die aus seinem Vermögen angesparte Versicherungssumme als Teil seines künftigen Nachlasses ansehen und somit unabhängig von der tatsächlichen Nachlasszugehörigkeit die Zuwendung wollen.²² Dennoch ist es nach wie vor für den Erblasser der sicherste Weg, die Lebensversicherung durch Änderung der Bezugsberechtigung unter Lebenden – in Übereinstimmung mit seinen letztwilligen Verfügungen – zu lenken und diese gegenüber der Versicherung ordnungsgemäß schriftlich anzuzeigen. Probleme im Valutaverhältnis zu dem zunächst Berechtigten entstehen dabei i.d.R. nicht, da bei einem widerruflichen Bezugsrecht eine nicht notariell beurkundete Schenkung vorliegt, die mangels Vollzug formnichtig ist (§§ 518 Abs. 1, 125). Dabei ist aber zu beachten, dass die Änderung (nur) durch Verfügung von Todes wegen im Deckungsverhältnis nicht wirksam wird (§ 14 Abs. 3 ALB 2008).²³ Unterlässt der Rechtsberater diese Aufklärung, macht er sich schadensersatzpflichtig.

10 Zu Recht geht das **OLG Düsseldorf**²⁴ davon aus, dass die durch die Versicherung erst nach dem Tod des Erblassers mitgeteilte Bezugsberechtigung dann ausnahmsweise kein wirksames, noch annehmbares Schenkungsangebot darstellt (§§ 130 Abs. 2, 151 S. 1), wenn der Erblasser zwischenzeitlich testamentarisch anderweitig über die Lebensversicherung verfügt hat (insb. durch Vermächtnis) und dies dem Bezugsberechtigten zumindest gleichzeitig – etwa durch Eröffnung des Testamentes – mit dem Auszahlungsangebot der Versicherung mitgeteilt wird. In diesem Fall kann der Bezugsberechtigte nicht mehr davon ausgehen, dass ihm tatsächlich die Versicherungssumme zugewandt werden soll. Die vorherige Mitteilung der Bezugsberechtigung durch einen Dritten reicht für den Zugang des Schenkungsangebotes des Erblassers nicht aus.²⁵ Die Lebensversicherung fällt dann in den Nachlass.²⁶ Kommt es gleichwohl zu einer Auszahlung der Versicherungssumme an den ursprünglich Bezugsberechtigten, ist nach Bereicherungsrecht rückabzuwickeln.²⁷ U.U. ist es also aus Sicht der Erben angezeigt, die Bezugsberechtigung (und die Schenkungsofferte) unverzüglich gegenüber der Versicherung zu widerrufen und (wichtig!) zugleich auch den in der Einräumung der Bezugsberechtigung liegenden konkludenten Auftrag des Erblassers, das Schenkungsangebot nach dem Erbfall an den Bezugsberechtigten zu übermitteln. Überbringt die Versicherung die Offerte dennoch, ist dies unerheblich, insb. liegt kein Fall des § 120 BGB vor.²⁸

11 Nach einer Entscheidung des **Schleswig-Holsteinischen OLG**²⁹ stellt die Bezugsberechtigung ein Schenkungsangebot (nur) gegenüber dem Vorerben auch dann dar, wenn ursprünglich »die Erben« als Bezugsberechtigte eingesetzt waren und der Erblasser nachträglich testamentarisch eine Vor- und Nacherbschaft angeordnet hat. Nach den vorstehenden Ausführungen überzeugt dies jedenfalls dann nicht, wenn vor Mitteilung der Bezugsberechtigung durch die Versicherung der abweichende Verfügungsinhalt in Form der Anordnung der Vor- und Nacherbschaft dem Vorerben bekannt geworden ist und nichts für eine dennoch unbedingt gewollte Zuwendung nur an ihn erkennbar ist. Die Auslegung wird hier regelmäßig zu einer Schenkung unter einer Auflage i.S.d. § 525 führen, gerichtet auf eine Absicherung des Nacherben zum Erhalt der Versicherungssumme, es sei denn, man nimmt eine erbrechtliche causa an.³⁰ Da die Bezugsberechtigung aller-

---

21 OLG München ZEV 1997, 336, 337.
22 *Klingelhöffer* ZEV 1997, 338.
23 BGH NJW 1993, 3134.
24 ZEV 1996, 142.
25 BGH ZEV 2008, 392, 394. Kritisch zu diesem »Wettlauf« *Leipold* ZEV 2008, 395.
26 Zur Frage, was Gegenstand eines etwaigen Pflichtteilsergänzungsanspruchs ist (Versicherungsprämien oder –summe) vgl. § 2325 Rz. 11.
27 OLG Düsseldorf ZEV 1996, 142, 143.
28 BGH ZEV 2008, 392, 395. Zum Bezugsrecht nach Scheidung BGH ZEV 2007, 387.
29 ZEV 1999, 107.
30 So: *Vollkommer* ZEV 2000, 10, 12.

dings wegen § 2247 hierzu i.d.R. nicht ausreichen wird, kommt allenfalls eine »konkludente Vermächtnisanordnung« in Betracht. Ob ein solcher Wille des Erblassers indes ausreichende Andeutung in der letztwilligen Verfügung gefunden hat,[31] ist eine Frage des Einzelfalls. Soweit dies zu bejahen ist, kommt sowohl die Anordnung eines Vor- bzw. Nachvermächtnisses in Betracht als auch die Bestimmung eines Nießbrauchrechts des Vorerben an der Versicherungssumme, die als solche dem Nacherben unmittelbar zugewandt werden soll.[32]

Die Regelung des § 160 Abs. 2 VVG hilft bei dieser Frage nicht weiter, da es dort um die Bezugsberechtigung im Deckungsverhältnis zur Versicherung geht. Insoweit wird man – obwohl auch der Nacherbe zur Zeit des Todes bereits »als Erbe berufen ist« – im Wege der Auslegung zugrunde legen müssen, dass der Erblasser regelmäßig nicht bereits eine unmittelbare Bezugsberechtigung des Nacherben – insb. wegen des noch ungewissen Eintritts des Nacherbfalls – gewollt haben wird, sondern die Anspruchsinhaberschaft des zunächst verfügungsberechtigten Vorerben auch im Verhältnis zur Versicherung.[33] 12

Erbschaftsteuerrechtlich wird als steuerbarer Wert ab dem 1.1.2009[34] der aktuelle Rückkaufswert anzusetzen sein. 13

§ 2170
Verschaffungsvermächtnis

(1) Ist das Vermächtnis eines Gegenstandes, der zur Zeit des Erbfalls nicht zur Erbschaft gehört, nach § 2169 Abs. 1 wirksam, so hat der Beschwerte den Gegenstand dem Bedachten zu verschaffen.

(2) Ist der Beschwerte zur Verschaffung außerstande, so hat er den Wert zu entrichten. Ist die Verschaffung nur mit unverhältnismäßigen Aufwendungen möglich, so kann sich der Beschwerte durch Entrichtung des Wertes befreien.

I. Normzweck

Die Vorschrift ergänzt § 2169 Abs. 1 2. Hs. zur Ausgestaltung des Verschaffungsvermächtnisses, regelt dieses aber nicht abschließend, sodass die §§ 2147 ff. ergänzend gelten. 1

II. Verschaffungspflicht

Die Verschaffungspflicht erfasst nur Gegenstände, die als Vermächtnis zugewandt werden können, also nicht bestimmte Verhaltensweisen Dritter, insb. des Erben.[1] Die Verschaffungspflicht des Beschwerten erstreckt sich auch auf das Zubehör (§ 2164). Die Art der Erfüllung ist dem Beschwerten freigestellt, er kann den Gegenstand selbst erwerben und dann an den Vermächtnisnehmer übertragen oder den Dritten zur unmittelbaren Übertragung veranlassen. Gehört der Gegenstand dem Beschwerten, ist er direkt nach § 2174 zur Leistung verpflichtet. Ihm steht aber das Recht zur Erfüllungsverweigerung aus § 2059 Abs. 1 zu. Gehört der Gegenstand (bereits) dem Bedachten, ist das Vermächtnis wirkungslos (§ 2171), es sei denn, er wird dadurch von einer Herausgabepflicht gegenüber dem Erblasser befreit.[2] Im Wege der ergänzenden Auslegung kann sich allerdings ergeben, dass der 2

---
31 BGHZ 86, 41.
32 *Vollkommer* ZEV 2000, 10, 13.
33 A.A: *Muscheler* ZEV 1999, 229, 230.
34 *Roth/Fischl* NJW 2008, 401, 405; vgl. auch vor § 2147 Rz. 6.
1 *Soergel/Wolf* § 2170 Rn. 4.
2 Vgl. § 2171 Rz. 2. Zur Vorerfüllung durch den Erblasser vgl. § 2155 Rz. 3, § 2174 Rz. 7.

Beschwerte ersatzweise zur Übernahme der vom Bedachten zum Eigenerwerb getragenen Anschaffungskosten verpflichtet werden soll.[3]

III. Unmöglichkeit der Verschaffung

1. Subjektive Unmöglichkeit

3 Ist der Beschwerte zur Verschaffung des Gegenstandes nicht in der Lage, fehlt es z.B. an der Veräußerungsabsicht des Dritteigentümers, hat er gem. Abs. 2 S. 1 Wertersatz zu leisten. Entscheidend ist insoweit der Verkehrswert des Vermächtnisgegenstandes z.Z. des feststehenden Unvermögens. Auch der Wertersatzanspruch ist Vermächtnisforderung, was sich u.a. für den Rang in der Insolvenz auswirkt. Hat der Beschwerte nachträglich sein Unvermögen verschuldet, indem er etwa ein angemessenes Angebot des Eigentümers zur Veräußerung ausgeschlagen oder den ihm gehörenden Gegenstand anderweitig veräußert hat, greift nicht eine Wertersatzpflicht, sondern eine Schadensersatzpflicht nach §§ 280 Abs. 1, 283 ein (str.).[4]

2. Objektive Unmöglichkeit

4 Ist das Vermächtnis auf eine anfänglich unmögliche Leistung gerichtet, gilt § 2171, d.h. Unwirksamkeit des Vermächtnisses. Ist die objektive Unmöglichkeit nachträglich (nach Erbfall) unverschuldet eingetreten, gilt § 275 bzw. § 285 (str.).[5] Bei vom Beschwerten zu vertretener nachträglicher objektiver Unmöglichkeit wird § 2170 Abs. 2 durch §§ 280 Abs. 1, 283 verdrängt, wenn ohne die Unmöglichkeit seine Leistungsfähigkeit zur Verschaffung bestanden hätte (str.).[6] Die Rechtsfolgen bestimmen sich nach §§ 249 ff., insb. § 251.[7]

3. Ersetzungsbefugnis (§ 2170 Abs. 2 S. 2)

5 Ist die Verschaffung nur mit unverhältnismäßigen Aufwendungen möglich, ist dem Beschwerten gem. Abs. 2 S. 2 eine Ersetzungsbefugnis in Form des Wertersatzes eingeräumt. Ein Anspruch des Vermächtnisnehmers korrespondiert damit allerdings nicht. Für die Wertermittlung ist der Verkehrswert zugrunde zu legen; maßgeblicher Zeitpunkt ist das Entstehen der Ersatzverpflichtung (Abs. 2 S. 1) bzw. die Ersatzleistung (Abs. 2 S. 2).[8] Unverhältnismäßigkeit ist bei einem nur erhöhten Kaufpreisverlangen des Eigentümers (noch) nicht gegeben; das Ungleichgewicht muss wesentlich sein, d.h. nicht nur wirtschaftlich sinnlos. Es liegt nahe, einen Gleichlauf zu § 275 Abs. 2 herzustellen (»grobes Missverhältnis«).

IV. Beratungshinweise

1. Darlegungs- und Beweislast

6 Die Beweislast für die Unmöglichkeit und die Unverhältnismäßigkeit der Verschaffung trägt der Beschwerte. Für die Höhe des Wertersatzanspruches, d.h. den Verkehrswert, ist der Bedachte beweispflichtig.

---

3 *Erman/Schmidt* § 2170 Rn. 1.
4 MüKoBGB/*Schlichting* § 2170 Rn. 13.
5 KG ZEV 1999, 494, 495; MüKoBGB/*Schlichting* § 2170 Rn. 13.; *Lange/Kuchinke* § 29 II 2d (Fn. 58).
6 *Staudinger/Otte* § 2170 Rn. 7, 8.
7 BGH NJW 1984, 2570, zu den Grundsätzen der Schadensberechnung bei schuldhaft verhindertem Eintritt in eine OHG.
8 *Soergel/Wolf* § 2170 Rn. 9.

2. Anspruchsdurchsetzung

Da die Art und Weise der Verschaffung dem Beschwerten obliegt, wird der Klageantrag darauf zu richten sein, die Bereitschaft des Dritten zur Veräußerung des Vermächtnisgegenstandes an den Beschwerten oder an den Bedachten herbeizuführen. Hierbei handelt es sich um eine vertretbare Handlung, deren Vollstreckung sich nach § 887 ZPO richtet. Gem. §§ 887 Abs. 1 und Abs. 2 ZPO kann sich der Bedachte daher im Erkenntnisverfahren ermächtigen lassen, auf Kosten des Beschwerten die Leistungsbereitschaft des Dritten herbeizuführen und den Beschwerten zur Vorauszahlung dieser Kosten verurteilen lassen. Hierzu zählen sowohl der Kaufpreis als auch erforderliche Verhandlungs- und Vertragsabschlusskosten (z.B. Beurkundungskosten). Der Bedachte kann gleichfalls auf Verschaffung und hilfsweise auf Wertersatz für den Fall der subjektiven Unmöglichkeit klagen, nicht aber bei bloßer Unverhältnismäßigkeit, da hier ein entsprechender Leistungsanspruch fehlt (s.o. Rz. 5). In Zweifelsfällen empfiehlt es sich, eine angemessene Frist zur Verschaffung zu setzen; nach ergebnislosen Fristablauf kann dann analog § 281 Abs. 1 S. 1 i.V.m. § 2170 Abs. 2 S. 1 der Wertersatzanspruch geltend gemacht werden. Gehört der Gegenstand dem Beschwerten, kann die Klage direkt auf Erfüllung gerichtet werden, wobei sich die Vollstreckung, soweit es um die Einigung geht, nach § 894 ZPO richtet, hinsichtlich der Übergabe nach § 897 ZPO.

Der Beschwerte muss die Möglichkeit der Haftungsbeschränkung gem. § 780 Abs. 1 ZPO bereits im Erkenntnisverfahren beachten und sich vorbehalten lassen. Die Vollstreckung gegen den Beschwerten als Eigentümer richtet sich nach § 888 ZPO.[9]

3. Klage auf Erfüllung eines Verschaffungsvermächtnisses

Landgericht ...
Klage
des Herrn ..., Adresse

– Klägers –

Prozessbevollmächtigte: ...
gegen
Herrn ..., Adresse

– Beklagter –

wegen: Vermächtniserfüllung

Streitwert: ... € (vorläufig)

Namens und in Vollmacht des Klägers erheben wir Klage und beantragen:
1. *Der Beklagte wird verurteilt, an den Kläger den schwarzen Konzertflügel »Schimmel« der Musikschule »Leise Töne«, München, zu übereignen und herauszugeben.*
2. *Hilfsweise,*
der Beklagte wird verurteilt, an den Kläger 15.000 € zu zahlen.
3. *Für den Fall, dass die gesetzlichen Voraussetzungen vorliegen, den Erlass eines Versäumnisurteils.*

Begründung:

---

9 Zöller/Stöber § 894 Rn. 2.

Der Beklagte ist testamentarischer Alleinerbe des am ... in ... verstorbenen Erblassers .... Er hat das Erbe angenommen.

Beweis: Beiziehung der Nachlassakten AG ... Az. ...

Der Erblasser hat mit seinem Testament vom ... zugunsten des Klägers, seinem Neffen, ein Vermächtnis ausgebracht und dem Erben aufgegeben, dem Kläger den schwarzen Konzertflügel der Musikschule »Leise Töne« in München zu übereignen.

Beweis: Testament vom ..., Beiziehung der Nachlassakten, wie vor

Der Flügel gehört unstreitig nicht zum Nachlass. Dies war dem Erblasser bekannt. Der Flügel steht im Eigentum der Musikschule und befindet sich in deren Räumlichkeiten in der ...-Straße.

Der Kläger hat dem Erblasser gleichwohl den Flügel zugedacht, da er über 10 Jahre lang jeden Mittwoch der musikalischen Entwicklung des Klägers zugehört hat. Er wollte – dies ist unstreitig –, dass der Kläger nach seinem Ableben ausschließlich diesen Flügel auch zu Hause spielt.

Der Erblasser hat mit der o.a. Verfügung zugunsten des Klägers ein Verschaffungsvermächtnis ausgebracht. Der Nachlass besteht aus Vermögenswerten von mehr als 350.000 €, sodass die Erfüllung den Beklagten nicht unverhältnismäßig belastet.

Nach Auskunft der Musikschule ist diese bereit, den Konzertflügel gegen einen Betrag von 15.000 € abzugeben.

Beweis: Zeugnis des Direktors ... der Musikschule »Leise Töne«, ... München

Dieser Betrag entspricht dem aktuellen Verkehrswert.

Beweis: Sachverständigengutachten

Die Erfüllung des Vermächtnisses hat der Beklagte mit dem Argument abgelehnt, der Kläger könne nicht ausreichend Klavier spielen. Die Verschaffung sei damit eine Verschwendung.

Beweis: Schreiben des Beklagten vom ...

Dieser Einwand ist ersichtlich unerheblich. Daher ist Klage geboten.

Der Hilfsantrag zu Ziffer 2 ist für den Fall gestellt, dass die Musikschule wider Erwarten den Flügel nicht veräußern sollte. Für diesen Fall hätte der Kläger einen Anspruch auf Wertersatz, § 2170 Abs. 2 S. 1 BGB.

Rechtsanwalt

§ 2171
Unmöglichkeit, gesetzliches Verbot

(1) Ein Vermächtnis, das auf eine zur Zeit des Erbfalls für jedermann unmögliche Leistung gerichtet ist oder gegen ein zu dieser Zeit bestehendes gesetzliches Verbot verstößt, ist unwirksam.

(2) Die Unmöglichkeit der Leistung steht der Gültigkeit des Vermächtnisses nicht entgegen, wenn die Unmöglichkeit behoben werden kann und das Vermächtnis für den Fall zugewendet ist, dass die Leistung möglich wird.

(3) Wird ein Vermächtnis, das auf eine unmögliche Leistung gerichtet ist, unter einer anderen aufschiebenden Bedingung oder unter Bestimmung eines Anfangstermins zugewendet, so ist das Vermächtnis gültig, wenn die Unmöglichkeit vor dem Eintritt der Bedingung oder des Termins behoben wird.

I. Normzweck

§ 2171 gibt vor, dass für die Frage der Wirksamkeit des Vermächtnisses bei Unmöglichkeit der Leistung oder Verstoß gegen ein gesetzliches Verbot auf den Zeitpunkt des Erbfalls abzustellen ist und nicht – wie allgemein – auf den Zeitpunkt der Errichtung des Rechtsgeschäfts (vgl. § 311a; § 134). 1

II. Unmöglichkeit zur Zeit des Erbfalls

1. Anwendungsbereich

Die Vorschrift ist lediglich auf die anfängliche, **objektive (dauerhafte) Unmöglichkeit** anwendbar, wie Abs. 1 deutlich hervorhebt (»für jedermann«).gefasst. Im Fall nachträglich objektiver Unmöglichkeit gelten die §§ 275, 280, 283, bei Unvermögen die §§ 2169, 2170. Entscheidend ist die objektive Lage, nicht Kenntnis oder Vorhersehbarkeit des Erblassers; erfasst sind sowohl rechtliche als auch tatsächliche Unmöglichkeit. Ursache rechtlicher Unmöglichkeit kann u.a. die Versagung einer bspw. nach öffentlichem Recht erforderlichen Genehmigung sein (z.B. nach GrdstVG,[1] BauGB); erforderlich ist aber, dass die Versagung endgültig ist, bis dahin ist das Vermächtnis lediglich schwebend unwirksam. Bei endgültiger Verweigerung der Genehmigung nach dem Erbfall greifen die §§ 275 ff. ein. Als mögliche Sonderregelung sind die §§ 2169 Abs. 2, Abs. 3 (bei Untergang der Sache), §§ 2173, 2175 (bei Erlöschen der Forderung) sowie § 2172 (Unmöglichkeit infolge Verbindung oder Vermischung) zu beachten. § 2171 erfasst auch den Fall, dass der Vermächtnisgegenstand dem Bedachten bereits gehört.[2] 2

2. Unmöglichkeit zum Zeitpunkt des Erbfalls

Grundsätzlich kommt es für die Beurteilung der Unmöglichkeit auf den Zeitpunkt des Erbfalls an; bei bedingten oder befristeten Vermächtnissen (§ 2177) muss sie auch noch zur Zeit des Bedingungseintritts bzw. Anfangstermins vorliegen, § 2171 Abs. 3. Die Unmöglichkeit ist unerheblich, wenn sie behoben werden kann und das Vermächtnis auch für diesen Fall angeordnet worden wäre (§ 2171 Abs. 2). 3

III. Verstoß gegen ein gesetzliches Verbot

Der Verstoß gegen ein gesetzliches Verbot ist lediglich in § 2171 Abs. 1 ausdrücklich geregelt; es ist davon auszugehen, dass es sich um ein Versehen des Gesetzgebers handelt und die Abs. 2 und 3 entsprechend auf den Fall eines gesetzlichen Verbots anzuwenden sind. Hier kommen Verstöße gegen §§ 134, 138 in Betracht, wobei ebenso auf den Zeitpunkt des Erbfalls abzustellen ist, im Falle des § 2177 auch auf den Bedingungseintritt. In Ausnahmefällen kann der Zeitpunkt der Verfügungserrichtung maßgeblich sein, so etwa bei der Beurteilung der Sittenwidrigkeit einer Verfügung.[3] Relevantes Beispiel für ein gesetzliches Verbot ist § 14 Abs. 1 HeimG.[4] Früher bedeutsamer Fall der Sittenwidrigkeit war das sog. Geliebtentestament. Aufgrund des zwischenzeitlich eingetretenen Wandels in der Beurteilung solcher Zuwendungen kommt ein Verstoß gegen § 138 allenfalls dann noch in Betracht, wenn damit ausschließlich der Zweck geschlechtlicher Hingabe des Bedachten 4

---

[1] Vgl. § 2166 Rz. 7.
[2] Zum Sonderfall der Vorerfüllung durch den Erblasser vgl. § 2155 Rz. 3, § 2170 Rz. 2, § 2174 Rz. 14.
[3] BGHZ 20, 71; *Palandt/Edenhofer*, BGB, § 2171, Rn. 2; a.A.: *Soergel/Wolf* § 2171 Rn. 8: Erbfallzeitpunkt. Dem ist jedenfalls zuzustimmen bei Änderungen der sittlichen Maßstäbe.
[4] Vgl. z.B. OLG München NJW 2006, 2642.

verfolgt wird.[5] Unter § 2171 fällt nicht ein Verstoß gegen erbrechtliche Bindungswirkungen von Erbvertrag und gemeinschaftlichem Testament.[6]

IV. Beratungshinweise

5   Die Bedeutung der Vorschrift dürfte gering sein, insb. bei etwaiger Genehmigungsbedürftigkeit, da eine endgültige Versagung i.d.R. nicht bereits zur Zeit des Erbfalls feststehen dürfte. Auch liegt kein Fall des § 2171 vor, wenn sich die später realisierte Unmöglichkeit der Leistung für die Erben nach der Rechtslage zur Zeit des Erbfalls sogar schon als denkbar darstellte.[7] Insb. auch die nach § 17 GmbHG oder gesellschaftsvertraglich genehmigungsbedürftige Übertragung eines Gesellschaftsanteils ist erst dann unmöglich, wenn die Gesellschaft bzw. Gesellschafter die Erteilung der Genehmigung endgültig versagt haben, regelmäßig also noch nicht bereits zur Zeit des Erbfalls.

6   Zu beachten ist, dass trotz Unwirksamkeit des Vermächtnisses Rechtsfolgen von diesem ausgehen können, etwa soweit §§ 2169 Abs. 2, 3 eingreifen. Für erbvertragliche Vermächtnisse hält § 2288 Abs. 1 einen zusätzlichen »Schutz« vor.

§ 2172
Verbindung, Vermischung, Vermengung der vermachten Sache

(1) Die Leistung einer vermachten Sache gilt auch dann als unmöglich, wenn die Sache mit einer anderen Sache in solcher Weise verbunden, vermischt oder vermengt worden ist, dass nach den §§ 946 bis 948 das Eigentum an der anderen Sache sich auf sie erstreckt oder Miteigentum eingetreten ist, oder wenn sie in solcher Weise verarbeitet oder umgebildet worden ist, dass nach § 950 derjenige, welcher die neue Sache hergestellt hat, Eigentümer geworden ist.

(2) Ist die Verbindung, Vermischung oder Vermengung durch einen anderen als den Erblasser erfolgt und hat der Erblasser dadurch Miteigentum erworben, so gilt im Zweifel das Miteigentum als vermacht; steht dem Erblasser ein Recht zur Wegnahme der verbundenen Sache zu, so gilt im Zweifel dieses Recht als vermacht. Im Falle der Verarbeitung oder Umbildung durch einen anderen als den Erblasser bewendet es bei der Vorschrift des § 2169 Abs. 3.

I. Normzweck

1   Die Vorschrift befasst sich mit dem Untergang des Eigentums an dem Vermächtnisgegenstand durch Verbindung, Vermischung oder Verarbeitung und ergänzt als Sonderregelung den § 2171. Sie gilt daher nur für die anfängliche Unmöglichkeit vor dem Erbfall.

II. Auslegungsregel des § 2172 Abs. 1

2   § 2172 Abs. 1 fingiert die Unmöglichkeit i.S.v. § 2171 auch für den Verlust der Eigentumsposition durch Verbindung (§§ 946, 947) oder Vermischung bzw. Vermengung (§ 948) oder Verarbeitung (§ 950). Sie ist nicht anwendbar, wenn die Verbindung, Vermischung etc. rechtlich nicht geeignet ist, die Eigentumsverhältnisse an dem Vermächtnisgegenstand zu ändern, z.B. wenn die vermachte Sache ein Grundstück (§ 946), selbst die Hauptsache war (§§ 947 Abs. 2, 948 Abs. 1, 949 Abs. 2) oder das Wertverhältnis i.S.d. § 950 Abs. 1 zu ihren

---

5 BGHZ 112, 259, 262.
6 MüKoBGB/*Schlichting* § 2171 Rn. 6.
7 MüKoBGB/*Schlichting* § 2171 Rn. 5. a.E.

Gunsten ausfällt. Dann bleibt das Vermächtnis dieser Sache unberührt. Unerheblich ist demgegenüber, ob eine Änderung auch in der Person des Eigentümers eintritt, da allein entscheidend der Wegfall der Eigentumsposition an dem Vermächtnisgegenstand ist, dessen Übertragung dann nach Auffassung des Gesetzgebers unmöglich ist.

III. Auslegungsregel des § 2172 Abs. 2

§ 2172 Abs. 2 enthält eine Auslegungsregel für den Fall, dass die Verbindung bzw. Vermischung etc. durch einen anderen als den Erblasser ohne dessen Willen erfolgt.[1] In diesem Fall kann zwar auch unter den Voraussetzungen des § 2172 Abs. 1 Unmöglichkeit i.S.d. § 2171 eintreten; im Zweifel geht aber der Gesetzgeber davon aus, dass hier ein Surrogatvermächtnis über das entstehende Miteigentum bzw. etwaige Wegnahmerecht des Erblassers (§ 951 Abs. 2) gewollt ist. Ergänzt wird die Vorschrift durch eine entsprechende Anwendung des § 2169 Abs. 3, sodass bei entstehendem Wertersatzanspruch infolge Verarbeitung oder Umbildung des Vermächtnisgegenstandes dieser als Ersatz vermacht gilt. 3

Zeitlich werden von § 2172 nur Verbindung bzw. Vermischung etc. bis zum Erbfall (s.o. § 2171) erfasst; für spätere Eigentumsverluste gelten die §§ 280, 283, 285 bzw. 280, 286, 287. 4

IV. Beratungshinweise

Im Anwendungsbereich des § 2172 ist insb. zu beachten, dass anderweitige Auslegungsmöglichkeiten der Verfügung von Todes wegen bestehen. Über die Auslegungsregel des § 2172 Abs. 2 hinaus ist bspw. denkbar, dass der Erblasser Wertersatzansprüche als Surrogat vermachen wollte; über den Anwendungsbereich der Auslegungsregel in § 2172 Abs. 1 hinaus kann zudem das entstehende Miteigentum bzw. Alleineigentum an der neuen Sache als Ersatz vermacht sein.[2] 5

Davon wird man im Besonderen ausgehen können, wenn es sich um Sachen des Erblassers – ohne Drittbeteiligung – handelt und aus der letztwilligen Verfügung der Wille des Erblassers abgeleitet werden kann, dem Vermächtnisnehmer wirtschaftlich den Gegenstand unabhängig von der eigentumsrechtlichen Situation zuzuwenden oder die Verarbeitung bzw. Verbindung, Vermischung bei Anordnung des Vermächtnisses für den Erblasser gewiss bzw. geplant war. 6

In Betracht kommt auch, dass der Erblasser dem Vermächtnisnehmer als Ersatz einen Miteigentumsanteil an der neuen Sache in Höhe des anteiligen Wertes der ursprünglich vermachten Sache zuwenden wollte. Hier ist eine genaue Ermittlung des Erblasserwillens wichtig. 7

§ 2173
Forderungsvermächtnis

Hat der Erblasser eine ihm zustehende Forderung vermacht, so ist, wenn vor dem Erbfalle die Leistung erfolgt und der geleistete Gegenstand noch in der Erbschaft vorhanden ist, im Zweifel anzunehmen, dass dem Bedachten dieser Gegenstand zugewendet sein soll. War die Forderung auf die Zahlung einer Geldsumme gerichtet, so gilt im Zweifel die entsprechende Geldsumme als vermacht, auch wenn sich eine solche in der Erbschaft nicht vorfindet.

---

1 MüKoBGB/*Schlichting* § 2172 Rn. 1.
2 *Lange/Kuchinke* § 29 II 2d (Fn. 61).

Thorsten Schäckel

I. Normzweck

1 Die Vorschrift basiert auf folgender Überlegung: Erlischt die vermachte Forderung vor dem Erbfall durch Leistung des Schuldners, wird das Vermächtnis objektiv unmöglich und damit unwirksam (§ 2171), was allerdings nach der Lebenserfahrung dem Willen des Erblassers widerspricht, der – so auch die Auslegungsregel in § 2173 S. 1 – im Zweifel dem Bedachten den geleisteten und ins Vermögen gelangten Gegenstand als Ersatz zuwenden will; bei vermachten Geldforderungen gilt dies sogar unabhängig davon, ob tatsächlich die entsprechende Geldsumme im Nachlass – so die Auslegungsregel des § 2173 S. 2 – (noch) vorhanden ist.

II. Anwendungsbereich

1. Vermächtnisgegenstand

2 § 2173 S. 1 erfordert, dass eine Forderung des Erblassers vermacht worden ist. Davon sind auch künftige Forderungen und »mittelbar zugewendete« (z.B. gem. §§ 2169 Abs. 3, 2164 Abs. 2) erfasst. § 2173 S. 1 erstreckt sich allerdings nicht auf sonstige Rechte des Erblassers, z.B. GmbH-Geschäftsanteile.[1] Erfasst sind demgegenüber verbriefte Forderungen, insb. qualifizierte Legitimationspapiere (z.B. Sparbuch, § 808),[2] Hypotheken- und Grundstücksbriefe, Anteile an Investment-Gesellschaften, nicht aber Aktien. Erstere werden gem. §§ 398, 952 übertragen, sodass ein »Sparbuchvermächtnis« regelmäßig die Zuwendung der zugrunde liegenden Forderung meint.

3 Bezieht sich das Vermächtnis auf eine nicht dem Erblasser zustehende Forderung, ist durch Auslegung festzustellen, ob ein Verschaffungsvermächtnis vorliegt (§§ 2169 Abs. 1, 2170). Hierbei kann die Frage auftreten, ob als »Surrogat« auch der vor dem Erbfall vom Schuldner an den Dritten geleistete Gegenstand von der Vermächtnisanordnung erfasst ist; die Auslegungsregel des § 2173 S. 1 greift hier allerdings nicht ein, vielmehr handelt es sich um eine Frage der allgemeinen Auslegung (§ 2084). Als entscheidendes Kriterium wird man heranziehen können, ob der Erblasser bei Anordnung mit der Erfüllung durch den Schuldner gegenüber dem Dritten gerechnet hat. Ist dies der Fall und hat der Erblasser keine entsprechende Ersatzregelung verfügt, wird man von einem Surrogatvermächtnis nicht ausgehen können; anders, wenn der Erblasser – etwa mangels Fälligkeit des Anspruchs – nicht mit einer Leistung des Schuldners an den Dritten rechnen konnte, da es ihm im Zweifel dann auf die (Ersatz-)Zuwendung des Gegenstandes ankam.

2. Leistung vor dem Erbfall

4 Unter Leistung ist jedweder Übertragungsvorgang zu fassen, auch im Wege der Zwangsvollstreckung oder gem. § 267, im Ergebnis damit neben den eigentlichen Erfüllungshandlungen auch Erfüllungssurrogate, insb. die Aufrechnung gegenüber vermachten Geldforderungen.[3] Ebenfalls liegt ein Fall des § 2173 – und nicht etwa ein Verschaffungsvermächtnis – vor, wenn die Leistung nicht zum Erlöschen der Forderung führt, sondern diese auf den Leistenden übergeht, z.B. gem. §§ 774, 268. Denn mit Blick auf den der Vorschrift zugrunde liegenden Erfahrungssatz ist aus Sicht des Erblassers vorrangig, dass die Leistung wirtschaftlich in sein Vermögen gelangt ist und dieser wirtschaftliche Wert im Zweifel an die Stelle des Forderungsvermächtnisses treten soll, unabhängig des vom Drittrecht beeinflussten Schicksals der

---

[1] Hier kann ggf. die Auslegung ergeben, dass die üblicherweise auf den Anteil entfallende Liquiditätsquote zugewendet sein soll.
[2] OLG Koblenz FamRZ 1998, 579, 580.
[3] MüKoBGB/*Schlichting* § 2173 Rn. 3. Die Rückwirkung aus § 389 führt jedoch nicht zur Anwendung des § 2173 bei nach dem Erbfall erfolgter Aufrechnung.

Forderung selbst.[4] Bei verkaufter Forderung erstreckt sich § 2173 auch auf das dafür erlangte Entgelt, da der Verkauf wirtschaftlich dem Einzug der Forderung gleichsteht.

Die Leistung muss vor dem Erbfall erfolgen, wobei unerheblich ist, ob vor oder nach Anordnung des Vermächtnisses. Erlischt die Forderung nach dem Erbfall, führt dies zu einer Ersatzverpflichtung des Beschwerten gegenüber dem Bedachten. Erlischt die Forderung infolge Leistung gelten die §§ 275, 285, bei Aufrechnung ist der Rechtsgrund der Ersatzpflicht davon abhängig, ob sie durch den Schuldner oder den Erben erfolgt; im ersteren Fall finden die §§ 275 ff., insb. §§ 285[5] bzw. 280, 286, 287 S. 2 Anwendung sowie die §§ 812 ff.; bei Aufrechnung des Erben selbst kommt ein Schadensersatzanspruch gem. §§ 275, 280, 283 in Betracht.

III. Rechtsfolgen

Es handelt sich bei § 2173 S. 1 und S. 2 um **widerlegbare Auslegungsregeln**. Soweit sich der Erfüllungsgegenstand noch in der Erbschaft befindet, wird dieser als Surrogat vermacht, wobei allerdings eine »Surrogationskette« nicht zugrunde gelegt werden kann, es sei denn, es liegt ein Fall des § 2169 Abs. 3 vor. Bei Geldsummenvermächtnissen ist zudem gem. § 2173 S. 2 unerheblich, ob sich das zur Erfüllung Geleistete noch in der Erbschaft befindet. Hat eine Einzahlung auf ein Konto stattgefunden, kommt es nicht zu einer (Rück-)Umwandlung des Surrogatvermächtnisses in ein Forderungsvermächtnis.[6] Eine Besonderheit für die Anwendung des S. 2 ergibt sich, wenn Forderungen mit wechselndem Bestand – insb. Bankguthaben, Sparbücher – vermacht werden; hier wird der Wille des Erblassers regelmäßig darauf gehen, das z.Z. des Erbfalls vorhandene Guthaben zu vermachen und nicht etwa zusätzlich den Gegenwert der seit Anordnung des Vermächtnisses von ihm abgehobenen Beträge.[7]

IV. Beratungshinweise

1. Befreiungsvermächtnis

Das Befreiungsvermächtnis ist gesetzlich nicht geregelt, nichts desto trotz allgemein anerkannt.[8] Es liegt in der Zuwendung der Befreiung von einer Schuld, entweder gegenüber dem Erblasser (Erben) oder gegenüber Dritten. Nach § 2174 hat das Befreiungsvermächtnis keine dingliche Wirkung, auch dann nicht, wenn es um die Befreiung einer Schuld gegenüber dem Erben geht; vielmehr ist der Abschluss eines Erlassvertrages erforderlich (§ 397). Zu beachten sind hier die Nebenansprüche gem. §§ 368, 369, 371 sowie die Freigabe etwaiger Sicherheiten. Im Übrigen kann die Befreiung auch auf Ablösung einer Verbindlichkeit gegenüber Dritten gerichtet sein, die dann hinsichtlich der Art und Weise in das Belieben des Beschwerten gestellt ist. Handelt es sich um eine Schuld gegenüber dem Erblasser, kann bei Tilgung durch den Bedachten noch vor dem Erbfall im Wege der Auslegung ein Geldvermächtnis angenommen werden.[9]

2. Schuldvermächtnis

Das Schuldvermächtnis ist gesetzlich ebenfalls nicht geregelt und besteht in der Zuwendung eines Gegenstandes, den der Erblasser dem Vermächtnisnehmer bereits schuldet. Es

---

[4] MüKoBGB/*Schlichting* § 2173 Rn. 3.
[5] Unter § 285 kann auch die Befreiung von einer Verbindlichkeit fallen, RGZ 120, 350.
[6] MüKoBGB/*Schlichting* § 2173 Rn. 6.
[7] OLG Koblenz FamRZ 1998, 579, 580; vgl. auch OLG Düsseldorf OLG-Report 1995, 300; OLG Karlsruhe NJW-RR 2005, 1317.
[8] Vgl. z.B. LG Rottweil, Urteil vom 5.2.2004 – 2 O 186/03.
[9] *Erman/M. Schmidt* § 2173 Rn. 5.

entfaltet die Wirkung eines Schuldanerkenntnisses (vgl. § 781) und kann daher, bei irrtümlicher Annahme der Schuld, gem. § 2078 angefochten werden.[10] Bei Tilgung des Erblassers noch zu Lebzeiten, ist das Vermächtnis demgegenüber unwirksam (§ 2171).

§ 2174
Vermächtnisanspruch

Durch das Vermächtnis wird für den Bedachten das Recht begründet, von dem Beschwerten die Leistung des vermachten Gegenstandes zu fordern.

Übersicht	Rz.		Rz.
I. Bedeutung der Vorschrift	1	V. Auskunftsrechte	12
II. Die Rechtsstellung des Vermächtnisnehmers	2	VI. Beratungshinweise	13
		1. Anspruchsdurchsetzung	13
III. Der Vermächtnisanspruch	4	2. Einwendungen des Beschwerten	14
1. Inhalt	4	3. Sicherungsrechte des Vermächtnisnehmers	16
2. Anwendung allgemeiner Vorschriften	5		
3. Entstehen, Fälligkeit und Übertragbarkeit des Vermächtnisanspruchs	6	4. Regelungen zur Kostentragung	19
		5. Checkliste: Vermächtniserfüllung	20
IV. Erfüllung	9		

I. Bedeutung der Vorschrift

1   § 2174 ist die zentrale Vorschrift des Vermächtnisrechts. Sie enthält die Rechtsgrundlage für den Vermächtnisanspruch des Bedachten und stellt gleichzeitig klar, dass die Vermächtnisanordnung nicht zu einer dinglichen Nachlassbeteiligung führt.[1]

II. Die Rechtsstellung des Vermächtnisnehmers

2   Da der Vermächtnisnehmer nicht dinglich am Nachlass beteiligt ist, sondern lediglich ein schuldrechtliches Forderungsrecht gegenüber dem Beschwerten erhält, ist er – soweit der Erbe beschwert ist – Nachlassgläubiger, § 1967 Abs. 2. Als solcher ist er aber überwiegend nachrangig, z.B. bei einer Nachlassinsolvenz (§ 327 Abs. 1 Nr. 2 InsO). Gem. § 5 AnfG besteht zudem eine erleichterte Anfechtungsmöglichkeit; dabei hat die Vermächtnisanordnung nur Geltung, soweit der Nachlass nach Abzug der Schulden des Erblassers reicht (§§ 1972, 2060, 1992, 2306, 2318, 2322 ff.). Mehrere Vermächtnisse sind ggf. verhältnismäßig zu kürzen (§ 1991 Abs. 4, 327 InsO). Im Übrigen muss das Vermächtnis grundsätzlich auch bis zur völligen Ausschöpfung des Nachlasses erfüllt werden.[2] Der Vermächtnisnehmer kann auch selbst erbrechtlichen Belastungen ausgesetzt sein (§§ 2186 ff., 2192, 2147, 2203). Beim Vorausvermächtnis hat der Vermächtnisnehmer eine Doppelstellung (§ 2150).

3   Nach zutreffender h.M. hat der Bedachte vor dem Erbfall kein Anwartschaftsrecht, da selbst bei erbvertraglicher Bindung des Erblassers keine gesicherte Rechtsposition schon zu Lebzeiten entsteht (§ 2286). Der Schutz des Vermächtnisnehmers erfolgt in dieser Phase nur über § 2288.[3] Vor dem Erbfall ist daher i.d.R. eine Feststellungsklage, dass das Vermächtnis entstanden ist, ebenso wenig zulässig wie eine einstweilige Verfügung zur vorläufigen Sicherung. Eine Ausnahme kann für die Feststellung einer erbvertraglichen Bindung

---

10 *Lange/Kuchinke* § 29 V 2g (Fn. 241). Nach BGH WM 1985, 1206, 1207 kann die Erwähnung der Schuld im Testament die Beweiswirkung eines Schuldscheins haben.
1 Eine Ausnahme gilt nach bei einem Vorausvermächtnis zugunsten des Alleinvorerben, BGHZ 32, 60.
2 BGH NJW 1993, 850.
3 Vgl. BGH ZEV 1998, 68.

bestehen, soweit nach allgemeinen Vorgaben ein Feststellungsinteresse i.S.d. § 256 ZPO zu bejahen ist, also nicht schon aufgrund einer Verfügung des Erblassers über den Gegenstand zu Lebzeiten, aber ggf. im Falle des § 2289 Abs. 1 S. 2. Vor dem Erbfall ist eine Vormerkung zur Sicherung von Grundstücksvermächtnissen nicht möglich.

III. Der Vermächtnisanspruch

1. Inhalt

Der Vermächtnisanspruch ist gerichtet auf Übertragung des vermachten Gegenstandes und damit causa für die vom Beschwerten vorzunehmende Erfüllungshandlung. Die erforderliche Leistung des Beschwerten bestimmt sich nach den §§ 929, 873, 925, 398, 413 oder kann auch im Abschluss eines Erlassvertrages (beim Befreiungsvermächtnis) bestehen. Bei Grundstücksvermächtnissen kann der Erblasser gleichzeitig die Befugnis des Bedachten regeln, Auflassung an sich selbst vorzunehmen, etwa im Wege einer postmortalen notariellen Vollmacht. Es liegt aber ein Erwerb vom Erben vor, bei dem der Bedachte als Vertreter handelt.[4] Der Umfang des Vermächtnisses bestimmt sich nach dem Inhalt der Anordnung; daneben gelten bei Forderungsvermächtnissen auch Sicherungs- bzw. Beweisurkunden als mitvermacht.[5] Für Zubehör gilt § 2164 Abs. 1.

2. Anwendung allgemeiner Vorschriften

Da das Vermächtnis ein einseitiges gesetzliches Schuldverhältnis darstellt, gelten, vorbehaltlich abweichender Bestimmungen des Erblassers, grundsätzlich die §§ 241–304. Bei Leistungsstörungen gelten die §§ 275 ff. (mit Abweichungen nach den §§ 2171, 2170), ferner die §§ 280, 286 ff.,[6] während die Gewährleistungsrechte des Vermächtnisnehmers abschließend durch die §§ 2182, 2183 geregelt sind. Die Grundsätze über die Störung der Geschäftsgrundlage (§ 313) finden keine Anwendung;[7] etwaige Veränderungen der Verhältnisse sind nur über die Anfechtungsvorschriften (§ 2078) oder eine ergänzende Testamentsauslegung berücksichtigungsfähig. Dagegen finden § 242[8] und § 826[9] Anwendung. Für den Erfüllungsort greifen die §§ 269, 270 ein.

3. Entstehen, Fälligkeit und Übertragbarkeit des Vermächtnisanspruchs

Der Vermächtnisanspruch entsteht grundsätzlich mit dem Erbfall (§ 2176). Die Annahme durch den Bedachten ist nicht erforderlich. Ausnahmen für den Entstehungszeitpunkt gelten in den Fällen der §§ 2177, 2178. Soweit der Erblasser nichts anderes verfügt hat (vgl. auch § 2181), ist der Vermächtnisanspruch sofort fällig (§ 271 Abs. 1). Für das Untervermächtnis gilt § 2186 als Spezialregelung.

Der Vermächtnisanspruch ist frühestens mit dem Erbfall übertragbar[10] und damit auch zugleich vererblich und pfändbar. Eine Übertragung des künftigen Vermächtnisanspruchs vor dem Erbfall kommt wegen § 311b Abs. 4 nicht in Betracht. In Fällen des bedingten bzw. befristeten Vermächtnisses (§ 2177) besteht bis zum Anfall ein übertragbares Anwartschaftsrecht des Bedachten, das ebenfalls pfändbar ist. Nach h.M. ist der Erblasser nicht befugt, die Abtretbarkeit gem. § 399 auszuschließen.[11] Im Ergebnis kann der Erblasser den Abtretungsausschluss aber dadurch erreichen, dass er eine auflösende Bedingung für das

---

4 OLG Köln FamRZ 1992, 859; zum Grundstücksvermächtnis vgl. § 2166 Rz. 6.
5 Vgl. auch § 401.
6 § 286 Abs. 3 gilt nicht, da die Vermächtnisforderung keine »Entgeltleistung« ist.
7 BGH NJW 1993, 850; OLG Düsseldorf FamRZ 1996, 1302, 1303.
8 BGHZ 37, 233, 240.
9 BGH NJW 1992 2152.
10 BGHZ 12, 115; OLG Saarbrücken, Urteil vom 6.11.2008 – 8 U 528/07.
11 PWW/*Schiemann* § 2174 Rn. 1; a.A.: MüKoBGB/*Schlichting* § 2174 Rn. 14.

Vermächtnis im Falle der Abtretung anordnet, sodass die Streitfrage nur theoretischer Natur ist. Die Abtretbarkeit ist ausgeschlossen, wenn sich dadurch die Schuld des Beschwerten inhaltlich verändern würde.[12]

8 Der **Vermächtnisanspruch** unterliegt für Erbfälle ab dem 1.1.2010[13] der regelmäßigen Verjährung gem. §§ 195, 199; die Verjährungshöchstfrist beträgt gem. § 199 Abs. 3a 30 Jahre ab Anspruchsentstehung. Zu beachten ist die Überleitungsregelung in Art. 229 § 23 EGBGB, die dem Übergangsrecht zur Verjährung nach der Schuldrechtsmodernisierung nachempfunden ist.

IV. Erfüllung

9 Die erforderliche Erfüllungshandlung bestimmt sich nach der Art des Vermächtnisgegenstandes. Wird als Vermächtnis ein Nießbrauch am Nachlass bestellt, ist Erfüllung durch Vollzug an den Einzelgegenständen notwendig.[14] Ggf. treffen den Beschwerten besondere Mitwirkungspflichten, z.B. die Ausübung von Gesellschafterrechten. Besonderheiten treten auf, wenn ein einzelkaufmännisches Unternehmen vermacht wird.[15] Hier sind die einzelnen Aktiva und Passiva zu übertragen, was häufig (z.B. bei Verträgen) die Zustimmung Dritter erfordert (§§ 414 f.). Zudem liegt ein Betriebsübergang vor (§ 613a), was sowohl für den Erben als auch den Vermächtnisnehmer die Informationspflicht nach § 613a Abs. 5 auslöst. Auch kann die Erfüllungshandlung von einer öffentlich-rechtlichen Genehmigung abhängen, vgl. § 15 HöfeO, § 2 GrdstVG, § 1821, 1822, 164. Das Vermächtnis ist dabei grundsätzlich bis zur vollständigen Ausschöpfung des Nachlasses zu erfüllen.[16]

10 Willenserklärungen des Erblassers können ebenfalls zur Erfüllung führen (§ 130 Abs. 2), auch durch den Verfügungsinhalt (§§ 2260, 2262). Leistet der Erblasser den Zuwendungsgegenstand noch vor dem Erbfall, ist ein zugrunde liegendes Stückvermächtnis nicht gem. § 2171 unwirksam, da ansonsten der Rechtsgrund zum Behaltendürfen entfiele[17] und damit bspw. auch ein Nachvermächtnis ins Leere gehen würde.[18] Grundsätzlich wird man daher bei Leistung des vermachten Gegenstandes davon ausgehen können, dass der Erblasser die Zuwendung nicht auf eine neue rechtliche Grundlage stellen wollte. Kommt es noch zu Lebzeiten des Erblassers zu einer Rückübertragung des Gegenstandes, bleibt der mit dem Erbfall entstehende Vermächtnisanspruch hiervon unberührt.[19] Gleiches gilt i.E. für ein Gattungsvermächtnis;[20] hier besteht allerdings die Schwierigkeit in der Feststellung, ob die Leistung aus der Gattung tatsächlich zur Erfüllung geführt hat. Ist dies nicht der Fall, besteht grundsätzlich ein Bereicherungsanspruch des Nachlasses, soweit nicht ein anderer Leistungsgrund vorliegt.

11 Die **Kosten der Erfüllung** trägt grundsätzlich der Beschwerte, auch bei Grundstücksvermächtnissen.[21] Die Kosten der Abnahme und Übersendung des Vermächtnisgegenstandes trägt im Zweifel der Vermächtnisnehmer (§§ 242, 448 Abs. 1), es sei denn, es liegt eine Schick- bzw. Bringschuld vor, was Auslegungsfrage ist; als Kriterium kann insoweit das Verhältnis etwaiger Kosten zu dem Zuwendungswert auf der einen und gegenüber der Nachlassmasse auf der anderen Seite dienen.[22]

---

12 BGH JZ 1985, 665.
13 Gesetz zur Änderung des Erb- und Verjährungsrechts vom 24.9.2009, BGBl I 2009, 3142. Zu Einzelheiten vgl. vor § 1922 Rz. 29 ff.
14 Vgl. vor § 2147 Rz. 17.
15 Vgl. auch § 2151 Rz. 8.
16 BGH NJW 1993, 850; OLG Koblenz MDR 2009, 150.
17 *Staudinger/Otte* § 2174 Rn. 27.
18 OLG Frankfurt a.M. ZEV 1997, 295, 296 mit Anm. *Skibbe*.
19 OLG München NJW-RR 1989, 1910, 1911.
20 Vgl. § 2155 Rz. 3.
21 BGH NJW 1963, 1602, 1604.
22 *Palandt/Edenhofer* § 2174 Rn. 9.

V. Auskunftsrechte

Ein gesetzliches Auskunftsrecht ist – mit Ausnahme des § 2314 für den pflichtteilsberechtigten Vermächtnisnehmer – nicht geregelt, sodass nach allgemeinen Grundsätzen der Vermächtnisnehmer auskunftsberechtigt ist, soweit dies zur zweckentsprechenden Geltendmachung seiner Rechtsposition erforderlich ist (§ 242).[23] Der Auskunftsanspruch erstreckt sich, soweit ein Gegenstand vermacht ist, dabei aber grundsätzlich nicht auch auf Bestand und Höhe des Nachlasses, wohl aber auf das Schicksal des Vermächtnisgegenstandes bzw. seines Surrogates.[24] Etwas anderes kann für Quotenvermächtnisse gelten;[25] noch weitergehender kann der Auskunftsanspruch bei Nießbrauchvermächtnissen sein, abhängig davon, ob sich das Nießbrauchrecht auf einen Einzelgegenstand (z.B. Grundstück) beziehen soll oder aber auf den Nachlass insgesamt.[26] Bei Wahlvermächtnissen ist der Vorlageanspruch nach §§ 242, 809 zu beachten. Darüber hinaus kann ein Auskunftsrecht – bspw. bei Verschaffungsvermächtnissen – als bereits bestehende Rechtsposition des Erblassers im Wege der Auslegung mitvermacht werden, aber auch abschließend – eingeschränkt – geregelt werden, bis hin zum vollständigen Ausschluss eines Auskunftsanspruchs.[27] Die Grenze wird durch die erbrechtlichen Bindungen bei nachträglichen Beschränkungen vorgegeben, wenn nämlich i.E. die Durchsetzung der zuvor erbvertraglich gesicherten Rechtsposition vereitelt würde. Ein sinnvoller Mittelweg besteht darin, berufsverschwiegene Personen (Steuerberater, Wirtschaftsprüfer, Rechtsanwälte), etwa für eine Auskunftserteilung über Wert und Bestand eines Unternehmens, entsprechend § 87c Abs. 4 HGB, zu beauftragen.[28]

VI. Beratungshinweise

1. Anspruchsdurchsetzung

Die Form des Klageantrages bestimmt sich nach der Art des Vermächtnisgegenstandes (z.B. gerichtet auf Zahlung, Herausgabe, Bewilligung der Eintragung des Nießbrauchs etc.), ggf. ergänzt durch die für das Verschaffungsvermächtnis geltenden Besonderheiten in der Zwangsvollstreckung.[29] Für die Passivlegitimation ist zu beachten, dass ggf. der Anspruch gegenüber dem Nachlasspfleger, dem Nachlasskonkursverwalter oder Testamentsvollstrecker geltend zu machen ist. Gegen den Erben kann vor Annahme der Erbschaft innerhalb von 3 Monaten nach Annahme der Anspruch nicht durchgesetzt werden (§ 1958, 2014). § 27 ZPO gibt auch für die Vermächtnisklage gegen den Erben einen besonderen Gerichtsstand, unabhängig davon, ob der Erbe beschwert ist oder ein Dritter.[30]

2. Einwendungen des Beschwerten

Einwendungen bzw. Einreden des Beschwerten können sich zunächst aus dem durch das Vermächtnis begründeten Rechtsverhältnis ergeben, insb. aus entsprechenden Anordnungen des Erblassers. Daneben ist das Vermächtniskürzungsrecht nach §§ 2318, 2322 f. zu beachten.[31] Das praktisch wichtigste Gegenrecht des Erben, aber auch des mit einem Untervermächtnis beschwerten Bedachten (§ 2187 Abs. 3), ist die Überschuldungseinrede des § 1992. Sie steht auch dem zur Verwaltung berechtigten Testamentsvollstrecker zu.[32]

---

23 OLG Oldenburg NJW-RR 1990, 650.
24 OLG Oldenburg NJW-RR 1990, 650.
25 *Palandt/Edenhofer* § 2174 Rn. 4.
26 Vgl. *Keilbach* FamRZ 1996, 1191.
27 BGH WM 1969, 337, 339; OLG Oldenburg NJW-RR 1990, 650.
28 *Keilbach* FamRZ 1996, 1191, 1195.
29 Vgl. § 2170 Rz. 7.
30 *Baumbach/Lauterbach/Albers/Hartmann* § 27 Rn. 6.
31 Vgl. § 2318 Rz. 10; § 2322 Rz. 4.
32 OLG Thüringen OLG-NL 2003, 89, 90 f.

Die Einrede setzt nach zutreffender h.M. voraus, dass die Überschuldung ausschließlich auf Vermächtnissen und Auflagen beruht.[33] Der Erbe ist also nicht zur Nachlassverwaltung oder zum Nachlassinsolvenzverfahren gezwungen. Der Beschwerte kann vielmehr die Vermächtnisnehmer nach §§ 1990, 1991 auf den Rest des Vermächtniswertes verweisen und dieses zum Zwecke der Befriedigung der Bedachten im Wege der Zwangsvollstreckung herausgeben. Alternativ besteht ein Abfindungsrecht des Beschwerten gem. § 1992 S. 2. Ist ein bestimmter Nachlassgegenstand vermacht, wandelt sich der Vermächtnisanspruch nach Erhebung der Überschuldungseinrede in einen verhältnismäßig gekürzten Geldanspruch. Der Vermächtnisnehmer kann allerdings die Übertragung des Gegenstandes verlangen, wenn er Zug um Zug den erforderlichen Kürzungsbetrag leistet.[34]

15 Für den Beschwerten ist es ratsam, auf eine genaue **Absonderung der Nachlassgegenstände von seinem Eigenvermögen** zu achten, sobald sich eine Überschuldung oder auch Dürftigkeit des Nachlasses abzeichnet. Prozessual ist die Einrede durch den Haftungsbeschränkungsvorbehalt nach § 780 ZPO geltend zu machen und in den Urteils**tenor** aufnehmen zu lassen. Bei eindeutiger Rechtslage steht auch dem Prozessgericht bereits die Feststellung zu, dass der Nachlass überschwert ist; von dieser Möglichkeit sollte – soweit die Rechtslage tatsächlich eindeutig ist – auch Gebrauch gemacht werden, da ansonsten die Verwirklichung der Haftungsbeschränkung in der Zwangsvollstreckung durch eine Vollstreckungsgegenklage erfolgen muss (§§ 781, 785, 767 ZPO). Der Anwalt ist grundsätzlich verpflichtet, für die Aufnahme des Vorbehalts Sorge zu tragen.[35]

3. Sicherungsrechte des Vermächtnisnehmers

16 Mangels gesicherter Rechtsposition vor dem Erbfall kommen dem Vermächtnisnehmer grundsätzlich erst nach dem Erbfall Sicherungsmöglichkeiten zu. Hier ist allerdings zwischen der Sicherungsfähigkeit des Vermächtnisanspruchs, insb. z.B. der (zweifelsfreien) Vormerkungsfähigkeit i.S.d. § 883,[36] und dem Sicherungsanspruch zu unterscheiden. Grundsätzlich besteht erbrechtlich kein eigener Sicherungsanspruch des Bedachten, es sei denn, er ist zugleich mit dem Vermächtnis durch den Erblasser bestimmt worden (str.).[37] Dies kann sich im Wege der Auslegung ergeben, etwa wenn ein bedingtes Ankaufsrecht übertragen ist, das erst nach mehreren Jahren entstehen kann.[38] Bei Grundstücksvermächtnissen kann nach dem Erbfall über §§ 883, 885 im Wege einer einstweiligen Verfügung die Eintragung einer Vormerkung bewirkt werden,[39] was wegen der Schutzwirkung nach §§ 883 Abs. 2, 884, §§ 106, 254 Abs. 2 S. 1 InsO besondere Bedeutung erlangt. Voraussetzung ist, dass der Beschwerte zugleich Eigentümer des Grundbesitzes ist.[40] Der in der Hauptsache erstinstanzlich obsiegende Kläger kann sich zur Eintragung auf § 895 ZPO stützen. Außerhalb von Grundstücken ist eine einstweilige Verfügung gerichtet auf Erlass eines Verfügungsverbotes denkbar, wenn der Erbe etwa eine Veräußerung des Vermächtnisgegenstandes plant (§§ 938 Abs. 2 ZPO, 136). Bei Geldvermächtnissen kommt u.U. eine Sicherung durch Arrest (§ 916 ZPO) in Betracht. Vor dem Erbfall besteht zudem die Möglichkeit, eine zusätzliche schuldrechtliche Verpflichtung des Erblassers zur Übertragung des Grundstücks zu schaffen, die – bei Einhaltung der notariellen Form (§ 311b Abs. 1 S. 1) – dann auch durch eine Vormerkung bereits gesichert werden kann. Es ist auch mög-

---

33 OLG München ZEV 1998, 100, 101, mit Anm. *Weber.*
34 BGH NJW 1964, 2298.
35 BGH NJW 1991, 2839.
36 BGHZ 12, 115.
37 BGH NJW 2001, 2883, 2884. Weitergehend: OLG Hamm, MDR 1984, 402, wonach mit dem Vermächtnis eines Auflassungsanspruches immer ein Anspruch auf Bewilligung einer Vormerkung verbunden ist, soweit nicht aus dem Testament etwas anderes hervorgeht.
38 BGH NJW 2001, 2883, 2884.
39 LG Düsseldorf, Urteil vom 17.6.2005 – 14c O 12/05.
40 Vgl. OLG Schleswig NJW-RR 1993, 11.

lich, noch zu Lebzeiten des Erblassers zugunsten des künftigen Vermächtnisnehmers eine Sicherung dadurch herbeizuführen, dass ein Auflassungsanspruch unter der aufschiebenden Bedingung der zwischenzeitlichen Veräußerung des Grundstücks durch den Erblasser eingeräumt wird,[41] für den zugleich eine Vormerkung eingetragen wird. Die Möglichkeit eines Verfügungsverbotes gem. §§ 136, 135 hilft demgegenüber nicht weiter, da eine dingliche Wirkung davon nicht ausgeht (§ 135 Abs. 2) und ein Verstoß lediglich eine Schadensersatzpflicht nach sich zieht.

Eine andere Möglichkeit besteht darin, den Vermächtnisnehmer unwiderruflich zur Eigentumsverschaffung unter Befreiung von § 181 zu bevollmächtigen;[42] auch hier wird allerdings eine anderweitige Verfügung der Erben nicht gehindert. Ebenso bietet sich, insb. in Fällen der §§ 2154, 2156, 2151, die Anordnung einer Testamentsvollstreckung an.[43] 17

Nach Anfall des Vermächtnisses kann der Bedachte gegenüber dem beschwerten Erben Nachlassverwaltung beantragen (§ 1981 Abs. 2). Eine Möglichkeit zur Drittwiderspruchsklage besteht nicht, da der Vermächtnisanspruch kein Recht i.S.d. § 771 ZPO darstellt. Schutz gegen einen zu besorgenden gutgläubigen Erwerb eines Dritten kann eine einstweilige Verfügung mit dem Inhalt der Herausgabe an einen Sequester bieten. 18

4. Regelungen zur Kostentragung

Mit Blick auf die fehlenden gesetzlichen Regelungen hinsichtlich der Kosten für die Erfüllung des Vermächtnisses sollte in jedem Fall mit der Vermächtnisanordnung eine Bestimmung verbunden werden, wer im Einzelfall die Kosten zu tragen hat. 19

5. Checkliste: Vermächtniserfüllung

1. Wer ist Bedachter? 20
   – mehrere Vermächtnisnehmer
   – Zugleich Erbe (§ 2150)
   – Drittbestimmung (§§ 2151–2153)
   – Wegfall (Vorversterben, Ausschlagung – Anwachsung, Ersatzbedachter)
2. Was ist Vermächtnisgegenstand?
   – Reichweite (§§ 2164 ff.)
   – Drittbestimmung (§§ 2154–2156)
3. Wer ist Beschwerter?
   – Erbe/Vermächtnisnehmer – ggf. mehrere Personen
   – Wegfall (§ 2161)
4. Ist das Vermächtnis angefallen und fällig?
   – Untervermächtnis, Nachvermächtnis (§§ 2176–2179, 2181)
5. Ist das Vermächtnis wirksam angenommen?
   – ausdrückliche oder konkludente Annahme/Ausschlagung (§ 2180)
6. Wer ist zur Erfüllung zuständig?
   – Erbe, Vermächtnisnehmer, Testamentsvollstrecker
   – Selbstvollzugsmöglichkeit des Bedachten
7. Erfordert Erfüllung zusätzliche Schritte?
   – Auskunftserteilung
   – vorläufige Sicherungsmaßnahmen
   – Gewährleistung, Herausgabe Früchte u.a./Ersatz Verwendungen (§§ 2182–2186)
   – Einholung Zustimmung Dritter bzw. Information Dritter, Grundbuchberichtigung

---

41 Vgl. BGHZ 134, 182.
42 OLG Köln FamRZ 1992, 859.
43 Ausführlich, u.a. zu weiteren Alternativen (mit Gestaltungshinweisen): *Halding-Hoppenheit* RNotZ 2005, 311.

- Vertretungsverbot (§ 1795)
- bei Grundbesitz: Darlehens- und Grundschuldübernahme (§§ 2166 ff.); Genehmigungspflicht (§ 1821)
8. Bestehen Einwendungen des Beschwerten gegen die Erfüllung?
    - Überschuldungseinrede (§ 1992)
    - Dreimonatseinrede (§§ 1958, 2014)
    - Kürzungsrecht (§§ 2187, 2188, 2318, 2322)
    - Vorerfüllung durch Erblasser
9. Wer trägt die Kosten der Erfüllung?
10. Erbschaftsteuer?

§ 2175
Wiederaufleben erloschener Rechtsverhältnisse

Hat der Erblasser eine ihm gegen den Erben zustehende Forderung oder hat er ein Recht vermacht, mit dem eine Sache oder ein Recht des Erben belastet ist, so gelten die infolge des Erbfalls durch Vereinigung von Recht und Verbindlichkeit oder von Recht und Belastung erloschenen Rechtsverhältnisse in Ansehung des Vermächtnisses als nicht erloschen.

I. Normzweck

1 Da das Vermächtnis nur schuldrechtlich wirkt (§ 2174), würde mit dem Erbfall die Anordnung des Erblassers unwirksam (§ 2169, 2171), wenn Gegenstand des Vermächtnisses eine Forderung des Erblassers gegen den Erben oder aber ein Recht des Erblassers wäre, mit dem eine Sache bzw. ein Recht des Erben belastet ist (Konfusion bzw. Konsolidation). Aus diesem Grund fingiert das Gesetz den Fortbestand der Forderung bzw. des Rechts »in Ansehung des Vermächtnisses«, d.h. mit relativer Wirkung.

II. Anwendungsbereich

2 Die Vorschrift gilt nur für vermachte – vererbliche[1] – eigene Forderungen gegen den Erben bzw. für Rechte an Gegenständen (Sachen oder Rechte) des Erben.[2] Zum Teil wird eine analoge Anwendung auf den Fall des Erlöschens einer zweigliedrigen Personengesellschaft zwischen Erbe und Erblasser befürwortet, wenn der Gesellschaftsanteil als Vermächtnis zugunsten eines Dritten ausgebracht wird.[3] Hiergegen spricht, dass die gesetzliche Tatbestandsfiktion (ebenso wie in den §§ 2143, 1976) eine Ausnahme darstellt, die nicht ohne Weiteres analogiefähig ist. Entscheidend ist aber, dass diese Konstruktion mit den gesellschaftsrechtlichen Vorgaben nicht übereinstimmt. Der Tod eines Gesellschafters führt bei einer zweigliedrigen Personengesellschaft notgedrungen zur sofortigen Vollbeendigung der Gesellschaft, da eine Ein-Mann-Personen-Gesellschaft nach herrschender Dogmatik nicht begründbar ist.[4] Die Beendigung der Gesellschaft wiederum führt dazu, dass für das ihr zugeordnete Gesamthandsvermögen die Grundlage entfällt; es kommt zur Anwachsung bei dem allein verbleibenden Gesamthänder mit der Besonderheit, dass diese

---
[1] Bei unvererblichen Rechten bzw. Forderungen bleibt es beim Erlöschen durch Vereinigung von Anspruch und Verbindlichkeit.
[2] Als Sonderregelungen sind die §§ 889, 1063 Abs. 2 (1068), 1256 Abs. 1 S. 2, Abs. 2 (1273), 1976 zu beachten.
[3] Vgl. MüKoBGB/*Schlichting* § 2175 Rn. 6.
[4] *K. Schmidt* Gesellschaftsrecht § 8 IV 2 b; vgl. auch BayObLG, Beschluss vom 10.3.2000 – 3 ZBR 385/99.

Gesamthandsberechtigung sich zu Alleineigentum in seiner Person umwandelt.[5] Damit haftet der verbleibende Gesellschafter – auch bei vorheriger Kommanditistenstellung – als Gesamtrechtsnachfolger unbeschränkt für alle Altschulden der Gesellschaft; ihm ist allerdings entsprechend § 27 HGB die Möglichkeit gegeben, die an sich durch das Zusammenfallen der beiden bisherigen Gesellschaftsanteile in seiner Person ausgelöste unbeschränkte (gesellschaftsrechtliche) Haftung zu vermeiden, indem er die Fortführung des Handelsgeschäfts innerhalb von drei Monaten nach Kenntnis von der Erbfolge einstellt.[6] Hiermit würde allerdings die Fortbestehensfiktion des § 2175 in Widerspruch treten, da dem Vermächtnisnehmer eine Frist zur Annahme oder Ausschlagung der Zuwendung von Gesetzes wegen nicht vorgegeben ist[7] und der Erbe mithin möglicherweise zur Vermeidung einer Schadensersatzpflicht gezwungen wäre, das Unternehmen zunächst über die Dreimonatsfrist hinaus fortzuführen. Darüber hinaus würde bis zur Erfüllung des Vermächtnisses ein Schwebezustand entstehen, der bereits aus Gründen der Rechtssicherheit nicht hinnehmbar erscheint. Die zweigliedrige Gesellschaft ist – anders als es § 2175 vor Augen hat – nicht von einem einseitigen Forderungsrecht des Erblassers gegen den Erben bestimmt, sodass eine Analogie ausscheidet. Anders ist die Konstellation, wenn ein Gesellschafter als Vorerbe seines Mitgesellschafters dessen Gesellschaftsanteil erwirbt, da die Vorerbschaft in seinen Händen ein Sondervermögen bildet, das rechtlich von seinem übrigen getrennt ist und er damit zwei getrennte Mitgliedschaftsrechte verwaltet.[8] Im Ergebnis besteht für eine Analogie aber auch keine Notwendigkeit, da im Wege der Auslegung (§ 2084) die Zuwendung des Gesellschaftsanteils an einer zweigliedrigen Personengesellschaft als Vermächtnis eines Anspruches zugunsten des Bedachten auf Abschlusses eines neuen Gesellschaftsvertrages, also auf Abgabe einer Willenserklärung (§ 894 ZPO) gewertet werden kann. Die Firma selbst kann dabei unter den Voraussetzungen der §§ 22–24 HGB fortgeführt werden, da die Wiederaufnahme der unternehmerischen Tätigkeit objektiv möglich ist.[9] Zu beachten ist, dass unabhängig von der Firmenfortführung eine Haftung der neuzugründenden Gesellschaft gem. § 28 HGB eintritt. In Anlehnung an den Rechtsgedanken aus § 2166 wird man allerdings zugrunde legen können, dass der Komplementär-Vermächtnisnehmer die Altverbindlichkeiten gegenüber den Gesellschaftsgläubigern jedenfalls insoweit auszugleichen hat, als dies durch den Wert des Gesellschaftsanteils gedeckt ist (§ 329). Der Erblasser hat alternativ die Möglichkeit, zur Erfüllung des Vermächtnisses über den Anteil eine Testamentsvollstreckung anzuordnen, die insoweit ein Sondervermögen entstehen lässt.[10] Dies ist auch bei zweigliedrigen Personengesellschaften möglich.[11]

III. Rechtsfolge

»In Ansehung des Vermächtnisses« erlischt die Forderung bzw. das Recht nicht, d.h. soweit es zur Wirksamkeit des Vermächtnisses erforderlich ist, bspw. wenn lediglich das Vermächtnis einen Teil der Forderung (z.B. bei einem Geldanspruch) erfasst. Auf diese Weise ist auch gewährleistet, dass akzessorische Sicherungsrechte (insoweit) bestehen bleiben. Ein Zugriff der Gläubiger des Erben ist nicht möglich.

3

---

5 MüKo/*Ulmer* BGB § 718 Rn. 21.
6 BGHZ 113, 132, 135 f.
7 Vgl. § 2180 Rz. 2.
8 Vgl. *K. Schmidt* § 45 I 2 b bb.
9 Vgl. BayObLG, Beschluss vom 10.3.2000 – 3 ZBR 385/99.
10 BGHZ 48, 214, 219; Z 98, 48 (57); NJW 1996, 1284, 1286.
11 *Bengel/Reimann* Rn. 187.

IV. Beratungshinweise

4 Die gesetzlich fingierte Forderung muss zur Übertragung abgetreten werden. Die Verbindung einer Klage gegen den Erben auf Abtretung und Erfüllung der Forderung ist dabei möglich; hierbei handelt es sich um einen unechten Hilfsantrag. Die Vollstreckung aus dem Leistungsurteil bspw. auf Herausgabe oder Zahlung ist allerdings erst möglich, wenn das Abtretungsurteil rechtskräftig ist (§ 894 ZPO).[12]

§ 2176
Anfall des Vermächtnisses

Die Forderung des Vermächtnisnehmers kommt, unbeschadet des Rechtes, das Vermächtnis auszuschlagen, zur Entstehung (Anfall des Vermächtnisses) mit dem Erbfalle.

I. Normzweck

1 § 2176 bestimmt den grundsätzlichen Zeitpunkt des Anfalls des Vermächtnisses, d.h. den Zeitpunkt, zu dem der Anspruch aus § 2174 entsteht: mit dem Erbfall, d.h. unabhängig vom Zeitpunkt der Annahme der Erbschaft durch den Erben. Ausnahmen regeln die §§ 2177, 2178, unter § 2177 fällt auch die Belastung nur des Nacherben mit einem Vermächtnis.[1] Der Erbfall hat also eine gewisse Stichtagswirkung, die durch § 2160 ergänzt wird. Nach OLG Celle[2] soll ein Vermächtnis zu Lasten des Nacherben schon vor dem Nacherbfall anfallen, wenn der Nacherbe den Nachlass von dem Vorerben durch Rechtsgeschäft unter Lebenden unentgeltlich erhält. Dies ist bedenklich, da Beschwerter i.S.d. § 2147 nur derjenige sein kann, dem der Erblasser einen Vermögensvorteil von Todes wegen zugewendet hat, der Nacherbe also erst mit dem Nacherbfall.[3] Der Tod des Bedachten nach dem Erbfall ist grundsätzlich für den bereits entstandenen Anspruch unerheblich; anders, wenn es sich um ein aufschiebend bedingtes Vermächtnis handelt (§ 2074). Das Recht zur Ausschlagung bleibt von dem Anfall unberührt (§ 2180).

II. Abgrenzung zur Fälligkeit

2 Mangels abweichender Anordnung des Erblassers wird der Vermächtnisanspruch sofort fällig, § 271 Abs. 1. Bei der Geltendmachung sind allerdings die §§ 2058, 2014 zugunsten des Erben zu beachten. Für das Untervermächtnis (§ 2186) ist zu berücksichtigen, dass vor der Berechtigung des Hauptvermächtnisnehmers, vom Erben Erfüllung zu verlangen, keine Fälligkeit eintritt.

3 Häufig problematisch ist die Abgrenzung zwischen Fälligkeit und Bedingung bzw. Befristung eines Vermächtnisses. Unklarheiten müssen im Wege der Auslegung behoben werden, wobei ein entscheidendes Indiz gegen ein aufschiebend bedingtes oder befristetes Vermächtnis ist, wenn nach dem Erblasserwillen dem Bedachten Früchte bzw. Zinsen des Vermächtnisses schon ab dem Erbfall zustehen sollen. Ein vom Eintritt des Beschwerten in eine Gesellschaft erst noch abhängiges Gewinnvermächtnis bspw. ist aufschiebend bedingt und entsteht nicht bereits mit dem Erbfall.[4] Das für den Fall der vorweggenommenen

---

12 A.A: *Staudinger/Otte* § 2175 Rn. 3.
1 Zum Anfall beim nasciturus vgl. MüKoBGB/*Schlichting* § 2176 Rn. 3.
2 FamRZ 1998, 1335, 1336.
3 Vgl. § 2147 Rz. 2.
4 BGH, NJW 1983, 937.

Hoferbfolge im Übergabevertrag eingesetzte Vermächtnis entsteht im Zuge von § 17 HöfeO im Zeitpunkt der Übergabe.[5]

§ 2177
Anfall bei einer Bedingung oder Befristung

Ist das Vermächtnis unter einer aufschiebenden Bedingung oder unter Bestimmung eines Anfangstermins angeordnet und tritt die Bedingung oder der Termin erst nach dem Erbfall ein, so erfolgt der Anfall des Vermächtnisses mit dem Eintritte der Bedingung oder des Termins.

I. Normzweck

Die Vorschrift enthält eine Ausnahme zu § 2176 für aufschiebend bedingt bzw. befristete Vermächtnisse. Danach verschiebt sich in diesen Fällen der Anfallzeitpunkt auf den Bedingungseintritt bzw. Anfangstermin.[1] Zeitliche Grenze für Befristung bzw. Bedingung sind die §§ 2162 und 2163. 1

II. Anordnung aufschiebender Bedingung

Die Anordnung eines aufschiebend bedingten Vermächtnisses kann einmalig (z.B. beim Nachvermächtnis) oder auch gestaffelt erfolgen dergestalt, dass es jeweils mit dem Tod des vorhergehenden Bedachten dem Nachfolger anfällt; im Ergebnis entstehen dadurch mehrere Vermächtnisse.[2] Ob das Vermächtnis unter einer Bedingung steht, ist durch Auslegung zu ermitteln. Ohne Zweifel liegt eine Bedingung vor, wenn lediglich der Nacherbe beschwert ist,[3] bzw. in den Fällen der §§ 2269 Abs. 2, 2280. Ebenso, wenn der Erblasser den Anfall des Vermächtnisses im Sinne einer Belohnung davon abhängig macht, dass der Bedachte innerhalb einer bestimmten Frist einen vom Erblasser angestrebten Erfolg herbeiführt[4] Die Zuwendung an den Beschwerten unter einer aufschiebenden Bedingung führt nicht automatisch dazu, dass auch das Vermächtnis selbst aufschiebend bedingt ist; jedenfalls dann nicht, wenn über § 2161 sichergestellt ist, dass es einen Beschwerten in jedem Falle gibt.[5] Zu beachten ist die Auslegungsregel des § 2074, wonach im Zweifel für den Anfall des bedingten Vermächtnisses vorausgesetzt wird, dass der Bedachte den Bedingungseintritt erlebt; dies gilt insb., wenn das Ereignis mit seiner Person zusammenhängt. Ggf. kann aber auch ein Ersatzvermächtnis (§§ 2190, 2069) vorliegen[6] oder ein Rückvermächtnis zugunsten des Erben bzw. das Vermächtnis mit Eintritt der Bedingung den Erben des Bedachten anfallen; letzeres ist Auslegungsfrage.[7] 2

III. Anordnung eines Anfangstermins

Die Ausführungen zu Abs. 2 gelten entsprechend, allerdings gilt die Auslegungsregel des § 2074 nicht für Befristungen; das Ergebnis kann aber über eine ergänzende Auslegung der 3

---

5 BGHZ 37, 192.
1 Zu der Rechtsposition des Bedachten in der Schwebezeit vgl. § 2179.
2 BGH NJW-RR 1992, 643, 644.
3 OLG Celle FamRZ 1998, 1335; OLG München ZEV 1998, 100.
4 OLG Bamberg NJW-RR 2008, 1325, 1326.
5 MüKoBGB/*Schlichting* § 2177 Rn. 2. In diesem Fall ist das Untervermächtnis aufschiebend befristet.
6 BGH LM 2069 Nr. 1.
7 *Palandt/Edenhofer* § 2177 Rn. 1; *Erman/M. Schmidt* § 2177 Rn. 3.

Verfügung ebenso erreicht werden.[8] Insoweit ist auch die Abgrenzung zum »betagten« Vermächtnis von Bedeutung, bei dem lediglich die Fälligkeit hinausgeschoben ist, etwa durch Anordnung eines Auszahlungszeitpunktes.

IV. Auflösende Bedingung, Endtermin

4 Für den Anfall gilt § 2176. Wenn mit dem Bedingungseintritt/Endtermin das Vermächtnis an einen Dritten fallen soll, liegt ein Nachvermächtnis vor (§ 2191), anderenfalls ein Rückfall an den Beschwerten, allerdings auch hier ohne dingliche Wirkung. Bei Eintritt vor dem Anfall wird ein Vermächtnis ohne Ersatz- bzw. Nachvermächtnisnehmer hinfällig.[9] Der Beschwerte kann Herausgabe über § 812 Abs. 1 S. 2 Fall 1 verlangen.

V. Beratungshinweise

5 Es ist umstritten, wie sich Unmöglichkeit und Ausfall einer Bedingung bei erbrechtlichen Zuwendungen auswirken. Richtigerweise ist vorrangig der Erblasserwille im Wege der Auslegung zu ermitteln, bevor entschieden werden kann, ob die bedingte Zuwendung selbst unwirksam ist oder als unbedingt fortgilt; bleibt der Erblasserwille unklar, ist die bedingte Verfügung unwirksam.[10]

6 Der Erblasser kann ein sog. Rückvermächtnis aussetzen, insb. auch mit zeitlicher Rückwirkung, d.h. in Abweichung zu § 2184. Zur Sicherung bietet sich hier regelmäßig die gleichzeitige Anordnung eines testamentarischen Weiterveräußerungsverbots an den Erstbedachten an, etwa durch Auflage, Testamentsvollstreckung oder in Form einer auflösenden Bedingung.[11]

§ 2178
Anfall bei einem noch nicht erzeugten oder bestimmten Bedachten

Ist der Bedachte zur Zeit des Erbfalls noch nicht erzeugt oder wird seine Persönlichkeit durch ein erst nach dem Erbfall eintretendes Ereignis bestimmt, so erfolgt der Anfall des Vermächtnisses im ersteren Falle mit der Geburt, im letzteren Falle mit dem Eintritte des Ereignisses.

I. Normzweck

1 Die Vorschrift statuiert eine weitere Ausnahme zu § 2176. Da der Vermächtnisnehmer lediglich Nachlassgläubiger und nicht Rechtsnachfolger des Erblassers ist, war eine Erleichterung gegenüber § 1923 Abs. 1 möglich. Auch noch nicht gezeugte oder der Person nach noch nicht feststehende Bedachte können als Vermächtnisnehmer in Betracht kommen. Zeitliche Grenze sind die §§ 2162, 2163.

---

[8] MüKoBGB/*Schlichting* § 2177 Rn. 5.
[9] *Soergel/Wolf* § 2177 Rn. 8; OLG Bamberg NJW-RR 2008, 1325.
[10] *Litzenburger* ZEV 2008, 369.
[11] OLG Frankfurt a.M. ZEV 1997, 295.

II. Anwendungsbereich und Rechtsfolge

Das Vermächtnis fällt bei Ungewissheit des Bedachten mit dem Ereigniseintritt bzw. der Geburt an.[1] Die Bestimmung des Bedachten nach §§ 2151 Abs. 1, 2152 ist kein Ereignis in diesem Sinne.[2] Die Regelung gilt auch für juristische Personen.[3]

§ 2179
Schwebezeit

Für die Zeit zwischen dem Erbfall und dem Anfalle des Vermächtnisses finden in den Fällen der §§ 2177, 2178 die Vorschriften Anwendung, die für den Fall gelten, dass eine Leistung unter einer aufschiebenden Bedingung geschuldet wird.

I. Normzweck

Der Vermächtnisanspruch entsteht infolge eines bedingten bzw. befristeten Vermächtnisses (§§ 2177, 2178) erst nach Beendigung des Schwebezustandes. Es gelten daher gem. § 2179 die §§ 158 ff. Damit wird für die Zeit zwischen Erbfall und Anfall des Vermächtnisses dem Bedachten eine rechtlich geschützte Position (Anwartschaft) verliehen. Diese ist übertragbar (§ 398) und pfändbar.[1] Die Vererblichkeit hängt bei aufschiebend bedingten Vermächtnissen davon ab, ob die Auslegungsregel des § 2074 eingreift.[2] Dies ist nicht der Fall im Anwendungsbereich des § 2069, es sei denn, aus der Verfügung lässt sich der eindeutige Willen des Erblassers entnehmen, dass die Abkömmlinge des Bedachten nicht an seine Stelle treten sollen.[3]

II. Anwendung des Bedingungsrechts

Nach § 160 ist der Beschwerte zur ordnungsgemäßen Verwaltung des Vermächtnisgegenstandes verpflichtet.[4] Da ein gesetzliches Schuldverhältnis vorliegt, gelten insoweit die §§ 276, 278, 280 ff., sodass bei Bedingungseintritt ein Schadensersatzanspruch gerichtet auf das positive Interesse entstehen kann. Nach zutreffender Auffassung ist auch § 285 auf die Zwischenzeit anwendbar,[5] ebenso § 162.[6] § 161 findet allerdings keine Anwendung, da das Vermächtnis auf einen schuldrechtlichen Anspruch gerichtet ist und es damit um den Schutz einer aufschiebend bedingten bzw. befristeten schuldrechtlichen, und nicht dinglichen Rechtsposition geht. Etwas anderes gilt selbstverständlich dann, wenn der Beschwerte unter der gleichen Bedingung bzw. Befristung über den Vermögensgegenstand zugunsten des Bedachten verfügt hat.[7] Im Falle der Befristung gilt Entsprechendes, insb. ist § 160 anwendbar,[8] nicht aber §§ 161, 159.[9]

---

1 Für den nasciturus gilt die Rückwirkung gem. § 1923 Abs. 2, d.h. Anfall mit Erbfall (§ 2176).
2 MüKoBGB/*Schlichting* § 2178 Rn. 3.
3 Vgl. hier für die Stiftung die Sonderregelungen des § 84.
1 BGH MDR 1963, 824.
2 BGH NJW 1958, 22.
3 *Soergel/Loritz* § 2074 Rn. 4.
4 BGH NJW 1991, 1736; *Schlüter* Rn. 894.
5 *Staudinger/Otte* § 2179 Rn. 3 zu § 281 a.F.
6 OLG Stuttgart FamRZ 1981, 818.
7 *Schlüter* Rn. 894.
8 BGH MDR 1963, 824, wonach für die Schwebezeit eine Schadensersatzhaftung in Betracht kommen kann.
9 Vgl. § 163.

III. Rechtsposition des Bedachten

3   In der Schwebezeit ist die Rechtsposition des Bedachten als Anwartschaft rechtlich geschützt; er kann das Vermächtnis auch vor dem Bedingungseintritt ausschlagen bzw. annehmen. Aus der Anwartschaft folgt ein Auskunftsrecht über Bestand und Schicksal des Zuwendungsgegenstandes;[10] Anspruchsgegner ist der mit der Anwartschaft Beschwerte, also u.U. auch bereits der Vorerbe. Zu Sicherungsmöglichkeiten vgl. unten Rz. 4.

IV. Beratungshinweise

4   Wegen der Unsicherheiten in der Frage der Vererblichkeit (§§ 2074, 2069) sollte diese ausdrücklich geregelt werden, zudem die Anordnung eines Ersatz-Vermächtnisnehmers. Ebenso wie für die Zeit vor dem Erbfall ist für die Schwebezeit häufig ein erhöhtes **Sicherungsbedürfnis** des Bedachten vorhanden, so beispielsweise bei einem Grundstücksvermächtnis. Hier ist weniger die Vormerkungsfähigkeit problematisch[11] als die Frage, unter welchen Voraussetzungen der Vermächtnisnehmer eine Sicherheitenbestellung beanspruchen kann. Grundsätzlich besteht ein erbrechtlicher Anspruch auf Besicherung nur, soweit dieser – ggf. im Wege der Auslegung – mitvermacht ist. Über § 885 ist jedenfalls im Wege der einstweiligen Verfügung eine Vormerkung zu erreichen, sodass diese Streitfrage bei Grundstücksvermächtnissen im Ergebnis ohne Bedeutung ist. Insoweit kann es allenfalls an einem Rechtsschutzbedürfnis fehlen, wenn eine – anderweitige – gleichrangige Sicherung mitvermacht und bereits erfüllt worden ist. Außerhalb des § 885 ist ein besonderer Verfügungsgrund notwendig.

5   In Fällen des § 2178 kann für eine Sicherungsmaßnahme eine Rechtspflegerbestellung erforderlich werden (§ 1913).

§ 2180
Annahme und Ausschlagung

(1) Der Vermächtnisnehmer kann das Vermächtnis nicht mehr ausschlagen, wenn er es angenommen hat.

(2) Die Annahme sowie die Ausschlagung des Vermächtnisses erfolgt durch Erklärung gegenüber dem Beschwerten. Die Erklärung kann erst nach dem Eintritte des Erbfalls abgegeben werden; sie ist unwirksam, wenn sie unter einer Bedingung oder einer Zeitbestimmung abgegeben wird.

(3) Die für die Annahme und die Ausschlagung einer Erbschaft geltenden Vorschriften des § 1950, des § 1952 Abs. 1, 3 und des § 1953 Abs. 1, 2 finden entsprechende Anwendung.

I. Normzweck

1   Die Regelung beinhaltet – wie in § 2176 bereits vorausgesetzt – das Recht des Bedachten, das Vermächtnis auszuschlagen, und ist damit Resultat des Grundsatzes, dass sich niemand eine Zuwendung aufdrängen lassen muss. Daneben ist die Ausschlagung vor dem Hintergrund der Gestaltungsmöglichkeiten von Bedeutung (§ 2307 BGB). Da der Vermächtnis-

---

10 OLG Oldenburg NJW-RR 1990, 650.
11 BayObLG RPfleger 1981, 190. Etwas anderes gilt allerdings, wenn erst der Nacherbe mit dem Vermächtnis beschwert ist, da dann Grundstückseigentümer und Schuldner des Auflassungsanspruchs nicht identisch sind (OLG Schleswig NJW-RR 1993, 11). Vgl. auch § 2174 Rz. 16.

nehmer keine dingliche Nachlassstellung erwirbt, ist das Verfahren zur Ausschlagung weniger formalisiert als für den Erben nach den §§ 1942 ff.[1]

II. Annahme

Die Annahme des Vermächtnisses bewirkt, dass eine Ausschlagung nicht mehr möglich ist (Abs. 1), und ist damit immer vorrangig zu prüfen. Sie bewirkt auch, dass die Gestaltungsmöglichkeiten nach §§ 2307 Abs. 1, 1371 Abs. 2 entfallen. Die Annahme kann formfrei, insb. durch schlüssiges Verhalten[2] – bspw. Entgegennahme des Vermächtnisgegenstandes – erklärt werden. Die bloße Weiternutzung eines bereits vor Anfall genutzten Gegenstandes reicht indes nicht aus.[3] Es handelt sich um eine empfangsbedürftige Willenserklärung, für die Vertretung zulässig ist. Bei Gütergemeinschaft sind die §§ 1432 Abs. 1 S. 1, 1455 Nr. 1, im Insolvenzfall 83 Abs. 1 S. 1 InsO zu beachten. **Empfangszuständig** ist – soweit kein Fall der Vertretung vorliegt – der Beschwerte, nicht etwa das Nachlassgericht, dessen Weitergabe allerdings ausreicht. Alternativ kann ggf. auch der Testamentsvollstrecker (soweit dies zu seinem Aufgabenbereich gehört) sowie der Nachlasspfleger empfangszuständig sein, bei mehreren Beschwerten reicht die Erklärung gegenüber einem aus.[4] Die Annahme kann nicht schon vor dem Erbfall, aber vor dem Anfall erfolgen (§ 2177). Wegen ihrer gestaltenden Wirkung ist sie bedingungs- bzw. befristungsfeindlich. Es gibt keine gesetzliche Frist zur Erklärung.[5] Eine Beschränkung der Annahme auf einen Teil des Vermächtnisses ist unzulässig, §§ 2180 Abs. 3, 1950; dies gilt auch im Falle der Anwachsung. Lediglich bei mehreren selbstständigen Vermächtnissen (§ 2159 gilt insoweit nicht) ist eine differenzierende Handhabung möglich. 2

Die einmal erklärte Annahme ist – nach Zugang – unwiderruflich (§ 130), aber nach den allgemeinen Regeln der §§ 119 ff. anfechtbar, nicht nach §§ 1954 ff.[6] 3

III. Ausschlagung

Abs. 3 verweist auf § 1953 Abs. 1, 2, d.h., der Anfall gilt mit Ausschlagung als nicht erfolgt bzw. erfolgt nicht (§ 2177). Das Vermächtnis wird dennoch nicht hinfällig, wenn ein Ersatzvermächtnisnehmer (§§ 2190, 2069) oder ein Fall der Anwachsung (§ 2158) vorliegt. Maßgeblicher Zeitpunkt für die Frage, wer i.S.v. § 1953 Abs. 2 berufen sein würde, ist der Erbfall (§ 1953 Abs. 2, 2. Hs.) bzw. der spätere Anfall im Falle der §§ 2177, 2178. Diese Unterscheidung ist u.a. wegen der Zuordnung der Zinsen (§ 2184) von Bedeutung. Untervermächtnisse bleiben von der Ausschlagung gem. § 2161 unberührt. Zum möglichen Vermächtnisverzicht vgl. § 2352. Vorsicht ist geboten bei einem **einheitlichen Vermächtnis** mehrerer Gegenstände, da eine Beschränkung der Ausschlagung unzulässig ist (Abs. 3 i.V.m. § 1950 S. 1). 4

Für die Erklärung der Ausschlagung gelten die Ausführungen unter Rz. 2 entsprechend, wobei allerdings die §§ 1643 Abs. 2 S. 1, 1822 Nr. 2 zu beachten sind.[7] Ein bedingtes Vermächtnis kann erst nach dem Erbfall aber schon vor dem Eintritt der Bedingung ausgeschlagen werden.[8] Die Ablehnung des Zuwendungsgegenstandes ist beim Stückvermächtnis aus dem Nachlass als konkludente Ausschlagung zu werten. Entsprechend §§ 83 InsO, 517 hat eine Pfändung des Vermächtnisanspruches keine Auswirkung auf das Recht zur Ausschlagung, das (höchst-)persönlich ist. Hieraus folgt auch, dass eine Anfechtung der Ausschlagung nach dem Anfechtungsgesetz bzw. der InsO nicht in Betracht kommt. Trotz Anfechtung des Vermächtnisses durch den Beschwerten (§ 2078) oder Unmöglichkeit 5

---

1 Zur Ausschlagung beim Vorausvermächtnis vgl. § 2150 Rz. 4.
2 BGH ZEV 1998, 24; OLG Stuttgart ZEV 1998, 24, 25.
3 OLG Oldenburg FamRZ 1999, 1618.
4 *Pentz* JR 1999, 138, 139.
5 Ausnahme: § 2307 Abs. 2.
6 Vgl. zur Anfechtung § 2308 Rz. 9.
7 OLG Köln FamRZ 2007, 169.
8 BGH NJW 2001, 520, 521 für das Nachvermächtnis.

(§ 275) ist die Ausschlagung nach wie vor möglich, da ggf. langwierige Prozesse so vermieden werden können. Das Ausschlagungsrecht ist vererblich (Abs. 3 i.V.m. § 1952 Abs. 1).

IV. Beratungshinweise

1. Gestaltungsmöglichkeiten

6 Außerhalb von § 2307 Abs. 2 besteht keine Frist zur Ausschlagung.

7 Es ist daher aus Sicht des Beschwerten ratsam, dem Bedachten entweder den geschuldeten Gegenstand zur Leistung anzubieten oder ihn jedenfalls zur Erklärung der Annahme bzw. Ausschließung innerhalb einer angemessenen Frist aufzufordern. Lässt dieser die Frist ungenutzt verstreichen, könnte einem etwaigen späteren Übertragungsverlangen die Einrede widersprüchlichen Verhaltens (§ 242) entgegengehalten werden.

8 Der Erblasser kann die Annahme des Vermächtnisses innerhalb einer bestimmten Frist als auflösende Bedingung für das Vermächtnis anordnen.

9 Anstelle einer – unzulässigen – Teilannahme eines Vermächtnisses kommt ein schuldrechtlicher Teilerlassvertrag (§ 397) zwischen Bedachtem und Beschwerten nach Annahme in Betracht. Der Verzicht auf ein angenommenes Vermächtnis ist nicht von §§ 1432 Abs. 1, 1455 Abs. 1 Nr. 1 erfasst, sodass die Zustimmung des Ehegatten erforderlich ist.[9]

10

> Ausschlagung eines Vermächtnisses (und Geltendmachung des Pflichtteils, § 2307)
>
> Per Bote
> Herrn ... (Erbe)
> ADRESSE
>
> Nachlass nach Herrn ... (Erblasser), geb. am ..., verstorben am ...
>
> Hier: Ausschlagung eines Vermächtnisses
>
> Sehr geehrter Herr ...,
>
> wir zeigen unter Bezugnahme auf die beigefügte Originalvollmacht an, dass wir Ihre Schwester, Frau ..., Hamburg, anwaltlich vertreten. Uns liegt das Testament Ihres Vaters, Herrn ..., verstorben am ... in ... vor. Das Testament ist am ... eröffnet worden. Hiernach sind Sie zum (Mit-)Erbe nach Ihrem Vater berufen worden. Ein Erbschein zu Ihren Gunsten liegt, nachdem Sie das Erbe angenommen haben, vor.
> Unsere Partei ist lediglich mit einem Vermächtnis bedacht worden, nämlich bezogen auf den Grundbesitz in .... Eine Erbeinsetzung ist unterblieben.
> Namens und in Vollmacht von Frau ... schlagen wir hiermit das Vermächtnis aus und machen den Pflichtteilsanspruch nach § 2303 Abs. 1 BGB geltend. Zugleich fordern wir Sie auf, uns Auskunft über den Bestand des Nachlasses zum Zeitpunkt des Erbfalls sowie über etwaige unentgeltliche Zuwendungen des Erblassers (sog. fiktiver Nachlass) in Form eines geordneten Nachlassverzeichnisses zu erteilen. Ansprüche auf Wertermittlung bleiben ausdrücklich vorbehalten.
> Wir erwarten die Erfüllung der Auskunftspflicht bis zum .... Nach Vorlage wird der Pflichtteilsanspruch beziffert werden. Wie weisen darauf hin, dass Sie sich mit dieser Aufforderung ungeachtet der erst nachfolgenden Bezifferung in Verzug befinden (BGHZ 80, 277).
>
> Mit freundlichen Grüßen
>
> Rechtsanwalt

---

9 OLG Stuttgart ZEV 1998, 24, 26 mit Anm. *Wolf*.

2. Erbschaftsteuerrechtliche Folgen

Die Ausschlagung für sich ist erbschaftsteuerrechtlich neutral; erfolgt sie in Abhängigkeit 11
zu einer Abfindung, tritt diese steuerrechtlich an die Stelle des entfallenden Vermächtnisanspruchs und ist insoweit steuerpflichtig (§ 3 Abs. 2 Nr. 4 ErbStG). Voraussetzung ist allerdings, dass es sich bei der Abfindung um eine »Gegenleistung« für die Ausschlagung handelt, woran es fehlt, wenn nachträglich für eine bereits wirksam erklärte und nicht angefochtene Ausschlagung ein Betrag zugewandt wird; hier kann aber ggf. eine gem. § 7 Abs. 1 ErbStG steuerpflichtige Schenkung unter Lebenden vorliegen.[10]

§ 2181
Fälligkeit bei Beliebigkeit

Ist die Zeit der Erfüllung eines Vermächtnisses dem freien Belieben des Beschwerten überlassen, so wird die Leistung im Zweifel mit dem Tode des Beschwerten fällig.

I. Normzweck

Die Vorschrift enthält eine Auslegungsregel zur Fälligkeit, nicht zum Anfall des Vermächtnis- 1
ses, also eine Ausnahme zu § 271 Abs. 1, sodass die zeitliche Grenze der §§ 2162, 2163 nicht gilt; ob gleichzeitig auch der Anfall des Vermächtnisses aufgeschoben sein soll, ist Auslegungsfrage. Zu beachten ist, dass die Auslegungsregel nicht jeden Fall erfasst, in dem eine Anordnung zur Fälligkeit vom Erblasser nicht getroffen wurde; es ist vielmehr erforderlich, dass der Zeitpunkt der Erfüllung durch die letztwillige Verfügung in das Belieben des Beschwerten gestellt ist.

II. Anwendungsbereich und Rechtsfolge

Der Zeitpunkt der Erfüllung, nicht die Erfüllung selbst, muss im Belieben des Beschwer- 2
ten stehen. In diesem Fall ist Fälligkeitszeitpunkt der Tod des Beschwerten, eine vorzeitige Erfüllung ist dennoch möglich (§ 271 Abs. 2). Im Zweifel ist also das Vermächtnis von den Erben des Beschwerten zu erfüllen. Vorverstirbt der Bedachte, ist seine Rechtsposition grundsätzlich vererblich.[1] Die Verpflichtung kann bereits gegen den Beschwerten mittels Feststellungsklage geltend gemacht werden (§ 256 ZPO). In der Regel wird man davon ausgehen können, dass dem Beschwerten bis zu seinem Lebensende auch die Früchte des Vermächtnisgegenstandes zustehen sollen;[2] in diesem Fall wird allerdings regelmäßig kein Anspruch auf Verwendungsersatz bestehen (vgl. § 2185).

§ 2182
Haftung für Rechtsmängel

(1) Ist ein nur der Gattung nach bestimmter Gegenstand vermacht, so hat der Beschwerte die gleichen Verpflichtungen wie ein Verkäufer nach den Vorschriften des § 433 Abs. 1 Satz 1, der §§ 436, 452 und 453. Er hat den Gegenstand dem Vermächtnisnehmer frei von Rechtsmängeln im Sinne des § 435 zu verschaffen. § 444 findet entsprechende Anwendung.

---

10 Vgl. BFH BB 2001, 614 (LS).
1 Erman/M. Schmidt § 2181 Rn. 1.
2 MüKoBGB/Schlichting § 2181 Rn. 2.

(2) Dasselbe gilt im Zweifel, wenn ein bestimmter nicht zur Erbschaft gehörender Gegenstand vermacht ist, unbeschadet der sich aus dem § 2170 ergebenden Beschränkung der Haftung.

(3) Ist ein Grundstück Gegenstand des Vermächtnisses, so haftet der Beschwerte im Zweifel nicht für die Freiheit des Grundstücks von Grunddienstbarkeiten, beschränkten persönlichen Dienstbarkeiten und Reallasten.

Zu § 2182: Geändert durch G vom 24.9.2009 (BGBl I S. 3142) (1.1.2010).

Fassung bis 31.12.2009

§ 2182
Gewährleistung für Rechtsmängel

(1) Ist eine nur der Gattung nach bestimmte Sache vermacht, so hat der Beschwerte die gleichen Verpflichtungen wie ein Verkäufer nach den Vorschriften des § 433 Abs. 1 Satz 1, der §§ 436, 452 und 453. Er hat die Sache dem Vermächtnisnehmer frei von Rechtsmängeln im Sinne des § 435 zu verschaffen. § 444 findet entsprechende Anwendung.

(2) Dasselbe gilt im Zweifel, wenn ein bestimmter nicht zur Erbschaft gehörender Gegenstand vermacht ist, unbeschadet der sich aus dem § 2170 ergebenden Beschränkung der Haftung.

(3) Ist ein Grundstück Gegenstand des Vermächtnisses, so haftet der Beschwerte im Zweifel nicht für die Freiheit des Grundstücks von Grunddienstbarkeiten, beschränkten persönlichen Dienstbarkeiten und Reallasten.

§ 2183
Haftung für Sachmängel

Ist eine nur der Gattung nach bestimmte Sache vermacht, so kann der Vermächtnisnehmer, wenn die geleistete Sache mangelhaft ist, verlangen, dass ihm anstelle der mangelhaften Sache eine mangelfreie geliefert wird. Hat der Beschwerte einen Sachmangel arglistig verschwiegen, so kann der Vermächtnisnehmer anstelle der Lieferung einer mangelfreien Sache Schadensersatz statt der Leistung verlangen, ohne dass er eine Frist zur Nacherfüllung setzen muss. Auf diese Ansprüche finden die für die Sachmängelhaftung beim Kauf einer Sache geltenden Vorschriften entsprechende Anwendung.

Zu § 2183: Geändert durch G vom 24.9.2009 (BGBl I S. 3142) (1.1.2010).

Fassung bis 31.12.2009

§ 2183
Gewährleistung für Sachmängel

Ist eine nur der Gattung nach bestimmte Sache vermacht, so kann der Vermächtnisnehmer, wenn die geleistete Sache mangelhaft ist, verlangen, dass ihm anstelle der mangelhaften Sache eine mangelfreie geliefert wird. Hat der Beschwerte einen Sachmangel arglistig verschwiegen, so kann der Vermächtnisnehmer statt der Lieferung einer mangelfreien Sache Schadensersatz wegen Nichterfüllung verlangen. Auf diese Ansprüche finden die für die Gewährleistung wegen Mängeln einer verkauften Sache geltenden Vorschriften entsprechende Anwendung.

I. Normzweck

Die Vorschriften regeln die Haftung bei Rechts- bzw. Sachmängeln. Anders als das Kaufrecht differenziert das Vermächtnisrecht in den Rechtsfolgen weiter zwischen Sach- und Rechtsmängeln. Da das Gesetz davon ausgeht, der Erblasser wolle in der Regel die in der Erbschaft befindlichen Sachen in ihrem jeweiligen (bei Erbfall) tatsächlich und rechtlichen Zustand vermachen, bleibt eine Haftung des Beschwerten für Mängel des im Nachlass vorhandenen Stückvermächtnisses außer Betracht (vgl. auch §§ 2165 bis 2168). Damit geht das Vermächtnisrecht weiter als das Schenkungsrecht (§§ 523, 524). Offensichtlich geht der Gesetzgeber im Übrigen davon aus, dass das Gleichgewicht über das Ausschlagungsrecht des Beschwerten hergestellt wird. Mit dem Gesetz zur Änderung des Erb- und Verjährungsrecht sind die Vorschriften redaktionell angepasst worden; eine inhaltliche Änderung ist damit nicht verbunden.[1]

II. Haftung für Rechtsmängel beim Gattungsvermächtnis

§ 2182 Abs. 1 regelt die Rechtsmängelhaftung bei Gattungsvermächtnissen (§ 2155). Anwendbar sind die §§ 433 Abs. 1, 436, 452, 453.

Abs. 1 S. 2 statuiert die Pflicht des Beschwerten, dem Vermächtnisnehmer den Vermächtnisgegenstand frei von Rechtsmängeln (§ 435) zu verschaffen. Für Grundstücksvermächtnisse ist dies durch § 2182 Abs. 3 in Ergänzung zu § 436 geringfügig verändert.[2] Die Leistungspflicht ist ferner nach § 2155 insoweit modifiziert, als dass nicht ein Gegenstand mittlerer Art und Güte (§ 243 Abs. 1), sondern nach den Verhältnissen des Bedachten geschuldet ist. Das Haftungsfreizeichnungsverbot des § 444 gilt entsprechend.

Beim gutgläubigen Eigentumserwerb des Vermächtnisnehmers liegt trotz der Herausgabeverpflichtung gem. § 816 Abs. 1 S. 2 ein rechtsmängelfreier Erwerb vor[3] (str.). Es ist in diesem Fall sachnäher, dem Vermächtnisnehmer i.Zw. einen Wertersatzanspruch gegen den Erben gem. § 2170 Abs. 2 zuzubilligen als einen Schadensersatzanspruch gem. §§ 280, 281, der zu rein zufälligen Wertabweichungen führen kann (vgl. Abs. 2).

III. Haftung für Rechtsmängel beim Verschaffungsstückvermächtnis

§ 2182 Abs. 2 statuiert die Auslegungsregel, dass im Zweifel die kaufrechtlichen Vorschriften, die nach § 2182 Abs. 1 gelten, auch auf das Verschaffungsvermächtnis eines bestimmten Gegenstandes Anwendung finden. Die Haftungseinschränkung gem. Abs. 3 für Grundstücksvermächtnisse gilt auch hier. § 2182 Abs. 2 greift aber die in § 2170 Abs. 2 für Verschaffungsvermächtnisse vorgesehene Erleichterung zugunsten des Beschwerten auf, sodass der Bedachte u.U. nur Wertersatz verlangen kann, etwa für Belastungen des Vermächtnisgegenstandes, die der berechtigte Dritte nicht aufheben lässt. Demgegenüber greift § 2171 ein, wenn das vermachte Recht schon bei Erbfall entgegen der Annahme des Erblassers nicht bestand. Dies ist ein Fall objektiver Unmöglichkeit und nicht der Rechtsmängelhaftung.[4]

IV. Sachmängelhaftung bei Gattungsvermächtnissen

§ 2183 gilt dem Wortlaut nach nur für Gattungsvermächtnisse, nicht aber für Stückvermächtnisse bzw. für auf den Nachlass beschränkte Gattungsvermächtnisse (s.o. Rz. 1). Die

---

1 Zum Gesetz zur Änderung des Erb- und Verjährungsrechts vom 24.9.2009, BGBl. I 2009, 3142; vgl. i.e. vor § 1922 Rz. 29 ff.
2 § 436 bedeutet durch die »Beginnlösung« für den Beschwerten unkalkulierbare Risiken. In der Verfügung von Todes wegen sollten die Erschließungs- und Anliegerbeiträge, soweit vom Erblasser noch nicht bezahlt, dem Bedachten auferlegt werden.
3 PWW/*Schiemann* § 2182 Rn. 2; a.A.: MüKoBGB/*Schlichting* § 2182 Rn. 3.
4 *Staudinger/Otte* § 2182 Rn. 3.

Haftung des Beschwerten richtet sich nach den »für die Sachmängelhaftung beim Kauf einer Sache geltenden Vorschriften«. Verwiesen wird auf die §§ 434 ff., allerdings mit folgenden Abweichungen: Die Rechte des Käufers sind wie bisher auf Nachlieferung (Abweichung zu § 439) bzw. im Fall der Arglist zudem auf Schadensersatz statt Leistung (§§ 280, 281 – unter Ausklammerung des Fristsetzungserfordernisses) beschränkt, dagegen besteht kein Rücktritts- oder Minderungsrecht (§ 437 Nr. 2).[5] Der Mangelbegriff in § 434 ist unter Beachtung der abweichenden Begriffsbestimmung der Gattungsschuld in § 2155 (»nach den Verhältnissen des Bedachten«) auszufüllen. Eine Haftung aus Garantie kommt nur bei entsprechender Anordnung des Erblassers in Betracht. §§ 442–444 gelten über S. 3 entsprechend. Auch einen Haftungsausschluss kann der Erblasser bestimmen.

7 Ansprüche aus Positiver Forderungsverletzung (§ 280 Abs. 1) sind grundsätzlich denkbar (§ 2174 Rz. 4), für Ansprüche wegen Mängel fehlt es allerdings an der erforderlichen Regelungslücke, da die §§ 2182, 2183 abschließend sind.

8 Die Beweislast für Rechts- oder Sachmängel trägt der Bedachte. Ebenso wie im Kaufrecht sind die besonderen Verjährungsvorschriften zu bedenken (§ 438).

§ 2184
Früchte; Nutzungen

Ist ein bestimmter zur Erbschaft gehörender Gegenstand vermacht, so hat der Beschwerte dem Vermächtnisnehmer auch die seit dem Anfalle des Vermächtnisses gezogenen Früchte sowie das sonst aufgrund des vermachten Rechtes Erlangte herauszugeben. Für Nutzungen, die nicht zu den Früchten gehören, hat der Beschwerte nicht Ersatz zu leisten.

I. Normzweck

1 Die Vorschrift regelt die Zuordnung von Früchten (insb. Zinsen, Gewinne aus Gesellschaftsbeteiligungen, Ertrag eines Unternehmens, Mieteinahmen) und (gezogenen) Nutzungen (z.B. Gebrauchsvorteile) des Vermächtnisgegenstandes, da zwischen Anfall und Erfüllung des Vermächtnisses regelmäßig eine gewisse Zeit verstreicht (vgl. auch §§ 1958, 2014). Sie ist dispositiv. § 2185 regelt als Gegenstück die Verwendungslast.

II. Anwendungsbereich

2 Bereits aus dem Wortlaut ergibt sich, dass lediglich Stückvermächtnisse erfasst sind, nicht auch Gattungsvermächtnisse (z.B. Geldsummenvermächtnis). Dort ist ein Anspruch auf Verzinsung erst nach Verzug bzw. im Falle des § 291 möglich. Auf Verschaffungsvermächtnisse ist die Regelung nach Erlangung des Gegenstandes durch den Beschwerten, auf Wahlvermächtnisse nach Ausübung der Bestimmung entsprechend anwendbar.

III. Rechtsfolge

3 Der Beschwerte ist nur zur Herausgabe tatsächlich gezogener Früchte seit Vermächtnisanfall verpflichtet. Dazu zählen auch Zinsen, die erst nach Vermächtniserfüllung geleistet werden, aber schon zuvor nach Erbfall fällig waren.[1] Eine Schadensersatzhaftung wegen unterlassener Fruchtziehung greift nur in Fällen der §§ 280, 286, 292 i.V.m. § 987 Abs. 2

---

5 Nach *Palandt/Edenhofer* § 2183 Rn. 2, soll ein Nacherfüllungswahlrecht i.S.d. § 439 bestehen. Der Wortlaut in S. 1 spricht eindeutig dagegen.
1 *Soergel/Wolf* § 2184 Rn. 3.

(und § 826). Es ist stets zu prüfen, ob es überhaupt um Früchte des vermachten Gegenstandes geht (§ 99). Dies ist bspw. nicht der Fall bei dem vom Erben erzielten Mietzins, wenn ein vermachtes – unentgeltliches – Wohnrecht nicht genutzt wird.[2] Bei Nießbrauchvermächtnissen muss der Nießbrauch bestellt sein, damit Früchte darauf entfallen können.[3] Die Kenntnis des Beschwerten von dem Vermächtnisanspruch begründet noch keine (verschärfte) Haftung nach § 990.[4] Auf den Herausgabeanspruch finden die §§ 275 ff., insb. 280 und 285 Anwendung. Im Übrigen gelten die §§ 101, 102.

U.U. sonst Erlangtes, etwa durch Erwerb nach §§ 946 ff., ist ebenfalls herauszugeben. 4
Für Surrogate gilt § 285. Nicht herauszugeben sind demgegenüber Nutzungen, die nicht Früchte sind, also gem. § 100 Gebrauchsvorteile, z.B. infolge einer Kfz- oder Grundstücksnutzung, es sei denn, es greift eine Haftung nach §§ 280, 286, 292, 987.

§ 2185
Ersatz von Verwendungen und Aufwendungen

Ist eine bestimmte zur Erbschaft gehörende Sache vermacht, so kann der Beschwerte für die nach dem Erbfall auf die Sache gemachten Verwendungen sowie für Aufwendungen, die er nach dem Erbfalle zur Bestreitung von Lasten der Sache gemacht hat, Ersatz nach den Vorschriften verlangen, die für das Verhältnis zwischen dem Besitzer und dem Eigentümer gelten.

I. Normzweck

Die Vorschrift ist das Gegenstück zu § 2184 für die Zuordnung der Verwendungslast. Sie 1
ist dispositiv. Sie gilt im Verhältnis zwischen Vorvermächtnisnehmer und Nachvermächtnisnehmer entsprechend.[1]

II. Anwendungsbereich

Die Vorschrift ist anwendbar nur auf Stückvermächtnisse, die sich im Nachlass befinden bzw. 2
auf Verschaffungsvermächtnisse nach Erwerb durch den Beschwerten, ohne dass aber die Erwerbskosten selbst als Verwendung anzusehen sind. Verwendungen bzw. Aufwendungen werden für die Zeit nach dem Erbfall erfasst, nicht erst seit Anfall des Vermächtnisses.

III. Rechtsfolgen

Die Vorschrift enthält einen Rechtsgrundverweis auf die Vorschriften des EBV, insb. zur 3
Anwendung der §§ 994 bis 1003, 256–258, wobei der Beschwerte als nicht berechtigter (Eigen-)Besitzer und der Bedachte als Eigentümer anzusehen sind. Verwendungen sind die der Sache zugutekommenden freiwilligen Aufwendungen. Problematisch ist, ob rückständige Kosten für vom Erblasser veranlasste Verwendungen bzw. rückständige Lasten aus der Zeit vor dem Erbfall, die der Beschwerte später ausgleicht, unter § 2185 fallen. Man wird – im Wege der Auslegung – ermitteln müssen, ob der Erblasser dem Bedachten den Vermächtnisgegenstand ungeschmälert zukommen lassen oder eher weitere Belastungen des Nachlasses bzw. des Beschwerten wegen der Sache vermeiden wollte.[2]

---

2 Zu einem etwaigen Anspruch des Bedachten aus §§ 812, 281 vgl. *Staudinger/Otte* § 2184 Rn. 2.
3 *Palandt/Edenhofer* § 2184 Rn. 2.
4 *MüKoBGB/Schlichting* § 2184 Rn. 3.
1 BGH NJW 1991, 1736.
2 *Staudinger/Otte* § 2185 Rn. 4.

4   Der **Umfang** der möglichen Verwendungsersatzansprüche richtet sich nach dem Kenntnisstand des Beschwerten (bzw. dem Eintritt der Rechtshängigkeit), wobei für Bösgläubigkeit ausreicht, dass er die Vermächtnisanordnung kennt bzw. grob fahrlässig nicht kennt und der Anfall des Vermächtnisses nicht zweifelhaft ist.[3] Bei Gutgläubigkeit kann der Beschwerte gem. § 994 Abs. 1 S. 1 die notwendigen Verwendungen verlangen sowie gem. § 995 Abs. 1 S. 1 die von ihm getragenen Lasten. Der Ersatz der gewöhnlichen Erhaltungskosten kommt nicht in Betracht, soweit dem Beschwerten die Nutzungen für die gleiche Zeit verbleiben (§ 2184 S. 2, 256 S. 2, 994 Abs. 1 S. 2). Entsprechendes gilt für die Lasten (§§ 2184 S. 2, 995 Abs. 1 S. 2). Bei einem vermachten Pkw kann der Beschwerte also die gewöhnlichen Erhaltungskosten ebenso wie die öffentlichen Lasten (z.B. Kfz-Steuer) nicht ersetzt verlangen, soweit und solange er den Pkw selbst nutzt. Andere Verwendungen können ggf. über § 996 ersetzt verlangt werden. Im Fall der Bösgläubigkeit bzw. Rechtshängigkeit gelten die §§ 994 Abs. 2, 995, 990, d.h. der Ersatzanspruch richtet sich nach den Vorschriften der Geschäftsführung ohne Auftrag und ist von vornherein beschränkt (vgl. § 996) auf notwendige Verwendungen. Bei entgegenstehendem Willen des Bedachten scheidet ein Ersatzanspruch für notwendige Verwendungen nach Rechtshängigkeit oder Bösgläubigkeit aus.[4] Unter die zu ersetzenden notwendigen Verwendungen fallen regelmäßig auch Kosten eines zweckmäßigen bzw. erforderlichen Rechtsstreits,[5] als Last ist z.B. die entrichtete Grundsteuer anzusehen, jedenfalls für die Zeit nach dem Erbfall, wenn der Vermächtnisnehmer bereits die Nutzungen daraus zieht (§ 995 Abs. 1 S. 2.). Eine – analoge – Anwendung des § 2185 auf Zahlung von Einkommensteuer, die für die Zeit bis zum Erbfall nachgezahlt werden, scheidet auch dann aus, wenn die jeweilige Steuerschuld auf Festsetzungen nach dem Erbfall beruhen.[6] Zu beachten ist auch, dass der Erbe bis zur Vermächtniserfüllung als Träger der Einkunftsquelle einkommensteuerpflichtig ist und ihm die Einkünfte insoweit zuzurechnen sind. Demgegenüber ist er zur Herausgabe der gezogenen Früchte ab Erbfall gem. § 2184 verpflichtet, d.h. der Bruttobeträge (etwa Bruttomieten), ohne dass die Einkommensteuer als Verwendung auf die Sache oder als Aufwendung zum Bestreiten von Lasten der Sache in Abzug gebracht werden kann.[7] Auf diese »Steuerfalle« ist bei der Gestaltung zu achten;[8] sie legt zudem aus Sicht des Erben eine schnelle Erfüllung des Vermächtnisses nahe.

§ 2186
Fälligkeit eines Untervermächtnisses oder einer Auflage

Ist ein Vermächtnisnehmer mit einem Vermächtnis oder einer Auflage beschwert, so ist er zur Erfüllung erst dann verpflichtet, wenn er die Erfüllung des ihm zugewendeten Vermächtnisses zu verlangen berechtigt ist.

---

3 BGHZ 114, 16, 28.
4 *Soergel/Wolf* § 2185 Rn. 2. Anders, wenn durch das Unterlassen der Verwendung eine Haftung gem. § 1978 begründet wird.
5 *Erman/M. Schmidt* § 2185 Rn. 4.
6 OLG Hamm Urteil vom 15.6.2000 – 10 U 1/00.
7 *Von Oertzen* ZEV 1996 459, 460; so auch das BMF-Schreiben vom 14.3.2006 ZEV 2006, 154. Vgl. aber auch *Tiedtke/Peterek* ZEV 2007, 349 ff., die eine einkommensteuerliche Zurechnung der Einkünfte beim Vermächtnisnehmer aufgrund Treuhandstellung des Erben befürworten.
8 Ein Formulierungsbeispiel findet sich bei *von Oertzen* ZEV 1996, 459, 460.

I. Normzweck

Bestimmt wird der Fälligkeitszeitpunkt der Erfüllungsverpflichtung bei Beschwerung des Vermächtnisnehmers mit einem Untervermächtnis bzw. einer Auflage (§ 2192). Da die §§ 1958, 2014 zugunsten des Vermächtnisnehmers nicht eingreifen und der Gesetzgeber offenbar davon ausging, dass die Beschwerung aus dem Vermächtnis zu erfüllen ist, ist die Erfüllung erst dann geschuldet, wenn der Vermächtnisnehmer selbst die Erfüllung des Hauptvermächtnisses gegenüber dem Beschwerten verlangen kann, d.h. das Hauptvermächtnis fällig ist und ein Leistungsverweigerungsrecht des Erben (z.B. § 2014) nicht besteht. Demgegenüber ist die Annahme des Hauptvermächtnisses nicht erforderlich für die Fälligkeit des Untervermächtnisses. Stundungsabreden zwischen Erbe und Hauptvermächtnisnehmer wirken nicht zu Lasten des Untervermächtnisnehmers.

II. Untervermächtnis

Wichtiger gesetzlicher Fall ist das Nachvermächtnis gem. § 2191. Untervermächtnis und Hauptvermächtnis können hinsichtlich des Zuwendungsgegenstandes differieren (z.B. Grundstück und Geld). Es handelt sich nicht um eine Nachlassverbindlichkeit, eine Testamentsvollstreckung ist aber möglich (§ 2203). Das unbedingte bzw. unbefristete Untervermächtnis fällt nicht mit dem Erbfall, sondern mit Anfall des Hauptvermächtnisses an.[1] Im Übrigen gelten die §§ 2147 ff. entsprechend. Der früheste Fälligkeitszeitpunkt ist also der des Hauptvermächtnisses bzw. dessen Erfüllung gem. § 271 Abs. 2, § 2186 gilt nicht gegenüber dem Erben als »Ersatzmann« nach Ausschlagung des Beschwerten,[2] das Untervermächtnis ist vielmehr sofort fällig (§ 271 Abs. 1). Fälligkeitsvoraussetzung für ein Untervermächtnis kann auch ein außerhalb der Erbfolge liegender Umstand sein,[3] ohne dass damit aber die Schutzvorschrift des § 2186 zu Lasten des Hauptvermächtnisnehmers eingeschränkt wäre.

III. Beratungshinweise

1. Gestaltungsmöglichkeiten

§ 2186 ist für den Erblasser **nicht abdingbar**. Die Leistung an den Untervermächtnisnehmer vor Anfall des Hauptvermächtnisses kann aber als aufschiebende Bedingung für den Anfall des Hauptvermächtnisses vorgesehen werden.[4] Der Erblasser kann auch die Fälligkeit des Untervermächtnisses hinausschieben.

2. Prozessuales

Der Hauptvermächtnisnehmer kann sich mit Erfolg auf § 2186 nur dann berufen, wenn er die Tatsachen darlegt und beweist, aus denen sich ergibt, das er die Erfüllung des Hauptvermächtnisses noch nicht verlangen kann (etwa Dürftigkeitseinrede des Erben) oder nicht mehr verlangen kann (etwa Ausschlagung). Der Untervermächtnisnehmer ist hingegen darlegungs- und beweislastig dafür, dass sein Vermächtnisanspruch (und damit i.d.R. auch der des Hauptvermächtnisnehmers) entstanden und fällig ist; hinsichtlich Anfall und Fälligkeit helfen ihm insoweit §§ 2176, 271 Abs. 1, da beides grundsätzlich mit Erbfall eintritt.

Die Ausschlagung des Hauptvermächtnisnehmers erledigt eine etwaige Klage des Untervermächtnisnehmers auf Erfüllung.

---

1 Vgl. hierfür die §§ 2176–2178.
2 *Erman/M. Schmidt* § 2186 Rn. 1.
3 OLG Celle ZEV 2000, 200 mit Anm. *Kummer*.
4 *Staudinger/Otte* § 2186 Rn. 8.

§ 2187
Haftung des Hauptvermächtnisnehmers

(1) Ein Vermächtnisnehmer, der mit einem Vermächtnis oder einer Auflage beschwert ist, kann die Erfüllung auch nach der Annahme des ihm zugewendeten Vermächtnisses insoweit verweigern, als dasjenige, was er aus dem Vermächtnis erhält, zur Erfüllung nicht ausreicht.

(2) Tritt nach § 2161 ein anderer an die Stelle des beschwerten Vermächtnisnehmers, so haftet er nicht weiter, als der Vermächtnisnehmer haften würde.

(3) Die für die Haftung des Erben geltenden Vorschriften des § 1992 finden entsprechende Anwendung.

I. Normzweck

1 In der Vorstellung des Gesetzgebers will der Erblasser nicht, dass der mit einem Vermächtnis oder einer Auflage beschwerte Vermächtnisnehmer mehr leisten muss, als er im Wege des Vermächtnisses auch tatsächlich erhält. Rechtstechnisch wird die damit verbundene Haftungsbeschränkung durch einen Verweis auf § 1992 gelöst.

II. Haftungsbeschränkung auf den Wert des Vermächtnisses

1. Voraussetzungen

2 Die Haftungsbeschränkung greift ein, wenn – nach Erfüllung – dasjenige, was dem Vermächtnisnehmer wirtschaftlich tatsächlich zugeflossen ist, zur Erfüllung des Untervermächtnisses bzw. der Auflage nicht ausreicht. Bei mehreren Vermächtnissen (auch Anwachsung, § 2159) gilt jedes bezüglich der ihm auferlegten Beschwerungen als selbstständig.

2. Rechtsfolge

3 Es handelt sich um eine **gegenständliche Haftungsbeschränkung**, sodass eine Haftung mit eigenem Vermögen nicht besteht.[1] Der bei einem unzulänglichen Vermächtnis beschwerte Vermächtnisnehmer haftet nur mit dem Wert dieses Hauptvermächtnisses. Zur Geltendmachung der Haftungsbeschränkung verweist Abs. 3 auf § 1992 und damit auf die §§ 1990, 1991. Der Hauptvermächtnisnehmer kann sich folglich durch Herausgabe des aus dem Hauptvermächtnis Erlangten bzw. durch Abtretung des Hauptvermächtnisanspruches (§ 1990 Abs. 1 S. 2) oder durch Zahlung des Wertes des Hauptvermächtnisses (§ 1992 S. 2) befreien. Bei einem Verschaffungsvermächtnis hat der Berechtigte die Möglichkeit, diese Ersetzungsbefugnis abzuwenden, indem er dem Beschwerten den Betrag erstattet bzw. anbietet, um den der Wert des Hauptvermächtnisses hinter den Verschaffungskosten zurückbleibt.[2] Über § 1991 Abs. 1 i.V.m. § 1978 erfolgt u.U. eine erweiterte Haftung des Hauptvermächtnisnehmers, gleichzeitig aber auch ein – gegenüber § 2185 erweiterter – Aufwendungsersatzanspruch. Bei mehreren Untervermächtnissen bzw. Auflagen ist gem. § 1991 Abs. 4 i.V.m. § 327 Abs. 1 Nr. 2 InsO eine verhältnismäßige Befriedigung vorzunehmen. Nach Abs. 2 gilt die Haftungsbeschränkung auch für den nach § 2161 an die Stelle des ursprünglich Beschwerten getretenen Ersatzmann, beim Erben auch unabhängig davon, ob dieser als solcher bereits unbeschränkt haftet.

4 Ist das Hauptvermächtnis nicht beizutreiben, entfällt eine Haftung insgesamt.

---

1 *Soergel/Wolf* § 2187 Rn. 2.
2 Vgl. BGH NJW 1964, 2298.

III. Beratungshinweise

Unterlässt es der Hauptvermächtnisnehmer, seinen Anspruch gegenüber dem Beschwerten 5
geltend zu machen, kann es ihm verwehrt sein, sich auf die Haftungsbeschränkung des
Abs. 1 zu berufen (§§ 242, 162). Eine Pflicht zur klageweisen Durchsetzung besteht nicht.
U. U. kann dem Untervermächtnisnehmer aber ein Anspruch auf Abtretung des Hauptvermächtnisanspruches zur eigenen Durchsetzung zustehen, da die unterlassene Anspruchsgeltendmachung eine Verletzung der aus dem gesetzlichen Schuldverhältnis resultierenden Nebenpflichten bedeuten kann.[3]

Prozessual wird die Haftungsbeschränkung über §§ 786, 780 Abs. 1, 781, 785 ZPO gel- 6
tend gemacht, d.h. es ist in den Urteils**tenor** ein entsprechender Vorbehalt aufnehmen zu
lassen. Zu ihrer Wirkung bedarf es regelmäßig – soweit dies nicht bereits im Erkenntnisverfahren geklärt wird – der Durchsetzung im Zwangsvollstreckungsverfahren, § 767
ZPO.[4]

Für den Beschwerten besteht zur **Vermeidung von Prozesskosten** die Möglichkeit, das 7
»dürftige« Vermächtnis den Gläubigern zur Befriedigung freiwillig zu überlassen, sich
einer der »Befreiungsmöglichkeiten« der §§ 1992, 1990 f. zu bedienen (so A II 2) oder sich
gem. § 794 Abs. 1 ZPO der sofortigen Zwangsvollstreckung in die Vermächtnisgegenstände
zu unterwerfen. Zu beachten ist dabei, dass diese freiwillige Vollstreckungsfreigabe nicht
zur Schuldbefreiung führt und die Haftung gem. § 1991 Abs. 1 bestehenbleibt, sodass zur
Absicherung mit den Gläubigern Vollstreckungsvereinbarungen getroffen werden sollten,
dass diese das Haftungsobjekt entweder im Wege der Zwangsvollstreckung oder der
öffentlichen Versteigerung verwerten müssen.[5]

Ob die **Dürftigkeitseinrede** im Erkenntnisverfahren bereits überprüft wird, steht im 8
Ermessen des Gerichts. Insb. dann, wenn die Unzulänglichkeit letztlich nicht bestritten
werden kann, sollte – unter Darlegung und Nachweis der entsprechenden Wertverhältnisse – die Einrede bereits vor dem Prozessgericht im Einzelnen begründet werden. Steht
die Unzulänglichkeit fest, wird die Klage als unzulässig abgewiesen, da kein Interesse an
einer Verurteilung zu einer – derzeit –nicht durchsetzbaren Leistung besteht und bei späterer vollständiger Erfüllung des Hauptvermächtnisses für die Untervermächtnisnehmer
die Möglichkeit einer erneuten Klage bestehen bleiben muss. Eine Beweisaufnahme über
die Frage der Unzulänglichkeit findet regelmäßig allerdings nicht statt.

Erhebt der Beschwerte auf der Grundlage des Vorbehalts nach § 780 ZPO eine Vollstre- 9
ckungsgegenklage kann der Untervermächtnisnehmer im Wege der Widerklage Herausgabe des Vermächtnisgegenstandes zum Zwecke der Zwangsvollstreckung verlangen.

Wegen der möglichen Haftung gem. §§ 1991, 1978 ist eine »Inventarerrichtung« für den 10
Beschwerten zweckmäßig.[6]

§ 2188
Kürzung der Beschwerungen

Wird die einem Vermächtnisnehmer gebührende Leistung aufgrund der Beschränkung
der Haftung des Erben, wegen eines Pflichtteilsanspruchs oder in Gemäßheit des § 2187
gekürzt, so kann der Vermächtnisnehmer, sofern nicht ein anderer Wille des Erblassers
anzunehmen ist, die ihm auferlegten Beschwerungen verhältnismäßig kürzen.

---

3 *Staudinger/Otte* § 2187 Rn. 3.
4 OLG Celle ZEV 2000, 200, 201.
5 PWW/*Tschichoflos* § 1990 Rn. 17.
6 *Palandt/Edenhofer* § 2187 Rn. 2. Der Vermächtnisnehmer als Beschwerter ist allerdings nicht zur Inventarerrichtung i.S.d. §§ 1993 ff. berechtigt, *Lange/Kuchinke* § 29 III 1b (Fn. 78).

I. Normzweck

1 Die Vorschrift ermöglicht dem Hauptvermächtnisnehmer, etwaige Kürzungen seines Vermächtnisanspruches gegen den Erben an den Bedachten weiterzugeben. Auch hier liegt die Annahme zugrunde, dass der Erblasser ein bestimmtes Verhältnis zwischen dem Hauptvermächtnis und dessen Beschwerungen herstellen will.

II. Kürzungsgründe

2 Als mögliche Ursachen der Kürzung des Vermächtnisanspruches kommt eine Haftungsbeschränkung des Erben gem. §§ 1990, 1992 sowie die §§ 2187, 2318, 2322 f., § 327 InsO in Betracht.

III. Rechtsfolge

3 Der Beschwerte wird durch § 2188 zur anteiligen Weitergabe der Kürzungen befugt, auch wenn das Hauptvermächtnis zur Erfüllung des Untervermächtnisses als solches ausreichen würde. Beläuft sich das Hauptvermächtnis beispielsweise auf 10.000 €, ist aber nur in Höhe von 5.000 € durch den Erben erfüllt worden, kann der Vermächtnisnehmer das in Höhe von 4.000 € ausgebrachte Untervermächtnis auf 2.000 € verhältnismäßig kürzen. Besteht das Untervermächtnis aus einem unteilbaren Gegenstand, ist es lediglich Zug um Zug gegen Zahlung der Kürzungsquote zu erfüllen. Besteht das Untervermächtnis im o.a. Bsp. in einem Bild (Wert 4.000 €) kann der Bedachte die Übereignung nur Zug um Zug gegen Zahlung von 2.000 € verlangen. Ist er dazu nicht bereit, kann sich der Hauptvermächtnisnehmer analog § 1992 S. 2 durch Zahlung von 2.000 € befreien.[1]

IV. Beratungshinweise

4 Die Vorgaben des § 2188 sind für den Erblasser **dispositiv**. Bei unteilbaren Untervermächtnissen, die der Erblasser aus starken persönlichen Motiven verfügt hat, ist stets durch Auslegung festzustellen, ob die Kürzungsmöglichkeit auch dann bestehen soll, wenn das durch das Hauptvermächtnis Erlangte an sich zur Erfüllung ausreicht.

5 § 2188 gibt dem Beschwerten schon im Erkenntnisverfahren eine Einrede, auf die er sich berufen muss und für deren Voraussetzungen ihn die Darlegungs- und Beweislast trifft. Der Untervermächtnisnehmer sollte, um nicht ein Teilunterliegen in Kauf zu nehmen, mit seiner Leistungsklage – jedenfalls soweit die Unzulänglichkeit feststeht – lediglich eine Zug-um-Zug-Verurteilung gegen Zahlung der Kürzungsquote (vgl. oben Rz. 3) verfolgen.

§ 2189
Anordnung eines Vorrangs

Der Erblasser kann für den Fall, dass die dem Erben oder einem Vermächtnisnehmer auferlegten Vermächtnisse und Auflagen aufgrund der Beschränkung der Haftung des Erben, wegen eines Pflichtteilsanspruchs oder in Gemäßheit der §§ 2187, 2188 gekürzt werden, durch Verfügung von Todes wegen anordnen, dass ein Vermächtnis oder eine Auflage den Vorrang vor den übrigen Beschwerungen haben soll.

1 Die Vorschrift sieht die – selbstverständliche – Möglichkeit des Erblassers vor, bei etwaigen Kürzungen ausgebrachter Vermächtnisse von dem Prinzip anteiliger, verhältnismäßi-

---

[1] BGH DNotZ 1965, 620; Z 19, 309, 311.

ger Quotelung¹ abzuweichen und den Vorrang bestimmter Beschwerungen des gekürzten Vermächtnisses anzuordnen. Die Vorschrift ist entsprechend anwendbar auf Zuwendungen des Erblassers unter der Bedingung einer Leistung zugunsten eines Dritten (§ 2076).²
Den gesetzlichen Vorrang zugunsten eines Vermächtnisses, durch das ein Pflichtteilsrecht nach § 2307 ausgeschlossen werden soll, regelt §§ 327 Abs. 2 S. 2, Abs. 1 Nr. 1 InsO.

Die **Dispositivität** kann dahin genutzt werden, dass im Falle der Kürzung des Hauptvermächtnisses die verschiedenen Untervermächtnisse in einem bestimmten, gestuften Verhältnis gekürzt werden, für einzelne Beschwerungen bestimmte Untergrenzen festgelegt werden, oder dass vorrangig eine Auflage wegfällt und die Verteilungsmasse unter den verbleibenden Vermächtnissen verhältnismäßig zu verteilen ist. Es kann auch eine Reihenfolge der Vermächtnisse bzw. Auflagen festgelegt werden. Die Vorrangbestimmung des Erblassers wirkt sowohl innerhalb als auch außerhalb der Nachlassinsolvenz.³   2

§ 2190
Ersatzvermächtnisnehmer

Hat der Erblasser für den Fall, dass der zunächst Bedachte das Vermächtnis nicht erwirbt, den Gegenstand des Vermächtnisses einem anderen zugewendet, so finden die für die Einsetzung eines Ersatzerben geltenden Vorschriften der §§ 2097 bis 2099 entsprechende Anwendung.

I. Normzweck

Wie beim Wegfall des berufenen Erben sieht das Gesetz auch bei dem Vermächtnis die Möglichkeit vor, einen Ersatzbedachten zu bestimmen, wenn der zunächst Bedachte (ex tunc) den Gegenstand nicht erwirbt, z.B. infolge Ausschlagung, Vorversterben etc. Der Unterschied zum Nachvermächtnis (§ 2191) liegt darin, dass hier bei dem zunächst Bedachten das Vermächtnis nicht anfällt. Der Vorteil gegenüber dem bedingten Vermächtnis liegt darin, dass – da § 2074 keine Anwendung findet – der Ersatzbedachte zwar den Erbfall (§ 2160), nicht aber auch den Wegfall des zunächst Bedachten erleben muss. Die mit dem Erbfall entstehende Anwartschaft des Ersatzbedachten ist vielmehr vererblich.¹   1

II. Anwendungsvoraussetzungen

Das Ersatzvermächtnis kann kraft ausdrücklicher Anordnung des Erblassers entstehen oder nach § 2069 bzw. § 2191 Abs. 2 i.V.m. § 2102 Abs. 1. Der unterbliebene Anfall beim zunächst Bedachten kann beruhen auf Vorversterben (§ 2160), Verzicht (§ 2352), Ausschlagung (§ 2180), Vermächtnisunwürdigkeit (§ 2345), § 2074, Unwirksamkeit der Vermächtnisanordnung als solcher, Anfechtung (§ 2078) sowie Eintritt einer auflösenden Bedingung.   2

III. Rechtstellung des Ersatzvermächtnisnehmers

Die Rechtstellung des Ersatzvermächtnisnehmers wird im Wesentlichen durch die Verweisung auf die §§ 2097–2099 bestimmt.   3

---

1 Vgl. §§ 327 Abs. 1 Nr. 2 InsO, 1991 Abs. 4, 1992, 2187 Abs. 3.
2 PWW/*Schiemann* § 2189 Rn. 1.
3 §§ 327 Abs. 2 S. 2 InsO, §§ 1992, 1991 Abs. 4, 2187 Abs. 3.
1 Erman/*M.Schmidt* § 2190 Rn. 1.

§ 2191
Nachvermächtnis

(1) Hat der Erblasser den vermachten Gegenstand von einem nach dem Anfall des Vermächtnisses eintretenden bestimmten Zeitpunkt oder Ereignis an einem Dritten zugewendet, so gilt der erste Vermächtnisnehmer als beschwert.

(2) Auf das Vermächtnis finden die für die Einsetzung eines Nacherben geltenden Vorschriften des § 2102, des § 2106 Abs. 1, des § 2107 und des § 2110 Abs. 1 entsprechende Anwendung.

I. Regelungszweck

1 Ähnlich wie das Institut der Nacherbschaft sieht das Gesetz die Möglichkeit des Erblassers vor, einen Nachvermächtnisnehmer zu bestimmen, d.h. nach Anfall des Vermächtnisses beim zunächst Bedachten (hierin liegt der Unterschied zum Ersatzvermächtnis, § 2190) in Abhängigkeit von einem bestimmten Zeitpunkt oder Ereignis den weiteren Anfall des identischen Vermächtnisses zugunsten eines Dritten zu regeln. Insoweit sieht das Gesetz den erstbedachten Vermächtnisnehmer als beschwert an, nicht etwa den Erben. Das Nachvermächtnis ist damit eine Spielart des Untervermächtnisses (§§ 2186 ff.).

II. Anordnung des Erblassers

2 Der Wille zur Anordnung eines Nachvermächtnisses des Erblassers kann sich ausdrücklich aus der letztwilligen Verfügung oder durch Auslegung ergeben; insb. die Auslegungsregeln der §§ 2102 Abs. 2, 2107 sind zu beachten. Es besteht für den Erblasser auch die Möglichkeit, sog. »Kettenvermächtnisse« auszubringen, wobei ein Rückvermächtnis zugunsten des Erben denkbar ist,[1] der dann einen Vermächtnisanspruch gem. § 2174 gegen den Vermächtnisnehmer erwirbt. Zeitliche Grenzen bilden die §§ 2162, 2163.

III. Inhalt des Nachvermächtnisses

3 Das Nachvermächtnis ist im Ergebnis ein aufschiebend bedingtes (§ 2177) Untervermächtnis, bezogen auf denselben Vermächtnisgegenstand. Das Nachvermächtnis gewährt einen schuldrechtlichen Anspruch gem. § 2174 gegen den Vorvermächtnisnehmer. Grundsätzliche Voraussetzung ist, dass es sich auf den identischen Gegenstand des Hauptvermächtnisses bezieht, wobei allerdings unwesentliche Veränderungen bzw. Surrogate, z.B. bei dem Vermächtnis einer Sachgesamtheit, unerheblich sind. Fehlt es an der Identität, liegt ein aufschiebend bedingtes bzw. befristetes (Haupt-)Vermächtnis vor.[2] Zwischen dem Vorvermächtnisnehmer und dem Nachvermächtnisnehmer entsteht ein gesetzliches Schuldverhältnis, auf das die §§ 280 ff. anwendbar sind.[3] Eine Beschränkung des Nachvermächtnisses auf einen realen oder ideellen Teil der vermachten Sache ist möglich.[4] Da Abs. 2 ausdrücklich nur einzelne Vorschriften des Vorerbschaftsrechts für anwendbar erklärt, ist dieser Verweis abschließend.[5]

---

1 Vgl. OLG Frankfurt a.M. ZEV 1997, 295.
2 *Soergel/Wolf* § 2191, Rn. 1. Ist der Vermächtnisnehmer beschwert, handelt es sich um ein Untervermächtnis (§ 2186).
3 BGH NJW 1991, 1736.
4 MüKoBGB/*Schlichting* § 2191 Rn. 4.
5 *Werkmüller* ZEV 1999, 343.

IV. Rechtstellung des Nachvermächtnisnehmers

Der Nachvermächtnisnehmer erhält über §§ 2179, 2177 ein Anwartschaftsrecht, das 4
übertragbar und pfändbar ist, aber bei einer Pfändung des Nachvermächtnisgegenstandes kein Recht i.S.d. § 771 ZPO darstellt.[6] Ohne Bestimmung des Zeitpunktes oder Ereignisses, von dem der Anfall des Nachvermächtnisses abhängen soll, fällt es mit dem Tod des Vorvermächtnisnehmers an (§§ 2191 Abs. 2, 2106 Abs. 1). Das Anwartschaftsrecht selbst entsteht bereits mit dem Erbfall.[7] Die Rechtsposition des Nachvermächtnisnehmers ist nicht generell vererblich, § 2108 Abs. 2 gilt nicht. Vielmehr muss die Auslegungsregel des § 2074 beachtet werden, der aber die allgemeine Auslegungsvorgabe des § 2069 vorgeht.[8] Surrogationen sind nur über die Vorschriften der §§ 2164, 2169 möglich, da Abs. 2 die Regelung des § 2111 gerade nicht für anwendbar erklärt. Ebenso besteht auch keine Verfügungsbeschränkung des Vorvermächtnisnehmers.[9] Diese kann aber durch Anordnung einer Vermächtnis(erfüllungs)vollstreckung erreicht werden.[10] Der Vorvermächtnisnehmer ist bis zur Fälligkeit des Nachvermächtnisses zur ordnungsgemäßen Verwaltung des Vermächtnisgegenstandes im Interesse des Nachvermächtnisnehmers verpflichtet; insoweit gelten die §§ 2184, 2185, nicht die §§ 2124 ff.[11] Allerdings kann der Nachvermächtnisnehmer nicht schon vor dem Anfall des Nachvermächtnisses i.R.v. § 2185 für Verwendungen des Vorvermächtnisnehmers als Eigentümer behandelt werden; notwendige Verwendungen i.S.d. §§ 2185, 944 Abs. 1 S. 1, 995 Abs. 1 S. 2 sind daher erst nach dem Anfall des Nachvermächtnisses zu ersetzen, können vorher aber aus dem vermachten Gegenstand bestritten werden.[12] Für beeinträchtigende oder vereitelnde Verfügungen haftet der Vorvermächtnisnehmer über §§ 2177, 2179 i.V.m. §§ 160, 280, 285.[13] Das Nachvermächtnis kann erst nach dem Erbfall (§ 2180 Abs. 2 S. 2), aber schon vor Eintritt des Nachvermächtnisfalls ausgeschlagen werden. Schlägt der Nachvermächtnisnehmer das Vermächtnis aus, verbleibt es beim Vorvermächtnisnehmer, soweit weder ein Ersatzvermächtnis (auch gem. § 2069) noch ein Anwachsungsfall vorliegt. Der Nachvermächtnisnehmer ist im Zweifel auch Ersatzvermächtnisnehmer (§§ 2191 Abs. 2 i.V.m. 2102). Der Anfall des Nachvermächtnisses bestimmt sich nach den Regeln des Untervermächtnisses, §§ 2174, 2186 ff.

V. Beratungshinweise

Das Nachvermächtnis eröffnet zum einen die Möglichkeit, für bestimmte Gegenstände die 5
Rechtsnachfolge über längere Zeit hinweg festzulegen, bspw. um diese auf Dauer »in der Familie« zu halten. Zu diesem Zweck kann der Erblasser (Ketten-)Nachvermächtnisse für den jeweiligen Fall des Todes des Vorvermächtnisnehmers (§ 2163 Abs. 1 Nr. 1) anordnen, wobei die Auswahl der Nachvermächtnisnehmer aus dem Kreis der Nachkommen auch einem Dritten überlassen bleiben kann (§ 2151). Zum anderen ist es möglich, bestimmte Personen (etwa Erben des Vorvermächtnisnehmers) auf diese Weise von dem Genuss eines Gegenstandes fernzuhalten. Etwaige mittelbare Vorteile dieser Personen, z.B. in Form

---

6 Zöller/Herget § 771 Rn. 14.
7 BGH MDR 1963, 824. Entgegen *Bengel* NJW 1990 1826, 1827 ist die Annahme des Nachvermächtnisses nicht erforderlich, da der Schutz über die §§ 2177, 2179 i.V.m. §§ 160, 162 ab Erbfall kraft Gesetzes eintritt.
8 Es sei denn, der Wille des Erblassers zum Ausschluss der weiteren Abkömmling steht zweifelsfrei fest, BGH NJW 1958, 22.
9 *Lange/Kuchinke* Erbrecht § 29 IV 2 b.
10 Vgl. BGH NJW 2001, 520; *Hartmann* ZEV 2007, 458.
11 BGHZ 114, 16; *Schlichting* ZEV 2000, 385 (386). A.A.: *Maur* NJW 1990, 1160.
12 BGHZ 114, 16, 21 ff.
13 *Bengel* NJW 1990, 826, 827.

erhöhter Pflichtteilsansprüche, lassen sich freilich nicht verhindern. Daneben ist das Nachvermächtnis häufig bei sog. Behindertentestamenten eingesetzt worden.[14]

6 Bei Grundstücksvermächtnissen ist aus Sicht des Nachvermächtnisnehmers frühzeitig über eine Sicherung nachzudenken. Der Auflassungsanspruch kann – auch schon in der Schwebezeit (§ 883 Abs. 1 S. 2) – durch eine Vormerkung gesichert werden.[15] Voraussetzung ist, dass der Vorvermächtnisnehmer selbst bereits als Eigentümer im Grundbuch eingetragen ist. Hierzu kann eine einstweilige Verfügung erwirkt werden (§ 885 Abs. 1 S. 2). Die Eintragung eines «Nachvermächtnisnehmer-Grundbuchvermerks» ist dagegen nicht möglich.[16] Bei beweglichen Vermächtnisgegenständen kann eine Absicherung des Nachvermächtnisnehmers vor allem über die Gestaltung der letztwilligen Verfügung erreicht werden, etwa indem der Vorvermächtnisnehmer zur sofortigen Erfüllung des Nachvermächtnisses unter einer Bedingung oder Befristung verpflichtet oder eine Testamentsvollstreckung angeordnet wird.[17] In besonderen Fällen ist der Erlass einer einstweiligen Verfügung denkbar, gerichtet auf ein Verfügungsverbot.[18]

7 Antrag auf Erlass einer Einstweiligen Verfügung

Landgericht ...
des Herrn ..., Adresse
– Antragsteller –

Prozessbevollmächtigte: ...
gegen
Herrn ..., Adresse
– Antragsgegner –

wegen: Eintragung einer Vormerkung

Streitwert: 75.000 € (vorläufig)

Namens und in Vollmacht des Antragstellers beantragen wir, wegen der besonderen Dringlichkeit ohne mündliche Verhandlung durch den Vorsitzenden allein, den Erlass einer Einstweiligen Verfügung mit folgendem Inhalt:
Der Antragsgegner bewilligt und beantragt die Eintragung einer Vormerkung zur Sicherung des Anspruchs des Antragstellers auf Auflassung des Grundstücks Grundbuch von ..., Bl. ..., Gemarkung ... Flur ... Flurstück ....
Ferner beantragen wir, das zuständige Grundbuchamt um Eintragung der Vormerkung zu ersuchen.

Begründung:

Der Antragsgegner ist testamentarischer Vorvermächtnisnehmer des am ... in ... verstorbenen Erblassers .... Er hat das Vorvermächtnis angenommen. Das Vorvermächtnis ist bereits durch den Erben erfüllt worden, nämlich am .... Der Antragsgegner ist im Grundbuch als Eigentümer eingetragen.

---

14 *Baltzer* ZEV 2008, 116 m.w.N. Hier geht es in Abgrenzung zu alternativen Gestaltungen vor allem um das Verhältnis des Nachvermächtnisanspruchs zu konkurrierenden Ansprüchen anderer Gläubiger des Vorvermächtnisnehmers, insb. des Sozialhilfeträgers.
15 *Bengel* NJW 1990, 1826, 1828. Ein Formulierungsvorschlag findet sich bei *Watzek* MittReinNotK 1999, 37, 47.
16 *Soergel/Wolf* § 2191 Rn. 7.
17 Zu weiteren Gestaltungsmöglichkeiten vgl. *Werkmüller* ZEV 1998, 43 ff.; *Bengel* NJW 1990, 1826 ff.
18 Vgl. § 2174 Rz. 16.

Glaubhaftmachung: Grundbuchauszug AG ... in beglaubigter Abschrift

Der Erblasser hat mit seinem Testament vom ... zugunsten des Antragstellers ein Grundstücks-Nachvermächtnis ausgebracht betreffend das im Antrag bezeichneten Grundbesitzes. Das Nachvermächtnis soll dem Antragsteller anfallen, wenn er das 25. Lebensjahr vollendet hat.

Glaubhaftmachung: Testament vom ..., Eröffnungsprotokolls des AG – Nachlassgericht – ... Az. ...,

Der Antragssteller hat das Nachvermächtnis bereits angenommen.

Glaubhaftmachung: Schreiben vom ...

Der Antragsgegner hat die außergerichtliche Aufforderung zur Sicherung des Nachvermächtnisses durch Eintragung einer Auflassungsvormerkung zurückgewiesen, mit dem Argument, der Antragsteller sei erst 19 Jahre alt. Außerdem sei in dem Testament kein Sicherungsrecht für den Antragsteller eingeräumt worden.

Die Rechtslage ist eindeutig. Der Antragsteller kann die Eintragung der Vormerkung unabhängig davon verlangen, ob ihm testamentarisch ein Anspruch hierauf zugebilligt ist. Der Auflassungsanspruch resultiert aus §§ 2147, 2174, 2191 BGB. Gem. § 885 Abs. 1 S. 2 BGB ist die Darlegung einer Gefährdung des Anspruchs nicht erforderlich. Unabhängig davon hat der Antragsteller die begründete Besorgnis, dass der Antragsgegner eine Veräußerung beabsichtigt. Er hat jedenfalls bereits über ein Maklerbüro die Verkaufsaussichten erfragt.

Glaubhaftmachung: Eidesstattliche Versicherung des Maklers ...

Damit besteht die Gefahr des Eigentumsverlustes kraft gutgläubigen Dritterwerbs. Es ist anerkannt, dass der Nachvermächtnisnehmer auch schon vor Anfall des Nachvermächtnisses ein Sicherungsbedürfnis bezogen auf seine Erwerbsanwartschaft hat, wenn – wie hier – das Vorvermächtnis angefallen ist und der Vorvermächtnisnehmer im Grundbuch eingetragen ist (PWW/*Schiermann* § 2191 Rn. 1). Die Anregung, das Grundbuchamt direkt um die Eintragung der Vormerkung durch das Gericht zu ersuchen, basiert auf § 941 ZPO. Zweckmäßigerweise kann das Ersuchen in die Einstweilige Verfügung mit aufgenommen werden (*Thomas/Putzo* § 941 Rn. 1). Der Streitwert beläuft sich auf ¼ des Grundstücksverkehrswertes, der bei 300.000 € liegt. Rechtsanwalt

Eine etwaige **Erfüllungsklage** ist immer gegen den Vorvermächtnisnehmer zu richten, auch wenn der Erbe das Vorvermächtnis noch nicht erfüllt hat. Hier kommen ggf. die Haftungsbeschränkungen des § 2187 zugunsten des Vorvermächtnisnehmers in Betracht. 8

Erbschaftsteuerrechtlich steht das Nachvermächtnis einer Nacherbschaft gleich (§ 6 Abs. 4 ErbStG). Soweit der Anfall des Nachvermächtnisses von dem Tod des Vorvermächtnisnehmers abhängt, kann der Erwerb auf Antrag auch als vom Erblasser stammend versteuert werden, was bei früherem Anfall dem Grundsatz entspricht (§ 6 Abs. 2, 3 ErbStG). 9

Titel 5
Auflage

§ 2192
Anzuwendende Vorschriften

Auf eine Auflage finden die für letztwillige Zuwendungen geltenden Vorschriften der §§ 2065, 2147, 2148, 2154 bis 2156, 2161, 2171, 2181 entsprechende Anwendung.

Übersicht

	Rz.
I. Bedeutung der Auflage	1
II. Gegenstand der Auflage	4
III. Anwendbare Vorschriften des Vermächtnisrechts	6
IV. Die Beteiligten der Auflage	9
1. Der Beschwerte	9
2. Der Begünstigte	10
3. Der Vollziehungsberechtigte	11
V. Steuerrechtliche Rahmenbedingungen	12
VI. Beratungshinweise	13
1. Allgemeines	13
2. Beispiele für mögliche Auflageninhalte	17

I. Bedeutung der Auflage

1 Die Auflage ist ein Gestaltungsmittel der gewillkürten Rechtsnachfolge von Todes wegen. Nach der gesetzlichen Konzeption handelt es sich nicht um eine letztwillige Zuwendung (§ 2192 regelt nur die entsprechende Anwendung dieser Vorschriften), da ihre Anordnung einem etwa Begünstigten keinen Leistungsanspruch gewährt (§ 1940). Dies gilt auch, wenn der Erbe ausnahmsweise verpflichtet worden ist, einem Dritten fortlaufend Gelder aus dem Nachlass zuzuwenden.[1] Nach der Intention des Gesetzgebers steht bei der Auflage die Verpflichtung des Beschwerten im Vordergrund. Die Auflage kann sowohl testamentarisch (§ 1940), erbvertraglich (§ 1941, 2278 Abs. 2) oder auch in einem gemeinschaftlichen Testament (§ 2270 Abs. 3) angeordnet werden; sie setzt nicht die Zuwendung eines Vermögensvorteils voraus.[2] Dementsprechend ist auch eine durch die Auflage begünstigte Person nicht zwingend erforderlich.[3] Der Vollzug einer Auflage ist nur durch Dritte gesichert (§ 2194). Damit ist die Auflage insb. ein Instrument für den Erblasser, bestimmte – häufig höchstpersönlich motivierte – Ziele und Zwecke zu fördern.

2 Der **fehlende Leistungsanspruch** eines etwaig Begünstigten grenzt die Auflage auf der einen Seite von dem Vermächtnis ab, das einen eigenen Leistungsanspruch i.S.d. § 194 begründet (§ 2174).[4] Zur anderen Seite ist sie von bloßen Wünschen, Ratschlägen und Empfehlungen des Erblassers zu unterscheiden, die insgesamt unverbindlich und auch für Dritte nicht vollziehbar sind und aus diesem Grund bereits keine rechtliche, sondern allenfalls eine moralische, emotionale Verpflichtung des Betroffenen begründen. Der Wortlaut ist für die Abgrenzung in beide Richtungen nicht entscheidend; maßgeblich ist vielmehr der nach allgemeinen Auslegungskriterien zu ermittelnde tatsächliche Erblasserwille (§ 2084).

3 Die Auflage ist ferner zur bedingten Zuwendung abzugrenzen, deren Erfüllung dem Beschwerten freigestellt ist. Insb. wenn der Erblasser ein Verhalten beeinflussen will, dass nur den Beschwerten selbst betrifft, wird man von einer bedingten Zuwendung ausgehen müssen.[5] Letztlich entscheidend für die Abgrenzung ist, ob die Zuwendung an den Beschwerten mit dem Vollzug der Leistung stehen und fallen soll.[6] In bestimmten Fällen

---
[1] KG ZEV 1998, 306, 307.
[2] *Lange/Kuchinke* § 30 II 3 a; *Erman/Schlüter* § 1940 Rn. 1.
[3] MüKoBGB/*Schlichting* § 2192 Rn. 1.
[4] Vgl. hierzu KG ZEV 1998, 306, 307.
[5] MüKoBGB/*Schlichting* § 2192 Rn. 1.
[6] *Lange/Kuchinke* § 30 I 3.

kann die Auflage auch zu einer möglichen Testamentsvollstreckung abzugrenzen sein, wenn es nämlich um die Frage geht, ob eine (dingliche) Beschränkung der Verfügungsmacht des Beschwerten vom Erblasser gewollt war[7] oder lediglich die Verpflichtung, vor einer Verfügung über bestimmte Nachlassgegenstände Rat und Zustimmung eines Dritten einzuholen.[8]

II. Gegenstand der Auflage

Die von der Auflage statuierte Verpflichtung kann in einem positiven Tun jeglicher Art,[9] aber auch in einem Unterlassen bestehen, d.h. in allem, was auch Inhalt einer schuldrechtlichen Verpflichtung sein kann (§ 241). Nach OLG Schleswig soll im Wege der Auflage auch eine Bindung der Erben an ein formnichtiges Schuldanerkenntnis des Erblassers ggü. einem Dritten erreicht werden können.[10] Grenzen der Zulässigkeit finden sich in §§ 134, 138, 826 sowie in §§ 2171, 2192. Die Auflage, ein bestimmtes Testament zu errichten oder nicht zu errichten, ist nach § 2302 unwirksam.[11] Eine offensichtlich zwecklose oder unvernünftige Auflage reicht allerdings für die Begründung der Nichtigkeit nicht aus; hier wird sich allenfalls die Frage nach dem Willen des Erblassers zu einer verbindlichen Regelung bzw. der Rechtmäßigkeit einer etwaigen Vollziehung stellen. Die Regeln über die Störung der Geschäftsgrundlage sind ebenso wie beim Vermächtnis nicht anwendbar.[12]

Nicht erforderlich ist, dass die Auflage eine vermögenswerte Leistung betrifft, auch die Verfolgung bestimmter Zwecke oder Ziele ist ausreichend. Die Auflage kann daher auch in ihrer Wirkung einen Vorteil des Beschwerten bezwecken, etwa durch die Anweisung, Geld in bestimmter Art und Weise festzulegen.[13] Die Auflage kann auch Verpflichtungen bezüglich nachlassfremder Gegenstände regeln; die Vorschrift des § 2170 findet nach einhelliger Auffassung auf die Auflage entsprechende Anwendung.[14]

III. Anwendbare Vorschriften des Vermächtnisrechts

§ 2192 bestimmt die Anwendung mehrerer Vorschriften aus dem Vermächtnisrecht, ist aber nach allgemeiner Auffassung nicht abschließend. Grundsätzlich lässt sich festhalten, dass die Regelungen des Vermächtnisrechts anwendbar sind, soweit nicht die Vorschriften eine Gläubigerstellung des Begünstigten voraussetzen.[15]

Demnach ergibt sich folgende Übersicht über die anwendbaren Vermächtnisvorschriften:[16]
- §§ 2147, 2148: ja, gem. § 2192,
- §§ 2149–2153: nein (str.),[17]
- §§ 2154–2156: ja, gem. § 2192, allerdings nicht, soweit ein Wahl- bzw. Bestimmungsrecht des Begünstigten in Betracht kommt,[18]

---

7 BayObLG FamRZ 1996, 636.
8 OLG Köln NJW-RR 1991, 525, 526.
9 OLG Koblenz NJW-RR 1986, 1039, 1040.
10 OLG Schleswig, Urteil vom 2.9.2004 – 7 U 135/03; die Entscheidung ist zu Recht kritisiert worden, das sie die Grenze zum Vermächtnis verwischt und zudem zu einer Umgehung von § 518 BGB führt (vgl. Urteilsanm. von *Rohlfing*, juris).
11 Insoweit kann ggf. eine Umdeutung in die Verfügung einer Nacherbschaft oder eines Nachvermächtnisses im Wege der Auslegung in Betracht kommen; vgl. BayObLG FamRZ 1986, 608, 609.
12 Vgl. § 2174 Rz. 5.
13 *Lange/Kuchinke* § 30 II 3b (Fn. 32).
14 BGH FamRZ 1985, 278, 279.
15 MüKoBGB/*Schlichting* § 2192 Rn. 3.
16 Zur Anwendbarkeit allgemeiner Vorschriften über letztwillige Verfügungen (§§ 2064 bis 2086) vgl. Soergel/*Dieckmann* § 2192 Rn. 13.
17 *Staudinger/Otte* § 2192 Rn. 15, 16.
18 *Staudinger/Otte* § 2192 Rn. 5–7.

- §§ 2157–2160: ja,[19]
- § 2161: ja, gem. § 2192 BGB,
- §§ 2162, 2163: nein,[20]
- §§ 2164–2170: ja,[21]
- § 2171: ja, gem. § 2192,
- §§ 2172, 2173: ja,[22]
- § 2174: nein,
- § 2175: ja (str.),[23]
- §§ 2176 bis 2179: ja,[24]
- § 2180: nein (str.),[25]
- § 2181: ja, gem. § 2192,
- §§ 2182–2184: ja,[26]
- § 2185: nein (str.),[27]
- §§ 2186–2189: ja, soweit es um eine Beschwerung eines Vermächtnisnehmers mit einer Auflage geht; nein hingegen für den durch eine Auflage Begünstigten, da dieser nicht beschwert werden kann,[28]
- § 2190: ja,[29]
- § 2191: nein.[30]

8 Zur Haftung des Beschwerten und Anwendung allgemeiner Vorschriften vgl. § 2194.

IV. Die Beteiligten der Auflage

1. Der Beschwerte

9 Begriffskonstitutiv für die Auflage ist die Person des Beschwerten. Gem. §§ 2192, 2147 können der Erbe und der Vermächtnisnehmer mit einer Auflage beschwert sein, nicht aber auch der Auflagenbegünstigte selbst. Es scheidet daher auch die Möglichkeit einer »Unterauflage« aus.[31] Im Zweifel ist der Erbe beschwert (§ 2147 S. 2), der Nacherbe aber mit Leistungen, die nach Eintritt des Nacherbfalls zu erbringen sind.[32] Für mehrere Beschwerte gilt § 2148. Für den Wegfall des Beschwerten gilt § 2161 über § 2192. Der Umfang der Verpflichtung wird durch die §§ 2186, 2189 unmittelbar mitbestimmt.

---

19 *Lange/Kuchinke* § 30 II 3c.
20 *Palandt/Edenhofer* § 2192 Rn. 2: Nach der gesetzgeberischen Intention soll die Auflage u.a. auch stiftungsähnlichen Dauerzwecken dienen können, so dass eine zeitliche Grenze nicht besteht.
21 *Lange/Kuchinke* § 30 II 3c.
22 *Staudinger/Otte* § 2192 Rn. 20.
23 Die Rechtsfolge des § 2175 (Nichterlöschen der Forderung) bezieht sich nicht auf den Anspruch des Vermächtnisnehmers aus § 2174, sondern auf den Gegenstand des Vermächtnisses und will dessen Unwirksamkeit gem. §§ 2169, 2171 verhindern. § 2175 erfordert daher nicht die Existenz eines Leistungsanspruchs des Begünstigten, *Staudinger/Otte* § 2192 Rn. 21; a.A.: *Lange/Kuchinke* § 30 II 3c.
24 *Lange/Kuchinke* § 30 III 1.
25 Die Vorschriften über Annahme oder Ausschlagung der Auflage setzen voraus, dass es ein abstraktes Leistungsforderungsrecht des Begünstigten gibt, über das er verfügen kann, so dass eine entsprechende Anwendbarkeit ausscheidet, *Palandt/Edenhofer* § 2192 Rn. 2; a.A.: *Lange/Kuchinke* § 30 III 2.
26 *Soergel/Dieckmann* § 2192 Rn. 12.
27 Der Verwendungsersatzanspruch würde bei Geltendmachung ein Gegenrecht voraussetzen (§ 1000), so dass die entsprechende Anwendbarkeit ausscheidet, da der Begünstigte keinen Leistungsanspruch hat; a.M.: *Lange/Kuchinke* § 30 II 3 c. Im Ergebnis wird aber ein Ersatzanspruch des Beschwerten regelmäßig über eine ergänzende Testamentsauslegung zu rechtfertigen sein, *Staudinger/Otte* § 2192 Rn. 24. U.U. kommt eine Kürzung der Leistungspflicht analog § 526 in Betracht, RGZ 112, 210, 213.
28 MüKoBGB/*Schlichting* § 2192 Rn. 3 a.E.
29 *Staudinger/Otte* § 2192 Rn. 25.
30 *Staudinger/Otte* § 2192 Rn. 26.
31 Aus diesem Grund scheidet auch eine »Auflagenvollstreckung« entsprechend § 2223 aus; möglich ist lediglich eine Testamentsvollstreckung zum Vollzug der Auflage.
32 BayObLG 1966, 271.

2. Der Begünstigte

Die Existenz einer begünstigten Person ist für die Auflage nicht konstitutiv; vielmehr spricht gerade das Fehlen eines abgrenzbaren Personenkreises für die Annahme einer Auflage in Abgrenzung zum Vermächtnis.[33] Der Begünstigte selbst hat keinen Leistungsanspruch; soweit ihm ein Vermögensvorteil zugewandt wird, handelt es sich dabei lediglich um das Ergebnis der Erfüllung der Verpflichtung des Beschwerten, also um einen Rechtsreflex. Aus diesem Grunde besteht auch vor Vollziehung der Auflage nicht etwa eine anwartschaftsähnliche Rechtsposition des Begünstigten (str.).[34] Die Anwartschaft als notwendige Vorstufe zum Vollrecht setzt begriffsnotwendig voraus, dass ein solches Forderungsrecht überhaupt existiert; zudem hängt auch die Vollziehung der Auflage nicht vom Willen des Begünstigten ab (§ 2194). Eine vererbliche oder pfändbare bzw. übertragbare Rechtsposition des Begünstigten besteht daher nicht. Die Auflage ist aber Rechtsgrund, um eine durch Vollziehung der Auflage erhaltene Leistung behalten zu dürfen. Für die Anfechtung einer Auflage gilt § 2081 Abs. 3. §§ 2345, 2352 finden keine Anwendung.

3. Der Vollziehungsberechtigte

§ 2194 gibt, um überhaupt eine Durchsetzbarkeit der Auflage zu erreichen, bestimmte Personen als vollziehungsberechtigt im fremden Interesse an. Der Erblasser hat in gewissen Grenzen die Möglichkeit, die Person des Vollziehungsberechtigten zu beeinflussen.

V. Steuerrechtliche Rahmenbedingungen

Der Erwerb infolge Vollziehung einer vom Erblasser angeordneten Auflage unterliegt gem. § 3 Abs. 2 Ziff. 2 1. Fall ErbStG der Erbschaftsteuer. Da der Begünstigte allerdings kein Recht auf die Leistung aus der Auflage erwirbt, handelt es sich nicht um einen Rechtserwerb, sondern um einen tatsächlichen Erwerb, sodass die Steuerschuld für den Erwerb aufgrund einer Auflage nicht mit dem Tode des Erblassers, sondern erst mit ihrer Vollziehung entsteht (§ 9 Abs. 1 Nr. 1 lit. d ErbStG). Steuerschuldner ist gem. § 20 Abs. 1 ErbStG der Begünstigte, soweit nicht eine sog. Zweckzuwendung (§§ 1 Abs. 1 Nr. 3, 8, 20 Abs. 1 ErbStG) vorliegt, was z.B. dann der Fall ist, wenn die dem Beschwerten auferlegte Leistung entweder einem unpersönlichen Zweck oder einem unbestimmten Personenkreis dient.[35] In diesem Fall ist der mit der Ausführung der Zuwendung Beschwerte Steuerschuldner;[36] die Steuer entsteht dann bereits mit dem Eintritt der Verpflichtung. Auflagen, die dem Beschwerten selbst zugute kommen, sind nicht steuerpflichtig, können in diesem Fall bei ihm aber auch nicht als Nachlassverbindlichkeit berücksichtigt werden (§ 10 Abs. 9 ErbStG), was ansonsten möglich ist (§ 10 Abs. 5 Nr. 2 ErbStG). In Abgrenzung zum Erwerb bei Vollziehung einer Auflage gilt das, was ein Dritter in Erfüllung eines Wunsches, Empfehlung oder eines Ratschlags des Erblassers vom Erben erhält, nicht als vom Erblasser zugewendet, ist daher als solches nicht steuerpflichtig. In der Zuwendung kann jedoch eine steuerpflichtige Schenkung des Erben an den Dritten liegen.[37] Die mit der Auflage verbundene Nachlassverbindlichkeit ist – sofern die Vollziehung der Auflage nicht selbst aufschiebend bedingt oder befristet ist – bereits ab dem Erbfall bereicherungsmindernd zu berücksichtigen.[38]

---

33 BGHZ 121, 357.
34 *Staudinger/Otte* § 2192 Rn. 12; *Lange/Kuchinke* § 30 III 2.
35 *Troll/Gebel/Jülicher* § 8 Rn. 16; BFH FamRZ 1993, 701.
36 Vgl. hierzu im Einzelnen: *Troll/Gebel/Jülicher* § 20 Rn. 38, § 1 Rn. 6.
37 *Troll/Gebel/Jülicher* § 3 Rn. 325.
38 *Troll/Gebel/Jülicher* § 10 Rn. 185.

VI. Beratungshinweise

1. Allgemeines

13 Da die Auflage einem Begünstigten keinen Leistungsanspruch verschafft, sollte sie dann nicht angeordnet werden, wenn die Zuwendung eines Vermögensvorteils beabsichtigt ist; eine Ausnahme kann allenfalls dann eingreifen, wenn für den Beschwerten der Druck eines Forderungsrechts des Begünstigten entfallen soll. Eine etwaige Absicherung für die Vollziehung kann durch die Anordnung einer Testamentsvollstreckung (§ 2203) erreicht werden. Die Auflage bietet sich demgegenüber an, wenn eine Zuwendung an einen selbst nicht rechtsfähigen Empfänger beabsichtigt ist (bspw. bei Tieren oder nicht rechtsfähigen Personenzusammenschlüssen) oder wenn eine reine Zweckbestimmung mit ihr verbunden sein soll, insb. wenn es um die Verwirklichung höchstpersönlicher Ziele, auch über einen längeren Zeitraum hinweg, geht.[39] Vor diesem Hintergrund kann die Auflage als »Sammelbecken« nicht vermächtnisfähiger Verfügungen von Todes wegen umschrieben werden. Soll eine Auflage, die zu laufenden Geldzuwendungen verpflichtet, auch den Erben des zunächst Begünstigten zugute kommen, ist dies in der letztwilligen Verfügung ausdrücklich anzuordnen.[40] Eine zeitliche Beschränkung der Auflage analog § 2210 besteht nicht.[41]

14 **Zu beachten** ist, dass mit der Auflage keine dingliche Rechtsänderung herbeigeführt werden kann; insb. Veräußerungsverbote wirken nur schuldrechtlich, § 137 S. 1. Ein etwaiger durch Auflage bestimmter Vermögenszuwachs bei Dritten erfordert entsprechende Rechtsübertragungen nach allgemeinen Regeln.

15 Ein häufiger Einsatzbereich für die Auflage ist – neben den sog. instrumentalen Auflagen zur technischen Nachlassabwicklung[42] – die Regelung eines bestimmten Umgangs bzw. bestimmter Verwendung mit Nachlassgegenständen. Man muss sich bei der Verwendung der Auflage allerdings immer bewusst sein, dass sie rechtlich nicht effektiv ist, da sie auf einen fremdnützigen Drittvollzug angewiesen ist. Dennoch kann ihr Einsatz – etwa bei einem Berliner Testament – zu durchaus beachtlichen steuerlichen Vorteilen führen.[43] Darüber hinaus kann die Auflage angeordnet werden, um eine Auseinandersetzung und Teilung des Nachlasses zu verhindern[44] Auch hier wirkt die Auflage aber nur schuldrechtlich, sodass sich die begleitende Anordnung einer Testamentsvollstreckung anbietet.

16 Im **Erbschein** ist eine Auflage nicht anzugeben.

2. Beispiele für mögliche Auflageninhalte

17 Gegenstand der mit der Auflage zu regelnden Verpflichtung kann grundsätzlich jedes Tun und Unterlassen sein, das auch als Inhalt eines Schuldverhältnisses vereinbart werden könnte (§ 241). Darunter fällt u.a.:
– die Pflicht zur Grabpflege,
– die Regelung einer bestimmten Art der Bestattung,
– die Verpflichtung, mit bestimmten Mitteln eine Stiftung zu einem bestimmten Zweck zu errichten,
– die Pflicht, bestimmte Nachlassgegenstände nicht zu veräußern, jedenfalls nicht ohne vorhergehende Zustimmung Dritter,[45]
– die Verpflichtung, hinterlegtes Geld für eine bestimmte Zeit anzulegen,
– die Pflicht, für die Pflege von Tieren Sorge zu tragen,

---

39 MüKoBGB/*Schlichting* § 1940 Rn. 1; *Lange/Kuchinke* § 30 I 3.
40 *Vorwerk* ZEV 1998, 297, 298.
41 So aber: *Vorwerk* ZEV 1998, 297, 298.
42 MüKoBGB/*Schlichting* § 2192 Rn. 6.
43 Vgl. hierzu *Daragan* DStR 1999 393 (mit Formulierungsvorschlägen).
44 *Bengel* ZEV 1995, 178.
45 Vgl. BayObLGZ 86, 608; OLG Köln NJW-RR 1991, 525, 526.

- die Pflicht, öffentliche Gebäude für die Allgemeinheit vorzuhalten und zur Verfügung zu stellen,
- Regelungen zur Organentnahme,[46]
- die Verpflichtung zur Errichtung einer sog. unselbstständigen Stiftung (Zuwendung eines Vermögenswertes an einen Vermächtnisnehmer oder Erben mit der Auflage, aus diesem Vermögen Leistungen zugunsten bestimmter Zwecke oder Personen zu erbringen),[47]
- die Verpflichtung, in eine Gesellschaft einzutreten (bei Eintrittsklausel),
- die Erweiterung einer etwaigen Handlungsvollmacht des Testamentsvollstreckers durch die Verpflichtung zur Bestellung einer umfassenden Vollmacht (str.),[48] etwa als unbeschränkte Vollmacht zur Geschäftsführung eines Handelsgeschäfts,
- die Verpflichtung zur Übertragung der Verwaltungsbefugnis auf eine oder mehrere bestimmte Miterben,[49]
- Erlass- und Schuldauflage.[50]

§ 2193
Bestimmung des Begünstigten, Vollziehungsfrist

(1) Der Erblasser kann bei der Anordnung einer Auflage, deren Zweck er bestimmt hat, die Bestimmung der Person, an welche die Leistung erfolgen soll, dem Beschwerten oder einem Dritten überlassen.

(2) Steht die Bestimmung dem Beschwerten zu, so kann ihm, wenn er zur Vollziehung der Auflage rechtskräftig verurteilt ist, von dem Kläger eine angemessene Frist zur Vollziehung bestimmt werden; nach dem Ablaufe der Frist ist der Kläger berechtigt, die Bestimmung zu treffen, wenn nicht die Vollziehung rechtzeitig erfolgt.

(3) Steht die Bestimmung einem Dritten zu, so erfolgt sie durch Erklärung gegenüber dem Beschwerten. Kann der Dritte die Bestimmung nicht treffen, so geht das Bestimmungsrecht auf den Beschwerten über. Die Vorschrift des § 2151 Abs. 3 S. 2 findet entsprechende Anwendung; zu den Beteiligten im Sinne dieser Vorschrift gehören der Beschwerte und diejenigen, welche die Vollziehung der Auflage zu verlangen berechtigt sind.

I. Normzweck

§ 2193 gestattet in Abweichung zu § 2065 Abs. 2 eine Vertretung im Willen des Erblassers. 1
Dieser darf bei einer Auflage, deren Zweck er bestimmt hat, nicht nur die Bestimmung des Gegenstandes (§ 2156 i.V.m. § 2192), sondern auch die Bestimmung der Personen, an welche der Gegenstand geleistet werden soll, dem Beschwerten oder einem Dritten (z.B. einem Testamentsvollstrecker) überantworten. Damit geht die Vorschrift über die Erleichterungen im Vermächtnisrecht (§§ 2151, 2152, 2156) hinaus, da der Gesetzgeber offenbar bei der Auflage, die einen Leistungsanspruch des Begünstigten nicht gewährt, ein noch

---

[46] Es ist allerdings in der Person des Beschwerten darauf zu achten, dass diese auch die Totensorgeberechtigung innehat, also zu dem Kreis der Angehörigen zählt, *Erman/Schlüter* § 1922 Rn. 34.
[47] Vgl. MüKoBGB/*Leipold* § 1940 Rn. 6.
[48] Vgl. hierzu § 2205 Rz. 1 ff.
[49] Soweit hierin nicht die Ernennung als Testamentsvollstrecker zu sehen ist, ist mit einer solchen Auflage nicht die alleinige Verfügungsmacht des betreffenden Miterben verbunden, MüKoBGB/*Leipold* § 1940 Rn. 7.
[50] *Lange/Kuchinke* § 30 II 3c (Fn. 45).

geringeres Bedürfnis sieht, dass der Erblasser Leistungsempfänger und Leistungsgegenstand höchstpersönlich regelt.

2 Abs. 2 und 3 sehen Vorkehrungen für den Fall vor, dass der Bestimmungsberechtigte die Bestimmung nicht vornehmen will bzw. kann, sichern also im Ergebnis die Vollziehung der Auflage.

II. Voraussetzungen des Bestimmungsrechts

3 Die Vertretung im Willen des Erblassers setzt voraus, dass der Zweck der Auflage hinreichend bestimmt ist. Dies ist nur der Fall, wenn aus den Angaben des Erblassers und sonstigen Umständen der Kreis der Begünstigten definiert werden kann, da nur dann der Bestimmungsberechtigte auch als Willensvertreter des Erblassers fungieren kann. Häufig wird aber eine zumindest allgemeine Bestimmung des begünstigten Personenkreises getroffen worden sein, sodass sich daraus (z.B. Anordnung zugunsten »der Armen«, »der »Kriegsbeschädigten« oder »den Tieren«)[1] eine bestimmte Zweckrichtung ersehen lassen kann. Liegt eine Auflage vor, die als Kombination von § 2193 und §§ 2192, 2156 weder Leistungsempfänger noch Leistungsumfang festlegt, sind an die Zweckvorgabe des Erblassers entsprechend höhere Anforderungen zu stellen, da Rückschlüsse aus den anderen Umständen nur sehr begrenzt möglich sind.[2] Die Anforderungen sind allerdings nach dem Grundsatz der wohlwollenden Auslegung (§ 2084) nicht zu hoch anzusetzen, da gerade dann, wenn die Voraussetzungen des § 2065 Abs. 2 nicht vorliegen, die Annahme einer Zweckauflage naheliegt.[3] Man wird als ausreichend ansehen können, wenn der Erblasser den Zweck der Auflage wenigstens in erkennbaren Umrissen bestimmt hat.[4] Zu beachten ist, dass die §§ 2151, 2152 auf die Auflage nicht entsprechend angewandt werden können, sodass es für eine wirksame Auflage nicht ausreicht, dass der Erblasser ohne Zweckbestimmung lediglich einen Personenkreis angibt, aus denen der Beschwerte oder ein Dritter den Leistungsempfänger auswählen soll.[5] Regelmäßig wird aber aus der Angabe des Personenkreises eine entsprechende Zweckbestimmung im Wege der Auslegung festgestellt werden können (s.o.).

III. Inhalt und Ausübung des Bestimmungsrechts

1. Inhalt des Bestimmungsrechts

4 Wenn der Erblasser den Zweck der Auflage hinreichend genau vorgibt, kann er nicht nur die Bestimmung des Begünstigten (§ 2193), sondern auch die Bestimmung des Leistungsumfangs (§§ 2192, 2156) dem Beschwerten oder einem Dritten überlassen (»doppelte Zweckauflage«). Auch über die Höhe der Zuwendungen kann der Bestimmungsberechtigte i.R.v. Einzelzuwendungen aus einem festgelegten Gesamtvolumen entscheiden.[6]

2. Ausübung des Bestimmungsrechts

5 Ist der Beschwerte (Erbe oder Vermächtnisnehmer) nach dem Willen des Erblasser bestimmungsbefugt, erfüllt er dies nicht durch eine Erklärung, sondern indem er die Auflage tatsächlich erfüllt. Im Fall der Untätigkeit greift Abs. 2 ein. Der Dritte trifft die ihm obliegende Bestimmung durch Erklärung gegenüber dem Beschwerten; im Falle seiner Weigerung oder aber der Unmöglichkeit der Ausübung des Bestimmungsrechts (Tod, Geschäfts-

---

1 BayObLG NJW 1988, 2742, vgl. KG NJW-RR 1993, 76 zur Abgrenzung zu § 2072.
2 *Staudinger/Otte* § 2153 Rn. 2. Fehlt es daran, wird man in allgemein gehaltenen Zweckangaben lediglich einen unverbindlichen Wunsch sehen können.
3 BGH WM 1987, 564, 565.
4 *Palandt/Edenhofer* § 2193 Rn. 1.
5 *Soergel/Dieckmann* § 2193 Rn. 2.
6 BGH WM 1987, 564.

unfähigkeit) greift Abs. 3 ein. Nach Ausübung der Bestimmung ist diese grundsätzlich bestandskräftig.[7]

Umstritten ist, ob und ggf. in welchem Umfang eine gerichtliche Überprüfung der Bestimmung zulässig ist. Voranzustellen ist, dass der Erblasser die Reichweite der Überprüfung unbestreitbar selbst bestimmen kann.[8] Soll die Bestimmung in das billige Ermessen des Berechtigten gestellt sein, finden die §§ 315 Abs. 3 S. 1, 319 Abs. 1 S. 1 Anwendung; ist die Bestimmung des Leistungsempfängers in das freie Belieben des Berechtigten gestellt, kommt lediglich eine Überprüfung der offensichtlichen Zweckverfehlung oder eines Verstoßes gegen §§ 242, 138 in Betracht.[9]

Liegt eine – auch nur konkludente – Vorgabe des Erblassers nicht vor, wird man differenzieren müssen, ob sich das Bestimmungsrecht des Berechtigten lediglich auf den Leistungsgegenstand oder aber (auch) auf die Person des Leistungsempfängers bezieht, da § 2193 im Gegensatz zu § 2156 für die Kontrolle der Bestimmungsentscheidung nicht ausdrücklich auf die §§ 315 ff. verweist.[10] Damit wird man in den Fällen, in denen zumindest auch der Leistungsempfänger der Fremdbestimmung unterliegen soll, lediglich eine eingeschränkte Überprüfung zulassen können, zumal der Bestimmungsberechtigte den Erblasser bei dieser Entscheidung im Willen vertritt und damit eine weitergehende gerichtliche Kontrolle nicht in Einklang zu bringen ist.[11] Vielmehr wird allenfalls kontrollierbar sein, ob die vom Erblasser getroffene Zweckbestimmung – offensichtlich – missachtet ist und ob ggf. Verstöße gegen §§ 242, 138 vorliegen. Bei einer «doppelte Zweckauflage» (§§ 2193, 2192, 2156) dürfte die ins freie Belieben gestellte Bestimmungsbefugnis das pflichtgemäße Ermessen aus § 2156 überlagern, da ein differenzierender Maßstab zwischen Leistungsinhalt und -empfänger nicht zweckdienlich ist.

IV. Beratungshinweise

Ist der **Beschwerte** bestimmungsberechtigt, stellt § 2193 Abs. 2 auf die Klagemöglichkeit des Vollziehungsberechtigten gem. § 2194 ab. Ist der Beschwerte rechtskräftig zur Vollziehung der Auflage verurteilt, kann ihm von dem vollziehungsberechtigten Kläger eine angemessene Frist zur Vollziehung bestimmt werden, nach deren fruchtlosem Ablauf das Bestimmungsrecht auf den Kläger übergeht. Die Fristsetzung kann der Kläger entweder nach rechtskräftiger Verurteilung vornehmen oder aber auch durch das Prozessgericht durch einen entsprechenden Klageantrag gem. § 255 Abs. 2 ZPO als unechten Hilfsantrag vornehmen lassen.[12]

Nach Übergang des Bestimmungsrechts hat der Kläger die Bestimmung, wie ein hierzu von vornherein berufener Dritter zu treffen; der Beschwerte kann ab jetzt Leistung mit befreiender Wirkung ausschließlich an die vom Kläger zu bestimmende Person bringen.[13] Nach § 2193 Abs. 3 übt der Dritte sein Bestimmungsrecht durch Erklärung gegenüber dem Beschwerten aus. Kann er das Bestimmungsrecht nicht ausüben (etwa wegen Geschäftsunfähigkeit, Tod), geht es auf den Beschwerten über. Gleiches gilt – entsprechend § 2151 Abs. 3 –, wenn dem Dritten vom Nachlassgericht auf Antrag eine entsprechende Frist zur Bestimmung gesetzt wurde und diese erfolglos verstrichen ist. Antragsberechtigt (»Beteiligte«) sind – in Abweichung zu § 2151 Abs. 3 S. 2 – allerdings nur der Beschwerte sowie der Vollziehungsberechtigte, nicht aber ein potenziell Auflagenbegünstigter.

---

[7] Vgl. § 2151 Rz. 5.
[8] *Staudinger/Otto* § 2193 Rn. 5.
[9] BGHZ 121, 357, 361.
[10] *Erman/M. Schmidt* § 2193 Rn. 2.
[11] A.A. offenbar *Staudinger/Otte* § 2193 Rn. 5, der für die Frage der Zweckverfehlung die §§ 315 Abs. 3 S. 1, 319 Abs. 1 S. 1 in jedem Fall anwenden will.
[12] *Musielak/Foerst* § 255 Rn. 2. Zu Streitwert und Kosten vgl. *Zöller/Greger* § 255 Rn. 6.
[13] MüKoBGB/*Schlichting* § 2193 Rn. 4.

10 Bei **Unwirksamkeit der Bestimmungsrechtsausübung** sind die §§ 2193 Abs. 2, Abs. 3 nicht entsprechend anwendbar, da der Bestimmungsberechtigte als Willensvertreter des Erblassers durch eine unwirksame Bestimmung seine Rechtsposition nicht verliert, sondern erst nach fruchtloser Fristsetzung.[14] Letztere bleibt also trotz unwirksamer Bestimmung erforderlich.

11 Die Darlegungs- und Beweislast für Tatsachen, aus denen die Unwirksamkeit der Bestimmung folgen soll, trägt derjenige, der die Unwirksamkeit geltend macht, insb. also der aus § 2194 vorgehende Vollziehungsberechtigte. Dabei kann jedoch den Prozessgegner wegen größerer Sachnähe und der Schwierigkeit für den anderen Teil, die Einzelheiten dazulegen, eine erhöhte Darlegungslast treffen.[15]

§ 2194
Anspruch auf Vollziehung

Die Vollziehung einer Auflage können der Erbe, der Miterbe und derjenige verlangen, welchem der Wegfall des mit der Auflage zunächst Beschwerten unmittelbar zustatten kommen würde. Liegt die Vollziehung im öffentlichen Interesse, so kann auch die zuständige Behörde die Vollziehung verlangen.

Übersicht

	Rz.		Rz.
I. Normzweck	1	2. Inhalt der Vollziehungsberechtigung	6
II. Vollziehungsberechtigung	2	III. Beratungshinweise	8
1. Der Kreis der Vollziehungsberechtigten	2		

I. Normzweck

1 Die Vorschrift erklärt sich dadurch, dass selbst ein durch die Auflage Begünstigter keinen eigenen Leistungsanspruch erwirbt (vgl. § 2192). § 2194 soll daher die Erzwingbarkeit und Durchsetzbarkeit der Auflage sichern, indem bestimmten Personen – nicht dem Begünstigten selbst – die Vollziehung der Auflage als fremdnützige Befugnis eingeräumt wird. Bei öffentlichem Interesse an der Vollziehung der Auflage kann die zuständige Behörde die Vollziehung verlangen (S. 2).

II. Vollziehungsberechtigung

1. Der Kreis der Vollziehungsberechtigten

2 Die Vollziehung der Auflage können der Erbe, der Nacherbe ab Eintritt des Nacherbfalls,[1] der Miterbe – und zwar sowohl von einem beschwerten Erben als auch von einem beschwerten Vermächtnisnehmer und unabhängig davon, ob er selbst durch die Auflage mitbeschwert ist – selbstständig ausüben.[2] Bei potenzieller Erbunwürdigkeit ist das Vollziehungsrecht erst dann entzogen, wenn durch rechtskräftiges Urteil die Erbunwürdigkeit festgestellt worden ist.[3] Daneben können die Personen, denen der Wegfall des Beschwerten

---

14 BGHZ 121, 357, 362; MüKoBGB/*Schlichting* § 2193 Rn. 7. A.A.: *Staudinger/Otte* § 2193 Rn. 7.
15 BGHZ 121, 357, 363 ff.
1 *Soergel/Diekmann* § 2194 Rn. 2.
2 Es handelt sich hierbei nicht um eine nach § 2038 allen Miterben gemeinschaftlich zustehende Verwaltungsmaßnahme, MüKoBGB/*Schlichting* § 2194 Rn. 2.
3 MüKoBGB/*Schlichting* § 2194 Rn. 2.

zustatten kommt, ebenfalls die Vollziehung der Auflage verlangen. Wer als Wegfallbegünstigter anzusehen ist, ist nach rein rechtlichen Gesichtspunkten zu beurteilen. Dies ist derjenige, der rechtlich an die Stelle des Wegfallenden tritt, etwa die nicht berufenen gesetzlichen Erben, der Ersatzerbe, ein anwachsungsberechtigter Miterbe, ein Ersatzvermächtnisnehmer, etc.[4] Bei mehreren Vollziehungsberechtigten besteht keine Gesamtgläubigerschaft, vielmehr kann jeder Berechtigte die Vollziehung allein verlangen.[5] Auch wenn nicht ausdrücklich erwähnt, ist auch der Testamentsvollstrecker vollziehungsberechtigt (§§ 2203, 2208 Abs. 2, 2223);[6] seine Rechtsposition schließt die anderer, in § 2194 ausdrücklich genannter Personen nicht aus, da das Vollziehungsrecht nicht zum Nachlass zählt und folglich nicht über §§ 2211 Abs. 1, 2212 der sperrenden Verwaltung des Testamentsvollstreckers unterfällt.[7] Die Ausübung des Vollziehungsrechts durch den Testamentsvollstrecker kann treuwidrig sein, wenn er die Auflage mit Mitteln erfüllen kann, die seiner Verwaltung unterliegen und er damit zur Erfüllung der Auflage selbst im Stande ist.[8]

Für den Erblasser ist die Regelung in § 2194 dispositiv; er kann den Kreis der Vollziehungsberechtigten durch Verfügung von Todes wegen erweitern oder aber einschränken. Regelt der Erblasser eine Verpflichtung der berechtigten Person zur Vollziehung der Auflage, liegt in der Regel eine Testamentsvollstreckung mit begrenzter Aufgabe (vgl. § 2023) vor.[9] Umstritten ist, ob auch der Begünstigte Vollziehungsberechtigter nach § 2194 sein kann. Dies wird teilweise verneint,[10] z.T. für zulässig gehalten.[11] Man wird insoweit differenzieren müssen: Hat der Erblasser einem Begünstigten die Vollziehungsbefugnis (mit) übertragen, wird i.d.R. bereits keine Auflage, sondern ein Vermächtnis vorliegen. Zählt der Begünstigte zum Kreis der gesetzlich vorgesehenen Vollziehungsberechtigten, wird man regelmäßig dem Erblasserwillen, der durch Anordnung einer Auflage eine eigene Anspruchsdurchsetzungsbefugnis des Begünstigten verhindern wollte, i.d.R. entnehmen können, dass eine Vollziehungsberechtigung nicht besteht. Problematisch ist dieser Vorbehalt in der Tat dann, wenn ansonsten keine Berechtigten vorhanden sind und damit die Vollziehung der Auflage insgesamt nicht sichergestellt ist.[12] Hierbei wird es sich allerdings um Ausnahmefälle handeln, die regelmäßig interessengerechter über einer Auslegung der Verfügung von Todes wegen korrigiert werden sollten (§ 2084). Auch in diesem Fall kann der Erblasser eine vermächtnisgleiche Rechtsposition des Begünstigten vermeiden wollen, um bspw. eine Drucksituation zu Lasten des Beschwerten nicht entstehen zu lassen. Lässt sich daher der Wille des Erblassers, dass im Zweifel auch der Begünstigte vollziehungsberechtigt sein soll, nicht ermitteln, ist – als Ausnahmefall hinnehmbar – die Erfüllung allein dem Verantwortungsbewusstsein des Beschwerten überantwortet. Dies ist im Ergebnis nicht unbillig, da nur auf diese Weise die Trennschärfe zwischen Auflage und Vermächtnis eingehalten werden kann.

Die Vollziehungsberechtigung ist für den Erben und Miterben als Annex zu ihrer Rechtsstellung vererblich,[13] Entsprechendes gilt bei anderen Vollziehungsberechtigten, mit Ausnahme der vom Erblasser ausdrücklich Ermächtigten.[14]

Nach S. 2 kann die Vollziehung der Auflage, wenn sie im öffentlichen Interesse liegt, von der zuständigen Behörde durchgesetzt werden. Ein solches öffentliches Interesse

---

4 Vgl. *Staudinger/Otte* § 2194 Rn. 4.
5 *Erman/M. Schmidt* § 2194 Rn. 3.
6 BayObLG NJW-RR 1986, 629, 630; FamRZ 1991, 612.
7 *Staudinger/Otte* § 2194 Rn. 5.
8 MüKoBGB/*Schlichting* § 2194 Rn. 4.
9 *Schlüter* Rn. 939.
10 *Soergel/Dieckmann* § 2194 Rn. 7.
11 OLG Karlsruhe NJW-RR 2004, 1307; *Staudinger/Otte* § 2194 Rn. 9.
12 *Erman/M. Schmidt* § 2194 Rn. 1.
13 *Soergel/Dieckmann* § 2196 Rn. 10; a.A.: PWW/*Schiemann* § 2194 Rn. 1.
14 MüKoBGB/*Schlichting* § 2194 Rn. 6; a.A.: *Staudinger/Otte* § 2194 Rn. 7.

besteht, wenn die Vollziehung gemeinwohlorientiert ist bzw. einem Zweck dient, dessen Erfüllung bzw. Förderung typisch hoheitliche Aufgabe ist. Dies ist vom BGH[15] ohne Weiteres bejaht worden bei der Bestimmung, den Gegenstand der Auflage »gemeinnützigen Zwecken« zu widmen. Das Gericht, das über den Vollziehungsanspruch befindet, entscheidet auch über das Vorliegen eines öffentlichen Interesses. Welche Behörde zuständig ist, ergibt sich aus den jeweilige Vorschriften des Landesrechts.[16] Das Klagerecht der zuständigen Behörde besteht als Partei kraft Amtes.

2. Inhalt der Vollziehungsberechtigung

6 § 2194 gewährt dem Vollziehungsberechtigten ein eigenes Recht auf Leistung an den durch die Auflage Begünstigten (vgl. § 335). Der – fremdnützige – Vollziehungsanspruch entsteht grundsätzlich mit dem Erbfall, bei aufschiebenden bedingten oder befristeten Auflagen mit Eintritt der Bedingung oder des Termins. Solange die Fälligkeit der Verpflichtung des Beschwerten aufgeschoben ist, ist der Anspruch nicht durchsetzbar. Die Rechtsposition ist, da sie lediglich Annex der ihr zugrundeliegenden Rechtsstellung ist, nicht übertragbar bzw. pfändbar, zumal sie auch keinen Vermögenswert des Vollziehungsberechtigten darstellt.[17] Dementsprechend fällt sie bei Insolvenz des Vollziehungsberechtigten nicht in die Masse. Der Vollziehungsberechtigte ist Gläubiger in der Nachlassinsolvenz (§ 327 Abs. 1 Nr. 2 InsO). Der Vollziehungsanspruch verjährt gem. §§ 195, 199.[18] Eine Pflicht zur Geltendmachung des Vollziehungsanspruches besteht nicht, insb. nicht gegenüber dem Begünstigten. Allenfalls der Testamentsvollstrecker (§§ 2003, 2023) bzw. die nach S. 2 zuständige Behörde müssen nach pflichtgemäßen Ermessen von ihrer Befugnis Gebrauch machen.[19] Mangels Verpflichtung ist daher ein Schadensersatzanspruch des Begünstigten wegen Nichterfüllung ausgeschlossen, da ihm mangels eigenen Leistungsanspruches auch kein Schaden entstehen kann.[20]

7 **Umstritten ist,** ob der Vollziehungsberechtigte auf seine Befugnis – durch Vereinbarung mit dem Beschwerten – verzichten darf. Zum Teil wird dies abgelehnt[21] bzw. eingeschränkt dann für zulässig erachtet, wenn – z.B. wegen veränderter Sachlage – der Verzicht dem mutmaßlichen Erblasserwillen entspricht.[22] Richtigerweise dürfte dem Vollziehungsberechtigten die Entscheidung über den Verzicht grundsätzlich ohne Einschränkung zustehen.[23] Weder vom Gesetz noch durch den Erblasser kann ihm die Verpflichtung zur Ausübung der Vollziehungsbefugnis auferlegt werden, da in diesem Fall eine faktische Testamentsvollstreckung entstehen würde. Seine Grenze findet der Verzicht in den Vorgaben der §§ 134, 138; nichtig kann z.B. ein Verzicht sein, den der Vollziehungsberechtigte sich hat abkaufen lassen.[24] Gleiches gilt für eine Vereinbarung, die die Durchsetzung eines Vollziehungsanspruches vereiteln soll.[25] Die damit einhergehende Schwäche der Auflage als Gestaltungsmittel ist vom Gesetzgeber bewusst in Kauf genommen worden und kann – durch entsprechende Regelungen von Todes wegen – ausreichend korrigiert werden. Weiteres Korrektiv ist der Bereicherungsanspruch des Wegfallbegünstigten gem. § 2196.[26] Im Übrigen kann etwaigen Veränderungen der tatsächlichen Verhältnisse durch eine Ände-

---

15 BGHZ 121, 357, 360; vgl. auch die ergänzende Anmerkung von *Schubert* JR 194, 158.
16 Vgl. *Erman/M. Schmidt* § 2194 Rn. 2.
17 *Lange/Kuchinke* § 30 III 4.
18 *MüKoBGB/Schlichting* § 2194 Rn. 9.
19 *Staudinger/Otte* § 2194 Rn. 13.
20 BGHZ 121, 357, 367.
21 *Lange/Kuchinke* § 30 III 3.
22 *Palandt/Edenhofer* § 2194 Rn. 1; *Soergel/Dieckmann* § 2194 Rn. 11.
23 *Erman/M. Schmidt* § 2194 Rn. 3; *MüKoBGB/Schlichting* § 2194 Rn. 7.
24 *Staudinger/Otte* § 2194 Rn. 13.
25 BGHZ 121, 357, 367.
26 Zur Frage der Verwirkung vgl. *Staudinger/Otte* § 2194 Rn. 13.

rung des Auflagegegenstandes Rechnung getragen werden (§ 2084).[27] Der Verzicht eines Vollziehungsberechtigten lässt den Vollziehungsanspruch anderer unberührt.[28]

III. Beratungshinweise

Die Vollziehung der Auflage ist im Klagewege zu verfolgen, wobei § 27 ZPO als besonderer Gerichtsstand anwendbar ist.[29] Der Klageantrag richtet sich nach dem Gegenstand der zu vollziehenden Auflage, z.B. auf Zahlung, Herausgabe, Übereignung, Unterlassung, etc; entsprechendes gilt für die Vollstreckung. Nach §§ 2213 Abs. 1 S. 1, 2223 kann auch der Testamentsvollstrecker Beklagter sein, im Übrigen der Beschwerte. Rechtsdurchsetzung im einstweiligen Rechtsschutz ist grundsätzlich denkbar; besondere Beachtung verdient aber das Vorliegen eines Verfügungsgrundes (§§ 935, 940 ZPO). Nach OLG Koblenz[30] soll die Eintragung als Geschäftsführer einer GmbH im Handelsregister nicht wegen eines auflagenwidrigen Bestellungsbeschlusses der Gesellschafterversammlung im Wege einstweiliger Verfügung untersagt werden können. Dies erscheint auch bei unterstellter Wirksamkeit des Bestellungsbeschlusses nicht zwingend, da die Eintragung weitergehende Rechtswirkungen entfaltet (vgl. § 32 GBO), deren Hinnahme wegen der eindeutigen Verpflichtung zur Rückgängigmachung der Bestellung nicht zumutbar erscheint. Ob darüber hinaus die Rückgängigmachung der Eintragung selbst im Wege der einstweiligen Verfügung durchsetzbar ist, hängt von den Umständen des Einzelfalls ab.[31] 8

Die Erhebung und Abweisung der Klage eines Vollziehungsberechtigten begründet nicht den Einwand der Rechtshängigkeit bzw. entgegenstehenden Rechtskraft gegenüber der Klage eines anderen Vollziehungsberechtigten.[32] Eine Verbindung des Klageantrages mit Fristsetzung i.S.v. § 2193 Abs. 2, § 255 Abs. 2 ZPO ist möglich. 9

> **Formulierungsvorschlag:**
> Wir werden beantragen:
> 1. *Der Beklagte wird verurteilt, eine deutsche Hochschule auszuwählen und an diese zur Förderung des juristischen Nachwuchses 100.000 € zu zahlen.*
> 2. *Dem Beklagten wird eine angemessene Frist (1 Monat) ab Rechtskraft der obsiegenden Entscheidung über den Klageantrag zu 1. zur Vollziehung gesetzt.*
> 3. *Es wird festgestellt, dass nach fruchtlosem Ablauf der Frist gem. des Klageantrages zu 2. das Bestimmungsrecht zur Auswahl des Auflagenbegünstigten dem Kläger zusteht.*

Die Fristbestimmung bedarf eines ausdrücklichen (Sach-)Antrags, wobei es ausreicht, dass der Kläger die Festsetzung einer angemessenen Frist beantragt. An eine vorgeschlagene Frist ist das Gericht gebunden und darf sie nicht unterschreiten, § 308 Abs. 1 ZPO. Der Antrag kann noch in der Berufungsinstanz gestellt werden.[33] 10

Problematisch ist, ob für den Begünstigten die Möglichkeit besteht, in Prozessstandschaft für den Vollziehungsberechtigten die Vollziehung einzuklagen, da damit u.U. der Wille des Erblassers unterlaufen wird. Grundsätzlich wird dies aber für möglich erachtet.[34] Teilweise wird vorgeschlagen, den Dritten (auch den Begünstigten) zur Geltendmachung 11

---

27 Vgl. auch BGH NJW 1965, 688.
28 *Soergel/Dieckmann* § 2194 Rn. 11.
29 *Musielak/Schmid* § 27 Rn. 7.
30 NJW-RR 1986 1039, 1040.
31 Vgl. OLG Hamm GmbHR 1993, 743.
32 *Staudinger/Otte* § 2194 Rn. 14.
33 MüKo-ZPO/*Becker-Eberhard* § 255 Rn. 6 ff.
34 Vgl. *Schlüter* Rn. 936; MüKoBGB/*Schlichting* § 2194 Rn. 10.

des Vollziehungsrechts zu bevollmächtigen.[35] Unterschiede dürften zwischen beiden Varianten allerdings nicht bestehen, entscheidend ist vielmehr ob man trotz fehlender Übertragungsmöglichkeit der Ausübungsbefugnis eine Ermächtigung zur Geltendmachung des Rechts durch Dritte in eigenem Namen zulässt, was zivilprozessual umstritten ist.[36] Richtigerweise wird man zugrunde zu legen haben, dass das Vollziehungsrecht selbst nur ein Annex zu der Rechtsstellung des Berechtigten als Erbe bzw. Miterbe oder Wegfallbegünstigter ist und damit eine isolierte Übertragbarkeit ausscheidet, so das letztlich auch eine gewillkürte Prozessstandschaft für die Vollziehungsklage nicht zulässig ist. Mit Blick auf die bewusste Ausklammerung des Auflagenbegünstigten aus dem Kreis der Vollziehungsberechtigten ist insb. eine Prozessstandschaft des Begünstigten nicht zulässig.

12 Eine materielle Kostenerstattung zugunsten des Vollziehungsberechtigten kann u.U. nach den Grundsätzen der Geschäftsführung ohne Auftrag beansprucht werden.[37] Die Kosten der Erfüllung der Auflage treffen den Beschwerten. Führen diese Kosten zu einer Beschwerung des dem Beschwerten als Erbe oder Vermächtnisnehmer Zugewandten, sind die §§ 2191, 2187 unmittelbar anwendbar.

§ 2195
Verhältnis von Auflage und Zuwendung

Die Unwirksamkeit einer Auflage hat die Unwirksamkeit der unter der Auflage gemachten Zuwendung nur zur Folge, wenn anzunehmen ist, dass der Erblasser die Zuwendung nicht ohne die Auflage gemacht haben würde.

I. Normzweck

1 Die Vorschrift konkretisiert § 2085 für den Fall, dass bei einer unter Auflage gemachten Zuwendung die Auflage unwirksam ist, und bekräftigt damit den Grundsatz, dass mehrere in einem Testament enthaltene Verfügungen in ihrer Wirksamkeit voneinander unabhängig sind.

II. Unwirksamkeit der Auflage

2 Ohne Bedeutung ist, aus welchem Grund die Auflage unwirksam ist oder ob die Unwirksamkeit von Anfang an besteht oder erst im Nachhinein eintritt.[1] § 2195 greift schon tatbestandlich nicht ein, wenn veränderte Umstände lediglich eine andere Art der Vollziehung der Auflage gebieten.[2] In diesem Fall kann im Wege ergänzender Auslegung ggf. eine Anpassung der Vollziehung geboten sein.[3] Der Erblasserwille ist im Wege der Auslegung zu ermitteln. Wenn danach die Zuwendung mit der Wirksamkeit der Auflage untrennbar verbunden ist, ist die Abgrenzung zur bedingten Zuwendung problematisch.[4] Eine derartige Abhängigkeit wird man jedenfalls dann annehmen können, wenn die Erfüllung der Auflage nicht lediglich Anlass, sondern der – zumindest vorrangige – Zweck der Zuwendung war.[5] Bei der Annahme einer solchen Zweckbindung ist allerdings erhöhte Vorsicht

---

35 *Erman/M. Schmidt* § 2194 Rn. 3.
36 Vgl. *Musielak/Weth* § 51 Rn. 30.
37 *Lange/Kuchinke* § 30 III 4.
1 Zu möglichen Unwirksamkeitsgründen vgl. *Staudinger/Otte* § 2195 Rn. 2.
2 BGHZ 42, 327, 329.
3 *Erman/M. Schmidt* § 2195 Rn. 1.
4 *MüKoBGB/Schlichting* § 2195 Rn. 2.
5 Vgl. *Staudinger/Otte* § 2195 Rn. 3, der die Auflage als einzigen Zweck der Zuwendung fordert.

geboten. Von Bedeutung kann sein, wenn der Erblasser die Auflage als eine Art Gegenleistung des Zuwendungsempfängers betrachtet hat.[6]

III. Unwirksamkeit der beschwerten Zuwendung

Ist nicht die Auflage, sondern die mit einer Auflage beschwerte Zuwendung unwirksam, liegt kein Fall des § 2195 vor, sondern es gilt grundsätzlich § 2085.[7] Einen Sonderfall regelt § 2161, der gem. § 2192 entsprechend anwendbar ist. **3**

§ 2196
Unmöglichkeit der Vollziehung

(1) Wird die Vollziehung einer Auflage infolge eines von dem Beschwerten zu vertretenden Umstandes unmöglich, so kann derjenige, welchem der Wegfall des zunächst Beschwerten unmittelbar zustatten kommen würde, die Herausgabe der Zuwendung nach den Vorschriften über die Herausgabe einer ungerechtfertigten Bereicherung insoweit fordern, als die Zuwendung zur Vollziehung der Auflage hätte verwendet werden müssen.

(2) Das gleiche gilt, wenn der Beschwerte zur Vollziehung einer Auflage, die nicht durch einen Dritten vollzogen werden kann, rechtskräftig verurteilt ist und die zulässigen Zwangsmittel erfolglos gegen ihn angewendet worden sind.

I. Normzweck

Die Vorschrift ergänzt § 2195 unter der Voraussetzung, dass die unter der Auflage gemachte Zuwendung wirksam ist. Sie bezweckt die Abschöpfung des für die Erfüllung der Auflage erforderlichen, aber wegen der Unmöglichkeit der Erfüllung eingesparten Betrages und stellt daher eine Sanktion zu Lasten des Beschwerten dar, der bei verschuldeter Unmöglichkeit (Abs. 1) oder aber Weigerung der Erfüllung (Abs. 2) nicht bereichert werden soll, da §§ 280, 283 nicht anwendbar sind.[1] **1**

II. Anspruchsvoraussetzungen

Der Herausgabeanspruch setzt zunächst voraus, dass die Zuwendung selbst wirksam ist, also kein Fall einer durch die Auflagenvollziehung auflösend bedingten Zuwendung oder der Unwirksamkeit gem. § 2195 vorliegt. Ferner ist erforderlich, dass der Beschwerte die Unmöglichkeit der Vollziehung zu vertreten hat (§§ 276, 278) oder trotz rechtskräftiger Verurteilung und Zwangsvollstreckung (§§ 888, 890 ZPO) verweigert. Unter diesen Voraussetzungen gilt § 2196 entsprechend, wenn der gesetzliche Erbe mit einer Auflage beschwert ist.[2] **2**

Hat der Beschwerte die Unmöglichkeit nicht zu vertreten, wird er gem. § 275 von der Verpflichtung zur Leistung der Auflage frei, ohne dass die Zuwendung bei ihm geschmälert wird.[3] Anspruchsberechtigt ist derjenige, dem der Wegfall des zunächst Beschwerten unmittelbar zustatten kommen würde,[4] nicht auch die sonstigen in § 2194 aufgeführten **3**

---

[6] Soergel/*Diekmann* § 2195 Rn. 2.
[7] Erman/*M. Schmidt* § 2195 Rn. 2.
[1] BGHZ 121, 357, 367.
[2] MüKoBGB/*Schlichting* § 2196 Rn. 2.
[3] Staudinger/*Otte* § 2196 Rn. 2.
[4] Vgl. § 2194 Rz. 2.

Vollziehungsberechtigten oder der Testamentsvollstrecker.[5] Dies soll auch der Begünstigte sein können (str.).[6] Dem ist jedenfalls dann zuzustimmen, wenn keine anderen Anspruchsberechtigten vorhanden sind, da der Beschwerte ansonsten grundlos bessergestellt würde, obwohl er die Nichterfüllung zu vertreten hat.[7] Dies aber wird regelmäßig nicht dem Willen des Erblassers entsprechen. Bei mehreren Wegfallbegünstigten hängt die Anspruchsberechtigung davon ab, ob es sich um eine teilbare Leistung (§ 420) oder eine unteilbare Leistung (§ 432) handelt. Sind mehrere mit einer Auflage beschwert, ist anspruchsverpflichtet nur derjenige, der die Unmöglichkeit zu vertreten hat.

III. Rechtsfolge

4 § 2196 gewährt einen Anspruch auf Herausgabe der dem Beschwerten gemachten Zuwendung, soweit diese zur Vollziehung der Auflage hätte eingesetzt werden müssen. Unerheblich ist, ob der Zuwendungsgegenstand selbst zur Erfüllung hätte verwendet werden müssen oder lediglich zur Aufbringung der Mittel, sodass der Anspruch auch dann bestehen kann, wenn die Auflage keine geldwerte Leistung beinhaltet, sondern lediglich ihre Erfüllung mit Kosten verbunden wäre.[8] Der Herausgabeanspruch richtet sich nach den Vorschriften der ungerechtfertigten Bereicherung, §§ 818, 819. Da nicht die Zuwendung als solche herauszugeben ist, sondern nur das, was von ihr zur Auflagenvollziehung hätte eingesetzt werden müssen, ist bei nur teilweiser Verwendung Wertersatz zu leisten (§ 818 Abs. 2). § 818 Abs. 3 gilt ebenso wie die verschärfte Haftung gem. §§ 818 Abs. 4, 819. Soweit der Zuwendungsgegenstand unmittelbar zur Erfüllung der Auflage eingesetzt werden muss, aber aufgrund eines vom Beschwerten nicht zu vertretenden Umstandes untergegangen ist, besteht eine Herausgabepflicht nicht, da dann gleichzeitig eine Entreicherung eingetreten ist; liegt ein Verschulden des Beschwerten vor, greifen §§ 818 IV, 819 ein.[9] Der Anspruchsinhaber i.S.d. § 2196 ist nicht selbst zur Vollziehung der Auflage verpflichtet, da er nicht zum Kreis der auflagenbeschwerungsfähigen Personen zählt (§§ 2192, 2147).[10] Häufig wird aber im Wege ergänzender Auslegung ein entsprechender Erblasserwille dokumentiert sein (§ 2084); dies gilt auch für die Erstreckung der Auflage auf ein eventuelles Surrogat oder den Beschaffungswert.

IV. Beratungshinweise

5 Es muss gesehen werden, dass die Regelung des § 2196 den von ihr verfolgten Zweck letztlich nicht effektiv umsetzen kann, da zum einen nicht die Auflagenbegünstigten selbst anspruchsberechtigt werden und zum anderen die Anwendung des Bereicherungsrechts zu einem Anspruchswegfall führen kann (§ 818 Abs. 3). Sollte daher tatsächlich das Instrument einer Auflage eingesetzt werden, so ist zu empfehlen, dass der Erblasser in jedem Fall die dispositive Natur des § 2196 ausnutzt und anordnet, dass bei Unmöglichkeit der Vollziehung der Auflage entweder ein Dritter beschwert sein soll oder aber der Beschwerte auf andere Weise zur Erfüllung der Auflage verpflichtet sein soll, etwa durch Einsatz des infolge der Unmöglichkeit erlangten Surrogates. Im Übrigen kann es bei Vermächtnissen, die unter einer Auflage ausgebracht werden sollen, sinnvoll sein, die Vollziehung der Auflage als aufschiebende Bedingung für die Wirksamkeit des Vermächtnisses anzuordnen.

---

5 *Staudinger/Otte* § 2196 Rn. 3; a.A.: *Lange/Kuchinke* § 30 Fn. 83, die allerdings übersehen, dass der den Erben gem. § 2196 zufallende Herausgabeanspruch nicht in den Nachlass fällt und damit nicht der Testamentsvollstreckung unterliegt.
6 MüKoBGB/*Schlichting* § 2196 Rn. 4; a.A.: *Soergel/Dieckmann* § 2196 Rn. 3.
7 Vgl. auch § 2194 Rz. 2.
8 *Soergel/Dieckmann* § 2196 Rn. 8. Zu Sonderproblemen der »Kosten« bei einer Auflage, die ein Veräußerungsverbot beinhaltet, vgl. *Staudinger/Otte* § 2196 Rn. 4.
9 Vgl. *Lange/Kuchinke* § 30 III 5d (Fn. 86).
10 *Soergel/Dieckmann* § 2196 Rn. 8; a.A.: *Palandt/Edenhofer* § 2196 Rn. 2.

Titel 6
Testamentsvollstrecker

Einleitung vor § 2197 BGB

Übersicht

		Rz.			Rz.
I.	Regelungsbereich	1	VI.	Einsetzung eines Bevollmächtigten und eines Testamentsvollstreckers	18
II.	Bedeutung der Testamentsvollstreckung	4	VII.	Widerruf	20
III.	Einsetzung des Testamentsvollstreckers	5	VIII.	Beauftragung eines Dritten	28
IV.	Bevollmächtigung	9	IX.	Typen der Testamentsvollstreckung	31
V.	Form der Vollmachtserteilung	14			

I. Regelungsbereich

Mittels Anordnung einer Testamentsvollstreckung kann der Erblasser über seinen Tod hinaus Einfluss auf den Nachlass nehmen, indem er eine Person seines Vertrauens, Testamentsvollstrecker genannt, in einer Verfügung von Todes wegen mit gesetzlich festgelegten, testamentarisch modifizierbaren Machtbefugnissen für die Zeit nach dem Erbfall hinsichtlich des Nachlasses ausstattet. Die Testamentsvollstreckung gehört damit zu den unentbehrlichen Teilen des Erbrechts. Die Testamentsvollstreckung ist durch den Gesetzgeber in den §§ 2197–2228 BGB geregelt. Diese Bestimmungen sind weder vollständig, noch können sie als systematisch gelungen bezeichnet werden. Sie werden ergänzt durch zivilprozessrechtliche Vorschriften (insb. §§ 728, 748 f., 779 f. ZPO) und durch Vorschriften im am 1.9.2009 in Kraft getretenen »Gesetz über das Verfahren in Familiensachen und in den Angelegenheiten der freiwilligen Gerichtsbarkeit (FamFG)« und in der Grundbuchordnung (GBO). 1

Neben dem Gesetzestext, der im Übrigen, was das BGB angeht, nur wenige **zwingende** Vorschriften enthält, kommt der Rechtsprechung zu diesem Rechtsgebiet besondere Bedeutung zu. 2

Die Gründe, in einem Testament Testamentsvollstreckung anzuordnen, sind vielgestaltig. Typisierend sind zu nennen: 3
- Den Nachlass vor dem Zugriff ungeeigneter bzw. böswilliger Erben zu schützen, deren Interessen gegen die des Erblassers stehen.
- Den Nachlass vor Verlusten durch Handlungen geschäftlich unerfahrener Erben zu bewahren.
- Vereinfachung von Abwicklung und Verwaltung des Nachlasses.
- Sicherung der Unternehmensnachfolge

II. Bedeutung der Testamentsvollstreckung

Die **Bedeutung** der Testamentsvollstreckung soll u.a. in ihrer »friedenssichernden Funktion« liegen.[1] Dies würde jedoch einen friedlichen Zustand voraussetzen, der vielfach nach dem Eintritt des Erbfalls nicht mehr gegeben ist. Zu den unter den Erben aufflammenden Streitigkeiten kommt die gemeinsame Enttäuschung der Erben über die Einsetzung des Testamentsvollstreckers. Die Fülle der gerichtlichen Entscheidungen zu diesem Rechtsgebiet lässt erkennen, wie stark die Interessengegensätze sind, die hier aufeinanderprallen. Daraus folgt, dass es einerseits einer besonderen Sorgfalt bei der Auswahl des TV bedarf – die allerdings gem. § 2198 BGB auch einem Dritten überlassen werden darf – und andererseits einer besonderen Qualifikation des Testamentsvollstreckers. 4

---

[1] *Bengel/Reimann* 1, Rn. 6.

III. Einsetzung des Testamentsvollstreckers

5   Der letztwilligen Einsetzung des Testamentsvollstreckers sollte eine Zweck-Mittel-Betrachtung vorausgehen: Welcher Zweck soll mit der Einsetzung verfolgt werden?

6   In jedem Fall will der Erblasser erreichen, dass sein Wille respektiert und verwirklicht wird. Dazu bedarf es des Testamentsvollstreckers entweder, weil der Erblasser in ihm den Garanten der Realisierung seines Willens sieht oder weil sich der Wille des Erblassers beispielsweise wegen fehlender Volljährigkeit des Erben anders nicht realisieren lässt.

7   Auch hier zeigt sich, dass der Testamentsvollstrecker in vielen Fällen das Bollwerk ist, das den unterschiedlichen Interessen der übrigen Erbbeteiligten entgegensteht.

8   Statt von einer »friedenssichernden Funktion« (s.o.) des Testamentsvollstreckers (TV) ist daher mit größerer Berechtigung von der **Durchsetzungsfunktion** des Testamentsvollstreckers zu sprechen. Das Vertrauen, das der Erblasser seinen Erben nicht entgegenbringt, schenkt er uneingeschränkt dem Testamentsvollstrecker[2]

IV. Bevollmächtigung

9   Neben der Einsetzung eines Testamentsvollstreckers könnte für den Erblasser auch die Erteilung einer **Vollmacht** auf den Todesfall in Betracht zu ziehen sein, um über seinen Tod hinaus zu wirken. Nach dem Tode des Erblassers handelt der Bevollmächtigte für die Erben. Diesen steht daher auch das Recht zum Widerruf der Vollmacht zu.

10 Für die **Erteilung der Vollmacht** ist grundsätzlich maßgeblich die Bestimmung des § 167: Demnach erfolgt die Erteilung der Vollmacht durch Erklärung gegenüber dem zu Bevollmächtigenden oder dem Dritten, dem gegenüber die Vertretung erfolgen soll. Die Erklärung bedarf nicht der Form, welche für das Rechtsgeschäft bestimmt ist, auf das sich die Vollmacht bezieht. Die Bevollmächtigung ist eine einseitige empfangsbedürftige Willenserklärung, die auch in einer Verfügung von Todes wegen enthalten sein kann. Dann aber kann diese Bestimmung nur wirksam werden, wenn sichergestellt ist, dass der Bevollmächtigte von dieser Willenserklärung Kenntnis erlangt. Das Nachlassgericht ist nicht verpflichtet, zugunsten des Bevollmächtigten von sich aus etwas zu veranlassen.

11 **Der Umfang der Bevollmächtigung** wird vom Verfügenden festgelegt; soll sie **über den Tod** des Vollmachtgebers **hinaus** wirken, muss dies also zum Ausdruck gebracht werden, sei es durch ausdrückliche Bestimmung, sei es durch den Umfang des Auftrags, der der Vollmachterteilung zugrunde liegt.

12 Außerdem könnte der Testierende bestimmen, dass die Vollmacht erst **mit dem Todesfall** wirksam werden soll. In diesem Fall muss der Bevollmächtigte zum Nachweis seiner Vertretungsberechtigung auch die Sterbeurkunde beibringen.

13 Der Umfang der Vollmacht ist durch Auslegung (§§ 133, 2084) zu ermitteln. Maßgeblich ist insoweit der **Zweck** der postmortalen Vollmacht: Sie soll es dem Bevollmächtigten, der aufgrund der Vollmacht des Erblassers für den Erben handelt, ermöglichen, unabhängig vom Willen der Erben und auch vor ihrer Ermittlung tätig werden zu können.[3] Vor diesem Hintergrund ist beispielsweise eine Bank nicht verpflichtet, eine Verfügung des Bevollmächtigten zurückzustellen, um die Zustimmung des Erben abzuwarten oder es diesem zu ermöglichen, die postmortale Vollmacht zu widerrufen.[4] Dies gilt natürlich nicht im Falle des Vollmachtsmissbrauchs, wenn also beim Vertragspartner massive Verdachtsmomente erkennbar sind, die auf einen Treueverstoß des Bevollmächtigten hinweisen.[5]

---

2   *Lange* JuS 1970, 102.
3   So BGH NJW 1995, 250.
4   So BGH a.a.O.
5   Vgl. BGH a.a.O.

V. Form der Vollmachtserteilung

Wenn auch die Vollmachtserteilung grundsätzlich formfrei ist,[6] benötigt der aufgrund einer postmortalen Vollmacht Handelnde in der Regel ein schriftliches Dokument, welches ihn Dritten gegenüber legitimiert. Das Testament, in welchem eine solche Bestimmung enthalten ist, kann diese Funktion nicht erfüllen; denn es befindet sich in den Händen des Erben oder ist dem Nachlassgericht eingereicht worden. 14

Somit empfiehlt es sich, eine **besondere Urkunde über die postmortale Vollmacht** zu errichten und dafür Sorge zu tragen, dass die Urkunde den Bevollmächtigten auch erreicht. 15

Eine besondere Urkunde ist ohnehin bei den verfügungsgleichen Rechtsgeschäften notwendig (z.B. unwiderrufliche Vollmacht für ein Grundstücksgeschäft oder für eine Schenkung); ferner ist gegenüber dem Handelsregister (§ 12 HGB) oder dem Grundbuchamt (§ 29 GBO) ein Vollmachtsnachweis erforderlich. Eine unwiderrufliche, über den Tod hinaus geltende **Generalvollmacht** ist nach § 138 unwirksam; sie kann jedoch als widerrufliche Vollmacht weiterhin wirksam sein, wenn anzunehmen ist, dass sie auch dann vom Vollmachtgeber erteilt worden wäre.[7] 16

Einen **Erbschein** benötigt der Bevollmächtigte nicht, um nach dem Tod des Erblassers für die Erben handeln zu können. Sind die Erben minderjährig, kann der Bevollmächtigte handeln, ohne sich mit dem Vormundschaftsgericht oder dem Vormund ins Benehmen setzen zu müssen.[8] 17

VI. Einsetzung eines Bevollmächtigten und eines Testamentsvollstreckers

Schwierigkeiten ergeben sich, wenn der Erblasser einen Bevollmächtigten **und** einen Testamentsvollstrecker einsetzt. Hat der Erblasser in diesem Zusammenhang keine besonderen Regelungen getroffen, kann eine Bestimmung des Wirkungskreises des einen und des anderen nur durch Auslegung des mutmaßlichen Willens des Erblassers erreicht werden. Dabei kann der Zeitpunkt der Erteilung der Vollmacht oder der Anordnung der Testamentsvollstreckung Anhaltspunkte bieten. Sind solche für die Auslegung maßgeblichen Umstände nicht erkennbar, stehen beide Anordnungen **nebeneinander,** wobei jedoch der Testamentsvollstrecker den aus seinem Amt resultierenden Beschränkungen unterliegt,[9] während sich Beschränkungen des Bevollmächtigten allein aus dem Mißbrauchsverbot ergeben. 18

Auch der **Testamentsvollstrecker selbst** kann durch eine postmortale Vollmacht gleichzeitig zum Bevollmächtigten werden. Die weitergehende Stellung als Bevollmächtigter entlässt den Testamentsvollstrecker sodann aus den Beschränkungen, die diesem kraft Gesetzes obliegen.[10] So könnte der Testamentsvollstrecker in seiner Eigenschaft als gleichzeitig Bevollmächtigter z.B. entgegen § 2206 den Erben über den Nachlass hinaus verpflichten. 19

VII. Widerruf

Diese scheinbar starke Stellung des Bevollmächtigten wird beendet durch den **Widerruf** (§ 168). Dieser steht dem Erben zu, bei einer Mehrheit von Erben jedem einzelnen für sich, ohne dass dadurch die Vertretungsbefugnis des Bevollmächtigten für die anderen Erben 20

---

6 Vgl. § 167 Abs. 2.
7 Vgl. *Palandt/Edenhofer* vor § 2197 Rn. 14, s.a. nachfolgend unter Rz. 12.
8 *Bengel/Reimann* 1, Rn. 50 unter Hinweis auf RGZ 345; 106, 185.
9 Z.B. Verbot unentgeltlicher Verfügungen gem. § 2205, Verpflichtungen zur Errichtung eines Nachlassverzeichnisses (§ 2215) und zur ordnungsgemäßen Verwaltung des Nachlasses (§ 2216).
10 Vgl. BGH NJW 1962, 1718; *Palandt/Edenhofer* § 2197 Rn. 12; ferner § 2202 Rz. 8.

betroffen wird. Dementsprechend ist die Vollmachtsurkunde nicht an den widerrufenden Erben herauszugeben, sondern nur mit einem einschränkenden Vermerk zu versehen.[11]

21 Will der Erblasser den Erben daran hindern, die Bevollmächtigung durch einfachen Widerruf zu Fall zu bringen, hat er zwei Möglichkeiten:
– entweder wird die Vollmacht (soweit wie möglich) als unwiderrufliche Vollmacht erteilt,
– oder die Vollmacht wird durch Bedingungen oder Auflagen an den Erben abgesichert.

22 Die **unwiderrufliche Vollmacht** ist, soweit sie sich auf die Ausführung eines konkreten Geschäftsvorgangs bezieht, wirksam. Soweit sie jedoch als eine unwiderrufliche **Generalvollmacht** ausgestattet ist, ist sie wegen sittenwidriger Knebelung (§ 138) und wegen Umgehung der Vorschriften zur Testamentsvollstreckung unwirksam. Über § 139 kann sie jedoch als widerrufliche Vollmacht fortgelten. U.U. kann die Auslegung ergeben, dass eine Umdeutung in eine Erbeinsetzung möglich ist.[12]

23 Aus **wichtigem Grund** ist jede unwiderrufliche Vollmacht widerruflich.

24 Der andere Weg, den Bestand der Vollmacht über den Tod hinaus abzusichern, besteht in der **Erteilung von entsprechenden Auflagen** an den Erben durch den Erblasser oder in der Bestimmung von entsprechenden Bedingungen. Soweit der Erbe mit einer Auflage bedacht ist, die erteilte Vollmacht nicht zu widerrufen, könnte zur Überwachung des Einhaltens dieser Auflage Testamentsvollstreckung angeordnet werden. Die letztwillige Verfügung kann den Nicht-Widerruf der Vollmacht ferner als Bedingung für die Erteilung eines Vorausvermächtnisses oder für die Erbeinsetzung selbst ausgestalten[13]

25 Dies ist jedoch nicht unstreitig. Denn es führt dazu, dass der Erblasser die Regeln des Erbrechts über eigene von ihm gesetzte Bedingungen außer Kraft setzen könnte. Deswegen wird in diesem Zusammenhang die Auffassung vertreten, dass der Erblasser über seinen Tod hinaus seinem Willen nur durch das Instrumentarium Geltung verschaffen kann, welches ihm das Erbrecht oder das Stiftungsrecht zur Verfügung stellt.[14] Mit dem Tod des Vollmachtgebers tritt nach dieser Auffassung dessen Wille vollständig hinter dem Willen und den Interessen des Erben zurück, der allein von nun an zu bestimmen habe. Diese Frage ist von großer praktischer Bedeutung: Überlässt beispielsweise der Erblasser einem Dritten einen Gegenstand mit der Bitte, diesen nach seinem Tode jemandem zu übergeben, der nicht als Erbe in Betracht kommt, so fragt sich, ob der Erbe, der von dieser Vereinbarung keine Kenntnis hatte, sie deswegen auch nicht widerrufen kann. Oder genügt das Nachforschen des Erben nach den Gegenständen des Nachlasses, um darin bereits den Widerruf einer Vollmacht zu sehen?

26 Der Bundesgerichtshof[15] hat der ersten Lösung den Vorzug gegeben: Wer wegen fehlender Kenntnis der Bevollmächtigung insoweit kein Erklärungsbewusstsein hat, gibt auch keine sich auf den Widerruf beziehende Willenserklärung ab.

27 Zwar ist[16] das Interesse des Erben diametral entgegengesetzt – dies reicht jedoch nicht aus, sein allgemeines Verhalten (Suche nach Nachlassgegenständen) als Widerruf einer postmortalen Vollmacht zu werten. Da mit dieser Entscheidung des BGH dem Willen des Erblassers Rechnung getragen wird, ist dem zuzustimmen.

---

11 Vgl. BGH NJW 1990, 507.
12 Vgl. *Erman/Schmidt* vor § 2197 Rn. 10.
13 *Bengel/Reimann* 1, Rn. 60; *Staudinger/Reimann* vor §§ 2197 ff. Rn. 116.
14 Vgl. *Schultz* NJW 1995, 3345 ff. mit Hinweisen auf weitere Literatur.
15 BGH NJW 1995, 953.
16 Worauf *Schultz* NJW 1995, 3345 ff. hinweist.

VIII. Beauftragung eines Dritten

Der erwähnte Fall[17] der Beauftragung eines Dritten zur Übergabe eines Gegenstandes berührt gleichzeitig die weitere Frage, ob es sich um
- ein Schenkungsversprechen unter Lebenden, das erst nach dem Tode des Erblassers vollzogen werden soll, oder um
- ein Schenkungsversprechen auf den Todesfall

handelt.

Im ersten Fall läge zwar **eine formnichtige Versprechungsschenkung** (§ 518 Abs. 2) unter Lebenden vor. Diese könnte jedoch über die postmortale Vollmacht geheilt werden – soweit sie nicht durch den Erben widerrufen worden ist.[18]

Im zweiten Fall hingegen würde die Schenkung gem. § 2301 Abs. 1 den Vorschriften über die Verfügung von Todes wegen unterstellt mit der Folge, dass eine formunwirksame nichtvollzogene Schenkung von Todes wegen nicht mehr erfüllt werden kann, auch nicht durch eine vom Erblasser bevollmächtigte Person.[19] Der Bundesgerichtshof vermeidet jedoch in dieser Entscheidung die Annahme eines nichtigen Schenkungsversprechens und verweist auf die Auslegungsregel des § 2084, wonach diejenige Auslegung vorzuziehen ist, bei welcher die Verfügung Erfolg haben kann; in der früheren Entscheidung[20] wird in diesem Zusammenhang ausgeführt, dass eine Schenkung von Todes wegen auch dann anzunehmen sei, wenn der Erblasser nicht ausdrücklich eine Überlebensbedingung i.S.d. § 2301 Abs. 1 erklärt. Dies wird – zu Recht – damit begründet, dass »die Anwendung der Vorschriften über die Verfügungen von Todes wegen ... nicht zu weit zurückgedrängt werden dürfen«.[21] Maßgeblich ist der durch Auslegung zu ermittelnde individuelle Wille der Beteiligten (§ 133 BGB).

IX. Typen der Testamentsvollstreckung

Den durch das Gesetz getroffenen Regelungen folgend, werden die folgenden Erscheinungsformen der Testamentsvollstreckung unterschieden:[22]
- Abwicklungs-TV (Überwachung der Erbauseinandersetzung, § 2204),
- Dauer-TV (§ 2209 S. 1 Hs. 2),
- Verwaltungs-TV (§ 2209 Hs. 1),
- Nacherben-TV (§ 2222),
- Vermächtnis-TV (§ 2223),
- Einzel-TV (§ 2208 mit beschränktem Aufgabenkreis).

§ 2197
Ernennung des Testamentsvollstreckers

(1) Der Erblasser kann durch Testament einen oder mehrere Testamentsvollstrecker ernennen.

(2) Der Erblasser kann für den Fall, dass der ernannte Testamentsvollstrecker vor oder nach der Annahme des Amts wegfällt, einen anderen Testamentsvollstrecker ernennen.

---

17 S.o. Rz. 24.
18 Vgl. BGH NJW 1987, 840; 1988, 2731.
19 So BGH NJW 1988, 2731 f.
20 BGH NJW 1987, 840.
21 So BGH NJW 1988, 2731 f.
22 Vgl. *Haegele/Winkler* Rn. 3.

I. Ernennung und rechtliche Stellung

1 In der Ernennung eine Testamentsvollstreckers liegt zugleich die Anordnung der Testamentsvollstreckung. Die Anordnung selbst kann gem. § 2065 BGB nur durch den Erblasser selbst erfolgen, wogegen die Person des TV auch durch Dritte bestimmt werden kann (§§ 2198–2200 BGB). Die Ernennung des TV kann nur auf der Grundlage einer letztwilligen Verfügung erfolgen, sei es durch einseitiges oder gemeinschaftliches Testament oder durch Erbvertrag, ohne dass eine bestimmte Ausdrucksweise vorgeschrieben ist.[1] Jedoch muss zum Ausdruck kommen, dass der Erblasser dem Betroffenen eine Stellung zuweist, die das Gesetz selbst als »Amt« bezeichnet.[2] Dies ist etwas anderes als die Erteilung einer Vollmacht[3] oder die Erteilung eines **Verwaltungs-Vorausvermächtnisses** zugunsten eines Miterben.[4] Auch die Begriffe **Beistand** oder **Pfleger** sind nicht eindeutig und erfordern im Wege der Auslegung (§§ 133, 2084) die Ermittlung des mutmaßlichen Willens des Erblassers.

2 Vor der **Verwendung** solcher **vom gesetzlichen Wortlaut abweichenden Begriffe** muss daher **gewarnt** werden, zumal sich auch leicht Abgrenzungsprobleme zu einer möglicherweise nur vorliegenden Teilungsanordnung des Erblassers nach § 2048 ergeben können. Im Ergebnis muss die letztwillige Verfügung, durch die ein TV ernannt werden soll, erkennen lassen, dass der Betroffene selbstständiger Träger von Rechten und Pflichten für den Nachlass sein soll, frei von den Weisungen der Erben, dem Willen des Erblassers und dem Gesetz verpflichtet. In dieser Funktion ist er weder Vertreter des Nachlasses, der keine eigene Rechtspersönlichkeit ist, noch des Erben.[5] Er ist – so die Definition des Bundesgerichtshofes – »Treuhänder und Inhaber eines privaten Amtes«.[6]

3 Der früheren Diskussion über die Rechtsstellung des TV[7] kommt heute wegen dieser feststehenden Rechtsprechung keine Bedeutung mehr zu.

4 Da die Ernennung des TV ihre Grundlage in einer letztwilligen Verfügung hat, teilt sie auch deren Schicksal, falls sich diese als ungültig erweisen sollte (vgl. § 2085). Dies kann von den Erben nicht weiter repariert werden, es sei denn, sie übertragen dem vorgesehenen TV die Stellung eines Bevollmächtigten.

5 Auch im Übrigen kann die Ernennung scheitern, soweit sich ihre Durchführung aus rechtlichen (vgl. z.B. § 2306) oder tatsächlichen Gründen als nicht möglich erweist (vgl. auch § 2201).

II. Weitere Beweggründe für die Ernennung eines Testamentsvollstreckers

6 Außer den bereits in der Einleitung (vor § 2197 Rz. 3) erwähnten Gründen können für den Erblasser weitere Beweggründe gegeben sein, die für die Ernennung eines Testamentsvollstreckers sprechen.

7 Vorrangig ist hier das Motiv zu nennen, den Nachlass möglichst lang für den Ehegatten oder die eigenen Abkömmlinge zu erhalten Wird beispielsweise der überlebende Ehegatte als TV eingesetzt und gleichzeitig der Ausschluss der Auseinandersetzung des Nachlasses während der Dauer der Testamentsvollstreckung (§ 2044) angeordnet, so hat der Ehegatte gegenüber den weiteren Erben eine unangreifbare Position und verfügt auch über die Erträgnisse des Nachlasses, wenn zu seinen Gunsten ein Nießbrauchsrecht einzuräumen ist. Diese Gestaltung empfiehlt sich ferner beim Vorhandensein minderjähriger Erben. Denn der TV ist auf Genehmigungen durch das Vormundschaftsgericht nicht angewiesen.

---

1 RG 92, 72.
2 Vgl. z.B. §§ 2197 Abs. 2, 2202 BGB: Annahme und Ablehnung des Amtes.
3 Vgl. vor § 2197 Rz. 4 ff.
4 Vgl. OGH 4, 223.
5 BGHZ 13, 203.
6 BGHZ 25, 275.
7 Vertreter- oder Treuhänder-Theorie – vgl. dazu *Lange/Kuchinke* § 31 Abs. 3 S. 1.

Sofern **gesellschaftsrechtliche Beteiligungen** zum Nachlass gehören, sind diese eben- 8
falls oftmals der Anlass, Testamentsvollstreckung anzuordnen, sei es zum Schutz des minderjährigen oder ungewandten Erben, sei es zum Schutz des überlebenden Ehegatten. Erstreckt sich eine vom Erblasser angeordnete Testamentsvollstreckung auch auf seinen vererbten Anteil als Komplementär an einer Personengesellschaft, so lässt dies nur Raum für eine Testamentsvollstreckung, die sich im Wesentlichen auf die Wahrnehmung und Erhaltung der Vermögensrechte beschränkt und verhindert, dass der Erbe über den Anteil und die daraus erwachsenen Vermögensrechte verfügen kann (§ 2211 Abs. 1 BGB) und seine Eigengläubiger in den Anteil und diese Vermögensrechte vollstrecken können (§ 2214)[8] Allerdings bleibt der »Kern« der personengesellschaftsrechtlichen Beteiligung, die nach der Rechtsprechung einer »Sondererbfolge« unterliegt, beim Erben, während der Verwaltung des TV der Anteil »als Ganzes«, gewissermaßen mit seiner »Außenseite« unterliegt.[9] Vorsorglich ist daher dem TV zusätzlich die Vollmacht zu erteilen, für den Erben zu handeln. Ein zum Nachlass gehörender Anteil an einer Kapitalgesellschaft (GmbH, AG) wird hingegen vom TV alleine verwaltet unter Ausschluss des Erben.[10]

Ferner hat der Erblasser bei der Bestimmung des TV zu bedenken, dass er den Aufga- 9
benkreis des TV auf einen Teil des Nachlasses oder auf bestimmte Erben beschränken kann. Ferner kann er für die Testamentsvollstreckung eine Bedingung festsetzen, bei deren Eintritt Testamentsvollstreckung erfolgen soll (z.B. Wiederverheiratung des Ehegatten); er kann auch einen oder mehrere Ersatzpersonen als Testamentsvollstrecker bestimmen (§ 2197 Abs. 2).

III. Einsatz mehrerer Testamentsvollstrecker

Werden mehrere TV durch den Erblasser eingesetzt, so führen sie nach § 2224 das **Amt** 10
gemeinschaftlich, soweit nichts anderes angeordnet ist. Können sich mehrere TV nicht auf eine gemeinsame Vorgehensweise einigen, hat das Nachlassgericht zu entscheiden, welche der vorgeschlagenen Maßnahmen zu treffen ist, eine eigene, von den Vorschlägen der TV abweichende Entscheidung, ist dem Nachlassgericht jedoch versagt[11]

IV. Wahlfreiheit

Bei der Überlegung, wer als TV eingesetzt werden soll, ist der Erblasser **grundsätzlich** 11
frei, von der selbstverständlichen Ausnahme gem. § 2201 – Beeinträchtigung in der Geschäftsfähigkeit – abgesehen.

Weitere **Einschränkungen** ergeben sich aus der Natur der Sache. So können der allei- 12
nige Erbe oder der alleinige Vorerbe[12] nicht alleiniger TV sein. Anders der Nacherbe; dieser kann jedenfalls bis zum Eintritt der Nacherbschaft TV des Vorerben sein[13]

Auch Nießbraucher, Vermächtnisnehmer oder der Ehegatte oder Vormund kommen als 13
TV in Betracht.

Ausgeschlossen ist der beurkundende Notar (§§ 7, 27 BeurkG), nicht aber dessen 14
Sozius.[14] Für den Rechtsanwalt kommt es darauf an, ob er durch die Übernahme des Amtes wegen einer früheren Tätigkeit gegen den Träger des zu verwaltenden Vermögens in Interessenkollision gerät.[15] Die frühere anwaltliche Tätigkeit für den Erblasser gegen

---

8 OLG Düsseldorf NJOZ 2008, 1170.
9 So BGHZ 98, 48, 57; s. ferner § 2205 Anm. Abs. 3 S. 2.
10 BGH DB 1976, 2295.
11 Vgl. Erläuterungen zu § 2224 Rz. 5.
12 OLG Jena ZEV 2009, 244.
13 So BGH NJW 1990, 2055.
14 BGH NJW 1997, 946; vgl. auch § 2200 Rz. 4.
15 S. § 45 Abs. 2 BRAO.

den späteren Erben in einer Unterhaltsangelegenheit bietet dem Erben nicht die Möglichkeit, die Entlassung des TV nach § 2227 herbeizuführen.[16]

15 Nachdem die Frage, ob ein Kreditinstitut als TV eingesetzt werden kann, lange Zeit umstritten war, hat der BGH mit Urteil vom 11.11.2004[17] geklärt, dass Banken – und selbstverständlich auch Sparkassen sowie Vermögensverwalter – geschäftsmäßig als Testamentsvollstrecker tätig sein und hierfür auch werben dürfen. Mit Inkrafttreten des Rechtsdienstleistungsgesetzes sind mit der Testamentsvollstreckung im Zusammenhang stehende Rechtsdienstleistungen nunmehr als Nebentätigkeiten erlaubt.[18] Auch den Steuerberatern ist mit Inkrafttreten des Rechtsdienstleistungsgesetzes der Zugang zum Amt des TV erheblich erleichtert.

V. Hinderungsgründe

16 Schließlich ist bei der Ernennung eines TV zu prüfen, ob der Erblasser durch frühere Verfügungen von Todes wegen hieran gehindert ist.

17 Insoweit kommen Bindungen durch Erbvertrag und gemeinschaftliches Testament in Betracht.

18 Ein wirksamer **Erbvertrag** lässt vom Gesetz abweichende weitergehende oder abweichende einseitige Bestimmungen nicht zu (vgl. § 2278 Abs. 2). Anderes gilt, wenn der Erbvertrag für eine solche Regelung einen Vorbehalt enthält.

19 Haben beide Vertragspartner eine Testamentsvollstreckung angeordnet, so entfaltet diese Regelung **keine** vertragliche Bindungswirkung, da dieser Regelungsgegenstand der erbvertraglichen Bindung gem. § 2278 Abs. 2 nicht zugänglich ist. Eine solche Bestimmung kann daher von jedem Vertragspartner jederzeit durch Testament (§ 2255) oder durch Vertrag (§ 2290) oder durch Rücktritt vom Erbvertrag (§ 2293) widerrufen werden.

20 Entsprechendes gilt im Falle des gemeinschaftlichen Testaments (§ 2270 Abs. 3 BGB). Der überlebende Ehegatte kann die Person eines in einem gemeinschaftlichen Testament ernannten TV auswechseln, wenn die bedachten Erben dadurch nicht beeinträchtigt werden.[19]

21 Ferner wird der Pflichtteilsberechtigte durch § 2306 Abs. 1 geschützt, soweit der hinterlassene Erbteil nicht die Hälfte des gesetzlichen Erbteils übersteigt. Die Testamentsvollstreckung gilt dann als nicht angeordnet.[20] Die Vorschrift des § 2306 BGB erfährt durch das geplante Gesetz zur Änderung des Erb- und Verjährungsrechts eine Änderung dahingehend, dass der (z.B. mit Testamentsvollstreckung) belastete Erbe entweder den Erbteil mit allen Beschränkungen oder Beschwerungen annehmen oder den Erbteil ausschlagen und dennoch den Pflichtteil verlangen kann.[21]

VI. Beratungshinweise

22 1. Kommt eine TV in Betracht, sind folgende Überlegungen maßgeblich:
– Welcher Zweck soll mit der Testamentsvollstreckung erreicht werden?
– Sind die Aufgaben des TV im Hinblick auf diesen Zweck zu konkretisieren?
– Genügt die Testamentsvollstreckung dem Zweck oder sind weitere Maßnahmen erforderlich (Bevollmächtigung, Nießbrauchbestellung, Umwandlung einer Personengesellschaft in eine GmbH, etc.) oder Bedingungen und Auflagen (§ 2216 Abs. 2) zu stellen?
– Wer kommt als TV in Frage?
– Stehen frühere testamentarische Verfügungen der Einsetzung eines TV entgegen?

---

16 OLG Hamm ZEV 2001, 278.
17 BGH NJW 2005, 969.
18 S. hierzu *Grunewald* ZEV 2008, 259; ZEV 2010, 69.
19 OLG Hamm ZEV 2001, 271 unter Hinweis auf OLG Köln FamRZ 1990, 1402.
20 Vgl. *Mayer/Bonefeld/Daragan* Rn. 21 ff., die gleichzeitig auf die Möglichkeit des in notarieller Form zu regelnden Pflichtteilsverzichts verweisen.
21 S.a. *Keim* ZEV 2008, 161.

– Welchen Zeitraum soll die Testamentsvollstreckung umfassen und wie sind in dieser Zeit die Interessen der Erben zu berücksichtigen?

2. Zu Formulierungsvorschlägen für die Einsetzung von TV zu bestimmten Anlässen wird auf die Ausführungen zu den jeweiligen Arten der TV (z.B. Abwicklungs- oder Verwaltungs-TV, §§ 2204, 2209) verwiesen.[22]

§ 2198
Bestimmung des Testamentsvollstreckers durch einen Dritten

(1) Der Erblasser kann die Bestimmung der Person des Testamentsvollstreckers einem Dritten überlassen. Die Bestimmung erfolgt durch Erklärung gegenüber dem Nachlassgerichte; die Erklärung ist in öffentlich beglaubigter Form abzugeben.

(2) Das Bestimmungsrecht des Dritten erlischt mit dem Ablauf einer ihm auf Antrag eines der Beteiligten von dem Nachlassgericht bestimmten Frist.

I. Bestimmung durch den Dritten

Entgegen der grundsätzlichen Regelung des § 2065, wonach der Erblasser selbst seinen letzten Willen zu erklären hat und dies nicht einem Dritten überlassen kann, gibt § 2198 dem Erblasser die Möglichkeit, einem Dritten die Bestimmung der Person des TV zu überlassen. Die Anordnung der Testamentsvollstreckung selbst muss vom Erblasser persönlich i.R.e. wirksamen letztwilligen Verfügung erfolgen.

II. Bestimmungsrecht

Mit der Entscheidung über die Person des TV kann **jeder Dritte** betraut werden. Dies kann jede geschäftsfähige natürliche oder juristische Person sein, auch der Erbe selbst.[1] Allerdings geht der Erblasser das Risiko ein, dass die vorgesehene Testamentsvollstreckung nicht realisiert wird, wenn der Dritte nicht fristgerecht von seinem Bestimmungsrecht Gebrauch macht (§ 2198 Abs. 2) oder er schon zuvor ablehnt. Der Untätigkeit des Bestimmungsberechtigten, die zur Vereitelung der Testamentsvollstreckung überhaupt führen kann, kann der Erblasser gegebenenfalls durch eine mit der Ausübung des Bestimmungsrechts bedingte Zuwendung vorbeugen. Möglicherweise wird aber in der testamentarischen Bestimmung gem. § 2198 Abs. 1 gleichzeitig ein (stillschweigendes) Ersuchen an das Nachlassgericht zur Bestimmung eines TV (§ 2200) gesehen werden können. Dies hängt jedoch vom Einzelfall ab. – Ferner kann der Erblasser auch verfügen, dass ersatzweise ein anderer Dritter die Bestimmung vorzunehmen hat.

Mit dem Wirksamwerden der Bestimmungserklärung steht die Person des Testamentsvollstreckers unwiderruflich fest. Der Amtsbeginn hängt jedoch von der Annahmeerklärung des Ernannten nach § 2202 ab. Der bestimmungsberechtigte Dritte steht in keinem Verhältnis zu den Nachlassbeteiligten, sofern er sich nicht selbst zum Testamentsvollstrecker bestimmt. Er haftet den Erben und den sonstigen Nachlassbeteiligten grundsätzlich nicht für die richtige Auswahl des Testamentsvollstreckers, abgesehen von den Fällen des § 826 BGB.

---

22 Zur Vollmachtserteilung s. § 2202 Rz. 21, 22.
1 RGZ 92, 68, 72.

III. Form

4 Die Erklärung des Dritten darüber, wen er als TV bestimmt hat, ist von **ihm in öffentlich beglaubigter Form** (§ 129) dem Nachlassgericht gegenüber abzugeben. Nach §§ 39, 40 BeurkG sind dafür grundsätzlich die Notare zuständig. Insoweit reichen also Beglaubigungen durch die Polizei oder Verwaltungsbehörden nicht aus.

5 Soll ein **Notar** den TV bestimmen, reicht eine von ihm unterzeichnete und mit dem Amtssiegel versehene Erklärung aus. Dies soll auch bei der Erklärung durch den Präsidenten eines OLG gelten,[2] nicht aber bei einer Erklärung durch den Präsidenten einer Industrie- und Handelskammer[3] oder durch den Direktor eines AG.[4] Tatsächlich bietet der Gesetzeswortlaut keinen Anhaltspunkt für solche Ausnahmeregelungen, so dass es bei der vorgesehenen öffentlichen Beglaubigung zu verbleiben hat. Entspricht die Erklärung nicht der vorgeschriebenen Form, besteht eine Hinweispflicht des Nachlassgerichts.[5]

IV. Befristung

6 Eine Frist für die Bestimmung des TV hat der Dritte nur dann zu beachten, wenn vom Erblasser eine solche in seiner letztwilligen Verfügung bestimmt wurde oder oder eine solche auf Antrag eines Beteiligten durch das Nachlassgericht gesetzt wurde (§ 2198 Abs. 2 BGB). Eine vom Erblasser bestimmte Frist kann durch das Nachlassgericht verkürzt oder verlängert werden.[6]

V. Kreis der Beteiligten

7 Der Kreis der Beteiligten, die nach Abs. 2 das Nachlassgericht zur Fristsetzung auffordern können, ist weit zu fassen, auch Nachlassgläubiger zählen hierzu.[7] Im Übrigen jeder der ein rechtliches Interesse an der Klarstellung hat, also auch Pflichtteilsberechtigte, Nacherben und auch Mitvollstrecker.

8 Die **Zuständigkeit des Nachlassgerichts** richtet sich nach § 343 FamFG.[8]

9 **Entscheidungsbefugt** ist der Rechtspfleger (§ 3 Nr. 2c RPflG). Wegen der sich aus § 2198 Abs. 2 BGB ergebenden Rechtsfolge ist die Entscheidung des Rechtspflegers dem Dritten und den Beteiligten zuzustellen.

10 Ein Beschluss, durch den das Nachlassgericht einem Dritten eine Frist zur Erklärung nach § 2198 Abs. 2 BGB oder einer zum Testamentsvollstrecker ernannten Person eine Frist zur Annahme des Amtes bestimmt, ist mit der sofortigen Beschwerde in entsprechender Anwendung der §§ 567–572 der Zivilprozessordnung anfechtbar (§ 355 FamFG).

VI. Beratungshinweise

11 Die durch § 2198 BGB eingeräumte Möglichkeit zur Drittbestimmung des TV ist wenig praktikabel. Zielführender ist hier die konkrete Benennung des TV durch den Erblasser bei gleichzeitiger Bestimmung eines Ersatzes für den Fall des Ausfalls des Erstbenannten. Zur Absicherung sollte gleichzeitig bestimmt werden, dass bei Ausfall aller Benannten ein geeigneter TV durch das Nachlassgericht ernannt werden soll.

---

2 So OLG Stuttgart NJW-RR 1986, 7.
3 KG JW 38, 1900.
4 OLG Hamm DNotZ 1965, 487.
5 *Haegele/Winkler* Rn. 46.
6 *Bengel/Reimann* Rn. 150.
7 BGHZ 35, 296= NJW 1961, 1717; vgl. ferner *Zimmermann* Rn. 85 f.
8 Nachlassgericht des Wohnsitzes des Erblassers zur Zeit des Erbfalls.

> **Formulierungsvorschlag**[9]
> Als Testamentsvollstrecker wird Herr Rechtsanwalt ..., geschäftsansässig ..., ernannt. Sollte dieser vor oder nach der Annahme des Amtes wegfallen, so ernennen wir ersatzweise zum Testamentsvollstrecker Herrn Rechtsanwalt ..., geschäftsansässig ... Sollten sämtliche Vorgenannten weggefallen sein oder das Amt nicht übernehmen können, so soll ein geeigneter Testamentsvollstrecker durch das Notariat – Nachlassgericht – ... bestellt werden. Der jeweilige Testamentsvollstrecker hat das Recht, einen Nachfolger im Amt zu ernennen.

12

§ 2199
Ernennung eines Mitvollstreckers oder Nachfolgers

(1) Der Erblasser kann den Testamentsvollstrecker ermächtigen, einen oder mehrere Mitvollstrecker zu ernennen.

(2) Der Erblasser kann den Testamentsvollstrecker ermächtigen, einen Nachfolger zu ernennen.

(3) Die Ernennung erfolgt nach § 2198 Abs. 1 S. 2.

I. Voraussetzungen

Dem bereits durch den Erblasser bestimmten und ernannten TV kann der Erblasser in seiner letztwilligen Verfügung das Recht einräumen, einen oder mehrere Mitvollstrecker zu ernennen und für den Fall seines Ausscheidens aus dem Amt einen Nachfolger zu bestimmen. Eine solche **Kompetenzübertragung** zur Ernennung weiterer Mitvollstrecker kann im Hinblick auf einen umfangreichen Nachlass empfehlenswert sein. Dabei steht den TV das Recht zu, den Aufgabenkreis unter sich aufzuteilen. 1

Auch in diesem Fall gilt, dass die TV ihr Amt gemeinschaftlich i.S.d. § 2224 führen (wenn nicht der Erblasser etwas anderes verfügt hat) und gemeinschaftlich die Verantwortung tragen. 2

Der **TV ist in seiner Entscheidung frei,** wen er zum Mitvollstrecker beruft. Allerdings unterliegt er insoweit der Haftung gegenüber den Erben gem. §§ 2218, 2219 bei Auswahlverschulden. 3

Die dem **TV übertragene Kompetenz der Ernennung** weiterer Mitvollstrecker beinhaltet nicht die Berechtigung, einmal ernannte Mitvollstrecker wieder abzuberufen; dazu kann ihn auch der Erblasser nicht ermächtigen. Dies folgt aus § 2065: ein Erblasser kann nicht verfügen, dass ein Dritter zu bestimmen hat, ob die letztwillige Verfügung gelten soll oder nicht. 4

Entsprechendes gilt im Hinblick auf die Ernennung eines Nachfolgers im Fall des Ausscheidens des TV aus seinem Amt (§§ 2225–2227). 5

Bei mehreren durch den Erblasser ernannten TV ist im Zweifel davon auszugehen, dass jeder einzelne TV berechtigt ist, seinen eigenen Nachfolger zu bestimmen. Von Seiten des Erblassers sollte klargestellt werden, ob zwischen mehreren TV das Einstimmigkeits- oder Mehrheitsprinzip gelten soll. 6

Eine testamentarische Ermächtigung, dass der Testamentsvollstrecker i.S.d. § 2199 Abs. 2 BGB einen Nachfolger ernennen darf, gilt nach Auffassung des OLG München[1] nicht, 7

---
9 MAH/*Lorz* Teil B 2. Abschnitt § 19 Rn. 55.
1 NJW-RR 2008, 1690.

wenn der Testamentsvollstrecker wegen Pflichtverletzungen gem. § 2227 BGB entlassen wird.

8   Die Ernennungserklärungen des TV sind in öffentlich beglaubigter Form gegenüber dem Nachlassgericht abzugeben (§ 2198 Abs. 1 S. 2).

9   Voraussetzung für die Wirksamkeit der Erklärung ist, dass der TV zum Zeitpunkt des Eingangs der Erklärung bei dem Nachlassgericht selbst noch Amtsinhaber ist. Mit seinem Ausscheiden aus dem Amt erlischt dieses Recht.

10 Die Auslegung einer testamentarisch verfügten Ermächtigung des Testamentsvollstreckers, einen Nachfolger zu ernennen, kann ergeben, dass die Ermächtigung dann nicht gelten soll, wenn der Testamentsvollstrecker wegen Pflichtverletzungen bei der Ausübung seines Amtes entlassen wird.[2]

II. Beratungshinweise

11 Ein sorgfältig planender Erblasser wird selbst für den Fall des Ausscheidens aus dem Amt des von ihm bestimmten TV einen **Ersatz-TV ernennen**. Durch die Haftungsregelung ist das Risiko jedoch gering, dass der vom Erblasser bestimmte TV die ihm erteilte Ermächtigung zur Ernennung von Mit- und Ersatzvollstreckern nicht ordentlich ausübt.

12 Der TV kann die **Anzeige** an das Nachlassgericht in folgender Form abgeben:

Der Unterzeichner ist durch letztwillige Verfügung vom … zum TV über den Nachlass des am … in … verstorbenen xy eingesetzt worden und hat das Amt angenommen. Die letztwillige Verfügung enthält ein Ernennungsrecht gem. § 2199. Von diesem Recht wird hiermit in der Weise Gebrauch gemacht, dass als Mitvollstrecker und Nachfolger Herr N.N. ernannt wird.

_____   _____
(Ort, Datum)   *(Unterschrift)*

(Beglaubigungsvermerk)

---

13 Die Angaben über den Zeitpunkt des Todes des Erblassers und die Verfügung von Todes wegen sind durch öffentliche Urkunden nachzuweisen. Gegebenenfalls genügt die Bezugnahme auf die Akten des Nachlassgerichts.

§ 2200
Ernennung durch das Nachlassgericht

(1) Hat der Erblasser in dem Testamente das Nachlassgericht ersucht, einen Testamentsvollstrecker zu ernennen, so kann das Nachlassgericht die Ernennung vornehmen.

(2) Das Nachlassgericht soll vor der Ernennung die Beteiligten hören, wenn es ohne erhebliche Verzögerung und ohne unverhältnismäßige Kosten geschehen kann.

---

[2] OLG München DNotZ 2009, 71.

I. Sinn und Zweck

Dieser dem Erblasser eingeräumten gesetzlichen Möglichkeit, durch das Nachlassgericht 1
einen TV einsetzen zu lassen, kommt immer dann Bedeutung zu, wenn der Erblasser selbst niemanden kennt, dem er diese Aufgabe anvertrauen möchte, oder wenn der Erblasser aus dem ihm und den Erben gemeinsamen Bekanntenkreis niemanden der Gefahr aussetzen möchte, zwischen den widerstreitenden Interessen der Beteiligten aufgerieben zu werden.

II. Ersuchen des Erblassers

Ausschließlich der Erblasser und kein anderer Beteiligter oder eine Behörde kann das 2
Nachlassgericht ersuchen, einen Testamentsvollstrecker zu ernennen. Dieses Ersuchen kann nur i.R.e. letztwilligen Verfügung erfolgen, wobei der Begriff des Ersuchens durch die Rspr.[1] sehr weit ausgelegt wird. Liegt ein ausdrückliches Ersuchen nicht vor, ist im Wege der Auslegung zu ermitteln, ob ein stillschweigendes Ersuchen vorliegt.[2] Letzteres ist beispielsweise bedeutsam, wenn der vom Erblasser eingesetzte TV stirbt, bevor die Erbauseinandersetzung beendet oder die ihm sonst übertragenen Aufgaben abgewickelt worden sind und bisher ein ErsatzTV nicht bestimmt worden war.[3]

Ob dies entsprechend gilt, wenn der vorgesehene TV vor dem Erblasser stirbt, erscheint 3
höchst zweifelhaft, ist aber für den Fall in der Rspr. bejaht worden, dass sich aus den übrigen Anordnungen des Erblassers ergibt, dass diese auf die Abwicklung des Nachlasses durch einen TV zugeschnitten sind.[4] Ob dies auch gilt, wenn der vom Erblasser bestimmte TV das Amt ausschlägt, ist ebenfalls fraglich.[5] Grundsätzlich wird es für die Annahme eines Ersuchens als ausreichend anzusehen sein, wenn der Erblasser den Ausschluss der Erben von der Nachlassverwaltung verfügt hat.

Deswegen ist auch im Fall des § 2198 stets zu prüfen, ob nicht ein Ersuchen i.S.d. § 2200 4
vorliegt, wenn der vom Erblasser zur Ernennung eines TV angegebene Dritte dieser Aufforderung nicht oder nicht fristgerecht nachkommt.

Ohne Bedeutung ist es, wenn ein Erbe oder sonstige am Nachlass Beteiligte ein Ersu- 5
chen um Testamentsvollstreckung an das Nachlassgericht richten, ohne dass eine entsprechende letztwillige Verfügung vorliegt. Insoweit würde einer Entscheidung des Nachlassgerichts die gesetzliche Grundlage fehlen.

III. Ernennung durch Nachlassgericht

Im Übrigen sieht das Gesetz lediglich vor, dass das Nachlassgericht einen TV ernennen 6
kann; es muss also nicht tätig werden. Diese Entscheidung unterliegt dem pflichtgemäßen Ermessen des Gerichts, welches sich in der Regel auf eine positive Entscheidung verdichten wird. Anders jedoch, wenn keine weiteren Aufgaben zu erfüllen sind oder der Nachlass so gering ist, dass aus ihm die Vergütung des TV nicht aufgebracht werden kann.

---

[1] OLG Hamm ZEV 2001, 271 m.w.N.
[2] OLG München NJW 2009, 1152; BayObLG NJW-RR 2003, 224; BayObLG FamRZ 1988, 325: Ersuchen des Erblassers zu unterstellen, wenn er für den eingetretenen Fall (Tod des Testamentsvollstreckers vor Erledigung aller Aufgaben) die Ernennung durch das Nachlassgericht vermutlich gewünscht haben würde; ähnlich BayObLG ZEV 2001, 284; OLG Hamm ZEV 2001, 271; OLG Zweibrücken FamRZ 2000, 323; KG OLGZ 1992, 139; OLG Zweibrücken FamRZ 2006, 891.
[3] Vgl. KG OLGZ 92, 138.
[4] Vgl. BayObLG FamRZ 1988, 325.
[5] Vgl. BayObLG FamRZ 1988, 325.

7 Die Bestellung eines neuen Testamentsvollstreckers durch das Nachlassgericht und die ihr zugrundeliegende Auslegung des Testaments ist für das Prozessgericht nicht bindend, wenn die Voraussetzungen hierfür, insb. ein Ersuchen im Testament, nicht vorlagen.[6]

IV. Auswahl des Testamentvollstreckers

8 Die Auswahl des TV liegt im pflichtgemäßen Ermessen des Gerichts, wobei es an Weisungen des Erblassers gebunden ist. Das Gericht darf niemanden ernennen, der für dieses Amt ungeeignet ist. Die Nichteignung ist namentlich dann zu bejahen, wenn von vornherein das Vorliegen oder das spätere Entstehen eines Entlassungsgrundes (§ 2227, z.B. Unredlichkeit, Unfähigkeit, Interessenkollision oder auch Verfeindung mit dem Erben) feststeht oder wahrscheinlich ist.

9 Es darf nur eine zu dem Amt befähigte Person ernannt werden.[7] Es besteht keine Bindung des Gerichts an eine zwischen den Erben zur Person des TV getroffene Vereinbarung.

10 Das Gericht kann den Notar, der das Testament beurkundet hat, nicht zum TV ernennen. §§ 7, 27 BeurkG stehen dem entgegen.[8] Vor seiner Entscheidung soll das Nachlassgericht die Beteiligten anhören, wenn im Übrigen die Voraussetzungen nach § 2200 Abs. 2 erfüllt sind. Ein Vorbescheid des Gerichts ist jedoch nicht zulässig und somit anfechtbar.[9] Die Ernennung eines ungeeigneten Testamentsvollstreckers kann eine Staatshaftung gem. § 839 BGB, Art. 34 GG auslösen,[10] ebenso die pflichtwidrige Untätigkeit des wirksam um die Ernennung ersuchten Nachlassgerichts.[11]

V. Verfahren

11 Zuständig ist der **Nachlassrichter** (§ 16 Abs. 1 Nr. 2 RpflG). Dessen Beschluss wird nach § 40 FamFG wirksam, mit Bekanntgabe (§ 41 FamFG) an den Beteiligten, für den er seinem wesentlichen Inhalt nach bestimmt ist.

12 Der TV ist nicht beschwerdeberechtigt (§ 59 FamFG): er kann nach § 2202 BGB das Amt annehmen oder ablehnen. Diejenige Person, deren Ernennung das Nachlassgericht in Erwägung zieht, ist zwingend Beteiligte (§ 345 Abs. 3 S. 1 FamFG)[12] Hat er das Amt zwischenzeitlich angenommen, steht ihm gegen eine ihn belastende Entscheidung des Beschwerdegerichts das Rechtsmittel der Beschwerde §§ 58 ff. FamFG) zu.

13 Beschwerdeberechtigt gegen die Ernennung eines Ersatztestamentsvollstreckers durch das Nachlassgericht ist auch der vom Erblasser in der letztwilligen Verfügung aufschiebend bedingt bestimmte Ersatztestamentsvollstrecker, wenn durch die gerichtliche Ernennung der Eintritt der Bedingung hinausgeschoben wird.[13] Die Entscheidung, durch die ein Testamentsvollstrecker ernannt wird, kann von einem Miterben, dessen Erbanteil nicht von der Anordnung einer Testamentsvollstreckung betroffen ist, nicht mit dem beschränk-

---

6 LG Heidelberg ZEV 2008, 535; zur Prüfung der Prozessführungsbefugnis eines TV vgl. auch KG ZEV 2010, 40.
7 Vgl. zur Auswahlpraxis *Zimmermann* ZEV 2007, 313.
8 Diese Frage war streitig, ist aber inzwischen durch Vorlagebeschluss des BGH NJW 1997, 946 entschieden worden. Gleichzeitig hat der BGH entschieden, dass dieses Verbot nicht für den Sozius des beurkundenden Notars gilt.
9 BayObLG ZEV 1994, 106.
10 *Staudinger/Reimann* Rn. 31.
11 S.a. *Haegele/Winkler* Rn. 79; *Kipp/Coing* § 67 I 7; *Staudinger/Reimann* Rn 10; *RGRK/Kregel* Rn. 2; *Soergel/Damrau* Rn. 5: Unzweckmäßigkeit der Testamentsvollstreckung rechtfertige die Ablehnung einer Ernennung. OLG Hamm OLGZ 1984, 272, 288; OLG Hamm FamRZ 2001, 1176 = RPfleger 2001, 183 = ZEV 2001, 271 (*Reimann*): Keine Bestellung, wenn das Ernennungsersuchen des Erblasser so auszulegen ist, dass keine weitere Ernennung erfolgen soll.
12 Anders unter Geltung des FGG; s.a. *Zimmermann* ZErb 2009, 86, 87.
13 OLG München ZErb 2009, 130.

ten Ziel der Abänderung der Auswahlentscheidung zur Person des Testamentsvollstreckers angefochten werden.[14]

Im **Rechtsmittelverfahren** gegen die Ernennung eines TV sind nur die Tatsachen zu berücksichtigen, die dem Nachlassgericht zum Zeitpunkt seiner Entscheidung zugrunde lagen. Später aufgetretene Gründe können lediglich in einem Entlassungsverfahren gem. § 2227 BGB berücksichtigt werden.

Daraus folgt gleichzeitig, dass das Nachlassgericht nicht befugt ist, eine wirksam getroffene Entscheidung von sich aus aufzuheben.[15] Dies gilt auch, wenn sich herausstellt, dass das Nachlassgericht eine Bestellung vorgenommen hat, ohne dass tatsächlich ein Ersuchen des Erblassers vorlag. Die Korrektur hat auch in diesem Fall über § 2227 BGB (Entlassung des TV) zu erfolgen.

VI. Beratungshinweise

Im Hinblick auf § 2200 ist jedes Testament, dass eine Verfügungsbeschränkung des Erben enthält, sorgfältig zu überprüfen, ob daraus nicht auf den Willen des Erblassers zu schließen ist, dass Testamentsvollstreckung angeordnet sein soll. Dies kann sich auch aus Teilungsanordnungen ergeben, wenn deren Durchführung zweckmäßigerweise einem TV zu übertragen ist. Ausreichend für ein Ersuchen nach § 2200 Abs. 1 BGB ist, dass der Erblasser (wenn er den später eingetretenen Fall bedacht hätte) mutmaßlich die Ernennung eines Testamentsvollstreckers gewünscht hätte.[16] Ob ein stillschweigendes Ersuchen des Erblassers zur Ernennung eines Testamentsvollstreckers in einer letztwilligen Verfügung enthalten ist, kann im Erbscheinsverfahren grundsätzlich auch dann in der Beschwerdeinstanz überprüft werden, wenn zwischenzeitlich die Ernennungsverfügung rechtskräftig ist.[17]

Die Bestellung eines neuen Testamentsvollstreckers durch das Nachlassgericht ist für das Prozessgericht nicht bindend, wenn die Voraussetzungen hierfür, insb. ein Ersuchen im Testament, nicht vorlagen.[18]

In der Gestaltungsberatung sollte zweckmäßigerweise auf eine ausdrückliche und eindeutige Regelung hingewirkt werden.

§ 2201
Unwirksamkeit der Ernennung

Die Ernennung des Testamentsvollstreckers ist unwirksam, wenn er zu der Zeit, zu welcher er das Amt anzutreten hat, geschäftsunfähig oder in der Geschäftsfähigkeit beschränkt ist oder nach § 1896 zur Besorgung seiner Vermögensangelegenheiten einen Betreuer erhalten hat.

I. Zeitpunkt

Das Gesetz stellt bei der Frage der Unwirksamkeit der Ernennung des TV auf den Zeitpunkt ab, zu welchem dieser das Amt anzutreten hat. Dies ist der Zeitpunkt der **Erlangung der Kenntnis von der Ernennung**. Liegt zu diesem Zeitpunkt Geschäftsunfähigkeit (§ 104) oder Beschränkung in der Geschäftsfähigkeit (gem. §§ 106 ff. bei Minderjährigen) vor oder ist gem. §§ 1896 ein Betreuer zur Besorgung der Vermögensangelegenheiten

---

14 OLG Hamm NJW-RR 2009, 155.
15 Vgl. OLG Karlsruhe NJW-RR 1996, 652.
16 OLG Hamm OLGZ 1976, 20; BayObLG FamRZ 1997, 1569.
17 OLG München FamRZ 2009, 914.
18 LG Heidelberg ZEV 2008, 535 ff.

bestellt worden, so ist die Ernennung zum Testamentsvollstrecker ohne Weiteres unwirksam. Hierbei steht die vorläufige Bestellung eines Betreuers der endgültigen gleich.[1] Es bedarf keiner weitergehenden Regelung über die Entlassung aus dem Amt.

2 Treten die Voraussetzungen der Geschäftsunfähigkeit oder der Betreuungsnotwendigkeit nach der Annahme des Amtes ein, so erlischt das Amt nach § 2225.

3 Fallen diese Gründe später weg, führt dies nicht rückwirkend zur Wirksamkeit der Ernennung.

II. Keine weiteren Unwirksamkeitsgründe

4 Über die gesetzliche Regelung hinaus gibt es keine Gründe, die zur Unwirksamkeit der Ernennung führen. Bloße Unfähigkeits- oder Untauglichkeitsgründe fallen nicht unter diese Vorschrift und berechtigen allenfalls zu einer Entlassung nach § 2227; auch nicht die Eröffnung des Insolvenzverfahrens über das Vermögen des Ernannten. Allerdings wird dieser Umstand in der Regel zur Entlassung des TV nach § 2227 (auf Antrag eines Beteiligten) führen.

5 Demgemäß wird auch nicht die Einsetzung der Geliebten als TV wegen Sittenwidrigkeit[2] zur Unwirksamkeit der Testamentsvollstrecker-Ernennung führen. Vielmehr kann auch in diesem Fall nur eine Entlassung vorgenommen werden, wenn die dazu erforderlichen Voraussetzungen gem. § 2227 gegeben sind. Der **Alleinerbe** oder der alleinige Vorerbe kann grundsätzlich nicht zum alleinigen Testamentsvollstrecker, sondern nur zum Mitvollstrecker ernannt werden.[3] Jedoch kann dieser die Funktion der Vermächtnisvollstreckung (§ 2223) ausüben; dieselbe Person kann auch in Bezug auf einen Vermächtnisgegenstand gleichzeitig Testamentsvollstrecker für den Erben und (zur Verwaltung des vermachten Gegenstandes) auch für den Vermächtnisnehmer sein.[4]

III. Umkehrschluss

6 Aus der gesetzlichen Regelung ergibt sich im Umkehrschluss: **Jede andere natürliche oder juristische inländische oder ausländische Person** kann Testamentsvollstrecker sein. Ebenso wenig besteht Zweifel, dass die Personenhandelsgesellschaften der OHG und KG wegen der ihnen zukommenden Teilrechtsfähigkeit (vgl. §§ 124, 161 HGB) die Rolle des Testamentsvollstreckers übernehmen können. Bei einer BGB-Gesellschaft oder einem nicht-rechtsfähigen Verein wäre – falls dies mit dem Willen des Erblassers in Einklang zu bringen ist – eine Umdeutung in dem Sinne vorzunehmen, dass die einzelnen Mitglieder dieser Vereinigungen als Testamentsvollstrecker eingesetzt werden.[5]

7 Natürlich kommt auch nicht die Einsetzung des Nachlassgerichts oder des jeweiligen Nachlassrichters in Betracht. Denn dem Gericht sind durch das Gesetz eigene Kompetenzen zugeordnet worden.[6] Diese würden zu dem Amt des TV in Kollision stehen.

IV. Unwirksamkeit der Ernennung

8 Bei Vorliegen einer der in § 2201 genannten Mängel ist die Ernennung des konkret von einem Unwirksamkeitsgrund betroffenen Testamentsvollstreckers von vornherein und kraft Gesetzes **unwirksam**. Es bedarf keiner Entlassung oder Aufhebungserklärung durch das Nachlassgericht.[7] Auch wenn der Unfähigkeitsgrund in der Person des Ernannten

---

1 BayObLG ZEV 1995, 63, 64.
2 A.A. *Haegele/Winkler* Rn. 99.
3 RGZ 77, 177, 178; RZ 163, 57, 58; w.N. bei *Adams* ZEV 2005, 206.
4 BGH MittBayNot 2005, 508 = NJW-RR 2005, 956.
5 Vgl. *Mayer/Bonefeld/Daragan* Rn. 39 ff.
6 Z.B. § 2227 BGB: Entlassung aus dem Amt.
7 *Staudinger/Reimann* Rn. 3.

nachträglich wegfällt, bleibt die Ernennung unwirksam. Das gilt auch dann, wenn die Bestellung eines Betreuers zur Besorgung der Vermögensangelegenheiten des ernannten Testamentsvollstreckers nachträglich wieder aufgehoben wird.[8]

V. Beratungshinweise

Ist bspw. über das Vermögen des Testamentsvollstreckers ein Insolvenzverfahren eröffnet worden, so kann neben einem Antrag auf Entlassung nach § 2227 BGB versucht werden, die Einsetzung nach § 2078 BGB anzufechten, sofern der Erblasser die Umstände nicht gekannt hat und unterstellt werden kann, dass er bei Kenntnis dieser Umstände die Ernennung des Testamentsvollstreckers nicht vorgenommen hätte. Ist der Unfähigkeitsgrund nachträglich weggefallen, sollte versucht werden, eine neue Ernennung nach Maßgabe der §§ 2197 Abs. 2, 2198, 2200 BGB zu verfolgen, sofern die jeweiligen Voraussetzungen vorliegen[9]

§ 2202
Annahme und Ablehnung des Amtes

(1) Das Amt des Testamentsvollstreckers beginnt mit dem Zeitpunkt, in welchem der Ernannte das Amt annimmt.

(2) Die Annahme sowie die Ablehnung des Amts erfolgt durch Erklärung gegenüber dem Nachlassgericht. Die Erklärung kann erst nach dem Eintritt des Erbfalls abgegeben werden; sie ist unwirksam, wenn sie unter einer Bedingung oder einer Zeitbestimmung abgegeben wird.

(3) Das Nachlassgericht kann dem Ernannten auf Antrag eines der Beteiligten eine Frist zur Erklärung über die Annahme bestimmen. Mit dem Ablauf der Frist gilt das Amt als abgelehnt, wenn nicht die Annahme vorher erklärt wird.

I. Annahmeerklärung

Die Übernahme des Amtes des TV ist **von** seiner **Erklärung** abhängig, dass er das Amt annimmt.

In gleicher Weise, wie der TV das Amt jederzeit kündigen kann (§ 2226), muss es auch in seinem Belieben stehen, das Amt anzunehmen oder abzulehnen.

Dies gilt auch für den Fall, dass sich der TV zuvor dem Erblasser oder dem Erben gegenüber verpflichtet haben sollte, das Amt zu übernehmen. Soweit in diesem Zusammenhang die Auffassung vertreten wird,[1] der Betroffene könne durch ein Klageverfahren gezwungen werden, das Amt anzunehmen, ist dies abzulehnen. Dies würde mit der Natur der Testamentsvollstreckung als eines Vertrauensamtes nicht in Einklang zu bringen sein.[2] Zudem lässt die gesetzliche Regelung erkennen, dass der Testamentsvollstrecker seine Entscheidung erst nach dem Eintritt des Erbfalls verbindlich abgeben kann (§ 2202 Abs. 2). Dies im Zusammenhang mit der beliebigen Kündigungsmöglichkeit des Amtes durch den TV berechtigt zu der Annahme, dass auch der Gesetzgeber von der freien Entscheidungsmöglichkeit des in Aussicht genommenen TV ausgegangen ist.

---

[8] Ebenso *Soergel/Damrau* Rn. 4; a.A. *Staudinger/Reimann* Rn. 7 für den Fall, dass ein Grund für die Betreuung von Anfang an nicht bestand und die Betreuung deshalb von Anfang an als nichtig zu betrachten ist.
[9] *Damrau* § 2201 Rn. 5.
[1] RGRK/*Kregel* Rn. 3; *Soergel/Damrau* Rn. 2.
[2] MüKoBGB/*Zimmermann* § 2202 Rn. 2.

II. Form

4 Die **Erklärung** über die Annahme des Amtes hat **gegenüber** dem **Nachlassgericht** zu erfolgen; sie ist **bedingungsfeindlich**. Eine bestimmte Form ist nicht vorgesehen. Erfolgt diese Erklärung mündlich, ist sie durch das Gericht wegen § 2228 zu protokollieren. Dies kann bei jedem beliebigen Amtsgericht geschehen (§ 25 FamFG). Die Erklärung wird jedoch erst dann wirksam, wenn sie bei dem gem. § 343 FamFG zuständigen Nachlassgericht eingeht. Da es sich bei dem Nachlassgericht genau wie bei dem Grundbuchamt lediglich um Abteilungen eines Amtsgerichts handelt, ist die Annahme des Amtes als Testamentsvollstrecker auch dann wirksam, wenn sie gegenüber dem Grundbuchamt des zuständigen Amtsgerichts erklärt wird.[3]

5 Da an die Erklärung zur Annahme oder Ablehnung des Amtes durch das Gesetz keine weiteren Bedingungen geknüpft sind, kann eine solche Erklärung auch in Vertretung des Ernannten durch einen von ihm Bevollmächtigten abgegeben werden.[4]

6 Eine stillschweigende Erklärung reicht hierzu nicht aus.[5] Es genügt allerdings, wenn eine vom TV abgegebene Erklärung dessen Annahmewillen eindeutig erkennen lässt, so zum Beispiel ein Antrag auf Erteilung eines Testamentsvollstreckerzeugnis.[6]

7 Da der TV sich auch durch die Vorlage des Testaments und der Ausfertigung der Annahmeerklärung legitimieren kann,[7] kann er von dem Nachlassgericht die Bestätigung darüber verlangen, dass er dem Nachlassgericht gegenüber das Amt des Testamentsvollstreckers angenommen hat.

III. Zeitpunkt

8 Nach der gesetzlichen Regelung in Abs. 2 kann die Erklärung erst **nach dem Eintritt des Erbfalls** abgegeben werden. Auf die Annahme oder Ablehnung der Erbschaft durch den vorgesehenen Erben kommt es nicht an. Der Ernannte kann im Übrigen den Erklärungszeitpunkt nach seinem Ermessen wählen. Einer Verzögerung kann lediglich durch Fristsetzung nach Abs. 3 begegnet werden.

IV. Fristsetzungsbefugnis des Nachlassgerichts

9 Im Hinblick auf eine Fristsetzungsbefugnis des Nachlassgerichts gem. Abs. 3 ist fraglich, was zu geschehen hat, wenn der testamentarisch vorgesehene **TV nicht zu identifizieren oder unbekannten Aufenthalts ist.**

10 Nach teilweiser Auffassung kommt dann eine Fristsetzung nicht in Betracht; vielmehr soll eine Entlassung nach § 2227 BGB erfolgen.[8]

11 Praktikabler ist die andere in der Literatur[9] vertretene Meinung, wonach es in einem solchen Fall der Pflegerbestellung für den TV bedürfe. Allerdings geht *Damrau*[10] davon aus, dass insoweit die Pflegschaft für unbekannte Beteiligte nach § 1913 in Betracht komme; insoweit wäre das Vormundschaftsgericht zuständig. Da hier eine Zuständigkeit des Nachlassgericht naheliegender und zweckmäßiger ist, wird *Bengel*[11] zu folgen sein, der über

---

3 LG Saarbrücken BeckRS 2009, 08167.
4 KG OLG 10, 452.
5 Vgl. Prot. V S. 253.
6 BGH WM 1961, 479.
7 RGZ 100, 282.
8 So *Palandt/Edenhofer* § 2202 Rn. 4; *Bengel/Reimann* 2 Rn. 232.
9 FS *Herrmann Lange* 1992 S. 797 ff.; ZEV 1996, 81, 83; *Soergel/Damrau* § 2202 Rn. 10; *Bengel/Reimann* 2, Rn. 15.
10 FS *Herrmann Lange* 1992 S. 797 ff.; ZEV 1996, 81, 83; *Soergel/Damrau* § 2202 Rn. 10.
11 *Bengel/Reimann* 2 Rn. 15.

eine analoge Anwendung von § 1960 (Sicherung des Nachlasses durch das Nachlassgericht) zu einer Pflegerbestellung kommt, für die das Nachlassgericht zuständig ist.[12]

Auf diese Art und Weise erhält das **Nachlassgericht** jedoch eine stärkere **Aufsichtsfunktion**; denn der für den unbekannten TV tätige Pfleger unterliegt der Aufsicht des Nachlassgerichts und bedarf beispielsweise für Grundstücksgeschäfte der Genehmigung nach §§ 1962, 1821 durch das Nachlassgericht.

Ist eine solche Beschränkung der Befugnis des TV dem Willen des Erblassers nicht zu entnehmen, so käme ein **Antrag der Beteiligten an das Nachlassgericht** in Betracht, über § 2200 einen Testamentsvollstrecker zu ernennen.

Diese Folge wird sich auch dann ergeben, wenn der zunächst vorgesehene Testamentsvollstrecker das Amt abgelehnt hat. Ergibt sich aus den Regelungen des Testaments, dass der Erblasser davon ausgegangen ist, dass die Testamentsvollstreckung erfolgen werde, beispielsweise durch die Anordnung einer Dauertestamentsvollstreckung oder durch Regelungen, die sich auf Minderjährige beziehen, so wäre auch in solch einem Fall an die Ernennung eines TV durch das Nachlassgericht zu denken.

V. Rechtsgeschäfte vor Amtsannahme

Der vorgesehene TV, der sein Amt noch nicht offiziell angenommen hat, kann dennoch Rechtsgeschäfte vornehmen, die sich zunächst jedoch als schwebend unwirksam darstellen, die aber nach der Annahme des Amtes durch **Genehmigung** wirksam werden. Allerdings ist zu beachten, dass in einem solchen Fall **einseitige Rechtsgeschäfte**, wie z.B. Kündigungen, gem. § 180 **grundsätzlich nichtig** sind; sie müssten daher später erneut vorgenommen werden.

Bei weitergehender Verzögerung der Besetzung des Amts[13] oder Kündigung des bisherigen TV (§ 2226) wäre die Zeit bis zur Ernennung eines neuen TV notfalls durch die o.e. Bestellung eines Pflegers für den späteren TV zu überbrücken.

VI. Beratungshinweise

1. Annahme-/Ablehnungserklärung

Da an die Erklärung über die Annahme oder Ablehnung des Amts keine weiteren formellen Erfordernisse geknüpft sind, würde folgende (schriftliche oder zu protokollierende) Erklärung gegenüber dem Nachlassgericht jeweils ausreichen:

»An das Amtsgericht
– Nachlassgericht –

In der Nachlassangelegenheit des am … verstorbenen XY wurde ich, der Unterzeichner, … wohnhaft in … durch letztwillige Verfügung vom … zum Testamentsvollstrecker berufen.
Hiermit erkläre ich, dass ich dieses Amt annehme/ablehne.

_____   _____
(Ort, Datum)   (Unterschrift)

---

12 So auch *Haegele/Winkler* Rn. 111a.
13 Z.B. Bestimmung des TV durch einen Dritten, § 2198 BGB.

2. Vollmachtserteilung

19 Um die Handlungsfähigkeit des Nachlasses für die Zeit unmittelbar nach dem Erbfall zu sichern, sollte für den Fall der Anordnung der Testamentsvollstreckung, der Bestimmung eines Ersatz-TV oder der Bestimmung eines TV durch einen Dritten oder durch das Nachlassgericht zur Überbrückung der Zeit bis zur Amtsübernahme des TV eine postmortale Vollmacht erteilt werden.[14]

20 Diese sollte **nicht Bestandteil des Testaments** sein, sondern separat erteilt werden, damit der Nachlass auch während der Zeit bis zur Testamentseröffnung rechtswirksam vertreten werden kann. Diese Vollmacht wäre bis zur Amtsübernahme durch einen TV zu beschränken; es genügt, wenn sie in privatschriftlicher Form erteilt wird. Eine solche Vollmacht könnte folgenden Wortlaut haben:

21
> Ich, der Unterzeichner XY, habe in meiner letztwilligen Verfügung vom ... Testamentsvollstreckung angeordnet.
>
> Hiermit erteile ich Herrn ..., wohnhaft in ... Vollmacht, mich zu vertreten. Die Vollmacht ist begrenzt auf den Zeitraum zwischen meinem Ableben und der wirksamen Übernahme des Amtes des Testamentsvollstreckers. Den Erben wird hiermit zur Auflage gemacht, diese Vollmacht zu dulden und sie nicht zu widerrufen.
>
> _____   _____
> (Ort, Datum)   (Unterschrift)

22 Sofern für diesen Zeitraum auch **Grundstücksgeschäfte** in Betracht kommen, wäre die Vollmachtserklärung notariell zu beglaubigen (§ 29 GBO); die unwiderrufliche Vollmacht zum Grundstücksverkauf oder -erwerb bedarf nach § 313 BGB der notariellen Beurkundung; Entsprechendes gilt bei Bevollmächtigung zur Vornahme einer Schenkung. Vorsorglich ist daher generell die notarielle Beurkundung der Vollmacht zu empfehlen.

23 Außerdem kommt zur Verstärkung der Position des Testamentsvollstreckers die gleichzeitige Vollmachterteilung an ihn für die Dauer der Testamentsvollstreckung in Betracht.[15]

24 Im Übrigen kann der Erblasser mittelbar auf die Annahme des Amtes hinwirken, indem er dem Ernannten eine Zuwendung unter der Bedingung oder Auflage der Amtsannahme aussetzt. Da aber der Ernannte nach der Annahme das Amt jederzeit wieder niederlegen kann (§ 2226), wird es regelmäßig zweckmäßig sein, wenn der Erblasser für diesen Fall die Zuwendung auch noch mit einer auflösenden Bedingung versieht.

§ 2203
Aufgabe des Testamentsvollstreckers

Der Testamentsvollstrecker hat die letztwilligen Verfügungen des Erblassers zur Ausführung zu bringen.

---

[14] Vgl. auch oben Einleitung vor § 2197 Rz. 7 ff.
[15] Vgl. *Mayer/Bonefeld/Daragan* Rn. 334.

I. Voraussetzungen

Bevor der TV die letztwilligen Verfügungen des Erblassers zur Ausführung bringt, hat er 1
zu überprüfen
- ob diese letztwilligen Verfügungen rechtswirksam sind,
- ob und in welcher Weise sie einer Auslegung bedürfen.[1]

Dies setzt die genaue **Kenntnis** der letztwilligen Verfügung voraus. Deswegen hat der TV, 2
sobald er von seiner Ernennung erfährt, die Testamentseröffnung (§§ 2260 f.) zu beantragen. Soweit die Einsetzung des Testamentsvollstreckers erst durch die Testamentseröffnung bekannt wird, ist dieser unmittelbar durch das Nachlassgericht zu benachrichtigen
(§ 2262).

II. Auslegungsstreitigkeiten

Ergeben sich im Hinblick auf die Rechtswirksamkeit der letztwilligen Verfügung Zweifel 3
oder ist die Auslegung des Testaments zweifelhaft, steht die Entscheidung darüber dem
Prozessgericht und im Erbscheinsverfahren dem Nachlassgericht zu. Dies gilt insb. bei
Fragen, die sich auf das Testamentsvollstreckeramt selbst beziehen. Denn hierüber kann
der TV nicht als Richter in eigener Sache entscheiden.[2]

Im Übrigen setzt die **Feststellungsklage** des TV sein rechtliches Interesse an der ent- 4
sprechenden Feststellung voraus;[3] sie ist gegen den widersprechenden Erben zu richten.

Eine solche Klage kann auch erforderlich werden, wenn sich aus der letztwilligen Verfü- 5
gung ergibt, dass der Erblasser dem TV keine bindenden Verwaltungsanweisungen erteilt
hat, sondern lediglich Bitten, Wünsche oder Hoffnungen geäußert hat.

Kommt es in solch einem Fall nicht zu einer einvernehmlichen Meinungsbildung unter 6
den Beteiligten, ist hierüber eine Entscheidung des Prozessgerichts herbeizuführen.

Dabei wird das Gericht abzugrenzen haben, inwieweit der Erblasser die Vorstellung 7
hatte, dem Testamentsvollstrecker verbindliche Anordnungen an die Hand zu geben oder
lediglich Wünsche geäußert hat, deren Berücksichtigung letztlich aber dem Ermessen des
TV anheimgestellt worden ist.[4]

Dem **Nachlassgericht** obliegt **kein** allgemeines **Aufsichtsrecht**. Es ist auch nicht befugt, 8
dem TV durch eine einstweilige Anordnung ein konkretes rechtsgeschäftliches Handeln
zu untersagen; auch dem Beschwerdegericht (§ 24 Abs. 3 FGG) steht diese Befugnis nicht
zu.[5] Nur im Rahmen des § 2216 Abs. 2 kann der TV oder ein anderer Beteiligter bei dem
Nachlassgericht den Antrag stellen, solche letztwilligen Verfügungen außer Kraft zu setzen, deren Befolgung den Nachlass erheblich gefährden würde.

III. Schiedsklausel

Allerdings kann dem Testamentsvollstrecker per letztwilliger Verfügung die **Rolle eines** 9
Schiedsrichters gem. § 1048 ZPO zugewiesen sein. In diesem Fall hat er Meinungsverschiedenheiten zwischen den Erben zu regeln; ihm kommt dann auch die Befugnis der
Auslegung des Testaments zu. Dabei können dem TV jedoch nur solche Entscheidungen
überlassen werden, die der Erblasser auch einem Dritten überlassen könnte. Deswegen
kommt keine Regelung in Betracht, nach welcher dem TV es überlassen bleibt, die Person
des Erben zu bestimmen (vgl. § 2065) oder den Zeitpunkt festzulegen, zu dem die Nach-

---

1 Vgl. *Staudinger/Reimann* § 2203 Rn. 27.
2 Vgl. RGZ 100, 76; BGHZ 41, 23; vgl. zum Meinungsstand auch *Storz* ZEV 2009, 265, 267.
3 BGH WM 1987, 564.
4 Vgl. BayObLG NJW 1976, 1692.
5 Vgl. OLG Köln OLGZ 1987, 270.

erbfolge eintreten soll.⁶ Beschränkungen ergeben sich ferner bei **Interessenkollision**: Der TV kann nicht Schiedsrichter in eigener Sache sein.⁷

IV. Ausführung der letztwilligen Verfügung

10 Auf dieser Grundlage hat der TV die letztwilligen Verfügungen des Erblassers auszuführen. **An Weisungen** des Erben oder eines Vermächtnisnehmers ist der TV dabei **nicht gebunden**. Maßgeblich sind für ihn die Durchsetzung des letzten Willens des Erblassers und das Gesetz.

11 Selbst wenn sich im Hinblick auf die Bestattung des Erblassers keine besondere Anordnung ergibt, ist der TV für dessen standesgemäße Beerdigung zuständig, auch dann, wenn die Erben widersprechen sollten. Dies ergibt sich aus der auch vom TV zu berücksichtigenden sittlichen Pflicht.⁸

12 Allerdings ist in diesem Fall wie auch im Übrigen seitens des TV **eine einvernehmliche Regelung** mit dem Erben **anzustreben**. Denn die Kunst der Testamentsvollstreckung ist, den letzten Willen des Erblassers zur Ausführung zu bringen **und** in dieses Bemühen den Erben einzubinden. Dem dient es, über bevorstehende Maßnahmen den Erben zu informieren⁹ und ihn anzuhören. Notfalls jedoch sind die letztwilligen Anordnungen auch gegen den erklärten Willen des Erben durchzusetzen.

13 Im Rahmen seiner Befugnisse kann der TV auch Vollmachten für einzelne Rechtsgeschäfte oder einen rechtsgeschäftlichen Bereich erteilen. Diese Vollmachten erlöschen jedoch mit dem Wegfall des vertretenen TV.¹⁰

V. Abwicklungs- und Verwaltungsvollstreckung

14 Die Testamentsvollstreckung kann sich je nach Vorgabe des Erblassers auf den gesamten Nachlass oder nur auf Teile desselben erstrecken. Die Aufgabe des TV kann u.a. im Vollzug von Vermächtnissen und Auflagen oder in der Auseinandersetzung mehrerer Miterben (§ 2204) bestehen – **Abwicklungsvollstreckung** – oder in der sich über einen längeren Zeitraum erstreckenden Verwaltung des Nachlasses (§ 2209) – **Verwaltungsvollstreckung** –. Ist dem TV lediglich die Erfüllung von Vermächtnissen oder die Auseinandersetzung unter den Miterben übertragen worden, so endet sein Amt ohne Weiteres nach der Abwicklung dieser Aufgaben.

15 Über den gesetzlichen Rahmen (§§ 2203–2210) hinaus ist es nicht zulässig, dem TV weitere Befugnisse zu erteilen; insb. kann nicht in Rechte des Erben eingegriffen werden, die sich auf den Erbteil selbst beziehen oder die die Stellung des Erben (Annahme oder Ausschlagung der Erbschaft) berühren.

16 Enthält die letztwillige Verfügung zugunsten eines Miterben ein Auseinandersetzungsverbot, so führt dies zu einer entsprechenden Beschränkung der Verfügungsbefugnis des TV.¹¹

VI. Steuerrecht

17 Darüber hinaus treffen den Testamentsvollstrecker die aus dem Nachlass resultierenden **steuerlichen Pflichten**¹². Diese ergeben sich insb. aus § 34 Abs. 3 AO: Demnach hat der Testamentsvollstrecker die steuerlichen Pflichten zu erfüllen, **soweit seine Verwaltung reicht**.

---

6 Vgl. BGH NJW 1955, 100; *Haegele/Winkler* Rn. 126.
7 BGH NJW 1964, 1316; *Bengel/Reimann* 3 Rn. 122 f.; *Mayer/Bonefeld/Daragan* Rn. 328.
8 Vgl. § 2205 S. 3 BGB.
9 Vgl. *Soergel/Damrau* § 2203 Rn. 7.
10 Vgl. OLG Düsseldorf ZEV 2001, 281 mit Anm. *Winkler*.
11 Vgl. OLG Saarbrücken ZEV 2001, 274.
12 Vgl. auch *Siebert* ZEV 2010, 121.

Dabei ist zu beachten, dass, wenn der Erbe feststeht, es nicht Aufgabe des Testamentsvollstrecker ist, die öffentlich-rechtlichen Pflichten des Erben zu erfüllen und beispielsweise dessen einkommensteuerliche Angelegenheiten im Verhältnis zum Nachlass zu überwachen. Denn die einkommensteuerlichen Ansprüche richten sich, auch soweit sie aus Erträgen des Nachlassvermögens resultieren, gegen den Erben und nicht gegen den Nachlass.[13] Demgemäß ist der TV nicht klagebefugt, wenn das Finanzamt nach dem Erbfall entstandene Einkommensteuer dem Erben als Steuerschuldner gegenüber geltend macht.[14]

Die weiteren steuerlichen Pflichten des TV ergeben sich aus den §§ 34, 35 AO in Verbindung mit den Einzelsteuergesetzen, wie beispielsweise § 25 Abs. 3 EStG (Steuererklärungspflicht), § 18 UStG (Abgabe der USt-Voranmeldungen), etc. Ferner hat er gem. § 34 Abs. 1 S. 1 i.V.m. § 140 AO Bücher und Aufzeichnungen zu führen sowie gem. § 93 AO Auskünfte zu erteilen und Unterlagen vorzulegen.

Unbeschadet seiner **persönlichen** Haftung nach § 69 AO, die durch vorsätzliche oder grob fahrlässige Verletzung seiner sich auf den Nachlass beziehenden Steuerzahlungspflichten ausgelöst wird, kann der Testamentsvollstrecker per **Duldungsbescheid** (§ 191 Abs. 1 AO) in Anspruch genommen werden.[15]

Im Hinblick auf die Erfüllung der **Erbschaftsteuerpflichten** gelten die besonderen Regelungen nach dem Erbschaftsteuergesetz. Nach § 31 Abs. 5 S. 1 ErbStG ist die Erbschaftsteuererklärung durch den TV abzugeben; der Erbschaftsteuerbescheid ist ihm bekanntzugeben; der TV haftet für die Bezahlung der Erbschaftsteuer (§ 32 ErbStG). Ferner tritt eine Haftung nach § 20 Abs. 6 S. 2 ErbStG ein bei Verbringung des Nachlasses ins Ausland.

VII. Beratungshinweise

Der oben (Rz. 6) erwähnten Schiedsklausel zugunsten des TV kommt erhebliche Bedeutung zu. Denn dadurch kann die Stellung des TV dem Erben gegenüber gestärkt werden.

Mit der Formulierung einer solchen **Schiedsklausel** hat sich *Kohler*,[16] ausführlich auseinandergesetzt. Sein Vorschlag zur Formulierung einer solchen Klausel lautet:

> »Streitigkeiten der Erben, Vermächtnisnehmer und sonstigen Beteiligten unter sich oder mit dem Testamentsvollstrecker, welche sich bei der Durchführung der letztwilligen Anordnung ergeben, sind unter Ausschluss des ordentlichen Rechtswegs durch einen Schiedsrichter als Einzelrichter zu entscheiden. Tatsachen kann er auch ohne Schiedsverfahren durch ein Schiedsgutachten feststellen. Soweit keine zwingenden Gesetze entgegenstehen, entscheiden Schiedsrichter und Schiedsgutachter prozess- und materiellrechtlich nach freiem Ermessen. Schiedsrichter und -gutachter ist der erstberufene Testamentsvollstrecker oder – falls er das Amt als Schiedsrichter oder Schiedsgutachter nicht ausüben kann oder will – der nächst berufene Testamentsvollstrecker.«

Eine solche Schiedsklausel[17] bedarf nur der **Form**, die für das Testament selbst vorgesehen ist.

---

13 So BFH BStBl. II, 1971, 119 = DB 1971, 320.
14 BFH, Beschl. v. 29.11.1995, DB 1996, 1117; vgl. im Übrigen zur steuerlichen Haftung des TV, *Gräfe/Lenzen/Schmeer* Rn. 1101 ff.; *Piltz* ZEV 2001, 262.
15 So BdF-Erl. BStBl. I, 1991, 398, 410.
16 *Kohler* DNotZ 1962, 125 ff.
17 Weitere Formulierungsvorschläge beispielsweise bei *Mayer/Bonefeld/Daragan* Rn. 328 m.w.N.

26 Bei der Einfügung dieser Schiedsklausel in den Erbvertrag genügt die besondere Hervorhebung dieser Regelung; eine Niederlegung auf einem besonderen Blatt ist nicht erforderlich.[18]
27 Insoweit aber wird zu beachten sein, dass diese Schiedsabrede besonders zu unterzeichnen ist.[19]

§ 2204
Auseinandersetzung unter Miterben

(1) Der Testamentsvollstrecker hat, wenn mehrere Erben vorhanden sind, die Auseinandersetzung unter ihnen nach Maßgabe der §§ 2042 bis 2057 a zu bewirken.

(2) Der Testamentsvollstrecker hat die Erben über den Auseinandersetzungsplan vor der Ausführung zu hören.

Zu § 2204: Geändert durch G vom 24.9.2009 (BGBl I S. 3142) (1.1.2010).

Fassung bis 31.12.2009

§ 2204
Auseinandersetzung unter Miterben

(1) Der Testamentsvollstrecker hat, wenn mehrere Erben vorhanden sind, die Auseinandersetzung unter ihnen nach Maßgabe der §§ 2042 bis 2056 zu bewirken.

(2) Der Testamentsvollstrecker hat die Erben über den Auseinandersetzungsplan vor der Ausführung zu hören.

Übersicht

	Rz.		Rz.
I. Pflichten des Testamentsvollstreckers	1	5. Auseinandersetzungsplan	39
II. Verweisungsregeln	3	6. Vollzug	48
1. § 2042 Abs. 1	4	III. Beratungshinweise	52
2. § 2042 Abs. 2	25	1. Anhörungsschreiben	52
3. Durchführung der Auseinandersetzung	36	2. Widerspruch	54
		3. Auseinandersetzungsvertrag	55
4. Verweisung auch auf § 2057 und 2057a	37	4. Auseinandersetzungsplan	63

I. Pflichten des Testamentsvollstreckers

1 Die Erbauseinandersetzung zwischen Miterben gehört neben der Verpflichtung zur Ausführung letztwilliger Anordnungen (§ 2203 BGB) zu den Aufgaben des Testamentsvollstreckers, es sei denn, dass sich gem. §§ 2208, 2209 aus dem Willen des Erblassers etwas anderes ergibt. Er ist dazu gegenüber jedem Erben auch ohne besondere Anordnung des Erblassers gesetzlich verpflichtet und hat die Auseinandersetzung gem. den Teilungsanordnungen und ausdrücklichen oder mutmaßlichen Teilungsvorstellungen des Erblassers, im Übrigen nach seinem eigenen pflichtgemäßen Ermessen vorzunehmen.[1]

2 Grundsätzlich handelt der **TV** dabei **unabhängig** von irgendwelchen Weisungen der Erben. Lediglich dann, wenn alle Erben sich darüber verständigen, die Auseinandersetzung zu unterlassen oder nur auf einen Teil zu erstrecken, hat der TV dem zu folgen. Dies ergibt sich aus der Verweisung über § 2042 auf § 749 Abs. 2.

---

18 So *Kohler* DNotZ 1962, 127.
19 So BGHZ, 38, 155.
 1 *Lange/Kuchinke* § 31 V 6.

II. Verweisungsregeln

Die Aufgabe des Testamentsvollstreckers besteht namentlich in der Verteilung des nach der Berichtigung der Nachlassverbindlichkeiten verbleibenden Überschusses nach dem Verhältnis der Erbteile (§ 2047 Abs. 1) unter Berücksichtigung letztwillig verfügter Teilungsanordnungen des Erblassers (§ 2048 S. 1). Der Testamentsvollstrecker hat die Auseinandersetzung »nach Maßgabe der §§ 2042 bis 2056 zu bewirken«. Diese Verweisung beinhaltet die Anwendbarkeit der §§ 749-758. Auf eine **Teilauseinandersetzung** darf sich der Testamentsvollstrecker nur mit Zustimmung aller Miterben beschränken.[2] Zu den Verweisungen im Einzelnen: 3

1. § 2042 Abs. 1

Durch diese Verweisung werden die §§ 2043-2045 BGB über die Auseinandersetzung der Miterben für verbindlich erklärt. 4

– § 2043 Aufschub der Auseinandersetzung 5

Die Auseinandersetzung ist ausgeschlossen wegen der zu erwartenden Geburt eines Miterben, soweit die Erbteile deshalb noch unbestimmt sind; ferner, soweit die Entscheidung über einen Antrag auf Annahme als Kind, über die Aufhebung des Annahmeverhältnisses oder über die Genehmigung einer vom Erblasser errichteten Stiftung noch aussteht. Dieser Ausschluss der Auseinandersetzung greift bis zur Behebung der Unbestimmtheit.

– § 2044 Ausschluss der Auseinandersetzung 6

Abs. 1 behandelt die Ausschließung der Auseinandersetzung durch letztwillige Verfügung. Die Formulierung des § 2044 BGB lässt dem Erblasser alle Freiheiten, die Auseinandersetzung gegenständlich, personell oder zeitlich eingeschränkt auszuschließen. Der Erblasser kann die Auseinandersetzung daher für spezielle einzelne Nachlassgegenstände, bestimmte Arten von Nachlassgegenständen aber auch für einzelne Personen verbieten. Der weitere Verweis auf die Vorschriften der §§ 749 Abs. 2, 3 und §§ 750, 751 und § 1010 Abs. 1 eröffnet die Möglichkeit für die Erbengemeinschaft, die Auseinandersetzung gleichwohl zu verlangen, wenn ein wichtiger Grund vorliegt.[3] Eine entgegenstehende Vereinbarung wäre unwirksam (§ 749 Abs. 3). Es unterliegt der Entscheidung des TV, ob ein solcher wichtiger Grund gegeben ist.

Die Vorschriften der §§ 750, 751 behandeln den Ausschluss der Aufhebung im Todesfall und die Auswirkungen auf den Sondernachfolger. Gem. § 750 tritt ein Ausschluss im Falle des Todes eines Miterben im Zweifel außer Kraft. Da es sich bei § 750 BGB lediglich um eine Auslegungsregel für den Zweifelsfall handelt, können die Miterben i.R.e. Vereinbarung nach § 749 Abs. 2 BGB etwas Abweichendes regeln. In entsprechender Anwendung würde dies bedeuten, dass bei Tod eines Miterben die Vereinbarung über den Ausschluss der Auseinandersetzung außer Kraft gesetzt wird; der TV hat dann die Auseinandersetzung zu betreiben, es sei denn, die verbliebenen Miterben treffen erneut eine Vereinbarung über die Nichtauseinandersetzung. Ferner bleibt nach § 751 die Vereinbarung über die Nichtauseinandersetzung auch gegenüber dem Sondernachfolger wirksam. Im Übrigen kann nach § 751 die Auseinandersetzung durch einen Pfändungs-Gläubiger verlangt werden, sofern der Schuldtitel nicht bloß vorläufig vollstreckbar ist. Allerdings besteht für den Nachlassgläubiger nach § 2213 auch die Möglichkeit, den TV unmittelbar in Anspruch zu nehmen und die Vollstreckung nach § 748 ZPO in den gesamten Nachlass zu betreiben. 7

Entsprechendes gilt im Falle des **§ 1010 Abs. 1** (Sondernachfolger eines Miteigentümers). 8

Das Teilungsverbot eines Erblassers ohne zeitliche Vorgaben wird spätestens 30 Jahre nach dem Erbfall unwirksam (§ 2044 Abs. 2 S. 1 BGB). Für eine Miterbenvereinbarung gilt 9

---

2 RGZ 95, 325, 327; *Soergel/Damrau* Rn. 4.
3 S.a. *Sarres* ZEV 2005, 191 mit Beispielsfällen.

die 30 Jahre-Grenze des § 2044 Abs. 2 nicht.⁴ Im Übrigen steht es dem Erblasser frei, die Verfügung über den Ausschluss der Auseinandersetzung abhängig zu machen vom Eintritt eines bestimmten Ereignisses in der Person eines Miterben oder, falls er eine Nacherbfolge bestimmt oder ein Vermächtnis anordnet, vom Eintritt der Nacherbfolge oder vom Anfall des Vermächtnisses. Hierdurch kann die Anordnung des Ausschlusses auch über die Grenze von 30 Jahren wirken. Sofern der Miterbe, in dessen Person das Ereignis eintreten soll, eine juristische Person ist, bewendet es bei der 30jährigen Frist (§ 2044 Abs. 2 S. 3).

10 – § 2045 Aufschub der Auseinandersetzung
Neben § 2043 BGB (Aufschub der Auseinandersetzung bei unbestimmten Miterben) und § 2044 BGB (Ausschluss der Auseinandersetzung) bietet § 2045 BGB die dritte Ausnahme von § 2042 BGB und dem Recht eines jeden Miterben, jederzeit die Auseinandersetzung zu verlangen. Jeder Miterbe kann insoweit verlangen, dass die Auseinandersetzung bis zur Beendigung des nach § 1970 zulässigen Aufgebotsverfahrens oder bis zum Ablauf der sich aus § 2061 ergebenden sechsmonatigen Anmeldungsfrist nach öffentlicher Aufforderung zur Forderungsanmeldung an die Gläubiger zurückgestellt wird.

11 – § 2046 Berichtigung der Nachlassverbindlichkeiten
Abs. 1 schreibt vor, dass aus dem Nachlass zunächst die Nachlassverbindlichkeiten zu berichtigen sind. Bei fehlender Fälligkeit oder falls Streit über die Verbindlichkeit besteht, sind entsprechende Rückstellungen zu bilden. Die Vorschrift soll zugunsten der Miterben verhindern, dass der Nachlass vor Begleichung der Nachlassverbindlichkeiten verteilt wird und weicht damit von den allg. Vorschriften der §§ 755, 2042 Abs. 2 BGB ab, wonach die Begleichung bei der Auseinandersetzung zu erfolgen hätte.

12 Der Erblasser hat es in der Hand, durch Teilungsanordnung zu bestimmen, dass Vermächtnisse oder Auflagen nur von einzelnen Miterben zu tragen sind. **Abs. 2** bestimmt insoweit, dass eine Nachlassverbindlichkeit, die nur einigen Miterben zur Last fällt, nur aus dem berichtigt werden muss, was diesen Miterben bei der Auseinandersetzung zukommt.

13 Zur Berichtigung der Nachlassschulden muss der Nachlass, soweit erforderlich, in Geld umgesetzt werden (Abs. 3).

14 – § 2047 Verteilung des Überschusses
§ 2047 begründet einen **schuldrechtlichen Anspruch** des einzelnen Miterben gegen die anderen Miterben auf Übertragung des ihm zustehenden Teils des Überschusses. Der **Überschuss** besteht aus den Nachlassgegenständen, die nach Begleichung der Nachlassverbindlichkeiten (§ 2046) noch vorhanden sind.⁵ Schriftstücke, die sich auf die persönlichen Verhältnisse des Erblassers, dessen Familie oder den ganzen Nachlass beziehen, bleiben gemeinschaftlich (§ 2047 Abs. 2).

15 – § 2048 Teilungsanordnungen des Erblassers
Der Erblasser kann durch letztwillige Verfügung auch Anordnungen dazu treffen, wie der Nachlass unter seine Erben verteilt werden soll. Insb. kann er anordnen, dass die Auseinandersetzung nach dem billigen Ermessen eines Dritten, also des TV, erfolgen soll. Trifft der TV eine entsprechende Bestimmung, so wird sie nicht für verbindlich gehalten, wenn sie offenbar unbillig ist. In diesem Fall ist durch Urteil zu entscheiden (§ 2048 S. 3). **Teilungsanordnungen** haben Vorrang vor den gesetzlichen Auseinandersetzungsregeln.⁶ Sie wirken nicht dinglich, sondern begründen eine **schuldrechtliche Verpflichtung** aller Miterben, die entsprechenden Übertragungsakte vorzunehmen.⁷

---

4 *Lange/Kuchinke* § 44 II 4.
5 *Staudinger/Werner* Rn. 1; MüKoBGB/*Ann* § 2047 Rn. 3; *Soergel/Wolf* Rn. 2.
6 BGH NJW 1985, 51, 52.
7 RGZ 110, 270, 274; OLG Neustadt MDR 1960, 497; KG OLGZ 1967, 358, 361; BayObLG FamRZ 1999, 470; OLG Naumburg vom 9.2.1999 – 11 U 204/98; *Staudinger/Werner* Rn. 3; *Soergel/Wolf* Rn. 2; RGRK/ *Kregel* Rn. 4.

– § 2049 Übernahme eines Landgutes

Wird ein Landgut nach dem BGB und nicht nach höferechtlichen Vorschriften vererbt, enthält § 2049 BGB eine Auslegungsregel. Der Erblasser kann daher von § 2049 BGB abweichende Anordnungen treffen. Der Wert des Landguts soll im Zweifelsfall mit dem Ertragswert angesetzt werden.

– § 2050 Ausgleichungspflicht für Abkömmlinge als gesetzliche Erben

Danach sind gesetzliche Erben verpflichtet, das, was sie von dem Erblasser bei dessen Lebzeiten als Ausstattung erhalten haben, bei der Auseinandersetzung untereinander zur Ausgleichung zu bringen, soweit nicht der Erblasser bei der Zuwendung ein anderes angeordnet hat.

Zuschüsse, die zu dem Zwecke gegeben worden sind, als Einkünfte verwendet zu werden, sowie Aufwendungen für die Vorbildung zu einem Beruf sind insoweit zur Ausgleichung zu bringen, als diese das den Vermögensverhältnissen des Erblassers entsprechende Maß überstiegen haben. Andere Zuwendungen unter Lebenden sind zur Ausgleichung zu bringen, wenn der Erblasser dies bei der Zuwendung angeordnet hat.

– § 2051 Ausgleichungspflicht bei Wegfall eines Abkömmlings

Bei Wegfall eines Abkömmlings verlagert sich dessen Ausgleichsverpflichtung mit unverändertem Inhalt auf den eintretenden Abkömmling, damit sie nicht durch Verzicht oder Ausschlagung unterlaufen werden kann. Hat der Erblasser für den wegfallenden Abkömmling einen Ersatzerben bestimmt, so ist nach dem Gesetz davon auszugehen, dass dieser nicht mehr erhalten soll, als der Abkömmling unter Berücksichtigung der Ausgleichungspflicht erhalten würde.

– § 2052 Ausgleichungspflicht für Abkömmlinge als gewillkürte Erben

Hat der Erblasser seine Abkömmlinge so **bedacht, wie es der gesetzlichen Erbfolge entspricht,** soll im Zweifel in solchen Fällen einer Erbeinsetzung durch Verfügung von Todes wegen wieder eine Ausgleichung unter den Abkömmlingen vorzunehmen sein.

– § 2053 Zuwendungen an entfernteren oder angenommenen Abkömmling

Direkte Anwendung findet die Vorschrift auf Zuwendungen an einen Abkömmling, die er vor dem Wegfall eines ihn ausschließenden Abkömmlings (§ 1924 Abs. 2 BGB) vom Erblasser erhalten hat oder auf Zuwendungen, die der als Ersatzerbe eingesetzte Abkömmling erhielt, bevor der vorrangig berufene Abkömmling weggefallen ist. Die Voraussetzungen des Wegfalls entsprechen denen des § 2051 BGB. Eine Zuwendung ist in diesen Fällen nicht ausgleichspflichtig, es sei denn, der Erblasser hätte es ausdrücklich angeordnet.

– § 2054 Zuwendung aus dem Gesamtgut

Die Vorschrift enthält für Zuwendungen an gemeinschaftliche Abkömmlinge aus Mitteln des Gesamtguts einer Gütergemeinschaft in Abs. 1 S. 1 eine Vermutung[8] dahin, dass sie von jedem Gatten je zur Hälfte vorgenommen wurde. Die Zuwendung gilt jedoch, wenn sie an einen Abkömmling erfolgt, der nur von einem der Ehegatten abstammt, oder wenn einer der Ehegatten wegen der Zuwendung zu dem Gesamtgut Ersatz zu leisten hat, als von diesem Ehegatten gemacht.

Entsprechendes gilt im Hinblick auf eine Zuwendung aus dem Gesamtgut der fortgesetzten Gütergemeinschaft.

– § 2055 Durchführung der Ausgleichung

Bei der Auseinandersetzung wird jedem Miterben der Wert der Zuwendung, die er zur Ausgleichung zu bringen hat, auf seinen Erbteil angerechnet. Der Wert der sämtlichen Zuwendungen, die zur Ausgleichung zu bringen sind, wird dem Nachlass hinzugerechnet, soweit dieser den Miterben zukommt, unter denen die Ausgleichung stattfindet. Der Wert bestimmt sich nach der Zeit, zu der die Zuwendung erfolgt ist.

---

8 *Staudinger/Werner* § 2054 Rn. 1.

24 – § 2056 Mehrempfang
Sofern ein Miterbe per Zuwendung mehr erhalten hat, als ihm bei der Auseinandersetzung zukommen würde, so besteht keine Herauszahlungspflicht des Mehrbetrages. In diesem Fall wird der Nachlass unter den übrigen Erben in der Weise geteilt, dass der Wert der Zuwendung und der Erbteil des Miterben außer Ansatz bleiben.

2. § 2042 Abs. 2

25 § 2042 Abs. 2 verweist auf die entsprechende Anwendung der §§ 749 Abs. 2, 3 und der §§ 750 bis 758. Soweit die ersteren Vorschriften angesprochen sind, ist auf die Ausführungen oben zu § 2044 Rz. 5 zu verweisen.

Nach den §§ 752 bis 758 ergibt sich Folgendes:

26 – § 752 Teilung in Natur
Nach dieser Vorschrift erfolgt die Aufhebung der Gemeinschaft grundsätzlich durch Teilung in Natur, falls möglich. Die Verteilung gleicher Teile unter die Teilhaber geschieht durch das Los.

27 – § 753 Teilung durch Verkauf
Falls die Teilung in Natur ausgeschlossen ist, erfolgt nach Abs. 1 die Aufhebung der Gemeinschaft durch Verkauf des gemeinschaftlichen Gegenstands, und zwar nach den Vorschriften über den Pfandverkauf, bei Grundstücken durch Zwangsversteigerung und anschließende Verteilung des Erlöses. Sofern bestimmt worden ist, dass die Veräußerung an einen Dritten unstatthaft sein soll, ist der Gegenstand unter den Teilhabern zu versteigern.

28 Sofern der Verkaufsversuch ohne Erfolg geblieben ist, kann jeder Teilhaber nach Abs. 2 die Wiederholung verlangen; er hat jedoch die Kosten zu tragen, wenn auch der wiederholte Versuch misslingt.

29 – § 754 Verkauf gemeinschaftlicher Forderungen
Dies ist nur dann zulässig, wenn sie noch nicht eingezogen werden können; ist die Einziehung möglich, so kann jeder Teilhaber gemeinschaftliche Einziehung verlangen.

30 – § 755 Berichtigung einer Gesamtschuld
Haften die Teilhaber als Gesamtschuldner für eine Verbindlichkeit, die sie nach § 748 nach dem Verhältnis ihres Anteils zu erfüllen haben oder die sie zum Zweck der Erfüllung einer solcher Verbindlichkeit eingegangen sind, so kann jeder Teilhaber bei der Aufhebung der Gemeinschaft verlangen, dass die Schuld aus dem gemeinschaftlichen Gegenstand berichtigt wird.

31 Nach Abs. 2 kann der Anspruch auch gegen die Sondernachfolger geltend gemacht werden.

32 Nach Abs. 3 hat der Verkauf gem. § 753 zu erfolgen, wenn dies zur Berichtigung der Schuld erforderlich ist.

33 – § 756 Berichtigung einer Teilhaberschuld
Nach dieser Vorschrift kann ein Teilhaber bei der Aufhebung der Gemeinschaft die Berichtigung seiner Forderung aus dem auf den Schuldner entfallenden Teil des gemeinschaftlichen Gegenstandes verlangen, wenn dieser Teilhaber gegen einen anderen Teilhaber eine Forderung hat, die sich auf die Gemeinschaft gründet. Entsprechende Anwendung von § 755 Abs. 2, 3 ist vorgeschrieben.

34 – § 757 Gewährleistung bei Zuteilung an einen Teilhaber
In diesem Fall trifft die übrigen Teilhaber eine anteilige Haftung wie bei einem Verkauf.

35 – § 758 Unverjährbarkeit des Aufhebungsanspruchs
Der Aufhebungsanspruch unterliegt nicht der Verjährung.

3. Durchführung der Auseinandersetzung

36 Bei einer Erbengemeinschaft hat der Abwicklungstestamentsvollstrecker daneben die zentrale Aufgabe, die Auseinandersetzung nach Maßgabe der §§ 2042–2056 BGB durchzufüh-

ren (§ 2204 BGB). Hierbei ist der Testamentsvollstrecker kraft Gesetzes zur **Durchführung der Auseinandersetzung** berufen, ohne dass es einer besonderen Anordnung des Erblassers bedürfte. Für eine Vermittlung der Auseinandersetzung durch das Nachlassgericht nach § 86 FGG ist daneben kein Raum. Zeitlich ist die Auseinandersetzung in der Regel alsbald zu bewirken, solange nicht eines der in §§ 2043–2045 BGB bezeichneten Hindernisse vorliegt.[9] Mit dieser Aufgabenstellung korrespondiert auch eine Pflicht des Testamentsvollstreckers zur Auseinandersetzung, die von jedem Erben eingeklagt und bei Nichtbefolgung auch eine Haftung begründen kann (§ 2219).

4. Verweisung auch auf § 2057 und 2057a

Trotz ursprünglich fehlender Bezugnahme auf § 2057 wurde teilweise in der Literatur eine analoge Anwendung vertreten.[10] 37

Eine solche analoge Anwendung machte auch insoweit Sinn, als der TV den Erben für eine gesetzmäßige Verteilung (§§ 2216, 2219) haftet. Durch das Gesetz zur Änderung des Erb- und Verjährungsrechts, das am 1. Januar 2010 in Kraft getreten ist, ist die Bezugnahme in § 2204 nunmehr ausdrücklich auf die §§ 2057 und 2057a erweitert worden. Somit kann der TV von jedem Erben Auskunft über auszugleichende Zuwendungen verlangen. Auch die Ausgleichspflichten für Pflegeleistungen sind vom TV zu beachten. 38

5. Auseinandersetzungsplan

Nach § 2204 Abs. 2 hat der Testamentsvollstrecker nach Maßgabe der vorhergehenden Vorschriften einen **Auseinandersetzungsplan** zu erstellen, über den er vor der Ausführung die Erben zu hören hat. 39

Der vom Testamentsvollstrecker endgültig festgestellte Plan hat den rechtlichen Charakter eines einseitig feststellenden Rechtsgeschäfts des Testamentsvollstreckers,[11] das ihn selbst und die Erben bindet, falls nicht Wirksamkeitsmängel vorliegen 40

Der in § 2204 Abs. 1 erfolgte Hinweis auf § 2047 bedeutet, dass der Plan erst dann zu erstellen ist, wenn nach der Berichtigung der Nachlassverbindlichkeiten ein Überschuss unter den Erben zu verteilen ist. 41

Ist der Testamentsvollstrecker gleichzeitig Miterbe und einigt er sich mit den übrigen Miterben über die Auseinandersetzung, so erübrigt sich gleichzeitig auch der Auseinandersetzungsplan. 42

Der Hintergrund der Regelung des § 2204 Abs. 2 über die Anhörung der Erben über den Auseinandersetzungsplan ist darin zu sehen, dass dieser Plan – ist er verbindlich festgestellt – sowohl den Testamentsvollstrecker als auch die Erben **bindet** und nicht einseitig geändert werden kann. 43

Deswegen sollte der TV zuvor den Erben den Entwurf des Auseinandersetzungsplans zur vorgeschriebenen **Anhörung** vorlegen. Dieser kann notfalls durch den TV noch einseitig geändert werden. Die Bindung an diesen Plan erfolgt erst, sobald der TV den Erben mitteilt, dass die Auseinandersetzung nach diesem Plan erfolgen soll. 44

Da es sich insoweit um ein einseitiges Rechtsgeschäft handelt und nicht um einen Vertrag, bedarf der TV keiner Genehmigung des Vormundschaftsgerichts, sofern **Minderjährige** beteiligt sind. Denn allein der TV verfügt.[12] Anders ist es nur, wenn der TV gleichzeitig ein Elternteil des minderjährigen Erben ist; dann ist ein Ergänzungspfleger zu bestellen.[13] 45

---

9 Vgl. nur Staudinger/*Reimann* § 2204 Rn. 12 f.; MüKoBGB/*Zimmermann* § 2204 Rn. 3.
10 *Sarres* ZEV 2000, 349, 352; Soergel/*Damrau* Rn. 20; Staudinger/*Reimann* Rn. 26.
11 *Muscheler* AcP 195 (1995) 35, 68; BayObLGZ 1967, 230, 240; OLG Köln BeckRS 2008, 04714.
12 Vgl. Palandt/*Edenhofer* § 2204 Rn. 4.
13 So OLG Hamm OLGZ 93, 392.

46 Ein den Erblasseranordnungen oder gesetzlichen Vorschriften widersprechender, auch von einer Einigung der Erben nicht gedeckter Teilungsplan des Testamentsvollstreckers ist unwirksam und bindet weder die Erben noch den Testamentsvollstrecker selbst. Das gilt mit Rücksicht auf den Willen des Erblassers stets auch für einen offenbar unbilligen Teilungsplan, namentlich – aber nicht nur – dann, wenn der Erblasser die Auseinandersetzung nach dem billigen Ermessen des Testamentsvollstreckers angeordnet hat (§ 2048 S. 2).[14] Erweist sich der **Teilungsplan als grob unbillig oder widerspricht er gesetzlichen Regelungen,** so kann jeder Miterbe den TV gerichtlich in Anspruch nehmen, um die Untersagung der Ausführung des Auseinandersetzungsplans zu erreichen. Jeder Miterbe kann vor dem Prozessgericht (nicht Nachlassgericht)[15] gegen den Testamentsvollstrecker auf Feststellung der Unwirksamkeit des Teilungsplanes oder auf anderweitige Auseinandersetzung klagen,

47 An eine Klage des Miterben auf Ausführung eines von ihm selbst aufgestellten und mit den gesetzlichen Teilungsvorschriften und dem Inhalt der letztwilligen Verfügung in Einklang stehenden Teilungsplan sind allerdings strenge Anforderungen zu stellen.[16]

6. Vollzug

48 Da der Teilungsplan nur schuldrechtlich wirkt, sind entsprechend dem Aufteilungsplan und der dort getroffenen Zuordnung der Nachlassgegenstände die einzelnen **Verfügungsakte** bezüglich der betroffenen Gegenstände vom Testamentsvollstrecker **noch vorzunehmen.** Bei **Grundstücken** bedeutet dies beispielsweise, dass zur Übertragung eines Nachlassgrundstücks auf einen Miterben Auflassung und Eintragung des Eigentumsübergangs im Grundbuch erforderlich sind, wobei der gem. § 311b Abs. 2 erforderliche notariell beurkundete Vertrag ersetzt wird durch den Teilungsplan. Gleichzeitig kann bei dem Eigentumsübergang zur Sicherung einer weiteren Ausgleichsforderung eines Miterben auch eine Grundschuld bestellt werden.[17]

49 Bei der **Übertragung eines Geschäftsanteils** einer GmbH ist nach § 15 GmbHG die notarielle Beurkundung erforderlich.

50 Bei der Übertragung von land- oder forstwirtschaftlichen Grundstücken besteht die Genehmigungspflicht nach § 2 GrdstVG.

51 Werden aufgrund eines unwirksamen Auseinandersetzungsplanes Leistungen an die Miterben erbracht, sind diese Verfügungen zwar wirksam, aber ohne Rechtsgrund erfolgt. Gegenüber dem Leistungsempfänger hat die Erbengemeinschaft daher den Rückgewähranspruch nach § 812 BGB, der von jedem Miterben nach § 2039 BGB geltend gemacht werden kann; es kann jedoch nur Leistung an alle Miterben verlangt werden.[18] Die **Kosten der Auseinandersetzung** fallen den Erben zur Last

III. Beratungshinweise

1. Anhörungsschreiben

52 Die Anhörung der Erben zum Auseinandersetzungsplan nach § 2204 Abs. 2 sollte in der Weise erfolgen, dass der TV den **Zugang** des Anhörungsschreibens **nachweisen** kann. Dies kann durch Einschreiben mit Rückschein geschehen, aber auch durch Zeugen.

53 Ein solches Schreiben könnte folgenden Wortlaut haben:

---

14 *Staudinger/Reimann* Rn. 34; *Lange/Kuchinke* § 31 V 6.
15 *Haegele/Winkler* Rn. 533.
16 Vgl. *Staudinger/Reimann* § 2204 Rn. 34.
17 Vgl. *Staudinger/Reimann* § 2204 Rn. 37 ff.
18 *Bengel/Reimann* 4. Kap Rn. 257.

> An Herrn
> – Anschrift –
>
> Betr.: Nachlassangelegenheit des Erblassers
>
> Sehr geehrter Herr ...,
>
> als TV über den Nachlass des Erblassers XY gem. Testamentsvollstreckerzeugnis vom ... beabsichtige ich, die Auseinandersetzung unter den Miterben gem. § 2204 BGB nach dem als Anlage beigefügten Auseinandersetzungsplan vorzunehmen. Bitte nehmen Sie zu diesem Plan Stellung.
> Ich werde diesen Plan für verbindlich erklären, es sei denn, Sie widersprechen dem bis spätestens nach Ablauf von 10 Tagen nach Erhalt dieses Schreibens.
>
> (Ort, Datum)   Testamentsvollstrecker

2. Widerspruch

Im Falle eines **Widers**pruchs ist der TV zwar nicht gehindert, den Auseinandersetzungsplan durchzuführen. Jedoch kann jeder Erbe den TV vor dem Prozessgericht[19] verklagen und die gerichtliche Feststellung der Unwirksamkeit des Teilungsplans begehren. Entsprechendes gilt für den TV: Dieser kann den Erben auf Feststellung in Anspruch nehmen, dass der Teilungsplan wirksam sei. 54

3. Auseinandersetzungsvertrag

Zur Vermeidung der gerichtlichen Austragung von Unstimmigkeiten empfiehlt es sich, dass der TV mit den Erben anstelle des Auseinandersetzungsplans einen schuldrechtlich wirksamen **Auseinandersetzungsvertrag** schließt.[20] Im Rahmen dieser vertraglichen Regelungen können die Erben ihre Vorstellungen über die Auseinandersetzung einbringen, soweit dies mit dem Willen des Erblassers in Einklang zu bringen ist. Dieser grundsätzlich formfreie Vertrag bildet dann die Grundlage der zur Erfüllung vorzunehmenden weiteren Rechtsgeschäfte. 55

Etwaige Nacherben sind ebenfalls durch Zustimmung in die vertragliche Regelung einzubeziehen; Entsprechendes gilt für Vermächtnisnehmer, deren Vermächtnis noch nicht erfüllt ist. 56

Erfolgt im Rahmen dieser vertraglichen Regelung allerdings die Verpflichtung zur Grundstücksübertragung oder Übertragung eines GmbH-Anteils etc., so bedarf dieser schuldrechtliche Auseinandersetzungsvertrag der vorgesehenen notariellen Form.[21] 57

Für den TV ist ein solcher Vertrag mit dem **Vorteil** verbunden, dass seine Haftung aus der Testamentsvollstreckung praktisch ausgeschlossen ist. 58

Bei **Minderjährigen**, die durch ihre Eltern vertreten werden, die nicht gleichzeitig Erben sind, ist eine Genehmigung durch das Vormundschaftsgericht nicht vorgesehen (§ 1643 Abs. 1, der ausdrücklich **nicht** auf § 1822 Nr. 2 Bezug nimmt, in welcher Vorschrift die Genehmigungspflicht des Vormunds zum Abschluss eines Erbteilungsvertrages geregelt ist). 59

Sind die Eltern selbst beteiligt, ist ein Ergänzungspfleger gem. § 1909 BGB zu bestellen. 60

---

19 *Haegele/Winkler* Rn. 533.
20 BayObLG, ZEV 1995, 370; *Bengel/Reimann* Rn. 259 ff.
21 § 31b BGB, § 15 GmbHG, § 766 BGB – Übernahme einer Bürgschaft.

61 Bei mehreren minderjährigen Miterben ist für jeden ein Ergänzungspfleger zu bestellen, § 181.[22] In Ausnahmefällen genügt es, nur einen Ergänzungspfleger zu bestellen, beispielsweise wenn die Auseinandersetzung genau den vorgeschriebenen letztwilligen Anordnungen folgt; denn dann wird keine neue Schulderklärung abgegeben.[23]

62 Im Falle des **gesetzlichen Güterstandes** kommt ferner eine Zustimmung des anderen Ehegatten gem. § 1365 in Betracht.

4. Auseinandersetzungsplan

63 Kommt ein Auseinandersetzungs**vertrag** nicht zustande, müsste ein Auseinandersetzungs**plan** erstellt werden, der die nachfolgenden Positionen enthalten sollte:

Auseinandersetzungsplan

I. Darstellung der Nachlasssituation
   (Testament, Erben, Auflagen, Vermächtnisse etc.)

II. Feststellung des Nachlasses
   – Grundlage ist das vom TV zuvor erstellte Nachlassverzeichnis bestehend aus: Aktiva und Passiva
   – zusätzlich sind weitere entstandene Aktiva und Passiva zu berücksichtigen wie beispielsweise ErbschaftsSt, Verbindlichkeiten aus Vermächtnissen etc.

III. Aufteilung des sich ergebenden Nachlassbestandes auf die 3 Erben zu je $1/3$

IV. Berücksichtigung evtl. ausgleichungspflichtiger Vorausempfänge

V. Verteilung des Bruttonachlasses auf Erben – Vermächtnisnehmer – Gläubiger – Finanzamt

VI. Abschließende Verfügungen
   – Entnahme der TV-Vergütung
   – Zhlg. der ErbSt an FA
   – Überweisung der restlichen Geldbeträge an Erben
   – Beendigung der Testamentsvollstreckung durch Rückgabe des TV-zeugnisses an Nachlassgericht

VII. Verbindlicherklärung des Teilungsplans

_____   _____
(Ort, Datum)   Unterschrift TV[24]

---

§ 2205
Verwaltung des Nachlasses, Verfügungsbefugnis

Der Testamentsvollstrecker hat den Nachlass zu verwalten. Er ist insbesondere berechtigt, den Nachlass in Besitz zu nehmen und über die Nachlassgegenstände zu verfügen. Zu unentgeltlichen Verfügungen ist er nur berechtigt, soweit sie einer sittlichen Pflicht oder einer auf den Anstand zu nehmenden Rücksicht entsprechen.

---

22 Vgl. dazu BGHZ 21, 229 = NJW 1956, 1433.
23 Vgl. dazu *Bengel/Reimann* Hdb. Testamentsvollstreckung 4 Rn. 265.
24 Zu weiteren ausführlichen Formulierungsvorschlägen s. *Mayer/Bonefeld/Daragan* Rn. 780 ff.

Übersicht	Rz.			Rz.
I. Sinn und Zweck	1		8. Stille Gesellschaft (§ 230 HGB)	58
II. Verwaltungsbefugnis	2	IV.	Inbesitznahme des Nachlasses	59
III. Handels- und gesellschaftsrechtliche		V.	Minderjährige Erben	60
Regelungen	10	VI.	Verfügung über Nachlassgegenstände	64
1. Handelsgeschäft	11	VII.	Insichgeschäfte – Verbot des Selbstkon-	
2. GbR und OHG	30		trahierens	65
3. Kommanditgesellschaft	41	VIII.	Unentgeltliche Verfügungen	69
4. GmbH-Anteil	48	IX.	Beratungshinweise	75
5. Aktien	52		1. Vorbereitende und begleitende Maß-	
6. Genossenschafts-Anteile	56		nahmen	75
7. GmbH & Co. KG	57		2. Mitwirkung der Erben	88

I. Sinn und Zweck

Der Testamentsvollstrecker ist durch § 2205 S. 1 BGB berechtigt und verpflichtet, den 1
Nachlass zu verwalten. Des Weiteren wird ihm durch S. 2 das Recht eingeräumt, den Nachlass in Besitz zu nehmen und über die Nachlassgegenstände zu verfügen. Hierdurch entsteht insgesamt ein Sondervermögen, über das der Erbe nicht verfügen kann (vgl. § 2211 BGB). Hierdurch wird dem TV ermöglicht, die ihm obliegenden Pflichten zu erfüllen. Der **Begriff der Nachlassverwaltung** umfasst alle Maßnahmen, die zur Erhaltung, Sicherung, Nutzung und Verwehrung des verwalteten Guts erforderlich sind.[1] Dagegen regelt die in § 2209 angesprochene Verwaltung des Nachlasses **zwei Sonderfälle**, nämlich die ausschließliche Übertragung der Verwaltung und die Fortführung der Verwaltung nach Erledigung der dem TV sonst zugewiesenen Aufgaben. Der Verwaltung wird dadurch ein eigenständiger Zweck eingeräumt; dem TV kann auf Zeit (§ 2210) die Verwaltungs- und Verfügungsbefugnis über den Nachlass übertragen werden. Dafür können verschiedene Gründe maßgeblich sein: die Minderjährigkeit des vorgesehenen Erben, die Sicherstellung des hinterbliebenen Ehegatten, die Erhaltung des Betriebs, für dessen Weiterführung ein geeigneter Erbe nicht bereitsteht, der Ausschluss der Gläubiger des Erben, sich an die Nachlassgegenstände halten zu können (§ 2214).

II. Verwaltungsbefugnis

Die allgemeine Verwaltung i.S.d. § 2205 beginnt frühestens mit dem Erbfall. In der Zeit bis 2
zur Annahme der Testamentsvollstreckung durch den TV wirkt bereits die Sperre des Ausschlusses der Verfügungsbefugnis des Erben nach § 2211. Notfalls müsste der Erbe als Geschäftsführer ohne Auftrag oder als Vertreter ohne Vertretungsbefugnis handeln. Auch kommt die Einrichtung einer Pflegschaft für den unbekannten (noch nicht ernannten) TV in Betracht.[2]

Die **Verwaltungsbefugnis endet** im Fall der Anordnung der Nachlassverwaltung 3
(§§ 1981, 1984, 1985) oder des Nachlassinsolvenzverfahrens; sie geht auf den Nachlass- bzw. Insolvenzverwalter über. Der TV hat den Nachlassverwalter bei der Berichtigung der Nachlassverbindlichkeiten zu überwachen.[3] Die Testamentsvollstreckung besteht somit in geänderter Form fort. Nach Beendigung dieser Verfahren tritt sie in vollem Umfang wieder in Kraft.

Gegenstand der Verwaltung ist der gesamte Nachlass einschließlich der Nutzungen.[4] 4
Der Surrogationserwerb i.S.d. § 2041 gehört zum Nachlass und ist daher ebenfalls vom

---

[1] *Staudinger/Reimann* § 2205 Rn. 4; *Jauernig/Stürner* § 2205 Rn. 1 ff.
[2] Vgl. *Soergel/Damrau* § 2202 Rn. 10.
[3] RG Gruchot (1919), 617.
[4] BGH WM 1988, 125; *Kipp/Coing* § 68 III 1; *Schlüter* § 42 IV 3c.

Testamentsvollstrecker zu verwalten.⁵ Nicht zum Verwaltungsnachlass gehören die höchstpersönlichen Rechte der Erben, wie z.B. zur Annahme oder Ausschlagung der Erbschaft; ferner nicht der Herausgabeanspruch des Vertragserben bei böswilliger Schenkung (§ 2287). Auch das sich aus § 563 ergebende Sondererbrecht des Ehegatten und Familienangehörigen aus einem Mietverhältnis steht diesem und nicht dem TV zu; anderes gilt im Fall des § 580 (Kündigungsrecht beim Tod des Mieters); hier ist der TV berechtigt.

5 Geht ein **Haftpflichtversicherungsverhältnis** mit dem Tode des Erblassers auf den Erben über, so ist es fraglich, ob die daraus resultierenden Rechte und Pflichten zum Nachlass gehören und der Verwaltung des TV unterliegen. Dies wird vom jeweiligen Einzelfall abhängen, wobei maßgeblich ist, zu welchem Zeitpunkt die jeweiligen Rechte entstanden sind.⁶

6 Der TV ist im Übrigen berechtigt, den Nachlass **in Besitz zu nehmen** und über die Nachlassgegenstände zu **verfügen**. Im Fall der Veräußerung tritt Surrogation ein (§ 2041). Dies gilt auch im Falle der Alleinerbschaft. Auch die Nutzungen aus dem Nachlass sind an den TV herauszugeben bzw. von ihm zu verwalten. Diese weitgehenden Befugnisse des TV korrespondieren mit seinen die entsprechende Haftung begründenden Pflichten gem. §§ 2215 ff.

7 Der Erblasser kann das Verwaltungsrecht des Testamentsvollstreckers inhaltlich oder gegenständlich – zB auf den **Erbteil eines Miterben** – beschränken.

8 Darüber hinaus ist der TV gegenüber der Finanzverwaltung über § 34 Abs. 3 AO unmittelbar im Obligo.⁷ Er hat im Wesentlichen die in der Person des Erblassers entstandenen Pflichten zur Steuererklärung und Steuerzahlung zu erfüllen und notfalls die Zwangsvollstreckung wegen der Erblasserschulden in den Nachlass zu dulden. Für die Erbschaftsteuer trifft den TV die persönliche Haftung nach § 32 ErbStG.

9 Solange die Testamentsvollstreckung andauert und so weit wie das Verwaltungsrecht des Testamentsvollstreckers reicht, sind die entsprechenden Rechte der Erben ausgeschlossen. Dies gilt auch dann, wenn zeitweilig kein Testamentsvollstrecker im Amt ist. Wenn ein **Testamentsvollstrecker weggefallen** ist, können die Erben daher auch in der Zeit bis zur Ernennung des Nachfolgers nicht über Nachlassgegenstände verfügen

III. Handels- und gesellschaftsrechtliche Regelungen

10 **Besondere Schwierigkeiten** ergeben sich für den Fall, dass zum Nachlass ein Handelsgeschäft oder eine gesellschaftsrechtliche Beteiligung gehört. Denn hier treten sowohl erbrechtliche als auch handels- und gesellschaftsrechtliche Regelungen zueinander in Widerstreit und erfordern eine praktikable, den Erfordernissen der Nachlassregelung und des Handelsverkehrs gleichermaßen gerecht werdende Lösung.

1. Handelsgeschäft

11 Unproblematisch ist die reine Abwicklung der letztwilligen Anordnung, wonach im Rahmen der Auseinandersetzung das Handelsgeschäft einem bestimmten Erben oder mehreren Erben zugeordnet werden soll; dies führt zur Freigabe nach § 2217. Das Geschäft wird nach § 22 HGB fortgeführt. Führen mehrere Erben das Geschäft fort, so geschieht dies zunächst in der Form der Erbengemeinschaft.⁸ Ist die Entscheidung gefallen, das von dem

---

5 BGH NJW-RR 1986, 2069; 1988, 386; RGZ 138, 132, 134; *Kipp/Coing* § 68 III 1; *Staudinger/Reimann* Rn. 14.
6 Vgl. dazu *Staudinger/Reimann* § 2205 Rn. 21 f.
7 Vgl. § 2203 Rz. 17 ff.
8 Vgl. *Soergel/Damrau* § 2205 Rn. 24.

Erblasser als Handelsgeschäft geführte Unternehmen fortzuführen, so kann dies nur in der Form einer Handelsgesellschaft geschehen, nicht als Gesellschaft bürgerlichen Rechts.[9]

Auch die reine Abwicklungsvollstreckung am Handelsgeschäft ist unproblematisch, soweit innerhalb der sich aus § 27 Abs. 2 HGB ergebenden Dreimonatsfrist die Einstellung des Handelsgeschäfts erfolgt; dabei genügt es, wenn jedenfalls die Entscheidung getroffen wird, das Handelsgeschäft nicht fortzuführen. Eine unbeschränkte Haftung des Erben tritt dann nicht ein. 12

Soweit es dem Willen des Erblassers entspricht, kann auch eine Betriebsverpachtung durch den TV vorgenommen werden, wobei die Pachteinkünfte seiner Verwaltung unterliegen. 13

Schwierigkeiten ergeben sich dann, wenn der Erblasser, um den Bestand des Handelsgeschäfts zu sichern oder aus anderen z.B. in der Person des Erben liegenden Gründen, die Verwaltung dem TV anvertraut oder dieser innerhalb der erwähnten Frist nach § 27 Abs. 2 HGB nicht in der Lage ist zu entscheiden, ob das Handelsgeschäft einzustellen ist. 14

Im Fall der Fortführung des Geschäfts durch den TV wird dieser Verbindlichkeiten eingehen müssen, die nach § 2206 nur für den Nachlass, nicht auch für den Erben persönlich, gelten. Zudem hat der Erbe stets die Möglichkeit, seine Haftung auf den Nachlass gem. §§ 1967, 1973 ff., 1980, 1990 zu beschränken. Dies aber steht im Widerspruch zu dem handelsrechtlichen Haftungsgrundsatz, nach welchem der Geschäftsinhaber für die geschäftlichen Verbindlichkeiten in vollem Umfang persönlich einzustehen hat. 15

Um diesem handelsrechtlichen Erfordernis gerecht zu werden, sind Lösungsmöglichkeiten entwickelt worden,[10] die im Ergebnis die persönliche Haftung des TV oder des Erben sicherstellen: 16

Die **Treuhandlösung** sieht vor, dass der TV als Treuhänder des Erben das Handelsgeschäft in eigenem Namen und unter eigener Haftung für Rechnung des Erben fortführt;[11] er selbst wird als Geschäftsinhaber im Handelsregister eingetragen.[12] Im Innenverhältnis zum Erben ist der TV nach § 2218 rechnungslegungspflichtig und hat Anspruch auf Befreiung von den Geschäftsverbindlichkeiten durch den Erben (§§ 2218, 670). 17

Gleichwohl wird der TV nicht Eigentümer des Betriebsvermögens, es sei denn, dem TV würde im Wege der sog. **Vollrechtstreuhand** das Eigentum am Handelsgeschäft durch den Erben durch Einzelübertragung der Betriebsgegenstände übereignet. Letzteres müsste durch den Erblasser besonders angeordnet sein. 18

Die in der letztwilligen Verfügung getroffene Bestimmung über die Fortführung des Unternehmens durch den TV wird als gleichzeitige Auflage an den Erben zu verstehen sein, dem TV das Handelsgeschäft zu treuen Händen zu übertragen.[13] 19

Für die Erben steht die Überlassung des Handelsgeschäfts an den Testamentsvollstrecker einer **Geschäftseinstellung** gleich, sie können somit eine Haftungsbeschränkung für die Altschulden gem. § 27 Abs. 2 HGB herbeiführen.[14] 20

Das mit dieser Lösung verbundene persönliche Risiko des TV wird dieser nur in Ausnahmefällen und für einen beschränkten Zeitraum zu übernehmen bereit sein.[15] Allerdings wird dem TV über §§ 25, 27 HGB analog das Recht einzuräumen sein, seine persönliche Haftung im Hinblick auf die vom Erblasser stammenden Verbindlichkeiten auf den Nachlass zu beschränken.[16] Soweit die Eingehung neuer Verbindlichkeiten zur ordnungsgemäßen Verwaltung des Nachlasses erforderlich war, kann der Testamentsvollstrecker im 21

---

9 Vgl. *Haegele/Winkler* Rn. 321.
10 Vgl. *Staudinger/Reimann* § 2205 Rn. 92 ff.; *Haegele/Winkler* Rn. 298 ff.
11 Vgl. BGH NJW 1975, 54.
12 OLG Hamm NJW 1963, 1554.
13 So *Haegele/Winkler* Rn. 328; vgl. ferner MüKoBGB/*Zimmermann* § 2205 Rn. 23.
14 *Haegele/Winkler* Rn. 306; *John* BB 1980, 758.
15 Vgl. dazu BGH NJW 1975, 54.
16 *Haegele/Winkler* Rn. 303; *Soergel/Damrau* § 2205 Rn. 20.

Innenverhältnis vom Erben Befreiung von der persönlichen Haftung oder Ersatz verlangen (§§ 2216, 2218, 670 BGB).[17]

22 Die **Vollmachtlösung** vermeidet dieses persönliche Risiko: Der TV führt das Handelsgeschäft als Bevollmächtigter des Erben fort, dieser haftet für die Geschäftsverbindlichkeiten persönlich. Der oder die Erben werden demzufolge als Inhaber ins Handelsregister eingetragen.

23 Die entsprechende Vollmachterteilung durch den Erben ist seitens des Erblassers im Testament durch Bedingung oder Auflage sicherzustellen.

24 Die Einbeziehung des Handelsgeschäfts unter die Verwaltungs- und Verfügungsbefugnis des TV bleibt dadurch erhalten, Eigengläubiger des Erben haben keine Zugriffsmöglichkeit (§ 2214).

25 Die Bedenken, die bei dieser Lösung geltend gemacht werden,[18] ergeben sich daraus, dass dem TV per Vollmacht größere Handlungsbefugnisse eingeräumt werden, als sie das Gesetz vorsieht.[19] Insb. würde eine dem TV eingeräumte unbefristete Generalvollmacht als sittenwidrige Knebelung (§ 138 BGB) des Erben als nichtig zu erachten sein. Deswegen wird jedenfalls eine zeitliche Beschränkung der Vollmacht entsprechend § 2210 vorzunehmen sein; ferner ist der Ausschluss unentgeltlicher Verfügungen (§ 2205 BGB) vorzusehen.

26 Die dem TV erteilte Vollmacht hindert den Erben nicht, seine Rechte als Geschäftsinhaber wahrzunehmen; eine verdrängende Vollmacht gibt es nicht.[20] Soweit der Erblasser dem Erben durch letztwillige Auflagen und Anordnungen auch insoweit de facto Fesseln anlegt, bleibt diesem immer noch die Möglichkeit, sich dem durch Ausschlagung der Erbschaft zu entziehen. Außerdem ist zu berücksichtigen, dass nach der Entscheidung des BVerfG[21] **Minderjährige** durch die Fortführung des Handelsgeschäfts nicht unbegrenzt ins Obligo gebracht werden dürfen. Diesen Bedenken ist durch das seit dem 1.1.1999 in Kraft getretene Minderjährigenhaftungsbeschränkungsgesetz[22] Rechnung getragen worden.[23] Der Minderjährige hat nach § 1629a BGB die Möglichkeit, bei Volljährigkeit die Haftungsbeschränkung nach §§ 1990, 1991 BGB geltend zu machen.

27 Als weitere Lösungsmöglichkeit kommt die **beaufsichtigende Testamentsvollstreckung**[24] in Betracht. Danach führt der Erbe das Handelsgeschäft fort; dem TV bleibt es vorbehalten, über die den **Bestand** des Unternehmens berührenden Fragen der Veräußerung etc. zu entscheiden. Dies wäre eine dem TV zustehende Befugnis, die entspräche, die die Rechtsprechung bei Gesellschaftsbeteiligungen dem TV hinsichtlich der sog. Außenseite der Beteiligung – im Gegensatz zu deren sich auf die lfd. Verwaltung beziehende Innenseite – eingeräumt hat[25]

28 Hier stellt sich jedoch die Frage, ob dieses Zurücktreten des TV hinter den Erben tatsächlich dem letzten Willen des Erblassers entspricht. Denn die mit dieser Lösung für das Unternehmen sich abzeichnenden Risiken sind unübersehbar, insb. wenn berücksichtigt wird, dass wegen der fehlenden Qualifikation des Erben TV angeordnet worden ist. Die dem Erben in diesem Fall übertragene laufende Verwaltung kann – unsachgemäß ausgeübt – zum Ruin des Unternehmens führen, sodass dem TV für die sog. Außenseite des Unternehmens nur noch die Entscheidung verbleibt, in welcher Weise die notwendige Liquidation durchgeführt wird. Dies aber wird in aller Regel nicht dem Willen des Erblas-

---

17 S. hierzu *Staudinger/Reimann* § 2205 Rn. 95.
18 Vgl. bes. MüKoBGB/*Zimmermann* § 2205 Rn. 17.
19 Vgl. *Haegele/Winkler* Rn. 316.
20 Vgl. *Haegele/Winkler* Rn. 312.
21 BVerfGE 72, 155 = NJW 1986, 1859.
22 BGBl. I 1998, 2487.
23 Vgl. dazu *Behnke* NJW 1998, 3078.
24 So *Reimann* Testamentsvollstreckung in der Wirtschaftspraxis Rn. 367.
25 Vgl. BGH NJW 1986, 2431.

sers entsprechen. Immerhin wird bei dieser Regelung erreicht, dass Eigengläubiger des Erben nicht in das Unternehmen vollstrecken können (§ 2214).

Die hier angesprochene Problematik lässt sich durch die letztwillige Anordnung vermeiden, **dass das Handelsgeschäft in eine Kapitalgesellschaft** (GmbH oder AG) **umzugründen** ist. Der Erbe wird Inhaber der Gesellschaftsanteile, die der Testamentsvollstreckung grundsätzlich uneingeschränkt unterliegen (s. dazu unten Ziff. 4, Rz. 21). Zu diesem Regelungszweck kann auch durch den Erblasser selbst zu Lebzeiten eine GmbH »auf Vorrat« gegründet werden, um das Handelsgeschäft nach seinem Tod auf diese Gesellschaft umgründen zu lassen. 29

2. GbR und OHG

Nach der geänderten Rechtslage durch das Handelsrechtsreformgesetz vom 22.6.1998 (BGBl. I S. 1474) wird eine OHG bzw. KG durch den Tod eines persönlich haftenden Gesellschafters nicht mehr aufgelöst, sondern – soweit der Gesellschaftsvertrag keine abweichende Regelung trifft – mit den verbleibenden Gesellschaftern fortgesetzt. Der Tod des persönlich haftenden Gesellschafters führt zu seinem Ausscheiden aus der Gesellschaft (vgl. § 131 Abs. 3 S. 2 HGB). Mit dem Ausscheiden des verstorbenen Gesellschafters und der Fortsetzung durch die übrigen Gesellschafter, entsteht ein gegen die Gesellschaft gerichteter Abfindungsanspruch aus § 738 Abs. 1 BGB. Dieser schuldrechtliche Abfindungs- und Auseinandersetzungsanspruch gegen die Gesellschaft stellt den Gegenwert für den verlorenen Anteil dar und fällt in den Nachlass. Der Testamentsvollstrecker kann in diesem Fall die Abfindungs- und Auseinandersetzungsansprüche der Erben gegen die Gesellschaft geltend machen, ohne dass Besonderheiten des Gesellschaftsrechts entgegenstünden. Mit einer gesellschaftsvertraglichen Nachfolgeklausel kann der Gesellschaftsanteil an der Personengesellschaft vererblich gestellt werden. 30

Der Bundesgerichtshof[26] hat die von der **Rechtsprechung** (Erbrechtssenat und Gesellschaftsrechtssenat) **entwickelten Grundzüge** zusammenfassend wie folgt dargestellt: 31

Ein im Gesellschaftsvertrag vererblich gestellter Anteil an einer Personengesellschaft kann nicht gemeinschaftliches Gesamthandsvermögen der Nachfolger–Erben sein; vielmehr geht dieser Anteil im Wege der **Sondererbfolge** unmittelbar auf den oder die Nachfolger-Erben über. Gleichwohl gehören diese Gesellschaftsanteile zum Nachlass[27] mit der gem. § 2211 gegebenen Verfügungsbeschränkung des Erben und der sich aus § 2214 ergebenden Folge des ausgeschlossenen Haftungszugriffs der Eigengläubiger des Erben. Unstreitig kann der TV über die mit der Beteiligung verbundenen **Vermögensrechte** (Anspruch auf Auseinandersetzungsguthaben und in gewissem Umfang über die nach dem Erbfall entstehenden Gewinnansprüche) verfügen. 32

Lediglich die Besonderheiten der von den Gesellschaftern gebildeten Arbeits- und Haftungsgemeinschaft ziehen der Testamentsvollstreckung am Anteil einer Personengesellschaft Grenzen. Maßgeblich ist die Erwägung, dass der TV den Erben nur im Rahmen des Nachlassvermögens verpflichten kann, während die Gesellschafter notwendigerweise unbeschränkt haften. Somit bleibt Raum für eine Testamentsvollstreckung, die sich im Wesentlichen auf die Wahrnehmung und Erhaltung der mit dem Anteil verbundenen, übertragbaren Vermögensrechte beschränkt. Soweit der BGH.[28] Diese Entscheidung ist durch den BGH[29] später ausdrücklich bestätigt worden. 33

Auf die im Wege der Sondererbfolge auf die Miterben übergegangene Beteiligung finden die sich spezifisch aus der **gesamthänderischen** Gebundenheit ergebenden Grundsätze 34

---
26 BGH NJW 1996, 1284 ff.
27 BGH Beschl. v. 3.7.1989 – BGHZ 108, 187, 192; BGH Beschl. v. 10.1.1996 – NJW 96, 1284; die h.M. in der Lit. teilt diese Auffassung; vgl. z.B. *Sudhoff/Froning* § 44 Rn. 29 m.w.N.
28 NJW 1996, 1284 ff.; vgl. dazu Besprechung von *Goette* DStR 1996, 929.
29 NJW 1998, 1313.

keine Anwendung. So kann etwa jeder der Miterben **alleine**, ohne Mitwirkung der anderen Miterben, über seinen Anteil verfügen, es sei denn, aus dem Gesellschaftsvertrag ergeben sich etwaige Verfügungsbeschränkungen.

35 Von dieser Grundlage aus bieten sich – entsprechend der Testamentsvollstreckung beim Handelsgeschäft – die rechtlichen Konstruktionsmöglichkeiten an, die dem TV weitergehende Befugnisse einräumen, nämlich die Treuhand- und Vollmachtlösung. Diese Lösungen kommen allerdings nur in Betracht, wenn der Gesellschaftsvertrag dies vorsieht oder die Gesellschafter zustimmen. Als Treuhänder nimmt der TV die Gesellschaftsrechte aufgrund einer entsprechenden Ermächtigung durch den Erben in eigenem Namen und für Rechnung des Erben wahr, bei voller persönlicher Haftung des TV.[30] Für die Vollmachtlösung wäre – neben der entsprechenden gesellschaftsvertraglichen Regelung – eine Vollmachterteilung Voraussetzung. Insoweit kann auf die obigen Ausführungen zum Handelsgeschäft (Rn. 9 ff.) Bezug genommen werden.

36 Entsprechend dem o.e. weiteren Lösungsvorschlag der »beaufsichtigenden Testamentsvollstreckung« kann auch bei der **Gesellschaftsbeteiligung** dem TV eine beaufsichtigende Funktion zugewiesen werden.[31] Während der Erbe die mit der Beteiligung verbundenen laufenden Verwaltungsrechte (Teilnahme an Gesellschafterversammlungen nebst Beschlussfassungen) wahrnimmt, steht dem TV ein Vorbehaltsrecht zu hinsichtlich der die Außenseite der Beteiligung treffenden Maßnahmen. Diese kann der Gesellschafter-Erbe nicht ohne Zustimmung des TV treffen. Zu diesen Maßnahmen sollen neben der Verfügung über den Anteil alle Vorgänge gehören, die den Abfindungsanspruch berühren können, wie beispielsweise Regelungen über die Bewertung der Anteile oder die Abwicklung des Abfindungsanspruchs; ferner auch alle Maßnahmen, die den Gewinn betreffen, wie z.B. Ausschüttung, Verwendung, Thesaurierung und Fälligkeit.[32] Ob diese weite Auslegung des Begriffs »Außenseite« der Gesellschaftsbeteiligung noch durch die Rspr. des BGH[33] gedeckt ist, erscheint jedoch zweifelhaft. Denn der BGH hatte nur den jedenfalls verbleibenden Auseinandersetzungsanspruch und die Verfügungsbefugnis über den Gesellschaftsanteil angesprochen. Der Konflikt darüber, welche Befugnisse dem Erben und welche dem TV zustehen, ist daher bei diesem Regelungsvorschlag bereits vorauszusehen.

37 Im Zusammenhang mit der oben (Rz. 14) erwähnten **Sondererbfolge** ist von Bedeutung, dass ein nach dem Gesellschaftsvertrag vorgesehenes **Eintrittsrecht** des Erben allein Folge dieser gesellschaftsrechtlichen Regelung ist; es unterfällt **nicht** dem Nachlass und daher auch nicht der Testamentsvollstreckung

38 Die gesellschaftsrechtliche einfache Nachfolgeklausel lässt den Gesellschaftsanteil unmittelbar auf die Erben entsprechend ihrer jeweiligen Erbquote übergehen, also kein Einrücken der Erbengemeinschaft in die Gesellschaft. Jedoch ist der Anteil hier wie auch im nachfolgenden Fall Gegenstand des Nachlasses und unterliegt der Testamentsvollstreckung

39 Bei qualifizierter Nachfolgeklausel wird nur der gesellschaftsvertraglich bestimmte Erbe Alleininhaber des Gesellschaftsanteils, während den Miterben lediglich ein Ausgleichsanspruch zusteht.[34]

40 Auch der aufgrund des Ausscheidens des verstorbenen persönlich haftenden Gesellschafters entstehende **Abfindungsanspruch** sowie der Abfindungsanspruch des Erben, der gem. § 139 Abs. 2 HGB sein Ausscheiden aus der Gesellschaft erklärt, unterliegt der Testamentsvollstreckung.[35]

---

30 Vgl. dazu BGH NJW 1981, 749, 750.
31 *Bengel/Reimann* 5 Rn. 160; *Reimann* Testamentsvollstreckung in der Wirtschaftspraxis Rn. 367.
32 So *Bengel/Reimann* 5 Rn. 161.
33 BGH NJW 1986, 2431.
34 BGH 68, 225 ff.
35 MüKoBGB/*Zimmermann* § 2205 Rn. 29.

3. Kommanditgesellschaft

Durch Beschluss vom 3.7.1989[36] hat der BGH die Testamentsvollstreckung am Kommanditanteil, die lange umstritten war und zunächst nur bezogen auf das Auseinandersetzungsguthaben für zulässig erachtet wurde,[37] nun grundsätzlich anerkannt.[38] Selbstverständlich gilt auch insoweit die gesellschaftsrechtliche Voraussetzung der Zustimmung durch die Mitgesellschafter, sei es durch den Gesellschaftsvertrag oder durch spätere Zustimmung, die auch konkludent erteilt werden kann.[39]

Im Übrigen war für die Annahme des BGH die Überlegung maßgeblich, dass der Kommanditist gem. § 171 Abs. 1 HGB nur auf seine Einlage beschränkt haftet; ist diese erbracht, kommt eine weitergehende persönliche Haftung des Gesellschafters – anders als bei der Testamentsvollstreckung am Gesellschaftsanteil eines persönlich haftenden Gesellschafters – nicht in Betracht. Daraus folgt gleichzeitig, dass der TV zu keinen Maßnahmen berechtigt ist, die zu einer Erhöhung der Haftung durch Vereinbarung einer höheren Hafteinlage führen oder die Haftung durch Rückgewährung der Einlagen (§ 172 Abs. 4 HGB) wieder aufleben lassen.

Darüber hinaus ergeben sich solche Einschränkungen, die den **Kernbereich** der Mitgliedschaftsrechte des Gesellschafters berühren. Hier sind dem TV Grenzen gesetzt. Der Bundesgerichtshof[40] hat insoweit in § 53 Abs. 3 GmbHG einen für **alle Handelsgesellschaften** maßgeblichen **Grundsatz** gesehen. Diese Vorschrift lautet:

> »Eine Vermehrung der den Gesellschaftern nach dem Gesellschaftsvertrag obliegenden Leistungen kann nur mit Zustimmung sämtlicher beteiligter Gesellschafter beschlossen werden.«

Demgemäß findet – so der BGH[41] – »der mögliche Ausschluss des Kommanditisten von seinem Stimmrecht dort seine Grenze, wo Gesellschafterbeschlüsse in Frage stehen, die in die Rechtsstellung des Kommanditisten eingreifen, indem sie z.B. seine Beteiligung als Kommanditist oder seine Haftungssumme durch eine Neufassung des Gesellschaftsvertrages ändern oder indem sie auf diesem Wege seine Gewinnbeteiligung oder die Höhe seines Auseinandersetzungsguthabens schmälern«.

Die konkrete Darstellung und Erfassung des Kernbereichs, der dem Gesellschaftererben unentziehbar zusteht, ist schwierig.[42] Soll daher die Nichtigkeit von entsprechenden Gesellschafterbeschlüssen vermieden werden, obliegt es dem TV, solche die Stellung des Kommanditisten als Gesellschafter berührenden Fragen nur mit dessen Zustimmung zu beschließen.[43]

War der **Erbe** des Gesellschafterkommanditisten **bereits zu Lebzeiten** des Erblassers durch Maßnahmen der vorweggenommenen Erbfolge **Inhaber eines KG-Anteils** geworden, so hatte der Übergang weiterer Kommanditanteile auf dem Erbwege nach bisheriger Rspr. des BGH[44] das Anwachsen der zuerst übernommenen Beteiligung zu einem einheitlichen Kommanditanteil zur Folge. Testamentsvollstreckung sollte dann insgesamt an die-

---

36 NJW 1989, 3152.
37 BGH NJW 1985, 1953.
38 Vgl. dazu ausführlich *Ulmer* NJW 1990, 73 ff.
39 OLG Hamm NJW-RR 1991, 837.
40 BGHZ 20, 363 ff.
41 BGHZ 20, 363 ff.
42 Vgl. *Ulmer* NJW 1990, 73, 78.
43 Vgl. *Haegele/Winkler* Rn. 370; kritisch zur Übernahme der Kernbereichslehre vom Gesellschaftsrecht in das Erbrecht: Reimann Testamentsvollstreckung in der Wirtschaftspraxis Rn. 423.
44 BGHZ 24, 106, 113.

sem Anteil nicht möglich sein. Diese Auffassung ist von dem Erbrechtssenat des BGH[45] aufgegeben worden. Demnach erfolgt eine den jeweiligen Erwerbsvorgängen entsprechende Aufteilung mit der Folge, dass dem TV die Verwaltung des auf dem Erbweg übergegangenen Anteils zusteht.

47 **Im Hinblick auf die Eintragungspflicht zum Handelsregister** hat der eingangs erwähnte Beschluss des BGH[46] klargestellt, dass es Aufgabe des TV ist, den auf dem Erbvorgang beruhenden Gesellschafterwechsel anzumelden. Ob die Belastung eines Gesellschafteranteils mit der Testamentsvollstreckung durch Eintragung in das Handelsregister offenzulegen ist, ist zweifelhaft.[47] Da in den hier gegebenen Fällen die für den Gläubigerschutz maßgebliche Haftungsfrage nicht tangiert ist, besteht für die Eintragung eines TV-Vermerks keine Veranlassung. Die überwiegende Auffassung in der Literatur[48] neigt mit Rücksicht auf die sich aus § 2214 BGB ergebenden Außenwirkung der Auffassung zu, die Eintragung des TV-Vermerks für erforderlich zu halten. Dies sollte mit dem jeweiligen Handelsregister abgestimmt werden. Nach Ansicht des OLG München ist der TV nicht befugt, den durch den Tod eines Kommanditisten eingetretenen Gesellschafterwechsel anstelle des oder der Erben, die im Wege der Sondererbfolge Kommanditisten geworden sind, zum Handelsregister anzumelden.[49]

4. GmbH-Anteil

48 Im Gegensatz zur Personengesellschaft geschieht die Vererbung des Geschäftsanteils an der GmbH **nicht auf dem Wege der Sondererbfolge**. Vielmehr sind Geschäftsanteile gem. § 15 Abs. 1 GmbHG vererblich; die Testamentsvollstreckung wird durch den TV nach Maßgabe seiner gesetzlichen Befugnisse wahrgenommen.[50] Diese Befugnisse beschränken den TV darauf, nur den Nachlass verpflichten zu können, nicht den Erben persönlich.

49 Dies ist bei Kapitalerhöhungen zu berücksichtigen: Reicht der Nachlass zum Erbringen der sofort fälligen Einlageverpflichtung nicht aus, kann der TV dem Beschluss zur Kapitalerhöhung nicht zustimmen; nicht sofort fällige Einlageverpflichtungen können vom TV nicht übernommen werden wegen der sich aus § 24 GmbHG ergebenden Ausfallhaftung des Erben.[51] Diese Haftungssituation ist auch bei der Neugründung einer GmbH durch den TV zu beachten.[52]

50 Im Übrigen ergeben sich auch hier die o.e. Schranken aus dem dem Erben als Gesellschafter zustehenden **Kernbereich** seiner Gesellschaftsbeteiligung. Hierbei handelt es sich um die Rechte, deren Regelung gesellschaftsvertraglich oder nach dem Gesetz Einstimmigkeit der Gesellschafter erfordern,[53] was beispielsweise bei einem Eingriff in mitgliedschaftliche Sonderrechte oder bei Maßnahmen, die den Erben unter Verletzung des Gleichbehandlungsgrundsatzes beschweren, der Fall wäre.[54]

51 Gesellschaftsrechtlich ist die Wahrnehmung der Gesellschafterrechte durch den TV ohne Weiteres möglich. Nur wenn die Satzung der GmbH die persönliche Ausübung der Gesellschafterrechte durch den Gesellschafter vorsieht, reduziert sich die Befugnis des TV auf die Maßnahmen, die die »Außenseite« des Geschäftsanteils betreffen, während die laufende Verwaltung und Teilnahme an den Gesellschafterversammlungen dann dem Erben

---

45 NJW 1996, 1284 = ZEV 1996, 110 mit Anm. *Lorz*.
46 NJW 1989, 3152.
47 Vgl. *Bengel/Reimann* 5 Rn. 212 m.w.N.
48 Vgl. dazu *Reimann* Testamentsvollstreckung in der Wirtschaftspraxis Rn. 367.
49 OLG München NJW 2010, 385.
50 Vgl. zur Befugnis des Testamentsvollstreckers, die Gesellschafterrechte bezüglich eines zum Nachlass gehörenden GmbH-Anteils wahrzunehmen und auszuüben OLG Frankfurt a.M. ZEV 2008, 606 ff.
51 Vgl. *Haegele/Winkler* Rn. 402, 405.
52 Vgl. dazu *Bengel/Reimann* 5 Rn. 231.
53 Vgl. § 53 Abs. 3 GmbHG.
54 *Haegele/Winkler* Rn. 404.

zustehen würde. Somit ist die Satzung der GmbH bei letztwilliger Anordnung der Testamentsvollstreckung auf diese Regelung hin zu überprüfen.

5. Aktien

Gehören zum Nachlass Aktien, werden diese durch den TV verwaltet; er übt das Stimmrecht aus (§ 134 AktG); zur Ausübung von Bezugsrechten ist ebenfalls der TV befugt (§ 186 AktG). 52

Der Beteiligung des TV an der Gründung einer AG steht die sich aus § 46 AktG ergebende persönliche Haftung der Gründer entgegen. 53

Die **Umwandlung** von einer GmbH in eine AG und umgekehrt ist nicht problematisch, da die persönliche Haftung des Erben nicht angesprochen wird. 54

Schwierigkeiten ergeben sich in dem durch die Rspr. entschiedenen Fall der Umwandlung einer AG in eine KG,[55] wobei der Erbe als früherer Aktionär, dessen Aktien zum Teil mit einer Testamentsvollstreckung belastet waren, zum Kommanditisten wird. Die Testamentsvollstreckung geht durch diesen Vorgang unter. Der TV hat aber Anspruch auf treuhänderische Übertragung eines dem früheren Aktienbestand, der seiner Testamentsvollstreckung unterlag, entsprechenden Anteils an Kommanditanteilen. 55

6. Genossenschafts-Anteile

Bei der Genossenschaft als Kapitalgesellschaft gelten im Wesentlichen dieselben Grundsätze wie bei der GmbH. Die Mitgliedschaft geht bei dem Tod des Genossen auf dessen Erben über (§ 77 GenG); die Testamentsvollstreckung erstreckt sich auf diesen Anteil. Ob die nach § 77 Abs. 2 GenG erforderlichen Erklärungen zur Mitgliedschaft bei mehreren Erben durch den TV abgegeben werden müssen oder durch die Erben, ist streitig.[56] Da keine zusätzlichen Belastungen der Erben im Falle der Fortsetzung der Genossenschaft eintreten werden, ist die Erklärung dem TV zu überlassen[57] 56

7. GmbH & Co. KG

In dieser Gesellschaftsform ist die Testamentsvollstreckung, nachdem der BGH sie am Kommanditanteil für zulässig erachtet hat,[58] problemlos möglich: für die GmbH gilt ohne Weiteres die oben dargestellte weitgehende Verwaltungsbefugnis des TV; für die Komanditbeteiligung sind die oben bei der KG erörterten Grundsätze maßgeblich.[59] Wichtig ist insoweit, dass die gesellschaftsvertraglichen Voraussetzungen (Zustimmung der Gesellschafter) gegeben sind. Unter diesen Umständen liegt bei einer oHG-Beteiligung die Empfehlung nahe, diese schon zu Lebzeiten des Erblassers im Hinblick auf die vorgesehene Testamentsvollstreckung in eine GmbH & Co. KG umzugestalten. 57

8. Stille Gesellschaft (§ 230 HGB)

Hier ist zu unterscheiden: im Falle des Todes des Geschäftsinhabers sind maßgeblich die für das Einzelunternehmen dargestellten Grundsätze.[60] Im Falle des Todes des stillen, auch atypisch stillen, Gesellschafters werden die Rechte des Nachfolgers durch den TV ausgeübt. Dies muss allerdings durch den Gesellschaftsvertrag gedeckt sein.[61] 58

---

55 Vgl. BGHZ 24, 106.
56 MüKoBGB/*Zimmermann* § 2205 Rn. 54 ist für Zuständigkeit des TV, *Haegele/Winkler* Rn. 430 für die der Erben.
57 Vgl. dazu *Bengel/Reimann* 5 Rn. 246.
58 NJW 1989, 3152.
59 Vgl. auch *Lenzen* GmbHR 1977, 56.
60 S.o. Rz. 11 ff.
61 Vgl. *Soergel/Damrau* § 2205 Rn. 47.

IV. Inbesitznahme des Nachlasses

59 Wegen § 857 BGB geht mit dem Erbfall der Besitz auch ohne besondere Besitzergreifung direkt auf den Erben über, selbst wenn Testamentsvollstreckung angeordnet ist. Somit muss der Testamentsvollstrecker sich zunächst durch Inbesitznahme die tatsächliche Gewalt über die Nachlassgegenstände verschaffen. Sobald der Erbe oder ein Dritter die tatsächliche Gewalt ergriffen hat, steht dem Testamentsvollstrecker gegen den Besitzer ein Anspruch auf Besitzeinräumung zu, der vom Testamentsvollstrecker nicht eigenmächtig durchgesetzt werden darf, sondern, wenn nötig, durch Herausgabeklage gerichtlich geltend gemacht werden muss. Gegen den Herausgabeanspruch des Testamentsvollstreckers kann eingewendet werden, dass die Sache seiner Verwaltung nicht unterliege, er sie sofort nach § 2217 freigeben oder dem Erben, der die Sache besitzt, auf dem Wege der Auseinandersetzung zuteilen müsse (§ 242).[62] Ein Dritter, nicht der Erbe, kann auch ein Zurückbehaltungsrecht wegen Aufwendungen geltend machen, die er für den Nachlass gemacht hat.[63]

V. Minderjährige Erben

60 Grundsätzlich werden minderjährige oder in ihrer Geschäftsfähigkeit beschränkte Erben durch ihre gesetzlichen Vertreter vertreten.

61 Soweit der TV im Rahmen seiner gesetzlichen Befugnisse sein Amt ausübt, wird er **nicht** als Vertreter des minderjährigen Erben tätig; er bedarf daher auch dann keiner vormundschaftsgerichtlichen Genehmigung, wenn der gesetzliche Vertreter sie zu dem entsprechenden Geschäft (vgl. § 1821) benötigen würde.

62 Diese **amtliche** Ebene wird aber durch den TV verlassen, wenn er zur Durchführung der Testamentsvollstreckung auf Maßnahmen angewiesen ist, für welche die Erben ihre Zustimmung erteilen sollen (z.B. Vollmachterteilung, In-sich-Geschäft). Der minderjährige Erbe wird dabei von seinen gesetzlichen Vertretern vertreten, die dann der vormundschaftsgerichtlichen Genehmigung bedürfen, wenn es sich um ein entsprechend genehmigungspflichtiges Geschäft handelt (§§ 1821 f.).

63 Ist dem gesetzlichen Vertreter im Zusammenhang mit dem Erbvorgang die Vermögensverwaltung letztwillig entzogen worden (vgl. §§ 1638, 1909 Abs. 1 S. 2), kann der TV als Pfleger für den minderjährigen Erben bestellt werden.[64]

VI. Verfügung über Nachlassgegenstände

64 Der Testamentsvollstrecker ist berechtigt, über die Nachlassgegenstände zu verfügen (S. 2). Die Verfügungsbefugnis setzt den Testamentsvollstrecker in die Lage, durch Verfügung über Nachlassgegenstände die letztwilligen Anordnungen des Erblassers auszuführen, die Nachlassschulden zu berichtigen und die Auseinandersetzung unter mehreren Erben zu bewirken (§§ 2203, 2204). **Von der Zustimmung des Erben** ist die Ausübung der Verfügungsbefugnis **unabhängig;** der Testamentsvollstrecker kann sie auch nicht durch eine Abrede mit dem Erben von dessen Zustimmung abhängig machen.[65] Die Verfügungsbefugnis betrifft nur die **einzelnen Nachlassgegenstände;** daher steht das **Recht zur Verfügung über einen Anteil am Nachlass (§ 2033) allein dem Miterben zu.** Das Gleiche gilt für die Verpfändung und Pfändung eines Erbteils; das Pfandrecht entsteht nur am Erbteil, nicht an den einzelnen Nachlassgegenständen oder dem Anteil des Miterben an densel-

---

[62] RGRK/*Kregel* Rn. 13.
[63] *Lange/Kuchinke* § 31 VI 1 Fn. 230.
[64] Vgl. *Palandt/Edenhofer* § 2205 Rn. 18.
[65] BGHZ 25, 275, 279 = NJW 1957, 1916.

ben.⁶⁶ Da der Testamentsvollstrecker die Rechtsstellung **des Erblassers hat,** ist er an familienrechtliche Beschränkungen **des Erben** (etwa aus dessen Güterstand, § 1365, oder weil dieser unter Aufsicht des Vormundschaftsgerichts steht, § 1837) nicht gebunden.⁶⁷

VII. Insichgeschäfte – Verbot des Selbstkontrahierens

§ 181 will dem **Interessenkonflikt** begegnen, der sich dann einstellt, wenn dieselbe Person mit sich als Vertreter eines Dritten ein Rechtsgeschäft abschließt. Auch der TV, der als Sachwalter des Erblassers mit sich selbst ein Rechtsgeschäft schließt, ist diesem Interessenkonflikt ausgesetzt mit der Folge, dass ein solches Geschäft zunächst schwebend unwirksam ist. Die Erben können es genehmigen. Unheilbar unwirksam und nicht genehmigungsfähig sind hingegen solche Rechtsgeschäfte, die durch den erkennbaren Willen des Erblassers nicht gedeckt sind.

65

Entsprechendes gilt, wenn das Geschäft dem Grundsatz der ordnungsgemäßen Verwaltung i.S.d. § 2216 widerspricht; von diesem Grundsatz kann auch der Erblasser selbst keine Befreiung erteilen (§ 2220). Jedoch könnten die Erben durch ihre Genehmigung die Wirksamkeit der entsprechenden Maßnahmen herbeiführen. Gehört der TV selbst als Erbe der Erbengemeinschaft an, ist er insoweit von der Teilnahme an der Beschlussfassung ausgeschlossen.⁶⁸

66

Dieselben Grundsätze gelten bei der Frage, ob der TV als Verwalter der Geschäftsanteile an einer GmbH berechtigt ist, bei seiner Bestellung zum Geschäftsführer mitzuwirken. Sofern nicht bereits die Zustimmung des Erblassers nachweisbar ist, ist auch bei dieser Maßnahme die Genehmigung des Erben notwendig.

67

Das **Verbot** des Selbstkontrahierens **gilt** nach § 181 **nicht,** wenn »das Rechtsgeschäft ausschließlich in der Erfüllung einer Verbindlichkeit besteht.« Hierunter fallen z.B. Nachlassverbindlichkeiten des Erben gegenüber dem TV durch ein zugunsten des TV ausgesetzten Vermächtnisses, Verbindlichkeit des Nachlasses zur Zahlung der TV-Vergütung.⁶⁹

68

VIII. Unentgeltliche Verfügungen

Diese sind dem TV nach dem Gesetz nur gestattet, »soweit sie einer sittlichen Pflicht oder einer auf den Anstand zu nehmenden Rücksicht entsprechen« (§ 2205 S. 3). Weitere Ausnahmen sind nicht vorgesehen; auch der Erblasser kann dem TV keine weitergehende Befugnis einräumen (§ 2207). Nur wenn alle Erben und Vermächtnisnehmer zustimmen, ist der TV zu Schenkungsmaßnahmen berechtigt; der Erblasser kann dies durch entsprechende Klauseln (Auflagen, Bedingungen) sicherstellen. Will im umgekehrten Fall der Erblasser sicherstellen, dass keine unentgeltlichen Verfügungen durch den TV im Einvernehmen mit den Erben und Vermächtnisnehmern getroffen werden, so kann dies in der Weise geschehen, dass für diesen Fall die Beendigung des Amts eines erstberufenen TV verfügt wird.⁷⁰

69

Auch sog. **unbenannte Zuwendungen unter Ehegatten** sind erbrechtlich als unentgeltliche Verfügungen zu bewerten,⁷¹ so dass der TV nicht berechtigt ist, dem Ehegatten eines Erblassers etwas ohne Gegenleistung zu überlassen, auch wenn es nur dessen Gleichstellung am vorhandenen Vermögen dienen soll⁷²

70

---

66 BayObLG DB 1983, 708; RGZ 90, 232, 235; s.a. zum Pfandrecht an einem Miterbenanteil BGHZ 52, 99 = NJW 1969, 1347, 1349.
67 BGH ZEV 2006, 262.
68 Vgl. *Soergel/Damrau* § 2205 Rn. 72 unter Hinweis auf BGH WM 1973, 360.
69 Vgl. BGH, WM 1973, 360.
70 Vgl. *Haegele/Winkler* Rn. 211 f.
71 BGH NJW 1992, 564.
72 *Haegele/Winkler* Rn. 197 a.

71 Nach der durch den BGH[73] gegebenen Definition der Unentgeltlichkeit i.S.d. § 2205 BGB setzt diese »objektiv nur voraus, dass aus dem Nachlass ein Wert hingegeben, ein Opfer gebracht wird, ohne dass die dadurch eingetretene Verringerung des Nachlasses durch Zuführung eines entsprechenden Vermögensvorteils ausgeglichen wird. Hinzu kommen muss ferner subjektiv, dass der TV weiß oder bei ordnungsgemäßer Verwaltung hätte erkennen müssen, dass die Leistung der Gegenseite unzulänglich war.« In dem entschiedenen Fall war darüber zu urteilen, ob ein durch den TV abgeschlossener Vergleich aus diesem Grund unwirksam war. Dabei hat der BGH dem TV ausdrücklich einen Ermessensspielraum eingeräumt. Vorsorglich wird daher der TV in solchen Fällen die Einwilligung des Erben (§ 2206 Abs. 2) und etwaiger Vermächtnisnehmer einzuholen haben.[74]

72 Auch bei Erbauseindersetzungen kann es in diesem Sinne zu unentgeltlichen und daher unwirksamen Verfügungen kommen, wenn beispielsweise ein Erbe mehr erhält, als seiner Erbquote entspricht.[75]

73 Hängt somit die Wirksamkeit der Verfügung des TV von deren Entgeltlichkeit ab, so ist im Falle der Auflassung eines Grundstücks durch den TV dem Grundbuchamt gegenüber der Nachweis zu führen, dass Entgeltlichkeit gegeben ist oder die Erben zustimmen.[76]

74 Eine nur zum Teil unentgeltliche Verfügung macht die gesamte Verfügung unwirksam.[77]

IX. Beratungshinweise

1. Vorbereitende und begleitende Maßnahmen

75 Ist Gegenstand des Nachlasses ein Handelsgeschäft oder eine personengesellschaftsrechtliche Beteiligung, so hängt der Erfolg der Testamentsvollstreckung von den vorbereitenden oder begleitenden Maßnahmen ab.

76 Zu den vorbereitenden Maßnahmen kann die o.e. Vorratsgründung einer GmbH durch den Erblasser zählen, auf welche der TV das Handelsgeschäft oder die OHG umzugründen hat. Ferner ist bei Personengesellschaften vorab der Gesellschaftsvertrag daraufhin zu überprüfen, ob Testamentsvollstreckung an einem Anteil erlaubt ist.

77 Zu den begleitenden Maßnahmen gehört eine wirksame Vollmachterteilung, sei es durch den Erblasser, sei es durch die Erben aufgrund einer diese Vollmacht sicherstellenden letztwilligen Anordnung.

78 Diese Vollmacht darf jedoch nicht die gesetzliche Grenze der Befugnisse des TV überschreiten,[78] noch darf sie zu einer Knebelung der Erben (§ 138) führen.

79 Folgende Formulierungsvorschläge kommen in Betracht, wobei jedoch vorab dringend zu empfehlen ist, bereits im Testament die Umwandlung des Handelsgeschäfts oder der OHG in eine KG oder besser noch in eine GmbH vorzusehen, um den Schwierigkeiten zu entgehen, die zwangsläufig aus den Vollmachts- oder Beaufsichtigungslösungen resultieren.

a) Handelsgeschäft

80 Im Hinblick auf das zu meinem Nachlass gehörende Handelsgeschäft ordne ich Testamentsvollstreckung auf die Zeit von sieben Jahren an. Zum TV ernenne ich ... Es soll im Ermessen des TV stehen, ob er das Unternehmen selbst haftend als Treuhänder oder als Bevollmächtigter der Erben und unter deren Haftung weiterführt. Hiermit belaste ich meine Erben mit der Auflage, dem TV die entsprechenden Befugnisse einzuräumen. Auf dessen Verlangen ist ihm eine sich auf alle Belange des Unternehmens erstreckende Voll-

---

73 BGH NJW 1991, 842.
74 Vgl. BGH NJW 1971, 2264.
75 Vgl. Palandt/Edenhofer § 2205 Rn. 34.
76 OLG München BeckRS 2010, 07247.
77 Vgl. die ausführlichen Darlegungen von Schaub ZEV 2001, 257.
78 § 2209 BGB in zeitlicher Hinsicht, § 2205, S. 3 BGB in materieller Hinsicht.

macht in notarieller Form zu erteilen. Dabei ist jedoch zu berücksichtigen, dass die Vollmacht in zeitlicher Hinsicht auf die Dauer der Testamentsvollstreckung zu beschränken ist; ferner ist das Recht des TV zur Vornahme unentgeltlicher Verfügungen auszuschließen. Von dem Verbot des Selbstkontrahierens (§ 181) ist dem TV Befreiung zu erteilen. Für die Veräußerung des Unternehmens (nicht für Umgründung oder Einbringung in ein anderes Unternehmen) ist der Zustimmungsvorbehalt des Erben vorzusehen.

Zu erwägen ist weiter die Auflage an den TV, den jährlichen Jahresabschluss durch einen Wirtschaftsprüfer testieren zu lassen. 81

b) OHG-Beteiligung

Vorab ist sicherzustellen, dass der jeweilige Gesellschaftsvertrag die Ausübung der Gesellschafterrechte durch einen TV überhaupt gestattet. 82

Sodann könnte die testamentarische Verfügung lauten:

> Für die an der x-OHG bestehende Gesellschaftsbeteiligung ordne ich Testamentsvollstreckung an. Zum TV ernenne ich ...
> Der TV ist berechtigt, im Rahmen des rechtlich Zulässigen, die Gesellschafterrechte auszuüben. Es steht in seinem Ermessen, ob er die Gesellschafterrechte treuhänderisch oder in Vollmacht der Erben verwaltet. Auf Verlangen des TV sind diesem durch die Erben die entsprechenden Befugnisse treuhänderisch oder durch Vollmachterteilung zu übertragen. Der TV ist berechtigt, diese Auflage gem. § 2208 Abs. 2 gegen die Erben notfalls auf dem Klageweg durchzusetzen. Die Vollmacht ist in notarieller Form zu erteilen; der TV ist vom Verbot des Selbstkontrahierens (§ 181) zu befreien. Im Rahmen seiner Befugnisse ist der TV berechtigt, die oHG-Beteiligung in einen entsprechenden Kommanditanteil umzuwandeln. Der TV bedarf zu folgenden Maßnahmen die schriftliche Zustimmung der Erben:
> – Änderungen des Gesellschaftsvertrages, soweit das Beteiligungsverhältnis (Gewinnbeteiligung, Gewinnverwendung, und Abfindungsanspruch) betroffen ist oder die Vererblichkeit des Anteils eingeschränkt wird;
> – Veräußerung oder Belastung der Gesellschaftsbeteiligung;
> – Veräußerung und Belastung der der Gesellschaft gehörenden Grundstücke;
> – Auflösung der Gesellschaft;
> – den Kernbereich der Gesellschaftsbeteiligung berührende Maßnahmen.
> Die Vollmacht (Treuhand) ist in zeitlicher Hinsicht auf die Dauer der Testamentsvollstreckung (15 Jahre) zu begrenzen; zu unentgeltlichen Verfügungen ist der TV nicht berechtigt.
> Kommt der Erbe der Verpflichtung zur Vollmachterteilung oder zur Einräumung treuhänderischer Befugnisse nicht nach oder widerruft er sie, so hat er durch das hiermit angeordnete Vermächtnis die Beteiligung nach Aufforderung durch den TV an ihn zu übertragen.

c) GbR-Beteiligung

Nach der bisherigen Rechtsprechung war grundsätzlich die Haftung der Gesellschafter einer GbR gesellschaftsvertraglich beschränkbar[79] unter der Voraussetzung, dass dies den Geschäftspartnern offengelegt wurde. Davon ist der Bundesgerichtshof[80] abgerückt: Nach dieser Entscheidung kann die persönliche Haftung der Gesellschafter nur durch eine individualvertragliche Vereinbarung mit dem Vertragspartner eingeschränkt werden. Für die- 83

---

79 Vgl. BGH, ZIP 1990, 610; NJW 1992, 1503.
80 BGH NJW 1999, 3483.

sen Fall wäre somit der TV – soweit die gesellschaftsvertraglichen Regelungen dies zulassen – ergänzend zum o.g. Vorschlag (s. Rz. 33) im Rahmen der Vollmachterteilung zu verpflichten,

... bei jedem Rechtsgeschäft mit dem Vertragspartner zu vereinbaren, dass Rechtsgeschäfte für den Erben nur unter Beschränkung der Haftung auf das Gesellschaftsvermögen abgeschlossen werden.

84 Hat der Erblasser testamentarisch verfügt, ein von ihm innegehaltener Geschäftsanteil an einer GbR solle einem der eingesetzten Miterben allein zustehen, so ist der zur Ausführung der letztwilligen Verfügungen eingesetzte Testamentsvollstrecker befugt, den Geschäftsanteil an den begünstigten Miterben abzutreten. Der Zustimmung der übrigen Miterben bedarf es nicht.[81]

d) KG-Beteiligung

85 | Im Hinblick auf meine Kommanditbeteiligung bei der xKG ordne ich Testamentsvollstreckung an. Zum TV bestimme ich Herrn ...
Der TV ist zur Wahrnehmung aller gesellschaftsrechtlichen Befugnisse an Stelle des Erben berechtigt, soweit dies rechtlich zulässig ist. Zu folgenden Maßnahmen bedarf der TV der Zustimmung des Erben:
– Änderungen des Gesellschaftsvertrages, soweit die Gewinnbeteiligung, der Abfindungsanspruch oder die Hafteinlage betroffen sind;
– Auflösung der Gesellschaft;
– Veräußerung des Anteils;
– weitere den Kernbereich der Gesellschaftsbeteiligung berührende Regelungen.
Der TV ist von den Beschränkungen des § 181 BGB befreit.

86 Erstreckt sich eine Testamentsvollstreckung auf einen Anteil als Komplementär an einer Kommanditgesellschaft, kann der Testamentsvollstrecker über die mit der Beteiligung verbundenen verkehrsfähigen Vermögensrechte verfügen. Im Übrigen ist nur Raum für eine Testamentsvollstreckung, die sich im Wesentlichen auf die Wahrnehmung und Erhaltung der Vermögensrechte beschränkt und verhindert, dass der Erbe über den Anteil und die daraus erwachsenen Vermögensrechte verfügen und seine Eigengläubiger in den Anteil und diese Vermögensrechte vollstrecken können. In die inneren Angelegenheiten der Gesellschaft kann der Testamentsvollstrecker nicht eingreifen und auch nicht die Mitgliedsrechte ausüben.[82]

87 Erstreckt sich eine Testamentsvollstreckung auch auf einen Anteil als Komplementär an einer Personengesellschaft, ist die Rechtsposition des Testamentsvollstreckers aus Gründen, die im Gesellschaftsrecht wurzeln, begrenzt. Der Testamentsvollstrecker kann zwar über die mit der Beteiligung verbundenen verkehrsfähigen Vermögensrechte verfügen. Dagegen kann der Testamentsvollstrecker nicht in die inneren Angelegenheiten der Gesellschaft eingreifen und auch keine Mitgliedsrechte ausüben. Diese sind wegen ihrer höchstpersönlichen Natur der Ausübung durch einen Dritten nicht zugänglich und können somit grundsätzlich auch nicht der Testamentsvollstreckung unterliegen.[83]

---

81 KG ZEV 2009, 313.
82 OLG Düsseldorf ZEV 2008. 142 ff.
83 NJOZ 2008, 1170 ff.

2. Mitwirkung der Erben

Nach der noch h.M. kann der Erblasser die Erben durch eine entsprechende auflösende Bedingung (**Vorsicht!** §§ 2104, 2105) oder eine Auflage indirekt zwingen, dem Testamentsvollstrecker oder einem Dritten eine Vollmacht zu erteilen, die ihn bevollmächtigt, die Erben über den Nachlass hinaus auch persönlich mit ihrem Privatvermögen zu verpflichten.[84] Bedenken dagegen ist entgegenzuhalten, dass der Erbe der Vollmachtsauflage durch Ausschlagung (§ 2306) der Erbschaft entgehen kann.[85] Der in der überschießenden Außenmacht einer solchen erzwungenen Vollmacht liegenden Gefahr kann durch ihre inhaltliche Begrenzung oder Überwachung durch eine weitere Vertrauensperson begegnet werden.[86] Hier ist im Rahmen der Errichtung der letztwilligen Verfügung zu überlegen, mit den betreffenden Erben einen Pflichtteilsverzichtsvertrag abzuschließen.

88

§ 2206
Eingehung von Verbindlichkeiten

(1) Der Testamentsvollstrecker ist berechtigt, Verbindlichkeiten für den Nachlass einzugehen, soweit die Eingehung zur ordnungsgemäßen Verwaltung erforderlich ist. Die Verbindlichkeit zu einer Verfügung über einen Nachlassgegenstand kann der Testamentsvollstrecker für den Nachlass auch dann eingehen, wenn er zu der Verfügung berechtigt ist.

(2) Der Erbe ist verpflichtet, zur Eingehung solcher Verbindlichkeiten seine Einwilligung zu erteilen, unbeschadet des Rechts, die Beschränkung seiner Haftung für die Nachlassverbindlichkeiten geltend zu machen.

I. Verpflichtungsbefugnis

Die nach § 2205 dem TV zustehende Befugnis, den Nachlass zu verwalten, umfasst grundsätzlich auch das Recht, **Verbindlichkeiten für den Nachlass einzugehen**. Maßgeblich sind insoweit die §§ 2203, 2204: Der TV hat die letztwilligen Verfügungen auszuführen und die Erbauseinandersetzung zu betreiben. An diesen Zweck knüpft § 2206 an und bindet das Recht des TV, Verbindlichkeiten für den Nachlass einzugehen an die ordnungsgemäße Verwaltung des Nachlasses (§ 2216). In diesem Rahmen ist er befugt, den Nachlass verpflichtende Kaufverträge, Werkverträge etc. abzuschließen. Hierbei muss er im Rechtsverkehr **erkennbar** als Testamentsvollstrecker, der **für den Nachlass handelt**, auftreten. Daraus folgt gleichzeitig das Recht der Erben, vom TV verlangen zu können, dass er seine Befugnisse nicht überschreitet und seine Pflichten erfüllt.[1] Bei einem Streit darüber, ob der TV im Rahmen der ordnungsgemäßen Verwaltung gehandelt hat, kann dies im Verhältnis zwischen Erben und TV zu dessen Schadensersatzpflicht nach § 2219 BGB führen.

1

Im Verhältnis zum **gutgläubigen Dritten** wird der Nachlass wirksam verpflichtet, wenn der Dritte bei Vertragsabschluss ohne Fahrlässigkeit angenommen hat, die Eingehung der Verbindlichkeit sei zur ordnungsgemäßen Verwaltung des Nachlasses erforderlich, auch wenn dies objektiv nicht der Fall war.[2]

2

---

84 RGZ 172, 199, 205; BGHZ 12, 100, 103 = NJW 1954, 636; BayObLGZ 1969, 138; *Staudinger/Reimann* § 2205 Rn 97; *Lange/Kuchinke* 4. Aufl. § 31 V 7 b; a.A. *Nordemann* NJW 1963, 1140; *Schopp* RPfleger 1978, 79; *John* BB 1980, 757, 758; Bedenken auch obiter dicta in BGH WPM 1969, 492.
85 BGHZ 12, 100, 103 = NJW 1954, 636; *Holch* DNotZ 1957, 282, 294.
86 *Reithmann* BB 1984, 1394, 1398.
1 Vgl. BGH NJW 1957, 1916.
2 So BGH NJW 1983, 40; vgl. ferner *Staudinger/Reimann* § 2206 Rn. 11.

3   Ist insoweit jedoch Fahrlässigkeit des Dritten gegeben, erwirbt dieser keine Rechte gegen den Nachlass, sondern kann allenfalls den TV über § 179 in Anspruch nehmen.³ Bei kollusivem Einvernehmen zwischen Dritten und TV ist der Vertrag nach § 138 nichtig.

II. Anordnung des Erblassers

4   Diese Einschränkung durch Bindung an die ordnungsgemäße Verwaltung bei der Eingehung von Verbindlichkeiten kann durch Anordnung des Erblassers gem. § 2207 aufgehoben werden; im Falle des § 2209 ist sie von Gesetzes wegen nicht gegeben.

5   Dagegen ist die Verpflichtungsbefugnis nach § 2206 Abs. 1 S. 2 BGB lediglich durch das Schenkungsverbot aus § 2205 S. 3 BGB und die Erblasseranordnungen nach § 2208 BGB beschränkt. Demzufolge ist diese Verpflichtungsbefugnis mit der Verfügungsbefugnis aus § 2205 S. 2 BGB kongruent. Der Testamentsvollstrecker darf somit ein Grundstück veräußern oder belasten.

6   Vom o. e. kollusiven Verhalten abgesehen, ist die sich auf eine Verfügung beziehende Verbindlichkeit somit rechtswirksam. Soweit die Verfügungsbefugnis des TV fehlt, wie beispielsweise bei unentgeltlichen Verfügungen, werden Rechte gegen den Nachlass nicht begründet. Im Übrigen bleibt das Risiko einer sich aus § 2219 möglicherweise ergebenden Schadensersatzpflicht des TV gegenüber dem Erben bestehen.

7   U.U. kann dem Dritten ferner durch den Erben der Einwand der unzulässigen Rechtsausübung entgegen gehalten werden,⁴ wenn sich der TV in verdächtiger Weise über seine Befugnisse erkennbar hinweggesetzt hatte. Grundsätzlich haftet der Erbe mit dem Nachlass aus den Rechtshandlungen des TV bei dessen Verschulden über § 278 BGB; das Amt des TV begründet ein vertreterähnliches Verhältnis.⁵

III. Einwilligung des Erben

8   Durch die in Abs. 2 angesprochene Verpflichtung des Erben, zur Eingehung von Verbindlichkeiten durch den TV seine Einwilligung zu erteilen, wird bereits die Frage nach der Haftung des TV gem. § 2219 geklärt. Denn wird die Einwilligung erteilt, kommen spätere Schadensersatzansprüche gegen den TV insoweit nicht mehr in Betracht. Aber auch im **Verhältnis zum Dritten** wird geklärt, dass eine gegenüber dem Nachlass wirksame Verpflichtung begründet worden ist. Zur Einwilligung ist der Erbe nur verpflichtet, wenn die durch den TV beabsichtigte Maßnahme den Grundsätzen ordnungsgemäßer Verwaltung entspricht. Diese Regelung bezieht sich somit nur auf § 2206 Abs. 1 S. 1. Für die Maßnahmen gem. § 2206 Abs. 1 S. 2 bedarf es der Einwilligung des Erben nicht. Das Risiko des TV, auf Schadensersatz in Anspruch genommen zu werden, bleibt insoweit bestehen. Ferner kann das Überschreiten der Verpflichtungsbefugnis durch den TV zu dessen Entlassung nach § 2227 führen. Folgt die fehlende Verpflichtungsbefugnis des TV aus Mängeln bei der Bestellung oder Übernahme des Amts des TV, hängt die Heilung der zwischenzeitlich vorgenommenen Rechtsgeschäfte des TV ebenfalls von der Genehmigung des Erben ab.⁶

9   Trotz der durch den Erben erteilten Einwilligung bleibt dieser berechtigt, gem. § 2206 Abs. 2 S. 2 die Beschränkung seiner Haftung auf den Nachlass geltend zu machen. Dieses Recht kann dem Erben durch den TV nicht genommen werden.⁷

---

3   Vgl. *Haegele/Winkler* Rn. 193.
4   Vgl. BGH NJW-RR 1989, 642.
5   *Haegele/Winkler* Rn. 193 unter Hinweis auf RG 144, 402.
6   Vgl. dazu ausführlich *Müller* JZ 1981, 370.
7   Vgl. *Staudinger/Reimann* § 2206 Rn. 17.

IV. Beratungshinweise

Bei sich ergebenden Zweifeln über die Grenzen der Verpflichtungsbefugnis des TV muss 10
diesem geraten werden, das **Einvernehmen mit dem Erben** herzustellen, notfalls auf dem Klageweg.

Der Erbe wäre somit auf Erteilung seiner Zustimmung zu dem vom TV abzuschließen- 11
den, konkret zu bezeichnenden Vertrag über den Nachlassgegenstand zu verklagen. Andererseits steht dem Erben unter den Voraussetzungen des § 256 ZPO das Recht zu, gerichtlich feststellen zu lassen, dass das beabsichtigte oder bereits abgeschlossene Verpflichtungsgeschäft des TV wegen dessen fehlender Verpflichtungsbefugnis unwirksam sei. Diese Klage kann sowohl gegen den TV als auch gegen den Dritten erhoben werden.

§ 2207
Erweiterte Verpflichtungsbefugnis

Der Erblasser kann anordnen, dass der Testamentsvollstrecker in der Eingehung von Verbindlichkeiten für den Nachlass nicht beschränkt sein soll. Der Testamentsvollstrecker ist auch in einem solchen Falle zu einem Schenkungsversprechen nur nach Maßgabe des § 2205 Satz 3 berechtigt.

I. Beschränkungsbefreiung

Soweit der Erblasser den TV **von den Beschränkungen** in der Eingehung von Verbind- 1
lichkeiten **befreit**, ist dies in erster Linie dem Dritten gegenüber von Bedeutung: Weder der TV noch der Erbe können dem Dritten entgegenhalten, das Verpflichtungsgeschäft sei dem Nachlass gegenüber wegen fehlender Verpflichtungsbefugnis des TV unwirksam.

Im **Verhältnis zwischen TV und Erben** bleibt es bei der Verpflichtung des TV zur ord- 2
nungsgemäßen Verwaltung (§ 2216) und einer evtl. begründeten Pflicht zum Schadensersatz nach § 2219. Unter diesem Aspekt ist der TV auch in diesem Fall berechtigt, zur Klärung von Zweifelsfragen die Einwilligung des Erben gem. § 2206 Abs. 2 zu verlangen. Dies jedoch nur, soweit sich die Einwilligung auf Verpflichtungen bezieht, die dem TV nur im Rahmen der ordnungsgemäßen Verwaltung gem. § 2206 Abs. 1 S. 1 erlaubt sind.[1] Zu einem Verpflichtungsgeschäft, welches dem TV gestattet, den Nachlass ohne Rücksicht auf die Ordnungsmäßigkeit der Verwaltung in das Obligo zu bringen, kann der Erbe nicht zur Zustimmung gezwungen werden, zumal sonst die Haftung des TV nach § 2219 entfiele.[2] Zu **Schenkungsversprechen** mit verpflichtender Wirkung für den Erben ist er jedoch abgesehen von Pflicht- und Anstandsschenkungen **nicht** berechtigt. Insoweit kann auch der Erblasser rechtswirksam keine entgegenstehende Anordnung treffen (vgl. § 2207 S. 2, § 2205 S. 3 BGB). Ebensowenig ist der Erblasser in der Lage, den Testamentsvollstrecker wirksam zu ermächtigen, den Erben mit seinem Privatvermögen zu verpflichten.[3]

II. Verwaltungs- und Dauervollstreckung (§ 2209)

Im Falle des § 2209 gilt die Ermächtigung gem. § 2207 im Zweifel als erteilt (§ 2209 S. 2). 3
Dies dient der Erleichterung der Stellung des TV und des Nachlasses im Geschäftsverkehr. Der TV wird als Vertragspartner eher akzeptiert.

---
1 So h.M., z.B. *Soergel/Damrau* § 2207 Rn. 2; *Staudinger/Reimann* § 2207 Rn. 6.
2 So *Soergel/Damrau* § 2207 Rn. 2.
3 BGHZ 12, 100 = NJW 1954, 636.

4　Auch ein in der letztwilligen Verfügung ausgesetztes Verschaffungsvermächtnis (§ 2170 BGB) enthält in der Regel gleichzeitig die erweiterte Verpflichtungsbefugnis des § 2207.

5　Von dem Verbot, unentgeltliche Verfügungen i.S.d. § 2205 S. 3 vorzunehmen, kann der Erblasser keine Befreiung erteilen.

III. Beratungshinweise

6　Steht dem TV die erweiterte Verpflichtungsbefugnis gem. § 2207 zu, ist dies im TV-Zeugnis anzugeben (§ 2368 Abs. 1 S. 3). Im Übrigen ist die Befugnis des TV stets nur darauf beschränkt, den **Nachlass** zu verpflichten. Dies führt zu den unter § 2205 erörterten Schwierigkeiten im Handelsverkehr. Diese können durch eine Auflage des Erblassers an den Erben vermieden werden, wodurch dem TV weitreichende Vollmachten zu erteilen sind. Der TV handelt sodann nicht kraft Amtes, sondern in Vollmacht des Erben.

§ 2208
Beschränkung der Rechte des Testamentsvollstreckers, Ausführung durch den Erben

(1) Der Testamentsvollstrecker hat die in den §§ 2203 bis 2206 bestimmten Rechte nicht, soweit anzunehmen ist, dass sie ihm nach dem Willen des Erblassers nicht zustehen sollen. Unterliegen der Verwaltung des Testamentsvollstreckers nur einzelne Nachlassgegenstände, so stehen ihm die im § 2205 Satz 2 bestimmten Befugnisse nur in Ansehung dieser Gegenstände zu.

(2) Hat der Testamentsvollstrecker Verfügungen des Erblassers nicht selbst zur Ausführung zu bringen, so kann er die Ausführung von dem Erben verlangen, sofern nicht ein anderer Wille des Erblassers anzunehmen ist.

Übersicht

	Rz.		Rz.
I. Einschränkung der Verpflichtungs- und Verfügungsbefugnisse durch Erblasser	1	III. Fehlende Berechtigung des Erblassers zur Ausdehnung der gesetzlichen Befugnisse	10
II. Aufsichtsfunktion des TV	9	IV. Beratungshinweise	11

I. Einschränkung der Verpflichtungs- und Verfügungsbefugnisse durch Erblasser

1　Diese dem Wortlaut nach klare gesetzliche Regelung führt sowohl theoretisch als praktisch zu erheblichen **Abgrenzungsschwierigkeiten**.

2　Klar ist, dass der Erblasser die Rechte des TV einschränken kann.

3　Der in Abs. 1 S. 1 gegebene Hinweis auch auf § 2205 S. 2 schränkt demnach auch die Verfügungsbefugnis des TV ein. Wer in diesem Fall berechtigt ist, über Nachlassgegenstände zu verfügen, ist zweifelhaft. Denn dem Erben steht gem. § 2211 die Verfügungsbefugnis nicht zu. In der Literatur wird daher die Meinung vertreten, nur eine im Innenverhältnis wirkende Verpflichtung des TV anzunehmen.[1]

4　Nach der Rspr. des BGH[2] wird die Verfügungsblockade dadurch aufgehoben, dass eine Verfügung mit Zustimmung des Erben bzw. aller Mitglieder der Erbengemeinschaft für zulässig gehalten wird. Allerdings bleibt dann offen, wer der verfügende Teil ist.

---

[1] So *Soergel/Damrau* § 2208 Rn. 1 unter Hinweis auf *Lehmann* AcP 188 (1988), 1.
[2] BGH NJW 1984, 2464.

Dies bedeutet gleichzeitig, dass der BGH die Einschränkung der Verfügungsmacht dem Grunde nach anerkennt.[3] Der gute Glaube an die Verfügungsbefugnis des TV ist nicht geschützt.[4] Der Geschäftspartner des TV kann sich durch Einsicht in das TV-Zeugnis schützen, in dem Beschränkungen des Verwaltungsrechts des TV anzugeben sind (§ 2368 Abs. 1 S. 2).

So kann die **Verfügungsbefugnis** des TV **eingeschränkt** sein durch die letztwillige Anordnung, dass der Testamentsvollstreckung nur bestimmte Verwaltungsaufgaben unterliegen sollen;[5] andererseits kann in der allgemeinen Bestellung »zur Verwaltung« auch die volle Einsetzung des TV in alle Rechte gemeint sein.[6]

Auch eine Teilungsanordnung kann zu einer dinglichen Beschränkung der Befugnisse des TV führen.[7] Dies ist jedoch streitig: die h.M. in der Literatur[8] sieht hierin eine den TV nur schuldrechtlich bindende Anordnung. Nur diese Folge kommt auch den in § 2216 Abs. 2 erwähnten Verwaltungsanordnungen des Erblassers zu. Deren Nichtbeachtung führt zu Schadensersatzansprüchen gegen den TV.

Soweit nur schuldrechtliche Verpflichtungen des TV letztwillig begründet worden sind, erfolgt insoweit keine Eintragung im TV-Zeugnis nach § 2368.

II. Aufsichtsfunktion des TV

Abs. 2 hat die nur **beaufsichtigende Funktion** des TV zum Gegenstand. Die Rechte gem. §§ 2203–2206 stehen dem TV dann nicht zu. Er ist darauf beschränkt, vom Erben die Ausführung der letztwilligen Verfügungen (Erfüllung von Auflagen, Vermächtnissen, Teilungsanordnungen etc.) zu verlangen. Kommt der TV dieser Aufsichtspflicht nicht nach, haftet er nach § 2219 auf Schadensersatz, mit Ausnahme im Falle des Auflagebegünstigten, dem kein Recht auf die Leistung zusteht. Entstehende Kosten zur Durchführung der letztwilligen Verfügung sind dem TV jedenfalls über § 2218 zu erstatten, wenn nicht eine unmittelbare Verpflichtung des Nachlasses angenommen wird.[9] Ist dem TV sogar diese Befugnis, die Ausführung der letztwilligen Verfügungen durch den Erben verlangen zu können, nicht eingeräumt worden, liegt in Wirklichkeit **keine** Anordnung der Testamentsvollstreckung vor.

III. Fehlende Berechtigung des Erblassers zur Ausdehnung der gesetzlichen Befugnisse

Der Erblasser kann somit die Befugnisse des TV einschränken – **erweitern** kann er sie über den gesetzlich zulässigen Rahmen hinaus **nicht**. Dies schließt allerdings die Übertragung von Befugnissen an den TV ein, die nach dem Gesetz auch Dritten übertragen werden könnten, wie z.B. Übertragung des Bestimmungsrechts beim Vermächtnis (§§ 2151, 2153–2156), bei der Teilungsanordnung (§ 2048), Ernennung des TV zum Schiedsrichter (§ 1048 ZPO). Zulässig ist die Befreiung von den Beschränkungen des § 181 BGB sowie die Erteilung einer erweiterten Verpflichtungsbefugnis nach § 2207 BGB.

IV. Beratungshinweise

Die vorstehend aufgezeigten Abgrenzungsschwierigkeiten hinsichtlich der dem TV zustehenden Befugnisse machen es erforderlich, bei der Abfassung letztwilliger Verfügungen

---

3 Vgl. BGH NJW 1963, 2320; 1971, 1805; vgl. auch unten § 2211 Rz. 1.
4 Vgl. *Palandt/Edenhofer* § 2211 Rn. 8.
5 BayObLG 56, 186.
6 S. z.B. OLG Düsseldorf NJW 1952, 1259.
7 So BGH NJW 1984, 2464.
8 Vgl. *Palandt/Edenhofer* § 2208 Rn. 3; *Soergel/Damrau* § 2208 Rn. 3.
9 So *Staudinger/Reimann* § 2208 Rn. 20.

präzise anzugeben, in welcher Hinsicht der TV Beschränkungen unterliegen soll. Dabei ist auf die Unterschiede zwischen nur schuldrechtlich wirkender Verpflichtungseinschränkung und dinglich wirkender Verfügungsbeschränkung zu achten.

12 Im Klageverfahren des Nachlassgläubigers ergeben sich bei der gegenständlich beschränkten Testamentsvollstreckung Schwierigkeiten; denn der Erbe ist auf eine Leistung zu verklagen, die er wegen § 2211 nicht erbringen kann; ein Duldungstitel gegen den TV wirkt nicht gegen den Erben, da insoweit der TV nicht zur Führung des Rechtsstreits i.S.d. § 327 ZPO berechtigt ist. Als Lösung bietet sich an, TV und Erben als Streitgenossen zu verklagen.[10]

§ 2209
Dauervollstreckung

Der Erblasser kann einem Testamentsvollstrecker die Verwaltung des Nachlasses übertragen, ohne ihm andere Aufgaben als die Verwaltung zuzuweisen; er kann auch anordnen, dass der Testamentsvollstrecker die Verwaltung nach der Erledigung der ihm sonst zugewiesenen Aufgaben fortzuführen hat. Im Zweifel ist anzunehmen, dass einem solchen Testamentsvollstrecker die im § 2207 bezeichnete Ermächtigung erteilt ist.

I. Verwaltungsvollstreckung – Dauervollstreckung

1 Mit der Übertragung der Testamentsvollstreckung zur Verwaltung des Nachlasses wird gleichzeitig die Auseinandersetzung des Nachlasses auf Zeit (vgl. § 2210) ausgeschlossen (**Verwaltungsvollstreckung**).

2 Ferner kann durch den Erblasser angeordnet werden, dass die Verwaltung des Nachlasses durch den TV nach Erledigung der ihm sonst zugewiesenen Aufgaben fortzusetzen ist (**Dauervollstreckung**).

3 In diesen Fällen steht nicht die abschließende Durchführung und Regelung der Nachlassfragen im Vordergrund; vielmehr wird die Verwaltung des Nachlasses zum Selbstzweck.[1] Der Nachlass wird auf Zeit der Verfügungsbefugnis des Erben entzogen, die Auseinandersetzung wird zurückgestellt, das Vermögen bleibt zusammen.

4 Obwohl dies in aller Regel in guter Absicht[2] durch den Erblasser angeordnet wird, kommt es dem Erben gegenüber einer Zurückstellung gleich, der dieser sich nur durch das Ausschlagen des Erbteils und Verlangen des Pflichtteils (§ 2306) oder durch Anfechtung (§ 2078) entziehen kann.

5 Hingegen kommt eine Außerkraftsetzung der Verwaltungsanordnung nach § 2216 Abs. 2 nicht in Betracht; denn dies würde die Anordnung der Testamentsvollstreckung selbst außer Kraft setzen.[3] Sofern zusammen mit anderen Anordnungen des Erblassers, wie z.B. unwiderrufliche Generalvollmacht, die Grenzen der persönlichen und wirtschaftlichen Selbstbestimmung des Erben nicht beachtet wurden, wäre dieser Teil der letztwilligen Verfügung nach § 138 BGB unwirksam.[4]

---

10 Vgl. im Einzelnen *Mayer/Bonefeld/Daragan* Rn. 124.
1 So *Soergel/Damrau* § 2209 Rn. 1, *Haegele/Winkler* Rn. 130.
2 »Fürsorgliche Bevormundung« – so *Palandt/Edenhofer* § 2209 Rn. 2.
3 Vgl. *Staudinger/Reimann* § 2209 Rn. 14.
4 Vgl. *Staudinger/Reimann* § 2209 Rn. 14; vgl. auch § 2205 Rz. 10, 36.

II. Zweck der Anordnung der Verwaltungsvollstreckung

Der Zweck der Anordnung der Verwaltungsvollstreckung besteht u.a. darin, das Vermögen zusammenzuhalten, den Erben von der Verwaltungsbefugnis auszuschließen und den Eigengläubigern des Erben den Zugriff auf den Nachlass zu verwehren; andererseits aber sollen in der Regel Erträgnisse erwirtschaftet werden. 6

Ob auch diese Erträgnisse dem Verwaltungsrecht des TV unterliegen, ist strittig, wird aber von der Rechtsprechung grundsätzlich bejaht.[5] Allerdings gewinnt im Falle der Verwaltung eines Gesellschaftsanteils nach längerem Zeitablauf die persönliche Gesellschafterbeteiligung mehr und mehr eine eigene Bedeutung, der der BGH[6] dadurch Rechnung trägt, dass schließlich ein angemessener Gewinnanteil ausschließlich dem Gesellschafter-Erben zuzuordnen ist. 7

Im Rahmen der dem TV obliegenden ordnungsgemäßen Verwaltung wird der TV auch diesen Gesichtspunkt bei der Entscheidung über die Verwendung der Erträgnisse zu berücksichtigen haben. Soweit bei dem Erben durch die Zuweisung von Gewinnanteilen Einkommensteuern anfallen, sind diese durch den TV aus dem Nachlassvermögen zu erstatten. Grundsätzlich wird die sich aus § 2217 ergebende Regelung als Leitlinie dienen können: Nachlassgegenstände, deren der TV zur Erfüllung seiner Verbindlichkeiten nicht mehr bedarf, können an den Erben herausgegeben werden.[7] Die unmittelbare Anwendung dieser Vorschrift ist jedoch[8] bei der Verwaltungsvollstreckung nicht möglich. Denn die Anordnung der Verwaltungsvollstreckung ordnet sämtliche Gegenstände, an denen die Verwaltung möglich ist, dem TV zu; gleichzeitig bedeutet sie ein Auseinandersetzungsverbot. Maßgeblich sind also die Umstände des Einzelfalls und die Vorstellungen des Erblassers, soweit diese in der letztwilligen Verfügung ihren Ausdruck gefunden haben, wobei die Interessen des Erben angemessen zu berücksichtigen sind. 8

Ist dem überlebenden Ehegatten, der zum TV bestimmt wurde, auch der Nießbrauch eingeräumt worden, stehen ihm die Erträgnisse vollständig zu. Hat der Erblasser Vor- und Nacherbschaft angeordnet, ist grundsätzlich zu berücksichtigen, dass der Vorerbe Anspruch auf die Nutzungen hat, während dem Nacherben die Substanz zusteht. Die Verteilung der Aufwendungen richtet sich nach §§ 2124–2126. Dem ist durch den TV Rechnung zu tragen, soweit der Erblasser durch Auflagen oder Vermächtnisse keine abweichenden Anordnungen getroffen hat. 9

III. Verwaltungsvollstreckung bei Handelsgeschäften

Zur Verwaltungsvollstreckung bei Handelsgeschäften und Gesellschaftsanteilen ist auf die Ausführungen zu § 2205 Rz. 7 ff. zu verweisen. 10

Im Übrigen bringt die auf Dauer angelegte Testamentsvollstreckung es mit sich, dass laufend neue Geschäfte abgeschlossen werden müssen. Dem trägt S. 2 durch Verweis auf § 2207 Rechnung. 11

IV. Anordnung der Verwaltungsvollstreckung

Die Anordnung der Verwaltungsvollstreckung oder Dauervollstreckung i.S.d. § 2209 ist gem. § 2368 im TV-Zeugnis zu erwähnen, da insoweit eine Abweichung vom Regeltyp 12

---

5 Vgl. BGH NJW 1981, 749; 1984, 2104; 1986, 2431.
6 BGH NJW 1986, 2433.
7 Vgl. MüKoBGB/*Zimmermann* § 2209 Rn. 12.
8 Worauf *Staudinger/Reimann* § 2209 Rn. 16 zu Recht hinweist.

gegeben ist.⁹ Die Rechtsstellung des Verwaltungsvollstreckers hat den Charakter eines dinglich wirkenden Verwaltungsrechts an einem fremden Vermögen.¹⁰

V. Beratungshinweise

1. Auf Dauer angelegte Testamentsvollstreckung

13 Die **Anordnung der auf Dauer angelegten Testamentsvollstreckung** überträgt dem TV erhebliche Befugnisse; deswegen werden die darauf hindeutenden letztwilligen Bestimmungen mit einem strengen Maßstab beurteilt. Der alleinige Hinweis im Testament, dem TV sollen alle ihm nach dem Gesetz zustehenden Rechte eingeräumt werden, besagt nichts darüber, ob der TV die Verwaltung des Nachlasses übernehmen, oder ob sich seine Tätigkeit auf die Auseinandersetzung beschränken soll.¹¹ Soll jedoch dem überlebenden Ehegatten die weitestgehende Unabhängigkeit in der Verwaltung des Nachlasses zustehen, so kann hierin die Bestellung zum Verwaltungsvollstrecker gesehen werden.¹² Bei bestehender Alleinerbschaft und gleichzeitiger Anordnung der Testamentsvollstreckung ergibt nur die Annahme einer Dauervollstreckung Sinn.¹³

14 Formulierungsvorschlag:

> Ich ordne an, dass mein Nachlass der Testamentsvollstreckung unterliegen soll. Dabei soll es sich um eine Verwaltungsvollstreckung (§ 2209) handeln, beschränkt auf die Zeit bis zum Ablauf von sieben Jahren nach Eintritt der Volljährigkeit meines Sohnes. Danach hat die Auseinandersetzung des Nachlasses zu erfolgen; diese fällt ebenfalls noch in den Aufgabenbereich des TV.

2. Anordnung der Verwaltungstestamentsvollstreckung

15 Die **Anordnung der Verwaltungstestamentsvollstreckung** kann auch Auswirkungen auf die elterliche Vermögenssorge (§§ 1626, 1638 ff.) und die Notwendigkeit der Bestellung eines Pflegers (§ 1909 Abs. 1, S. 2) haben.

16 Das Verwaltungsrecht des TV hat Vorrang entsprechend § 2211; es schließt die elterlichen Befugnisse insoweit aus. Der TV bedarf bei minderjährigen Erben weder der Zustimmung der gesetzlichen Vertreter noch der für diese evtl. erforderlichen Genehmigung des Vormundschaftsgerichts (§§ 1821, 1822). Ist der Vater eines minderjährigen Erben zum (Verwaltungs-)Testamentsvollstrecker bestellt worden, so kommt die Anordnung einer Ergänzungspflegschaft zur Wahrnehmung der Rechte des Erben aus den in den Nachlass fallenden Gesellschaftsanteilen auch dann nicht in Betracht, wenn der Vater Mitgesellschafter und die Mutter von der Vertretung des Kindes für das ererbte Vermögen ausgeschlossen ist; denn die mit einer solchen Pflegschaft einhergehende Beschränkung der gesetzlichen Vertretungsmacht des Vaters ändert an dessen Verwaltungsbefugnissen als Testamentsvollstrecker nichts.¹⁴

---

9 Vgl. *Palandt/Edenhofer* § 2368 Rn. 3 mit Hinweisen auf die Rspr.
10 Coing AcP 167 (1967), 99, 103; Hingegen bindet eine Auflage des Erblassers, dass der Erbe die Verwaltung einem Dritten zu überlassen hat, den Erben nur schuldrechtlich, §§ 1940, 2194.
11 Vgl. *Haegele/Winkler* Rn. 141.
12 *Staudinger/Reimann* § 2209 Rn. 10.
13 Vgl. BGH NJW 1983, 2247.
14 BGH ZEV 2008, 330 ff.

3. Dauervollstreckung bei Stiftung

Ist der **Nachlass** durch den Erblasser **einer rechtsfähigen Stiftung zugedacht** worden, kann sich die Testamentsvollstreckung in Form der Dauervollstreckung sowohl auf die Mitwirkung des TV bei der Errichtung der Stiftung beziehen als auch auf die Überwachung der Geschäftsführung und Mitwirkung bei Satzungsänderungen.[15] *Mayer*[16] schlägt dazu folgende testamentarische Fassung vor: 17

> »Zum TV und ersten Vorstand der X. Stiftung bestimme ich T. Er ist befugt, nach meinem Tode die beigefügte Satzung für die X. Stiftung einschließlich der Stiftungszwecke zu ändern, soweit das erforderlich ist, um dem hier niedergelegten Stifterwillen Geltung zu verschaffen. Sollte er seine Aufgaben auf Dauer nicht wahrnehmen können, so soll der Präsident der Industrie- und Handelskammer M einen Nachfolger bestimmen.« 18

Im Falle der unternehmensbezogenen Stiftung könnte diese als Kontrollorgan oder Holdinggesellschaft Funktionen übernehmen.[17] 19

4. Beendigung der Verwaltungsvollstreckung

Auch für die Verwaltungsvollstreckung gilt, dass das Amt mit der endgültigen Ausführung aller dem Testamentsvollstrecker zugewiesenen Aufgaben endet.[18] Ein Streit über die Amtsbeendigung ist zwischen dem Testamentsvollstrecker und dem Erben vor dem Prozessgericht, nicht vor dem Nachlassgericht auszutragen. Jedoch kann sich auch das Nachlassgericht mit dieser Frage zu befassen haben, wenn in einem dort anhängigen Verfahren, zB einem Entlassungsverfahren, als Vorfrage darüber zu entscheiden ist, ob die Vollstreckung noch fortbesteht.[19] 20

§ 2210
Dreißigjährige Frist für die Dauervollstreckung

Eine nach § 2209 getroffene Anordnung wird unwirksam, wenn seit dem Erbfalle dreißig Jahre verstrichen sind. Der Erblasser kann jedoch anordnen, dass die Verwaltung bis zum Tode des Erben oder des Testamentsvollstreckers oder bis zum Eintritt eines anderen Ereignisses in der Person des einen oder des anderen fortdauern soll. Die Vorschrift des § 2163 Abs. 2 findet entsprechende Anwendung.

I. Geltungsbereich

Diese Bestimmung gilt nur für die nach **§ 2209 angeordnete Verwaltungs- und Dauervollstreckung**. Die Beschränkung bezieht sich nur auf eine angeordnete Vollstreckung nach § 2209 BGB. Die Höchstdauer von 30 Jahren gilt daher nicht für eine Abwicklungsvollstreckung (§ 2203 BGB), welche grundsätzlich in angemessener Zeit durchzuführen ist 1

---

15 BGH 41, 23.
16 *Bengel/Reimann* 5 Rn. 251.
17 Vgl. Nieder Rn. 1007.
18 BGHZ 41, 25.
19 BayObLGZ 1965, 377, 389.

und in Ausnahmefällen zu einer Überschreitung der Frist führen kann.[1] Sofern eine sich nur auf die Ausführung des letzten Willens und die Auseinandersetzung des Nachlasses beziehende Vollstreckung (Abwicklungsvollstreckung, § 2203) diese zeitliche Grenze erreicht, kann eine Beendigung nur über § 2227 (Entlassung des TV bei schuldhafter Pflichtverletzung) erreicht werden.

2 Die Verwaltungs-(Dauer-)Vollstreckung **endet** nach Ablauf der Frist, deren Anfang durch den Erbfall bestimmt ist, von selbst, ohne dass es dazu eines weiteren Akts bedarf. Sind die Aufgaben des TV nach Ablauf dieser Frist noch nicht erfüllt, beispielsweise bei unbekanntem Aufenthalt des Erben oder noch nicht beendeter Auseinandersetzung gem. § 2204, setzt sich die Testamentsvollstreckung als Abwicklungsvollstreckung fort.[2]

3 Soweit die Befristung nach S. 1 dem Schutz des Erben dienen soll, wird dieser Zweck durch die nachfolgende Regelungsmöglichkeit wieder zur Disposition des Erblassers gestellt: Dieser kann bestimmen, dass die Testamentsvollstreckung bis zum Tode des Erben oder des TV oder bis zum Eintritt eines sonstigen Ereignisses in der Person des einen oder anderen andauern soll.

4 In der Verbindung mit der Möglichkeit, dem TV auch die **Befugnis zur Ernennung seines Nachfolgers** einzuräumen (§ 2199 Abs. 2), ergibt sich somit eine zeitliche Erstreckung der Testamentsvollstreckung, die dem ursprünglichen Zweck der Vorschrift, zu einer Befristung zu kommen, widerspräche. Deshalb besteht in der Literatur.[3] Einigkeit darüber, dass die Nachfolgerbenennung nur zugunsten einer zur Zeit des Erbfalls bereits lebenden Person und beschränkt auf deren Lebenszeit erfolgen kann. Der Zweck, durch die Zeitgrenze von 30 Jahren eine Dauerbeschränkung des Erben in Bezug auf den Nachlass zu vermeiden, wird aber unterlaufen durch die Eröffnung der Möglichkeiten nach S. 2, wonach die Höchstfrist u.U. um Jahrzehnte verlängert und u.a. vom Erblasser wirksam angeordnet werden kann, dass die Verwaltung bis zum Tode des Erben oder des Testamentsvollstreckers dauern soll.[4] Der Schutz des Erben ist also, was die Dauer seiner Beschränkung betrifft, schwach ausgeprägt.

5 Zuerst ist jedoch immer zu prüfen, ob durch Auslegung eine kürzere vom Erblasser gewollte Geltungsdauer, z.B. auf Lebenszeit des Erben, festzustellen ist. Der Erblasser kann im Übrigen bestimmen, dass ein Testamentsvollstrecker-Kollegium die Beendigung der Verwaltung selbst beschließen kann.[5]

II. Juristische Person als TV

6 Bei der Einsetzung einer **juristischen Person als TV** (Wirtschaftsprüfungs- oder Treuhandgesellschaft, Bankinstitut) sieht das Gesetz über die Verweisung auf § 2163 Abs. 2 die strikte Einhaltung der dreißigjährigen Frist vor. Daran ändert sich auch nichts, wenn beispielsweise durch die Anknüpfung der Testamentsvollstreckung an die Lebenszeit des Nacherben eine Aufgabenerfüllung noch nicht eingetreten sein sollte.

III. Übertragung der Ausübung eines Urheberrechts

7 Ist dem TV die Ausübung eines Urheberrechts übertragen, ist die aus § 64 Abs. 1 UrhG sich ergebende Schutzfrist von **70 Jahren** maßgeblich. Deshalb ist durch § 28 Abs. 2 UrhG bestimmt worden, dass in diesem Fall § 2210 nicht anzuwenden ist.

---

[1] *Weidlich* MittBayNot 2008, 263.
[2] Vgl. *Soergel/Damrau* § 2210 Rn. 1.
[3] Vgl. MüKoBGB/*Zimmermann* § 2210 Rn. 6 m.w.N.
[4] *Lange* JuS 1970, 102; *Lange/Kuchinke* § 31 V 2.
[5] BayObLGZ 1976, 67.

IV. Verlängerung

Durch die nach S. 2 zugelassenen Erblasseranordnungen kann die 30jährige Zeitgrenze durchbrochen und namentlich der Erbe lebenslänglich beschränkt, dem Verwaltungsvollstrecker ein Lebensberuf verschafft werden.[6]

Problematisch sind die Fälle, in denen der Erblasser angeordnet hat, dass die Testamentsvollstreckung bis zum Tode des Testamentsvollstrecker bestehen bleiben soll, aber der Testamentsvollstrecker Nachfolger gem. § 2199 Abs. 2 BGB ermächtigen darf. Hierdurch könnte es zu einer »unendlichen Testamentsvollstreckung« kommen, die § 2209 BGB zuwider läuft. Hinsichtlich der angeordneten Dauer einer Testamentsvollstreckung hat das LG Berlin in seiner Entscheidung vom 15.2.2006[7] die Auffassung vertreten, dass die in § 2210 S. 2 BGB normierten »Ereignisse« im Ausschließlichkeitsverhältnis zueinander stehen, der Erblasser also nur und höchstens ein Ereignis bestimmen kann, im Blick auf welches die grundsätzlich geltende 30-Jahres-Begrenzung einer Verwaltungsvollstreckung durchbrochen werden kann. Unzutreffend sei darüber hinaus, die längstmögliche Dauer einer Verwaltungsvollstreckung vom Geburtsdatum des Testamentsvollstreckers abhängig zu machen. Insb. verbiete sich eine analoge Anwendung von §§ 2109 I 2 Nr. 1, 2163 I Nr. 1 BGB auf § 2210 BGB.

Nach dem Grundsatzurteil des BGH[8] kann der Erblasser eine länger als 30 Jahre dauernde Testamentsvollstreckung zwar in der Weise anordnen, dass er die gem. § 2210 S. 2 BGB zugelassenen, auf die Person des Erben oder Testamentsvollstreckers bezogenen Beendigungstatbestände miteinander kombiniert. Soll aber die Testamentsvollstreckung bis zum Tod des Testamentsvollstreckers fortdauern, endet diese spätestens beim Tod des letzten Amtsinhabers, der bei Ablauf der 30-Jahres-Frist des § 2210 S. 1 BGB im Amt war.

Die Anordnung der Dauertestamentsvollstreckung erlischt jedenfalls mit dem Tod des letzten Testamentsvollstreckers, der innerhalb von 30 Jahren seit dem Erbfall ernannt wurde. Die Bestellung des Ersatztestamentsvollstreckers ist insoweit auf diesen Zeitpunkt befristet.[9]

V. Beratungshinweise

1. Änderung der Verhältnisse

Bei einer für einen **längeren Zeitraum vorgesehenen Testamentsvollstreckung** wird stets zu berücksichtigen sein, dass sich im Laufe der Zeit die Verhältnisse ändern. Deswegen erscheint es sinnvoll, den Zeitpunkt über die Beendigung der Testamentsvollstreckung in das **pflichtgemäße Ermessen** des TV zu legen, soweit der Erhalt des Nachlassvermögens gesichert erscheint.[10]

Andererseits kann sich bei vorzeitigem Wegfall des TV die Notwendigkeit ergeben, durch das Nachlassgericht (§ 2200) einen weiteren TV einsetzen zu lassen, wenn dem Testament ein solcher Wille des Erblassers zu entnehmen ist.[11]

2. Vereinbarungen über die Beendigung

Will der Erblasser den Nachlass auch über den gem. § 2210 zulässigen Zeitraum verwaltet wissen, so würde sich als Gestaltungsalternative eine Familienstiftung anbieten.

---

6 Lange/Kuchinke § 31 V 2.
7 LG Berlin ZEV 2006, 506.
8 BGH NJW 2008, 1157.
9 KG ZEV 2008, 528.
10 BayObLG NJW 1976, 1692.
11 NJOZ 2006, 4737 = FamRZ 2006, 891.

15 Vereinbarungen zwischen Erben und Testamentsvollstrecker über die Beendigung der Testamentsvollstreckung sind im gesetzlichen System der Testamentsvollstreckung grundsätzlich nicht vorgesehen. Trotzdem wird allgemein anerkannt, dass solche Beendigungsvereinbarungen in bestimmten Grenzen rechtmäßig sind.[12] Der Testamentsvollstrecker leitet zwar seine Rechtsposition und seinen Aufgabenbereich unmittelbar vom Willen des Erblassers ab. Er muss jedoch in der Lage sein, auf veränderte Umstände flexibel reagieren zu können. Auch nach der Auffassung des BGH[13] kann nicht bezweifelt werden, dass der Testamentsvollstrecker sich Dritten und auch den Erben gegenüber verpflichten kann, einzelne Handlungen vorzunehmen bzw. zu unterlassen. Solche Verpflichtungen sind auch unabhängig davon wirksam, ob sie im Einzelfall dazu dienen, die dem Testamentsvollstrecker obliegenden Aufgaben zu erfüllen.

16 Einer solchen Vereinbarungsbefugnis sind jedoch durch die Verpflichtung zur ordnungsgemäßen Verwaltung des Nachlasses (§ 2216 Abs. 1 BGB) Grenzen gesetzt. Ein Verstoß hiergegen ändert zwar nichts daran, dass die betreffende Maßnahme wirksam sein kann. Verstöße gegen die Pflichten aus § 2216 BGB haben lediglich schuldrechtliche Konsequenzen nach § 2219 BGB. Wohl können jedoch die betroffenen Erben auf den Schutz von § 2216 und § 2219 verzichten.

17 Nicht zulässig und unwirksam ist nach Auffassung des BGH eine Verpflichtung, wonach sich der Testamentsvollstrecker verpflichtet, sein Amt jederzeit auf Verlangen eines Miterben niederzulegen.[14]

18 Der Testamentsvollstrecker soll aber nach Auffassung der Rechtsprechung mit den Erben eine Vereinbarung dahingehend treffen können, dass er sein Amt zu einem festgelegten Zeitpunkt niederzulegen habe.[15]

19 Aufhebungsvereinbarungen zwischen dem Testamentsvollstrecker und den betroffenen Erben unterliegen daneben den allgemeinen gesetzlichen Grenzen (vgl. §§ 242, 138, 134, 826 BGB).

a) Offene Vereinbarung

20 Eine offene Vereinbarung geschieht in der Weise, dass sich der Testamentsvollstrecker gegenüber den Erben wirksam verpflichtet, sein Amt zu einem bestimmten Zeitpunkt niederzulegen.[16] Eine solche Vereinbarung ist zulässig und einklagbar.[17] Das Nichteinhalten einer solchen wirksamen Vereinbarung kann u.U. einen Entlassungsgrund nach § 2227 BGB darstellen. Die vom Testamentsvollstrecker geschuldete Kündigung hat gegenüber dem Nachlassgericht zu erfolgen (§ 2226 S. 2 BGB). Die so herbei geführte Beendigung des Amtes führt jedoch nicht zwingend auch zur Beendigung der Vollstreckung selbst. Das Nachlassgericht hat im Zweifelsfalle durch Auslegung zu ermitteln, ob ein (zumindest stillschweigendes) Ersuchen zur Ernennung eines Nachfolgetestamentsvollstreckers vorliegt (§ 2200 BGB). Das Nachlassgericht kann die Ernennung eines Testamentsvollstreckers jedoch ablehnen, wenn eine weitere Testamentsvollstreckung mit Rücksicht auf die Lage des Nachlasses und die berechtigten Interessen der Nachlassbeteiligten nicht zweckmäßig erscheint oder wenn das Gericht der Meinung ist, die Aufgaben des Testamentsvollstreckers seien weitgehend abgeschlossen.[18]

---

12 Vgl. hierzu auch *Reimann* NJW 2005, 789 ff.
13 BGHZ 25, 275, 280.
14 Vgl. BGHZ 25, 275, 280 f.
15 Vgl. RGZ 156, 70 75; BGHZ 25, 275, 281.
16 Vgl. BGH NJW 1962, 912, 913.
17 Vgl. BGH NJW 1962, 912, 913; FamRZ 1966, 140.
18 Vgl. BGH NJW 1964, 1316.

b) Verdeckte Vereinbarung

Bei einer verdeckten Vereinbarung zwischen Testamentsvollstrecker und Erben geht die 21
Rechtsträgerschaft auf die Erben über, während die Verwaltungs- und Verfügungsbefugnis
im Außenverhältnis beim Vollstrecker bleibt.

Hierzu sollten die Beteiligten (Testamentsvollstrecker und betroffene Erben) folgende 22
Mindestvereinbarungen treffen:
– Einigung darüber, dass die Testamentsvollstreckung nach übereinstimmender Überzeugung der Beteiligten inhaltslos geworden ist.
– Überlassung der Verwaltungs- und Verfügungsbefugnis durch den Testamentsvollstrecker auf die Erben.
– Verpflichtung des Testamentsvollstreckers zur Löschung etwaiger Vermerke im Grundbuch
– Verpflichtung des Testamentsvollstreckers zur Zustimmung bei zustimmungspflichtigen Verfügungen der Erben
– Treuhänderische Übergabe des Testamentsvollstreckerzeugnis
– Haftungsfreistellung für den Testamentsvollstrecker durch die Erben
– Abschließende Vergütungsregelung für den Testamentsvollstrecker[19]

§ 2211
Verfügungsbeschränkung des Erben

(1) Über einen der Verwaltung des Testamentsvollstreckers unterliegenden Nachlassgegenstand kann der Erbe nicht verfügen.

(2) Die Vorschriften zugunsten derjenigen, welche Rechte von einem Nichtberechtigten herleiten, finden entsprechende Anwendung.

I. Sinn und Zweck

Mit dieser Regelung wird in Ergänzung zu § 2205 BGB klargestellt, dass das Verfügungs- 1
recht über einen der Verwaltung unterliegenden Nachlassgegenstand beim TV liegt. Das
hier angesprochene Verfügungsrecht umfasst auch das ausschließlich dem TV zustehende
Verwaltungsrecht, obwohl das Gesetz dies nicht nochmals (§ 2205 BGB) wiederholt.
Jedoch: Rechtsinhaber ist und bleibt der Erbe.[1] Die Testamentsvollstreckung bewirkt
somit die – ausnahmsweise – Verlagerung der Verfügungsbefugnis vom Rechtsträger auf
einen Dritten, den TV.[2] Dem Ausschluss der Verfügungsberechtigung kommt dinglicher
Charakter zu; dies bedeutet jedoch nicht den Ausschluss des Verfügungsrechts überhaupt.[3]
Vielmehr bleibt die Verfügungsbefugnis erhalten, soweit TV und Erbe **gemeinsam** verfügen. Gemeinsam handelnd können TV und Erbe auch gegen Erblasseranordnungen Verfügungen treffen. Denn andernfalls wären durch entsprechende Anordnungen Nachlassgegenstände »extra commercium« gestellt. Dies aber stünde im Widerspruch zu § 137. Nach
dieser Vorschrift kann die Befugnis zur Verfügung über ein veräußerliches Recht nicht
durch Rechtsgeschäft ausgeschlossen oder beschränkt werden. Deswegen ist es nicht richtig, wenn in diesem Zusammenhang die Auffassung vertreten wird, § 2211 stelle eine Aus-

---
19 Vgl. *Reimann* NJW 2005, 789, 791 f.
1 Vgl. BGHZ 56, 275 = NJW 1971, 1805.
2 So BGH NJW 1971, 1805.
3 So BGH, a.a.O. und NJW 1984, 2464.

nahmeregelung zu § 137 dar.⁴ Unwirksame Verfügungen des Erben können durch Zustimmung oder Genehmigung des TV wirksam werden (§§ 183–185).

2 **In schuldrechtlicher Hinsicht** ist der Erbe hingegen nicht gehindert, Verträge abzuschließen; zu deren Erfüllung aber kann er die der Testamentsvollstreckung unterliegenden Nachlassgegenstände nicht heranziehen. Der Gläubiger kann die Erfüllung schuldrechtlicher Verpflichtungen des Erben nicht vom TV verlangen. Es besteht auch keine Möglichkeit der Aufrechnung oder Zurückbehaltung zum Nachteil des TV.

3 Ferner kann der Erbe auch als Miterbe über seinen Erbteil gem. § 2033 Verpflichtungen eingehen und Verfügungen treffen. Dies stellt nur eine Übertragung seiner ideellen, quotalen Berechtigung dar; das Verwaltungsrecht des TV an den einzelnen Nachlassgegenständen wird dadurch nicht berührt.⁵ Dementsprechend greift auch eine Verpfändung des Miterbenanteils (§ 859 Abs. 2 ZPO) nicht in die dem TV vorbehaltenen Rechte ein.

4 Soweit eine solche Pfändung auch im Grundbuch eingetragen worden ist, verliert sie durch die rechtswirksame Veräußerung des Grundstücks durch den TV ihre Bedeutung; an die Stelle des Grundstücks tritt der Erlös, der der Verfügungsbefugnis des TV gem. § 2205 BGB unterliegt.

II. Beginn und Ende der Verfügungsbeschränkung

5 Die **Anordnung der Testamentsvollstreckung entfaltet bereits mit dem Erbfall ihre Wirkung**, unabhängig davon, ob der TV sein Amt bereits angenommen hat oder seine Bestimmung durch das Nachlassgericht erfolgt ist. Zwischenzeitlich vorgenommene Verfügungen des Erben sind jedoch nicht nichtig; sie sind nur unwirksam; ihr weiterer rechtlicher Bestand ist von der Genehmigung des TV abhängig. Demgemäß kann der Erbe auch unter aufschiebender Bedingung des Wegfalls der Testamentsvollstreckung Verpflichtungen eingehen, an die der TV jedoch in keiner Weise gebunden ist.

6 Dem Erben ist es auch verwehrt, die Kündigung des Mietverhältnisses gem. § 580 (Kündigung bei Tod des Mieters) auszusprechen.

7 In den Fällen des § 563 (Eintritt von Familienangehörigen in das Mietverhältnis) ist jedoch ein dem Erben zustehendes persönliches Recht anzunehmen, welches dem Verwaltungsrecht des TV nicht unterliegt.⁶

8 Die Ernennung eines Testamentsvollstreckers schließt die Anordnung der Versteigerung eines Grundstücks zum Zwecke der Aufhebung der Gemeinschaft an einem der Testamentsvollstreckung unterliegenden Grundstück auch gegenüber einem Gläubiger eines Miterben aus, der dessen Anteil an dem Nachlass gepfändet hat.⁷

9 Die Verfügungsbeschränkung des Erben **endet** mit dem Wegfall des Verwaltungsrechts des Testamentsvollstreckers über den Nachlass oder über den Nachlassgegenstand, z.B. durch Freigabe nach § 2217 Abs. 1.

III. Gutglaubensschutz

10 Der Schutz des gutgläubigen Dritten, der mit dem Erben kontrahiert, richtet sich – wie sich aus Abs. 2 ergibt – nach den allgemeinen Vorschriften (§§ 932 ff.; 892, 893, 1032; 1207). Wer jedoch mit einem Erben in rechtsgeschäftliche Beziehungen tritt, muss sich über dessen Befugnisse informieren: der Erbschein weist die bestehende Testamentsvollstreckung aus (§§ 2364, 2366); im Grundbuch ist der TV-Vermerk eingetragen (§ 52 GBO); bewegli-

---

4 So aber *Palandt/Edenhofer* § 2211 Rn. 1 unter Hinweis auf BayObLG 52, 250; vgl. ferner *Erman/Schmidt* § 2208 Rn. 3.
5 Vgl. auch § 2033 Abs. 2: Über seinen Anteil an den einzelnen Nachlassgegenständen kann ein Miterbe nicht verfügen.
6 Vgl. *Soergel/Damrau* § 2211 Rn. 4.
7 BGH NJW 2009, 2458.

che Gegenstände sind im Besitz des TV (§ 2205). Unter diesen Umständen ist der gute Glaube des Dritten, er habe von der Testamentsvollstreckung keine Kenntnis gehabt oder habe nicht gewusst, dass der betreffende Gegenstand der Testamentsvollstreckung unterliege, in der Regel nicht gegeben.[8]

Hat der Erbe einen Nachlassgegenstand veräußert, dessen Besitz er dem TV entzogen hat, gilt § 935. 11

Der **Gutglaubenschutz** greift auch **zugunsten eines Dritten**, der in gutem Glauben wegen einer Nachlassforderung an den Erben statt an den TV leistet (§ 407 Abs. 1). 12

Der sich auf die Verfügungsbefugnis des TV beziehende gute Glaube wird – bei Überschreitung der Verfügungsbefugnis durch den TV – nicht geschützt.[9] 13

Abs. 2 gilt nur für eine Verfügung des Erben über einen verwaltungsunterworfenen Nachlassgegenstand, nicht auch für den guten Glauben eines Dritten in eine (nicht vorhandene) **Verfügungsmacht des Testamentsvollstreckers**. 14

IV. Beratungshinweise

Zur **Vermeidung von Rechtsnachteilen** hat der TV unverzüglich dafür Sorge zu tragen, dass die beweglichen Nachlassgegenstände in seinen Besitz übergehen und hinsichtlich der Grundstücke eine Eintragung des TV-Vermerks im Grundbuch erfolgt (§ 52 GBO) bzw. bei Schiffseigentum im Schiffsregister (§ 55 SchiffsRegO). 15

Die Vorlage des Testamentsvollstreckerzeugnisses ist nicht geeignet, positiv das Bestehen eines Testamentsvollstreckeramts festzustellen. Ohne Weiteres kann zum Zeitpunkt der Vorlage das Amt bereits erloschen sein und der Testamentsvollstrecker ist nicht mehr verfügungsberechtigt. Ein gutgläubiger Erwerb ist diesbzgl. nicht möglich. Aus anwaltlicher und notarieller Vorsorge sollte daher bei Grundstückgeschäften mit Testamentsvollstreckern eine Mitteilung beim Nachlassgericht eingeholt werden, ob die Testamentsvollstreckung noch besteht. Ebenso kann eine Anfrage bei den von der Testamentsvollstreckung Betroffenen tunlich sein, ob die Testamentsvollstreckung schon abgeschlossen ist. 16

§ 2212
Prozessführungsbefugnis für Aktivprozesse

Ein der Verwaltung des Testamentsvollstreckers unterliegendes Recht kann nur von dem Testamentsvollstrecker gerichtlich geltend gemacht werden.

I. Sinn und Zweck

Diese Vorschrift bezieht sich auf die sog. **Aktivprozesse,** im Gegensatz zu den in § 2213 geregelten Passivprozessen. Nur die seiner Verwaltung unterliegenden Rechte kann der TV gerichtlich geltend machen. Insoweit verweist die Vorschrift wieder zurück auf § 2205. 1

Im Hinblick auf das einem TV zustehende Recht zur Verwaltung der personengesellschaftsrechtlichen Beteiligung eines Erben bedeutet dies, dass nur solche Prozesse durch den TV geführt werden können, die sich auf die **mit dem Anteil verbundenen Vermögensrechte**, z.B. Auseinandersetzungsguthaben, beziehen. Auseinandersetzungen jedoch, die »die inneren Angelegenheiten der Gesellschaft« betreffen, sind der Verwaltungsbefugnis des TV entzogen; insoweit besteht daher auch keine Prozessführungsbefugnis des TV.[1] 2

---
8 Vgl. im Einzelnen *Staudinger/Reimann* § 2211 Rn. 20 ff.
9 Vgl. § 2208 Rz. 1.
1 Vgl. BGH NJW 1998, 1313 im Hinblick auf die Befugnisse, »die unmittelbar die Mitgliedschaft des Erben« berühren.

Soweit seine Verwaltungsbefugnis reicht, ist nur der TV berechtigt, einen durch den Tod des Erblassers unterbrochenen Prozess aufzunehmen (§§ 239, 243 ZPO).

3 Geht es um die Geltendmachung eines Rechts, das nicht zum Nachlass gehört,[2] so fragt sich, ob der Erbe den TV zur Klageerhebung ermächtigen kann. Dies wäre nur zulässig nach den Regeln der gewillkürten Prozessstandschaft. Voraussetzung dazu ist ein rechtliches Interesse des Prozessstandschafters an der Erhebung der Klage in eigenem Namen.[3] Daran fehlt es im Fall des Herausgabeverlangens des Vertragserben wegen beeinträchtigender Schenkungen (§ 2287 BGB).

4 Andererseits jedoch führt die im Rahmen ordnungsgemäßer Verwaltung durch den TV dem Erben erteilte Ermächtigung zur Prozessführung, die als gewillkürte Prozessstandschaft anerkannt ist, zu einem auch den TV bindenden Sachurteil.[4]

5 Für die Stellung des TV im **Steuerprozess** ist maßgeblich, dass hinsichtlich der Nachlassverbindlichkeiten der Erbe Schuldner ist; er – und nicht der Nachlass – ist Steuerschuldner.[5] Aus eigenem Recht ist der TV nicht befugt, Steuerbescheide anzufechten oder Steuerprozesse einzuleiten.

II. Aktive Prozessführungsbefugnis

6 Als Folge seines ausschließlichen Verwaltungs- und Verfügungsrechts ist »nur« der Testamentsvollstrecker befugt, ein seiner Verwaltung unterliegendes Recht[6] gerichtlich geltend zu machen. Der TV tritt im Aktivprozess als solcher »kraft Amtes« auf.[7] Er ist **Partei**, der Erbe kann als Zeuge vernommen werden. Das Urteil wirkt für und gegen den Erben (§ 327 ZPO). Die Umschreibung des Titels für (und gegen) den Erben richtet sich nach § 728 Abs. 2 ZPO.

7 Der Testamentsvollstrecker hat ein rechtliches Interesse an der Feststellung, ob ein Erbprätendent, an dessen Berechtigung er zweifelt, Erbe ist. Die hierauf gerichtete Prozessführung des Testamentsvollstreckers liegt daher im Rahmen seiner Verwaltungstätigkeit.[8]

8 Etwas anderes gilt, wenn der TV persönlich ein eigenes Recht verfolgt, z.B. Forderung auf Zahlung der ihm nach § 2221 BGB zustehenden Vergütung. Hier wird er persönlich in eigenem Interesse und nicht kraft Amtes tätig. In gleicher Weise steht dem Erben oder einem bereits ernannten neuen TV die Prozessführungsbefugnis zu, wenn der TV selbst Nachlassschuldner ist,[9] z.B. im Fall des Schadensersatzanspruchs nach § 2219 BGB.

III. Beendigung der Testamentsvollstreckung

9 Im Falle der Beendigung der Testamentsvollstreckung tritt der Erbe an die Stelle des TV in den Prozess ein (§§ 239, 243, 246 ZPO); entsprechendes gilt bei einem Wechsel in der Person des TV.

IV. Beratungshinweise

10 Der Klageantrag des TV ist auf Zahlung an ihn, nicht an den Erben, gerichtet. Als Amtsinhaber klagt der Testamentsvollstrecker in eigenem Namen, z.B. Klage des XY als Testamentsvollstrecker über den Nachlass des E.

---

2 Wie z.B. das Recht des Vertragserben auf Herausgabe beeinträchtigender Schenkungen, § 2287.
3 Vgl. BGH NJW 1980, 2461 mit weiteren Hinweisen auf die Rechtsprechung.
4 Vgl. *Palandt/Edenhofer* § 2212 Rn. 5.
5 Vgl. BFH/NV 1992, 223; ferner *Gräfe/Lenzen/Schmeer* Rn. 1105 ff.; *Piltz* ZEV 2000, 262; *Zimmermann* Rn. 593 ff. Vgl. im Einzelnen § 2203 Rz. 9.
6 Vgl. BGH NJW 1998, 1313 (dazu *Ulmer* JZ 1998, 468); OLG Hamm NJW-RR 2002, 789.
7 BGHZ 51, 209, 214 = NJW 1969, 841; RGZ 143, 97; zur prozessualen Stellung des Testamentsvollstreckers insgesamt *Kessler* DRiZ 1967, 299; *Tiedtke* JZ 1981, 429.
8 OLG Karlsruhe ZEV 2005, 256.
9 Vgl. *Erman/Schmidt* § 2212 Rn 4.

Ermächtigt der TV den Erben zur Prozessführung in **gewillkürter Prozessstandschaft**, darf dies nur im Rahmen der ordnungsgemäßen Verwaltung (§ 2216) geschehen; deshalb steht das Ergebnis einer durch den Erben erfolgreich geführten Leistungsklage unter dem Verwaltungsrecht des TV; anders nur, wenn der TV nach § 2217 zur Freigabe berechtigt ist.

Da § 2212 nicht zwingend ist, besteht für den Erblasser die Möglichkeit, das Prozessführungsrecht dem Erben zuzuweisen.

Verliert der Testamentsvollstrecker einen nach § 2212 BGB geführten Rechtsstreit, erfolgt die Kostentragung nach den Vorschriften der §§ 91 ff. ZPO. Die Kosten trägt aber der Nachlass, in den auch allein aus dem Kostenfestsetzungsbeschluss vollstreckt werden kann.[10]

Macht der Testamentsvollstrecker eines Miterben eine Nachlassforderung gegenüber einem anderen Miterben ohne Erfolg geltend und werden ihm deshalb die Prozesskosten auferlegt, kann er grundsätzlich deren Erstattung von den Miterben einschließlich des Prozessgegners verlangen.[11]

Die nach § 2212 BGB verklagte Partei kann nur nach Maßgabe des § 2213 BGB Widerklage gegen einen Testamentsvollstrecker erheben und nur mit der gleichen Beschränkung im Rahmen des Prozesses mit einer Forderung aufrechnen[12]

Bei Aktivprozessen kann der Testamentsvollstrecker den Gerichtsstand des § 27 ZPO in Anspruch nehmen, wenn einer der dort geregelten Fälle gegeben ist. § 28 ZPO kommt für Aktivprozesse des Nachlasses nicht in Betracht.

§ 2213
Gerichtliche Geltendmachung von Ansprüchen gegen den Nachlass

(1) Ein Anspruch, der sich gegen den Nachlass richtet, kann sowohl gegen den Erben als gegen den Testamentsvollstrecker gerichtlich geltend gemacht werden. Steht dem Testamentsvollstrecker nicht die Verwaltung des Nachlasses zu, so ist die Geltendmachung nur gegen den Erben zulässig. Ein Pflichtteilsanspruch kann, auch wenn dem Testamentsvollstrecker die Verwaltung des Nachlasses zusteht, nur gegen den Erben geltend gemacht werden.

(2) Die Vorschrift des § 1958 findet auf den Testamentsvollstrecker keine Anwendung.

(3) Ein Nachlassgläubiger, der seinen Anspruch gegen den Erben geltend macht, kann den Anspruch auch gegen den Testamentsvollstrecker dahin geltend machen, dass dieser die Zwangsvollstreckung in die seiner Verwaltung unterliegenden Nachlassgegenstände dulde.

I. Passive Prozessführungsbefugnis

Gegen den Nachlass gerichtete Prozessverfahren (Passivprozesse) können grundsätzlich sowohl gegen den Erben als auch gegen den TV als auch gegen beide geführt werden.[1] Unabhängig von dem Umfang der dem TV erteilten Verwaltungsbefugnis ist der Erbe, nachdem er die Erbschaft angenommen hat, immer passivlegitimiert. Denn er ist Rechtsträger des Nachlasses. Ein Passivprozess ist dabei **jeder gerichtliche Streit**, gleichgültig vor welcher Gerichtsbarkeit und in welcher Verfahrensart, **in dem eine Leistung aus dem**

---

10 *Soergel/Damrau* § 2212 Rn. 12.
11 BGH ZEV 2003, 413 [BGH 25.6.2003 – IV ZR 285/02] mit Anm. *Morgen* ZEV 2003, 415.
12 *Staudinger/Reimann* § 2212 Rn. 13.
1 BGH NJW 1988, 1390.

Nachlass oder die Feststellung einer Nachlassverbindlichkeit beansprucht wird. Wird somit ein gegen den Nachlass gerichteter Anspruch abgewehrt, ist i.S.d. Vorschrift ein Passivprozess gegeben; die Parteistellung ist dabei nicht maßgeblich Eine negative Feststellungsklage, gilt nach ständiger Rspr. aus der Sicht des Nachlasses als Passivprozess i.S.d. § 2213 BGB, so dass die Prozessführungsbefugnis des Erben durch die Testamentsvollstreckung nicht eingeschränkt ist.[2]

2   Die **Vollstreckung** in den von einem TV verwalteten Nachlass setzt jedoch nach § 748 ZPO ein gegen den TV ergangenes Leistungs- und Duldungsurteil voraus; in diesem Fall braucht daher der Erbe nicht mitverklagt zu werden. Beide können jedoch verklagt werden und zwar entweder beide auf Leistung oder nur der Erbe auf Leistung und der TV auf Duldung der Zwangsvollstreckung (Abs. 3).

3   Erstreckt sich die **Verwaltung** lediglich **auf einzelne Nachlassgegenstände**, ist die Zwangsvollstreckung in diese Gegenstände nur zulässig, wenn der Erbe zur Leistung und der TV zur Duldung verurteilt worden ist (§ 748 Abs. 2 ZPO). Steht dem TV die Verwaltung des Nachlasses nicht zu, ist folglich nur der Erbe in Anspruch zu nehmen (§ 2213 Abs. 1 S. 2 BGB).

4   Die **Regelung** gem. § 748 ZPO ist infolge von § 2211 **für die Zeit unmittelbar nach dem Erbfall** maßgeblich, unabhängig von dem Zeitpunkt der Annahme des Amtes durch den TV (§ 2202 BGB).

5   Für Klagen gegen den TV kommt es nach § 2213 Abs. 2 nicht darauf an, ob der Erbe die Erbschaft angenommen hat. § 1958 BGB ist durch § 2213 Abs. 2 BGB ausgeschlossen worden.

6   Ist die **Rechtsstellung des TV persönlich betroffen**, handelt es sich nicht um einen Fall des § 2213 BGB. So ist der TV persönlich Prozessgegner bei Ansprüchen, die gegen seine Amtsführung gerichtet sind oder die sich gegen seine Rechtsstellung als solche richten.

II. Pflichtteilsansprüche

7   Wird ein **Pflichtteilsanspruch** geltend gemacht, ist nach Abs. 1 S. 3 ebenfalls nur der Erbe in Anspruch zu nehmen, selbst wenn dem TV die Verwaltung des Nachlasses zusteht.[3] Der Erblasser kann jedoch anordnen, dass Pflichtteilsberechtigte ihre Ansprüche gegenüber dem Testamentsvollstrecker geltend machen können.[4] Ein zugunsten des Pflichtteilsgläubigers gegen den Erben ergangenes Leistungsurteil entfaltet dem TV gegenüber **keine Bindungswirkung**.[5] Zur Zwangsvollstreckung in Nachlassgegenstände, die der Verwaltung des TV unterliegen, ist daher nach § 748 Abs. 3 ZPO auch ein Titel gegen den TV auf Duldung erforderlich. Erbe und TV können in einem solchen Fall als Streitgenossen i.S.d. § 59 ZPO gemeinsam verklagt werden; die Verfahren können auch getrennt geführt werden. Diese Zweigleisigkeit bei der Durchsetzung von Pflichtteilsansprüchen hat auch Auswirkungen im Fall des Anerkenntnisses eines solchen Anspruchs durch den Erben. Der TV ist an dieses Anerkenntnis nicht gebunden.[6] Ohne Zustimmung der Erben ist andererseits der TV nicht berechtigt, den Pflichtteilsanspruch mit Wirkung gegen den Erben anzuerkennen.[7] Ist der Pflichtteilsanspruch jedoch unbestritten, handelt es sich um eine vom TV zu erfüllende Nachlassverbindlichkeit (§§ 2205, 2046 BGB).

8   Die für den Pflichtteilsanspruch geltenden Regeln finden auch Anwendung auf die damit verbundenen Nebenansprüche, wie z.B. auf Auskunft oder Vorlage des Bestandsverzeichnisses (§ 2314 BGB).

---

2 Vgl. BGHZ 104, 1 = NJW 1988, 1390; OLG Koblenz NJOZ 2007, 1358.
3 Dazu *Klingelhöffer* ZEV 2000, 261.
4 LG Stuttgart ZEV 2009, 396.
5 BGHZ 51, 125.
6 Vgl. OLG Celle MDR 1967, 46.
7 BGHZ 51, 25.

III. Beratungshinweise

Obwohl im Falle der Nachlassverwaltung durch den TV nach § 748 Abs. 1 ZPO ein gegen 9
den TV sich richtender Titel ausreicht, empfiehlt es sich doch, stets auch den **Erben zu verklagen**, und zwar auf Leistung. Sofern für den Erben die Möglichkeit der Haftungsbeschränkung durch Nachlassverwaltung nicht gegeben ist, kann der Erbe auch mit seinem sonstigen Vermögen zur Haftung herangezogen werden. Ferner kann dann sogleich in die Gegenstände vollstreckt werden, die der TV aus der Verwaltung freigegeben hat (§ 2217 BGB).

Richtet sich die **Klage allein gegen den TV**, braucht dieser die Einrede der beschränkten 10
Haftung nach § 780 ZPO nicht zu erheben, da ohnehin nur der Nachlass haftet.

Wird der Titel gegen den **Erben** nach § 728 Abs. 2 ZPO umgeschrieben, muss dieser eine 11
beschränkte Erbenhaftung nach §§ 767, 780 Abs. 2, 781, 785 ZPO geltend machen.

Der **Erbe** des Schuldners hat diesen **Haftungsvorbehalt** in dem gegen ihn geführten 12
Prozess **einredeweise geltend zu machen** (§ 780 ZPO).

Soweit der Erbe nach § 2013 BGB unbeschränkt (unbeschränkbar) haftet, kann aus 13
einem gegen den TV ergangenen Urteil, welches nach § 327 ZPO auch gegen Erben wirkt, in dessen Eigenvermögen vollstreckt werden. In diesem Fall bleibt dem Erben lediglich noch der Einwand, das rechtskräftige Urteil habe die Prozessführungsbefugnis des TV zu Unrecht bejaht und entfalte daher gegenüber dem Erben keine Bindung.[8]

Bei der Verfolgung dinglicher Ansprüche, z.B. auf Herausgabe einer sich im Besitz des 14
TV befindlichen Nachlasssache, ist im Falle des § 748 Abs. 2 ZPO der Erbe auf Herausgabe und der TV auf Duldung der Zwangsvollstreckung zu verklagen.

Als **Gerichtsstand** kommt stets der Gerichtsstand der Erbschaft (§§ 27, 28 ZPO) in 15
Betracht. Außerdem kann eine Klage gegen den TV an dessen allgemeinen Gerichtsstand erhoben werden, da er persönlich Partei ist. Bei unterschiedlichem Gerichtsstand für Erbe und TV hat die Bestimmung des zuständigen Gerichts über § 36 Nr. 3 ZPO zu erfolgen.

Die Rechtskrafterstreckung der Urteile gegen Erben und TV ist unterschiedlich: Da das 16
gegen den Erben ergangene Urteil keine Rechtskraft gegen den TV entfaltet, sind Erbe und TV auch keine notwendigen **Streitgenossen**; wegen § 327 Abs. 2 ZPO (Rechtskrafterstreckung des gegen den TV ergangenen Urteils auf Erben) ist in einem solchen Fall von notwendiger Streitgenossenschaft auszugehen (§ 62 ZPO).

Ohne Ermächtigung des Testamentsvollstreckers kann der verklagte Erbe keine Wider- 17
klage auf Grund eines vom Testamentsvollstrecker verwalteten Anspruchs erheben.[9] Gleiches gilt für die Aufrechnung. Es bedarf somit ausdrücklich einer vorherigen Zustimmung des Testamentsvollstreckers, der regelmäßig aber seine Zustimmung nicht verweigern darf, sofern dies zur ordnungsgemäßen Verwaltung nach § 2216 BGB gehört.

Der Erbe kann neben dem Testamentsvollstrecker auch als Nebenintervenient nach § 66 18
ZPO beitreten und wird hierdurch Streitgenosse. Gleiches kann auch der Testamentsvollstrecker in einem Passivprozess des Erben machen.

§ 2214
Gläubiger des Erben

Gläubiger des Erben, die nicht zu den Nachlassgläubigern gehören, können sich nicht an die der Verwaltung des Testamentsvollstreckers unterliegenden Nachlassgegenstände halten.

---

8 S. *Zöller/Vollkommer* § 327 Rn. 2.
9 *Staudinger/Reimann* § 2212 Rn. 5.

I. Sinn und Zweck

1 Im Anschluss an § 2213, der für den Inhaber eines gegen den Nachlass gerichteten Anspruchs regelt, gegen wen dieser Anspruch geltend gemacht werden kann, befasst sich § 2214 mit den persönlichen Gläubigern des Erben (Eigengläubigern), die nicht zu den Nachlassgläubigern zählen. Als Folge der dem TV zustehenden Verwaltungsbefugnis können sich solche Gläubiger nicht an Nachlassgegenstände halten, über die der TV verfügen kann. Auf Grund § 2214 BGB kommt es zur Entstehung eines Sondervermögens. Dieser Schutz des Nachlasses vor den Eigengläubigern des Erben kann u.a. ein Beweggrund für die Anordnung der Testamentsvollstreckung sein.

2 Infolgedessen ist jede Zwangsvollstreckung von Eigengläubigern des Erben in diese Nachlassgegenstände unzulässig; die Vollstreckungsmaßnahme ist auf Erinnerung des TV gem. § 766 ZPO aufzuheben bzw. durch Klage nach § 771 ZPO anzufechten. Als pfändbar erweisen sich allerdings die Ansprüche des Eigengläubigers des Erben gegen den TV aus schuldhafter Pflichtverletzung und auf Herausgabe von Nachlassgegenständen (§§ 2216, 2217).

II. Ausnahmen

3 **Nicht betroffen von dieser Regelung** sind dingliche Rechte an einem Nachlassgegenstand. Gegenüber diesen Rechten ist das Verfügungs- und Verwaltungsrecht des TV nachrangig; bereits der Nachlass ist mit diesem Recht belastet.

III. Mehrheit von Erben

4 Im Falle der Mehrheit von Erben gilt für die Zwangsvollstreckung entsprechendes wie bei der Pfändung des Anteils einer bürgerlich-rechtlichen Gesellschaft (§ 859 ZPO). Der Erbanteil selbst, über den der Miterbe gem. § 2033 Abs. 1 verfügen kann, kann gepfändet werden, der Anteil an den zum Nachlass gehörenden Gegenständen[1] hingegen nicht. Die Verfügungsbefugnis des TV bleibt insoweit erhalten, jedoch setzt sich das Pfandrecht am Surrogat fort.[2] Neben dem Miterbenanteil ist ein pfändbarer Anspruch »auf das Auseinandersetzungsguthaben« nicht gegeben.[3]

IV. Zeitliche Komponente

5 **Zeitlich** gilt die Zugriffssperre – ebenso wie die Verfügungsbeschränkung des Erben nach § 2211, vgl. § 2211 Rz. 3 – schon ab Erbfall, nicht erst ab Beginn des Testamentsvollstreckeramtes. Auch eine Vollstreckungsmaßnahme eines Privatgläubigers, die erst bei Beendigung der Verwaltung wirksam werden soll, ist nicht statthaft.[4]

V. Beratungshinweise

6 Unter dem Gesichtspunkt des Schutzes des Nachlasses vor Eigengläubigern des Erben erweist sich die Anordnung der Testamentsvollstreckung als das wirksamere Mittel im Vergleich zur Anordnung der Vor- und Nacherbschaft. Denn im letzteren Fall ist den Eigengläubigern weder die Pfändung von Forderungen noch der Zugriff auf Nachlassgegenstände verwehrt. Allerdings wird die Ansicht vertreten, für den Eigengläubiger einer Erbengemeinschaft bestehe durch Pfändung des Erbanteils die Möglichkeit, über §§ 2044 Abs. 1, 751 vorzeitig die Auseinandersetzung herbeizuführen.[5] Ob dies auch im Falle der

---

1 Vgl. § 2033 Abs. 2 BGB.
2 So *Staudinger/Reimann* § 2214 Rn. 7.
3 Vgl. *Zöller/Stöber* § 859 Rn. 15 unter Hinweis auf die Rspr.
4 RG LZ 1916, 1473.
5 Vgl. *Erman/Schmidt* § 2214 Rn. 1; *Palandt/Edenhofer* § 2214 Rn. 2.

Testamentsvollstreckung gilt, erscheint jedoch im Hinblick auf die trotz Pfändung weiterbestehende Befugnis des TV, über die einzelnen Nachlassgegenstände zu verfügen, sehr fraglich.

Gegen Vollstreckungsmaßnahmen von Eigengläubigern steht dem TV die Erinnerung 7 gem. § 766 ZPO zur Verfügung. Klagt ein Eigengläubiger des Erben gegen den Testamentsvollstrecker auf Duldung der Zwangsvollstreckung in verwaltungsunterworfene Nachlassgegenstände, so ist die Klage aus dem materiell-rechtlichen Grunde des § 2214 abzuweisen.[6]

§ 2215
Nachlassverzeichnis

(1) Der Testamentsvollstrecker hat dem Erben unverzüglich nach der Annahme des Amtes ein Verzeichnis der seiner Verwaltung unterliegenden Nachlassgegenstände und der bekannten Nachlassverbindlichkeiten mitzuteilen und ihm die zur Aufnahme des Inventars sonst erforderliche Beihilfe zu leisten.

(2) Das Verzeichnis ist mit der Angabe des Tages der Aufnahme zu versehen und von dem Testamentsvollstrecker zu unterzeichnen; der Testamentsvollstrecker hat auf Verlangen die Unterzeichnung öffentlich beglaubigen zu lassen.

(3) Der Erbe kann verlangen, dass er bei der Aufnahme des Verzeichnisses zugezogen wird.

(4) Der Testamentsvollstrecker ist berechtigt und auf Verlangen des Erben verpflichtet, das Verzeichnis durch die zuständige Behörde oder durch einen zuständigen Beamten oder Notar aufnehmen zu lassen.

(5) Die Kosten der Aufnahme und der Beglaubigung fallen dem Nachlasse zur Last.

Übersicht	Rz.		Rz.
I. Sinn und Zweck	1	III. Beratungshinweise	10
II. Bestellung eines Ergänzungspflegers	9		

I. Sinn und Zweck

Diese Vorschrift gehört mit den nachfolgenden Regelungen der §§ 2216, 2218, 2219 BGB 1 **zu den den Pflichtenkreis des TV umreißenden Bestimmungen,** von denen der Erblasser den TV nicht befreien kann (§ 2220 BGB).

Sofern der Erbe nicht auf die Erstellung des Nachlassverzeichnisses verzichtet, was auch 2 stillschweigend geschehen kann, ist der TV verpflichtet, unverzüglich nach Annahme des Amtes und ohne besondere Aufforderung durch den Erben, das Verzeichnis zu erstellen und ihm bzw. den Miterben zur Verfügung zu stellen. Der Testamentsvollstrecker über den Erbteil eines Miterben ist auch während des Bestehens der Erbengemeinschaft verpflichtet, diesem Miterben ein Verzeichnis nach § 2215 Abs. 1 BGB mitzuteilen.[1]

Ausgehend von dieser Erfassung des Nachlasses durch den TV wird bei Abschluss der 3 Testamentsvollstreckung durch den Erben die Ordnungsmäßigkeit der Amtsführung des TV i.S.d. § 2216 festgestellt werden können.

---

6 *Staudinger/Reimann* § 2214 Rn. 4.
1 OLG München RPfleger 2009, 233.

Holger Siebert

4   Mit der Erstellung des Inventars nach § 2001 und der daraus resultierenden Möglichkeit der Haftungsbeschränkung des Erben hat dies nichts zu tun.

5   Zum notwendigen **Inhalt** des Nachlassverzeichnisses und seiner Erstellung enthält § 2215 ausreichend klare Bestimmungen, auf die Bezug genommen wird.

6   Verzögert der TV die Erstellung und Mitteilung des Verzeichnisses, kann dies ein Entlassungsgrund nach § 2227 sein.

7   Die Aufnahme des Verzeichnisses durch einen Notar richtet sich nach § 20 Abs. 5 BNotO.

8   Die Verpflichtung zur Erstellung des Verzeichnisses besteht auch gegenüber dem Gläubiger, der den Erbteil gepfändet hat sowie gegenüber dem Nießbrauchberechtigten.

II. Bestellung eines Ergänzungspflegers

9   Umstritten ist, ob dann, wenn dem TV gleichzeitig das Sorgerecht oder die gesetzliche Vertretung für den minderjährigen Erben zusteht, ein **Ergänzungspfleger** nach § 1909 bestellt werden muss, der das Nachlassverzeichnis für den minderjährigen Erben überprüft. Die insoweit bestehende Interessenkollision in der Person des TV scheint die Bestellung eines Pflegers erforderlich zu machen.[2] Andererseits besteht aufgrund des § 1640 BGB die Verpflichtung der Eltern, das ihrer Verwaltung unterliegende Vermögen, welches das Kind von Todes wegen erworben hat, zu verzeichnen und dem Familiengericht einzureichen. Dies wird von der Gegenmeinung als ausreichender Schutz erachtet, der die Bestellung eines Pflegers erübrigt.[3] Wird in diesem Zusammenhang die weitere **staatliche Wächterfunktion des Familiengerichts** nach § 1666 berücksichtigt, wird dem Schutz des Minderjährigen durch die Einreichung des Nachlassverzeichnisses beim Familiengericht genügend Rechnung getragen und die Pflegerbestellung erscheint obsolet.

III. Beratungshinweise

10   Der Wortlaut des § 2215 zwingt den TV nicht, hinsichtlich der im Nachlassverzeichnis anzugebenden Gegenstände Wertangaben zu machen. Trotzdem empfehlen sich solche Angaben, soweit sie ohne größere Ermittlungstätigkeit des TV möglich sind, um so gleichzeitig eine Grundlage zu haben für die Berechnung der Gerichtskosten durch das Nachlassgericht.[4]

11   Als **Muster** für ein Nachlassverzeichnis kann die nachfolgende Gliederung dienen:

Nachlassverzeichnis

Der am … in … verstorbene …, hat durch Testament vom …, welches durch das Nachlassgericht in … zum Az. … am … eröffnet worden ist, den Unterzeichner zum TV ernannt. Das dazu erteilte TV-Zeugnis ist vom Nachlassgericht unter dem … erteilt worden.

Auf den Todestag ist durch den Unterzeichner als TV der folgende Nachlass festgestellt worden:

---

2 So z.B. *Haegele/Winkler* Rn. 491, OLG Hamm FamRZ 1993, 1122.
3 So *Staudinger/Reimann* § 2215 Rn. 8; zweifelnd *Soergel/Damrau* § 2215 Rn. 7, der unter Hinweis auf die Anwendbarkeit von § 181 BGB die Notwendigkeit der Pflegerbestellung bejaht. *Mayer/Bonefeld/Daragan* Rn. 112 stellen in diesem Zusammenhang jedoch zutreffend fest, dass es sich bei der Entgegennahme des Nachlassverzeichnisses durch einen Elternteil lediglich um die Erfüllung einer ges. Pflicht handelt, was nicht Gegenstand des Verbots nach § 181 ist.
4 Für die Bewertung inländischen Betriebsvermögens finden die Regelungen des Erlasses der obersten Finanzbehörden der Länder vom 14.4.1997, BStBl. I, S. 399, Anwendung.

Aktiva

I. *Grundstücke*

    Lage
    Einheitswert
    Verkehrswert (geschätzt) ... €
    Eigentümer lt. Grundbuch

II. *Unternehmen, Gesellschaftsbeteiligungen*

    Einzelhandelsgeschäft
    Lage
    Aktiva/Passiva lt.
    letztem Jahresabschluss ... €
    Erstellung eines Zwischenabschlusses per Stichtag wird veranlasst.

    Gesellschaftsbeteiligung

    x – oHG etc.
    Anteil am Wert des Betriebsvermögens ... €
    Erstellung eines Zwischenabschlusses per Stichtag wird veranlasst.
    y – KG etc.
    Anteil am Wert des Betriebsvermögens ... €
    Erstellung eines Zwischenabschlusses per Stichtag wird veranlasst.

III. *Bewegliche Gegenstände*

Bargeld	... €
Mobiliar/Hausrat	... €
Teppiche/Kunstgegenstände	... €
Gegenstände des persönlichen Bedarfs	... €
Schmuck	... €
Kfz	... €
Haustiere	... €

IV. *Bankguthaben*

Kontenbestand	... €
Depotbestand lt. Depot	... €

V. *Sonstige Forderungen*

Hypotheken	... €
Lebensversicherungen	... €
Kapitalversicherungen	... €
Sterbegeldversicherung	... €
Darlehen	... €

Summe Aktiva ... €

Passiva

I. *Bankverbindlichkeiten* ...€

    Darlehen zu Kto.-Nr. ...€
    Kontokorrentkto.-Nr. ...€

II. *Grundschulden, Hypotheken, Darlehen*

    Grundschuld zugunsten B-Bank eingetragen im Grundbuch ...€
    zu Grundstück ... in Höhe von ...€
    Valutastand per ... ...€
    Hypothek zugunsten B-Bank eingetragen etc.
    Valutastand per ... ...€
    Darlehensschuld gegenüber gem. Darlehensvertrag vom ... ...€
    Valutastand per ... ...€

III. *Steuerverbindlichkeiten*

    ESt per Steuerbescheid vom ... noch offen ...€
    USt per Steuerbescheid vom ... noch offen
    lfd. USt–Zahlung für Monat ...€
    Lohnsteuer ...€
    Sozialabgaben etc. ...€

IV. *Versicherungen*

    Gebäudehaftpfl.Vers. gem. Beitragsrechnung vom ... ...€
    Beiträge für Kapitalversicherung gem. Beitragsrechnung vom ... ...€

V. *Nachlasskosten*

    Beerdigungskosten gem. Re. v. ... ...€
    Grabpflege/Grabstein ...€

VI. *Vermächtnisse*

    1 Flügel – Steinway; Begünstigter: Herr X, Freudenstadt, Schätzwert ...€
    1 Orientteppich; Begünstigte: Frau Y, Freudenstadt, Marke Täbris, Schätzwert ...€

Summe Passiva ...€
Der Wert des Nachlasses beträgt somit:
        ./. Aktiva ...€
        ./. Passiva <u>...€</u>

Bei den angegebenen Werten handelt es sich um Schätzwerte. Zwischen dem Zeitpunkt des Todes des Erblassers und dem Tag der Erstellung dieses Verzeichnisses sind nach meiner Kenntnis keine Veränderungen eingetreten.

Ort, Datum   *Der Testamentsvollstrecker*

12   Sind im Nachlass Unternehmen oder Unternehmensbeteiligungen enthalten, ist die Erstellung einer **handelsrechtlichen Zwischenbilanz** auf den Stichtag der Amtsübernahme durch den TV zu empfehlen; die Kosten hat der Nachfolger zu tragen.

Ist der Erbe der Ansicht, dass der Testamentsvollstrecker das Nachlassverzeichnis nicht 13
mit der erforderlichen Sorgfalt erstellt hat, so kann er von ihm verlangen, die Vollständigkeit und Richtigkeit an Eides statt zu versichern (vgl. §§ 666, 260 Abs. 2, 261, 2018 Abs. 1 BGB). Allerdings trägt der Erbe die Kosten der eidesstattlichen Versicherung.

Hat der Testamentsvollstrecker selbst festgestellt, dass sein Nachlassverzeichnis unvoll- 14
ständig ist oder sich Änderungen ergeben haben, so ist er zur selbstständigen Nachbesserung verpflichtet, ohne dass ihn die Erben dazu zuvor aufgefordert haben müssen.

§ 2216
Verwaltung des Nachlasses, Befolgung von Anordnungen

(1) Der Testamentsvollstrecker ist zur ordnungsgemäßen Verwaltung des Nachlasses verpflichtet.

(2) Anordnungen, die der Erblasser für die Verwaltung durch letztwillige Verfügung getroffen hat, sind von dem Testamentsvollstrecker zu befolgen. Sie können jedoch auf Antrag des Testamentsvollstreckers oder eines anderen Beteiligten von dem Nachlassgericht außer Kraft gesetzt werden, wenn ihre Befolgung den Nachlass erheblich gefährden würde. Das Gericht soll vor der Entscheidung, soweit tunlich, die Beteiligten hören.

I. Regeln ordnungsmäßiger Verwaltung

Die **Pflicht zur ordnungsgemäßen Verwaltung** des Nachlasses ist das Gegengewicht zu 1
den dem TV übertragenen Verwaltungs- und Verfügungsbefugnissen.

Diese Pflicht besteht gegenüber Erben und Vermächtnisnehmern,[1] nicht aber gegenüber 2
Begünstigten aus einer Auflage oder gegenüber Pflichtteilsberechtigten. Auch zu den Nachlassgläubigern bestehen keine Rechtsbeziehungen, die diese etwa berechtigten, Schadensersatz vom TV zu verlangen, es sei denn, der TV hat ihnen gegenüber eine unerlaubte Handlung begangen.[2] Der Inhalt dieser Pflicht richtet sich nach objektiven Gesichtspunkten.[3] Als Beurteilungskriterien dienen dabei u.a. der mit der Testamentsvollstreckung durch den Erblasser verfolgte Zweck und der Umfang der dem TV übertragenen Aufgaben. Ergeben sich insoweit Zweifel, die nicht in Abstimmung mit dem Erben zu klären sind, wird der TV verpflichtet sein, auch zu seinem eigenen Schutz eine entsprechende **Feststellungsklage** zu erheben.[4] Bei der Beurteilung der Pflichterfüllung nach objektivem Maßstab werden an die Gewissenhaftigkeit des TV strenge Anforderungen gestellt;[5] er muss »das ihm anvertraute Vermögen erhalten und sichern, Verluste verhindern und die Nutzungen gewährleisten«.[6] Für sein persönliches Verschulden gilt der Maßstab des § 276.[7] Deshalb ist die Bestimmung des Erblassers, der TV habe nur für Vorsatz und grobe Fahrlässigkeit zu haften, **unwirksam**. Vor diesem Hintergrund stehen die vom TV im Einzelnen zu ergreifenden Maßnahmen in seinem **Ermessen**. Insoweit hat der Erblasser die Nachlassverwaltung dem TV anvertraut. Dieser muss selbst entscheiden, muss Risiken

---

1 BGH NJW 1971, 2264, 2266.
2 Vgl. BGH NJW 1971, 2264, 2266.
3 BGHZ 25, 280.
4 Vgl. *Soergel/Damrau* § 2212 Rn. 6.
5 Vgl. BGH NJW 1987, 1070; *Palandt/Edenhofer* § 2216 Rn. 2.
6 So BGH NJW 1971, 2264, 2266.
7 Vgl. *Staudinger/Reimann* § 2212 Rn. 6.

und Chancen abwägen, gleichsam als umsichtiger und solider, aber auch »dynamischer« Geschäftsführer.[8]

3   Dies schließt es aus, den TV etwa an die für Berater (Rechtsanwälte, Notare, Steuerberater etc.) geltenden Grundsätze des »sichersten Weges« zu binden. Die Berater haben lediglich den sichersten Weg zu weisen, um dem Beratenen eine Entscheidungsgrundlage zu geben. Hier aber handelt der TV selbst in eigener Verantwortung und aus eigener Initiative, notfalls auch gegen den erklärten Willen des Erben. Deshalb sind selbst spekulative Anlagen erlaubt, soweit das Risiko im Vergleich zum möglichen Gewinn vertretbar erscheint und nicht der gesamte Nachlass oder ein wesentlicher Teil desselben gefährdet wird.

4   Daraus folgt gleichzeitig, dass der TV nicht etwa verpflichtet ist, Geldvermögen mündelsicher i.S.d. §§ 1806, 1814 anzulegen, auch dann nicht, wenn Nacherbschaft angeordnet worden ist.[9]

5   Im Rahmen der ordnungsmäßigen Verwaltung ist auch den berechtigten Interessen des **Erben** Rechnung zu tragen. So unterliegen die vom TV erwirtschafteten Gewinne der Ertragsteuer, zu welcher der Erbe veranlagt wird. Die insoweit benötigten Geldmittel sind dem Erben vom TV zur Verfügung zu stellen. U.U. gilt Entsprechendes für Unterhaltszahlungen an den Erben oder zur Erfüllung dessen gesetzlicher Unterhaltspflichten.

6   Bei Kenntnis einer Nachlassüberschuldung muss der Testamentsvollstrecker von seinem Insolvenzantragsrecht nach § 317 InsO Gebrauch machen;[10] jedoch trifft den Testamentsvollstrecker nicht die Haftung aus § 1980 gegenüber den Nachlassgläubigern.[11] Es obliegt ihm ein etwa erforderlicher Antrag auf Nachlassverwaltung (§ 1981) und auf Einleitung des Aufgebotsverfahrens zum Zwecke der Ausschließung von Nachlassgläubigern nach §§ 1970 ff. BGB, 989 ff., 991 Abs. 2 und 3 ZPO. Jedoch hat der Testamentsvollstrecker weder das Inventarerrichtungsrecht (§ 1993), noch kann ihm das Nachlassgericht eine Inventarfrist bestimmen (§ 1994).[12]

II. Maßgeblichkeit der Anordnungen des Erblassers

7   Nach Abs. 2 ist den **Anordnungen des Erblassers** für die Verwaltung durch den TV **Folge zu leisten.** Dies ist im Grunde selbstverständlich, führt jedoch zu gewissen Abgrenzungsschwierigkeiten.

8   So sind beispielsweise die Anordnungen zu unterscheiden von lediglich vom Erblasser geäußerten Wünschen oder Empfehlungen, die nicht ohne Weiteres bindend sind, die vielmehr durch den Erblasser im Hinblick auf das dem TV eingeräumte Ermessen geäußert wurden mit der Folge, dass deren Erfüllung in dessen Ermessen liegt.

9   Ferner erweisen sich solche **Anordnungen** als **unwirksam,** die eine sittenwidrige Beeinträchtigung der wirtschaftlichen Bewegungsfreiheit des Erben i.S.d. § 138 bezwecken und bewirken.[13] Nur lästige Anordnungen oder solche, die unzweckmäßig erscheinen, sind jedoch verbindlich und durch den TV zu beachten. Soweit der Erblasser noch zu Lebzeiten dem TV eine Weisung erteilt hatte, die nicht im unmittelbaren Zusammenhang mit dessen letztwilligen Äußerungen stand, ist der Erbe berechtigt, diese wie eine Vollmacht zu widerrufen.

10 Lediglich dann, wenn die **Befolgung** einer im Übrigen wirksamen Anordnung des Erblassers **den Nachlass erheblich gefährden würde,** kann das Nachlassgericht auf Antrag

---

8 BGH NJW 1971, 2264, 2266.
9 Vgl. *Soergel/Damrau* § 2216 Rn. 5; vgl. auch zur ordnungsgemäßen Verwaltung im Wertpapierbereich *Farkas-Richling* ZEV 2007, 310.
10 *Haegele/Winkler* Rn. 170; auch *Soergel/Damrau* Rn. 5.
11 *Palandt/Edenhofer* § 1980 Rn. 5.
12 *Haegele/Winkler* Rn. 174.
13 Vgl. MüKoBGB/*Zimmermann* § 2216 Rn. 17.

des TV oder eines anderen Beteiligten (Erbe und Vermächtnisnehmer, nicht aber Nachlassgläubiger) diese Anordnung nach Abs. 2 S. 2 außer Kraft setzen. Mit dieser Regelung kann Entwicklungen Rechnung getragen werden, die der Erblasser nicht vorhersehen konnte, oder es können Umstände berücksichtigt werden, die vom Erblasser nicht erkannt wurden, wie beispielsweise erhebliche nachteilige steuerliche Auswirkungen. Die Anordnung der Testamentsvollstreckung selbst oder deren Dauer oder die Anzahl der TV und deren Vergütung fallen nicht unter diese Abänderungsbefugnis des Nachlassgerichts.

Das Nachlassgericht kann im Übrigen nur Anordnungen außer Kraft setzen; es ist also nicht befugt, Ersatzregelungen zu treffen. Diese stehen ausschließlich im Ermessen des TV; in dessen Kompetenz einzugreifen ist das Nachlassgericht nur im Falle des § 2227 BGB (Entlassung des TV) befugt. Über den Wortlaut hinaus, der auf die Gefährdung des Nachlasses abstellt, kann u.U. auch die wirtschaftliche Gefährdung des **Erben** oder **Vermächtnisnehmers** zu einer Außerkraftsetzung von Verwaltungsanordnungen führen, wenn dies dem erkennbaren Zweck der letztwilligen Verfügung und den Interessen der übrigen Beteiligten entspricht. Hat der Erblasser andere Intentionen verfolgt, können entsprechende Anordnungen nicht deshalb außer Kraft gesetzt werden, weil die wirtschaftlichen Interessen des Erben beeinträchtigt werden.[14]

U.U. kann durch die außer Kraft gesetzte Verwaltungsanordnung auch eine Teilungsanordnung (§ 2048) außer Kraft gesetzt werden; umgekehrt ist auch der Fall denkbar, dass eine Verwaltungsanordnung außer Kraft gesetzt wird, um eine Teilungsanordnung durchführen zu können.[15]

III. Verfahren

Die Entscheidung des Nachlassgerichts ergeht, nachdem es den Betroffenen rechtliches Gehör (Art. 103 GG) gewährt hat.[16] Es kann die angefochtene Verwaltungsanordnung nur aufheben; es ist nicht befugt, Ersatzanordnungen zu treffen oder beaufsichtigend in das Ermessen des TV einzugreifen.

Gegen die Entscheidung des Gerichts findet zugunsten derjenigen, in deren Rechte durch diese Verfügung eingegriffen wird, die Beschwerde nach §§ 19, 20, 81 FGG statt, soweit dem Antrag stattgegeben worden ist; ist der Aufhebungsantrag abgelehnt worden, haben die Antragsteller das Beschwerderecht nach § 20 Abs. 2 FGG.

IV. Beratungshinweise

Verwaltungsanordnungen i.S.d. Abs. 2 S. 1 wirken nur schuldrechtlich im Gegensatz zu den Verfügungsbeschränkungen gem. § 2208 BGB. Dies mag den TV u.U. dazu verleiten, sich eigenmächtig über eine Verwaltungsanordnung hinwegzusetzen und darauf zu vertrauen, dass das Nachlassgericht diese Maßnahme billigen und die Anordnung außer Kraft setzen wird.

Da in einem solchen Fall die Gefährdung des Nachlasses nicht mehr zu besorgen ist, besteht insoweit auch kein Entscheidungsbedarf für das Nachlassgericht.[17] In Wahrheit hat die nachfolgende Entscheidung des Nachlassgerichts nur Bedeutung für die Frage der Schadensersatzpflicht nach § 2219 BGB. Zudem setzt sich der TV bei dieser Vorgehensweise dem Risiko aus, wegen Nichtbeachtung einer Verwaltungsanordnung das Amt nach § 2227 BGB zu verlieren.

---

14 Vgl. *Staudinger/Reimann* § 2216 Rn. 28.
15 Vgl. dazu ausführlich *Staudinger/Reimann* § 2216 Rn. 29; ferner die umfangreichen Fallbeispiele bei *Mayer/Bonefeld/Daragan* Rn. 128.
16 Vgl. auch OLG Düsseldorf BeckRS 2010, 00485.
17 So zutreffend *Staudinger/Reimann* § 2216 Rn. 27 gegen *Palandt/Edenhofer* § 2216 Rn. 5; § 2216 Rn. 19 und *Soergel/Damrau* § 2216 Rn. 13.

17 Der TV ist daher vor solchen Eigenmächtigkeiten zu warnen und in dringenden Fällen auf die Möglichkeit einer vorläufigen Aussetzung der Vollziehung der Verwaltungsanordnung zu verweisen.
18 Der Erbe kann die Ausführung einer vom Testamentsvollstrecker unmittelbar bevorstehenden Verfügung durch Klage auf Unterlassen verhindern und deren Erfolg durch die Erwirkung einer einstweiligen Verfügung sichern. Zuständig ist das Prozessgericht und nicht das Nachlassgericht.
19 Bei Anlageentscheidungen sollte die Entscheidungsfindung durch den TV hinreichend dokumentiert werden, um einer Inanspruchnahme durch die Erben etc. entgegenzuwirken.[18]
20 Bereits bei der Abfassung letztwilliger Verfügungen sind dem TV Richtlinien für die Vermögensverwaltung an die Hand zu geben, um dessen Haftungsrisiko einzugrenzen.
21 Ferner sollte der TV die Erben rechtzeitig und vollständig über vorgesehene Verwaltungsmaßnahmen informieren und seine Entscheidungsgrundlagen dokumentieren.

§ 2217
Überlassung von Nachlassgegenständen

(1) Der Testamentsvollstrecker hat Nachlassgegenstände, deren er zur Erfüllung seiner Obliegenheiten offenbar nicht bedarf, dem Erben auf Verlangen zur freien Verfügung zu überlassen. Mit der Überlassung erlischt sein Recht zur Verwaltung der Gegenstände.

(2) Wegen Nachlassverbindlichkeiten, die nicht auf einem Vermächtnis oder einer Auflage beruhen, sowie wegen bedingter und betagter Vermächtnisse oder Auflagen kann der Testamentsvollstrecker die Überlassung der Gegenstände nicht verweigern, wenn der Erbe für die Berichtigung der Verbindlichkeiten oder für die Vollziehung der Vermächtnisse oder Auflagen Sicherheit leistet.

I. Voraussetzungen der Freigabe

1 Die Testamentsvollstreckung ist zweckgebunden und schränkt die Erben in ihrem Verwaltungs- und Verfügungsrecht über den Nachlass erheblich ein. Um eine zu übermächtige Stellung des Testamentsvollstreckers zu verhindern, gibt Abs. 1 daher den Erben einen Anspruch auf Freigabe hinsichtlich des zur Zweckverfolgung nicht mehr benötigten Nachlasses; dadurch erlangen diese hieran die uneingeschränkte Verfügungsmacht.[1] Unabhängig davon kann der TV auch **berechtigt** sein, Nachlassgegenstände freizugeben, selbst gegen entsprechende Erblasseranordnungen.[2]
2 Voraussetzung für die Verpflichtung des TV zur Freigabe ist, dass er die betreffenden Nachlassgegenstände zur Erfüllung seiner Obliegenheiten offenbar nicht mehr benötigt.[3]
3 Somit ist entscheidend der dem TV übertragene Aufgabenkreis: Bei der (normalen) Abwicklungsvollstreckung werden beispielsweise die Gegenstände benötigt, die zur Erfüllung von Vermächtnissen oder Auflagen dienen; bei der Auseinandersetzungsvollstreckung werden grundsätzlich alle Nachlassgegenstände benötigt, die in die Schlussverteilung einzubeziehen sind. Sind sich alle Erben über die Zuordnung eines bestimmten Nachlassgegenstandes einig, ist der TV hieran gebunden; entsprechendes gilt, wenn die Erben gemeinsam beschließen, auf die Auseinandersetzung bezüglich eines Nachlassgegenstandes zu verzichten.[4]

---

18 Vgl. *Schmitz* ZErb 2003, 9.
1 MüKoBGB/*Zimmermann* § 2217 Rn 1.
2 Vgl. dazu unten Rz. 12.
3 Zur Ausschüttung von Erträgen vgl. *Reimann* ZEV 2010, 8.
4 Vgl. *Bengel/Reimann* Hdb. Testamentsvollstreckung 6 Rn. 168.

Bei der **Anordnung der Dauervollstreckung** (Vollstreckung auf Zeit) i.S.d. § 2209 BGB 4
hingegen kommt eine Verpflichtung zur vorzeitigen Freigabe der der Verwaltung unterliegenden Gegenstände im Allgemeinen nicht in Betracht.[5]

Weitere Voraussetzung zur Freigabe ist, dass der TV die vom Erben beanspruchten 5
Nachlassgegenstände offenbar nicht mehr benötigt. Zweck ist, im Streitfall den Testamentsvollstrecker vor weitläufigen Darlegungen zu schützen. Ist eine umfangreiche Beweisaufnahme notwendig oder ist lediglich die Ermessensgrenze des Testamentsvollstreckers zweifelhaft, ist eine Klage auf Freigabe insgesamt abzuweisen.

Liegen diese Voraussetzungen vor, ist der TV zur Freigabe verpflichtet. Der Erbe hat inso- 6
weit einen klagbaren Anspruch, mehrere Miterben müssen gemeinsam handeln (§ 2040 BGB).

Die Verpflichtung zur Herausgabe von Nachlassgegenständen hat nichts mit der Frage 7
zu tun, ob der TV zur Überlassung von **Nutzungen** an den Erben verpflichtet ist; dies richtet sich allein nach den Grundsätzen der ordnungsgemäßen Verwaltung (§ 2216 BGB).

II. Form und Folge der Freigabe

Die Freigabe ist nach heute h.M. eine **empfangsbedürftige Willenserklärung**, während 8
früher ein gemischter Realakt angenommen wurde.[6] Diese Frage hat nur insoweit praktische Auswirkungen, als bei einer **irrtümlichen** Freigabe der TV bei Annahme einer Willenserklärung diese anfechten muss, während bei Annahme eines Realakts der Rückgabeanspruch ohne vorherige Anfechtung entsteht.[7]

Die **Freigabe bewirkt** unmittelbar die Beendigung der Verwaltungs- und Verfügungsbefug- 9
nis des TV über diesen Nachlassgegenstand sowie den Verlust des Rechts zur Prozessführung. Somit ist die Freigabe ein einseitiges, abstraktes dingliches Rechtsgeschäft mit der Folge, dass die dadurch bedingte Rechtsänderung beispielsweise dem Grundbuchamt gegenüber gem. § 29 GBO (notarielle Unterschriftsbeglaubigung) nachzuweisen ist. Der TV-Vermerk (§ 52 GBO) wird sodann im Wege der Grundbuchberichtigung (§ 22 GBO) gelöscht.

Die **Freigabeerklärung** kann auch **konkludent** erfolgen durch Überlassung von Nach- 10
lassgegenständen an den Erben oder durch die Überlassung eines Handelsgeschäfts zur Fortführung durch den Erben. Eine konkludente Freigabe liegt jedoch nicht vor, wenn der TV dem Erben ein Grundstück zur Verwaltung und Nutznießung überlässt – dies hat mit der Aufgabe der Verfügungsbefugnis des TV über das Grundstück nichts zu tun. Im Verhältnis zum Erben wird dem TV nach überwiegender Ansicht[8] gegenüber dessen Freigabeanspruch ein Zurückbehaltungsrecht etwa wegen fälliger Zahlungen auf die TV-Vergütung nicht zugebilligt. Dies erscheint jedoch nicht gerechtfertigt. Denn die Voraussetzungen des § 273, die weit ausgelegt werden, werden in der Regel erfüllt sein. Es ist daher kein Grund gegeben, dem TV dieses Recht nicht einzuräumen.[9]

III. Sicherheitsleistung des Erben

Abs. 2 räumt dem Erben die Möglichkeit ein, durch **Sicherheitsleistung** den Einwand des 11
TV zu entkräften, er benötige die vom Erben herausverlangten Nachlassgegenstände zur Erfüllung von Nachlassverbindlichkeiten, außer, wenn diese Gegenstände selbst zur Erfüllung von Vermächtnissen oder Auflagen benötigt werden. Auch bei bedingten oder betagten Vermächtnissen oder Auflagen kann gegen Sicherheitsleistung durch den Erben die Freigabe erreicht werden. Diese Regelung setzt voraus, dass bei Eintritt einer bestimmten Bedingung der vermachte Gegenstand in den Nachlass fällt (sog. Rückvermächtnis). Dann

---

5 BGHZ 56, 275 = NJW 1971, 1805.
6 Vgl. *Staudinger/Reimann* § 2217 Rn. 15.
7 Vgl. *Haegele/Winkler* Rn. 506a.
8 Vgl. *Palandt/Edenhofer* § 2217 Rn. 9.
9 Vgl. *Muscheler* ZEV 1996, 410.

soll der Erbe gegen Sicherheitsleistung an den TV Herausgabe des Gegenstandes an sich verlangen können.[10]

IV. Maßgeblichkeit des Willens des Erblassers

12 In diesem Zusammenhang wird auch die oben (Rz. 1) bereits erwähnte Frage erörtert, unter welchen Umständen der TV berechtigt ist, Nachlassgegenstände dem Erben freizugeben, selbst wenn der Erblasser eine die Freigabe verbietende Anordnung getroffen hat. Maßgeblich sind insoweit die beiden Entscheidungen des Bundesgerichtshofs vom 18.6.1971[11] und vom 24.9.1971.[12] Beiden Entscheidungen liegt die Annahme zugrunde, dass TV und Erbe gemeinsam über einen Nachlassgegenstand auch dann verfügen können, wenn der Erblasser von Todes wegen eine Verfügung verboten hat; durch die zweitgenannte Entscheidung erstreckt sich diese Befugnis selbst über die durch § 2205 S. 3 gegebene gesetzliche Schranke des Verbots unentgeltlicher Verfügungen hinaus, wenn Erbe und etwaige Vermächtnisnehmer, zu deren Schutz diese Vorschrift dienen soll, zustimmen; auf die weitere Frage der Grundsätze der ordnungsmäßigen Verwaltung soll es dann nicht ankommen.

13 Bei der Kritik an diesen Entscheidungen[13] wird die Auffassung vertreten, der BGH habe die Zulässigkeit dessen, was der TV tue und tun dürfe mit der Wirksamkeit des Handelns des TV (was er tun könne) verwechselt. Es ist auch nicht recht einzusehen, warum die ausdrückliche Anordnung des Erblassers auf diesem Weg ihre Verbindlichkeit für den TV verlieren soll. Jedoch ist der Rspr. des BGH Rechnung zu tragen und den Anordnungen des Erblassers durch entsprechende Strafklauseln (z.B. Anordnung der Entlassung und Einsetzung eines zweiten TV) Achtung zu verschaffen.

V. Beratungshinweise

14 Während die Freigabeerklärung im Allgemeinen keine Schwierigkeit bereitet, soll hier als **Muster eine Freigabeerklärung gegen Sicherheitsleistung** dargestellt werden:

> Als alleiniger TV über den Nachlass des am ... in ... gestorbenen Erblassers gebe ich hiermit folgende Freigabeerklärung ab:
> Durch das Testament vom ... ist gem. Pos. V ein Vermächtnis ausgesetzt worden zugunsten der Nichte des Erblassers, Frau Nicole Niemann. Diese soll nach Abschluss ihres Medizinstudiums, spätestens aber an ihrem 28. Geburtstag, am 10.10.2010, einen Geldbetrag erhalten in Höhe von 50.000 €.
> Der Alleinerbe A, der sich seit dem ... als Steuerberater selbstständig gemacht hat, benötigt zum weiteren Ausbau seiner Praxis dringend flüssige Mittel; er hat mich daher als TV gebeten, von mir nicht mehr benötigte Geldbeträge freizugeben. Nachdem A mir eine auf den 10.10.2010 befristete selbstschuldnerische Bürgschaft der B-Bank überlassen hat, gebe ich hiermit den sich auf dem Konto. Nr. ... der X-Bank befindlichen Betrag in Höhe von 50.000 frei und stelle diesen Betrag wunschgemäß dem Kto. des A bei der Xß Bank zur Verfügung.
>
> _____   _____
> (Ort, Datum)   (Testamentsvollstrecker)

---

10 Vgl. *Bengel/Reimann* 6 Rn. 204.
11 BGHZ 56, 275 = NJW 1971, 1805.
12 BGHZ 57, 84 = NJW 1971, 2264.
13 Vgl. *Staudinger/Reimann* § 2217 Rn. 4; *Bengel/Reimann* 6 Rn. 213.

Die Unrichtigkeit des Grundbuchs im Hinblick auf einen Testamentsvollstreckervermerk kann nach dem Beschluss des Oberlandesgerichts Frankfurt[14] durch den Nachweis in der Form des § 29 GBO geführt werden, dass der betroffene Grundbesitz aus dem Nachlass ausgeschieden oder die Testamentsvollstreckung insgesamt beendet ist. 15

§ 2218
Rechtsverhältnis zum Erben; Rechnungslegung

(1) Auf das Rechtsverhältnis zwischen dem Testamentsvollstrecker und dem Erben finden die für den Auftrag geltenden Vorschriften der §§ 664, 666 bis 668, 670, des § 673 Satz 2 und des § 674 entsprechende Anwendung.

(2) Bei einer länger dauernden Verwaltung kann der Erbe jährlich Rechnungslegung verlangen.

I. Gesetzliches Schuldverhältnis

Auch von den hier geregelten Pflichten kann der TV gem. § 2220 nicht befreit werden. Die grundlegenden Verpflichtungen des TV sind somit gesetzlich fixiert; das Rechtsverhältnis zwischen Erbe und TV ist ein gesetzliches Schuldverhältnis. Aus diesem Grund finden die in Abs. 1 erwähnten Vorschriften aus dem Auftragsrecht auch nur entsprechende Anwendung; es besteht zwischen Erbe und TV weder ein Vertrags- noch ein Auftragsverhältnis. Der TV ist unabhängig und keinen Weisungen des Erben unterworfen; deshalb ist auch die entsprechende Anwendung von § 665 in Abs. 1 nicht vorgesehen. Desgleichen sind §§ 669 (Vorschusspflicht), § 672 (Tod oder Geschäftsunfähigkeit des Auftraggebers) und § 673 (Tod des Beauftragten) nicht entsprechend anwendbar. 1

II. Entsprechende Anwendung der für den Auftrag geltenden Vorschriften

Die Regelung der entsprechenden Anwendbarkeit der im Gesetz erwähnten Bestimmungen aus dem Auftragsrecht hat für die Testamentsvollstreckung folgende Bedeutung: 2

§ 664 Übertragung, Haftung für Gehilfen

Dem TV ist es verwehrt, die ihm obliegenden Pflichten in vollem Umfang auf einen Dritten zu übertragen, auch nicht mit Zustimmung des Erben. 3

Das sich aus § 2199 BGB ergebende Recht auf Ernennung von Mitvollstreckern oder Nachfolgern leitet sich allein aus der letztwilligen Verfügung des Erblassers ab und hat mit der hier angesprochenen Übertragungsbefugnis nichts zu tun. 4

Inwieweit der TV berechtigt ist, einzelne Aufgaben an Dritte zu übertragen, ist letztlich eine Frage der ordnungsgemäßen Verwaltung i.S.d. § 2206 BGB und des sich aus § 2205 S. 3 BGB ergebenden Verbots unentgeltlicher Verfügungen. Der BGH[1] hat auf diese Grundsätze Bezug genommen bei der Überprüfung der Frage, ob der TV die ihm obliegenden Pflichten erfülle oder seine Befugnisse überschreite.[2] Zu berücksichtigen sind in diesem Zusammenhang »Umfang und Schwierigkeiten der angefallenen Arbei- 5

---

14 OLG Frankfurt a.M. NJOZ 2007, 2306.
1 BGH NJW 1983, 40.
2 Vgl. dazu BGH NJW 1957, 1916.

ten, die Möglichkeiten und die Vorbildung des Beklagten (TV)«, sowie der Umfang der durch den Erblasser festgesetzten Vergütung (so BGH, NJW 1983, 40; vgl. auch unten § 2221, Rn. 5).

§ 666 Auskunfts- und Rechenschaftspflicht

6 Zunächst ergibt sich hieraus eine Informationspflicht des TV, welcher dieser unaufgefordert nachzukommen hat.[3] Darüber hinaus hat der TV auf Verlangen des Erben Auskunft zu erteilen.[4]

7 Mit dieser Regelung soll dem/den Erben die Möglichkeit der Prüfung und Feststellung gegeben werden, ob und gegebenenfalls in welcher Höhe Ansprüche gegenüber dem TV bestehen.

8 Nach § 2218 Abs. 2 BGB hat bei länger andauernder Verwaltung auf Verlangen des Erben eine jährliche Rechnungslegung zu erfolgen. Eine besondere Verpflichtung kann sich auch nach Erledigung einer Einzelaufgabe ergeben.[5]

9 Ist Gegenstand der Verwaltung ein Handelsgeschäft oder ein Gesellschaftsanteil kann die Vorlage des Jahresabschlusses genügen. Über § 259 BGB kann der TV auch zur Abgabe der eidesstattlichen Versicherung verpflichtet sein, soweit Anlass zur Annahme besteht, dass die in der Rechnungslegung enthaltenen Angaben über die Einnahmen und Ausgaben nicht mit der erforderlichen Sorgfalt aufgestellt worden sind. Ferner kann aus § 260 die Verpflichtung zur Vorlage eines **Bestandsverzeichnisses** resultieren; dieses ist mit dem Nachlassverzeichnis nicht identisch und kann Bedeutung haben bei Bestandsveränderungen des Nachlasses.

10 Der TV kann die Auskunft verweigern, wenn an ihrer Erteilung kein vernünftiges Interesse besteht oder das Interesse des Erben so unbedeutend ist, dass es in keinem Verhältnis zu dem für die Erteilung notwendigen Aufwand steht.[6] Gleichzeitig hat der BGH[7] jedoch betont, dass die gesetzliche Verpflichtung zur Erteilung von Auskünften **unabhängig** davon besteht, ob der Auftraggeber die erforderlichen Informationen selbst auf zumutbare Weise erlangen könnte.

11 Soweit der Erbe Leistungen aus dem Nachlass entgegennimmt, liegt hierin kein Verzicht auf die Rechnungslegung.[8]

§ 667 Herausgabepflicht

12 Ist die Testamentsvollstreckung beendet, hat der TV den gesamten Nachlass an den Erben herauszugeben. Dazu gehört alles, was der TV im Zusammenhang mit der Ausübung seines Amtes erlangt hat, einschließlich der sich darauf beziehenden Unterlagen. Über § 260 BGB ist der TV verpflichtet, ein Verzeichnis des Bestandes vorzulegen.

§ 668 Verzinsung des verwendeten Geldes

13 Sofern der TV Geldbeträge aus dem Nachlass für eigene Zwecke verwendet hat, ist er vom Zeitpunkt der Verwendung ab verpflichtet, diese Beträge zu verzinsen, und zwar gem. § 246 BGB in Höhe von 4 %. Eventuelle Schadensersatzansprüche des Erben gem. § 2219 BGB sind dadurch nicht ausgeschlossen.

---

3 Vgl. zur Auskunfts- und Rechenschaftspflicht gem. § 666 *Sarres* ZEV 2008, 512 ff.
4 Zum Umfang des Auskunftsanspruchs vgl auch OLG Köln BeckRS 2009, 86768.
5 Vgl. *Haegele/Winkler* Rn. 483, 551.
6 BGH NJW 1998, 2969 unter Hinweis auf BGH WM 1984, 1164.
7 BGH NJW 1998, 2970.
8 Vgl. *Soergel/Damrau* § 2218 Rn. 6.

§ 670 Ersatz von Aufwendungen

Dem TV steht es frei, Aufwendungen aus dem Nachlass zu bestreiten oder eigenes Vermögen einzusetzen. Letzteres führt zu einer Nachlassverbindlichkeit, die über § 271 BGB sofort fällig ist. Vorschüsse kann der TV nicht beanspruchen, wie sich aus der fehlenden Bezugnahme auf § 669 BGB ergibt.

Zu den Aufwendungen gehören u.a. die Kosten eines Rechtsstreits, den der TV für den Nachlass geführt hat, ferner die Kosten, die aus solchen beruflichen Leistungen resultieren, für die der TV Dritte hätte beauftragen müssen, wenn er nicht selbst über die entsprechende berufliche Qualifikation verfügte (RA, Stb, Handwerker etc.). Etwas anderes gilt nur, wenn bei Einsetzung des TV durch den Erblasser von einer entsprechenden Tätigkeit des TV ausgegangen wurde und dem TV bekannt war, dass diese durch die ihm zugemessene Vergütung entgolten sein soll.[9] Im Übrigen gilt, dass berufliche Dienste durch den TV nicht unentgeltlich zu erbringen sind.[10]

§ 673 Tod des Beauftragten

S. 2: Im Falle des Todes des TV endet auch sein Amt. Sein Erbe ist gegenüber dem Nachlasserben anzeigepflichtig und sollte diese Anzeige auch gegenüber dem Nachlassgericht abgeben. Bei Gefahr in Verzug muss der TV-Erbe die erforderlichen Maßnahmen treffen, obwohl er nicht TV ist.

§ 674 Fiktion des Fortbestehens

§ 674 unterstellt die Fortdauer des Testamentsvollstreckeramts so lange, bis er vom Erlöschen seines Amts selbst Kenntnis erlangt hat oder aber das Erlöschen kennen musste. Diese Regelung kann bedeutsam werden im Falle der Beendigung der TV durch Eintritt einer auflösenden Bedingung. Bei Beendigung des Amtes durch Entlassung nach § 2227 BGB ist die Bekanntmachung der entsprechenden Verfügung des Nachlassgerichts maßgeblich. Ist der TV irrigerweise von seiner Einsetzung ausgegangen und haben die Erben dies von Anfang an bestritten, besteht für einen Aufwendungsersatzanspruch (Prozesskosten) keine gesetzliche Anspruchsgrundlage.[11]

III. Keine Anspruchsberechtigung des Vermächtnisnehmers und Pflichtteilsberechtigten

Die hier behandelten Ansprüche stehen nur dem/den Erben zu, nicht aber dem Vermächtnisnehmer und dem Pflichtteilsberechtigten. Letzterer hat nur gegenüber dem Erben ein Auskunftsrecht nach § 2314 BGB.

Ist Gegenstand des Vermächtnisses jedoch ein Sachinbegriff oder ein Quotenvermächtnis, so kann sich ein Auskunftsanspruch gegenüber dem TV ergeben, um den Umfang des Vermächtnisses bestimmen zu können.[12]

---

9 Vgl. *Palandt/Edenhofer* § 2218 Rn. 6.
10 Vgl. im Übrigen § 2221 Rz. 30.
11 BGH NJW 1977, 1727; ablehnend *Soergel/Damrau* BGB § 2218 Rn. 20; auf das Einverständnis des Erben könne es nicht ankommen; vgl. auch unten § 2221 Rz. 33.
12 Vgl. *Soergel/Damrau* BGB § 2219 Rn. 17.

IV. Beratungshinweise

20 Als **Muster einer Rechnungslegung** könnte folgende Zusammenstellung dienen:

Rechnungslegung über den Nachlass des am ... verstorbenen N.N., für das Rechnungslegungsjahr ... (1.1.–31.12.), aufgestellt durch RA ... als Testamentsvollstrecker:

I. Zum Bestand des Nachlasses wird auf das unter dem ... erstellte Nachlassverzeichnis verwiesen. Insoweit haben sich für den Zeitraum von ... bis ... die nachfolgend aufgeführten Veränderungen ergeben (laufende Einnahmen und Ausgaben).

  1) **Einnahmen**
  - Mieteinkünfte aus Hausgrundstück ... in ...
    - Mieter x ...€
    - Mieter y ...€
  - Gewinneinkünfte aus Kommanditbeteiligung AB GmbH & Co KG ...€
  - Dividenden- und Zinseinkünfte gem. beigefügter Ertrags und Bestandsaufstellung der B Bank vom ...€
  - Summe Einnahmen ...€

  2) **Ausgaben**
  - Hausgrundstück ...
    Grundbesitzabgaben ...€
    Gebäudehaftpflichtvers. ...€
  - Heizöl gem. Re. v. ... ...€
                                                                            ...€
  - Kommanditbeteiligung
    Kosten der Wahrnehmung der Gesellschafter-Verslg v. ... ...€
  - Bankkosten, Überziehungszinsen
  - Depotgeb. gem. Re. v. ... ...€
  - Überziehungszinsen zu Kto. Nr. der B-Bank ...€
                                                                            ...€
  Summe Ausgaben   ...€

  Somit ergibt sich ein Überschuss in Höhe von ...€
  Alle Einnahmen und Ausgaben sind über das von mir eingerichtete Kto. (Nr. ...) bei der B-Bank abgewickelt worden.
  Dieses Kto. weist nach einem Stand per ... *(Datum)* über € ... zum Jahresende per ... *(Datum)* einen Stand aus in Höhe ...€

II. Der o.e. Gewinn aus der Kommanditbeteiligung ergibt sich aus dem als Anlage in Kopie beigefügten Jahresabschluss per ... *(Datum)*, der von der WP-Gesellschaft WP testiert wurde. Ferner ist das Protokoll der GesVerslg. vom ... beigefügt, in welcher über die Gewinnverwendung beschlossen wurde.
Die Kopien der Kontoauszüge für das o.e. Kto. Nr. ... sind als Anlage vollständig beigefügt.

_____   _____
(Ort, Datum)   (Testamentsvollstrecker)

Bei Widerspruch des Erben gegen eine Verwaltungsmaßnahme ist dem TV die Erhebung einer 21
Feststellungsklage möglich. Diese Klagemöglichkeit sollte der TV auch bei noch laufender Amtszeit nutzen, um gleichzeitig die Frage evtl. Schadensersatzansprüche zeitnah klären zu lassen.

Die Verpflichtung des TV zur Rechenschaftslegung verjährt erst in 30 Jahren (§ 197 22
Abs. 1 Nr. 1 BGB). Sofern ihm durch die Erben keine **Entlastung** erteilt wird, empfiehlt es
sich für den TV, von den für die Abwicklung der Vollstreckung maßgeblichen Unterlagen
vor deren Abgabe **Fotokopien** zu fertigen.

Für den **Erben**, der den TV wegen unvollständiger Rechnungslegung in Anspruch zu 23
nehmen beabsichtigt, kommt folgende Stufenklage in Betracht:
– Antrag auf Rechenschaftsablegung
– Antrag auf Abgabe der eidesstattlichen Versicherung
– Antrag auf Herausgabe des (restlichen) Bestands.[13]

§ 2219
Haftung des Testamentsvollstreckers

(1) Verletzt der Testamentsvollstrecker die ihm obliegenden Verpflichtungen, so ist
er, wenn ihm ein Verschulden zur Last fällt, für den daraus entstehenden Schaden dem
Erben und, soweit ein Vermächtnis zu vollziehen ist, auch dem Vermächtnisnehmer
verantwortlich.

(2) Mehrere Testamentsvollstrecker, denen ein Verschulden zur Last fällt, haften als
Gesamtschuldner.

I. Gesetzliche Haftung

Auch diese Vorschrift gehört zu den Regelungen, von denen der Erblasser gem. § 2220 1
keine abweichende Bestimmung treffen darf. Sie ist das gesetzliche Regulativ zu der dem
TV gegenüber dem Erben zustehenden weitreichenden Verwaltungs- und Verfügungsbefugnis über den Nachlass. Hat der Testamentsvollstrecker daher eine schuldhafte Pflichtverletzung begangen, so kann er nach § 2219 BGB haften.

Handelt es sich somit um eine Schutzvorschrift zugunsten des Erben, so kann dieser 2
dem TV gegenüber einen **Haftungsverzicht** erklären; nur aus der Haftung für Vorsatz
kann er ihn nach § 276 Abs. 3 nicht entlassen.

Dem Erblasser hingegen ist es verwehrt, durch ein sog. Befreiungsvermächtnis dem TV einen 3
Anspruch gegen den Nachlass auf Befreiung von evtl. Schadensersatzansprüchen zu vermachen.
Dies wäre nach ganz überwiegender Ansicht[1] eine Umgehung der gesetzlichen Regelung.

Der TV haftet nach § 2219 dem Erben und gegebenenfalls dem Vermächtnisnehmer (ent- 4
gegen dem Wortlaut »auch« jedoch nicht beiden gleichzeitig); den Nachlassgläubigern und
Auflagebegünstigten gegenüber kommt eine Haftung höchstens aus unerlaubter Handlung
(§§ 823 ff.) in Betracht. Die Erben ihrerseits haben Dritten gegenüber ein Verschulden des
TV über § 278 wie eigenes Verschulden zu vertreten. Für unerlaubte Handlungen haftet
allein der TV; er ist nicht Verrichtungsgehilfe, § 831 findet keine Anwendung.[2]

---

13 Vgl. *Mayer/Bonefeld/Daragan* Rn. 274, unter Hinweis auf *Bengel/Reimann* 6 Rn. 349.
1 Vgl. z.B. *Haegele/Winkler* Rn. 556.
2 Vgl. *Palandt/Edenhofer* § 2219 Rn. 5; diese Frage ist jedoch umstritten. Sie kann beispielsweise bedeutsam werden, wenn der TV es unterlässt, bei einem zum Nachlass gehörenden Grundstück seiner Streupflicht nachzukommen. *Staudinger/Reimann* § 2219 Rn. 28 kommen über eine entsprechende Anwendung von §§ 31, 86 zu einer Haftung auch des Erben, dem jedoch ein Ersatzanspruch gegenüber dem TV zusteht; ebenso MüKoBGB/*Zimmermann* § 2219 Rn. 18; dagegen m.E. zutreffend *Erman/Schmidt* § 2219 Rn. 8: keine Organhaftung; so auch *Soergel/Damrau* § 2219 Rn. 8.

Holger Siebert

5   Bei Untätigkeit des Testamentsvollstreckerskann der Erbe einen Rechtsanwalt beauftragen und die dadurch angefallenen Gebühren als Schaden gem. § 2219 BGB gegen den Testamentsvollstrecker geltend machen.³
6   Der Erbe ist nicht nur auf den Schadensersatzanspruch beschränkt, vielmehr kann er auch die Erfüllung einer bestimmten Verpflichtung durch den TV einfordern.⁴
7   Der TV haftet über § 278 für das **Verschulden seiner Gehilfen** wie für eigenes Verschulden.

II. Voraussetzungen der Haftung

8   Der Umfang der Haftung wird dadurch bestimmt, dass der TV Inhaber eines privaten Amtes und **Treuhänder** ist.⁵ Der Inhalt seiner Pflichten und seiner Verantwortung richtet sich nach objektiven Gesichtspunkten.⁶ An die Gewissenhaftigkeit des TV werden strenge Anforderungen gestellt.⁷ Fehlen dem TV subjektiv Kenntnisse und Fähigkeiten, die zur Übernahme des Amtes unerlässlich sind, hat er entweder die Übernahme abzulehnen oder fachkundigen Rat einzuholen. Richtschnur der Beurteilung des Verhaltens des TV ist neben den gesetzlichen Pflichten aus §§ 2215, 2216 und 2218 BGB die Erfüllung des Erblasserwillens; jedoch kann sich u.U. auch die Pflicht des TV ergeben, im Einvernehmen mit den Erben gegen die letztwillige Anordnung zu handeln, sodass sein Unterlassen eine Pflichtverletzung wäre.⁸
9   Bei der Beurteilung, ob ein schuldhaftes Verhalten des TV gegeben ist, ist nicht auf den Zeitpunkt des Schadenseintritts abzustellen, sondern auf den des Handelns des TV.⁹
10 Das Risiko der wirtschaftlichen Entwicklung trägt der TV nicht.
11 Ein etwaiges **mitwirkendes Verschulden des Erben** ist gem. § 254 zu berücksichtigen¹⁰
12 Soweit der TV geltend macht, der Schaden wäre auch bei pflichtgemäßem Verhalten entstanden (rechtmäßiges Alternativverhalten), trägt er dafür die Beweislast.¹¹
13 **Mehrere TV**, »denen ein Verschulden zur Last fällt«, haften gem. Abs. 2 als Gesamtschuldner. Das Gesetz enthält insoweit eine Einschränkung. Selbst bei interner Aufgabenverteilung wird eine gemeinschaftliche Amtsführung anzunehmen sein, die entsprechende Überwachungspflichten auslöst; deren Verletzung kann das Verschulden indizieren.
14 Im **Innenverhältnis** kann sich eine andere Haftungszumessung ergeben unter Berücksichtigung des unterschiedlichen Umfangs des Verschuldens.¹²
15 Die Verjährung der Ersatzansprüche beträgt 30 Jahre (§ 197 Abs. 1 Nr. 2).
16 Dies gilt auch bei Ansprüchen gegen den Rechtsanwalt als Testamentsvollstrecker.¹³

III. Beratungshinweise

17 Der Erbe ist nicht darauf beschränkt, Ersatzansprüche gegen den TV nach § 2219 BGB geltend zu machen oder die Entlassung des TV gem. § 2227 zu betreiben; er kann auch gegen den TV auf Erfüllung klagen (Anspruchsgrundlage: § 2216). Ob in dem Übergang vom Schadensersatzanspruch auf den Erfüllungsanspruch eine **Parteiänderung** liegt, ist

---

3   OLG Koblenz NJW 2009, 1153.
4   *Mayer/Bonefeld/Daragan* Rn. 473.
5   Vgl. BGH NJW 1983, 40.
6   BGHZ, 25, 280.
7   Vgl. BGH NJW 1987, 1070 – s. ferner oben § 2216 Rz. 1.
8   Vgl. *Bengel/Reimann* 12 Rn. 35.
9   Vgl. *Bengel/Reimann* Rn. 53.
10 Vgl. RGZ 138, 132.
11 BGH NJW 1991, 167.
12 Z.B. leichtes Überwachungsverschulden gegen falsche Betriebsmaßnahmen – vgl. *Bengel/Reimann* 12 Rn. 64).
13 BGH ZEV 2002, 499.

umstritten.[14] Da der Bundesgerichtshof[15] von einer Parteiänderung ausgeht, ist dem in praxi Rechnung zu tragen. Diese Auffassung des BGH ist auch einleuchtend: denn der Schadensersatzanspruch richtet sich gegen den TV persönlich, während sich der Erfüllungsanspruch gegen den TV als Amtsinhaber richtet. Unter diesen Umständen ist auch ein Eventualantrag nicht möglich, mit dem der TV auf Erfüllung seiner Pflicht, hilfsweise auf Schadensersatz in Anspruch genommen werden soll.[16]

Gegen den Schadensersatzanspruch kann der TV mit seinem Vergütungsanspruch (ausgenommen im Fall der vorsätzlich begangenen unerlaubten Handlung, § 393) die **Aufrechnung** erklären. 18

Allerdings ist zu beachten, dass die Forderung auf die Vergütung im Normalfall erst am Ende der Testamentsvollstreckung fällig wird. 19

Als probates Mittel zur Klärung der eigenen Haftung als Testamentsvollstrecker im Vorfeld eignet sich die Einwilligungsklage nach § 2206 Abs. 2 BGB. 20

Für den Testamentsvollstrecker, der sich mit einer 30jährigen Verjährungsfrist konfrontiert sieht, ist zu empfehlen, auf jeden Fall mit den Erben i.R.e. Auseinandersetzungsvertrages dafür Sorge zu tragen, dass eine Regelung zur Verjährung der Haftungsansprüche getroffen wird. 21

Da ein Befreiungsvermächtnis nicht möglich ist, bleibt lediglich die Möglichkeit, zugunsten des Testamentsvollstreckers ein Vermächtnis aufzunehmen, wonach dieser einen Anspruch auf Ausgleich des Betrages hat, der für den Abschluss einer Versicherung gegen Schadensfälle aus der Testamentsvollstreckung hat. Alternativ kann den Erben zur Auflage gemacht werden, auf Kosten des Nachlasses eine Versicherung abzuschließen. 22

§ 2220
Zwingendes Recht

Der Erblasser kann den Testamentsvollstrecker nicht von den ihm nach den §§ 2215, 2216, 2218, 2219 obliegenden Verpflichtungen befreien.

I. Schutz des Erben

Von den hier genannten Vorschriften kann der Erblasser dem TV **keine** Befreiung erteilen. Der Schutz des Erben erfordert dies. Der Vorschrift liegt der **Wille des Gesetzgebers** zugrunde, »nicht zuzulassen, dass ein Erblasser den Erben mit gebundenen Händen dem ausgedehnten Machtbereich des Testamentsvollstreckers überliefert«.[1] 1

Ergänzend ist zu berücksichtigen, dass auch die Verfügung des Erblassers unwirksam wäre, die es dem Erben verwehrte, die Entlassung des TV gem. § 2227 bei dem Nachlassgericht zu beantragen; auch das oben (§ 2219 Rz. 1) bereits erwähnte Befreiungsvermächtnis wäre unwirksam. 2

Darüber hinaus kann auch keine Befreiung vom Verbot unentgeltlicher Verfügungen (§ 2205 S. 3) und des Schenkungsversprechens (§ 2207 S. 2) erteilt werden. Über § 2218 sind auch die aus dem Auftragsrecht resultierenden Ansprüche auf Rechenschaftslegung etc.[2] unabdingbar. 3

---

14 Vgl. zum Stand der Diskussion *Staudinger/Reimann* § 2219 Rn. 14.
15 BGHZ 21, 285, 287.
16 Vgl. *Erman/Schmidt* §§ 2219 Rn. 1.
1 RGZ 133, 128, 135.
2 Vgl. § 2218, Rz. 3 ff.

4   Hingegen steht der Verfügung des Erblassers nichts im Wege, dass der TV nicht verpflichtet sei, nicht benötigte Nachlassgegenstände herauszugeben; § 2217 ist in § 2220 BGB nicht erwähnt.

5   Soweit der Erbe (oder die Erben gemeinschaftlich) abweichende Vereinbarungen mit dem TV treffen, ist dagegen nichts einzuwenden; solche Vereinbarungen sind grundsätzlich wirksam.

II. Beratungshinweise

6   Bei der Beurteilung der Wirksamkeit der letztwilligen Verfügung ist ferner zu berücksichtigen, ob nicht insgesamt eine sittenwidrige Beschränkung der persönlichen und wirtschaftlichen Bewegungsfreiheit des Erben i.S.d. § 138 vorliegt.[3]

§ 2221
Vergütung des Testamentsvollstreckers

Der Testamentsvollstrecker kann für die Führung seines Amtes eine angemessene Vergütung verlangen, sofern nicht der Erblasser ein anderes bestimmt hat.

Übersicht	Rz.		Rz.
I. Vorrang der Bestimmung durch Erblasser	1	V. Fälligkeit der Vergütung	25
II. Gesamte Tätigkeit des TV	4	VI. Einzelfragen	27
III. Tabellen	6	VII. Beratungshinweise	37
IV. Konstituierung, Verwaltung, Auseinandersetzung	18		

I. Vorrang der Bestimmung durch Erblasser

1   Der Testamentsvollstrecker kann für seine Arbeit eine angemessene Vergütung verlangen, wenn der Erblasser nichts anderes bestimmt hat. Daraus ergeben sich zunächst **Vorrang und Maßgeblichkeit des Erblasserwillens.** Maßgeblich ist somit in erster Linie der testamentarisch wirksam zum Ausdruck gekommene Wille des Erblassers;[1] wird dadurch die angemessene Vergütung unterschritten, bleibt dem TV nur übrig, das ihm angetragene Amt auszuschlagen, es sei denn, es lässt sich mit dem Erben, der Schuldner der Vergütung ist,[2] eine abweichende Vereinbarung treffen;[3] wird sie überschritten, gilt diese Anordnung, soweit sie das Angemessene überschreitet, als Vermächtnis zugunsten des TV, für welches dieser erbschaftsteuerpflichtig ist.[4] Die gesetzliche Regelung ist im Verhältnis zu der durch den Erblasser bestimmten Vergütung **subsidiär**.

2   Eine **Vereinbarung mit den Betroffenen** ist auch dann gegenüber dem Nachlass wirksam, wenn sie mit der Vergütungsanordnung des Erblassers nicht übereinstimmt.[5] Gegebenenfalls sind auch die Vermächtnisnehmer und die Nacherben einzubeziehen, da sich eine

---

3   Zwar wird die Anwendung des § 138 neben § 2220 von MüKoBGB/*Zimmermann* § 2220 Rn. 5 nur eingeschränkt in besonderen Ausnahmefällen für möglich erachtet. Das OLG München (JFG 14, 428) ist jedoch anlässlich der Übertragung der Verwaltung eines Handelsgeschäfts auf den TV zu einer solchen Entscheidung gekommen, so dass diesem Gesichtspunkt Rechnung zu tragen ist.
1   S. hierzu auch LG München I ZEV 2007, 529.
2   BGH NJW 1997, 1362.
3   Vgl. *Haegele/Winkler* Rn. 574.
4   Vgl. dazu ausführlich *Bengel/Reimann* 10 Rn. 183 ff.
5   *Tilling* ZEV 1998, 331.

solche Vereinbarung nicht als unzulässiger Vertrag zulasten Dritter auswirken darf.⁶

Sofern keine Vereinbarung mit den Betroffenen getroffen wurde, ist nur die i.R.e. **Verfügung von Todes wegen** getroffene Bestimmung zur Vergütung für die Beteiligten rechtlich erheblich. 3

II. Gesamte Tätigkeit des TV

Da das Gesetz dem TV **eine** angemessene Vergütung zuspricht, ist grundsätzlich davon auszugehen, dass dadurch die gesamte Tätigkeit des TV als abgegolten gilt.⁷ 4

Diese Feststellung ist wichtig im Hinblick auf die insgesamt dem TV zustehende Vergütung, wenn auch in der Praxis die einzelnen Tätigkeitsschwerpunkte des TV (Konstituierung des Nachlasses, Verwaltung und Auseinandersetzung) als Bewertungskomponenten besonders berücksichtigt werden. Die dem TV insgesamt zustehende Vergütung wird – unter allem Vorbehalt – bei einer Obergrenze von 12 % des Nachlasswertes angenommen.⁸ 5

III. Tabellen

Grundsätzlicher Bezugspunkt für die Bemessung der Vergütung ist der Nachlasswert (nicht der Einheitswert oder der steuerlich beispielsweise nach dem Stuttgarter Verfahren ermittelte Wert). Der Nachlasswert ist der Verkehrswert, und zwar bezogen auf den Bruttowert (Aktivvermögen) ohne Abzug der Verbindlichkeiten, da insb. die Abwicklung etwa vorhandener Schulden ein wichtiger Tätigkeitsbereich der Testamentsvollstreckung ist.⁹ 6

Bezogen auf diesen Nachlasswert sind in der Praxis **Tabellen** entwickelt worden, deren wichtigste immer noch die sog. **Rheinische Tabelle** ist.¹⁰ Die in RM angegebenen Beträge wurden zunächst als DM-Beträge übernommen. Da es sich nur um Richtgrößen handelt, sind die DM-Werte nun zu 50 % als EURO-Werte angegeben worden. Die Tabelle sieht degressive Prozentsätze vor, je nach der Höhe des Nachlasswertes:¹¹ 7

bis zu 10.000 €		4 %
darüber hinaus bis	50.000 €	3 %
darüber hinaus bis	500.000 €	2 %
darüber hinaus		1 %

Dabei sind die jeweiligen Prozentsätze bis zu den angegebenen Wertgrenzen in Ansatz zu bringen, also bei einem Nachlasswert von 250.000 € 8

4 % von 10.000 € =	400 €
3 % von 40.000 € =	1.200 €
2 % von 200.000 € =	4.000 €
	5.600 €

Der BGH hat diese Berechnungsgrundlage in mehreren Entscheidungen gebilligt.¹² Dabei hat der BGH stets betont, dass solche »Richtsätze jedoch in Anbetracht der Vielge- 9

---

6 *Bengel/Reimann* 10 Rn. 2.
7 Vgl. OLG Köln NJW-RR 1995, 202 = ZEV 1995, 70.
8 Vgl. *Reimann* Testamentsvollstreckung in der Wirtschaftspraxis Rn. 719 unter Hinweis auf *Hess.* FG EFG 91, 333 und *Möhring/Beisswingert/Klingelhöffer* S. 230; ferner *Haegele/Winkler* Rn. 601 m.w.N.
9 Vgl. BGH NJW 1967, 2402.
10 Richtlinien des Vereins für das Notariat in Rheinpreußen von 1925, wiedergegeben bei *Plassmann* JW 35, 1830; jetzt ergänzt durch Nachfolgetabelle, s. Rz. 4 a.E.; Zur Angemessenheit der Vergütung des Testamentsvollstreckers nach der Neuen Rheinischen Tabelle s.a. LG Köln RNotZ 2007, 40 ff.; vgl. auch OLG Schleswig ZEV 2009, 625.
11 Zu diesem Beispiel vgl. *Bengel/Reimann* 10 Rn. 17.
12 Vgl. BGH NJW 1963, 487 = RPfleger 1963, 77 mit Anm. *Haegele* NJW 1967, 2400 = RPfleger 1968, 85 mit Anm. *Haegele*.

staltigkeit nicht schematisch angewandt (werden dürfen). Sie geben in der Regel nur einen Anhalt in den Fällen, in denen der TV die üblichen Aufgaben einer Nachlassabwicklung erfüllt.[13]«

10   Eine **Anpassung dieser Richtsätze** an die heutigen Verhältnisse ergibt sich nach der Rechtsprechung bereits daraus, dass die Nachlasswerte gestiegen seien.[14]

11   Zu dieser Vergütungsbemessung, bei der noch streitig ist, ob sie die gesamte Vergütung enthält oder nur die sog. Konstituierungsgebühr[15] oder nur die sog. Verwaltungsgebühr[16] stellt *Reimann*[17] fest, dass (trotz in der Literatur vorgeschlagener Erhöhungen der Prozentsätze)[18] in der **Praxis** sich kaum ein TV finden wird, »der bereit ist, zu den Sätzen der »Rheinischen Tabelle« zu arbeiten.«

12   Dabei ist maßgeblich, dass sich im Verhältnis zu 1925 nicht nur die Nachlasswerte erhöht haben; vielmehr ist zu berücksichtigen, dass sich der Lebenshaltungskostenindex bei Basis 1991 = 100 Punkte von im Jahre 1925 = 43,3 Punkte auf im Jahre 1996 = 114,4 Punkte erhöht hat, ferner, dass in der Regel dem TV ein Büro als RA/Stb/WP zur Erfüllung seiner Aufgaben zur Verfügung steht, dessen Kosten, insb. die Personalkosten, sich in einer Weise entwickelt haben, die durch die höheren Nachlasswerte **nicht** kompensiert werden.[19] Außerdem ist die steuerliche Belastung der Vergütung des TV außerordentlich gestiegen.[20]

13   In Abkehr von der »Rheinischen Tabelle« und den dazu vorgeschlagenen Anpassungen bevorzugt die Praxis heute die **»Möhring'sche Tabelle«**[21] Hiernach beträgt die Vergütung bei Nachlasswerten:

bis		
	10.000 €	7,50 %
	50.000 €	5,82 %
	500.000 €	3,82 %
	1.000 000 €	2,81 %
darüber hinaus (von dem über 1 Mio. liegenden Wert) zusätzlich		1 %

14   Inzwischen hat der **Deutsche Notarverein** eine Nachfolgetabelle zur »Rheinischen Tabelle« veröffentlicht,[22] die neben dem **Vergütungsgrundbetrag** Empfehlungen für die Vergütung des TV anlässlich der **Konstituierung** und der **Dauervollstreckung** enthalten.

---

13 BGH NJW 1963, 487 (L) = DNotZ 1964, 168.
14 So BGH NJW 1967, 2402, OLG Köln NJW-RR 1987, 1098 und NJW-RR 1994, 269.
15 So *Haegele/Winkler* Rn. 580.
16 So Glaser MDR 1983, 93.
17 *Reimann* Testamentsvollstreckung in der Wirtschaftspraxis Rn. 711.
18 Z.B. *Tschischgale* JurBüro 1965, 89 auf Werte zwischen 5 % und 1,25 %.
19 Vgl. zur Kritik an der Anwendung der »Rheinischen Tabelle« ausführlich *Bengel/Reimann* 10 Rn. 27 ff., dort auch die Darstellung der Entwicklung der Lebenshaltungskosten.
20 Vgl. dazu *Kirnberger* TZEV 1998, 342.
21 Abgedruckt bei *Möhring/Beisswingert/Klingelhöffer* S. 224 und *Haegele/Winkler* Rn. 582; weitere ähnliche Tabellenvorschläge finden sich bei *Weirich* Rn. 487 und Bengel/Reimann 10 Rn. 43; im Hinblick auf die Möhring'sche Tabelle hat das OLG Köln NJW-RR 1987, 1415, immerhin festgestellt, dass es nicht offensichtlich unangemessen gewesen sei, diese Tabelle benutzt zu haben.
22 Notar 2000, 2 ff. = ZEV 2000, 181; vgl. im Übrigen *Mayer/Bonefeld/Daragan* Rn. 501 ff.

Der **Vergütungsgrundbetrag** stellt sich nach dieser Tabelle wie folgt dar: 15

bis	250.000 €	4,0 %
	500.000 €	3,0 %
	2.500.000 €	2,5 %
	5.000 000 €	2,0 %
über	5.000.000 €	1,5 %

mindestens aber der höchste Betrag der Vorstufe
Beispiel: Bei einem Nachlass von 260.000 € beträgt der Grundbetrag nicht 7.800 € (= 3 % aus 260.000 €), sondern 10.000 € (= 4 % aus 250.000 €).

Die Umsatzsteuer ist nach dieser Empfehlung in den angegebenen Beträgen **nicht** enthalten. 16

Abschließend bleibt darauf hinzuweisen, dass **jede von den Einzelumständen absehende Schematisierung zu vermeiden** ist und alle Richtlinien nur als Anhalt für Normalfälle herangezogen werden dürfen.[23] 17

IV. Konstituierung, Verwaltung, Auseinandersetzung

Diese Tabellenwerte knüpfen an eine »normale« Testamentsvollstreckung an, die ohne besondere Schwierigkeiten abgewickelt werden kann.[24] 18

Ergeben sich in den jeweiligen Phasen der Tätigkeit besondere Schwierigkeiten, sind diese bei der Bemessung der Gebühren – bis zu dem eingangs erwähnten Grenzwert von ca. 12 % des Nachlasswertes – zusätzlich zu vergüten, wobei die Tätigkeit des TV im Zusammenhang mit einem **Geschäftsbetrieb** eine **besondere** Wertbestimmung erfordert. 19

Üblicherweise werden die Phasen der Tätigkeit des TV bei längerer Verwaltung des Nachlasses eingeteilt in die Abschnitte der 20
– Konstituierung,
– Verwaltung,
– Auseinandersetzung.

Bei der **Konstituierung** (Ermittlung des Umfangs des Nachlasses und seine Bewertung, Erstellung des Nachlassverzeichnisses, Ermittlung der Erben und Vermächtnisnehmer) können sich besondere Schwierigkeiten ergeben, die eine gesonderte Vergütung des TV rechtfertigen.[25] Diese Tätigkeit schafft das Fundament der Testamentsvollstreckung. 21

Es ist unstreitig, dass eine sich daran anschließende **Verwaltung** zusätzlich zu vergüten ist.[26] Diese wird nach Prozentsätzen des Erbschaftsbestandes in den jeweiligen Zeiträumen bemessen.[27] Besteht der Nachlass praktisch nur aus Konten und Wertpapieren, wird diese Gebühr von 1/3–1/2 des noch vorhandenen Nachlasses pro Jahr berechnet,[28] während bei der Verwaltung von Immobilienvermögen das Entgelt als Richtschnur gilt, das für eine gewerbliche Hausverwaltung zu entrichten wäre.[29] 22

Eine **Auseinandersetzungsgebühr** wird nur dann in Betracht kommen, wenn mit der Auseinandersetzung noch zusätzliche, besondere Schwierigkeiten verbunden sind, und sie sich nicht als Ergebnis der bisherigen Verwaltung darstellt. Ohne dass insoweit eine allgemeine Praxis festgestellt werden kann, wird für diese Gebühr bei *Haegele/Winkler*, Rn. 590 23

---

23 OLG Düsseldorf MittRhNotK 1996, 172 im Anschluss an BGH NJW 1962, 2402.
24 Vgl. dazu den Beispielsfall bei *Bengel/Reimann* 10 Rn. 43, 44: der typisch bürgerliche, auch noch gehoben bürgerliche Nachlass, der glatt abgewickelt werden kann.
25 Vgl. BGH NJW 1963, 1615.
26 Vgl. *Palandt/Edenhofer* § 2221 Rn. 7.
27 So KG NJW 1974, 752.
28 So *Soergel/Damrau* § 2221 Rn. 9.
29 *Soergel/Damrau* § 2221 Rn. 9.

ein Zuschlag von ca. 30 % auf die ohnehin um ca. 40–50 % zu erhöhenden Prozentsätze der »Rheinischen Tabelle« empfohlen.[30]

24   Bei unternehmerischer Tätigkeit des TV (Handelsgeschäft, Unternehmensbeteiligung) wird ein notwendiger Ausgleich für das vom TV zu tragende **Unternehmensrisiko** anerkannt, welcher – so der BGH[31] – durch Gewährung »eines namhaften Hundertsatzes des Gewinns« zu erfolgen hat. Das LG Hamburg[32] hat bei erfolgreicher Unternehmensführung eine Vergütung von 10 % des jährlichen Reingewinns in Ansatz gebracht. Richtiger erscheint es jedoch, an die Vergütungen der vergleichbaren Unternehmensorgane (Aufsichtsrat, Vorstand, Geschäftsführung) anzuknüpfen, da es nicht allein vom TV abhängt, ob ein Gewinn erwirtschaftet wird.[33] Jedoch sind die besonderen Fähigkeiten des TV und gegebenenfalls der Erfolg seiner Tätigkeit zu berücksichtigen.

V. Fälligkeit der Vergütung

25   Die Fälligkeit der Vergütung ist grundsätzlich erst nach der Beendigung des Amtes gegeben, anders nur bei länger dauernder Verwaltung – hier kann der TV die bereits entstandene Konstituierungsgebühr berechnen und für die laufende Verwaltung seine Vergütung pro Jahr in Ansatz bringen.[34] Im Übrigen steht dem TV kein Recht auf Vorschusszahlung zu.[35] Jedoch ist er kraft seiner Verfügungsbefugnis zu Entnahmen aus dem Nachlass berechtigt (§§ 2205, 181 BGB), wofür er jedoch das volle Risiko trägt bis hin zur möglichen Entlassung nach § 2227 BGB bei übermäßig hoher Entnahme.

26   Die Schlussvergütung wird erst nach abschließender Rechnungslegung fällig. Insoweit steht dem Erben ein Zurückbehaltungsrecht zu, während der TV die Herausgabe des Nachlasses bis zur Schlusszahlung verweigern kann.

VI. Einzelfragen

27   Bei Streitigkeiten über die Höhe der Vergütung ist das Prozessgericht, nicht das Nachlassgericht zuständig.

28   In der Vergütung ist die **Umsatzsteuer** bereits enthalten, was bei der Bemessung zu berücksichtigen ist.[36]

29   Zum Auslagenersatz des TV vgl. oben § 2218.

30   Sonstige berufliche Dienste des TV in seiner besonderen Eigenschaft als RA, Stb, WP oder Unternehmensberater sind neben der TV-Vergütung nach den jeweiligen Gebührenvorschriften der Berufsangehörigen zu honorieren. Solch Dienste werden dann gesondert geleistet, wenn ein TV, der nicht Berufsangehöriger ist, vernünftigerweise einen solchen zu Rate gezogen und beauftragt hätte.[37]

31   Aber auch hier sind die Umstände des Einzelfalles maßgeblich: besteht beispielsweise die Testamentsvollstreckung im Wesentlichen in einer umfangreichen Grundstücksverwaltung und ist die dem TV durch den Erblasser zugesprochene Vergütung als relativ hoch zu betrachten, wird der TV, der selbst über Kenntnisse der Grundstücksverwaltung verfügt

---

30 Vgl. auch OLG Köln NJW-RR 1994, 269.
31 BGH DNotZ 1964, 168.
32 LG Hamburg MDR 1959, 761.
33 Vgl. *Reimann* Testamentsvollstreckung in der Wirtschaftspraxis Rn. 727.
34 Vgl. BGH WM 1964, 950.
35 Vgl. oben § 2218 Rz. 14.
36 Nach MüKoBGB/*Zimmermann* § 2221 Rn. 14a, gibt es für diese »Verschleierungspraxis« keinerlei Begründung; deswegen sollte die Umsatzsteuer in der Form der Mehrwertsteuer offen und zusätzlich zur Vergütung ausgewiesen werden; so auch *Möhring/Beisswingert/Klinghöffer* S. 236; so auch jetzt die Vergütungsempfehlungen des Deutschen Notarvereins, s. o. Rz. 4.
37 Vgl. BGH NJW 1967, 876; *Haegele/Winkler* Rn. 635; *Streck* DStR 1991, 592.

oder beruflich damit zu tun hat, nicht berechtigt sein, für diese Leistungen gesonderte Abrechnungen zu erteilen.

Bei mehreren TVn richtet sich die Vergütung eines jeden TV nach seiner Tätigkeit.[38] 32
Dementsprechend können die Vergütungen unterschiedlich hoch ausfallen; für jeden TV ist dessen Tätigkeit nach Umfang, Dauer und Verantwortung maßgeblich, ferner ist festzustellen, welchen Teil der dem TV nach dem Gesetz obliegenden Aufgaben der TV übernommen hatte; danach richten sich Zuschläge oder Abschläge bei Anwendung der Regelsätze.

Die Vergütung des **vermeintlichen** TV ist ein Problem, das sich beispielsweise dann 33
stellen kann, wenn ein späteres Testament aufgefunden wird, welches die früher angeordnete Testamentsvollstreckung aufhebt, d.h. eine wirksame Anordnung der Testamentsvollstreckung von Anfang an nicht gegeben war. Die Tätigkeit des vermeintlichen TV ist grundsätzlich zu honorieren; über die Anspruchsgrundlagen besteht Streit. Erweist sich die Bestellung des TV als von Anfang an unwirksam, kommt eine direkte Anwendung von § 2221 BGB nicht in Betracht; vielmehr kommen die gesetzlichen Regelungen zum Geschäftsbesorgungsvertrag nach §§ 675, 612 zur Anwendung.[39]

Fraglich ist hierbei, ob dies auch gilt, wenn zwar der TV bei der Übernahme des Amtes 34
gutgläubig war, die Erben jedoch von Anfang an die Berechtigung der Einsetzung des TV bestritten hatten. Während *Haegele/Winkler* auch hier mit einer analogen Anwendung der erwähnten Vorschriften arbeiten, da der Erblasser einen Rechtsschein gesetzt habe, den die Erben gegen sich gelten lassen müssen,[40] weist der BGH[41] in diesem Fall das Vergütungsrisiko allein dem TV zu. Haben also die Erben von Anfang an der Tätigkeit des TV wegen bestehender Zweifel an der Rechtswirksamkeit seiner Einsetzung widersprochen und wird der TV trotzdem tätig, steht ihm nach der zitierten Entscheidung des BGH keine Vergütung zu, falls sich die Unwirksamkeit seiner Bestellung schließlich bestätigt. Ob dieses Ergebnis generell richtig ist, erscheint fraglich; es sind Umstände denkbar, die es dem TV als Pflicht gegenüber dem Erblasser erscheinen lassen, trotz bestehender Zweifel tätig zu werden. Dann aber müsste ihm auch eine Vergütung zustehen, wobei sich die analoge Anwendung der §§ 2218, 2221 anbietet.

Bei dieser Rechtslage kann dem ernannten Testamentsvollstrecker in zweifelhaften Fäl- 35
len nur geraten werden, das Amt nur mit Einverständnis der Erben anzunehmen und mit ihnen eine Vereinbarung über den Abschluss des Geschäftsbesorgungsvertrags einschließlich seiner Vergütung zu treffen.[42]

War der TV zunächst wirksam bestellt worden, entfällt aber später der Grund für die 36
Bestellung, ohne dass dem TV dies bekannt wurde, steht dem TV die Vergütung zu, weil ein gesetzliches Schuldverhältnis wirksam begründet worden war.[43]

VII. Beratungshinweise

Vergütungsfragen sind Streitfragen. Der TV sieht sich plötzlich der Phalanx der nun ver- 37
eint agierenden Erben gegenüber.

Soll dies vermieden werden, muss bereits bei der testamentarischen Verfügung mit dem 38
Erblasser die Vergütungsfrage so präzise wie möglich geregelt werden. Dies geschieht bedauerlicherweise[44] höchst selten.

---

38 Vgl. BGH NJW 1967, 2400.
39 So BGH NJW 1963, 1615; *Haegele/Winkler* Rn. 632 hingegen befürworten die analoge Anwendung der §§ 2218, 2221, was von der Sache her gerechtfertigt erscheint; vgl. auch *Dittus* NJW 1961, 590.
40 So *Haegele/Winkler* Rn. 632.
41 BGH NJW 1977, 1726.
42 *Bund* JuS 1966, 60, 65.
43 BGHZ, 69, 235.
44 Worauf *Tiling* ZEV 1998, 331 zutreffend hinweist.

39 Ist die Vergütung nicht testamentarisch festgelegt worden, sollte in einem möglichst frühen Stadium der Testamentsvollstreckung versucht werden, mit den Erben eine einvernehmliche Regelung herbeizuführen unter Darstellung der jeweiligen Phasen der Tätigkeit des TV und unter Bezugnahme auf die Möhring'sche Tabelle oder die Rheinische Tabelle unter Berücksichtigung des dazu beispielsweise durch das OLG Köln[45] zugebilligten Zuschlags von 50 %. Die oben (Rz. 4) erwähnte Darstellung des Deutschen Notarvereins scheint zurzeit die zweckmäßigste Grundlage der einvernehmlichen Regelung mit den Erben zu sein. Dann wissen beide Seiten von vornherein, wie die Abrechnung vorgenommen werden wird. Allerdings ist zu berücksichtigen, dass unangemessene Vergütungsforderungen ein Entlassungsgrund nach § 2227 sein können. Scheitert dieser Versuch einer frühzeitigen einvernehmlichen Regelung, muss sich der TV auch anlässlich der Beendigung seines Amtes auf ein streitiges Verfahren einrichten. Dies bedeutet, dass der TV **während** seiner Tätigkeit darauf zu achten hat, dass die Schritte und Maßnahmen, die Einfluss auf die Höhe der Vergütung haben können, laufend dokumentiert und den jeweiligen Tätigkeitsabschnitten zugeordnet werden, die für die Bemessung der Vergütung maßgeblich sind.

40 Kommt es zum Streit über die Angemessenheit der Vergütung, ist das Prozessgericht und nicht das Nachlassgericht zuständig. Der Testamentsvollstrecker muss bei seiner Klage auf Festsetzung bzw. Leistung seiner Vergütung den Klageantrag beziffern, was ein erhebliches Prozessrisiko darstellt. Nur wenn eine Bezifferung nicht zumutbar erscheint oder nicht möglich ist, braucht sie ausnahmsweise nicht zu erfolgen. Dann muss jedoch ein Mindestbetrag im Klageantrag aufgeführt werden. Ferner sind die Bemessungsgrundlagen anzugeben. Der Testamentsvollstrecker klagt im eigenen Namen und führt den Prozess persönlich.

§ 2222
Nacherbenvollstrecker

Der Erblasser kann einen Testamentsvollstrecker auch zu dem Zwecke ernennen, dass dieser bis zu dem Eintritt einer angeordneten Nacherbfolge die Rechte des Nacherben ausübt und dessen Pflichten erfüllt.

I. Regelungsgegenstand

1 Regelungsgegenstand dieser Norm ist die Wahrnehmung der Rechte und Pflichten des Nacherben durch den TV bis zum Eintritt der Nacherbschaft. Dem TV wird dadurch gleichsam die Stellung eines Pflegers für den Nacherben zugewiesen.[1] Eine weitergehende Aufgabe, den Willen des Erblassers auszuführen, steht ihm nicht zu. Dies ist bei Unklarheiten in der Formulierung letztwilliger Verfügungen zu berücksichtigen. Im Zweifelsfall wird nicht die Anordnung einer Nacherbenvollstreckung i.S.d. § 2222 anzunehmen sein, sondern eher eine sich auf die Nacherbschaft beziehende Verwaltungs- und Abwicklungsvollstreckung.[2]

II. Nacherbenvollstreckung

2 Im Falle der Nacherbenvollstreckung nach § 2222 können dem TV gegenüber dem Vorerben nur die Rechte und Pflichten zustehen, die dem Nacherben gesetzlich zugewiesen

---

45 OLG Köln NJW-RR 1994, 269.
1 Vgl. MüKoBGB/*Zimmermann* § 2222 Rn. 2.
2 Vgl. *Soergel/Damrau* § 2222 Rn. 1.

sind. Dabei handelt es sich um die §§ 2116–2119, 2121–2123, 2127, 2128 und 2115 i.V.m. § 773 ZPO, die der Beaufsichtigung des Vorerben dienen, und die §§ 2120, 2123, die den Nacherben verpflichten, den Vorerben bei der Verwaltung zu unterstützen.

Nur auf die Verwaltung dieser Rechte und Pflichten bezieht sich die Befugnis des TV, hingegen nicht auf die einzelnen Nachlassgegenstände.[3]   3

Von dieser Grundlage aus beurteilen sich die dem TV zustehenden Rechte und Pflichten. Die dem TV nach § 2215 obliegende Pflicht zur Erstellung eines Nachlassverzeichnisses kann im Falle des § 2222 somit nicht bestehen, da ihm der Besitz an den Nachlassgegenständen nicht zusteht. In entsprechender Anwendung der §§ 2218, 666 besteht jedoch zugunsten des Nacherben eine Auskunftspflicht. Der TV hat sogleich nach Amtsübernahme von sich aus den gegen den Vorerben gerichteten Anspruch auf Erstellung eines Verzeichnisses der zur Erbschaft gehörenden Gegenstände nach § 2121 geltend zu machen.[4] Da den Vorerben nur einmal die Verpflichtung zur Erstellung des Verzeichnisses trifft, kann auch der TV nicht verpflichtet werden, zu einem späteren Stichtag die Vorlage des Verzeichnisses erneut zu verlangen.[5] Etwas anderes kann sich nur unter den Voraussetzungen des § 2127 (Besorgnis der Verletzung der Rechte des Nacherben) ergeben.   4

In entsprechender Anwendung des § 2218 ist der TV dem Nacherben gegenüber auch zu weiteren Informationen verpflichtet, die sich beispielsweise auf von ihm gegen den Vorerben ergriffene Maßnahme beziehen.[6]   5

Hat der Erblasser dem Vorerben gem. § 2136 Befreiung erteilt, ist diese Regelung auch dem TV gegenüber verbindlich. Seine Einsetzung hat keinerlei Bedeutung für die Position des Vorerben, die unverändert bleibt.   6

III. Bestimmung des Vorerben als TV?

Die dem Schutz der Rechtsposition des Nacherben dienende Verfügung der Einsetzung eines NacherbenTV schließt es aus, mit dieser Funktion den einzigen Vorerben zu betrauen. Bei mehreren Vorerben jedoch soll es gestattet sein, einen von ihnen zum NacherbenTV zu bestimmen.[7]   7

Die bestehende Interessenkollision spricht jedoch gegen eine solche Regelung.[8]   8

Hingegen wird es als zulässig erachtet, den selben TV hinsichtlich der Vorerbschaft und als Nacherbenvollstrecker einzusetzen.[9] Die Interessengegensätze, die zwischen Vorerben und Nacherben bestehen, werden dann durch den zur fairen Abwägung verpflichteten TV ausgeglichen.   9

Keine Bedenken ergeben sich, einen von mehreren Nacherben zum NacherbenTV zu bestellen.   10

IV. Beginn und Ende der Nacherbentestamentsvollstreckung

Das Amt des NacherbenTV beginnt mit dem Erbfall und endet mit dem Ende der Vorerbschaft und dem Beginn der Nacherbschaft. Im Hinblick auf den dem Nacherben zu überantwortenden Nachlass ist somit nicht mehr der TV empfangsberechtigt, sondern der Nacherbe selbst.   11

Der Vergütungsanspruch des NacherbenTV richtet sich gegen den Nacherben; für diesen handelt es sich um eine Nachlassverbindlichkeit.   12

---

3 Vgl. BGHZ 127, 360 = NJW 1995, 456.
4 Vgl. *Palandt/Edenhofer* § 2222 Rn. 5.
5 BGH NJW 1995, 456.
6 Vgl. *Palandt/Edenhofer* § 2222 Rn. 5.
7 *Staudinger/Reimann* § 2222 Rn. 16, *Palandt/Edenhofer* § 2222 Rn. 2.
8 So auch *Soergel/Damrau* § 2222 Rn. 6, zweifelnd *MüKoBGB/Zimmermann* Rn. 4.
9 Vgl. BGH NJW 1995, 456.

V. Beratungshinweise

13 Die Einsetzung eines NacherbenTV ist insb. angezeigt, wenn der vorgesehene Nacherbe während der Dauer der Vorerbschaft selbst nicht oder noch nicht in der Lage ist, die ihm als Nacherbe zustehenden Rechte wahrzunehmen und Pflichten zu erfüllen. Ist der vorgesehene Nacherbe noch nicht gezeugt oder wird dessen Person erst durch ein künftiges Ereignis bestimmt, sieht das Gesetz die Bestellung eines Pflegers vor (§§ 1909, 1912, 1913), der unter der Aufsicht des Vormundschaftsgerichts steht.

14 Dies erübrigt sich durch die Einsetzung eines NacherbenTV.[10] Dieser untersteht nicht der Aufsicht des Vormundschaftsgerichts, was für den Erblasser als Vorteil erscheinen mag.

15 Da die NacherbenTV nach § 2222 beim Eintritt der angeordneten Nacherbfolge wegfällt, empfiehlt es sich, auch für den **nachfolgenden** Zeitraum die Testamentsvollstreckung für die Nacherbschaft anzuordnen (beispielsweise wenn Minderjährige zu Nacherben berufen werden). Für diese nachfolgende Zeit liegt dann eine Verwaltungsvollstreckung nach § 2209 vor.

16 Die Kombination von Vor- und Nacherbschaft unter Einsetzung eines TV kann sich bei Einsetzung eines überschuldeten Erben als vorteilhaft erweisen; ferner bei der Gestaltung eines **Behindertentestaments**.[11]

17 Soll der unter Testamentsvollstreckung stehende Nacherbe verklagt werden oder will dieser klagen, so ist wegen §§ 2212, 2213 BGB lediglich der Nacherbentestamentsvollstrecker aktiv und passiv legitimiert. Das gegen ihn ergehende Urteil wirkt für und gegen den Nacherben gem. § 327 ZPO.

§ 2223
Vermächtnisvollstrecker

Der Erblasser kann einen Testamentsvollstrecker auch zu dem Zwecke ernennen, dass dieser für die Ausführung der einem Vermächtnisnehmer auferlegten Beschwerungen sorgt.

I. Vermächtnisvollstrecker und Nachvermächtnisvollstrecker

1 Da der Vermächtnisnehmer kein Erbe ist und die Testamentsvollstreckung in aller Regel der Verwaltung und Abwicklung des Nachlasses dient, könnte zweifelhaft sein, ob ein TV auch zu dem Zweck ernannt werden kann, in gleicher Funktion zu Lasten eines Vermächtnisnehmers zu wirken.

2 Diese Zweifel werden durch § 2223 beseitigt. Dabei folgt aus dem Gesetzestext (»auch«), dass dem TV nicht nur zur Ausführung der dem Vermächtnisnehmer auferlegten Beschwerungen, wie z.B. Nachvermächtnisse oder Auflagen eingesetzt werden kann, sondern ihm auch die für einen TV normale Tätigkeit der Verwaltung eines mit einer Vermächtnisregelung belasteten Gegenstands übertragen werden kann.[1]

3 Insoweit ergeben sich sodann die entsprechenden Pflichten des TV aus § 2216 deren Verletzung gegenüber dem Vermächtnisnehmer zur Schadensersatzpflicht (§ 2219) führen kann. In diesem Fall gleicht die Rechtsstellung des Vermächtnisnehmers der des Erben.

4 Die Rechtsposition des Nachvermächtnisnehmers (§ 2191) ist weitgehend ungesichert; denn die Vorschriften über die Nacherbschaft finden mit Ausnahme der in § 2191 Abs. 2

---

10 BayObLG NJW 1960, 966.
11 Vgl. im Einzelnen *Mayer/Bonefeld/Daragan* Rn. 555 ff.
1 Vgl. BGHZ 13, 203 = NJW 1954, 1036.

genannten Regelungen keine entsprechende Anwendung.[2] Immerhin steht dem Nachvermächtnisnehmer ein Anwartschaftsrecht zu, welches auch übertragbar und – soweit es sich auf ein Grundstück bezieht – auch durch Vormerkung abgesichert werden kann.[3]

Obwohl sich aus dem Gesetz kein Anhaltspunkt dafür ergibt, dass entsprechend § 2222 (Nacherbenvollstrecker) auch ein Nachvermächtnisvollstrecker eingesetzt werden kann, wird dies doch allgemein für möglich gehalten, weil es keinen Grund gibt, der Gestaltungsfreiheit des Erblassers insoweit eine Grenze zu setzen.[4]

Der Erblasser kann den Testamentsvollstrecker zugleich für den Erben und für den Vermächtnisnehmer ernennen.[5]

II. Beratungshinweise

In der Praxis kann diese Vorschrift von Bedeutung sein im Hinblick auf eine mögliche Regelung zur Unternehmernachfolge. Der Erblasser könnte gem. § 2151 BGB verfügen, dass beispielsweise der Vermächtnisnehmer bzw. der TV berechtigt sein soll, aus einem vom Erblasser eindeutig konkretisierten Kreis von Personen zu bestimmen, wer Nachvermächtnisnehmer sein soll.[6]

Dem Vermächtnisvollstrecker wird auf Antrag ein Testamentsvollstreckerzeugnis nach § 2368 erteilt, in dem die Beschränkung auf die Vermächtnisverwaltung anzugeben ist.[7] Im Erbschein erscheint die Vermächtnisvollstreckung dagegen nicht.

§ 2224
Mehrere Testamentsvollstrecker

(1) Mehrere Testamentsvollstrecker führen das Amt gemeinschaftlich; bei einer Meinungsverschiedenheit entscheidet das Nachlassgericht. Fällt einer von ihnen weg, so führen die übrigen das Amt allein. Der Erblasser kann abweichende Anordnungen treffen.

(2) Jeder Testamentsvollstrecker ist berechtigt, ohne Zustimmung der anderen Testamentsvollstrecker diejenigen Maßregeln zu treffen, welche zur Erhaltung eines der gemeinschaftlichen Verwaltung unterliegenden Nachlassgegenstandes notwendig sind.

I. Gründe für die Einsetzung mehrerer TV

Die letztwillige Verfügung des Erblassers, mehrere TV (§ 2197 Abs. 1) einzusetzen, kann auf unterschiedlichen Gründen beruhen. So kann beispielsweise die für unterschiedliche Aufgabenbereiche erforderliche unterschiedliche Qualifikation[1] ausschlaggebend sein; ferner die Überlegung des Erblassers, dass mehrere TV zu einer einheitlichen Willensbildung kommen müssen und dadurch gravierende Fehlentscheidungen vermieden werden, oder dass eine höhere Sicherheit dadurch erreicht wird, dass die TV sich gegenseitig kontrollieren.

Weiterhin kann der Erblasser letztwillig verfügen, in welcher Weise die mehreren TV den Nachlass zu verwalten haben, ob einer von ihnen bei unterschiedlichen Auffassungen

---

2 Vgl. *Bengel* NJW 1990, 1826.
3 Vgl. *Bengel* NJW 1990, 1826.
4 Vgl. *Bengel* NJW 1990, 1829.
5 BGH LM § 2203 Nr. 1, insoweit in BGHZ 13, 203 nicht abgedruckt.
6 Vgl. *Bengel* NJW 1990, 1829 m.w.N.
7 *Haegele/Winkler* Rn. 691.
1 Z.B. ausgedehntes Firmenvermögen und Privatvermögen.

das letzte Wort haben soll, ob die Mehrheit entscheidet oder ob jeder TV seinen Aufgabenbereich selbstverantwortlich zu führen hat.

3 Hat der Erblasser nur mehrere TV bestimmt, ohne weitere Einzelheiten festzulegen, die die Amtsführung oder das Verhältnis der TV zueinander regeln sollen, greift **subsidiär** § 2224 ein. Davon abweichende Anordnungen des Erblassers sind im TV-Zeugnis anzugeben (§ 2368).

II. Gemeinschaftliche Amtsführung

4 Nach § 2224 führen mehrere TV das Amt gemeinschaftlich; sie haften demgemäß als Gesamtschuldner (§ 2219 Abs. 2). Die gemeinschaftliche Amtsführung betrifft sowohl das Außen- als auch das Innenverhältnis.[2] Im Innenverhältnis können die TV zwar abweichende Vereinbarungen treffen; dies hat jedoch nur interne Bedeutung und entlässt sie nicht aus der gemeinschaftlichen Haftung. Die gemeinschaftliche Amtsführung bedeutet nicht auch gleichzeitige Amtsführung; die TV können sich jeweils mit Vollmachten versehen, sofern der Erblasser nichts anderes angeordnet hat; ferner können sie einzelne Maßnahmen eines Mitvollstreckers genehmigen. Wird die Genehmigung versagt, wird für den Geschäftspartner § 179 Abs. 3 gelten, sofern er es versäumt hat, sich bei Geschäftsabschluss das TV-Zeugnis vorlegen zu lassen. Die Versagung der Genehmigung durch einen Mitvollstrecker offenbart eine **Meinungsverschiedenheit**, über die auf Antrag eines der TV das Nachlassgericht zu entscheiden hat.

III. Funktion des Nachlassgerichts

5 Die Kompetenz des Nachlassgerichts ist eingeschränkt: Es kann vorgeschlagene Gestaltungsalternativen nur billigen oder ablehnen. Denn dem Nachlassgericht steht es nicht zu, eigene Gestaltungsvorstellungen zu entwickeln und zu realisieren; dies würde in die ausschließliche Kompetenz der TV eingreifen. Billigt das Nachlassgericht somit keine der vorgeschlagenen Gestaltungsalternativen, muss das Nachlassgericht eine ablehnende Entscheidung treffen.[3] Billigt das Nachlassgericht eine der vorgeschlagenen Maßnahmen, hat es gleichzeitig zum Ausdruck zu bringen, dass der ablehnende TV dieser Maßnahme zuzustimmen hat. Während die h.M.[4] davon ausgeht, dass der weiterhin seine Mitwirkung verweigernde TV vor dem Prozessgericht auf Zustimmung zu verklagen ist und das Urteil die Zustimmung gem. § 894 ZPO ersetzt, wird dieser Weg insb. von *Zimmermann*[5] für überflüssig gehalten: der durch das Nachlassgericht bestätigte TV kann nun alleine handeln. Dieser Ansicht steht der Wortlaut des § 2224 nicht entgegen; der Verweis der h.M. auf die familienrechtlichen Vorschriften, die ausdrücklich bestimmen, dass die Zustimmung z.B. eines Ehegatten oder eines Dritten durch die Entscheidung des Vormundschaftsgerichts ersetzt wird (vgl. §§ 1365 Abs. 2, 1426, 1803 Abs. 3), ist daher nicht zwingend. Richtigerweise ist daher anzunehmen, dass der vom Nachlassgericht in seinem Vorschlag bestätigte Mitvollstrecker auch nach außen ohne die Mitwirkung des Widerstrebenden rechtsgeschäftlich wirksam handeln kann (ähnlich wie nach Abs. 2),[6] und dass bei einem ohne Zustimmung des widerstrebenden Testamentsvollstreckers vorgenommenen, also schwebend unwirksamen Rechtsgeschäft die nachlassgerichtliche Entscheidung als Genehmigung des Widerstrebenden wirkt.[7]

---

2 Vgl. BGH NJW 1967, 2402.
3 Vgl. Palandt/Edenhofer § 2224 Rn. 4.
4 Vgl. Staudinger/Reimann BGB § 2224 Rn. 26; Soergel/Damrau § 2224 Rn. 15; Palandt/Edenhofer § 2224 Rn. 4.
5 MüKoBGB/*Zimmermann* § 2224 Rn. 14; vgl. ferner *Zimmermann* Rn. 222.
6 *Kipp/Coing* § 74 I 1; Erman/M. Schmidt Rn. 3.
7 RG JW 1932, 1358; so auch *Staudinger/Reimann* Rn. 16.

Ein weiterer Streitpunkt ist, ob das Nachlassgericht strikt darauf beschränkt ist, bei 6
Meinungsverschiedenheiten unter den TVn über die Zweckmäßigkeit einer vorgesehenen
Maßnahme zu entscheiden,[8] oder ob das Nachlassgericht in diesem Zusammenhang auch
über Rechtsfragen entscheiden kann, die sich beispielsweise auf die Auslegung der testamentarischen Verfügung beziehen. Für die Streitfrage, ob eine Amtshandlung mit dem
Testament in Einklang steht, ist grundsätzlich das **Prozessgericht** zuständig.[9] Soweit es
sich hierbei nur um Vorfragen zur Entscheidung über die Gestaltungsalternativen handelt,
wird das Nachlassgericht hierüber in der vom BGH[10] für zulässig gehaltenen Weise zu entscheiden haben, nämlich ob die vorgesehene Maßnahme mit dem Gesetz und der letztwilligen Verfügung im Einklang steht. Diese Feststellung ist die Entscheidungsgrundlage des
Nachlassgerichts. Besteht jedoch hierüber schon Streit zwischen den Beteiligten, steht die
Zuständigkeit dem Prozessgericht zu.[11]

Dies kann deswegen schon nicht anders sein, weil die Entscheidung des Nachlassgerichts nur die beteiligten TV bindet, während die durch das Prozessgericht zu entscheidenden Rechtsfragen auch die Rechtssphäre des Erben berühren; diese können nicht daran gehindert werden, eine Auslegungsfrage per Feststellungsklage durch das Prozessgericht klären zu lassen. Zudem wäre sonst die Möglichkeit sich widersprechender Entscheidungen des Nachlass– und des Prozessgerichts gegeben. 7

Als **Rechtsmittel** gegen die Entscheidung des Nachlassgerichts ist die sofortige 8
Beschwerde gegeben (§§ 82, Abs. 2, 53, 60 Abs. 1 Nr. 6 FGG).

IV. Wegfall eines der TV

Der Wegfall eines von mehreren TV berührt die Testamentsvollstreckung weiter nicht, es 9
sei denn, aus der letztwilligen Verfügung ergibt sich, dass ein Nachfolger einzusetzen ist
(§§ 2198, 2199, 2200), oder dass dieser schon benannt wurde (§ 2197 Abs. 2). Als Wegfall
kommt nur ein sich auf Dauer auswirkender Umstand in Betracht, wie z.B. Ablehnung
oder Niederlegung des Amts. Ferner kann sich ergeben, dass ein Mitvollstrecker aus rechtlichen Gründen[12] gehindert ist, tätig zu werden.[13] Darüber hinaus kann eine tatsächliche
Verhinderung gegeben sein, wenn der Mitvollstrecker vermisst oder nicht auffindbar ist.

Diese gesetzliche Regelung auch auf den Fall der nur vorübergehenden Verhinderung 10
des Mitvollstreckers anzuwenden, besteht keine Veranlassung. Denn entweder handelt es
sich um eine notwendige Erhaltungsmaßnahme i.S.d. Abs. 2, die ohne Mitwirkung des
anderen erfolgen kann, oder der Mitvollstrecker kann die Maßnahme später genehmigen;
im Falle der Verweigerung hätte das Nachlassgericht zu entscheiden.

V. Notmaßnahmen

Nach Abs. 2 kann jeder von mehreren TVn die zur Erhaltung eines der gemeinschaftlichen Verwaltung unterliegenden Nachlassgegenstandes notwendigen Maßregeln treffen. 11
Dabei gilt ein objektiver Maßstab; es genügt nicht, dass der TV subjektiv davon ausging,
eine solche Erhaltungsmaßnahme sei notwendig.[14] Als Erhaltungsmaßnahmen kommen
nicht nur tatsächliche Instandhaltungsmaßnahmen in Betracht; vielmehr können darunter auch solche Maßnahmen fallen, die zur Erhaltung der Rechtsposition notwendig

---

8 So BGHZ, 20, 264.
9 Vgl. *Staudinger/Reimann* § 2224 Rn. 22 m.w.N.
10 BGHZ 20, 264.
11 Vgl. *Soergel/Damrau* § 2224 Rn. 9, 14; *Erman/Schmidt* § 2224 Rn. 4, 5.
12 Z.B. wegen Interessenkollision.
13 Z.B. ist der eine Mitvollstrecker Nachlassschuldner, so gilt er – soweit es darum geht, die Nachlassforderung geltend zu machen – als weggefallen, so dass der andere TV alleine tätig werden kann, vgl. *Staudinger/Reimann* § 2224 Rn. 36.
14 Vgl. *Staudinger/Reimann* § 2224 Rn. 43.

sind, wie z.B. die Beitreibung einer Nachlassforderung[15] oder Einlegung von Rechtsmitteln gegen Forderungen.[16]

VI. Beratungshinweise

12 Bei Einsetzung mehrerer TV durch den Erblasser sollte gleichzeitig festgelegt werden, in welcher Weise etwaige Meinungsverschiedenheiten unter ihnen zu regeln sind; hierbei das Nachlassgericht bemühen zu müssen, bedeutet gleichzeitig das Risiko, Sachfragen durch nicht hinreichend kompetente Außenstehende entscheiden zu lassen. Deshalb könnten sich beispielsweise die folgenden Formulierungen empfehlen:

13 Zu meinen Testamentsvollstreckern ernenne ich den RA ... sowie den Wirtschaftsprüfer .... Sie haben das Amt gemeinschaftlich zu führen. Über die erforderlichen Maßnahmen haben sich beide TV zu verständigen. Kommt eine solche Verständigung nicht zustande, hat die Maßnahme zu unterbleiben ...

14 Zu meinen Testamentsvollstreckern ernenne ich A, B, C. Sie haben das Amt gemeinschaftlich zu führen. Intern stimmen die TV mit einfacher Stimmenmehrheit ab. Jedoch steht dem TV B ein Vetorecht zu, so dass gegen seine Stimme gefasste Beschlüsse nicht ausgeführt werden dürfen ...

15 Zu meinen Testamentsvollstreckern ernenne ich die geschäftsführenden Gesellschafter der XY-WP GmbH. Diese haben nach Annahme des Amtes intern eine Geschäftsordnung zu erstellen, durch die die Zuständigkeiten für die jeweiligen Geschäftsbereiche festzulegen sind. Innerhalb dieser Geschäftsbereiche führt jeder TV sein Amt eigenverantwortlich; im Außenverhältnis müssen mindestens jeweils zwei TV tätig werden; bei Meinungsverschiedenheiten entscheidet das Gremium der TV nach Mehrheit der Köpfe ...

§ 2225
Erlöschen des Amtes des Testamentsvollstreckers

Das Amt des Testamentsvollstreckers erlischt, wenn er stirbt oder wenn ein Fall eintritt, in welchem die Ernennung nach § 2201 unwirksam sein würde.

I. Regelungsinhalt

1 Es war offensichtlich nicht die Absicht des Gesetzgebers, alle Möglichkeiten des Erlöschens des Amtes eines TV zu erfassen. Hier sind nur die folgenden Fälle des Erlöschens erwähnt:
– Tod des TV,
– Geschäftsunfähigkeit oder beschränkte Geschäftsfähigkeit des TV,
– Bestellung eines Betreuers (§ 1896) für den TV.

---

15 RGZ 98, 173.
16 Vgl. OLG Saarbrücken NJW 1967, 1137.

Da das Amt des TV im Falle seines Todes erlischt, ist es also nicht vererblich. Zur Vermeidung von Nachteilen für den Nachlass ist der **Erbe des TV** verpflichtet, dessen Tod unverzüglich anzuzeigen und bei Gefahr im Verzug Maßnahmen zu ergreifen, bis für den Nachlass anderweitige Fürsorge getroffen werden kann (§ 2218, 673). Das Erlöschen des Amtes des TV bedeutet nicht gleichzeitig die Beendigung der Testamentsvollstreckung Dies hängt vielmehr von den letztwilligen Bestimmungen ab, die Ersatzregelungen zur Fortführung der Testamentsvollstreckung vorsehen können. Für die Fälle der Geschäftsunfähigkeit und der Betreuung des TV ist eine Wiedereinsetzung in sein Amt bei Wegfall dieser Beeinträchtigungen nicht vorgesehen.[1]

II. Weitere Erlöschensgründe

Außer den gesetzlich hervorgehobenen Erlöschensgründen kommt es de facto zum Erlöschen des Amtes des TV beispielsweise bei Fristablauf oder Eintritt einer auflösenden Bedingung oder Erfüllung der ihm zugewiesenen Aufgaben; so kann auch der Tod des Erben die Testamentsvollstreckung beenden, wenn der TV nur im Hinblick auf diesen Erben eingesetzt worden war.[2] Besondere Probleme können sich ergeben, falls eine juristische Person zum TV bestimmt worden war und im Zuge von umwandelnden Maßnahmen diese juristische Person Teil einer anderen Unternehmenseinheit wird oder auf eine Personengesellschaft umgewandelt wird.[3]

Die Eröffnung des Insolvenzverfahrens führt ebensowenig zu einem Erlöschen des Amtes des TV wie dessen Abgabe einer eidesstattlichen Versicherung. Diese Umstände führen jedoch über § 2227 (Entlassung) auf Antrag eines Beteiligten zur Beendigung der Tätigkeit des TV.

Auch die Nachlassverwaltung und die Eröffnung des Nachlassinsolvenzverfahrens sind keine Beendigungsgründe; während dieser Zeit ruhen die Befugnisse des TV.[4]

Die Vereinbarung der Erben mit dem TV zur Beendigung des Amtes führen nicht automatisch zum Erlöschen. Vielmehr hat der TV in diesem Fall die Beendigung durch eine Kündigungserklärung gem. § 2226 herbeizuführen.[5] Besteht Streit über die Frage der Beendigung der Testamentsvollstreckung, ist das Prozessgericht und nicht das Nachlassgericht zuständig.[6]

III. Folgen der Beendigung der Testamentsvollstreckung

Ist mit dem Erlöschen des Amtes des TV auch die Beendigung der Testamentsvollstreckung verbunden, tritt der Erbe in seine vollen Rechte ein; die Testamentsvollstreckung ist abzuwickeln durch Herausgabe des Nachlasses und der sich darauf beziehenden Unterlagen sowie durch Rechnungslegung (§§ 2218, 666, 667). Das TV-Zeugnis tritt ohne Weiteres außer Kraft (§ 2368 Abs. 3); evtl. durch den TV erteilte Vollmachten erlöschen zwar, sind aber vorsorglich herauszuverlangen (§ 179); Grundbucheintragungen sind zu berichten.

---

1 So die ganz überwiegende Meinung; vgl. *Soergel/Damrau* § 2201 Rn. 4; zweifelnd *Zimmermann* Rn. 836.
2 Vgl. § 2338 – Pflichtteilsbeschränkung in guter Absicht.
3 Vgl. zu dieser Problematik ausführlich *Staudinger/Reimann* § 2225 Rn. 15; *Soergel/Damrau* § 2225 Rn. 2. Obwohl im letztgenannten Fall der Verlust der Rechtsfähigkeit eintritt, soll nach *Soergel/Damrau* § 2225 Rn. 2, dies keine Auswirkung auf die TV-Funktion der Gesellschaft haben, während *Staudinger/Reimann* § 2225 Rn. 15, dies von besonderen Anordnungen des Erblassers für diesen Fall abhängig macht. M.E. werden zu hohe Anforderungen an den Erblasser gestellt, wollte man von ihm besondere Anordnungen für den Fall der handelsrechtlichen Umwandlung der als TV vorgesehenen juristischen Person erwarten. Vielmehr lässt die Einsetzung einer GmbH zum TV erkennen, dass es dem Erblasser auf eine Kontinuität im Amt unabhängig von den einzelnen Personen ankam; diese Kontinuität ist selbst dann noch gewährleistet, wenn die Unternehmensform sich in der hier angenommenen Weise ändert.
4 Vgl. *Staudinger/Reimann* § 2225 Rn. 5.
5 Vgl. BGH NJW 1962, 912.
6 BGHZ 4, 23.

Anhängige Gerichtsverfahren werden unterbrochen (§ 239 ZPO) oder auf Antrag ausgesetzt (§ 246 ZPO), wenn der TV anwaltlich vertreten war.

8 War durch den Erblasser eine Ersatzregelung vorgesehen, wird die Testamentsvollstreckung nicht beendet, sondern durch den neuen TV fortgesetzt. Das Testamentsvollstreckerzeugnis kann entsprechend umgeschrieben werden.[7]

9 Die Unrichtigkeit des Grundbuchs im Hinblick auf einen Testamentsvollstreckervermerk kann durch den Nachweis in der Form des § 29 GBO geführt werden, dass der betroffene Grundbesitz aus dem Nachlass ausgeschieden oder die Testamentsvollstreckung insgesamt beendet ist.

10 Die Unrichtigkeit des Grundbuchs im Hinblick auf einen Testamentsvollstreckervermerk kann durch den Nachweis in der Form des § 29 GBO geführt werden, dass der betroffene Grundbesitz aus dem Nachlass ausgeschieden oder die Testamentsvollstreckung insgesamt beendet ist.[8]

§ 2226
Kündigung durch den Testamentsvollstrecker

Der Testamentsvollstrecker kann das Amt jederzeit kündigen. Die Kündigung erfolgt durch Erklärung gegenüber dem Nachlassgericht. Die Vorschriften des § 671 Abs. 2, 3 finden entsprechende Anwendung.

I. Regelungsinhalt

1 Das freie Kündigungsrecht des TV, welches ihm nicht genommen werden kann, unterstreicht die Selbstständigkeit und Unabhängigkeit des TV. Die vorgesehene entsprechende Anwendung des § 671 Abs. 2 und 3 stellt lediglich sicher, dass die Kündigung nicht zur Unzeit erfolgen darf, jedoch bei Vorliegen eines wichtigen Grundes jederzeit gekündigt werden darf.

2 Die Kündigung kann formlos erklärt werden; sie ist dem Nachlassgericht gegenüber abzugeben und wird mit Zugang gem. § 130 wirksam. Die Erklärung ist unwiderruflich, aber anfechtbar (§§ 119, 123).

3 Streitig ist, inwieweit bzw. wann eine Teilkündigung zulässig ist. Die Möglichkeit einer derartigen Kündigung wird grundsätzlich anerkannt, doch wird als Voraussetzung dafür überwiegend verlangt, dass sich die Berechtigung des Testamentsvollstreckers hierzu aus der letztwilligen Verfügung entnehmen lässt[1] Entspricht die Teilkündigung nicht dem Willen des Erblassers, so sei die Kündigung insoweit unwirksam, wobei über die sich daraus ergebenden Rechtsfolgen keine Einigkeit besteht.[2] Während die einen die Kündigung für gänzlich unwirksam halten, das Testamentsvollstreckeramt also vollinhaltlich fortbestehen soll,[3] meinen andere, das Amt erlösche in vollem Umfang[4] Die sich auf einen Teil der dem TV übertragenen Aufgaben beziehende Kündigung lässt gleichzeitig erkennen, dass der durch den Erblasser vorgesehene TV nicht die in ihn gesetzte Erwartung rechtfertigt, den Willen des Erblassers insgesamt zu vollstrecken. Wird zwischen Erben und TV eine Ver-

---

7 Vgl. *Erman/Schmidt* § 2225 Rn. 4.
8 OLG Frankfurt a.M. NJOZ 2007, 2306.
1 *Bengel/Reimann* S. 369; *Zimmermann* § 2226 Rn. 2; *Palandt/Edenhofer* § 2226 Rn. 1.
2 Vgl. zum Meinungsstand *Grunsky* ZEV 2005, 41, 43.
3 KG JW 1939, 421, 422; OLG Hamm FamRZ 1992, 113, 114; *Palandt/Edenhofer* § 2226 Rn. 1.
4 *Soergel/Damrau* § 2226 Rn. 3; *Staudinger/Reimann* 2003 § 2226 Rn. 3; *Zimmermann* § 2226 Rn. 2; *Lange/Kuchinke* § 31 VIII 2a (Fn. 380).

einbarung über die Amtsniederlegung getroffen, so ist diese wirksam und einklagbar.[5] Jedoch wäre es als rechtsmissbräuchlich und daher als unwirksam zu erachten, wenn Inhalt einer solchen Vereinbarung wäre, dass der TV jederzeit auf Verlangen eines oder aller Erben sein Amt niederzulegen hätte,[6] es sei denn, eine solche Regelung ließe sich dem Erblasserwillen entnehmen.[7]

Ist testamentarisch keine Ersatzregelung angeordnet worden, erlischt das Amt des TV mit Zugang der Kündigungserklärung. **4**

II. Beratungshinweise

Im Falle der Beendigung des Amtes durch Kündigung ist zu beachten, dass nach der in der Rechtsprechung wohl überwiegend vertretenen Ansicht bei schwebender Veräußerung von Grundbesitz § 878 BGB (nachträgliche Verfügungsbeschränkungen) **keine** Anwendung findet.[8] **5**

Dies bedeutet, dass die im Zeitpunkt der Verfügung erforderliche Einigung der Parteien nicht mehr gegeben ist, wenn nach Eingang des Umschreibungsantrags beim Grundbuchamt und vor Vollzug der Auflassung durch Eintragung das Amt des TV endet. Um die hier möglichen Schwierigkeiten zu vermeiden, sollte daher bei schwebenden Grundstücksgeschäften der TV sein Amt möglichst erst kündigen, nachdem die Eigentumsübertragung im Grundbuch vollzogen worden ist. **6**

Im Übrigen wird der TV-Vermerk im Grundbuch auf Antrag (§§ 13, 22 GBO) oder von Amts wegen (§ 84 GBO) gelöscht. **7**

Sofern kein wichtiger Grund zur Kündigung vorliegt, kann ggf. wegen Kündigung zur Unzeit ein Schadensersatzanspruch entstehen. **8**

Von mehreren Testamentsvollstreckern kann **jeder für sich** kündigen. Ob dann auch das Amt der übrigen Mitvollstrecker erlischt oder ob es fortbesteht, hängt von der letztwilligen Verfügung und ihrer Auslegung ab (§ 2224 Abs. 1 S. 2, 3 BGB). Klarstellungen in der letztwilligen Anordnung sind zweckmäßig. **9**

Durch Vereinbarung mit dem Erblasser oder mit den Erben kann der TV auf sein ordentliches Kündigungsrecht verzichten.[9] Umgekehrt kann der Erblasser in seiner letztwilligen Verfügung eine Pflicht des Testamentsvollstreckers zur Kündigung seines Amtes begründen.[10] Ebenso kann eine solche Verpflichtung zwischen den Erben und dem TV begründet werden und zwar unabhängig davon, ob eine solche Kündigung dem Willen des Erblassers entspricht.[11] **10**

§ 2227
Entlassung des Testamentsvollstreckers

(1) Das Nachlassgericht kann den Testamentsvollstrecker auf Antrag eines der Beteiligten entlassen, wenn ein wichtiger Grund vorliegt; ein solcher Grund ist insb. grobe Pflichtverletzung oder Unfähigkeit zur ordnungsmäßigen Geschäftsführung.

(2) Der Testamentsvollstrecker soll vor der Entlassung, wenn tunlich, gehört werden.

---

5 Vgl. BGH NJW 1962, 912; FamRZ 1966, 140.
6 Vgl. *Bengel/Reimann* 7 Rn. 13.
7 BGHZ 25, 275.
8 So BGH NJW 1958, 1286; DNotZ 1971, 411; OLG Köln MittRhNotK 1981, 139; KG OLG 26, 4; OLG Celle NJW 1953, 945; LG Osnabrück KTS 1972, 202; a.A. OLG Brandenburg VIZ 1995, 365; LG Brandenburg MDR 1995, 491.
9 Vgl. *Muscheler* NJW 2009, 2081, 2082.
10 *Coing* JZ 1958, 169, 170; BGH NJW 1957, 1916.
11 Vgl. *Muscheler* NJW 2009, 2081, 2082.

I. Zwingende Regelung

1 Die dem Nachlassgericht durch das Gesetz eingeräumte Möglichkeit, den TV auf Antrag eines Beteiligten aus wichtigem Grund zu entlassen, kann durch den Erblasser nicht eingeschränkt werden. Als unzulässig ist auch die Übertragung des Entlassungsrechts auf ein Schiedsgericht beurteilt worden.[1] Diese Regelung dient sowohl dem Schutz des Erblassers, soweit der von ihm bestimmte TV nicht in der Lage ist, den letzten Willen des Erblassers zu realisieren, als auch dem Schutz des Nachlasses, der Erben und übrigen Beteiligten, wenn der TV sich als zur ordnungsgemäßen Geschäftsführung unfähig erweist oder grobe Pflichtverletzungen begeht.

2 Ein wichtiger Grund ist insoweit nicht nur bei den im Gesetz besonders genannten Beispielsfällen der groben Pflichtverletzung und der Unfähigkeit zur ordnungsgemäßen Geschäftsführung gegeben.[2] Er liegt vielmehr **ohne Rücksicht auf ein Verschulden** auch dann vor, wenn der Testamentsvollstrecker, sei es durch die bei ihm bestehenden Verhältnisse, sei es durch sein persönliches Verhalten, begründeten Anlass zu der Annahme gibt, dass ein **längeres Verbleiben im Amt** der Ausführung des letzten Willens des Erblassers **hinderlich sei** oder dass sich dadurch eine Schädigung oder erhebliche Gefährdung der Interessen der an der Ausführung oder am Nachlass Beteiligten ergeben würde.[3]

3 Die **grobe Pflichtverletzung** ist eine erhebliche (und schuldhafte) Zuwiderhandlung gegen die dem Testamentsvollstrecker obliegenden Pflichten.[4] Die **Rechtsprechung**[5] fasst die der groben Pflichtverletzung gleichkommender Fälle so zusammen:

»Ein wichtiger Grund liegt ferner, ohne Rücksicht auf ein Verschulden, auch dann vor, wenn der Testamentsvollstrecker, sei es durch die bei ihm bestehenden Verhältnisse, sei es durch sein persönliches Verhalten, begründeten Anlass zu der Annahme gibt, dass ein längeres Verbleiben im Amt der Ausführung des letzten Willens des Erblasser hinderlich sei oder dass sich dadurch eine Schädigung oder erhebliche Gefährdung der Interessen der an der Ausführung oder am Nachlass Beteiligten ergeben würde. Des weiteren kann ein nicht nur auf subjektiven Gefühlsmomenten, sondern auf Tatsachen beruhendes Misstrauen eines Beteiligten schon für sich allein einen wichtigen Grund für die Entlassung des Testamentsvollstreckers bilden. Zu beachten ist dabei, dass eine gedeihliche Führung des Amtes vor allem Unbefangenheit des Testamentsvollstreckers voraussetzt. Schließlich kann auch ein erheblicher Interessengegensatz zwischen Testamentsvollstrecker und (einzelnen) Erben ein wichtiger Grund zur Entlassung sein.« (BayObLGZ 1985, 298/302; 1997, 1, 12)

4 Dies scheint auch ein brauchbarer Maßstab zu sein, um beispielsweise den schwierigen Fall eines feindschaftlichen Verhältnisses zwischen TV und Erben zu beurteilen. So kann der Erblasser den TV eingesetzt haben, weil ihm die kritische Haltung des TV gegenüber dem Erben bekannt war; entwickelt sich hieraus eine Feindschaft, kommt eine Entlassung nicht in Betracht.[6] Anders ist es, wenn objektive Umstände zu einem berechtigten Misstrauen des Erben gegenüber dem TV geführt haben und sich hieraus Spannungen entwickeln, wenn beispielsweise der TV sich selbst unter Missachtung von § 181 finanzielle Vorteile durch Darlehensgewährung aus den Mitteln des Nachlasses verschafft.[7] Hier sollte jedoch die objektive Beurteilung des Ausmaßes der Pflichtverletzung der Maßstab sein, um zu verhindern, dass es dem Erben allzu leicht gelingt, sich eines lästigen TV zu entledigen.[8] Als grobe Pflichtverletzungen gelten beispielhaft: Schuldhafte Unterlassung der Vor-

---

1 RGZ 133, 128, 135.
2 Zur Entledigung eines TV vgl. auch *Werner* ZEV 2010, 126.
3 BayObLGZ 1957, 317; BayObLG RPfleger 1985, 444.
4 BayObLGZ 1997, 1, 112; FamRZ 1991, 615 f; BayObLG Beschl v 8.6.2001 – 1 Z BR 8/01 –.
5 BayObLG v 8.6.2001 und BayObLGZ 2001, 167, 170.
6 Vgl. OLG Köln MittRH/NotK 1981, 139; OLG Düsseldorf ZEV 1994, 302.
7 Vgl. OLG Frankfurt/M NJW-RR 1998, 795 – dazu Anm. *Damrau* ZEV 1998, 352.
8 Vgl. dazu auch *Muscheler* AcP 197, 226/278; *Reimann* FamRZ 1995, 588.

lage eines Nachlassverzeichnisses[9] oder Verzögerung bei dessen Erstellung, **soweit** dadurch die Interessen der Erben gefährdet sind;[10] ferner die völlig unzulängliche – nicht nur verspätete – Rechnungslegung,[11] die Missachtung des Auskunftsersuchens und der Aufforderung zur Rechnungslegung durch die Erben.[12] Auch die Forderung einer unangemessenen Vergütung kann unter besonderen Umständen ein Entlassungsgrund sein, wobei das Nachlassgericht über die Vorfrage der Vergütungsregelung zu entscheiden hat, obwohl insoweit grundsätzlich die Zuständigkeit des Prozessgerichts gegeben ist.[13] Die Entlassung eines Testamentsvollstreckers aus wichtigem Grund i.S.d. § 2227 BGB ist nach Ansicht des OLG Schleswig[14] dann möglich, wenn der Testamentsvollstrecker einen wesentlichen Teil des Nachlasses nicht in seine Verwaltung nimmt und den Erben die Existenz dieses Vermögens über 25 Jahre verschweigt.

Zu den wichtigen Gründen, die ein Verschulden nicht zur Voraussetzung haben, zählen die Fälle erheblicher Interessenkollision, wenn daraus die Besorgnis der Gefährdung der Interessen der Erben folgt; ungerechtfertigte Prozessverfahren des TV, die die Interessen der Erben gefährden;[15] Abgabe der eidesstattlichen Versicherung des TV über seine Vermögensverhältnisse.[16]   5

Bloße Nachlässigkeiten, die die Interessen der Erben nicht ernstlich gefährden, sind keine Entlassungsgründe.[17] Dazu zählen Verzögerungen oder Mängel bei der Erstellung des Nachlassverzeichnisses oder der Rechnungslegung.[18]   6

Bei Vorliegen wichtiger Gründe ist nach pflichtgemäßem Ermessen zu überprüfen, ob gleichwohl überwiegende Gründe für ein Verbleiben des Testamentsvollstreckers im Amt sprechen.[19]   7

II. Verfahren

Die Einleitung des Verfahrens durch das Nachlassgericht setzt den Antrag eines der Beteiligten voraus. Auch eine Zurücknahme der gerichtlichen Ernennung (§ 2200 BGB) von Amts wegen ist nicht möglich.   8

Zu den insoweit Antragsberechtigten zählen **nicht** die Nachlassgläubiger,[20] im Übrigen aber alle, die mit dem Nachlass zu tun haben und ein rechtliches Interesse an der Testamentsvollstreckung haben, auch Auflagenbegünstigte, Pflichtteilsberechtigte und gemeinschaftliche TV.[21] Miterben sind auch dann noch antragsberechtigt, wenn sie ihren Erbanteil gem. § 2033 übertragen haben; denn ihre Haftung besteht nach § 2382 fort; entsprechendes gilt für den Fall der Pfändung. Der vollstreckungsfreie Miterbe ist zur Antragstellung nach § 2227 Abs. 1 BGB mit dem Ziel der Entlassung des Testamentsvollstreckers befugt, der sein Amt lediglich für einen mit der Testamentsvollstreckung beschwerten Miterben ausübt.[22]   9

---

9 OLG Hamm OLGZ 86, 1; BayObLG FamRZ 1998, 325.
10 OLG Köln OLGZ 92, 192.
11 BayObLGZ 16, 68.
12 BayObLG NJW-RR 1988, 645.
13 Vgl. OLG Köln MDR 1963, 763 und NJW-RR 1987, 1097.
14 OLG Schleswig BeckRS 2008, 25348; s.a. die Darstellung von *Klinger/Roth* NJW-Spezial 2009, 40.
15 Vgl. *Bengel/Reimann* 7 Rn. 22.
16 OLG Hamm FamRZ 1994, 1419.
17 Vgl. *Haegele/Winkler* Rn. 796 m.w.N.
18 Vgl. OLG Hamm RPfleger 1986, 16.
19 BayObLG FamRZ 1991, 236 f; OLG Karlsruhe NJW 2005, 1519
20 BGHZ 35, 296.
21 Vgl. *Haegele/Winkler* Rn. 799. Ob die Auflagenbegünstigten antragsberechtigt sind, ist bestritten. *Palandt/Edenhofer* § 2227 Rn. 7 unter Hinweis auf LG Verden MDR 1955, 231 zählen sie nicht zu dem Kreis der Antragsberechtigten. Zwar ist richtig, dass ihnen kein Anspruch gegen den Nachlass zusteht, jedoch ist ihre Rechtsstellung objektiv durch die Testamentsvollstreckung betroffen, worauf *Bengel/Reimann* 7 Rn. 24 zutreffend hinweisen.
22 OLG Hamm ZEV 2009, 565.

10 Dem TV selbst steht ein solches Antragsrecht nicht zu; er kann sein Amt jederzeit niederlegen (§ 2226).

11 Das Verfahren findet vor dem Nachlassrichter statt § 343 FamFG, §§ 16 Abs. 1 Nr. 5, 19 Abs. 1 Nr. 3 RpflG). Die Entscheidung kann nicht durch Verfügung des Erblassers oder durch Vereinbarung zwischen Erben und Testamentsvollstrecker einem **Schiedsgericht** überantwortet werden.[23]

Es gliedert sich in zwei Stufen:

12 Zunächst ist durch das Gericht festzustellen, ob ein wichtiger Grund gegeben ist; sodann ist die **Ermessensentscheidung** zu treffen, ob unter den gegebenen Umständen die Entlassung des TV erfolgen soll.[24] Diese Ermessensentscheidung beinhaltet die Möglichkeit, dass trotz vorliegender schwerer Gründe die Entlassung nicht ausgesprochen wird[25] – maßgebliche Beurteilungskriterien sind insoweit der Erblasserwille und die objektiven Interessen der Beteiligten.[26]

13 In dem Verfahren sind dem TV und den Beteiligten **rechtliches Gehör** einzuräumen (Art. 103 GG).

14 Im Hinblick auf die Feststellung der Entlassungsgründe obliegt dem Gericht eine eigene Ermittlungspflicht (§ 26 FamFG).

15 Eine dem Entlassungsantrag stattgebende Entscheidung wird nach § 40 Abs. 1 FamFG mit ihrer Bekanntgabe an den TV wirksam. Ein hiergegen eingelegtes Rechtsmittel hat **keine** aufschiebende Wirkung. Das Beschwerdegericht kann aber nach Eingang der Beschwerde durch eine einstweilige Anordnung den Testamentsvollstrecker vorläufig weiterhin im Amt lassen (§ 64 Abs. 3 FamFG).

16 Als Rechtsmittel gegen die die Entlassung aussprechende Entscheidung ist die sofortige Beschwerde (§§ 58 ff. FamFG) gegeben und in der Folge die Rechtsbeschwerde (§§ 70 ff. FamFG). Ein Eilverfahren zur vorläufigen Amtsenthebung sieht das Gesetz **nicht** vor.[27] Ist später der Grund, der zur Entlassung des TV geführt hatte, weggefallen, hat der TV keinen Anspruch darauf, das Amt wieder übernehmen zu dürfen.[28] Jedoch kann, beispielsweise nach Aufhebung des Insolvenzverfahrens über das Vermögen des TV, dessen Wiedereinsetzung nach § 2200 BGB in Betracht kommen.[29] Insoweit wird dem mutmaßlichen Willen des Erblassers und der konkreten Nachlasssituation entscheidende Bedeutung zukommen.

17 Mit der Wirksamkeit der gerichtlichen Entlassungsverfügung (§ 40 Abs. 1 FamFG) endet das Amt des Testamentsvollstreckers. Das Testamentsvollstreckerzeugnis wird kraftlos (§ 2368 Abs. 3) und vom Nachlassgericht zurückgenommen, im Falle der Aufhebung der Entlassungsverfügung aber dem Testamentsvollstrecker wieder zurückgegeben.

III. Zuständigkeit bei Auslandsberührung

18 Verweist die Rechtsstellung des TV auf die Maßgeblichkeit ausländischen Rechts, ist fraglich, ob ein deutsches Nachlassgericht für die Entscheidung über einen Entlassungsantrag zuständig ist.[30] Das nach § 343 FamFG örtlich zuständige und damit nach § 105 FamFG international zuständige Nachlassgericht kann einen nach ausländischem Recht bestellten

---

23 OLG Karlsruhe ZEV 2009, 466; *Staudinger/Reimann* § 2227 Rn. 29; vgl. auch *Muscheler* ZEV 2009, 317.
24 Vgl. AG Memmingen BeckRS 2010, 03796.
25 Vgl. OLG Hamm OLGZ 86, 1.
26 So OLG Hamm OLGZ 86, 1.
27 Vgl. OLG Köln NJW-RR 1987, 71.
28 Vgl. *Haegele/Winkler* Rn. 803.
29 Vgl. *Palandt/Edenhofer* § 2227 Rn. 14.
30 Hierzu liegen Entscheidungen des BayObLG NJW 1967, 447 und OLG Frankfurt/M OLGZ 77, 180 vor, die zwar die Zuständigkeit des deutschen Nachlassgerichts im Prinzip davon abhängig machen, ob das deutsche materielle Erbrecht anzuwenden ist, die darüber hinaus aber auch aus Gründen des Fürsorgebedürfnisses oder aus Not die internationale Zuständigkeit bejahen. Vgl. ferner BayObLG FamRZ 2000, 753.

Testamentsvollstrecker entlassen, wenn dies dringend geboten und nach dem anzuwendenden ausländischen Recht ebenfalls zulässig ist.[31] Sieht die ausländische Rechtsordnung die Entlassung des TV nicht vor, kann ein deutsches Nachlassgericht keine Entlassung aussprechen.[32]

§ 2228
Akteneinsicht

Das Nachlassgericht hat die Einsicht der nach § 2198 Abs. 1 S. 2, § 2199 Abs. 3, § 2202 Abs. 2, § 2226 S. 2 abgegebenen Erklärungen jedem zu gestatten, der ein rechtliches Interesse glaubhaft macht.

Das Einsichtsrecht bezieht sich ausdrücklich nur auf die gegenüber dem Nachlassgericht abgegebenen Erklärungen nach 1

- § 2198 Abs. 1 S. 2 (Erklärung über die Bestimmung eines TV durch einen Dritten)
- § 2199 Abs. 3 (Ernennung von Mitvollstreckern oder Nachfolger durch TV)
- § 2202 Abs. 2 (Annahme oder Ablehnung des Amtes des TV)
- § 2226, S. 2 (Kündigung des Amtes durch TV)

Im Übrigen richtet sich das Recht auf Akteneinsicht nach § 13 FamFG; es beinhaltet 2
auch das Recht, Abschriften zu fertigen.
Auch Nachlassgläubiger können das Einsichtsrecht geltend machen. 3

---

31 BayObLGZ 1965, 377, 383; OLG Hamm OLGZ 1973, 289; OLG Frankfurt a.M. OLGZ 1977, 180; noch weitergehend wohl OLG Schleswig SchlHA 1978, 37.
32 Vgl. BayObLG 65, 377.

Titel 7
Errichtung und Aufhebung eines Testaments

§ 2229
Testierfähigkeit Minderjähriger, Testierunfähigkeit

(1) Ein Minderjähriger kann ein Testament erst errichten, wenn er das 16. Lebensjahr vollendet hat.

(2) Der Minderjährige bedarf zur Errichtung eines Testaments nicht der Zustimmung seines gesetzlichen Vertreters.

(3) *aufgehoben*

(4) Wer wegen krankhafter Störung der Geistestätigkeit, wegen Geistesschwäche oder wegen Bewusstseinsstörung nicht in der Lage ist, die Bedeutung einer von ihm abgegebenen Willenserklärung einzusehen und nach dieser Einsicht zu handeln, kann ein Testament nicht errichten.

I. Normzweck

1 Ziel der Norm ist es sicherzustellen, dass jeder, der ein Alter erreicht hat, welches eine gewisse geistige Reife erwarten lässt, das Recht zur Testamentserrichtung hat, es sei denn, diese fehlt aus anderen Gründen.

2 Testamente, die von Personen vor Vollendung ihres 16. Lebensjahres errichtet wurden, sind nichtig. Sie bleiben auch dann nichtig, wenn sie bestätigt werden.

3 Im Übrigen sind Testamente von Minderjährigen wirksam, wenn sie in entsprechender Form errichtet werden. Hierzu ist erforderlich, dass ihnen im Zeitpunkt der Testamentserrichtung eine Urkundsperson beratend zur Seite steht. Urkundsperson ist insb. der Notar. Das Testament kann daher nur in der Form eines öffentlichen Testaments durch mündliche Erklärung oder Übergabe einer offenen Schrift zur Niederschrift bei der Urkundsperson errichtet werden.[1] Kann die testierende Person nicht lesen, ist § 2233 Abs. 2 zu beachten. Das Verfassen eines privatschriftlichen Testaments oder eines Drei-Zeugen-Testaments (§ 2251) ist für die 16- bis 18-Jährigen jedoch nicht möglich.

II. Testierunfähigkeit

4 Die Testierunfähigkeit ist in § 2229 Abs. 4 geregelt.[2] Die Rechtsprechung ist hinsichtlich der Annahme von Testierunfähigkeit sehr zurückhaltend. Nicht jede Geisteskrankheit führt zu einer Testierunfähigkeit. Die Feststellung, der Testator habe bei seiner Testamentserrichtung unter einer Geisteskrankheit gelitten, reicht für die Annahme der Testierunfähigkeit nicht aus. Für die Testierfähigkeit reicht es aus, dass der Testierende eine genaue Vorstellung davon hat, dass er ein Testament errichtet, und er erkennt, welchen Inhalt dieses hat. Er muss auch die Auswirkungen seiner Verfügungen klar erkennen und beurteilen können.[3] Dem steht nicht entgegen, dass der Erblasser irrtümlich davon ausgeht, dass er tatsächlich nicht mehr frei entscheiden konnte, sondern von krankhaften Vorstellungen und Gedanken völlig beherrscht wurde. Im Zeitpunkt der Testamentserrichtung muss der Erblasser einen freien Willensentschluss fassen können und von Einflüssen Dritter frei sein. Davon ist grundsätzlich auszugehen. Die Testierunfähigkeit bildet die Ausnahme, die von demjenigen, der sich auf sie beruft, zu beweisen ist.[4]

---

[1] Vgl. §§ 2233 Abs. 1, 2247 Abs. 4, 2249 Abs. 1, 2250 Abs. 1 BGB.
[2] OLG Rostock ZErb 2009, 331.
[3] MüKoBGB/*Hagena* § 2229 Rn. 2.
[4] BayObLG FamRZ 1995, 898, 899.

Die Beantwortung der Frage nach der Testierfähigkeit liegt dabei auf tatsächlichem 5
Gebiet und ist daher in der Beschwerdeinstanz nur auf Rechtsfehler nachprüfbar.[5]

Der sich **auf die Testierunfähigkeit Berufende** sollte daher die einzelnen Verhaltens- 6
weisen des Erblassers konkret vortragen, aus denen sich die Testierunfähigkeit ergeben
soll. Es ist jedoch nicht erforderlich, dass sich bereits aus dem Vortrag der tatsächlichen
Umstände – unterstellt man deren Richtigkeit – die Testierunfähigkeit ergibt. Andererseits
genügen aber auch nicht pauschale Behauptungen, die nicht durch konkrete Umstände
untermauert werden.[6] Der maßgebliche Zeitpunkt für die vorliegende Testierunfähigkeit
ist der der Testamentserrichtung. Hier schaffen notarielle Testamente Klarheit, da sie kaum
mit dem Hinweis auf die Testierunfähigkeit des Erblassers erfolgreich angegriffen werden
können. Bei privatschriftlichen Testamenten ist hingegen die Berufung auf die Testierunfähigkeit
häufiger erfolgversprechend, sofern nicht das Datum der Testamentserrichtung
festgehalten und der Geisteszustand im Zeitpunkt der Testamentserrichtung gesondert
dokumentiert wurde. Aus dem späteren Geisteszustand können i.d.R. keine Rückschlüsse
auf den Geisteszustand im Zeitpunkt der Testamentserrichtung gezogen werden, da der
Verlauf der Demenz zu vielgestaltig ist.[7] »Demenz« ist der Oberbegriff für die Minderung
erworbener intellektueller Fähigkeiten als Folge einer Hirnschädigung mit kognitiven Störungen,
Störungen der Wahrnehmungen, Gedächtnisstörungen, Konfabulationen, Denkstörungen,
Störungen der Orientierung, Apraxie, Stereotypie sowie Störungen der Persönlichkeit.[8]

In jedem Fall sind daher die **Umstände vorzutragen, die auf eine Demenz schließen** 7
lassen. Ist von einer Testierunfähigkeit um den Zeitpunkt der Testamentserrichtung auszugehen,
spricht der Beweis des ersten Anscheins dafür, dass auch im Zeitpunkt der Testamentserrichtung
Testierunfähigkeit vorlag.[9]

Derjenige, der sich darauf beruft, die Testamentserrichtung habe in einem **kurzen Zeit-** 8
raum stattgefunden, in dem der Erblasser geistig klar und urteilsfähig gewesen ist (luzides
Intervall), trägt hierfür sowohl die Beweislast als auch die Feststellungslast.[10] Entscheidend
für die Frage der Testierfähigkeit ist in der Regel die Aussage des psychiatrischen Sachverständigengutachtens.
Grundlage hierfür sind zwar auch Zeugenaussagen, entscheidend
sind in der Regel jedoch die Feststellungen der behandelnden Ärzte des Erblassers, sofern
diese sich nicht auf das Arztgeheimnis berufen. Auf Antrag eines Beteiligten hat der Sachverständige
sein Gutachten mündlich zu erläutern.[11] Einen Miterben trifft keine Auskunftspflicht
über Umstände, die die Testierfähigkeit des Erblassers betreffen.[12] Begutachtungsfälle
sind: luzide Intervalle, Beeinträchtigung durch Medikamente (insb. Psychopharmaka
bei älteren Menschen) oder Drogen, Einflussnahme von Dritten (insb. potenziellen
Erben oder Vermächtnisnehmern), Inhalt und Form des Testaments.[13]

III. Weitere Beschränkungen der Testierfähigkeit

Die Testierfähigkeit kann auch eingeschränkt werden durch ein gemeinschaftliches Testa- 9
ment (§§ 2265 ff.), durch Erbvertrag (§§ 2275 Abs. 3, 2290, 2292), Pflichtteilsrecht
(§§ 2303 ff.), eheliches Güterrecht, körperliche Gebrechen (§ 24 Abs. 1 BeurkG) und Analphabetismus
(§§ 2233 Abs. 2, 2247 Abs. 4).

---

5 BayObLG ZEV 1997, 125.
6 OLG Hamm ZEV 1997, 75.
7 Vgl. hierzu *Wetterling/Neubauer* ZEV 1995, 46 ff.
8 *Pschyrembel* Klinisches Wörterbuch.
9 OLG Karlsruhe OLGZ 1981, 280.
10 BayObLGZ 1979, 256, 266; vgl. hierzu auch *Wetterling/Neubauer* ZEV 1995, 49.
11 OLG Hamm OLGZ 1992, 409.
12 BGH NJW-RR 1989, 450.
13 Zur Beweiswürdigung vgl. OLG München ErbR 2008, 85.

IV. Auswirkungen

10 Konsequenz der Errichtung eines Testaments entgegen den gesetzlichen Testamentsvorschriften ist dessen Nichtigkeit. Die Nichtigkeit kann auch nicht dadurch beseitigt werden, dass die Hindernisse im Nachhinein ausgeräumt werden. Die Berufung auf die Nichtigkeit des Testaments ist im Gegensatz zur Anfechtung jederzeit möglich.[14]

V. Verfahrensfragen

11 Grundsatz ist, dass der Erblasser bis zum Beweis des Gegenteils als testierfähig anzusehen ist. Derjenige der sich auf die Testierunfähigkeit beruft, ist hierfür letztlich beweispflichtig. Entscheidend ist dann, dass die Testierunfähigkeit zur Gewissheit des Gerichts feststeht.[15] Da bei einem Verfahren der freiwilligen Gerichtsbarkeit grundsätzlich keine Beweislasten, sondern nur eine Feststellungslast nach materiellem Recht besteht, hat das Gericht sämtliche zur Aufklärung des Sachverhalts dienenden Beweise von Amts wegen zu erheben und die bestehenden Aufklärungsmöglichkeiten zu ergreifen (§ 2358, § 26 FamFG). Es sind daher Zeugen und Ärzte (insb. der Hausarzt) zu hören sowie Sachverständigengutachten einzuholen. Die Grundsätze über den Beweis des ersten Anscheins finden ebenfalls Anwendung. Hierauf aufbauend trifft das Gericht dann seine Ermessensentscheidung. Diese Entscheidung hat unter Würdigung aller in Betracht kommenden rechtlichen Gesichtspunkte und der Vermeidung von Verstößen gegen die gesetzlichen Beweisregeln, Denkgesetze oder feststehenden Erfahrungssätze zu erfolgen.[16] Im Rechtsbeschwerdeverfahren kann nur die Tatsachenwürdigung des Tatrichters überprüft werden.

12 Die **ärztliche Schweigepflicht** besteht auch nach dem Tod des Erblassers fort (§ 53 Abs. 1 Ziff. 3 StPO).[17] Angehörige können den Arzt nicht von seiner Schweigepflicht entbinden. Die Befreiung von der ärztlichen Schweigepflicht kann nur durch den Erblasser selbst erfolgen. Dies kann entweder durch Erklärung der Schweigepflichtsentbindung im Testament selbst oder dem Arzt gegenüber geschehen. Möglich ist auch, dass sich aus der Auslegung der Umstände ergibt, dass der mutmaßliche Wille des Erblassers zur Entbindung des Arztes von seiner Schweigepflicht besteht. Der Erblasser selbst wird ein Interesse an der Feststellung seiner Testierfähigkeit und Klärung der Rechtsverhältnisse haben.[18]

VI. Internationaler Bezug

13 Die Rechtsnachfolge von Todes wegen unterliegt dem Recht des Staates, dem der Erblasser im Zeitpunkt seines Todes angehört, somit dem Staat, dessen Staatsangehörigkeit der Erblasser im Zeitpunkt seines Todes besitzt (Art. 25 Abs. 1 EGBGB). Bei Staatenlosen richtet sie sich nach dem Aufenthalt des Erblassers (Art. 5 Abs. 2 EGBGB). Hinsichtlich des Personenstatuts von Flüchtlingen und Asylberechtigten ist das Abkommen über die Rechtsstellung der Flüchtlinge vom 28.7.1951[19] zu beachten. Maßgebend ist hier das Recht des Wohnsitzstaates, ersatzweise das des Aufenthaltsstaates.

§ 2230

(weggefallen)

---

14 MüKoBGB/*Hagena* § 2229 Rn. 40.
15 BayObLG NJW 1995, 3260.
16 BayObLG NJW 1995, 3260.
17 Vgl. BayObLG NJW 1987, 1492.
18 MüKoBGB/*Hagena* § 2229 Rn. 49.
19 BGBl. 1951 II S. 560 und BGBl. 1953 II S. 559.

§ 2231
Ordentliche Testamente

Ein Testament kann in ordentlicher Form errichtet werden
1. zur Niederschrift eines Notars,
2. durch eine vom Erblasser nach § 2247 abgegebene Erklärung.

I. Normzweck

Der Gesetzgeber stellt in § 2231 für den Normalfall zwei ordentliche Testamentsformen zur Verfügung. Zum einen handelt es sich um das öffentliche Testament, das zur Niederschrift eines Notars errichtet wird (§ 2232); zum anderen um das sog. eigenhändige Testament (§ 2247). 1

Für den Ausnahmefall kann auch auf außerordentliche Testamentsformen zurückgegriffen werden: das Nottestament vor dem Bürgermeister (§ 2249), das Drei-Zeugen-Testament (§ 2250) sowie das Seetestament (§§ 2251, 2250 Abs. 3). 2

II. Entscheidungshilfen

Das öffentliche und das eigenhändige Testament sind hinsichtlich ihrer erbrechtlichen Wirkung gleichwertig. Hinsichtlich seiner Wirkung im Rechtsverkehr bietet das öffentliche Testament größere Rechtssicherheit und hat eine erhöhte Beweiskraft. Als öffentliche Urkunde im Sinne der §§ 415, 418 ZPO begründet das öffentliche Testament vollen Beweis des beurkundeten Vorgangs und der bezeugten Tatsachen (Ort und Zeit der Errichtung, Identität des Testierenden, Inhalt und Vollständigkeit des Inhalts); hingegen begründet es nicht dessen Richtigkeit. Der Gegenbeweis nach §§ 415 Abs. 2, 418 Abs. 2 ZPO ist jederzeit möglich. Das öffentliche Testament sollte auf Veranlassung des Notars unverzüglich in die besondere amtliche Verwahrung gebracht werden (§ 34 BeurkG), so dass die Gefahr einer Verfälschung oder eines Verlustes nahezu auszuschließen ist. Durch das öffentliche Testament in Verbindung mit dem Eröffnungsprotokoll wird grundsätzlich der Nachweis der Erbfolge durch Vorlage eines Erbscheins oder des Testamentsvollstreckerzeugnisses überflüssig. 3

Ein wesentlicher Vorteil des eigenhändigen Testaments liegt darin, dass es aufgrund der geringen Formvorschriften jederzeit und überall schnell errichtet, geändert oder aufgehoben werden kann. An seine Aufbewahrung sind keine besonders zu beachtenden Anforderungen gestellt. Insb. bei Familien- und Vermögensverhältnissen, die noch keine abschließende Verfestigung erfahren haben, sollte das eigenhändige Testament in Erwägung gezogen werden. Seine Errichtung verursacht keine Beurkundungskosten. Es hat auch den Vorteil, dass den Veränderungen der Lebensumstände durch die Errichtung oder die Abänderung eines handschriftlichen Testaments besser Rechnung getragen werden kann. Auch wenn sich bei der Abfassung eines eigenhändigen Testaments Risiken durch eine ungenaue oder falsche Verwendung von Begriffen ergeben, sind diese durch gesetzliche Auslegungsregelungen abgemildert.[1] 4

III. DDR-Recht

Bis zum 3.10.1990 galten die Bestimmungen der §§ 370 bis 395 ZGB. Sie wurden ergänzt durch die §§ 24 ff. NotG. Seit dem 3.10.1990 gelten auf dem Gebiet der ehemaligen DDR die Bestimmungen des BGB. Für die erbrechtlichen Verhältnisse bleibt es u.U. bei der Anwendbarkeit des Rechts der DDR. DDR-Recht bleibt insb. maßgebend, wenn der Erb- 5

---

[1] § 2067 Verwandte, § 2070 Abkömmlinge eines Dritten, § 2071 Personengruppe, § 2072 die Armen, § 2073 mehrdeutige Bezeichnung, § 2075 auflösende Bedingung, § 2076 Bedingung zum Vorteil eines Dritten.

lasser vor dem Wirksamwerden des Beitritts verstarb oder eine Verfügung von Todes wegen zu beurteilen ist, die vor dem Wirksamwerden des Beitritts errichtet, geändert oder aufgehoben wurde und der Erblasser nach dem Wirksamwerden des Beitritts verstirbt (Art. 235 §§ 1 und 2).

§ 2232
Öffentliches Testament

Zur Niederschrift eines Notars wird ein Testament errichtet, in dem der Erblasser dem Notar seinen letzten Willen erklärt oder ihm eine Schrift mit der Erklärung übergibt, dass die Schrift seinen letzten Willen enthalte. Der Erblasser kann die Schrift offen oder verschlossen übergeben; sie braucht nicht von ihm geschrieben zu sein.

I. Arten der Testamentserrichtung

1. Testamentserrichtung durch Übergabe einer offenen Schrift

1 Die Testamentserrichtung durch Übergabe einer offenen Schrift setzt eine mündliche Erklärung des Erblassers voraus, aus der sich ergibt, dass es sich bei dem Schriftstück um seinen letzten Willen handelt. Für die Mündlichkeit ist es ausreichend, wenn die Frage des Notars, ob es sich bei dem übergebenen Schriftstück um seinen letzten Willen handele, mit »Ja« beantwortet wird. Ein Kopfnicken oder eine sonstige Gebärde ist hingegen nicht ausreichend.

2 Im Gegensatz zum eigenhändigen Testament (§ 2247) ist es nicht erforderlich, dass der Erblasser das Schriftstück eigenhändig geschrieben und unterschrieben hat. Somit ist Maschinenschrift, Blindenschrift oder die Verwendung sonstiger Schriftzeichen zulässig.[1]

3 Die Verwendung der deutschen Sprache ist nicht zwingend, sofern der Erblasser die verwendete Sprache versteht und lesen kann. Nicht erforderlich ist auch, dass die Schrift vom Erblasser unterschrieben ist und Ort- und Zeitangaben enthält.

2. Errichtung durch Übergabe einer verschlossenen Schrift

4 Die Übergabe einer verschlossenen Schrift führt dazu, dass der Notar das Testament erhält und ohne den Willen des Erblassers von dessen Inhalt keine Kenntnis erlangt.[2]

5 Für die Testamentserrichtung durch Übergabe einer verschlossenen Schrift ist erforderlich, dass die Schrift mit dem Willen des Erblassers unmittelbar in den Besitz des Notars übergeht.

3. Testamentserrichtung durch mündliche Erklärung

6 Die Errichtung des Testaments kann auch durch eine mündliche Erklärung zur Niederschrift eines Notars erfolgen. Dabei kann sich die mündliche Erklärung aus einem Gespräch – etwa in Form der Rede und Gegenrede oder der Frage und Antwort – zwischen dem Testierenden und dem Notar ergeben. Unter den Begriff der mündlichen Erklärung fällt auch noch das bloße »Ja« des Erblassers zu einem gefertigten Testamentsentwurf, der von einem Dritten (Rechtsanwalt) oder Notar stammen kann und dem Erblasser vor dessen zustimmenden »Ja« vorgelesen worden war (§ 17 BeurkG).

---

1 *Palandt/Edenhofer* § 2232 Rn. 2, 3; *MüKoBGB/Hagena* § 2249 Rn. 19.
2 Vgl. *Palandt/Edenhofer* § 2232 Rn. 3.

Es ist somit immer zumindest ein **verständlich gesprochenes** Wort erforderlich, während bloße Gebärden (Kopfnicken) oder sonstige Zeichen nicht ausreichend sind.³ 7

Die Erklärung des Erblassers kann in jeder lebenden oder toten Sprache abgegeben werden. Verwendet der Erblasser nicht die deutsche Sprache, muss der Notar der verwendeten Sprache hinreichend kundig sein (§ 5 Abs. 2 Satz. 2, § 16 Abs. 1, § 32 BeurkG). 8

4. Verbindung von Errichtungsformen

Die Verbindung der in § 2232 vorgesehenen Formen zur Errichtung eines Testaments ist zulässig. Ein Teil der letztwilligen Verfügung kann somit durch Übergabe einer verschlossenen Schrift und Übergabe einer oFfenen Schrift erfolgen. 9

Sollte das öffentliche Testament unwirksam sein, ist eine Umdeutung in ein eigenhändiges Testament möglich, sofern die Anforderungen des § 2247 erfüllt sind. 10

II. Beurkundungsverfahren

Das Verfahren richtet sich nach dem Beurkundungsgesetz. Grundsätzlich kann die Errichtung eines öffentlichen Testaments nur vor einem deutschen Notar erfolgen (§ 2231 Nr. 1). Über die Errichtung eines öffentlichen Testaments vor dem Notar ist eine Niederschrift aufzunehmen (§ 8 BeurkG). 11

Diese hat grundsätzlich in deutscher Sprache zu erfolgen (§ 5 Abs. 1 BeurkG). 12

Das **Testament ist nichtig,** wenn die Niederschrift über sie fehlt oder folgende Mindestanforderungen nicht enthält: 13
– die Bezeichnung des Notars und des Erblassers (§ 9 Abs. 1 Ziff. 1 BeurkG);
– die Erklärung des Erblassers (§ 9 Abs. 1 Ziff. 2 BeurkG).

Wurde das **öffentliche Testament durch Übergabe einer Schrift** errichtet, so muss die Niederschrift auch die Feststellung enthalten, dass die Schrift übergeben wurde (§ 30 BeurkG). Darüber hinaus können weitere Erklärungen und Feststellungen in die Niederschrift aufgenommen werden: 14
– Ort und Tag der Verhandlung (§ 9 Abs. 2 BeurkG),
– Feststellung der Beteiligten (§ 10 BeurkG),
– Feststellung über die Geschäftsfähigkeit der Beteiligten (§ 11 BeurkG),
– Zweifel des Notars an der Wirksamkeit der beabsichtigen Verfügung von Todes wegen und seine Belehrung darüber sowie die dazu abgegebene Erklärung der Beteiligten (§ 17 BeurkG),
– Hinweise auf erforderliche gerichtliche oder behördliche Genehmigungen oder Bestätigungen oder bestehende Zweifel darüber (§ 18 BeurkG),
– Hinzuziehung Dritter (§§ 22, 24, 25, 29 BeurkG),
– Feststellung, dass bei dem tauben Erblasser die Niederschrift zur Durchschrift vorgelegt wurde (§ 23 BeurkG),
– Wahrnehmungen über die erforderliche Geschäftsfähigkeit des Erblassers (§ 28 BeurkG).

III. Verwahrung des öffentlichen Testaments

Nach der Errichtung des öffentlichen Testaments soll der Notar die Niederschrift in besondere amtliche Verwahrung geben (§ 34 Abs. 1 S. 4 BeurkG). Die Niederschrift ist dafür in einen mit dem Prägesiegel des Notars versehenen verschlossenen Umschlag, auf dem der Erblasser näher bezeichnet ist, sich das Datum der Testamentserrichtung befindet und von ihm unterschrieben ist, zu geben. Zuständig für die amtliche Verwahrung sind grundsätzlich die Amtsgerichte. Die funktionelle Zuständigkeit bei den Amtsgerichten 15

---
3 Vgl. MüKoBGB/*Hagena* § 2232 Rn. 8.

obliegt den Rechtspflegern (§ 3 Nr. 2c RpflG). In Baden-Württemberg sind allerdings die dortigen Notariate zuständig (§§ 1, 13 LFGG).

16 Die **örtliche Zuständigkeit** der Amtsgerichte ergibt sich aus § 344 Abs. 1 FamFG. Der Erblasser kann allerdings auch jederzeit die Verwahrung bei einem örtlich nicht zuständigen Amtsgericht verlangen (§ 344 Abs. 1 S. 2 FamFG). Über hinterlegte Testamente wird ein Hinterlegungsschein erteilt. Bei gemeinschaftlichen Testamenten erhält jeder Erblasser einen solchen (§ 346 Abs. 3 FamFG). Über die amtliche Verwahrung erfolgt eine Mitteilung an das für den Geburtsort des Erblassers zuständige Standesamt. Bei Erblassern, die nicht im Inland geboren sind, erfolgt die Mitteilung an das AG Schöneberg. Bei den Amtsgerichten und den Standesämtern werden darüber hinaus Testamentsverzeichnisse geführt (§ 347 Abs. 1 FamFG).

IV. DDR-Recht

17 Nach § 383 ZGB-DDR konnte ein Testament durch notarielle Beurkundung errichtet werden. Diese erfolgte entweder mündlich oder schriftlich vor dem Notar (§ 384 ZGB-DDR). Hierüber wurde eine Niederschrift gefertigt. Anschließend musste das Testament von dem staatlichen Notariat in Verwahrung genommen werden. Die Errichtung, Änderung oder Aufhebung des notariellen Testaments vor dem Wirksamwerden des Beitritts am 3.10.1990 beurteilt sich nach dem ZGB-DDR. Dies gilt auch, wenn der Erblasser nach dem Beitritt verstorben ist.

§ 2233
Sonderfälle

(1) Ist der Erblasser minderjährig, so kann er das Testament nur durch eine Erklärung gegenüber dem Notar oder durch Übergabe einer offenen Schrift errichten.

(2) Ist der Erblasser nach seinen Angaben oder nach der Überzeugung des Notars nicht im Stande, Geschriebenes zu lesen, so kann er das Testament nur durch eine Erklärung gegenüber dem Notar errichten.

I. Normzweck

1 Durch § 2233 soll sicher gestellt werden, dass besonders schutzbedürftige Personen nur unter eingeschränkten Voraussetzungen ihr Testament selbst wirksam errichten können. Minderjährige und Behinderte sind daher auf bestimmte, gesetzlich festgelegte Formen der Testamentserrichtung, die deren besonderen Schutz in ausreichendem Maß Rechnung tragen, angewiesen.

2 **Minderjährige** können ihr Testament nur durch mündliche Erklärung oder durch die Übergabe einer offenen Schrift an einen Notar errichten (§ 2233 Abs. 1). Wer nicht lesen kann, kann nur durch eine eigene Erklärung vor einem Notar testieren (§ 2233 Abs. 2).

II. Minderjährigkeit

3 Grundsätzlich sind Minderjährige nicht testierfähig. Ihre Testierfähigkeit erlangen Minderjährige mit Vollendung des sechzehnten Lebensjahres (§ 2229 Abs. 1). Die Testierfähigkeit ist jedoch nur insoweit geben, als die Testamentserrichtung in Form eines öffentlichen Testaments oder durch mündliche Erklärung gegenüber einem Notar oder durch die Übergabe einer öffentlichen Schrift an diesen erfolgt. Die Testamentserrichtung durch eigenhändiges Testament ist dem Minderjährigen ausdrücklich versagt (§ 2247 Abs. 4). Der

Minderjährige kann auch nicht durch die Übergabe einer verschlossenen Schrift an den Notar oder ein vor drei Zeugen errichtetes Testament wirksam testieren.[1]

Ist der Minderjährige testierfähig, ist eine Zustimmung Dritter (gesetzliche Vertreter oder Vormundschaftsgericht) zur Testamentserrichtung vor einem Notar nicht erforderlich (§ 2229 Abs. 2). Der Verstoß gegen die Formerfordernisse führt zur Nichtigkeit des Testaments. Es wird auch nicht wirksam, wenn der Minderjährige volljährig geworden ist (Vollendung des 18. Lebensjahrs; der Tag der Geburt wird bei der Berechnung des Lebensalters mitgerechnet – § 187 Abs. 2).

III. Leseunfähigkeit

Wer des Lesens unfähig ist, kann sein Testament nur durch mündliche Erklärung gegenüber einem Notar errichten. Entsprechendes gilt, wenn der Erblasser erklärt, er könne nicht sprechen, oder der beurkundende Notar zur Überzeugung kommt, dass der Erblasser nicht imstande ist, Geschriebenes zu lesen. Leseunfähigkeit bedeutet, nicht in der Lage zu sein, den Inhalt des Geschriebenen erfassen zu können. Lesen setzt somit nicht nur das Zusammenfassen einzelner Schriftzeichen, Worte und Sätze voraus, sondern das Erfassen von deren Bedeutung. Versteht der Erblasser nicht die Sprache, in der der Text abgefasst ist, ist er ebenfalls des Lesens unkundig.

Blinde, die nicht die Blindenschrift beherrschen, sind wie vorübergehend des Lesens nicht fähige Personen als nicht des Lesens fähig anzusehen. Auch eine nur vorübergehenden Erblindung oder erheblichen Beeinträchtigung beim Lesen, wegen des Fehlens einer geeigneten Sehhilfe (Brille, Kontaktlinsen), ist der Leseunfähigkeit gleichgestellt.

Die Errichtung eines eigenhändigen Testaments durch einen, der Geschriebenes nicht zu lesen vermag, ist durch § 2247 Abs. 4 ausgeschlossen.

Testamente des Lesens nicht fähiger Personen, die nicht durch mündliche Erklärung vor einem Notar errichtet wurden, sind (grundsätzlich) nichtig. Konnte der Notar aufgrund der Angaben des Erblassers davon ausgehen, dass dieser des Lesens nicht fähig ist, obwohl er hierzu imstande war, bleibt das Testament, das vor dem Notar durch mündliche Erklärung errichtet wurde, wirksam. Ebenfalls bleibt das Testament wirksam, wenn der Erblasser entgegen den tatsächlichen Umständen den Anschein erweckte, lesen zu können, und der Notar von der Lesefähigkeit des Erblassers ausgeht.[2] Ein Irrtum des Notars über die tatsächlichen Voraussetzungen der Lesefähigkeit ist auch bei Fahrlässigkeit des Notars unschädlich.[3]

Übergibt der Erblasser ein als Testament bezeichnetes Schriftstück und ist er dabei – entgegen seinen Angaben – leseunfähig und der Notar von der Leseunfähigkeit überzeugt, führt die Entgegennahme des Schriftstücks nicht zu einer wirksamen Testamentserrichtung. Das Testament verstößt gegen § 2233 Abs. 2 und ist nichtig.

IV. Nicht sprechen können

Wer nach seinen Angaben oder zur Überzeugung des Notars nicht sprechen kann, kann sein Testament durch jede andere Form der Erklärung errichten, so dass auch Sprechunfähige gem. § 2233 testieren können. Allerdings muss irgendeine Form der Verständigung mit dem Notar oder einer nach § 24 BeurkG zugezogenen Person möglich sein.[4]

---

1 MüKoBGB/*Hagena* § 2233 Rn. 1.
2 *Palandt/Edenhofer* § 2233 Rn. 2.
3 MüKoBGB/*Hagena* § 2233 Rn. 15; OLG Hamm NJW 2002, 3410.
4 *Palandt/Edenhofer* § 2233 Rn. 3.

V. DDR-Recht

11 Nach § 49 ZGB DDR begann die Testierfähigkeit erst mit 18 Jahren. Seit dem 3.10.1990 gilt jedoch das Recht der Bundesrepublik Deutschland. Die Testierfähigkeit des Erblassers in der DDR, der sein Testament bis zum 3.10.1990 errichtet hat, richtet sich nach dem Recht der DDR. Dies gilt auch, wenn der Erbfall erst nach dem 3.10.1990 eingetreten ist (Art. 235 § 2 S. 1 EGBGB).

§§ 2234–2246

(weggefallen)

§ 2247
Eigenhändiges Testament

(1) Der Erblasser kann ein Testament durch eine eigenhändig geschriebene und unterschriebene Erklärung errichten.

(2) Der Erblasser soll in der Erklärung angeben, zu welcher Zeit (Tag, Monat und Jahr) und an welchem Orte er sie niedergeschrieben hat.

(3) Die Unterschrift soll den Vornamen und den Familiennamen des Erblassers enthalten. Unterschreibt der Erblasser in anderer Weise und reicht diese Unterzeichnung zur Feststellung der Urheberschaft des Erblassers und der Ernstlichkeit seiner Erklärung aus, so steht eine solche Unterzeichnung der Gültigkeit des Testaments nicht entgegen.

(4) Wer minderjährig ist oder Geschriebenes nicht zu lesen vermag, kann ein Testament nicht nach obigen Vorschriften errichten.

(5) Enthält ein nach Abs. 1 errichtetes Testament keine Angabe über die Zeit der Errichtung und ergeben sich hieraus Zweifel über seine Gültigkeit, so ist das Testament nur dann als gültig anzusehen, wenn sich die notwendigen Feststellungen über die Zeit der Errichtung anderweit treffen lassen. Dasselbe gilt entsprechend für ein Testament, das keine Angabe über den Ort der Errichtung enthält.

Übersicht

	Rz.		Rz.
I. Normzweck	1	VI. Testamentsauslegung	55
II. Testierfähigkeit	7	VII. DDR-Recht	64
III. Testierwille	10	VIII. Beratungshinweise	67
IV. Formerfordernis	13	1. Checkliste zur Vorbereitung eines Testaments	67
1. Eigenhändigkeit	13	2. Grundsätzliche Formulierungsvorschläge	70
2. Unterschrift	35		
3. Zeit- und Ortsangabe	40		
V. Minderjährige und Leseunfähigkeit	48	3. Testament mit Zuwendungen an Behinderten	72
1. Minderjährigkeit	48		
2. Leseunfähigkeit	51		

I. Normzweck

1 Das eigenhändige Testament (§ 2247) stellt neben dem öffentlichen Testament (§ 2232) die andere ordentliche Form der Testamentserrichtung dar (§ 2231).

Durch § 2247 wird grundsätzlich jeder natürlichen Person die Möglichkeit eröffnet, 2
ihren letzten Willen rechtswirksam zu verfassen. Sie muss so weder ihren Willen noch ihre
Vermögensverhältnisse irgendeinem Dritten offenbaren.

Das eigenhändige Testament kann unter Beachtung gewisser leicht einzuhaltender 3
Formvorschriften jederzeit errichtet, geändert oder vernichtet werden. Dies kann geschehen, ohne dass irgendwelche Kosten anfallen. Der Erblasser kann so schnell auf plötzlich eintretende Veränderungen seiner Vermögenslage, persönlichen Verhältnisse beziehungsweise persönlichen Beziehungen oder sonstigen externen Umstände reagieren. Dies kann wirksam geschehen, ohne dass Dritte hiervon Kenntnis erlangen müssen.

Mit der Errichtung des eigenhändigen Testaments sind einige Probleme verbunden: Das 4
Testament wird in der Regel von einem juristischen Laien verfasst, der die Tragweite seiner Erklärung oft nicht erkennt. Es werden nicht nur zivilrechtliche, sondern auch gesellschaftsrechtliche und steuerrechtliche Probleme übersehen, die schwerwiegende Folgen für den Nachlass beziehungsweise die Erben nach sich ziehen können. Werden alle Probleme zwar gesehen, besteht dennoch die Gefahr, dass die Regelungsziele zur Vermeidung der Probleme nicht oder nicht eindeutig formuliert werden. Es besteht somit die Gefahr, dass das Vermögen nicht dort anfällt, wo es nach dem Willen des Erblassers anfallen sollte. Hierdurch werden nicht selten »Erbfolgekriege« initiiert. Diese vereiteln oft die Absichten des Erblassers und verursachen familiäre Dissonanzen und erhebliche Kosten im Zusammenhang mit der Interessendurchsetzung der an dem Nachlass beteiligten oder übergangenen Personen.

In der Praxis besteht darüber hinaus das Problem der Sicherung der eigenhändig errich- 5
teten Testamentsurkunde. Es besteht insb. die Gefahr der Unauffindbarkeit, des Verlustes oder einer Fälschung, einer Vernichtung oder einer Unterdrückung der Testamentsurkunde. Dieses Risiko erhöht sich mit dem zunehmenden Wert des zu übertragenden Vermögens.

Das Risiko des Verlusts oder der Veränderung des Testaments kann jedoch dadurch 6
relativiert werden, dass es in die Verwahrung einer objektiven dritten Person oder des Amtsgerichts begeben wird.

II. Testierfähigkeit

Voraussetzung für die rechtswirksame Errichtung eines eigenhändigen Testaments ist die 7
Testierfähigkeit des Erblassers. Von dieser Testierfähigkeit ist auszugehen, sofern sie nicht ausgeschlossen ist. Grundsätzlich sind alle volljährigen natürlichen Personen (§ 2) testierfähig. Minderjährige können kein eigenhändiges Testament errichten (§ 2247 Abs. 4). Die Testierfähigkeit für ein eigenhändiges Testament fehlt ebenso den Personen, die nicht lesen können (§ 2247 Abs. 4). Aus § 2229 Abs. 4 ergibt sich weiter, dass testierunfähig ist, wer wegen krankhafter Störung der Geistestätigkeit, wegen Geistesschwäche oder wegen Bewusstseinsstörungen nicht in der Lage ist, die Bedeutung einer von ihm abgegebenen Willenserklärung einzusehen und nach dieser Einsicht zu handeln. Die Testierunfähigkeit ist somit ein Unterfall der Geschäftsfähigkeit mit allen den sich daraus ergebenen Konsequenzen.[1]

Das eigenhändige Testament eines **testierunfähigen Erblassers** ist nichtig. Die Nichtig- 8
keit kann daher auch nicht geheilt werden. Fallen die Umstände, die die Testierunfähigkeit begründen, später weg – z.B. die Erlangung der vollen Geschäftsfähigkeit, die Vollendung des 18. Lebensjahres – wird das unwirksam errichtete Testament deshalb nicht wirksam. Nur wenn der Erblasser zu Beginn der Errichtung seines Testaments geschäftsunfähig war und bei dem Abschluss der Testamentserrichtung die volle Geschäftsfähigkeit hatte, bleibt das Testament wirksam. Entsprechendes gilt, wenn das unwirksame Testament im Zustand

---

1 OLG Hamm ZEV 1997, 75; *Palandt/Edenhofer* § 2229 Rn. 1.

voller Geschäftsfähigkeit oder nach Vollendung des 18. Lebensjahres von dem Erblasser erneut geschrieben wird oder mit einem entsprechenden Zusatz versehen wird. Dabei ist darauf zu achten, dass der Zusammenhang mit der ersten Urkunde gesichert ist.

9 Die Testierfähigkeit eines unter Betreuung stehenden Erblassers ist durch das Betreuungsgesetz (BtG)[2] neu geregelt. § 2229 Abs. 3 alte Fassung ist entfallen. Nach § 2229 Abs. 3 a.F. waren Entmündigte stets testierunfähig. Nun gilt, dass auch unter Betreuung stehende Personen grundsätzlich testierfähig sind. Dies gilt allerdings nicht, wenn in der Person des Betreuten die Voraussetzungen des § 2229 Abs. 4 vorliegen.

III. Testierwille

10 Die Wirksamkeit eines eigenhändigen Testaments setzt den Testierwillen des Erblassers voraus. Hierbei handelt es sich um den ernstlich erklärten Willen, ein rechtsverbindliches Testament errichten zu wollen. In der Regel ist der Testierwille gegeben, wenn ein formgerecht abgefasster und inhaltlich vollständiger Text vorliegt.[3]

11 Bestehen Zweifel am Testierwillen des Erblassers, so ist das Verhalten des Erblassers in seiner gesamten Komplexität (§ 133)[4] entscheidend.

12 Ob lediglich ein Entwurf oder ein vom Testierwillen getragenes Testament vorliegt, ist nur dann zu prüfen, wenn besondere Umstände hierzu Anlass geben. Dies ist insb. der Fall, wenn mehrere Testamente mit widersprüchlichem Inhalt vorliegen, die ungefähr zeitgleich errichtet wurden beziehungsweise deren Reihenfolge nicht zu bestimmen ist. Gegen einen Testierwillen sprechen jedoch nicht ungewöhnliche Verwahrungsorte oder die Verwendung ungewöhnlicher Materialien zur Abfassung des Testaments (Bierdeckel, Briefumschläge, Notizpapier). Ebenfalls ist es unschädlich, wenn das Testament in einer unüblichen Form verfasst wird: z.B. eigenhändig geschriebene und unterschriebene Briefe statt gesonderter Testamentsurkunde, die als Testament oder letztwillige Verfügung bezeichnet ist. Erst das Zusammentreffen verschiedener Umstände in der und außerhalb der Urkunde können dazu führen, dass der Testierwille des Erblassers in Frage zu stellen ist.[5]

IV. Formerfordernis

1. Eigenhändigkeit

a) Niederschrift

13 Das eigenhändige Testament wird dadurch geprägt, dass der Erblasser höchstpersönlich eine eigenhändig geschriebene Erklärung abgibt. Die Eigenhändigkeit kann durch nichts ersetzt werden (Tonband-, Videoaufnahme). Bei der Eigenhändigkeit handelt es sich um einen Schutzmechanismus. Über die individuellen Schriftzüge des Erblassers soll die Authentizität der Erklärung des Erblassers und seines Willens gewährleistet werden.

14 Unter Berücksichtigung dieses Sinns und Zwecks der »Eigenhändigkeit« dürfen Behinderte bei der Erstellung ihres Testaments auf den eigenen Fuß, Mund oder eine Prothese zurückgreifen. Auch in diesen Fällen ist die Individualisierbarkeit des Schriftzugs gegeben. Die Verwendung von Schreibmaschinen, Computern u.ä., auch Blindenschrift, führt dagegen bei dem eigenhändigen Testament zu dessen Nichtigkeit.[6]

15 Das **gesamte** Testament muss eigenhändig errichtet worden sein. Sofern aber lediglich Teile des Testaments durch den Erblasser nicht eigenhändig geschrieben sind, die nur formale Erklärungen enthalten, führt dies grundsätzlich nicht zur Nichtigkeit des Testaments.

---

2 BGBl. 1990 I, 2002.
3 *Palandt/Edehofer* § 2247 Rn. 5; KG OLGZ 91, 144.
4 BayObLG NJW 1970, 2000; FamRZ 1992, 1206.
5 OLG München ErbR 2009, 61.
6 *Palandt/Edenhofer* § 2247 Rn. 7.

So ist es unschädlich, dass die Kopfzeile des Testaments mit Name und Anschrift des Erblassers sowie Ort und Datum von fremder Hand stammen.[7] Ort und Datum sind ohnehin nicht formbedürftig und müssen deswegen nicht vom Erblasser stammen. Sie können auch maschinenschriftlich oder durch Stempelaufdruck eingefügt werden. Nichts anderes kann daher auch gelten, wenn ein Dritter für den Erblasser diese Daten einträgt und anschließend der Erblasser seinen Willen selbst niederschreibt. Name und Anschrift in der Kopfzeile, die durch Dritte oder maschinenschriftlich geschrieben wurden, sind auch unschädlich, weil sie im Gegensatz zu den testamentarischen Verfügungen keine Willenserklärungen des Erblassers darstellen. Sie sind vergleichbar mit der Verwendung eines vorgedruckten Briefbogens des Erblassers, den dieser mit seinem Willen ergänzt.

Es entsteht allerdings kein eigenhändiges Testament dadurch, dass ein **Telegramm** oder **Fernschreiben** mit eigenhändigen Zusätzen ergänzt wird.[8] 16

Sind inhaltliche **Teile des Testaments** durch den Erblasser **nicht eigenhändig verfasst**, gilt Folgendes: Nach § 139 führt die Teilnichtigkeit eines Rechtsgeschäfts grundsätzlich zu dessen Gesamtnichtigkeit. Eine Sonderregelung hierzu ist § 2085. § 2085 sieht vor, dass teilnichtige letztwillige Verfügungen grundsätzlich nicht zur Nichtigkeit des gesamten Testaments führen. Daher ist durch Auslegung zu ermitteln, ob dem Willen des Erblassers zumindest dadurch Rechnung getragen werden kann, dass die formwirksamen Erklärungen Bestand haben. Für die Durchsetzung des eigenhändig verfassten Willens des Erblassers sprechen die Vorschriften der §§ 2084 und 2085. 17

Auch eigenhändige **Durchschriften** (Blaupausen) des Erblassers stellen eigenhändige Testamente dar. Das Durchpausen oder Abmalen der Schriftzeichen eines vorgegebenen Textes steht dagegen dem Sicherungszweck der Eigenhändigkeit entgegen und führt daher nicht zu einem formwirksamen Testament.[9] 18

Ob ein eigenhändig verfasstes Testament vorliegt, ist nach den tatsächlichen Gegebenheiten zu beantworten. Eine Überprüfung im Verfahren der weiteren Beschwerde kann daher nur darauf gerichtet sein, ob der Sachverhalt ausreichend ermittelt und daher nicht gegen § 2358 Abs. 1, § 26 FamFG, § 29 oder § 31 FamFG verstoßen wurde oder die Beweisverwertung fehlerhaft war.[10] 19

Die **Beweis- und Feststellungslast** in einem späteren Verfahren trägt derjenige, der sich auf das Schriftstück beruft. 20

Die eigenhändige Abfassung des Schriftstücks ist **in jeder Sprache zulässig.** Ebenso spricht nichts gegen die Verwendung der verschiedensten Schrifttypen. Soweit Teile des eigenhändigen Testaments nicht lesbar oder nicht entzifferbar sind (Unleserlichkeit, Geheimschrift),[11] können Schriftsachverständige herangezogen werden. Das Testament verliert dadurch nicht seine Wirksamkeit. Liegt ein Testament nur fragmentarisch vor, bleibt es wirksam, sofern hinsichtlich des tatsächlich Gewollten Beweis erbracht werden kann. 21

Die **Mitwirkung Dritter** bei der Testamentserrichtung ist unerheblich, soweit dadurch dem Erblasser nicht der Wille des Dritten aufgezwungen wird. Das heißt, der Erblasser muss letztlich die Schriftzüge formen. Der Dritte muss sich auf das Halten des Armes oder der Hand beschränken.[12] Sofern und soweit die Schriftzüge letztlich von dem Dritten geformt worden sind, ist das Testament mangels Eigenhändigkeit formunwirksam. 22

Ohne Bedeutung für die Wirksamkeit des eigenhändigen Testaments ist auch das **Material,** auf dem der letzte Wille niedergeschrieben wurde.[13] 23

---

7 OLG Köln ZEV 1998, 435.
8 BayObLG FamRZ 1986, 726.
9 BGHZ 47, 68.
10 BayObLG, Beschluss vom 20.7.1994 – 1 ZBA 108/92.
11 *Palandt/Edenhofer* § 2247 Rn. 9; BayObLG, Beschluss vom 11.1.1984 – BReg. 1 Z 58/83.
12 *Palandt/Edenhofer* § 2247 Rn. 7; BGH NJW-RR 2002, 222.
13 KG FamRZ 1977, 483.

b) Inhalt

24 Der Erblasser ist in seiner letztwilligen Verfügung grundsätzlich frei. Beschränkungen ergeben sich aus Art. 6 GG und § 138. Die Sittenwidrigkeit nach § 138 kann bei allen Rechtsgeschäften vorliegen, somit auch bei Testamenten. Das Testament muss daher dem Anstandsgefühl aller billig und gerecht denkenden Menschen entsprechen. Der Erblasser darf somit nicht mit einer »verwerflichen Gesinnung« gehandelt haben. Wäre dies der Fall, ist das Testament nichtig.[14]

25 Bei der Beurteilung der Sittenwidrigkeit sind alle Umstände zu berücksichtigen. Hierbei ist auch zu beachten, woher das zugewendete Vermögen stammt, ferner das Verhältnis zwischen dem Erblasser und den zurückgesetzten Personen. Allerdings gestattet die grundrechtlich geschützte Testierfreiheit (§ 14 Abs. 1 S. 1 GG) dem Erblasser, weitgehend frei über sein Vermögen zu verfügen, auch wenn er dabei gegen verbreitete gesellschaftliche Wertvorstellungen verstößt. Eine Korrektur über § 138 kommt nur bei besonders schwerwiegenden Ausnahmefällen in Betracht.[15] Beispiele aus jüngerer Zeit für sittenwidrige Verfügungen sind »Geliebtentestamente«, die allein die geschlechtliche Hingabe belohnen oder fördern sollten[16] sowie die Ebenbürtigkeitsklausel in einem Erbvertrag des preußischen Adels.[17]

26 Hinsichtlich der Beweislast gelten die allgemeinen Grundsätze; wer sich auf die Sittenwidrigkeit beruft, muss sie auch nachweisen. So gibt es keine Vermutungsregel, dass außereheliche sexuelle Beziehungen für die Zuwendungen an eine Geliebte oder einen Geliebten allein entscheidend waren.

27 Des Weiteren besteht ein grundsätzliches Testierverbot in Pflegefällen (§ 14 HeimG).[18] Mit dieser Gesetzesnovelle wurden folgende Zwecke verfolgt:
– Vermeidung der Ausnutzung der Hilf- oder Arglosigkeit alter pflegebedürftiger Menschen,[19]
– Schutz des Heimfriedens durch die Vermeidung unterschiedlicher Behandlung der Bewohner des Heims,[20]
– Erhaltung der Testierfreiheit und Vermeidung der Einflussnahme auf den Erblasser durch offenen oder versteckten Druck.[21]

28 Das Testierverbot ist auch in anderen Pflegefällen grundsätzlich anwendbar. In Betreuungsfällen wird die entsprechende Anwendung des § 14 HeimG verneint.[22]

29 Das Bundesverfassungsgericht hat in seiner Entscheidung vom 3.7.1998 – 1 BvR 434/98[23] – erklärt, dass die Vorschrift des § 14 HeimG a.F. nicht verfassungswidrig ist und es vertretbar sei, diese Vorschrift auf alle erlaubnispflichtigen – nicht nur für staatlicherseits erlaubte – Heime anzuwenden. Nach dem Schutzzweck des § 14 HeimG a.F. ist dieser somit auch auf nicht genehmigte Einrichtungen anzuwenden.

30 § 14 HeimG ist jedoch in den Fällen nicht anwendbar, die nicht dem Heimgesetz unterliegen. Dies sind z.B. Tageseinrichtungen und Krankenhäuser i.S.d. § 2 Nr. 1 Krankenhaus-

---

14 Vgl. *Smid* NJW 1990, 409.
15 BGHZ 111, 40; 140, 129.
16 BGHZ 53, 376; ablehnend bei längerem Zusammenleben zuletzt OLG Düsseldorf, Beschluss vom 22.8.2008 – I-3 Wx 100/08.
17 BVerfG NJW 2004, 2008; BayObLG, Beschluss vom 3.9.1996 – 1 Z BR 41/95.
18 Vom 23.4.1990, BGBl. I S. 758, zuletzt geändert durch Gesetz über Altenheime, Altenwohnheime und Pflegeheime für Volljährige vom 7.8.1994, BGBl. I S. 1873, nebst Änderung des Heimgesetzes das Pflege-Versicherungsgesetz vom 26.5.1994, BGBl. I, 1016.
19 BTDrs. 7/180, 12, 15.
20 BTDrs. 7/180, 12, 15; BTDrs. 11/5120, 17 f.; BRDrs. 20/89, 44 f.
21 BTDrs. 11/5120, 17.
22 BayObLG ZEV 1998, 232.
23 BVerfG ZEV 1998, 312.

finanzierungsG. Das ergibt sich aus der ausdrücklichen Regelung in § 1 HeimG n.F. und aus entsprechender Anwendung des § 14 Abs. 6 HeimG.

Unter bestimmten engen und kumulativ vorliegenden Voraussetzungen kann auch die häusliche Pflege in entsprechender Anwendung unter § 14 HeimG fallen.[24] 31

c) Ergänzungen und Änderungen

Sofern und soweit Ergänzungen auf einem von dem ursprünglichen Testament gesonderten Blatt vorgenommen werden, stellen sie ein neues Testament dar. Sie müssen daher auch unterschrieben sein.[25] Werden Ergänzungen auf dem ursprünglichen Testament vorgenommen, ist eine gesonderte Unterzeichnung nicht erforderlich, sofern feststeht, dass sie von der Unterschrift des Erblassers gedeckt sein sollen. 32

Der Erblasser kann bei einem sich in amtlicher Verwahrung befindlichen Testament Änderungen auf der maschinenschriftlichen Abschrift rechtswirksam vornehmen, wenn er die Änderungen eigenhändig schreibt und unterschreibt sowie Angaben über den Ort und das Datum der Änderung festhält. Der eigenhändig geschriebene und unterschriebene Zusatz unter ein formunwirksames maschinengeschriebenes Testament macht dieses dagegen nicht zu einem wirksamen Testament. Erfolgt ein ungültiger Nachtrag, führt dies nicht zur Ungültigkeit des gesamten zunächst wirksamen Testaments, wenn davon auszugehen ist, dass das Testament nach dem Willen des Erblassers auch ohne den ungültigen Nachtrag Bestand haben soll.[26] 33

d) Bezugnahmen

Eine inhaltliche Bezugnahme auf nicht der Testamentsform entsprechende Schriftstücke ist grundsätzlich unzulässig. Dies gilt jedoch nicht, wenn die Bezugnahme lediglich zum Zwecke der Erläuterung des letzten Willens erfolgt und das »räumliche« Erscheinungsbild dieser Auslegung nicht entgegensteht.[27] So kann der Erblasser mit dem handschriftlich formwirksamen Testament über sein gesamtes Vermögen verfügen und in einer maschinenschriftlichen Anlage (räumliche Nähe, z.B. Beiheftung) seine Verfügung im Einzelnen näher erläutern. Dagegen wird ein maschinengeschriebenes Testament nicht durch eine eigenhändige handschriftliche Bezugnahme hierauf zu einem Bestandteil der bezugnehmenden Verfügung. Möglich ist auch die Bezugnahme auf sich in besonderer amtlicher Verwahrung befindliche Testamente. 34

2. Unterschrift

Die eigenhändige Unterschrift ist weitere unabdingbare Voraussetzung für die Formwirksamkeit des Testaments. Die Unterschrift ist keine Oberschrift.[28] Sie muss sich daher am Ende des Testamentstextes befinden, um diesen räumlich abzudecken.[29] 35

Eine Unterschrift ist ein aus Buchstaben einer üblichen Schrift bestehendes Gebilde, das jedoch nicht lesbar sein muss.[30] Es ist somit ein einem individuellen Unterzeichner zuzuordnender charakteristischer Schriftzug, der die Nachahmung durch beliebige Dritte zumindest erschwert, erforderlich. Von einer Unterschrift ist zu sprechen, wenn mindestens ein Buchstabe erkennbar ist. Ansonsten würde es an dem Merkmal der Schrift fehlen.[31] Eine lediglich geschlängelte Linie stellt somit ebenso wie die sprichwört- 36

---

24 Vgl. hierzu *Niemann* ZEV 1998, 419.
25 *Palandt/Edenhofer* § 2247 Rn. 12, 14.
26 BayObLG FamRZ 1986, 726.
27 BGH NJW-RR 2000, 742.
28 BGHZ 113, 48.
29 BGH NJW 1992, 829.
30 BGH NJW 1985, 1227 m.w.N.
31 BGH NJW 1982, 1467.

lichen drei Kreuze keine Unterschrift dar. Es kann nicht mehr von einem Schriftzug gesprochen werden.

37 Die Unterschrift soll den Vornamen und den Familiennamen des Erblassers enthalten. Eine Unterzeichnung »in anderer Weise« genügt dem Formerfordernis für das Vorliegen einer Unterschrift dann, wenn sich aus ihr die Urheberschaft und Ernstlichkeit der Erklärung ergibt (Abs. 3). Sie ist daher ausreichend, wenn nur der Vor- oder nur der Familienname verwendet wird.[32] Auch Abkürzungen sind zulässig, wenn sie den Urheber des Testaments erkennen lassen und aus der Abkürzung (Handzeichen oder Schnörkel) nicht auf einen bloßen Entwurf geschlossen werden muss.

38 Ergeben sich keine Zweifel über die Ernsthaftigkeit und Urheberschaft des Verfassers durch die Verwendung eines Pseudonyms, Künstler-, Kose- oder Firmennamens, ist deren Verwendung als Unterschrift ebenso zulässig wie die Verwendung von Familienstellungen wie zum Beispiel »Eure Mutter«.[33]

39 U.U. genügt auch eine Unterschrift auf dem Umschlag, in dem sich das Testament befindet, dem Formerfordernis, wenn der Umschlag quasi als letztes Blatt der Testamentsurkunde angesehen werden kann.[34] Bei einem mehrseitigen Testament ist eine Unterschrift nur auf der letzten Seite ausreichend, wenn bspw. durch Nummerierung der Seiten die Zusammengehörigkeit der Seiten feststeht.[35]

3. Zeit- und Ortsangabe

a) Zeitangabe

40 Der Erblasser **soll** in dem Testament angeben, zu welcher Zeit (Tag, Monat und Jahr) er seinen letzten Willen verfasst hat. Die eigenhändigen Zeit- und Ortsangaben eines Erblassers in dem Testament haben bis zum gegenteiligen Beweis die Vermutung der Richtigkeit.[36] Enthält das Testament keine Angaben über den Zeitpunkt der Errichtung und ergeben sich hieraus Zweifel über die Wirksamkeit der Testamentserrichtung, so ist das Testament nur dann als gültig anzusehen, wenn sich die notwendigen Feststellungen über den Zeitpunkt seiner Errichtung anderweitig treffen lassen und zu diesem Zeitpunkt ein wirksames Testament durch den Erblasser errichtet werden konnte.

41 Als Zeitangabe ist es nicht erforderlich, den Tag, Monat und das Jahr anzugeben. Zulässig sind auch Zeitangaben oder besondere Ereignisse (zum Beispiel: Weihnachten 1998).

42 Der Zeitangabe kommt besondere Bedeutung bei der Beantwortung der Frage der Testierfähigkeit des Erblassers zu.[37] Durch die Ergänzung des Testaments mit der Zeitangabe kann ein früher errichtetes Testament, welches nicht mit einer Zeitangabe versehen war und in dem die Testierfähigkeit fehlte, zu einem vollwirksamen Testament werden. Das Testament gilt dann als in dem Zeitpunkt errichtet, in dem das Datum eingefügt wurde. Die Zeitangabe stellt eine Soll-Vorschrift dar. Sie muss daher auch nicht eigenhändig geschrieben sein. Es ist zulässig, diese mittels Maschinenschrift oder Stempel festzuhalten. Um jedoch rechtliche Konsequenzen aus dem Datum ziehen zu können, muss es in einem räumlichen Zusammenhang zu der letztwilligen Verfügung des Erblassers stehen.

43 Die **Unleserlichkeit der Zeitangabe** steht ebenfalls nicht der Wirksamkeit des Testaments entgegen. Lässt sich das Datum auch nicht im Rahmen freier Beweiswürdigung feststellen, ist das Testament so zu behandeln, als ob von der Sollvorschrift der Zeitangabe kein Gebrauch gemacht wurde. Das Testament ist somit als undatiert zu behandeln.

---

32 OLG Köln, Urteil vom 7.12.2009 – 2 Wx 83/09.
33 *Palandt/Edenhofer* § 2247 Rn. 10; BayObLG FamRZ 2003, 1779.
34 OLG Celle NJW 1996, 2938.
35 LG München I FamRZ 2004, 1905.
36 OLG München, Beschluss vom 28.7.2009 – 31 Wx 28/09.
37 *Palandt/Edenhofer* § 2247 Rn. 13.

Liegen **mehrere Testamente mit gleichem Datum und Inhalt** vor, sind sie als ein Testament in mehreren Ausfertigungen zu betrachten. In den Punkten, in denen sich die mit gleichem Datum versehenen Testamente widersprechen, heben sie sich auf. Sofern der spätere Errichtungszeitpunkt eines undatierten Testaments gegenüber dem datierten Testament nicht nachgewiesen werden kann, hat das datierte Testament Vorrang. Um hinsichtlich der Wirksamkeit des zuletzt errichteten Testaments Probleme auszuräumen, ist bei der Beratung zur Testamentserrichtung aus beweisrechtlichen Gründen darauf zu achten, dass das Testament mit einer Datumsangabe versehen ist. 44

b) Ortsangabe

Die Ortsangabe der Niederschrift ist ebenfalls eine **Soll-Vorschrift** (Abs. 2). Fehlt die Ortsangabe, wird das Testament nicht per se unwirksam. Ergeben sich aus dem Fehlen der Ortsangabe jedoch Zweifel hinsichtlich der Gültigkeit des Testaments, ist dieses nur dann als gültig anzusehen, wenn sich die notwendigen Feststellungen anderweitig treffen lassen (Abs. 5 S. 2).[38] 45

Mit »Ort« ist grundsätzlich der **Gemeindename** gemeint. Aufenthaltsorte wie »Altenheim«, »Seniorenheim« oder »Krankenhaus« genügen nicht den Anforderungen an eine Ortsangabe (vorbehaltlich Abs. 5). Ergänzungen aus dem das Testament verwahrenden Umschlag oder dem Inhalt der letztwilligen Verfügung selbst sind zulässig. 46

Die **fehlende Bestimmbarkeit des Ortes** wegen Unleserlichkeit hat keinen Einfluss auf die Wirksamkeit des Testaments. Dieses wird behandelt, als sei eine Ortsangabe nicht vorhanden. Die Ortsangabe muss im Gegensatz zur letztwilligen Verfügung nicht handschriftlich erfolgen. Die Verwendung von Maschinenschrift ist ebenso zulässig wie die eines Stempels oder Adressaufklebers. 47

V. Minderjährige und Leseunfähigkeit

1. Minderjährigkeit

Minderjährig ist derjenige, der nicht volljährig ist. Volljährigkeit tritt seit dem 1.1.1975 mit der Vollendung des 18. Lebensjahres ein (§ 2). 48

Wer minderjährig ist oder Geschriebenes nicht zu lesen vermag, kann ein eigenhändiges Testament nicht errichten (Abs. 4). 49

Der Minderjährige kann somit nur ein öffentliches Testament durch mündliche Erklärung oder durch Übergabe einer offenen Schrift an den Notar errichten (§ 2233 Abs. 1). 50

2. Leseunfähigkeit

Der Erblasser, der nicht lesen oder sich nicht mit dem Sinn seiner Erklärung auseinandersetzen kann, kann kein eigenhändiges Testament errichten. 51

Ist daher der Erblasser nach seinen Angaben oder nach der Überzeugung des Notars nicht imstande, Geschriebenes zu lesen, kann er ein Testament nur durch mündliche Erklärung gegenüber dem Notar errichten (§ 2233 Abs. 3). 52

Sofern der Erblasser das Testament eigenhändig verfasst hat und fraglich ist, ob er zu diesem Zeitpunkt lesen konnte, ist grundsätzlich von dessen Lesefähigkeit auszugehen. Kommen hieran Zweifel auf, ist diesen im Rahmen der Amtsermittlung nachzugehen. Werden die Zweifel an der Lesefähigkeit nicht zur Gewissheit, verbleibt es bei der Annahme der Lesefähigkeit des Erblassers.[39] 53

Die Lesefähigkeit setzt voraus, dass das Geschriebene auch gedanklich erfasst und verarbeitet werden kann. Der Lesende muss somit nicht nur der verwendeten Sprache mächtig sein, sondern muss auch geschriebene Worte und Sätze zu einem Sinngebilde zusammenfassen können. 54

---

38 OLG München, Beschluss vom 28.7.2009 – 31 Wx 28/09.
39 BayObLG ZEV 1997, 125.

VI. Testamentsauslegung

55 Letztwillige Verfügungen bedürfen insb. dann der Auslegung, wenn der Erblasser aus Sicht eines objektiven Dritten seinen letzten Willen nicht eindeutig zum Ausdruck gebracht hat. Auslegungsbedarf besteht ferner, wenn zwischen Testamentserrichtung und Erbfall ein nicht unerheblicher Zeitraum liegt, in dem sich Umstände oder persönliche Bezeichnungen und Ansichten verändern können, so dass der letzte Wille unter einem besonderen Blickwinkel zu sehen ist.

56 **Ziel jeder Auslegung** ist es, den tatsächlichen Willen des Erblassers festzustellen, und nicht, den Erblasser an den buchstäblichen Sinn des Ausdrucks zu binden. Für die Testamentsauslegung ist daher § 133 die maßgebliche Norm. Diese pauschale Norm des § 133 wird durch erbrechtliche Auslegungsregelungen nicht verdrängt, da sie diesen letztlich immanent ist.

57 Bei der Auslegung einer letztwilligen Verfügung ist wie folgt vorzugehen. Um den tatsächlichen Erblasserwillen zu ermitteln, ist zunächst der **Wortlaut** des Testamentes zu **analysieren.** Der verwendete Wortlaut ist dabei aus der Sicht des Erblassers zu betrachten. Eine Berücksichtigung des Empfängerhorizonts kommt hierbei nicht in Betracht, da es sich bei der letztwilligen Verfügung weder um eine empfangsbedürftige Willenserklärung handelt, noch die Bedachten schutzwürdig sind.

58 Umstritten ist die Frage, inwieweit der maßgebliche Wille des Erblassers in der letztwilligen Verfügung seinen Niederschlag gefunden haben muss.[40]

59 Für die **Andeutungstheorie,** nach der sich Anhaltspunkte für den maßgeblichen Willen im Testament finden müssen, spricht, dass nach dem Willen des Gesetzgebers nur dasjenige als gewollt gelten soll, was in dem eigenhändigen Testament seinen Niederschlag gefunden hat. Solange in irgendeiner Weise an den Wortlaut des Testaments angeknüpft werden kann, ist es nach dieser Ansicht zulässig, auch Umstände heranzuziehen, die außerhalb des Testaments liegen, jedoch auf den wahren Willen des Erblassers hinweisen.

60 *Brox* weist darauf hin, dass die Andeutungstheorie große Rechtsunsicherheit mit sich bringt. So soll es letztlich darauf ankommen, ob auch der Richter im Wortlaut des Testaments eine Andeutung auf den Willen des Erblassers sieht. Der tatsächliche Wille des Erblassers, der durch außerhalb des Testaments liegende Umstände leicht bewiesen werden könnte, müsste nach der Andeutungstheorie unberücksichtigt bleiben. Der umfassend und wortreich Testierende wird durch die Andeutungstheorie begünstigt, da sich in seinem letzten Willen – bei wohlwollender Auslegung – mehr Anknüpfungspunkte finden lassen, als in dem Testament des Erblassers, der ein knappes Testament verfasst – dessen Willen sich aber eindeutig aus außerhalb der Urkunde liegenden Umständen ergibt –, obwohl der Wille des Erblassers der Gleiche ist.

61 Die **ergänzende Auslegung** tritt neben die Testamentsauslegung. Sie dient der Schließung von Lücken, die daraus entstehen können, dass zwischen Testamentserrichtung und Erbfall Veränderungen eintreten, die der Erblasser nicht vorausgesehen hat und daher diesen in seinem Testament keine Rechnung tragen konnte.[41] Auch die Umdeutung (§ 140) kann bei der Testamentsauslegung herangezogen werden, da auch sie geeignet ist, dem tatsächlichen Willen des Erblassers Rechnung zu tragen und diesen durchzusetzen.

62 Der **Zweck der Umdeutung** ist, ein bestimmtes wirtschaftliches Ergebnis zu erreichen, wenn ein rechtlich unzulässiges Rechtsgeschäft gewählt wurde, jedoch eine rechtlich zulässige Regelung zur Verwirklichung des wirtschaftlichen Ziels zur Verfügung steht.[42]

---

[40] Andeutungstheorie, vgl. *Tanck/Krug/Daragan* § 3 Rn. 3; a.A. *Brox/Walker* Rn. 197.
[41] *Palandt/Edenhofer* § 2084 Rn. 8.
[42] *Palandt/Heinrichs* § 140 Rn. 1.

Hinsichtlich der Auslegung sei an dieser Stelle auf die **besonderen erbrechtlichen Auslegungsregelungen** verwiesen: 63

- § 2066   Einsetzung der »gesetzlichen Erben«
- § 2077   Auflösung der Ehe oder des Verlöbnisses
- § 2084   Wohlwollende Auslegung
- §§ 2087–2099   Erbeinsetzung
- § 2094   Anwachsung
- § 2102   Nach- und Ersatzerbschaft
- § 2106   Eintritt der Nacherbfolge
- § 2108   Vererblichkeit des Nacherbrechts
- §§ 2147 ff.   Vermächtnisse

VII. DDR-Recht

Nach DDR-Recht konnte ebenfalls ein eigenhändiges Testament gefertigt werden. Das 64 eigenhändige Testament, welches Errichtungsort und -datum enthalten sollte, musste zu seiner Wirksamkeit handschriftlich geschrieben sowie unterschrieben und einem staatlichen Notariat zur Verwahrung übergeben sein (§§ 370, 383, 385 ZGB).

Das eigenhändige DDR-Testament konnte von jeder natürlichen Person erstellt werden, 65 sofern diese volljährig und handlungsfähig war.

Die Errichtung oder Aufhebung der letztwilligen Verfügung von Todes wegen, die vor 66 dem Wirksamwerden des Beitritts erfolgte, beurteilt sich ebenfalls nach dem ZGB. Dies gilt auch, wenn der Erblasser nach dem Wirksamwerden des Beitritts verstorben ist (Art. 235 § 2 EGBGB).

VIII. Beratungshinweise

1. Checkliste zur Vorbereitung eines Testaments

a) Datenerhebung

- Persönliche Daten des Erblassers (Name, Geburtsdatum, Familienstand, Staatsangehörigkeit) 67
- Daten der Familienmitglieder (Ehegatte, Kinder (auch nichteheliche!), Eltern, Enkel, Geschwister)
- Güterrecht, Ehevertrag
- Vermögen des Erblassers
  - Immobilien
  - Mobilien (PKW, Möbel, Antiquitäten, Schmuck, etc.)
  - Gesellschaftsbeteiligungen (GmbH, Personenhandelsgesellschaft)
  - Lebensversicherung, Kapitalvermögen
  - Schulden (Absicherung)
- Auslandsvermögen
- Schenkungen an Ehefrau (Höhe, Zeitpunkt)
- Schenkungen an Kinder (Höhe, Zeitpunkt)
- Schenkungen an Dritte (Höhe, Zeitpunkt)
- Bisherige letztwillige Verfügungen
- Sonstige Anmerkungen des Erblassers

b) Zielvorstellungen des Erblassers

68
- Vermögenszuweisungen
- Absicherung Dritter (Ehefrau, Kinder)
- Absicherung der Testamentsdurchsetzung (Vermächtnis, Auflagen, Testamentsvollstreckung)

c) Steuerliche Besonderheiten

69
- Auslandsberührung
- Freibetragsausschöpfung
- Finanzierung der Erbschaftsteuer

2. Grundsätzliche Formulierungsvorschläge
a) Junge, kinderlose Ehepartner

70 Situation: Junger Erblasser, der keine Abkömmlinge hat und dessen Eltern noch leben. Ist der Erblasser verheiratet, erbt die Ehefrau neben ihren Schwiegereltern. Um dies zu vermeiden, sollte ein einfaches Testament verfasst werden.

Testament:

I. Vorbemerkungen

Ich ... bin durch frühere letztwillige Verfügungen, ein gemeinschaftliches Testament oder durch Erbvertrag nicht an der Errichtung dieses Testaments gehindert. Rein vorsorglich hebe ich alle bisher von mir errichteten letztwilligen Verfügungen auf.

II. Erbeinsetzung

Ich setze meine Ehefrau ... als Alleinerbin ein.

(Ort und Datum)

(Unterschrift)

b) Betagte Ehepartner

71 Bei betagten Ehepartnern ist in Erwägung zu ziehen, dass die Kinder erben werden und der längstlebende Ehepartner umfangreiche Vermächtnisse zur Absicherung seiner wirtschaftlichen Stellung erhält. In diesem Fall ist der Längstlebende von der Wahrnehmung erheblicher Pflichten, die ihn als Erben treffen, befreit. Hierbei handelt es sich insb. auch um steuerliche Pflichten. Zur Überwachung und Durchsetzung der Vermächtnisansprüche sollte Testamentsvollstreckung angeordnet werden.

Testament:

I. Vorbemerkungen
Ich ... bin durch frühere letztwillige Verfügungen, ein gemeinschaftliches Testament oder durch Erbvertrag nicht an der Errichtung dieses Testaments gehindert. Rein vorsorglich hebe ich alle bisher von mir errichteten letztwilligen Verfügungen auf.

II. Erbeinsetzung
Ich setze meine Tochter ... zur Alleinerbin ein.
Ersatzerben sind ihre Abkömmlinge. Sind Abkömmlinge nicht vorhanden, erbt ....

III. Vermächtnis
Meine Ehefrau erhält folgende Vermächtnisse:
a) die eheliche Wohnung/Haus in ...straße;
b) den gesamten Hausrat sowie alle Einrichtungsgegenstände insb. Gemälde, Teppiche, Antiquitäten, etc.;
c) das sich in meinem Eigentum befindliche Fahrzeug mit dem amtlichen Kennzeichen ...;
d) mein gesamtes Barvermögen sowie Konten und Depots, die auf meine Namen lauten oder bei denen es sich um Konten handelte, die auch auf meinen Namen laufen bei allen Banken und Sparkassen;
e) meine Forderungen gegen folgende Gläubiger (Gesellschafterkonten): ...
f) Inhalt meines Schließfaches bei der ...bank. Insb. handelt es sich hierbei um ...;
g) eine Rente zum Lebensunterhalt in Höhe von ... € Da die Rente den Lebensunterhalt meiner Ehefrau absichern soll, ist sie veränderten Geldwertverhältnissen anzupassen, wenn sich der Referenzzinssatz der Europäischen Zentralbank oder ein diesem vergleichbaren Zinssatz um mehr als ... % verändert (Indexklausel)

Die Rente ist auf Verlangen meiner Ehefrau angemessen abzusichern. Die Art der Sicherheitsleistung durch die Erben bestimmt der Testamentsvollstrecker.

IV. Absicherung
Testamentsvollstreckerklausel

_____   _____
(Ort und Datum)   (Unterschrift)

3. Testament mit Zuwendungen an Behinderten

Sofern ein behindertes Kind zu bedenken ist, auf dessen Vermögen Sozialhilfeträger zurückgreifen könnten, ist der Erbteil dem Kind so zuzuwenden, dass er weitgehend diesem zugute kommt und von dem Zugriff Dritter freigestellt ist. Hierzu gibt es grundsätzlich zwei Möglichkeiten:

Zum einen die Lösung über eine Vorerbeneinsetzung, zum anderen die Vermächtnislösung.[43]

---

[43] Vgl. hierzu *Damrau* ZEV 1998, 1.

> **Testament:**
>
> **I. Vorbemerkungen**
> Ich ... bin durch frühere letztwillige Verfügungen, ein gemeinschaftliches Testament oder durch Erbvertrag nicht an der Errichtung dieses Testaments gehindert. Rein vorsorglich hebe ich alle bisher von mir errichteten letztwilligen Verfügungen auf.
>
> **II. Erbeinsetzung**
> Ich setze meine Tochter A zu 60 % als Erbin ein. Meine Tochter B wird neben ihrer Schwester zu 40 % meine Erbin. Sie wird jedoch nur Vorerbin. Nacherbe wird meine Tochter A, ersatzweise deren Abkömmlinge. Die Nacherbanwartschaft kann in keiner Weise übertragen werden. Mit dem Tod meiner Tochter B (Vorerbin) tritt der Nacherbfall ein.
> Ersatzerben nach dem Tod meiner Tochter A sind deren Abkömmlinge. Sind solche nicht vorhanden, wird meine Ehefrau Ersatzerbin. Sie ist befugt, sämtliche Verfügungen neu zu regeln.
>
> **III. Vermächtnis**
> Vermächtnis zugunsten der Ehefrau (s.o.).
>
> **IV. Absicherung**
> Testamentsvollstreckerklausel unter besonderer Berücksichtigung der Interessen und der wirtschaftlichen Sicherung des behinderten Kindes.
>
> _____   _____
> *(Ort und Datum)*   *(Unterschrift)*

§ 2248
Verwahrung des eigenhändigen Testaments

Ein nach der Vorschrift des § 2247 errichtetes Testament ist auf Verlangen des Erblassers in besondere amtliche Verwahrung zu nehmen.

I. Verwahrung

1 Das eigenhändige Testament ist auf Verlangen des Erblassers in amtliche Verwahrung zu nehmen. Dadurch kann das Testament vor Verlust, Verfälschung oder Unterdrückung geschützt werden.

2 An das Verlangen des Erblassers auf Verwahrung sind keine besonderen formellen Anforderungen zu stellen. Das Testament kann daher durch Boten oder auch einfach per Post der Verwahrungsstelle übermittelt werden.

3 Örtlich und sachlich zuständig für die Verwahrung ist jedes Amtsgericht (§ 344 Abs. 1 Nr. 3 FamFG). In Baden-Württemberg sind die Notariate für die Verwahrung zuständig.

4 Hat der Erblasser das Testament in Verwahrung gegeben, ist hierüber ein Hinterlegungsschein zu erteilen, bei einem gemeinschaftlichen Testament jedem Erblasser (§ 346 Abs. 3 FamFG). Das Testament wird durch die Hinterlegungsstelle in einen zu versiegelnden Umschlag genommen. Auf diesem werden Angaben zur Person des Erblassers und Zeit der Testamentserrichtung festgehalten. Durch die Hinterlegung bleibt der eigenhändige Text eine Privaturkunde, auch wenn er hinsichtlich der Verwahrung wie eine öffentliche Urkunde behandelt wird.

II. Rückgabe

Die Rückgabe des hinterlegten Testaments aus amtlicher Verwahrung richtet sich nach 5 § 2256 Abs. 2 und 3. Sie ist jederzeit möglich, ohne dass die Rücknahme Einfluss auf die Wirksamkeit des Testaments hat.[1] Die Rückgabe kann jedoch nur an den Erblasser persönlich erfolgen. Eine Rücksendung auf dem Postweg ist nicht möglich.[2]

§ 2249
Nottestament vor dem Bürgermeister

(1) Ist zu besorgen, dass der Erblasser früher sterben werde, als die Errichtung eines Testaments vor einem Notar möglich ist, so kann er das Testament zur Niederschrift des Bürgermeisters der Gemeinde, in der er sich aufhält, errichten. Der Bürgermeister muss zu der Beurkundung zwei Zeugen zuziehen. Als Zeuge kann nicht zugezogen werden, wer in dem zu beurkundenden Testament bedacht oder zum Testamentsvollstrecker ernannt wird; die Vorschriften der §§ 7 und 27 des Beurkundungsgesetzes gelten entsprechend. Für die Errichtung gelten die Vorschriften der §§ 2232, 2233 sowie die Vorschriften der §§ 2, 4, 5 Abs. 1, §§ 6 bis 10, 11 Abs. 1 S. 2, Abs. 2, § 13 Abs. 1, 3, §§ 16, 17, 23, 24, 26 Abs. 1 Nr. 3, 4, Abs. 2, §§ 27, 28, 30, 32, 34, 35 des Beurkundungsgesetzes; der Bürgermeister tritt an die Stelle des Notars. Die Niederschrift muss auch von den Zeugen unterschrieben werden. Vermag der Erblasser nach seinen Angaben oder nach der Überzeugung des Bürgermeisters seinen Namen nicht zu schreiben, so wird die Unterschrift des Erblassers durch die Feststellung dieser Angabe oder Überzeugung in der Niederschrift ersetzt.

(2) Die Besorgnis, dass die Errichtung eines Testaments vor einem Notar nicht mehr möglich sein werde, soll in der Niederschrift festgestellt werden. Der Gültigkeit des Testaments steht nicht entgegen, dass die Besorgnis nicht begründet war.

(3) Der Bürgermeister soll den Erblasser darauf hinweisen, dass das Testament seine Gültigkeit verliert, wenn der Erblasser den Ablauf der in § 2252 Abs. 1, 2 vorgesehenen Frist überlebt. Er soll in der Niederschrift feststellen, dass dieser Hinweis gegeben ist.

(4) *aufgehoben*

(5) Das Testament kann auch vor demjenigen errichtet werden, der nach den gesetzlichen Vorschriften zur Vertretung des Bürgermeisters befugt ist. Der Vertreter soll in der Niederschrift angeben, worauf sich seine Vertretungsbefugnis stützt.

(6) Sind bei Abfassung der Niederschrift über die Errichtung des in den vorstehenden Absätzen vorgesehenen Testaments Formfehler unterlaufen, ist aber dennoch mit Sicherheit anzunehmen, dass das Testament eine zuverlässige Wiedergabe der Erklärung des Erblassers enthält, so steht der Formverstoß der Wirksamkeit der Beurkundung nicht entgegen.

I. Normzweck

Durch § 2249 soll ermöglicht werden, in besonderen eilbedürftigen Fällen ein öffentliches 1 Testament zu errichten, wenn zu befürchten ist, dass der Erblasser aufgrund seines gesundheitlichen oder seines körperlichen Zustandes nicht mehr in der Lage sein wird, ein notarielles Testament zu errichten.

---

1 BGH NJW-RR 1992, 586.
2 *Palandt/Edenhofer* § 2248 Rn. 6.

II. Voraussetzungen

2 Das Nottestament kann grundsätzlich in den Fällen der Absperrung eines Gebietes (hierzu s. § 2250) oder der Besorgnis des Todes des Erblassers – bevor dieser die Möglichkeit hat, das Testament vor einem Notar zu errichten – gefertigt werden. An das Vorliegen dieser Voraussetzungen sind strenge Anforderungen zu stellen[1]

3 Die Besorgnis, der Erblasser werde sterben, bevor er sein Testament vor einem Notar errichten kann, muss der Bürgermeister als Urkundsperson haben. Wird ein Testament errichtet in Kenntnis des Bürgermeisters, dass keine Lebensgefahr besteht, ist das Testament ungültig.[2] Auf die Besorgnis des Erblassers, sonstige Dritte oder hinzuzuziehenden Zeugen kommt es nicht an. Sie sind keine Urkundspersonen.

4 Der Besorgnis des vorzeitigen Todes gleichzusetzen ist, dass der Erblasser voraussichtlich bis zu seinem Ableben ununterbrochen oder nur mit kurzen Unterbrechungen – in denen kein notarielles Testament errichtet werden kann – testierunfähig sein wird.[3]

5 Die Besorgnis des Bürgermeisters ist in der Niederschrift über die Testamentserrichtung aufzunehmen (Abs. 2 S. 1). Die Unbegründetheit der Besorgnis führt nicht zur Nichtigkeit des Testaments. Ein Ehegattentestament (Gemeinschaftliches Testament) kann errichtet werden, wenn bei einem Ehegatten die Voraussetzungen der Besorgnis gegeben sind und beide Ehegatten an der Verhandlung teilnehmen. Das gemeinschaftliche Testament ist von beiden Eheleuten zu unterschreiben. Erklärt der Ehegatte, bezüglich dessen die Besorgnis des nahen Todes gegeben ist, er sei nicht in der Lage zu unterschreiben, oder ist der Bürgermeister hiervon überzeugt, wird die fehlende Unterschrift des Erblassers durch die Feststellung, der Erblasser sei nicht in der Lage, selbst zu unterschreiben, ersetzt (Abs. 1 S. 6). Gleiches gilt für ein Testament eingetragener Lebenspartner (§ 10 Abs. 4 LPartG).

III. Zuständigkeit

1. Sachliche Zuständigkeit

6 Das Testament kann nur vor dem Bürgermeister der Gemeinde errichtet werden, in der sich der Erblasser aufhält (Abs. 1 S. 1). Das Testament kann auch vor dem gesetzlich bestimmten Vertreter des Bürgermeisters errichtet werden (Abs. 5 Satz. 1). Die Stellung des Vertreters des Bürgermeisters ergibt sich aus den Gemeindeordnungen. In Hamburg ergibt sich die Besonderheit, dass der Standesbeamte zuständig ist. Die Bezirksvorsteher in Berlin sind keine Bürgermeister i.S.d. Gesetzes. Der Oberkreisdirektor ist nur dann Vertreter des Bürgermeisters, wenn er dazu ausdrücklich bestellt wurde.[4]

2. Örtliche Zuständigkeit

7 Örtlich zuständig ist der Bürgermeister der Gemeinde, in der sich der Erblasser – wenn auch nur vorübergehend – aufhält. Das Testament bleibt jedoch gültig, wenn ein örtlich unzuständiger Bürgermeister dennoch tätig wurde (Abs. 1 S. 4 i.V.m. § 2 BeurkG).

8 Die Zuständigkeit des Bürgermeisters ist nur dann gegeben, wenn der Notar nicht erreichbar ist. Der Notar ist insb. auch dann nicht erreichbar, wenn dieser nicht tätig werden kann oder möchte.[5]

9 Der Bürgermeister muss, um wirksam handeln zu können, zwei Zeugen zur Beurkundung hinzuziehen (Abs. 1 S. 2). Als Zeuge kommt jedoch nicht in Betracht, wer in dem zu beurkundenden Testament bedacht oder zum Testamentsvollstrecker bestimmt ist. Die

---

[1] Vgl. OLG München, Beschluss v. 14.7.2009 – 31 WX 141/08.
[2] Schulze/Dörner/Ebert-BGB/*Hoeren* § 2249 Rn. 6.
[3] *Palandt/Edenhofer* § 2249 Rn. 2.
[4] MüKoBGB/*Hagena* § 2249 Rn. 9.
[5] *Palandt/Edenhofer* § 2249 Rn. 6; Schulze/Dörner/Ebert-BGB/*Hoeren* § 2249 Rn. 6.

§§ 7, 23 BeurkG sind entsprechend anzuwenden. Wirkt ein Zeuge an der Errichtung des Bürgermeistertestaments mit, der mit einer in dem Testament bedachten Person i.S.d. § 7 Nr. 3 BeurkG verwandt oder verschwägert ist, führt dies nicht zur Unwirksamkeit des gesamten Testaments, sondern nur zur Unwirksamkeit dieser einzelnen Zuwendung.[6] Weitere Mitwirkungsverbote für Zeugen ergeben sich insb. aus § 26 BeurkG.

IV. Testamentserrichtung

1. Beurkundungstätigkeit

Da der Bürgermeister als Urkundsperson an die Stelle des Notars tritt, hat er dessen Aufgabe unter Berücksichtigung des Beurkundungsgesetzes wahrzunehmen (Abs. 1 S. 4):
- Ablehnung der Beurkundung (§ 4 BeurkG),
- Verwendung der deutschen Sprache (§ 5 Abs. 1 BeurkG),
- Prüfung von Ausschließungsgründen (§§ 6, 7, 26, 27 BeurkG),
- Fertigung einer Niederschrift über die Verhandlung (§§ 8, 9 BeurkG),
- Feststellung der Person des Erblassers (§ 10 BeurkG),
- Feststellung der Testierfähigkeit des Erblassers (§§ 11 Abs. 2, 28 BeurkG),
- Vorlesung, Genehmigung, Unterschriften (§ 13 Abs. 1, Abs. 3 BeurkG),
- Übersetzung der Niederschrift (§§ 16, 32 BeurkG),
- Prüfungs- und Belehrungspflicht (§ 17 BeurkG),
- Sondervorschriften für Taube, Taubstumme (§§ 23, 24 BeurkG),
- Übergabe einer Schrift (§ 30 BeurkG),
- Verschluss, Verwahrung des Testaments (§ 34 BeurkG).

Der letzte Wille ist sodann vor den ständig anwesenden Zeugen und dem Bürgermeister durch mündliche Erklärung zur Niederschrift oder durch Übergabe einer offenen oder verschlossenen Schrift zu erklären (Abs. 1 S. 4, §§ 22, 32 BeurkG). Sofern der Erblasser minderjährig, lese- oder sprachunfähig ist, wird das Testament nach § 22, 33 BeurkG errichtet.

2. Niederschrift

Die Niederschrift ist in deutscher Sprache abzufassen (§ 5 BeurkG). Sie enthält den letzten Willen und die nach dem Beurkundungsgesetz erforderlichen Erklärungen des Bürgermeisters. Entsprechend der notariellen Urkunde muss sie vorgelesen, genehmigt und eigenhändig unterschrieben worden sein.

Die Urkunde ist zu genehmigen. In der Regel stellt die Unterzeichnung die Genehmigung dar. Die Urkunde muss nicht nur vom Erblasser, sondern auch von den Zeugen und dem Bürgermeister unterschrieben werden. Ist der Erblasser nach seinen eigenen Angaben oder nach der Überzeugung des Bürgermeisters nicht in der Lage, die Urkunde abschließend zu unterzeichnen, greift § 2249 Abs. 1 S. 6: Die Unterschrift des Erblassers wird ersetzt durch die Feststellung, der Angabe oder der Überzeugung des Bürgermeisters in der Niederschrift, dass der Erblasser schreibunfähig ist. § 25 BeurkG findet keine Anwendung.

3. Verwahrung

Die Niederschrift ist nach ihrer Vollendung in einen Umschlag zu nehmen und zu versiegeln (§ 34 Abs. 1 BeurkG). Auf den Umschlag soll der Erblasser seiner Person nach bezeichnet werden. Ebenfalls ist auf dem Umschlag festzuhalten, wann das Testament errichtet wurde (§ 34 Abs. 1 BeurkG).

---

6 BayObLG ZEV 1995, 341.

V. Formfehler und Rechtsfolgen

15 Sind bei der Abfassung der Niederschrift über die Errichtung des Bürgermeistertestaments Formfehler unterlaufen, sind diese unschädlich, wenn mit Sicherheit anzunehmen ist, dass das Testament den letzten Willen des Erblassers zuverlässig wiedergibt (§ 2249 Abs. 6).[7] Die Verletzung von Soll-Vorschriften ist unerheblich.

16 Schädlich für die Wirksamkeit des Testaments ist jedoch der Verstoß gegen materielle Errichtungsvoraussetzungen: Unterlassen des Verlesens, fehlende Genehmigung und Unterzeichnung durch die Urkundspersonen. Die fehlende Unterzeichnung der Zeugen ist unschädlich, die der Urkundspersonen (Bürgermeister) jedoch unabdingbare Wirksamkeitsvoraussetzung.

17 Des Weiteren gehört zu den materiellen Errichtungsvoraussetzungen
– die mündliche Erklärung des letzten Willens durch den Erblasser oder die Übergabe einer Schrift mit einer entsprechender Erklärung,
– die Hinzuziehung von zwei Zeugen,
– die Todesbesorgnis,
– die permanente Anwesenheit der Urkundsperson, der Zeugen und des Erblassers.

18 **Heilbar sind die Mängel,** die die Urkunde selbst betreffen. Hierbei handelt es sich um die Angaben hinsichtlich der Testierfähigkeit des Erblassers (§§ 11, 28 BeurkG), fehlende Feststellung über die Besorgnis der Todesgefahr,[8] fehlende Angabe über Ort und Zeit der Niederschrift, fehlender Identitätsnachweis der Beteiligten, fehlende Belehrung über die Gültigkeitsdauer des Testaments, Fehleinschätzung der Schreibunfähigkeit des Erblassers oder die Überschreitung des Amtsbezirks durch die Urkundsperson (§ 2 BeurkG).

§ 2250
Nottestament vor drei Zeugen

(1) Wer sich an einem Orte aufhält, der infolge außerordentlicher Umstände dergestalt abgesperrt ist, dass die Errichtung eines Testaments vor einem Notar nicht möglich oder erheblich erschwert ist, kann das Testament in der durch § 2249 bestimmten Form oder durch mündliche Erklärung vor drei Zeugen errichten.

(2) Wer sich in so naher Todesgefahr befindet, dass voraussichtlich auch die Errichtung eines Testaments nach § 2249 nicht mehr möglich ist, kann das Testament durch mündliche Erklärung vor drei Zeugen errichten.

(3) Wird das Testament durch mündliche Erklärung vor drei Zeugen errichtet, so muss hierüber eine Niederschrift aufgenommen werden. Auf die Zeugen sind die Vorschriften des § 6 Abs. 1 Nr. 1 bis 3, der §§ 7, 26 Abs. 2 Nr. 2 bis 5 und des § 27 des Beurkundungsgesetzes; auf die Niederschrift sind die Vorschriften der §§ 8 bis 10, 11 Abs. 1 S. 2, Abs. 2, § 13 Abs. 1, 3 S. 1, §§ 23, 28 des Beurkundungsgesetzes sowie die Vorschriften des § 2249 Abs. 1 S. 5, 6, Abs. 2, 6 entsprechend anzuwenden. Die Niederschrift kann außer in der deutschen auch in einer anderen Sprache aufgenommen werden. Der Erblasser und die Zeugen müssen der Sprache der Niederschrift hinreichend kundig sein; dies soll in der Niederschrift festgestellt werden, wenn sie in einer anderen als der deutschen Sprache aufgenommen wird.

---
7 *Palandt/Edenhofer* § 2249 Rn. 11.
8 BayObLG NJW 1991, 928.

I. Normzweck

Das Nottestament nach § 2250, welches auch als Drei-Zeugen-Testament bezeichnet wird, kann verfasst werden, wenn eine Absperrung (Abs. 1) oder nahe Todesgefahr (Abs. 2) gegeben ist (bei Seereisen beachte § 2251). 1

II. Voraussetzungen

1. Absperrungen

Das Drei-Zeugen-Testament kann der Erblasser errichten, der sich an einem Ort aufhält, der infolge außerordentlicher Umstände derart abgesperrt ist, dass die Errichtung eines Testaments vor einem Notar nicht mehr möglich oder erheblich erschwert ist. Die Ursache für die Absperrung (Naturereignis, Sprengung, Quarantäne, hoheitliche Maßnahmen) sind unerheblich. Sie muss jedoch objektiv vorliegen oder zumindest zur Überzeugung des Bürgermeisters oder der drei Zeugen gegeben sein. Der faktischen Absperrung gleich gestellt ist ein weiter und gefährlicher Weg zu einem Notar. 2

Mit Aufenthaltsort ist der Ort des tatsächlichen Aufenthaltes des Erblassers gemeint. Der Ort des Wohnsitzes oder gewöhnlichen Aufenthalts des Erblassers ist somit unerheblich. 3

2. Nahe Todesgefahr

Befindet sich der Erblasser in naher Todesgefahr, so dass eine Testamentserrichtung nach § 2249 nicht möglich ist, kann er ein Testament vor drei Zeugen errichten (Abs. 2). 4

Die Testamentserrichtung erfolgt durch mündliche Erklärung vor drei Zeugen. Ob objektiv eine nahe Todesgefahr vorliegt, ist unerheblich. Unerheblich ist auch die Ansicht des Erblassers hinsichtlich der nahen Todesgefahr. Maßgeblich für das Vorliegen des Merkmals der nahen Todesgefahr ist die subjektive Befürchtung der drei Zeugen, dass sich in der Person des Erblassers eine nahe Todesgefahr realisieren wird.[1] 5

Der nahen Todesgefahr ist die dauernde Testierunfähigkeit gleichzusetzen, wenn damit gerechnet werden muss, dass diese ununterbrochen oder nur mit kurzer Unterbrechung, in der kein Testament errichtet werden kann, fortdauert.[2] Die Gründe für die Todesgefahr sind unerheblich: Krankheit, Unfall, drohendes Ereignis mit tödlichem Ausgang. Es müssen die Zeugen von der nahen Todesgefahr überzeugt sein; die Ansicht Dritter, auch die des Erblassers, ist unerheblich. Allerdings werden an die fehlende Erreichbarkeit eines Notars sehr hohe Anforderungen gestellt.[3] 6

3. Zeugen

Die mündliche Erklärung des Erblassers ist vor drei Zeugen abzugeben. Diese müssen während der gesamten Dauer der Testamentserrichtung anwesend sein (vgl. §§ 8, 13 BeurkG, wonach Abfassung, Verlesung, Genehmigung und Unterschrift zu der Errichtung unabdingbare Voraussetzungen sind). 7

Die Zeugen müssen sich während des Errichtungsvorgangs auch über ihre Beurkundungsfunktion bewusst sein. Eine zufällige Anwesenheit bei der Erklärungsabgabe ist nicht ausreichend. Dies gilt auch, wenn die anwesende Person alles mit anhörte, verstanden hat und die Erklärung bestätigen kann.[4] 8

Grundsätzlich kommt jede natürliche Person als Zeuge in Betracht. Ausgeschlossen sind allerdings: Erblasser, Ehegatten, Zeugen selbst oder deren Ehegatten oder ein in gerader 9

---

1 §§ 2250 Abs. 3 S. 2, 2249 Abs. 2 S. 2; BGHZ 3, 372, 376.
2 BGHZ 3, 372, 376.
3 Vgl. OLG München NJW Spezial 2009, 568.
4 BGH MDR 1971, 281; 1972, 309.

Linie Verwandter, der selbst bedacht ist, sowie Vertreter, die für diese Personen handeln (vgl. § 6 Abs. 1 Nr. 1 bis 3 BeurkG).

10 Ist einer der drei an der Errichtung des Nottestaments beteiligten Zeugen mit einer darin bedachten Person i.S.v. § 7 Nr. 3 BeurkG verwandt oder verschwägert, führt dies insoweit zur Unwirksamkeit der Zuwendung an den Bedachten.[5]

11 Von der **Mitwirkung als Zeuge** ist somit jeder **ausgeschlossen,** der durch das Testament bedacht ist oder zum Testamentsvollstrecker berufen wurde (§§ 7, 27 BeurkG). Ein Verstoß hiergegen hat jedoch nicht die Unwirksamkeit des gesamten Testaments zur Folge; die insoweit getroffene Verfügung wird lediglich unwirksam.

12 Blinde, Minderjährige, Geisteskranke und -schwache, Stumme, Taube sowie Schreibunfähige sollen nicht als Zeugen herangezogen werden (§ 26 Abs. 2 Nr. 2 bis 5 BeurkG). Da es sich hier um eine Sollvorschrift handelt, führt die Mitwirkung der vorgenannten Zeugen nicht zur Unwirksamkeit des Testaments.

III. Errichtung

1. Erklärung

13 Das Testament wird durch mündliche Erklärung des Erblassers gegenüber den drei Zeugen errichtet. Die Übergabe einer Schrift zur Errichtung des Testaments ist nicht ausreichend. Möglicherweise wird hierdurch jedoch ein privatschriftliches Testament eröffnet, sofern die Formerfordernisse des eigenhändigen Testaments gewahrt sind. Stumme können somit kein Nottestament errichten. Der Errichtung des Nottestamentes steht es nicht entgegen, dass die Zeugen und der Erblasser eine Fremdsprache verwenden (§ 2280 Abs. 3 S. 3, 4).

14 Da die §§ 16, 32 BeurkG nicht anwendbar sind, ist die Hinzuziehung eines Dolmetschers, um das Defizit eines Beteiligten hinsichtlich seiner Fremdsprachenkenntnisse auszugleichen, nicht zulässig. Ist einer der Beteiligten taub, muss § 23 BeurkG beachtet werden. Anstelle des Vorlesens ist dann die Niederschrift zur Durchsicht vorzulegen. Durch die Unterschrift des Tauben wird sodann vermutet, dass sie ihm zur Durchsicht vorgelegen hat und von ihm genehmigt worden ist (§ 23 BeurkG).

2. Niederschrift

15 Die Niederschrift dient in erster Linie dazu, den erklärten Willen des Erblassers festzuhalten. Sie muss daher noch zu Lebzeiten des Erblassers erfolgt sein. Neben dem Willen des Erblassers muss sich aus der Niederschrift ergeben, dass sie vor den Urkundspersonen abgegeben wurde und inhaltlich mit dem geäußerten Willen des Erblassers übereinstimmt.

16 In der Niederschrift ist des Weiteren festzustellen, dass wegen der nahen Todesgefahr die Errichtung eines Testaments nach § 2249 (Nottestament vor dem Bürgermeister) nicht mehr möglich war. Weiter muss die Niederschrift die genaue Bezeichnung der Beteiligten, den Ort sowie den Zeitpunkt der Testamentserrichtung festhalten. Die Niederschrift selbst soll des Weiteren eine Aussage hinsichtlich der bestehenden Absperrung und nahen Todesgefahr treffen.

17 Abschließend ist dann die Niederschrift den Beteiligten zu verlesen, von ihnen zu genehmigen und eigenhändig zu unterschreiben (§§ 2250 Abs. 3, 2249 Abs. 1 S. 5, § 13 Abs. 1 BeurkG). Das Diktieren der Niederschrift ersetzt nicht das abschließende Verlesen des niedergeschriebenen Textes.[6] Kann der Erblasser eigenen Eingaben zufolge oder nach Ansicht der Zeugen seinen Namen nicht schreiben, wird die Unterschrift des Erblassers durch die Feststellung seiner Schreibunfähigkeit ersetzt (§§ 2250 Abs. 3 S. 2, 2249 Abs. 1 S. 6).

---

5 BayObLG ZEV 1995, 341.
6 BGH NJW 1991, 3210, 3211.

3. Formfehler

Soweit bei der Abfassung der Niederschrift Formfehler unterlaufen sind, die den Errichtungsakt als solchen betreffen (s. § 2249) und davon auszugehen ist, dass das Testament den Willen des Erblassers richtig und vollständig wiedergibt, stehen die Formfehler der Wirksamkeit des Testamentes nicht entgegen.

Unverzichtbar für die Wirksamkeit des Testaments ist dagegen, dass die Niederschrift verlesen,[7] genehmigt und von den Beteiligten (Zeugen, Erblasser) unterschrieben wurde (bei Schreibunfähigkeit: § 2250 Abs. 3, § 2249 Abs. 1 S. 6; § 13 Abs. 1 BeurkG). Ein Verstoß hiergegen führt zur Unwirksamkeit des Testamentes. Ebenfalls ist das Testament unwirksam, wenn nicht alle Zeugen während der gesamten Dauer der Testamentserrichtung anwesend waren.[8] Fehlen sämtliche Unterschriften der Zeugen, ist das Testament nichtig. Der Formfehler des Fehlens einer einzelnen Zeugenunterschrift kann jedoch geheilt werden, indem die Unterschrift nachgeholt wird. Liegt somit die Unterschrift des Erblassers und zumindest eines Zeugen vor, ist von einem wirksamen Testament auszugehen.[9]

IV. Verwahrung und Gültigkeitsdauer

Es ist nicht zwingend, dass das Drei-Zeugen-Testament in amtliche Verwahrung gegeben wird. Die Beweiskraft dieser Urkunde ergibt sich aus den Vorschriften der §§ 416, 419, 440 ZPO. Die Testamentsverwahrung ist aber möglich. Sie wird jedoch nur im Einzelfall Sinn machen, da das Testament grundsätzlich nur eine kurze Gültigkeitsdauer hat (vgl. § 2252). Nach Ablauf von drei Monaten wird das Drei-Zeugen-Testament grundsätzlich ungültig, wenn der Erblasser dann noch leben sollte (vgl. § 2252). Da es sich bei dem Nottestament vor drei Zeugen um kein öffentliches Testament handelt, sind weder § 34 Abs. 1 BeurkG noch § 2256 Abs. 1 anwendbar.[10]

V. DDR-Recht

Auch nach dem ZGB war die Errichtung eines Nottestaments durch mündliche Erklärung möglich. Es genügten zwei Zeugen. Auch dieses Testament verlor grundsätzlich drei Monate nach seiner Errichtung seine Gültigkeit, wenn der Erblasser zu diesem Zeitpunkt noch lebte (§ 386 Abs. 3 ZGB) Der Fristablauf wurde jedoch gehemmt, solange der Erblasser keine Möglichkeit hatte, ein notarielles oder eigenhändiges Testament zu errichten (§ 386 ZGB).

Wurde ein Testament vor dem 3.10.1990 errichtet oder aufgehoben, beurteilt es sich nach dem Recht der DDR (ZGB).

Dies gilt auch, wenn der Erblasser erst nach dem 3.10.1990 verstorben ist.

§ 2251
Nottestament auf See

Wer sich während einer Seereise an Bord eines deutschen Schiffes außerhalb eines inländischen Hafens befindet, kann ein Testament durch mündliche Erklärung vor drei Zeugen nach § 2250 Abs. 3 errichten.

---

7 Vgl. hierzu LG Nürnberg-Fürth BeckRS 2009, 391.
8 BGH NJW 1970, 1601.
9 Vgl. hierzu BayObLG ZEV 1995, 341, 342 m.w.N.
10 BayObLG NJW 1979, 232.

I. Normzweck

1 Bei dem Seetestament handelt es sich nicht um ein Nottestament. Es setzt aus diesem Grunde auch keine besondere Notsituation wie beispielsweise Krankheit, Absperrung oder nahe Todesgefahr voraus.

II. Voraussetzungen

1. Seereise

2 Bei einer Seereise handelt es sich um eine Reise, die sich über mehrere Tage oder Wochen erstreckt. Kurze Vergnügungs-, Sport- oder Fischereifahrten stellen dagegen keine Seereise i.S.d. Gesetzes dar. Reisen auf Binnengewässern, insb. Binnenseen, fallen ebenfalls nicht unter den Begriff einer Seereise. Die Seereise beginnt mit dem Verlassen eines deutschen Hafens. Sie endet mit der Rückkehr in einen deutschen Hafen oder wenn der Erblasser in einem ausländischen Hafen das Schiff verlässt.

2. Deutsches Schiff

3 Nach dem Flaggengesetz (§§ 1, 2, 3 Flaggenrechtsgesetz vom 8.2.1951, BGBl. I, 79 ff. in der Fassung vom 26.10.1994, BGBl. I, 3140) handelt es sich um ein deutsches Schiff, wenn es einem deutschen Staatsangehörigen oder einer diesem gleichgestellten Person gehört. Die Art des Schiffes ist dabei unerheblich. So kann der Erblasser sein Testament auch auf einem Boot oder Floß errichten.

3. Hafen

4 Das Testament kann nur errichtet werden, wenn sich das Schiff nicht mehr in einem deutschen Hafen befindet. In ausländischen Häfen und auf See, unabhängig wie groß die Entfernung zur Küstenlinie ist, kann der Erblasser sein Testament errichten, sofern er sich an Bord des Schiffes befindet.

III. Wirksamkeit

5 Bei der Errichtung des Seetestamentes müssen drei Zeugen mitwirken. Den drei Zeugen ist der Wille des Erblassers mündlich zu erklären. Über die mündliche Erklärung hat sodann die Niederschrift zu erfolgen. Dabei kommt es auf die Sprache nicht an, sofern Erblasser und Zeugen der verwendeten Sprache kundig sind.

6 Formfehler des Testaments sind unerheblich, sofern und soweit der Wille des Erblassers wiedergegeben wird (§§ 2250 Abs. 3, 2249 Abs. 6). Auch die Gültigkeitsdauer des Seetestamentes beträgt grundsätzlich nur drei Monate ab Errichtung (§ 2252). Da das Seetestament eine Privaturkunde darstellt, ist sie nicht zwingend in amtliche Verwahrung zu geben. Dies wird in der Regel auch kaum praktisch durchführbar sein.

§ 2252
Gültigkeitsdauer der Nottestamente

(1) Ein nach § 2249, § 2250 oder § 2251 errichtetes Testament gilt als nicht errichtet, wenn seit der Errichtung drei Monate verstrichen sind und der Erblasser noch lebt.

(2) Beginn und Lauf der Frist sind gehemmt, solange der Erblasser außerstande ist, ein Testament vor einem Notar zu errichten.

(3) Tritt im Falle des § 2251 der Erblasser vor Ablauf der Frist eine neue Seereise an, so wird die Frist mit der Wirkung unterbrochen, dass nach Beendigung der neuen Reise die volle Frist von neuem zu laufen beginnt.

(4) Wird der Erblasser nach dem Ablauf der Frist für tot erklärt oder wird seine Todeszeit nach den Vorschriften des Verschollenheitsgesetzes festgestellt, so behält das Testament seine Kraft, wenn die Frist zu der Zeit, zu welcher der Erblasser nach den vorhandenen Nachrichten noch gelebt hat, noch nicht verstrichen war.

I. Normzweck

Das Bürgermeister-, das Not- und das Seetestament haben nur eine beschränkte Gültigkeitsdauer. Sie verfallen grundsätzlich nach einem Zeitraum von drei Monaten. Dies zwingt den Erblasser, ein neues Testament zu errichten, wenn er nach Ablauf der Gültigkeitsdauer noch lebt und nicht die gesetzliche Erbfolge wünscht. 1

II. Frist

Ein nach den §§ 2249, 2250 und 2251 errichtetes Testament gilt rückwirkend als nicht errichtet, wenn seit der Testamentserrichtung drei Monate verstrichen sind und der Erblasser noch lebt. Das Testament kann jedoch als eigenhändiges Testament aufrechterhalten werden, sofern dessen Voraussetzungen vorliegen. 2

Verstirbt der Ehepartner eines nach den §§ 2249, 2250 oder 2251 errichteten Ehegattentestamentes innerhalb der drei Monate, bleibt das Ehegattentestament uneingeschränkt wirksam. Wurde durch ein durch Fristablauf unwirksam gewordenes Testament nach den §§ 2249, 2250, 2251 ein früheres Testament widerrufen, lebt das widerrufene Testament uneingeschränkt neu auf. Dies ergibt sich daraus, dass das Testament – sofern der Erblasser noch lebt – nach Fristablauf als nicht errichtet gilt (Abs. 1). 3

Für den **Beginn der Frist** wird der Tag der Testamentserrichtung nicht mitgerechnet (§ 187 Abs. 1). Das Fristende bestimmt sich nach § 188 Abs. 2 und 3: Die Frist endet mit dem Ablauf desjenigen Tages des letzten Monats, welcher durch seine Zahl dem Tag entspricht, an dem das Testament errichtet wurde. 4

Solange der Erblasser jedoch außerstande ist, ein Testament vor einem deutschen Notar zu errichten, wird der Beginn und Lauf der Frist gehemmt (Abs. 2). 5

Für die Fristberechnung bei einer Seereise gelten Besonderheiten. Tritt der Erblasser vor Ablauf der drei Monate erneut eine Seereise an, wird die Frist unterbrochen, so dass nach Beendigung der neuen Seereise die Frist erneut in ihrer vollen Dauer zu laufen beginnt (Abs. 3). 6

III. Todeserklärung

Wird der Erblasser nach Ablauf der drei Monate für tot erklärt oder wird seine Todeszeit nach den Vorschriften des Verschollenheitsgesetzes (§§ 23, 44 VerschG) festgestellt, behält das Testament grundsätzlich seine Wirkung. Voraussetzung hierfür ist jedoch, dass keine Nachrichten vorliegen, aus denen sich ergibt, dass der Erblasser nach Ablauf der Drei-Monats-Frist noch gelebt hat (Abs. 4). *Hagena* geht davon aus, dass die Nachricht vom Erblasser stammen muss.[1] Dies ist jedoch nicht erforderlich. Dem Gesetzeswortlaut ist nicht zu entnehmen, dass das Lebenszeichen vom Erblasser stammen muss. 7

---

[1] MüKoBGB/*Hagena* § 2252 Rn. 6.

IV. Beweislast

8 Derjenige, der sich auf die Gültigkeit eines Testament nach den §§ 2249, 2250 und 2251 beruft, trägt die Beweislast dafür, dass die Frist noch nicht abgelaufen ist bzw. Hemmung eingetreten war. Auch derjenige, der das Testament als ungültig ansieht, hat dies zu beweisen.

§ 2253
Widerruf eines Testaments

Der Erblasser kann ein Testament sowie eine einzelne in einem Testament enthaltene Verfügung jederzeit widerrufen.

I. Normzweck

1 Der Erblasser kann seine testamentarische Verfügung jederzeit und ohne Grund widerrufen. Dieses Recht ergibt sich aus der Eigentumsgarantie des Art. 14 Abs. 1 GG. Das Recht auf uneingeschränkte Testierfreiheit kann auch nicht durch Vertrag eingeschränkt werden. Ein solcher wäre nach § 2302 nichtig. Es besteht hier auch kein Schutzbedürfnis der Bedachten, da diese durch eine testamentarische Verfügung keine geschützte Rechtsposition erhalten. Eine Ausnahme besteht dann, wenn Verfügungen i.R.e. Erbvertrages getroffen worden sind, der grundsätzlich Bindungswirkung erzeugt.

II. Widerruf

2 Auch der Widerruf hat stets nach den erbrechtlichen Bestimmungen zu erfolgen. Der widerrufende Erblasser muss somit insb. testierfähig sein. Für den Widerruf selbst sieht das Gesetz vier Möglichkeiten vor:
– Widerruf durch Testament (§ 2254),
– Widerruf durch Vernichtung oder Veränderung des Testaments (§ 2255),
– Rücknahme des Testaments aus der amtlichen Verwahrung (§ 2256),
– Widerruf durch späteres Testament (§ 2258).

3 Weitere Möglichkeiten eines Widerrufes gibt es nicht.[1] Es besteht weder die Möglichkeit des Widerrufs durch schlüssiges Handeln – Hinnahme des Verlustes oder Zerstörung der Testamentsurkunde – noch durch eine verpflichtende Erklärung zum Widerruf (vgl. § 2302). Die Testamentsanfechtung wegen Irrtums oder Drohung (§ 2078) oder wegen Übergehung des Pflichtteilsberechtigten (§ 2079) bleibt zur Beseitigung eines Testaments neben der Widerrufsmöglichkeit bestehen.

§ 2254
Widerruf durch Testament

Der Widerruf erfolgt durch Testament.

I. Normzweck

1 § 2254 regelt den Widerruf eines Testaments durch die Abfassung eines sog. Widerrufstestaments. Dieses kann in der Form eines öffentlichen oder eigenhändigen Testamentes

---
[1] *Palandt/Edenhofer* § 2253 Rn. 2.

errichtet werden. Der Widerruf eines öffentlichen Testaments kann ebenso durch ein privatschriftliches erfolgen, wie das privatschriftliche Testament durch ein öffentliches Testament widerrufen werden kann.

II. Voraussetzungen

Voraussetzung für die Errichtung des Widerrufstestaments ist zunächst ein entsprechender Wille, das bereits errichtete Testament aufzuheben.[1] Nicht erforderlich ist es, dass in dem Widerrufstestament das Wort »Widerruf« oder »Aufhebung« verwendet wird. Entscheidend ist, dass der Widerrufswille in dem Widerrufstestament deutlich zum Ausdruck kommt. Dabei kann sich der Widerrufswille auch durch Auslegung oder Umdeutung der widerrufenen Verfügung ergeben.[2]

Demnach ist die bloße Billigung des Verlustes oder Untergangs des errichteten Testaments keine Willensäußerung, die geeignet ist, einen Widerruf zu bewirken.

III. Erklärungsinhalt

Das Widerrufstestament kann ausschließlich den Widerruf des früher errichteten Testaments zum Gegenstand haben. Sofern es darüber hinaus weitere Verfügungen enthält, ist dies unschädlich. Durch das Widerrufstestament kommt es grundsätzlich zum Eintritt der gesetzlichen Erbfolge.

Der Widerruf kann aber auch bedingt erfolgen oder auf einzelne testamentarische Anordnungen beschränkt werden.[3] Wird er als Anhang zeitlich später auf der Rückseite des ursprünglichen Testaments erklärt, ist die Reichweite des Widerrufs durch Auslegung zu ermitteln.[4]

Befindet sich das Testament in amtlicher Verwahrung, kann der Widerruf oder die Einschränkung des Testaments dadurch erfolgen, dass der Erblasser auf der maschinenschriftlichen Testamentsabschrift den Widerruf bzw. die Einschränkung mittels eigenhändig geschriebenen und unterschriebenen Zusatzes unter Verwendung der Orts- und Zeitangaben vornimmt. Dabei muss der Zusatz in Verbindung mit dem Inhalt der Testamentsabschrift einen voll verständlichen Sinn ergeben.[5]

Liegen mehrere sich widersprechende Testamente mit gleichem Datum vor, ohne dass der wirkliche Wille des Erblassers – welches Testament Gültigkeit haben soll – erkennbar ist, heben sich diese Testamente gegenseitig auf.

IV. Widerruf

Für das Widerrufstestament gelten die allgemeinen Bestimmungen des Testamentsrechts: Der Erblasser muss testierfähig sein (§ 2229) und das Widerrufstestament persönlich errichten (§ 2064). Es ist somit eine höchstpersönliche Handlung des Erblassers erforderlich.

Soll ein gemeinschaftliches Testament widerrufen werden, sind die speziellen Vorschriften der §§ 2271 und 2296 zu beachten. Der »Widerruf« eines Erbvertrages bestimmt sich nach den §§ 2293 ff. Es bedarf somit grundsätzlich einer notariellen Beurkundung, sofern nicht die §§ 2297, 2298 greifen.

---

[1] BayObLG NJW 1956, 1276, 1277.
[2] BayObLGZ 1956, 377.
[3] *Palandt/Edenhofer* § 2254 Rn. 1.
[4] Vgl. BayObLG FamRZ 1990, 318; zu Auslegungsfragen vgl. auch OLG Zweibrücken NJW-RR 2003, 872; OLG Düsseldorf OLGR 2000, 240.
[5] BGH NJW 1996, 201; OLG Schleswig FamRZ 1995, 246.

V. Widerruf des Widerrufstestaments

10 Da es sich bei dem Widerrufstestament um ein Testament handelt, ist auch dessen Widerruf nach den allgemeinen Vorschriften der §§ 2254 bis 2256, 2258 möglich. Die sich hieraus ergebende Rechtswirkung ergibt sich aus § 2257.

11 Daneben kann das Widerrufstestament nach den allgemeinen Vorschriften des Testamentsrechts angefochten werden (§§ 2078 ff). Dabei erfolgt die Anfechtung durch formlose Erklärung gegenüber dem Nachlassgericht (§ 2081 Abs. 1).

§ 2255
Widerruf durch Vernichtung oder Veränderungen

Ein Testament kann auch dadurch widerrufen werden, dass der Erblasser in der Absicht, es aufzuheben, die Testamentsurkunde vernichtet oder an ihr Veränderungen vornimmt, durch die der Wille, eine schriftliche Willenserklärung aufzuheben, ausgedrückt zu werden pflegt. Hat der Erblasser die Testamentsurkunde vernichtet oder in der bezeichneten Weise verändert, so wird vermutet, dass er die Aufhebung des Testaments beabsichtigt habe.

I. Normzweck

1 Ein Testament kann auch widerrufen werden, indem der Erblasser sein Testament vernichtet oder verändert. Dabei muss durch die Vernichtung oder Veränderung zum Ausdruck kommen, dass der Erblasser die Aufhebung des Testamentes will.

II. Objektive Widerrufsvoraussetzungen

2 Der Widerruf nach § 2255 erfordert neben einer Aufhebungsabsicht eine Ausführungshandlung, durch die der Aufhebungswille zum Ausdruck kommt. Als geeignete Handlung sieht das Gesetz die Vernichtung oder Veränderung des Testaments vor. Hier kommt sowohl das Zerreißen, Schreddern, Zerschneiden oder Verbrennen wie auch das Unleserlichmachen, Durchstreichen, Ausradieren, Einklammern oder Ähnliches in Betracht. Mag auch das Werfen des Testaments in den Papierkorb (Papiercontainer) von einem Widerrufswillen getragen sein, stellt dies keine Zerstörung oder Veränderung dar, wenn es nicht zuvor in vorgenannter Weise behandelt wurde.[1]

3 Neben dem Zerstören der Urkunde kann der Widerruf durch eine deutliche und eindeutige Erklärung des Erblassers erfolgen. So ist zur Erklärung des Widerrufs ausreichend, wenn die Urkunde mit Entwertungsvermerken wie »Ungültig«, »Aufgehoben«, »Annulliert«, »Überholt« oder »Unwirksam« über ihrem Text, am Rande oder neben der Testamentsunterschrift versehen wird. Dabei müssen die Entwertungsvermerke in die Augen springen und eindeutig erkennen lassen, dass die Urkunde keine Rechtswirkung entfalten soll.[2]

4 Der Widerruf nach § 2255 kann sich auch auf einzelne Verfügungen des Testaments beziehen. So können einzelne Passagen durch Herausschneiden, Schwärzen, Durchstreichen, Einklammern oder ähnliche Kennzeichnungen unwirksam gemacht, d.h. widerrufen werden. Dies gilt entsprechend, soweit nur ein einzelnes Wort eliminiert wird.[3] Ein erneutes Unterzeichnen ist insoweit nicht erforderlich, als die Veränderungen vom Willen des

---

1 *Brox/Walker* Rn. 140 m.w.N.
2 *Reimann/Bengel/Mayer* § 355 Rn. 17, 18.
3 *Brox/Walker* Rn. 140.

Erblassers getragen sind und das räumliche Erscheinungsbild der Urkunde dieser Sichtweise nicht entgegensteht.[4]

Die Widerrufshandlung kann von dem Erblasser oder einem Dritten als dessen Werkzeug, nicht aber von einem Stellvertreter vorgenommen werden. Sie muss auch noch zu Lebzeiten des Erblassers ausgeführt werden.[5] Wurde das Testament durch eine dritte Person vernichtet, ist eine nachträgliche Genehmigung seitens des Erblassers nicht möglich.

§ 185 ist auf tatsächliche Handlungen nicht anwendbar.[6]

III. Aufhebungsabsicht

Die Aufhebungsabsicht ist unabdingbare Voraussetzung für einen Widerruf nach § 2255. Die Vernichtung oder Veränderung des Testaments ohne Aufhebungs- oder Veränderungsabsicht im Zeitpunkt des Vollzugs der objektiven Handlung reicht nicht aus, um das Testament wirksam zu widerrufen.

Der Erblasser muss bei dem Widerruf des Testaments mit Geschäftswillen handeln. Ungewollte oder versehentliche Vernichtungen bzw. Veränderungen des Testaments heben dieses nicht auf. Diese Handlungen können auch nicht nachträglich genehmigt werden. Die §§ 182 ff. sind bei Realakten nicht anwendbar.[7]

IV. Vermutung der Absicht

Es besteht die gesetzliche Vermutung, dass der Erblasser die Aufhebung des Testaments beabsichtigt hat, als dieser das Testament vernichtete oder Veränderungen an ihm vornahm. Es wird vermutet, dass der Erblasser durch seine Handlungen zum Ausdruck bringt, dass seine frühere Willenserklärung keine Rechtswirkung mehr entfalten soll.

Diese Vermutung ist widerlegbar.[8] Konnte die Vermutung widerlegt werden, bleibt das ursprüngliche Testament wirksam. Dies gilt unabhängig davon, ob es tatsächlich vernichtet ist.[9]

Hat der Erblasser bei der Errichtung eines eigenhändigen Testaments mittels Kohlepapier eine Durchschrift gefertigt, die ebenfalls als eigenhändiges Testament anzusehen ist, und nimmt der Erblasser nur an der Durchschrift Änderungen i.S.d. § 2255 S. 1 vor, gilt die gesetzliche Vermutung, dass er die Aufhebung des Testaments beabsichtigt habe, nicht. Ein Widerruf ist nur anzunehmen, wenn unter Berücksichtigung aller Umstände des Einzelfalles als feststehend zu erachten ist, dass der Erblasser die Änderung in der Durchschrift in Absicht der Aufhebung des Testaments vorgenommen hat.[10]

Ist ein Testament unauffindbar, gibt es keine Vermutung, der Erblasser habe das Testament vernichtet und damit widerrufen. Wer sich jedoch auf ein nicht auffindbares Testament beruft, muss dessen Errichtung beweisen.[11] Nach § 2255 S. 2 wird auch nicht vermutet, dass der eingerissene Zustand eines Testaments auf eine Handlung des Erblassers zurückzuführen ist.[12] Die Vermutung des § 2255 S. 2 gilt auch nicht für den Umstand, dass der Erblasser bei der Vornahme der Widerrufshandlung testierunfähig war.[13] Vielmehr ist bis zum Nachweis der Testierunfähigkeit des Erblassers von seiner Testierfähigkeit im Zeitpunkt der Widerrufshandlung auszugehen.

---

4 BGH FamRZ 1968, 669; BayObLG FamRZ 1968, 469; 1991, 1114; 1995, 247.
5 BayObLG FamRZ 1992, 1350.
6 OLG Hamm FGPraxis 1996, 28.
7 *Palandt/Edenhofer* § 2255 Rn. 8.
8 *Palandt/Edenhofer* § 2255 Rn. 9.
9 RGZ 171, 108; vgl. hierzu auch OLG Hamm ZEV 2002, 108; diff. LG Freiburg RPfleger 1952, 340.
10 KG ZEV 1995, 107.
11 *Palandt/Edenhofer* § 2255 Rn. 9; NJW 1974, 1827; NJW-Spezial 2009, 7.
12 BayObLG ZEV 1996, 272.
13 BayObLG ZEV 1996, 272.

V. Beweisfrage

13 Ob ein nicht auffindbares Testament errichtet wurde, ob es insb. ordnungsgemäß errichtet wurde wie auch sein Inhalt, kann durch alle Beweismittel – Ablichtung, Abschrift, Durchschrift, Sachverständige, Zeugen – nachgewiesen werden.[14] Entsprechendes gilt für den Nachweis des Widerrufs durch ein Testament des Erblassers. Derjenige, der sich auf eine Tatsache beruft, trägt die Beweislast. Er trägt die Feststellungslast in einem Verfahren, in dem der Sachverhalt von Amts wegen ermittelt wird.

VI. Widerruf des Widerrufs

14 Hat der Erblasser sein Testament widerrufen – zerrissen in Widerrufsabsicht –, kann dieser Widerruf nicht nach § 2255 etwa durch das Zusammenkleben des zerrissenen Schriftstückes widerrufen werden.[15] Es ist jedoch zu sehen, dass der Widerruf der Anfechtung nach § 2078 unterliegen kann.[16]

§ 2256
Widerruf durch Rücknahme des Testaments aus der amtlichen Verwahrung

(1) Ein vor einem Notar oder nach § 2249 errichtetes Testament gilt als widerrufen, wenn die in amtliche Verwahrung genommene Urkunde dem Erblasser zurückgegeben wird. Die zurückgebende Stelle soll den Erblasser über die in S. 1 vorgesehene Folge der Rückgabe belehren, dies auf der Urkunde vermerken und aktenkundig machen, dass beides geschehen ist.

(2) Der Erblasser kann die Rückgabe jederzeit verlangen. Das Testament darf nur an den Erblasser persönlich zurückgegeben werden.

(3) Die Vorschriften des Absatzes 2 gelten auch für ein nach § 2248 hinterlegtes Testament; die Rückgabe ist auf die Wirksamkeit des Testaments ohne Einfluss.

I. Normzweck

1 Jedes Testament kann in amtliche Verwahrung gegeben werden. Zu einem Widerruf des Testaments kommt es jedoch nur, wenn das öffentliche Testament aus der amtlichen Verwahrung zurückgenommen wird. Hierbei handelt es sich um das vor einem Notar oder Bürgermeister nach § 2249 errichtete Testament. Der Widerruf wird zwingend vermutet, da sonst die Zuverlässigkeit des öffentlichen Testaments in Frage gestellt werden könnte. Denn es besteht nach der Rückgabe des öffentlichen Testaments aus amtlicher Verwahrung die Möglichkeit der Manipulation des in der Regel maschinenschriftlich geschriebenen Testaments. Bei dem in Verwahrung gegebenen öffentlichen Testament soll jedoch gerade ein nahezu absoluter Schutz vor Veränderungen und Manipulationen gewährt werden. Dies ist nur gewährleistet, wenn das öffentliche Testament seine Wirkung in dem Zeitpunkt verliert, in dem es die amtliche Verwahrung verlässt.

2 Hierauf wird der Erblasser, der sein öffentliches Testament herausverlangt, ausdrücklich hingewiesen, so dass er um die Rechtsfolgen weiß und gegebenenfalls eine neue Verfügung trifft, sofern nicht die gesetzliche Erbfolge greifen soll.

---

14 *Palandt/Edenhofer* § 2255 Rn. 9; BayObLG FamRZ 1986, 1043.
15 BayObLG ZEV 1996, 271.
16 MüKoBGB/*Hagena* § 2255 Rn. 18 m.w.N.

II. Testamente

Die unwiderlegliche Vermutung, dass das Testament durch Rücknahme aus amtlicher Verwahrung als widerrufen gilt, bezieht sich nicht nur auf die vor einem Notar oder nach § 2249 errichteten Testamente. Vielmehr sind die Testamente, die vor Inkrafttreten des Beurkundungsgesetzes (1.1.1970) vor einem Richter errichtet worden sind, den vor einem Notar errichteten Testamenten gleichgestellt (§§ 86, 71 BeurkG). Sofern Testamente vor Konsularbeamten erstellt wurden, stehen sie denen eines Notars gleich, so dass diese ebenfalls durch die Rücknahme aus amtlicher Verwahrung dem Widerruf anheim fallen (§§ 10 Abs. 2 und 3, 11 Abs. 1 S. 1 KonsG, § 34 BeurkG).[1]   3

Zwar können auch private Testamente, Drei-Zeugen-Testamente und Seetestamente in amtliche Verwahrung gegeben werden. Deren Rücknahme hat jedoch nicht die von Gesetzes wegen vorgesehene Vermutung des Widerrufs zur Folge. Die Rücknahme dieser Testamente aus amtlicher Verwahrung bleibt auf deren Wirksamkeit ohne jeden Einfluss (Abs. 2 und 3).   4

Wird ein Erbvertrag aus amtlicher Verwahrung gegeben, ist auch dies ohne Auswirkungen auf seine Gültigkeit. Hier sind die Sondervorschriften der §§ 2290 ff. zu beachten, unter deren Voraussetzungen eine Aufhebung erfolgen kann.   5

III. Verfahren

Der Erblasser kann die Rückgabe jederzeit verlangen (Abs. 2 S. 1). Dieses Verlangen kann auch durch einen Bevollmächtigten zum Ausdruck gebracht werden.[2] Das Rückgabeverlangen bedarf keiner besonderen Form. Der Erblasser muss jedoch auch bei der Rückgabe testierfähig sein, da auch das Rückgabeverlangen eine letztwillige Verfügung darstellt.[3]   6

Das Herausgabeverlangen ist an die Verwahrungsbehörde zu richten. Diese ist in der Regel das Amtsgericht (§ 23a Abs. 1 Nr. 2, Abs. 2 Nr. 2 GVG); lediglich in Baden-Württemberg sind die Notariate Verwahrungsbehörden (§ 1 Abs. 2 LFGG).   7

Das Testament darf nur an den Erblasser persönlich zurückgegeben werden (Abs. 2 S. 2). Bei einem gemeinschaftlichen Testament hat die Rückgabe an beide Ehegatten zu erfolgen (§ 2272). Da die persönliche Übergabe des Testaments an den Erblasser zwingend erforderlich ist, kann sie nicht an einen Bevollmächtigten oder per Post erfolgen. Ist dies dennoch der Fall, gilt die Rückgabe nicht als Widerruf.[4] Ist der Erblasser nicht in der Lage, persönlich das Testament aus der Verwahrung zu holen, muss es durch die verwahrende Stelle (Verwahrungsbeamte) persönlich überbracht werden. Bei Auslandsberührung ist u.U. die Vermittlung durch ein deutsches Konsulat erforderlich.   8

Weder die versehentliche Zusendung noch die Vorlage des öffentlichen Testaments zur Einsichtnahme bei der verwahrenden Stelle stellen einen Widerruf dar.   9

IV. Rechtswirkung

Die Rücknahme aus der amtlichen Verwahrung – sofern das Testament nicht versehentlich versendet oder nur zur Einsichtnahme übergeben wurde – führt zwingend zum Widerruf des öffentlichen Testaments. Dies gilt unabhängig vom Willen des Erblassers. Eine Heilung durch erneute Verbringung des Testaments in amtliche Verwahrung ist nicht möglich. Die Rechtswirkung der Rücknahme hat sich bereits entfaltet, so dass insoweit nur die erneute Errichtung eines Testaments unter Beachtung der Formvorschriften zu einer neuen letztwilligen Verfügung führt.   10

---

1 *Palandt/Edenhofer* § 2256 Rn. 3.
2 MüKoBGB/*Hagena* § 2256 Rn. 6; a.A. *Soergel/Harder* Rn. 3.
3 BGHZ 23, 207, 211.
4 OLG Saarbrücken NJW-RR 1992, 586.

11 Auch das eigenhändige Testament, das dem Notar übergeben wurde – öffentliches Testament (§ 2232) – verliert durch Rücknahme aus amtlicher Verwahrung seine Wirkung.[5]
12 Eigenhändige Testamente jedoch, die sich nach § 2248 in amtlicher Verwahrung befinden, verlieren durch die Rücknahme nicht ihre rechtliche Wirkung (§ 2256 Abs. 3 Hs. 2).

V. Anfechtung

1. Gründe der Anfechtung

13 Die Rücknahme des öffentlichen Testaments aus amtlicher Verwahrung stellt ein Rechtsgeschäft unter Lebenden dar, das nach § 2078 anfechtbar ist. Die Anfechtung ist möglich, wenn vorgetragen wird, der Erblasser habe nicht gewusst, dass eine Rücknahme des öffentlichen Testaments aus amtlicher Verwahrung den Widerruf des Testaments bedeutet.[6] Einen weiteren Anfechtungsgrund stellt die fehlerhafte Ansicht des Erblassers dar, er könne den Widerruf nach § 2256 Abs. 1 durch ein neues Testament mit gegenteiliger Verfügung aufheben und so dem widerrufenen Testament erneute Gültigkeit verschaffen.[7] Wurde der Erblasser durch eine widerrechtliche Drohung zur Rücknahme des Testaments aus amtlicher Verwahrung genötigt, ist ebenfalls die Anfechtung möglich.[8] Ein weiterer Grund zur Anfechtung ist gegeben, wenn der Erblasser durch falsche Erwartungen über den Eintritt bzw. Nichteintritt eines Umstandes zur Rücknahme des öffentlichen Testaments aus amtlicher Verwahrung bestimmt wurde.[9]

2. Anfechtungserklärung

14 Die Anfechtungserklärung kann nur von den in § 2080 genannten Personen abgegeben werden. Hierbei handelt es sich insb. um die nächsten gesetzlichen Erben bei Erbeinsetzung eines Dritten, Vor- und Nacherben wechselseitig, Ersatzerbe gegenüber Haupterben, Miterben untereinander oder durch ein Vermächtnis Beschwerte.[10]
15 Der Erblasser selbst ist grundsätzlich nicht anfechtungsberechtigt. Lediglich bei Erbverträgen oder gemeinschaftlichen wechselseitigen Verfügungen ist auch der Erblasser selbst zur Anfechtung berechtigt (§§ 2281, 2285).

VI. DDR-Recht

16 Nach § 387 Abs. 2 ZGB war auch in der DDR der Widerruf eines öffentlichen Testaments (notarielles Testament/Nottestament) durch Rücknahme aus der Verwahrung möglich. Hinsichtlich der Fortwirkung ist Art. 235 § 2 EGBGB zu beachten.

§ 2257
Widerruf des Widerrufs

Wird der durch Testament erfolgte Widerruf einer letztwilligen Verfügung widerrufen, so ist im Zweifel die Verfügung wirksam, wie wenn sie nicht widerrufen worden wäre.

---

5 MüKoBGB/*Hagena* § 2256 Rn. 9.
6 BayObLG NJW-RR 1990, 1481; OLG Saarbrücken NJW-RR 1992, 587.
7 KG NJW 1970, 612.
8 BayObLGZ 1960, 494; 1970, 242.
9 *Palandt/Edenhofer* § 2256 Rn. 2.
10 *Palandt/Edenhofer* § 2080 Rn. 5.

I. Normzweck

Die Regelung zum Widerruf des Widerrufs trägt dem pragmatischen Bedürfnis Rechnung, 1
einem zwischenzeitlich – aus welchem Grund auch immer – widerrufenen Testament
erneut Gültigkeit zu verschaffen. Die Grundlage hierzu findet sich letztlich in der durch
Art. 14 Abs. 1 GG abgesicherten Testierfreiheit.

II. Voraussetzungen

Widerrufsfähig sind nur solche letztwilligen Widerrufsverfügungen, die durch Testament 2
erfolgen. Der Widerruf eines Testaments durch Vernichtung oder Veränderung (§ 2255)
kann ebenso wenig widerrufen werden wie der Widerruf eines Testaments durch Rücknahme aus amtlicher Verwahrung (§ 2256). Dies ergibt sich daraus, dass der Widerruf nach
§ 2255 bzw. § 2256 zwar durch eine letztwillige Verfügung, nicht aber durch ein Testament,
sondern eine tatsächliche Handlung erfolgt.

Der Widerruf selbst kann nur durch den testierfähigen Erblasser erfolgen (§ 2229). 3
Grundsätzlich Testierunfähige sind von der Möglichkeit des Widerrufs nicht ausgeschlossen, wenn der Widerruf im Zeitpunkt eines lichten Momentes erfolgt.

Der Widerruf des Widerruftestaments kann in den Widerrufsformen der §§ 2254 (Widerruf 4
durch Testament), 2255 (Widerruf durch Vernichtung oder Veränderungen), 2256
(Rücknahme des Testaments aus der amtlichen Verwahrung) und 2258 (Widerruf durch
späteres Testament) erfolgen. Unwirksam bleibt dagegen der Widerruf eines Widerrufs, der
nach den §§ 2255 und 2256 erfolgte, da der Widerruf insoweit nicht durch Testament
erfolgte. Für eine entsprechende Anwendung des § 2257 auf den gem. den §§ 2255
und 2256 erfolgten Widerruf ist kein Raum.[1] Möchte der Erblasser den nach §§ 2255
und 2256 widerrufenen letztwilligen Verfügungen erneut Geltung verschaffen, ist ein entsprechendes neues Testament zu errichten.[2]

III. Rechtliche Würdigung

Im Zweifel wird durch den Widerruf des Widerrufs die zunächst widerrufene Verfügung 5
wirksam, wie wenn sie nicht widerrufen wäre. Hierbei handelt es sich um eine gesetzliche
Vermutung, die widerlegbar ist: Das erste Widerrufstestament entfaltet keine Wirkung, so
dass das ursprüngliche Testament wirksam bleibt.

Auch das Widerrufstestament kann nach den §§ 2078 ff. angefochten werden. Die Erklärung 6
ist von den Berechtigten (§ 2080) gegenüber dem Nachlassgericht abzugeben. Auch
das nach § 2257 widerrufende Testament ist dem Nachlassgericht zu übergeben, damit die
Eröffnung dieses Testamentes erfolgen kann.

Wird die Wirkung eines Widerrufs in Frage gestellt, hat sich derjenige, der sich auf die 7
Gültigkeit des Testaments beruft, diese zu beweisen. Dadurch ist der Gegenbeweis, der
Erblasser habe die ursprüngliche Verfügung nicht gewollt, nicht ausgeschlossen.

§ 2258
Widerruf durch ein späteres Testament

**(1) Durch die Errichtung eines Testaments wird ein früheres Testament insoweit
aufgehoben, als das spätere Testament mit dem früheren in Widerspruch steht.**

---

1 MüKoBGB/*Hagena* § 2257 Rn. 4.
2 BayObLG DNotZ 1973, 630.

(2) Wird das spätere Testament widerrufen, so ist im Zweifel das frühere Testament in gleicher Weise wirksam, wie wenn es nicht aufgehoben worden wäre.

I. Normzweck

1 Nach § 2258 wird im Zweifel ein früher errichtetes Testament durch ein später errichtetes, das mit dem früheren Testament in Widerspruch steht, widerrufen, ohne dass es eines ausdrücklichen Widerrufs bedarf (vgl. § 2255).

II. Voraussetzungen

1. Mehrere Testamente

2 Es müssen zwei zu unterschiedlichen Zeitpunkten errichtete Testamente vorliegen. Bei deren Errichtung muss der Erblasser jeweils testierfähig gewesen sein. Dabei ist darauf zu achten, dass das später errichtete Testament weder nichtig (§ 125), durch Fristablauf (§ 2252) oder infolge einer Eheauflösung (§§ 2077 ff., 2268) ungültig, widerrufen oder angefochten geworden ist. In diesen Fällen entfaltet das spätere Testament keine Rechtswirkung.[1]

3 Es ist ohne rechtliche Relevanz, dass der Erblasser das spätere Testament in Kenntnis des früheren errichtet hat. Unbeachtlich ist ferner, dass ihm auch der unvereinbare Widerspruch der testamentarischen Verfügungen bekannt war. Ausreichend ist die Feststellung, dass der Erblasser eine neue Regelung treffen wollte.

4 Liegen zwei Testamente vor, von denen das eine undatiert ist, wird das datierte Testament im Zweifel als das jüngere und insoweit maßgebliche Testament angesehen, wenn ein Widerspruch zu dem weiteren Testament besteht.[2]

5 Lässt sich bei mehreren undatierten, sich widersprechenden Testamenten keine Reihenfolge der Errichtung feststellen, heben sie sich gegenseitig auf.[3] Zwei sich widersprechende Testamente mit gleichem Datum heben sich ebenfalls auf und führen zur gesetzlichen Erbfolge.[4]

2. Widerspruch

6 Der Widerspruch zu einer früheren Verfügung kann durch das Verfassen eines späteren Testaments mit einem dem ersten Testament widersprechenden Inhalt erfolgen. Eine inhaltliche Divergenz liegt bei sachlicher Unvereinbarkeit der Verfügungen vor. Dies ist dann der Fall, wenn die getroffenen Anordnungen nebeneinander keine Geltung erlangen können, sondern sich in ihrer Durchführbarkeit ausschließen. Ein derartiger Widerspruch besteht auch dann, wenn sich die einzelnen Anordnungen zwar nicht entgegenstehen, jedoch die Gesamtheit der Verfügungen im früheren Testament dem im späteren Testament zum Ausdruck kommenden Willen des Erblassers zuwiderläuft. Dies ist insb. dann der Fall, wenn der Erblasser mit dem späteren Testament seine Erbfolge abschließend und umfassend regeln will.[5]

---

1 *Palandt/Edenhofer* § 2257 Rn. 1.
2 KG FamRZ 1991, 237.
3 MüKoBGB/*Hagena* § 2258 Rn. 8; NJW-RR 1990, 1480; 1991, 392.
4 Vgl. hierzu *Sonntag* ZEV 1996, 1 ff. m.w.N.
5 BGH NJW 1981, 2745.

III. Aufhebungswirkung

Das frühere Testament wird »insoweit« aufgehoben, als das spätere Testament mit dem früheren Testament in Widerspruch steht.[6] Für den Umfang des Widerrufs ist der Wille des Erblassers maßgeblich, der sich in dem späteren Testament niederschlägt. Daher ist der Wille gegebenenfalls auch durch Auslegung zu ermitteln (§§ 2084, 133). Dabei können auch außerhalb des Testaments liegende Umstände Berücksichtigung finden.[7]

Derjenige, der sich auf den Widerruf eines früheren Testamentes in seiner Gesamtheit oder zum Teil beruft, trägt insoweit die Beweislast dafür, dass das spätere Testament die alleinige und ausschließliche Geltung besitzen soll. Zur Aufhebungswirkung durch datumsgleich errichtete und undatierte Testamente s.o.

IV. Gemeinschaftliche Verfügungen

Die Errichtung eines gemeinschaftlichen Testaments oder der Abschluss eines Erbvertrages können durch ihre Regelung der vermögensrechtlichen Beziehungen als Widerruf von früher errichteten Testamenten i.S.d. § 2258 gesehen werden.[8]

V. Widerruf des später errichteten Testaments

Das später errichtete Testament kann nach den §§ 2254, 2255 und 2256 widerrufen werden. Wird das später errichtete Testament widerrufen, so ist im Zweifel das frühere Testament in gleicher Weise wirksam, wie wenn es nicht widerrufen worden wäre. Wurde jedoch das frühere Testament vernichtet (§ 2255) oder aus amtlicher Verwahrung genommen (§ 2256), kann seine Wirksamkeit nicht mehr aufleben. Das früher errichtete Testament bleibt damit unwirksam.[9]

§ 2258a

(aufgehoben)

§ 2258b

(aufgehoben)

§ 2259
Ablieferungspflicht

(1) Wer ein Testament, das nicht in besondere amtliche Verwahrung gebracht ist, im Besitz hat, ist verpflichtet, es unverzüglich, nachdem er von dem Tode des Erblassers Kenntnis erlangt hat, an das Nachlassgericht abzuliefern.

(2) Befindet sich ein Testament bei einer anderen Behörde als einem Gericht in amtlicher Verwahrung, so ist es nach dem Tode des Erblassers an das Nachlassgericht abzuliefern. Das Nachlassgericht hat, wenn es von dem Testament Kenntnis erlangt, die Ablieferung zu veranlassen.

---

6 BGH NJW 1985, 969.
7 BayObLG NJW-RR 1991, 392.
8 MüKoBGB/*Musielak* § 2271 Rn. 3, § 2289 Rn. 12.
9 Palandt/*Edenhofer* § 2258 Rn. 4.

I. Normzweck

1 § 2259 dient dem allgemeinen Interesse aller Beteiligten nach Rechtssicherheit hinsichtlich des Erblasserwillens. Insb. wird durch die Ablieferungspflicht der Verwirklichung des Erblasserwillens Rechnung getragen.

II. Testament

2 Der Ablieferungspflicht unterliegen alle Testamente. Hierbei handelt es sich um Schriftstücke gleich welcher Art (z.B. Briefe), die sich nicht in amtlicher Verwahrung befinden und aus deren Erscheinungsbild oder Inhalt sich ergibt, dass es sich bei ihnen um den letzten Willen des Erblassers handelt. Von der Ablieferungspflicht sind sowohl offene wie verschlossene Schriften umfasst. Dabei ist es unerheblich, ob es sich um ein formell oder inhaltlich gültiges Testament handelt. Daher sind auch Testamente, die möglicherweise ungültig oder widerrufen sind, zunächst bei dem Nachlassgericht abzuliefern. Entsprechendes gilt für aus amtlicher Verwahrung genommene Testamente. Wer es unterlässt, ein Testament beim Nachlassgericht abzugeben, macht sich schadenersatzpflichtig (§ 823 Abs. 1).[1]

3 Dies ist vor dem Hintergrund zu sehen, dass selbst das Nachlassgericht grundsätzlich nicht über die Wirksamkeit eines »Testaments« zu entscheiden hat. Auch unwirksame oder widerrufene Testamente können im Zusammenhang mit der letztwilligen Verfügung des Erblassers noch erhebliche Bedeutung dadurch erlangen, dass sie zur Testamentsauslegung mit herangezogen werden. Die Vorlage eines widerrufenen Testaments ist darüber hinaus insofern von Bedeutung, als die Rücknahme des Testaments nach dem § 2078 angefochten werden könnte.

4 Der Ablieferungspflicht unterliegen auch gemeinschaftliche Testamente im Zeitpunkt des ersten Erbfalls, da alle letztwilligen Verfügungen des erstversterbenden Ehegatten dann zu verkünden sind.

5 Der aufgehobene Erbvertrag, der aus amtlicher Verwahrung genommen wurde, fällt ebenfalls unter den Begriff des Testaments i.S.d. § 2259 Abs. 1 und unterliegt somit der Ablieferungspflicht.

6 In Deutschland aufgefundene Testamente von Ausländern unterliegen grundsätzlich auch einer Ablieferungspflicht. Das ergibt sich daraus, dass das Nachlassgericht zunächst verpflichtet ist, den Nachlass von Ausländern zu sichern. Insbesondere gilt dies dann, wenn bilaterale Abkommen dieses vorsehen.

7 Bei dem Nachlassgericht sind alle Urschriften abzuliefern. Nur wenn die Urschrift nicht mehr vorhanden ist oder ihre Herausgabe nicht durchgesetzt werden kann, sind Abschriften, soweit vorhanden, abzuliefern.

8 Der Ablieferungspflicht unterliegen nicht solche Schreiben des Erblassers, die zwar mit seinem Tod im Zusammenhang stehen, aber keine letztwillige Verfügung enthalten (z.B. isolierte Beerdigungsanordnungen).

9 Erbverzichtsverträge (§ 2346) oder Aufhebungsverträge i.S.d. § 2290 beinhalten keine letztwillige Verfügung und sind insoweit nicht ablieferungspflichtig.

III. Pflicht zur Testamentsablieferung

1. Ablieferungspflicht

10 Die Ablieferungspflicht trifft denjenigen, der das Testament in seinem unmittelbaren Besitz hat, z.B. der Alleinerbe oder Testamentsvollstrecker (Abs. 1).

11 Befindet sich das Testament bei einer anderen Behörde als einem Gericht in amtlicher Verwahrung, so ist auch dieses Testament an das Nachlassgericht abzuliefern (Abs. 2).

---

1 OLG Brandenburg, Urteil vom 12.3.2008 – 13 U 123/07.

Hierbei handelt es sich in der Regel um Konsulate, Bürgermeisterämter, die Staatsanwaltschaft (Polizei) oder ein Gericht i.S.d. § 2261 BGB, die nicht Nachlassgerichte sind. Die Ablieferungspflicht besteht gegenüber dem Nachlassgericht. Es wird ihr aber auch dadurch Genüge getan, dass das Testament bei dem nächst gelegenen Amtsgericht abgeliefert wird. Die Ablieferungspflicht kann nicht durch den Erblasser ausgeschlossen werden (§ 2263).

2. Durchsetzung der Ablieferungspflicht

Dem Ablieferungspflichtigen entstehen durch die Ablieferung keine Nachteile. Sofern und soweit ihm mit der Ablieferung Kosten entstehen, gehen diese zu Lasten des Nachlasses. Kommt es zu keiner Ablieferung trotz vorhandenen Testamentes, ist der Besitzer von Amts wegen zu ermitteln und zur Herausgabe des Testamentes durch Beschluss aufzufordern (§ 358 FamFG). Wird dieser Aufforderung nicht nachgekommen, kann die Ablieferung erzwungen werden. Diese erfolgt im Wege der regulären Vollstreckung von verfahrensleitenden Zwischenentscheidungen gem. § 35 FamFG. Maßnahmen sind die Festsetzung eines Zwangsgeldes, Ersatzzwangshaft, wenn das Zwangsgeld nicht beigetrieben werden kann, Zwangshaft und Verpflichtung zur Abgabe einer eidesstattlichen Versicherung. Besteht dagegen nur die Vermutung, dass sich das Testament im Besitz einer bestimmten Person befindet, kann von dieser die Abgabe einer eidesstattlichen Versicherung dahin gehend verlangt werden, dass sich kein Testament in ihrem Besitz befindet (§ 35 Abs. 4 S. 1 FamFG i.V.m. § 883 Abs. 2 ZPO). Hierbei handelt es sich um ein selbstständiges Verfahren.

Daneben besteht die Möglichkeit der Klageerhebung auf Herausgabe. Gegebenenfalls kann auch Schadenersatz durch jeden Beteiligten, der ein rechtliches Interesse an der Herausgabe des Testaments hat, verlangt werden.[2] Weiter ist zu sehen, dass auch repressive Maßnahmen gegen den Besitzer ergriffen werden können: Anzeige wegen Urkundenunterdrückung (§ 274 Abs. 1 Nr. 1 StGB), Erbunwürdigkeitserklärung nach § 2329 Abs. 1 Nr. 4. Für die Durchführung der Verfahren im Zusammenhang mit der Ablieferungspflicht ist der Rechtspfleger nach § 3 Nr. 2 RpflG zuständig (beachte Sonderregelung für Baden-Württemberg: § 40 Abs. 1 LFGG-Baden-Württemberg).

§ 2260

(aufgehoben)

§ 2261

(aufgehoben)

§ 2262

(aufgehoben)

---

2 BayObLG RPfleger 1984, 19.

§ 2263
Nichtigkeit eines Eröffnungsverbots

Eine Anordnung des Erblassers, durch die er verbietet, das Testament alsbald nach seinem Tode zu eröffnen, ist nichtig.

1 Durch § 2263 soll sichergestellt werden, dass Erben und sonstige Berechtigte von der letztwilligen Verfügung des Erblassers Kenntnis erhalten. Dies ist insb. deshalb von Bedeutung, weil die Frist zur Ausschlagung der Erbschaft (§ 1944) vom Zeitpunkt der Kenntnis von der letztwilligen Verfügung zu laufen beginnt.

2 Dem Verbot des Erblassers, das Testament zu eröffnen, sind Ablieferungs-, Benachrichtigungs- und Einsichtnahmeverbote des Erblassers gleichgestellt. Um § 2263 nicht zu unterlaufen, entfaltet auch eine Erklärung der Beteiligten, auf die Testamentseröffnung zu verzichten, keine rechtliche Wirkung. Der Beteiligte kann lediglich auf eine Benachrichtigung verzichten. Im Zweifel hat die unzulässige Klausel, die eine Testamentseröffnung verbietet, keinen Einfluss auf das Testament im Übrigen (§ 2085). Zur Nichtigkeit des gesamten Testaments führt jedoch das Eröffnungsverbot, wenn dadurch zum Ausdruck gebracht werden soll, dass das Testament nicht ernstlich gemeint ist (§ 118), oder hierin ein formwirksamer Widerruf gesehen werden kann (§§ 2253 ff.).

§ 2263a

(aufgehoben)

§ 2264

(aufgehoben)

Titel 8
Gemeinschaftliches Testament

Einleitung vor §§ 2265 ff. BGB

I. Geschichtlicher Hintergrund

Das gemeinschaftliche Testament ist ein relativ junges Rechtsinstitut, das auf das späte Mittelalter zurückzuführen ist. Während das klassische römische Recht gemeinschaftliche Testamente nicht kannte, wurde im späten Mittelalter zugelassen, dass mehrere Testamente in einer Verhandlung errichtet werden dürfen, bei denen
eine wechselseitige Abhängigkeit der gegenseitigen Verfügungen mit einhergehender Bindung ermöglicht wurde.

Im späteren Gesetzgebungsverfahren zum BGB wurde das gemeinsame Testament seitens der 1. Kommission nicht in das BGB aufgenommen, mit der Begründung einer »unklaren Mitte« zwischen Erbvertrag und Testament. Übersetzt könnte man dies auch so formulieren, dass eine Notwendigkeit dieser weiteren Testieralternative nicht gesehen wurde, was sich auch darin ausdrückt, dass auf die Möglichkeit eines Erbvertrages als geeignete Alternative für Eltern verwiesen wurde.[1] Die 2. Kommission änderte dies jedoch mit Rücksicht auf die Rechtswirklichkeit und die weite Verbreitung dieser Testamentsart innerhalb der Bevölkerung und hob das Verbot auf.[2] Dies machte auch deshalb Sinn, weil zu diesem Zeitpunkt nur öffentliche Testamente zugelassen wurden, so dass bei einer i.d.R. stattzufindenden Beratung durch einen Notar befürchtete Schwierigkeiten bei der Ermittlung des wirklichen Willens der Verfügenden nicht auftreten konnten. Hinzu kam, dass das gemeinschaftliche Testament einerseits nur für Ehegatten, nicht aber für andere Dritte (Verlobte, Geschwister etc.) zugelassen wurde, andererseits inhaltliche Beschränkungen verworfen wurden.[3]

In der heutigen Praxis ist das gemeinschaftliche Testament recht verbreitet,[4] weil es dem Wunsch der Ehegatten nachkommt, gemeinschaftlich über das eigene Vermögen verfügen zu können. Eine große Rolle unter den gemeinschaftlichen Testamenten spielt dabei das sog. »Berliner Testament«, § 2269 Abs. 1, indem sich die Ehegatten gegenseitig als Erben einsetzen und nach dem Tod des Letztversterbenden der beiderseitige Nachlass an Dritte – meist Kinder – vererbt wird.

II. Nachlassplanung

Häufig betrachten Eheleute ihr jeweiliges Vermögen, das sie während der Ehezeit erwirtschaftet haben als »gemeinsames« Vermögen, das es nach dem Tod des Partners zu bewahren gilt. Nur in Ausnahmefällen ist den Ehepartnern bewusst, dass bereits der in der Mehrzahl gewählte Güterstand der Zugewinngemeinschaft rechtlich eine Vermögenstrennung der jeweiligen Vermögen beinhaltet und dass ausschließlich der Güterstand der Gütergemeinschaft von einem gemeinschaftlichen Vermögen ausgeht, § 1416. Wird während der Ehe eine Immobilie angeschafft, so wird Eheleuten bei oder nach dem Kauf oft erstmalig bewusst, dass sich die Eigentumsverhältnisse an dieser Immobilie nach der Eintragung im Grundbuch richten oder wenn es um Bankkonten geht, wer letztendlich Kontoinhaber ist. Regelungen im Innenverhältnis können zwar in solchen Fällen Anteilsberechtigungen aus-

---

1 Mot. V., S. 253.
2 S. hierzu auch *Damrau* vor §§ 2265 ff. Rn. 1 ff.
3 Prot. V., S. 426 f.
4 *Stöcker* FamRZ 1971, 609.

5   Auch im Erbrecht selbst führt der Gesetzgeber die einmal begonnene Trennung fort. Wollen die Eheleute diese überwinden, müssen sie von der gesetzlichen Erbfolge abweichende Regelungen treffen und eine letztwillige Verfügung errichten, sei es als Testament, § 1937, Erbvertrag, § 1941 oder gemeinschaftliches Testament, §§ 2265 ff. Von der Ausnahme des § 10 Abs. 4 LPartG abgesehen, kann ein gemeinschaftliches Testament nur von Ehegatten errichtet werden. Diese haben die Möglichkeit, in einem solchen Testament gemeinsame aufeinander abgestimmte Regelungen für die einzelnen Erbfälle zu errichten. Trotz dieser »Gemeinschaftlichkeit« handelt es sich bei den getroffenen Verfügungen um zwei Verfügungen, die jede auf das eigene Vermögen gerichtet ist. Die Unterschiede zu zwei Einzeltestamenten liegt jedoch einerseits in den gesetzlichen Formerleichterungen der §§ 2266 und 2267 und andererseits besteht materiell die Möglichkeit sie so miteinander zu verknüpfen, dass sie in ihrem Bestand voneinander abhängig sind, § 2270 und des weiteren ein Widerruf zu Lebzeiten der/des Ehegatten erschwert und nach den Tod ausgeschlossen ist, § 2271.

lösen, fehlen solche jedoch, so gilt die Auffangregel des § 430, die eine hälftige Zuordnung vorsieht.

6   Von besonderer Bedeutung ist ferner, dass auf bindend gewordene, wechselbezügliche Verfügungen von Todes wegen die §§ 2287, 2288 entsprechend anwendbar sind, so dass ein Drittbegünstigter in gewissem Umfang auch gegen Testaments vereitelnde Regelungen durch den überlebenden Ehegatten geschützt ist. Hier zeigt sich die Nähe zum Erbvertrag.

III. Arten des gemeinschaftlichen Testaments

7

Es gibt verschiedene Arten von gemeinschaftlichen Testamenten. Bedeutung haben das gegenseitige sowie das wechselbezügliche Testament. Beim gegenseitigen setzen sich die Erblasser gegenseitig zu Erben ein oder bedenken sich auf andere Weise, ohne dass die Verfügungen voneinander abhängig sind. Größere Bedeutung haben jedoch die Verfügungen der Ehegatten, die in ihrer Wirksamkeit von der Geltung der Verfügungen des anderen abhängig sind, § 2270.[5] Sie sind i.d.R. wechselbezüglich, müssen dies aber nicht sein, wie es umgekehrt auch wechselbezügliche Verfügungen gibt, die nicht gegenseitig sind.[6]

IV. Vereinbarkeit mit ausländischem Recht

8   Bei Fällen mit Auslandsberührung ist stets sorgfältig zu prüfen, ob das gemeinschaftliche Testament im AuslandAnerkennung gefunden hat. Viele Rechtsordnungen, insb. auch die romanischen, verlangen, dass der »letzte Wille« eines Erblassers frei von jeder Einflussnahme Dritter errichtet und darüber hinaus stets frei widerruflich bleiben muss. Dies macht es notwendig, dass ein Testament zwingend einseitig errichtet werden muss.[7]

§ 2265
Errichtung durch Ehegatten

Ein gemeinschaftliches Testament kann nur durch Ehegatten errichtet werden.

---

5 Jede Verfügung soll mit der anderen stehen oder fallen: RGZ 116, 149.
6 MüKoBGB Vorb. Rn. 18.
7 *Süß* Rn. 82 ff.

I. Sinn und Zweck des gemeinschaftlichen Testaments

Zwar regelt das 4. Buch im BGB die meisten Folgen einer Ehe, aber auch das **Erbrecht** 1
enthält darüber hinaus Bestimmungen, wie die beidseitige Interessenlage der Ehepartner
nach deren Tod sachgerecht geregelt werden kann. Wunsch der Eheleute ist es häufig, dass
sie ihre Vermögensnachfolge nach ihrem Tod gemeinsam regeln wollen. Diesem Anliegen
ist der Gesetzgeber in Abweichung zur allgemeinen Testamentsgestaltung in den §§ 2265 ff
nachgekommen und hat für Eheleute ein besonderes Instrument geschaffen, **das gemeinschaftliche Testament**.

Diese Gestaltungsmöglichkeit, die ihren verfassungsrechtlichen Schutz in Art. 6, Abs. 1 2
GG gefunden hat, und im ehelichen Güterrecht verankert ist, soll einerseits den Überlebenden nach dem Tod des erstversterbenden ausreichend absichern, indem dieser bis zu
seinem Lebensende – möglichst unbeschränkt – über das gemeinsam erarbeitete Vermögen
verfügen kann; andererseits soll eine nicht vorhersehbare Versterbensreihenfolge bereits
von Anfang an Berücksichtigung finden, damit das Vermögen nicht zufälligerweise an
einen nicht vorgesehenen Familienstamm fällt. Hinzu kommt die gemeinsame Absicht der
Testierenden ihr gemeinsames Vermögen nach dem Tode des Längstlebenden ungeschmälert ihren Abkömmlingen zu vererben, was durch ein Vermögensnachfolgekonzept, das
beide Todesfälle umfasst, erfolgreich entwickelt werden kann.

Neben diesen Versorgungs- und Sicherungsinstrumenten sieht das Gesetz für das 3
gemeinschaftliche Testament formelle und materielle **Besonderheiten** vor:
– Formerleichterungen (§§ 2266, 2267 BGB)
– Gemeinschaftliche Rücknahme durch beide Ehegatten aus der amtlichen Verwahrung (§ 2272 BGB)
– Zusätzliche Auslegungsregel gem. § 2269 BGB
– Besondere Regelungen für wechselbezügliche Verfügungen (§§ 2270 Abs. 1, 2253 ff, 2271, 2287 f. BGB).

II. Gemeinschaftliches Testament

Eine gesetzliche Definition enthalten die §§ 2265 ff für den Begriff »Gemeinschaftliches 4
Testament« nicht; der Gesetzgeber setzt ihn schlicht voraus. Von seiner Rechtsnatur her
handelt es sich beim gemeinschaftlichen Testament – im Gegensatz zum Einzeltestament –
um zwei Verfügungen von Todeswegen, die einseitig sind. Diese Verfügungen brauchen
jedoch weder wechselbezüglich (§ 2270) noch gegenseitig sein. Ein gemeinschaftliches Testament liegt auch dann vor, wenn es ausschließlich einseitige testamentarische Verfügungen
beider Ehepartner enthält, allerdings fehlt ihm in diesem Fall das Kernstück eines gemeinschaftlichen Testaments: die **Bindungswirkung** gem. §§ 2270, 2271.

Unerheblich ist auch, ob das gemeinschaftliche Testament den 1. Erbfall oder beide Erb- 5
fälle regelt; dagegen liegt keine »Gemeinschaftlichkeit« vor, wenn nur Regelungen
des einen Partners getroffen werden und eine Mitunterzeichnung nur des anderen
erfolgt ist.

Umstritten ist, was die beiden Verfügungen letztendlich zu einer »gemeinschaftlichen 6
Erklärung« der Ehepartner macht (»Klammerwirkung«). Reicht es aus, wenn bloß der
Wille zum gemeinschaftlichen Testament vorhanden sein muss oder ergibt sich die
Gemeinschaftlichkeit der letztwilligen Verfügungen neben einer subjektiven (innerlichen)
Komponente auch aus äußeren Umständen.[1] Praktische Bedeutung hat dieser Streit immer
dann, wenn sich Abgrenzungsprobleme zwischen Einzel- und gemeinschaftlichem Testament auftun, bei Fragen der Formerleichterung (§§ 2247, 2267) und der gerade zur
Wesensart eines gemeinschaftlichen Testamentes gehörenden Bindungswirkung.

---

[1] S. Ziffer 7.

7   Die früher herrschende und vor allem vom Reichsgericht[2] vertretene objektive Theorie, wonach es entscheidend auf die äußere Form – nämlich die einheitliche Urkunde, nicht aber auf den Willen der Verfügenden – ankam, ist überholt. Heute besteht weitgehend Einigkeit darüber, dass es im Wesentlichen auf den Willen der Testierenden – subjektive Theorie – ankommt, wobei strittig ist, welchen Umfang dieser Wille angenommen hat und ob er nicht zum Teil Ausdruck in der Testamentsurkunde gefunden haben muss »vermittelnde« Auffassung.[3] Ein gemeinschaftliches Testament liegt immer dann vor, wenn jeder Ehe- oder Lebenspartner »willentlich« gemeinsam verfügen will – wobei streitig ist, ob der Wille rechtsgeschäftlicher oder tatsächlicher Natur sein muss[4] und diese willentliche Verfügung in irgendeiner Weise in der Urkunde seinen Niederschlag gefunden hat.[5]

8   Eine ausreichende Bezugnahme wird in aller Regel bei den Formulierungen »wir«, oder »gemeinsam« vermutet. Dies gilt auch bei der Bestimmung eines »gemeinsamen Erben« oder bei gleich lautenden Regelungen des »gleichzeitigen Versterbens«. Auch ist die bloße Mitunterzeichnung durch den anderen Partner bei der Abfassung von 2 Einzeltestamenten ausreichend, um ein gemeinschaftliches Testament anzunehmen.

9   Nicht ausreichend ist dagegen die Errichtung zweier Testamente am gleichen Tag und Ort, die Verwendung derselben Papiersorte, der Gleichlaut der Erklärungen und die gemeinsame Aufbewahrung, sofern ein Errichtungszusammenhang nicht erkennbar ist[6]

10 Probleme bereiten die Fälle, bei denen die Verfügungen zeitlich aus einander fallen (sukzessive Errichtung). Hier dürfte entscheidend sein, ob es darauf ankommt, dass der Wille für eine »Vergemeinschaftlichung« entscheidend ist und wann dieser gefasst wurde. Wird der Wille des später Testierenden dem Testament des Ersttestierenden beizutreten nachträglich gefasst, so liegt keine »Gemeinschaftlichkeit« vor. Eine solche kann nur dann gegeben sein, wenn die Errichtungsakte beider Verfügungen zwar zeitlich auseinander fallen, andererseits der Geschäftswille von vornherein auf die gemeinsame Testierung ausgerichtet war.[7] Hierunter fallen auch die Fälle der Umdeutung von Einzel- in spätere gemeinschaftliche Testamente, da auch hier der
Wille im Zeitpunkt der Errichtung auf ein Einzeltestament ausgerichtet war.

III. Errichtung durch Ehegatten, Lebenspartner

11 Ein gemeinschaftliches Testament kann nach dem ausdrücklichen Wortlaut des § 2265 BGB nur von Ehegatten errichtet werden. Seit dem 1.8.2001 können auch die Partner einer gleichgeschlechtlichen Lebenspartnerschaft i.S.d. § 1 Abs. 1 S. 1 LPartG ein gemeinschaftliches Testament errichten (§§ 10 Abs. 4 S. 1 LPartG).

12 Andere – Verlobte, Verwandte und nichteheliche Lebenspartner – können diese Testamentsform nicht für sich in Anspruch nehmen. Sie müssen entweder Einzeltestamente errichten oder auf einen Erbvertrag ausweichen. Diese Regelungen sind verfassungskonform und verstoßen nicht gegen Art. 3 Abs. 1 GG.[8]

13 Ein gemeinschaftliches Testament ist deshalb nur wirksam, wenn die Testierenden im Zeitpunkt der Errichtung in einer gültigen Ehe miteinander verheiratet sind. Eine spätere Heirat nach der Testamentserrichtung hat keinen Einfluss auf das errichtete Testament, es bleibt nichtig. Die Eheleute müssen ein neues formgültiges gemeinschaftliches Testament errichten.

---

2 S. Ziffer 8.
3 S. Ziffer 9.
4 *Pfeiffer* FamRZ 1993, 1266 nimmt rechtsgeschäftlichen Willen an.
5 Andeutungstheorie.
6 BGH NJW 1953, 698 f.; BayObLG FamRZ 1991, 1485 f.
7 *Pfeiffer* FamRZ 1993, 1266, 1271; *Reimann/Bengel/J. Mayer* Vor § 2265 Rn. 23.
8 BVerfG NJW 1989, 1986.

Wurde die Ehe zu einem späteren Zeitpunkt aufgelöst oder durch Scheidung beendet, **14**
richten sich die Auswirkungen nach §§ 1313 ff. bzw. 2268 Abs. 2 BGB. Problematisch sind
allerdings die Fälle, bei denen die Ehepartner im Zeitpunkt der Errichtung des gemeinschaftlichen Testamentes als auch beim späteren Erbfall miteinander verheiratet waren und
»zwischendurch«, also nach Errichtung des gemeinschaftlichen Testamentes rechtskräftig
geschieden wurden und dann vor dem Erbfall wieder geheiratet haben. Strittig ist hier, ob
der erforderliche Aufrechterhaltungswille im Zeitpunkt der Errichtung des Testamentes
oder des späteren Erbfalles vorliegen muss. Hier stellt die h.M. auf den Zeitpunkt der Testamentserrichtung ab, was auch konsequent ist, da einmal unwirksam gewordene Verfügungen durch einen späteren Willen nicht mehr »zum Leben« erweckt werden können,
d.h. sie bleiben unwirksam.

Soweit das gemeinschaftliche Testament von Personen errichtet wurde, die nicht miteinander verheiratet sind – also Geschwister, Verlobte oder Partner einer nichtehelichen **15**
Lebensgemeinschaft, die aus Unkenntnis der Rechtslage so testiert haben – muss die Frage
geprüft werden, ob die Möglichkeit der Umdeutung in zwei Einzeltestamente gem. § 140
BGB besteht. Dies setzt allerdings voraus, dass auch die Voraussetzungen eines oder
zweier Einzeltestamente vorliegen. Selbst bei wechselbezüglichen Verfügungen kann eine
Umdeutung in Betracht kommen; allerdings muss dies vom mutmaßlichen Willen des Erblassers auch gedeckt sein. Dies dürfte jedoch unter dem Gesichtspunkt der fehlenden Bindungswirkung zweifelhaft sein.[9]

IV. Vergleich zwischen gemeinschaftlichem Testament und Erbvertrag

Sofern Ehegatten oder Lebenspartner Verfügungen von Todes wegen treffen wollen, stellt **16**
sich in der Beratung die Frage, ob dem gemeinschaftlichen Testament oder dem Erbvertrag
der Vorzug zu geben ist. Eine pauschale Antwort hierauf ist nicht möglich. Maßgebend
dürfte in erster Linie der **Bindungswille** der Ehegatten bzw. Lebenspartner sein. Der
Hauptunterschied zwischen dem gemeinschaftlichen Testament und dem Erbvertrag
besteht im Maß der Bindung der durch sie getroffenen Verfügungen gegenüber weiteren
beeinträchtigenden Verfügungen des Erblassers von Todes wegen oder unter Lebenden.

Bei einem gemeinschaftlichen Testament kann jeder Testierende zu Lebzeiten des ande- **17**
ren seine Verfügung stets **einseitig widerrufen** mit der Folge, dass auch die Verfügung des
anderen unwirksam wird. Wollen sich die Ehegatten bzw Lebenspartner derart binden,
dass sich keiner von ihnen einseitig von der gemeinsamen Verfügung lösen kann, bietet das
gemeinschaftliche Testament keine ausreichende Sicherheit. In diesen Fällen ist dem Erbvertrag der Vorzug zu geben. Die Bindungswirkung tritt beim Erbvertrag ab Beurkundung
ein, während sie hinsichtlich der wechselbezüglichen Verfügungen beim gemeinschaftlichen Testament erst **nach dem Tod** eines der Testierenden Wirkung entfaltet. Fehlt ein entsprechender lebzeitiger Bindungswille, ist nicht zwangsläufig auf das gemeinschaftliche
Testament zurückzugreifen. Der Erbvertrag kann dem Rechnung tragen und derart flexibel gestaltet werden, dass etwa ein Rücktrittsrecht vorbehalten oder eine detaillierte
Bestimmung des Bindungsgrades aufgenommen wird. Für den Erbvertrag spricht weiter,
dass mit seiner Hilfe eine Bindung auch gegenüber anderen Personen erreicht werden
kann. Wird z.B. ein Erbvertrag zwischen Eltern und Kindern abgeschlossen, sind die Kinder nicht nur Begünstigte, sondern selbst Vertragspartner. Die Bindung kann demgem. nur
mit ihrer Zustimmung aufgehoben werden. Ein gemeinschaftliches Testament scheidet
insoweit von vornherein aus.

Unterschiede zwischen Erbvertrag und gemeinschaftlichem Testament ergeben sich auch **18**
im Hinblick auf die Schutzwirkung der §§ 2287, 2288 BGB zugunsten der vertragsmäßig
bzw. wechselbezüglich Bedachten. Während diese beim Erbvertrag bereits mit Vertrags-

---

[9] Ausführlich hierzu *Bamberger/Roth* § 2265 Rn. 20 ff m.w.N.

schluss eintritt, entsteht sie beim gemeinschaftlichen Testament erst nach dem Tode eines Ehegatten bzw. Lebenspartners. Der Erbvertrag eignet sich daher besser für entgeltliche Gestaltungen zwischen Ehegatten oder Lebenspartnern.

V. Beratungshinweise

1. Allgemeines

19 Voraussetzung eines gemeinschaftlichen Testaments ist nicht, dass es unbedingt eine **Wechselbezüglichkeit** der Verfügungen enthalten muss. In erster Linie muss die Frage beantwortet werden, ob es überhaupt »gemeinschaftlich« von den Ehepartnern so abgeschlossen wurde oder als Einzeltestament gilt. Erst danach muss geprüft werden, ob die letztwilligen Verfügungen »wechselbezüglich« zueinander stehen. Ist eine Wechselbezüglichkeit gewollt, so sollte sie ausdrücklich klargestellt werden, um später etwaigen Unklarheiten vorzubeugen. Zu beachten ist, dass sich die Wechselbezüglichkeit auch nur auf einzelne Bestimmungen beziehen kann.

20 In der Regel ist Wechselbezüglichkeit und die damit verbundene **Bindungswirkung** gewollt, so dass von einem gemeinschaftlichen Testament ohne wechselbezügliche Verfügungen abzuraten ist. Als einziger Vorteil blieben ansonsten nur die erleichterten Formvorschriften der §§ 2266, 2267.

21 Es ist auch möglich, dass nur die Verfügungen **eines** Ehegatten wechselbezüglich sein sollen.[10] Eine solche Gestaltungsvariante kommt in Betracht, wenn nur einer der Ehegatten über Vermögen verfügt. Der vermögende Ehegatte kann ein Interesse daran haben, dass die Verfügungen des überlebenden Ehegatten bindend sind. Dagegen kann der vermögende Ehegatte im Fall seines Überlebens kein Interesse daran haben, dass der vermögenslose Ehegatte an seine Verfügungen gebunden ist, weil dieser ihm nichts hinterlassen kann.[11]

2. Formulierungshilfen

22 Zum Entwurf eines gemeinschaftlichen Testaments wird auf die unter § 2269 abgedruckten Mustertexte verwiesen.

§ 2266
Gemeinschaftliches Nottestament

Ein gemeinschaftliches Testament kann nach den §§ 2249, 2250 auch dann errichtet werden, wenn die dort vorgesehenen Voraussetzungen nur bei einem der Ehegatten vorliegen.

I. Sinn und Zweck des gemeinschaftlichen Nottestaments

1 § 2266 ermöglicht die Errichtung eines gemeinschaftlichen Testaments in den Fällen, in denen die besonderen Voraussetzungen nur von einem der Ehegatten erfüllt werden. Die Ehepartner sind im Falle des § 2266 nicht verpflichtet, sich bei der Errichtung eines gemeinschaftlichen Testaments der gleichen Testamentsform zu bedienen.[1] Es ist vielmehr möglich, dass der Ehegatte bei dem die Voraussetzungen der §§ 2249, 2250, 2266 nicht vorliegen ein ordentliches privates oder öffentliches Testament errichtet.

---

10 MüKoBGB/*Musielak* § 2270 Rn. 3.
11 *Krug/Tanck/Kerscher* § 2 Rn. 436.
1 *Staudinger/Kanzleiter* Rn. 2; *Damrau/Klessinger* Rn. 2 f; *Erman/M. Schmidt* Rn. 3.

II. Errichtung des gemeinschaftlichen Nottestaments

2 Ein Nottestament ist zulässig, wenn die Besorgnis besteht, dass ein Ehegatte stirbt, bevor das Testament vor einem Notar errichtet werden kann. Auch bei Absperrung, § 2250 Abs. 1, oder naher Todesgefahr, § 2250 Abs. 2, kann ein Nottestament errichtet werden.

III. Gültigkeitsdauer

3 Das Nottestament gilt als nicht zustande gekommen, wenn seit seiner Errichtung 3 Monate vergangen sind und beide Ehegatten noch leben (§ 2252 Abs. 1). Das Testament bleibt wirksam, wenn während der dreimonatigen Frist ein Ehegatte oder beide sterben. Solange ein Ehegatte nicht in der Lage ist, ein Testament vor einem Notar zu errichten, ist die Frist gehemmt (§ 2252 Abs. 2).

§ 2267
Gemeinschaftliches eigenhändiges Testament

Zur Errichtung eines gemeinschaftlichen Testaments nach § 2247 genügt es, wenn einer der Ehegatten das Testament in der dort vorgeschriebenen Form errichtet und der andere Ehegatte die gemeinschaftliche Erklärung eigenhändig mitunterzeichnet. Der mitunterzeichnende Ehegatte soll hierbei angeben, zu welcher Zeit (Tag, Monat und Jahr) und an welchem Orte er seine Unterschrift beigefügt hat.

I. Sinn und Zweck des gemeinschaftlichen eigenhändigen Testaments

1 Soweit Ehegatten ein eigenhändiges gemeinschaftliches Testament errichten wollen, gewährt ihnen das Gesetz – wie auch bei § 2266 – ein Formprivileg, das die Wirksamkeit der einzelnen Verfügungen unter erleichterten Voraussetzungen ermöglicht. Dieses Privileg kann jedoch auch zu Auslegungsschwierigkeiten bei dem Ehepartner führen, der es selbst nicht errichtet hat. Auch besteht die Gefahr der Übervorteilung.[1]

2 Einzelne Bestimmungen des § 2267 BGB sind zwingender Natur (§ 2247, Abs. 1), so dass ein Verstoß hiergegen zur Unwirksamkeit des gemeinschaftlichen Testamentes führt; andere Angaben, wie Ort und Zeit der Errichtung sind dagegen bloße Soll-Vorschriften. § 2267 schließt andere Testamentsformen nicht aus.

3 § 2267 BGB gilt gem. § 10 Abs. 4 S. 2 LPartG auch für Lebenspartner i.S.d. § 1 Abs. 1 LPartG entsprechend.

II. Errichtung des gemeinschaftlichen eigenhändigen Testaments

4 Einer der Ehegatten verfasst die gemeinschaftlichen Verfügungen eigenhändig (§ 2247) und lässt diese von dem anderen Ehegatten mitunterschreiben. Der mitunterschreibende Ehegatte wird dadurch von der Verpflichtung befreit, selbst eine eigenhändige letztwillige Verfügung errichten zu müssen.

5 Der beitretende Ehegatte kann die Verfügung zwar noch später unterschreiben, der Verfasser der gemeinschaftlichen Erklärung muss aber bei Unterzeichnung des Letztunterschreibenden noch am Leben sein.

6 Nachträgliche Ergänzungen, die ein Ehegatte in ein gemeinschaftliches eigenhändiges Testament einfügt, müssen, wie auch bei Einzeltestamenten,[2] zu ihrer Formwirksamkeit

---

1 Vgl. *Lange/Kuchinke* § 24 Abs. 1 S. 1b.
2 BGH NJW 1974, 1083.

Günter Zecher

weder von dem einen noch vom anderen Ehegatten gesondert unterzeichnet werden. Voraussetzung ist jedoch, dass die Ergänzung auch im Einverständnis des anderen Ehegatten erfolgt ist.[3]

III. Umdeutung

7 Hat ein Ehegatte eine gemeinschaftliche Verfügung errichtet und wird diese von dem anderen Ehegatten nicht oder nicht mehr unterschrieben, so liegt nur der Entwurf eines gemeinschaftlichen Testaments vor. Soll diese Erklärung auch ohne den Beitritt des anderen Ehegatten gelten, so kann sie in ein Einzeltestament umgedeutet werden. Wollte der Ehegatte dagegen nur eine wechselbezügliche Verfügung errichten, ist eine Umdeutung nicht möglich.

IV. Beratungshinweis

1. Allgemeines

8 Die Angabe von Zeit und Ort der Unterschriften ist zwar nicht zwingend vorgeschrieben, jedoch empfehlenswert, da ein Nichtvorhandensein eines Datums in der Praxis zu erheblichen Auslegungsschwierigkeiten bei Vorliegen mehrerer Testamente führen kann, wenn deren Errichtungszeitpunkt nicht oder nur sehr schwer erkennbar ist. Das Fehlen der Zeit- und Ortsangabe kann in gleicher Weise die Ungültigkeit des Testaments gem. § 2247 Abs. 5 zur Folge haben wie beim eigenhändigen Testament.

2. Formulierungshilfe

9 Der mitunterzeichnende Ehegatte kann (muss aber nicht) den Zusatz »Dies ist auch mein Testament« unter die Verfügungen setzen. Er sollte sie auf jeden Fall mit Zeit- und Ortsangabe sowie seiner Unterschrift versehen.

§ 2268
Wirkung der Ehenichtigkeit oder -auflösung

(1) Ein gemeinschaftliches Testament ist in den Fällen des § 2077 seinem ganzen Inhalte nach unwirksam.

(2) Wird die Ehe vor dem Tod eines der Ehegatten aufgelöst oder liegen die Voraussetzungen des § 2077 Abs. 1 S. 2 oder 3 vor, so bleiben die Verfügungen insoweit wirksam, als anzunehmen ist, dass sie auch für diesen Fall getroffen sein würden.

I. Normzweck

1 Die entscheidende Motivation für die Errichtung eines gemeinschaftlichen Testamentes sehen die Eheleute in der Erwartung, dass ihre Ehe auf Dauer Bestand hat – lebenslange Gültigkeit –. § 2268 I BGB »korrigiert diesen Irrtum«, indem es die regelmäßige Unwirksamkeit eines gemeinschaftlichen Testamentes nach Auslösung der Ehe vorsieht und damit die ansonsten notwendige förmliche Anfechtung den Testierenden erspart. Anders als bei § 2077 BGB auf den § 2268 Abs. 1 BGB im Hinblick auf die dort genannten Fälle verweist, sind im Regelfall **alle** Verfügungen eines gemeinschaftlichen Testamentes, seien sie ein-, gegenseitig oder wechselbezüglich unwirksam. Dies hat den praktischen Vorteil, dass Abgrenzungsprobleme zwischen einseitigen und wechselbezüglichen Verfügungen vermie-

---

[3] OLG München ErbR 2010, 56 ff.

den werden.[1] Somit sind nicht nur die den jeweiligen Ehe- und Lebenspartner begünstigenden Verfügungen unwirksam, sondern unterschiedslos jede Zuwendung, auch die an einen Dritten gerichtete Verfügung.

Ein gemeinschaftliches Testament steht und fällt grundsätzlich mit dem Bestand der Ehe im Zeitpunkt der Errichtung und deren weiterer Fortgeltung. Besteht bereits im Zeitpunkt der Errichtung eines gemeinschaftlichen Testamentes keine rechtsgültige Ehe, so liegt bereits kein gemeinschaftliches Testament vor; wird die Ehe später aufgelöst, so wird das gemeinschaftliche Testament grundsätzlich in Gänze unwirksam. Ist ein gemeinschaftliches Testament seinem ganzen Inhalt nach unwirksam geworden, so wird es bei einer Wiederheirat der geschiedenen Ehegatten nicht wieder wirksam.[2] Eine Wiederheirat kann allenfalls bei der Ermittlung des hypothetischen Willens gem. § 2268 Abs. 2 BGB Berücksichtigung finden und ggf. zur Weitergeltung des gemeinschaftlichen Testaments führen.[3]

II. Auflösung der Ehe, Rechtsfolgen

Ein gemeinschaftliches Testament wird insb. dann unwirksam, wenn eine gültige Ehe vor dem Tod eines der Ehegatten aufgelöst wird. Zur Auflösung führen die Scheidung einer Ehe, deren Aufhebung sowie der selten eintretende Fall der Wiederheirat nach zu Unrecht erfolgter Todeserklärung, § 1319 Abs. 2 BGB.

Daneben lässt es das Gesetz bereits genügen, wenn der Erstversterbende einen begründeten Scheidungsantrag rechtshängig gemacht oder dem gestellten Antrag des Überlebenden zugestimmt oder eine begründete Aufhebungsklage erhoben hat.

Da die Auflösung der Ehe einen Richterspruch voraussetzt, dessen zeitlicher Erlass dem Einfluss der Parteien entzogen ist, genügt es, wenn der Erstversterbende alles in seiner Macht stehende zur Auflösung der Ehe getan hat.

Problematisch sind die Fälle, bei denen die Initiative vom Überlebenden ausgegangen ist, also er den Scheidungsantrag gestellt und der Erblasser weder einen eigenen Scheidungsantrag gestellt, noch dem Scheidungsantrag des Überlebenden zugestimmt hat. Der Wortlaut des Gesetzes ist eindeutig, es spricht sich gegen die Anwendbarkeit von § 2268 i.V.m § 2077 BGB auf diese Fälle aus und geht weiterhin von der Wirksamkeit des gemeinschaftlichen Testamentes in seiner Gesamtheit aus.

Stellungnahme:

Stirbt der Ehegatte, der den Scheidungsantrag gestellt oder ihm zugestimmt hat, so geht der Gesetzgeber davon aus, dass kein Zweifel daran besteht, dass er an der Ehe nicht mehr festhalten wollte und das gemeinsame Testament ist somit unwirksam ist. Bei Fehlen des Scheidungsantrages/Zustimmung durch den verstorbenen Ehegatten nimmt der Gesetzgeber dagegen Bindungswillen an, was nicht überzeugt. Zum einen muss man den Ablauf eines Scheidungsverfahrens in der Praxis kennen, das häufig nur von einem Rechtsanwalt begleitet wird und wo von der Gegenseite von vornherein keine »Erklärung« oder gar eigener Scheidungsantrag erwartet werden darf. Diese Personen sind sich gar nicht bewusst, was sie u.U. »anrichten«. Die Frage: Wissen sie, dass durch ihr Nichtstun und ihrem Vorversterben ihr Ehepartner noch von ihnen erben kann, würden diese Personen – bis auf wenige Ausnahmen – nicht verstehen und ablehnen; deshalb ist es unwahrscheinlich dass Eheleuten, die an ihrer Ehe nicht mehr festhalten ein Bindungswille an ihrem gemeinschaftlichen Testament im Hinblick auf Ihren Ehepartner unterstellt werden kann. Hier ist Gestaltung gefragt.

---

1 Mugdan, Mat. V, 1899, S. 721; anders § 2077 Abs. 1 wonach Verfügungen zu Gunsten des Ehegatten unwirksam sind.
2 H.M. vgl. BayObLG NJW, 1966, 133.
3 BayObLG NJW, 1966, 133.

III. Aufrechterhaltungswillen

7 § 2265 behält die Errichtung gemeinschaftlicher Testamente ausschließlich Eheleuten und Lebenspartnern vor. Bestand und Fortbestand der Ehe bilden hierbei die Grundlage gemeinschaftlicher Testamente. Entfällt diese Grundlage, soll nach den Vorstellungen des Gesetzgebers grundsätzlich auch das gemeinschaftliche Testament seine Wirkung **insgesamt** einbüßen, womit die schwierige Unterscheidung zwischen korrespektiven und nicht korrespektiven Verfügungen entfällt.[4] Dem trägt die dispositive Auslegungsregel des § 2268 Abs. 1 Rechnung, wonach entsprechend dem vom Gesetz vermuteten wirklichen Willen des Erblassers das gemeinschaftliche Testament seinem **ganzen** Inhalt nach unwirksam ist, wenn die Ehe zu Lebzeiten beider Partner wegfällt. Dabei ist es ohne Belang, ob das gemeinschaftliche Testament ein gegenseitiges, ein wechselbezügliches oder weder das eine noch das andere ist.[5]

8 Von diesem Grundsatz macht § 2268 Abs. 2 BGB für den Fall der Scheidung oder Aufhebung der Ehe und für die dem gleichgestellten Fälle eine Ausnahme. Die getroffenen Verfügungen – unabhängig ob gegenseitig, wechselbezüglich oder keines von beiden – bleiben in soweit wirksam, als anzunehmen ist, dass sie auch für diese Fälle getroffen worden sind. Somit kommt es also ausschließlich auf den Willen an, was die Partner im Zeitpunkt der Errichtung des Testamentes wollten. Ist der wirkliche Wille nicht feststellbar, ist der hypothetische Wille im Zeitpunkt der Errichtung des Testamentes maßgebend.[6]

9 Die Beweislast und materielle Feststellungslast für die Gründe, aus denen sich der Aufrechterhaltungswille ergibt, liegen bei demjenigen, der aus dem gemeinschaftlichen Testament Rechte herleiten will.[7]

IV. Beratungshinweis

1. Allgemeines

10 Bereits im Vorfeld kann durch eine Erweiterung der Auflösungsgründe im gemeinschaftlichen Testament eine Weitergeltung vermieden werden. Dies gilt insb. für den streitigen Fall, dass der überlebende Ehe- und Lebenspartner den Scheidungsantrag gestellt, der Erblasser diesem jedoch vor seinem Tode nicht zugestimmt hat.

11 Auch im Hinblick auf den Aufrechterhaltungswillen besteht Präzisierungsbedarf um eine Gesamtnichtigkeit analog des Einzeltestamentes zu verhindern.

12 Bei Scheidung der Ehe sollte das gemeinschaftliche Testament stets widerrufen werden, damit ein Aufrechterhaltungswille nach § 2268 Abs. 2 ausgeschlossen werden kann.

2. Formulierungshilfe

13 – Sollen alle erb- und familienrechtlichen Verfügungen im gemeinschaftlichen Testament unwirksam sein, so wäre zu formulieren:
»Alle Verfügungen in diesem gemeinschaftlichen Testament sind unwirksam, sobald einer von uns die Auflösung der Ehe beantragt hat«.

14 – Sollen dagegen nur die Verfügungen zugunsten des Ehepartners unwirksam werden, so könnte eine entsprechende Klarstellung lauten:
»Die gegenseitige Erbeinsetzung wird unwirksam, sobald einer von uns die Auflösung beantragt hat. Alle anderen Verfügungen, insb. die Erbeinsetzung unserer Abkömmlinge gelten trotz der Eheauflösung beim Tod eines jeden von uns fort.

---

[4] Prot. V, 447; OLG Hamm FamRZ 1992, 478; MüKoBGB/*Musielak*, 3. Aufl., § 2268 Rn. 1.
[5] *Staudinger/Kanzleiter* § 2268 Rn. 1.
[6] BGH, FamRZ 1960, 28 unter II.2a und c.
[7] BGH, FamRZ 1960, 28 unter II.2a; OLG Hamm FamRZ 1992, 478; *Staudinger/Kanzleiter* § 2268 Rn. 10.

§ 2269
Gegenseitige Einsetzung

(1) Haben die Ehegatten in einem gemeinschaftlichen Testament, durch das sie sich gegenseitig als Erben einsetzen, bestimmt, dass nach dem Tode des Überlebenden der beiderseitige Nachlass an einen Dritten fallen soll, so ist im Zweifel anzunehmen, dass der Dritte für den gesamten Nachlass als Erbe des zuletzt versterbenden Ehegatten eingesetzt ist.

(2) Haben die Ehegatten in einem solchen Testament ein Vermächtnis angeordnet, das nach dem Tode des Überlebenden erfüllt werden soll, so ist im Zweifel anzunehmen, dass das Vermächtnis dem Bedachten erst mit dem Tode des Überlebenden anfallen soll.

Übersicht

		Rz.			Rz.
I.	Bedeutung und Zweck der Vorschrift	1	VI.	Auslegungsregeln bei § 2269	20
II.	Vollerbschaft (Einheitslösung)	2		1. Allgemeines	20
III.	Vor- und Nacherbschaft (Trennungslösung)	7	VII.	Steuerliche Auswirkungen	24
IV.	Nießbrauchsmodell	8	VIII.	Einzelfragen	26
V.	Rechtswirkungen der einzelnen Gestaltungsmodelle	9		1. Allgemeines	26
				2. Checkliste	45
				3. Mustertexte	46

I. Bedeutung und Zweck der Vorschrift

Ehegatten können sich in einem gemeinschaftlichen Testament gegenseitig als Erben einsetzen und darüber hinaus weiter bestimmen, wer den Letztversterbenden beerben soll. Damit können sie sicherstellen, dass ihr gemeinsam erwirtschaftetes Vermögen bis zum Tod des Letztversterbenden nahezu ungeschmälert zusammengehalten wird und erst dann auf den gemeinsam bestimmten Dritten – bspw. Abkömmling – übergeht. Zweifelhaft kann jedoch sein, welchem Gestaltungsmodell die Eheleute hierbei den Vorzug einräumen. Ist der überlebende Ehegatte Vollerbe oder als Vor- und Nacherbe eingesetzt. Bei der Vollerbschaft spricht man von **Einheits-** bei der Vor- und Nacherbfolge von **Trennungslösung**. Beide Möglichkeiten unterscheiden sich insb. in der Zahl der Nachlässe und der Verfügungsmöglichkeiten. Letztendlich kommt auch in Betracht, dass der bestimmte Dritte den Erstversterbenden voll beerbt und der überlebende Ehegatte am gesamten Nachlass ein **Nießbrauchsvermächtnis** erhält. 1

II. Vollerbschaft (Einheitslösung)

Bei diesem Gestaltungsmodell, das in der Praxis nach wie vor überwiegend angewandt wird, kommt es im Erbfall zu einer Verschmelzung beider Vermögensmassen zu einer einheitlichen Vermögensmasse. Der überlebende Ehegatte kann über das ihm zugeflossene Vermögen völlig frei verfügen und der bestimmte Dritte erhält im Wege der Schlusserbeneinsetzung noch das, was der Letztversterbende übrig gelassen hat. Für diese Gestaltung hat sich auch der Begriff »Berliner Testament« eingebürgert. 2

Formulierungsbeispiel: 3

> Auf das Ableben des Erstversterbenden von uns setzen wir, die Eheleute ..., geb. am ... in ..., und ..., geborene ..., geb. am ... in ..., uns gegenseitig zu alleinigen Vollerben ein. Der jeweils überlebende Ehepartner ist unbeschränkter **Vollerbe**, eine Nacherbfolge findet nicht statt.
> Zu Erben des Längstlebenden von uns und somit zu unseren **Schlusserben** bestimmen wir unsere ehegemeinschaftlichen Kinder ..., geb. am ... in ..., wohnhaft ..., und ..., geb. am ... in ..., wohnhaft ... und ..., geb. am ... in ..., wohnhaft ..., zu jeweils gleichen Teilen.

Günter Zecher

> Ersatzerben sind die Abkömmlinge unserer ehegemeinschaftlichen Kinder nach den Regeln der gesetzlichen Erbfolgeordnung, wiederum ersatzweise soll – zunächst innerhalb eines Stammes – Anwachsung eintreten.

4 Eine Berufung des überlebenden Ehegatten zum Alleinerben schließt die Annahme von Vor- und Nacherbfolge nicht aus.[1] Vor- und Nacherbschaft ist dann anzunehmen, wenn beim Tod des Längstlebenden das Vermögen des Erstverstorbenen und Längstlebenden auseinanderfällt, so bspw. wenn jeweils die eigenen Verwandten Erben der jeweiligen Nachlässe auf das Ableben des Längstlebenden werden sollen.[2] Wenn einer der beiden Eheleute vermögenslos ist und sich die Eheleute jeweils auf den Tod des Erstverstebenden zu Alleinerben eingesetzt haben, kann nicht automatisch angenommen werden, dass der reichere Erblasser den »ärmeren« Erblasser lediglich als Vorerbe einsetzen wollte. Nur dann, wenn anzunehmen ist, dass der vermögende Ehegatte darauf Wert legt, dass die Substanz seines Vermögens unvermindert auf den Drittbedachten übergehen soll und der ärmere Ehepartner in seiner Verfügung über das Vermögen des reicheren beschränkt ist, kann dies ein Indiz für Vor- und Nacherbschaft sein.[3]

5 Wenn dem Überlebenden nur das Recht eingeräumt ist, über den Ertrag des Nachlasses frei zu verfügen, er jedoch nicht die Substanz angreifen darf, ist ebenfalls von Vor- und Nacherbschaft auszugehen.[4]

6 **Hinweis:**

> Um Auslegungsschwierigkeiten zu vermeiden, sollte auf jeden Fall Klarheit darüber geschaffen werden, ob eine Voll- oder Vor- oder Nacherbschaft gewollt ist.

III. Vor- und Nacherbschaft (Trennungslösung)

7 Hier bleiben die beiden Nachlässe getrennt. Es muss zwischen dem Eigenvermögen des Letztversterbenden über das frei verfügt werden kann und dem Nachlass des Erstverstebenden, das den Beschränkungen der §§ 2100 ff BGB unterliegt, unterschieden werden. Somit erbt der Dritte später einmal 2 Nachlässe, den des Vorerben als Nacherben und den des Vollerben als Vollerbe. Diese Gestaltungsmöglichkeit wird auch als »Trennungslösung« bezeichnet.

IV. Nießbrauchsmodell

8 Bei dieser Fallkonstellation setzt jeder Ehepartner den oder die Dritten als Vollerbe(n) ein und dem Letztversterbenden wird ein Nießbrauch am gesamten oder einem Teil seines Nachlasses eingeräumt. Auch hier erbt der Schlusserbe unterschiedlich. Zum einen fallen die Nutzungsbeschränkungen aus dem 1. Erbfall weg und vom Zuletzt versterbenden erbt der Schlusserbe voll. Anders als beim Vorerben ist der Nießbrauchsvermächtnisnehmer nicht zu Verfügungen über Nachlassgegenstände berechtigt, ihm steht allenfalls deren volle Nutzung zu, § 1030 Abs. 1 BGB. Hinzukommt, dass ein Nießbrauch, anders als eine Vorerbschaft unvererblich und unübertragbar ist, §§ 1061, 1068, 1059 BGB. Grund für eine solche Gestaltungsmöglichkeit könnte darin liegen, dass der Erblasser den Bedachten in der Verfügungsbefugnis beschränken und dadurch den Schlusserben stärker schützen will.

---

[1] BayObLGZ 1966, 49, 53.
[2] *Palandt/Edenhofer* § 2269 Rn. 19.
[3] BayObLGZ 1966, 49, 63.
[4] MüKoBGB/*Musielak* § 2269 Rn. 19.

V. Rechtswirkungen der einzelnen Gestaltungsmodelle

Bei der **Einheitslösung** wird der überlebende Ehepartner mit dem Tod des Erstverstorbenen alleiniger Vollerbe. Es kommt wie unter IV. ausgeführt, zu einer Verschmelzung der Vermögen in der Hand des überlebenden Ehegatten, der nunmehr grundsätzlich frei über das beiderseitige Vermögen zu Lebzeiten verfügen kann. Über das ererbte Vermögen muss der Letztversterbende weder Auskunft erteilen, noch Zustimmungen zu irgendwelchen rechtsgeschäftlichen Verfügungen von Dritten, insb. den Schlusserben einholen. Beschränkungen des überlebenden Ehegatten können sich allenfalls aus dem Inhalt des gemeinschaftlichen Testamentes selbst ergeben (Wechselbezüglichkeit – Bindungswirkung – Änderungsvorbehalt – usw.) Der spätere Schlusserbe wird mit dem Tod des Zuletztversterbenden ausschließlich dessen Erbe und nicht Nacherbe des Erstversterbenden. Auch erwirbt der Schlusserbe kein Anwartschaftsrecht[5] auf das spätere Erbe und hat keine gesicherte Rechtsposition,[6] da der Letztversterbende lebzeitig frei über das Vermögen verfügen kann. Erst mit dem Tod des Längerlebenden erhält der Dritte das dann noch vorhandene Vermögen.

Anwendungsbereich

> Diese Gestaltungsmöglichkeit dürfte immer dann zur Anwendung kommen, wenn es keinen speziellen Grund für die Trennungs- oder Nießbrauchslösung gibt; also ein sog. »Auffangtatbestand. Die Mehrzahl der Testamentsfälle dürften daher über das »Einheitsprinzip« abgewickelt werden.

Bei der **Trennungslösung** wird der überlebende Ehegatte nicht Vollerbe, sondern -meist befreiter- Vorerbe, während die Abkömmlinge des Ehegatten -oder Dritte- als Nacherben eingesetzt werden. Der Vorerbe ist jedoch ein echter Erbe, auch wenn diese Erbschaft nur zeitlich begrenzt ist. Anders als bei der Einheitslösung kommt es jedoch nicht zu einer Verschmelzung beider Vermögensmassen. Der Überlebende erhält das Vermögen des Erstversterbenden als Vorerbenvermögen und besitzt daneben sein gesondertes Eigenvermögen,[7] daher auch der Begriff »Trennungslösung«.

Im Hinblick darauf, dass der Vorerbe unterschiedlich beschränkt werden kann (befreit, nicht befreit oder teilweise befreit), unterliegen seine Verfügungen den §§ 2112 ff BGB, eine anderweitige letztwillige Verfügung über das durch Vorerbschaft erlangte Vermögen ist dem Letztversterbenden versagt. Im Ergebnis haftet der Vorerbe für die Erhaltung der wertmäßigen Substanz des Nachlasses, nicht aber für die Erhaltung der konkreten Nachlassgegenstände. Anders als bei der Einheitslösung erhält der Nacherbe mit dem Tod des erstversterbenden Ehegatten eine Anwartschaft, die veräußert und vererbt werden kann.

Hinweis:

> Der Überlebende kann die Rechtsposition des Vorerben dadurch gegenüber den Nacherben stärken, indem er ihn gem. § 2136 BGB von den dort genannten gesetzlichen Verpflichtungen und Beschränkungen ganz oder teilweise befreit.

---

5 BGH NJW 1962, 1910; *Reinmann/Bengel/J. Mayer* Rn. 47.
6 § 2287 BGB begrenzt die Verfügungsbefugnis nicht, sondern kann bereicherungsrechtliche Ansprüche begründen.
7 MüKoBGB/*Musielak* § 2269 Rn. 2.

14 Die Befreiung muss im Testament enthalten sein, wobei der Begriff der befreiten Vorerbschaft nicht fallen muss.[8] Enthält das Testament die Erklärung, dass der Nacherbe das erhält, was übrig ist, ist von einer Befreiung auszugehen.

15 In der Praxis stellt man häufig fest, dass die Ehegatten sich zwar gegenseitig zu Vorerben und die Abkömmlinge zu Nacherben einsetzen, es fehlt jedoch an einer Verfügung für den Erbfall des überlebenden Ehegatten hinsichtlich seines Eigenvermögens.

16 Die Verfügung für den Schlusserbfall kann im Übrigen erneut eine Vor- und Nacherbschaft vorsehen, bei der dann die eigenen Kinder als Vor- und deren Abkömmlinge oder Dritte als Nacherben angesehen werden. Denkbar ist auch, dass beide Vermögen auch wieder vereinheitlicht werden. Dies setzt die Anordnung einer sog. doppelten Nacherbschaft voraus.[9]

17 **Anwendungsbereich**

> Die Trennungslösung bietet sich z.B. an, wenn Eheleute Kinder aus anderen Ehen haben und diese nicht am Nachlass des jeweils nicht verwandten Ehegatten partizipieren sollen; zur Pflichtteilsreduzierung auch der Ansprüche der ehegemeinschaftlichen Kinder, da dann der Pflichtteil im zweiten Erbfall nur aus dem Eigenvermögen des überlebenden Ehegatten berechnet wird. Letztendlich bietet sich die Vor- und Nacherbschaft auch dann an, wenn das Vermögen einseitig bei einem Ehegatten liegt und dieser sicher gehen will, dass seine Kinder dieses auch erhalten.

18 Bei der **Nießbrauchsvermächtnislösung** wird der Dritte unmittelbar Erbe, während der überlebende Partner den Nießbrauch am gesamten oder an einem Teil eingeräumt erhält. Für den Dritten bedeutet dies, dass er zwar frei in seinen Verfügungen ist, er andererseits die bestehende Belastung mit dem Nießbrauch nicht beseitigen kann. Der überlebende Ehegatte hat die Stellung eines Nießbrauchers inne, so dass er nicht verfügen kann, auch nicht über das eingeräumte Nießbrauchsrecht. Das dem Nießbraucher eingeräumte Recht endet spätestens mit seinem Tod. Frühere Erlöschensgründe sind denkbar: bspw. Wiederverheiratung.

19 **Hinweis:**

> Bei der Anordnung eines Nießbrauchsvermächtnisses sollte eine genaue Regelung darüber getroffen werden, wer die Instandhaltung, die privaten und öffentlichen Lasten und wer ggf. die **außergewöhnlichen** Ausbesserungen und Erneuerungen der Nachlassgegenstände zu tragen hat. Gerade bei den außergewöhnlichen Ausbesserungs- und Erhaltungsmaßnahmen besteht weder für den Nießbraucher (§ 1047) noch für den Eigentümer eine Verpflichtung diese zu übernehmen.[10] Aufgrund der Tatsache, dass der Eigentümer gegenüber dem Nießbrauchsberechtigten nur zur Duldung verpflichtet ist, können ihm keine weiteren Unterhaltungsverpflichtungen mit dinglicher Wirkung auferlegt werden. Will der Erblasser den Eigentümer zur Lastentragung verpflichten, so kann er dies durch die Anordnung eines Vermächtnisses tun.

---

8 BGH FamRZ 1970, 192; BayObLGZ 1974, 312; FamRZ 1976, 54.
9 Vgl. hierzu *Nieder* Rn. 603.
10 BGHZ 52, 284.

VI. Auslegungsregeln bei § 2269

1. Allgemeines

Inwieweit der Längstlebende über das ererbte Vermögen verfügen kann und darf ist eine **20** zentrale Frage und im Wege der Auslegung zu ermitteln. Gerade in diesem Punkt unterscheiden sich die einzelnen Gestaltungsmodelle. Die in § 2269 BGB vorgesehenen Auslegungsregeln finden jedoch nur bei wirksamen gemeinschaftlichen Testamenten Anwendung, bei denen sich die Ehepartner für den 1. Erbfall gegenseitig zu Alleinerben eingesetzt haben. Liegt nur eine Miterbschaft vor oder soll der Ehepartner nur einen Teil des Nachlasses erhalten kommen die Auslegungsregeln des § 2269 BGB nicht in Betracht. Unerheblich ist hierbei, ob die gegenseitige Erbeinsetzung wechselbezüglich ist oder nicht. Darüber hinaus muss das gemeinschaftliche Testament für den 2. Erbfall eine Erbeinsetzung eines Dritten für den Fall des Todes des Überlebenden vorsehen. Dies gilt auch für den Fall der Erbeinsetzung für den gleichzeitigen Tod.

Bevor die in § 2269 in Abs. 1 und Abs. 2 vorgesehenen Auslegungsregeln zur Anwen- **21** dung kommen, sind die allgemeinen Auslegungsgrundsätze zu berücksichtigen. Dies beginnt damit, dass gem. § 133 der wirkliche Wille des Erblassers durch **erläuternde** Auslegung der Verfügung und zwar auch unter Hinziehung außerhalb der Urkunde liegender Umstände zu erforschen ist. Der Wortlaut ist dabei Ausgangspunkt, nicht Grenze.[11] Auch scheinbar eindeutige Begriffe sind – im Hinblick auf die von Laien benutzten juristischen Begriffe – zu hinterfragen. Beim gemeinschaftlichen Testament kann es bei der Auslegung auf den übereinstimmenden Willen beider Ehepartner ankommen. Ist eine solche Willensübereinstimmung jedoch nicht festzustellen, so ist letztlich der Wille des Verfügenden entscheidend, aber im Hinblick auf § 157 nur so, wie der andere Ehepartner die Erklärung verstehen konnte. Neben der auch für gemeinschaftliche Testamente anwendbaren »wohlwollenden Auslegung«, § 2084, ist der vorhandene Erblasser**wille** mit einer **ergänzenden** Auslegung zu finden, bevor zuletzt die vom Gesetzgeber vorgesehenen Auslegungsregeln des § 2269 herangezogen werden dürfen.

a) Abs. 1

Mit Abs. 1 gibt der Gesetzgeber der Vollerbeneinsetzung des überlebenden Ehegatten den **22** Vorzug, während der Dritte Schlusserbe ist (»Berliner Testament«). Diese Regel gründet sich auf den Erfahrungssatz, dass Ehegatten ihr Vermögen im Zweifel über den Tod hinaus als Einheit erhalten wollen.[12]

b) Abs. 2

Enthält ein gemeinschaftliches Testament ein Vermächtnis, so kann zweifelhaft sein und blei- **23** ben, welcher Ehepartner es angeordnet hat, also ob es beim 1. oder beim 2. Erbfall anfällt. Abs. 2 stellt für den Fall, dass es sich um ein »Berliner Testament« gem. Abs. 1 handelt, die Auslegungsregel auf, dass eine solche Anordnung als Vermächtnis auf den Tod des Längstlebenden aufzufassen ist und keine bloße Stundung der Vermächtnisforderung darstellt.[13] Damit wird dem Überlebenden größtmögliche Verfügungsfreiheit zugesichert. Er ist folglich nicht gehindert, zu Lebzeiten frei über den Vermächtnisgegenstand zu verfügen.

---

11 BGH NJW 1983, 672.
12 Prot. V, 406; RGZ 113, 240; BayObLGZ 66, 417; FamRZ 96, 1503.
13 RGZ 95, 14.

VII. Steuerliche Auswirkungen

24 Erbschaftsteuerlich ist das »Berliner Testament« insoweit nachteilig, als dieselbe Vermögensmasse zweimal der Steuerpflicht unterworfen wird.[14] Man kann dadurch »gegensteuern«, dass den Abkömmlingen bei dem Tod des Erstversterbenden ein Vermächtnis zugewandt wird, damit der Erbschaftsteuerfreibetrag ganz oder zumindest teilweise ausgenutzt werden kann. Die Fälligkeit dieses Vermächtnisses kann auf einen bestimmten Zeitpunkt hinausgeschoben werden. Allerdings sollte zur Fälligkeitsbestimmung nicht der Tod des überlebenden Ehegatten gewählt werden, da dies sonst zu einer Versteuerung entsprechend § 6 Abs. 4 EStG führen kann.[15]

25 Hinzu kommt, dass beim Einheits- als auch beim Trennungsprinzip die Freibeträge, die den Kindern beim ersten Erbgang zustehen nicht voll ausgenutzt werden. Schließlich können sich auch Nachteile aus der progressiven Gestaltung des Erbschaftsteuersatzes nach § 19 ErbStG ergeben[16]

VIII. Einzelfragen

1. Allgemeines

a) Risiken des Berliner Testaments

26 Durch die spätere Vereinigung des gesamten Vermögens beider Ehegatten bei der Einheitslösung beim zweiten Erbfall entsteht eine Verbreiterung der Bemessungsgrundlage für erbrechtliche Pflichtteilsansprüche und Steuern, da für deren Berechnung der Gesamtnachlass des Letztversterbenden maßgebend ist.

b) Wiederverheiratungsklausel

27 Sinn und Zweck

> der Wiederverheiratungsklausel ist es, zu verhindern, dass nach dem Tod des erstversterbenden Ehepartners der ungeschmälerte Übergang des Nachlassvermögens auf die Schlusserben nicht gefährdet wird.[17] Gefährdungspotential besteht in erster Linie im Pflichtteilsrecht des neuen Ehepartners und der aus dieser neuen Ehe hervorgehenden Kinder, aber auch durch mögliche Adoptionen. Um dies zu verhindern, können verschiedene Lösungswege angedacht werden, die sich darin unterscheiden, welche Gestaltungsmöglichkeit gewählt wird. Ihre Grenzen finden die einzelnen Lösungen jedoch darin, dass sie nicht **sittenwidrig** sein dürfen. So sind Klauseln, die darauf hinauslaufen, den Längstlebenden für den Fall der Wiederverheiratung völlig zu enterben unwirksam, wenn dieser auch noch auf seinen Pflichtteilsanspruch verzichten muss.[18]. Genauso gilt dies bei der Einsetzung des Längstlebenden zum Vorerben, wenn die Nacherbschaft bei Wiederverheiratung eintritt, ohne dass dadurch – sei es durch entsprechende Vermächtnisse – für einen angemessenen Ausgleich gesorgt wird.[19]

---

14 Vgl. *J. Mayer* ZEV 1998, 50 ff.
15 *Vgl. Tanck/Kerscher/Krug* § 20 Rn. 13.
16 Vgl. dazu im Einzelnen *Rohlfing* § 3 Rn. 146 ff.
17 *Zawar* NJW 1988, 16.
18 *Lange/Kuchinke* § 24 Abs. 4 S. 3; weitergehend *Reimann/Bengel/Mayer* Rn. 59; *Staudinger/Otte* § 2074 Rn. 42 ff.
19 So auch *Reimann/Bengel/Mayer* Rn. 59.

Möglichkeiten die Gefährdung von vornherein zu verhindern liegen darin, dass spätestens mit der Wiederverheiratung die einzelnen Vermögensmassen getrennt werden und zwar das Nachlassvermögen des Erstversterbenden vom Eigenvermögen des Überlebenden oder das Gesamtvermögen des Überlebenden wird mit schuldrechtlichen Ansprüchen (Vermächtnissen) zu Gunsten der Abkömmlinge belastet, die den neuen Pflichtteilsberechtigten im Rang vorgehen.

Hinweis

> Bei jüngeren Familien ist bei der Beratung der Wiederverheiratungsklausel im Hinblick auf ein Versterben in jungen Jahren auf die Möglichkeit von weiteren Familiengründungen hinzuweisen. Hier stellt sich die Frage, mit wie viel »Flexibilität« der überlebende Ehegatte hinsichtlich des ererbten Vermögens ausgestattet werden soll oder reicht das bloße »Vertrauen« aus?

Gestaltungsmöglichkeiten

> Bei der **Einheitslösung** können die Ehegatten für den Fall der Wiederverheiratung den rückwirkenden Eintritt der gesetzlichen Erbfolge oder eine Vor- und Nacherbschaft anordnen. Bleiben die Ehegatten bei der ersten Alternative noch innerhalb der Einheitslösung, so kombinieren sie bei der zweiten Alternative die ursprünglich eintretende Vollerbenlösung mit einer aufschiebend bedingten Vor- und Nacherbeneinsetzung.

Bei der **Trennungslösung** ist der Nachlass des Erstversterbenden zugunsten seiner Kinder durch die Anordnung der Vor- und Nacherbschaft gesichert. Eine Wiederverheiratungsklausel zur Sicherung des Nachlasses für die eigenen Kinder ist daher an sich nicht erforderlich. Denkbar ist jedoch eine Klausel, wonach der Nacherbfall nicht erst mit dem Tod des längerlebenden Ehegatten, sondern bereits mit dessen Wiederheirat eintritt. Der Nacherbfall wird also zeitlich vorverlegt Unzureichend – und damit nicht dem ausreichenden Sicherungsbedürfnis der Kinder entsprechend – ist allein die Bestimmung, dass mit der Wiederverheiratung nicht der Nacherbfall eintritt, sondern lediglich die bis dahin geltende Befreiung von den gesetzlichen Bestimmungen entfällt.

Eine weitere Variante einer Wiederverheiratungsklausel ist die Anordnung eines Vermächtnisses am Nachlass des Überlebenden zu Gunsten der Abkömmlinge.

Bei der **Nießbrauchslösung** wird in der Regel bestimmt, dass der Nießbrauch mit dem Zeitpunkt der Wiederverheiratung endet. Dem Überlebenden könnte in diesem Fall ein Vermächtnis zugewendet werden, auf das die bisherigen Nutzungen nicht angerechnet werden.

Wird der überlebende Ehegatte durch eine Wiederverheiratungsklausel vom Nachlass des Erstversterbenden ausgeschlossen, so ist er im Zweifel nicht mehr an seine eigenen Verfügungen im gemeinschaftlichen Testament gebunden. Er kann sie nunmehr widerrufen und über seinen Nachlass neu verfügen.

c) Pflichtteilsklausel

Im gemeinschaftlichen Testament findet sich häufig eine Pflichtteilsklausel. Sie regelt den Fall, was passiert, wenn der/die Schlusserbe/n Pflichtteilsansprüche geltend macht/machen. Im Hinblick auf die Wirkung derartiger Verfügungen muss wiederum zwischen Einheits- und Trennungslösung unterschieden werden.

36 aa) Im Falle der **Einheitslösung** wird der Schlusserbe ausschließlich Erbe des Überlebenden und ist für den 1. Erbfall enterbt. Um zu vermeiden, dass der Schlusserbe beim 1. Erbfall Pflichtteilsansprüche geltend macht, bestimmen die Eltern in einer entsprechenden Klausel nicht selten, dass ein Abkömmling mit seinem Erbe beim Tod des Längstlebenden »leer« ausgehen soll, wenn er seine Pflichtteilsansprüche nach dem 1. Erbfall geltend macht. Hierin liegt eine auflösende Bedingung der Einsetzung als Schlusserbe. Mit dieser Regelung kann jedoch nicht verhindert werden, dass der Schlusserbe auch beim 2. Erbfall seinen Pflichtteil verlangen kann und somit zweimal am Nachlass des Vorversterbenden beteiligt ist. Durch die Jastrowsche Klausel soll dieses Ergebnis verhindert werden. Sie lässt den Abkömmlingen, die ihren Pflichtteilsanspruch nicht geltend machen ein Vermächtnis in Höhe ihres gesetzlichen Erbanspruches auf den Tod des überlebenden Ehegatten zukommen, sodass der Nachlass des Erstversterbenden und damit der Pflichtteilsanspruch um diese Erbteile von vornherein gekürzt sind.

37 bb) Im Falle der **Trennungslösung** erhält der Schlusserbe beim 1. Erbfall wirtschaftlich nichts, ist aber, wie § 2306 Abs. 2 BGB zeigt, nicht enterbt. Er kann jedoch seinen Pflichtteil verlangen, wenn er zunächst seine »Nacherbschaft« ausschlägt und dann seinen Pflichtteil verlangt. Mit der Ausschlagung verliert der Schlusserbe allerdings seine Nacherbenstellung, sodass sein Erbteil gem. § 2094 Abs. 1 S. 1 BGB den übrigen Nacherben anwächst. An seiner Erben- bzw. Pflichtteilsstellung im Hinblick auf den Nachlass des Letztversterbenden ändert sich nichts. Auf Grund der Trennung der einzelnen Nachlässe erfassen diese Ansprüche von vornherein nicht mehr den Anteil des erstversterbenden Elternteils, sodass eine Vermächtnisregelung wie bei der Einheitslösung nicht erforderlich ist.

d) Anfechtungsverzicht

38 Hier geht es um die Möglichkeit der Anfechtung der eigenen wechselbezüglichen Verfügungen, die zwar nach dem Tode des Erstversterbenden bindend werden, jedoch nach h.M.[20] in analoger Anwendung der §§ 2281 ff, 2078, 2079 BGB vom überlebenden Ehegatten angefochten werden können, um wieder Testierfreiheit zu gewinnen. Dieses Selbstanfechtungsrecht der Ehegatten und von Dritten kann aber ganz oder teilweise testamentarisch ausgeschlossen werden, soweit es das Vorhandensein oder Hinzutreten von weiteren Pflichtteilsberechtigten betrifft, § 2079 BGB.

e) Wechselbezüglichkeit/Abänderungsklausel

39 Zu den Abänderungsvorbehalten wird auf die ausführliche Darstellung unter § 2271 Abs. 2 verwiesen.

f) Vorsorge für gleichzeitiges Versterben » Katastrophenklausel«

40 Versterben die Ehepartner – etwa bei einem Autounfall – wirklich im selben Augenblick oder wird dies gem. § 11 VerschG vermutet, so beerbt keiner den anderen, eine gegenseitige Erbeinsetzung wird daher gegenstandslos[21] und jeder wird von seinen gesetzlichen oder gewillkürten Erben beerbt. Der Begriff des »gleichzeitigen Versterbens« ist auslegungsfähig in dem Sinne, dass er auch die Fälle eines kurzzeitigen Nacheinander-Verster-

---

20 *Nieder* Rn. 777 ff.
21 RGZ 149, 200, 201.

bens umfasst, d.h. wenn die Eheleute etwa infolge des gleichen äußeren Ereignisses tödlich verletzt werden und der zunächst Überlebende bis zu seinem Tod nicht mehr in der Lage ist, ein neues Testament zu errichten.[22] Noch weitergehender das OLG München in einem Beschluss vom 30.7.2008,[23] wonach die Formulierung: »sollte es Gott dem Allmächtigen gefallen, dass wir beide miteinander durch irgendein Ereignis sterben« im Einzelfall die Auslegung ergeben kann, dass die letztwillige Verfügung auch für den Fall gelten soll, dass die Ehegatten mit erheblichem zeitlichen Abstand versterben. Will man in diesem Zusammenhang allerdings Auslegungsschwierigkeiten vermeiden, sollte man bei Ehegattenverfügungen die Bestimmungen auf das Ableben des Längstlebenden ergänzen mit folgender Formulierung:

> »... oder wenn wir beide gleichzeitig oder kurz hintereinander aus gleichem Anlass versterben sollten ...«

Das hat auch den Vorteil, dass die Kinderfreibeträge zweimal anfallen können und nur ein Erbfall vorliegt.

g) Schlusserbeneinsetzung zugleich Ersatzerbenbestimmung?

Das Gesetz hat diese Frage offen gelassen. Sie ist jedoch bedeutsam für den Fall, dass der längerlebende Ehegatte die Erbschaft ausschlägt oder seine Erbeinsetzung wegen Anfechtung, Zuwendungsverzicht oder Erbunwürdigkeit wegfällt. Auf all diese Fälle ist eine ausdrückliche Ersatzerbenberufung empfehlenswert, um so auch dem Längerlebenden eine Befreiung von der bindenden Schlusserbeneinsetzung zu erschweren.[24]

h) Hausratsvermächtnis

Bei jeder der testamentarischen Lösungen, bei der der überlebende Ehegatte nicht zum unbeschränkten Vollerben eingesetzt wird, sollte erwogen werden, ihm im Wege des Vorausvermächtnisses sämtliche Haushaltsgegenstände und alle sonstigen persönlichen Gebrauchsgegenstände, die im Eigentum des Erstversterbenden standen, zu Alleineigentum zuzuwenden.[25] Dies gilt bei Miterbschaften genauso wie bei Vor- und Nacherbschaften, bei denen der überlebende Ehegatte hinsichtlich des Nachlasses Verfügungsbeschränkungen unterliegt.

Formulierungsbeispiel[26]:

> Der Erstversterbende von uns vermacht hiermit dem Überlebenden die gesamte Einrichtung unserer Familienwohnung im weitesten Sinne, soweit die Gegenstände in seinem Eigentum stehen, sowie alle seine persönlichen Gebrauchsgegenstände.

---

22 OLG Stuttgart OLGZ 1982, 311 = BWNotZ 1982, 124; BayObLGZ 1981, 79, 84; OLG Köln FamRZ 1992, 860.
23 ZErb 2008, 369 ff.
24 *Reimann/Bengel/Mayer* § 2269 Rn. 22.
25 *Keller* BWNotZ 1970, 49, 53.
26 *Nieder/Kössinger* § 14 Rn. 103.

2. Checkliste

45 Bei Entwurf eines gemeinschaftlichen Testaments sollten folgende Punkte berücksichtigt werden:

> 1. Lösungswege:
>   – Einheits- (Vollerbschaft) oder Trennungslösung (Vor- und Nacherbschaft); Nießbrauchslösung
> 2. Da in einem gemeinschaftlichen Testament grundsätzlich zwei Erbfälle geregelt werden müssen – für Ehemann und Ehefrau – sollte eine deutliche Trennung zwischen den Verfügungen des 1. und 2. Erbfalles erfolgen:
>   a. Verfügungen für den 1. Erbfall:
>   – Erbeinsetzung (eventuell gesondert regeln: Erstversterbensfall Ehemann, Erstversterbensfall Ehefrau).
>   – Ersatzerbenbestimmung
>   – Vermächtnisse, insb. auch an »Steuer-«, Hausrats- und Pflegevermächtnisse denken
>   – Auflagen
>   – Wiederverheiratungsklauseln: Unterschiedlichkeit bei den einzelnen Lösungswegen.
>   – Pflichtteilsklauseln: einfache, Strafklausel (nach *Jastrow*)
>   – Anfechtungsverzicht
>   b. Verfügungen für den 2. Erbfall:
>   – Erbeinsetzung (eventuell gesondert regeln: Versterbensfall Ehemann, Versterbensfall Ehefrau).
>   – Ersatzerbenbestimmung
>   – Anordnungen für die Erbauseinandersetzung (Vorausvermächtnisse, Teilungsanordnungen, Übernahmerechte, Auseinandersetzungsverbote, Testamentsvollstreckung)
>   – Vermächtnisse
>   – Auflagen
>   c. Wechselbezüglichkeit, Bindungswirkung und Abänderungsvorbehalt
>   d. Verfügungen für den Fall des gleichzeitigen Versterbens
>   e. Vorsorge für den Fall der Scheidung
>   f. Testamentsvollstreckung
>   g. Schiedsklausel

3. Mustertexte

a) Einheitslösung (Vollerbschaft mit Wiederverheiratungs- und Pflichtteilsklausel, Anfechtungsverzicht, Regelung für den Fall der Scheidung

46
> **Verfügungen für den ersten Todesfall**
> a. Erbfolge
> Auf das Ableben von uns setzen wir, die Eheleute M und F uns gegenseitig zu alleinigen Vollerben ein. Der jeweils überlebende Ehepartner ist unbeschränkter Vollerbe, eine Nacherbfolge findet nicht statt.

b. **Wiederverheiratungsklausel**
Sollte sich der überlebende Ehegatte wiederverheiraten, gilt Folgendes: Jeder der von uns zum Schlusserben eingesetzten Abkömmlinge erhält vermächtnisweise einen Geldanspruch in Höhe seines gesetzlichen Erbteils am Nachlass des erstversterbenden Ehepartners. Der Vermächtnisanspruch ist innerhalb von 3 Monaten oder später nach Wiederverheiratung fällig.

c. **Pflichtteilsklausel**
Sollte einer unserer Abkömmlinge nach dem Tod des erstversterbenden Ehepartners entgegen dem Willen des überlebenden Ehegatten einen Pflichtteilsanspruch verlangen, so ist er mit seinem ganzen Stamm im Schlusserbfall nach dem überlebenden Ehepartner von der Erbfolge einschließlich aller sonstigen letztwilligen Zuwendungen ausgeschlossen.

– zusätzlich zu der oben vorgeschlagenen einfachen Pflichtteilsklausel:
Die Abkömmlinge, die von uns zu Schlusserben bestimmt wurden und die nach dem Tod des erstversterbenden Ehepartners einen Pflichtteilsanspruch gegen den Willen des überlebenden Ehepartners nicht verlangt haben, erhalten jeweils am Nachlass des Erstversterbenden ein Geldvermächtnis in Höhe des Wertes, der ihrer gesetzlichen Erbquote entspricht. Das Vermächtnis fällt mit dem Tod des erstversterbenden Ehepartners an und ist bis zum Tod des überlebenden Ehepartners mit einem Zinssatz von … % gestundet.

Verfügungen für den Schlusserbfall

a. **Erbeinsetzung**
Zu Schlusserben des Längstlebenden von uns, bestimmen wir unsere gemeinschaftlichen Kinder… zu jeweils gleichen Teilen.
Zu Ersatzerben bestimmen wir die Abkömmlinge unserer gemeinschaftlichen Kinder nach den Regeln der gesetzlichen Erbfolgeordnung, wiederum ersatzweise soll Anwachsung – zunächst innerhalb eines Stammes – eintreten.

b. **Anfechtungsverzicht**
Wir verzichten auf ein uns für den 1. und 2. Erbfall zustehendes Anfechtungsrecht gem. § 2079. Unsere Verfügungen von Todes wegen haben wir unabhängig davon getroffen, welche Pflichtteilsberechtigten heute vorhanden sind oder in Zukunft noch hinzutreten werden. Dies gilt auch, wenn Pflichtteilsberechtigte durch Wiederverheiratung hinzukommen sollten.
Ein Anfechtungsrecht Dritter schließen wir in gleichem Umfang aus.

c. **Wechselbezüglichkeit**
Die von uns in diesem Testament für den 1. und den 2. Erbfall angeordneten Verfügungen von Todes wegen sollen wechselbezüglich und bindend sein.
Dem überlebenden Ehegatten steht aber das Recht zu, die Verfügungen für den Schlusserbfall innerhalb und zugunsten der von uns zu Schlusserben berufenen Kinder und deren Abkömmlingen **abzuändern**. Der überlebende Ehepartner darf aber nicht zugunsten anderer als unserer Kinder und deren Abkömmlingen verfügen.
Macht der überlebende Ehepartner von dem Abänderungsrecht Gebrauch, dann hat dies nicht die Unwirksamkeit der Verfügung des Erstversterbenden zur Folge. Im Falle der Wiederverheiratung entfällt die Bindungswirkung im Schlusserbfall. Der überlebende Ehepartner kann dann neu und frei sowohl lebzeitig als auch letztwillig verfügen.

d. **Regelung für den Scheidungsfall**
Ist beim Tod eines Ehegatten ein begründeter Scheidungsantrag rechtshängig, sollen die Verfügungen von Todes wegen ihrem ganzen Inhalt nach unwirksam sein. Die Anwendung von § 2268 Abs. 2 BGB wird ausgeschlossen.

e. Katastrophenklausel

Für den Fall, dass wir gleichzeitig versterben, wird jeder von uns entsprechend der Schlusserbeneinsetzung für den zweiten Todesfall mit allen dort angeordneten Vermächtnissen, Auflagen und der dort angeordneten Testamentsvollstreckung beerbt.

b) Trennungslösung (Vor- und Nacherbschaft)

47 **Verfügungen für den 1. Erbfall**

a. Erben, Ersatzerbe

Zu unserem alleinigen Erben bestimmen wir, die Eheleute M und F jeweils den überlebenden Ehepartner von uns. Der überlebende Ehegatte ist aber nur **Vorerbe.**

Von den gesetzlichen Beschränkungen ist er befreit (nicht befreit), soweit dies möglich und rechtlich zulässig ist.

Für den Fall, dass der überlebende Ehepartner entfällt, wird ein Ersatzerbe nicht bestimmt. Es gilt dann die Vorschrift des § 2102 Abs. 1 BGB, mit der Folge, dass der Nacherbe Vorerbe und somit Vollerbe wird.

Nacherben sind unsere gemeinsamen Kinder und ihre Abkömmlinge nach der gesetzlichen Erbfolge. wiederum ersatzweise soll Anwachsung –zunächst innerhalb eines Stammes- eintreten.

Die Nacherbenanwartschaft ist weder vererblich noch übertragbar. Der Nacherbfall tritt mit dem Tod des Vorerben ein, soweit nichts anderes bestimmt ist.

b. Vermächtnisse
– Hausratsvermächtnis

Im Wege eines Vorausvermächtnisses und somit außerhalb der Vorerbenbindung, erhält der überlebende Ehepartner das gesamte Inventar und den Hausrat der von uns im Zeitpunkt des Erbfalls bewohnten Immobilie. Umfasst hiervon sind:
...

c. Wiederverheiratungsklausel

Für den Fall, dass sich der überlebende Ehepartner wiederverheiratet, tritt der Nacherbfall mit dem Zeitpunkt der Eheschließung ein. In diesem Fall steht dem Ehepartner vermächtnisweise ein Geldanspruch in Höhe des gesetzlichen Erbteils am Nachlass des erstversterbenden Ehepartners zu. Maßgebend für die Bewertung des Vermächtnisses ist der Zeitpunkt der Wieder verheiratung. Im Hinblick auf die Bindung an die Schlusserbfolge gelten die dort gemachten Ausführungen.

d. Pflichtteilsklausel

Für den Fall, dass einer der Abkömmlinge die Erbschaft ausschlägt und entgegen dem Willen des überlebenden Ehepartners seinen Pflichtteilsanspruch geltend macht und auch erhält, ist er mit seinem ganzen Stamm von der Nacherbfolge und auch von der Schlusserbfolge einschließlich aller sonstigen zu seinen Gunsten angeordneten letztwilligen Verfügungen ausgeschlossen. Gleiches gilt, wenn er einen Zuwendungsverzicht abgegeben hat. In diesem Fall werden seine Abkömmlinge entgegen jeder anders lautenden gesetzlichen oder richterlichen Vermutungsregel nicht Ersatzerben.

Verfügungen für den 2. Erbfall
a. **Erbeinsetzung**
Zu Erben des Längstlebenden von uns bestimmen wir unsere gemeinschaftlichen Kinder ..., geb. am ... in ..., wohnhaft ..., und ..., geb. am ... in ..., wohnhaft ..., zu jeweils gleichen Teilen. Ersatzerben sind die Abkömmlinge unserer gemeinschaftlichen Kinder nach den Regeln der gesetzlichen Erbfolgeordnung, wiederum ersatzweise soll – zunächst innerhalb eines Stammes – Anwachsung eintreten. Schlägt einer der Erben des überlebenden Ehegatten seinen Erbteil aus und macht er seinen Pflichtteil geltend, dann werden seine Abkömmlinge nicht Ersatzerben. Gleiches gilt, wenn er einen Zuwendungsverzicht erklärt hat.
(2) Nacherben sind unsere gemeinsamen Kinder und ihre Abkömmlinge nach der gesetzlichen Erbfolge. Der Nacherbfall tritt mit dem Tod des Vorerben ein.
b. **Anfechtungsverzicht**
Hinsichtlich der von uns für den ersten und den zweiten Todesfall getroffenen Verfügungen verzichten wir auf ein uns zustehendes Anfechtungsrecht gem. § 2079 BGB. Unsere Verfügungen von Todes wegen haben wir unabhängig davon, welche Pflichtteilsberechtigten heute vorhanden sind oder in Zukunft noch hinzutreten werden, getroffen. Dies gilt auch, wenn ein Pflichtteilsberechtigter durch Wiederverheiratung hinzutritt.
Ein Anfechtungsrecht Dritter schließen wir in gleichem Umfang ebenfalls aus.
c. **Wechselbezüglichkeit**
Die von uns in diesem Testament für den ersten und den zweiten Todesfall angeordneten Verfügungen von Todes wegen sollen wechselbezüglich und bindend sein. Dem überlebenden Ehegatten steht aber das Recht zu, die Verfügungen für den Schlusserbfall innerhalb und zugunsten der von uns zu Schlusserben berufenen Kinder und deren Abkömmlingen abzuändern. Der überlebende Ehepartner darf aber nicht zugunsten anderer als unserer Kinder und deren Abkömmlingen verfügen. Im Falle einer Wiederverheiratung kann der überlebende Ehepartner völlig frei und neu, auch zu Gunsten anderer Personen, lebzeitig und letztwillig verfügen.
d. **Katastrophenklausel**
Für den Fall, dass wir gleichzeitig versterben, wird der jeweilige Ehepartner nicht Vorerbe. Jeder von uns wird dann entsprechend der von uns bestimmten Nacherbfolge für den ersten Todesfall beerbt.
e. **Scheidung der Ehe**
Wurde unsere Ehe vor dem Tode eines Ehepartners aufgelöst oder von einem Ehepartner Klage auf Aufhebung erhoben oder die Scheidung der Ehe beantragt oder im Falle der Zustimmung zur Scheidung durch den Erblasser selbst, sind alle von uns getroffenen letztwilligen Verfügungen, sowohl für den ersten als auch für den zweiten Todesfall insgesamt unwirksam. Dies gilt unabhängig davon, wer von den Ehepartnern den Antrag auf Scheidung gestellt oder Klage auf Aufhebung erhoben hat.
Unwirksam werden nicht nur die gegenseitigen Zuwendungen, sondern alle in unserem Testament getroffenen Verfügungen, auch die zu Gunsten anderer Bedachter. In diesem Fall wird der jeweils andere Ehepartner weder testamentarischer noch gesetzlicher Erbe.

c) Nießbrauchsvermächtnis

48

a. **Erbeinsetzung**
   1. Erben
      Wir, die Eheleute M und F, setzen jeweils zu Erben des Erstversterbenden und des Zuletztversterbenden unsere gemeinschaftlichen Kinder ..., geb. am ..., wohnhaft in ..., und ..., geb. am ..., wohnhaft in ..., zu gleichen Teilen ein. Ersatzerben sind die Abkömmlinge unserer Kinder nach den Regeln der gesetzlichen Erbfolgeordnung, wiederum ersatzweise soll – zunächst innerhalb eines Stammes – Anwachsung eintreten.
   2. Auseinandersetzungsverbot
      Das Recht eines einzelnen Miterben, die Auseinandersetzung der Erbengemeinschaft zu verlangen, schließen wir bis zum Ableben des überlebenden Ehepartners aus. Entgegen den §§ 2044 Abs. 1 S. 2, 750 BGB bleibt das Teilungsverbot auch bei Tod eines Miterben bestehen.

b. **Vermächtnis**
   Dem jeweils überlebenden Ehegatten wird im Wege des Vermächtnisses das unveräußerliche und nicht vererbbare Nießbrauchsrecht an dem Nachlass des erstversterbenden Ehegatten eingeräumt. Sind im Nachlass Immobilien vorhanden, dann trägt der Nießbrauchsberechtigte in Abweichung von der gesetzlichen Lastentragung neben den gewöhnlichen Lasten auch die außergewöhnlichen Lasten sowie die außergewöhnlichen Instandhaltungs- und Erhaltungsaufwendungen.

c. **Wiederverheiratungsklausel**
   (1) Wenn der Überlebende von uns wieder heiratet, erlischt der Nießbrauch am Nachlass des Erstversterbenden.
   (2) Als Vermächtnis erhält der Überlebende ein Vermächtnis in Höhe seines gesetzlichen Erbteils, wobei die bis zur Wiederverheiratung gezogenen Nutzungen nicht auf das Vermächtnis angerechnet werden dürfen.

d. **Pflichtteilsklausel**
   Für den Fall, dass einer der Abkömmlinge den Erbteil ausschlägt, seinen Pflichtteil geltend macht und auch erhält, ist er mit seinem ganzen Stamm von der Erbfolge einschließlich aller sonstigen Zuwendungen ausgeschlossen.
   Ergänzung durch Strafklausel möglich.

e. **Wechselbezüglichkeit, Bindungswirkung**
   Die von uns in diesem Testament für den ersten und den zweiten Todesfall angeordneten Verfügungen von Todes wegen sollen wechselbezüglich und bindend sein. Dem überlebenden Ehegatten steht aber das Recht zu, die Verfügungen für den Schlusserbfall innerhalb und zugunsten der von uns zu Schlusserben berufenen Kinder und deren Abkömmlingen abzuändern. Der überlebende Ehepartner darf aber nicht zugunsten anderer als unserer Kinder und deren Abkömmlingen verfügen. Macht der überlebende Ehepartner von dem Abänderungsrecht Gebrauch, dann hat dies nicht die Unwirksamkeit der Verfügung des Erstversterbenden zur Folge.

f. **Scheidung der Ehe**
Wurde unsere Ehe vor dem Tode eines Ehepartners aufgelöst oder von einem Ehepartner Klage auf Aufhebung erhoben oder die Scheidung der Ehe beantragt oder im Falle der Zustimmung zur Scheidung durch den Erblasser selbst, sind alle von uns getroffenen letztwilligen Verfügungen – sowohl für den ersten als auch für den zweiten Todesfall – insgesamt unwirksam. Dies gilt unabhängig davon, wer von den Ehepartnern den Antrag auf Scheidung gestellt oder Klage auf Aufhebung erhoben hat.
Unwirksam werden dabei nicht nur die gegenseitigen Zuwendungen, sondern alle in unserem Testament getroffenen Verfügungen, auch die zugunsten anderer Bedachter. In diesem Fall wird der jeweils andere Ehepartner weder testamentarischer noch gesetzlicher Erbe.

g. **Anfechtungsverzicht**
Wir, die Eheleute M und F, verzichten hinsichtlich aller in diesem Testament getroffenen letztwilligen Verfügungen auf das uns zustehende Anfechtungsrecht gem. § 2079 BGB für den Fall des Hinzutretens oder Vorhandenseins weiterer Pflichtteilsberechtigter. Insoweit ist auch ein Anfechtungsrecht Dritter ausgeschlossen.

h. **Testamentsvollstreckung**
Wir bestimmen jeweils den überlebenden Ehepartner zum Testamentsvollstrecker, mit der Aufgabe, sich das Nießbrauchsrecht am Nachlass zu bestellen. Einen Anspruch auf Vergütung hat der Testamentsvollstrecker nicht.
…

§ 2270
Wechselbezügliche Verfügungen

(1) Haben die Ehegatten in einem gemeinschaftlichen Testament Verfügungen getroffen, von denen anzunehmen ist, dass die Verfügung des einen nicht ohne die Verfügung des anderen getroffen sein würde, so hat die Nichtigkeit oder der Widerruf der einen Verfügung die Unwirksamkeit der anderen zur Folge.

(2) Ein solches Verhältnis der Verfügungen zueinander ist im Zweifel anzunehmen, wenn sich die Ehegatten gegenseitig bedenken oder wenn dem einen Ehegatten von dem anderen eine Zuwendung gemacht und für den Fall des Überlebens des Bedachten eine Verfügung zugunsten einer Person getroffen wird, die mit dem anderen Ehegatten verwandt ist oder ihm sonst nahe steht.

(3) Auf andere Verfügungen als Erbeinsetzungen, Vermächtnisse oder Auflagen findet die Vorschrift des Absatzes 1 keine Anwendung.

I. Sinn und Zweck wechselbezüglicher Verfügungen

Grundlage einer einvernehmlichen Nachlassregelung, die Ehe- und Lebenspartner i.R.e. gemeinschaftlichen Testaments treffen können, ist die Möglichkeit, bestimmten Verfügungen erbrechtliche **Bindungskraft** zu verleihen, so dass diese jedenfalls ab dem Tod des Zuerststerbenden nur erschwert oder überhaupt nicht mehr geändert werden können. Diese Bindungsfähigkeit ist durch die Erbrechtsgarantie des Art. 14 Abs. 1 GG ebenso geschützt wie ihr Gegenteil, nämlich die Testierfreiheit. 1

Soweit das Testament wechselbezügliche Verfügungen enthält, entfalten diese Bindungswirkung. Durch sie wird zum Ausdruck gebracht, dass die Ehegatten ihre Verfügungen nur mit Rücksicht auf die Verfügungen des anderen getroffen haben.

II. Wechselbezügliche Verfügungen

2   Letztwillige Verfügungen, die Ehegatten in einem gemeinschaftlichen Testament getroffen haben, sind gem. § 2270 Abs. 1 BGB wechselbezüglich, wenn anzunehmen ist, dass die Verfügung des einen nicht ohne die Verfügung des anderen getroffen worden wäre, wenn also jede der beiden Verfügungen mit Rücksicht auf die andere getroffen worden ist und nach dem Willen der gemeinschaftlich Testierenden die eine mit der anderen stehen und fallen soll, wobei der Wille der Ehegatten zum Zeitpunkt der Testamentserrichtung maßgebend ist[1]

3   Wechselbezügliche Verfügungen liegen somit dann vor, wenn zwischen ihnen eine gegenseitige innere Abhängigkeit besteht, d.h. der eine Ehegatte trifft seine Verfügung nur deshalb, weil auch der andere eine bestimmte Verfügung getroffen hat. Es ist jedoch keine Voraussetzung, dass sich die Ehegatten gegenseitig zu Erben einsetzen oder bedenken.[2] Die Wechselbezüglichkeit kann sich auch nur auf einzelne Verfügungen und nicht auf das gemeinschaftliche Testament insgesamt beziehen.[3] Die Wechselbezüglichkeit muss daher für jede einzelne Verfügung des gemeinschaftlichen Testaments gesondert geprüft werden

III. Auslegungsregel

4   Zunächst ist zu prüfen, welche Verfügungen wechselbezüglich sein könnten. Ohne eine solche konkrete Bestimmung ist eine Prüfung und Bejahung der Wechselbezüglichkeit nicht möglich. Ist die Wechselbezüglichkeit einer Verfügung nicht eindeutig aus dem Text des gegenseitigen Testamentes feststellbar, so muss zunächst gem. § 133 mit den Mitteln der individuellen (erläuternder oder ergänzender) Auslegung versucht werden, den wirklichen oder mutmaßlichen Willen des Testierers zu erforschen (§§ 133, 2084). Da es sich um gemeinschaftliche Testamente handelt, kommt es dabei auf den übereinstimmenden Willen beider Partner bei Errichtung des Testamentes an[4]

5   Kann trotz Auslegung der Verfügungen nicht geklärt werden, ob diese wechsel- bezüglich sind, so greift die **Auslegungsregel** des § 2270 Abs. 2. Im Zweifel liegt eine Wechselbezüglichkeit vor, wenn sich die Ehegatten gegenseitig bedenken (§ 2270 Abs. 2, 1. Alt.). Hierzu ist die Zuwendung eines Vermächtnisses ausreichend.[5] Gleiches gilt, wenn der eine Ehegatte dem anderen eine Zuwendung macht und der Bedachte für den Fall seines Überlebens eine Verfügung zugunsten einer Person trifft, die mit dem anderen Ehegatten **verwandt** ist (§ 2270 Abs. 2, 2. Alt.) oder ihm sonst **nahe** steht (§ 2270 Abs. 2, 3. Alt.).

6   Ob ein Verwandtschaftsverhältnis vorliegt, bestimmt sich nach der Vorschrift des § 1589.

7   An den Begriff des »Nahestehens« sind hohe Anforderungen zu stellen, um die gesetzliche Vermutung nicht zur gesetzlichen Regel werden zu lassen[6] so dass hierunter nur Personen fallen, mit denen der betreffende Ehegatte enge persönliche und innere Bindungen unterhielt, die mindestens dem üblichen Verhältnis zu nahen Verwandten entsprechen.[7] Ein solches Näheverhältnis ist bei Adoptiv-, Stief- und Pflegekindern, engen Freunden,

---

1   S. OLG Hamm, Beschluss vom 10.12.2009, ZErb 2010, 97 m.w.N.
2   BayObLGZ 1991, 173.
3   *Staudinger/Dittmann* § 2270 Rn. 2; RGZ 116, 148, 149; BayObLGZ 1964, 94, 97 = RPfleger 1964, 214; BayObLGZ 1982, 474 = RPfleger 1983, 155; BayObLG FamRZ 1985, 1287 = RPfleger 1985, 445; BayObLG FamRZ 1985, 392, 393; BayObLG FamRZ 1986, 604, 606.
4   BGHZ 112, 229, 233; BGH WM 1993, 81; BayObLG FGPrax 1998, 187.
5   OLG Hamm, FamRZ 1994, 1210.
6   S. OLG Hamm, Beschluss vom 10.12.2009, ZErb 2010, 97 m.w.N.
7   *Palandt/Edenhofer* § 2270 Rn. 9.

eventuell langjährigen Angestellten und bewährten Hausgenossen zu bejahen. Ein bloß verträgliches Miteinanderauskommen oder gutes Einvernehmen zu den Bedachten genügt jedoch nicht, wie bspw. der »Patenonkel«.[8]

IV. Anwendbarkeit

Wechselbezüglich können gem. § 2270 Abs. 3 nur solche Verfügungen getroffen werden, die auch in einem Erbvertrag als vertragsgem. zulässig sind, nämlich **Erbeinsetzungen, Vermächtnisse oder Auflagen**. 8

Andere Verfügungen wie z.B. Ernennung eines Testamentsvollstreckers (§ 2170 Abs. 3), familienrechtliche Anordnungen, Enterbung (§ 1938), Teilungsanordnungen (§ 2048), Entziehung des Pflichtteils (§§ 2333 ff.) können zwar auch in einem gemeinschaftlichen Testament getroffen werden, aber nicht wechselbezüglich. und entfalten somit keine Bindungswirkung. 9

V. Rechtsfolgen der Wechselbezüglichkeit

Haben Eheleute ihre letztwilligen Verfügungen wechselbezüglich getroffen, so fordert das Vertrauen in den Bestand der Verfügungen des anderen einen gewissen Schutz, den der Gesetzgeber in § 2270 Abs. 1 dadurch einräumt, dass, wenn sich eine wechselbezügliche Verfügung als nichtig erweist oder wenn sie gem. § 2271 wirksam widerrufen wird, die von ihr abhängigen – wechselbezüglichen – Anordnungen des anderen Ehegatten **ebenfalls unwirksam** sind und zwar kraft Gesetzes. 10

Mit dem Tod des Ehe- bzw. Lebenspartners tritt für den Überlebenden eine Bindung an seine eigenen wechselbezüglichen Verfügungen in einem gemeinschaftlichen Testament ein. Die mit dem Tod des zuerst verstorbenen Partners eingetretene Bindung kann nicht durch die Zustimmung des Bedachten beseitigt werden. Möglich ist allerdings der Abschluss eines notariell beurkundeten **Zuwendungsverzichtsvertrags** (§ 2352) mit dem Begünstigten, dessen Wirkungen sich zwischenzeitlich durch die in Kraft getretene Erbrechtsreform zum 1.1.2010 auch auf die Abkömmlinge erstreckt, sofern nicht etwas anderes bestimmt wird, § 2362 S. 3 i.V.m. § 2349 BGB. Die bisher bestehende »Schwäche«, dass ein Zuwendungsverzicht nicht automatisch gegenüber Ersatzerben usw. wirksam ist und dies gestalterisch geregelt werden musste, wurde somit durch den Gesetzgeber beseitigt. 11

VI. Beratungshinweise

1. Allgemeines

Da in einem gemeinschaftlichen Testament nicht sämtliche Verfügungen zwangsläufig wechselbezüglich sein müssen, sollte ausdrücklich formuliert werden, welche Verfügungen wechselbezüglich und damit bindend und welche abänderbar sein sollen. Es ist zu bedenken, dass die Entwicklung und das Verhalten von Abkömmlingen nicht absehbar ist (Probleme mit den Eltern, Krankheit, Lebenswandel, nicht gewollte Schwiegerkinder usw.). 12

2. Änderungsvorbehalte

Den Ehe- bzw. Lebenspartnern steht es selbstverständlich frei, zu bestimmen, ob, unter welchen Bedingungen und in welchem Umfang der Überlebende von wechselbezüglichen Verfügungen abweichen darf. Die Änderungsvorbehalte können dabei so weit gehen, dass die Wirkungen faktisch denjenigen einseitig testamentarischer Verfügungen gleichkommen. 13

---

8 S. OLG Hamm, Beschluss vom 10.12.2009, ZErb 2010, 97.

a) Änderungsvorbehalt bei der Einheitslösung

14 Bei der Einheitslösung kann der Überlebende sogar ermächtigt werden, auch die wechselbezüglichen Verfügungen abzuändern,[9] weil er mit dem Tod des Ehegatten dessen Nachlass als Vollerbe erhält.

15 Es ist sinnvoll, dem überlebenden Ehegatten Handlungsfreiheit in Bezug auf die Abänderung der Schlusserbenbestimmung einzuräumen, damit dieser auf eventuelle Änderungen reagieren kann. In der Regel werden die gemeinsamen Kinder als Schlusserben eingesetzt. Verschlechtert sich das Verhältnis zu einem Kind, so sollte hierauf durch eine Veränderung der Schlusserbenbestimmung Einfluss genommen werden können. Eine Abänderung sollte aber nur unter den ehegemeinschaftlichen Kindern vorgenommen werden dürfen. Gründet der Ehegatte nach dem Tod seines Ehegatten eine neue Familie, so wird anzunehmen sein, dass der vorverstorbene Ehegatte wohl nicht diese Kinder an seinem Nachlass beteiligen wollte

b) Änderungsvorbehalt bei der Trennungslösung

16 Der Änderungsvorbehalt bei der Trennungslösung kann sich nur auf das eigene Vermögen beziehen, da hinsichtlich des Nachlasses des Vorverstorbenen bereits eine Bindung eingetreten ist. Dem Überlebenden steht es nach § 2065 nicht zu, die Nacherbenfolge neu zu regeln. Wird dem Überlebenden das Recht eingeräumt, die Nacherbenregelung neu zu bestimmen, so handelt es sich um eine auflösend bedingte Vollerbeneinsetzung.[10] Der Überlebende war also von Anfang an Vollerbe.

§ 2271
Widerruf wechselbezüglicher Verfügungen

(1) Der Widerruf einer Verfügung, die mit einer Verfügung des anderen Ehegatten in dem im § 2270 bezeichneten Verhältnis steht, erfolgt bei Lebzeiten der Ehegatten nach der für den Rücktritt von einem Erbvertrag geltenden Vorschrift des § 2296. Durch eine neue Verfügung von Todes wegen kann ein Ehegatte bei Lebzeiten des anderen seine Verfügung nicht einseitig aufheben.

(2) Das Recht zum Widerruf erlischt mit dem Tode des anderen Ehegatten; der Überlebende kann jedoch seine Verfügung aufheben, wenn er das ihm Zugewendete ausschlägt. Auch nach der Annahme der Zuwendung ist der Überlebende zur Aufhebung nach Maßgabe des § 2294 und des § 2336 berechtigt.

(3) Ist ein pflichtteilsberechtigter Abkömmling der Ehegatten oder eines der Ehegatten bedacht, so findet die Vorschrift des § 2289 Abs. 2 entsprechende Anwendung.

Übersicht	Rz.		Rz.
I. Normzweck	1	1. Vorbemerkung	11
II. Wegfall der Wechselbezüglichkeit	3	2. Anfechtung nach dem Tode eines der Eheleute	12
1. Zu Lebzeiten beider Ehegatten	3		
2. Nach dem Tode eines der Eheleute	7	V. Änderungsvorbehalte	15
III. Ausschlagung	9	VI. Verfügungen zu Lebzeiten	18
1. Des überlebenden Ehegatten	9	VII. Beratungshinweise	19
2. Durch Dritte	10	1. Allgemeines	19
IV. Anfechtung wechselbezüglicher Verfügungen	11	2. Formulierungshilfen	25

---

9 BGH NJW 1964, 2056; WM 1977, 278.
10 BGHZ 2, 35; NJW 1951, 959.

I. Normzweck

§ 2271 BGB gehört zur zentralen Vorschrift innerhalb des gemeinschaftlichen Testamentes 1
und betrifft die Möglichkeit der Aufhebung von wechselbezüglichen Verfügungen[1] gem.
§ 2270 BGB zu Lebzeiten und nach dem Tod eines Ehegatten. Neben der Beschränkung
der Testierfreiheit trägt § 2271 BGB dem Schutzbedürfnis des anderen Ehegatten zu Lebzeiten durch die Formvorschriften des § 2296 BGB Rechnung und stellt sicher, dass der
Erstversterbende von den Planänderungen des Letztversterbenden »erfährt« und ggf. neu
disponieren kann.

Nach dem Tode des Erstversterbenden schließt Abs. 2 ein Widerrufsrecht aus. Die einmal 2
getroffenen Verfügungen bleiben in vollem Umfang so wirksam; dies gilt auch für die Verfügungen, die für das eigene Vermögen getroffen wurden. Mit der Ausschlagung des Zugewandten kann sich der Überlebende jedoch von der ursprünglich eingegangenen Bindung lösen
und gleichzeitig erhält er das Recht auf Widerruf in der Form der §§ 2253 ff BGB; insoweit
spielt Abs. 1 keine Rolle mehr. Der Widerruf der eigenen Verfügung macht wegen der Wechselbezüglichkeit i.d.R. auch die Verfügung des Erstversterbenden unwirksam.

II. Wegfall der Wechselbezüglichkeit

1. Zu Lebzeiten beider Ehegatten

Die eigenen wechselbezüglichen Verfügungen müssen und können zu Lebzeiten beider 3
Eheleute von dem jeweiligen Ehegatten widerrufen werden, wenn sie unwirksam werden
sollen. Andere – nicht wechselbezügliche – letztwillige Verfügungen können von jedem
Ehegatten vor und **nach** dem Vorversterben des anderen jederzeit wie bei jedem anderen
privatschriftlichen Testament aufgehoben werden.[2] Auch nach der Scheidung – entgegen
§ 2268 – müssen bestehen gebliebene wechselbezügliche Verfügungen widerrufen werden,
können also nicht einseitig durch Verfügung von Todes wegen aufgehoben werden[3]

Der einseitige Widerruf der eigenen wechselbezüglichen Verfügungen kann nur gem. 4
§§ 2271 Abs. 1 S. 1, 2296 Abs. 2 durch notariell beurkundete Erklärung gegenüber dem
anderen Ehegatten erfolgen. Dieser einseitige Widerruf ist Verfügung von Todes wegen
und einseitige empfangsbedürftige Willenserklärung zugleich. Folglich muss der Widerruf
höchstpersönlich erklärt werden, kann also nicht durch einen Vertreter erfolgen.[4] Die
notariell beurkundete Widerrufserklärung in Form der Ausfertigung[5] muss dem anderen
Ehepartner **zugehen**, um wirksam zu werden. Die Übermittlung einer beglaubigten oder
einfachen Abschrift der Notarurkunde reicht dagegen nicht aus.[6] Bei Geschäftsunfähigkeit
ist an den gesetzlichen Vertreter oder Betreuer des Ehegatten zuzustellen. Ist der Widerrufende selbst Bevollmächtigter oder Betreuer, ist dieser wegen §§ 1908i Abs.1, 1795 Abs.2,
181 an der Entgegennahme des Widerrufs gehindert, so dass ein Ergänzungspfleger, -betreuer nach § 1899 Abs. 4 zu bestellen ist.[7] Soweit die Geschäftsfähigkeit des anderen Ehegatten zweifelhaft ist, so sollte vorsorglich auch ihm eine Ausfertigung der Widerrufserklärung zugestellt werden[8]

Beim Tod des anderen Ehepartners vor dem Zugang der Widerrufserklärung bleibt der 5
Widerruf ohne Wirkung.[9] Stirbt der Widerrufende nach formgerechter Abgabe der Erklä-

---

[1] Einseitige, nicht wechselbezügliche Verfügungen eines Ehegatten können jederzeit unter Beachtung der §§ 2253 ff BGB widerrufen werden.
[2] Umkehrschluss aus § 2271 Abs. 1 S. 2.
[3] BGH NJW 2004, 3113.
[4] *Reimann/Bengel/Mayer* Rn. 45.
[5] Die Urschrift verbleibt bei Notar gem. § 45 Abs. 1 S. 1 BeurkG.
[6] BGH NJW 1968, 496, 497.
[7] Gutachten, DNotI-Report 1999, 173, 174; Gutachten, DNotI-Report 2004, 197.
[8] *Palandt/Edenhofer* § 2271 Rn. 6.
[9] RGZ 65, 270; *Reimann/Bengel/Mayer* Rn. 16.

rung, so wird der Widerruf mit Zugang einer Ausfertigung der Notarurkunde gleichwohl wirksam, vorausgesetzt, die Erklärung war zu diesem Zeitpunkt in einer Weise auf den Weg gebracht, dass mit dem Zugang unter den gewöhnlichen Umständen alsbald zu rechnen war[10]

Hinweis

6 Ein Widerruf gegenüber einem geschäftsunfähigen Ehepartner kann insb. dann sinnvoll sein, wenn dieser pflegebedürftig ist und dadurch verhindert werden soll, dass das ererbte Vermögen für evtl. Pflegekosten sofort aufgebraucht würde.

2. Nach dem Tode eines der Eheleute

7 Gem. § 2271 Abs. 2 erlischt das Recht zum Widerruf mit dem Tode des anderen Ehegatten und führt damit zu einer erbrechtlichen **Bindung** des Überlebenden an seine wechselbezüglichen Verfügungen; es sei denn der verstorbene Ehegatte hat dem anderen ein Widerrufsrecht eingeräumt. Dieses Recht auf Widerruf kann jeder Ehegatte dem anderen in einem gemeinschaftlichen oder aber auch in einem späteren einseitigen Testament einräumen (s. hierzu Änderungsvorbehalt).

8 Weitere Befreiungsgründe von der Bindungswirkung finden sich in § 2271 Abs. 2, S. 2 und Abs. 3 für die Fälle der Pflichtteilsentziehung (§§ 2294, 2336) und Pflichtteilsbeschränkung (§§ 2289 Abs. 2, 2338), und zwar auch **nach** Annahme der Zuwendung.

III. Ausschlagung

1. Des überlebenden Ehegatten

9 Nach dem Tod eines der Eheleute kann der überlebende Ehegatte gem. § 2271 Abs. 2 S. 1 das ihm Zugewandte, also die Erbschaft, das Vermächtnis oder auch eine ihn begünstigende Auflage **ausschlagen** und sich dadurch von der Bindungswirkung aus dem gemeinschaftlichen Testament hinsichtlich seiner eigenen Verfügungen befreien. Zu beachten ist jedoch, dass die Ausschlagung als solche noch nicht die eigenen Verfügungen und die wechselbezüglichen Verfügungen des verstorbenen Ehegatten beseitigt, sondern der überlebende Ehegatte erhält durch die Ausschlagung nur das Recht, seine eigenen Verfügungen aufzuheben. Widerruft er sie, so werden gem. § 2270 Abs. 1 die wechselbezüglichen Verfügungen des verstorbenen Ehegatten unwirksam. Dessen übrige Verfügungen bleiben nach Maßgabe des § 2085 jedoch wirksam. Nach der Ausschlagung kann der Überlebende neu testieren, §§ 2253 ff.

2. Durch Dritte

10 Ist nicht dem überlebenden Ehepartner, sondern allein einem Dritten etwas wechselbezüglich zugewandt worden, so kann nicht er, sondern allenfalls der Dritte ausschlagen. Falls dagegen sowohl einem Dritten als auch dem Überlebenden etwas wechselbezüglich zugewendet wurde, so muss folgerichtig nur der überlebende Ehegatte wirksam ausschlagen, um seine Verfügungsfreiheit wieder zu erlangen. Ein Schlusserbe kann die Erbschaft erst ausschlagen, wenn er nach dem Tode des länger lebenden Ehegatten Erbe geworden ist.[11] Soll dieser Schlusserbe schon vorher etwas erhalten, und will sich der überlebende Ehegatte so von den Bindungen aus dem gemeinschaftlichen Testament befreien, so bietet sich der Abschluss eines notariellen Zuwendungsverzichtsvertrags, der sich seit Inkrafttreten der Erbrechtsreform zum 1.1.2010 auch auf Abkömmlinge ausdehnt, gem. § 2352 i.V.m. § 2349 an.[12]

---

10 RGZ 65, 270; *Natter* JZ 1954, 381; ausführlich *Rappenglitz* RPfleger, 2001, 531.
11 BGH NJW 1998, 543; OLG Düsseldorf FamRZ 1998, 103, 104.
12 Vgl. BGH NJW 1982, 43, 44.

IV. Anfechtung wechselbezüglicher Verfügungen

1. Vorbemerkung

Die Anfechtung von Testamenten ist in den §§ 2079–2084 geregelt. Die dortigen Fristen, Formalien und Anfechtungsgründe sind überwiegend auch bei der Anfechtung von letztwilligen Verfügungen in einem gemeinschaftlichen Testament zu beachten, so dass auf die dortige Kommentierung verwiesen werden kann. 11

2. Anfechtung nach dem Tode eines der Eheleute[13]

Die eigenen wechselbezüglichen Verfügungen kann der **überlebende Ehegatte** in entsprechender Anwendung der §§ 2281 ff. nach §§ 2078, 2079 anfechten, es sei denn er hat hierauf verzichtet.[14] Heiratet der überlebende Ehegatte wieder oder kommen weitere pflichtteilsberechtigte Abkömmlinge hinzu, steht ihm ein Anfechtungsrecht gem. §§ 2281, 2079 innerhalb eines Jahres nach Kenntnis vom Anfechtungsgrund (§ 2283), zu. Es ist gegenüber dem Nachlassgericht zu erklären. Die erfolgreiche Anfechtung bedarf in analoger Anwendung des § 2282 Abs. 3 der notariellen Beurkundung und hat nach § 2270 Abs. 1 die Nichtigkeit der wechselbezüglichen Verfügung des verstorbenen Ehegatten zur Folge.[15] 12

Das Recht zur Selbstanfechtung kann jedoch ausgeschlossen sein. Dies ist dann der Fall, wenn der überlebende Ehegatte im gemeinschaftlichen Testament ausdrücklich auf das Anfechtungsrecht, beispielsweise für den Fall der Wiederverheiratung und/oder des Hinzukommens von Abkömmlingen, **verzichtet** hat.[16] Gem. § 2079 S. 2 ist dieses Recht ferner ausgeschlossen, wenn anzunehmen ist, dass der überlebende Ehegatte trotz des Hinzukommens eines weiteren Pflichtteilsberechtigten die angefochtene Verfügung getroffen hätte, wobei es ausschließlich auf den Willen des überlebenden Ehepartners ankommen muss.[17] Die Anfechtung gem. § 2078 Abs. 2 ist wegen Treu und Glauben (§ 242) auch dann ausgeschlossen, wenn der überlebende Ehegatte den Anfechtungsgrund schuldhaft selbst herbeiführt.[18] Das Recht zur Anfechtung gem. § 2070 besteht dann nicht, wenn der überlebende Ehegatte ein Kind in der Absicht adoptiert hat, um dadurch einen Anfechtungsgrund zu schaffen.[19] 13

Wechselbezügliche und nicht wechselbezügliche Verfügungen des erstverstorbenen Ehegatten können auch von betroffenen **Dritten** nach Maßgabe der §§ 2078, 2079 angefochten werden.[20] Die Jahresfrist zur Anfechtung beginnt mit Kenntniserlangung vom Anfechtungsgrund, und zwar auch dann, wenn der Dritte erst nach dem letztversterbenden Ehegatten Erbe wird.[21] Anfechtungsberechtigt ist auch der neue Ehegatte des überlebenden Ehegatten, allerdings nicht mehr, wenn die Jahresfrist des § 2283 Abs. 1 beim überlebenden Ehegatten abgelaufen ist.[22] Auch hier gilt, dass bei einer erfolgreichen Anfechtung der wechselbezüglichen Verfügungen des vorverstorbenen Ehegatten dies nach § 2270 Abs. 1 zur Folge hat, dass auch die wechselbezüglichen Verfügungen des überlebenden Ehegatten unwirksam werden. Ein Verzicht auf Anfechtung kann vereinbart werden. 14

---

13 Eine Anfechtung zu Lebzeiten beider Eheleute ist weder bei wechselbezüglichen noch bei einseitigen Verfügungen zulässig, da jeder Ehegatte sie gem. §§ 2271 Abs. 1 S. 1, 2296 widerrufen kann. Einseitige Verfügungen kann jeder Ehegatte ohnehin nach Maßgabe der §§ 2253 ff. jederzeit abändern oder aufheben.
14 BGH FamRZ 1970, 79, 80; *Palandt/Edenhofer* Rn. 27; *Staudinger/Kanzleiter* Rn. 69 f., alle m.w.N.
15 MüKoBGB/*Musielak* Rn. 43.
16 MüKoBGB/*Musielak* Rn. 37.
17 OLG Hamm NJW 1972, 1088; MüKoBGB/*Musielak* Rn. 36; a.A. *Palandt/Edenhofer* Rn. 27.
18 BGHZ 4, 91; BGH FamRZ 1962, 428.
19 BGH FamRZ 1970, 79, 82.
20 BayObLG FamRZ 2004, 1068.
21 OLG Frankfurt MDR 1959, 393.
22 BGH FamRZ 1960, 145.

V. Änderungsvorbehalte

15 Die Ehegatten können die Widerrufbarkeit wechselbezüglicher Verfügungen über § 2271 Abs. 2 hinaus – auch nach dem Tode des anderen Ehegatten – erweitern und dem Überlebenden das Recht zum Widerruf einräumen.[23] Hierzu wird auf die Darstellung unter § 2270 verwiesen. Das Widerrufsrecht kann nur durch Verfügung von Todes wegen eingeräumt werden. Im Gegensatz zum Widerrufsrecht zu Lebzeiten, § 2271 Abs. 1 bedarf der eingeräumte Widerruf nicht der notariellen Beurkundung des § 2296 Abs. 2, kann jedoch nur durch Verfügung von Todes wegen erfolgen.

16 Mit dem Widerruf einer wechselbezüglichen Verfügung entfällt auch die entsprechende wechselbezügliche Verfügung des Vorverstorbenen, es sei denn, die Parteien wollten sie aufrecht erhalten.

17 Inhaltlich kann der Änderungsvorbehalt flexibel gehandhabt werden. Er kann von keinerlei Bindungswirkung, einer zeitlich begrenzten Bindungswirkung bis zu einer beschränkten Bindungswirkung reichen und darüber hinaus die Frage klären, ob der Längstlebende zur Schenkung unter Lebenden berechtigt sein soll oder nicht.[24]

VI. Verfügungen zu Lebzeiten

18 Der überlebende Ehegatte ist nicht gehindert, Rechtsgeschäfte unter Lebenden vorzunehmen. § 2271 Abs. 2 bezieht sich auf die Testierfreiheit. »Beeinträchtigende Schenkungen« durch den überlebenden Ehepartner können in analoger Anwendung von § 2287 Bereicherungsansprüche gen den Begünstigten auslösen. Eine derartige Schenkung löst Gestaltungsbedarf aus.

VII. Beratungshinweise

1. Allgemeines

a) Empfehlungen an den Rechtsanwalt/Notar

19 Wegen der komplizierten Regelung des 2271 sollten die Ehegatten ausdrücklich darauf hingewiesen werden, dass mit dem Tod eines Ehegatten der Widerruf wechselbezüglicher Verfügungen durch den Überlebenden nicht mehr möglich ist.

20 Soweit einer der Ehepartner zu Lebzeiten seine wechselbezüglichen Verfügungen widerruft, muss dieser Widerruf durch eine Ausfertigung einer notariellen Urkunde erfolgen, die aus »Sicherheitsgründen« – infolge Zugangsvereitelung – durch den Gerichtsvollzieher zugestellt werden sollte, in der richtigen Form (§§ 166 ff. ZPO).

Aus haftungsrechtlichen Gründen kann der Rechtsanwalt oder Notar bei einer befürchteten Zugangsvereitelung durch den anderen Ehegatten (s. Scheidungsverfahren) sogar verpflichtet sein, die Zustellung über einen Gerichtsvollzieher zu bewirken.

21 Wenn die Adresse des Widerrufsempfängers nicht bekannt ist, kann der Widerruf durch eine **öffentliche** Zustellung der Urkunde erfolgen, §§ 132 Abs. 2, 203 ff. ZPO.

b) Widerruf bei Trennung und Scheidung

22 Bereits im Trennungsverfahren muss die Frage geprüft werden, was mit einem vorhandenen gemeinschaftlichen Testament getan werden soll. Widerruf und Erstellung eines Einzeltestamentes?

23 Bei Scheidung der Ehegatten wird ein gemeinschaftliches Testament regelmäßig unwirksam (§ 2268). Eine Ausnahme liegt jedoch dann vor, wenn sich dem Testament ein tatsächlicher oder hypothetischer Aufrechterhaltungswille entnehmen lässt. Da es insoweit auf

---

23 BGHZ 2, 35; KG OGLZ 77, 457.
24 Also §§ 2287 ff. gelten nicht.

den Zeitpunkt seiner Errichtung ankommt, sollte das Testament ausdrücklich widerrufen werden. Die Errichtung eines eigenen Testamentes genügt nicht.

c) Anfechtungsverzicht

Es ist die Frage abzuklären, ob die Ehegatten im Hinblick auf eine mögliche Wiederverheiratung im Fall des Todes eines Ehegatten oder bei Hinzutreten von weiteren Pflichtteilsberechtigten – »Patchworkgedanke« – einen Anfechtungsverzicht abgeben wollen. Dies muss im Einzelfall geprüft werden, wobei die Lebensumstände (Alter usw.) zu berücksichtigen sind. 24

2. Formulierungshilfen

Eine **Widerrufserklärung** könnte wie folgt aussehen: 25

> Hiermit widerrufe ich unser am ... errichtetes gemeinschaftliches Testament in vollem Umfang.
> Der Notar wird beauftragt, meiner Ehefrau eine Ausfertigung dieser Urkunde zustellen zu lassen.

§ 2272
Rücknahme aus amtlicher Verwahrung

Ein gemeinschaftliches Testament kann nach § 2256 nur von beiden Ehegatten zurückgenommen werden.

I. Sinn und Zweck der gemeinschaftlichen Rücknahme

§ 2272 will verhindern, dass ein gemeinschaftlich errichtetes Testament durch einen Ehe- bzw. Lebenspartner allein – ohne dessen Zustimmung – durch Rücknahme **widerrufen** wird oder bei eigenhändiger Form als Urkunde vernichtet werden kann.[1] Unerheblich ist hierbei, ob das gemeinschaftliche Testament eine wechselbezügliche Verfügung oder nur einseitig testamentarische Verfügungen enthält. § 2272 gilt auch dann, wenn die Ehe- bzw. Lebenspartnerschaft aufgelöst ist und die im Testament enthaltenen Verfügungen gem. §§ 2268, 2077 in aller Regel unwirksam sind[2] 1

II. Rücknahmevoraussetzungen

Der formfreie, jederzeit zurücknehmbare Antrag muss von beiden Partnern gestellt werden. Stellvertretung ist zulässig. Beide Ehe- bzw. Lebenspartner müssen jedoch gem. §§ 2272, 2256 Abs. 2 S. 1 **höchstpersönlich und gleichzeitig** die Testamentsurkunde in Empfang nehmen. Eine einseitige Rücknahme ist ausgeschlossen. Bei einem Verstoß gegen diese Voraussetzungen bleibt das gemeinschaftliche öffentliche Testament, einschließlich der darin enthaltenen einseitigen Verfügungen, trotz der Rückgabe in vollem Umfang wirksam.[3] Eine einmal bestehende Unwirksamkeit der Verfügungen ist dagegen endgültig, so dass hier nur die Errichtung eines neuen Testaments die Verfügungen wieder in Kraft setzen kann. 2

---

[1] MüKoBGB/*Musielak* Rn. 2 m.w.N.
[2] KG KGJ 103, 104; *Soergel/M. Wolf* Rn. 2; RGRK/*Johannsen* Rn. 1.
[3] *Soergel/M. Wolf* § 2272 Rn. 2; AnwK/*Seiler* § 2272 Rn. 4.

§ 2273

3 Im Unterschied zum öffentlichen Testament führt die Rückgabe des fakultativ verwahrten eigenhändigen gemeinschaftlichen Testaments (§§ 2247, 2267) nicht zum Widerruf (§ 2256 Abs. 3).

III. Beratungshinweise

4 Nach § 2268 Abs. 2 können auch bei Auflösung der Ehe die Verfügungen der Ehegatten aufrechterhalten bleiben, wenn sie auch für diesen Fall getroffen worden sein sollten. Hierbei ist auf den wirklichen oder hypothetischen Aufrechterhaltungswillen der Ehegatten im Zeitpunkt der Testamentserrichtung abzustellen.

5 Im Falle einer Scheidung muss deshalb geprüft werden, ob ein in amtliche Verwahrung gegebenes öffentliches Testament durch Rücknahme ausdrücklich widerrufen werden muss oder weiterhin Bestand haben soll. Problematisch kann allerdings sein, ob hier eine einvernehmliche Rücknahme möglich ist.

§ 2273
(ab 1.9.2009 ersetzt durch § 349 FamFG)

§ 2273 a.F. Eröffnung (gültig bis 31.8.2009)

(1) Bei der Eröffnung eines gemeinschaftlichen Testaments sind die Verfügungen des überlebenden Ehegatten, soweit sie sich sondern lassen, weder zu verkünden noch sonst zur Kenntnis der Beteiligten zu bringen.

(2) Von den Verfügungen des verstorbenen Ehegatten ist eine beglaubigte Abschrift anzufertigen. Das Testament ist wieder zu verschließen und in die besondere amtliche Verwahrung zurückzubringen.

(3) Die Vorschriften des Absatzes 2 gelten nicht, wenn das Testament nur Anordnungen enthält, die sich auf den Erbfall beziehen, der mit dem Tode des erstversterbenden Ehegatten eintritt, insb. wenn das Testament sich auf die Erklärung beschränkt, dass die Ehegatten sich gegenseitig zu Erben einsetzen.

I. Normzweck

1 § 2273 Abs. 1 begrenzt den Umfang dessen, was den Beteiligten im Eröffnungstermin oder später mitzuteilen ist. Damit soll dem Interesse des überlebenden Ehegatten an der Geheimhaltung seines letzten Willens Rechnung getragen werden, wenn er z.B. hinsichtlich seines Nachlasses seine gesetzlichen Erben unterschiedlich oder gar nicht bedacht hat, dies aber wegen des Familienfriedens nicht publik machen will. Dieser Schutz wird dem Überlebenden allerdings nur zu Teil, wenn sich seine Verfügungen von denen des anderen Ehegatten trennen lassen.[1]

II. Eröffnung nach dem ersten Erbfall

2 Nach dem Eintritt des ersten Erbfalls sind allein die Verfügungen des vorverstorbenen Ehegatten zu eröffnen, und zwar insoweit, wie sie sich von denen des Überlebenden trennen lassen. Wenn eine Trennung nicht möglich ist, müssen auch die Verfügungen des Überlebenden eröffnet werden. Dies ist verfassungsrechtlich unbedenklich, da die Ehegat-

---

1 BVerfG NJW 1994, 2535; RGZ 150, 315, 319.

ten bereits bei Testamentserrichtung für eine saubere sprachliche Trennung der Verfügungen hätten sorgen können.²

Eine Trennbarkeit wird durch die Abfassung von Einzelanordnungen und die Vermeidung von »Wir«-Sätzen gewährleistet. Verfügungen, die auf Anordnungen des anderen verweisen oder Bezug nehmen, sind zu vermeiden, beispielsweise mit der weit verbreiteten Formulierung: »Die vorstehenden Verfügungen gelten auch bei meinem Tod«.

Führt die fehlende Trennungsmöglichkeit zu einem Konflikt zwischen dem Unterrichtungsbedürfnis der Beteiligten und dem Geheimhaltungsinteresse des Überlebenden, so ist das Bedürfnis der Beteiligten an Kenntnis der Verfügungen des Erstverstorbenen höher zu bewerten.³ Dieser Grundsatz verstößt weder gegen das allgemeine Persönlichkeitsrecht noch gegen die Erbrechtsgarantie.

Soweit die gemeinschaftlichen Verfügungen nicht trennbar sind, sind sie den Beteiligten bekanntzugeben. Letztendlich sollen diese in die Lage versetzt werden, ihre Rechte sicher zu beurteilen und geltend zu machen. Hat ein Beteiligter die Eröffnung beantragt und lehnt das Nachlassgericht diese ab, so kann dieser **Beschwerde** dagegen einlegen. **Seit 1.9.2009** ist diese gem. § 63 FamFG innerhalb eines Monats nach Bekanntgabe der ablehnenden Entscheidung einzulegen.

Beteiligte im 1. Erbfall sind die gesetzlichen Erben des Verstorbenen und jeder, den der Erblasser in irgendeiner Weise bedacht hat, also insb. Pflichtteilsberechtigte, Nacherben und Vermächtnisnehmer. Die gesetzlichen und testamentarischen Erben des überlebenden Partners sind keine Beteiligte, wenn und soweit die Verfügung des verstorbenen Ehegatten keinen Bezug zu ihnen erkennen lässt.

Von der eröffneten Verfügung ist – auszugsweise – eine beglaubigte Abschrift von den Verfügungen des Erstverstorben zu fertigen. Das Testament ist sodann wieder in die besondere amtliche Verwahrung zurückzubringen und erneut zu versiegeln (§ 2273 Abs. 2), vorausgesetzt, es befand sich vor der Eröffnung bereits in amtlicher Verwahrung Die Fertigung einer Abschrift und die Wiederverwahrung sind entbehrlich, wenn das Testament für den Tod des Überlebenden keine Bestimmungen enthält (§ 2273 Abs. 3). Das Testament wird dann offen in der Akte beim Nachlassgericht verwahrt.

III. Eröffnung nach dem zweiten Erbfall

Nach Eintritt des zweiten Erbfalls sind die Verfügungen des Überlebenden zu eröffnen und zwar auch dann, wenn sie wegen der fehlenden Trennungsmöglichkeit bereits nach dem ersten Erbfall eröffnet wurden.⁴ Eine nochmalige Eröffnung und Verkündung unterbleibt, wenn das Testament für den Tod des Überlebenden keine Bestimmungen enthält.

IV. Beratungshinweise

1. Allgemeines

Damit das Geheimhaltungsinteresse des Überlebenden gewährleistet wird, sollten die Ehegatten ihre Verfügungen sowohl sprachlich als auch durch eine entsprechende Gliederung voneinander absetzen. Eine Trennbarkeit wird durch die Abfassung von Einzelanordnungen und die Vermeidung von »Wir«-Sätzen gewährleistet. Verfügungen, die auf Anordnungen des anderen verweisen oder Bezug nehmen, sollten vermieden werden.

Die Beachtung dieses Hinweises hat auf die Wechselbezüglichkeit keinen Einfluss, wenn die Verfügungen nach wie vor voneinander abhängig sind, d.h. »miteinander stehen und fallen«.

---

2 BVerfG NJW 1994, 2535; *Gehse* RNotZ 2006, 270, 273 m.w.N. bezweifelt diese Möglichkeit.
3 BGHZ 91, 105.
4 RGZ 137, 222.

2. Formulierungshilfen

11 Entsprechend dieses Hinweises könnten einzelne Verfügungen der Ehegatten wie folgt lauten:

> Ich setze meinen Ehemann als meinen Erben ein. Für den Fall, dass mein Ehemann vorverstirbt, setze ich ... zu meinem Erben ein.
> Ich setze meine Ehefrau als meine Erbin ein. Für den Fall, dass meine Ehefrau vorverstirbt, setze ich ... zu meinem Erben ein.

Vierter Abschnitt
Erbvertrag

Einleitung vor §§ 2274–2289 BGB

Übersicht

		Rz.
I.	Überblick	1
II.	Normzweck der §§ 2274 ff	2
III.	Gesetzesänderungen	4
IV.	Wesen des Erbvertrages	10
V.	Inhalt des Erbvertrages	17
	1. Vertragsmäßige und einseitige Verfügungen	17
	2. Mindestvoraussetzung und Umdeutung	18
	3. Vertragschließende	19
VI.	Arten des Erbvertrages	21
	1. Einseitige, zweiseitige und mehrseitige Erbverträge	22
	2. Sonstige Arten des Erbvertrages	25
VII.	Abgrenzung zu Rechtsgeschäften unter Lebenden	27
	1. Unterscheidungskriterium	27
	2. Höfeordnung	30
VIII.	Verwandte Verträge	31
	1. Verträge über den Nachlass eines noch lebenden Dritten	32

		Rz.
	2. Schuldrechtliche Verträge über die Errichtung oder Aufhebung einer Verfügung von Todes wegen (§ 2302)	33
	3. Erbverzichte (§§ 2346 ff.)	34
	4. Schenkungen von Todes wegen	35
	5. Vertrag zugunsten Dritter auf den Todesfall (§ 331)	36
IX.	Abgrenzung von Testament und Erbvertrag	37
	1. Unterschiede und Gemeinsamkeiten	37
	2. Umdeutung	38
X.	Verbindung von Erbverträgen mit anderen Verträgen	39
	1. Verbindung mit anderen Verträgen	39
	2. Übliche Vertragskombinationen	41
XI.	Anwendbarkeit anderer Vorschriften	42
	1. Allgemeines Vertragsrecht	42
	2. Testamentsrecht	47
	3. Steuerrecht	48
	4. Anwendung ausländischen Rechts	49

I. Überblick

Im Vierten Abschnitt des Fünften Buches (Erbrecht) finden sich folgende Regelungen: **1**
– Abschluss des Erbvertrages, §§ 2274–2277;
– Inhalt des Erbvertrages, §§ 2278–2280, 2298, 2299;
– Anfechtung, §§ 2281–2285;
– Wirkungen des Erbvertrages, §§ 2286–2289;
– Aufhebung, §§ 2290–2292;
– Rücktritt des Erblassers, §§ 2293–2297;
– Verwahrung und Eröffnung des Erbvertrages, §§ 2300, 2300a;
– Schenkungen von Todes wegen, § 2301;
– Vertrag über Verfügungen von Todes wegen, § 2302.

II. Normzweck der §§ 2274 ff

In dem deutschen Erbrecht findet sich das Prinzip der Testierfreiheit wieder, welches sich **2** aus Art. 14 GG ableiten lässt.[1] Wesentliches Merkmal der Testierfreiheit ist die Möglichkeit der freien Widerruflichkeit von Testamenten (§§ 2253 ff., 2271).

Demnach ist es dem Erblasser möglich, seine testamentarische Verfügung im Nachhi- **3** nein aufzuheben oder zu verändern. Der Erbvertrag stellt neben dem Testament die zweite Form der **Verfügung von Todes** wegen dar, durch die eine **Einschränkung der Widerruflichkeit von letztwilligen** Verfügungen vorgenommen werden kann. Außerdem können durch den Erbvertrag verbindliche Regelungen über Rechtsverhältnisse bezüglich des

---
[1] BVerfG NJW 2005, 1561, 1562; 1995, 2977, 2978.

Nachlasses getroffen werden,[2] sowie die freie Widerrufbarkeit des Testaments ausgeschlossen werden.[3] Als Beispiel können hier die Verpflichtung einer lebenslangen Altersversorgung oder eines Wohnrechts im Gegenzug für die Einsetzung als Vertragserben, wie auch die erbrechtliche Gleichstellung von Kinder aus verschiedenen Ehen und auch die gegenseitige Erbeinsetzung bei Paaren, denen der Abschluss eines gemeinschaftlichen (Ehegatten-)Testaments[4] aus rechtlichen Gründen nicht möglich ist[5] in Betracht gezogen werden. Die freie Widerruflichkeit eines Testaments genügt diesen Interessen nicht, so dass aus diesem Bedürfnis heraus das Institut des Erbvertrages sich entwickelt hat.

III. Gesetzesänderungen

4   Durch die Aufnahme des grundsätzlich unwiderruflichen Erbvertrages in das BGB, trägt der Gesetzgeber der Forderung nach einer verbindlichen Regelungsmöglichkeit soweit Rechnung.[6] Von dem Vorschlag, die Anwendbarkeit des Erbvertrages auf Ehegatten und Verlobte zu beschränken, wurde abgesehen.[7]

5   Durch das **Gesetz über die Errichtung von Testamenten und Erbverträgen** vom 31.7.1938 wurden die §§ 2274–2277, 2300 aufgehoben (§ 50 Abs. 3 TestG), so dass an ihre Stelle Vorschriften des TestG getreten sind. Diese Vorschriften enthielten jedoch gegenüber den bisherigen Vorschriften keine inhaltlichen Änderungen.[8]

6   Das **Gesetz zur Wiederherstellung der Gesetzeseinheit auf dem Gebiete des Bürgerlichen Rechts** vom 5.3.1953 machte diesen Vorgang rückgängig, in dem es seinerseits das TestG (mit Ausnahme des § 51 TestG) außer Kraft setzte und die ursprünglichen Vorschriften – abermals unverändert – wiederaufleben ließ.

7   Das **Beurkundungsgesetz** vom 28.8.1969 regelte das Urkundswesen neu, so dass auch eine Änderung der Formvorschriften zum Erbvertrag erforderlich wurde. Sie betraf die §§ 2276, 2277, 2282 Abs. 3, 2291 Abs. 2 sowie 2296 Abs. 2 S. 2.[9]

8   Durch Inkrafttreten des **Gesetzes zur Neuregelung des Rechts der elterlichen Sorge** vom 18.7.1979 wurde der Wortlaut des § 2290 Abs. 3 S. 2 geändert. Statt »elterlicher Gewalt« heißt es nunmehr »elterliche Sorge«.

9   Die letzte Änderung der erbvertraglichen Vorschriften erfolgte durch das **Betreuungsgesetz** vom 12.9.1990, in dem es den § 2290 Abs. 1 S. 1 der neuen, durch dieses Gesetz geschaffenen Rechtslage anglich.

IV. Wesen des Erbvertrages

10 Der Erbvertrag weist als eine rechtliche Besonderheit eine **Doppelnatur als Verfügung von Todes wegen und Vertrag** auf.[10] Zum einen ist es ein »wirklicher Vertrag«[11] zum anderen eine Verfügung von Todes wegen. Der Erbvertrag begründet eine erbrechtliche Bindung der Vertragsschließenden an vertragsmäßige Verfügungen von Todes wegen, aber es entstehen keine schuldrechtlichen Verpflichtungen.[12]

---

2 Vgl. Mot. V, S. 311; Prot. V, S. 370 ff.
3 Vgl. *Brox/Walker* Rn. 145.
4 *Dohr* MittRhNotK 1998, 382, 384.
5 *Dohr* MittRhNotK 1998, 382, 384.
6 Mot. V, S. 310.
7 Prot. V, S. 371.
8 RGRK/*Kregel* vor § 2274 Rn. 3.
9 RGRK/*Kregel* a.a.O.
10 *Brox/Walker* Rn. 145; vgl. *Olzen* Rn. 488.
11 BGHZ 26, 204, 207; *Soergel/Wolf* vor § 2274 Rn. 3 ff.; *Ebenroth* Rn. 248; a.A. *Hellwig* S. 597 ff.; *Werneburg* DNotZ 1916, 209, 215 ff.
12 *Staudinger/Kanzleiter* vor §§ 2274 ff. Rn. 3, BGHZ 12, 115, 118.

Beide Komponenten sind somit nicht zwei bloß miteinander verbundene Einzelge- 11
schäfte, sondern bilden eine rechtliche Einheit.[13]

Die Einstufung des Erbvertrages als »wirklicher Vertrag«, geht aus der Gesetzessyste- 12
matik der §§ 1937 ff. hervor, wonach die Erbeinsetzung einerseits durch Testament oder
letztwillige Verfügung[14] oder andererseits durch Erbvertrag[15] erfolgen kann.[16] Durch den
Erbvertrag, kann der Erblasser seine **grundsätzlich uneingeschränkte Testierfreiheit vertraglich** im Rahmen der getroffenen Verfügungen **einschränken;** wobei frühere letztwillige Verfügungen ihre Gültigkeit verlieren und später Verfügungen insoweit unwirksam sind.[17] Die dem Erbvertrag inne wohnende Bindungswirkung vermittelt dem Begünstigten im Zeitpunkt des Vertragsschlusses geradewegs eine erbrechtliche Stellung, in Form der vertragsgemäß getroffenen Erbeinsetzung, Vermächtnisse und Auflagen.[18]

Der Erbvertrag entfaltet als Verfügung von Todes wegen im Gegensatz zu den Rechts- 13
geschäften unter Lebenden, **erst durch den Tod des Erblassers Rechtswirkungen**. Durch
den Erbvertrag wird zu Lebzeiten des Verfügenden zwischen den Beteiligten keinerlei
Rechte und Pflichten begründet.[19]

Demnach trifft den Begünstigten nicht die schuldrechtliche Pflicht, die Erbschaft oder 14
das Vermächtnis anzunehmen.[20] Dem Erben oder dem mit dem Vermächtnis Bedachten
steht somit ein Ausschlagungsrecht zu, dessen vertraglicher Ausschluss nichtig ist;[21] jedoch
sind aus dem Erbvertrag auch keine Ansprüche gegen den Verfügenden herzuleiten.[22] Der
Bedachte erlangt somit insb. keine Anwartschaftsrechte am Vermögen oder einzelnen Vermächtnisgegenständen, so dass ein Ausschluss einer Sicherung von Grundstücken durch
Vormerkung vorliegt.[23]

Zu Lebzeiten gewährt der Erbvertrag dem Verfügenden eine vertragliche zugesicherte 15
und somit verbindliche Berücksichtigung im Erbfall. Bei Eintritt des Erbfalles, kommen
aber augenblicklich Ansprüche gegen die Erben oder Dritte in Betracht, wie zum Beispiel
gegen den Erbschaftsbesitzer (§ 2018).[24]

Unter Lebenden ist der Erblasser auch nach Abschluss des Erbvertrages weiterhin 16
uneingeschränkt befugt, über sein Vermögen zu verfügen (§ 2286), wie auch tatsächliche
oder rechtliche Handlungen vorzunehmen, da die vertragliche Bindung hauptsächlich auf
die Wirksamkeit abweichender letztwilliger Verfügungen begrenzt ist.[25]

V. Inhalt des Erbvertrages

1. Vertragsmäßige und einseitige Verfügungen

Als vertragsmäßige Verfügungen nach § 2278 Abs. 2 kommen die Einsetzung eines Erben 17
sowie die Anordnung von Vermächtnissen und Auflagen in Betracht. Alle anderen Verfügungen sind sog. einseitige Verfügungen, die vom Erblasser dem Erbvertrag zugefügt werden können, sofern sie durch Testament getroffen werden (§ 2299 Abs. 1). Jedoch ist zu
beachten, dass die einseitigen Verfügungen nicht vertragsmäßige sind (§ 2278 Abs. 2). Diese

---

13 Mot. V, S. 311 ff.
14 Vgl. § 1937.
15 Vgl. § 1941.
16 RGRK/*Kregel* vor § 2274 Rn. 4.
17 Vgl. § 2289; LM (1958) BGB, § 2289 Nr. 3, Abschnitt I der Anm. von *Johannsen*; RGRK/*Kregel* a.a.O.;
 Staudinger/Kanzleiter vor §§ 2274 Rn. 11.
18 MüKoBGB/*Musielak* vor § 2274 Rn. 3; vgl. *Abele/Klinger* NJW-Spezial 2005, 157.
19 BVerfG NJW 2005, 1561, 1562; BGHZ 8, 23, 30.
20 *Wein* BayZ 1916, 123 f.; *Kipp/Coing* § 87 I; MüKoBGB/*Musielak* vor § 2274 Rn. 3.
21 *Reimann/Bengel/Mayer* § 2279 Rn. 3.
22 BGHZ 12, 115, 118.
23 BGHZ 12, 115, 115 f.; OLG Hamm DNotZ 1956, 151; vgl. *Rainer* Rn. 11.
24 *Staudinger/Kanzleiter* vor §§ 2274 ff. Rn. 5.
25 Vgl. MüKoBGB/*Musielak* vor § 2274 Rn. 4.

Unterscheidung ist von Bedeutung für die Bindungswirkung des Erbvertrages auf die Testierfreiheit des Verfügenden. Eine vertragsmäßige Verfügung ist unwiderruflich, dagegen finden auf einseitige Verfügungen die Vorschriften zum Testament Anwendung (§ 2299 Abs. 2 S. 1), so dass diese frei widerruflich sind.

2. Mindestvoraussetzung und Umdeutung

18 Außerdem ist die Unterscheidung für die Prüfung von Bedeutung, ob ein Erbvertrag überhaupt zur Entstehung gekommen ist. Mindestanforderung eines Erbvertrages ist nach dem oben gesagten das **Vorliegen wenigstens einer vertragsmäßigen Verfügung**.[26] Sind dagegen nur einseitige Verfügungen getroffen worden, die somit frei widerruflich sind, fehlt es gerade an der für den Erbvertrag wesenstypischen Bindungswirkung und es liegt daher kein Erbvertrag vor.[27] Es kommt demzufolge eine Umdeutung der getroffenen Verfügungen nach § 140 in ein gemeinschaftliches Testament (bei Ehegatten) oder ein einseitiges Testament in Betracht, wenn die entsprechenden (formellen) Anforderungen erfüllt werden und die Aufrechterhaltung dem Willen des Erblassers entspricht.[28] Auch sind somit Umdeutungen unzulässiger vertragsmäßiger Verfügungen in einseitige Verfügungen, als auch von Nichtehegatten geschlossenen gemeinschaftlichen Testamenten in Erbverträge möglich.[29]

3. Vertragschließende

19 Im Gegensatz zum gemeinschaftlichen Testament kann **jedermann** einen Erbvertrag abschließen, zB. Ehegatten und gleichgeschlechtliche Lebenspartner (§ 10 Abs. 4 LPartG) auch Kinder und Eltern zum Abschluss eines Erbvertrages berechtigt.[30]

20 Als Begünstigte des Erbvertrages können der Vertragschließende bzw. sonstige Dritte eingesetzt werden. Wir nur ein Dritter bedacht, ist vom Versprechen der Leistung an einen Dritten abzugrenzen (§ 328), der auf einer schuldrechtlichen Verpflichtung basiert.[31] Da der Erbvertrag keine Rechtswirkung bis Eintritt des Erbfalles entfaltet, kann auch der Dritte keine Rechtsposition erhalten.

VI. Arten des Erbvertrages

21 Bei Erbverträgen wird nach der Anzahl der vertragsmäßig Verfügenden, nach der Person des Bedachten oder nach Art der Zuwendung unterschieden.[32]

1. Einseitige, zweiseitige und mehrseitige Erbverträge

22 Bei einem einseitigen Erbvertrag trifft nur der Erblasser vertragsmäßige Verfügungen von Todes wegen und der Vertragspartner erklärt lediglich die Annahme oder dass er nicht vertragsmäßig letztwillig über sein Vermögen verfügt (§ 2299) oder sich sonst schuldrechtlich unter Lebenden zu einer Leistung an den Erblasser verpflichtet.[33]

23 Demzufolge handelt es sich um einen zweiseitigen oder gemeinschaftlichen Erbvertrag, wenn in einem Vertrag beide oder mehrere Vertragspartner vertragsmäßig eine Verfügung

---

26 *Ebenroth* Rn. 251; *Olzen* Rn. 512.
27 BGHZ 26, 204, 208 f.; BGH MDR 1958, 223; *Siebert*, in: FS *Hedemann*, S. 244; LM (1958) BGH, § 2289, Nr. 3 mit Anm. *Johannsen*; *Schlüter* Rn. 258; vgl. *Olzen* Rn. 512.
28 Vgl. *Klinker/Tremel* NJW-Spezial 2008, 199, 200; *Reimann/Bengel/Mayer* § 2299 Rn. 2; *v. Lübtow* Band I, S. 400.
29 Vgl. *Staudinger/Kanzleiter* vor §§ 2274 ff. Rn. 12; *Reinmann/Bengel/Mayer* vor §§ 2274 ff. Rn. 34.
30 *Olzen* Rn. 491; *Damrau/G. Krüger* vor §§ 2274 ff. Rn. 4.
31 Vgl. BGHZ 12, 118, 119; MüKoBGB/*Musielak* vor § 2274 Rn. 8.
32 *Von Lübtow* Band I, S. 402 ff.
33 Vgl. *Brox/Walker* Rn. 153; *Ebenroth* Rn. 253.

von Todes wegen treffen. Wird von den Erblassern gegenseitig etwas zugewendet, so wird daraus eine Abhängigkeit der beiderseitigen Verfügungen von einander gesetzlich vermutet und dies als **gegenseitiger Erbvertrag** bezeichnet (§ 2298).[34] Bei mehrseitigen Erbverträgen treffen mehrere Vertragsteile vertragsmäßige Verfügungen von Todes wegen,[35] jedoch ist hier durch Auslegung zu ermitteln, in welchem Verhältnis die einzelnen Verfügungen zueinander stehen. Im Zweifel ist von der Abhängigkeit untereinander auszugehen, was zu Folge hat, dass eine Aufhebung nur durch einen gemeinsamen Vertrag aller Beteiligten wieder aufgehoben werden kann (§ 2290).

Anfechten kann jeder vertragsmäßig Verfügende, bei dem die Voraussetzungen der §§ 2078, 2079 vorliegen. Für den Fortbestand des Vertrages ist dann maßgeblich, in welchem Verhältnis diese Verfügung zu den anderen steht (vgl. § 2298). 24

2. Sonstige Arten des Erbvertrages

Vom Erblasser können vertragliche Verfügungen von Todes wegen zugunsten eines Vertragspartners sowie zugunsten eines Dritten getroffen werden. Letztere werden fälschlich als »Erbverträge zugunsten Dritter« bezeichnet, wobei darauf hinzuweisen ist, dass es sich hierbei nicht um »echte« Verträge zugunsten Dritter gem. §§ 328 ff. handelt.[36] Da der Erbvertrag keine schuldrechtlichen Versprechen begründet, kann solch ein Vertrag zugunsten Dritter auch ohne Zustimmung des Begünstigten aufgehoben werden.[37] 25

Außerdem lassen sich Erbverträge Im Interesse einer differenzierten Ausdrucksweise je nach Art der vertragsmäßigen Zuwendung in Erbeinsetzungs-, Erbvermächtnis- und Erbauflageverträge aufteilen. 26

VII. Abgrenzung zu Rechtsgeschäften unter Lebenden

1. Unterscheidungskriterium

Abgrenzungskriterium des Erbvertrages von den Rechtsgeschäften unter Lebenden ist, zu welchem Zeitpunkt das Geschäft Rechtswirkungen entfalten soll. Wie bereits erwähnt, entfaltet die erbvertragliche Verfügung überhaupt erst mit dem Eintritt des Erbfalls Rechte und Pflichten[38] und regelt insofern die Rechtsverhältnisse in Bezug auf den Nachlass. 27

Von einem Rechtsgeschäft unter Lebenden ist auch auszugehen, wenn an dem dinglichen Vollzugsgeschäft (wie z.B. Auflassung, Übergabe, Zahlung des Kaufpreises) die aufschiebende oder auflösende Bedingung (§ 158) in Form des Erbfalles oder das Überleben des anderen Vertragsschließenden angeknüpft ist, aber schon zu Lebzeiten eine unmittelbare rechtliche Bindungswirkung vorliegt.[39] Liegen jedoch Zweifel vor, ist dies durch die Auslegung der Parteiwillen festzustellen.[40] 28

Betrifft der Vertragsinhalt auch die Übertragung zukünftigen Vermögens des Erblassers, ist in der Regel von einem Erbvertrag auszugehen. Bei einem Anspruch, der sich als Entgelt für eine bereits erbrachte Gegenleistung darstellt, handelt es sich üblicherweise um einen Vertrag unter Lebenden.[41] Trotz dieser Abgrenzung hat der Gesetzgeber für schuldrechtliche Schenkungsversprechen (§ 518), die erst mit dem Tode des Schenkenden vollzogen werden sollen, die Anwendung der Vorschriften über Verfügung von Todes wegen nach § 2301 ausdrücklich angeordnet. 29

---

34 *Olzen* Rn. 495.
35 Vgl. RGZ 67, 65, 66 f.; *Reithmann* DNotZ 1957, 527 ff.
36 RG WarnR 1917 Nr. 91, S. 130, 132; vgl. MüKoBGB/*Musielak* vor § 2274 Rn. 27.
37 Vgl. *Reimann/Bengel/Mayer* vor §§ 2274 Rn. 37.
38 BGHZ 8, 23, 30.
39 BGHZ 8, 23, 29; BGH NJW 1984, 46, 47; OLG Düsseldorf NJW 1954, 1041.
40 RG HRR 1930 Nr. 1464; BGHZ 31, 13, 19 f.; RGRK/*Kregel* vor § 2274 Rn. 6.
41 Vgl. *Staudinger/Kanzleiter* vor §§ 2274 ff. Rn. 18.

Wolfgang Burandt

2. Höfeordnung

30 Im Gegensatz zur oben dargestellten Abgrenzung, die auf sog. Übergabeverträge angewandt werden,[42] besteht hinsichtlich der Übergabe von Höfen jedoch rechtliche Besonderheiten. Es ist von einem Sonderfall aus vorweggenommener Erbfolge und Rechtsgeschäft unter Lebenden auszugehen, die in der HöfeO speziellrechtlich geregelt sind.

VIII. Verwandte Verträge

31 Folgende Vertragsarten weisen Ähnlichkeiten mit dem Erbvertrag auf, unterliegen jedoch nicht den Vorschriften der §§ 2274 ff.:

1. Verträge über den Nachlass eines noch lebenden Dritten

32 Solche Verträge sind in der Regel nach § 311b Abs. 4 nichtig, sofern nicht die Ausnahmevoraussetzungen des Abs. 4 vorliegen. Im Unterschied zum Erbvertrag haben diese Verträge nur schuldrechtliche nicht erbrechtliche Wirkung,[43] auch ist der Erblasser an nicht selbst als Vertragspartei beteiligt. Jedoch können Verträge nach § 311b Abs. 4 mit einem Erbvertrag verbunden werden.[44] Ist der Vertragstyp unwirksam kommt grundsätzlich die Umdeutung in einen anderen zulässigen Vertragstyp in Betracht, da § 140 nicht auf bestimmte Rechtsgeschäfte festgelegt ist.

2. Schuldrechtliche Verträge über die Errichtung oder Aufhebung einer Verfügung von Todes wegen (§ 2302)

33 Wurde ein Vertrag geschlossen, in dem der Erblassers sich verpflichtet eine Verfügung von Todes wegen zu errichten oder nicht zu errichten, aufzuheben oder nicht aufzuheben, sind nach § 2302 nichtig. Im Gegensatz zum Erbvertrag schränken sie die Testierfreiheit des Erblassers übermäßig ein. Eine Umdeutung in einen Erbvertrag ist nach § 140 möglich.

3. Erbverzichte (§§ 2346 ff.)

34 Ein Erbverzicht liegt vor, wenn jemand im Vertrag auf ein gesetzliches Erbrecht oder auf eine Zuwendung aus einer Verfügung von Todes wegen verzichtet. »Erbverzichte« sind in den §§ 2346 ff. geregelt. Sie bilden das Gegenstück zum Erbvertrag.

4. Schenkungen von Todes wegen

35 Bei schuldrechtliche Schenkungsversprechen (§ 518), die als Bedingung das Überleben des Beschenkten fordern und erst nach dem Tod des Schenker vollzogen werden sollen, fallen nach § 2301 den Vorschriften der Verfügung von Todes wegen. Auf schon vollzogene Schenkungen finden die Regeln über Schenkungen unter Lebenden (§§ 516 ff.) Anwendung.

5. Vertrag zugunsten Dritter auf den Todesfall (§ 331)

36 Bei Verträgen zugunsten Dritter auf den Todesfall handelt es sich um Rechtsgeschäfte unter Lebenden, bei dem der eine Vertragsteil eine Leistung verspricht. Jedoch hat der begünstigte Dritte erst mit dem Tod des Versprechungsempfängers ein Anspruch auf die Leistung. Derartige Verträge unterliegen keinen besonderen Formvorschriften, unabhängig davon, ob die Zuwendung zwischen Versprechensempfänger und dem Dritten entgeltlich oder unentgeltlich erfolgte.

---

[42] MüKoBGB/*Musielak* vor § 2274 Rn. 11.
[43] RGZ 169, 98, 99; MüKoBGB/*Musielak* vor § 2274 Rn. 13.
[44] OGHZ 2, 175; Staudinger/*Kanzleiter* vor §§ 2274 ff. Rn. 13.

IX. Abgrenzung von Testament und Erbvertrag

1. Unterschiede und Gemeinsamkeiten

Gemeinsamkeiten bestehen zwischen Testament und Erbvertrag insofern, dass beide gesetzlich vorgesehene Verfügungen von Todes wegen sind (§§ 1937, 1941), die demzufolge nur vom Erblasser persönlich vorgenommen werden können (§§ 2064, 2274). Praktische Bedeutung hat die Bindungswirkung des Erbvertrages. Während Testamente vom Erblasser jederzeit frei widerrufen werden können (§§ 2253 ff.), sind die **vertragsmäßigen getroffenen Verfügungen** (§ 2278 Abs. 2) **grundsätzlich unwiderruflich** (§ 2289 Abs. 1 S. 2). Jedoch ist zu beachten, dass das gemeinschaftliche Testament (§§ 2265 ff.) dem Erbvertrag insofern ähnelt, als dass durch ihre Wechselbezüglichkeit sich eine Bindungswirkung nach dem Tode des Ehegatten entfaltet, so dass die einseitige Aufhebung durch Testament eines Gatten ausgeschlossen wird (§§ 2270, 2271 i.V.m. § 2296). Weitere Unterschiede zwischen Testament und Erbvertrag bestehen hinsichtlich der formellen und der persönlichen Anforderungen,[45] bei dem gemeinschaftlichen Testament sind nur die Ehegatten im Gegensatz zum Erbvertrag bedacht.

37

2. Umdeutung

Die grundsätzliche Möglichkeit einer Umdeutung (§ 140) eines Testaments in einen Erbvertrag sowie umgekehrt, wurde bereits oben erörtert.[46] Eine Umdeutung findet bei folgenden typische Beispielsfällen statt, wie bei Verstößen gegen Formvorschriften (§ 2276) oder mangelnde Geschäftsfähigkeit beim Erbvertrag (§ 2275 Abs. 1), gemeinschaftliche Testamente, die von Nichtehegatten errichtet wurden (§ 2265), die Aufrechterhaltung unzulässiger vertragsmäßiger Verfügungen durch Umdeutung in einseitige Verfügungen (§ 2299) sowie die Umdeutung einer als »Erbvertrag« gekennzeichneten Verfügung in ein Testament mangels vertragsmäßiger Verfügungen (§ 2278 Abs. 2). Dabei ist jedoch stets zu beachten, dass bei einer Umdeutung in eine andere Form einer Verfügung von Todes wegen deren besonderen Voraussetzungen erfüllt sein müssen. Jedoch ist die Beteiligung eines Dritten am Erbvertrag in Bezug auf die Umdeutung unbeachtlich.[47]

38

X. Verbindung von Erbverträgen mit anderen Verträgen

1. Verbindung mit anderen Verträgen

Nach § 34 Abs. 2 S. 2. Halbsatz BeurkG kann ein Erbvertrag mit einem anderen Vertrag in derselben Urkunde zu einem Vertrag verbunden werden. Dabei ist jedoch auch durch **Auslegung des Willens der Vertragsteile** festzustellen, ob diese verbundenen Verträge eine **rechtlichen Einheit** darstellen sollen. Wird davon ausgegangen, ist dabei unbedingt zu beachten, dass der Erbvertrag selbst nur erbrechtliche Wirkungen auslöst,[48] also kein schuldrechtlicher und erst recht nicht gegenseitiger Vertrag ist.[49] Der Erbvertrag, als Verfügung von Todes wegen stellt ein abstraktes, unentgeltliches Geschäft dar. Diese Eigenschaft wird durch die Verbindung mit einem schuldrechtlichen Vertrag zu einem einheitlichen Geschäft nicht verändert, so dass kein gegenseitiger Vertrag zustanden kommen kann. Folglich finden die §§ 320 ff. weder auf den Erbvertrag selbst noch auf einen mit einem anderen Geschäft verbundenen Vertrag Anwendung.[50]

39

---

45 Vgl. §§ 2229 ff., 2265 ff., 2275, 2276.
46 Vgl. Rz. 7.
47 KG KGJ 31 A 112; *Staudinger/Kanzleiter* vor §§ 2274 ff. Rn. 12.
48 Vgl. *Klinger/Tremel* NJW-Spezial 2008, 199.
49 Vgl. *Ebenroth* Rn. 255; *Hellwig* S. 604 ff.; *Höfer* BWNotZ 1984, 113, 121; *Schlüter* Rn. 250.
50 Ebd; MüKoBGB/*Musielak* vor § 2274 Rn. 21.

40 Mängel auf der Seite des verbundenen anderen Vertrages können nach § 2295 auch Auswirkungen auf den Bestand des Erbvertrages haben. Darüber hinaus liegt bei rechtsgeschäftlichen Verpflichtungen des Begünstigten unter Berücksichtigung der vertragsmäßigen Verfügung von Todes wegen ein rechtlicher Grund i.S.v. § 812 vor, so dass der Bedachte sowohl bereits erbrachte Leistungen[51] als auch die Einwilligung in die Aufhebung des Erbvertrages[52] vom Erblasser nach den Regeln einer ungerechtfertigten Bereicherung zurückverlangen kann. Folglich hat eine Abrede der Parteien, dass die vertragsmäßige Zuwendung durch die schuldrechtliche Verpflichtung oder den Vollzug des anderen Vertrages bedingt sein soll (§ 2279 Abs. 1 i.V.m. §§ 2074, 2075) lediglich klarstellende Funktion.[53]

2. Übliche Vertragskombinationen

41 Es ist üblich, dass Erbverträge zwischen Verlobten oder Ehegatten häufig mit **Eheverträgen** (§§ 1408 ff.) verbunden werden. Nach § 2276 Abs. 2 können für diesen Fall die Formvorschriften des Ehevertrages gemeinsame Anwendung finden, da diese sich von denen des Erbvertrages nur leicht unterscheiden.[54] Typische Vertragskombinationen kommen mit einem **Erbverzichtsvertrag** (§§ 2346 ff.) oder einem **sog. Verpfründungsvertrag** in Betracht.[55] Beim letzteren verpflichtet sich der vertragsmäßig Begünstigte (schuldrechtlich), den Verfügenden bis zu dessen Tode zu unterhalten und zu versorgen.[56] Sofern die Vertragskombination eine rechtliche Einheit im Erbvertrag darstellen soll, unterliegen sie den Formerfordernissen des Erbvertrages (§ 2276).[57] Anderenfalls müssen die Nebenvereinbarungen lediglich den für sie angeordneten formellen Voraussetzungen genügen.[58]

XI. Anwendbarkeit anderer Vorschriften
1. Allgemeines Vertragsrecht

42 Es gelten die Regeln des allgemeinen Vertragsrechts auch für den Erbvertrag, soweit sie nicht dem Wesen des Erbvertrages widersprechen.[59]

43 Es gelten die Vorschriften zum Minderjährigenschutz (§§ 104 ff.) für den Erbvertrag, da die unbeschränkte Geschäftsfähigkeit des vertragsmäßig Verfügenden (§ 2275 Abs. 1) Voraussetzung ist. Ausnahmen sind in § 2275 Abs. 2 und 3 lediglich für beschränkt geschäftsfähige Ehegatten und Verlobte geregelt (insofern über § 107 hinausgehend).

44 Außerdem finden auch die **allgemeinen Vertragsauslegungsregeln** nach den §§ 133, 157 selbst beim einseitigen Erbvertrag Anwendung.[60] Auslegungskriterium ist der gemeinsame Wille der Vertragsparteien. Liegen Zweifel vor, ist die Willenserklärung des Erblassers auf den objektiven Empfängerhorizont nach § 157 abzustellen, die der Verfügende im Fall des Irrtums oder der Drohung nach den allgemeinen Regeln (§§ 116 ff.) anfechten kann.[61] Der wirkliche Wille des Erblassers nach § 133 spielt bei einseitigen Verfügungen (§ 2299) wie beim Testament eine Rolle.[62] Auch allgemeine Schutzvorschriften über die

---

51 Vgl. *Staudinger/Kanuleiter* Einl. zu §§ 2274 ff. Rn. 7; *Knieper* DNotZ 1968, 331, 334 f.
52 Ebd.; insoweit aber a.A. *Kipp/Coing*, § 36 IV 1.
53 *Erman/Schmidt* § 2295 Rn. 8.
54 S. Erläuterungen zu § 2276 Rz. 8.
55 Vgl. BGHZ 36, 65, 70; *v. Lübtow* Band I, S. 404.
56 Vgl. *Schlüter* Rn. 261.
57 BGHZ 36, 65, 71; MüKoBGB/*Musielak* vor § 2274 Rn. 20; vgl. hierzu auch *Keim* ZEV 2001, 1.
58 BGHZ 36, 65, 70; *Erman/Schmidt* § 2276 Rn. 7; *Knieper* DNotZ 1968, 331, 332; *v. Lübtow* Band I, S. 408 ff.
59 Mot. V, S. 321.
60 BGH NJW 1989, 2885; ausführlich *Soergel/Wolf* § 2279 Rn. 3.
61 Vgl. BayObLG NJW-RR 1997, 7, 8; BGH AgrarR 1983, 157; OLG Celle MDR 1963, 221, 222; *Giencke* FamRZ 1974, 241, 242; vgl. *Schlüter* Rn. 279; MüKoBGB/*Musielak* vor § 2274 Rn. 33; a.A. *Brox/Walker* Rn. 222 ff.
62 MüKoBGB/*Musielak* vor § 2274 Rn. 233.; *Giencke*, a.a.O.; *Brox/Walker* Rn. 218.

Wirksamkeit von Verträgen (§§ 134, 138 sowie 139 bei verbundenen Erbverträgen) finden auf den Erbvertrag Anwendung.

Nach Auffassung des BGH ist jedoch für die Annahme der Nichtigkeit eines Erbvertrages aufgrund von Sittenwidrigkeit (§ 138) ein bloßes Missverhältnis zwischen den gegenseitigen Zuwendungen nicht ausreichend.[63] Keine Anwendung finden die 45

die allgemeinen Vorschriften zum Vertragsschluss (§§ 145 ff.), da nach § 2276 Abs. 1 S. 1 über das Zustandekommen des Erbvertrages eine besondere Regelung getroffen wird. Auch finden die §§ 320 ff. keine Anwendung. Der Erbvertrag entfaltet erbrechtliche Rechtswirkungen, so dass auch die Anwendbarkeit der §§ 328 ff. ausscheidet, da diese sich auf Rechtsgeschäfte unter Lebenden beziehen.[64] 46

2. Testamentsrecht

Abgesehen von den erbvertraglichen Sonderregelungen, ordnet § 2279 Abs. 1 für vertragsmäßige Zuwendungen und Auflagen die entsprechende Anwendung der Vorschriften für letztwillige Zuwendungen und Auflagen an. Die einseitigen im Erbvertrag getroffenen Verfügungen sind ohne Einschränkung nach den Regeln der letztwilligen Verfügungen durch Testament zu beurteilen (§ 2299 Abs. 2 S. 1). 47

3. Steuerrecht

Unter steuerrechtlichen Gesichtspunkten ist der Erbvertrag als gesetzlich vorgesehene Möglichkeit der Verfügung von Todes wegen dem Testament und der gesetzlichen Erbfolge gleichgestellt, so dass unerheblich ist, wie der Bedachte die erbrechtliche Position erlangt hat. Zuwendungen, die der Bedachte unter Berücksichtigung der vertragsmäßigen Verfügung an den Erblasser erbracht hat, sind als Nachlassverbindlichkeiten anerkannt.[65] Auch wenn sie nicht im Verhältnis von Leistung und Gegenleistung zueinander stehen, ist ihnen dennoch ein ausreichendes Näheverhältnis immanent, um steuerrechtlich berücksichtigt zu werden. 48

4. Anwendung ausländischen Rechts

Ist der Erblasser ausländischer Staatsbürger oder befinden sich die Nachlassgegenstände im Ausland (insb. Immobilien), muss geprüft werden, ob die vertragsmäßige Verfügung wirksam getroffen wurde. Dabei ist es stets fraglich, welche Rechtsordnung auf den Fall anzuwenden ist.[66] Gelangt man so zu der Anwendung einer ausländischen Rechtsordnung, ist von Bedeutung, ob sie das Institut des Erbvertrages überhaupt kennt, beziehungsweise welche Voraussetzungen sie daran stellt. 49

§ 2274
Persönlicher Abschluss

Der Erblasser kann einen Erbvertrag nur persönlich schließen.

---

63 BGHZ 50, 63, 71; 59, 343, 348; ähnlich BGHZ 123, 368, 378.
64 Vgl. oben Rz. 14.
65 Vgl. BFH DB 1984, 331; BFH DB 1985, 579, 580; FG München EFG 1988, 585; 1993, 241, 242; *Meincke* § 10 Rn. 49; *Gebel* UVR 1995, 105.
66 Vgl. Gesetz zu dem Übereinkommen vom 5.10.1961 über das auf die Form letztwilliger Verfügungen anzuwendende Recht; Art. 25, 26 EGBGB.

I. Normzweck

1 Der Grundsatz der Höchstpersönlichkeit gilt auch für den Erbvertrag. Verfügungen von Todes wegen sind vom Erblasser höchstpersönlich zu treffen. Entsprechend gilt dieser Grundsatz in § 2064 auch für das Testament, aber auch in anderen Normen, die in Zusammenhang mit der Wirksamkeit der getroffenen Verfügungen von Todes wegen stehen, findet sich der Höchstpersönlichkeitsgrundsatz wieder.

2 Beispielhaft sind hier § 2282 (Anfechtung des Erbvertrages), § 2284 (Bestätigung), § 2290 Abs. 2 (Aufhebung des Erbvertrages) oder § 2296 Abs. 1 (Erklärung des Rücktritts vom Erbvertrag) zu nennen.

3 Der Anordnung, dass der Erblasser einen Erbvertrag nur höchstpersönlich schließen kann, kommt in erster Linie Bedeutung als **Schutzfunktion** zu. Durch sie soll der tatsächliche Wille des Verfügenden bestmöglich gewährleistet werden.[1] Würde ein Dritter den letzten Willen erklären, so besteht die Gefahr einer (bewussten oder unbewussten) Veränderung des ursprünglichen Sinnes.[2] Um solch eine Gefahr auszuschließen, kommt eine Stellvertretung des Erblassers nicht in Betracht.[3]

II. Inhalt der Regelung

1. Person des Erblassers

4 Erblasser i.S.d. § 2274 ist derjenige, der im Erbvertrag eine vertragsmäßige Verfügung (§ 2278 Abs. 2) trifft.[4] Das gleiche gilt für den anderen Vertragschließenden, sofern er ebenfalls vertragsmäßige Verfügungen trifft (gegenseitiger Erbvertrag). Das Vertretungsverbot gilt auch für die Anfechtung (§ 2282 Abs. 1 Satz. 1), die Bestätigung (§ 2284 S. 1), die Aufhebung (§ 2290 Abs. 2 S. 1) und den Rücktritt (§ 2296 Abs. 1 S. 1). Wird der Erbvertrag im gerichtlichen Vergleich abgeschlossen, müssen in einem dem Anwaltszwang unterliegenden Verfahren die Prozessbevollmächtigte und der Erblasser die Erklärung gemeinsam abgeben.[5]

5 Ordnet der andere Vertragschließende lediglich eine einseitige Verfügung an (§ 2299), ist er nicht Erblasser im Sinne der Norm. Eine Vertretung ist dann gem. § 2299 Abs. 2 S. 1 i.V.m. § 2064 ausgeschlossen. Anderenfalls ist eine Vertretung des anderen Vertragschließenden durch gesetzlichen Vertreter oder Bevollmächtigten nach den allgemeinen Regeln zulässig.[6]

2. Inhalt und Umfang der Erklärung

6 Der Erbvertrag muss von dem Erblasser persönlich geschlossen werden, d.h. er darf sich weder eines Vertreters noch der Hilfe von Boten bei der Abgabe der Erklärung bedienen.[7] Dies schließt die rechtliche oder persönliche Unterstützung des Erblassers durch Dritte aber nicht aus.[8] Die abgegebene Erklärung muss sich auf den gesamten Erbvertrag beziehen und wesentliche Vertragsteile eindeutig regeln, ohne dass es der Ergänzung durch Dritte bedarf.[9]

---

1 Vgl. BGHZ 15, 199.
2 Prot. V, S. 16; vgl. BGHZ 15, 199.
3 Mot. V, S. 247; vgl. *Brox/Walker* Rn. 146.
4 RGRK/*Kregel* § 2274 Rn. 2; *Reimann/Bengel/Mayer* § 2274 Rn. 2.
5 OLG Stuttgart NJW 1989, 2700, 2701.
6 RGRK/*Kregel* § 2274 Rn. 3; *Staudinger/Kanzleiter* § 2274 Rn. 4.
7 Mot. V, S. 247; MüKoBGB/*Musielak* § 2274 Rn. 3.
8 *Brox/Walker* Rn. 95; *Schlüter* Rn. 140.
9 Vgl. BGHZ 15, 199.

III. Rechtsfolge bei Verstoß

Wurde ein Erbvertrag unter Missachtung der Regelung des § 2274 geschlossen, ist er nichtig.[10] Eine Umdeutung (§ 140) in ein Testament scheitert an § 2064. In Betracht kommt schließlich eine Aufrechterhaltung des nichtigen Erbvertrages als Rechtsgeschäft unter Lebenden. In der Regel mangelt es jedoch an dem Willen der Vertragsteile, bereits zu Lebzeiten des Verfügenden Rechtsfolgen herbeizuführen.[11]

7

§ 2275
Voraussetzungen

(1) Einen Erbvertrag als Erblasser kann nur schließen, wer unbeschränkt geschäftsfähig ist.

(2) Ein Ehegatte kann als Erblasser mit seinem Ehegatten einen Erbvertrag schließen, auch wenn er in der Geschäftsfähigkeit beschränkt ist. Er bedarf in diesem Falle der Zustimmung seines gesetzlichen Vertreters; ist der gesetzliche Vertreter ein Vormund, so ist auch die Genehmigung des Vormundschaftsgerichtes erforderlich.

(3) Die Vorschriften des Absatzes 2 gelten entsprechend für Verlobte, auch i.S.d. Lebenspartnerschaftsgesetzes.

I. Normzweck

Geschäftsunfähige und beschränkt Geschäftsfähige unterliegen der Schutzfunktion des § 2275. Im Gegensatz zum Testament, ist der Erbvertrag, ein »echter Vertrag« wobei nicht nur die Testierfähigkeit (§§ 2229, 2230) beim Erblasser ausreicht, sondern eine unbeschränkte Geschäftsfähigkeit erforderlich ist. Somit sind geschäftsunfähige und beschränkt geschäftsfähige Erblasser nicht in der Lage, erbvertragliche Verfügungen zu treffen.

1

Aber auch die Anträge über die Einführung eines besonderen Mindestalters (30 bzw. 50 Jahre) hinsichtlich der Fähigkeit, erbvertragliche Verfügungen zu treffen, fanden im Gesetz keinen Niederschlag.[1]

2

In den Absätzen 2 und 3 findet sich eine Ausnahme zugunsten beschränkt geschäftsfähiger Ehegatten oder Verlobter. Da Eheverträge häufig mit Erbverträgen verbunden werden und das Familienrecht beschränkt geschäftsfähigen Ehegatten und Verlobten den Abschluss eines Ehevertrages unter bestimmten Voraussetzungen gestattet (§ 1411), wurden entsprechende Sonderregeln auch für den Erbvertrag in das Gesetz aufgenommen.[2]

3

Zwar gelten die Sonderregeln nicht nur in Verbindung mit einem Ehevertrag, sie sind aber durch den festgelegten Personenkreis der Beteiligten (nur Ehegatten bzw. Verlobte miteinander) eingeschränkt.[3]

4

II. Unbeschränkte Geschäftsfähigkeit des Erblassers (Abs. 1)

1. Wirksamkeitsvoraussetzung

Der Erbvertrag kann nach § 2275 Abs. 1 nur vom unbeschränkt geschäftsfähigen Erblasser geschlossen werden. Erblasser im Sinne der Norm sind alle Vertragsteile, die im Erbver-

5

---

10 *Soergel/Wolf* § 2274 Rn. 8; *Brox/Walker* Rn. 94.
11 Vgl. *Klinger/Tremel* NJW- Spezial 2008, 199, 200.
1 Prot. V, S. 376.
2 Vgl. vor §§ 2274 ff.; *Reimann/Bengel/Mayer* § 2275 Rn. 5.
3 *Staudinger/Kanzleiter* § 2275 Rn. 4.

trag vertragsmäßige Verfügungen (§ 2278 Abs. 2) treffen. Es wird nach den allgemeinen Regeln (§§ 104 ff.) festgestellt, ob eine Person als geschäftsunfähig oder beschränkt geschäftsfähig einzustufen ist. Hierbei trifft die Beweislast denjenigen, der die fehlende Geschäftsfähigkeit behauptet.[4] Liegen Zweifel bezüglich der Geschäftsfähigkeit vor, soll der beurkundende Notar nach §§ 28, 11 Abs. 2 BeurkG durch Niederschrift seiner Wahrnehmung diese vermerken. Fehlt die Geschäftsfähigkeit des Erblassers nach Überzeugung des Notars, so soll er die Beurkundung gem. § 11 Abs. 1 BeurkG ablehnen.

2. Rechtsfolge bei Verstoß gegen Abs. 1

6   Wurde ein Erbvertrag von einem geschäftsunfähigen (§ 104) oder beschränkt geschäftsfähigen (§ 106) Erblasser geschlossen und liegt auch keine Ausnahme nach den Absätzen 2 und 3 vor, ist der Erbvertrag **nichtig**.[5]

7   Weder die Zustimmung oder Genehmigung des gesetzlichen Vertreters (§§ 183, 184)[6] noch die Genehmigung des Erblassers nach Erlangung der unbeschränkten Geschäftsfähigkeit[7] können diesen Mangel heilen.

8   Allerdings kommt regelmäßig die Aufrechterhaltung der letztwilligen Verfügung des Erblassers durch Umdeutung (§ 140) des nichtigen Erbvertrages in ein Testament in Betracht, sofern dies dem mutmaßlichen Willen des Erblassers entspricht.[8] Dazu ist (anstelle der Geschäftsfähigkeit) die Testierfähigkeit des Erblassers gem. § 2229 erforderlich und es müssen die weiteren formellen Voraussetzungen über die Errichtung von Testamenten erfüllt sein (§§ 2231 ff.).

III. Sonderregelung für Ehegatten und Verlobte (Abs. 2 und 3)

9   Ehegatten und Verlobte können, als Ausnahme zu der Regelung des § 2275 Abs. 1, auch dann als Erblasser einen Erbvertrag miteinander eingehen, wenn einer oder beide in der Geschäftsfähigkeit beschränkt sind (§§ 2275 Abs. 2 S. 1, Abs. 3, 106 ff.). Die Wirksamkeit des Erbvertrages erfordert in diesem Fall unbedingt die **Zustimmung des jeweiligen gesetzlichen Vertreters** (§ 2275 Abs. 2 S. 2, Abs. 3).[9] Ist der gesetzliche Vertreter ein Vormund, so hängt die Wirksamkeit darüber hinaus von der **Genehmigung durch das Vormundschaftsgericht** ab (§ 2275 Abs. 2 S. 2, 2. Hs. Abs. 3).

10 Praktische Relevanz hat die Sonderregelung nur noch für minderjährige, beschränkt geschäftsfähige Ehegatten und Verlobte.[10] Die Vorschriften über beschränkt geschäftsfähige Volljährige wurden mit Inkrafttreten des Betreuungsgesetzes am 1.1.1992 aufgehoben und durch das Betreuungsrecht ersetzt. Auf Verfügungen von Todes wegen ist ein Einwilligungsvorbehalt des Betreuers gem. § 1903 Abs. 2 ausgeschlossen.[11]

11 Das am 1.1.2005 in Kraft getretene **Gesetz zur Überarbeitung des Lebenspartnerschaftsrechtes** hat zu einer Änderung in § 2275 Abs. 3 geführt.

12 In der Sache wird im Rahmen des § 2275 Abs. 3 die Vorschrift des § 2275 Abs. 2 »**auch für Verlobte i.S.d. Lebenspartnerschaftsgesetzes**« für anwendbar erklärt.

13 Seit dem 1.1.2005 können sich auch gleichgeschlechtliche Paare rechtswirksam verloben (§ 1 Abs. 3 LPartG). Dabei spricht man von einem »Versprechen«.

14 Wodurch eine entsprechende Anwendung der Ausnahme des § 2275 Abs. 2 auch auf Versprechende nach § 1 Abs. 3 LPartG angewendet werden kann als Möglich erscheint.

---

[4] OLG Düsseldorf, BGH FamRZ 1984, 1003; BayObLG RPfleger 1982, 286; RG WarnRspr 1915 Nr. 71.
[5] BayObLG RPfleger 1982, 286; *Staudinger/Kanzleiter* § 2275 Rn. 3; *v. Lübtow* Band I, S. 411.
[6] *Reimann/Bengel/Mayer* § 2275 Rn. 4.
[7] Mot. V, S. 346, *Planck/Greiff* § 2275 Anm. 1; MüKoBGB/*Musielak* § 2275 Rn. 3.
[8] Vgl. *Klinger/Tremel* NJW-Spezial 2008, 199; BayObLG RPfleger 1982, 286; BayObLG NJW-RR 1996, 7.
[9] Vgl. *Erman/Schmidt* § 2275 Rn. 2.
[10] Vgl. *Reimann/Bengel/Mayer* § 2275 Rn. 8.
[11] Vgl. *Staudinger/Kanzleiter* § 2275 Rn. 4.

Jedoch kann eine **Lebenspartnerschaft** nach § 1 Abs. 2 Nr. 1 Alt. 1 LPartG nicht wirksam mit einer Person begründet werden, die minderjährig ist, was zu Folge hat, dass die eingetragene gleichgeschlechtliche Lebensgemeinschaft nicht in den Anwendungsbereich des § 2275 Abs. 2, 3 BGB fallen kann.[12]

1. Vertragsmäßige Verfügung

Durch die Ausnahmeregelung bekommen beschränkt geschäftsfähige Ehegatten und Verlobte die Möglichkeit, jede vertragsmäßige Verfügung (§ 2278 Abs. 2) zu treffen, die ein Erblasser nach Abs. 1 in einem Erbvertrag schließen kann, somit auch ausschließlich zugunsten eines Dritten.[13] Die Möglichkeit des Erblassers, einseitige Verfügungen nach § 2299 wirksam zu treffen, wird von den Abs. 2 und 3 nicht beeinflusst, da diese ausschließlich nach den Vorschriften zum Testament zu beurteilen sind (§ 2299 Abs. 2 S. 1); insb. kommt es dort nicht auf die Geschäftsfähigkeit, sondern auf die Testierfähigkeit des Verfügenden an.[14] Allerdings muss der beschränkt geschäftsfähige Erblasser den Erbvertrag persönlich schließen. § 2274 wird durch die Ausnahmeregelung nicht modifiziert. Eine Vertretung des Erblassers bleibt auch unter den Voraussetzungen des § 2275 Abs. 2 und 3 ausgeschlossen.

2. Zustimmung des gesetzlichen Vertreters

Mangels spezieller Regelungen sind die **allgemeinen Vorschriften** auf die Zustimmung des gesetzlichen Vertreters anzuwenden (§§ 108, 109, 182 ff.).

Sie kann sowohl vor Vertragsschluss als Einwilligung (§ 183) als auch nachträglich als Genehmigung (§ 184) gegenüber dem beschränkt geschäftsfähigen Erblasser oder dem (anderen) Ehegatten (Abs. 2 S. 1) bzw. dem Verlobten (Abs. 3) erteilt werden.[15]

Die Zustimmung ist nicht an die Form des betreffenden Rechtsgeschäftes gebunden (§ 182 Abs. 2), sie kann also selbst stillschweigend abgegeben werden.[16]

Bei Fehlen einer vorherigen Einwilligung ist der geschlossene Erbvertrag bis zum Zeitpunkt der Genehmigung schwebend unwirksam (§§ 108, 109).

Erlangt der beschränkt geschäftsfähige Erblasser die unbeschränkte Geschäftsfähigkeit, so kann er den Erbvertrag auch selbst wirksam genehmigen (§ 108 Abs. 3).[17]

Nach dem eindeutigen Wortlaut des § 2275 Abs. 2 S. 2 (allgemein haltend »Zustimmung«) ist die Ansicht, dass eine (nachträgliche) Genehmigung nur bei Gefahr im Verzug zulässig sein soll, abzulehnen.[18] Demnach ist der Notar nicht befugt, die Beurkundung eines Erbvertrages mangels der (noch) nicht erteilten Zustimmung des gesetzlichen Vertreters abzulehnen. Ihn trifft lediglich die Pflicht, die Vertragsteile auf die Genehmigungsbedürftigkeit und auf die bis dahin bestehende, schwebende Unwirksamkeit des Erbvertrages hinzuweisen (§§ 17 Abs. 2, 18 BeurkG).[19]

Allerdings ist es umstritten, ob die Zustimmungsbedürftigkeit des Erbvertrages eine **Genehmigung auch noch nach dem Tode des Erblassers** ermöglichen kann. Nach der

---

12 Vgl. Reimann/Bengel/Mayer § 2275 Rn. 5; a.A. Wellenhofer NJW 2005, 705, 709.
13 Vgl. MüKoBGB/Musielak § 2275 Rn. 9.
14 H.M. Palandt/Edenhofer § 2299 Rn. 1; Soergel/Wolf § 2299 Rn. 4; Höfer BWNotZ 1984, 113, 115; Lange/Kuchinke § 25 Abs. 4 S. 2; Strohal Band I, § 44 Fn. 25; a.A. MüKoBGB/Musielak § 2275 Rn. 9; Reimann/Bengel/Mayer § 2275 Rn. 9; Staudinger/Kanzleiter § 2299 Rn. 5.
15 Vgl. § 182 Ab. 2; Staudinger/Kanzleiter § 2275 Rn. 6.
16 Aufgrund dieses Widerspruchs zur Formstrenge des Erbvertragsrechts fordern Reimann/Benge/Mayer § 2275 Rn. 10; Staudinger/Kanzleiter § 2275 Rn. 6 und Harrer LZ 1924, 11, 15 die gesetzliche Anordnung der notariellen Beurkundung der Zustimmung.
17 Vgl. KG KGJ 47 A 100; Reimann/Bengel/Mayer § 2275 Rn. 11.
18 Vgl. MüKoBGB/Musielak § 2275 Rn. 10; RGRK/Kregel § 2275 Rn. 4; Staudinger § 2275 Rn. 7; a.A. Soergel/Wolf § 2275 Rn. 7; Palandt/Edenhofer § 2275 Rn. 2; ähnlich Lange/Kuchinke § 25 Abs. 2 S. 1a, Fn. 17.
19 Staudinger/Kanzleiter § 2275 Rn. 7.

herrschenden Meinung ist eine Genehmigung nach dem Tode nicht mehr möglich.[20] Dies soll die Sicherheit des Rechtsverkehrs wahren. Gerade die mit dem Tod des Erblassers eingetretene Erbfolge kann nicht später durch eine Genehmigung beeinträchtigt oder verändert werden, so dass eine feste Grundlage geschaffen wird.[21]

24 Handelt es sich bei dem gesetzlichen Vertreter um einen Vormund oder Pfleger, so bedarf es für die Wirksamkeit des Erbvertrages zusätzlich der Genehmigung des Rechtsgeschäftes durch das Vormundschaftsgericht (§ 2275 Abs. 2 und 3 i.V.m. §§ 1828 ff., 1915).

25 Schließlich kommt auch in diesem Falle eine Umdeutung (§ 140) in ein gemeinschaftliches Testament oder ein Testament in Betracht.[22]

IV. Geschäftsfähigkeit des anderen Vertragschließenden

26 Für den anderen Vertragsschließenden gelten die allgemeinen Vorschriften des §§ 104 ff.[23] Ist er nicht geschäftsfähig, kann der gesetzliche Vertreter für ihn den Erbvertrag abschließen, da § 2274 auf ihn nicht anzuwenden ist.[24] Ist er beschränkt geschäftsfähig, bedarf er zur bloßen Annahme des Erbvertrages nicht der Zustimmung des gesetzlichen Vertreters, da es sich dabei um ein rechtlich neutrales Geschäft handelt, dass nach herrschender Meinung den lediglich rechtlich vorteilhaften Geschäften gleichzusetzen ist (vgl. § 107).[25] Geht er dagegen im Erbvertrag selbst eine schuldrechtliche Verpflichtung ein, so muss der gesetzliche Vertreter der Verpflichtungserklärung zustimmen oder diese genehmigen (§§ 183, 184).[26] Nach dem Tode des Erblassers ist eine Genehmigung des Erbvertrages nicht mehr möglich.[27] Trifft er schließlich eine einseitige Verfügung (§ 2299 Abs. 1), bestimmen sich die Voraussetzungen nach § 2299 Abs. 2 i.V.m. §§ 2229 ff.

§ 2276
Form

(1) Ein Erbvertrag kann nur zur Niederschrift eines Notars bei gleichzeitiger Anwesenheit beider Teile geschlossen werden. Die Vorschriften der § 2231 Nr. 1, §§ 2232, 2233 sind anzuwenden; was nach diesen Vorschriften für den Erblasser gilt, gilt für jeden der Vertragschließenden.

(2) Für einen Erbvertrag zwischen Ehegatten oder zwischen Verlobten, der mit einem Ehevertrag in derselben Urkunde verbunden wird, genügt die für den Ehevertrag vorgeschriebene Form.

Übersicht	Rz.		Rz.
I. Normzweck	1	2. Verweis auf die Regeln des öffentlichen Testaments	5
II. Formelle Voraussetzungen des Erbvertrages	2	3. Anwendung auf den anderen Vertragschließenden	15
1. Gleichzeitige Anwesenheit beider Vertragsteile	2		

---

20 BGH, Urteil vom 7.12.1977 Rn. 34; *Soergel/Wolf* § 2275 Rn. 9.
21 KG KGJ 47 A 100, 104; BGH, NJW 1978, 1159; *Reimann/Bengel/Mayer* § 2275 Rn. 11; RGRK/*Kregel* § 2275 Rn. 4; MüKoBGB/*Musielak* § 2275 Rn. 8, 12; a.A. BayObLG NJW 1960, 577, 578 f.
22 Vgl. vor §§ 2274 Rz. 8.
23 *Erman/Schmidt* § 2275 Rn. 3.
24 *Staudinger/Kanzleiter* § 2275 Rn. 11.
25 MüKoBGB/*Musielak* § 2275 Rn. 6; *Reimann/Bengel/Mayer* § 2275 Rn. 15; ebenso, aber mit abweichender Begründung: *Erman/Schmidt* § 2275 Rn. 3.
26 *Erman/Schmidt* § 2275 Rn. 3; weitergehender *Kipp/Coing* § 17 III 3.
27 Vgl. Rz. 23.

	Rz.		Rz.
4. Weitere zulässige Möglichkeiten des Vertragsschlusses	18	2. Rechtsfolgen der Verbindung von Erbvertrag und Ehevertrag	25
III. Verbindung mit einem Ehevertrag (Abs. 2)	21	IV. Verstoß gegen die Formvorschriften des § 2276	28
1. Anwendbarkeit der ehevertraglichen Formvorschriften	21	V. Formloser Erbvertrag und Höferecht . . .	29

I. Normzweck

Das dem Erbrecht zugrunde liegende Prinzip der **Formstrenge** begründet die Notwendigkeit der notariellen Beurkundung des Erbvertrages.[1] Dem § 2276 liegen die vier »klassischen« Funktionen von Formregeln zugrunde,[2] entsprechend anderer Vorschriften.[3] Demnach soll durch das Erfordernis der notariellen Beurkundung verhindert werden, dass insb. der Erblasser den Erbvertrag ohne vorherige Überlegungen abschließt (**Schutzfunktion vor Übereilung**). Die Mitwirkung des Notars soll darüber hinaus sicherstellen, dass dem Erblasser die Tragweite seiner letztwilligen Verfügungen bewusst ist (**Warnfunktion**), er über seine rechtlichen Möglichkeiten sachkundig beraten wird (**Beratungsfunktion**) und der Vertrag schließlich auch in der gewollten Weise wirksam zustande kommt (**Beweisfunktion**).[4]

II. Formelle Voraussetzungen des Erbvertrages

1. Gleichzeitige Anwesenheit beider Vertragsteile

Die notarielle Beurkundung hat nach § 2276 Abs. 1 S. 1 bei gleichzeitiger Anwesenheit beider (bzw. aller) Vertragsparteien zu erfolgen. Beim Erbvertrag, ähnlich wie beim Ehevertrag (§ 1410), ist dadurch die sonst zulässige zeitlich versetzte Beurkundung der Willenserklärungen durch den Notar (§ 128) ausgeschlossen.[5]

Der Erblasser ist nach § 2274 verpflichtet **persönlich** zu erscheinen.

Dagegen kann der andere Vertragschließende sich nach allgemeinen Regeln vertreten lassen (§§ 164 ff.), somit auch durch den Erblasser, sofern er der Erklärung des Erblassers lediglich zustimmt oder eine schuldrechtliche Verpflichtung eingeht. Jedoch ist eine Vertretung des anderen Vertragschließenden unzulässig, wenn auch er eine vertragsmäßige (§ 2274) oder einseitige Verfügungen (§ 2299 Abs. 1 und 2 S. 1 i.V.m. § 2064) trifft, da beide nur persönlich vorgenommen werden dürfen. Sobald also ein Vertreter ohne Vertretungsmacht eine Willenserklärungen für den anderen Vertragschließenden abgibt, hängt die Wirksamkeit der Erklärung von dessen Genehmigung ab (§ 177), die bis zum Eintritt des Erbfalles möglich ist.[6] Eine zustimmungsbedürftige Willenserklärung eines beschränkt Geschäftsfähigen hat nicht zu Folge, dass der gesetzliche Vertreter anwesen sein muss, da nach § 2276 Abs. 1 S. 1 nicht der gesetzliche Vertreter den Erbvertrag selbst abschließt, sondern nur der Willenserklärung des Minderjährigen zustimmt.[7]

---

[1] *Kipp/Coing* § 19 I, II 2, IV 1; vgl. MüKoBGB/*Musielak* § 2276 Rn. 1; vgl. *Appell* FamRZ 1970, 520, 521.
[2] *Staudinger/Kanzleiter* § 2276 Rn. 17; vgl. außerdem BGHZ, 83, 395, 397; 87, 150, 153; NJW 1974, 271.
[3] Vgl. §§ 313, 1410.
[4] BGH FamRZ 1981, 651, 652.
[5] Mot. V, S. 320.
[6] Vgl. § 2275 Rz. 7; RG JW 1901, 474.
[7] Vgl. § 2275 Rz. 6; *Staudinger/Kanzleiter* § 2276 Rn. 3.

2. Verweis auf die Regeln des öffentlichen Testaments

a) Allgemeines

5 Es werden für die formellen Voraussetzungen des Erbvertrages über § 2276 Abs. 1 S. 2 Hs. 1 auf die diesbezüglichen Regeln für die Errichtung eines öffentlichen Testaments (§§ 2231 Nr. 1, 2232, 2233) verwiesen.

6 Jedoch ist der Verweis auf § 2231 Nr. 1 dabei unnötig, da das Erfordernis der notariellen Beurkundung bereits nach § 2276 Abs. 1 S. 1 angeordnet ist. Somit kommt ihm lediglich eine klarstellende Funktion zu, dass der fehlende Verweis auf § 2231 Nr. 2 die Errichtung eines Erbvertrages durch privatschriftliche Erklärung (§ 2247) eindeutig ausschließt. Nach § 2276 Abs. 1 S. 2 ist es dem Erblasser überlassen, darüber zu entscheiden, ob er den Erbvertrag durch Abgabe einer mündlichen Erklärung gegenüber dem Notar schließen möchte oder ob dies durch die Übergabe einer offenen oder verschlossenen Schrift geschehen soll. Bei einer Schriftübergabe muss der Erblasser eine Erklärung darüber abgeben, dass sie seinen letzten Willen enthalte.

7 Wird eine gemeinsame Schrift aller Vertragsteile übergeben, die sämtliche getätigten vertragsmäßigen oder einseitigen Verfügungen sowie schuldrechtlichen Verpflichtungen oder die Annahmeerklärung enthält, genügt diese den Anforderungen der Schriftform, sofern sie mit den erforderlichen Erklärungen verbunden werden.[8]

b) Sonderregelungen

8 In § 2276 Abs. 1 2 i.V.m. § 2233 werden Ausnahmen geregelt.

9 Einem minderjährigen Erblasser[9] ist die Abgabe einer verschlossenen Schrift nach § 2232 Abs. 1 nicht erlaubt,[10] damit eine Einflussnahme auf die letztwillige Verfügung des Minderjährigen durch Dritte vermieden werden kann. Der Minderjährige soll, bevor er seine letztwillige Verfügung trifft, erst ausführlich vom Notar beraten werden.

10 Die Regelung ist gleichermaßen Ausdruck des **Minderjährigenschutzes** sowie der Schutzfunktionen formeller Vorschriften.[11]

11 Bei einem gegenseitigen Erbvertrag[12] ist aus diesem Grund auch dem anderen Vertragschließenden die Abgabe der Erklärung in einer verschlossenen Schrift verboten.[13]

12 Weiterhin dürfen Erblasser, die nach eigenen Angaben oder nach der Überzeugung des Notars **nicht imstande sind**, Geschriebenes zu lesen, den Erbvertrag lediglich durch die Abgabe einer mündlichen Erklärung schließen (§ 2276 Abs. 1 S. 2 i.V.m. § 2233 Abs. 2). Ist der Erblasser dagegen nach eigenen Angaben oder nach der Überzeugung des Notars nicht in der Lage, **hinreichend zu sprechen**, so kommt nur der Abschluss des Erbvertrages durch Übergabe einer Schrift in Betracht (§ 2276 Abs. 1 2 i.V.m. § 2233 Abs. 3).

c) Beurkundungsverfahren

13 Das Beurkundungsverfahren wird durch die Vorschriften des **BeurkG** geregelt. §§ 8 ff. regeln die Niederschrift über den Abschluss des Erbvertrages sowie der Abgabe und Annahme der Erklärungen. Sind behinderte Personen beteiligt, stellen die §§ 22 ff. Sonderbestimmungen auf. Auch sind die Vorschriften bezüglich Verfügungen von Todes wegen (§§ 27 ff.) insb. zu beachten. Ist es dem Erblasser oder dem anderen Vertragsschließenden nicht möglich, hinreichend zu sprechen und darüber hinaus eine schriftliche Erklärung abzugeben, ist er nach dem Wortlaut der Norm auch nicht imstande, i.R.e. notariellen Ver-

---

8 Vgl. RGZ 8, 149, 154.
9 Vgl. § 2275 Rz. 2–6.
10 MüKoBGB/*Musielak* § 2276 Rn. 3.
11 Vgl. oben, Rz. 1.
12 Vor §§ 2274 ff. Rz. 11.
13 MüKoBGB/*Musielak* a.a.O.

handlung einen Erbvertrag abzuschließen.¹⁴ Jedoch ist diese Regelung mit Art. 14 Abs. 1 und Art. 3 Abs. 1 und 2 GG unvereinbar, da sie praktisch zu einem Ausschluss der Testiermöglichkeit führt.¹⁵ Die Sonderregelungen finden auch dann Anwendung, wenn die Einschränkungen in der Person eines (gesetzlichen oder nach Willkür ausgesuchten) Vertreters vorliegen.

Die Kosten des Verfahrens richten sich nach § 46 KostO. 14

3. Anwendung auf den anderen Vertragschließenden

Die Formvorschriften sind nach § 2276 Abs. 1 S. 2 Hs. 2 auch auf den anderen Vertragschließenden entsprechend anwendbar. Ihm wird aber die Möglichkeit gewährt, die Erklärungsart i.R.v. § 2232 frei zu treffen.¹⁶ 15

Die Beteiligten können ihre Erklärungen (unabhängig ob letztwillige Verfügung oder bloße Annahme) auch in einer gemeinsamen Schrift niederlegen.¹⁷ Die in § 2233 geregelten Einschränkungen müssen für jeden Vertragsteil vereinzelt festgestellt werden und gelten in der Regel nur für die Person, bei der sie vorliegen.¹⁸ Bei Vertretung des anderen Vertragschließenden, ist bezüglich Einschränkungen nach § 2233 die Person des Vertreters maßgeblich.¹⁹ 16

Es ist für die wirksame Annahme der Erklärung eines Vertragsteiles erforderlich, den Beteiligten zumindest die **Möglichkeit der Kenntnisnahme** des Erklärungsinhalts zu gewähren.²⁰ Ist dieser beispielsweise nicht lesekundig, kann der Erblasser die letztwillige Verfügung nicht schriftlich abgeben. Bei einer verschlossenen Schriftübergabe ist durch Erklärung oder anhand der Umstände sicherzustellen, dass der andere Vertragsteil deren Inhalt kennt.²¹ Insoweit können sich Einschränkungen gem. § 2233, die bei nur einem Vertragsteil vorliegen, auch auf die Erklärungsmöglichkeiten des anderen Vertragsteiles auswirken. 17

4. Weitere zulässige Möglichkeiten des Vertragsschlusses

Die Änderungen durch das BeurkG haben zu Folge, dass grundsätzlich der Notar für die Beurkundung des Erbvertrages zuständig ist. Als Ausnahme hiervon kann die Beurkundung eines Erbvertrages durch einen **Konsularbeamten** erfolgen (§§ 1, 2, 10, 11 Abs. 1, 18–21, 24 KonsG), sofern der Erblasser Deutscher ist.²² 18

Daneben besteht auch die Möglichkeit den Erbvertrag durch **Prozessvergleich** zu schließen (§ 127a) und nach den Vorschriften des ZPO erstellten Protokoll zu beurkunden.²³ Anstelle der Formvorschriften des § 2276 gelten die Vorschriften des jeweiligen Verfahrens, wobei die Regelung zur persönlichen Anwesenheit des Erblassers nach § 2274 unberührt bleibt.²⁴ 19

---

14 Vgl. § 31 BeurkG.
15 BVerfG ZEV 1999, 147 mit ausführlicher Anleitung zur Verfahrenshandhabung bis zur gesetzlichen Neuregelung; *Reimann/Bengel/Mayer* § 2276 Rn. 11; a.A. OLG Hamm ZEV 1995, 261; MüKoBGB/*Musielak* § 2276 Rn. 9.
16 *Soergel/Wolf* § 2276 Rn. 7.
17 Vgl. Rz. 2.
18 *Staudinger/Kanzleiter* § 2276 Rn. 6.
19 *Reimann/Bengel/Mayer* § 2276 Rn. 7.
20 MüKoBGB/*Musielak* § 2276 Rn. 4; *Reimann/Bengel/Mayer* § 2276 Rn. 12; a.A. zu weitgehend *Staudinger/Kanzleiter* § 2276 Rn. 6.
21 Vgl. MüKoBGB/*Musielak* § 2276 Rn. 4.
22 *Reimann/Bengel/Mayer* § 2276 Rn. 3.
23 Vgl. § 127 a; BGHZ 14, 381, 388 ff.; BGH FamRZ 1960, 28, 30; BayObLG NJW 1965, 1276; OLG Köln, OLGZ 1970, 114, 115; *Appell* FamRZ 1970, 520, 521.
24 BGH FamRZ 1960, 28, 30.

20 Bei Anwaltszwang müssen der Erblasser und sein Anwalt die Erklärung gemeinsam abgeben.[25] Nach dem Protokoll wird nicht die ausdrückliche Zustimmung der Parteien verlangt, es kann sich auch aus den sonstigen Tatsachen ergeben.[26] Dessen ungeachtet ist sie mangels einer dahin gehenden gesetzlichen Vermutung unerlässlich positiv festzustellen.[27]

III. Verbindung mit einem Ehevertrag (Abs. 2)

1. Anwendbarkeit der ehevertraglichen Formvorschriften

21 Grundsätzlich ist es möglich, den Erbvertrag mit anderen Rechtsgeschäften zu einem einheitlichen Rechtsgeschäft zu verbinden.[28] Für eine solche Verbindung zwischen Erbvertrag und Ehevertrag trifft § 2276 Abs. 2 hinsichtlich des Formbedürfnisses eine Sonderregelung. Demnach haben die Ehegatten oder Verlobten die Möglichkeit, den Erbvertrag entweder nach dessen Formvorschriften (§ 2276 Abs. 1) oder nach den formellen Anforderungen des Ehevertrages (§ 1410) zu errichten. Für den Ehevertrag fehlt es an einer § 2276 Abs. 2 entsprechenden Regelung; dieser muss also stets den eigenen formellen Anforderungen (§ 1410 i.V.m. §§ 8 ff., 22 ff. BeurkG) genügen.

22 Mit Inkrafttreten des BeurkG am 1.1.1970 wurden die formellen Voraussetzungen des Erbvertrages den weniger strengen Anforderungen des Ehevertrages weitgehend angeglichen, so dass § 2276 Abs. 2 heutzutage **kaum eine praktische Bedeutung** hat.[29] Für **behinderte Personen** sind die Formvorschriften des Ehevertrages (§§ 22 ff. BeurkG) aber weniger einschränkend als die erbvertraglichen Formerfordernisse (§ 2233; §§ 27 ff. BeurkG), somit kann § 2276 Abs. 2 in seltenen Fällen auch für die Ehegatten und Verlobte rechtlich vorteilhaft sein. Hauptsächlich den Personen, die die letztwillige Verfügungen i.R.e. notariellen Verhandlung nach dem Wortlaut von § 31 BeurkG nicht treffen können,[30] wird es ermöglicht, nach den Formvorschriften für den Ehevertrag durch Mitwirkung einer Vertrauensperson trotzdem einen wirksamen Erbvertrag zu schließen (§ 24 BeurkG).

23 Die Abgabe der Vertragserklärung in einer geschlossenen Schrift ist zwar beim Erbvertrag nach § 2276 Abs. 1 S. 2 i.V.m. § 2232 möglich, beim Ehevertrag mangels der Anwendbarkeit erbvertraglicher Formvorschriften jedoch ausgeschlossen.[31]

24 Dem Formerfordernis des Ehevertrages entsprechen auch die Lebenspartnerschaftsverträge nach § 7 LPartG. Jedoch sind solche Verträge verbunden mit dem Erbvertrag in § 2276 Abs. 2 nicht bedacht.[32]

2. Rechtsfolgen der Verbindung von Erbvertrag und Ehevertrag

25 Der Erb- und der Ehevertrag sind nach § 2276 Abs. 2 in derselben Urkunde zu verbinden, so dass beide Verträge in einer Niederschrift zu beurkunden sind und gleichzeitig tatsächlich geschlossen werden.[33] Beide Verträge bilden durch diesen Umstand allein jedoch nicht zwangsläufig auch eine rechtliche Einheit.

---

25 Vgl. OLG Düsseldorf NJW 2007, 1290, 1292; BayObLG NJW 1965, 1276; OLG Stuttgart OLGZ 1979, 415, 417; OLG Stuttgart NJW 1989, 2700, 2701.
26 OLG Düsseldorf NJW 2007, 1290, 1292; OLG Stuttgart NJW 1989, 2700, 2701; a.A. MüKoBGB/*Musielak* § 2276 Rn. 8.
27 OLG Stuttgart NJW 1989, 2700, 2701.
28 Vgl. vor §§ 2274 Rz. 22 f.
29 Vgl. *Erman/Schmidt* § 2276 Rn. 5.
30 Vgl. oben Rz. 4.
31 Vgl. § 13 Abs. 1 S. 1 i.V.m. § 9 Abs. 1 S. 2 BeurkG.
32 Vgl. *v. Dickhuth-Harrach* FamRZ 2005, 1139, 1141.
33 *Staudinger/Kanzleiter* § 2276 Rn. 8.

Durch Auslegung des Willens der Vertragsparteien[34] ist zu ermitteln,[35] ob eine Anfechtung 26
oder der Rücktritt vom Erb- oder Ehevertrag jeweils den anderen Vertrag zur Nichtigkeit führt.[36]

Grundsätzlich besteht nach h.M.[37] **keine Vermutung zugunsten einer rechtlichen Einheit**, 27
so dass der andere Vertrag im Zweifel bestehen bleibt und derjenige, der sich auf das
Gegenteil beruft, die Beweislast trägt. Die Auflösung der Verlobung führt regelmäßig nach
§ 2279 Abs. 2 i.V.m. § 2077 Abs. 2 zur Unwirksamkeit des Erbvertrages, es sei denn der
Fortbestand ist ausdrücklich angeordnet oder ergibt sich anhand der übrigen Umstände
(§ 2077 Abs. 3). Anders, wenn der Verlobte stirbt, ist grundsätzlich von der Wirksamkeit
des Erbvertrages auszugehen.[38]

IV. Verstoß gegen die Formvorschriften des § 2276

Ein Vertragsschluss ohne Beachtung der formellen Anforderungen des § 2276 führt zur Nich- 28
tigkeit des Erbvertrages (§ 125).[39] Jedoch kommt eine Umdeutung nach § 140 in ein Testament
in Betracht, um die letztwillige Verfügung aufrechterhalten zu können.[40] Dagegen ist eine
Umdeutung in ein Rechtsgeschäft unter Lebenden abzulehnen, wenn es dazu dienen soll wirtschaftlich die gleichen Folgen auszulösen wie die Verfügung bei Eintritt des Erbfalles.[41] Die
Formstrenge des Erbrechts verbietet es, den formellen Voraussetzungen zuwiderlaufende
Verfügungen anzuerkennen. In solchen Fällen tritt die die gesetzliche Erbfolge ein.

V. Formloser Erbvertrag und Höferecht

Formlose Übergabe- und Erbverträge sind im Höferecht anerkannt,[42] um einem 29
Abkömmling, der über einen längeren Zeitraum wichtige Tätigkeit bestimmter Dauer ausgeübt hat, erkennen zu geben, dass er den Hof übernehmen soll. Soweit der Abkömmling
sich darauf einlässt, liegt darin nach Auffassung des BGH eine formlos bindende Vereinbarung über die Hofnachfolge und die wirksame Einsetzung des Abkömmlings als Hoferben
durch Verfügung von Todes wegen. Dies wurde auch in

§ 7 HöfeO im Anschluss zur Rechtsprechung geregelt. 30

Allerdings sind **hohe Anforderungen** an die Bejahung einer solchen Bindungswirkung 31
zu stellen. Hierbei hat der BGH hat eine Ausweitung auf landwirtschaftliche und gewerbliche Kleinbetriebe ausdrücklich ausgeschlossen.[43]

Trotz des geregelten § 7 HöfeO hält der BGH auch weiterhin an den über die gesetzli- 32
che Regelung hinausgehenden Grundsätzen zur **formlos bindenden Hoferbenbestim-
mung** fest.[44] Ablehnung findet die Möglichkeit formlos geschlossener Übergabe- und Erbverträge über die Hofnachfolge auch weiterhin im Schrifttum.[45] Dies findet weiterhin für
die Anwendung dieser Rechtsprechung außerhalb von § 7 HöfeO Geltung.[46] Die Anerken-

---

34 Vgl. vor §§ 2274 Rz. 24 zu §§ 133, 157.
35 BGH WM 1966, 899, 900; BGHZ 50, 63, 72; *Veit* S. 162 f.
36 Vgl. § 139.
37 BGHZ 29, 129, 132 ff.; *Soergel/Wolf* § 2276 Rn. 15; *Palandt/Edenhofer* § 2276 Rn. 12; *MüKoBGB/Musielak*
§ 2276 Rn. 12; a.A. *Erman/Schmidt* § 2276 Rn. 6 bei Nichtigkeit, nicht bei Rücktritt.
38 *Erman/Schmidt* § 2276 Rn. 6.
39 Vgl. § 125.
40 Vgl. vor §§ 2274 Rz. 8; *Erman/Schmidt* § 2276 Rn. 4; *v. Lübtow* Band I, S. 412.
41 *MüKoBGB/Musielak* § 2276 Rn. 13; a.A. *Leipold* Rn. 373.
42 BGHZ 12, 286, 298 ff.; spätere bestätigende Entscheidungen BGH NJW 1955, 1065; DNotZ 1956, 138 ff.;
BGHZ 47, 184.
43 BGHZ 47, 184, 187 ff.
44 BGHZ 73, 324, 329; 87, 237; 119, 387, 388 f.; dem BGH, folgend OLG Celle NdsRpfl 1959, 221; 1961, 195;
1964, 131.
45 *Küchenhoff* RdA 1958, 121, 127; *Wieacker* FamRZ 1957, 287, 290 f.; *Olzen* S. 227 ff.;
Reiman/Bengel/Mayer § 2276 Rn. 32 m.w.N.
46 *Staudinger/Kanzleiter* § 2276 Rn. 16.

nung ungeschriebener Ausnahmen von Formregeln birgt die Gefahr einer erheblichen Beeinträchtigung der Rechtssicherheit sowie ein kaum abzuschätzendes Prozessrisiko. Die Grundsätze der Rechtsprechung sind auf Verhältnisse außerhalb des Höferechts nicht anzuwenden.[47]

33 | **Beispiel für einen Erbvertrag**

verhandelt am ... in ...

Vor mir, ..., Notar in ...
erschienen
1. ..., Erschienener zu 1.,
ausgewiesen durch Personalausweis Nr. ...
2. ..., Erschienene zu 2.,
ausgewiesen durch Personalausweis Nr. ...
3. ..., Erschienene zu 3.,
ausgewiesen durch Personalausweis Nr. ...
4. ..., Erschienene zu 4.,
ausgewiesen durch Personalausweis Nr. ...

Die Erschienenen zu 1. bis 4. sind zu meiner Gewissheit ausgewiesen durch vorgenannte Personalausweise und nach meiner Überzeugung voll geschäfts- und testierfähig. Sie bitten um Beurkundung eines **Erbvertrags** bzw. Pflichtteilsverzichtsvertrags. Auf Ansuchen der Erschienenen zu 1. bis 4. beurkunde ich den mündlich und persönlich abgegebenen Erklärungen gem. was folgt:

1. Ich, der Erschienene zu 1., bin am ... in ... geboren. Ich bin bei vereinbarter Gütertrennung in zweiter Ehe verheiratet mit der Erschienenen zu 2. Die Erschienenen zu 3. und 4. sind meine Abkömmlinge aus erster Ehe. Ich bin in der freien Verfügung über mein Vermögen in keiner Weise beschränkt, weder durch einen **Erbvertrag**, noch durch ein gemeinschaftliches Testament. Ich widerrufe hiermit mein früheres Testament vom ....

2. Ich setze hiermit für den Fall meines Todes als meine alleinige und ausschließliche Erbin die Erschienene zu 2. ein. Ich beschränke die Erschienene zu 2. als Alleinerbin durch die nachfolgenden Anordnungen unter Ziff. 3. und 4., da es mein Wunsch ist, mein Firmenvermögen meinen Abkömmlingen in direkter Linie zu hinterlassen.

   a) Ich mache den Erschienenen zu 3. und 4. zur Auflage, so fern sie verheiratet sind oder heiraten, hinsichtlich ihrer durch vorstehende Verfügung erworbenen Beteiligung Gütertrennung zu vereinbaren sowie hinsichtlich dieser Beteiligung letztwillig zugunsten ihrer eigenen Abkömmlinge zu verfügen und Testamentsvollstreckung bis zum vollendeten 25. Lebensjahr für alle Erben anzuordnen, die das 25. Lebensjahr noch nicht vollendet haben.

   b) Jeder meiner derzeit lebenden Enkel erhält aus dem Nachlass € .... Mein minderjähriges Kind ... aus zweiter Ehe erhält € ....

3. Ich setze mein vorgenanntes minderjähriges Kind aus zweiter Ehe als Nacherbe nach der Erschienenen zu 2. ein. Nacherben nach meinem vorgenannten minderjährigen Kind aus zweiter Ehe sollen dessen leibliche Abkömmlinge sein. Sollten Abkömmlinge nicht vorhanden sein, sollen die Erschienenen zu 3. und 4. zu gleichen Teilen erben, bzw. deren Abkömmlinge zu gleichen Teilen für den Fall, dass die Erschienenen zu 3. und 4. nicht mehr leben.

---

[47] *Erman/Schmidt* § 2276 Rn. 8.

4. Die Erschienene zu 2. ist grundsätzlich befreite Vorerbin. Ab dem Zeitpunkt einer Wiederverheiratung ist sie den gesetzlichen Beschränkungen unterworfen. Hinsichtlich eines Teilanteils von 25 % der ihr gem. vorstehend Ziff. 2. übertragenen Anteile an der vorgenannten Gesellschaft ist die Erschienene zu 2. gem. folgender Regelung beschränkte Vorerbin:
   a) Die Erschienene zu 2. ist verpflichtet, einen Teilanteil von jeweils 25 % an der unter vorstehend Ziff. 2. genannten Gesellschaft auf mein vorgenanntes minderjähriges Kind aus zweiter Ehe, ..., nach Vollendung des 25. Lebensjahres zu übertragen. Diese Verpflichtung besteht aber nicht, wenn mein vorgenanntes minderjähriges Kind aus zweiter Ehe nach meinem Tod gegen die Erbin Pflichtanteilsansprüche geltend gemacht hat. Tritt der Nacherbfall ein bevor mein vorgenanntes minderjähriges Kind aus zweiter Ehe das 25. Lebensjahr vollendet hat, ordne ich für die Zeit bis zur Vollendung seines 25. Lebensjahres Testamentsvollstreckung an. Zum Testamentvollstrecker bestimme ich Herrn Rechtsanwalt ... in ....
   b) Für den Fall, dass mein vorgenanntes minderjähriges Kind aus zweiter Ehe vor der Erschienenen zu 2. stirbt, sollen die Abkömmlinge meines vorgenannten minderjährigen Kindes aus zweiter Ehe Ersatzerben sein (§ 2069 BGB). Hat mein vorgenanntes minderjähriges Kind aus zweiter Ehe keine Abkömmlinge, soll die Erschienene zu 2. Vollerbin sein mit der Auflage, die erworbene Firmenbeteiligung nach ihrem Tod zu gleichen Teilen an die Erschienenen zu 3. und 4., ersatzweise an deren Abkömmlinge, zu vererben.
5. Ich, der Erschienene zu 1., behalte mir den Rücktritt von diesem Vertrag für den Fall der Scheidung oder des Getrenntlebens von der Erschienenen zu 2. vor.
6. Die Erschienenen zu 2. bis 4. erklären hierdurch Folgendes: Wir sind mit der vom Erschienenen zu 1. getroffenen Erbregelung einverstanden und verzichten hiermit auf den Pflichtteil nach dem Tod des Erschienenen zu 1.
7. Ich, die Erschienene zu 2., setze hiermit für den Fall meines Todes als meinen alleinigen und ausschließlichen Erben den Erschienenen zu 1. ein. Mein in vorstehend Ziff. 2. d) genanntes minderjähriges Kind ..., das ich mit dem Erschienenen zu 1. habe, setze ich als Nacherben
ein. Für den Fall der Scheidung oder des Getrenntlebens vom Erschienenen zu 1. behalte ich mir den Rücktritt von diesem Vertrag vor.
8. Tritt der Nacherbfall ein, bevor mein vorgenanntes minderjähriges Kind ... das 25. Lebensjahr vollendet hat, ordne ich ebenfalls Testamentsvollstreckung an. Zum Testamentsvollstrecker bestimme ich Herrn Rechtsanwalt ... in ....
9. Die Erschienenen erklären sodann: Wir sind uns darüber einig, dass vorgenannte Verfügungen vertragsmäßig getroffen wurden. Über die Bindungswirkungen wurden wir von dem Notar aufgeklärt. Ferner schließen wir die besondere amtliche Verwahrung dieses **Erbvertrags** aus. Dieser **Erbvertrag** soll beim amtierenden Notar verbleiben.
Der Erschienene zu 1. erklärt: Ich trage die Kosten dieser Urkunde und bitte um Erteilung je einer Ausfertigung an die Erschienenen zu 1. bis 4.

_____, den _____

_____ _____
(Erschienener zu 1.)   (Erschienene zu 2.)

_____ _____
(Erschienene zu 3.)   (Erschienene zu 4.)

_____
(Notar)

34 Zu 5.: Der Erblasser kann von dem **Erbvertrag einseitig** zurücktreten und sich den entsprechenden Rücktritt im Vertrag vorbehalten, § 2293 BGB. Der Vorbehalt kann auf sämtliche oder nur auf einzelne Verfügungen bezogen sein.[48]

35 Zu 6.: Hinsichtlich der Regelungen in Ziff. 1. bis 5. liegt zunächst ausschließlich eine Erbregelung des Erschienenen zu 1. vor; es bedarf im Hinblick auf den Verzicht der Zustimmung der weiteren Vertragspartner.

36 Zu 7.: Unter dieser Ziff. befindet sich eine letztwillige Verfügung der Erschienenen zu 2. Hierdurch wird der **Erbvertrag zweiseitig** mit der Folge, dass die Nichtigkeit einer dieser Verfügungen die Unwirksamkeit des ganzen

Vertrags zur Folge hat bzw. – im Falle des Rücktritts einer Partei – das Rücktrittsrecht ausdrücklich vorbehalten.[49]

37 Zu 8.: Vertragsmäßige Verfügungen entfalten bereits zu Lebzeiten der Vertragsparteien weitreichende Bindungswirkungen.[50] Regelmäßig wird bei gleichzeitigem Erbverzicht eine vertragsmäßige Verfügung anzunehmen sein;[51] eine ausdrückliche Erklärung beseitigt bestehende Zweifel.

§ 2277
Besondere amtliche Verwahrung

Aufgehoben mit Wirkung vom 1.1.2009 durch G. v. 19.2.2007 (BGBl. I S. 122)

§ 2278
Zulässige vertragsmäßige Verfügungen

(1) In einem Erbvertrage kann jeder der Vertragschließenden vertragsmäßige Verfügungen von Todes wegen treffen.

(2) Andere Verfügungen als Erbeinsetzungen, Vermächtnisse und Auflagen können vertragsmäßig nicht getroffen werden.

Übersicht	Rz.		Rz.
I. Normzweck	1	IV. Änderungsvorbehalt des Erblassers	15
II. Inhalt des Erbvertrages	3	1. Zulässigkeit des Änderungsvorbehaltes	15
1. Erfordernis mindestens einer vertragsmäßigen Verfügung	3	2. Grenzen und Inhalt des Änderungsvorbehaltes	16
2. Abgrenzung zu einseitigen Verfügungen i.S.v. § 2299	4	3. Form und Auslegung des Vorbehalts	24
		V. Einseitige Verfügungen	27
III. Arten der vertragsmäßigen Verfügungen	14	VI. Rechtsgeschäfte unter Lebenden	29

I. Normzweck

1 § 2278 steht im engen Zusammenhang mit den §§ 1941, 2299 und stellt dabei klar, was zulässiger Inhalt des Erbvertrages werden kann.

2 Nach § 2278 Abs. 1 erfolgt eine Erweiterung des § 1941 Abs. 1, so dass jeder, der an einem Erbvertrag beteiligt ist, als Erblasser auftreten kann. Nach § 2278 Abs. 2 können nur

---

48 Vgl. § 2278 Rz. 10 ff.
49 Vgl. § 2278 Rz. 11.
50 Vgl. vor §§ 2274 Rz. 5.
51 Vgl. vor §§ 2274 Rz. 19.

die bereits in § 1941 Abs. 1 aufgezählten Verfügungen, also Erbeinsetzung, Vermächtnis und Auflage, vertragsmäßig sein. Demzufolge gibt es auch die Möglichkeit für die Vertragschließenden, **andere Verfügungen als vertragsmäßige** in einem Erbvertrag zu treffen. Dabei handelt es sich um sog. einseitige Verfügungen (§ 2299). Sofern diese durch Testament getroffen werden können und unter den Regelungen des Testaments fallen, sind sie auch zulässig.

II. Inhalt des Erbvertrages

1. Erfordernis mindestens einer vertragsmäßigen Verfügung

Die Zentrale Bedeutung des Erbvertrages findet sich in der erbrechtlichen Bindungswirkung der vertragsmäßig getroffenen Verfügungen (vgl. § 2289) des Erblassers. Das hat zu Folge, das zumindest eine der in § 1941 Abs. 1, § 2278 Abs. 2 genannten Verfügungen im Erbvertrag wirksam vertragsmäßig aufgenommen werden muss.[1] Liegt eine solche bindende Verfügung im Erbvertrag nicht vor, handelt es sich nicht um einen Erbvertrag, so dass die dort enthaltenen Verfügungen als einseitige Verfügungen gelten und aufgrund ihrer freien Widerruflichkeit (§§ 2299 Abs. 2, 2253 ff.) keinen Vertragscharakter aufweisen. Demnach ist eine Enterbung ohne Erbeinsetzung als vertragsmäßige Verfügung nicht möglich.[2] In Betracht kommt nur noch eine Umdeutung (§ 140), zur Aufrechterhaltung solcher Verfügungen, in ein Testament, in ein gemeinschaftliches Testament zweier miteinander Verheirateter (§ 2265 ff.) oder in zwei oder mehrere verbundene Testamente verschiedener Erblasser.[3]

2. Abgrenzung zu einseitigen Verfügungen i.S.v. § 2299

§ 2299 Abs. 1 lässt den Beteiligten die Möglichkeit, jede Verfügung von Todes wegen in den Erbvertrag mit aufzunehmen, die durch Testament getroffen werden kann. Demzufolge können Erbeinsetzungen, Vermächtnisse und Auflagen in einem Erbvertrag auch einseitige Verfügungen eines Beteiligten darstellen. Die Regelung des § 2278 Abs. 2 drückt lediglich aus, dass keine anderen Verfügungen vertragsmäßig getroffen werden können. Jedoch ist für jede Verfügung einzeln festzustellen, ob es sich bei den im Erbvertrag enthaltenen Verfügungen um vertragsmäßige oder einseitige Verfügungen handelt. Um einseitige Verfügungen handelt es sich zum Beispiel bei Teilungsanordnungen, den Ausschluss der Auseinandersetzung und der Einsetzung eines Testamentsvollstreckers.[4]

Unkompliziert sind die Fälle, in denen die **Verfügungen ausdrücklich als vertragsmäßig oder einseitig bezeichnet sind,**[5] solche Bezeichnungen können grundsätzlich spätere Streitigkeiten vermeiden.[6] Kann man nicht ausdrücklich aus dem Erbvertrag erkennen, dass es sich um eine einseitige Verfügung handelt, ist sie durch Auslegung des Willens der Vertragsparteien zu ermitteln.[7]

Da es sich bei dem Erbvertrag um einen echten Vertrag handelt,[8] ist dabei nicht nur auf den wirklichen Willen des Erblasser abzustellen,[9] sondern vielmehr im Wege der allgemeinen Auslegungsregeln (§§ 133, 157) die Interessen beider Vertragsteile bei der Feststellung des vermutlichen Willens zu berücksichtigen.

---

1 H.M. BGHZ 26, 204, 208; BGH MDR 1958, 223; *Küster* JZ 1958, 394, 395; *Musielak* ZEV 2007, 245, 248.
2 OLG München NJW-RR 2006, 82, 83.
3 Vgl. *Staudinger/Kanzleiter* § 2278 Rn. 3.
4 *J. Mayer* ZEV 2005, 175, 176; OLG Düsseldorf ZEV 1994, 302.
5 BayObLGZ 1961, 206, 209 f.
6 Vgl. MüKoBGB/*Musielak* § 2278 Rn. 3.
7 RGZ 116, 321, 323; BGHZ 26, 204, 208; BayObLGZ 1961, 206, 209 f.; BayObLG FamRZ 1994, 196; OLG Saarbrücken NJW-RR 1994, 844, 846; *Keßler* DRiZ 1966, 395, 398.
8 Vgl. vor §§ 2274 Rz. 5.
9 Vgl. beim Testament §§ 2084.

7   Hierdurch kann bestimmt werden, ob eine vertragsmäßige Bindung oder eine freie Widerruflichkeit der einzelnen Verfügungen gewollt ist.[10] Als Indiz für die Auslegung hat die Frage, wer **Begünstigter der Verfügung ist** und – sofern dies ein Dritter ist – in welchem Verhältnis die Beteiligten zueinander stehen.[11] Handelt es sich nach der Auslegung um eine einseitige Verfügung gem. § 2299, ist unter Anwendung der Andeutungstheorie der tatsächliche Erblasserwille festzustellen (§ 2299 Abs. 2 S. 1 i.V.m. § 2084).[12]

a) Anderer Vertragschließender ist zugleich Begünstigter

8   Wurde der andere Vertragschließende als Begünstigter der Verfügung bedacht,
9   ist in der Regel von einer vertragsmäßigen Zuwendung auszugehen, wenn keine anderen Tatsachen entgegenstehen.[13] Es liegt im Interesse des Begünstigten, die Testierfreiheit des Erblassers hinsichtlich der für ihn vorteilhaften Verfügung einzuschränken. Die Vertragsmäßigkeit einer Verfügung liegt auch vor, wenn der andere Vertragschließende seinerseits den Erblasser durch eine Verfügung begünstigt,[14] unter Berücksichtigung des Erbvertrages sich zu Lebzeiten des Erblassers schuldrechtlich zu einer Leistung an diesen verpflichtet[15] oder den Erbvertrag mit einem Erbverzicht verbindet.[16]

b) Unbeteiligter Dritter ist Begünstigter

10 Das Interesse der Vertragsteile ist maßgeblich dafür, ob ein unbeteiligter Dritter Begünstigter wird. Soweit der andere Vertragschließende an der Verbindlichkeit der Verfügung des Erblassers ein Interesse hat,[17] wobei auch ein moralisches Interesse ausreichend ist,[18] liegt eine Annahme der Vertragsmäßigkeit nahe.

11 In welchem Verhältnis der Dritte zu den jeweiligen Vertragsparteien steht, ist für die Auslegung hilfreich. Ist der Vertragschließende und der Dritte nur entfernt verwandt oder lose miteinander befreundet oder beide kennen sich überhaupt nicht, liegt keine ausreichende Nähe vor, so dass ein Interesse insoweit nicht vorliegen kann.[19]

12 Ist der Vertragschließende Erbe und es liegt eine Belastung des Nachlasses mit einem Vermächtnis zugunsten eines Dritten vor, besteht in der Regel auch kein Interesse, sofern das Vermächtnis somit sein eigenes Erbe belastet.[20]

13 Es kann auf Grundsätze der Wechselbezüglichkeit von Verfügungen in einem gemeinschaftlichen Testament zurückgegriffen werden, um Eheverträge auslegen zu können.[21] Werden von beiden Elternteilen Verfügungen zugunsten gemeinsamer Kinder getroffen, spricht es in der Regel dafür, dass von beiden Vertragsteilen eine vertragliche Bindungswirkung verfolgt wird.[22]

---

10 BGH NJW 1961, 120; WM 1970, 482, 483; *v. Lübtow* Band I, S. 401.
11 Vgl. Prot. V, S. 402; *Ebenroth* Rn. 251.
12 *Giencke* FamRZ 1974, 241, 242; vgl. *Dohr* MittRhNotK 1998, 382, 385.
13 BGHZ 26, 204, 208; 36, 116, 120; 106, 359, 361; OLG Hamm NJW 1974, 1774; *Buchholz* FamRZ 1987, 440, 441; BayObLG NJW-RR 1990, 322, 323.
14 OLG Hamm NJW 1974, 1774.
15 Vgl. Verpfründungsvertrag, vor §§ 2274 Rz. 25; BGHZ 36, 115, 120.
16 BGHZ 106, 359, 361; ausführlich dazu *Keim* ZEV 2005, 229.
17 RG LZ 1916, 1032; JW 1927, 2573 mit Anm. *Titze*; BGH NJW 1989, 2885; BayObLG FamRZ 1989, 1353, 1354; 2004, 59, 60; BayObLG RPfleger 1993, 448, 449; *Kipp/Coing* § 42 IV; *Giencke* FamRZ 1974, 241, 242; *Gerken* BWNotZ 1992, 93.
18 RGZ 116, 321, 323; *Coing* NJW 1958, 689, 690.
19 Vgl. MüKoBGB/*Musielak* § 2278 Rn. 5.
20 RG LZ 1916, 1032; *Staudinger/Kanzleiter* § 2278 Rn. 10.
21 Vgl. Erl. zu § 2270 Rz. 2 ff.; BGH WM 1970, 482; OLG Zweibrücken FamRZ 1995, 1021.
22 BGH WM 1970, 482, 483; BayObLG FamRZ 1989, 1353, 1354; MittBayNot 1995, 58, 59; OLG Köln MDR 1994, 71; OLG Saarbrücken NJW-RR 1994, 844, 846.

III. Arten der vertragsmäßigen Verfügungen

Unter Arten der vertragsmäßigen Verfügung fallen nur Erbeinsetzungen, Vermächtnisse **14** und Auflagen (§ 2278 Abs. 2). In einem Erbeinsetzungsvertrag kann jeder der Beteiligten als Erblasser den anderen Vertragschließenden oder einen Dritten als Erben einsetzen (§ 1941 Abs. 2 BGB) oder aber auch mit einem Vermächtnis bedenken oder dessen vertragliches Erbe mit einem Vermächtnis beschweren (§ 2147). Darüber hinaus können bei Auflageverträgen die Vollziehung einer vom Erblasser angeordneten Auflage nur Berechtigte nach § 2194 verlangen. Jedoch hat der Auflagevertrag in der Praxis kaum Bedeutung. Außerdem kann der Erblasser eine Stiftung durch letztwillige Verfügungen nach § 83 S.1 (Stiftungsgeschäft von Todes wegen) bedenken. Auch gibt es die Möglichkeit, eine Stiftung durch vertragsmäßige Verfügungen zu errichten.[23]

IV. Änderungsvorbehalt des Erblassers

1. Zulässigkeit des Änderungsvorbehaltes

Ein **Änderungsvorbehalt** liegt vor, wenn im Erbvertrag vereinbart wurde, dass der Erb- **15** lasser vertragsmäßige und ihn insofern bindende Verfügungen nachträglich einseitig beschränken und verändern kann. Nach allgemeiner Meinung ist solch ein Vorbehalt grundsätzlich zulässig.[24] Dies wird mit der Testierfreiheit des Erblassers,[25] dem Grundsatz der Privatautonomie für den Abschluss von Verträgen[26] bzw. aus dem **»Erst-recht«-Schluss** (arg. a maiore ad minus) der generellen Möglichkeit eines Rücktrittsvorbehaltes[27] begründet. Da hinsichtlich der vertragsmäßigen Verfügung der Vorbehalt nur den eingeschränkten Umfang umfassen darf, widerspricht ein derartiger Vorbehalt grundsätzlich nicht dem Verbot der nachträglichen Änderung vertragsmäßiger Verfügungen.[28]

2. Grenzen und Inhalt des Änderungsvorbehaltes

a) Totalvorbehalt

Das Wesensmerkmal der **Mindesterfordernis wenigstens einer bindenden Verfügung im** **16** **Erbvertrag**, wird von der grundsätzlichen Vereinbarkeit von **Änderungsvorbehalten** nicht berührt.[29]

Um eine einseitige Verfügung nach § 2299 handelt es sich, wenn der vereinbarte Vorbe- **17** halt des Erblassers, diese grundsätzlich bindende Verfügung willkürlich gänzlich verändert oder aufhebt. Sobald aber dieser Vorbehalt sich auf alle vertragsmäßigen Verfügungen erstreckt, handelt es sich um einen sog. **Totalvorbehalt**, wodurch auch kein Erbvertrag vorliegt, sondern um ein **(falsch bezeichnetes) Testament**,[30] da die Bindungswirkung bezüglich der Testierfreiheit des Erblassers gerade das Wesenstypische des Erbvertrages im

---

23 BGHZ 70, 313, 321; vgl. *Muscheler* ZEV 2003, 41, 43.
24 BGHZ 26, 204, 208; DNotZ 1970, 356, 358; NJW 1982, 441, 442; MittBayNot 1986, 265; BayObLG FamRZ 1989, 666; 1992, 724; OLG Düsseldorf OLGZ 1966, 68, 69f.; OLG Stuttgart OLGZ 1979, 49, 51; *Mayer* DNotZ 1990, 755, 757f.; *Herlitz* MittRhNotK 1996, 153; a.A. *Harrer* LZ 1924, 11, 17; 1926, 214, 220; *Wein* BayZ 1916, 123, 124; *Lehmann* BWNotZ 1999, 1, 5; NotBZ 2004, 210.
25 Dahin gehend wohl *Staudinger/Kanzleiter* § 2278 Rn. 12.
26 Mot. V, S. 332; *Musielak* ZEV 2007, 245; ablehnend, *Nolting* S. 55ff.
27 *Mayer* DNotZ 1990, 755, 758 Fn. 15; *Musielak* ZEV 2007, 245; *Keim*, ZEV 2005, 365, 367.
28 Vgl. § 2289.
29 H.M. BGHZ 26, 204, 208f.; OLG Stuttgart NJW-RR 1986, 165, 166; OLG Köln NJW-RR 1994, 651, 652; MüKoBGB/*Musielak* § 2278 Rn. 16; *Musielak* ZEV 2007, 245, 246; *Ebenroth* Rn. 258; *Höfer* BWNotZ 1984, 113, 117; a.A. *v. Lübtow* Band I, S. 427; *Lange/Kuchinke* § 25 VI 4 befürworten einen sog. Totalvorbehalt, d.h. der Änderungsvorbehalt kann den gesamten Erbvertrag betreffen.
30 Vgl. vor §§ 2274 Rz. 8.

Gegensatz zum Testament ist.³¹ Auch eine aufgrund eines Vorbehalts vereinbarte willkürliche und formlose Aufhebung aller vertragsmäßigen Verfügungen durch den Erblasser kann nicht mit dem Vorbehalt des Rücktritts gem. § 2293 gleichgesetzt werden.³²

18 Der Änderungsvorbehalt ist nur insoweit anzuwenden, dass einzelne inhaltliche Änderungen vorgenommen werden können, ohne die Bindungswirkung des gesamten Vertrages aufzuheben.³³ Eine derartige Vereinbarung ist auch bereits in Form des Rücktrittvorbehalts gesetzlich geregelt und zum Schutz des anderen Vertragschließenden an die Einhaltung einer bestimmten Form (§ 2296) geknüpft.

19 Es darf nicht möglich sein, durch solche vereinbarten Vorbehalte die Wirksamkeit des Erbvertrages, anders als in gesetzlich vorgesehener Art und Weise (§§ 2290 ff., 2293 ff.), wieder aufzuheben.³⁴

b) Weitere Grenzen

20 Trotz Unzulässigkeit eines Totalvorbehaltes sind Einschränkungsmöglichkeiten und -grenzen bezüglich vertragsmäßiger Verfügungen umstritten.³⁵

21 Es darf dem Erblasser nicht überlassen werden, willkürlich die Verfügung beseitigen zu können, er muss in irgendeiner Weise in seiner Testierfreiheit durch den Erbvertrag gebunden werden.³⁶ Dagegen ist es abzulehnen, dass der nicht vom Vorbehalt umfasste, bindende Teil im Erbvertrag eine eigenständige Anordnung i.S.v. § 2278 Abs. 2 darstellen muss.³⁷

22 Es ist den Vertragsschließenden überlassen, den Inhalt und den Umfang eines Vorbehalts frei zu bestimmen, solange diese Grenzen beachtet werden. So hat der Erblasser die Möglichkeit, eine Erbquote vorzubehalten, zu dieser er neben den Alleinerben auch noch weitere Erben berufen und somit die einzelnen Erbquoten nachträglich verändern kann.³⁸ Jedoch weist diese nachträgliche Veränderung in der Praxis oft Probleme auf.³⁹ Einen Vorbehalt bezüglich nachträglicher Anordnung von Vermächtnissen oder Auflagen kann sich der Erblasser auch vorbehalten.⁴⁰

23 Wurde der Vorbehalt nicht willkürlich vereinbart, sondern vom Eintritt bestimmter Ereignisse bedingt, kann er sich demnach auch auf den ganzen Vertrag erstrecken.⁴¹ Tritt die Bedingung ein, ändert sich die Rechtsnatur des Erbvertrages in ein einseitig vom Erblasser widerrufliches Testament.⁴²

---

31 Vgl. *Staudinger/Kanzleiter* § 2278 Rn. 12; MüKoBGB/*Musielak* § 2278 Rn. 16; *Hülsmeier* NJW 1986, 3115, 3118; *Herlitz* MittRhNotK 1996, 153, 156; *Weiler* DNotZ 1994, 427, 433; a.A. *Mayer* DNotZ 1990, 755, 758 (mittlerweile aufgegeben); *Lange/Kuchinke* § 25 VI 4.
32 Vgl. *Musielak* ZEV 2007, 245, 246; so aber wohl *Küster* JZ 1958, 394, 395.
33 Vgl. Rz. 2; MüKoBGB/*Musielak* § 2278 Rn. 16; ausführlich *Nolting* S. 38 ff.
34 Vgl. MüKoBGB/*Musielak* § 2281 Rn. 18; *Keim* NJW 2009, 818, 819.
35 Ausführlich zum Streitstand *Reimann/Bengel/Mayer* § 2278 Rn. 22 ff.; vgl. *Herlitz* MittRhNotK 1996, 153, 156.
36 Vgl. *Musielak* ZEV 2007, 245, 246; *Buchholz* FamRZ 1987, 440, 445; RPfleger 1990, 45, 52; *Mayer* DNotZ 1990, 755, 768, 775; *Herlitz* MittRhNotK 1996, 153, 157; *Hülsmeier* NJW 1986, 3115, 3117 f.; *Lange/Kuchinke* § 25 VI 4; i.E. ähnlich, aber auf einer ganzheitlichen Betrachtung basierend, die Rechtsprechung BGHZ 26, 204, 208; vgl. BGH WM 1970, 482, 483; BGH MittBayNot 1986, 265; OLG Köln NJW-RR 1994, 651, 652; OLG Stuttgart NJW-RR 1986, 165, 166.
37 Vgl. *Keim* ZEV 2005, 365, 368; *Nolting* S. 185 f., 195 ff.
38 BGH 26, 204, 209; BayObLG DNotZ 1990, 53, 55; DNotZ 1996, 316; OLG Stuttgart NJW-RR 1986, 165, 166; LG Koblenz JurBüro 1968, 254; *Reimann/Bengel/Mayer* § 2278 Rn. 32; *Mayer* DNotZ 1990, 755 (774); *Herlitz* MittRhNotK 1996, 153, 159; vgl. BGH WM 1986, 1221, 1222 (jedoch mit abweichender Begründung); a.A. MüKoBGB/*Musielak* § 2278 Rn. 18; *Nolting* S. 187 f.
39 Dazu *Keim* 2009, 818, 819.
40 OLG Stuttgart ZEV 2003, 79; OLG Düsseldorf OLGZ 1966, 68.
41 *Vgl. Erman/Schmidt* § 2278 Rn. 4; *Hülsmeier* NJW 1986, 3115, 3118; vgl. BayObLG FamRZ 1996, 898, 899; so auch die Gegenansicht MüKoBGB/*Musielak* § 2278 Rn. 21; *Nolting* S. 153 ff.
42 MüKoBGB/*Musielak* § 2278 Rn. 22.

3. Form und Auslegung des Vorbehalts

Auch Änderungsvorbehalte, durch die einseitig der Inhalt des Erbvertrages verändert werden kann bedürfen der gesetzlich vorgeschriebenen Form,[43] um Wirksamkeit zu entfalten.[44] Es bedarf, so wie bei der Abgabe vorbehaltloser vertragsmäßiger oder einseitiger Verfügungen[45] keiner ausdrücklichen Erklärung des Vorbehalts. 24

Es gelten die **allgemeinen Regeln der Vertragsauslegung** (§§ 133, 157) für den vereinbarten Vorbehalt, der durch die Auslegung als wirksam gilt, wenn nach dem Willen der Vertragsteile einseitig vertragsmäßige Verfügungen nachträglich vom Erblasser geändert werden dürfen.[46] Dabei dürfen zur Feststellung des Willens der Vertragspartner Umstände außerhalb des Erbvertrages in Betracht gezogen werden (**ergänzende Vertragsauslegung**).[47] Jedoch bereitet die Feststellung des genauen Vorbehaltumfangs und -inhalts[48] Schwierigkeiten. 25

Wird unter dem **Vorbehalt der Widerruflichkeit** eine vertragsmäßige Verfügung getroffen ist sie vergleichbar mit einer einseitigen Verfügung, so dass eine Bindungswirkung des Erblassers entfällt.[49] Demzufolge ist im Zweifel bei der Auslegung über die Annahme eines Vorbehalts die gleiche Interessenabwägung der Vertragschließenden zu erfolgen wie bei der Entscheidung über die Annahme einer (vorbehaltlosen) vertragsmäßigen oder einer einseitigen Verfügung.[50] 26

V. Einseitige Verfügungen

Einseige Verfügungen, die in einem Testament getroffen werden können 27
(§ 2299 Abs. 1), können in einem Erbvertrag von den Vertragsschließenden vereinbart 28
werden. Darunter fallen auch die in § 2278 Abs. 2 genannten Verfügungen von Todes wegen.[51] Die Regelungen des Testamentsrechts finden auf sie Anwendung (§ 2299 Abs. 2), so dass bei ihrer Auslegung nur der wirkliche Erblasserwille maßgebend ist (§ 133) und sie frei widerruflich sind (§§ 2253 ff.). Sobald eine nach § 2278 Abs. 2 unzulässige Verfügung als vertragsmäßig im Erbvertrag getroffen wird, kann diese im Wege der Umdeutung (§ 140) als einseitige Verfügung gem. § 2299 aufrechterhalten werden.[52]

VI. Rechtsgeschäfte unter Lebenden

Nach § 2278 Abs. 2 werden lediglich die Arten von Verfügungen beschränkt, die in einem Erbvertrag vertragsmäßig getroffen werden können. Jedoch trifft diese Vorschrift keine Aussage über den Ausschluss bestimmter Geschäfte, die mit einem Erbvertrag verbunden werden können. Aus diesem Grunde können auch Rechtsgeschäfte unter Lebenden mit einem Erbvertrag verbunden werden (§ 2276 Abs. 2, § 34 BeurkG). In Betracht kommen sog. Verpfründungsverträge, in denen sich der andere Vertragschließende zur lebenslangen Versorgung des Erblassers verpflichtet, oder Übergabeverträgen. Andere häufig mit Erbverträgen vorgenommene Verbindungen bilden Eheverträge[53] und Erb- oder Pflichtteilsverzichtsverträge[54] 29

---

43 Vgl. § 2276.
44 BGHZ 26, 204; BayObLGZ 1961, 206, 210; BayObLG FamRZ 1995, 899; OLG Köln NJW-RR 1994, 651, 653; OLG Hamm FamRZ 1996, 637, 638; *Nolting* S. 200 f.; a.A. *Küster* JZ 1958, 394.
45 Vgl. oben, Rz. 3.
46 BGHZ 26, 204, 210; BayObLGZ 1961, 206, 210; 1999, 46, 52 f.; OLG Düsseldorf DNotZ 2007, 774, 775.
47 *Coing* NJW 1958, 689, 691; *Staudinger/Kanzleiter* § 2278 Rn. 15.
48 Auf dieses Problem weisen hin: *Mayer* DNotZ 1990, 755, 773; *Nolting* S. 212; tendenziell auch MüKoBGB/*Musielak* § 2278 Rn. 24.
49 Vgl. oben Rz 7.
50 Vgl. oben Rz. 3.
51 Vgl. *Rainer* § 13 Rn. 8.
52 KG KGJ 28 A 16; *v. Lübtow* Band I, S. 400.
53 Vgl. § 2276 Abs. 2.
54 BGHZ 22, 364.

§ 2279
Vertragsmäßige Zuwendungen und Auflagen, Anwendung von § 2077

(1) Auf vertragsmäßige Zuwendungen und Auflagen finden die für letztwillige Zuwendungen und Auflagen geltenden Vorschriften entsprechende Anwendung.

(2) Die Vorschriften des § 2077 gelten für einen Erbvertrag zwischen Ehegatten, Lebenspartner oder Verlobten(auch i.S.d. Lebenspartnerschaftsgesetzes) auch insoweit, als ein Dritter bedacht ist.

I. Entsprechende Anwendung des Testamentsrechts

1 Die entsprechenden Anwendungen der testamentarischen Vorschriften beziehen sich nach § 2279 Abs. 1 auf **vertragsmäßige Zuwendungen und Auflagen** eines Erbvertrages. Es gilt eine eingeschränkte Anwendung des Testamentsrechts,[1] darauf ist zurückzugreifen, wenn erbvertragliche Vorschriften (§§ 2274 ff.) zu einem Bereich keine Regelung treffen oder in den aufgestellten Normen ausdrücklich ins Testamentsrecht verwiesen wird; wobei die Verweisung sich nur auf vertragsmäßige Verfügungen i.S.v. §§ 1941 Abs. 1, 2278 Abs. 2 beziehen aber nicht auch auf einseitige Verfügungen (§ 2299).

2 Entsprechend anwendbar sind die testamentarischen Vorschriften insb. zum möglichen Inhalt, zur notwendigen Bestimmtheit, zur Auslegung derartiger Verfügungen, bezüglich Anfall und Erwerb der Zuwendungen und zur Pflicht, eine Auflage zu erfüllen.[2] Bezüglich der **Form und weiterer besonderer Voraussetzungen** für die Errichtung eines Erbvertrages hat der Gesetzgeber **erbvertragliche Sonderregeln** geschaffen,[3] die seinem Wesen Rechnung tragen und die Anwendung testamentarischer Vorschriften ausschließen.[4]

3 Es sind daher insb. nur die Auslegungs-, Umdeutungs- und Ergänzungsregeln entsprechend anzuwenden. Bei der Auslegung ist der **Charakter des »echten Vertrages«** zu berücksichtigen, dabei finden die allgemeinen Grundsätzen (§§ 2066–2077, 2084–2093) mit Ausnahme von § 2085 Anwendung, der bei gegenseitigen (reziproken) Erbverträgen durch § 2298 verdrängt wird.[5] Die allgemeinen Anfechtungsregeln (§§ 2078–2083) werden durch die §§ 2281 ff. für den Erbvertrag abgeändert. Die Regeln zum gemeinschaftlichen Testament (§§ 2265–2273) finden grundsätzlich keine Anwendung.[6] Durch Verweis in § 2280 sind jedoch unter bestimmten Voraussetzungen die Auslegungsregeln des § 2269 bei Erbverträgen zwischen Ehegatten entsprechend heranzuziehen. Soweit keine Besonderheiten des Erbvertrages vorliegen sind die Vorschriften des Allgemeinen Teils und des allgemeinen Vertragsrechts anzuwenden, dabei ist auf die Erläuterungen in der Vorbemerkung zu verweisen.[7]

II. Erbvertrag zwischen Ehegatten, Lebenspartnern oder Verlobten

1. Normzweck

4 Nach § 2279 Abs. 1 wird § 2077 entsprechend für den Fall angewandt, dass ein Ehegatte, Lebenspartner oder Verlobter dem anderen etwas durch eine vertragsmäßige Verfügung

---

1 RGZ 67, 65, 66; *Reimann/Bengel/Mayer* § 2279 Rn. 1.
2 Vgl. §§ 1937–1959, 2064–2077, 2087–2093, 2094, 2095, 2096–2099, 2100–2146, 2147–2191, 2192–2196. RGZE 67, 65, 66; vgl. BGHZ 31, 13, 17 f.; RGRK/*Kregel* § 2279 Rn. 1; ausführlich *Staudinger/Kanzleiter* § 2279 Rn. 2 ff.
3 Vgl. §§ 2274 ff.
4 MüKoBGB/*Musielak* § 2279 Rn. 2.
5 MüKoBGB/*Musielak* § 2279 Rn. 2.
6 *Staudinger/Kanzleiter* § 2279 Rn. 8.
7 Vgl. vor §§ 2274 Rz. 26.

zuwendet.[8] Die Auslegungsregel des § 2077 Abs. 1 und 2 stellt eine gesetzliche Nichtigkeitsvermutung der letztwilligen Verfügung zugunsten des anderen Ehegatten oder Verlobten im Falle des Scheiterns der Ehe oder der Verlobung auf, da derartige Zuwendungen in der Regel aufgrund der gemeinsamen Lebensgemeinschaft angeordnet werden und der Erblasser die Verfügung im Zweifel nicht getroffen hätte, wäre er sich der Auflösung der Beziehung bewusst gewesen.[9] Diese Vermutung kann nach § 2077 Abs. 3 durch den Beweis widerlegt werden, dass die Verfügung des Erblassers dennoch Bestand haben sollte.

Durch § 2279 Abs. 2 wird die Vorschrift des § 2077 auf die Fälle ausgedehnt, in denen in einem Erbvertrag zwischen Ehegatten, Lebenspartner oder Verlobten ein Dritter durch eine vertragsmäßige Verfügung bedacht wird.[10] Als Begründung wird herangezogen, dass auch in einer solchen Konstellation die Partnerschaft zwischen den Vertragschließenden auf die vertragliche Ausgestaltung erheblichen Einfluss hat und somit die Auslegung i.S.d. § 2077 gerechtfertigt erscheint.[11] Mit Lebenspartner sind Partner einer gleichgeschlechtlichen Lebenspartnerschaft i.S.v. **§ 1 Abs. 1 S. 1 LPartG** gemeint. 5

2. Anwendbarkeit

Das Testamentsrecht ist auf einseitige Verfügung nach § 2299 Abs. 2 S. 1 anwendbar.[12] Dagegen betrifft die Regelung des § 2279 Abs. 2 – wie schon Abs. 1 – lediglich die vertragsmäßigen Verfügungen (§ 2278 Abs. 2) eines Erbvertrages. § 2279 Abs. 2 ist somit in erster Linie beim einseitigen Erbvertrag von Bedeutung.[13] Nach 6

§ 2279 Abs. 2 ist die gesetzliche Auslegungsregel des § 2077 auch auf vertragsmäßige Verfügungen an einen Dritten anzuwenden, soweit nur ein Ehegatte oder Verlobter als Erblasser auftritt und der andere nur eine Annahmeerklärung abgibt oder einseitige Verfügungen trifft. Liegt aber ein gegenseitiger Erbvertrag vor, in dem die Ehegatten oder Verloben zugunsten des jeweils anderen vertragsmäßige Verfügungen treffen und ist diese Verfügung unwirksam, ist in der Regel von der Unwirksamkeit des ganzen Erbvertrages auszugehen(§ 2077 i.V.m. § 2298).[14] Dies betrifft aber auch die in dem Vertrag angeordneten Verfügungen zugunsten eines Dritten, wobei § 2279 Abs. 2 zwar anwendbar bleibt, aber keine eigenständige Bedeutung zukommt. 7

3. Voraussetzungen

a) Auflösung der Ehe oder des Verlöbnisses

Wird die Ehe vor dem Tod des Erblassers aufgelöst, sind die vertragsmäßigen Zuwendungen sowohl an den Ehegatten als auch an den begünstigten Dritten im Zweifel gem. § 2279 Abs. 2 i.V.m. § 2077 Abs. 1 S. 1 unwirksam. Handelt es sich bei den Vertragschließenden um Verlobte oder Lebenspartner i.S.d. LPartG, so gilt das gleiche, sofern das Verlöbnis oder die eingetragene Lebenspartnerschaft vor dem Tode des Verfügenden aufgelöst wurde (§ 2077 Abs. 2). 8

b) Tod des vertragsmäßig Verfügenden vor Auflösung der Ehe

Liegen zur Zeit des Todes des Erblasses entweder die Voraussetzungen für die Scheidung der Ehe vor, wobei der Erblasser die Scheidung beantragt oder ihr zugestimmt hatte 9

---

8 OLG Stuttgart OLGZ 1976, 17, 19 m.w.N.; *Reimann/Bengel/Mayer* § 2279 Rn. 13.
9 *Mümmler* JurBüro 1983, 39; *Staudinger/Kanzleiter* § 2279 Rn. 12.
10 Vgl. OLG Stuttgart OLGZ 1976, 17, 19; *Erman/Schmidt* § 2279 Rn. 3; vgl. OLG Zweibrücken, NJW 2001, 236.
11 Mot. V, S. 323; *Erman/Schmidt* § 2279 Rn. 3.
12 Vgl. oben Rz. 1.
13 Vgl. zu den Begriffen vor §§ 2274 Rz. 11; RGRK/*Kregel* § 2279 Rn. 4.
14 RGRK/*Kregel* § 2279 Rn. 3; *Reimann/Bengel/Mayer* § 2279 Rn. 17; *Lange/Kuchinke* § 25 VIII 2 b Fn. 287.

(§ 2077 Abs. 1 S. 2) oder der Erblasser als Berechtigter einen begründeten Antrag auf Aufhebung der Ehe gestellt hatte (§ 2077 Abs. 1 S. 3), sind diese Fälle der Auflösung der Ehe gleichzustellen. Eine solche Annahme gilt nur insoweit sich durch die Auslegung ein gegenteiliger, auf das Fortbestehen der Verfügung gerichteter Erblasserwille zu erkennen gibt (§ 2077 Abs. 3). Hat der Vertragschließende die Scheidung oder die Auflösung der Ehe (ohne die Zustimmung des Erblassers) beantragt, gilt § 2077 nicht bei einem einseitigen Erbvertrag,[15] da die Regelung eine Handlung des Erblassers voraussetzt, an die sie die Vermutung der Unwirksamkeit knüpft.[16] Liegt aber ein gegenseitiger Erbvertrag vor, ergibt sich die

10 Unwirksamkeit der vertragsmäßigen Verfügungen des sich passiv verhaltenden Ehegatten jedoch im Zweifel aus § 2298.

c) Tod des anderen Vertragschließenden

11 Stirbt der andere Vertragschließende vor Abschluss des Verfahrens, wird eine entsprechende Anwendung des § 2077 Abs. 1 S. 2 und 3 versagt.[17]

12 Der Wortlaut der Norm verbietet eine derartige Ausweitung der Regeln des § 2077 Abs. 1 S. 2 und 3. § 2077 umfasst nur den Fall, in dem der Ehegatte zuerst verstirbt, der selbst ein Scheidungs- oder Aufhebungsverfahren in die Wege geleitet hat oder dem Scheidungsantrag des anderen Ehegatten zugestimmt hat.[18] Liegt es in der Intention des Erblassers die vertragsmäßigen Verfügungen aufzuheben, hat er die Möglichkeit den Erbvertrag nach den §§ 2281 ff. anzufechten.[19] Handelt es sich jedoch um einen zweiseitigen Vertrag, so kann die Anfechtung die Unwirksamkeit des gesamten Erbvertrages (§ 2298) zur Folge haben. Vertragsmäßige Verfügungen des anderen Ehegatten entfallen dadurch rückwirkend.

4. Rechtsfolgen

13 Sind die Voraussetzungen des § 2077 Abs. 1 und 2 gegeben, ist grundsätzlich von der **Unwirksamkeit der vertragsmäßigen Verfügungen** des Erblassers auszugehen.

14 Bei einseitigen Erbverträgen gilt dies sowohl für Zuwendungen an den anderen Vertragschließenden (Ehegatten, Lebenspartner oder Verlobten) als auch für solche zugunsten eines Dritten. Dies ergibt sich bei zweiseitigen Erbverträgen bereits aus § 2298.

15 Eine Widerlegung der Auslegungsregeln des § 2077 Abs. 1 und 2 kann durch die Ermittlung des mutmaßlichen Willens des Erblassers erfolgen (§ 2077 Abs. 3). Dabei müsste die Ermittlung zu dem Ergebnis führen, dass die vertragsmäßigen Verfügungen zugunsten des Dritten bestehen bleiben sollen (sog. **Aufrechterhaltungswille**).[20]

16 Jedoch sind an die Ermittlung etwas strengere Anforderungen zu stellen.[21]

17 Das spätere Verhalten des Erblassers kann für die Feststellung dessen Willens zum Zeitpunkt des Vertragsschlusses möglicherweise eine gewisse Indizwirkung haben.[22]

18 Insb. ist ein Aufrechterhaltungswille anzunehmen, wenn es sich bei dem begünstigten Dritten dem Erblasser nahe stehenden Personen um zum Beispiel Kinder oder Enkel handelt.[23]

---

15 *Schlüter* Rn. 329; *Erman/Schmidt* § 2279 Rn. 4; a.A. BayObLG NJW-RR 1990, 200, 201; MüKoBGB/*Musielak* § 2279 Rn. 7 m.w.N.
16 MüKoBGB/*Musielak* § 2279 Rn. 8.
17 BayObLG NJW-RR 1990, 200, 201; OLG Hamm FamRZ 1965, 78, 79; vgl. *Staudinger/Kanzleiter* § 2279 Rn. 13; *Reimann/Bengel/Mayer* § 2279 Rn. 16; *Lange* JuS 1965, 347 (349 f.); *Lange/Kuchinke* § 25 VIII 2 b; a.A. *Erman/Schmidt* § 2279 Rn. 4; MüKoBGB/*Musielak* § 2279 Rn. 8 ff.; *Planck/Greiff* § 2279, Anm.; nur bei zweiseitigen Erbverträgen RGRK/*Kregel* § 2279 Rn. 3.
18 OLG Zweibrücken NJW-RR 1998, 941, 942; *Kellermann* JuS 2004, 1071, 1072.
19 BayObLG NJW-RR 1990, 200, 201, *Staudinger/Kanzleiter* § 2279 Rn. 13.
20 BayObLG FamRZ 1983, 839; FamRZ 1993, 362; *Reimann/Bengel/Mayer* § 2279 Rn. 18.
21 BGH NJW 2004, 3113, 3114.
22 BayObLG FamRZ 1996, 760, 762; *Reimann/Bengel/Mayer* § 2279 Rn. 18.
23 OLG Stuttgart, OLGZ 1976, 17; *Reimann/Bengel/Mayer* § 2279 Rn. 18.

Dabei könnte sich der Wille des Verfügenden auf den Fortbestand der Zuwendung richten, aber nicht auf dessen vertragsmäßige Bindungswirkung.[24] Grundsätzlich ist jedoch nicht von einem Aufrechterhaltungswillen auszugehen.[25] Scheitert die Beziehung ist für den Erblasser empfehlenswert, den Erbvertrag zumindest anzufechten und neu zu testieren.[26]

§ 2280
Anwendung von § 2269

Haben Ehegatten oder Lebenspartner in einem Erbvertrage, durch den sie sich gegenseitig als Erben einsetzen, bestimmt, dass nach dem Tode des Überlebenden der beiderseitige Nachlass an einen Dritten fallen soll, oder ein Vermächtnis angeordnet, das nach dem Tode des Überlebenden zu erfüllen ist, so finden die Vorschriften des § 2269 entsprechende Anwendung.

I. Normzweck

Nach § 2280 ist die Auslegungsregel des § 2269 entsprechend anzuwenden, wenn Ehegatten einen gegenseitigen Erbvertrag, der einem »Berliner Testament« ähnelt, schließen und die Ehegatten sich dabei gegenseitig als Erben einsetzen und einen Dritten als Erben des Überlebenden berufen.[1] **1**

Sofern nach Auslegung des Erbvertrages Zweifel am wirklichen Willen der Erblasser bleiben, trifft § 2280 eine gesetzliche Vermutung insoweit, dass die Ehegatten ihr Vermögen als Einheit betrachten wollen und es als solches dem Überlebenden ohne Einschränkungen zu Lebzeiten zur Verfügung stehen soll.[2] **2**

Setzen die Ehegatten den jeweils anderen als Vollerben und den Dritten als Ersatzerben ein, spricht man von einer sog. **Einheitslösung**. **3**

Umfasst der Wille der Ehegatten das Einsetzen jeweils des anderen als Vorerben und des Dritten als Nacherben des zuerst Versterbenden und als Vollerben des zuletzt Versterbenden (sog. Trennungsprinzip), ist regelmäßig davon auszugehen, dass für den Überlebenden eine Verfügungsbeschränkung für bestimmte Rechtsgeschäfte unter Lebenden nach § 2112 ff. hinsichtlich des Erbteils des anderen Ehegatten vorliegen. Das Trennungsprinzip ist erst anzunehmen, wenn sich ein solcher Wille der Vertragschließenden bei Auslegung des Erbvertrages nicht schließen lässt, ansonsten findet bei Zweifeln die Einheitslösung Anwendung (§§ 2280, 2269). **4**

Enthält der Erbvertrag ein Vermächtnis zugunsten eines Dritten, wird die Einheitslösung entsprechend angewandt, indem im Zweifel der Anspruch des Vermächtnisnehmers (§ 2174 i.V.m. §§ 2280 2. Hs. 2269 Abs. 2) erst mit dem Erbfall des zuletzt Versterbenden entstehen soll. Der Dritte hat grundsätzlich vorher nicht die Möglichkeit aus dem Erbvertrag Rechte geltend zu machen.[3] **5**

§ 2280 gilt seit dem 1.8.2001 auch für die gleichgeschlechtliche Lebenspartnerschaft i.S.d. § 1 Abs. 1 S. 1 LPartG. **6**

---

24 Vgl. LG München ZEV 2008, 537; *Kanzleiter* ZEV 2005, 181, 183.
25 OLG Hamm ZEV 1994, 367, 368 mit Anm. *Mayer*; OLG Zweibrücken NJW-RR 1998, 941; *Staudinger/Kanzleiter* § 2279 Rn. 16.
26 BayOLG FamRZ 2001, 944.
1 Vgl. RZ. 2.
2 BayObLGZ 1986, 242, 248; OLG Oldenburg NJW 1947, 117; *Reimann/Bengel/Mayer* § 2280 Rn. 2.
3 *Staudinger/Kanzleiter* § 2280 Rn. 1.

II. Einzelerläuterungen

7 Die Regel des § 2280 zur Auslegung eines Erbvertrages gilt, wenn sich beide Ehegatten gegenseitig durch vertragsmäßige Verfügung als Erben einsetzen und einen Dritten (Kinder) zum Schlusserbe berufen.

8 Wird jedoch von einem der Ehegatten die letztwillige Verfügung nur einseitig (§ 2299) getroffen oder hinsichtlich des Nachlasses des zuerst Versterbenden bereits weitere Erben berufen, findet bei Zweifel nach der Auslegung an dem Willen der Vertragschließenden eine gesetzliche Vermutung nicht statt, da § 2280 in diesem Fall keine Anwendung findet.[4]

9 Die **gegenseitige Erbeinsetzung der Ehegatten** sowie die Berufung des Dritten zum Schlusserben des Überlebenden können durch Auslegung des Willens der Vertragschließenden nach den allgemeinen Regeln (§§ 133, 157) festgestellt werden.

10 **Dritter i.S.d. § 2280** ist in Abgrenzung zu den sich gegenseitig zu Erben einsetzenden Ehegatten jeder andere Begünstigte, selbst wenn er ebenfalls Vertragschließender des Erbvertrages ist.[5]

11 Es ist jedoch zu beachten, dass eine Berufung zum Schlusserben durch die Auslegung nicht hergeleitet werden kann, wenn allein ein Verweis der Abkömmlinge auf den Pflichtteil für den Fall der Anfechtung des Erbvertrages vorliegt.[6]

12 Nach § 2280 wird der **überlebende Ehegatte Vollerbe**. Der Nachlass des Verstorbenen geht in sein Vermögen über und er kann über alle Gegenstände durch Rechtsgeschäft unter Lebenden frei verfügen. Ist auch der zweite Ehegatte verstorben, kann der Schlusserbe Ansprüche aus dem Erbvertrag herleiten (beachte §§ 2287 f.)

13 In der Praxis werden als begünstigte Dritte vielfach die Abkömmlinge berufen. Durch die Einsetzung des anderen Ehegatten als Vertragserben sind die Abkömmlinge enterbt, so dass sie regelmäßig einen Pflichtteilsanspruch gegen den Überlebenden geltend machen können (vgl. §§ 2303 ff.). Zur Vermeidung solcher Folgen wird der Erbvertrag mit einem Erbverzichtsvertrag (einschließlich des Pflichtteils) der Abkömmlinge verbunden.[7] Im Fall der Wiederheirat kommt es auf die **Vereinbarung einer Wiederverheiratungsklausel** im Erbvertrag an, dabei ist auf die Erläuterungen zu § 2269 zu verweisen.

III. Analoge Anwendung des § 2280

14 Auch Nichtehegatten können Erbverträge schließen. Dabei sind die Regelungen des § 2280 i.V.m. § 2269 anzuwenden, wenn zwischen den Vertragspartnern ein entsprechendes Vertrauensverhältnis besteht.[8] und die inhaltliche Gestaltung des Vertrages der in § 2280 zugrunde liegende Regelung entspricht.[9]

15 Die Auslegungsregel des § 2280 i.V.m. § 2269 können auch auf Erbverträge zwischen Lebensgemeinschaften entsprechend angewandt werden, da der Erbvertrag anders als das gemeinschaftliche Testament auch von Nichtehegatten geschlossen werden kann.[10] Die entsprechende Anwendung des § 2280 i.V.m. § 2269 verschafft dem Überlebenden eine Verfügungsfreiheit, die gegenseitiges Vertrauen benötigt, welches auf der Einheitslösung beruht.

---

4 *Reimann/Bengel/Mayer* § 2280 Rn. 4.
5 Vgl. BayObLGZ 1965, 188; *Palandt/Edenhofer* § 2280 Rn. 1; MüKoBGB/*Musielak* § 2280 Rn. 7; *Soergel/Wolf* § 2280 Rn. 3; a.A. RGRK/*Kregel* § 2280 Rn. 1.
6 OGH Köln MDR 1950, 669; MüKoBGB/*Musielak* § 2280 Rn. 5; ebenso bei zusätzlicher Wiederverheiratungsklausel OLG Saarbrücken NJW-RR 1992, 841; wohl a.A. OLG Saarbrücken NJW-RR 1994, 844.
7 BGHZ 22, 364; BGH, JR 1957, 339 mit Anm. v. *Lübtow*; *Keim* ZEV 2001, 1, 2; ausführlich zum Erbverzicht *Keller* ZEV 2005, 229.
8 OLG Köln FamRZ 1974, 387; BayObLG FamRZ 1986, 1151.
9 OLG Oldenburg NJW 1947, 117; *Soergel/Wolf* § 2280 Rn. 3; MüKoBGB/*Musielak* § 2280 Rn. 4; *Palandt/Edenhofer* § 2280 Rn. 1; *Reimann/Bengel/J. Mayer* § 2280 Rn. 3; a.A. KG KGBl. 1905, 115 bei Erbverträgen unter Geschwistern.
10 MüKoBGB/*Musielak* § 2280 Rn. 4 (m.w.N.).

§ 2281
Anfechtung durch den Erblasser

(1) Der Erbvertrag kann auf Grund der §§ 2078, 2079 auch von dem Erblasser angefochten werden; zur Anfechtung auf Grund des § 2079 ist es erforderlich, dass der Pflichtteilsberechtigte zur Zeit der Anfechtung vorhanden ist.

(2) Soll nach dem Tode des anderen Vertragschließenden eine zugunsten eines Dritten getroffene Verfügung von dem Erblasser angefochten werden, so ist die Anfechtung dem Nachlassgerichte gegenüber zu erklären. Das Nachlassgericht soll die Erklärung dem Dritten mitteilen.

Übersicht

	Rz.		Rz.
I. Normzweck	1	3. Ausschluss der Anfechtung	13
II. Anwendbarkeit	3	4. Formalien	16
III. Anfechtungsvoraussetzungen	4	IV. Rechtsfolgen der Anfechtung	17
1. Anfechtungsberechtigter und Anfechtungsgegner	4	V. Verfahrensrechtliche Gesichtspunkte der Anfechtung	19
2. Anfechtungsgrund	8		

I. Normzweck

Der Erbvertrag ist anders als das Testament grundsätzlich nicht frei widerruflich 1 (§§ 2253 ff. BGB), wobei allerdings zwischen vertragsgemäßen und nicht vertragsgemäßen Verfügungen zu differenzieren ist. Vertragsgemäß können zunächst einmal nur Verfügungen bezüglich Erbeinsetzungen, Vermächtnisse und Auflagen sein (§ 2278 Abs. 2 BGB). Andere in einem Erbvertrag getroffene einseitige Verfügungen sind dagegen jederzeit frei widerruflich (§§ 2299 Abs. 2 S. 1, 2253 ff. BGB). Ein Erbvertrag liegt daher zunächst einmal überhaupt nur vor, wenn mindestens eine der getroffenen Verfügungen als vertragsgemäß anzusehen ist.[1] Dass eine Verfügung i.S.d. § 2278 Abs. 2 vorliegt, bedeutet nicht automatisch deren Vertragsmäßigkeit. Bei einer Verfügung, die vertragsgemäß sein soll, kann man dieses zum einen in der Praxis optional im Vertrag selbst festlegen. Ist dieses aber nicht ausdrücklich im Erbvertrag festgelegt, bleibt lediglich das Mittel der Auslegung. Dabei ist der wahre Wille des Erblassers zu ermitteln gem. § 133 BGB, um einstufen zu können, ob eine Verfügung vertragsgemäß getroffen werden sollte oder auch nicht.[2] Eine Vertragsmäßigkeit einer Verfügung wird etwa bejaht, wenn der Erblasser in dem Erbvertrag seinen Vertragspartner bedacht hat.[3]

Grund für die nicht freie Widerrufbarkeit der vertragsgemäß getroffenen Verfügungen 2 im Erbvertrag ist, dass sich der Erblasser beim Erbvertrag im Allgemeinen gegenüber seinem Vertragspartner durch dessen Zustimmung bindet.[4] Der Erbvertrag besitzt insoweit eine doppelte Natur als Verfügung von Todes wegen und als einfaches Vertragsverhältnis.[5] Dieses ist auch der Hauptvorteil des Erbvertrages gegenüber dem Testament, denn die im Erbvertrag bedachten Personen erhalten eine gesicherte Rechtsposition durch die fehlende Widerrufsmöglichkeit. Die Bindungswirkung des Erbvertrages tritt dabei ab dem Zeitpunkt der Beurkundung des Erbvertrages herbei.[6] Fraglich ist jedoch, welche Möglichkeiten dem Erblasser bleiben, wenn er sich bei Abgabe der Willenserklärung bezüglich seiner vertragsmäßig getroffenen Verfügungen im Erbvertrag in einem Irrtum befunden hat, er

---
1 *Brox/Walker* Rn. 151.
2 BayOLG MittBayNot 1989, 322, 323.
3 BGHZ 26, 204, 208.
4 BGHZ 97, 188, 196.
5 *Damrau* Vor §§ 2274 ff. BGB Rn. 2.
6 *Brox/Walker* Rn. 144.

durch eine Drohung zur Abgabe der Erklärung bestimmt wurde oder er in Unkenntnis eines etwaigen Pflichtteilsberechtigten vertraglich verfügt hat. Der Gesetzgeber entschied sich in diesen Fällen dafür, dass der Erblasser eine Lösungsmöglichkeit benötigt.[7] So hat der Erblasser die Option sich durch zwischen den Vertragsparteien einverständlich vereinbarte Aufhebung (§§ 2090 ff. BGB), Rücktritt (§§ 2293 ff. BGB) oder Anfechtung (§§ 2281 ff. BGB) von seinen vertragsmäßig getroffenen Verfügungen zu lösen. Der Verfügende kann auf diese Weise seine Testierfreiheit wieder zurückgewinnen.[8] Liegen die Voraussetzungen der Anfechtung vor, sind dabei die Interessen des Erblassers als schützwürdiger gegenüber dem durch Vertrag Begünstigten einzustufen.[9] Der Gesetzgeber erstreckte das beim Testament nur für Dritte zustehende Anfechtungsrecht (§§ 2078 ff. BGB) für den Erbvertrag auch auf den Erblasser (§§ 2281 ff. BGB).

II. Anwendbarkeit

3   Die Anfechtung des Verfügenden beim Erbvertrag kann gem. § 2281 BGB aufgrund der §§ 2078 ff. BGB erfolgen. Dabei ist allerdings zu beachten, dass die erbvertraglichen Vorschriften der §§ 2281 ff. BGB die entsprechend anzuwendenden Anfechtungsregeln des Testamentsrechts (§ 2279 Abs. 1 BGB i.V.m. §§ 2078 ff. BGB) und die Vorschriften der §§ 119 ff. BGB modifizieren. Eine Anfechtung des Erblassers gem. §§ 119 ff. BGB kommt zudem bei einer vertragsmäßigen Verfügung nur in Betracht wegen eines Inhaltsirrtums oder eines Erklärungsirrtums.[10] Eine ausschließliche Anfechtung nach den allgemeinen Regeln der §§ 119 ff. BGB und nicht nach § 2281 BGB ist zudem möglich, wenn mit dem Erbvertrag andere Rechtsgeschäfte unter Lebenden verbunden sind.[11] Nach neuerer Rechtssprechung ist zudem eine Anfechtung nach § 2281 BGB in entsprechender Anwendung auch im Fall der Selbstanfechtung bei bindend gewordenen Verfügungen in gemeinschaftlichen Testamenten anwendbar.[12]

III. Anfechtungsvoraussetzungen

1. Anfechtungsberechtigter und Anfechtungsgegner

4   Bei der Anfechtung ist zu differenzieren zwischen der Person des Erblassers, Dritten i.S.d. §§ 2285, 2080 BGB und anderen Personen. Zur Anfechtung nach § 2281 BGB ist zunächst einmal der Erblasser alleine berechtigt. Wie bereits oben erwähnt, bezieht sich die Anfechtungsberechtigung dabei nur auf die eigenen vertragsmäßigen Verfügungen.[13] Bereits der Wortlaut des § 2281 BGB deutet aber darauf hin, dass nicht nur allein der Erblasser eine Möglichkeit zur Anfechtung hat. Vielmehr können auch Dritte unter bestimmten Voraussetzungen zur Anfechtung berechtigt sein. Voraussetzung dafür ist, dass der Erbfall bereits eingetreten ist und die Unwirksamkeit der Verfügung dem anfechtenden Dritten unmittelbar zustatten kommt (§ 2285 i.V.m. §§ 2080, 2078, 2079 BGB). Wer als Dritter zu behandeln ist, ist in § 2080 BGB geregelt. Demnach sind Dritte und damit zur Anfechtung berechtigt, welchen die Aufhebung der letztwilligen Verfügungen unmittelbar zustatten kommen würde. Das Anfechtungsrecht des Dritten ist dabei abhängig von dem des Erblassers. Hat der Erblasser nun eine Frist versäumt (§ 2283 BGB), auf sein Anfechtungsrecht verzichtet, wurde ihm dieses aufgrund eines Rechtsmissbrauchs versagt oder hat er den

---

7 Vgl. Mot. V, S. 322 f.
8 *Brox/Walker* Rn. 144.
9 *Kipp/Coing* § 24 (vor I).
10 *Ivens* S. 186.
11 *Schlüter* Rn. 286.
12 RGZ 132, 1, 4; BGHZ 37, 331, 333.
13 *Brox/Walker* Rn. 242.

anfechtbaren Erbvertrag bestätigt (§2284 BGB), wird dem Dritten gleichermaßen ein Anfechtungsrecht versagt.[14]

Auch der Erblasser kann im Übrigen Dritter sein. Bei zwei- oder mehrseitigen Erbverträgen etwa kann der Erblasser vertragsgemäße Verfügungen der anderen lediglich als Dritter gem. § 2085 BGB anfechten, weil § 2281 BGB nur die Anfechtung eigener vertragsgemäßer Verfügungen betrifft.[15] 5

Des Weiteren besteht auch für diejenigen Personen, welche nicht Dritte sind, eine Möglichkeit zur Anfechtung gem. §§ 119, 142 ff. BGB.[16] Die Anfechtung beschränkt sich dabei auf die eigene Annahmeerklärung des Erbvertrages gem. den §§ 119 ff. BGB.[17] Von dieser Möglichkeit wird allerdings in der Praxis kaum Gebrauch gemacht, weil er von der mittels Anfechtung nunmehr unwirksam gewordenen Erklärung nicht profitiert. Eine Besonderheit bilden daneben noch die Rechtsgeschäfte unter Lebenden, die im Zusammenhang mit dem Erbvertrag getroffen wurden. Unabhängig von dem Anfechtungsrecht bezüglich des Erbvertrages können die schuldrechtlichen Willenserklärungen gem. den §§ 119 ff. BGB angefochten werden.[18] 6

Die Anfechtung ist gegenüber dem Anfechtungsgegner bzw. dem anderen Vertragsschließenden zu erklären gem. § 143 Abs. 1 und Abs. 2 BGB. Der Zugang richtet sich dabei nach § 130 BGB. Bei mehreren Vertragsschließenden hat die Anfechtungserklärung gegenüber jeder Partei zu erfolgen. Sofern der Vertragspartner verstorben ist, bedarf es keiner Anfechtung mehr, weil die Verfügung mit dem Tod des Bedachten gegenstandslos geworden ist.[19] Verfügungen zugunsten eines Dritten bestehen davon unabhängig weiterhin fort. Da die Anfechtung gegenüber dem anderen Vertragsteil aber nicht mehr erklärt werden kann, ordnet § 2281 Abs. 2 nunmehr die Anfechtung gegenüber dem zuständigen Nachlassgericht an. Zuständig ist dasjenige Gericht, in dessen Bezirk der verstorbene andere Vertragsschließende zuletzt seinen Wohnsitz hatte (§§ 72, 73 FGG).[20] 7

2. Anfechtungsgrund

Die Anfechtung des Erblassers richtet sich nach den § 2281 BGB i.V.m. §§ 2078 ff. BGB, wobei die in den Vorschriften geregelten Anfechtungsgründe als abschließend zu betrachten sind.[21] Der Erblasser kann gem. §§ 2078 ff. BGB seine im Erbvertrag abgegebene Willenserklärung wegen eines Inhalts- (§ 2078 Abs. 1 1. Fall), Erklärungs- (§ 2078 Abs. 1 2. Fall) oder Motivirrtums (§ 2078 Abs. 2 1. Fall) anzufechten, wobei der Erblasser im Hinblick auf bestimmte Umstände getäuscht worden sein musste.[22] Des Weiteren hat er auch die Möglichkeit seine durch Drohung erzwungene Willenserklärung anzufechten (§ 2078 Abs. 2. Fall). 8

Der Erblasser kann zudem gem. § 2079 BGB wegen Übergehung eines Pflichtteilsberechtigten anfechten. Alle Anfechtungsgründe erfordern darüber hinaus, dass der Erblasser sie bei Kenntnis der wahren Sachlage in dieser Weise nicht abgegeben hätte (§§ 2078 Abs. 1, 2079 S.2 BGB).[23] 9

---

14 *Reimann/Bengel/Mayer* § 2285 Rn. 1.
15 *Brox/Walker* Rn. 244.
16 *Brox/Walker* Rn. 244.
17 *Reimann/Bengel/Mayer* § 2281.
18 *Reimann/Bengel/Mayer* § 2281 Rn. 8.
19 *Veit* NJW 1993, 1553, 1556.
20 BayObLG NJW-RR 1990, 200, 201.
21 *Musielak* ZErb 2008, 189, 194.
22 *Reimann/Bengel/Mayer* § 2281 Rn. 16.
23 OLG Hamm OLGZ 1966, 497, 498; BayObLG, ZEV 1997, 377, 379; OLG Frankfurt FamRZ 1998, 194.

a) Anfechtungsgrund des § 2078 BGB

10 Zunächst ist auf die Verweisungen des § 2078 BGB hinzuweisen. § 2078 Abs. 1 BGB normiert grundsätzlich eine Anfechtung aufgrund eines Erklärungs- oder Inhaltsirrtums. Beim Erklärungsirrtum gem. § 2078 Abs. 1 2. Alt. BGB verschreibt oder verspricht sich der Erblasser beispielsweise, so dass ihm aufgrund dieses Irrtums ein Anfechtungsrecht gewährt wird.[24] Hierbei ist insb. zu beachten, dass § 2078 Abs. 2. Alt. BGB, § 119 I 2. Alt. BGB entspricht.[25] Beim Inhaltsirrtum dagegen gem. § 2078 BGB irrt sich der Erklärende über die Bedeutung seiner Erklärung. Dabei ist auch der Inhaltsirrtum des § 2078 Abs. 1 1. Alt. BGB mit dem des § 119 Abs. 1 BGB gleichzusetzen. Zu beachten ist hierbei insb., dass ein Inhaltsirrtum auch ein Irrtum über die Rechtsfolgen darstellen kann, soweit dieser als wesentlich einzustufen ist.[26] Gem. § 2078 Abs. 1.Hs. 2 ist beim Inhaltsirrtum die Kausalität zu beachten.[27]

11 Als Besonderheit des § 2078 Abs. 2 BGB ist zu berücksichtigen ist, dass auch der Motivirrtum als Anfechtungsgrund anerkannt ist. In der Praxis typischerweise vertretene Fallgruppe ist hierbei die enttäuschte Erwartung des Erblassers, der andere Vertragsschließende oder der berücksichtigte Dritte werde eine unter Berücksichtigung des Erbvertrages versprochene Versorgungs- oder Pflegeleistung erbringen.[28] Dabei sind insb. die in der Person des Erblassers liegenden Besonderheiten zu berücksichtigen.[29] Betreffend die Anfechtung gem. § 2078 Abs. 2 BGB wegen der irrigen Annahme oder Erwartung des Eintritts oder Nichteintritts eines Umstandes oder der Verfügung durch Drohung gilt es genau zu prüfen, worauf sich der Irrtum oder die Drohung erstreckt, weil die Anfechtung auch nur insoweit zulässig ist.[30]

b) Anfechtungsgrund des § 2079 BGB

12 Im Falle der Anfechtung wegen Übergehung eines Pflichtteilsberechtigten (§ 2079) ist für die Bestimmung der Rechtsfolgen zu differenzieren, ob der Erblasser sie selbst vornimmt (§ 2281) oder ob ein Dritter sie nach dem Eintritt Tod des Erblassers und damit dem Eintritt des Erbfalles erklärt (§§ 2285, 2080).[31] § 2079 BGB stellt einen Sonderfall des Motivirrtums dar, dabei wird die Kausalität gem. § 2079 BGB gesetzlich vermutet. In der Praxis wird empfohlen eine Anfechtung gem. § 2079 BGB auszuschließen, um eine Haftung gem. § 2024 BGB zu vermeiden.[32]

3. Ausschluss der Anfechtung

13 Ein Ausschluss der Anfechtung des Erblassers kann sich aus verschiedenen Gründen ergeben. So etwa im Hinblick auf die Auslegung, welche der Anfechtung schlichtweg vorgeht.[33] Das bedeutet, wenn sich der Anfechtungsgrund durch ergänzende Vertragsauslegung des Erblasserwillens ermitteln lässt, ist eine Anfechtung des Erblasserwillens bereits aufgrund dessen ausgeschlossen.[34]

---

24 *Bonefeld/Kroiß/Tanck* § 2 Rn. 173.
25 *Bonefeld/Kroiß/Tanck* § 2 Rn. 174.
26 *Damrau* § 2078 Rn. 22.
27 BayObLG NJW 1971, 1565, 1566.
28 BGHZ 4, 91, 94 f.; BGH BWNotZ 1961, 181, 181; BGH FamRZ 1973, 539; BayObLGZ 1963, 260, 262 f.; *Knieper* DNotZ 1968, 331, 333.
29 MAH § 10 Rn. 62.
30 BayObLG NJW 1971, 1565, 1566.
31 Vgl. ausführlich *Reimann/Bengel/Mayer* § 2281 Rn. 45 ff.
32 MAH § 10 Rn. 67.
33 BGH MDR 1951, 474; KG NJW 1963, 766; 1971, 1992; MüKoBGB/*Musielak* § 2281 Rn. 19.
34 Zur Einschränkung der Anfechtung ausführlich *Reimann/Bengel/Mayer* § 2281 Rn. 21 ff. m.w.N.

Darüber hinaus kann der Erblasser sein Anfechtungsrecht verwirkt haben, indem er wie **14**
bereits oben erwähnt eine Frist versäumt hat (§ 2283 BGB), auf sein Anfechtungsrecht verzichtet hat, einen Ausschluss vertraglich vereinbart hat oder ihm das Anfechtungsrecht aufgrund eines Rechtsmissbrauchs versagt wurde.[35] In der Praxis wird im Übrigen empfohlen, das Anfechtungsrecht vertraglich abzubedingen, um so Beeinträchtigungen der durch den Erbvertrag entstandenen Bindungswirkung zu vermeiden.[36] Zudem kann das Anfechtungsrecht des Erblassers weiterhin entfallen sein, weil er den anfechtbaren Erbvertrag bestätigt hat (§ 2284 BGB).[37] Was den Verzicht auf das Anfechtungsrecht durch den Erblasser betrifft, kann inhaltlich auf bestimmte Ereignisse beschränkt werden oder generalisierend formuliert werden.[38] Der Umfang des Ausschlusses bezieht sich dabei nur auf gewöhnliche Umstände. Ungewöhnliche Umstände sind im Zweifel vom Anfechtungsrecht nicht mit umfasst.[39]

Ein Ausschluss aufgrund eines Rechtsmissbrauches ist anzunehmen, soweit der Erblasser ein Kind annimmt, einzig zu dem Zweck, dass er dadurch einen ihm unliebsamen Erbvertrag beseitigen kann und damit gegen das Verbot der Schikane verstößt.[40] Das Gleiche gilt, wenn sich der Bedachte entgegen der Erwartung des Erblassers verhält und der Erblasser dafür verantwortlich ist, d.h. das eigene rechtsmissbräuchliche Verhalten des Erblassers hat dazu geführt.[41] **15**

4. Formalien

Sowohl die Anfechtungserklärung, als auch die Rücktrittserklärung muss gem. § 2282 **16**
Abs. 3 BGB notariell beurkundet werden. Das Gesetz schreibt dabei keine förmliche Zustellung vor, aus Gründen des Beweises ist dieses aber in der Praxis anzuraten. Die Frist richtet sich nach den §§ 2282 ff. BGB.

IV. Rechtsfolgen der Anfechtung

Mangels anderweitiger spezialgesetzlicher Regelung richtet sich die Rechtsfolge bei der **17**
Anfechtung eines Erbvertrages nach § 142 I BGB.[42] Der Erbvertrag wird damit mit der wirksamen Anfechtung rückwirkend mit ex- tunc Wirkung beseitigt.[43] Bei der Anfechtung ist auch zwischen den verschiedenen Erbvertragsarten abzugrenzen. Aus dem Wortlaut des §§ 2078 Abs. 1 S. 1, 2079 S. 2 BGB ergibt sich etwa, dass die Anfechtung nicht unbedingt den gesamten Erbvertrag betrifft, sondern gegebenenfalls nur einzelne Verfügungen.[44] Bei einem einseitigen Erbvertrag beispielsweise hat die Nichtigkeit einzelner Zuwendungen im Zweifel keinen Einfluss auf die Wirksamkeit der Verfügungen im Übrigen (§ 2279 Abs. 1 i.V.m. § 2085 BGB).[45] Bei einem zweiseitigen Erbvertrag dagegen hat die Nichtigkeit einer der Verfügungen gem. § 2298 Abs. 1 BGB die Unwirksamkeit des gesamten Vertrages zur Folge, wenn sich mittels Auslegung nicht etwas anderes ergibt.[46] Zu beachten ist zudem, dass eine einmal erklärte Anfechtung nicht zurückgenommen werden

---

35 *Bengel* DNotZ 1984, 132, 134.
36 *Ivens* S. 186.
37 *Bonefeld/Kroiß/Tanck* § 2 Rn. 188.
38 BGH NJW 1983, 2247, 2249; Vgl. OLG Celle NJW 1963, 353.
39 *Reimann/Bengel/Mayer* § 2281 Rn. 24.
40 Vgl. RG JW 1917, 536; RGZ 138, 373; vgl. BGH FamRZ 1970, 79, 82; *Johannsen* WM 1985, Sonderbeilage Nr. 1, S. 25.
41 BGHZ 4, 91; BGH FamRZ 1973, 539, 541.
42 *Brox/Walker* Rn. 249.
43 OLG Köln NJW 1956, 1522.
44 BGH NJW 1985, 2025, 2026.
45 *Brox/Walker* Rn. 245.
46 *Reimann/Bengel/Mayer* § 2281 Rn. 43.

kann.⁴⁷ Da es sich bei der Abgabe der Anfechtungserklärung aber wiederum um eine Willenserklärung handelt, kann diese natürlich gem. §§ 119 ff. BGB angefochten werden. Im Zweifel kann allerdings gem. § 139 BGB die Nichtigkeit des Erbvertrages zur Nichtigkeit der damit verbundenen Rechtsgeschäfte führen. Aus diesem Grund ist überhaupt erst einmal zu ermitteln, ob ein Erbvertrag und ein damit verbundener Vertrag nach dem Willen der Vertragsschließenden auf den Abschluss eines einheitlichen Rechtsgeschäfts gerichtet ist. Auch andere, äußerlich getrennte Rechtsgeschäfte können gegebenenfalls mit dem Erbvertrag stehen und fallen, soweit eine Auslegung dieses ergibt.⁴⁸

18   Strittig ist zudem, was die Rechtsfolgen der Anfechtung betrifft, ob der Erblasser bei wirksamer Anfechtung zum Ersatz des Vertrauensschadens gem. § 122 BGB verpflichtet ist.⁴⁹ Nach überwiegender Auffassung wird dieses verneint, weil der Erbvertrag zu Lebzeiten des Erblassers keine Rechte und Pflichten begründet, so dass ein Schadensersatzanspruch ausscheidet.⁵⁰ Führt der Erblasser die Voraussetzungen der Anfechtung dagegen schuldhaft herbei, haftet er dem Vertragspartner nach den Grundsätzen der c.i.c. für die entstandenen Vertragskosten.⁵¹

V. Verfahrensrechtliche Gesichtspunkte der Anfechtung

19   Bestehen Zweifel hinsichtlich des Erbvertrages oder der darin getroffenen Verfügungen hat jeder der beteiligten Parteien die Möglichkeit eine Feststellungsklage zu erheben (§ 256 ZPO).⁵² Der im Vertrag Bedachte hat dabei auch die Möglichkeit feststellen zu lassen, dass eine etwaige Anfechtung durch den Erblasser unbegründet ist.⁵³ Zu beachten ist auch, dass die Beweislast für den Anfechtungsgrund und der wirksamen Anfechtungserklärung trifft denjenigen, der sich darauf beruft.⁵⁴ Den Anfechtungsgegner dagegen trifft die Beweislast, soweit er sich auf den Ausschluss des Anfechtungsrechts wegen Ablaufs der Frist beruft. Die Gebühr richtet sich dabei nach den §§ 38 Abs. 2, 46 Abs. 2, 112 Abs. 1 Nr. 4, 115 KostO.

§ 2282
Vertretung, Form der Anfechtung

(1) Die Anfechtung kann nicht durch einen Vertreter des Erblassers erfolgen. Ist der Erblasser in der Geschäftsfähigkeit beschränkt, so bedarf er zur Anfechtung nicht der Zustimmung seines gesetzlichen Vertreters.

(2) Für einen geschäftsunfähigen Erblasser kann sein gesetzlicher Vertreter mit Genehmigung des Vormundschaftsgerichts des Erbvertrag anfechten.

(3) Die Anfechtungserklärung bedarf der notariellen Beurkundung.

---

47 BGH NJW 1983, 2247, 2249.
48 BGH FamRZ 1966, 445, 446.
49 H.M. *Palandt/Edenhofer* § 2281 Rn. 10; *Staudinger/Kanzleiter* § 2281 Rn. 37; *Mankowski* ZEV 1998, 46, 49; a.A. OLG München ZEV 1998, 69, 70; MüKoBGB/*Musielak* § 2281 Rn. 20; *Reimann/Bengel/Mayer* § 2281 Rn. 50; *Veit* NJW 1993, 1553, 1556.
50 OLG München ZEV 1998, 69, 70; *Veit* NJW 1993, 1553, 1556.
51 *Reimann/Bengel/Mayer* § 2281 Rn. 49.
52 *Bonefeld/Kroiß/Tanck* § 2 Rn. 196.
53 Vgl. BGHZ 37, 331; *Bonefeld/Kroiß/Tanck* Rn. 196; *Soergel/Wolf* § 2281 Rn. 6; MüKoBGB/*Musielak* § 2281 Rn. 22; *Johannsen* WM 1969, 1222, 1230; *Hohmann* ZEV 1994, 133, 134 f.; a.A. *Staudinger/Kanzleiter* § 2281 Rn. 39; *Lange* NJW 1963, 1571, 1574.
54 BayObLGZ 1963, 260, 264 f.; OLG Hamm OLGZ 1966, 497.

I. Normzweck

Als Ausdruck der überragenden Bedeutung des Willens des Erblassers normiert § 2282 **1** BGB das Erfordernis, das der Erblasser gem. § 2282 Abs. 1 den Erbvertrag nur höchstpersönlich anfechten kann.[1] Eine Vertretung ist sowohl im Willen, als auch in der Erklärung ausgeschlossen.[2] Ebenso wie die meisten mit dem Erbvertrag verbunden Rechte (vgl. §§ 2274, 2290 Abs. 1, 2296 Abs. 1). Eine Ausnahme stellt insoweit dar, dass bei geschäftsunfähigen Personen (§§ 104, 105) der gesetzliche Vertreter des Gehäftunfähigen mit Genehmigung des Vormundschaftsgerichtes in dessen Namen anfechten kann § 2282 Abs. 2). § 2282 Abs. 3 als Formvorschrift dient zudem dem Schutz des Erblassers.[3]

II. Abgabe der Anfechtungserklärung

Nach § 2282 Abs. 1 S. 2 kann auch der beschränkt geschäftsfähige Erblasser die Anfechtung **2** des Erbvertrages nur persönlich wirksam erklären, indem er vom Erfordernis der Zustimmung seines gesetzlichen Vertreters ausdrücklich befreit wird., anders als im Rahmen der Betreuung (§§ 1896 ff., 2282 Abs. 1 S. 1). Allerdings beschränkt sich die Anfechtungsmöglichkeit des beschränkt Geschäftsfähigen nur auf die Anfechtung hinsichtlich eines einseitigen Erbvertrages, da dieser lediglich als rechtlich vorteilhaft einzustufen ist,[4] weil dieser seine Testierfreiheit wieder erlangt.[5] Schwierigkeiten entstehen dagegen bei einem zweiseitigen Erbvertrag oder einem mit dem Erbvertrag verbundenem Rechtsgeschäft unter Lebenden, welche dem Erblasser einen Anspruch gewähren. Hier hat der Gesetzgeber nach dem Wortlaut des § 2282 jedoch einen Nachteil für den beschränkt Geschäftsfähigen (§ 107) billigend in Kauf genommen.[6]

III. Notarielle Beurkundung

Das Formerfordernis des § 2282 Abs. 3 bezieht sich nur auf die Erklärung der Anfechtung **3** gegenüber dem Vertragspartner oder dem Nachlassgericht, nicht dagegen auf den Zugang.[7] In der Praxis sollte eine nachvollziehbare Zusendung einer Abfertigung aus Nachweisgründen immer anzuraten sein. §§ 2281 ff. wird entsprechend auf das gemeinschaftliche Testament angewandt.[8]

§ 2283
Anfechtungsfrist

(1) Die Anfechtung durch den Erblasser kann nur binnen Jahresfrist erfolgen.

(2) Die Frist beginnt im Falle der Anfechtbarkeit wegen Drohung mit dem Zeitpunkt, in welchem die Zwangslage aufhört, in den übrigen Fällen mit dem Zeitpunkt, in welchem der Erblasser von dem Anfechtungsgrunde Kenntnis erlangt. Auf den Lauf der Frist finden die für die Verjährung geltenden Vorschriften der §§ 206, 210 entsprechende Anwendung.

---

1 *Bonefeld/Kroiß/Tanck* § 2 Rn. 193.
2 *Veit* NJW 1993, 1553, 1554; *Lent* DNotZ 1951, 151; vgl. *Hueck* AcP 152, 432 ff.
3 *Damrau* § 2282 Rn. 3.
4 *Damrau* § 2282 Rn. 2; a.A. *Staudinger/Kanzleileiter* § 2282 Rn. 2.
5 *Reimann/Benge/Mayer* § 2282 Rn. 2.
6 MüKoBGB/*Musielak* § 2282 Rn. 3; *Reimann/Bengel/Mayer* § 2282 Rn. 3; *Erman/Schmidt* § 2282 Rn. 2; *Staudinger/Kanzleiter* § 2282 Rn. 2; a.A. *Kipp/Coing* § 24 V 3.
7 Prot. V, S. 438.
8 *Reimann/Bengel/Mayer* § 2281 Rn. 51.

(3) Hat im Fall des § 2282 Abs. 2 der gesetzliche Vertreter den Erbvertrag nicht rechtzeitig angefochten, so kann nach dem Wegfalle der Geschäftsunfähigkeit der Erblassers selbst den Erbvertrag in gleicher Weise anfechten, wie wenn er ohne gesetzlichen Vertreter wäre.

I. Normzweck

1 Nach Ablauf der in § 2283 benannten Ausschlussfrist ist eine Anfechtung ausgeschlossen und ein Leistungsverweigerungsrecht gem. § 2283 analog nicht zulässig.[1] Aufgrund dessen, dass §§ 206, 210 ausdrücklich in § 2283 Abs. 2 S. 2 aufgeführt sind, ergibt sich im Umkehrschluss, dass ansonsten die allgemeinen Regelungen nicht anwendbar sind[2] Der Fristbeginn und damit der Fristablauf, welcher den Ausschluss des Anfechtungsrechts herbeiführt, berechnet sich bei zwei- oder mehrseitigen Erbverträgen für jeden Vertragspartner individuell.[3]

II. Fristbeginn

2 Die Anfechtungsfrist beginnt üblicherweise (§§ 2078 ff.) mit dem Zeitpunkt der sicheren Kenntnis vom Anfechtungsgrund und seiner wesentlichen Umstände zu laufen.[4] Anders im Fall der Drohung gem. § 2078 Abs. 2, die Frist beginnt hier mit dem Ende der Drohung zu laufen.[5]

3 Beachtenswert ist auch die Besonderheit des Fristablaufs bei Geschäftsunfähigen. Dort wird die reguläre Frist gem. §§ 2283 Abs. 2, 206 Abs. 1 um sechs Monate verlängert, d.h. dass die Frist zur Anfechtung erst sechs Monate nach dem Zeitpunkt abläuft, indem der Mangel einer Vertretung aufgehoben ist oder der Erblasser die beschränkte Geschäftsfähigkeit erlangt.[6]

III. Kenntnis vom Anfechtungsgrund

1. Tatsachenkenntnis

4 Zu beachten ist, dass sich der Beginn der Anfechtungsfrist danach beurteilt, welcher Anfechtungsgrund gegeben ist.[7] Hervorzuheben ist allerdings als Besonderheit, dass eine kurzzeitige Meinungsänderung am Fristbeginn nichts ändert.[8]

2. Fehlende Kenntnis durch Rechtsirrtum

5 U.U. kann auch ein Rechtsirrtum beachtlich sein, soweit er die Unkenntnis der zur Anfechtung begründenden Tatsachen betrifft.[9] Der Irrtum darf sich daher nicht etwa darauf beziehen, dass der Erblasser die gesetzlichen Voraussetzungen der Anfechtung falsch beurteilt, welche das ihm zustehende Anfechtungsrecht betreffen.[10]

6 Zu beachten ist insb., dass eine Kenntnis des Anfechtungsgrundes zu verneinen ist, wenn der Erblasser irrtümlicherweise annimmt, der Erbvertrag sei bereits durch eine

---

1 BGHZ 106, 359; *Veit* NJW 1993, 1553, 1555.
2 *Reimann/Bengel/Mayer* § 2283 Rn. 2.
3 *Reithmann* DNotZ 1957, 527, 529; *Veit* NJW 1993, 1553, 1557.
4 BGH FamRZ 1973, 539; BayObLGZ 1963, 260, 263; *Johannsen* WM 1969, 1222, 1230.
5 *Bonefeld/Kroiß/Tanck* § 2 Rn. 16.
6 Vgl. *Reimann/Bengel/Mayer* § 2283 Rn. 15; *Staudinger/Kanzleiter* § 2283 Rn. 10.
7 *Reimann/Bengel/Mayer* § 2283 Rn. 4.
8 BGH WM 1973, 974, 975; *Reimann/Bengel/Mayer* § 2283 Rn. 6.
9 RGZ 132, 1, 4; BGH FamRZ 1970, 79, 80 f.; BayObLG NJW-RR 1990, 846 f.; 1991, 454, 455; OLG Hamm ZEV 1995, 109 mit Anm. *Rosemeier* 124, 129.
10 KG NJW 1963, 766, 767.

Anfechtung unwirksam geworden oder einem neu hinzugetretenen Pflichtteilsberechtigten stehe ein Pflichtteilsrecht gar nicht zu.[11]

IV. Verfahrensrechtliche Gesichtspunkte

Im Zivilverfahrensrecht hat derjenige, der sich auf eine für ihn günstige Tatsache beruft, diese auch zu beweisen, weshalb derjenige, der sich auf die Unwirksamkeit der Anfechtung wegen Fristablaufs beruft, die Beweislast dafür trägt. Der Anfechtungsgegner muss beweisen, dass die Anfechtungserklärung nach Ablauf der Anfechtungsfrist erfolgte.[12] Die Einhaltung der Frist zur Anfechtung ist bei einem Rechtsstreit zudem von Amts wegen zu beachten. 7

§ 2284
Bestätigung

Die Bestätigung eines anfechtbaren Erbvertrags kann nur durch den Erblasser persönlich erfolgen. Ist der Erblasser in der Geschäftsfähigkeit beschränkt, so ist die Bestätigung ausgeschlossen.

I. Normzweck

Der Erblasser verzichtet durch seine Bestätigung gem. § 2284 auf sein Recht zur Anfechtung,[1] diese kann ebenso wie die Anfechtung (§ 2281) nur höchstpersönlich erfolgen.[2] Die Bestätigung ist dabei eine einseitige, empfangsbedürftige Willenserklärung, welche weder gegenüber den anderen Vertragsschließenden, noch gegenüber dem Nachlassgericht zu erfolgen hat.[3] Die Bestätigung ist zudem formlos zu erklären (§ 144 Abs. 2)[4]. 1

II. Berechtigter

Aufgrund des Wortlautes geht die überwiegende Ansicht davon aus, dass ein Dritter die Möglichkeit zur Bestätigung hat beziehungsweise durch Vertrag auf sein Anfechtungsrecht verzichten kann.[5] Andere Vertragsschließende sind durch die Anfechtung nicht betroffen. 2

III. Umfang der Bestätigung

Der Erblasser hat durch § 2284 die Möglichkeit, seine eigenen vertragsgemäßen Verfügungen zu bestätigen (§ 2278 Abs. 2). Hat der Erblasser bereits einzelne vertragsmäßige Verfügungen oder den gesamten Erbvertrag wirksam angefochten, ist eine Bestätigung nur hinsichtlich der von der Nichtigkeit nicht betroffenen Vertragsinhalte möglich.[6] Ist dagegen 3

---

11 BGH FamRZ 1970, 79, 80; OLG Köln OLGZ 1967, 496, 497 f.; OLG Hamm NJW-RR 1994, 522, 523.
12 BayObLGZ 1963, 260, 265; BayObLG FamRZ 1995, 1024, 1025; *Reimann/Bengel/Mayer* § 2283 Rn. 18; *Staudinger/Kanzleiter* § 2283 Rn. 9; *Palandt/Edenhofer* § 2283 Rn. 2; a.A. MüKoBGB/*Musielak* § 2283 Rn. 6; *Johannsen* WM 1972, 642, 652.
1 Vgl. Mot. V, S. 323 f.; BayOLGZ 1954, 71, 77; *Ischinger* RPfleger 1951, 159 f., 164.
2 *Damrau* § 2284 Rn. 1.
3 Mot. V, S. 323; BayObLGZ 1954, 71, 77.
4 Vgl. Mot. V, S. 323; RGZ 68, 398, 399; BayObLGZ 1954, 71, 77; *Soergel/Wolf* § 2284 Rn. 2; MüKoBGB/*Musielak* § 2284 Rn. 5; *Staudinger/Kanzleiter* § 2284 Rn. 6; *Veit* NJW 1993, 1553, 1557; *Ischinger* RPfleger 1951, Sp. 159, 164; a.A. *Reimann/Bengel/Mayer* § 2284 Rn. 9; *Bengel* DNotZ 1984, 132, 134 ff.
5 RGRK/*Kregel* § 2285 Rn. 3; a.A. *Staudinger/Kanzleiter* § 2284 Rn. 2; *Reimann/Bengel/Mayer* § 2284 Rn. 3; *Soergel/Wolf* § 2284 Rn. 4; a.A. für einseitige Bestätigung vgl. BayObLGZ 1965, 258, 265; MüKoBGB/*Musielak* § 2284 Rn. 2.
6 *Reimann/Bengel/Mayer* § 2284 Rn. 6.

der gesamte Erbvertrag als nichtig einzuordnen, entfaltet dieser auch durch eine Bestätigung des Erblasser keinerlei Rechtswirkungen. Eine Bestätigung, die erfolgt ist, kann im Übrigen gem. §§ 119 ff., 142 ff. angefochten werden. Eine einfache Rücknahme der Bestätigung ist dagegen nicht möglich.[7]

IV. Kenntnis des Anfechtungsgrundes

4 Eine Bestätigung setzt allerdings voraus, dass der Erblasser den Anfechtungsgrund kennt, um wirksam durch Bestätigung darauf verzichten zu können.[8] Daraus lässt sich wiederum schließen, dass bei Bestätigung und Verzicht auf eine Anfechtung aufgrund eines bestimmten Grundes eine Anfechtung bei weiteren Anfechtungsgründen nicht ausgeschlossen ist.[9]

5 Der Erblasser hat aber die Möglichkeit sein Anfechtungsrecht durch eine allgemeine Verzichtsklausel auszuschließen.[10] Auch dem beschränkt Geschäftsfähigen soll eine Bestätigung und Verzicht auf seine Anfechtungsecht mittels teleologischer Reduktion des § 2284 S. 2 möglich sein.[11]

§ 2285
Anfechtung durch Dritte

Die im § 2080 bezeichneten Personen können den Erbvertrag auf Grund der §§ 2078, 2079 nicht mehr anfechten, wenn das Anfechtungsrecht des Erblassers zur Zeit des Erbfalls erloschen ist.

I. Normzweck

1 Gem. § 2285 steht Dritten nach Eintritt des Erbfalles ebenfalls ein Anfechtungsrecht zu. Voraussetzung wiederum für ein Anfechtungsrecht des Dritten ist, dass der Erblasser vor seinem Tod nicht auf sein Recht zur Anfechtung verzichtet hat oder aus irgendeinem Grunde verwirkt hat. Nur dann steht dem Dritten überhaupt ein Anfechtungsrecht zu. § 2285 bezieht sich dabei nur auf Anfechtungsgründe, die dem Erblasser auch zu seinen Lebzeiten bekannt gewesen sind, so dass eine Verwirkung oder ein wirksamer Verzicht überhaupt vorliegen kann.[1]

II. Anwendbarkeit

2 Auch wenn das Recht auf Anfechtung des Dritten von dem des Erblassers abgeleitet wird (sog. erlöschensbedingte Akzessorität), handelt es sich um ein eigenständiges Recht dieses Dritten.[2] Das Anfechtungsrecht des Dritten ergibt sich aus den Regelungen der §§ 2281 Abs. 1, 2279 Abs. 1, 2078 ff. Außerdem anwendbar sind die §§ 119 ff., 142 ff., sofern keinen testamentarischen Sonderregelungen der Vorzug zu geben ist.[3] Da das Anfechtungsrecht des Dritten, wie bereits erwähnt, abhängig ist von dem des Erblassers, ist § 2285 folgerichtig nur auf vertragsmäßige Verfügungen anzuwenden, weil der Erblasser nur bei Verfügun-

---

[7] BGH NJW 1983, 2247, 2249.
[8] *Ischinger* RPfleger 1951, Sp. 160; vgl. OGH HEZ 2, 228, 232.
[9] Vgl. RGZ 128, 116, 119 f.
[10] *Nieder/Kössinger* § 24 Rn. 18.
[11] MüKoBGB/*Musielak* § 2284 Rn. 6; *Soergel/Wolf* § 2284 Rn. 3; a.A. *Staudinger/Kanzleiter* § 2284 Rn. 9; *Palandt/Edenhofer* § 2284 Rn. 1.
[1] *Bonefeld/Kroiß/Tanck* § 2 Rn. 188.
[2] *Reimann/Bengel/Mayer* § 2285 Rn. 1.
[3] *Nieder/Kössinger* § 24 Rn. 29.

gen dieser Art ein Anfechtungsrecht gem. §§ 2281 ff besitzt.[4] Anders beurteilt sich dieses etwa bei einseitigen Verfügungen, welche durch den Erblasser frei widerruflich sind (§§ 2299 Abs. 2 S. 1, 2253 f.), denn bei ihnen besteht kein Anfechtungsrecht und damit auch kein Anfechtungsrecht des Dritten. Das Anfechtungsrecht richtet sich aus diesem Grund hierbei unmittelbar nach den §§ 2078 ff.

Gleiches gilt für den Fall eines gemeinschaftlichen Testamentes. Hierbei entsteht das Anfechtungsrecht des Dritten im Hinblick auf wechselbezügliche Verfügungen (§ 2270) nur unter den Gegebenheiten des § 2285[5] und die einseitigen Verfügungen richtetn sich ebenso nach den §§ 2078 ff.[6]

2. Voraussetzungen

Das Anfechtungsrecht des Dritten entsteht erst mit Eintritt des Erbfalls.[7] Gem. § 2080 ist zur Anfechtung berechtigt, wem die Aufhebung der Verfügung zugute kommt. Zu beachten ist, dass bei der Anfechtung von Erbeinsetzungen, Erbausschlüssen, der Anordnung eines Testamentsvollstreckers oder Aufhebung die Erklärung der Anfechtung gem. § 2080 gegenüber dem Nachlassgericht zu erfolgen hat. Ebenso verläuft es bei der Anfechtung einer Auflage gem. § 2081 Abs. 3. Bei nicht von § 2081 umfassten Verfügungen richtet sich die Anfechtung dergleichen nach § 143 Abs. 4 und erfolgt dem Begünstigten gegenüber.[8]

3. Form und Frist der Anfechtung durch Dritte

Die Anfechtung durch Dritte kann formlos erklärt werden.[9] Der Ablauf der Frist richtet sich dabei nach § 2082. Die Frist und deren Ablauf sind dabei unabhängig von der Frist bezüglich des Anfechtungsrechts des Erblassers zu sehen. Allein die Entstehung des Anfechtungsrechts ist abhängig von dem des Erblassers, aber nicht der Fristablauf. Mit dem Eintritt des Erbfalls beginnt die Frist zu laufen, das Anfechtungsrecht entsteht auch erst mit dem Erbfall.[10]

4. Ausschluss des Anfechtungsrechts

a) Anfechtungsrecht des Dritten aufgrund § 2285 nicht entstanden

Ist eine Anfechtung aufgrund eines bestimmten Anfechtungsgrundes ausgeschlossen, schließt § 2285 die Entstehung dieses Anfechtungsrechts bei dem Dritten ebenfalls aus.[11] Der Dritte kann grundsätzlich den Erbvertrag nur auf diejenigen Anfechtungsgründe stützen, nach welchen der Erblasser selbst den Vertrag ebenfalls hätte anfechten können. Zu einem Erlöschen des Anfechtungsrechts können u.a. die Bestätigung, Ablauf der Anfechtungsfrist, durch eine Ausschlussklausel verzichtet hat oder durch rechtsmissbräuchliches Verhalten.[12] Der Dritte ist dabei gem. § 2285 zur Anfechtung berechtigt, er kann er sich in diesem Fall nicht auf ein Leistungsverweigerungsrecht gem. § 2083 berufen.[13]

Sofern der Erblasser angefochten hat, die Klage abgewiesen wurde, ist das Anfechtungsrecht aber nicht erloschen.[14] Der Dritte hat damit weiterhin die Möglichkeit zur Anfech-

---

[4] Vgl. *Reimann/Bengel/Mayer* § 2285 Rn. 5.
[5] RGZ 132, 1, 4; KG FamRZ 1968, 218, 219.
[6] BGH FamRZ 1956, 83, 84.
[7] *Reimann/Bengel/Mayer* § 2285 Rn. 2.
[8] RGZ 143, 350 (353); *Staudinger/Kanzleiter* § 2285 Rn. 3; *Erman/Schmidt* § 2285 Rn. 1; a.A. Mot. V, S. 325.
[9] *Reimann/Bengel/Mayer* § 2285 Rn. 3.
[10] Mot. V, S. 325.
[11] BayObLG ZEV 1995, 105, 106; BayObLG NJW-RR 1989, 587.
[12] *Bonefeld/Kroiß/Tanck* § 2 Rn. 188.
[13] BGHZ 106, 359, 362.
[14] BGHZ 4, 91; *Johannsen* WM 1973, 530, 531.

tung, wenn das Anfechtungsrecht tatsächlich besteht. Er kann sich damit auf den gleichen Anfechtungsgrund berufen, auf welchen sich der Erblasser bereits berufen hat.[15]

8 Der gegenteiligen Auffassung kann nicht zugestimmt werden, denn sie berücksichtigt nicht, dass Feststellungsurteile grundsätzlich nur zwischen den Parteien Rechtskraft entfalten und aus diesem Grund auch nur zwischen diesen gelten.[16] Der Dritte ist zudem auch nicht als Rechtsnachfolger einzuordnen gem. § 325, so dass ihm die Rechtskraft des Urteils nicht entgegengehalten werden kann, so dass dem Dritten das Recht zu Anfechtung erst zur Zeit des Erbfalles erwächst.[17] Da der Erblasser den Erbvertrag selbst zu beseitigen versuchte, steht einem Anfechtungsrecht des Dritten zudem nicht der Normzweck des § 2285 entgegen.[18]

b) Anfechtungsrecht des Dritten aus anderen Gründen ausgeschlossen

9 Sofern die Voraussetzungen des § 2285 nicht gegeben sind, so dass der Dritte anfechten kann. Ausgeschlossen ist das Anfechtungsrecht aber, wenn seitens des Dritten ein Verzicht auf das Anfechtungsrecht vorliegt etwa durch Vertrag oder ein Fristablauf gegeben ist. Da der Dritte im Fall des Fristablaufs jedoch das Anfechtungsrecht originär erworben hat, hat er in diesem Fall doch ein Leistungsverweigerungsrecht gem. § 2083.[19]

c) Beweislast

10 Der Anfechtungsgegner trägt wiederum die Beweislast dafür, dass die Voraussetzungen des § 2285 gegeben sind, dass das Recht zur Anfechtung des Dritten mangels eines des Erblassers ausgeschlossen ist.[20]

§ 2286
Verfügungen unter Lebenden

Durch den Erbvertrag wird das Recht des Erblassers, über sein Vermögen durch Rechtsgeschäft unter Lebenden zu verfügen, nicht beschränkt.

I. Normzweck und Anwendbarkeit

1 Der Erbvertrag besitzt eine Doppelnatur als Vertrag im eigentlichen Sinne und als Verfügung von Todes wegen zugleich.[1] Der Abschluss des Erbvertrages führt dazu, dass keine vom Vertrag abweichenden Verfügungen mehr getroffen werden dürfen und er zudem auch kein einseitiges Widerrufsrecht mehr besitzt.[2] Zu beachten ist jedoch, dass der Erbvertrag zu Lebzeiten keine Rechte und Pflichten begründet, sondern erst mit Einritt des Erbfalls.[3] Aus diesem Grund gestattet § 2286, dass der Erblasser zu Lebzeiten frei über sein Vermögen verfügen kann.[4] Auch betreffend Verpflichtungsgeschäfte kann der Erblasser

---

15 *Reimann/Bengel/J. Mayer* § 2285 Rn. 6.
16 Herrschende prozessuale Rechtskrafttheorie: vgl. MüKoBGB/*Musielak* § 2285 Rn. 6.
17 *Reimann/Bengel/J. Mayer* § 2285 Rn. 7.
18 BGHZ 4, 91; *Johannsen*, WM 1973, 530, 531.
19 Vgl. BGHZ 106, 359, 362.
20 OLG Stuttgart OLGZ 1982, 315; BayObLG ZEV 1995, 105, 106; *Staudinger/Kanzleiter* § 2285 Rn. 4; *Reimann/Bengel/J. Mayer* § 2285 Rn. 10; *Palandt/Edenhofer* § 2285 Rn. 1; a.A. bezüglich Erlöschen durch Fristablauf oder Bestätigung MüKoBGB/*Musielak* § 2285 Rn. 8.
1 *Frank* § 13 Rn. 1.
2 *Frank* § 13 Rn. 1.
3 BGHZ 8, 23, 30.
4 Vgl. Mot. V, S. 327.

weiterhin jegliche vornehmen wie etwa die Vereinbarung einer Nachfolgeklausel im Gesellschaftsvertrag[5] oder die Zuwendung zugunsten eines Dritten auf den Todesfall (§ 331).[6] Der Erblasser kann ebenfalls weiterhin familienrechtliche Handlungen unternehmen. Der Vertragspartei, die in dem Vertrag bedacht wurde, können durch diese familienrechtlichen Handlungen unmittelbare oder auch mittelbare negative Folgen entstehen. Ein Schutz gegen solche Handlungen ergibt sich jedoch erst, wenn der Erblasser diese Handlungen rechtsmissbräuchlich vorgenommen hat. Der im Vertrag Bedachte hat dann jedoch mit Eintritt des Erbfalls die Schutzmöglichkeit der §§ 2287, 2288.[7] Ein Schutz bereits zu Lebzeiten des Erblassers dagegen erfordert etwa einen Unterlassungsvertrag in Kombination mit dem Erbvertrag. welcher dem Erblasser untersagt über bestimmte Vermögensgegenstände zu verfügen. Die §§ 2286 ff. sind entsprechend anwendbar auf gemeinschaftliche Testamente.[8]

Betreff des Sonderfalls der Hofübergabe ist auf die Kommentierung der HöfeO zu verweisen. 2

II. Rechtsstellung des Bedachten zu Lebzeiten des Erblassers

1. Kein Anwartschaftsrecht des vertragsmäßig Bedachten

Der vertragsmäßig Bedachte kann erst mit dem Eintritt des Erbfalls Rechte aus dem Vertrag geltend machen, da dieser zu Lebzeiten keine Rechtswirkungen entfaltet. Der Inhalt, Umfang und Wert der Erbschaft ist damit bis zum Eintritt des Erbfalls unbestimmt.[9] Man kann daher keine feste Aussage hinsichtlich des Rechtserwerbs machen. Dieses ist vergleichbar mit der Situation des Anwartschaftsrechts.[10] Der Begünstigte erhält durch den Erbvertrag nicht mehr als die **tatsächliche Aussicht**,[11] als Erbe oder Vermächtnisnehmer an der späteren Nachlassaufteilung teilzuhaben, welche auf dem Erbvertrag als rechtlicher Grundlage beruht. Aus diesem Grund ist das Vorliegen eines Anwartschaftsrechts zu verneinen nach überwiegender Ansicht.[12] Die bloße Aussicht auf einen Rechtserwerb ist daher auch nicht durch Arrest oder einstweilige Verfügung zu schützen.[13] Die Position, die der Vertragserbe mit Abschluss des Vertrages erwirbt, ist daher nicht übertragbar,[14] pfändbar,[15] vererblich[16] und ist auch kein Teil einer etwaigen Insolvenzmasse.[17] Bei einem Grundstück beispielsweise ist eine Auflassungsvormerkung ausgeschlossen, selbst dann wenn der Erblasser die Vormerkung bewilligt hat.[18] 3

---

5 BGHZ 62, 20, 23; BGH WM 1974, 172, 174.
6 OLG Düsseldorf NJW-RR 1986, 806, 807.
7 *Reimann/Bengel/Mayer* § 2286 Rn. 16.
8 BGH, DNotZ 1951, 343, 345; 1965, 357, 358.
9 *Damrau* § 2286 Rn. 4.
10 *Creifelds* S. 75.
11 Vgl. BGHZ 124, 35, 38 f.; BGH, DNotZ 1962, 497, 498; OLG Düsseldorf OLG-Rp 1994, 246; OLG Köln ZEV 1996, 23, 24.
12 BGHZ 12, 115, 118; BGH, WM 1961, 1113, 1115; DNotZ 1962, 497, 498; OLG Hamm DNotZ 1956, 151, 153.
13 OLG Marienwerder OLGE 21, 361, 362 (beim gemeinschaftl. Testament); BayObLGZ 1952, 289, 290; *Recker* MittRhNotK 1978, 125, 126.
14 Vgl. statt vieler BGHZ 37, 319, 323.
15 OLG Oldenburg OLGE 6, 176, 178 f.
16 Vgl. BGHZ 37, 319, 325; *Mattern* BWNotZ 1962, 229, 335.
17 Vgl. OLG Oldenburg OLGE 6, 176, 179.
18 BGHZ 12, 115, 121; KG, JFG 23, 148; OLG Düsseldorf, OLG-Rp 1994, 246; *Staudinger/Kanzleiter* § 2286 Rn. 7; *Hieber* DNotZ 1954, 269; *Coing* JZ 1954, 437; a.A. OLG Celle DNotZ 1952, 236.

2. Keine deliktischen Ansprüche des Bedachten

4   Nach überwiegender Ansicht steht dem im Vertrag Begünstigten auch kein Anspruch auf Schadensersatz gem. § 823 zu.[19] Allein die Erwartung einer Begünstigung ist nicht als sonstiges Recht i.S.d. § 823 I einzustufen und ist damit auch nicht schützenswert. Betreffend § 823 Abs. 2 sind die §§ 2287, 2288 nicht als Schutzgesetze anerkannt.[20] Die Grenzen der Verfügungsfreiheit des Erblassers sind insoweit abschließend durch die §§ 2287, 2288 geregelt für den Fall, dass der Erblasser dem Bedachten einen Gegenstand rechtsmissbräuchlich entzieht,[21] ein Rückgriff auf § 826 ist daher nicht möglich.[22] Auch hat der Bedachte keinen erforderlichen Schaden erlitten, da ihm die Sache zu Lebzeiten des Erblassers noch gar nicht zusteht. Ein Ersatzanspruch gem. § 826 ist daher auch in besonderen Missbrauchsfällen nicht möglich.[23] Ein Schadensersatzanspruch bereits zu Lebzeiten des Erblassers könnte dagegen in Betracht kommen, wenn der Erblasser neben dem Erbvertrag einen Unterlassungsvertrag im Hinblick auf bestimmte Verhaltensweisen abgeschlossen hat. Ein solcher Vertrag wäre daher in der Praxis durchaus empfehlenswert, der Bedachte erhält so einen zusätzlichen Schutz gegenüber Handlungen des Erblassers. Der vertragsmäßig Bedachte muss sich aber wiederum seinerseits zu einer Leistung verpflichtet haben.[24] Gegenüber einem Dritten kann der Bedachte einen Schadensersatzanspruch geltend machen, wenn bereits der Erblasser gegen diesen einen Anspruch nach § 826 hatte. Dieser Anspruch muss dabei durch Rechtsnachfolge übertragen worden sein (§§ 1922, 1967),[25] oder wenn der Erblasser das Rechtsgeschäft zwar seinerseits nicht beseitigt hatte, der Vertragserbe aber dem Erwerbsgeschäft des Dritten die schuldrechtliche Grundlage entziehen kann (§§ 138, 2113 Abs. 2, 2329 Abs. 1 S. 1).[26]

3. Recht auf Feststellung der Nichtigkeit bzw. Wirksamkeit des Erbvertrag

5   Durch den Erbvertrag werden zwischen den Parteien erbrechtliche Rechtsbeziehungen geknüpft.[27] Die Vertragspartner haben jederzeit die Möglichkeit eine Feststellungsklage zu erheben mit dem Ziel feststellen zu lassen, in welchem Umfang ein geschlossener Erbvertrag wirksam oder nichtig ist.[28] Natürlich ist auch in diesem Fall ein rechtliches Interesse des Klägers erforderlich. Dieses ist anzunehmen, wenn die Beteiligten aufgrund einer Anfechtung oder einer Rücktrittserklärung über die Nichtigkeit oder das Fortbestehen des Erbvertrags streiten.[29]

III. Sicherungsmöglichkeiten gegen lebzeitige Verfügungen des Erblassers

6   § 2286 gewährt dem Erblasser die Freiheit über sein Vermögen zu Lebzeiten zu verfügen. Darin ist nicht bestimmt, in welchem Ausmaß er über sein Vermögen verfügen kann.

7   Verpflichtet sich der Bedachte aber in einem Verpfründungsvertrag seinerseits zu Gegenleistungen, wie beispielsweise bestimmte Pflegeleistungen, ist er an der Sicherung

---

19 *Damrau* § 2286 Rn. 5.
20 *Reimann/Bengel/Mayer* § 2287 Rn. 10.
21 *Reimann/Bengel/Mayer* § 2286 Rn. 12.
22 BGHZ 108, 73, 78; BGH, NJW 1991, 1952; OLG Köln, ZEV 1996, 23, 24 mit Anm. *Hohmann*; *Lange* NJW 1963, 1571, 1577; *Boehmer* FamRZ 1961, 253, 254 f.; a.A. *Staudinger/Kanzleiter* § 2286 Rn. 4; *Kohler* FamRZ 1990, 464, 466.
23 *Münzberg* JuS 1961, 389, 393; ähnlich *Schubert* JR 1990, 159, 160 f.
24 *Damrau* § 2286 Rn. 6.
25 BGHZ 108, 73, 78; BGH, NJW 1991, 1952.
26 BGHZ 108, 73, 79; BGH, NJW 1991, 1952.
27 Vgl. BGHZ 37, 331, 334; OLG Düsseldorf ZEV 1994, 171, 172.
28 Ebd.; *Reimann/Bengel/Mayer* § 2286 Rn. 18 (jedoch nur für den Vertragschließenden, nicht den Dritten); a.A. *Staudinger/Kanzleiter* § 2281 Rn. 39; *Lange* NJW 1963, 1571, 1573.
29 Vgl. § 2281 Rn. 14; BGHZ 37, 137, 144; OLG Düsseldorf ZEV 1994, 171, 172.

seiner Rechte durchaus interessiert, wenn er einen solchen entsprechenden Einsatz zeigt. Da die Ansprüche aus §§ 2287, 2288 sowie andere erbrechtliche Ansprüche erst mit dem Erbfall zur Entstehung gelangen, scheiden sie als Sicherungsmöglichkeit aus.[30] Der Bedachte kann seine Rechtes nur durch andere Rechtsgeschäfte unter Lebenden sichern.

1. Verfügungsunterlassungsvertrag

Beispielsweise haben die Vertragsparteinen die Möglichkeit den Erbvertrag mit einem schuldrechtlichen Verfügungsunterlassungsvertrag (§ 311 Abs. 1) zu verbinden, in dem sich der Erblasser dazu verpflichtet, über einzelne Gegenstände oder alle Gegenstände, welche zum Nachlass zählen, zu seinen Lebzeiten nicht zu verfügen.[31] Damit erhält der Vertragspartner eine zusätzliche Sicherung, die wie bereits oben erwähnt zu einer Schutzwirkung bereits zu Lebzeiten des Erblassers führt. Allerdings darf zwischen den Einschränkungen der Verfügungsfreiheit des Erblassers gegenüber den Gegenleistung des Vertragspartners kein grobes Missverhältnis bestehen. Ist dieses gegeben, führt das zur Nichtigkeit des Vertrages gem. § 138 wegen Sittenwidrigkeit.[32] Betreffend die Errichtung eines solchen Verfügungsunterlassungsvertrages ist anzumerken, dass dieser grundsätzlich formlos möglich ist, selbst für den Fall, dass er auch Grundstücke betrifft, da § 311b Abs. 1 nur die tatsächliche Verfügung umfasst.[33] Der Verfügungsunterlassungsvertrag bedarf nur der Form des § 2276, wenn er als Bestandteil des Erbvertrags vorgenommen wird.[34] Der Vertrag kann zudem auch konkludent geschlossen werden. Allein die Verpflichtung zu einer Gegenleistung kann aber nicht zu der Annahme führen, dass ein solcher Vertrag vorliegt.[35]Eine Vereinbarung über den Ausschluss der Verpflichtung ist oftmals für den Fall anzunehmen, dass der Erblasser in eine finanzielle Notlage gerät.[36]

8

Diese Verpflichtung, die der Erblasser eingeht, über einen Gegenstand nicht zu verfügen, hat allein schuldrechtliche Wirkung, so dass ein Verfügungsgeschäft zwischen dem Erblasser und einem Dritten wirksam ist.[37] Der Bedachte hat für diesen Fall aber nun einen Anspruch gegen den Erblasser auf Wiederherstellung oder einen Schadenersatzanspruch.[38] Diese Ansprüche gehen dabei ebenfalls als Nachlassverbindlichkeit auf die Erben über (§ 1967).[39] Besteht bereits die Gefahr einer Verletzung der Vertragspflicht kann der Bedachte im Wege einer einstweiligen Verfügung ein gerichtliches Veräußerungsverbot erwirken.[40] Ein derartiges Veräußerungsverbot kann sogar in das Grundbuch eingetragen werden.[41] Ein weiteres Mittel zur Sicherung stellt die Möglichkeit dar, den **Verfügungsunterlassungsvertrag** durch die zusätzliche Vereinbarung von Vertragsstrafen oder durch die Verpflichtung eines Bürgen (§§ 765 ff.) zu verstärken.[42]

9

Des Weiteren kann der Erblasser sich auch dazu verpflichten im Falle eines Vertragsverstoßes den betroffenen Gegenstand unentgeltlich auf den Bedachten zu übertragen im Wege einer Sicherungsschenkung.[43] Eine derartige Übertragungsverpflichtung wird regel-

10

---

30 Vgl. BGHZ 8, 23, 30; *Recker* MittRhNotK 1978, 125, 127.
31 H.M. Mot. V, S. 327; BGHZ 12, 115, 122; 31, 13, 18 f.; BGH, FamRZ 1967, 470, 471; BGH WM 1970, 1366; *Buchholz* Jura 1989, 393, 394; *Baumgärtel* MDR 1960, 296; *Mattern* DNotZ 1964, 196, 214 f.
32 *Damrau* § 2286 Rn. 6.
33 BGH FamRZ 1967, 470; BGH DNotZ 1969, 759, 760.
34 MüKoBGB/*Musielak* § 2286 Rn. 4; *Hohmann* ZEV 1996, 24; *Reimann/Bengel/Mayer* § 2286 Rn. 25; a.A. *Soergel/Wolf* § 2286 Rn. 4 bejahend, soweit es eine Einheit bildet.
35 Vgl. BGH DNotZ 1969, 759, 760; BGH WM 1970, 1366; OLG Köln ZEV 1996, 23 mit Anm. *Hohman*.
36 BGH FamRZ 1967, 470, 472.
37 *Nieder/Kössinger* § 13 Rn. 29.
38 BGHZ 31, 13, 19; BGH DNotZ 1962, 497, 499.
39 *Nieder/Kössinger* § 13 Rn. 29.
40 BGH DNotZ 1962, 497, 499; OLG Stuttgart BWNotZ 1959, 70; *Furtne*, NJW 1966, 182, 183.
41 *Langenfeld* NJW 1987, 1577, 1580.
42 *Johannsen* DNotZ 1977, Sonderheft, 69, 78 f.; *Recker* MittRhNotK 1978, 125, 130.
43 *Spellenberg* FamRZ 1984, 858.

mäßig aufschiebend bedingt ausgestaltet sein. Bezieht diese Sicherungsschenkung sich allerdings auf ein Grundstück, so bedarf sie der Form des § 313b, und der Anspruch des Bedachten kann im Grundbuch durch Vormerkung gesichert werden.[44]

2. Weitere Sicherungsmöglichkeiten

11 Erblasser und Bedachter können zur Sicherung bestimmter Gegenstände auch **Vorverträge** schließen und **Vorkaufsrechte** vereinbaren.[45] Eine weitere Sicherungsmöglichkeit besteht in der **aufschiebend oder auflösend bedingten Übertragung** von Gegenständen bereits zu Lebzeiten des Erblassers auf den vertragsmäßig Bedachten.[46] Übernimmt der Erblasser des Weiteren die schuldrechtliche Verpflichtung, dem Bedachten einen bestimmten Gegenstand im Falle seines Überlebens unentgeltlich zu übertragen, sind gem. § 2301 Abs. 1 auf dieses Schenkungsversprechen die Vorschriften über Verfügungen von Todes wegen anzuwenden. Liegen dagegen, mit Ausnahme der Überlebensbedingung, bereits alle Voraussetzungen des Verfügungsgeschäftes vor, erwirbt der Bedachte ein Anwartschaftsrecht und die Vorschriften für Schenkungen unter Lebenden finden gem. § 2301 Abs. 2 Anwendung. Bei einem Grundstück gilt die Besonderheit, dass die Vertragsschließenden die Übertragung des Grundstücks mit einer Rückübertragungspflicht des Bedachten verbinden, weil eine Auflassung bedingungsfeindlich ist. Dieser an bestimmte Voraussetzungen zu knüpfende Rückübertragungsanspruch des Erblassers kann wiederum im Grundbuch durch eine Vormerkung gesichert werden.[47]

§ 2287
Den Vertragserben beeinträchtigende Schenkungen

(1) Hat der Erblasser in der Absicht, den Vertragserben zu beeinträchtigen, eine Schenkung gemacht, so kann der Vertragserbe, nachdem ihm die Erbschaft angefallen ist, von dem Beschenkten die Herausgabe des Geschenks nach den Vorschriften über die Herausgabe einer ungerechtfertigten Bereicherung fordern.

(2) Die Verjährungsfrist des Anspruchs beginnt mit dem Erbfall.

Zu § 2287: Geändert durch G vom 24.9.2009 (BGBl I S. 3142) (1.1.2010).

Fassung bis 31.12.2009

§ 2287
Den Vertragserben beeinträchtigende Schenkungen

(1) Hat der Erblasser in der Absicht, den Vertragserben zu beeinträchtigen, eine Schenkung gemacht, so kann der Vertragserbe, nachdem ihm die Erbschaft angefallen ist, von dem Beschenkten die Herausgabe des Geschenks nach den Vorschriften über die Herausgabe einer ungerechtfertigten Bereicherung fordern.

(2) Der Anspruch verjährt in 3 Jahren von dem Anfall der Erbschaft an.

---

44 BayObLGZ 1978, 287; LG Kreuznach DNotZ 1967, 301.
45 *Reimann/Bengel/Mayer* § 2286 Rn. 34.
46 Vgl. BGHZ 8, 23, 31; BayObLGZ 1953, 226, 229.
47 LG Hagen RPfleger 1969, 47 mit Anm. *Haegele*; LG Aschaffenburg RPfleger 1973, 426; *Recker* RhMitt-NotK 1978, 125, 128 f.; *Safferling* RPfleger 1973, 413, 414.

Übersicht

	Rz.		Rz.
I. Normzweck	1	4. Fallgruppen	12
II. Anspruchsberechtigter und Anspruchsverpflichteter	3	IV. Umfang des Anspruchs gem. § 2287	19
		1. Herausgabeanspruch	19
III. Voraussetzungen	5	2. Ausschluss	21
1. Schenkung	6	V. Verjährung des Herausgabeanspruchs (Abs. 2)	22
2. Beeinträchtigung	9		
3. Beeinträchtigungsabsicht und Missbrauch der Verfügungsfreiheit	11	VI. Verfahrensrechtliche Gesichtspunkte	23

I. Normzweck

Gem. § 2287 hat der Vertragserbe die Möglichkeit, in Beeinträchtigungsabsicht vorgenommene unentgeltliche Verfügungen (sog. »bösliche Schenkungen«) zu schützen. Erforderlich ist eine solche Vorschrift, weil der Erblasser trotz des Erbvertrages durch Rechtsgeschäfte unter Lebenden weiterhin uneingeschränkt über sein Vermögen verfügen kann. Dies gilt selbst dann, wenn der Erblasser in Beeinträchtigungsabsicht handelt.[1] § 2287 greift allerdings erst nach dem Eintritt des Erbfalles einen schuldrechtlichen Anspruch auf Herausgabe.[2] Die §§ 2287 ff. sind insoweit als abschließend zu betrachten, als keine weitergehenden Schadensersatzansprüche gegen den Erblasser oder Dritte möglich sind.[3]   **1**

Die Vorschriften der §§ 2287, 2288 finden entsprechende Anwendung auf bindend gewordene wechselbezügliche Verfügungen beim gemeinschaftlichen Testament.[4]   **2**

II. Anspruchsberechtigter und Anspruchsverpflichteter

Anspruchsberechtigter des Herausgabeanspruches gem. § 2287 ist der im Erbvertrag benannte Vertragserbe.[5] Der schuldrechtliche Anspruch entsteht erst mit Eintritt des Erbfalls (§§ 1922 Abs. 1, 1942 Abs. 1).[6] Der Vertragserbe erwirbt seinen Anspruch ausschließlich und höchstpersönlich.[7]   **3**

Bei einer Vor- oder Nacherbschaft steht dem Vorerben zunächst der Anspruch aus § 2287 zu. Mit dem Anfall der Nacherbschaft erwirbt der Nacherbe einen eigenen originären Anspruch aus § 2287 gegenüber dem Beschenkten, welcher Anspruchsverpflichteter ist. Weder der Erblasser noch andere Miterben sind Anspruchsgegner.[8] Bei mehreren gleichrangigen Miterben steht diesen ein Anspruch gem. § 2287 in Höhe ihrer jeweiligen Erbquote zu.[9]   **4**

III. Voraussetzungen

Voraussetzung für einen schuldrechtlichen Herausgabeanspruch aus § 2287 ist, dass eine Schenkung seitens des Erblassers vorliegt, welche dieser in Beeinträchtigungsabsicht vollzog.   **5**

---

1 BGHZ 59, 343, 348; BGH WM 1973, 680, 681.
2 Vgl. Mot. V, S. 328 f.; Prot. V, S. 390 ff.
3 *Spellenberg* NJW 1986, 2531, 2533.
4 BGH DNotZ 1951, 344, 345; OGHZ 1, 161; 2, 160, 162 f.; BGHZ 66, 8, 15 82, 274, 276 f.
5 Ausführlich dazu *Reimann/Bengel/J. Mayer* § 2287 Rn. 79 ff; *Spellenberg* NJW 1986, 2531, 2532.
6 *Damrau*, § 2287 Rn. 13.
7 *Damrau* § 2287 Rn. 13.
8 Vgl. RG LZ 1919, 1187; OLG Celle MDR 1948, 142 mit Anm. *Kleinrahm*.
9 BGH FamRZ 1961, 76, 78; BGH NJW 1989, 2389, 2391; *Waltermann* JuS 1993, 276, 278 ff.

1. Schenkung

6 Eine Schenkung setzt eine Vermögensminderung seitens des Schenkers und einen Vermögenszuwachs seitens des Beschenkten voraus, wobei die Zuwendung laut Parteivereinbarung unentgeltlich zu erfolgen hat.[10] Auch von dem Begriff Schenkung i.S.d. § 2287 umfasst sind sog. gemischte Schenkungen,[11] die nur zum Teil als unentgeltlich einzustufen sind, als auch verschleierte Schenkungen,[12] Pflicht- und Anstandsschenkungen,[13] ehebedingte oder unbenannte Zuwendungen[14] und Ausstattungsschenkungen.[15] Keine unbenannte Zuwendung zwischen Ehegatten dagegen liegt vor, wenn der Erblasser mit dem weniger vermögenden Ehegatten eine Gütertrennung vereinbart hat und dem weniger vermögenden Ehegatten ein Anspruch auf Zugewinnausgleich zusteht (§§ 1372 ff.).[16] Eine Zuwendung unter Ehegatten ist außerdem nicht als unentgeltlich anzusehen, wenn der Zuwendende die Leistung unterhaltsrechtlich geschuldet hat[17] oder sie auf einer bereits ehemals erbrachten Gegenleistung des anderen Ehegatten beruht.[18] Bei der Anwendbarkeit des § 2287 ist zu unterscheiden, ob es sich bei der Schenkung um eine Verfügung von Todes wegen oder eine Schenkung unter Lebenden auf den Tod handelt, wobei im letzteren Fall § 2287 Anwendung findet.[19] Bei der Verfügung von Todes wegen ist die Schenkung mit einer Überlebensbedingung verbunden, hier finden die Vorschriften des § 2301 i.V.m. den Vorschriften über Verfügungen von Todes wegen Anwendung (§ 2289).[20]

7 Ob das schuldrechtliche Schenkungsversprechen gem. § 518 als Schenkung i.S.d. § 2287 zu qualifizieren ist, ist umstritten.[21] Nach überwiegender Ansicht ist bei einem schuldrechtlichen Schenkungsversprechen gem. § 518 der Herausgabeanspruch des § 2287 anwendbar, weil dieser erforderlich ist, um einem Herausgabeverlangen des Gegenstandes durch den Beschenkten zu begegnen. Die Gegenansicht führt dagegen aus, dass ein Anspruch aus § 2287 nicht von Nöten ist, weil der zukünftig Beschenkte den Gegenstand noch gar nicht erhalten hat und ein Herausgabeanspruch fehl gehen würde. Es ist ausreichend, dass dem Vertragserben erst mit Herausgabe des Geschenks ein Anspruch aus § 2287 zusteht und der Beschenkte ein Eigeninteresse zur Durchsetzung hat.

8 Ist der mit dem Beschenkten vereinbarte Schenkungsvertrag nichtig, kann der Vertragserbe neben § 2287 auch die §§ 812 ff. geltend machen.[22] Relevant wird zudem der Herausgabeanspruch des § 2287 lediglich für Verfügungen in dem Zeitraum nach Abschluss des Erbvertrages und vor Eintritt des Erbfalles.[23]

---

10 BGHZ 82, 274, 281; vgl. BGH NJW-RR 1986, 1135; *Spellenberg* NJW 1986, 2531, 2532.
11 RGZ 148, 236, 240; BGH FamRZ 1964, 429, 431; BGH WM 1973, 680, 681; vgl. BGH NJW-RR 1989, 259.
12 BGH FamRZ 1961, 72, 73; 1964, 429.
13 *Bonefeld/Kroiß/Tanck* § 2 Rn. 276.
14 BGHZ 116, 167; BGH, NJW-RR 1996, 133; *Reimann/Bengel/Mayer* § 2287 Rn. 30; *Staudinger/Kanzleiter* § 2287 Rn. 3a; *Palandt/Edenhofer* § 2287 Rn. 5; grds. zustimmend MüKoBGB/*Musielak* § 2287 Rn. 4; *Draschka* DNotZ 1993, 100 (106); *Kollhosser* NJW 1994, 2313 (2316); *Ebenroth* Rn. 271; a.A. *Kues* FamRZ 1992, 924; *Morhard* NJW 1987, 1734 (1735 f.); *Dingerdissen* JZ 1993, 402 (403); *Klingelhöffer* NJW 1993, 1097 (1100 f.).
15 *Bonefeld/Kroiß/Tanck*, Erbprozess, § 2 Rn. 276.
16 BGHZ 116, 178, 178.
17 BGHZ 116, 167, 173.
18 BGHZ 116, 167, 173.
19 *Damrau* Vor §§ 274 ff. BGB Rn. 8.
20 *Ivo* ZEV 2003, 101, 101.
21 OLG Celle MDR 1948, 142, 144 mit Anm. *Kleinrahm*; *Reimann/Bengel/Mayer* § 2287 Rn. 26; *Palandt/Edenhofer* § 2287 Rn. 5; a.A. MüKoBGB/*Musielak* § 2287 Rn. 3.
22 MüKoBGB/*Musielak* § 2287 Rn. 7; *Palandt/Edenhofer* § 2287 Rn. 5; *Reimann/Bengel/Mayer* § 2287 Rn. 13; *Münzberg* JuS 1961, 389, 390 f.; a.A. *Spellenberg* NJW 1986, 2531, 2533; *Boehmer* FamRZ 1961, 253.
23 *Damrau* § 2287 Rn. 13.

2. Beeinträchtigung

Dem Vertragserben steht nur dann ein Herausgabeanspruch gegen den Beschenkten nach 9
§ 2287 zu, sofern seine berechtigte Erberwartung objektiv beeinträchtigt ist.[24] Der Schutz des § 2287 reicht aber nur so weit, wie auch der Erblasser im Rahmen des Erbvertrages gebunden ist.[25] Um keine Beeinträchtigung des Vertragserben handelt es sich daher, wenn der Erblasser zu seinen Lebzeiten einem Dritten unentgeltlich Vermögensgegenstände überträgt, die er dem Dritten, etwa i.R.e. im Erbvertrag vereinbarten Vermächtnisvorbehalts, auch durch Verfügung von Todes wegen hätte zuwenden können.[26]

Voraussetzung für einen Anspruch ist neben dem Vorliegen einer Schenkung vor allem 10
das Vorliegen einer objektiven Beeinträchtigung der berechtigten Erberwartung des im Erbvertrag Begünstigten. Allerdings bietet § 2287 nur insoweit Schutz, wie der Erblasser im Erbvertrag auch gebunden ist. Ein darüber hinausgehender Schutz ist nicht gegeben. Ausnahmsweise liegt aber keine Beeinträchtigung i.S.d. § 2287 vor, wenn der Erblasser einem Dritten zu seinen Lebzeiten unentgeltlich einen Vermögensgegenstand überträgt, die er aufgrund eines im Erbvertrag vereinbarten Vermächtnisvorbehaltes auch einem Dritten hätte zuwenden dürfen. Entspricht eine Schenkung des Erblassers an einen Pflichtteilsberechtigten dem Wert des Pflichtteils, so handelt es sich ebenso wenig um eine Beeinträchtigung des Vertragserben, da dieser den Pflichtteilsanspruch ansonsten als Nachlassverbindlichkeit (§ 1967 Abs. 2) selbst zu erfüllen hätte und somit der zu erwartende Nachlass ohnehin um den Pflichtteil geschmälert worden wäre.[27] Gegebenenfalls kann aber ein Anspruch in Höhe des Mehrwertes gegeben sein, falls der Wert der zugewendeten Sache den Pflichtteil übersteigt.[28] Ein Anspruch aus § 2287 ist allerdings bei Vorliegen einer Beeinträchtigung ausnahmsweise ausgeschlossen, wenn diese gemessen am Gesamtbestand des Vermögens jeweils nur geringfügige Vermögensteile betrifft.[29]

3. Beeinträchtigungsabsicht und Missbrauch der Verfügungsfreiheit

Ein Herausgabeanspruch des Vertragserben gem. § 2287 besteht nur, wenn der Erblasser 11
die Schenkung in der Absicht gemacht hat, dem Vertragserben die Vorteile der vertraglichen Erbeinsetzung zu entziehen. Nach früherer ständiger Rechtsprechung war von einer solchen Beeinträchtigungsabsicht nur dann auszugehen, wenn sie zwar nicht der alleinige, aber zumindest der maßgebende Beweggrund für den Erblasser war, die Schenkung vorzunehmen.[30] Da die Motive des Erblassers, den Beschenkten zu begünstigen beziehungsweise den Vertragserben zu beeinträchtigen, aber in einem mittelbaren Zusammenhang stehen, weil das Eine auch das Andere bedingt, kann nicht unbedingt festgestellt werden, welchen Stellenwert die einzelnen Beweggründe in der Vorstellung des Erblassers hatten.[31] Der BGH hat aufgrund dessen und den damit einhergehenden Beweislastschwierigkeiten das Erfordernis des Missbrauchs der Verfügungsbefugnis entwickelt.[32] Dabei soll die Entscheidung darüber, ob es sich um eine missbräuchliche Schenkung handelt, anhand objektiver Kriterien bestimmt werden.[33] Eine missbräuchliche Schenkung wird grundsätzlich verneint, sofern ein lebzeitiges Eigeninteresse des Erblassers vorliegt, allerdings sind auch

---

[24] BGH NJW-RR 1989, 259; *Reimann/Bengel/Mayer* § 2287 Rn. 33.
[25] Vgl. BGHZ 82, 274, 278; 83, 44, 48; BGH WM 1986, 1221, 1222; OLG Karlsruhe ZErb 2006, 172, 172.
[26] BGH WM 1986, 1221, 1222.
[27] BGHZ 88, 269, 272; OLG Karlsruhe ZErb 2006, 172, 172; *Johannsen* WM 1985, Sonderbeilage Nr. 1, S. 26 f.
[28] BGHZ 88, 269, 272.
[29] Vgl. BGHZ 66, 8, 14.
[30] RGZ 77, 111, 113; RG, JW 1912, 142; 1935, 275, 276; BGHZ 31, 13, 23; BGH FamRZ 1961, 72, 74; BGH DNotZ 1969, 759, 760; OGHZ 1, 163; 2, 160, 167.
[31] BGHZ 59, 343, 350.
[32] BGH 116, 167.
[33] Vgl. BGHZ 77, 264, 266 f.; 83, 44, 45 f.; BGH FamRZ 1977, 539.

andere Interessen anerkannt, die einen Missbrauch ausschließen sollen.[34] Für die Bejahung eines lebzeitigen Eigeninteresses haben sich im Verlauf der Zeit verschiedene anerkannte Fallgruppen herausgebildet, welche Anhaltspunkte dafür liefern, ob ein Missbrauch der Verfügungsfreiheit zu bejahen ist.[35]

4. Fallgruppen

12 Im Laufe der Zeit haben sich für verschiedene Lebenssachverhalte Fallgruppen herausgebildet, die eine Interessenabwägung des jeweiligen Einzelfalles zwar nicht ersetzen, aber zumindest Anhaltspunkte dafür liefern, ob ein Missbrauch der Verfügungsfreiheit nahe liegt oder nicht.

a) Schenkungen zur Sicherung der Altersvorsorge

13 Eine der anerkannten Fallgruppen des lebzeitigen Eigeninteresses liegt vor, wenn der Erblasser die Schenkung zur Sicherung seiner Altersvorsorge nutzt. Zu beachten ist hierbei insb., dass bei der Bestimmung des lebzeitigen Eigeninteresses im Hinblick auf die Altersversorgung die individuellen Wünsche des Erblassers zu berücksichtigen sind und allein er Entscheidungsgewalt darüber besitzt, ob er diese auch durch den im Vertrag bestimmten Erben oder einen Dritten hätte haben können.[36] Zudem liegt auch kein Fall des Missbrauchs vor, sofern die Zuwendung die Versorgung eines anderen Angehörigen sicherstellen soll[37] oder etwa aus Dankbarkeit für vorherige erbrachte Pflegeleistungen getroffen wird.[38]

b) Pflicht- und Anstandsschenkungen

14 Fühlt sich der Erblasser nach den Regeln des Anstandes oder aufgrund einer sittlichen Pflicht[39] zu einer unentgeltlichen Verfügung an den Dritten verpflichtet,[40] so ist eine Beeinträchtigungsabsicht grundsätzlich abzulehnen. Wert und Umfang der Schenkung müssen sich jedoch sowohl hinsichtlich des Anlasses als auch unter Berücksichtigung der Vermögensverhältnisse des Erblassers in einem angemessenen Verhältnis abspielen.[41] Allein aufgrund der Tatsache, dass man in einem Verwandtschaftsverhältnis zueinander steht oder aufgrund dessen, dass man versucht dieses verwandtschaftlichen Beziehungen zu verbessern, ergibt sich keine sittliche Pflicht, durch welche eine Verfügung wiederum über wesentliche Vermögensteile des Erblassers zu rechtfertigen ist.[42]

c) Schenkungen aus mildtätigen Erwägungen

15 Der Erblasser hat aber trotz der vertragsmäßigen Bindung durchaus die Möglichkeit weiterhin Schenkungen aus mildtätigen oder karitativen Erwägungen heraus zu treffen. Ein Missbrauch der Verfügungsfreiheit des Erblassers in derartigen Fällen ist in der Regel zu verneinen.[43] Eine Beeinträchtigungsabsicht beziehungsweise ein Missbrauch der Verfügungsfreiheit kann aber im Einzelfall bei solchen Schenkungen zu bejahen sein,[44] wenn

---

34 BGH NJW-RR 1986, 1135, 1136; 1987, 2; OLG Zweibrücken ZEV 2001, 110.
35 *Spellenberg* FamRZ 1972, 349, 355; *Nieder/Kössinger* § 12 Rn. 10.
36 *Nieder/Kössinger* § 12 Rn. 12.
37 OLG Düsseldorf OLG-Rp 1993, 185.
38 OLG München NJW-RR 1987, 1484.
39 BGHZ 66, 8, 16; 83, 44, 46.
40 *Klinger/Roth* NJW- Spezial Heft 2008, 519, 519.
41 BGH WM 1979, 442, 444; 1980, 1366; OLG Koblenz MDR 1991, 235, 238; *Johannsen* DNotZ 1977, Sonderheft, 69, 91.
42 BGHZ 66, 8, 17; vgl. OLG Köln NJW-RR 1992, 200.
43 Vgl. Prot. V, S. 39.
44 *Damrau* § 2287 Rn. 8.

diese Schenkung das gesamte Vermögen des Erblassers oder einen wesentlichen Teil dessen betrifft. Dies beurteilt sich wiederum nach dem jeweiligen Einzelfall, eine pauschale Aussage darüber kann dagegen nicht getroffen werden.[45] Grundsätzlich gilt, dass dem Vertragserben Schenkungen, die aus den jeweiligen Erträgen des Erblassers stammen, eher zuzumuten sind als solche, die aus bereits bestehender Vermögensmasse stammen und damit diese bestehende Vermögensmasse schmälern.[46] Bei der Beurteilung der Beeinträchtigungsabsicht einer Schenkung kurz vor dem zu erwarten Tode des Erblassers fällt die Vermutung für eine solche Absicht zu Lasten des Erblassers aus.[47]

d) Bestehende Anfechtungsmöglichkeit

Ein Missbrauch der durch den Erblasser bestehenden Verfügungsfreiheit und damit die Bejahung eines lebzeitigen Eigeninteresses ist des Weiteren abzulehnen für den Fall, dass der Erblasser eine Möglichkeit zur Anfechtung des Erbvertrages oder eines bindenden Testaments besitzt und innerhalb der Anfechtungsfrist, Schenkungen gegenüber Dritten vornimmt. Dies gilt auch für den Fall, dass er letztlich nicht anficht.[48]

16

e) Schenkungen aufgrund veränderter Verhältnisse

Ein lebzeitiges Interesse des Erblassers wird für den Fall verneint, dass sich seit dem Abschluss des Erbvertrages die tatsächlichen Verhältnisse nicht geändert haben und der Erblasser einer ihm nahe stehenden Person aufgrund eines plötzlichen Sinneswandels eine Zuwendung machen möchte.[49] Zeichnet sich dieser doch nicht ganz so plötzliche Sinneswandel jedoch bereits vor Vertragsschluss ab und wird danach vollzogen, ist ein Missbrauch der Verfügungsfreiheit zu verneinen.[50] Man muss dabei jedoch beachten, dass der Erblasser, trotz dieses Interesses, einen Erbvertrag geschlossen hat mit den damit einhergehenden Konsequenzen, so dass von einem objektiven Betrachter veränderte Verhältnisse verlangt werden, um eine etwaige Beeinträchtigungsabsicht zu verneinen.[51]

17

e) Ergänzende Fallgruppe

Gleichermaßen ein lebzeitiges Eigeninteresse wird des Weiteren in den Fällen bejaht, dass der Erblasser etwa einen Unternehmensanteil einem Dritten zuwendet, um das Unternehmen an sich zu erhalten oder auch einen erfahrenen und für den betrieblichen Ablauf wertvollen Mitarbeiter an das Unternehmen zu binden.[52] Auch eine Streitschlichtung und der damit einhergehenden Zuwendung wesentlicher Vermögensteile zugunsten des Vertragserben, der den Streit schuldhaft herbeigeführt hat, ist zulässig.[53]

18

IV. Umfang des Anspruchs gem. § 2287

1. Herausgabeanspruch

Grundsätzlich ist somit der Anspruch gegen den Beschenkten auf Herausgabe der geschenkten Sache in Natur gerichtet. Ist dies aufgrund der Beschaffenheit der Sache oder aus anderem Grund nicht möglich, so hat der Beschenkte dem Vertragserbe den Wert der

19

---

45 Vgl. schon Mot. V, S. 329; Prot. V, S. 393.
46 *Johannsen* DNotZ 1977, Sonderheft, 69, 93.
47 *Bonefeld/Kroiß/Tanck* § 2 Rn. 280.
48 BGH ZEV 2006, 505.
49 BGHZ 66, 8, 16; 77, 264, 268 f.; 83, 44, 46; BGH WM 1977, 201, 202; *Reimann/Bengel/Mayer* § 2287 Rn. 52.
50 BGH WM 1977, 201, 202; BGHZ 83, 44, 46; OLG Frankfurt NJW-RR 1991, 1157, 1159; OLG Köln NJW-RR 1992, 200.
51 *Reimann/Bengel/Mayer* § 2287 Rn. 59.
52 BGHZ 97, 188, 195 f.
53 BGH WM 1977, 876, 877; *Spellenberg* NJW 1986, 2531, 2537.

Sache zu ersetzen. Die Abwicklung des Herausgabeanspruchs aus § 2287 richtet sich nach den bereicherungsrechtlichen Vorschriften beziehungsweise nach dessen Rechtsfolgen (§§ 818 ff.).[54] Das bedeutet für die Rückabwicklung, dass in erster Linie die Sache an sich herausgegeben werden sollte (§§ 2287 Abs. 1, 818 Abs. 1), soweit dieses nicht mehr möglich ist, kann Wertsatz verlangt werden (§ 2287 Abs. 1, 818 Abs. 2). Eine Beschränkung betreffend die Höhe der Wertersatzleistung erhält der Anspruch aus § 2287 durch die tatsächliche objektive Beeinträchtigung des Vertragserben.[55] Maßgebender Zeitpunkt für die Wertermittlung bezüglich der geleisteten Schenkung ist der Eintritt des Erbfalles. Der Herausgabeanspruch des Vertragserben entfällt aber wiederum, wenn sich der Beschenkte auf einen Wegfall der Bereicherung berufen kann (§ 818 Abs. 3). Der Einwand ist dem Beschenkten aber wie üblich nicht gestattet, wenn er zum Zeitpunkt der Entreicherung bösgläubig ist (§ 819) oder Rechtshängigkeit gegeben ist (§ 818 Abs. 4). Für eine etwaige Annahme der Bösgläubigkeit des Beschenkten muss dieser zum Einen von der erbvertraglichen Bindung des Erblassers, als auch zum Anderen von dessen Absicht zur Beeinträchtigung des Vertragserben, Kenntnis gehabt haben.[56] Dabei ist jedoch gleichermaßen zu berücksichtige, dass die Kenntnis solcherlei Tatsachen genügt, welche als ausreichend anzusehen sind, um regelmäßig eine solche Beeinträchtigungsabsicht bejahen zu können.[57] Des Weiteren besteht auch ein Anspruch des Vertragserben analog § 822 gegenüber Dritten, sofern der Beschenkte seinerseits die durch Schenkung erlangte Sache einem Dritten durch Schenkung zukommen lässt.[58] Zu erwähnen ist außerdem, dass der in § 2287 normierte Herausgabeanspruch keinen Auskunftsanspruch über das Geschenk oder dessen Verbleib gegenüber dem Beschenkten gewährt.[59]

20 Da das Geschenk nicht zum Nachlass des Erblassers gehört, ergibt sich eine solche Auskunftspflicht auch nicht aus §§ 2027, 2028. Nach überwiegender Ansicht[60] kommt ein solcher Anspruch auf Erteilung einer Auskunft über den Verbleib einer Sache gegen den Beschenkten jedoch nach dem Grundsatz von Treu und Glauben nach § 242 in Betracht, wenn der Vertragserbe wiederum auch schlüssige Anhaltspunkte für das Vorliegen einer beeinträchtigenden Schenkung zugunsten des Dritten darlegt und diese beweisen kann.[61]

2. Ausschluss

21 Ein Anspruch des Vertragserben gem. § 2287 ist ausgeschlossen, sofern sich der Erblasser die Vornahme unentgeltlicher Zuwendungen im Erbvertrag vorbehalten hat, da die erbvertragliche Aussicht des Bedachten in diesem Falle ohnehin nur auf den um die Schenkungen gekürzten Nachlass gerichtet ist und somit einen zulässigen Ausschluss des § 2287 herbeiführte.[62] Aus Gründen des Minderjährigenschutzes bedarf aber die Zustimmung des gesetzlichen Vertreters eines Vertragserben vor dem Eintritt des Erbfalles der Genehmigung des Vormundschaftsgerichtes gem. §§ 2347 Abs. 1, 2352 S. 2 in entsprechender Anwendung.[63]

---

54 Vgl. RGZ 139, 17, 22.
55 BGH NJW-RR 1989, 259, 260.
56 *Johannsen* DNotZ 1977, Sonderheft, S. 69, 96; *Ludewig* MDR 1985, 372, 373.
57 Spellenberg NJW 1986, 2531, 2533.
58 H.M. MüKoBGB/*Musielak* § 2287 Rn. 21; *Soergel/Wolf* § 2287 Rn. 25; *Palandt/Edenhofer* § 2287 Rn. 12; a.A. *Staudinger/Kanzleiter* § 2287 Rn. 23.
59 BGHZ 18, 67, 68.
60 Vgl. BGHZ 61, 180, 184 m.w.N.; 97, 188, 192; *Soergel/Wolf* § 2287 Rn. 26; MüKoBGB/*Musielak* § 2287 Rn. 23; *Palandt/Edenhofer* § 2287 Rn. 14; *Hohloch* JuS 1986, 811; vgl. *Klingelhöffer* NJW 1993, 1097, 1102; a.A. analog §§ 2027, 2028 *Winkler/v. Mohrenfels* NJW 1987, 2557, 2558 ff.
61 BGHZ 97, 188, 193.
62 *Staudinger/Kanzleiter* § 2287 Rn. 28; MüKoBGB/*Musielak* § 2287 Rn. 24; a.A. *Kipp/Coing* § 38 IV 2 c.
63 BGHZ 83, 44, 50; *Johannsen* WM 1985, Sonderbeilage Nr. 1, S. 27.

V. Verjährung des Herausgabeanspruchs (Abs. 2)

Der Anspruch aus § 2287 auf Herausgabe verjährt gem. § 2287 Abs. 2 innerhalb von drei 22
Jahren. Die Verjährungsfrist beginnt dabei mit dem Eintritt des Erbfalles beziehungsweise
mit dem Tod des Erblassers zu laufen nach §§ 1922 Abs. 1, 1942 Abs. 1. Dabei spielt es
jedoch keine entscheidende Rolle, zu welchem Zeitpunkt die Schenkung nach Abschluss
des Erbvertrages vorgenommen wurde und ob der Vertragserbe auch Kenntnis von der
Schenkung oder den anderen Anspruchsvoraussetzungen gehabt hat.[64]

VI. Verfahrensrechtliche Gesichtspunkte

Nach allgemeinen Grundsätzen muss der Vertragserbe die Voraussetzungen für einen 23
Anspruch aus § 2287 beweisen.[65] Für den Beweis des Schenkungscharakters der Zuwendung genügt allerdings bereits die Darlegung eines groben Missverhältnisses zwischen Leistung und Gegenleistung.[66] Das Vorliegen einer Beeinträchtigungsabsicht ist zu vermuten, wenn die beeinträchtigende Schenkung nach der Darstellung des Vertragserben der Bindungswirkung des Erbvertrages zuwiderläuft.[67] Den Beschenkten trifft daraufhin wiederum die Beweislast, diejenigen Umstände darzulegen, aufgrund derer die Schenkung einem anerkennenswerten Interesse des Erblassers entspricht.[68] Grund dafür ist, dass die jeweilige mit der Schenkung verfolgte Motivation des Erblassers für den Vertragserben nur schwer zu erkennen ist, wenn diese sich überhaupt sich außen erkennbar zeigt.[69] Gelingt dem Beschenkten der Nachweis eines lebzeitigen Interesses des Erblassers, hat der Vertragserbe wiederum die Möglichkeit, dieses zu widerlegen.[70]

Bei einer gemischten Schenkung ist zunächst einmal festzustellen, ob die Zuwendung 24
mit einem entgeltlichen oder unentgeltlichen Schwerpunkt erfolgte, indem der Sachwert
der an den Beschenkten herausgegebenen Sache dem Wert der erbrachten Gegenleistung
gegenübergestellt wird. Wenn als Ergebnis dieses Vergleichs die Unentgeltlichkeit der Verfügung überwiegt, ist der Anspruch des Vertragserben aus § 2287 auf Herausgabe der ehemals verschenkten Sache auf die Erstattung der Gegenleistung gerichtet.[71] Überwiegt dagegen die Entgeltlichkeit der Schenkung kann der Vertragserbe dagegen vom Beschenkten Wertersatz gem. §§ 2287, 818 Abs. 2 in Höhe des unentgeltlich zugewandten Anteils verlangen.[72] Diese Regelungen gelten beim Anspruch des Vertragserben gegen einen Pflichtteilsberechtigten ebenfalls, sofern der Erblasser dem Pflichtteilsberechtigten eine Sache zuwendet, deren Wert den Pflichtteilsanspruch bei Weitem übersteigt.[73]

---

64 *Reimann/Bengel/Mayer* § 2287 Rn. 96.
65 BGHZ 66, 8, 16; 82, 274, 282; BGH WM 1986, 977, 978; BGH NJW 1992, 2630, 2631; OLG München NJW-RR 1987, 1484, 1484 f.; OLG Köln NJW-RR 1992, 200.
66 BGHZ 59, 132, 136; 116, 178, 183; BGH FamRZ 1989, 732, 733; BGH NJW-RR 1996, 754, 755.
67 *Bonefeld/Kroiß/Tanck* § 6 Rn. 18.
68 BGHZ 66, 8, 16; OLG Köln NJW-RR 1992, 200; OLG München NJW-RR 1987, 1484, 1485; vgl. auch BGHZ 77, 264; 82, 274, 282.
69 *Klinger/Roth* NJW- Spezial 2008, 519, 519.
70 *Klinger/Roth* NJW- Spezial 2008, 519, 519.
71 Vgl. BGH NJW 1953, 501; BGHZ 77, 264 (272); BGH FamRZ 1961, 76, 78; 1964, 429, 430; *Kohler* NJW 1964, 1393, 1398.
72 BGHZ 30, 120; 77, 264, 272; BGH NJW 1953, 501; BGH FamRZ 1961, 72, 73; 1964, 429.
73 BGHZ 77, 264, 271 f.

§ 2288
Beeinträchtigung des Vermächtnisnehmers

(1) Hat der Erblasser den Gegenstand eines vertragsmäßig angeordneten Vermächtnisses in der Absicht, den Bedachten zu beeinträchtigen, zerstört, beiseite geschafft oder beschädigt, so tritt, soweit der Erbe dadurch außerstande gesetzt ist, die Leistung zu bewirken, an die Stelle des Gegenstandes der Wert.

(2) Hat der Erblasser den Gegenstand in der Absicht, den Bedachten zu beeinträchtigen, veräußert oder belastet, so ist der Erbe verpflichtet, dem Bedachten den Gegenstand zu verschaffen oder die Belastung zu beseitigen; auf diese Verpflichtung finden die Vorschriften des § 2170 Abs. 2 entsprechende Anwendung. Ist die Veräußerung oder die Belastung schenkweise erfolgt, so steht dem Bedachten, soweit er Ersatz nicht von dem Erben erlangen kann, der im § 2287 bestimmte Anspruch gegen den Beschenkten zu.

I. Normzweck und Anwendbarkeit

1 Durch die Regelung des § 2288 erhält der im Erbvertrag bedachte Vermächtnisnehmer, Schutz vor Beeinträchtigungen durch den Erblasser selbst gegenüber dem erteilten Vermächtnis. § 2288 umfasst über den Schutzbereich der vergleichbaren Regelung des § 2287 hinaus allerdings auch tatsächliche Handlungen und entgeltliche Verfügungsgeschäfte des Erblassers.[1] Dieses ist für einen wirksamen Schutz des Vermächtnisnehmers auch erforderlich, da der Vermächtnisanspruch des Vermächtnisnehmers nur entsteht, wenn sich der vermachte Gegenstand sich im Zeitpunkt des Erbfalls im Vermögen des Erblassers befindet.[2] Durch die Regelung des § 2288 soll verhindert werden, dass der Erblasser sich durch die in § 2288 beschriebene Vorgehensweise seiner vertraglichen Bindung entzieht. Der Erblasser hat somit keine Möglichkeit den vertraglich zugesicherten Vermächtnisanspruch zu vereiteln. Aber auch beim Verschaffungsvermächtnis erweitert § 2288 die dem Vermächtnisnehmer gem. § 2279 i.V.m. §§ 2147 ff. zustehenden testamentsrechtlichen Ansprüche, in dem er einen Wertersatzanspruch gewährt.[3]

2 § 2288 bezieht sich auf denjenigen Vermächtnisnehmer, der mittels vertragsmäßiger Verfügung in dem abgeschlossenen Erbvertrag begünstigt ist.[4] Eine bloß einseitige Verfügung seitens des Erblassers reicht dabei nicht aus.[5] Grund dafür ist die fehlende Bindungswirkung durch die lediglich einseitige Verfügung des Erblassers.[6] § 2288 ist ebenfalls entsprechend bei Ehegatten in einem gemeinschaftlichen Testament anwendbar aufgrund der vergleichbaren Interessenslage.[7]

II. Anspruchsvoraussetzungen

1. Tatsächliche Handlung des Erblassers (Abs. 1)

3 Handlungen des Erblassers, welche einen Anspruch aus § 2288 auslösen können, sind das Zerstören, Beiseiteschaffen oder die Beschädigung derjenigen Sache, die vermacht werden soll. Umfasst von dem Anwendungsbereich des § 2288 sind also nur tatsächliche Handlungen. Mit umfasst von § 2288 sind nicht nur die darin benannten Handlungen, sondern auch, wenn die Sache untergeht durch Verarbeitung, Verbindung, Vermischung oder Ver-

---

[1] Vgl. Prot. V, S. 404.
[2] *Reimann/Bengel/Mayer* § 2288 Rn. 2.
[3] *Bonefeld/Kroiß/Tanck* § 6 R.18; *Leipold* § 22 Rn. 772.
[4] vgl. BGH, NJW 1982, 441, 442.
[5] *Reimann/Bengel/Mayer* § 2288 Rn. 37.
[6] *Reimann/Bengel/Mayer* § 2288 Rn. 37.
[7] OGHZ 1, 161.

brauch. Der Anspruch des § 2288 richtet sich dabei auf Wiederherstellung des Vermächtnisgegenstandes, auf Wiederbeschaffung oder gegebenenfalls auf Wertersatz. Zu beachten gilt jedoch, dass sich kein Anspruch aus § 2288 gegenüber dem Erblasser ergeben, weil der Erblasser den Vermächtnisgegenstand nicht instand gehalten hat oder dieser nicht erhalten geblieben ist.[8] Grund dafür ist, dass seitens des Erblassers keine Pflicht desgleichen bestand. Allerdings besteht dagegen eine Verpflichtung des Erblassers all diejenigen Maßnahmen zu treffen die zur Erhaltung des Vermächtnisgegenstandes essentiell sind.[9]

2. Rechtsgeschäftliche Handlung des Erblassers (Abs. 2)

§ 2288 Abs. 2 setzt voraus, dass der Erblasser über den Vermächtnisgegenstand durch ein Rechtsgeschäft verfügt hat. Irrelevant ist dabei, ob es sich insoweit um ein entgeltliches oder unentgeltliches Rechtsgeschäft handelt. Des Weiteren ist auch unbeachtlich, ob der Erblasser den Vermächtnisgegenstand veräußert oder mit einem fremden Recht belastet hat.   4

Der Anspruch nach § 2288 Abs. 2 setzt voraus, dass der Erblasser über den Vermächtnisgegenstand durch Rechtsgeschäft verfügt hat, wobei unabhängig ist, ob es sich um ein entgeltliches oder ein unentgeltliches Rechtsgeschäft handelte oder der Erblasser die Sache veräußert oder mit einem fremden Recht belastet hat. Der Anspruch des Vermächtnisnehmers hat keine Wirkung auf die Wirksamkeit des Rechtsgeschäfts zwischen Erblasser und Drittem.[10] Zudem besteht der Anspruch aus § 2288 auch dann, wenn bis zum Erbfall nur das schuldrechtliche Verpflichtungsgeschäft abgeschlossen wurde.[11] Der Anspruch aus § 2288 besitzt nunmehr des Charakter eines Verschaffungsvermächtnisses, denn den Erblasser trifft eine Art Pflicht, eine eventuelle Belastung des Vermögensgegenstandes aufzuheben, § 2288 Abs. 2 S. 1 bildet insoweit eine Ausnahmeregelung zu § 2165.[12] Nach § 2288 Abs. 2 wird der Anspruch des Vermächtnisnehmers auf den Beschenkten erstreckt, wenn ein Ersatz vom Erben nicht erlangt werden kann.   5

3. Beeinträchtigungsabsicht

Voraussetzung für einen Anspruch aus § 2288 ist wiederum, dass eine objektive Beeinträchtigung des Vermächtnisnehmers durch den Erblasser gegeben ist. Zudem muss der Erblasser in der Absicht gehandelt haben, den Vermächtnisnehmer durch die objektive Beeinträchtigung zu schädigen.[13] Eine Ausnahme von dieser so benannten Beeinträchtigungsabsicht stellt der Fall des lebzeitigen Eigeninteresses dar. Gegebenenfalls kann durch die Parteien auch ein vertraglicher Ausschluss vereinbart worden sein, der u.U. erst durch Auslegung ermittelt werden muss.[14] Eine Beeinträchtigungsabsicht ist danach anzunehmen, wenn der Erblasser eine tatsächliche oder rechtliche beeinträchtigende Handlung vornimmt, die der erbvertraglichen Bindung zuwiderläuft, so dass man davon ausgehen kann, dass die Beeinträchtigung nicht ein anerkennenswertes lebzeitiges Verfügungsinteresse des Erblassers rechtfertigt. Selbst wenn man ein lebzeitiges Eigeninteresse bejaht, kann eine Beeinträchtigungsabsicht dennoch u.U. bejaht werden, wenn dieses Interesse unter Zuhilfenahme seines sonstigen Vermögens befriedigt werden kann und ein Zugriff auf den Vermächtnisgegenstand nicht erforderlich war.[15]   6

---

8 BGHZ 124, 35, 38; *Palandt/Edenhofer* § 2288 Rn. 2; a.A. *Siegmann* ZEV 1994, 38, 39 der grds. auch einen Anspruch gem. § 2288 durch Unterlassen annehmen; vermittelnd *Reimann/Bengel/Mayer* § 2288 Rn. 25 ff.; MüKoBGB/*Musielak* § 2288 Rn. 2.
9 *Siegman*, ZEV 1994, 38, 39.
10 Vgl. BGHZ 26, 274, 279 f.
11 BGHZ 31, 13, 23 f.; *Bund* JuS 1968, 268, 274.
12 *Nieder/Kössinger* § 9 Rn. 61.
13 *Frank* § 13 Rn. 14.
14 *Frank* § 13 Rn. 21.
15 BGH NJW 1984, 731, 732; BGH NJW-RR 1998, 577.

4. Anspruchsberechtigter und Anspruchsverpflichteter

7 Anspruchsberechtigter ist diejenige Person, die durch den abgeschlossenen Erbvertrag bedacht wurde.[16] Der Anspruch aus § 2288 entsteht dabei allerdings erst mit Eintritt des Erbfalls (§ 2176, beachte jedoch §§ 2177 f.). Anspruchsverpflichteter ist dagegen der Erbe bzw. die Erbengemeinschaft.[17] Der Anspruch gegen die gesamte Erbengemeinschaft besteht selbst dann, wenn nur einer der Miterben oder ein Vermächtnisnehmer mit dem Vermächtnis beschwert ist. § 2282 Abs. 2 S. 2 regelt dabei eine weitere Besonderheit. Bei der Regelung des § 2288 Abs. 2 S. 2 richtet sich der Anspruch hilfsweise gegen den Beschenkten.

5. Rechtsfolgen

a) Ansprüche gem. § 2288 Abs. 1

8 § 2281 Abs. 1 bietet einen Wertersatzanspruch, sofern eine Wiederherstellung oder Wiederbeschaffung nicht möglich ist. Die Höhe des Wertersatzanspruches berechnet sich nach dem Wert der Sache im Zeitpunkt des Anfalls des Vermächtnisgegenstandes.[18] Ein Anspruch auf Wertersatz nach § 2288 Abs. 1 kommt zudem auch in Frage, wenn der Erbe dem Vermächtnisnehmer den Gegenstand zwar verschafft, aber eine Wertminderung herbeiführt durch eine Beeinträchtigung.[19] Der Ersatzanspruch besteht in derlei Fällen in der Höhe des Minderwertes, welche die Sache zum Zeitpunkt des Vermächtnisanfalls hatte.

b) Ansprüche gem. § 2288 Abs. 1 S. 1

9 Der Vermächtnisnehmer kann gem. § 2288 Abs. 1 S. 1 die Herausgabe oder die Wiederherstellung verlangen. Zudem kann er vom Erben verlangen, ihm den veräußerten Vermächtnisgegenstand zu verschaffen bzw. eine die Sache beeinträchtigende Belastung zu beseitigen. Das vertragsmäßige Vermächtnis tendiert damit zu einem Verschaffungsvermächtnis. Gem. § 2170 Abs. 2 wird der Erbe von dem Anspruch aus § 2288, welcher einer Verschaffungspflicht gleichkommt, nur dann befreit, wenn er zur Verschaffung des vermachten Gegenstandes oder zur Beseitigung der Belastung nicht in der Lage ist oder diese nur mit unverhältnismäßig hohem Aufwand bewerkstelligen kann.[20] In einem solchen Falle erlangt der Vermächtnisnehmer, wie schon nach § 2288 Abs. 1, einen Anspruch auf Wertersatz in Höhe des objektiven Verkehrswertes, welchen die Sache bei Anfall des Vermächtnisses hatte.[21]

c) Anspruch gegen den Beschenkten gem. § 2288 Abs. 2 S. 2

10 Hat der Erblasser den Vermächtnisgegenstand durch Drittschenkung übertragen, kommt anstelle des Anspruches gegen den Erben aus Abs. 2 S. 1 des § 2288 auch ein Anspruch gegen den Beschenkten nach § 2288 Abs. 2 S. 2 in Frage. Voraussetzung für einen Anspruch aus § 2288 Abs. 2 S. 2 ist, dass der Vermächtnisnehmer keine Möglichkeit hat, Ersatz vom Erben zu verlangen. Damit ist die Erbenhaftung grundsätzlich vorrangig.

11 Ein solcher Anspruch des Vermächtnisnehmers besteht aber nur für den Fall, dass der Vermächtnisnehmer außer Stande ist, Ersatz vom Erben zu verlangen. Grund für eine solche fehlende Erbenhaftung kann sein, dass nur eine beschränkte Erbenhaftung vereinbart worden ist oder der Erbe, der mit seinem Vermögen haften soll, wiederum zahlungsunfä-

---

16 *Nieder/Kössinger* § 9 Rn. 28.
17 BGHZ 26, 274, 279 f.
18 *Reimann/Bengel/Mayer* § 2288 Rn. 28.
19 *Reimann/Bengel/Mayer* § 2288 Rn. 28.
20 *Leipold* § 22 Rn. 772.
21 *Leipold* § 22 Rn. 772.

hig ist.²² Der Anspruch gegen den Beschenkten richtet sich dagegen nicht auf Ersatz des vermachten Gegenstandes, sondern auf Herausgabe der Sache gem. § 2287. Die Rückabwicklung bzw. Herausgabe richtet sich dabei nach den §§ 818 ff.²³ Der Anspruch auf Herausgabe gegen den Beschenkten gilt gleichermaßen Geldvermächtnissen oder auch bei Gattungsvermächtnissen. Der Erblasser hat durch den Schutz des § 2288 keine Option, sein Vermögen so zu reduzieren, dass der Vermächtnisanspruch des Begünstigten vereitelt würde.²⁴ Die Verjährung ist beschränkt auf drei Jahre gem. § 2287 Abs. 2.²⁵ Weitere Ansprüche aus § 2288 verjähren nach den allgemeinen Vorschriften.²⁶

§ 2289
Wirkung des Erbvertrages auf letztwillige Verfügungen, Anwendung von § 2338

(1) Durch den Erbvertrag wird eine frühere letztwillige Verfügung des Erblassers aufgehoben, soweit sie das Recht des vertragsmäßig Bedachten beeinträchtigen würde. In dem gleichen Umfang ist eine spätere Verfügung von Todes wegen unwirksam, unbeschadet der Vorschrift des § 2297.

(2) Ist der Bedachte ein pflichtteilsberechtigter Abkömmling des Erblassers, so kann der Erblasser durch eine spätere letztwillige Verfügung die nach § 2338 zulässigen Anordnungen treffen.

Übersicht

	Rz.		Rz.
I. Normzweck	1	1. Spätere Verfügung von Todes wegen	14
II. Aufhebung früherer letztwilliger Verfügungen (§ 2289 Abs. 1 S. 1)...........	3	2. Vorliegen einer Beeinträchtigung	15
1. Frühere letztwillige Verfügung	3	3. Rechtsfolgen	16
2. Recht des vertraglich Bedachten	9	4. Ausschluss der Unwirksamkeit	18
3. Vorliegen einer Beeinträchtigung	10	IV. Erbentzug in guter Absicht (§ 2289 Abs. 2)	23
4. Verfahrensrechtliche Gesichtspunkte	12		
III. Unwirksamkeit späterer letztwilliger Verfügungen des Erblassers (§ 2289 Abs. 1 S. 2)	14		

I. Normzweck

§ 2289 nimmt eine Einschränkung für Verfügungen von Todes wegen vor bei denjenigen Personen, die sich durch einen Erbvertrag bereits wirksam gebunden haben.¹ Der Erblasser hat dagegen bei Rechtsgeschäften unter Lebenden eine weitgehende Verfügungsfreiheit innerhalb der Grenzen des § 2287. Geschützt werden sollen nach dem Zweck des § 2289 die anderen Vertragsschließenden oder dritte durch den Erbvertrag begünstigte Personen.² 1

§ 2289 Abs. 2 gewährt dem Erblasser eine Ausnahme von der Bindungswirkung des Erbvertrages, als der Erblasser zur Beschränkung einer vertragsmäßigen Verfügung zugunsten eines pflichtteilsberechtigten Abkömmlings berechtigt ist, wenn er ohne den Erbvertrag 2

---
22 *Reimann/Bengel/Mayer* § 2288 Rn. 33.
23 *Reimann/Bengel/Mayer* § 2288 Rn. 33.
24 BGHZ 111, 138, 140 ff.
25 *Reimann/Bengel/Mayer* § 2288 Rn. 39.
26 *Reimann/Bengel/Mayer* § 2288 Rn. 39.
 1 Vgl. BGHZ 26, 204, 208; OLG Köln NJW-RR 1994, 651, 652.
 2 *Reimann/Bengel/Mayer* § 2289 Rn. 1.

dem pflichtteilsberechtigten Abkömmling genau diesen Pflichtteil ohne etwaige böse Absichten gem. § 2338 entziehen dürfte. Ob der betroffene Abkömmling damit einverstanden ist, ist nicht relevant.[3]

II. Aufhebung früherer letztwilliger Verfügungen (§ 2289 Abs. 1 S. 1)

1. Frühere letztwillige Verfügung

3 Eine Aufhebung einer früheren Verfügung von Todes wegen, welche die Rechte des vertragsmäßig Bedachten beeinträchtigen, kann ausnahmsweise ausgeschlossen sein. Zu diesen Ausnahmefällen gehören wechselbezügliche Verfügungen beim gemeinschaftlichen Testament, im Fall des vorherigen Abschlusses eines Erbvertrages, bei der Vereinbarung des Fortbestands oder bei einseitigen Verfügungen in derselben Vertragsurkunde.

a) Wechselbezügliche Verfügungen im gemeinschaftlichen Testament

4 Bei wechselbezüglichen Verfügungen, die der Erblasser vor dem Abschluss des Erbvertrages getroffen hat, ist § 2289 Abs. 1 S. 1 nicht anwendbar. Grund dafür ist, dass der Erblasser gem. § 2271 Abs. 1 S. 2 bereits zu Lebzeiten an diese gebunden ist.[4] Der Erblasser hat jedoch gem. § 2271 Abs. 1 S. 1 ein Widerrufsrecht, sofern er die Bindungswirkungen der wechselbezüglichen Verfügungen beim gemeinschaftlichen Testament beseitigen möchte.

5 Damit besteht keine Möglichkeit für die Anwendung des § 2289 Abs. 1 S. 1. Es gilt jedoch zu beachten, dass selbst für den Fall, dass Ehegatten ein gemeinschaftliches Testament durch einen Erbvertrag abändern möchten, dieses durch den neu abgeschlossenen Erbvertrag ersetzt wird.[5]

b) Vorheriger Abschluss eines anderen Erbvertrages

6 § 2289 findet auch für den Fall keine Anwendung, dass durch einen vorherig abgeschlossenen Erbvertrag ein zu einem späteren Zeitpunkt abgeschlossenen Erbvertrag beeinträchtigt wird.[6] Dies wird bereits im Vorhinein durch die in § 2289 Abs. 1 S. 2 normierte Bindungswirkung verhindert.[7]

c) Vereinbarung des Fortbestandes

7 Vom Erblasser getroffene Verfügungen können entgegen § 2289 Abs. 1 S. 1 ausnahmsweise auch dann fortbestehen, wenn sich die Vertragsparteien darüber geeinigt haben, dass die im Erbvertrag festgelegten vertragsmäßigen Verfügungen nur in dem durch eine frühere Verfügung eingeschränkten Maß bestehen sollen.[8] Der gemeinsame Wille der Vertragschließenden im Hinblick auf eine Aufrechterhaltung muss aber, wenn die Vereinbarung nicht ausdrücklich im Erbvertrag verankert ist, durch Niederschrift, zumindest im Wege der ergänzenden Vertragsauslegung des Erbvertrages ermittelbar sein.[9]

d) Einseitige Verfügungen in derselben Vertragsurkunde

8 Im Erbvertrag getroffene einseitige Verfügungen (§ 2299) sind von vornherein von dem Anwendungsbereich des § 2289 Abs. 1 S. 2 ausgeschlossen, weil sie bereits von dem Wortlaut her nicht erfasst sind. Voraussetzung für die Wirksamkeit des Erbvertrages ist die Kenntnis des Vertragspartners von den vertraglichen und einseitigen Verfügungen, weil

---

3 MüKoBGB/*Musielak* § 2289 Rn. 20.
4 *Soergel/Wolf* § 2289 Rn. 2.
5 *Leipold* § 15 Rn. 505.
6 *Reimann/Bengel/Mayer* § 2289 Rn. 6.
7 *Reimann/Bengel/Mayer* § 2289 Rn. 6.
8 *Reimann/Bengel/Mayer* § 2289 Rn. 9.
9 *Coing* NJW 1958, 689 (691).

nur bei der vorhandenen Kenntnis eine wirksame Zustimmung überhaupt erst möglich ist.¹⁰ Aus diesem Grund hat die vertragsmäßige Verfügung überhaupt auch nur in dem Maße Bestand, welche durch die einseitige Verfügung als Rahmen vorgegeben ist.¹¹

2. Recht des vertraglich Bedachten

Geschützt werden vor Beeinträchtigungen solche Rechte des vertraglich Bedachten, welche im Erbvertrag verankert sind, und die mit Eintritt des Erbfalles entstehen sollen.¹² Vom Anwendungsbereich des § 2289 Abs. 1 S. 1 sind grundsätzlich auch vertragsmäßige Auflagen geschützt aufgrund der Bindungswirkung des Erbvertrages und des damit einhergehenden Schutzes.¹³ 9

3. Vorliegen einer Beeinträchtigung

Eine Beeinträchtigung der Rechte des vertraglich Bedachten i.S.d. § 2289 Abs. 1 S. 1 setzt voraus, dass durch die frühere letztwillige Verfügung das Recht des vertragsmäßig Bedachten hinfällig geworden ist, dieses belastet oder auch beschränkt wurde.¹⁴ Nach überwiegender Ansicht wird die Bejahung einer Beeinträchtigung an rechtlichen Kriterien gemessen.¹⁵ 10

In der Regel ist eine Beeinträchtigung zu bejahen, wenn ein Widerspruch zwischen der früheren letztwilligen Verfügung und den vertragsmäßigen Verfügungen in dem zeitlich danach abgeschlossenen Erbvertrag bestehen.¹⁶ Anders als in der in dem § 2258 Abs. 1 getroffenen Regelungen aber kann eine Beeinträchtigung auch dann gegeben sein, wenn zwar kein Widerspruch zwischen früherer und aktueller Verfügung von Todes wegen besteht, sondern nur eine Ergänzung für den Willen des Erblassers durch die frühere letztwillige Verfügung vorliegt.¹⁷ Beispielsweise ist eine Beeinträchtigung auch dann gegeben, wenn ein zeitlich früheres Testament ein Vermächtnis zugunsten eines Dritten anordnet und der im Erbvertrag Begünstigte zugleich als Alleinerbe eingesetzt ist. 11

4. Verfahrensrechtliche Gesichtspunkte

§ 2289 Abs. 1 S. 1 führt zur Aufhebung der letztwilligen Verfügung des Erblassers, sofern eine Beeinträchtigung des abgeschlossenen Erbvertrages durch die frühere Verfügung vorliegt. Die Wirkung der Aufhebung (§§ 2299, 2258) richtet sich gegen jedermann und nicht nur gegenüber dem jeweiligen Vertragspartner, so dass auch Dritte sich darauf berufen können.¹⁸ 12

Zu beachten ist jedoch, dass die Aufhebungswirkung i.S.d. § 2289 nur eintritt, wenn der abgeschlossene Erbvertrag auch wirksam ist. Aus diesem Grund besteht die frühere letztwillige Verfügung etwa fort, wenn der Erbvertrag wirksam angefochten worden ist gem. §§ 2078, 2079, 2279, 2281 ff.). Die Nichtigkeit bzw. Unwirksamkeit des Erbvertrages kann sich natürlich auch aus anderen Gründen ergeben, so wegen Sittenwidrigkeit (§ 138), Aufhebung des Erbvertrages (§§ 2279 Abs. 1 i.V.m. §§ 2257, 2258 Abs. 2, 2290 ff.), Rücktritt (§§ 2293 ff.) oder wenn der Erbvertrag hinfällig geworden ist aufgrund einer Erbverzichtserklärung (§ 2352) oder einer Ausschlagung der Zuwendung (§§ 1944 ff., 13

---

10 *Nieder/Kössinger* § 17 Rn. 77.
11 OLG Düsseldorf FamRZ 1995, 123; ähnlich OLG Hamm OLGZ 1976, 20, 23 f. 3.
12 *Reimann/Bengel/Mayer* § 2289 Rn. 12.
13 *Reimann/Bengel/Mayer* § 2289 Rn. 13.
14 OLG Hamm OLGZ 1974, 378, 379.
15 H.M. *Dittmann/Reimann/Bengel* § 2289 Rn. 16; MüKoBGB/*Musielak* § 2289 Rn. 10; Staudinger/*Kanzleiter* § 2289 Rn. 14; *Meyding* ZEV 1994, 98, 99; zumindest eine rein wirtschaftliche Betrachtungsweise ablehnend BGHZ 26, 204, 213 f.; a.A. RGRK/*Kregel* § 2289 Rn. 1; *Ebenroth* Rn. 256.
16 *Reimann/Bengel/Mayer* § 2289 Rn. 14.
17 *Reimann/Bengel/Mayer* § 2289 Rn. 14.
18 *Reimann/Bengel/Mayer* § 2289 Rn. 18.

2180) durch den vertragsmäßig Bedachten, oder auch durch dessen Vorversterben (§§ 1923 Abs. 1, 2160).[19]

III. Unwirksamkeit späterer letztwilliger Verfügungen des Erblassers (§ 2289 Abs. 1 S. 2)

1. Spätere Verfügung von Todes wegen

14 Zeitlich nach dem Erbvertrag getroffene Verfügungen sind gem. § 2289 Abs. 1 S. 2 unwirksam, soweit eine Beeinträchtigung gegeben ist. § 2258 ist dabei nicht anwendbar. Die Regelung bewirkt eine Einschränkung der Testierfreiheit des Erblassers, aber nicht dagegen eine Begrenzung seiner Fähigkeit zu testieren.[20] Eine Verfügung von Todes wegen umfasst im Übrigen Testamente, gemeinschaftliche sowie einseitige, als auch Erbverträge.[21] § 2289 bezieht sich bei seiner Anwendbarkeit allein auf vertragsmäßige.[22] Dabei bestimmt sich das Verhältnis späterer letztwilliger Verfügungen zu einseitigen Verfügungen, welche im Erbvertrag getroffen wurden gem. §§ 2299 Abs. 2, 2253 ff.

2. Vorliegen einer Beeinträchtigung

15 Für die Bejahung einer Beeinträchtigung bei nachträglichen Verfügungen von Todes wegen gilt dasselbe wie oben bereits ausgeführt bezüglich vorheriger letztwilliger Verfügungen. Auch hier ist maßgebendes Kriterium zur Annahme einer Beeinträchtigung die rechtliche Betrachtungsweise. Kurioserweise ist eine Beeinträchtigung daher selbst dann zu bejahen, wenn der Erblasser eine neue letztwillige Verfügung trifft, die für den vertragsmäßig Bedachten wirtschaftlich günstiger ist, soweit sie der vertragsmäßigen Verfügung widerspricht.[23] Eine Beeinträchtigung liegt demzufolge dagegen nicht vor, wenn eine Verbesserung der Rechtsstellung des vertraglich Bedachten durch die nachträgliche letztwillige Verfügung herbeigeführt wird.[24] Allerdings setzt dies voraus, dass nicht etwa auch andere Begünstigte durch diese nachträgliche Verfügung von Todes wegen beeinträchtigt werden.

3. Rechtsfolgen

16 Eine nach Errichtung des Erbvertrages getroffene letztwillige Verfügung des Erblassers ist **unwirksam**, soweit das Recht des vertragsmäßig Bedachten dadurch beeinträchtigt wird. Wie auch bei der Aufhebung früherer Verfügungen von Todes wegen, gilt die Unwirksamkeit nicht nur zwischen den Beteiligten, sondern für und gegen jedermann.

17 Rechtsfolge des Vorliegens einer Beeinträchtigung des durch den Erbvertrag Bedachten ist die Unwirksamkeit der nachträglich vorgenommenen letztwilligen Verfügung.[25]

4. Ausschluss der Unwirksamkeit

a) Unwirksamkeit des Erbvertrages

18 Verfügungen von Todes wegen erlangen ihre Wirksamkeit, sofern der vorherig abgeschlossene Erbvertrag angefochten wurde oder als nichtig einzustufen ist.[26] Gleiches gilt für den Fall, dass der Erblasser vom Erbvertrag zurücktritt aus gesetzlichen oder anderweitigen

---

[19] OLG Zweibrücken OLGZ 1990, 134; MüKoBGB/*Musielak* § 2289 Rn. 4 m.w.N.
[20] RGZ 149, 200, 201.
[21] *Ebenroth* Rn. 187.
[22] *Veit* NJW 1993, 1553, 1553.
[23] BGHZ 26, 204, 208, 213 = JZ 1958, 394 mit krit. Anm. *Küster*.
[24] OLG Düsseldorf OLG-Rp 1992, 185.
[25] *Frank* § 13 Rn. 14.
[26] *Reimann/Bengel/Mayer* § 2289 Rn. 9.

Gründen. Auch kann § 2289 nicht anwendbar sein, weil der Erbvertrag durch den Wegfall des Bedachten bereits gegenstandslos geworden ist.[27]

b) Änderungsvorbehalt

Eine nachträgliche letztwillige Verfügung aufgrund eines vereinbarten Änderungsvorbehaltes ist weiterhin möglich und daher auch wirksam.[28] Ein Änderungsvorbehalt kann ausdrücklich oder stillschweigend erklärt werden. Natürlich kann sich ein solcher Wille auch durch ergänzende Vertragsauslegung ermitteln lassen. Sofern die nachträglichen letztwilligen Verfügungen sich innerhalb dieses vereinbarten Vorbehaltes bewegen, sind sie wirksam und eine Unwirksamkeit gem. § 2289 scheidet somit von vornherein aus. Die Rechtsposition des vertraglich Bedachten ist durch den vereinbarten Änderungsvorbehalt bereits dahingehend eingeschränkt, so dass eine Beeinträchtigung nicht vorliegen kann. Die Vereinbarung eines Vorbehaltes darf jedoch nicht einer Aufhebung gleichkommen, dieser muss zumindest zum Teil fortbestehen.[29]

19

c) Nachträgliche Zustimmung des anderen Vertragschließenden oder des Begünstigten

Die Anwendbarkeit des § 2289 kann auch dann ausgeschlossen sein, trotz nachträglicher beeinträchtigender Verfügung von Todes wegen, wenn der Vertragspartner oder der im Vertrag Bedachte der nachträglich getroffenen Verfügung zugestimmt hat. Diese Zustimmung hat bereits zu Lebzeiten des Erblassers zu erfolgen. Auch der begünstigte Dritte kann, sofern eine Beeinträchtigung durch eine später vorgenommene Verfügung gegeben ist, seine Zustimmung zu dieser erteilen. Vor Eintritt des Erbfalles ist dieses gleichbedeutend mit einem teilweisen Erbteilsverzicht. Nach dem Eintritt des Erbfalles kann der Dritte dem Willen des Erblassers, welcher in der späteren Verfügung von Todes wegen verankert ist, zur Wirksamkeit verhelfen, indem er seine Zustimmung erklärt und das durch den Vertrag Zugewandte ausschlägt (§§ 1944, 2180).

20

d) Verfahrensrechtliche Gesichtspunkte

In der Praxis zu berücksichtigen ist, dass das Einverständnis des Vertragspartners zu der gegebenen Beeinträchtigung, welche zu einem Ausschluss der Anwendung des § 2289 Abs. 1 S. 1 führt, in der Form des §§ 2290 IV, 2276 zu erfolgen hat. Die gleiche Form ist erforderlich für die Vertragsaufhebung. Auch der oben erläuterte Änderungsvorbehalt bedarf einer speziellen Form und zwar der in § 2276 vorgeschriebenen. Ehegatten haben darüber hinaus die Möglichkeit, einen gemeinsamen Erbvertrag durch Errichtung eines gemeinschaftlichen Testaments gem. § 2292 aufzuheben; betrifft die Aufhebung vertragsmäßig angeordnete Vermächtnisse oder Auflagen, so ist für die Zustimmungserklärung des anderen Vertragschließenden gem. § 2291 Abs. 2 die Form der notariellen Beurkundung ausreichend.[30] Eine formlos erklärte Zustimmung des anderen Vertragschließenden ist stets unwirksam.[31] Beruft er sich aber später als Begünstigter auf ein Recht aus einer vertragsmäßigen Verfügung, deren Aufhebung er formlos zugestimmt hat, kann ihm unter bestimmen Umständen die Einrede der Arglist (§ 242) entgegengesetzt werden.[32]

21

Zu beachten ist ebenfalls, dass eine Zustimmung eines Dritten, im Vertrag Begünstigten, welche zudem einen teilweisen Erbverzicht nach sich zieht, nur in einem notariell beur-

22

---

27 *Damrau* § 2289 Rn. 4.
28 BGHZ 26, 204, 208; BayObLGZ 1961, 206, OLG Düsseldorf OLGZ 1966, 68.
29 Vgl. Mot. V, S. 332; BGH NJW 1958, 498.
30 *Reimann/Bengel/Mayer* § 2289 Rn. 42.
31 BGHZ 108, 252, 254 f.
32 BGHZ 108, 252, 255.

kundeten Erbverzichtsvertrag wirksam erklärt werden (§§ 2352, 2348) kann.[33] Für die wirksame Ausschlagung der Erbschaft sind insb. die Form- und Fristvorschriften zu beachten (vgl. §§ 1944, 1945). Auch die Zustimmungserklärung des vertragsmäßig Begünstigten ist formlos grundsätzlich nicht wirksam, kann aber auch unter besonderen Umständen den Einwand der Arglist gem. § 242 nach sich ziehen.

IV. Erbentzug in guter Absicht (§ 2289 Abs. 2)

23 Hat der Erblasser einen seiner Abkömmlinge in dem abgeschlossenen Erbvertrag bedacht, kann der Erblasser diesem gem. §§ 2338, 2289 die gesamte im Erbvertrag festgelegte Zuwendung entziehen oder auch nur beschränken.[34] Eine Beschränkung kann insoweit bestehen, als eine Nacherbfolge (§ 2100) oder ein Nachvermächtnis (§ 2191) hinsichtlich der vertragsmäßigen Verfügung zugunsten der gesetzlichen Erben des Pflichtteilsberechtigten angeordnet werden. Weiterhin besteht als Möglichkeit zur Beschränkung der Zuwendung an den Abkömmling die Anordnung der Verwaltungsvollstreckung für die Lebzeit des bedachten Abkömmlings. Die Anordnung erfolgt durch einseitige letztwillige Verfügung des Erblassers, wobei weder die Kenntnis noch die Zustimmung des anderen Vertragschließenden oder des Pflichtteilsberechtigten von Nöten ist.

24 Der Erblasser hat auch die Möglichkeit einer Maßnahme gem. § 2289 Abs. 2 i.V.m. § 2238 nach dem Tod des anderen Vertragspartners, wenn der Abkömmling begünstigter Dritter ist. Der Erblasser kann insoweit nicht auf die Ausübung seines Rechts aus § 2289 Abs. 2 bereits im Vorfeld verzichten, weil dieses aufgrund der Regelung des § 138 als sittenwidrig einzustufen ist, weil dieses Recht als Ausdruck der elterlichen Fürsorgepflicht des Erblassers zu sehen ist.[35] Zu beachten ist allerdings auch, dass eine **Entziehung des Pflichtteils aufgrund einer schweren Verfehlung des Pflichtteilsberechtigten** nach § 2289 Abs. 2 nicht möglich ist. Ist eine solche schwere Verfehlung zu bejahen, hat der Erblasser jedoch das Recht, gem. § 2294 von dem abgeschlossenen Erbvertrag zurückzutreten. Er kann dann auch die Entziehung des Pflichtteils nunmehr wirksam anordnen, weil die Bindungswirkung des Erbvertrages durch den Rücktritt weggefallen ist.[36]

§ 2290
Aufhebung durch Vertrag

(1) Ein Erbvertrag sowie eine einzelne vertragsmäßige Verfügung kann durch Vertrag von den Personen aufgehoben werden, die den Erbvertrag geschlossen haben. Nach dem Tode einer dieser Personen kann die Aufhebung nicht mehr erfolgen.

(2) Der Erblasser kann den Vertrag nur persönlich schließen. Ist er in der Geschäftsfähigkeit beschränkt, so bedarf er nicht der Zustimmung seines gesetzlichen Vertreters.

(3) Steht der andere Teil unter Vormundschaft, so ist die Genehmigung des Familiengerichts erforderlich. Das Gleiche gilt, wenn er unter elterlicher Sorge steht, es sei denn, dass der Vertrag unter Ehegatten oder unter Verlobten, auch i.S.d. Lebenspartnerschaftsgesetzes, geschlossen wird. Wird die Aufhebung vom Aufgabenkreis eines Betreuers erfasst, ist die Genehmigung des Betreuungsgerichts erforderlich

(4) Der Vertrag bedarf der im § 2276 BGB für den Erbvertrag vorgeschriebenen Form.

---

33 BayObLGZ 1974, 401.
34 KG KGJ 48 A 143, 150.
35 Prot. V, S. 422; VI, S. 352.
36 *Staudinger/Kanzleiter* § 2289 Rn. 21.

I. Aufhebungsvertrag

Grundsätzlich können Vertragspartner einen zwischen Ihnen bestehenden Vertrag wieder 1
aufheben. § 2290 Abs. 1 verdeutlicht diese allgemeine Grundregel. Ein Verzicht auf die
Aufhebungsmöglichkeit ist nicht zulässig, § 2302.[1]

1. Parteien

Die Parteien eines Aufhebungsvertrages können nur die Parteien des Erbvertrages sein. 2
Die Erben der Beteiligten oder ein im Vertrag bedachter Dritter können keine Aufhebung
vereinbaren.

Der Erblasser kann den Vertrag nur persönlich schließen. Die Vertretung oder die Ver- 3
wendung eines Boten wird nach Abs. 2 S. 1 ausgeschlossen. Dies gilt auch dann, wenn der
Erblasser nur beschränkt geschäftsfähig ist. In diesem Fall ist weder die Zustimmung seines gesetzlichen Vertreters (oder Betreuers) noch eine gerichtliche Genehmigung erforderlich. Ein Einwilligungsvorbehalt darf gem. § 1903 Abs. 2 für Betreute nicht angeordnet
werden.

Ist der Erblasser geschäftsunfähig geworden, so kann er einen Aufhebungsvertrag nicht 4
mehr schließen.[2]

Der Vertragspartner kann sich beim Abschluss des Vertrages generell vertreten lassen. 5
Zwar ist die gleichzeitige Anwesenheit beider Vertragspartner beim Vertragsschluss erforderlich, auch hierbei reicht jedoch die Anwesenheit eines Vertreters aus. Die nachträgliche
Genehmigung des Vertretenen in notarieller Form ist bis zum Tode des Erblassers möglich. Beim Minderjährigen, beschränkt Geschäftsfähigen und beim Betreuten, soweit der
Vertragsschluss in den Aufgabenbereich des Betreuers fällt, ist die Einwilligung des gesetzlichen Vertreters bzw. des Betreuers erforderlich. Zusätzlich bedarf der Vertrag der Genehmigung des Vormundschaftsgerichtes. Ausgenommen von der Genehmigung des Vormundschaftsgerichtes (aber nicht der des gesetzlichen Vertreters) sind Minderjährige,
wenn es sich um einen Vertrag zwischen Ehegatten oder Verlobten handelt. Die Regelung
in Abs. 3 S. 2 stellt eine Modifizierung der allgemeinen Regelungen der §§ 107, 1903 Abs. 3
dar. Der Hinweis auf das Lebenspartnerschaftsgesetz dürfte nur für den Fall des Verlobten
von Bedeutung sein, weil die Eingehung der Lebenspartnerschaft Volljährigkeit voraussetzt, § 1 LPartG.[3]

Ein im Erbvertrag bedachter Dritter, der nicht Vertragspartner ist, muss einer Aufhe- 6
bung des Vertrages nicht zustimmen. Er erwirbt bis zum Erbfall keinerlei Rechte,[4] sondern
nur eine »Aussicht«. Hat der bedachte Dritte den Abschluss eines Aufhebungsvertrages
arglistig verhindert, so muss er sich so behandeln lassen, als sei die Aufhebung erfolgt.[5]
Dritter in diesem Sinne kann auch eine Person sein, die den Vertrag nur formal mit unterzeichnet hat.[6] In Betracht kommen hier etwa Kinder, die im Erbvertrag ihrer Eltern
bedacht sind.

Haben beide Vertragspartner Verfügungen von Todes wegen getroffen, so gelten auch 7
für beide Seiten die formellen Voraussetzungen für den Erblasser. Wirken sie auch wechselseitig jeweils als »anderer Vertragschließender« mit, so müssen kumulativ auch die
Voraussetzungen des Abs. 3 vorliegen.[7]

Bei einem mehrseitigen Erbvertrag besteht die Bindung gegenüber allen Vertragspar- 8
teien. Dies hat zur Folge, dass ein mehrteiliger Vertrag nicht mehr aufgehoben werden

---

1 Vgl. MüKoBGB/*Musielak* § 2290 Rn. 2; *Reimann/Bengel/Mayer* § 2290 Rn. 4.
2 Vgl. MüKoBGB/*Musielak*, § 2290 Rn. 6 m.w.N.; *Lange/Kuchinke* § 25 VII 3a m.w.N.
3 Vgl. *Reimann/Bengel/Mayer* § 2290 Rn. 18.
4 Vgl. § 2274 Rz. 1.
5 RGZ 134, 325, 327.
6 BayObLGZ 1974, 401, 405.
7 MüKoBGB/*Musielak* § 2290 Rn. 6.

kann, wenn einer der Beteiligten verstorben ist.⁸ In derartigen Fällen besteht nach einer im Vordringen befindlichen richtigen Auffassung aber die Möglichkeit, dass der Bedachte einen Zuwendungsverzicht erklärt.⁹ Wird nach dem Tode eines Vertragspartners ein – unwirksamer – Aufhebungsvertrag zwischen den weiteren Beteiligten geschlossen, der mit einem weiteren Vertrag verbunden ist, kann die Berufung auf die Unwirksamkeit treuwidrig sein.¹⁰ Ebenso könnte der Aufhebungsvertrag in einen Zuwendungsverzicht umgedeutet werden.

2. Gegenstand des Aufhebungsvertrages

9   Gegenstand des Aufhebungsvertrages können **sämtliche im Erbvertrag enthaltenen Regelungen** sein. Auch die Aufhebung einzelner vertragsmäßiger Verfügungen unter Beibehaltung der Übrigen ist zulässig. Auch einseitige Verfügungen¹¹ können im Aufhebungsvertrag aufgehoben werden. Im Zweifel erstreckt sich die Aufhebungswirkung auch auf letztere (§ 2299 Abs. 3). Zulässig ist auch die alleinige Aufhebung der Bindung. Die Aufhebung eines Erbvertrages mit der Zielrichtung, den dem Sohn zugedachten Erbteil nicht in die Hände von dessen Gläubigern fallen zu lassen, ist grundsätzlich nicht sittenwidrig.¹² Bei einer Modifizierung des Erbvertrages durch ein gemeinsames Ehegattentestament kann die nachfolgende Aufhebung des Erbvertrages auch das Testament mit umfassen.¹³

3. Verbindung mit Verträgen oder Testamenten

10   Die Verbindung mit einem neuen Erbvertrag oder Testament ist ohne weiteres möglich und zulässig.¹⁴ Ebenso ist auch die Verbindung mit einem Ehevertrag möglich, §§ 2276 Abs. 2, 2290 Abs. 4. Schließen die gleichen Personen, die den Erbvertrag geschlossen haben, einen zweiten Erbvertrag mit widersprechendem Inhalt, so liegt darin regelmäßig die Aufhebung des ersten Erbvertrages.¹⁵

11   Ein Erbverzichtsvertrag ist – neben einem Erbvertrag – mit einem im Erbvertrag bedachten Dritten zulässig.¹⁶ Dagegen ist streitig, ob ein Erbverzichtsvertrag auch mit dem Vertragspartner eines zweiseitigen Erbvertrages zulässig ist, wenn er bedacht wurde.¹⁷ Da in diesem Fall beim Erbvertrag strengere Formen gelten, wird dies als Umgehung der Form gewertet.¹⁸ Im Übrigen fehlt es hier regelmäßig an einem Partner für den Verzichtsvertrag. Für einseitige Verfügungen gilt dies nicht, hier gelten die Regeln des § 2352, S. 1. Schließen zwei Personen, zwischen denen ein Erbvertrag besteht, einen weiteren Erbvertrag ab, so wird darin regelmäßig die Aufhebung der im ersten Vertrag enthaltenen widersprechenden Verfügung liegen. Im Ergebnis dürfte die insoweit auch in Betracht gezogene Anwendung von § 2258 Abs. 1¹⁹ keine andere Bedeutung haben.

---

8 *Johannsen* WM 1969, 1222, 1229; *Reimann/Bengel/Mayer* § 2290 Rn. 7; MüKoBGB/*Musielak* § 2290 Rn. 4.
9 Vgl. eingehend *Reimann/Bengel/J. Mayer* § 2290 Rn. 9 ff.
10 OLG Schleswig NJW-RR 2006, 1665.
11 Zum Begriff s. § 2299 Rz. 1.
12 MüKoBGB/*Musielak* § 2290 Rn. 3.
13 BayObLG NJW-RR 2003, 658.
14 BayObLG FamRZ 1994, 190.
15 Vgl. BayObLG FamRZ 1994, 190, 191 m.w.N.
16 S. hierzu § 2352 Rz. 6.
17 Dafür FAKomm-ErbR/*Zimmer* § 2290 Rn. 2; *Soergel/Wolf* § 2290 Rn. 3; wohl auch *Reimann/Bengel/Mayer*, § 2290 Rn. 14; ablehnend MüKoBGB/*Musielak* § 2290 Rn. 5; *Palandt/Edenhofer* § 2352 Rn. 3.
18 So OLG Hamm DNotZ 1977, 751, 753; OLG Stuttgart OLGZ 1979, 129, 130.
19 So BayObLG FamRZ 1994, 190, 191.

II. Form

Die Form ist gem. Abs. 4 die **Form des Erbvertrages nach § 2276**. Hiernach ist die Anwesenheit beider Teile notwendig. Die Vertragsparteien können sich, soweit möglich, vertreten lassen. Aus § 2276 Abs. 2 ergibt sich weiter, dass die Verbindung mit einem Ehevertrag möglich ist. Für diesen Fall gelten die Formvorschriften für Eheverträge, § 2276 Abs. 2, allerdings unter besonderer Berücksichtigung von Abs. 1–3.

Die Urkunde über den Aufhebungsvertrag wird nicht in besondere amtliche Verwahrung genommen, § 34 BeurkG gilt insoweit nicht. Wird allerdings mit dem Aufhebungsvertrag eine neue Verfügung von Todes wegen verbunden, so ist die Urkunde insgesamt in amtliche Verwahrung zu nehmen. Die Rücknahme aus der amtlichen Verwahrung, die die Vertragschließenden gemeinsam verlangen können, hat – anders als beim öffentlichen Testament – weder die Wirkung eines Widerrufs, noch stellt sie einen Aufhebungsvertrag dar.[20]

Die Form des Erbvertrages kann auch im Prozessvergleich gewahrt werden. Der Erblasser muss den Prozessvergleich persönlich abschließen. Soweit Anwaltszwang besteht, muss neben dem Erblasser auch der Prozessbevollmächtigte den Vertrag für den Erblasser abschließen.[21]

III. Beseitigung des Aufhebungsvertrages

Der Aufhebungsvertrag kann durch eine vertragliche Aufhebung des Vertrages wieder beseitigt werden. Folge ist, dass der Erbvertrag wieder in Kraft gesetzt wird. Für die Form ist auf §§ 2274–2276 zurückzugreifen, weil der Erblasser seine Testierfreiheit wiedergewonnen hatte und nunmehr durch Erbvertrag verfügen könnte.[22]

Möglich ist auch die Anfechtung des Aufhebungsvertrages. Dies ist für den Vertragspartner, der nicht von Todes wegen verfügt hatte, nur nach den allgemeinen Vorschriften der §§ 119 f. möglich. Für den Erblasser ist streitig, ob stattdessen auf die Regeln der §§ 2078 ff., 2281 ff. zurückzugreifen ist. Dies wird nach allgemeiner Meinung bejaht,[23] dürfte aber nur in Ausnahmefällen von Bedeutung sein.[24]

IV. Beratungshinweise

Die Aufhebung des Erbvertrages muss nicht in amtliche Verwahrung genommen werden, ja sie kann auch durch Prozessvergleich erfolgen. Dies könnte im Rückschluss dazu führen, dass eine Anzeige des Notars oder des Gerichts an das Geburtsstandesamt des Erblassers ebenso unterbleiben könnte. Die Dienstordnung für Notare, wie auch die Bestimmungen für die Benachrichtigung in Nachlasssachen sehen vor, dass auch in diesen Fällen eine Benachrichtigung zu erfolgen hat. In einem solchen Falle besteht gleichwohl die Gefahr, dass die Aufhebungsurkunde dem Nachlassgericht nicht bekannt wird, ein Risiko, dass für den Erblasser dann besonders groß ist, wenn die Aufhebung für den Vertragspartner nachteilig ist und die Beurkundung bei einem sonst mit letztwilligen Verfügungen dieses Erblassers nicht beteiligten Notar/Gericht vorgenommen wird. Es ist daher empfehlenswert, darauf zu drängen, dass die entsprechende Anzeige an das Standesamt erfolgt.

Wird die Aufhebung von Teilen eines Erbvertrages mit einem neuen Erbvertrag oder weiteren letztwilligen Verfügungen verbunden, so sollte deutlich gemacht werden, welche Regelungen im Einzelnen aufgehoben werden. Im Zweifel ist es besser, den Erbvertrag vollständig aufzuheben und die Regelungen insgesamt neu zu fassen, um später keine

---
20 S. hierzu näher *Reimann/Bengel/Mayer* § 2290 Rn. 20.
21 Vgl. *Palandt/Edenhofer* § 2276 Rn. 9.
22 Vgl. MüKoBGB/*Musielak* § 2290 Rn. 9.
23 MüKoBGB/*Musielak* § 2290 Rn. 9.
24 So *Palandt/Edenhofer* § 2290 Rn. 4; s. aber das Beispiel bei *Reimann/Bengel/Mayer* § 2290 Rn. 30.

19 Die Aufhebung des Erbvertrages kann dazu führen, dass frühere Verfügungen von Todes wegen wieder wirksam werden. Es ist deshalb sinnvoll, vor einem solchen Schritt auch die Alternativen zu prüfen und entsprechende Neuregelungen vorzunehmen.

20 **Musterformulierungen**

> Wir schließen folgenden
>
> Aufhebungsvertrag eines Erbvertrages
>
> Am ... haben wir vor dem Notar ... in ... unter dessen UR-Nr. ... einen Erbvertrag geschlossen.
>
> Diesen Erbvertrag heben wir hiermit
> (alternativ)
> – seinem gesamten Inhalt nach auf.
> – hinsichtlich der in § 2 des Vertrages enthaltenen Regelungen auf.
> – dergestalt auf, dass wir uns wechselseitig den Rücktritt von diesem Erbvertrag vorbehalten.

§ 2291
Aufhebung durch Testament

(1) Eine vertragsmäßige Verfügung, durch die ein Vermächtnis oder eine Auflage angeordnet ist, kann von dem Erblasser durch Testament aufgehoben werden. Zur Wirksamkeit der Aufhebung ist die Zustimmung des anderen Vertragschließenden erforderlich; die Vorschriften des § 2290 Abs. 3 finden Anwendung.

(2) Die Zustimmungserklärung bedarf der notariellen Beurkundung; die Zustimmung ist unwiderruflich.

I. Anwendungsbereich

1 Der Anwendungsbereich der Vorschrift ist auf solche vertragsmäßigen Verfügungen begrenzt, die ein **Vermächtnis** oder eine **Auflage** zum Gegenstand haben. Einseitige Verfügungen, die jederzeit widerruflich sind, sind nicht betroffen. Von Charakter her handelt es sich nicht um einen Vertrag, sondern um die Zustimmung zu einer einseitigen Anordnung des Erblassers. Die Zustimmung ist zwar eine empfangsbedürftige Willenserklärung. Umgekehrt gilt dies für das Testament aber gerade nicht. Da die Zustimmungserklärung auch schon vor der Aufhebung durch Testament erfolgen kann, sogar schon im ursprünglichen Erbvertrag, kommt es letztlich auf die Kenntnis des anderen Vertragschließenden nicht an, so dass ein wesentliches Charaktermerkmal eines Vertrages fehlt.[1]

II. Form

2 Formal ist auf Seiten des Erblassers jede Form des Testamentes, also auch das Privattestament (§ 2231 Nr. 2) zulässig. Liegt eine Einwilligung durch den anderen Vertragschließenden vor, so kann das Testament auch noch nach dessen Tod errichtet werden. Auf Seiten

---

[1] So im Ergebnis auch MüKoBGB/*Musielak* § 2291 Rn. 2 m.w.N.; a.A. *Palandt/Edenhofer* § 2291 Rn. 1; *Lange/Kuchinke* § 25 VII 3 d; *Reimann/Bengel/Mayer* § 2291 Rn. 2.

des anderen Vertragschließenden handelt sich um eine empfangsbedürftige Willenserklärung, die der notariellen Form bedarf. Der Zweck der Form ist in erster Linie im zuverlässigen Beweismittel zu sehen, aber auch in der hierdurch bedingten hinreichenden Informationsmöglichkeit über die rechtlichen Folgen.[2]

Wegen der Empfangsbedürftigkeit kann die Erklärung des anderen Vertragspartners nur zu Lebzeiten des Erblassers abgegeben werden.[3] Es reicht aber aus, wenn sie erst nach dem Tode des Erblassers zugeht, § 130 Abs. 2.[4] Der andere Vertragschließende kann sich bei der Zustimmungserklärung vertreten lassen, wobei er hierbei die Vorgaben von § 2290 Abs. 3 berücksichtigen muss.[5] Das Recht zur Zustimmung geht nicht auf die Erben des anderen Vertragschließenden über, sondern ist höchst persönlicher Natur. Die Zustimmung kann auch schon vorab im Erbvertrag erklärt werden.[6]

III. Widerruf

Bis zur Zustimmung durch den Vertragspartner kann das Aufhebungstestament durch den Erblasser widerrufen werden. Der Widerruf erfolgt nach Maßgabe der §§ 2253 f. Ist die Zustimmung durch den Vertragspartner erfolgt, so ist der Widerruf nur noch möglich, wenn der Vertragspartner damit einverstanden ist und dieses Einverständnis in der Form des § 2291 Abs. 2 erklärt hat.

Die Wirkung des wirksamen Widerrufs des Aufhebungstestaments besteht darin, dass die aufgehobenen Verfügungen wieder als vertragsmäßige Verfügung auflebt, §§ 2279 Abs. 1, 2257, 2258. Der Meinungsstreit, welche Rechtsnatur der Aufhebung durch Testament beigemessen wird (vertragliche oder einseitige Regelung), führt erst beim Widerruf eines Aufhebungstestamentes zu rechtlichen Auswirkungen. Soweit in der Aufhebung durch Testament ein Vertrag gesehen wird, wird auch die erneute Zustimmung des anderen Vertragschließenden für den Widerruf der Aufhebung verlangt.[7]

Die Gegenauffassung, die keinen triftigen Grund erkennen kann, dass der Widerruf des Aufhebungstestaments von einer Zustimmung des anderen Vertragschließenden abhängt,[8] übersieht, dass das Zustimmungserfordernis, das durch § 2291 ausdrücklich angeordnet wird, bei der Beurteilung eine gewisse Rolle spielen muss. Durch die gesetzlich angeordnete Zustimmung wird insb. sichergestellt, dass der Vertragspartner von der Änderungen der rechtlichen Situation Kenntnis erlangt und sich daher auf die entsprechenden Auswirkungen einstellen kann. Interessengerecht ist es daher, dass der Widerruf des Aufhebungstestamentes so lange erfolgen kann, bis die Zustimmung zur Aufhebung durch den anderen Vertragschließenden nach Maßgabe des § 130 erfolgt ist. Da die Zustimmungserklärung im Übrigen unwiderruflich ist, ist die Beseitigung danach nur durch Errichtung von neuen Verfügungen möglich.

Da die Zustimmung bereits vorab im Erbvertrag erklärt werden kann, bedarf es zur Aufhebung in diesem Fall nur noch eines Testamentes des Erblassers, das dann weder dem anderen zugehen, noch dem anderen Vertragschließenden bekannt sein muss. Ein solches Testament kann dann auch einseitig widerrufen werden, weil der andere Vertragschließende durch seine Erklärung im Erbvertrag gerade hat erkennen lassen, dass es ihm auf eine Zustimmung nicht ankommt.

---

2 Ein typisches Beispiel für die fehlende Form ist OLG München NJW-RR 2009, 19.
3 OLG Hamm NJW 1974, 1774, 1775.
4 MüKoBGB/*Musielak* § 2291 Rn. 4.
5 S. § 2290 Rz. 5.
6 *Reimann/Bengel/Mayer* § 2291 Rn. 6.
7 *Reimann/Bengel/Mayer* § 2291 Rn. 8; *Palandt/Edenhofer* § 2291 Rn. 3.
8 So MüKoBGB/*Musielak* § 2291 Rn. 6 m.w.N.

IV. Beratungshinweis

8   Inhaltlich kann auf die Hinweise und Formulierungsvorschläge zu § 2290 zurückgegriffen werden. Weil die Zustimmung notariell beurkundet werden muss, ist der Gang zum Notar in jedem Falle nötig, so dass die Vorschrift eher geringere praktische Relevanz hat, wenn nicht bereits im Erbvertrag die Zustimmungserklärung beurkundet wurde.

§ 2292
Aufhebung durch gemeinschaftliches Testament

Ein zwischen Ehegatten oder Lebenspartnern geschlossener Erbvertrag kann auch durch ein gemeinschaftliches Testament der Ehegatten oder Lebenspartner aufgehoben werden; die Vorschriften des § 2290 Abs. 3 finden Anwendung.

I. Anwendungsbereich

1   Ehegatten können einen zwischen ihnen geschlossenen Erbvertrag durch ein gemeinschaftliches Testament aufheben. Für Lebenspartner i.S.d. § 1 Abs. 1 LPartG gilt seit dem 1.8.2001 dasselbe.

2   Maßgeblich ist der **Zeitpunkt der Aufhebung.** Bereits aus § 2265 ergibt sich, dass die Ehegatten zum Zeitpunkt der Aufhebung verheiratet sein müssen, da ihnen sonst die Möglichkeit des gemeinsamen Testamentes verschlossen bleibt. Ob sie bei Abschluss des Erbvertrages verheiratet waren oder in einer sonstigen familienrechtlicher Beziehung gestanden haben, ist dagegen ohne Belang.[1]

3   Die **Ehegatten müssen die alleinigen Vertragspartner sein.** Sind Dritte am Erbvertrag beteiligt, etwa die Kinder der Ehegatten, so ist die Aufhebung durch gemeinsames Testament nicht möglich. Auch ist es nicht ausreichend, wenn der Dritte der Aufhebung durch gemeinsames Testament der Ehegatten in der Form des § 2290 zustimmt. Zweck der Formerleichterung für Ehegatten ist, ihnen die förmliche Aufhebung durch Vertrag zu ersparen. Der Hintergrund liegt im wesentlichen darin, dass möglichst wenig von außen in die Ehe hineingewirkt werden soll. Ist ein Dritter beteiligt, so fehlt es an diesem besonderen Hintergrund. Hinzu kommt, dass die Aufhebung durch gemeinschaftliches Testament als zusätzliche Möglichkeit (»auch«) neben den Möglichkeiten der §§ 2290, 2291, 2293 ff. besteht und auf den Anwendungsfall zu beschränken ist.[2]

II. Umfang

4   Die Aufhebung bezieht sich auch auf vertragsmäßige Erbeinsetzungen und geht damit weiter als § 2291. Neben der Aufhebung als Ganzes kann auch eine weitgehende freie Modifizierung des Erbvertrages erfolgen. So können auch nur einzelne Regelungen des Erbvertrages aufgehoben werden.[3] Das gemeinschaftliche Testament kann auf eine ausdrückliche Aufhebung des Erbvertrages verzichten, gleichzeitig aber dem Erbvertrag widersprechende Regelungen enthalten, die die vertragsgemäßen Regelungen ersetzen.[4] Auch kann das gemeinschaftliche Testament eine Ergänzung zum Erbvertrag darstellen, so dass damit eine einheitliche gemeinschaftliche Verfügung von Todes wegen entstehen

---

1 Vgl. BayObLG NJW-RR 1996, 457, 458; *Reimann/Bengel/Mayer* § 2292 Rn. 3; MüKoBGB/*Musielak* § 2292 Rn. 2 m.w.N.
2 MüKoBGB/*Musielak* § 2292 Rn. 2; *Reimann/Bengel/Mayer* § 2292 Rn. 4; BayObLGZ, 20, A 117, *Palandt/ Edenhofer* § 2292 Rn. 2; *Staudinger/Kanzleiter* § 2292 Rn. 3.
3 BayObLGZ 1960, 192, 195 f.
4 BayObLG NJW-RR 96, 457, 458.

kann.⁵ Dies kann so weit gehen, dass zwischen den bisherigen vertraglichen Erbeinsetzungen und einer späteren testamentarischen Erbeinsetzung (etwa als Schlusserbe) Wechselbezüglichkeit entstehen kann.⁶

III. Form

Die formalen Voraussetzungen richten sich nach den allgemeinen Regeln für gemeinschaftliche Testamente. Allerdings setzt § 2292 voraus, dass es sich in jedem Falle um ein gemeinschaftliches Testament handelt. Übereinstimmende Einzeltestamente der Ehegatten (wenn nicht »Gemeinschaftlichkeit« festgestellt werden kann) reichen hierzu nicht aus.⁷

Der Ehegatte, der im Erbvertrag als Erblasser vertragsmäßig verfügt hat, muss bei der Aufhebung des Erbvertrages testierfähig sein.⁸ Haben beide Ehegatten letztwillig verfügt, so müssen auch beide testierfähig sein. Als Geschäftsunfähiger kann nicht mehr testiert werden, § 2229 Abs. 3, 4, als beschränkt Geschäftsfähiger kann der Ehegatte ab dem 16. Lebensjahr auch ohne Zustimmung seines gesetzlichen Vertreters testieren, § 2229 Abs. 1 und 2.⁹ Hat ein Ehegatte nicht von Todes wegen verfügt, so gelten für diesen die Regeln des § 2290 Abs. 3. Danach bedarf es für den beschränkt geschäftsfähigen Ehegatten bei einer Betreuung oder Vormundschaft der Zustimmung des Vormundschaftsgerichtes und des gesetzlichen Vertreters. Für den geschäftsunfähigen Ehegatten kann dessen Vertreter handeln.¹⁰

Die streitige Frage, ob die nachträgliche Genehmigung des volljährig gewordenen Ehegatten ein ohne die erforderliche Zustimmung des gesetzlichen Vertreters errichtetes Testament wirksam macht, dürfte von geringer praktischer Relevanz sein. Die Lösung, § 108 Abs. 3 in entsprechender Anwendung heranzuziehen, dürfte aber angemessen und sachgerecht sein.¹¹ Ist allerdings der Erblasser bereits verstorben, so ist die rückwirkende Genehmigung nicht mehr möglich.¹²

IV. Widerruf

Die Beseitigung des Aufhebungstestamentes folgt den Regeln des gemeinschaftlichen Testamentes, wobei insb. § 2271 bei wechselbezüglichen Verfügungen zu beachten ist. Wirkung der Beseitigung ist das Wiederaufleben des ursprünglichen Vertrages. Streitig ist, ob durch einseitigen Widerruf des Aufhebungstestamentes der Erbvertrag wieder in Kraft gesetzt werden kann. Richtig ist zunächst, dass gem. § 2257 das Inkraftsetzen vorgesehen ist. Soweit § 2271 für wechselbezügliche Verfügungen den Rücktritt vorsieht und damit eine weitergehende und einseitige Lösung eines der Ehegatten von dem gemeinsamen Testament vorsieht, so darf nicht übersehen werden, dass den Ehegatten ja nicht nur die Möglichkeit des gemeinsamen Testamentes zur Seite steht. Sie können ja zur Aufhebung auch auf den Erbvertrag zurückgreifen und damit eine stärkere Bindung beider Seiten erreichen. Tun sie dieses nicht, so muss davon ausgegangen werden, dass die rechtliche Wirkung deshalb auch erwünscht ist.¹³

---

5 Vgl. BayObLG RPfleger 1980, 283 f.; FamRZ 1987, 638, 639; NJW-RR 2003, 658.
6 BayObLG FamRZ 1985, 839, 841.
7 MüKoBGB/*Musielak* § 2292 Rn. 3; *Reimann/Bengel/Mayer* § 2292 Rn. 4; BayObLGZ 20, A 117, *Palandt/ Edenhofer* § 2292 Rn. 2; *Staudinger/Kanzleiter* § 2292 Rn. 3.
8 BayObLGZ 1995, 383.
9 Beachte aber § 2247 Abs. 4 BGB, wonach das eigenhändige Testament ausgeschlossen ist.
10 Vgl. *Reimann/Bengel/Mayer* § 2292 Rn. 11.
11 So auch MüKoBGB/*Musielak* § 2292 Rn. 4.
12 Vgl. MüKoBGB/*Musielak* § 2292 Rn. 4; *Reimann/Bengel/Mayer* § 2292 Rn. 13.
13 Im Ergebnis so auch *Kipp/Coing* § 39 IV; MüKoBGB/*Musielak* § 2292 Rn. 6; a.A. *Reimann/Bengel/Mayer* § 2292 Rn. 17; *Palandt/Edenhofer* § 2292 Rn. 3, *Staudinger/Kanzleiter* § 2292 Rn. 10; *Erman/Schmidt* § 2292 Rn. 5.

V. Beratungshinweise

9 Insb. die Möglichkeit des ergänzenden gemeinsamen Testamentes kann zu ganz erheblichen **Abgrenzungsschwierigkeiten** bei der Umsetzung der testamentarischen Verfügungen eines verstorbenen Erblassers führen. Bedeutung hat dies auch deshalb, weil die Bindungswirkung von gemeinschaftlichem Testament und Erbvertrag in Teilbereichen auseinanderfällt. Soweit durch ein gemeinschaftliches Testament nur ergänzend verfügt wird, so bleiben die Ergänzungen wohl nach Maßgabe des § 2271 Abs. 1 einseitig widerruflich, während die vertraglichen Regelungen nur mit Zustimmung des anderen geändert werden können. Die gleichen Probleme ergeben sich, wenn ein in nichtehelicher Lebensgemeinschaft lebendes Paar einen Erbvertrag abschließt, später heiratet, während der Ehe ein gemeinsames Testament errichtet und wiederum später geschieden wird. Während das gemeinsame Testament nach §§ 2268, 2077 in der Regel unwirksam wird, wird der vor der Ehe geschlossene Erbvertrag in der Regel wirksam bleiben, weil die Vermutung, dass die Ehe den Vertragsabschluss verursacht hat, hier keinen Platz greifen kann. Es ist daher in jedem Falle sinnvoll, zum Zwecke der Klarheit den Erbvertrag vollständig aufzuheben und die Erbfolge gänzlich neu zu verfügen. Zu beachten ist auch § 2247 Abs. 4, wonach Minderjährige oder des Lebens nicht (mehr) fähige Personen kein privatschriftliches (gemeinsames) Testament errichten können.

10 **Musterformulierungen**

Gemeinsames Testament

Wir, die Eheleute ..., geb. am ..., und ..., geb. ..., geb. am ..., wohnhaft ..., haben am ... vor dem Notar ... in ... unter der UR-Nr.: ... einen Erbvertrag abgeschlossen.

Diesen Erbvertrag heben wir hiermit
(alternativ)
– seinem gesamtem Inhalt nach auf.
– hinsichtlich der in § 2 des Vertrages enthaltenen Regelungen auf.
– dergestalt auf, dass wir uns wechselseitig den Rücktritt von diesem Erbvertrag vorbehalten.

Stattdessen wollen wir unseren Nachlass wie folgt regeln: ...
..., den ...

_____
Unterschrift

Dies ist auch mein letzter Wille.

_____
Unterschrift

---

11 In jedem Falle sollte deutlich gemacht werden, welche früheren Verfügungen von Todes wegen noch fortgelten und welche nicht, ob und gegebenenfalls wie die neuen Verfügungen zu den alten Regelungen wechselbezüglich sind und ob sich frühere Änderungsvorbehalte mit der neuen Verfügung erschöpft haben oder weiter fortgelten.

§ 2293
Rücktritt bei Vorbehalt

Der Erblasser kann von dem Erbvertrag zurücktreten, wenn er sich den Rücktritt im Vertrage vorbehalten hat.

I. Wesen des Rücktrittsvorbehalts

Der Rücktritt ist die einseitige Aufhebung der erbvertraglichen Bestimmungen durch den Erblasser mit Wirkung für die Zukunft. Er bezieht sich in erster Linie auf die vertragsmäßigen Verfügungen, da er von den einseitigen ja jederzeit auch ohne diese Regelungen Abstand nehmen kann. Mit dem Tode des Rücktrittsberechtigten erlischt das Rücktrittsrecht, es geht nicht auf die Erben über, § 2296 Abs. 1. Beim zweiseitigen Erbvertrag (§ 2298) erlischt es auch beim Tode der anderen Vertragspartei. Ist dagegen der Erbvertrag einseitig, so führt der Tod des anderen Vertragschließenden nur zu einer Änderung bei der Form der Rücktrittserklärung.[1]

Eine Zustimmung des Gegners ist grundsätzlich nicht notwendig. Allerdings kann auch zugunsten des anderen Vertragschließenden ein Rücktrittsrecht vereinbart werden, das sich hinsichtlich seiner Voraussetzungen und Wirkungen nach den allgemeinen Regeln, den §§ 346 ff., richtet. Durch dieses vertragliche Rücktrittsrecht werden die letztwilligen Verfügungen des Erblassers nicht tangiert. Er kann aber, soweit die Voraussetzungen der §§ 2294, 2295 gegeben sind, seinerseits zurücktreten. Für den Berechtigten gibt es natürlich auch die Möglichkeit, nach dem Tode des Erblassers auszuschlagen.

II. Ausgestaltung des Rücktrittsrechts

Die vertragliche Ausgestaltung des Rücktrittsvorbehalts unterliegt weitgehend der Dispositionsfreiheit der Parteien. Er kann für einzelne Verfügungen oder den ganzen Vertrag erklärt werden. Er kann auf bestimmte Fälle beschränkt sein oder unter Bedingungen oder einer Befristung eingeräumt werden.

Ob überhaupt ein Rücktrittsvorbehalt besteht, ist durch Auslegung zu ermitteln. Auch andere Begriffe, wie etwa Widerruf oder Aufhebung, können einen Rücktrittsvorbehalt beinhalten. Die Regelung, dass die vertragsgemäße Zuwendung des Erblassers nur erfolgt, wenn die Leistungspflichten des Bedachten ordnungsgemäß erfüllt werden, ist dagegen nicht als Rücktrittsvorbehalt, sondern als auflösende Bedingung anzusehen.[2] Auch der Vorbehalt der abweichenden testamentarischen Verfügung ist regelmäßig kein Rücktritts, sondern ein Änderungsvorbehalt,[3] was aber durch Auslegung zu ermitteln ist.[4] Wesentlicher Unterschied zum Änderungsvorbehalt ist, dass der Rücktritt die Beseitigung aller Verfügungen des Erbvertrages ermöglicht.[5] Umgekehrt tritt bei der Ausübung eines Änderungsvorbehalts eine neue Regelung an die Stelle der früheren Verfügung. Wesentlich ist auch, dass von einem Änderungsvorbehalt ohne Kenntnis des Vertragspartners Gebrauch gemacht werden kann.[6]

Der Vorbehalt muss im Vertrag enthalten sein. Dazu genügt es auch, wenn ein Nachtragsvertrag den Vorbehalt enthält. Beschränkt sich der Nachtragsvertrag auf diesen Vorbehalt, so ist die Form des § 2290 Abs. 2 und 3 anzuwenden (statt § 2275).[7] Eine Wiederver-

---

1 S. § 2297 Rz. 1.
2 Vgl. OLG Hamm DNotZ 1977, 751, 754.
3 S. hierzu unter § 2289 Rz. 15 und § 2278 Rz. 10.
4 Vgl. MüKoBGB/*Musielak* § 2293 Rn. 3; aber BayObLG FamRZ 1989, 1353, 1354; NJW-RR 1997, 1027 (dort Rücktrittsvorbehalt).
5 Eingehend *Reimann/Bengel/Mayer* § 2293 Rn. 6.
6 Eingehend zu den Unterschieden *Musielak* ZEV 2007, 245 ff.
7 Vgl. MüKoBGB/*Musielak* § 2293 Rn. 4: *Reimann/Bengel/Mayer* Rn. 9.

heiratungsklausel in einem Ehegattenerbvertrag kann eine stillschweigende Rücktrittsklausel für den Überlebenden im Falle der Wiederheirat enthalten.[8]

III. Ausübung des Rücktritts

6 Bei der Ausübung des Rücktritts kann der Erblasser bei einem umfassenden Rücktrittsvorbehalt auch nur teilweise zurücktreten, etwa von einzelnen vertragsgemäßen Verfügungen. Der Rücktritt steht im Ermessen des Berechtigten, er unterliegt weder der Verjährung noch einer zeitlichen Ausübungsgrenze. Die Ausübung des Rücktritts unterliegt der Form des § 2296 oder § 2297.

7 Unterliegt der Rücktritt weiteren Einschränkungen, etwa dem Vorliegen bestimmter Voraussetzungen, so müssen diese Voraussetzungen gegeben sein. In diesen Fällen muss der Erblasser bei der Ausübung des Rücktritts stets den Kernsachverhalt angeben, aus dem er sein Rücktrittsrecht ableitet,[9] und die Voraussetzungen im Streitfalle beweisen. Ausnahmsweise kann hiervon abgesehen werden, wenn dem Erblasser im Vertrag das Recht eingeräumt wurde, darüber verbindlich zu entscheiden, ob die Voraussetzungen für den Rücktritt vorliegen.[10] Die Erklärung des Rücktritts selbst ist allerdings als Gestaltungsrecht bedingungsfeindlich und unwiderruflich, es sei denn, der Rücktritt kann nach dem Tode des Vertragsgegners durch Testament ausgeübt werden.[11]

8 Die Ausübung des Rücktrittsrechtes unterliegt den Grundsätzen von Treu und Glauben, wenn sie an das Vorliegen durch unbestimmte Begriffe näher erläuterter Voraussetzungen geknüpft ist. So ist etwa bei der Verpflichtung, den Erblasser zu pflegen, vor einem Rücktritt wegen mangelhafter Erfüllung eine Abmahnung nötig.[12] Der Rücktritt erfordert zudem weitere Verstöße nach der Abmahnung. Das gleiche gilt bei der Verpflichtung, den geschiedenen Ehegatten von der Unterhaltspflicht freizustellen.[13]

9 Die Abmahnung muss hinreichend bestimmt sein, die sich daraus ergebenden Rechtsfolgen angedroht werden.[14] Duldet der Erblasser stillschweigend ein vertragswidriges Verhalten oder erfolgt nach Abmahnung kein Rücktritt in angemessener Zeit, so kann er sich später nicht mehr auf das vertragswidrige Verhalten berufen und darauf seinen Rücktritt stützen.[15]

10 Bei eindeutigen Verstößen gegen klar bestimmte Vertragspflichten ist dagegen keine Abmahnung erforderlich.[16]

11 Haben Ehegatten gleichzeitig mit einem Erbvertrag auch einen damit urkundlich verbundenen Ehevertrag geschlossen, so führt der Rücktritt vom Erbvertrag nicht zwangsläufig auch zur Aufhebung des Ehevertrages.[17] Dies ist nur bei einem Bindungszusammenhang i.S.d. § 158 BGB anzunehmen. § 139 BGB ist hier nicht anwendbar.

IV. Beratungshinweise

12 Für den Bedachten eines Erbvertrages entsteht durch den Abschluss des Erbvertrages selbst nach allgemeiner Ansicht[18] keine Anwartschaft. Gleichwohl besteht ein Rechtsver-

---

8 Vgl. OLG Zweibrücken OLGZ 1973, 217.
9 OLG Düsseldorf ZEV 1994, 171, 172.
10 Vgl. MüKoBGB/*Musielak* § 2293 Rn. 2.
11 Dann widerruflich, vgl. *Reimann/Bengel/Mayer* § 2293 Rn. 23.
12 BGH LM, § 242 (Cd), Nr. 118; a.A. allerdings ohne überzeugende Begründung nur FAKomm-ErbR/*Zimmer* § 2293 Rn. 6.
13 OLG Hamm DNotZ 1999, 142, 144.
14 OLG Düsseldorf FamRZ 1995, 58, 59.
15 OLG Düsseldorf FamRZ 1995, 58, 60; OLG Oldenburg NdsRPfl 1955, 191, 192.
16 BGH NJW 1981, 2299, 2300; *Reimann/Bengel/Mayer* § 2293 Rn. 17.
17 Vgl. BGHZ 29, 129.
18 Vgl. § 2286 Rz. 2.

hältnis, das auch einer Überprüfung durch eine Feststellungsklage zugänglich ist. Insb. im Falle des Rücktritts wird daher ein Feststellungsinteresse des Bedachten bejaht.[19]

Die Beweislast für den Rücktritt hat derjenige, der daraus Rechte ableitet. Allerdings ist dann, wenn die andere Vertragspartei eine Verpflichtung zu erfüllen hat, von dieser der Beweis für die ordnungsgemäße Erfüllung zu erbringen. § 358 ist entsprechend anzuwenden.[20] Es ist sinnvoll, den Notar bei einer Rücktrittserklärung mit der unverzüglichen Zustellung einer Ausfertigung der Erklärung zu beauftragen, um im Falle eines überraschenden Tods des Erblassers alles Erforderliche getan zu haben.[21]

Musterformulierungen

Allgemein gilt, dass zwischen den verschiedenen Möglichkeiten der Lösung von vertraglichen Bindungen abzuwägen ist. Statt des Rücktrittsvorbehaltes kann der Änderungsvorbehalt dann aber in Frage kommen, wenn nicht der gesamte Inhalt entfallen soll, wie etwa beim typischen »Berliner Testament«. Für den Rücktritt sind schließlich die **Voraussetzungen** und die **Wirkungen** möglichst genau zu regeln.

1. Rücktrittsrecht

- **Bsp. 1.** »Herr Müller behält sich vor, vom Erbvertrag zurückzutreten«.
- **Bsp. 2.** »Herr Müller behält sich vor, vom Erbvertrag zurückzutreten, wenn die von den Eheleuten Meier übernommene Pflegeverpflichtung nicht ordnungsgemäß erfüllt wird.«
- **Bsp. 3.** »Wir behalten uns ein Rücktrittsrecht vom Erbvertrag für den Fall vor, dass unsere nichteheliche Lebensgemeinschaft anders als durch den Tod eines der Partner aufgelöst wird. Auflösung liegt vor, wenn die Voraussetzungen für ein andauerndes Getrenntleben entsprechend § 1567 BGB erfüllt sind.«

2. Rücktrittserklärung

zu 1.: »Ich habe mir im Erbvertrag den Rücktritt ohne eine Beschränkung vorbehalten. Hiermit trete ich von dem vorstehend bezeichneten Erbvertrag in vollem Umfange zurück.
Der beurkundende Notar wird hiermit beauftragt, Herrn Meier eine **Ausfertigung** dieser Rücktrittserklärung durch den zuständigen Gerichtsvollzieher zustellen zu lassen.«
zu 2.: »Die Eheleute Meier haben sich im Erbvertrag verpflichtet, mich bis zu meinem Tode zu pflegen. In den letzten sechs Monaten sind sie nur noch 2 mal bei mir erschienen und verlangten größere Geldbeträge, ohne aber die zugesagten Leistungen zu erbringen. Ich habe sie mit zwei Schreiben, die als Anlage dieser Urkunde beigefügt werden, deshalb gemahnt. Gleichwohl sind sie nach den Mahnungen überhaupt nicht mehr erschienen. Ich trete deshalb von dem Erbvertrag zurück.
Der beurkundende Notar wird hiermit beauftragt, den Eheleuten Meier je eine **Ausfertigung** dieser Rücktrittserklärung durch den zuständigen Gerichtsvollzieher zustellen zu lassen.«
zu 3.: »Ich bin am ... aus der bisherigen gemeinsamen Wohnung ausgezogen und wohne mit meiner neuen Lebensgefährtin jetzt in Köln. Frau XY habe ich mit meinem

---

19 Vgl. etwa OLG Düsseldorf ZEV 1994, 171, 172; MüKoBGB/*Musielak* § 2286 Rn. 7 m.w.N.
20 MüKoBGB/*Musielak* § 2293 Rn. 11.
21 S. § 2296 Rz. 2, 5.

> Brief vom ... darauf hingewiesen, dass ich in keinem Falle mehr mit ihr gemeinsam leben will. Eine Abschrift dieses Briefes füge ich in der Anlage bei.
> Ich trete hiermit von dem Erbvertrag zurück.
> Der beurkundende Notar wird hiermit beauftragt, Herrn Meier eine **Ausfertigung** dieser Rücktrittserklärung durch den zuständigen Gerichtsvollzieher zustellen zu lassen.«

§ 2294
Rücktritt bei Verfehlungen des Bedachten

Der Erblasser kann von einer vertragsmäßigen Verfügung zurücktreten, wenn sich der Bedachte einer Verfehlung schuldig macht, die den Erblasser zur Entziehung des Pflichtteils berechtigt oder, falls der Bedachte nicht zu den Pflichtteilsberechtigten gehört, zu der Entziehung berechtigen würde, wenn der Bedachten ein Abkömmling des Erblassers wäre.

I. Voraussetzungen des Rücktrittsrechtes

1 Die Regelung enthält ein gesetzliches Rücktrittsrecht für bestimmte Fallgestaltungen, bei der ein Festhalten am Erbvertrag für den Erblasser nicht mehr zumutbar erscheint.

2 Das **Rücktrittsrecht entsteht,** wenn der Bedachte Verfehlungen begeht, die zur Pflichtteilsentziehung berichtigen. Ob der Bedachte auch Vertragspartner ist, ist dagegen unerheblich.[1] Unerheblich ist auch, ob der Bedachte Kenntnis von der testamentarischen Verfügung hatte,[2] denn wesentlich für das Rücktrittsrecht ist das Fehlverhalten des Bedachten. Ob dieses Fehlverhalten nun in Kenntnis der Begünstigung oder ohne diese Kenntnis erfolgt, ist angesichts der engen Voraussetzungen der Vorschrift nur von geringer Bedeutung. Auf Verfehlungen des Vertragspartners, der nicht bedacht ist, kommt es dagegen nicht an.

3 Der **Zeitpunkt der Verfehlungen** ist für das Rücktrittsrecht von Bedeutung. Liegen diese vor dem Abschluss des Erbvertrages, so lösen sie keinen Rücktrittsgrund aus. Derartige Verfehlungen, insb., wenn sie dem Erblasser bei seiner Verfügung nicht bekannt waren, können aber ein Anfechtungsrecht gem. §§ 2281, 2078 begründen.[3] Ein unbegründeter Rücktritt kann im Übrigen in eine Anfechtung umgedeutet werden.[4]

4 Die **Voraussetzungen** für den Rücktritt sind, je nach der Person des Bedachten, unterschiedlich. Bei den tatsächlich pflichtteilsberechtigten Bedachten müssen die jeweiligen Voraussetzungen der §§ 2333 f. vorliegen. Bei Erbfällen bis zum 1.1.2010 musste für Abkömmlinge des Erblassers eine Verfehlung nach § 2333 vorliegen, für Elternteile nach § 2334 und für Ehegatten nach § 2335. Für Erbfälle seit dem 1.1.2010 sind die Voraussetzungen in § 2333 zusammengeführt und vereinheitlicht. Gehört der Bedachte nicht zu den Pflichtteilsberechtigten, so müssen die Voraussetzungen von § 2333 vorliegen.[5]

---

1 Vgl. *Lange/Kuchinke* § 25 VII Ziffer 5; MüKoBGB/*Musielak* § 2294 Rn. 2; *Palandt/Edenhofer* § 2294 Rn. 1.
2 So auch MüKoBGB/*Musielak* § 2294 Rn. 2; a.A. *Lange/Kuchinke* § 25 VII Ziffer 5 bei Fn. 264.
3 MüKoBGB/*Musielak* § 2294 Rn. 3 m.w.N.
4 BGH bei *Matern* BWNotZ 1961, 280.
5 Eines der seltenen Beispiele ist KG NJW-RR 2006, 1380.

II. Ausübung des Rücktritts

Für die Ausübung des Rücktritts muss die Form der §§ 2296 (zu Lebzeiten des anderen Vertragschließenden) bzw. 2297 (nach dem Tode des anderen Vertragschließenden) beachtet werden. Zu berücksichtigen ist, dass lediglich § 2297 Abs. 2 auf die besonderen Voraussetzungen in § 2336 Abs. 2–4 (bzw. Abs. 2–3 für Erbfälle ab dem 1.1.2010) Bezug nimmt. Nach allgemeiner Ansicht muss im Umkehrschluss daher beim Rücktritt zu Lebzeiten des Vertragspartners der Rücktrittsgrund nicht angegeben werden.[6] Diese Auffassung ist aber zweifelhaft. Ebenso wie im Falle des § 2293 ist zumindest die Angabe eines bestimmten Vorfalles bzw. einer konkreten Bezugnahme notwendig, aus dem das Rücktrittsrecht abgeleitet wird. Dem Vertragspartner muss mindestens die Möglichkeit der Prüfung der Berechtigung zum Rücktritt eingeräumt werden. Allerdings dürfen an diese Angaben keine hohen Forderungen gestellt werden, insb. können nicht die Anforderungen, wie sie für § 2293 angenommen werden, zugrunde gelegt werden. Denn zumindest dies ergibt sich aus dem Umkehrschluss. 5

Das Rücktrittsrecht des § 2294 steht nur dem Erblasser zu und ist höchstpersönlicher Natur. Die Erben können es ebenso wenig ausüben, wie der Vertragspartner. Ein Verzicht ist ausgeschlossen, § 2302. Auch der Umfang des Rücktritts und die Ausübung selbst stehen im Ermessen des Erblassers.[7] 6

Erfolgt nach der Verfehlung durch den Bedachten, aber vor dem Rücktritt eine Verzeihung nach § 2337, so ist der Rücktritt vom Vertrage nicht mehr möglich. Umgekehrt ist eine spätere Verzeihung nach erfolgtem Rücktritt auch nicht mehr zu beachten. Für den Falle der Abwendung vom ehrlosen Lebenswandel i.S.d. § 2336 Abs. 4 war es fraglich, ob die Abwendung auch dann noch von Bedeutung ist, wenn diese nach erfolgtem Rücktritt des Erblassers erfolgt. 7

Diese Alternative hatte nur für den Fall des § 2297 Bedeutung, weil in S. 2 ausdrücklich auch auf § 2336 Abs. 4 Bezug genommen wird. Es war daher sachgerecht, auch nach erfolgtem Rücktritt durch Testament die Unwirksamkeit des Rücktritts für diesen Fall anzunehmen.[8] Dies ist durch den Wegfall von § 2336 Abs. 4 zum 1.1.2010 für Erbfälle nach diesem Zeitpunkt ohne Bedeutung. 8

Durch den Rücktritt tritt die vom Rücktritt erfasste Verfügung außer Kraft, soweit der Rücktritt erfolgt. Ein mit dem Erbvertrag verbundenen Ehevertrag bleibt in der Regel bestehen,[9] soweit nicht ein anderer Wille der Vertragsparteien festgestellt wird. Der Rücktritt kann sich nur auf die Verfügungen erstrecken, die zugunsten desjenigen Bedachten auswirken, der die Verfehlungen begangen hat. Die zugunsten weiterer Bedachter ausgesprochenen Verfügungen bleiben bestehen, wenn nicht ein Bedingungszusammenhang besteht.[10] 9

III. Beratungshinweise

Bei der Ausübung des Rücktritts sollte stets die Angabe eines Tatsachenkerns erfolgen. Zwar verlangt die herrschende Meinung dies nur im Falle des § 2297, gleichwohl muss berücksichtigt werden, dass möglicherweise erst nach dem Tode des Erblassers geklärt wird, ob der Rücktritt zu Recht erfolgt ist. Die Beweisschwierigkeiten können daher ganz erheblich sein, wenn eine lange Zeit seit dem verstrichen ist. Der Richter hat bei seiner Beurteilung bei Zweifeln grundsätzlich von der Wirksamkeit des Erbvertrages auszuge- 10

---

6 Vgl. *Johannsen* WM 1973, 530, unter Bezugnahme auf BGH, Urteil vom 27.11.1969 – IV ZR 197/68; *Palandt/Edenhofer* § 2294 Rn. 1; MüKoBGB/*Musielak* § 2294 Rn. 4.
7 Vgl. hierzu § 2293 Rz. 6.
8 Unklar MüKoBGB/*Musielak*, 4. Aufl., § 2295 Rn. 5, entgegen, 4. Aufl., § 2297 Rn. 4.
9 BGHZ 29, 129.
10 *Reimann/Bengel/Mayer* § 2294 Rn. 11.

hen.¹¹ Eine Feststellungsklage des Erblassers zur Klärung der Wirksamkeit ist noch zu Lebzeiten zulässig.¹²

11 Der widerrufende Erblasser hat grundsätzlich die Beweislast für die Gründe der Pflichtteilsentziehung. Diese Beweislast wird im Falle des Rücktritts durch Testament nach § 2297 deutlich weiter als beim Rücktritt nach § 2296. Beim Rücktritt unter Lebenden muss der Erblasser die Voraussetzungen der Pflichtteilsentziehung darlegen und beweisen. Der Bedachte dagegen das Vorliegen von Rechtfertigungs- oder Entschuldigungsgründen.¹³ Wegen § 2297 S. 2 in Verbindung mit § 2336 Abs. 3 muss der Erblasser beim Rücktritt durch Testament darüber hinaus auch das Nichtvorliegen von Rechtfertigungs- und Entschuldigungsgründen nachweisen.¹⁴

12 **Musterungsformulierung**

> Mein Sohn ... hat bereits in der Vergangenheit durch seine Trunksucht und seine stadtbekannten Schlägereien immer wieder Schande über unsere Familie gebracht. Jetzt hat er mich, als ich ihn wegen der Tatsache, dass er seine Großmutter seit Jahren nicht besucht hat, zur Rede gestellt hatte, in der Öffentlichkeit, in der Gaststätte XY, am ... erst beleidigt und anschließend zu Boden geschlagen, wovon ich mehrere Hämatome und einen Bruch einer Rippe davontrug.
> Hiermit trete ich aus dem vorstehenden Grunde von dem mit meinem Sohn geschlossenen Erbvertrag zurück.

§ 2295
Rücktritt bei Aufhebung der Gegenverpflichtung

Der Erblasser kann von einer vertragsmäßigen Verfügung zurücktreten, wenn die Verfügung mit Rücksicht auf eine rechtsgeschäftliche Verpflichtung des Bedachten, dem Erblasser für dessen Lebenszeit wiederkehrende Leistungen zu entrichten, insb. Unterhalt zu gewähren, getroffen ist und die Verpflichtung vor dem Tode des Erblassers aufgehoben wird.

I. Gesetzliches Rücktrittsrecht

1 Die Regelung enthält ein gesetzliches Rücktrittsrecht für den Fall, dass eine Gegenverpflichtung, die wiederkehrende Leistungen zum Gegenstand hat, vor dem Tode des Erblassers aufgehoben wird. Typisch ist eine Fallgestaltung, bei der der Erblasser seinen Vertragspartner zum Erben einsetzt, während sich der Vertragspartner verpflichtet, den Erblasser bis zum Tode zu pflegen und/oder ihm eine laufende Rente zu gewähren. Zwar sind beide Rechtsgeschäfte miteinander verknüpft, gleichwohl stehen sie nicht im Gegenseitigkeitsverhältnis im Sinne der §§ 320 f.¹ Bei Nichterfüllung steht dem Erblasser daher kein Rücktrittsrecht nach diesen Vorschriften zu. Dieses Rücktrittsrecht gewährt § 2295, soweit dessen Voraussetzungen vorliegen.

2 Abzugrenzen vom Rücktritt nach § 2295 ist der Fall, dass die vertragsmäßige Zuwendung des Erblassers auflösend bedingt durch die ordnungsgemäße Erfüllung der Verpflich-

---

11 Vgl. MüKoBGB/*Musielak* § 2293 Rn. 11; differenzierend *Reimann/Bengel/Mayer* § 2294 Rn. 14.
12 *Reimann/Bengel/Mayer* § 2294 Rn. 14; MüKoBGB/*Musielak* § 2294 Rn. 6.
13 BGH NJW 1952, 700 = LM Nr. 1.
14 BGH NJW RR 1986, 371.
1 Herrschende Meinung, vgl. MüKoBGB/*Musielak* vor § 2274 Rn. 19.

tung des Bedachten erfolgt. Ist eine solche Bedingung gegeben, die auch stillschweigend vereinbart werden kann, so entfällt bereits deshalb die vertragsgemäße Verfügung, ohne dass auf § 2295 zurückgegriffen werden muss.[2]

II. Voraussetzungen des Rücktritts

Der Bedachte[3] muss eine **rechtsgeschäftliche Verpflichtung** übernommen haben. Diese 3
Verpflichtung kann nicht nur in dem Erbvertrag selbst, sondern auch in davon unabhängigen Vereinbarungen mit dem Erblasser enthalten sein. Eine Verbindung in derselben Urkunde ist nicht in allen Fällen notwendig.[4] Gleichwohl ist die Abgrenzung der Rechtsprechung, wann eine rechtliche Einheit vorliegt, die den Vertrag der Form des § 2276 Abs. 1 unterwirft, nicht ganz klar.[5] Legt man aber die allgemeingültigen Maßstäbe an einen solchen Vertrag, so dürfte er insgesamt zu beurkunden sein.[6] Nicht ausreichend ist dem gegenüber eine gesetzliche Verpflichtung, etwa die Unterhaltspflicht. Möglich ist aber, dass eine vertragliche Verpflichtung zu einer gesetzlichen hinzutritt oder diese ausgestaltet.

Die Verpflichtung muss **wiederkehrende Leistungen bis zum Tode** des Erblassers zum 4
Gegenstand haben. Wiederkehrende Leistungen sind solche, die in zeitlicher Wiederkehr zu erbringen sind, ohne allerdings auf eine fest bestimmte Zeit beschränkt zu sein.[7] Zeitlich begrenzte Ratenzahlungen und ähnliche Vorgänge fallen daher nicht unter die Vorschrift. Allerdings verlangt § 2295 – anders als die §§ 197, 218 Abs. 2 – nicht, dass die Leistungen regelmäßig erfolgen. Ebenso wenig muss die Höhe bzw. der Umfang der Leistungen gleich sein.[8] Erforderlich ist dagegen, dass die Leistungen bis zum Tode des Erblassers erbracht werden müssen.

Zwischen dem Erbvertrag und der rechtsgeschäftlichen Verpflichtung muss ein kausaler 5
Zusammenhang bestehen.[9] Für diesen Zusammenhang ist eine innere, auf der subjektiven Einstellung des Erblassers und des Bedachten beruhende Verbindung zwar ausreichend. Sie muss aber auch hinreichend belegt sein. Werden getrennte Verträge geschlossen, die auch jeder für sich Bestand haben können, so ergibt sich eine Verbindung nicht allein daraus, dass sie am gleichen Tag geschlossen wurden.[10] Dass es für ausreichend gehalten wird, dass der Bedachte diesen Zweck lediglich kennen muss, ohne ihm zuzustimmen,[11] dürfte nicht ausreichend sein.[12]

Die **Verpflichtung** muss zu **Lebzeiten des Erblassers** aufgehoben werden. Der Begriff 6
des Aufhebens ist nach dem Zweck der Vorschrift weit auszulegen. Nicht nur die gemeinsame vertragliche Aufhebung, sondern jeder nachträgliche Wegfall wird erfasst, etwa der Rücktritt des Bedachten, der Eintritt einer Bedingung, die Kündigung aus wichtigem Grund, nachträgliche Unmöglichkeit.[13] Rücktrittserklärung und Kündigung einer Verpflichtung können auch miteinander verbunden werden.[14]

---

2 Vgl. OLG Hamm DNotZ 1977, 751, 754.
3 Zur Abgrenzung s. § 2294 Rz. 1.
4 Vgl. LG Köln DNotZ 1978, 685.
5 BGHZ 36, 65, 71.
6 S.a. *Reimann/Bengel/Mayer* § 2295 Rn. 4.
7 Vgl. BGH VersR 1957, 450, 451.
8 BGH LM Nr. 2 zu § 197 BGB.
9 *Reimann/Bengel/Mayer* § 2295 Rn. 7.
10 OLG München ZErb 2009, 178, 179.
11 So MüKoBGB/*Musielak* § 2295 Rn. 3.
12 So auch *Reimann/Bengel/Mayer* § 2295 Rn. 7.
13 Vgl. OLG Karlsruhe NJW-RR 1997, 708, 709; LG Köln FamRZ 1979, 346.
14 OLG Karlsruhe NJW-RR 1997, 708, 709; OLG Hamm DNotZ 1977, 751, 752.

7 War die **Verpflichtung** dagegen **von vornherein nichtig,** so ist streitig, ob in diesem Falle der Rücktritt nach § 2295[15] oder die Anfechtung gem. §§ 2078, 2281[16] der richtige Weg ist. Zum Teil wird auch die Anfechtung **neben** dem Rücktritt für zulässig gehalten.[17] In der Praxis dürfte die Differenzierung zwischen Rücktritt und Anfechtung zu Lebzeiten des Erblassers nicht all zu groß sein. Sowohl Rücktritt wie Anfechtung bedürfen der notariellen Beurkundung. In beiden Fällen muss die Erklärung dem anderen Vertragschließenden in Urschrift oder Ausfertigung zugehen. Da in jedem Falle eine Umdeutung gem. § 140 in Betracht zu ziehen ist,[18] beschränken sich die Unterschiede in den verschiedenen Meinungen letztlich auf die Frist des § 2082. Problematisch ist die Beurteilung allerdings bei Nichtigkeit auch der letztwilligen Verfügungen gem. § 139. In diesem Falle bedürfte es nach Auffassung von *Musielak*[19] eigentlich keiner Aktivitäten des Erblassers. Umgekehrt könnte der Erblasser allerdings auch nicht verhindern, dass letztlich ein Gericht durch Auslegung darüber entscheidet, ob die Voraussetzungen des § 139 gegeben sind.

8 An diesem Ergebnis wird deutlich, dass der Spielraum, den § 2295 dem Erblasser einräumt, unnötig verengt wird. Dass der Erblasser auch im Falle der Aufhebung von seinen vertragsmäßigen Verfügungen keineswegs zwingend zurücktreten muss, sondern dies in seinem Ermessen steht, lässt deutlich werden, dass insb. diesem Ermessen des Erblassers eine erhebliche Bedeutung eingeräumt wird. Dies spricht für die Anwendung von § 2295 auch für den Fall der Nichtigkeit.[20]

9 Schließlich besteht dieses Rücktrittsrecht auch, wenn die vorgesehene Verpflichtung zu wiederkehrenden Leistungen nach Abschluss des Erbvertrages wider Erwarten völlig unterbleibt.[21]

III. Ausübung des Rücktrittsrechts

10 Das Rücktrittsrecht kann nur durch den Erblasser persönlich ausgeübt werden.[22] Ein Vertragsangebot zur Aufhebung des Erbvertrages kann in eine Rücktrittserklärung umgedeutet werden.[23] Der Rücktritt wirkt sich nur auf die im Zweckzusammenhang stehenden Verfügungen aus. Andere vertragsmäßige Verfügungen bleiben grundsätzlich wirksam, soweit nicht die Voraussetzungen der §§ 2085, 2279 Abs. 1 vorliegen. Gleichzeitig stehen aufgrund des Wegfalls der Verpflichtung des Bedachten diesem Rückforderungsansprüche gem. § 812 Abs. 1 S. 2 unter dem Gesichtspunkt der Zweckverfehlung zu. Bei gesetzlicher Erbfolge kann auch an § 2057 a gedacht werden.[24]

IV. Leistungsstörungen

11 Häufig kommt es bei entgeltlichen Erbverträgen zu Leistungsstörungen, die sich in Schlechterfüllung oder Verzug bei der Leistung ausdrücken. Diese Leistungsstörungen führen für sich noch nicht zu einem Rücktrittsrecht gem. § 2295, da eine Aufhebung des Vertrages nicht vorliegt. Allerdings kann der Erblasser den Bedachten in diesem Falle gem. § 286 Abs. 2 in Verzug setzen und vom Verpflichtungsvertrag zurücktreten,[25] gegebenen-

---

15 So *Palandt/Edenhofer* § 2295 Rn. 4; *Soergel/Wolf* § 2295 Rn. 3; *Brox/Walker* Rn. 154.
16 So MüKoBGB/*Musielak* § 2295 Rn. 6.
17 *Reimann/Bengel/Mayer* § 2295 Rn. 11 m.w.N.
18 Vgl. OLG Hamm DNotZ 1977, 751, 752.
19 MüKoBGB/*Musielak* § 2295 Rn. 6.
20 So auch *Reimann/Bengel/Mayer* § 2295 Rn. 10 m.w.N.
21 *Palandt/Edenhofer* § 2295 Rn. 4; *Lange/Kuchinke* § 25 X 2 b; a.A. MüKoBGB/*Musielak* § 2295 Rn. 6; *Reimann/Bengel/Mayer*, § 2295 Rn. 13 (für Anfechtungsrecht).
22 Vgl. § 2293 Rz. 1.
23 Vgl. OLG Hamm DNotZ 1977, 751, 752.
24 *Reimann/Bengel/Mayer*, § 2295 Rn. 20.
25 Vgl. *Lange/Kuchinke* § 25 X 2 b; *Reimann/Bengel/Mayer* § 2295 Rn. 14; OLG Karlsruhe NJW-RR 1997, 708, 709.

falls kann er auch den Vertrag nach § 314 BGB kündigen.[26] Anschließend kann er dann aufgrund dieser Aufhebung des Vertrages sein Rücktrittsrecht ausüben. U.U. kommt daneben auch die Anfechtung gem. §§ 2281, 2078 Abs. 2 in Betracht.[27] Insb. dieser Weg stellt sicher, dass dem Bedachten aufgrund einer vorangegangenen Beanstandung des Erblassers die Möglichkeit eingeräumt wird, ordnungsgemäß zu erfüllen. Dies entspricht den Anforderungen der Rechtsprechung zum Rücktritt nach § 2293, bei der ebenso eine Abmahnung vor der Ausführung des Rücktritts nötig ist.

Alternativ könnte der Erblasser auch nur schuldrechtliche Ansprüche geltend machen und etwa nach § 281 Abs. 1 BGB vorgehen. Allerdings müssen hierbei die Rückabwicklungskonsequenzen im Auge behalten werden. 12

V. Beratungshinweise

Schon um etwaige Risiken zu vermeiden, sollte immer der Weg über den Rücktritt gem. § 2295, gegebenenfalls über eine vorherige Inverzugsetzung und den Rücktritt zur Verpflichtung zu wiederkehrenden Leistungen gewählt werden. Ansonsten besteht die Gefahr, dass die Probleme in die Zukunft verlagert werden. Insb. bei Schlechtleistung und Verzug sollten die im zeitlichen Abstand wachsenden Beweisschwierigkeiten berücksichtigt werden. 13

Schon bei Abschluss des Erbvertrages sollte des Weiteren der Zusammenhang zwischen den einzelnen Verfügungen und der Gegenverpflichtung deutlich gemacht werden, um tatsächliche Zweifel hinsichtlich dieses Punktes zu vermeiden. 14

Ebenso sollte spätestens mit dem Erbvertrag die Gegenverpflichtung vertraglich vereinbart werden, um die vertragsmäßigen Verfügungen nicht ins Leere laufen zu lassen. 15

Die Beweislastregeln entsprechen auch hier denen der §§ 2293, 2294. Wichtig sind Sicherungen des Erblassers (klare Formulierung der Pflichten, Änderungsvorbehalte, Rücktrittsrechte) und des Bedachten (Verfügungsunterlassungserklärung, Einsatz von Ersatzerben, Vormerkungen, Wertfestlegungen bei Rückabwicklung). 16

§ 2296
Vertretung, Form des Rücktritts

(1) Der Rücktritt kann nicht durch einen Vertreter erfolgen. Ist der Erblasser in der Geschäftsfähigkeit beschränkt, so bedarf er nicht der Zustimmung seines gesetzlichen Vertreters.

(2) Der Rücktritt erfolgt durch Erklärung gegenüber dem anderen Vertragschließenden. Die Erklärung bedarf der notariellen Beurkundung.

I. Erklärung des Rücktritts

Der Rücktritt kann nur **durch den Erblasser persönlich** erklärt werden. Eine Vertretung wird ausdrücklich ausgeschlossen. Das Rücktrittsrecht geht auch nicht auf die Erben über. Der geschäftsunfähige Erblasser kann damit vom Vertrag nicht mehr zurücktreten.[1] Soweit etwa im Falle des § 2294 gleichzeitig auch ein Recht zur Anfechtung besteht, so kann dieses aber durch den gesetzlichen Vertreter ausgeübt werden. 1

---

26 LG Köln DNotZ 1978, 685.
27 MüKoBGB/*Musielak* § 2295 Rn. 5 m.w.N.
1 BayObLG FamRZ 1996, 969.

2 Der beschränkt geschäftsfähige Erblasser bedarf nicht der Zustimmung des gesetzlichen Vertreters. Dies gilt auch dann, wenn der Rücktritt die Unwirksamkeit anderer Verträge zur Folge hat, die für den beschränkt geschäftsfähigen rechtlich vorteilhaft sind.[2]

3 Der Rücktritt ist **empfangsbedürftig**, so dass die Erklärung erst dann wirksam wird, wenn sie dem anderen Vertragschließenden zugeht.[3] Bei mehreren Vertragschließenden muss der Zugang an alle erfolgen.[4] Die Wirksamkeit tritt dann erst beim Zugang an den letzten Vertragschließenden ein. Bei nicht voll geschäftsfähigen anderen Vertragschließenden muss der Zugang an den gesetzlichen Vertreter erfolgen, § 131 BGB.[5] Ist der andere Vertragsschließende geschäftsunfähig, kann der Widerruf an einen Bevollmächtigten, sonst an einen Ergänzungsbetreuer erfolgen.[6] Unter Anwesenden reicht es aus, den Text der Rücktrittserklärung den anderen Vertragsbeteiligten vorzulesen.[7] Erfolgt der Rücktritt in Abwesenheit des anderen Vertragschließenden, so muss die Erklärung in Urschrift oder Ausfertigung der notariellen Urkunde zugehen.[8] Die Zustellung durch den Gerichtsvollzieher ist nicht erforderlich. Nicht ausreichend ist es, wenn nur eine (beglaubigte) Abschrift zugeht.[9] Allerdings ist es grundsätzlich zulässig, für die Zustellungen auch andere Voraussetzungen zu vereinbaren, so dass die vorstehenden Vorgaben abgeschwächt werden können.[10]

4 Ist die Zustellung zunächst an Zustellungsmängeln gescheitert, so ist eine Nachholung nur unter besonderen Voraussetzungen möglich. Ist der Vertragserbe verstorben, kann die Rücktrittserklärung nicht nachgeholt werden.[11] Ist der Erblasser verstorben, so kann eine Zustellung nur noch erfolgen, wenn sich die Erklärung bereits auf dem Weg zum Empfänger befand und der Zugang alsbald erfolgt. Muss der andere Vertragschließende zeitlich nicht mehr mit einem Rücktritt rechnen, so ist der spätere Zugang nicht mehr wirksam.[12]

5 Unzulässig ist es demzufolge auch, wenn der Erblasser den Notar anweist, die Rücktrittserklärung nach seinem Tode zuzustellen.[13] Dagegen ist die öffentliche Zustellung möglich.[14]

International wird die Wirksamkeit des Rücktritts nach Art. 26. Abs. 5, Art. 11 EGBGB beurteilt. Dementsprechend muss der Rücktritt von einem deutschen Testament auch nach den Vorschriften des deutschen Erbrechts erfolgen.[15]

II. Form der Rücktrittserklärung

6 Die Rücktrittserklärung muss nach § 2296 zwingend notariell beurkundet werden, ein Verstoß führt zur Nichtigkeit.[16] Ob die Angabe des Grundes für den Rücktritt in der notariellen Urkunde erforderlich ist, ist streitig.[17]

---

2 MüKoBGB/*Musielak* § 2296 Rn. 3 m.w.N.
3 Ist der andere Vertragsschließende verstorben, so gilt § 2097 BGB.
4 BGH WM 1985, 1180, 1182.
5 Bei Betreuung oder Vorsorgevollmacht ist der Aufgabenkreis des Vertreters zu klären, s. hierzu ausführlich *Zimmer* ZEV 2007, 159.
6 LG Leipzig, ZErb 2009, 360 unter Bezug auf § 51 Abs. 3 ZPO.
7 OLG München ZEV 2009, 516; Staudinger/*Kanzleiter* § 2296 Rn. 9.
8 BGHZ 31, 5, 7; 36, 201, 203 f.; OLG Zweibrücken ZEV 2005, 483, 484.
9 H.M., BGH NJW 1995, 51, 52; OLG Hamm NJW-RR 1991, 1480, 1481; Palandt/*Edenhofer* § 2296 Rn. 2; MüKoBGB/*Musielak* § 2296 Rn. 5; a.A. Soergel/*Wolf* § 2296 Rn. 4; Staudinger/*Kanzleiter* § 2296 Rn. 8.
10 BGH NJW 1995, 2217; Palandt/*Edenhofer* § 2296 Rn. 3.
11 OLG Düsseldorf OLGZ 66, 68.
12 BGHZ 48, 374, 380 f.; OLG Hamm FamRZ 1991, 1486, 1488.
13 OLG Celle NJW 1964, 53, 54 im Anschluss an BGHZ 9, 233.
14 BGHZ 64, 5; KG NJW-RR 2006, 1380.
15 OLG Frankfurt ZEV 2009, 516 mit Anm. *Lorenz*.
16 Vgl. etwa OLG Hamm NJW-FER 1998, 275.
17 Vgl. § 2293 Rz. 3; § 2294 Rz. 2 m.w.N.

7 Nach der hier vertretenen Auffassung ist die Angabe eines Grundes erforderlich.[18] Allerdings dürfen an diese Angabe keine hohen Anforderungen gestellt werden.

8 Hat sich der Erblasser den Rücktritt ganz allgemein vorbehalten, ohne an bestimmte Gesichtspunkte anzuknüpfen, so reicht es auch, auf den Vorbehalt Bezug zu nehmen. Grundsätzlich besteht die Möglichkeit, letztwillige Verfügungen anderer Art in einen Rücktritt umzudeuten. Ein Angebot des Erblassers zur Aufhebung eines Erbvertrages kann – je nach den konkreten Umständen – in einen Rücktritt umgedeutet werden, wenn die entsprechenden Formanforderungen im Übrigen erfüllt sind.[19] Die spätere Errichtung eines Testamentes mit abweichendem Inhalt ist wegen Fehlens einer Erklärung an den Vertragspartner dagegen nicht ausreichend.[20]

III. Wirkung und Aufhebung des Rücktritts

9 Für die Wirkung des Rücktritts kommt es auf dessen wirksamen Umfang an, der sich nach den Vorschriften des §§ 2293–2295 richtet.

10 Die Wirkung des Rücktritts beschränkt sich grundsätzlich auf die vertragsmäßigen Verfügungen. Nur wenn alle vertragsmäßigen Verfügungen aufgehoben werden, so werden im Zweifel auch die in der gleichen Verfügung enthaltenen einseitigen Verfügungen unwirksam, § 2299 Abs. 3. Werden nur einzelne vertragsmäßige Verfügungen unwirksam, richtet sich die Beurteilung der übrigen nach §§ 2085, 2279 Abs. 1[21] bzw. nach § 139.[22] Da die Beurteilungsmaßstäbe identisch sind, kommt es an sich auf die Differenzierung nicht an.[23] Allerdings hat die Unterscheidung Auswirkungen für die Beweislastverteilung, außerdem richtet sich die Auslegung nach den testamentarischen Vorschriften (§ 2085), weniger nach dem objektiven Erklärungswert, als nach dem Willen des Erblassers. Es ist daher sachgerechter, die Beurteilung nach § 2085 vorzunehmen.

11 Beim zweiseitigen Erbvertrag richtet sich die Wirkung auf die Verfügungen des anderen Teils beim vorbehaltenen Rücktritt nach § 2298 Abs. 2 und Abs. 3. Soweit diese Vorschrift nicht eingreift, so bleiben die Verfügungen des anderen Teils wirksam (argumentum e contrario aus § 2298 Abs. 2).[24]

12 Die nachträgliche Aufhebung des Rücktritts ist grundsätzlich ausgeschlossen. Der Rücktritt ist eine einseitige Willenserklärung und als solche bedingungsfeindlich. Der Rücktritt unter Lebenden kann nicht mehr widerrufen werden, wenn die Erklärung dem Empfänger zugegangen ist, § 130 Abs. 1 und 2. Ist der Vertragspartner bereits verstorben, so gelten die Besonderheiten des § 2297.[25]

IV. Beratungshinweise

13 Bei der **Ausübung** des Rücktritts sollte in der notariellen Urkunde stets die Angabe des Grundes erfolgen, wobei je nach Rücktrittsgrund der Umfang der Angaben unterschiedlich ist. Bereits in der notariellen Urkunde sollte dem Notar der Auftrag zur umgehenden Zustellung der Rücktrittserklärung erteilt werden. Dann ist mit der Unterschrift unter die Erklärung auch für den Zugang nach § 130 Abs. 2 alles Erforderliche getan. Ist nicht sicher, ob der Vertragspartner noch lebt, so sollte gleichzeitig ein Aufhebungstestament gem. § 2297 errichtet werden.

---

18 Vgl. OLG Düsseldorf ZEV 1994, 171, 172.
19 OLG Hamm DNotZ 1977, 751, 752.
20 *Reimann/Bengel/Mayer* § 2296 Rn. 10; *Palandt/Edenhofer* § 2296 Rn. 2; BGH NJW-RR 1986, 371.
21 So MüKoBGB/*Musielak* § 2293 Rn. 9; *Palandt/Edenhofer* § 2296 Rn. 5.
22 So *Reimann/Bengel/Mayer* § 2293 Rn. 10.
23 So *Herlitz* MittRhNotK 1996, 153, 162.
24 *Müller/Rottach* BWNotZ 1987, 42; *Palandt/Edenhofer* § 2296 Rn. 5.
25 S. § 2297 Rz. 2.

§ 2297

14 Bei der **Bekanntgabe** des Rücktritts an den oder die anderen Vertragschließenden sollte immer der Weg der förmlichen Zustellung mit Hilfe des Gerichtsvollziehers gewählt werden, weil hierdurch der Nachweis des Zugangs in öffentlicher Urkunde erfolgt. Zwar ist die Zustellung durch den Gerichtsvollzieher nicht zwingend vorgeschrieben, so dass es eigentlich auch genügen würde, die Urschrift der Urkunde dem anderen zu übergeben. Hierbei können aber nachträglich immer Beweisschwierigkeiten auftreten. Die öffentliche Urkunde begründet dagegen den vollen Beweis, § 418 ZPO. Dies gilt auch für die Zustellung mit Hilfe der Deutschen Post AG.[26]

15 Das Erfordernis der Zustellung in Urschrift oder Ausfertigung ist ein sprudelnder Quell von Regressverfahren. Man sollte sich daher an folgende Vorgaben halten:
– Die Zustellung umgehend veranlassen, der Erblasser kann morgen verstorben sein.
– Dem Gerichtsvollzieher nur Ausfertigungen in erforderlicher Zahl, keine beglaubigten Abschriften übergeben.
– Den Gerichtsvollzieher ausdrücklich darauf hinweisen, dass eine Ausfertigung übergeben werden muss.
– Die Zustellurkunde daraufhin überprüfen, ob diese inhaltlich die Zustellung einer Ausfertigung nachweist.

§ 2297
Rücktritt durch Testament

Soweit der Erblasser zum Rücktritt berechtigt ist, kann er nach dem Tode des anderen Vertragschließenden die vertragsmäßige Verfügung durch Testament aufheben. In den Fällen des § 2294 findet die Vorschrift des § 2336 Abs. 2 und 3 entsprechende Anwendung.

Zu § 2297: Geändert durch G vom 24.9.2009 (BGBl I S. 3142) (1.1.2010).

Fassung bis 31.12.2009

§ 2297
Rücktritt durch Testament

Soweit der Erblasser zum Rücktritt berechtigt ist, kann er nach dem Tode des anderen Vertragschließenden die vertragsmäßige Verfügung durch Testament aufheben. In den Fällen des § 2294 findet die Vorschrift des § 2336 Abs. 2 bis 4 entsprechende Anwendung.

I. Allgemeines

1 Durch § 2297 wird nach dem Tode des anderen Vertragschließenden eine Formerleichterung gegenüber § 2296 geschaffen. Diese Formerleichterung beschränkt sich allerdings auf einseitige Erbverträge. Denn nur bei diesen entfällt regelmäßig der Zweck der Information des Vertragspartners. Die Vorschrift ist für alle Arten des Rücktritts nach den §§ 2293–2295 anwendbar.

2 Ebenso wie der Tod des anderen Vertragschließenden das Rücktrittsrecht unberührt lässt, gilt dies auch für die Anfechtung gem. § 2281, in die ein Rücktritt u.U. umzudeuten ist. Allerdings ist die Anfechtung nach § 2281 Abs. 2 nach dem Tode des anderen Vertragschließenden an das Nachlassgericht zu erklären.

---

26 Vgl. *Baumbach/Lauterbach/Albers/Hartmann* § 418 Rn. 3 »Post«.

II. Voraussetzungen

Der Erblasser muss zum Zeitpunkt der Errichtung der letztwilligen Verfügung zum Rücktritt berechtigt und testierfähig sein. Das Rücktrittsrecht kann auch schon vor dem Tode des anderen Vertragschließenden entstanden sein.[1] Der oder die anderen Vertragspartner müssen im Falle des § 2297 bereits verstorben sein. Sind nicht alle von mehreren Vertragspartnern verstorben, so muss nach § 2296 verfahren werden, um die noch lebenden Vertragspartner von dem Rücktritt in Kenntnis zu setzen. Da die Rücktrittserklärung regelmäßig auch die Form des Testaments wahrt, ist damit auch den Vorgaben von § 2297 Genüge getan.[2] Besonderheiten gelten beim zweiseitigen Erbvertrag, die sich aus § 2298 ergeben.[3]

III. Besonderheiten bei Verfehlungen des Bedachten

Erfolgt der Rücktritt wegen Verfehlungen des Bedachten., so ist § 2336 Abs. 2–3 zu beachten.
– Nach Abs. 2 dieser Vorschrift muss der **Grund der Entziehung** in der letztwilligen Verfügung angegeben werden und zum Zeitpunkt der Errichtung noch bestehen. Zur Definition des Grundes reicht die Angabe eines Sachverhaltkerns in der Verfügung aus, wenn die zugrundeliegenden Vorgänge dazu einigermaßen eingegrenzt werden können.[4]
– Der Erblasser oder derjenige, der die Aufhebung geltend macht, muss den **Entziehungsgrund** einschließlich des Nichtvorliegens von Rechtfertigungsgründen **nachweisen**.[5]
– Der Rücktritt wurde (nur bei Erbfällen vor dem 1.1.2010) nach § 2336 Abs. 4 **unwirksam**, wenn sich der Bedachte von seinem ehrlosen und unsittlichen Lebenswandel, der der Grund der Entziehung war, dauernd abgewendet hat.[6] Maßgeblich ist auch hier der Zeitpunkt des Erbfalls.
– Der Erblasser darf dem Bedachten **nicht** vor dem Rücktritt **verziehen** haben, § 2337 S. 1. Allerdings ist streitig, ob § 2337 auch noch nach dem Rücktritt angewendet werden kann, weil die Vorschrift in der Verweisung in S. 2 nicht erwähnt wird.[7] Deshalb dürfte in diesen Fällen eine neue Verfügung von Todes wegen erforderlich sein, um sicher zu gehen.

Bei Erbfällen ab dem 1.1.2010 ist § 2336 Abs. 4 nicht mehr anwendbar. Der Streit darüber, ob eine Verzeihung möglich ist, wird dann gegenstandslos.

IV. Inhalt des Testaments

Der Erblasser kann im Testament die vertragsmäßige Verfügung ausdrücklich aufheben, was insb. im Falle des § 2294 naheliegend ist. Es reicht aber auch aus, wenn dies indirekt erfolgt. Trifft der Erblasser widersprechende Verfügungen oder wiederholt er in einem neuen Testament die im Erbvertrag enthaltenen Regelungen bis auf diejenigen, die nicht mehr seinem Willen entsprechen, so ist dies ausreichend.[8] Möglich ist auch ein gemeinsames Testament.

---

[1] Allg.M., vgl. MüKoBGB/*Musielak* § 2297, Anm. 2 m.w.N.
[2] Vgl. *Reithmann* DNotZ 1957, 527, 530; MüKoBGB/*Musielak* § 2297 Rn. 2 m.w.N.
[3] S. § 2298 Rz. 2 ff.
[4] BGHZ 94, 36 sowie die Erläuterungen zu § 2336 Abs. 3.
[5] BGH FamRZ 1985, 919, 920.
[6] LG Mönchengladbach MDR 1952, 750.
[7] Vgl. MüKoBGB/*Musielak* § 2297 Rn. 5 m.w.N.
[8] Vgl. OLG Köln NJW-RR 1992, 1418.

V. Beseitigung des Aufhebungstestamentes

7 Anders als bei § 2296 ist der Rücktritt nach § 2297 widerruflich. Für das Aufhebungstestament im Sinne dieser Vorschrift gelten die Regeln für das Testament, §§ 2253 f. Durch den Widerruf wird die aufgehobene Verfügung wieder wirksam, §§ 2279 Abs. 1, 2257, 2258. Diese Wirkung tritt auch ein, wenn die Voraussetzungen des § 2336 Abs. 4 gegeben sind. § 2337 S. 2 ist i.R.v. § 2297 nicht anwendbar, weil es an einer Bezugnahme fehlt.[9] Es bedarf somit in diesem Falle eines Aufhebungstestaments.

VI. Beratungshinweise

8 Unabhängig davon, ob etwa im Falle eines sog. Verpfründungsvertrages für den Fall, dass der vom Bedachten zugesagte Unterhalt nicht oder nicht ordnungsgemäß geleistet wird und aus diesem Grunde ein Rücktrittsrecht vereinbart worden ist, oder ob sich dieses Rücktrittsrecht nach § 2295 daraus ergibt, dass ein Unterhaltsvertrag durch Kündigung des Erblassers wegfällt, so dass ein Rücktrittsanspruch aus § 2295 entsteht, ist für diese Fälle immer zu berücksichtigen, dass der Rücktrittserklärung eine Abmahnung vorauszugehen hat.

9 Zu berücksichtigen ist hierbei auch, dass im Falle eines Rücktritts der Vertragspartner die erbrachten Leistungen nach § 812 Abs. 1 S. 2 zurückverlangen kann. Es ist deshalb zweckmäßig, wenn solche Möglichkeiten zumindest in Betracht gezogen werden müssen, den Wert der Pflegeverpflichtung bzw. der Unterhaltsverpflichtung vorher festzulegen.

10 **Musterformulierung für eine Abmahnung**

> Sehr geehrte Frau M.,
> in unseren vertraglichen Vereinbarungen hatten Sie sich verpflichtet, einmal wöchentlich mein Einfamilienhaus zu reinigen, die Wäsche zu waschen, regelmäßig entsprechend dem Bedarf Lebensmittel und andere Gegenstände einzukaufen und die notwendigen Pflegedienste und Handreichungen zu erledigen. Seit nunmehr drei Monaten sind Sie nur noch unregelmäßig erschienen. Die Wäsche wurde zum letzten Mal vor vier Wochen gewaschen, so dass ich vor einer Woche gezwungen war, eine Wäscherei zu beauftragen. Das Haus wurde zuletzt vor sechs Wochen nur notdürftig und oberflächlich gereinigt. Lebensmittel muss ich mir durch einen örtlichen Lebensmittelhandel zustellen lassen, Sie selbst waren zuletzt vor zwei Wochen im Haus.
> Dies verstößt gegen die zwischen uns abgeschlossenen Vereinbarungen. Ich darf Sie auf diesem Wege auffordern, Ihren Verpflichtungen mit sofortiger Wirkung wieder nachzukommen. Ich gebe Ihnen zwei Wochen Zeit, das Versäumte nachzuholen. Außerdem darf ich Sie bitten, ab diesem Zeitpunkt wieder ordnungsgemäß Ihren Verpflichtungen laufend nachzukommen.
> Sollten Sie dem nicht nachkommen, so werde ich den zwischen Ihnen und mir bestehenden Vertrag mit sofortiger Wirkung kündigen und von dem Erbvertrag zurücktreten.

11 Ein **Rücktritt nach erfolgter Abmahnung** setzt voraus, dass weitere Verstöße **nach** der Abmahnung erfolgt sind. Da derjenige, der sich auf den Rücktritt vom Erbvertrag beruft, dessen Voraussetzungen gegebenenfalls nachweisen muss, ist die Zustellung der Abmahnung, am besten die öffentliche Zustellung der Abmahnung durch den Gerichtsvollzieher, zweckmäßig.

---

[9] *Palandt/Edenhofer* § 2297 Rn. 2; *Reimann/Bengel/Mayer* § 2297 Rn. 15.

Musterformulierung für den Rücktritt vom Erbvertrag 12

> **I. Vorwort**
> In der Urkunde des Notars … vom … habe ich unter UR-Nr.: … mit Frau M. einen Erbvertrag errichtet. In diesem Erbvertrag hat sich Frau M. mir gegenüber zu Pflege- und Unterhaltsleistungen verpflichtet, ich habe Frau M. als Erbin meines Vermögens, insb. meines Wohnhauses in …, eingesetzt.
> Frau M. hat – nachdem sie über einen Zeitraum von mehreren Wochen ihre Verpflichtungen ohne Angabe von Gründen nicht mehr eingehalten hat – von mir eine Abmahnung erhalten, in der ich sie auf diese Versäumnisse hingewiesen habe. Die Abschrift dieser Abmahnung wird als Anlage dieser Urkunde beigefügt. Aufgrund meiner Abmahnung ist eine Reaktion von Frau M. ausgeblieben. Sie hat sich bei mir nicht gemeldet, sie ist auch in der Folgezeit ihren Verpflichtungen in keiner Weise nachgekommen. Sie hat nicht einmal auf meine Abmahnung reagiert.
> **II.**
> Von dem Unterhaltsvertrag zwischen mir und Frau M. trete ich hiermit ausdrücklich zurück.
> Des Weiteren trete ich von dem in Ziffer 1. bezeichneten Erbvertrag in vollem Umfange zurück.
> Der beurkundende Notar bzw. sein jeweiliger Vertreter im Amt wird hiermit beauftragt, Frau M. eine Ausfertigung dieser Rücktrittserklärung durch den zuständigen Gerichtsvollzieher zustellen zu lassen.

§ 2298
Gegenseitiger Erbvertrag

(1) Sind in einem Erbvertrag von beiden Teilen vertragsmäßige Verfügungen getroffen, so hat die Nichtigkeit einer dieser Verfügungen die Unwirksamkeit des ganzen Vertrages zur Folge.

(2) Ist in einem solchen Vertrage der Rücktritt vorbehalten, so wird durch den Rücktritt eines der Vertragschließenden der ganze Vertrag aufgehoben. Das Rücktrittsrecht erlischt mit dem Tode des anderen Vertragschließenden. Der Überlebende kann jedoch, wenn er das ihm durch den Vertrag zugewendete ausschlägt, seine Verfügung durch Testament aufheben.

(3) Die Vorschriften des Abs. 1 und des Abs. 2 S. 1, 2 finden keine Anwendung, wenn ein anderer Wille der Vertragschließenden anzunehmen ist.

I. Zweiseitiger Erbvertrag

Es müssen im Erbvertrag von beiden Vertragsparteien vertragsmäßige Verfügungen getroffen worden sein. Dies kann bedeuten, dass sich beide von Todes wegen wechselseitig bedenken, aber auch, dass ein Dritter bedacht wird.[1] Es müssen aber beide vertragsmäßige Verfügungen getroffen haben. Hat einer der Vertragspartner nur einseitige Verfügungen getroffen, so ist § 2298 nicht anwendbar. 1

---
1 BayObLG FamRZ 1995, 1449.

2 Das Gesetz geht von der regelmäßigen Erwartung aus, dass die beidseitigen Verfügungen voneinander abhängig sind, also in Wechselbezüglichkeit stehen (§ 2298 Abs. 3). Die Vermutung der Wechselbezüglichkeit geht deutlich über die Vermutung beim gemeinschaftlichen Testament hinaus, da keinerlei personenbezogene Einschränkungen gemacht werden. Insoweit eignet sich der Erbvertrag auch für Ehegatten als echte Gestaltungsalternative.

II. Nichtigkeit einer vertragsgemäßen Verfügung

3 Es muss eine vertragsmäßige Verfügung **nichtig** sein. Lässt der Wortlaut des Erbvertrags Zweifel an der Vertragsmäßigkeit offen, so sind im Wege der Auslegung der Inhalt und die Vertragsmäßigkeit der Verfügung zu ermitteln. Ist nur ein Teil einer vertragsmäßigen Verfügung nichtig, so ist zunächst nach Maßgabe von § 2085 festzustellen, ob die ganze Verfügung nichtig ist. Nur wenn die ganze Verfügung damit nichtig ist, ist § 2298 Abs. 1 anzuwenden.[2]

4 Einseitige Verfügungen sind nur ausnahmsweise zu berücksichtigen,[3] so kann die Wirksamkeit einseitiger Verfügungen zur Bedingung für die Wirksamkeit vertragsmäßiger Verfügungen gemacht worden sein. Ebenso kann sich der Erblasser ein Rücktrittsrecht für den Fall der Unwirksamkeit vorbehalten haben.

5 Die Verfügung muss **anfänglich nichtig** sein. Dies ist nach allgemeiner Ansicht beim Formmangel, beim Sittenverstoß oder bei Geschäftsunfähigkeit[4] gegeben. Das gleiche gilt auch im Falle der Anfechtung nach den §§ 2281, 2078, 2079, die ebenso zur anfänglichen Nichtigkeit führen, § 142,[5] oder im Falle der Scheidung bzw. des Vorliegens der Scheidungsvoraussetzungen nach §§ 2279 Abs. 2, 2077, die ebenso zur Unwirksamkeit führen.[6] Der Nichtigkeit gleich steht die ursprüngliche Unwirksamkeit, etwa wegen Widerspruchs gegen einen früheren Erbvertrag.[7]

6 Wird die Verfügung dagegen **nachträglich** gegenstandslos, so ist die Gültigkeit nach § 2085 zu beurteilen, nicht nach § 2298 Abs. 1. Dies ist der Fall beim Vorversterben des Bedachten, bei der Ausschlagung, Bedingungsausfall, Erbunwürdigkeit oder durch Erbverzicht.[8]

7 Folge der Nichtigkeit ist in der Regel (Abs. 3) die Unwirksamkeit des gesamten Vertrages. Einseitige Verfügungen werden gem. §§ 2299 Abs. 2, 2085 beurteilt. Ist der gesamte Vertrag unwirksam, können die einseitigen Verfügungen u.U. in ein Testament umgedeutet werden.

III. Rücktritt

8 Nach Abs. 2 S. 1 führt die Ausübung des vorbehaltenen Rücktritts in der Regel (Abs. 3) zur **Aufhebung des gesamten Vertrages.** Die Vorschrift ist für das gesetzliche Rücktrittsrecht nach §§ 2294, 2295 nicht anwendbar.[9] Im Fall der §§ 2294, 2295 ist auf §§ 2297 Abs. 1, 2085

---

2 Vgl. MüKoBGB/*Musielak* § 2298 Rn. 2; *Erman/Schmidt* § 2298 Rn. 2; *Reimann/Bengel/Mayer* § 2298 Rn. 12.
3 Vgl. MüKoBGB/*Musielak* § 2298 Rn. 2.
4 BayObLG ZEV 1995, 413, 414.
5 Vgl. auch § 2281.
6 OLG München NJW-RR 2006, 82; OLG Hamm ZEV 1994, 367; MüKoBGB/*Musielak* § 2298 Rn. 3; a.A. (Anwendung von § 2085 BGB) *Reimann/Bengel/Mayer* § 2298 Rn. 8 m.w.N.
7 *Palandt/Edenhofer* § 2298 Rn. 1; *Reimann/Bengel/Mayer* § 2298 Rn. 6.
8 Vgl. *Staudinger/Kanzleiter* § 2298 Rn. 7; MüKoBGB/*Musielak* § 2298 Rn. 3; a.A. *Brox/Walker* Rn. 53; *Lange/Kuchinke* § 25 VII 1a, der in allen Fällen, in denen zum Zeitpunkt des Todes Unwirksamkeit vorlag, § 2298 BGB anwenden will.
9 Allgemeine Meinung, vgl. MüKoBGB/*Musielak* § 2298 Rn. 4 m.w.N.

zurückzugreifen.¹⁰ Die Auffassung von *Schmidt*,¹¹ der den anderen Vertragschließenden für gebunden hält, entspricht nicht dem Zweck der Vorschrift. Das Rücktrittsrecht können sich einer oder beide Erblasser vorbehalten haben. Ist das Rücktrittsrecht auf einzelne Verfügungen beschränkt, so ist in der Regel davon auszugehen, dass die Gültigkeit der übrigen Verfügungen davon nicht abhängig sein soll, § 2298 ist dann nicht anzuwenden.¹² In der Praxis ist bei jedem zweiseitigen Erbvertrag im Einzelnen zu prüfen, welche Folgen der Rücktritt für die anderen Verfügungen haben soll. Maßgeblich ist hierbei – für die Wirksamkeit der eigenen Verfügung – die Auffassung des Rücktrittsgegners.¹³

Das **Rücktrittsrecht erlischt** in der Regel (Abs. 3) nach Abs. 2 S. 2 beim Tode des anderen, auch hier nur bezogen auf den Rücktritt nach § 2293. Ist allerdings das Rücktrittsrecht auf einzelne vertragsmäßige Verfügungen eines Erblassers beschränkt, so bleibt das Rücktrittsrecht aus den vorstehend benannten Gründen bestehen.¹⁴ Ebenso erlischt es mit dem Tode des Rücktrittsberechtigten.¹⁵ 9

Nach Abs. 2 S. 3 kann der **Überlebende ausschlagen** und hierdurch seine Testierfreiheit wiedergewinnen. Anwendbar ist die Regelung nur, wenn ein Rücktrittsrecht i.S.d. § 2293 bestand und dieses Recht nach Abs. 2 S. 2 erloschen ist. Ausgeschlagen werden muss die gesamte vertragsmäßige Verfügung. Zuwendungen aufgrund einseitiger Verfügung werden von dieser Regelung auch dann nicht erfasst, wenn diese im Erbvertrag mitverfügt worden sind.¹⁶ Wenn neben dem überlebenden Vertragspartner Dritte bedacht sind, so muss nur der Überlebende ausschlagen, nicht der Dritte. War der Überlebende gar nicht bedacht, so kann er auch nichts ausschlagen. Ein Aufhebungsrecht steht ihm dann nicht zu.¹⁷ 10

Die Aufhebung der eigenen Verfügung erfolgt nach der Ausschlagung in diesem Falle durch Testament. Ob das Testament vor der Ausschlagung (eventuell vor dem Tode) oder nach ihr errichtet wird, ist unerheblich.¹⁸ Die Aufhebung kann auch durch Errichtung einer neuen, widersprechenden Verfügung erfolgen. Die Ausschlagung hat nicht zur Folge, dass die im Erbvertrag enthaltenen eigenen Verfügungen damit wirkungslos blieben. Sie bleiben vielmehr weiter wie ein Testament gültig. 11

IV. Anderer Wille der Vertragschließenden

Die Vorschriften der Abs. 1 und Abs. 2 sind Bestimmungen, die nur Platz greifen, wenn sich nicht ein anderer Wille der Vertragsparteien ermitteln lässt.¹⁹ Dass Abs. 2 S. 3 nicht erwähnt wird, wird nach allgemeiner Ansicht als Redaktionsversehen beurteilt, so dass auch Abs. 2 S. 3 abgeändert werden kann.²⁰ Dies bedeutet gleichzeitig, dass die Regeln der Abs. 1 und Abs. 2 für die Parteien dispositiv sind. Sie können daher ohne weiteres auch einzelne der Regeln entfallen lassen oder einschränken, auch in zeitlicher Hinsicht. So kann etwa die Aufhebung der Verfügungen im Falle der Ausschlagung ausgeschlossen werden.²¹ Zwingend bleibt allerdings die Form des Rücktritts nach § 2296. Der Parteiwille 12

---

10 So MüKoBGB/*Musielak* § 2298, a.a.O.; *Staudinger/Kanzleiter* § 2298 Rn. 12.
11 *Erman/Schmidt* § 2294, Anm. 3.
12 *Lange/Kuchinke* § 25, VIII 1 b bei Fn. 281; MüKoBGB/*Musielak* § 2298 Rn. 4.
13 *Lange/Kuchinke* § 25 VIII 1 b; *Reimann/Bengel/Mayer* § 2298 Rn. 14.
14 So auch MüKoBGB/*Musielak* § 2298 Rn. 5.
15 § 2293 Rz. 1.
16 *Staudinger/Kanzleiter* § 2298 Rn. 17; MüKoBGB/*Musielak* § 2298 Rn. 6; a.A. wohl *Palandt/Edenhofer* § 2298 Rn. 4.
17 *Lange/Kuchinke* § 25 VII 4.; MüKoBGB/*Musielak* § 2298 Rn. 4 und § 2271 Rn. 23; *Reimann/Bengel/Mayer* § 2298 Rn. 21.
18 RGZ 65, 270, 275.
19 Vgl. BayObLG FamRZ 1994, 196, 197; NJW-RR 1996, 7, 8 f.; OLG Hamm ZEV 1994, 367.
20 MüKoBGB/*Musielak* § 2298 Rn. 7; *Erman/Schmidt* § 2298 Rn. 1; *Palandt/Edenhofer* § 2298 Rn. 3.
21 Vgl. *Palandt/Edenhofer* § 2298 Rn. 3.

ist nach den allgemeinen Auslegungsgrundsätzen zum Zeitpunkt der Errichtung[22] zu ermitteln. Wer sich auf einen abweichenden Parteiwillen beruft, muss diesen darlegen und beweisen.[23]

V. Beratungshinweise

13 Die gesetzliche Regelung des zweiseitigen Erbvertrages weist bereits inhaltlich eine höchst komplizierte Struktur auf, die wegen der Geltung der verschiedenen Auslegungsregeln (§§ 2298 Abs. 3, 2085) noch einmal verschärft wird.[24] Dies zwingt dazu, bei der Formulierung von Erbverträgen, Vorbehalten, Rücktrittserklärungen und Anfechtungstestamenten diese Strukturen zu bedenken.

14 Musterformulierungen

Sollten einzelne, auch einseitige Verfügungen dieses Vertrages nichtig oder gegenstandslos sein, so soll die Wirksamkeit der verbleibenden hiervon unberührt sein. *(Ausschluss von § 2298 Abs. 1).*

Der Vertrag soll auch für den Fall Geltung behalten, dass A von dem ihm vorbehaltenen Rücktrittsrecht im Hinblick auf die Schlusserbeneinsetzung von B Gebrauch macht; in diesem Falle soll nur die Schlusserbeneinsetzung von C entfallen. *(Modifizierung von § 2298 Abs. 2 S. 1)*

Der Rücktrittsvorbehalt bleibt auch beim Tod des anderen Vertragsschließenden bestehen. *(Ausschluss von § 2298 Abs. 2 S. 2)*

Testament

1. »Ich habe mit Erklärung gegenüber dem Nachlassgericht in … meine Erbeinsetzung aufgrund des Erbvertrages vor Notar … vom …, UR-Nr. …, ausgeschlagen.«

2. »Ich hebe hiermit alle bisherigen letztwilligen Verfügungen auf.«

3. »Meinen letzten Willen regele ich wie folgt: …«

---

§ 2299
Einseitige Verfügungen

(1) Jeder der Vertragschließenden kann in dem Erbvertrag einseitig jede Verfügung treffen, die durch Testament getroffen werden kann.

(2) Für eine Verfügung dieser Art gilt das gleiche, wie wenn sie durch Testament getroffen worden wäre. Die Verfügung kann auch in einem Vertrage aufgehoben werden, durch den eine vertragsmäßige Verfügung aufgehoben wird.

(3) Wird der Erbvertrag durch Ausübung des Rücktrittsrechts oder durch Vertrag aufgehoben, so tritt die Verfügung außer Kraft, sofern nicht ein anderer Wille des Erblassers anzunehmen ist.

---

22 BayObLG FamRZ 1994, 196.
23 Vgl. BayObLG FamRZ 1994, 196, 197; NJW-RR 1996, 7 f.; OLG Hamm ZEV 1994, 367.
24 Vgl. *Kipp/Coing* § 41 II 2 b.

I. Einseitige Verfügungen

Der Erbvertrag ist ein Stützpunkt für testamentarische Verfügungen jeder »Partei«.[1] **1**

Im Erbvertrag können die Vertragsparteien einseitig auch solche Verfügungen treffen, **2**
die in einem Testament zulässig wären. Da nach § 2278 Abs. 2 nur Erbeinsetzungen, Vermächtnisse und Auflagen vertragsmäßig getroffen werden können, wäre etwa die Einsetzung eines Testamentsvollstreckers nicht möglich. Dies lässt die Vorschrift als einseitige Verfügung zu. Ebenso müssen damit auch nicht alle Regelungen im Erbvertrag vertragsmäßig sein. Die Abgrenzung zwischen einseitigen und vertragsmäßigen Verfügungen erfolgt im Wesentlichen danach, ob von den Parteien eine Bindung (dann vertragsmäßig) oder freie Widerruflichkeit (dann einseitig) gewollt wurde.[2] Die Beurteilung erfolgt nach den Grundsätzen der Auslegung, bei der die Interessenlage der Parteien besonders zu berücksichtigen ist.[3]

Daneben sind solche Verfügungen möglich, die nach § 2278 Abs. 2 vertragsunfähig sind. **3**
Hierzu gehören neben der Testamentsvollstreckung die Enterbung, Pflichtteilsentziehung und -beschränkung, Teilungsanordnungen sowie der Widerruf und die Aufhebung von letztwilligen Verfügungen als die wichtigsten Beispiele, aber auch alle sonstigen Anordnungen, die durch Testament getroffen werden können.

Voraussetzung ist des Weiteren, dass der Erbvertrag wenigstens eine vertragsmäßige Verfügung enthält; ohne eine solche ist der Erbvertrag und sind damit auch die einseitigen **4**
Verfügungen nichtig.[4] Ob die vertragsmäßigen Verfügungen wichtiger als die einseitigen sind, spielt dagegen keine Rolle.[5] Zwischen den vertragsmäßigen und den einseitigen Verfügungen besteht oft auch ein enger innerer Zusammenhang. Dieser lässt sich aber nicht allein daraus ableiten, dass die verschiedenen Verfügungen in einer Vertragsurkunde enthalten sind.[6] Er muss sich vielmehr inhaltlich oder durch die Umstände ergeben, auf die Auslegungsregeln (§§ 2084, 133) ist hier zurückzugreifen.[7] Ergibt sich dieser enge Zusammenhang, so kann bei Nichtigkeit oder Wegfall der einseitigen Anordnung eine Anfechtung in Betracht kommen.[8] Entspricht ein unwirksamer Erbvertrag den Formvorgaben eines Testaments, so können die darin enthaltenen Verfügungen in ein Testament umgedeutet werden. Die Umdeutung in ein gemeinschaftliches Testament ist aber nur zulässig, wenn die Vertragspartner miteinander verheiratet sind. Ist dies nicht der Fall, können die Verfügungen beider Erblasser als Einzeltestamente aufrechterhalten werden.[9] Generelle Voraussetzung einer Umdeutung ist allerdings, dass anzunehmen sein muss, dass die Erblasser diese Verfügungen auch bei Unwirksamkeit des Erbvertrages gewollt hätten.[10]

II. Anwendung der Testamentsregeln

Für einseitige Verfügungen im Erbvertrag gelten die gesetzlichen Vorschriften für Testamente (Abs. 2 S. 1). Für den Verfügenden ist deshalb Testierfähigkeit gem. § 2229 erforderlich. Die früher streitige Frage, ob für einseitige Verfügungen insoweit höhere Anforderungen aufgestellt werden, als für vertragsmäßige Verfügungen, hat sich durch das neue **5**

---

1 *Kipp/Coing* § 42 I.
2 Vgl. zur Abgrenzung § 2287.
3 Vgl. BGH, NJW 1961, 120.
4 Vgl. MüKoBGB/*Musielak* § 2299 Rn. 3; *Palandt/Edenhofer* § 2299 Rn. 1.
5 *Reimann/Bengel/Mayer*, § 2299 Rn. 2.
6 Aber wohl *Reimann/Bengel/Mayer* § 2299 Rn. 3; anders allerdings Rn. 9.
7 Im Sinne einer interessengerechten Auslegung, vgl. *Reimann/Bengel/Mayer* § 2299 Rn. 9; *Staudinger/Kanzleiter* § 2299 Rn. 2.
8 *Reimann/Bengel/Mayer* § 2299 Rn. 3 m.w.N.
9 MüKoBGB/*Musielak* § 2299 Rn. 3.
10 *Kipp/Coing* § 42 VI, MüKoBGB/*Musielak* § 2299 Rn. 3.

Betreuungsrecht seit dem 1.1.1992 weitgehend, wenn auch nicht völlig, erledigt.[11]

III. Aufhebung

6 Einseitige Verfügungen können nach den Regeln für Testamente jederzeit und einseitig wieder aufgehoben werden, §§ 2253, 2254, 2258.

7 Daneben kann der Widerruf auch durch Erbvertrag nach § 2290 erfolgen. Nach § 2290 Abs. 2 S. 2 muss aber gleichzeitig zunächst eine vertragsmäßige Verfügung mit aufgehoben werden.[12] Nicht anwendbar sind die Vorschriften der §§ 2255 und 2256 aus dem Testamentsrecht.[13]

8 Auch nach der Auslegungsregel des Abs. 3 treten die einseitigen Verfügungen im Erbvertrag in der Regel außer Kraft, wenn der Erbvertrag vertraglich oder durch Ausübung des Rücktrittsrechtes aufgehoben wird. Allerdings muss der Erblasser vom gesamten Erbvertrag, nicht nur von einer einzelnen vertragsmäßigen Verfügung zurücktreten.[14] Der Aufhebung des ganzen Vertrages steht die Aufhebung aller vertragsgemäßen Verfügungen durch Vertrag oder gemeinschaftliches Testament gleich.[15]

IV. Beratungshinweise

9 Die Abgrenzungsprobleme zwischen vertragsmäßigen und einseitigen Verfügungen bei Erbeinsetzung, Vermächtnis und Auflage lassen sich einfach vermeiden, wenn im Erbvertrag bereits klargestellt wird, wie die Verfügung zu verstehen ist. Ebenso sollte der Auslegungsregel des Abs. 3 Rechnung getragen werden.

§ 2300
Anwendung der §§ 2259 und 2263; Rücknahme aus der amtlichen oder notariellen Verwahrung

(1) Die §§ 2259 und 2263 sind auf den Erbvertrag entsprechend anzuwenden.

(2) Ein Erbvertrag, der nur Verfügungen von Todes wegen enthält, kann aus der amtlichen oder notariellen Verwahrung zurückgenommen und den Vertragsschließenden zurückgegeben werden. Die Rückgabe kann nur an alle Vertragsschließenden gemeinschaftlich erfolgen; die Vorschrift des § 2290 Abs. 1 S. 2, Abs. 2 und 3 findet Anwendung. Wird ein Erbvertrag nach den Sätzen 1 und 2 zurückgenommen, gilt § 2256 Abs. 1 entsprechend.

I. Amtliche Verwahrung

1 Nach § 34 Abs. 2 BeurkG ist die besondere amtliche Verwahrung die Regel für den Erbvertrag. Die Vertragschließenden können dies aber ausschließen. Voraussetzung ist eine übereinstimmende Erklärung der Vertragsparteien. Verlangt einer der Vertragschließenden die Verwahrung auch bei Verbindung mit einem anderen Vertrage, so ist sie durchzuführen.[1] Für Erbverträge, die mit anderen Verträgen verbunden sind, z.B. Eheverträge, gilt die Regelvermutung, dass sie nicht hinterlegt werden sollen.

---

11 Vgl. § 1903 Abs. 2 BGB; *Reimann/Bengel/Mayer* § 99 Rn. 11.
12 Vgl. *Kipp/Coing* § 42 V; MüKoBGB/*Musielak* § 2299 Rn. 5.
13 Allg.M., s. MüKoBGB/*Musielak* § 2299 Rn. 5; *Reimann/Bengel/Mayer* § 2299 Rn. 14.
14 *Lange/Kuchinke* § 25 VII 7.; MüKoBGB/*Musielak* § 2299 Rn. 6.
15 Staudinger/*Kanzleiter* § 2299 Rn. 11; MüKoBGB/*Musielak* § 2299 Rn. 6.
1 MüKoBGB/*Hagena* § 34 BeurkG Rn. 40.

Wird die besondere amtliche Verwahrung ausgeschlossen, so bleibt die Urkunde in der 2
gewöhnlichen amtlichen Verwahrung des Urkundsnotars. Die früher in den §§ 2258a
und 2258b BGB behandelte Zuständigkeit und das Verfahren wird seit dem 1.1.2009 in den
§§ 73, 82a FGG und seit dem 1.9.2009 in den §§ 344, 346, 347 FamFG geregelt.

Im Falle der besonderen amtlichen Verwahrung wird der Erbvertrag beim Amtsgericht, 3
in dem der beurkundende Notar seinen Amtssitz hat, verwahrt. In einigen Ländern sind
die Notare selbst für die Verwahrung zuständig.

Die Sicherung der Eröffnung erfolgt im Wesentlichen dadurch, dass der Notar in allen 4
Fällen nach der (bundeseinheitlichen) Bekanntmachung über die Benachrichtigung in
Nachlasssachen[2] verpflichtet war, entweder das Standesamt des Geburtsortes des Erblassers oder die Hauptkartei für Testamente beim Amtsgericht Berlin-Schöneberg zu benachrichtigen.[3] Seit dem 1.9.2009 ergibt sich diese Verpflichtung bereits aus § 347 FamFG für
das Nachlassgericht und den Notar, für den letzteren aber nur für Erbverträge, die nicht in
besondere amtliche Verwahrung genommen sind. Allerdings können die Beteiligten der
Benachrichtigung widersprechen, so dass diese dann unterbleibt.[4]

II. Ablieferung und Eröffnung

Den vom Notar verwahrten Erbvertrag hat der Notar nach dem Tode des Erblassers bzw. 5
nach Kenntnisnahme davon unverzüglich an das Nachlassgericht abzuliefern, § 2259
Abs. 2. Diese Ablieferungspflicht gilt darüber hinaus auch für jeden Dritten, § 2259 Abs. 1.
Abzuliefern ist in allen Fällen die Urschrift.

Es kommt nicht darauf an, ob der Erbvertrag unwirksam oder aufgehoben ist.[5] Die 6
Eröffnung und Verkündung erfolgt dann wie beim Testament.[6] Zu eröffnen und zu verkünden ist auch ein aufgehobener Erbvertrag,[7] auch wenn er mit einem anderen Vertrag
verbunden ist. Auch zu eröffnen ist ein Aufhebungsvertrag.[8] Die Gegenauffassung[9] übersieht, dass auch der Aufhebungsvertrag ein Erbvertrag ist und dass es im Interesse der
Rechtssicherheit liegt, möglichst umfassend unterrichtet zu sein.

Beim zweiseitigen Erbvertrag, aber auch wenn einer der Erblasser nur einseitig verfügt 7
hat, war bis zum 1.9.2009 § 2273 entsprechend anzuwenden.[10] Seit dem 1.9.2009 ist diese
Vorschrift aufgehoben und durch § 349 FamFG ersetzt. Diese gilt auch für den Erbvertrag,
§ 349 Abs. 4 FamFG. In diesem Fall gelten aber Besonderheiten für die Verkündung (nicht
die Eröffnung). Die letztwilligen Verfügungen der überlebenden Vertragspartei sind noch
nicht bekanntzugeben, sondern nur die Regelungen, die sich auf den erstverstorbenen Erblasser beziehen.[11]

Hat der Erstverstorbene im Erbvertrag keine Verfügungen getroffen, so wird das 8
Gericht sich auf die Verkündung dieser Tatsache beschränken. Hat er verfügt, so verkündet das Gericht diese Verfügungen und die untrennbaren Verfügungen des überlebenden
Vertragsteils. Verfügungen, die sich absondern lassen, sind nicht bekanntzumachen.[12]
Soweit sie von den Verfügungen des Erstverstorbenen trennbar sind, sind sie geheim zu
halten.[13]

---

2 AVBenachNachl i.d.F. vom 10.8.2007; für NRW veröffentlicht in JMBl. NW 2007, 206.
3 S. näher *Lange/Kuchinke* § 26 IV; MüKoBGB/*Hagena* § 34 BeurkG Rn. 53.
4 S. hierzu MüKoBGB/*Hagena* § 34 BeurkG Rn. 54.
5 Vgl. LG Aachen, MDR 1988, 506 f.; *Reimann/Bengel/Mayer* § 2300 Rn. 6.
6 Vgl. BayObLG RPfleger 1990, 22.
7 BayObLG NJW-RR 1990, 135; *Reimann/Bengel/Mayer* § 2300 Rn. 6.
8 *Staudinger/Kanzleiter* § 2300 Rn. 5; *Reimann/Bengel/Mayer* § 2300 Rn. 10.
9 OLG Düsseldorf, MittRhNotK 1973, 199.
10 Vgl. MüKoBGB/*Musielak*, 4. Aufl., § 2300 Rn. 4.
11 Vgl. BayObLG NJW-RR 1990, 135 zum bisherigen Recht, jetzt § 349 FamFG.
12 Vgl. BayObLG RPfleger 1990, 22.
13 OLG Zweibrücken ZEV 2003, 82, jetzt ausdrücklich in § 349 Abs. 1 FamFG geregelt.

9   Ist die besondere amtliche Verwahrung angeordnet, so ist nach § 349 Abs. 2 FamFG, (früher nach § 2273 Abs. 2, S. 3 a.F.) zu verfahren. Ausnahmsweise bleibt der Erbvertrag offen bei den Akten des Nachlassgerichtes, wenn er nur Verfügungen für den Tod des Erstversterbenden erhält oder sich die Verfügungen auf eine wechselseitige Erbeinsetzung beschränken, § 349 Abs. 3 FamFG.[14] Beim Tod des längstlebenden Vertragspartners hat dann nochmals eine Eröffnung und Verkündung zu erfolgen.[15] Das Recht auf Einsicht und Abschrift ergibt sich aus § 34 FGG. Danach kann jeder, der ein berechtigtes Interesse glaubhaft macht, Einsicht in den verkündeten Teil des Erbvertrages nehmen und davon eine Abschrift verlangen. Ein Einsichtsrecht in den ganzen Vertrag ergibt sich schließlich auch nach § 51 BeurkG für einen Rechtsnachfolger (Erben) eines der Vertragspartner, wenn nicht bei Vertragsschluss etwas anderes ausdrücklich bestimmt wurde.[16]

III. Rücknahme aus der amtlichen Verwahrung

10 Eine Rückgabe, auch des aufgehobenen Erbvertrages, war bis zum 1.8.2002 grundsätzlich ausgeschlossen.[17] Durch Abs. 2 wurde dies für Verträge möglich, die keine anderen als Verfügungen von Todes wegen enthalten. Zu den typischen Rechtsgeschäften unter Lebenden gehören etwa der Ehevertrag, der Erb- oder Pflichtteilsverzicht oder eine Pflegevereinbarung,[18] so dass in vielen Fällen eine Rücknahme ausscheidet.

11 Die Rücknahme können die Vertragsparteien nur gemeinsam verlangen. Hierzu müssen die jeweiligen Erblasser persönlich tätig werden, Minderjährige können dies ohne Zustimmung des gesetzlichen Vertreters, § 2290 Abs. 2. Weil die Rücknahme ein Rechtsgeschäft unter Lebenden und Verfügung von Todes wegen ist, muss der Erblasser geschäfts- und testierfähig sein. Für Vertragspartner, die nicht von Todes wegen verfügt haben, gilt § 2290 Abs. 3. Das Recht zur Rücknahme erlischt mit dem Tod eines der Vertragsschließenden auch für alle anderen nach § 2290 Abs. 1 S. 2.

12 Die Rückgabe selbst erfolgt persönlich an alle Vertragsschließenden gemeinsam, die hierzu beim Notar oder beim Nachlassgericht erscheinen müssen. Mit dieser Rückgabe werden die im Vertrag enthaltenen vertraglichen Verfügungen aufgehoben und die einseitigen Verfügungen widerrufen. Über die Wirkung ist zu belehren. Die Belehrung ist auf der Urkunde und in den Akten zu vermerken.

13 Die Wirkung der Rückgabe ist endgültig, ein Widerruf der Rücknahme oder eine erneute Hinterlegung sind nicht zulässig. Es bleibt nur die Errichtung einer neuen Urkunde.[19] Wurde die Urkunde allerdings nur zu Einsichtnahme ausgehändigt und dann vom Erblasser nicht zurückgegeben, so tritt die Wirkung nicht ein, der Erbvertrag bleibt dann wirksam. Gleiches gilt auch dann, wenn ein Erbvertrag, der auch Geschäfte unter Lebenden enthielt, versehentlich zurückgegeben wurde.[20]

IV. Beratungshinweise

14 Die weitverbreitete Formulierung »Nach dem Tod des Überlebenden soll der gesamte Nachlass an unsere gemeinsamen Kinder fallen« ist (auch) eine Verfügung des Erstversterbenden und deshalb bekanntzugeben. Entsprechendes gilt auch für Pflichtteilsstrafklauseln. Generell besteht zwar die Möglichkeit, durch geschickte Formulierung eine vollständige Trennung zu erreichen. Nachteilig ist allerdings regelmäßig, dass derartige Formulierungen von dem Tes-

---

14 Zum früheren Recht s. MüKoBGB/*Musielak*, 4. Aufl., § 2300 Rn. 4; *Lange/Kuchinke* § 38 III 4 c.
15 S. MüKoBGB/*Musielak* § 2300 Rn. 5; *Lange/Kuchinke* § 38 III 4 c.
16 OLG Karlsruhe ZEV 2007, 590; a.A. OLG Jena ZEV 1998, 262.
17 vgl. OLG Köln DNotZ 1989, 643.
18 *Reimann/Bengel/Mayer* § 2300 Rn. 29.
19 Ausführlich zu den Problemen *Keim* ZEV 2003, 55 ff.
20 *Keim* ZEV 2003, 55.

tierenden kaum mehr verstanden werden. Außerdem kann gerade Klarheit über die späteren Regelungen Streit mit Pflichtteilsberechtigten vermeiden helfen.

§ 2300a
Eröffnungsfrist

Befindet sich ein Erbvertrag seit mehr als 50 Jahren in amtlicher Verwahrung, so ist § 2263a entsprechend anzuwenden.

Die Vorschrift wurde zum 1.9.2009 durch § 351 FamFG ersetzt. Inhaltlich geändert wurde **1** nur, dass für Erbverträge und Testamente jetzt eine einheitliche Frist von 30 Jahren gilt. Zweck der Vorschrift war, dass Verfügungen von Todes wegen den Beteiligten zur Kenntnis gelangen[1] und dass die Gerichte und Notare nicht Verträge aufheben müssen, die u.U. gegenstandslos geworden sind. Die Vorschrift galt für alle Erbverträge, nicht aber für Erbverzichtsverträge.[2] Der Notar war, wenn er den Vertrag aufbewahrte, verpflichtet, Ermittlungen anzustellen, ob der Erblasser noch lebt. Konnte nicht positiv festgestellt werden, dass dies der Fall war, musste der Notar den Erbvertrag abliefern und das Nachlassgericht den Vertrag eröffnen. War das Ableben des Erblassers ungewiss, so war das Nachlassgericht am Dienstsitz des Notars zuständig.[3] Lehnte das Amtsgericht die Annahme ab, so war der Notar zur Beschwerde nach § 19 FGG (jetzt §§ 58 ff. FamFG) befugt.[4]

§ 2301
Schenkungsversprechen von Todes wegen

(1) Auf ein Schenkungsversprechen, welches unter der Bedingung erteilt wird, dass der Beschenkte den Schenker überlebt, finden die Vorschriften über Verfügungen von Todes wegen Anwendung. Das gleiche gilt für ein schenkweise unter dieser Bedingung erteiltes Schuldversprechen oder Schuldanerkenntnis der in den §§ 780, 781 bezeichneten Art.

(2) Vollzieht der Schenker die Schenkung durch Leistung des zugewendeten Gegenstandes, so finden die Vorschriften über Schenkungen unter Lebenden Anwendung.

Übersicht

	Rz.		Rz.
I. Überblick	1	1. Wesen des Vertrages	32
II. Schenkung von Todes wegen	5	2. Formanforderungen	35
III. Die vollzogene Schenkung	14	3. Einzelfragen	39
1. »Vollziehung«	17	V. Beratungshinweise	44
2. Einzelfälle	23		
IV. Vertrag zugunsten Dritter auf den Todesfall	31		

---

1 BGH NJW 1992, 1884, 1886.
2 BayObLGZ 1983, 149, 151 f.
3 OLG Zweibrücken RPfleger 1982, 69; OLG Hamm RPfleger 1972, 23.
4 BayObLGZ 1983, 149, 150.

I. Überblick

1 Die Zuwendung durch Verfügung von Todes wegen und die Schenkung unter Lebenden sind Vorgänge, die einem Dritten einen Gegenstand unentgeltlich zuwenden sollen. Von ihrem Erwerbsgrund her wären sie daher gleich zu behandeln. Diesen Weg geht das Steuerrecht, das in §1 ErbStG den Erwerb von Todes wegen den Schenkungen unter Lebenden gleichstellt. Einen anderen Weg hat der Gesetzgeber des Bürgerlichen Gesetzbuches eingeschlagen. Statt eine mehr oder weniger einheitliche Behandlung vorzunehmen, trennt das Bürgerliche Gesetzbuch zwischen der Schenkung unter Lebenden und der Verfügung von Todes wegen, so dass jede Zuwendung der einen oder der anderen Kategorie zuzuordnen ist.[1]

2 Bei der Schenkung von Todes wegen, die an sich den Schenkungen unter Lebenden zuzuordnen wäre, ordnet nun §2301 ausdrücklich an, dass die Vorschriften über die Verfügungen von Todes wegen anzuwenden sind, wenn die Schenkung nicht vollzogen ist, und dass die Vorschriften über Schenkungen unter Lebenden anzuwenden sind, wenn der Vollzug erfolgt. Neben diesen Alternativen steht noch der Vertrag zugunsten Dritter auf den Todesfall, der eine – allerdings nur unvollständige – Regelung in §331 gefunden hat.[2] Die Rechtsprechung und die herrschende Meinung in der Literatur[3] wenden auf den Vertrag zugunsten Dritter auf den Todesfall die schuldrechtlichen Regelungen an.

3 Nicht unter §2301 fällt die Erklärung, schenken zu wollen, ohne eine Annahme erhalten zu wollen. Eine solche Erklärung kann entweder als letztwillige Verfügung, oder als unverbindliches Inaussichtstellen interpretiert werden.[4] Die vielgestaltigen Möglichkeiten[5] von **lebzeitigen Zuwendungen auf den Todesfall**[6] führen zur Notwendigkeit, die konkrete Zuwendung letztlich in eine der Kategorien einzuordnen.

4 Die **Probleme** ergeben sich aus verschiedenen Aspekten dieser Geschäfte. Zunächst sind die formalen Anforderungen unterschiedlich, insb. ist im Erbrecht die mündliche oder maschinenschriftliche Zusage nicht ausreichend. Dann berührt die Einordnung die Interessen von Nachlassgläubigern und Pflichtteilsberechtigten, deren rechtliche Lage sehr unterschiedlich ist. Für diese Gruppe ist die Einordnung von Zuwendungen zu den Geschäften unter Lebenden nachteilig.[7] Schließlich ist die Einordnung auch im Hinblick auf die rechtlichen Bindungen von Bedeutung, die durch Erbverträge oder gemeinschaftliche Testamente ausgelöst werden.

II. Schenkung von Todes wegen

5 Abs.1 erfasst nur Schenkungsversprechen, die unter der Bedingung erteilt werden, dass der Beschenkte den Schenker überlebt. Nicht erfasst ist die vollzogene Schenkung (Abs.2). Ebenso nicht erfasst ist die Fallgestaltung, dass die Schenkung zwar auf den Zeitpunkt des Todes hinausgeschoben wird, aber unbedingt erfolgt, so dass der Anspruch beim Tode des Beschenkten auf seine Erben übergeht.[8] In diesem Fall muss allerdings §518 beachtet werden.

6 **Schenkungsversprechen** ist die versprochene und erst nach dem Tode des Schenkers zu erfüllende Schenkung. Es ist Teil eines einseitig verpflichtenden Schenkungsvertrages.[9] In Teilen der Literatur wird in Anknüpfung an §518 Abs.1 unter Versprechen nur die Verpflichtungserklärung des Schenkers als einseitiges und empfangsbedürftiges Angebot des

---

1 *Kipp/Coing* §81 II 2a; *Lange/Kuchinke* §33 Id; MüKoBGB/*Musielak* §2301 Rn.1.
2 Vgl. MüKoBGB/*Musielak* §2301 Rn.31.
3 S. Rz.20ff.
4 *Kipp/Coing* §81 III 1a; MüKoBGB/*Musielak* §2301 Rn.6.
5 Vgl. *Lange/Kuchinke* §33 I 3a.
6 *Wieacker* Festschrift für Lehmann I, S.271f.
7 Vgl. *Kipp/Coing* §33 II 1b.
8 Vgl. KG OLGE 10, 414.
9 OLG Hamm FamRZ 1989, 673; *Palandt/Edenhofer* §2301 Rn.5; *Staudinger/Kanzleiter* §2301 Rn.5.

Schenkers gesehen.[10] Von Bedeutung ist diese Differenzierung lediglich für die Form, im Ergebnis stimmen beide Ansichten letztlich überein.

Bei der Zuwendung muss es sich grundsätzlich um eine unentgeltliche handeln. Dies ist **7** sie dann, wenn ihr keine Gegenleistung gegenübersteht.[11] Die Gegenleistung muss nicht geldwert sein. Bei kausaler Verknüpfung mit einer Leistung als Geschäftsgrundlage (ehebedingte Zuwendung) liegt ebenso wenig eine Unentgeltlichkeit vor, wie beim gegenseitigen Vertrag.[12] Ein Zuwendungsversprechen an die langjährige Lebensgefährtin ist aber regelmäßig als Schenkungsversprechen zu werten.[13] Bei der gemischten Schenkung muss der unentgeltliche Teil überwiegen.[14]

Die Schenkung muss unter der **Bedingung** stehen, dass der Beschenkte den Schenker **8** überlebt. Die Bedingung wird regelmäßig als aufschiebende Bedingung erklärt werden, kann aber in Ausnahmefällen auch auflösend sein.[15] Es ist zulässig, die Bedingung an eine bestimmte Form oder einen bestimmten Fall des Ablebens zu knüpfen.[16] Die Bedingung kann sich hierbei ohne weiteres aus den Umständen ergeben, sie muss nicht ausdrücklich erklärt werden. Der BGH wählt bei der Beurteilung hierüber im Zweifel diejenige Auslegung, bei der der Wille des Erblassers Erfolg haben könnte, und wendet § 2084 entsprechend an.[17] Eine konkrete Regel gibt es allerdings nicht. Insb. ist § 2301 Abs. 1 nicht ausdehnend auszulegen.[18]

Ergibt sich bei der Auslegung, dass die Bedingung einen anderen Inhalt hat, als dies im **9** § 2301 vorausgesetzt wird, so findet die Vorschrift keine Anwendung. Es kann sich um ein auf den Tod befristetes Versprechen unter Lebenden handeln, in dem sich der Schenker schon endgültig zur Leistung verpflichtet hatte und nur die Erfüllung aufgeschoben wurde.[19] In diesem Fall geht der Anspruch beim Vorversterben auf die Erben des Beschenkten über.[20]

Auf Schenkungsversprechen i.S.d. § 2301 Abs. 1 sind die **Vorschriften über die Verfü-** **10** **gungen von Todes wegen anzuwenden.** Neben dem Erbvertrag kommt das Testament hiernach in Betracht. Ein Teil der Literatur, die das Schenkungsversprechen als einseitige Offerte ansieht, hält es für zulässig, auch in Testamentsform ein wirksames Schenkungsversprechen abzugeben.[21] Die ganz überwiegende Meinung vertritt die Auffassung, dass ein Schenkungsversprechen wegen seiner vertraglichen Basis nur in Form des Erbvertrages erfolgen kann.[22] Die praktischen Auswirkungen der Meinungsunterschiede sind nur gering, weil auch nach herrschender Auffassung ein formunwirksames, in Testamentsform abgegebenes Schenkungsversprechen in ein Testament umgedeutet werden kann.[23] Ergibt sich bei der Auslegung, dass tatsächlich eine Schenkung unter Lebenden vorliegt, so sind die Vorgaben des § 518 zu beachten.

Die vom Gesetz in § 2301 Abs. 1 S. 1 angeordnete Anwendung der erbrechtlichen Vor- **11** schriften führt dazu, dass der Empfänger bis zum Tode des Schenkers keine gesicherte

---

10 So MüKoBGB/*Musielak* § 2301 Rn. 5 m.w.N.
11 RGZ 125, 380, 383; BGH NJW 1982, 436.
12 Vgl. näher Palandt/*Weidenkaff* § 516 Rn. 8 ff.; MüKoBGB/*J. Koch* § 516 Rn. 24 ff.
13 OLG Düsseldorf OLGZ 1978, 323, 324.
14 MüKoBGB/*Musielak* § 2301 Rn. 7.
15 So *Lange/Kuchinke* § 33 II 1 a; a.A. MüKoBGB/*Musielak* § 2301 Rn. 9 m.w.N.
16 Palandt/*Edenhofer* § 2301 Rn. 3.
17 Vgl. BGH FamRZ 1985, 693, 695; NJW 1988, 2731, 2732.
18 BGH DNotZ 1964, 331.
19 Vgl. etwa BGHZ 8, 23, 31; NJW 1959, 2252, 2254; NJW 1985, 1553.
20 Palandt/*Edenhofer* § 2301 Rn. 4.
21 So MüKoBGB/*Musielak* § 2301 Rn. 13 m.w.N.; *Lange/Kuchinke* § 33 II 1a; Erman/*Schmidt* § 2301 Rn. 6.
22 *Kipp/Coing* § 81 III 2a; Staudinger/*Kanzleiter* § 2301 Rn. 3; Palandt/*Edenhofer* § 2301 Rn. 5; Reimann/Bengel/*Mayer* § 2301 Rn. 6.
23 OLG Koblenz NJW 1947/48, 384 f., Palandt/*Edenhofer* § 2301 Rn. 6; Reimann/Bengel/*Mayer* § 2301 Rn. 6 m.w.N.

Rechtsposition und insb. kein Anwartschaftsrecht erhält.[24] Das Schenkungsversprechen erwächst erst mit dem Erbfall zum Anspruch. Es ist wie ein Vermächtnis zu behandeln, wenn es sich – wie in der Regel – auf einen einzelnen Gegenstand bezieht und wie eine Erbeinsetzung, wenn es sich auf einen Bruchteil oder das gesamte Vermögen bezieht. Entsprechend kann das Schenkungsversprechen nicht durch eine Vormerkung im Grundbuch gesichert werden.[25]

12 Die Bindung des Schenkers hängt davon ab, in welcher Form das Schenkungsversprechen erfolgt ist. Ist es in der erforderlichen Vertragsform erfolgt, so ist der Schenker gebunden und kann sich nur nach den erbvertraglichen Regelungen befreien (§§ 2281, 2290, 2293 f.). Ein Widerruf nach § 530 f. ist ausgeschlossen, er kann aber wegen groben Undanks nach § 2078 u.U. anfechten.[26] Ist das Versprechen in Testamentsform erfolgt, so ist das Versprechen nach herrschender Ansicht unwirksam, so dass eine Bindung nicht eintreten kann. Aber auch nach Auffassung von *Musielak* tritt keine Bindung ein, so dass es auf die verschiedenen Auffassungen auch hier nicht ankommt.[27]

13 In gleicher Weise wie das Schenkungsversprechen von Todes wegen werden auch das **Schuldversprechen** und das **Schuldanerkenntnis** gewertet. Auch hier muss den Formererfordernissen Genüge getan werden. Wesentlich ist auch hier, dass das Versprechen schenkweise erteilt wird und unter die Überlebensbedingung gestellt ist.

III. Die vollzogene Schenkung

14 Ist die Schenkung bereits vollzogen, so sind nach Abs. 2 die Vorschriften über die Schenkung unter Lebenden anzuwenden. Voraussetzung ist hierbei, dass es sich um eine Schenkung handelt, die unter der Bedingung erfolgt, dass der Beschenkte den Schenker überlebt.

15 Der Vollzug der Schenkung vor dem Tode ist grundsätzlich Voraussetzung für die Anwendung der Schenkungsvorschriften. Dies gilt nicht nur für die Handschenkung, sondern auch für die Erfüllung eines formgerechten Schenkungsversprechens.[28] Stirbt der Schenker vorher, ohne alles zur Erfüllung Notwendige getan zu haben, so unterfällt das Schenkungsversprechen § 2301 Abs. 1. Insb. ist eine Heilung nach § 518 Abs. 2 nicht mehr möglich. Die Voraussetzungen von § 2301 Abs. 2 und § 518 Abs. 2 weichen hier voneinander ab. Konkret bedeutet dies:

16 Beim formgültigen Versprechen unter Lebenden (ohne Überlebensbedingung) kann die Heilung auch noch durch Leistung nach dem Tode erfolgen, beim Schenkungsversprechen von Todes wegen führt die Leistung nach dem Tode nicht mehr zur Heilung.[29]

1. »Vollziehung«

17 Die **Vollziehung** i.S.v. Abs. 2 setzt voraus, dass noch der Schenkende und nicht mehr sein Erbe das Vermögensopfer bringt.[30] Unproblematisch ist dies immer dann, wenn die dingliche Erfüllung – das Verfügungsgeschäft – vor dem Tode, etwa unter der auflösenden Bedingung des Vorversterbens des Beschenkten, vollendet ist. Schwieriger ist dies, wenn der Schenker zwar alle Leistungshandlungen vorgenommen hatte, aber der Erfolg noch nicht eingetreten war.

18 Vorbereitende Handlungen für Durchführung der Schenkung reichen nach allgemeiner Auffassung nicht aus. Die Ermächtigung zur Abhebung einer Forderung oder die Ertei-

---

24 *Palandt/Edenhofer* BGB, § 2301 Rn. 7; MüKoBGB/*Musielak* § 2301 Rn. 10.
25 OLG Düsseldorf NJOZ 2003, 622.
26 *Palandt/Edenhofer* § 2301 Rn. 7; MüKoBGB/*Musielak* § 2301 Rn. 14.
27 Vgl. MüKoBGB/*Musielak* § 2301 Rn. 14.
28 Vgl. *Staudinger/Kanzleiter* § 2301 Rn. 18.
29 BGHZ 99, 97, 100; *Palandt/Edenhofer* § 2301 Rn. 8; BGH WM 1988, 984; BGH NJW 1988, 2731; diese Differenzierung verkennt OLG Köln NJOZ 2007, 2442.
30 *Kipp/Coing* § 81 III 1 c; *Palandt/Edenhofer* § 2301 Rn. 9; MüKoBGB/*Musielak* § 2301 Rn. 19.

lung einer Vollmacht, jeweils mit dem Auftrag, nach dem Tode des Schenkers die Erfüllung vorzunehmen, reicht daher nicht.[31] Hat der Schenker dagegen schon zu Lebzeiten alles getan, was von seiner Seite aus notwendig ist, um die Vermögensverschiebung zu bewirken, so dass sie ohne sein weiteres Zutun eintritt, so ist damit der Vollzug erfolgt.[32]

Diese Position wird für den Beschenkten in der Literatur mit dem Begriff der **Erwerbs-** **anwartschaft**[33] verdeutlicht. Eine solche Position ist etwa bei der Übertragung eines Grundstückes dann gegeben, wenn die Auflassung erklärt ist und die Eintragung im Grundbuch beantragt bzw. die Ermächtigung zur Umschreibung erteilt wurde.[34] Entsprechendes gilt, wenn für die Wirksamkeit nur noch eine behördliche Genehmigung fehlt. Die Vermögensminderung tritt in diesem Falle dadurch ein, dass dieses Anwartschaftsrecht als gesicherte Rechtsstellung zu einer Vermögensverschiebung führt.[35]

Der Erwerb kann ebenso auch bedingt oder befristet sein. Dies kann nicht nur an den Tod des Schenkers, sondern auch an andere Bedingungen geknüpft sein.[36] Ein Widerrufsvorbehalt ist ebenso zulässig[37] wie der Vorbehalt, zu Lebzeiten von einem übertragenen Sparguthaben Abhebungen vorzunehmen.[38]

Selbst wenn eine gesicherte Rechtsposition zum Zeitpunkt des Todes noch nicht bestand, so wird der Vollzug in erweiterter Anwendung der §§ 130 Abs. 2, 153 auch dann bejaht, wenn das Anwartschaftsrecht nur deshalb nicht entstanden ist, weil der Erblasser vor dem Zugang der Willenserklärungen an den Beschenkten verstorben ist und der Rechtserwerb erst durch die Annahme dieser Erklärungen erfolgte.[39] Dieser Auffassung wird in der Literatur mit der Begründung widersprochen, dass es der Schutzzweck des § 2301 erfordere, §§ 130 Abs. 2, 153 nicht anzuwenden.[40] Zum Teil wird auch danach entschieden, ob der Gegenstand zum Zeitpunkt des Todes noch zum Vermögen des Schenkers gehörte.[41] Sachgerecht erscheint es, in Anschluss an *von Lübtow*[42] darauf abzustellen, ob der Vollzug lediglich deshalb nicht erfolgt ist, weil der plötzliche Tod des Schenkers dies verhinderte, oder deshalb, weil der Vollzug absichtlich durch den Schenker bis nach dem Erbfall verzögert wurde. Ist es Zufall, so muss der Vollzug bejaht werden.[43]

Beim **Einsatz von Hilfspersonen** ist grundsätzlich zwischen den verschiedenen Möglichkeiten zu unterscheiden. Setzt der Schenker einen Erklärungsboten i.S.v. §§ 130 Abs. 2, 153 ein, so gelten die vorstehend geschilderten Rechtsfolgen. Setzt er dagegen einen Vertreter (§ 164 ff.) ein, so gilt die Vollmacht nach §§ 672, 168 im Zweifel nach dem Tode fort. Der Vertreter kann daher auch nach dem Tode noch die erforderlichen Erklärungen zur Übertragung abgeben, wobei die Erben diese Vollmacht widerrufen können.[44] Der Widerruf durch die Erben setzt allerdings zumindest Erklärungsbewusstsein voraus, so dass ein allgemeines, an den Vertreter gerichtetes Schreiben nicht in diesem Sinne umgedeutet werden kann.[45] Bei einer Erbengemeinschaft müssen an sich alle Miterben den Widerruf erklä-

---

31 RG LZ 19, 692; BGHZ 87, 19, 25.
32 BGHZ 87, 19, 25; OLG Düsseldorf NJW-RR 1997, 199, 200.
33 Staudinger/Böhmer § 26 Rn. 13; MüKoBGB/*Musielak* § 2301 Rn. 19 m.w.N. in Fn. 56.
34 Kipp/Coing § 81 III 1c; Lange/Kuchinke § 33 II 1b.
35 BGHZ 8, 28, 30; NJW 78, 423, 424; Palandt/Edenhofer § 2301 Rn. 10.
36 S. etwa BayObLGZ 1954, 38; BGH NJW-RR 1989, 1282.
37 BGH FamRZ 1985, 693, 695.
38 BGH NJW-RR 1989, 1282; a.A. Kipp/Coing § 81 ab III 1c a.E.
39 Palandt/Edenhofer § 2301 Rn. 10; sowie die Nachweise bei MüKoBGB/*Musielak* § 2301 Rn. 23 Fn. 65.
40 Staudinger/Kanzleiter § 2301 Rn. 23.
41 So etwa Kipp/Coing § 81 III 1c (allerdings inkonsequent); BGHZ 87, 19, 25 f., NJW 1995, 953.
42 v. Lübtow Band I, S. 113.
43 So Palandt/Edenhofer § 2301 Rn. 10; MüKoBGB/*Musielak* § 2301 Rn. 23 m.w.N. in Fn. 6; OLG Düsseldorf ZEV 1996, 423, 425; Reimann/Bengel/Mayer § 2301 Rn. 38.
44 Vgl. BGH NJW 1975, 382, 383 f.; 1995, 250.
45 BGH FamRZ 1995, 424.

ren. Allerdings kann nach § 2038 Abs. 1, S. 2 ein »Notgeschäft« in Frage kommen.[46] Eine Bindung der Erben kann allerdings dann eintreten, wenn der Erblasser ausdrücklich auf den Widerruf verzichtet hat (§§ 130 Abs. 1 S. 2, 671) oder eine Bindung über §§ 177 Abs. 1, 178 1, 2. Halbsatz eintritt.

2. Einzelfälle

23 Bei **Grundstücken** stellt sich die besondere Problematik nur selten. Wegen der Bedingungsfeindlichkeit der Auflassung (§ 925 Abs. 2) und der notwendigen notariellen Beurkundung des Grundgeschäftes ist eine bedingte Übertragung nicht möglich, so dass nur die Möglichkeit eines bedingten Rückauflassungsanspruches besteht. Ist aber alles Erforderliche getan (Antrag auf Eintragung des Rechts,[47] Antrag auf Eintragung einer Vormerkung),[48] so hat der Bedachte ein unentziehbares Anwartschaftsrecht erworben.[49]

24 Bei **beweglichen Sachen** kommt es auf die Übereignung an, die aber auch noch nach dem Tode durch eine Hilfsperson vorgenommen werden kann.[50] Dies gilt auch für Wertpapiere, soweit diese nicht bei einer Bank im »Depot« liegen.

25 Ein **Bankguthaben** ist regelmäßig mit der Abtretung der Forderung – auch unter einer aufschiebenden Bedingung oder einer Befristung – übertragen,[51] spätestens mit der Gutschrift auf ein fremdes Konto.[52] Bei einem Sparguthaben ist die Übergabe des Sparbuches ebenso wie die Umschreibung nicht zwingend notwendig, aber ein wichtiges Kennzeichen für eine Abtretung.[53] Ebenso wenig wie auch die Erteilung einer Kontovollmacht kann allein auf die Übergabe oder Umschreibung noch keine Schenkungsabsicht gestützt werden.[54] Auch der gemeinsamen Eröffnung eines »Oder«-Kontos durch Eheleute oder sonstige Personen lässt sich allein keine bedingte Schenkung ableiten. Wird allerdings mit der Bevollmächtigung über das Konto gleichzeitig auch Einigkeit darüber erzielt, dass das Guthaben im Falle des Todes an den Bevollmächtigten oder den Mitinhaber des »Oder«-Kontos schenkweise abgetreten sein soll, so ist mit dem Tode der Vollzug eingetreten (einschließlich der Vorgaben des § 518 Abs. 2).[55]

26 Bei **Postspargutguthaben** war bis zum 1.1.1999 die formlose Abtretung wie in § 23 Abs. 4 Postgesetz nicht möglich, die Abtretung damit nichtig,[56] wobei der Formmangel durch Auszahlung gem. § 518 Abs. 2 geheilt wurde. Seit der Änderung des Postgesetzes ist die Rechtslage auch bei Postspargutguthaben seit dem 1.1.1999 wie bei den Banken ganz allgemein.

27 Bei einem **Wertpapierdepot** gelten die gleichen Regeln wie bei Bankguthaben. Üblicherweise werden solche Depots heute nicht mehr gegenständlich geführt, sondern als »Guthabensforderung«. Bei einem Treuhandvertrag zwischen Bank und Erblasser mit der Anweisung an die Bank, beim Tode des Erblassers dem Beschenkten den Verkaufserlös auszuzahlen, tritt die Erfüllung mit der Auszahlung an den Begünstigten ein. Zu berücksichtigen ist, dass die Erben den Auftrag an die Bank widerrufen können.[57] Bei der Hingabe eines Schecks liegt nach

---

46 So etwa *Damrau* ZErb 2008, 211, 224; *Soergel/Hadding* § 331 Rn. 16.
47 BGH NJW 1966, 1019; 1968, 493, 494.
48 OLG Hamm NJW 1975, 879.
49 So auch *Kipp/Coing* § 81, III 1 c.
50 MüKoBGB/*Musielak* § 2301 Rn. 24, m.w.N.; anders noch das Reichsgericht im Bonifazius-Fall RGZ 83, 223, 230.
51 S. BGH FamRZ 1985, 693, 696; NJW-RR 1986, 1133; 1989, 1282.
52 BGH NJW 1994, 931.
53 OLG Koblenz NJW 1989, 2546; LG Berlin FamRZ 1979, 503; ausführlich zum Sparbuch *Damrau* ZErb 2008, 211 ff.
54 BGH NJW 1967, 101; 1983, 1487.
55 Vgl. BGH NJW-RR 1986, 1133 f.; OLG Hamburg NJW 1963, 449.
56 BGH NJW 1986, 2107.
57 BGH WM 1976, 1130.

allgemeiner Auffassung nicht bereits in der Übergabe des Schecks, sondern erst in dessen Einlösung die Vollziehung.[58]

Bei **Versicherungsverträgen** ist die Übertragung der Eigenschaft des Versicherungsnehmers für den Fall des Todes des (bisherigen) Versicherungsnehmers ein unter Lebenden vollzogenes Rechtsgeschäft.[59] Die Einsetzung als Begünstigter einer Lebensversicherung ist regelmäßig ein Vertrag zugunsten Dritter.[60]

28

Bei **Gesellschaftsanteilen** liegt in der schenkweisen Zuwendung durch Gesellschaftsvertrag regelmäßig unter Lebenden.[61] Das gleiche gilt auch bei der entschädigungslosen Einräumung eines Übernahmerechts beim Tode eines Gesellschafters.[62] Muss eine Entschädigung an die Erben gezahlt werden, so handelt es sich um ein entgeltliches Geschäft.[63] Das Letztere gilt auch dann, wenn im Gesellschaftsvertrag eine für alle Gesellschafter geltende Klausel enthalten ist, die die Nachfolge ohne Abfindung an die Erben regelt. Hier liegt die Entgeltlichkeit im Gesellschaftsvertrag, der bereits zu Lebzeiten Rechte und Pflichten zwischen den Beteiligten herbeiführen soll.[64]

29

Der **vertraglich vereinbarte Erlass einer Forderung** ist dann Vollzug eines Vertrags nach § 518, wenn er mit der auflösenden Bedingung oder einer Befristung auf den Todeszeitpunkt verbunden ist. Ist er dagegen mit einer aufschiebenden Bedingung verbunden, so ist regelmäßig § 2301 anzuwenden.[65] Dies gilt auch dann, wenn der Erlass für die zum Zeitpunkt des Todes bestehende Restschuld gilt, so dass der Erblasser zu Lebzeiten die Forderungsrechte noch behalten hatte und bis zu seinem Tode Forderungen stellen konnte.[66]

30

IV. Vertrag zugunsten Dritter auf den Todesfall

Der Vertrag zugunsten Dritter auf den Todesfall ist nur unzureichend gesetzlich geregelt.

31

1. Wesen des Vertrages

Mit dem Vertrag zugunsten Dritter auf den Todesfall lässt sich der Erblasser (Versprechensempfänger) von seinem Vertragspartner (Versprechenden) versprechen (Deckungsverhältnis), dass der Versprechende einem Begünstigten (Dritter) eine Leistung mit dem Tode des Erblassers erbringt, wobei der Dritte diese Leistung unmittelbar von dem Versprechenden verlangen kann, so dass er die Begünstigung nicht aus dem Nachlass erhält.[67] Der rechtliche Grund für das Verhältnis zwischen Erblasser und Begünstigtem (Valuta-Verhältnis) kann u.a. auch eine Schenkung sein. Bestünde dieser Rechtsgrund nicht, so hätten die Erben einen Bereicherungsanspruch gegen den Begünstigten.

32

Ist der Rechtsgrund ein Schenkungsversprechen, so muss entweder die Form des § 518 Abs. 1 gewahrt sein oder Heilung durch den Tod eintreten.[68] Voraussetzung für die Heilung ist aber, dass der Schenkungsvertrag durch den Dritten angenommen wird. Dies kann auch noch nach dem Tode geschehen. Bis zur Annahme können die Erben dieses Schenkungsversprechen widerrufen. Rechtsgrund kann aber auch eine unbenannte Zuwendung

33

---

58 BGH NJW 1975, 382.
59 Vgl. allgemein *Mohr* VersR 1966, 702.
60 S. Rz. 31 ff.
61 KG JR 1959, 101.
62 BGH WM 1971, 1338.
63 BGH LM, § 516, Nr. 3.
64 BGHZ 22, 186, 194; NJW 1977, 1339 f.
65 Vgl. OLG Karlsruhe NJW-RR 1989, 367, 368; OLG Stuttgart NJW 1987, 782, 783.
66 Vgl. OLG Hamburg NJW 1961, 76; OLG Karlsruhe FamRZ 1989, 322.
67 BGH FamRZ 1993, 1059, 1060.
68 OLG Düsseldorf NJW-RR 1996, 1329 f.

sein (zwischen Ehegatten), nicht aber bei einer nichtehelichen Lebensgemeinschaft, hier ist regelmäßig Schenkung die Basis.[69]

34 Ist die Schenkung unter Lebenden vollzogen worden, gelten sowohl für das Deckungs- wie auch für das Valutaverhältnis die schuldrechtlichen Regeln für Rechtsgeschäfte unter Lebenden. Insoweit können nur die allgemeinen Anfechtungsvorschriften in den §§ 119 ff., nicht aber die § 2077, 2078 BGB angewandt werden.[70]

2. Formanforderungen

35 Wenngleich § 331 zunächst nur eine Auslegungsregel darstellt, so entnimmt ihr gleichwohl die Rechtsprechung, dass durch Vertrag zugunsten Dritter ein **schuldrechtlichen Anspruch ohne Einhaltung erbrechtlicher oder sonstiger Formvorschriften einem Dritten zugewandt werden kann,** auch wenn dies im Verhältnis zwischen Versprechens- empfänger und Drittem (Valuta-Verhältnis) eine Schenkung darstellt.[71] Für den Vertrag sind die Formvorschriften des Deckungsverhältnisses zwischen Versprechendem und Ver- sprechensempfänger zu beachten.[72] Der Vertrag zugunsten Dritter auf den Todesfall besteht nach dieser Auffassung neben den erbrechtlichen Möglichkeiten, so dass es dem Erblasser grundsätzlich freisteht, über sein Vermögen in Form eines Rechtsgeschäftes unter Lebenden oder von Todes wegen zu verfügen.[73]

36 Anders als bei § 2301 kann sich der Erblasser auch das Recht vorbehalten, über die Werte unter Lebenden zu verfügen oder die Zuwendung zu widerrufen. Ist ein solches Widerrufsrecht vorgesehen, so können dieses auch die Erben ausüben.[74] Ein Ausschluss des Widerrufsrechtes nur für die Erben, nicht aber für den Erblasser, ist nicht zulässig.[75]

37 In der Literatur ist diese Ansicht angegriffen worden. Bedenken werden insb. deshalb erhoben, weil der Erblasser wegen der zu Lebzeiten nahezu unbeschränkten Möglichkei- ten, über die Werte zu verfügen, kein Opfer zu Lebzeiten erbringt.[76] Nach dieser Auffas- sung sind derartige Verträge wie Vermächtnisse zu behandeln.

38 Einzuräumen ist sicher, dass die von der Rechtsprechung gewählten Lösungsansätze nicht in allen Punkten überzeugen können. Allerdings ist auch die Überlegung, eine solche Schenkung wie ein Vermächtnis zu behandeln, kein im Gesetz vorgesehener Weg. Viel- mehr führen die Überlegungen von *Coing* und *Kuchinke* eher zu neuen, größeren Proble- men und Fragen, als dass sie Lösungen anbieten. Der richtigere Weg dürfte der Weg der Rechtsprechung sein, der die offensichtliche Regelungslücke durch Rechtsfortbildung zu schließen sucht.[77]

3. Einzelfragen

39 Bei **Bankguthaben** ist zunächst festzustellen, ob überhaupt eine Zuwendung an einen Dritten vorliegt. Aus dem Umstand allein, dass ein Guthaben, etwa ein Sparbuch, auf den Namen eines Dritten angelegt ist, ist nicht zwingend abzuleiten, dass ein Vertrag zuguns- ten Dritter vorliegt.[78] Allerdings ist diese Tatsache als Beweisanzeichen zu berücksichti- gen.[79] Behält der Erblasser das Sparbuch, so will er sich regelmäßig die Verfügungsbefugnis

---

69 OLG Koblenz FamRZ 1998, 770, 771.
70 BGH NJW 2004, 767; a.A. MüKoBGB/*Leipold* § 2078 Rn. 18.
71 BGHZ 41, 95, 96; 54, 145, 147.
72 BGHZ 54, 145, 147; OLG Köln FamRZ 1996, 380.
73 BGH WM 1983, 1355, 1356.
74 BGH WM 1976, 1130.
75 BGH, a.a.O.
76 So *Kipp/Coing* § 81 V; *Lange/Kuchinke* § 33 IV 2.
77 So auch MüKoBGB/*Musielak* § 2301 Rn. 36 f.
78 BGHZ 46, 198.
79 OLG Düsseldorf FamRZ 1992, 51 f.

vorbehalten.⁸⁰ Ergeben die Umstände, dass der Erblasser das Sparguthaben dem Dritten mit seinem Tode zukommen lassen will, so ist ein Vertrag zugunsten Dritter möglich.⁸¹ Auf die Intentionen der Bank kommt es dagegen nicht an.⁸² Die Anweisung an die Bank, das Guthaben eines Kontos des Erblassers nach seinem Tode einem Dritten auszuzahlen, ist regelmäßig Vertrag zugunsten Dritter.⁸³ Die Feststellungs- und Beweislast trägt in allen Fällen der Dritte, der Rechte auf die Guthaben behauptet.⁸⁴ Dies gilt auch dann, wenn der Beschenkte im Besitz des Sparbuches ist.⁸⁵ Für einen rechtzeitigen Widerruf eines Angebots trägt dagegen der Erbe die Beweislast.⁸⁶

Bei der **Zuwendung von Wertpapieren** entscheidet der BGH wie bei Bankguthaben.⁸⁷ Vorsorglich sollte hier zur Vermeidung von Diskussionen eine treuhänderische Übertragung durch die Bank erfolgen, da sich die Wertpapiere im Eigentum des Schenkers befinden könnten.⁸⁸   **40**

Bei **Versicherungsleistungen** ist die Situation relativ überschaubar. Wer als Begünstigter bei der Versicherung vermerkt ist, ist auch forderungsberechtigter Dritter. Ist kein Berechtigter angegeben, so ist der Nachlass der Inhaber des Rechts. Über die Bezugsberechtigung wird bei der Einsetzung eines früheren Ehegatten gestritten. Der BGH vertritt die Ansicht, dass bei der Angabe des »Ehegatten der versicherten Person« als Bezugsberechtigter derjenige Ehegatte gemeint ist, der bei der Erklärung gegenüber der Versicherung gerade der Ehegatte war. Hieran ändert eine spätere Scheidung nichts.⁸⁹ Ob die als Begründung angeführte Annahme, dass nach der Lebenserfahrung anzunehmen sei, dass sich durch die Scheidung nichts ändere, tragen kann, ist sehr zweifelhaft und durch Rechtstatsachen nicht gedeckt. Bei einem widerruflichen Bezugsrecht ist eine Abtretung der Versicherung insoweit vorrangig, soweit der Sicherungszweck der Abtretung diese deckt.⁹⁰ Die Versicherung ist grundsätzlich beauftragt, das Zuwendungsangebot an den Berechtigten zu überbringen. Die Anforderung von Unterlagen zur Prüfung von Ansprüchen stellt kein solches Angebot dar.⁹¹   **41**

Bei **Gesellschaftsverträgen** ist je nach der vertraglichen Gestaltung zu differenzieren. Nachfolgeklauseln in Gesellschaftsverträgen werden mangels Unentgeltlichkeit regelmäßig dann nicht als Vertrag zugunsten Dritter angesehen, wenn sie für alle Gesellschafter gleich gefasst sind, auch wenn danach der Erbe eines Gesellschafters, ein Miterbe oder ein Dritter begünstigt wird. Hintergrund für diese Beurteilung ist, dass der Eintritt in eine Gesellschaft nicht nur mit Rechten, sondern auch mit Pflichten verbunden ist.⁹² Eine gesellschaftsrechtliche Eintrittsklausel, nach der mit dem Tode eines Gesellschafters eine Person (Erbe, Miterbe, Dritter) in die Gesellschaft eintreten darf, ist dagegen als Vertrag zugunsten Dritte anzusehen.⁹³   **42**

Im Rahmen der **Beurteilung von Pflichtteilsansprüchen** bzw. bei der Anfechtung eines Rechtsgeschäftes durch Nachlassgläubiger ist von der Begründung her überaus streitig, worin die Schenkung in derartigen Fällen liegt. Im Ergebnis besteht allerdings weitge-   **43**

---

80 OLG Köln WM 1995, 1956 f.
81 OLG Koblenz NJW-RR 1995, 1074.
82 BGH NJW 1984, 481.
83 BGH NJW 1976, 749.
84 BGHZ 46, 198, 204; NJW 1970, 1181, 1182.
85 OLG Koblenz NJOZ 2004, 378; a.A. *Damrau* ZErb 2008, 221, 225.
86 BGH FamRZ 1985, 693, 694.
87 BGHZ 41, 95, 96; FamRZ 1985, 693 f.
88 Vgl. MüKoBGB/*Musielak* § 2301 Rn. 42 m.w.N.
89 BGH ZEV 2007, 387.
90 OLG Koblenz ZEV 2007, 389.
91 BGH NJW 2008, 2702.
92 Ausführlich und grundsätzlich BGH NJW 1977, 1339 f.
93 MüKoBGB/*Musielak* § 2301 Rn. 45.

hende Einigkeit darüber, dass als zu berücksichtigende Beträge ausschließlich die vom Schenker geleisteten Versicherungsprämien[94] bzw. die Bausparbeiträge sind.[95]

V. Beratungshinweise

44 Nach dem Erbfall ist für die Erben bei einem Verdacht auf noch nicht komplett vollzogene Schenkungen umgehendes Handeln geboten. Ein eventueller Widerruf sollte insb. Banken und Versicherungen unverzüglich übermittelt werden. Bei Erbengemeinschaften sollte dann, wenn nicht die Vollmacht aller Miterben beschafft werden kann, ein Widerruf als notwendige Erhaltungsmaßnahme betrachtet werden. Dennoch sollte auch in diesem Fall ein Widerruf durch alle Erben nachgeholt werden, sobald es möglich ist.

§ 2302
Unbeschränkbare Testierfreiheit

Ein Vertrag, durch den sich jemand verpflichtet, eine Verfügung von Todes wegen zu errichten oder nicht zu errichten, aufzuheben oder nicht aufzuheben, ist nichtig.

I. Umfang des gesetzlichen Verbots

1 Die Regelung stellt ein gesetzliches Verbot dar, das die Testierfreiheit (§ 1937) schützen soll. Ausnahmen von der grundrechtlich geschützten[1] Testierfreiheit sind nur durch Gesetz möglich. Zu den Beschränkungen gehört das Pflichtteilsrecht, aber auch die Bindung aus dem gemeinschaftlichen Testament und dem Erbvertrag.

2 **Nichtig** ist zunächst jede schuldrechtliche Verpflichtung, eine Verfügung von Todes wegen zu errichten oder nicht zu errichten, aufzuheben oder nicht aufzuheben. Dies beinhaltet jegliche Art von Vereinbarung über Verfügungen von Todes wegen, auch bereits die Vereinbarung, in bestimmter Form zu verfügen (oder nicht zu verfügen). Auch ein Erbvertrag darf keine Regelungen enthalten, die die Testierfreiheit über die gesetzlich vorgesehenen Bindungen hinaus beschränken. Ein Verzicht auf den gesetzlichen (nicht den vertraglichen) Rücktritt (§§ 2294 und 2295) ist daher ebenso unwirksam, wie ein Verzicht auf das Recht zur Aufhebung nach den §§ 2290–2292.[2] Eine Vereinbarung des Erblassers mit den gesetzlichen Erben, an der gesetzlichen Erbfolge nichts zu ändern, ist ein Erbvertrag, der den gesetzlichen Erben die Erbfolge sichert. Diese Vereinbarung ist daher zulässig.[3] Wird ein Erbvertrag mit einem anderen Vertrag verbunden, so darf der Erbvertrag nicht hinsichtlich seiner Aufhebbarkeit durch den anderen Vertrag beschränkt sein.[4]

3 Auch **erbrechtliche Verfügungen des Erblassers dürfen nicht in die Testierfreiheit Dritter eingreifen.** Eine Auflage an einen Bedachten, in bestimmter Form selbst zu testieren oder nicht zu testieren, ist deshalb nichtig.[5] Sie kann allerdings, wenn die formalen Voraussetzungen bestehen, in die Anordnung einer Nacherbfolge umgedeutet werden.[6] Zulässig ist aber die Anordnung einer Bedingung. Eine Zuwendung kann mit der Bedingung erfolgen, dass der Zuwendungsempfänger einen Dritten von Todes wegen bedenkt.[7]

---

94 So BGH, FamRZ 1976, 616, mit abl. Anm. von *Harder*; Staudinger/Olshausen § 2325 Rn. 38 m.w.N.
95 BGH NJW 1965, 1913.
1 Vgl. *Palandt/Edenhofer* Einl. vor § 1922 Rn. 4; BVerfG NJW 1985, 1455; NJW 1995, 2977.
2 *Palandt/Edenhofer* § 2302 Rn. 2; MüKoBGB/*Musielak* § 2302 Rn. 2.
3 BayObLGZ 6, 711, 713.
4 BGHZ 29, 129, 133.
5 OLG Hamm NJW 1974, 60.
6 Vgl. BGH DRiZ 1966, 398 (Nachvermächtnis).
7 BGH NJW 1977, 950; WM 1971, 1509, 1510.

Durch die Bedingung wird die Zuwendung von vornherein eingeschränkt, so dass die Testierfreiheit nicht eingeschränkt wird. Eine Bedingung kann allerdings sittenwidrig sein, so dass sie deshalb unwirksam ist.[8] Auch einseitige Verfügungen des Erblassers, mit denen er selbst seine Freiheit einschränkt, sind unzulässig. Hierzu gehört etwa die Einschränkung, nur unter bestimmten Voraussetzungen ein Testament zu widerrufen.[9] Wirksam ist dagegen die schuldrechtliche Verpflichtung zur Ausschlagung einer Erbschaft.[10] Ist der Erblasser an einer solchen Vereinbarung beteiligt, so kann es sich um einen Erbverzicht handeln, der formbedürftig ist. Sind Dritte beteiligt, so ist § 311 b Abs. 4, 5 zu berücksichtigen.[11]

II. Rechtsfolgen

Die Rechtsfolge eines Verstoßes gegen § 2302 ist die Nichtigkeit des gesamten Vertrages, einschließlich einer etwaigen Zusage zu einer Gegenleistung. Gleichzeitig ist auch ein Vertragsstrafeversprechen, dass sich auf die Verpflichtung bezieht, unwirksam.[12] Auch ein Schadensersatzanspruch ist deswegen ausgeschlossen.[13] Ist die Zusage, eine bestimmte Verfügung von Todes wegen zu treffen, Geschäftsgrundlage eines weiteren Vertrages, so kann die Nichterfüllung zu Ersatzansprüchen führen. Verspricht der Erblasser, Dienstleistungen durch eine letztwillige Zuwendung zu entgelten, so ist diese Vereinbarung zwar unwirksam, allerdings liegt darin die Zusage einer Vergütung für den Dienstpflichtigen, deren Höhe nach § 612 Abs. 2 zu bestimmen ist.[14] Bei Dienstleistungen durch Abkömmlinge ist daneben § 2057a (Ausgleichspflicht) in Betracht zu ziehen. 4

III. Umdeutung

Rechtsgeschäfte, die nach § 2302 nichtig sind, können u.U. gem. § 140 umgedeutet werden.[15] Die Verpflichtung des im Erbvertrag bedachten Gatten, das Vermögen auf die ehelichen Kinder zu übertragen, kann eine Erbeinsetzung der Kinder sein.[16] Die Auflage an die alleinerbende Ehefrau, ausschließlich zugunsten der gemeinsamen Kinder zu testieren, kann in Wirklichkeit die Anordnung von Vor- und Nacherbschaft sein.[17] Die Anordnung, bestimmte zugewendete Werte den gemeinschaftlichen Kindern zu vererben, kann Nachvermächtnis sein.[18] Die Verpflichtung, einen Erbvertrag abzuschließen, kann Vertrag zugunsten Dritter sein.[19] Die Verpflichtung im Prozessvergleich, ein Testament nicht zu ändern, kann Erbvertrag sein.[20] 5

---

8 S. § 2074 Rz. 12 ff.
9 OLG Hamm NJW 1974, 60; BayObLG FamRZ 2001, 771, 773.
10 MüKoBGB/*Musielak* § 2302 Rn. 4; *Staudinger/Kanzleiter* § 2302 Rn. 5.
11 MüKoBGB/*Musielak* § 2302 Rn. 4; *Staudinger/Kanzleiter* § 2302 Rn. 5.
12 BGH NJW 1977, 950.
13 BGH LM Nr. 4; NJW 1977, 950.
14 BGH FamRZ 1965, 317, 319; BFH ZEV 1995, 117.
15 BGH LM, § 140, Nr. 3; BayObLG ZEV 1995, 71, 72.
16 OLG Hamm JMBl NRW 1960, 125.
17 OLG Hamm NJW 1974, 60.
18 *Keßler* DRiZ 1966, 398.
19 BGH WM 1961, 87, 88 f.
20 OLG Stuttgart NJW 1989, 2700, 2701.

Abschnitt 5
Pflichtteil

§ 2303
Pflichtteilsberechtigte; Höhe des Pflichtteils

(1) Ist ein Abkömmling des Erblassers durch Verfügung von Todes wegen von der Erbfolge ausgeschlossen, so kann er von dem Erben den Pflichtteil verlangen. Der Pflichtteil besteht in der Hälfte des gesetzlichen Erbteils.

(2) Das gleiche Recht steht den Eltern und dem Ehegatten des Erblassers zu, wenn sie durch Verfügung von Todes wegen von der Erbfolge ausgeschlossen sind. Die Vorschriften des § 1371 bleiben unberührt.

Übersicht

	Rz.		Rz.
I. Grundsätze des Pflichtteilsrechts	1	3. Nichteheliche Kinder	8
1. Überblick	1	4. Annahme als Kind	11
2. Allgemeines	2	5. Ehelicherklärung	13
3. Pflichtteilsberechtigter Personenkreis	3	IV. Das Pflichtteilsrecht der Eltern	14
4. Höhe des Pflichtteils	4	V. Das Pflichtteilsrecht des Ehegatten	16
II. Pflichtteilsrecht und Pflichtteilsanspruch	5	1. Überblick	16
III. Das Pflichtteilsrecht von Abkömmlingen	6	2. Pflichtteilsrecht bei Zugewinngemeinschaft	19
1. Begriffsbestimmung	6		
2. Ausschluss des Pflichtteilsrechts	7	VI. Das Pflichtteilsrecht des Lebenspartners	24

I. Grundsätze des Pflichtteilsrechts

1. Überblick

1 Das Pflichtteilsrecht ist im BGB in den §§ 2303–2338 geregelt. Im Einzelnen lassen sich die Vorschriften wie folgt gliedern:
- §§ 2303, 2309 bestimmen den Pflichtteilsanspruch und den Personenkreis der Pflichtteilsberechtigten.
- § 2305 beinhaltet den Zusatzpflichtteil bei unzureichender testamentarischer Erbeinsetzung.
- §§ 2306, 2307 regeln die Pflichtteilsberechtigung trotz Ausschlagung der Erbschaft.
- §§ 2310–2312 treffen Anordnungen über die Höhe des Pflichtteilsanspruchs.
- §§ 2315, 2316 bestimmen, wie sich der Pflichtteilsanspruch bei Vorempfängen berechnet.
- §§ 2318–2324 regeln die Pflichtteilslast im Innenverhältnis zwischen Erben, Vermächtnisnehmern und Auflagebegünstigten.
- §§ 2325 bis 2331 beinhalten die Voraussetzungen des Pflichtteilsergänzungsanspruchs bei lebzeitigen Schenkungen.
- §§ 2331a, 2332 betreffen die Stundung und Verjährung.
- §§ 2333–2338 regeln die Pflichtteilsentziehung und Pflichtteilsbeschränkung.

2. Allgemeines

2 Das Pflichtteilsrecht stellt sicher, dass den nächsten Angehörigen des Erblassers ein Mindestwertanteil am Nachlass zukommt. Es stellt eine Zwischenlösung zwischen dem gesetzlichen Familienerbrecht einerseits (»das Gut rinnt wie das Blut«) und der völligen Testierfreiheit dar.

3. Pflichtteilsberechtigter Personenkreis

Nach § 2303 gehören hierzu Abkömmlinge, Eltern und der Ehegatte des Erblassers. Durch 3
das LPartG wurde schließlich auch dem Lebenspartner ein Pflichtteilsrecht zuerkannt, § 10
Abs. 6 LPartG. Hat der Erblasser seinen überlebenden Lebenspartner durch Verfügung
von Todes wegen von der Erbfolge ausgeschlossen, kann dieser von den Erben den
Pflichtteil verlangen. Die Vorschriften des BGB gelten entsprechend.

4. Höhe des Pflichtteils

Nach dem Willen der Verfasser des BGB beträgt die Höhe des Pflichtteils die Hälfte des 4
Wertes des gesetzlichen Erbteils. Vergleicht man die Regelung des deutschen Rechts, also
Bruchteilsquote auf ½, mit der internationalen Entwicklung, so ergibt sich, dass insb. im
angloamerikanischen Recht,[1] im nordischen Rechtskreis[2] und in den (ehemals) sozialistischen Ländern[3] das Pflichtteilsrecht immer stärker an den Bedarf des Berechtigten
anknüpft. Ob sich das deutsche Recht dieser Rechtsentwicklung auf Dauer entziehen
kann, scheint jedenfalls fraglich.

II. Pflichtteilsrecht und Pflichtteilsanspruch

Vom Pflichtteilsrecht ist der Pflichtteilsanspruch zu unterscheiden.[4] Das Gesetz selbst 5
spricht in den §§ 2305 bis 2309, 2312 bis 2316, 2318 bis 2322, 2325 bis 2329, 2338 vom
»Pflichtteilsberechtigten« und in den §§ 2317, 2332 vom »Pflichtteilsanspruch«. Unter
Pflichtteilsrecht versteht man das lediglich abstrakte Rechtsverhältnis zwischen dem Erblasser und den Pflichtteilsberechtigten, das auch schon zu Lebzeiten des Erblasser gewisse
rechtliche Wirkungen auslöst: Vertrag unter künftigen gesetzlichen Erben (§ 311b Abs. 5);
Anfechtung gem. §§ 2079, 2281 wegen Übergehung eines Pflichtteilsberechtigten; Pflichtteilsverzicht gem. § 2346 Abs. 2. Das Pflichtteilsrecht beruht lediglich auf der Verwandtschaft oder der Eheschließung und entsteht folglich mit der Geburt oder Heirat. Beide
Begriffe kann man also kurz wie folgt umschreiben: Das Pflichtteilsrecht als Ersatz des
gesetzlichen Erbrechtes ist die Quelle, aus der – unter bestimmten Voraussetzungen – mit
dem Erbfall[5] ein Pflichtteilsanspruch entstehen kann. Hieraus folgt im Umkehrschluss:
Man kann also pflichtteilsberechtigt sein, ohne einen Pflichtteilsanspruch zu haben.[6]

III. Das Pflichtteilsrecht von Abkömmlingen

1. Begriffsbestimmung

Abkömmlinge sind alle Personen, die mit dem Erblasser in absteigender gerader Linie verwandt sind (s. § 1589 S. 1). Dies sind also die Kinder, Enkel, Urenkel usw. Diese Personen 6
sind allerdings nur dann pflichtteilsberechtigt, wenn sie ohne die Verfügung des Erblassers
auch tatsächlich als gesetzliche Erben berufen wären.[7] Über § 2309 wird die »an sich«
gegebene Pflichtteilsberechtigung entfernterer Abkömmlinge darüber hinaus wieder ausgeschlossen, sofern ein näher berechtigter Abkömmling den Pflichtteil verlangen kann
oder das ihm Hinterlassene annimmt.

---

1 Vgl. *Rauscher* Bd. II, 2, S. 11 ff. m.N.; s. hierzu auch Länderberichte Anhang 2.
2 *Rauscher* Bd. II, 2, S. 15 ff; s. hierzu auch Länderberichte Anhang 2.
3 *Rauscher* Bd. II, 2, S. 8 ff; s. hierzu auch Länderberichte Anhang 2.
4 BGH JZ 1997, 851, 852, s. hierzu auch § 2317 Rz. 1.
5 S. § 2317 Rz. 1.
6 Z.B.: dem Pflichtteilsberechtigten ist ein Erbteil hinterlassen, der den Pflichtteil abdeckt oder übersteigt, s. § 2305.
7 Vgl. hierzu insb. § 1924 Abs. 2.

2. Ausschluss des Pflichtteilsrechts

7 Der Pflichtteilsberechtigte muss durch Verfügung von Todes wegen (Testament, Erbvertrag) von der Erbfolge ausgeschlossen sein. Somit ist derjenige grundsätzlich nicht pflichtteilsberechtigt, der die Erbschaft ausschlägt;[8] der auf sein gesetzliches Erb- oder Pflichtteilsrecht verzichtet hat;[9] wer für erbunwürdig erklärt ist[10] oder wem durch den Erblasser der Pflichtteil gem. §§ 2333 ff. zu Recht entzogen wurde.

3. Nichteheliche Kinder

8 Das Gesetz zur erbrechtlichen Gleichstellung nichtehelicher Kinder[11] hat die Sondervorschriften für das Erbrecht nichtehelicher Kinder, insb. den Erbersatzanspruch (§ 1934a a.F.) und den vorzeitigen Erbausgleich (§ 1934d a.F.) abgeschafft. Damit sind die nichtehelichen Kinder den ehelichen Kindern im Bereich des Erb- und Pflichtteilsrechts ab dem 1.4.1998 gleichgestellt.

9 Die alten, bis zum 1.4.1998 geltenden Vorschriften sind nach Art. 227 EGBGB weiter anzuwenden, wenn vor diesem Zeitpunkt der Erblasser gestorben ist oder über den Erbausgleich eine wirksame Vereinbarung getroffen oder der Erbausgleich durch rechtskräftiges Urteil zuerkannt worden ist.

10 Für die vor dem 1.7.1949 geborenen nichtehelichen Kinder(»Altkinder West«) bleibt es bei der bisherigen Rechtslage nach Art. 12 § 10 Abs. 2 des Nichtehelichengesetzes; sie sind nach ihrem Vater nicht gesetzlich erbberechtigt. Diese Regelung verstößt nicht gegen die Verfassung[12] Der durch das KindRG neu eingefügte Art. 12 § 10a des Nichtehelichengesetzes ermöglicht jedoch, dass Vater und Kind für künftige Erbfälle vereinbaren können (»Gleichstellungsvereinbarung«), dass dieser erbrechtliche Ausschluss keine Anwendung findet; es gelten dann ohne jede Einschränkung die allgemein für die erbrechtlichen Verhältnisse eines Kindes und seiner Abkömmlinge zu dem Vater und dessen Verwandten geltenden Vorschriften.

4. Annahme als Kind

11 Das angenommene Kind und seine Abkömmlinge sind nach dem Annehmenden erb- und pflichtteilsberechtigt.[13] Derjenige, der als Volljähriger angenommen wird, ist sowohl nach seinen leiblichen als auch nach seinen Adoptiveltern erb- und pflichtteilsberechtigt.[14]

12 Im Falle von Altadoptionen ist bei der Nachlassabwicklung und bei der Feststellung der Erb- bzw. Pflichtteilsberechtigten genau nach den maßgeblichen Zeitpunkten zu fragen,[15] um für den jeweiligen Zeitraum das maßgebliche Recht anwenden zu können.[16]

5. Ehelicherklärung

13 Legitimation und Ehelicherklärung sind durch die Kindschaftsrechtsreform zum 1.7.1998 weggefallen, weil im Kindschaftsrecht eine Unterscheidung des Kindschaftsstatutes nicht mehr stattfindet. In Altfällen erlangte das Kind die erbrechtliche Stellung eines ehelichen Kindes.

---

8 Ausnahmen s. §§ 1371 Abs. 3, 2306 Abs. 1 S. 2.
9 S. § 2346.
10 S. §§ 2344, 2445.
11 BGBL. I 97, 2968, das am 1.4.1998 in Kraft getreten ist; s. hierzu auch Einleitung vor § 1922 IV 1.
12 BVerfG ZEV 2004, 114 f.
13 S. §§ 1754, 1755.
14 S. hierzu §§ 1767 Abs. 2, 1754, 1770.
15 Rechtslage vor dem 1.1.1977, seit dem 1.1.1997 bis zum 30.6.1998.
16 Einzelheiten zu den Änderungen unter Einleitung vor § 1922 IV 2.

IV. Das Pflichtteilsrecht der Eltern

Das Pflichtteilsrecht der Eltern setzt zunächst voraus, dass diese nach der gesetzlichen Erbfolge tatsächlich zu Erben berufen wären.[17] Darüber hinaus ergibt sich eine weitere Einschränkung durch § 2309.[18] Ebenso wie bei den Abkömmlingen steht auch den Eltern kein Pflichtteilsrecht zu, wenn sie die Erbschaft ausschlagen;[19] auf ihr Erb- oder Pflichtteilsrecht verzichtet haben (§ 2346); für erbunwürdig erklärt sind (§ 2344) oder wenn ihnen der Pflichtteil nach § 2334 entzogen wurde.

14

Im Falle eines nichtehelichen Kindes gehört zu den pflichtteilsberechtigten Eltern außer der Mutter auch der Vater des nichtehelichen Kindes, wenn die Vaterschaft förmlich festgestellt und das Kind nicht vor dem 1.7.1949 geboren ist. Dies gilt auch, wenn der Vater in Erbfällen vor dem 1.4.1998 nur einen Erbersatzanspruch hatte und dieser ihm entzogen wurde.[20] Allerdings beseitigt ein bis zum 1.4.1998 wirksam gewordener vorzeitiger Erbausgleich auch das Pflichtteilsrecht des Vaters auf Dauer.[21]

15

V. Das Pflichtteilsrecht des Ehegatten

1. Überblick

Pflichtteilsberechtigt ist nur derjenige, der beim Erbfall mit dem Erblasser noch rechtsgültig verheiratet ist. Durch vorherige rechtskräftige Auflösung der Ehe verliert er also sein Pflichtteilsrecht. Trotz gültiger Ehe wird das Erb- und Pflichtteilsrecht des überlebenden Ehegatten ausgeschlossen, wenn zur Zeit des Todes des Erblassers die Voraussetzungen für die Scheidung der Ehe gegeben waren und der Erblasser die Scheidung beantragt oder ihr zugestimmt hatte. Das gleiche gilt, wenn der Erblasser berechtigt war, die Aufhebung der Ehe zu beantragen und den Antrag gestellt hatte.[22]

16

Grundsätzlich steht einem Ehegatten kein Pflichtteilsrecht zu, wenn er die Erbschaft ausgeschlagen hat. Diese Regel wird aber im Falle der Zugewinngemeinschaft durch § 1371 Abs. 3 durchbrochen.[23] Eine weitere Ausnahme ergibt sich aus § 2306 Abs. 1 S. 2. Die Pflichtteilsberechtigung entfällt außerdem für diejenigen, die auf ihr gesetzliches Erb- oder Pflichtteilsrecht verzichtet haben (§ 2346); wer für erbunwürdig erklärt ist (§ 2344) oder wem der Erblasser den Pflichtteil entzogen hat (§ 2335).

17

Bei Gütertrennung (§ 1414) ist § 1931 Abs. 4 zu beachten. Danach wird der gesetzliche Erbteil neben einem Kind auf ½ und neben zwei Kindern auf 1/3 erhöht, so dass sich auch der Pflichtteil aus der Halbierung dieses erhöhten Erbteils ergibt. – Der Pflichtteil des überlebenden Ehegatten beträgt bei Gütergemeinschaft (§§ 1415 ff.) neben Abkömmlingen 1/8 und im Übrigen ¼.

18

2. Pflichtteilsrecht bei Zugewinngemeinschaft

Lebte der Erblasser im Güterstand der Zugewinngemeinschaft, so wird der Zugewinn gem. § 1371 Abs. 1 dadurch verwirklicht, dass sich der gesetzliche Erbteil des überlebenden Ehegatten um 1/4 der Erbschaft erhöht; hierbei ist unerheblich, ob die Ehegatten im konkreten Fall einen Zugewinn erzielt haben. Neben Verwandten der ersten Ordnung ist der überlebende Ehegatte zu 1/2, neben Verwandten der zweiten Ordnung oder neben Großeltern zu 3/4 der Erbschaft als gesetzlicher Erbe berufen (§§ 1931 Abs. 1, Abs. 3, 1371

19

---

17 Vgl. § 1930.
18 § 2309 Rz. 2.
19 Ausnahme: § 2306 Abs. 1 S. 2.
20 S. § 2338a a.F.
21 S. hierzu §§ 1934e a.F.; Art. 227 Abs. 1 Nr. 2 EGBGB.
22 S. § 1933 S. 1 und 2.
23 S. hierzu Rz. 19 ff.

Jürgen Gemmer

Abs. 1). Die Erhöhung des gesetzlichen Erbteils führt zwangsläufig auch zu einer Erhöhung des Pflichtteils. Folgende Fälle sind nach 1371 Abs. 2 und 3 zu unterscheiden:

20 a) Der überlebende Ehegatte wird nicht Erbe und ihm steht auch kein Vermächtnis zu. In diesem Fall kann er nach § 1371 Abs. 2 den sog. rechnerischen Zugewinnausgleich und den »kleinen« Pflichtteil verlangen. Dieser bestimmt sich nach dem nicht erhöhten gesetzlichen Erbteil. Ob ein Zugewinn überhaupt erzielt wurde, ist für den Pflichtteilsanspruch unerheblich. Dem überlebenden Ehegatten steht kein Wahlrecht dergestalt zu, statt dem sog. kleinen Pflichtteil und Zugewinnausgleich den sog. großen Pflichtteil zu fordern[24] (Einheitstheorie).

21 b) Der Ehegatte ist Erbe oder Vermächtnisnehmer. In diesem Fall berechnet sich der Pflichtteilsanspruch nach dem erhöhten gesetzlichen Erbteil (großer Pflichtteil). Im Regelfalle wird die Größe des Pflichtteils keine Rolle spielen, denn der Ehegatte ist (Mit-)Erbe des Nachlasses oder Gläubiger einer Vermächtnisforderung. Die Größe des Pflichtteils wird aber dann relevant, wenn z.B. der überlebende Ehegatte auf einen zu geringen Erbteil eingesetzt worden ist. In diesem Falle kann er als Pflichtteilsberechtigter nach § 2305 den Wertunterschied zwischen dem hinterlassenen Erbteil und dem Pflichtteil als Pflichtteilsrestanspruch von den Miterben verlangen. Darüber hinaus enthält das BGB eine Reihe von weiteren Sonderbestimmungen, die sicherstellen, dass der pflichtteilsberechtigte Erbe und der pflichtteilsberechtigte Vermächtnisnehmer jedenfalls das erhalten, was ihnen zustehen würde, wenn sie Gläubiger eines Pflichtteilsanspruches wären.[25]

22 c) Der Ehegatte schlägt die Erbschaft (das Vermächtnis) aus. In diesem Fall kann der Ehegatte neben dem Ausgleich des Zugewinns den kleinen Pflichtteil verlangen. Für die Ausschlagung der Erbschaft ergibt sich dies aus der Sonderregelung des § 1371 Abs. 3; für die Ausschlagung des Vermächtnisses folgt dies aus § 2307 Abs. 1 S. 1. Voraussetzung für die Anwendung des § 1371 Abs. 3 ist aber, dass der Ehegatte – ungeachtet der Frage, ob er ausschlägt oder nicht – überhaupt pflichtteilsberechtigt ist. Hat der überlebende Ehegatte etwa auf sein gesetzliches Erbrecht oder sein Pflichtteilsrecht verzichtet, kann er sich durch Ausschlagung nicht den Weg zum kleinen Pflichtteil ebnen.[26] Das nachfolgende Schaubild verdeutlicht die Regelungen:

23

Güterstand	Pflichtteil des Ehegatten neben Abkömmlingen			Pflichtteil je Kind, wenn der Erblasser im Erbfall noch verheiratet war		
				Anzahl der hinterlassenen Kinder		
				1	2	3
Zugewingemeinschaft (erbrechtliche Lösung)	1/4			1/4	1/8	1/12
Zugewinngemeinschaft (güterrechtliche Lösung, jedoch ist Zugewinnausgleich vom Nachlass vorweg abzuziehen)	1/8			3/8	3/16	1/8
Gütertrennung	1 Kind 1/4	2 Kinder 1/6	3 und mehr 1/8	1/4	1/6	1/8
Gütergemeinschaft	1/8			3/8	3/16	3/24

---

24 BGHZ 42, 182 = NJW 1964, 2404, bestätigt durch BGH NJW 1982, 2497; *Bamberger/Roth/J. Mayer* § 2303 Rn. 23.
25 S. §§ 2305, 2306, 2307, 2318, 2319, 2325 ff.
26 S. § 1371 Abs. 3 2. Hs.

VI. Das Pflichtteilsrecht des Lebenspartners

Nach § 10 Abs. 6 S. 1 LPartG kann der durch Verfügung von Todes wegen von der Erbfolge ausgeschlossene überlebende Lebenspartner die Hälfte des Wertes des gesetzlichen Erbteils als Pflichtteil von den Erben verlangen, wenn die Lebenspartnerschaft beim Erbfall noch rechtsgültig bestand. Die Vorschriften des BGB über den Pflichtteil sind entsprechend anwendbar, § 10 Abs. 6 S. 2 LPartG. Der überlebende Lebenspartner ist »wie ein Ehegatte zu behandeln«. Diese Formulierung regelt somit die pflichtteilsrechtlichen Auswirkungen von Schenkungen an den Lebenspartner. Sie sind ebenso zu beurteilen, wie diejenigen an einen Ehegatten mit der Folge, dass § 2325 Abs. 3 anzuwenden ist.[27] Leben die Lebenspartner im Vermögensstand der Ausgleichsgemeinschaft, gelten aufgrund der Verweisung in § 6 Abs. 2 S. 4 LPartG die pflichtteilsrechtlichen Modifikationen der § 1371 Abs. 2 und 3 entsprechend.[28] Auch der überlebende Lebenspartner kann – wie der Ehegatte – die Erbschaft oder das Vermächtnis ausschlagen und neben dem Ausgleichanspruch den kleinen Pflichtteil verlangen. Im Falle der Vermögenstrennung steht sich der überlebende Lebenspartner pflichtteilsrechtlich schlechter als der überlebende Ehegatte, weil eine dem § 1931 Abs. 4. entsprechende Vorschrift fehlt. Neben einem Kind des Erblassers beträgt die Pflichtteilsquote des überlebenden Lebenspartners nur 1/8, diejenige des überlebenden Ehegatten bei Gütertrennung jedoch 1/4. Neben zwei Kindern des Erblassers beträgt die Pflichtteilsquote des überlebenden Lebenspartners wiederum nur 1/8, hingegen diejenige des überlebenden Ehegatten bei Gütertrennung 1/6. 24

§ 2304
Auslegungsregel

Die Zuwendung des Pflichtteils ist im Zweifel nicht als Erbeinsetzung anzusehen.

I. Normzweck

Die Regelung soll dazu beitragen, dass Streitigkeiten vermieden werden. Denn demjenigen, dem »nur der Pflichtteil zugewendet« worden ist, wird häufig versuchen, eine gesicherte Stellung als Erbe zu erreichen. Die Auslegungsregel stellt eine Ausnahme zu § 2087 Abs. 1 dar und besagt negativ, dass die Pflichtteilszuwendung im Zweifel nicht als Erbeinsetzung anzusehen ist. 1

II. Pflichtteilszuwendung als Erbeinsetzung, Vermächtnisanordnung oder Enterbung

Die »Zuwendung des Pflichtteils« ist keine eindeutige Verfügung des Erblassers. Sie kann bedeuten: 2
– Erbeinsetzung auf die Pflichtteilsquote,
– Enterbung durch Verweisung auf den Pflichtteilsanspruch,
– Vermächtnis in Höhe des Pflichtteils.

Ob die Pflichtteilszuwendung als eine Erbeinsetzung zu verstehen ist, kann durch Auslegung ermittelt werden. Hierbei kommt es entscheidend darauf an, ob der Erblasser wollte, dass der Pflichtteilsberechtigte an Sachwerten teilhaben soll oder ob ihm Mitverwaltungsrechte eingeräumt werden sollen. Wird beispielsweise in einem notariellen Testament oder Erbvertrag gesagt, eine bestimmte Person werde Erbe in Höhe des Pflichtteils, so hat dies 3

---
27 *Leipold* ZEV 2001, 218, 221; *N. Mayer* ZEV 2001, 169, 173.
28 *Soergel/Dieckmann* § 2303 Rn. 27a.

im Rahmen der Auslegung eine starke indizielle Wirkung für die Annahme einer Erbeinsetzung. Bleiben allerdings Zweifel, so greift stets die Auslegungsregel des § 2304.

4   Verneint man eine Erbeinsetzung, kann die Pflichtteilszuwendung entweder eine Vermächtnisanordnung sein oder als bloße Enterbung mit deklaratorischer Pflichtteilszuweisung zu verstehen sein.

5   Die herrschende Lehre nimmt die Abgrenzung zwischen Vermächtnisanordnung und Pflichtteilsverweisung danach vor, ob der Erblasser dem Pflichtteilsberechtigten etwas zuwenden oder ihn lediglich von allem ausschließen wollte, worauf er keinen unentziehbaren gesetzlichen Anspruch hat.[1]

6   Die Frage, ob es sich um eine Vermächtnisanordnung oder eine bloße Enterbung handelt, hat trotz Angleichung der Verjährungsregeln[2] folgende praktische Bedeutung:

7   Die Pflichtteilsforderung ist im Gegensatz zur Vermächtnisforderung nur unter den besonderen Voraussetzungen des in § 852 Abs. 1 ZPO pfändbar. Auf den Pflichtteil kann nach dem Erbfall nur durch einen Vertrag mit dem Erben verzichtet werden, der keiner Form bedarf, während ein Vermächtnis einseitig ausgeschlagen werden kann (§§ 2176, 2180). Eine Vermächtnisanordnung kann anders als eine bloße Pflichtteilsverweisung vertraglicher Bestandteil eines Erbvertrags (§ 2278 Abs. 2) oder einer wechselbezüglichen Verfügung in einem gemeinschaftlichen Testament (§ 2270 Abs. 3) sein.

III. Zuwendung an erbersatzberechtigte Personen

8   § 2304 wurde auch für die Zuwendung des Pflichtteils an Personen angewendet, denen gem. § 1934a a.F. ein Erbersatzanspruch zustand (§ 2338a a.F.). Durch das Erbrechtsgleichstellungsgesetz sind seit dem 1.4.1998 die für das Erbrecht nichtehelicher Kinder geltenden Sondervorschriften beseitigt (hinsichtlich der Ausnahmen vgl. Art. 227 Abs. 1 EGBGB, Art. 12 § 10 Abs. 2 NEhelG)

IV. Pflichtteilszuwendung an den Ehegatten beim Güterstand der Zugewinngemeinschaft

9   Grundsätzlich kann hier zunächst auf die Ausführungen zu § 2303 unter Abschnitt V verwiesen werden. Danach gilt also: Setzt der Erblasser den Ehegatten in Höhe des kleinen Pflichtteils zum Erben ein oder ordnet er ein Vermächtnis in Höhe des kleinen Pflichtteils ein, so kann der überlebende Ehegatte nach § 1371 Abs. 3 ausschlagen und den Zugewinnausgleich nebst kleinem Pflichtteil beanspruchen. Er kann aber auch nach §§ 2305, 2307 Abs. 1 S. 2 den sog. Pflichtteilsrestanspruch bis zur Höhe des großen Pflichtteils verlangen. Wegen dieser Möglichkeit ist es in der Praxis von großer Bedeutung, ob man die Zuwendung des kleinen Pflichtteils als bloße Verweisung auf das gesetzliche Pflichtteilsrecht versteht oder im Wege der Auslegung zu einer Erbeinsetzung oder Vermächtnisanordnung kommt. Handelt es sich um eine schlichte Pflichtteilsverweisung, ist dem überlebenden Ehegatten der Weg zum großen Pflichtteil verwehrt, während ihm im Falle einer Erbeinsetzung oder Vermächtnisanordnung dieser Weg offen steht.

10 Nach § 2304 ist die Zuwendung des »kleinen Pflichtteils« im Zweifel nicht als Erbeinsetzung anzusehen. Kommt man im Wege der Auslegung zu dem Ergebnis, dass dem Ehegatten der sog. »große Pflichtteil« zugewandt ist, kann diese Zuwendung nur als Vermächtnisanordnung – ausnahmsweise auch als Erbeinsetzung – nicht jedoch als Pflichtteilsverweisung verstanden werden.[3] Denn die oben dargestellten Abgrenzungskriterien zwischen Vermächtnisanordnung und Pflichtteilsverweisung stellen entscheidend darauf ab, ob der Erblasser dem

---

1 *Erman/Schlüter* § 2304 Rn. 2; *Soergel/Dieckmann* § 2304 Rn. 3; *Staudinger/Haas* § 2304 Rn. 17.
2 Nach dem Gesetz zur Änderung des Erb- und Verjährungsrechts ist die bisherige Sonderverjährung nach § 197 Abs. 1 Nr. 2 zugunsten der Regelverjährung gem. § 195 entfallen.
3 *Soergel/Dieckmann* § 2304 Rn. 7.

Pflichtteilsberechtigten etwas zuwenden wollte oder ihn lediglich von allem ausschließen wollte, worauf er keinen unentziehbaren gesetzlichen Anspruch hat. Im Falle des großen Pflichtteils soll der Ehegatte jedoch gerade etwas erhalten, was ihm im Falle einer Enterbung Kraft Gesetzes nicht zusteht.

V. Pflichtteilszuwendung an Eltern oder Abkömmlinge beim Güterstand der Zugewinngemeinschaft

Wird pflichtteilsberechtigten Eltern oder Abkömmlingen »der Pflichtteil« zugewendet, während der Erblasser seinen Ehegatten zum gesetzlichen oder gewillkürten Erben beruft oder ihn mit einem Vermächtnis bedacht hat, steht die Höhe des Pflichtteils im Zeitpunkt des Todes des Erblassers noch nicht endgültig fest. Nimmt der überlebende Ehegatte die Erbschaft an, berechnet sich der Pflichtteil der Eltern oder Abkömmlinge unter Berücksichtigung des um 1/4 erhöhten gesetzlichen Erbteils des Ehegatten. Schlägt der Ehegatte das Erbe aus, so ist der nicht erhöhte gesetzliche Erbteil des Ehegatten für die Pflichtteilsberechnung maßgebend (§ 1371 Abs. 3 und Abs. 2 Hs. 2). 11

§ 2305
Zusatzpflichtteil

Ist einem Pflichtteilsberechtigten ein Erbteil hinterlassen, der geringer ist als die Hälfte des gesetzlichen Erbteils, so kann der Pflichtteilsberechtigte von den Miterben als Pflichtteil den Wert des an der Hälfte fehlenden Teils verlangen. Bei der Berechnung des Wertes bleiben Beschränkungen und Beschwerungen der in § 2306 bezeichneten Art außer Betracht.

Zu § 2305: Geändert durch G vom 24.9.2009 (BGBl I S. 3142) (1.1.2010).

Fassung bis 31.12.2009

§ 2305
Zusatzpflichtteil

Ist einem Pflichtteilsberechtigten ein Erbteil hinterlassen, der geringer ist als die Hälfte des gesetzlichen Erbteils, so kann der Pflichtteilsberechtigte von den Miterben als Pflichtteil den Wert des an der Hälfte fehlenden Teils verlangen.

I. Normzweck

Die Vorschrift regelt den Fall, dass ein Pflichtteilsberechtigter zwar Erbe wird, er aber weniger als den Pflichtteil erhält. Ist dem Pflichtteilsberechtigten ein unbeschränkter und unbeschwerter Erbteil[1] hinterlassen, der hinter der Hälfte des gesetzlichen Erbteils zurückbleibt, so steht ihm in Höhe des Differenzbetrages ein sog. Pflichtteilsrestanspruch zu, der häufig als »Zusatzpflichtteil« bezeichnet wird. Im Falle des § 2305 darf der Pflichtteilsberechtigte nicht den unzureichenden Erbteil ausschlagen und statt dessen den vollen Pflichtteil verlangen.[2] Gleichwohl kann er aber seinen Erbteil ausschlagen und sich nur mit dem Pflichtteilsrestanspruch begnügen.[3] 1

---

1 Für den Fall der Beschränkung oder Beschwerung vgl. § 2306.
2 RGRK/*Johannsen* § 2305 Rn. 5.
3 BGH LM § 2325 Nr. 9 = NJW 1973, 995, 996; RGZ 93, 3, 9; 113, 34, 48; OLG Hamm OLGZ 82, 41, 47.

II. Pflichtteilsrestanspruch und Zugewinngemeinschaft

2 Wegen der Sonderregelung in § 1371 Abs. 3 kann der zum Erben berufene Ehegatte auch ausschlagen und den Pflichtteil verlangen. Dieser bestimmt sich nach dem nicht erhöhten gesetzlichen Erbteil (kleiner Pflichtteil, § 1371 Abs. 2).

3 Akzeptiert der überlebende Ehegatte allerdings den unzureichenden Erbteil, so bestimmt sich sein Pflichtteilsrestanspruch nach dem erhöhten gesetzlichen Erbteil (sog. großer Pflichtteil). Nach allgemeiner Meinung[4] kann der Erblasser seinen Ehegatten unter der Bedingung zum Erben berufen, dass dieser den Restanspruch nicht geltend macht. Denn dem überlebenden Ehegatten verbleibt die Möglichkeit, das Erbe auszuschlagen und den kleinen Pflichtteil nebst Zugewinnausgleich zu verlangen.

III. Gesetz zur Änderung des Erb- und Verjährungsrechts; gilt für alle Erbfälle seit dem 1.1.2010 (vgl. Art. 229 § 23 Abs. 4 EGBGB)

4 Die Vorschrift ist um einen S. 2 ergänzt. Dies steht im Zusammenhang mit der Neuregelung des § 2306 Abs. 1. (näheres s. dort).

5 Der Erbe hat ein generelles Wahlrecht. Ist er mit Beschränkungen und Beschwerungen belastet, kann er entweder den Erbteil mit allen Beschränkungen oder Beschwerungen annehmen oder den Erbteil ausschlagen und dennoch den Pflichtteil verlangen. Nimmt er den Erbteil an, dann gelten für ihn die Beschränkungen und Beschwerungen künftig auch dann, wenn der Erbteil kleiner als oder gleich groß wie der Pflichtteil ist. Beispiel:

6 Ein verwitweter Erblasser hinterlässt seinem einzigen Kind einen Erbteil von ¼. In dem Testament wird zulasten des Kindes ein Vermächtnis in Höhe von 1.000 € angeordnet. Der Nachlass beträgt 10.000 €. Nach alter Rechtslage gilt das Vermächtnis für den Erben als nicht angeordnet. Der Erbteil beträgt damit 2.500 €, der Zusatzpflichtteil ebenfalls 2.500 €. Der Erbe erhält damit insgesamt 5.000 €.

7 Im o.g. Fall würde der hinterlassene Erbteil nach neuem Recht nur 1.500 € betragen. Diese Vereinfachung in § 2306 Abs. 1 n.F. wirkt sich auch auf § 2305 aus. Ohne eine Regelung wäre unklar, ob der Zusatzpflichtteil nunmehr die Wertminderung des Erbteils ausgleichen soll (damit würde das gleiche Ergebnis wie im alten Recht erzielt: Erbteil und Zusatzpflichtteil zusammen sind nicht durch Beschränkungen und Beschwerungen gemindert und würden im Beispielfall 5.000 € betragen; Erbteil: 1.500 € und Zusatzpflichtteil: 3.500 €) oder ob die Beschränkungen und Beschwerungen bei der Berechnung des Zusatzpflichtteils unberücksichtigt bleiben (der Erbteil ist entsprechend § 2306 n.F. gemindert und der Zusatzpflichtteil bemisst sich ohne Beschränkungen und Beschwerungen. Bezogen auf den Beispielfall würde der Erbteil 1.500 € und der Zusatzpflichtteil 2.500 € betragen).

8 S. 2 regelt daher ausdrücklich, dass Beschränkungen und Beschwerungen bei der Berechnung des Wertes des Zusatzpflichtteils außer Betracht bleiben. Der Anspruchsberechtigte erhält somit künftig netto weniger als bisher, weil der angenommene Erbteil weiter mit den Beschränkungen und Beschwerungen belastet bleibt und dies nicht durch einen erhöhten Zusatzpflichtteil ausgeglichen wird. Beispiel:

9 Im o,g. Fall würde der Erbteil 1.500 € betragen und der Zusatzpflichtteil 2.500 €. Der Erbe erhielte damit insgesamt 4.000 €.

---

4 MüKoBGB/*Lange* § 2305 Rn. 11; *Soergel/Dieckmann* § 2305 Rn. 5.

§ 2306
Beschränkungen und Beschwerungen

(1) Ist ein als Erbe berufener Pflichtteilsberechtigter durch die Einsetzung eines Nacherben, die Ernennung eines Testamentsvollstreckers oder eine Teilungsanordnung beschränkt oder ist er mit einem Vermächtnis oder einer Auflage beschwert, so kann er den Pflichtteil verlangen, wenn er den Erbteil ausschlägt; die Ausschlagungsfrist beginnt erst, wenn der Pflichtteilsberechtigte von der Beschränkung oder der Beschwerung Kenntnis erlangt.

(2) Einer Beschränkung der Erbeinsetzung steht es gleich, wenn der Pflichtteilsberechtigte als Nacherbe eingesetzt ist.

Zu § 2306: Geändert durch G vom 24.9.2009 (BGBl I S. 3142) (1.1.2010).

Fassung bis 31.12.2009

§ 2306
Beschränkungen und Beschwerungen

(1) Ist ein als Erbe berufener Pflichtteilsberechtigter durch die Einsetzung eines Nacherben, die Ernennung eines Testamentsvollstreckers oder eine Teilungsanordnung beschränkt oder ist er mit einem Vermächtnis oder einer Auflage beschwert, so gilt die Beschränkung oder die Beschwerung als nicht angeordnet, wenn der ihm hinterlassene Erbteil die Hälfte des gesetzlichen Erbteils nicht übersteigt. Ist der hinterlassene Erbteil größer, so kann der Pflichtteilsberechtigte den Pflichtteil verlangen, wenn er den Erbteil ausschlägt; die Ausschlagungsfrist beginnt erst, wenn der Pflichtteilsberechtigte von der Beschränkung oder der Beschwerung Kenntnis erlangt.

(2) Einer Beschränkung der Erbeinsetzung steht es gleich, wenn der Pflichtteilsberechtigte als Nacherbe eingesetzt ist.

Übersicht	Rz.		Rz.
I. Normzweck	1	5. Teilungsanordnung	10
II. Der hinterlassene Erbteil	2	IV. Wegfall der Beschränkungen und Beschwerungen gem. Abs. 1 S. 1	13
III. Die in Betracht kommenden Beschränkungen und Beschwerungen	4	V. Das Wahlrecht des pflichtteilsberechtigten Erben gem. Abs. 1 S. 2	17
1. Abschließende Aufzählung	4		
2. Pflichtteilsberechtigter als Vorerbe	5	VI. Änderungen durch das Gesetz zur Änderung des Erb- und Verjährungsrechts	21
3. Pflichtteilsberechtigter als Nacherbe	6		
4. Testamentsvollstreckung	9		

I. Normzweck

§ 2303 Abs. 1 ordnet an, dass nur der derjenige einen Pflichtteilsanspruch hat, der durch Verfügung von Todes wegen von der Erbfolge ausgeschlossen ist. Wird ein Pflichtteilsberechtigter als Erbe eingesetzt, gleichzeitig aber durch die Anordnung von Beschränkungen und Beschwerungen belastet, so besteht die Gefahr, dass er selbst dann »wertmäßig« weniger als den Pflichtteil erhält, wenn der hinterlassene Erbteil die Hälfte des gesetzlichen Erbteils übersteigt. Übersteigt der hinterlassene Erbteil die Hälfte des gesetzlichen Erbteils, räumt das Gesetz dem Pflichtteilsberechtigten eine Wahlmöglichkeit ein (Abs. 1 S. 2). Er kann entweder den höheren Erbteil mit allen Beschränkungen und Beschwerungen annehmen oder den Erbteil ausschlagen und den vollen Pflichtteil verlangen. Ist der hinterlassene Erbteil kleiner als die Hälfte des gesetzlichen Erbteils oder gleich groß, so ordnet Abs. 1 S. 1 an, dass die Beschränkungen oder Beschwerungen nicht als angeordnet gelten. 1

Jürgen Gemmer

II. Der hinterlassene Erbteil

2 Ob Abs. 1 S. 1 oder Abs. 1 S. 2 anzuwenden ist, ist davon abhängig, ob der dem Pflichtteilsberechtigten hinterlassene Erbteil kleiner, gleich groß oder größer als die Hälfte des gesetzlichen Erbteils ist. Dieser Vergleich erfolgt auf der Grundlage der sog. Quotentheorie.[1] Dies bedeutet Folgendes: Die halbe gesetzliche Erbquote ist mit dem quotenmäßigen Anteil des hinterlassenen Erbteils am Gesamtnachlass zu vergleichen. Hierbei bleiben Belastungen, die auf dem hinterlassenen Erbteil ruhen, unberücksichtigt. Dieser leicht verständliche Grundsatz wird in bestimmten Fällen gewissen Modifikationen unterworfen:
- Pflichtteilsberechtigter erhält nur einzelnen Gegenstand. Trotz § 2087 Abs. 2 liegt eine Erbeinsetzung vor. Hier muss die Quote des Erbteils aus dem Wertverhältnis zwischen der Zuwendung einerseits und dem Gesamtnachlass andererseits errechnet werden.[2]
- Hat der Pflichtteilsberechtigte teilweise auf das Pflichtteilsrecht gem. §§ 2346 ff. verzichtet, ist bei der Vergleichsbetrachtung nicht auf die Hälfte des gesetzlichen Erbteils abzustellen, sondern nur auf den Bruchteil des Pflichtteils, auf den nicht verzichtet worden ist.
- Bei einer Zugewinngemeinschaftsehe bestimmt sich die halbe gesetzliche Erbquote nach dem um ¼ erhöhten gesetzlichen Erbteil.[3] In einem solchen Fall kommt es für die Frage nach der Höhe der gesetzlichen Erbquote von Abkömmlingen und Eltern darauf an, ob sich der überlebende Ehegatte für die erb- oder güterrechtliche Lösung entscheidet.[4]

3 Die Quotentheorie wird nicht angewendet, wenn bei der Berechnung des Pflichtteils Anrechnungs- und Ausgleichspflichten[5] zu berücksichtigen sind. In einem solchen Falle ist zu vergleichen, ob der rechnerische Betrag des konkreten Pflichtteils unter Berücksichtigung der Ausgleichungs- und Anrechnungspflichten hinter dem Rohwert des hinterlassenen Erbteils (ohne Abzug der Beschränkungen und der Beschwerungen) zurückbleibt oder nicht.[6] Dieser Wertvergleich, auch sog. Werttheorie genannt, beruht auf folgender Überlegung: Der Erblasser hat dem Pflichtteilsberechtigten einen belasteten, sich quotenmäßig gerade mit der Hälfte des gesetzlichen Erbteils deckenden Erbteil hinterlassen. In einem solchen Falle ist es keine sachgerechte Lösung, wenn der Pflichtteilsberechtigte diesen Erbteil lastenfrei erhalten würde (Anwendung von Abs. 1 S. 1 nach Quotentheorie), sofern der Pflichtteil konkret nur wegen der Anrechnung von Vorempfängen hinter der Hälfte des gesetzlichen Erbteils zurückbleibt. Da § 2306 nur den konkreten Pflichtteil schützt, kann man nur über einen Wertvergleich zu sachgerechten Ergebnissen kommen. Es sind also zu vergleichen: Betrag Pflichtteil + gesetzliche Ausgleichungs- und Anrechnungspflichten mit dem Wert des hinterlassenen Erbteils – ohne Abzug von Beschränkungen und Beschwerungen.

---

[1] Hinsichtlich dieses Grundsatzes besteht Einmütigkeit, vgl. BGH LM Nr. 4; BGH LM § 2320 Nr. 1 = NJW 1983, 2378; *Staudinger/Haas* § 2306 Rn. 5; *Bamberger/Roth/J. Mayer* § 2306 Rn. 5.
[2] Vgl. BGH LM § 2048 Nr. 9 = NJW-RR 1990, 391, 392; LM § 2084 Nr. 12.
[3] S. § 1371 Abs. 1.
[4] *Soergel/Dieckmann* § 2306 Rn. 2; *Staudinger/Haas* § 2306 Rn. 6.
[5] S. §§ 2315 f.
[6] RGZ 93, 3, 6 ff; 113, 45, 48; BayObLGZ 1959, 77, 80; 1968, 112, 114; NJW-RR 1988, 387, 389; OLG Köln ZEV 1996, 298; OLG Zweibrücken ZErb. 2006, 421, 422; AnwK-BGB/*Bock* § 2306 Rn. 13; *Damrau/Riedel/Lenz* § 2306 Rn. 15; jurisPK/*Birkenheier* § 2306 Rn. 33; PWW/*Deppenkemper* § 2306 Rn. 7; *Soergel/Dieckmann* § 2306 Rn. 3; RGRK/*Johannsen* § 2306 Rn. 3; *Kasper* S. 154 ff mit eingehender Schilderung des Streitstandes; auch der BGH scheint dem zuzuneigen, deutlich BGH NJW 1993, 1197 zu § 2316 Abs. 2; vgl. auch BGHZ 19, 309, 310; 80, 263, 266, hat sich jedoch nicht eindeutig festgelegt.

III. Die in Betracht kommenden Beschränkungen und Beschwerungen

1. Abschließende Aufzählung

Die Abs. 1 und 2 enthalten eine abschließende Aufzählung der Beschränkungen und Beschwerungen,[7] so dass insb. folgende Belastungen und Beschwerungen von dem zum Erben berufenen Pflichtteilsberechtigten hingenommen werden müssen: »Familienrechtliche Anordnungen, z.B. § 1638 Abs. 1, §§ 1418 Abs. 2 Ziffer 2 und 1486 Abs. 1; Pflichtteilsbeschränkungen in guter Absicht (§ 2338); auch Beschränkungen und Beschwerungen i.S.v. § 2306, wenn der Erblasser in formrichtiger Art und Weise den Pflichtteil entzogen hat und hierzu auch berechtigt war.

4

2. Pflichtteilsberechtigter als Vorerbe

Die Berufung nur zum Vorerben – wenn auch befreiter Vorerbe – ist stets eine Beschränkung i.S.v. S. 1. Praktisch häufiger Fall, wenn Ehegatten sich in einem gemeinschaftlichen Testament gegenseitig zu (befreiten) Vorerben einsetzen, die Kinder zu Nacherben berufen. Dies geschieht, um die unerwünschten Pflichtteilsansprüche der Kinder im Falle eines sog. Berliner Testaments zu vermeiden. Ergebnis: Auch der Pflichtteilsanspruch des überlebenden Ehegatten kann durch Einsetzung als Vorerbe wegen Abs. 1 S. 2 nicht vermieden werden.

5

3. Pflichtteilsberechtigter als Nacherbe

Nach Abs. 2 wird die Einsetzung des Pflichtteilsberechtigten als Nacherbe ausdrücklich der Erbeinsetzung unter einer Beschränkung gleichgesetzt. Übersteigt der hinterlassene Nacherbteil nicht die Hälfte des gesetzlichen Erbteils, wird der Pflichtteilsberechtigte in Höhe der hinterlassenen Nacherbquote Vollerbe und kann gegebenenfalls über § 2305 noch einen Pflichtteilsrestanspruch geltend machen. Ist der hinterlassene Nacherbteil größer als der halbe gesetzliche Erbteil,[8] kann der Pflichtteilsberechtigte entweder die Nacherbschaft annehmen oder nach Ausschlagung der Nacherbschaft den Pflichtteil verlangen. Im Falle der Ausschlagung verbleibt die Erbschaft gem. § 2142 Abs. 2 bei dem Vorerben, soweit nicht der Erblasser ein anderes bestimmt hat.

6

Sollte der Pflichtteilsberechtigte den Pflichtteil erhalten haben, ohne die Nacherbschaft auszuschlagen, muss er sich im Falle des Eintritts des Nacherbfalles den rechtsgrundlos erhaltenen Pflichtteil als Vorausempfang anrechnen lassen.[9] Die Ausschlagungsfrist beginnt gem. §§ 1944, 2139 nicht früher als der Nacherbfall eingetreten ist. Allerdings kann das Ausschlagungsrecht nach dem Erbfall geltend gemacht werden (§ 2142 Abs. 1). Zur beachten ist, dass die Verjährung des Pflichtteilsanspruches bereits mit der Kenntnis vom Erbfall beginnt (§ 2332 Abs. 1) und nicht erst mit der Ausschlagung anläuft (§ 2332 Abs. 3).

7

Ist der Pflichtteilsberechtigte aufschiebend befristet zum Nacherben eingesetzt, ist der Anwendungsbereich des § 2306 Abs. 2 eröffnet. Umstritten ist, ob dies auch gilt, wenn der Pflichtteilsberechtigte unter einer aufschiebenden Bedingung als Nacherbe eingesetzt ist (z.B. Einsetzung der Tochter, falls diese sich bessert). Zum Teil wird die Auffassung vertreten, der Pflichtteilsberechtigte werde, anders als bei der aufschiebenden Befristung, nicht ohne Weiteres, sondern nur für den Fall des Bedingungseintritts Erbe.[10] Die Anwendung von Abs. 2 würde zu dem untragbaren Ergebnis führen, dass die bedingt auf den halben gesetzlichen Erbteil als Nacherbe berufene Tochter gem § 2306 Abs. 1 S. 1 sofort mit dem

8

---

[7] Allg.M., vgl. BGHZ 112, 229, 232 = NJW 1991, 169.
[8] Aus der Maßgeblichkeit der Quotentheorie folgt zwingend, dass auf die erbrechtlichen Verhältnisse zur Zeit des Erbfalls abgestellt werden muss, vgl. OLG Schleswig NJW 1961, 1929.
[9] BayObLGZ 1973, 272, 275.
[10] Bamberger/Roth/J. Mayer § 2306 Rn. 26; Staudinger/Haas § 2306 Rn. 20.

Tod des Erblassers Vollerbe würde, ohne Rücksicht darauf, ob sie sich jemals bessert. Richtigerweise sei der aufschiebend bedingte Nacherbe zunächst als von der Erbfolge ausgeschlossen anzusehen. Er könne daher, ohne auszuschlagen, den Pflichtteil verlangen, müsse sich allerdings bei Eintritt des Nacherbfalls anrechnen lassen, was er als Pflichtteil erhalten habe, weil nunmehr der Rechtsgrund für diese Leistung entfallen sei. Gegen diese Auffassung spricht zunächst, dass der aufschiebend bedingt zum Erben berufene Pflichtteilsberechtigte gleichfalls ein Anwartschaftsrecht auf die Nacherbschaft erhält, wie der aufschiebend befristet Berufene.[11] In beiden Fällen entsteht eine rechtliche gesicherte Erwerbsaussicht. Neben diesem rechtlichen Argument sprechen auch wirtschaftliche Erwägungen gegen eine Ungleichbehandlung von aufschiebender Befristung und aufschiebender Bedingung, weil beide Rechtspositionen wirtschaftlich vergleichbar sind. So ist durchaus zweifelhaft, ob der Eintritt der Bedingung im Vergleich zur Befristung so unkalkulierbar ist, dass der Pflichtteilsberechtigte wirtschaftlich als vorläufig von der Erbfolge ausgeschlossen zu betrachten ist. Es ist vielmehr möglich, dass der Pflichtteilsberechtigte den Fristablauf nicht erlebt. Umgekehrt kann der Pflichtteilsberechtigte in den Konstellationen, in denen der Erblasser den Nacherbfall an ein bestimmtes Verhalten des Nacherben geknüpft hat, den Nacherbfall selbst herbeiführen. Die Befristung führt nicht stets zu einem gewissen, die Bedingung nicht stets zu einem ungewissen Eintritt des Nacherbfalls. Die unterschiedliche Behandlung von befristeter und bedingter Erbeinsetzung bereitet schließlich bei Verfügungen erhebliche Schwierigkeiten, bei denen beide Elemente miteinander vermischt werden.[12]

4. Testamentsvollstreckung

9   Die Testamentsvollstreckung stellt wegen der Verwaltungs- und Verfügungsbefugnis des Testamentsvollstreckers immer eine Beschränkung des Pflichtteilsberechtigten dar.

5. Teilungsanordnung

10 Nach wohl noch herrschender Meinung ist die Teilungsanordnung eine Beschränkung i.S.d. Abs. 1 nur dann, wenn sie den Pflichtteilsberechtigten benachteiligt.[13] (z.B. Übernahmepflicht; Anordnung, dass bestimmte der Anrechnung oder Ausgleichung unterliegende Zuwendungen unter Lebenden bei der Erbauseinandersetzung angerechnet oder ausgeglichen werden sollen), nicht aber, wenn sie ihn begünstigt (z.B. Übernahmerecht) oder gar nicht berührt (z.B. Übernahmerecht oder Übernahmepflicht eines Miterben zum Schätzwert). Geht man aber davon aus, dass eine begünstigte Teilungsanordnung stets ein Vorausvermächtnis darstellt,[14] ist die von der h.M. vorgenommene Differenzierung nicht notwendig. Wurden dem Pflichtteilsberechtigten bestimmte Nachlassgegenstände zugewiesen, kann in der Verfügung trotzdem eine Erbeinsetzung liegen (§ 2087 Abs. 2), die wegen der in ihr mitenthaltenen Teilungsanordnung zur Anwendung von § 2306 führt. Wurde dem Pflichtteilsberechtigten ein Erbteil hinterlassen, der die Hälfte des gesetzlichen Erbteils nicht übersteigt, so fällt die Teilungsanordnung nach Abs. 1 S. 1 weg, ohne dass dadurch die Erbeinsetzung zu einer Quote, die sich aus dem Wertverhältnis zwischen Zuwendung und Gesamtnachlass errechnet, in Gefahr gerät.[15] Es macht keinen sachlichen Unterschied, ob ein Erblasser die Erbquote expressiv verbis selbst festlegt und außerdem eine bestimmte Teilung des Nachlasses verfügt, oder ob er nur eine Teilungsanordnung

---

[11] RGZ 170, 163, 186.
[12] *Soergel/Dieckmann* § 2306 Rn. 6; *Staudinger/Haas* § 2306 Rn. 19-22.
[13] Vgl. RGRK/*Johannsen* § 2306 Rn. 6; *Soergel/Dieckmann* § 2306 Rn. 9.
[14] BGH ZEV 1995, 144, 145 mit Anm. *Skibbe*; *Bamberger/Roth/J. Mayer* § 2306 Rn. 14.
[15] RGRK/*Johannsen* § 2306 Rn. 6; *Soergel/Dieckmann* § 2306 Rn. 9; a.A. (ohne Begründung) BGH LM § 2048 Nr. 9 = NJW-RR 1990, 391, 393.

trifft und die Berechnung der Erbquote Dritten überlässt. Die Frage ist nur, ob der Erblasser unter den genannten Umständen wirklich eine Erbeinsetzung gewollt hat.

a) Vermächtnis und Auflage

Neben dem Dreißigsten (§ 1969) kommen nur das Vermächtnis (§§ 2174 ff.) und die Auflage (§§ 2192 ff. als Beschwerungen in Betracht. Der gesetzliche Voraus geht dem Pflichtteil vor (§ 2311 Abs. 1 S. 2) und ist damit keine Beschwerung i.S.v. § 2306. 11

b) Nachfolgeklauseln in Personengesellschaftsverträgen

Der erbrechtliche Erwerb eines Anteils an einer Personengesellschaft vollzieht sich im Wege der Sondererbfolge und nicht als Universalsukzession. Ist die Mitgliedschaft in der Gesellschaft vererblich gestellt, geht sie unmittelbar auf den einzelnen Miterben über und wird nicht Bestandteil des gesamthänderisch gebundenen Sondervermögens. Würde man § 2306 konsequent anwenden, führt dies zu nicht gewollten Folgen. Ist der hinterlassene Erbteil größer als der Pflichtteil, kann der pflichtteilsberechtigte Erbe die Erbschaft ausschlagen und den vollen Pflichtteil fordern. Ist der hinterlassene Erbteil nicht größer als die Hälfte des gesetzlichen Erbteils, würde eine Beschränkung, wie etwa die von einer qualifizierten Nachfolgeklausel ausgehende Wirkung als Teilungsanordnung, als nicht angeordnet gelten. Danach würde die Mitgliedschaft in einer Gesellschaft in den Nachlass fallen, was aus gesellschaftlichen Gründen nicht zulässig ist, da eine Erbengemeinschaft nicht Mitglied einer werbenden Gesellschaft sein kann. Die Singularsukzession kann somit i.R.v. § 2306 nicht entfallen. Es ist derzeit aber noch nicht hinreichend geklärt, ob und wie die gesellschaftliche Einzelrechtsnachfolge in das System des § 2306 einzupassen ist.[16] Das OLG Hamm[17] verneint die Anwendbarkeit von § 2306 Abs. 1 S. 1, wenn der Anteil an einer Personengesellschaft im Wege der Singularsukzession auf einen pflichtteilsberechtigten Miterben übergeht. Das bedeutet u.a., dass ein durch Teilungsanordnung oder Ernennung eines Testamentsvollstreckers beschränkter Erbe nicht automatisch von dieser Beschränkung frei wird, wenn er nur in Höhe seines Pflichtteils (oder mit einem geringeren Anteil) am Nachlass beteiligt ist. Ob das Gesellschaftsrecht in allen Fällen einen so weitgehenden Eingriff in das Erbrecht erforderlich macht, mag zweifelhaft sein. Wer allerdings dem OLG Hamm folgt, sollte konsequenterweise dem Betroffenen die Möglichkeit zugestehen, durch Ausschlagung entspr. § 2306 Abs. 1 S. 2 in den Genuss des vollen Pflichtteils zu kommen.[18] 12

IV. Wegfall der Beschränkungen und Beschwerungen gem. Abs. 1 S. 1

Abs. 1 S. 1 enthält eine Fiktion. Die angeordneten Beschränkungen und Beschwerungen gelten »als nicht angeordnet«. Schlägt der Pflichtteilsberechtigte im Falle des Abs. 1 S. 1 dennoch den belasteten Erbteil aus, kann er hierdurch einen Pflichtteilsanspruch nicht erlangen.[19] Denn in diesem Falle ist der Pflichtteilsberechtigte nicht durch Verfügung von Todes wegen von der Erbfolge ausgeschlossen, sondern aufgrund der von ihm erklärten Ausschlagung. Schlägt der Pflichtteilsberechtigte aus, kann er allenfalls noch den selbstständigen Pflichtteilsrestanspruch gem. § 2305 geltend machen, sofern der hinterlassene Erbteil kleiner als die Hälfte des gesetzlichen Erbteils ist. Abweichend hiervon kann der überlebende Ehegatte, der im Güterstand der Zugewinngemeinschaft mit dem Erblasser gelebt hatte, auch unter den Voraussetzungen des Abs. 1 S. 1 den ihm hinterlassenen Erbteil ausschlagen und trotzdem wegen §§ 1371 Abs. 2 und 3 den kleinen Pflichtteil und evtl. den rechnerischen Zugewinnausgleich verlangen. 13

---

16 Vgl. *Keller* ZEV 2001, 297; *Reimann* FamRZ 992, 113, 117; *Staudinger/Haas* § 2306 Rn. 26-28.
17 OLGZ 1991, 388 = NJW-RR 1991, 837.
18 So zutr. *Soergel/Dieckmann* § 2306 Rn. 9.
19 *BGHZ* 80, 263, 267; RGRK/*Johannsen* § 2306 Rn. 15.

14 Der mit der Ausschlagung verbundenen Gefahr eines vollständigen Verlustes des Pflichtteils kann der Berechtigte nicht durch eine Ausschlagung unter Pflichtteilsvorbehalt entgehen. Der Wirksamkeit einer solchen Erklärung steht die Bedingungsfeindlichkeit der Ausschlagung (§ 1947) entgegen.[20] Die Bedingungsfeindlichkeit der Ausschlagung kann nicht mit dem Argument entkräftet werden, dass bei der Abgabe der Erklärung bereits feststehe, ob für den Ausschlagenden ein Pflichtteilsanspruch entstehe oder nicht.[21] Sinn und Zweck des § 1947 ist es, faktische Schwebezustände zu verhindern.

15 Umstritten ist, ob der Erblasser durch Verfügung von Todes wegen den Pflichtteilsberechtigten vor die Wahl stellen kann, entweder den über die Hälfte des gesetzlichen Erbteils nicht hinausgehenden, belasteten Erbteil anzunehmen oder aber den Pflichtteil zu fordern (modifizierte cautela socini). Dies wird z.T. deshalb verneint, weil Abs. 1 S. 1 zwingendes Recht ist und dadurch zudem dem Pflichtteilsberechtigen eine fristgebundene Wahlpflicht auferlegt wird, die Erbschaft auszuschlagen, um seinen Pflichtteil zu erhalten, was mit dem Normzweck nicht vereinbar sei. Der BGH hat im Anwendungsbereich des § 2306 Abs. 1 S. 1 die Klausel für unwirksam erklärt: »Wenn meine Tochter ... mit dem Testament nicht einverstanden ist, hat sie keinen Anspruch auf Auszahlung des Pflichtteils«.[22] Er tendiert dazu, derartige Verwirkungsklauseln generell für unzulässig zu halten. Zulässig dürfte aber im Rahmen des § 2306 Abs. 1 S. 2 die »klassische cautela socini« sein, wonach für den Fall, dass die angeordnete Belastung vom Pflichtteilsberechtigten nicht ausdrücklich übernommen wird, ihm ein (unbelasteter) Erbteil in Höhe seiner Pflichtteilsquote zugewandt wird. Im Hinblick auf die Rspr. des BGH wird aber die Kautelarjurisprudenz den sicheren Weg gehen müssen und mit Vermächtniszuwendungen arbeiten, bei denen im Rahmen des § 2307 diese Probleme nicht bestehen.

16 Die in § 2306 genannten Beschränkungen und Beschwerungen fallen grundsätzlich nicht im Ganzen, sondern nur hinsichtlich des Erbteils des Pflichtteilsberechtigten weg. Bei einer hinsichtlich des Gesamtnachlasses angeordneten Testamentsvollstreckung bleibt diese bestehen, sowie es sich nicht um den Erbteil des Pflichtteilsberechtigten handelt.[23] Gleiches gilt grundsätzlich auch für eine Teilungsanordnung, obwohl hier § 2085 nicht selten zu einer Gesamtunwirksamkeit führen wird.[24] Probleme ergeben sich, wenn eine Beschränkung oder Beschwerung nicht in eine solche gegenüber dem Pflichtteilsberechtigten einerseits und gegenüber den anderen Miterben andererseits getrennt werden kann. Hier führt die Regelung des Abs. 1 S. 1 zwangsläufig zu einem vollständigen Wegfall der Belastung.

V. Das Wahlrecht des pflichtteilsberechtigten Erben gem. Abs. 1 S. 2

17 Wie sich der Pflichtteilsberechtigte entscheiden wird, hängt davon ab, wie hoch er die Beschränkungen und Belastungen wirtschaftlich bewertet.

18 Nach Abs. 1 S. 2 2. Halbsatz wird für den Beginn der Ausschlagungsfrist neben den allgemeinen Voraussetzungen des § 1944 Abs. 2 S. 1 ein zusätzliches Erfordernis aufgestellt, d.h., der Pflichtteilsberechtigte muss von den Beschränkungen und Beschwerungen Kenntnis erlangt haben.[25]

19 Da eine Ausschlagung unterschiedliche Wirkungen im Falle des Abs. 1 S. 1 oder des Abs. 1 S. 2 entfaltet, muss der Pflichtteilsberechtigte wissen, ob der ihm hinterlassene Erb-

---

20 OLG Hamm OLGZ 1992, 41, 46 =NJW 1992, 2585 (LS); *Bamberger/Roth/J. Mayer* § 2306 Rn. 18; *Soergel/Dieckmann* § 2305 Rn. 2.
21 *Staudinger/Haas* § 2305 Rn. 12.
22 BGHZ 120, 96, 99 ff = NJW 1993, 1005.
23 *Bamberger/Roth/J. Mayer* § 2306 Rn. 16.
24 RGRK/*Johannsen* § 2306 Rn. 13.
25 Zum Begriff der »Kenntnis« BGH LM Nr. 4 = WM 1968, 542.

teil die Hälfte des gesetzlichen Erbteils auf der Grundlage der Quotentheorie übersteigt.[26] Sind bei der Berechnung des Pflichtteils Anrechnungs- und Ausgleichungspflichten zu berücksichtigen, so ist statt des Quotenvergleichs ein Wertvergleich vorzunehmen.[27] Folglich kann hier die Ausschlagungsfrist erst beginnen, wenn der Pflichtteilsberechtigte weiß, ob der Wert des ihm hinterlassenen Erbteils unter Berücksichtigung der gesetzlichen Anrechnungs- und Ausgleichungspflichten den ihm zukommenden Pflichtteilsbetrag übersteigt oder nicht.

Bei Annahme der Erbschaft hat der Pflichtteilsberechtigte keinen Anspruch, dass ihm nach Abzug der Beschwerungen überhaupt etwas aus dem Nachlass verbleibt; er hat dann auch keinen Pflichtteilsrestanspruch.[28] Jedoch besteht bei einem tatsächlichen Irrtum über das Bestehen der Belastungen zumindest dann ein Anfechtungsrecht nach § 119 Abs. 2, wenn durch diesen der Pflichtteilsanspruch gefährdet wäre.[29] Aber auch bei einem Rechtsirrtum des zum Erben eingesetzten Pflichtteilsberechtigten, er dürfe die Erbschaft nicht ausschlagen, um seinen Anspruch auf den Pflichtteil nicht zu verlieren, ist nach Ansicht des BGH eine Anfechtung möglich. Denn der durch die Annahme der Erbschaft eintretende Verlust des Wahlrechts nach § 2306 Abs. 1 S. 2 ist nicht nur eine mittelbare Rechtsfolge, deren Verkennung nicht zur Anfechtung wegen eines Rechtsfolgeirrtums berechtigt, sondern eine Hauptwirkung der Erbschaftsannahme. Vielmehr prägt der Verlust des Pflichtteilsrechts als Rechtsfolge eines solchen Verhaltens dessen Charakter nicht weniger als das Einrücken in die Rechtsstellung des Erben; beide Folgen sind nach Auffassung des BGH zwei Seiten derselben Medaille.[30] Man wird der Auffassung des BGH zwar im Ergebnis zustimmen müssen, sollte dies jedoch nicht mit dogmatisch konstruktiven Überlegungen, sondern wertend damit begründen, dass das von § 2306 Abs. 1 S. 2 eröffnete Wahlrecht nur derjenige sinnvoll ausüben kann, der dessen Alternativen kennt. 20

VI. Änderungen durch das Gesetz zur Änderung des Erb- und Verjährungsrechts

Das neue Recht gilt für alle Erbfälle ab dem 1.1.2010 (vgl. Art. 229 § 23 Abs. 4 EGBGB). Ziel der Reform war es, dem beschränkten oder beschwerten Erben die Entscheidung zu erleichtern, indem er ein generelles Wahlrecht erhalten hat. Ist er mit Beschränkungen und Beschwerungen belastet, kann er entweder den Erbteil mit allen Belastungen oder Beschwerungen annehmen oder den Erbteil ausschlagen und dennoch den Pflichtteil verlangen. Dieses Wahlrecht hat für den Erben, dessen Erbteil kleiner bzw. gleich groß wie der Pflichtteil ist, auch Nachteile. Nach alter Rechtslage konnte er den Erbteil ohne Beschränkungen und Beschwerungen behalten. Jetzt muss er sich entscheiden. Behält er den Erbteil, dann erbt er die Beschränkungen und Beschwerungen mit. Schlägt er aus, verliert er alle Vorteile seiner Erbenstellung. Nach Auffassung des Gesetzgebers ist dies mit Blick auf die Erleichterung, die ein solches Wahlrecht bietet, hinzunehmen. Einfacher wird die Regelung dabei allein dadurch, dass die Frage der Anwendung von Quoten- und Werttheorie entfällt. Die Probleme aufgrund der kurzen Ausschlagungsfrist bleiben aber nach wie vor ebenso bestehen wie die Schwierigkeit der Bewertung der Belastung selbst. Auch aus Sicht des Gestalters stellt sich das Problem, dass ein echtes Wahlrecht für den Pflichtteilsberechtigten besteht. Die Folge wird sicherlich sein, dass vermehrt zur Ausschlagung tendiert wird. 21

---

26 Allg. M., RGRK/*Johannsen* § 2306 Rn. 23; *Staudinger/Haas* § 2306 Rn. 64.
27 *Soergel/Dieckmann* § 2306 Rn. 22; *Staudinger/Haas* § 2306 Rn. 64.
28 *Staudinger/Haas* § 2306 Rn. 55.
29 BGHZ 106, 359, 363 = NJW 1989, 2885.
30 BGH DNotZ 2006, 926, 927 = ZEV 2006, 498.

§ 2307
Zuwendung eines Vermächtnisses

(1) Ist ein Pflichtteilsberechtigter mit einem Vermächtnis bedacht, so kann er den Pflichtteil verlangen, wenn er das Vermächtnis ausschlägt. Schlägt er nicht aus, so steht ihm ein Recht auf den Pflichtteil nicht zu, soweit der Wert des Vermächtnisses reicht; bei der Berechnung des Wertes bleiben Beschränkungen und Beschwerungen der im § 2306 bezeichneten Art außer Betracht.

(2) Der mit dem Vermächtnis beschwerte Erbe kann den Pflichtteilsberechtigten unter Bestimmung einer angemessenen Frist zur Erklärung über die Annahme des Vermächtnisses auffordern. Mit dem Ablaufe der Frist gilt das Vermächtnis als ausgeschlagen, wenn nicht vorher die Annahme erklärt wird.

Übersicht

	Rz.		Rz.
I. Normzweck	1	IV. Fristsetzung gem. Abs. 2	11
II. Das zugewandte Vermächtnis	2	V. Vermächtnis neben Erbteil	13
1. Möglichkeiten	2	1. Dem Pflichtteilsberechtigten wird ein unbelasteter Erbteil und ein Vermächtnis zugewandt	14
2. Vermächtnis unter Beschränkungen oder Bewertungen	6		
3. Bedingte und befristete Vermächtnisse	7	2. Pflichtteilsberechtigter erhält einen belasteten Erbteil und ein Vermächtnis	15
III. Ausschlagung und Annahme des Vermächtnisses	9		
1. Form	9	VI. Nichtehelichenrecht	19
2. Anrechnung	10	VII. Beratungshinweise	20

I. Normzweck

1 Der enterbte Pflichtteilsberechtigte braucht sich nicht mit einem ihm hinterlassenen Vermächtnis zu begnügen. Schlägt er das Vermächtnis aus, kann er den vollen Pflichtteil verlangen. Es spielt dabei keine Rolle, ob das Vermächtnis wertmäßig hinter dem Pflichtteil zurückbleibt oder ob es mit Beschränkungen oder Beschwerungen versehen ist. Nimmt der Bedachte das Vermächtnis an, so muss er sich dessen Wert auf den Pflichtteil anrechnen lassen.

II. Das zugewandte Vermächtnis

1. Möglichkeiten

2 Das Vermächtnis kann einen Pflichtteil abgelten, neben einem Pflichtteil vermacht sein oder unter Anrechnung auf den Pflichtteil.

3 a) Der Erblasser kann anordnen, dass der Pflichtteil durch ein Vermächtnis abgegolten wird. Eine solche Bestimmung ist zulässig, denn dem Pflichtteilsberechtigten bleibt die Möglichkeit offen, das Vermächtnis auszuschlagen und den vollen Pflichtteil zu verlangen (Abs. 1 S. 1). Nimmt der Berechtigte das so angeordnete Vermächtnis an, kann er keinen Pflichtteilsrestanspruch geltend machen, auch wenn das Vermächtnis unter dem Wert des Pflichtteils liegt.[1] Die Anordnung des Erblassers, dass der Pflichtteil durch ein Vermächtnis abgegolten werden soll, verdrängt damit die Regelung des Abs. 1 S. 2 1. Hs.

4 b) Der Erblasser kann auch anordnen, dass dem Berechtigten neben dem Vermächtnis auch der (ungekürzte) Pflichtteil zugewandt wird. Mit der Zuwendung des Pflichtteils wird man keine Verweisung auf die gesetzliche Pflichtteilsregelung sehen können. Es liegt

---

[1] RGRK/*Johannsen* § 2307 Rn. 5; MüKoBGB/*Lange* § 2307 Rn. 3.

vielmehr ein Vermächtnis vor, sofern nicht ausnahmsweise durch Auslegung eine Erbeinsetzung anzunehmen ist.[2]

c) Die grundsätzliche Anrechnungspflicht ergibt sich bereits aus Abs. 1 S. 2 Hs. 1. Der Erblasser kann allerdings auch die Anrechnung zu einem bestimmten Wert anordnen. Nimmt in diesem Falle der Pflichtteilsberechtigte das Vermächtnis an, ist er an die Wertbestimmung gebunden. Diese Wertbestimmung ist allerdings nicht mehr maßgebend, wenn der Berechtigte ausschlägt, um den vollen Pflichtteil zu erlangen.[3]

2. Vermächtnis unter Beschränkungen oder Bewertungen

Liegt ein Vermächtnis unter Beschränkungen oder Beschwerungen i.S.v. § 2306 vor, bleibt § 2307 trotzdem anwendbar. Dies ergibt sich unmittelbar aus Abs. 1 S. 2 Hs. 2. Beschwerungen können sein: Untervermächtnis (§ 2147) oder eine Auflage (§ 2192). Als Beschränkungen kommen die Ernennung eines Testamentsvollstreckers (§ 2211f) eines Vermächtnisvollstreckers (§ 2223) oder die Anordnung eines Nachvermächtnisses (§ 2191) in Betracht.[4]

3. Bedingte und befristete Vermächtnisse

Nach dem Wortlaut des § 2307 ist nicht zu differenzieren, ob das zugewandte Vermächtnis unbedingt, bedingt oder befristet ist.[5] Handelt es sich um ein aufschiebend befristetes Vermächtnis, so liegt zwar im rechtlichen Sinne keine »Beschränkung« vor. Der Sache nach wird ein solches Vermächtnis allerdings wie ein beschränktes Vermächtnis behandelt.[6] Entsprechendes gilt für die Zuwendung eines auflösend bedingten Vermächtnisses. Denn im Falle der Erbeinsetzung des Pflichtteilsberechtigten läge hier ein Fall der Vorerbschaft gem. § 2306 Abs. 1 S. 1 vor.[7]

Bei der Zuwendung eines aufschiebend bedingten Vermächtnisses wird man dieses wie ein unbedingtes, wenn auch beschränktes Vermächtnis behandeln. Denn es lässt sich aus dem Wortlaut des § 2307 Abs. 1 nicht auf eine Differenzierung zwischen aufschiebend bedingten und anderen Vermächtnissen schließen.[8] Daneben stützen auch praktische Erwägungen die Einbeziehung aufschiebend bedingter Vermächtnisse. Ansonsten würde nämlich die Abwicklung des Nachlasses u.U. erheblich verzögert und eine Rückabwicklung erforderlich.[9] Dies wird dem in § 2307 Abs. 2 zum Ausdruck kommenden Interesse der Nachlassbeteiligten an einer möglichst raschen und endgültigen Nachlassabwicklung nicht gerecht.

III. Ausschlagung und Annahme des Vermächtnisses

1. Form

Die Ausschlagung erfolgt formlos durch Erklärung gegenüber dem Beschwerten (§ 2180 Abs. 2). Schlägt der überlebende Ehegatte im Falle des Güterstandes der Zugewinngemeinschaft ein ihm zugewandtes Vermächtnis aus, so kann er nur den sog. kleinen Pflichtteil nebst dem rechnerischen Zugewinnausgleich verlangen. Schlägt der Berechtigte das Vermächtnis aus und verlangt er den Pflichtteil, so hat im Verhältnis der Erben und der Ver-

---

[2] RGZ 129, 239, 241.
[3] *Bamberger/Roth/J. Mayer* 2307 Rn. 6.
[4] RGRK/*Johannsen* § 2307, Rn. 7.
[5] So die allg.M., vgl. *Staudinger/Haas* § 2307 Rn. 5 m.N.
[6] RGRK/*Johannsen* § 2307 Rn. 8; *Staudinger/Haas* § 2307 Rn. 5.
[7] RGRK/*Johannsen* § 2307 Rn. 8; *Staudinger/Haas* § 2307 Rn. 5.
[8] OlG Oldenburg NJW 1991, 988.
[9] *Soergel/Dieckmann* § 2307 Rn. 2; *Staudinger/Haas* § 2307 Rn. 6; a.A. *Pentz* MDR 1998, 751.

mächtnisnehmer zueinander derjenige, welchem die Ausschlagung zustatten kommt, die Pflichtteilslast in Höhe des erlangten Vorteils zu tragen (§ 2321).

2. Anrechnung

10 Nimmt der Pflichtteilsberechtigte das Vermächtnis an, so muss er sich den Wert des Vermächtnisses zur Zeit des Erbfalles auf seinen Pflichtteilsanspruch anrechnen lassen. Bei der Wertberechnung bleiben Beschränkungen und Beschwerungen des Vermächtnisses außer Betracht (Abs. 1 S. 2 Hs. 2). Das angenommene Vermächtnis soll der Deckung des Pflichtteilsanspruches dienen. Ungeachtet dessen hat der Vermächtnisnehmer nur eine gewöhnliche Vermächtnisforderung. Allerdings steht das Vermächtnis im Falle der Insolvenz im Range den Pflichtteilsrechten gleich, soweit es den Pflichtteil nicht übersteigt (§ 327 Abs. 2 S. 1 InsO). Vor diesem Hintergrund gilt für die Praxis, im Zweifel eine Ausschlagung des Vermächtnisses zu empfehlen.

IV. Fristsetzung gem. Abs. 2

11 Der mit dem Vermächtnis beschwerte Erbe kann dem Pflichtteilsberechtigten eine Frist zur Erklärung über die Annahme des Vermächtnisses setzen (Abs. 2 S. 1). Es handelt sich hierbei um keine Ausschlagungs-, sondern eine Annahmefrist. Mit dem Ablauf der gesetzten Frist gilt das Vermächtnis als ausgeschlagen, so dass der Pflichtteilsanspruch geltend gemacht werden kann. Sind mehrere Erben mit dem Vermächtnis beschwert, können sie das Recht der Fristbestimmung nur gemeinschaftlich ausüben.[10]

12 Das Fristsetzungsrecht steht nicht einem Vermächtnisnehmer zu, der mit einem Vermächtnis beschwert ist. Denn dieser Vermächtnisnehmer steht nicht vor der Alternative, das Vermächtnis oder den Pflichtteil erfüllen zu müssen.

V. Vermächtnis neben Erbteil

13 Das Sonderproblem, dass der Pflichtteilsberechtigte mit einem belasteten Erbteil i.S.d. § 2306 bedacht ist und zusätzlich durch ein Vermächtnis i.S.d. § 2307 begünstigt ist, ist gesetzlich nicht geregelt. Die dabei denkbaren Fälle sind durch Zusammenspiel des § 2307 mit den §§ 2305, 2306 zu lösen.[11] Dabei ist die Ermittlung des Gesamtwertes der Zuwendungen für die Frage von entscheidender Bedeutung, in welcher Situation sich der Pflichtteilsberechtigte befindet.

1. Dem Pflichtteilsberechtigten wird ein unbelasteter Erbteil und ein Vermächtnis zugewandt

14 Ein Pflichtteilsanspruch scheidet aus, wenn der hinterlassene Erbteil die Hälfte des gesetzlichen Erbteils erreicht oder übersteigt. Ist der hinterlassene Erbteil geringer als der gesetzliche Erbteil, so hat der Berechtigte einen Pflichtteilsrestanspruch (§ 2305). Auf diesen Restanspruch muss er sich den Wert des Vermächtnisses anrechnen lassen. Schlägt der Berechtigte das Vermächtnis aus, erlangt er den vollen Pflichtteilsrestanspruch. Schlägt er hingegen den Erbteil aus, büßt er diesen ein, ohne zusätzlich etwas vermögensmäßig zu gewinnen.[12]

---

10 OLG München FamRZ 1987, 752.
11 S. im Einzelnen *Schlitt* ZEV 1998, 216 ff.
12 *Bamberger/Roth/J. Mayer* § 2307 Rn. 9.

2. Pflichtteilsberechtigter erhält einen belasteten Erbteil und ein Vermächtnis

a) Sofern der belastete Erbteil die Hälfte des gesetzlichen Erbteils übersteigt, können die §§ 2306 Abs. 1 S. 2 und 2307 ohne Probleme nebeneinander angewandt werden. Der Berechtigte kommt in diesem Falle nur in den Genuss des vollen Pflichtteilsanspruches, wenn er Erbschaft und Vermächtnis ausschlägt. Schlägt er hingegen nur die Erbschaft aus, muss er sich auf den Pflichtteil den Wert des Vermächtnisses anrechnen lassen. Schlägt er das Vermächtnis aus, verliert er dieses, ohne etwas zu gewinnen.[13]

b) Beträgt der belastete Erbteil gerade die Hälfte des gesetzlichen Erbteils, so fallen die angeordneten Beschränkungen oder Beschwerungen nicht weg – so wie es § 2306 Abs. 1 S. 1 anordnet – weil dem Berechtigten durch das Vermächtnis mehr hinterlassen wurde als die Hälfte des gesetzlichen Erbteils.[14] § 2306 Abs. 1 S. 1 greift allerdings dann wieder ein, wenn das Vermächtnis ausgeschlagen wird.[15] Wird der Erbteil ausgeschlagen – § 2306 Abs. 1 S. 2 –, muss sich der Berechtigte auf den Pflichtteil den Wert des Vermächtnisses anrechnen lassen (§ 2307 Abs. 1 S. 2). Werden Erbteil und Vermächtnis ausgeschlagen, kommt es auf die zeitliche Reihenfolge der Ausschlagungen an. Schlägt der Pflichtteilsberechtigte zunächst das Vermächtnis aus, erlangt er zunächst die Stellung eines unbeschwerten und unbeschränkten Erben (Fall des § 2306 Abs. 1 S. 1). Durch die Erbausschlagung büßt er diese unbeschränkte und unbeschwerte Erbenstellung wieder ein, ohne einen Pflichtteilsanspruch zu erlangen.[16] Wird hingegen zuerst der Erbteil ausgeschlagen und danach das Vermächtnis, kann der Pflichtteilsberechtigte nach § 2307 Abs. 1 S. 1 den vollen Pflichtteil fordern.

c) Erhält der Erbe einen belasteten Erbteil, der kleiner als die Hälfte des gesetzlichen Erbteils ist, muss wiederum differenziert werden. Übersteigt der belastete Erbteil unter Hinzurechnung des Vermächtnisses die Hälfte des gesetzlichen Erbteils, so gelten die Ausführungen unter b. Anderenfalls fallen die Belastungen gem. § 2306 Abs. 1 S. 1 weg. Der Berechtigte hat neben dem Vermächtnis noch den Pflichtteilsrestanspruch gem. § 2305.

Bei der **Zugewinngemeinschaft** ist zu beachten, dass der überlebende Ehegatte oder der gleichgeschlechtliche Lebenspartner (§§ 6 S. 2, 7 LPartG) bei Zuwendung eines Erbteils oder Vermächtnisses einen erhöhten Erb- und damit Pflichtteil hat (§ 1371 Abs. 1) und damit die Bemessungsgrundlage für den Pflichtteilsrestanspruch größer wird. Bei einer Erbschaftsausschlagung behält er immer seinen Pflichtteil (§ 1371 Abs. 3), was bei der Fallkonstellation des § 2306 Abs. 1 S. 1 wichtig ist.[17] Schlägt er Erbschaft und Vermächtnis aus, so kann er den kleinen Pflichtteil (berechnet aus dem Erbteil des § 1931) und zusätzlich vorweg den rechnerischen Zugewinnausgleich nach § 1371 Abs. 2 verlangen; dass der »normale« Pflichtteilsberechtigte in der Fallkonstellation des § 2306 Abs. 1 S. 1 bei der Erbschaftsausschlagung keinen Pflichtteil erhält, ist für den Ehegatten wegen § 1371 Abs. 3 unbeachtlich.[18] Jedoch ist § 2306 Abs. 1 S. 1 wegen des Wegfalls von Beschwerungen auch hier bedeutsam. Nimmt der Ehegatte Erbschaft und Vermächtnis an, so berechnet sich ein Pflichtteilsrestanspruch nach dem »großen Pflichtteil« (unter Anrechnung von Vermächtnis und Erbteil) ein rechnerischer Zugewinnausgleich erfolgt nicht. Schlägt er Erbschaft oder Vermächtnis aus, so kann er aufgrund seines Pflichtteilsrestanspruchs »Ergänzung« bis zum »großen Pflichtteil« nach § 2305 oder § 2307 Abs. 1 S. 2 verlangen.[19] Entsprechendes gilt für den überlebenden eingetragenen Lebenspartner bei der Zugewinngemeinschaft.

---

13 *Bamberger/Roth/J. Mayer* § 2307 Rn. 10.
14 *RGRK/Johannsen* § 2307 Rn. 13; *Bamberger/Roth/J. Mayer* § 2307 Rn. 11.
15 BGHZ 80, 263, 265 f. = NJW 1981, 1837; *Soergel/Dieckmann*, BGB, § 2307, Rn. 16.
16 *Soergel/Dieckmann* § 2307 Rn. 16; *Staudinger/Haas* § 2307 Rn. 32.
17 *Schlitt* ZEV 1998, 214, 219.
18 *Soergel/Dieckmann* § 2307 Rn. 18; *MüKoBGB/Lange* § 2307 Rn. 18.
19 *MüKoBGB/Lange* § 2307 Rn. 18; *Soergel/Diekmann* § 2307 Rn. 18.

VI. Nichtehelichenrecht

19 § 2307 findet auch Anwendung auf den Erbersatzberechtigten, dem der Erblasser den Erbersatzanspruch entzogen und statt dessen ein Vermächtnis zugewandt hat. Dies betrifft allerdings nur Erbfälle vor dem 1.4.1998, also vor Inkrafttreten des Erbrechtsgleichstellungsgesetzes.

VII. Beratungshinweise

20 Es ist problematisch, ob eine ausdrückliche oder stillschweigende Ersatzerben- oder Vermächtnisnehmerberufung den Abkömmlingen des Erstbedachten auch dann zugute kommen soll, wenn der Erstberufene gem. §§ 2306 Abs. 1 S. 2, Abs. 2, 2307 Abs. 1 ausschlägt, um seinen Pflichtteil zu erlangen. Der Stamm des Ausschlagenden wäre doppelt am Nachlass beteiligt, was häufig nicht dem Willen des Erblassers entsprechen dürfte. Will der Erblasser diese Rechtsfolge zuverlässig ausschließen, bedarf es einer entsprechenden Verfügung von Todes wegen, die wie folgt lauten könnte:

21 **Formulierungsvorschlag:**

> Ein den Pflichtteil verlangender Bedachter ist mit seinem ganzen Stamm von Zuwendungen jeder Art ausgeschlossen.

§ 2308
Anfechtung der Ausschlagung

(1) Hat ein Pflichtteilsberechtigter, der als Erbe oder als Vermächtnisnehmer in der in § 2306 bezeichneten Art beschränkt oder beschwert ist, die Erbschaft oder das Vermächtnis ausgeschlagen, so kann er die Ausschlagung anfechten, wenn die Beschränkung oder die Beschwerung zur Zeit der Ausschlagung weggefallen und der Wegfall ihm nicht bekannt war.

(2) Auf die Anfechtung der Ausschlagung eines Vermächtnisses finden die für die Anfechtung der Ausschlagung einer Erbschaft geltenden Vorschriften entsprechende Anwendung. Die Anfechtung erfolgt durch Erklärung gegenüber dem Beschwerten.

I. Normzweck

1 Schlägt ein Pflichtteilsberechtigter in Unkenntnis des Wegfalls von Beschränkungen oder Beschwerungen seinen Erbteil, der die Hälfte des gesetzlichen Erbteils übersteigt, aus, wäre er ohne die in § 2308 geschaffene Anfechtungsmöglichkeit benachteiligt. Einerseits würde er die tatsächlich unbelastete Erbschaft verlieren. Andererseits würde er auch seinen Pflichtteil einbüßen, den er gerade durch die Ausschlagung gewinnen wollte. Denn derjenige, der eine unbeschränkte oder unbeschwerte Erbschaft ausschlägt, erlangt keinen Pflichtteilsanspruch.

2 § 2308 greift nicht ein, wenn der Pflichtteilsberechtigte einen ihm hinterlassenen Erbteil ausgeschlagen hat, der die Hälfte des gesetzlichen Erbteils nicht übersteigt. Denn in diesem Falle greift die Fiktion des 2306 Abs. 1 S. 1; die Beschränkungen und die Beschwerungen gelten als nicht angeordnet.

3 Schlägt der Pflichtteilsberechtigte ein Vermächtnis aus, so kann er dies ohne Rücksicht darauf tun, ob es belastet war oder nicht. Insoweit geht er auf keinen Fall seinem Pflichtteilsanspruch verlustig (§ 2307 Abs. 1 S. 1). Das Anfechtungsrecht ist aber trotzdem erfor-

derlich, weil das unbelastete Vermächtnis eventuell wertvoller ist als der Pflichtteil. Neben § 2308 ist die Anfechtung der Ausschlagung oder der Annahme einer erbrechtlichen Zuwendung nach den allgemeinen Grundsätzen möglich.[1]

II. Anfechtung der Ausschlagung der Erbschaft

Der Wegfall der Belastung muss zwischen Erbfall und Ausschlagung erfolgt sein. Ein Wegfall nach der Ausschlagung genügt nach dem Wortlaut des § 2308 nicht. Etwas anderes soll aber nach BGH[2] dann gelten, wenn der Wegfall kraft gesetzlicher Regelung auf den Zeitpunkt des Erbfalles zurückwirkt.[3] Denn nach Auffassung des BGH besteht der Zweck des § 2308 nicht nur darin, den Pflichtteilsanspruch zu retten, sondern dem Pflichtteilsberechtigten die unbelastete Erbschaft zu erhalten. 4

Für Form und Frist gelten unmittelbar §§ 1954, 1955. 5

Nach § 1957 Abs. 1 gilt die Anfechtung der Ausschlagung als Annahme. 6

III. Anfechtung der Ausschlagung des Vermächtnisses

Hinsichtlich Anfechtungsgrund, Form und Frist gelten die unter Rn. 2 gemachten Ausführungen. 7

Nach Abs. 2 S. 1 i.V.m. § 1957 Abs. 1 gilt die Anfechtung der Ausschlagung als Annahme. Da die Vermächtnisausschlagung ohne Rücksicht auf Belastungen einen Pflichtteilsanspruch auslöst, umfasst die Anfechtung der Ausschließung notwendigerweise immer einen Pflichtteilsverzicht. Trotzdem bedarf es keiner vormundschaftsgerichtlichen Genehmigung gem. § 1822 Nr. 2, weil es sich nach herrschender Ansicht nicht um einen rechtsgeschäftlichen Verzicht handelt.[4] 8

IV. Anfechtung der Annahme der Erbschaft oder eines Vermächtnisses

In § 2308 sind nur Fälle der Anfechtung der Ausschlagung einer vermeintlich belasteten Zuwendung geregelt. Zweifelhaft ist, ob auch die Annahme angefochten werden kann, wenn der Pflichtteilsberechtigte nicht wusste, dass der angenommene Erbteil oder das angenommene Vermächtnis belastet war. Eine analoge Anwendung der Vorschrift auf die Fälle der Annahme ist wegen des Ausnahmecharakters des § 2308 nicht möglich.[5] Die h.M. lässt jedoch eine Anfechtung nach § 119 Abs. 2 zu. Dabei wird die Belastung des Nachlasses als verkehrswesentliche Eigenschaft angesehen.[6] Für eine Anfechtbarkeit der Annahme nach den allgemeinen Regeln spricht auch die Regelung des § 2306 Abs. 1 S. 2 Hs. 2, die den Beginn der Ausschlagungsfrist an die Kenntnis der Belastung knüpft. Eine Anfechtung ist etwa zugelassen worden, wenn der Pflichtteilsberechtigte die Erbschaft in Unkenntnis eines die Erbschaft belastenden Vermächtnisses angenommen hat und hierdurch der Pflichtteil des Erben gefährdet ist.[7] Auch die Beschränkung durch eine Nacherbfolge ist als eine verkehrswesentliche Eigenschaft eingestuft worden, die zur Anfechtung berechtigt.[8] Selbst der Irrtum über die quotenmäßige Beteiligung am Gesamtnachlass soll eine Anfechtung rechtfertigen.[9] Kein Anfechtungsgrund besteht jedoch, wenn der Pflichtteilsberechtigte nur über die Tragweite der ihm bekannten Belastungen oder über 9

---

1 BGHZ 112, 229, 238 f. = LM § 2306 Nr. 10 = NJW 1991, 169, 171.
2 BGHZ 112, 229, 238 f. = LM, § 2306 Nr. 10 = NJW 1991, 169, 171.
3 Z.B. Beseitigung der Beschränkung/Beschwerung durch Testamentsanfechtung seitens des Pflichtteilsberechtigten.
4 Vgl. *Staudinger/Haas* § 2308 Rn. 11; *Bamberger/Roth*/J. Mayer § 2308 Rn. 6.
5 *Staudinger/Haas* § 2308 Rn. 13.
6 BayObLGZ 1995, 120, 127 = NJW-RR 1995, 904, 906; *Erman/Schlüter* § 2308 Rn. 2.
7 BGH NJW 1989, 2885 f.
8 BayObLG ZEV 1996, 425, 426 f.
9 BayObLGZ 1995, 120, 127 = NJW-RR 1995, 904, 906.

Jürgen Gemmer

das künftige Verhalten Dritter irrt.[10] Die erfolgreiche Anfechtung führt zur Ausschlagung der Erbschaft (§ 1957 Abs. 1).

§ 2309
Pflichtteilsrecht der Eltern und entfernteren Abkömmlinge

Entferntere Abkömmlinge und die Eltern des Erblassers sind insoweit nicht pflichtteilsberechtigt, als ein Abkömmling, der sie im Falle der gesetzlichen Erbfolge ausschließen würde, den Pflichtteil verlangen kann oder das ihm Hinterlassene annimmt.

I. Normzweck

1 Die Bestimmung soll eine Vervielfältigung der Pflichtteilslast vermeiden. Durch § 2309 wird nie ein Pflichtteilsrecht begründet; schränkt vielmehr eine an sich gegebene Pflichtteilsberechtigung der Eltern oder der entfernteren Abkömmlinge wieder ein. Mit der Vorschrift soll also bezweckt werden, dass allen Pflichtteilsberechtigten zusammen höchstens die Hälfte dessen zukommt, was ihnen bei gesetzlicher Erbfolge zufiele. Das selbstständige Pflichtteilsrecht des Ehegatten wird von § 2309 nicht berührt.[1]

II. Voraussetzungen des Pflichtteilsrechtes des entfernter Berechtigten

2 Das Pflichtteilsrecht des entfernter Berechtigten hat folgende Voraussetzungen:
– bei Eintritt gesetzlicher Erbfolge wäre dieser als Erbe berufen;
– aufgrund einer für ihn nachteiligen Verfügung des Erblassers ist er gem. §§ 2303 ff. pflichtteilsberechtigt;
– der näher Berechtigte kann selbst den Pflichtteil nicht verlangen.

3 Der entfernter Berechtigte kommt als gesetzlicher Erbe bzw. Pflichtteilsberechtigter nur in Betracht, wenn der näherer Berechtigte entweder die Erbschaft ausgeschlagen hat, auf sein Erbrecht verzichtet hat oder für erbunwürdig erklärt wurde. Umstritten ist, ob dies auch gültig ist, wenn der näher Berechtigte enterbt wurde.
Zu diesen Fällen im Einzelnen:

1. Das Pflichtteilsrecht des entfernter Berechtigten im Falle der Ausschlagung durch den näher Berechtigten

4 Handelt es sich um einen unbelasteten Erbteil, der die Hälfte des gesetzlichen Erbteils erreicht oder übersteigt, so steht dem näher Berechtigten kein Pflichtteilsanspruch zu, weil er nicht durch Verfügung von Todes wegen von der Erbfolge ausgeschlossen ist. **Der Anfall der Erbschaft gilt gem. § 1953 Abs. 1 als nicht erfolgt. Der Ausschlagende wird nach § 1953 Abs. 2 wie ein Vorverstorbener behandelt.** Die Ausschlagung **führt dazu, dass nunmehr den entfernteren Verwandten ein Pflichtteilsrecht zusteht.** Handelt es sich um einen belasteten oder unbelasteten Erbteil, der geringer als die Hälfte des gesetzlichen Erbteils ist, so verbleibt **dem näher Berechtigten** noch der Pflichtteilsrestanspruch (s. § 2306 Abs. 1 S. 1, 2305). Der entfernte Berechtigte kann hier nur den um den Pflichtteilsrestanspruch des näher Berechtigten gekürzten Pflichtteil verlangen. Handelt es sich um einen belasteten Erbteil, der die Hälfte des gesetzlichen Erbteils übersteigt, so kann der näher Berechtigte den Pflichtteil verlangen, wenn er die Erbschaft ausschlägt (s. § 2306 Abs. 1 S. 2). Auch insoweit entfällt ein Pflichtteilsrecht entfernter Berechtigter. Für Erb-

---

10 OLG Stuttgart OLGZ 1983, 304 = MDR 1983, 751.
1 RGRK/*Johannsen* § 2309 Rn. 1; MüKoBGB/*Lange* § 2309 Rn. 4.

fälle nach dem 31.12.2009 gilt: Wird ein beschwerter oder belasteter Erbteil ausgeschlagen, verbleibt dem näher Berechtigten selbst der Pflichtteilsanspruch (vgl. § 2306 Neufassung). Das Pflichtteilsrecht eines entfernter Berechtigten entfällt.

2. Das Pflichtteilsrecht des entfernter Berechtigten im Falle des Erbverzichts des näher Berechtigten

Hat der näher Berechtigte auf sein Erbrecht verzichtet, steht ihm gem. § 2346 Abs. 1 S. 2 auch kein Pflichtteilsrecht zu (Vorversterbensfiktion). Im Zweifel, also wenn sich aus der Verzichtserklärung nicht etwas anderes ergibt, erstreckt sich allerdings der Erb- und Pflichtteilsverzicht auf die Abkömmlinge des Verzichtenden (§ 2349), so dass der näher Berechtigte nicht nur über das eigene Erbrecht, sondern zugleich auch über die gesetzliche Erbberechtigung seiner Abkömmlinge verfügt. In einem solchen Fall steht dann an sich den Eltern des Erblassers als den noch weiter entfernt Berechtigten das Pflichtteilsrecht zu, wenn keine weiteren Abkömmlinge des Erblassers vorhanden sind (§ 1930). Kommt der Erbverzicht allerdings allein den Eltern des Erblassers zugute, muss die Auslegungsregel des § 2350 Abs. 2 beachtet werden. Nach dieser Vorschrift wird bei einem Verzicht eines Abkömmlings vermutet, dass der Verzicht nur zugunsten der anderen Abkömmlinge des Erblassers und dessen Ehegatten gelten soll. Rücken aber diejenigen Personen nicht nach, zu deren Gunsten verzichtet wurde, bleibt das gesetzliche Erbrecht des Verzichtenden bestehen. Dies hat zur Folge, dass der nähere Abkömmling das Pflichtteilsrecht der entfernteren Berechtigten verhindert (§§ 1924, 1930).[2] Bei einem Erbverzicht gegen Abfindung dürfte dieses Ergebnis häufig nicht den Vorstellungen des Erblassers entsprechen, nach denen der Verzichtende erb- und pflichtteilsrechtlich keine Rolle mehr spielt. Die Praxis muss daher durch eindeutige vertragliche Regelungen im Erbverzichtsvertrag dafür Sorge tragen, dass die Auslegungsregel des § 2350 Abs. 2 nicht zur Anwendung kommt.

Hat der näher Berechtigte den Verzicht auf das Pflichtteilsrecht beschränkt (§ 2346 Ab. 2), gilt er nicht als vorverstorben. Es tritt keine Änderung der gesetzlichen Erbfolge ein. Vielmehr ist ein näherer Angehöriger vorhanden (§§ 1924 Abs. 2, 1930), der die übrigen Angehörigen von der gesetzlichen Erbfolge und damit von einem Pflichtteilsrecht ausschließt.[3] Beim entfernter Berechtigten kann kein Pflichtteilsrecht kraft eigenen Rechts entstehen.

3. Erbunwürdigkeit des näher Berechtigten

Wird der nähere Abkömmling für erbunwürdig erklärt, so fingiert das Gesetz, dass die Erbschaft bei ihm nicht angefallen ist (§ 2344 Abs. 1 – Vorversterbensfiktion). Er kann keinen Pflichtteil verlangen. Die Erbunwürdigkeit des näheren Abkömmlings hat aber keine Auswirkungen auf dessen Abkömmlinge oder Eltern. Diese Personen können somit den Pflichtteil fordern, sofern sie durch Verfügung von Todes wegen selbst von der gesetzlichen Erbfolge ausgeschlossen sind. Allerdings wird es bei einer vom Erblasser nicht vorhersehbaren Erbunwürdigkeit in den meisten Fällen so sein, dass man zu einer wirksamen Ersatzerbenberufung der entfernteren Pflichtteilsberechtigten, ggf. mittels der Auslegungsregel des § 2069, kommt.[4]

Bei der Pflichtteilswürdigkeit (§ 2345 Abs. 2) sind die entfernteren Abkömmlinge desselben Stammes und die Eltern des Erblassers nicht durch eine Verfügung von Todes wegen von der gesetzlichen Erbfolge ausgeschlossen. Es ist vielmehr ein näherer Angehöriger vorhanden, so dass die anderen nicht zur gesetzlichen Erbfolge gelangen,[5]

---

2 *Bamberger/Roth/J. Mayer* § 2309 Rn. 6; *Soergel/Diekmann* § 2309 Rn. 9.
3 *Staudinger/Haas* § 2309 Rn. 11.
4 Vgl etwa OLG Frankfurt NJW-RR 1996, 261.
5 *Bestelmeyer* FamRZ 1997, 1124, 1129 f.

4. Enterbung des näher Berechtigten

9 Ein Pflichtteilsanspruch des entfernter Berechtigten kommt grundsätzlich nicht in Betracht, weil der näher Berechtigte selbst »den Pflichtteil verlangen kann«. Der entfernter Berechtigte ist aber dann pflichtteilsberechtigt, wenn dem enterbten näher Berechtigten a) der Pflichtteil entzogen wurde (§§ 2333 ff.), b) wenn dieser pflichtteilsunwürdig ist (§ 2345 Abs. 2), c) oder er auf den Pflichtteil verzichtet hat (§ 2346 Abs. 2), ohne dass sich dessen Verzicht – abweichend von § 2349 – auf seine Abkömmlinge erstreckt.[6]

III. Umfang des Pflichtteilsrechts des entfernter Berechtigten

10 Der entfernter Berechtigte ist »insoweit« nicht pflichtteilsberechtigt, als der näher Berechtigte den Pflichtteil verlangen kann oder das ihm Hinterlassene annimmt. Der entfernter Berechtigte muss sich dann anrechnen lassen, was der näher Berechtigte als Pflichtteil verlangen kann oder was er als das ihm Hinterlassene angenommen hat. Hinterlassen i.S.d. § 2309 ist auch das, was der näher Berechtigte zu Lebzeiten als anrechnungs- oder ausgleichungspflichtigen Vorempfang erhalten hatte[7] oder eine Abfindung aufgrund eines entgeltlichen Erb- oder Pflichtteilsverzichts.[8]

11 Beispiele:
– *Dem enterbten näher Berechtigten ist der Pflichtteil nicht gänzlich entzogen, sondern gem. §§ 2333 ff. gekürzt worden. Der entfernter Berechtigte kann einen Pflichtteil in Höhe des Betrages verlangen, der sich nach Abzug der Quote ergibt, die dem näher Berechtigten gebührt*[9].
– *Der näher Berechtigte schlägt einen Erbteil aus, der die Hälfte des gesetzlichen Erbteils nicht erreicht. Dem näher Berechtigten verbleibt der Pflichtteilsrestanspruch gem. § 2305, den sich der entfernter Berechtigte anrechnen lassen muss*[10].
– *Steht dem näher Berechtigten kein Pflichtteilsanspruch zu, weil ihm z.B. der Pflichtteil gem. § 2333 ff. entzogen worden ist, muss sich der entfernter Berechtigte trotzdem alles das anrechnen lassen, was der näher Berechtigte als ihm »hinterlassen« angenommen hat. Hier kommen in Betracht: Vermächtnis, anstelle des entzogenen Pflichtteilsanspruchs, anrechnungs- und ausgleichspflichtige Zuwendungen unter Lebenden, die den Pflichtteil des unmittelbar Bedachten gemindert hätten, wenn dieser pflichtteilsberechtigt geworden wäre.*[11]

§ 2310
Feststellung des Erbteils für die Berechnung des Pflichtteils

Bei der Feststellung des für die Berechnung des Pflichtteils maßgebenden Erbteils werden diejenigen mitgezählt, welche durch letztwillige Verfügung von der Erbfolge ausgeschlossen sind oder die Erbschaft ausgeschlagen haben oder für erbunwürdig erklärt sind. Wer durch Erbverzicht von der gesetzlichen Erbfolge ausgeschlossen ist, wird nicht mitgezählt.

---

6 Dazu *Staudinger/Haas* § 2309 Rn. 13 ff.
7 OLG Celle NJW 1999, 1874; *Soergel/Dieckmann* § 2309 Rn. 24.
8 OLG Celle NJW 1999, 1874; *Staudinger/Haas* § 2309 Rn. 23.
9 MüKoBGB/*Lange* § 2309 Rn. 14 ff.
10 MüKoBGB/*Lange* § 2309 Rn. 14 ff.
11 *Soergel/Dieckmann* § 2309 Rn. 24; *Staudinger/Haas* § 2309 Rn. 23.

I. Normzweck

§ 2303 Abs. 1 S. 2 bestimmt, dass der Pflichtteil in der Hälfte des Wertes des gesetzlichen 1
Erbteils besteht. Welcher gesetzliche Erbteil für die Berechnung heranzuziehen ist, wird dort nicht geregelt. Dies übernimmt § 2310 dergestalt, dass der für die Pflichtteilsberechnung maßgebende gesetzliche Erbteil »abstrakt« zu bestimmen ist, d.h. so, als ob die gesetzliche Erbfolge tatsächlich eingetreten wäre. Hieraus folgt, dass enterbte Personen ebenso mitgezählt werden, wie diejenigen, die die Erbschaft ausgeschlagen haben oder für erbunwürdig erklärt worden sind. Der Wegfall dieser Personen kommt also ausschließlich dem/den Erben zustatten und verhindert die Vergrößerung von Pflichtteilsquoten Dritter. Nach S. 2 wird für die Berechnung des Pflichtteils aber derjenige nicht mitgezählt, der durch Erbverzicht von der gesetzlichen Erbfolge ausgeschlossen ist. Diese Regelung dürfte sich dadurch rechtfertigen, dass ein Erbverzicht im Allgemeinen nur gegen eine Abfindung geleistet wird, der dann später im Nachlass fehlt.[1]

II. Ausschließung, Ausschlagung, Erbunwürdigkeit

Alle von der Erbfolge ausgeschlossenen Personen werden mitgezählt. Hierbei spielt es 2
keine Rolle, ob es zur gewillkürten Erbfolge oder im Falle des § 1938 zur gesetzlichen Erbfolge kommt oder ob der Ausgeschlossene selbst den Pflichtteil verlangen kann.

Auch die ausschlagenden Personen werden mitgezählt, unabhängig davon, ob sie den 3
gesetzlichen oder den zugewendeten Erbteil ausschlagen, ob sie durch die Ausschlagung ihr Pflichtteilsrecht einbüßen oder im Falle des § 2306 Abs. 1 S. 2 den Pflichtteilsanspruch erst durch die Ausschlagung gewinnen.[2]

Sollten erbunwürdige Personen überhaupt zum Kreis des § 2303 zählen, werden sie im 4
Rahmen des § 2310 mitgezählt. Hierbei ist es unerheblich, ob die erbunwürdigen Personen ihren gesetzlichen oder einen zugewendeten Erbteil verlieren.

III. Erbverzicht

S. 2 ordnet an, dass diejenigen nicht mitgezählt werden, die durch Erbverzicht von der 5
gesetzlichen Erbfolge ausgeschlossen sind. Dagegen hat ein Pflichtteilsverzicht gem. § 2346 Abs. 2 diese Wirkung nicht, d.h. diese Personen sind mitzuzählen.[3]

Beispiel: *F hinterlässt 5 Töchter. A ist enterbt, B hat einen Pflichtteilsverzicht erklärt, C hat* 6
auf ihr Erbrecht verzichtet, D schlägt ihren Erbteil aus und E wird aufgrund testamentarischer Verfügung zur Alleinerbin eingesetzt. Der Pflichtteil der A beträgt 1/8, weil B, D und E, nicht jedoch C bei der Feststellung des für die Berechnung des Pflichtteils maßgebenden Erbteils mitgezählt werden.

IV. Verhältnis zu § 2309

§ 2309 ist eine Sonderregelung zu § 2310. Aus § 2309 in Verbindung mit §§ 1924 Abs. 2, 7
1930 ergibt sich, dass der als Pflichtteilsberechtigter ausfallende näher Berechtigte nicht zulasten des entfernteren Berechtigten bei der Berechnung des maßgebenden Erbteils mitgezählt werden darf.[4]

---

[1] Staudinger/Haas § 2310 Rn. 15; OLG Hamm NJW 1999, 3643, 3644.
[2] RGRK/*Johannsen* § 2310 Rn. 1; Bamberger/Roth/J. Mayer § 2310 Rn. 2.
[3] Allg.M., vgl. BGH LM § 2311 Nr. 14 = NJW 1982, 2497; *Bamberger/Roth/J. Mayer* § 2310 Rn. 6; wegen eines Erbverzichts gegen Abfindung s. BGH NJW 2009, 1143 – näheres bei § 2325 Rz. 10.
[4] RGRK/*Johannsen* § 2310 Rn. 2; Soergel/Dieckmann § 2310 Rn. 7.

8 **Beispiel:** *F setzt ihre einzige Tochter C zur Alleinerbin und Freundin Z zur Ersatzerbin ein. Schlägt die Tochter aus, fällt die Erbschaft an die Freundin Z. C hat eine Tochter, die gegen Z gem. § 2309 einen Pflichtteilsanspruch in Höhe von ½ hat. Die Mutter C, die die Erbschaft ausgeschlagen hat, kann nicht nach § 2310 zulasten ihrer Tochter mitgezählt werden.*

9 Im Verhältnis zum überlebenden Ehegatten ist der weggefallene Abkömmling demgegenüber immer mitzuzählen, und zwar auch dann, wenn dieser im Verhältnis zu den Eltern des Erblassers nicht zu berücksichtigen ist.[5] Denn § 2309 erfasst nicht das Verhältnis des Ehegatten zu den entfernteren Pflichtteilsberechtigten. Daraus ergeben sich Wertungsunterschiede.

10 **Beispiel:**

Der Erblasser hinterlässt seine kinderlose Tochter T, seine Witwe W aus Zugewinngemeinschaftsehe und seinen Vater V. Als Alleinerbe wurde T berufen, ersatzweise der Freund F. T schlägt aus. Der Pflichtteil der Witwe beträgt 1/8, da ihr gegenüber T nach § 2310 S. 1 mitzuzählen ist; V ist demgegenüber nach § 2309 infolge der Ausschlagung der T pflichtteilsberechtigt. Der Pflichtteil des Vaters beträgt wegen § 2309 demgegenüber 1/4 denn sein gesetzlicher Erbteil betrüge neben der Witwe 1/2 (§§ 1931 Abs. 1 S. 1 Hs. 2, Abs. 3, 1371 Abs. 1).[6] W stellt sich also pflichtteilsmäßig schlechter als V, obgleich sie bei gesetzlicher Erbfolge neben V die Hälfte erben würde; doch ist dies nach geltender Rechtslage hinzunehmen.[7]

V. Nichtehelichenrecht

11 Ein vor dem 1.4.1998 rechtswirksam zustande gekommener Erbausgleich zwischen dem nichtehelichen Kind und seinem Vater lässt beim Tod des Vaters das Erb- und Pflichtteilsrecht des nichtehelichen Kindes und seiner Abkömmlinge ebenso wie das Erb- und Pflichtteilsrecht des Vaters beim Tode des Kindes entfallen (§ 1934e a.F.). Ebenso wie beim Erbverzicht sind deshalb Vater und nichteheliches Kind bei der Feststellung des pflichtteilsrelevanten Erbteils nicht mitzuzählen.[8]

VI. Beratungshinweis

12 Der Erbverzicht hat eine pflichtteilserhöhende Wirkung für die übrigen Personen. Daher ist vor dem Abschluss eines Erbverzichtsvertrages zu warnen. Auch ein gegenständlicher Pflichtteilsverzicht, z.B. hinsichtlich des Betriebsvermögens, ist oftmals ausreichend.

§ 2311
Wert des Nachlasses

(1) Der Berechnung des Pflichtteils wird der Bestand und der Wert des Nachlasses zur Zeit des Erbfalls zugrundegelegt. Bei der Berechnung des Pflichtteils eines Abkömmlings und der Eltern des Erblassers bleibt der dem überlebenden Ehegatten gebührende Voraus außer Ansatz.

(2) Der Wert ist, soweit erforderlich, durch Schätzung zu ermitteln. Eine vom Erblasser getroffene Wertbestimmung ist nicht maßgebend.

---

5 MüKoBGB/*Lange* § 2310 Rn. 11; *Soergel/Diekmann* § 2310 Rn. 9; *Staudinger/Haas* § 2310 Rn. 13.
6 *Soergel/Diekmann* § 2310 Rn. 9; *Staudinger/Haas* § 2310 Rn. 19.
7 MüKoBGB/*Lange* § 2310 Rn. 11; *Lange/Kuchinke* § 37 VII 2 b; *Soergel/Dieckmann* § 2310 Rn. 9.
8 Allg.M., *Soergel/Dieckmann* § 2310 Rn. 15.

Übersicht	Rz.		Rz.
I. Normzweck	1	IV. Die Feststellung des Nachlasswertes	10
II. Die Feststellung des Nachlassbestandes	2	1. Allgemeines zur Wertermittlung	10
1. Aktivbestand	2	2. Wertermittlungsgrundsätze	13
2. Passivbestand	5	V. Die Behandlung des Voraus bei der Pflichtteilsberechnung (Abs. 1 S. 2)	22
III. Der für die Ermittlung von Bestand und Wert des Nachlasses maßgebliche Zeitpunkt	8		

I. Normzweck

Während § 2303 Abs. 1 S. 2 abstrakt festlegt, dass der Pflichtteil in der Hälfte des Wertes des gesetzlichen Erbteils besteht, gibt § 2311 darüber Aufschluss, wie der Wert der für die Pflichtteilsberechnung maßgebenden Erbquote zu bestimmen ist. Dabei werden in einem ersten Schritt sämtliche Aktiv- und Passivpositionen des Erblasservermögens festgestellt und mit ihrem Wert zur Zeit des Erbfalls bestimmt. Die Differenz aus Aktiv- und Passivpositionen ergibt dann den Wert des Nachlassbestandes.

II. Die Feststellung des Nachlassbestandes

1. Aktivbestand

Wegen der Frage, welche Einzelposten den aktiven Nachlass umfassen, wird auf die grundlegenden Ausführungen zu § 1922 verwiesen. Nachfolgend die Besonderheiten bei der Pflichtteilsberechnung:

Rechtsverhältnisse, die aufgrund des Erbfalles erloschen sind, gelten für die Berechnung des Pflichtteilsanspruches als nicht erloschen.[1] Das Erlöschen von Rechtsverhältnissen kann sich entweder durch Vereinigung von Recht und Verbindlichkeit (Konfusion) oder durch Vereinigung von Recht und dinglicher Belastung (Konsolidation) ergeben. Enthält der Nachlass eine Erbschaft oder ein Vermächtnis, die der Erbe als Rechtsnachfolger des Erblassers noch ausschlagen kann, kommt es zu einer Minderung des Nachlassbestandes, verbunden mit einer Verkürzung von Pflichtteilsansprüchen, sobald die Ausschlagung erfolgt.[2]

Lastenausgleichsleistungen (Vertreibungs- oder Zonenschäden) sind bei der Berechnung des Pflichtteils auch dann zugrundezulegen, wenn der Schaden zwar vor dem Erbfall eingetreten, der Ausgleichsanspruch aber erst nach dem Erbfall entstanden ist.[3] Eine entsprechende Rechtslage ergibt sich bei Leistungen nach dem Vermögensgesetz. Der Anspruch des Erben nach § 2287 gegen den Beschenkten mehrt den Nachlass allerdings nicht.[4] Nicht in den Nachlass fallen auch Ansprüche aus einer Lebensversicherung, wenn ein Bezugsberechtigter genannt ist, mag dieser auch mit dem Erben identisch oder der Versicherungsfall der Todesfall sein (§§ 330, 331, § 160 Abs. 2 VVG).[5] Die Ansprüche aus der Lebensversicherung gehören aber zum Nachlass, wenn kein Bezugsberechtigter wirksam benannt ist[6] oder wenn und soweit sie zur Kreditsicherung unter teilweisem Widerruf der Bezugsbe-

---

1 BGHZ 98, 382, 389 = LM § 2312 Nr. 6/7 = NJW 1987, 1260, 1262; BGH DNotZ 1978, 487, 489; *Staudinger/Haas* § 2311 Rn. 15; *Bamberger/Roth/J. Mayer* § 2311 Rn. 6.
2 RGRK/*Johannsen* § 2311 Rn. 2; *Soergel/Dieckmann* § 2311 Rn. 8.
3 BGH, LM § 2041 Nr. 3 = MDR 1972, 851 (zu Vertreibungsschäden); BGH WM 1977, 176 = FamRZ 1977, 128 (zu Zonenschäden).
4 BGH NJW 1989, 2389, 2391; OLG Frankfurt/M. NJW-RR 1991, 1157, 1159.
5 BGHZ 13, 226, 323; OLG Düsseldorf OLGR 1997, 167; OLG Schleswig ZEV 1995, 415.
6 Zu diesen Problemen und zum Widerruf der Bezugsberechtigung im versicherungsrechtlichen Verhältnis und im Valutaverhältnis zum Drittberechtigten *Schmalz-Brüggemann* ZEV 1996, 84, 85 ff. und OLG Düsseldorf ZEV 1996, 142.

rechtigung an einen Darlehensgeber abgetreten sind.[7] Bei der Sicherungsabtretung reduzieren sie entspr. dem Umfang derselben die Nachlassverbindlichkeiten; soweit die Abtretung nicht reicht, erwirbt jedoch der Bezugsberechtigte außerhalb des Nachlasses aufgrund des Versicherungsvertrages, da er nur entspr. dem Sicherungszweck einen Rangrücktritt erleidet. Gegebenenfalls bestehen insoweit aber Pflichtteilsergänzungsansprüche.

2. Passivbestand

5 Vom Wert des Aktivbestandes des Nachlasses sind zunächst einmal die **Erblasserschulden** abzuziehen. Zu dieser Fallgruppe gehören die Unterhaltsansprüche des geschiedenen Ehegatten nach § 1586b[8] sowie die Ansprüche auf Gewährung von Unterhalt gem. § 1615 l. Hierzu zählen ebenso sämtliche Steuern, soweit sie zulasten des Erblassers entstanden sind.[9] Besonderheiten gibt es bei Steuerschulden, die zwar vom Erblasser herrühren, aber erst in der Person des Erben entstehen. Wenn der Erblasser mit dem überlebenden Ehegatten zusammen veranlagt wurde (§ 25 EStG), ist zur Berücksichtigung rückständiger Einkommensteuer trotz gesamtschuldnerischer Haftung im Außenverhältnis darauf abzustellen, wer im Innenverhältnis die Steuerschuld zu tragen hat, weil er das entsprechende Einkommen erzielte.[10] Veräußert der Erbe ein zum Nachlass gehörendes Handelsunternehmen oder gibt er den Gewerbebetrieb auf, dann ist die auf einen Veräußerungsgewinn nach § 16 EStG entfallende Ertragsteuer keine Nachlassverbindlichkeit, die bei der Berechnung des Pflichtteils zu berücksichtigen wäre.[11] Die nach § 16 EStG anfallende Ertragsteuer kann jedoch für die der Berechnung des Pflichtteils zugrunde zu legende Unternehmensbewertung zu berücksichtigen sein.[12] Die Kosten der Steuerberatung sind abzuziehen, soweit sie sich auf die rückständigen Steuerschulden des Erblassers beziehen.

6 Ebenfalls abzuziehen sind die sog. **Erbfallschulden**.[13] Hierzu gehören: Kosten der standesgemäßen Beerdigung des Erblassers (§ 1968), der Anspruch des überlebenden Ehegatten auf Zugewinnausgleich nach § 1371 Abs. 2, 3,[14] die Kosten der Nachlassverwaltung,[15] der Nachlasssicherung, der Ermittlung der Nachlassgläubiger, der Inventarerrichtung, der Feststellung des Bestandes und Wertes des Nachlasses einschließlich der zu diesem Zweck geführten Prozesse und der hierzu erforderlich gewordenen Sachverständigenkosten.[16]

7 Nicht abzugsfähig sind z.B. Pflichtteilsansprüche selbst[17] sowie die den Erben treffende Erbschaftsteuerschuld.[18] Ein Abzugsverbot gilt auch für Vermächtnisse, Auflagen und Ansprüche aus dem Dreißigsten gem. § 1969.[19] Darüber hinaus erstreckt sich das Abzugsverbot ganz allgemein auf Kosten, die nur wegen des Vorhandenseins einer letztwilligen Verfügung entstehen.[20] Daher können Kosten der Testamentsvollstreckung generell nicht abgezogen werden, es sei denn, die Testamentsvollstreckung ist auch für den Pflichtteilsgläubiger deshalb von Vorteil, weil somit Kosten zur Feststellung und Sicherung des Nachlasses erspart werden.[21] Gleichfalls nicht abzugsfähig sind die Kosten der Testaments-

---

7 BGH NJW 1996, 2230 = ZEV 1996, 263, 264 mit Anm. *Kummer*.
8 *Soergel/Dieckmann* § 2311 Rn. 12; MüKoBGB/*Lange* § 2311 Rn. 11.
9 BGH LM Nr. 20 = NJW-RR 1993, 131, 132.
10 BGHZ 73, 29, 36 ff. = NJW 1979, 546 ff.
11 BGH LM Nr. 7 = NJW 1972, 1269.
12 Einzelheiten s. § 2311 Rz. 17.
13 Vgl. § 1967 Abs. 2, »den Erben als solchen treffenden Verbindlichkeiten«.
14 Allg.M., vgl. BGH NJW 1988, 136, 137; RGRK/*Johannsen* § 2311 Rn. 5.
15 MüKoBGB/*Lange* § 2311 Rn. 19; a.A. *Soergel/Dieckmann* § 2311 Rn. 15.
16 MüKoBGB/*Lange* § 2311 Rn. 19; *Bamberger/Roth/J. Mayer* § 2311 Rn. 9.
17 Vgl. *Staudinger/Haas* § 2311, Rn. 46; *Bamberger/Roth/J. Mayer* § 2311 Rn. 10.
18 RGRK/*Johannsen* § 2311 Rn. 7; OLG Düsseldorf FamRZ 1999, 1465.
19 *Staudinger/Haas* § 2311 Rn. 46.
20 *Bamberger/Roth/J. Mayer* § 2311 Rn. 10. Dies soll auch für die Kosten der Erbscheinserteilung gelten, vgl. *Staudinger/Haas* § 2311 Rn. 46.
21 BGHZ 95, 222, 228 = NJW 1985, 2828, 2830; *Erman/Schlüter* § 2311 Rn. 5; *Staudinger/Haas* § 2311 Rn. 40.

eröffnung,[22] die Kosten für die Erteilung eines Erbscheins, weil dieser nur der Legitimation des Erben dient[23] sowie Kosten der Erbauseinandersetzung.[24]

III. Der für die Ermittlung von Bestand und Wert des Nachlasses maßgebliche Zeitpunkt

Nach Abs. 1 S. 1 gilt das Stichtagsprinzip, d.h. der Zeitpunkt des Erbfalles ist maßgebend. Hieraus folgt, dass Wertsteigerungen nach dem Tode des Erblassers dem Pflichtteilsberechtigten nicht zugute kommen. Allerdings schützt das Stichtagsprinzip den Pflichtteilsgläubiger vor Nachteilen, wenn Nachlassgegenstände untergehen, sich verschlechtern oder ein Wertverlust nach dem Erbfall eintritt. 8

Das Risiko der Geldentwertung trägt der Pflichtteilsgläubiger, weil der Pflichtteilsanspruch ein Geldsummen- und kein Geldwertanspruch ist,[25] und dieser oft erst nach langwierigen Ermittlungen des Nachlassbestandes und -wertes festgestellt werden kann. 9

IV. Die Feststellung des Nachlasswertes

1. Allgemeines zur Wertermittlung

Nach Abs. 1 S. 1 ist der Wert des Nachlasses zur Zeit des Erbfalles zugrunde zu legen. Der Pflichtteilsberechtigte ist also wirtschaftlich so zu stellen, als sei der Nachlass beim Tod des Erblassers in Geld umgesetzt worden. Daher ist generell auf den gemeinen Wert, also den Verkehrs- oder Normalverkaufswert abzustellen. Lediglich in Ausnahmefällen kann auf einen vom Verkehrswert abweichenden wahren oder inneren Wert abgestellt werden.[26] 10

Auch nicht marktgängige Nachlassposten müssen bewertet werden, wobei dann in diesen Fällen gegebenenfalls eine Wertermittlung durch Schätzung vorzunehmen ist. 11

Vom Erblasser getroffene Wertbestimmungen sind nicht maßgeblich (Abs. 2 S. 2). Eine Ausnahme bildet § 2312, s. dort. Weiterhin kann in einer solchen Wertbestimmung eine zulässige teilweise Entziehung des Pflichtteils anzunehmen sein (§§ 2333 ff.), wobei die Voraussetzungen des § 2336 Abs. 2 erfüllt sein müssen. 12

2. Wertermittlungsgrundsätze

Die Ermittlung des Verkehrs- oder Normalverkaufswerts bereitet bei auf Geld gerichteten Forderungen oder bei Bargeld keine Schwierigkeiten. Bei ihnen ist auf den Nennwert zum Zeitpunkt des Erbfalls abzustellen.[27] In den meisten Fällen wird es sich aber nicht um marktgängige Posten oder um Güter handeln, für die es einen klar definierten Markt gibt. Die Rechtsprechung orientiert sich bei der Bewertung solcher Nachlassgegenstände am tatsächlich erzielten Verkaufspreis, abzüglich der verkaufsbedingten Kosten, auch wenn dieser stark von den individuellen Verhältnissen abhängt.[28] Selbst wenn der Erlös im Wege der Versteigerung oder der Liquidation erzielt wurde, genießt er Vorrang gegenüber einer Schätzung.[29] Lediglich das Vorliegen außergewöhnlicher Umstände, wie etwa das Zusammenwirken von Erbe und Käufer zum Nachteil des Pflichtteilsberechtigten oder erhebliche Marktveränderungen seit dem Erbfall, können dazu führen, dass der tatsächlich erzielte Verkaufspreis nicht als Bewertungsgrundlage herauszuziehen ist.[30] Für die Höhe 13

---

22 MüKoBGB/*Lange* §2311 Rn. 20.
23 *Staudinger/Haas* § 2311 Rn. 46.
24 *Bamberger/Roth/J. Mayer* § 2311 Rn. 10.
25 BGHZ 7, 134, 137 f. = NJW 1952, 1173 f.
26 BGH NJW-RR 1991, 900, 901.
27 BGH FamRZ 1991, 43, 45; *J. Mayer* ZEV 1994, 331.
28 BGH NJW-RR 1993, 834; BGH LM Nr. 20 = NJW-RR 1993, 131 f.; NJW-RR 1991, 900 f.
29 BGH LM Nr. 20 = BGH NJW-RR 1993, 131 f.; NJW 1982, 2497, 2498.
30 BGH NJW-RR 1993, 834; NJW-RR 1991, 900 f.; OLG Düsseldorf ZEV 1994, 361, 362.

des Verkaufserlöses kann der Zeitpunkt des Verkaufs eine Rolle spielen. Eine feste zeitliche Grenze ist bislang von der Rechtsprechung nicht gezogen worden. Von einer zeitnahen Veräußerung geht der BGH bei Betriebs- und Grundstücksveräußerungen aber selbst dann noch aus, wenn seit dem Erbfall bis zu fünf Jahre vergangen sind.[31] Fehlt es an einem gängigen Marktpreis für den Nachlassgegenstand und liegt auch kein tatsächlicher Verkaufspreis vor, muss der Nachlasswert ggf. durch Schätzung ermittelt werden (Abs. 2 S. 1). Da das Gesetz keine Bewertungsmethode vorschreibt, obliegt die sachgerechte Auswahl dem Tatrichter, der einen Sachverständigen hinzuziehen kann.[32] Grundsätzlich werden das Vergleichswert-, Ertragswert-, Sachwert- oder Substanzwertverfahren unterschieden, obwohl auch Kombinationen der einzelnen Verfahren anzutreffen sind. Das Vergleichswertverfahren eignet sich, wenn Gegenstände vorhanden sind, die mit dem Nachlassgegenstand vergleichbar sind. Der Wert des Nachlassgegenstandes kann dann anhand des Durchschnitts der verschiedenen Vergleichspreise ermittelt werden. Das Ertragswertverfahren bietet sich an, wenn der Nachlassgegenstand seinem Wesen nach einen Ertrag abwerfen kann. Der Wert des Nachlassgegenstandes wird dabei aus der Sicht des Käufers danach ermittelt, welchen Ertrag eine Investition des Käufers bei voller Substanzerhaltung erbringen würde. Dem Verfahren liegt die Überlegung zugrunde, dass ein Käufer den Kaufpreis am zu erwartenden Ertrag ausrichtet. Das Sachwert- oder Substanzwertverfahren schließlich stellt darauf ab, dass der Nachlassgegenstand so viel wert ist, wie aufgewandt wurden müsste, um einen vergleichbaren Nachlassgegenstand herzustellen oder wiederzubeschaffen (Reproduktionswert). Dies Verfahren geht davon aus, dass der Nachlass soviel wert ist, wie benötigt würde, um eine vergleichbare Sache zu reproduzieren.

– **Grundstücke**

14 Hier können bei der Ermittlung des Verkehrswertes durch Schätzung die Grundsätze der Wertermittlungsverordnung[33] angewendet werden. Hiernach stehen verschiedene Verfahren zur Verfügung: das Vergleichswert-, das Ertragswert- und das Sachwertverfahren. Dabei ist für die maßgebliche Ermittlungsmethode nach der Art der zu beurteilenden Grundstücke zu differenzieren. Bei individuell bebauten Grundstücken ist allerdings ein exakter Wert nicht ermittelbar, sondern allenfalls einzelne Wertfaktoren. Bei unbebauten Grundstücken steht i.d.R. eine ausreichende Anzahl vergleichbarer Kaufpreise zur Verfügung. Daher kann der Verkehrswert durch direkten Vergleich oder mittels der Bodenrichtwerte nach § 196 BauGB ermittelt werden.[34] Bei eigengenutzten Einfamilienhäusern stehen für einen Erwerber die möglichen Herstellungskosten für ein vergleichbares Objekt bei der Kaufpreisbemessung im Vordergrund. Daher ist hier für den Gebäudeverkehrswert das Sachwertverfahren zu empfehlen.[35] Gehört nur ein Miteigentumsanteil an einem Grundstück zum Nachlass, das durch den anderen Miteigentümer genutzt wird, kann nicht der anteilige Verkehrswert genommen werden, da der Miteigentumsanteil wirtschaftlich schwer veräußerlich wäre, sondern es ist hiervon ein deutlicher Abschlag zu machen (§ 25 WertV). Bei Miethäusern und Renditeobjekten ist für einen potenziellen Käufer i.d.R. eine angemessene Verzinsung seines eingesetzten Kapitals entscheidend. Daher ist das Ertragswertverfahren anzuwenden.[36] Ein Mischwert aus Ertrags- und Sachwert wird aber

---

31 BGH LM Nr. 20 = BGH NJW-RR 1993, 131. AA OLG Düsseldorf FamRZ 1995, 1236, 1237 f. (weniger als drei Jahre).
32 BGH LM Nr. 20 = BGH NJW-RR 1993, 131; OLG Düsseldorf FamRZ 1997, 59.
33 VO vom 6.12.1988, BGBl I, 2209, geändert durch Gesetz vom 18.8.1997, BGBl I S. 2081; dazu auch Wertermittlungsrichtlinien 1991 (WertR) vom 11.6.1991, BAnz Nr. 182a; zahlreiche Praxistipps für die Grundstücksbewertung bei *Peter Zimmermann* ZErb 2000, 46 und 2001, 47, 87.
34 BGH NJW-RR 1990, 68.
35 OLG Köln ZEV 2006, 77, 78 = NJW 2006, 625; *Staudinger/Haas* § 2311 Rn. 76.
36 BGH NJW 1970, 2018; OLG Düsseldorf BB 1988, 1001, 1002; MüKoBGB/*Lange* § 2311 Rn. 34.

vom BGH für zulässig gehalten.[37] Bei Eigentumswohnungen kommt regelmäßig die Vergleichswertmethode in Betracht, weil meist eine ausreichende Zahl von Vergleichsobjekten vorhanden ist und sich der Immobilienmarkt regelmäßig allein am Quadratmeterpreis orientiert.[38]

Zum Sonderproblem »latente Ertragssteuer« s. § 2311 Rz. 17. **15**

– Handelsunternehmen

Bei der Bewertung eines Handelsunternehmens ist der wirkliche Wert unter Berücksichtigung stiller Reserven und unter Aktivierung des Firmenwertes heranzuziehen.[39] Im Einzelfall kann die Bewertung Schwierigkeiten bereiten, weil für ein Handelsunternehmen in der Regel kein Markt existiert, aufgrund dessen sich ein Preis bilden könnte, andererseits es keine einzig gebilligte Bewertungsmethode gibt. Grundsätzlich kann gesagt werden, dass es Aufgabe des Tatrichters ist zu entscheiden, welche der von der Betriebswirtschaftslehre entwickelten Bewertungsmethoden im Einzelfall zu einem angemessenen Ergebnis führt.[40] Im Regelfall wird der Unternehmenswert durch die Ertragswertmethode ermittelt.[41] Nach der sehr einzelfallbezogenen Rechtsprechung wird man jedenfalls sagen können, dass der Liquidationswert die Wertuntergrenze bildet.[42] **16**

Der BGH hat sich bisher noch nicht zu der Frage geäußert, ob bei der Unternehmensbewertung im Rahmen der Nachlassbewertung latent vorhandene Ertragssteuerlasten wertmindernd zu berücksichtigen sind. In der Literatur wird dieses Problem sehr kontrovers beantwortet. Zum Teil wird die Auffassung vertreten, dass eine Berücksichtigung der Steuerlast von der angewandten Beurteilungsmethode abhängig ist. Eine andere Meinung geht dahin, diese stets zu berücksichtigen.[43] Letztgenannte Auffassung wird auch hier vertreten und beruht auf folgenden Überlegungen. Bei der Feststellung des Nachlasswertes sind alle relevanten Vermögenswerte mit ihrem vollen, wirklichen Wert anzusetzen.[44] Die zitierte BGH-Entscheidung lässt sich auch auf das Nachlassbewertungsverfahren übertragen, weil hier wie im Güterrechtsverfahren das Stichtagsprinzip gilt und es um die Ermittlung der »wirklichen« Vermögenswerte geht. Hierzu gibt es zwar verschiedene Bewertungsmethoden. Die entscheidende Frage ist aber einzig und allein; welche Methode dem vollen, wirklichen Wert im Einzelfall am nächsten kommt, also das widerspiegelt, was ein Käufer am Markt für den Vermögenswert zu zahlen bereit ist. Soweit aber ein möglichst realistischer, (fiktiver) Veräußerungserlös als voller wirklicher Wert gefunden werden muss, ist die logische Konsequenz hiervon, die wertmindernde Berücksichtigung der Steuern, die durch eine Veräußerung selbst entstehen würden. Es handelt sich um »gedachte Steuern«, die tatsächlich nicht entstehen und nicht festgesetzt werden; die Steuer ist vielmehr ein Faktor bei der Bewertung des Vermögensgegenstandes.[45] Damit verlagert sich das Berechnungsproblem auf den Sachverständigen, der die Unternehmensbewertung als **17**

---

37 BGH NJW-RR 1986, 226, 227.
38 BGH NJW 2004, 2671, 2672.
39 Vgl. BGH LM § 2050 Nr. 4 = NJW 1982, 575; BGHZ 68, 163, 164 f. = NJW 1977, 949 (betr. Zugewinnausgleich); BGH LM Nr. 10 = NJW 1973, 509; BGHZ 17, 130, 136 = NJW 1955, 1025, 1027; *Staudinger/Haas* § 2311 Rn. 80.
40 BGH NJW 1972, 1269; BGH LM § 2050 Nr. 4 = NJW 1982, 575, 576; BGH NJW 1982, 2441 (betr. Zugewinnausgleich).
41 WP-HdB 1998 A Rn. 4 ff.; MüKoBGB/*Ulmer* § 738 Rn. 35 m.w.N.; PWW/*Deppenkemper* § 2311 Rn. 16; *Reimann* DNotZ 1992, 473; MüKoBGB/*Lange* § 2311 Rn. 39.
42 BGH LM Nr. 10 = NJW 1973, 509, 510; BGH, LM Nr. 14 = NJW 1982, 2497, 2498; BGH NJW 1978, 1316, 1318 (betr. aktienrechtliche Bewertung); *Zehner* DB 1981, 2109, 2110.
43 Zum unterschiedlichen Meinungsstand s. MüKoBGB/*Lange* § 2311 Rn. 41 m.w.N.; *Bamberger/Roth/J. Mayer* § 2311 Rn. 37 m.w.N.
44 So: BGH NJW 1991, 1547 – das Verfahren betraf die Bewertung einer Arztpraxis in einem Güterrechtsverfahren.
45 So auch OLG Düsseldorf NJW-Spezial 2008, 230; BGH NJW 2008, 1221.

»Gehilfe des Tatrichters« vornimmt. Besonders problematisch ist die Berechnung der zu berücksichtigen Steuerlasten, weil sie nicht nur von der Höhe des tatsächlichen oder fiktiven Gewinns abhängen, sondern auch von den persönlichen Besteuerungsmerkmalen des Erben. Der BGH ist hier dem Erben relativ wohlwollend gesonnen und meint, dass im Allgemeinen, wenn in der Person des Erben aus Gründen des Steuertarifs keine besonders ungünstigen Verhältnisse vorliegen, ein Ansatz der bei ihm tatsächlich anfallenden Steuer vertretbar ist.[46] Demgegenüber wird in der Literatur eine »typisierende Betrachtung« vorgeschlagen, mit einem statistisch erhobenen durchschnittlichen Einkommen und Steuersatz, wobei unterstellt wird, dass alle einkommensteuerrechtlich günstigen Wahlrechte ausgeübt werden, mit einem arithmetischen Mittel aus einer getrennten Veranlagung und Zusammenveranlagung nach § 26 EStG und nur einem Erben als Pflichtteilsschuldner, jedoch mindestens mit dem Ansatz der Einkommensteuerbelastung, die den Pflichtteilsberechtigten als Erben getroffen hätte.[47] Diese Überlegungen zeigen, wie schwierig die Materie ist; sie sind angesichts der steuerrechtlichen Vorgaben zu beachten. Konsequenz aus der hier vertretenen Auffassung zur Steuerlast im Rahmen der Unternehmensbewertung ist, dass sie aus Gründen der Gleichbehandlung auch auf Immobiliensachverhalte übertragen werden müsste. Es müssen dann alle Immobilien, die in den letzten 10 Jahren vor dem Erbfall von dem Erblasser erworben worden sind um die fiktive sog. Spekulationssteuer gem. § 23 EStG bereinigt werden.

18   Freiberufliche Praxis. Hinsichtlich der Bewertung einer freiberuflichen Praxis gelten im Wesentlichen die zu Handelsunternehmen entwickelten Grundsätze. Da bei ihnen die persönliche Beziehung des Inhabers zu seinen Kunden bzw. Patienten besondere Bedeutung genießt, kann das Ertragswertverfahren nicht angewandt werden.[48] Ausgehend vom Sachwertverfahren wird daher ein besonderer Geschäftswert(»good will«) berücksichtigt.[49] Ein solcher »good will« wird zumeist aus einem Prozentsatz der bereinigten Durchschnittsumsätze der Vorjahre ermittelt. Die Gerichte greifen dabei auch auf die Bewertungsgrundsätze der entsprechenden Berufsvertretungen zurück.[50]

– **Anteil an einer Personengesellschaft**

19   Ob und in welcher Höhe beim Tod eines Gesellschafters aus einer Gesellschaftsbeteiligung ein Pflichtteilsanspruch entsteht, richtet sich zunächst primär nach deren rechtlichem Schicksal. Dabei ist zu differenzieren, ob die Beteiligung in den Nachlass fällt. Nur dann kann sie Gegenstand des ordentlichen Pflichtteils sein.[51] Fällt sie nicht in den Nachlass, kommt allenfalls ein Pflichtteilsergänzungsanspruch in Betracht (s. § 2325 Rz. 14). Beim Tod des Gesellschafters einer Personengesellschaft bestehen folgende Möglichkeiten:

1. Die Gesellschaft wird aufgelöst (so mangels abweichender Vereinbarung bei der BGB-Gesellschaft, § 727 Abs. 1 und bis zum Inkrafttreten des Handelsrechtsreformgesetzes vom 22.6.1998 (BGBl I, 1474) am 1.7.1998 auch bei der OHG und bei der KG beim Tod des persönlich haftenden Gesellschafters, § 131 Nr. 4 HGB a.F.): Zum Nachlass gehört dann der Anteil des Verstorbenen an der Liquidationsgesellschaft; dieser ist Gegenstand der Bewertung des Pflichtteilsanspruchs und bemisst sich grundsätzlich nach dem Liquidationserlös.[52]

2. Die Gesellschaft wird zwischen den verbleibenden Gesellschaftern fortgesetzt, der Verstorbene bzw. seine Erben scheiden aus der Gesellschaft aus (so jetzt § 131 Abs. 3 Nr. 1

---

46 NJW 1972, 1269, 1270.
47 *Riedel* Rn. 634 ff.
48 BGH NJW 1991, 1547.
49 Vgl. dazu BGH FamRZ 1991, 43 f.; *Staudinger/Haas* § 2311 Rn. 84.
50 BGH FamRZ 1991, 43.
51 MüKoBGB/*Lange* § 2311 Rn. 46; *Staudinger/Haas* § 2311 Rn. 87.
52 MüKoBGB/*Lange* § 2311 Rn. 48; *Staudinger/Haas* § 2311 Rn. 90; *J. Mayer* ZEV 1994, 331, 335.

HGB für OHG und den persönlich haftenden Gesellschafter der KG sowie für den Partner der Partnerschaftsgesellschaft, § 9 PartGG). Der Gesellschaftsanteil des Verstorbenen wächst den anderen Gesellschaftern an (§ 738 Abs. 1 S. 1). Der dann entstehende gesellschaftsrechtliche Abfindungsanspruch (§ 738 Abs. 1 S. 1, §§ 105 Abs. 3, 161 HGB, § 1 Abs. 4 PartGG) fällt in den Nachlass. Sein Wert bestimmt sich grundsätzlich nach dem vollen und wirklichen Wert der Erblasserbeteilung unter Berücksichtung von schwebenden Geschäften und stillen Reserven.[53] Die meisten Gesellschaftsverträge sehen jedoch abweichende Regelungen vor, die i.d.R. zu einer Abfindungsbeschränkung führen. Dabei gelten nach ganz h.M. die für die Zulässigkeit von gesellschaftsvertraglichen Abfindungsbeschränkungen allgemein entwickelten, die Gestaltungsfreiheit einschränkenden Grundsätze beim Tod eines Gesellschafters nicht, weil insb. dadurch keine unzulässige Einschränkung des Kündigungsrechts erfolgt. Daher ist sogar ein völliger Aussschluss der Abfindung zu Lasten der Erben möglich. Dann stellt sich nur die Frage, ob diese Vereinbarung eine pflichtteilsergänzungspflichtige Schenkung an die verbleibenden Gesellschafter darstellt (s. § 2325 Rz. 14).

3. Die Gesellschaft wird mit einem oder mehreren Erben des Verstorbenen fortgesetzt (so nach § 177 HGB beim Tod des Kommanditisten, ansonsten aufgrund einer ausdrücklichen vereinbarten einfachen oder qualifizierten erbrechtlichen Nachfolgeklausel oder einer erbrechtlichen Eintrittsklausel). Trotz der hier u.U. eintretenden erbrechtlichen Sondernachfolge gehört der Gesellschaftsanteil des Erblassers zum Nachlass.[54]

4. Liegt eine rechtsgeschäftliche Nachfolgeklausel vor oder ein rechtsgeschäftliches Eintrittsrecht, bei dem die gesamte Mitgliedschaft einschließlich des Kapitalanteils (Abfindungsanspruch) des Erblassers im Wege einer Vorausabtretung dem Eintrittsberechtigten zugewandt wird oder durch einen Ausschluss des Abfindungsanspruchs mit einer Verpflichtung der verbleibenden Gesellschafter, den Anteil des Erblassers treuhänderisch für den Eintrittsberechtigten zu halten, erfolgt die Nachfolge in die Gesellschafterstellung außerhalb des Nachlasses. Der Gesellschaftsanteil kann daher nicht Gegenstand eines ordentlichen Pflichtteilsanspruchs sein, u.U. aber bei der Pflichtteilsergänzung.[55]

Kommt es zu einer erbrechtlichen Nachfolge des Erben in die Gesellschaftsbeteiligung so ist zu fragen, wie diese zu bewerten ist. Dabei wird die sonst bei der Bemessung des Pflichtteilsanspruchs häufig anwendbare Vergleichswertmethode nur in Ausnahmefällen herangezogen werden können.[56] Abgesehen vom vorrangigen Ansatz eines späteren Verkaufserlöses einer Gesellschaftsbeteiligung wird die Bewertung wie folgt vorgenommen: Zunächst ist der Wert des Unternehmens festzustellen, was nach ganz überwiegender Auffassung nach der Ertragswertmethode geschieht. Der Wert der Beteiligung wird abgeleitet, indem der ermittelte Unternehmenswert auf die Gesellschafter im Verhältnis ihrer prozentualen Beteiligung umgelegt wird. Dieser »quotale Unternehmenswert« ist aber noch weiter zu überprüfen: Die konkrete gesellschaftsrechtliche Stellung des betroffenen Gesellschafters ist letztlich zu ermitteln, insb. nach den unterschiedlichen Herrschaftsrechten, wie Stimmrechte, nach Veräußerungsbeschränkungen,[57] Beteiligung am Gewinn oder an Liquidationserlösen[58] oder Einziehungsmöglichkeiten. Es ist also der »innere Wert« maßgebend, weil es auf die Verfassung der Gesellschaft ankommt. Umstritten ist, wie der Wert der Beteiligung anzusetzen ist, wenn der Gesellschaftsvertrag beim späteren Ausscheiden eines Gesellschafters einen gegenüber dem Vollwert niedrigeren Klauselwert (z.B. Buchwertklausel) vorsieht.[59] Das Stichtagsprinzip würde es hier gebieten, den Vollwert der Mit-

20

---

53 *Staudinger/Haas* § 2311 Rn. 89; *Riedel* ZErb 2003, 212, 213.
54 BGHZ 22, 186, 191; 68, 225, 228; 98, 48, 50 f.; *Staudinger/Haas* § 2311 Rn. 91.
55 MüKoBGB/*Lange* § 2311 Rn. 49; *Staudinger/Haas* § 2311 Rn. 94.
56 MüKoBGB/*Lange* § 2311 Rn. 51; *Staudinger/Haas* § 2311 Rn. 92.
57 Für Abschlag deshalb im Zugewinnausgleich BGH NJW 1987, 321, 322; NJW 1999, 784, 785.
58 MüKoBGB/*Lange* § 2311 Rn. 51; *Staudinger/Haas* § 2311 Rn. 92.
59 Zum Streitstand: *Sudhoff/Scherer* § 17 Rn. 73 ff.; BGH NJW-RR 2007, 913.

gliedschaft am Todestag zu Grunde zu legen. Dies führt für den Gesellschaftererben aber dann zu Härten, wenn er zur Erfüllung des Pflichtteilsanspruchs seine Beteiligung kündigen muss und dann nur den Klauselwert erhält. Würde aber für die Pflichtteilsbewertung nur auf den niedrigeren Klauselwert abgestellt, so könnten ganz erhebliche Nachlasswerte dem Pflichtteilsberechtigten entzogen werden, die ja dem Erben zunächst tatsächlich anfallen. Hierzu wurden zahlreiche Lösungsansätze entwickelt. Der BGH hat über die erbrechtliche Relevanz dieser Abfindungsklauseln noch nicht entscheiden. Die wohl h.M. geht vom Ansatz des wahren Wertes (Vollwerts) aus, so dass auch an sich zulässige Abfindungsbeschränkungen nicht auf die Pflichtteilsberechnung durchschlagen. Dies lässt sich zutreffend damit rechtfertigen, dass ansonsten durch gesellschaftliche Abfindungsklauseln effektiv vorhandene Vermögenswerte dem Pflichtteilsberechtigten entzogen werden, was der Wertung des § 2311 Abs. 2 S. 2 widerspricht. Zur Milderung der daraus für den Pflichtteilsschuldner u.U. entstandenen Härten wird dabei hinsichtlich der Differenz zwischen Vollwert und Klauselwert ein Stundungsrecht nach § 2331a bis zur endgültigen Entscheidung über das Verbleiben in der Gesellschaft[60] oder ein Leistungsverweigerungsrecht[61] diskutiert. Im Vordringen ist offensichtlich die Auffassung, dass grundsätzlich. vom Vollwert des Anteils auszugehen ist, je nach der Wahrscheinlichkeit der Beendigung der Beteiligung nach dem Erbfall aber Abschläge zu machen sind.[62] Für die Praxis stellt sich die Frage, wie derartige Abschläge sachgerecht zu bestimmen sind. Daher will eine weitere Ansicht § 2313 Abs. 1 entspr. anwenden, wenn das Ausscheiden aus der Gesellschaft nicht absehbar sei, also später, wenn es zu einem Zwangsverkauf des Anteils wegen der Pflichtteilslast kommt, den Pflichtteilsanspruch korrigieren. Dies führt zur Rechtunsicherheit, weil die gesamte Pflichtteilsberechnung mitunter nach Jahren wieder aufgerollt wird. Das Problem entschärft sich in vielen Fällen, weil zunächst kritisch zu prüfen ist, ob die betreffende Abfindungsklausel überhaupt gesellschaftsrechtlich zulässig ist.[63]

– GmbH-Anteile

21 Bei der Bewertung von GmbH-Anteilen ist nicht der Buchwert, sondern der volle Wert des Geschäftsanteils (Verkehrswert) entscheidend.[64] Er entspricht regelmäßig dem Preis, den ein Außenstehender für die Anteile gezahlt hätte, wenn er sie unter üblichen Bedingungen gekauft hätte. Anders als Anteile an einer Personengesellschaft sind GmbH-Anteile aufgrund gesetzlicher Bestimmung vererblich (§ 15 GmbHG). Sie gehen mit dem Tod des Gesellschafters auf den oder die Erben über. Die Vererblichkeit des GmbH-Anteils kann nicht ausgeschlossen werden; vielfach finden sich aber Einziehungsklauseln oder Verpflichtungen zur Abtretung an Dritte. Wird davon Gebrauch gemacht und eine entsprechende Abfindung geleistet, ist diese für die Bemessung des Pflichtteilsanspruchs maßgeblich.[65]

V. Die Behandlung des Voraus bei der Pflichtteilsberechnung (Abs. 1 S. 2)

22 Der Pflichtteil der in Abs. 1 S. 2 genannten Personen wird nur von dem übrigen Nachlass berechnet. Dies gilt jedoch nur dann, soweit dem überlebenden Ehegatten der Voraus auch tatsächlich gebührt. Dies ist beispielsweise nicht der Fall, wenn der Erblasser dem Ehegatten den Pflichtteil oder auch nur den Voraus entzogen hat.

23 Die für den überlebenden Ehegatten günstige Regelung gilt nur dann, wenn dieser gesetzlicher Erbe/Miterbe geworden ist. Dies entspricht im Übrigen der Rechtsprechung

---

60 *Stötter* DB 1970, 573, 575; *Johannsen* WM 1970, 110, 112; RGRK/*Johannsen* § 2311 Rn. 21.
61 *Winkler* BB 1997, 1697, 1702.
62 *Bratke* ZEV 2000, 16, 18; *Reimann* ZEV 1994, 7, 10; PWW/*Deppenkemper* § 2311 Rn. 17.
63 *Staudinger*/*Haas* § 2311 Rn. 101 ff.
64 *Ebeling* GmbHR 1976, 153 gegen *Sachs* GmbHR 1976, 60.
65 *Staudinger*/*Haas* § 2311 Rn. 109.

des BGH und der herrschenden Lehre.[66] Bei Eltern ist der volle Voraus abzuziehen; bei Abkömmlingen dagegen nur der zur angemessenen Haushaltsführung benötigte.

Der Pflichtteilsanspruch des Ehegatten selbst berechnet sich nach dem Gesamtnachlass einschließlich des Voraus.[67]   24

§ 2312
Wert eines Landgutes

(1) Hat der Erblasser angeordnet oder ist nach § 2049 anzunehmen, dass einer von mehreren Erben das Recht haben soll, ein zum Nachlasse gehörendes Landgut zu dem Ertragswerte zu übernehmen, so ist, wenn von dem Rechte Gebrauch gemacht wird, der Ertragswert auch für die Berechnung des Pflichtteils maßgebend. Hat der Erblasser einen anderen Übernahmepreis bestimmt, so ist dieser maßgebend, wenn er den Ertragswert erreicht und den Schätzungswert nicht übersteigt.

(2) Hinterlässt der Erblasser nur einen Erben, so kann er anordnen, dass der Berechnung des Pflichtteils der Ertragswert oder ein nach Abs. 1 S. 2 bestimmter Wert zugrunde gelegt werden soll.

(3) Diese Vorschriften finden nur Anwendung, wenn der Erbe, der das Landgut erwirbt, zu den in § 2303 bezeichneten pflichtteilsberechtigten Personen gehört.

I. Normzweck

§ 2312 muss man als eine agrarpolitische Schutzvorschrift ansehen. Dem Übernehmer eines   1
Landgutes, der selbst zum Kreis der pflichtteilsberechtigten Personen gehört (Abs. 3), soll die Fortführung des Betriebes erleichtert werden, in dem gegen ihn gerichtete Pflichtteilsansprüche nicht nach dem Verkaufswert (gemeinen Wert) berechnet werden, sondern auf der Grundlage des regelmäßig niedrigeren Ertragswertes. Diese Begünstigung des Übernehmers kommt jedoch nur solange in Betracht, als im Einzelfall davon ausgegangen werden kann, dass der Gesetzeszweck, nämlich die Erhaltung eines leistungsfähigen landwirtschaftlichen Betriebes in der Hand einer vom Gesetz begünstigten Person auch tatsächlich erreicht wird.[1]

II. Die Regelung von Abs. 1 und Abs. 2

1. Allgemeines

Abs. 1 regelt den Fall, dass der Erblasser mehrere Erben hinterlässt und die Anordnung   2
getroffen hat, dass ein Miterbe das Recht haben soll, ein zum Nachlass gehörendes Landgut zu übernehmen. In diesem Falle ist das Landgut zum Ertragswert anzusetzen, wenn der Erblasser ausdrücklich eine derartige Anordnung getroffen hat oder über § 2049 Abs. 1, der besagt, dass im Zweifel die Ertragswertberechnung zugrunde zu legen ist.[2] Wird von dem Erben das Übernahmerecht in Anspruch genommen und gehört er weiterhin zum Kreis der pflichtteilsberechtigten Personen (Abs.3), so ist der Ertragswert auch für die Berechnung des Pflichtteils des Übernehmers selbst und der übrigen Pflichtteilsberechtigten maßgebend. Der Erblasser

---

66 Soergel/Dieckmann § 2311 Rn. 38; Staudinger/Haas § 2311 Rn. 42; BGH, NJW 1979, 546.
67 Soergel/Diekmann § 2311 Rn. 37.
1 BGHZ 98, 375 = LM Nr. 5 = NJW 1987, 951; BGHZ 98, 382 = LM Nr. 6/7 = NJW 1987, 1260; BGH NJW 1995, 1352.
2 S. hierzu auch OLG München NJW-Spezial 2009, 359, wonach stets der Ertragswert anzusetzen ist, sofern der Erblasser nicht ausdrücklich eine anderweitige Anordnung trifft.

Jürgen Gemmer

kann allerdings nach Abs. 1 S. 2 auch ausdrücklich einen Übernahmepreis bestimmen, der zwischen dem Ertragswert und dem Schätzungswert liegt.

3   Abs. 2 regelt den Fall, dass der Erblasser nur einen Erben hinterlässt. In diesem Fall kann er anordnen, dass anstelle des Schätzungswertes (§ 2311 Abs. 2 S. 1) der Ertragswert oder ein Zwischenwert bis zum Schätzwert maßgebend ist. Auch im Falle des Abs. 2 ist Voraussetzung, dass der Erbe zu dem Personenkreis nach Abs. 3 gehört.

2. Landgut

4   Das Gesetz enthält keine Legaldefinition zu dem Begriff des Landgutes. Die Rechtsprechung versteht hierunter eine Besitzung, die eine zum selbstständigen und dauernden Betrieb der Landwirtschaft geeignete und bestimmte Wirtschaftseinheit darstellt und mit den nötigen Wohn- und Wirtschaftsgebäuden versehen ist.[3] Eine Mindestgröße ist nicht vorgeschrieben. Allerdings wird man verlangen müssen, dass ein erheblicher oder wesentlicher Teil des Einkommens aus der Landwirtschaft fließt.[4] Ein Forstgut steht nach herrschender Ansicht einem Landgut i.S.v. § 2312 gleich.[5] Auch ein Gartenbaubetrieb kann unter die Vorschrift des § 2312 fallen.[6]

5   Die Vorschrift des § 2312 wird auch dann angewendet, wenn das Landgut bereits zu Lebzeiten des Erblassers übergeben wurde und gegen den Übernehmer Pflichtteilsergänzungsansprüche gem. §§ 2325 ff. geltend gemacht werden. Dies setzt allerdings voraus, dass das Landgut nicht vor dem Erbfall aufgegeben wurde; entscheidend sind die Verhältnisse im Zeitpunkt des Erbfalles.[7]

6   § 2312 ist weder nach seinem Wortlaut noch nach seinem Normzweck in den Fällen anwendbar, in denen ein Landgut mehreren Erben zu Bruchteilseigentum übergeben worden ist oder ein Miterbe nur einen Bruchteil des Eigentums an einem Landgut übernommen hat.[8]

7   Können beispielsweise einzelne, praktisch baureife Grundstücke ohne Gefahr für die dauernde Lebensfähigkeit aus dem Landgut herausgelöst werden, rechtfertigt sich nicht die Ertragswertberechnung; statt dessen ist für diese Grundstücke der Verkehrswert zugrunde zu legen.[9]

3. Nachabfindungen

8   Nach Auffassung des BGH haben die Pflichtteilsberechtigten keinen Nachabfindungsanspruch, wenn im Zeitpunkt des Erbfalles die Voraussetzungen des § 2312 vorliegen und zu einem späteren Zeitpunkt das Landgut veräußert wird.[10] Ob diese Auffassung einer verfassungsrechtlichen Überprüfung unter den Gesichtspunkten von Art. 3 Abs. 1, 6 Abs. 1 und 14 Abs. 1 GG standhält, erscheint zweifelhaft. Im Bereich der Höfeordnung werden weichende Erben und Pflichtteilsberechtigte im Umfange ihrer Erb- oder Pflichtteilsquote grundsätzlich am erzielten Verkaufserlös beteiligt, wenn der Hoferbe den Hof oder Teile hiervon innerhalb von 20 Jahren nach dem Erbfall veräußert (§ 13 HöfeO). Vergleichbare

---

3 BGH NJW-RR 1992, 770; BGHZ 98, 375, 377 f. = LM Nr. 5 = NJW 1987, 951; OLG München ZEV 2009, 301.
4 BGH NJW-RR 1992, 770 (Bewirtschaftung von 5,6 ha Ackerland und 2,9 ha Wald als Nebentätigkeit genügt trotz teilweiser Verpachtung des Grundbesitzes und hohen Alters der Maschinen); BGHZ 98, 375, 377 f. LM Nr. 5 = NJW 1987, 951 und BGH LM § 2329 Nr. 5/6 = NJW 1964, 1414, 1416 (»selbstständige Nahrungsquelle« nötig. »Ackernahrung« nicht nötig; Bewirtschaftung als Nebentätigkeit genügt).
5 BGHZ 98, 375, 377 = LM Nr. 5 = NJW 1987, 951; BGH LM § 2329 Nr. 5/6 = NJW 1964, 1414, 1416 unter III 4.
6 Vgl. OLG Oldenburg NJW-RR 1992, 464.
7 So BGH LM Nr. 9 = NJW 1995, 1352.
8 BGH LM Nr. 4; BGH LM § 2325 Nr. 9 = NJW 1973, 995; *Soergel/Dieckmann* § 2312, Rn. 8; *Staudinger/Haas* § 2312 Rn. 13.
9 BGHZ 98, 382 388; BGH FamRZ 92, 172.
10 BGHZ 98, 382, 388 = LM Nr. 6/7 = NJW 1987, 1260, 1262.

Regelungen enthalten die landesrechtlichen Anerbengesetze. Vom Normzweck her ist § 2312 daher so zu verstehen, dass die Maßgeblichkeit des Ertragswertes davon abhängt, ob der Übernehmer sein Eigentum »durch eigene Leistungen legitimiert«.[11]

4. Ertragswert

Hierzu enthält § 2049 Abs. 2 eine Legaldefinition. Danach bestimmt sich der Ertragswert nach dem Reinertrag, den das Landgut nach seiner bisherigen wirtschaftlichen Bestimmung bei ordnungsmäßiger Bewirtschaftung nachhaltig gewähren kann.[12] Durch Art. 137 EGBGB bleibt eine nähere Regelung dem Landesrecht vorbehalten. Die einschlägigen Landesgesetze bestimmen, dass der jährliche Reinertrag mit einem Kapitalisierungsfaktor zu multiplizieren ist, der zwischen 17 und 25 beträgt. Näheres ist den einschlägigen Landesgesetzen zu entnehmen.[13] Keine Regelung zum Kapitalisierungsfaktor enthalten die Landesgesetze der neuen Bundesländer, Bremen, Hamburg und Schleswig-Holstein. Überwiegend wird hier ein Faktor von 18 empfohlen.[14]

Übersicht zu den anderen Bundesländern:

Bundesland	Fundstelle
Baden-Württemberg	§ 48 BW AGBGB vom 26.11.1974 (GBl, 498)
Bayern	Art. 68 BayAGBG vom 29.9.1982 (GVBl, 803)
Berlin (West)	Art. 83 PrAGBGB
Hessen	§ 30 HessAGBGB vom 18.12.1984 (GVBl, 344)
Nordrhein-Westfalen	Ehem. Preußen Art. 83 AGBGB vom 20.9.1899 (SGV NW, 40); ehem. Land Lippe § 46 Lipp AGBGB vom 17.11.1899 (Lipp GS, 489)
Rheinland-Pfalz	§ 24 AGBGB vom 18.11.1976 (GVBl, 259)
Saarland	3 32 Gesetz zur Ausführung bundesrechtlicher Justizgesetze vom 5.2.1997 (ABl, 258)
Niedersachsen	3 28 NdsAGBGB vom 4.3.1971 (GVBl, 73)

III. Die Regelung des Abs. 3

Die Ertragswertberechnung ist nur maßgebend, wenn der Erbe grundsätzlich zu dem pflichtteilsberechtigten Personenkreis gehört (§ 2303). Es ist nicht erforderlich, dass der Übernehmer gem. § 2309 konkret auch wirklich pflichtteilsberechtigt ist.[15]

§ 2313
Ansatz bedingter, ungewisser oder unsicherer Rechte, Feststellungspflicht des Erben

(1) Bei der Feststellung des Wertes des Nachlasses bleiben Rechte und Verbindlichkeiten, die von einer aufschiebenden Bedingung abhängig sind, außer Ansatz. Rechte und Verbindlichkeiten, die von einer auflösenden Bedingung abhängig sind, kommen

---

11 So MüKoBGB/*Lange* § 2312 Rn. 20.
12 Zu den verfassungsrechtlichen Bedenken der Landgutbewertung: *J. Mayer* ErbR 2010, 34, 40; zur Bewertung von Höfen s.a. *Wellmann* ZErb 2010, 12.
13 S. hierzu Tabelle Rz. 10.
14 *Staudinger/J. Mayer* Art. 137 EGBGB Rn. 56.
15 BGH LM § 2329 Nr. 5/6 = NJW 1964, 1414, 1415 unter III 1 mit weiteren Hinweisen; *Soergel/Dieckmann* § 2312 Rn. 4.

als unbedingte in Ansatz. Tritt die Bedingung ein, so hat die der veränderten Rechtslage entsprechende Ausgleichung zu erfolgen.

(2) Für ungewisse oder unsichere Rechte sowie für zweifelhafte Verbindlichkeiten gilt das Gleiche wie für Rechte und Verbindlichkeiten, die von einer aufschiebenden Bedingung abhängig sind. Der Erbe ist dem Pflichtteilsberechtigten gegenüber verpflichtet, für die Feststellung eines ungewissen und für die Verfolgung eines unsicheren Rechtes zu sorgen, soweit es einer ordnungsmäßigen Verwaltung entspricht.

I. Normzweck

1 Ist der Bestand des Nachlasses von künftigen ungewissen Ereignissen abhängig, gestaltet sich die Schätzung als Mittel der Wertfestsetzung schwierig. Mit dieser Vorschrift sollen diese Schwierigkeiten beseitigt werden. Insoweit dient die Regelung einer Vereinfachung. Rechte und Verbindlichkeiten, die von einer aufschiebenden Bedingung abhängig sind, bleiben bei der Feststellung des Wertes des Nachlasses außer Ansatz (Abs. 1 S. 1). Entsprechendes gilt für ungewisse oder unsichere Rechte sowie zweifelhafte Verbindlichkeiten (Abs. 2 S. 1). Auflösend bedingte Rechte und Verbindlichkeiten sind hingegen zunächst wie unbedingte in Ansatz zu bringen (Abs. 1 S. 2); wird die Ungewissheit behoben, so hat eine Ausgleichung auf der Grundlage der geänderten Lage zu erfolgen (Abs. 1 S. 3). Insoweit wird die mit dem Stichtagsprinzip gem. § 2311 angestrebte Lösung nach einer einmaligen und endgültigen Abfindung des Pflichtteilsberechtigten wieder aufgehoben. Hinsichtlich der Bewertung des Nachlassvermögens verbleibt es jedoch beim Zeitpunkt des Erbfalls.[1]

II. Rechte und Verbindlichkeiten, die von einer aufschiebenden oder auflösenden Bedingung abhängig sind (Abs. 1)

2 Die Behandlung aufschiebend und auflösend bedingter Rechte und Verbindlichkeiten beruht auf dem Gedanken, dass der Pflichtteilsberechtigte an Geld so viel erhalten soll, wie er erhalten haben würde, wenn er entsprechend dem Pflichtteil Erbe geworden wäre. Als Erbe würde er den Betrag der auflösend bedingten Forderung zunächst ganz erhalten; die auflösend bedingten Verbindlichkeiten müsste er sofort erfüllen. Dagegen würden dem Erben aufschiebend bedingte Rechte und Verbindlichkeiten keine sofortigen finanziellen Vor- und Nachteile bringen. Als Bedingung i.S.v. Abs. 1 wird man entsprechend dem Normzweck auch die sog. Rechtsbedingung ansehen müssen.[2]

3 Die Vorschriften des Abs. 1 finden keine Anwendung auf befristete Rechte und Verbindlichkeiten. Hier ist der Wert nach § 2311 auch dann zu schätzen, wenn der Zeitpunkt des Eintritts eines Ereignisses noch ungewiss ist.[3]

4 Tritt die aufschiebende oder auflösende Bedingung ein, so findet zwischen dem Erben und dem Pflichtteilsberechtigten eine der veränderten Rechtslage entsprechende Ausgleichung statt. Bei aufschiebend bedingten Rechten und auflösend bedingten Verpflichtungen erhöht der Bedingungseintritt den Pflichtteil. Bei auflösend bedingten Rechten oder aufschiebend bedingten Verbindlichkeiten hingegen vermindert sich durch den Bedingungseintritt der Pflichtteil. Der Pflichtteilsberechtigte hat dasjenige zurückzuzahlen, was er zu viel erhalten hat. Dabei bestimmt sich die Verpflichtung des Pflichtteilsberechtigten zur Rückzahlung des zu viel Empfangenen nicht etwa nach §§ 812 ff., sondern nach den allg. Grundsätzen über bedingte Verpflichtungen (§ 159).[4] Sicherheitsleistung für eine evtl.

---

1 BGHZ 123, 77, 80 = NJW 1993, 2176; OLG Köln NJW 1998, 240, 241; a.A. wohl MüKoBGB/*Lange* § 2313 Rn. 3.
2 *Staudinger/Haas* § 2313 Rn. 7.
3 BGH FamRZ 1979, 787, 788; *Bamberger/Roth/J. Mayer* § 2313 Rn. 2; RGRK/*Johannsen* § 2313 Rn. 8; *Staudinger/Haas* § 2313 Rn. 3.
4 *Bamberger/Roth/J. Mayer* § 2313 Rn. 7; *Soergel/Dieckmann* § 2313 Rn. 3.

Nach- bzw. Rückzahlung kann der Pflichtteilsberechtigte bzw. Erbe außerhalb der Insolvenz (vgl. §§ 77 Abs. 3 Nr. 1, 95 Abs. 1, 191 InsO) nicht verlangen. Es gelten die allg. Grundsätze über die arrestweise Sicherung bedingter Ansprüche (§ 916 Abs. 2 ZPO).[5] Die evtl. spätere Ausgleichung braucht im Urteil über den Pflichtteilsanspruch nicht besonders vorbehalten zu werden.[6]

III. Ungewisse, unsichere Rechte und zweifelhafte Verbindlichkeiten (Abs. 2)

Rechte sind ungewiss, wenn ihr rechtlicher Bestand zweifelhaft ist; sie sind unsicher, wenn ihre wirtschaftliche Verwertbarkeit zweifelhaft ist. Eine zweifelhafte Verbindlichkeit liegt vor, wenn zweifelhaft ist, ob sie rechtlich besteht oder tatsächlich verwirklicht werden kann.[7]

Einzelfälle: Unsicher ist ein zum Nachlass gehörendes Nacherbenrecht.[8] Ungewiss ist ein anfechtbares oder schwebend unwirksames Recht.[9] Unsicher ist eine Darlehensforderung nach erfolgloser Pfändung.[10] Bürgschaften, Garantieversprechen, Grundpfandrechte und Verpfändungen für fremde Schuld sind zweifelhafte Verbindlichkeiten, soweit die Inanspruchnahme noch ungeklärt ist.[11] Die hier gegen den Hauptschuldner bestehenden (bedingten) Ausgleichsansprüche bleiben umgekehrt auch solange außer Betracht.[12] Nicht unsicher sondern nur ein Problem der Bewertung ist z.B. der Geschäftswert eines Handwerksbetriebs[13] oder ein mit einer wertmäßigen Abfindungsbeschränkung belasteter Gesellschaftsanteil[14] oder durch eine Veräußerung von Betriebsvermögen nach § 16 EStG anfallende Ertragsteuer.[15]

Fällt die »Ungewissheit«, »Unsicherheit« oder »Zweifelhaftigkeit« i.S.v. Abs. 2 S. 1 weg, so kommt die Ausgleichungsregel gem. Abs. 1 S. 3 zum Tragen.

Durch Abs. 2 S. 2 wird der Erbe ausdrücklich verpflichtet, im Rahmen ordnungsgemäßer Verwaltung für die Feststellung eines ungewissen und für die Verfolgung eines unsicheren Rechts Sorge zu tragen.

IV. Sonderproblem: Zur Beurteilung unsicherer Forderungen gegen einen Miterben oder Pflichtteilsberechtigten

Soweit ersichtlich werden in Rechtsprechung und Literatur unsichere Forderungen gegen Miterben und Pflichtteilsberechtigte genauso behandelt wie gegen Dritte. Eine Differenzierung wird nicht vorgenommen.[16] Richtet sich die Nachlassforderung gegen einen nicht solventen Miterben, so sollte diese unsichere Forderung jedenfalls in der Höhe wie eine sicherere Forderung behandelt werden, wie sie durch das gedeckt ist, was der Miterbe aus dem Nachlass zu erwarten hat. Beispiel:

Der Erblasser hat von seinen drei Söhnen A enterbt und B und C zu gleichen Teilen als Erben berufen. Der Nachlass hat einen Wert von 90.000 € zuzüglich einer Forderung des Erblassers gegen B in Höhe von 30.000 €, die – ohne den Erbfall – nicht beizutreiben wäre. Hätte B im Hinblick auf die Erbschaft ein Darlehen aufgenommen und seine Schuld

---

5 *Staudinger/Haas* § 2313 Rn. 18.
6 OLG Kiel OLGZ 7, 143.
7 RGRK/*Johannsen* § 2313, Rn. 4.
8 RGZ 83, 253, 254; *Staudinger/Haas* § 2313 Rn. 9 nimmt aufschiebend bedingtes Recht an, so lange Nacherbfall noch nicht eingetreten ist.
9 *Staudinger/Haas* § 2313 Rn. 9.
10 OLG Dresden JW 1918, 188.
11 OLG Köln ZEV 2004, 155 zur Bürgschaftsverbindlichkeit; MüKoBGB/*Lange* § 2313 Rn. 11.
12 *Staudinger/Haas* § 2313 Rn. 11.
13 *Staudinger/Haas* § 2313 Rn. 9.
14 *Soergel/Dieckmann* § 2313 Rn. 7.
15 MüKoBGB/*Lange* § 2313 Rn. 12.
16 Anders nur *Soergel/Dieckmann* § 2313 Rn. 7.

gegenüber dem Nachlass bezahlt, betrüge der Pflichtteil des A 20.000 €. Nichts anderes sollte gelten, wenn B auf die Darlehensaufnahme verzichtet und sich entschuldet, indem er sich die Nachlassforderung auf das anrechnen lässt, was er bei der Verteilung zu erhalten hat.[17]

11 Im Ergebnis kann aber auch bei einem Pflichtteilsberechtigten nichts anderes gelten. Beispiel: Der Erblasser hat seinen Sohn A zum Alleinerben eingesetzt. Die Söhne B und C sind enterbt. Der Nachlass hat einen Wert von 90.000 € zuzüglich einer unsicheren Forderung in Höhe von 30.000 € gegen den insolventen C.

12 Im ersten Schritt ist zu ermitteln, in welcher Höhe maximal die unsichere Forderung einerseits und der Pflichtteilsanspruch des C durch Aufrechnung erlöschen können. Also 90.000 € + 30.000 € = 120.000 € hiervon 1/6 Pflichtteilsquote C = 20.000 €.

13 Zweiter Schritt: In Höhe von 20.000 € ist die Nachlassforderung bei der Pflichtteilsberechnung für B zu berücksichtigen, also ist zu rechnen: 90.000 € + 20.000 € = 110.000 € hiervon 1/6 Pflichtteilsquote = 18.333,33 €. Diese Lösung entspricht dem Grundgedanken des § 2313 Abs. 2. S. 2.

§ 2314
Auskunftspflicht des Erben

(1) Ist der Pflichtteilsberechtigte nicht Erbe, so hat ihm der Erbe auf Verlangen über den Bestand des Nachlasses Auskunft zu erteilen. Der Pflichtteilsberechtigte kann verlangen, dass er bei der Aufnahme des ihm nach § 260 vorzulegenden Verzeichnisses der Nachlassgegenstände zugezogen und dass der Wert der Nachlassgegenstände ermittelt wird. Er kann auch verlangen, dass das Verzeichnis durch die zuständige Behörde oder durch einen zuständigen Beamten oder Notar aufgenommen wird.

(2) Die Kosten fallen dem Nachlass zur Last.

Übersicht

	Rz.
I. Normzweck	1
II. Inhalt der Auskunftspflicht	2
1. Bestand des Nachlasses	3
2. Im Nachlass befindet sich ein anderer (= erster) Nachlass	8
3. Inhalt der Auskunftspflicht/Güterstand	9
III. Erfüllung des Auskunftsanspruches (Abs. 1 S. 2 und 3)	10
1. Das Bestandsverzeichnis	10
2. Zuziehung des Pflichtteilsberechtigten	13
3. Die Wertermittlung nach Abs. 1 S. 2	14
4. Amtliches Verzeichnis	16
IV. Anspruchsberechtigte und -verpflichtete	19
1. Überblick	19
2. Auskunftsverpflichteter Personenkreis	23
V. Prozessuale Fragen, Kosten, Verjährung	25

	Rz.
1. Stufenklage	25
2. Kosten	27
3. Verjährung	28
1. Checkliste zu den Auskunftsansprüchen im Pflichtteilsrecht:	31
2. Muster: Außergerichtliches Auskunftsbegehren des Pflichtteilsberechtigten	32
3. Muster: Außergerichtliches Schreiben nach Auskunftserteilung (Wertermittlung gegenüber dem Erben)	35
4. Muster: Klage des Pflichtteilsberechtigten auf Auskunft	36
5. Muster: Stufenklage des Pflichtteilsberechtigten (Nichterben) auf Auskunft und Zahlung des Pflichtteils- und Pflichtteilsergänzungsanspruchs gegen den Erben	37

---

17 *Soergel*/Dieckmann § 2313 Rn. 7.

I. Normzweck

Da ohne einen Auskunftsanspruch der Pflichtteilsanspruch so gut wie nie zu verwirklichen wäre, räumt diese Vorschrift dem Pflichtteilsberechtigten einen solchen über die Höhe des Nachlasses gegenüber dem Erben ein. Zu diesem Zweck kann der Pflichtteilsberechtigte von dem Erben auch die Vorlage eines Verzeichnisses der Nachlassgegenstände verlangen, um sich selbst über Umfang und Höhe des Nachlasses einen Überblick zu verschaffen und seinen Anspruch zu berechnen. Ergänzt wird der Auskunftsanspruch durch einen Anspruch auf Wertermittlung, weil es sich bei dem Pflichtteilsanspruch um einen reinen Geldanspruch handelt. Der Pflichtteilsberechtigte kann verlangen, dass er bei der Aufnahme des Verzeichnisses zugezogen wird oder eine Amtsperson das Verzeichnis aufstellt (Abs. 1 S. 2 und 3). Durch die ausdrückliche Regelung des Abs. 2 fallen die Kosten des Auskunftsverfahrens dem Nachlass zur Last.

II. Inhalt der Auskunftspflicht

Der Erbe muss Auskunft erteilen über die Gegenstände, die zur Zeit des Erbfalls zum Nachlass gehören.[1] Diese umfasst auch Gegenstände, die u.U. als Voraus des Ehegatten bei der Pflichtteilsberechnung unberücksichtigt bleiben[2] und solche, die der Erblasser nur im Besitz hatte.[3] Ebenso müssen nach herrschender Meinung die Nachlassverbindlichkeiten angegeben werden.[4]

1. Bestand des Nachlasses

Was zum Bestand des Nachlasses gehört, ist naturgemäß von Fall zu Fall unterschiedlich. Grundsätzlich ist jedoch Folgendes zu beachten:

a) Zuwendungen und Schenkungen

Zuwendungen und Schenkungen gehören zum fiktiven Bestand des Nachlasses und unterliegen daher auf besonderes Verlangen ebenfalls der Auskunftspflicht. Hierzu gehören:
– Zuwendungen des Erblassers gem. § 2050 ff., die über § 2316 bei der Berechnung des Pflichtteils auszugleichen sind.[5]
– Schenkungen an Dritte aus dem zurückliegenden Zeitraum von zehn Jahren vor dem Erbfall, weil der Pflichtteilsberechtigte gegebenenfalls einen Pflichtteilsergänzungsanspruch gem. § 2325 erworben haben könnte.[6]
– Anstandsschenkungen (s. § 2330), auch wenn sie bei der Pflichtteilsergänzung nicht berücksichtigt werden.
– Auch sog. ehebedingte oder unbenannte Zuwendungen fallen vom Grundsatz her unter die Auskunftspflicht, weil sie einem Pflichtteilsergänzungsanspruch unterliegen können.[7] Denn derartige Zuwendungen sind in der Regel objektiv unentgeltlich und im Erbrecht grundsätzlich wie eine Schenkung zu behandeln.[8]

Der Auskunftsanspruch ist nicht davon abhängig, dass eine Schenkung feststeht. Allerdings muss der Pflichtteilsberechtigte gewisse Anhaltspunkte für die von ihm behauptete

---

1 BGHZ 33, 373, 374 LM 4 (LS) = NJW 1961, 602, 603; OLG Oldenburg NJW-RR 1993, 782.
2 So schon RGZ 62, 109, 110.
3 BGH LM § 260 Nr. 1.
4 BGHZ 33, 373, 374 = LM Nr. 4 (LS) = NJW 1961, 602, 603, bestätigt durch BGHZ 89, 24, 27 = NJW 1984, 487, 488; *Erman/Schlüter* § 2314, Rn. 4; MüKoBGB/*Lange* § 2314 Rn. 3.
5 BGHZ 33, 373, 374 = LM Nr. 4 (LS) = NJW 1961, 602, 603, bestätigt durch BGHZ 89, 24, 27 = NJW 1984, 487 m.w.N.; *Staudinger/Haas* § 2314 Rn. 9.
6 BGHZ 33, 373, 374; MüKoBGB/*Lange* § 2314 Rn. 3.
7 Vgl. *Klingelhöffer* NJW 1993, 1097, 1102.
8 BGH NJW 1992, 564 ff.

unentgeltliche Verfügung des Erblassers nachweisen.⁹ Bestehen Anhaltspunkte für das Vorliegen einer gemischten Schenkung – sei es auch verschleiert – ist der Erbe verpflichtet, über alle Vertragsbedingungen Auskunft zu geben, deren Kenntnis für die Beurteilung notwendig ist, ob und in welcher Höhe ein Pflichtteilsergänzungsanspruch geltend gemacht werden kann.¹⁰ Der auskunftspflichtige Erbe muss nicht nur seine eigenes Wissen preisgeben, sondern sich die für die Auskunft notwendigen Kenntnisse auch soweit wie möglich von Dritten verschaffen, insb. von Kreditinstituten. Der Auskunftsanspruch des Erben gegen das Kreditinstitut kann dem Pflichtteilsberechtigten abgetreten werden.¹¹

b) Unternehmen oder Beteiligung an einer Personengesellschaft

6   Gehört zum Nachlass ein Unternehmen oder Beteiligung an einer Personengesellschaft, so gilt Folgendes:

7   Der Pflichtteilsberechtigte kann die Vorlage von Jahresabschlüssen (Bilanzen, Einnahme-Überschuss-Rechnungen, Gewinn- und Verlustrechnungen), betriebswirtschaftliche Auswertungen und andere Unterlagen verlangen, die eine Ermittlung des Geschäftswertes ermöglichen.¹² Existiert eine Beteiligung an einer Personengesellschaft (z.B. OHG-Anteil) und verweigern die Mitgesellschafter dem Erben, dass dieser die Geschäftsbücher und -papiere zum Zwecke der Wertermittlung vorlegt, muss der Erbe gegen die Mitgesellschafter vorgehen und diese auf Einwilligung in die Vorlegung verklagen.¹³

2. Im Nachlass befindet sich ein anderer (= erster) Nachlass

8   Der Auskunftsanspruch nach § 2314 richtet sich nur gegen den Erben des zweiten Nachlasses. Der oder die Erben des zweiten Nachlasses sind jedoch gegenüber dem Pflichtteilsberechtigten verpflichtet, die erforderlichen Auskünfte über den ersten Nachlass einzuholen und mitzuteilen.¹⁴

3. Inhalt der Auskunftspflicht/Güterstand

9   Die Höhe des Pflichtteilsanspruchs von Abkömmlingen oder Eltern ist davon abhängig, ob der Erblasser im gesetzlichen Güterstand der Zugewinngemeinschaft gelebt hat, ob der überlebende Ehegatte Erbe geworden ist bzw. ein ihm zugewandtes Vermächtnis angenommen hat oder selbst den Pflichtteil verlangen kann.¹⁵ Aus § 2314 ergibt sich zwar nicht, dass ein Erbe auch darüber Auskunft erteilen muss, wer Miterbe geworden ist. Um den Normzweck des § 2314 allerdings zu erfüllen, wird man den Erben als verpflichtet ansehen müssen, darüber Auskunft zu geben, ob der Erblasser im gesetzlichen Güterstand der Zugewinngemeinschaft gelebt hat und gegebenenfalls, ob der Ehegatte ein ihm zugewandtes Vermächtnis angenommen oder ausgeschlagen hat.¹⁶

III. Erfüllung des Auskunftsanspruches (Abs. 1 S. 2 und 3)

1. Das Bestandsverzeichnis

10   Der Pflichtteilsberechtigte kann die Vorlage eines Bestandsverzeichnisses i.S.v. § 260 verlangen. Hiervon zu unterscheiden ist das Inventarverzeichnis gem. §§ 1993 ff., das ein

---

9 BGH NJW 1993, 2737; OLG Düsseldorf ZEV 1995, 410, 413.
10 BGHZ 89, 24, 27 = NJW 1984, 487, 488; RGRK/*Johannsen* § 2314 Rn. 8.
11 BGHZ 107, 104 = LM § 398 Nr. 63 = NJW 1989, 1601.
12 BGH NJW 1975, 1774, 1777 f.
13 So schon RG DR 1940, 1635.
14 RGZ 72, 379, 381.
15 Vgl. §§ 1931, 1371, insb. 1371 Abs. 3; im Übrigen Kommentierung zu § 2303.
16 Vgl. OLG Düsseldorf NJW 1996, 3156 (zum Güterstand); *Bamberger/Roth/J. Mayer* § 2314 Rn. 9; *Klingelhöffer* NJW 1993, 1097, 1102.

Pflichtteilsberechtigter in seiner Eigenschaft als Nachlassgläubiger beantragen kann. Denn dieses Inventarverzeichnis soll den Pflichtteilsberechtigten als Gläubiger über Vollstreckungsmöglichkeiten unterrichten. Zwischen beiden Verzeichnissen besteht der wesentliche Unterschied darin, dass bei dem Verzeichnis gem. § 260 nicht der Wert der einzelnen Nachlassgegenstände angegeben werden muss.

Das Bestandsverzeichnis muss diejenigen Nachlassgegenstände enthalten, auf die sich die Auskunftspflicht erstreckt. Meint der Anspruchsberechtigte, das Verzeichnis sei unvollständig oder unrichtig, so kann er generell keine Ergänzung verlangen, sondern ist unter den Voraussetzungen des § 260 Abs. 2 auf die Versicherung an Eides statt beschränkt. Ausnahmsweise wird man dann eine Ergänzungspflicht bejahen können, sofern der Erbe rechtsirrig bestimmte Vermögensteile weggelassen hat[17] oder erkennbar keine Angaben über fiktive Nachlasswerte oder Schenkungen gemacht hat.[18]

§ 260 Abs. 2 normiert die Voraussetzungen, unter denen der Pflichtteilsberechtigte eine eidesstattliche Versicherung im Hinblick auf die Vollständigkeit der Angaben in dem Bestandsverzeichnis von dem Erben verlangen kann. Dies ist dann der Fall, wenn Grund zu der Annahme besteht, das Verzeichnis sei nicht mit der notwendigen Sorgfalt i.S.v. § 260 Abs. 2 aufgestellt worden.

2. Zuziehung des Pflichtteilsberechtigten

Der Berechtigte kann verlangen, dass er bei der Aufnahme des Bestandsverzeichnisses zugezogen wird. Die Zuziehung eines Bevollmächtigten oder Beistandes ist möglich. Das Recht besteht auch bei einer amtlichen Bestandsaufnahme nach Abs. 1 S. 3.[19]

3. Die Wertermittlung nach Abs. 1 S. 2

Der Wertermittlungsanspruch ist streng von dem eigentlichen Auskunftsanspruch zu trennen.[20] Diese strikte Trennung ist zwar vom Gesetzeswortlaut und der dahinter stehenden Gesetzessystematik an sich nicht zu erkennen, entspricht aber der gefestigten Rechtsprechung des Bundesgerichtshofs. Hieraus ergeben sich praktische Folgen: Solange die Zugehörigkeit eines bestimmten Gegenstandes zum realen oder fiktiven Nachlass vom Pflichtteilsberechtigten nicht bewiesen wurde, ist ein Wertermittlungsanspruch zu verneinen.[21] So hat zum Beispiel der Pflichtteilsberechtigte zwar einen Auskunftsanspruch auch über Schenkungen an Dritte innerhalb des Zehnjahreszeitraums vor dem Erbfall. Der Wertermittlungsanspruch steht dem Pflichtteilsberechtigten jedoch erst dann zu, wenn er den Beweis darüber geführt hat, dass eine ergänzungspflichtige Schenkung tatsächlich vorliegt. Die Auffassung des BGH verdient zwar im Grundsatz Zustimmung, muss aber für den Fall der gemischten Schenkung modifiziert werden,[22] weil dort eine Feststellung der Teilschenkung nur möglich ist, wenn die Werte von Leistung und Gegenleistung verglichen werden. Bei der gemischten Schenkung muss es daher ausreichen, dass der Pflichtteilsberechtigte wenigstens in Form einer groben Überschlagsberechnung beweist, dass eine gemischte Schenkung vorliegt. Gelingt ihm dieser Beweis (notfalls mit Hilfe eines auf eigene Kosten in Auftrag gegebenen Sachverständigengutachtens), so kann er nunmehr auf

---

17 BGH, LM § 260 Nr. 1; OLG Oldenburg, NJW-RR 1992, 777, 778.
18 OLG Oldenburg NJW-RR 1992, 777.
19 KG FamRZ 1996, 767.
20 Seit BGHZ 89, 24, 28 ff. = NJW 1984, 487, 488.
21 BGHZ 89, 24, NJW 1984, 487; vgl. auch BGH LM § 242 Nr. 131 = NJW 1993, 2737; zur Auskunft und Wertermittlung im Falle der Nachlassspaltung, hier Belgien, OLG Koblenz BeckRS 2009, 88048.
22 So auch *Dieckmann* FamRZ 1984, 880. Noch weitergehend *Baumgärtel* (JR 1984, 202 und Festschrift *Hübner*, S. 395, 407), der einen Wertermittlungsanspruch bereits bei »begründetem Verdacht« einer gemischten Schenkung bejaht.

Kosten des Nachlasses verlangen, dass der genaue Wert dieser gemischten Schenkung ermittelt wird.[23]

15 Reichen die Auskünfte des Erben zur Wertermittlung nicht aus, kann der Pflichtteilsberechtigte verlangen, dass die Werte der Nachlassgegenstände durch einen Sachverständigen ermittelt werden. Die Kosten hierfür fallen dem Nachlass zur Last. Der Pflichtteilsberechtigte kann jedoch nicht eigenmächtig ein Gutachten in Auftrag geben und danach die Kosten erfolgreich auf den Nachlass abwälzen. Insoweit muss er die Kosten selbst tragen.[24] Anspruch auf Feststellung des Nachlasswertes anhand einer bestimmten Bewertungsmethode besteht nicht.[25]

4. Amtliches Verzeichnis

16 Der Berechtigte kann auch verlangen, dass ein amtliches Verzeichnis aufgestellt wird. Nach Bundesrecht sind hierfür die Notare zuständig (s. § 20 Abs. 1 BNotO). Landesrechtlich besteht daneben auch die Zuständigkeit des Amtsgerichts (nicht Nachlassgericht!).

17 Inhaltlich besteht gegenüber dem privaten Verzeichnis kein Unterschied. Deshalb ist auch der fiktive Nachlass zu erfassen. Das amtliche Verzeichnis hat allerdings einen höheren Beweiswert. Denn der Notar ist zur Vornahme eigener Ermittlungen berechtigt und verpflichtet[26] Er ist zwar in der Ausgestaltung des Verfahrens frei. Allerdings wird es regelmäßig geboten sein, am Wohnort des Erblassers bei dem dortigen Grundbuchamt und den Kreditinstituten Nachforschungen anzustellen.[27] Die vom Notar ermittelten Feststellungen sind nach den Vorschriften der Tatsachenbeurkundung in einer von ihm zu unterzeichnenden Berichtsurkunde niederzulegen.[28]

18 Die mehreren Arten von Auskunftsansprüchen (privates Verzeichnis, Verzeichnis unter Hinzuziehung des Gläubigers, amtliches Verzeichnis) können neben oder hintereinander geltend gemacht werden.[29] Allerdings ist zu beachten, dass neben einem amtlichen Verzeichnis nachträglich nicht noch ein privates Verzeichnis verlangt werden kann (Einwand des Rechtsmissbrauchs). Umgekehrt ist dies allerdings möglich.[30]

IV. Anspruchsberechtigte und -verpflichtete

1. Überblick

19 a) **Anspruchsberechtigt** sind diejenigen, die zu dem pflichtteilsberechtigten Personenkreis gehören: Abkömmlinge, Eltern und der Ehegatte des Erblassers, sofern sie durch Verfügung von Todes wegen von der Erbfolge ausgeschlossen sind (§ 2303), die Erbschaft ausgeschlagen haben[31] oder der Ehegatte im Falle des § 1371 Abs. 3. Anspruchsberechtigt ist zudem der überlebende Lebenspartner des Erblassers (vgl. § 10 Abs. 6 LPartG).

20 b) Zu dem **auskunftsberechtigten Personenkreis** gehören auch pflichtteilsberechtigte Personen, die nur mit einem Vermächtnis bedacht sind. Dadurch soll sich der Berechtigte die erforderliche Gewissheit darüber verschaffen, ob er von der Wahlentscheidung nach § 2307 Abs. 1 S. 1 Gebrauch macht oder ihm bei Annahme des Vermächtnis noch ein Pflichtteilsrestanspruch zusteht (§ 2307 Abs. 1 S. 2).

---

23 *Bamberger/Roth/J. Mayer* § 2314 Rn. 19.
24 OLG Karlsruhe NJW-RR 1990, 393; OLG Düsseldorf NJW-RR 1997, 454.
25 OLG München NJW-RR 1988, 390, 391 zum notwendigen Inhalt eines Sachverständigengutachtens im Falle einer Unternehmensbewertung; OLG Celle OLG-Rspr. 1995, 103.
26 OLG Celle DNotZ 2003, 62.
27 *Nieder* ZErb 2004, 60, 63; Gutachten DNotI-Report 2003, 137, 138.
28 OLG Celle DNotZ 2003, 62; OLG Rostock ZEV 2009, 396.
29 OLG Düsseldorf FamRZ 1995, 1236, 1239; OLG Oldenburg NJW-RR 1993, 782, 783 und FamRZ 2000, 62f.
30 BGHZ 33, 373, 379 = LM Nr. 4 (LS) = NJW 1961, 602, 604.
31 Fall des § 2306 Abs. 1 S. 2.

c) Existieren **mehrere pflichtteilsberechtigte Nichterben,** so kann jeder unabhängig 21
von dem anderen den Auskunftsanspruch geltend machen.[32]

d) **Pflichtteilsberechtigte Mit- oder Nacherben.** Einem Miterben steht kein Auskunfts- 22
anspruch nach § 2314 zu.[33] Dies gilt selbst dann, wenn es um einen eventuellen Pflichtteilsergänzungsanspruch eines Miterben geht. Wäre er nicht Erbe, hätte er einen Auskunftsanspruch nach § 2314; als Miterbe kann er jedoch seinen Auskunftsanspruch auf § 242 stützen.[34] Entsprechendes gilt dann für den Wertermittlungsanspruch. Entscheidender Unterschied zwischen Auskunfts- und Wertermittlungsanspruch auf der Grundlage von § 2314
gegenüber dem Anspruch auf der Grundlage des § 242 besteht darin, dass im letzteren
Falle demjenigen die Kosten zur Last fallen, der die Auskunft begehrt.[35] Nach BGH[36] hat
auch der Nacherbe gegen den Vorerben keinen Auskunftsanspruch gem. § 2314. Dessen
Auskunftsanspruch ergibt sich vielmehr aus §§ 2121 f. Der BGH bürdet somit auch dem
Nacherben die Kostenlast für die Wertermittlung auf.

2. Auskunftsverpflichteter Personenkreis

a) Die Erben haben als **Gesamtschuldner** die Auskunftsverpflichtung zu erfüllen.[37] Der 23
Auskunftsanspruch ist persönlicher Natur und nicht aus dem Nachlass heraus zu erfüllen.
Daher kann er auch während des Nachlassinsolvenzverfahrens oder der Nachlassverwaltung gegen die Erben geltend gemacht werden. Der Nachlassverwalter ist neben den Erben
gem. § 2012 Abs. 2 S. 2 auskunftspflichtig. Hingegen kann der Auskunftsanspruch nicht
gegen den Testamentsvollstrecker geltend gemacht werden. Dies folgt aus § 2213 Abs. 1
S. 3, aufgrund dessen auch der Pflichtteilsanspruch selbst nicht gegen den Testamentsvollstrecker, sondern nur gegen Erben geltend gemacht werden kann.

b) Auskunftspflicht des Beschenkten. Der BGH[38] gesteht dem Pflichtteilsberechtigten in 24
einer erweiternden Auslegung des § 2314 einen Auskunftsanspruch gegen den Beschenkten
zu. Der Beschenkte ist allerdings nicht zur kostenpflichtigen Wertermittlung verpflichtet.[39]
Demgegenüber versagt die Rechtsprechung[40] dem pflichtteilsberechtigten Mit- oder
Alleinerben einen Auskunftsanspruch gegen den Beschenkten aus § 2314. Begründet wird
dieses Ergebnis mit den gleichen Argumenten, mit denen die Rechtsprechung einen derartigen Auskunftsanspruch gegenüber Miterben ablehnt (Rz. 22). Ein Auskunfts- und Wertermittlungsanspruch wird auch in diesen Fällen nur nach Maßgabe des § 242 gewährt, verbunden mit der Folge, dass Wertermittlungskosten zu Lasten des Erben/Miterben gehen.

---

32 *Staudinger/Haas* § 2314 Rn. 21.
33 BGH LM § 242 Nr. 131 = NJW 1993, 2737; *Kempfler* NJW 1970, 1533; *Soergel/Dieckmann* § 2314 Rn. 6, 26.
34 So BGHZ 61, 180, 184 = NJW 1973, 1876 f.; BGH NJW 1986, 127; BGH NJW 1993, 2737; *Bamberger/ Roth/J. Mayer* § 2314 Rn. 5.
35 BGHZ 61, 180, 184 = NJW 1973, 1876, 1877; BGH NJW 1981, 2051, 2052; vgl. auch BGH LM § 242 Nr. 131 = NJW 1993, 2737; OLG Karlsruhe FamRZ 2004, 410, 412.
36 NJW 1981, 2051, 2052.
37 *Erman/Schlüter* § 2314 Rn. 3; RGRK/*Johannsen* § 2314 Rn. 13; *Soergel/Dieckmann* § 2314 Rn. 10; vgl. auch BGHZ 107, 200 = LM Nr. 16 = NJW 1989, 2887.
38 BGHZ 107, 200, 203 = LM Nr. 16 = NJW 1989, 2887, 2888; BGHZ 89, 24, 27 = NJW 1984, 487, 488; BGH, NJW 1985, 384; die Rspr. wird allg. gebilligt: MüKoBGB/*Lange* § 2314 Rn. 44 m.w.N.
39 BGHZ 107, 200, 203 f. = LM Nr. 16 = NJW 1989, 2887, 2888.
40 BGHZ 108, 393, 395 = LM Nr. 17 = NJW 1990, 180; BGH LM Nr. 14 = NJW 1986, 127; BGHZ 61, 180 = LM Nr. 8 (LS) = NJW 1973, 1876.

V. Prozessuale Fragen, Kosten, Verjährung

1. Stufenklage

25 Auskunfts- und Pflichtteilsanspruch können durch Stufenklage (§ 254 ZPO) geltend gemacht werden.[41] Hierbei braucht zunächst die Höhe des geltend gemachten Pflichtteilsanspruchs nicht beziffert werden. Dies ist erst notwendig, nachdem der Auskunftsverpflichtete durch Teilurteil zur Auskunft verurteilt ist und die Auskunft erteilt hat. Die Stufenklage nach § 254 ZPO hat gegenüber der isolierten Auskunftsklage den Vorteil, dass sie die Verjährung nach § 2332 unterbricht und die Verzugswirkungen im Hinblick auf den Zahlungsanspruch auslöst.[42] Die Verzugswirkungen kann der Berechtigte außergerichtlich aber auch durch eine sog. Stufenmahnung erreichen.[43] Die Klage auf Abgabe der eidesstattlichen Versicherung kann mit der Klage auf Auskunftserteilung verbunden werden. Über den Antrag auf Abgabe der eidesstattlichen Versicherung kann jedoch erst entschieden werden, wenn das Verzeichnis gem. § 260 Abs. 1 erstellt worden ist.

26 Die Auskunftserteilung ist eine unvertretbare Handlung und daher nach § 888 ZPO zu vollstrecken.[44] Ebenso handelt es sich um eine nach § 888 ZPO zu vollstreckende Handlung, wenn der Erbe verurteilt worden ist, zur Ermittlung des Wertes der Nachlassgegenstände ein Sachverständigengutachten vorzulegen.[45]

2. Kosten

27 Nach Abs. 2 sind die Kosten des Verzeichnisses, der Wertermittlung und der amtlichen Aufnahme Nachlassverbindlichkeiten. Die dem Auskunftsberechtigten bei seiner Hinzuziehung entstandenen Kosten fallen ebenfalls dem Nachlass zur Last.[46] Diese Kosten mindern den Pflichtteilsanspruch, weil sie vom Aktivbestand des Nachlasses abgezogen werden. Die Kosten für die Abgabe der eidesstattlichen Versicherung trägt gem. § 261 Abs. 3 derjenige, welcher die Abgabe der Versicherung verlangt hat, also der Auskunftsberechtigte.

3. Verjährung

28 Da eine spezialgesetzliche Regelung bis zur Erbrechtsreform fehlte, galt an sich die lange 30-jährige Verjährung für erbrechtliche Ansprüche nach § 197 Abs. 1 Nr. 2 und zwar auch dann, wenn der Auskunftsanspruch sich nicht aus § 2314 ergibt sondern aus § 242. Denn auch dann handelt es sich im Kern um einen im Erbrecht wurzelnden Anspruch.[47] Demgegenüber verjährt der Pflichtteils- und Pflichtteilsergänzungsanspruch, um dessen Durchsetzung es geht, in nur drei Jahren (§ 2332). Der BGH harmonisiert die sich daraus ergebenden unterschiedlichen Verjährungsfristen dadurch, dass der Anspruch aus § 2314 nicht mehr verfolgt werden kann, wenn hierfür kein objektives Informationsbedürfnis mehr besteht.[48] Ein solches kann sich ergeben, wenn der Kläger einen noch nicht verjährten Ergänzungsanspruch gegen den Beschenkten nach § 2329 geltend machen will, der Beschenkte sich gegen einen solchen Anspruch mit der Berufung auf Eigengeschenke, die der Kläger erhalten hat, im Hinblick auf § 2327 zur Wehr setzen will[49] oder es um die Bezifferung eines Regressanspruchs im Hinblick auf § 2327 geht.[50] Dabei wird man aber

---

41 MüKoBGB/*Lange* § 2314 Rn. 45.
42 BGHZ 80, 269, 277 = NJW 1981, 1729, 1731.
43 BGHZ 80, 269, 277 = NJW 1981, 1729, 1731.
44 OLG Frankfurt a.M. NJW-RR 1994, 9; OLG Brandenburg FamRZ 1998, 179; OLG Nürnberg MDR 2009, 1309.
45 OLG Frankfurt a.M. NJW-RR 1994, 9.
46 *Staudinger/Haas* § 2314 Rn. 78.
47 MüKoBGB/*Lange* § 2314 Rn. 51; *Staudinger/Haas* § 2314 Rn. 52.
48 BGHZ 108, 393, 399; BGH NJW 1985, 384, 385; OLG Köln NJW-RR 1992, 8; OLG München ZErb 2009, 271.
49 BGHZ 108, 393, 399.
50 OLG Karlsruhe NJW-RR 2007, 881 = ZEV 2007, 329 mit Anm. *Keim*.

fordern müssen, dass die Darlegungs- und Beweislast hierfür dem Pflichtteilsberechtigten erst nach der Erhebung der Verjährungseinrede obliegt.[51] Diese Grundsätze gelten auch für die Verjährung des Wertermittlungsanspruchs[52] und des auf § 242 beruhenden Auskunftsanspruchs.

Die bisherige Sonderverjährung nach § 197 Abs. 1 Nr. 2 BGB ist nach der Erbrechtsreform zugunsten der Regelverjährung gem. § 195 BGB entfallen. Bei Kenntnis oder grob fahrlässiger Unkenntnis des Gläubigers hinsichtlich der den Anspruch begründenden Umstände und der Person des Schuldners verjähren auch die aus einem Erbfall herrührenden Ansprüche – mit Ausnahme der Ansprüche gegen den Erbschaftsbesitzer und den Vorerben auf Herausgabe der Erbschaft – in drei Jahren. Jedoch wurde wegen der regelmäßigen Schwierigkeiten bei der Feststellung der maßgeblichen Umstände, auf denen die aus einem Erbfall herrührenden Ansprüche beruhen, eine weitere absolute Höchstfrist von dreißig Jahren ab Entstehung des Anspruchs im Regelfall der Eintritt des Erbfalls – gem. § 199 Abs. 3a BGB neu eingeführt. 29

Damit wird die Harmonisierungsrechtsprechung des BGH (s. Rz. 28) weitgehend gegenstandslos. 30

1. Checkliste zu den Auskunftsansprüchen im Pflichtteilsrecht:

Anspruch	Norm	Berechtigter	Verpflichteter
Auskunft über Vorempfänge ggf. e.V.	§ 2057 BGB ggf. § 260 II BGB	Miterbe	Miterbe
Auskunft über Bestand des Nachlasses, ggf. e.V.	§ 2314 I 1 BGB ggf. § 260 II BGB	pflichtteilsberechtigter Nichterbe	Erbe
Auskunft über Schenkungen an Dritte, ggf. e.V.	§ 2314 I 1 BGB analog ggf. § 260 II BGB analog	pflichtteilsberechtigter Nichterbe	Erbe/Beschenkter
Auskunft über Schenkungen an Dritte	§ 242 BGB	pflichtteilsberechtigter Erbe	Miterbe/Beschenkter
Auskunft über Geschenke des Erblassers an Pflicht- teilsberechtigte	§ 242 BGB	beschenkter Dritter	Pflichtteilsberechtigter, der Auskunft über Geschenke an Dritten verlangt
Auskunft über Geschenke des Erblassers an den Miterben	§ 242 BGB	pflichtteilsberechtigter Erbe	Miterbe
Auskunft über gem. § 2316 BGB auszugleichende Vorempfänge	§ 242 BGB	Erbe	Pflichtteilsberechtigter

31

---

51 *Diekmann* FamRZ 1985, 589; AnwK-BGB/*Bock* § 2314 Rn. 40.
52 *Soergel/Diekmann* § 2314 Rn. 34.

2. Muster: Außergerichtliches Auskunftsbegehren des Pflichtteilsberechtigten

32

An
(Adresse)
Ort, Datum

Auskunftsbegehren hinsichtlich des Nachlasses von (Erblasser)

Sehr geehrte(r)....,

hiermit zeige ich an, dass ich *(Name)* vertrete. Die mich legitimierende Vollmacht ist beigefügt.

Mein Mandant ist als enterbter Abkömmling des Erblassers pflichtteilsberechtigt. Zur Durchsetzung seiner Rechte gewährt ihm das Gesetz in § 2314 BGB einen Auskunftsanspruch gegen den Erben über den Umfang des Nachlasses. Sie sind danach verpflichtet, ein Nachlassverzeichnis vorzulegen, welches den Bestand des Nachlasses zum Zeitpunkt des Todes ausweist.

Darüber hinaus sind auch alle vom Erblasser zu seinen Lebzeiten getätigten Schenkungen (auch gemischte Schenkungen) und ehebezogenen Zuwendungen in das Nachlassverzeichnis aufzunehmen. Sie sind auch verpflichtet, über eventuell vorhandene Lebensversicherungen und sonstige Verträge zugunsten Dritter Auskunft zu erteilen. Weiterhin haben Sie die Nachlassverbindlichkeiten anzugeben (ggf. näher erläutern).

Ich bitte Sie, die von meinem Mandanten gewünschte Auskunft mir bis zum ... durch Vorlage des Nachlassverzeichnisses einschließlich der noch vorhandenen Belege in Ablichtung zukommen zu lassen.

Mein Mandant macht vorerst von seinem Recht, bei der Erstellung des Verzeichnisses hinzugezogen zu werden, keinen Gebrauch. Die Geltendmachung des Pflichtteils bleibt ausdrücklich vorbehalten[53]

_____

Rechtsanwalt

33 Das Auskunftsersuchen nach vorstehendem Muster kann durch folgende Musterformulierung zur sog. Stufenmahnung erweitert werden

34 Ich fordere Sie ferner auf, an meinen Mandanten *(Quote)* des sich anhand der zu erteilenden Auskunft errechnenden Betrages nebst 5 % Zinsen über dem Basiszinssatz seit Zugang dieses Schreibens zu zahlen.[54]

_____

[53] Der Hinweis soll der Gefahr entgegenwirken, dass in dem Auskunftsbegehren ein Pflichtteilverlangen i.S. einer Pflichtteilsstrafklausel gesehen wird; Näheres dazu unter § 2317 Rz. 13.
[54] Beachte: Stufenmahnung hat zur Konsequenz, dass damit der Pflichtteilsanspruch i.S.e. Pflichtteilsstrafklausel »verlangt« wird.

3. Muster: Außergerichtliches Schreiben nach Auskunftserteilung (Wertermittlung gegenüber dem Erben)

An
...

Wertermittlung hinsichtlich des Grundstückes ...-Straße Nr. ... in ...

Mit Schreiben vom ... haben Sie uns das gewünschte Nachlassverzeichnis übersandt. Aus diesem geht hervor, dass sich im Nachlass des verstorbenen Erblassers ein Grundstück in ... befindet. Sie haben im Nachlassverzeichnis einen Wert des Grundstückes in Höhe von ... € angegeben. Unser Mandant ist der Auffassung, dass es sich bei diesem Wert nicht um den tatsächlichen Wert des Grundstückes handelt. Sie haben es bislang abgelehnt, ein Gutachten über den tatsächlichen Wert des Grundstückes erstellen zu lassen.
Namens unseres Mandanten dürfen wir sie daher auffordern, ein Gutachten über den Wert des Hausanwesens ...-Straße Nr. ... in ..., eingetragen im Grundbuch von ..., Bl. ..., Flst. Nr. ..., durch einen Sachverständigen erstellen zu lassen. Da das Grundstück zweifelsohne zum Nachlass des verstorbenen Erblassers gehört, steht unserem Mandanten dieser Wertermittlungsanspruch nach § 2314 BGB zu. Hinsichtlich der Auswahl des Sachverständigen empfehlen wir Ihnen, einen öffentlich vereidigten und somit auch bei Gericht anerkannten Gutachter auszuwählen. Wir dürfen darauf hinweisen, dass unser Mandant nicht an den Wert des Gutachtens gebunden ist und es ihm freisteht, auch nach Vorlage des Gutachtens seinen Pflichtteilsanspruch einzuklagen.
Für die Vorlage des Gutachtens erlauben wir uns, eine Frist bis zum

...

zu setzen. Sollte das Gutachten bis zu diesem Zeitpunkt nicht vorliegen, sehen wir uns gezwungen, den Wertermittlungsanspruch unseres Mandanten gerichtlich durchzusetzen.

Rechtsanwalt

4. Muster: Klage des Pflichtteilsberechtigten auf Auskunft

An das
Landgericht

Klage
des ... (Klägers)
... wegen
Auskunft

Vorläufiger Streitwert: ...

Namens und mit Vollmacht des Klägers erhebe ich Klage und werde beantragen:
I. Der Beklagte wird verurteilt, dem Kläger Auskunft über den Bestand des Nachlasses nach dem am ... (Datum) verstorbenen ... (Name) zu erteilen.
II. Der Beklagte hat die Kosten des Rechtsstreits zu tragen.

Begründung:
Am ... (Datum) verstarb in ... (Ort), seinem letzten Wohnsitz, der ... (Name). Er war der Vater der Parteien.

Der Erblasser errichtete am ... (Datum) ein eigenhändiges Testament, in dem er den Beklagten als seinen Alleinerben einsetzte. Hinsichtlich des Klägers erklärte er, dass er ihm den Pflichtteil entziehe. Der Kläger habe ihn am ... (Datum) grundlos geschlagen, so dass er erhebliche Verletzungen erlitten habe.

Beweis: Testament vom ... (Datum)

Mit Rücksicht auf den Inhalt dieses Testamentes verweigert der Beklagte dem Kläger den Pflichtteil.

Es trifft zwar zu, dass es am ... (Datum) zu einem heftigen Wortwechsel zwischen dem Erblasser und dem Kläger gekommen ist. Der Kläger hat seinen Vater aber nicht geschlagen. Vielmehr war es so, dass der Erblasser den Kläger mit einer Heckenschere angegriffen hat. Der Kläger hat sich nur verteidigt und seinen Vater zurückgestoßen. Ob dieser dabei zu Fall gekommen ist und sich verletzt hat, weiß der Kläger nicht, weil er schnellstens weggelaufen ist. Jedenfalls ist die Entziehung des Pflichtteils nicht gerechtfertigt.

Rechtsanwalt

5. Muster: Stufenklage des Pflichtteilsberechtigten (Nichterben) auf Auskunft und Zahlung des Pflichtteils- und Pflichtteilsergänzungsanspruchs gegen den Erben

37

An das
Landgericht ...
...

Klage

des ..., wohnhaft in ... – Kläger –
Prozessbevollmächtigter: Rechtsanwalt ...
gegen
..., wohnhaft in ... – Beklagter –

Prozessbevollmächtigter: Rechtsanwalt ...
wegen Auskunft, Abgabe einer eidesstattlichen Versicherung und Zahlung
vorläufiger Streitwert: ... €
Namens und in Vollmacht des von mir vertretenen Klägers wird beantragt, den Beklagten im Wege der Stufenklage zu verurteilen
1. Auskunft über den Bestand und den Verbleib des Nachlasses des ... am ..., in ..., seinem letzten Wohnsitz, verstorbenen ... durch Vorlage eines Bestandsverzeichnisses, welches folgende Punkte umfasst, zu erteilen:
– alle bei dem Erbfall tatsächlich vorhandenen Gegenstände und Forderungen
– alle Nachlassverbindlichkeiten
– alle ergänzungspflichtigen Schenkungen, die der Erblasser zu Lebzeiten getätigt hat
– und alle unter Abkömmlingen ausgleichs- und anrechnungspflichtigen Zuwendungen (*bei Abkömmlingen*)[55]

---

55 Zur Antragsformulierung hinsichtlich des fiktiven Nachlasses zweifelnd: OLG Karlsruhe NJW-RR 2007, 881; zum Umfang der Auskunft s.a. OLG Celle NJW-RR 2005, 1374.

2. für den Fall, dass das Verzeichnis nicht mit der erforderlichen Sorgfalt errichtet wird, an Eides Statt zu versichern, dass er den Bestand des Nachlasses und die darin enthaltenen Auskünfte über Vorempfänge nach bestem Wissen so vollständig angegeben hat, wie er dazu in der Lage war.
3. an den Kläger *(Quote)* des sich anhand der nach der Ziff. 1 zu erteilenden Auskunft errechnenden Betrages nebst 5 % Zinsen über dem Basiszinssatz seit Zustellung der Klage zu zahlen.
4. Die Kosten trägt der Beklagte.

Begründung

Der Kläger und der Beklagte sind die alleinigen gesetzlichen Erben des im Antrag zu Ziff. 1 näher bezeichneten Erblassers.

Durch Testament vom ... hat der Erblasser den Beklagten als seinen alleinigen Erben bestimmt.

Der Kläger hat deshalb den Beklagten mit Schreiben vom ... aufgefordert, ihm über den Umfang des Nachlasses und der enthaltenen Vorempfänge Auskunft zu erteilen, damit er seinen Pflichtteil und Pflichtteilsergänzungsanspruch geltend machen könne.

Der Beklagte hat sich indes mit Schreiben vom ... geweigert, irgendwelche Auskünfte zu erteilen oder gar Zahlungen an den Kläger zu leisten.

Um seinen Pflichtteilsanspruch und Pflichtteilsergänzungsanspruch berechnen zu können, ist der Kläger deshalb auf Auskunft über den Bestand des Nachlasses einschließlich der zu Lebzeiten erfolgten Zuwendungen angewiesen.

Der Antrag zu Ziffer 2 begründet sich auf § 260 Abs. 2 BGB.

Rechtsanwalt

§ 2315
Anrechnung von Zuwendungen auf den Pflichtteil

(1) Der Pflichtteilsberechtigte hat sich auf den Pflichtteil anrechnen zu lassen, was ihm von dem Erblasser durch Rechtsgeschäft unter Lebenden mit der Bestimmung zugewendet worden ist, dass es auf den Pflichtteil angerechnet werden soll.

(2) Der Wert der Zuwendung wird bei der Bestimmung des Pflichtteils dem Nachlasse hinzugerechnet. Der Wert bestimmt sich nach der Zeit, zu welcher die Zuwendung erfolgt ist.

(3) Ist der Pflichtteilsberechtigte ein Abkömmling des Erblassers, so findet die Vorschrift des § 2051 Abs. 1 entsprechende Anwendung.

Übersicht	Rz.		Rz.
I. Normzweck	1	V. Anrechnungspflicht für fremden Vorempfang (Abs. 3)	19
II. Voraussetzungen der Anrechnungspflicht (Abs. 1)	6	VI. Die Anrechnung von Zuwendungen unter Ehegatten auf Zugewinnausgleich und Pflichtteil	24
III. Die Berechnung des Pflichtteilsanspruchs (Abs. 2 S. 1)	8		
IV. Der für die Wertberechnung maßgebende Zeitpunkt (Abs. 2 S. 2)	15		

I. Normzweck

1 § 2311 bestimmt, dass bei der Berechnung des Pflichtteils der Bestand des Nachlasses zur Zeit des Erbfalls zugrunde zu legen ist. Hatte der Erblasser lebzeitige Zuwendungen an den Pflichtteilsberechtigen selbst oder Dritte vorgenommen, können diese den Pflichtteil grundsätzlich weder schmälern noch erhöhen. Hiervon machen §§ 2315, 2316 eine Ausnahme.

2 Nach § 2315 hat sich der Pflichtteilsberechtigte auf den Pflichtteil anrechnen zu lassen, was ihm von dem Erblasser durch Rechtsgeschäft unter Lebenden mit der Bestimmung zugewendet worden ist, dass es auf den Pflichtteil angerechnet werden soll. Die Anrechnung führt damit zu einer Verkürzung des Pflichtteils um den sog. Vorausempfang. Diese Anrechnung kommt dem Erben als Schuldner des Pflichtteilsanspruches zugute. Auf die Pflichtteilsansprüche anderer Pflichtteilsberechtigter wirkt sich die Anrechnung jedoch nicht aus.

3 Die in § 2316 vorgesehene Ausgleichung soll ebenfalls der Bevorzugung einzelner Pflichtteilsberechtigter durch lebzeitige Zuwendungen entgegenwirken. Im Gegensatz zur Anrechnung kommt es bei der Ausgleichung jedoch nicht zu einer Schmälerung der Pflichtteilslast. § 2316 dient vielmehr dem Zweck, auch bei der Berechnung der Pflichtteile der nach §§ 2050 ff. bei der gesetzlichen Erbfolge stattfindenden Ausgleichung unter Abkömmlingen Geltung zu verschaffen.

4 Unterschiede zwischen Ausgleichung und Anrechnung: Anrechnung kommt für alle Pflichtteilsberechtigten, also Abkömmlinge, Ehegatten und Eltern in Betracht. Ausgleichung ist nur unter Abkömmlingen möglich.[1]

5 Anrechnung setzt immer eine Anrechnungsbestimmung des Erblassers voraus. Ausgleichung ist auch aufgrund Gesetzes möglich. Anrechnung kann auch eine Person treffen, die im Falle gesetzlicher Erbfolge Alleinerbe wäre. Die Ausgleichung setzt immer zwingend mindestens zwei Abkömmlinge voraus, die zur gesetzlichen Erbfolge berufen wären.

II. Voraussetzungen der Anrechnungspflicht (Abs. 1)

6 Anrechnungspflichtige Geschäfte können nur freigiebige Zuwendungen sein.[2] Der Begriff der freigiebigen Zuwendung ist umfassender als der der Schenkung. Es gehören also z.B. auch Ausstattungen nach § 1624, bezahlte Schulden und dergleichen dazu. Die Anrechnungsbestimmung muss der Erblasser durch einseitige empfangsbedürftige Willenserklärung vor oder bei der Zuwendung getroffen haben.[3] Die Wirksamkeit der Anrechnungsbestimmung ist nach allgemeiner Meinung nicht nur von dem Zugang abhängig, sondern auch davon, dass sie dem Empfänger »zum Bewusstsein gekommen ist«.[4] Grundsätzlich bedarf die Anrechnungsbestimmung keiner Formvorschrift;[5] sie kann sogar stillschweigend erfolgen.[6] Etwas anderes gilt nur, wenn das zugrunde liegende Kausalgeschäft (etwa nach § 311b) seinerseits formbedürftig ist.[7] Eine nachträgliche Anrechnungsbestimmung durch letztwillige Verfügung ist nach dem Empfang der Zuwendung grundsätzlich nicht mehr möglich[8] Ausnahmen bestehen, wenn die Voraussetzungen der Pflichtteilsentziehung

---

1 Zur Frage, ob Erblasser Anrechnung oder Ausgleichung oder kumulativ beides anordnen wollte: BGH BeckRS 2010, 06203 = EE 2010, 55 mit Anm. *Siebert*.
2 OLG Düsseldorf ZEV 1994, 173.
3 OLG Düsseldorf FamRZ 1994, 1491 = ZEV 1994, 173; OLG Karlsruhe NJW-RR 1990, 393.
4 OLG Düsseldorf FamRZ 1994, 1491 = ZEV 1994, 173 mit Anm. *Baumann*; OLG Karlsruhe NJW-RR 1990, 393; *Erman/Schlüter* Rn. 4 RGRK/*Johannsen* § 2315 Rn. 6; *Staudinger/Haas* § 2315 Rn. 27.
5 OLG Hamm MDR 1966, 330.
6 OLG Düsseldorf FamRZ 1994, 1491 = ZEV 1994, 173.
7 Bamberger/Roth/*J. Mayer* § 2315 Rn. 6.
8 Zur Frage, ob eine Anrechnungsvereinbarung zu Lasten des künftigen Erbteils auch durch privatschriftlichen Vertrag sui generis erfolgen kann s. OLG München NJW-RR 2009, 19 – verneinend.

(§§ 2333 ff.) vorliegen. Erklärt sich der Empfänger nachträglich mit der Anrechnung einverstanden, so liegt ein Pflichtteilsverzichtsvertrag vor, der der Form des § 2348 bedarf.[9] Die Anordnung muss konkret angeben, welcher wirtschaftliche Wert auf den Pflichtteilsanspruch anzurechnen ist. Die Anordnung kann unter einer Bedingung erfolgen.[10] Der Erblasser kann sich zudem im Zeitpunkt der Zuwendung die Anrechnung zu einem späteren Zeitpunkt vorbehalten.[11] Der Erblasser kann die Anrechnungsbestimmung durch einseitiges Rechtsgeschäft nachträglich wieder aufheben. Überwiegend wird die Auffassung vertreten, dass eine solche Erklärung keiner Form bedarf.[12] Der Erbe muss beweisen, dass der Erblasser die Anrechnung bestimmt hat; der Pflichtteilsberechtigte die nachträgliche Aufhebung. Aus Beweisgründen ist es empfehlenswert, die nachträgliche Aufhebung entweder schriftlich abzufassen oder eine Aufhebungsvereinbarung mit dem Zuwendungsempfänger zu schließen.

Die Zuwendung muss an den Pflichtteilsberechtigten erfolgt sein, d.h. Zuwendungen an Dritte genügen nicht.

III. Die Berechnung des Pflichtteilsanspruchs (Abs. 2 S. 1)

Die Anrechnung erfolgt in der Weise, dass dem realen Nachlass die ausgleichspflichtige Zuwendung (Vorempfang) hinzuzurechnen ist. Die Summe ist der »fiktive Nachlass«, der Grundlage für die Berechnung des Pflichtteils des Anrechnungspflichtigen ist. Von diesem so errechneten Pflichtteil ist der Vorempfang abzuziehen.

Die entsprechende Formel lautet[13]

Dabei steht P für den effektiven Pflichtteilsanspruch des Zuwendungsempfängers, N bedeutet den Reinnachlass im Erbfall. Z steht für die anrechnungspflichtige Zuwendung und Q für den gesetzlichen Erbteil des Pflichtteilsberechtigten.

Beispiele:
1. Der Erblasser hinterlässt die Abkömmlinge A1–A3. A1 erhält nur den Pflichtteil und hat einen anrechnungspflichtigen Vorempfang von 30.000 € erhalten. Der reale Nachlass hat einen Wert von 300.000 €.
Danach ergibt sich für A1 folgende Pflichtteilsberechnung:
Realer Nachlass (300.000 €) + Vorempfang (30.000 €) = fiktiver Nachlass [330.000 €].
Die Pflichtteilsquote von A1 beträgt 1/6 = 55.000 €. Hiervon ist der Wert des Vorempfangs abzuziehen. A1 erhält somit noch 25.000 €.
2. Fall wie 1. A1 hat jedoch einen anrechnungspflichtigen Vorempfang von 90.000 € erhalten.
Pflichtteilsberechnung:
300.000 € + 90.000 € = 390.000 € : 6 = 65.000 € –90.000 € = – 25.000 €.
A1 erhält nichts mehr. Er muss jedoch auch nichts herauszahlen.
Sind mehrere Anrechnungspflichtige vorhanden, so ist der Pflichtteilsanspruch eines jeden Anrechnungspflichtigen individuell aus der Summe des realen Nachlasses zuzüglich der gerade dem jeweiligen Anrechnungsverpflichteten gemachten Zuwendung zu errechnen.

---

9 *Bamberger/Roth/J. Mayer* § 2315 Rn. 9.
10 *Soergel/Dieckmann* § 2315 Rn. 6, *Staudinger/Haas* § 2315 Rn. 20.
11 *J. Mayer* ZEV 1996, 441, 447.
12 *J. Mayer* ZEV 1996, 441, 446.
13 *Bamberger/Roth/J. Mayer* § 2315 Rn. 10; *Staudinger/Haas* § 2315 Rn. 57.

12 **Beispiel:**
3. Der Erblasser hat im Ausgangsfall auch A2 und A3 auf den Pflichtteil gesetzt und A2 einen anrechnungspflichtigen Vorempfang von 36.000 € zugewandt. Pflichtteilsberechnung für A2: 300.000 € + 36.000 € = 336.000 € : 6 = 56.000 € −36.000 € = 20.000 €, die A2 noch erhält. Pflichtteilsberechnung für A3: 300.000 € : 6 = 50.000 € − Vorempfang 0 € = 50.000 €, die A3 erhält Die Pflichtteilsberechnung für A1 bleibt unverändert.

13 Dieses Beispiel zeigt, dass trotz der angeordneten Anrechnungspflicht der Gesamtwert von Vorempfang und Pflichtteil bei den drei Abkömmlingen unterschiedlich hoch ausfällt. Ursächlich hierfür ist die gesetzliche Regelung, dass bei der Pflichtteilsberechnung nur zugunsten des Anrechnungspflichtigen von einem um den Vorempfang erhöhten fiktiven Nachlass auszugehen ist; dieselbe Zuwendung jedoch bei der Berechnung der Pflichtteile der Übrigen außer Betracht bleibt. Handelt es sich bei diesen Zuwendungen um Schenkungen, so können zugunsten der Pflichtteilsberechtigten ohne oder mit geringem Vorempfang Pflichtteilsergänzungsansprüche nach §§ 2325 ff. in Betracht zu ziehen sein.[14]

14 Ist der Wert der Zuwendung höher als der Wert des Pflichtteils, der nach Maßgabe von Abs. 2 dem Anrechnungsverpflichteten zustünde, so braucht der Zuwendungsempfänger nichts zurückzuzahlen. Allerdings kann sich unter den Voraussetzungen der §§ 2325, 2329 ein Pflichtteilsergänzungsanspruch gegen den Zuwendungsempfänger ergeben.

IV. Der für die Wertberechnung maßgebende Zeitpunkt (Abs. 2 S. 2)

15 Der Wert der anzurechnenden Zuwendung bestimmt sich nach der Zeit, zu welcher die Zuwendung erfolgt ist. Nachträgliche Veränderungen, die den Wert erhöhen, mindern oder ganz beseitigen, bleiben außer Betracht. Allerdings ist der Kaufkraftschwund des Geldes zu berücksichtigen.[15] Es ist deshalb der für die Zeit der Zuwendung ermittelte Nominalwert mit Hilfe der Preisindexzahl für Lebenshaltungskosten auf die Zeit des Erbfalls umzurechnen.

16 Als maßgeblicher Index wurde bisher dabei überwiegend der für einen Vier-Personen-Arbeitnehmerhaushalt mit mittlerem Einkommen angenommen.[16] Dabei ist jedoch zu beachten, dass seit Januar 2003 nur der Verbraucherpreisindex für Deutschland festgestellt wird.[17] Die Formel lautet:[18]

17 Dabei steht Z für den Zuwendungswert im Zeitpunkt der Zuwendung, LZ für den Verbraucherpreisindex zur Zeit der Zuwendung, LE für den Verbraucherpreisindex im Erbfall und W für den durch den Kaufkraftschwund bereinigten Zuwendungswert.

18 Der Erblasser hat die Möglichkeit, den anzurechnenden Wert geringer festzusetzen als den wahren Wert. Dies folgt aus dem Umstand, dass er es in der Hand hat, ob überhaupt eine Anrechnung stattfindet. Allerdings ist zu beachten, dass die Anrechnung eines höheren Wertes einen Erb(Pflichtteils-)verzicht des Empfängers voraussetzt.[19]

V. Anrechnungspflicht für fremden Vorempfang (Abs. 3)

19 Die Regelung des Abs. 3 in Verbindung mit § 2051 Abs. 1 besagt Folgendes: Fällt ein Abkömmling, der eine anrechnungspflichtige Zuwendung erhalten hat, vor oder nach dem Erbfall weg, so muss sich der eintretende Abkömmling des Erblassers diese Zuwendung auf den Pflichtteil anrechnen lassen, es sei denn, der Erblasser hat diese Anrechnungsan-

---

14 *Staudinger/Haas* § 2315, Rn. 4.
15 BGHZ 61, 385 = NJW 1974, 137; BGHZ 65, 75 = NJW 1975, 1831.
16 *Staudinger/Haas* § 2315 Rn. 51.
17 Zu den Umbasierungsfaktoren für die Umrechnung der früheren Indexreihe s. DNotZ 2003, 733.
18 *Soergel/Dieckmann* § 2315 Rn. 13; *MüKoBGB/Lange* § 2315 Rn. 23; *PWW/Deppenkemper* § 2315 Rn. 8.
19 *Staudinger/Haas* § 2315 Rn. 75; *Soergel/Dieckmann* § 2315 Rn. 11.

ordnung erkennbar nur in der Person des Zuwendungsempfängers begründet.[20] Die Vorschrift gilt auch für Seitenverwandte eines weggefallenen Abkömmlings, sofern sie nur Abkömmlinge des Erblassers sind und an die Stelle des Weggefallenen treten.

Beispiele: 20
1. *Der verwitwete Erblasser E hat seine Lebensgefährtin zum Alleinerben eingesetzt. Vor seinem Tode verstirbt sein einziger Sohn, der eine Tochter hinterlässt (Enkelin des E). S hat einen anrechnungspflichtigen Vorempfang von 30.000 € erhalten. Nachlasswert: 100.000 €.*
Pflichtteilsberechnung für Enkel:

$$\frac{100.000\,€ + 30.000\,€}{2} - 30.000\,€ = 35.000\,€$$

2. *E setzt seine Lebensgefährtin zur Alleinerbin ein. Seine Tochter T1, die einen anrechnungspflichtigen Vorempfang von 30.000 € erhalten hat, verstirbt vor seinem Tode. E hinterlässt seine Tochter T2; Enkel sind nicht vorhanden: Nachlasswert 100.000 €.*
Pflichtteilsberechnung für T2:
In diesem Fall erhöht der Wegfall des Zuwendungsempfängers die Pflichtteilsquote eines ohnehin pflichtteilsberechtigten anderen Abkömmlings. Bei der Anrechnung ist der Grundgedanke des § 1935 BGB zu beachten.
Danach dürfen Zuwendungen an den Weggefallenen jedenfalls nicht den eigenen Pflichtteil des »Ersatzmannes« beeinträchtigen, der aus der nicht erhöhten Pflichtteilsquote berechnet wird.
»eigener« Pflichtteil von T2 = 100.000 € : 4 = 25.000 €.
Hinzu kommt der Betrag, den T1 erhalten hätte, also 100.000 € + 30.000 € = 130.000 € : 4 = 32.500 € – 30.000 € (Vorempfang) = 2.500 €.
T2 erhält insgesamt 27.500 €.

Ein Abkömmling kann nicht nur durch Vorversterben wegfallen, sondern auch durch Entzug des Pflichtteils, Ausschlagung des ihm angefallenen Erbteils oder indem er für erbunwürdig erklärt worden ist. Auch in diesem Falle treten seine Abkömmlinge i.S.v. Abs. 3 in Verbindung mit § 2051 Abs. 1 »an seine Stelle«. Diese Fälle führen jedoch wegen § 2310 S. 1 nicht zu einer Erhöhung des Pflichtteils, so dass ein Seitenverwandter nicht als Pflichtteilsberechtigter an die Stelle des weggefallenen Abkömmlings treten kann. Dies ist nur denkbar im Falle des § 2310 S. 2, also im Falle des Erbverzichts. 21

3. Ausgangsfall wie Nr. 2: 22
T1 und T2 leben zum Zeitpunkt des Erbfalls. T1 ist gem. § 2345 BGB pflichtteilsunwürdig.
Pflichtteilsberechnung für T2:
100.000 € : 4 = 25.000 €.
Bei Ermittlung der Pflichtteilsquote wird wegen § 2310 S. 1 BGB T1 berücksichtigt, als ob sie nicht für pflichtteilsunwürdig erklärt worden sei.
Abwandlung:
T1 hat gegenüber E einen Erbverzicht erklärt.
Pflichtteilsberechnung für T2:
»eigener« Pflichtteil (wie oben) = 25.000 €
Hinzugezählt wird der rechnerische Pflichtteilsbetrag für T1 = 100.000 € + 30.000 € = 130.000 € : 4 = 32.500 € – 30.000 € = 2.500 €.
T2 erhält somit insgesamt 27.500 €.

---

20 *Soergel/Dieckmann* § 2315 Rn. 15; MüKoBGB/*Lange* § 2315 Rn. 25.

23 Die Vorschrift des Abs. 3 greift nicht ein, wenn Eltern des Erblassers oder sein Ehegatte an die Stelle eines anrechnungspflichtigen Abkömmlings treten. Eine gewisse Korrektur schafft jedoch § 2309 hinsichtlich des Pflichtteils der Eltern. Nach dieser Bestimmung sind die Eltern des Erblassers insoweit nicht pflichtteilsberechtigt, als ein Abkömmling, der sie im Falle der gesetzlichen Erbfolge ausschließen würde, den Pflichtteil verlangen kann oder das ihm Hinterlassene annimmt. Kann nun der einzige Abkömmling des Erblassers seinen Anrechnungspflichtteil deshalb nicht verlangen, weil er z.B. für pflichtteilsunwürdig erklärt wurde, so würde den Eltern ein Pflichtteilsanspruch nur insoweit zustehen, als der Abkömmling nicht bereits das ihm Hinterlassene angenommen hat. Nach allgemeiner Ansicht[21] wird die auf den Pflichtteil anzurechnende Zuwendung unter Lebenden wie »Hinterlassenes« behandelt. Somit kommt es über § 2309 in derartigen Fällen letztlich doch zu einer Anrechnungspflicht bei den Eltern. Die praktisch wichtigsten Fälle (Vorversterben von anrechnungspflichtigen Abkömmlingen) führen jedoch über § 2309 nicht zu einer Korrektur, weil diese Vorschrift überhaupt nicht anwendbar ist. Denn es fehlt an der Voraussetzung, dass ein »Abkömmling« vorhanden ist, der die Eltern im Falle der gesetzlichen Erbfolge ausschließen würde. In diesen Fällen verbleibt es also bei dem vollen Pflichtteil der Eltern.

VI. Die Anrechnung von Zuwendungen unter Ehegatten auf Zugewinnausgleich und Pflichtteil

24 Hat der Erblasser während der Ehe Zuwendungen gemacht und ihre Anrechnung auf die Ausgleichsforderung gem. § 1380 Abs. 1 und auf den Pflichtteil gem. § 2315 Abs. 1 angeordnet, ergibt sich das Problem, wie und in welcher Reihenfolge angerechnet werden soll. Zunächst ist grundsätzlich auf den Erblasserwillen abzustellen.[22] Der Zuwendungswert darf insgesamt nur einmal angerechnet werden, denn anderenfalls würde dies zu einer unzulässigen Doppelbelastung des Ehegatten führen. Ist z.B. durch den Erblasser bestimmt, dass zunächst auf die Ausgleichsforderung nach § 1380 Abs. 1 anzurechnen ist und verbleibt dann noch ein anrechnungsfähiger Zuwendungsbetrag von beispielsweise 2.000 €, ist dieser Restbetrag über § 2315 bei dem Pflichtteil anzurechnen. Sollte der Erblasser keine Reihenfolge der Anrechnung bestimmt haben, dürfte der Rechtsgedanke des § 366 Abs. 2 ein Anhaltspunkt sein.[23] Danach sollte zunächst auf diejenige Forderung angerechnet werden, die für den Ehegatten die geringere Sicherheit bietet. Dies ist der Pflichtteil als das rangschlechtere Recht in der Insolvenz.[24] Ein weiterer Gesichtspunkt, zunächst eine Anrechnung auf den Pflichtteil vorzunehmen, ergibt sich aus dem Umstand, dass er, – anders als die Ausgleichsforderung – im Zugewinnausgleich der Erbschaftssteuer unterliegt.[25]

§ 2316
Ausgleichungspflicht

(1) Der Pflichtteil eines Abkömmlings bestimmt sich, wenn mehrere Abkömmlinge vorhanden sind und unter ihnen im alle der gesetzlichen Erbfolge eine Zuwendung des Erblassers oder Leistungen der in § 2057a bezeichneten Art zur Ausgleichung zu brin-

---

21 Kritisch *Staudinger/Haas* § 2315 Rn. 69; *Soergel/Dieckmann* § 2315 Rn. 19.
22 *Soergel/Dieckmann* § 2315 Rn. 21; *Thubauville* MittRhNotK 1992, 289, 300 mit Einschränkungen; MüKoBGB/*Lange* § 2315 Rn. 29.
23 *Soergel/Dieckmann* § 2315 Rn. 21; *Staudinger/Haas* § 2315 Rn. 76; RGRK/*Johannsen* § 2315 Rn. 39 mit Formeln für eine verhältnismäßige Anrechnung auf beide Forderungen.
24 Vgl. § 1991 Abs. 4; § 327 Abs. 1 InsO.
25 Vgl. § 5 Abs. 2 2. Alt. und §§ 1 Abs. 1 Nr. 1, 3 Abs. 1 Nr. 1 ErbStG.

gen sein würden, nach demjenigen, was auf den gesetzlichen Erbteil unter Berücksichtigung der Ausgleichungspflichten bei der Teilung entfallen würde. Ein Abkömmling, der durch Erbverzicht von der gesetzlichen Erbfolge ausgeschlossen ist, bleibt bei der Berechnung außer Betracht.

(2) Ist der Pflichtteilsberechtigte Erbe und beträgt der Pflichtteil nach Abs. 1 mehr als der Wert des hinterlassenen Erbteils, so kann der Pflichtteilsberechtigte von den Miterben den Mehrbetrag als Pflichtteil verlangen, auch wenn der hinterlassene Erbteil die Hälfte des gesetzlichen Erbteils erreicht oder übersteigt.

(3) Eine Zuwendung der im § 2050 Abs. 1 bezeichneten Art kann der Erblasser nicht zum Nachteil eines Pflichtteilsberechtigten von der Berücksichtigung ausschließen.

(4) Ist eine nach Abs. 1 zu berücksichtigende Zuwendung zugleich nach § 2315 auf den Pflichtteil anzurechnen, so kommt sie auf diesen nur mit der Hälfte des Wertes zur Anrechnung.

Übersicht

		Rz.			Rz.
I.	Normzweck	1	VI.	Zuwendungen, die ausgleichungs- und anrechnungspflichtig sind (Abs. 4)	24
II.	Das Vorhandensein mehrerer Abkömmlinge (Abs. 1)	2	VII.	Zusammentreffen von Zuwendungen, die nur ausgleichungspflichtig sind, mit solchen, die nur anrechnungspflichtig sind	26
III.	Die Ausgleichpflicht (Abs. 1 und Abs. 3)	4	VIII.	Das Verhältnis von § 2316 zu §§ 2309, 2325	28
IV.	Die Berechnung des Ausgleichspflichtteils	7		1. Das Verhältnis zu § 2309	28
	1. Nach Abs. 1	7		2. Das Verhältnis von § 2316 zu § 2325	29
	2. § 2056	8			
	3. Beispiele	11			
V.	Der Sonderfall des Abs. 2	20			

I. Normzweck

Die Vorschrift beantwortet die Frage, wie sich die in den §§ 2050–2060 enthaltenen Bestimmungen über die Ausgleichung von Zuwendungen und Leistungen unter Abkömmlingen bei gesetzlicher Erbfolge auf die Pflichtteilsberechnung auswirken. Die Ausgleichung führt in der Regel zu einer Verschiebung bzw. Umverteilung der Pflichtteile und erhöht damit – anders als § 2315 – die Pflichtteilslast nicht. Anders als die Anrechnung findet eine Ausgleichung nur unter Abkömmlingen des Erblassers und nicht bei allen Pflichtteilsberechtigten statt. Sie beschränkt sich zudem auf den Teil des Nachlasses, der den Abkömmlingen bei gesetzlicher Erbfolge zustehen würde. 1

II. Das Vorhandensein mehrerer Abkömmlinge (Abs. 1)

Die Regelung setzt zwingend voraus, dass im Zeitpunkt des Erbfalls mehrere Abkömmlinge vorhanden sind. Folglich muss neben dem Pflichtteilsberechtigten selbst mindestens ein weiterer Abkömmling vorhanden sein. Unerheblich ist es, ob der oder die Abkömmlinge Erbe(n) oder Pflichtteilsberechtigte(r) ist/sind, ob sie die Erbschaft ausgeschlagen haben, ihnen der Pflichtteil entzogen wurde oder sie für erbunwürdig erklärt worden sind. Die Vorschrift ist eine allgemeine Berechnungsvorschrift und wirkt sich nicht nur zugunsten des pflichtteilsberechtigten Abkömmlings aus, sondern auch zu seinen Ungunsten, sofern der oder die erbenden Abkömmlinge auszugleichende Zuwendungen oder Leistungen i.S.v. § 2057a geltend machen.[1] 2

---

[1] BGH, NJW 1993, 1197 = LM Nr. 3; OLG Nürnberg NJW 1992, 2303.

3 Nach Abs. 1 S. 2 bleibt derjenige, der durch Erbverzicht von der gesetzlichen Erbfolge ausgeschlossen ist, bei der Berechnung des Pflichtteils außer Betracht. Außer Betracht bleiben dann auch die Abkömmlinge des Verzichtenden, soweit sich die Wirkung des Verzichts auf sie gem. § 2349 erstreckt. Liegt ein Pflichtteilsverzicht vor, ist der Verzichtende »nicht von der gesetzlichen Erbfolge ausgeschlossen«; er wird daher bei der Berechnung der Ausgleichspflichtteile mitgezählt.[2]

III. Die Ausgleichspflicht (Abs. 1 und Abs. 3)

4 Abs. 1 hat zur Voraussetzung, dass im Falle der gesetzlichen Erbfolge eine Zuwendung des Erblassers oder Leistungen der in § 2057a bezeichneten Art zur Ausgleichung zu bringen sein würden. Nach § 2050 Abs. 1 hat es der Erblasser jedoch in Hand, über die Ausgleichung oder Nichtausgleichung einer Zuwendung frei zu entscheiden. Diese Entscheidungsbefugnis wird durch Abs. 3 korrigiert, indem Ausstattungen (beachte: nicht alle Zuwendungen) bei der Pflichtteilsberechnung der übrigen Abkömmlinge berücksichtigt werden müssen.

5 Abs. 3 gilt auch für die Regelung des § 2050 Abs. 2.[3]

6 Abgesehen von den Fällen, bei denen eine Zuwendung kraft Gesetzes ausgleichspflichtig ist, kann der Erblasser die Ausgleichung nur vor oder bei der Zuwendung anordnen. Eine nachträgliche Anordnung des Erblassers ist unzulässig, weil sie eine nachträgliche Beeinträchtigung des Pflichtteilsrechts des Empfängers bedeutet. Hier hilft nur noch ein Erb-/ oder Pflichtteilsverzichtsvertrag (§ 2346), um nachträglich eine Ausgleichspflicht herbeiführen zu können. Ebenso kann der Erblasser eine einmal angeordnete Ausgleichung nicht nachträglich wieder beseitigen, weil er insoweit den ausgleichsberechtigten Abkömmlingen im Nachhinein ein einmal entstandenes Recht auf Erhöhung des Pflichtteils wieder nehmen würde.[4]

IV. Die Berechnung des Ausgleichspflichtteils

1. Nach Abs. 1

7 Nach Abs. 1 bestimmt sich der Pflichtteil nach demjenigen, was auf den gesetzlichen Erbteil unter Berücksichtigung der Ausgleichungspflichten bei der Teilung entfallen würde. Die Verweisung auf die Regeln über die gesetzliche Ausgleichspflicht und deren Durchführung (§§ 2055, 2056) bedeutet folgende Vorgehensweise: 1. Sämtliche ausgleichungspflichtigen Zuwendungen sind dem realen Nachlass hinzuzurechnen; Ergebnis = »fiktiver Nachlass«. Die Zurechnung erfolgt allerdings nur zu dem Teil des Nachlasses, der den Abkömmlingen als fiktiven gesetzlichen Erben zukommt (s. § 2055 Abs. 1 S. 2). Der so gewonnene »fiktive Nachlass« ist dann durch die Zahl der Abkömmlinge zu teilen. Von diesem »fiktiven Erbteil« ist bei den ausgleichsverpflichteten Abkömmlingen noch der Wert ihres Vorempfanges abzuziehen (§ 2055 Abs. 1 S. 1). Bei den ausgleichsberechtigten Abkömmlingen ist der »fiktive Erbteil« gleich ihrem Ausgleichserbteil. 50 % des Ausgleichserbteils ergibt dann den Ausgleichungspflichtteil nach § 2316 Abs. 1 S. 1.

2. § 2056

8 Nach § 2056 hat ein ausgleichungspflichtiger Abkömmling keine Herauszahlung des Mehrbetrages vorzunehmen, wenn er durch eine Zuwendung mehr erhalten hat, als ihm an sich aufgrund der Pflichtteilsausgleichung zustehen würde. Allerdings ist zu beachten, dass

---

[2] Staudinger/Haas § 2316 Rn. 30; RGRK/Johannsen § 2316 Rn. 10.
[3] Erman/Schlüter § 2316 Rn. 6; RGRK/Johannsen § 2316 Rn. 16; Soergel/Dieckmann § 2316 Rn. 4; Staudinger/Haas § 2316 Rn. 9.
[4] RGRK/Johannsen § 2316 Rn. 17; Staudinger/Haas § 2316 Rn. 13.

das Recht der Pflichtteilsergänzung hiervon unberührt bleibt. Handelt es sich bei der Zuwendung also um eine Schenkung, kann dies einen Pflichtteilsergänzungsanspruch nach § 2325 auslösen (s. Rz. 29).

Da sich die Verweisung des § 2316 Abs. 1 auch auf § 2057 erstreckt, ist der Ausgleichspflichtige dem Ausgleichsberechtigten gegenüber zur Auskunft über die Zuwendungen verpflichtet, die zur Ausgleichung zu bringen sind.[5] 9

Handelt es sich um Leistungen der in § 2057a bezeichneten Art, gilt für die Berechnung 10 des für den Ausgleichspflichtteil maßgebenden Ausgleichserbteils § 2057a Abs. 4. Hier sind zunächst die Ausgleichbeträge von dem Wert des Nachlasses abzuziehen, der auf die in der Ausgleichung Beteiligten entfällt. Der so ermittelte fiktive Nachlass ist durch die Zahl der Abkömmlinge zu dividieren. Das Ergebnis ergibt den Erbteil der Abkömmlinge, die zur Ausgleichung verpflichtet sind. Der Ausgleichsberechtigte erhält einen nach § 2057a Abs. 4 S. 1 um den Ausgleichsbetrag erhöhten Erbteil. Der Pflichtteil nach § 2316 Abs. 1 beträgt dann 50 % des auf diese Weise errechneten Ausgleichserbteils.

3. Beispiele

Ausgleichung ohne Ehegatten 11
(Zuwendungen fallen nicht unter §§ 2325 ff. BGB)
Grundfall
E hinterlässt die Abkömmlinge A1–A3. Seine Lebensgefährtin ist zum Alleinerben berufen. Lebzeitige Zuwendungen erhielten:
A1 20.000 €
A2 keine
A3 30.000 €
Der reale Nachlass beträgt 100.000 €
»Fiktiver Nachlass« = 100.000 € + 20.000 € + 30.000 € = 150.000 € : 3 = 50.000 € (»fiktiver Erbteil«)
ausgeglichener Pflichtteilsanspruch von
A1: ½ von (50.000 € – 20.000 € = 30.000 €) = 15.000 €
A2: ½ von (50.000 € – 0 € = 50.000 €) = 25.000 €
A3: ½ von (50.000 € – 30.000 € = 20.000 €) = 10.000 €.

Die Abkömmlinge erhalten unterschiedliche Werte. Eine gleichmäßige Behandlung kann 12 trotz der Ausgleichungspflicht im Pflichtteilsrecht nicht erzielt werden. Denn Ausgleichung setzt bei den »fiktiven Erbteilen« an und nicht erst bei den Pflichtteilen.

Enterbte Vorempfänger werden also mit der Hälfte ihres Vorempfangs begünstigt. Diese 13 gesetzgeberische Regelung findet ihre Rechtfertigung darin, dass die gesetzlich oder vom Erblasser angeordnete Ausgleichung quasi als ein Fall vorweggenommener gesetzlicher Erbfolge anzusehen ist.[6]

Ausgleichung mit Ehegatten 14
(gesetzlicher Güterstand; Zuwendungen fallen nicht unter §§ 2325 ff. BGB)

Beispiele: 15
1. *Wie Grundfall, E hat jedoch seine Lebensgefährtin geheiratet. Der reale Nachlass beträgt 200.000 €.*
Der Ehegatte nimmt an der Ausgleichung nicht teil (§ 2316 Abs. 1 S. 1 BGB i.V.m. § 2055 Abs. 1 S. 2 BGB). Deshalb ist zunächst der gesetzliche Erbteil des Ehegatten vom realen Nachlass abzuziehen.

---
5 Staudinger/Haas § 2316 Rn. 41 ff.
6 Staudinger/Haas § 2316 Rn. 33.

Der effektive Nachlass für die weitere Berechnung beläuft sich auf 100.000 € (200.000 € ./. Ehegattenerbteil; erbliche Lösung = 100.000 €). Die ausgeglichenen Pflichtteilsansprüche ändern sich gegenüber dem Ausgangsfall nicht.

2. *Wie Grundfall. Der reale Nachlass beträgt 50.000 €; A3 hat eine lebzeitige Zuwendung von 41.000 € erhalten.*
Der fiktive Nachlass beträgt 50.000 € + 20.000 € + 41.000 € = 111.000 € : 3 = 37.000 €.
Bei A3 ergibt sich nach Abzug des Vorempfangs ein rechnerischer Minusbetrag (37.000 € – 41.000 € = –4.000 €).
Er erhält gem. § 2316 Abs. 1 S. 1 BGB i.V.m. § 2056 BGB nichts; er braucht aber auch den Mehrempfang nicht zurückzuzahlen. Bei der Berechnung der Pflichtteile von A1 und A2 bleibt A3 außer Betracht.
Fiktiver Nachlass ohne A3
50.000 € + 20.000 € = 70.000 € : 2 = 35.000 € (fiktiver Erbteil von A1 + A2)
ausgeglichener Pflichtteilsanspruch von
A1: ½ von 35.000 € – 20.000 € = 15.000 €) = 7.500 €.
A2: ½ von 35.000 € – 0 € = 35.000 €) = 17.500 €.

16 Ausgleichung bei Leistungen eines Abkömmlings
(§ 2057a BGB, z.B. Mitarbeit im Beruf oder Geschäft des Erblassers)

17 Da der Leistende vom Erblasser nichts erhalten hat, sind solche Ausgleichsbeträge, die zunächst nach Billigkeitsgrundsätzen festzustellen sind, vom realen Nachlass abzusetzen.

18 Der Ausgleichsbetrag ist dem Erbteil hinzuzusetzen, der sich aus dem verminderten Nachlass ergibt. ½ des so errechneten Wertes ist der Pflichtteil.

19 Beispiel:
Wie Grundfall; A1–A3 haben keine Vorempfänge erhalten. Auf A1 entfällt ein Ausgleichsbetrag gem. § 2057a in Höhe von 20.000 €.
Realer Nachlasswert 110.000 €.
Der rechnerische Nachlass beträgt 110.000 € – 20.000 € = 90.000 €.
Pflichtteil für A1
90.000 € : 3 = 30.000 € + 20.000 € = 50.000 € : 2 = 25.000 € Pflichtteil.
Bei A2 und A3 ergibt sich folgende Berechnung:
90.000 € : 3 = 30.000 €, hiervon ½ = 15.000 €.

V. Der Sonderfall des Abs. 2

20 Die Vorschrift dient dem Schutz des eingesetzten Erben. Denn der hinterlassene Erbteil kann, wenn er auch quotenmäßig den Pflichtteil übersteigt, hinter dem Wert des nach Abs. 1 berechneten Pflichtteils zurückbleiben, weil bei der gewillkürten Erbfolge eine Ausgleichung nicht stattfindet.

21 Beispiel:
Der verwitwete Erblasser hinterlässt die Abkömmlinge A1–A3.

22 Nachlasswert: 100.000 €, A1 hat eine lebzeitige Zuwendung von 20.000 €, A3 von 30.000 € erhalten. A2, der bisher keine Zuwendungen erhalten hat, wird neben der Lebensgefährtin des E testamentarisch mit 1/5 des Nachlasses bedacht.

23 Die Erbquote liegt über der Pflichtteilsquote von 1/6 (1/3 gesetzlicher Erbteil bei 3 Abkömmlingen, geteilt durch 2). Betragsmäßig erhielte A2 als Erbe nur 20.000 €. Der Ausgleichspflichtteil errechnet sich jedoch auf der Basis von 150.000 € (fiktiver Nachlass = realer Nachlass + Summe der lebzeitigen Zuwendungen). Der fiktive Erbteil beträgt 50.000 €;

der Pflichtteil 25.000 €. Abs. 2 verhindert die Schlechterstellung von A2 und gibt ihm einen Anspruch auf weitere 5.000 €, um seinen Ausgleichspflichtteil sicherzustellen.

VI. Zuwendungen, die ausgleichungs- und anrechnungspflichtig sind (Abs. 4)

Ist die Vorabzuwendung des Erblassers an den pflichtteilsberechtigten Abkömmling nicht nur ausgleichungspflichtig, sondern hat der Erblasser auch ihre Anrechnung auf den Pflichtteil angeordnet, würde das bloße Aneinanderreihen der Berechnungsvorgänge zu einer mehrfachen Berücksichtigung der Zuwendung führen. Abs. 4 schreibt deshalb vor, dass die Zuwendung auf die der Ausgleichung folgende Anrechnung nur noch mit der Hälfte ihres Wertes anzusetzen ist. 24

Beispiel: 25
E wird von seiner Ehefrau F allein beerbt (gesetzlicher Güterstand).
A1 hat eine lebzeitige Zuwendung von 3.000 €, A3 eine in Höhe von 12.000 €, A2 keine Zuwendung erhalten.
Realer Nachlasswert: 60.000 €
A1 nach Ausgleichung
»Effektiver Nachlass« 30.000 € (realer Nachlass – gesetzlicher Ehegattenerbteil nach § 1371 Abs. 1 BGB).
Fiktiver Erbteil (30.000 € + 15.000 €) : 3 = 15.000 € – 3.000 € = 12.000 €; hiervon ½ = 6.000 €.
Anrechnung: 6.000 € – halber Wert der anrechnungspflichtigen Zuwendung (1.500 €) = 4.500 €.
A2 nach Ausgleichung 7.500 € (15.000 € – 0 € = 15.000 €; hiervon ½)
Anrechnung = 7.500 € – 0 € = 7.500 €.
A3 nach Ausgleichung 1.500 € (15.000 € – 12.000 € = 3.000 €; hiervon ½)
Anrechnung = 1.500 € – 6.000 € = 0 €.
§ 2316 Abs. 4 wird auch dann angewendet, wenn nicht nur Abkömmlinge, sondern auch der Ehegatte des Erblassers pflichtteilsberechtigt ist[7].

VII. Zusammentreffen von Zuwendungen, die nur ausgleichungspflichtig sind, mit solchen, die nur anrechnungspflichtig sind

In einem solchen Falle sind Anrechnung und Ausgleichung selbstständig gem. § 2315 und § 2316 Abs. 1 durchzuführen.[8] 26

Beispiel: 27
Fall wie vorstehend. A1 hat aber lediglich eine anrechnungspflichtige Zuwendung von 3.000 € erhalten; A3 eine ausgleichspflichtige Zuwendung von 12.000 €. Nachlasswert: 60.000 €.
Bei A3 ist wie folgt zu rechnen:
Effektiver Nachlass: 30.000 € (realer Nachlass – gesetzlicher, nach § 1371 Abs. 1 BGB erhöhter Erbteil).
Fiktiver Erbteilswert: 30.000 € + Vorempfang 12.000 € = 42.000 € : 3 = 14.000 €. Ausgeglichener Pflichtteilsanspruch = ½ von (14.000 € – 12.000 €) = 1000 €.

---

[7] Staudinger/Haas § 2316 Rn. 51; RGRK/Johannsen § 2316 Rn. 20; Soergel/Dieckmann § 2316 Rn. 22.
[8] Staudinger/Haas § 2316 Rn. 54 ff.; RGRK/Johannsen § 2316 Rn. 21; Bamberger/Roth/J. Mayer § 2316 Rn. 20.

Bei A1 sind die Berechnungsschritte wie folgt vorzunehmen:
1. Schritt: realer Gesamtnachlass 60.000 € + anrechnungspflichtiger Vorempfang 3.000 € = 63.000 €.
Den Abkömmlingen A1–A3 steht die Hälfte zur Verfügung = 31.500 €.
2. Schritt: »Fiktiver« Ausgleichsnachlass 31.500 € + ausgleichspflichtiger Vorempfang des A3 = 12.000 € ergibt 43.500 €.
Gesetzlicher Erbteil 1/3 = 14.500 €
hiervon ½ als Pflichtteil = 7.250 €
- eigener anrechnungspflichtiger Vorempfang von 3.000 €, ergibt einen Pflichtteilsanspruch von 4.250 €.

VIII. Das Verhältnis von § 2316 zu §§ 2309, 2325

1. Das Verhältnis zu § 2309

28 Scheidet für einen pflichtteilsberechtigten Abkömmling wegen der auszugleichenden Zuwendung ein Pflichtteilsanspruch aus, so entsteht über § 2309 keine Pflichtteilsberechtigung seiner Abkömmlinge. Zwar ist der Ausgleichspflichtteil = 0 €. Der Ausgleichungspflichtige kann aber dem Grunde nach den Pflichtteil gem. § 2309 verlangen und schließt dabei die entfernteren Abkömmlinge als Pflichtteilsberechtigte aus. Zu dem gleichen Ergebnis kommt derjenige, der in einem solchen Falle annimmt, der nähere Abkömmling habe das ihm Hinterlassene i.S.v. § 2309 »angenommen«.[9]

2. Das Verhältnis von § 2316 zu § 2325

29 Beispiel:
E hinterlässt die Abkömmlinge A1 und A2. Alleinerbe wird seine Lebensgefährtin. A1 hat eine ausgleichspflichtige Zuwendung, die auch unter § 2325 BGB fällt, in Höhe von 60.000 € erhalten.
Realer Nachlass 50.000 €.
Ausgeglichener Pflichtteil A1:
fiktiver Erbteil 50.000 € + 60.000 € = 110.000 € : 2 = 55.000 €
ausgeglichener Pflichtteilsanspruch = ½ (55.000 € ./. 60.000 €) = 0 €
A1 erhält nichts mehr, er braucht den Mehrempfang aber nicht herauszuzahlen (§ 2056 S. 1 BGB).
Ausgeglichener Pflichtteil A2:
Wegen § 2056 S. 2 BGB bleibt bei der Pflichtteilsberechnung A1 und dessen Vorempfang außer Betracht.
A2 erhält somit 50 % des realen Nachlasses in Höhe von 25.000 €.
Unter Anwendung von § 2325 BGB ergibt sich ein erweiterter Nachlass von 50.000 € + 60.000 € = 110.000 €. Der Pflichtteil von A2 beträgt danach 27.500 €. Den Unterschiedsbetrag von 2.500 € kann A2 von der Alleinerbin zusätzlich fordern.

§ 2317
Entstehung und Übertragbarkeit des Pflichtteilsanspruchs

(1) Der Anspruch auf den Pflichtteil entsteht mit dem Erbfall.
(2) Der Anspruch ist vererblich und übertragbar.

---

9 So RGRK/*Johannsen* § 2316 Rn. 12; Staudinger/*Haas* § 2316 Rn. 15 mit Hinweis auf § 1924 Abs. 2.

I. Pflichtteilsrecht und Pflichtteilsanspruch

Der Pflichtteilsanspruch entsteht mit dem Erbfall (Abs. 1). Vorher besteht nur das abstrakte Pflichtteilsrecht als Grundlage eines möglichen Pflichtteilsanspruchs. Nach § 2346 Abs. 2 können der Pflichtteilsberechtigte und der Erblasser durch Vertrag den Verzicht auf das Pflichtteilsrecht regeln. 1

II. Entstehung des Pflichtteilsanspruchs

Mit dem Erbfall entsteht der Anspruch auf den Pflichtteil. Für die Fälle der §§ 2306 Abs. 1 S. 2 und 2307 Abs. 1 S. 1 entsteht der Pflichtteilsanspruch nach herrschender Meinung erst mit der Ausschlagung. Er ist aber wegen der Rückwirkung so zu behandeln, als wäre er schon zur Zeit des Erbfalls entstanden.[1] 2

Ein Pflichtteilsanspruch entsteht nicht bei einem Erb- oder Pflichtteilsverzicht (§ 2346) oder einem wirksamen vorzeitigen Erbausgleich (§ 1934e a.F.). 3

Gleiches gilt für die wirksame Pflichtteilsentziehung (§§ 2333 ff.). Durch Anfechtung wegen Erb- oder Pflichtteilsunwürdigkeit kann der Pflichtteilsanspruch rückwirkend beseitigt werden (§§ 2339 ff.; 2345 Abs. 2, 142 Abs. 1). 4

Der Pflichtteilsberechtigte kann verlangen, dass der Pflichtteil geschätzt (vgl. §§ 2311 ff.) und anschließend ausbezahlt wird, auch wenn die Auseinandersetzung der Miterben noch andauert. Der Erblasser hat keine Möglichkeit, die Fälligkeit des Anspruchs hinauszuschieben. 5

III. Verzinsung, Erlass, Geltendmachung des Pflichtteilsanspruchs

1. Verzinsung

Bei dem Pflichtteilsanspruch handelt es sich um eine Geldforderung. Sie unterliegt daher grundsätzlich den allgemeinen Vorschriften des Schuldrechts. Der Anspruch ist daher ab Verzug oder spätestens ab Rechtshängigkeit zu verzinsen (§§ 288, 291). 6

Durch eine Stufenklage gem. § 254 ZPO kann der Pflichtteilsberechtigte den Erben in Verzug setzen.[2] Eine Inverzugsetzung ist auch gegenüber dem nach § 2314 auskunftspflichtigen Erben durch eine sog. Stufenmahnung möglich.[3] 7

2. Erlass

Nach dem Gesetz ist die Ausschlagung des Pflichtteilsanspruches nicht möglich. Der Pflichtteilsgläubiger kann jedoch mit dem Erben durch formlosen Vertrag auf seinen bereits entstandenen Pflichtteilsanspruch verzichten (Forderungserlass – § 397).[4] 8

Leben Ehegatten im Güterstand der Zugewinngemeinschaft, bedarf der pflichtteilsberechtigte Ehegatte zum Abschluss des Verzichtsvertrages nicht der Zustimmung seines Ehepartners; § 1365 ist nicht anwendbar.[5] Im Falle des Güterstandes der Gütergemeinschaft obliegt ausschließlich dem pflichtteilsberechtigten Ehegatten die Entscheidung über den Abschluss des Verzichtsvertrages (§§ 1432 Abs. 1, 1455 Nr. 2). 9

Die vormundschaftsgerichtliche Genehmigung ist erforderlich, wenn Vormund oder Eltern im fremden Namen einen Verzichtsvertrag abschließen wollen (§§ 1822 Nr. 2, 1643 Abs. 2). 10

---

[1] So die h.M., vgl. *Erman/Schlüter* § 2317 Rn. 2; *Staudinger/Haas* § 2317 Rn. 4; a.A. RGRK/*Johannsen* § 2317 Rn. 4; zur Frage der Zugehörigkeit des Pflichtteilsanspruchs zur Insolvenzmasse s. LG Münster BeckRS 2009, 22368; LG Göttingen ZEV 2010, 99.
[2] BGHZ 80, 269, 277 = NJW 1981, 1729, 1731.
[3] BGHZ 80, 269, 277 = NJW 1981, 1729, 1731; BGH LM § 284 Nr. 22 = NJW 1981, 1732.
[4] Zum Verzicht in der Wohlverhaltensphase des Insolvenzschuldners: BGH ZErb 2009, 281.
[5] *Staudinger/Haas* § 2317 Rn. 21.

3. Geltendmachung

11 Ist im Falle des Todes eines Ehegatten der andere Alleinerbe, minderjährige Kinder sind also enterbt, so kann der sorgeberechtigte Alleinerbe nicht mit sich und im Namen seiner pflichtteilsberechtigten Kinder einen Erlassvertrag abschließen. Er ist jedoch nicht daran gehindert, selbst zu entscheiden, ob die Kinder Pflichtteilsansprüche geltend machen. Letztlich bleibt aber die Geltendmachung und Durchsetzung des Anspruchs dem Kind selbst überlassen, weil die Verjährungsfrist nicht vor seiner Volljährigkeit in Gang gesetzt wird (vgl. § 207 Abs. 1 S. 2 Nr. 2).

12 Wegen des möglicherweise erheblichen Interessengegensatzes kann allerdings das Vormundschaftsgericht nach §§ 1629 Abs. 2 S. 3, 1796 dem Elternteil in dieser Angelegenheit die Vertretungsmacht entziehen und insoweit eine Pflegschaft anordnen (§ 1909). Schließlich kann der Erblasser anordnen, dass die Eltern des Kindes das Vermögen nicht verwalten sollen, dass das Kind vom Erblasser von Todes wegen erwirbt, § 1638. In einem solchen Fall ist mit der Verwaltungsbefugnis zugleich auch die Vermögenssorge entzogen.[6] Da damit den Eltern die entsprechende Vertretungsmacht fehlt,[7] ist zur Geltendmachung des Pflichtteilsanspruchs ein Pfleger zu bestellen, § 1909.[8]

13 Geltendmachung im Hinblick auf eine Pflichtteilsstrafklausel: Grundsätzlich ist durch Auslegung der letztwilligen Verfügung zu ermitteln, wann ein »Geltendmachen« vorliegt. Im Regelfall ist ausreichend, wenn der Abkömmling nur versucht hat, den Pflichtteil zu erhalten und wenn das Verlangen auf die Ernsthaftigkeit seiner Entscheidung schließen lässt. In subjektiver Hinsicht reicht es aus, dass der Berechtigte in Kenntnis der Verwirkungsklausel den Pflichtteil verlangt.[9]

14 Die Geltendmachung des Pflichtteils stellt keinen groben Undank i.S.v. § 530 Abs. 1 dar.[10]

IV. Übertragung und Belastung des Pflichtteilsanspruchs

15 Nach Abs. 2 ist der Pflichtteilsanspruch uneingeschränkt übertragbar. Mit der Abtretung des Pflichtteilsanspruchs auf den Abtretungsempfänger geht der Auskunfts- und Wertermittlungsanspruch nach § 2314 als Hilfsanspruch i.S.v. § 401 auf den Abtretungsempfänger über.

16 Im Falle des § 2306 kann der Pflichtteilsberechtigte seinen Miterbenanteil zwar übertragen (s. § 2033 Abs. 1), nicht aber seine Erbenstellung als solche und das mir ihr untrennbar verbundene Ausschlagungsrecht.[11] Im Falle des § 2307 wird das Recht zur Ausschlagung eines Vermächtnisses von Teilen der Literatur nicht als ein höchstpersönliches Recht angesehen, dem Abtretungsempfänger also das Recht zugestanden, das Vermächtnis anzunehmen oder nach Ausschlagung den Pflichtteil zu verlangen.[12] Diese Auffassung führt jedoch zu dem untragbaren Ergebnis, dass bei einer Zugewinngemeinschaftsehe der mit einem Vermächtnis bedachte Ehegatte einem Dritten die Entscheidung darüber einräumen könnte, ob bei einer Ausschlagung bzw. Nichtausschlagung nach § 1371 Abs. 2 eine Ausgleichsforderung entsteht bzw. nicht entsteht.[13]

17 Entsprechendes gilt für die Überleitung von Pflichtteilsansprüchen nach § 93 Abs. 1 SGB XII (früher § 90 BSHG). Wird z.B. im Falle eines sog. Behindertentestaments das behinderte, pflichtteilsberechtigte Kind als Vorerbe und ein anderer Angehöriger als Nach-

---

6 *Frenz* DNotZ 1995, 908, 911.
7 BGH NJW 1989, 984.
8 *Staudinger/Haas* § 2317 Rn. 44.
9 OLG München ZEV 2006, 411; OLG München NJW-RR 2008, 1034.
10 OLG Karlsruhe ZErb 2010, 55.
11 Allg.M., vgl. *Soergel/Dieckmann* § 2317 Rn. 11; *Staudinger/Haas* § 2317 Rn. 25.
12 Vgl. *Soergel/Dieckmann* § 2317 Rn. 11.
13 *Staudinger/Haas* § 2317 Rn. 25.

erbe eingesetzt, so kann der Sozialhilfeträger nicht das Ausschlagungsrecht des Erben auf sich überleiten, um auf diese Weise über § 2306 Abs. 1 S. 2 auf den Pflichtteilsanspruch des Behinderten zugreifen zu können.[14]

Die Belastung des Pflichtteilsanspruchs folgt den gleichen Regeln wie die Übertragung. **18**

V. Vererbung des Pflichtteilsanspruchs

Nach Abs. 2 ist der Pflichtteilsanspruch vererblich. Entsprechendes gilt für das Ausschlagungsrecht in den Fällen des §§ 2306 Abs. 1 S. 2, 2307 Abs. 1 S. 1 (s. hierzu §§ 1952 Abs. 1, 2180 Abs. 3). **19**

VI. Pfändung des Pflichtteilsanspruchs

Nach § 852 Abs. 1 ZPO ist der Pflichtteilsanspruch erst pfändbar, wenn er durch Vertrag anerkannt oder rechtshängig geworden ist. Ein vertragliches Anerkenntnis ist gegeben, wenn der Pflichtteilsberechtigte und der Erbe einig sind, der Pflichtteilsanspruch bestehe und solle auch geltend gemacht werden. Ein Anerkenntnis i.S.d. § 781 ist nicht erforderlich.[15] **20**

Aus der ratio des § 852 Abs. 1 ZPO folgt, dass ein abgetretener Anspruch der Pfändung auch dann unterliegen muss, wenn es an einer vertraglichen Anerkennung fehlt.[16] Vielfach wird in der (Sicherungs-)Abtretung, Verpfändung oder sonstigen Belastung des Pflichtteilsanspruchs ebenfalls eine vertragliche Anerkennung des Anspruchs i.S.v. § 852 Abs. 1 ZPO gesehen.[17] Ein schenkweiser Erlassvertrag (§ 397) stellt keine Geltendmachung dar, weil der Pflichtteilsberechtigte auf diese Weise verdeutlicht, dass er seinen Pflichtteilsanspruch nicht verwirklichen will.[18] **21**

Nach neuerer Rechtsprechung des BGH[19] ist es möglich, den Pflichtteilsanspruch auch schon vor Rechtshängigkeit oder vor Anerkennung als einen »in seiner zwangsweisen Verwertbarkeit aufschiebend bedingten Anspruch« (so der Leitsatz) zu pfänden. Bei Eintritt der Verwertungsvoraussetzungen entsteht dann ein vollwertiges Pfandrecht. Ein Überweisungsbeschluss gem. § 835 ZPO ist vorher folglich unzulässig.[20] Diese Rechtsprechung weicht von der bisherigen Rechtsprechung und herrschenden Meinung ab.[21] Die aus § 852 ZPO folgenden Beschränkungen gelten nach h.M. nicht für die Überleitung durch einen Sozialhilfeträger nach § 93 Abs. 1 SGB XII, weil es in einem solchen Fall nicht auf die Entscheidung des Pflichtteilsberechtigten ankommt.[22] Für die Praxis ist zu empfehlen, in Behindertentestamenten Pflichtteilsstraf- und Verwirkungsklauseln zu vermeiden; Denn nach der BGH-Rechtsprechung[23] kommt man im Wege der Auslegung zu dem Ergebnis, dass die Geltendmachung des Pflichtteilsanspruchs durch den Sozialhilfeträger vom Anwendungsbereich der Klausel ausgenommen ist. **22**

---

14 So zutr. *Krampe* AcP 191 (1991), 526, 531 ff.; *Kuchinke* FamRZ 1992, 363; *Soergel/Dieckmann*, § 2317 Rn. 36; a.A. *van de Loo* NJW 1990, 2852, 2856 und MittRhNotK 1989, 233, 249.
15 MüKoBGB/*Lange* § 2317 Rn. 24.
16 RGRK/*Johannsen* § 2317 Rn. 18.
17 *Bamberger/Roth/J. Mayer* § 2317 Rn. 9; *Erman/Schüter* § 2317 Rn. 4; *Klumpp* ZEV 1998, 123, 124; *Staudinger/Haas* § 2317 Rn. 51; offengelassen in BGHZ 123, 183, 190 =LM § 852 ZPO Nr. 1 = NJW 1993, 2876.
18 OLG Düsseldorf FamRZ 2000, 367, 368.
19 BGH FamRZ 1997, 1001; BGHZ 123, 183 = LM § 852 ZPO Nr. 1 = NJW = 1993, 2876.
20 *Kuchinke* NJW 1994, 1769, 1770; *Staudinger/Haas* § 2317 Rn. 53 ff.
21 Nachweise in BGHZ 123, 183, 185 f. = LM § 852 ZPO Nr. 1 = NJW 1993, 2876, 2877.
22 BGH NJW-RR 205, 369 = ZEV 2005, 117 mit ablehnender Anm. *Muscheler*; bestätigt von BGH NJW-RR 2006, 223.
23 BGH NJW-RR 205, 369 = ZEV 2005, 117 mit ablehnender Anm. *Muscheler*; bestätigt von BGH NJW-RR 2006, 223.

§ 2318
Pflichtteilslast bei Vermächtnissen und Auflagen

(1) Der Erbe kann die Erfüllung eines ihm auferlegten Vermächtnisses soweit verweigern, dass die Pflichtteilslast von ihm und dem Vermächtnisnehmer verhältnismäßig getragen wird. Das gleiche gilt von einer Auflage.

(2) Einem pflichtteilsberechtigten Vermächtnisnehmer gegenüber ist die Kürzung nur soweit zulässig, dass ihm der Pflichtteil verbleibt.

(3) Ist der Erbe selbst pflichtteilsberechtigt, so kann er wegen der Pflichtteilslast das Vermächtnis und die Auflage soweit kürzen, dass ihm sein eigener Pflichtteil verbleibt.

Übersicht	Rz.		Rz.
I. Normzweck	1	1. Formel für das Kürzungsrecht bei Vermächtnissen gemäß § 2318 Abs. 1	18
II. Abs. 1	3		
III. Abs. 2	6	2. Übersicht über das Kürzungsrecht von Vermächtnissen	19
IV. Abs. 3	12		
V. Beratungshinweise	18	3. Checkliste zum Pflichtteilsrecht	20

I. Normzweck

1 Allein der Erbe ist im Außenverhältnis Pflichtteilsschuldner. Da jedoch bei der Berechnung des Pflichtteils Verbindlichkeiten aus Vermächtnissen und Auflagen nicht abgesetzt werden,[1] räumt man dem Erben das Recht ein, im Verhältnis zu dem Vermächtnisnehmer eine Kürzung vorzunehmen, so dass die Pflichtteilslast von ihm und dem Vermächtnisnehmer verhältnismäßig getragen wird. Entsprechendes gilt für die Auflage.[2]

2 Die Regelung des 2318 ist gem. § 2324 abdingbar.

II. Abs. 1

3 Der Kürzungsbetrag, in dessen Höhe der Erbe zur Leistungsverweigerung berechtigt ist, ergibt sich dadurch, dass der Vermächtnisnehmer an der Pflichtteilslast mit dem gleichen Prozentsatz wie am Nachlass beteiligt ist.

4 **Beispiel**

Erblasser E hinterlässt die Abkömmlinge A1 und A2. A1 wird Alleinerbe. Die Lebensgefährtin von E erhält ein Vermächtnis von 20.000 €. Nachlasswert = 100.000 €.
Die Nachlassbeteiligung von Erbe zu Vermächtnisnehmer steht im Verhältnis 8/10 zu 2/10. A1 muss den Pflichtteilsanspruch von 25.000 € gegenüber A2 erfüllen und kann das Vermächtnis um 2/10 von 25.000 € = 5.000 € kürzen.

5 Abs. 1 gilt auch für gesetzliche Vermächtnisse, z.B. Dreißigster (§ 1969). Der Voraus des Ehegatten gem. § 1932 darf allerdings nicht gekürzt werden, weil er nach § 2311 Abs. 1 S. 2 bereits bei der Berechnung des Pflichtteils voll abzuziehen ist.[3]

III. Abs. 2

6 Er schränkt das Kürzungsrecht des Erben aus Abs. 1 gegenüber einem pflichtteilsberechtigten Vermächtnisnehmer – nicht jedoch gegenüber einem Auflagenbegünstigen – ein.

---
1 Vgl. hierzu § 2311 Rz. 7.
2 Ausführlich zum Vermächtniskürzungsrecht: *Biebl* ZErb 2010, 99.
3 RGRK/*Johannsen* § 2318 Rn. 3.

Danach ist die Kürzung nur insoweit vorzunehmen, als dem pflichtteilsberechtigten Vermächtnisnehmer der Pflichtteil verbleibt (sog. Kürzungsgrenze). Kürzungsfähig ist danach nur der den Pflichtteil übersteigende Betrag, dieser jedoch in voller Höhe. Der Erbe kann von der Bestimmung des Ab. 2 nicht abweichen, vgl. § 2324. Bei der Berechnung des Wertes des Vermächtnisses sind dessen Beschwerungen nicht zu berücksichtigen (arg. § 2307 Abs. 1 S. 2).[4]

Beispiel 7
E hinterlässt die Abkömmlinge A1 und A2. Alleinerbin ist die Lebensgefährtin L. A1 erhält ein Vermächtnis in Höhe von 30.000 €. Nachlasswert = 100.00 €.
An der Pflichtteilslast sind A1 und L im Verhältnis 3/10 zu 7/10 beteiligt. Auf A1 entfällt somit ein Betrag in Höhe von 3/10 von 25.000 € = 7.500 €. Nach der Bestimmung des Abs. 2 soll dem pflichtteilsberechtigten A1 mindestens jedoch sein eigener Pflichtteil = 25.000 € verbleiben.
Die Pflichtteilslast verteilt sich daher wie folgt:
A1: 5.000 €
L: 17.500 € + 2.500 € = 20.000 €.

Würde das Vermächtnis zugunsten des A1 unter 25.000 € liegen, so könnte A1 gem. 8 § 2307 Abs. 1 S. 2 den sog. Pflichtteilsrestanspruch verlangen. Im Übrigen hätte er die Möglichkeit, das Vermächtnis als Pflichtteilsberechtigter auszuschlagen und sich den vollen Pflichtteil damit zu sichern (§ 2307 Abs. 1 S. 1).

Ist das Vermächtnis größer als der dem Vermächtnisnehmer nach Abs. 2 garantierte 9 Pflichtteil, muss er gegebenenfalls den überschießenden Betrag zur Tilgung der Pflichtteilslast einsetzen. Abs. 2 soll grundsätzlich nichts an der in Abs. 1 vorgegebenen Berechnungsart ändern, sondern lediglich sicherstellen, dass der pflichtteilsberechtigte Vermächtnisnehmer nicht seinen eigenen Pflichtteil zwecks Tilgung von Pflichtteilslasten angreifen muss.[5]

Wird dem Erben die Kürzung wegen Abs. 2 gegenüber einem pflichtteilsberechtigten 10 Vermächtnisnehmer verwehrt, können diese Beträge anteilmäßig auf andere Vermächtnisnehmer oder Auflagenbegünstigte abgewälzt werden.[6]

Wurde das Vermächtnis dem überlebenden Ehegatten zugewendet, errechnet sich die 11 Kürzungsgrenze im Falle der Zugewinngemeinschaft unter Zugrundelegung des großen Pflichtteils.[7]

IV. Abs. 3

Auch diese Regelung ist durch Anordnungen des Erblassers nicht abänderbar. 12

Die Vorschrift des Abs. 3 kann nach geltender Rechtslage nur zur Anwendung kommen, 13 wenn dem pflichtteilsberechtigten Erben ein Erbteil hinterlassen wurde, der i.S.v. § 2306 Abs. 1 S. 2 größer ist als die Hälfte des gesetzlichen Erbteils. Anderenfalls gelten Vermächtnisse und Auflagen als nicht angeordnet (s. § 2306 Abs. 1 S. 1). Nach der Erbrechtsreform kommt Abs. 3 stets zur Anwendung, wenn der Pflichtteilsberechtigte von seinem Wahlrecht keinen Gebrauch macht, d.h. den mit Beschränkungen und Beschwerungen belasteten Erbteil nicht ausschlägt (s. im Übrigen § 2306 Rz. 21). Hat es der Erbe im Falle von § 2306 Abs. 1 S. 2 unterlassen, sich mit Hilfe der Ausschlagung von den auferlegten Beschränkungen und Beschwerungen zu befreien, muss er diese grundsätzlich voll tragen,

---
[4] *Bamberger/Roth/J. Mayer* § 2318 Rn. 6; a.A. *Palandt/Edenhofer* § 2318 Rn. 4.
[5] RGRK/*Johannsen* § 2318 Rn. 7.
[6] RGRK/*Johannsen* § 2318 Rn. 7; *Soergel/Dieckmann* § 2318 Rn. 8; *Staudinger/Haas* § 2318 Rn. 19.
[7] RGRK/*Johannsen* § 2318 Rn. 7; *Soergel/Dieckmann* § 2318 Rn. 12.

und zwar auch auf Kosten seines eigenen Pflichtteils. Hat er dann außerdem noch Pflichtteilsansprüche Dritter zu befriedigen, so kann er nach Abs. 3 zum Schutz seines eigenen Pflichtteils Vermächtnisse und Auflagen dergestalt kürzen, dass die Pflichtteilslasten seinen eigenen Pflichtteil nicht noch zusätzlich beeinträchtigen.

14 Beispiel

Wie Beispiel 1. Das zugunsten der Lebensgefährtin ausgesetzte Vermächtnis beträgt 80.000 €.

15 A1 verbliebe nach Erfüllung des Vermächtnisses noch 20.000 € und damit weniger als sein Pflichtteil von 25.000 €. Zum Schutz seines eigenen Pflichtteils gegenüber dem Pflichtteilsanspruch von A2 in Höhe von 25.000 € kann er das Vermächtnis um diesen Betrag kürzen, um sodann diesen Betrag an A2 zu zahlen.

16 Treffen die Abs. 2 und 3 zusammen, weil sowohl Erbe als auch Vermächtnisnehmer pflichtteilsberechtigt sind, geht das Pflichtteilsrecht des Erben und damit die Regelung des Abs. 3 vor.[8]

17 Ist der Pflichtteilsberechtigte nicht Allein- sondern Miterbe, kann er nach Erfüllung der Vermächtnisse und Auflagen den ihm verbleibenden und möglicherweise bereits geschmälerten Pflichtteil gegenüber pflichtteilsberechtigten Dritten nach § 2319 verteidigen, so dass ein zusätzlicher Schutz über Abs. 3 entbehrlich erscheinen mag. Es ist jedoch kein überzeugender Grund zu sehen, weshalb nur der pflichtteilsberechtigte Alleinerbe und nicht auch der Miterbe befugt sein sollte, Pflichtteilslasten gem. Abs. 3 auf Vermächtnisnehmer und Auflagenbegünstigte abzuwälzen.[9] Zudem steht dem pflichtteilsberechtigten Erben die Einrede nach § 2319 vor der Teilung des Nachlasses nicht zu. In einem solchen Fall muss ihm das Kürzungsrecht nach Abs. 3 zustehen. Notwendigerweise reduziert sich dann aber der Schutz des § 2319 auf die Fälle, in denen nach Abwälzung der Pflichtteilslast gem. Abs. 3 überhaupt noch eine Gefährdung des eigenen Pflichtteils des Miterben besteht. Verzichtet der selbst pflichtteilsberechtigte Miterbe zum Vorteil des Vermächtnisnehmers (Auflagenbegünstigten) auf die Kürzungsmöglichkeit nach Abs. 3, so kann er später nicht zum Nachteil des Pflichtteilsberechtigten den Schutz des § 2319 uneingeschränkt in Anspruch nehmen, sondern nur insoweit, als der eigene Pflichtteil auch nach der (hypothetischen) Kürzung der Vermächtnisse und Auflagen gefährdet ist.[10]

V. Beratungshinweise

1. Formel für das Kürzungsrecht bei Vermächtnissen gemäß § 2318 Abs. 1

18 $$\text{Kürzungsbetrag} = \frac{\text{Pflichtteillast} \times \text{Vermächtnis}}{\text{ungekürzter Nachlass}}$$

2. Übersicht über das Kürzungsrecht von Vermächtnissen

19 § 2318 Abs. 1 BGB   Abs. 1 regelt, dass die Pflichtteilsansprüche von Erbe und Vermächtnisnehmer im Verhältnis ihrer Zuwendungen getragen werden müssen. Der Erbe darf somit das Vermächtnis verhältnismäßig kürzen.

---

[8] RGRK/*Johannsen* § 2318 Rn. 8; *Staudinger/Haas* § 2318 Rn. 27.
[9] BGHZ 95, 222, 225 = NJW 1985, 2828, 2829; *Soergel/Dieckmann* § 2318 Rn. 16 m.w.N.; *Staudinger/Haas* § 2318 Rn. 24.
[10] Wie hier wohl auch *Soergel/Dieckmann* § 2319 § 2318 Rn. 4.

§ 2318 Abs. 2 BGB	Abs. 2 regelt, dass der Erbe bei einem Vermächtnis eines pflichtteilsberechtigten Vermächtnisnehmers nur den Teil kürzen darf, der über den Wert des eigentlichen Pflichtteilsanspruches des Vermächtnisnehmers hinausgeht.
§ 2318 Abs. 3 BGB	Der Erbe darf nach der Annahme der Erbschaft den Vermächtnisanspruch nur um den Betrag kürzen, den er zur Erfüllung der Pflichtteilslast unter Wahrung seines eigenen Pflichtteils benötigt. Die Bestimmung verhindert jedoch nicht, dass schon aufgrund der Belastung mit Vermächtnissen usw. wirtschaftlich das Pflichtteilsniveau unterschritten wird.
§ 2322	Regelt das Kürzungsrecht des Ersatzmannes, d.h. desjenigen, der an die Stelle des Pflichtteilsberechtigten getreten ist.
§ 2323	Regelt die Modifizierung des Kürzungsrechts des § 2318 Abs. 1.

3. Checkliste zum Pflichtteilsrecht

20

Pflichtteilsberechtigter erhält	Handlungsmöglichkeiten, wenn Berechtigter	
	Ehegatte im gesetzlichen Güterstand ist	sonstiger Pflichtteilsberechtigter ist
	die rechtlichen Folgen werden – soweit erforderlich – als Klammerzusatz aufgeführt	
I. Erbquote > Pflichtteilsquote ohne Beschränkungen und Beschwerungen gem. § 2306 BGB	1. Annahme der Erbschaft oder 2. Ausschlagung (Zugewinnausgleich nach güterrechtlicher Lösung + Pflichtteil aus gesetzlicher Erbquote)	1. Annahme der Erbschaft oder Ausschlagung (kein Pflichtteilsanspruch)
II. Erbquote < Pflichtteilsquote, ohne Beschränkungen und Beschwerungen gem. § 2306 BGB	1. Annahme der Erbschaft + Restpflichtteil gem. § 2305 BGB. Pflichtteilsquote wird aus dem um 1/4 der Erbschaft erhöhten gesetzlichen Erbteil berechnet oder 2. Ausschlagung (s. I.2)	1. Annahme der Erbschaft (Restpflichtteil gem. § 2305 BGB) oder 2. Ausschlagung (nur Restpflichtanteil gem. § 2305 BGB)

III.	Erbquote > Pflichtteilsquote, mit Beschränkungen oder Beschwerungen gem. § 2306 BGB	1. Annahme der Erbschaft (Erbe bleibt mit Beschränkungen oder Beschwerungen belastet) oder 2. Ausschlagung (s. I.2)	1. Annahme der Erbschaft (Erbe bleibt mit Beschränkungen oder Beschwerungen belastet) oder 2. Ausschlagung (uneingeschränkter Pflichtteil)
*IV.	Erbquote ≤ Pflichtteilsquote, mit Beschränkungen oder Beschwerungen gem. § 2306 BGB	1. Annahme der Erbschaft (Beschränkungen oder Beschwerungen gelten als nicht angeordnet. Im Falle des § 2306 Abs. 2 BGB wird Nacherbe sofort Vollerbe) und gegebenenfalls Rechtspflichtteil gem § 2305 – zur Berechnung s. II.1 oder 2. Ausschlagung (s. I.2)	1. Annahme der Erbschaft (Beschränkungen oder Beschwerungen gelten als nicht angeordnet) oder 2. Ausschlagung (nur Rest-Pflichtteil)
V.	nur Vermächtnis	1. Annahme des Vermächtnisses (gegebenenfalls Rest-Pflichtteil = Wertdifferenz zwischen Vermächtniswert und Pflichtteil, der aus dem um 1/4 der Erbschaft erhöhten gesetzlichen Erbteil berechnet wird) **Beachte:** Beschränkungen oder Beschwerungen des Vermächtnisses wirken sich gem. § 2307 Abs. 1 S. 2 BGB nicht wertmindernd aus. oder 2. Ausschlagung (s. I.2)	2. Annahme des Vermächtnisses (gegebenenfalls Rest-Pflichtteil = Wertdifferenz zwischen Vermächtniswert und Pflichtteil) **Beachte:** Beschränkungen oder Beschwerungen des Vermächtnisses wirken sich gem. § 2307 Abs. 1 S. 2 BGB nicht wertmindernd aus. oder 2. Ausschlagung (Pflichtteilsanspruch)

* Bei Erbfällen nach dem 31.12.2009 werden die Fälle in Spalte IV. wie die in Spalte III. beurteilt.

§ 2319
Pflichtteilsberechtigter Miterbe

Ist einer von mehreren Erben selbst pflichtteilsberechtigt, so kann er nach der Teilung die Befriedigung eines anderen Pflichtteilsberechtigten soweit verweigern, dass ihm sein eigener Pflichtteil verbleibt. Für den Ausfall haften die übrigen Erben.

I. Normzweck

§ 2319 will verhindern, dass ein selbst pflichtteilsberechtigter Miterbe nach der Teilung des Nachlasses seinen eigenen Pflichtteil verwenden muss, Pflichtteilsansprüche anderer zu befriedigen. Die Regelung betrifft vorrangig die Außenhaftung, wirkt sich aber auch auf den Ausgleich der Miterben im Innenverhältnis aus.[1] Für den Pflichtteilsergänzungsanspruch findet sich in § 2328 eine entsprechende Regelung.

II. Haftung der pflichtteilsberechtigten Miterben für Pflichtteilsansprüche

1. Vor der Nachlassteilung

Für die Zeit vor der Teilung des Nachlasses ist ein besonderer Schutz des pflichtteilsberechtigten Miterben gegenüber Pflichtteilsansprüchen anderer nicht vorgesehen. Nach der allgemeinen Regelung des § 2059 Abs. 1 S. 1 können lediglich Zugriffe auf das Eigenvermögen des Miterben abgewehrt werden. Werden Pflichtteilsansprüche im Verlaufe der Auseinandersetzung aus dem ungeteilten Nachlass befriedigt (§ 2046), wäre der Pflichtteil des Miterben gefährdet, wenn dieser im Innenverhältnis nach allgemeinen Grundsätzen, also anteilmäßig,[2] zur Tragung der Pflichtteilslast herangezogen werden könnte. Aus § 2319 wird deshalb zu Recht gefolgert, dass einem pflichtteilsberechtigten Miterben bei der Nachlassteilung fremde Pflichtteile immer nur soweit in Rechnung gestellt werden dürfen, wie der eigene Pflichtteil gewahrt bleibt.[3]

2. Nach der Nachlassteilung

Es muss eine Mehrheit von Erben vorhanden sein und der Nachlass bereits geteilt sein, damit § 2319 anwendbar ist. Nach der Teilung haftet jeder Miterbe den noch nicht befriedigten Pflichtteilsgläubigern als Gesamtschuldner (§ 2058, ausnahmsweise Teilhaftung nach §§ 2060, 2061). Auch der pflichtteilsberechtigte Miterbe müsste ohne die Sonderregelung des Satzes 1 u. U. seinen eigenen vollen Pflichtteil einsetzen. S. 1 gibt ihm daher ein Leistungsverweigerungsrecht bis zur Grenze des eigenen Pflichtteils.[4] Das Leistungsverweigerungsrecht wirkt (schuldbefreiend) bis zur Höhe des geschützten Pflichtteils des pflichtteilsberechtigten Erben. Den eigenen Pflichtteil kann der Erbe nur gegenüber Pflichtteilsgläubigern, nicht aber gegenüber Vermächtnisnehmern und Auflagebegünstigten verteidigen. Macht der Miterbe von seinem Leistungsverweigerungsrecht Gebrauch, haften nach S. 2 die übrigen Miterben, grundsätzlich gesamtschuldnerisch (§§ 421, 2058, 426), in den Ausnahmefällen der §§ 2060, 2061 anteilmäßig. Die Einrede des § 2319 schützt den pflichtteilsberechtigten Miterben auch gegen evtl. Regressansprüche der anderen Miterben aus § 426.[5] Ist der Erbteil des Pflichtteilsberechtigten mit Vermächtnissen und Auflagen beschwert, die nach Annahme ohne Rücksicht auf den Pflichtteil zu erfüllen sind (§ 2306 Abs. 1 S. 2), müssen diese auch bei der Bemessung der Höhe des Leistungsverweigerungsrecht mindernd berücksichtigt wer-

---
1 Vgl. BGHZ 95, 222, 226 = NJW 1985, 2828, 2829.
2 Vgl. § 2320 Rz. 1.
3 *Soergel/Diekmann* § 2319 Rn. 2.
4 *Bamberger/Roth/J. Mayer* § 2319 Rn. 2.
5 *Erman/Schlüter* § 2319 Rn. 2; RGRK/*Johannsen* § 2319, Rn. 4.

den.⁶ Der pflichtteilsberechtigte Miterbe trägt die Darlegungs- und Beweislast für die Voraussetzungen der Einrede.

III. Ehegatte als pflichtteilsberechtigter Miterbe

4 Ist eine Ehegatte, der mit dem Erblasser im Güterstand der Zugewinngemeinschaft gelebt hat, Miterbe geworden oder hat er das ihm zugewendete Vermächtnis angenommen, berechnet sich sein nach § 2319 zu verteidigender Pflichtteil nach dem um ¼ erhöhten gesetzlichen Erbteil (§ 1371 Abs. 1).⁷ Der Pflichtteil für Abkömmlinge und Eltern vermindert sich entsprechend. Ist der Ehegatte nicht Miterbe geworden und ist ihm auch kein Vermächtnis zugewandt, ist der Pflichtteil der Abkömmlinge und der Eltern nach dem nicht erhöhten Ehegattenerbteil zu bestimmen, wenn es zur sog. güterrechtlichen Lösung kommt (§ 1371 Abs. 2, 3). Entsprechendes gilt für den überlebenden Lebenspartner einer eingetragenen Lebenspartnerschaft in Form der Zugewinngemeinschaft (§ 6 LPartG).

IV. Verlust des Rechts auf Beschränkung der Haftung

5 Hat der Miterbe das Recht auf Beschränkung der Haftung (allgemein oder gegenüber dem Pflichtteilsberechtigten) verloren, steht ihm nach zutreffender allgemeiner Ansicht dennoch das Leistungsverweigerungsrecht des S. 1 zu, weil dieses sich gegen den Anspruch selbst richtet.⁸

V. Unabdingbarkeit

6 § 2319 ist zwingendes Recht (§ 2324). Der Normzweck gebietet, dass der pflichtteilsberechtigte Miterbe seinen Pflichtteil wegen Pflichtteilsansprüchen Dritter sowohl im Außen- als auch im Innenverhältnis verteidigen können muss.⁹

7 Die Wirkungsweise des § 2319 verdeutlicht an einem Beispiel:¹⁰

8 Der verwitwete Erblasser hinterlässt einen Nachlass von 24.000 und als Pflichtteilsberechtigte zwei Kinder A und B. Erben sind A zu ¼, B zu 1/8 und der Fremde X zu 5/8. A erhält somit seinen Pflichtteil als Erbteil, so dass kein Pflichtteilsrestanspruch besteht. B erhält dagegen als Erbteil nur 3.000, weshalb ihm ein Pflichtteilsrestanspruch von 3.000 zusteht.

9 Bei einer ordnungsgemäßen Erbauseinandersetzung müsste B seinen Erbteil von 3.000 und seinen Pflichtteil von 3.000 erhalten (§ 2046 Abs. 2). Dann verbleibt ein restlicher Nachlasswert von 18.000, der nach §§ 2042, 2046, 2319 an A zu 6.000 und X zu 12.000 zu verteilen ist. Damit trägt X die gesamte Pflichtteilslast.

10 Macht B seinen Pflichtteilsanspruch gegen A geltend, so kann er dessen Erbteil pfänden und sich überweisen lassen und erhält daher dessen Auseinandersetzungsanspruch von 6.000, von dem er sich aber nur in Höhe seines Pflichtteilsrestanspruchs von 3.000 befriedigen kann, Dem steht § 2319 S. 1 nicht entgegen, weil diese Bestimmung erst ab der Nachlassteilung gilt. Somit erhält B als Erbteil 3.000 und als Pflichtteilsanspruch nochmals 3.000. Allerdings kann der in Anspruch genommene A hinsichtlich der von ihm getragenen 3.000 nach §§ 426 Abs. 1 und 2, 2305, 2319 von X die Erstattung der verauslagten 3.000 verlangen, weil er sonst weniger als seinen Pflichtteil erhielt. Damit erhält B 3.000 als Erbteil und 3.000 als Pflichtteilsrestanspruch. X trägt wiederum die gesamte Pflichtteilslast.

11 Macht dagegen B seinen Pflichtteilsrestanspruch gegen X geltend, so kann er sich in Höhe seines Pflichtteilsanspruchs am Erbteil des X von 15.000 befriedigen. Ein entsprechender Regress des X gegen A scheitert an § 2319 S. 1.

---

6 *Bamberger/Roth/J. Mayer* § 2319 Rn. 4.
7 RGRK/*Johannsen* § 2319 Rn. 3; *Soergel/Diekmann* § 2319 Rn. 5.
8 MüKoBGB/*Lange* § 2319 Rn. 8.
9 *Tanck* ZErb 2001, 194 f.
10 Nach *Schindler* Pflichtteilsberechtigter Erbe Rn. 264 ff.

§ 2320
Pflichtteilslast des an die Stelle des Pflichtteilsberechtigten getretenen Erben

(1) Wer anstelle des Pflichtteilsberechtigten gesetzlicher Erbe wird, hat im Verhältnis zu Miterben die Pflichtteilslast und, wenn der Pflichtteilsberechtigte ein ihm zugewendetes Vermächtnis annimmt, das Vermächtnis in Höhe des erlangten Vorteils zu tragen.

(2) Das Gleiche gilt im Zweifel von demjenigen, welchem der Erblasser den Erbteil des Pflichtteilsberechtigten durch Verfügung von Todes wegen zugewendet hat.

I. Normzweck

Die Vorschrift des § 2320 betrifft ausschließlich die Verteilung der Pflichtteilslast im Innenverhältnis mehrerer Miterben. Nach allgemeinen Grundsätzen wäre unter Berücksichtigung der §§ 2038 Abs. 2, 748, 2047 Abs. 1, 2148 der Pflichtteilsanspruch nach dem Verhältnis der Erbanteile der einzelnen Miterben zu erfüllen. Hierzu stellt § 2320 eine Sonderregelung dar, indem derjenige gesetzliche Miterbe, der anstelle des Pflichtteilsberechtigten Erbe wird, im Innenverhältnis allein die Pflichtteilslast in Höhe des Vorteils zu tragen hat. Die Intention des Gesetzgebers ist es, im Innenverhältnis demjenigen Miterben die Pflichtteilslast aufzuerlegen, der ohne Ausscheiden des Pflichtteilsberechtigten überhaupt nicht, oder nicht in dieser Höhe begünstigt worden wäre. 1

II. Die Regelung des Abs. 1

Die Vorschrift betrifft lediglich das Verhältnis der Erben zueinander.[1] Abs. 1 setzt die Existenz eines Pflichtteilsberechtigten und eines Dritten voraus, der an Stelle des Pflichtteilsberechtigten gesetzlicher Erbe geworden ist. 2

1. Das Ausscheiden des Pflichtteilsberechtigten und der eintretende Erbe

Das tatbestandsmäßige Ausscheiden des Pflichtteilsberechtigten ist in folgenden Fällen möglich: 3
a) Die Enterbung des Pflichtteilsberechtigten durch testamentarische Verfügung des Erblassers gem. § 1938.
b) Der Verzicht des Miterben auf sein Erbrecht unter gleichzeitigem vertraglichen Vorbehalt des Pflichtteils.
c) Die Ausschlagung des Erbteils durch den Pflichtteilsberechtigten i.S.d. § 2306 Abs. 1 S. 2.

Beispiel: Erblasser E hinterlässt zwei Söhne A und B. B wurde enterbt (§ 1938). Da B einen Sohn C hinterlässt, tritt dieser als gesetzlicher Erbe zu ½ an die Stelle von B. C hat nunmehr im Innenverhältnis allein für den Pflichtteilsanspruch des B aufzukommen. 4

Für die Anwendbarkeit des Abs. 1 ist es ohne Bedeutung, ob derjenigen, dem der Erbteil anfällt, durch das Ausscheiden des Pflichtteilsberechtigten überhaupt erst Erbe wird (so das obige Beispiel), oder ob sich sein Erbteil nur erhöht.[2] 5

Beispiel: Erblasser E hinterlässt Witwe W, mit der er in Zugewinngemeinschaft gelebt hatte, Sohn S und Vater V. Sohn S wurde enterbt. Wäre S nicht enterbt worden, so betrüge der gesetzliche Erbteil von S und W je ½. Wegen der Enterbung des S beträgt der Erbteil der W ¾ (§§ 1931 Abs. 1 und 3, 1371 Abs. 3), der des V ¼ (§ 1931 Abs. 1). W, deren Erbteil sich um ¼ erhöht, und V, der auf Grund der Enterbung des S überhaupt erst gesetzlicher Erbe zu ¼ wird, müssen die Pflichtteilslast im Verhältnis 1:1 tragen.[3] 6

---
1 Bamberger/Roth/J. Mayer § 2320 Rn. 2.
2 RGRK/Johannsen § 2320 Rn. 2; Soergel/Dieckmann § 2320 Rn. 2.
3 RGRK/Johannsen § 2320 Rn. 5; Staudinger/Haas § 2320 Rn. 8.

7   Abs. 1 erlangt keine Bedeutung, wenn sich durch den Ausfall des Pflichtteilsberechtigten die Erbteile der Übrigen gleichmäßig erhöhen. Würde z.B. von den drei Söhnen A, B und C der Sohn C enterbt, würden sich zwar die Erbteile von A und B erhöhen. Am Prinzip der anteilmäßigen Tragung der Pflichtteilslast durch die Miterben würde sich nichts ändern.

2. Tragung der Pflichtteilslast in Höhe des erlangten Vorteils

8   Der erlangte Vorteil des gesetzlichen Miterben entspricht dem ihm zugefallenen Erbanteil. Fällt der Erbteil allen Miterben gleichmäßig zu, erlangt also jedes Mitglied der Erbengemeinschaft einen gleichwertigen Vorteil, bleibt die Sonderregelung des § 2320 wirkungslos, da sich die hinzu erworbenen Anteile gleichmäßig verteilen.

9   Als Vorteil i.S.d. Abs. 1 kommt nicht nur die Begründung oder Erhöhung des Erbteils in Betracht, sondern auch die Erhöhung des Voraus gem. § 1932 Abs. 1,[4] wenn der Ehegatte statt neben den Abkömmlingen nunmehr neben den den Eltern des Erblassers in die Erbfolge eintritt.

10 Für die Bewertung des Vorteils ist abzustellen auf den Wert des Erlangten im Zeitpunkt des Erbfalles. Mögliche Chancen des Miterben, zu einem späteren Zeitpunkt durch Eintritt der Nacherbfolge oder Bestimmung als Ersatzerbe in anderer Weise in die Miterbenstellung einzurücken, sind hierbei außer acht zu lassen.[5] Soweit demgegenüber der übergehende Erbteil mit Beschränkungen oder Beschwerungen belastet ist, mindern diese den erlangten Vorteil.[6]

11 § 2320 Abs. 1 beschränkt die Pflichtteilslast des begünstigten Miterben auf die Höhe des von ihm erlangten Vorteils, eine darüber hinausgehende Haftung mit anderweitig erworben Erbanteilen oder dem Eigenvermögen gewährt die Vorschrift nicht.

3. Tragung der Vermächtnislast in Höhe des erlangten Vorteils

12 Die Vorschrift enthält insoweit eine Sonderregelung, als abweichend vom Grundsatz des § 2148 die Miterben für ein Vermächtnis im Innenverhältnis nicht anteilig im Verhältnis ihrer Erbanteile einzustehen haben, sondern die Vermächtnislast allein durch den begünstigten Miterben zu tragen ist.

13 Die Tragung der Vermächtnislast kann durchaus kummulativ zur Pflichtteilslast hinzutreten, wenn der Wert des Vermächtnisses geringer ist als der Pflichtteil. Für den Pflichtteilsrestanspruch des § 2307 Abs. 1 S. 2 hat der begünstigte Miterbe dann nach § 2320 Abs. 1 1. Alt einzutreten. In gleicher Weise trifft den Eintretenden die Vermächtnislast dann, wenn das Vermächtnis den Pflichtteil wertmäßig übersteigt.[7]

14 Die Vermächtnislast bleibt auch unabhängig davon bestehen, ob der Erblasser neben dem ausgebrachten Vermächtnis dem Pflichtteilberechtigten gegenüber den Pflichtteil nach §§ 2333 wirksam entzogen hat.[8]

III. Die Regelung des Abs. 2

15 Die Regelung betrifft den Fall, dass der Erblasser durch eine testamentarische Verfügung den Erbteil einem Dritten zuwendet. Unter Erbteil ist hierbei der gesetzliche Erbteil des Pflichtteilsberechtigten zu verstehen, nicht etwa der zunächst testamentarisch dem Pflichtteilsberechtigten zugedachte, dann von diesem aber ausgeschlagene Erbteil.[9]

---

4   MüKoBGB/*Lange* § 2320 Rn. 7 m.w.N.
5   BGH, NJW 1983, 2378, 2379 mit zustimmender Anm. *Dieckmann* FamRZ 1983, 1015 ff.
6   MüKoBGB/*Lange* § 2320 Rn. 7.
7   *Bamberger/Roth/J. Mayer* § 2320 Rn. 3; *Soergel/Dieckmann* § 2320 Rn. 5; *Staudinger/Haas* § 2320 Rn. 9.
8   RGRK/*Johannsen* § 2320 Rn. 6.
9   MüKoBGB/*Lange* § 2320, Rn. 10 m.w.N.

Der testamentarisch begünstigte Dritte hat, sofern sich kein anderer Wille des Erblassers feststellen lässt (»im Zweifel«), Pflichtteils- und Vermächtnislast zugunsten des übergangenen Pflichtteilsberechtigten zu tragen. Auch bei dieser Regelung beschränkt sich die Haftung des begünstigten Miterben auf den erlangten Vorteil. **16**

Unerheblich ist, ob der begünstigte Miterbe durch die letztwillige Verfügung überhaupt erst Erbe wurde oder ob sich sein Erbteil hierdurch nur erhöht hat. **17**

Im Einzelfall kann es schwierig sein, festzustellen, ob die Vorschrift des Abs. 2 Anwendung findet: **18**

Da es sich lediglich um eine Auslegungsregel handelt, ist zunächst zu prüfen, ob der Erblasser gerade den Erbteil des Pflichtteilsberechtigten auf den oder die begünstigten Miterben übertragen wollte. Lässt sich ein solcher Erblasserwille nicht ermitteln, verbleibt es bei der allgemeinen Regelung der §§ 2038 Abs. 2, 748, wonach die Miterben im Innenverhältnis die Pflichtteilslast entsprechend ihren Anteilen zu tragen haben. **19**

Sofern sich ein entsprechender Erblasserwille feststellen lässt, wonach der Erbteil des Pflichtteilsberechtigten dem begünstigten Miterben zukommen soll, ist weiter zu prüfen, ob der Erblasser eine eigene Verteilung der Pflichtteilslast angeordnet hat. Denn § 2320 ist gem. § 2324 abänderbar. Lässt sich aber aus dem Testament ein Wille des Erblassers im Hinblick auf eine bestimmte Verteilung der Pflichtteilslast nicht feststellen, kommt die Auslegungsregel des § 2320 Abs. 2 zum Zuge. Somit reicht nicht die Feststellung aus, dass der Erblasser eine abweichende Regelung vermutlich getroffen hätte, sofern er sie bedacht hätte. Zu Recht hat es daher der BGH[10] für fragwürdig gehalten, die Auslegungsregelung schon dann nicht anzuwenden, wenn sich ein abweichender Erblasserwille nur im Wege der ergänzenden Auslegung auf Grund eines hypothetischen Willens ermitteln lässt. **20**

IV. Beratungshinweis

Für die Feststellung der Pflichtteilslast des Ersatzmannes gem. § 2320 Abs. 2 ist folgende Prüfung vorzunehmen: **21**

---

1. Hat der Erblasser dem begünstigten Miterben gerade den Erbteil des Pflichtteilsberechtigten zukommen lassen?
   a) Ist die Frage mit »Nein« zu beantworten oder ist keine zweifelsfreie Antwort möglich: Eine Pflichtteilslast des Ersatzmannes scheidet aus und es gelten die allgemeinen Grundsätze zur Haftung der Miterben für die Pflichtteilslast im Innenverhältnis entsprechend ihrer Erbanteile.
   b) Ist die Frage mit »Ja« zu beantworten, ist wie folgt weiter zu prüfen:
2. Wollte der Erblasser dem begünstigten Ersatzmann die Pflichtteilslast auferlegen?
   a) Ist diese Frage mit »Nein« zu beantworten: Die Pflichtteilslast des Ersatzmannes scheidet aus und es gelten die allgemeinen Haftungsgrundsätze der Miterben im Innenverhältnis.
   b) Ist die Frage mit »Ja« zu beantworten: Die Auslegungsregel des § 2320 Abs. 2 ist anzuwenden.
   c) Ist die Frage nicht eindeutig zu beantworten, oder kann nur ein hypothetischer Wille des Erblassers durch ergänzende Auslegung ermittelt werden: Die Auslegungsregel des § 2320 Abs. 2 ist anzuwenden.

---

10 BGH NJW 1983, 2878, 2379. zustimmend *Dieckmann* FamRZ 1983, 1015, 1017; so auch *Pentz* MDR 1998, 1391, 1393.

§ 2321
Pflichtteilslast bei Vermächtnisausschlagung

Schlägt der Pflichtteilsberechtigte ein ihm zugewendetes Vermächtnis aus, so hat im Verhältnis der Erben und der Vermächtnisnehmer zueinander derjenige, welchem die Ausschlagung zustatten kommt, die Pflichtteilslast in Höhe des erlangten Vorteils zu tragen.

I. Normzweck

1 § 2321 knüpft an die in § 2307 Abs. 1 S. 1 geregelte Ausschlagung des Vermächtnisses durch den Pflichtteilsberechtigten an und bestimmt die Verteilung der Pflichtteilslast im Innenverhältnis der durch die Ausschlagung begünstigten Miterben oder weiteren Vermächtnisnehmer.

2 Nimmt statt dessen der Pflichtteilsberechtigte das ihm zugedachte Vermächtnis an, gilt für die Verteilung der Vermächtnislast § 2320. Beide Vorschriften bedingen insoweit eine Ausnahme vom Grundsatz anteiliger Haftung der Miterben und Vermächtnisnehmer für die Pflichtteilslast.

3 Die Regelung des § 2321 kann durch den Erblasser gem. § 2324 abbedungen werden.

II. Der durch die Ausschlagung begünstigte Personenkreis

1. Alleinerbe oder Miterbe

4 In Betracht kommt als Begünstigter der Ausschlagung zunächst der Alleinerbe oder die Erbengemeinschaft. § 2321 schließt aus, dass der Erbe zur Erfüllung des Pflichtteilsanspruchs andere Vermächtnisse oder Auflagen anteilig kürzt, soweit der Vorteil reicht, den er aus der Ausschlagung erlangt.

5 Hatte der Erblasser nur einen Miterben mit dem Vermächtnis belastet, trägt dieser im Innenverhältnis der Miterben oder Vermächtnisnehmer die Pflichtteilslast allein, beschränkt allerdings auf die Höhe des ihm erwachsenen Vorteils.

2. Vermächtnisnehmer

6 Hatte der Erblasser ein Untervermächtnis i.S.d. §§ 2186, 2187 angeordnet, wird durch die Ausschlagung des Untervermächtnisnehmers nur der Hauptvermächtnisnehmer begünstigt. Im Außenverhältnis haftet für den nach der Ausschlagung entstehenden Pflichtteilsanspruch wegen § 2302 Abs. 1 nicht der Hauptvermächtnisnehmer, sondern der Erbe bzw. die Erbengemeinschaft. Im Innenverhältnis erwächst dem Erben gegenüber dem Hauptvermächtnisnehmer nach § 2321 nunmehr ein Freistellungs- bzw. Erstattungsanspruch in Höhe des durch die Ausschlagung des Untervermächtnisses entstehenden Vorteils.[1]

7 Dies gilt in gleicher Weise, wenn der Erblasser ein Mitvermächtnis gem. § 2158 angeordnet oder einen Ersatzvermächtnisnehmer gem. § 2190 bestimmt hatte und diesem durch die Ausschlagung des pflichtteilsberechtigten Vermächtnisnehmers ein Vorteil erwächst.

3. Die Höhe des erlangten Vorteils

8 Die Verpflichtung zur Tragung der Pflichtteilslast hat ihre Grenzen im Wert des erlangten Vorteils. Erreicht der Wert des Vermächtnisses den Wert des Pflichtteilsanspruchs nicht, ist der Vorteil des Begünstigten durch einen Wertvergleich vor und nach der Ausschlagung zu ermitteln. Dabei ist vom Zeitpunkt des Erbfalls auszugehen. Erreicht oder übersteigt der Wert des Vermächtnisses denjenigen des Pflichtteilsanspruches, besteht der erlangte Vorteil in der Höhe des ausgeschlagenen Vermächtnisses

---

1 *Bamberger/Roth/J. Mayer* § 2321 Rn. 2; *Erman/Schlüter* § 2321 Rn. 3.

§ 2322
Kürzung von Vermächtnissen und Auflagen

Ist eine von dem Pflichtteilsberechtigten ausgeschlagene Erbschaft oder ein von ihm ausgeschlagenes Vermächtnis mit einem Vermächtnis oder einer Auflage beschwert, so kann derjenige, welchem die Ausschlagung zustatten kommt, das Vermächtnis oder die Auflage so weit kürzen, dass ihm der zur Deckung der Pflichtteilslast erforderliche Betrag verbleibt.

I. Normzweck

Die Vorschrift des § 2322 ergänzt die durch die §§ 2320, 2321 vorgegebene Verteilung der Pflichtteilslast: Der durch die Ausschlagung Begünstigte ist, wenn das ihm zugefallene Erbe oder Vermächtnis seinerseits mit einem Vermächtnis oder einer Auflage beschwert ist, einer doppelten Inanspruchnahme ausgesetzt, indem er Pflichtteilsanspruch und die Beschwerungen zu erfüllen hat. Zur Wahrung des Vorrangs des Pflichtteilsrechts gewährt § 2322 deshalb ein Kürzungsrecht zu Lasten des Vermächtnisgläubigers oder des Auflagenbegünstigten. 1

II. Verhältnis zu § 2318

Nach § 2322 kann derjenige, der anstelle des ausschlagenden Pflichtteilsberechtigten Erbe geworden ist, Vermächtnisse und Auflagen nur soweit kürzen, dass ihm der zur Deckung der Pflichtteilslast erforderliche Betrag verbleibt. Ein vorhandener Mehrwert des Nachlasses ist vom Erben uneingeschränkt zur Tilgung der Vermächtnisse und Auflagen einzusetzen. Diese Regelung steht im Widerspruch zu § 2318 Abs. 1, wonach Pflichtteilslasten grundsätzlich von Erben, Vermächtnisnehmern und Auflagenbegünstigen anteilmäßig getragen werden müssen. 2

Beispiel:[1] Nachlass = 40.000 €. Sohn S schlägt wegen eines Vermächtnisses für X von 30.000 € die Erbschaft aus und fordert den Pflichtteil in Höhe von 20.000 €. Der an die Stelle von S tretende Erbe E muss nach § 2322 den Pflichtteilsanspruch von 20.000 € befriedigen und kann das Vermächtnis um 10.000 € kürzen. Würde man nach der Regelung des § 2318 Abs. 1 verfahren, müsste X gegenüber E ¾ der Pflichtteilslast tragen. E könnte deshalb das Vermächtnis um 15.000 € kürzen und behielte nach Tilgung der Pflichtteilsschuld noch 5.000 €. § 2322 verdrängt § 2318 zu Recht,[2] weil E nur durch freiwillige Ausschlagung des S Erbe geworden ist. Der mutmaßliche Erblasserwille ist hier nicht darauf gerichtet, dem Ersatzmann Nachlasswerte auf Kosten des Vermächtnisnehmers zukommen zu lassen. Hätte S die Erbschaft nicht ausgeschlagen, so hätte X insoweit auch keine Nachteile hinnehmen müssen. 3

III. Die Kürzung

Der Begünstigte kann Vermächtnisse oder Auflagen nur dann kürzen, wenn der ihm zugefallene Vorteil zur Deckung der Pflichtteilslast nicht ausreicht. 4

Ist das Vermächtnis oder die Auflage auf eine unteilbare Leistung gerichtet, scheidet das Kürzungsrecht aus. Der Vermächtnisnehmer hat dem Eintretenden i.S.d. §§ 2320, 2321 den Wert zu erstatten, der unter normalen Umständen auf das Kürzungsrecht entfallen wäre. Ist Gegenstand des Vermächtnisses die Bestellung eines Nießbrauchs am Nachlass, kann der nachberufene Erbe nicht Nachlassgegenstände verwerten, an denen er dem Vermächt- 5

---
1 Nach *Kipp/Coing* § 12 III 5.
2 BGH LM § 2320 Nr. 1 = NJW 1983, 2378, 2379 mit Anm. *Dieckmann* FamRZ 1983, 1015; *Staudinger/Haas* § 2323 Nr. 4.

6   Der Voraus des Ehegatten kann wegen § 2311 Abs. 1 S. 2 zugunsten des Pflichtteils von Eltern oder Abkömmlingen nicht gekürzt werden, weil er dem Pflichtteilsrecht vorgeht (§ 2311 Abs. 1 S. 2).[4] Etwas anderes gilt jedoch für den Dreißigsten (§ 1969).[5] Das Kürzungsrecht kann vom Erblasser ausgeschlossen werden, § 2324.[6] Allerdings führt der Ausschluss des Kürzungsrechts zumeist zur Nachlassinsolvenz,[7] weil beim Ersatzmann häufig haftungsrechtliche Probleme entstehen.

Der Erbe kann sich nicht auf §§ 1087, 1089 berufen, weil er im Falle des § 2322 – soweit erforderlich – den gesamten Nachlass zur Verfügung stellen muss, um den Pflichtteilsberechtigten zu befriedigen. Die Anwendung der §§ 1087, 1089 würde deshalb im Widerspruch zu § 2322 zu einer unzulässigen Kürzung des Vermächtnisses führen.[3]

nisnehmer den Nießbrauch einzuräumen hat, um sich von dem Pflichtteilsanspruch zu befreien.

§ 2323
Nicht pflichtteilsbelasteter Erbe

Der Erbe kann die Erfüllung eines Vermächtnisses oder einer Auflage auf Grund des § 2318 Abs. 1 insoweit nicht verweigern, als er die Pflichtteilslast nach den §§ 2320 bis 2322 nicht zu tragen hat.

1   Die dispositive Norm (§ 2324) hat nur klarstellende Funktion.[1] Der Erbe hat gegenüber dem Vermächtnisnehmer oder Auflagenbegünstigten das Kürzungsrecht nach § 2318 Abs. 1 nur, soweit er endgültig die Pflichtteilslast zu tragen hat. Kann er jedoch im Innenverhältnis diese Belastung an einen anderen weiterreichen (§§ 2320 bis 2322), entfällt das Kürzungsrecht. Das Kürzungsverbot greift bereits, wenn auch nur die abstrakte Möglichkeit zur Abwälzung der Pflichtteilslast besteht. Ob der Erbe hiervon Gebrauch macht, ist unerheblich.[2] § 2323 gilt entsprechend seinem Normzweck auch für das erweiterte Kürzungsrecht des pflichtteilsberechtigten Erben gem. § 2318 Abs. 3, soweit er die Pflichtteilslast nach den §§ 2320–2322 nicht zu tragen hat.[3]

§ 2324
Abweichende Anordnungen des Erblassers hinsichtlich der Pflichtteilslast

Der Erblasser kann durch Verfügung von Todes wegen die Pflichtteilslast im Verhältnis der Erben zueinander einzelnen Erben auferlegen und von den Vorschriften des § 2318 Abs. 1 und der §§ 2320 bis 2323 abweichende Anordnungen treffen.

---

3   BGHZ 19, 309, 312 ff. mit Anm. *Johannsen*.
4   *Soergel/Dieckmann* § 2323 Nr. 5; teilw. a.A RGRK/*Johannsen* § 2322 Rn. 5.
5   *Bamberger/Roth/J. Mayer* § 2322 Nr. 4.
6   BGH LM § 2324 Nr. 1 = WM 1981, 335.
7   *Soergel/Dieckmann* § 2322 Rn. 3; *Staudinger/Haas* § 2322 Rn. 8.
1   *Damrau/Riedel/Lenz* § 2323 Nr. 5; *Soergel/Dieckmann* § 2323 Nr. 1; MüKoBGB/*Lange* § 2323 Rn. 1; *Staudinger/Haas* § 2323 Nr. 1; krit hierzu v. *Olshausen* MDR 1986, 89, 93.
2   *Damrau/Riedel/Lenz* § 2323 Rn. 1; *Staudinger/Haas* § 2323 Rn. 1; MüKoBGB/*Lange* § 2323 Rn. 1.
3   *Damrau/Riedel/Lenz* § 2323 Rn. 2; MüKoBGB/*Lange* § 2323 Rn. 2; RGRK/*Johannsen* Erl. zu § 2323.

Die Vorschrift gestattet dem Erblasser, die Verteilung der Pflichtteilslast im Innenverhältnis zwischen Erben, Vermächtnisnehmern und Auflagenbegünstigten abweichend von den §§ 2318 Abs. 1, 2320 bis 2322 zu regeln. Nach § 2324 kann insb. das dem Erben zustehende Recht zur verhältnismäßigen Kürzung von Vermächtnissen und Auflagen (= § 2318 Abs. 1) erweitert, beschränkt oder ganz ausgeschlossen werden.[1] Wird das Recht zur Kürzung von Vermächtnissen (Auflagen) beschränkt oder ausgeschlossen, und reicht deshalb der Nachlass zur Befriedigung von Pflichtteilsgläubigern und Vermächtnisnehmern (Auflagenbegünstigten) nicht aus, bleiben dennoch die Pflichtteilsgläubiger wegen des Vorrangs gem. § 1991 Abs. 4 i.V.m. § 327 Abs. 1 Nr. 2, 3 InsO geschützt.

Die Vorschriften des § 2318 Abs. 2 und 3, die dem Schutz des selbst pflichtteilsberechtigten Vermächtnisnehmers bzw. Erben dienen, sind nicht abdingbar, ebenso die Regelung des § 2319 S. 1. Anders ist es nach S. 2, dessen Abänderbarkeit sich bereits aus der ersten Satzhälfte von § 2324 ergibt. Die abweichende Anordnung des Erblassers muss durch Testament oder Erbvertrag getroffen werden, vgl. §§ 2278 Abs. 2, 2299. Sie braucht nicht ausdrücklich zu erfolgen. Es genügt, wenn sie sich aus dem Zusammenhang der Verfügung von Todes wegen ergibt. Bei der abweichenden Anordnung handelt es sich um ein Vermächtnis zugunsten desjenigen, der abweichend vom gesetzlichen Leitbild von der Pflichtteilslast befreit wird.

Ist die Verteilung der Pflichtteilslast in einem notariellen Testament vorgenommen worden, kann eine Haftung des Notars begründet sein, wenn er im Testament die Anwendbarkeit des § 2324 nicht ausdrücklich klargestellt hat und einem der Nachlassbeteiligten hierdurch ein Schaden entsteht.[2]

§ 2325
Pflichtteilsergänzungsanspruch bei Schenkungen

(1) Hat der Erblasser einem Dritten eine Schenkung gemacht, so kann der Pflichtteilsberechtigte als Ergänzung des Pflichtteils den Betrag verlangen, um den sich der Pflichtteil erhöht, wenn der verschenkte Gegenstand dem Nachlass hinzugerechnet wird.

(2) Eine verbrauchbare Sache kommt mit dem Werte in Ansatz, den sie zur Zeit der Schenkung hatte. Ein anderer Gegenstand kommt mit dem Werte in Ansatz, den er zur Zeit des Erbfalls hat; hatte er zur Zeit der Schenkung einen geringeren Wert, so wird nur dieser in Ansatz gebracht.

(3) Die Schenkung wird innerhalb des 1. Jahres vor dem Erbfall in vollem Umfang, innerhalb jedes weiteren Jahres vor dem Erbfall um jeweils 1/10 weniger berücksichtigt. Sind 10 Jahre seit der Leistung des verschenkten Gegenstandes verstrichen, bleibt die Schenkung unberücksichtigt. Ist die Schenkung an den Ehegatten erfolgt, so beginnt die Frist nicht vor der Auflösung der Ehe.

Zu § 2325: Geändert durch G vom 24.9.2009 (BGBl I S. 3142) (1.1.2010).

---

[1] Vgl. *Bamberger/Roth/J. Mayer* § 2324 Rn. 1; *Staudinger/Haas* § 2324 Rn. 1. Kritisch zur gesetzlichen Regelung *v. Olsenhausen* MDR 1986, 89, 93.
[2] *Staudinger/Haas* § 2324 Rn. 5.

Fassung bis 31.12.2009

§ 2325
Pflichtteilsergänzungsanspruch bei Schenkungen

(1) Hat der Erblasser einem Dritten eine Schenkung gemacht, so kann der Pflichtteilsberechtigte als Ergänzung des Pflichtteils den Betrag verlangen, um den sich der Pflichtteil erhöht, wenn der verschenkte Gegenstand dem Nachlass hinzugerechnet wird.

(2) Eine verbrauchbare Sache kommt mit dem Werte in Ansatz, den sie zur Zeit der Schenkung hatte. Ein anderer Gegenstand kommt mit dem Werte in Ansatz, den er zur Zeit des Erbfalls hat; hatte er zur Zeit der Schenkung einen geringeren Wert, so wird nur dieser in Ansatz gebracht.

(3) Die Schenkung bleibt unberücksichtigt, wenn zur Zeit des Erbfalls 10 Jahre seit der Leistung des verschenkten Gegenstands verstrichen sind; ist die Schenkung an den Ehegatten des Erblassers erfolgt, so beginnt die Frist nicht vor der Auflösung der Ehe.

Übersicht

		Rz.
I.	Normzweck	1
II.	Anspruchsinhaber und Anspruchsgegner	2
	1. Anspruchsinhaber	2
	2. Anspruchsgegner	5
III.	Beschenkter Dritter	6
IV.	Schenkung	7
	1. Schenkungsbegriff	7
	2. Missverhältnis von Leistung und Gegenleistung	8
	3. Unbenannte (ehebedingte) Zuwendung unter Ehegatten	9
	4. Abfindung für einen Erbverzicht	10
	5. Lebensversicherung zugunsten Dritter	11
	6. Gründung von Gesellschaften	12
	7. Andere Einzelfälle	15
V.	Bewertung von Schenkungen (Abs. 2)	18
	1. Grundsätze	18
	2. Verbrauchbare Sachen	19
	3. Nicht verbrauchbare Sachen	21
	4. Zuwendungen unter Vorbehalt eines Nutzungsrechts	22
	5. Kapitalisierung von Nutzungsrechten und wiederkehrender Leistungen	26
	6. Die Zehnjahresfrist gem. § 2325 Abs. 3	28
VII.	Praktische Hinweise	32
	1. Berechnungsformel zur betragsmäßigen Ermittlung des Ergänzungspflichtteils	32
	2. Prozessuales, Beweislast	35
VIII.	Checkliste zur Prüfung des Ergänzungsanspruchs	36

I. Normzweck

1 Der Pflichtteilsergänzungsanspruch soll verhindern, dass der Erblasser durch Rechtsgeschäfte unter Lebenden den Pflichtteilsanspruch aushöhlt. §§ 2325 ff. schützen den Pflichtteilsberechtigten allerdings nicht gegen unentgeltliche oder teilunentgeltliche Geschäfte schlechthin, sondern nur gegen Schenkungen. Erfasst werden aber alle Schenkungen mit Ausnahme der sog. Anstandsschenkungen (§ 2330). Auf eine Benachteiligungsabsicht kommt es nicht an. Der Anspruch auf Ergänzung des Pflichtteils richtet sich grundsätzlich gegen den Erben. Nach § 2329 darf der Beschenkte nur in Anspruch genommen werden, soweit der Erbe nicht haftbar gemacht werden kann. Der Pflichtteilsergänzungsanspruch ist eine Geldforderung, ist also nicht auf eine wertmäßige Beteiligung am Nachlass gerichtet.[1] Als Ergänzung des Pflichtteils kann der Pflichtteilsberechtigte den Betrag verlangen, um den sich der Pflichtteil erhöht, wenn der verschenkte Gegenstand dem Nachlass hinzugerechnet wird (§ 2325 Abs. 1). Für den Ergänzungsanspruch ist es nicht erforderlich, dass ein ordentlicher Pflichtteilsanspruch besteht. Auch einem gesetzlichen oder gewillkürten Erben kann der Anspruch zustehen. (§ 2326). Gleiches gilt, wenn er die Erbschaft ausgeschlagen hat, selbst wenn kein Fall des §§ 2306 Abs. 1 S. 2, 1371 Abs. 3 gegeben ist.[2]

---

1 BGH NJW 1996, 1743.
2 *Steiner* MDR 1997, 906.

II. Anspruchsinhaber und Anspruchsgegner

1. Anspruchsinhaber

a) Abstrakte Pflichtteilsberechtigung

Anspruchsinhaber ist der »Pflichtteilsberechtigte« (§ 2325). Damit ist gemeint, dass er – abstrakt – zum Kreis der in § 2303 genannten Pflichtteilsberechtigten (Abkömmlinge, Eltern, Ehegatten) gehört.[3] Ein Ergänzungsanspruch steht auch dem gesetzlichen oder gewillkürten Mit- oder Alleinerben zu, sofern nur der Wert des Hinterlassenen geringer ist als der Wert des halben gesetzlichen Erbteils unter Hinzurechnung des Wertes des verschenkten Gegenstandes (§ 2326). Schlägt der Pflichtteilsberechtigte die Erbschaft aus, wird dadurch ein evtl. bestehender Ergänzungsanspruch nicht berührt. Ein Ergänzungspflichtteil steht auch einem Vermächtnisnehmer mit Pflichtteilsrestanspruch (§ 2307 Abs. 1 S. 1) zu. Gleiches gilt für einen Vermächtnisnehmer ohne Pflichtteilsrestanspruch, sofern der Wert des Vermächtnisses geringer ist als der Wert des ordentlichen Pflichtteils zuzüglich Ergänzungspflichtteil.[4] Entferntere Abkömmlinge können keinen Ergänzungspflichtteil verlangen, wenn sie nach § 2309 nicht pflichtteilsberechtigt sind[5]

b) Vorhandensein des Pflichtteilsberechtigten bei Schenkung

Nach Auffassung des BGH setzt der Anspruch voraus, dass zurzeit der Schenkung das rechtliche Verhältnis bereits bestand, das den Pflichtteilsanspruch begründet. Gläubiger des Ergänzungsanspruchs kann nach dieser Ansicht nur sein, wer zurzeit der Vornahme der Schenkung schon pflichtteilsberechtigt war (sog. Doppelberechtigung))[6].Der BGH begründet seine Auffassung wie folgt: Der Pflichtteilsergänzungsanspruch sei dadurch geprägt, dass der Nachlassbestand durch die Schenkung beeinträchtigt wird. Diese Beeinträchtigung beziehe sich auf den im Zeitpunkt der Schenkung Pflichtteilsberechtigten. Da dessen Erberwartung wegen der Schenkung ins Leere laufe, müsse er quasi in den Stand vor Schenkung »wieder eingesetzt« werden. Dieser Schutzgedanke der Norm gelte jedoch nicht für denjenigen, der erst nach der Schenkung Pflichtteilsberechtigter geworden ist, weil er keine anderen Vermögensverhältnisse gekannt hat als die nach der Schenkung. Die Überlegungen des BGH zum Schutzzweck des Pflichtteilsergänzungsanspruchs erscheinen überzeugend. Der Wortlaut des § 2325 Abs. 1 steht dem jedenfalls nicht entgegen. Die Rechtsauffassung des BGH ist allerdings in der Literatur überwiegend auf Ablehnung gestoßen.[7]

Für die vom BGH aufgestellte Einschränkung des Ergänzungsanspruchs, die über § 2325 Abs. 3 hinausgehe, ließe sich weder aus dem Wortlaut noch aus der ratio des § 2325, der eine Benachteiligungsabsicht nicht voraussetzt, überzeugende Argumente gewinnen. Die ablehnende Literaturmeinung räumt allerdings auch ein, dass das Erfordernis der Doppelberechtigung in dem vom BGH entschiedenen Fall des Ergänzungsanspruchs des Ehegatten einleuchte. Denn dort wurden vor der Eheschließung Schenkungen vorgenommen, und der künftige Ehegatte könne seine Erberwartung nur auf das im Zeitpunkt der Ehe vorhandene Vermögen stützen. Dieses Argument sei auch auf Zuwendungen vor Abschluss einer eingetragenen Lebenspartnerschaft und einer Adoption[8] übertragbar. Es

---

3 RGZ 80, 135; BGH LM Nr. 2; BGH LM Nr. 9 = NJW 1973, 995; *Soergel/Dieckmann* § 2325 Rn. 1; *Staudinger/Olshausen* § 2325 Rn. 70.
4 *Soergel/Dieckmann* § 2325 Rn. 1.
5 Vgl. OLG Köln FamRZ 2000, 194 = ZEV 1998, 434.
6 BGHZ 59, 210 = NJW 1973, 40; BGH NJW 1997, 2676 = LM Nr. 29 mit Anm. *Kuchinke* = ZEV 1997, 373 mit abl. Anm. *Otte*.
7 *Bosch* FamRZ 1973, 90; *Reinecke* NJW 1973, 597 ff.;*Bamberger/Roth/J. Mayer* § 2325 Rn. 3; *Erman/Schlüter* Vor § 2325 Rn. 6; *Reimann* MittBayNot 1997, 299; *Siebert* NJW 2006, 2948 ff.
8 A.A. OLG Köln FamRZ 2006, 149, 151.

versage aber in den Fällen, in denen die Pflichtteilsberechtigung kraft Gesetzes entsteht, so wenn vor der Geburt von Abkömmlingen die Zuwendung erfolgt oder sich die Pflichtteilsberechtigung erst auf Grund des Eintrittsrechts (§ 1924 Abs. 3) ergäbe. Diese Gegenargumente sind nicht zwingend und verkennen die Auffassung und Tragweite dieser BGH-Rechtsprechung. Kinder des Erblassers, die erst nach der Schenkung gezeugt werden, können nicht besser gestellt werden als der Ehegatte, der den Status als Pflichtteilsberechtigter erst später erworben hat. Zu entfernteren Abkömmlingen des Erblassers hat sich der BGH überhaupt nicht geäußert. Ungeachtet dessen ist folgende Betrachtungsweise geboten: Bezieht man den vom BGH erwähnten Bestandsschutz auf die zum Zeitpunkt der Schenkung vorhandenen »Stämme«, gehören auch entferntere Abkömmlinge zum Kreis der Pflichtteilsergänzungsberechtigten. Dies gilt unabhängig davon, ob sie im Zeitpunkt der Schenkung bereits gezeugt waren oder nicht.

2. Anspruchsgegner

5 Verpflichtet ist der Erbe. Im Falle der Mehrheit von Erben sind es die Erben als Gesamtschuldner (§§ 2058, 1967). Die Verpflichtung zur Geldzahlung nach § 2325 ist eine Nachlassverbindlichkeit. Der Anspruch richtet sich nur dann gegen den Beschenkten, soweit der Erbe zur Ergänzung des Pflichtteils nicht verpflichtet ist« (§ 2329 Abs. 1 S. 1). Der Anspruch gegen den Erben setzt keinen Aktivnachlass voraus.[9] Entscheidend ist lediglich, dass sich bei Hinzurechnung des verschenkten Gegenstandes ein Aktivnachlass ergibt.[10] Fehlt es an einem Aktivnachlass, kann der Ergänzungsanspruch wegen der Beschränkbarkeit der Erbenhaftung (vgl. § 1990) gegen den Erben nicht durchgesetzt werden. Es kommt in der Praxis daher nur ein Ergänzungsanspruch gegen den Beschenkten in Betracht (§ 2329). Ergibt sich auch bei Hinzurechnung des verschenkten Gegenstands kein Aktivnachlass, entfällt der Ergänzungsanspruch sowohl gegen den Erben als auch gegen den Beschenkten, weil der Pflichtteilsberechtigte auch ohne die Schenkung nichts erhalten hätte.

III. Beschenkter Dritter

6 Beschenkter Dritter kann jede Person außer dem Ergänzungsberechtigten selbst sein, insb. auch der Erbe oder ein anderer Pflichtteilsberechtigter. Ist der Erbe selbst der Beschenkte, ist gleichwohl zwischen dem gegen den Erben gerichteten Ergänzungsanspruch aus § 2325 und dem gegen den Beschenkten gerichteten Anspruch aus § 2329 zu unterscheiden.[11] Geschenke an den Ergänzungsberechtigten richten sich nach § 2327.

IV. Schenkung

1. Schenkungsbegriff

7 Der Schenkungsbegriff des § 2325 stimmt mit dem des § 516 Abs. 1 überein.[12] Daher muss der Empfänger objektiv aus dem Vermögen des Erblassers bereichert und subjektiv müssen Zuwendender und Empfänger darüber einig sein, dass die Zuwendung unentgeltlich erfolgt.[13] Bei der Frage, ob eine Schenkung vorliegt, ist auf den Zeitpunkt der Zuwendung abzustellen. Schenkung i.S.v. § 2325 ist auch die vollzogene Schenkung auf den Todesfall (§ 2301 Abs. 2) sowie ein nicht erfülltes Schenkungsversprechen, weil dieses als Verbindlichkeit den Wert des Nachlasses schmälert.[14]

---

9 *Soergel/Dieckmann* § 2325 Rn. 2.
10 *Staudinger/Olshausen* § 2325 Rn. 61.
11 BGH LM Nr. 2; BGHZ 85, 281 f. = NJW 1983, 1485, 1486.
12 BGHZ 116, 178, 180 f. = LM § 516 Nr. 23 = NJW 1992, 558, 559; *Soergel/Dieckmann* § 2325 Rn. 5.
13 *Bamberger/Roth/J. Mayer* § 2325 Rn. 5; OLG Oldenburg FamRZ 2000, 638.
14 BGHZ 85, 274, 283 = NJW 1983, 1485, 1486.

2. Missverhältnis von Leistung und Gegenleistung

Bei gemischten Schenkungen besteht nur hinsichtlich des Schenkungsteils Ergänzungspflicht. Allerdings sind die subjektiven Vorstellungen der Vertragspartner besonders zu beachten. Sie entscheiden zum einen darüber, ob eine Zuwendung mit einer anderen des Empfängers verknüpft wird und deshalb die Unentgeltlichkeit ausschließt. Zum anderen steht es den Vertragspartnern grundsätzlich frei, den Wert der auszutauschenden Leistungen selbst zu bestimmen (Prinzip der subjektiven Äquivalenz).[15] Schwierigkeiten bereitet die Beurteilung von Verträgen, bei denen Leistung und Gegenleistung in einem auffälligen Missverhältnis stehen. Zur Beweiserleichterung (keine Beweislastumkehr) für den Pflichtteilsberechtigten hat der Anspruchsgegner in solchen Fällen zunächst die für die Begründung der Gegenleistung maßgeblichen Tatsachen im Wege des substanziierten Bestreitens der Unentgeltlichkeit vorzutragen.[16] Denn bei einem groben Missverhältnis zwischen Leistung und Gegenleistung spricht eine tatsächliche Vermutung für die Annahme, dass die Parteien über die Unentgeltlichkeit der Wertdifferenz einig waren (gemischte Schenkung).[17] In der BGH-Rechtsprechung finden sich allerdings keine Prozentangaben, bei deren Überschreiten von einem groben Missverhältnis auszugehen ist. Ein objektiv gegebener Mehrwert zwischen 20 % bis 25 % dürfte als Grenzwert anzusehen sein.[18]

8

3. Unbenannte (ehebedingte) Zuwendung unter Ehegatten

Bei Zuwendungen unter Ehegatten liegt häufig ein Missverhältnis von Leistung und Gegenleistung vor. Eine Zuwendung unter Ehegatten, die der Verwirklichung oder Ausgestaltung der ehelichen Lebensgemeinschaft dient und der als »Geschäftsgrundlage« die Erwartung oder Vorstellung zugrunde liegt, die eheliche Lebensgemeinschaft werde Bestand haben, stellt nach ständiger Rspr. im Verhältnis zwischen den Ehegatten keine Schenkung dar. Im Erbrecht dagegen wird die unbenannte Zuwendung grundsätzlich wie eine Schenkung behandelt, wenn sie nur objektiv unentgeltlich ist. Auf die subjektive Vorstellung der Parteien soll es nicht ankommen.[19] Mit dieser Differenzierung will der BGH sicherstellen, dass die Drittschutznormen der §§ 2113 Abs. 2, 2287, 2288 Abs. 2 S. 2 und 2325 Abs. 1 nicht unterlaufen werden. Eine Schenkung liegt allerdings nicht vor, sofern die Zuwendung unterhaltsrechtlich geboten war.[20] Ferner kann nach der Rechtsprechung des BGH[21] ausnahmsweise eine objektive angemessene entgeltliche ehebezogene Zuwendung vorliegen, die den Pflichtteilsergänzungsanspruch ausschließt, wenn sich die Zuwendung nach den konkreten Verhältnissen als angemessene Alterssicherung des Empfängers oder aber als nachträgliche Vergütung langjähriger Dienste[22] darstellt. In der Praxis sind aber die sich ergebenden Abgrenzungsfragen sehr schwierig und wesentlich vom Einzelfall geprägt.

9

---

15 BGH NJW 1995, 1349; BGH NJW-RR 1996, 754; OLG Oldenburg NJW-RR 1992, 778; OLG Koblenz BeckRS 2009, 88051.
16 BGH NJW-RR 1996, 705, 706 = ZEV 1996, 186, 187.
17 BGH LM ZPO § 282 Nr. 18 = NJW 1981, 2458, 2459; OLG Oldenburg NJW-RR 1992, 778.
18 *Kerscher/Tanck* PflichtteilS. 122; s.a. OLG Koblenz ZErb 2006, 282, das eine 20 %-Grenze auf das Verhältnis zwischen Gegenleistung einer gemischten Schenkung und dem Restwert anwendet, der nach Abzug der Schenkungsauflage verbleibt.
19 BGHZ 116, 167, 170 ff. = LM § 2287 Nr. 20 mit Anm. *Hohloch* = NJW 1992, 564; *Soergel/Dieckmann* § 2025 Rn. 17.
20 BGH NJW 1992, 564.
21 BGHZ 116, 167, 173.
22 So z.B. OLG Oldenburg FamRZ 2000, 638.

4. Abfindung für einen Erbverzicht

10 Der BGH[23] diffenziert in zutreffender Weise wie folgt: Grundsätzlich ist die Abfindung für einen Erbverzicht eine unentgeltliche Zuwendung. Hält sich jedoch die Abfindung in dem Zeitpunkt, in der sie erbracht wird, betragsmäßig im Rahmen der Erberwartung des Verzichtenden, ist davon auszugehen, dass sie grundsätzlich zugunsten des Pflichtteilsberechtigten durch § 2310 S. 2 kompensiert wird. Denn dieser soll wegen der geleisteten Abfindung neben dem erhöhten Pflichtteil nicht zusätzlich einen Ergänzungsanspruch erhalten. Ein solcher kommt also nur insoweit in Betracht, als die Leistung des Erblassers an den Verzichtenden über eine angemessene Abfindung für dessen Erbverzicht hinausgeht.[24] Beim reinen Pflichtteilsverzicht gelten die dargestellten Grundsätze nicht, weil der Verzicht – anders als beim Erbverzicht – nicht pflichtteilserhöhend wirkt. Allerdings ist zu beachten, dass die Abfindung für einen Pflichtteilsverzicht vielfach eine Ausstattung ist (§ 1624). Als solche unterliegt sie nur im Falle des Übermaßes der Pflichtteilsergänzung.[25]

5. Lebensversicherung zugunsten Dritter

11 Sofern der Erblasser einen Bezugsberechtigten benannt hat, erfolgt die Auszahlung auf Grund eines Vertrages zugunsten Dritter unter Lebenden (§§ 328, 331, § 160 VVG). Im Verhältnis Erblasser/Bezugsberechtigter kann es sich um eine Schenkung, eine Ausstattung oder ehebezogene Zuwendung handeln.[26] Streitig ist, was bei einem widerruflich ausgestalteten Bezugsrecht als ergänzungspflichtiger Gegenstand einer Schenkung anzusehen ist. In Betracht kommen die an den Bezugsberechtigten ausgezahlte Versicherungssumme oder die vom Erblasser entrichteten Prämien. Die zuletzt genannte Auffassung entspricht der bisherigen h.M. und beruht maßgeblich auf der Überlegung, dass der Pflichtteilsberechtigte nur insoweit schutzbedürftig ist, als der Erblasser Beträge aus seinem Vermögen aufgewandt hat.[27] Diese Ansicht ist im Hinblick auf den Wortlaut der Norm nicht unbedenklich. Denn der Pflichtteilberechtigte kann »als Ergänzung des Pflichtteils den Betrag verlangen, um den sich der Pflichtteil erhöht, wenn der verschenkte Gegenstand dem Nachlass hinzuzurechnen« wäre. Hätte der Erblasser keinen Bezugsberechtigten eingesetzt, würde es sich um einen Vertrag zu eigenen Gunsten handeln.[28] Dann würde die Versicherungssumme in den Nachlass fallen. Diese Überlegung spricht für die Annahme, die Versicherungssumme als den ergänzungspflichtigen Gegenstand anzusehen. Hierfür spricht auch die neue Rspr. des BGH zur insolvenzrechtlichen Schenkungsanfechtung bei einem Lebensversicherungsvertrag mit widerruflicher Bezugsberechtigung.[29] Danach richtet sich der Anfechtungsanspruch gegen den Dritten nach dem Eintritt des Versicherungsfalls stets auf Rückgewähr des Anspruchs auf die Versicherungssumme bzw. der Versicherungssumme selbst und nicht nur auf Rückgewähr der von dem Versicherungsnehmer geleisteten Prämien.[30] Richtigerweise muss man aber zwischen unwiderruflicher und widerruflicher Bezugsberechtigung differenzieren. Im letzteren Fall hat der Berechtigte zu Lebzeiten des Erblassers nur eine Aussicht auf den Erwerb der Versicherungssumme. Dieser kann quasi bis zur letzten Sekunde vor seinem Tod die Bezugsberechtigung ändern oder ersatzlos entfallen lassen. Er hat daher dem Berechtigten die gesamte Versicherungssumme zuge-

---

23 BGH NJW 2009, 1143 1145.
24 Vgl. OLG Hamm ZEV 2000, 277; *Soergel/Dieckmann* § 2325 Rn. 18; *Staudinger/Olshausen* § 2325 Rn. 7, 9.
25 Statt vieler: MüKoBGB/*Lange* § 2325 Rn. 29.
26 BGH NJW 1987, 3131, 3132; jurisPKBGB/*Birkenheier* § 2325 Rn. 56; dazu eingehend *Mayer/Süß/Tanck/Bittler/Wälzholz* § 8 Rn. 31.
27 OLG Köln NJW-Spezial 2009, 103; OLG Stuttgart ZEV 2008, 145; *Hilbig* ZEV 2008, 262.
28 *Elfring* ZEV 2004, 305, 309.
29 BGH NJW 2004, 214, 215.
30 So auch OLG Düsseldorf ZEV 2008, 292, 293; OLG Oldenburg ZErb 2010, 119 = EE 2010, 66 mit Anm. *Gemmer*.

wendet, weil sich erst im Todeszeitpunkt die Aussicht auf eine Zuwendung in einen Rechtsanspruch umwandelt. Bei einer unwiderruflichen Bezugsberechtigung hat sich der Erblasser hingegen bereits mit der Benennung des Berechtigten seines Vermögens zu dessen Gunsten entäußert. Aus dem Vermögen des Erblassers werden in diesem Falle nur die gezahlten Versicherungsprämien aufgewendet.

6. Gründung von Gesellschaften

Die Aufnahme eines persönlich haftenden Gesellschafters in ein bisher einzelkaufmännisches Unternehmen oder eine bereits bestehende Personengesellschaft stellt regelmäßig keine unentgeltliche Zuwendung dar. Dies gilt auch dann, wenn die Aufnahme zu günstigen Bedingungen oder gar ohne Einlage erfolgt, weil in der Übernahme der gesellschaftsrechtlichen Pflichten und der persönlichen Haftung für die Verbindlichkeiten der Gesellschaft eine mit der Zuwendung korrespondierende Gegenleistung liegt.

Der BGH hat allerdings in einer neueren Entscheidung[31] auf eine Gesamtbetrachtung der gesellschaftsrechtlichen Regelungen und aller maßgeblichen Umstände abgestellt. Er hat dabei als Indizien für eine (gemischte) Schenkung herangezogen, dass dem verbleibenden Gesellschafter nach dem Tod des anderen ein Übernahmerecht unter Ausschluss aller Abfindungsansprüche eingeräumt wurde, die Einlageverpflichtung binnen kurzer Zeit aus dem zugeflossenen Gewinn erfüllt werden konnte und die Vertragsteile von einer unterschiedlichen Lebenserwartung infolge einer schweren Erkrankung des bisherigen Geschäftsinhabers ausgingen, was für eine Schenkungsabrede spreche. Für die Gestaltungspraxis ist daher zu empfehlen, bei unterschiedlicher Lebenserwartung eine angemessene Einlage des Beitretenden zu vereinbaren.[32] Letztlich kommt es immer auf die Ausgestaltung im Einzelfall an. Beispiele: Bei Aufnahme in eine lediglich vermögensverwaltenden Familiengesellschaft mit geringem Haftungsrisiko ist mit einer Pflichtteilsergänzung zu rechnen.[33] Gleiches gilt für die Aufnahme eines Kommanditisten ohne eigene Kapitalbeteiligung, weil damit kein persönliches Haftungsrisiko und keine Geschäftsführungspflicht verbunden ist.[34] Anders ist der Fall zu beurteilen, wenn der Kommanditist besondere Pflichten, insb. im Bereich der Geschäftsführung, übernimmt. Auch ohne Kapitaleinsatz wird dadurch die Unentgeltlichkeit ganz oder teilweise ausgeschlossen.[35] Die gleichen Grundsätze gelten, wenn ein Kommanditanteil an einen bisherigen Mitgesellschafter oder an jemanden abgetreten wird, der damit in die Gesellschaft eintritt.[36]

Sieht der Gesellschaftsvertrag vor, dass beim Tod eines Gesellschafters die Gesellschaft nur mit den anderen Mitgesellschaftern fortgesetzt und ein Abfindungsanspruch vollständig ausgeschlossen oder geringer als der Verkehrswert ist, stellt dies nach h.M. für sich allein keine ergänzungspflichtige Schenkung dar, sofern die Regelung für alle Gesellschafter vereinbart wird.[37] Gerechtfertigt wird dies mit dem Wagnischarakter. Jeder Gesellschafter ist bei seinem Tod von dieser Regelung betroffen und kann gleichermaßen durch den Tod eines anderen Gesellschafters einen Vorteil erlangen. Auch diese Ansicht nimmt jedoch bei einem groben Missverhältnis des Risikos (großer Altersunterschied, schwere

---

31 BGH NJW 1981, 1956.
32 Wegmann ZEV 1998, 135.
33 So auch DNotI-Report-Gutachten 1996, 88; Damrau/Riedel/Lenz § 2325 Rn. 23; U. Mayer ZEV 2003, 355, 356.
34 MüKoBGB/Lange § 2325 Rn. 31; Damrau/Riedel/Lenz § 2325 Rn. 24.
35 Staudinger/Olshausen § 2325 Rn. 30.
36 Staudinger/Olshausen § 2325 Rn. 30.
37 BGHZ 22, 186, 194 = NJW 1957, 180, 181 nur zur Frage der Form bei § 2301; BGH WM 1971, 1338 zum entschädigungslosen Übernahmerecht; Staudinger/Olshausen § 2325 Rn. 32; PWW/Deppenkemper § 2325 Rn. 17; MüKoBGB/Lange § 2325 Rn. 33.

Erkrankung) eine Schenkung an.[38] Die h.M. ist bedenklich, weil damit Schleichwege am Erbrecht vorbei eröffnet werden. Hierzu wird eingewandt, solche Klauseln würden auch zur Sicherung des Bestands der Gesellschaft vor einem Kapitalabfluss vereinbart.[39] Dabei wird jedoch nicht beachtet, dass i.d.R. Schuldner des Pflichtteilsergänzungsanspruchs ohnehin der Erbe und nur ausnahmsweise die beschenkten Mitgesellschafter sind. Bei einem völligen Abfindungsausschluss dürften zudem regelmäßig gesellschaftsfremde Zwecke vorliegen. Denn bei einem gesellschaftlichen Zusammenschluss unter Fremden würde dieser Ausschluss aus Gründen, die nicht die Pflichtteilsreduzierung zum Ziel haben, nicht akzeptiert.[40] Bei einem Ausschluss der Abfindung, der nicht für alle Gesellschafter gilt, wird ohnehin ganz überwiegend eine Schenkung angenommen.[41] Wird die Gesellschafterstellung aufgrund einer (einfachen oder qualifizierten) Nachfolgeklausel vererbt, fällt die Beteiligung in den Nachlass. Bei abfindungsbeschränkenden Vereinbarungen stellt sich dann nur die Frage, wie diese im Rahmen der Bewertung der Beteiligung zu berücksichtigen sind (§ 2311 Rz. 20).

7. Andere Einzelfälle

a) Gewagte Rechtsgeschäfte

15 Ein Rechtsgeschäft des Erblassers mit hohem Risikopotenzial, etwa beim Leibrentenkauf, stellt grundsätzlich ein entgeltliches Geschäft dar, weil die Beurteilung der Unentgeltlichkeit im Zeitpunkt der Zuwendung zu erfolgen hat. Ein anderes Ergebnis ergäbe sich nur dann, wenn die Parteien übereinstimmend das Risiko als gering eingeschätzt haben und sich infolgedessen über die teilweise Unentgeltlichkeit einig waren.[42]

b) Belohnende Schenkungen

16 Sie sind stets dann gem. § 2325 ergänzungspflichtig, wenn nicht nach § 2330 einer sittlichen Pflicht oder einer auf den Anstand zu nehmenden Rücksicht Rechnung getragen wird.[43] Demgegenüber sind die Grundsätze der ergänzungspflichtigen gemischten Schenkung anzuwenden, wenn der Wert der Schenkung höher ist, als dies durch die sittliche Verpflichtung oder die Rücksichtnahme auf den Anstand geboten war.[44]

c) Güterstandswechsel

17 In der Begründung einer Gütergemeinschaft kann nur ausnahmsweise eine Schenkung des begüterten an den bereicherten Ehegatten liegen. Dazu bedarf es außer der Einigung über die Unentgeltlichkeit der Zuwendung noch einer Verdrängung der güterrechtlichen Grundlage für die Bereicherung durch den schuldrechtlichen Schenkungsvertrag. Für eine solche Annahme muss festgestellt werden, dass die Geschäftsabsichten der Eheleute nicht zwecks Verwirklichung der Ehe auf eine Ordnung der beiderseitigen Vermögen gerichtet waren.[45] Ein solcher »ehefremder Zweck« kommt etwa in Betracht, wenn nach einem ein-

---

[38] BGH NJW 1981, 1956; KG OLGZ 1978, 463, 464; OLG Düsseldorf MDR 1977, 932; FG München EFG 1977, 377.
[39] *Staudinger/Olshausen* § 2325 Rn. 34; *Nieder* HdB § 2325 Rn. 113; *Riedel* ZErb 2003, 212, 214; *Damrau/Riedel/Lenz* § 2325 Rn. 33 f: sehr weitreichend mit gesellschaftspolitischem Interesse des Schutzes der Gesellschaft vor Pflichtteilsbelastung; jetzt auch MüKoBGB/*Lange* § 2325 Rn. 35.
[40] So auch *Bamberger/Roth/J. Mayer* § 2325 Rn. 15.
[41] *Staudinger/Olshausen* § 2325 Rn. 31.
[42] RGRK/*Johannsen* § 2325 Rn. 10 – Vgl. zur Beurteilung im Einzelnen: BGH LM ZPO § 282 Nr. 18 = NJW 1981, 2458, 2459.
[43] BGH WM 1978, 905.
[44] BGH LM ZPO § 282 Nr. 18 = NJW 1981, 2458, 2459.
[45] BGHZ 116, 178; NJW 1992, 558; *Soergel/Dieckmann* § 2325 Rn. 34; *Staudinger/Olshausen* § 2325 Rn. 22; *Wegmann* ZEV 1996, 201.

heitlichen Plan zunächst Gütergemeinschaft und dann ein anderer Güterstand vereinbart wird.[46] Ein Wechsel vom gesetzlichen Güterstand zur Gütertrennung und die dadurch bedingte Entstehung eines Zugewinnausgleichs kann eine Schenkung gem. § 2325 auslösen, sofern die Ausgleichszahlung den tatsächlich geschuldeten Zugewinn übersteigt. Ansonsten löst der Wechsel keine Ergänzungsansprüche aus.[47] Die aus der Vereinbarung der Gütertrennung sich ergebenden Nachteile können dadurch vermieden werden, indem in einem zweiten Ehevertrag zum gesetzlichen Güterstand der Zugewinngemeinschaft zurückgekehrt wird (sog. Güterstandsschaukel). Ob ein solches Schaukelmodell pflichtteilsfest ist, kann nicht als gesichert angesehen werden. Einschlägige Rechtsprechung gibt es nicht. Die wohl überwiegende Literaturmeinung sieht keine Gefahr, dass Pflichtteilsergänzungsansprüche ausgelöst werden.[48] Für die Praxis ist zu empfehlen, alles zu vermeiden, was die Vermutung nahelegt, dass es den Eheleuten vorrangig um die Reduzierung der Pflichtteilslast geht. Deshalb sollte zwischen den Güterstandswechseln unbedingt eine Karenzzeit von 3 bis 6 Monaten liegen, um der schädlichen Annahme eines Gesamtplanes zwecks Umgehung des Pflichtteilsrechts entgegenzuwirken.

V. Bewertung von Schenkungen (Abs. 2)

1. Grundsätze

Hinsichtlich der Bewertung der Schenkung gelten grundsätzlich die gleichen Grundsätze wie bei der Bewertung des Nachlasses zur Berechnung des ordentlichen Pflichtteils (§§ 2311, 2312). Der nach § 2311 Abs. 1 S. 1 für die Pflichtteilsberechnung maßgebende Wert des Nachlasses ist der sog. gemeine Wert. Bei der Wertbestimmung für den ordentlichen Pflichtteil ist der Erbfall der maßgeblichen Zeitpunkt (§ 2311 Abs. 1 S. 1). I.R.v. Ausgleichung und Angleichung ist hingegen auf den Zeitpunkt der Zuwendung abzustellen (§ 2315 Abs. 2, § 2316 i.V.m. § 2055 Abs. 2). Bei der Zuwendung eines Landguts ist die Vergünstigung des § 2312 zu beachten. Für das Vorliegen der Voraussetzungen ist dabei allerdings nicht der Übergabezeitpunkt, sondern der Erbfall maßgeblich.[49] – Die Wertberechnung bedingter Schenkungen richtet sich nach § 2313.

18

2. Verbrauchbare Sachen

Für die Bewertung verbrauchbarer Sachen i.S.d. § 92 stellt § 2325 Abs. 2 S. 1 auf den Zeitpunkt der Zuwendung an den Beschenkten ab. Zu den verbrauchbaren Sachen gehören auch Geld und Wertpapiere. Insoweit ist auch der schenkweise Erlass von Geldforderungen wie eine Schenkung verbrauchbarer Sachen, d.h. mit dem Wert der Forderung zum Zeitpunkt des Erlasses zu bewerten.[50]

19

Beim schenkungsweisen Erlass einer Rentenforderung innerhalb der Zehnjahresfrist des Abs. 3 soll der auf den Erlasszeitpunkt kapitalisierte Wert maßgeblich sein.[51] Dies ist insoweit bedeutsam, als die tatsächliche Lebensdauer hiervon u.U. ganz erheblich abweichen kann.[52] Auch bei verbrauchbaren Sachen ist – wie bei Abs. 2 S. 2 (s. § 2315 Rz. 15 f.) nach den Grundsätzen der Berücksichtigung des Kaufkraftverlusts für die Bemessung des Pflichtteilsergänzungsanspruchs eine Inflationsbereinigung auf den Erbfall vorzunehmen.[53]

20

---

46 Vgl. *Brambring* ZEV 1996, 248, 252.
47 Vgl. *Wegmann* ZEV 1996, 201, 202, 206 f.; s. ferner OLG Oldenburg FamRZ 1996, 1505, 1506: keine rückwirkende Vereinbarung einer Zugewinngemeinschaft.
48 *Wegmann* ZEV 1996, 201, 205 f.; So wohl auch *Langenfeld* ZEV 1997, 6, 7; a.A *Brambring* ZEV 1996, 248, 253 f.
49 BGH NJW 1995, 1352.
50 BGHZ 98, 226 = NJW 1987, 122.
51 BGHZ 98, 266 = JZ 1987, 122.
52 *Soergel/Dieckmann* § 2325 Rn. 48; *Staudinger/Olshausen* § 2325 Rn. 93.
53 Dafür MüKoBGB/*Lange* § 2325 Rn. 48; *Staudinger/Olshausen* § 2325 Rn. 107; *Soergel/Dieckmann* § 2325 Rn. 52; a.A. wohl Palandt/*Edenhofer* § 2325 Rn. 19.

3. Nicht verbrauchbare Sachen

21 Andere Gegenstände kommen mit ihrem Wert in Ansatz, den sie zur Zeit des Erbfalls haben. Hatten sie bei Schenkungsvollzug einen geringeren Wert, so ist dieser anzusetzen (Abs. 2 S. 2, Niederstwertprinzip). Nach der Schenkung entstehende Wertverluste gehen zu Lasten des Pflichtteilsberechtigten, an Wertsteigerungen nimmt er nicht teil.[54] Die unverbrauchbare Sache muss bis zum Erbfall noch vorhanden sein, sei es beim Beschenkten oder einem Dritten.[55] Ist sie untergegangen, besteht kein Ergänzungsanspruch. Entstehen wegen des Untergangs der Sache Ersatzansprüche, sind diese zugunsten des Ergänzungsberechtigten zu berücksichtigen.[56] Hat der Beschenkte Erhaltungsaufwendungen auf die Sache gemacht, sind diese bei der Wertbemessung auf den Erbfall zu berücksichtigen.[57] Das Niederstwertprinzip erfordert daher eine Bewertung sowohl zum Zeitpunkt des Erbfalls als auch zum Zeitpunkt des Schenkungsvollzugs. Der Wert für den Zeitpunkt des Vollzugs der Schenkung ist dabei nach den Grundsätzen über die Berücksichtigung des Kaufkraftschwundes (§ 2315 Rz. 15 f.) auf den Tag des Erbfalls umzurechnen. Anschließend sind beide Werte zu vergleichen. Der niedrigere Wert ist anzusetzen. Bei Grundstücken ist für den Schenkungsvollzug der Tag der Grundbucheintragung maßgebend. Ist bei Grundstücken ein Schenkungsversprechen im Erbfall noch nicht vollzogen, so gilt nach Auffassung des BGH ebenfalls das Niederstwertprinzip.[58] Somit wäre auf den nicht im Gesetz vorgesehenen Zeitpunkt»Abgabe des Schenkungsversprechens« abzustellen. Richtigerweise ist daher mit der in der Literatur vertretenen Ansicht der Wert im Erbfall maßgeblich.[59] Denn bis zum Todeszeitpunkt hat der Erblasser auch die Sachherrschaft inne.

4. Zuwendungen unter Vorbehalt eines Nutzungsrechts

22 Beim Nießbrauch (ebenso beim Wohnungsrecht) gelten für die Abzugsfähigkeit Besonderheiten. Nach der Rspr. des BGH ist eine mehrstufige Bewertung vorzunehmen.[60] Diese sieht wie folgt aus:

23 Zunächst ist der maßgebliche Wert nach dem Niederstwertprinzip festzustellen, also Feststellung des Wertes zum Zeitpunkt des Vollzugs der Schenkung, umgerechnet nach den Grundsätzen über die Berücksichtigung des Kaufkraftschwundes auf den Tag des Erbfalls. Sodann ist der so ermittelte Wert mit dem Wert zum Zeitpunkt des Erbfalls zu vergleichen. Maßgebend ist dabei der geringere Wert (Niedrigstwertprinzip).

24 Ist der Wert zum Zeitpunkt des Vollzugs der Schenkung geringer, ist er aufzuteilen in den Wert des vorbehaltenen Nießbrauchs (Wohnungsrechts) einerseits und den Restwert des Grundstücks andererseits. Nur der »Restwert« des Grundeigentums ist aus dem Vermögen des Erblassers ausgegliedert. Dieser Wert ist sodann unter Berücksichtigung des Kaufkraftschwundes auf den Todestag des Erblassers umzurechnen und unterliegt der Pflichtteilsergänzung.

25 Schenkungen können somit nach der ständigen Rspr. des BGH im Rahmen der Pflichtteilsergänzung nur in dem Umfang in Ansatz gebracht werden, »in dem der Wert des verschenkten Gegenstandes den Wert der kapitalisierten verbliebenen Nutzung übersteigt«.[61]

---

[54] MüKoBGB/*Lange* § 2325 Rn. 49.
[55] *Staudinger*/Olshausen § 2325 Rn. 99; RGRK/*Johannsen* § 2325 Rn. 22; OLG Brandenburg FamRZ 1998, 1177.
[56] MüKoBGB/Lange § 2325 Rn. 49; *Staudinger*/Olshausen § 2325 Rn. 99; *Soergel*/Dieckmann § 2325 Rn. 49.
[57] PWW/*Deppenkemper* § 2325 Rn. 26; *Soergel*/Dieckmann § 2325 Rn. 49; *Staudinger*/Olshausen § 2325 Rn. 99.
[58] BGHZ 85, 274, 282 f = NJW 1983, 1485; ebenso OLG Brandenburg FamRZ 1998, 1265, 1266.
[59] *Soergel*/Dieckmann §2325 Rn. 50; *Bamberger*/Roth/*J. Mayer* §2325 Rn.21; a.A. die Rechtsprechung, so z.B. OLG Brandenburg FamRZ 1998 1265, 1266.
[60] BGHZ 125, 395, 397 = NJW 1994, 1791; BGHZ 118, 49, 51 f = NJW 1992, 2887; BGH NJW 1992, 2888; NJW-RR 1996, 705.
[61] BGHZ 118, 49, 51 = NJW 1992, 2887; BGH NJW-RR 1996, 705.

Ist der Wert des Grundstücks im Zeitpunkt des Erbfalls der maßgebliche Wert, etwa bei gesunkenen Grundstückspreisen, wird der Nießbrauch (das Wohnungsrecht) nicht berücksichtigt. Diese Grundsätze gelten unabhängig davon, ab sich der Schenker den Nießbrauch vorbehält, ob es sich um eine Gegenleistung des Beschenkten handelt oder in Form einer Auflage dem Beschenkten auferlegt wurde.[62] Die Rspr. des BGH zur Berücksichtigung des vorbehaltenen Nießbrauchs/Wohnungsrechts ist zwar mittlerweile gefestigt, wird aber in der Literatur vehement kritisiert.[63] Eine starke Mindermeinung will den Wert des Nießbrauchs/Wohnungsrechts unter keinen Umständen vom Wert des Zuwendungsobjekts abziehen, weil letztlich mit dem Tod des Erblassers ein unbelastetes Grundstück geschenkt werde.[64] Gegen diese Meinung spricht allerdings die Tatsache, dass auf dem Grundstücksmarkt eine mit einem solchen Nutzungsrecht belastete Immobilie wesentlich niedriger bewertet wird und dem Erwerber ab dem Zeitpunkt des Erwerbs die Nutzungsmöglichkeit fehlt.[65] Eine andere Auffassung folgt im Ansatz dem BGH. Sie zieht aber bereits bei der Vergleichsberechnung vom Wert der Immobilie im Schenkungszeitpunkt den Wert des Nutzungsrechts stets ab[66] und kommt damit in den meisten Fällen zu niedrigeren Wertansätzen. Eine dritte Meinung will den Nutzungswert stets abziehen, mag der Wert bei Schenkungsvollzug oder der beim Erbfall für die Pflichtteilsergänzung maßgeblich sein.[67] Das Verbot, den Wert des Nutzungsrechts zum Bewertungsstichtag »Erbfall« abzuziehen, wird mit der Tatsache begründet, dass es zu diesem Zeitpunkt erloschen ist[68] Dieses Argument ist jedoch nicht zwingend. Die Ansicht des BGH ist auch keineswegs eine notwendige Folge des Niederstwertprinzips. Denn dieses fordert nur, dass der niedrigere Wert der Immobilie zu den ermittelten Bewertungszeitpunkten heranzuziehen ist. Es trifft aber keine Aussage darüber, ob ein Nutzungsrecht wertmäßig abgezogen werden darf oder nicht. Zudem setzt sich die Auffassung des BGH sogar mit dem Niederstwertprinzip in den Fällen in Widerspruch, in denen Grundstückspreise bis zum Erbfall sinken. Denn das Prinzip besagt, dass bis zum Eintritt des Erbfalls entstehende Wertverluste des Schenkungsobjekts den Pflichtteilsergänzungsanspruch mindern sollen. Die zu kritisierende BGH-Rspr. führt im Ergebnis dazu, dass entgegen § 516 nicht bei der Zuwendung, sondern erst beim Tode des Zuwendenden feststeht, ob und in welchem Umfang es sich um eine Schenkung, teilentgeltlichen oder sogar vollentgeltlichen Vertrag handelt.[69] Daher ist das vorbehaltene Nutzungsrecht stets vom Schenkungswert in Abzug zu bringen.[70] Allerdings muss sich die Praxis auf die BGH-Rechtsprechung einstellen. Es sollte daher stets in Erwägung gezogen werden, anstelle eines Nießbrauchs oder Wohnungsrechts eine Leibrentenverpflichtung zu vereinbaren. Diese ist ohne Einschränkung wertmindernd zu berücksichtigen.[71]

---

62 BGHZ 118, 49, 51; BGH NJW-RR 1990, 1158.
63 Zum Meinungsstand s. etwa *Cornelius* Rn. 418 ff; *Mayer/Süß/Tanck/Bittler/Wälzholz* § 8 Rn. 33; *Link* ZEV 2005, 283, 284 f.
64 OLG Hamburg FamRZ 1992, 228, aufgehoben von BGH NJW 1992, 2888; OLG Oldenburg NJW-RR 1999, 734; *Reiff* ZEV 1998, 241, 244.
65 *Soergel/Dieckmann* § 2325 Rn. 38; *Staudinger/Olshausen* § 2325 Rn. 102, MüKoBGB/*Lange* § 2325 Rn. 40; ähnlich; *Pentz* FamRZ 1997, 724, 728.
66 *Staudinger/Olshausen* § 2325 Rn. 103 f.; *Damrau/Riedel/Lenz* § 2325 Rn. 101.
67 So etwa OLG Celle ZErb 2003, 383, vom BGH aufgehoben; *Mayer* FamRZ 1994, 739, 743; *ders*. ZEV 1994, 325, 326; *Pentz* FamRZ 1997, 724, 728.
68 S. z.B. BGH NJW-RR 1996, 705.
69 *Link* ZEV 2005, 283, 285 f.
70 So im Ergebnis auch *Bamberger/Roth/J. Mayer* § 2325 Rn. 25.
71 OLG Schleswig ZEV 2009, 81.

5. Kapitalisierung von Nutzungsrechten und wiederkehrender Leistungen

26 Bei der Berechnung von Leistungen dieser Art, stellt die h.M. auf die im Zeitpunkt des Vollzugs der Schenkung anzunehmende allgemeine Lebenserwartung des Schenkers ab. Es wird also eine »ex-ante Betrachtung« (teilweise als »abstrakte Berechnung« bezeichnet) vorgenommen.[72] Hiervon wird nur dann abgewichen, wenn die Besonderheiten des Sachverhalts eine kürzere Lebenserwartung wahrscheinlich erscheinen lassen.[73] Abgesehen von solchen Sonderfällen ist für die Kapitalisierung von lebenslangen Nutzungsrechten die statistische Lebenserwartung des Berechtigten zu Grunde zu legen. Im Rahmen dieser Berechnung ist eine Abzinsung (etwa mit 5,5 % jährlich) der lebenslangen Nutzungen vorzunehmen.[74] Dies kann dadurch geschehen, dass hierfür auf die Anlage 9 zu § 14 Bewertungsgesetz (seit 1.1.2009 ersetzt durch § 14 BewG i.V.m. Kapitalwerttabelle – BStBl. I 2009, 271f) zurückgegriffen,[75] die Sterbetafel des Statistischen Bundesamts[76] unter Berücksichtigung finanzmathematischer Grundsätze herangezogen wird oder eine Abzinsung nach § 12 Abs. 3 BewG erfolgt.[77]

27 In der Praxis werden häufig neben einem Nießbrauch (Wohnungsrecht) auch Pflegeleistungen als Gegenleistung für die Übertragung eines Grundstücks vereinbart. Bewertungsmäßig ist vorrangig vom Inhalt der vertraglichen Vereinbarung auszugehen. Fehlen Aussagen zur Bewertung, soll von den in § 36 Abs. 3 SGB XI genannten Sachleistungswerten ausgegangen werden (bei Pflegestufe I zurzeit € 420,00 mtl.; seit 1.1.2010 € 440,00 mtl.)[78] Auch hier wird die allgemeine statistische Lebenserwartung zum Zeitpunkt des Vollzugs der Übertragung zugrunde gelegt.[79] Soweit ersichtlich, wird dies in der Literatur fast einhellig so vertreten. Die Ansicht ist zutreffend, auch wenn man sehen muss, dass es keine gesonderten statistischen Erhebungen über die Dauer der Pflegebedürftigkeit gibt. Gleiches gilt auch bei vereinbarten Pflegeleistungen, auch wenn im Zeitpunkt des Schenkungsvollzugs der Pflegefall noch nicht eingetreten ist. Zu diesen Bewertungsfragen kann man zurzeit auf Rechtsprechung nicht zurück greifen. Denn derartige Bewertungsfragen erfolgen meist auf untergerichtlicher nicht veröffentlichter Ebene. Pflegeleistungen werden auch steuerlich anerkannt, jedoch nur dann, wenn ein Pflegefall eingetreten ist und eine Pflegeleistung erbracht wird. Die – soweit ersichtlich – nicht veröffentlichen Erlasse einzelner Landesfinanzministerien übernehmen als monatliche Pauschalvergütungen gem. § 36 Abs. 3 SGB XI. Das FG Rheinland-Pfalz hat allerdings in einer neueren Entscheidung auf den Tariflohn für ungelernte Pflegekräfte abgestellt.[80]

6. Die Zehnjahresfrist gem. § 2325 Abs. 3

28 Schenkungen bleiben unberücksichtigt, wenn zur Zeit des Erbfalls zehn Jahre seit der Leistung des verschenkten Gegenstandes verstrichen sind (Abs. 3 Hs. 1) Es handelt sich um eine Ausschlussfrist. Für den Fristbeginn ist allein auf den Zeitpunkt des rechtlichen Leistungserfolgs, nicht aber bereits auf die Vornahme der Leistungshandlung abzustellen.[81] Darüber hinaus erfordert der Begriff der Leistung nach inzwischen gefestigter Recht-

---

72 BGH NJW-RR 1990, 1158, 1159; OLG Oldenburg NJW-RR 1997, 263, 264; ebenso AnwK/*Bock* § 2328 Rn. 32; MüKoBGB/*Lange* § 2325 Rn. 54; RGRK/*Johannsen* § 2325 Rn. 22.
73 BGHZ 65, 75, 7; Abweichungen in Anbetracht des Gesundheitszustands; OLG Köln MittRhNotK 1997, 79.
74 *Reiff* ZEV 1998, 241, 247.
75 OLG Koblenz NJW-RR 2002, 512, 513; OLG Celle ZErb 2003, 383; *Damrau/Riedel/Lenz* § 2325 Rn. 102.
76 S. unter: www.destatis.de – dort unter Bevölkerung-Geburten und Sterbefälle.
77 *Damrau/Riedel/Lenz* § 2325 Rn. 102.
78 *Bamberger/Roth/J. Mayer* § 2325 Rn. 27.
79 *Bamberger/Roth/J. Mayer* §2325 Rn. 26 f.; OLG Celle FamRZ 2009, 462.
80 FG Rheinland-Pfalz EFG 2007, 1095.
81 MüKoBGB/*Lange* § 2325 Rn. 59; Staudinger/*Olshausen* § 2325 Rn. 54.

sprechung des BGH, eine wirtschaftliche Ausgliederung des Geschenks aus dem Vermögen des Erblassers.[82] Die Frist beginnt demnach bei beweglichen Gegenständen mit Vollendung des Eigentumsübergangs gem §§ 929 ff., bei Grundstücken mit der Umschreibung des Eigentums im Grundbuch (§ 873 Abs. 1),[83] bei Vermögensübertragungen, die durch den Tod des Erblassers aufschiebend befristet sind, mit dem Todesfall,[84] bei einer Schenkung eines Guthabens auf einem »Oderkonto«, über das der Erblasser selbst noch bis zu seinem Tode Verfügungsbefugnis hat, erst mit dem Tod des Erblassers.[85] Im Falle gesellschaftsrechtlicher Nachfolgeregelungen, bei denen infolge eines Ausschlusses oder Beschränkung eines Abfindungsanspruchs unter Verkehrswert bei Tod eines Gesellschafters eine ergänzungspflichtige Zuwendung gegeben ist, beginnt die Frist erst mit dem Tod des Erblassers.[86] Im Falle der Schenkung unter dem Vorbehalt eines Nießbrauchs, Wohnungsrechts oder sonstigen Nutzungsrechts bestehen Besonderheiten. Hier wird der Fristbeginn trotz erfolgtem Eigentumswechsel nach Ansicht des BGH auch dann gehindert, wenn der Erblasser den verschenkten Gegenstand, im Wesentlichen weiter nutzt. Dem stimmt die hL zu.[87] Für die Gestaltungspraxis wirft dies erhebliche Probleme auf. Abgrenzungsschwierigkeiten und Unsicherheiten ergeben sich insb. bei der Einräumung von Teilnutzungsrechten wie z.B. Bruchteils- oder Quotennießbrauch. Denn es stellt sich die höchstrichterlich nicht geklärte Frage, wo die »Wesentlichkeitsgrenze« zu ziehen ist. Verbleiben dem Übergeber mehr als 50 % der Nutzungen, so dürfte ein Fristbeginn auf keinen Fall anzunehmen sein.[88] Wie sich die Rspr. des BGH auf ein Wohnungsrecht auswirkt, das sich nur auf einzelne Teile des Zuwendungsobjekts bezieht, ist ebenfalls noch nicht geklärt. Nach der Rspr. der Oberlandesgerichte beginnt die Frist, wenn sich das Wohnungsrecht nur auf eine von mehreren Wohnungen in einem Gebäude bezieht und nicht auf Dritte übertragen werden darf,[89] nur an einer von zwei übergebenen Wohnungen vorbehalten wird[90] oder sich nur auf einzelne Zimmer mit Mitbenutzung der gemeinschaftlichen Einrichtungen[91] oder von Küche und Bad i.R.e. üblichen Leibgedings bezieht.[92] Die Vereinbarung von enumerativen Rückerwerbsrechten ist nach überwiegender und zutreffender Auffassung in der Literatur für den Fristbeginn unschädlich., wenn sie von Voraussetzungen abhängen, die der Schenker nicht selbst herbeiführen kann.[93] Entsprechendes soll sogar für ein freies Widerrufsrecht gelten, solange es nicht ausgeübt wird. Denn bis zum Rückerwerb finde keine Nutzung durch den Veräußerer statt.[94] Bei Schenkungen an Ehegatten beginnt die Zehnjahresfrist nicht vor Auflösung der Ehe (Abs. 5 Hs. 2). Wird die Ehe geschieden (§ 1564) oder aufgehoben (§ 1313), beginnt die Frist erst mit Rechtskraft

---

82 BGHZ 98, 226, 233 = NJW 1987, 122; BGHZ 125, 395, 398 f = NJW 1994, 1791; OLG München ZEV 2008, 480.
83 BGHZ 102, 289, 292 = NJW 1988, 821.
84 *Soergel/Dieckmann* § 2325 Rn. 54; *Staudinger/Olshausen* § 2325 Rn. 55.
85 *Soergel/Dieckmann* § 2325 Rn. 55; *Staudinger/Olshausen* § 2325 Rn. 57.
86 MüKoBGB/*Lange* § 2325 Rn. 58; *Schindler* ZEV 2005, 290 ff.
87 jurisPK/*Birkenheier* § 2325 Rn. 123f; *Damrau/Riedel/Lenz* § 2325 Rn. 76; *Staudinger/Olshausen* § 2325 Rn. 58; MüKoBGB/*Lange* § 2325 Rn. 62.
88 A.A. *Cornelius* Rn. 736 ff: generell kein Fristbeginn, wenn Restnutzungsquote unter 25 %; *Schippers* MittRhNotK 1996, 197, 211 hält bei Ein- und Mehrfamilienhäusern und kleineren Mietobjekten Nutzungsvorbehalte unter 20 oder 15 % für unschädlich; strenger *Heinrich* MittRhNotK 1995, 157, 162: im Einzelfall kann sogar eine zurückbehaltene Nutzungsquote von 10 % oder 20 % schaden; demgegenüber hält *Wegmann* MittBayNot 1994, 307, 308 generell Quote unter 50 % für unbeachtlich.
89 OLG Oldenburg ZEV 2006, 80.
90 OLG Düsseldorf FamRZ 1997, 114, das aber noch weitere Abwägungskriterien heranzieht.
91 OLG Bremen ZEV 2006, 80.
92 LG Münster MittBayNot 1997, 113: ca. 30 qm alleinige Nutzung; krit. dagegen *Cornelius* Rn. 738.
93 *Heinrich* MittRhNotK 1995, 157, 162; *N. Mayer* FamRZ 1994, 739, 745; a.A. OLG Düsseldorf ZEV 2008, 525 ff.
94 Vgl etwa *Heinrich* MittRhNotK 1995, 157, 165; *Ellenbeck* MittRhNotK 1997, 41, 53; *Staudinger/Olshausen* § 2325 Rn. 59; MüKoBGB/*Lange* § 2325 Rn. 64.

des entsprechenden Urteils. Dieser Sonderregelung liegt der Gedanke zugrunde, dass der Schenker die Folgen der Zuwendung nicht spürt, weil er noch weiter die faktische Nutzungsmöglichkeit des verschenkten Gegenstandes hat. Der BVerfG hat die Bestimmung für verfassungsgemäß erachtet, weil kein Verstoß gegen Art. 6 Abs. 1 und Art 3 Abs. 1 GG vorliege.[95] Eine erweiternde Auslegung dieser Ausnahmevorschrift auf Schenkungen des Erblassers vor der Eheschließung (zwischen Verlobten oder vor Wiederheirat) oder zwischen Partnern einer nichtehelichen Lebensgemeinschaft wird zu Recht überwiegend abgelehnt.[96] Demgegenüber ergibt sich die Anwendung von § 2325 Abs. 3 Hs. 2 auf gleichgeschlechtliche Lebenspartner aus § 10 Abs. 3 S. 2 LPartG, der das Pflichtteilsrecht der Ehegatten für entspr. anwendbar erklärt.

29 Die Neuregelung gilt für alle Erbfälle seit dem 1.1.2010 (vgl. Art 229 § 23 Abs. 4 S. 2 EGBGB). Dabei ist es unerheblich, dass der an die Pflichtteilsergänzung anknüpfende Schenkungstatbestand zu einem Zeitpunkt verwirklicht wurde, zu dem noch das alte Recht gegolten hat. Das neue Recht bewirkt eine kontinuierliche Abschmelzung des Schenkungswertes durch Einführung einer Pro-rata-Jahresregelung. Damit wird verhindert, dass eine Schenkung, die der Erblasser z.B. neun Jahre und elf Monate vor seinem Tod gemacht hat, voll zum fiktiven Nachlass gerechnet wird. Hatte der Erblasser z.B. im Jahre 2001 eine Schenkung in Höhe von 100.000 € (wertindexiert) gemacht und verstirbt er im Jahre 2010 (neun Jahre sind seit Schenkung vergangen), wird für den Pflichtteilsergänzungspflichtteil nur der noch nicht »abgeschmolzene« Wert von 10 %, mithin 10.000 €, dem fiktiven Nachlass hinzugerechnet. Wäre der Erblasser hingegen z.B. am 31.12.2009 verstorben, galt uneingeschränkt altes Recht.

30 Diese auf den ersten Blick für den Beschenkten günstige Neuregelung wird jedoch nur in den wenigsten Fällen zu einer Wertabschmelzung führen. Grund hierfür ist, dass eine den Fristbeginn auslösende Leistung nach § 2325 Abs. 3 S. 1 nach der Rechtsprechung nur dann vorliegt, wenn der Erblasser nicht nur seine Rechtsstellung als Eigentümer endgültig aufgibt, sondern auch darauf verzichtet, den verschenkten Gegenstand weiterhin im Wesentlichen zu nutzen, sei es auf Grund des Vorbehalts dinglicher Rechte oder durch Vereinbarung schuldrechtlicher Ansprüche (s. Rz. 28). In der Praxis dürfte es somit bei Schenkungen von Grundstücken gegen Totalnießbrauchsvorbehalt nicht zur Abschmelzung des Schenkungswertes kommen, denn Voraussetzung der Pro-rata-Regelung ist, dass die Zehnjahresfrist überhaupt erst einmal in Gang gesetzt wurde.

31 Aus diesem Grunde scheidet auch eine Wertabschmelzung von ehebedingten Zuwendungen aus bzw. von Schenkungen an den Ehegatten. Hier greift die Pro-rata-Regelung erst, wenn die Ehe aufgelöst ist.

VII. Praktische Hinweise

1. Berechnungsformel zur betragsmäßigen Ermittlung des Ergänzungspflichtteils[97]

32 EPfT = Ergänzungspflichtteil
N = Nachlasswert im Zeitpunkt des Erbfalls
S = Summe aller ergänzungsrelevanten Schenkungen
q = Erbquote des Pflichtteilsberechtigten

---

[95] NJW 1991, 217; ebenso OLG Celle FamRZ 1989, 1012.
[96] OLG Düsseldorf NJW 1996, 3156 betr. Verlobte; MüKoBGB/*Lange* § 2325 Rn. 67; PWW/*Deppenkemper* § 2325 Rn. 32; Staudinger/*Olshausen* § 2325 Rn. 60; Soergel/*Dieckmann* § 2325 Rn. 57.
[97] Nach Staudinger/*Olshausen* § 2325 Rn. 84.

Zur Berechnung des Ergänzungspflichtteils ergibt sich unter Zugrundelegung dieser Variablen folgende Funktion: 33

$$EPfT = (N + S) : 2q - (N : 2q) \text{ bzw. } EPfT = S : 2q$$

Prämisse für die Anwendbarkeit dieser Formel ist, dass der Nachlasswert N größer oder gleich Null ist. 34

2. Prozessuales, Beweislast

Das Recht auf Pflichtteilsergänzung kann nicht Gegenstand einer Feststellungsklage (§ 256 ZPO) zu Lebzeiten des Erblassers sein. Denn vom Recht auf Pflichtteilsergänzung gehen zu Lebzeiten des Erblassers keine rechtlichen Wirkungen aus.[98] Der Pflichtteilsberechtigte muss grds. darlegen und beweisen, dass der betreffende Gegenstand zum fiktiven Nachlass gehört und dass es sich um eine (zumindest gemischte) Schenkung handelt.[99] Dies kann bei dem Berechtigten zu Beweisschwierigkeiten führen. Dem wird dadurch Rechnung getragen, dass es zunächst Sache des über die erforderlichen Kenntnisse verfügenden Anspruchsgegners ist, die für die Begründung der Gegenleistung maßgeblichen Tatsachen im Wege des substanziierten Bestreitens der Unentgeltlichkeit vorzutragen. Die Rspr. billigt dem Pflichtteilsberechtigen zudem eine Beweislasterleichterung (keine Beweislastumkehr) zu: Bei einem »auffallenden groben Missverhältnis« der beiderseitigen Leistungen wird vermutet, dass die Parteien dies erkannt haben und sich über die teilweise Unentgeltlichkeit einig waren.[100] 35

VIII. Checkliste zur Prüfung des Ergänzungsanspruchs

1. Schenkungen des Erblassers feststellbar?
   Sind keine oder nicht sämtliche Schenkungen zu ermitteln:
   Auskunftsklage gem. § 2314 Abs. 1
2. Bei ermittelten Schenkungen an Dritte:
   Zuwendung innerhalb der 10-Jahresfrist gem. § 2325 Abs. 3 erfolgt?
3. Bewertung der Schenkungen möglich?
   Soweit Werte nicht ermittelbar: Wertermittlungsklage gem. § 2314 Abs. 1 S. 2.
4. Inflationsbereinigung der ermittelten Werte.
5. Festlegung des Wertansatzes nach dem Niederstwertprinzip des § 2325 Abs. 2 bei nicht verbrauchbaren Gegenständen.
6. Feststellung des richtigen Anspruchgegners:
   Eintrittspflicht des Erben bei unbeschränkter Haftung und ausreichendem Aktivnachlass oder Ersatzhaftung des Beschenkten gem. § 2329?
7. Keine Anspruchsverjährung nach 3 Jahren gem. § 2332 eingetreten?

36

---

98 MüKoBGB/*Lange* § 2325 Rn. 5; *Staudinger/Olshausen* Vor §§ 2325 ff. Rn. 20.
99 OLG Oldenburg FamRZ 2000, 638, 639.
100 BGHZ 59, 132, 136; 116, 178, 183 = NJW 1992, 558; BGH NJW 1981, 1956; OLG Braunschweig OLGR 2001, 242, maßgeblich ist der Vertragsabschluss; z.T. wird die Beweiserleichterung sogar dann zugebilligt, wenn das objektive Missverhältnis der Leistungen nur »über ein geringes Maß deutlich hinausgeht«, vgl BGH NJW 1995, 1349 zu § 528; BGHZ 82, 274, 281 zu § 2287.

§ 2326
Ergänzung über die Hälfte des gesetzlichen Erbteils

Der Pflichtteilsberechtigte kann die Ergänzung des Pflichtteils auch dann verlangen, wenn ihm die Hälfte des gesetzlichen Erbteils hinterlassen ist. Ist dem Pflichtteilsberechtigten mehr als die Hälfte hinterlassen, so ist der Anspruch ausgeschlossen, soweit der Wert des mehr Hinterlassenen reicht.

I. Allgemeines

1 § 2326 stellt klar, dass ein Pflichtteilsergänzungsanspruch auch dann bestehen kann, wenn dem (abstrakt) Pflichtteilsberechtigten die Hälfte des Erbteils oder sogar mehr hinterlassen wurde. Ist dem Pflichtteilsberechtigten mehr als die Hälfte des gesetzlichen Erbteils hinterlassen, muss er sich den Mehrwert auf den Ergänzungsanspruch anrechnen lassen (§ 2326 S. 2). Der Ergänzungsanspruch kann bei dürftigem Nachlass oder besonders hohem Wert der Schenkung sogar einem Pflichtteilsberechtigten zustehen, der Alleinerbe geworden ist. Dieser richtet sich dann gegen den Beschenkten (§ 2329 Abs. 1 S. 2). Es ist unerheblich, ob der Pflichtteilsberechtigte gesetzlicher oder gewillkürter Erbe geworden ist. Durch Verwendung des Begriffs »hinterlassen« folgt, dass § 2326 auch dann gilt, wenn der Pflichtteilsberechtigte mit einem Vermächtnis bedacht ist.[1]

II. Der pflichtteilsberechtigte Erbe

2 Für den Erben sind drei Fallalternativen möglich, wobei sich jeweils unterschiedliche Rechtsfolgen für seinen Ergänzungsanspruch ergeben.
   1. Der ihm hinterlassene Erbteil ist kleiner als die Hälfte seines gesetzlichen Erbteils: In diesem Falle steht ihm – neben dem Pflichtteilsrestanspruch des § 2305 – der volle Ergänzungsanspruch zu.
   2. Der ihm hinterlassene Erbteil entspricht der Hälfte des gesetzlichen Erbteils: Hier ist der ordentliche Pflichtteil wegen § 2306 S. 1 unabhängig von etwaigen Beschränkungen oder Beschwerungen gedeckt, der Ergänzungsanspruch bleibt nach § 2306 S. 1 in voller Höhe erhalten.
   3. Der dem Erben hinterlassene Erbteil ist größer als die Hälfte des gesetzlichen Erbteils. In diesem Falle ist folgende Unterscheidung zu treffen:
      a) Ist der Nachlass durch Anordnungen nicht beschwert, steht dem Pflichtteilsberechtigten ein Ergänzungsanspruch nach § 2326 S. 2 in der Höhe zu, in der die Summe von ordentlichem Pflichtteil und Ergänzungspflichtteil den Wert des hinterlassenen Erbteils übersteigt.
      b) Ist der Nachlass durch Beschwerungen oder Beschränkungen belastet, hat der Erbe zwei Handlungsalternativen: Er kann entweder das Erbe ausschlagen und nach § 2306 Abs. 1 S. 2 den ordentlichen Pflichtteil sowie nach § 2325 den Ergänzungspflichtteil geltend machen. Er kann aber auch das Erbe annehmen, muss sich dann aber das Hinterlassene ohne Abzug von belastenden Beschränkungen und Beschwerungen anrechnen lassen.[2]

3 In der Praxis kommt es häufiger vor, dass der Pflichtteilsberechtigte trotz Beschränkungen oder Beschwerungen den ihm hinterlassen Erbteil angenommen hat und erst danach von der ergänzungspflichtigen Schenkung des Erblassers erfährt. In diesem Fall kann er sich die für ihn möglicherweise günstigere Möglichkeit der Ausschlagung wieder verschaffen, indem er die Annahme nach § 119 anficht.[3] Der Irrtum des Annehmenden ist Inhalts-

---

[1] Staudinger/Olshausen § 2326 Rn. 5.
[2] Bamberger/Roth/J. Mayer § 2326 Rn. 4; Erman/Schlüter § 2326 Rn. 3.
[3] HM, vgl. RGRK/Johannsen § 2326 Rn. 4; Soergel/Dieckmann § 2326 Rn. 8; Staudinger/Olshausen § 2326 Rn. 14.

irrtum, nicht Motivirrtum, weil die Annahme den vollständigen oder teilweisen Verzicht auf die Pflichtteilsergänzung einschließt. Zum Teil wird zudem ein Hinausschieben des Beginns der Ausschlagungsfrist bis zur Kenntnis von der ergänzungspflichtigen Schenkung für zulässig erachtet.[4] Allerdings ist eine entsprechende gesetzliche Grundlage für ein solches Hinausschieben nicht ersichtlich, weshalb ein Hinausschieben der Frist nicht in Betracht kommt.[5]

Nach der Neufassung des § 2306 Abs. 1 durch die Erbrechtsreform (s. hierzu § 2306 Rz. 21) ändert sich im Ergebnis nichts. Nimmt bei Falllage Nr. 1 der Erbe den Erbteil an, ist dieser mit der Beschränkung und Beschwerung belastet, die wertmäßig nicht berücksichtigt wird. Hinzu kommen eventuell der Pflichtteilsrestanspruch und der volle Ergänzungsanspruch nach § 2325.

III. Der Pflichtteilsberechtigte als Vermächtnisnehmer

Auch für den pflichtteilsberechtigten Vermächtnisnehmer gilt, dass er neben dem Pflichtteilsrest des § 2307 Abs. 1 S. 2 den vollen Ergänzungsanspruch geltend machen kann, wenn das Vermächtnis hinter dem Wert des ordentlichen Pflichtteils zurückbleibt. Ist der Wert des Vermächtnisses höher als der ordentliche Pflichtteil, gilt die Anrechnungsregelung des § 2326 S. 2.

Etwaige belastende Anordnungen des Erblassers bleiben aber auch hier bei der Wertberechnung des Vermächtnisses gem. § 2307 Abs. 1 S. 2 außer Ansatz.[6]

IV. Ausschlagung von Erbschaft oder Vermächtnis durch den Pflichtteilsberechtigten

Die Ausschlagung der Erbschaft hat grundsätzlich keine Auswirkungen auf einen evtl. bestehenden Ergänzungsanspruch.[7] Das gilt auch, wenn der hinterlassene Erbteil größer ist als der Pflichtteil. Der Ergänzungsanspruch errechnet sich in diesem Fall aus der Differenz zwischen dem Wert von ordentlichem Pflichtteil + Ergänzungspflichtteil einerseits und dem Wert des Hinterlassenen andererseits (§ 2326 S. 2).[8] Ist der hinterlassene Erbteil zwar größer als der Pflichtteil, aber durch die Anordnung von Beschränkungen oder Beschwerungen belastet, kann der Pflichtteilsberechtigte trotz der Ausschlagung nach § 2306 Abs. 1. S. 2 den ordentlichen Pflichtteil verlangen. Folgerichtig muss ihm dann auch der Pflichtteilsergänzungsanspruch uneingeschränkt zustehen. Eine Vermächtnisausschlagung berührt den Pflichtteil nicht (§ 2307 Abs. 1 S. 1). Schlägt allerdings der Pflichtteilsberechtigte ein unbelastetes oder unbeschränktes Vermächtnis aus, hat dies zur Folge, dass sich dadurch der Anrechnungsbetrag nicht vermindert, es also nicht zu einer Erhöhung des Ergänzungspflichtteils kommt.[9]

§ 2327
Beschenkter Pflichtteilsberechtigter

(1) Hat der Pflichtteilsberechtigte selbst ein Geschenk von dem Erblasser erhalten, so ist das Geschenk in gleicher Weise wie das dem Dritten gemachte Geschenk dem Nachlass hinzuzurechnen und zugleich dem Pflichtteilsberechtigten auf die Ergän-

---

[4] *Erman/Schlüter* § 2326 Rn. 5.
[5] Im Ergebnis ebenso *Soergel/Dieckmann* § 2326 Rn. 8; *Staudinger/Olshausen* § 2326 Rn. 14.
[6] MüKoBGB/*Lange* § 2326 Anm. 5; *Staudinger/Olshausen* § 2326 Rn. 3; *Soergel/Dieckmann* § 2326 Rn. 5.
[7] BGH LM § 2325 Nr. 9 = NJW 1973, 955, 996; *Johannsen* WM 1970, 236; *Soergel/Dieckmann* § 2326 Rn. 2.
[8] RGRK/*Johannsen* § 2326 Rn. 3; *Soergel/Dieckmann* § 2326 Rn. 5; *Staudinger/Olshausen* § 2326 Rn. 11.
[9] *Soergel/Dieckmann* § 2326 Rn. 5; *Staudinger/Olshausen* § 2326 Rn. 12.

zung anzurechnen. Ein nach § 2315 anzurechnendes Geschenk ist auf den Gesamtbetrag des Pflichtteils und der Ergänzung anzurechnen.

(2) Ist der Pflichtteilsberechtigte ein Abkömmling des Erblassers, so findet die Vorschrift des § 2051 Abs. 1 entsprechende Anwendung.

I. Normzweck und Voraussetzungen

1   Die Vorschrift bezweckt die Einbeziehung sog. Eigengeschenke des Erblassers an den Ergänzungsberechtigten. Anderenfalls erhielte der Berechtigte u.U. mehr als seinen Pflichtteil. Deshalb bestimmt die Vorschrift, dass Eigengeschenke dem Nachlass hinzuzurechnen und auf den Ergänzungsanspruch anzurechnen sind. Dabei wird zwischen Geschenken unterschieden, die nicht nach § 2315 auf den Pflichtteil anzurechnen sind (Abs. 1 S. 1) und anrechnungspflichtige Schenkungen.

2   Berücksichtigungsfähig sind nur Schenkungen, die keine Pflicht- oder Anstandsschenkungen sind (§ 530).[1] Mehrere Schenkungen an den gleichen Pflichtteilsberechtigten sind dem Nachlass hinzuzurechnen. Die Schenkung muss vom Erblasser selbst stammen. Daraus folgt, dass im Falle eines Berliner Testaments (§ 2269) Geschenke, die der Berechtigte vom zuerst verstorbenen Elternteil erhalten hat, bei der Pflichtteilsberechnung nach dem Tod des länger lebenden Elternteils nicht berücksichtigt werden dürfen. Die beiden Erbfälle sind streng zu unterscheiden[2] Weitere Voraussetzung ist, dass nicht nur der Pflichtteilsberechtigte, sondern mindestens auch ein Dritter ein Geschenk erhalten hat.[3] Zuwendungsempfänger muss grundsätzlich der Pflichtteilsberechtigte selbst sein, eine Schenkung an seinen Ehegatten genügt nicht. Jedoch kann die nähere Betrachtung der Leistungsbeziehungen zwischen den Beteiligten zu dem Ergebnis führen, dass eine Kettenschenkung (zunächst an den Pflichtteilsberechtigten und danach an dessen Ehegatten) gegeben ist. In diesem Falle ist die Schenkung zu berücksichtigen.[4] Abs. 2 der Vorschrift enthält eine Ausnahme von dem Grundsatz, dass nur Eigengeschenke anrechnungspflichtig sind. Fällt ein pflichtteilsberechtigter, beschenkter Abkömmling vor oder nach dem Erbfall weg, ist der Eintretende verpflichtet. Er muss sich die Schenkung in gleicher Wiese anrechnen zu lassen, wie der Zuwendungsempfänger. Die Zehnjahresfrist des § 2325 Abs. 3 gilt nach h.M. bei § 2327 nicht. Eigengeschenke sind daher ohne jede zeitliche Schranke zu berücksichtigen.[5]

II. Verschiedene Anrechnungsfälle

3   Grundfall des Abs. 1 S. 1: Sämtliche ergänzungspflichtigen Schenkungen an Dritte und alle Eigengeschenke sind dem Nachlass hinzuzurechnen.Die Wertansätze bestimmen sich nach § 2325 Abs. 2. Sie sind um den Kaufkraftschwund, bezogen auf den Zeitpunkt des Erbfalls, zu bereinigen[6] Von dem so ermittelten Ergänzungspflichtteil ist das Eigengeschenk abzuziehen. In einer Formel:[7]

oder aufgelöst:

4   Dabei ist EP der Ergänzungspflichtteil, N der reale Nachlass, S die Summe der Schenkungen (einschließlich der an den Pflichtteilsberechtigen), Q der Nenner der gesetzlichen Erbquote des Pflichtteilsberechtigten, a das Eigengeschenk des Ergänzungsberechtigten. Ist der Nachlass nicht überschuldet, so kann der Ergänzungspflichtteil auch einfacher aus

---

1   *Damrau/Riedel/Lenz* § 2327 Rn. 2; AnwK/*Bock* § 2327 Rn. 3; *Staudinger/Olshausen* § 2327 Rn. 7.
2   BGHZ 88, 102, 105 = NJW 1983, 2875; MüKoBGB/*Lange* § 2327 Rn. 4; *Staudinger/Olshausen* § 2327 Rn. 11.
3   *Soergel/Dieckmann* § 2327 Rn. 2; *Staudinger/Olshausen* § 2327 Rn. 6.
4   *Staudinger/Olshausen* § 2327 Rn. 13.
5   BGHZ 108, 393, 399 = NJW 1990, 180; AnwK/*Bock* § 2327 Rn. 3; *Damrau/Riedel/Lenz* § 2327 Rn. 6; jurisPKBGB/*Birkenheier* § 2327 Rn. 10; MüKoBGB/*Lange* § 2327 Rn. 6.
6   JurisPKBGB/*Birkenheier* § 2327 Rn. 15; Bamberger/Roth/*J. Mayer* § 2327 Rn. 4.
7   Nach *Nieder* Rn. 170.

der Summe der Schenkungen berechnet und davon das Eigengeschenk abgezogen werden.
Beispiel: 5
Nachlass 50.000 € enterbte Tochter T ist alleiniger Abkömmling und hat zu Lebzeiten ein Geschenk von 6.000 € erhalten, weiteres Geschenk hat Erblasser an Dritten D mit 10.000 € gemacht.

Ordentlicher Pflichtteil der T: 6
    50.000 € : 2 = 25.000 €
Gesamtpflichtteil aus ordentlichem und Ergänzungspflichtteil:
    (50.000 € + 6.000 € + 10.000 €) : 2 = 33.000 €
Ergänzungspflichtteil (Gesamtpflichtteil abzüglich ordentlichen Pflichtteil):
    33.000 € – 25.000 € = 8.000 €
Hierauf Anrechnung des Eigengeschenks gem. § 2327:
    8.000 € – 6.000 € = 2.000 €

T kann zusätzlich zu ihrem ordentlichen Pflichtteil von 25.000 € nur noch einen Ergänzungsanspruch von 2.000 € geltend machen.

Der Ergänzungspflichtteil ist null, sofern das Eigengeschenk gleich hoch oder höher als 7 der Ergänzungsanspruch ist. Der Pflichtteilsberechtigte muss in diesen Fällen allerdings nichts in den Nachlass zurückerstatten.[8] Auch eine Anrechnung auf den ordentlichen Pflichtteil erfolgt nicht.[9] Bei einem unzureichendem Nachlass kann aber der Beschenkte wegen seines Eigengeschenks von anderen Pflichtteilsberechtigten nach § 2329 Abs. 1 S. 2 in Anspruch genommen werden.[10] Wird von mehreren Pflichtteilsberechtigten, die auch ein Eigengeschenk erhalten haben, ein Pflichtteilsergänzungsanspruch geltend gemacht, ist wie folgt zu verfahren: Für jeden sind die Schenkungen an die anderen wie eine Schenkung an einen Dritten zu behandeln. Daher ist für die Frage der Ergänzungspflicht der Schenkungen die Zeitschranke des § 2325 Abs. 3 zu beachten. Sodann werden sämtliche ergänzungspflichtigen Schenkungen dem Nachlass hinzugerechnet, In einem weiteren Rechenschritt ist dem jeweiligen Pflichtteilsberechtigen nur sein Eigengeschenk, jedoch ohne die Zeitgrenze des § 2325 Abs. 3, auf die Ergänzung anzurechnen.[11]

Anrechnungspflichtige Geschenke (Abs. 1 S. 2) Für den Fall, dass der Erblasser gemäss 8 § 2315 ein Geschenk für anrechnungspflichtig erklärt hat, muss sich der Pflichtteilsberechtigte dieses nach § 2327 Abs. 1 S. 2 auf den Gesamtbetrag von ordentlichem Pflichtteil und Ergänzung anrechnen lassen. Da er den anzurechnenden Wert der Schenkung bereits in Vorwegnahme eines Teils seines Pflichtteilsanspruchs erhalten hat, soll dem Berechtigten aus diesem Gesamtbetrag nur noch ein um den Wert der anzurechnenden Schenkung verminderter Pflichtteilsbetrag zustehen. Eine Reihenfolge der Anrechnung ist vom Gesetz nicht festgelegt, eine Doppelanrechnung darf jedoch nicht erfolgen.[12]

Beispiel: Nachlass 40.000 €; Erbe ist der familienfremde X, der ein Geschenk von 9 20.000 € erhalten hat. Der einzige Sohn S hat ein Geschenk von 40.000 € mit der Bestimmung erhalten, dass es auf den Pflichtteil angerechnet werden soll. Wären die Geschenke noch im Nachlass vorhanden, so beliefe sich der Pflichtteil des S auf (40.000 € + 40.000 € + 20.000 €) : 2 = 50.000 €. Auf diesen Betrag ist der Vorempfang von 40.000 € anzurechnen. S erhält noch € 10.000. Wäre keine Anrechnung angeordnet, bliebe dem S der ordentliche Pflichtteil von 20.000 € stets erhalten. Der hohe Wert des Eigengeschenks verhindert lediglich den Ergänzungsanspruch wegen des Geschenks an X.

---

[8] *Damrau/Riedel/Lenz* § 2327 Rn. 9; jurisPKBGB/*Birkenheier* § 2327 Rn. 17.
[9] *Damrau/Riedel/Lenz* § 2327 Rn. 9; Soergel/*Dieckmann* § 2327 Rn. 18.
[10] *Nieder* Rn. 170; Staudinger/*Olshausen* § 2327 Rn. 18.
[11] Staudinger/*Olshausen* § 2327 Rn. 20.
[12] Zur Frage, ob das Eigengeschenk vom ordentlichen Pflichtteil oder vom Ergänzungspflichtteil abzuziehen ist. Bamberger/Roth/*J. Mayer* § 2327 Rn. 6 f.

10 Für die Anrechnung von Geschenken gilt nach wohl h.M. auch im Fall des § 2327 die Bestimmung des § 2315 Abs. 2 S. 2 und nicht die des § 2325 Abs. 2.[13] Zur Begründung wird angeführt, dass für die Anrechnung auf den ordentlichen Pflichtteil keine anderen Bewertungsgrundsätze maßgebend sein könnten als für die Anrechnung auf den Ergänzungspflichtteil. Die Gegenansicht will § 2325 Abs. 2 anwenden, weil es wenig befriedigend sei, wenn für die Bewertung des Eigengeschenks gem. § 2315 Abs. 2 S. 2 andere Grundsätze als für die Bewertung des Geschenks an den Dritten gem. § 2325 Abs. 2 gelten würden.[14] Vorzugswürdig ist die h.M., weil in Abs. 1 S. 2 von einem nach § 2315 anzurechnenden Geschenk die Rede ist. Dies spricht dafür, dass damit auch die Bewertungsvorschrift in § 2315 Abs. 2 S. 2 angesprochen ist.

11 Ausgleichspflichtige Eigengeschenke. Ausgleichspflichtige Zuwendungen können auch Schenkungen sein (etwa § 2050 Abs. 3). Wie diese zu behandeln sind, ist gesetzlich nicht geregelt. Hier ist wie folgt zu verfahren: Zunächst ist der ordentliche Pflichtteil unter Berücksichtigung der Ausgleichung zu errechnen. Anschließend wird der Gesamtpflichtteil (einschließlich aller ergänzungspflichtigen Geschenke, des Eigengeschenks und der ausgleichspflichtigen Zuwendungen) ermittelt. Die Differenz ergibt den Ergänzungspflichtteil. Es ist allerdings zu beachten, dass die gleichzeitig ausgleichspflichtige Schenkung bereits im Rahmen der Ausgleichsberechnung zur Hälfte berücksichtigt wurde, Um eine Doppelanrechnung zu vermeiden, ist an dieser Stelle nur noch die weitere Hälfte in entsprechender Anwendung des § 2327 Abs. 1 anzurechnen.[15]

12 Beispiel:[16] Nachlass 40.000 €, Erbe ist F, ergänzungspflichtige Schenkung an D 12.000 €. Von den beiden enterbten Kindern erhielt S eine ausgleichspflichtige Zuwendung von 16.000 €, von der 4.000 € eine Schenkung waren.

13 Ordentlicher Pflichtteil nach § 2316:
$\{[(40.000 + 16.000) : 2] - 16.000\} : 2 = 6.000$
Gesamtpflichtteil
$\{[(40.000 + 12.000 + 16.000) : 2] - 16.000\} : 2 = 9.000$
Ergänzungspflichtteil (ohne Anrechnung Eigengeschenk):
Gesamtpflichtteil ./. ordentlicher Pflichtteil = 3.000 €.
Abzüglich Eigengeschenk (Wert 4.000 €): dieses aber zur Vermeidung der Doppelberücksichtigung nur zur Hälfte -
$3.000 € - 2.000 € = 1.000 €$ als effektiver Ergänzungsanspruch.

III. Verfahrensfragen

14 Die Beweislast für die Behauptung, der Pflichtteilsberechtigte habe selbst vom Erblasser eine Schenkung erhalten, und für deren Wert trifft den Erben bzw. im Fall von § 2329 den Beschenkten.[17] Eigengeschenke des Pflichtteilsberechtigten sind bei der Berechnung des Ergänzungsanspruchs von Amts wegen zu berücksichtigen.[18] Über Eigengeschenke ist der Ergänzungsberechtigte auch zur Auskunft verpflichtet.[19]

---

13 RGRK/*Johannsen* § 2327 Rn. 3; *Soergel/Dieckmann* § 2327 Rn. 8.
14 S. *Staudinger/Olshausen* §2325 Rn. 25 m.w.N.
15 *Soergel/Dieckmann* § 2327 Rn. 19; MüKoBGB/*Lange* § 2327 Rn. 12; AnwK/*Bock* § 2327 Rn. 13; jurisPKBGB/*Birkenheier* §3 2327 Rn. 7; *Damrau/Riedel/Lenz* § 2327 Rn. 17.
16 Nach *Soergel*/Dieckmann § 2327 Rn. 20.
17 BGH NJW 1964, 1414.
18 MüKoBGB/*Lange* § 2327 Rn. 9; *Staudinger/Olshausen* § 2327 Rn. 16.
19 BGH NJW 1964, 1414 = LM § 2329 Nr. 5/6; MüKoBGB/*Lange* § 2327 Rn. 2; *Soergel/Dieckmann* § 2327 Rn. 2; *Staudinger/Olshausen* § 2327 Rn. 15.

§ 2328
Selbst pflichtteilsberechtigter Erbe

Ist der Erbe selbst pflichtteilsberechtigt, so kann er die Ergänzung des Pflichtteils soweit verweigern, dass ihm sein eigener Pflichtteil mit Einschluss dessen verbleibt, was ihm zur Ergänzung des Pflichtteils gebühren würde.

I. Der Schutz des eigenen Ergänzungspflichtteils gegenüber Ergänzungsansprüchen Dritter

Der Anspruch auf Ergänzung des Pflichtteils richtet sich vorrangig gegen den Erben (§§ 2325, 2329). Im Falle einer Mehrheit von Erben, kann der Pflichtteilsberechtigte sowohl gegen einen einzelnen als auch gegen alle Miterben gemeinsam vorgehen. Die Vorschrift gibt dem selbst pflichtteilsberechtigten Erben ein Leistungsverweigerungsrecht. Sie regelt, dass der Erbe seinen Pflichtteil gegenüber dem Ergänzungsanspruch (nicht gegenüber dem ordentlichen Pflichtteilsanspruch, hier gilt § 2319) auch mit Einschluss dessen verteidigen darf, was ihm zur Ergänzung des Pflichtteils gebühren würde. 1

Beispiel:[1] Nachlass 20.000 €; Geschenk an einen Dritten 60.000 € Alleinerbe ist der Sohn A des Erblassers; Sohn B ist enterbt. 2

Der ordentliche Pflichtteil des B beträgt 5.000 €, der Ergänzungsanspruch 15.000 €. Obwohl auch dem (abstrakt) pflichtteilsberechtigten A die gleiche Summe von 20.000 € gebührt, darf A dem B den ordentlichen Pflichtteil von 5000 € nicht vorenthalten. A kann allerdings dem B die Ergänzung des Pflichtteils in Höhe von 15.000 € verweigern, weil der Nachlass nach Abzug der ordentlichen Pflichtteile von A und B (zusammen 10.000 €) nicht mehr zur Deckung des gesamten eigenen Ergänzungsanspruchs von A ausreicht. B muss sich hinsichtlich der ganzen Pflichtteilsergänzung (= 15.000 €) an den Beschenkten halten, A dagegen nur hinsichtlich des durch den Nachlass nicht gedeckten Ergänzungsrestbetrages von 5.000 € (§ 2329).

Die Regelung bevorzugt den pflichtteilsberechtigten Erben gegenüber anderen Pflichtteilsberechtigten.[2] Denn er erhält den Pflichtteil einschließlich der Ergänzung vorweg aus dem Nachlass. Die anderen Ergänzungsberechtigten, zu deren Befriedigung der Restnachlass nicht ausreicht, werden an den Beschenken verwiesen (§ 2329). Es ist unerheblich, ob der pflichtteilsberechtigte Erbe allein- oder Miterbe ist. Die Vorschrift greift allerdings nur ein, wenn die Pflichtteilsergänzung verlangt wird. Das Verlangen des ordentlichen Pflichtteils reicht nicht aus. 3

§ 2328 gewährt dem abstrakt pflichtteilsberechtigten Erben ein Leistungsverweigerungsrecht. Es ist im Wege der Einrede geltend zu machen und nicht v.A.w. zu berücksichtigen. Die Geltendmachung erst im zweiten Rechtszug kann zur Kostenbelastung nach § 97 Abs. 2 ZPO führen.[3] Das Leistungsverweigerungsrecht richtet sich gegen den Pflichtteilsergänzungsanspruch insoweit, dass dem Erben sein eigener Pflichtteil und seine Ergänzungen verbleiben. Er muss den Ergänzungsanspruch Dritter somit nur mit dem Teil des Nachlasses und den selbst erhaltenen Schenkungen befriedigen, die verbleiben, nachdem er seinen eigenen ordentlichen Pflichtteil und seinen eigenen Ergänzungsanspruch gedeckt hat. Für den überlebenden Ehegatten, der im gesetzlichen Güterstand der Zugewinngemeinschaft lebt, ist der aus dem erhöhten Ehegattenerbteil errechnete Pflichtteil maßgeblich. Entsprechendes gilt für den überlebenden Lebenspartner einer eingetragenen Lebenspartnerschaft (§ 10 Abs. 6 S. 2 LPartG). Bei der Wertermittlung des Gesamtpflichtteils des pflichtteilsberechtigten Erben kommt es im Rahmen dieser Vorschrift grundsätzlich auf 4

---

[1] Nach *Soergel/Dieckmann* § 2328 Rn. 4.
[2] *Soergel/Dieckmann* § 2328 Rn. 4; *Staudinger/Olshausen* § 2328 Rn. 3.
[3] OLG Koblenz ErbR 2010, 125 (nicht rechtskräftig – BGH IV ZR 200/09).

den Zeitpunkt des Erbfalls an. Kommt es zu einem Wertverfall des Nachlasses ist fraglich, ob der Erbe seinen eigenen Pflichtteil einschließlich des Ergänzungspflichtteils auch dann verteidigen darf, wenn er zwar vor Eintritt des Wertverfalls noch in der Lage gewesen wäre, ohne Gefährdung seines Gesamtpflichtteils Ergänzungsansprüche Dritter zu befriedigen, dies aber nach Eintritt der Wertveränderungen nicht mehr kann. Der BGH[4] bejaht diese Frage. Dies ist nicht unbedenklich. Denn die Höhe von Pflichtteilansprüchen und Ergänzungsansprüchen ist von Wertschwankungen des Nachlasses grundsätzlich unabhängig. Sie fallen ohne Ausnahme in den Risikobereich des Erben. Entfällt die Haftung des Alleinerben wegen § 2328, kommt es zur Haftung des Beschenkten nach den Regeln des § 2329. Dies gilt auch, wenn der Erbe zugleich der Beschenkte ist.[5] Ein Ergänzungsanspruch gegen den Beschenkten ist nachrangig, setzt also voraus, dass sich der Ersatzberechtigte nicht an andere Miterben halten kann.[6]

5   Beispiel: Nachlass 20.000 €; Geschenk an einen Dritten 20.000 €. Erben zu je ½ sind Sohn A sowie der familienfremde C; Sohn B ist enterbt. Der ordentliche Pflichtteil des B beträgt ebenso wie sein Ergänzungsanspruch je 5.000 €. Wird der Nachlass vor Berichtigung der Verbindlichkeit gegenüber B geteilt, erhält A 10.000 €. Diesen Betrag erhielte er auch als Summe aus ordentlichem Pflichtteil und Ergänzungsanspruch. Trotzdem kann A den Wert seines (fiktiven) Ergänzungsanspruchs gegenüber dem ordentlichen Pflichtteil des B nicht verteidigen. B hat gegen A also einen Anspruch in Höhe von 5.000 €. B kann sich aber auch an C wegen des ordentlichen Pflichtteils und der Ergänzung halten. Eine Inanspruchnahme des Beschenkten wegen des Ausfalls gegenüber A scheidet aus, weil der Miterbe C zur Ergänzung des Pflichtteils verpflichtet ist.

II. Schutz des eigenen Ergänzungspflichtteils gegenüber Vermächtnissen und Auflagen

6   Gegenüber einer Beeinträchtigung durch Vermächtnisse oder Auflagen i.V.m. dem Pflichtteilsergänzungsanspruch eines anderen wird der Erbe nach § 2318 Abs. 1 und 2 geschützt. Ist der Erbe pflichtteilsberechtigt, kann er nicht nur seinen ordentlichen Pflichtteil, sondern auch die Ergänzung nach § 2318 Abs. 3 verteidigen.[7]

§ 2329
Anspruch gegen den Beschenkten

(1) Soweit der Erbe zur Ergänzung des Pflichtteils nicht verpflichtet ist, kann der Pflichtteilsberechtigte von dem Beschenkten die Herausgabe des Geschenks zum Zwecke der Befriedigung wegen des fehlenden Betrags nach den Vorschriften über die Herausgabe einer ungerechtfertigten Bereicherung fordern. Ist der Pflichtteilsberechtigte der alleinige Erbe, so steht ihm das gleiche Recht zu.

(2) Der Beschenkte kann die Herausgabe durch Zahlung des fehlenden Betrags abwenden.

(3) Unter mehreren Beschenkten haftet der früher Beschenkte nur insoweit, als der später Beschenkte nicht verpflichtet ist.

---

4   BGHZ 85, 274, 284 ff. = NJW 1983, 1485, 1487.
5   *Erman/Schlüter* § 2328 Rn. 2; *Soergel/Dieckmann* § 2328 Rn. 3; *Staudinger/Olshausen* § 2328 Rn. 17.
6   RGRK/*Johannsen* § 2328 Rn. 2; *Staudinger/Olshausen* § 2328 Rn. 14, 17.
7   RGRK/*Johannsen* § 2328 Rn. 1; *Soergel/Dieckmann* § 2328 Rn. 10.

Übersicht

	Rz.			Rz.
I. Normzweck	1		4. Beschränkung der Haftung	11
II. Anspruchsvoraussetzungen	2	IV.	Anspruchkonkurrenzen	12
1. Gläubiger	2		1. Verhältnis von § 2287 zu § 2329	12
2. Schuldner des Anspruchs	3		2. Das Verhältnis von § 528 zu § 2329	13
3. Pflichtteilsergänzungsanspruch	6	V.	Verfahrensfragen	14
4. Subsidiarität der Haftung des Beschenkten	7	VI.	Muster Klage auf Pflichtteilsergänzung gegen den Beschenkten (Miterben) nach § 2329	15
III. Rechtsfolge	8	VII.	Praktische Hinweise	16
1. Anspruchsinhalt	8			
2. Haftung nach Bereicherungsrecht	9			
3. Rechtsähnlichkeit von § 2325 und § 2329	10			

I. Normzweck

Die Vorschrift schafft eine nachrangige Ausfallhaftung des Beschenkten und ergänzt die Durchsetzung des Pflichtteilsergänzungsanspruchs nach § 2325. Sie setzt dort ein, wo die Haftung des Erben aufhört und ermöglicht den Zugriff auf das Geschenk.[1] **1**

II. Anspruchsvoraussetzungen

1. Gläubiger

Anspruchsberechtigt sind nur solche Personen, die zum Kreis der abstrakten Pflichtteilsberechtigten gehören. Bei mehreren Berechtigten kann jeder für sich den Anspruch gegen den Beschenkten geltend machen. Sie sind Gesamtgläubiger i.S.v. § 428.[2] Ist der Pflichtteilsberechtigte der alleinige Erbe, ist niemand vorhanden, der zur Ergänzung verpflichtet sein könnte., weil insoweit Konfusion eingetreten ist. Daher stellt Abs. 1 S. 2 klar, dass sich ein Ergänzungsanspruch des Alleinerben von Anfang an gegen den Beschenkten richtet. Die Eröffnung eines Nachlassinsolvenzverfahrens berührt nicht die Befugnis des Alleinerben zur Geltendmachung des Ergänzungsanspruchs.[3] Bei mehreren pflichtteilsberechtigten Miterben ist der Anspruch nach § 2325 eine Nachlassverbindlichkeit. Eine Haftung des Beschenkten ergibt sich hier bereits nach Abs. 1 S. 1.[4] Eine erfolgreiche Schenkungsanfechtung durch den Insolvenzverwalter (§§ 134, 145 InsO) hat zur Folge, dass es zur Rückgewähr das Geschenks an die Insolvenzmasse kommt. Dies führt zum Wegfall der Bereicherung und lässt den Anspruch aus § 2329 entfallen.[5] **2**

2. Schuldner des Anspruchs

Der Anspruch richtet sich gegen den Beschenkten, nach seinem Tod gegen dessen Erben. Auch der Erbe selbst kann Beschenkter und damit Schuldner des Anspruchs sein. Wegen der unterschiedlichen Rechtsfolgen aus § 2325 und § 2329 ist in diesen Fällen genau zu unterscheiden, ob die Inanspruchnahme als Erbe oder Beschenkter erfolgt. Als Erbe kann er zunächst nach § 2325 auf Geldzahlung in Anspruch genommen werden und sich insoweit die Beschränkung der Erbhaftung vorbehalten (§ 780 ZPO). Ist der Anspruch nach § 2325 nicht durchsetzbar, kann er nach § 2329 als Beschenkter herangezogen werden. Diese Klage ist nicht auf Zahlung, sondern auf Duldung der Zwangsvollstreckung gerich- **3**

---

1 OLG Brandenburg BeckRS 2009, 20726.
2 MüKoBGB/*Lange* § 2329 Rn. 4; *Staudinger/Olshausen* § 2329 Rn. 3.
3 MüKoBGB/*Lange* § 2329 Rn. 13; *Staudinger/Olshausen* § 2329 Rn. 38.
4 *Staudinger/Olshausen* § 2329 Rn. 19; MüKoBGB/*Lange* § 2329 Rn. 7; anders BGHZ 80, 2085, 20 = NJW 1981, 1446, 1447; Palandt/*Edenhofer* § 2329 Rn. 1; *Soergel/Dieckmann* § 2329 Rn. 15.
5 MüKoBGB/*Lange* § 2329 Rn. 17; *Staudinger/Olshausen* § 2329 Rn. 38.

tet. Von mehreren Beschenkten haftet vorrangig der zuletzt Beschenkte (Abs. 3). Entscheidend ist dabei der Zeitpunkt des Vollzugs der Schenkung.[6] Handelt es sich um ein zur Zeit des Erbfalls noch nicht erfülltes Schenkungsversprechen, kommt es auf den Erbfall an und nicht etwa auf einen vereinbarten späteren Fälligkeitszeitpunkt.[7] Schwierigkeiten bereitet die Frage, wann der später Beschenkte i.S.v. Abs. 3 »nicht mehr verpflichtet ist« und daher die Haftung auf den früheren Beschenkten übergeht.

4   Beispiel:[8] Der Erblasser hat den einzigen Pflichtteilsberechtigten S zum Alleinerben eingesetzt; der Nachlass ist wertlos. Ein Jahr vor dem Erbfall erhielt X 6.000 €, zwei Jahre vorher Y 4.000 € geschenkt. Der Pflichtteilsergänzungsanspruch beträgt (6.000 + 4.000) : 2 = 5.000 €. Soweit X zur Ergänzung verpflichtet ist, haftet der früher Beschenkte Y nicht. Ist X aber nur noch zu 2.000 € bereichert, so haftet Y in Höhe des Restbetrags von 3.000 €.

5   Nach der Rspr. und ganz h.M. kommt es für die Frage der fehlenden Verpflichtung i.S.v. Abs. 3 nicht auf die tatsächliche Leistungs- oder Zahlungsunfähigkeit des später Beschenkten an, sondern ausschließlich darauf, dass er in rechtlicher Hinsicht nicht zur Leistung verpflichtet ist.[9] Hieraus folgt, dass das Insolvenzrisiko des später Beschenkten allein der Pflichtteilsberechtigte trägt.[10] Für die Frage, ob die rechtliche Verpflichtung entfallen ist, ist auf den Zeitpunkt der Rechtshängigkeit des Pflichtteilsergänzungsanspruches gegen den später Beschenkten abzustellen. Ein früherer Zeitpunkt kommt in Betracht, wenn der Beschenkte schon vor Klageerhebung Kenntnis von seiner Verpflichtung nach § 2329 hat.[11] Wird die Schenkung an mehrere Personen vorgenommen, greift Abs. 3 nicht ein. Die Beschenkten, haften vielmehr anteilig nach dem Wert der erhaltenen Schenkung.[12] Zu beachten ist, dass bei mehreren Schenkungen an die gleiche Person für jede Schenkung die Zehnjahresfrist des § 2325 Abs. 3 gesondert zu beachten ist.[13]

3. Pflichtteilsergänzungsanspruch

6   Aus der Gesetzessystematik folgt, dass der Ergänzungsanspruch gegen den Beschenkten auf dem Ergänzungsanspruch gegen den Erben gem. §§ 2325, 2326 aufbaut. Daher muss dem Pflichtteilsberechtigten ein Anspruch nach § 2325 zustehen, was wiederum den Eintritt des Erbfalls voraussetzt.

4. Subsidiarität der Haftung des Beschenkten

7   Die Anwendbarkeit von § 2329 setzt zusätzlich voraus, dass der Erbe zur Ergänzung des Pflichtteils rechtlich nicht verpflichtet ist. Die fehlende rechtliche Verpflichtung ist gegeben, wenn der Erbe nach den allgemeinen Grundsätzen für Nachlassverbindlichkeiten nur beschränkt haftet und der Nachlass zur Erfüllung des Pflichtteilsergänzungsanspruchs nicht reicht (§§ 1975 ff., 1990, 1991 Abs. 4, 2060, § 327 InsO). Dabei genügt auch die Dürftigkeitsreinrede.[14] Gleiches gilt, wenn sich der pflichtteilsberechtigte Erbe zu Recht auf § 2328 berufen kann.[15] Umstritten ist dabei, ob der Beschenkte bereits bei Bestehen der Einrede oder erst bei deren Geltendmachung in Anspruch genommen werden kann. Eine

---

6 BGHZ 85, 274, 283 f. = NJW 1983, 1485; *MüKoBGB*/Lange § 2329 Rn. 22; *Soergel/Dieckmann* § 2329 Rn. 23.
7 BGHZ 85, 274; MüKoBGB/*Lange* § 2329 Rn. 22.
8 Nach *Staudinger/Olshausen* Rn. 56.
9 *Soergel/Dieckmann* § 2329 Rn. 24; MüKoBGB/*Lange* § 2329 Rn. 23.
10 Krit. dagegen und daher abl. *Staudinger/Olshausen* § 2329 Rn. 57.
11 MüKoBGB/*Lange* § 2329 Rn. 17; *Staudinger/Olshausen* § 2329 Rn. 62 a.A. bei einem auf Geld gerichteten Anspruch gegen den Beschenkten.
12 MüKoBGB/Lange § 2329 Rn. 25; *Staudinger*/Olshausen § 2329 Rn. 65.
13 *Staudinger/Olshausen* § 2329 Rn. 66; *Soergel/Dieckmann* § 2329 Rn. 27.
14 BGHZ 80, 205, 209; MüKoBGB/*Lange* § 2329 Rn. 7; *Staudinger/Olshausen* § 2329 Rn. 8.
15 OLG Koblenz NJW-RR 2002, 512, 514; MüKoBGB/*Lange* § 2329 Rn. 9.

sehr pragmatische Ansicht meint, dass man an das Erheben der Einrede keine zu großen Anforderungen stellen dürfe. Bereits in der Verweigerung der Pflichtteilsergänzung durch den Erben könne man die Erhebung der Einrede sehen.[16] Praktische Erwägungen sollten allerdings nicht dazu führen, dass bereits einer verbalen Verweigerung eine materiell rechtliche Haftungsbegründung zu Lasten des Beschenkten beigemessen wird.[17] Unbestritten ist hingegen, dass von seinen Rechten zur Haftungsbeschränkung aktiv Gebrauch machen muss. Anderenfalls hat er den Ergänzungsanspruchs zu erfüllen.[18] § 2329 kommt aber nicht zur Anwendung, wenn der Anspruch aus § 2325 gegen den unbeschränkt haftenden Erben aus tatsächlichen Gründen nicht durchsetzbar ist, z.B. wegen Zahlungsunfähigkeit. Eine andere Beurteilung würde ansonsten dazu führen, dem Beschenkten das Insolvenzrisiko des Erben aufzubürden, während dies im Allgemeinen der Gläubiger zu tragen hat. Gibt es nur einen pflichtteilsberechtigten Alleinerben (Abs. 1 S. 2) gilt eine Ausnahme: Hier richtet sich der Ergänzungsanspruch mangels eines anderen Erben von Anfang an gegen den Beschenkten. Da nicht nach Haftungsverantwortlichkeiten abgegrenzt werden muss, besteht ist keine Notwendigkeit, die Haftung des Beschenkten davon abhängig zu machen, ob der Erbe den Nachlassgläubigern gegenüber unbeschränkt haftet oder nicht.[19]

III. Rechtsfolge

1. Anspruchsinhalt

Sind alle Voraussetzungen gegeben, kann der Berechtigte »Herausgabe des Geschenks zum Zwecke der Befriedigung wegen des fehlenden Betrags nach den Vorschriften über die ungerechtfertigte Bereicherung.« fordern. Auf Geldzahlung richtet sich der Anspruch nur bei Geldgeschenken oder wenn das Geschenk nicht mehr vorhanden ist und der Beschenkte auf Wertersatz haftet, ohne sich gem. § 818 Abs. 3 auf Entreicherung berufen zu können.[20] Er geht auch dann nicht auf Geldzahlung, wenn es sich um einen unteilbaren Gegenstand handelt, dessen Wert über dem Pflichtteilsergänzungsanspruch liegt. Deshalb ist eine auf § 2325 gestützte Zahlungsklage als unbegründet abzuweisen, wenn sich in diesen Fällen die Unzulänglichkeit des Nachlasses (§ 1990) herausstellt.

2. Haftung nach Bereicherungsrecht

Die Haftung bestimmt sich auf Grund der Rechtsfolgeverweisung[21] des Abs. 1 S. 1 nach Bereicherungsrecht. Daher sind Surrogate und gezogene Nutzungen herauszugeben oder unterliegen der Duldung der Zwangsvollstreckung (§ 818 Abs. 1). Wurde das Geschenk veräußert oder belastet ist Wertersatz zu leisten (§ 818 Abs. 2). Grundsätzlich ist dem Beschenkten der Einwand der Entreicherung nicht verwehrt (§ 818 Abs. 3). Folglich trägt der Pflichtteilsberechtigte die Gefahr eines zufälligen Untergangs oder einer Verschlechterung des Geschenkes.[22] Eine verschärfte Haftung nach §§ 818 Abs. 4, 819 Abs. 1 ist vor dem Erbfall nicht möglich, weil der Anspruch erst mit diesem entsteht. Sind allerdings die Voraussetzungen einer verschärften Haftung gegeben, ist bei Geld- und Wertersatzansprüchen der Einwand der Entreicherung nicht mehr möglich.

---

16 *Bamberger/Roth/J. Mayer* § 2329 Rn. 8.
17 So auch MüKoBGB/*Lange* § 2329 Rn. 9.
18 *Schindler*, Rn. 745 ff.
19 *Soergel/Dieckmann* § 2329 Rn. 12.
20 AnwK/*Bock* § 2329 Rn. 19; *Damrau/Riedel/Lenz* § 2329 Rn. 20; *Staudinger/Olshausen* § 2329 Rn. 21; *Soergel/Dieckmann* § 2329 Rn. 18.
21 AnwK/*Bock* § 2329 Rn. 20.
22 AnwK/*Bock* § 2329 Rn. 21; *Staudinger/Olshausen* § 2329 Rn. 25.

3. Rechtsähnlichkeit von § 2325 und § 2329

10 Zwar unterscheiden sich beide Ansprüche nach Inhalt und Umfang.[23] Im Übrigen sind jedoch die Ansprüche aus § 2329 und § 2325 »dem Grunde nach« gleich,[24] also rechtsähnlich.[25] Dies hat zur Folge, dass die allgemeinen Normen des Pflichtteilsrechts auch für den Anspruch gegen den Beschenkten gelten. Entstehung, Vererblichkeit und Übertragbarkeit des Anspruchs bestimmen sich nach § 2317, die Pfändbarkeit nach § 852 ZPO. Pflichtteilsbestimmungen sind für die Entziehung, Verzicht und Unwürdigkeit anzuwenden. Die 10-Jahresfrist des § 2325 Abs. 3 gilt gleichfalls für § 2329.[26]

4. Beschränkung der Haftung

11 Sachlich ist die Haftung auf das Schenkungsobjekt nach den Grundsätzen des Bereicherungsrechts beschränkt. Die betragsmäßige Begrenzung ist gegeben, weil der Anspruch nur auf den exakten Fehlbetrag gerichtet ist, der sich aus der Differenz zwischen der Pflichtteilsergänzung nach § 2325 einerseits und demjenigen ergibt, was der Erbe oder der später Beschenkte zu leisten hat Dadurch ist sichergestellt, dass der Anspruch wertmäßig nur dann den vollen Ergänzungsanspruch nach § 2325 erreicht, wenn der Erbe diesen in voller Höhe abwehren kann.[27] Ist der Beschenkte selbst Pflichtteilsberechtigter, wird § 2328 nach zutreffender Ansicht des BGH entsprechend angewendet. Daher kann der Beschenkte seinen eigenen Pflichtteil verteidigen.[28]

IV. Anspruchkonkurrenzen

1. Verhältnis von § 2287 zu § 2329

12 Erfüllt eine Schenkung des Erblassers die Voraussetzungen des § 2287 gehört der Anspruch des Vertragserben gegen den Beschenkten nicht zum Nachlass und wird deshalb bei der Berechnung des ordentlichen Pflichtteils nicht berücksichtigt. Dem Pflichtteilsberechtigten steht deshalb wegen des Geschenkes ein Pflichtteilergänzungsanspruch gegen den Vertragserben zu (§ 2325). Dies gilt unabhängig davon, ob der Vertragserbe seinen Anspruch aus § 2287 geltend macht oder nicht.[29] Soweit der Erbe zur Ergänzung des Pflichtteils nicht verpflichtet ist, kann der Ergänzungsberechtigte gem. § 2329 gegen den Beschenkten vorgehen. Nach § 2287 kann der Vertragserbe von dem Beschenkten die Herausgabe des Geschenkes insoweit verlangen, als er durch die Schenkung auch tatsächlich »beeinträchtigt« wurde. Er kann in einem solchen Fall Herausgabe des Geschenkes nur gegen Zahlung des Mehrbetrages verlangen, den er dem Pflichtteilsberechtigten als ordentlichem Pflichtteil geschuldet hätte, sofern der Gegenstand nicht verschenkt worden wäre.[30] Die Ansprüche des Vertragserben und des Pflichtteilsberechtigten stehen selbstständig nebeneinander. Für den Fall, dass zuerst der Anspruch aus § 2287 durchgesetzt wird, verbleibt dem Pflichtteilsberechtigten der Zugriff nach bereicherungsrechtlichen Grundsätzen auf den vom Vertragserben gezahlten »Mehrbetrag«. Sollte zuerst der Pflichtteilsberechtigte seinen Anspruch aus § 2329 durchsetzen, erhält der Vertragserbe im Falle der Verwertung durch Zwangsvollstreckung den Mehrerlös, bei Abwendung der

---

23 S. etwa *Staudinger/Olshausen* § 2329 Rn. 38 ff.
24 BGH LM Nr. 10 = NJW 1974, 1327.
25 MüKoBGB/*Lange* § 2329 Rn. 2.
26 BGH NJW 1987, 122, 123.
27 *Schindler* Rn. 810.
28 BGHZ 85, 274, 284 = NJW 1983; 1485 für den Fall, dass Beschenkter Erbe ist, so dass ohnehin § 2328 gilt; OLG Koblenz ZEV NJW-RR 2002, 512, 514; jurisPKBGB/*Birkenheier* § 2329 Rn. 21;*Staudinger/Olshausen* § 2329 Rn. 36; MüKoBGB/*Lange* § 2329 Rn. 11.
29 MüKoBGB/*Lange* § 2329 Rn. 26.
30 *Muscheler* FamRZ 1994, 1361, 1366; *Soergel/Dieckmann* § 2325 Rn. 14, § 2329 Rn. 30.

Herausgabe durch Zahlung (§ 2329 Abs. 2) das Geschenk (s. § 2287 Abs. 1) – jeweils nach bereicherungsrechtlichen Grundsätzen.

2. Das Verhältnis von § 528 zu § 2329

Der Rückforderungsanspruch des Erblassers gegen den Beschenkten wegen Notbedarfs erlischt grundsätzlich mit dem Tod des Erblassers. Der Rückforderungsanspruch des Erblassers aus § 528 kann jedoch nach dessen Tod in der Hand eines Dritten fortbestehen. Hier ist an den Fall zu denken, dass der Träger der Sozialhilfe oder ein Dritter den Lebensunterhalt des verarmten Schenkers sichergestellt hat und ersatzberechtigt ist.[31] In der Praxis von grosser Bedeutung ist die Überleitung des Rückforderungsanspruchs durch den Sozialhilfeträger nach § 93 SGB XII (früher § 90 BGHG), soweit dieser dem Erblasser Hilfe gewährt hat. In diesem Fall kann der Pflichtteilsberechtigte keine Ansprüche aus § 2325 und § 2329 herleiten, weil das Geschenk beim Tod des Erblassers bereits mit dem Rückforderungsanspruch »belastet« war. Eine Benachteiligung des Pflichtteilsberechtigten entsteht dadurch nicht. Denn er wäre an dem Wert des Geschenkes auch dann nicht beteiligt, wenn der Anspruch zu Lebzeiten des Erblassers von dem Sozialhilfeträger durchgesetzt worden wäre.

V. Verfahrensfragen

Der Pflichtteilsberechtigte trägt die Beweislast für die fehlende Verpflichtung des Erben. Dagegen hat der in Anspruch genommene Beschenkte zu beweisen, dass vorrangig ein späterer Beschenkter i.S.v. Abs. 3. verpflichtet ist.[32] Der Beschenkte ist dem Pflichtteilsberechtigten, der nicht Erbe ist, entspr. § 2314 auskunftspflichtig, sofern nicht der Berechtigte vom Erben bereits Auskunft erhalten hat. Ein Wertermittlungsanspruch gegen den Beschenkten und auf dessen Kosten analog § 2314 Abs. 1 S. 2 besteht nicht.[33]

VI. Muster Klage auf Pflichtteilsergänzung gegen den Beschenkten (Miterben) nach § 2329

An das
Landgericht
...

Klage
des ..., wohnhaft ...
– Kläger –
Prozessbevollmächtigter: Rechtsanwalt ...

gegen

..., wohnhaft ...
– Beklagte –

Prozessbevollmächtigter: Rechtsanwalt ...
wegen Herausgabe zum Zwecke der Zwangsvollstreckung gem. § 2329 BGB.

---

31 BGH ZEV 2001, 241 = FamRZ 2001, 1137.
32 AnwK/*Bock* § 2329 Rn. 33; jurisPKBGB/*Birkenheier* § 2329 Rn. 50.
33 BGHZ 107, 200, 203 f. = NJW 1989, 2887.

Vorläufiger Streitwert: ... €
Namens und in Vollmacht des Klägers erhebe ich Klage und werde beantragen:
1. Die Beklagte wird verurteilt, die Zwangsvollstreckung in das Grundstück ..., eingetragen im Grundbuch von ..., Blatt ..., Flst. Nr. ... mit einer Größe von ... qm zum Zwecke der Befriedigung des dem Kläger zustehenden Anspruchs in Höhe von ... € nebst hieraus 5 % Zinsen über dem Basiszinssatz seit Rechtshängigkeit der Klage zu dulden.
2. Die Beklagte kann die Zwangsvollstreckung nach Ziff. 1 durch Bezahlung des Betrages in Höhe von ... € zzgl. 5 % Zinsen über dem Basiszinssatz seit Rechtshängigkeit der Klage abwenden.
3. Die Beklagte trägt die Kosten des Rechtsstreits.
Für den Fall der Anordnung des schriftlichen Vorverfahrens beantrage ich schon jetzt den Erlass eines Versäumnisurteils gem. § 331 III ZPO oder den Erlass eines Anerkenntnisurteils gem. § 307 II ZPO, sobald hierfür die gesetzlichen Voraussetzungen gegeben sind.

Begründung:
Der Kläger ist gesetzlicher Alleinerbe des am ... in ... verstorbenen Erblassers ....
Beweis: Erbschein des Amtsgerichts ... – Nachlassgericht –
Die Beklagte ist eine langjährige Lebenspartnerin des Erblassers.
Mit Übergabevertrag vom ... übertrug der Erblasser sein Hausgrundstück ...-Straße Nr. ... in ..., eingetragen im Grundbuch von ..., Blatt ..., Flst. Nr. ... auf die Beklagte. Die Übergabe war gem. der notariellen Urkunde des Notars ... in ..., UR-Nr. ..., in vollem Umfang unentgeltlich, mithin eine Schenkung.
Beweis: Urkunde des Notars ..., UR-Nr. ...
Der Nachlass ist mehr oder weniger wertlos. Der Erblasser hat neben einem Barvermögen in Höhe von 4.000 € keine weiteren Nachlassgegenstände hinterlassen.
Beweis: Mitteilung der ... Bank an die Erbschaftsteuerstelle ...
Der Betrag in Höhe von 4.000 € wurde für die Beerdigung verbraucht. Der Kläger hat im Übrigen die Einrede des unzureichenden Nachlasses geltend gemacht.
Der Kläger kann somit von der Beklagten wegen des ihm zustehenden Pflichtteilsergänzungsanspruchs die Herausgabe des geschenkten Hausgrundstückes zum Zwecke der Zwangsversteigerung gem. § 2329 BGB verlangen.
Aus dem Sachverständigengutachten des ... vom ... ergibt sich, dass der Verkehrswert des Hausanwesens ... € beträgt.
Beweis: Gutachten des Sachverständigen ... vom ...
Als alleinigem gesetzlichen Erben steht dem Kläger eine Pflichtteilsquote von 1/2 zu. Der Pflichtteilsergänzungsanspruch des Klägers beträgt ...
Die Beklagte hat trotz mehrmaliger Aufforderung den Anspruch des Klägers nicht erfüllt, so dass Klage geboten war.

(Rechtsanwalt)

VII. Praktische Hinweise

16 Scheitert der vom Pflichtteilsberechtigten zunächst gegen den Erben geltend gemachte Ergänzungsanspruch an der Unzulänglichkeit des Nachlassvermögens, genügt es, den Klageantrag umzustellen und vom ursprünglichen Leistungsantrag zu einem Antrag auf Duldung der Zwangsvollstreckung überzugehen. Das Gericht ist verpflichtet, gem. § 139 ZPO

auf diese sachlich gebotene Änderung des Klageantrags hinzuweisen.[34] Der Übergang vom Zahlungsantrag zum Duldungsantrag stellt keine unzulässige Klageänderung dar.

§ 2330
Anstandsschenkungen

Die Vorschriften der §§ 2325 bis 2329 finden keine Anwendung auf Schenkungen, durch die einer sittlichen Pflicht oder einer auf den Anstand zu nehmenden Rücksicht entsprochen wird.

I. Normzweck

Pflicht- und Anstandsschenkungen werden mit Rücksicht auf den Erblasser und den Beschenkten von der Pflichtteilsergänzung ausgenommen. 1

II. Pflicht- und Anstandsschenkung

Anstandsschenkungen sind kleinere Zuwendungen aus besonderem Anlass bzw. zu besonderen Tagen (Geburtstag, Jubiläum, Weihnachten, Hochzeit, etc.) Von einer Anstandspflicht ist auszugehen, wenn der Erblasser durch die unterlassene Schenkung einen Verlust an Achtung in seinem sozialen Umfeld erleiden würde. Örtliche und gesellschaftliche Verhältnisse sind in diesem Zusammenhang zu berücksichtigen.[1] 2

III. Schenkungen aufgrund einer sittlichen Pflicht

Für Schenkungen aufgrund einer sittlichen Pflicht gibt es keine Wertobergrenzen. Sie können sogar den Nachlass im Wesentlichen erschöpfen.[2] Um eine sittliche Pflicht anzunehmen genügt es nicht, dass die Schenkung sittlich noch zu rechtfertigen ist. Sie muss vielmehr sachlich geboten sein; ihr Unterbleiben müsste dem Erblasser als Verletzung einer sittlichen Pflicht anzulasten sein.[3] Ob es sich bei einer Schenkung um eine Pflicht- oder Anstandsschenkung handelt, ist nach objektiven Kriterien, insb. auch den persönlichen Beziehungen der Beteiligten zueinander, ihrer Lebensstellung, den jeweiligen Vermögens- und Lebensverhältnissen sowie dem Gewicht zu belohnender Leistungen des Beschenkten zu entscheiden.[4] Bei belohnenden Schenkungen kann es sich um Anstands- oder Pflichtschenkungen handeln. Dies ist aber nicht zwingend.[5] Übersteigt eine Schenkung des Erblassers das durch eine sittliche Pflicht oder den Anstand gebotene Maß, ist nur der Mehrbetrag bei der Pflichtteilsergänzung zu berücksichtigen.[6] Es ist umstritten, welcher Zeitpunkt für die Beurteilung der Frage maßgeblich ist, ob es sich um eine Pflicht- oder Anstandsschenkung handelt. Teilweise wird auf den Zeitpunkt der Zuwendung abgestellt, 3

---

34 BGH LM § 2325 Nr. 2; AnwK/*Bock* § 2329 Rn. 40; MüKoBGB/*Lange* § 2329 Rn. 10; Staudinger/*Olshausen* Rn. 11.
1 BGH NJW 1981, 111 (zu § 534); BGH LM Nr. 5 = NJW 1984, 2939, 2940.
2 BGH LM ZPO § 282 Nr. 18 = NJW 1981, 2458, 2459; BGH LM Nr. 5 = NJW 1984, 2939, 2940; BGH LM Nr. 2; BGH WM 1978, 905; OLG Karlsruhe OLGZ 1990, 457.
3 BGH LM Nr. 5 = NJW 1984, 2939, 3940; BGH NJW-RR 1996, 705 = ZEV 1996, 186, 188; BGH NJW 2000, 3488.
4 OLG Braunschweig FamRZ 1963, 376, 377; OLG Nürnberg WM 1962, 1200, 1203; RGRK/*Johannsen* § 2330 Rn. 1.
5 RG JW 1931, 1356.
6 BGH LM Nr. 2; BGH WM 1977, 1410, 1411; BGH WM 1978, 905; BGH LM ZPO § 282 Nr. 18 = NJW 1981, 2458, 2459.

um dem Erblasser Sicherheit für seine eigene Nachlassplanung zu geben.[7] Andere wollen auf den Erbfall abstellen, um Veränderungen ausreichend Rechnung zu tragen, die in der Zwischenzeit eingetreten sind.[8] Richtigerweise ist auf den Zuwendungszeitpunkt abzustellen, Denn nur dieser ist der Stichtag für die Frage nach der subjektiven Äquivalenz.

4 Der Pflichtteilsberechtigte muss das Vorliegen einer Schenkung beweisen. Den Beschenkten trifft die Beweislast dafür, dass es sich um eine Pflicht- oder Anstandsschenkung handelt.[9] Der Auskunftsanspruch des Pflichtteilsberechtigten nach § 2314 umfasst auch Pflicht- und Anstandsschenkungen.[10] Der Erbe ist auskunftspflichtig i.R.v. § 2325, der Beschenkte i.R.v. § 2329.

§ 2331
Zuwendungen aus dem Gesamtgut

(1) Eine Zuwendung, die aus dem Gesamtgut der Gütergemeinschaft erfolgt, gilt als von jedem der Ehegatten zur Hälfte gemacht. Die Zuwendung gilt jedoch, wenn sie an einen Abkömmling, der nur von einem der Ehegatten abstammt, oder an eine Person, von der nur einer der Ehegatten abstammt, erfolgt, oder wenn einer der Ehegatten wegen der Zuwendung zu dem Gesamtgut Ersatz zu leisten hat, als von diesem Ehegatten gemacht.

(2) Diese Vorschriften sind auf eine Zuwendung aus dem Gesamtgut der fortgesetzten Gütergemeinschaft entsprechend anzuwenden.

1 Zweck der Vorschrift ist es, bei Zuwendungen aus dem Gesamtgut einer Gütergemeinschaft Zweifel über die Person des Zuwenders zu beseitigen Die Regelungen sind als widerlegliche Vermutungen anzusehen.[1] Die Vorschrift gilt für den ordentlichen wie außerordentlichen Pflichtteil und für Zuwendungen aller Art im Pflichtteilsrecht, also insb. bei §§ 2315, 2316, 2325 ff.[2] Abs. 1 S. 1 bestimmt, dass Zuwendungen aus dem Gesamtgut jedem Ehegatten je zur Hälfte zugerechnet werden. Sie sind daher mit der Hälfte ihres Wertes beim Tod jedes der beiden Eheleute zu berücksichtigen.[3] Zuwendungen i.S.d. Abs. 1 S. 2 sind unter den dort genannten Bedingungen nur beim Tode eines Ehegatten zu berücksichtigen. Dies gilt nach der Rechtsprechung des Reichgerichts nur insoweit, als dessen Hälfte am Gesamtgut hierfür ausreicht. Wie weit die Hälfte ausreicht, ist zum Zeitpunkt der Beendigung der Gütergemeinschaft zu beurteilen.[4] Abs. 2 betrifft den in der Praxis seltenen Fall einer Zuwendungen aus dem Gesamtgut der fortgesetzten Gütergemeinschaft.

---

7 *Soergel/Dieckmann* § 2330 Rn. 5; *Staudinger/Olshausen* § 2330 Rn. 8.
8 *Bamberger/Roth/J. Mayer* § 2330 Rn. 3.
9 *Bamberger/Roth/J. Mayer* § 2330 Rn. 6.
10 BGH LM § 2314 Nr. 5 = NJW 1962, 245; HansOLG Hamburg MDR 1956, 169; *Erman/Schlüter* § 2330 Rn. 3.
1 *Damrau/Riedel/Lenz* § 2331 Rn. 1; MüKoBGB/*Lange* § 2331 Rn. 1; *Soergel/Dieckmann* § 2331 Rn. 1.
2 *Damrau/Riedel/Lenz* § 2331 Rn. 2.
3 *Soergel/Dieckmann* § 2331 Rn. 2.
4 RGZ 94, 262, 264 ff; krit. zur Bewertung *Soergel/Dieckmann* § 2331 Rn. 2.

§ 2331a
Stundung

(1) Der Erbe kann Stundung des Pflichtteils verlangen, wenn die sofortige Erfüllung des gesamten Anspruchs für den Erben wegen der Art der Nachlassgegenstände eine unbillige Härte wäre, insbesondere wenn sie ihn zur Aufgabe des Familienheims oder zur Veräußerung eines Wirtschaftsguts zwingen würde, das für den Erben und seine Familie die wirtschaftliche Lebensgrundlage bildet. Die Interessen des Pflichtteilsberechtigten sind angemessen zu berücksichtigen.

(2) Für die Entscheidung über eine Stundung ist, wenn der Anspruch nicht bestritten wird, das Nachlassgericht zuständig. § 1382 Abs. 2 bis 6 gilt entsprechend; an die Stelle des Familiengerichts tritt das Nachlassgericht.

Zu § 2331a: Geändert durch G vom 24.9.2009 (BGBl I S. 3142) (1.1.2010).

Fassung bis 31.12.2009

§ 2331a
Stundung

(1) Ist der Erbe selbst pflichtteilsberechtigt, so kann er Stundung des Pflichtteilsanspruchs verlangen, wenn die sofortige Erfüllung des gesamten Anspruchs den Erben wegen der Art der Nachlassgegenstände ungewöhnlich hart treffen, insbesondere wenn sie ihn zur Aufgabe seiner Familienwohnung oder zur Veräußerung eines Wirtschaftsguts zwingen würde, das für den Erben und seine Familie die wirtschaftliche Lebensgrundlage bildet. Stundung kann nur verlangt werden, soweit sie dem Pflichtteilsberechtigten bei Abwägung der Interessen beider Teile zugemutet werden kann.

(2) Für die Entscheidung über eine Stundung ist, wenn der Anspruch nicht bestritten wird, das Nachlassgericht zuständig. § 1382 Abs. 2 bis 6 gilt entsprechend; an die Stelle des Familiengerichts tritt das Nachlassgericht.

I. Zweck der Vorschrift

Die Regelung bezweckt den Schutz des Erben vor rücksichtsloser Geltendmachung des – 1 sofort fälligen – Pflichtteilsanspruchs und der damit verbundenen Gefahr, dass Nachlasswerte zerschlagen werden, wenn dies für den Erben eine besondere Härte mit sich bringt.

II. Der zu stundende Anspruch

Der Stundung unterliegt der geltend gemachte Pflichtteilsanspruch. Dazu gehört auch der 2 Anspruch auf den Pflichtteilsrest gem. §§ 2305, 2307 sowie der Pflichtteilsergänzungsanspruch nach § 2325. Letzterer unterliegt aber nur dann der Stundung, wenn er gegen den Erben geltend gemacht wird, nicht dagegen bei Inanspruchnahme des Beschenkten gem. § 2329. Dies gilt ohne Rücksicht darauf, ob der Beschenkte ein Dritter oder der Erbe selbst ist.[1]

III. Der Stundungsberechtigte

Der geschützte Personenkreis beschränkt sich auf diejenigen Erben, die selbst nach § 2303 3 pflichtteilsberechtigt sind und nicht durch § 2309 ausgeschlossen werden. Bei einer Mehrheit von Erben ist diese Voraussetzung gesondert für jeden einzelnen zu prüfen. Solange der Nachlass nicht geteilt ist und eine unbeschränkte Haftung wegen § 2059 Abs. 1 noch

---

[1] So auch *Soergel/Dieckmann* § 2331a Rn. 6; *Staudinger/Olshausen* § 2331a Rn. 6.

nicht besteht, kann auch ein nicht pflichtteilsberechtigter Erbe in den Genuss der Stundung kommen, wenn sie dem Miterben gewährt wird und deshalb eine Vollstreckung in den Nachlass nicht möglich ist.[2]

4   Antragsberechtigt sind außer dem Erben der Nachlasspfleger (§ 1960, 1961), der Nachlassverwalter (§ 1984) sowie der Nachlassinsolvenzverwalter (1980, § 80 InsO),[3] wegen § 2213 Abs. 2 S. 3 aber nicht der Testamentsvollstrecker.

IV. Die Stundungsvoraussetzungen

5   Das Gesetz stellt an eine Stundung hohe Hürden«, so dass die sofortige Erfüllung des Pflichtteilsanspruchs die Regel, die Stundung die Ausnahme ist.[4] Die Stundung setzt nicht nur voraus, dass die Erfüllung des Pflichtteilsanspruchs für den Erben mit Schwierigkeiten verbunden ist oder das Zahlungsbegehren zur Unzeit erfolgt. Es muss eine ungewöhnliche Härte vorliegen, die aus der Art der Nachlassgegenstände resultiert. Das Gesetz erläutert den unbestimmten Begriff durch eine beispielhafte und nicht abschließende[5] Aufzählung: Eine ungewöhnliche Härte kommt danach in Betracht, wenn der Erbe zur Aufgabe seiner Familienwohnung oder zur Veräußerung eines Wirtschaftsgutes gezwungen würde, das für ihn oder seine Familie die wirtschaftliche Lebensgrundlage bildet. Dazu ist eine konkrete Gefährdung erforderlich.[6] Ohne die Veräußerung dieser Nachlasswerte darf die Erfüllung des Pflichtteilsanspruchs nicht möglich sein.[7] Dies verdeutlicht, dass dem Erben wegen der Art der Nachlassgegenstände liquide Mittel fehlen müssen. Es besteht daher keine Stundungsmöglichkeit, wenn der Erbe lediglich zur Unzeit veräußern[8] müsste, z.B. Wertpapiere zu einem ungünstigen Kurs,[9] oder der Erbe aus seinem sonstigen Vermögen[10] oder durch Aufnahme von Krediten,[11] die keine unzumutbare Belastung zur Folge haben, den Pflichtteilsanspruch befriedigen kann. Sind mehrere Erben vorhanden, jedoch nur einzelne pflichtteilsberechtigt, ist nur deren Interesse von Bedeutung. Dieses entfällt, wenn der Erbe im Innenverhältnis die Pflichtteilslast nicht zu tragen hat.[12]

6   Zusätzlich zu dem Härtegrund auf Seiten des Erben, kommt die Stundung nur in Betracht, wenn sie für den Pflichtteilsberechtigten zumutbar ist. Dabei sind zu Gunsten des Pflichtteilsberechtigten seine Einkommens- und Vermögensverhältnisse, aber auch seine Unterhaltspflichten,[13] zu berücksichtigen.[14] Letztlich kommt es auf das Ergebnis einer Gesamtabwägung der beiderseitigen Interessen anhand aller Umstände des Einzelfalls an.[15]

---

2   Vgl. *Damrau* FamRZ 1969, 579, 582; krit. *Lange/Kuchinke* § 37, VIII 5 b bei Fn. 390 (der um Stundung nachsuchende Miterbe soll sein Eigenvermögen einsetzen müssen); RGRK/*Johannsen* § 2331a Rn. 2; *Staudinger*/Olshausen § 2331a Rn. 10-12.
3   Erman/*Schlüter* § 2331a Rn. 3; RGRK/*Johannsen* § 2331a Rn. 2.
4   Staudinger/*Olshausen* § 2331a Rn. 13; MüKoBGB/*Lange* (4. Aufl.) § 2331a Rn. 4, 6.
5   AnwK/*Bock* § 2331a Rn. 7.
6   MüKoBGB/*Lange* (4. Aufl.) § 2331a Rn. 5; für großzügige Handhabung bei Unternehmererben Oechsler AcP 200 (2000), 602, 612 ff.
7   Staudinger/*Olshausen* § 2311a Rn. 15.
8   AnwK/*Bock* § 2331a Rn. 8; MüKoBGB/*Lange* (4. Aufl.) § 2331a Rn. 5.
9   Staudinger/*Olshausen* § 2331a Rn. 16; Soergel/*Dieckmann* § 2331a Rn. 7; MüKoBGB/*Lange* (4.Aufl.) § 2331a Rn. 5.
10 RGRK/*Johannsen* § 2331a Rn. 4; Staudinger/*Olshausen* § 2331a Rn. 15; jurisPK/*Birkenheier* § 2331a Rn. 16.
11 AnwK/*Bock* § 2331a Rn. 8; MüKoBGB/*Lange* (4.Aufl.) § 2331a Rn. 6.
12 Soergel/*Dieckmann* § 2331a Rn. 9; MüKoBGB/*Lange* (4.Aufl.) § 2331a Rn. 6.
13 AnwK/*Bock* § 2331a Rn. 10; MüKoBGB/*Lange* § 2331a Rn. 7.
14 Staudinger/*Olshausen* § 2331a Rn. 19; Soergel/*Dieckmann* § 2331a Rn. 10.
15 AnwK/*Bock* § 2311a Rn. 10; jurisPK/*Birkenheier* § 2331a Rn. 19.

V. Das Verfahren

Das Verfahren richtet sich danach, ob der Pflichtteilsanspruch streitig ist oder nicht. Ist der 7
Anspruch nicht bestritten, entscheidet das zuständige Nachlassgericht (Abs. 2) und dort
nach § 3 Nr. 2c RpflG der Rechtspfleger.Die örtliche Zuständigkeit richtet sich nach nach
dem letzten Wohnsitz des Erblassers (§ 343 FamFG; bis 31.8.2009: § 73 FGG) Hat bereits
zuvor ein Zivilgericht über den Stundungsanspruch entschieden, kann der Erbe vor dem
Nachlassgericht erneut einen Antrag auf Stundung nur stellen, wenn die Gründe für diesen
nachträglich entstanden sind.[16]

Verfahren vor dem Nachlassgericht. Die Einleitung des Verfahrens setzt einen Antrag 8
voraus. Für das Verfahren gelten die §§ 23 ff. FamFG. Das Gericht soll mit den Beteiligten
mündlich verhandeln und darauf hinwirken, dass sie sich gütlich einigen. Über eine Einigung ist eine Niederschrift aufzunehmen (§ 36 FamFG). Kommt eine Einigung nicht
zustande, hat das Nachlassgericht von Amts wegen (§ 26 FamFG) alle erheblichen Tatsachen zu ermitteln. Es kann, wenn ein Bedürfnis besteht, eine einstweilige Anordnung treffen, die nur mit der Endentscheidung anfechtbar ist (s. zu Einzelheiten §§ 49 ff. FamFG).
Gegen die abweisende oder stattgegebene Entscheidung des Nachlassgerichts in der
Hauptsache ist die einfache Beschwerde (§ 58 FamFG), statthaft.

Das Nachlassgericht kann den Anspruch ganz oder teilweise stunden. Bei einer gestun- 9
deten Forderung hat das Gericht anzuordnen, dass diese zu verzinsen ist (Abs. 2 i.V.m.
§ 1382 Abs. 2). Auf Antrag kann angeordnet werden, dass der Schuldner für eine gestundete Forderung Sicherheit zu leisten hat (Abs. 2 i.V.m. § 1382 Abs. 3). Über die Höhe der
Verzinsung und über Art und Umfang der Sicherheitsleistung entscheidet das Gericht
nach billigem Ermessen (Abs. 2 i.V.m. § 1382 Abs. 4)[17] Auf Antrag kann außerdem die Verpflichtung des Erben zur Zahlung der unstreitigen Pflichtteilsforderung ausgesprochen
und so dem Gläubiger ein Vollstreckungstitel verschafft werden (§§ 362, 264 II FamFG).
Nach Abs. 2 i.V.m. § 1382 Abs. 6 kann das Nachlassgericht auf Antrag die eigene rechtskräftige Stundungsentscheidung oder die des Prozessgerichts aufheben oder ändern, wenn
sich die Verhältnisse nach der Entscheidung wesentlich geändert haben.

Verfahren vor dem Prozessgericht. Wird über den Pflichtteilsanspruch ein Rechtsstreit 10
anhängig, kann der Stundungsantrag nur in diesem Streitverfahren gestellt werden. Über
den Antrag wird durch Urteil entschieden. Vor dem Prozessgericht gilt nicht der Amtsermittlungsgrundsatz, weshalb der Erbe die Voraussetzungen der Stundung darlegen und
beweisen muss. Wurde es versäumt, einen Stundungsantrag zu stellen, kann dieser vor
dem Nachlassgericht nur beantragt werden, wenn sich die Verhältnisse nach der Entscheidung des Prozessgerichts wesentlich geändert haben (§ 1382 Abs. 6).

Die Neuregelungen zur Stundung gelten für alle Erbfälle seit dem 1.1.2010 (vgl. Art. 229 11
§ 23 Abs. 4 EGBGB). Tritt der Erbfall vor dem 1.1.2010 ein, gilt ausschließlich altes Recht.

Die Neuregelung erweitert den persönlichen Anwendungsbereich auf alle Erben. Sie 12
müssen nicht mehr zum pflichtteilsberechtigten Personenkreis gehören.

Die Reform der sachlichen Anforderungen an eine Stundung überzeugt jedoch nicht. 13
Die bisherige Regelung verlangt für eine Stundung eine »ungewöhnliche Härte« und hebt
damit den Ausnahmecharakter der Vorschrift hervor. Nach neuem Recht verwendet das
Gesetz den Begriff der »unbilligen Härte«. Ob man tatsächlich in diesem neuen Kriterium
eine herabgesetzte Eingriffsschwelle sehen kann, die den Anwendungsbereich der Stundung erweitern und zugleich die Anwendbarkeit in der Praxis erleichtern soll, bleibt abzuwarten. Die Änderung hat allenfalls marginalen Charakter und wird durch Erläuterungen
in der Gesetzesbegründung nicht konkretisiert. Auch die sich im Gesetzestext anschließende »insb.«-Aufzählung der Aufgabe des Familienheims oder der Veräußerung eines

---

16 RGRK/Johannsen § 2331a Rn. 7; Staudinger/Olshausen § 2331a Rn. 32.
17 Zur Zinshöhe vgl BayObLGZ 1980, 421.

Wirtschaftsgutes, das für den Erben und seine Familie die wirtschaftliche Lebensgrundlage bedeutet, hilft nicht weiter. Sie existiert bereits im alten Recht und dient als Erläuterung des Begriffs der »ungewöhnlichen Härte«. Als Beispiele für eine »unbillige Härte« kann die Aufzählung daher nicht herangezogen werden. Durch die gewählte Formulierung sind Rechtsstreitigkeiten geradezu vorprogrammiert. Es dürfte kaum möglich sein, eine klare Linie herauszuarbeiten, wann eine Härte zwar noch nicht als ungewöhnlich, aber schon als unbillig anzusehen ist. Nach neuem Recht sind die Interessen des Pflichtteilsberechtigten bei der Stundung »angemessen« zu berücksichtigen. Nach altem Recht kann die Stundung nur verlangt werden, soweit sie dem Pflichtteilsberechtigten bei Abwägung der Interessen beider Teile »zugemutet« werden kann. In dieser Veränderung sieht der Gesetzgeber nach der Gesetzesbegründung ebenfalls eine maßvolle Herabsetzung der bestehenden Hürde für die Zulassung der Stundung des Pflichtteilsanspruchs. Diese Modifikation könnte eine Erleichterung der Voraussetzungen der Stundung bedeuten, wenn die gesetzgeberische Intention von den Gerichten akzeptiert und umgesetzt wird.

14 Um der gesetzgeberischen Intension nach Erleichterung zu entsprechen, wird man dem Erben jetzt auf jeden Fall die Möglichkeit der Stundung einräumen müssen, sofern er Nachlassgegenstände zur Unzeit veräußern müsste. Hierzu gehört der in der Praxis häufige Fall, dass Wertpapiere zu einem ungünstigen Kurs verkauft werden müssen.

15 Die Interessen des Pflichtteilsberechtigten dürften nach der Neuregelung für die Frage, ob die Voraussetzungen einer Stundung vorliegen, nur eine deutlich abgeschwächte Rolle spielen. Denn die Tatbestandvoraussetzungen sind vorrangig in Abs. 1 S. 1 normiert. Die Belange des Berechtigten gewinnen ihre wesentliche Bedeutung bei der Frage, wie die Stundung inhaltlich ausgestaltet wird, insb. Besicherung des Anspruchs, Verzinsungshöhe oder Stundungszeitraum. Diese Betrachtungsweise steht jedenfalls mit dem Gesetzeswortlaut nicht im Widerspruch.

§ 2332
Verjährung

(1) Die Verjährungsfrist des dem Pflichtteilsberechtigten nach § 2329 gegen den Beschenkten zustehenden Anspruchs beginnt mit dem Erbfall.

(2) Die Verjährung des Pflichtteilsanspruchs und des Anspruchs nach § 2329 wird nicht dadurch gehemmt, dass die Ansprüche erst nach der Ausschlagung der Erbschaft oder eines Vermächtnisses geltend gemacht werden können.

Zu § 2332: Neugefasst durch G vom 24.9.2009 (BGBl I S. 3142) (1.1.2010).

Fassung bis 31.12.2009

§ 2332
Verjährung

(1) Der Pflichtteilsanspruch verjährt in 3 Jahren von dem Zeitpunkt an, in welchem der Pflichtteilsberechtigte von dem Eintritt des Erbfalls und von der ihn beeinträchtigenden Verfügung Kenntnis erlangt, ohne Rücksicht auf diese Kenntnis in 30 Jahren von dem Eintritt des Erbfalls an.

(2) Der nach § 2329 dem Pflichtteilsberechtigten gegen den Beschenkten zustehende Anspruch verjährt in 3 Jahren von dem Eintritt des Erbfalls an.

(3) Die Verjährung wird nicht dadurch gehemmt, dass die Ansprüche erst nach der Ausschlagung der Erbschaft oder eines Vermächtnisses geltend gemacht werden können.

Übersicht

	Rz.		Rz.
I. Normzweck	1	1. Hemmung der Verjährung	9
II. Anwendungsbereich	2	2. Neubeginn der Verjährung	10
III. Beginn der Verjährungsfrist	3	V. Verjährung des Pflichtteilsergänzungsanspruchs gegen den Beschenkten (Abs. 2)	11
1. Kenntnis vom Erbfall	5		
2. Kenntnis von der beeinträchtigenden Verfügung	6	VI. Ausschlagung der Erbschaft als Voraussetzung des Pflichtteilsanspruchs (Abs. 3)	12
IV. Hemmung und Neubeginn der Verjährung	9	VII. Die Verjährung nach der Erbrechtsreform	13

I. Normzweck

Der Gesetzgeber hat sich für eine grundsätzlich dreijährige Verjährungsfrist entschieden. **1** Es soll eine rasche Entscheidung darüber herbeigeführt werden, ob infolge von Pflichtteilsansprüchen mit einer Verschiebung bei der Verteilung des Nachlasses zu rechnen ist. Die Verjährung gibt dem Schuldner auch im Pflichtteilsrecht im Wege der Einrede ein Leistungsverweigerungsrecht (§ 214 Abs. 1). Die Vorschrift stellt eine Sonderregelung dar, die der allgemeinen Verjährungsregelung des § 197 Abs. 1 Nr. 2 vorgeht. Ob vor dem Hintergrund des Zwecks der Vorschrift die Verjährung des Pflichtteilsanspruchs in den Grenzen von § 202 Abs. 2 verlängert werden kann, ist streitig.[1]

II. Anwendungsbereich

Die kurze Verjährung gilt für alle Arten des Pflichtteilsanspruchs, also für den ordentliche **2** Pflichtteilsanspruch (§ 2303), den Pflichtteilsrestanspruch (§§ 2305, 2307 Abs. 1 S. 2), den Anspruch auf Vervollständigung (§ 2316 Abs. 2) und den Pflichtteilsergänzungsanspruch (§§ 2325, 2329).[2] Bei der Zugewinngemeinschaft ist die Vorschrift auf den Anspruch auf Zugewinnausgleich nach dem Tod des Ehegatten (§ 1378 Abs. 4 S. 3) anzuwenden. Die Verjährung des Ergänzungsanspruchs gegen den Beschenkten ist in Abs. 2 gesondert geregelt. Die Vorschrift gilt hingegen nach allg. Meinung nicht für den Erbauseinandersetzungs- oder Vermächtnisanspruch von Personen, die auf einen dem Pflichtteil entsprechenden Bruchteil des Nachlasses als Erbe oder auf den Pflichtteilsbetrag als Vermächtnisnehmer eingesetzt werden.[3] Für Ansprüche wegen Mängeln einer Sache, die vereinbarungsgemäss zur Abgeltung von Pflichtteilsansprüchen übereignet wurde, gelten nicht die Regeln dieser Norm, sondern diejenigen nach § 438.[4] Der Anspruch des Pflichtteilsberechtigten auf Auskunft gegen den Erben (§ 2314) verjährt in 30 Jahren (§ 197 Abs. 1 Nr. 2). Als Hilfsanspruch kann er allerdings nicht später verjähren als der Hauptanspruch (= Pflichtteilsanspruch) selbst.[5]

III. Beginn der Verjährungsfrist

Die Verjährung beginnt, nachdem der Pflichtteilsberechtigte vom Erbfall und der beein- **3** trächtigten Verfügung Kenntnis erlangt hat Die Kenntnis muss grundsätzlich in der Person des Pflichtteilsberechtigten selbst vorliegen. Ist der Pflichtteilsberechtigte geschäftsunfähig oder beschränkt geschäftsfähig, kommt es auf die Kenntnis seines gesetzlichen Vertreters an.[6] Umstritten ist, auf wessen Kenntnis es ankommt, wenn im Falle einer Betreuung

---

1 Dafür *Amann* DNotZ 2002, 94, 125 f.; *Brambring* ZEV 2002, 137, 138; *Bonefeld* ZErb 2002; 321; *Schlichting* ZEV 2002, 478, 480. Dagegen: *Lange* ZEV 2003, 433; *Soergel/Dieckmann* § 2332 Rn. 1.
2 *Brambring* ZEV 2002, 137.
3 RGZ 113, 234, 237; RGRK/Johannsen § 2332 Rn. 1.
4 BGH NJW 1974, 363 (zum alten Recht); *Bamberger/Roth/J. Mayer* § 2332 Rn. 4.
5 Vgl. § 2314 Rz. 28.
6 OLG Hamburg MDR 1984, 54.

(§ 1896) der Betreute zwar geschäftsfähig ist, aber die Geltendmachung von Pflichtteilsansprüchen zum Aufgabenkreis des Betreuers gehören. Eine Meinung stellt nur auf die Kenntnis des Betreuers ab.[7]

4 Nach anderer Ansicht ist nur die Kenntnis des Betreuten maßgebend[8] Vorzugswürdiger ist die Ansicht, die ausschließlich auf die Kenntnis des Betreuers abstellt. Denn durch die Anordnung der Betreuung wird deutlich, dass der Betreute fremder Hilfe in rechtlichen Angelegenheiten bedarf. Dann muss man auch konsequent auf die Kenntnis der Hilfsperson abstellen

1. Kenntnis vom Erbfall

5 Der Pflichtteilsberechtigte erlangt Kenntnis vom Erbfall, wenn er vom Tod des Erblassers und bei einem Verschollenen von dessen Todeserklärung erfährt.[9] Ist Nacherbschaft angeordnet, beginnt die Frist trotzdem mit der Kenntnis vom Tod des Erblassers und nicht erst oder sogar erneut mit der Kenntnis vom Eintritt des Nacherbfalles. Denn der Pflichtteilsanspruch ist einheitlich gegenüber Vor-/Nacherbe und richtet sich zunächst gegen den Vorerben und dann gegen den Nacherben. Ist die Verjährung des Anspruchs also bereits während des Zeitraums der Vorerbschaft eingetreten, ist zwangsläufig auch der Anspruch gegen den Nacherben verjährt.[10]

2. Kenntnis von der beeinträchtigenden Verfügung

6 Eine beeinträchtigende Verfügung kann sowohl eine Verfügung von Todes wegen als auch eine lebzeitige Verfügung sein. Eine Verfügung von Todes wegen beeinträchtigt den Pflichtteilsberechtigten, wenn sie nach §§ 2303, 2305–2307 einen Pflichtteilsanspruch auslöst.[11] Als lebzeitige Verfügung kommen Schenkungen in Betracht, die nach §§ 2325, 2326 einen Pflichtteilsergänzungsanspruch begründen.[12] Bei Fallkonstellationen nach §§ 2325, 2326 wird der Pflichtteilsberechtigte meistens sowohl durch eine Verfügung von Todes wegen (z.B. Enterbung) als auch durch eine Verfügung unter Lebenden (Schenkung) beeinträchtigt. Denkbar sind aber auch Fälle, bei denen der Pflichtteilsberechtigte nur durch eine lebzeitige Verfügung beeinträchtigt wird (z.B. Pflichtteilsergänzungsanspruch bei gesetzlicher Erbfolge im Falle des § 2326). Kenntnis bedeutet grundsätzlich, dass der Pflichtteilsberechtigte seinen Ausschluss von der gesetzlichen Erbfolge durch die letztwillige Verfügung erkannt hat.[13] Er muss allerdings den Inhalt nicht in allen Einzelheiten erfasst und die Verfügung nicht in allen Details geprüft haben.[14] Auf die amtliche Eröffnung der Verfügung von Todes wegen kommt es nicht an.[15] Fahrlässige Unkenntnis ist nicht schädlich; sie steht der Kenntnis nicht gleich. Berechtigte Zweifel an der Gültigkeit der letztwilligen Verfügung schließen die erforderliche Kenntnis aus.[16] Kennt der Pflichtteilsberechtigte die ihn enterbende Verfügung, erlangt er jedoch danach Kenntnis von einer weiteren Verfügung des Erblassers, durch die die frühere Verfügung aufgehoben erscheint, fällt die frühere Kenntnis von der enterbenden Verfügung weg. Auch der bis dahin bereits

---

7 MüKoBGB/*Lange* (4.Aufl.)§ 2332 Rn. 3.
8 *Staudinger/Otte* § 2332 Rn. 15; LG Mönchengladbach BeckRS 2009, 28639; vermittelnd: *Bamberger/Roth/ J. Mayer* § 2332 Rn. 5: die früher ablaufende Frist ist maßgebend.
9 *Staudinger/Olshausen* § 2332 RdNr. 11.
10 *Erman/Schlüter* § 2332 Rn. 2; RGRK/*Johannsen* § 2332 Rn. 3; *Staudinger/Olshausen* § 2332 Rn. 11.
11 RGRK/*Johannsen* § 2332 Rn. 4; *Soergel/Dieckmann* § 2332 Rn. 7.
12 BGHZ 103, 333 = NJW 1988, 1667.
13 *Staudinger/Olshausen* § 2332 Rn. 15.
14 BGH NJW 1995, 1157 = ZEV 1995, 219.
15 *Bamberger/Roth/J. Mayer* § 2332 Rn. 7.
16 BGH NJW 1995, 1157 = ZEV 1995, 219; BGH NJW 2000, 288 = ZEV 2000, 26 (betr. Irrtum über Auslegung der letztwilligen Verfügung).

abgelaufene Teil der Verjährungsfrist gilt als nicht abgelaufen.[17] Erkennt der Pflichtteilsberechtigte, dass die Verfügung von Todes wegen wirksam ist und er Pflichtteilsansprüche geltend machen kann, steht eine unrichtige Auslegung der letztwilligen Verfügung dem Fristbeginn nicht entgegen.[18] Die Kenntnis vom Stand des Nachlasses spielt für den Fristbeginn keine Rolle.[19] Hat der Pflichtteilsberechtigte Kenntnis vom Erbfall und der beeinträchtigenden Verfügung, ist es seine Sache, sich über Nachlassbestand und -wert zu unterrichten. Gleiches gilt selbst dann, wenn sich im Nachlass Forderungen oder Verbindlichkeiten befinden, deren Höhe noch nicht feststehen. Reicht dem Berechtigten in einem solchen Falle die Dreijahresfrist zur Ermittlung der Höhe des Pflichtteilsanspruchs nicht aus, muss er ggf. eine Feststellungsklage erheben, um eine Hemmung der Verjährung herbeizuführen.

Für die Verjährung des Pflichtteilsergänzungsanspruchs nach §§ 2325, 2326 ist wie folgt zu unterscheiden: Wird der Pflichtteilsberechtigte nur durch eine lebzeitige Verfügung (= Schenkung) benachteiligt (dies sind die Fälle der §§ 2316 Abs. 2, 2326), beginnt die Verjährungsfrist mit deren Kenntnis, frühestens jedoch mit dem Erbfall.[20] Ergibt sich die Beeinträchtigung durch mehrere Verfügungen, also sowohl durch eine Schenkung unter Lebenden als auch durch eine Verfügung von Todes wegen, so kann der Ergänzungsanspruch selbst dann nicht vor dem ordentlichen Pflichtteilsanspruch verjähren, wenn der Pflichtteilsberechtigte zunächst von der Schenkung und erst zu einem späteren Zeitpunkt von der Verfügung von Todes wegen erfährt. Die Verjährung beginnt also einheitlich mit der zeitlich letzten Kenntnis.[21] Erlangt der Pflichtteilsberechtigte aber zuerst von der Verfügung von Todes wegen und danach von der Schenkung Kenntnis, beginnen jeweils selbstständige Verjährungsfristen für den ordentlichen Pflichtteilsanspruch und für den Ergänzungsanspruch zu laufen.[22] Denn das Gesetz hat den Ergänzungsanspruch als einen selbstständigen, vom Vorhandensein eines ordentlichen Pflichtteilsanspruchs unabhängigen Anspruch ausgestaltet. Dies ist auch nach zutreffender Ansicht die innere Rechtfertigung dafür, dass auch verjährungsrechtlich eine getrennte Betrachtungsweise geboten ist.[23]

Die Regelung nach Abs. 1, nach der der Fristbeginn ausnahmslos von der Kenntnis des Berechtigten vom Erbfall und der beeinträchtigten Verfügung abhängig gemacht wird, kann zu Schwierigkeiten führen: Hatte der Erblasser seinen Ehegatten mit dem er im gesetzlichen Güterstand gelebt hat, zum Erben eingesetzt oder mit einem Vermächtnis bedacht, bleibt die Pflichtteilsquote der Abkömmlinge oder Eltern wegen § 1371 Abs. 1-3 solange unbekannt, bis der überlebende Ehegatte die Erbschaft angenommen oder ausgeschlagen hat. Die Verjährung kann hier nach richtiger Ansicht erst beginnen, wenn der Pflichtteilsberechtigte weiß, ob der Ehegatte die Erbschaft annimmt oder ausschlägt.[24] Für den Pflichtteilsanspruch der entfernteren Abkömmlinge und der Eltern (§ 2309) ist neben den in Abs. 1 genannten Voraussetzungen zusätzlich die Kenntnis vom Wegfall des vorrangig Berechtigten erforderlich, um die Verjährungsfrist in Gang zu setzen.[25]

---

17 BGHZ 95, 76 = NJW 1985, 2945.
18 BGH NJW 1995, 1157 = ZEV 1995, 219.
19 BGH NJW 1995, 1157 = ZEV 1995, 219; OLG Koblenz ZEV 2002, 501 = FamRZ 2003, 193.
20 *Soergel/Dieckmann* § 2332 Rn. 8.
21 BGH LM Nr. 4 = NJW 1972, 760.
22 RGRK/*Johannsen* § 2332 Rn. 10; Staudinger/*Olshausen* § 2332 Rn. 16.
23 Ebenso OLG *Düsseldorf* FamRZ 1992, 1223; *Bamberger/Roth/J. Mayer* § 2332 Rn. 10; Staudinger/*Olshausen* § 2332 Rn. 16.
24 RGRK/*Johannsen* § 2332 Rn. 9; *Soergel/Dieckmann* § 2332 Rn. 18.
25 Staudinger/*Olshausen* § 2332 Rn. 22.

IV. Hemmung und Neubeginn der Verjährung

1. Hemmung der Verjährung

9 Die Hemmung der Verjährung (§ 209) tritt nach den unter §§ 203 ff. genannten Voraussetzungen ein. Bei einem Anspruch minderjähriger Kinder gegen einen Elternteil wird nach § 207 Abs. 1 Nr. 2 die Verjährung bis zum Eintritt der Volljährigkeit gehemmt (vgl. §§ 210, 211).[26] Seit dem 1.1.2010 wird die Altersschwelle auf die Vollendung des 21. Lebensjahres des Kindes heraufgesetzt (vgl. § 207 Abs. 1 Nr. 2 n.F.). Die Kenntnis i.S.v. 2332 wird ein Minderjähriger regelmäßig schon in der Zeit seiner Minderjährigkeit erlangen., Beim Eintritt der Volljährigkeit wird dann in solchen Fällen die Hemmung der Verjährung beendet und die dreijährige Frist beginnt zu laufen. Ungeachtet dessen muss sich der Minderjährige die Kenntnis seines gesetzlichen Vertreters analog § 166 zurechnen lassen. Teilweise wird aus der (nachwirkenden) Pflicht zur Vermögenssorge des gesetzlichen Vertreters eine Pflicht abgeleitet, das Kind bei Eintritt der Volljährigkeit auf das Ende der Verjährungshemmung hinzuweisen.[27] Die isolierte Auskunftsklage (§ 2314) führt nicht zur Rechtshängigkeit des Pflichtteilsanspruchs. Sie kann deshalb dessen Verjährung nicht hemmen.[28] Anders ist es bei der auf Auskunft und Zahlung gerichteten Stufenklage (§ 254 ZPO). Hier endet die Hemmung erst, wenn nach Erledigung der Vorstufen der Zahlungsanspruch nicht weiter verfolgt wird. Allerdings hemmt eine Stufenklage die Verjährung des Pflichtteilsanspruchs nur in der Höhe, in der dieser später nach Erfüllung der Vorstufen beziffert wird.[29] Klagt der Pflichtteilsberechtigte den ordentlichen Pflichtteil ein, wird dadurch in dem geltend gemachten Umfang auch die Verjährung des Ergänzungsanspruchs gehemmt.[30] Entsprechendes gilt, wenn zunächst der Ergänzungsanspruch und danach der ordentliche Pflichtteilsanspruch klageweise geltend gemacht wird.[31] Die Rechtshängigkeit des vorrangigen Pflichtteilsergänzungsanspruchs nach § 2325 gegen den Erben bewirkt nicht zugleich eine Verjährungshemmung des gegen den Beschenkten gerichteten Anspruchs nach § 2329, er sei denn, der Erbe ist auch der Beschenkte.[32] Durch eine gegen den Vorerben gerichtete Klage wird die Verjährung des Pflichtteilsanspruchs auch mit Wirkung gegen den Nacherben gehemmt.[33] Allerdings wirkt ein gegen den Vorerben ergangenes rechtskräftiges Urteil nicht gegen den Nacherben (§ 326 ZPO). In den Genuss der 30-jährigen Verjährungsfrist (§ 197 Abs. 1 Nr. 3) kommt deshalb der Pflichtteilsberechtigte nur, wenn er auch gegen diesen Feststellungsklage wegen seines Pflichtteilsanspruchs erfolgreich erhoben hatte.[34] Ein in der Praxis bedeutsamer Hemmungstatbestand sind die Verhandlungen der Parteien über den Pflichtteilsanspruch oder über die ihn begründenden Umstände. Die Hemmung in diesen Fällen, nachdem die Fortsetzung der Verhandlungen von einem Beteiligten verweigert wird. Verjährung kann dann frühestens 3 Monate nach dem Ende der Hemmung eintreten.

2. Neubeginn der Verjährung

10 Neubeginn der Verjährung tritt nur noch nach den beiden in § 212 genannten Fällen ein. Der Verpflichtete erkennt den Pflichtteilsanspruch i.S.d. § 212 Abs. 1 Nr. 1 an, wenn er auf ein dahingehendes Verlangen des Berechtigten sich bereit erklärt, über den Bestand des

---

[26] Vgl. dazu *Damrau* § 2332 Rn. 69.
[27] *Bamberger/Roth/J. Mayer* § 2317 Rn. 6.
[28] OLG Düsseldorf FamRZ 1999, 1097; OLG Koblenz ZEV 2002, 501 = FamRZ 2003, 193.
[29] BGH LM § 209 Nr. 71 = NJW 1992, 2563.
[30] *Soergel/Dieckmann* § 2332 Rn. 22; *Staudinger/Olshausen* § 2332 Rn. 28.
[31] RGRK/Johannsen § 2332 Rn. 13.
[32] BGHZ 107, 200 = LM § 2314 Nr. 16 = NJW 1989, 2887 mit Anm. *Dieckmann* FamRZ 1989, 857; BGH LM § 2329 Nr. 10 = NJW 1974, 1327; OLG Zweibrücken ZEV 2010, 44.
[33] RGRK/*Johannsen* § 2332 Rn. 17; *Soergel/Dieckmann* § 2332 Rn. 24.
[34] RGRK/*Johannsen* § 2332 Rn. 17.

Nachlasses Auskunft zu erteilen und sich aus seinem Verhalten eindeutig erkennen lässt, dass er sich des Bestehens eines Pflichtteilsanspruchs bewusst ist.[35] Der Testamentsvollstrecker kann eine Pflichtteilsforderung ohne den Willen des Erben nicht mit Wirkung gegen diesen rechtsgeschäftlich anerkennen.[36] Eine Anerkennung des Pflichtteilsanspruchs durch den Vorerben führt zu einem Neubeginn der Verjährung auch mit Wirkung gegenüber dem Nacherben, falls der Nacherbfall vor Ablauf der neu in Lauf gesetzten Verjährungsfrist eintritt.[37]

V. Verjährung des Pflichtteilsergänzungsanspruchs gegen den Beschenkten (Abs. 2)

Die Verjährung des Pflichtteilsergänzungsanspruchs gegen den Beschenkten (§ 2329) beginnt mit dem Eintritt des Erbfalls. Auf irgendeine Kenntnis des Anspruchsberechtigten kommt es nicht an.[38] Die Verjährung wird durch Klage gegen den Erben (Miterben) gem. § 2325 nicht gehemmt, es sei denn, der Erbe (Miterbe) ist selbst der Beschenkte.[39] Aus der Verjährungserleichterung für den Beschenkten erwächst für den Pflichtteilsberechtigten ein erhebliches Risiko. Erfährt er erst kurz vor Ablauf der Verjährung von einer Schenkung und ergibt sich später dann, dass der Erbe aus rechtlichen Gründen nicht zur Pflichtteilsergänzung verpflichtet ist, kann u.U. der Anspruch gegen den Beschenkten schon verjährt sein. Es ist dem Praktiker daher zu empfehlen, rechtzeitig von denjenigen rechtzeitig einen klar definierten Verzicht auf die Einrede der Verjährung im Hinblick auf eventuelle Ansprüche nach § 2329 zu fordern, sofern begründete Anhaltspunkte für lebzeitige Schenkungen des Erblassers vermutet werden oder sogar bekannt sind.

VI. Ausschlagung der Erbschaft als Voraussetzung des Pflichtteilsanspruchs (Abs. 3)

Setzt die Geltendmachung des Pflichtteilsanspruchs die Ausschlagung eines Erbteils oder Vermächtnisses voraus (§§ 2306 Abs. 1 S. 2, 2307, 1371 Abs. 3), beginnt die Verjährung nicht erst mit der Ausschlagung, sondern zu den in Abs. 1 und 2 bezeichneten Zeitpunkten. Die Regelung beruht auf dem Gedanken, dass ein Anspruch, den man sich jederzeit durch eine Willenerklärung verschaffen kann, schon vor Abgabe dieser Erklärung verjährt. Wegen Abs. 3 kann also u.U. ein Pflichtteilsanspruch schon verjährt sein, obwohl die Ausschlagungsfrist noch läuft oder bevor die Ausschlagungsfrist zu laufen begonnen hat.[40]

VII. Die Verjährung nach der Erbrechtsreform

Ab dem 1.1.2010 gelten neue Verjährungsregelungen. Die bisherigen Sonderregelung für familien- und erbrechtliche Ansprüche gem. § 197 Abs. 1 Nr. 2 a.F ist aufgehoben. Somit gilt nunmehr die Regelverjährung gem. § 195, die als kenntnisabhängige dreijährige Verjährung ausgestaltet ist und mit dem Schluss des Jahres beginnt, in das das Ereignis fällt (s. § 199 Abs. 1). Durch den neuen § 199 Abs. 3a ist für Ansprüche, die auf einem Erbfall beruhen, oder deren Geltendmachung, die Kenntnis einer Verfügung von Todes wegen voraussetzen, eine Verjährungshöchstfrist von 30 Jahren ab Entstehung des Anspruchs eingeführt.

Die Sonderverjährung gem. Abs. 1 a.F. ist ersatzlos aufgehoben, weil nunmehr die allgemeine, kenntnisabhängige Verjährung gilt. Daraus ergibt sich für die Praxis auch ein wichtiger Unterschied zur bisherigen Rechtslage. Nach Abs. 1 a.F. begann die Verjährung zu

---

35 BGHZ 95, 76 = LM Nr. 9 = NJW 1985, 2945; OLG Düsseldorf FamRZ 1999, 1097, 1098 f.
36 *Staudinger/Olshausen* § 2332 Rn. 27 m.w.N.
37 RGRK/*Johannsen* § 2332 Rn. 16; str., vgl. *Staudinger/Olshausen* § 2332 Rn. 32 m.w.N.
38 BGH LM § 2325 Nr. 6 = FamRZ 1968, 150.
39 Vgl Rz. 9.
40 Näheres *Staudinger*/Olshausen § 2332 Rn. 23.

dem Zeitpunkt, in welchem der Pflichtteilsberechtigte von dem Eintritt des Erbfalls und von der ihn beeinträchtigenden Verfügung Kenntnis erlangte (s. Rz. 5 f.). Nunmehr wird der Verjährungsbeginn nicht nur bei positiver Kenntnis von diesen Umständen ausgelöst, sondern auch bei deren Unkenntnis, sofern dem Pflichtteilsberechtigten insoweit grobe Fahrlässigkeit anzulasten ist (vgl. § 199 Abs. 1 Nr. 2).

15 Der neue Abs. 1 schafft eine Sonderregelung für den Verjährungsbeginn gegenüber den allgemeinen Vorschriften zur Regelverjährung. Während dort der Beginn auf das Jahresende hinausgeschoben ist, wird für den Anspruch des Pflichtteilsberechtigten nach § 2329 gegen den Beschenkten auf den Zeitpunkt des Erbfalls abgestellt. Dies gilt unabhängig von dem Kenntnisstand des Ergänzungsberechtigten. In diesem Bereich verbleibt es im Ergebnis bei der alten Rechtslage. Die oben dargestellten Risiken, die sich hieraus für den Pflichtteilsberechtigten ergeben, gelten unverändert.

16 Abs. 2 entspricht inhaltlich Abs. 3 a.F.

17 Das Übergangsrecht zu den Verjährungsregelungen ist an das Schuldrechtsmodernisierungsgesetz angelehnt und in Art. 229 § 23 EGBGB geregelt. Danach gelten grundsätzlich die neuen Verjährungsvorschriften für alle bestehenden und am 1.1.2010 noch nicht verjährten Ansprüche (vgl. Art. 229 § 23 Abs. 1 S. 1 EGBGB). Im Interesse des Schuldnerschutzes richtet sich die Verjährung allerdings nach altem Recht, wenn bei Anwendung dieser Vorschriften die Verjährung früher vollendet wird.

18 Ist neues Recht anzuwenden, könnte mit dessen Inkrafttreten ein Anspruch verjährt sein. Deshalb bestimmt Art. 229 § 23 Abs. 2 S. 1 EGBGB, dass die Verjährung nicht vor dem 1.1.2010 beginnt. Diese Regelung lehnt sich an das Schuldrechtsmodernisierungsgesetz an. Dort ist ebenso wie hier zweifelhaft, wie die Regelung » beginnt die Frist nicht vor...« zu verstehen ist. Bedeutsam wird die Begriffsauslegung in den Fällen, in denen die subjektiven Voraussetzungen des § 199 Abs. 1 Nr. 2 bereits vor dem 1.1.2010 erfüllt sind. Entweder beginnt die Verjährung am vorgenannten Datum und endet am 31.12.2012. Vorzugswürdiger erscheint jedoch die systemkonforme Auffassung, dass am Stichtag der Tatbestand des § 199 Abs. 1 Nr. 2 als erfüllt anzusehen ist, sodass nach dem Prinzip des § 199 Abs. 1 die Verjährungsfrist erst mit Ablauf des 31.12.2010 beginnt und nach drei Jahren am 31.12.2012 endet[41]

19 Da nunmehr auch bei erbrechtlichen Ansprüchen der Verjährungsbeginn an die subjektiven Voraussetzungen des § 199 Abs. 1 Nr. 2 anknüpft, würde die Neuregelung häufig den Eintritt der Verjährung hinausschieben. Eine solche Verlängerung des Verjährungseintritts zum Nachteil des Schuldners wird durch Art. 229 § 23 Abs. 2 S. 2 vermieden.

20 Für die Hemmungsvorschriften gilt das Stichtagsprinzip. Nach Art. 229 § 23 Abs. 3 bestimmt sich die Hemmung der Verjährung für den Zeitraum vor dem 1.1.2010 nach dem alten Recht; für die Zeit danach nach neuem Recht. Dies ist z.B. im Zusammenhang mit der Änderung des § 207 Abs. 1 S. 2 Nr. 2 bedeutsam, weil die Verjährung von Ansprüchen zwischen Kindern und Eltern jetzt bis zu Vollendung des 21. Lebensjahres gehemmt ist. Durch diesen erweiternden Hemmungstatbestand könnte unter Anwendung des neuen Rechts die Verjährung weiter hinausgeschoben werden. Bei allen verjährungsrechtlichen Fragen in der Übergangsphase ist Art. 229 § 23 Abs. 1 S. 2 EGBGB zu berücksichtigen, d.h., es ist stets zu prüfen, ob die Verjährung nach altem Recht nicht kürzer ist.

---

41 So *Staudinger/Peters* EGBGB Art. 229 § 6 Rn. 11 zu den Verjährungsüberleitungsvorschriften nach der Schuldrechtsmodernisierung; a.A. AnwK/*Budzikiewicz/Mansel* EGBGB Art. 229 § 6 Rn. 60.

§ 2333
Entziehung des Pflichtteils

(1) Der Erblasser kann einem Abkömmling den Pflichtteil entziehen, wenn der Abkömmling
1. dem Erblasser, dem Ehegatten des Erblassers, einem anderen Abkömmling oder einer dem Erblasser ähnlich nahe stehenden Person nach dem Leben trachtet,
2. sich eines Verbrechens oder eines schweren vorsätzlichen Vergehens gegen eine der in Nummer 1 bezeichneten Personen schuldig macht,
3. die ihm dem Erblasser gegenüber gesetzlich obliegende Unterhaltspflicht böswillig verletzt oder

wegen einer vorsätzlichen Straftat zu einer Freiheitsstrafe von mindestens einem Jahr ohne Bewährung rechtskräftig verurteilt wird und die Teilhabe des Abkömmlings am Nachlass deshalb für den Erblasser unzumutbar ist. Gleiches gilt, wenn die Unterbringung des Abkömmlings in einem psychiatrischen Krankenhaus oder in einer Entziehungsanstalt wegen einer ähnlich schwerwiegenden vorsätzlichen Tat rechtskräftig angeordnet wird.

(2) Absatz 1 gilt entsprechend für die Entziehung des Eltern- oder Ehegattenpflichtteils.

Zu § 2333: Neugefasst durch G vom 24.9.2009 (BGBl I S. 3142) (1.1.2010).

Fassung bis 31.12.2009

§ 2333
Entziehung des Pflichtteils eines Abkömmlings

Der Erblasser kann einem Abkömmling den Pflichtteil entziehen:
1. *wenn der Abkömmling dem Erblasser, dem Ehegatten oder einem anderen Abkömmling des Erblassers nach dem Leben trachtet,*
2. *wenn der Abkömmling sich einer vorsätzlichen körperlichen Misshandlung des Erblassers oder des Ehegatten des Erblassers schuldig macht, im Falle der Misshandlung des Ehegatten jedoch nur, wenn der Abkömmling von diesem abstammt,*
3. *wenn der Abkömmling sich eines Verbrechens oder eines schweren vorsätzlichen Vergehens gegen den Erblasser oder dessen Ehegatten schuldig macht,*
4. *wenn der Abkömmling die ihm dem Erblasser gegenüber gesetzlich obliegende Unterhaltspflicht böswillig verletzt,*
5. *wenn der Abkömmling einen ehrlosen oder unsittlichen Lebenswandel wider den Willen des Erblassers führt.*

Übersicht	Rz.		Rz.
I. Allgemeine Anmerkungen zur Pflichtteilsentziehung	1	4. Böswillige Unterhaltspflichtverletzung (Nr. 4)	12
II. Die Entziehungsgründe im Einzelnen	7	5. Ehrloser oder unsittlicher Lebenswandel (Nr. 5)	13
1. »Nach dem Leben trachten« (Nr. 1)	7	III. Wirkungen der Pflichtteilsentziehung	15
2. Vorsätzliche körperliche Misshandlung (Nr. 2)	8		
3. Verbrechen oder schweres vorsätzliches Vergehen (Nr. 3)	10		

I. Allgemeine Anmerkungen zur Pflichtteilsentziehung

Das Pflichtteilsrecht stellt eine Beschränkung der Testierfreiheit des Erblassers dar. Sie rechtfertigt sich aus den engen familienrechtlichen Beziehungen zwischen den Beteiligten. 1

Die Vorschriften zur Pflichtteilsentziehung nach §§ 2333 ff., die nach allgemeiner Auffassung nicht analogiefähig sind und eine kasuistische Aufzählung der Entziehungsgründe darstellen, regeln die Voraussetzungen, unter denen der Erblasser die im Pflichtteilsrecht liegende Mindestgarantie am Nachlassvermögen durchbrechen kann.

2 Durch § 10 Abs. 6 LPartG ist der eingetragenen Lebenspartner dem Ehegatten gleichgestellt. Immer wieder ist die Frage nach der Verfassungsmäßigkeit der Pflichtteilsentziehungsgründe aufgeworfen worden.[1] Besonders problematisch ist insb. die Ungleichbehandlung der vorsätzlichen Misshandlung. Misshandelt der Abkömmling den Erblasser oder dessen Ehegatte, sieht das Gesetz darin einen Pflichtteilsentziehungsgrund (Nr. 2), während die vorsätzliche Misshandlung des Erblassers durch die Eltern diesen nicht zu einer Entziehung des Elternpflichtteils berechtigt (§ 2334).[2] Das BVerfG hatte eine Verfassungsbeschwerde gegen die §§ 2333 ff. dennoch nicht zur Entscheidung angenommen.[3] Allerdings räumte das Gericht selbst ein, die Ausgestaltung der Pflichtteilsentziehungsgründe bisher noch keiner näheren verfassungsrechtlichen Prüfung unterzogen zu haben.

3 Das Pflichtteilsentziehungsrecht ist ein Gestaltungsrecht, auf das der Erblasser nicht verzichten kann (§ 2302). Er kann es aber durch Verzeihung verlieren (§ 2337). Die Entziehung des Pflichtteils erfolgt durch letztwillige Verfügung (§ 2336 Abs. 1). Der Entziehungsgrund muss im Zeitpunkt der Errichtung der Verfügung vorliegen und in dieser benannt werden, § 2336 Abs. 2.

4 Sie setzt nach bisherigem Verständnis in allen Fällen Verschulden des Pflichtteilsberechtigten im strafrechtlichen Sinne der Verwirklichung des Entziehungstatbestandes voraus. Dieses Erfordernis ist inzwischen teilweise korrigiert. Denn nach der Grundsatzentscheidung des BVerfG vom 19.4.2005[4] ist Verschulden bei dem Entziehungsgrund nach Nr. 1 nicht im strafrechtlichen Sinne zu verstehen, sondern es genügt, dass der objektive Unrechtstatbestand »wissentlich und willentlich« verwirklicht wird. Das Gericht hat nicht entschieden, ob dies auch bei den andern Pflichtteilsentziehungsgründen gilt. Da jedoch das ungeschriebene Tatbestandsmerkmal des Verschuldens der Ansatzpunkt dafür ist, die verfassungsrechtlich gebotene Abwägung zwischen der Testierfreiheit und dem Pflichtteilsrecht vorzunehmen, wird man dies zu bejahen haben.[5]

5 Der Grund der Entziehung muss zur Zeit der Errichtung bestehen und in der Verfügung angegeben werden (§ 2336 Abs. 2) »Enterbt« der Erblasser einen Abkömmling unter Hinweis auf einen der in § 2333 genannten Gründe, ist durch Auslegung zu ermitteln, ob nur der Ausschluss von der gesetzlichen Erbfolge oder auch die Pflichtteilsentziehung gewollt ist.

6 Die Frage, ob Grund zur Entziehung des Pflichtteils besteht, kann sowohl vom künftigen Erblasser als auch vom künftigen Pflichtteilsberechtigten zum Gegenstand einer Feststellungsklage gemacht werden.[6] Die Pflichtteilsentziehung umfasst alle Arten des Pflichtteilsanspruchs, also auch den Pflichtteilsrestanspruch (§§ 2305, 2307) und den Anspruch auf Pflichtteilsergänzung (§§ 2325 ff). Folglich steht es dem Erblasser frei, beim Vorliegen der Voraussetzungen des § 2333 den Pflichtteil nur teilweise zu entziehen. Bei Vorliegen eines Entziehungsgrundes kann er zudem eine Anordnung nach § 2338 treffen. Die Verfehlungen von Nr. 1 bis 5 berechtigen den Erblasser auch zur Aufhebung einer in einem gemeinschaftlichen Testament getroffenen, bindend gewordenen Verfügung (§ 2271 Abs. 2) und zum Rücktritt vom Erbvertrag (§ 2294).[7]

---

1 Vgl. etwa *Bowitz* JZ 1980, 304; *Leipold* JZ 1990, 700, 702; *Leisner* NJW 2001, 126.
2 Vgl *Haas* ZEV 2000, 249, 258 (Verstoß gegen den Gleichheitssatz).
3 BVerfG NJW 2001, 141 mit krit. Anm. *Leisner* S. 126 = ZEV 2000, 399 mit krit. Anm. *J. Mayer* S. 447.
4 BVerfGE 112, 332 = NJW 2005, 1561, 1565 f., Tz 88 ff.
5 Ebenso *Kleesang* ZEV 2005, 277, 282; für fraglich hält dies *Staudinger/Olshausen* Vor §§ 2333-2338 Rn. 4 aE.
6 Klage des zukünftigen Erblassers: BGHZ 106, 306, 309 = LM § 256 ZPO Nr. 160 = NJW 1990, 911, 912; Klage des zukünftigen Pflichtteilsberechtigten: BGH NJW-RR 1993, 391.
7 MüKoBGB/*Lange* (4.Aufl.)2333 Rn. 6; *Soergel/Dieckmann* §2333 Rn. 8.

II. Die Entziehungsgründe im Einzelnen

1. »Nach dem Leben trachten« (Nr. 1)

Voraussetzung hierfür ist die ernsthafte Betätigung des Willens, den Tod herbeizuführen. 7
Es ist aber auch möglich, dass dieses Tatbestandsmerkmal durch Unterlassen erfüllt wird,
weil in der Person des Abkömmlings regelmäßig eine Rechtspflicht zum Handeln vorliegen wird.[8] Sowohl die Mitwirkung als Mittäter wie auch als Teilnehmer genügt für
Begründung des Entziehungsrechts.[9] Gleiches gilt für bloße Vorbereitungshandlungen
oder im Falle des untauglichen Versuchs, sofern eine ernsthafte Tötungsabsicht vorhanden
ist.[10] Wer also z.B. dem Ehegatten des Erblassers nach dem Leben trachtet, kann nach bisheriger Rechtslage seinen Pflichtteil einbüßen. Der Mordversuch an der nichtehelichen
Lebensgefährtin des Erblassers hingegen ist erbrechtlich irrelevant. Dies wird der Lebenswirklichkeit nicht gerecht (anders nach neuem Recht; s. § 2333 Rz. 17).

2. Vorsätzliche körperliche Misshandlung (Nr. 2)

Sie erfordert nach den Grundsätzen des § 223 StGB ein übles unangemessenes Behandeln, 8
durch welches das körperliche Wohlbefinden beeinträchtigt wird. Eine Schmerzempfindung ist ebenso wenig erforderlich wie eine schwere oder grobe Misshandlung. Geboten
ist jedoch eine Abwägung der Schwere der Verletzung gegen die Bedeutung des Pflichtteilsverlusts, um aus Sicht der Rechtsprechung dem verfassungsrechtlichen Übermaßverbot zu genügen.[11]

Seelische Misshandlungen sind nur dann ein Entziehungsgrund, wenn sie sich auf die 9
körperliche Gesundheit des Erblassers auswirken. Die bloße Beeinträchtigung des seelischen Wohlbefindens ist insoweit nicht ausreichend.

3. Verbrechen oder schweres vorsätzliches Vergehen (Nr. 3)

Verbrechen sind gem. § 12 StGB Straftaten, die im Mindestmaß mit einen Jahr Freiheits- 10
strafe bedroht sind.

Ob ein schweres Vergehen vorliegt, entscheidet sich nicht nach dem abstrakten Strafrah- 11
men, sondern konkret nach den Umständen des Einzelfalles. Richtet sich die Verfehlung
gegen Eigentum oder Vermögen des Erblassers, liegt ein Entziehungsgrund nur dann vor,
wenn sie nach ihrer Natur und nach ihrer Begehungsweise eine grobe Missachtung des
Eltern-Kind Verhältnisses zum Ausdruck bringt und deshalb eine besondere Kränkung
des Erblassers bedeutet.[12] Eine strafrechtliche Verurteilung ist für den Entziehungsgrund
nicht erforderlich.

4. Böswillige Unterhaltspflichtverletzung (Nr. 4)

Diese Vorschrift hat keine praktische Bedeutung, weil ein unterhaltsbedürftiger Erblasser 12
kaum über nennenswertes entziehbares Vermögen verfügen wird.

---

8 *Erman/Schlüter* § 2333 Rn. 3; *Staudinger/Olshausen* § 2333 Rn. 3.
9 *RGRK/Johannsen* § 2333 Rn. 5.
10 *Staudinger/Olshausen* § 2333 Rn. 3.
11 BGHZ 109, 306 = NJW 1990, 911 = JZ 1990, 697; vgl. auch OLG Köln ZEV 2003, 465, 466; sowie OLG
   Düsseldorf NJW-RR 1996, 520 = ZEV 1995, 410; *Bamberger/Roth/J. Mayer* § 2333 Rn. 6.
12 BGH, NJW 1974, 1084; *Staudinger/Olshausen* § 2333 Rn. 13.

5. Ehrloser oder unsittlicher Lebenswandel (Nr. 5)

13 Grund der Pflichtteilsentziehung ist hier die Verletzung der Familienehre.[13]

14 Ein ehrloser Lebenswandel führt aber nur dann zur Entziehungsmöglichkeit, wenn er gegen den Willen des Erblassers erfolgt. Der Maßstab für die zugrunde zu legenden Wertvorstellungen ist jedoch nicht allein an der Sicht des Erblassers zu orientieren, sondern auch an objektiven und allgemeinen Wertvorstellungen zu messen. Der Begriff des Lebenswandels erfordert überdies ein dauerndes, auf einem Hang beruhendes Verhalten des Pflichtteilsberechtigten. Einzelhandlungen genügen hierzu nicht, seien sie auch noch so ehrlos und unsittlich. Als Beispiele können genannt werden: gewerbsmäßige Unzucht, Wucher, Glückspiel. Bei der Rauschgift- oder Trunksucht ist das Verschuldenserfordernis zu berücksichtigen, weil die krankhafte Suchtveranlagung eine Pflichtteilsentziehung nicht rechtfertigen würde.[14]

III. Wirkungen der Pflichtteilsentziehung

15 Die führt nicht zu einer Erhöhung der Quote anderer Pflichtteilsberechtigter (§ 2310).[15] Hat der enterbte Pflichtteilsberechtigte, dem der Pflichtteil wirksam entzogen worden ist, seinerseits Abkömmlinge, treten diese jedoch gem. § 2309 an seine Stelle. Die Pflichtteilsentziehung kann – etwa durch Verzeihung (§ 2337) oder durch Widerruf der Entziehungsverfügung nach den §§ 2253 ff. – nachträglich unwirksam werden. Regelmäßig bleibt davon die mit der Pflichtteilsentziehung verbundene Entziehung des Erbteils aber unberührt.[16]

IV. Die Pflichtteilsentziehung nach der Erbrechtsreform[17]

16 Für Erbfälle seit dem 1.1.2010 gilt für die Pflichtteilsentziehung neues Recht (vgl. Art. 229 § 23 Abs. 4 S. 2 EGBGB); für Erbfälle vor dem 1.1.2010 bleibt das bisherige Recht in vollem Umfang anwendbar. Die Pflichtteilsentziehungsgründe sind für alle Pflichtteilsberechtigten angeglichen; die bisherige Differenzierung beseitigt. §§ 2334, 2335 a.F. sowie § 2336 Abs. 4 a.F. sind im neuen Recht aufgehoben. An ihre Stelle ist ein neuer § 2333 Abs. 2 getreten, der die Gründe des Abs. 1 auf die Entziehung des Eltern- oder Ehegattenpflichtteils für entsprechend anwendbar erklärt.

17 Die Entziehungsgründe des Absatzes 1 im Einzelnen: Nr. 1: Der Kreis der vom Fehlverhalten Betroffenen ist erweitert, um eine Anpassung an die gewandelten familiären Strukturen zu erreichen. Es sind daher die Personen in den Schutzbereich einbezogen, deren Verletzung den Erblasser in gleicher Weise wie ein Angriff gegen die bereits nach altem Recht einbezogenen Ehegatten, Abkömmlinge oder Lebenspartner trifft. Bei den »ähnlich nahe stehenden Personen« handelt es sich etwa um Personen, die mit dem Erblasser in einer auf Dauer angelegten Lebensgemeinschaft zusammenleben oder auf andere Weise eng mit ihm verbunden sind, z.B. Stief- und Pflegekinder. Im Übrigen kann auf die Kommentierung zu Nr. 1 a.F. verwiesen werden.

18 Nr. 2: Die Regelung entspricht der des § 2333 Nr. 3 a.F. mit der Maßgabe, dass der unter Nr. 1 n.F. erweiterte Personenkreis in den Schutzbereich fällt. Im Übrigen kann auf die Kommentierung zu Nr. 3 a.F. verwiesen werden.

19 Nr. 3: Entspricht in vollem Umfang der Nr. 4 a.F. Deshalb wird auf die dortige Kommentierung verwiesen.

20 Nr. 4: Aus Gründen der Rechtsklarheit und der Rechtssicherheit wird an zwei einfache nachzuprüfende Merkmale angeknüpft: Die Straftat und die Unzumutbarkeit. Mit der

---

13 BGHZ 76, 109, = NJW 1980, 936; *Gotthardt* FamRZ 1987, 757; *Kanzleiter* DNotZ 1984, 22, 29; *Soergel/Dieckmann* § 2333 Rn. 13; *Staudinger/Olshausen* § 2333 Rn. 16; OLG Karlsruhe ZErb 2009, 304.
14 S.a. LG Bonn FamRZ 2009, 1009.
15 *Staudinger/Olshausen* Vor §§ 2333 ff. Rn. 28.
16 *Erman/Schlüter* § 2336 Rn. 1; vgl. auch § 2336 Rz. 12.
17 Eingehend zu einem Vergleich zwischen alter und neuer Rechtslage: *Hauck* NJW 2010, 903.

Straftat wird auf die Verantwortungssphäre des Pflichtteilsberechtigten abgestellt. Allerdings rechtfertigt nicht jede Straftat eine Entziehung des Pflichtteils. Es muss sich vielmehr um eine vorsätzliche Straftat handeln, die zu einer rechtskräftigen Verurteilung mit einer Freiheitsstrafe von mindestens einem Jahr ohne Bewährung geführt hat. Mit dem Kriterium der Unzumutbarkeit für den Erblasser soll die Entziehung des Pflichtteilsrechts nicht völlig von dem Schutz der Familie abgekoppelt werden. Denn dieser Schutz ist der tragende Grund für den verfassungsrechtlichen Schutz des Pflichtteilsrechts. Unzumutbarkeit wird man daher anzunehmen haben, wenn die Straftat den persönlichen, in der Familie gelebten Wertvorstellungen des Erblassers in hohem Maße widerspricht. Dies ist bei schweren Straftaten naheliegend, die mit erheblichen Freiheitsstrafen geahndet werden. Einen Widerspruch zu den gelebten Wertvorstellungen wird man hingegen verneinen, wenn der Erblasser selbst strafrechtlich in Erscheinung getreten ist.Ein solcher Fall ist nach der zutreffenden Gesetzesbegründung[18] gegeben, wenn der Erblasser an der Straftat des Pflichtteilsberechtigten beteiligt war. Anders ist der Fall zu beurteilen, wenn der Erblasser Jahrzehnte vor der Tat des Pflichtteilsberechtigten ähnliche Straftaten begangen, sich aber später davon eindeutig distanziert hat. S. 2 knüpft an Taten im Zustand der Schuldunfähigkeit an. Da bei der Frage der Unzumutbarkeit an die Sichtweise des Erblassers und seine Wertvorstellungen angeknüpft wird, wird es so gut wie keinen Unterschied machen, ob die Tat im Zustand der Schuldfähigkeit oder Schuldunfähigkeit verübt wurde. Dem Erblasser wird daher die Möglichkeit gegeben, den Pflichtteil auch dann zu entziehen, wenn eine Verurteilung des Pflichtteilsberechtigten zu einer Freiheitsstrafe von mindestens einem Jahr ohne Bewährung nur wegen seiner Schuldunfähigkeit nicht möglich war und daher eine Unterbringung in einem psychiatrischen Krankenhaus oder in einer Erziehungsanstalt angeordnet wurde. Dieses Ergebnis ist im Lichte der Entscheidung des BVerfG vom 19.4.2005[19] sachgerecht.

§ 2334
Entziehung des Elternpflichtteils

Der Erblasser kann dem Vater den Pflichtteil entziehen, wenn dieser sich einer der in § 2333 Nr. 1, 3, 4 bezeichneten Verfehlungen schuldig macht. Das gleiche Recht steht dem Erblasser der Mutter gegenüber zu, wenn diese sich einer solchen Verfehlung schuldig macht.

Neufassung ab 1.1.2010
Ersetzt durch § 2333 Abs. 2 für Erbfälle ab dem 1.1.2010 (vgl. Art. 229 § 23 Abs. 4 EGBGB).

Die Vorschrift regelt abschließend die Möglichkeit der Entziehung des Pflichtteils gegenüber den Eltern des Erblassers. Dazu verweist sie auf die in § 2333 normierten Entziehungsgründe mit Ausnahme der Nr. 2 und 5. Wegen dieser Einschränkung ist § 2334 rechtspolitisch bedenklich. Zur Reform des Pflichtteilsentziehungsrechts s. § 2333 Rz. 16 ff.. Es ist nicht nachvollziehbar, dass ein Abkömmling einem Elternteil den Pflichtteil wegen dessen ehrlosen oder unsittlichen Lebenswandels nicht entziehen kann.[1] Es fällt heute schon sehr schwer, zu § 2333 Nr. 5 eindeutige Bespiele zu benennen, weshalb mit einer Einbeziehung in § 2334 nichts gewonnen ist. Die Aussparung von Nr. 2 hat keine

1

---

[18] S. BTDrs. 16/8954, S. 23 f.
[19] BVerfGE 112, 332 = NJW 2005, 1561, 1565 f.

[1] *Soergel/Dieckmann* § 2334 Rn. 1; *Leisner* NJW 2001, 126.

große praktische Bedeutung: Ist die Misshandlung ein schweres Vergehen, so greift Nr. 3 ein.[2] Bei leichten Misshandlungen kommt Nr. 2 auch bei § 2333 nur zur Anwendung, wenn eine schwere Pietätsverletzung vorliegt.[3] Die Entziehung kann nur den schuldigen Elternteil treffen. Persönliche Straffreiheit (z.B. §§ 247 Abs. 2, 289 Abs. 4 StGB) spielt keine Rolle. Eine Verfehlung gegen den anderen Elternteil gewährt kein Entziehungsrecht. Vater i.S.v. S. 1 ist auch der nichteheliche Vater. Eltern können gegenüber unverheirateten Kindern grundsätzlich die Art der Unterhaltsgewährung frei bestimmen (§ 1612 Abs. 2).Es liegt deshalb kein Verstoß gegen § 2334 i.V.m. § 2333 Nr. 4 vor, wenn ausreichende Mittel für eine Heimunterbringung des Kindes zur Verfügung gestellt werden. Eine Unterhaltspflichtverletzung kann aber darin liegen, dass einem Abkömmling keine angemessene Ausbildung ermöglicht wird (1610 Abs. 2)[4] Die Form der Entziehung des Elternpflichtteils richtet sich – wie bei § 2333 – nach § 2336. Das Recht zur Entziehung erlischt mit der Verzeihung (§ 2337).

§ 2335
Entziehung des Ehegattenpflichtteils

Der Erblasser kann dem Ehegatten den Pflichtteil entziehen:
1. wenn der Ehegatte dem Erblasser oder einem Abkömmling des Erblassers nach dem Leben trachtet,
2. wenn der Ehegatte sich einer vorsätzlichen körperlichen Misshandlung des Erblassers schuldig macht,
3. wenn der Ehegatte sich eines Verbrechens oder eines schweren vorsätzlichen Vergehens gegen den Erblasser schuldig macht,
4. wenn der Ehegatte die ihm dem Erblasser gegenüber gesetzlich obliegende Unterhaltspflicht böswillig verletzt.

Neufassung ab 1.1.2010:
Ersetzt durch § 2333 Abs. 2 für Erbfälle ab dem 1.1.2010 (vgl. Art 229 § 23 Abs. 4 EGBGB).

1 Wegen der Reform des Pflichtteilsentziehungsrechts s. § 2333 Rz. 16 ff..
2 Die Entziehungsgründe für den Pflichtteil des Ehegatten sind abschließend geregelt und nicht analogiefähig. Sie entsprechen im Wesentlichen denen des § 2333 Nr. 1–4. Abkömmlinge i.S.v. Nr. 1 sind auch nichteheliche Kinder, wenn die Vaterschaft anerkannt oder festgestellt ist (§ 1592 Nr. 2, 3). Grundsätzlich zählen auch Adoptivkinder zu den Abkömmlingen. Bei der Volljährigenadoption gilt das nur, wenn die Voraussetzungen der §§ 1770, 1772 Abs. 2 vorliegen. Nur körperliche, nicht jedoch auch seelische Misshandlungen gegenüber dem Erblasser berechtigen zu einer Pflichtteilsentziehung (Nr. 2).[1] Bei der böswilligen Verletzung einer gesetzlichen Unterhaltspflicht (Nr. 4) muss man aber berücksichtigen, dass das Ehegattenunterhaltsrecht komplizierten Regelungen unterliegt (vgl. §§ 1360, 1360a, 1356, 1361). Vor diesem Hintergrund ist es in den meisten Fällen nicht einfach, eine böswillige und erhebliche Pflichtverletzung und den entsprechenden Vorsatz festzustellen, und die Leistungsfähigkeit des Unterhaltspflichtigen zu bejahen. Zu Nr. 1 bis 4 vgl. im Übrigen die entspr. Hinweise des § 2333. Hinsichtlich der Form und des Inhalts der Ent-

---

2 Die Ungleichbehandlung der vorsätzlichen Misshandlung wird jedoch als verfassungsrechtlich problematisch angesehen, vgl. *Haas* ZEV 2000, 249, 258 (Verstoß gegen den Gleichheitssatz).
3 Vgl. §§ 2333.
4 *Staudinger/Olshausen* § 2334 Rn. 3.
1 *Staudinger/Olshausen* § 2335 Rn. 14; vgl. ferner OLG Köln ZEV 1996, 430 = FamRZ 1997, 454.

ziehungsverfügung ist § 2336 zu beachten. Eine Verzeihung beseitigt auch hier das Recht zur Entziehung des Pflichtteils (§ 2337). § 2335 ist neben § 1933 auch dann anwendbar, wenn der Erblasser zurzeit seines Todes die Scheidung beantragt oder ihr zugestimmt hat. Ist das gesetzliche Ehegattenerbrecht gem. § 1933 ausgeschlossen, entfällt auch das Pflichtteilsrecht ohne Rücksicht auf eine Entziehung. Die Entziehung des Ehegattenpflichtteils lässt den Zugewinnausgleich gem. § 1371 Abs. 2 unberührt. Bei grober Unbilligkeit kann allerdings die Erfüllung der Ausgleichsforderung verweigert werden (§ 1381 Abs. 1).[2]

§ 2336
Form, Beweislast, Unwirksamwerden

(1) Die Entziehung des Pflichtteils erfolgt durch letztwillige Verfügung.

(2) Der Grund der Entziehung muss zur Zeit der Errichtung bestehen und in der Verfügung angegeben werden. Für eine Entziehung nach § 2333 Absatz 1 Nummer 4 muss zur Zeit der Errichtung die Tat begangen sein und der Grund für die Unzumutbarkeit vorliegen; beides muss in der Verfügung angegeben werden.

(3) Der Beweis des Grundes liegt demjenigen ob, welcher die Entziehung geltend macht.

(4) *(weggefallen)*

Zu § 2336: Geändert durch G vom 24.9.2009 (BGBl I S. 3142) (1.1.2010).

Fassung bis 31.12.2009

§ 2336
Form, Beweislast, Unwirksamwerden

(1) Die Entziehung des Pflichtteils erfolgt durch letztwillige Verfügung.

(2) Der Grund der Entziehung muss zur Zeit der Errichtung bestehen und in der Verfügung angegeben werden.

(3) Der Beweis des Grundes liegt demjenigen ob, welcher die Entziehung geltend macht.

(4) Im Falle des § 2333 Nr. 5 ist die Entziehung unwirksam, wenn sich der Abkömmling zur Zeit des Erbfalls von dem ehrlosen oder unsittlichen Lebenswandel dauernd abgewendet hat.

I. Form der Entziehung nach Abs. 1

Die Entziehung des Pflichtteils kann in jeder Testamentsform, auch durch Nottestament nach §§ 2249 ff. oder durch Erbvertrag erfolgen. Im gemeinschaftlichen Testament und im Erbvertrag ist sie jedoch wegen §§ 2270 Abs. 3, 2278 Abs. 2 nicht mit Bindungswirkung möglich. 1

Die Pflichtteilsentziehung umfasst auch den Pflichtteilsrestanspruch gem. §§ 2305, 2307 sowie den Pflichtteilsergänzungsanspruch gem. § 2325. Erklärt der Erblasser lediglich die »Enterbung«, bedarf die getroffene Verfügung der Auslegung, ob damit nur der Aus- 2

---

2 *Bamberger/Roth/J. Mayer* § 2335 Rn. 4.

schluss von der gesetzlichen Erbfolge oder weitergehend die Entziehung des Pflichtteils gemeint war.[1]

3 Die ausgesprochene Pflichtteilsentziehung schließt eine konkludente Enterbung (§ 1938) ein.[2]

4 Wenn ein Pflichtteilsentziehungsgrund bei der Testamentserrichtung nicht vorlag oder der Entziehungsgrund wegen geändertem Lebenswandel des Pflichtteilsberechtigten gem. § 2336 Abs. 4 unwirksam wird oder der Erblasser gem. § 2337 verziehen hat, bleibt es dennoch beim rechtlichen Fortbestand der Enterbung.

5 In Fällen, bei denen zu keinem Zeitpunkt ein Entziehungsgrund vorlag, bestimmt sich die Wirksamkeit der Enterbung nach § 2085.[3] Bei einer Unwirksamkeit der Pflichtteilsentziehung kommt gegebenenfalls eine Anfechtung der Enterbung nach § 2078 Abs. 2 in Betracht.[4] Das gilt insb. dann, wenn der Erblasser irrtümlich das Vorliegen eines Entziehungsgrundes angenommen hatte.

II. Bestehen des Entziehungsgrundes zur Zeit der Errichtung und Angabe in der Verfügung (Abs. 2)

6 Der Grund der Entziehung (§§ 2333–2335) muss im Zeitpunkt der Errichtung der letztwilligen Verfügung bestehen. Dies ist auch dann der Fall, wenn die Verfehlung der Vergangenheit angehörte, aber vom Erblasser nicht verziehen wurde (§ 2337). Wird beispielsweise die Entziehung auf Verfehlungen eines Abkömmlings gegenüber dem Ehegatten des Erblassers gestützt (§ 2333 Nr. 1–3), ist es nicht erforderlich, dass die Ehe bis zur Testamentserrichtung bestanden hat. Im Falle des § 2333 Nr. 5 muss allerdings der ehrlose und unsittliche Lebenswandel über den Errichtungszeitpunkt der Verfügung hinaus bis zum Erbfall angedauert haben (Abs. 4). Die Entziehung kann nicht unter der Bedingung künftiger Verfehlungen ausgesprochen werden. Der Erblasser darf aber eine an sich gerechtfertigte Entziehung von einer Bedingung abhängig machen.[5] Nach dem Grundsatz der freien Beweiswürdigung können nach der Errichtung der Verfügung eingetretene Tatsachen für die Feststellung des zurzeit der Errichtung bestehenden Grundes herangezogen werden.[6] Dabei darf jedoch nicht ein vom Erblasser genannter, aber nicht beweisbarer Entziehungsgrund gegen einen nicht genannten aber beweisbaren ausgetauscht werden.

7 Angabe des Grundes in der Verfügung. Die Entziehung des Pflichtteils kann nur auf Gründe gestützt werden, die in der letztwilligen Verfügung enthalten sind. Dadurch soll die spätere Beweisbarkeit der tatsächlichen Motivation des Erblassers für die Entscheidung zur Pflichtteilentziehung gesichert werden. Die Angabe der Gründe müssen daher hinreichend konkret erfolgen, so dass später gerichtlich geklärt werden kann, auf welchen Entziehungsgrund der Erblasser seinen Entschluss stützte. Zugleich soll auf diese Weise ein »Nachschieben von Gründen« durch die Erben in einem Pflichtteilsentziehungsprozess vermieden werden.[7] Nach allgemeiner Meinung ist es nicht notwendig, den Sachverhalt in allen Einzelheiten anzugeben. Es genügt die Angabe eines Kernsachverhalts, der den Entziehungsgrund liefern soll. Dies bedeutet:. Es genügt jede substanziierte Bezeichnung, die es erlaubt, durch Auslegung festzustellen, weshalb im konkreten Fall der Pflichtteil entzogen wurde und auf welchen Lebenssachverhalt sich der Erblasser bezieht. Nach der Rspr.

---

1 OLG Hamm OLGZ 73, 83, 85 f. = FamRZ 1972, 660, 661 f.; OLG Düsseldorf NJW-RR 1996, 520 = ZEV 1995, 410 mit Anm. *Reinmann*; OLG Köln ZEV 1996, 430 = FamRZ 1997, 454; BayObLG ZEV 2000, 280, 281.
2 BayObLG FamRZ 1996, 826, 828; *Erman/Schlüter* § 2336 Rn. 1.
3 OLG Hamm OLGZ 73, 83, 87 = FamRZ 1972, 660, 662; RGRK/*Johannsen* § 2337 Rn. 3.
4 BayObLGZ 21, 328, 331; RGRK/*Johannsen* § 2336 Rn. 1; *Soergel/Dieckmann* § 2336 Rn. 1.
5 *Ermann/Schlüter* § 2336 Rn. 3; RGRK *Johannsen* § 2336 Rn. 4.
6 RG DR 1939, 382; vgl. auch RGZ 168, 39, 43.
7 BGHZ 94, 36, 40 = NJW 1985, 1554, 1555; *Bamberger/Roth/J. Mayer* § 2336 Rn. 6.

des BGH[8] ist der Grund der Entziehung dann nicht ausreichend in der Verfügung angegeben, wenn der Erblasser sich mit seinen Worten nicht auf bestimmte Vorgänge (unverwechselbar) festgelegt und den Kreis der in Betracht kommenden Vorfälle nicht einigermaßen und praktisch brauchbar eingegrenzt hat.[9] Das Gesetz schreibt vor, dass die gebotenen Angaben »in« der letztwilligen Verfügung zu machen sind. Daher reicht die bloße Wiederholung des Gesetzeswortlauts nicht aus.[10] In der Praxis bereitet insb. die Umschreibung des Tatbestandes erhebliche Schwierigkeiten. Positive Beispiele aus der Rechtsprechung, wie man die gesetzliche Vorgabe erfüllen kann, sind praktisch nicht zu finden. Die nachfolgenden Formulierungsbeispiele sollen daher als Orientierungshilfe dienen: (1) Entziehungsgrund nach § 2333 Nr. 5 a.F.: Ich entziehe meiner Tochter T nach § 2333 Nr. 5 BGB ihren Pflichtteil, weil sie einen ehrlosen und unsittlichen Lebenswandel führt. Sie hat die Familienehre durch ihre Rauschgiftdelikte und Delikte im Kfz-Bereich, maßgeblich aber durch die »Ermordung« ihres Lebensgefährten, dessen Tod sie schuldhaft herbeigeführt hat, verletzt. Von ihrer Verhaftung habe ich durch Berichte in den Pressemedien erfahren.[11] (2) Entziehungsgrund nach 2333 Nr 4 n.F.: Ich entziehe meinem Sohn S nach § 2333 Nr. 4 BGB seinen Pflichtteil, weil er in den letzten zwei Jahren schweren sexuellen Missbrauch an Kindern in mindestens 6 Fällen begangen hat. Von seiner Verhaftung habe ich durch Medienberichte Kenntnis erlangt. Wegen der Schwere dieser Taten, die ich verabscheue, ist es aufgrund meiner Wertevorstellungen unerträglich, dass mein Sohn noch eine Teilhabe an meinem Nachlass haben soll.

III. Beweis des Entziehungsgrundes (Abs. 3)

Nach § 2336 Abs. 3 trifft die Beweislast für den Entziehungsgrund den Pflichtteilsschuldner, regelmäßig also den Erben oder im Falle von § 2329 den Beschenkten. 8

Sofern der Pflichtteilsberechtigte in den Fällen des § 2333 Ziff. 2 und 3 eine Notwehrlage behauptet, tragen der Erbe oder Beschenkte trotzdem die Beweislast für das Nichtvorliegen eines Notwehrrechts.[12] Ebenso hat der Erbe das Verschulden des Pflichtteilsberechtigten im Falle des § 2333 Ziff. 5 zu beweisen.[13] 9

Behauptet allerdings der Pflichtteilsberechtigte, er habe sich nach Errichtung der Verfügung[14] nachhaltig gebessert (Abs. 4) oder der Erblasser habe ihm verziehen (§ 2337), so trifft ihn die Beweislast.[15] 10

IV. Dauerhafte Abwendung vom ehrlosen oder unsittlichen Lebenswandel (Abs. 4)

Die Unwirksamkeit der Pflichtteilsentziehung nach Abs. 4 setzt eine »dauernde« Abwendung des Abkömmlings vom ehrlosen oder unsittlichen Lebenswandel in der Zeit zwischen Errichtung der letztwilligen Verfügung und Tod des Erblassers voraus. »Dauernd« ist die Abwendung, wenn die Besserung solange angedauert hat und so nachhaltig war, dass ein künftiger Rückfall nicht mehr in Betracht kommt. Die Abwendung muss im Zeitpunkt des Erbfalls gegeben sein.[16] 11

---

8 BGHZ 94, 36 = NJW 1985, 1554.
9 BVerfG DNotZ 2005, 791.
10 OLG Köln ZEV 1998, 144, 145; OLG Nürnberg NJW 1976, 2020.
11 Angelehnt an LG Bonn ZErb 2009, 190.
12 BGH FamRZ 1985, 919, 920.
13 So BGH WM 1973, 543 (berichtet von *Johannsen*) u. OLG Düsseldorf NJW 1968, 944 für Trunksucht.
14 Dass der Pflichtteilsberechtigte den schlechten Lebenswandel zurzeit der Testamentserrichtung führte, muss der Erbe beweisen, *Staudinger/Olshausen* § 2336 Rn. 19.
15 RGZ 77, 162, 163; *Kipp/Coing* § 14 III.
16 *Bamberger/Roth/J. Mayer* § 2336 Rn. 13; *Kanzleiter* DNotZ 1984, 22.

V. Wirkung der Entziehung

12 Da bis zum Eintritt des Erbfalls noch eine Verzeihung möglich ist (§ 2337), entfaltet eine begründete Entziehungsverfügung erst Wirkung mit dem Eintritt des Erbfalls.[17] Im Regelfall geht mit der Entziehung eine (konkludente) Enterbung (§ 1938) einher. Hatte der Erblasser einem möglichen gesetzlichen Erben, der selbst nicht pflichtteilsberechtigt ist, den Pflichtteil wirksam entzogen, ist darin regelmäßig der Ausschluss des Betroffenen von der gesetzlichen Erbfolge nach § 1938 zu sehen.[18]

VI. Praktischer Hinweis

13 Wegen § 2336 Abs. 3 ist für die Beweisführung des Erben folgendes zu beachten: Stützt der Erblasser die Pflichtteilsentziehung auf Umstände, die nach seinem Tod möglicherweise nicht mehr ohne seine Mitwirkung zu beweisen sind, kann der Erbe das Vorliegen des Entziehungsgrundes nicht belegen.

14 Um einer künftigen Beweisnot des Erben vorzubeugen, kann deshalb schon zu Lebzeiten des Erblassers die Durchführung des selbstständigen Beweisverfahrens gem. § 485 ff. ZPO geboten sein.

15 Darüber hinaus besteht die Möglichkeit, dass der Erblasser zu Lebzeiten sein Pflichtteilsentziehungsrecht zum Gegenstand einer Feststellungsklage macht.

VII. Änderungen durch die Erbrechtsreform

16 Im Rahmen der Erbrechtsreform ist § 2336 Abs. 4 ersatzlos gestrichen worden. Es handelt sich um eine notwendige Folgeänderung auf Grund der Streichung des nach altem Rechts bestehenden Entziehungsgrundes des § 2333 Nr. 5 BGB. Abs. 2 ist um einen S. 2 ergänzt. Dies hat folgende Bedeutung:

17 Nach § 2336 Abs. 2 muss der Grund der Pflichtteilsentziehung zur Zeit der Errichtung der letztwilligen Verfügung bestehen und in dieser angegeben werden. Der neu geschaffene Entziehungsgrund § 2333 Abs. 1 Nr. 4 knüpft bei seinen objektiven Voraussetzungen neben der Verurteilung wegen einer vorsätzlichen Straftat zu einer Freiheitsstrafe von mindestens einem Jahr ohne Bewährung auch an die Rechtskraft des Urteils an. Gerade bei schwierigen und lang dauernden Strafverfahren, die sich durch mehrere Instanzen ziehen, kann die Rechtskraft erst lange Zeit nach der Tatbegehung und somit u.U. auch erst nach Errichtung der Verfügung oder sogar nach dem Erbfall eintreten. Für eine wirksame Pflichtteilsentziehung im Rahmen einer letztwilligen Verfügung darf es aber keine Rolle spielen, ob die Rechtskraft zu Zeit der Errichtung vorliegt oder erst später eintritt. Die Rechtskraft der Entscheidung wird letztlich für die Motivation des Erblassers keine Rolle spielen. Aus diesem Grund sind die Angabe der begangenen Tat und die Darlegung der Gründe für die Unzumutbarkeit in der letztwilligen Verfügung ausreichend.

§ 2337
Verzeihung

Das Recht zur Entziehung des Pflichtteils erlischt durch Verzeihung. Eine Verfügung, durch die der Erblasser die Entziehung angeordnet hat, wird durch die Verzeihung unwirksam.

---

17 BGH NJW 1989, 2054.
18 BayObLG DNotZ 1996, 319.

I. Verzeihung

Begrifflich ist die Verzeihung der nach außen kundgegebene Entschluss des Erblassers, aus den erfahrenen Kränkungen nichts mehr herleiten und über sie hinweggehen zu wollen.[1]

Die Verzeihung ist keine rechtsgeschäftliche Erklärung gegenüber dem Pflichtteilsberechtigten. Sie kann sich sowohl ausdrücklich aus den Bekundungen des Erblassers wie auch konkludent aus dessen Verhalten ergeben.[2]

Die Verzeihung setzt indes voraus, dass der Erblasser das Ausmaß der Verfehlungen zumindest annähernd gekannt hat oder aber zum Ausdruck gebracht hat, unabhängig von der Kenntnis der Verfehlungen nichts herleiten zu wollen.[3]

II. Die Rechtswirkung der Verzeihung

Hatte der Erblasser verziehen, kann er gem. § 2337 S. 1 auf die Verfehlung eine Pflichtteilsentziehung nicht mehr stützen. Die bereits angeordnete Entziehung wird nach § 2337 S. 2 unwirksam.

Haben die Ehegatten in einem gemeinschaftlichen Testament einem gemeinsamen Kind den Pflichtteil entzogen, wirkt eine nachträgliche Verzeihung des überlebenden Ehegatten auch hinsichtlich derjenigen Vermögensgegenstände, die im Eigentum des verstorbenen Ehegatten standen und die dieser dem länger lebenden Ehegatten hinterlassen hat.[4]

Die Verzeihung bezieht sich allerdings nur auf die Pflichtteilsentziehung. Eine damit etwa verbundene Enterbung kann dadurch nicht beseitigt werden. Hierzu ist die Aufhebung durch ein formgültiges Testament erforderlich. Der Erblasser kann, auch ohne zu verzeihen, die Pflichtteilsentziehung in der Form der §§ 2253 ff. widerrufen. In diesem Fall kann er durch Widerruf des Widerrufs die Pflichtteilsentziehung wiederherstellen.[5] Ob der Widerruf der Pflichtteilsentziehung gleichzeitig auch den Widerruf der mit ihr verbundenen Enterbung enthält, ist durch Auslegung zu ermitteln.[6]

III. Beweislast

Die Beweislast für das Vorliegen der Voraussetzungen der Verzeihung trifft nach den allgemeinen Regelungen denjenigen, der sich auf die Verzeihung beruft, also im Regelfall den Pflichtteilsberechtigen.

§ 2338
Pflichtteilsbeschränkung

(1) Hat sich ein Abkömmling in solchem Maße der Verschwendung ergeben oder ist er in solchem Maße überschuldet, dass sein späterer Erwerb erheblich gefährdet wird, so kann der Erblasser das Pflichtteilsrecht des Abkömmlings durch die Anordnung beschränken, dass nach dem Tode des Abkömmlings dessen gesetzliche Erben das ihm Hinterlassene oder den ihm gebührenden Pflichtteil als Nacherben oder als Nachvermächtnisnehmer nach dem Verhältnis ihrer gesetzlichen Erbteile erhalten sollen. Der Erblasser kann auch für die Lebenszeit des Abkömmlings die Verwaltung einem Testa-

---

[1] BGHZ 91, 273, 280 = NJW 1984, 2089, 2090; OLG Köln ZEV 1996, 430, 431 = FamRZ 1997, 454, 455.
[2] OLG Köln ZEV 1998, 144, 146; OLG Hamm NJW-RR 2007, 1235; *Erman/Schlüter* § 2337 Rn. 1; *Soergel/Dieckmann* § 2337 Rn. 5.
[3] *Soergel/Dieckmann* § 2337 Rn. 10; *Staudinger/Olshausen* § 2337 Rn. 6, 7.
[4] OLG Hamm MDR 1997, 844 mit zust. Anm. *Finzel*; *Soergel/Dieckmann* § 2337 Rn. 14.
[5] *Bamberger/Roth/J. Mayer* § 2337 Rn. 6; *Soergel/Dieckmann* § 2337 Rn. 17; *Staudinger/Olshausen* § 2337 Rn. 24.
[6] *Soergel/Dieckmann* § 2337 Rn. 18; *Staudinger/Olshausen* § 2337 Rn. 24.

mentsvollstrecker übertragen; der Abkömmling hat in einem solchen Falle Anspruch auf den jährlichen Reinertrag.

(2) Auf Anordnungen dieser Art findet die Vorschrift des § 2336 Abs. 1 bis 3 entsprechende Anwendung. Die Anordnungen sind unwirksam, wenn zur Zeit des Erbfalls der Abkömmling sich dauernd von dem verschwenderischen Leben abgewendet hat oder die den Grund der Anordnung bildende Überschuldung nicht mehr besteht.

Übersicht	Rz.		Rz.
I. Zweck der Vorschrift	1	1. Beschränkung zugunsten der gesetzlichen Erben des Abkömmlings	7
II. Voraussetzungen der Pflichtteilsbeschränkung	2	2. Anordnung einer Nacherbfolge	8
1. Betroffener Personenkreis	2	3. Anordnung eines Nachvermächtnisses	11
2. Verschwendung	3	IV. Wirkung der Anordnung von Nacherbschaft und Nachvermächtnissen	12
3. Überschuldung	4	1. Nacherbschaft	12
4. Weitere Voraussetzung	5	2. Nachvermächtnis	13
5. Maßgebender Zeitpunkt	6		
III. Einsetzung der gesetzlichen Erben des Abkömmlings als Nacherben oder Nachvermächtnisnehmer	7	V. Anordnung und Wirkung der Verwaltungstestamentsvollstreckung (Abs. 1 S. 2)	14
		VI. Form der Beschränkung (Abs. 2)	15

I. Zweck der Vorschrift

1 Im Gegensatz zur Pflichtteilsentziehung handelt es sich nicht um einen Akt mit Strafcharakter, sondern um eine Maßnahme der Zwangsfürsorge gegenüber verschwendungssüchtigen oder überschuldeten Abkömmlingen.

II. Voraussetzungen der Pflichtteilsbeschränkung

1. Betroffener Personenkreis

2 Nach § 2338 ist die Beschränkung des Pflichtteils nur gegenüber Abkömmlingen, nicht aber gegenüber den Eltern, dem Ehegatten oder dem Lebenspartner zulässig. Zu den Abkömmlingen zählen auch adoptierte nichteheliche Kinder. Liegen neben den Voraussetzungen der Pflichtteilsbeschränkung auch, Gründe vor, die eine Pflichtteilsentziehung rechtfertigen, sind Beschränkungen auch über die Grenze des § 2338 hinaus zulässig.

2. Verschwendung

3 Von Verschwendung ist auszugehen, wenn sämtliche Einnahmen unmittelbar zweck- und nutzlos vergeudet werden.[1]

3. Überschuldung

4 Überschuldung liegt nach allgemeinen Sprachgebrauch vor, wenn die Passiva die Aktiva übersteigen (vgl. §§ 11, 19, 320, 322 InsO). Die Ursache der Überschuldung ist ohne Bedeutung. Die Eröffnung des Insolvenzverfahrens berechtigt den Erblasser noch nicht zur Pflichtteilsbeschränkung, weil bei natürlichen Personen die Zahlungsunfähigkeit und nicht die Überschuldung Insolvenzgrund ist (§ 17 InsO).[2] Die Überschuldung muss in der Person des Abkömmlings gegeben sein. Deshalb ist die Überschuldung des Ehegatten

---

[1] *Bamberger/Roth/J. Mayer* § 2338 Rn. 2; *Baumann* ZEV 1996, 121, 122.
[2] *Staudinger/Olshausen* § 2338 Rn. 10.

nicht reichend. Objekt der Gefährdung kann wegen des Schutzzwecks nur der Erb- oder Pflichtteil des Abkömmlings sein.³

4. Weitere Voraussetzung

Weiter Voraussetzung für eine Anordnung ist, dass entweder die Verschwendung oder Überschuldung eine erhebliche Gefährdung des späteren Erwerbs des Abkömmlings verursachen. Mit diesem Merkmal sind alle Einkünfte oder Vermögenswerte gemeint, die ihm aus irgendwelchen Erwerbsquellen zufließen. 5

5. Maßgebender Zeitpunkt

Nach Abs. 2 S. 1 i.V.m. § 2336 Abs. 2 muss der Beschränkungsgrund im Zeitpunkt der Errichtung der letztwilligen Verfügung bestehen. Die Beschränkung kann daher nicht auf eine drohende Überschuldung gestützt werden. Gem. Abs. 2. S. 2 sind zudem Anordnungen des Erblassers unwirksam, »wenn zurzeit des Erbfalls der Abkömmling sich dauernd von dem verschwenderischen Leben abgewendet hat oder die den Grund der Anordnung bildende Überschuldung nicht mehr besteht«. Vorübergehende Veränderungen zwischen Errichtung und Erbfall sind ohne Belang. Auch eine Verzeihung ist nach zutreffender Ansicht unbeachtlich, weil die Anordnungen des Erblassers in guter Absicht erfolgen und daher eine entsprechende Anwendung des § 2337 nicht in Betracht kommt.⁴ 6

III. Einsetzung der gesetzlichen Erben des Abkömmlings als Nacherben oder Nachvermächtnisnehmer

1. Beschränkung zugunsten der gesetzlichen Erben des Abkömmlings

Die Anordnung einer Nacherbfolge oder eines Nachvermächtnisses ist nur zulässig, wenn erstens der Tod des Abkömmlings den entscheidenden Zeitpunkt für den Eintritt der Nacherbfolge bzw. den Anfall des Nachvermächtnisses bildet. Jeder andere Zeitpunkt oder ein sonstiges Ereignis in der Person des Abkömmlings stellt eine unzulässige Beschränkung dar. In einem solchen Fall stünden dem beschwerten Abkömmling die Rechte nach §§ 2306 Abs. 1 S. 2, 2307 Abs. 1 S. 2 zu. Alle gesetzlichen Erben des Abkömmlings müssen als Nacherben zu den nach der gesetzlichen Erbfolge vorgesehenen Quoten eingesetzt werden. Dem steht nicht entgegen, dass der Erblasser gesetzliche Erben des Abkömmlings von der Nacherbfolge ausschließt, sofern in deren Person Pflichtteilsentziehungsgründe vorliegen.⁵ Die gesetzlichen Erben des Abkömmlings stehen erst bei dessen Tod endgültig fest. Deshalb ist es empfehlenswert, diese individuell zu bezeichnen. Der Erblasser sollte sich an den Gesetzeswortlaut halten und »die gesetzlichen Erben« des Abkömmlings zu Nacherben oder Nachvermächtnisnehmern bestimmen.⁶ Dem Erblasser steht es frei, die Berufung als Nacherben (Nachvermächtnisnehmer) auf die gesetzlichen Erben der ersten Ordnung oder der ersten und zweiten Ordnung usw. zu beschränken.⁷ Sind beim Tod des Abkömmlings keine Erben der ersten Ordnung oder weiterer Ordnung vorhanden, tritt kein Nacherbfall (Nachvermächtnisfall) ein. Der Abkömmling wird dann nach allgemeinen Grundsätzen beerbt. 7

---

3 *Bamberger/Roth/J. Mayer* § 2338 Rn. 2; a.A. *Baumann* ZEV 1996, 121, 122; *Staudinger/Olshausen* § 2338 Rn. 9.
4 MüKoBGB/*Lange* § 2338 Rn. 9.
5 *Staudinger/Olshausen* § 2338 Rn. 23.
6 Näheres *Staudinger/Olshausen* § 2338 Rn. 21-25.
7 RGRK/*Johannsen* § 2338 Rn. 4; *Soergel/Dieckmann* § 2338 Rn. 12; *Staudinger/Olshausen* § 2338 Rn. 23.

2. Anordnung einer Nacherbfolge

8 Da der Erblasser einen Abkömmling, den er als Erben einsetzt, durch die Anordnung einer Nacherbfolge auch dann beschränken kann, wenn die Voraussetzungen des § 2338 nicht vorliegen, muss unterschieden werden.

9 a) Ist der hinterlassene Erbteil größer als der Pflichtteil und schlägt der Abkömmling die Erbschaft nicht aus, bleibt er schon nach allgemeinen Grundsätzen an die Beschränkungen gebunden;[8] § 2338 entfaltet keine Bedeutung. Schlägt er die Erbschaft aus, kann er nach § 2306 Abs. 1 S. 2 den Pflichtteil unbestritten dann verlangen, wenn ihm neben den nach § 2338 zulässigen Beschränkungen noch weitere Beschränkungen oder Beschwerungen aufgebürdet waren.[9] Die nach § 2338 zulässigen Beschränkungen gehen dann allerdings auf den Pflichtteilsanspruch in Gestalt eines Nachvermächtnisses über.[10] War der hinterlassene Erbteil nur mit Beschränkungen i.S.v. § 2338 versehen, hat der Abkömmling im Fall der Ausschlagung überhaupt keinen Pflichtteilsanspruch.[11] Diese Auffassung erscheint zutreffend. Denn einem Erben steht generell kein Pflichtteilsanspruch zu, sofern er das Erbe ausschlägt. Nur wenn der Erbteil mit Beschränkungen i.S.v. § 2306 belastet ist, entsteht ein Wahlrecht für den Erben. Würde man ausschließliche Beschränkungen nach § 2338 genauso behandeln, ergeben sich folgende, nicht gerechtfertigte Konsequenzen: Der Abkömmling hätte ein freies Wahlrecht zwischen einer beschränkten Erbenstellung und einem gleichermaßen beschränkten Pflichtteilsanspruch. § 2338 ist deshalb als eine die Rechtsfolgen des § 2306 verdrängende Sonderregelung zu verstehen.

10 b) Ist der hinterlassene Erbteil ebenso groß oder kleiner als der Pflichtteil, würden angeordnete Beschränkungen ohne die Sonderregelung des § 2338 ohne Weiteres hinfällig werden (§ 2306 Abs. 1 S. 1). So bleiben die zulässigen Beschränkungen bestehen Nur die Beschränkungen gelten als nicht angeordnet, die das nach § 2338 zulässige Maß überschreiten. Die Änderungen des § 2306 im Rahmen der Erbrechtsreform lassen die Differenzierung zu a) und b) entfallen. Es gelten dann uneingeschränkt die unter a) enthaltenen Ausführungen.

3. Anordnung eines Nachvermächtnisses

11 Wird der Abkömmling als Vermächtnisnehmer eingesetzt, enterbt oder auf den Pflichtteil verwiesen, kann der Erblasser hinsichtlich des Vermächtnisses oder Pflichtteils den gesetzlichen Erben des Abkömmlings ein Nachvermächtnis zuwenden. Wird der Abkömmling Vermächtnisnehmer und nimmt er das Vermächtnis (§ 2191) an, bleiben die Beschränkungen bereits nach § 2307 Abs. 1 bestehen. Dies gilt ohne Rücksicht darauf, ob die Voraussetzungen des § 2338 vorliegen oder nicht. Schlägt er aus, kann er den Pflichtteil verlangen, unterliegt aber, soweit nicht ein anderer Wille des Erblassers anzunehmen ist, den angeordneten Beschränkungen gem. § 2338.[12]

IV. Wirkung der Anordnung von Nacherbschaft und Nachvermächtnissen

1. Nacherbschaft

12 Das Verfügungsrecht des Vorerben ist nach Maßgabe der §§ 2112 ff., bei Anordnung einer befreiten Vorerbschaft nach § 2136 beschränkt. Zwangsvollstreckungsmaßnahmen von Eigengläubigern des Abkömmlings sind gem. § 2115 im Falle des Eintritts der Nach-

---

[8] RGRK/*Johannsen* § 2338 Rn. 8; *Staudinger/Olshausen* § 2338 Rn. 33.
[9] *Staudinger/Olshausen* § 2338 Rn. 33.
[10] RGRK/*Johannsen* § 2338 Rn. 8; *Soergel/Dieckmann* § 2338 Rn. 9.
[11] *Staudinger/Olshausen* § 2338 Rn. 34. – a.A. (wohl h.M.) RGRK *Johannsen* § 2338 Rn. 8; *Soergel/Dieckmann* § 2338 Rn. 9; *Kessel* MittRhNotK 1991, 137, 146; *Baumann* ZEV 1996, 121, 123 (Fn. 39).;*Bamberger/Roth/Mayer* § 2338 Rn. 14.
[12] *Bamberger/Roth/Mayer* § 2338 Rn. 8.

erbfolge insoweit unwirksam, als sie das Recht des Nacherben beeinträchtigen oder vereiteln würden. Nach § 863 Abs. 1 S. 1 ZPO sind darüber hinaus die Erbschaftsnutzungen nur beschränkt der Pfändung durch die persönlichen Gläubiger des Abkömmlings unterworfen.

2. Nachvermächtnis

Mit der Anordnung eines Nachvermächtnisses kann der Zweck der Pflichtteilsbeschränkung in guter Absicht nur unvollkommen erreicht werden:[13] § 2191 Abs. 2 verweist nicht auf die §§ 2113 bis 2115, so dass keine Verfügungsbeschränkung eintritt und Eigengläubiger in den Gegenstand des Vermächtnisses und in dessen Nutzungen[14] vollstrecken können, weil § 863 ZPO den Fall des Nachvermächtnisses nicht erwähnt. Bei Vorliegen der Voraussetzungen des § 2338 ist es deshalb empfehlenswert, zusätzlich Testamentsvollstreckung anzuordnen.

13

V. Anordnung und Wirkung der Verwaltungstestamentsvollstreckung (Abs. 1 S. 2)

Der Erblasser kann zusätzlich die Verwaltung einem Testamentsvollstrecker übertragen (§ 2209 S. 1 Var. 1). Diese entzieht dem Abkömmling die Verfügungsbefugnis (§§ 2205, 2211) und schließt dessen Eigengläubiger vom Zugriff auf das verwaltete Vermögen aus (§ 2214). Der dem Abkömmling nach Abs. 1 S. 2 zustehende Anspruch auf den jährlichen Reinertrag ist durch seine Gläubiger nur eingeschränkt pfändbar (§ 863 Abs. 1 S. 2 ZPO). Die Testamentsvollstreckung ist nicht auf die Dauer von dreißig Jahren beschränkt (§ 2210 S. 2). Dem Erblasser ist es zum Zwecke der Pflichtteilsbeschränkung aber nicht gestattet, auch die Verwaltung über den jährlichen Reinertrag dem Testamentsvollstrecker zuzuweisen.

14

VI. Form der Beschränkung (Abs. 2)

Die Beschränkung des Pflichtteils ist wie dessen Entziehung in jeder Testamentsform sowie erbvertraglich (§ 2299 Abs. 1) möglich (Abs. 2 i.V.m. § 2336 Abs. 1). In einem gemeinschaftlichen Testament oder einem Erbvertrag entfaltet sie jedoch keine Bindungswirkung (§ 2270 Abs. 3, § 2278 Abs. 2). Im Falle eines gemeinschaftlichen Testaments oder eines Erbvertrags ist der Erblasser nicht gehindert, durch eine spätere letztwillige Verfügung die nach § 2338 zulässigen Anordnungen zu treffen (§§ 2271 Abs. 3, 2289 Abs. 2).

15

Den Beweis des Beschränkungsgrundes hat derjenige zu führen, der ihn geltend macht, in der Regel also der Testamentsvollstrecker, Nacherbe oder Nachvermächtnisnehmer (Abs. 2 S. 1 i.V.m. § 2336 Abs. 3).[15] Behauptet der Abkömmling oder einer seiner Gläubiger, dass die zum Zeitpunkt der Errichtung der letztwilligen Verfügung gegebene Überschuldung oder Verschwendungssucht beim Erbfall nicht mehr bestanden hat (Abs. 2 S. 2), so trägt er hierfür die Beweislast

16

---

13 Vgl. dazu *Staudinger/Olshausen* § 2338 Rn. 26, 38 ff.
14 *Staudinger/Olshausen* § 2338 Rn. 45.
15 *Soergel/Dieckmann* § 2338 Rn. 22; krit. zur gesetzl. Regelung *Baumann* ZEV 1996, 121, 127.

Abschnitt 6
Erbunwürdigkeit

§ 2339
Gründe für Erbunwürdigkeit

(1) Erbunwürdig ist:
1. wer den Erblasser vorsätzlich und widerrechtlich getötet oder zu töten versucht oder in einen Zustand versetzt hat, infolge dessen der Erblasser bis zu seinem Tode unfähig war, eine Verfügung von Todes wegen zu errichten oder aufzuheben,
2. wer den Erblasser vorsätzlich und widerrechtlich verhindert hat, eine Verfügung von Todes wegen zu errichten oder aufzuheben,
3. wer den Erblasser durch arglistige Täuschung oder widerrechtlich durch Drohung bestimmt hat, eine Verfügung von Todes wegen zu errichten oder aufzuheben,
4. wer sich in Ansehung einer Verfügung des Erblassers von Todes wegen einer Straftat nach den §§ 267, 271 bis 274 des Strafgesetzbuchs schuldig gemacht hat.

(2) Die Erbunwürdigkeit tritt in den Fällen des Absatzes 1 Nr. 3, 4 nicht ein, wenn vor dem Eintritt des Erbfalls die Verfügung, zu deren Errichtung der Erblasser bestimmt oder in Ansehung deren die Straftat begangen worden ist, unwirksam geworden ist, oder die Verfügung, zu deren Aufhebung er bestimmt worden ist, unwirksam geworden sein würde.

Übersicht	Rz.		Rz.
I. Allgemeines	1	4. Urkundsdelikte §§ 267, 271–274 StGB (Nr. 4)	15
II. Erbunwürdigkeitsgründe	3	III. Unwirksamkeit der Verfügung von Todes wegen (Abs. 3)	16
1. Tötung, Tötungsversuch, Versetzung in einen Zustand der Testierunfähigkeit (Nr. 1)	5	IV. Beratungshinweise	17
2. Verhinderung der Errichtung oder Aufhebung einer Verfügung von Todes wegen (Nr. 2)	9	1. Checkliste	17
3. Bestimmen zum Errichten oder Aufheben einer Verfügung von Todes wegen durch Täuschung oder Drohung (Nr. 3)	11	2. Beweislast bei Unzurechnungsfähigkeit	18

I. Allgemeines

1 Während § 1938 (Enterbung) Grundlage der Testierfreiheit ist und die §§ 2333 ff. (Entziehung des Pflichtteils) den Erblasser unter engen Voraussetzungen von den Beschränkungen, die das Pflichtteilsrecht für seine Testierfreiheit bedeutet, befreit, sollen die §§ 2078 ff. (Anfechtung der Verfügung von Todes wegen) sowie § 2339 (Erbunwürdigkeit) und § 2345 (Vermächtnisunwürdigkeit, Pflichtteilsunwürdigkeit) dem hypothetischen Erblasserwillen Geltung verschaffen. § 2339 stellt dabei dem Sinn nach eine widerlegbare Vermutung[1] auf, dass der Erblasser bei Vorliegen eines der genannten Erbunwürdigkeitsgründe eine Enterbung vorgenommen hätte. Dieser Zweck ist stets im Auge zu behalten, wenn das Vorliegen eines Erbunwürdigkeitsgrundes festgestellt werden soll.

2 Die Vorschriften über die Erbunwürdigkeit finden über § 2345 ebenfalls Anwendung auf die Schenkung von Todes wegen, § 2301 Abs. 1 S. 1. Keine Anwendung finden sie dagegen bei der begünstigenden Auflage und bei Abschluss und Aufhebung eines Erbverzichts.[2]

---
[1] MüKoBGB/*Helms* § 2339 Rn. 2, *Fabricius* FamRZ 1965, 461, 462.
[2] Ausführlich zur rechtspolitischen Kritik s. *Muscheler* ZEV 2009, 58, 61.

II. Erbunwürdigkeitsgründe

Die Erbunwürdigkeitsgründe sind in § 2339 grundsätzlich abschließend dargestellt, so dass neue Erbunwürdigkeitsgründe nicht geschaffen werden können. Allerdings ist in begrenztem Umfange innerhalb der einzelnen Erbunwürdigkeitsgründe eine Analogie nicht ausgeschlossen.[3] Die §§ 2339 ff. finden auch auf eingetragene Lebenspartnerschaften Anwendung, obwohl ein Verweis in § 10 Abs. 6 S. 2 Lebenspartnerschaftsgesetz nicht erfolgt ist.[4]

Grundsätzlich müssen die Tatbestandsmerkmale in Abs. 1 vorsätzlich, rechtswidrig und schuldhaft verwirklicht werden. Erfasst werden auch alle Formen der Teilnahme, also Anstiftung, Beihilfe, Mittäterschaft und mittelbare Täterschaft.[5] Daraus, dass der Tötungsversuch in der zweiten Tatbestandsalternative der Nr. 1 ausdrücklich genannt ist, folgt im Umkehrschluss, dass ein Versuch in anderen Fällen nicht genügt.[6] Dabei ist eine strafrechtliche Verurteilung nicht Voraussetzung für das Feststellen der Erbunwürdigkeit.[7] Andererseits ist der Zivilrichter auch nicht an ein vorliegendes Strafurteil gebunden.[8]

1. Tötung, Tötungsversuch, Versetzung in einen Zustand der Testierunfähigkeit (Nr. 1)

Die **erste Alternative** setzt nach dem Gesetzeswortlaut ausdrücklich eine vorsätzliche Tötung, die nur bei Verwirklichung der Tatbestände der §§ 211, 212 StGB gegeben ist, voraus. Der aufgehobene[9] Straftatbestand der Kindestötung (§ 217 StGB a.F.) führte ebenfalls zur Erbunwürdigkeit.[10] Nicht hinreichend ist eine Tötung auf Verlangen (§ 216 StGB), da hier wegen der Einwilligung des Erblassers nicht von einem auf Enterbung gerichteten hypothetischen Erblasserwillen ausgegangen werden kann.

Nicht erfüllt ist die erste Alternative auch im Falle einer vorsätzlich begangenen Straftat mit Todesfolge (z.B. §§ 178, 227 und 251 StGB), da es hier gerade am Tötungsvorsatz fehlt. Hier kommt allerdings eine Verwirklichung der dritten Alternative der Nr. 1 oder das Vorliegen der Nr. 2 in Betracht. Auch im Falle der fahrlässigen Tötung (§ 222 StGB) scheidet die erste Alternative der Nr. 1 mangels Tötungsvorsatzes aus. Die Tötung des Vorerben durch den Nacherben ist kein Fall des § 2339. Vielmehr entfällt hier die Erbenstellung des Nacherben in unmittelbarer Anwendung des § 162 Abs. 2 BGB[11]

Die **versuchte Tötung** (§§ 22, 23 StGB) wird in der **zweiten Alternative** der Nr. 1 ausdrücklich als Erbunwürdigkeitsgrund angeführt. Erforderlich ist jedoch stets, dass das Stadium des strafbaren Versuchs erreicht wird. Vorbereitungshandlungen reichen nicht aus. Dementsprechend lässt der strafbefreiende Rücktritt vom Versuch (§ 24 StGB) die Erbunwürdigkeit entfallen.[12]

Die **dritte Alternative** der Nr. 1 erfordert ein Versetzen des Erblassers in einen Zustand, der ihn bis zum Tode testierunfähig macht. Dabei muss sich der Vorsatz nicht auf die Testierunfähigkeit beziehen. Erforderlich ist lediglich, dass sich der Vorsatz auf das Herbeiführen eines Zustandes von gewisser Dauer richtet, nicht aber auf dessen Fortdauer bis zum Tode.[13] Welcher Art dieser Zustand ist, ist unerheblich. Zu denken ist insb. an Siechtum, Geisteskrankheit oder körperliche Verstümmelung.

---

3 MüKoBGB/*Helms* § 2339 Rn. 7; PWW/*Deppenkemper* § 2339 Rn. 1, a.A. BGH NJW 1968, 2051.
4 PWW/*Deppenkemper* § 2339 Rn. 1.
5 *Erman/Schlüter* § 2339 Rn. 2.
6 MüKoBGB/*Helms* § 2339 Rn. 10.
7 *Staudinger/Olshausen* § 2339 Rn. 28.
8 BGH NJW-RR 2005, 1024; Soergel/*Damrau* § 2339 Rn. 2.
9 Aufgehoben durch Art. 1 Nr. 35 des 6. StrRG v. 26.1.1998, BGBl. I 1998, 164.
10 *Staudinger/Olshausen* § 2339 Rn. 30.
11 MüKoBGB/*Helms* § 2339 Rn. 9; für eine analoge Anwendung: BGH NJW 68, 2051 f.
12 *Staudinger/Olshausen* § 2339 Rn. 32.
13 MüKoBGB/*Helms* § 2339 Rn. 17.

2. Verhinderung der Errichtung oder Aufhebung einer Verfügung von Todes wegen (Nr. 2)

9 Die Verhinderung setzt voraus, dass der Erblasser eine konkrete Errichtung oder Änderung einer Verfügung von Todes wegen beabsichtigt.[14] Es kommt nicht darauf an, wie die Umsetzung der Willensentscheidung verhindert wird. In Betracht kommen insb. Gewalt, Drohung oder Täuschung, aber auch die Ausnutzung einer Willensschwäche oder Zwangslage des Erblassers.[15] Erforderlich ist ein ursächlicher Zusammenhang zwischen der Handlung und dem Unterbleiben der beabsichtigten Verfügung oder Aufhebung. Schlägt die Verhinderung fehl und gelingt dem Erblasser dennoch die Errichtung oder Aufhebung, liegt eine Erbunwürdigkeit nicht vor. Der Versuch der Verhinderung ist ebenso wenig ausreichend wie die vorübergehende Verhinderung.[16]

10 Es genügt allerdings, wenn der Erblasser gehindert ist, seiner Verfügung von Todes wegen einen bestimmten Inhalt zu geben.[17] Ebenso ist es ausreichend, wenn jemand mit der Vernichtung eines Testaments beauftragt ist und diesen Auftrag heimlich nicht ausführt.[18] Der Tatbestand kann damit auch durch ein Unterlassen verwirklicht werden, soweit eine besondere Rechtspflicht zum Handeln besteht.

3. Bestimmen zum Errichten oder Aufheben einer Verfügung von Todes wegen durch Täuschung oder Drohung (Nr. 3)

11 Die unter Nr. 3 beschriebenen Gründe für eine Erbunwürdigkeit erfordern, anders als die unter Nr. 2 angegebenen, das Vorliegen einer wirksamen Verfügung von Todes wegen.[19]

12 Die Begriffe der Täuschung und Drohung werden in der selben Weise verwandt, wie in § 123.[20] Eine Täuschung kann auch in einer Unterlassung liegen. Diese erfordert allerdings das Bestehen einer Offenbarungspflicht, an deren Vorliegen strenge Anforderungen gestellt werden müssen. Die dem Erben bekannte Fehlvorstellung des Erblassers bezüglich charakterlicher oder moralischer Qualitäten des Erben kann allein keine derartige Offenbarungspflicht begründen. So ist es entgegen der früher herrschenden Meinung abzulehnen, dass das Verschweigen der ehelichen Untreue eine Täuschung darstellt, die zur Erbunwürdigkeit führen kann.[21] Zwar weist die herrschende Meinung einheitlich darauf hin, dass in Zusammenhang mit der ehelichen Untreue kein versteckter zusätzlicher Erbunwürdigkeitsgrund geschaffen werden darf, auch wird darauf hingewiesen, dass seit dem 1. EheRG vom 14.6.1976 die eheliche Untreue auch nicht mehr zur Entziehung des Ehegatten-Pflichtteils berechtigt, was dem gesellschaftlichen Wandel im Hinblick auf die Beurteilung der ehelichen Untreue Rechnung trägt. Allerdings wird dennoch ohne Begründung und ohne einen Ansatz einer nachvollziehbaren Differenzierung bei besonderen Umständen an der Offenbarungspflicht festgehalten. Dabei erscheint es fraglich, ob der BGH heute noch an seiner Entscheidung aus BGHZ 49, 155 festhalten würde. Da die Erbunwürdigkeitsgründe gleichzeitig auch zur Pflichtteilsunwürdigkeit führen, soweit man sie nicht diesbezüglich einschränkend auslegt (vgl. § 2345 Abs. 2), kann eine Offenbarungs-

---

14 *Palandt/Edenhofer* § 2339 Rn. 4.
15 *MüKoBGB/Helms* § 2339 Rn. 18; a.A. *Staudinger/Olshausen* § 2339 Rn. 34.
16 *RGRK/Kregel* § 2339 Rn. 4.
17 *Brox/Walker* § 2339 Rn. 271; *MüKoBGB/Helms* § 2339 Rn. 18.
18 *Staudinger/Olshausen* § 2339 Rn. 33; einschränkend *Soergel/Damrau* § 2339 Rn. 5, ausschließlich für den Fall einer Offenbarungspflicht.
19 *MüKoBGB/Helms* § 2339 Rn. 23.
20 BGH NJW-RR 1990, 515.
21 So noch BGHZ 49, 155; *Staudinger/Olshausen* § 2339 Rn. 39; a.A. *Bamberger/Roth/Müller-Christmann* § 2339 Rn. 13; AnwK-BGB/*Kroiß* § 2339 Rn. 9 *MüKoBGB/Helms* § 2339 Rn 25; PWW/*Deppenkemper* § 2339 Rn. 5.

pflicht nur für solche Verfehlungen angenommen werden, die den Erblasser auch zur Entziehung des Pflichtteils berechtigen würden.

Die Hypnose fällt nicht unter Nr. 3, vielmehr ist das Testament unwirksam (§ 2229 Abs. 4). Schließlich ist auch eine Anfechtbarkeit bei Anwendung von Gewalt gegen den Willen des Erblassers gegeben.[22]

Bei Irrtum, Täuschung und Drohung ist zusätzlich eine Anfechtung nach §§ 2078 ff. möglich.[23] Diese beseitigt allerdings nicht die Stellung des Erbunwürdigen als Erben.

4. Urkundsdelikte §§ 267, 271–274 StGB (Nr. 4)

Kraft ausdrücklicher Verweisung fallen die Straftatbestände der Urkundenfälschung (§ 267 StGB), der mittelbaren Falschbeurkundung (§ 271 StGB), der Veränderung von amtlichen Ausweisen (§ 273 StGB) und der Urkundenunterdrückung (§ 274 StGB) unter die Nr. 4. Auch das Herstellen einer unechten Urkunde verwirklicht den Tatbestand.[24] Die Fälschungshandlungen können auch nach dem Tode des Erblassers begangen werden.[25] Es kommt auch nicht darauf an, dass der Erbe durch seine Handlung den wirklichen Willen des Erblassers zur Geltung kommen lassen wollte.[26] Auch wenn der Erblasser gewusst und gebilligt hat, dass sein Ehegatte unter den Entwurf eines gemeinschaftlichen Testamentes nicht nur seine eigene Unterschrift, sondern auch die angebliche Unterschrift des Erblassers gesetzt hat, ist durch die Verwendung dieses Entwurfes nach dem Tod des Erblassers mit der Behauptung, es läge ein formgültiges Testament vor, das Vorliegen der Erbunwürdigkeit zu bejahen.[27]

III. Unwirksamkeit der Verfügung von Todes wegen (Abs. 3)

Ist die Verfügung von Todes wegen in Fällen der Nr. 3 und Nr. 4 vor dem Erbfall unwirksam, liegt eine Unwürdigkeit nicht vor.[28] Der späteren Unwirksamkeit (Widerruf, Vorversterben des Bedachten) kann der Fall der ursprünglichen Unwirksamkeit (Formmangel) nicht gleichgestellt werden.[29]

IV. Beratungshinweise

1. Checkliste

Die nachfolgende Checkliste bietet ein grobes Prüfungsraster und einen Überblick über die im Falle der gerichtlichen Geltendmachung der Erbunwürdigkeit zu berücksichtigenden Gesichtspunkte:
- Sind die Erbunwürdigkeitsgründe (§ 2339 Nr. 1–4) vorsätzlich, rechtswidrig und schuldhaft erfüllt?
- Lag in den Fällen der § 2339 Nr. 3 oder 4 zum Zeitpunkt des Erbfalls eine wirksame Verfügung von Todes wegen vor?
- Die Geltendmachung der Erbunwürdigkeit erfolgt durch Anfechtungsklage gegenüber den Erben (§ 2342), die der Vermächtnis- oder Pflichtteilsunwürdigkeit durch Anfechtungserklärung oder Einrede gegenüber dem Vermächtnisnehmer bzw. Pflichtteilsberechtigten (§ 2345).

---

22 *Palandt/Edenhofer* § 2339 Rn. 6; *Erman/Schlüter* § 2339 Rn. 5; a.A. MüKoBGB/*Helms* § 2339 Rn. 23, der ausschließlich Nichtigkeit annimmt.
23 BGH FamRZ 1968, 153.
24 OLG Stuttgart RPfleger 1956, 160.
25 *Erman/Schlüter* § 2239 Rn. 6; a.A. *Speckmann* JuS 1971, 235.
26 BGH NJW 1970, 197; OLG Stuttgart OLGR 1999, 169.
27 BGH ZEV 2008, 193.
28 Zur Kritik an der Einschränkung s. *Muscheler* ZEV 2009, 58 ff.
29 OLG Stuttgart OLGR 1999, 169; *Staudinger/Olshausen* BGB § 2339 Rn. 56; MüKoBGB/*Helms* § 2339 Rn. 32; a.A. LG Ravensburg NJW 1955, 795; *Palandt/Edenhofer* § 2339 Rn. 8.

- Liegt eine Verzeihung des Erblassers vor (§ 2343)?
- Ist der Erbfall eingetreten (§ 2340 Abs. 2 S. 1)?
- Ist die Jahresfrist (§§ 2340 Abs. 3, 2082) seit zuverlässiger Kenntnis der Umstände und Zumutbarkeit der Klageerhebung verstrichen?
- Der Klageantrag lautet, den Erben für »erbunwürdig zu erklären«.
- Die örtliche Zuständigkeit ist wahlweise für den allgemeinen Gerichtsstand oder den der Erbschaft (§ 27 ZPO) gegeben.
- Der Streitwert und die sachliche Zuständigkeit richtet sich nach dem Wert der Beteiligung des Beklagten am Nachlass.
- Im Falle des Obsiegens ist der Erbe so zu bestimmen, als hätte der Unwürdige zum Zeitpunkt der Erbschaft nicht gelebt (§ 2344 Abs. 2).

2. Beweislast bei Unzurechnungsfähigkeit

18 Derjenige, der den Erblasser vorsätzlich und widerrechtlich getötet hat und deshalb für erbunwürdig erklärt werden soll, trägt – anders als im Strafprozess – die Beweislast dafür, dass er zur Tatzeit unzurechnungsfähig war.[30] Mit Blick auf die vergleichbare Situation bei der Pflichtteilsentziehung dürfte ein natürlicher Vorsatz ausreichend sein.[31]

§ 2340
Geltendmachung der Erbunwürdigkeit durch Anfechtung

(1) Die Erbunwürdigkeit wird durch Anfechtung des Erbschaftserwerbs geltend gemacht.

(2) Die Anfechtung ist erst nach dem Anfall der Erbschaft zulässig. Einem Nacherben gegenüber kann die Anfechtung erfolgen, sobald die Erbschaft dem Vorerben angefallen ist.

(3) Die Anfechtung kann nur innerhalb der in § 2082 bestimmten Fristen erfolgen.

I. Allgemeines

1 Die Erbunwürdigkeit tritt nicht automatisch kraft Gesetzes ein, sondern muss durch Anfechtungsklage gegenüber dem Erben geltend gemacht werden (vgl. § 2342). Gegenüber Pflichtteilsberechtigten und Vermächtnisnehmern genügt dagegen eine Anfechtungserklärung (§ 2345).

II. Zeitpunkt

2 Die Anfechtung darf erst nach Anfall der Erbschaft an den Unwürdigen erfolgen. Hiervon abweichend regelt § 2340 Abs. 2, dass die Anfechtungsklage gegenüber dem erbunwürdigen Nacherben bereits erhoben werden kann, wenn die Erbschaft an den Vorerben angefallen ist. Dies dient dazu, dass der Vorerbe Klarheit darüber erhält, ob er Vollerbe oder nur Vorerbe ist. Vor dem Eintritt des Erbfalls kann eine Feststellungsklage nicht erhoben werden; sie ist als unzulässig abzuweisen. Soll eine ganze Reihe von nacheinander berufenen Erben für unwürdig erklärt werden, so wird unter Berufung auf die Prozessökonomie teilweise die Auffassung vertreten, es könne die Klage sofort gegen alle Erben erhoben werden. Dieser Auffassung ist jedoch entgegenzuhalten, dass nach der Systematik des

---

30 BGHZ 102, 227.
31 Vgl. hierzu BVerfG NJW 2005, 1561.

Gesetzgebers zunächst ein rechtskräftiges Urteil bezüglich Erbunwürdigkeit des jeweils nächstberufenen Erben vorliegen muss, bevor eine Klage gegen den nachberufenen Erben zulässig ist.

III. Jahresfrist

Die Anfechtungsfrist beträgt nach § 2082 Abs. 1 ein Jahr. Die Frist beginnt mit dem Zeitpunkt, in dem eine zuverlässige Kenntnis des Anfechtungsgrundes vorliegt. Sinn und Zweck der Frist ist es, denjenigen Anfechtungsberechtigten mit der Klage auszuschließen, der innerhalb der Jahresfrist nicht handelt, obwohl er hätte handeln können; denjenigen also, von dem im wohlverstandenen eigenen Interesse ein Handeln zu erwarten ist.[1] Sobald der Anfechtungsberechtigte Kenntnis von der Erbunwürdigkeit sowie den schuldbegründenden Merkmalen[2] besitzt und diese auch beweisen[3] kann, ist ihm die Klageerhebung zumutbar. Dieser Zeitpunkt markiert den Beginn der Jahresfrist. Der Anfechtungsberechtigte befindet sich somit in einer vergleichbaren Situation wie der Geschädigte in § 852. Der Geschädigte muss den Schaden und die Person des Schädigers, der Anfechtende den Grund der Erbunwürdigkeit und die Person kennen, die ihn gesetzt hat.[4] Bloße Vermutungen machen die Klage hingegen nicht zumutbar.[5] 3

Auf den Lauf der Jahresfrist finden aufgrund des Verweises in Abs. 3 auf § 2082 Abs. 2 S. 2 die für die Verjährung geltenden Vorschriften der §§ 206, 210 und 211 Anwendung. Nach Abs. 3 i.V.m. § 2082 Abs. 3 ist spätestens 30 Jahre nach dem Erbfall eine Anfechtung ausgeschlossen. 4

Gegenüber dem Nacherben beginnt die Jahresfrist erst mit dem Nacherbfall zu laufen, obwohl die Anfechtung schon mit dem Vorerbfall erfolgen kann (Abs. 2 S. 2). 5

IV. Beratungshinweise

1. Verzichtsvereinbarung

Ein vertraglicher Verzicht auf das Anfechtungsrecht zwischen dem Erbunwürdigen und dem Berechtigten ist wirksam. Erhebt der Berechtigte dennoch die Anfechtungsklage, kann sich der Erbunwürdige im Prozess auf die Vereinbarung berufen.[6] 6

2. Kostenersparnis durch Ausschlagung

Es besteht für den Unwürdigen die Möglichkeit, die Erbschaft auszuschlagen, um sich so im Falle einer absehbaren Klageerhebung den Prozess und die damit verbundene Kostenlast zu ersparen. Zwar lässt die Ausschlagung nicht das Rechtsschutzbedürfnis entfallen,[7] jedoch scheut im Falle der Ausschlagung ggf. der Anfechtungsberechtigte seinerseits das Kostenrisiko einer Klage. 7

---

1 BGH NJW 1989, 3214; OLG Düsseldorf FamRZ 2000, 991.
2 OLG Düsseldorf FamRZ 2000, 991.
3 OLG München MDR 1957, 612.
4 BGH NJW 1989, 3214.
5 OLG Celle NdsRpfl. 1972, 238.
6 *Palandt/Edenhofer* § 2341 Rn. 1.
7 KG FamRZ 1989, 675; a.A. *Soergel/Damrau* § 2342 Rn. 4; offenlassend OLG Zweibrücken FamRZ 1994, 1555.

§ 2341
Anfechtungsberechtigte

Anfechtungsberechtigt ist jeder, dem der Wegfall des Erbunwürdigen, sei es auch nur bei dem Wegfall eines anderen, zustatten kommt.

I. Allgemeines

1 Anders als im Fall der Anfechtung der Verfügung von Todes wegen (§ 2080 Abs. 1), bei der der Anfechtende unmittelbar einen erbrechtlichen Vorteil erlangen muss, genügt bei der Anfechtung wegen Erbunwürdigkeit, dass der Kläger durch den Wegfall des Erbunwürdigen eine nähere Stellung zur Erbschaft erlangt.[1] Infolgedessen stellt sich der Kreis der Anfechtungsberechtigten erheblich größer dar.

II. Anfechtungsberechtigte

2 Anfechtungsberechtigt ist jeder, dem der Wegfall des Erbunwürdigen zugute kommt, wovon schon bei einer Erhöhung des eigenen Erbteils auszugehen ist.[2] Ausreichend ist das mittelbare Interesse des Näherrückens.[3] Unerheblich ist bereits auch, ob Verwandte einer vorhergehenden Ordnung vorhanden sind. Diese könnten ja die Erbschaft ausschlagen. Auch soll die Feststellung der Erbunwürdigkeit nicht an der Passivität eines Anfechtungsberechtigten scheitern.[4] Aus vorstehenden Grundsätzen ergibt sich schließlich, dass auch der Fiskus als möglicher Erbe (§ 1936) stets anfechtungsberechtigt ist. Anfechtungsberechtigt sind insb. der Vorerbe, der Nacherbe und der Ersatzerbe. Die Anfechtung kann auch durch einen Erbunwürdigen erfolgen, solange er nicht selbst rechtskräftig für erbunwürdig erklärt worden ist.[5]

3 Nicht anfechtungsberechtigt sind Vermächtnisnehmer, Auflagenbegünstigte oder Gläubiger des Nächstberufenen.[6] Weil der angestrebte Vorteil sich auf die Erbenstellung beziehen muss, kommt eine Anfechtung wegen Erbunwürdigkeit nur durch mögliche Erben in Betracht. Derjenige, der die Erbschaft ausgeschlagen hat, hat sein Anfechtungsrecht nicht verloren.[7] Unabhängig davon kommt eine Anfechtung wegen Vermächtnis- oder Pflichtteilsunwürdigkeit (§ 2345) in Betracht.

III. Übertragbarkeit

4 Eine rechtsgeschäftliche Übertragung des Anfechtungsrechts ist ebensowenig zulässig wie die Ermächtigung zur Ausübung.[8] Eine Pfändbarkeit scheidet daher ebenfalls aus, §§ 851, 857 Abs. 3 ZPO, § 1274 Abs. 2.

IV. Vererblichkeit

5 Bei Tod des Anfechtungsberechtigten geht das Anfechtungsrecht auf dessen Erben über, denen jedoch regelmäßig ohnehin ein eigenes Anfechtungsrecht zusteht.[9] Der Lauf der

---

1 BGH NJW 1989, 2341; *Soergel/Damrau* § 2341 Rn. 1.
2 *Erman/Schlüter* § 2341 Rn. 1.
3 BGH NJW 1989, 2341.
4 *Palandt/Edenhofer* § 2341 Rn. 1.
5 *Lange/Kuchinke* § 6 Abs. 3 S. 2a).
6 *Soergel/Damrau* § 2234, Rn. 1; MüKoBGB/*Helms* § 2341 Rn. 2.
7 KG FamRZ 1989, 675; a.A. *Soergel/Damrau* § 2341 Rn. 1.
8 *Staudinger/Olshausen* § 2341 Rn. 7.
9 Vgl. Rz. 2.

Anfechtungsfrist wird hierdurch nicht verlängert.[10] Im Falle des Versterbens des Unwürdigen richtet sich das Anfechtungsrecht gegen dessen Erben.[11]

V. Beratungshinweise

Im Falle mehrerer Anfechtungsberechtigter ist jeder selbstständig zur Anfechtung berechtigt.[12] Wird daher die Klage eines Berechtigten abgewiesen, sind die weiteren Berechtigten nicht gehindert, erneut die Erbunwürdigkeit klageweise geltend zu machen. Das klageabweisende Urteil entfaltet insoweit nur Rechtskraftwirkung zwischen den Prozessparteien. Obsiegt allerdings ein Anfechtungsberechtigter, kommt die Erklärung der Erbunwürdigkeit allen Berechtigten zugute, selbst wenn diese zuvor in einem Klageverfahren unterlegen sind.

Üben in einem Prozess mehrere Anfechtungsberechtigte gemeinsam ihr Anfechtungsrecht aus, so sind sie notwendige Streitgenossen, § 62 ZPO.[13] Diese Vorgehensweise hat zwar u.U. den Vorteil der Verringerung des Kostenrisikos für den einzelnen, jedoch kann sie eine erneute Klageerhebung beispielsweise im Falle der Verbesserung der Beweissituation verhindern, wenn sich kein weiterer Anfechtungsberechtigter findet.

§ 2342
Anfechtungsklage

(1) Die Anfechtung erfolgt durch Erhebung der Anfechtungsklage. Die Klage ist darauf zu richten, dass der Erbe für erbunwürdig erklärt wird.

(2) Die Wirkung der Anfechtung tritt erst mit der Rechtskraft des Urteils ein.

I. Allgemeines

Nach überwiegender Auffassung[1] ist die Anfechtungsklage eine Gestaltungsklage, während Teile der Literatur[2] von einer Feststellungsklage nach § 256 ZPO ausgehen. Berücksichtigt man jedoch den Wortlaut des § 2344, so ergibt sich, dass das stattgebende Urteil die materielle Rechtslage gestaltet. Es wirkt für und gegen jedermann. Demgegenüber gestaltet ein klageabweisendes Urteil die Rechtslage nicht; es wirkt nur zwischen den Parteien.

II. Klageerhebung

Die Erbunwürdigkeit kann nur im Wege der Klage geltend gemacht werden. Sie kann weder einredeweise noch durch bloße Anfechtungserklärung (vgl. aber § 2345) erfolgen. Eine Anfechtung im Wege der Erhebung der Widerklage (§ 256 Abs. 2 ZPO) ist zulässig.

Die Ausschlagung der Erbschaft lässt das Rechtsschutzbedürfnis nicht entfallen.[3] Sicherungsmaßnahmen, wie etwa die Anordnung einer Nachlasspflegschaft, sind neben der Klage möglich.[4]

---

10 MüKoBGB/*Helms* § 2341 Rn. 3.
11 RGRK/*Kregel* § 2341 Rn. 2.
12 MüKoBGB/*Helms* § 2341 Rn. 2; *Staudinger/Olshausen* § 2341 Rn. 8.
13 *Brox/Walker* Rn. 277.
1 KG FamRZ 1989, 675; *Staudinger/Olshausen* § 2342 Rn. 7; *Palandt/Edenhofer* § 2342 Rn. 1; *Lange/Kuchinke* § 6 Abs. 3 S. 2; *Unberath* ZEV 2008, 465.
2 *Muscheler* ZEV 2009, 101, 105; RGRK/*Kregel* § 2342 Rn. 2.
3 KG FamRZ 1989, 675; a.A. *Soergel/Damrau* § 2342 Rn. 4; offenlassend OLG Zweibrücken FamRZ 1994, 1555.
4 BayObLG NJW-RR 2002, 1159.

III. Klagegegner

4 Die Klage ist gegen den unwürdigen Erben, nicht jedoch gegen den Erbteilerwerber (§ 2033) oder Erbschaftskäufer (§§ 2371, 2385) zu richten.

IV. Anerkenntnis- und Versäumnisurteil

5 Eine Entscheidung kann auch im Wege des Versäumnis- oder Anerkenntnisurteils gegen den Beklagten ergehen. Dies gilt zumindest, wenn eine Benachteiligung Dritter ausgeschlossen ist.[5] Dagegen ist ein Vergleich oder ein außergerichtliches Anerkenntnis nicht möglich.[6] Die Kostenentscheidung beim Anerkenntnis richtet sich nicht nach § 93 ZPO, sondern nach § 91 ZPO, weil für den Kläger ein gerichtliches Verfahren zwingend ist.[7]

V. Beratungshinweise

1. Klageantrag

6 Der Antrag des Klägers sollte lauten, »den Beklagten für erbunwürdig zu erklären«. Ein Antrag, »die Verfügung von Todes wegen für nichtig zu erklären«, wäre unrichtig und als Anfechtung i.S.v. § 2078 auszulegen.[8]

2. Örtliche Zuständigkeit

7 Die örtliche Zuständigkeit wird wahlweise nach dem allgemeinen Gerichtsstand des Beklagten oder dem der Erbschaft (§ 27 ZPO) bestimmt.[9]

3. Streitwert

8 Der u.a. für die Bestimmung der sachlichen Zuständigkeit maßgebliche Streit- und Rechtsmittelwert bestimmt sich nach dem Wert der Beteiligung des Beklagten am Nachlass.[10]

4. Klageverbindung

9 Die Anfechtungsklage kann mit der Klage auf Herausgabe des Erbes nach Rechtskraft verbunden werden. Hierfür spricht bereits der Grundsatz der Prozessökonomie.[11]

5. Erbscheinverfahren

10 Im Erbscheinverfahren kann eine Inzidentfeststellung der Erbunwürdigkeit nicht erfolgen. Es sollte jedoch ein Aussetzungsantrag im Erbscheinverfahren gestellt werden, dem regelmäßig stattzugeben ist.[12] Auch kann während der Prozessdauer ein Nachlasspfleger bestellt werden (§ 1960).

---

[5] OLG Jena ZEV 2008, 479; KG FamRZ 1989, 675; LG Köln NJW 1977, 1783; *Soergel/Damrau* § 2342 Rn. 1; a.A. LG Aachen NJW-RR 1988, 263; MüKoBGB/*Helms* § 2342 Rn. 8; *Uberath* ZEV 2008, 465; *Blomeyer* MDR 1977, 674, die sich für die Untersuchungsmaxime aussprechen.
[6] Einhellige Meinung, vgl. nur *Bamberger/Roth/Müller-Christmann* § 2342 Rn. 4; *Uberath* ZEV 2008, 465.
[7] OLG Jena ZEV 2008, 479.
[8] RG JW 1910, 23.
[9] MüKoBGB/*Helms* § 2342 Rn. 5.
[10] OLG Koblenz ZEV 1997, 252; BGH NJW 1970, 197; OLG Nürnberg RPfleger 1963, 219; *Soergel/Damrau* BGB § 2342 Rn. 6; a.A. MüKoBGB/*Helms* § 2342 Rn. 6.
[11] *Soergel/Damrau* BGB § 2342 Rn. 2.
[12] BayObLG RPfleger 1973, 431.

§ 2343
Verzeihung

Die Anfechtung ist ausgeschlossen, wenn der Erblasser dem Erbunwürdigen verziehen hat.

I. Allgemeines

Da die Regelungen hinsichtlich der Erbunwürdigkeit nach herrschender Meinung nicht dem Durchsetzen einer objektiven Bewertung, sondern des mutmaßlichen Erblasserwillen dienen, entfällt die Rechtsfolge der Erbunwürdigkeit, wenn der Erblasser dem Erben verziehen hat und damit zum Ausdruck gebracht hat, dass er an dessen Erbenstellung festhält. Der Begriff der Verzeihung wird in den §§ 532, 2337 und 2343 identisch verwendet.[1]

II. Voraussetzungen

Die Verzeihung ist keine rechtsgeschäftliche Willenserklärung, sondern ein auf verzeihender Gesinnung beruhendes Verhalten des Erblassers.[2] Maßgeblich ist, ob der Erblasser zum Ausdruck gebracht hat, dass er die durch das in Rede stehende Verhalten hervorgerufene Kränkung nicht mehr als solche empfindet.[3] Damit wird die gesetzliche Vermutung bei Vorliegen eines Erbunwürdigkeitsgrundes entkräftet, dass der Erblasser in Kenntnis der Umstände ein Testament errichtet oder sein Testament geändert hätte. Allerdings liegt kein Wegfall des Kränkungsempfindens und damit auch keine Verzeihung vor, wenn lediglich Gleichgültigkeit eingetreten ist, etwa weil sich der Erblasser von dem Kränkenden gerade infolge der Kränkung entfremdet hat. Für die Frage, ob der Erblasser die Kränkung überwunden hat, kommt es auf sein nach außen hin kund gemachtes Verhalten an.[4] Hierbei ist zu prüfen, ob sein Verhalten tatsächlich noch Ausdruck der Kränkung durch das die Erbunwürdigkeit begründende Ereignis ist oder ob hier andere Beweggründe zu dem Verhalten führen.

Die Verzeihung kann ausdrücklich, aber auch stillschweigend durch konkludentes Handeln erfolgen.[5] Sie setzt Kenntnis des Erbunwürdigkeitsgrundes,[6] nicht jedoch der Rechtsfolge und der Erbenstellung voraus.[7] Eine Verzeihung kommt selbst im Falle der Tötung in Betracht, wenn der Erblasser als Folge der Tat mit der Möglichkeit seines Todes rechnete. Anderenfalls ist nur der Tötungsversuch (§ 2339 Nr. 1 2. Alt) verziehen, nicht jedoch die vollendete Tötung (§ 2339 Nr. 1 2. Alt).[8] Es kann auch nicht eingewendet werden, der Erblasser hätte bei Kenntnis der Tat verziehen. Eine mutmaßliche Verzeihung gibt es ebenso wenig, wie eine Verzeihung im Voraus.[9]

Die Verzeihung kann auch zugunsten des Vermächtnis- und Pflichtteilsberechtigten erfolgen (§ 2345).[10]

---

1 BGH NJW 1984, 2089.
2 *Soergel/Damrau* § 2343 Rn. 1.
3 BGH FamRZ 1961, 437; NJW 1984, 2089.
4 BGH NJW 1984, 2089.
5 *Soergel/Damrau* § 2343 Rn. 1.
6 OLG Stuttgart RPfleger 1956, 160; RGRK/*Kregel* BGB § 2343 Rn. 1; BGH ZEV 2008, 479.
7 MüKoBGB/*Helms* § 2343 Rn. 1.
8 BG Halle, NJ 1958, 145.
9 OLG Stuttgart RPfleger 1956, 160, MüKoBGB/*Helms* § 2343 Rn. 1; a.A. RGRK/*Kregel* § 2343 Rn. 1, der bei Verfehlungen nach dem Tode des Erblassers eine mutmaßliche Verzeihung genügen lässt.
10 *Erman/Schlüter* § 2343 Rn. 1.

III. Verzichtsvereinbarung

5 Eine Anfechtung ist des Weiteren ausgeschlossen, wenn der Anfechtungsberechtigte und der Erbunwürdige einen Verzicht auf die Anfechtung vereinbart haben.[11] Dieser Verzicht wirkt nur schuldrechtlich zwischen den Parteien und führt zur Unzulässigkeit der Anfechtungsklage wegen Verstoßes gegen § 242 (venire contra factum proprium).[12]

IV. Beweislast

6 Der Erbunwürdige trägt die Beweislast dafür, dass der Erblasser ihm verziehen hat.[13]

V. Beratungshinweise

1. Beweisvorsorge

7 Bei der einredeweisen Geltendmachung der Verzeihung im Klageverfahren ergeben sich häufig Beweisschwierigkeiten. Insb. in Fällen, in denen der Erblasser seine Verzeihung später revidiert und lediglich seine anderslautende Haltung kundtut. Hier ist eine Beweisbarkeit beispielsweise durch eine schriftliche Erklärung des Erblassers oder durch Zeugnis eines nicht als Erben in Betracht kommenden Zeugen sicherzustellen.

2. Verzichtsvereinbarung nicht ohne Erbschaftsübertragung

8 Durch die Wirkung inter partes einer Verzichtsvereinbarung zwischen Anfechtungsberechtigten und Erbunwürdigen besteht die Möglichkeit, dass ein nachberufener Erbe die Erbunwürdigkeit dennoch geltend macht (vgl. § 2341), da trotz der Verzichtsvereinbarung anderen Anfechtungsberechtigten ihr Anfechtungsrecht erhalten bleibt.[14] Diese könnte somit entgegen dem Zweck der Verzichtsvereinbarung verhindern, dass der Erbunwürdige Erbe wird. Um den Erbschaftsanfall beim Erbunwürdigen sicherzustellen, bedarf es daher neben dem Abschluss der Verzichtsvereinbarung einer Übertragung der Erbschaft nach § 2385. Der Formzwang des § 2371 (notarielle Beurkundung) ist zu beachten.

§ 2344
Wirkung der Erbunwürdigerklärung

(1) Ist ein Erbe für erbunwürdig erklärt, so gilt der Anfall an ihn als nicht erfolgt.

(2) Die Erbschaft fällt demjenigen an, welcher berufen sein würde, wenn der Erbunwürdige zur Zeit des Erbfalls nicht gelebt hätte; der Anfall gilt als mit dem Eintritt des Erbfalls erfolgt.

I. Allgemeines

1 Die Regelung des § 2344 entspricht der des § 1953, der im Falle der Ausschlagung der Erbschaft entsprechende Rechtsfolgen anordnet. Es sollte daher auch die dortige Kommentierung beachtet werden.

---

11 *Staudinger/Olshausen* § 2343 Rn. 6; weitergehend *MüKoBGB/Helms* § 2344 Rn. 2, der eine einseitige empfangsbedürftige Willenserklärung des Anfechtungsberechtigten ausreichen lässt.
12 *MüKoBGB/Helms* § 2344 Rn. 2; anders *Soergel/Damrau* § 2343 Rn. 2, der eine Unbegründetheit der Klage annimmt.
13 *Staudinger/Olshausen* § 2343 Rn. 4.
14 *Soergel/Damrau* § 2343 Rn. 2.

II. Wirkung

Die Erklärung der Erbunwürdigkeit hat zur Folge, dass der Erbunwürdige als nicht lebend fingiert wird.[1] Sie hat ausschließlich Auswirkungen auf den Erbunwürdigen persönlich, nicht jedoch dessen Abkömmlinge.[2] Die nächstberufenen Erben sind vielmehr so zu bestimmen, als hätte der Erbunwürdige zur Zeit des Erbfalles nicht gelebt.[3] Sie treten rückwirkend auf den Zeitpunkt des Erbfalls in die Erbenstellung ein. Diese Rückwirkung tritt selbst dann ein, wenn der Grund erst nach dem Erbfall gesetzt wird, beispielsweise im Falle der Urkundsdelikte.

Ist ein nachrückender Erbe vor rechtskräftiger Erklärung der Erbunwürdigkeit seinerseits verstorben, so gilt die Erbschaft als ihm angefallen und auf seine Erben übergegangen.[4]

III. Verhältnis Erbunwürdiger – Erbe

Die Haftung des Erbunwürdigen richtet sich nach §§ 2018 ff. Der Erbunwürdige ist herausgabepflichtig. § 857 ist unanwendbar, so dass der Besitz nicht auf den anstelle des Erbunwürdigen Erbenden übergegangen ist. Ein Abhandenkommen i.S. des § 935 liegt nicht vor.[5]

Ist ein Dritter gegenüber dem Erben von seiner Schuld befreit worden, so haftet der Erbunwürdige dem Erben nach § 819. Darüber hinaus haftet er regelmäßig mit der Besitzergreifung, spätestens jedoch mit der Erhebung der Unwürdigkeitsklage, als bösgläubiger Erbschaftsbesitzer gem. §§ 2024, 2023 auf Schadensersatz. Seine Bösgläubigkeit beruht zumindest darauf, dass er grob fahrlässig die auf seinen vorsätzlichen Handlungen beruhende Erbunwürdigkeit nicht erkannt hat.[6] Liegt sogar eine strafbare Handlung des Erbunwürdigen vor, haftet er nach §§ 2025, 823 ff. auf Schadensersatz.[7]

Umgekehrt steht dem Erbunwürdigen gegenüber dem Erben ein Anspruch auf Ersatz der notwendigen Verwendungen nach den Vorschriften der Geschäftsführung ohne Auftrag zu, §§ 2023 Abs. 2, 994 Abs. 2, 683. Sogar dem bösgläubigen Erbschaftsbesitzer stehen gem. § 2022 Abs. 3 Ansprüche soweit nach den allgemeinen Vorschriften zu, als Aufwendungen nicht auf einzelne Sachen, sondern auf unkörperliche Gegenstände oder die ganze Erbschaft gemacht worden sind. Im Falle der Begleichung von Nachlassverbindlichkeiten oder der Beerdigungskosten aus eigenen Mitteln kann der Erbunwürdige Rückzahlung von dem Erben aus § 812 bzw. § 1968 verlangen.

Vermächtnis oder Pflichtteilsansprüche des Erbunwürdigen kommen nicht in Betracht, soweit auch der § 2345 erfüllt ist. Davon ist häufig auszugehen.[8] Bei der Berechnung des Pflichtteils wird der Erbunwürdige dennoch mitgezählt, § 2310 S. 1. Ein Vertrag zwischen Erbunwürdigen und Miterben über die Erbteilung ist hingegen unwirksam.[9]

Ein Anspruch auf Zugewinn (§ 1371 Abs. 2) muss nicht zwingend entfallen. Vielmehr ist unabhängig von der Erbunwürdigkeit festzustellen, ob ein Leistungsverweigerungsrecht wegen grober Unbilligkeit (§ 1381) besteht.[10] Die Verjährungsfrist für den Zugewinnausgleichsanspruch beginnt dabei erst mit der Erklärung der Erbunwürdigkeit.[11]

---

1 MüKoBGB/*Lange* § 2310 Rn. 4.
2 OLG Frankfurt a.M, NJW-RR 1996, 261; *Palandt/Edenhofer* § 2344 Rn. 1.
3 RGZ 142, 96.
4 Staudinger/*Olshausen* § 2344 Rn. 17.
5 Soergel/*Damrau* § 2344 Rn. 3.
6 Staudinger/*Olshausen* § 2344 Rn. 19; *Palandt/Edenhofer* § 2344 Rn. 3; im Ergebnis ebenso: MüKoBGB/ *Helms* § 2344 Rn. 2, durch analoge Anwendung des § 142 Abs. 2.
7 MüKoBGB/*Helms* § 2344 Rn. 2 m.w.N.; *Brox/Walker* Rn. 288.
8 Staudinger/*Olshausen* § 2344 Rn. 10.
9 BGH WM 1968, 474.
10 OLG Karlsruhe FamRZ 1987, 823.
11 BayObLG NJW-RR 1997, 326.

9 Dem Erbunwürdigen stehen die Ansprüche aus § 1932 (Voraus des Ehegatten) und § 1969 (Dreißigster) nicht zu.[12]

IV. Verhältnis Erbunwürdiger – Dritte

10 Die Haftung des Erbunwürdigen für Nachlassverbindlichkeiten entfällt.[13] Dies gilt sowohl für den Fall der Haftungsbeschränkung als auch im Falle der unbeschränkten und unbeschränkbaren Haftung, beispielsweise mangels Inventarisierung (§§ 1993 ff.). Für sog. Nachlasseigen- oder Nachlasserbenschulden bleibt die persönliche Haftung des Unwürdigen allerdings bestehen.[14]

11 Der Erbunwürdige verfügt über Nachlassgegenstände als Nichtberechtigter. Verfügungen und Rechtsgeschäfte zwischen dem Erbunwürdigen und Dritten in Bezug auf die Erbschaft werden durch die Unwürdigkeitserklärung grundsätzlich unwirksam.[15] Nur ausnahmsweise ist eine Wirksamkeit gegenüber dem Erben gegeben, wenn und soweit sich Dritte auf den Gutglaubensschutz der allgemeinen Vorschriften (vgl. §§ 932 ff., 892 ff., 1032, 1207 ff., 2365 ff. BGB, § 366 HGB) berufen können. Auch kommt ihnen der Schutz der §§ 2366, 2367 zugute, wenn der Erbunwürdige über einen Erbschein verfügte. Darüber hinaus werden Dritte nach einer in der Literatur vertretenen Auffassung gegenüber den Erben nicht durch eine Leistung an den Erbunwürdigen frei.[16] Demgegenüber wird zu Recht eingewandt, es habe zugunsten Dritter eine analoge Anwendung des § 407 zu erfolgen.[17] Zur Begründung ist anzuführen, dass der Schutz der §§ 2366, 2367 nicht ausreichend ist, da der Dritte seine Leistung nicht von der Vorlage des Erbscheins abhängig machen kann. Zwar wird dem entgegengehalten, Dritte seien im Falle der Unsicherheit, die auch schon vor Erhebung der Unwürdigkeitsklage gegeben sein kann,[18] gem. § 372 S. 2 zur Hinterlegung berechtigt. Dem Schutzbedürfnis des Dritten und den tatsächlichen Lebensverhältnissen wird damit jedoch nicht genügend Rechnung getragen.

12 Schließlich scheidet auch eine analoge Anwendung des § 1959 Abs. 2 (eilbedürftige Geschäfte) und des Abs. 3 (Rechtsgeschäfte, die gegenüber dem Unwürdigen erklärt werden müssen) aus.[19]

V. Verhältnis Erbe – Dritte

13 Soweit der Gutglaubensschutz der allgemeinen Vorschriften (vgl. §§ 932 ff., 891 ff., 1032, 1207, 2365 ff. BGB, § 366 HGB) oder der Schutz der §§ 2366, 2367 nicht eingreift, haben Dritte an einen Nichtberechtigten geleistet. Sie werden nicht von der Verbindlichkeit frei, außer es wird der § 407 analog angewandt (vgl. oben). Der Schuldner bleibt den Erben verpflichtet und muss sich auf Rückforderungsansprüche gegen den Unwürdigen verweisen lassen.

14 Die infolge des Erbschaftserwerbs durch Konfusion erloschenen Rechte und Pflichten gegen den Nachlass leben mit der rechtskräftigen Feststellung der Erbunwürdigkeit wieder auf.[20]

---

12 Vgl. Kommentierung zu § 2345 Rz. 2.
13 *Staudinger/Olshausen* § 2344 Rn. 8.
14 OLG Köln NJW 1952, 1145; *Schlüter* Rn. 418.
15 *Erman/Schlüter* BGB § 2344 Rn. 1; RGRK/*Krege*, § 2344 Rn. 2.
16 MüKoBGB/*Helms* § 2344 Rn. 4; *Palandt/Edenhofer* § 2344 Rn. 3.
17 *Staudinger/Olshausen* § 2344 Rn. 21; *Soergel/Damrau* § 2344 Rn. 3; *Brox/Walker* § 2344 Rn. 280; *Lange/Kuchinke* § 6 Abs. 4 S. 2.
18 *Staudinger/Olshausen* § 2344 Rn. 21.
19 *Staudinger/Olshausen* § 2344 Rn. 22.
20 *Staudinger/Olshausen* § 2344 Rn. 7.

VI. Sonderfall Vor- und Nacherbe

Erfolgt eine Erbunwürdigkeitserklärung des Nacherben vor Eintritt des Nacherbfalls (§ 2340 Abs. 2), so erlischt das Anwartschaftsrecht des Unwürdigen rückwirkend. Der Vorerbe wird zum Vollerben (§ 2142), wenn ein Ersatznacherbe nicht berufen ist. Das Nacherbrecht geht auch nicht auf die Erben des Nacherben über, da dieser so zu behandeln ist, als hätte er den Erbfall nicht erlebt. § 2108 Abs. 2 ist daher nicht anwendbar.[21]   15

Erfolgt die Erbunwürdigkeitserklärung des Nacherben erst nach dem Nacherbfall, so wird wieder der Vorerbe oder dessen Erbe Vollerbe. Bei letzterem kann es sich sogar um den Unwürdigen handeln, da sich seine Tat gegen den Erblasser richtete, nicht aber gegen den Vorerben.   16

VII. Beratungshinweise

1. Ausschlagung der Erbschaft

Der die Erbunwürdigkeit geltend machende Erbe sollte im Klageverfahren hervorheben, dass in der Klageerhebung keine Annahme der Erbschaft zu sehen ist. Anderenfalls ist ihm u.U. verwehrt, die Erbschaft noch auszuschlagen, was ansonsten grundsätzlich noch möglich ist.[22] Generell kann der nachberufene Erbe erst nach Rechtskraft der Erbunwürdigkeitserklärung die Erbschaft ausschlagen. Trotz der Rückwirkung ist diese noch nicht vorher angefallen.[23]   17

2. Vorlage des Erbscheins

Im Hinblick auf den damit verbundenen Gutglaubensschutz (§§ 2366, 2367), sollte der Abschluss eines Rechtsgeschäfts mit Bezug auf Erbschaftsgegenstände von der Vorlage des Erbscheins abhängig gemacht werden. Wenn auch die Nichtvorlage kein Leistungsverweigerungsrecht hinsichtlich Forderungen aus dem Nachlass begründet,[24] so sollte bei begründeten Zweifeln eine Hinterlegung gem. § 372 S. 2 in Betracht gezogen werden, insb. vor dem Hintergrund, dass die Frage des Schuldnerschutzes durch analoge Anwendung des § 407[25] noch keine Klärung durch die Rechtsprechung erfahren hat.   18

§ 2345
Vermächtnisunwürdigkeit; Pflichtteilsunwürdigkeit

(1) Hat sich ein Vermächtnisnehmer einer der in § 2339 Abs. 1 bezeichneten Verfehlungen schuldig gemacht, so ist der Anspruch aus dem Vermächtnis anfechtbar. Die Vorschriften der §§ 2082, 2083, 2339 Abs. 2 und der §§ 2341, 2343 finden Anwendung.

(2) Das Gleiche gilt für einen Pflichtteilsanspruch, wenn der Pflichtteilsberechtigte sich einer solchen Verfehlung schuldig gemacht hat.

I. Allgemeines

Während die §§ 2339–2344 die Erbunwürdigkeit des Erben regeln, erfolgt in § 2345 eine Modifikation der Vorschriften hinsichtlich des Vermächtnis- und Pflichtteilsunwürdigen.   1

---

21 *Erman/Schlüter* § 2344 Rn. 1; *MüKoBGB/Helms* § 2344 Rn. 1.
22 Vgl. RGRK/*Kregel* § 2344 Rn. 1, § 2342 Rn. 1.
23 *Staudinger/Olshausen* § 2344 Rn. 18.
24 *Staudinger/Olshausen* § 2344 Rn. 21.
25 Vgl. § 2344 Rz. 2.

Der wesentliche Unterschied liegt in der Geltendmachung. Während gegenüber dem Erben zwingend eine Klage erforderlich ist, genügt gegenüber dem Vermächtnis- und Pflichtteilsberechtigten eine Erklärung. Dabei gelten die Anfechtungsgründe des § 2339. Anfechtungsberechtigt ist jeder, dem die Anfechtungswirkung auch nur mittelbar zustatten kommt (§ 2343).

II. Vermächtnisanfechtung

2 Zu den anfechtbaren Ansprüchen zählen das Vermächtnis (§ 1932, 1969) und die vollzogene Schenkung von Todes wegen (§ 2301 Abs. 1),[1] nicht aber die Auflage. Im Falle der Unwürdigkeit des Auflagenbegünstigten hat eine Anfechtung der Verfügung von Todes wegen gem. §§ 2078, 2083 zu erfolgen.[2] Auch die gesetzlichen Vermächtnisse des § 1932 (Voraus des Ehegatten) und des § 1969 (Dreißigster) unterliegen der Anfechtung.[3]

3 Für Taten des Vermächtnisnehmers gegen den Erben kann § 2345 nicht entsprechend angewendet werden.[4]

III. Pflichtteilsanfechtung

4 Der Pflichtteilsanfechtung kommt nur dann selbstständige Bedeutung zu, wenn der Unwürdige zwar enterbt ist, ihm aber nicht der Pflichtteil entzogen wurde. Der Pflichtteilsanspruch umfasst auch den Restanspruch (§§ 2305, 2307) und Ergänzungsanspruch (§§ 2325, 2329). Allerdings erscheint es geboten, bei dem Beurteilen der eine Erbunwürdigkeit begründenden Verhaltensweise für eine Pflichtteilsanfechtung deren Voraussetzungen dahingehend einschränkend auszulegen, dass eine Pflichtteilsanfechtung nur dann in Betracht kommt, wenn der Erblasser auch tatsächlich dem von der Anfechtung Betroffenen den Pflichtteil hätte entziehen können (§§ 2333–2335). Auch § 2345 Abs. 2 will lediglich den mutmaßlichen Erblasserwillen zur Geltung bringen. Er kann deshalb nicht weiter reichen als die Möglichkeit des Erblassers, von Todes wegen zu verfügen.

IV. Geltendmachung der Anfechtung

5 Die Vermächtnisunwürdigkeit und Pflichtteilsunwürdigkeit bedürfen zu ihrer Geltendmachung nicht der Klage, sondern es genügt die formlose Erklärung gegenüber dem Unwürdigen (§ 143 Abs. 1).[5] Sie kann auch im Wege der Einrede und der Leistungsverweigerung geltend gemacht werden.[6] Dies gilt gem. § 2083 auch nach Ablauf der Anfechtungsfrist des § 2082, wobei auf beide Vorschriften in § 2345 ausdrücklich verwiesen wird.

6 Im Falle der Verzeihung gilt § 2343; eine Anfechtung ist ausgeschlossen.

V. Wirkung der Anfechtung

7 Der schuldrechtliche Anspruch wird rückwirkend beseitigt (§ 142), als hätte es den Vermächtnisnehmer oder Pflichtteilsberechtigten beim Erbfall nicht gegeben. Ein Ersatzvermächtnisnehmer kommt zum Zuge (§ 2190). Bei Mitvermächtnisnehmern gilt §§ 2158, 2159. Ansonsten erlischt das Vermächtnis.

8 Hat der Erbe vor der Anfechtung des Vermächtnisses geleistet, so richtet sich sein Rückforderungsrecht nach den §§ 812 Abs. 1 Satz. 2, 813, 819 Abs. 1, deren Voraussetzungen regelmäßig vorliegen.

---

[1] MüKoBGB/*Helms* § 2345 Rn. 7.
[2] *Staudinger/Olshausen* § 2345 Rn. 6; *Soergel/Damrau* § 2345 Rn. 1.
[3] *Erman/Schlüter* § 2345 Rn. 2.
[4] BGH FamRZ 1962, 256.
[5] OLG Celle NdsRpfl 1972, 238.
[6] *Soergel/Damrau* § 2345 Rn. 1.

VI. Beratungshinweise

Entfernteren Pflichtteilsberechtigten (§ 2309) steht ein Pflichtteil nur zu, wenn gegenüber 9
den Näherstehenden wirksam angefochten wurde.[7] Dies gilt jedoch nach überwiegender Auffassung[8] nicht, wenn der Erbe erst nach Ablauf der Anfechtungsfrist die Anfechtung lediglich im Wege der Einrede geltend macht. Da zur Begründung angeführt wird, die entfernteren Pflichtteilsberechtigten hätten selbst rechtzeitig anfechten können, sollten diese zur Vermeidung des Rechtsverlustes von ihrem Anfechtungsrecht Gebrauch machen und sich nicht auf eine Anfechtung durch den Erben verlassen.

---

7 MüKoBGB/*Helms* § 2345 Rn. 8; *Brox/Walker* § 2345 Rn. 283.
8 MüKoBGB/*Helms* § 2345 Rn. 8; *Staudinger/Olshausen* § 2345 Rn. 18.

Abschnitt 7
Erbverzicht

§ 2346
Wirkung des Erbverzichts, Beschränkungsmöglichkeit

(1) Verwandte sowie der Ehegatte des Erblassers können durch Vertrag mit dem Erblasser auf ihr gesetzliches Erbrecht verzichten. Der Verzichtende ist von der gesetzlichen Erbfolge ausgeschlossen, wie wenn er zur Zeit des Erbfalles nicht mehr lebte; er hat kein Pflichtteilsrecht.

(2) Der Verzicht kann auf das Pflichtteilsrecht beschränkt werden.

Übersicht	Rz.			Rz.
I. Praktische Bedeutung	1		2. Beschränkung des Verzichts	10
II. Begriff und Rechtsnatur des Erbverzichts; anwendbare Vorschriften	2		3. Pflichtteilsverzicht (Abs. 2)	16
		VI.	Die Rechtswirkungen des Erbverzichts	23
III. Die Beteiligten des Erbverzichts	5	VII.	Erbverzicht und Abfindung	37
IV. Zeitliche Voraussetzungen	8	VIII.	Beratungshinweise	48
V. Gegenstand des Erbverzichts	9		1. Allgemeines	48
1. Allgemeines	9		2. Formulierungshilfen	61

I. Praktische Bedeutung

1 Der Erb- und insb. der Pflichtteilsverzicht stellen in der Kautelarjurisprudenz ein wichtiges Instrument zur Regelung der Erbfolge[1] dar und geben dem Erblasser die Möglichkeit, zu Lebzeiten durch Vertrag mit dem Verzichtenden eine sachgerechte Nachlassplanung, die an individuelle Verhältnisse angepasst werden kann, umzusetzen.[2] Sie können für klare Verhältnisse sorgen und spätere Streitigkeiten unter den Erben vermeiden. Bedeutsam sind insb. Regelungen der Vermögensnachfolge zu Lebzeiten des Erblassers (vorweggenommene Erbfolge), der Ausschluss des Ehegatten oder des eingetragenen Lebenspartners i.S.v. § 1 LPartG von der Erbfolge sowie die Abfindung erstehelicher oder nichtehelicher Kinder.[3] Große praktische Bedeutung kommt dem Erb- und Pflichtteilsverzicht auch dann zu, wenn zum Nachlass z.B. ein mittelständisches Unternehmen gehört, dessen Fortbestand zu sichern ist, und wenn der Erblasser, z.B. wegen Geschäftsunfähigkeit (§ 2347 Abs. 2 S. 2), eine Enterbung oder den Widerruf einer letztwilligen Zuwendung nicht aussprechen kann oder bei wechselbezüglichen Verfügungen in einem gemeinschaftlichen Testament nach dem Tode des anderen Ehegatten oder im Falle eines Erbvertrages an seine letztwilligen Verfügungen gebunden ist.[4]

II. Begriff und Rechtsnatur des Erbverzichts; anwendbare Vorschriften

2 Bei dem Erbverzicht handelt es sich um einen abstrakten **erbrechtlichen Verfügungsvertrag**[6] zwischen dem Erblasser und einem durch Gesetz oder Verfügung von Todes wegen berufenen Erben, durch den der Anfall des Erbrechts bzw. die Entstehung des Pflichtteils oder eines Vermächtnisses ganz oder teilweise ausgeschlossen wird. Bereits mit dem Eintritt seiner Voraussetzungen tritt die beabsichtigte Rechtsfolge, nämlich die Beseitigung

---

1 *Spiegelberger*, Vermögensnachfolge Rn. 353 ff.
2 PWW/*Deppenkemper* § 2346 Rn. 1.
3 *Staudinger/Schotten* Einl. zu §§ 2346 Rn. 3.
4 MüKoBGB/*Wegerhoff* § 2346 Rn. 6; vgl. hierzu auch die Ausführungen zu § 2352⁵ 2.
6 *Bamberger/Roth/J. Mayer* § 2346 Rn. 2.

der Berufung zur Erbfolge, unmittelbar ein.[7] Er ist ein abstraktes Rechtsgeschäft und damit kein gegenseitiger Vertrag i.S.d. §§ 320 ff.; dies gilt auch dann, wenn er mit Rücksicht auf eine Gegenleistung abgeschlossen worden ist.[8] Der Erbverzicht ist insb. keine Verfügung von Todes wegen, sondern ein **Rechtsgeschäft unter Lebenden**. Deshalb sind auch die allgemeinen Vorschriften über Verträge anwendbar. Willensmängel beurteilen sich nach den §§ 116 ff., eine teilweise Unwirksamkeit nach § 139 (und nicht nach § 2085). Die **Auslegung** des Erbverzichts richtet sich nach den §§ 133, 157 sowie § 242, ergänzt durch die besonderen Auslegungsregeln in § 2350. Die nur für letztwillige Verfügungen geltende Vorschrift in § 2084 findet hingegen keine Anwendung. **Angefochten** werden kann der Erbverzicht aus Gründen der Rechtssicherheit nur zu Lebzeiten des Erblassers und nicht mehr nach Eintritt des Erbfalls[9] nach den Vorschriften der §§ 141 Abs. 1, 119 ff.[10] Wegen des zuvor dargestellten Charakters des Erbverzichts als Rechtsgeschäft unter Lebenden gelten die Vorschriften der §§ 2078, 2079 nicht.[11] Da **Motivirrtümer** nach den §§ 119 ff. grundsätzlich unbeachtlich sind,[12] kommt als Anfechtungsgrund die falsche Vorstellung des Verzichtenden über den gegenwärtigen Nachlass oder dessen künftige Entwicklung nicht in Betracht. Gleiches gilt auch für den Umstand, dass der irrtumsfrei erklärte Verzicht nicht erkannte und gewollte Nebenfolgen hat.[13] Möglich ist hingegen die Anfechtung des Verzichtenden nach § 119 Abs. 2 wegen einer Fehlvorstellung über den konkreten Bestand des Nachlassvermögens,[14] der jedoch in der Praxis nur schwer nachweisbar sein dürfte. Ist der Verzichtende erkennbar über den Umstand des gegenwärtigen Erblasservermögens arglistig getäuscht worden, so begründet dies eine Anfechtung des Verzichts nach § 123.[15] Nicht anfechtbar ist der Erbverzicht wegen **Gläubigerbenachteiligung** nach der Insolvenzordnung und nach dem Anfechtungsgesetz.[16] Er stellt auch keinen Obliegenheitsverstoß i.S. des § 295 Abs. 1 Nr. 2 InsO dar, der zum Verlust der Restschuldbefreiungsmöglichkeit führen würde.[17]

Ein Anfechtungsrecht des Erblassers ist hingegen streitig, da er den Ausschluss des Erben jederzeit durch eine neue Verfügung von Todes wegen rückgängig machen könnte, wird jedoch nach mittlerweile überwiegender Ansicht bejaht.[18]

Erb- und Pflichtteilsverzichte unterliegen i.ü. einer umfassenden **gerichtlichen Überprüfung**,[19] in die i.R.e. Gesamtschau alle subjektiven und objektiven individuellen Verhältnisse einzubeziehen sind.[20] Beurteilungsmaßstab für die Wirksamkeit des Verzichts sind die §§ 134, 138[21] und 242.[22] Als nicht sittenwidrig wird z.B. ein Erb- bzw. Pflichtteilsver-

---

7 *Staudinger/Schotten* Einl. zu §§ 2346 ff. Rn. 17.
8 *Palandt/Edenhofer* Vor § 2346 Rn. 5.
9 BayObLG NJW-RR 2006, 372, 373 = FamRZ 2006, 1631 = ZEV 2006, 209, 210 mit Anm. *Leipold*; OLG Celle NJW-RR 2003, 1450 = ZEV 2004, 156, 157 mit abl. Anm. *Damrau*; OLG Koblenz NJW-RR 1993, 708, 709; OLG Schleswig NJW-RR 1997, 1092, 1093; a.A. *Soergel/Damrau* § 2346 Rn. 20.
10 *Staudinger/Schotten* Einl. zu §§ 2346 Rn. 21.
11 MüKoBGB/*Wegerhoff* § 2346 Rn. 4.
12 *Staudinger/Schotten* § 2346 Rn. 103.
13 BGH NJW 1997, 653.
14 *Damrau* S. 136; *Coing* NJW 1967, 1777, 1780.
15 *Soergel/Damrau* § 2346 Rn. 20.
16 BGH NJW 1997, 2384, 2385; *Uhlenbruck* § 83 InsO Rn. 9; *Ivo* ZErb 2003, 250, 253.
17 *Ivo* ZErb 2003, 250, 253; *Weidlich* NotBZ 2009, 149, 160.
18 *Staudinger/Schotten* § 2346 Rn. 107; MüKoBGB/*Wegerhoff* § 2346 Rn. 4; RGRK/*Johannsen* § 2346 Rn. 1; *Pentz* MDR 1999, 785 ff.; *Soergel/Damrau* § 2346 Rn. 20 (einschränkend); a.A. *Palandt/Edenhofer* § 2346 Rn. 18.
19 *Bamberger/Roth/J. Mayer* § 2346 Rn. 39 f.; *Bengel* ZEV 2006, 192 ff.
20 PWW/*Deppenkemper* § 2346 Rn. 1.
21 Vgl. z.B. OLG München ZEV 2006, 313, 314 = NJOZ 2006, 2155; dazu kritisch *Theiss/Boger* ZErb 2006, 164; LG Düsseldorf FD-ErbR 2007, 246218; LG Ravensburg ZEV 2008, 598 ff.; einschränkend *Bamberger/Roth/J. Mayer* § 2346 Rn. 39 f.
22 *Bengel* ZEV 2006, 192 ff.; *Kuchinke* FPR 2006, 125, 126 ff.

zicht angesehen, der während des Bezugs von nachrangigen Sozialleistungen, aber vor Eintritt des Erbfalls erklärt wird.[23]

III. Die Beteiligten des Erbverzichts

5 Auf das gesetzliche Erbrecht können nur **Verwandte** und der **Ehegatte** verzichten, nicht jedoch der Fiskus.[24] Nach § 10 Abs. 7 LPartG gelten die §§ 2346 bis 2352 entsprechend auch für gleichgeschlechtliche, eingetragene **Lebenspartner**.[25] Verzichtsberechtigt sind ferner der künftige Ehegatte oder Lebenspartner oder das Adoptivkind bereits vor dessen Annahme.[26]

6 Der Verzichtende bedarf zu einem Erbverzicht nicht der **Zustimmung** seines Ehegatten oder seines eingetragenen Lebenspartners[27] oder des Insolvenzverwalters,[28] wenn er in seiner Verfügungsbefugnis aufgrund güterrechtlicher Bestimmungen (Zugewinngemeinschaft, Gütergemeinschaft, Ausgleichsgemeinschaft eingetragener Lebenspartner) oder nach der Insolvenzordnung beschränkt ist. Den Verzichtenden kann hinsichtlich seines Erbverzichts ungefragt gegenüber seinen Geschwistern eine Aufklärungspflicht i.R.d. Erbauseinandersetzung treffen, deren Verletzung die Anfechtung eines Erbauseinandersetzungsvertrages wegen arglistiger Täuschung über den Verzicht begründen kann.[29]

7 Vertragsgegner des Verzichtenden kann nach Abs. 1 S. 1 nur der Erblasser sein. Ein gegenüber einem begünstigten Dritten erklärter Verzicht ist unzulässig.[30] Im Rahmen des § 311b Abs. 5 möglich ist hingegen ein zwischen einem Erbanwärter und seinem gesetzlichen Miterben geschlossener Erbverzichtsvertrag, der jedoch keine erbrechtlichen, sondern nur schuldrechtliche Wirkungen hat und nicht zur Änderung der Erbfolge führt.[31]

IV. Zeitliche Voraussetzungen

8 Der Erbverzichtsvertrag kann nur **zu Lebzeiten** des Erblassers wirksam geschlossen werden.[32] Das gilt auch für den Pflichtteilsverzicht.[33] Ein nach dem Erbschaftsanfall erklärter Verzicht kann entweder in eine Verpflichtung zur Ausschlagung, zur Erbteilsübertragung nach § 2033 oder in einen Erbschaftskauf nach §§ 2371 ff. umgedeutet werden.[34]

V. Gegenstand des Erbverzichts

1. Allgemeines

9 Gegenstand des Erbverzichts ist das **gesetzliche Erbrecht** des Verzichtenden, so wie es ihm ohne den Verzicht beim Tode des Erblassers zustehen würde. Soweit nichts anderes vereinbart wird, erfasst der Verzicht alle mit dem gesetzlichen Erbrecht verbundenen Ansprüche,[35] insb. also das Pflichtteilsrecht (s. § 2346 Abs. 1 S. 2) einschließlich des Pflichtteilsrestanspruchs nach §§ 2305, 2307 und des Pflichtteilsergänzungsanspruchs nach §§ 2325 ff.,[36] das Hoferbrecht einschließlich des Abfindungsanspruchs nach § 12 HöfeO

---

23 OLG Köln ZEV 2010, 86, 87 (n. rkr. Rev.); *Vaupel* RNotZ 2009, 497, 508.
24 BGHZ 37, 319, 327.
25 Vertiefend dazu *Schwab* FamRZ 2001, 385 ff.
26 MüKoBGB/*Wegerhoff* § 2346 Rn. 7; *Bamberger/Roth/J. Mayer* § 2346 Rn. 5.
27 *Staudinger/Schotten* § 2346 Rn. 8.
28 *Uhlenbruck* § 83 InsO Rn. 9.
29 OLG München ZEV 2010, 140, 141.
30 *Staudinger/Schotten* § 2346 Rn. 10; PWW/*Deppenkemper* § 2346 Rn. 5.
31 *Staudinger/Schotten* § 2346 Rn. 11.
32 BGHZ 37, 319, 325; BGHZ 134, 60, 63 = NJW 1997, 521, 522 = ZEV 1997, 111, 112.
33 BGHZ 134, 60, 63 ff.
34 MüKoBGB/*Wegerhoff* § 2346 Rn. 10.
35 *Bamberger/Roth/J. Mayer* § 2346 Rn. 9.
36 *Staudinger/Schotten* § 2346 Rn. 24.

und des Nachabfindungsanspruchs nach § 13 HöfeO,[37] den Voraus nach § 1932[38] und ein evtl. Pflichtteilsvermächtnis.[39]

2. Beschränkung des Verzichts

Neben der gesetzlichen Beschränkungsmöglichkeit in Abs. 2 auf den Pflichtteil können die Parteien die Wirkungen des Erbverzichts im Verzichtsvertrag in vielfacher Weise einschränken. **10**

Der Verzicht kann z.B. auf das gesetzliche Erbrecht beschränkt werden, wobei sich der Verzichtende den Anspruch auf seinen Pflichtteil vorbehält.[40] Auch wenn der Erblasser diese Wirkung regelmäßig auch durch Enterbung herbeiführen kann, ist diese Beschränkungsmöglichkeit des Verzichts in der Praxis nicht bedeutungslos. Wichtig ist sie, wenn der Erblasser z.B. testierunfähig ist. In diesem Fall ist eine Enterbung durch letztwillige Verfügung nicht mehr möglich, einen Erbverzicht hingegen kann er auch als Geschäftsunfähiger durch seinen gesetzlichen Vertreter abschließen.[41] **11**

Möglich ist auch, den Erbverzicht lediglich auf einen ideellen Bruchteil des gesetzlichen Erbrechts (z.B. auf die Hälfte des gesetzlichen Erbteils) zu beschränken,[42] so dass der Verzichtende bei gesetzlicher Erbfolge Erbe hinsichtlich des nicht vom Verzicht umfassten Bruchteils wird, andernfalls hat er ein Pflichtteilsrecht in Höhe des halben Wertes des nicht vom Verzicht umfassten Bruchteils.[43] In diesem Sinne ist z.B. der Verzicht eines im Güterstand der Zugewinngemeinschaft lebenden Ehegatten auf seinen ¼ Anteil am Nachlass des anderen nach § 1371 Abs. 1 ein zulässiger Verzicht auf einen Bruchteil des gesetzlichen Erbrechts.[44] Mit Rücksicht auf den Grundsatz der Universalsukzession ist dagegen eine gegenständliche Beschränkung im Hinblick auf einen einzelnen Nachlassgegenstand unzulässig.[45] Liegt ein derartiger unzulässiger Verzicht vor, so kann er in einen Verzicht auf einen Bruchteil des gesetzlichen Erbrechts umgedeutet werden, wobei für die Bestimmung des Bruchteils das Verhältnis des Werts des einzelnen Gegenstandes zum Gesamtnachlass zur Zeit des Erbfalls maßgebend ist.[46] **12**

Eine **weitere Beschränkungsmöglichkeit** zeigt sich im Höferecht, bei dem es sich nach der Höfeordnung um ein Sondererbrecht handelt. Aus diesem Grunde ist es ausnahmsweise zulässig, wenn der künftige Hoferbe seinen Verzicht isoliert auf das Hofvermögen bzw. auf das hoffreie Vermögen beschränkt, sofern zum Nachlass ein Hof i.S.d. Höfeordnung gehört.[47] Zu beachten ist jedoch, dass sich der Verzicht des Hoferben immer nur auf die Hoferbfolge nach dem derzeitigen Hofeigentümer, mit dem der Verzichtsvertrag geschlossen worden ist, bezieht.[48] Ein Verzichtsvertrag des Inhalts, dass der Verzichtende ein für allemal von der Hoferbfolge ausgeschlossen ist und ihm der Hof nicht als Nachlass nach einem anderen zufällt, ist mithin nicht möglich.[49] Besondere Beachtung ist der Frage zu schenken, ob sich der Verzicht des Hoferben auch auf seine Abkömmlinge erstrecken **13**

---

37 BGHZ 134, 152 = NJW 1997, 653.
38 MüKoBGB/*Wegerhoff* § 2346 Rn. 31.
39 *Mayer* ZEV 1995, 41 ff.
40 BayObLGZ 1981, 30, 33; Staudinger/*Schotten* § 2346 Rn. 34; Soergel/*Damrau* § 2346, Rn. 9.
41 Vgl. die Ausführungen in § 2347 Rz. 12 f.
42 Bamberger/Roth/*J. Mayer* § 2346 Rn. 11; MüKoBGB/*Wegerhoff* § 2346 Rn. 14.
43 *Nieder* § 19 Rn. 7.
44 *Reul* MittRhNotK 1997, 373, 378.
45 OLG Oldenburg FamRZ 1998, 645, 646; RGRK/*Johannsen* § 2346 Rn. 22.
46 KG JFG 15, 98 = DNotZ 1937, 571; Staudinger/*Schotten* § 2346 Rn. 41; MüKoBGB/*Wegerhoff* § 2346 Rn. 14.
47 BGH NJW 1952, 102, 103; OLG Oldenburg FamRZ 1998, 645, 646.
48 Erman/*Schlüter* § 2346 Rn. 9.
49 Staudinger/*Schotten* § 2346 Rn. 42.

soll. Da hier auch die Vorschrift des § 2349 gilt,[50] erstreckt sich der Verzicht eines Abkömmlings oder Seitenverwandten des Erblassers automatisch auf seine Abkömmlinge. Sofern die Parteien dies nicht wollen, bedarf es einer ausdrücklichen abweichenden Bestimmung im Verzichtsvertrag.

14 Enthält ein Hofübergabevertrag die Erklärung des Hofübernehmers, er sei wegen des künftigen Erbrechts abgefunden, so ist hierin nicht ohne weiteres ein Erbverzicht zu sehen. Da Gegenstand einer derartigen Erklärung regelmäßig nur das gegenwärtige Vermögen des Hofübergebers ist, kann sich die Abfindungserklärung auch nur hierauf erstrecken.[51] Auch hier empfiehlt es sich, den Umfang einer derartigen Abfindungserklärung eindeutig zu regeln.

15 Nach h.M. kann ein Verzicht nicht auf den Voraus des Ehegatten (§ 1932) bzw. des Lebenspartners (§ 10 Abs. 1 S. 3 LPartG) oder auf den Dreißigsten (§ 1969) beschränkt werden, weil er nicht in den §§ 2346, 2352 erwähnt wird und die Bestimmungen über den Erbverzicht zwingend sind.[52] Gleiches gilt für den Ausbildungsanspruch des Stiefkindes nach § 1371 Abs. 4.[53]

3. Pflichtteilsverzicht (Abs. 2)

16 Der Pflichtteilsverzicht stellt eine zulässige Beschränkung des Erbverzichts auf das Pflichtteilsrecht dar.[54] Er bewirkt, dass bei dem Verzichtenden von Anfang an Pflichtteilsansprüche nicht entstehen,[55] und erstreckt sich im Zweifel automatisch auf die Abkömmlinge des Verzichtenden, wenn ein Abkömmling oder Seitenverwandter des Erblassers verzichtet (§ 2349). Aus diesem Grunde ist der bloße Pflichtteilsverzicht ein geeignetes Gestaltungsmittel des Erblassers und seiner näheren Abkömmlinge, um entfernteren Abkömmlingen den Pflichtteil zu entziehen.[56] Im Unterschied zum Erbverzicht ändert der Pflichtteilsverzicht die gesetzliche Erbfolge nicht, so dass der Verzichtende und sein Stamm gesetzliche Erben des Erblassers bleiben.[57] Ebenso wenig erhöhen sich durch ihn die Pflichtteilsansprüche der anderen Pflichtteilsberechtigten,[58] da der Verzichtende bei der Feststellung des für die Berechnung des Pflichtteils maßgebenden Erbteils (§ 2310) – im Gegensatz zum Erbverzicht – mitgezählt wird. Nach ganz h.M. wird bei einem reinen Pflichtteilsverzicht der Verzichtende bei der Feststellung des für die Berechnung des Pflichtteils maßgeblichen Erbteils aller Pflichtteilsberechtigten nämlich genauso berücksichtigt wie diejenigen, die allein durch Verfügung von Todes wegen von der Erbfolge ausgeschlossen sind oder die Erbschaft ausgeschlagen haben oder für erbunwürdig erklärt wurden.[59] Daher führt der Erbverzicht zu einer in der Regel nicht gewollten Erhöhung des Pflichtteils anderer Pflichtteilsberechtigter und kann also geradezu kontraproduktiv wirken.[60] Aus diesem Grunde ist der bloße Pflichtteilsverzichtsvertrag in der notariellen Praxis dem Erbverzicht

---

50 *Wöhrmann* § 5 Rn. 12.
51 BayObLGZ 1981, 30, 35 m.w.N.; *Wöhrmann* § 12 Rn. 143.
52 MüKoBGB/*Wegerhoff* § 2346 Rn. 17; *Bamberger/Roth/J. Mayer* § 2346 Rn. 13; a.A. *Staudinger/Schotten* § 2346 Rn. 43 und 44, *Lange/Kuchinke* § 7 II 2c Fn. 52, die einen isolierten Verzicht in Analogie zu § 2352 zulassen wollen.
53 *Bamberger/Roth/J. Mayer* § 2346 Rn. 13; PWW/*Deppenkemper* § 2346 Rn. 8; a.A. *Staudinger/Schotten* § 2346 Rn. 45.
54 *Bamberger/Roth/J. Mayer* § 2346 Rn. 16; *Mayer* ZEV 2000, 263 ff. mit zahlreichen Gestaltungsmöglichkeiten.
55 BGHZ 37, 319, 327; BayObLGZ 1957, 292, 294 = NJW 1958, 354; 1995, 22 = ZEV 1995, 228.
56 *Nieder* § 19 Rn. 11.
57 *Reul* MittRhNotK 1997, 373, 378.
58 *Palandt/Edenhofer* § 2346 Rn. 5.
59 Ganz h.M., vgl. etwa *Staudinger/Schotten* § 2346 Rn. 77; a.A. *Michalski*, BGB, BGB-ErbR, Rn. 484 in Analogie zu § 2310 S. 2.
60 *Mayer* ZEV 2007, 556.

regelmäßig vorzuziehen.[61] Über diese nachteiligen Wirkungen hat ein Notar oder ein sonstiger Rechtsberater zu belehren, weil er sich anderenfalls schadensersatzpflichtig machen kann.[62]

Der Pflichtteilsverzicht kann aber auch **unliebsame Nebenwirkungen** haben.[63] Da er 17 das gesetzliche Erbrecht des Verzichtenden bestehen lässt, ist dieser von der gesetzlichen Erbfolge erst ausgeschlossen, wenn der Erblasser entsprechend abweichend testiert oder im Wege der vorweggenommenen Erbfolge sein übriges Vermögen übertragen hat.[64] Es ist deshalb ratsam, den Pflichtteilsverzicht durch ein Enterbungstestament zu ergänzen.[65]

Ebenso wie der Erbverzicht kann auch der Pflichtteilsverzicht nur zu Lebzeiten des 18 Erblassers wirksam abgeschlossen werden.[66] Wird der Verzicht erst erklärt, nachdem der Pflichtteilsanspruch bereits entstanden war, so kann ein formloser Erlassvertrag nach § 397 vorliegen.[67]

Der reine Pflichtteilsverzicht führt nicht nur zu einem Verlust der Pflichtteilsansprüche, 19 sondern auch dazu, dass die vom Pflichtteil gewährten Verteidigungsrechte nach § 2306 und nach den §§ 2318 Abs. 2, 2319 und 2328 verloren gehen.[68]

Da der Pflichtteilsanspruch ein bloßer Geldanspruch ist (§ 2303 Abs. 1 S. 2), kann er sei- 20 nerseits vielfältigen **Beschränkungsmöglichkeiten** unterliegen.[69]

Im Gegensatz zum Erbverzicht, bei dem nicht auf einen realen Vermögensgegenstand 21 verzichtet werden kann, ist der Pflichtteilsverzicht auch gegenständlich beschränkbar. So können die Parteien vereinbaren, dass bestimmte Gegenstände oder ein Inbegriff derselben (z.B. ein Handelsgeschäft) bei der Bewertung des Nachlasses bzw. Berechnung des Pflichtteilsanspruches (§ 2311) entweder gar nicht oder wertmäßig bestimmt zu berücksichtigen sind.[70] Sie können auch ein bestimmtes Bewertungsverfahren für den Pflichtteil festlegen, z.B. dass eine Gesellschaftsbeteiligung nur zum Buchwert anzusetzen ist.[71]

Darüber hinaus kann der Verzicht auch nur auf einen Bruchteil des Pflichtteils, eine 22 feste Summe oder eine betragsmäßige Obergrenze beschränkt werden.[72] Dann erstreckt sich der Pflichtteilsanspruch nur auf den Wert des vom Verzicht nicht erfassten Teils. Zulässig ist auch der nur auf den Pflichtteilsrestanspruch nach §§ 2305 und 2307 und den Pflichtteilsergänzungsanspruch nach §§ 2325 ff. beschränkte Verzicht. Letzterer sollte aber vermieden werden, weil er den Ausgleichspflichtteil nach § 2316 unberührt lässt.[73] Möglich ist auch, dass sich der Pflichtteilsberechtigte Beschränkungen i.S.d. § 2338, einer Stundung sowie einer ratenweisen Zahlung des Pflichtteilsanspruchs[74] oder der Anrechnung[75] von Zuwendungen unterwirft, die an sich nicht anrechnungspflichtig sind. Gleiches gilt auch für die Herausnahme bislang ausgleichspflichtiger Zuwendungen (§ 2316) an andere Abkömmlinge aus der Pflichtteilsberechnung.[76] Der Pflichtteilsberechtigte kann darüber hinaus auch einen sog. relativen Pflichtteilsverzicht, also einen Verzicht nur zugunsten

---

61 *Reul* MittRhNotK 1997, 373, 378; *Thoma* ZEV 2003, 278, 279 f.
62 BGHZ 111, 138 = NJW 1990, 2063, 2064 = DNotZ 1991, 539, 540.
63 Vertiefend hierzu *Mayer* ZEV 2007, 556 ff. mit weiteren unliebsamen Folgen.
64 *Mayer* ZEV 2007, 556.
65 *Nieder* § 19 Rn. 11.
66 BGH DNotI-Report 1997, 30 = NJW 1997, 521 = MittBayNot 1997, 108 = DNotZ 1997, 422.
67 KG MDR 1975, 1020.
68 *Bamberger/Roth/J. Mayer* § 2346 Rn. 16; *Nieder* § 19 Rn. 11.
69 *Staudinger/Schotten* § 2346 Rn. 48.
70 *Fette* NJW 1970, 743 ff.; *Soergel/Damrau* § 2346 Rn. 10; Formulierungsvorschlag in: Münchener Vertragshandbuch/*Nieder* Bd. 6/II XVIII 1.
71 *Staudinger/Schotten* § 2346 Rn. 50.
72 MüKoBGB/*Wegerhoff* § 2346 Rn. 20.
73 *Bamberger/Roth/J. Mayer* § 2346 Rn. 17.
74 *Soergel/Damrau* § 2346 Rn. 10.
75 *Lange/Kuchinke* § 7 II 2 c.
76 *Mayer* ZEV 1996, 441, 443 mit Formulierungsvorschlägen.

eines Dritten, erklären. Diese Beschränkungsmöglichkeit bietet sich insb. beim sog. Berliner Testament nach § 2269 an, um den überlebenden Ehegatten vor Pflichtteilsansprüchen Dritter zu schützen. Der Pflichtteilsberechtigte müsste insofern zugunsten des überlebenden Ehegatten verzichten, wobei er seinen Verzicht an das Eintreten der eigenen Schlusserbfolge knüpfen sollte.[77]

VI. Die Rechtswirkungen des Erbverzichts

23 Der Erbverzicht ist vor dem Erbfall als Vertrag bindend und damit unwiderruflich; ein rechtsgeschäftlich ggf. vorbehaltener Widerruf oder Rücktritt ist unzulässig.[78]

24 Für die Zeit nach dem Erbfall bestimmt Abs. 1 S. 2, dass der Verzichtende von der gesetzlichen Erbfolge ausgeschlossen ist, wie wenn er zur Zeit des Erbfalls nicht mehr gelebt hätte. Der Erbverzicht ändert also die gesetzliche Erbfolge unmittelbar, indem er die Erbenstellung und Pflichtteilsberechtigung des Verzichtenden beseitigt;[79] er wirkt jedoch nur zwischen den Vertragspartnern und bezieht sich ausschließlich auf den Erbfall, der durch den Tod der Person eintritt, mit welcher der Verzichtende den Vertrag geschlossen hat. Ein allgemeiner Verzichtsvertrag mit dem Inhalt, dass der Verzichtende auch in allen weiteren Erbfällen, die in Bezug zu dem Vertragspartner stehen, ausgeschlossen sein soll, ist nicht möglich.[80] Ein zwischen dem Verzichtenden und dem Erblasser vereinbarter Verzicht allein reicht folglich nicht aus, um zu verhindern, dass der Nachlass des Erblassers dem Verzichtenden ganz oder teilweise als Bestandteil des Nachlasses eines Dritten zufällt.[81]

25 Von der Ausschlagung (§ 1953), der Enterbung (§ 1938) und der Erbunwürdigkeitserklärung (§ 2344 Abs. 2) unterscheidet sich der Erbverzicht dadurch, dass in diesen Fällen ein mit dem Erbfall zunächst entstandenes Erbrecht ex tunc beseitigt wird, während durch den Erbverzicht der Berufungsgrund zur Erbschaft aufgehoben wird und der Verzichtende das subjektive Recht, Erbe zu werden, erst gar nicht erwirbt.

26 Der Erbverzicht bewirkt damit eine unmittelbare Änderung der gesetzlichen Erbfolge, sofern der Erblasser keine anderweitige letztwillige Anordnung trifft, die auch zugunsten des Verzichtenden – selbst in Form der Erbeinsetzung – erfolgen kann.[82]

27 Verzichtet ein zum Hausstand gehörender Familienangehöriger des Erblassers auf sein gesetzliches Erbrecht, so entfällt dadurch dessen Anspruch nach § 1969 (**Dreißigster**).[83] Gleiches gilt auch beim Erbverzicht eines Ehegatten im Hinblick auf dessen Anspruch nach § 1932 (**Voraus**).[84]

28 Der Erbverzicht eines Ehegatten gegenüber seinem mit ihm in **Zugewinngemeinschaft** lebenden Ehepartner bedeutet nicht zugleich auch einen Verzicht auf den güterrechtlichen Zugewinnausgleich nach § 1371 Abs. 2,[85] den er verlangen kann, wenn er weder als Erbe berufen noch ihm ein Vermächtnis hinterlassen ist.[86] Im Hinblick auf die Abwicklung des Vermögensstandes der Ausgleichsgemeinschaft gilt dies auch für einen Erbverzicht, der zwischen Partnern einer gleichgeschlechtlichen Lebenspartnerschaft vereinbart wird.[87]

---

77 Eingehend mit Formulierungsvorschlägen *Mayer* ZEV 2000, 263, 265.
78 BayObLGZ 1957, 292, 294; *Bamberger/Roth/J. Mayer* § 2346 Rn. 18.
79 BayObLG ZEV 2006, 209, 210; BGH NJW 1997, 653 = ZEV 1997, 69.
80 BayObLG NJOZ 2005, 1619, 1620 = ZEV 2006, 214 = MittBayNot 2006, 56.
81 OLG Frankfurt FamRZ 1995, 1450, 1451 = NJW-RR 1996, 838, 839; *Staudinger/Schotten* § 2346 Rn. 26.
82 BGHZ 30, 261, 267.
83 H.M. *Bamberger/Roth/J. Mayer* § 2346 Rn. 21; MüKoBGB/*Wegerhoff* § 2346 Rn. 31; *Palandt/Edenhofer* § 2346 Rn. 4; a.A. *Staudinger/Schotten* § 2346 Rn. 25.
84 *Palandt/Edenhofer* § 1932 Rn. 2; MüKoBGB/*Wegerhoff* § 2346 Rn. 31.
85 *Staudinger/Schotten* § 2346 Rn. 69; *Soergel/Damrau* § 2346 Rn. 16.
86 MüKoBGB/*Wegerhoff* § 2346 Rn. 33.
87 *Staudinger/Schotten* § 2346 Rn. 69.

Verzichtet der überlebende Ehegatte (ohne Vorbehalt des Pflichtteilsrechts) auf sein 29
gesetzliches Erbrecht, wird er aber durch eine Verfügung von Todes wegen Erbe oder Vermächtnisnehmer, so kann er weder den Ergänzungspflichtteil nach §§ 2305, 2307 verlangen noch von einer Erhöhung des Erbteils nach § 2371 Abs. 1 profitieren.[88] Schlägt der Ehegatte die Erbschaft hingegen aus, kann er ungeachtet des Erbverzichts den güterrechtlichen Zugewinnausgleich nach § 1371 Abs. 2 geltend machen; ein Pflichtteilsanspruch steht ihm nach § 1371 Abs. 3 2. Hs aber nicht zu.[89]

Diese Grundsätze gelten nach § 6 Abs. 2 LPartG auch für den überlebenden Lebenspart- 30
ner einer gleichgeschlechtlichen Lebenspartnerschaft bei der Abwicklung des Güterstandes der Ausgleichsgemeinschaft.

Hat sich der Ehegatte beim Erbverzicht den Pflichtteil vorbehalten und wird er nach 31
dem Tod des Erblassers weder (testamentarischer) Erbe noch Vermächtnisnehmer, so kann er neben dem rechnerischen Zugewinnausgleich nach § 1371 Abs. 2 auch den sog. kleinen Pflichtteil verlangen.[90] Zusätzlich kann dem überlebenden Ehegatten ein Pflichtteilsrestanspruch (§ 2305 bzw. § 2307) bis zur Höhe des sog. kleinen Pflichtteils zustehen, wenn das ihm testamentarisch Zugewendete hinter seinem sog. kleinen Pflichtteil zurückbleiben sollte.[91]

Keine güterrechtlichen Auswirkungen hat der Erbverzicht, wenn der Erblasser und der 32
Verzichtende in einem anderen als dem gesetzlichen Güterstand verheiratet sind.

Umstritten sind die Auswirkungen des Erbverzichts auf den nachehelichen oder nach- 33
partnerschaftlichen **Unterhalt**sanspruch, wenn der überlebende Ehegatte vorbehaltlos auf sein Erbrecht- oder Pflichtteilsrecht verzichtet hat.

Grundsätzlich erlischt der gesetzliche Unterhaltsanspruch sowohl mit dem Tode des 34
Berechtigten (§§ 1586 Abs. 1, 1615 Abs. 1, 1360a Abs. 3) als auch mit dem Tode des Unterhaltsverpflichteten (§§ 1615 Abs. 1, 1360a Abs. 3). Von diesem Grundsatz enthält § 1586b Abs. 1 S. 1 eine wichtige Ausnahme. Hiernach geht nämlich mit dem Tod des Verpflichteten die nacheheliche Unterhaltspflicht gegenüber dem geschiedenen Ehegatten des Erblassers auf den Erben als Nachlassverbindlichkeit über. § 1933 S. 3 erweitert diese Regelung und gewährt dem unterhaltsberechtigten Ehegatten für den Fall des Todes bereits während des Scheidungsverfahrens einen Unterhaltsanspruch gegen den Erben nach Maßgabe der §§ 1569–1586b. In beiden Fällen ist die Haftung des Erben nach den §§ 1586b Abs. 1 S. 3, Abs. 2 der Höhe nach auf den »fiktiven« kleinen Pflichtteil beschränkt, der gegeben wäre, wenn die Ehe nicht geschieden worden wäre. Diese Grundsätze gelten nach den §§ 16 Abs. 2, 10 Abs. 3 LPartG auch für den nachpartnerschaftlichen Unterhalt des Partners einer gleichgeschlechtlichen Lebenspartnerschaft.

Nach der herrschenden Meinung[92] soll der Übergang der Unterhaltsverpflichtung 35
jedoch entfallen und die Erben mithin nicht belasten, wenn der überlebende Ehegatte bzw. Lebenspartner des Erblassers auf das gesetzliche Erbrecht und damit nach § 2346 Abs. 1 S. 2 auch auf das Pflichtteilsrecht vorbehaltlos verzichtet hat; gleiches gilt nach der h.M. auch für den nach § 1933 S. 3 bzw. nach § 10 Abs. 3 LPartG gewährten Unterhaltsanspruch.

Da diese Streitfrage höchstrichterlich noch nicht eindeutig entschieden ist, sollte der 36
Erbverzichtsvertrag mit dem Ehegatten bzw. mit dem Lebenspartner eine klarstellende

---

88 *Staudinger/Thiele* § 1371 Rn. 20, 25.
89 *Palandt/Brudermüller* § 1371 Rn. 20.
90 *Bamberger/Roth/J. Mayer* § 2346 Rn. 21.
91 Eingehend *Soergel/Damrau* § 2346 Rn. 16.
92 LG Ravensburg ZEV 2008, 598, 599 f.; *Erman/Graba* § 1586b Rn. 11; MüKoBGB/*Maurer* § 1586b Rn. 2; *Soergel/Häberle* § 1586b Rn. 1; *Dieckmann* FamRZ 1992, 633 ff.; ders. FamRZ 1999, 1029, MüKoBGB/*Leipold* § 1933 Rn. 16; *Palandt/Edenhofer* § 1933 Rn. 9; PWW/*Deppenkemper* § 2346 Rn. 9; in diese Richtung auch BGH NJW 2001, 828 = ZEV 2001, 113; a.A. *Grziwotz* FamRZ 1991, 1258 ff.; *Bergschneider* FamRZ 2003, 1049, 1057; *Büttner/Niepmann* NJW 2000, 2547, 2552; *Staudinger/Schotten* § 2346 Rn. 66 f.; *Bamberger/Roth/J. Mayer* § 2346 Rn. 21.

Vereinbarung mit dem Inhalt haben, dass der Verzicht auch Ansprüche i.S.v. § 1586b erfasst.

VII. Erbverzicht und Abfindung

37 In der Praxis ist der Verzichtende zum Abschluss eines Verzichtsvertrages häufig nur dann bereit, wenn der Erblasser ihm als Gegenleistung eine **Abfindung** gewährt, die entweder in Form einer Zuwendung unter Lebenden (Abfindung in Geld oder Sachwerten) erfolgen oder als Vermächtnis in einem Testament oder Erbvertrag ausgesetzt werden kann.[93] Der Erbverzicht wird dann als entgeltlich bezeichnet.[94] Selbstverständlich kann er auch unentgeltlich erfolgen, also ohne eine vereinbarte Abfindung. Der unentgeltliche Erbverzicht ist keine Schenkung, so dass die §§ 516 ff. nicht anwendbar sind.[95]

38 Die Abfindung selbst stellt eine **unentgeltliche Zuwendung** dar[96] und ist i.d.R. eine **Schenkung** i.S.d. BGB.[97] Praktische Relevanz hat dies insb. im Hinblick auf den Pflichtteilsergänzungsanspruch nach § 2325, der namentlich eine Schenkung voraussetzt, für einen Anspruch des Schenkers nach § 528 auf Rückforderung von Notbedarf,[98] für den Widerruf einer Schenkung nach § 530 sowie letztendlich für das Anfechtungsrecht wegen Gläubigerbenachteiligung nach den §§ 32 KO, 3 Abs. 1 Nr. 3, 4 AnfG[99] bzw. § 134 Abs. 1 InsO. § 2325 wird dabei mit Rücksicht auf eine infolge des Verzichts auf das gesetzliche Erbrecht eintretende Erhöhung des Pflichtteils nach § 2310 S. 2 einschränkend ausgelegt. Hält sich die Abfindung in dem Zeitpunkt, in dem sie erbracht wird, der Höhe nach im Rahmen der Erberwartung des Verzichtenden, wird sie zur Vermeidung einer doppelten Berücksichtigung des Erbverzichts zugunsten des Pflichtteilsberechtigten nach § 2310 S. 2 kompensiert. Eine Pflichtteilsergänzung kann deswegen nur in Betracht kommen, soweit die Leistung des Erblassers an den Verzichtenden über eine angemessene Abfindung für dessen Erbverzicht hinausgeht.[100]

39 Die Vereinbarung über die Gewährung einer Abfindung steht rechtlich selbstständig neben dem abstrakten Erbverzicht und bildet mit diesem keinen gegenseitigen Vertrag i.S. der §§ 320 ff., weil der Erbverzicht als abstraktes Rechtsgeschäft nicht in einem Synallagma zu der Abfindungsvereinbarung stehen kann.[101] Sowohl dem Erbverzicht als auch der Abfindung wird jedoch regelmäßig ein schuldrechtliches Verpflichtungsgeschäft zugrunde liegen, das den Rechtsgrund des Erbverzichts gegen Abfindung bildet. Dieses Grundgeschäft enthält einerseits die Verpflichtung des Erblassers zur Leistung der Abfindung und andererseits die des Erbanwärters zum Abschluss des Verzichtsvertrags;[102] zudem stellt es einen echten synallagmatischen Vertrag dar, auf den die §§ 320 ff. bei Auftreten von Leistungsstörungen anzuwenden sind.[103] Damit die Warnfunktion des § 2348 nicht ausgehöhlt wird, bedarf dieses Geschäft nach der h.M. ebenso wie der Erbverzicht selbst der notariellen Beurkundung,[104] wobei die Heilung eines Formfehlers entsprechend § 311b Abs. 1 S. 2

---

[93] BayObLGZ 1995, 29.
[94] *Staudinger/Schotten* § 2346 Rn. 122.
[95] *Bamberger/Roth/J. Mayer* § 2346 Rn. 27.
[96] BGH NJW 1986, 127, 129; DNotZ 1992, 38 = NJW 1991, 1610 f.; OLG Hamm ZEV 2000, 277; *Staudinger/Schotten* § 2346 Rn. 124 ff.; a.A. für entgeltliche Zuwendung *Erman/Schlüter* Vor § 2346 Rn. 3; *Soergel/Damrau* § 2346 Rn. 3.
[97] *Staudinger/Schotten* § 2346 Rn. 128.
[98] LG Münster NJW 1984, 1188, 1189.
[99] BGH NJW 1991, 1610, 1611.
[100] BGH ZEV 2009, 77, 78 = NJW 2009, 1143, 1145; *Staudinger/Schotten* § 2346 Rn. 128, 136.
[101] MüKoBGB/*Wegerhoff* § 2346 Rn. 21.
[102] BGH NJW 1997, 653 f.; BayObLG MittBayNot 1995, 147, 148 = DNotZ 1996, 796, 797.
[103] *Staudinger/Schotten* § 2346 Rn. 122, 162; *Reul* MittRhNotK 1997, 373, 380.
[104] KG OLGZ 1974, 263 ff.; *Palandt/Edenhofer* Vor § 2346 Rn. 10; s.a. die Ausführungen zu § 2348.

durch Beurkundung des Erbverzichts möglich ist.[105] Der Erblasser muss das **Kausalgeschäft** – im Gegensatz zum Erbverzicht (§ 2347 Abs. 2) – nicht persönlich abschließen, Stellvertretung ist zulässig.[106]

Ist das Kausalgeschäft, das auch häufig als **Abfindungsvertrag** bezeichnet wird, wirksam zustande gekommen, kann jede Partei bei **Nichtleistung auf Erfüllung klagen.** Kondiktionsansprüche scheiden dagegen aus, weil mit dem Abfindungsvertrag ein Rechtsgrund vorhanden ist.[107] Für den aus dieser Vereinbarung resultierenden Zahlungsanspruch des Verzichtenden gilt die Regelverjährung des § 195 und nicht die lange des § 197 Abs. 1 Nr 2.[108] Ist der Verzicht bereits erklärt worden und hat der Erblasser die vereinbarte Abfindung nicht bezahlt, führt dies zwar nicht automatisch zur Unwirksamkeit des Verzichts,[109] der Verzichtende kann jedoch nach § 323 den Rücktritt vom Grundgeschäft erklären. Auch hierdurch wird zwar der Verzicht nicht von selbst beseitigt, eine Rückgewähr des Verzichts kann aber durch den notfalls im Klagewege zu erzwingenden Abschluss eines Aufhebungsvertrages nach § 2351 erfolgen, wobei die Willenserklärung des Erblassers mit der Rechtskraft des der Klage stattgebenden Urteils nach § 894 ZPO als abgegeben gilt. Entsprechendes gilt selbstverständlich auch umgekehrt für den Fall, dass der Erblasser die vereinbarte Abfindung gezahlt hat, ohne dass der Erbanwärter den Erbverzicht erklärt hätte. **40**

Diese Rechtslage ändert sich, sofern der Erblasser vor Abschluss des Verzichtsvertrages verstirbt. Dann kann der Verzicht wegen nachträglich eingetretener Unmöglichkeit (§ 275 Abs. 1) nicht mehr erzwungen werden, da er nur zu Lebzeiten des Erblassers erklärt werden kann; eine bereits gewährte Abfindung kann von den Erben des Erblassers nach §§ 326 Abs. 4, 346 ff. zurückgefordert werden; der Anspruch auf Leistung der noch nicht erbrachten Abfindung erlischt nach § 326 Abs. 1 S. 1 Hs. 1.[110] **41**

Die Verpflichtung zum Abschluss des Verzichtsvertrages wird ebenfalls objektiv unmöglich (§ 275), wenn der bereits abgefundene Erbanwärter stirbt, ohne dass er zuvor die Verzichtserklärung abgegeben hat. Auch in diesem Fall ist eine bereits geleistete Abfindung nach §§ 326 Abs. 4, 346 ff. zurückzugewähren.[111] Der Erblasser kann die Abfindung aber dann nicht mehr zurückverlangen, wenn der Verzichtende noch vor seinem Tode den Verzicht erklärt hatte.[112] Ansonsten besteht im Falle einer Nicht- oder Schlechterfüllung, insb. dann, wenn die Abfindung nicht gezahlt wird, ein Rücktrittsrecht nach § 323.[113] Im Falle eines wirksamen Rücktritts erfordert die Rückabwicklung bei bereits erklärtem Verzicht dessen Aufhebung nach § 2351, die jedoch nach dem Tod des Erblassers und nach Ansicht des BGH auch nach dem Tod des Verzichtenden ausgeschlossen ist.[114] Nach Eintritt des Erbfalls kann auch nach den Grundsätzen des Wegfalls der Geschäftsgrundlage die Aufhebung des Erb- und Zuwendungsverzichts nicht mehr gefordert werden.[115] **42**

Ist das **Kausalgeschäft** (z.B. nach § 138 oder wegen einer Anfechtung nach §§ 119 ff., 142)[116] **nichtig,** so kann der Erblasser die nach § 812 Abs. 1 S. 1 dann rechtsgrundlos geleistete Abfindung heraus verlangen.[117] Problematisch ist hingegen die Rückabwicklung des **43**

---

105 *Staudinger/Schotten* § 2346 Rn. 119; *Schotten* DNotZ 1998, 163, 177.
106 BGHZ 37, 319, 328.
107 *PWW/Deppenkemper* § 2346 Rn. 8.
108 OLG Celle ZEV 2008, 485; § 197 Abs. 1 Nr. 2 BGB aufgehoben durch Gesetz vom 17.12.2008 (BGBl. I, 2586) m.W.v. 1.9.2009.
109 BayObLG NJW-RR 2006, 372.
110 BGHZ 37, 319, 329.; *Staudinger/Schotten* § 2346 Rn. 169.
111 MüKoBGB/*Wegerhoff* § 2346 Rn. 23.
112 *Lange/Kuchinke* § 7 V 2 c.
113 *Bamberger/Roth/J. Mayer* § 2346 Rn. 30.
114 BGHZ 139, 116 = NJW 1998, 3117.
115 BGH NJW 1999, 789, 790.
116 Zum Erbverzicht eingehend *Staudinger/Schotten* § 2346 Rn. 172 ff.
117 *Erman/Schlüter* § 2351 Rn. 3.

nichtigen Grundgeschäftes für den Verzichtenden. Sieht man in der durch den Erbverzicht erlangten vorteilhaften Rechtsstellung des Erblassers einen Vermögensvorteil i.S. eines »etwas« nach § 812 Abs. 1 S. 1, so kann der Verzichtende seinen Anspruch auf Aufhebung des Verzichtsvertrages aus § 812 Abs. 1 S. 1 herleiten, jedenfalls solange der Erblasser lebt.[118] Hiergegen wird eingewendet, dass der Erblasser die Verbesserung seiner Rechtsstellung nicht »auf Kosten« des Verzichtenden erlangt habe und deshalb die Anwendung des § 812 ausscheide.[119] Als Ersatzlösung bietet diese Ansicht ein Anfechtungsrecht analog § 2081, ein Rücktrittsrecht entsprechend § 2295, den Einwand der unzulässigen Rechtsausübung sowie den Wegfall der Geschäftsgrundlage, die aber ebenfalls nicht zu überzeugen vermögen.[120] Nach dem Tod eines Vertragspartners ist jedoch nach Ansicht des BGH eine Vertragsaufhebung nach § 2351 nicht mehr möglich,[121] so dass auch hier nur ein Anspruch des Verzichtenden oder seiner Erben auf Wertersatz nach § 818 Abs. 2 in Betracht kommt.[122] In krassen Ausnahmefällen kann eine **Anpassung** der Abfindungsvereinbarung an geänderte Verhältnisse nach § 313 – auch noch nach Eintritt des Erbfalls – in Betracht kommen,[123] nämlich dann, wenn sich nach dem Erbfall herausstellt, dass der von den Parteien angestrebte Zweck nicht erreicht werden kann. Änderungen allein der Vermögensverhältnisse der Vertragspartner zwischen Vertragsabschluss und Eintritt des Erbfalls rechtfertigen eine solche Anpassung grundsätzlich jedoch nicht.[124] Zur Begründung wird angeführt, dass es ein inhärentes Risiko eines Erbverzichts gegen Abfindung sei, wie sich das Vermögen des Erblassers bis zum Erbfall entwickle.[125]

44 In der Kautelarjurisprudenz lassen sich die zuvor aufgezeigten Schwierigkeiten, die in der **»Störanfälligkeit« des schuldrechtlichen Grundgeschäftes** ihre Ursachen haben, auf einfache Weise vermeiden, indem die Parteien durch Vereinbarung einer Bedingung i.S.d. §§ 158 ff. Erbverzicht und Gegenleistung rechtlich voneinander abhängig machen.[126] Der sicherste Weg für den Verzichtenden dürfte in der Rechtspraxis sein, den Verzicht aufschiebend bedingt durch die Zahlung einer bestimmten Abfindung zu erklären; möglich ist aber auch, ihn auflösend bedingt durch den Nichtvollzug der Abfindung zu erklären.[127] Umgekehrt kann selbstverständlich auch die Abfindung auflösend bedingt durch die Nichtabgabe der Verzichtserklärung vereinbart werden. Unschädlich ist, wenn die Bedingung erst nach dem Erbfall eintritt. In diesem Fall besteht bis zum Eintritt der Bedingung Vor- und Nacherbfolge.[128] Wird das Nichterbringen der Abfindungsleistung zur auflösenden Bedingung gemacht, kann dies im Hinblick auf eine etwaig erforderliche Beweisbarkeit zu Schwierigkeiten führen, da eine »negative Tatsache« bewiesen werden müsste, was ohne Beweiserleichterung nahezu unmöglich ist.[129]

45 Umstritten ist, ob ein Bedingungsverhältnis auch stillschweigend angenommen werden kann. Nach der wohl h.M. ist dies möglich, sofern sich zumindest aus dem Wortlaut der Urkunde Anhaltspunkte für einen derartigen einheitlichen Geschäftswillen der Parteien

---

118 MüKoBGB/*Wegerhoff* § 2346 Rn. 24; *Staudinger/Schotten* § 2346 Rn. 183; a.A. *Palandt/Edenhofer* § 2346 Rn. 11; *Erman/Schlüter* Vor § 2346 Rn. 4; *Soergel/Damrau* § 2346 Rn. 4.
119 *Palandt/Edenhofer* § 2346 Rn. 11; *Erman/Schlüter* Vor § 2346 Rn. 4; *Soergel/Damrau* § 2346 Rn. 4.
120 Vertiefend *Edenfeld* ZEV 1997, 134, 141 m.w.N.
121 BGHZ 139, 116, 119 ff. = NJW 1998, 3117.
122 *Staudinger/Schotten* § 2346 Rn. 184.
123 BGH NJW 1997, 653, 654; 1999, 789, 790; OLG Hamm ZEV 2000, 509; *Staudinger/Schotten* § 2346 Rn. 191 mit einzelnen Beispielen.
124 BGHZ 134, 152 = ZEV 1997, 69, 70.
125 Vgl. auch LG Coburg FamRZ 2009, 461, 462.
126 BGHZ 37, 319, 327.
127 Eingehend *Edenfeld* ZEV 1997, 134, 138 und 141.
128 MüKoBGB/*Wegerhoff* § 2346 Rn. 25; *Staudinger/Schotten* § 2346 Rn. 91; *Mayer* MittBayNot 85, 101.
129 *Bamberger/Roth/J. Mayer* § 2346 Rn. 34.

ergeben, wie beispielsweise die Formulierung »als Abfindung für...« oder »... als Ersatz für die Erbansprüche ...«.[130]

Gleichwohl sollte dem Verzichtenden unter dem Gesichtspunkt der Rechtsklarheit 46 empfohlen werden, die gewollten Bedingungen eindeutig und ausdrücklich als solche zum Ausdruck zu bringen.

Ob die Parteien den Verzicht als Verfügungsgeschäft mit dem Kausalgeschäft zu einem 47 einheitlichen Geschäft verbinden können, so dass die Unwirksamkeit des einen Teils auch den anderen Teil analog § 139 erfasst, ist streitig.[131]

VIII. Beratungshinweise

1. Allgemeines

a) Steuerrechtliche Fragen

In steuerrechtlicher Hinsicht ist zu beachten, dass der unentgeltliche Erbverzicht als solcher keine Steuerpflicht auslöst.[132] Wird jedoch für den Erbverzicht eine Abfindung geleistet, so wird diese wie eine Schenkung behandelt und unterliegt nach § 7 Abs. 1 Nr. 5 ErbStG der Schenkungssteuer.[133] Gleiches gilt auch für Abfindungen zum einen für einen Pflichtteilsverzicht nach § 2346 Abs. 2[134] und zum anderen für den Verzicht auf eine testamentarische oder erbvertragliche Erbeinsetzung oder eine Vermächtnisanordnung.[135] Die Steuerklasse sowie die persönlichen Freibeträge richten sich dabei nach dem verwandtschaftlichen Verhältnis des Verzichtenden zum Erblasser;[136] dies gilt selbst dann, wenn die Abfindung durch einen Dritten und nicht durch den Erblasser gezahlt worden ist.[137] Der Dritte kann seine für die Abfindung gemachten Aufwendungen nach § 10 Abs. 5 Nr. 3 ErbStG als Nachlassverbindlichkeit bei der Ermittlung seines eventuellen eigenen steuerpflichtigen Erwerbs abziehen,[138] jedenfalls dann, wenn sie steuerlich belasten.[139] Der Erwerb eines als Abfindung für einen Erbverzicht gewährten Grundstücks ist nach § 3 Nr. 2 S. 1 GrEStG von der Grunderwerbsteuer befreit.[140] Der für die Abfindung erklärte Erbverzicht ist einkommensteuerlich keine Gegenleistung.[141] 48

Verzichtet ein zur gesetzlichen Erbfolge Berufener auf seinen künftigen Erb- und 49 Pflichtteil und erhält er hierfür an Stelle eines Einmalbetrages der Höhe nach begrenzte wiederkehrende Zahlungen, so sind diese bei ihm nach neuerer Rechtsprechung des Bundesfinanzhofes nicht als wiederkehrende Leistungen i.S.d. § 22 Nr. 1 S. 1 EStG steuerbar,[142] ebenso wenig können sie beim Zahlenden als Sonderausgaben nach § 10 Abs. 1 Nr. 1a EStG abgezogen werden.[143]

---

130 *Damrau* S. 93 ff.; MüKoBGB/*Wegerhoff* § 2346 Rn. 26 m.w.N.
131 Dafür: MüKoBGB/*Wegerhoff* § 2346 Rn. 27; dagegen: *Staudinger/Schotten* § 2346 Rn. 151.
132 BFH BStBl. II 1976, 17; *Kapp/Ebeling* § 7 Rn. 116.
133 *Meincke* ZEV 2000, 214 ff.; *Kapp/Ebeling* § 7 Rn. 117.
134 *Staudinger/Schotten* Einl. zu §§ 2346 ff. Rn. 88; a.A. *Crezelius* ZEV 2004, 45, 49.
135 *Troll/Gebel/Jülicher* § 7 Rn. 322.
136 BFH BStBl. II 1977, 733; BFH ZEV 2001, 163, 165.
137 *Staudinger/Schotten* Einl. zu §§ 2346 ff. Rn. 90; *Kapp/Ebeling* E§ 7 Rn. 122; BFH ZEV 2001, 163, 165.
138 *Kapp/Ebeling* § 7 Rn. 123.
139 BFH NJW-RR 2007, 1458 mit Anmerkungen von *Kesseler/Thouet* NJW 2008, 125, 126.
140 *Staudinger/Schotten* Einl. zu §§ 2346 ff. Rn. 92.
141 BFH NV 2001, 1113 = ZEV 2003, 449; BFH NV 2002, 1575.
142 BFH ZEV 2000, 121 ff.; BFH NV 2002, 1575.
143 BFH BB 2000, 855; BFH NV 2002, 1575.

b) Erbverzicht und Auslandsberührung

50 Sind an dem Erbverzichtsvertrag Ausländer beteiligt, so richten sich die Zulässigkeit und die Verzichtswirkung eines Erbverzichts nach dem Erbstatut des Erblassers,[144] für das nach deutschem IPR das Heimatrecht des Erblassers im Zeitpunkt seines Todes maßgeblich ist (Art. 25 EGBGB). Das auf den Verpflichtungsvertrag zum Erbverzicht anzuwendende Recht bestimmt sich hingegen nach Art. 27 f. EGBGB.[145]

51 Die Form des Erbverzichts richtet sich, da er keine Verfügung von Todes wegen darstellt, nach Art. 11 EGBGB.[146] Ein Erbverzicht ist somit formwirksam errichtet, wenn er den Formerfordernissen entspricht, die das Erbstatut oder das Recht des Staates, in dem er geschlossen wird, vorsieht. Das Haager Abkommen über die Testamentsform findet hingegen auf den Erbverzicht keine Anwendung.[147]

c) Notarielle Besonderheiten, Kosten

52 Im Gegensatz zu Verfügungen von Todes wegen kommt beim Erbverzichtsvertrag eine besondere amtliche Verwahrung nicht in Betracht. Der Notar hat aber nach § 20 Abs. 2 S. 1 DONot i.V.m. der bundeseinheitlichen AV über die Benachrichtigung in Nachlasssachen vom 2.1.2001, in der Fassung vom 10.8.2007, dem Standesamt des Geburtsortes des Erblassers oder, wenn der außerhalb des Geltungsbereichs des Grundgesetzes geboren ist, der Hauptkartei für Testamente beim Amtsgericht Berlin-Schöneberg, Erbverzichts- und Zuwendungsverzichtsverträge mitzuteilen (Bestimmungen 2.1.1 und 2.1.2). Das gilt nicht für einen auf das Pflichtteilsrecht beschränkten Erbverzicht nach § 2346 Abs. 2 oder einen Verzicht nach § 2352 auf ein Vermächtnis, weil hier nicht in die Erbfolge eingegriffen wird.[148]

53 Darüber hinaus hat der Notar, sofern er vom Tode des Erblassers Kenntnis erlangt, eine beglaubigte Abschrift des Erbverzichtvertrages dem Nachlassgericht nach § 20 Abs. 3 S. 2 DONot einzureichen.

54 Die vorgenannten Vorschriften über Mitteilungspflichten gelten entsprechend für die Aufhebung eines solchen Verzichts.[149]

55 Nach den §§ 7 Abs. 1 Nr. 5, 34 Abs. 2 Nr. 3 ErbStG und § 13 ErbStDV hat der Notar eine im Erbverzichtsvertrag gewährte Abfindung als Schenkung dem Finanzamt anzuzeigen.

56 Im Erbscheinverfahren nach § 2358 hat das Nachlassgericht von Amts wegen die Wirksamkeit eines Erb- bzw. Zuwendungsverzichts, der die Erbfolge beeinflusst, zu prüfen und incidenter mit zu entscheiden.[150]

57 Sowohl für die Beurkundung als auch für die Aufhebung eines Erb- und/oder Pflichtteilsverzichtsvertrages fällt eine doppelte Gebühr nach § 36 Abs. 2 KostO an, wobei der Geschäftswert nach § 39 KostO zu ermitteln ist. Die vorstehenden Ausführungen gelten für das Kausalgeschäft entsprechend. Wird es zusammen mit dem Erbverzicht beurkundet, so liegt eine Urkunde mit mehreren Erklärungen vor, für die die doppelte Gebühr nach § 36 Abs. 2 KostO nur einmal zu berechnen ist.[151]

58 Schwierigkeiten bei der Ermittlung des Geschäftswertes bereitet, dass der Erbverzicht zukünftiges Erbrecht betrifft und deswegen im Zeitpunkt des Verzichts noch nicht bezifferbar ist. Sein Wert ist deswegen nach § 30 Abs. 2 KostO zu ermitteln, d.h. nach freiem Ermessen, das sich an evtl. bestehenden objektiven Gesichtspunkten auszurichten hat, zu

---

144 Palandt/Heldrich Art. 25 EGBGB Rn. 13; MüKoBGB/Birk Art. 26 EGBGB Rn. 145; Riering ZEV 1998, 248.
145 OLG Hamm ZEV 2000, 507, 508.
146 Palandt/Heldrich Art. 26 EGBGB Rn. 5; Staudinger/Schotten Einl. zu §§ 2346 ff. Rn. 43.
147 MüKoBGB/Birk Art. 26 EGBGB Rn. 146.
148 Staudinger/Schotten Einl. zu §§ 2346 ff. Rn. 72.
149 Staudinger/Schotten Einl. zu §§ 2346 ff. Rn. 72.
150 BayObLGZ 1995, 29, 32 = ZEV 1995, 228 = NJW-RR 1995, 648.
151 OLG Hamm DNotZ 1971, 611; Soergel/Damrau § 2346 Rn. 23.

schätzen. Grundlage hierfür ist neben dem Wert des derzeitigen Reinvermögens des Erblassers nach § 46 Abs. 4 KostO auch die Erbquote des Verzichtenden. Prognosen über die künftige Entwicklung des Erblasservermögens und über die Höhe der Erbquote des Verzichtenden haben bei der Schätzung nach richtiger Ansicht außer Betracht zu bleiben.[152] Beim bloßen Pflichtteilsverzicht beträgt der Geschäftswert nur die Hälfte des so ermittelten Wertes unter Abzug derjenigen Vermögenswerte, die dem Verzichtenden etwaig vorher unter Anrechnung auf seinen Pflichtteil nach § 2315 zugewendet worden sind.

Wird der Erbverzicht mit dem zugrunde liegenden Kausalgeschäft zusammen beurkundet, so ist der Wert der Leistung der einen Vertragspartei (Abfindung) mit dem Wert des Erbverzichts zu vergleichen (§ 39 Abs. 2 KostO); für die Berechnung der doppelten Gebühr nach § 36 Abs. 2 KostO ist von dem höheren Wert auszugehen.[153]

Wird ein Erb- und/oder Pflichtteilsverzichtsvertrag mit einem anderen Rechtsgeschäft unter Lebenden, z.B. einem Ehevertrag bzw. einem Lebenspartnerschaftsvertrag, verbunden, so liegen zwei Gegenstände vor und § 44 Abs. 2 KostO findet Anwendung. § 44 KostO ist jedoch dann nicht anwendbar, wenn gleichzeitig eine Verfügung von Todes wegen (z.B. ein Erbvertrag) mit beurkundet wird. In diesem Fall sind die Gebühren gesondert in Ansatz zu bringen.[154]

2. Formulierungshilfen

Entsprechend den obigen Ausführungen könnten ein Erbverzichtsvertrag (mit Abfindung) sowie ein Pflichtteilsverzichtsvertrag folgendermaßen formuliert werden:

a) Erbverzichtsvertrag

> *(Notarielle Formalien einer Urkunde)*
>
> Es erschienen heute am
> 1. Herr ..., geb. am ...,
> wohnhaft ...
> 2. Herr ..., geb. am ...,
> wohnhaft ...
> Der Erschienene zu 1. ist dem Notar von Person bekannt, der Erschienene zu 2. wies sich aus durch ...
> Die Frage nach einer Vorbefassung i.S.v. § 3 Abs. 1 Ziff. 7 BeurkG wurde von den Erschienenen verneint.
> Die Erschienenen baten um die Beurkundung des nachstehenden
>
> **Erbverzichtsvertrages**
>
> und erklärten:
> 1. Der Erschienene zu 1. verpflichtet sich hiermit, an seinen Sohn, den Erschienenen zu 2., unter Anrechnung auf seine Erb- und Pflichtteilsansprüche einen Betrag von ... €, i.W: ....Euro, zu zahlen. Der Betrag ist fällig und zahlbar bis zum ...
> 2. Mit diesem Versprechen erklärt sich der Erschienene zu 2. wegen seines künftigen Erbteils- und Pflichtteils- sowie Pflichtteilsergänzungsanspruchs nach seinem Vater, dem Erschienenen zu 1., für abgefunden und verzichtet für sich und seine Abkömmlinge darauf. Der Erschienene zu 1. nimmt den Verzicht seines Sohnes, des Erschienenen zu 2., an.

---

152 *Staudinger/Schotten* Einl. zu §§ 2346 ff. Rn. 78; *Reul* MittRhNotK 1997, 373, 388.
153 *Soergel/Damrau* § 2346 Rn. 23.
154 OLG Karlsruhe NJW-RR 2002, 1366; OLG Frankfurt JurBüro 1965, 76.

> Über die Rechtswirkung des Erbverzichts wurden die Beteiligten von dem amtierenden Notar belehrt.
> Der Verzicht steht unter der aufschiebenden Bedingung der Zahlung des vorstehenden Betrages.
> Vorstehende Verhandlung wurde den Erschienenen vom Notar vorgelesen, von ihnen genehmigt und eigenhändig unterschrieben, wie folgt: ...

b) Pflichtteilsverzichtsvertrag

63

> *(Notarielle Formalien einer Urkunde)*
> Es erschienen heute am
> 1. Herr ..., geb. am ...,
> wohnhaft ...
> Herr ..., geb. am ...,
> wohnhaft ...
> Die Erschienenen zu 1. und 2. wiesen sich aus durch Reisepässe der Bundesrepublik Deutschland.
> Die Frage nach einer Vorbefassung i.S.v. § 3 Abs. 1 Ziff. 7 BeurkG wurde von den Erschienenen verneint.
> Die Erschienenen baten um die Beurkundung des nachstehenden
>
> **Pflichtteilsverzichtsvertrages**
>
> und erklärten:
> 1. Der Erschienene zu 1. verpflichtet sich hiermit, an seinen Sohn, den Erschienenen zu 2., unter Anrechnung auf seine Erb- und Pflichtteilsansprüche einen Betrag von ... €, i.W: ... Euro, zu zahlen. Der Betrag ist fällig und zahlbar bis zum ...
> 2. Mit diesem Versprechen erklärt sich der Erschienene zu 2. wegen seines künftigen Pflichtteils- sowie Pflichtteilsergänzungsanspruchs nach seinem Vater, dem Erschienenen zu 1., für abgefunden und verzichtet für sich und seine Abkömmlinge darauf. Der Erschienene zu 1. nimmt den Verzicht seines Sohnes, des Erschienenen zu 2., an.
> Über die Rechtswirkung des Pflichtteilsverzichts wurden die Beteiligten von dem amtierenden Notar belehrt.
> Vorstehende Verhandlung wurde den Erschienenen vom Notar vorgelesen, von ihnen genehmigt und eigenhändig unterschrieben, wie folgt: ...

§ 2347
Persönliche Anforderungen, Vertretung

(1) Zu dem Erbverzicht ist, wenn der Verzichtende unter Vormundschaft steht, die Genehmigung des Familiengerichts erforderlich; steht er unter elterlicher Sorge, so gilt das Gleiche, sofern nicht der Vertrag unter Ehegatten oder unter Verlobten geschlossen wird. Für den Verzicht durch den Betreuer ist die Genehmigung des Betreuungsgerichts erforderlich.

(2) Der Erblasser kann den Vertrag nur persönlich schließen; ist er in der Geschäftsfähigkeit beschränkt, so bedarf er nicht der Zustimmung seines gesetzlichen Vertreters. Ist der Erblasser geschäftsunfähig, so kann der Vertrag durch den gesetzlichen Vertreter geschlossen werden; die Genehmigung des Familiengerichts oder Betreuungsgerichts ist in gleichem Umfang wie nach Abs. 1 erforderlich.

I. Normzweck und Anwendungsbereich

Die Vorschrift[1] regelt die **persönlichen Voraussetzungen** zum Abschluss eines Erbverzichtsvertrages und unterscheidet dabei – wie bei der Aufhebung eines Erbvertrages (§§ 2290 Abs. 2 und 3) – zwischen dem Erblasser und dem Verzichtenden. 1

§ 2347 ist bei Erbverzichtsverträgen jeglicher Art, somit auch im Rahmen des Zuwendungsverzichts nach § 2352, anzuwenden.[2] Die Vorschrift gilt auch für einen in einem Prozessvergleich geschlossenen Erbverzichtsvertrag,[3] hingegen nicht – auch nicht entsprechend – für schuldrechtliche Verträge, die den Verzichtenden zum Abschluss eines Erbverzichtsvertrages verpflichten.[4] 2

II. Persönliche Voraussetzungen des Verzichtenden (Abs. 1)

Im Gegensatz zu dem Erblasser muss der Verzichtende nicht zwingend persönlich auftreten; er kann sich vertreten lassen, wobei die Vollmacht nicht der Form des § 2348 bedarf (vgl. § 167 Abs. 2). 3

Handelt ein Vertreter ohne Vertretungsmacht (§ 177 Abs. 2), so muss die Genehmigung des Verzichtenden aus Gründen der Sicherheit des Rechtsverkehrs bis zum Eintritt des Erbfalls erklärt und dem Erblasser i.S.d. § 130 Abs. 1 S. 1 zugegangen sein.[5] Diese Grundsätze gelten auch für den Pflichtteilsverzicht, der nur zu Lebzeiten des Erblassers geschlossen und bis zum Eintritt des Erbfalls wirksam geworden sein muss.[6] 4

Für den **geschäftsunfähigen Verzichtenden** (§ 104 Ziff. 2) schließt der gesetzliche Vertreter den Erbverzichtsvertrag. Dies ist beim Minderjährigen derjenige, dem die Vermögenssorge übertragen ist, beim Volljährigen sein Betreuer, wenn dessen Aufgabenkreis dies umfasst (§§ 1896 Abs. 2, 1902), oder bei einem gesetzlichen Vertretungsverbot, z.B. nach §§ 1629, 1795, ein gerichtlich bestellter Ergänzungspfleger. Ist der Verzichtende beschränkt geschäftsfähig (§ 106), schließt er den Vertrag selbst mit Einwilligung seines gesetzlichen Vertreters (§§ 108 f.). Fehlt diese Einwilligung, kann seine Verzichtserklärung bzw. nach Eintritt der Volljährigkeit die des Verzichtenden selbst (§ 108 Abs. 3) nur bis zum Tod des Erblassers bzw. bis zum Tod des Verzichtenden genehmigt werden.[7] 5

§ 2347 Abs. 1 regelt ferner die Fälle, in denen zu dem Verzicht die Genehmigung des Familiengerichts erforderlich ist. Namentlich ist dies dann der Fall, wenn für den Verzichtenden Vormundschaft (§ 1773) oder Ergänzungspflegschaft (§ 1909) angeordnet ist. Steht er unter elterlicher Sorge, ist die Genehmigung des Familiengerichts nur dann nicht erforderlich, wenn der Verzicht gegenüber seinem Ehegatten oder Verlobten erfolgt. 6

Der Genehmigung des Betreuungsgerichts bedarf es, wenn für den Verzichtenden ein Betreuer bestellt ist und dieser den Verzicht erklärt hat. Die Genehmigung ist analog 7

---
1 § 2347 Abs. 1 S. 1 und Abs. 2 S. 2 geändert, Abs. 1 S. 2 neu gefasst m.W.v. 1.9.2009 durch Gesetz vom 17.12.2008 (BGBl. I S. 2586).
2 MüKoBGB/*Wegerhoff* § 2347 Rn. 2.
3 BayObLGZ 1965, 86, 89 = NJW 1965, 1276, 1277.
4 BGHZ 37, 319, 329.
5 BGH NJW 1978, 1159; MüKoBGB/*Wegerhoff* § 2347 Rn. 3; PWW/*Deppenkemper* § 2347 Rn. 2.
6 *Staudinger/Schotten* § 2347 Rn. 8 und § 2346 Rn. 19, 31; BGHZ 134, 60 = NJW 1997, 521, 522; PWW/*Deppenkemper* § 2347 Rn. 2; a.A. *Bamberger/Roth/J. Mayer* § 2347 Rn. 3.
7 *Staudinger/Schotten* § 2347 Rn. 11.

Abs. 1 S. 2 erforderlich, wenn der Betreuer bei einem Einwilligungsvorbehalt (§ 1903 Abs. 1 S. 1) die hierzu erforderliche Zustimmung erklärt.[8] Die Genehmigung des Betreuungsgerichts wird funktionell vom Rechtspfleger (§ 3 Nr. 2b RPflG) – im württembergischen Rechtsgebiet des Landes Baden-Württemberg vom Bezirksnotar (§§ 1 Abs. 1 und 2, 36 LFGG BW) – erteilt und muss vor Eintritt des Erbfalls wirksam geworden sein[9] (vgl. §§ 1643 Abs. 3, 1828, 1908i, 1915). Im Falle einer nachträglichen Genehmigung ist § 1829 Abs. 1 S. 2 zu beachten, wonach die Genehmigung erst wirksam wird, wenn sie dem Erblasser durch den gesetzlichen Vertreter des Verzichtenden mitgeteilt worden ist.

8 Prüfungsmaßstab für die Erteilung der Genehmigung des Familien- bzw. des Betreuungsgerichts ist das Wohl des minderjährigen bzw. betreuten Verzichtenden, auf dessen Interessen abzustellen ist.[10] In der Regel darf der Verzicht nur genehmigt werden, wenn der Verzichtende eine vollwertige Abfindung für seinen Verzicht auf den Pflichtteil und/oder das Erbrecht erhält.[11]

9 Es fragt sich, ob das Erfordernis der familiengerichtlichen Genehmigung nach § 2347 auch auf schuldrechtliche Verträge Anwendung findet.

10 Nach der höchstrichterlichen Rechtsprechung[12] scheidet eine entsprechende Anwendung auf einen Vertrag aus, der zwischen dem Erblasser und einem seiner minderjährigen Abkömmlinge geschlossen wird und ein Rechtsgeschäft zum Gegenstand hat, das sich nur wirtschaftlich nachteilig auf den späteren Pflichtteilsanspruch des Abkömmlings auswirken kann. Dagegen müsste das Genehmigungserfordernis des § 2347 Abs. 1 auf schuldrechtliche Verträge dann entsprechende Anwendung finden, wenn der Verzichtende zum Abschluss eines Erb- oder Zuwendungsverzichtsvertrages verpflichtet wird; anderenfalls könnte das Genehmigungserfordernis des Abs. 1 durch eine Verurteilung des Verzichtenden nach § 894 ZPO umgangen werden.[13]

III. Persönliche Voraussetzungen des Erblassers (Abs. 2)

11 Der Erblasser muss, wenn er geschäftsfähig oder beschränkt geschäftsfähig (§ 106) ist, beim Abschluss des Erbverzichtsvertrages zwingend persönlich handeln, d.h. eine Bevollmächtigung ist unzulässig.[14]

12 Eine Durchbrechung dieses Grundsatzes gilt nur für den geschäftsunfähigen Erblasser (§ 104). Er wird durch seinen gesetzlichen Vertreter vertreten, der nach Abs. 2 S. 2 2. Hs. der Genehmigung des Familiengerichts oder Betreuungsgerichts wie nach Abs. 1 bedarf.

13 Der gesetzliche Vertreter ist beim Volljährigen sein Betreuer, wenn dessen Aufgabenkreis den Erbverzicht umfasst (§§ 1896 Abs. 2, 1902), beim Minderjährigen derjenige, dem die Vermögenssorge zusteht.

14 Ist der Erbverzichtsvertrag entgegen Abs. 2 nicht persönlich abgeschlossen worden, so ist er nach § 125 S. 1 nichtig, worauf der Notar zu achten hat (§ 19 BNotO).[15]

IV. Beratungshinweise

15 Zu beachten ist, dass das Erfordernis des persönlichen Handelns des geschäftsfähigen bzw. beschränkt geschäftsfähigen Erblassers auch dann gilt, wenn der Erbverzicht i.R.e. Pro-

---

8 *Soergel/Damrau* § 2347 Rn. 7; *Bamberger/Roth/J. Mayer* § 2347 Rn. 5.
9 BGH NJW 1978, 1159.
10 BGH NJW-RR 1995, 248 = ZEV 1995, 27.
11 *Staudinger/Schotten* § 2347 Rn. 20; *Bamberger/Roth/J. Mayer* § 2347 Rn. 5.
12 BGHZ 24, 372, 375 = NJW 1957, 1187.
13 MüKoBGB/*Wegerhoff* § 2347 Rn. 6.
14 BGHZ 37, 319, 321; BayObLG NJW 1965, 1276, 1277; OLG Düsseldorf NJW-RR 2002, 548 = FamRZ 2002, 1147; MüKoBGB/*Wegerhoff* § 2347 Rn. 9.
15 BGH NJW 1996, 1062 = ZEV 1996, 228; OLG Düsseldorf NJW-RR 2002, 548 = FamRZ 2002, 1147.

zessvergleiches protokolliert wird.¹⁶ Der Erblasser muss demnach seine zum Abschluss des Erbverzichts erforderlichen Erklärungen persönlich im Verhandlungstermin abgeben; handelt es sich um einen Anwaltsprozess, muss auch der Anwalt diese Erklärungen abgeben.¹⁷

Problematisch können auch Fälle sein, in denen der Betreuer für den Erblasser eine Erbverzichtserklärung entgegennimmt. In diesem Fall wäre der Erbverzicht nur wirksam, wenn der Erblasser tatsächlich geschäftsunfähig ist, da ein Einwilligungsvorbehalt für einen Erbverzicht durch den Erblasser nicht angeordnet werden kann (§§ 1903 Abs. 2 i.V.m. 2347 Abs. 2 S. 1).¹⁸ Wenn nunmehr Zweifel an der Geschäftsfähigkeit des Erblassers bestehen, empfiehlt sich, den Verzicht von dem Erblasser und seinem Betreuer abschließen zu lassen.¹⁹ 16

§ 2348
Form

Der Erbverzichtsvertrag bedarf der notariellen Beurkundung.

I. Normzweck

Die Beurkundungspflicht bezweckt eine Schutz-, eine Warn- sowie eine Beweisfunktion. Sie soll sicherstellen, dass die Beteiligten über die Folgen des Verzichts sachkundig beraten und belehrt (Schutzfunktion § 17 BeurkG) und vor übereilter und unüberlegter Abgabe der Verzichtserklärung geschützt (Warnfunktion) werden. Darüber hinaus hat sie auch eine Beweisfunktion, indem die Beurkundung der Klarstellung des Abschlusses und des Inhalts des Rechtsgeschäfts dient.¹ 1

II. Allgemeines

Zu seiner Wirksamkeit bedarf der Erbverzicht der notariellen Beurkundung gem. den allgemeinen Bestimmungen für die Beurkundung von Willenserklärungen nach den §§ 8 ff. BeurkG. Anders als beispielsweise beim Erbvertrag ist die gleichzeitige Anwesenheit beider Vertragsteile nicht erforderlich.² Dem Formerfordernis genügt mithin, wenn zunächst das Angebot und sodann dessen Annahme (zwingende Reihenfolge) beurkundet werden (§§ 128, 152). Dabei empfiehlt sich, die Beurkundung der beiderseitigen Erklärungen getrennt in zwei Niederschriften zu vollziehen. 2

Nach der Rechtsprechung muss die Beurkundung der Annahme des Angebots auf den Erbverzichtsvertrag aus Gründen der Rechtsklarheit beim Eintritt des Erbfalls erfolgt sein.³ Gleiches gilt auch für die Annahme des Angebots auf Abschluss eines Pflichtteilsverzichtsvertrages.⁴ 3

Ein Prozessvergleich i.S.d. § 127a ersetzt im Übrigen auch beim Erbverzicht das Formerfordernis des § 2348. Besteht Anwaltszwang, sind die Erklärungen vom Rechtsanwalt prozessual und vom Erblasser wegen § 2347 Abs. 2 persönlich abzugeben.⁵ 4

---

16 BayObLG NJW 1965, 1276, 1277.
17 BayObLG NJW 1965, 1276, 1277.
18 *Bamberger/Roth/J. Mayer* § 2347 Rn. 9; PWW/*Deppenkemper* § 2347 Rn. 3.
19 BayObLG ZEV 2001, 190, 191 = FamRZ 2001, 941, 942.
1 MüKoBGB/*Wegerhoff* § 2348 Rn. 1.
2 *Staudinger/Schotten* § 2348 Rn. 12.
3 BGHZ 134, 60 = NJW 1997, 521.
4 BGHZ 134, 60, 64 = NJW 1997, 521, 522; a.A. *Bamberger/Roth/J. Mayer* § 2348 Rn. 4.
5 BayObLG NJW 1965, 1276, 1277.

III. Der Formvorschrift unterliegende Rechtsgeschäfte

5 Der Beurkundungspflicht nach § 2348 unterliegen nicht nur der Verzicht auf das gesetzliche Erbrecht und Pflichtteilsrecht (§ 2346), sondern auch der Verzicht auf Zuwendungen aus Verfügungen von Todes wegen im Rahmen des § 2352 sowie die Aufhebung derartiger Verzichtsverträge (§ 2351).[6]

6 Auch der zum Erbverzicht verpflichtende schuldrechtliche Vertrag (Grundgeschäft)[7] ist – um eine Umgehung des Schutzzweckes des § 2348 zu vermeiden – nur wirksam, wenn er notariell beurkundet worden ist.[8] Nach der Rechtsprechung des BGH verstößt ein derartiger Vertrag, wenn er mit dem Erblasser geschlossen worden ist, auch nicht gegen die §§ 311b Abs. 2 und Abs. 4 n.F. sowie gegen das Verbot in § 2302.[9]

7 Der Form des § 2348 bedarf ferner eine schuldrechtliche Verpflichtung, einen Pflichtteilsanspruch nicht geltend zu machen.[10] Sie findet aber keine Anwendung für eine nachträgliche Genehmigung des Verzichtenden nach § 182 Abs. 2 und wegen § 167 Abs. 2 für eine Vollmacht.[11] Etwas anderes gilt bei einer unwiderruflich erteilten Vollmacht zum Abschluss eines Verzichtsvertrages, die den Vollmachtgeber rechtlich und tatsächlich genauso wie durch das Hauptgeschäft bindet, so dass sie der Form des § 2348 wegen dessen Warnfunktion bedarf.[12]

IV. Stillschweigender Verzicht

8 Nach der Rechtsprechung des BGH[13] kann in einem Erbvertrag, in dem sich Ehegatten gegenseitig als Alleinerben einsetzen und ein gemeinsames Kind, das Vertragspartner des Erbvertrages ist, zum Schlusserben bestimmen, zugleich ein stillschweigender Verzicht des Kindes auf sein Pflichtteilsrecht nach dem zuerst versterbenden Ehegatten enthalten sein. Ebenso kann in einem notariell beurkundeten gemeinschaftlichen Testament ein stillschweigender Erb- und Pflichtteilsverzicht eines Ehegatten enthalten sein.[14]

9 Der überwiegende Teil der Literatur[15] lehnt die Annahme derartiger stillschweigend erklärter Erb- und Pflichtteilsverzichtsverträge mit Hinweis auf die mit der Beurkundungspflicht erfolgten Zwecke – hier insb. im Hinblick auf die Schutz- und Warnfunktion – ab.

10 Es empfiehlt sich deshalb, die strengere Form des § 2348 zu wahren, wenn der Erbverzicht mit einem Erbvertrag (vgl. § 43 Abs. 2 Hs. 2 BeurkG) oder einem gemeinschaftlichen Testament verbunden werden soll. Dies gilt auch für den Fall, dass der Erbverzicht mit einem Ehevertrag verbunden wird; § 2276 Abs. 2 gilt für den Verzicht nämlich nicht.[16]

V. Folgen des Formverstoßes

11 Wird die Form des § 2348 nicht gewahrt, so ist der Erbverzicht nichtig (§ 125).

12 War ein formungültiger Erbverzicht mit einem ebenfalls formungültigen Grundstückskauf- oder Hofübergabevertrag verbunden, so heilt die Auflassung und Eintragung nach

---

6 *Bamberger/Roth/J. Mayer* § 2348 Rn. 1.
7 Vgl. die Ausführungen zu § 2346 Rz. 39.
8 KG OLGZ 1974, 263, 265; LG Bonn ZEV 1999, 256, 257, MüKoBGB/*Wegerhoff* § 2348 Rn. 2; Staudinger/*Schotten* § 2348 Rn. 10; Palandt/*Edenhofer* § 2348 Rn. 1; ausf. *Keller* ZEV 2005, 229, 231.
9 BGHZ 37, 319, 326.
10 KG OLGZ 74, 263, 265.
11 Staudinger/*Schotten* § 2348 Rn. 9.
12 *Bamberger/Roth/J. Mayer* § 2348 Rn. 4.
13 BGHZ 22, 364 = NJW 1957, 422, 423.
14 BGH NJW 1977, 1782; OLG Düsseldorf ZEV 2000, 32 L.
15 MüKoBGB/*Wegerhoff* § 2348 Rn. 7 m.w.N.
16 Staudinger/*Schotten* § 2348 Rn. 7.

§ 311b Abs. 1 S. 2 n.F. nur die Formfehler des Grundstücksüberlassungsvertrages, nicht auch die des Erbverzichts.[17]

Dagegen wird ein formungültiges Verpflichtungsgeschäft, das auf den Abschluss eines Erbverzichtsvertrages gerichtet ist,[18] durch den Abschluss eines formgerechten Erbverzichtsvertrages in entsprechender Anwendung der §§ 311b Abs. 1 S. 2, 518 Abs. 2, 766 S. 2 und 2301 Abs. 2 sowie § 15 Abs. 4 GmbHG geheilt.[19]

§ 2349
Erstreckung auf Abkömmlinge

Verzichtet ein Abkömmling oder ein Seitenverwandter des Erblassers auf das gesetzliche Erbrecht, so erstreckt sich die Wirkung des Verzichts auf seine Abkömmlinge, sofern nicht ein anderes bestimmt wird.

I. Voraussetzungen für die Anwendung

Die Vorschrift des § 2349 ist dispositiv, d.h. willensergänzend und nicht willensauslegend.[1] Ihrem Rechtscharakter nach greift sie demnach nicht ein, wenn die Vertragsschließenden etwas anderes bestimmt haben. Insofern kann bestimmt werden, dass sich der Verzicht nicht auf die Abkömmlinge des Verzichtenden erstrecken soll. Möglich ist auch, die Vorschrift des § 2349 nur gegenüber einzelnen Abkömmlingen auszuschließen.[2]

Zu beachten ist jedoch, dass eine abweichende Bestimmung ausdrücklich im Verzichtsvertrag erklärt werden muss.[3]

Enthält der Verzichtsvertrag keinen ausdrücklichen Hinweis darauf, dass die Vorschrift nicht anwendbar sein soll, so erstreckt sich die Verzichtswirkung auf die Abkömmlinge des Verzichtenden, wenn der Verzichtende entweder Abkömmling oder Seitenverwandter des Erblassers ist. Abkömmlinge sind dabei auch das nichteheliche Kind des Vaters sowie eine als Kind angenommene Person.[4] Seitenverwandte sind nach § 1589 S. 1 Personen, die von derselben dritten Person abstammen.

Die Verzichtswirkung des § 2349 erstreckt sich z.B. bei einem Verzicht des Bruders des Erblassers auf dessen Abkömmlinge (Neffen und Nichten des Erblassers).

Die Vorschrift des § 2349 greift hingegen nicht bei einem Verzicht des Vorfahren oder des Ehegatten des Erblassers.[5] Der Verzicht des Vaters bindet daher dessen Abkömmlinge (Neffen und Nichten des Erblassers) genauso wenig wie derjenige des Ehegatten.

Weitere Voraussetzung für die Anwendung der Vorschrift ist, dass der Abkömmling oder Seitenverwandte des Erblassers auf sein gesetzliches Erbrecht verzichtet hat.

Auch wenn der Wortlaut des § 2349 entgegensteht, entspricht es herrschender Meinung,[6] die Vorschrift auch auf den Fall des auf das Pflichtteilsrecht beschränkten Verzichtes anzu-

---

17 KG JFG 7, 133; DNotZ 1930, 165; OLG Düsseldorf NJW-RR 2002, 548 = FamRZ 2002, 1147, 1148; *Soergel/Damrau* § 2348 Rn. 5.
18 Vgl. die Ausführungen zu § 2346 Rz. 39.
19 LG Bonn ZEV 1999, 356, 357; *Damrau* Erbverzicht S. 133 ff.; *Soergel/Damrau* § 2348 Rn. 5; *Bamberger/Roth/J. Mayer* § 2348 Rn. 5.
1 *Staudinger/Schotten* § 2349 Rn. 14.
2 *MüKoBGB/Wegerhoff* § 2349 Rn. 6; *Bamberger/Roth/J. Mayer* § 2349 Rn. 3; *Kuchinke* ZEV 2000, 169 Fn 3; a.A. *Staudinger/Schotten* § 2349 Rn. 14.
3 *Staudinger/Schotten* § 2349 Rn. 15.
4 *MüKoBGB/Wegerhoff* § 2349 Rn. 3.
5 *Bamberger/Roth/J. Mayer* § 2349 Rn. 3.
6 OLG Stuttgart NJW 1958, 347; OLG Hamm OLGZ 82, 272; BayObLG RPfleger 1984, 65; 1988, 97; *Staudinger/Schotten* § 2349 Rn. 11.

wenden (§ 2346 Abs. 2). Das bedeutet, dass durch den auf das Pflichtteilsrecht beschränkten Verzicht nach § 2346 Abs. 2 Pflichtteilsansprüche des ganzen Stammes des Verzichtenden entfallen. Nach § 2352 S. 3 n.F. erstreckt sich die Regelung des § 2349 nunmehr auch auf den Zuwendungsverzicht nach § 2352.[7]

8 § 2349 gilt im übrigen unabhängig davon, ob dem Verzichtenden eine Abfindung gewährt worden ist oder nicht.[8]

II. Wirkungen auf die Abkömmlinge

9 Liegen die Voraussetzungen für die Anwendbarkeit des § 2349 vor, so erstreckt sich die Wirkung des Erbverzichts auf sämtliche – bereits vorhandene, aber auch künftige[9] – Abkömmlinge des Verzichtenden, mithin auf den ganzen Stamm.[10] Die Vorschrift stellt dann eine Ausnahme zu der Regelung in § 2346 Abs. 1 S. 2 dar, nach der die Ausschlusswirkung auf den Verzichtenden beschränkt ist.

10 Sind die Abkömmlinge des Verzichtenden selber durch eine Verfügung von Todes wegen bedacht worden, ist zu beachten, dass die Verzichtswirkung nicht greift.[11] In der Person des Abkömmlings ist dann ein eigener Berufungsgrund entstanden.

11 Darüber hinaus erlischt die Verzichtswirkung und das Erbrecht der Abkömmlinge lebt wieder auf, wenn der Erbverzicht nach § 2351 wirksam aufgehoben worden ist.[12]

III. Beratungshinweise

12 Nach § 2346 Abs. 1 S. 2 Hs. 2 hat der Verzicht auf das gesetzliche Erbrecht auch zur Folge, dass dem Verzichtenden kein Pflichtteilsrecht zusteht. Da sich diese Wirkung nach § 2349 auf den ganzen Stamm des Verzichtenden auswirkt, ist er in der Beratungspraxis geeignet, Erb- und Pflichtteilsansprüche »lästiger« Enkel, insb. etwa einen Erbersatzanspruch des nichtehelichen Enkels, auszuschließen.

13 § 2349 findet, wie oben dargelegt, keine Anwendung, wenn ein Vorfahre oder ein Ehegatte auf sein gesetzliches Erbrecht verzichtet. Aus diesem Grund müssen deren Abkömmlinge, wenn auf sie ebenfalls die Verzichtswirkung ausgedehnt werden soll, selber mit dem Erblasser einen Erbverzichtsvertrag nach §§ 2346 ff. abschließen.[13]

14 Nach § 1767 a.F., der durch das Adoptionsgesetz vom 2.7.1976[14] mit Wirkung zum 1.1.1977 völlig neu gefasst worden ist, war es möglich, das Erbrecht des Kindes im Annahmevertrag auszuschließen. Bei derartigen Regelungen, die auch heute noch in gewissen Fällen nach Art. 12 § 1 Abs. 5 AdoptG bzw. Art. 12 § 2 Abs. 2 S. 2 AdoptG i.V.M. § 3 Abs. 2 AdoptG fortgelten, ist zu beachten, dass § 2349 nach der Rechtsprechung entsprechend zur Anwendung gelangt.[15] Demnach erstrecken sich die Wirkungen des Ausschlusses auch auf die Abkömmlinge des Adoptierten.

---

7 Gesetz zur Änderung des Erb- und Verjährungsrechts, BGBl. I, 3142.
8 *Muscheler* ZEV 1999, 49, 50 f.; *Lange/Kuchinke* § 7 III 1 b.
9 *Palandt/Edenhofer* § 2349 Rn. 1.
10 *Erman/Schlüter* § 2349 Rn. 1.
11 BGHZ 39, 116, 121 f. = NJW 1998, 3117, 3118 = ZEV 1998, 304, 306; *Staudinger/Schotten* § 2349 Rn. 21.
12 BGH ZEV 1998, 304; *Bamberger/Roth/J. Mayer* § 2349 Rn. 2.
13 MüKoBGB/*Wegerhoff* § 2349 Rn. 3.
14 BGBl I, 1749.
15 OLG Hamm RPfleger 1952, 89.

§ 2350
Verzicht zugunsten eines anderen

(1) Verzichtet jemand zugunsten eines anderen auf das gesetzliche Erbrecht, so ist im Zweifel anzunehmen, dass der Verzicht nur für den Fall gelten soll, dass der andere Erbe wird.

(2) Verzichtet ein Abkömmling des Erblassers auf das gesetzliche Erbrecht, so ist im Zweifel anzunehmen, dass der Verzicht nur zugunsten der anderen Abkömmlinge und des Ehegatten des Erblassers gelten soll.

I. Normzweck und Anwendungsbereich

§ 2350 enthält zwei Auslegungsregeln für den Fall, dass der Erbverzicht von dem Verzichtenden lediglich zugunsten einer bestimmten Person und nicht schlechthin gewollt wird (sog. relativer Verzicht). Nach Abs. 1 soll ein derartiger Verzicht im Zweifel nur gelten, wenn der begünstigte Dritte seinerseits Erbe wird. Abs. 2 befasst sich hingegen mit der Frage, unter welchen Voraussetzungen im Zweifel ein relativer Erbverzicht anzunehmen ist. 1

Die Anwendbarkeit der Vorschrift setzt einen Verzicht auf das gesetzliche Erbrecht voraus. Sie ist weder auf den bloßen Pflichtteilsverzicht[1] (§ 2346 Abs. 2) noch auf den Zuwendungsverzicht[2] (§ 2352) anwendbar. 2

Die Auslegungsregeln des § 2350 können erst zur Anwendung kommen, wenn erfolglos versucht wurde, den tatsächlichen Willen der Vertragsteile des Verzichtsvertrages zu ermitteln.[3] 3

II. Der Verzicht auf das gesetzliche Erbrecht zugunsten eines anderen (Abs. 1)

1. Voraussetzungen

Die Auslegungsregel nach Abs. 1 setzt einen Erbverzicht mit dem Inhalt voraus, dass zugunsten einer anderen Person oder einer Mehrheit von Personen auf das gesetzliche Erbrecht verzichtet wurde.[4] Die Begünstigung braucht nicht ausdrücklich erklärt zu werden;[5] es reicht aus, wenn sie sich durch Auslegung der Verzichtserklärung ergibt,[6] so z.B. wenn sie erkennbar den Abkömmlingen des Verzichtenden zugute kommen soll.[7] Ferner muss die begünstigte Person nicht ausdrücklich genannt sein; ihre Bestimmbarkeit aus der Urkunde zur Zeit des Erbfalls ist ausreichend.[8] Abs. 1 greift jedoch nicht ein, wenn die Person, zu deren Gunsten der Verzicht erklärt werden soll, erst in Zukunft von dem Erblasser bestimmt wird.[9] 4

2. Rechtsfolgen

Liegen die Voraussetzungen für die Anwendung der Vorschrift vor, so ist – wenn sich kein gegenteiliger Wille der Vertragsschließenden feststellen lässt – davon auszugehen, dass der 5

---

[1] Palandt/*Edenhofer* § 2350 Rn. 1; PWW/*Deppenkemper* § 2350 Rn. 1.
[2] LG Lübeck SchlHA 59, 211; MüKoBGB/*Wegerhoff* § 2350 Rn. 3; Bamberger/Roth/*J. Mayer* § 2350 Rn. 2; a.A. OLG Hamm OLGZ 82, 272; Staudinger/*Schotten* § 2350 Rn. 17 und 18.
[3] BGH NJW 2008, 298, 299 = ZEV 2008, 36, 37; OLG Düsseldorf ZEV 2008, 523, 524; MüKoBGB/*Wegerhoff* § 2350 Rn. 1.
[4] MüKoBGB/*Wegerhoff* § 2350 Rn. 4.
[5] RGRK/*Johannsen* § 2350 Rn. 1.
[6] Erman/*Schlüter* § 2350 Rn. 2.
[7] KG JFG 20, 160, 163.
[8] MüKoBGB/*Wegerhoff* § 2350 Rn. 4.
[9] Staudinger/*Schotten* § 2350 Rn. 8.

Verzicht nur für den Fall gelten soll, dass der Begünstigte Erbe wird. Der Verzicht steht demgemäß unter der aufschiebenden Bedingung,[10] dass der Begünstigte entweder kraft Gesetzes oder aufgrund letztwilliger Verfügung Erbe (oder Miterbe) des Erblassers wird; wobei die Berufung als Vorerbe (§§ 2100 ff.), nicht jedoch die Einsetzung als Nacherbe genügt.[11] Ausreichend für die Erbeinsetzung ist auch, wenn der Begünstigte an Stelle des Verzichtenden, z.B. als Ersatzerbe, zum Erben berufen ist.[12]

6 Tritt die Bedingung nicht ein, z.B. wenn der Begünstigte vor dem Erblasser stirbt oder ausschlägt oder für erbunwürdig erklärt wird (§§ 1923, 1953, 2344), so ist der Verzicht unwirksam.[13] Tritt die Bedingung nur teilweise ein, so ist der Verzicht teils wirksam, teils unwirksam.[14]

7 Verzichtet jemand zugunsten einer Mehrheit von Personen auf das gesetzliche Erbrecht, so ist der Verzicht nach Abs. 1 im Zweifel erst unwirksam, wenn alle Begünstigten als Erben weggefallen sind.[15]

8 Umstritten ist die Auswirkung des relativen Erbverzichts, wenn an die Stelle des Verzichtenden nicht nur der oder die Begünstigten, sondern auch weitere nicht begünstigte gesetzliche Erben treten.

9 Da dem relativen Verzicht selbst keine unmittelbar übertragende, das Erbrecht des begünstigten Dritten begründende Wirkung zukommt[16] und – wie sich aus § 2346 Abs. 1 S. 2 ergibt – nur die negative Wirkung auslöst, den Anfall der Erbschaft zu verhindern,[17] kann der Erbverzicht – auch wenn dies dem Willen der Vertragsschließenden entsprechen sollte – nicht den automatischen Übergang des vollen Erbteils auf den Begünstigten bewirken, wenn keine ausdrückliche Erbeinsetzung durch den Erblasser vorliegt. Wird der Erbverzicht unter der Bedingung erklärt, dass der Begünstigte Erbe wird, so könnte dieser auf Grund des Erbverzichts auch nur einen Erbteil erhalten, der ihm zukäme, wenn der Verzichtende wirklich weggefallen wäre.[18] Fehlt eine ausdrückliche Erbeinsetzung durch den Erblasser, so ist die Bedingung für einen Teil des Verzichts nicht eingetreten und dieser insoweit nach Abs. 1 unwirksam.[19]

10 Unbestritten ist, dass sich der Verzicht auf die nicht begünstigten Miterben nicht auswirkt; sie erhalten diejenige Quote, die ihnen auch ohne den Verzicht zugestanden hat.[20]

III. Der Verzicht eines Abkömmlings auf das gesetzliche Erbrecht (Abs. 2)

11 Diese Auslegungsregel betrifft den Fall, dass es im Verzichtsvertrag weder ausdrücklich noch konkludent einen Hinweis gibt, ob der Erbverzicht zu Gunsten einer Person, also relativ, erklärt worden ist.[21] Sie setzt voraus, dass ein Abkömmling des Erblassers auf das

---

10 BayObLGZ 1912, 35, 36; MüKoBGB/*Wegerhoff* § 2350 Rn. 5; *Staudinger/Schotten* § 2350, Rn. 11; a.A. *Palandt/Edenhofer* § 2350 Rn. 2, wonach der Verzicht auflösend bedingt ist durch den Erwerb der Erbeneigenschaft seitens des Begünstigten.
11 MüKoBGB/*Wegerhoff* § 2350 Rn. 6; *Bamberger/Roth/J. Mayer* § 2350 Rn. 4.
12 MüKoBGB/*Wegerhoff* § 2350 Rn. 6.
13 BayObLGZ 1912, 35, 39; MüKoBGB/*Wegerhoff* § 2350 Rn. 5.
14 KG OLGE 46, 240, 241; *Bamberger/Roth/J. Mayer* § 2350 Rn. 5.
15 *Staudinger/Schotten* § 2350 Rn. 18; RG LZ 1926, 1006.
16 OLG Hamm OLGZ 1982, 272, 275 (obiter dictum); *Soergel/Damrau* § 2350 Rn. 3; a.A. *Palandt/Edenhofer* § 2350 Rn. 2; PWW/*Deppenkemper* § 2350 Rn. 2.
17 *Bamberger/Roth/J. Mayer* § 2350 Rn. 4.
18 OLG Hamm OLGZ 1982, 272, 275; MüKoBGB/*Wegerhoff* § 2350 Rn. 9; *Staudinger/Schotten* § 2350 Rn. 14; *Soergel/Damrau* § 2350 Rn. 5; *Bamberger/Roth/J. Mayer* § 2350 Rn. 4; a.A. KG JFG 23, 179, 181 = DNotZ 1942, 148; *Erman/Schlüter* § 2350 Rn. 3; *Palandt/Edenhofer* § 2350 Rn. 2; *Kipp/Coing* § 82 II 6, wonach der Begünstigte den vollen Erbteil, auf den verzichtet wurde, unverkürzt durch vorhandene Miterben erhält, ohne dass der Erblasser dies ausdrücklich letztwillig verfügen muss.
19 MüKoBGB/*Wegerhoff* § 2350 Rn. 9.
20 OLG Oldenburg NJW-RR 1992, 778; *Palandt/Edenhofer* § 2350 Rn. 2.
21 *Bamberger/Roth/J. Mayer* § 2350 Rn. 7.

gesetzliche Erbrecht verzichtet. In diesem Fall geht das Gesetz davon aus, dass der Verzicht im Zweifel nur gelten soll, wenn der gesetzliche Erbteil des Verzichtenden den anderen Abkömmlingen oder dem Ehegatten des Erblassers zugute kommt. Dass dem Verzichtenden für den Erbverzicht eine Abfindung gewährt worden ist, spricht allein nicht gegen die Anwendung dieser Auslegungsregel.[22]

Abkömmlinge sind hier genauso zu verstehen wie bei § 2349[23] mit der Maßgabe, dass 12 seit dem 1.7.1970[24] auch das nichteheliche Kind zu den Abkömmlingen zählt.

Sofern sich kein gegenteiliger Wille der Vertragsschließenden feststellen lässt, ist mithin 13 der Verzicht eines Abkömmlings immer dann wirksam, wenn entweder ein Erbe der ersten Ordnung (§ 1924) oder der Ehegatte des Erblassers – sei es aufgrund gesetzlicher Erbfolge oder durch Erbeinsetzung – an seiner Stelle in die Erbfolge eintritt.[25] Als Ehegatte im vorgenannten Sinne kann auch ein Stiefelternteil des Verzichtenden in Betracht kommen.[26] Nach § 10 Abs. 7 LPartG steht der eingetragene Lebenspartner einem Ehegatten des Erblassers gleich.[27]

Abs. 2 geht mithin davon aus, dass beim Verzicht eines Abkömmlings auf sein gesetzliches Erbrecht eine Begünstigung der Verwandten der aufsteigenden oder der Seitenlinie oder Dritter (z.B. der Staat) im Zweifel nicht beabsichtigt ist.[28] Soweit sie dennoch Erbe werden, ist der Verzicht (u.U. nur teilweise) unwirksam.[29]

Zu beachten ist, dass der Erbverzicht nach allgemeiner Ansicht wirksam bleibt, solange 15 auch nur einer der in Abs. 2 bezeichneten Personen Erbe wird.[30]

IV. Beratungshinweise

Der Verzichtende trägt bei Abs. 1 die Darlegungs- und Beweislast für die Unwirksamkeit 16 des Verzichts. Er muss mithin darlegen, dass nur ein sog. relativer Verzicht vorliegt, also ein solcher, der lediglich zugunsten einer anderen bestimmten Person gewollt ist, und dass der Begünstigte nicht Erbe geworden ist.[31] Im Falle des Abs. 2 liegt die Darlegungs- und Beweislast bei demjenigen, der sich auf einen von dieser Auslegungsregel abweichenden Willen der Vertragsparteien des Erbverzichts beruft.[32] Im Hinblick auf die Ermittlung des tatsächlichen Willens, die vor Anwendbarkeit der Auslegungsregeln nach § 2350 vorzunehmen ist, liegt die Beweislast bei demjenigen, der entgegen den Vermutungen des § 2350 aus einem unbedingten Erbverzicht Rechte herleiten will.[33]

§ 2351
Aufhebung des Erbverzichts

Auf einen Vertrag, durch den ein Erbverzicht aufgehoben wird, findet die Vorschrift des § 2348 und in Ansehung des Erblassers auch die Vorschrift des § 2347 Abs. 2 S. 1 erster Halbsatz, S. 2 Anwendung.

---

22 *Bamberger/Roth/J. Mayer* § 2350 Rn. 7; *Staudinger/Schotten* § 2350 Rn. 25; a.A. *Kuchinke*, FS Kralik, 451, 454.
23 Vgl. die Ausführungen zu § 2349 Rz. 1.
24 NEhelG vom 19.8.1969, BGBl. I S. 1243.
25 *MüKoBGB/Wegerhoff* § 2350 Rn. 10.
26 *Staudinger/Schotten* § 2350 Rn. 26.
27 *Bamberger/Roth/J. Mayer* § 2350 Rn. 7; a.A. *N. Mayer* ZEV 2001, 169, 173.
28 *MüKoBGB/Wegerhoff* § 2350 Rn. 10.
29 *Bamberger/Roth/J. Mayer* § 2350 Rn. 7.
30 *Staudinger/Schotten* § 2350 Rn. 27.
31 *MüKoBGB/Wegerhoff* § 2350 Rn. 11.
32 RGRK/*Johannsen* § 2350 Rn. 8; *Soergel/Damrau* § 2350 Rn. 7; RG LZ 1926, 1006.
33 BGH NJW 2008, 298, 299.

I. Normzweck und Anwendungsbereich

1 Die Vorschrift ermöglicht den Parteien eines Erbverzichtsvertrages, diesen nachträglich durch Vertrag wiederaufzuheben. Ihr Anwendungsbereich umfasst nach ganz h.M. Verzichtsverträge jeglicher Art, gleich ob sie das gesetzliche Erbrecht, nur das Pflichtteilsrecht oder eine Zuwendung auf Grund einer Verfügung von Todes wegen (§ 2352) zum Gegenstand hatten.[1]

2 Der Aufhebungsvertrag ist – wie der Verzichtsvertrag – ein Rechtsgeschäft unter Lebenden auf den Todesfall,[2] so dass die Aufhebung eines Erb- oder Pflichtteilsverzichts bei einem durch Erbvertrag gebundenen Erblasser nicht nach § 2289 Abs. 1 S. 2 unwirksam ist.[3]

II. Die Voraussetzungen einer Verzichtsaufhebung

1. Persönliche Anforderungen

a) Rechtslage beim Erblasser

3 Der Erblasser kann – wie sich aus der Verweisung des § 2351 auf § 2347 Abs. 2 S. 1 Hs. 1 und S. 2 ergibt – den Aufhebungsvertrag nur zu seinen Lebzeiten abschließen[4] und auch dann nur persönlich.[5] Dies gilt auch, wenn er in der Geschäftsfähigkeit beschränkt (§ 106) ist, so dass eine Vertretung durch seinen gesetzlichen Vertreter nicht möglich ist.[6] In diesem Falle benötigt er darüber hinaus zu der Aufhebung die Einwilligung seines gesetzlichen Vertreters nach den §§ 107 ff., da die Wiederherstellung des Erbrechts oder Pflichtteilsrechts für ihn rechtlich nachteilig ist;[7] eine Genehmigung des Familiengerichts ist hingegen nicht erforderlich.[8]

4 Für den geschäftsunfähigen Erblasser kann nur sein gesetzlicher Vertreter handeln; beim Volljährigen also sein Betreuer (§ 1902). Der gesetzliche Vertreter bedarf – genauso wie beim Abschluss des Verzichtsvertrages[9] – der Genehmigung des Familiengerichts oder des Betreuungsgerichts, sofern der Erblasser nicht unter elterlicher Sorge steht und der Aufhebungsvertrag zwischen Verlobten oder Ehegatten geschlossen wird.[10]

b) Rechtslage beim Verzichtenden

5 Nach der Rechtsprechung des BGH kann der Aufhebungsvertrag auch nur zu Lebzeiten des Verzichtenden abgeschlossen werden, nicht aber nach dessen Tod mit dessen Erben oder seinen Abkömmlingen, auf die sich der Erbverzicht nach § 2349 erstreckt.[11] Dies gilt grundsätzlich auch für den (isolierten) Pflichtteilsverzicht nach § 2346 Abs. 2; ausnahmsweise kann hier eine auf § 242 und § 313 gestützte Rückabwicklung bzw. eine Anpassung

---

1 LG Kempten MittBayNot 1978, 63 mit zust. Anm. *Büttel*; MüKoBGB/*Wegerhoff* § 2351 Rn. 1; Bamberger/Roth/*J. Mayer* § 2351 Rn. 1; einschränkend für die Fälle, dass der Erblasser nicht wirksam neu verfügen kann, BGH NJW-RR 2008, 747, 748.
2 Staudinger/*Schotten* § 2346 Rn. 93; Bamberger/Roth/*J. Mayer* § 2351 Rn. 1; PWW/*Deppenkemper* § 2351 Rn. 1.
3 Bamberger/Roth/*J. Mayer* § 2351 Rn. 1; *Kanzleiter* DNotZ 2009, 86, 88; a.A. *Schindler* DNotZ 2004, 824.
4 BGH NJW 1999, 798 = ZEV 1999, 62, 63; Staudinger/*Schotten* § 2346 Rn. 96.
5 Bamberger/Roth/*J. Mayer* § 2351 Rn. 3.
6 Soergel/*Damrau* § 2351 Rn. 4.
7 MüKoBGB/*Wegerhoff* § 2351 Rn. 4.
8 Soergel/*Damrau* § 2351 Rn. 4.
9 Vgl. die Ausführungen zu § 2347 Rz. 12.
10 Staudinger/*Schotten* § 2351 Rn. 12.
11 BGHZ 139, 116, 119 ff. = NJW 1998, 3117 ff. = ZEV 1998, 304; a.A. Staudinger/*Schotten* § 2346 Rn. 97 ff., wonach ein Erbverzicht, dessen Wirkung sich nach § 2349 auf die Abkömmlinge des Verzichtenden erstreckt, auch noch nach dem Tod des Verzichtenden aufgehoben werden kann.

möglich sein, da es um einen schuldrechtlichen Pflichtteilsanspruch geht, der die Erbfolge und die Pflichtteilsrechte anderer nach § 2310 nicht berührt.[12]

An die Person des Verzichtenden stellt die Vorschrift keine besonderen Anforderungen, so dass die zu § 2347 für den Abschluss des Verzichtsvertrages entwickelten Regeln gelten.[13] Der Verzichtende kann sich vertreten lassen. Zu beachten ist, dass die Aufhebung für den in der Geschäftsfähigkeit beschränkten Verzichtenden durch die Wiedergewinnung seines Erb- und gegebenenfalls Pflichtteilsrechts lediglich rechtlich vorteilhaft i.S.d. § 107 ist;[14] er kann mithin den Aufhebungsvertrag ohne Zustimmung seines gesetzlichen Vertreters selbst abschließen. Für den geschäftsunfähigen Verzichtenden handelt der gesetzliche Vertreter, ohne dass hierfür eine Genehmigung des Familiengerichts oder Betreuungsgerichts erforderlich wäre.[15]

2. Form

In formeller Hinsicht ist der Aufhebungsvertrag notariell zu beurkunden,[16] sonst ist er nach § 125 nichtig. Gleiches gilt auch für das dem Aufhebungsvertrag regelmäßig zugrunde liegende Kausalgeschäft.[17] Bei der Aufhebung dieses Kausalgeschäfts ist zu differenzieren. Ist das Kausalgeschäft durch Aufhebung des Erbverzichts noch nicht erfüllt worden, bedarf dessen Aufhebung keiner Form. Ist der Erbverzicht aufgehoben worden – das Kausalgeschäft zum Aufhebungsvertrag also erfüllt worden –, würde dessen Aufhebung wiederum die Verpflichtung begründen, einen neuen Erbverzicht zu vereinbaren. Ein solcher Vertrag bedarf analog § 2348 der notariellen Beurkundung.[18] Die gleiche Differenzierung ist bei der Aufhebung des Kausalgeschäfts zum Erbverzicht vorzunehmen. Solange das Kausalgeschäft noch nicht erfüllt worden ist, ist es formfrei, nach dessen Erfüllung bedarf der Aufhebungsvertrag der notariellen Beurkundung nach § 2348.[19]

Der Aufhebungsvertrag bedarf ebenso wenig der Zustimmung des durch den Verzicht Begünstigten[20] wie der der Abkömmlinge des Verzichtenden, auf die sich der Verzicht nach § 2349 erstreckte.[21]

III. Wirkungen der vertragsmäßigen Aufhebung des Erbverzichts

Der Aufhebungsvertrag bewirkt die Beseitigung des Erb-, Pflichtteils- oder Zuwendungsverzichts, als sei er nie erfolgt.[22]

Durch die Aufhebung des Verzichts auf das gesetzliche Erbrecht tritt demgemäß wieder die gesetzliche Erbfolge ein. Der Verzichtende kann gleichwohl nicht Erbe werden, wenn der Erblasser zwischenzeitlich anderweitig testiert hat. In diesem Fall kann dem Verzichtenden möglicherweise ein Pflichtteilsanspruch zustehen. Auch wird die zunächst durch den Erbverzicht nach § 2310 S. 2 eingetretene Erhöhung des Erb- und Pflichtteilsrechts wieder beseitigt.[23]

Die Verzichtsaufhebung beseitigt den Verzichtsvertrag, als sei er nicht erfolgt. Hat der Verzichtende den Verzicht – was in der Praxis der Regelfall sein dürfte – nur gegen eine

---

12 BGHZ 134, 60, 63 f. = FamRZ 1997, 173; OLG Nürnberg FamRZ 2003, 634, 636 = ZEV 2003, 514, 515 f.; Wendt ZNotP 2006, 2, 6 ff.; a.A. Staudinger/Schotten § 2346 Rn. 191.
13 Bamberger/Roth/J. Mayer § 2351 Rn. 5; vgl. auch die Ausführungen zu § 2347 Rz. 3 ff.
14 MüKoBGB/Wegerhoff § 2351 Rn. 4.
15 Staudinger/Schotten § 2351 Rn. 22.
16 Vgl. die Ausführungen zu § 2348 Rz. 2 ff.
17 Bamberger/Roth/J. Mayer § 2351 Rn. 1.
18 Staudinger/Schotten § 2351 Rn. 26.
19 Staudinger/Schotten § 2351 Rn. 25.
20 Palandt/Edenhofer § 2351 Rn. 1.
21 MüKoBGB/Wegerhoff § 2351 Rn. 2.
22 BGHZ 77, 264, 269 = NJW 1980, 2307, 2308.
23 Bamberger/Roth/J. Mayer § 2351 Rn. 8.

Abfindung erklärt, so enthält die Aufhebung des Verzichts sogleich – zumindest konkludent – die Aufhebung des Grundgeschäfts.[24] Die Abfindung kann dann nach § 812 Abs. 1 S. 2 1. Alt. zurückgefordert werden; sofern dem Verzicht kein gegenseitiger Vertrag als causa zugrunde liegen sollte, ist die Abfindung nach § 812 Abs. 1 S. 2 2. Alt. zurückzuerstatten.[25]

§ 2352
Verzicht auf Zuwendungen

Wer durch Testament als Erbe eingesetzt oder mit einem Vermächtnis bedacht ist, kann durch Vertrag mit dem Erblasser auf die Zuwendung verzichten. Das Gleiche gilt für eine Zuwendung, die in einem Erbvertrag einem Dritten gemacht ist. Die Vorschriften der §§ 2347 bis 2349 finden Anwendung.

Zu § 2352: Geändert durch G vom 24.9.2009 (BGBl I S. 3142) (1.1.2010).

Fassung bis 31.12.2009

§ 2352
Verzicht auf Zuwendungen

Wer durch Testament als Erbe eingesetzt oder mit einem Vermächtnis bedacht ist, kann durch Vertrag mit dem Erblasser auf die Zuwendung verzichten. Das Gleiche gilt für eine Zuwendung, die in einem Erbvertrag einem Dritten gemacht ist. Die Vorschriften der §§ 2347, 2348 finden Anwendung.

Übersicht

	Rz.		Rz.
I. Normzweck und praktisch bedeutsame Anwendungsbereiche	1	1. Allgemeine Voraussetzungen	10
II. Begriff der Zuwendung und Beschränkungen des Zuwendungsverzichts	4	2. Besonderheiten beim Verzicht auf erbvertragliche Zuwendungen (S. 2)	13
III. Die Voraussetzungen des Verzichts auf Zuwendungen von Todes wegen	10	IV. Rechtsfolgen des Zuwendungsverzichts	16
		V. Aufhebung des Zuwendungsverzichts	21

I. Normzweck und praktisch bedeutsame Anwendungsbereiche

1 § 2352[1] regelt den Verzicht auf Zuwendungen, die in einem Testament oder einem Erbvertrag erfolgt sind. Der Zuwendungsverzicht ist ein Unterfall des Erbverzichts und wie dieser ein vertragliches abstraktes Verfügungsgeschäft unter Lebenden auf den Todesfall.[2] Da ein Testament nach § 2253 Abs. 1 frei widerruflich ist und ein Erbvertrag nach § 2290 von den Vertragsschließenden jederzeit aufgehoben werden kann, wird der Zuwendungsverzicht praktisch nur bedeutsam in den wenigen Fällen, in denen ein Widerruf oder eine Aufhebung der letztwilligen Verfügung durch den Erblasser nicht mehr erfolgen kann.[3]

2 Ist z.B. der Erblasser geschäftsunfähig geworden, so kann sein gesetzlicher Vertreter nach S. 3 i.V.m. § 2347 Abs. 2 die letztwillige Verfügung aufheben, indem er den vertraglichen Erbverzicht des Bedachten entgegennimmt. Des Weiteren hat der Zuwendungsver-

---

24 *Bamberger/Roth/J. Mayer* § 2351 Rn. 9.
25 *MüKoBGB/Wegerhoff* § 2351 Rn. 7.
1 Eingehend *Kornexl*, Der Zuwendungsverzicht, DNotI-Schriftenreihe, Band 7, 1998.
2 *Bamberger/Roth/J. Mayer* § 2352 Rn. 1; PWW/*Deppenkemper* § 2352 Rn. 1.
3 Eingehend *Staudinger/Schotten* § 2352 Rn. 22; *Jackschath* MittRhNotK 1977, 117 ff.

zicht Bedeutung, wenn der Erblasser durch ein gemeinschaftliches Testament bzw. einen Erbvertrag gebunden ist, z.B. weil sein Ehegatte bzw. Vertragspartner vorverstorben oder zur Aufhebung/Änderung des Erbvertrages nicht bereit ist.[4] Schließlich können durch einen Zuwendungsverzicht die Rechtsfolgen des § 2287 umgangen werden, nämlich dann, wenn der Erblasser Verfügungen mit Zustimmung des Vertragserben vornimmt.[5]

Dagegen scheidet ein Zuwendungsverzicht zwischen Vor- und Nacherben aus.[6] 3

II. Begriff der Zuwendung und Beschränkungen des Zuwendungsverzichts

§ 2352 unterscheidet beim Verzicht auf Zuwendungen von Todes wegen zwischen einem 4
Verzicht auf testamentarische Zuwendungen (S. 1) und Zuwendungen, die auf einem Erbvertrag beruhen (S. 2).

Nach dem Wortlaut der Vorschrift sind unter Zuwendungen nur Erbeinsetzungen und 5
Vermächtnisse zu verstehen.[7] Überwiegend wird aber auch der Verzicht auf die Begünstigung aus einer Auflage nach § 1940 für zulässig erachtet.[8]

Ebenso begegnet keinen Bedenken, den Zuwendungsverzicht zu beschränken.[9] So kann 6
der Bedachte, wenn er sowohl zum Erben bestellt als auch mit einem (Voraus-) Vermächtnis bedacht worden ist, auf diese Zuwendung insgesamt verzichten oder den Verzicht auf eine der beiden Zuwendungen beschränken. Zulässig ist auch ein teilweiser Verzicht auf einen ideellen Bruchteil.[10] Hierbei ist jedoch zu beachten, dass bei der Erbeinsetzung wegen des Grundsatzes der Universalsukzession ein gegenständlich beschränkter Zuwendungsverzicht nicht möglich ist.[11] Etwas anderes gilt dagegen bei Vermächtnissen. Da diese nur schuldrechtlichen Charakter haben, kann auf sie in zulässiger Weise gegenständlich beschränkt verzichtet werden (z.B. auf einen realen Teil des vermachten Grundstücks).[12]

Dem Erblasser kann insb. durch einen Zuwendungsverzicht das Recht eingeräumt wer- 7
den, den gewillkürten Erben mit neuen Auflagen oder Vermächtnissen zu beschweren, insb. auch Testamentsvollstreckung sowie Vor- und Nacherbschaft anzuordnen.[13] Diese Beschränkungen und Beschwerungen gelten jedoch nicht automatisch durch die Einräumung einer derartigen Befugnis; erforderlich ist noch eine entsprechende letztwillige Verfügung des Erblassers.[14]

Möglich ist ein **bedingter Zuwendungsverzicht** zugunsten bestimmter Personen derart, 8
dass er nur gelten soll, wenn der Begünstigte Erbe oder Vermächtnisnehmer wird.[15] § 2350 ist hingegen auf den Zuwendungsverzicht nach überwiegender Ansicht nicht anwendbar.[16]

---

4 *Reul* MittRhNotK 1997, 373, 384.
5 BGHZ 108, 252; MüKoBGB/*Musielak* § 2287 Rn. 24.
6 *Reul* MittRhNotK 1997, 373, 384 m.w.N.
7 PWW/*Deppenkemper* § 2352 Rn. 3.
8 *Staudinger/Schotten* § 2352 Rn. 3; *Lange/Kuchinke* § 7 II 3 Rn. 57; *Soergel/Damrau* § 2352 Rn. 1; a.A. MüKoBGB/*Wegerhoff* § 2352 Rn. 4; *Bamberger/Roth/J. Mayer* § 2352 Rn. 2.
9 *Staudinger/Schotten* § 2352 Rn. 9; MüKoBGB/*Wegerhoff* § 2352 Rn. 4; *Mayer* ZEV 1996, 127, 128; *Reul* MittRhNotK 1997, 373, 384.
10 KG DNotZ 1937, 57 = JW 1937, 1735; *Staudinger/Schotten* § 2352 Rn. 11.
11 MüKoBGB/*Wegerhoff* § 2352 Rn. 4.
12 PWW/*Deppenkemper* § 2352 Rn. 3; *Reul* MittRhNotK 1997, 373, 384.
13 BGH NJW 1978, 1159 = DNotZ 1978, 300; NJW 1982, 1100, 1102; OLG Köln FamRZ 1983, 837, 838; *Staudinger/Schotten* § 2352 Rn. 12.
14 OLG Hamm MittRhNotK 1982, 144 = RPfleger 1982, 148.
15 BGH NJW 1974, 43, 44 = DNotZ 1974, 231, 232; OLG Hamm MittRhNotK 1982, 144 = RPfleger 1982, 148; *Palandt/Edenhofer* § 2352 Rn. 3; MüKoBGB/*Wegerhoff* § 2352 Rn. 5.
16 vgl. die Ausführungen zu § 2350 Rz. 2, wie hier: *Bamberger/Roth/J. Mayer* § 2352 Rn. 2; *Palandt/Edenhofer* § 2350 Rn. 1; MüKoBGB/*Wegerhoff* § 2352 Rn. 5; *Soergel/Damrau* § 2352 Rn. 2; *Jackschath* MittRhNotK 1977, 117, 119; a.A. *Staudinger/Schotten* § 2352 Rn. 17 f.

9 Sofern die Parteien eine Begünstigung dieser Art wollen, empfiehlt sich in der notariellen Praxis, eine entsprechende Bedingung ausdrücklich zum Inhalt des Zuwendungsverzichts zu machen.

III. Die Voraussetzungen des Verzichts auf Zuwendungen von Todes wegen

1. Allgemeine Voraussetzungen

10 Von den Besonderheiten des S. 2 beim Erbvertrag, auf die weiter unten noch eingegangen wird, abgesehen, kann jeder testamentarische Erbe und Vermächtnisnehmer Vertragspartner beim Zuwendungsverzicht sein.[17] Hier unterscheidet sich der Zuwendungsverzicht vom Erbverzicht, bei dem der Verzicht auf einen bestimmten Personenkreis – auf Verwandte und Ehegatten – beschränkt ist. Auf »gesetzliche Vermächtnisse«, wie etwa den »Voraus« nach § 1932 und den »Dreißigsten« nach § 1969, kann hingegen nicht verzichtet werden.[18]

11 Darüber hinaus kann auf Zuwendungen nur verzichtet werden, wenn sie auf letztwilligen Verfügungen beruhen, die im Zeitpunkt der Verzichtserklärung bereits bestehen; ein Verzicht auf zukünftige Zuwendungen ist unzulässig.[19] Liegt dem Zuwendungsverzicht eine Erbeinsetzung zugrunde, so kann er nur zu Lebzeiten des Erblassers wirksam vereinbart werden.[20]

12 Nach S. 3 i.V.m. den §§ 2347 und 2348 sind **Formerfordernisse** und **persönliche Anforderungen** dieselben wie beim Erbverzicht; auf die dortigen Erläuterungen wird verwiesen.

2. Besonderheiten beim Verzicht auf erbvertragliche Zuwendungen (S. 2)

13 Auf erbvertragliche Zuwendungen kann nach S. 2 grundsätzlich nur ein »Dritter« verzichten, der weder als Erblasser noch als dessen Vertragspartner an dem Erbvertrag materiell beteiligt war.[21] Nach h.M. kann »Dritter« i.S. dieser Vorschrift ausnahmsweise ein am Abschluss des Erbvertrages Beteiligter sein, nämlich dann, wenn er zwischen mehr als zwei Personen abgeschlossen und der dritte (oder weitere) Vertragsschließende materiellrechtlich als Vertragspartner anzusehen ist.[22] Hier kann sich ein Bedürfnis zeigen, einen Zuwendungsverzichtsvertrag auch zwischen dem Erblasser und einem bedachten Vertragspartner zuzulassen. Anderenfalls wäre für die Aufhebung auch nur einer einzelnen Zuwendung an einen Vertragspartner stets die Mitwirkung aller Vertragspartner erforderlich.[23]

14 Auf jeden Fall ist für den Abschluss des Zuwendungsverzichtsvertrages weder die Zustimmung noch die Zuziehung des Erbvertragspartners des Erblassers erforderlich; vertragsmäßige Verfügungen können somit auch nach dessen Tod durch einen Zuwendungsverzichtsvertrag aufgehoben werden.[24] Möglich ist daher, dass der in einem gegenseitigen Erbvertrag als Schlusserbe eingesetzte Dritte mit dem überlebenden Erblasser auf die Erbeinsetzung nach diesem verzichtet.[25]

15 Des Weiteren ist zu beachten, dass die Vorschrift nur »vertragsmäßige« Zuwendungen i.S.d. § 2278 meint. Auf einseitige Verfügungen, die nach § 2299 Abs. 1 ebenfalls in einem Erbvertrag angeordnet werden können, ist sie wegen § 2299 Abs. 2 unanwendbar.[26] Auf derartige Verfügungen kann der Bedachte verzichten, auch wenn er Vertragspartner des

---

[17] *Staudinger/Schotten* § 2352 Rn. 22.
[18] *Palandt/Edenhofer* § 2352 Rn. 4.
[19] BayObLG RPfleger 1987, 374; *MüKoBGB/Wegerhoff* § 2352 Rn. 3.
[20] *Reul* MittRhNotK 1997, 373, 387.
[21] *Palandt/Edenhofer* § 2352 Rn. 7.
[22] *Staudinger/Schotten* § 2352 Rn. 25; *Mayer* ZEV 1996, 127, 129; *Kornexl* Rn. 481 f.
[23] BayObLGZ 1965, 188, 192 = NJW 1965, 1552; BayObLG 1974, 401, 405.
[24] *MüKoBGB/Wegerhoff* § 2352 Rn. 9; KG OLGE 36, 236, 237 f.
[25] KG OLGE 36, 236, 237; *Soergel/Damrau* § 2352 Rn. 3.
[26] *MüKoBGB/Wegerhoff* § 2352 Rn. 10.

Erblassers ist.²⁷ Die Vertragschließenden eines Erbvertrages können vertragsmäßige Verfügungen im Wege eines Zuwendungsverzichtsvertrages nicht aufheben, sondern nur durch einen Aufhebungsvertrag nach § 2290.²⁸

IV. Rechtsfolgen des Zuwendungsverzichts

Der Zuwendungsverzicht bewirkt nicht die Aufhebung der letztwilligen Verfügung, sondern verhindert den Anfall der Zuwendung (Erbeinsetzung, Vermächtnis) an den Verzichtenden, wie wenn er den Erbfall nicht erlebt hätte. Sofern sich im Wege einer Auslegung nicht etwas anderes ergibt, umfasst er nicht ohne Weiteres auch einen Verzicht auf das gesetzliche Erbrecht oder Pflichtteilsrecht des Verzichtenden.²⁹ **16**

Enthält die letztwillige Verfügung außer der Zuwendung noch andere Bestimmungen, so bleiben sie vom Zuwendungsverzicht unberührt.³⁰ **17**

Enthält die letztwillige Verfügung die ausdrückliche Berufung eines Ersatzerben nach § 2096 (eines Ersatzvermächtnisnehmers nach § 2190), erstreckt sich die Wirkung des Zuwendungsverzichts für Erbfälle vor dem 1.1.2010 nicht auf den Ersatzberufenen, unabhängig davon, ob eine Abfindung gewährt wird.³¹ Die Abkömmlinge des Verzichtenden treten an seine Stelle, wenn sie als Ersatzerben nach § 2096³² oder -vermächtnisnehmer nach § 2190³³ berufen sind. Denn die Regelung des § 2349 war nach der früheren h.M.³⁴ auf den Zuwendungsverzicht grundsätzlich nicht anzuwenden, so dass die **Auslegungsregel des § 2069** durch den Zuwendungsverzicht nicht berührt war.³⁵ Dies hatte zur Folge, dass an die Stelle eines Abkömmlings des Erblassers, der vom Erblasser durch Testament oder Erbvertrag bedacht war, nachträglich aber durch den Zuwendungsverzicht weggefallen war, die Abkömmlinge des Weggefallenen traten, und zwar auch dann, wenn der Weggefallene – insoweit nach § 2349 zugleich mit Wirkung für seine Abkömmlinge – auf sein gesetzliches Erbrecht verzichtet hatte.³⁶ Diese Rechtslage gilt heute nur noch für Erbfälle, die vor dem 1.1.2010 eingetreten sind (Art. 229 § 23 Abs. 4 EGBGB). **18**

Eine tatsächliche Vermutung spricht jedoch dafür, dass eine Ersatzberufung seiner Abkömmlinge nach § 2069 nicht gewollt ist, wenn der den Verzicht abgebende Abkömmling für sein Erbrecht vollständig bzw. vollwertig³⁷ abgefunden wurde.³⁸ In diesem Fall führt die ergänzende Auslegung des Erblasserwillens i.d.R. zu einem Ausschluss der Abkömmlinge des Verzichtenden.³⁹ Ansonsten bestünde nämlich bei mehreren zur Erbfolge berufenen Kindern⁴⁰ die Gefahr einer doppelten Begünstigung des Stammes des Verzichtenden.⁴¹

Der Gesetzgeber sah sich zwischenzeitlich veranlasst, dem vorstehend dargelegten praktischen Bedürfnis, den Zuwendungsverzicht auch auf die Abkömmlinge zu erstrecken, **19**

---

27 RGRK/*Johannsen* § 2352 Rn. 3.
28 OLG Stuttgart DNotZ 1979, 107 = OLGZ 1979, 129.
29 Palandt/*Edenhofer* § 2352 Rn. 5.
30 MüKoBGB/*Wegerhoff* § 2352 Rn. 12.
31 BGH NJW 1999, 789; OLG Frankfurt ZEV 1997, 454; OLG Düsseldorf DNotZ 1974, 367, 369; OLG Stuttgart NJW 1958, 347, 348; OLG Hamm MittRhNotK 1982, 144, 147.
32 OLG München RPfleger 2005, 668.
33 Soergel/*Damrau* § 2352 Rn. 2.
34 OLG Frankfurt a.M. RPfleger 1997, 309 = ZEV 1997, 454; BayObLG NJW-RR 1997, 1027; Bamberger/Roth/*J. Mayer* § 2352 Rn. 19 f.; a.A. Staudinger/*Schotten* § 2352 Rn. 31 ff.
35 OLG Stuttgart OLGR 1998, 111, 112.
36 MüKoBGB/*Wegerhoff* § 2352 Rn. 14; PWW/*Deppenkemper* § 2352 Rn. 5.
37 OLG Köln FamRZ 1990, 99, 101.
38 BGH NJW 1974, 43, 44; OLG Hamm MittRhNotK 1982, 144, 147 = MDR 1982, 329: OLG Stuttgart OLGR 1998, 111, 112Soergel/*Damrau* § 2352 Rn. 2.
39 Ausführlich dazu: Staudinger/*Schotten* § 2352 Rn. 31 ff.
40 OLG Frankfurt ZEV 1997, 454, 455.
41 Bamberger/Roth/*J. Mayer* § 2352 Rn. 22.

durch eine ausdrückliche gesetzliche Regelung zu entsprechen. Nach dem Gesetz zur Änderung des Erb- und Verjährungsrechts verweist § 2352 BGB nunmehr ausdrücklich auch auf § 2349[42]. Damit wird vermutet, dass sich der Zuwendungsverzicht auf die Abkömmlinge erstreckt, unabhängig davon, ob der Verzichtende für seinen Verzicht abgefunden wird oder nicht. Will der Erblasser diese Folge ausschließen, muss er ausdrücklich bestimmen, dass diese vermutete Erstreckung nicht gilt[43]. Diese Neufassung gilt für alle Erbfälle ab dem 1.1.2010 (Art. 229 § 23 Abs. 4 EGBGB) unabhängig davon, ob der Zuwendungsverzichtsvertrag vor ihrem Inkrafttreten geschlossen worden ist[44].

20   Der **Verzicht auf die Einsetzung als Vorerbe** bzw. als Vorvermächtnisnehmer bewirkt, dass der Nacherbe bzw. Nachvermächtnisnehmer an die Stelle des Verzichtenden tritt.[45]

V. Aufhebung des Zuwendungsverzichts

21   Auch wenn S. 3 nicht auf § 2351 verweist, ist allgemein[46] anerkannt, dass der Zuwendungsverzicht entsprechend dieser Vorschrift aufgehoben werden kann; auf die dortigen Erläuterungen wird Bezug genommen. Die Aufhebung bewirkt, dass der Zuwendungsverzicht so beseitigt wird, als wäre er nie vereinbart worden.[47]

---

42 Gesetz zur Änderung des Erb- und Verjährungsrechts, BGBl. I, 3142, in Kraft getreten zum 1.1.2010.
43 Begründung des Entwurfs eines Gesetzes zur Änderung des Erb- und Verjährungsrechts, BT–Drs. 16/8954, 26; s.a. *Wagner* NotBZ 2009, 44, 53.
44 MüKoBGB/*Wegerhoff* § 2352 Rn. 13.
45 *Jackschath* MittRhNotk 1977, 117, 123.
46 MüKoBGB/*Wegerhoff* § 2352 Rn. 17.
47 *Staudinger/Schotten* § 2352 Rn. 54.

Abschnitt 8
Erbschein

Einleitung vor §§ 2353 ff. BGB

I. Überblick

Im deutschen Erbrecht gilt gem. § 1922 der Grundsatz der Gesamtrechtsnachfolge. Aufgrund dieser sog. **Universalsukzession** geht der Nachlass des Erblassers als Ganzes unmittelbar und ohne dass der oder die Erben etwas zu veranlassen hätten, automatisch kraft Gesetzes auf die Erben über. Dies führt in der Praxis dazu, dass Personen von einer Sekunde zur anderen aufgrund dieser vom deutschen Erbrecht normierten Gesamtrechtsnachfolge vermögensrechtlich den Status des Verstorbenen quasi übernehmen, wobei diese Rechtsfolge völlig unabhängig von der Kenntnis und zunächst auch unabhängig vom Willen der Beteiligten eintritt. Es liegt auf der Hand, dass solche plötzliche und unmittelbare Änderung in der Person eines – umfassend gesprochen – Vermögensträgers, im Rechtsverkehr nicht unerhebliche Probleme aufwirft, die durch einen Erbschein als Zeugnis über die Erbfolge geregelt werden sollen.

1

II. Rechtsnatur des Erbscheins

Durch den Erbschein wird die materiell rechtlich eingetretene Erbfolge weder konstitutiv bestimmt, noch materiell rechtskräftig festgestellt. Der Erbe kann sein Erbrecht auch ohne Erbschein verfolgen und geltend machen. Gem. § 2353 ist der Erbschein »nur« ein **amtliches Zeugnis,** welches die dort bezeichnete Person als Erben ausweist, die Größe seines Erbteils angibt und eine Aussage darüber macht, ob der Erbe gegebenenfalls in Bezug auf den Nachlass oder einzelner sich darin befindlicher Gegenstände bestimmten Verfügungsbeschränkungen, wie etwa einer Testamentsvollstreckung unterworfen ist. Seine Funktion besteht zum einen darin, gegenüber Dritten die **Vermutung der Richtigkeit** der ausgewiesenen Erbfolge zu begründen (§ 2365) und im Rechtsverkehr den **öffentlichen Glauben** an die Verfügungsberechtigung des im Erbschein bezeichneten Erben zu erzeugen. Unter Berücksichtigung dieser Ausgangslage ist der Inhalt eines Erbscheins mit allen Beweismitteln widerlegbar.

2

III. Sinn und Zweck des Erbscheins

Derjenige, der im Wege der Universalsukzession Erbe des Erblassers wird, muss sich zur Einnahme seiner diesbezüglichen Rechtsposition im Rechtsverkehr regelmäßig als Rechtsnachfolger des Erblassers, also **als Erbe ausweisen,** um das ererbte Vermögen in Besitz nehmen und vor allem auch darüber verfügen zu können. Gleichzeitig besteht im Rechtsverkehr aber eine Notwendigkeit dahin gehend, dass Dritte bei Rechtshandlungen oder Rechtsgeschäften mit der sich als Erbe gerierenden Person, Sicherheit über deren Rechtsstellung besitzen müssen, weil nur so ein reibungsloser Übergang der Vermögensposition des Erblassers auf den Erben und von diesem auf einen Dritten gewährleistet ist. Ausgehend von § 2365 begründet der Erbschein diesbezüglich allerdings nur eine – widerlegbare – Rechtsvermutung dahingehend, dass derjenige, der im Erbschein als Erbe ausgewiesen ist, auch Erbe des Erblassers ist; außerdem, dass die als Erbe bezeichnete Person ausschließlich den Beschränkungen hinsichtlich des auf sie übergangenen Nachlasses unterliegt, die im Erbschein ausdrücklich vermerkt sind. Weiter noch: Durch den öffentlichen Glauben, den das Gesetz dem Erbschein gem. §§ 2366, 2367 verleiht, wird jeder Dritte, welcher mit der im Erbschein als Erbe ausgewiesenen Person ein Rechtsgeschäft

3

durchführt, hinsichtlich des Inhalts des Erbscheins, der zu seinen Gunsten als feststehend fingiert wird, geschützt, und zwar solange als seine Gutgläubigkeit nicht widerlegt ist. Dies gilt gem. § 2367 auch in Bezug auf Leistungen an eine in einem Erbschein als Erbe bezeichnete Person. Insoweit kann man also die Funktion des Erbscheins mit der des Grundbuchs (§§ 891, 892 BGB) zu vergleichen.

IV. Arten von Erbscheinen

4 Grundsätzlich unterscheidet man zwei Hauptarten von Erbscheinen. Ist nur eine einzige Person als Erbe berufen, so kann diese einen **Alleinerbschein** beantragen. Sind mehrere Personen als Erben berufen, kann jeder der Erben einen Antrag auf einen **gemeinschaftlichen Erbschein** stellen. Neben diesen zwei Grundformen von Erbscheinen kennt das BGB weitere Sonderformen, wie insb. den sog. **Teilerbschein**, der auszustellen ist, wenn ein Miterbe einer Miterbengemeinschaft einen Erbschein für sich allein oder einen der Miterben gemeinsam beantragt. Von einem **Gruppenerbschein** spricht man schließlich dann – um die wichtigsten Arten von Erbscheinen zu nennen – wenn mehrere Teilerbscheine durch äußere Zusammenfassung auf Antrag aller darin benannter Erben ausgestellt werden.[1]

V. Rechtsvergleichender Ausblick

5 Es versteht sich von selbst, dass auch andere Rechtsordnungen das Bedürfnis eines Erbnachweises besitzen, wobei festzustellen ist, dass solche Notwendigkeit nach einem Erbenlegitimationspapier bei den Rechtsordnungen logischerweise am stärksten ausgeprägt ist, die kein obligatorisches Verfahren zum Antritt der Erbschaft oder zur Abwicklung des Erbfalls vorsehen. Die stärkste Ausprägung dieser Tendenz findet sich allerdings im deutschen Recht, wenngleich beispielsweise auch **Griechenland**[2] und **Israel**[3] einen dem deutschen Recht vergleichbaren Erbschein kennen.

6 Die **Schweiz** hingegen begnügt sich gem. Art. 559 Abs. 1 ZGB mit einer sog. notariellen Erbbescheinigung, ähnlich wie die Türkei sowie die Nachfolgestaaten der UdSSR. Das österreichische Recht kennt das sog. Verlassenschaftsverfahren im Rahmen dessen ebenfalls eine dem Erbschein vergleichbare Urkunde gem. §§ 797, 819 ABGB ausgestellt wird, die dem Erben als Legitimationspapier für seine Erbschaft dienen soll.[4]

7 Die Europäische Union hat nunmehr den Entwurf einer Verordnung[5] vorgelegt, der die Einführung eines europäischen Nachlasszeugnisses vorsieht, das zwar nicht die bereits bestehenden innerstaatlichen Bescheinigungen ersetzen soll, aber im grenzüberschreitenden Verkehr den Nachweis der Stellung als Erbe oder Vermächtnisnehmer und die Befugnisse als Testamentsvollstrecker oder Fremdverwalter erbringen soll.

VI. Praktischer Hinweis

8 In der Praxis sollte der Erbe darauf bedacht sein, einen Erbschein zu erhalten, wenn für ihn die Notwendigkeit besteht, sich gegenüber Dritten als Erbe zu legitimieren, z.B. gegenüber Banken oder – soweit Grundbesitz in den Nachlass fällt – gegenüber dem Grundbuchamt. Die Notwendigkeit eines Erbscheins ist im Einzelfall zu prüfen. So kann dieser entbehrlich sein, wenn etwa im Hinblick auf Bankkonten entsprechende Bankvoll-

---

1 Wegen der weiteren Formen möglicher Erbscheine, die in der Praxis aber kaum eine Rolle spielen, vgl. *Palandt/*Edenhofer Überbl. vor § 2353 Rn. 2 mit zahlr. Nw.
2 Vgl. Art. 1956–1966 ZGB.
3 Vgl. §§ 66 ff. Erbgesetz von 1965.
4 Vgl. hierzu auch MüKoBGB/*J. Mayer* Vor § 2353 Rn. 2.
5 KOM (2009) 0154, abrufbar unter www.eur-lex.europa.eu.

machten bestehen oder ein notarielles Testament vorliegt, das i.d.R. auch zur Berichtigung des Grundbuches genügt (§ 35 Abs. 1 S. 2 GBO).[6]

Im Übrigen ist das Erbscheinsantragsverfahren aber auch bei Streit über die Erbenstellung als solche oder aber hinsichtlich der Erbquote ein regelmäßig relativ **schnelles** und vor allem auch **kostengünstiges Instrument** zur Klärung der objektiven Rechtslage. Andererseits hindert ein Erbscheinsverfahren aber nicht die parallele oder nachträgliche Durchführung eines Klageverfahrens (z.B. Feststellungsklage über das Erbrecht) und schafft keine rechtskräftige Entscheidung über das Erbrecht. Faktisch wird aber in den meisten Fällen das Ergebnis des Erbscheinsverfahrens von den streitenden Beteiligten akzeptiert. 9

§ 2353
Zuständigkeit des Nachlassgerichts, Antrag

Das Nachlassgericht hat dem Erben auf Antrag ein Zeugnis über sein Erbrecht und, wenn er nur zu einem Teil der Erbschaft berufen ist, über die Größe des Erbteils zu erteilen (Erbschein).

Übersicht

	Rz.		Rz.
I. Normzweck	1	IV. Zuständigkeit	18
II. Funktion des Erbscheins	3	V. Verfahren und Entscheidung	22
III. Antrag und Antragsrecht	6	VI. Inhalt des Erbscheins	29
1. Antrag	6	VII. Rechtsmittel	31
2. Antragsrecht	10		

I. Normzweck

Nach dem Tod des Erblassers herrscht im Hinblick auf dessen Rechtsnachfolge, insb. auch Dritten gegenüber, die mit dem Erben bisher nichts zu tun hatten, sondern nur in einer Rechtsbeziehung zum Erblasser standen, häufig aber auch zwischen Verwandten und möglichen Erben des Erblassers Rechtsunklarheit und Rechtsunsicherheit. Der Erbschein soll dem oder den Erben nach dem Erblasser im Rechtsverkehr mit Dritten zur eigenen Absicherung, aber auch zur Absicherung Dritter, die mit den Erben in rechtsgeschäftlichen Kontakt treten, **Rechtssicherheit** geben. Mehr noch: Der Erbschein versetzt den Erben in die Lage, in Bezug auf den Nachlass mit Dritten Rechtsgeschäfte einzugehen oder Verpflichtungen des Nachlasses zu erfüllen und begründet damit zugunsten des Erben schließlich quasi auch ein Abwehrrecht allen Nichterben gegenüber. 1

Der Erbschein, so wie ihn das Bürgerliche Gesetzbuch heute kennt, und der den Erben als Nachlassempfänger und Nachlassberechtigten ausweist, also einen Legitimationszweck verfolgt, ist rechtshistorisch aus den deutschen Partikularrechten des 19. Jahrhunderts, und dort vor allem aus dem preußischen Recht, hervorgegangen.[1] 2

II. Funktion des Erbscheins

Gem. § 1922 gilt im deutschen Recht die sog. Universalsukzession oder der Grundsatz Gesamtrechtsnachfolge. Dies bedeutet, dass, wenn mit dem Tode einer Person der Erbfall eintritt, unmittelbar mit diesem Zeitpunkt, d.h. in dieser logischen Sekunde, das Vermögen 3

---

6 LG Lüneburg ZEV 2009, 353; BGH ZEV 2005, 388; mit Anm. *Werkmüller* NJW 2005, 2779.
1 Vgl. dazu Gesetz betreffend die Ausstellung gerichtlicher Erbbescheinigungen vom 12.3.1869.

des Erblassers, d.h. dessen gesamter Nachlass, also die Erbschaft als Ganzes auf den oder die Erben übergeht und zwar unabhängig davon, ob diese bekannt sind oder nicht. Mit anderen Worten: In dem Zeitpunkt, d.h. in der Sekunde, in der der Erblasser verstirbt, geht seine gesamte **Rechtsposition automatisch und ohne Zutun der Erben auf diese über.** Aus dieser Rechtssituation heraus erwächst das unverzichtbare Bedürfnis, den oder die Erben hinsichtlich ihrer Rechtsposition zu legitimieren, d.h. sie als Rechtsnachfolger des Erblassers auszuweisen, um ihnen im Rechtsverkehr die Möglichkeit des Handels, sowohl im passiven als auch im aktiven Sinne zu geben. Umgekehrt: Dem Rechtsverkehr aber auch Klarheit darüber zu verschaffen, wer Erbe, d.h. Rechtsnachfolger des Erblassers geworden ist, um diesem so beispielsweise auch die Möglichkeit zu geben, Ansprüche gegen den Erblasser ab dem Zeitpunkt des Todes des Erblassers gegen dessen Erben geltend zu machen und durchzusetzen, oder aber fällige Verpflichtungen dem Berechtigten gegenüber zu erfüllen.

4   Die **Funktion** des Erbscheins und die Rechtsstellung, die er dem Erben verleiht, ist vergleichbar – in seinen Wirkungen aber wesentlich schwächer – der einer Eintragung im Grundbuch. Derjenige, der durch einen Erbschein als Erbe ausgewiesen wird, gilt als **Erbe des Erblassers.** Allerdings ist diese Rechtsvermutung hinsichtlich der Richtigkeit und Vollständigkeit des Inhalts des Erbscheins mit allen Beweismitteln widerlegbar (vgl. § 2365). Gleichzeitig schützt der Erbschein auch Dritte, die aus dem Nachlass etwas erwerben wollen oder an den Nachlass etwa zur Begleichung von Schulden dem Erblasser gegenüber Leistungen zu erbringen haben, durch seinen öffentlichen Glauben, allerdings nur insoweit, als Gutgläubigkeit zu bejahen ist.

5   Die Ausfertigung des Erbscheins stellt eine öffentliche Urkunde i.S.d. §§ 271, 272 StGB und der §§ 415, 417 ZPO dar,[2] bezeugt aber keine Tatsache, sondern lediglich rechtliche Schlussfolgerungen auf das Erbrecht des im Erbschein Bezeichneten. Allerdings genießt der Erbschein nur im Rahmen seines Gültigkeitsbereichs Verkehrsschutz gewährt und solchen für sich beansprucht, d.h. ausschließlich in Bezug auf das Erbrecht der im Erbschein ausgewiesenen Personen, die Größe des Erbteils sowie in Bezug auf die die Erben etwa treffende Verfügungsbeschränkungen.

III. Antrag und Antragsrecht

1. Antrag

6   Nach dem zwingenden Wortlaut des § 2353 wird der Erbschein nur auf **ausdrücklichen Antrag** des oder der Erben erteilt. Eine automatische Erbscheinserteilung durch das Nachlassgericht für die Erben eines Erblassers scheidet damit aus. Ein Antrag ist damit unverzichtbare Voraussetzung jeder Erbscheinserteilung.

7   Da Erbscheinsverfahren Nachlasssachen i.S.d. § 342 Abs. 1 Nr 6 FamFG sind, gilt für das Verfahren seit dem 1.9.2009 das FamFG.[3] Der **Antrag** zur Erteilung eines Erbscheins muss deshalb nach den allgemeinen Vorschriften entweder schriftlich oder zur Niederschrift der Geschäftsstelle gestellt werden (§ 25 FamFG). Der Antragsteller muss in seinem Antrag eindeutig zum Ausdruck bringen, mit welchem Inhalt er einen begehrten Erbschein erstrebt; dies bedeutet, dass er das von ihm beanspruchte Erbrecht in Bezug auf den Nachlass eines genau bezeichneten Erblassers, exakt beschreiben muss. Hierzu gehört bei mehreren Erben auch die Größe der Erbquoten.[4] Dieses Bestimmtheitserfordernis ist Grundvoraussetzung eines zulässigen Antrags.[5]

---

2   Staudinger/*Schilken*, § 2353 Rn. 6; MüKoBGB/*J. Mayer* § 2353 Rn. 6; a.A. zu §§ 415 ff. ZPO: *Palandt/Edenhofer* § 2353 Rn. 1.
3   Zur früheren Rechtslage nach dem FGG s. die Vorauflage.
4   Vgl. OLG Frankfurt a.M. FamRZ 1998, 1394.
5   Vgl. dazu *Hilger* BWNotZ 1992, 113.

Jeder Antrag der vorstehendem Bestimmtheitserfordernis nicht genügt, ist von Amts 8
wegen als unzulässig zurückzuweisen.

Zum **Bestimmtheitserfordernis** im Hinblick auf die inhaltliche Formulierung eines 9
zulässigen Erbscheinsantrags gehören des weiteren grundsätzlich auch Angaben des
Antragstellers im Hinblick auf seinen Verwandtschaftsgrad zum Erblasser; weiter Angaben
darüber, ob er sein Erbrecht aus dem Gesetz, also als gesetzlicher Erbe oder aus einer
letztwilligen Verfügung herleitet sowie bei Ehegattenerben auch ein Hinweis darüber, in
welchem Güterstand er mit dem Erblasser gelebt hat, um die wichtigsten Zulässigkeitskriterien
im Hinblick auf den unverzichtbaren Bestimmtheitsgrundsatz zu nennen.

2. Antragsrecht

Antragsberechtigt im Hinblick auf die Ausstellung eines Erbscheins ist jeder Erbe oder 10
Miterbe, wobei Vertretung bei der Antragstellung zulässig ist[6] und eine entsprechende
Vollmacht jederzeit auch nachgereicht werden kann.[7]

Sind **mehrere Erben** vorhanden, ist jeder Miterbe antragsberechtigt (§ 2357 Abs. 1 S. 2), 11
wobei jeder Miterbe nach allgemeiner Auffassung gleichzeitig auch für die übrigen Miterben
einen entsprechenden Antrag stellen kann. Der Antragsteller kann seinen Antrag auf
Erteilung eines Erbscheines – und gleiches gilt für seinen Vertreter – bis zur Erteilung des
Erbscheins jederzeit und ohne entsprechende Begründung zurücknehmen. Nach Erbscheinserteilung
ist eine Rücknahme hingegen nicht mehr möglich.

Auch ein **Testamentsvollstrecker** besitzt nach richtiger Auffassung im Hinblick auf die 12
Erteilung eines Erbscheins ein Antragsrecht, obwohl dies dem Wortlaut des § 2353, der
nur vom »Erben« spricht, nicht ohne Weiteres zu entnehmen ist.[8]

Andererseits sprechen aber schon Zweckmäßigkeitserwägungen für ein solches Antrags- 13
recht des Testamentsvollstreckers, nachdem er ja während seiner Vollstreckung »Herr« des
Nachlasses ist. Allerdings kann der Testamentsvollstrecker natürlich keinen Erbschein auf
sich, sondern ausschließlich für die Erben beantragen.

Der **Erbteilserwerber** gem. § 2033 ist in Bezug auf einen Erbschein dann uneinge- 14
schränkt antragsberechtigt, wenn er selbst Miterbe ist; erfüllt er diese Voraussetzung nicht,
so kann er einen Erbschein nur auf den Namen des wirklichen Erben beantragen.

Antragsberechtigt ist auch ein **Gläubiger**, soweit die Voraussetzungen der §§ 792, 896 15
ZPO vorliegen. Hierzu gehören aber nicht öffentliche Stellen, die durch den Erlass eines
Bescheides sich zwar einen vollstreckbaren Titel verschaffen können, auf die aber nicht die
§§ 792, 896 ZPO entsprechend anzuwenden sind.[9]

Der **Erbschaftskäufer** nach § 2371 ist nicht antragsberechtigt,[10] da der Erbschaftskauf 16
lediglich die schuldrechtliche Verpflichtung zur Übertragung eines Miterbenanteils oder
bei Alleinerbschaft der gesamten Einzelgegenstände begründet und hiervon der dingliche
Vollzug zu unterscheiden ist. Erfolgt der Vollzug des Kaufvertrages durch Erbteilsübertragung
wird der Käufer dadurch antragsberechtigt.

Nicht antragsberechtigt sind der Pflichtteilsberechtigte,[11] der Vermächtnisnehmer[12] oder 17
sonstige Erbengläubiger.

---

6 § 10 Abs. 2 FamFG.
7 § 11 S. 2 FamFG.
8 Vgl. DNotZ 1937, 704; LG Kiel NJW 1976, 2351.
9 BayObLG NJW-RR 2002, 440; OLG Zweibrücken ZEV 2006, 561.
10 *Staudinger/Schilken* § 2353 Rn. 452.
11 OLG Köln NJW-RR 1994, 1421.
12 BayObLG FamRZ 2001, 1231.

IV. Zuständigkeit

18 Gem. § 23a Abs. 2 Nr. 2 GVG sind die **Amtsgerichte sachlich** für Nachlasssachen zuständig. Allerdings gibt es landesrechtliche Besonderheiten. Eine Ausnahme gilt etwa für Baden-Württemberg gem. Art. 147 EGBGB, § 1 Abs. 1, 2, § 37 BadWürttLV, wonach hier die staatlichen Notariate als Nachlassgerichte sachlich auch für Erbscheinsverfahren zuständig sind. Soweit Höferecht Anwendung findet, ist für den Antrag auf einen Erbschein oder ein Hoffolgezeugnis das Landwirtschaftsgericht zuständig.[13] Die **örtliche Zuständigkeit** bestimmt sich gem. § 343 FamFG grundsätzlich nach dem Wohnsitz, den der Erblasser zur Zeit des Erbfalls inne hatte. Fehlt es an solchem Wohnsitz des Erblassers zum Todeszeitpunkt im Inland, so ist das Amtsgericht örtlich zuständig, in dessen Bezirk der Erblasser zur Zeit des Erbfalls seinen gewöhnlichen Aufenthalt hatte. Für die Fälle, in denen der Erblasser Deutscher war, im Zeitpunkt seines Todes aber weder Wohnsitz noch Aufenthalt in Deutschland hatte, oder der Erblasser Ausländer war, folgt die örtliche Zuständigkeit aus § 343 Abs. 2 und 3 FamFG.

19 Die **funktionelle Zuständigkeit** für die Erteilung des Erbscheins liegt gem. § 3 Nr. 2c RPflG grundsätzlich beim Rechtspfleger. Eine Ausnahme hiervon gilt dann, wenn eine Verfügung von Todes wegen vorliegt sowie bei gegenständlich beschränkten Erbscheinen auch dann, wenn eine Verfügung von Todes wegen nicht vorliegt; in diesen vorgenannten Fällen bleibt die Erteilung des Erbscheins gem. § 16 Ziff. 6 RPflG dem Richter vorbehalten. Die Zuständigkeitsvorschriften zur Erteilung des Erbscheins sind nach allgemeiner Auffassung zwingend und gelten deshalb auch dann, wenn ausländisches Erbrecht zur Anwendung kommt.[14]

20 Sämtliche mit der Erteilung eines Erbscheins verbundenen Kosten trägt gem. § 2 Ziff. 1 KostO der Antragsteller. Sie können aber nach billigem Ermessen auch einem anderen Beteiligten auferlegt werden (§ 81 FamFG). Gem. § 107 Abs. 1 KostO fällt für die Erteilung eines Erbscheins einschließlich eines etwa vorangegangenen Verfahrens die volle Gebühr des § 32 KostO an. Gem. § 107 Abs. 2 KostO ist für die Berechnung des Geschäftswerts für einen Erbschein der objektive Wert des nach Abzug der Nachlassverbindlichkeiten verbleibenden reinen Nachlasses im Zeitpunkt des Erbfalls maßgebend, der notfalls auch durch die Zuziehung von Sachverständigen zu ermitteln ist. Vermächtnisse sowie Nachvermächtnisse sind in diesem Sinne Nachlassverbindlichkeiten und deshalb vom Aktivnachlass genau wie normale Schulden in Abzug zu bringen.[15]

21 Befinden sich **Grundstücke** im Nachlass, so gilt für die Wertberechnung deren wirklicher Wert, also der Verkehrswert. Ist dieser nicht bekannt, so greift § 19 Abs. 2 KostO ein.

V. Verfahren und Entscheidung

22 Das Erbscheinsverfahren richtet sich, soweit es ab dem 1.9.2009 eingeleitet wurde, nach dem FamFG, für Altverfahren, die vor dem 1.9.2009 eingeleitet wurden,[16] nach dem FGG.[17]

23 Der Erbschein kann durch das Nachlassgericht nur dann erteilt werden, wenn die durch das Gesetz vorgeschriebenen **Erteilungsvoraussetzungen** vorliegen. Erste Erteilungsvoraussetzung ist zunächst der Anfall der Erbschaft beim Erben. Diese Voraussetzung kann durch ausdrückliche Erklärung oder aber durch schlüssiges Verhalten des Erben dokumentiert werden, wobei letzteres regelmäßig im Antrag des Erben auf Erteilung eines Erb-

---

13 *Staudinger/Schilken* Einl. § 2353 Rn. 7 ff.
14 Vgl. KG OLGZ 69, 285.
15 Vgl. BayOLGZ 7, 1954.
16 *Keidel/Engelhardt* Art. 111 FGG-RG Rn. 1.
17 Nachfolgend wird die Rechtslage seit dem 1.9.2009 nach dem FamFG beschrieben. Für Altverfahren wird auf die Vorauflage verwiesen.

scheins zu sehen ist. Der ausdrücklichen Annahme der Erbschaft in diesem Zusammenhang ist gleichzusetzen mit dem Verstreichenlassen der sechswöchigen bzw. sechsmonatigen Ausschlagungsfrist gem. § 1944.

Weitere Erteilungsvoraussetzung in formeller Hinsicht ist ein exakt bestimmter 24 Antrag des oder der Erben; d.h. der Erbe muss in seinem Antrag genau beschreiben, nach welchem Erblasser er sein Erbrecht mit welcher bestimmten Quote beansprucht.

Außerdem ist der Antragsteller gehalten, die in § 2356 im Einzelnen **näher bezeichneten** 25 **Angaben** zu machen und die dortigen weiteren Voraussetzungen, insb. die Nachweisverpflichtung durch öffentliche Urkunden zu erfüllen.

Stellt das Nachlassgericht in Bezug auf die Erteilungsvoraussetzungen **Lücken oder** 26 **Mängel** fest, so soll das Gericht im Wege einer Zwischenverfügung darauf hinwirken, dass der Antragsteller behebbare Mängel binnen einer ihm zu setzenden angemessenen Frist beseitigt; die Zurückweisung eines mit behebbaren Mängeln behafteten Erbscheinsantrags wäre, abgesehen von dem Anfall weiterer unnötiger Kosten, wenig prozessökonomisch. Im Übrigen gilt grundsätzlich der Grundsatz der Amtsermittlung nach § 26 FamFG.

Liegen die Erteilungsvoraussetzungen vor, so **muss** das Nachlassgericht durch Beschluss 27 nach § 352 FamFG feststellen, dass es die für die Erteilung des Erbscheins erforderlichen Tatsachen für festgestellt erachtet; liegen die Erteilungsvoraussetzungen nach Abschluss der Ermittlungen nicht vor, ist der Antrag zurückzuweisen. Ermessensspielraum besitzt das Gericht nicht. Ein Erbscheinsantrag kann nur negativ oder positiv beschieden werden. Abweichungen des Nachlassgerichts vom gestellten Antrag sind daher nicht zulässig.

Für die nach dem Beschluss noch folgende Erteilung des Erbscheins selbst muss zwi- 28 schen streitigen und unstreitigen Sachen unterschieden werden. Bei **unstreitigen Sachen** wird der Beschluss sofort mit Erlass wirksam und bedarf auch keiner Bekanntgabe (§ 352 Abs. 1 FamFG). Es folgt unmittelbar die Erbscheinserteilung. Bei **streitigen Sachen** ist der Feststellungsbeschluss bekanntzugeben, die sofortige Wirksamkeit des Beschlusses auszusetzen und die Erteilung des Erbscheins bis zur Rechtskraft des Feststellungsbeschlusses auszusetzen (§ 352 Abs. 2 FamFG). Letztere Regelung ist an die Stelle des früheren Vorbescheides getreten.

VI. Inhalt des Erbscheins

Ausgehend von der Funktion des Erbscheins muss dieser den oder die **Erben exakt** 29 **bezeichnen** sowie die entsprechenden **Angaben über den Umfang** des Erbrechts der einzelnen Erben beinhalten. Weiter sind im Erbschein die Anordnungen des Erblassers aufzunehmen, die Verfügungsbeschränkungen des Erben zur Folge haben; insb. also jede Beschränkung des Erben durch Vor- und Nacherbschaft oder aber durch Testamentsvollstreckung.[18]

Der **Berufungsgrund,** aus dem der Erbe sein Erbrecht herleitet, kann und sollte im 30 Erbschein aufgenommen werden, wenngleich das Fehlen des Berufungsgrundes auf die Gültigkeit des Erbscheins keinen Einfluss besitzt.[19] Nicht aufzunehmen sind hingegen mögliche weitere Belastungen des Erblassers, wie etwa Auflagen, Pflichtteilsansprüche, Teilungsanordnungen oder gar Vermächtnisse. Derartige Belastungen des Erben tangieren dessen Erbenstellung als solche nicht, sondern verpflichten den Erben allenfalls schuldrechtlich dritten Personen gegenüber und im Zusammenhang mit dem auf ihn übergegangenen Nachlass zu bestimmten Handlungen oder sonstigen Veranlassungen, wie beispielsweise der Erbringung von Zahlungen oder ähnlichem.

---

18 Vgl. §§ 2363, 2364.
19 Vgl. BayObLG 73, 29.

VII. Rechtsmittel

31 Rechtsmittel im Erbscheinsverfahren sind gem. §§ 58, 63 FamFG ggfs. i.V.m. § 11 Abs. 1 RPflG die befristete **Beschwerde zum Oberlandesgericht** und gem. §§ 70, 71 FamFG die befristete **Rechtsbeschwerde zum BGH**.

32 **Statthaft** ist die befristete Beschwerde gem. § 58 Abs. 1 FamFG gegen Endentscheidungen des Nachlassgerichts. Hierunter fallen der Beschluss über die Zurückweisung des Erbscheinsantrages und der Feststellungsbeschluss nach § 352 FamFG.[20] Ist die Erteilung des Erbscheins nicht nach § 352 Abs. 2 FamFG zurückgestellt worden, sondern der Erbschein schon erteilt, ist nach § 352 Abs. 3 FamFG die Beschwerde gegen den Feststellungsbeschluss nur noch mit dem Antrag auf Einziehung des Erbscheins zulässig. Ferner muss der **Beschwerdewert 600 €** übersteigen oder das Nachlassgericht die Beschwerde zugelassen haben (§ 61 FamFG). Die **Beschwerdefrist** beträgt grundsätzlich, insb. bei Beschwerden gegen die Zurückweisung des Erbscheinsantrages und den Feststellungsbeschluss, 1 Monat gem. § 63 Abs. 1 FamFG.

33 **Beschwerdeberechtigt** ist gem. § 59 Abs. 1 FamFG jeder, dessen Recht durch die Erteilung oder Nichterteilung des Erbscheins beeinträchtigt ist, d.h. jeder der behauptet, seine erbrechtliche Stellung, wie sie im angegriffenen oder beantragten aber nicht erteilten Erbschein ausgewiesen bzw. nicht ausgewiesen ist, sei unrichtig.[21]

34 Die Beschwerde ist bei dem Gericht einzulegen, dessen Entscheidung angefochten wird, also **beim Nachlassgericht (iudex a quo)**. Form und Inhalt der Beschwerde, für die im Erbscheinsverfahren kein Anwaltszwang besteht, bestimmen sich nach §§ 64, 65 FamFG. Über sie entscheidet das OLG.[22]

35 Nach der Entscheidung des OLG über die befristete Beschwerde findet die befristete **Rechtsbeschwerde** zum BGH nur statt, wenn diese durch das OLG zugelassen wird. Die **Frist** zu ihrer Einlegung beträgt 1 Monat. Ihre Form richtet sich nach § 71 FamFG. Aus § 10 Abs. 4 S. 1 FamFG folgt, dass die Rechtsbeschwerde nur durch einen beim BGH zugelassenen Anwalt eingelegt werden kann, und zwar nach § 71 Abs. 1 S. 1 FamFG **beim BGH (iudex ad quem)**. Eine Nichtzulassungsbeschwerde ist nicht vorgesehen.

36 **Zu beachten** ist wiederum, dass auf **Altverfahren**, die (erstinstanzlich) vor dem 1.9.2009 eingeleitet wurden, gem. Art. 111 FGG-RG hinsichtlich Frist, Form und Verfahren weiterhin die Vorschriften des FGG Anwendung finden.[23]

§ 2354
Angaben des gesetzlichen Erben im Antrag

(1) Wer die Erteilung des Erbscheins als gesetzlicher Erbe beantragt, hat anzugeben:
1. die Zeit des Todes des Erblassers,
2. das Verhältnis, auf dem sein Erbrecht beruht,
3. ob und welche Personen vorhanden sind oder vorhanden waren, durch die er von der Erbfolge ausgeschlossen oder sein Erbteil gemindert werden würde,
4. ob und welche Verfügungen des Erblassers von Todes wegen vorhanden sind,
5. ob ein Rechtsstreit über sein Erbrecht anhängig ist.

(2) Ist eine Person weggefallen, durch die der Antragsteller von der Erbfolge ausgeschlossen oder sein Erbteil gemindert werden würde, so hat der Antragsteller anzugeben, in welcher Weise die Person weggefallen ist.

---

20 *Keidel/Zimmermann* § 352 Rn. 137, 142.
21 *Keidel/Zimmermann* § 352 Rn. 150 ff; *Zimmermann* ZEV 2009, 53, 54.
22 § 119 Abs. 1 Nr. 1b GVG.
23 Zum Verfahren und zum Instanzenzug für Altverfahren s. die Vorauflage.

I. Normzweck

Diese Regelung gilt **ausschließlich für den gesetzlichen Erben**, d.h. denjenigen, der mangels Vorliegens einer Verfügung von Todes wegen kraft Gesetzes Rechtsnachfolger des Erblassers wird. § 2355 hingegen findet auf den eingesetzten Erben Anwendung, d.h. denjenigen, der sein Erbrecht aus einer Verfügung von Todes wegen, gleich welcher Art, herleitet. 1

Die Vorschrift des § 2354 stellt eine **Ordnungsvorschrift** dar, die den Antragsteller auch zur Erleichterung der Entscheidung des zuständigen Amtsgerichts zwingen soll, in seinem Erbscheinsantrag all die Angaben zu machen, die für die Erteilung und die Prüfung durch das Gericht unverzichtbare Voraussetzung zum Erlass einer rechtskonformen Entscheidung sind. 2

II. Zwingende Angaben

Aus der Formulierung von § 2354 Abs. 1, wonach der Antragsteller die in der Vorschrift näher bezeichneten Angaben zu machen hat, folgt, dass alle in der Regelung näher **bezeichneten Angaben** zwingende Voraussetzungen für das Vorliegen eines ordnungsgemäßen Erbscheinsantrags darstellen. Fehlen im Erbscheinsantrag einzelne der in der Vorschrift normierten Voraussetzungen, so kann das zuständige Nachlassgericht den Antragsteller im Wege einer Zwischenverfügung zur Ergänzung seines Antrags veranlassen und bei Nichterledigung durch den Antragsteller, den Erbscheinsantrag zurückweisen.[1] 3

Ein Erbschein, der trotz **Fehlens zwingender Angaben** gem. § 2354 erlassen wird, unterliegt nicht der Einziehung, soweit er ansonsten inhaltlich in Übereinstimmung mit der objektiven Rechtslage ergangen ist.[2] 4

III. Zu den geforderten Angaben im Einzelnen

1. § 2354 Abs. 1 Ziff. 1

Gem. § 2354 Abs. 1 Ziff. 1 ist zunächst die Zeit des Todes des Erblassers nachzuweisen, wobei dies gem. § 2356 Abs. 1 durch öffentliche Urkunden zu geschehen hat. Solche öffentliche Urkunde ist die Sterbeurkunde, in der üblicherweise der genaue Todeszeitpunkt amtlich vermerkt ist. 5

2. § 2354 Abs. 1 Ziff. 2

§ 2354 Abs. 1 Ziff. 2 schreibt weiter vor, dass der Antragsteller sein **Verhältnis, auf dem sein geltend gemachtes Erbrecht beruht,** anzugeben hat, wobei dieses ebenfalls durch öffentliche Urkunden nachgewiesen werden muss. Gemeint ist hier das Verwandtschaftsverhältnis, welches zwischen dem Antragsteller und dem Erblasser bestanden hat, was beim gesetzlichen Erben, der quasi aufgrund der objektiven Rechtsordnung Erbe des Erblassers wird, zentrale Bedeutung besitzt. Geht es um das Erbrecht des Ehegatten als Miterbe des Erblassers, so ist dieser gleichzeitig auch verpflichtet, Angaben über den ehelichen Güterstand mit dem Erblasser zu machen, da das gesetzliche Erbrecht im Falle bestehender Zugewinngemeinschaft regelmäßig zu einer anderen Erbquote führt, wie etwa bei vereinbarter Gütertrennung. 6

3. § 2354 Abs. 1 Ziff. 3

Unter Berücksichtigung von § 2354 Abs. 1 Ziff. 3 hat der Antragsteller darzulegen und gem. § 2356 Abs. 2 S. 1 an Eides statt zu versichern, dass ihm erbrechtlich vorgehende oder 7

---

1 *Keidel/Zimmermann* § 352 Rn. 134.
2 Vgl. MüKoBGB/*J. Mayer* § 2361 Rn. 9.

neben ihm **berechtigte Personen als Erben entweder zu keinem Zeitpunkt vorhanden** waren, **oder** dass solche Personen durch Ausfall, d.h. durch Tod, etwa erfolgter Ausschlagung, Erbunwürdigkeit oder Erbverzicht **nicht mehr vorhanden sind**.[3]

8   Nach richtiger Auffassung braucht ein zulässiger Erbscheinsantrag jedoch nicht unter allen Umständen Angaben über zur Zeit des Erbfalls nicht oder nicht mehr vorhandene Verwandte zu enthalten.[4]

9   Nach § 2356 Abs. 2 S. 1 müssen die Angaben unter Ziff. 3 auch nicht durch öffentliche Urkunden nachgewiesen werden; hier verlangt das Gesetz vom Antragsteller lediglich eine möglichst lückenlose und aus Sicht des Antragstellers richtige Darstellung, dergestalt, dass diese Angaben dann vor Erteilung des beantragten Erbscheins durch das Nachlassgericht und aufgrund etwa erforderlicher eigener Nachforschungen überprüft werden können.

4. § 2354 Abs. 1 Ziff. 4

10 Gem. § 2354 Abs. 1 Ziff. 4 wird vom Antragsteller weiter verlangt, dass dieser **Angaben zum Vorhandensein von Verfügungen des Erblassers von Todes wegen** macht. In Betracht kommt hier entweder ein Testament oder ein Erbvertrag, wobei der Antragsteller auch bekannte, aber offenbar nichtige sowie auch widerrufene Testamente angeben soll. Die diesbezügliche letztgenannte Verpflichtung ergibt sich schon daraus, dass der Laie häufig gar nicht in der Lage sein wird, die Wirksamkeit letztwilliger Verfügungen endgültig zu beurteilen. Deshalb muss dem zuständigen Nachlassgericht durch diese Verpflichtung des Antragstellers die Möglichkeit eröffnet werden, entsprechende eigene sachgerechte Überprüfungen anstellen zu können.

5. § 2354 Abs. 1 Ziff. 5

11 § 2354 Abs. 1 Ziff. 5 verlangt schließlich Angaben darüber, ob ein **Rechtsstreit** über das Erbrecht auf das sich der Erbscheinsantrag bezieht, **anhängig** ist. Dies ist anzunehmen, wenn über das Erbrecht eine Klage einschließlich einer Anfechtungsklage gem. § 2342 bei Gericht eingereicht wurde. Obwohl ein Rechtsstreit über das Erbrecht, wie sich dies auch aus § 2360 Abs. 1 ergibt, grundsätzlich kein Hinderungsgrund für die Erteilung eines Erbscheins darstellt, wird ein solcher Rechtsstreit schon aus verfahrensökonomischen Gründen für das zuständige Nachlassgericht regelmäßig Anlass zu einer Aussetzung des Erbscheinserteilungsverfahrens nach § 21 Abs. 1 FamFG sein müssen, bis der Rechtsstreit über das Erbrecht endgültig und für das Nachlassgericht bindend entschieden ist.[5] Zwingend ist solche Aussetzung allerdings nicht.

6. § 2354 Abs. 2

12 Die Angaben zu Abs. 2 der Regelung beziehen sich auf Personen, durch die der Antragsteller von der Erbfolge ausgeschlossen worden wäre, oder aber deren Vorhandensein seinen Erbteil mindern würde, die zwischenzeitlich aber durch Tod, Ausschlagung, Erbverzicht oder Erbunwürdigkeit weggefallen sind. Hier obliegt dem Antragsteller die Verpflichtung zum **Wegfall solcher Personen nähere Angaben** zu machen, so dass es beispielsweise nicht ausreicht, wenn er nur erklärt, eine ihm als Erbe vorangehende Person sei erbunwürdig und tangiere sein Erbrecht daher nicht. Das Gesetz verlangt diesbezüglich vom Antragsteller die exakte Darlegung eines konkreten nachvollziehbaren Sachverhalts, um das Nachlassgericht so in die Lage zu versetzen, eine juristische Subsumtion vornehmen und eine materiell zutreffende Entscheidung fällen zu können.

---

3 Vgl. OLG Celle JR 1962, 101.
4 Vgl. LG Hamburg DNotZ 1958, 98.
5 *Keidel/Zimmermann* § 21 Rn. 16.

IV. Fehlen von Angaben

Die dem Antragsteller in § 2354 auferlegten Angaben sind von diesem **ohne Einschränkungen** zu erbringen. Kommt der Antragsteller seiner diesbezüglichen Verpflichtung auch trotz einer Zwischenverfügung des Nachlassgerichts nicht nach, obwohl er dazu in der Lage wäre, ist sein Erbscheinsantrag als unzulässig zurückzuweisen.[6] **13**

Legt der Antragsteller allerdings nachvollziehbar dar, dass ihm die gem. § 2354 obliegenden **Angaben – nur teilweise oder insgesamt** – aus bestimmten und im Einzelnen nachvollziehbar und belegten Gründen **nicht möglich** sind, so ist das Nachlassgericht nicht berechtigt, seinen Antrag zurückzuweisen; vielmehr muss es dann unter Berücksichtigung von § 2358 eigene Ermittlungen anstellen und sich die Grundlagen verschaffen, die notwendig sind, um den Erbscheinsantrag sachgerecht – positiv oder negativ – bescheiden zu können. **14**

§ 2355
Angaben des gewillkürten Erben im Antrag

Wer die Erteilung des Erbscheins auf Grund einer Verfügung von Todes wegen beantragt, hat die Verfügung zu bezeichnen, auf der sein Erbrecht beruht, anzugeben, ob und welche sonstigen Verfügungen des Erblassers von Todes wegen vorhanden sind, und die in § 2354 Abs. 1 Nr. 1, 5, Abs. 2 vorgeschriebenen Angaben zu machen.

I. Normzweck

Die Vorschrift des § 2355 verfolgt den gleichen Zweck wie die des § 2354. Das Nachlassgericht soll aufgrund der Angaben des Antragstellers in die Lage versetzt werden – allerdings auch unter Berücksichtigung seiner eigenen Ermittlungspflicht gem. § 2358 –, den Erbscheinsantrag des Antragstellers **sachgerecht zu bescheiden**. Im Gegensatz zu § 2354, der die Voraussetzungen für den gesetzlichen Erben aufstellt, normiert § 2355 die Voraussetzungen für den sog. eingesetzten Erben, der sein Erbrecht aus einer Verfügung von Todes wegen ableitet. **1**

Unter Berücksichtigung der Tatsache, dass die Regelung nur den eingesetzten Erben, d.h. ausschließlich denjenigen betrifft, der sein Erbrecht aus einer Verfügung von Todes wegen ableitet, hat dieser Erbe im Vergleich zum gesetzlichen Erben weniger Angaben gegenüber dem Nachlassgericht zu machen als der gesetzliche Erbe. Die Einzelheiten in Bezug auf sein Erbrecht sind regelmäßig der ihn begünstigenden Verfügung von Todes wegen zu entnehmen. **2**

II. Antragstellung

Nicht nur der gesetzliche Erbe kann einen Antrag auf Erteilung eines Erbscheins bereits **unmittelbar nach dem Tod des Erblassers** stellen, sondern auch der durch Verfügung von Todes wegen Eingesetzte.[1] Die vorherige Eröffnung der Verfügung von Todes wegen ist entgegen teilweise vertretener Ansicht keine gesetzliche Zulässigkeitsvoraussetzung für den Erbscheinsantrag. Sie ist jedoch zweckmäßigerweise abzuwarten. Denn erst nach Eröffnung aller Verfügungen von Todes wegen kann beurteilt werden, welche die Maßgebliche ist. Auch die im Rahmen der Eröffnung zu erfolgende Benachrichtigung der Beteiligten gem. § 348 Abs. 3 FamFG und deren Reaktion hierauf kann neue Erkenntnisse erge- **3**

---
6 Vgl. KGJ 26 A, 62 f.; OLG 6, 174; MüKoBGB/*J. Mayer* § 2354 Rn. 4.
1 Keidel/Zimmermann § 352 Rn. 19; MüKoBGB/*J. Mayer* § 2355 Rn. 4.

III. Zwingende Angaben

4 Genau wie die Vorschrift des § 2354, die im Einzelnen näher bezeichnete Angaben durch den Erbscheinsantragsteller normiert, sind auch die **von § 2355 genannten Angaben** zwingende Voraussetzung für die Erteilung des erstrebten Erbscheins. Kommt der Antragsteller der Beibringung der verlangten Angaben und deren Nachweis gem. § 2356 – trotz erfolgter Zwischenverfügung – nicht nach, ist sein Antrag bereits als unzulässig zurückzuweisen. Dies gilt ausnahmsweise dann nicht, wenn der Antragsteller nachvollziehbar darlegt, dass er zur Erteilung einzelner Angaben außerstande ist. In diesem Fall erfolgt die Amtsermittlung.[2]

IV. Zu den geforderten Angaben im Einzelnen

5 Vom eingesetzten Erben wird zunächst verlangt, dass er die Verfügung von Todes wegen, sei es Testament oder Erbvertrag, aus der er sein Erbrecht herleitet, bezeichnet und angibt. Der Antragsteller muss danach alle **individualisierenden Angaben** zu dem Testament oder dem Erbvertrag, aus dem sich ein Erbrecht ergibt, darlegen. Für den Fall, dass sich aus der Verfügung von Todes wegen die Erbfolge des Antragstellers erst dann ergibt, wenn sonstige weitere Umstände berücksichtigt und geklärt sind, ist der Antragsteller außerdem verpflichtet, diese weiteren Umstände detailliert anzugeben, um das Nachlassgericht so in die Lage zu versetzen, den gestellten Antrag auch unter Veranlassung etwa eigener Recherchen fundiert zu prüfen und entsprechend zu bescheiden.

6 Zur Angabe des Todeszeitpunktes des Erblassers gem. § 2355 i.V.m. § 2354 Abs. 1 Nr. 1 gilt das zu § 2354 Gesagte entsprechend.

7 Hinsichtlich der Frage, ob ein Rechtsstreit über das Erbrecht gem. § 2355 i.V.m. § 2354 Abs. 1 Ziff. 5 anhängig ist, wird auf die Ausführungen zu § 2354 Bezug genommen; sie gelten hier ebenfalls entsprechend.

8 Hinsichtlich der Angaben gem. § 2355 Abs. 2 i.V.m. § 2354 Abs. 2 kann schließlich ebenfalls auf die Ausführungen zu § 2354 verwiesen werden. Sie gelten entsprechend.

§ 2356
Nachweis der Richtigkeit der Angaben

(1) Der Antragsteller hat die Richtigkeit der in Gemäßheit des § 2354 Abs. 1 Nr. 1 und 2, Abs. 2 gemachten Angaben durch öffentliche Urkunden nachzuweisen und im Falle des § 2355 die Urkunde vorzulegen, auf der sein Erbrecht beruht. Sind die Urkunden nicht oder nur mit unverhältnismäßigen Schwierigkeiten zu beschaffen, so genügt die Angabe anderer Beweismittel.

(2) Zum Nachweis, dass der Erblasser zur Zeit seines Todes im Güterstand der Zugewinngemeinschaft gelebt hat, und in Ansehung der übrigen nach den §§ 2354, 2355 erforderlichen Angaben hat der Antragsteller vor Gericht oder vor einem Notar an Eides statt zu versichern, dass ihm nichts bekannt sei, was der Richtigkeit seiner Angaben entgegensteht. Das Nachlassgericht kann die Versicherung erlassen, wenn es sie für nicht erforderlich erachtet.

---

2 S.o. zu § 2354.

(3) Diese Vorschriften finden keine Anwendung, soweit die Tatsachen bei dem Nachlassgericht offenkundig sind.

I. Normzweck

Die Regelung des § 2356 steht in engem Zusammenhang mit den Bestimmungen der §§ 2354 und 2355. Sie soll sicherstellen, dass die **Angaben**, die der Antragsteller dem Nachlassgericht gegenüber macht, **möglichst richtig und zuverlässig** sind; gleichzeitig wird der Antragsteller verpflichtet, seine Angaben in einer **rechtsverbindlichen Form** vorzulegen. Nur wenn dies gewährleistet ist, kann das Nachlassgericht – selbstverständlich unter Berücksichtigung seiner eigenen Ermittlungsverpflichtung gem. § 2358 – einen Erbscheinsantrag sachgerecht und unter Berücksichtigung aller betroffenen Interessen bescheiden. Die Regelung ist auch aus verfahrensökonomischer Sicht begrüßenswert, weil sie dem Antragsteller die Verpflichtung auferlegt, die Grundlagen, auf denen sein Erbrecht beruht, selbst zu ermitteln und notwendige Unterlagen selbst zu beschaffen, was dem Antragsteller regelmäßig leichter fallen wird als dem Nachlassgericht. 1

II. Förmliche Nachweise

Als **förmliche Beweismittel** nennt die Vorschrift in erster Linie öffentliche Urkunden, dann die Urkunde, auf der das Erbrecht des Antragstellers beruht, also die Verfügung von Todes wegen, und schließlich die der eidesstattlichen Versicherung. Die vom Antragsteller gem. §§ 2354, 2355 geforderten Angaben sind mittels dieser Beweismittel nachzuweisen, es sei denn, die danach zu belegenden Tatsachen sind beim Nachlassgericht bereits offenkundig. Für solche Fälle gilt die Vorschrift des § 2356 gem. Abs. 3 der Regelung nicht. 2

III. Nachweis durch öffentliche Urkunden

Gem. § 2356 Abs. 1 S. 1 muss der Antragsteller die Todeszeit des Erblassers, das Verhältnis, auf dem sein Erbrecht beruht, also seine verwandtschaftliche Beziehung zum Erblasser sowie die unter § 2354 Abs. 2 geforderten Angaben (Wegfall einer Person durch die der Antragsteller von der Erbfolge ausgeschlossen wäre oder durch die sein Erbteil gemindert würde), durch **öffentliche Urkunden** nachweisen. Diese Regelung ist zwingend und gilt gem. Abs. 3 der Bestimmung nur dann nicht, wenn Offenkundigkeit der verlangten Tatsachen vorliegt. Eine Erleichterung gilt gem. § 2356 Abs. 1 S. 2 für die Fälle, dass öffentliche Urkunden nicht oder nur mit unverhältnismäßigen Schwierigkeiten zu beschaffen sind; in diesem Fall lässt das Gesetz ausnahmsweise auch andere Beweismittel zu. An das Vorliegen dieses Ausnahmefalls sind unter Berücksichtigung des Normzwecks von § 2356 strenge Anforderungen zu stellen. 3

Der **Begriff der öffentlichen Urkunde** in § 2356 ist § 415 ZPO zu entnehmen. Danach sind zur Beweisführung im Rahmen der §§ 2354, 2355 alle Urkunden zuzulassen, die von einer öffentlichen Behörde innerhalb der Grenzen ihrer Amtsbefugnisse oder von einer Amtsperson innerhalb des dieser zugewiesenen Geschäftskreises in der vorgeschriebenen Form aufgenommen oder ausgestellt sind. Nachdem die Regelung des § 2356 den Nachweis durch öffentliche Urkunden normiert, genügt die Vorlage einer einfachen oder beglaubigten Abschrift einer öffentlichen Urkunde nicht;[1] erforderlich ist stets die Vorlage der **Originalurkunde** oder **der Ausfertigung** i.S. des § 47 BeurkG. 4

Öffentliche Urkunden sind in erster Linie die **Personenstandsurkunden i.S.d. § 55 PStG**, für den Todeszeitpunkt also die Sterbeurkunde (aber auch die Todeserklärung sowie Todeszeitfeststellung nach dem Verschollenheitsgesetz), sowie Geburtsurkunden und Hei- 5

---

[1] A.A. MüKoBGB/*J. Mayer* § 2356 Rn. 14.

ratsurkunden. Dieselbe Beweiskraft kommt auch den Auszügen aus den früheren, seit 1876 geführten Standesregistern zu.[2]

6 Für den Fall, dass öffentliche Urkunden zum Nachweis der Angaben des § 2354 Abs. 1 Nr. 1 und 2, Abs. 2 und § 2355 nicht oder nur mit unverhältnismäßigen Schwierigkeiten zu beschaffen sind, genügt die Angabe anderer Beweismittel, wobei im Erbscheinsverfahren grundsätzlich das Freibeweisverfahren nach § 29 FamFG gilt. Beweismittel können beispielsweise die Abschrift einer im Original nicht mehr vorliegenden öffentlichen Urkunde sein, sowie Zeugen oder die eidesstattliche Versicherung Dritter.[3] Es versteht sich von selbst, dass das Nachlassgericht die vorgelegten Beweismittel zu würdigen hat, so dass in diesem Zusammenhang der Zeugenbeweis oder die eidesstattliche Versicherung – wie üblich – ein durch das Gericht mit Vorsicht zu handhabendes Beweismittel sein kann.[4]

IV. Vorlage der Verfügung von Todes wegen

7 Zum Nachweis der Grundlagen seiner Erbenstellung ist der eingesetzte Erbe gem. **§ 2356 Abs. 1 i.V.m. § 2355** verpflichtet, die Urkunde vorzulegen, auf der sein Erbrecht beruht. Dies kann entweder ein Testament – auch ein gemeinschaftliches Testament – sein oder aber ein Erbvertrag. Der Nachweis kann grundsätzlich nur durch Vorlage der **Urschrift** der letztwilligen Verfügung geführt werden. Ist das Original der Verfügung von Todes wegen nicht auffindbar, so kann auch eine etwa vorhandene Fotokopie vorgelegt werden, verbunden mit dem durch andere Beweismittel zu führenden Nachweis, dass die Kopie eine echte Verfügung von Todes wegen wiedergibt. Eine solche Verfügung muss, auch wenn die Urschrift unauffindbar ist, im Erbscheinsverfahren in vollem Umfang feststehen und bewiesen werden.[5] Dieser Beweis wird durch eine notariell beglaubigte Fotokopie der ursprünglichen Verfügung erbracht.[6]

8 Liegt daher lediglich eine **Fotokopie** einer letztwilligen Verfügung vor und bleiben beim Nachlassgericht deshalb Zweifel, ob der Erblasser, so wie die Fotokopie dies ausweist, testieren wollte und tatsächlich testiert hat, so gilt der Nachweis des § 2356 als nicht geführt.

V. Eidesstattliche Versicherung

9 Hinsichtlich des Nachweises der Angaben des Erblassers zu § 2354 Abs. 1 Ziff. 3, 4 und 5 sowie für den weiteren Nachweis, dass der Erblasser zur Zeit seines Todes im gesetzlichen Güterstand der Zugewinngemeinschaft gelebt hat, lässt das Gesetz über § 2356 Abs. 2 insofern eine **Beweiserleichterung** zu, als diesbezüglich die Abgabe der eidesstattlichen Versicherung genügt, wobei diese vor Gericht oder vor einem Notar abgegeben werden kann. Hier wird vom Antragsteller – quasi im Sinne eines Negativattests – durch Abgabe einer eidesstattlichen Versicherung die Aussage verlangt, dass ihm nichts bekannt ist, was der Richtigkeit seiner Angaben entgegensteht. Es schadet dabei also nur positive Kenntnis, so dass die Kenntnis eines Sachverhalts, der den Schluss auf Unrichtigkeit zulassen könnte, welcher vom Antragsteller aber nicht gezogen wird, unschädlich ist. In der eidesstattlichen Versicherung reicht die Bezugnahme auf ein Schriftstück, welches die gem. §§ 2354, 2355 zu versichernden Angaben enthält, gem. §§ 38, 9 Abs. 1 BeurkG aus, allerdings nur dann, wenn in der Niederschrift auf das Schriftstück verwiesen wird und dieses der Niederschrift beigefügt wird. Handelt es sich bei dem in Bezug genommenen Schriftstück um eine notarielle Niederschrift, so gilt § 13a BeurkG.

---

2 Vgl. MüKoBGB/*J. Mayer* § 2356 Rn. 21.
3 *Keidel/Sternal* § 29 Rn. 21.
4 Vgl. OLG Düsseldorf MDR 1961, 242.
5 Vgl. BayObLG 1967, 206.
6 KG ZErb 2007, 262.

VI. Offenkundige Tatsachen

Gem. § 2356 Abs. 3 finden die Vorschriften des § 2356 Abs. 1 und 2 keine Anwendung, soweit die nach dieser Vorschrift vom Antragsteller verlangten Tatsachen beim zuständigen Nachlassgericht **offenkundig** sind. Offenkundig sind Tatsachen, wenn das Nachlassgericht diese kennt oder von ihnen überzeugt ist, wobei ein nur hoher Wahrscheinlichkeitsgrad noch keine Offenkundigkeit begründet.[7] Danach kann Offenkundigkeit nur angenommen werden bei allgemein bekannten Tatsachen, die der Öffentlichkeit bekannt sind, bei gerichtsbekannten Tatsachen, vor allem dann, wenn sie aktenkundig sind, sowie schließlich in Bezug auf gesetzliche Vermutungen.[8]

§ 2357
Gemeinschaftlicher Erbschein

(1) Sind mehrere Erben vorhanden, so ist auf Antrag ein gemeinschaftlicher Erbschein zu erteilen. Der Antrag kann von jedem der Erben gestellt werden.

(2) In dem Antrag sind die Erben und ihre Erbteile anzugeben.

(3) Wird der Antrag nicht von allen Erben gestellt, so hat er die Angabe zu enthalten, dass die übrigen Erben die Erbschaft angenommen haben. Die Vorschrift des § 2356 gilt auch für die sich auf die übrigen Erben beziehenden Angaben des Antragstellers.

(4) Die Versicherung an Eides statt ist von allen Erben abzugeben, sofern nicht das Nachlassgericht die Versicherung eines oder einiger von ihnen für ausreichend erachtet.

I. Normzweck

Im Gegensatz zum Erbschein des Alleinerben sieht § 2357 auch die Möglichkeit vor, dass bei Bestehen einer Erbengemeinschaft, d.h. einer Mehrheit von Erben, die Erbfolge in den gesamten Nachlass durch einen **gemeinschaftlichen Erbschein** festgestellt werden kann. Vom gemeinschaftlichen Erbschein des § 2357 ist zu unterscheiden der Teilerbschein, der bei Bestehen einer Erbengemeinschaft ebenfalls möglich ist. Ein Teilerbschein für den Miterben einer Miterbengemeinschaft weist ausschließlich den Erbteil des Miterben aus, der die Ausstellung des Teilerbscheins beantragt.

II. Antragsrecht und Antragstellung

Gem. § 2357 Abs. 1 S. 2 kann der Antrag auf die Ausstellung eines gemeinschaftlichen Erbscheins **von jedem an der Erbengemeinschaft beteiligten Erben** gestellt werden, sofern er die Erteilung des Erbscheins an sich beantragt. Der Antrag eines Miterben hingegen, einen gemeinschaftlichen Erbschein zugunsten eines anderen Miterben zu erteilen, ist unzulässig, es sei denn, es liegt eine entsprechende Bevollmächtigung vor, was allgemein für zulässig erachtet wird.

III. Angaben und deren Nachweis

Da es sich auch beim gemeinschaftlichen Erbschein um einen Erbschein gem. § 2353 handelt, nur mit der Besonderheit, dass der gemeinschaftliche Erbschein das Erbrecht aller Miterben ausweist, die einer Miterbengemeinschaft angehören, gilt für die Angaben zum

---

[7] MüKoBGB/*J. Mayer* § 2356 Rn. 7.
[8] *Staudinger/Schilken* § 2356 Rn. 3 f.

Antrag auf Erteilung eines gemeinschaftlichen Erbscheins das zum Alleinerbenerbschein Gesagte entsprechend. Im Übrigen müssen zu sämtlichen Miterben deren Erbteile angegeben werden, wobei diese Anteile – falls sie für einzelne Miterben unbekannt sind – gem. § 2358 Abs. 2 auch seitens des Nachlassgerichts ermittelt werden können bzw. ermittelt werden müssen.

4 Beim gemeinschaftlichen Erbschein gilt, auch was die im Antrag näher zu bezeichnenden Tatsachen angeht, auch die Bestimmung des § 2356. Im Gegensatz zum Alleinerbschein besteht hier aber die **Besonderheit**, dass der Antragsteller nicht nur die ihn selbst betreffenden Tatsachen, sondern auch alle Angaben, die sich auf die übrigen Erben beziehen, unter Berücksichtigung des § 2356 belegen muss. Im Übrigen muss der Antragsteller, der die Erteilung eines gemeinschaftlichen Erbscheins an sich erstrebt, dartun, dass auch die übrigen zur Erbengemeinschaft gehörenden Erben die Erbschaft angenommen bzw. nicht ausgeschlagen haben. Zur Erteilung eines gemeinschaftlichen Erbscheins reicht also die Annahme, d.h. der Nachweis der Erbenstellung durch den Antragsteller, die durch schlüssiges Verhalten regelmäßig in dessen Antrag zu sehen ist, nicht aus. Die Erbschaftsannahme durch die übrigen Miterben kann nach allgemeiner Auffassung aber durch alle in § 2356 zugelassenen Beweismittel nachgewiesen werden.[1]

5 Die nach § 2356 Abs. 2 notwendige eidesstattliche Versicherung ist grundsätzlich von allen Miterben abzugeben – nicht nur vom Antragsteller – falls das Nachlassgericht die Versicherung eines oder einiger Erben zur Erteilung des Erbscheins für nicht ausreichend erachtet. **Gem. § 2038 Abs. 1 S. 2** kann der Antragsteller im Zusammenhang mit dem Antrag auf Erteilung eines gemeinschaftlichen Erbscheins die Mitwirkung aller übrigen zur Erbengemeinschaft gehörenden Miterben verlangen, wenn das Gericht die eidesstattliche Versicherung von allen Erben als unverzichtbare Voraussetzung zur Erteilung des Erbscheins verlangt und wenn der gemeinschaftliche Erbschein zudem zur Verwaltung des Nachlasses erforderlich ist.[2]

6 Steht die **Größe des Erbteils** eines oder mehrerer Miterben im Zeitpunkt der Antragstellung auf Erteilung eines gemeinschaftlichen Erbscheins nicht fest, so besteht seitens des Nachlassgerichts auch die Möglichkeit, einen nur vorläufigen gemeinschaftlichen Erbschein zu erteilen, der zwar alle Miterben benennt, die aber noch nicht festgestellten Erbanteile der einzelnen Miterben hingegen offen lässt.[3] Auch ein solcher **vorläufiger Erbschein** kann in der Praxis von Nutzen sein, beispielsweise dann, wenn alle Miterben in Bezug auf den Nachlass Verfügungen treffen wollen (z.B. ein Grundstück veräußern wollen), da es dann auf die Größe der Anteile der Miterben nicht ankommt.

7 Für den Fall, dass der Erblasser Abkömmlinge und eine schwangere Ehefrau hinterlässt, darf allerdings kein vorläufiger Erbschein im herkömmlichen Sinne erteilt werden. Möglich und zulässig ist aber bei entsprechender Antragstellung die Erteilung eines Mindestteilerbscheins für die Abkömmlinge und die Ehefrau.[4] Auch dieser Erbschein ist letztlich und in vielen Fällen nur ein **vorläufiger Erbschein**, wenn sich später herausstellt, dass der im Erbschein bescheinigte Anteil des entsprechenden Erben tatsächlich höher ist. Dennoch ist die Zulässigkeit der Erteilung eines solch vorläufigen Erbscheins aus Praktikabilitätsgründen zu bejahen, da hierdurch weder dem Erben noch dem Nachlass oder dem Rechtsverkehr ein Schaden droht.

---

1 KG OLGE 21, 347; LG Koblenz RPfleger 1970, 170; *Palandt/Edenhofer* § 2357 Rn. 2; *Staudinger/Schilken* § 2357 Rn. 8.
2 *Staudinger/Schilken* § 2357 Rn. 8.
3 OLG Hamm RPfleger 1969, 299.
4 KGJ 42, 218; MüKoBGB/*J. Mayer* § 2357 Rn. 17.

IV. Rechtsmittel

Hierzu gilt das zum Alleinerbschein Gesagte entsprechend. Bei der Ablehnung des Antrags auf Erteilung eines gemeinschaftlichen Erbscheins ist nach dem Wortlaut des § 59 Abs. 2 FamFG nur der Antragsteller beschwerdeberechtigt. Sinnvollerweise wird man das Beschwerderecht aber jedem Antragsberechtigten, auch wenn er keinen Antrag gestellt hatte, nach Maßgabe von § 59 Abs. 1 FamFG zubilligen müssen, sofern er den Antrag bei Einlegung der Beschwerde noch wirksam stellen kann.[5] Es wäre nämlich reine Förmelei, von ihm zunächst einen eigenen Antrag zu verlangen, um diesen dann ebenfalls abzulehnen, nur um sein Beschwerderecht nach § 59 Abs. 2 FamFG zu eröffnen. Gegen einen Feststellungsbeschluss nach § 352 FamFG kann jeder Beschwerde einlegen, der durch den Beschluss in seinen Rechten beeinträchtigt wird. Hierzu zählen u.a. der Antragsteller, der geltend macht, sein Erbrecht sei im Beschluss falsch ausgewiesen, der Miterbe und der Erbprätendent.[6] 8

Für Altverfahren, die vor dem 1.9.2009 eingeleitet wurden, gelten noch die Vorschriften des FGG. Auf die Ausführungen zu § 2353 wird insoweit verwiesen. 9

§ 2358
Ermittlungen des Nachlassgerichts

(1) Das Nachlassgericht hat unter Benutzung der von dem Antragsteller angegebenen Beweismittel von Amts wegen die zur Feststellung der Tatsachen erforderlichen Ermittlungen zu veranstalten und die geeignet erscheinenden Beweise aufzunehmen.

(2) Das Nachlassgericht kann eine öffentliche Aufforderung zur Anmeldung der anderen Personen zustehenden Erbrechte erlassen; die Art der Bekanntmachung und die Dauer der Anmeldungsfrist bestimmen sich nach den für das Aufgebotsverfahren geltenden Vorschriften.

I. Normzweck

Die Möglichkeit und gleichzeitig auch die Verpflichtung des Nachlassgerichts im Erbscheinsverfahren zur Ermittlung von Amts wegen ist in gewisser Weise bereits durch die Regelungen der §§ 2354, 2355 und 2356 vorgegeben. In seinem Antrag hat der Erbscheinsantragsteller die Tatsachen anzugeben und nachzuweisen, aus denen sich das von ihm behauptete Erbrecht, welches er durch einen Erbschein bezeugt haben will, ergibt. Sofern der Antragsteller insoweit zur Überzeugungsbildung des Nachlassgerichts nicht in der Lage ist, vollen Nachweis zu erbringen, muss das Nachlassgericht, ausgehend von den vom Antragsteller angegebenen Beweismitteln, eigene Ermittlungen anstellen, um so den Erbscheinsantrag des Antragstellers sachgerecht bescheiden zu können. Wie das Nachlassgericht vorgeht, liegt in dessen Ermessen; kein Ermessensspielraum zugunsten des Nachlassgerichts besteht allerdings bezüglich der Frage, ob überhaupt Ermittlungen von Amts wegen vorgenommen werden müssen. Hierzu ist das Nachlassgericht bei Erforderlichkeit im Zusammenhang mit der sachgerechten Bearbeitung des Antrags verpflichtet. 1

II. Aufgabe des Nachlassgerichts

Gem. § 2358 Abs. 1 »hat« das Nachlassgericht von Amts wegen die zur Feststellung der entscheidungserheblichen Tatsachen erforderlichen **Ermittlungen zu veranlassen** und die 2

---

5 *Keidel/Meyer-Holz* § 59 Rn. 78.
6 *Keidel/Meyer-Holz* § 59 Rn. 79.

ihm geeignet erscheinenden **Beweise zu erheben**. Dabei kann das Nachlassgericht – was im Regelfall durchaus auch sinnvoll ist – die vom Antragsteller angegebenen Beweismittel benutzen, ohne allerdings hieran gebunden zu sein. Es versteht sich von selbst, das die Ermittlungspflicht des Nachlassgerichts nur so weit geht, als Aufklärungs- oder Feststellungsbedarf besteht, um einen Erbschein mit materiellrechtlich richtigem Inhalt erlassen zu können. Hieraus folgt, dass sich die Ermittlungspflicht des Nachlassgerichtes nicht allgemein umschreiben oder bestimmen lässt, sondern sich stets an den Umständen des Einzelfalls zu orientieren hat. Dies ergibt sich auch aus § 26 FamFG, der das Nachlassgericht ebenfalls ausdrücklich dazu verpflichtet, von Amts wegen die zur Feststellung der Tatsachen erforderlichen Ermittlungen zu veranlassen und nach §§ 29, 30 FamFG die geeignet erscheinenden Beweise zu erheben. Diese Verpflichtung des Nachlassgerichts in erforderlichem Umfange eigene Ermittlungen anzustellen, gilt aber nicht nur für die materiellrechtliche Seite im Zusammenhang mit der Erteilung eines Erbscheins, sondern in gleichem Maße für die Verfahrensvorschriften, wobei als wichtigste die Frage der örtlichen Zuständigkeit des Nachlassgerichts für die Erbscheinserteilung zu nennen ist.[1]

3 **Materiellrechtlich** ist die Aufklärungs- und Ermittlungspflicht des Nachlassgerichts allerdings umfangreicher, was sich verständlicherweise bereits aus den weit zahlreicheren materiellrechtlichen Bestimmungen ergibt, welche die Erteilung eines Erbscheins beeinflussen können.

4 Einige Beispiele aus der Praxis:
 – **Wegfall oder Hinzutreten eines gesetzlichen Erben** durch Adoption sowie Wirksamkeit[2] oder Reichweite[3] einer Adoption;
 – **Prüfung der Testierfähigkeit** des Erblassers, wenn sich aus den Einlassungen der Verfahrensbeteiligten – nicht nur des Antragstellers – Hinweise auf Zweifel an der Testierfähigkeit ergeben;[4]
 – Überprüfung von Gründen, aus denen sich eine **Testamentsanfechtung** ergeben könnte sowie Prüfung der Wirksamkeit solcher Anfechtung;[5]
 – Konsequenzen der **Ausschlagung** durch einzelne Beteiligte.[6]

III. Erhebung geeigneter Beweise durch das Nachlassgericht

5 Das Nachlassgericht ist bei seiner Ermittlungsverpflichtung nicht an bestimmte Beweismittel gebunden. Es ist **frei in der Auswahl**, wobei das Gesetz ihm lediglich vorschreibt, die ihm geeignet erscheinenden Beweise zu erheben. Dem Nachlassgericht obliegt dabei die Entscheidung zwischen dem sog. Freibeweis nach § 29 FamFG und dem Strengbeweis mit den Beweismitteln nach der Zivilprozessordnung (§ 30 FamFG), wobei sich die Auswahl stets am Einzelfall und an der Bedeutung der zu ermittelnden Tatsachen orientieren wird. Im Übrigen ergibt sich aus § 2356, dass der Antragsteller verpflichtet ist, seine Angaben über öffentliche Urkunden nachzuweisen sowie einzelne Tatsachen durch eidesstattliche Versicherung zu belegen. Ausgehend von dieser Verpflichtung des Antragstellers wird das Nachlassgericht zunächst die Beweise erheben, wie sie sich unter Berücksichtigung von § 2356 anbieten. Diese Beweismittel können selbstverständlich auch für weitere aufzuklärende Tatsachen angewendet werden, die sich im Verlauf des Erbscheinserteilungsverfahrens als beweiserheblich erweisen. Darüber hinaus besteht aber auch die Möglichkeit der Einnahme eines Augenscheins, der Einholung eines Sachverständigengutachtens oder auch der Durchführung einer förmlichen Beweisaufnahme durch Anhörung von Zeugen.

---

1 KG, RPfleger 1959, 54.
2 BGH FamRZ 1974, 645; BayObLG 64, 385.
3 OLG Düsseldorf FamRZ 1998, 1627 (zu einer Adoption nach uruguayischem Recht).
4 OLG Hamm FGPrax. 1997, 68.
5 BayObLG FamRZ 1994, 848.
6 OLG Düsseldorf MDR 1978, 142.

Das Beweisaufnahmeverfahren ist allerdings im Gegensatz zum Beweisaufnahmeverfahren im Zivilprozess nicht öffentlich; andererseits sind sämtliche am Verfahren beteiligte Personen aber berechtigt, einer förmlichen Beweisaufnahme im Strengbeweis beizuwohnen und an der Beweisaufnahme dergestalt mitzuwirken, dass z.B. ein Fragerecht an Zeugen besteht.[7] Der Freibeweis hingegen wird in der Regel ohne Beteiligtenöffentlichkeit erhoben, das Ergebnis allerdings nach § 29 Abs. 3 FamFG aktenkundig gemacht, sodass die Beteiligten hierzu rechtliches Gehör erhalten.

Die Beteiligten selbst können nicht nur nach § 34 FamFG persönlich angehört werden, sondern auch nach § 30 Abs. 1 FamFG i.V.m. § 448 ZPO von Amts wegen eidlich vernommen werden. Eine eidliche Vernehmung auf Antrag nach §§ 445 bis 447 ZPO scheidet hingegen aus, da diese Ausfluss der formellen Beweislast im Zivilprozess sind, die mit dem Amtsermittlungsgrundsatz des FamFG nicht vereinbar ist[8]

Für Altverfahren, die vor dem 1.9.2009 eingeleitet wurden, gelten die Vorschriften des FGG. Auf die Ausführungen zu § 2353 wird insoweit verwiesen.

IV. Öffentliche Aufforderung durch das Nachlassgericht

Gem. § 2358 Abs. 2 kann das Nachlassgericht darüber hinaus eine **öffentliche Aufforderung zur Anmeldung** der anderen Personen etwa zustehenden Erbrechte verfügen. Das Gericht entscheidet hierüber nach pflichtgemäßem Ermessen. Die öffentliche Aufforderung setzt in formeller Hinsicht voraus, dass ein den gesetzlichen Vorschriften genügender Erbscheinsantrag vorliegt.[9] In sachlicher Hinsicht muss das Erbrecht anderer Personen zweifelhaft sein, etwa weil zweifelhaft ist, ob eine erbberechtigte Person überhaupt existiert (z.B. unbekannte Abkömmlinge einer Person) oder ob diese den Erbfall erlebt hat.[10] Letzterenfalls ist aber vorrangig, soweit möglich, das Todeserklärungsverfahren durchzuführen.[11]

Die **Art der Bekanntmachung** sowie die **Dauer der Anmeldungsfrist** bestimmen sich gem. § 2358 Abs. 2, nach den für das Aufgebotsverfahren geltenden Vorschriften der §§ 433 FamFG, die zum 1.9.2009 an die Stelle des 9. Buches der ZPO getreten sind. Die öffentliche Aufforderung ist regelmäßig dann eine geeignete Art das Erbscheinsverfahren voranzubringen, wenn mögliche Erben ihren Aufenthalt im Ausland haben. Allerdings besitzt eine solche öffentliche Aufforderung i.S.v. § 2358 Abs. 2 keine Ausschlusswirkung, so dass nicht angemeldete Erbrechte bis zu deren etwaigen nachträglichen Feststellung unberücksichtigt zu lassen sind.[12]

Die Ablehnung oder Anordnung einer öffentlichen Aufforderung stellt keine Endentscheidung i.S.d. § 58 Abs. 1 FamFG dar und ist daher mit der Beschwerde nicht anfechtbar.[13] Wird allerdings ein Erbscheinsantrag abgelehnt, weil das Nachlassgericht eine öffentliche Aufforderung abgelehnt und den Antragsteller auf das Todeserklärungsverfahren verwiesen hat, so wird im Rahmen der Beschwerde gegen die Ablehnung des Erbscheinsantrages inzident geprüft, ob das Ermessen nach § 2358 Abs. 2 pflichtgemäß ausgeübt wurde.[14]

---

7 Vgl. § 30 Abs. 1 FamFG i.V.m. § 397 ZPO; BayObLG NJW-RR 1996, 583; OLG Hamm OLGZ 1968, 506, 507.
8 *Keidel/Sternal* § 30 Rn. 114 f.
9 MüKoBGB/*J. Mayer* § 2358 Rn. 39; *Staudinger/Schilken* § 2358 Rn. 26.
10 MüKoBGB/*J. Mayer* § 2358 Rn. 40, 41.
11 Hamm FamRZ 2000, 124, 125.
12 Vgl. LG Berlin DNotZ 1951, 525.
13 Vgl. LG Frankfurt a.M. RPfleger 1984, 191; *Keidel/Meyer-Holz* § 58 Rn. 43 ff; a.A. MüKoBGB/*J. Mayer* § 2358 Rn. 42.
14 OLG Hamm FamRZ 2000, 124.

§ 2359
Voraussetzungen für die Erteilung eines Erbscheins

Der Erbschein ist nur zu erteilen, wenn das Nachlassgericht die zur Begründung des Antrags erforderlichen Tatsachen für festgestellt erachtet.

I. Normzweck

1 Gem. § 2359 muss das Nachlassgericht den beantragten Erbschein erteilen, wenn es die zur Begründung des Antrags erforderlichen Tatsachen für festgestellt erachtet. Auch aus dieser Bestimmung wird deutlich, dass das Nachlassgericht sämtliche zur Begründung eines Erbscheinsantrags erforderliche Tatsachen aufzuklären hat und sämtliche Beweismöglichkeiten zur diesbezüglichen Feststellung auszuschöpfen sind, nicht nur die vom Antragsteller gem. §§ 2354, 2355 geforderten. Erst dann darf das Nachlassgericht entscheiden.

II. Feststellungen durch das Nachlassgericht

2 **Aufgabe** des Nachlassgerichts ist es zu prüfen, ob einem Erbscheinsantrag entsprochen werden kann. Aus diesem Grunde muss das Nachlassgericht sowohl die formellen Voraussetzungen, d.h. die einschlägigen verfahrensrechtlichen Bestimmungen genauso überprüfen, wie die materiellrechtliche Begründetheit des zu bescheidenden Antrags.

3 Zur **formellen Begründetheitsprüfung** durch das Nachlassgericht gehört zunächst die Feststellung und Überprüfung der dem Antragsteller gem. §§ 2354–2356 auferlegten Pflichten. Das Nachlassgericht muss also prüfen, ob der Erbscheinantragsteller einmal die in vorerwähnten Bestimmungen im Einzelnen normierten Tatsachen und Umstände vollständig angegeben hat und zum zweiten, ob er seiner Nachweisverpflichtung, wie § 2356 dies im Einzelnen vorschreibt, vollumfänglich nachgekommen ist. Stellt das Nachlassgericht fest, dass dies nicht der Fall ist, ist dem Antragsteller durch Zwischenverfügung Gelegenheit zur Nachbesserung zu geben.[1]

4 Kommt der **Antragsteller seinen Verpflichtungen gem. der §§ 2354 ff. nicht nach**, obwohl er dazu in der Lage ist, so wird das Nachlassgericht in der Regel den Antrag zurückweisen. Ist der Antragsteller allerdings **nicht in der Lage** seinen Verpflichtungen gem. §§ 2354–2356 nachzukommen, was von ihm substanziiert darzulegen ist, greift die Ermittlungsverpflichtung des Nachlassgerichts gem. § 2358 ein. Allerdings kann das Nachlassgericht unter Ausübung seines hier bestehenden Ermessens von der Veranlassung eigener Ermittlungen absehen, wenn es die noch offen Tatsachen aufgrund der besonderen Umstände des Falles dennoch für nachgewiesen erachtet.

5 Im **verfahrensrechtlichen Bereich** hat das Nachlassgericht als zwingende Voraussetzung für den Erlass des beantragten Erbscheins in jedem Fall seine Zuständigkeit zu überprüfen und feststellen; fehlt diese, ist der Erbscheinsantrag zurückzuweisen. Dies gilt sowohl für die örtliche als auch für die sachliche Zuständigkeit, etwa wenn zum Nachlass im Geltungsbereich der Höfeordnung ein Hof gehört und aus diesem Grund das Landwirtschaftsgericht zuständig ist (§ 18 Abs. 1 HöfeO, §§ 1 Nr. 5, 2 LwVfG). Im Übrigen kann ein Erbschein nur dann erteilt werden, wenn als zwingende Voraussetzung ein entsprechender Antrag auf Erteilung eines Erbscheins vorliegt.

6 Obwohl es nach allgemeiner Auffassung im Erbscheinsverfahren **keine formelle Beweislast** gibt, so muss der Antragsteller dennoch die seinen Erbscheinsantrag begründenden Tatsachen unter Berücksichtigung der besonderen Vorschriften der §§ 2354–2356 beim Nachlassgericht vorbringen, trägt insoweit also die materielle Feststellungslast.[2]

---

1 Vgl. KG DNotZ 1955, 408.
2 Vgl. *Habscheid* JZ 62, 418.

An rechtskräftige Urteile über die Feststellung des Erbrechts ist das Nachlassgericht im Erbscheinserteilungsverfahren **gebunden,** soweit die materielle und subjektive Rechtskraft des Urteils zwischen den Beteiligten reicht.[3] Auf das Verhältnis zu einem an dem Vorprozess Unbeteiligten, der nur Beteiligter des Erbscheinsverfahrens ist, erstreckt sich die Bindungswirkung also nicht.[4]

III. Entscheidung durch das Nachlassgericht

Das Nachlassgericht darf den beantragten Erbschein nur erteilen, wenn die von ihm letztlich festgestellten Tatsachen den gestellten Antrag **unzweifelhaft** begründen. In diesem Fall obliegt dem Nachlassgericht gleichzeitig und ohne Ermessensspielraum auch die Verpflichtung zum Erlass des Feststellungsbeschlusses nach § 352 FamFG und zur Erteilung des beantragten Erbscheins. Kommt das Nachlassgericht bei seinen Feststellungen und unter Berücksichtigung aller vom Antragsteller vorgelegten Beweismittel, einschließlich der vom Nachlassgericht gem. § 2358 selbst erhobenen Beweise zu dem Ergebnis, dass die festgestellten Tatsachen den Erbscheinsantrag des Antragstellers aus formellen oder materiellen Gründen nicht rechtfertigen oder dass zumindest Zweifel bestehen, so hat das Nachlassgericht den Erbscheinsantrag zurückzuweisen. Zu den Rechtsmitteln wird auf die Ausführungen zu § 2353 und § 2357 verwiesen.

Für Altverfahren, die vor dem 1.9.2009 eingeleitet wurden, gelten noch die Vorschriften des FGG. Auf die Ausführungen zu § 2353 wird insoweit verwiesen.

§ 2360

(weggefallen)
Fassung bis 31.8.2009:

§ 2360
Anhörung von Betroffenen

(1) Ist ein Rechtsstreit über das Erbrecht anhängig, so soll vor der Erteilung des Erbscheins der Gegner des Antragstellers gehört werden.

(2) Ist die Verfügung, auf der das Erbrecht beruht, nicht in einer dem Nachlassgericht vorliegenden öffentlichen Urkunde enthalten, so soll vor der Erteilung des Erbscheins derjenige über die Gültigkeit der Verfügung gehört werden, welcher im Falle der Unwirksamkeit der Verfügung Erbe sein würde.

(3) Die Anhörung ist nicht erforderlich, wenn sie untunlich ist.

Die Vorschrift des § 2360, welche die Anhörung der Betroffenen regelte, ist mit Inkrafttreten des FamFG am 1.9.2009 entfallen. § 345 Abs. 1 FamFG bestimmt, dass der Antragsteller Muss-Beteiligter ist und die in ihren Rechten Betroffenen Kann-Beteiligte mit dem Recht, ihre Zuziehung zu verlangen. Das Recht auf Anhörung der Beteiligten ergibt sich dabei als Anspruch auf rechtliches Gehör unmittelbar aus Art. 103 Abs. 1 GG.[1] Darüber hinaus erfolgt zur Sachverhaltsaufklärung eine Anhörung nach § 26 FamFG und erforderlichenfalls eine persönliche Anhörung nach § 34 FamFG.

---

3 *Zöller/Vollkommer* § 325 Rn. 51.
4 Weiter *Keidel/Sternal* § 26 Rn. 58, wonach in diesem Fall die Bindungswirkung insgesamt – bzgl. aller Beteiligter – entfallen soll.
1 *Keidel/Meyer-Holz* § 34 Rn. 3 ff.

§ 2361
Einziehung oder Kraftloserklärung des unrichtigen Erbscheins

(1) Ergibt sich, dass der erteilte Erbschein unrichtig ist, so hat ihn das Nachlassgericht einzuziehen. Mit der Einziehung wird der Erbschein kraftlos.

(2) Kann der Erbschein nicht sofort erlangt werden, so hat ihn das Nachlassgericht durch Beschluss für kraftlos zu erklären. Der Beschluss ist nach den für die öffentliche Zustellung einer Ladung geltenden Vorschriften der Zivilprozessordnung bekannt zu machen. Mit dem Ablauf eines Monats nach der letzten Einrückung des Beschlusses in die öffentlichen Blätter wird die Kraftloserklärung wirksam.

(3) Das Nachlassgericht kann von Amts wegen über die Richtigkeit eines erteilten Erbscheins Ermittlungen veranstalten.

I. Normzweck

1 Da der Erbschein im Rechtsverkehr die Wirkungen der §§ 2365 bis 2367 herbeiführt, gebietet das Interesse des Rechtsverkehrs, dass unrichtige Erbscheine **unverzüglich nach Kenntnis ihrer Unrichtigkeit** von Amts wegen aus dem Verkehr gezogen werden. Andernfalls besteht die dringende Gefahr einer Gefährdung oder Schädigung des wirklichen Erben etwa dann, wenn der Erbscheinserbe einen Nachlassgegenstand an einen gutgläubigen Dritten veräußert oder aber, wenn ein gutgläubiger Dritter eine dem Nachlass gebührende Leistung an den durch Erbschein ausgewiesenen Nichterben erbringt.

2 Das Gesetz eröffnet zwei Möglichkeiten, einen unrichtigen Erbschein außer Kraft zu setzen, einmal die **Einziehung durch das Nachlassgericht** oder aber seine **Kraftloserklärung**. Es besteht Einigkeit darüber, dass das Nachlassgericht bei erkennbaren Zweifeln bzw. Anhaltspunkten hinsichtlich der Richtigkeit eines bereits erteilten Erbscheins verpflichtet ist, selbst unverzüglich eigene und geeignete Nachforschungen bzw. Abklärungen zur Ausräumung etwa vorhandener Zweifel anzustellen.

II. Unrichtigkeit des Erbscheins

3 Ein Erbschein ist unrichtig, wenn die Voraussetzungen für seine Erteilung entweder ursprünglich nicht gegeben waren oder nachträglich nicht mehr vorhanden sind.[1] Die Unrichtigkeit eines Erbscheins kann sich einmal aus verfahrensrechtlichen Mängeln ergeben (formelle Unrichtigkeit) oder aufgrund der materiellen Rechtslage (materielle Unrichtigkeit).

4 Eine **formelle Unrichtigkeit** allein genügt für die Einziehung des Erbscheins allerdings nur dann, wenn eine Verfahrensbestimmung verletzt ist, die Bedingung für die Zulässigkeit des Verfahrens an sich ist, also nicht nur die Verfahrensausgestaltung betrifft.[2]

5 Diese Konsequenz ergibt sich vor allem daraus, dass sich Verfahrensfehler regelmäßig nicht auf die inhaltliche Richtigkeit eines Erbscheins auswirken, so dass im Interesse des Verkehrsschutzes aber gleichzeitig auch der Verfahrensökonomie ein Erbschein, der »nur« unter Verstoß gegen Verfahrensvorschriften erlassen wurde, grundsätzlich nicht aus dem Verkehr gezogen zu werden braucht. Deshalb ist es auch unerheblich, ob eine im Erbscheinsverfahren abgegebene eidesstattliche Versicherung falsch war, also ein Verfahrensverstoß vorliegt, solange die materielle Richtigkeit des Erbscheins dadurch nicht berührt wird.[3]

---

1 BGHZ 40, 54; OLG Hamm NJW-RR 1997, 453.
2 BGH NJW 1963, 1972; KG NJW 1963, 880.
3 OLG Hamm NJW 1967, 1138.

Eine Einziehung aus formellen Gründen erfolgt allerdings bei sachlicher, örtlicher oder 6
funktioneller **Unzuständigkeit** der erteilenden Stelle.[4]

Wird ein Erbschein **ohne Antrag** erteilt, ist seine Einziehung wegen formeller Unrich- 7
tigkeit nur dann geboten, wenn der fehlende Antrag nicht nachträglich durch den Antragsberechtigten – auch schlüssig – nachgeholt wurde oder wenn dieser die Erteilung im Nachhinein nicht ausdrücklich oder stillschweigend genehmigt.[5]

Stets der Einziehung unterliegt der Erbschein hingegen, wenn dieser **materiell unrich-** 8
tig ist. Dabei ist gleichgültig, ob die Unrichtigkeit von Anfang an bestanden hat oder erst später eingetreten ist. Materiellrechtliche Unrichtigkeit ist stets dann anzunehmen, wenn die im Erbschein als Erben bezeichneten Personen nicht die Rechtsnachfolger des Erblassers sind, oder aber die Erbteile der zwar als Erben richtig bezeichneten Personen im Erbschein falsch wiedergegeben sind. Nichts anderes gilt grundsätzlich auch für den Fall, dass die Verfügung von Todes wegen (Testament oder Erbvertrag), aufgrund deren der Erbschein für die Antragsteller erteilt wurde, nichtig ist. Dies gilt aber dann nicht, wenn das im Erbschein ausgewiesene Erbrecht in gleichem Umfang durch eine andere wirksame letztwillige Verfügung gedeckt ist,[6] denn dann ist die Erbfolge im Erbschein richtig ausgewiesen. Auch eine andere Auslegung einer Verfügung von Todes wegen durch das Nachlassgericht rechtfertigt die Einziehung des Erbscheins als unrichtig.[7]

Das Bekanntwerden nur eines Anfechtungsgrundes hinsichtlich des maßgeblichen Testa- 9
ments reicht zur Anwendbarkeit des § 2361 in jedem Falle solange nicht aus, als der Anfechtungsberechtigte die Anfechtung noch nicht wirksam erklärt hat. Ebenso wenig genügen bloße Zweifel an der Richtigkeit der dem Erbschein zugrunde gelegten Tatsachen.[8]

III. Einziehung/Kraftloserklärung des unrichtigen Erbscheins

Stellt sich die Unrichtigkeit eines Erbscheins heraus, so ist das Nachlassgericht von sich 10
aus verpflichtet, den Erbschein einzuziehen, d.h. sämtliche Ausfertigungen von der Person, die sie in Händen hat, zurückzufordern und zwar unverzüglich nach Kenntnis von der Unrichtigkeit. Die Einziehung hat dann zur Konsequenz, dass der Erbschein kraftlos wird. Damit verliert der Erbschein seine Legitimationswirkung zugunsten der Person, die durch ihn als Erbe ausgewiesen ist. Nicht ausreichend zur Herbeiführung dieser Wirkung ist hingegen nur ein Vermerk des Nachlassgerichtes auf dem Originalerbschein.[9] Mit Einziehung oder Kraftloserklärung entfällt der **Gutglaubensschutz** zugunsten des Rechtsverkehrs, wie er sich aus §§ 2366, 2367 ergibt. Die Einziehung zur Beendigung der Rechtswirkungen eines unrichtigen Erbscheins gem. § 2361 Abs. 1 ist aber nur dann ein geeignetes Mittel, wenn das Nachlassgericht unverzüglich und ohne Schwierigkeiten auf den Erbschein als solchen körperlich zugreifen kann. Dies ist in der Praxis sehr häufig nicht der Fall, sei es beispielsweise weil der Inhaber des unrichtigen Erbscheins nicht erreichbar ist, oder sich aber weigert, den unrichtigen Erbschein herauszugeben. Auch in solchen Fällen muss im Interesse des Rechtsverkehrs und auf Seiten des Nachlassgerichts die Möglichkeit bestehen, die von einem unrichtigen Erbschein ausgehenden Rechtswirkungen zu beseitigen. Aus diesem Grunde sieht § 2361 Abs. 2 für den Fall, dass der Erbschein körperlich nicht sofort erlangt werden kann, vor, dass das Nachlassgericht den unrichtigen Erbschein

---

4 BayObLG RPfleger 1981, 112 (örtliche unzust.); OLG Zweibrücken NJW-RR 2002, 154 (internat. unzust.); BayObLG RPfleger 1997, 370, 371 (funktionell unzust.); OLG Frankfurt NJW 1968, 1289 (funktionell unt- zust.); KG RPfleger 1966, 208 (funktionell/instanziell unzust.); demgegenüber großzügig: BGH RPfleger 1976, 174.
5 BGH NJW 1989, 984.
6 OLG Hamm OLGZ 67, 74.
7 BGHZ 47, 58, 59.
8 BGHZ 40, 54, 56; OLG Köln FamRZ 2003, 1784.
9 OLG Oldenburg DNotZ 1958, 263.

durch Beschluss für kraftlos erklären kann. Nach dieser Regelung wird die Einziehung des Erbscheins, die gem. § 2361 Abs. 1 die Kraftloswirkung zur Folge hat, durch einen Beschluss des Nachlassgerichts ersetzt. Auf diese Weise ist gewährleistet, dass unrichtige Erbscheine, auch wenn sie körperlich nicht mehr auffindbar sind oder ihre Herausgabe verweigert wird, im Rechtsverkehr keine Wirkung mehr entfalten können. Im Sinne der Publizität und zum Schutze des gutgläubigen Rechtsverkehrs muss der Beschluss des Nachlassgerichts allerdings unverzüglich nach den für die öffentliche Zustellung einer Ladung geltenden Vorschriften der Zivilprozessordnung (§§ 203 ff. ZPO) bekannt gemacht werden. Der Beschluss ist daher an der Gerichtstafel des zuständigen Gerichts auszuhängen. Unterbleibt diese Bekanntmachung, so behält auch ein unrichtiger Erbschein seine Legitimationswirkung, und der gutgläubige Rechtsverkehr ist trotz Vorliegens eines unrichtigen Erbscheins über die einschlägigen allgemeinen Vorschriften geschützt. Dies ist nur konsequent, weil der Wegfall der Legitimationswirkung des Erbscheins nur an eine – zumindest theoretisch – allen Beteiligten zugängliche Bekanntmachung geknüpft werden kann.

IV. Entscheidung des Nachlassgerichts

11 Gelangt das Nachlassgericht aufgrund der ihm bekannt gewordenen Umstände oder nach Abschluss seiner Nachforschungen bei Verdacht des Vorliegens eines unrichtigen Erbscheins zu dem abschließenden Ergebnis, dass der **Erbschein tatsächlich unrichtig** ist, so entscheidet es durch Beschluss über die Einziehung bzw. Kraftloserklärung. Ein unrichtiger Erbschein kann grundsätzlich nur durch das Nachlassgericht als zuständigem Gericht eingezogen oder für kraftlos erklärt werden, welches den unrichtigen Erbschein erlassen hat.[10] Das Nachlassgericht muss sich vorrangig um die Einziehung des Erbscheins bemühen, da die Einziehung des Erbscheins den Rechtsverkehr besser schützt als, als die bloße Kraftloserklärung durch Bekanntmachung.

12 Für den Fall, dass das Nachlassgericht im Zeitpunkt der Einziehung oder Kraftloserklärung des unrichtigen Erbscheins feststellt, dass zwischenzeitlich sämtliche Voraussetzungen für die Erteilung eines neuen richtigen Erbscheins vorliegen, kann zusammen mit dem Einziehungs- oder Kraftloserklärungsbeschluss unmittelbar ein neuer Erbschein ausgestellt werden, wozu es eines ausdrücklichen neuen Antrags nicht bedarf, weil der ursprüngliche Antrag, der zur Erteilung des unrichtigen Erbscheins geführt hat, als fortbestehend fingiert wird.[11]

13 Gegen den Einziehungsbeschluss ist die befristete Beschwerde gem. §§ 58, 63 FamFG statthaft, solange er nicht vollzogen ist (§ 353 Abs. 2 FamFG). Die Kraftloserklärung ist nur so lange mit der Beschwerde anfechtbar, wie der Beschluss nicht öffentlich bekannt gemacht wurde (§ 353 Abs. 3 FamFG).

14 Nach vollzogener Einziehung ist die Beschwerde nur mit dem Ziel statthaft, das AG anzuweisen, einen inhaltsgleichen neuen Erbschein zu erteilen. Die Beschwerde gilt gem. § 353 Abs 2 FamFG im Zweifel als Antrag auf Erteilung eines neuen gleichlautenden Erbscheins. Nach erfolgter öffentlicher Bekanntmachung der Kraftloserklärung ist eine solche modifizierte Beschwerde nach § 353 Abs. 3 FamFG ausdrücklich nicht vorgesehen, sodass in diesem Fall nur der Antrag auf Neuerteilung und bei dessen Zurückweisung dann die Beschwerde hiergegen verbleibt.[12]

15 Wurde bereits ein anderslautender Erbschein erteilt, ist die Beschwerde gegen den Einziehungsbeschluss mit der gegen den neuen Feststellungsbeschluss, diese gerichtet auf Einziehung des neuen Erbscheins, zu verbinden.[13]

---

10 OLG Hamm OLGZ 72, 352; BayObLG 77, 59.
11 BGHZ 40, 54; BayObLG 66, 233.
12 Großzügiger: *Keidel/Zimmermann* § 353 Rn. 34.
13 Vgl. OLG Köln NJW-RR 1994, 1421.

Die befristete Beschwerde nach §§ 58, 63 FamFG findet auch gegen die Ablehnung der Einziehung oder Kraftloserklärung statt.

Für Altverfahren, die vor dem 1.9.2009 eingeleitet wurden, gelten noch die Vorschriften des FGG. Auf die Ausführungen zu § 2353 wird insoweit verwiesen.

§ 2362
Herausgabeanspruch zugunsten des wirklichen Erben

(1) Der wirkliche Erbe kann von dem Besitzer eines unrichtigen Erbscheins die Herausgabe an das Nachlassgericht verlangen.

(2) Derjenige, welchem ein unrichtiger Erbschein erteilt worden ist, hat dem wirklichen Erben über den Bestand der Erbschaft und über den Verbleib der Erbschaftsgegenstände Auskunft zu erteilen.

I. Normzweck

Die Bestimmung beinhaltet **zwei grundsätzliche Regelungsbereiche**. In Abs. 1 ist zunächst die Verpflichtung des Besitzers eines unrichtigen Erbscheins zur Herausgabe des Erbscheins an das Nachlassgericht enthalten, wobei das Gesetz diesbezüglich dem wirklichen Erben einen echten Anspruch zubilligt. Zum zweiten verpflichtet S. 2 der Regelung denjenigen, dem ein unrichtiger Erbschein erteilt worden ist, zur Rechenschaftslegung dem wirklichen Erben gegenüber. Auch insoweit wird zugunsten des wahren Erben ein aus der Vorschrift sich ergebender materiellrechtlicher und im Klageweg durchsetzbarer Anspruch begründet.

II. Herausgabeverpflichtung

Der **wirkliche Erbe,** d.h. derjenige, dem die Erbschaft materiellrechtlich zusteht, besitzt einen im Klagewege durchsetzbaren Anspruch gegen den Besitzer eines unrichtigen Erbscheins auf Herausgabe dieses Erbscheins. Der Erbe kann allerdings nicht Herausgabe an sich selbst verlangen, sondern nur an das Nachlassgericht. Der tatsächliche Erbe hat so die Möglichkeit, die Einziehung oder Kraftloserklärung des unrichtigen Erbscheins gem. § 2361 zu beschleunigen, da er nicht erst das Einziehungsverfahren abzuwarten braucht. Vielmehr kann er schon vor Ingangsetzung eines Einziehungs- oder Kraftloserklärungsverfahrens gem. § 2361 durch seine eigene Initiative bewirken, dass ein unrichtiger Erbschein, der ihn als wahren Erben belastet, aus dem Verkehr gezogen wird. Der materiellrechtliche Herausgabeanspruch nach § 2362 ist im streitigen (ZPO-)Verfahren geltend zu machen.[1] Anspruchsgegner ist dabei der Besitzer eines unrichtigen Erbscheins. Der Besitzer eines unrichtigen Erbscheins ist auch dann zur Herausgabe verpflichtet, wenn er in diesem unrichtigen Erbschein nicht als Erbe oder Miterbe bezeichnet ist.[2]

Die Vorschrift stellt ausschließlich auf den tatsächlichen Besitz ab.

Alleine diese **Auslegung** wird dem mit § 2362 verfolgten Rechtsgedanken gerecht, weil auf diese Weise am ehesten gewährleistet ist, dass ein unrichtiger Erbschein möglichst schnell aus dem Verkehr gezogen wird. Entsprechend der zivilprozessualen Beweislastverteilung muss der wirkliche Erbe im Prozess den Nachweis für sein Erbrecht und für den Besitz des Beklagten führen. Der Gerichtsstand bei einer Herausgabelage nach § 2362

---

1 MüKoBGB/*J. Mayer* § 2362 Rn. 6 m.w.N.
2 Vgl. nur *Palandt/Edenhofer* § 2362 Rn. 1.

bestimmt sich nach der wohl herrschenden Kommentarliteratur nicht nach § 27 ZPO.[3] Da aber die Einziehung eines unrichtigen Erbscheins zumindest mittelbar im Zusammenhang mit der Feststellung eines Erbrechts im weiteren Sinne steht, dürfte dementsprechend auch der besondere Gerichtsstand gem. § 27 ZPO gelten.[4]

III. Auskunftsverpflichtung

5 Die **Auskunftsverpflichtung** zu Lasten des Inhabers eines unrichtigen Erbscheins gegenüber dem wirklichen Erben rechtfertigt sich schon aus dem Risiko heraus, dass der Inhaber eines unrichtigen Erbscheins Dispositionen im weitesten Sinne über den Nachlass getroffen haben kann. Hier will die Bestimmung des § 2362 Abs. 2 zugunsten des wirklichen Erben und durch Statuierung eines eigenen Auskunftsanspruchs Rechtssicherheit dahingehend schaffen, dass der wirkliche Erbe sich über den Bestand der Erbschaft und über den Verbleib einzelner Erbschaftsgegenstände beim Inhaber eines unrichtigen Erbscheins Klarheit verschaffen kann. Im Interesse des wirklichen Erben gelten zu Lasten des Inhabers eines unrichtigen Erbscheins die gleichen Verpflichtungen, wie für den Erbschaftsbesitzer gem. § 2027 BGB, was sich bereits aus der identischen Formulierung des Gesetzestextes ergibt. Aufgrund dieser Parallelität schuldet der Inhaber eines unrichtigen Erbscheins bei Vorliegen der entsprechenden Voraussetzungen auch die Abgabe der eidesstattlichen Versicherung hinsichtlich der geschuldeten Auskunft, wobei sich aus dem in § 2362 im Gegensatz zu § 2028 Abs. 3 fehlenden Verweis darauf schließen lässt, dass der Inhaber eines unrichtigen Erbscheins stets zur Abgabe der eidesstattlichen Versicherung verpflichtet ist, wenn die Voraussetzungen von § 260 Abs. 2 vorliegen.

§ 2363
Inhalt des Erbscheins für den Vorerben

(1) In dem Erbschein, der einem Vorerben erteilt wird, ist anzugeben, dass eine Nacherbfolge angeordnet ist, unter welchen Voraussetzungen sie eintritt und wer der Nacherbe ist. Hat der Erblasser den Nacherben auf dasjenige eingesetzt, was von der Erbschaft bei dem Eintritt der Nacherbfolge übrig sein wird, oder hat er bestimmt, dass der Vorerbe zur freien Verfügung über die Erbschaft berechtigt sein soll, so ist auch dies anzugeben.

(2) Dem Nacherben steht das in § 2362 Abs. 1 bestimmte Recht zu.

I. Normzweck

1 Nachdem bei angeordneter Vor- und Nacherbschaft gem. §§ 2100 ff. auch der Vorerbe tatsächlicher Erbe des Erblassers wird und diese Eigenschaft auch so lange innehat, bis der Nacherbfall eintritt, besteht zu seinen Gunsten ebenso ein dringendes rechtliches Bedürfnis sein Erbrecht, auch wenn es nur als Vorerbrecht ausgestaltet ist, im Rechtsverkehr zu **dokumentieren** und bei der Ausführung von Rechtsgeschäften **nachzuweisen**. Da der Vorerbe nur zeitlich befristeter Erbe ist und zudem im Vergleich zum Nach- und Vollerben bestimmten Beschränkungen unterliegt, insb. wenn keine befreite Vorerbschaft angeordnet ist, besteht zugunsten des Rechtsverkehrs und zum Schutze des Nacherben das Bedürfnis solch bestehende Einschränkungen des Vorerben auch im Erbschein zu verankern.

---

3 Palandt/Edenhofer § 2362 Rn. 2; MüKoBGB/*J. Mayer* § 2362 Rn. 6; jurisPKBGB/*Lange* § 2362 Rn. 11; Staudinger/Firsching (12. Aufl.) § 2362 Rn. 7; RGRK/*Kregel* § 2362 Rn. 1.
4 So auch jurisPKBGB/*Lange* § 2362 Rn. 11, 24.

II. Voraussetzungen zur Erteilung eines Vorerbenerbscheins

Die Erteilung eines Erbscheins zugunsten eines Vorerben setzt die **Anordnung einer** 2
Nacherbfolge voraus, was auch dann der Fall ist, wenn – zulässigerweise – mehrere Nacherbfolgen hintereinander geschaltet werden. Auch solchenfalls ist stets nur dem aktuellen Vorerben auf entsprechenden Antrag für den in gleicher Weise die §§ 2354 ff. gelten, ein Erbschein zu erteilen, weil nur er nach dem Erbfall Erbe, wenn auch nur zeitlich befristet, in Form des Vorerben ist.

III. Zwingende Vermerke

Stellt der Vorerbe einen den Erfordernissen der §§ 2354 ff. entsprechenden begründeten 3
Antrag auf Erteilung eines Erbscheins, so muss der Erbschein zunächst den **Hinweis angeordneter Nacherbfolge beinhalten,** was bedeutet, dass der Nacherbe möglichst exakt individualisiert und auch namentlich im Erbschein zu bezeichnen ist.[1]

Ist die Anordnung der Nacherbfolge auf einen **Bruchteil** beschränkt, so muss in den 4
Erbschein die entsprechende Quote aufgenommen werden.[2] Dies gilt allerdings nicht für die Quote unter mehreren als Nacherben benannte Personen, dies bleibt dem Nacherbenerbschein vorbehalten.[3] Kann zum Zeitpunkt der Erbscheinserteilung die Quote noch nicht bestimmt werden, so kann die Aufnahme der Quote unterbleiben, muss aber gem. § 26 FamFG (früher: § 12 FGG) i.V.m. § 2358 zu gegebener Zeit von Amts wegen ermittelt werden.[4]

Hat der Erblasser gem. § 2104 dahin gehend testiert, dass der von ihm eingesetzte Erbe 5
nur bis zum Eintritt eines bestimmten Zeitpunkts oder eines bestimmten Ereignisses Erbe sein soll, ohne zu bestimmen, wer danach als Nacherbe die Erbschaft erhalten soll, so liegt ebenfalls nur Vorerbschaft vor, wobei in diesem Fall anzunehmen ist, dass als Nacherben all diejenigen Personen eingesetzt sind, welche die gesetzlichen Erben des Erblassers sein würden, wenn dieser zur Zeit des Eintritts des von ihm bestimmten Zeitpunktes oder Ereignisses gestorben wäre. Hier können die Nacherben selbstverständlich namentlich noch nicht bezeichnet werden; dennoch muss der Erbschein diesbezüglich eine so detaillierte Beschreibung der Nacherben beinhalten, dass sie letztlich bestimmbar sind. Dies ist deshalb unverzichtbare Voraussetzung, weil die im Erbschein des Vorerben aufzunehmenden Beschränkungen, insb. dem Schutz der tatsächlichen Nacherben dienen sollen. Des Weiteren obliegt dem Nachlassgericht die Verpflichtung im Falle angeordneter Vor- und Nacherbschaft exakt den Zeitpunkt im Erbschein zu bezeichnen, in welchem der Nacherbfall eintritt, weil zu diesem Zeitpunkt die Erbenstellung des Vorerben erlischt und an seine Stelle der Nacherbe tritt.

Liegt **befreite Vorerbschaft** i.S.v. § 2136 oder aber Nacherbeinsetzung auf den Überrest 6
gem. § 2137 vor, so muss auch diesem Umstand, der sich letztlich als Belastung des Nacherben auswirkt, im Erbschein Rechnung getragen und dort vermerkt werden. Andernfalls ist der Erbschein unrichtig mit den sich aus §§ 2361, 2362 ergebenden Konsequenzen.

Für alle Angaben im Erbschein hinsichtlich vorhandener Beschränkungen, kommt es 7
nach richtiger Ansicht auf den **Zeitpunkt der Erteilung des Erbscheins** und nicht auf den des Erbfalls an.[5]

---

1 BayObLG 83, 252.
2 *Palandt/Edenhofer* § 2363 Rn. 3.
3 Vgl. nur MüKoBGB/*J. Mayer* § 2363 Rn. 9.
4 Vgl. OLG Frankfurt/Main NJW 1953, 507.
5 KG JFG 18, 223; MüKoBGB/*J. Mayer* § 2363 Rn. 19 m.w.N.; a.A. *Kipp/Coing* § 128 Abs. 3 S. 3c.

IV. Rechtsposition des Nacherben

8 § 2363 Abs. 2 gewährt dem Nacherben die in **§ 2362 Abs. 1 normierten Rechte.** Dies bedeutet, dass das Gesetz dem Nacherben im Verhältnis zum Vorerben eine identische Rechtsposition einräumt, wie sie der wirkliche Erbe gegenüber dem Besitzer eines unrichtigen Erbscheins hat. Danach kann der Nacherbe vom Vorerben und entsprechend auch vom vermeintlichen Vorerben, die Herausgabe des zu seinen Gunsten ausgestellten Erbscheins verlangen, für den Fall, dass dieser unrichtig ist. Allerdings besteht auch hier ein Herausgabeanspruch lediglich gegenüber dem Nachlassgericht. Mit dem Verweis von § 2363 Abs. 2 lediglich auf § 2362 Abs. 1, ist gleichzeitig auch klargestellt, dass der Nacherbe gegen den Besitzer eines unrichtigen Erbschein keinen Auskunftsanspruch gem. § 2362 Abs. 2 besitzt; solcher entsteht frühestens mit dem Zeitpunkt, in dem die Vorerbschaft erlischt und die Nacherbfolge eintritt, wohingegen ein Auskunftsanspruch gegenüber dem Vorerben gem. § 2130 Abs. 2 auch schon vor Eintritt der Nacherbfolge zu bejahen ist.[6]

§ 2364
Angabe des Testamentsvollstreckers im Erbschein, Herausgabeanspruch des Testamentsvollstreckers

(1) Hat der Erblasser einen Testamentsvollstrecker ernannt, so ist die Ernennung in dem Erbschein anzugeben.

(2) Dem Testamentsvollstrecker steht das in § 2362 Abs. 1 bestimmte Recht zu.

I. Normzweck

1 Hat ein Erblasser Testamentsvollstreckung angeordnet und zwar gleichgültig mit welchem Inhalt, so hat dies zu Lasten seiner Erben die Konsequenz, dass diese während bestehender Testamentsvollstreckung gem. § 2211 von der Verfügung über Nachlassgegenstände, die der Testamentsvollstreckung unterliegen, ausgeschlossen sind. Mit anderen Worten: Soweit die Testamentsvollstreckung reicht, ist der Testamentsvollstrecker Herr des Nachlasses und nur er kann über die seiner Testamentsvollstreckung unterworfenen Nachlassgegenstände rechtswirksam und unter Ausschluss der Erben verfügen. Diese Verfügungsbeschränkung, die den Erben durch angeordnete Testamentsvollstreckung trifft, soll durch ihre Aufnahme im Erbschein offen zutage treten, wenn der Erbe den Erbschein vorlegt. Dritte erfahren dadurch, dass sie mangels Verfügungsbefugnis des Erben von diesem weder Nachlassgegenstände rechtswirksam erwerben noch Forderungen des Nachlasses gegen sie dem Erben gegenüber rechtswirksam tilgen können.

II. Angaben im Erbschein

2 Nach dem Wortlaut von § 2364 Abs. 1 ist für den Fall, dass der Erblasser einen Testamentsvollstrecker ernannt hat, die **Ernennung im Erbschein anzugeben.** Diese Formulierung lässt offen, ob bei angeordneter Testamentsvollstreckung der Testamentsvollstrecker im Erbschein namentlich genannt werden muss, was die herrschende Meinung zu Recht aus Zweckmäßigkeitsgründen verneint.[1] Dies gilt selbst dann, wenn der Testamentsvollstrecker für den oder die Erben den Antrag auf Erteilung eines Erbscheins zugunsten der Erben gem. § 2353 – was zulässig ist – gestellt hat.

---

6 Vgl. RGRK/*Krege* § 2364 Rn. 11.
1 *Palandt/Edenhofer* 2364 Rn. 1; MüKoBGB/*J. Mayer* § 2364 Rn. 12 m.w.N.

Unklar nach der Formulierung des § 2364 Abs. 1 bleibt auch die Frage, ob der Testamentsvollstreckervermerk in einen Erbschein nur dann aufgenommen werden muss, wenn der Erblasser bei angeordneter Testamentsvollstreckung gleichzeitig auch den Testamentsvollstrecker als solchen ernannt hat, d.h. eine bestimmte Person bereits als Testamentsvollstrecker durch den Erblasser bestimmt worden ist. Es stellt sich also die Frage, ob der Testamentsvollstreckervermerk in den Fällen unterbleiben kann, in denen sich aus der letztwilligen Verfügungen des Erblassers zwar angeordnete Testamentsvollstreckung ergibt, ein bestimmter Testamentsvollstrecker durch den Erblasser aber nicht benannt worden ist, insb. also in den Fällen der §§ 2198 und 2200. Von Sinn und Zweck der Aufnahme eines Testamentsvollstreckervermerks im Erbschein ausgehend, muss der Testamentsvollstreckervermerk auch in den letztgenannten Fällen im Erbschein vermerkt werden, weil sich aus dem Erbschein nur so die sich aufgrund angeordneter Testamentsvollstreckung ergebenden Verfügungsbeschränkungen zu Lasten des oder der Erben ergeben. Ein trotz angeordneter Testamentsvollstreckung unterlassener Testamentsvollstreckervermerk führt zur Unrichtigkeit des Erbscheins mit der Konsequenz der Möglichkeit seiner Einziehung oder Kraftloserklärung gem. § 2361.[2]

3

Da die Person des Testamentsvollstreckers im Erbschein nicht genannt wird und durch die Aufnahme des Testamentsvollstreckervermerks lediglich die Verfügungsbeschränkungen der Erben Dritten gegenüber kundgetan werden sollen, führt auch ein Wechsel in der Person des Testamentsvollstreckers konsequenterweise nicht zur Unrichtigkeit eines erteilten Erbscheins, sofern er nur den Testamentsvollstreckervermerk enthält.

4

III. Rechtsposition des Testamentsvollstreckers

Nachdem der Testamentsvollstrecker bezüglich aller Nachlassgegenstände, die der Testamentsvollstreckung unterworfen sind, »Herr« des Nachlasses ist und dem Erben in Bezug auf diese Nachlassgegenstände gem. § 2211 jegliche Verfügungsbefugnis fehlt, muss der Testamentsvollstrecker die Möglichkeit haben, seine **Rechtsposition durchzusetzen.** Zu diesem Zwecke gewährt § 2364 Abs. 2 dem Testamentsvollstrecker auch das in § 2362 Abs. 1 bestimmte Recht. Danach besitzt der Testamentsvollstrecker gegen den Besitzer eines Erbscheins, in dem die angeordnete Testamentsvollstreckung nicht enthalten ist oder der aus anderem Grunde unrichtig ist, zu seinem Schutze und zum Schutze des Nachlasses sowie des gutgläubigen Rechtsverkehrs, einen Herausgabeanspruch hinsichtlich des unrichtigen Erbscheins. Des weiteren besitzt der Testamentsvollstrecker das Recht, die Einziehung des ohne Testamentsvollstreckervermerk ergangenen unrichtigen Erbscheins gem. § 2361 zu beantragen. Schließlich hat der Testamentsvollstrecker für den Fall, dass ein Erbschein ohne Testamentsvollstreckervermerk erteilt wurde und damit unrichtig ist – dies gilt auch für alle anderen Fälle von Unrichtigkeit –, die Möglichkeit der **Beschwerde** gem. § 58 FamFG (früher: § 19 FGG). Zu beachten ist, dass die Beschwerde gem. § 63 Abs. 1 FamFG grundsätzlich binnen einer **Frist** von einem Monat einzulegen ist. Zuständig für die Beschwerde ist nicht mehr das Landgericht, sondern gem. § 119 Abs. 1 Nr. 1 b GVG das OLG. Die Rechtsbeschwerde findet – soweit sie denn zugelassen wird – gem. § 133 GVG zum BGH statt. Da § 2364 Abs. 2 lediglich auf § 2362 Abs. 1 verweist, muss daraus geschlossen werden, dass dem Testamentsvollstrecker das in § 2362 Abs. 2 normierte Recht nicht zusteht. Ein Auskunftsanspruch steht dem Testamentsvollstrecker aber aus §§ 2205, 2209 zu.[3]

5

---

2 BayObLG FamRZ 1977, 347 ff.
3 *Palandt/Edenhofer* § 2364 Rn. 3.

§ 2365
Vermutung der Richtigkeit des Erbscheins

Es wird vermutet, dass demjenigen, welcher in dem Erbschein als Erbe bezeichnet ist, das in dem Erbschein angegebene Erbrecht zustehe und dass er nicht durch andere als die angegebenen Anordnungen beschränkt sei.

I. Normzweck

1 Die Formulierung von § 2365 macht mit ihrer Wortwahl »vermutet« deutlich, dass die Erteilung eines Erbscheins zugunsten des Erbscheinsinhabers keine materielle Rechtsposition begründet, sondern lediglich eine **Vermutungswirkung** herbeiführt, die jederzeit mit entsprechenden Beweismitteln widerlegt werden kann. Derjenige also, zu dessen Gunsten ein unrichtiger Erbschein erteilt worden ist, erlangt dadurch nicht die Rechtsposition des Erben. Diese Rechtsposition wird im Rechtsverkehr bis zu ihrer Widerlegung nur zu seinen Gunsten fingiert. Der sog. Scheinerbe muss daher jederzeit mit einer Einziehung oder Kraftloserklärung des Erbscheins gem. § 2361 und der Beendigung seiner formalen Rechtsposition rechnen, wenn ihm das Erbrecht objektiv nicht zusteht.

II. Vermutungswirkung

2 Die **Vermutungswirkung** des Erbscheins gem. § 2365 besitzt **zwei unterschiedliche Zielrichtungen**. Einmal geht sie dahin, dass derjenige, der im Erbschein als Erbe bezeichnet ist, Rechtsinhaber des im Erbschein dokumentierten Erbrechts, sprich Erbe des Erblassers geworden ist. Dies gilt auch für die ihm im Erbschein zugesprochene Erbquote. Zum Zweiten vermittelt der Erbschein eine formale Rechtsposition. Der Erbe ist also nur den im Erbschein enthaltenen Beschränkungen unterworfen. Enthält der Erbschein keine Beschränkungen, so kann der Erbe über Nachlassgegenstände unbeschränkt verfügen, solange diese unbeschränkte Verfügungsbefugnis nicht widerlegt ist. Bereits aus dem Wortlaut von § 2365 ergibt sich, dass die Vermutungswirkung des Erbscheins nur für die Erbenstellung einschließlich der Erbquote und für das Fehlen bzw. das Vorhandensein von angegebenen Beschränkungen gilt. Die Vermutungswirkung erfasst also nicht die Umstände, die per se nicht in einen Erbschein aufzunehmen sind (z.B. die Aussetzung von Vermächtnissen, Pflichtteilsansprüche etc.).

3 **Umstritten** ist, ob die Vermutungswirkung des § 2365 auch hinsichtlich des Berufungsgrunds des Erben eingreift.[1]

4 Da die Vermutung des § 2365 eine Rechts- und keine Tatsachenvermutung ist,[2] der Berufungsgrund aber eine Tatsache darstellt, ist eine Vermutungswirkung hinsichtlich des Berufungsgrundes zu verneinen.[3]

5 Dagegen erfasst die Vermutungswirkung des § 2365 die Größe des im Erbschein zuerkannten Erbteils, da sich diese Angabe unmittelbar auf das im Erbschein angegebene Erbrecht bezieht.

III. Konsequenzen der Rechtsvermutung

6 Die Vorschrift des § 2365 hat in erster Linie **Bedeutung im Rechtsverkehr des Erbscheininhabers** mit Dritten. Beruft sich der als Erbe im Erbschein ausgewiesene Erbscheininhaber einem Dritten gegenüber auf sein Erbrecht, so muss der Erbscheininhaber im Rechtsstreit nur den ihn als Erben ausweisenden Erbschein vorlegen und nachweisen, dass

---

[1] *Palandt/Edenhofer* § 2365 Rn. 1.
[2] *Staudinger/Schilken* § 2365 Rn. 8 m.w.N.
[3] *Palandt/Edenhofer* § 2365 Rn. 1.

zwischen ihm und der im Erbschein namentlich ausgewiesenen Person Identität besteht, um das behauptete Erbrecht nachzuweisen. Gleiches gilt, wenn sich der Erbscheininhaber Dritten gegenüber, etwa einem angeblichen Testamentsvollstrecker, auf das Fehlen von Verfügungsbeschränkungen beruft. Hier kann sich der Inhaber des Erbscheines nach ausgewiesener Identität auf den Erbschein berufen, wenn dieser keine Beschränkungen zu seinen Lasten, insb. keinen Testamentsvollstreckervermerk enthält. Da § 2365 allerdings nur eine Richtigkeitsvermutung beinhaltet, also keine materielle Rechtsposition begründet, besteht die Möglichkeit, die Rechtsvermutung des § 2365 zu widerlegen.

Solchen **Beweis**, d.h. die Widerlegung der Richtigkeitsvermutung des § 2365, kann derjenige, der sich gegen die Richtigkeitsvermutung des Erbscheins zur Wehr setzen will, mit allen zur Verfügung stehenden Beweismitteln führen, wie sich dies aus § 292 ZPO ergibt. Mit anderen Worten: Dem Beweisführer stehen alle Beweismittel, die die Zivilprozessordnung kennt, einschließlich der der Parteivernehmung gem. § 445 ZPO zur Verfügung. 7

Im Grundbuchverkehr besitzt der Erbschein öffentlichen Glauben, allerdings nur insoweit, als die dem § 891 entsprechende Vermutung des § 2365 reicht. Dabei geht der öffentliche Glaube des Grundbuchs gem. § 892 allerdings derjenigen des Erbscheins vor. Ist ein Dritter also als Eigentümer eines Grundstücks im Grundbuch eingetragen, so ist der Erwerb des Grundstücks von der im Erbschein als Erbe ausgewiesenen Person auch bei Gutgläubigkeit zwingend ausgeschlossen.[4] 8

§ 2366
Öffentlicher Glaube des Erbscheins

Erwirbt jemand von demjenigen, welcher in einem Erbschein als Erbe bezeichnet ist, durch Rechtsgeschäft einen Erbschaftsgegenstand, ein Recht an einem solchen Gegenstand oder die Befreiung von einem zur Erbschaft gehörenden Recht, so gilt zu seinen Gunsten der Inhalt des Erbscheins, soweit die Vermutung des § 2365 reicht, als richtig, es sei denn, dass er die Unrichtigkeit kennt oder weiß, dass das Nachlassgericht die Rückgabe des Erbscheins wegen Unrichtigkeit verlangt hat.

I. Vorbemerkung

Der Erbschein als eine vom Nachlassgericht **ausgefertigte amtliche Urkunde,** die die als Erbe ausgewiesene Person im Rechtsverkehr verwenden und einsetzen kann, soll zugunsten der Rechtssicherheit im Rechtsverkehr bestimmte Rechtswirkungen entfalten. Diese gehen dahin, dass der Erbschein dem gutgläubigen Dritten dahin gehend Rechtsschutz gewährt, als er den Inhalt eines Erbscheins, soweit dessen Richtigkeitsvermutung reicht, zu seinen Gunsten als richtig fingiert, es also auf die objektive und inhaltliche Richtigkeit des Erbscheins nicht ankommt. Nur so ist der Erbschein im Rechtsverkehr und zugunsten gutgläubiger Dritter im Rechtsverkehr praktikabel einzusetzen. Dabei wird die Gutgläubigkeit des Dritten nach der ausdrücklichen Formulierung von § 2366 allerdings nur insoweit geschützt, als die Vermutungswirkung des § 2365 reicht. Dies bedeutet im Ergebnis, dass der gute Glauben des Dritten nur im Hinblick auf das Erbrecht und die Erbquote zugunsten der als Erbe benannten Person sowie hinsichtlich des Fehlens oder Bestehens von Erbenbeschränkungen geschützt ist. Es liegt auf der Hand, dass solchen Gutglaubensschutz nur ein formal existenter Erbschein, hingegen kein etwa gem. § 2361 eingezogener oder für kraftlos erklärter Erbschein entfalten kann. 1

---

[4] *Palandt/Edenhofe* § 2365 Rn. 5.

II. Reichweite des Gutglaubenschutzes

2 Die **Reichweite des Gutglaubenschutzes** im Rahmen des § 2366 reicht aufgrund ausdrücklichen Verweises auf § 2365 nur soweit, als die Richtigkeitsvermutung der letztgenannten Vorschrift reicht. Mit anderen Worten: Der gute Glaube des Dritten wird nur in Bezug auf das Erbrecht sowie konsequenterweise hinsichtlich der Erbquote der im Erbschein namentlich ausgewiesenen Personen geschützt; weiter kann sich der Dritte aufgrund der Gutglaubenswirkung des Erbscheins darauf verlassen, dass die im Erbschein als Erbe ausgewiesene Person nur den Verfügungsbeschränkungen unterliegt, die im Erbschein vermerkt sind. Fehlt solcher Vermerk, darf der gutgläubige Rechtsverkehr davon ausgehen, dass der Erbe in Bezug auf den Nachlass keinerlei Beschränkungen unterworfen ist.

3 Aus diesem beschränkten Gutglaubenschutz, wie § 2366 ihn begründet, folgt gleichzeitig auch, dass der gutgläubige Rechtsverkehr über die Bestimmung des § 2366 keinen Rechtsschutz etwa dahin gehend genießt, dass ein bestimmter Gegenstand tatsächlich zum Nachlass gehört. Dies wird schon durch den Wortlauf des § 2366 deutlich. Erfasst werden danach nur Erbschaftsgegenstände, Rechte an solchen Gegenständen und Rechte, die in den Nachlass gefallen sind. Erbschaftsgegenstände und -rechte können damit denknotwendig nur solche sein, die von Rechts wegen dem Nachlass zuzuordnen sind. Der gute Glaube an das Bestehen des im Erbschein ausgewiesenen Erbrechts ersetzt daher nicht das Erfordernis, auch hinsichtlich der tatsächlichen Erbschaftszugehörigkeit gutgläubig zu sein. Der Erwerber muss mithin »doppelt« gutgläubig sein. Insoweit bleiben neben § 2366 auch die §§ 892, 893, 932-936, 1032 S. 2 und 1207 weiter anwendbar.[1] Es ist also keinesfalls so, dass der gutgläubige Dritte von der als Erbe im Erbschein ausgewiesenen Person bei Gutgläubigkeit allein hinsichtlich der Erbenstellung jeden Gegenstand zu Eigentum erwerben kann, weil sich der Gutglaubenschutz des § 2365, eben nur auf den Nachlass und die diesem zugehörigen einzelnen Gegenstände bezieht.

4 Geschützt wird über den ausdrücklichen Wortlaut der Vorschrift auch nur der rechtsgeschäftliche Erwerb in Bezug auf einen Erbschaftsgegenstand oder eines dem Nachlass zugehörenden Rechts; dies bedeutet, dass der Gutglaubenschutz dann nicht wirkt, wenn kein rechtsgeschäftlicher Erwerb eines Erbschaftsgegenstands, d.h. kein rechtsgeschäftlicher Einzelerwerb vorliegt, wobei auf den dinglichen Vollzug abzustellen ist. Damit scheidet ein gutgläubiger Erwerb über § 2366 insb. bei einem Rechtserwerb kraft Gesetzes oder im Falle eines Erbschaftskaufs gem. § 2371 ff. aus, weil im erstgenannten Fall kein rechtsgeschäftlicher Erwerb und im letztgenannten Fall kein Erwerb eines Erbschaftsgegenstands, wie § 2366 dies normiert, vorliegt.

5 Geschützt ist auch nur der Dritte bei Verkehrsgeschäften. Bei Rechtsgeschäften, die der Erbauseinandersetzung unter Miterben dienen, ist § 2366 nicht anwendbar.[2]

III. Bösgläubigkeit i.S.v. § 2366

6 Die **Rechtswirkungen,** die die Vorschrift entfaltet, wirken nicht zugunsten des Bösgläubigen, sondern nur im Interesse des gutgläubigen Rechtsverkehrs. Bösgläubigkeit, die zum Ausschluss der Rechtswirkungen des § 2366 führt, liegt immer dann vor, wenn der rechtsgeschäftliche Vertragspartner der im Erbschein als Erbe ausgewiesenen Person die Unrichtigkeit des Erbscheins kennt. Von dieser Formulierung ausgehend, schadet also lediglich positive Kenntnis, so dass die bloße Kenntnis von Tatsachen und Tatumständen, die auf eine Unrichtigkeit des Erbscheins schließen lassen, ebenso wenig ausreicht wie dem Dritten bekannte Umstände, aufgrund derer er die Unrichtigkeit des Erbscheins hätte kennen müssen. § 2366 will umfassend den redlichen Erwerb schützen, was

---

[1] *Palandt/Edenhofer* § 2366 Rn. 5.
[2] OLG Hamm FamRZ 1975, 510; MüKoBGB/*J. Mayer* § 2366 Rn. 11 m.w.N.

beim Erwerber nur das Bewusstsein voraussetzt, einen zur Erbschaft gehörenden Gegenstand erwerben zu wollen.³

Bösgläubig i.S.d. § 2366 ist allerdings auch derjenige, der positive Kenntnis davon hat, 7 dass das Nachlassgericht die Rückgabe des Erbscheins wegen Unrichtigkeit verlangt hat oder aber, dass ein Erbschein gem. § 2361 Abs. 2 durch Beschluss des Nachlassgerichts für kraftlos erklärt wurde, auch dann, wenn der Beschluss noch nicht nach den für die öffentliche Zustellung einer Ladung geltenden Vorschriften der Zivilprozessordnung bekannt gemacht worden ist. Gutgläubigkeit i.S.v. § 2366 muss grundsätzlich im Zeitpunkt des Rechtserwerbs, also zum Zeitpunkt des dinglichen Eigentumsübergangs vorliegen, so dass spätere positive Kenntnis, also nachträgliche Bösgläubigkeit zu Recht unschädlich ist.⁴

Die **bloße Möglichkeit der Anfechtung** einer letztwilligen Verfügung, aus der die im 8 Erbschein ausgewiesene Person ihr Erbrecht ableitet, führt nach richtiger Auffassung nicht zu Bösgläubigkeit i.S.v. § 2366, weil unsicher ist, ob die Abgabe der Anfechtungserklärung tatsächlich rechtswirksam erfolgt und bezüglich der Gutgläubigkeit in Anwendung allgemein gültiger Rechtsgrundsätze nur auf die Vollendung des Rechtserwerbs abgestellt werden kann.⁵

IV. Konsequenzen bei Erwerb vom Nichtberechtigten

1. Grundstücke

Nachdem § 2366 lediglich den guten Glauben an das Erbrecht der im Erbschein bezeichne- 9 ten Personen schützt sowie das Vertrauen auf fehlende Verfügungsbeschränkungen, soweit sie im Erbschein nicht vermerkt sind, müssen in Fällen gutgläubigen Erwerbs stets auch die übrigen Gutglaubensvorschriften, bei Grundstücken also die §§ 891 ff. berücksichtigt werden, die neben § 2366 selbstständige Bedeutung besitzen.⁶

Aus diesem Grund ist es auch durchaus möglich, dass ein gutgläubiger Dritter von dem 10 im Erbschein ausgewiesenen Erben ein Grundstück erwirbt, das nicht zum Nachlass gehört, sofern der Nichterbe im Grundbuch eingetragen ist, wobei sich dann der Erwerb aber über die Gutglaubensvorschrift des § 892 und nicht über § 2366 vollzieht.

2. Bewegliche Sachen

Beim Verkauf beweglicher Sachen stehen die allgemeinen Gutglaubenvorschriften des 11 § 932 ff. selbstständig und unabhängig neben der Bestimmung des § 2366. Hierbei ist allerdings zu beachten, dass § 932 Abs. 2 Bösgläubigkeit bereits dann bejaht, wenn dem Erwerber bekannt oder infolge grober Fahrlässigkeit unbekannt ist, dass die Sache nicht dem Veräußerer gehört, wohingegen im Rahmen des § 2366 ausschließlich positive Kenntnis hinsichtlich der Unrichtigkeit des Erbscheins schadet. Dies bedeutet, dass der gutgläubige Erwerb über § 2366 bei Vorliegen der entsprechenden Voraussetzungen weit einfacher möglich ist als über die sachenrechtlichen Gutglaubensvorschriften, eine Konsequenz, die im Ergebnis wenig wünschenswert erscheint, aber letztlich durch die objektive Gesetzeslage vorgegeben ist.

---

3 *Muscheler* JURA 2009, 731 ff; *Wiegand* JuS 1975, 285 ff.
4 BGH WM 1971, 54.
5 A.A. vgl. *Palandt/Edenhofer* § 2366 Rn. 3.
6 *Palandt/Edenhofer* § 2366 Rn. 6.

§ 2367
Leistung an Erbscheinserben

Die Vorschrift des § 2366 findet entsprechende Anwendung, wenn an denjenigen, welcher in einem Erbschein als Erbe bezeichnet ist, auf Grund eines zur Erbschaft gehörenden Rechts eine Leistung bewirkt oder wenn zwischen ihm und einem anderen in Ansehung eines solchen Rechts ein nicht unter die Vorschrift des § 2366 fallendes Rechtsgeschäft vorgenommen wird, das eine Verfügung über das Recht enthält.

I. Normzweck

1 Die Regelung des § 2367 erweitert den durch § 2366 gewährten Gutglaubensschutz auf Verfügungsgeschäfte und Leistungen an den Erbscheinserben bzw. auf Verfügungsgeschäfte und Leistungen an den wahren Erben, dessen Verfügungsbeschränkungen durch Nacherbschaft oder Testamentsvollstreckung nicht im Erbschein bezeichnet sind.[1] Leistet also der Schuldner an den Scheinerben auf eine Forderung des Erben, wird er gegenüber dem wahren Erben von seiner Leistungspflicht frei. Erfasst werden also zunächst Leistungsgeschäfte an den Erbscheinserben oder an den wahren, aber etwa durch Testamentsvollstreckung in der Verfügung über den Nachlass beschränkten Erben. Daneben schützt § 2367 gutgläubige Dritte bei Verfügungsgeschäften, soweit ein nicht unter die Vorschrift des § 2366 fallendes Rechtsgeschäft vorgenommen wird. Unter Verfügungsgeschäften i.d.S. sind alle Rechtsgeschäfte zu verstehen, durch die ein Recht bestellt, aufgehoben, übertragen, belastet oder inhaltlich verändert wird. Auch einseitige Rechtsgeschäfte wie etwa die Ausübung von Gestaltungsrechten (Aufrechnung, Kündigung, Genehmigung, Mahnung etc.) fallen hierunter.[2]

II. Leistung an den Erbscheinserben

2 Erbringt der gutgläubige Dritte aufgrund eines zur Erbschaft gehörenden Rechts eine Leistung an den Erbscheinserben, so soll dieser zunächst in **zweierlei Fallkonstellationen** geschützt werden: Zum einen soll der Schuldner nach Erbringung seiner Leistung von der Schuld dem Nachlass gegenüber i.S.v. § 362 frei werden, wenn er an den Erbscheinserben leistet, sich danach aber dessen Nichtberechtigung herausstellt. Zum anderen greift der Gutglaubensschutz nach § 2367, wenn der gutgläubige Dritte eine Leistung an den tatsächlichen Erben erbringt, dieser aber beispielsweise infolge einer wirksam angeordneten aber im Erbschein nicht ausgewiesenen Testamentsvollstreckung keine Verfügungsbefugnis über den Nachlass besitzt. Auch in diesem Fall ist es dem Testamentsvollstrecker infolge der Erfüllungswirkung von § 362 verwehrt, nochmalige Leistung an den Nachlass vom gutgläubigen Dritten zu verlangen. § 2367 gilt für alle sonstigen Rechtsgeschäfte, die eine Verfügung über ein zum Nachlass gehörendes Recht beinhalten, aber nicht bereits unter § 2366 fallen. Gegenstand eines verfügenden Geschäfts gem. § 2367 können sowohl schuldrechtliche als auch dingliche Rechte sein, wobei § 2367 neben den ausdrücklich genannten Verfügungen auch sonstige Rechtshandlungen, wie vor allem die Ausübung von Gestaltungsrechten, mit umfasst, soweit sie auf ein zum Nachlass gehörendes Rechtsverhältnis unmittelbaren Einfluss besitzen.[3]

3 Hierunter fallen nach allgemeiner Auffassung insb. Kündigung, Aufrechnung, Mahnung, Stundung, genauso aber die Bestellung einer Vormerkung oder die Ausübung von Gesellschafterrechten.[4]

---

[1] BeckscherOK/*Siegmann/Höger* § 2367 Rn. 1.
[2] *HKBGB* § 2367 Rn. 3.
[3] MüKoBGB/*J. Mayer* § 2367 Rn. 7.
[4] S.o. Vgl. MüKoBGB/*J. Mayer* § 2367 Rn. 7 ff.; *Palandt/Edenhofer* § 2367 Rn. 1.

Aus der Formulierung des Gesetzeswortlauts, der auf den Begriff der Verfügung 4 abstellt, folgt, dass nur schuldrechtliche Verpflichtungen den Tatbestand des § 2367 nicht erfüllen, so dass der wirkliche Erbe durch den Abschluss eines nur schuldrechtlichen Vertrags, wie etwa eines Mietvertrags, zwischen dem Erbscheinserben und einem gutgläubigen Dritten und unter Berufung auf § 2367 nicht gebunden wird. Gleiches gilt für den Testamentsvollstrecker für den Fall, dass der wirkliche Erbe trotz bestehender aber im Erbschein nicht ausgewiesener Testamentsvollstreckung ein schuldrechtliches Verpflichtungsgeschäft mit einem gutgläubigen Dritten eingeht. Nichts anderes gilt nach allgemeiner Auffassung schließlich auch für die Prozesse, die zum Nachlass gehörende Gegenstände betreffen.[5]

III. Schutz des wirklichen Erben

Da der wahre Erbe in den Fällen der §§ 2366, 2367 an die von diesen Rechtsnormen erfassten 5 Rechtsgeschäfte des Erbscheinserben gebunden ist, und zwar zum Schutze des gutgläubigen Rechtsverkehrs, muss dieser gleichzeitig zur **Wahrung seiner eigenen Rechtsposition** in der Lage sein, für die bei ihm eintretenden Rechtsnachteile Ersatz verlangen zu können. Solche Ansprüche ergeben sich zunächst aus den §§ 2018, 2019. Danach kann der Erbe von jedem Erbschaftsbesitzer Herausgabe all der Gegenstände verlangen, die zum Nachlass gehören, so dass die Rechtsposition des Erben bei Vorhandenseins der Leistung beim Erbscheinserben über § 2018 geschützt ist. Gleiches gilt für den Fall der Surrogation gem. § 2019. Schließlich und quasi als Auffangtatbestand besteht die Möglichkeit eines Vorgehens gem. § 816 Abs. 2 und je nach Fallkonstellation auch nach Abs. 1 dieser Bestimmung.

§ 2368
Testamentsvollstreckerzeugnis

(1) Einem Testamentsvollstrecker hat das Nachlassgericht auf Antrag ein Zeugnis über die Ernennung zu erteilen. Ist der Testamentsvollstrecker in der Verwaltung des Nachlasses beschränkt oder hat der Erblasser angeordnet, dass der Testamentsvollstrecker in der Eingehung von Verbindlichkeiten für den Nachlass nicht beschränkt sein soll, so ist dies in dem Zeugnis anzugeben.

(2) Die Vorschriften über den Erbschein finden auf das Zeugnis entsprechende Anwendung; mit der Beendigung des Amts des Testamentsvollstreckers wird das Zeugnis kraftlos.

I. Normzweck

Obwohl das Testamentsvollstreckerzeugnis mit dem Erbschein als solchem nichts zu hat, 1 unterstellt § 2368 Abs. 2 das Testamentsvollstreckerzeugnis den Vorschriften über den Erbschein. Das Testamentsvollstreckerzeugnis soll dem Testamentsvollstrecker die **im Rechtsverkehr erforderliche Legitimation** verleihen, die Testamentsvollstreckung durchzuführen und abzuwickeln sowie Rechtsgeschäfte für und über den Nachlass abzuschließen und erfüllen zu können. Hierfür ist der Erbschein schon deshalb nicht geeignet, weil in ihm bei angeordneter Testamentsvollstreckung lediglich der Testamentsvollstreckervermerk aufzunehmen ist, nicht aber die Person des Testamentsvollstreckers als solche.

---

5 *Palandt/Edenhofer* § 2367 Rn. 1.

II. Testamentsvollstreckerzeugnis und sein Inhalt

2 Das Testamentsvollstreckerzeugnis soll der als Testamentsvollstrecker ernannten Person nach außen, d.h. gegenüber Dritten aber auch im Verhältnis zu den Erben, die Legitimation verleihen, über den Nachlass verfügen zu können, was schon aus dem Entzug des Verfügungsrechts der Erben gem. § 2211 folgt. Das Testamentsvollstreckerzeugnis **weist die in ihm gem. § 2197 benannte Person als Testamentsvollstrecker** aus und beinhaltet gleichzeitig den vom Erblasser dem Testamentsvollstrecker gegenüber zugeordneten **Tätigkeitskreis**. Ist der Testamentsvollstrecker beispielsweise in der Verwaltung des Nachlasses beschränkt, wie § 2208 dies zulässt, oder besteht gem. § 2210 eine zeitlich befristete oder aber 30jährige Dauertestamentsvollstreckung, so muss dies in das Testamentsvollstreckerzeugnis ebenso aufgenommen werden wie die Anordnung des Erblassers, der Testamentsvollstrecker solle in der Eingehung von Verbindlichkeiten für den Nachlass nicht beschränkt sein. Des Weiteren muss das Testamentsvollstreckerzeugnis die Person, d.h. den Namen des Testamentsvollstreckers nebst Adresse, bezeichnen; bei Vorhandenseins mehrerer Testamentsvollstrecker sind im Testamentsvollstreckerzeugnis alle Testamentsvollstrecker mit Namen und Adresse zu nennen. Man spricht in diesen Fällen von einem Mitvollstreckerzeugnis oder einem gemeinschaftlichen Vollstreckerzeugnis in entsprechender Anwendung von § 2357. Allerdings kann beim Vorhandensein mehrerer Testamentsvollstrecker auch jeder einzelne Mittestamentsvollstrecker ein Teilvollstreckerzeugnis als sog. Sonderzeugnis in analoger Anwendung von § 2353 erhalten.[1]

3 Das Testamentsvollstreckerzeugnis und der in ihm enthaltene Ausweis zugunsten der als Testamentsvollstrecker im Zeugnis benannten Person kann sich immer nur auf einen bestimmten Nachlass beziehen,[2] so dass im Testamentsvollstreckerzeugnis zur Vermeidung jeglicher Verwechslungsgefahr auch der Erblasser namentlich anzugeben ist einschließlich seines letzten Wohnsitzes und Todestages.

III. Erteilung des Testamentsvollstreckerzeugnisses

1. Zuständigkeit

4 Der Verweis in § 2368 Abs. 2 Hs. 1. auf die Vorschriften über den Erbschein gilt uneingeschränkt auch für die Zuständigkeit. Demnach ist für die Erteilung des Testamentsvollstreckerzeugnisses gem. § 2368 i.V.m. § 2353 das **Nachlassgericht** zuständig. Nachlassgericht ist das *Amtsgericht* gem. § 23a Abs. 1 Nr. 2, Abs 2 Nr 2. GVG n.F. Eine Nachfolgeregelung zu § 72 FGG innerhalb des FamFG war aufgrund der Einbeziehung der FamFG-Verfahren in den sachlichen Geltungsbereich des GVG entbehrlich.[3] In Baden-Württemberg ist das Notariat zuständig, vgl. §§ 1, 38 BadWürttLFGG. In Abweichung der grundsätzlich bestehenden **funktionellen Zuständigkeit** des *Rechtspflegers* gem. § 3 Nr 2c RPflG i.V.m. § 342 Abs. 1 Nr. 7 FamFG, ist für die Erteilung des Testamentsvollstreckerzeugnisses allein der Richter zuständig, vgl. § 16 Abs. 1 Nr. 6 RPflG.

2. Antrag

5 Genau wie der Erbschein nur auf Antrag erteilt wird, setzt die Ausstellung des Testamentsvollstreckerzeugnisses durch das Nachlassgericht in entsprechender Anwendung von § 2353 einen **Antrag** voraus. Dies bedeutet, dass das Nachlassgericht auch bei ihm bekannter Testamentsvollstreckung von sich aus selbst nicht tätig wird. Der Antrag muss eindeutig zum Ausdruck bringen, welchen Inhalt das begehrte Testamentsvollstreckerzeugnis haben soll. Einmal muss der komplette Name des Testamentsvollstreckers nebst

---

1 BayObLG GZ 1965, 382.
2 KG JFG 14, 275.
3 BTDrs. 16/6308, 277.

Anschrift bezeichnet werden und zum Zweiten setzt ein zulässiger Antrag konkrete Angaben darüber voraus, für wessen Nachlass das Testamentsvollstreckerzeugnis begehrt wird. Das Nachlassgericht ist an diesen Antrag gebunden und kann dem Antrag entweder entsprechen oder ihn als unzulässig oder unbegründet zurückweisen. Das Nachlassgericht ist dagegen ohne entsprechenden Antrag nicht berechtigt, den ihm vorgelegten Antrag beispielsweise einzuschränken, auszuweiten oder unter Anwendung eigenen Ermessens zu modifizieren.

3. Antragsrecht

Gem. § 2368 Abs. 1 S. 1 besitzt zunächst der **Testamentsvollstrecker** selbst das Recht, ein Testamentsvollstreckerzeugnis zu beantragen. Sind mehrere Testamentsvollstrecker berufen, so kommt jedem einzelnen Mittestamentsvollstrecker in analoger Anwendung von § 2357 Abs. 1 S. 2 ein Antragsrecht zu.[4]

Umstritten ist hingegen das Antragsrecht des Erben auf Erteilung eines Testamentsvollstreckerzeugnisses.[5]

Nach wohl überwiegender Ansicht ist der Erbe nicht antragsberechtigt gestützt auf die Erwägung, dem Erben fehle es schon deshalb an einer Antragsberechtigung, weil er das Zeugnis für seine eigene Legitimation nicht benötige.[6] In der Literatur wird dagegen teilweise ein Antragsrecht des Erben angenommen.[7]

4. Rechtliches Gehör

Der frühere Abs. 2 der Vorschrift wurde zum 1.9.2009 aufgehoben. Die alte Vorschrift verlangte nicht zwingend die Anhörung, so dass sie im Hinblick auf Art. 103 Abs. 1 GG Bedenken ausgelöst hatte.[8] Diese Bedenken bestehen jetzt nicht mehr, weil die Pflicht zur Anhörung jetzt durch die §§ 34, 345 Abs. 3 FamFG geregelt ist. Zum Umfang gilt das Gleiche, was bereits zum Erbschein gesagt ist.[9]

5. Rechtsmittel

Gegen Entscheidungen des Nachlassgerichts zurr Erteilung oder Einziehung eines Testamentsvollstreckerzeugnisses findet die Beschwerde gem. § 58 FamFG statt. Der Zeugniserteilung als solcher geht zunächst ein Feststellungsbeschluss nach den §§ 354, 352 Abs. 1 S. 1 FamFG voraus. Danach bestimmt das Nachlassgericht durch Beschluss, dass das Vorliegen sämtlicher für die Erteilung des Zeugnisses erforderlicher Tatsachen als festgestellt erachtet wird. Bereits gegen diese Entscheidung ist die Beschwerde gem. § 58 FamFG zulässig. *Nach* der Erteilung des Testamentsvollstreckerzeugnisses ist die Beschwerde gegen den Beschluss nur noch insoweit zulässig, als die Einziehung des Testamentsvollstreckerzeugnisses beantragt wird, §§ 354, 352 Abs. 3 FamFG. Beschwerdeberechtigt ist auch der Erbe jedenfalls dann, wenn eine Beeinträchtigung des Erbrechts durch das zu erteilende Zeugnis geltend gemacht wird.[10] Das Beschwerderecht des Erben ist zu verneinen, soweit das Testamentsvollstreckerzeugnis nicht erteilt worden ist. Dies folgt aus dem Umstand, dass der Erbe schon kein Antragsrecht hat. Dementsprechend besteht auch kein Rechtsschutzbe-

---

4 OLG Zweibrücken OLGZ 1989, 153 ff.
5 MüKoBGB/*J. Mayer* § 2368 Rn. 6.
6 OLG Hamm FamRZ 2000, 487, 488; BayObLG ZEV 1995, 22, 23; MDR 1978, 142; *Staudinger/Schilken* § 2368 Rn. 4; *Palandt/Edenhofer* § 2368 Rn. 5; *Erman/Schlüter* § 236, Rn. 1.
7 MüKoBGB/*J. Mayer* § 2368 Rn. 6 m.w.N.
8 Zum früheren Recht MüKoBGB/*Mayer*§ 2368 Rn. 24.
9 S. § 2358 Rz. 3.
10 BayObLG FamRZ 1988, 1321.

dürfnis des Erben, wenn der Antrag zurückgewiesen wird.[11] Der Testamentsvollstrecker selbst ist grundsätzlich beschwerdeberechtigt, wenn das beantragte Zeugnis nicht erteilt wird[12] Zu beachten ist, dass abweichend von § 63 Abs. 1 FamFG gegen die in § 355 Abs. 1 und 2 FamFG genannten Beschlüsse Beschwerde nur innerhalb von zwei Wochen eingelegt werden kann: Die zweiwöchige Frist findet hier Anwendung, da die in § 355 Abs. 1 FamFG genannten Beschlüsse in entsprechender Anwendung der §§ 567–572 ZPO mit der sofortigen Beschwerde angegriffen werden müssen. Gem. § 569 Abs. 1 ZPO gilt daher die Zwei-Wochen-Frist. Auch Beschlüsse i.S.d. § 355 Abs. 2 FamFG unterliegen gem. § 63 Abs. 2 Nr. 3 FamFG der zweiwöchigen Beschwerdefrist.

IV. Wegfall der Wirkungen des Testamentsvollstreckerzeugnisses

11 Gem. § 2368 Abs. 2 Hs. 2 wird das Testamentsvollstreckerzeugnis **mit der Beendigung des Amts des Testamentsvollstreckers kraftlos**; es bedarf hierzu keiner besonderen Veranlassung, weder durch das Nachlassgericht noch durch den Testamentsvollstrecker selbst.[13]

12 Das Gesetz listet die Fälle des Erlöschens des Testamentsvollstreckeramts in den §§ 2225–2227 im Einzelnen auf. § 2225 ist allerdings dahingehend zu ergänzen, dass die Testamentsvollstreckung auch dann endet, wenn der Testamentsvollstrecker sämtliche ihm zugewiesene Aufgaben erledigt hat, ohne dass es hierzu einer Amtsniederlegung durch den Testamentsvollstrecker oder einer Anzeige an das Nachlassgericht bedarf.[14]

13 Mit Beendigung des Testamentsvollstreckeramts ist das Nachlassgericht aus Gründen der Verkehrs- und Rechtssicherheit verpflichtet, das Testamentsvollstreckerzeugnis von Amts wegen zu den Akten anzufordern oder aber seine Kraftlosigkeit bekanntzumachen.[15]

14 Die Kraftlosigkeit des Testamentsvollstreckerzeugnisses ergibt sich schließlich auch im Falle des § 2361.

§ 2369
Gegenständlich beschränkter Erbschein

(1) Gehören zu einer Erbschaft auch Gegenstände, die sich im Ausland befinden, kann der Antrag auf Erteilung eines Erbscheins auf die im Inland befindlichen Gegenstände beschränkt werden.

(2) Ein Gegenstand, für den von einer deutschen Behörde ein zur Eintragung des Berechtigten bestimmtes Buch oder Register geführt wird, gilt als im Inland befindlich. Ein Anspruch gilt als im Inland befindlich, wenn für die Klage ein deutsches Gericht zuständig ist.

Zu § 2369: Geändert durch G vom 17.12.2008 (BGBl I S. 2586) (1.9.2009).

---

11 BayObLG FamRZ 1995, 124.
12 OLG Hamm ZEV 2004, 288.
13 OLG München NJW 1951, 74.
14 BGHZ 41, 23.
15 BayObLGZ 53, 357; OLG Köln RPfleger 1986, 286.

Fassung bis 31.12.2009

§ 2369
Gegenständlich beschränkter Erbschein

(1) Gehören zu einer Erbschaft, für die es an einem zur Erteilung des Erbscheins zuständigen deutschen Nachlassgericht fehlt, Gegenstände, die sich im Inland befinden, so kann die Erteilung eines Erbscheins für diese Gegenstände verlangt werden.

(2) Ein Gegenstand, für den von einer deutschen Behörde ein zur Eintragung des Berechtigten bestimmtes Buch oder Register geführt wird, gilt als im Inland befindlich. Ein Anspruch gilt als im Inland befindlich, wenn für die Klage ein deutsches Gericht zuständig ist.

I. Reform

§ 2369 Abs. 1 BGB ist durch das FGG-Reformgesetz, das zum 1.9.2009 in Kraft getreten ist,[1] neu gefasst worden. 1

Die alte Fassung sah die Erteilung eines Erbscheines vor, der sich nur auf das im Inland belegene Vermögen eines Ausländers beschränkte und der ausländisches Erbrecht bezeugte. Antragsberechtigt konnte nur ein Ausländer sein. 2

Für die internationale Zuständigkeit eines deutschen Nachlassgerichts wurde bislang die – ungeschriebene – **Gleichlauftheorie** verwandt.[2] Nach dieser Theorie ist ein deutsches Nachlassgericht international zuständig, wenn das internationale Privatrecht auf deutsches Erbrecht verweist. Ein deutsches Nachlassgericht ist daher bei einem deutschen Erblasser stets zuständig, da Art. 25 Abs. 1 EGBGB auf deutsches Erbrecht verweist. 3

Für einen ausländischen Erblasser ist ein deutsches Nachlassgericht nach der Gleichlauftheorie international zuständig, wenn infolge Rückverweisung deutsches Erbrecht anwendbar ist oder wenn der Ausländer für im Inland belegenes unbewegliches Vermögen deutsches Recht nach Art. 25 Abs. 2 EGBGB gewählt hat. Die Gleichlauftheorie stieß in der Literatur auf Ablehnung, da nirgendwo sonst im Bereich des internationalen Verfahrensrechts die Zuständigkeit der deutschen Gerichte an das anwendbare Sachrecht geknüpft wird.[3] 4

Nach der Gleichlauftheorie wäre eine internationale Zuständigkeit eines deutschen Nachlassgerichts nicht gegeben für einen Ausländer, dessen Vermögen in Deutschland belegen ist und das sich nach ausländischem Recht vererbt, sog. Fremdrechtsnachlass. Unter Durchbrechung der Gleichlauftheorie begründete die alte Fassung des § 2369 Abs. 1 BGB auch für diese Fälle die Zuständigkeit des deutschen Nachlassgerichts. Dadurch sollte die Abwicklung des im Inland befindlichen Nachlasses auch bei Anwendung ausländischen Erbrechts erleichtert werden. 5

Mit dem Inkrafttreten des FamFG zum 1.9.2009 ist die internationale Zuständigkeit eines deutschen Gerichts neu geregelt worden. Nach § 105 FamFG ist ein deutsches Gericht international zuständig, wenn es örtlich zuständig ist. Die örtliche Zuständigkeit eines deutschen Nachlassgerichts ergibt sich aus § 343 FamFG. 6

Nach § 343 Abs. 1 FamFG bestimmt sich die örtliche Zuständigkeit nach dem Wohnsitz, den der Erblasser zurzeit des Erbfalls hatte. Fehlt es an einem inländischen Wohnsitz, ist das Gericht zuständig, in dessen Bezirk der Erblasser zurzeit des Erbfalls seinen Aufenthalt hatte. 7

Ist der Erblasser ein Ausländer und hatte er zurzeit des Erbfalles im Inland weder Wohnsitz noch Aufenthalt, ist jedes Gericht, in dessen Bezirk sich Nachlassgegenstände befinden, für alle Nachlassgegenstände zuständig, § 343 Abs. 3 FamFG. 8

---

1 BGBl I 2008, 2585 ff.
2 Vgl. BayObLG NJW 1987, 1148.
3 vgl. MüKoBGB/*Birk* Art. 25 EGBGB Rn. 317; *Keidel/Engelhardt* § 105 Rn. 3.

II. Normzweck

9 Durch die Ableitung der internationalen von der örtlichen Zuständigkeit kommt es gegenüber der Gleichlauftheorie zu einer erheblichen Ausweitung der internationalen Zuständigkeit für die Erteilung eines unbeschränkten Fremdrechtserbscheins. Denn gem. § 105 i.V.m. § 343 Abs. 1 FamFG sind die deutschen Gerichte insb. auch dann für die Erteilung eines unbeschränkten Fremdrechtserbscheins zuständig, wenn ein ausländischer Erblasser zurzeit des Erbfalls seinen Wohnsitz bzw. Aufenthalt im Inland hatte.[4]

10 Nunmehr sind die deutschen Nachlassgerichte nicht mehr nur für die in Deutschland belegenen Vermögensgegenstände zuständig, sondern für das gesamte Weltvermögen des Erblassers, auch wenn es ausländischem Recht unterliegt. Der Erbschein bezeugt das Erbrecht zum gesamten Vermögen des Erblassers, auch wenn dabei ausländisches Recht anzuwenden ist. Die Ermittlung des ausländischen Rechts kann hohe Kosten, insb. Gutachterkosten, verursachen. Die Erbscheinsgebühren werden grundsätzlich nach dem gesamten Vermögen des Erblassers berechnet, §§ 107, 49 KostO. Dadurch können hohe Gebühren entstehen, obwohl völlig ungewiss ist, ob das Ausland bezüglich des dort belegenen Vermögens den deutschen Erbschein akzeptiert. Daher hat der Antragsteller nach der Neufassung des § 2369 BGB eine Wahlmöglichkeit. Befindet sich Nachlass in Deutschland und im Ausland, kann der Antragsteller die Erteilung eines unbeschränkten Erbscheins nach den §§ 2353 ff. BGB beantragen oder gem. § 2369 Abs. 1 BGB nur einen Erbschein, der sich auf die im Inland befindlichen Nachlassgegenstände beschränkt. Verlangt der Antragsteller gem. § 2369 Abs. 1 BGB nur einen auf die im Inland befindlichen Gegenstände beschränkten Erbschein, werden die Gebühren für den Erbscheinsantrag nebst eidesstattlicher Versicherung und für die Ausfertigung des Erbscheins nur aus dem im Inland belegenen Nachlasswert berechnet, §§ 49 Abs. 2, 107 Abs. 2 S. 3 KostO.[5]

11 Es dürfte sich daher regelmäßig empfehlen, von der Wahlmöglichkeit nach § 2369 BGB bei gemischten Nachlässen Gebrauch zu machen. Der gegenständlich beschränkte Erbschein ist damit nicht entfallen, er weist aber nicht mehr zwingend die Rechtslage nach ausländischem Erbrecht aus.[6]

III. Voraussetzungen

12 Es muss sich um einen gemischten Nachlass handeln, der Vermögensgegenstände sowohl im Inland als auch im Ausland enthält, und zwar im Zeitpunkt der Antragstellung.[7] Welche Gegenstände zum Nachlass gehören, bestimmt sich nach dem Recht am Belegenheitsort.[8]

13 Nach der zwingenden Regelung des § 2369 Abs. 2 BGB, der unverändert blieb, gehören zum Inlandsvermögen auch solche Gegenstände, für die in der Bundesrepublik Deutschland ein bestimmtes Buch oder Register geführt wird, in dem diese Gegenstände registriert sind. Als solche Register gelten in erster Linie Grundbücher, Handels- und Schiffsregister, Muster- und Patentrollen. Für Ansprüche, also insb. auch für Forderungen, die einem Ausländer zustehen, stellt § 2369 Abs. 2 S. 2 darauf ab, ob für die Durchsetzung solcher Ansprüche im Falle einer Klage ein deutsches Gericht zuständig ist. Es kommt darauf an, ob aus Erblassersicht für die Realisierung des jeweiligen Anspruches ein Gerichtsstand gem. § 12 ff. ZPO zu bejahen ist.[9]

---

[4] Vgl. Gesetzentwurf der Bundesregierung zur FGG-Reform vom 9.5.2007, S. 490; *Keidel/Engelhardt* § 105 Rn. 4.
[5] *Zimmermann* ZEV 2009, 53 ff.
[6] Vgl. *Palandt/Edenhofer* § 2353 Rn. 14.
[7] KG OLGZ 75, 293.
[8] KG OLGZ 77, 457.
[9] Vgl. auch KG JR 1963, 144; BayObLG 56, 121.

IV. Inhalt des Erbscheins:

Im Erbschein ist ausdrücklich festzuhalten, dass es sich um einen gegenständlich beschränkten und ausschließlich in der Bundesrepublik Deutschland gültigen Erbschein handelt. Im Übrigen ist der Inhalt maßgebend, der auch für einen Erbschein nach § 2353 ff. BGB gilt. Auf die dortigen Ausführungen wird verwiesen. Im Hinblick auf die erweiterte internationale Zuständigkeit eines deutschen Nachlassgerichts ist ggf. auch anzugeben, nach welchem ausländischen Erbrecht sich die Erbfolge richtet.

V. Verfahren

Das Erteilungsverfahren richtet sich nach den §§ 2353 ff. Kommt die Anwendung ausländischen Rechts in Betracht, ist die Erteilung des Erbscheins dem Richter vorbehalten, § 16 Abs. 1 Nr. 6 RPflG.

VI. Gegenständlich beschränktes Testamentsvollstreckerzeugnis

Ein derartiges Zeugnis ist auch nach der Neufassung des § 2369 Abs. 1 BGB nicht ausdrücklich erwähnt.

Schon nach dem früheren Recht war es in der Praxis anerkannt und aus § 2368 Abs. 3, erster Halbsatz, hergeleitet worden. Wenn es ausdrücklich angeordnet ist, dass ein Erbschein gegenständlich auf das Inlandsvermögen beschränkt werden kann, so muss ein Testamentsvollstreckerzeugnis zwangsläufig zulässig sein, das sich nur auf dieses Inlandsvermögen beziehen soll. Die Testamentsvollstreckung wird regelmäßig in ihrem Umfang auf das Vermögen beschränkt sein, dessen Erbfolge im Erbschein bezeugt ist.

§ 2370
Öffentlicher Glaube bei Todeserklärung

(1) Hat eine Person, die für tot erklärt oder deren Todeszeit nach den Vorschriften des Verschollenheitsgesetzes festgestellt ist, den Zeitpunkt überlebt, der als Zeitpunkt ihres Todes gilt, oder ist sie vor diesem Zeitpunkt gestorben, so gilt derjenige, welcher aufgrund der Todeserklärung oder der Feststellung der Todeszeit Erbe sein würde, in Ansehung der in den §§ 2366, 2367 bezeichneten Rechtsgeschäfte zugunsten des Dritten auch ohne Erteilung eines Erbscheins als Erbe, es sei denn, dass der Dritte die Unrichtigkeit der Todeserklärung oder der Feststellung der Todeszeit kennt oder weiß, dass sie aufgehoben worden sind.

(2) Ist ein Erbschein erteilt worden, so stehen demjenigen, der für tot erklärt oder dessen Todeszeit nach den Vorschriften des Verschollenheitsgesetzes festgestellt ist, wenn er noch lebt, die in § 2362 bestimmten Rechte zu. Die gleichen Rechte hat eine Person, deren Tod ohne Todeserklärung oder Feststellung der Todeszeit mit Unrecht angenommen worden ist.

I. Öffentlicher Glaube

Die Bedeutung der Todeserklärung eines Verschollenen, § 2 VerschollenheitsG, und der Todeszeitpunkterklärung, § 39 VerschollenheitsG, geht über deren Richtigkeitsvermutung, §§ 9 und 44 Abs. 2 VerschollenheitsG, hinaus. Es gelten die §§ 2366, 2367 entsprechend. Zugunsten gutgläubiger Dritter gilt hinsichtlich der in den §§ 2366, 2367 bezeichneten Rechtsgeschäfte derjenige als Erbe, der aufgrund der Todeserklärung oder der Todeszeitpunkterklärung Erbe geworden wäre, auch wenn ihm kein Erbschein erteilt worden ist. Positive Kenntnis der Unrichtigkeit schließt den öffentlichen Glauben aus.

II. Herausgabe- und Auskunftsansprüche

2 Lebt der für tot Erklärte noch, so kann er von dem Besitzer gemäß § 2362 die Herausgabe des unrichtigen Erbscheins an das Nachlassgericht verlangen. Weiterhin hat der Besitzer ihm über den Bestand der Erbschaft und über den Verbleib der Erbschaftsgegenstände Auskunft zu erteilen.

Ist der angebliche Erblasser zu einem späteren Zeitpunkt gestorben, stehen diese Rechte dem wirklichen Erben zu.

Dieselben Rechte stehen auch demjenigen zu, dessen Tod ohne Todeserklärung oder ohne Todeszeitpunkterklärung zu Unrecht angenommen worden ist, etwa aufgrund einer falschen Sterbeurkunde.

Abschnitt 9
Erbschaftskauf

Einleitung vor §§ 2371–2385 BGB

Übersicht

		Rz.			Rz.
I.	Überblick	1		1. Erbscheinsverfahren	62
II.	Bedeutung in der Praxis	4		2. Veräußerer und Erwerber im Zivilprozess	64
III.	Regelungsinhalt	15		3. Nachlassinsolvenzverfahren	66
	1. Kaufgegenstand	15		4. Nachlassverwaltung	71
	2. Anwendung der allgemeinen Vorschriften	19		5. Aufgebotsverfahren	73
	3. Überblick über die besonderen Vorschriften der §§ 2371–2385	22	VI.	Verjährung (Neues Recht)	75
			VII.	Genehmigungspflicht beim Erbschaftskauf	79
	4. Abdingbarkeit, kautelarjuristische Gestaltung	24		1. Behördliche Genehmigungen	79
	5. Erfüllungsgeschäft, gutgläubiger Erwerb	26		2. Vormundschaftsgerichtliche Genehmigungen	81
	6. Abgrenzung zu anderen Rechtsinstituten	45	VIII.	Steuerrecht	83
				1. Erbschaftsteuer	83
	7. Genehmigungs-/Zustimmungserfordernisse, Vorkaufsrechte	52		2. Grunderwerbsteuer	88
IV.	IPR-Fragen	58		3. Einkommensteuer	92
V.	Verfahrensrechtliche Fragen	62		4. Bewertung von betrieblichem Vermögen	96

I. Überblick

Die §§ 2371 ff. regeln nicht nur den Verkauf einer gesamten Erbschaft, sondern auch von **1** Erbteilen, von Bruchteilen einer gesamten Erbschaft oder eines Erbteils oder von Vor- oder Nacherbschaften. Schließlich wird der Anwendungsbereich dieser Regelungen auch noch auf ähnliche Verträge erweitert, die auf die Veräußerung einer Erbschaft gerichtet sind (§ 2385). Sämtliche dieser Konstellationen werden zum Zwecke der Vereinfachung – soweit nachfolgend nicht eine Differenzierung im Einzelfall erforderlich ist – unter dem Begriff »**Erbschaftskauf**« als Überbegriff zusammengefasst.

Wesentliches Merkmal eines Erbschaftskaufes nach §§ 2371 ff. ist es, dass der Käufer das **2** ererbte Vermögen mit allen Aktiva und Passiva gegen Zahlung des Kaufpreises übernimmt und damit zugleich wirtschaftlich und steuerlich in die Stellung des Erben einrückt. Allerdings wird der Käufer durch den Erbschaftskauf nicht selbst zum Erben.[1] Der Erbschaftskauf ist vielmehr ein schuldrechtlicher Kaufvertrag i.S.v. §§ 433 ff., der den Käufer zur Kaufpreiszahlung und Abnahme des Erbteils verpflichtet und den Verkäufer in die Pflicht versetzt, dem Käufer den gesamten verkauften Erbteil oder Nachlass zu verschaffen und einen entsprechenden Übertragungsvertrag mit dem Käufer i.R. seiner schuldrechtlichen Erfüllungspflicht abzuschließen.[2]

Abzugrenzen ist der Erbschaftskauf von dem Verkauf einzelner Nachlassgegenstände, **3** zu denen auch ein Unternehmen oder Unternehmensanteil gehören kann. Auch der Verkauf sämtlicher Aktiva eines Nachlasses ist kein Erbschaftskauf i.S.d. §§ 2371 ff., wenn der

---

1 *Bamberger/Roth/Mayer* Vor § 2371 Rn. 2; *Soergel/Zimmermann* Vor § 2371 Rn. 2.; MüKoBGB/*Musielak* Vor § 2371 Rn. 3; *Staudinger/v. Olshausen* Einl. zu §§ 2371 ff. Rn. 17 f.
2 An dieser Verpflichtung hat sich auch nach Inkrafttreten des Schuldrechtsmodernisierungsgesetzes zum 1.1.2002 nichts geändert; vgl. allerdings zu den Änderungen bei der Sach- und Rechtsmängelhaftung des Verkäufers: *Krug*, Schuldrechtsmodernisierungsgesetz und Erbrecht, Rn. 276, 278 ff.

Käufer sämtliche Nachlassgegenstände erwirbt, ohne zugleich zur Abwicklung des Nachlasses verpflichtet zu sein.

II. Bedeutung in der Praxis

4 Die Gründe für einen Erbschaftsverkauf sind häufig, dass durch den Erbschaftsverkauf eine schnellere Abwicklung erfolgen kann im Gegensatz zu einer aufwändigeren Einzelverwertung von Nachlassgegenständen oder langwierigen, häufig komplizierten Auseinandersetzungen. Bei Miterben besteht zudem häufig ein Anreiz, die anderen Teile aufzukaufen, insb. wenn der Nachlass auch aus Betriebsvermögen besteht. Dennoch ist der tatsächliche Anwendungsbereich des Erbschaftskaufes der §§ 2371 ff. eher gering. Dies liegt vor allem an der trotz sorgfältiger Vertragsgestaltung stets verbleibenden ungesicherten Risiken. Diese Risiken beruhen auf dem fehlenden gesetzlichen Vertrauensschutz (s.u. Rz. 20) in Hinblick auf:
– die Erbeneigenschaft des Veräußerers, selbst bei Vorliegen eines Erbscheines,
– die Freiheit des Erbteils oder einzelner Nachlassgegenstände von Belastungen und Beschränkungen,
– den Umfang der Nachlassverbindlichkeiten,
– Zugehörigkeit eines Gegenstandes zum Nachlass, selbst bei Grundbucheintragung.

5 **In der Praxis** kommen jedoch insb. folgende **Fallkonstellationen** vor:

6 a) Ein Erbe will – oftmals mangels persönlicher Bindung zum Nachlass – ohne weitere (Einzel-)Abwicklung aus einer bestehenden Erbengemeinschaft ausscheiden, insb. bei einer Belegenheit des Nachlasses im Ausland.[3] Dieser Interessenlage auf Verkäuferseite entspricht oftmals der Wunsch eines oder mehrerer Erben auf Käuferseite, ein Auseinanderreißen des Nachlasses i.R.e. Einzelverwertung zu verhindern.

7 Hingegen hat der Verkauf einer Erbschaft im Ganzen (oder gar von Bruchteilen hiervon) durch einen Alleinerben kaum praktische Bedeutung.[4]

8 b) Der Erbe, der seinen Erbteil wirtschaftlich verwerten will, wird hieran durch den Ausschluss der Auseinandersetzung des Nachlasses (§ 2044) oder deren Aufschub (§§ 2043, 2045) gehindert.

9 c) Soweit betriebliches Vermögen in den Nachlass fällt, führt die Erbengemeinschaft zu einer geborenen Mitunternehmerschaft.[5] Soweit der in den Nachlass fallende Gesellschaftsanteil des Erblassers wirtschaftlich den wesentlichen Teil des Nachlasses ausmacht, können Miterben ein Interesse daran haben, ihren Miterbenanteil wegen der sich daraus ergebenden schwierigen Auseinandersetzung im Gesamten zu veräußern; ebenso kann ein Miterbe, der das in den Nachlass fallende Unternehmen fortführen will, bestrebt sein, die anderen Miterbenteile aufzukaufen.[6] Dieselbe Motivation kann bei einem Miterben bestehen, der verhindern will, dass der Nachlass in fremde Hände gerät.

10 d) Ein Interessent, der einen bestimmten zum Nachlass gehörigen Gegenstand im Auge hat (regelmäßig ein Grundstück), kauft sich in den Nachlass ein, um dann im Wege der gütlichen Einigung oder der Nachlassauseinandersetzung[7] diesen Gegenstand erwerben zu können.

11 e) Die Übertragung von Erbteilen oder Bruchteilen hiervon erfolgt, um einen nicht wirksam erklärten Erblasserwillen nachträglich zu realisieren (regelmäßig durch unentgeltliche Zuwendung); praxisrelevante Fallgruppen sind:

---

[3] Vgl. hierzu unten Rz. 33.
[4] Vgl. hierzu unten Rz. 17.
[5] GrSen BFH BStBl. II 1990, 837.
[6] Zu den sich daraus ergebenden erbschaft- und einkommensteuerlichen Folgen bei Erwerb/Veräußerung von Anteilen an Personengesellschaften und Kapitalgesellschaften vgl. *Crezelius* §§ 5 ff.
[7] §§ 2042, 753 Abs. 1 BGB, 180 ff. ZVG.

Einleitung vor §§ 2371–2385 BGB

(1) der formnichtig geäußerte Erblasserwille (z.B. »ordentlich« mit Schreibmaschine errichtetes Testament),
(2) bindende Vorverfügungen von Todes wegen (wechselbezügliche Verfügungen im gemeinschaftlichen Testament [§§ 2271 f.] oder »vertragsmäßige«, d.h. erbvertraglich bindende Verfügungen im Erbvertrag [§ 2278 ff.]) gehen dem formgerecht geäußerten Erblasserwillen vor,
(3) der Erblasserwille ist nicht mehr in einer Verfügung von Todes wegen niedergelegt worden oder erst zu einem Zeitpunkt, da der Erblasser nicht mehr testierfähig war.

f) Die Übertragung erfolgt, um eine im Wege der Ausschlagung nicht zu realisierende Begünstigung[8] herbeizuführen. **12**

g) Der Vorerbe (insb. der nicht befreite, §§ 2112 ff.) erwirbt die Nacherbenanwartschaft, um sich der Verfügungsbeschränkungen zu entledigen. **13**

h) Der Nacherbe erwirbt die Vorerbschaft, um die wirtschaftliche Zuordnung und Verwertung des Nachlasses zeitlich vorzuziehen. **14**

III. Regelungsinhalt

1. Kaufgegenstand

a) Gegenstand des Kaufvertrages (bzw. eines Vertrages i.S.d. § 2385) ist nicht das Erbrecht des Veräußerers als solches, sondern nur dessen **vermögensrechtliche Beteiligung am Nachlass.** Somit verbleibt der Veräußerer – selbst nach dinglicher Erfüllung seiner Übertragungsverpflichtung – Erbe und wird der Erwerber seinerseits nicht Erbe.[9] **15**

Diese vermögensrechtliche Beteiligung wiederum muss im Ganzen – oder es muss ein Bruchteil von dieser – Vertragsgegenstand sein. Der Verkauf aller oder fast aller Einzelgegenstände, selbst zu einem Gesamtpreis, genügt nicht, wenn der Erwerber nicht die mit der vermögensrechtlichen Beteiligung im Ganzen (oder einem Bruchteil von ihr) verbundene Verantwortlichkeit zur weiteren Erbschaftsabwicklung übernehmen soll (z.B. Räumung der gesamten Wohnung durch einen Trödelhändler; Testamentsvollstrecker soll den gesamten Nachlass veräußern). **16**

Die Abgrenzung Erbschaftskauf – Kauf von Einzelgegenständen aus dem Nachlass ist von besonderer Bedeutung in Hinblick auf **17**
– die Formbedürftigkeit von schuldrechtlichem Geschäft und ggf. Übertragungsakt (§ 2371 Rn. 1 ff.),
– die kraft Gesetzes eintretende Außenhaftung des Erwerbers für Nachlassverbindlichkeiten gem. § 2382,
– die gesetzliche (jedoch dispositive) Sach- und Rechtsmängelhaftung.

b) Vor allem die **Außenhaftung des § 2382** hat die Rspr. dazu verleitet, die zu § 419 a.F. entwickelten Grundsätze über die Übernahme einzelner Vermögensgegenstände entsprechend anzuwenden. Demnach soll ein Erbschaftskauf schon dann vorliegen, wenn »der Erbschaftskäufer, wenn nicht die Erbschaft oder der Erbschaftsanteil als Ganzes ausdrücklich den Gegenstand der Übernahme bilden, doch weiß, es handele sich um die ganze Erbschaft oder den ganzen oder nahezu den ganzen Erbanteil des Veräußerers, oder zumindest die Verhältnisse kennt, aus denen sich dieses ergibt«.[10] **18**

---

[8] Denn: keine Ausschlagung zugunsten Dritter; keine bedingte Ausschlagung nur für den Fall, dass auch weitere Erben, insb. durch die Ausschlagung ihrerseits erst berufene, ausschlagen, § 1947.
[9] Allg.M., vgl. *Staudinger/v. Olshausen* Einl. zu §§ 2371 ff. Rn. 17 f.; MüKoBGB/*Musielak* Vor § 2371 Rn. 3 m.w.N.
[10] BGH DNotZ 1965, 693 f.; berücksichtigt man, dass der Gesetzgeber § 419 zum 31.12.1998 aufgehoben hat (Art. 33 EGInsO), so erscheint selbst diese einschränkende subjektive Theorie zweifelhaft; richtigerweise muss es nunmehr Sache der freien Willensbildung der Vertragsteile sein, ob der Käufer »spekulativ« – und damit regelmäßig kaufpreissenkend – Erbschaft/Erbanteil oder aber einen bestimmten Gegenstand aus dem Nachlass – selbst wenn dieser der letzte werthaltige sein sollte – erwerben will; denn nur so wird das von den Vertragsteilen intendierte oder eben nicht intendierte Überbürdungsmoment ausreichend berücksichtigt; die von der Rspr. aufgestellte Grundregel vermag allenfalls noch als Auslegungshilfe im Einzelfall zu dienen.

Einleitung vor §§ 2371–2385 BGB

2. Anwendung der allgemeinen Vorschriften

19 a) Der Erbschaftskauf ist ein **schuldrechtlicher Kaufvertrag** i.S.d. §§ 433 ff. BGB,[11] nunmehr in der Fassung des Schuldrechtsmodernisierungsgesetzes.

20 »Vor der Klammer« gilt nach der allgemeinen Systematik der Allgemeine Teil (1. Buch) sowie der Allgemeine Teil des Schuldrechts (2. Buch: Erster bis Sechster Abschnitt, insb. auch die Vorschriften über den gegenseitigen Vertrag i.S.d. §§ 320 ff.).

21 b) Es gelten somit insb. die Vorschriften über
– die Auskunftspflicht des Verkäufers, § 444 a.F. (nicht in das neue Recht übernommen); verkauft der Alleinerbe, so gilt, da dieser i.R.d. Einzelakterfüllung einen Inbegriff von Gegenständen herauszugeben hat, auch § 260, hinsichtlich von Forderungen im Nachlass zudem § 402,
– den Wiederkauf,[12] ebenso die Einräumung vertraglicher Vorkaufsrechte,
– den Rücktritt.

3. Überblick über die besonderen Vorschriften der §§ 2371–2385

22 Die besonderen Vorschriften der §§ 2371–2384 enthalten von den allgemeinen Vorschriften abweichende bzw. ergänzende Regelungen über:
a) die Form (§ 2371),
b) den Umfang des Kaufgegenstandes, insb. in Hinblick auf Veränderungen nach Vertragsabschluß (§§ 2372, 2373),
c) die wirtschaftliche Zuordnung einschließlich Haftung für Veränderungen zwischen Erbfall und Vertragsabschluß:
  aa) § 2374 für Surrogate,
  bb) § 2375 für Verschlechterung, Untergang und Unmöglichkeit einschließlich Verbrauch, Veräußerung und Belastung,
  cc) § 2379 für Nutzungen und Lasten,
  dd) § 2381 für Verwendungen und Aufwendungen,
d) die Rechts- und Sachmängelhaftung (§ 2376),
e) die Beseitigung der Rechtsfolgen einer durch den Erbfall eingetretenen Konfusion/Konsolidation (§ 2377),
f) die Haftung für Nachlassverbindlichkeiten im Innenverhältnis (§ 2378) und im Außenverhältnis (§ 2382 mit Haftungsbeschränkungsmöglichkeit § 2383 und Anzeigepflicht § 2384),
g) den Gefahrübergang (§ 2380).

23 § 2385 regelt die Anwendung der besonderen Vorschriften der §§ 2371–2384 bzgl. anderer, im Regelungsbereich vergleichbarer Rechtsverhältnisse als den Erbschaftskauf.

4. Abdingbarkeit, kautelarjuristische Gestaltung

24 Die Vorschriften der §§ 2371–2384 sind mit Ausnahme der zwingenden Formvorschrift des § 2371 und der Gläubigerschutzvorschriften der §§ 2382 ff. in vollem Umfang dispositiv.

25 Aufgrund der weitgehenden Abdingbarkeit ist der gestaltende Rechtsberater, ebenso wie der beurkundende Notar in besonderem Maße für eine sorgfältige Vertragsgestaltung verantwortlich. Hierbei stehen im Vordergrund:
– das Herausarbeiten und Zuordnen von Verantwortlichkeitsbereichen, insb. im Bereich einer auf den Einzelfall zugeschnittenen Haftungsregelung (s. hierzu: Anhang nach § 2385 Rz. 2),

---

[11] In den ersten beiden Entwürfen zum BGB war der Erbschaftskauf systematisch noch im Recht der Schuldverhältnisse (2. Buch) eingeordnet; näher dazu *Staudinger/v. Olshausen* Einl. zu §§ 2371 ff. Rn. 11 ff.
[12] RGZ 101, 192.

– die Absicherung der gegenseitigen Leistungspflichten der Vertragsteile, insb. die Abmilderung gesetzlich begründeter Schutzdefizite (s. hierzu: Anhang nach § 2385 Rz. 2).

5. Erfüllungsgeschäft, gutgläubiger Erwerb

a) Die §§ 2371 ff. regeln nur das **schuldrechtliche Grundgeschäft,** nicht aber dessen dingliche Erfüllung; insofern verbleibt es bei den allgemeinen gesetzlichen Bestimmungen. Diese unterscheiden zwischen der Erfüllung durch den Alleinerben – diesem steht gleich der Miterbe (oder Dritte), in dessen Hand sich alle Erbanteile vereinigt haben – und
– der Erfüllung durch den Miterben im Übrigen;
– gesondert ist zudem der Vor-/Nacherbe zu betrachten. 26

Ob ein dingliches Erfüllungsgeschäft mit dem schuldrechtlichen Geschäft verbunden und in derselben Urkunde miterklärt oder nach dem Willen der Vertragsteile auf einen späteren Zeitpunkt verschoben wurde, sollte sich bei sorgfältiger Vertragsgestaltung selbstverständlich unzweifelhaft aus dem Text der Urkunde ergeben; evtl. Zweifel hierüber sind im Wege der Auslegung zu klären.[13] 27

aa) Erfüllung durch den Alleinerben

Jeder Erbe kann nach dem Erbfall seine Erbschaft veräußern, sowohl der Alleinerbe als auch der Miterbe, Vorerbe, Nacherbe, Ersatzerbe.[14] Die Erfüllung der durch den Erbschaftskauf begründeten Verpflichtung des Verkäufers zur Übertragung der zur Erbschaft gehörenden Gegenstände erfüllt der Alleinerbe durch Einzelübertragung der verkauften Sachen und Rechte (§ 2374). Er erfüllt den Vertrag, indem er dem Käufer alle Gegenstände, welche zum Nachlass gehören, durch die für diese Gegenstände notwendigen Übertragungsakte verschafft. 28

Der Erfüllung durch den Alleinerben steht die Erfüllung durch den weiterveräußernden Miterben gleich, der zuvor alle weiteren Erbanteile erworben und somit in vermögensrechtlicher Hinsicht und unter Aufhebung der ungeteilten Erbengemeinschaft die Stellung eines Alleinerben erlangt hat.[15] Dies gilt selbst dann, wenn dieser nach erfolgter Erfüllung – und somit Vereinigung in einer Hand – einen von ihm erworbenen Anteil rückübertragen will, auch dann, wenn ein Erwerb auflösend bedingt war und nunmehr diese auflösende Bedingung eintritt.[16] 29

Bei der dinglichen Erfüllung ist im Hinblick auf Grundstücke und grundstücksgleiche Rechte die Formvorschrift des § 925 zu beachten, im Gesellschaftsrecht neben der Formvorschrift des § 15 Abs. 3 GmbHG die gesetzlichen und gesellschaftsvertraglichen Regelungen über den Mitgliederwechsel.[17] Ist im Nachlass wiederum ein Erbanteil enthalten, so ist dieser seinerseits gem. § 2033 zu übertragen. 30

Ist nur eine Bruchteil der Erbschaft Vertragsgegenstand, so soll nach einer Entscheidung des Reichsgerichts der Verkäufer ein Wahlrecht haben, ob er Bruchteile an allen Nachlass- 31

---

13 Nach *Staudinger/v. Olshausen* Einl. zu §§ 2371 Rn. 20, unter Hinweis auf *Soergel/Damrau* § 2371 Sofortige Kaufpreiszahlung soll demgemäß für die Verbindung sprechen; dem ist im Regelfall zu folgen, da es dem Verkäufer bei wirtschaftlicher Betrachtung oftmals primär um den Kaufpreis geht; anders jedenfalls dann, wenn das wirtschaftliche Hauptaugenmerk auf der Tragung von Verbindlichkeiten gegenüber Gläubigern liegt (vgl. § 2378).
14 *Staudinger/v. Olshausen* Einl. zu §§ 2371 ff. Rn. 51; *Palandt/Edenhofer* § 2371 Rn. 1, 3.
15 *Staudinger/v. Olshausen* Einl. zu §§ 2371 ff. Rn. 69; BGH FamRZ 1992, 659; LG Frankenthal MittBayNot 1978, 17.
16 Münchener Vertragshandbuch/*Nieder* Bd. 4, 2. Halbbd., Formular XX.1, Anm. 8. (2).
17 Eine umfassende Aufzählung der erforderlichen Übertragungsakte liefert *Staudinger/v. Olshausen* § 2371 Rn. 51.

gegenständen oder aber einzelne Nachlassgegenstände bis zum Wert des Bruchteiles überträgt.[18] In einem solchen Fall kann eine exakte Vertragsgestaltung Abhilfe schaffen.

bb) Erfüllung durch einen Miterben

32 Der Miterbe erfüllt seine Verpflichtung durch Erbanteilsübertragung gem. § 2033 (Form: notarielle Beurkundung). Die Erklärung der Übertragung kann auch bedingt erfolgen (§ 158), insb.
– aufschiebend bedingt unter der Bedingung der Kaufpreiszahlung und der Erfüllung weiterer Verpflichtungen,
– auflösend bedingt durch die Ausübung eines Rücktrittsrechts.[19]

33 Eine gesonderte – bedingungsfeindliche – Auflassung ist nicht erforderlich, selbst dann nicht, wenn letzter noch im Nachlass verbliebener Gegenstand ein Grundstück ist.[20] Ebenso scheidet die grundbuchmäßige Sicherung des obligatorischen Anspruches aus dem Erbschaftskaufvertrag durch Eintragung einer Vormerkung aus.[21]

34 Die Grundbucheintragung des Erwerbers erfolgt vielmehr im Wege der Berichtigung;[22] diese ist für den Rechtsübergang nicht konstitutiv. Erfolgt die dingliche Erbanteilsübertragung formgerecht und ohne Bedingungen, so genügt aufgrund Nachweises der Unrichtigkeit des Grundbuches für die Berichtigung die Übersendung einer beglaubigten Abschrift/Ausfertigung der Urkunde sowie (formloser) Antrag nach § 13 GBO. Die Grundbuchberichtigung setzt die Eintragung aller Miterben in Erbengemeinschaft voraus; § 40 Abs. 1 GBO gilt insofern nicht.[23] Die Zwischeneintragung des Veräußerers kann jedoch unterbleiben, wenn dieser seinerseits Erbe eines eingetragenen Miterben ist und nunmehr den ererbten Erbanteil überträgt, § 40 GBO.[24]

35 Ob mit der dinglichen Erfüllung durch Abtretung auch der Besitz entsprechend § 857 auf den Erwerber übergeht, ist str.[25]

36 Zu beachten ist jedoch, dass die Erfüllung durch Abtretung zwingend den Bestand der Erbengemeinschaft und damit von gesamthänderisch gebundenem Vermögen voraussetzt. Hat demnach zwischen den Miterben bereits eine Auseinandersetzung – auch Teilauseinandersetzung – stattgefunden, so kann und muss die Erfüllung insoweit nur noch durch Einzelaktübertragung gem. oben a) erfolgen. Ist die Auseinandersetzung zwar bereits vereinbart, aber noch nicht dinglich vollzogen, so genügt zwar noch die Erbanteilsübertragung, jedoch soll der Erwerber entsprechend § 2382 zur Erfüllung des Auseinandersetzungsvertrages verpflichtet sein.[26]

37 Zur Übertragung von Teilen eines Erbanteils s. Kommentierung zu § 2033.

cc) Erfüllung durch Vor-/Nacherben

38 Der Vorerbe erfüllt je nach seiner Stellung gem. aa) oder bb) im Wege der Einzelakterfüllung oder durch Erbanteilsübertragung; die angeordnete Nacherbfolge bleibt unberührt.

---

18 RG WarnR 1917 Nr. 184; dem kann jedoch nur dann gefolgt werden, wenn es sich um vertretbare Sachen handelt und so dem Verkäufer die Auswahl zukommt, ob die Aufteilung im Wege des Miteigentums im entsprechenden Bruchteil oder des anteiligen jeweiligen Alleineigentums erfolgt.
19 S. Anhang nach § 2385, Vertragsmuster.
20 Allg. M. aufgrund des verschiedenen Verfügungsgegenstandes, BGH NJW 1969, 92; *Bauer*, in: *Bauer/v. Oefele* § 22 GBO Rn. 110.
21 *Staudinger/v. Olshausen* Einl. zu §§ 2371 ff., Rn. 75.
22 Zur Grundbuchberichtigung s. §§ 22, 82 ff. GBO, § 894.
23 BayObLG MittBayNot 1994, 435, 436, auch zur Frage der Eintragung unbekannter Miterben eines inzwischen verstorbenen Miterben.
24 *Bauer/v. Oefele* § 40 GBO Rn. 9.
25 Dagegen, da der Erwerber nicht Erbe ist, die wohl noch h.M.; dafür spricht die analoge Anwendung bei sonstiger Gesamtrechtsnachfolge, vgl. *Staudinger/v. Olshausen* Einl. zu §§ 2371 ff. Rn. 64.
26 BGHZ 38, 187, 193 f.

Gegenstand des Erbschaftskaufes ist beim Nacherben dessen Anwartschaftsrecht. Die 39
Übertragung der Nacherbenanwartschaft durch den Nacherben erfolgt auch beim Alleinnacherben entsprechend § 2033.[27]

b) Vertrauensschutz

Ein rechtlich gesicherter Vertrauensschutz ist beim Erwerb i.R.e. Erbschaftskaufes prak- 40
tisch nicht vorhanden:

Ein gutgläubiger Erwerb findet bei der Erbanteilsübertragung überhaupt nicht statt. 41
Geschützt wird **nicht** das Vertrauen
- in die Richtigkeit des Erbscheines (= kein Erwerb vom Nichterben, der sich durch – unrichtigen – Erbschein legitimiert, § 2030; zudem gilt § 2366 nur für den Erwerb von Erbschaftsgegenständen),
- in die Richtigkeit des Grundbuches (= kein Erwerb eines Grundstückes, das nach Grundbuchlage – unrichtig – zum Nachlass gehört, da nur der Erbanteil in seinem tatsächlichen Bestand übertragen wird; ebenso in Hinblick auf die grundbuchmäßige Freiheit von Belastungen und Beschränkungen),
- in die Publizität des Besitzes (= kein Erwerb von beweglichen Gegenständen, die der veräußernde Miterbe zwar im Besitz hat (§ 857), die aber nicht zum Nachlass gehören).

Da die gesetzliche Haftung des § 2382 unabhängig von der Kenntnis ist, wird auch das 42
Vertrauen des Erbschaftskäufers in die Freiheit des Nachlasses von Nachlassverbindlichkeiten nicht geschützt.

Ein gutgläubiger Erwerb ist jedoch insofern denkbar, als der Alleinerbe über Gegen- 43
stände verfügt, welche sich nicht im Eigentum des Erblassers befanden; hier findet aufgrund der Einzelakterfüllung ein gutgläubiger Erwerb nach den allgemeinen Vorschriften (§§ 932 ff, § 892) statt; hinsichtlich der Rechtsbeständigkeit des Erwerbs ist jedoch die Erbenhaftung nach § 2382 zu beachten.

Der Ausschluss gutgläubigen Erwerbs gem. § 2030 BGB gilt jedoch auch dann, wenn 44
der verfügende Alleinerbe sich als Nichterbe entpuppt – wiederum selbst, wenn der Nichterbe in einem Erbschein als Erbe bezeichnet war.[28]

6. Abgrenzung zu anderen Rechtsinstituten

Der Erbschaftskauf ist primär abzugrenzen vom Kauf einzelner Gegenstände aus dem 45
Nachlass, s. hierzu oben Rz. 10.

Weiter ist abzugrenzen gegenüber:

a) Kauf des gegenwärtigen Vermögens (§ 311 b Abs. 3)

§ 311 b Abs. 3 erfasst den Kauf des ganzen Vermögens oder eines Bruchteiles hiervon. Die 46
§§ 2371 ff. beschränken sich hingegen auf das Sondervermögen der Erbschaft – dieses Sondervermögen ist kein Bruchteil des Vermögens i.S.d. § 311 b Abs. 3.[29]

---

27 Vgl. insgesamt *Staudinger/v. Olshausen* Einl. zu §§ 2371 ff. Rn. 65; hierzu ausf. *Gantzer* MittBayNot 1993, 67 ff.
28 Allg.M., *Staudinger/v. Olshausen* Einl. zu §§ 2371 ff. Rn. 57 *Palandt/Edenhofer* § 2366 Rn. 1 MüKoBGB/ *Musielak* § 2374 Rn. 12.
29 So bereits *Staudinger/v. Olshausen* Einl. zu §§ 2371 ff. Rn. 76.

b) Auseinandersetzungsvertrag zwischen Miterben

47 Der grundsätzlich formfreie[30] Auseinandersetzungsvertrag zwischen Miterben[31] fällt dann unter die Bestimmungen der §§ 2371 ff.,[32] wenn Miterben im Wege der Erbanteilsübertragung aus der Erbengemeinschaft ausscheiden, nicht jedoch, wenn ein Miterbe von den übrigen Miterben die gesamte Erbschaft erwirbt. Wenn Miterben im Wege der Erbanteilsübertragung einverständlich gegen Abfindung aus der Erbengemeinschaft ausscheiden, geben sie ihre Mitgliedschaftsrechte an der Erbengemeinschaft auf und der Erbteil des Ausgeschiedenen wächst den verbleibenden Miterben nach dem Verhältnis ihrer bisherigen Anteile kraft Gesetzes an.[33] Diese Möglichkeit wird vom BGH neben der Auseinandersetzung nach Abs. 1 und der Übertragung nach § 2033 als »dritter Weg« bezeichnet. Es handelt sich dabei um die sog. personelle Abschichtung.[34] Bleibt hierbei nur ein Miterbe übrig, führt die Anwachsung zu dessen Alleineigentum am Nachlass und damit zur Beendigung der Erbengemeinschaft.[35] Ist als Abfindung die Leistung eines Gegenstandes vereinbart, der nur durch ein formbedürftiges Rechtsgeschäft übertragen werden kann (etwa ein Grundstück), ist die für dieses Rechtsgeschäft geltende Form allerdings zu beachten (§ 311 b Abs. 1).

c) Vertrag über die Verpflichtung zur Ausschlagung (§§ 1942 ff)

48 Ein Vertrag, wonach sich ein Erbe zur Ausschlagung verpflichtet, ist formlos möglich, vor dem Erbfall jedoch nur i.R.d. § 311 b Abs. 3.[36] Bei der Vertragsgestaltung ist zu berücksichtigen, dass die Ausschlagung zugunsten einer bestimmten Person nicht möglich ist.

d) Verkauf des Pflichtteilsanspruches (§§ 2301 ff., 2317 Abs. 2), Verkauf des Anspruchs auf Zugewinnausgleich von Todes wegen (§§ 1371 Abs. 2, 1378 Abs. 2)

49 Hierbei handelt es sich um den Verkauf schuldrechtlicher Ansprüche, die durch den Todesfall entstanden sind. Die vermögensrechtliche Zuordnung der Erbschaft zu den Erben bleibt hiervon unberührt.[37]

e) Erbverzicht (§§ 2346 ff)

50 Der Erbverzicht wird zu Lebzeiten des Erblassers[38] mit diesem geschlossen und beseitigt mit dinglicher Wirkung das Erbrecht.

51 Allgemein zur Anwendung der §§ 2371 ff. auf weitere Fallkonstellationen s. Kommentierung zu § 2385.

7. Genehmigungs-/Zustimmungserfordernisse, Vorkaufsrechte

52 a) Folgende Genehmigungen/Zustimmungen kommen insgesamt in Frage:
– des Familien- bzw. Vormundschaftsgerichts, § 1822 Nr. 1, für Verpflichtungs- und Verfügungsgeschäft des veräußernden Minderjährigen (für die Pflegschaft § 1915 Abs. 1, für die Betreuung § 1908 i Abs. 1 S. 1),

---

30 Zu beachten sind aber die allg. Sondervorschriften, insb. § 313 sowie § 15 Abs. 4 GmbHG.
31 S. im Einzelnen hierzu Kommentierung zu § 2042.
32 *Staudinger/v. Olshausen* Einl. zu §§ 2371 ff. Rn. 78 m.w.N.
33 BGH NJW 1998, 1557; LG Köln NJW 2003, 2993; BGH ZErb 2005, 48.
34 Vgl. § 2042 Rz. 11.
35 BGH NJW 1998, ebd.
36 *Staudinger/v. Olshausen* Einl. zu §§ 2371 ff. Rn. 79.
37 *Staudinger/v. Olshausen* Einl. zu §§ 2371 ff. Rn. 81 ff., 84.
38 Der Erbschaftskaufvertrag kann nie mit dem Erblasser geschlossen werden; zu Verträgen vor dem Erbfall s.i.ü. § 312.

- des Familien- bzw. Vormundschaftsgerichts, § 1821 Abs. 1 Nr. 1, für Erbanteilsübertragung, sofern Grundbesitz im Nachlass vorhanden ist,[39]
- des Familien- bzw. Vormundschaftsgerichts, § 1821 Abs. 1 Nr. 5, bei entgeltlichem Erwerb,[40] sofern sich Grundbesitz im Nachlass befindet,[41]
- des Vormundschaftsgerichts, § 1822 Nr. 10, für Erwerb einer Erbschaft, str.,[42]
- Genehmigung nach § 2 Abs. 2 Nr. 2 GrdstVG, wenn ein Erbanteil an einen anderen als einen Miterben veräußert wird und der Nachlass im Wesentlichen aus einem land- oder forstwirtschaftlichen Betrieb besteht,[43]
- des Ehegatten im gesetzlichen Güterstand, § 1365,
- des Ehegatten im Güterstand der Gütergemeinschaft, sofern gemeinschaftliche Verwaltung besteht, § 1450, oder im Einzelfall die Voraussetzungen der §§ 1423 ff. vorliegen; § 1424 kann jedoch nur bei der Einzelakterfüllung eingreifen, da i.R.d. Erfüllung durch Erbanteilsübertragung Verfügungsgegenstand nur der Erbanteil, nicht aber das in Erbengemeinschaft gebundene Grundstück ist.

Folgende Genehmigungen/Zustimmungen sind hingegen **nicht** erforderlich: 53
- Zustimmung des Testamentsvollstreckers (§ 137; Erblasser kann jedoch für den Fall der Veräußerung ohne Zustimmung des Testamentsvollstreckers die Enterbung des Veräußerers vorsehen [= auflösend bedingte Erbeinsetzung])[44].

Sofern Vertragsgegenstand ein Erbanteil ist, ferner nicht: 54
- im Umlegungs-, Sanierungs-, Entwicklungs- und Erhaltungsgebiet gem. §§ 51, 144, 169, 172 BauGB,
- Zustimmung nach § 12 WEG oder § 5 ErbbauVO,[45]
- GVO-Genehmigung.[46]

Dies begründet sich jeweils damit, dass Verfügungsobjekt nicht ein Grundstück als solches, sondern »nur« der Erbanteil ist. Findet jedoch eine Einzelaktübertragung (s.o. 5. a)) statt und ist dabei Grundbesitz zu übertragen, so gelten auch diese allgemeinen Genehmigungs-/Zustimmungserfordernisse, insb. auch § 1821 Abs. 1 Nr. 1. 55

b) Stets zu beachten ist das Vorkaufsrecht der Miterben, §§ 2034 ff.[47] Ein bereits vorhandener Erbteilserwerber sowie ein veräußernder Miterbe sollen nach h.M. jedoch vom Vorkaufsrecht ausgeschlossen sein;[48] ebenso kein Vorkaufsrecht bei Verkauf durch den Nachlassinsolvenzverwalter.[49] 56

Gesetzliche Vorkaufsrechte, die an den Verkauf von Grundbesitz anknüpfen, bestehen hingegen – wegen des unterschiedlichen Vertrags- und Verfügungsgegenstandes – nicht, wenn ein Erbanteil eines Nachlasses, der Grundbesitz umfasst, verkauft wird.[50] 57

---

39 MüKoBGB/*Wagenitz* § 1821 Rn. 20.
40 Zur gemischten Schenkung MüKoBGB/*Wagenitz* § 1821 Rn. 47.
41 MüKoBGB/*Wagenitz* § 1821 Rn. 45; Nieder XX. 1 Anm. 15; **a.A.** *Brüggemann* FamRZ 1990, 5, 6, wenn der Minderjährige bereits Miterbe ist und gegen Abfindung einen weiteren Erbanteil hinzu erwirbt.
42 Zum Streitstand *Staudinger/v. Olshausen* Einl. zu 2371 ff. Rn. 114 mit ablehnender Ansicht; für Genehmigungspflicht AG Stuttgart MDR 1971, 182 = BWNotZ 1970, 177; *Schöner/Stöber* Rn. 968; Nieder XX. 1 Anm. 15, sofern der Erwerber nicht bereits Miterbe ist und somit bereits für die Nachlassverbindlichkeiten haftet.
43 Zu den Voraussetzungen im einzelnen *Schöner/Stöber* Rn. 3958.
44 *Schöner/Stöber* Rn. 960.
45 Selbst dann nicht, wenn der ungeteilte Nachlass nur noch aus einem Wohnungs-/Teileigentum bzw. aus einem Erbbaurecht besteht; *Demharter* § 83 GBO Rn. 7; *Spiegelberger* Vermögensnachfolge Rn. 659.
46 *Kersten/Bühling* § 124, 5. a.E.
47 S. dort §§ 2034 ff.
48 *Palandt/Edenhofer* § 2034, Rn. 2; *Erman/Schlüter* § 2034 Rn. 4; BGH 56, 115; NJW 83, 2142; **a.A.** *Ann* ZEV 1994, 343 ff.
49 BGH NJW 1977, 37.
50 Für § 24 BBauG BGH DNotZ 1970, 423.

IV. IPR-Fragen

58 Tritt aufgrund Rechtswahl (Art. 25 Abs. 2 EGBGB) oder aus sonstigen Gründen eine Nachlassspaltung[51] ein, so entstehen rechtlich selbstständige Nachlassteile, die als je eigener Nachlass behandelt werden[52] und demnach nach dem jeweils maßgeblichen Recht gesondert verkauft und übertragen werden können.

59 Bestehen Anhaltspunkte dafür, dass eine Nachlassspaltung eingetreten sein könnte (insb. ausländische Staatsangehörigkeit, Vermögen im Ausland), so ist i.R.d. Vertragsgestaltung klarzustellen, ob – und ggf. wie – solches Vermögen mit verkauft sein soll.

60 Ob aus Sicht des deutschen IPR hinsichtlich des Erbschaftskaufes das Erbstatut des Art. 25 EGBGB oder das Vertrags-/Obligationsstatut der Art. 27 ff. EGBGB zur Anwendung kommt, ist umstritten. Die herrschende Auffassung geht weiterhin von der Anwendung des Erbstatuts aus[53] und damit vom Staatsangehörigkeitsprinzip des Art. 25 Abs. 1 EGBGB. Bedeutsam ist der Streit insb. für die Frage der Außenhaftung des Erwerbers (§ 2382) und das Bestehen eines Vorkaufsrechtes (§ 2034).

61 Zu beachten ist auch hier das Übergangsrecht zu den vor dem 1.9.1986 geltenden Kollisionsregeln.[54]

V. Verfahrensrechtliche Fragen

1. Erbscheinsverfahren

62 Da der Erwerber nicht Erbe wird (s.o. Rn. 10), ist er auch nicht im Erbschein aufzuführen; ein bereits erteilter Erbschein wird nicht unrichtig.[55]

63 Der Erbanteilserwerber hat jedoch nach dinglicher Erfüllung ein Antragsrecht im Erbscheinsverfahren,[56] ebenso der Erwerber der Nacherbenanwartschaft nach Eintritt des Nacherbfalles;[57] auch in einem so erteilten Erbschein wird der Erwerber jedoch nicht erwähnt.[58] Gegebenenfalls. kann für den Zeitraum vor Erfüllung eine Vollmacht hinsichtlich des Antragsrechts in die notarielle Urkunde aufgenommen werden; beim Erwerb vom Alleinerben (wegen der dinglichen Einzelakterfüllung s.o. Rz. 17) ist umstritten, ob ein Antragsrecht besteht.)[59]

2. Veräußerer und Erwerber im Zivilprozess

64 a) Für Klagen der Vertragsparteien aus dem Rechtsverhältnis des Erbschaftskaufes ist nicht der besondere Gerichtsstand des § 27 ZPO begründet, weil der Erbschaftskauf die Erbenstellung unberührt lässt; vielmehr gelten die allgemeinen Bestimmungen.[60]

---

51 Zu Begriff und Voraussetzungen *Palandt/Thorn* Art. 25 EGBGB Rn. 9.
52 BGHZ 24, 352, 355.
53 Zum Meinungsstand: *Staudinger/v. Olshausen* Einl. zu §§ 2371 ff. Rn. 104; *Staudinger/Dörner* Art. 25 EGBGB Rn. 415 ff.; vgl. auch MüKoBGB/*Birk* Art. 26 EGBGB Rn. 162.
54 MüKoBGB/*Birk* Art. 25 EGBGB Rn. 4; MüKoBGB/*Sonnenberger* Art. 220 Rn. 13.
55 Allg.M. *Staudinger/v. Olshausen* Einl. zu §§ 2371 ff. Rn. 17; *Palandt/Edenhofer* § 2371 Rn. 6.
56 Allg.M., vgl. MüKoBGB/*Promberger* § 2353 Rn. 127 m.w.N.
57 MüKoBGB/*Promberger* § 2353, Rn. 127, allerdings nur auf den Namen des Nacherben.
58 Ausf. *Staudinger/Schilken* § 2353 Rn. 44.
59 Für ein solches *Soergel/Damrau* § 2353 Rn. 32 a.E.; *Palandt/Edenhofer* § 2371 Rn. 6; dagegen m.w.N. *Staudinger/Schilken* § 2353 Rn. 45; MüKoBGB/*Promberger* § 2353 Rn. 128 m.w.N.
60 *Staudinger/v. Olshausen* Einl. zu §§ 2371 ff. Rn. 102; *Zöller* § 27 Rn. 4.

b) Bei der Stellung von Verkäufer und Käufer im Zivilprozess ist zu unterscheiden: 65
- Ist vor Abschluss des Erbschaftskaufes gegen den Veräußerer (oder den Erblasser)[61] ein rechtskräftiges Urteil ergangen, so kann die vollstreckbare Ausfertigung nach Erfüllung auch gegen den Erwerber erteilt werden. Dies folgt nach vorherrschender Auffassung aus § 729 Abs. 1 ZPO i.V.m. § 727 Abs. 1 ZPO.[62]
- Hingegen führt allein der Abschluss des Erbschaftskaufvertrages nicht zu einer Rechtsnachfolge i.S.d. § 325 ZPO.[63]

3. Nachlassinsolvenzverfahren

a) Erfolgt der Verkauf des gesamten Nachlasses i.R.e. Nachlassinsolvenzverfahrens durch den Insolvenzverwalter zum Zwecke der Befriedigung der Nachlassgläubiger, so liegt kein Erbschaftskauf sondern nur die Veräußerung der Aktiven vor – die Gläubigerbefriedigung als wesentliches Element der Abwicklung durch den Erben verbleibt im Insolvenzverfahren.[64] 66

Ein Vorkaufsrecht der Erben entsprechend § 2034 besteht dann nicht.[65] 67

b) Gem. § 330 Abs. 1 InsO tritt der Käufer bei einem Nachlassinsolvenzverfahren an die Stelle des Erben; maßgeblicher Zeitpunkt ist – entsprechend der Regelung in § 2382 – der Abschluss des formwirksamen, schuldrechtlichen Kaufvertrages, nicht dessen dingliche Erfüllung. 68

Dies bedeutet insb.: 69
- Gemeinschuldner i.S.d. §§ 80 ff. InsO ist der Käufer, nicht der Verkäufer;
- das Antragsrecht des Erben richtet sich nur noch nach § 330 Abs. 2 InsO; das allgemeine Antragsrecht des § 317 InsO geht auf den Käufer über,
- zur Insolvenzmasse gehören die Nachlassgegenstände, und zwar unabhängig davon, ob der Verkauf bereits dinglich erfüllt wurde oder nicht.

§ 330 InsO gilt entsprechend § 2385 auch für kaufähnliche Rechtsgeschäfte, gem. § 330 Abs. 3 InsO auch für den Weiterverkauf. 70

4. Nachlassverwaltung

a) Antrag auf Nachlassverwaltung entsprechend § 1981 Abs. 1 kann auch vom Erbschaftskäufer gestellt werden.[66] 71

b) Die Erfüllung eines nach Anordnung der Nachlassverwaltung geschlossenen Erbschaftskaufvertrages durch Erbanteilsabtretung bedarf nicht der Zustimmung des Nachlassverwalters, da die Rechte des Nachlassverwalters und der Gläubiger bestehen bleiben;[67] das Verfahren der Nachlassverwaltung wird analog § 330 InsO und nach dem Rechtsgedanken des § 2383 Abs. 1 S. 1 mit dem Erbschaftskäufer fortgesetzt.[68] 72

---

[61] *Thomas/Putzo* § 729 ZPO Rn. 2; MüKoBGB/*Musielak* § 2382 Rn. 9.
[62] *Staudinger/v. Olshausen* § 2382 Rn. 3; der Erbschaftskäufer steht wegen des gesetzlichen Schuldbeitritts des § 2382 dem Vermögensübernehmer des (aufgehobenen) § 419 gleich; § 727 ZPO dürfte jedoch bei erfolgter Erbanteilsübertragung (dann ist der Erwerber Gesamtrechtsnachfolger, vgl. OLG Zweibrücken MittBayNot 1975, 177) auch direkt anwendbar sein, **a.A.** *Staudinger/v. Olshausen* a.a.O.
[63] Die gem. § 2382 angeordnete gesetzliche Schuldmitübernahme führt nur dazu, dass Verkäufer und Erwerber gesamtschuldnerisch haften; das Urteil gegen einen Gesamtschuldner wirkt jedoch nicht gegen die übrigen Gesamtschuldner (*Zöller* § 325 ZPO Rn. 9); vgl. *Staudinger/v. Olshausen* Einl. zu §§ 2371 ff. Rn. 40.
[64] *Staudinger/v. Olshausen* Einl. zu §§ 2371 ff. Rn. 90; **a.A.** *Soergel/Damrau* § 2371 Rn. 7 a.E. mit Einschränkungen.
[65] BGH WM 1976, 1335.
[66] *Palandt/Edenhofer* § 1981 Rn. 3; *Erman/Schlüter* § 1981 Rn. 3.
[67] *Palandt/Edenhofer* § 1984 Rn. 1; *Erman/Schlüter* § 1984 Rn. 3.
[68] *Staudinger/v. Olshausen* § 2382 Rn. 8; *Erman/Schlüter* § 2383 Rn. 1.

5. Aufgebotsverfahren

73 Gem. § 1000 ZPO können sowohl Erbe als auch Käufer (bzw. Erwerber gem. § 2385; für Weiterverkauf s. § 1000 Abs. 2 ZPO) das Aufgebot zum Zwecke der Ausschließung von Nachlassgläubigern (§ 1970) beantragen; Antrag und Ausschlussurteil entfalten Wirkung für beide. Auch hier genügt der Abschluss des schuldrechtlichen Vertrages.

74 Im Rahmen der Berechnung des nach § 1973 Abs. 2 herauszugebenden Überschusses ist der gezahlte bzw. noch geschuldete Kaufpreis abzuziehen, da der nur mehr nach bereicherungsrechtlichen Grundsätzen haftende Käufer insofern nicht bereichert ist.[69]

VI. Verjährung (Neues Recht)

75 Im Zuge des am 1.1.2010 in Kraft getretenen Gesetzes zur Änderung des Erb- und Verjährungsrechts erfuhren auch die Regelungen zur Verjährung von Ansprüchen in Zusammenhang mit einem Erbschaftskauf wesentliche Neuerungen. § 197 Abs. 1 Nr. 2, der eine 30-jährige Sonderverjährungsfrist für familien- und erbrechtliche Ansprüche enthielt, wurde aus Gründen der Rechtsklarheit und -sicherheit aufgehoben.

76 Bei Kenntnis oder grob fahrlässiger Unkenntnis des Gläubigers hinsichtlich der den Anspruch begründenden Umstände und der Person des Schuldners verjähren auch die aus einem Erbfall entstehenden Ansprüche nunmehr nach der Regelverjährung gem. §§ 195, 199 Abs. 1 in 3 Jahren. So verjährt in diesem Zeitraum bei einem Erbschaftskauf beispielsweise der Kaufpreisanspruch des Verkäufers ebenso wie der Anspruch des Käufers auf Einzelübertragung beweglicher und unbeweglicher Sachen (§§ 929 ff., 873, 925, 398 ff.) der mit dem Erbschaftskaufvertrag verkauften Sachen und Rechte (vgl. dazu § 2374).

77 Fraglich ist hingegen, wann Ansprüche aus einem Erbschaftskauf ohne Rücksicht auf die Kenntnis oder grob fahrlässige Unkenntnis von ihrer Entstehung an verjähren. Gem. § 199 Abs. 3a verjähren Ansprüche, die auf einem Erbfall beruhen oder deren Geltendmachung die Kenntnis einer Verfügung von Todes wegen voraussetzt, in 30 Jahren. Gem. § 199 Abs. 4 verjähren andere Ansprüche als die nach Abs. 3a in 10 Jahren.

78 Da der Erbschaftskauf gem. § 2371 sowohl schuldrechtliche als auch erbrechtliche Elemente aufweist,[70] stellt sich die Frage, ob Ansprüche in Zusammenhang mit einem Erbschaftskauf gem. § 199 Abs. 3 a »auf einem Erbfall beruhen« oder gem. § 199 Abs. 4 als »andere Ansprüche als die nach Abs. 3a« einzuordnen sind. Bei enger Orientierung am Wortlaut des Abs. 3a könnten Ansprüche aus einem Erbschaftskauf der 30-jährigen Sonderverjährungsfrist zuzuordnen seyn, da der Erbfall nicht hinweggedacht werden kann, ohne dass der Erbschaftskauf nicht zugleich mitentfiele und somit auf einem »Erbfall beruht«. Hierunter will der Gesetzgeber jedoch primär solche erbrechtlichen Ansprüche einordnen, deren Geltendmachung eine Kenntnis voraussetzt, die möglicherweise erst in großem zeitlichem Abstand zum Erbfall erlangt wird.[71] Der Erbschaftskauf und die damit einhergehenden Ansprüche sind nach diesseitiger Auffassung allerdings primär als kaufvertragliche Ansprüche[72] anzusehen, die aufgrund einer schuldrechtlichen Einigung zwischen den Parteien entstehen. Die Ansprüche gelten unmittelbar zwischen den Kaufvertragsparteien. Sie beruhen hingegen nicht unmittelbar auf dem Erbfall. Folgerichtig sind Ansprüche i.R.e. Erbschaftskaufes »andere Ansprüche als die nach Abs. 3a« und verjähren somit ohne Rücksicht auf die Kenntnis oder grob fahrlässige Unkenntnis gem. § 199 Abs. 4 in zehn Jahren.

---

69 *Staudinger/v. Olshausen* § 2383 Rn. 9.
70 So auch *Staudinger/v. Olshausen* Vor § 2371 Rn. 49a mit einer sehr guten Darstellung des Streitstandes
71 Entwurf des Gesetzes zur Änderung des Erb- und Verjährungsrechts, BTDrs. 16/8954, Begründung, Besonderer Teil, S. 13.
72 So z.B. *Brambring* ZEV 2002, 137, 138; ebenso *Staudinger/Peters* [2004] § 197 Rn. 21.

VII. Genehmigungspflicht beim Erbschaftskauf

1. Behördliche Genehmigungen

a) Land- und forstwirtschaftliche Grundstücke

Genehmigungspflichtig ist die Veräußerung eines Erbteils an einen anderen als einen Miterben, wenn der Nachlass im Wesentlichen aus einem land- oder forstwirtschaftlichen Betrieb besteht, oder land- oder forstwirtschaftliche Grundstücke zum Nachlass gehören. Diese bedürfen hinsichtlich Verkauf und Auflassung einer Genehmigung nach dem Grundstücksverkehrsgesetz, § 2 Abs. 1 GrdstVG. Auch die Einzelübertragung von land- oder forstwirtschaftlichen Grundstücken bedarf der Genehmigung nach § 2 Abs. 1 GrdstVG. Fraglich ist, ob auch die Übertragung eines Erbteils, dem land- oder forstwirtschaftliche Grundstücke angehören genehmigungspflichtig ist.[73] Richtigerweise wird man dies aber zu bejahen haben, weil die Fiktion von § 2 Abs. 2 Nr. 2 GrdstVG auch in diesem Falle gilt, obwohl es sich hier nicht um eine Verfügung über das Einzelgrundstück handelt.

79

b) Baurechtliche Genehmigung

Gehört zur Erfüllung eines Erbschaftskaufvertrages die Auflassung eines Grundstückes, so kann daraus eine Genehmigungspflicht nach §§ 19 ff. BauGB bestehen. Anders als bei der oben geschilderten Problematik wird hier eine Genehmigungspflicht abgelehnt, soweit es um eine Erbteilsübertragung geht und keine Umgehungsabsicht besteht.[74] Diese Auffassung überzeugt nicht. Es kann im Einzelfall höchst str. sein, ob eine Umgehungsabsicht vorlag oder nicht. Soweit deshalb eine Erbteilsübertragung erfolgt, die ein Grundstück zum Gegenstand hat, für das im Falle einer Auflassung eine Genehmigungspflicht nach §§ 19 ff., insb. § 22 BauGB bestehen würde, wird man richtigerweise diese Genehmigungspflicht auch für eine Erbteilsübertragung annehmen müssen.[75] Zweifelhaft erscheint deshalb auch, ob ein Vorkaufsrecht nach §§ 24 ff. BauGB bei einem Erbschaftskauf ausscheidet, wenn zu dem Nachlass ein Grundstück gehört, für das ein gemeindliches Vorkaufsrecht besteht.[76] Da für die Erfüllung eines solchen Erbschaftskaufes die dingliche Übertragung des Grundstückes notwendig ist, unterscheidet sich die Übertragung der Erbschaft im Ergebnis nicht von dem Einzelverkauf eines solchen Grundstückes. Gegenstand des Kaufvertrages ist zwar in dem Falle die »Erbschaft« oder ein entsprechender Erbanteil, nicht aber das Grundstück. Jedoch wird im Zuge der Erfüllung des Erbschaftskaufes das Grundstück wie auch im Falle eines sonstigen Verkaufes auf den Erbschaftskäufer übertragen, sodass nicht einzusehen ist, weshalb in solchen Fällen ein behördliches Vorkaufsrecht dadurch umgangen werden könnte, dass anstelle des einzelnen Grundstückes die gesamte Erbschaft bzw. der entsprechende Erbschaftsanteil verkauft wird.

80

2. Vormundschaftsgerichtliche Genehmigungen

Bei Minderjährigen bedarf die Veräußerung einer Erbschaft oder eines Erbanteils zwingend der Genehmigung des Vormundschaftsgerichts gem. §§ 1643 Abs. 1, 1822 Nr. 1.

81

Umstritten ist hingegen, ob der Erwerb einer Erbschaft oder eines Erbanteils durch einen Minderjährigen ebenfalls der vormundschaftsgerichtlichen Genehmigung bedarf. Zum Teil wird eine Genehmigungspflicht bei einem Grundstückskauf Minderjähriger nur dann angenommen, wenn ein Grundstück zum Nachlass gehört und deshalb § 1822 Nr. 5

82

---

73 Unklar insoweit PWW/*Deppenkemper* Vor § 2371 Rn. 5.
74 *Haegele* BWNotZ 1972, 5.
75 A.A. BGH BB 1970, 1073; LG Berlin RPfleger 1994, 502.
76 A.A. *Staudinger/v. Olshausen* Vor § 2371 Rn. 112.

einschlägig sein kann.⁷⁷ Zum Teil wird die Genehmigungspflicht bei einem Erbschaftserwerb Minderjähriger, vertreten durch ihren gesetzlichen Vertreter, mit Hinweis auf § 1822 Nr. 10 abgelehnt, da durch den Erbschaftskauf keine fremde Verbindlichkeit übernommen wird, da die Schulden mangels Erfüllungsübernahme seitens des Käufers als zur Erbschaft gehörig anzusehen sind (§ 2378) und damit eigene Schuld des Minderjährigen werden und nicht fremde Schuld bleiben.⁷⁸ Richtigerweise wird der Erwerb einer Erbschaft, selbst wenn er schenkweise erfolgt, der Genehmigungspflicht des § 1822 Nr. 10 wegen der Haftung aus § 2382 unterstellt, die nicht durch Vereinbarung zwischen den Vertragsteilen ausgeschlossen werden kann.⁷⁹

VIII. Steuerrecht

1. Erbschaftsteuer

83 a) Erbschaftsteuerpflichtig ist der Erbschaftserwerber nach § 20 ErbStG, also der Erbe. Der Erbe kann sich auch durch Verkauf der Erbschaft nicht von der Erbschaftsteuerlast befreien; er allein bleibt Steuerschuldner.⁸⁰

84 Der Erbschaftserwerber haftet jedoch mit der erworbenen Erbschaft für die Entrichtung der Erbschaftsteuer⁸¹
– im Wege der Haftung des Nachlasses bis zur Auseinandersetzung, § 20 Abs. 3 ErbStG,
– im Falle der Unentgeltlichkeit seines Erwerbes, § 20 Abs. 5 ErbStG.
Ob darüber hinaus die Erbschaftsteuer eine Nachlassverbindlichkeit ist, für die der Erbschaftskäufer gem. § 2382 haftet, ist str.⁸²

85 b) Eine gesetzliche Sonderregelung besteht insofern, als nach § 3 Abs. 2 Nr. 6 ErbStG das Entgelt für die Übertragung der Anwartschaft eines Nacherben als vom Erblasser zugewendet gilt. Dieser Regelung liegt der Gedanke zugrunde, dass der Nacherbe aufgrund der Übertragung der Anwartschaft – diese erstarkt erst beim Erwerber zum Vollrecht – nicht mehr zum Vollerben wird und somit bei ihm kein Erwerb von Todes wegen i.S.d. § 3 Abs. 1 ErbStG stattfinden soll. Dieser Grundüberlegung folgend trifft die Steuerpflicht im Nacherbfall unmittelbar den Erwerber (oder bei Weiterveräußerung den Zweiterwerber) der Anwartschaft, § 6 Abs. 2 ErbStG; insofern ist auch für die Steuerklasse das Verhältnis des Erwerbers zu Vorerbe/Erblasser ausschlaggebend.⁸³ Der Erwerber kann den Kaufpreis als Erwerbskosten nach § 10 Abs. 5 Nr. 3 ErbStG von seinem Erwerb in Abzug bringen.⁸⁴

86 c) Erfolgt die Übertragung der Erbschaft unentgeltlich (§ 2385), so unterliegt dieser Erwerb selbstverständlich gesondert der Schenkungsteuer, § 7 Abs. 1 Nr. 1 ErbStG. Erbschaftsteuerpflichtig ist in diesem Fall der Beschenkte gem. § 7 Abs. 1 Nr. 1, 20 Abs. 1 S. 1, daneben aber auch der Schenker, § 20 Abs. 1 S. 1 ErbStG. Außerdem haftet der Beschenkte als Erwerber auch in voller Höhe für die Erbschaftsteuer des Schenkers neben der ihn treffenden Schenkungsteuer gem § 20 Abs. 5 ErbStG.

87 d) Das Innenverhältnis der Vertragsparteien regelt § 2379 S. 3.

---

77 PWW/*Deppenkemper* Vor § 2371 Rn. 5; OLG Köln RPfleger 96, 446; *Bamberger/Roth/Mayer* Vor § 2371 Rn. 8.
78 MüKoBGB/*Schwab* § 1822 Rn. 65; *Soergel/Damrau* § 2371 Rn. 8.
79 AG Stuttgart MDR 1971, 182; *Damrau/Redig* § 2371 Rn. 10; vgl. auch MüKoBGB/*Musielak* § 2378 Rn. 1.
80 *Meincke* § 3 ErbStG Rn. 11.
81 *Staudinger/v. Olshausen* Einl. zu § 2371 ff. Rn. 107.
82 Vgl. unten § 2382 Rz. 3.
83 *Spiegelberger* Rn. 670.
84 BFH BStBl. II 1993, 158, 160; jedoch besteht die Abzugsmöglichkeit nicht bei der Übertragung der Anwartschaft auf den Vorerben, BFH BStBl. II 1980, 46, str.; **a.A.** *Meincke* § 6 ErbStG Rn. 7.

2. Grunderwerbsteuer

Der Erbschaftskauf ist, soweit sich Grundstücke oder grundstücksgleiche Rechte im Nachlass befinden, grunderwerbsteuerpflichtig; dies folgt für den Kauf vom Alleinerben (= Einzelaktübertragung) bereits aus § 1 Abs. 1 Nr. 1 GrEStG, für den Verkauf des Erbanteils aus § 1 Abs. 1 Nr. 3 GrEStG;[85] letzteres gilt auch, wenn der verkaufte Erbanteil selber nicht Grundbesitz sondern einen Erbanteil beinhaltet, der seinerseits Grundbesitz umfasst.[86] Ebenfalls unter § 1 Abs. 1 Nr. 3 GrEStG fällt das Erlöschen der Erbengemeinschaft durch Vereinigung aller Erbanteile in einer Hand.[87] Demgem. ist auch zur Grundbuchberichtigung stets die grunderwerbsteuerliche Unbedenklichkeitsbescheinigung erforderlich. 88

Die Steuervergünstigungen (= §§ 3 ff. GrEStG, insb. die Befreiung des Erwerbs von Ehegatten und von Verwandten in gerader Linie) gelten auch beim Verkauf des Erbanteils. So ist § 3 Nr. 3 GrEStG (= Teilung des Nachlasses) anwendbar, wenn ein Miterbe durch Verkauf seines Erbanteils an einen Miterben (auch Ehegatten eines Miterben bzw. des Erblassers, § 3 Nr. 3 GrEStG) – bei mehreren auch an einen einzelnen oder an einzelne – aus der Erbengemeinschaft ausscheidet.[88] Setzen sich die verbleibenden Miterben später auseinander, so ist auch die Auseinandersetzung hinsichtlich des erworbenen Anteils befreit.[89] 89

Ist ein außenstehender Dritter Erwerber, so kommt ihm die Befreiungsvorschrift des § 3 Nr. 3 GrEStG nicht zugute, allerdings bleibt ihm ggf. die anteilige Befreiung nach § 6 GrEStG.[90] 90

Gem. § 8 Abs. 1 GrEStG bemisst sich die Steuer nach dem Wert der Gegenleistung. Befindet sich nicht nur Grundbesitz im Nachlass, so ist stets der »Grundstücksanteil« des Kaufpreises (bzw. der weiteren Gegenleistungen, § 9 Abs. 1 Nr. 1 GrEStG) zu ermitteln.[91] 91

3. Einkommensteuer

Die einkommensteuerlichen Konsequenzen des Erbschaftskaufes richten sich danach, ob der Nachlass aus Privat- und/oder Betriebsvermögen besteht. 92

Ist in dem Nachlass Betriebsvermögen vorhanden, so sind einkommensteuerrechtliche Besonderheiten zu beachten. Die Übertragung eines Erbteils, der Betriebsvermögen enthält, kann als entgeltliche Veräußerung eines Mitunternehmeranteils nach § 16 Abs. 1, 3 EStG zu steuerpflichtigen Veräußerungsgewinnen führen, §§ 16 Abs. 2, 34 EStG, die als außerordentliche Einkünfte zu versteuern sind.[92] Nach der nunmehr maßgeblichen Rspr. des BFH führt die Erbengemeinschaft im gewerblichen Bereich zu einer geborenen Mitunternehmerschaft.[93] Der BFH geht dabei sowohl für den Bereich des Betriebsvermögens als auch für den Bereich des Privatvermögens von der sog. Trennungstheorie aus, wonach Erbfall und nachfolgende Erbauseinandersetzung auch steuerrechtlich als zwei getrennte Vorgänge zu beurteilen sind.[94] Danach werden alle Maßnahmen des Erben oder einer Mit- 93

---

85 Grundlegend BFH BStBl. II 1976, 179 unter Aufgabe fr. Rspr., die an den steuerfreien Gesellschafterwechsel in der Personengesellschaft anknüpfte; Steuertatbestand ist hier allerdings nicht der schuldrechtliche Kaufvertrag sondern die dingliche Übertragung.
86 BFHE 117, 270, 277; *Boruttau/Fischer* § 1 GrEStG Rn. 617 ff.
87 Die Steuerpflicht beschränkt sich hierbei freilich auf den Umfang der Anwachsung, da die vorangegangenen Erbteilserwerbe bereits zu ihrem Anteil an der Steuer aus § 1 Abs. 1 Nr. 3 GrEStG unterlegen haben, *Boruttau/Fischer* § 1 GrEStG Rn. 621; s. im Übrigen auch § 6 GrEStG.
88 *Boruttau/Sack* § 3 GrEStG Rn. 276, 331.
89 *Boruttau/Sack* § 3 GrEStG Rn. 292.
90 *Pahlke/Franz* § 3 GrEStG Rn. 139; *Hofmann* § 3 GrEStG Rn. 27.
91 Hierzu *Boruttau/Sack* § 9 GrEStG Rn. 109 ff.
92 *Schmidt/Wacker* § 16 EStG Rn. 404 ff.; *PWW/Deppenkemper* Vor § 2371 Rn. 8; *Blümich* § 16 EStG Rn. 142 ff.
93 GrSen BFH 5.7.1990 BStBl. II 1990, 837.
94 *Crezelius* S. 125 Rn. 177.

erbengemeinschaft nach dem Erbfall als getrennt von dem Erbfall zu beurteilende Maßnahmen angesehen. Damit kann nicht nur die Erbauseinandersetzung zwischen den Miterben einkommensteuerrechtliche Bedeutung erhalten.[95] Vielmehr führt auch die Veräußerung eines Erbteils an einen Dritten außerhalb der Erbengemeinschaft beim Erben zu einem zu versteuernden Veräußerungsgewinn, wenn der Kaufpreis über dem Buchwert liegt.[96] Bei der Veräußerung des Erbanteils handelt es sich daher – soweit das Entgelt auf den enthaltenen Gewerbebetrieb entfällt – um die der Einkommensteuer unterworfene Veräußerung eines Mitunternehmeranteils (§ 16 Abs. 1 Nr. 2 EStG).[97] Ist auch Privatvermögen vorhanden, so gilt die »Abfärbetheorie« des § 15 Abs. 3 Nr. 1 EStG nicht, und zwar auch dann nicht, wenn ein Miterbe seinen Erbanteil an einen Dritten (oder einen Miterben) veräußert.[98]

94 Die unentgeltliche Übertragung des gesamten Nachlasses einschließlich des in den Nachlass fallenden Betriebsvermögens berechtigt zur gewinnneutralen Buchwertfortführung gem. § 6 Abs. 3 EStG.[99] Anders ist es – wie vorstehend ausgeführt – bei der ganz oder teilweisen entgeltlichen Veräußerung i.R.e. Erbschaftskaufes. Diese kann zur Aufdeckung stiller Reserven mit steuerpflichtigen Veräußerungserlösen führen.[100] Die unentgeltliche Übertragung von Betriebsvermögen auf einen Erwerber, die zum Ansatz der Buchwerte führt, lässt beim Übertragenden hingegen keinen Veräußerungsgewinn entstehen. Dagegen kommt es zu einem (nach § 34 EStG begünstigten) Aufgabegewinn, wenn wesentliches Sonderbetriebsvermögen bei einer unentgeltlichen Anteilsübertragung nicht mitübertragen, sondern in das Privatvermögen überführt wird.[101]

95 Eine nähere Darstellung der einkommensteuerrechtlichen Folgen würde über den Umfang dieses Werkes hinausgehen. Insofern wird auf die einschlägige Fachliteratur verwiesen, z.B. *Spiegelberger*, Vermögensnachfolge, Rn. 629 ff.

4. Bewertung von betrieblichem Vermögen

96 Die für die erbschaftsteuerrechtliche Bewertung maßgebenden Regelungen finden sich in § 12 ErbStG, der auf den ersten Teil des BewG i.d.F. der Bekanntmachung vom 1.2.1991,[102] zuletzt geändert durch Art. 2 des Gesetzes vom 24.2.2008[103] verweist. Die Regelung in § 12 ErbStG ist im Zusammenhang mit § 10 Abs. 1 S. 2 ErbStG zu sehen, wonach sowohl der Wert des gesamten Vermögensanfalls als auch der Wert der abzugsfähigen Nachlassverbindlichkeiten über § 12 ErbStG zu bewerten ist.

97 Hinsichtlich des Betriebsvermögens ist zunächst auf § 12 Abs. 2 ErbStG zu verweisen, wonach für Anteile an Kapitalgesellschaften der auf den Bewertungsstichtag (§ 11 ErbStG) maßgebende Wert anzusetzen ist. Die gleiche Regelung findet sich ferner in § 12 Abs. 5 ErbStG für inländisches Betriebsvermögen, also für die Bewertung eines Einzelunternehmens bzw. eines Mitunternehmeranteils.

98 Nach früherem Erbschaftsteuerrecht ergaben sich bei der Bewertung von Kapitalgesellschaften und Personengesellschaften erhebliche Unterschiede im Verhältnis zum Verkehrswert. Nicht notierte Kapitalgesellschaften wurden nach dem sog. »Stuttgarter Verfahren« bewertet. Personenunternehmen (Einzelunternehmen, Personengesellschaften) wurden hingegen nach §§ 12 Abs. 5 ErbStG a.F., 109 Abs. 1 BewG a.F. mit den Steuerbilanzwerten zum Bewertungs-

---

95 *Crezelius* S. 125 Rn. 177.
96 *Schmidt/Wacker* § 16 Rn. 400 ff; *Damrau/Redig* Vor § 2371 Rn. 10.
97 *Schmidt* EStG, § 16 Rn. 603 m.w.N.
98 BMF BStBl. I 1993, 62 Rn. 50.
99 *Damrau/Redig* Vor § 2371 Rn. 10.
100 BFH NJW 1986, 608 zum entgeltlichen Erwerb bei Privatvermögen.
101 PWW/*Deppenkemper* Vor § 2371 Rn. 8.
102 BGBl. I, 230.
103 BGBl. I, 3018.

stichtag zum Ansatz gebracht. Das führte insb. auch bei Erbschaftsteuern zu höchst unterschiedlichen Ergebnissen. Durch die Entscheidung des BVerfG vom 7.11.2006[104] wurde festgestellt, dass diese Regelung wegen Verstoßes gegen den Gleichheitssatz des Art. 3 I GG verfassungswidrig ist. Das BVerfG hatte dem Erbschaftsteuergesetzgeber aufgegeben, dies durch eine verfassungskonforme Regelung zu ändern, derzufolge sämtliche Vermögensarten mit dem gemeinen Wert anzusetzen seien. Dieser Aufforderung ist der Gesetzgeber mit dem Erbschaftsteuerreformgesetz[105] mit Wirkung zum 1.1.2009 nachgekommen. Mit Inkrafttreten der neuen Rechtslage werden alle Unternehmensformen einheitlich mit dem gemeinen Wert bewertet, §§ 11, 109 Abs. 1 BewG. Auch für Personenunternehmen kommt es seither nicht mehr auf die Steuerbilanzwerte, sondern auf den gemeinen Wert an, der durch eine Unternehmensbewertung zu ermitteln ist. Aus der zentralen Vorschrift des § 11 BewG folgen dabei die einzelnen Bewertungsmethoden, bei denen die häufigste Fallgruppe diejenige sein wird, die in § 11 Abs. 2 S. 2 BewG geregelt ist. Danach ist der gemeine Wert unter Berücksichtigung der Ertragsaussichten des Unternehmens zu ermitteln.[106] Eine weitere Darstellung der steuerrechtlichen Folgen des Erbschaftskaufes würde über den Umfang der hier vorgesehenen Kommentierung hinausgehen. Insofern wird auf die einschlägige steuerrechtliche Fachliteratur verwiesen; hinsichtlich der Besonderheiten bei sämtlichen steuerrechtlichen Fragen bei dem von einem Erbschaftskauf betroffenen Betriebsvermögen und zum Unternehmenserbrecht im Allgemeinen sei auf die aktuelle Veröffentlichung von *Crezelius* Unternehmenserbrecht (Erbrecht/Gesellschaftsrecht/Steuerrecht; 2. Auflage 2009) hingewiesen.

§ 2371
Form

Ein Vertrag, durch den der Erbe die ihm angefallene Erbschaft verkauft, bedarf der notariellen Beurkundung.

Übersicht

		Rz.			Rz.
I.	Normzweck	1	V.	Nachträgliche Änderungen	17
II.	Kaufvertrag	3	VI.	Berufung auf Formnichtigkeit	19
III.	Notarielle Beurkundungspflicht	8	VII.	Umdeutung	21
IV.	Heilung von Formmängeln	14	VIII.	Dingliches Erfüllungsgeschäft	23

I. Normzweck

§ 2371 bestimmt für das schuldrechtliche Verpflichtungsgeschäft die Form der notariellen Beurkundung. 1

Sinn der Regelung ist: 2
– Schutz des Veräußerers vor Übereilung und Übervorteilung (nicht aber des Erwerbers; insofern gewährleistet jedoch die allgemeine Fürsorgepflicht des Notars gem. § 17 BeurkG eine ausgewogene und den regelungsimmanenten Risiken angemessene Beratung und Vertragsgestaltung),

---

104 BStBl. II 2007, 192.
105 BGBl. I 2008, 3018.
106 Beispielhaft aufgeführt seien hier das Verfahren nach IDW (Institut der Wirtschaftsprüfer), das DCF-Verfahren (discounted cash flow) bzw. das Multiplikatorenverfahren; Einzelheiten dazu bei *Crezelius* S. 133 ff. 134 Rn. 187; ausführliche Darstellung auch bei *Viskorf* ZEV 2009, 591-596.

– Beweissicherung und Klarstellung des Rechtsverhältnisses, einerseits zur Legitimation des Erwerbers, andererseits als Gläubigerschutz in Hinblick auf die Außenhaftung des § 2382.

II. Kaufvertrag

3 Gegenstand der notariellen Beurkundung ist der schuldrechtliche Kaufvertrag über den Erbschaftskauf, der nach Eintritt des Erbfalls abgeschlossen wird. Vor dem Erbfall sind nur Vereinbarungen gem. § 311b Abs. 5 möglich. Der Erbschaftskauf ein gegenseitiger Vertrag, der den Vorschriften der §§ 433 ff. folgt und auf den das allgemeine Kauf- und Leistungsstörungsrecht (§§ 437, 439 ff.) anwendbar ist. Die allgemeinen kaufrechtlichen Vorschriften werden allerdings durch die speziellen Regelungen der §§ 2371 ff. als erbrechtliche Sondervorschriften ergänzt. Der Erbschaftsverkäufer ist i.R.d. Erfüllungspflichten gehalten, die Erbschaft bzw. den verkauften Erbanteil auf den Erwerber zu übertragen. Der Erwerber wird durch den notariell beurkundeten Erbschaftskauf nicht selbst Erbe, weil Gegenstand des Erbschaftskaufes nicht das Erbrecht des Erben ist, sondern seine Verschaffungsverpflichtung.[1] Das Erbrecht selbst, das durch das Verwandtschaftsverhältnis oder eine Verfügung von Todes wegen begründet wird, ist als solches nicht übertragbar.[2] Die Verschaffungsverpflichtung des Verkäufers besteht darin, mit dem Käufer einen Übertragungsvertrag hinsichtlich des verkauften Erbteils abzuschließen. Soweit es sich dabei um den Anteil eines Miterben handelt, gilt § 2033 Abs. 1.

4 Die Erfüllungspflicht des Käufers besteht in der Pflicht zur Kaufpreiszahlung und Abnahme des Erbteils, sodass der Käufer sowohl die Aktiva als auch Passiva des von ihm gekauften Erbteils übernimmt. Insb. übernimmt er die Nachlassverbindlichkeiten nach Maßgabe von § 2378.

5 Vor Abschluss eines Erbschaftskaufvertrages mit Dritten ist zu beachten, dass Miterben des Verkäufers ein gesetzliches Vorkaufsrecht nach § 2034 haben. Dadurch soll vermieden werden, dass den Miterben durch ein Mitglied der Erbengemeinschaft infolge des Verkaufs eines Miterbenanteils ein fremder, ggf. nicht gewollter Teilhaber aufgedrängt werden kann. Die Miterben müssen ihr Vorkaufsrecht innerhalb von zwei Monaten ausüben, § 2034. Das Vorkaufsrecht des Miterben ist vererblich. Für die Veräußerung eines Miterbenanteils durch dessen Erben bestehen besondere Kriterien. Verkauft der Erbe eines Miterben dessen Miterbenanteil, so besteht kein Vorkaufsrecht der anderen Miterben, wenn der verkaufte Anteil der Erbeserben nicht ausschließlich aus dem Erbanteil des beerbten Miterben besteht oder wenn die Erben des Miterben ihre Anteile an dessen Nachlass nicht durch einheitliches Rechtsgeschäft, sondern durch Einzelverträge an Dritte verkaufen.[3] Soweit Miterben vorkaufsberechtigt sind, so steht ihnen das Vorkaufsrecht nur gemeinschaftlich, also als Gesamthandsgemeinschaft zu.[4]

6 Kein Erbschaftskauf nach § 2371 liegt vor, soweit der Erbe sich zum Zwecke der Kreditsicherung gegenüber einer Bank oder anderen Dritten zur Verpflichtung der Übertragung seines Erbteils verpflichtet. In einem solchen Fall handelt es sich um eine reine Sicherungsvereinbarung, die nicht zwingend auf eine Veräußerung gerichtet ist. Weder die Vorschrift des § 2385 (ähnliche Verträge) noch die Formvorschrift des § 2371 sind auf derartige Vereinbarungen anwendbar, sodass eine solche Sicherungsvereinbarung nicht der notariellen Beurkundungspflicht unterliegt und auch nicht das gesetzliche Vorkaufsrecht der Miterben auslöst.[5]

---

[1] S. Vor § 2371 Rz. 2.
[2] *Bamberger/Roth/Mayer* Vor § 2371 Rn. 2; *Soergel/Zimmermann* § Vor 2371 Rn. 2.
[3] Vgl. dazu BGH NJW 1971, 1264; BGH NJW 1975, 445; BGH NJW 1993, 726.
[4] Vgl. dazu BGH WM 1979, 1066; für den Fall, dass es nicht zu einer gemeinschaftlichen Ausübung des Vorkaufsrechts kommt BGH WM 1962, 722, BGH NJW 1982, 330).
[5] *Soergel/Zimmermann* § 2371 Rn. 9.

Ebenso wenig ist der Verkauf eines Pflichtteilsanspruches oder der Verkauf eines Vermächtnisses ein Erbschaftsverkauf oder ein dem Erbschaftsverkauf ähnlicher Vertrag gem. §§ 2371, 2385.[6] Dasselbe gilt für die Verpflichtung zur Ausschlagung einer Erbschaft.[7] Umstritten ist, ob die Vereinbarung und Bestellung eines Nießbrauchs am Erbteil nach §§ 2371, 2385 zu beurteilen ist.[8] Richtigerweise wird man derartige Verträge weder unter § 2371 noch unter § 2385 einzuordnen haben, da es sich bei der Bestellung eines Nießbrauchrechts nicht um einen zur Veräußerung verpflichtenden Vertrag handelt, zumal auch ähnliche Verträge i.S.v. § 2385 auf die Veräußerung einer Erbschaft bezogen sein müssen.[9]

III. Notarielle Beurkundungspflicht

Die notarielle Beurkundungspflicht des § 2371 bezieht sich auf das Verpflichtungsgeschäft zwischen Erbschaftsverkäufer und Erbschaftskäufer.

Erforderlich ist notarielle Beurkundung in der Form der Niederschrift.[10] Die früher zulässige gerichtliche Beurkundung ist bereits mit Wirkung vom 1.1.1970 aufgehoben worden;[11] als Alternative bleibt jedoch die Möglichkeit des formwahrenden gerichtlichen Vergleiches gem. § 127a. Im Hinblick auf die aktuelle Rechtsprechung insb. des OLG Düsseldorf[12] zum Erbvertrag empfiehlt sich bei Abschluss eines gerichtlichen Vergleiches die gleichzeitige Anwesenheit von Prozessbevollmächtigten und beiden Parteien, die den Vertrag persönlich genehmigen sollten. Ferner ist darauf zu achten, dass die Genehmigung auch in das gerichtliche Protokoll aufgenommen wird.

Persönliche oder gleichzeitige Anwesenheit beider Vertragsparteien bei der Beurkundung ist nicht vorgeschrieben; insb. möglich ist die Aufspaltung in Angebot und Annahme zu getrennter notarieller Urkunde, §§ 128, 152.

Die Beurkundungspflicht umfasst angesichts des Schutzzwecks der Vorschrift auch **alle Nebenabreden**. Es gelten hier die gleichen Grundsätze, welche die Rspr. zum Formzwang bei Grundstückskaufverträgen gem. § 311b Abs. 1 entwickelt hat.[13] Nicht beurkundete Nebenabreden sind nichtig, § 125 S. 1, und können die Nichtigkeit des gesamten Vertrages nach sich ziehen, § 139.[14] Dies gilt – so ein durchaus möglicher Praxisfehler – auch für bereits erbrachte Gegenleistungen, insb. im familiären Bereich. Im einzelnen kann insofern auf die umfangreiche Literatur und Rspr. zu § 313 S. 1 a.F./§ 311b Abs. 1 verwiesen werden.[15]

Beurkundungsbedürftig sind dem gem. auch
- Vorverträge über den Abschluss eines Erbschaftskaufes,
- Vollmachten hierzu, soweit diese den zu § 311b Abs. 1 entwickelten Grundsätzen entsprechen, insb. unwiderruflich sind oder aus sonstigen Gründen die gleiche Bindungswirkung wie der Abschluss des Vertrages haben.[16]

Die Nichteinhaltung der Form des § 2371 führt zur Nichtigkeit des gesamten Vertrags gem. § 125. Ob die Formnichtigkeit einzelner Vertragsbestimmungen oder einzelner Nebenabreden ebenfalls den ganzen Vertrag erfasst, richtet sich – wie bereits erwähnt –

---

6 *Soergel/Zimmermann* § 2371 ebd.
7 *Soergel/Zimmermann* § 2371 Rn. 6.
8 So *Palandt/Edenhofer* § 2385 Rn. 1; MüKoBGB/*Musielak* § 2385 Rn. 2; *Soergel/Zimmermann* § 2385 Rn. 1.; a.A. *Staudinger/v. Olshausen* § 2385 Rn. 14, Einl. zu § 2371 Rn. 92; *Bamberger/Roth/Mayer* § 2385 Rn. 3.
9 So zu Recht MüKoBGB/*Musielak* § 2385 Rn. 1; *Bamberger/Roth/Mayer* § 2385 Rn. 1.
10 Beurkundung von Willenserklärungen, §§ 6ff. BeurkG.
11 § 56 Abs. 1 BeurkG 1969, BGBl. I 1968, S. 1513.
12 Vgl. OLG Düsseldorf NJW 2007, 1290; OLG Köln, OLGZ 70, 114.
13 BGH NJW 1967, 1128f.; BGHZ 63, 359; BGHZ 74, 346; BGHZ 76, 43; BGHZ 85, 315.
14 BGH NJW 1967, 1128, 1129.
15 *Staudinger/v. Olshausen* § 2371 Rn. 4; MüKoBGB/*Musielak* § 2371 Rn. 4.
16 BayObLGZ 1954, 225, 234; OLG Dresden ZEV 1996, 461; BGH ZEV 1996, 462 mit Anm. *Keller*; ausf. *Hügel* ZEV 1995, 121; i.ü. ständige Rspr. zu § 313 (a.F.), z.B. BGH DNotZ 65, 549; vgl. im einzelnen *Palandt/Heinrichs*, BGB (60. Aufl.), § 311b Rn. 19ff.

nach § 139.[17] Zum Einwand der Formnichtigkeit vgl. auch unten Ziffer VI. In Ausnahmefällen kommt auch in Betracht, gegen die formbedingte Nichtigkeit den Einwand der Arglist oder unzulässigen Rechtsausübung gem. § 242 zu erheben. Allerdings sind die Anforderungen an einen solchen Einwand zu Recht hoch.[18] Ein begründeter Einwand besteht möglicherweise dann, wenn sich diejenige Partei, die sich auf Formnichtigkeit beruft, schuldhaft den Irrtum der anderen Vertragspartei verursachte, dass eine notarielle Beurkundung nicht nötig sei.[19]

IV. Heilung von Formmängeln

14 Während beim Verkauf einer Alleinerbschaft die Heilung des formnichtigen schuldrechtlichen Vertrages durch Erfüllung nunmehr einhellig verneint wird,[20] bleibt diese Frage für den Fall des Verkaufes eines Erbanteils umstritten.

15 Die Rspr.[21] und ein wesentlicher Teil der Literatur[22] hält auch in diesem Fall weiterhin an dem Grundsatz der Nichtheilung fest: Den §§ 313 S. 2 a.F. (= § 311b Abs. 1 n.F.), 518 Abs. 2, 766 S. 2 sowie auch § 15 Abs. 4 S. 2 GmbHG könne weder ein allgemeiner Rechtssatz der Heilung formnichtiger schuldrechtlicher Verpflichtungen entnommen werden noch sei Raum für eine Einzelanalogie, da es insofern schon an der Regelungslücke fehle. Hiergegen wendet sich die im Vordringen begriffene Gegenansicht, die sich auf die einschneidenden praktischen Auswirkungen (insb. Probleme der Rückabwicklung nach Auseinandersetzung der Erbschaft bzw. Vereinigung der Erbschaft in einer Hand; Vereitelung des Vorkaufsrechtes des Miterben sowie der Außenhaftung gegenüber den Nachlassgläubigern, da diese wirksame Verträge voraussetzen; ggf. erforderliche Ausweitung der Arglisteinrede) sowie auf den i.R.d. notariellen Beurkundung der Erbanteilsübertragung erfüllten Schutzzweck der Norm beruft.[23]

16 Für die **Ablehnung einer Heilung** dürfte jedoch allein schon sprechen, dass der Notar die Beteiligten i.R.d. Beurkundung der Abtretung wohl kaum richtig beraten kann, wenn er die Modalitäten des Kaufvertrages nicht kennt – ein Problem, dass i.R.d. § 15 GmbHG allgegenwärtig ist.

V. Nachträgliche Änderungen

17 Ebenfalls umstritten ist, ob die nachträgliche Änderung sowie die Aufhebung des schuldrechtlichen Vertrages beurkundungspflichtig sind. Die h.M. bejaht dies unter Hinweis auf die Rspr. zu dem bzgl. Schutzzweck vergleichbaren § 311b Abs. 1[24] bzw. auf die mit der Regelung des § 2382 nicht vereinbare Gefahr der Rechtsunklarheit.[25]

18 Hiernach ist formbedürftig insb.
– die Kaufpreisstundung, auch dann, wenn sie lediglich zur Behebung von Abwicklungsschwierigkeiten dient,[26] dem ist allerdings entgegenzuhalten, dass selbst der Erlass nicht formbedürftig ist.

---

17 Vgl. oben Fn. 13; vgl. auch *Staudinger/v. Olshausen* § 2371 Rn. 17; MüKoBGB/*Musielak* § 2371 Rn. 5.
18 *Staudinger/v. Olshausen* § 2371 Rn. 22; Rn. 29.
19 Vgl. dazu PWW/*Deppenkemper* § 2371 Rn. 3; ebenso *Palandt/Ellenberger* § 125 Rn. 22.
20 MüKoBGB/*Musielak* § 2371 Rn. 6 m.w.N. auch zur Gegenansicht; *Erman/Schlüter* § 2371 Rn. 5.
21 RGZ 129, 122, 123; BGH NJW 1967, 1128, 1131; BGH WM 1970, 1319f.
22 *Palandt/Edenhofer* § 2371 Rn. 3; *Staudinger/Werner* § 2033 Rn. 19.
23 Sehr ausf. *Keller* ZEV 1995, 427ff. m.w.N.; *Habscheid* FamRZ 1968, 13 ff. m.w.N.; s.a. *Staudinger/v. Olshausen* § 2371 Rn. 22; MüKoBGB/*Musielak* § 2371 Rn. 7, jeweils m.w.N. zu beiden Ansichten; zur Frage der Wiederholung des zunächst formnichtig geschlossenen Kaufvertrages i.R.d. Beurkundung der Abtretung s. MüKoBGB/*Musielak* § 2371 Rn. 8.
24 So für die Änderung z.B. *Staudinger/v. Olshausen* § 2371 Rn. 9 m.w.N.; MüKoBGB/*Musielak* § 2371 Rn. 4; *Palandt/Edenhofer* § 2371 Rn. 2.
25 So für die Aufhebung *Staudinger/v. Olshausen* § 2371 Rn. 10f. m.w.N.; MüKoBGB/*Musielak* § 2371 Rn. 4.
26 *Staudinger/v. Olshausen* § 2371 Rn. 9.

- die sonstige Vertragsabänderung vor Erfüllung,

nicht aber
- der Erlass der Kaufpreiszahlungsforderung aus dem Erbschaftskauf,[27]
- die Vertragsabänderung nach Erfüllung durch den Veräußerer;[28] anders aber bei der Aufhebung nach Erfüllung, da diese eine Rückübertragungsverpflichtung schafft.[29]

VI. Berufung auf Formnichtigkeit

Der Berufung auf die Formnichtigkeit kann der Einwand der Arglist, § 242, entgegenstehen.[30] Dies gilt nach allgemeiner Meinung jedenfalls dann, wenn eine Vertragspartei die andere bewusst von der Einhaltung der Form abhält, um sich später auf die Formnichtigkeit berufen zu können.[31] Strittig ist jedoch, ob dies auch gilt, wenn ein Irrtum fahrlässig erregt wird.[32]

Dagegen soll sich der vorkaufsberechtigte Miterbe nicht auf § 242 berufen können, wenn sich Verkäufer und Käufer auf die Formunwirksamkeit des Erbschaftskaufvertrages berufen.[33]

VII. Umdeutung

Eine Umdeutung des formnichtigen Vertrages in ein anderes Rechtsgeschäft, z.B.
- in den Verkauf von Einzelgegenständen einer Erbschaft,
- in die formlose Auseinandersetzung,
- in die Abtretung des Auseinandersetzungsanspruches

wird regelmäßig daran scheitern, dass der Wille der Vertragsteile gerade darauf gerichtet ist, die Verantwortlichkeit für die Auseinandersetzung und weitere Abwicklung auf den Käufer zu übertragen.[34]

VIII. Dingliches Erfüllungsgeschäft

Wenn zu dem verkauften Erbteil unbewegliches Vermögen oder dingliche Rechte gehören, sollte das dingliche Erfüllungsgeschäft zugleich mit dem Erbschaftskaufvertrag notariell beurkundet werden. Der Verkäufer ist verpflichtet, an einer solchen dinglichen Übertragung mitzuwirken. Wegen der notwendigen Absicherung des Verkäufers im Hinblick auf eine fristgerechte vertragliche Kaufpreiszahlung durch den Käufer ist bei der notariellen Beurkundung darauf zu achten, dass die dingliche Erbteilsübertragung nach § 2033 Abs. 1 – im Gegensatz zur Auflassung, § 925 Abs. 2 – nicht bedingungsfeindlich ist. Das dingliche Erfüllungsgeschäft kann gleichzeitig mit dem Kaufvertrag protokolliert werden, jedoch auflösend bedingt durch Ausübung des vorbehaltenen Rücktrittsrechts des Verkäufers bei Verzug des Käufers mit der Kaufpreiszahlung. Alternativ könnte die Erklärung der dinglichen Anteilsabtretung unter der aufschiebenden Bedingung der Kaufpreiszahlung

---

27 OLG Celle OLG-Report 1996, 31.
28 Denn dann ist seine Übertragungsverpflichtung erloschen, so die einhellige Rspr. zu § 313, z.B. BGH NJW 1985, 266 m.w.N.
29 Vgl. BGHZ 104, 276 zu § 313.
30 RG WarnR 1925 Nr. 162.
31 *Palandt/Heinrichs* § 125 Rn. 22 m.w.N.
32 Bejahend BGH DNotZ 1973, 18; *Staudinger/Olshausen* § 2371 Rn. 29; verneinend u.a. *Palandt/Heinrichs* § 125 Rn. 22, der jedoch bei schwerer Treuepflichtverletzung Ausnahmen zulassen und zudem einen Anspruch aus c.i.c. geben will.
33 RGZ 170, 203; fragwürdig, wenn Verkäufer und Käufer die Beurkundungspflicht bewusst nicht einhalten, um das Vorkaufsrecht des Miterben (oder auch die Außenhaftung des § 2382) zu umgehen, jedenfalls dann, wenn man eine Heilung durch Erfüllung (s.o.) negiert.
34 Vgl. MüKoBGB/*Musielak* § 2371 Rn. 8.

erfolgen.³⁵ Ebenso wird vorgeschlagen, zunächst lediglich den Erbteilskauf zu beurkunden, den Kaufpreis im Vertrag erst nach Vorlage der notwendigen Genehmigungen und der Verzichte auf Vorkaufsrechte fällig zu stellen und erst nach Kaufpreiszahlung die dingliche Erbteilsübertragung zu erklären. Bei dieser Lösung wird der Käufer jedoch nicht vor einer vertragswidrigen Verfügung des Verkäufers und seiner Gläubiger in der Zeit bis zur dinglichen Erbteilsübertragung geschützt.³⁶ Aus diesem Grund wird auch vorgeschlagen, die Sicherung dadurch zu gewährleisten, dass die dingliche Erbteilsübertragung gleichzeitig mit dem Erbteilskaufvertrag erfolgt, jedoch aufschiebend bedingt durch die vollständige Zahlung des Kaufpreises. Ebenso ist es möglich, den Kaufpreisanspruch des Verkäufers dadurch zu schützen, dass zugunsten des Verkäufers bei gleichzeitiger Beurkundung des Erbschaftskaufes und der Übertragung des Grundbesitzes eine Hypothek zugunsten des Verkäufers eingetragen wird.³⁷

§ 2372
Dem Käufer zustehende Vorteile

Die Vorteile, welche sich aus dem Wegfall eines Vermächtnisses oder einer Auflage oder aus der Ausgleichungspflicht eines Miterben ergeben, gebühren dem Käufer.

I. Allgemeines/Normzweck

1 Kernstück dieser für den Erbschaftskauf wichtigen Regelung ist, dass der Verkäufer einer Erbschaft dem Käufer dasjenige zu gewähren hat, was dieser hätte, wenn er anstelle des Verkäufers Erbe geworden wäre. Ursprünglich sollte dieser Grundsatz unmittelbar in das Gesetz aufgenommen werden.¹ Letztlich hat der Gesetzgeber dies aus dem Entwurf gestrichen, offenbar um Missverständnisse zu vermeiden. An dem vorbezeichneten Grundsatz sollte sich dadurch allerdings nichts ändern,² sodass dieser auch heute noch zum Zwecke der Auslegung der Regelung herangezogen werden kann. Der Sinn der Regelung besteht darin, dass dem Käufer als Ausgleich für die ihm nach § 2382 obliegende Haftung auch die wirtschaftlichen und rechtlichen Vorteile zugute kommen sollen, die sich aus dem Wegfall eines Vermächtnisses (§§ 2160 ff.), einer Auflage (§ 2196) oder einer Ausgleichungspflicht eines Miterben (§ 2950 ff.) ergeben. Die Vorschrift des Paragraphen § 2372 ist allerdings dispositiv, sodass zwischen Käufer und Verkäufer auch abweichende vertragliche Vereinbarungen (auch konkludent) getroffen werden können.³ Sie können sich aus der Höhe des Kaufpreises oder einer von den Parteien nach Vertragsabschluss erwarteten Veränderung des Umfanges der Erbschaft ergeben.⁴ Ebenso können ausdrückliche Regelungen zu Vermächtnissen, Auflagen oder Ausgleichungspflichten unter Miterben ein Anhaltspunkt dafür sein, dass die Vertragsparteien trotz fehlender ausdrücklicher Regelung eine Vereinbarung treffen wollten, wonach der Käufer durch § 2372 nicht zusätzlich begünstigt wird, sondern der ganz oder teilweise Wegfall einer solchen Regelung gewollt war.

2 Ausgehend von dem Grundsatz, den Erbschaftskäufer wirtschaftlich und rechtlich so zu stellen, als wäre er Erbe geworden, ist § 2372 auch anwendbar bei Wegfall von Pflichtteils-

---

35 Vgl. dazu LG Nürnberg-Fürth MittBayNot 1982, 21; *Staudenmaier* BWNotZ 1959, 191 ff. Vgl. dazu im Einzelnen auch *Damrau/Redig* § 2371 Rn. 27.
36 Vgl. dazu *Damrau/Redig* ebd.; *Neusser* MitRhNotK 1979, 143, 148.
37 Vgl. dazu das Vertragsmuster im Anhang zu § 2385.
1 Vgl. Prot. II S. 112 f.
2 MüKoBGB/*Musielak* § 2372 Rn. 1; *Damrau/Redig* § 2372 Rn. 1; Staudinger/v. Olshausen Vor § 2371 Rn. 12.
3 *Bamberger/Roth/Mayer* Vor § 2371 Rn. 15; Staudinger/v. Olshausen § 2372 Rn. 1, 9.
4 Staudinger/v. Olshausen § 2372 Rn. 9; Erman/Schlüter § 2372 Rn. 1; MüKoBGB/*Musielak*, § 2372, Rn. 5.

lasten,[5] Teilungsanordnungen,[6] Wegfall eines Nacherbenrechts,[7] einer Vorerbschaft,[8] bei Wegfall eines vermeindlichen Pflichtteilsanspruches[9] oder bei Wegfall einer Testamentsvollstreckung.[10]

II. Wegfall von Vermächtnissen und Auflagen

Fallen Vermächtnisse und/oder Auflagen weg (vgl. §§ 2162, 2163, 2169 Abs. 1, 2171, 2172, 2345 Abs. 1, 2362), so ist ein Wert- und Vermögenszuwachs die unmittelbare oder mittelbare (z.B. beim Verschaffungsvermächtnis, § 2170) Folge. Diesen Vorteil wendet das Gesetz dem Käufer zu. Auch die sich für den Erben aus dem Wegfall einer Auflage ergebende Befreiung von einer Leistungspflicht ist ein Vorteil, der dem Erbschaftskäufer zusteht. Voraussetzung ist allerdings, dass das Vermächtnis oder die Auflage erst nach Abschluss des Kaufvertrages weggefallen ist. Maßgeblich ist der Zeitpunkt der notariellen Beurkundung. Ein früherer Wegfall berechtigt Verkäufer zu, berechtigt aber zur Anfechtung des Vertrages, wenn die Voraussetzungen des § 119 Abs. 2 vorliegen oder infolge eines Irrtums über wertbildende Faktoren der Kaufpreis zwischen den Vertragsparteien falsch berechnet wurde.[11] Hingegen wird der Käufer in solchen Fällen regelmäßig bevorteilt und nicht im Regelfall,[12] sondern nur ausnahmsweise zu einer Anfechtung berechtigt sein.

3

III. Wegfall einer Ausgleichungspflicht

Der Wegfall einer Ausgleichungspflicht kann nur beim Verkauf eines Erbteils Bedeutung erlangen. Der Verkäufer haftet dem Käufer nach § 2376 dafür, dass der Erbteil nicht durch Ausgleichungspflichten des Verkäufers belastet ist und damit in seinem Wert gemindert wird. Denn die von einem Miterben zur Ausgleichung zu bringenden Beträge sind Vorempfänge aus der Erbschaft und müssen deshalb dem Erbschaftskäufer zugutekommen. Der Verkäufer haftet dem Käufer nach § 2376 dafür, dass der Erbteil nicht durch Ausgleichungspflichten des Verkäufers belastet ist und damit in seinem Wert gemindert wird. In diesem Fall ist unerheblich, ob der Wegfall der Ausgleichungspflicht vor oder nach Abschluss des Kaufvertrages erfolgt.[13]

4

§ 2373
Dem Verkäufer verbleibende Teile

Ein Erbteil, der dem Verkäufer nach dem Abschlusse des Kaufes durch Nacherbfolge oder infolge des Wegfalls eines Miterben anfällt, sowie ein dem Verkäufer zugewendetes Vorausvermächtnis ist im Zweifel nicht als mitverkauft anzusehen. Das gleiche gilt von Familienpapieren und Familienbildern.

---

5 *Bamberger/Roth/Mayer*, § 2372, Rn. 1.
6 MüKoBGB/*Musielak* § 2372 Rn. 4.
7 *Lange/Kuchinke* § 45 Rn. 3 Fn. 51; *Staudinger/v. Olshausen* § 2372 Rn. 5.
8 *Lange/Kuchinke* § 45 III Fn. 51.
9 *Staudinger/v. Olshausen* § 2372 Rn. 8; *Soergel/Zimmermann* § 2372 Rn. 1; *Damrau/Redig* § 2372 Rn. 1.
10 *Lange/Kuchinke* § 45, ebd.
11 *Erman/Schlüter* § 2372 Rn. 1; *Soergel/Zimmermann* § 2372 Rn. 1; *Palandt/Edenhofer* § 2372 Rn. 1; *Staudinger/v. Olshausen* § 2372 Rn. 7.
12 So aber *Damrau/Redig* § 2372 Rn. 4.
13 MüKoBGB/*Musielak* §2372 Rn. 3; *Bamberger/Roth/Mayer* § 2372 Rn. 1.

I. Normzweck

1 § 2373 ergänzt die Regelung des § 2372 in negativer Hinsicht.

2 Die in § 2373 genannten Gegenstände, nämlich
- Erbanteile, die dem Verkäufer **nach** Vertragsabschluß aufgrund Nacherbfolge, §§ 2100 ff., oder Wegfall eines Miterben bei gesetzlicher, § 1935, oder gewillkürter, §§ 2094, 2096, Erbfolge zufallen,
- dem Verkäufer zugewendete Vorausvermächtnisse, § 2150, sowie über § 1932 Abs. 2 der Voraus des Ehegatten,
- Familienpapiere und Familienbilder (selbst wenn von erheblichem Wert;[1] hierbei sind beide Begriffe weit auszulegen; dazu gehören: Personenstandsatteste von Familienangehörigen, Familienstammbücher, Tagebücher, Briefe, Korrespondenzen, Notizen),[2]

sollen mangels abweichender vertraglicher Vereinbarung – auch § 2373 ist in vollem Umfang dispositiv – dem Verkäufer verbleiben. Der Grund hierfür ist, dass der Verkäufer dies infolge seines nicht übertragbaren Erbrechts erwirbt. Er bleibt auch nach Abschluss des Erbschaftskaufs Erbe. Infolgedessen stehen ihm auch sämtliche Sachen und Rechte zu, die er als Erbe nachträglich erwirbt.

II. Gesetzliche Auslegungsregel

3 § 2373 stellt eine spezielle gesetzliche Auslegungsregel dar; die allgemeinen Auslegungsregeln gem. §§ 133, 157, gehen dabei der Vorschrift des § 2373 vor, was sich bereits aus der Formulierung »im Zweifel« herleiten lässt.; die Beweislast für eine abweichende vertragliche Gestaltung liegt bei der Partei, die den abweichenden Inhalt des Kaufvertrages behauptet, regelmäßig also beim Käufer (= Beweisführungslast/subjektive Beweislast).[3] Eine solche kann sich auch konkludent aus den Umständen des Einzelfalles ergeben, insb. in Hinblick auf die Preisgestaltung.[4]

§ 2374
Herausgabepflicht

Der Verkäufer ist verpflichtet, dem Käufer die zur Zeit des Verkaufs vorhandenen Erbschaftsgegenstände mit Einschluss dessen herauszugeben, was er vor dem Verkauf auf Grund eines zur Erbschaft gehörenden Rechtes oder als Ersatz für die Zerstörung, Beschädigung oder Entziehung eines Erbschaftsgegenstandes oder durch ein Rechtsgeschäft erlangt hat, das sich auf die Erbschaft bezog.

I. Normzweck/Allgemeines

1 Mit der Regelung in § 2374 wird die allgemeine Herausgabepflicht des Verkäufers aus § 433 Abs. 1 konkretisiert. Der Verkäufer ist verpflichtet, dem Käufer die wirtschaftliche Stellung eines Erben zu verschaffen. Deshalb konkretisiert die Vorschrift die Erfüllungspflichten des Verkäufers im Hinblick auf die notwendige Herausgabe der zur Zeit des Verkaufs vorhandenen Erbschaftsgegenstände und ergänzt diese um weitere Regelungen zur Surrogation vor Vertragsabschluss. Die Bedeutung der Vorschrift beschränkt sich dabei auf die

---

[1] *Palandt/Edenhofer* § 2373 Rn. 1; *Erman/Schlüter* § 2373 Rn. 3.
[2] Vgl. *Bamberger/Roth/Mayer* § 2373 Rn. 1; *Damrau/Redig* § 2373 Rn. 2.
[3] *MüKoBGB/Musielak* § 2373 Rn. 6.
[4] *Staudinger/v. Olshausen* § 2373 Rn. 4.

Fälle der Einzelakterfüllung;[1] bei der Erfüllung durch Erbanteilsübertragung sind die Surrogate als Inhalt des Erbanteils (§ 2041) automatisch mitübertragen. Maßgeblicher Zeitpunkt für die Leistungsverpflichtung des Verkäufers ist der Zeitpunkt des Vertragsabschlusses.[2] Das bedeutet, dass sich die Herausgabepflicht des Verkäufers nicht auf diejenigen Nachlassgegenstände bezieht, die zum Zeitpunkt des Erbfalles vorhanden waren, sondern auf diejenigen Nachlassgegenstände, die zum Zeitpunkt des Vertragsschlusses vorhanden sind. Nur hinsichtlich der Surrogate und der Wertersatzpflicht (§ 2375) ist auf den Zeitpunkt des Erbfalles abzustellen. Im Rahmen des § 2374 gelten also zwei verschiedene Zeitpunkte. Wie die meisten Vorschriften über den Erbschaftskauf ist auch § 2374 vertraglich vollständig abdingbar.

II. »Erbschaftsgegenstand«

Unter den Begriff des Erbschaftsgegenstandes fallen alle in den Nachlass fallenden Gegenstände[3] körperlicher und nichtkörperlicher Art, auch der nach § 857 auf den Erben übergegangene Besitz an Sachen, die nicht dem Erblasser gehört haben.[4] Ebenfalls herauszugeben sind Gegenstände, die der Erbe aufgrund seiner Erbenstellung erlangt hat, wie z.B. Ansprüche gegen einen Nachlasspfleger, Testamentsvollstrecker, Erbschaftsbesitzer, Miterben oder Vorerben.[5]

Nicht »Erbschaftsgegenstand« i.S.d. § 2374 ist der mögliche Zugewinnausgleich beim Tod des Ehegatten des Veräußerers als solcher: Entweder es liegt ein Fall des § 1371 Abs. 1 vor und es erhöht sich der Erbanteil; dann ist die Folge, dass der erhöhte Erbanteil Vertragsgegenstand ist und somit der Zugewinnausgleich nicht isoliert herauszugeben ist;[6] oder der Zugewinnausgleich wird rechnerisch ermittelt; dann ist dieser jedoch ein güterrechtlicher Anspruch aus Anlass des Todes und nicht Teil des Nachlasses.[7]

III. Schuldrechtliche Herausgabepflicht

Welche Erbschaftsgegenstände der Verkäufer im Einzelnen herauszugeben hat, richtet sich nach der konkreten erbrechtlichen Stellung des Verkäufers. Der Alleinerbe ist bei Übertragung des Gesamtnachlasses verpflichtet, alle zur Erbschaft gehörenden Gegenstände und Vermögensrechte nach den für die Einzelübertragung jeweils maßgeblichen gesetzlichen Vorschriften zu übertragen. Anwendbar sind damit für bewegliche Sachen ergänzend die §§ 929 ff., für Grundstücke §§ 873, 925 ff. und für Forderungen §§ 398 ff.[8] Werden Bruchteile einer Alleinerbschaft verkauft, so sind die Bruchteilsrechte an den einzelnen Erbschaftsgegenständen auf den Käufer zu übertragen.[9]

Beim Verkauf eines Erbanteils oder eines Bruchteils hiervon, der nach § 2033 Abs. 1 zu übertragen ist, überträgt der Miterbe seine anteilige Berechtigung innerhalb der noch nicht auseinandergesetzten Erbengemeinschaft. Nach erfolgter Auseinandersetzung muss der Miterbe seine Herausgabepflicht durch Übertragung jedes einzelnen ihm bei der Auseinandersetzung angefallenen Nachlassgegenstandes in gleicher Weise wie ein Alleinerbe erfüllen.[10] Bei einer nur teilweise durchgeführten Auseinandersetzung eines Nachlasses,

---

1 S.o. Vor §§ 2371. Rn. 17 f.; *Bamberger/Roth/Mayer* § 2374 Rn. 1.
2 MüKoBGB/*Musielak* § 2374 Rn. 3.
3 Zum allg. Begriff des Gegenstandes vgl. *Palandt/Heinrichs* Überbl. Vor § 90 Rn. 2.
4 MüKoBGB/*Musielak* § 2374 Rn. 9
5 MüKoBGB/*Musielak* § 2374 Rn. 9.
6 *Palandt/Edenhofer* § 2374 Rn. 2.
7 *Staudinger/v. Olshausen* § 2374 Rn. 10; es verbleibt jedoch die Möglichkeit von Verkauf und Abtretung des Anspruchs, vgl. § 1378 Abs. 3.
8 *Staudinger/v. Olshausen* § 2371 Rn. 7.
9 Vgl. dazu MüKoBGB/*Musielak* § 2374 Rn. 5.
10 *Bamberger/Roth/Mayer* § 2374 Rn. 5; MüKoBGB/*Musielak* § 2374 Rn. 6.

dessen vollständige Auseinandersetzung noch aussteht, hat der Verkäufer seine Verpflichtung durch Einzelübertragung der ihm bereits zugeordneten Nachlassgegenstände und durch Übertragung seines Restanteils nach § 2033 Abs. 1 zu erfüllen.[11]

IV. Surrogate

6 Zur Herausgabe der von dem Erbschaftsverkäufer erworbenen Surrogate gehören Ansprüche gegen Miterben, Vorerben (§§ 2130 ff.), Testamentsvollstrecker (§ 2219), Nachlasspfleger (§ 1960), Erbschaftsbesitzer (§ 2018).

7 Entsprechende Rechte hat der Verkäufer an den Käufer abzutreten. Dazu gehören auch Ansprüche aus einer Ersatzsurrogation bei Zerstörung, Beschädigung oder Entziehung. Hierzu gerechnet werden insb. Versicherungssummen, Enteignungsentschädigungen und Lastenausgleichsansprüche.[12] Hinsichtlich Umfang und Inhalt der Surrogation vgl. außerdem die Kommentierung zu § 2041, die inhaltlich der Surrogation nach § 2374 entspricht.[13]

V. Konkurrenzen

8 § 2374 schließt die allgemeinen Bestimmungen, insb. § 260 zur Herausgabe von Sachgesamtheiten nicht aus. § 260 findet ergänzende Anwendung.

§ 2375
Ersatzpflicht

(1) Hat der Verkäufer vor dem Verkauf einen Erbschaftsgegenstand verbraucht, unentgeltlich veräußert oder unentgeltlich belastet, so ist er verpflichtet, dem Käufer den Wert des verbrauchten oder veräußerten Gegenstandes, im Falle der Belastung der Wertminderung zu ersetzen. Die Ersatzpflicht tritt nicht ein, wenn der Käufer den Verbrauch oder die unentgeltliche Verfügung bei dem Abschlusse des Kaufes kennt.

(2) Im übrigen kann der Käufer wegen Verschlechterung, Unterganges oder einer aus einem anderen Grunde eingetretenen Unmöglichkeit der Herausgabe eines Erbschaftsgegenstandes nicht Ersatz verlangen.

I. Normzweck/Allgemeines

1 Die Vorschrift des § 2375 ergänzt die vorhergehende Reglung in § 2374 über die Pflicht des Erbschaftsverkäufers zum Wertersatz. Der Gesetzeswortlaut in Abs. 1 und Abs. 2 der Vorschrift dreht das Regel-Ausnahme-Verhältnis allerdings um. Grundsätzlich soll der Verkäufer nach Abs. 2 der Vorschrift – verschuldensunabhängig[1] – nicht für Veränderungen der Erbschaft haften, die vor Abschluss des Erbschaftskaufvertrages eingetreten sind. Vielmehr soll es insofern bei der Surrogation des § 2374 bleiben.

2 Ebenso wie Abs. 1 der Regelung ist auch Abs. 2 dispositiv. Das bedeutet, dass der Käufer berechtigt ist, in Abänderung von Abs. 2 mit dem Verkäufer eine Garantiehaftung zu vereinbaren.[2] Nach Vertragsschluss haftet der Verkäufer nach den allgemeinen Vorschriften, insb. § 433 ff.[3]

---

11 Staudinger/v. Olshausen Einl. zu § 2371 Rn. 58 ff., 120.
12 BVerwG NJW 1963, 1266.
13 Staudinger/v. Olshausen § 2374 Rn. 11 ff.; Palandt/Edenhofer § 2374 Rn. 1; MüKoBGB/Musielak § 2374 Rn. 10; Erman/Schlüter § 2374 Rn. 2.
1 Palandt/Edenhofer § 2375 Rn. 2; MüKoBGB/Musielak § 2375 Rn. 7.
2 Dazu Staudinger/v. Olshausen § 2375 Rn. 12; MüKoBGB/Musielak § 2375 Rn. 7.
3 Erman/Schlüter § 2375 Rn. 3.

II. Ersatzpflicht nach Abs. 1

Eine Ersatzpflicht tritt nach Abs. 1 allerdings dann ein, wenn der Verkäufer – ohne positive Kenntnis des Käufers (Abs. 1 S. 2) – vor Abschluss des Erbschaftskaufvertrages einen Erbschaftsgegenstand verbraucht, unentgeltlich veräußert oder unentgeltlich belastet hat. Das bedeutet, dass der Erbschaftsverkäufer beim Verbrauch von Erbschaftsgegenständen keinen Gegenwert erhalten haben darf. Verbraucht werden können grundsätzlich Sachen und Rechte. Ein Verbrauch liegt dabei auch in der Tilgung eigener Verbindlichkeiten des Verkäufers, ebenso wie eine Verbindung, Vermengung und Vermischung und Verarbeitung von Nachlassgegenständen nach §§ 946 ff. als Verbrauch anzusehen sind.[4]

Als unentgeltliche Veräußerung oder Belastung gelten nicht nur Schenkungen, sondern auch die sonstige Verminderung der Anzahl von Nachlassgegenständen, ohne dass diese Minderung durch einen entsprechenden Vermögensvorteil ausgeglichen wird. Beim Erwerb von Surrogaten gilt die Sonderregelung von § 2374.[5]

III. Ersatzpflicht nach Abs. 2

Durch die Regelung in Abs. 2 wird der Verkäufer von einer Haftung wegen Verschlechterung, Untergangs oder einer aus anderen Gründen eingetretenen Unmöglichkeit der Herausgabe eines Erbschaftsgegenstandes freigestellt. Die Vorschrift gilt verschuldensunabhängig für die Zeit vor Vertragsabschluss. Nicht ausgeschlossen sind allerdings deliktische Ansprüche, die ungeachtet der Regelung in Abs. 2 gegen den Verkäufer geltend gemacht werden können.[6]

§ 2376
Haftung des Verkäufers

(1) Die Haftung des Verkäufers für Rechtsmängel beschränkt sich darauf, dass ihm das Erbrecht zusteht, dass es nicht durch das Recht eines Nacherben oder durch die Ernennung eines Testamentsvollstreckers beschränkt ist, dass nicht Vermächtnisse, Auflagen, Pflichtteilslasten, Ausgleichungspflichten oder Teilungsanordnungen bestehen und dass nicht unbeschränkte Haftung gegenüber den Nachlassgläubigern oder einzelnen von ihnen eingetreten ist.

(2) Für Sachmängel eines zur Erbschaft gehörenden Gegenstands haftet der Verkäufer nicht, es sei denn, dass er einen Mangel arglistig verschwiegen oder eine Garantie für die Beschaffenheit des Gegenstands übernommen hat.

Zu § 2376: Geändert durch G vom 24.9.2009 (BGBl I S. 3142) (1.1.2010).

Fassung bis 31.12.2009

§ 2376
Haftung des Verkäufers

(1) Die Verpflichtung des Verkäufers zur Gewährleistung wegen eines Mangels im Recht beschränkt sich auf die Haftung dafür, dass ihm das Erbrecht zusteht, dass es nicht durch das Recht eines Nacherben oder durch die Ernennung eines Testamentsvollstreckers beschränkt ist, dass nicht Vermächtnisse, Auflagen, Pflichtteilslasten, Ausgleichungspflich-

---

4 *Staudinger/v. Olshausen* § 2375 Rn. 6.
5 Vgl. insg. BGH NJW 1963, 1613; BGH NJW 1971, 2264; *Staudinger/v. Olshausen* § 2375 Rn. 7; MüKoBGB/*Musielak* § 2375 Rn. 4.
6 *Staudinger/v. Olshausen* § 2375 Rn. 12; *Bamberger/Roth/Mayer* § 2375 Rn. 2.

ten oder Teilungsanordnungen bestehen und dass nicht unbeschränkte Haftung gegenüber den Nachlassgläubigern oder einzelnen von ihnen eingetreten ist.

(2) Sachmängel einer zur Erbschaft gehörenden Sache hat der Verkäufer nicht zu vertreten.

I. Normzweck/Allgemeines

1 § 2376 regelt die Rechts- (Abs. 1) und Sachmängelhaftung (Abs. 2) des Verkäufers. Der Normzweck der Regelung besteht dabei wesentlich in der Einschränkung der Gewährleistungspflicht des Verkäufers bei Mängeln. Auch diese Regelungen können durch Parteivereinbarungen modifiziert oder vollständig ausgeschlossen werden. Dies gilt allerdings nicht bei einem arglistigen Verschweigen von Mängeln durch den Verkäufer. Insoweit findet die Vertragsfreiheit ihre Grenze in § 444. Für Fälle der Erbschaftsschenkung ist ferner die Sonderregelung in § 2385 Abs. 2 S. 2 zu beachten. Die Norm wurde zum 1.1.2010 geändert,[1] wobei im Kern nur eine Anpassung an das neue Schuldrecht erfolgt ist. Abs. 1 wurde nur redaktionell geändert. In Abs. 2 wurde der Fall des arglistigen Verschweigens und der Garantie aufgenommen.

II. Rechtsmängelhaftung

2 Der Verkäufer haftet dafür, dass ihm das Erbrecht zusteht. Dies schließt die Haftung des Verkäufers dafür ein, dass Gegenstände, die zum Vermögen des Erblassers gehörten, durch Erbfolge auf ihn übergegangen sind und dass er daran in seiner Eigenschaft als Erbe diejenigen Rechte erlangt hat, die ihm eine wirksame Verfügung über die Erbschaft erlauben.

3 Ist der Verkäufer tatsächlich nicht Erbe, so hat der wirkliche Erbe dem Käufer gegenüber einen Anspruch aus § 2030.[2] Im Rahmen der Rechtsmängelhaftung haftet der Verkäufer nach Abs. 1 für

a) das Bestehen des eigenen Erbrechts, bei mehreren Erben auch für seine Erbquote,
b) die Freiheit des Erbrechts von Beeinträchtigungen aufgrund von
  – Nacherbenanordnung, §§ 2100; ist diese angeordnet, so wird der Verkäufer nur durch Ausschlagung des Nacherben oder Übertragung der Nacherbenanwartschaft enthaftet; Zustimmung des Nacherben allein genügt nicht,
  – Testamentsvollstreckung, §§ 2197 ff.,
  – Vermächtnissen, 2147 ff., auch für dem Verkäufer gem. § 2373 S. 1 verbleibende Vorausvermächtnisse,[3]
  – Auflagen, 2192 ff.,
  – Voraus, § 1932, und Dreißigster, § 1969,[4]
  – Pflichtteilslasten, §§ 2303 ff. (auch nach dem früheren § 2338 aF, Art. 227 Abs. 1 Nr. 1 EGBGB),
  – Erbersatzansprüche der früheren §§ 1934 a und b[5] (bei Erbfällen bis zum 1.4.1998 vgl. Art. 227 Abs. 1 Nr. 1 EGBGB),
  – Ausgleichspflichten, § 2050 ff.; diese Ausgleichspflichten treffen den Erwerber,[6]
  – Teilungsanordnungen, § 2044,
  – Eintritt der unbeschränkten Erbenhaftung, §§ 1994, 2005 f., 2013.

---

1 Gesetz zur Änderung des Erb- und Verjährungsrechts, BGBl. I 2009, 3142.
2 *Staudinger/v. Olshausen* § 2376 Rn. 6.
3 MüKoBGB/*Musielak* § 2373 Rn. 4.
4 Den Vermächtnissen gem. § 1932 Abs. 2 bzw. 1969 Abs. 2 gleichgestellt.
5 *Staudinger/v. Olshausen* § 2376 Rn. 12; *Erman/Schlüter* § 2376 Rn. 3.
6 BGH NJW 1960, 291.

Strittig ist nunmehr die bisher durchweg bejahte **Haftung für Zugewinnausgleichsansprüche.**[7] Nicht unter § 2376 fällt jedenfalls der Unterhalt der werdenden Mutter gem. § 1963.[8]

Im Übrigen gelten die allgemeinen Regelungen des Kaufvertrages zur Rechtsmängelgewährleistung, insb. § 435 (§§ 440, 441 a.F.), aber auch § 442 (§ 439 Abs. 1 a.F.), wonach die Kenntnis des Käufers vom Mangel bei Abschluss des Vertrages die Haftung des Verkäufers ausschließt. Zur Beweislast für Rechtsmängel vgl. § 363 (mit gesetzlicher Beweislaständerung).

In Anbetracht des unterschiedlichen Vertragsgegenstandes schließt die gesetzliche Regelung die Sachmängelhaftung für Fehler einzelner Sachen aus, § 2376 Abs. 2. Unberührt bleibt jedoch die Haftung bei Arglist, § 442 (§ 460 a.F.), sowie beim Fehlen einer garantierten Beschaffenheit, § 443 (früher zugesicherte Eigenschaft, § 459 Abs. 2 a.F.).

Bei bestehender Rechtsmängelhaftung ergibt sich die Rechtsfolge aus § 438 (früher §§ 320 ff., 440, 441), sofern der Käufer nicht zum Zeitpunkt des Kaufvertragsabschlusses den Mangel positiv kannte, § 424 (früher § 439).[9]

III. Ausschluss der Sachmängelhaftung (Abs. 2)

Mit der Regelung in Abs. 2 wird eine Haftung für Sachmängel durch den Verkäufer weitgehend ausgeschlossen. Der Gesetzgeber hat mit der Neuregelung des Abs. 2 nur eine Klarstellung vorgenommen. Damit bleibt wie bisher auch weiterhin eine Haftung des Verkäufers bei arglistigem Verschweigen (§ 442) oder bei Fehlen einer vereinbarten oder garantierten Beschaffenheit (§§ 434, 443) bestehen. Auch wenn der Gesetzgeber die vereinbarte Beschaffenheit nicht mehr ausdrücklich erwähnt, so bleibt auch bei dieser die bisherige Bewertung bestehen. Eine inhaltliche Änderung ist mit der neuen Fassung vom Gesetzgeber nicht beabsichtigt.[10]

IV. Abdingbarkeit

Die Haftung des Verkäufers kann im Hinblick auf die Haftung für Rechtsmängel durch eine vertragliche Vereinbarung der Parteien des Erbschaftskaufes erweitert oder über den gesetzlichen Wortlaut hinaus eingeschränkt werden.[11] Für Sachmängel kommt nach der gesetzlichen Neufassung nur noch eine Haftungserweiterung in Betracht.

§ 2377
Wiederaufleben erloschener Rechtsverhältnisse

Die infolge des Erbfalls durch Vereinigung von Recht und Verbindlichkeit oder von Recht und Belastung erloschenen Rechtsverhältnisse gelten im Verhältnisse zwischen dem Käufer und dem Verkäufer als nicht erloschen. Erforderlichen Falles ist ein solches Rechtsverhältnis wiederherzustellen.

---

7 Für eine Haftung die bisherige h.L., jedoch weitgehend ohne Begründung (z.B. *Palandt/Edenhofer* § 2376 Rn. 1; MüKoBGB/*Musielak* § 2376 Rn. 5; *Soergel/Damrau* § 2376 Rn. 1; *Damrau/Redig* § 2376 Rn. 2; *Erman/Schlüter* § 2376 Rn. 3); neuerdings würde diese Auffassung von *Staudinger/v. Olshausen*, (§ 2376 Rn. 12 m.w.N. zu beiden Ansichten) aufgegeben; begründet wird dies damit, dass es sich beim Zugewinnausgleich trotz der erbrechtlichen Komponente auch im Todesfall um reine Erblasserschulden aus der Beendigung der Ehe durch den Tod eines Ehegatten handelt, für die eine entsprechende Anwendung der Vermächtnisvorschriften nicht in Frage kommt. Die Annahme eines »gesetzlichen Vermächtnisses« sei deshalb falsch.
8 MüKoBGB/*Musielak* § 2376 Rn. 5.
9 Vgl. *Bamberger/Roth/Mayer* § 2376 Rn. 2.
10 So die Gesetzesbegründung in BTDrs. 16/8954, 26.
11 *Soergel/Zimmermann* § 2376 Rn. 2; MüKoBGB/*Musielak* § 2376 Rn. 9.

Peter E. Ouart

I. Normzweck/Allgemeines

1 Die Vorschrift des § 2377 enthält eine Fiktion. Diese Fiktion dient dem auch bei den übrigen Regelungen über den Erbschaftskauf durch den Gesetzgeber bestimmten Zweck, dem Käufer einer Erbschaft dasjenige zuzuwenden, was er hätte, wenn er statt des Verkäufers Erbe geworden wäre. Die durch den Erbschaftskauf erfolgte Übertragung der wirtschaftlichen Verantwortlichkeit i.R.v. Verkauf und anschließender Übertragung der Erbschaft reißt die durch Erbfall oder Auseinandersetzung eingetretene Vereinigung von Rechtsverhältnissen in der Person bzw. im Vermögen des Erben wieder auseinander.[1] Von der Lehre wurden hier die Begriffe »Konfusion« (Vereinigung von Recht und Verbindlichkeit) bzw. »Konsolidation« (Vereinigung von Recht und Belastung) geprägt. Diese Begriffe sollen die nachträgliche Trennung von Rechtspositionen zwischen Erblasser und Erben einerseits sowie zwischen Erben und Erbschaftskäufer andererseits deutlich machen.

2 § 2377 regelt diese nachträgliche Trennung von Rechtspositionen durch die **Fiktion des Fortbestehens der an sich erloschenen Rechtsverhältnisse zwischen Erblasser und Erbschaftsverkäufer,** allerdings beschränkt auf die Rechtsbeziehung zwischen Verkäufer und Käufer – und damit auch durch die Vertragsteile abdingbar. Dritte, z.B. Sicherungsgeber wie Bürge oder Pfandgeber, werden hingegen von der Fiktionswirkung nicht erfasst; eine Verpflichtung zur Hingabe erloschener Sicherungen besteht nicht.[2]

II. Voraussetzungen

3 Die Regelung in § 2377 setzt voraus, dass zwischen Erblasser und Erbschaftsverkäufer ein Rechtsverhältnis bestand, das mit dem Erbfall durch Vereinigung von Recht und Verbindlichkeit bzw. Recht und Belastung erlisch. Das bedeutet zugleich, dass § 2377 beim Verkauf eines Erbteils keine Anwendung finden kann, weil in diesem Fall Rechtsverhältnisse zwischen dem Erblasser und einzelnen Erben fortbestehen.[3]

III. Rechtsfolgen

4 Die durch Konfusion oder Konsolidation erloschenen Rechte werden im Verhältnis zwischen Käufer und Verkäufer als fortbestehend fingiert. Sie gelten als nicht erloschen. Damit sollen Benachteiligungen einer Partei vermieden werden. Stand also dem Erblasser gegen den Erbschaftsverkäufer eine Forderung zu, kann der Käufer die Erfüllung dieser Forderung vom Verkäufer verlangen.[4]

5 § 2377 wirkt nicht konstitutiv, insb. entstehen durch Konfusion erloschene Forderungen nicht kraft Gesetzes neu. § 2377 S. 2 gibt nur einen Anspruch auf Neubegründung.[5]

6 Eine Wiederherstellung des Rechtsverhältnisses ist jedoch erforderlich bei erloschenen Nebenrechten wie Bürgschaft, Pfandrecht oder Hypothek.[6] Bei einer Hypothek führt das Erlöschen der gesicherten Forderung zum Entstehen einer Eigentümergrundschuld.[7]

7 Der Erbschaftsverkäufer kann vom Erbschaftskäufer die Wiederherstellung jener Forderungen und beschränkten dinglichen Rechte verlangen, die dem Erbschaftsverkäufer bis

---

[1] Vgl. dazu *Damrau/Redig* § 2377 Rn. 1.
[2] MüKoBGB/*Musielak* § 2377 Rn. 5; PWW/*Deppenkemper* § 2377 Rn. 1.
[3] MüKoBGB/*Musielak* § 2377 Rn. 2; *Palandt/Edenhofer* § 2377 Rn. 1; *Staudinger/v. Olshausen* § 2377 Rn. 3; *Damrau/Redig* § 2377 Rn. 2; *Lange/Kuchinke* § 47 III 2d Fn. 57; *Soergel/Zimmermann* § 2377 Rn. 1.
[4] MüKoBGB/*Musielak* § 2377 Rn. 3; *Lange/Kuchinke* § 47 III 2d Fn. 56.
[5] Allg.M.; str. jedoch die Frage, in welchem Wege eine vor der Konfusion durch Hypothek gesicherte Forderung dinglich neu zu sichern ist (h.M.: Anspruch auf Neubegründung; a.A. Grundbuchberichtigung) – zum Streitstand *Staudinger/v. Olshausen* § 2377 Rn. 5; MüKoBGB/*Musielak* § 2377 Rn. 3.
[6] *Lange/Kuchinke* § 45 III Fn. 60; MüKoBGB/*Musielak* § 2377 Rn. 3; *Damrau/Redig* § 2377 Rn. 3.
[7] *Bamberger/Roth/Mayer* § 2377 Rn. 2; MüKoBGB/*Musielak*, ebd.

zur Verschmelzung seines eigenen mit dem ererbten Vermögen gegen den Erblasser zugestanden haben.[8]

Die Wirkung des § 2377 gilt im Übrigen unabhängig davon, ob es sich um eine Rechtsposition des Verkäufers oder des Käufers handelt. Beispiele sind: 8
- der Verkäufer kann vom Käufer die Neubestellung eines im Erbgang (§§ 1063 Abs. 1, 1072) erloschenen Nießbrauches verlangen;
- der Käufer hat Anspruch auf die Neubegründung einer Darlehensforderung, die der Erblasser gegen den verkaufenden Alleinerben hatte.

IV. Anwendungsbereich

Der praktische Anwendungsbereich der Vorschrift ist auf den Kauf einer gesamten Erbschaft begrenzt: Die gesamthänderische Bindung in einer Erbengemeinschaft verhindert die Konfusion und Konsolidation, so dass diese beim Verkauf eines Miterbenanteiles ausscheidet. 9

§ 2378
Nachlassverbindlichkeiten

(1) Der Käufer ist dem Verkäufer gegenüber verpflichtet, die Nachlassverbindlichkeiten zu erfüllen, soweit nicht der Verkäufer nach § 2376 dafür haftet, dass sie nicht bestehen.

(2) Hat der Verkäufer vor dem Verkauf eine Nachlassverbindlichkeit erfüllt, so kann er von dem Käufer Ersatz verlangen.

I. Normzweck/Allgemeines

Zweck der Norm ist es, die Erfüllung von Nachlassverbindlichkeiten bei einem Erbschaftskauf zu regeln. § 2378 regelt deshalb die wirtschaftliche Zuordnung von Nachlassverbindlichkeiten (s. § 1967) im Innenverhältnis zwischen Verkäufer und Käufer. Sie lässt die bestehende Außenhaftung – des Verkäufers als Erben, des Käufers nach § 2383 – gegenüber den Gläubigern unberührt und ist daher in vollem Umfang abdingbar. 1

Da das gesetzliche Leitbild von einer Übernahme der wirtschaftlichen Verantwortlichkeit durch den Käufer ausgeht, ordnet § 2378 folgerichtig die Nachlassverbindlichkeiten dem Käufer zu, und zwar – wie sich aus Abs. 2 ergibt – auch schon für den Zeitraum vom Erbfall bis zum Vertragsabschluß. 2

Die Regelung ist notwendig und sachgerecht und trägt dem Gedanken Rechnung, dass der Käufer die Erbschaft mit sämtlichen Aktiva und Passiva übernimmt. Auch insoweit soll diese Regelung dem Grundsatz Rechnung tragen, dass der Erbschaftskäufer wirtschaftlich und schuldrechtlich so gestellt wird, als wäre er Erbe geworden. 3

II. Erfüllungspflicht des Käufers (Abs. 1)

Die Erfüllungspflicht hinsichtlich der Nachlassverbindlichkeiten trifft nach einem Erbschaftskauf grundsätzlich den Käufer. Er haftet dem Verkäufer im Innenverhältnis für die Erfüllung derjenigen Nachlassverbindlichkeiten, soweit diese nicht der Verkäufer nach § 2376 zu tragen hat. Ungeachtet dieser Regelung im Innenverhältnis haftet der Verkäufer den Nachlassgläubigern im Außenverhältnis nach wie vor. Die Rechtswirkung der Regelung in § 2378 Abs. 1 ist also keine Schuldübernahme, sondern eine Erfüllungsübernahme 4

---

8 Damrau/Redig, ebd.; Staudinger/v. Olshausen § 2377 Rn. 6; MüKoBGB/Musielak § 2377 Rn. 4.

i.S.v. § 415 Abs. 3.¹ Allerdings stehen die Erfüllungspflichten des Käufers nicht in einem Synallagma zu den Pflichten des Verkäufers nach § 2376.² Folge dessen ist, dass der Verkäufer hinsichtlich seiner Pflichterfüllung gegenüber dem Käufer vorleistungspflichtig ist. Er kann seine Leistungspflicht auch nicht etwa Zug um Zug gegen die vom Käufer zu bewirkende Befreiung von der Haftung für Nachlassverbindlichkeiten abhängig machen.³ Allerdings haftet der Käufer dem Verkäufer auf Schadensersatz bei einer Nichterfüllung seiner Verpflichtungen aus § 2378.

III. Ersatzanspruch des Verkäufers (Abs. 2)

5 Der Käufer ist dem Verkäufer dann zum Ersatz verpflichtet, wenn der Verkäufer vor dem Erbschaftsverkauf eine Nachlassverbindlichkeit erfüllt hat, für die nach Abs. 1 der Käufer haften würde. Das gilt auch dann, wenn ein entsprechender Vorbehalt im Erbschaftskaufvertrag nicht erfolgte.⁴

6 Der Erfüllung einer Nachlassverbindlichkeit stehen folgende Erfüllungssurrogate gleich:
– die Leistung an Erfüllungs Statt, § 364,
– die Hinterlegung, § 378,
– die Aufrechnung einer Nachlassverbindlichkeit mit einer dem Erben zustehenden Eigenforderung, die nicht zum Nachlass gehört, § 389.

7 Soweit Nachlassverbindlichkeiten jedoch einen **Mangel i.S.d. § 2376** darstellen, geht diese Vorschrift vor. Demnach haftet im Innenverhältnis der Verkäufer insb. für – dem Käufer bei Abschluss des Vertrages unbekannte, § 442 (§ 439 Abs. 1 a.F.) – Vermächtnisse; er kann insofern auch keine Freistellung nach Abs. 2 verlangen.⁵

§ 2379
Nutzungen und Lasten vor Verkauf

Dem Verkäufer verbleiben die auf die Zeit vor dem Verkaufe fallenden Nutzungen. Er trägt für diese Zeit die Lasten, mit Einschluss der Zinsen der Nachlassverbindlichkeiten. Den Käufer treffen jedoch die von der Erbschaft zu entrichtenden Abgaben sowie die außerordentlichen Lasten, welche als auf den Stammwert der Erbschaftsgegenstände gelegt anzusehen sind.

I. Normzweck/Allgemeines

1 § 2379 regelt die wirtschaftliche Zuordnung von Nutzungen und Lasten, die vor dem Zeitpunkt des Gefahrüberganges gem. § 2380 angefallen sind. Die Vorschrift stellt klar, dass dem Verkäufer vor Vertragsabschluss die angefallenen Nutzungen (§ 100) verbleiben. Danach stehen sie dem Käufer zu. Die Vorschrift des § 2379 ist dispositiv. Allerdings unterliegt eine abweichende Parteivereinbarung dem Formzwang von § 2371.¹

---

1 *Staudinger/v. Olshausen* § 2378 Rn. 3; *Bamberger/Roth/Mayer* § 2378 Rn. 1.
2 *Staudinger/v. Olshausen* § 2378 Rn. 4; *MüKoBGB/Musielak* § 2378 Rn. 3; *Bamberger/Roth/Mayer* § 2378 Rn. 1.
3 *Staudinger/v. Olshausen*, ebd.; *Bamberger/Roth/Mayer*, ebd.
4 *Staudinger/v. Olshausen* § 2378 Rn. 8.
5 *Palandt/Edenhofer* § 2378 Rn. 1; *MüKoBGB/Musielak* § 2378 Rn. 4; *Erman/Schlüter* § 2378 Rn. 2.
1 *Staudinger/v. Olshausen* § 2379 Rn. 2; *RGRK/Kregel* § 2379 Rn. 3.

II. Nutzungen

Für die Nutzungen erfolgt durch die dispositive Regelung in § 2379 eine zeitliche Zäsur zum Zeitpunkt des Gefahrübergangs. Die Zäsur erfolgt mit formwirksamem Abschluss des Kaufvertrages (§ 2380 S. 1). Von diesem Zeitpunkt ab stehen dem Käufer sämtliche Nutzungen und Lasten zu (§ 2380 S. 2). § 2379 S. 1 bestimmt, dass vor diesem Zeitpunkt dem Verkäufer sämtliche Nutzungen verbleiben. Diese Regeln gelten natürlich im Innenverhältnis zwischen Käufer und Verkäufer. Da auch § 2379 dispositiven Charakter hat, können die Parteien auch hier eine abweichende Regelung treffen. Nutzungen nach § 2379 sind sowohl Früchte nach § 99 als auch echte Nutzungen nach § 100.

Nicht einhellig beantwortet wird die Frage, ob § 2379 auch beim Erbteilskauf Anwendung findet. Maßgebliche Stimmen in der Literatur vertreten die Auffassung, dass beim Erbteilskauf nicht § 2379, sondern § 2038 Abs. 2 S. 2 Anwendung findet.[2] Dies wird damit begründet, dass nach § 2038 Abs. 1 S. 2 die Teilung der Früchte erst bei der Auseinandersetzung erfolgt und den Käufer zu diesem Zeitpunkt keine Rückgabepflicht für diejenigen Nutzungen treffen kann, die vor dem Kaufvertragsabschluss gezogen wurden. Vor dem Hintergrund des Regelungsgehaltes von § 2379 überzeugt diese Auffassung nicht. Denn der Gesetzgeber hat in § 2379 deutlich gemacht, dass beim Erbschaftskauf eine eindeutige zeitliche Zäsur zum Zeitpunkt des Kaufabschlusses erfolgen soll. Mit Recht wird dieser Auffassung ferner entgegengehalten, dass eine Anwendung von § 2038 insoweit auch dem mutmaßlichen Parteiwillen widersprechen dürfte, wenn der Käufer trotz der eindeutigen Regelung in § 2379 davon auszugehen hätte, dass er Nutzungen aus der Zeit vor Kaufvertragsabschluss herauszugeben hat.[3] Es entspricht überdies auch der Systematik der Regelungen über den Erbschaftskauf, dass der Gesetzgeber in die Vergangenheit, also vor Kaufvertragsabschluss zurückgreifende Korrekturen von Vermögensnutzungen im Hinblick auf eine klare und eindeutige Regelung nicht getroffen hat. Wäre eine solche Regelung gewollt gewesen, hätte dies im Wortlaut von § 2379 einer Regelung bedurft, da die Vorschriften der §§ 2371 ff. grundsätzlich auch auf den Erbteilskauf Anwendung finden.

III. Lasten

Ebenso wie bei den Nutzungen enthält § 2379 S. 2 hinsichtlich der Lasten eine klare zeitliche Zäsur, derzufolge der Verkäufer die Lasten für die Zeit vor dem Erbschaftskauf zu tragen hat mit Einschluss der Zinsen von Nachlassverbindlichkeiten. Nach diesem Zeitpunkt entstandene Lasten hat grundsätzlich der Käufer zu tragen, § 2380 S. 2. Die Regelung in § 2379 S. 2 modifiziert insoweit die Vorschrift des § 2378 und ist nach § 2383 auch im Außenverhältnis für die Haftung des Käufers gegenüber den Nachlassgläubigern von Bedeutung.[4]

Im Übrigen enthält § 2379 S. 3 hinsichtlich der Lasten (vgl. auch die Erläuterungen zu §§ 103, 1967, 2124–2126) eine Ausnahmeregelung zu der zeitlichen Zäsur in S. 2. Danach treffen den Käufer auch für die Zeit vor Abschluss des Erbschaftskaufes in jedem Fall folgende Lasten:
– die von der Erbschaft zu entrichtenden Abgaben (dies sind insb. alle öffentlich-rechtlichen Abgaben einschließlich der Erbschaftsteuer)
– die außerordentlichen Lasten, welche auf den Stammwert der Erbschaftsgegenstände gelegt anzusehen sind (vgl. dazu die für Vor- und Nacherben in § 2126 getroffene Regelung)

---

[2] *Palandt/Edenhofer* § 2379 Rn. 1; *Erman/Schlüter* § 2379 Rn. 1; *Soergel/Zimmermann* § 2379 Rn. 1.
[3] Vgl. dazu auch *MüKoBGB/Musielak* § 2379 Rn. 4; *Bamberger/Roth/Mayer* § 2379 Rn. 3; *Soergel/Damrau* § 2379 Rn. 1; *Erman/Schlüter* § 2379 Rn. 1; *Lange/Kuchinke* § 45 III 3; differenzierend *Staudinger/v. Olshausen* § 2379 Rn. 6, der für entscheidend hält, ob zum Zeitpunkt des Kaufabschlusses die Teilung von Jahresreinerträgen bereits vorgenommen wurde und der Verkäufer bereits einen Anspruch auf die Jahresnutzungen erworben hat, die ihm in einem solchen Fall nach § 2379 zu belassen sind.
[4] So mit Recht *Staudinger/v. Olshausen* § 2379 Rn. 7.

6 Soweit der Verkäufer die vorstehend bezeichneten Abgaben und außerordentlichen Lasten bereits entrichtet hat, sind ihm diese von dem Verkäufer nach § 2379 S. 3 zu ersetzen.[5] Auch insoweit sind allerdings abweichende Vereinbarungen der Parteien zulässig.

§ 2380
Gefahrübertragung, Nutzungen und Lasten nach Verkauf

Der Käufer trägt von dem Abschlusse des Kaufes an die Gefahr des zufälligen Unterganges und einer zufälligen Verschlechterung der Erbschaftsgegenstände. Von diesem Zeitpunkt an gebühren ihm die Nutzungen und trägt er die Lasten.

1 Die Regelung in § 2380 bestimmt den Zeitpunkt des Gefahrüberganges[1] beim Erbschaftskauf. Maßgeblich ist der formwirksame Abschluss des schuldrechtlichen Vertrages, die notariellen Beurkundung. Die Regelung knüpft insoweit an § 2379 an und weicht insofern von § 445 ab.[2] Von diesem Zeitpunkt an obliegen Nutzungen[3] und Lasten[4] mit Ausnahme der in § 2379 S. 3 getroffenen Regelung dem Käufer. Vor diesem Zeitpunkt gilt die Regelung des § 2379 S. 1 und S. 2. Die Regelung des § 2380 ist dispositiv und gilt auch für den Erbteilskauf.[5]

§ 2381
Ersatz von Verwendungen und Aufwendungen

(1) Der Käufer hat dem Verkäufer die notwendigen Verwendungen zu ersetzen, die der Verkäufer vor dem Verkauf auf die Erbschaft gemacht hat.

(2) Für andere vor dem Verkauf gemachte Aufwendungen hat der Käufer insoweit Ersatz zu leisten, als durch sie der Wert der Erbschaft zur Zeit des Verkaufs erhöht ist.

I. Allgemeines

1 Auch für den Ersatz von Verwendungen und Aufwendungen folgt die entsprechende Regelung in § 2381 dem den Erbschaftskauf beherrschenden Grundsatz, dass der Käufer wirtschaftlich so gestellt werden soll, als sei er Erbe geworden. Deshalb knüpft auch diese Regelung folgerichtig wie §§ 2379, 2380 an den Zeitpunkt des Abschlusses des schuldrechtlichen Kaufvertrages an.

II. Notwendige Verwendungen vor Vertragsschluss

2 Notwendige Verwendungen[1] vor Vertragsschluss muss der Käufer dem Verkäufer ersetzen, und zwar auch dann, wenn diese zum Zeitpunkt des Verkaufes nicht mehr werterhöhend vorhanden sind. Umstritten ist, ob auch die gewöhnlichen Erhaltungskosten abweichend

---

5 *Staudinger/v. Olshausen* § 2379 Rn. 8.
1 Es handelt sich um die Gegenleistungs-(Preis-)Gefahr, *Staudinger/v. Olshausen* § 2380,Rn. 1.
2 *Palandt/Edenhofer* verweisen insoweit auf die Abweichung von § 446. Hierbei handelt es sich um die a.F. vor Inkrafttreten des Schuldrechtsreformgesetzes 2002.
3 Zu Begriff und Umfang s. einschlägige Kommentierungen zu §§ 100, 99, 101 f.
4 Zu Begriff und Umfang s. einschlägige Kommentierungen zu §§ 103, 1967, 2124–2126.
5 *Damrau/Redig* § 2380 Rn. 1.
1 Zu Begriff und Umfang s. einschlägige Kommentierungen zu §§ 994 f.

von § 994 Abs. 1 S. 2 zu den notwendigen Verwendungen i.S.v. § 2381 Abs. 1 gehören. Richtigerweise ist die Frage zu bejahen. Zum einen hat der Gesetzgeber im Hinblick auf die unterschiedlichen Interessenlagen der Vertragsparteien auf die Übernahme der Regelung des § 994 Abs. 1 S. 2 verzichtet. Denn die in § 994 Abs. 1 S. 2 getroffene Regelung hinsichtlich der Verwendungsansprüche des gutgläubigen Besitzers gegenüber dem Eigentümer spielen im Zusammenhang des § 2381 keine Rolle. Insb. treffen die für die dortige gesetzliche Regelung maßgebenden Gründe auf den Anspruch des Verkäufers nicht zu.[2] Die gewöhnlichen Erhaltungskosten sind auch keine Lasten i.S.v. § 2379.[3] Deshalb sind dem Verkäufer auch die gewöhnlichen Erhaltungskosten aus der Zeit vor Abschluss des Kaufvertrages nach § 2381 zu ersetzen.

III. Andere Aufwendungen

Für andere Aufwendungen[4] des Verkäufers hat der Käufer nur Ersatz zu leisten, soweit der Wert der Erbschaft bei Verkauf noch erhöht ist. Wurden auf Früchte (§ 99) Aufwendungen gemacht, so sind diese vom Verkäufer zu tragen, da diesem die Früchte gem. § 2379 S. 1 verbleiben.[5] **3**

Der in Abs. 2 verwendete Begriff der »Aufwendungen« ist im BGB nicht gesetzlich definiert, obwohl er sich noch an zahlreichen anderen Stellen des Gesetzes findet (vgl. §§ 256, 257, 536a Abs. 2, 539, 548 Abs. 2, 634 Nr. 2, 637, 652 Abs. 2, 670, 683, 693, 670, 683, 693, 970, 1648, 1835, 2050 Abs. 2, 2124 Abs. 2, 2185).[6] Nach der Rspr. ist darunter eine freiwillige Aufopferung von Vermögenswerten für die Interessen eines anderen zu verstehen.[7] Unfreiwillige Opfer (Schäden) werden von diesem Begriff allerdings nicht umfasst.[8] Der Begriff der »Aufwendungen« ist damit weiter als jener der Verwendungen (z. B. in §§ 590b, 601 Abs. 2 S. 1, 850, aber auch 2381 Abs. 1), bei denen stets solche Aufwendungen gemeint sind, die einer bestimmten Sache oder einem bestimmten Gegenstand zugute kommen oder zugute kommen sollen.[9] Demzufolge ist auch die Übernahme von Verbindlichkeiten eine Aufwendung, nicht aber eine Verwendung.[10] **4**

Werden auf Früchte (§ 99) der Erbschaft Verwendungen gemacht, so fallen die Verwendungen demjenigen zur Last, dem auch die Früchte zustehen. Dies ist für die Zeit vor Vertragsabschluss nach § 2379 S. 1 der Verkäufer.[11] **5**

IV. Erbteilskauf

Besonderheiten können sich beim Erbteilskauf ergeben. Dies hängt davon ab, ob Aufwendungen für den ganzen Nachlass oder nur für den verkauften Erbteil oder für einzelne Nachlassgegenstände erfolgten. Entscheidend ist, ob der Erbteilskauf vor oder nach der Auseinandersetzung abgeschlossen wurde. Vor der Auseinandersetzungen gilt die Regelung des § 2038, d.h. der Ersatzanspruch des Verkäufers richtet sich gegen alle Miterben (einschließlich des Erbschaftskäufers) und zwar auf Zahlung aus dem ungeteilten Nachlass.[12] **6**

---

2 *Staudinger/v. Olshausen* § 2381 Rn. 3.
3 MüKoBGB/*Musielak* § 2381 Rn. 2.
4 Hierunter sind alle freiwillig erbrachten Vermögensopfer zu verstehen, vgl. MüKoBGB/*Musielak* § 2381 Rn. 3; *Staudinger/v. Olshausen* § 2381 Rn. 4.
5 MüKoBGB/*Musielak* § 2381 Rn. 3; *Staudinger/v. Olshausen* § 2381 Rn. 4.
6 Vgl. dazu auch *Staudinger/v. Olshausen* § 2381 Rn. 4.
7 BGH NJW 1973, 46; BGH NJW 1989, 2818.
8 *Staudinger/v. Olshausen* ebd.; *Damrau/Redig* § 2381 Rn. 3; *Bamberger/Roth/Mayer* § 2381 Rn. 2.
9 *Staudinger/v. Olshausen* ebd., mit Hinweis auf BGH NJW 1974, 743.
10 *Staudinger/v. Olshausen* ebd., mit dem Hinweis, dass praktisch überwiegend nützliche Verwendungen in Betracht kommen, wobei Verbesserungen aus diesen Verwendungen noch bestehen müssen.
11 *Staudinger/v. Olshausen* ebd.; *Soergel/Damrau* § 2381 Rn. 1; MüKoBGB/*Musielak* § 2381 Rn. 3; *Bamberger/Roth/Mayer* § 2381 Rn. 2.
12 *Staudinger/v. Olshausen* § 2381 Rn. 5; RGRK/*Kregel* § 2381 Rn. 3; *Bamberger/Roth/Mayer* § 2381 Rn. 3.

7 Hingegen ist § 2381 Abs. 2 anzuwenden, wenn der Erbteil nach der Auseinandersetzung verkauft wurde.[13] Bei einem Erbteilsverkauf nach einer vorherigen Teilauseinandersetzung muss der Käufer nach § 2381 die Verwendungen ersetzen, welche auf die vor dem Erbschaftskauf zugeteilten Gegenstände gemacht wurden.

8 Sofern der Verkäufer bei einem Erbteilskauf nach dem Verkauf Verwendungen auf die Erbschaft macht, kommen die allgemeinen Regelungen des allgemeinen Kaufrechts und die Vorschriften über die Geschäftsführung ohne Auftrag (§§ 683 ff.) zur Anwendung, sodass der Käufer stets die notwendigen Verwendungen zu ersetzen hat und sonstige Aufwendungen nach den Grundsätzen der GoA schuldet.[14]

§ 2382
Haftung des Käufers gegenüber Nachlassgläubigern

(1) Der Käufer haftet von dem Abschlusse des Kaufes an den Nachlassgläubigern, unbeschadet der Fortdauer der Haftung des Verkäufers. Dies gilt auch von den Verbindlichkeiten, zu deren Erfüllung der Käufer dem Verkäufer gegenüber nach den §§ 2378, 2379 nicht verpflichtet ist.

(2) Die Haftung des Käufers den Gläubigern gegenüber kann nicht durch Vereinbarung zwischen dem Käufer und dem Verkäufer ausgeschlossen oder beschränkt werden.

I. Normzweck

1 Zweck der Regelung ist es, den Nachlassgläubigern das Vermögen des Erblassers als Haftungsmasse zu erhalten. Die Vorschrift regelt die Haftung des Erbschaftskäufers im Außenverhältnis zu den Nachlassgläubigern. Mit Abschluss des Kaufvertrages wird der Käufer Gesamtschuldner für Nachlassverbindlichkeiten neben dem Verkäufer. § 2382 begründet damit eine kumulative gesetzliche Außenhaftung des Käufers als Vermögensübernehmer neben dem Verkäufer. Die Regelung ist damit dem zwischenzeitlich aufgehobenen § 419 a.F. nachgebildet. Es handelt sich damit um einen Fall des gesetzlichen Schuldbeitritts.[1] Wichtig ist an dieser Stelle der Hinweis, dass anders als viele anderen Regelungen über den Erbschaftskauf die Regelung des § 2382 nicht abdingbar ist, § 2382 Abs. 2.

II. Voraussetzungen

2 Voraussetzung für das Entstehen der Haftung nach § 2382 ist der Abschluss eines wirksamen Erbschaftskaufvertrages.[2] Die gesetzliche Außenhaftung tritt unabhängig von einer Kenntnis des Käufers mit Wirksamkeit[3] des schuldrechtlichen Kaufvertrages ein. Bei Verkauf einer Nacherbenanwartschaft haftet der Käufer jedoch erst ab dem Nacherbfall, da auch der Nacherbe seinerseits erst ab diesem Zeitpunkt haftet.[4]

3 Die Haftung des Käufers soll wieder erlöschen, wenn der noch nicht – auch nicht teilweise – erfüllte Kaufvertrag wieder (formwirksam) aufgehoben und dies dem Nachlassgericht entsprechend § 2384 angezeigt wird.[5]

---

13 MüKoBGB/*Musielak* § 2381 Rn. 4.
14 MüKoBGB/*Musielak* § 2381 Rn. 5; *Erman/Schlüter* § 2381 Rn. 2; *Lange/Kuchinke* § 45 III 3.
1 BGHZ 26, 91, 97.
2 BGHZ 38, 187 f.
3 BGH NJW 1967, 1128, 1131 für den formnichtigen Vertrag.
4 *Palandt/Edenhofer* § 2382 Rn. 1.
5 *Staudinger/v. Olshausen* § 2371 Rn. 10 und § 2382 Rn. 5; MüKoBGB/*Musielak* § 2382 Rn. 4; *Palandt/Edenhofer* § 2382 Rn. 3.

Die **Haftung des Käufers tritt nicht ein,** wenn der Verkäufer (z.B. aufgrund eines bisher unbekannten abweichenden Testaments) nicht Erbe ist und somit auch seinerseits Nachlassgläubigern nicht haftet.[6]

Bei einem Irrtum des Käufers über das Vorhandensein von Nachlassverbindlichkeiten kann ein Anfechtungsrecht nach § 119 Abs. 2 bestehen, das zum Wegfall der Haftung nach § 142 Abs. 1 führen kann.[7]

Beim Verkauf eines Anwartschaftsrechts des Nacherben wird eine Haftung des Käufers erst mit Eintritt des Nacherbfalles begründet, da auch der Verkäufer vor diesem Zeitpunkt nicht haftet.[8]

III. Umfang der Haftung

Der Umfang der Haftung des Käufers folgt der Haftung des Erben (§ 1967). Die Haftung erfasst alle Nachlassverbindlichkeiten einschließlich der sog. Nachlasseigenschulden (= Nachlasserbenschulden); der Käufer haftet somit für

- die vom Erblasser herrührenden Verbindlichkeiten (= Erblasserschulden, s. § 1967 Abs. 2), z.B. auch den Zugewinnausgleichsanspruch des überlebenden Ehegatten nach § 1371 Abs. 2 und 3;
- die den Erben als solchen treffenden Verbindlichkeiten, insb. aus Pflichtteilsrechten, Vermächtnissen und Auflagen (= Erbfallschulden, s. § 1967 Abs. 2), und zwar auch dann, wenn die Haftung gem. §§ 2378 f. im Innenverhältnis beim Verkäufer verbleibt; str. jedoch die Einordnung der Erbschaftsteuer;[9]
- die vom Erben i.R. ordnungsgemäßer Verwaltung des Nachlasses eingegangen Verbindlichkeiten (= Nachlasseigenschulden),[10] z.B. aus der Fortführung eines zum Nachlass gehörenden Handelsunternehmens.

Zur **Frage der analogen Anwendung** auf die Verpflichtungen aus einem Auseinandersetzungsvertrag der Erben s. vor § 2371 Rz. 18.

Beim Erbteilskauf haftet der Käufer neben den Miterben nach §§ 2058 ff. in vollem Umfang.[11] Der Käufer des Erbteils eines Miterben haftet auch für die Ansprüche eines anderen Miterben gegen die Erbengemeinschaft aus einem zwischen den Miterben vor dem Erbteilskauf abgeschlossenen Erbauseinandersetzungsvertrages.[12]

Die Haftung des Erbteilskäufers wird allerdings durch die Ausübung des Vorkaufsrechts eines Miterben wieder aufgehoben (§§ 2034, 2035). Die Haftung des Käufers erlischt in diesem Fall ab Anteilsübertragung an den Miterben, § 2036.

Der Erbschaftskäufer haftet nicht für den Regressanspruch des Sozialhilfeträgers nach § 92c BSHG.[13]

IV. Beschränkung der Haftung

Grundsätzlich besteht für den Käufer die Möglichkeit der Haftung nach § 2383. § 2382 Abs. 2 grenzt die Beschränkung der Haftung zugunsten von Nachlassgläubigern allerdings

---

6 *Staudinger/v. Olshausen* § 2382 Rn. 5; s.a. MüKoBGB/*Musielak* § 2382 Rn. 5, der allerdings darauf hinweist, dass die Haftung des Käufers dann eintritt, wenn der Verkäufer seinerseits die Erbschaft vom Erben erwirbt.
7 *Bamberger/Roth/Mayer* § 2382 Rn. 3.
8 LG Heilbronn NJW 1956, 513 f.; *Palandt/Edenhofer* § 2382 Rn. 1.
9 Für Nachlassverbindlichkeit BFH NJW 1993, 350 (obiter dictum), dagegen (= Eigenverbindlichkeit des Erben) OLG Hamm MDR 1990, 1014.
10 *Staudinger/Olshausen* § 2382 Rn. 6; *Erman/Schlüter* § 2382 Rn. 1; zur Abgrenzung vgl. auch *Palandt/Edenhofer* § 1967 Rn. 8 f.; *Soergel/Stein* § 1967 Rn. 8.
11 RGZ 60, 126, 131; BGH NJW 1962, 345; BGH NJW 1962, 2196.
12 *Damrau/Redig* § 2382 Rn. 5.
13 VGH Baden-Württemberg, FEVS 41, 459.

ein. Käufer und Verkäufer des Erbschaftskaufes können durch eine zwischen ihnen getroffene vertragliche Vereinbarung die Haftung des Käufers gegenüber Nachlassgläubigern weder ausschließen noch beschränken. Die Regelung des § 2382 Abs. 2 kann auch nicht vertraglich abbedungen werden. Deshalb würde eine solche Vereinbarung lediglich zwischen Käufer und Verkäufer rechtliche Wirkungen entfalten. Der Verkäufer wäre in einem solchen Fall verpflichtet, den Käufer von Ansprüchen der Nachlassgläubiger freizustellen. Möglich ist auch der Ausschluss der Haftung des Käufers durch eine Vereinbarung zwischen Nachlassgläubigern und Käufer oder Verkäufer.[14]

V. Prozessuales

13 Ein Vollstreckungstitel auf Zahlung einer Nachlassverbindlichkeit gegen den Verkäufer wirkt nicht gegen Käufer, § 425 Abs. 2.[15] Auch die Vorschriften der §§ 325, 727 ZPO finden keine Anwendung, sodass ein gegen den Verkäufer ergangenes Urteil nicht gem. § 727 ZPO auf den Käufer umgeschrieben werden kann. Eine Klauselumschreibung entsprechend § 729 ZPO ist hingegen nach überwiegender Auffassung möglich[16]

§ 2383
Umfang der Haftung des Käufers

(1) Für die Haftung des Käufers gelten die Vorschriften über die Beschränkung der Haftung des Erben. Er haftet unbeschränkt, soweit der Verkäufer zur Zeit des Verkaufs unbeschränkt haftet. Beschränkt sich die Haftung des Käufers auf die Erbschaft, so gelten seine Ansprüche aus dem Kaufe als zur Erbschaft gehörend.

(2) Die Errichtung des Inventars durch den Verkäufer oder den Käufer kommt auch dem anderen Teile zustatten, es sei denn, dass dieser unbeschränkt haftet.

I. Normzweck/Allgemeines

1 Die Vorschrift regelt ergänzend zu § 2382 den Umfang der Außenhaftung des Erbschaftskäufers für Nachlassverbindlichkeiten sowie den Rahmen einer zulässigen Haftungsbeschränkung, die dem Erbschaftskäufer über § 2383 eröffnet wird. Nach dem Normzweck liegt im Abschluss des Erbschaftskaufvertrages eine faktische Universalsukzession des Käufers hinsichtlich der Nachlasspassiva.[1]

II. Haftungsbeschränkung des Käufers

2 Die Haftungsbeschränkung des Käufers setzt nach Abs. 1 S. 2 voraus, dass der Verkäufer bei Vertragsschluss nicht selber unbeschränkt haftet. Im Falle der unbeschränkten Haftung des Verkäufers,[2] haftet auch der Käufer unbeschränkt.[3] Dem Käufer bleibt dann nur ein Ersatzanspruch gegen den Verkäufer im Innenverhältnis. Damit wirkt die bei Abschluss des Erbschaftskaufvertrages für den Erben (Verkäufer) bestehende Haftungslage unmittel-

---

14 Dazu *Staudinger/v. Olshausen* § 2382 Rn. 8; *Palandt/Edenhofer* § 2383 Rn. 1; *Lange/Kuchinke* § 53 III 2a.
15 BGH NJW 1957, 420; MüKoBGB/*Musielak* § 2382 Rn. 9; *Soergel/Zimmermann* § 2382 Rn. 3.
16 *Damrau/Redig* § 2382 Rn. 8; *Soergel/Damrau* § 2382 Rn. 3; *Thomas/Putzo* § 729 Anm. 2; *Staudinger/v. Olshausen* § 2382 Rn. 3.
1 *Bamberger/Roth/Mayer* § 2383 Rn. 1; *Damrau/Redig* § 2383 Rn. 1; MüKoBGB/*Musielak* § 2383 Rn. 1.
2 Fälle: §§ 1994 Abs. 1 S. 2, 2005 Abs. 1, 2006 Abs. 3; § 780 Abs. 1 ZPO; vertraglich vereinbarter Verzicht, § 305.
3 Diese Regelung geht rechtspolitisch über ihr Ziel hinaus, s. *Staudinger/v. Olshausen* § 2383 Rn. 2; *Palandt/Edenhofer* § 2383 Rn. 1, jeweils m.w.N.

bar für und gegen den Käufer. Er teilt somit das rechtliche Haftungsschicksal des Erben. Selbstständig kann er eine Haftungsbeschränkung nur herbeiführen, sofern der Verkäufer zum Zeitpunkt des Vertragsschlusses sein Beschränkungsrecht noch nicht verloren hat. Dies folgt unmittelbar aus § 2383 Abs. 1 S. 1.

III. Unbeschränkte Haftung

Anderenfalls haftet der Käufer nach § 2383 Abs. 1 S. 2 unbeschränkt.[4] Eine vom Verkäufer bereits eingeleitete Haftungsbeschränkung wird mit dem Käufer fortgeführt.[5] Der Käufer haftet nicht mit seinem Privatvermögen, sofern die unbeschränkte Haftung nicht bereits aus einem anderen Grund eingetreten ist.[6] Haftet der Verkäufer allerdings bereits zum Zeitpunkt des Verkaufes endgültig unbeschränkt, so haftet auch der Käufer unbeschränkt, gleichgültig ob die Haftung gegenüber einzelnen oder allen Nachlassgläubigern besteht. Dies ist die unmittelbare Rechtsfolge von § 2383 Abs. 1 S. 2.

Haftet der Verkäufer bei Vertragsschluss nicht unbeschränkt, so stehen dem Käufer alle Möglichkeiten eines Erben zur Haftungsbeschränkung offen.

Mit Ausnahme der Inventarerrichtung, die gem. Abs. 2 grundsätzlich auch dem jeweils anderen Teil zustatten kommt,[7] sind Verkäufer und Käufer in Hinblick auf die Haftungsbeschränkung – sowie auf deren möglichen Verlust – fortan, d.h. ab Vertragsschluss, getrennt zu betrachten, d.h. beide Vertragsparteien haben jeweils für sich allein die Möglichkeit, die Haftungsbeschränkung selbstständig und unabhängig vom weiteren Verhalten des anderen herbeizuführen, soweit die Haftungsbeschränkung im Zeitpunkt des Vertragsabschlusses noch nicht verloren war.[8] Laufende Fristen des Verkäufers gelten damit auch gegen den Käufer (Dreimonatseinrede, § 2014; Inventarfrist, §§ 1994 ff.)[9]

Zur Haftungsbeschränkung stehen dem Käufer offen:
– die Nachlassverwaltung, §§ 1975 ff.;
– das Nachlassinsolvenzverfahren, §§ 1975 ff., §§ 316 ff. InsO; zur Insolvenzmasse gehören nach Abs. 1 S. 3 auch seine Ansprüche aus dem Kaufvertrag;
– die Dürftigkeitseinreden der §§ 1990 ff. sowie die aufschiebenden Einreden der §§ 2014 f., § 782 ZPO;
– das Aufgebotsverfahren der §§ 1970 ff.;
– die Fünfjahreseinrede des § 1974.[10]

IV. Erbteilskauf

Die vorstehenden Grundsätze gelten grundsätzlich auch beim Erbteilskauf. Sie werden jedoch ergänzt durch die Sondervorschriften der §§ 2058-2063, die im Fall des § 2383 Abs. 1 entsprechend angewendet werden.[11] Nach § 2059 kann jeder Miterbe bis zur Teilung den Zugriff auf sein sonstiges Vermögen verweigern. Da der Käufer vor dinglicher Erfüllung durch Erbanteilsübertragung nur sonstiges Vermögen inne hat, kann er bis zur dingli-

---

4 Vgl. dazu *Palandt/Edenhofer* § 2383 Rn. 2.
5 *Staudinger/v. Olshausen* § 2383 Rn. 6 ff.
6 *Bamberger/Roth/Mayer* § 2383 Rn. 2.
7 Die Inventarerrichtung als solche führt jedoch nicht zur Haftungsbeschränkung, sondern eröffnet nur die Möglichkeit hierzu.
8 Staudinger/*v. Olshausen* § 2383 Rn. 13.
9 Vgl. dazu auch *Bamberger/Roth/Mayer* § 2383 Rn. 2.
10 Da der Trennungsgrundsatz nur für die Beschränkung nach Vertragsabschluss gilt, wirkt eine vor Vertragsabschluss fristgerecht erfolgte Geltendmachung der Forderung jedoch auch gegen den Käufer – danach hingegen nur noch gegen den Erklärungsempfänger; Staudinger/Olshausen § 2383 Rn. 10, 19; MüKoBGB/*Musielak* § 2383 Rn. 12. S.a. die Kommentierungen hierzu.
11 RGZ 60, 126 ff., 131; MüKoBGB/*Musielak* § 2383 Rn. 14; *Soergel/Zimmermann* § 2383 Rn. 5; *Lange/Kuchinke* § 53 III 2b.

chen Übertragung jegliche Befriedigung der Nachlassgläubiger verweigern; dasselbe Recht steht dem Verkäufer zu nach erfolgter Übertragung.[12]

8 Nach der Erbteilsübertragung haftet der Käufer bis zur Teilung beschränkt auf den Nachlass, § 2059. Nach der Teilung haften Käufer und Verkäufer neben den Miterben als Gesamtschuldner für die gesamte Forderung, soweit nicht eine anteilige Haftung nach §§ 2060, 2061 besteht.[13] Verkäufer und Käufer haben dabei die Möglichkeit ihre gesamtschuldnerische Haftung in eine gegenständlich unbeschränkte aber beschränkbare Teilhaftung zu verwandeln.[14] Auch zur Aufforderung an die Nachlassgläubiger gem. § 2061 ist der Erbteilskäufer berechtigt, da er als Gesamtschuldner haftet (§§ 2382 Abs. 1 S. 1, 2058). Ob der Erbteil bereits in Erfüllung des Erbschaftskaufes übertragen ist, spielt dabei keine Rolle. Mit Rücksicht auf die fortbestehende gesamtschuldnerische Haftung steht auch dem Erbteilverkäufer das Recht zur Aufforderung nach § 2061 zu.[15]

§ 2384
Anzeigepflicht des Verkäufers gegenüber Nachlassgläubigern, Einsichtsrecht

(1) Der Verkäufer ist den Nachlassgläubigern gegenüber verpflichtet, den Verkauf der Erbschaft und den Namen des Käufers unverzüglich dem Nachlassgericht anzuzeigen. Die Anzeige des Verkäufers wird durch die Anzeige des Käufers ersetzt.

(2) Das Nachlassgericht hat die Einsicht der Anzeige jedem zu gestatten, der ein rechtliches Interesse glaubhaft macht.

I. Normzweck/Allgemeines

1 Durch die Regelung sollen Nachlassgläubiger geschützt werden, die über die veränderte Haftungslage infolge des Erbschaftskaufes (§§ 2382, 2383) informiert sein sollen. Deshalb sieht § 2384 eine Anzeigepflicht des Verkäufers an das Nachlassgericht sowie ein Einsichtsrecht bezogen auf die Anzeige zugunsten der Nachlassgläubiger vor.

II. Anzeigepflicht

2 Die Anzeige (Inhalt = nur Tatsache des Verkaufes und Name des Käufers, Abs. 1 S. 1) hat unverzüglich[1] gegenüber dem zuständigen Nachlassgericht (§§ 342 ff. FamFG)[2] zu erfolgen. Zur Anzeige verpflichtet ist nur der Verkäufer (Abs. 1 S. 1), jedoch ersetzt die Anzeige des Käufers die des Verkäufers (Abs. 1 S. 2). Soll in Hinblick auf die Haftungsfolge bei nicht rechtzeitiger Benachrichtigung der Notar die Anzeige übernehmen, so ist er hierzu zu bevollmächtigen;[3] eine gesetzliche Anzeigepflicht des Notars besteht insofern nicht.[4]

---

12 MüKoBGB/*Musielak* § 2383 ebd.
13 *Staudinger/v. Olshausen* § 2383 Rn. 34; *Soergel/Zimmermann* § 2383 Rn. 5; *Bamberger/Roth/Mayer* § 2383 Rn. 6.
14 *Staudinger/v. Olshausen* § 2383 Rn. 33.
15 *Staudinger/v. Olshausen* § 2383 Rn. 34.
1 Ohne schuldhaftes Zögern, § 121 Abs. 1 S. 1.
2 In Baden-Württemberg Sonderzuständigkeit des Notariats, § 38 BaWüLFGG.
3 *Mauch* BWNotZ 1993, 134, 144.
4 Aber steuerliche Anzeigepflichten des Notars: § 18 GrEStG, wenn Grundbesitz im Nachlass ist; § 54 EStDV, wenn Gesellschaftsanteil im Nachlass ist; § 34 ErbStG bei unentgeltlicher Zuwendung.

Bei nicht erfolgter Anzeige haftet der Verkäufer den Nachlassgläubigern gem. § 823 **3** Abs. 2 i.V.m. § 2384 Abs. 1 S. 1 als Schutzgesetz.[5] Eine Haftung des Käufers besteht mangels eigener Anzeigepflicht nicht. Haben Verkäufer oder Käufer einen Nachlassgläubiger direkt informiert, so unterbricht dies die Schadenskausalität und führt so auch zur Enthaftung des Verkäufers.[6] Die Anzeigepflicht des § 2384 besteht auch beim Erbteilskauf. Die Anzeigepflicht trifft den Erbteilsverkäufer selbst bei Ausübung des Vorkaufsrechtes durch die Miterben. Wird das Vorkaufsrecht nach Übertragung des verkauften Anteils gegenüber dem Käufer ausgeübt, trifft diesen die Anzeigepflicht, da er nun wie ein Verkäufer behandelt wird. Die Anzeigepflicht umfasst dabei sowohl den schuldrechtlichen Erbteilskauf als auch die dingliche Erbteilsübertragung.[7]

III. Nachlassgericht

Die Tätigkeit des Nachlassgerichtes beschränkt sich auf die Entgegennahme der Anzeige **4** (Abs. 1) sowie auf Gewährung der Einsicht (Abs. 2). Eine Pflicht zur Ermittlung obliegt ihm nicht, Zwangsmittel zur Durchsetzung der Anzeigepflicht stehen dem Nachlassgericht nicht zu.[8]

IV. Einsichtsrecht

Zur Einsichtnahme ist ein rechtliches Interesse[9] glaubhaft zu machen,[10] § 2384 Abs. 2. **5** Nicht erforderlich ist zur Glaubhaftmachung eine eidesstattliche Versicherung. Lediglich wirtschaftliche, gesellschaftliche oder sonstige außerrechtliche Interessen genügen für ein Einsichtsrecht nicht. Das rechtliche Interesse kann sich insb. aus § 1953 Abs. 3 S. 2 (Erbausschlagung), § 2010 (Inventar), § 2081 Abs. 2 S. 2 (Anfechtung einer Verfügung von Todes wegen), § 2228 (Testamentsvollstreckung) ergeben.[11]

§ 2385
Anwendung auf ähnliche Verträge

(1) **Die Vorschriften über den Erbschaftskauf finden entsprechende Anwendung auf den Kauf einer von dem Verkäufer durch Vertrag erworbenen Erbschaft sowie auf andere Verträge, die auf die Veräußerung einer dem Veräußerer angefallenen oder anderweitig von ihm erworbenen Erbschaft gerichtet sind.**

---

5 *Staudinger/v. Olshausen* § 2384 Rn. 3 (der auch ohne Begründung die §§ 276, 280 nennt – richtiger wohl §§ 276, 286, so auch *Soergel/Damrau* § 2384 Rn. 2); MüKoBGB/*Musielak* § 2382 Rn. 3; *Palandt/Edenhofer* § 2384 Rn. 2.
6 *Staudinger/Olshausen* § 2384 Rn. 3; MüKoBGB/*Musielak* § 2382 Rn. 3; *Palandt/Edenhofer* § 2384 Rn. 2; ob auch die direkte Mitteilung eines Dritten an einen Nachlassgläubiger zur Haftungsbefreiung führen kann, ist str.; dagegen *Staudinger/Olshausen* § 2384 Rn. 3; für eine Entscheidung im Einzelfall gem. § 254 MüKoBGB/*Musielak* § 2382 Rn. 3.
7 *Staudinger/v. Olshausen* § 2384 Rn. 7; *Haegele* BWNotZ 1972, 6.
8 Die Anzeigepflicht besteht nur den Nachlassgläubigern gegenüber; das Nachlassgericht ist nur aus Gründen der Praktikabilität und Rechtssicherheit (Anzeige an unbekannte Nachlassgläubiger!) Adressat der Anzeige, vgl. MüKoBGB/*Musielak* § 2384 Rn. 1.
9 Enger als das berechtigte Interesse i.S.d. § 13 FamFG setzt dieses ein auf Rechtsnormen beruhendes oder durch solche geregeltes, gegenwärtig bestehendes Verhältnis einer Person zu einer anderen Person oder zu einer Sache voraus, BGHZ 4, 323, 325.
10 Glaubhaft ist eine Tatsache, wenn für ihr Vorliegen eine erhebliche Wahrscheinlichkeit besteht, BayObLG FG Prax, 1997, 23; zur Glaubhaftmachung vgl. i. ü. die Kommentierungen zum bisherigen § 15 Abs. 2 FGG, z.B. *Bumiller/Winkler* § 15 FGG Rn. 31; *Bassenge/Herbst* § 15 FGG Rn. 41, sowie aktuelle Kommentierungen zum neuen § 13 FamFG, z.B. *Kroiß/Seiler* Das neue FamFG; *Bahrenfuss* FamFG; *Weinreich/Schulte-Bunert* Kommentar zum FamFG; *Meyer-Seitz/Frantzioch/Ziegler* Die FGG Reform: Das neue Verfahrensrecht.
11 *Damrau/Redig* § 2384 Rn. 3.

(2) Im Falle einer Schenkung ist der Schenker nicht verpflichtet, für die vor der Schenkung verbrauchten oder unentgeltlich veräußerten Erbschaftsgegenstände oder für eine vor der Schenkung unentgeltlich vorgenommene Belastung dieser Gegenstände Ersatz zu leisten. Die in § 2376 bestimmte Verpflichtung zur Gewährleistung wegen eines Mangels in Rechte trifft den Schenker nicht; hat der Schenker den Mangel arglistig verschwiegen, so ist er verpflichtet, dem Beschenkten den daraus entstehenden Schaden zu ersetzen.

Übersicht

	Rz.		Rz.
I. Anwendungsbereich	1	IV. Rechtsfolgen	5
II. Anwendungsfälle des § 2385	2	V. Schenkung (Abs. 2)	7
III. Keine Anwendungsfälle des § 2385 (Abs. 1)	4	VI. Musterverträge	9
		VII. Kosten der notariellen Vertragsgestaltung	16

I. Anwendungsbereich

1 § 2385 erweitert den Anwendungsbereich der §§ 2371 ff. über den Erbschaftskauf hinaus auf wesensverwandte Rechtsgeschäfte. Erforderlich sind im Wesentlichen gleiche Interessenlagen der Beteiligten wie beim Erbschaftskauf, sodass eine entsprechende Anwendung der Vorschriften über den Erbschaftskauf gerechtfertigt ist.[1]

II. Anwendungsfälle des § 2385

2 Anwendungsfälle des § 2385 sind:
- Weiterverkauf, auch Rückkauf, einer vertraglich erworbenen Erbschaft, Abs. 1 1. Alt,
- Tausch einer Erbschaft,[2]
- Schenkung einer Erbschaft, vgl. Abs. 2,
- Verpflichtung zur Hingabe einer Erbschaft an Zahlungs Statt,[3]
- Verpflichtung zur Belastung einer Erbschaft mit einem Nießbrauch (str.),[4]
- Vergleich der Erbprätendenten über die Verteilung der Erbschaft,[5]
- Vertrag über Anerkennung einer zweifelhaften Testamentsanfechtung,[6]
- Auslegungsvertrag über die verbindlichen Interpretationen einer Verfügung von Todes wegen,[7]
- Vertrag, der zum Verzicht auf die Nacherbenanwartschaft verpflichtet,[8]
- Universalvermächtnis dahingehend, dass der Vermächtnisnehmer den gesamten Nachlass (z.B. in Hinblick auf ein darin befindliches Unternehmen) gegen Entgelt zu kaufen berechtigt ist,[9]

---

[1] MüKoBGB/*Musielak* § 2385 Rn. 1; *Bamberger/Roth/Mayer* § 2385 Rn. 1.
[2] MüKoBGB/*Musielak* § 2385 Rn. 2; *Palandt/Edenhofer* § 2385 Rn. 1; *Staudinger/v. Olshausen* § 2385 Rn. 6 (dort nur genannt Tausch zweier Erbschaften; Tausch gegen andere Werte muss jedoch genügen, so ausdrücklich *Lange/Kuchinke* § 45 I 3).
[3] *Staudinger/v. Olshausen* § 2385 Rn. 6; MüKoBGB/*Musielak* § 2385 Rn. 2; *Palandt/Edenhofer* § 2385 Rn. 1.
[4] A.A. *Staudinger/v. Olshausen* Einl. vor §§ 2371 ff. Rn. 92 mit Hinweis auf die Behandlung von Sicherungsverträgen, die ebenfalls nicht zur endgültigen Übertragung verpflichten, vgl. u.
[5] *Staudinger/v. Olshausen* § 2385 Rn. 9; MüKoBGB/*Musielak* § 2385 Rn. 2, *Palandt/Edenhofer* § 2385 Rn. 2; *Bamberger/Roth/Mayer* § 2385 Rn. 2.
[6] *Staudinger/v. Olshausen* § 2385 Rn. 11 m.w.N.
[7] BGH NJW 1986, 1812, 1813 m. Anm. *Damrau* JR 1986, 375; *Cieslar* DNotZ 1987, 113; *Staudinger/v. Olshausen* § 2385 Rn. 12; MüKoBGB/*Musielak* § 2385 Rn. 2; *Palandt/Edenhofer* § 2385 Rn. 2.
[8] Hierin liegt die Verpflichtung zur Übertragung der Nacherbenanwartschaft, *Staudinger/v. Olshausen* § 2385 Rn. 7; MüKoBGB/*Musielak* § 2385 Rn. 2; RG DNotZ 1942, 145, 146.
[9] *Dobroschke* DB 1967, 803, 805; *Palandt/Edenhofer* § 2385 Rn. 2.

Die Vorschriften der §§ 2371 ff. gelten zudem entsprechend für einen Vertrag zu Lebzei- 3
ten des Erblassers gem. § 311 b Abs. 5, der auf die Veräußerung des künftigen Erbanteils
gerichtet ist.[10]

III. Keine Anwendungsfälle des § 2385 (Abs. 1)

– Nicht anwendbar ist § 2385 Abs. 1 auf folgende Verträge: 4
– Erbauseinandersetzungsverträge, da in § 2042[11] gesondert geregelt,
– Verpflichtung zur Erbausschlagung,[12]
– Sicherungsverträge (= Verpfändung, Sicherungsübertragung),[13]
– Vertraglicher Verzicht des Anfechtungsberechtigten auf die Anfechtung von Testament oder Erbvertrag
– unwiderrufliche Vollmacht zur Verfügung über einen Erbanteil.[14]
– Vertragliche Zuweisung des gesamten Nachlasses an Miterben gegen Abfindung,[15]
– Vereinbarung des Ausscheidens eines Miterben gegen Abfindung[16]

IV. Rechtsfolgen

Rechtsfolge des Abs. 1 ist die entsprechende Anwendung der §§ 2371 ff., stets also der 5
Formvorschrift des § 2371 sowie der zwingenden Haftungsnormen der § 2382 ff. Hinsichtlich der übrigen Vorschriften, insb. der Haftungsregelungen im Innenverhältnis und der
Leistungspflichten der Vertragsteile, ist stets im Einzelfall zu prüfen, ob der jeweilige
Regelungsgehalt den Interessen der Parteien gerecht wird oder nicht.[17] Hier ist insb. auch
der beurkundende Notar gefragt.

So sollte z.B. beim **Weiterverkauf vor Erfüllung des Ersterwerbsvertrages** stets klar- 6
gestellt werden, ob Vertragsgegenstand die Ansprüche aus dem Ersterwerbsvertrag oder
die Erbschaft bzw. der Erbanteil selber sind. Im Falle des Weiterverkaufes haftet der
zweite Käufer neben dem Erben und dem ersten Käufer als Gesamtschuldner für die
Nachlassverbindlichkeiten.[18] Beim Weiterverkauf hat der erste Käufer die Erbschaftsgegenstände einschließlich der Surrogate an den zweiten Käufer herauszugeben, soweit die
Erbschaftsgegenstände einschließlich der Surrogate zum Zeitpunkt des zweiten Kaufes
noch vorhanden sind.[19] Ist zum Zeitpunkt des Weiterverkaufs der Anspruch auf Herausgabe der Erbschaftsgegenstände aus dem ersten Kauf noch nicht erfüllt, so ist der erste
Käufer verpflichtet, die Gegenstände selbst herauszugeben; es reicht nicht, lediglich den
Anspruch auf Herausgabe an den Zweitkäufer abzutreten.[20]

---

10 *Soergel/Damrau* § 2371 Rn. 4.
11 *Staudinger/v. Olshausen* § 2385 Rn. 15; MüKoBGB/*Musielak* § 2385 Rn. 3; *Palandt/Edenhofer* § 2385 Rn. 3.
12 *Staudinger/v. Olshausen* § 2385 Rn. 15; MüKoBGB/*Musielak* § 2385 Rn. 3; *Palandt/Edenhofer* § 2385 Rn. 3.
13 *Staudinger/v. Olshausen* § 2385 Rn. 15; MüKoBGB/*Musielak* § 2385 Rn. 3; *Palandt/Edenhofer* § 2385 Rn. 3; anders aber, wenn sich im Wege der Auslegung ergibt, dass von den Vertragsteilen i.E. ein Erbschaftskauf intendiert ist, s. BGHZ 25, 174 für Darlehensgewährung gegen Sicherungsübertragung eines Erbanteils, bei der die Rückforderung von Darlehen und Sicherungsgut für die Zukunft praktisch ausgeschlossen war.
14 BGH WM 1960, 551; zur Formbedürftigkeit einer solchen Vollmacht s. § 2371.
15 *Lange/Kuchinke* § 44 III 2c; a.A. *Soergel/Damrau* § 2385 Rn. 2; *Kleeberger* MittBayNot 1997, 153.
16 BGH NJW 1998, 1557; *Keller* ZEV 1998, 281.
17 Vgl. hierzu *Staudinger/Olshausen* § 2385 Rn. 24; MüKoBGB/*Musielak* § 2385 Rn. 4, je mit einzelnen Anwendungen.
18 MüKoBGB/*Musielak* § 2385 Rn. 4.
19 *Bamberger/Roth/Mayer* § 2385 Rn. 4.
20 *Staudinger/v. Olshausen* § 2385 Rn. 24 f.; MüKoBGB/*Musielak* § 2385 Rn. 4.

V. Schenkung (Abs. 2)

7 Für die Schenkung enthält Abs. 2 Sondervorschriften hinsichtlich der Gewährleistungspflicht des Schenkers. Darüber hinaus gelten auch die allgemeinen Bestimmungen der §§ 516 ff. Bei einem Formmangel kommt eine Heilung nach § 518 Abs. 2 nicht in Betracht, weil sich diese Vorschrift nur auf das Schenkungsversprechen, nicht auf den gesamten Vertrag bezieht.[21] Neben den entsprechend anwendbaren Vorschriften über den Erbschaftskauf gelten für die Schenkung einer Erbschaft auch die allgemeinen schenkungsrechtlichen Vorschriften der §§ 519, 521, 522, 525-533.[22]

8 Zu beachten ist, dass auch bei der Schenkung entsprechend § 2378 die Nachlassverbindlichkeiten im Innenverhältnis (Außenhaftung auch hier § 2382) dem Erwerber zugeordnet werden. Wird die Schenkung rückabgewickelt – auch im Falle der Rückforderung nach den §§ 527 ff. –, so ist der Beschenkte entsprechend freizustellen.[23]

VI. Musterverträge

9 Nachfolgend sind zwei Vertragsmuster für einen Erbschaftskauf abgedruckt. Es handelt sich bei Muster 1 um den Verkauf einer gesamten Erbschaft, bei Muster 2 um einen Erbteilsverkauf. Die Verwendung eines Mustervertrages entbindet selbstverständlich nicht von einer sorgfältigen Prüfung sämtlicher einzelner Vereinbarungen. Es wird deshalb keine Gewähr für Vollständigkeit und Richtigkeit des Musters für alle hier in Betracht kommenden Fallkonstellationen übernommen. Der Autor hat sich bemüht, möglichst ausgewogene Vertragsmuster zu erstellen. Allerdings können je nach Interessenlage von Käufer oder Verkäufer auch deutlich abweichende Regelungen empfehlenswert sein. Dies gilt insb. für die Übernahme von Nachlassverbindlichkeiten, Gewährleistungspflichten, sowie die Vereinbarung von auflösenden oder aufschiebenden Bedingungen. Soweit möglich ist darauf auch in dem nachfolgenden Mustertext hingewiesen.

10 Muster 1 regelt den Fall, dass ein im Güterstand der Zugewinngemeinschaft lebender Alleinerbe die ihm angefallene Erbschaft an einen Dritten verkauft. Muster 1 enthält zur Absicherung der Kaufpreisforderung des Verkäufers die Bestellung einer Hypothek.

11 Das nachfolgende Muster 2 betrifft den Fall, dass der Erbanteil eines Miterben an einen Nichterben verkauft werden soll. Hierbei steht einerseits die Absicherung beider Vertragsteile, andererseits die genaue Abgrenzung von Verantwortungsbereichen im Vordergrund. Muster 2 enthält zur Absicherung von Verkäufer und Käufer die Vereinbarung der sofortigen dinglichen Übertragung des Erbanteils – jedoch auflösend bedingt für den Fall des Rücktritts bei nicht erfolgter Kaufpreiszahlung durch den Verkäufer – sowie die Eintragung von Widerspruch und Verfügungsbeschränkung mit Vorlageanweisung an den Notar.

---

21 MüKoBGB/*Musielak* § 2385 Rn. 5.
22 MüKoBGB/*Musielak* § 2385 ebd.
23 *Staudinger/Olshausen* § 2385 Rn. 27; *Palandt/Edenhofer* § 2385 Rn. 4.

Muster 1: Erbschaftskauf 12

Urkundenrolle Nr.

Erbschaftskauf

Am ...

erscheinen vor mir,

1. Frau/Herr ...
   – nachfolgend »Verkäufer« genannt –

2. Frau/Herr ...
   – nachfolgend »Käufer« genannt –
   (weitere notarielle Urkundenformalien einfügen)

I. Erbfolge, Grundbuchstand, Nachlass

1. **Erbfolge**

   Am ... verstarb in ... Frau/Herr ...

   – nachfolgend »Erblasser« genannt.

   Der Erblasser wurde ausweislich des Erbscheins des Amtsgerichts – Nachlassgericht – ... vom ... (Gz.: ...), welcher zur heutigen Beurkundung in Ausfertigung vorliegt und dieser Urkunde in beglaubigter Abschrift beigefügt ist, beerbt von:
   ...
   Gegenstand dieses Vertrages ist die gesamte Erbschaft des Verkäufers.

2. **Grundbuchstand**

   Der Erblasser ist im Grundbuch des Amtsgerichts ... für ...
   Band ... Blatt ...
   als Eigentümer des folgender Grundbesitzes eingetragen: ...
   Gemarkung ...
   Flst. ...
   Der Grundbesitz ist im Grundbuch unbelastet vorgetragen.
   Grundbuchberichtigung entsprechend der in Ziffer 1. aufgeführten Nachlassakten wird beantragt.

3. **Weiteres Nachlassvermögen**

   Zur Erbschaft des Verkäufers gehören ferner:
   a) **Bewegliche Nachlassgegenstände:**
   b) **Forderungen:**
   c) **Nachlassverbindlichkeiten:**
   (Klarstellung, welche Nachlassverbindlichkeiten bereits vom Verkäufer erfüllt wurden, §§ 2376, 2378 beachten)

VIII. Verkauf

1. Der Verkäufer verkauft hiermit seine Erbschaft nach dem Erblasser an den Käufer (Berechtigungsverhältnis bei mehreren Käufern!).
2. Die Vertragsparteien sind sich einig, dass der Verkäufer andere Nachlassgegenstände als die in Abschnitt I aufgeführten oder Surrogate nicht herauszugeben und hierfür auch keinen Ersatz zu leisten hat. Infolge des Erbfalls erloschene Rechtsverhältnisse zwischen Erblasser und Verkäufer gelten auch im Verhältnis zwischen den Vertragsparteien als erloschen (evtl.: Nicht in Abschnitt I aufgeführte Nachlassverbindlichkeiten hat der Verkäufer ohne Ersatzanspruch zu erfüllen; **Verhandlungsgegenstand**).
3. Der Verkäufer hat keinen Anspruch auf Aufwendungen, die er auf die Erbschaft gemacht hat und verzichtet auf jeglichen Ersatz von Abgaben und außerordentlichen Lasten. Die vom Verkäufer zu zahlende Erbschaftsteuer übernimmt der Käufer nicht (**Verhandlungsgegenstand**).

IX. Kaufpreis, Kaufpreisfälligkeit

1. Der Kaufpreis beträgt ... €
   – i.W.: Euro ...
2. Der Kaufpreis ist in voller Höhe fällig innerhalb von zehn Kalendertagen nach Beurkundung dieses Vertrages.
3. Der Kaufpreis ist auf folgendes Konto des Verkäufers bei der ...
   BLZ ..., Kto.Nr. ...
   so zu überweisen, dass er zum Fälligkeitstermin dem vorgenannten Konto des Verkäufers gutgeschrieben ist.
4. Der Kaufpreis ist bis zur Fälligkeit unverzinslich. Die gesetzlichen Verzugsfolgen wurden erläutert. Ab Fälligkeit ist der Kaufpreis mit ...% über dem Basiszinssatz gem. § 1 Diskontsatz-Überleitungsgesetz vom Käufer zu verzinsen.
5. Der Käufer unterwirft sich wegen der Verpflichtung zur Zahlung des Kaufpreises und der vertraglich geschuldeten Zinsen der sofortigen Zwangsvollstreckung aus dieser Urkunde. Der Notar kann die vollstreckbare Ausfertigung dieser Urkunde jederzeit ohne weiteren Nachweis nach Eintritt der Fälligkeit des Kaufpreises erteilen.
6. Der Käufer übernimmt die in Abschnitt I Ziffer 3c) aufgeführten Nachlassverbindlichkeiten zur ferneren Verzinsung und Tilgung, soweit diese Nachlassverbindlichkeiten vom Verkäufer noch nicht erfüllt wurden. Soweit noch nicht abgelöste Darlehensverträge bestehen, übernimmt diese der Käufer zu den ihm bekannten Bedingungen und verpflichtet sich, den Verkäufer von den Darlehensverbindlichkeiten zu befreien. Die Übernahme dieser Verbindlichkeiten ist bereits im Kaufpreis berücksichtigt. Erforderliche Genehmigungen von Gläubigern holen die Beteiligten selbst ein. (Evtl.: Darüber hinausgehende Verbindlichkeiten durch diese oder andere Gläubiger übernimmt im Innenverhältnis der Verkäufer/**Verhandlungsgegenstand**.)

IV. Nutzungen, Lasten, Gefahr, Haftung

1. Nutzungen, Lasten und Gefahr gehen unabhängig von der Kaufpreiszahlung ab sofort auf den Käufer über. Der Käufer trägt ab sofort auch die Gefahr des zufälligen Untergangs und einer zufälligen Verschlechterung der Erbschaftsgegenstände.
   Eine Abrechnung für die Vergangenheit erfolgt nicht. Dem Verkäufer bleiben die auf die Zeit vor dem Verkauf fallenden Nutzungen. Er trägt für diese Zeit die Lasten, Abgaben, Zinsen und sonstigen Kosten. Der Verkäufer hat für die Zeit vor dem Verkauf insb. keinen Anspruch auf die von ihm auf die Erbschaft gemachten Verwendungen und von ihm erfüllten Nachlassverbindlichkeiten, soweit diese nach den hier getroffenen Vereinbarungen nicht der Käufer zu übernehmen hat.
2. Der Verkäufer haftet dem Käufer dafür, dass
   – der Verkäufer Erbe der verkauften Erbschaft ist;
   – der in Abschnitt I aufgeführte Grundbesitz zur Erbschaft gehört;
   – keine weiteren Nachlassverbindlichkeiten mehr bestehen, als in Abschnitt I Ziffer 3c) aufgeführt (**Verhandlungsgegenstand**; vgl. auch Abschnitt III Ziffer 6; Anpassung erforderlich);
   – die verkaufte Erbschaft frei von Rechten Dritter ist, insb. die Erbschaft vom Verkäufer weder veräußert noch belastet wurde, die Erbschaft nicht gepfändet ist und keine Belastungen durch Vermächtnisse, Auflagen, Pflichtteilsrechte, Ausgleichspflichten, Teilungsanordnungen, Anordnung der Testamentsvollstreckung, Nacherbrechte oder durch sonstige Ansprüche Dritter bestehen, soweit in diesem Vertrag keine anderen Regelungen getroffen wurden;
   – die Erbschaftsteuer bezahlt ist.
3. Die Verpflichtung des Verkäufers zur Gewährleistung wegen eines Rechtsmangels beschränkt sich auf die Haftung für den in Abschnitt IV Ziffer 2 aufgeführten Haftungsumfang sowie darauf, dass keine unbeschränkte Haftung gegenüber den Nachlassgläubigern oder einzelnen von ihnen eingetreten ist. Mängel einer zur Erbschaft gehörenden Sache hat der Verkäufer nicht zu vertreten.
   Hinsichtlich des unter Abschnitt I Ziffer 2 aufgeführten Grundbesitzes vereinbaren die Vertragsparteien:
   – der Verkäufer haftet dafür, dass der Grundbesitz von Rechten Dritter frei und weder vermietet noch verpachtet ist. Altrechtliche Dienstbarkeiten sind jedoch vom Käufer zu dulden; der Verkäufer versichert, dass ihm solche nicht bekannt sind.
   Der Verkäufer übernimmt keine Haftung für den Zustand des Grundbesitzes. Der Verkäufer haftet daher nicht für Güte und Beschaffenheit, Richtigkeit des angegebenen Flächenmaßes, die Verwertbarkeit und andere in dieser Urkunde nicht ausdrücklich garantierte Beschaffenheiten des Grundbesitzes.
   Vorsorglich wird allen zur Lastenfreistellung des Grundbesitzes dienlichen Erklärungen, auch Löschungen, zugestimmt und deren Vollzug im Grundbuch beantragt.

V. Übertragung von Grundbesitz und Nachlassgegenständen; Bestellung einer Hypothek

1. Verkäufer und Käufer sind sich darüber einig, dass das Eigentum an dem in Abschnitt I Ziffer 2 bezeichneten Grundstück auf den Käufer übergehen soll. Beide Vertragsparteien bewilligen und beantragen die Eintragung des Käufers als Eigentümer im Grundbuch.

2. Der Verkäufer überträgt dem Käufer hiermit das Eigentum an sämtlichen beweglichen Nachlassgegenständen gem. Abschnitt I Ziffer 3, die von dem Verkauf der Erbschaft gem. diesem Vertrag umfasst sind. Die Besitzverschaffung erfolgt durch Übergabe der Nachlassgegenstände durch den Verkäufer an den Käufer. Der Verkäufer ist verpflichtet, die Nachlassgegenstände unverzüglich nach vollständiger Kaufpreiszahlung an den Käufer zu übergeben. Beide Parteien verpflichten sich, über die übergebenen Nachlassgegenstände ein schriftliches Verzeichnis zu erstellen, das von beiden Vertragsparteien unterzeichnet sodann an den Notar zu übersenden ist.

3. Der Verkäufer tritt ferner folgende Forderungen an den Käufer ab, der diese Abtretung annimmt:

...

...

4. Zur Sicherung der Kaufpreiszahlung gem. Abschnitt III dieses Vertrags wird eine brieflose Hypothek für den Verkäufer in Höhe des Kaufpreises bestellt. Der Käufer unterwirft sich wegen dieser Forderung der sofortigen Zwangsvollstreckung, welche in Ansehung dieser Hypothek auch gegen den jeweiligen Eigentümer zulässig sein soll. Er bewilligt und beantragt die Eintragung der Hypothek einschließlich der dinglichen Vollstreckungsunterwerfung im Grundbuch.

Zur Sicherung des Befreiungsanspruches des Verkäufers bzgl. der benannten und vom Käufer zu übernehmenden Verbindlichkeiten gem. Abschnitt III Ziffer 3c) beantragt der Käufer die Beantragung einer zweiten Hypothek in das Grundbuch im Rang nach der vorbezeichneten Kaufpreishypothek. Der Verkäufer bewilligt dies.

Der Verkäufer beantragt, für den Käufer eine Vormerkung zur Sicherung des Rechts auf Eigentumsverschaffung an dem Grundstück einzutragen und diese Vormerkung wieder zu löschen, wenn der Käufer als Eigentümer eingetragen wird und in der Zwischenzeit kein anderer Eintragungsantrag eingegangen ist.

VI. Vollzug der Urkunde, Genehmigungen

1. Der Notar wird ermächtigt, im Namen der Vertragsparteien Genehmigungen und sonstige zur Wirksamkeit oder zum Vollzug dieses Vertrages erforderliche Erklärungen einzuholen und, sofern sie ohne Bedingungen und Auflagen erteilt werden, auch entgegenzunehmen, sofern in diesem Vertrag keine abweichenden Regelungen getroffen sind.

Zustimmungen und Erklärungen zu diesem Vertrag sollen mit Eingang beim Notar als allen Beteiligten zugegangen gelten.

Der Notar wird weiter ermächtigt, zugleich im Namen aller Beteiligten Erklärungen abzugeben und entgegenzunehmen sowie Anträge zu stellen, zu ändern oder zurückzunehmen, soweit dies zum Vollzug dieser Urkunde zweckdienlich ist.

2. Der Vertrag bedarf folgender Genehmigungen:

...

...

3. Der Notar wird beauftragt und bevollmächtigt, die Veräußerung dem Nachlassgericht im Auftrag und mit hierdurch erteilter Vollmacht beider Vertragsparteien anzuzeigen.

VII. Kosten, Steuern

Die Kosten dieser Urkunde und ihres grundbuchamtlichen Vollzugs sowie die anfallende Grunderwerbsteuer trägt der Käufer.

VIII. Ausfertigungen, Abschriften

Von dieser Urkunde erhalten:

Ausfertigung

– die Vertragsparteien nach grundbuchamtlichem Vollzug

beglaubigte Abschrift

– das Grundbuchamt 2 x

– … zur Genehmigung nach § …

einfache Abschrift

– das Finanzamt (Grunderwerbsteuerstelle)

– die Vertragsparteien sofort.

IX. Hinweise

Der Notar hat insb. auf folgendes hingewiesen:
- Sämtliche getroffenen Vereinbarungen, auch Nebenabreden, müssen notariell beurkundet werden, nicht beurkundete Vereinbarungen sind nichtig und können die Nichtigkeit des gesamten Vertrages zu Folge haben.
- Die Erbschaftsübertragung macht den Käufer nicht zum Erben; die Erbenstellung des Verkäufers bleibt unberührt; nur dieser, nicht aber der Käufer, ist im Erbschein aufzuführen.
- Das Vertrauen des Käufers darauf, dass der Verkäufer Erbe und die Erbschaft des Verkäufers frei von Rechten Dritter ist sowie der in Abschnitt I Ziffer 2 aufgeführte Grundbesitz zum Nachlass gehört, wird vom Gesetz nicht geschützt. Der Käufer kann insofern weder auf die Richtigkeit des Erbscheines noch des Grundbuches vertrauen.
- Mit der erfolgten Übertragung des Erbanteils gehen alle im Nachlass befindlichen Vermögenswerte auf den Käufer über, auch soweit solche den Vertragsparteien unbekannt sind.
- Der Käufer haftet den Nachlassgläubigern ab Wirksamkeit dieses Vertrages für alle etwaigen Nachlassverbindlichkeiten. Der Verkäufer haftet weiterhin als Erbe, auch nach erfolgter Erbschaftsübertragung.
- Die Vertragsparteien haften gesamtschuldnerisch für die Vertragskosten und die Grunderwerbsteuer.
- Erbschaftsverkauf und Käufer sind unverzüglich dem Nachlassgericht anzuzeigen.
- Vor der Umschreibung des Eigentums muss die Unbedenklichkeitsbescheinigung des Finanzamtes vorliegen, die an den Notar erbeten wird.
- Der im Güterstand der Zugewinngemeinschaft lebende Verkäufer erklärt, mit diesem Vertrag nicht über sein Vermögen im Ganzen oder Wesentlichen zu verfügen.

13 Muster 2: Erbteilskauf

Urkundenrolle Nr.

Erbteilskauf

Am ...

erscheinen vor mir,

1. Frau/Herr ...
   – nachfolgend »Verkäufer« genannt –

2. Frau/Herr ...
   – nachfolgend »Käufer« genannt –
   (weitere notarielle Urkundenformalien einfügen)

I. Erbfolge, Grundbuchstand, Nachlass

1. **Erbfolge**

   Am ... verstarb in ... Frau/Herr ...
   – nachfolgend »Erblasser« genannt.
   Der Erblasser wurde ausweislich des Erbscheins des Amtsgerichts – Nachlassgericht – ... vom ... (Gz.: ...), welcher zur heutigen Beurkundung in Ausfertigung vorliegt und dieser Urkunde in beglaubigter Abschrift beigefügt ist, beerbt von:
   ... Gegenstand dieses Vertrages ist der Erbteil zu ... des Verkäufers am Nachlass von ...(genaue Bezeichnung des verkauften Erbteils).

2. **Grundbuchstand**

   Der Erblasser ist im Grundbuch des Amtsgerichts ... für ...
   Band ... Blatt ...
   als Eigentümer des folgender Grundbesitzes eingetragen: ...
   Gemarkung ...
   Flst. ...
   Der Grundbesitz ist im Grundbuch unbelastet vorgetragen.
   Grundbuchberichtigung entsprechend der in Ziffer 1. aufgeführten Nachlassakten wird beantragt.

3. **Weiteres Nachlassvermögen**

   Zum (ungeteilten) Nachlass gehören ferner:
   a) <u>**Bewegliche Nachlassgegenstände:**</u>
   b) <u>**Forderungen:**</u>
   c) <u>**Nachlassverbindlichkeiten:**</u>
   (Klarstellung, welche Nachlassverbindlichkeiten bereits vom Verkäufer erfüllt wurden, §§ 2376, 2378 beachten)

II. Verkauf

1. Der Verkäufer verkauft seinen unter Abschnitt I. Ziffer 1. bezeichneten Erbanteil nach Herrn/Frau ... an den Käufer (Berechtigungsverhältnis bei mehreren Käufern!).

2. Der Verkäufer hat andere Nachlassgegenstände oder Surrogate als den Anteil an den in Abschnitt I aufgeführten Gegenständen nicht herauszugeben und hierfür auch keinen Ersatz zu leisten.

III. Kaufpreis, Kaufpreisfälligkeit

1. Der Kaufpreis beträgt ... €
   – i.W.: Euro ...
2. Der Kaufpreis ist fällig innerhalb von zehn Kalendertagen nach Absendung der Bestätigung des Notars (an den Käufer per Einwurf-Einschreiben, an den Verkäufer per einfachen Brief; maßgeblich für den Fristbeginn ist der Poststempel), wonach:
   a) dem Notar Verzichtserklärungen aller Miterben hinsichtlich ihres jeweiligen gesetzlichen Vorkaufsrechts vorliegen bzw. die jeweilige gesetzliche Ausübungsfrist abgelaufen ist, ohne dass dem Notar die Ausübung eines Vorkaufsrechtes bekannt geworden wäre,
   b) der nachfolgend bewilligte Widerspruch im Grundbuch eingetragen und ihm keine Belastungen im Grundbuch vorgehen,
   c) dem Notar folgende Genehmigungen in grundbuchmäßiger Form vorliegen:
   Der Notar wird beauftragt, die vorstehende Fälligkeitsmitteilung abzugeben.
3. Der Kaufpreis ist auf das Konto des Verkäufers bei der
   BLZ ... Kto.Nr. ...
   so zu überweisen, dass er zum Fälligkeitstermin dem vorgenannten Konto des Verkäufers gutgeschrieben ist.
4. Der Kaufpreis ist bis zur Fälligkeit unverzinslich. Die gesetzlichen Verzugsfolgen wurden erläutert. Ab Fälligkeit ist ein ausstehender Teil des Kaufpreises mit ...% über dem Basiszinssatz gem. § 1 Diskontsatz-Überleitungsgesetz vom Käufer zu verzinsen.
5. Der Käufer unterwirft sich wegen der Verpflichtung zu Zahlung des Kaufpreises und der vertraglich geschuldeten Zinsen der sofortigen Zwangsvollstreckung aus dieser Urkunde. Der Notar kann die vollstreckbare Ausfertigung dieser Urkunde jederzeit ohne weiteren Nachweis erteilen, sobald er die in Ziffer 2. genannte Fälligkeitsmitteilung abgegeben hat.
6. Der Käufer übernimmt die in Abschnitt I Ziffer 3c) aufgeführten Nachlassverbindlichkeiten zur ferneren Verzinsung und Tilgung zu dem dem quotalen Erbteil entsprechenden Bruchteil, soweit diese Nachlassverbindlichkeiten vom Verkäufer noch nicht erfüllt wurden. Soweit noch nicht abgelöste Darlehensverträge bestehen, übernimmt diese der Käufer zu den ihm bekannten Bedingungen und verpflichtet sich, den Verkäufer von den Darlehensverbindlichkeiten zu befreien. Die Übernahme dieser Verbindlichkeiten ist bereits im Kaufpreis berücksichtigt. Erforderliche Genehmigungen von Gläubigern holen die Beteiligten selbst ein. (Evtl.: Darüber hinausgehende Verbindlichkeiten durch diese oder andere Gläubiger übernimmt im Innenverhältnis der Verkäufer/**Verhandlungsgegenstand.**)

IV. Nutzungen, Lasten, Gefahr, Haftung

1. Nutzungen, Lasten und Gefahr gehen unabhängig von der Kaufpreiszahlung ab sofort auf den Käufer über.
   Eine Abrechnung für die Vergangenheit erfolgt nicht. Der Käufer hat dem Verkäufer insb. keine auf die Erbschaft gemachten Verwendungen, bereits erfüllten Nachlassverbindlichkeiten oder außerordentlichen Lasten, Abgaben, Zinsen und sonstige Kosten ... zu ersetzen.

2. Der Verkäufer haftet dem Käufer dafür, dass
   - der verkaufte Erbteil besteht und der Verkäufer insofern Erbe ist;
   - der in Abschnitt I aufgeführte Grundbesitz zur Erbschaft gehört;
   - keine weiteren Nachlassverbindlichkeiten mehr bestehen, als in Abschnitt I Ziffer 3c) aufgeführt (**Verhandlungsgegenstand**; vgl. auch Abschnitt III Ziffer 6; Anpassung erforderlich);
   - der verkaufte Erbteil frei von Rechten Dritter ist, insb. der Verkäufer diesen weder veräußert noch belastet hat, dieser nicht gepfändet ist und keine Belastungen durch Vermächtnisse, Auflagen, Pflichtteilsrechte, Ausgleichspflichten, Teilungsanordnungen, Anordnung der Testamentsvollstreckung, Nacherbrechte oder durch sonstige Ansprüche Dritter bestehen, soweit in diesem Vertrag keine andere Regelung getroffen wurde;
   - die Erbschaftsteuer bezahlt ist;
   - dass hinsichtlich Auseinandersetzung des Nachlasses keine schuldrechtlichen Vereinbarungen getroffen wurden.
3. Die Verpflichtung des Verkäufers zur Gewährleistung wegen eines Rechtsmangels beschränkt sich auf die Haftung für den in Abschnitt IV Ziffer 2 aufgeführten Haftungsumfang sowie darauf, dass keine unbeschränkte Haftung gegenüber den Nachlassgläubigern oder einzelnen von ihnen eingetreten ist. Mängel einer zur Erbschaft gehörenden Sache hat der Verkäufer nicht zu vertreten.

Hinsichtlich des unter Abschnitt I Ziffer 2 aufgeführten Grundbesitzes vereinbaren die Vertragsparteien:

Der Verkäufer haftet dafür, dass der Grundbesitz von Rechten Dritter frei und weder vermietet noch verpachtet ist. Altrechtliche Dienstbarkeiten sind jedoch vom Käufer zu dulden; der Verkäufer versichert, dass ihm solche nicht bekannt sind.

Der Verkäufer übernimmt keine Haftung für den Zustand des Grundbesitzes. Der Verkäufer haftet daher nicht für Güte und Beschaffenheit, Richtigkeit des angegebenen Flächenmaßes, die Verwertbarkeit und andere in dieser Urkunde nicht ausdrücklich garantierte Beschaffenheiten des Grundbesitzes.

Vorsorglich wird allen zur Lastenfreistellung des Grundbesitzes dienlichen Erklärungen, auch Löschungen, zugestimmt und deren Vollzug im Grundbuch beantragt.

V. Erbteilsübertragung, Grundbucherklärungen

1. Der Verkäufer überträgt hiermit den verkauften Erbteil mit sofortiger dinglicher Wirkung, jedoch auflösend bedingt, auf den Käufer, der diese Übertragung annimmt (Berechtigungsverhältnis bei mehreren Käufern!).
   Die auflösende Bedingung tritt ein, wenn der Verkäufer aufgrund des vorbehaltenen Rücktrittsrechts wegen Nichtzahlung des Kaufpreises von diesem Vertrag zurücktritt. (**Hinweis**: Es kann angezeigt sein und ist letztlich **Verhandlungsgegenstand**, die Erbteilsübertragung mit einer auflösenden oder aufschiebenden Bedingung zu versehen. Diese Frage ist letztlich im Hinblick auf die zwischen den Parteien getroffenen Vereinbarungen und die Interessenlagen der Parteien zu regeln.)
2. Durch die Erbteilsübertragung gem. Ziffer 1. wird das Grundbuch unrichtig. Der Käufer beantragt die diesbzgl. Berichtigung des Grundbuches.

3. Der Verkäufer

                          bewilligt,

der Käufer

                          beantragt

die Eintragung eines Widerspruches gem. § 899 BGB gegen die Richtigkeit des Grundbuches.

Der Käufer

                          bewilligt und beantragt,

bereits heute die Löschung des Widerspruches Zug um Zug mit Vollzug der in Ziffer 2. beantragten Grundbuchberichtigung.

4. Der Käufer

                          bewilligt und beantragt,

gleichzeitig mit Vollzug der Grundbuchberichtigung gem. Ziffer 2. die durch die auflösende Bedingung gem. Ziffer 1. begründete Verfügungsbeschränkung des Käufers in das Grundbuch einzutragen.

Der Verkäufer

                          bewilligt,

der Käufer

                          beantragt

bereits heute die Löschung der eingetragenen Verfügungsbeschränkung.

Der amtierende Notar, dessen Vertreter oder Amtsnachfolger werden jedoch unwiderruflich angewiesen, Ausfertigungen und beglaubigte Abschriften dieser Urkunde nur auszugsweise (= ohne die vorstehende Löschungserklärung) zu erteilen, bis der Verkäufer die vollständige Kaufpreiszahlung bestätigt oder der Käufer diese in sonstiger Weise nachgewiesen hat.

VI. Vollzug der Urkunde, Genehmigungen, Vorkaufsrecht

1. Der Notar wird ermächtigt, im Namen der Vertragsparteien Genehmigungen und sonstige zur Wirksamkeit oder zum Vollzug dieses Vertrages erforderliche Erklärungen einzuholen und, sofern sie ohne Bedingungen und Auflagen erteilt werden, auch entgegenzunehmen, sofern in diesem Vertrag keine abweichenden Regelungen getroffen sind.
Zustimmungen und Erklärungen zu diesem Vertrag sollen mit Eingang beim Notar als allen Beteiligten zugegangen gelten und rechtswirksam sein.
Der Notar wird weiter ermächtigt, zugleich im Namen aller Beteiligten Erklärungen abzugeben und entgegenzunehmen sowie Anträge zu stellen, zu ändern oder zurückzunehmen, soweit dies zum Vollzug dieser Urkunde zweckdienlich ist.
2. Der Vertrag bedarf folgender Genehmigungen:
...
...

3. Der Notar wird beauftragt und bevollmächtigt, den Miterben als Vorkaufsberechtigten den Vorkaufsfall namens der Beteiligten anzuzeigen, sie zur Erklärung über die Ausübung des Vorkaufsrechts aufzufordern und diese Erklärungen namens der Vertragsparteien in Empfang zu nehmen.
Sollte ein Vorkaufsrecht binnen der gesetzlichen Ausübungsfrist durch Erklärung gegenüber einem Vertragsteil ausgeübt werden, so hat dieser dies dem Notar unverzüglich anzuzeigen.
Im Falle der Ausübung des Vorkaufsrechtes hat der Verkäufer das Recht, vom schuldrechtlichen Teil dieses Vertrages zurückzutreten. Erfüllungs- und Schadensersatzansprüche des Käufers sind dann ausgeschlossen. Jedoch ist der Käufer von allen Kosten der heutigen Urkunde und ihres Vollzuges freizustellen. Sollten Kaufpreisteile bei Ausübung bereits gezahlt sein, so tritt der Verkäufer bereits heute seine Ansprüche gegen den Vorkaufsberechtigten in entsprechender Höhe an den Käufer ab; der Käufer nimmt diese bedingte Abtretung hiermit an.
4. Der Notar wird beauftragt und bevollmächtigt, die Veräußerung dem Nachlassgericht im Auftrag und mit hierdurch erteilter Vollmacht beider Vertragsparteien anzuzeigen.

VII. Kosten, Steuern

Die Kosten dieser Urkunde und ihres grundbuchamtlichen Vollzugs sowie die anfallende Grunderwerbsteuer trägt der Käufer.

VIII. Ausfertigungen, Abschriften

Von dieser Urkunde erhalten:

Ausfertigung
- die Miterben hinsichtlich des Vorkaufsrechtes (im Auszug ohne Löschung)
- die Vertragsparteien nach grundbuchamtlichem Vollzug

beglaubigte Abschrift
- das Grundbuchamt 2 x (zunächst im Auszug ohne Löschung)
- ... zur Genehmigung nach § ...

einfache Abschrift
- das Finanzamt (Grunderwerbsteuerstelle)
- die Vertragsparteien sofort.

IX. Hinweise

Der Notar hat insb. auf folgendes hingewiesen:
- Sämtliche getroffenen Vereinbarungen, auch Nebenabreden, müssen notariell beurkundet werden, nicht beurkundete Vereinbarungen sind nichtig und können die Nichtigkeit des gesamten Vertrages zu Folge haben.
- Die Erbanteilsübertragung macht den Käufer nicht zum Miterben; vielmehr ist der Käufer lediglich Mitberechtigter und Mitverpflichteter in Erbengemeinschaft des noch nicht verteilten Nachlasses; die Erbenstellung des Verkäufers bleibt unberührt; nur dieser, nicht aber der Käufer, ist im Erbschein aufzuführen.
- Vertragsgegenstand der heutigen Urkunde ist nicht der in Abschnitt I. Ziffer 2. aufgeführte Grundbesitz oder ein Miteigentumsanteil daran sondern der Erbanteil des Verkäufers.

Der Notar hat insb. auf folgendes hingewiesen:
- Das Vertrauen des Käufers darauf, dass der Verkäufer Erbe und der Erbanteil des Verkäufers frei von Rechten Dritter ist sowie der in Abschnitt I. Ziffer 2. aufgeführte Grundbesitz zum Nachlass gehört, wird vom Gesetz nicht geschützt. Der Käufer kann insofern weder auf die Richtigkeit des Erbscheines noch des Grundbuches vertrauen.
- Mit der erfolgten Übertragung des Erbanteils gehen alle im ungeteilten Nachlass befindlichen Vermögenswerte anteilsmäßig auf den Käufer über, auch soweit solche den Vertragsparteien unbekannt sind.
- Den Miterben steht gem. den §§ 2034 ff. BGB ein gesetzliches Vorkaufsrecht an dem verkauften Erbanteil zu, das innerhalb von zwei Monaten nach Mitteilung des rechtswirksamen Kaufvertrages auszuüben ist. Der Notar wird zwar in dieser Urkunde beauftragt, Erklärungen hinsichtlich der Ausübung dieses Vorkaufsrechtes einzuholen, er kann jedoch keinerlei Haftung dafür übernehmen, dass
- die von ihm aufgrund des vorliegenden Erbscheines angeschriebenen Personen tatsächlich die Erben und damit die alleinigen Vorkaufsberechtigten sind,
- das Vorkaufsrecht nicht ohne Kenntnis des Notars bzw. der anderen Vertragspartei ausgeübt wird.
- Der Käufer haftet den Nachlassgläubigern ab Wirksamkeit dieses Vertrages für alle etwaigen Nachlassverbindlichkeiten und tritt in alle schuldrechtlichen Auseinandersetzungsverträge ein. Der Verkäufer haftet weiterhin als Erbe, auch nach erfolgter Erbanteilsübertragung.
- Die Vertragsparteien haften gesamtschuldnerisch für die Vertragskosten und die Grunderwerbsteuer.
- Erbanteilsveräußerung und Käufer sind unverzüglich dem Nachlassgericht anzuzeigen.
- Die Erbanteilsübertragung löst Grunderwerbsteuer aus. Die beantragte Grundbuchberichtigung kann erst erfolgen, wenn die Unbedenklichkeitsbescheinigung des Finanzamtes wegen der Grunderwerbsteuer vorliegt.
- Vor der Umschreibung des Eigentums muss die Unbedenklichkeitserklärung des Finanzamtes vorliegen, die an den Notar erbeten wird.
- Der im Güterstand der Zugewinngemeinschaft lebende Verkäufer erklärt, mit diesem Vertrag nicht über sein Vermögen im Ganzen oder Wesentlichen zu verfügen.

Alternativ hierzu werden in der Literatur[24] insb. vorgeschlagen: **14**
- nachfolgende Beurkundung der dinglichen Erbanteilsübertragung nach erfolgter Bezahlung des Kaufpreises,
- sofortige dingliche Abtretung unter der aufschiebenden Bedingung der Kaufpreiszahlung,
- Hinterlegung des Kaufpreises auf Notaranderkonto.

Der hier gewählte Weg[25] bietet jedoch für Verkäufer und Käufer große Sicherheit bei vertretbaren Vollzugskosten. **15**

---

24 Ausf. zu der Sicherungsproblematik *Mauch* BWNotZ 1993, 134 ff. m.w.N.; *Schöner/Stöber* Rn. 955 ff.; Kersten/Bühling/*Faßbender* Rn. 1060.
25 So auch *Mayer* ZEV 1997, 105 ff., basierend auf dem von *Schöner/Stöber* Rn. 955 ff. vorgeschlagenen Muster.

VII. Kosten der notariellen Vertragsgestaltung

16 Für die Beurkundung der Erbschaftskaufes fällt nach § 36 Abs. 2 KostO eine 20/10-Gebühr aus dem Nachlassvermögen, gem. § 18 Abs. 3 KostO ohne Abzug von Verbindlichkeiten an; ist nur ein Erbanteil Vertragsgegenstand, so ist der anteilige Wert heranzuziehen. Sollte die Gegenleistung höher sein, so ist diese gem. § 39 Abs. 2 KostO heranzuziehen.

17 Wird die dingliche Erbanteilsübertragung gesondert beurkundet – z.B. nach Kaufpreiszahlung –, so ist auch hierfür eine Gebühr nach § 36 Abs. 2 KostO anzusetzen; § 38 Abs. 2 Nr. 6 KostO gilt nicht entsprechend.

18 **Hinsichtlich der Vollzugstätigkeit des Notars gilt:**
Der Antrag auf Grundbuchberichtigung nach erfolgter dinglicher Abtretung ist gegenstandsgleich gem. § 44 Abs. 1 KostO, nicht jedoch die Grundbuchberichtigung aufgrund des Erbfalles, die unter § 38 Abs. 2 Nr. 5 a) KostO fällt.

19 Für die Einholung von behördlichen und gerichtlichen Genehmigungen fällt jedenfalls bei der Erbanteilsveräußerung weder eine Gebühr nach § 146 Abs. 1 noch nach § 147 Abs. 2 KostO an; Veräußerungsgegenstand ist nicht ein Grundstück sondern der Erbanteil.

20 Wird der Notar beauftragt, die Anzeige nach § 2384 BGB an das Nachlassgericht oder die Anzeige an den Miterben wegen dessen Vorkaufsrechts (§ 2034 BGB) vorzunehmen, so entsteht hierfür je eine Gebühr nach § 147 Abs. 2 KostO an. Der Wert ist jeweils gem. § 30 Abs. 1 KostO mit etwa 10 % anzusetzen.

Einführungsgesetz zum Bürgerlichen Gesetzbuch (EGBGB)

Einleitung vor Art. 25, 26 EGBGB/Internationales Erbrecht

Übersicht

	Rz.
I. Erbfälle mit Auslandsbezug	1
II. Einführung ins internationale Erbrecht	2
III. Allgemeine Begriffe des internationalen Erbrechts	5
1. Staatsangehörigkeitsprinzip/Wohnsitzprinzip/Belegenheit	5
2. Kollision	8
3. Rechtswahl	9
4. Rückverweisung	10
5. Vorfragen	11
6. Formgültigkeit letztwilliger Verfügungen	15
7. Ordre Public	16
IV. Besonderheiten im ausländischen Erbrecht	17
1. Vor- und Nacherbschaft	17
2. Testamentsvollstreckung	18
3. Pflichtteilsrecht	20
4. Zulässigkeit von Erbverträgen und gemeinsamen Testamenten	21
5. Trust – Erbrechtliche Bedeutung im Ausland	25
V. Erbschaftsteuer bei internationalen Erbfällen	26
1. Allgemeines	26
2. Anrechnung nach § 21 ErbStG	27
3. Doppelbesteuerungsabkommen (DBA)	29

I. Erbfälle mit Auslandsbezug

Das internationale Erbrecht gewinnt von Jahr zu Jahr größere Bedeutung. Wenn der Erblasser nicht deutscher Staatsbürger ist, sondern eine andere Staatsbürgerschaft besitzt, der letzte Wohnsitz eines verstorbenen deutschen Staatsbürgers im Ausland war oder wenn Nachlassvermögen ganz oder teilweise im Ausland belegen ist, in allen Fällen muss das internationale Erbrecht bei der Lösung damit einhergehender erbrechtlicher Fragen berücksichtigt werden. Je nach Sachverhalt muss sowohl das internationale deutsche Privatrecht (EGBGB) als auch das jeweils betroffene ausländische internationale Privatrecht in die Prüfung einbezogen werden. Außerdem kann es dazu kommen, dass ausländisches Erbrecht ganz oder teilweise anzuwenden ist und möglicherweise sogar eine Nachlassspaltung vorliegt. Anders als das deutsche Recht knüpfen nicht alle Rechtsordnungen anderer Staaten an das Staatsangehörigkeitsprinzip an, dem zufolge die Staatsangehörigkeit des Erblassers darüber entscheidet, welches Recht anzuwenden ist. Vielfach bestimmt sich in anderen Staaten die Anwendbarkeit des nationalen Erbrechts nach dem letzten Wohnsitz des Erblassers, seinem ständigen Aufenthaltsort oder auch nach der Belegenheit von Nachlassgegenständen. Insb. bei im Ausland belegenen Immobilien ist es möglich, dass das ausländische Erbrecht z.B. bei deutschen Staatsangehörigen den Vorrang des deutschen Erbrechts anerkennt, aber die in seinem Staat belegenen Immobilien nach eigenem nationalen Erbrecht behandelt und auch besteuert. Dabei können sich sehr komplizierte Fallgestaltungen ergeben. Die praktische Bedeutung des internationalen Erbrechts ist bereits heute erheblich größer als sein Stellenwert in der Lehre und Literatur. Einige erbrechtliche Organisationen bemühen sich deshalb, das internationale Erbrecht stärker in den Blickpunkt der juristischen Öffentlichkeit zu rücken.[1] Ferner sind auch einige detaillierte Bei-

1

---

[1] So z.B. die Deutsche Gesellschaft für Erbrechtskunde e.V. (www.erbfall.de); vgl. dort auch die Ausführungen von *Große-Wilde* zum internationalen Erbrecht auf der Website der Gesellschaft sowie in EE 2008, 60.

träge und Werke aus der Literatur zu erwähnen.² Zahlreiche Änderungen im ausländischen Erbrecht und auch im Erbschaftsteuerrecht machen insoweit allerdings eine ständige Aktualisierung notwendig.

II. Einführung ins internationale Erbrecht

2   Ausländisches Recht ist bei einem Nachlassfall zu berücksichtigen, wenn
– der Erblasser seinen letzten Wohnsitz im Ausland hatte,
– der Nachlass ganz oder teilweise aus ausländischem Vermögen besteht (insb. bei Immobilien),
– der Erblasser Ausländer oder Staatenlos ist,
– bei gemeinschaftlichen Testamenten von Ehepartnern mit unterschiedlicher Staatsangehörigkeit,
– eine letztwillige Verfügung oder ein Ehevertrag im Ausland errichtet wurde,
– Erben ihren Wohnsitz im Ausland haben.

3   In all diesen Fällen muss ausländisches Erbrecht und möglicherweise auch ausländisches Erbschaftsteuerrecht sowie das Bestehen von erbschaftsteuerlichen Doppelbesteuerungsabkommen in die Prüfung eines Nachlassfalles einbezogen werden. Nicht in allen Fällen muss es zwingend zur Anwendung ausländischen Erbrechts kommen. Es kann aber sein, dass die Prüfung zu dem Ergebnis führt, dass auf den Erbfall allein ausländisches Erbrecht anwendbar ist oder dass das ausländische Erbrecht einen Teil des Nachlasses erfasst, so dass zum Teil deutsches Erbrecht und zum Teil ausländisches Erbrecht bei der Abwicklung des Erbfalles anzuwenden ist; in solchen Fällen spricht man von einer **Nachlassspaltung**. Dazu kommt es insb., wenn ausländische Immobilien in den Nachlass eines deutschen Erblassers fallen. Zu einer effektiven Nachlassspaltung kann es auch bei einem internationalen Entscheidungsdissens kommen. Eine Nachlassspaltung führt dazu, dass jeder Teil des Nachlasses so zu behandeln ist, als wäre er der Gesamtnachlass.³

4   Richtigerweise ist zunächst festzustellen, ob ein Erbfall neben einem deutschen Bezug auch Auslandsbezug aufweist. Ist dies der Fall, so ist zunächst nach deutschem internationalen Privatrecht (IPR) zu prüfen, welches Erbrecht für den Erblasser maßgeblich ist, es ist also das **Erbstatut** festzustellen. Zentrale Vorschriften sind hierbei die Regelungen in Art. 25, 3a EGBGB. Vorrangig vor den Normen des IPR sind allerdings etwaige bestehende Staatsverträge zu berücksichtigen, die von der Bundesrepublik Deutschland abgeschlossen wurden.⁴ Das Haager Testamentsabkommen, das bei internationalen Erbfällen in der Vergangenheit eine bedeutende Rolle spielte, ist zwischenzeitlich durch Art. 26 Abs. 1 Nr. 1-3 EGBGB in das deutsche Recht übernommen worden. Das Abkommen ist aber weiterhin für die Beurteilung von Testamenten aus ausländischer Sicht und für Erbverträge bedeutsam.⁵ Bei der Prüfung sollte ferner berücksichtigt werden, dass die jeweils gültigen Kollisionsnormen bezogen auf den maßgeblichen Zeitpunkt anzuwenden sind. Bei Fragen der Testamentserrichtung kommt es somit auf die Normen zum Zeitpunkt der Testamentserrichtung an. Für den Erbfall selbst kommt es auf die Normen zum Zeitpunkt des Erbfalles, also auf den Todestag des Erblassers an.

---

2   *Süß*, Erbrecht in Europa (2008); *Flick/Piltz*, Der Internationale Erbfall (2008); *Kroiß*, Internationales Erbrecht (1999).
3   BGHZ 24, 352.
4   Staatsverträge gibt es derzeit mit der ehemaligen Sowjetunion, der Türkei und dem Iran; s. hierzu Art. 25 EGBGB Rz. 3 ff.
5   S. hierzu Art. 26 EGBGB Rz. 5 ff.

III. Allgemeine Begriffe des internationalen Erbrechts

1. Staatsangehörigkeitsprinzip/Wohnsitzprinzip/Belegenheit

Sofern keine vorrangigen Staatsverträge zu berücksichtigen sind, ist zunächst das internationale Privatrecht (IPR)[6] zu prüfen. Das IPR entscheidet nicht darüber, welche Person gesetzlicher Erbe ist oder ob z.B. Pflichtteilsansprüche bestehen. Das IPR entscheidet allein über das Erbstatut. Hier gibt es im Wesentlichen drei Kriterien: Deutschland (Art. 25 Abs. 1 EGBGB) und viele kontinental-europäischen Staaten knüpfen an die Staatsangehörigkeit an (Staatsangehörigkeitsprinzip). Dagegen ist im anglo-amerikanischen Rechtskreis (USA, Kanada, Großbritannien) und im französischen Recht meist der Wohnsitz des Erblassers für das Mobiliarvermögen maßgeblich (Wohnsitzprinzip), während Immobilien nach dem Recht der Belegenheit (lex rei sitae) vererbt werden.

Zusätzlich ist zu berücksichtigen, dass der Begriff des »Wohnortes« in den einzelnen Rechtsordnungen unterschiedlich definiert wird. So ist der Wohnsitz im französischen und belgischen Recht der »Schwerpunkt der persönlichen und vermögensrechtlichen Interessen«. In Dänemark versteht man darunter »den festen und dauernden Wohnsitz.« In der Schweiz ist es der »Mittelpunkt der Lebensbeziehungen einer Person«, hilfsweise der gewöhnliche Aufenthaltsort. In den angelsächsischen Ländern ist der Wohnsitz (domicile) der letzte ständige Wohnsitz, der mit der Absicht begründet wurde, sich dort dauerhaft niederzulassen. Die Besonderheiten werden in den Länderberichten[7] angeführt.

Das Staatsangehörigkeitsprinzip gilt zumeist für den gesamten Nachlass des Erblassers.[8] Das Wohnsitzprinzip hingegen gilt regelmäßig nur für das bewegliche Vermögen[9] des Erblassers (so z.B. im anglo-amerikanischen Rechtskreis, aber auch in Frankreich und Belgien); unbewegliches Vermögen wird hingegen nach dem Belegenheitsort vererbt.[10] Bei Immobilien gilt also dann das nationale Recht an dem jeweiligen Standort der Immobilie. In solchen Fällen kann es zu einer Nachlassspaltung kommen.[11] Eine solche Nachlassspaltung wird nach deutschem IPR anerkannt. Das folgt aus Art. 3a Abs. 2 EGBGB i.V.m. Art. 25 Abs. 1 EGBGB. Die generelle Verweisungsnorm des deutschen IPR erfährt hier eine Einschränkung, wenn für in einem ausländischen Staat belegenes Vermögen »besondere Vorschriften« bestehen. Als solche besonderen Vorschriften werden Regelungen für unbewegliches Vermögen anerkannt. Umstritten ist, ob dies auch für die Vorschriften über die Vererbung von Anteilen an deutschen Personengesellschaften gilt.[12]

2. Kollision

Probleme entstehen bei internationalen Erbrechtsfällen regelmäßig dann, wenn der Erblasser eines Staates, in dem das Staatsangehörigkeitsprinzip gilt, seinen Wohnsitz in einem Staat hat, in dem das Wohnsitzprinzip gilt (Bsp.: deutscher Erblasser lebt in Frankreich; US-Amerikaner lebt in Deutschland). Das internationale Privatrecht kann in solchen Fällen zu unterschiedlichen Ergebnissen kommen.[13] Dies hängt davon ab, in welchem Staat z.B. ein Erbscheinsverfahren eingeleitet wird oder eine Erbschaftsklage bei Gericht erhoben wird. Beteiligte können sich in solchen Fällen den Zuständigkeitsort insb. für gerichtliche Verfahren aussuchen. Dies kann je nach Ausgestaltung der zivil- und erbrechtlichen Regelungen in den betreffenden Einzelstaaten erhebliche Vorteile bringen (sog. »Forum-

---

6 Im anglo-amerikanischen Rechtskreis »conflict of laws« genannt.
7 S. Anhang 2 zu Art. 25, 26 EGBGB.
8 *Palandt/Heldrich* Art. 25 EGBGB Rn. 10 (Ausnahme Niederlande, Türkei).
9 In Dänemark und der Schweiz auch für Immobilien, s. dazu die Länderberichte im Anhang 2.
10 S. die Länderübersicht bei Art. 25 EGBGB, Rz. 28.
11 Vgl. *Flick/Piltz/Wachter* Rn. 115 ff.
12 Vgl. *Palandt/Heldrich* Art. 3 EGBGB Rn. 15 ff; *Flick/Piltz/Wachter* Rn. 219 ff.
13 Auch internationaler Entscheidungsdissens genannt.

Shopping«).¹⁴ Praktisch kann dies auch zu einer effektiven Nachlassspaltung führen, bei der die im jeweiligen Land liegenden Vermögenswerte nach den Landesregeln behandelt werden. Eine ähnliche Situation entsteht bei doppelten Staatsangehörigkeiten, wenn z.B. beide Staaten an die Staatsangehörigkeit anknüpfen, jeder aber die eigene Staatsangehörigkeit als vorrangig ansieht (so z.B. Deutschland gem. Art. 5 Abs. 1 S. 2 EGBGB, Österreich gem. § 9 Abs. 1 S. 2 IPRG, ebenso Spanien). Zu Lebzeiten kann ein Erblasser derartiges verhindern, indem er entweder eine Staatsangehörigkeit aufgibt, seine Vermögensplanung so ausrichtet, dass Immobilien aufgrund des Belegenheitsprinzips nur einer bestimmten gewünschten Rechtsordnung unterliegen oder in einer letztwilligen Verfügung eine zulässige Rechtswahl trifft.

3. Rechtswahl

9   Das Erbstatut ist nach deutschem IPR (Art. 25 Abs. 1 EGBGB) zwingendes Recht. Das deutsche Erbrecht kann durch eine Verfügung von Todes wegen nicht abgewählt werden. Nach deutschem IPR ist eine Rechtswahl nur für ausländische Erblasser möglich, die das deutsche Recht für unbewegliches Vermögen in Deutschland wählen (Art. 25 Abs. 2 EGBGB). Voraussetzung dieser Rechtswahl ist allerdings, dass das ausländische Heimatrecht des Erblassers diese Rechtswahl akzeptiert. Diese Voraussetzung besteht z.B. nicht in Portugal. Ein Portugiese kann also in seinem Testament für ein in Deutschland belegenes Grundstück nicht die Anwendung deutschen Rechts testamentarisch verfügen, da diese Rechtswahl vom portugiesischen Recht nicht anerkannt wird.¹⁵ Auch das IPR anderer Staaten erkennt die Rechtswahl eines eigenen Staatsangehörigen nicht oder nur unter bestimmten Voraussetzungen an, z.B. wenn ein Italiener seinen Hauptwohnsitz in Deutschland nimmt; er verliert seine Rechtswahl ihre Wirksamkeit, sobald er nach Italien zurückkehrt (Art. 46 Abs. 2 IPRG-Italien). Niederländer mit Wohnsitz Deutschland können nach einer Wohnsitzdauer von 5 Jahren nach niederländischem Recht eine zulässige Rechtswahl für den Wohnsitzstaat, also Deutschland, treffen. Nach Art. 25 Abs. 2 EGBGB wird diese Rechtswahl für unbewegliches Vermögen niederländischer Staatsbürger mit Wohnsitz in Deutschland anerkannt.¹⁶

4. Rückverweisung

10 Die Verweisung in Art. 25 Abs. 1 EGBGB ist eine Gesamtnormverweisung, sie verweist nicht nur auf das materielle Recht eines ausländischen Staates, sondern auch auf dessen IPR. Es kann in solchen Fällen dazu kommen, dass das deutsche IPR wegen der ausländischen Staatsangehörigkeit eines in Deutschland wohnhaften Erblassers nach Art. 25 Abs. 1 EGBGB auf die für den Erblasser geltende ausländische Rechtsordnung verweist, die ausländische Rechtsordnung wegen des deutschen Wohnsitzes aber wieder auf das deutsche Recht zurück oder in ein drittes Recht verweist (renvoi). In derartigen Fällen ist zu prüfen, ob das jeweilige nationale Recht einen Rückverweis der zunächst anwendbaren ausländischen Rechtsordnung akzeptiert. Deutschland nimmt eine solche Rückverweisung an.¹⁷ Anderenfalls würde es zu einem dauernden Ping-Pong-Effekt kommen.

5. Vorfragen

11 Internationale Erbfälle haben häufig nicht nur rein erbrechtliche Anknüpfungspunkte, sondern auch familienrechtliche, güterrechtliche oder zivilrechtliche Vorfragen. Als Vorfragen werden der Beurteilung zugrundeliegende weitere Rechtsverhältnisse bezeichnet.

---

14 Vgl. dazu *Kegel/Schurig* S. 344, 433 ff; *Geimer* Rn. 1095 ff.
15 Vgl. zum portugiesischen IPR: *Staudinger/Dörner* Anh. zu Art. 25 EGBGB Rn. 467 ff.
16 Vgl. dazu Länderbericht: Niederlande.
17 *Palandt/Thorn* Art. 4 EGBGB Rn. 3.

Einleitung vor Art. 25, 26 EGBGB

So kann bei einer nach ausländischem Recht geschlossenen Ehe eines deutschen und eines ausländischen Staatsbürgers fraglich sein, welcher Güterstand zugrunde zu legen ist. Probleme können auch daraus entstehen, dass Eheleute ihre Ehe im Ausland geschlossen und dort einen Ehevertrag abgeschlossen haben, später aber in einem Land sterben, in dem das Wohnsitzprinzip gilt. Im Falle von holländischen Staatsangehörigen, die in Holland geheiratet und dort einen Ehevertrag abgeschlossen haben, ihren Wohnsitz aber in Deutschland haben, erlaubt das holländische Recht nach Art. 5 des Haager Erbrechtsübereinkommen unter bestimmten Voraussetzungen die Abwahl des holländischen und die Wahl des deutschen Rechtes. Das deutsche Recht akzeptiert diese Rechtswahl nach Art. 25 Abs. 2 EGBGB für das in Deutschland belegene unbewegliche Vermögen. In solchen Fällen stellen sich nicht nur Fragen zum holländischen Güterrecht. Zu Lebzeiten beider Ehepartner können auch andere erbrechtliche und zivilrechtliche Vorfragen bedeutsam für die Frage sein, nach welchem Rechtsstatut das Testament abgeschlossen wird. Vorfragen ergeben sich häufig auch darauf, welche Wirkungen Adoptionen von Minderjährigen oder Erwachsenen nach der jeweiligen Rechtsordnung haben. In Deutschland sind spätestens seit der Erbschaftsteuerreform Erwachsenenadoptionen aufgrund des im europäischen Vergleichs eher niedrigen Erbschaftsteuersatzes und der hohen Freibeträge äußerst attraktiv geworden. Bei derartigen Vorfragen kann sich die Frage stellen, ob ein ausländisches Recht ein dem deutschen Recht gleichwertiges Rechtsverhältnis geschaffen hat. Dies richtet sich nach der Ausgestaltung des ausländischen Rechts.[18]

Auch was zum unbeweglichen Vermögen gehört, richtet sich regelmäßig nach dem Recht des Staates, in dem das Vermögen liegt.[19] Nach deutschem Recht gehören hierzu Grundstücke, Wohnungs- und Teileigentum, grundstücksgleiche Rechte sowie Grundstücksbelastungen. Lediglich bei Grundpfandrechten ist diese Frage streitig.[20] Gesellschaftsanteile von Unternehmen, deren einziges Vermögen Grundstücke sind, wurden nicht zu den Immobilien gerechnet.[21] Diese Grenzziehung kann in ausländischen Rechtsordnungen aber anders ausgestaltet sein.[22]

Im anglo-amerikanischen Rechtskreis sind Trust-Konstruktionen häufig anzutreffen. Wird über einen Trust ausländischer Grundbesitz gehalten, kann daraus die Frage entstehen, ob es sich hier um bewegliches oder unbewegliches Vermögen handelt, dass nach sachenrechtlichen oder gesellschaftsrechtlichen Anknüpfungspunkten zu behandeln ist.

6. Formgültigkeit letztwilliger Verfügungen

Eine wichtige Frage bei der Prüfung von internationalen Erbfällen ist auch die Einhaltung von Formvorschriften bei der Errichtung letztwilliger Verfügungen. Art. 26 EGBGB und das Haager Testamentsabkommen, wollen dem Willen des Erblassers Geltung verschaffen.[23] Im Übrigen gelten ergänzend auch die Grundsätze des »Vertrauensschutzes« zugunsten des Erblassers. Das bedeutet, dass eine zum Zeitpunkt der Errichtung wirksame letztwillige Verfügung auch in Zukunft wirksam bleibt, selbst wenn sich das Erbstatut des Erblassers später ändert und das zum Zeitpunkt der Errichtung wirksame Testament aufgrund dieser Rechtsänderung später als unwirksam gelten würde. In diesem Falle ist der Zeitpunkt der Errichtung maßgeblich, um der letztwilligen Verfügung zur fortbestehenden Gültigkeit zu verhelfen. Allerdings sollte darauf geachtet werden, dass bei internationalen Anknüpfungspunkten die gewählte Testamentsform möglichst an jedem für den Erblasser

---

18 Zur Adoption nach uruguayschem Recht OLG Düsseldorf FamRZ 1998, 1627.
19 Art. 43 Abs. I EGBGB und *Staudinger/Firsching* vor Art. 24 Rn. 429.
20 *Palandt/Thorn* Art. 25 EGBGB Rn. 6–8.
21 BGHZ 146, 310.
22 In England gehören Grundstückskaufpreisforderungen zu Immobilien, s. Anhang 2 zu Art. 25, 26 EGBGB, Länderbericht: England.
23 Zu den Einzelheiten s. Art. 26 EGBGB.

konkret in Betracht kommenden Ort tatsächlich anerkannt wird. Anderenfalls greift auch der Vertrauensschutz nicht ein.[24]

7. Ordre Public

16 Führen die Ergebnisse der verschiedenen Rechtsordnungen zu erheblichen Abweichungen von den Vorstellungen des entscheidenden Gerichts, so gibt es verschiedene Hilfsmittel, mit denen Korrekturen möglich sind. Die bekannteste Möglichkeit ist der Vorbehalt des »ordre public«. Dieser greift ein, wenn das Ergebnis der Anwendung des ausländischen Rechts zu den Grundgedanken der deutschen Gerechtigkeitsvorstellungen in einem untragbaren Widerspruch steht.[25] Klassische Fälle sind Verstöße gegen die Grundrechte (etwa eine Benachteiligung weiblicher Kinder nach dem Recht des Islam[26] oder eine Benachteiligung wegen anderer Religionszugehörigkeit)[27]. Daneben kommt in besonderen Fällen die Möglichkeit einer Angleichung in Betracht, etwa wenn die Absicherung des überlebenden Ehegatten in der einen Rechtsordnung güterrechtlich und in der anderen erbrechtlich gelöst wird.

IV. Besonderheiten im ausländischen Erbrecht

1. Vor- und Nacherbschaft

17 Das Institut der Vor- und Nacherbschaft ist im internationalen Vergleich sehr unterschiedlich ausgestaltet, zum Teil sogar erheblich umstritten. In Deutschland ist es bekanntlich gestattet, Vor- und Nacherbschaften innerhalb der vom Gesetz bestimmten dreißigjährigen Frist nach dem Tod des Erblassers anzuordnen oder diese auf die Lebensdauer einer Person zu beschränken (§ 2109 Abs. 1). In Deutschland kann der Erblasser sowohl die Vorerben als auch die Nacherben frei bestimmen. In vielen ausländischen Rechtsordnungen ist dies anders geregelt. So hat sich bspw. im französischen Recht die Regelung über Vor- und Nacherbschaft durch die Erbrechtsreform zum 1.1.2007 entscheidend geändert.[28] Auch im niederländischen Recht gibt es, ähnlich wie im früheren französischen Recht, Einschränkungen hinsichtlich der in Betracht kommenden Personen für die Vor- und Nacherbfolge. Das aktuelle niederländische Recht folgt insoweit immer noch dem früheren französischen Erbrecht. Hingegen ist in Italien die Vor- und Nacherbschaft fast immer zulässig. Auch ist es zu beachten, dass einige Rechtsordnungen dazu Sonderregelungen enthalten, weil die Vor- und Nacherbschaft die Unveräußerlichkeit der von ihr erfassten Vermögensgegenstände zur Folge hat. Dies kann dazu führen, dass für bewegliches und unbewegliches Vermögen jeweils das Recht des Belegenheitsortes maßgeblich ist, so dass auch für die Vor- und Nacherbschaft das Belegenheitsprinzip Anwendung findet, dass in vielen Ländern auch für Immobilien zugrunde gelegt wird.

2. Testamentsvollstreckung

18 Auch hinsichtlich der Ausgestaltung der Regelungen zur Testamentsvollstreckung gibt es in vielen Ländern ganz erhebliche Unterschiede. Das deutsche Recht ist hier ausgesprochen großzügig und lässt zum Teil auch sehr langfristige Testamentsvollstreckungen zu,

---

24 Vgl. dazu den Länderbericht USA betreffend einen deutschen Erblasser, der sein vermietetes Haus in Florida durch ein in Deutschland errichtetes handschriftliches Testament übertragen will. Die Wirksamkeit des Testamentes scheitert daran, dass der Bundesstaat Florida die holografierte Schriftform nicht anerkennt, die in Deutschland Voraussetzung für die wirksame Errichtung eines Testamentes ist.
25 BGH NJW 1969, 369.
26 *Schotten/Schmellenkamp* Rn. 53; ausführliche Darstellung zu dieser Thematik von *Pattar* ErbR 2009, 341–348.
27 OLG Hamm FamRZ 2005, 1105.
28 Vgl. dazu unten Länderbericht: Frankreich sowie *Klima* ZEV 2006, 440.

z.B. im Wege der Verwaltungs- oder Dauervollstreckung. Testamentsvollstreckung kann in Deutschland u.a. auch auf die Lebenszeit einer Person ausgerichtet sein (§ 2210). Die meisten romanischen Rechte, z.B. das italienische, spanische, französische oder auch das schweizerische Recht kennen dagegen nur eine verhältnismäßig kurze Abwicklungsvollstreckung zur Auseinandersetzung des Nachlasses, nicht aber die längere Verwaltung des Vermögenserwerbs eines Rechtsnachfolgers.[29] Zusätzlich ist in manchen Rechtsordnungen auch der Umfang der Testamentsvollstreckung bzw. die Handlungsfähigkeit des Testamentsvollstreckers zeitlich beschränkt. So regelt das französische Recht die Beschränkung auf ein Jahr, wobei nicht einmal das Recht zur Veräußerung von Nachlassgegenständen besteht.[30] Anders ist wiederum die Regelung in vielen Bundesstaaten der USA, weil dort kein ipso-iure-Erwerb des Erben stattfindet und für die Übergangszeit der »herrenlose« Nachlass durch eine Art Testamentsvollstrecker verwaltet wird, der auch über die Verteilung von Nachlassgegenständen entscheidet. Diese Regelung wiederum grenzt sich deutlich von den in Europa geltenden Regelungen der Testamentsvollstreckung ab. Eine besondere Konstellation gibt es insoweit in der Schweiz. Für die schweizerische Willensvollstreckung wird die Ansicht vertreten, ihre Anordnung und die Antritt des Amtes durch den Testamentsvollstrecker würden stets dem Recht der belegenen Sache unterliegen, so dass eine »funktionale« Nachlassspaltung die Folge sei.[31]

Praxistipp: Es kann vorteilhaft sein, dem Testamentsvollstrecker bereits durch Verfügung von Todes wegen eine weitreichende Vollmacht zu gewähren. Das kann durch das Testament selbst oder eine entsprechende Testamentsergänzung erfolgen. Probleme können dadurch umgangen werden, dass für die Vollmacht deutsches Recht unabhängig vom Wirkungsort gewählt wird. Einschränkungen der Vollmacht nach nationalem ausländischem Recht[32] können dann umgangen werden, sofern eine Rechtswahl in der Vollmachtsurkunde erfolgt und die schuldrechtliche Rechtswahl hinsichtlich der Vollmacht auch in der jeweiligen ausländischen Rechtsordnung anerkannt wird. 19

3. Pflichtteilsrecht

Ebenso wie in Deutschland ist das Pflichtteilsrecht in vielen ausländischen Staaten, insb. im romanischen Rechtskreis besonderes geschützt. Unterschiedliche Regelungen gibt es dabei insb. auch zur Frage des Pflichtteilsverzichtes durch pflichtteilsberechtigte Personen zu Lebzeiten. Lebzeitige Pflichtteilsverzichte sind regelmäßig in Spanien, Italien und Frankreich unzulässig.[33] Nach dem Tod des Erblassers kann allerdings in manchen Fällen ein faktischer Pflichtteilsverzicht erzwungen werden.[34] Häufig ist im internationalen Vergleich zudem festzustellen, dass das Pflichtteilsrecht auch durch die Wahl ausländischer Rechtsordnungen im jeweiligen Heimatstaat des Erblassers nicht umgangen werden kann. So ist insb. die Beeinträchtigung von Noterbrechten durch derartige Regelungen geschützt. Die Zulässigkeit einer Rechtswahl kann in solchen Fällen eingeschränkt werden. Ein Beispiel hierfür gibt es im italienischen IPR. Danach gilt für im Ausland wohnhafte Erblasser eine zulässige Rechtswahl nur dann, wenn diese die Ansprüche in Italien lebender Noterbberechtigter nicht vermindert.[35] Eine ähnliche Regelung besteht auch in Belgien nach Art. 79 IPRG/Belgien. 20

---

29 Vgl. *Bengel/Reimann/Haas* S. 480 f.
30 Dazu *Süß/Döbereiner* S. 650.
31 Vgl. dazu Art. 92 Abs. 2 S. 2 IPRG/Schweiz; *Süß/Wolf/Berger-Steiner* S. 1324 f.
32 In Spanien endet eine Vollmacht mit dem Tode.
33 In Frankreich gelten seit 1.1.2007 Einschränkungen des Verbotes; dazu *Klima* ZEV 2006, 440. In Italien wurde 2006 der patto di famiglia eingeführt, s. *Dörner/Ferrante* ZEV 2008, 53.
34 Vgl. dazu *Sonnenberger* IPrax 2002, 169, 175.
35 Vgl. dazu Art. 46 Abs. 2 IPRG/Italien.

4. Zulässigkeit von Erbverträgen und gemeinsamen Testamenten

21 In den ausländischen Erbstatuten gibt es zum Teil vom deutschen Recht stark abweichende Vorschriften über die zulässige Testamentserrichtung und die unterschiedlichen Testamentsformen. Dies betrifft neben allgemeinen Formvorschriften über die Errichtung von Testamenten insb. die Zulässigkeit von Erbverträgen und gemeinschaftlichen Testamenten. In manchen ausländischen Rechtsordnungen, insb. im anglo-amerikanischen Rechtskreis, sind neben gemeinsamen Testamenten in der selben Urkunde (sog. »joint wills«) auch gegenseitige Testamente (sog. »mutual wills«), die evtl. auch in mehr als einer Urkunde zusammengefasst werden dürfen, zulässig und unwiderruflich, wenn dies vereinbart ist.[36] Wichtig ist in diesem Zusammenhang, dass Verstöße gegen entsprechende Vorschriften häufig nur schuldrechtlich wirken, also den Beteiligten lediglich einen Ersatzanspruch gegen den Nachlass geben, die abweichende erbrechtliche Verfügung aber nicht von vorne herein gegenüber Dritten unwirksam machen.[37] In einzelnen Rechtsordnungen, so z.B. in der Schweiz, ist das gemeinsame Testament unbekannt, der Erbvertrag hingegen zulässig.[38] In Österreich ist das gemeinschaftliche Testament zwischen Ehegatten anerkannt, ebenso wie der Erbvertrag. Allerdings besteht im österreichischen materiellen Erbrecht insoweit eine Besonderheit, als ein Viertel des Nachlasses frei von jedweden Einschränkungen der Testierfreiheit bleiben muss. Über diesen Teil des Nachlasses kann der Erblasser somit nur einseitige testamentarische Verfügungen treffen.

22 Im romanischen Rechtskreis sind Erbverträge und gemeinsame Testamente zumeist unzulässig. Allerdings bestehen in einigen Rechtsordnungen Ausnahmen, so z.B. in Frankreich und in Belgien durch die »institution contractuelle«. Dabei handelt es sich um ehevertragliche Regelungen, die auch dann zulässig bleiben, wenn sie erbrechtliche Regelungen oder erbrechtliche Wirkungen entfalten. Ein Verbot erbvertraglicher Regelungen in einer ausländischen Rechtsordnung kann auch nicht durch die Beurkundung im Ausland umgangen werden. Hier hilft auch nicht der Rückgriff auf das Haager Abkommen, das zwar eine Anerkennung des materiellen Erbrechts am Abschlussort, in dem Fall also am Ort der notariellen Beurkundung vorsieht und einer Verbotsregelung in der jeweiligen ausländischen Rechtsordnung vorgehen würde. Allerdings gilt das Haager Abkommen grundsätzlich nicht für Erbverträge, sodass erbvertragliche Regelungen insoweit immer dem Verbot der jeweils maßgeblichen ausländischen Rechtsordnung unterliegen, sofern ein solches Verbot besteht.[39]

23 In einer Vielzahl ausländischer Rechtsordnungen, so z.B. in Italien, Portugal und Kroatien, ist das Verbot gemeinsamer Testamente wohl als generelles materielles Verbot zu qualifizieren, das jede Einschränkung der Testierfreiheit unterbinden soll.[40] Das führt im Ergebnis dazu, dass bei einem gemeinsamen Testament bspw. zwischen einem deutschen und einem italienischen Staatsangehörigen auch ein deutsches Nachlassgericht das Testament als nichtig behandeln muss, soweit nicht im Einzelfall eine zulässige abweichende Rechtswahl getroffen wurde, z.B. nach Art. 25 Abs. 2 EGBGB hinsichtlich in den Nachlass fallender deutscher Immobilien.[41]

24 Praxistipp: In derartigen Fällen empfiehlt es sich, im internationalen Rechtsverkehr anstelle eines gemeinsamen Testamentes zwei Einzeltestamente zu errichten. Die Testamente sind so sorgfältig aufeinander abzustimmen, dass wegen der nicht vorhandenen Bindungswirkung wie bei einem gemeinschaftlichen Testament durch die Vermögensverteilung zum Zeitpunkt des Todes des ersten Ehepartners die gewünschten wirtschaftlichen

---

36 Vgl. dazu *Lehmann* ZEV 2007, 193.
37 Vgl. dazu *Bengel/Reimann/Mayer* S. 271.
38 Art. 494 ZGB/Schweiz; vgl. auch *Edenfeld* ZEV 2001, 457, 461.
39 Vgl. dazu *Staudinger/Dörner* Art. 25 EGBGB Rn. 343.
40 *Staudinger/Dörner*, ebd., Rn. 312.
41 Vgl. OLG Zweibrücken ZEV 2003, 162 mit Anm. *Süß* ZEV 2003, 164.

Ergebnisse wechselseitig bereits durch die testamentarischen Einzelverfügungen beider Ehegatten erreicht werden.

5. Trust – Erbrechtliche Bedeutung im Ausland

Im deutschen Recht häufig unbekannt, ist der Trust im anglo-amerikanischen Rechtskreis weit verbreitet. Der Gründer des Trusts überträgt das Vermögen dabei förmlich auf den Treuhänder (»trustee«), der sogleich formal Inhaber des Vermögens wird und als solcher registriert ist. Der Treuhänder ist bei der Verwaltung des Trusts an die Vorgaben des Trustgründers durch den abgeschlossenen Treuhandvertrag gebunden. Ein Trust kann allerdings sehr unterschiedlich ausgestaltet sein. Das macht diese spezielle Rechtsform gerade auch für erbrechtliche Regelungen interessant. Der Trust ähnelt damit einer Testamentsvollstreckung. Die Rechtsstellung der durch den Trust Begünstigten kann sehr unterschiedlich gestaltet sein. In einigen Rechtsordnungen gibt es dazu ausdrückliche materiell-rechtliche Regelungen. So besitzen nach englischem Recht die Trust-Begünstigten dingliche Ansprüche auch gegen Dritte. In Schottland und Südafrika sind die Begünstigten auf schuldrechtliche Ansprüche gegen den Trustee beschränkt.[42] Die Schweiz ist dem Haager Trust-Abkommen beigetreten.[43]

V. Erbschaftsteuer bei internationalen Erbfällen

1. Allgemeines

Bei internationalen Erbfällen ist grundsätzlich zu prüfen, ob der Nachlass nach deutschem oder ausländischem Steuerrecht zu versteuern ist.[44] Insb. in Fällen der Nachlassspaltung ist hier besondere Sorgfalt geboten, wenn in beiden Staaten Erbschaftsteuergesetze bestehen, weil sich dann die Problematik einer potenziellen Doppelbesteuerung ergeben kann. In solchen Fällen ist zuvorderst zu prüfen, ob zwischen den beteiligten Staaten erbschaftsteuerliche Doppelbesteuerungsabkommen (DBA) bestehen.[45] Hierbei ist darauf zu achten, dass im Bereich der DBA nicht Einkommensteuer-DBA und Erbschaftsteuer-DBA verwechselt werden. So hat die Bundesrepublik Deutschland mit einer Vielzahl von Staaten Einkommensteuer-DBA abgeschlossen, ohne dass zugleich Erbschaftsteuer-DBA vorliegen. Ist bei einem internationalen Erbfall festzustellen, dass zwischen den beteiligten Staaten kein DBA vorliegt, so folgt daraus zunächst eine einseitige Freistellung durch den Belegenheitsstaat, wenn wie bei der deutschen beschränkten Erbschaftsteuerpflicht nur bestimmte inländische Nachlassgegenstände der deutschen Erbschaftsteuer unterworfen sind. Weiterhin ist zu prüfen, ob zur Vermeidung einer Doppelbesteuerung eine einseitige Freistellung durch den Wohnsitzstaat des Erblassers erfolgt ist. In manchen Staaten sind ausländische Vermögensgegenstände von der Besteuerungspflicht ausdrücklich ausgenommen.

2. Anrechnung nach § 21 ErbStG

Grundsätzlich soll in Deutschland eine Doppelbesteuerung im Wege der Anrechnungsmethode gem. § 21 ErbStG vermieden werden. Jedoch lässt auch die Anrechnungsmethodik

---

42 Vgl. dazu *Jülicher* IStR 1996, 325; interessant auch *Jülicher* ZEV 2000, 469 zum »joint tenancy«, durch die dingliches Miteigentum mehrerer begünstigter Personen nach Art einer Bruchteilsgemeinschaft gem. §§ 741 ff. BGB und eine erbrechtliche Wirkung für den Fall des Todes eines Miteigentümers durch ein automatisches Anwachsungsrecht zugunsten der anderen Berechtigten begründet werden kann; ähnliche Regelungen gibt es in Frankreich und Belgien durch die dort verbreitete »Tontine« (dazu auch *Süß/Sproten* S. 330, 364).
43 Vgl. ZEV 2006, 449.
44 Einen Überblick bietet *Große-Wilde* EE 2008, 80 ff.
45 DBA zur Erbschaftsteuer bestehen mit Dänemark, Frankreich, Griechenland, Schweden, der Schweiz und den USA. Das DBA mit Österreich ist gekündigt und mittlerweile ausgelaufen.

oftmals weitere Fragen entstehen. § 21 Abs. 1 S. 1 ErbStG trifft die Regelung, dass bei Erwerbern, die in einem ausländischen Staat mit ihrem Auslandsvermögen zu einer der deutschen Erbschaftsteuer entsprechenden Steuer herangezogen werden, die von dem Erwerber gezahlte ausländische Steuer auf die deutsche Erbschaftsteuer angerechnet wird, soweit das Auslandsvermögen der deutschen Erbschaftsteuer unterliegt. Der Umfang des Auslandsvermögens hängt wiederum davon ab, ob der Erblasser Steuerinländer oder Steuerausländer war. Bei Steuerinländern gelten als Auslandsvermögen alle Gegenstände des § 121 BewG, bei Steuerausländern alle Vermögensgegenstände mit Ausnahme des Inlandsvermögens des § 121 BewG. Die Konsequenz des Anrechnungsverfahrens besteht darin, dass mindestens der Steuersatz des anrechnenden Staates Anwendung findet. Sind dessen Steuern niedriger als diejenigen des Belegenheitsstaates, verbleibt es bei der höheren Steuer. Da § 21 Abs. 1 S. 1 ErbStG auf § 2 Abs. 1 Nr. 1 ErbStG verweist, ist die Steueranrechnung nur bei unbeschränkter Erbschaftsteuerpflicht in Deutschland möglich. Voraussetzung ist also, dass der Erblasser oder der Erwerber im Erwerbszeitpunkt Inländer ist. Bei beschränkter Steuerpflicht nach § 2 Abs. 1 Nr. 3 ErbStG ist eine Anrechnung hingegen ausgeschlossen.

28   Im Übrigen wird die ausländische Steuer nur dann angerechnet, wenn sie der deutschen Steuer entspricht. Dies bejaht der Bundesfinanzhof bei ausländischen Erbanfallsteuern, aber auch bei ausländischen Nachlasssteuern.[46] Nach Auffassung der finanzgerichtlichen Rechtsprechung entspricht eine Auslandssteuer immer dann der deutschen Erbschaftsteuer (und ist damit grundsätzlich anrechenbar), wenn sie auf den Übergang des Nachlasses angelegt ist. Hingegen wird die Anrechnung verneint, wenn die ausländische Steuer technisch nicht als Erbschaftsteuer ausgestaltet ist, sondern bspw. in die Einkommensbesteuerung integriert wird.[47] Dies wird in der Literatur kritisiert.[48] Die Kritik in der Literatur erfolgt zu Recht. Denn es ist nicht einzusehen, eine ausländische Steuer nur dann zur Anrechnung zu bringen, wenn diese als Erbanfallsteuer oder als Nachlasssteuer ausgestaltet ist. Vielmehr ist materiell-rechtlich entscheidend, dass die Steuer an den konkreten Erbfall anknüpft, auch wenn dies letztlich nur durch eine Erhöhung der ausländischen Einkommensteuer infolge der Ausgestaltung des konkreten ausländischen Steuersystems ihren Niederschlag findet. Die Auffassung der finanzgerichtlichen Rechtsprechung hat zur Folge, dass bspw. die in Kanada anlässlich des Erbfalls anfallende »Capital Gains Tax« nicht nach § 21 ErbStG angerechnet wird, weil sie nicht der deutschen Erbschaftsteuer entspricht.[49] Gleiches gilt auch für die Erbersatzsteuer in Portugal und die gemeindliche Wertzuwachssteuer (plus valia) in Spanien.

3. Doppelbesteuerungsabkommen (DBA)

29   Die DBA sind völkerrechtliche Verträge nach Art. 59 Abs. 2 GG und orientieren sich regelmäßig am OECD-Musterabkommen (OECD-MA). Nach Art. 1 OECD-MA gelten die Erbschaftsteuer-DBA für alle Nachlässe und Erbschaften sowohl für Erbschaftsteuern in der Form der Nachlasssteuer als auch für ein Erbanfallsteuersystem. Ausgangspunkt ist dabei regelmäßig das Nettoprinzip, d.h. dass nur der Nettonachlass der Besteuerung unterworfen wird (Art. 2 Abs. 1 OECD-MA). Unbewegliches Vermögen wird dabei nach dem Belegenheitsprinzip behandelt. Das Besteuerungsrecht wird damit dem Belegenheitsstaat zugewiesen (Art. 5 OECD-MA). Das bedeutet allerdings nicht, dass das unbewegliche Vermögen nur im Belegenheitsstaat besteuert werden darf. Deshalb muss das DBA auch anordnen, wie der andere Staat besteuert. Die Erbschaftsteuer-DBA sehen zur Ver-

---

46 BFH BStBl. II 1990, 786.
47 BFH BStBl. II 1995, 540.
48 Vgl. dazu *Crezelius* Rn. 446; zuvor bereits *Jülicher* ZEV 1996, 295.
49 Vgl. dazu auch *Troll/Gebel/Jülicher* § 21 Rn. 108 m.w.N.

meidung der Doppelbesteuerung regelmäßig entweder die Anrechnungsmethode oder die Freistellungsmethode[50] vor (Art. 10 A/B OECD-MA).

Bei betrieblichem Vermögen gilt Art. 6 Abs. 1 OECD-MA, wonach das bewegliche **30** Betriebsvermögen einer Betriebsstätte der Besteuerung durch den Betriebsstättenstaat zugewiesen ist. Damit ist der Betriebsstättenstaat bei der Besteuerung betrieblicher Vermögen allein zuständig, wobei die Vermeidung der Doppelbesteuerung im Wohnsitzstaat des Erblassers wiederum durch Steuerfreistellung oder durch Steueranrechnung erfolgt. Anderes Vermögen als Grundvermögen und Betriebsvermögen wird in dem Staat besteuert, in dem der Erblasser im Todeszeitpunkt seinen Wohnsitz hatte (Art. 8 OECD-MA). Damit gilt im Erbschaftsteuerrecht also nicht das Staatsangehörigkeitsprinzip, das nach materiellem deutschen Erbrecht Anwendung findet.

Allgemeiner Ausgangspunkt für die internationale Erbschaftsbesteuerung ist die auch **31** im Erbschaftsteuerrecht geltende völkerrechtliche Regel, dass jeder Fiskus eine Besteuerungsgewalt nur dann ausüben kann, wenn es dafür personelle oder sachliche Anknüpfungselemente gibt. Diese Anknüpfungselemente sind von dem jeweiligen nationalen Erbschaftsteuersystem abhängig. Für das in Deutschland geltende Erbanfallsystem bedeutet dies, dass eine Rechtfertigung zugunsten des deutschen Fiskus bestehen muss, bei Erbfällen mit Auslandsberührung die Besteuerung durchzuführen.[51]

---

[50] Nur das DBA mit der Schweiz sieht noch die Freistellung vor, allerdings auch nur aus schweizerischer Sicht. Deutschland rechnet die schweizerische Steuer an.
[51] Vgl. dazu BVerfG DStR 2007, 235.

Einführungsgesetz zum Bürgerlichen Gesetzbuche (EGBGB)

in der Fassung der Bekanntmachung vom 21.9.1994 (BGBl. I, 2494; 1997 I, 1061), zuletzt geändert durch Art. 2 des Gesetzes vom 24.9.2009 (BGBl. I, 3145)

Vierter Abschnitt
Erbrecht

Art. 25 EGBGB   Rechtsnachfolge von Todes wegen

(1) Die Rechtsnachfolge von Todes wegen unterliegt dem Recht des Staates, dem der Erblasser im Zeitpunkt seines Todes angehörte.

(2) Der Erblasser kann für im Inland gelegenes unbewegliches Vermögen in der Form einer Verfügung von Todes wegen deutsches Recht wählen.

Übersicht

		Rz.
I.	Allgemeines	1
II.	Bestimmung des Erbstatutes	2
	1. Vorrangige Staatsverträge	2
	2. Feststellungen des Personalstatutes nach Art. 25 EGBGB	6
	3. Grundsatz: Nachlasseinheit	19
	4. Ausnahme: Nachlassspaltung	20
	5. Nachlassspaltung durch Rechtswahl des Erblassers gem. Art. 25 Abs. 2 EGBGB	24
III.	Anknüpfung der Rechtsnachfolge von Todes wegen in den einzelnen Ländern (Auswahl)	32
	1. Anknüpfung an Staatsangehörigkeit	32
	2. Länderauswahl unter Berücksichtigung von gemeinschaftlichen Testamenten und Erbverträgen	33
IV.	Reichweite des Erbstatutes	34
	1. Vorfragen im internationalen Erbrecht	35
	2. Beurteilung des Erbstatutes bei verheiratetem Erblasser	38
	3. Erbstatut/Gesellschaftsstatut	44
	4. Erbstatut/Sachenrechtsstatut	52
	5. Erbstatut/Adoptionsstatut	53
V.	Anwendungsbereich des Erbstatutes	54
	1. Nach dem Erbstatut beurteilen sich grundsätzlich alle erbrechtlichen Fragen	54
	2. Einzelprobleme (in alphabetischer Reihenfolge):	55
VI.	Internationales Verfahrensrecht in Erbschaftssachen	71
	1. Internationales Zivilprozessrecht	72
	2. Internationales Nachlassverfahrensrecht	74
	3. Anerkennung und Vollstreckung ausländischer Entscheidungen	79
VII.	Vorschlag der EU-Kommission für eine Erbrechtsverordnung (Rom IV-Verordnung) vom 14.10.2009	84
	1. Allgemeines	84
	2. Inhalt der geplanten Erbrechtsverordnung	85
	3. Anwendungsbereich der geplanten EU-Erbrechtsverordnung	86
VIII.	Beratungshinweise	96
	1. Neun Grundsätze für die erbrechtliche Beratung mit Auslandsberührung	96
	2. Checkliste für die Sachverhaltserfassung bei Erbfall mit Auslandsberührung	97
	3. Checkliste für die Anwendung des deutschen internationalen Privatrechtes	98
	4. Formulierungsvorschläge für eine Rechtswahl zur Bestimmung des Erbstatuts nach *Schotten*	99
	5. Vorschlag für Belehrungshinweis des Notars	102

Michael E. Völkl

I. Allgemeines

1 Art. 25 und 26 regeln das deutsche Internationale Erbrecht, also erbrechtliche Sachverhalte mit Auslandsberührung. Eine Auslandsberührung ist bei internationalen Erbrechtsfällen meist dann gegeben, wenn der Erblasser nicht die deutsche Staatsangehörigkeit besaß, Nachlassgegenstände sich im Ausland befinden oder eine ausländische Rechtsordnung bestimmt, dass auf im Inland belegene Gegenstände ausländisches Erbrecht Anwendung findet.

II. Bestimmung des Erbstatutes

1. Vorrangige Staatsverträge

2 Erbrechtliche Regelungen in Staatsverträgen gehen gem. Art. 3 Nr. 2 EGBGB dem autonomen Erbkollisionsrecht des Art. 25 EGBGB in der Anwendung vor. Für die Bestimmung des Erbstatutes gelten zurzeit drei bilaterale Staatsverträge, und zwar mit dem Iran, der Türkei und der Russischen Föderation.

a) Deutsch-iranisches Niederlassungsabkommen

3 Das deutsch-iranische Niederlassungsabkommen vom 17.2.1929[1] enthält in Art. 8 Abs. 3 eine durch das Schlussprotokoll vom 17.2.1929 erläuterte Kollisionsnorm. Maßgeblich ist danach das Heimatrecht des Erblassers. Es handelt sich um eine Sachnormverweisung. Auf Personen, die sowohl die deutsche als auch die iranische Staatsangehörigkeit besitzen, ist das Abkommen nicht anwendbar.[2] Eine Rechtswahl ist für iranische Staatsangehörige bei Anwendung dieses Abkommens nach Art. 25 Abs 2 EGBGB ausgeschlossen.[3] Iranisches Erbrecht kann u.U. von der Anwendung ausgeschlossen sein, wenn die Voraussetzungen des Art. 6 EGBGB vorliegen.[4]

b) Deutsch-türkischer Konsularvertrag

4 Der deutsch-türkische Konsularvertrag vom 28.5.1929[5] befasst sich in der Anlage zu Art. 20 neben Beurkundungs- und Beglaubigungsbefugnissen der Konsuln in den §§ 12 Abs. 3, 14 und 18 mit speziellen erbrechtlichen Anknüpfungsregeln.[6] § 12 Abs. 3 beinhaltet eine Qualifikationsverweisung, wonach über die Abgrenzung von beweglichem und unbeweglichem Nachlass das Recht des jeweiligen Belegenheitsstaates entscheidet (Qualifikation). § 14 kann im Hinblick unbeweglichen Nachlass zu einer Nachlassspaltung führen. Beweglicher Nachlass vererbt sich nach dem Heimatrecht des Erblassers zum Zeitpunkt seines Todes, unbeweglicher Nachlass richtet sich nach dem Recht des Belegenheitsortes. § 14 verweist auf das innerstaatliche Recht der Vertragsstaaten, so dass eine Rückverweisung nicht stattfindet. In § 16 ist bestimmt, dass für die Formgültigkeit von Verfügungen von Todes wegen und dem Widerruf einer solchen das Heimatrecht des Erblassers entscheidet. § 18 stellt klar, dass die staatsvertraglichen Sonderregeln der §§ 14 und 16 auch dann zu beachten sind, wenn der Erblasser nicht in einem Vertragsstaat verstorben ist, in welchem er Nachlassgegenstände hinterlassen hat. Zur Auslegung von § 15 in Bezug auf den beweglichen Nachlass eines in Deutschland verstorbenen türkischen Angehörigen.[7]

Der räumlich-persönliche Anwendungsbereich ist eröffnet, wenn der Erblasser entweder türkischer oder deutscher Staatsangehöriger ist. Handelt es sich um einen deutschen

---

1 RGBl. 1930 II, 1002.
2 *Schotten* Rn. 264.
3 *Erman/Hohloch* Art. 25 EGBGB Rn. 4.
4 *Staudinger/Dörner* EGBGB/IPR Vorbem. zu Art. 25 Rn. 159 (s. Anhang Rz. 5).
5 RGBl. 1930 II, 747.
6 S. Anhang Rz. 34, 36 und 40.
7 LG München I, Urteil vom 26.9.2006 – 6 O 15963/05 – ZEV 2007, 436.

Erblasser, muss ein Bezug zur Türkei bestehen. Der Bezug ist gegeben durch dort belegene Nachlassgegenstände.[8]

Der sachliche Anwendungsbereich des Abkommens umfasst den gesamten Nachlass, auch wenn er sich in Drittstaaten befindet.[9]

Ungeklärt ist der Umgang mit deutsch-türkischen Doppelstaatlern bei der Anwendung des § 14. Die Anknüpfung an die Staatsangehörigkeit führt derzeit noch zu einem nicht lösbaren Konflikt, denn sowohl das deutsche[10] als auch das türkische[11] Internationale Privatrecht sehen eine Beibehaltung der jeweiligen Staatsangehörigkeit vor. Die h.M. meint, dass das nationale Internationale Privatrecht im Rahmen des § 14 Abs. 1 die maßgebliche Staatsangehörigkeit bestimmen soll, also aus deutscher Sicht Art. 5 Abs. 1 S. 2 EGBGB entscheidet.[12] Bei deutsch-türkischen Doppelstaatlern greift § 14 Abs. 1 nicht. Vielmehr wird der Konflikt über Art. 25 i.V.m. 5 Abs. 1 S. 2 EGBGB gelöst.[13] Vorzugswürdig ist eine Anknüpfung an die effektive Staatsangehörigkeit. Zu prüfen ist danach eine engere Verbindung des Erblassers zu einem Staat, beispielsweise durch seinen Wohnsitz.[14]

Bei der Formwirksamkeit ist zu unterscheiden: Für letztwillige Verfügungen gilt das seit dem 22.10.1983 im Verhältnis zur Türkei geltende Haager Testamentsformübereinkommen.[15] Für Erbverträge und Erbverzichtsverträge gilt § 16 Abs. 1 des Abkommens, also alternativ die Formwirksamkeit nach Ortsrecht oder Heimatrecht des Erblassers bei der Errichtung.

c) Konsularvertrag Deutschland/UdSSR

Ferner ist der Konsularvertrag zwischen der Bundesrepublik Deutschland und der vormaligen Union der Sozialistischen Sowjetrepubliken vom 25.4.1958[16] zu beachten. Dieses Abkommen gilt nunmehr für die Staaten der Russischen Föderation,[17] wobei lediglich Armenien, Georgien, Kasachstan, Kirgistan, Tadschikistan, Weißrussland, die Ukraine und Usbekistan mit der Bundesrepublik Deutschland vereinbart haben, dass zwischen der Bundesrepublik Deutschland und der ehemaligen Union der sozialistischen Sowjetrepubliken geschlossene völkerrechtliche Verträge so lange weiter gelten, bis mit der jeweiligen Nachfolgerepublik Abweichendes vereinbart wird. Mit den Staaten Aserbeidschan, Estland, Lettland, Litauen, Moldawien und Turkmenistan ist die Frage der Weitergeltung bisher nicht geregelt. Es empfiehlt sich deshalb, aus Rechtssicherheitsgründen im Verhältnis zu diesen Staaten das autonome deutsche Kollisionsrecht anzuwenden. In Art. 28 Abs. 3 ist die Erbfolge für unbewegliche Nachlassgegenstände dem Recht des Belegenheitsstaates unterstellt. Die Erbfolge in bewegliche Nachlassgegenstände richtet sich dagegen nach Art. 25 Abs. 1 EGBGB nach dem Heimatrecht des Erblassers. Deshalb kommt es in deutsch-russischen Erbfällen zur Nachlassspaltung.[18]

5

---

8 *Fetsch* RNotZ 2006, 77, 114; a.A. MüKo-*BGB*/*Birk* Art. 25 EGBGB Rn. 300: Vor deutschen Gerichten ist das Abkommen auf türkische Erblasser und vor türkischen Gerichten auf deutsche Erblasser anwendbar.
9 MüKo-*BGB*/*Birk* a.a.O. Rn 299; a.A. *Dörner* ZEV 1996, 90, 94, der das Abkommen insgesamt explizit auf den in Deutschland und der Türkei belegenen Nachlass anwenden will.
10 Art. 5 Abs. 1 S. 2 EGBGB.
11 Art. 4 Abs. 1 b IPRG.
12 *Fetsch* RNotZ 2006, 77, 115.
13 *Erman/Hohloch* Art. 25 EGBGB Rn. 57.
14 *Süß/Kilic* S. 1527 Rn. 8 f.
15 Siehe Art. 26 Rz. 4 ff.; zur vorrangigen Anwendbarkeit *Staudinger/Dörner* Vorb. zu Art. 25 f. EGBGB Rn. 185.
16 BGBl 1959 II, 233.
17 BGBl 1992 II, 1016; zur Lösung interlokaler Konflikte innerhalb der Russischen Föderation, *Boguslawskij* IPRax 1992, 401.
18 *Staudinger/Dörner* EGBGB/IPR Vorbem. zu Art. 25 EGBGB Rn. 193 ff.

2. Feststellungen des Personalstatutes nach Art. 25 EGBGB

6 Nach Art. 25 Abs. 1 EGBGB unterliegt die Rechtsnachfolge von Todes wegen dem Recht des Staates, in dem der Erblasser im Zeitpunkt seines Todes angehörte. Anknüpfungspunkt ist also die Staatsangehörigkeit des Erblassers.

a) Zeitlicher Anwendungsbereich

7 Art. 25 und 26 EGBGB sind im Rahmen des Gesetzes zur Neuregelung des Internationalen Privatrechts am 1.9.1986 in Kraft getreten. Art. 220 Abs. 1 EGBGB bestimmt, dass auf vor dem 1.9.1986 abgeschlossene Vorgänge das bisherige Internationale Privatrecht anwendbar bleibt. Maßgeblich ist danach, ob der Erblasser vor oder nach dem Inkrafttreten der Art. 25 und 26 EGBGB verstorben ist.

8 aa) Ist der Erblasser vor dem 1.9.1986 verstorben, gilt für die Anknüpfung sämtlicher erbrechtlicher Fragen altes Kollisionsrecht, d.h. Art. 24 bis 26 EGBGB a.F. Die Anknüpfung für erbrechtliche Fragen erfolgt über das Heimatrecht des Erblassers zum Zeitpunkt seines Todes und gilt für über den 1.9.1986 hinausreichende Sachverhalte im Zusammenhang mit dem Nachlass.[19]

9 Eine Ausnahme galt nur für Doppel- oder Mehrstaater. Das alte Kollisionsrecht stellte für die Rechtsnachfolge von Todes wegen auf die effektive Staatsangehörigkeit ab.[20] Diese Regel gilt auch für deutsch-ausländische Doppelstaater. Art. 5 Abs. 1 S. 2 EGBGB n.F. gilt hier nicht, so dass die Beerbung eines vor dem 1.9.1986 verstorbenen Erblassers insofern ausländischem Recht unterliegt, als die effektive Staatsangehörigkeit nicht die deutsche war. Eine Rechtswahl konnte der Erblasser nach altem Kollisionsrecht nicht vornehmen. Sie ist daher unwirksam.[21] Zu beachten war ferner Art. 28 EGBGB a.F., der eine Anknüpfung an den Belegenheitsort vorsah.

10 bb) Ist der Erbfall nach dem 31.8.1986 eingetreten, gilt das neue Kollisionsrecht der Art. 25 und 26. Ferner ist immer Art. 3 EGBGB zu beachten.

11 cc) Für andere erbrechtliche Vorgänge und Rechtsgeschäfte ist immer zu untersuchen, ob ein abgeschlossener Vorgang vor oder nach dem 31.8.1986 vorliegt. So ist für die Frage der Erbunwürdigkeit und für ein Verhalten aus der Zeit vor dem Stichtag altes Kollisionsrecht anzuwenden.[22] Die Zulässigkeit und Wirksamkeit der Errichtung von erbrechtlichen Rechtsgeschäften bestimmt sich danach, wann die erbrechtlichen Rechtsgeschäfte vorgenommen worden sind. Dagegen richten sich die Auswirkungen einer vor dem 1.9.1986 wirksam errichteten Verfügung von Todes wegen nach neuem Kollisionsrecht.

12 dd) Zu beachten ist, dass ein nach dem alten Kollisionsrecht unwirksames Rechtsgeschäft mit dem 1.9.1986 auch dann nicht wirksam geworden ist, wenn es dem nach Art. 25 EGBGB n.F. berufenen Sachrechts entsprochen hat. Dies gilt insb. für eine unwirksame Rechtswahl nach altem Kollisionsrecht. Die Rechtswahl hätte nach dem 31.8.1986 wiederholt werden müssen.

b) Feststellung der Staatsangehörigkeit

13 aa) Für die Ermittlung der deutschen Staatsangehörigkeit ist das Staatsangehörigkeitsgesetz (StAG) maßgeblich.[23] Besitzt ein Erblasser neben einer ausländischen auch die deutsche Staatsangehörigkeit gem. §§ 4 Abs. 3, 40 b StAG, setzt sich letztere gem. Art. 5 Abs. 1 S. 2 EGBGB durch. Solange der Erblasser also auch die deutsche Staatsangehörigkeit besitzt, ist ein Statutenwechsel ausgeschlossen. Statutenwechsel werden allerdings durch

---

19 *Staudinger/Dörner* EGBGB/IPR Vorbem. 1 ff. zu Art. 25.
20 BGHZ 75, 38 ff.
21 BayObLG ZEV 1994, 176.
22 *Dörner* DNotZ 1988, 85.
23 *Satorius* I, Text Nr. 15.

den Erwerb und den Verlust der deutschen Staatsangehörigkeit nach dem neuen StAG ausgelöst. Wird der Erblasser nach dem 1.1.2000 geboren und erwirbt er die deutsche Staatsangehörigkeit gem. § 4 Abs. 3 StAG, wird er im internationalen Privatrecht von Anfang an nur als Deutscher behandelt. Hat der Erblasser mit einer ausländischen Staatsangehörigkeit am 1.1.2000 das 10. Lebensjahr noch nicht vollendet, so tritt mit der Einbürgerung gem. § 40 b StAG wegen Art. 5 Abs. 1 S. 2 EGBGB ein Statutenwechsel ein. Hat der Erblasser gem. §§ 4 Abs. 3, 40 b StAG die deutsche Staatsangehörigkeit erworben und mit Erreichen der Volljährigkeit für die ausländische Staatsangehörigkeit optiert oder bleibt er untätig, verliert er die deutsche Staatsangehörigkeit gem. § 29 StAG. Mit dem Verlust der deutschen Staatsangehörigkeit tritt wiederum ein Statutenwechsel ein.

bb) Besaß der Erblasser zwei oder mehrere ausländische Staatsangehörigkeiten, so ist gem. Art. 5 Abs. 1 S. 1 EGBGB das Recht des Staates zu ermitteln, mit dem der Erblasser am engsten verbunden war – insb. durch gewöhnlichen Aufenthalt oder Lebenslauf –, also die effektive Staatsangehörigkeit festzustellen. **14**

cc) Ist der Erblasser staatenlos, gilt Art. 5 Abs. 2 EGBGB. Dieser schreibt eine Anknüpfung an den gewöhnlichen Aufenthalt, hilfsweise an den schlichten Aufenthalt vor. Erfüllt der Erblasser darüber hinaus die Voraussetzungen des Art. 1 New Yorker UN-Übereinkommen über die Rechtsstellung der Staatenlosen,[24] das jedoch die gleichen Anknüpfungsvoraussetzungen wie Art. 5 Abs. 2 EGBGB enthält, ist dieses vorrangig anzuwenden. **15**

dd) Flüchtlinge oder Vertriebene deutscher Volkszugehörigkeit bzw. auch deren Ehegatten und Abkömmlinge, jedoch ohne deutsche Staatsangehörigkeit, werden als Deutscher i.S.d. Art. 116 Abs. 1 GG behandelt und über Art. 9 Abs. 2 Ziff. 5 FamRÄndG deutschen Staatsangehörigen kollisionsrechtlich gleichgestellt. Zu beachten sind ferner die Neuregelungen der §§ 7, 40 a StAG. Am 1.8.1999 erwarben Deutsche i.S.d. Art. 116 Abs. 1 GG, ohne die deutsche Staatsangehörigkeit zu besitzen, kraft Gesetzes die deutsche Staatsangehörigkeit. Für Spätaussiedler, nicht-deutsche Ehegatten und ihre Abkömmlinge i.S.v. § 4 des Bundesvertriebenengesetzes gilt dies nur dann, wenn ihnen vor diesem Zeitpunkt eine Bescheinigung gem. § 15 Abs. 1 oder Abs. 2 des Bundesvertriebenengesetzes erteilt worden ist. Wurde dem Spätaussiedler bis zum 1.8.1999 eine derartige Bescheinigung nicht erteilt, so erwirbt er die deutsche Staatsangehörigkeit automatisch mit der späteren Ausstellung der Bescheinigung gem. § 15 Abs. 1 oder 2 des Bundesvertriebenengesetzes. Der Erwerb der deutschen Staatsangehörigkeit ist unabhängig davon, ob der Erblasser auch eine ausländische Staatsangehörigkeit hat. **16**

Bei Flüchtlingen, auf die das Genfer UN-Abkommen über die Rechtsstellung der Flüchtlinge vom 28.7.1951 anzuwenden ist, ist gem. dessen Art. 12 an dem Wohnsitz des Erblassers anzuknüpfen.[25] Bei Flüchtlingen, auf die das Genfer UN-Übereinkommen nicht anzuwenden ist, die sich aber in der Obhut einer internationalen Organisation befinden, die von den Vereinten Nationen mit der Betreuung der verschleppten Personen und Flüchtlinge beauftragt ist, wird abweichend von der Staatsangehörigkeit das Erbstatut durch den gewöhnlichen Aufenthalt ermittelt.[26] **17**

ee) Für Asylberechtigte gilt über § 3 Abs. 1 AsylVfG die Genfer Flüchtlingskonvention. Maßgebliches Personalstatut von Asylberechtigten mit Wohnsitz in der Bundesrepublik Deutschland ist deshalb nicht deren Heimatrecht, sondern deutsches Recht. Für Asylberechtigte gilt dies allerdings nur, soweit sie als solche anerkannt worden sind.[27] **18**

---

24 S. Anhang Rz. 56.
25 *Jayme/Hausmann* Internationales Privat- und Verfahrensrecht, Text Nr. 10; *Palandt/Thorn* Anh. zu Art. 5 EGBGB Rn. 16 ff.
26 Gesetz Nr. 23 der Alliierten Hohen Kommission; s. Anhang Rz. 17 und 18.
27 BGH FamRZ 1993, 48.

3. Grundsatz: Nachlasseinheit

19 Durch die Anknüpfung an die Staatsangehörigkeit des Erblassers wird das auf den Erbfall anwendbare Recht ermittelt. Es handelt sich hierbei um eine Gesamtverweisung, also eine Verweisung auf die Sachvorschriften und die Vorschriften des internationalen Privatrechtes des nach dem Personalstatut des Erblassers bestimmten Rechtes. Das ermittelte Erbstatut gilt grundsätzlich für den gesamten Nachlass, unabhängig von der Art und Lage der einzelnen Nachlassgegenstände (Nachlasseinheit).

4. Ausnahme: Nachlassspaltung[28]

20 Der Grundsatz der Nachlasseinheit, also die einheitliche Behandlung eines Nachlasses, ohne dass es auf die Rechtsnatur des Gegenstandes und auf dessen Lage im In- und Ausland ankommt, wird in den Fällen durchbrochen, in denen Teile des Nachlasses verschiedenen Rechtsordnungen unterworfen sind. Die Nachlassspaltung kann dazu führen, dass mehrere Erbstatute nebeneinander gelten, also zu einer Spaltung des Nachlasses in mehrere rechtlich selbstständige Vermögen. Das gesamte Vermögen des Erblassers wird so in unterschiedliche Nachlässe auseinandergerissen. Jeder Nachlass ist dann so zu behandeln, als wäre der jeweilige andere Nachlass nicht vorhanden.[29] Eine Nachlassspaltung kann folgendes nach sich ziehen:[30]
– Ein Nachlass wird nach gesetzlicher Erbfolge, der andere nach testamentarischer Erbfolge vererbt.
– Eine Ausschlagung muss für jeden Teil separat erklärt werden. Sie kann auch nur für einen Teil erklärt werden, so dass der andere Teil angenommen wird.
– Es gelten verschiedene Pflichtteils- oder Noterbrechte.
– Es entstehen zwei selbstständige Erbengemeinschaften.
– Haftungsregelung und -masse gelten nur innerhalb des betreffenden Nachlasses.

21 **Staatsvertragliche Sonderregelungen** im deutsch-türkischen Konsularvertrag vom 28.5.1929 sowie im Konsularvertrag zwischen der Bundesrepublik Deutschland und der Russischen Föderation vom 25.4.1958 führen zur Nachlassspaltung[31] und sind deshalb vorrangig zu beachten (Art. 3 Nr. 2 EGBGB).

22 Eine Nachlassspaltung kann gem. Art. 3 a Abs. 2 EGBGB (**Vorrang des Einzelstatuts**) eintreten. Die Nachlassspaltung tritt aufgrund besonderer Vorschriften des Belegenheitsstaates für Gegenstände, die in einem Drittstaat belegen sind, ein. Unter »besonderen Vorschriften« sind nicht nur die Kollisionsnorm zu verstehen, die eine Nachlassspaltung herbeiführen, sondern alle Sachnormen des Belegenheitsstaates, die rechtliches Sondervermögen vorsehen.[32] Diese Vorschrift gilt insb. für Sondervermögen, wie Fideikommisse, Lehen, im deutschen Recht zum Beispiel für die Vererbung von Gesellschaftsanteilen eines persönlich haftenden Gesellschafters.[33] Hierunter fallen kollisionsrechtliche Vorschriften, die eine unterschiedliche Anknüpfung für bewegliches und unbewegliches Vermögen vorsehen.[34]

23 Eine Nachlassspaltung kann ferner durch eine – auch teilweise – **Rückverweisung** gem. Art. 4 Abs. 1 EGBGB eintreten. Art. 4 Abs. 1 EGBGB besagt, dass bei einer Verweisung auf das Recht eines anderen Staates auch dessen Internationales Privatrecht anzuwenden

---

28 Zur funktionellen Nachlassspaltung *Steiner* ZEV 2003, 500; zu Nachlassspaltung und Grundvermögen *Leible/Sommer* ZEV 2006, 93.
29 NJW 1957, 1316, *Horn* ZEV 2008, 76.
30 *Horn* ZEV 2008, a.a.O.
31 Vgl. Kommentierung zu Rz. 4 und Rz. 5.
32 *Horn* ZEV 2008, 75.
33 *Palandt/Thorn* Art. 3 a EGBGB Rn. 6.
34 Überblick über »Besondere Vorschriften« ausländischer Belegenheitsrechte in: *Staudinger/Hausmann* Art. 3 a EGBGB Rn. 99 ff.

ist. Es gilt also der Grundsatz der Gesamtverweisung. Kollisionsnormen des Heimatrechtes des Erblassers ordnen in zahlreichen Fällen an, dass sich der unbewegliche Nachlass nach dem Recht des Belegenheitsortes vererben soll. Dies gilt beispielsweise für den angloamerikanischen Rechtskreis sowie für das französische und belgische Recht.[35] Eine Nachlassspaltung führt nach dem OLG Koblenz auch zur Begrenzung eines Auskunftsanspruchs gem. § 2314 BGB auf das dem deutschen Recht unterliegende Vermögen.[36]

5. Nachlassspaltung durch Rechtswahl des Erblassers gem. Art. 25 Abs. 2 EGBGB

Auch kann die Wahl des Erbstatutes durch den Erblasser gem. Art. 25 Abs. 2 EGBGB zu einer Nachlassspaltung führen, nämlich dann, wenn der Erblasser für ein im Inland belegenes unbewegliches Vermögen in Form einer Verfügung von Todes wegen deutsches Recht wählt, ansonsten nur im Ausland Vermögen besitzt. Eine Rechtswahl sollte insb. Ausländern, die hier auf Dauer bleiben wollen, mit Grundbesitz im Inland empfohlen werden, und zwar auch dann, wenn das ausländische Kollisionsrecht auf deutsches Recht zurückverweist. Hierdurch wird die praktische Rechtsanwendung beim Tode eines ausländischen Erblassers mit Grundbesitz in Deutschland abschätzbar.

a) Rechtswahl nach Art. 25 Abs. 2 EGBGB

Die Rechtswahl nach Art. 25 Abs. 2 EGBGB ist dreifach eingeschränkt: Sie gilt nur für unbewegliches Vermögen. Das unbewegliche Vermögen muss im Inland belegen sein und der Erblasser darf nur deutsches Erbrecht wählen. Ist eine der drei Voraussetzungen nicht beachtet worden, ist die Rechtswahl unzulässig.[37]

b) Begriff des unbeweglichen Vermögens

Der Begriff des unbeweglichen Vermögens richtet sich nach deutschem materiellen Recht und umfasst Grundstücke samt ihren Bestandteilen (§§ 93, 94, 96 BGB) nebst Zubehör (§§ 97, 98 BGB) sowie Wohnungs- bzw. Stockwerkseigentum, Erbbaurechte und beschränkt dingliche Rechte an Grundstücken.[38] Dagegen gehören Gesellschaftsanteile,[39] Miterbenanteile[40] oder Ansprüche aus einem Grundstückskauf[41] nicht zum unbeweglichen Vermögen i.S.v. Art. 25 Abs. 2 EGBGB. Die Rechtswahl kann befristet oder bedingt erklärt werden.[42] Ob der Erblasser hierbei die Möglichkeit hat, für einzelne unbewegliche Vermögensgegenstände eine Rechtswahl zu treffen, ist höchstrichterlich noch nicht geklärt.[43] Die herrschende Meinung in der Literatur hält eine Teilrechtswahl jedoch für zulässig.[44]

c) Wirksame Rechtswahl

Die Rechtswahl kann **nur durch Verfügung von Todes** wegen, also durch einseitiges Rechtsgeschäft wirksam erfolgen. Für das Zustandekommen der Verfügung von Todes wegen gilt deutsches Recht, für die Formgültigkeit Art. 26 EGBGB. Notarielle Beurkundung ist nicht notwendig. Vor diesem Hintergrund ist auch eine konkludente Rechtswahl möglich.[45] Streitig ist, ob eine Rechtswahl in einem gemeinschaftlichen Testament und

---

[35] *Palandt/Thorn* Art. 25 EGBGB Rn. 2 und 9, *Staudinger/Hausmann* zu Art. 4 EGBGB Rn. 254 ff.
[36] OLG Koblenz, Beschluss vom 19.3.2009 – 2 U 1386/08 – BeckRS 2009, 88048.
[37] *Palandt/Thorn* Art. 25 EGBGB Rn. 7.
[38] *Palandt/Thorn* Art. 25 Rn. 7 m.w.N.
[39] *Soergel/Schurig* Art. 25 EGBGB Rn. 4.
[40] *Krzywon* BWNotZ 1986, 160.
[41] *Palandt/Thorn* Art. 25 EGBGB Rn. 7.
[42] *Ferid* Rn. 9–12.
[43] LG Mainz DNotZ 1994, 564; *Palandt/Thorn* Art. 25 EGBGB Rn. 7.
[44] *Soergel/Schurig* Art. 25 EGBGB Rn. 11.
[45] *Dörner* DNotZ 1988, 89; *Schotten,* IPR, Rn. 306 RPfleger 1991, 187, 188.

Erbvertrag wirksam ist.⁴⁶ Höchstrichterliche Rechtsprechung gibt es zu dieser Frage nicht, so dass von einer Rechtswahl in einem gemeinschaftlichen Testament und Erbvertrag abzuraten ist oder aber die Parteien ausdrücklich über die Folgen einer unzulässigen Rechtswahl aufgeklärt werden müssen.

28 Sofern eine Rechtswahl **notariell beurkundet** wird, ist sie beim Geburtsstandesamt des Erblassers bzw. dem Amtsgericht Berlin-Schöneberg anzuzeigen. Zur Anzeige verpflichtet ist der beurkundende Notar oder das Nachlassgericht, wenn die Verfügung von Todes wegen in besondere amtliche Verwahrung gebracht wird.⁴⁷

29 Eine zulässige Rechtswahl hat zur **Folge,** dass insoweit eine Sachnormverweisung gem. Art. 4 Abs. 2 EGBGB vorliegt. Darüber hinaus kann eine Rechtswahl zur Nachlassspaltung führen, soweit der Erblasser im Übrigen nicht nach deutschem Erbrecht beerbt wird.

30 Der **Widerruf** einer getroffenen Rechtswahl richtet sich dagegen nicht nach dem Erbstatut, sondern nach dem gewählten Recht, also nach deutschem Recht.⁴⁸ Der Erblasser kann also seine Rechtswahl jederzeit in einer Form der Verfügung von Todes wegen widerrufen. Die Form des Widerrufs richtet sich nach dem Haager Testamentsübereinkommen und Art. 26 EGBGB.

31 Eine Rechtswahl, die aufgrund **ausländischen Kollisionsrechtes** zulässig ist, wird vom deutschen IPR dann akzeptiert, wenn über Art. 25 Abs. 1 EGBGB hierauf zulässigerweise verwiesen wird.

III. Anknüpfung der Rechtsnachfolge von Todes wegen in den einzelnen Ländern (Auswahl)⁴⁹

1. Anknüpfung an Staatsangehörigkeit

32 Die Anknüpfung der Rechtsnachfolge von Todes wegen erfolgt an die Staatsangehörigkeit, nach dem Belegenheitsrecht, dem letzten Wohnsitz oder dem »domicile« bzw. Domizil, sofern der anglo-amerikanische Rechtskreis betroffen ist. Der Begriff »domicile« darf keineswegs mit »Wohnsitz« übersetzt werden. Sein Inhalt lässt sich eher mit dem Begriff »Heimat« umschreiben. Zur Begründung ist ein nicht nur vorübergehender oder zufälliger Aufenthalt (residence) in einem Lande, verbunden mit dem Willen, dort dauernd oder auf unbestimmte Zeit zu leben (animus manendi), erforderlich.⁵⁰ Dagegen kann ein Wohnsitz bereits dort begründet werden, wo der räumliche Schwerpunkt der gesamten Lebensverhältnisse einer Person liegt, z.B. § 7 BGB. Während ein Doppelwohnsitz möglich ist, gibt es kein doppeltes »domicile«.

2. Länderauswahl unter Berücksichtigung von gemeinschaftlichen Testamenten und Erbverträgen

33 **Afghanistan:** Heimatrecht

Ägypten: Heimatrecht; bei Doppelstaatlern kommt der ägyptischen Staatsangehörigkeit Vorrang zu; kein gemeinschaftliches Testament oder Erbvertrag bekannt

Albanien: Heimatrecht; für dort belegene Grundstücke gilt albanisches Recht; Verbot des Erbvertrages; ein gemeinschaftliches Testament ist nicht bekannt

Algerien: Heimatrecht

Andorra: Heimatrecht

---

46 *Staudinger/Dörner* EGBGB/IPR Art. 25 EGBGB Rn. 548–550.
47 *Flick/Piltz,* Rn. 215.
48 *Palandt/Thorn* Art. 25 EGBGB Rn. 8.
49 *Flick/Piltz* Rn. 1641 ff.; *Ferid/Firsching/Lichtenberger* Bände I–VII; *Staudinger/Dörner* EGBGB/IPR Anh. zu Art. 25 f. EGBGB ab Rn. 1.
50 *Koch/Magnus/Winkler von Mohrenfels* S. 65; *Staudinger/Dörner* EGBGB/IPR Anhang zu Art. 25 f. EGBGB Rn. 663.

Angola: Heimatrecht

Argentinien: letzter Wohnsitz/Domizil; für Grundstücke und dort belegene bewegliche Güter mit festem Lageort gilt argentinisches Recht; Erbvertrag und gemeinschaftliches Testament sind verboten

Armenien: letzter ständiger Wohnsitz/Domizil; Immobilien unterstehen dem jeweiligen Belegenheitsrecht

Aserbaidschan: letzter ständiger Wohnsitz/Domizil; Immobilien unterstehen dem jeweiligen Belegenheitsrecht

Australien: für bewegliches Vermögen letzter Wohnsitz und für Immobilien das Recht des Belegenheitsortes

Bahamas: für bewegliches Vermögen letzter Wohnsitz und für Immobilien das Recht des Belegenheitsortes

Bahrain: Heimatrecht

Barbados: letzter Wohnsitz/Domizil, für Immobilien das Recht des Belegenheitsortes

Belarus (Weißrussland): letzter Wohnsitz/Domizil; Immobilien unterstehen dem jeweiligen Belegenheitsrecht; in dortigem Register eingetragenes Vermögen unterliegt ausschließlichen dem dortigen Recht

Belgien: für bewegliches Vermögen letzter Wohnsitz/Domizil, für Immobilien das Recht des Belegenheitsortes[51]

Birma (Myanmar): letzter Wohnsitz/Domizil, für Immobilien das Recht des Belegenheitsortes

Bolivien: letzter Wohnsitz/Domizil

Bosnien-Herzegowina: Staatsangehörigkeit; Verbot von Erbvertrag und gemeinschaftlichem Testament

Brasilien: letzter Wohnsitz/Domizil; Ausnahmen zugunsten von brasilianischen Ehegatten und Kindern des Ehepaares sind zu beachten

Bulgarien: Heimatrecht

Burkina Faso: Heimatrecht, soweit nicht eine wesentlich engere Beziehung zum Wohnsitzstaat besteht

Burundi: Heimatrecht

Cayman Islands: letzter Wohnsitz/Domizil, für Immobilien das Recht des Belegenheitsortes

Chile: letzter Wohnsitz/Domizil, wobei Ausnahmen zugunsten chilenischer Erben zu beachten sind

China (Volksrepublik):

Festland: letzter Wohnsitz/Domizil, für unbewegliches Vermögen gilt das Belegenheitsrecht; nicht klar ist, ob gemeinschaftliche Testamente und Erbverträge wirksam sind;

Hongkong: letzter Wohnsitz/Domizil, für Immobilien das Recht des Belegenheitsortes;

Macau: seit 1999 Wohnsitz, davor Heimatrecht

Costa Rica: letzter Wohnsitz/Domizil; für Immobilien gilt das Belegenheitsrecht

Dänemark: letzter Wohnsitz/Domizil; gemeinschaftliches Testament mit Bindungswirkung ist zulässig; Erbvertrag ist unbekannt[52]

Dominikanische Republik: letzter Wohnsitz/Domizil, für Immobilien gilt das Belegenheitsrecht

Ecuador: letzter Wohnsitz/Domizil, wobei Ausnahmen zugunsten ecuadorianischer Erben zu beachten sind; gemeinschaftliche Testamente sind verboten; Erbvertrag ist unbekannt

El Salvador: letzter Wohnsitz/Domizil, es gelten jedoch Ausnahmen zugunsten salvadorianischer Erben

---

51 Siehe Anhang 2 I.
52 Siehe Anhang 2 II.

Estland: letzter Wohnsitz/Domizil
Eritrea: letzter Wohnsitz/Domizil
Fidschi Inseln: letzter Wohnsitz/Domizil, für Immobilien gilt das Recht des Belegenheitsortes
Finnland: seit dem 1.3.2002 letzter Wohnsitz/Domizil, soweit dieser mindestens 5 Jahre vor dem Erbfall bestanden hat oder der Erblasser die Staatsangehörigkeit des Wohnsitzstaates hatte. Ansonsten gilt das Heimatrecht, falls keine engere Beziehung zu einem anderen Staat bestand; gemeinschaftliches Testament mit Bindungswirkung ist bekannt
Frankreich: letzter Wohnsitz/Domizil, für Immobilien gilt das Recht des Belegenheitsortes; materielles Verbot von Erbverträgen und formales Verbot von gemeinschaftlichen Testamenten[53]
Gabun: letzter Wohnsitz/Domizil, für Immobilien gilt der Ort des Belegenheitsortes, die Erbfolge in Geschäftsvermögen unterliegt dem Recht der Hauptniederlassung
Gambia: letzter Wohnsitz/Domizil, für Immobilien gilt das Recht des Belegenheitsortes
Georgien: Heimatrecht
Ghana: letzter Wohnsitz/Domizil; für Immobilien gilt das Belegenheitsrecht
Gibraltar: letzter Wohnsitz/Domizil, für Immobilien gilt das Belegenheitsrecht
Griechenland: Heimatrecht; bei Doppelstaatlern Vorrang der griechischen Staatsangehörigkeit; materielles Verbot des Erbvertrages, des Erbverzichtvertrages und des gemeinschaftlichen Testamentes[54]
Großbritannien: letzter Wohnsitz/Domizil, für Immobilien Belegenheitsrecht; Erbvertrag ist zwar materiell wirksam, er entfaltet aber keine Bindungswirkung[55]
Guatemala: letzter Wohnsitz/Domizil; für sämtliche in Guatemala belegene Nachlassgegenstände, gleich ob beweglich oder unbeweglich, gilt guatemaltekisches Recht
Guyana: letzter Wohnsitz/Domizil, für Immobilien gilt das Recht des Belegenheitsortes
Haiti: Heimatrecht, für Immobilien Belegenheitsrecht;
Honduras: letzter Wohnsitz/Domizil, es gilt jedoch insgesamt honduranisches Recht, wenn der Erblasser oder Erbe honduranische Staatsangehörigkeit besitzt
Indien: letzter Wohnsitz/Domizil, für unbeweglichen Nachlass in Indien gilt indisches Recht; in den Provinzen Goa, Daman und Diu wird an das Heimatrecht angeküpft; interreligiöses Recht ist bei gemeinsamen Verfügungen zu beachten
Indonesien: Heimatrecht, für Grundstücke in Indonesien gilt das dortige Belegenheitsrecht
Irak: Heimatrecht mit Einschränkungen
Iran: Heimatrecht
Irland: letzter Wohnsitz/Domizil, für Immobilien Belegenheitsrecht
Island: letzter Wohnsitz/Domizil; für Immobilien außerhalb Islands gilt das dortige Belegenheitsrecht
Israel: letzter Wohnsitz/Domizil; auf in Ausland belegene Gegenstände ist unter Umständen das dortige Belegenheitsrecht anzuwenden
Italien: Heimatrecht; gemeinschaftliches Testament und Erbvertrag sind nicht wirksam[56]
Japan: Heimatrecht; nur Einzeltestament vorgesehen
Jordanien: Heimatrecht, für Grundstücke in Jordanien gilt das dortige Belegenheitsrecht
Jugoslawien (Serbien, Montenegro): Heimatrecht

---

53 Siehe Anhang 2 IV.; zur Reform des Erbrechts in Frankreich *Klima* ZEV 2006, 440.
54 Siehe Anhang 2 V.
55 Siehe Anhang 2 III.
56 Siehe Anhang 2 VI.

Kanada: letzter Wohnsitz/Domizil, für Immobilien Belegenheitsrecht; Besonderheit in der Provinz Québec sind zu beachten[57]
Kasachstan: letzter ständiger Wohnsitz, für Immobilien Belegenheitsrecht; in dortigem Register eingetragenes Vermögen unterliegt ausschließlichen dem dortigen Recht
Kenia: letzter Wohnsitz/Domizil, für Immobilien gilt das Belegenheitsrecht
Kolumbien: letzter Wohnsitz/Domizil, wobei Ausnahmen zugunsten kolumbianischer Erben gelten; Verbot gemeinschaftlicher Testamente
Kongo (Brazzaville): Heimatrecht
Korea (Republik Süd-Korea): Heimatrecht
Kroatien: Heimatrecht; materielles Verbot von gemeinschaftlichen Testament und Erbvertrag
Kuba: Heimatrecht
Kuwait: Heimatrecht
Laos: Heimatrecht
Lesotho: letzter Wohnsitz/Domizil, für Immobilien gilt Belegenheitsrecht
Lettland: Heimatrecht, für Immobilien gilt Belegenheitsrecht
Libanon: Heimatrecht
Liberia: letzter Wohnsitz/Domizil, für Immobilien gilt Belegenheitsrecht
Libyen: Heimatrecht
Liechtenstein: Heimatrecht
Litauen: letzter Wohnsitz/Domizil, für Immobilien gilt Belegenheitsrecht
Luxemburg: letzter Wohnsitz/Domizil, für Immobilien Belegenheitsrecht; materielles Verbot von Erbverträgen und formales Verbot von gemeinschaftlichen Testamenten
Madagaskar: letzter Wohnsitz/Domizil, für Immobilien gilt Belegenheitsrecht
Malawi: letzter Wohnsitz/Domizil, für Immobilien gilt Belegenheitsrecht
Malaysia: letzter Wohnsitz/Domizil, für Immobilien gilt Belegenheitsrecht
Mali: letzter Wohnsitz/Domizil, für Immobilien gilt Belegenheitsrecht
Malta: letzter Wohnsitz/Domizil, für Immobilien gilt Belegenheitsrecht; gemeinschaftliches Ehegattentestament ohne Bindungswirkung zulässig
Marokko: Heimatrecht; gilt auch für einen ausländischen Staatsangehörigen, wenn dieser Muslim ist
Mauretanien: Heimatrecht
Mauritius: letzter Wohnsitz/Domizil, für unbewegliches Vermögen gilt Belegenheitsrecht
Mazedonien: Heimatrecht
Mexiko: grundsätzlich Belegenheitsrecht für bewegliches als auch unbewegliches Vermögen; in den Bundesstaaten Quitana Roo, Puebla und San Louis Potosî ist der letzte Wohnsitz des Erblassers vorrangig
Moldawien: Heimatrecht, für Immobilien Belegenheitsrecht; nur ein einseitiges Testament ist zulässig
Monaco: Heimatrecht, für Immobilien Belegenheitsrecht; materielles Verbot von Erbverträgen und formales Verbot von gemeinschaftlichen Testamenten
Mongolei: letzter Wohnsitz/Domizil, für in der Mongolei belegene Immobilien gilt immer mongolisches Recht
Namibia: letzter Wohnsitz/Domizil, für Immobilien gilt Belegenheitsrecht
Neuseeland: letzter Wohnsitz/Domizil, für Immobilien Belegenheitsrecht
Nicaragua: letzter Wohnsitz; für nicaraguanische Erben eines ausländischen Erblassers gilt bei gesetzlicher Erbfolge nicaraguanisches Recht
Niederlande: letzter gewöhnlicher Aufenthalt des Erblassers, sofern er diesen mindestens 5 Jahre oder er die Staatsangehörigkeit des Aufenthaltsstaates hatte; das gilt nicht, wenn

---

57 Siehe Anhang 2 VII.

der Erblasser eine engere Beziehung zu seinem Heimatstatt hatte; in allen anderen Fällen gilt Heimatrecht; Formverbot von gemeinschaftlichem Testament und Erbvertrag[58]
Niger: letzter Wohnsitz/Domizil, für Immobilien gilt Belegenheitsrecht
Nigeria: letzter Wohnsitz/Domizil, für Immobilien gilt Belegenheitsrecht
Norwegen: letzter Wohnsitz/Domizil
Österreich: Heimatrecht; Vorrang der österreichischen Staatsangehörigkeit bei Doppelstaatlern; Ausnahmen bestehen beim Wohnungseigentum (Belegenheitsrecht), bei Erwerbsverboten an Grundstücken in verschiedenen Bundesländern, dem Höferecht (Belegenheitsrecht), bei der Nachlassabwicklung und der Erbenhaftung[59]
Pakistan: letzter Wohnsitz/Domizil, für unbeweglichen Nachlass in Pakistan gilt pakistanisches Recht
Panama: Belegenheitsrecht für bewegliches als auch unbewegliches Vermögen; im Übrigen gilt das Wohnsitzrecht; materielles Verbot des gemeinschaftlichen Testamentes
Paraguay: letzter Wohnsitz/Domizil, für Immobilien in Paraguay gilt paraguayisches Recht
Peru: letzter Wohnsitz/Domizil, Ausnahme: für in Peru belegene Gegenstände gilt dann peruanisches Recht, falls diese nach dem Wohnsitzrecht des Erblassers einem ausländischen Staat oder seinen öffentlichen Einrichtungen anfallen würden
Philippinen: Heimatrecht; Verbot gemeinschaftlicher Testamente; ausländische Staatsangehörige können jedoch ein gemeinschaftliches Testament errichten; Ortsform wird anerkannt
Polen: Heimatrecht[60]
Portugal: Heimatrecht; materielles Verbot von Erbvertrag und gemeinschaftlichem Testament[61]
Rumänien: Heimatrecht, für Immobilien und Gesellschaftsvermögen Belegenheitsrecht; Verbot von gemeinschaftlichen und wechselbezüglichen Testamenten und Erbvertrag
Russland (Russische Föderation): Heimatrecht; für Immobilien Belegenheitsrecht; materielles Verbot des gemeinschaftlichen Testamentes und Erbvertrages
Sambia: letzter Wohnsitz/Domizil, für Immobilien Belegenheitsrecht
San Marino: Heimatrecht, für Grundstücke in San Marino gilt das Erbrecht von San Marino; Erbvertrag ist unbekannt
Schweden: grundsätzlich Heimatrecht; die Nordische Nachlasskonvention vom 19.11.1934 mit der Anknüpfung an den letzten Wohnsitz ist zu beachten; gemeinschaftliche Testamente haben keine Bindungswirkung und Erbverträge sind verboten[62]
Schweiz: letzter Wohnsitz/Domizil[63]
Senegal: Heimatrecht, für Immobilien und Handelsgeschäfte Belegenheitsrecht
Serbien-Montenegro: Heimatrecht; innerhalb der Teilrepubliken Serbien und Montenegro wird an den Wohnsitz und mangels Wohnsitz wiederum an die Staatsangehörigkeit der beiden Teilrepubliken angeknüpft; materielles Verbot des gemeinschaftlichen Testamentes und Erbvertrages
Sierra Leone: letzter Wohnsitz/Domizil, für Immobilien Belegenheitsrecht
Singapur: letzter Wohnsitz/Domizil, für Immobilien Belegenheitsrecht
Slowakei: Heimatrecht
Slowenien: Heimatrecht; Verbot von wechselseitigen gemeinschaftlichen Testamenten und Erbvertrag

---

58 Siehe Anhang 2 VIII.
59 Siehe Anhang 2 IX.
60 Siehe Anhang 2 X.
61 Siehe Anhang 2 XI.
62 Siehe Anhang 2 XII.
63 Siehe Anhang 2 XIII.

Somalia: Heimatrecht
Spanien: Heimatrecht; regional ist ein materielles Verbot des gemeinschaftlichen Testaments und Erbvertrages zu beachten[64]
Sri Lanka: letzter Wohnsitz/Domizil, für Immobilien Belegenheitsrecht
Südafrika: letzter Wohnsitz/Domizil, für Immobilien Belegenheitsrecht
Sudan: Heimatrecht
Syrien: Heimatrecht
Taiwan: Heimatrecht, es gelten Ausnahmen für Erben mit Staatsangehörigkeit der Volksrepublik China und bei erblosen Nachlässen von Ausländern in der Volksrepublik China
Tansania: letzter Wohnsitz/Domizil, für Immobilien Belegenheitsrecht
Thailand: letzter Wohnsitz/Domizil, für Immobilien Belegenheitsrecht
Togo: Heimatrecht, für Immobilien und Geschäftsvermögen Belegenheitsrecht
Tschad: Heimatrecht
Tschechische Republik: Heimatrecht[65]
Türkei: Heimatrecht, soweit das Konsularabkommen nicht anwendbar ist, für unbeweglichen Nachlass Belegenheitsrecht; das gemeinschaftliche Testament ist nicht bekannt, wohl aber der Erbvertrag
Tunesien: Heimatrecht; gemeinschaftliche Testamente und Erbverträge sind nicht bekannt
Uganda: letzter Wohnsitz/Domizil, für Immobilien Belegenheitsrecht
Ukraine: letzter Wohnsitz/Domizil; für Immobilien Belegenheitsrecht
Ungarn: Heimatrecht; Erbvertrag nur zulässig bei Erbauseinandersetzung; gemeinschaftliches Testament ist verboten
Uruguay: Belegenheitsrecht sowohl für bewegliches als auch unbewegliches Vermögen
USA: letzter Wohnsitz/Domizil, für Immobilien Belegenheitsrecht; Ausnahme: Im Staate Mississippi gilt bei gesetzlicher Erbfolge im beweglichen Nachlass, soweit dieser in Mississippi gelegen ist, das Recht des Staates Mississippi ohne Rücksicht auf das Domizil des Erblassers; die Bindungswirkung von Erbverträgen ist problematisch, kann aber durch einen Testiervertrag erreicht werden[66]
Vatikan: Heimatrecht
Venezuela: letzter Wohnsitz des Erblassers; zusätzlich gilt das venezolanische Noterbenrecht hinsichtlich des dort belegenen Nachlasses für Abkömmlinge, Vorfahren und Ehegatten, die keine Gütertrennung vereinbart haben
Vereinigte Arabische Emirate: Heimatrecht; Belegenheitsrecht gilt für ein Testament über im Inland belegene Immobilien
Vietnam: Heimatrecht
Zaire (Kongo): Heimatrecht
Zentralafrikanische Republik: letzter Wohnsitz/Domizil, für Immobilien Belegenheitsrecht
Zypern: letzter Wohnsitz/Domizil, für Immobilien Belegenheitsrecht

IV. Reichweite des Erbstatutes

Nach dem Erbstatut beurteilen sich alle durch den Erbfall hervorgerufenen erbrechtlichen Fragen.[67] Daher ist festzustellen, inwieweit das Erbstatut im Verhältnis zu anderen Statuten berufen ist. Hiervon abzugrenzen ist die Beantwortung von Vorfragen.

34

---

64 Siehe Anhang 2 XIV.
65 Siehe Anhang 2 XV.
66 Siehe Anhang 2 XVI.
67 *Ferid* §§ 9–33 ff.

1. Vorfragen im internationalen Erbrecht

35 Vorfragen im internationalen Erbrecht stellen sich meist im Zusammenhang mit familienrechtlichen Beziehungen zum Erblasser, der Zugehörigkeit eines Vermögenswertes zum Nachlass und bei der Rechtsfähigkeit des Bedachten.[68]

36 Eine Vorfrage liegt dann vor, wenn ein **präjudizielles Rechtsverhältnis im Tatbestand einer ausländischen Sachnorm** zu beantworten ist. Das für die Vorfrage maßgebliche Recht ist gesondert, ausgehend von den deutschen Kollisionsnormen, zu bestimmen (selbstständige Anknüpfung).[69] Eine unselbstständige Anknüpfung von Vorfragen kann allerdings dann geboten sein, wenn das deutsche internationale Privatrecht für ein präjudizielles Rechtsverhältnis keine eigene Kollisionsnorm bereithält oder der äußere Entscheidungseinklang mit diesem Recht aus besonderen Gründen dem Interesse im inneren Entscheidungseinklang vorgeht.[70] Die unselbstständige Anknüpfung kommt insb. bei der Frage des Erwerbes oder Verlustes der Staatsangehörigkeit, des Namensrechtes oder bei staatsvertraglichen Kollisionsnormen vor.[71]

37 **Als Vorfragen im internationalen Erbrecht sind insb. zu beachten:**
- gem. Art. 13 Abs. 1, 3 S. 1 und 11 berufene Recht für die Gültigkeit einer Ehe;[72]
- gem. Art. 13 Abs. 1 analog die Existenz einer nichtehelichen Lebensgemeinschaft;
- gem. Art. 15 die Ausgestaltung des Güterstandes;
- gem. Art. 17 Abs. 1 ein nach dem berufenen Recht vorliegendes Scheidungsverschulden;
- gem. Art. 19 Abs. 1 die Ehelichkeit eines Kindes;
- gem. Art. 20 Abs. 1 die nichteheliche Abstammung;
- gem. Art. 19 Abs. 2, 20 Abs. 2 das Bestehen einer gesetzlichen Vertretungsmacht für die Ausschlagung einer Erbschaft;[73]
- gem. Art. 22 die Wirksamkeit einer Adoption;[74]
- gem. Art. 21 die Wirksamkeit einer Legitimation;[75]
- die Zugehörigkeit eines Vermögenswertes zum Nachlass.[76]

2. Beurteilung des Erbstatutes bei verheiratetem Erblasser

38 Bei der Beurteilung des Erbstatutes eines verheirateten Erblassers und der damit verbundenen Beendigung des Güterstandes ist das Erbstatut vom Güterrechtsstatut abzugrenzen, soweit es um die Beteiligung des Überlebenden am Vermögen des verstorbenen Ehegatten geht. Das Erbstatut erfasst nur solche Vermögenswerte, die nicht bereits wegen einer vorrangigen güterrechtlichen Auseinandersetzung dem überlebenden Ehegatten zugewiesen worden sind.[77] Sinn und Zweck ist die rechtliche Gleichbehandlung eines Güterstandes vor und nach dem Tod eines Gatten.

39 Die **kollisionsrechtliche Einordnung** des erhöhten gesetzlichen Erbteils nach § 1371 Abs. 1 BGB und vergleichbarer ausländischer Rechtsinstitute bereitet in den Fällen Schwierigkeiten, in denen das Erbstatut und das Güterrechtsstatut auseinanderfallen und sich die Frage stellt, ob § 1371 Abs. 1 BGB auch dann anwendbar ist, wenn der Erblasser nach ausländischem Recht beerbt wird.

---

68 *Staudinger/Dörner* EGBGB/IPR Art. 25 EGBGB Rn. 557.
69 *Palandt/Thorn* Einl. vor 3 EGBGB Rn. 29.
70 *Palandt/Thorn* Einl. vor 3 EGBGB Rn. 30.
71 *Palandt/Thorn* Einl. vor 3 EGBGB Rn. 30.
72 BGH NJW 1981, 1900 (1901).
73 LG Saarbrücken ZfJ 1991, 604.
74 BGH FamRZ 1989, 379.
75 IPG 1967/68 Nr. 63 (Heidelberg) 672.
76 *Schotten* Rn. 311; *Palandt/Thorn* Art. 25 EGBGB Rn. 17.
77 *Staudinger/Dörner* EGBGB/IPR Art. 25 EGBGB Rn. 135.

Ordnet man § 1371 Abs. 1 BGB erbrechtlich ein,[78] scheidet die Anwendung des § 1371 40
Abs. 1 BGB dann aus, wenn und soweit der Erblasser nach ausländischem Recht beerbt
wird. Gleiches gilt, wenn man den erhöhten gesetzlichen Erbteil sowohl güterrechtlich als
auch erbrechtlich einordnen möchte,[79] wäre § 1371 Abs. 1 BGB nicht anwendbar. Qualifiziert man § 1371 Abs. 1 BGB güterrechtlich,[80] erhöht sich der Erbteil des überlebenden
Ehegatten nur dann, wenn deutsches Güterrechtsstatut gem. Art. 15, 230, 236 EGBGB
berufen ist.

Folgt man der überwiegenden Meinung, dass § 1371 Abs. 1 BGB **güterrechtlich einzu-** 41
ordnen ist, ist in jedem Fall zu überprüfen, ob die unterschiedliche Anwendung von
Güter- und Erbrecht deshalb zu unbilligen Ergebnissen führt, weil der überlebende Ehegatte schlechter (Normenmangel) oder besser (Normenhäufung) gestellt wird, als er bei
vollständiger Anwendung jeder der beteiligten Rechtsordnungen gehen würde. In diesem
Fall ist eine Beteiligung am Nachlass des verstorbenen Ehegatten durch Angleichung so zu
korrigieren, dass er mindestens bzw. höchstens das erhält, was ihm nach jedem der beiden
Rechte für sich betrachtet zustünde.[81]

In der Beratungspraxis sollte besonderes Augenmerk darauf gerichtet werden, dass das 42
Erbstatut und das Güterrechtstatut ein unterschiedliches rechtliches Schicksal aufgrund
der unterschiedlichen Anknüpfung haben können. Es empfiehlt sich deshalb immer zu
überprüfen, ob die weitreichende Rechtswahl im Güterrecht gem. Art. 15 Abs. 3 EGBGB
mit dem Erbstatut in Einklang gebracht werden sollte.

Verstirbt ein ausländische(r) Staatsangehörige(r), der oder die mit einem oder einer 43
Deutschen im gesetzlichen Güterstand der Zugewinngemeinschaft verheiratet ist, kann die
Erbteilerhöhung gemäß § 1371 Abs. 1 BGB nur dann verwirklicht werden, wenn das ausländische Erbrecht eine solche Regelung kennt oder mit der deutschen Regelung vergleichbar ist.[82] Abgelehnt wird eine Quotenbildung bei der Anwendung von niederländischem
Recht,[83] bei schwedischem Recht,[84] aber auch bei der rumänischen Errungenschaftsgemeinschaft.[85]

3. Erbstatut/Gesellschaftsstatut

Das Erbstatut und das Gesellschaftsstatut haben ihren wesentlichen Berührungspunkt bei 44
der erbrechtlichen Übertragung von Gesellschaftsanteilen.

Das **Gesellschaftsstatut** unterliegt nach herrschender Meinung für Kapital- und Personengesellschaften dem Recht des Staates, in welchem die Gesellschaft ihren tatsächlichen 45
Verwaltungssitz hat.[86] Das Gesellschaftsstatut bestimmt die Außen- und Innenverhältnisse
einer Gesellschaft und geht dem Erbstatut insoweit vor, als das berufene Gesellschaftsstatut spezifische Regeln über eine gesellschaftsrechtliche Nachfolge von Todes wegen
kennt.[87] Das maßgebliche Recht für die Auflösung und Fortsetzung einer Gesellschaft
beim Tode eines Gesellschafters, ob eine Gesellschaftsbeteiligung überhaupt vererbt werden kann oder ein Abfindungs- oder Ausgleichsanspruch in den Nachlass fällt, bestimmt
daher das Gesellschaftsstatut.

---

78 *Schotten* Rn. 286 (Fn. 94).
79 OLG Düsseldorf MittRhNotK 1988, 69; *Schotten* EGBGB/IPR Rn. 287 ff.
80 BayObLGZ 1975, 155; 1980, 276; *Palandt/Thorn* Art. 15 EGBGB Rn. 26.
81 *Palandt/Thorn* Art. 15 EGBGB Rn. 26.
82 *Horn* ZEV 2008, 417; *Looschelders* IPrax 2009, 505.
83 OLG Stuttgart NJW-RR 2005, 740 ff.
84 OLG Frankfurt, Beschluss vom 20.10.2009 – 20 W 80/07 – BeckRS 2010, 01551.
85 OLG Düsseldorf ZEV 2009, 515 f.
86 *Palandt/Thorn* Anhang zu Art. 12 Rn. 2.
87 MüKoBGB/*Birk* Art. 25 EGBGB Rn. 183.

46 Bei der **Vererbung von Kapitalgesellschaftsanteilen** treten keine besonderen Probleme auf, denn der Rechtsnachfolger tritt nach Maßgabe des Erbstatutes in die gesellschaftsrechtliche Stellung des Erblassers ein.[88]

47 Bei der **Vererbung von Personengesellschaftsanteilen** ist beim Zusammentreffen von deutschem Gesellschaftsstatut und ausländischem Erbstatut im Einzelnen folgendes zu beachten:

48 Liegt eine **einfache Nachfolgeklausel** vor, dann erwerben Miterben den Anteil einer Personengesellschaft nicht in gesamthänderischer Verbundenheit, sondern jeweils einzeln in Höhe eines der Erbquote entsprechenden Kapitalanteils die Mitgliedschaftsrechte.[89] Ein erbrechtlich zu verteilender Abfindungsanspruch entsteht nicht.

49 Liegt eine **qualifizierte Nachfolgeklausel** vor, so treten die berufenen Miterben in vollem Umfang und nicht nur in Höhe ihrer Erbquote in den Anteil der Personengesellschaft ein.[90] Die womöglich gesellschaftsrechtlich entstehende Ausgleichspflicht unterliegt kollisionsrechtlich dem Gesellschaftsstatut.

50 Die **kollisionsrechtliche Beurteilung einer Eintrittsklausel** nach deutschem Recht richtet sich als gesellschaftsrechtlicher Vorgang nach dem Gesellschaftsstatut.[91] Sofern in einem Gesellschaftsvertrag einer Personengesellschaft die Vererblichkeit der Beteiligung ausdrücklich durch ein Eintrittsrecht oder konkludent ausgeschlossen ist, beurteilt sich die Wirksamkeit nach dem maßgeblichen Recht des Gesellschaftsstatutes.[92]

51 Steht ausdrücklich fest oder ist durch Auslegung ermittelt worden, dass eine Gesellschaftsbeteiligung vererblich ist, ist zu überprüfen, ob die Vererbung von Beteiligungen an Personengesellschaften als Einzelstatut dem Erbstatut vorgeht. Dies ist im deutschen Recht jedenfalls grundsätzlich der Fall.[93]

4. Erbstatut/Sachenrechtsstatut

52 Das Sachenrechtsstatut kann u.U. Vorrang vor dem Erbstatut genießen. Das Sachenrechtsstatut bestimmt sich grundsätzlich nach dem Ort der Belegenheit der betreffenden Sache (Art. 43 EGBGB). Die Abgrenzung zwischen Sachenrechtsstatut und Erbstatut stellt sich im Regelfall dann, wenn durch das Erbstatut ausländisches Recht berufen ist und entschieden werden muss, ob an inländischen Nachlassgegenständen ein dinglich wirkendes Nießbrauchsrecht des überlebenden Ehegatten am Gesamtnachlass oder an Bruchteilen entstehen kann.[94] Das deutsche Recht kennt allerdings ein gesetzliches Nießbrauchsrecht mit dinglicher Wirkung nicht, so dass die herrschende Meinung und Rechtsprechung die Entstehung eines gesetzlichen Nießbrauchsrechtes verneinen. Zu überprüfen ist jedoch eine Umdeutung des gesetzlichen Nießbrauchsrechtes in einen schuldrechtlichen Anspruch auf Bestellung eines Vermögensnießbrauchs.

5. Erbstatut/Adoptionsstatut

53 Umstritten ist ferner die Abgrenzung zwischen Erbstatut und Adoptionsstatut bei der kollisionsrechtlichen Einordnung des Erbrechtes eines Adoptivkindes. Die Rechtsprechung entnimmt dem Adoptionsstatut, ob zwischen dem Erblasser und dem Adoptivkind eine so starke Verwandtschaft besteht, wie sie das für das Erbstatut maßgebende Recht voraussetzt.[95] Zu prüfen ist insoweit immer, ob die Adoption in ihren Wirkungen einer

---

88 MüKoBGB/*Birk* Art. 25 EGBGB Rn. 178.
89 BGHZ 22, 192.
90 BGHZ 68, 238.
91 MüKoBGB/*Birk* Art. 25 EGBGB Rn. 186.
92 *Schotten* Rn. 335.
93 *Schotten* Rn. 335; *Staudinger/Dörner* EGBGB/IPR Art. 25 EGBGB Rn. 563 ff.
94 *Staudinger/Dörner* EGBGB/IPR Art. 25 EGBGB Rn. 40 ff. und 144 ff.
95 BGH FamRZ 1989, 378 (379).

Adoption funktionell gleichwertig ist, wie das Erbstatut sie voraussetzt. Wenn ja, ist das Adoptivkind am Nachlass des Erblassers zu beteiligen, soweit das ermittelte Erbstatut Adoptivkindern eine Beteiligung am Nachlass zuspricht.

V. Anwendungsbereich des Erbstatutes

1. Nach dem Erbstatut beurteilen sich grundsätzlich alle erbrechtlichen Fragen[96]

Nach dem Erbstatut beurteilen sich deshalb insbesondere, 54
- wann ein Erbfall eingetreten ist,[97]
- der Umfang des Nachlasses, also welche Aktiva und Passiva den Nachlass bilden,[98]
- der Berufungsgrund[99] sowie die Frage, ob der gesamte Nachlass oder nur einzelne Vermögensmassen vererbt werden,[100]
- unter welchen Voraussetzungen, auf welche Weise und zu welchem Zeitpunkt erbrechtliche Rechtspositionen erworben werden und wieder verlorengehen.[101]

2. Einzelprobleme (in alphabetischer Reihenfolge):

Erbfähigkeit: Durch Rechtsnachfolge von Todes wegen erwirbt nur, wer Träger von 55
Rechten und Pflichten sein kann. Die Erbfähigkeit beurteilt sich deshalb nach dem Erbstatut.[102] Das Erbstatut bestimmt auch, ob ein nasciturus erbfähig ist. Bei juristischen Personen richtet sich die Erbfähigkeit allerdings nach dem berufenen Gesellschaftsstatut.[103] Deshalb ist eine ausländische Stiftung, die erst nach dem Erbfall errichtet wird, erbfähig gem. § 1923 BGB, wenn sie nach ihrem Heimatrecht Rechtsfähigkeit erlangt hat.[104]

Erbschaftskauf: Der Erbschaftskauf ist nach deutschem Recht ein Verpflichtungsge- 56
schäft unter Lebenden, in dem sich ein Erbe zur Übertragung der ihm angefallenen Erbschaft bzw. der Miterbe zur Übertragung seines Erbteils verpflichtet, und das im Wege einer Einzelübertragung der verkauften Sachen und Forderungen erfüllt wird, §§ 2371, 2385 BGB. Dennoch wird der Erbschaftskauf nach h.M. dem Erbstatut unterstellt.[105] Die Form des Erbschaftskaufes wird gem. Art. 11 EGBGB angeknüpft.[106]

Erbvertrag: Die Gültigkeit und Wirkungen eines Erbvertrages unterliegen dem jewei- 57
ligen hypothetischen Erbstatut.[107] Die Form eines Erbvertrages richtet sich aus deutscher Sicht nicht nach dem Testamentsabkommen, sondern nach Art. 26 Abs. 4 EGBGB. Bei mehrseitigen Erbverträgen sind sämtliche in Betracht kommenden Erbstatute aller Verfügenden zu untersuchen. Sind diese unterschiedlich, müssen die jeweiligen Voraussetzungen aller maßgeblichen Rechte vorliegen,[108] damit der Inhalt des Erbvertrages zur Gänze wirksam ist. In der Beratungspraxis sollte bei Erbverträgen mit Fremdberührung darauf geachtet werden, dass diese durch entsprechende einseitige und äußerlich getrennte Testamente flankiert werden.[109]

---

96 *Palandt/Thorn* Art. 25 EGBGB Rn. 10.
97 *Soergel/Kegel* Vor Art. 24, Rn. 7.
98 *MüKoBGB/Birk* Art. 25 EGBGB Rn. 197.
99 *Staudinger/Dörner* EGBGB/IPR, Art. 25 EGBGB Rn. 102.
100 *Staudinger/Dörner* EGBGB/IPR, Art. 25 EGBGB Rn. 103.
101 *Staudinger/Dörner* EGBGB/IPR Art. 25 EGBGB Rn. 106.
102 *MüKoBGB/Birk* Art. 25 Rn. 202 f.
103 BayObLGZ 1965, 77, 85 f.
104 OLG München NGZ 2009, 917 für eine in der Schweiz errichtete Stiftung; zur Erbfähigkeit eines nichtrechtsfähigen Vereins s. FG Münster BeckRs 2007, 26022690.
105 *MüKoBGB/Birk* Art. 26 Rn. 163.
106 *Staudinger/Dörner* EGBGB/IPR Art. 25 EGBGB Rn. 437 ff.
107 *Reimann/Bengel/Mayer* Teil B IV Rn. 31.
108 *Palandt/Thorn* Art. 25 EGBGB Rn. 13.
109 *Reimann/Bengel/Mayer* Teil B IV Rn. 31.

58   **Erbverzicht:** Die Zulässigkeit und die Wirkungen eines Erbverzichts sind nach dem Erbstatut des Erblassers zu beurteilen,[110] auch wenn der Erbverzicht nach deutschem Recht keine Verfügung von Todes wegen ist. Gleiches gilt für den Verzicht auf Noterbrecht und Pflichtteil.

59   **Gemeinschaftliche Testamente:** Über die Gültigkeit und die Bindung gemeinschaftlicher Testamente entscheidet das hypothetische Erbstatut, mithin das Recht, das im Zeitpunkt der Verfügung auf die Rechtsnachfolge von Todes wegen anzuwenden wäre. Nachdem einige ausländische Rechtsordnungen gemeinschaftliche Testamente verbieten, ist zu klären, ob es sich bei dem Verbot um ein Form- oder Sachverbot handelt.[111] Sofern lediglich ein Formverbot (z.B. Frankreich, Niederlande, Schweiz und Spanien) vorliegt, wird meist aufgrund des Abkommens das auf die Form letztwilliger Verfügungen anzuwendende Recht vom 5.10.1961 ein anderer Anknüpfungspunkt gewählt werden können, so dass das Formverbot im Heimatland überwunden werden kann. Handelt es sich bei einem Verbot eines gemeinschaftlichen Testamentes um ein Sachverbot (z.B. Italien) ist ein solches Testament grundsätzlich nichtig. Allerdings ist zu untersuchen, ob dem Willen des Erblassers dadurch Geltung verschafft werden kann, dass dem nichtigen gemeinschaftlichen Testament durch Auslegung, z.B. einer konkludenten Rechtswahl gem. Art. 25 Abs. 2 EGBGB, zur Wirksamkeit in einzelnen Teilen verholfen werden kann. In einer Beratungspraxis sollte deshalb darauf geachtet werden, dass das gemeinschaftliche Testament bei einer möglichen Fremdberührung durch inhaltlich entsprechende, urkundlich getrennte, einseitige Testamente begleitet wird.

60   **Postmortale Vollmacht:** Die Erteilung einer post-, aber auch transmortalen Vollmacht beurteilt sich nicht nach dem Erbstatut, weil der Erblasser gerade keine erbrechtliche Anordnungen getroffen hat. Vielmehr ist das gesondert anzuknüpfende Vollmachtsstatut berufen.[112] Maßgeblich ist danach die Anknüpfung an das Recht des Landes in dem die Vollmacht ihre Wirkung entfaltet oder entfalten soll.[113] In einer Beratungspraxis ist darauf zu achten, dass ausländische Rechtsordnungen, z.B. Spanien, bestimmen, dass eine Vollmacht durch den Tod des Auftraggebers oder des Beauftragten erlöschen könnte, so dass mittels Rechtswahl, ein Vollmachtsstatut zu wählen ist, dass eine post- oder transmortale Vollmacht auch zulässt.[114]

61   **Schenkungsversprechen von Todes wegen:** Das Schenkungsversprechen von Todes wegen unterliegt bei lebzeitigem Vollzug der Schenkung dem Schenkungsstatut, anderenfalls dem Erbstatut.[115] Ob und wann die Schenkung vollzogen ist entscheidet das für den Rechtsübergang maßgebliche Statut.[116]

62   **Stellvertretung:** Die Stellvertretung bei letztwilligen Verfügungen und erbrechtlichen Rechtsgeschäften wird dem Erbstatut unterstellt und stellt keine Formfrage dar.[117] Dies ist zweckmäßig, denn das Erbrecht kennt häufig Abweichungen und Verschärfungen, wie das Verbot einer Stellvertretung.

63   **Teilungsanordnung mit dinglicher Wirkung:** Solche Teilungsanordnungen sind dem deutschen Recht unbekannt und sind deshalb in einen schuldrechtlichen Anspruch auf Zuweisung i.R.e. Erbauseinandersetzung umzudeuten.[118]

---

110 *Palandt/Thorn* Art. 25 EGBGB Rn. 13.
111 Ausführlich: *Staudinger/Dörner* EGBGB/IPR Art. 25 EGBGB Rn. 306 ff., zum deutschen gemeinschaftlichen Testament in Europa *Lehmann* ZEV 2007, 193.
112 *Staudinger/Dörner* EGBGB/IPR Art. 25 EGBGB Rn. 297.
113 BGHZ 43, 26; 64, 191.
114 *Kieser* ZErb 2008, 99; *Süß* ZEV 2008, 69.
115 *Schotten* Rn. 323.
116 *Palandt/Thorn* Art. 25 EGBGB Rn. 15.
117 BGHZ 50, 63 = NJW 1968, 157 f.
118 *Schotten* Rn. 332.

Testamentsvollstreckung: Die Anordnung der Testamentsvollstreckung und die 64
Rechtsstellung des Testamentsvollstreckers richten sich nach dem Erbstatut.[119] Ein ausländischer Testamentsvollstrecker ist deshalb nur dann befugt in Deutschland tätig zu werden, wenn im Inland belegene Nachlassgegenstände einem ausländischen Erbstatut unterliegen und dieses Recht für seine Amtsführung maßgeblich ist.[120]

Testierfähigkeit: Sie beurteilt sich nach Art. 7 Abs. 1 EGBGB, soweit sie von der 65
Geschäftsfähigkeit abhängig gemacht ist, mithin also das Heimatrecht des Testators.[121] Die Testierfähigkeit ist allerdings dann dem Erbstatut zu unterwerfen, soweit es sich um eine besondere, auf das Testieren abgestellte Fähigkeit handelt.[122]

Testierverträge: Bei Testierverträgen handelt es sich um schuldrechtliche Verträge, die 66
dazu verpflichten, eine Verfügung von Todes wegen zu errichten, nicht zu errichten, zu ändern oder zu widerrufen. Nach deutschem Recht sind solche Verträge gem. § 2302 BGB unwirksam. Trotzdem gibt es Rechtsordnungen, die diese Verträge als zulässig und üblich anerkennen. Die Zulässigkeit solcher Verträge bestimmt sich nach dem hypothetischen Erbstatut des Verpflichteten.[123] In der Beratungspraxis sollte darauf geachtet werden, bei Verfügungen von Todes wegen, bei denen eine Berührung mit dem anglo-amerikanischen Rechtskreis vorhersehbar ist, eine Bestimmung aufzunehmen, dass sie in gleicher Weise als schuldrechtliche Testierverträge gelten sollen und sich die Beteiligten entsprechend verpflichten. Diese Verpflichtung soll den Parteien auferlegen, die getroffenen Verfügungen nicht zu widerrufen, nicht zu ändern und nicht zu ergänzen sowie alles zu unternehmen, um den Inhalt der Verfügung zu einem Erfolg zu verhelfen. Es empfiehlt sich, die Verfügung und den Testiervertrag in gesonderten Urkunden, aber mit gleichem Wortlaut aufzunehmen, nicht jedoch wechselseitig auf den Inhalt der Urkunden zu verweisen.[124]

Verträge zugunsten Dritter auf den Todesfall: Durch diese Vertragskonstruktion wird 67
das Erbstatut meist verdrängt. Auf das Rechtsverhältnis zwischen dem Versprechenden und dem Versprechensempfänger (Deckungsverhältnis) ist das Recht anzuwenden, das den Vertragstyp beherrscht, auf das Rechtsverhältnis zwischen dem Versprechensempfänger und dem Dritten (Valutaverhältnis) das Recht, dem der Vertrag unterworfen ist, meist das Schenkungsstatut. Lediglich in den Fällen, in denen das Valutaverhältnis eine echte Schenkung von Todes wegen darstellt, ist das Erbstatut maßgebend.[125] In der Praxis sollte wegen der schon nach deutschem Recht oft schwierigen Rechtslage bei Testamenten und Erbverträgen mit Auslandsberührung nur bei eindeutiger Rechtslage und sehr guter Kenntnis des ausländischen Rechts Gebrauch gemacht werden.

Vermächtnisse mit dinglicher Wirkung: Das sog. Vindikationslegat, das in manchen 68
ausländischen Rechtsordnungen (z.B. Italien und Frankreich) vorgesehen ist, bewirkt, das ein Vermächtnisnehmer unmittelbar und ohne Mitwirkung der Erben kraft Gesetzes erwirbt. Solche Vermächtnisse widersprechen dem deutschen Grundsatz der Universalsukzession und sind deshalb in einen schuldrechtlichen Anspruch auf Einräumung eines dinglichen Rechtes (Damnationslegat) umzudeuten. Vindikationslegate können im Inland keine stärkere Wirkung als Vermächtnisse gem. §§ 2147 ff. BGB entfalten und sind deshalb auch nicht im Erbschein zu erwähnen.[126]

---

119 MüKoBGB/*Birk* Art. 26 Rn. 112 ff.
120 BGH WM 1969, 72 f.
121 BGH NJW 1967, 1177.
122 *Palandt/Thorn* Art. 25 EGBGB Rn. 16.
123 *Palandt/Thorn* Art. 25 EGBGB Rn. 13.
124 *Reimann/Bengel/Mayer* Teil B IV Rn. 15.
125 *Reimann/Bengel/Mayer* Teil B IV Rn. 44.
126 *Schotten* Rn. 331 und 347 m.w.N.

69 **Vertrag über den Nachlass eines noch lebenden Dritten:** Bei diesen Verträgen handelt es sich aus deutscher Sicht (§ 311 b Abs. 4, 5 BGB) um einen schuldrechtlichen Vertrag, so dass an das Vertragsstatut gem. Art. 27 und 28 EGBGB anzuknüpfen ist.[127]

70 **Vorzeitiger Erbausgleich:** Die Zulässigkeit wie auch die Wirkungen des vorzeitigen Erbausgleich richten sich nach dem hypothetischen Erbstatut des Vaters im Zeitpunkt der Durchführung des Ausgleichs,[128] wobei streitig ist, ob maßgeblicher Zeitpunkt die Wirksamkeit des Vertrages bzw. die Rechtskraft des Urteils oder die Geltendmachung des Anspruchs ist.[129]

VI. Internationales Verfahrensrecht in Erbschaftssachen

71 Liegt ein Erbrechtsfall mit Auslandsberührung vor, stellt sich die Frage der internationalen Entscheidungszuständigkeit deutscher Gerichte, wie auch die Anerkennung und Vollstreckbarerklärung ausländischer Erbrechtsentscheidungen in der Bundesrepublik Deutschland. Das europäische Gerichtsstands- und Vollstreckungsübereinkommen (EuGVÜ) findet allerdings gem. Art. 1 Abs. 2 Nr. 1 keine Anwendung, da es ausdrücklich nicht auf das Gebiet des Erbrechts einschließlich des Testamentsrechtes anzuwenden ist.

1. Internationales Zivilprozessrecht

72 Die internationale Zuständigkeit der deutschen Nachlassgerichte richtet sich nach der örtlichen Zuständigkeit, die in den §§ 105, 343 und 344 FamRG neu geregelt ist. Dem Gleichlaufgrundsatz, wonach deutsche Nachlassgerichte nur bei Geltung deutschen Sachrechtes zuständig sind, hat der Gesetzgeber eine Absage erteilt.[130]

73 Für erbrechtliche Streitigkeiten ergibt sich die örtliche und damit internationale Zuständigkeit insb. aufgrund der allgemeinen Zuständigkeitsnormen des § 12 ZPO (Wohnsitz des Beklagten), § 23 ZPO (besonderer Gerichtsstand des Vermögens und des Streitobjektes), § 27 ZPO (besonderer Gerichtsstand bei Erbfolge) sowie § 28 ZPO (erweiterter Gerichtsstand des § 27 ZPO).[131] Für Gestaltungsklagen, vorwiegend aus dem romanischen Rechtskreis, ergibt sich die internationale Zuständigkeit deutscher Gerichte aus der analogen Anwendung des § 27 Abs. 1 ZPO.[132]

2. Internationales Nachlassverfahrensrecht

74 **Vorrangige staatsvertragliche Zuständigkeiten** ergeben sich aus dem deutsch-türkischen Konsularvertrag vom 28.5.1929.[133] In § 8 der Anlage zu Art. 20 des Konsularvertrages ist geregelt, dass für Streitigkeiten infolge von Ansprüchen gegen den Nachlass bei den zuständigen Behörden des Landes, in dem sich der Nachlass befindet, anhängig zu machen und von diesen zu entscheiden sind. § 15 ordnet an, dass für Klagen, welche die Feststellung des Erbrechts, Erbschaftsansprüche, Ansprüche aus Vermächtnissen sowie Pflichtteilsansprüche zum Gegenstand haben, soweit es sich um beweglichen Nachlass handelt, bei den Gerichten des Staates anhängig zu machen, dem der Erblasser zur Zeit seines Todes angehörte, bei unbeweglichem Nachlass bei den Gerichten des Staates, in dessen Gebiet sich der unbewegliche Nachlass befindet.

75 Im Übrigen ist die internationale Zuständigkeit der deutschen Gerichte in Nachlasssachen dann gegeben, wenn ein deutsches Gericht örtlich zuständig ist, § 105 FamFG. Maß-

---

127 Nach a.A. soll über die Zulässigkeit eines solchen Vertrages das hypothetische Erbstatut entscheiden.
128 BGHZ 96, 262 = NJW 1986, 2190.
129 *Schotten* Rn. 327.
130 *Kroiß* ZEV 2009, 493.
131 *Kroiß* Internationales Erbrecht Rn. 108 m.w.N.
132 *Staudinger/Dörner* EGBGB/IPR Art. 25 EGBGB Rn. 779.
133 S. Anhang Rz. 21 ff.

geblich ist der Wohnsitz des Erblasser im Inland, fehlt ein solcher, kommt es auf den gewöhnlichen Aufenthalt an, § 343 Abs. 1 FamFG. Ist der Erblasser Deutscher und hatte er zur Zeit des Erbfalls im Inland weder Wohnsitz noch Aufenthalt, ist grundsätzlich das Amtsgericht Schöneberg zuständig, § 343 Abs. 2 FamFG. Ferner ergibt sich eine internationale Zuständigkeit deutscher Gerichte, wenn Nachlassgegenstände im Inland belegen sind. Dann ist jedes Gericht, in dessen Bezirk sich Nachlassgegenstände befinden, für alle Nachlassgegenstände zuständig, § 343 Abs. 3 FamFG. Wird ein Erbschein aufgrund der internationalen Unzuständigkeit eines deutschen Nachlassgerichtes erteilt, ist dieser inhaltlich unrichtig und daher einzuziehen.

Ergibt sich somit bei der Prüfung, dass deutsches materielles Erbrecht kollisionsrechtlich nicht berufen ist, sind deutsche Nachlassgerichte trotzdem international zuständig, wenn die örtliche Zuständigkeit gegeben ist. Das Nachlassgericht wird grundsätzlich gem. § 2369 Abs. 1 BGB einen Erbschein ausstellen. Gleiches gilt für die Erteilung von beschränkten Testamentsvollstreckerzeugnissen gem. § 2368 Abs. 3 BGB.[134] Anerkannt ist ferner für vorläufig sichernde Maßregeln, dass inländische Gerichte im Bedürfnisfall bei der Sicherung des inländischen Nachlasses eines Ausländers mitzuwirken haben, auch wenn ein ausländisches Erbstatut berufen ist.[135] Zudem ist die internationale Zuständigkeit durch die Rechtsprechung auch auf solche gerichtlichen Aufgaben, die mit der Erbscheinserteilung eng zusammenhängen, erweitert worden. Hierzu zählen die Annahme und Ausschlagung der Erbschaft gegenüber einem deutschen Gericht,[136] Bestellung eines Nachlasspflegers,[137] Errichtung eines Inventars,[138] Entlassung eines Testamentsvollstreckers,[139] Anordnung einer Nachlasspflegschaft zugunsten der Nachlassgläubiger,[140] Eröffnung einer Verfügung von Todes wegen eines Ausländers und Entgegennahme der unter Vorbehalt abgegebenen Erklärung der Annahme,[141] Annahme einer bedingten Erbserklärung,[142] Ablieferung und Verwahrung eines Testamentes[143] und die Anordnung einer Nachlassverwaltung zwecks Vermeidung einer Rechtsverweigerung.[144]

Die örtliche Zuständigkeit des Nachlassgerichtes ist unter Rz. 75 erörtert. Der Begriff des Wohnsitzes bestimmt sich nach den §§ 7–11 BGB. Es wird hierbei auf den gesamten Mittelpunkt der Lebensverhältnisse abgestellt.[145] Eine Anmeldung beim Einwohnermeldeamt wird nicht vorausgesetzt. Bei mehreren Wohnsitzen des Erblassers ist das zuerst befasste Gericht zuständig, § 2 Abs. 1 FamFG. »Befasst« i.S.d. Vorschrift ist ein Gericht, wenn es eine sachlich gebotene Verfügung trifft, wobei die Registrierung eines Antrags noch nicht ausreicht.

Funktionell zuständig beim Nachlassgericht ist im Rahmen des Erbscheinserteilungsverfahrens gem. § 16 Abs. 1 S. 6 RPflG, soweit die Anwendung ausländischen Rechtes in Betracht kommt oder ein gegenständlich beschränkter Erbschein gem. § 2369 BGB zu erteilen wäre, der Richter. Darüber hinaus kann sich eine Zuständigkeit des Richters für die Erteilung eines Erbscheins auch nach § 5 Abs. 2 RPflG ergeben.

---

134 *Palandt/Thorn* Art. 25 EGBGB Rn. 21.
135 *Palandt/Thorn* Art. 25 EGBGB Rn. 19.
136 BayObLGZ 1965, 423; ZEV 1994, 177.
137 BGHZ 49, 1.
138 BayObLGZ 1965, 423.
139 OLG Frankfurt a.M. OLGZ 1977, 180.
140 MüKoBGB/*Birk* Art. 26 Rn. 163.
141 *Staudinger/Dörner* EGBGB/IPR Art. 25 EGBGB Rn. 437 ff.
142 BayOLGZ 1980, 276.
143 KG OLGZ 18, 374.
144 BayObLGZ 1976, 151 (157).
145 BayObLGZ 1993, 89.

3. Anerkennung und Vollstreckung ausländischer Entscheidungen

79 Entscheidungen in erbrechtlichen Streitigkeiten können nicht gem. der Art. 25–45 EuGVÜ anerkannt und vollstreckt werden, da dieses Übereinkommen nach seinem Art. 1 Abs. 2 Nr. 1 nicht auf erbrechtlichem Gebiet anzuwenden ist.

80 Die Anerkennung von Urteilen in streitigen Zivilverfahren regelt § 328 ZPO, sofern keine staatsvertraglichen Regelungen vorgehen. Hier sind folgende bilateralen Staatsverträge vorrangig zu beachten:
- deutsch-schweizerisches Abkommen vom 2.11.1929,[146]
- deutsch-italienisches Abkommen vom 9.3.1936,[147]
- deutsch-belgisches Abkommen vom 30.6.1958,[148]
- deutsch-österreichischer Vertrag vom 6.6.1959,[149]
- deutsch-britisches Abkommen vom 14.7.1960,[150]
- deutsch-griechischer Vertrag vom 4.11.1961,[151]
- deutsch-niederländischer Vertrag vom 30.8.1962,[152]
- deutsch-spanischer Vertrag vom 14.11.1983.[153]

81 Die Vollstreckung von Urteilen in streitigen Verfahren richtet sich nach den §§ 722, 723 ZPO, sofern keiner der vorrangigen Staatsverträge eingreift.

82 Die **Anerkennung aller übrigen Entscheidungen** und Akte im Nachlassverfahren erfolgt über § 16 a FGG. Ob eine Entscheidung oder ein Akt im Nachlassverfahren vorliegt und deshalb der freiwilligen Gerichtsbarkeit zuzuordnen ist, entscheidet sich nach deutschen Rechtsvorstellungen (lex fori).[154] Die Anerkennung ausländischer Entscheidungen und Akte im Nachlassverfahren auf dem Gebiet der freiwilligen Gerichtsbarkeit setzt kein besonderes Anerkennungsverfahren voraus.[155]

83 Liegt ein anerkennungsfähiger Erbschein bzw. ein Testamentsvollstreckerzeugnis einem deutschen Nachlassgericht zur Entscheidung vor, ist es hieran jedoch nicht gebunden, da durch die Anerkennung keine Rechtskraftbindung entsteht.[156]

VII. Vorschlag der EU-Kommission für eine Erbrechtsverordnung (Rom IV-Verordnung) vom 14.10.2009

1. Allgemeines

84 Am 14.10.2009 hat die Kommission der Europäischen Gemeinschaften einen »Vorschlag für eine Verordnung des Europäischen Parlaments und des Rates über die Zuständigkeit, das anzuwendende Recht, die Anerkennung und die Vollstreckung von Entscheidungen und öffentlichen Urkunden in Erbsachen sowie zur Einführung eines europäischen Nachlasszeugnisses vorgelegt«. Es wird damit gerechnet, dass diese Erbrechtsverordnung im Jahre 2011, mit einigen Korrekturen, in Kraft treten wird. Die Erbrechtsverordnung gilt dann nach einer einjährigen Übergangsfrist für sämtliche dann eintretenden Erbfälle, Art. 51. Die Erbrechtsverordnung wird somit rückwirkend auf vorher verfasste letztwillige Verfügungen und Testamente angewendet werden. Nachdem die Erbrechtsverordnung eine grundlegend andere Anknüpfung des Erbstatutes, den gewöhnlichen Aufenthalt des

---

146 RGBl. 1930 II, 1066.
147 RGBl. 1937 II, 145.
148 BGBl 1959 II, 766.
149 BGBl 1960 II, 1246.
150 BGBl 1961 II, 301.
151 BGBl 1963 II, 109.
152 BGBl 1965 II, 27.
153 BGBl 1987 II, 35.
154 Zöller/Geimer § 328 Rn. 90.
155 BGH NJW 1989, 2197.
156 BayObLG NJW-RR 1991, 1098.

Erblassers, wählt, sind in der Gestaltungspraxis bereits heute entsprechende Vorkehrungen zu treffen, um unerwünschte Planungsfolgen auszuschließen.

2. Inhalt der geplanten Erbrechtsverordnung[157]

Die Erbrechtsverordnung ist wie folgt aufgebaut: 85
- Kapitel I (Art. 1 und 2): Anwendungsbereich und einzelne Begriffsbestimmungen.
- Kapitel II (Art. 2–15): Zuständigkeiten.
- Kapitel III (Art. 16–28): Anzuwendendes Recht.
- Kapitel IV (Art. 29–33): Anerkennung und Vollstreckung.
- Kapitel V (Art. 34 und 35): Öffentliche Urkunden
- Kapitel VI (Art. 36–44): Europäisches Nachlasszeugnis
- Kapitel VII (Art. 45–51): Allgemeine und Schlussbestimmungen
- Anhang I: Formblatt für einen Antrag auf Erteilung eines Europäischen Nachlasszeugnisses.
- Anhang II: Formblatt für ein Europäisches Nachlasszeugnis.

3. Anwendungsbereich der geplanten EU-Erbrechtsverordnung

a) Sachlicher Anwendungsbereich

Gemäß Art. 1 Nr. 1. ist die Rechtsnachfolge von Todeswegen erfasst, mithin sowohl die 86
gesetzliche als auch die gewillkürte Erbfolge. Die Reichweite des Erbstatus ist in Art. 19 ausdrücklich definiert.

Nicht umfasst von der EU-Erbrechtsverordnung sind die Vermögensnachfolge zu Lebzeiten, die Form von Verfügungen von Todeswegen gem. Art. 19 Nr. 2k), das Ehegüterrecht, das Sachenrecht gem. Art. 21 f. sowie das Gesellschafts- und Stiftungsrecht, aber auch Trusts und die Erbschafts- und Schenkungssteuer.

b) Räumlicher Anwendungsbereich

Die Erbrechtsverordnung gilt grundsätzlich für alle EU-Mitgliedsstaaten. Ausgenommen 87
sind wahrscheinlich Dänemark, Großbritannien und Irland. Gemäß Art. 25 kann diese auch zur Anwendung des Erbrechts von Drittstaaten führen.

c) Zeitlicher Anwendungsbereich

Der zeitliche Anwendungsbereich richtet sich nach Art. 50 Abs. 1. Danach gilt die Erb- 88
rechtsverordnung für die Rechtsnachfolge von allen Personen, die nach dem Beginn ihrer Anwendbarkeit verstorben sind. Wann eine Verfügung von Todeswegen errichtet worden ist und ob diese gegebenenfalls noch geändert werden kann, ist danach irrelevant.

d) Wesentliche Neuerungen

aa) Anknüpfung an den gewöhnlichen Aufenthalt

Die EU-Erbrechtsverordnung geht vom Grundsatz der Nachlasseinheit aus und macht 89
keine Unterscheidung zwischen beweglichen und unbeweglichen Nachlassgegenständen. Sie knüpft gem. Art. 16 an den gewöhnlichen Aufenthalt des Erblassers zum Zeitpunkt des Todes an. Was unter gewöhnlichem Aufenthalt gemäß Art. 16 zu verstehen ist, wird in der Erbrechtsverordnung selbst nicht definiert. Die vertragsautonome Auslegung des Begriffes gebietet einen Rückgriff auf die Rechtsprechung des EuGH,[158] wobei sich der gewöhnliche

---

157 Siehe Anhang 1 V; *Kindler* IPrax 2010, 44; Stellungnahme des Deutschen Anwaltvereins Erbrechtsausschuss von Januar 2010 (abrufbar unter www.anwaltverein.de); Stellungnahme des Deutschen Notarvereins von Januar 2010 (abrufbar unter www.dnotv.de).
158 Z.B. EuGH FamRZ 2009, 1571; *Süß* ZErb 2009, 342, 343.

Aufenthalt nicht immer so eindeutig bestimmen lassen wird wie die Staatsangehörigkeit. Unter gewöhnlichem Aufenthalt ist grundsätzlich der Ort zu verstehen, an dem der Erblasser den Mittelpunkt seiner Lebensinteressen hatte. Indizien hierfür sind Dauer, Regelmäßigkeit und sonstige Umstände des Aufenthalts, familiäre und soziale Bindungen, aber auch besondere Gründe für seinen Aufenthalt.

90 Der Wechsel des gewöhnlichen Aufenthaltes kann somit zu einem Wechsel des Erbstatuts führen. Die Anküpfung an den gewöhnlichen Aufenthalt ist eine Sachnormverweisung, Art. 26. Damit kann sich nicht nur die Rechtsnachfolge ändern, sondern alle damit vom Erbstatut umfassten Fragen, wie z.B. das Pflichtteilsrecht oder die Zulässigkeit von Pflichtteilsverzichten. Besondere Gestaltungen der Rechtsnachfolge könnten dadurch absichtlich oder unabsichtlich ausgehebelt werden.

91 **Praxistipp**: Die EU-Erbrechtsverordnung führt zu einer faktischen Rückwirkung. Bei der Gestaltung von Verfügungen von Todeswegen empfiehlt es sich die Anknüpfungen der Erbrechtsverordnung vor deren in Kraft treten bereits zu berücksichtigen.

bb) Erbrechtliche Rechtswahl

92 Die Erbrechtsverordnung sieht eine beschränkte Möglichkeit der Rechtswahl vor. Gemäß Art. 17 Nr. 1 kann nur das Recht des Staates gewählt werden, dessen Staatsangehörigkeit der Erblasser besitzt. Nicht geklärt sind wesentliche Fragen: welche Rechtsordnung können Personen mit mehreren Staatsangehörigkeiten wählen? Ist die Staatsangehörigkeit im Errichtungszeitpunkt maßgeblich oder kommt es auf die Staatsangehörigkeit im Zeitpunkt des Erbfalls an? Welche Formvorschrift gilt für die Rechtswahl?

Die Rechtswahl bezieht sich immer auf den gesamten Nachlass. Eine Teilrechtswahl wie sie Art. 25 Abs. 2 EGBGB vorsieht, ist unter der Erbrechtsverordnung unzulässig. Eine bereits erfolgte Rechtwahl könnte deshalb nachträglich unzulässig werden. Für eine Anpassung sollte bereits frühzeitig gesorgt werden.

Die Rechtswahl muss zwingend in einer formwirksamen Verfügung von Todes wegen erfolgen, Art. 17 Nr. 2.

Praxistipp: In Verfügungen von Todes wegen sollte möglicherweise schon heute eine vorsorgliche Rechtswahl zu Gunsten des Rechtes der Staatsangehörigkeit aus Rechtssicherheitsgründen vorgenommen werden.

cc) Erbverträge und gemeinschaftliche Testamente

93 Die Erbrechtsverordnung unterscheidet bei der Ermittlung des Erbstatutes in Art. 18 danach, ob der Erbvertrag den Nachlass einer oder mehrerer Personen betrifft. Zur Form von Erbverträgen findet sich keine Regelung, so dass es weiterhin beim nationalen IPR verbleibt, denn das Haager Testamentsformübereinkommen gilt nicht für Erbverträge.

Die Erbrechtsverordnung enthält keine Regelung zum gemeinschaftlichen Testament, aber eine Begriffsbestimmung in Art. 2 d. Die Regelung für Erbverträge soll nach der Begründung für gemeinschaftliche Testamente Anwendung finden.

dd) Verfahren

94 Die internationale Zuständigkeit staatlicher Stellen richtet sich nach dem letzten gewöhnlichen Erblasseraufenthalt, Art. 4. Dies führt zukünftig zu einem Gleichlauf von forum und lex. Es handelt sich um eine ausschließliche Zuständigkeit.

Im Kapitel IV. ist die Anerkennung und Vollstreckung erbrechtlicher Entscheidungen und Urkunden vorgesehen. Ob ein nach den Vorschriften des BGB erstellter Erbschein unter diese Vorschriften fällt, ist unklar.

Ferner gibt es Regelungen über ein Europäisches Nachlasszeugnis, das den Wirkungen eines Erbscheins oder Testamentsvollstreckerzeugnis ähneln soll, Art. 36. Ein solches Nachlasszeugnis gilt aber nur im räumlichen Anwendungsbereich der Erbrechtsverordnung.

ee) Gestaltungshinweise

Die Erbrechtsverordnung wird mit der Anknüpfung an den letzten gewöhnlichen Aufenthalt des Erblassers in Kraft treten. Es empfiehlt sich deshalb bereits heute schon folgende Überlegungen zu treffen:

Deutsche, die bereits im Ausland leben oder einen Wegzug in Erwägung ziehen, sollten eine ausdrückliche vorsorgliche Rechtswahl zugunsten des deutschen Rechtes in ihre Verfügung von Todes wegen aufnehmen. Ansonsten könnte bei einem Aufenthaltswechsel ins Ausland die Gefahr bestehen, dass eine nach deutschem Recht gestaltete Verfügung von Todes wegen nur noch an einem ausländischen Recht gemessen wird und unerwünschte Rechtswirkungen erzeugt.

Hat ein Ausländer für eine Inlandsimmobilie eine Rechtswahl gem. Art. 25 Abs. 2 EGBGB getroffen, wird diese unwirksam werden, denn die Erbrechtsverordnung sieht lediglich eine Rechtswahl über den gesamten Nachlass vor. Zu prüfen wäre eine Wiederholungen der Rechtswahl unter Berücksichtigung der Erbrechtsverordnung

Die Erbrechtsverordnung regelt ferner nicht die Bindungswirkung gemeinschaftlicher Testamente. Verbleibt es bei dieser (Nicht-)Regelung, könnte sich ein überlebender Ehepartner der erbrechtlichen Bindung eines Ehegattentestamentes durch Wegzug in das EU-Ausland, z.B. Frankreich oder Italien, entziehen. Bei Berliner Testamenten ist die Schlusserbenstellung von enterbten Kindern unter dieser Prämisse nicht mehr gesichert. Es müsste ihnen geraten werden, beim ersten Erbfall den Pflichtteil geltend zu machen.

VIII. Beratungshinweise

1. Neun Grundsätze für die erbrechtliche Beratung mit Auslandsberührung

- Erbrechtssituation sowohl aus Sicht des deutschen als auch des in Betracht kommenden ausländischen IPR beurteilen!
- Überprüfen, dass auch Formerfordernisse des Belegenheitsstaates gewahrt sind!
- Nur im Falle einer eindeutigen Nachlassspaltung eine territorial beschränkte Erbeinsetzung empfehlen!
- Vorsicht bei der Empfehlung von gemeinschaftlichen Testamenten und Erbverträgen!
- Auf Doppelstaatsangehörigkeiten achten!
- Bei Wechsel einer Staatsangehörigkeit oder des Wohnsitzes, kann sich das materielle Erbrecht ändern!
- Gestaltungsmöglichkeiten durch Forumshopping überprüfen!
- Fremdenrechtliche Belange überprüfen!
- Auswirkungen nach der EU-Erbrechtsverordnung prüfen!

2. Checkliste für die Sachverhaltserfassung bei Erbfall mit Auslandsberührung

Bei einem Erbrechtsfall mit Auslandsberührung muss der übliche Fragenkatalog[159] entsprechende Ergänzungen erfahren. Deshalb empfiehlt es sich, zusätzlich folgendes abzufragen:

> 1. Welche Nationalität(en), ggf. unter Einschluss der deutschen, hat der Erblasser bzw. der Mandant? Liegt ein Fall der doppelten Staatsangehörigkeit gem. § 4 Abs. 3 StAG vor: Hat der Mandant bzw. Erblasser sein Wahlrecht gem. § 29 StAG ausgeübt? Wenn ja, für welche Staatsangehörigkeit? Wo liegt der gewöhnliche Aufenthalt gem. Art. 16 der EU-Erbrechtsverordnung?

---

159 Z.B. *Kersten/Bühling* § 109 Abs. 1, 1383.

2. Ist keine Staatsangehörigkeit zu ermitteln: Wo hat der Mandant bzw. Erblasser seinen gewöhnlichen oder schlichten Aufenthaltsort? Ist er internationaler Flüchtling?
3. Hat der Erblasser Asylantrag in der Bundesrepublik Deutschland gestellt? Wie ist dieser Asylantrag verbeschieden worden?
4. Wo ist der Wohnsitz des Erblassers? Hat der Erblasser ggf. mehrere Wohnsitze?
5. Hat der Erblasser Auslandsvermögen, insb. Grundstücke, die im Ausland belegen sind? Im Hinblick auf eine eingetretene Nachlassspaltung empfiehlt sich nicht nur eine geographische, sondern auch eine aktenmäßig individuelle Behandlung und Gliederung der einzelnen Vermögensgegenstände.
6. Hat der Erblasser das Vermögen direkt oder indirekt (z.B. durch Treuhandschaften) gehalten? Welches Vermögen hat er unmittelbar gehalten?
7. Welche Staatsangehörigkeiten und Wohnsitze haben der Ehegatte und die Kinder des Erblassers?
8. Genaue Sachverhaltsdarstellung des ersten gemeinsamen Ehewohnortes und des Eheschließungsortes sowie Ermittlung des Hochzeitsdatums;
9. In welchem Güterstand hat der Erblasser gelebt?
10. Staatsangehörigkeiten/Wohnsitze/gewöhnliche Aufenthaltsorte der nächsten Angehörigen, der als Erben/Vermächtnisnehmer/Testamentsvollstrecker etc. vorgesehenen Personen.[160]

3. Checkliste für die Anwendung des deutschen internationalen Privatrechtes

98 Die erforderlichen Gedankenschritte zur Anwendung des deutschen internationalen Privatrechtes in einem internationalen Erbrechtsfall ergeben folgendes Prüfungsschema:[161]

1. Liegt ein Sachverhalt mit Auslandsberührung vor: Besaß der Erblasser nicht die deutsche Staatsangehörigkeit und/oder befinden sich Nachlassgegenstände im Ausland und/oder ist ausländisches Erbrecht auf im Inland belegene Gegenstände anzuwenden?
2. Qualifikation (Einordnung) der Rechtsfrage aus deutscher Sicht unter Erbrecht. Die Qualifikation bestimmt sich nach der lex fori.[162] Abgrenzung der Rechtsfrage vom Güterrechtsstatut, Gesellschaftsrechtsstatut etc.
3. Greift einer der im internationalen Erbrecht vorrangigen staatsvertraglichen Regelungen ein? Ist der räumliche, sachliche, persönliche und zeitliche Anwendungsbereich des Staatsvertrages gegeben? Die Rechtsbegriffe des anwendbaren Übereinkommens sind autonom zu qualifizieren und Vorfragen unselbstständig anzuknüpfen!
4. Greift kein Staatsvertrag ein: Ist altes oder neues Internationales Privatrecht anwendbar, Art. 220 Abs. 1 EGBGB?
5. Sofern die Anwendbarkeit von Art. 25 EGBGB geklärt ist, muss eine vorrangige zulässige Rechtswahl gem. Art. 25 Abs. 2 EGBGB beachtet werden.
6. Liegt keine vorrangige zulässige Rechtswahl vor, sind die Anknüpfungstatbestände des Art. 25 Abs. 1 EGBGB (Staatsangehörigkeit etc.) zu klären:
   a) Feststellung der Staatsangehörigkeit; vgl. Ziff. II;
   b) Wohnsitz oder »domicile«: Wird an das »domicile« angeknüpft, sind (meist versteckte) Rück- und Weiterverweisungen zu beachten.

---

160 *Von Oertzen* ZEV 1995, 167 ff.
161 Allg.: *Hüßtege* S. 9, 10; *Horn* ZEV 2008, 73.
162 *Palandt/Thorn* Einl. vor Art. 3 EGBGB Rn. 27.

c) Gewöhnlicher Aufenthalt: Hierbei handelt es sich um den Daseinsmittelpunkt einer Person.
7. Besitzt der Erblasser eine ausländische Nationalität, muss das ausländische Recht einschließlich dessen Internationales Privatrecht ermittelt werden, Art. 4 Abs. 1 EGBGB.
8. Prüfung des ausländischen IPR, ob Rückverweisung auf Art. 25 EGBGB oder Weiterverweisung auf eine andere ausländische Rechtsnorm als IPR-Verweisung, eine Sachnormverweisung oder eine Qualifikation ausländischer Rechtsinstitute nach dortigem Recht vorzunehmen ist. Ist die IPR-Verweisung durch Art. 4 Abs. 2 oder Art. 35 Abs. 1 EGBGB ausgeschlossen?
9. Unteranknüpfung bei Mehrrechtsstaaten beachten, Art. 4 Abs. 3 bzw. Art. 35 Abs. 2 EGBGB.
10. Vorrang des Einzelstatuts beachten, Art. 3 Abs. 3 EGBGB.
11. Bei Anwendung ausländischen Rechts Vorfragen beachten. Vorfragen sind selbstständig anzuknüpfen.
12. Schranken gegenüber der Anwendung ausländischen Rechts (ordre public), Art. 6 EGBGB:[163] Die Voraussetzungen sind kumulativ:
   a) Offensichtliche Unvereinbarkeit mit wesentlichen Grundsätzen des deutschen Rechts, insb. mit den Grundrechten;
   b) Anwendungsergebnis ist im konkreten Fall unerträglich;
   c) Binnenbeziehung ist notwendig;
   Falls Verstoß gegeben: Lücke durch ausländisches Recht schließen, hilfsweise deutsches Recht.
13. Europarechtliche Diskriminierung[164]

4. Formulierungsvorschläge für eine Rechtswahl zur Bestimmung des Erbstatuts nach *Schotten*

a) Rechtswahl durch einseitige Erklärung (deutsche/ausländische Staatsangehörigkeit)[165]

Ich bin über die Grundzüge des deutschen Erbrechts belehrt worden und erkläre Nachfolgendes:

Für die Erbfolge in mein gesamtes im Inland belegenes unbewegliches Vermögen wähle ich das deutsche Recht. Darüber hinaus wähle ich – soweit eine solche Rechtswahl derzeit bereits zulässig ist oder bis zum Eintritt des Erbfalls zulässig wird – auch für die Erbfolge in mein gesamtes sonstiges Vermögen das deutsche Recht.

b) Rechtswahl durch Erbvertrag

aa) Beide Erblasser sind ausländische Staatsangehörige[166]

Nachdem wir über die Grundzüge des deutschen Erbrechts belehrt worden sind, erklären wir:
Jeder von uns wählt für die Erbfolge in sein gesamtes im Inland belegenes unbewegliches Vermögen das deutsche Recht. Darüber hinaus wählt jeder von uns – soweit eine solche Rechtswahl derzeit bereits zulässig ist oder bis zum Eintritt des Erbfalls zulässig wird – auch für die Erbfolge in sein gesamtes sonstiges Vermögen das deutsche Recht.

---

[163] Rechtsprechungs- und Meinungsübersicht bei *Staudinger/Dörner* EGBGB/IPR Art. 25 EGBGB Rn. 690 ff.
[164] MüKoBGB/*Birk* Art. 25, Rn. 414 ff.
[165] *Schotten* Rn. 360.
[166] *Schotten* Rn. 361.

Wir nehmen diese Rechtswahl gegenseitig an und treffen sie – soweit rechtlich zulässig – mit erbvertraglich bindender Wirkung. Wir sind über die Bindung belehrt worden. Ein jeder von uns behält sich jedoch das Recht vor, einseitig von dieser mit erbvertraglich bindender Wirkung getroffenen Rechtswahl zurückzutreten, falls er der Überlebende von uns ist oder falls die nachstehenden unter Ziffer ... auf der sachrechtlichen Ebene mit erbvertraglich bindender Wirkung getroffenen Verfügungen von Todes wegen aufgehoben oder unwirksam werden sollten.

Sollte die Rechtsfolge mit erbvertraglich bindender Wirkung nicht zulässig sein, trifft jeder von uns diese Rechtswahl einseitig und mit rein testamentarischer Wirkung.

bb) Ein Erblasser ist ausländischer, der andere deutscher Staatsangehöriger[167]

101 Nachdem wir über die Grundzüge des deutschen Erbrechts belehrt worden sind, erklären wir:

Ich, (Name des ausländischen Staatsangehörigen), wähle für die Erbfolge in mein gesamtes im Inland belegenes unbewegliches Vermögen das deutsche Recht. Darüber hinaus wähle – soweit eine Rechtswahl derzeit bereits zulässig ist oder bis zum Eintritt des Erbfalls zulässig wird – ich auch für die Erbfolge in mein gesamtes sonstiges Vermögen das deutsche Recht.

Wir nehmen diese Rechtswahl gegenseitig an und treffen sie – soweit rechtlich zulässig – mit erbvertraglich bindender Wirkung. Wir sind über die Bindung belehrt worden. Ich (Name des ausländischen Staatsangehörigen) behalte mir jedoch das Recht vor, einseitig von dieser mit erbvertraglich bindender Wirkung getroffenen Rechtswahl zurückzutreten, falls ich der Überlebende von uns bin oder falls die nachstehend unter Ziffer ... auf der sachrechtlichen Ebene mit erbvertraglich bindender Wirkung getroffenen Verfügungen von Todes wegen aufgehoben oder unwirksam werden sollten.

Sollte die Rechtswahl mit erbvertraglich bindender Wirkung nicht zulässig sein, treffe ich (Name des ausländischen Staatsangehörigen) diese Rechtswahl einseitig und mit rein testamentarischer Wirkung.

5. Vorschlag für Belehrungshinweis des Notars

102 § 17 Abs. 3 BeurkG verpflichtet den deutschen Notar bei der Beurkundung einer Rechtswahl nur, darauf hinzuweisen, dass durch eine Rechtswahl eine Nachlassspaltung eintreten kann und das bei objektiver Anknüpfung maßgebende Erbstatut die Rechtswahl möglicherweise nicht anerkennt. Der deutsche Notar ist ferner nicht verpflichtet zu prüfen, ob das deutsche Recht bereits aufgrund einer Rückverweisung durch das Heimatrecht des Erblassers Anwendung finden kann. Deshalb braucht ein deutscher Notar nicht über das bei objektiver Anknüpfung zur Anwendung gelangende Kollisions- und Sachrecht zu ermitteln und darüber zu belehren.[168] Danach orientiert sich der nachstehende Vorschlag eines Belehrungshinweises für eine Rechtswahl in einem Testament oder Erbvertrag.

103 Formulierungsvorschlag:

> Nach dem Willen der Beteiligten sollen sämtliche Regelungen dieser Urkunde unabhängig voneinander und, soweit möglich, ohne Rücksicht auf das jeweils anwendbare Recht, jedenfalls aber im Inland gelten.
> Die Beteiligten wissen, dass fremdes Recht formell oder materiell einwirken kann, was vor allem zur ganzen, teilweisen oder beschränkten Unwirksamkeit oder auch zur Nichtanerkennung außerhalb der Bundesrepublik Deutschland führen könnte.

---

167 *Schotten* Rn. 361.
168 *Staudinger/Dörner* EGBGB/IPR Art. 26 EGBGB Rn. 54 m.w.N.

> Das zu einer etwa möglichen Wirksamkeit, Anerkennung, Drittwirkung oder dergleichen nach etwa anwendbarem fremden Recht Nötige besorgen die Beteiligten selbst. Über die rechtliche Tragweite der Rechtswahl sowie aller sonstigen Vereinbarungen dieser Urkunde wurden die Beteiligten belehrt.
> Die Beteiligten wissen, dass Auslandsberührung gegeben sein kann und durch die hier getroffene Rechtswahl möglicherweise eine Nachlassspaltung entsteht.
> Der Notar kennt nur das deutsche Recht, aber keine fremden Rechtsordnungen; er hat über den Inhalt fremder Rechtsordnungen weder belehrt, noch Auskunft erteilt, noch beraten; dem Notar wurde ein dahin gehender Beratungs- oder Betreuungsauftrag nicht erteilt.
> Die Beteiligten wurden auf die Möglichkeit eines Gutachtens durch ein Universitätsinstitut hingewiesen. Sie wünschen die Beurkundung in dieser Form und mit diesem Inhalt und nehmen alle damit verbundenen Risiken in Kauf; sie verzichten auf die Haftung des Notars in diesem Zusammenhang.

Art. 26 EGBGB Verfügungen von Todes wegen

(1) Eine letztwillige Verfügung ist, auch wenn sie von mehreren Personen in derselben Urkunde errichtet wird, hinsichtlich ihrer Form gültig, wenn diese den Formerfordernissen entspricht,
1. Des Rechts eines Staates, dem der Erblasser ungeachtet des Art. 5 Abs. 1 im Zeitpunkt, in dem er letztwillig verfügt hat, oder im Zeitpunkt seines Todes angehörte,
2. Des Rechts des Ortes, an dem der Erblasser letztwillig verfügt hat,
3. Des Rechts eines Ortes, an dem der Erblasser im Zeitpunkt, in dem er letztwillig verfügt hat, oder im Zeitpunkt seines Todes seinen Wohnsitz oder gewöhnlichen Aufenthalt hatte,
4. Des Rechts des Ortes, an dem sich unbewegliches Vermögen befindet, soweit es sich um dieses handelt, oder
5. Des Rechts, das auf die Rechtsnachfolge von Todes wegen anzuwenden ist oder im Zeitpunkt der Verfügung anzuwenden wäre.

Ob der Erblasser an einem bestimmten Ort seinen Wohnsitz hatte, regelt das an diesem Ort geltende Recht.

(2) Abs. 1 ist auch auf letztwillige Verfügungen anzuwenden, durch die eine frühere letztwillige Verfügung widerrufen wird. Der Widerruf ist hinsichtlich seiner Form auch dann gültig, wenn diese einer der Rechtsordnungen entspricht, nach denen die widerrufene letztwillige Verfügung gem. Abs. 1 gültig war.

(3) Die Vorschriften, welche die für letztwillige Verfügungen zugelassenen Formen mit Beziehung auf das Alter, die Staatsangehörigkeit oder andere persönliche Eigenschaften des Erblassers beschränken, werden als zur Form gehörend angesehen. Das gleiche gilt für Eigenschaften, welche die für die Gültigkeit einer letztwilligen Verfügung erforderlichen Zeugen besitzen müssen.

(4) Die Abs. 1 bis 3 gelten auch für andere Verfügung von Todes wegen entsprechend.

(5) Im Übrigen unterliegen die Gültigkeit der Errichtung einer Verfügung von Todes wegen und die Bindung an sie dem Recht, das im Zeitpunkt der Verfügung auf die Rechtsnachfolge von Todes wegen anzuwenden wäre. Die einmal erlangte Testierfähigkeit wird durch Erwerb oder Verlust der Rechtsstellung als Deutscher nicht beeinträchtigt.

Übersicht

		Rz.			Rz.
I.	Allgemeines	1	IV.	Art. 26 Abs. 1–3 EGBGB	32
II.	Zeitlicher Anwendungsbereich	2	V.	Andere Verfügungen von Todes wegen gem. Art. 26 Abs. 4 EGBGB	38
III.	Vorrangige Staatsverträge	3	VI.	Art. 26 Abs. 5 EGBGB	39
	1. Haager Übereinkommen	3		1. Art. 26 Abs. 5 S. 1 EGBGB	39
	2. Deutsch-türkisches Nachlassabkommen	4		2. Art. 26 Abs. 5 S. 2 EGBGB	43
	3. Kommentierung des Haager Übereinkommens über das auf die Form letztwilliger Verfügungen anzuwendende Recht vom 5.10.1961	5			

I. Allgemeines

1 Die Form letztwilliger Verfügungen ist als Teilfrage selbstständig anzuknüpfen und daher vom Erbstatut zu trennen. Sinn und Zweck der durch Art. 26 Abs. 1 Nr. 1–5 EGBGB und Art. 1 Haager Übereinkommen über das auf die Form letztwilliger Verfügungen anzuwendende Recht ist die Schaffung einer Anknüpfungsprüfung, um die Formgültigkeit einer letztwilligen Verfügung von Todes wegen zu begünstigen und sicherzustellen (favor testamenti). Auch wenn Art. 26 Abs. 1–3 EGBGB inhaltsgleich mit dem Haager Übereinkommen über das auf die Form letztwilliger Verfügung anzuwendende Recht ist, haben diese Vorschriften nur gemeinsam, dass es sich hierbei um Sachnormverweisungen handelt, so dass Rück- und Weiterverweisungen nicht in Betracht kommen.[1] Eine Ausnahme gilt für die akzessorische Anknüpfung in Art. 26 Abs. 1 Nr. 5 EGBGB, denn sie soll sicherstellen, dass auch die Erfüllung der Formvorschriften eines durch Rück- oder Weiterverweisung berufenen Erbstatuts ausreichend ist.[2]

II. Zeitlicher Anwendungsbereich

2 Der zeitliche Anwendungsbereich ist für die Bestimmung des Formstatutes höchst sorgsam zu ermitteln, da zwischen autonomem Kollisionsrecht und der staatsvertraglichen Regelung des Haager Übereinkommens über das auf die Form letztwilliger Verfügungen anzuwendende Recht vom 5.10.1961 zu trennen ist. Dieses Übereinkommen ist für die Bundesrepublik Deutschland am 1.1.1966 in Kraft getreten.[3] Das Haager Übereinkommen erfasst nach seinem Art. 8 alle Fälle, in denen der Erblasser nach dem 31.12.1965 verstorben ist. Der zeitliche Anwendungsbereich ist daher wie folgt abzugrenzen:
– Ist der Erblasser vor dem 1.1.1966 verstorben, so ist das autonome deutsche Kollisionsrecht, Art. 11 EGBGB a.F. für Testamente und Erbverträge anzuwenden. Auch hier ist das Verbot des Erbvertrages und gemeinschaftlichen Testamentes im romanischen Rechtskreis zu beachten.[4]
– Ist der Erblasser nach dem 31.12.1965 gestorben und auch die Testamentserrichtung nach diesem Datum erfolgt, bestimmt sich die Form der letztwilligen Verfügung nach Art. 1 und 3 des Haager Übereinkommens.
– Ist der Erblasser nach dem 31.12.1965 gestorben, hatte aber vor Inkrafttreten des Haager Übereinkommens eine letztwillige Verfügung errichtet, bestimmt sich das Formstatut ebenfalls nach Art. 1 und 3 dieses Übereinkommens, denn das Haager Übereinkommen geht als staatsvertragliche Regelung autonomem Kollisionsrecht gem. Art. 6 des Übereinkommens vor. Zudem ergibt sich aus Art. 13 des Übereinkommens, dass jeder Vertragsstaat sich das Recht vorbehalten kann, das Haager Übereinkommen nur auf

---

1 *Palandt/Thorn* Art. 26 EGBGB Rn. 2.
2 BTDrs. 10/5632, 44.
3 Bekanntmachung vom 29.12.1965 – BGBl 1966 II, 11.
4 MüKoBGB/*Spellenberg* Art. 11 Rn. 25.

letztwillige Verfügungen anzuwenden, die nach dessen Inkrafttreten errichtet worden sind. Die Bundesrepublik Deutschland hat einen solchen Vorbehalt nicht erklärt.
– Für das Gebiet der ehemaligen DDR gilt folgendes: Die ehemalige DDR ist dem Haager Übereinkommen ohne Erklärung eines zeitlichen Vorbehalts gem. Art. 13 mit Wirkung zum 21.9.1974 beigetreten. Daher spielt das Datum der Wiedervereinigung keine praktische Rolle für die Abgrenzung des Formstatutes für letztwillige Verfügungen, die auf dem Gebiet der ehemaligen DDR errichtet worden sind.

III. Vorrangige Staatsverträge

1. Haager Übereinkommen

Das Haager Übereinkommen über das auf die Form letztwilliger Verfügungen anzuwendende Recht vom 5.10.1961 verdrängt gem. Art. 3 Nr. 2 EGBGB in seinem räumlichen und sachlichen Geltungsbereich die autonomen Kollisionsregeln des Art. 26 Abs. 1 bis 3 EGBGB.[5] Soweit das Haager Übereinkommen Weiterverweisungen ausspricht, handelt es sich um Sachnormverweisungen.[6] Dies gilt auch für die in Art. 5 S. 1 des Haager Abkommens angesprochenen persönlichen Eigenschaften des Erblassers wie die Frage der Minderjährigkeit sowie die Benutzung einzelner Arten von letztwilligen Verfügungen. Hiervon zu trennen ist die Testierfähigkeit, die nicht zur Form gehört und deshalb nicht dem Haager Abkommen unterworfen ist. Es finden also nur Art. 26 Abs. 4 und 5 EGBGB unmittelbare Anwendung.[7]

2. Deutsch-türkische Nachlassabkommen

Das deutsch-türkische Nachlassabkommen wird im Geltungsbereich des Haager Übereinkommens nach den allgemeinen Regeln über das Verhältnis von völkerrechtlichen Verträgen seit dem Inkrafttreten des Haager Testamentsabkommen für die Türkei am 22.10.1993 verdrängt. Danach geht der jüngere dem älteren völkerrechtlichen Vertrag mit Inkrafttreten vor.[8]

3. Kommentierung des Haager Übereinkommens über das auf die Form letztwilliger Verfügungen anzuwendende Recht vom 5.10.1961

Art. 1 (Anknüpfung)
(1) Eine letztwillige Verfügung ist hinsichtlich ihrer Form gültig, wenn diese dem innerstaatlichen Recht entspricht:

Das Haager Abkommen erfasst Verfügungen von Todes wegen aller Art, wie Nottestamente, Kodizille und mündliche Testamente. Hierunter fallen auch gemeinschaftliche Testamente, wie sich aus Art. 4 ergibt. Nicht erfasst sind erbrechtliche Rechtsgeschäfte wie Erbvertrag und Erbverzicht.[9]

In Art. 1 Abs. 1 wird hinsichtlich der Formgültigkeit auf innerstaatliches Recht verwiesen. Damit wird ausdrücklich eine Sachnormverweisung ausgesprochen, so dass Rück- und Weiterverweisung entgegen Art. 4 Abs. 1 EGBGB nicht zu befolgen sind.[10] Zum Sachrecht des Formstatuts zählen auch bi- und multilaterale völkerrechtliche Abkommen für diesen Staat. Gilt für den betreffenden Staat beispielsweise das Washingtoner Übereinkom-

---

[5] Staudinger/Haußmann EGBGB/IPR Art. 3 EGBGB Rn. 31 f.
[6] BayObLGZ 1967, 418 (427).
[7] BGH WM 1984, 2124.
[8] MüKoBGB/Birk Art. 26 Rn. 42.
[9] MüKoBGB/Birk Art. 26 Rn. 45.
[10] BayObLGZ 1967, 418 (427).

men über ein einheitliches Recht der Form eines Internationalen Testaments,[11] ist das Testament auch dann formgültig, wenn es den Anforderungen dieses Übereinkommens entspricht.

6   **a) Des Ortes, an dem der Erblasser letztwillig verfügt hat**
Eine letztwillige Verfügung ist voll wirksam, wenn sie dem Sachrecht des Ortes entspricht, an welchem der Erblasser letztwillig verfügt hat. Der Begriff des Verfügungsortes wird nicht näher erläutert und ist deshalb vertragsautonom durch Auslegung zu ermitteln. Allgemein wird darunter der Ort verstanden, an dem der Rechtsakt der letztwilligen Verfügung vorgenommen wurde. Dies ist bei privatschriftlichen Testamenten der Errichtungsort, also der Ort, an dem das Testament unterschrieben wurde. Ein öffentliches Testament ist dort verfügt, wo die mündliche oder schriftliche Erklärung des Erblassers abgegeben und von der jeweiligen Urkundsperson entgegengenommen und festgehalten wurde. Beim mündlichen Testament ist der Ort der Verlautbarung maßgebend.

7   **b) Eines Staates, dessen Staatsangehörigkeit der Erblasser im Zeitpunkt, in dem er letztwillig verfügt hat, oder im Zeitpunkt seines Todes besessen hat**
Als weiterer Anknüpfungspunkt wird die Staatsangehörigkeit des Erblassers zur Verfügung gestellt. Maßgeblich ist die Staatsangehörigkeit zum Zeitpunkt der Errichtung oder zum Zeitpunkt des Todes. Hinsichtlich der Ermittlung der Staatsangehörigkeit wird auf die Kommentierung zu Art. 25 EGBGB, Rn. 6 ff. verwiesen. Bei Mehrfachstaatsangehörigkeit ist jede Staatsangehörigkeit des Erblassers für die Anknüpfung der Form gleichgewichtig. Hierdurch werden zusätzliche Anknüpfungsmomente geschaffen.

Führt die Verweisung auf das Heimatrecht des Erblassers zu einem Staat mit mehreren Teilrechtsordnungen, ist über Art. 1 Abs. 2 das zutreffende interlokale Kollisionsrecht zu ermitteln. Fehlt ein solches, wie z.B. in den USA, findet die Teilrechtsordnung Anwendung, zu der der Erblasser zu dem maßgeblichen Zeitpunkt die engste Bindung gehabt hat. Diese engste Bindung ist aufgrund objektiv feststellbarer Umstände, z.B. Schwerpunkt des Nachlasses oder aber durch den gewöhnlichen oder letzten gewöhnlichen Aufenthalt festgelegt.[12]

8   **c) Eines Ortes, an dem der Erblasser im Zeitpunkt, in dem er letztwillig verfügt hat, oder im Zeitpunkt seines Todes seinen Wohnsitz gehabt hat**
Der Begriff des Wohnsitzes ist als vertragsautonom gem. Art. 1 Abs. 3 dieses Übereinkommens auszulegen. Danach wird die Frage der Wohnsitzbestimmung durch das an diesem Ort geltende Recht geregelt. Die in Betracht kommende Rechtsordnung legt die Kriterien dieses Anknüpfungspunktes daher selbst fest. In Artikel 9 dieses Abkommens ist ferner geregelt, dass sich jeder Vertragsstatus das Recht vorbehalten kann, den Wohnsitzbegriff nach Maßgabe der lex fori zu definieren. Diesen Vorbehalt hat weder die Bundesrepublik noch die frühere DDR eingelegt.

Verweist das Abkommen auf mehrere in Betracht kommende Teilrechtsordnungen, gelangt diejenige zur Anwendung, in welcher Sicht sich der Wohnsitz des Erblassers zum Zeitpunkt der Verfügung oder zum Zeitpunkt seines Todes befand.[13] Eine bestehende Formwirksamkeit wird bei einem Wohnsitzwechsel nicht beeinträchtigt. Deshalb kann eine zunächst ungültige Verfügung aufgrund eines Wohnsitzwechsels Formwirksamkeit erlangen.

Wird auf das Recht der Bundesrepublik Deutschland verwiesen, beurteilt sich die Innehabung eines Wohnsitzes des Erblassers nach den §§ 7–9 und 11 BGB.

---

11 Dieses Übereinkommen ist am 9.2.1978 für Jugoslawien, Kanada (Alberta, Manitoba, Ontario, Saskatchewan, Neufundland), Libyen, Niger und Portugal in Kraft getreten und gilt heute ferner für Belgien, Ecuador, Italien und Zypern.
12 MüKoBGB/*Birk* Art. 26 Rn. 54.
13 *Staudinger/Dörner* EGBGB/IPR Vorbem. Art. 25 f. EGBGB Rn. 61.

Verweist das Abkommen auf ein »domicile« im anglo-amerikanischen Rechtskreis, so ist der genaue Anwendungsbereich des Übereinkommens zu bestimmen. Hierdurch ist der Fall eines wohnsitzlosen Erblassers denkbar.[14]

d) Eines Ortes, an dem der Erblasser im Zeitpunkt, in dem er letztwillig verfügt hat, oder im Zeitpunkt seines Todes seinen gewöhnlichen Aufenthalt gehabt hat 9

Unter dem gewöhnlichen Aufenthalt ist der Ort zu verstehen, an dem sich der Daseinsmittelpunkt einer Person befindet, d.h. der Ort, an dem sie sich – regelmäßig für einen längeren Zeitraum – praktisch aufhält und an dem der Schwerpunkt ihrer familiären, sozialen und beruflichen Beziehungen liegt.[15] Ein rechtsgeschäftlicher Wille zur Begründung eines gewöhnlichen Aufenthaltes ist nicht erforderlich.

e) Soweit es sich um unbewegliches Vermögen handelt, des Ortes, an dem sich dieses befindet 10

Als zusätzliche Anknüpfungsform tritt die von der lex rei sitae vorgesehene Form hinzu. Danach beurteilt sich, welche Vermögensgegenstände als unbewegliches Vermögen anzusehen sind und wo der betreffende Vermögensgegenstand belegen ist. Zur Definition des unbeweglichen Vermögens nach deutschem Recht, vgl. Kommentierung zu Art. 25, Rn. 21.

(2) Ist die Rechtsordnung, die auf Grund der Staatsangehörigkeit anzuwenden ist, nicht vereinheitlicht, so wird für den Bereich dieses Übereinkommens das anzuwendende Recht durch die innerhalb dieser Rechtsordnung geltenden Vorschriften, mangels solcher Vorschriften durch die engste Bindung bestimmt, die der Erblasser zu einer der Teilrechtsordnungen gehabt hat, aus denen sich die Rechtsordnung zusammensetzt. 11

Verweist die Staatsangehörigkeit eines Erblassers auf einen Staat mit mehreren Teilrechtsordnungen, bestimmt grundsätzlich das interlokale Kollisionsrecht, welche Teilrechtsordnung berufen ist. Besteht ein solches interlokales Kollisionsrecht, ist die engste Verbindung des Testators zu einem Teilrechtsstaats zu ermitteln. Diese engste Verbindung wird durch objektive Umstände bestimmt, in erster Linie durch den gewöhnlichen oder letzten gewöhnlichen Aufenthaltsort. Maßgeblich kann ferner sein der Schwerpunkt des Nachlasses zum Zeitpunkt der Errichtung des Testamentes oder des Todes des Erblassers.[16]

(3) Die Frage, ob der Erblasser an einem bestimmten Ort einen Wohnsitz gehabt hat, wird durch das an diesem Ort geltende Recht geregelt. 12

S. Ausführungen oben Rz. 8.

Art. 2 (Widerruf letztwilliger Verfügungen) 13

(1) Artikel 1 ist auch auf letztwillige Verfügungen anzuwenden, durch die eine frühere letztwillige Verfügung widerrufen wird.

(2) Der Widerruf ist hinsichtlich seiner Form auch dann gültig, wenn diese einer der Rechtsordnungen entspricht, nach denen die widerrufene letztwillige Verfügung gem. Artikel 1 gültig gewesen ist.

Art. 2 bestimmt, welches Recht auf die Form (s. Art. 5) letztwilliger Verfügungen (s. Art. 4) Anwendung findet, durch die er eine frühere letztwillige Verfügung widerrufen wird.[17] Davon zu unterscheiden ist die inhaltliche Zulässigkeit des Widerrufs, die sich nach dem Erbstatut oder beim Wechsel der Staatsangehörigkeit des Erblassers nach dem Errichtungsstatut (Art. 26 Abs. 5 EGBGB) der widerrufenen Verfügung richtet. Die materiellen Voraussetzungen des Widerrufs selbst (Fähigkeit, Willensmängel, Zulässigkeit der Stellvertretung) unterliegen wiederum dem Recht, das im Zeitpunkt des Widerrufs auf die Rechts-

---

[14] MüKoBGB/*Birk* Art. 26 Rn. 56.
[15] BGH NJW 1975, 1068, BayObLGZ 1979, 193 (196 f.).
[16] IPG 1978 Nr. 39 (München) 416.
[17] BayObLGZ 1967, 428 (429).

nachfolge von Todes wegen anzuwenden wäre (Art. 26 Abs. 5 EGBGB). Die Auslegung des Widerrufs richtet sich nach dem Erbstatut.[18]

Art. 2 stellt als Anknüpfungsmomente für die Form des Widerrufs die selbstständige Ermittlung des Formstatuts des Widerrufstestamentes oder die Befolgung des Formstatuts des widerrufenen Testamentes, sofern die Errichtung gültig war oder die Beachtung des Errichtungs- oder des Erbstatutes wahlweise zur Verfügung. Unter Widerruf ist eine rechtsgeschäftliche Erklärung, welche den Widerrufssinn sprachlich vermittelt zum Ausdruck bringt, zu verstehen. Dies kann ausdrücklich oder konkludent, durch isolierte Bekanntgabe des Widerrufswillens oder durch eine neue, widersprechende Disposition über den Nachlass geschehen.[19] Deshalb ist von Art. 2 nicht erfasst der Widerruf durch schlüssige Handlung wie Vernichtung oder Veränderung eines Testamentes oder ein Widerruf durch rechtsgeschäftsähnliche Handlungen (Rücknahme aus der amtlichen Verwahrung). Eben so wenig erfasst ist von Art. 2 der Widerruf, der durch andere Rechtsakte (Eheschließung oder Ehescheidung) ausgelöst wird.[20]

14 **Art. 3 (Bestehende Formvorschriften der Vertragsstaaten)**
Dieses Übereinkommen berührt bestehende oder künftige Vorschriften der Vertragsstaaten nicht, wodurch letztwillige Verfügungen anerkannt werden, die der Form nach entsprechend einer in den vorangehenden Artikeln nicht vorgesehenen Rechtsordnung errichtet worden sind.

Art. 3 erlaubt ausdrücklich den Rückgriff auf zusätzliche Formanknüpfungen, die das autonome Kollisionsrecht der Vertragsstaaten enthält oder aber später einführt. Der deutsche Gesetzgeber hat hiervon Gebrauch gemacht und in Art. 26 Abs. 1 S. 1 Nr. 5 i.V.m. Abs. 2 EGBGB für die Form der Richtung bzw. des Widerrufs eine letztwillige Verfügung zusätzlich des Errichtungsstatuts und das Erbstatuts berufen. Rück- und Weiterverweisungen sind gem. Art. 4 Abs. 1 EGBGB zu beachten.[21]

15 **Art. 4 (Anwendung auf gemeinschaftliche Testamente)**
Dieses Übereinkommen ist auch auf die Form letztwilliger Verfügungen anzuwenden, die zwei oder mehrere Personen in derselben Urkunde errichtet haben.

Dieses Übereinkommen umfasst nur einseitige Verfügungen von Todes wegen (s. Kommentierung zu Art. 1). Deshalb schließt das Abkommen Erbverträge und Erbverzichte aus.

Unter gemeinschaftlichen Verfügungen i.S.v. Art. 4 sind daher alle Arten von letztwilligen Verfügungen zu verstehen, die zwei oder mehrere Personen in derselben Urkunde errichtet haben. Hierunter fallen neben Ehegattentestamenten, die das deutsche Recht in den §§ 2265 ff. BGB statuiert hat, auch gemeinsame Testamente von Verlobten oder Geschwistern, wie sie das dänische und schwedische Recht kennt. Ist nur einer der Testatoren nach dem 31.12.1965 verstorben, so soll dies ausreichend sein, wenn diejenige der miteinander verbundenen letztwilligen Verfügungen der Anforderung dieses Abkommens genügt, welche durch den Tod des betreffenden Testators jetzt ihre Wirkung entfalten soll,[22] da Sinn und Zweck des Abkommens die Förderung des favor testamenti ist. Bei gemeinschaftlichen Testamenten kommt es nur darauf an, dass diejenige Verfügung formwirksam ist, die ihre Wirkung entfalten soll, unabhängig, ob der andere Mittestator unter das Abkommen fällt. Sollen die Verfügungen eines gemeinschaftlichen Testamentes ihre Wirkung entfalten und sind die Anknüpfungspunkte bei ihnen unterschiedlich, so ist für jeden Testator gesondert zu prüfen, ob das gemeinschaftliche Testament den Formvorschriften eines der in Art. 1 Abs. 1 berufenen Rechte genügt.

---

18 *Staudinger/Dörner* EGBGB/IPR Vorbem. Art. 25 f. EGBGB Rn. 71.
19 *Staudinger/Dörner* EGBGB/IPR Vorbem. Art. 25 f. EGBGB Rn. 72.
20 *Staudinger/Dörner* EGBGB/IPR Vorbem. Art. 25 f. EGBGB Rn. 73; MüKoBGB/*Birk* Art. 26 Rn. 63.
21 BTDrs. 10/5632 S. 44.
22 MüKoBGB/*Birk* Art. 26 Rn. 67.

Die Frage, ob und unter welcher Voraussetzung ein gemeinschaftliches Testament als besonderer Testamentstyp überhaupt zulässig ist, beantwortet Art. 4 nicht. Vielmehr ist zu ermitteln, ob es sich bei einem Verbot eines gemeinschaftlichen Testamentes nach ausländischem Erbrecht und ein Formverbot oder inhaltliches Verbot handelt. Die Qualifizierung wird von dem Recht des Staates vorgenommen, der das Verbot erlassen hat.[23] Handelt es sich lediglich um ein Verbot, das auf Formgründen beruht (z.B. Frankreich, Niederlande), so ist nach diesem Übereinkommen zu untersuchen, ob das betreffende gemeinschaftliche Testament trotz des im Heimatrecht bestehenden Verbots nach anderen Anknüpfungen wirksam sein kann. Beruht das Verbot dagegen auf materiellen Erwägungen des ausländischen Rechts (z.B. Italien), so ist ein gemeinschaftlich errichtetes Testament nichtig.[24] Wird die materielle Nichtigkeit eines gemeinschaftlichen Testaments festgestellt, so ist durch Auslegung zu überprüfen, ob das nichtige gemeinschaftliche Testament nicht wenigstens in Einzelteilen als einseitiges Testament aufrechterhalten werden kann, beispielsweise durch eine konkludent getroffene Rechtswahl, bezogen auf das in der Bundesrepublik Deutschland unbewegliche Vermögen. Im Zweifelsfällen ist bei verschiedenen Auslegungsmöglichkeiten derjenigen Auslegung der Vorzug zu geben, bei welcher die Verfügung Erfolg haben kann.[25]

Art. 5 (Zur Form gehörig)

16

Für den Bereich dieses Übereinkommens werden die Vorschriften, welche die für letztwillige Verfügungen zugelassenen Formen mit Beziehung auf das Alter, die Staatsangehörigkeit oder andere persönliche Eigenschaften des Erblassers beschränken, als zur Form gehörend angesehen. Das gleiche gilt für Eigenschaften, welche die für die Gültigkeit einer letztwilligen Verfügung erforderlichen Zeugen besitzen müssen.

Diese Vorschrift gibt Auskunft darüber, was unter der Form einer letztwilligen Verfügung zu verstehen ist. Allerdings enthält Art. 5 keine abschließende Aufzählung und keine generelle Definition dessen, was zur Form einer letztwilligen Verfügung gehört. Zu den persönlichen Eigenschaften des Erblassers im Sinne dieser Vorschrift gehört neben dem erwähnten Alter und der Staatsangehörigkeit, Rasse, Geschlecht, Analphabetismus, Blind-, Stumm- oder Taubheit, aber auch Krankheiten wie Geistesschwäche, Verschwendungs- und Trunksucht.[26] Letztlich soll alles zur Form gehörig angesehen werden, was darauf abzielt, den einwandfrei gebildeten Willen des Erblassers im Verlaufe des Testieraktes vor Verfälschungen zu bewahren. Deshalb gehört nicht zu den persönlichen Eigenschaften des Erblassers seine Testierfähigkeit, die sich grundsätzlich nach dem Errichtungsstatut (Art. 26 Abs. 5 S. 1 EGBGB) beurteilt. Unter Art. 5 S. 1 fällt deshalb beispielsweise das Verbot des eigenhändigen Testamentes eines Minderjährigen gem. § 2247 Abs. 4 BGB, sofern deutsches materielles Recht berufen ist. Vorschriften über die Eigenschaft über Testamentszeugen fallen gem. Art. 5 S. 2 ebenfalls unter das Formstatut. Dagegen richtet sich die Frage, ob ein Zeuge im Testament bedacht werden kann, nach dem Errichtungsstatut, da der betreffende Personenkreis bereits auf die Willensbildung des Erblassers unangemessen Einfluss ausüben kann. Im deutschen Recht gehören also die §§ 7, 24 Abs. 2, 26 Abs. 1 Nr. 2 und 27 BeurkG zu den Vorschriften, die ein materielles Verbot aussprechen, dagegen ist § 6 BeurkG als Formvorschrift anzusehen.[27]

---

23 *Palandt/Thorn* Art. 25 EGBGB Rn. 14.
24 OLG Frankfurt IPRax 1986, 111 f.
25 *Schotten* Rn. 317.
26 *Staudinger/Dörner* EGBGB/IPR Vorbem. Art. 25 f. EGBGB Rn. 87.
27 *Staudinger/Dörner* EGBGB/IPR Vorbem. Art. 25 f. EGBGB Rn. 99; a.A. *Palandt/Heldrich* Art. 26, Rn. 6.

17   **Art. 6 (Allseitige Anwendung des Übereinkommens)**
Die Anwendung der in diesem Übereinkommen aufgestellten Regeln über das anzuwendende Recht hängt nicht von der Gegenseitigkeit ab. Das Übereinkommen ist auch dann anzuwenden, wenn die Beteiligten nicht Staatsangehörige eines Vertragsstaates sind oder das auf Grund der vorangehenden Artikel anzuwendende Recht nicht das eines Vertragsstaates ist.

Das Abkommen ist als »loi uniforme« vereinbart. Es verdrängt nach seiner Ratifizierung entgegenstehendes autonomes IPR, also das der Art. 26 Abs. 1–3 EGBGB. Es ist auch anzuwenden, wenn die Beteiligten nicht Angehörige eines Vertragsstaates sind oder ein anderes Formstatut als das des Vertragsstaates zur Anwendung kommt.[28]

18   **Art. 7 (Ordre-public-Klausel)**
Die Anwendung eines durch dieses Übereinkommen für maßgebend erklärten Rechtes darf nur abgelehnt werden, wenn sie mit der öffentlichen Ordnung offensichtlich unvereinbar ist.

Art. 7 stellt einen Kontrollmaßstab für die Anwendung ausländischen Rechts zur Verfügung. Die Konventionsprotokolle haben den nationalen Gerichten eine Zurückhaltung in der Anwendung dieser Klausel nahegelegt, so dass die praktische Bedeutung dieser Vorschrift sehr gering sein dürfte. Mit der öffentlichen Ordnung ist es offensichtlich unvereinbar, wenn eine ausländische Rechtsnorm mit den wesentlichen Grundsätzen des deutschen Rechts oder mit den Grundrechten nicht vereinbar ist. Insoweit sind die Auslegungsgrundsätze des Art. 6 EGBGB, der wegen Art. 3 Abs. 2 S. 1 EGBGB von Art. 7 verdrängt ist, heranzuziehen. Demnach müsste die Form als solche gegen vorstehende Wertungen verstoßen oder aber allen Erblassern nach dem Formstatut bestimmte Gestaltungsmöglichkeiten zur Verfügung stehen, die von bestimmten Gruppen von Erblassern durch erhöhte Formerfordernisse zu erfüllen sind (Differenzierung nach Rasse, Geschlecht, Religionszugehörigkeit, Familienstatus, körperliche und geistige Behinderung, sowie Alter).[29] Praktische Anwendungsfälle sind bisher nicht bekannt.

19   **Art. 8 (Intertemporale Regelung)**
Dieses Übereinkommen ist in allen Fällen anzuwenden, in denen der Erblasser nach dem Inkrafttreten des Übereinkommens gestorben ist.

Der zeitliche Geltungsbereich ist unter Rz. 2 kommentiert.

20   **Art. 9 (Vorbehalt bezüglich der Bestimmung des Wohnsitzrechtes)**
Jeder Vertragsstaat kann sich, abweichend von Art. 1 Abs. 3 das Recht vorbehalten, den Ort, an dem der Erblasser seinen Wohnsitz gehabt hat, nach dem am Gerichtsort geltenden Recht zu bestimmen.

21   **Art. 10 (Vorbehalt bezüglich mündlicher Testamente)**
Jeder Vertragsstaat kann sich das Recht vorbehalten, letztwillige Verfügungen nicht anzuerkennen, die einer seiner Staatsangehörigen, der keine andere Staatsangehörigkeit besaß, ausgenommen den Fall außergewöhnlicher Umstände, in mündlicher Form errichtet hat.

22   **Art. 1 (Vorbehalt bezüglich bestimmter Formen)**
(1) Jeder Vertragsstaat kann sich das Recht vorbehalten, bestimmte Formen im Ausland errichteter letztwilliger Verfügungen auf Grund der einschlägigen Vorschriften seines Rechtes nicht anzuerkennen, wenn sämtliche der folgenden Voraussetzungen erfüllt sind:
a) Die letztwillige Verfügung ist hinsichtlich ihrer Form nur nach einem Recht gültig, das ausschließlich auf Grund des Ortes anzuwenden ist, an dem der Erblasser sie errichtet hat,
b) der Erblasser war Staatsangehöriger des Staates, der den Vorbehalt erklärt hat,

---

28 BGH FamRZ 1994, 1585; OLG Hamm IPRspr 1993, Nr. 114.
29 MüKoBGB/*Birk* Art. 26 Rn. 75.

c) der Erblasser hatte in diesem Staat einen Wohnsitz oder einen gewöhnlichen Aufenthalt und
d) der Erblasser ist in einem anderen Staate gestorben als in dem, wo er letztwillig verfügt hatte.
(2) Dieser Vorbehalt ist nur für das Vermögen wirksam, das sich in dem Staat befindet, der den Vorbehalt erklärt hat.

Art. 12 (Vorbehalt bezüglich Anordnungen nicht erbrechtlicher Art) 23
Jeder Vertragsstaat kann sich das Recht vorbehalten, die Anwendung dieses Übereinkommens auf Anordnungen in einer letztwilligen Verfügung auszuschließen, die nach seinem Rechte nicht erbrechtlicher Art sind.

Art. 13 (Zeitlicher Vorbehalt) 24
Jeder Vertragsstaat kann sich, abweichend von Artikel 8, das Recht vorbehalten, dieses Übereinkommen nur auf letztwillige Verfügungen anzuwenden, die nach dessen Inkrafttreten errichtet worden sind.
Die Bundesrepublik Deutschland hat keine der in Art. 9–13 vorgesehenen Vorbehalte erklärt.

Art. 14 (Zeichnung) 25
Dieses Übereinkommen liegt für die bei der Neunten Tagung der Haager Konferenz für Internationales Privatrecht vertretenen Staaten zur Unterzeichnung auf. Es bedarf der Ratifizierung; die Ratifikationsurkunden sind beim Ministerium für Auswärtige Angelegenheiten der Niederlande zu hinterlegen.

Art. 15 (Inkrafttreten) 26
Dieses Übereinkommen tritt am 60. Tage nach der gem. Art. 14 Abs. 2 vorgenommenen Hinterlegung der dritten Ratifikationsurkunde in Kraft. Dieses Übereinkommen tritt für jeden Unterzeichnerstaat, der erst später ratifiziert, am 60. Tage nach Hinterlegung seiner Ratifikationsurkunde in Kraft.

Art. 16 (Beitritt) 27
Jeder der bei der Neunten Tagung der Haager Konferenz für Internationales Privatrecht nicht vertretene Staat kann diesem Übereinkommen beitreten, nachdem es gem. Art. 15 Abs. 1 in Kraft getreten ist. Die Beitrittsurkunde ist beim Ministerium für Auswärtige Angelegenheiten der Niederlande zu hinterlegen. Das Übereinkommen tritt für den beigetretenen Staat am 60. Tage nach der Hinterlegung seiner Beitrittsurkunde in Kraft.

Art. 17 (Abhängige Gebiete) 28
Jeder Staat kann bei der Unterzeichnung, bei der Ratifizierung oder beim Beitritt erklären, dass dieses Übereinkommen auf alle oder auf einzelne der Gebiete ausgedehnt werden, deren internationale Beziehungen er wahrnimmt. Eine solche Erklärung wird wirksam, sobald das Übereinkommen für den Staat, der sie abgegeben hat, in Kraft tritt. Später kann dieses Übereinkommen auf solche Gebiete durch eine an das Ministerium für Auswärtige Angelegenheiten der Niederlande gerichtete Notifikation ausgedehnt werden. Das Übereinkommen tritt für die Gebiete, auf die sich die Ausdehnung erstreckt, am 60. Tage nach der in Abs. 2 vorgesehenen Notifikation in Kraft.

Art. 18 (Erklärung und Rücknahme von Vorbehalten) 29
Jeder Vertragsstaat kann spätestens bei der Ratifizierung oder beim Eintritt einen oder mehrere der in Art. 9, 10, 12 und 13 vorgesehenen Vorbehalte erklären. Andere Vorbehalte sind nicht zulässig. Ebenso kann jeder Vertragsstaat bei der Notifikation einer Ausdehnung des Übereinkommens gem. Art. 17 einen oder mehrere dieser Vorbehalte für alle oder einzelne Gebiete, auf die sich die Ausdehnung erstreckt, erklären.
Jeder Vertragsstaat kann einen Vorbehalt, den er erklärt hat, jederzeit zurückziehen. Dieses Zurückziehen ist dem Ministerium für Auswärtige Angelegenheiten der Niederlande zu notifizieren. Die Wirkung des Vorbehalts erlischt am 60. Tage nach der in Abs. 3 vorgesehenen Notifikation.

30   Art. 19 (Geltungsdauer des Abkommens, Kündigung)
Dieses Übereinkommen gilt für die Dauer von 5 Jahren, gerechnet von seinem Inkrafttreten gem. Art. 15 Abs. 1, und zwar auch für Staaten, die erst später ratifiziert haben oder ihm später beigetreten sind. Die Geltungsdauer des Übereinkommens verlängert sich, außer im Falle der Kündigung, stillschweigend um jeweils 5 Jahre. Die Kündigung ist spätestens 6 Monate, bevor der Zeitraum von 5 Jahren jeweils abläuft, dem Ministerium für Auswärtige Angelegenheiten der Niederlande zu notifizieren. Sie kann sich auf bestimmte Gebiete auf die das Übereinkommen anzuwenden ist, beschränken. Die Kündigung wirkt nur für den Staat, der sie notifiziert hat. Für die anderen Vertragsstaaten bleibt das Übereinkommen in Kraft.

31   Art. 20 (Mitteilungen)
Das Ministerium für Auswärtige Angelegenheiten der Niederlande notifiziert den in Art. 14 gezeichneten Staaten sowie den Staaten, die gem. Art. 16 beigetreten sind:
a) Die Unterzeichnungen und Ratifikationen gem. Art. 14;
b) Den Tag, an dem dieses Übereinkommen gem. Art. 15 Abs. 1 in Kraft tritt;
c) Die Beitrittserklärungen gem. Art. 16 sowie den Tag, an dem sie wirksam werden;
d) Die Erklärungen über die Ausdehnung gem. Art. 17 sowie den Tag, an dem sie wirksam werden;
e) Die Vorbehalte und Zurückziehungen von Vorbehalten gem. Art. 18;
f) Die Kündigungen gem. Art. 19 Abs. 3.

IV. Art. 26 Abs. 1–3 EGBGB

32   Ist das Haager Abkommen zeitlich oder sachlich nicht anwendbar, greift das autonome Kollisionsrecht des Art. 26 EGBGB ein. Die Abs. 1–3 sind wörtlich aus dem Haager Abkommen übernommen worden. Dies gilt nicht für Art. 26 Abs. 1 Nr. 5 EGBGB, der neben dem Haager Abkommen einen eigenständigen Anwendungsbereich besitzt. Als inkorporierte staatsvertragliche Normen sind die Abs. 1–3 vertragsautonom auszulegen. Eine Rück- und Weiterweisung findet nicht statt. Vielmehr liegen Sachnormverweisungen vor.

33   Art. 26 Abs. 1–3 EGBGB kommt wegen des Vorranges des Haager Abkommens **kaum praktische Bedeutung** zu. Außerdem entsprechen die Auslegungsgrundsätze dem Haager Abkommen, so dass wegen der Kommentierung dieser Vorschriften auf die entsprechenden Artikel des Haager Übereinkommens verwiesen wird:
– Wegen der Kommentierung von Art. 26 Abs. 1 Nr. 1 EGBGB wird auf Art. 1 Abs. 1 lit. b verwiesen.
– Art. 26 Abs. 1 Nr. 2 EGBGB entspricht Art. 1 Abs. 1 lit. a.
– Art. 26 Abs. 1 Nr. 3 EGBGB ist gem. Art. 1 Abs. 1 lit. c und d auszulegen.
– Ferner entspricht Art. 26 Abs. 1 Nr. 4 EGBGB dem Art. 1 Abs. 1 lit. c.

34   **Eigenständige Bedeutung** neben dem Haager Testamentsübereinkommen hat lediglich **Art. 26 Abs. 1 Nr. 5. EGBGB**. Art. 3 des Haager Übereinkommens lässt den Vertragsstaaten die Möglichkeit offen, in ihrem autonomen Kollisionsrecht für die Ermittlung des Formstatuts zusätzliche Anknüpfungen bereitzustellen. Der deutsche Gesetzgeber hat diese Möglichkeit in Art. 26 Abs. 1 Nr. 5 EGBGB mit der Bereitstellung des realen oder hypothetischen Erbstatuts genutzt. Insoweit ist das Formstatut mit dem Erbstatut direkt verknüpft.

Eigenständige Bedeutung kommt der unmittelbaren Anwendung von Art. 26 Abs. 1 S. 1 **35**
Nr. 5 EGBGB lediglich in zwei Fällen zu:[30]
- Die Anknüpfung der Form einer letztwilligen Verfügung erweitert sich danach um den schlichten Aufenthalt, soweit dieser durch das Erbstatut berufen wird, da das Haager Abkommen lediglich eine Anknüpfung an den gewöhnlichen Aufenthalt in Art. 1 Abs. 1 lit. d kennt.
- Zudem sind bei der Anwendung von Art. 26 Abs. 1 S. 1 Nr. 5 EGBGB Rück- und Weiterverweisungen gem. Art. 4 Abs. 1 EGBGB zu beachten, so dass eine weitere Anknüpfung der Form einer letztwilligen Verfügung durch ein abweichend bestimmtes Erbstatut berufen sein könnte. Denkbarer Anknüpfungspunkt wäre dann beispielsweise das Belegenheitsrecht, sofern beispielsweise das Erbstatut für Mobilien die lex rei sitae beruft.[31]

Art. 26 Abs. 2 EGBGB entspricht Art. 2 des Haager Abkommens und betrifft die Form- **36**
gültigkeit des Widerrufs von Testamenten. Hinsichtlich der Anknüpfung der Formgültigkeit des Widerrufs kommt ebenfalls Art. 26 Abs. 1 S. 1 Nr. 5 EGBGB zur Anwendung.[32] Insoweit wird auf die Kommentierung von Art. 2 des Haager Übereinkommens (s.o. Rn. 13) verwiesen.

Art. 26 Abs. 3 EGBGB gibt wie Art. 5 des Haager Abkommens nur teilweise Auskunft **37**
darüber, was als zur Form gehörig anzusehen ist. Es wird auf die Kommentierung von Art. 5 des Haager Übereinkommens (s.o. Rz. 16) verwiesen.

V. Andere Verfügungen von Todes wegen gem. Art. 26 Abs. 4 EGBGB

Art. 26 Abs. 4 EGBGB regelt die Frage der Formgültigkeit »**anderer Verfügungen von** **38**
Todes wegen«, die nicht bereits in den Art. 26 Abs. 1–3 EGBGB genannt sind. Diese Vorschrift ist neben dem Haager Abkommen anwendbar, denn Art. 4 des Haager Übereinkommens und Art. 26 Abs. 1 EGBGB setzen voraus, dass mehrere Verfügungen von Todes wegen in ein und derselben Urkunde enthalten sind.

Unter **Verfügung von Todes wegen** sind alle Rechtsgeschäfte zu verstehen, in denen jemand Anordnungen über sein Vermögen für den Fall seines Todes trifft.[33] Hinsichtlich der Auslegung dieser Vorschrift ist deutsches materielles Recht maßgeblich, da diese Vorschrift nicht über das Haager Abkommen in das deutsche EGBGB inkorporiert worden ist. Die praktische Bedeutung dieser Vorschrift liegt demnach allein darin, Anknüpfungsregeln, insb. für Erbverträge und Schenkungen von Todes wegen, wie auch für solche gemeinschaftlichen Testamente, die nicht in ein und derselben Urkunde enthalten sind, bereitzustellen.

Soweit über den Anwendungsbereich des deutsch-türkischen Nachlassabkommens vom 28.5.1929 § 16 betroffen ist, ist dieses Übereinkommen insoweit vorrangig, als danach die Formgültigkeit von Erbverträgen türkischer Erblasser zu prüfen ist. Insoweit geht § 16 des deutsch-türkischen Nachlassabkommens wegen Art. 3 Abs. 2 S. 1 EGBGB dem Art. 26 Abs. 4 EGBGB in der Anwendung vor.[34]

---

30 MüKoBGB/*Birk* Art. 26 Rn. 3; *Staudinger/Dörner* EGBGB/IPR Art. 26. EGBGB Rn. 25–27.
31 *Staudinger/Dörner* EGBGB/IPR Art. 26 EGBGB Rn. 27.
32 *Staudinger/Dörner* EGBGB/IPR Art. 26 EGBGB Rn. 24.
33 *Staudinger/Dörner* EGBGB/IPR Art. 26 EGBGB Rn. 29.
34 *Staudinger/Dörner* EGBGB/IPR Art. 26 EGBGB Rn. 30.

VI. Art. 26 Abs. 5 EGBGB

1. Art. 26 Abs. 5 S. 1 EGBGB

39 Obige Vorschrift bestimmt eine Vorverlegung des Anknüpfungszeitpunktes für Rechtsfragen, die sich auf die Gültigkeit der Errichtung so wie die Bindungswirkung einer Verfügung von Todes wegen beziehen und beruft das zum Zeitpunkt der Errichtung maßgebende »hypothetische Erbstatut« (auch »Errichtungstatut« oder »Vornahmestatut« genannt). Hierdurch soll einerseits der Erblasser klare Sicherheit erhalten und sich darauf verlassen können, dass er sich bei seiner Nachlassplanungen an den Bestimmungen des zu diesem Zeitpunkt maßgebende Erbrecht orientieren kann. Er soll zu diesem Zeitpunkt wirksam ein Rechtsgeschäft vornehmen können, auf das spätere Veränderungen der Anknüpfungstatsachen kein Einfluß haben sollen.[35] Andererseits soll sich auch der Partner eines Erbvertrages bzw. eines gemeinschaftlichen Testamentes darauf verlassen können, dass insb. ein Staatsangehörigkeitswechsel des Erblassers die nach dem hypothetischen Erbstatut einmal eingegangene Bindung nicht wieder zu beseitigen vermag.

40 Der **Anwendungsbereich dieser Vorschrift** umfaßt einfache und gemeinschaftliche Testamente so wie Erbverträge und Schenkungen von Todes wegen. Die Vorschrift soll darüber hinaus analoge Anwendungen auf erbrechtliche Rechtsgeschäfte, bei deren Vornahme der Erblasser bzw. die übrigen Beteiligten sinnvoller Weise in der Lage sein sollten die Gültigkeit der Vornahme abschließend zu beurteilen, finden.[36] Die analoge Anwendung kommt in Betracht bei vorzeitigem Erbausgleich, der materiellen Gültigkeit des Widerrufs einer Verfügung von Todes wegen, des Erbverzichts so wie das Testiervertrages.

41 Unter »**Gültigkeit**« der Errichtung einer Verfügung von Todes wegen sind alle Rechtsfragen zu verstehen, die sich auf die wirksame Vornahme des Rechtsgeschäftes beziehen. Die Frage der Gültigkeit ist strikt zu trennen von der Frage der inhaltlichen Zulässigkeit und Wirkung, die an das Erbstatut angeknüpft werden. Zur Frage der Gültigkeit der Errichtung einer Verfügung von Todes wegen zählen deshalb die Zulässigkeit der Verfügung von Todes wegen,[37] die Testierfähigkeit[38] sowie die materiellen Wirksamkeitsvoraussetzung des Errichtungsgeschäftes, wie persönliche Vornahme oder Zulässigkeit der Stellvertretung, ob Willensmängel vorliegen und auf welche Weise und mit welcher Rechtsfolge sie geltend gemacht werden. Nicht zur Gültigkeit zählt die Frage der Unwirksamkeit einer Verfügung von Todes wegen, Gesetzes- oder Sittenwidrigkeit.[39]

Über die angesprochene Gültigkeit einer rechtswidrigen Verfügung von Todes wegen entscheidet das Errichtungsstatut, das sog. »hypothetische Erbstatut«. Gleichzeitig entscheidet sich nach dem Errichtungsstatut die mögliche Rechtsfolge, also die Frage, ob eine Verfügung von Todes wegen endgültig oder schwebend unwirksam ist, ob sie geheilt oder umgedeutet werden kann.

42 Ferner wird in Art. 26 Abs. 5 S. 1 EGBGB die **Bindungswirkung einer Verfügung von Todes wegen ausdrücklich dem Errichtungsstatut zugewiesen.** Diese Vorverlegung des Anknüpfungszeitpunkts dient dem Schutz anderer Personen wie beispielsweise Mittestatoren oder Vertragspartner beim Abschluss eines Erbvertrages, die im Vertrauen auf die Verfügung von Todes wegen ihrerseits Zuwendungen erbracht haben, um sich daher auf die einmal eingetretene Bindung der Verfügung sollen verlassen dürfen. Dem Erblasser wird dadurch seinerseits die Möglichkeit versperrt, beispielsweise durch einen Wechsel der Staatsangehörigkeit ein Erbstatut zur Anwendung zu bringen, das Verfügungen von Todes

---

35 BTDrs. 10/504, 76.
36 *Staudinger/Dörner* EGBGB/IPR, Art. 26 EGBGB Rn. 66.
37 *Palandt/Thorn* Art. 26 EGBGB Rn. 8.
38 MüKoBGB/*Birk* Art. 26 Rn. 28; *Staudinger/Dörner* EGBGB/IPR Art. 26. EGBGB Rn. 69.
39 MüKoBGB/*Birk* Art. 26 Rn. 28.

wegen mit einer Bindungswirkung nicht zulässt, um sich auf diese Weise einer zuvor eingetretenen Bindung wieder zu entziehen.[40] Vor diesem Hintergrund beurteilt sich nach dem Errichtungsstatut, ob und in welchem Ausmaß der Erblasser an seine Verfügung von Todes wegen gebunden bleibt, ob er sie durch einseitige Willenserklärung oder auf andere Weise wieder beseitigen kann und inwieweit seine Testierfreiheit oder seine Freiheit zur Verfügung unter Lebenden beschränkt ist. Die materielle Wirksamkeit eines testamentarischen Widerrufs selbst beurteilt sich nach dem hypothetischen Erbstatuts zum Zeitpunkt des Widerrufs.[41] Diese Vorschrift findet analoge Anwendung auf einen Widerruf in anderer Weise.[42] Im Beratungsgespräch sollte darauf hingewiesen werden, dass Art. 26 Abs. 5 EGBGB keinen vollständigen Schutz gegen die beeinträchtigten Folgen eines Staatsangehörigkeitswechsels bietet, denn es ist nicht auszuschließen, dass das später maßgebende Erbstatut einen Nachlass zu Lasten der Vertragspartner mit höheren Pflichtteils- oder Noterbenrechten belastet. Insoweit muss geprüft werden, ob diese unvorhersehbaren Benachteiligungen über das Erbstatut durch Anpassung oder gegebenenfalls sogar über den ordre public zu lösen sind.

2. Art. 26 Abs. 5 S. 2 EGBGB

Diese Vorschrift schützt in Fortsetzung des S. 1 das Vertrauen eines vormals deutschen Erblassers in eine bereits von ihm errichtende Verfügung lediglich im Bezug auf die Testierfähigkeit. Gleichzeitig hält ihm diese Vorschrift die Möglichkeit zu einer späteren Abfassung einer letztwilligen Verfügung offen, da die einmal als deutscher Staatsangehöriger erlangte Testierfähigkeit nach dieser Vorschrift im Falle eines Statutenwechsels bestehen bleibt.

43

---

40 *Staudinger/Dörner* EGBGB/IPR Art. 26 EGBGB Rn. 77.
41 OLG Frankfurt a.M. ZEV 2009, 516 mit instruktiver Anmerkung von *Lorenz*.
42 *Staudinger/Dörner* EGBGB/IPR Art. 25 EGBGB Rn. 259.

Fünftes Buch
Erbrecht

Art. 235 § 1   Erbrechtliche Verhältnisse

(1) Für die erbrechtlichen Verhältnisse bleibt das bisherige Recht maßgebend, wenn der Erblasser vor dem Wirksamwerden des Beitritts gestorben ist.

(2) Ist der Erblasser nach dem Wirksamwerden des Beitritts verstorben, so gelten in Ansehung eines nichtehelichen Kindes, das vor dem Beitritt geboren ist, die für die erbrechtlichen Verhältnisse eines ehelichen Kindes geltenden Vorschriften.

Übersicht	Rz.		Rz.
I. Art. 235 § 1 Abs. 1 EGBGB	1	II. Art. 235 § 1 Abs. 2 EGBGB	12
1. Normzweck	1	1. Normzweck	12
2. Sachlicher Anwendungsbereich	2	2. Anwendungsbereich	13
3. Zeitlicher Anwendungsbereich	3		

I. Art. 235 § 1 Abs. 1 EGBGB

1. Normzweck

1 Diese Vorschrift dient als intertemporale Kollisionsnorm dem Vertrauens- und Bestandsschutz. Erblasser und Erben konnten auf die Erbrechtslage vertrauen, die im Zeitpunkt des Eintritts des Erbfalles Geltung hatte.[1]

2. Sachlicher Anwendungsbereich

2 Der Begriff »erbrechtliche Rechtsverhältnisse« im Sinne dieser Vorschrift erfasst alle Tatbestände, die mit dem Anfall oder dem Erwerb einer Erbschaft im Zusammenhang stehen.[2] An dieser Stelle ist die Abgrenzung zu anderen Statuten zu überprüfen.

3. Zeitlicher Anwendungsbereich

a) Erbfall nach dem 2.10.1990

3 Der Erbfall stellt einen abgeschlossenen Vorgang gem. Art. 230 Abs. 2 EGBGB dar. Deshalb kommt auf Erbfälle, die nach dem 2.10.1990 eingetreten sind, grundsätzlich das BGB-Erbrecht zur Anwendung, soweit der Erblasser im Zeitpunkt des Erbfalles seinen gewöhnlichen Aufenthalt in der Bundesrepublik hat.[3] Außerdem ist das Haager Übereinkommen über das auf die Form letztwilliger Verfügungen anzuwendende Recht vom 5.10.1961 für Formfragen zu beachten. Die bi- und multilateralen der ehemaligen DDR mit Drittstaaten geschlossenen Staatsverträge sind jedenfalls in ihrer innerstaatlichen Anwendung bis zu einer endgültigen Stellungnahme der Bundesregierung einstweilen suspendiert.[4]

b) Erbfall vor dem 3.10.1990

4 Welches materielle Erbrecht zur Anwendung kommt, bestimmt sich danach, wann der Erblasser gestorben ist, ob er auch ein Staatsbürger der ehemaligen DDR war, wo sein

---

[1] *Palandt/Edenhofer* Art. 235 § 1 EGBGB Rn. 1 (www.palandt.beck.de).
[2] *Staudinger/Rauscher* EGBGB/IPR, Art. 235 § 1 EGBGB Rn. 33.
[3] *Palandt/Edenhofer* Art. 235 § 1 EGBGB Rn. 5. (www.palandt-beck.de)
[4] *Staudinger/Dörner* EGBGB/IPR, Art. 236 EGBGB Rn. 42.

gewöhnlicher Aufenthalt im Zeitpunkt seines Todes war und ob der Erblasser Grundvermögen auf dem Gebiet der DDR besaß. Aus der Sicht der Bundesrepublik Deutschland wurde das interlokale Kollisionsrecht zwischen der Bundesrepublik Deutschland und der ehemaligen DDR regelmäßig nach dem gewöhnlichen Aufenthaltsort des Erblassers im Zeitpunkt des Erbfalls bestimmt.[5] Im Einzelfall konnte die besonders enge Bindung des Erblassers zu der anderen deutschen Rechtsordnung eine Abweichung von dieser Regelung jedoch rechtfertigen.[6] Hatte der Erblasser seinen gewöhnlichen Aufenthalt in keinem der beiden deutschen Staaten, so ist dasjenige der beiden deutschen Rechte anzuwenden, zu dem der Erblasser unter Berücksichtigung aller Umstände die engeren Beziehungen hat.[7]

Soweit nach der obigen interlokalen Kollisionsregelung das Recht der ehemaligen DDR zu Anwendung kommt, ist weiter zu prüfen, wann der Erbfall eingetreten ist und ob der Erblasser Grundstücke in der ehemaligen DDR und/oder im Ausland besaß.

c) Erbfall vor dem 1.1.1976

Für vor dem 1.1.1976 eingetretene Erbfälle beurteilt sich das Erbstatut einheitlich nach dem Art. 24 und 25 EGBGB a.F. Nach Art. 24 Abs. 1 EGBGB a.F. wird ein Deutscher (einschließlich der Staatsbürgerschaft der ehemaligen DDR) nach BGB, allerdings mit Modifizierungen, beerbt: Ein überlebender Ehegatte erbte ab dem 1.4.1966 wie ein Erbe erster Ordnung, mindestens aber ¼. Waren keine erbberechtigten Abkömmlinge vorhanden, wurde der überlebende Ehegatte Alleinerbe. Für den Fall, dass der Erblasser im Zeitpunkt des Erbfalles seinen Eltern gegenüber unterhaltspflichtig war, erbten der oder die überlebenden Eltern die Hälfte, die andere Hälfte der Ehegatte. Das Güterrecht hatte keinen Einfluss auf die erbrechtliche Stellung des überlebenden Ehegatten.[8] Die Formgültigkeit letztwilliger Verfügungen richtet sich nach den Bestimmungen des Haager Übereinkommens über das auch die Form letztwilliger Verfügungen anzuwendende Recht vom 5.10.1961, soweit der Erblasser nach dessen Inkrafttreten für die ehemalige DDR am 21.9.1974 verstorben ist. Beim Ableben vor diesem Zeitpunkt und für die damals nach DDR-Recht zulässigen Erbverträge gilt Art. 11 EGBGB a.F.

d) Erbfall zwischen dem 1.1.1976 und 2.10.1990

Ereignete sich der Erbfall im Zeitraum 1.1.1976 bis zum 2.10.1990, bestimmt sich das anwendbare Erbrecht nach den §§ 25 und 26 RAG. Zu berücksichtigen sind vorrangige, meist bilaterale, Rechtshilfeverträge der ehemaligen DDR.[9]

Nach der Grundregel des § 25 Abs. 1 RAG unterliegen die erbrechtlichen Verhältnisse der Staatsangehörigkeit des Erblasser im Zeitpunkt seines Todes. Unter den weit zu interpretierenden Begriff der »erbrechtlichen Verhältnisse« fallen Fragen zur gesetzlichen Erbfolge, Erbfähigkeit, Erbunwürdigkeit, Erbanteilen, Annahme und Ausschlag der Erbschaft, Pflichtteilsberechtigung und Höhe des Pflichtteils, Haftung für Nachlass Verbindlichkeiten.[10] Die Staatsangehörigkeit des Erblassers bestimmt sich nach dem jeweiligen Heimatrecht des Erblassers, wobei bei Doppel- und Mehrstaatern das Recht des Staates zu ermitteln ist, zu welchem die engere Verbindung des Erblassers besteht, § 5 lit. c RAG. In jedem Fall setzte sich allerdings die DDR-Staatsangehörigkeit als effektivere neben einer anderen Staatsangehörigkeit immer durch, § 5 lit. b RAG.

---

5 BGHZ 124, 270 (272) = NJW 1994, 582.
6 *Staudinger/Rauscher* EGBGB/IPR, Art. 235 § 1 EGBGB Rn. 9.
7 *Staudinger/Rauscher* EGBGB/IPR, Art. 235 § 1 EGBGB Rn. 9.
8 *Schotten/Johnen* DtZ 1991, 225 f.
9 Übersicht bei *Staudinger/Dörner* EGBGB/IPR Art. 25 EGBGB Rn. 608 ff.
10 MüKoBGB/*Birk* Art. 25 EGBGB Rn. 398 m.w.N. aus der Rspr.

9   Eine Ausnahme von dieser Grundregel stellt § 25 Abs. 2 RAG dar. Für in der ehemaligen DDR befindliches Eigentum und andere Rechte an Grundstücken und Gebäuden wurde stets an das Recht der ehemaligen DDR angeknüpft. Für Grundvermögen außerhalb der früheren DDR gilt allerdings die Grundregel des § 25 Abs. 1 RAG, wonach die Vererbung nach dem jeweiligen Belegenheitsrecht erfolgt.[11]

10 Eine weitere Ausnahme von der Anknüpfung an die Staatsangehörigkeit des Erblassers macht § 26 RAG. Danach wird für die Testierfähigkeit, die Aufhebung des Testamentes, die zulässigen Arten testamentarischer Verfügungen, ihre Anfechtung und die Rechtsfolgen von Erklärungsmängeln bei der Errichtung dem Recht unterstellt, in dem der Erblasser zum Zeitpunkt der Errichtung seinen Wohnsitz hatte. War danach das Recht der ehemaligen DDR anwendbar und lag der Erbfall vor dem 1.1.1976, sind § 8 Abs. 1 EGZGB die Vorschriften des BGB maßgebend. Wurde ein Testament zwar vor dem 1.1.1976 errichtet, trat der Erbfall aber nach dem 31.12.1975 ein, so gilt gem. § 8 Abs. 2 S. 1 EGZGB das gleiche, also die Anwendung des BGB.

e) Fristen

11 Waren am 3.10.1990 Fristen für Ausschlagung, Anfechtung und Pflichtteilsverjährung noch nicht abgelaufen, gelten grundsätzlich BGB-Fristen. Sind diese kürzer als die des ZGB, werden sie erst ab dem 3.10.1990 gerechnet, Art. 231 § 6 EGBGB.

II. Art. 235 § 1 Abs. 2 EGBGB

1. Normzweck

12 Sinn und Zweck von Art. 235 § 1 Abs. 2 EGBGB ist die Wahrung erbrechtlicher Aussichten, welche nichteheliche Kinder unter Geltung des ZGB der DDR durch Gleichbehandlung mit ehelichen Kindern hatten. Das nichteheliche Kind beerbte nach den Bestimmungen ZGB seinen Vater als gesetzlicher Erbe nach denselben Regeln wie ein eheliches Kind gem. § 365 ZGB.[12]

2. Anwendungsbereich

13 Der Erbfall muss nach dem 3.10.1990 eingetreten sein.

14 Auch muss das Kind vor dem 3.10.1990 geboren sein und die Vaterschaft feststehen.[13] Gleichermaßen sind Kinder erfasst, die vor dem 1.7.1949 (Stichtag nach Art. 12 § 10 NichtehelichenG) sowie solche, die vor Inkrafttreten des ZGB am 1.1.1976 bzw. gem. § 9 EGFGB geboren wurden, da das ZGB all diesen Kindern ein gleiches Erbrecht gewährte.[14] Strittig ist, ob ein nasciturus, der am 3.10.1990 gezeugt, aber noch nicht geboren war, unter den Schutzzweck des Art. 235 § 1 Abs. 2 EGBGB fällt. Dies ist nach dem Sinn und Zweck von § 1923 Abs. 2 BGB einerseits und § 363 Abs. 2 ZGB andererseits zu bejahen, da es hier nicht darauf ankommt, ob der nasciturus »ansonsten leer ausginge«.[15]

15 Der **interlokale Anwendungsbereich** dieser Vorschrift stellt zur Bestimmung des maßgeblichen Erbstatuts auf den gewöhnlichen Aufenthalt des Erblassers am 2.10.1990 ab. Die erbrechtlich günstigeren Vorschriften des ZGB sind daher nur dann anzuwenden, wenn der Erblasser am 2.10.1990 seinen gewöhnlichen Aufenthalt in der ehemaligen DDR und auch die DDR-Staatsbürgerschaft hatte. Wegen der Unwandelbarkeit dieser Anknüpfung

---

11 *Staudinger/Dörner* EGBGB/IPR Art. 25 EGBGB Rn. 587 m.w.N. aus der Rspr.
12 *Staudinger/Rauscher* EGBGB/IPR Art. 235 § 1 EGBGB Rn. 3.
13 *Palandt/Edenhofer* Art. 235 § 1 EGBGB Rn. 3 (www.palandt-beck.de).
14 *Staudinger/Rauscher* EGBGB/IPR Art. 235 § 1 EGBGB Rn. 120.
15 *Staudinger/Rauscher* EGBGB/IPR Art. 235 § 1 EGBGB Rn. 121; *Palandt/Edenhofer* Art. 235 § 1 Rn. 3 (www.palandt-beck.de).

ist eine Wohnsitzverlegung nach dem Beitritt durch den Erblasser bedeutungslos. Ein vorzeitiger Erbausgleich käme unter diesen Voraussetzungen nicht in Betracht.[16]

Eine weitere **Ausnahme** zu Art. 235 § 1 Abs. 1 EGBGB stellt das Erbrecht des nichtehelichen Vaters dar. Hatte dieser am 2.10.1990 seinen gewöhnlichen Aufenthalt in der DDR, beurteilt sich sein Erbrecht und das väterlicher Verwandter nach seinem zwischen 3.10.1990 und dem 1.4.1998 verstorbenen nichtehelichen Kind nach dem Erbrecht ehelicher Väter. 16

Art. 235 § 2 Verfügungen von Todes wegen

Die Errichtung und Aufhebung einer Verfügung von Todes wegen vor dem Wirksamwerden des Beitritts wird nach dem bisherigen Recht beurteilt, auch wenn der Erblasser nach dem Wirksamwerden des Beitritts stirbt. Dies gilt auch für die Bindung des Erblassers bei einem gemeinschaftlichen Testament, sofern das Testament vor dem Wirksamwerden des Beitritts errichtet worden ist.

Übersicht	Rz.		Rz.
I. Normzweck	1	III. Kurzübersicht über das DDR-Erbrecht	6
II. Anwendungsbereich	2		

I. Normzweck

Auch diese Bestimmung schützt das Vertrauen in die Fortgeltung des bei Errichtung des Testamentes für diese Regelungsbereiche geltenden Rechts und gebietet, dass Testamente die vor dem 3.10.1990 nach dem maßgeblichen Recht der DDR wirksam errichtet, aufgehoben oder Bindung erzeugt haben, insoweit weiterhin nach dem Recht der DDR beurteilt werden. 1

II. Anwendungsbereich

Art. 235 § 2 S. 1 EGBGB ist für Verfügungen von Todes wegen von Bedeutung, die einerseits vor dem 1.1.1976 errichtet wurden und von § 8 Abs. 2 S. 1 EGZGB erfasst werden, andererseits für im Zeitraum vom 1.10.1976 bis 2.10.1990 errichtete Verfügungen von Todes wegen. Zudem muss der Erbfall nach dem 3.10.1990 eintreten. 2

Ist der Erbfall dagegen vor dem 3.10.1990 eingetreten, ergibt sich das Erbstatut entweder aus der analogen Anwendung des Art. 26 Abs. 5 EGBGB oder dem Haager Übereinkommen über das auf die Form letztwilliger Verfügungen anzuwendende Recht vom 5.10.1961, also der Anwendung der bekannten interlokalen Kollisionsregeln. 3

Der Ausnahmecharakter des Art. 235 § 2 S. 1 EGBGB gebietet eine enge Auslegung und erfasst daher nur Form und Fähigkeit zur Errichtung bzw. Aufhebung einer Verfügung von Todes wegen. Davon zu unterscheiden sind Inhalt, Auslegung und materielle Wirkung der Verfügung, die dem Erbstatut unterliegen.[1] 4

Ausdrücklich erwähnt ist in Art. 235 § 2 S. 2 EGBGB ferner die Bindungswirkung eines gemeinschaftlichen Testamentes sowie deren Widerruf. Diese, wie auch die Beseitigung der Bindungswirkung, beurteilt sich aus Gründen des Vertrauensschutzes nach dem Errichtungsstatut. Die Anfechtung fällt nicht unter diese Vorschrift, sondern unter das Erbstatut.[2] 5

---

16 *Staudinger/Rauscher* EGBGB/IPR Art. 235 § 1 EGBGB Rn. 128.
1 *Staudinger/Rauscher* EGBGB/IPR Art. 235 § 2 EGBGB Rn. 14 f.
2 *Palandt/Edenhofer* Art. 235 § 2 EGBGB Rn. 5 (www.palandt-beck.de).

III. Kurzübersicht über das DDR-Erbrecht

6 Soweit das ZGB der ehemaligen DDR für Erbfälle zwischen dem 1.1.1976 und 2.10.1990 Anwendung findet, sind folgende – nicht abschließend aufgeführte – Besonderheiten zu beachten:[3]

7 Bei der Vor- und Nacherbfolge sind seit dem 1.1.1976 die Beschränkungen der Verfügungsbefugnis entfallen, § 8 Abs. 2 S. 2 EGZGB. Vor- und Nacherbfolge sowie Erbvertrag wurden vom ZGB nicht mehr übernommen. Nachdem für Erbverträge eine Übergangsnorm fehlt, ist davon auszugehen, dass sie mit dem 1.1.1976 unwirksam geworden sind.[4] Es ist jedoch zu prüfen, ob der unwirksame Erbvertrag in wirksame Einzeltestamente umgedeutet bzw. ausgelegt werden kann, um dem wirklichen oder mutmaßlichen Erblasserwillen Geltung zu verschaffen.

8 Ein gemeinschaftliches Testament konnte nur von Ehegatten errichtet werden, § 388 ZGB, wobei alle getroffenen Verfügungen Bindungswirkung erzeugten. Zu Lebzeiten konnten die Ehegatten durch Aufhebung, Widerruf unter gleichzeitiger Ausschlagung nach dem Tod eines Ehegatten ihre Testierfreiheit mit der Folge eines bloßen Pflichtteilsanspruches wiedererlangen. Auch die Scheidung der Ehe machte das gemeinsame Testament unwirksam. Eine eingetretene Bindung hatte die Nichtigkeit abweichender Verfügungen von Todes wegen des Überlebenden zur Folge, es sei denn, dass sich die Eheleute durch Vorbehalt einseitig oder wechselseitig hierzu ermächtigt haben.

---

[3] Ausführlich zum Erbrecht nach dem ZGB: *Staudinger/Rauscher* EGBGB/IPR Art. 235 § 1 EGBGB Rn. 62 ff.; *Märker* ZEV 1999, 245 ff.
[4] MüKoBGB/*Birk* Art. 25 EGBGB Rn. 402.

Anhang

Anhang 1: Vertragstexte

Übersicht

	Rz.
I. Innerstaatliches Recht	1
1. Einführungsgesetz zum Bürgerlichen Gesetzbuche (Auszug)	1
2. AHK-Gesetz 23 über die Rechtsverhältnisse verschleppter Personen und Flüchtlinge	16
3. Art. 116 GG	18
II. Bilaterale Staatsverträge	19
1. Niederlassungsabkommen zwischen dem Deutschen Reich und dem Kaiserreich Persien vom 17.2.1929 (RGBl. 1930 II 1002) – (Auszug)	19
2. Konsularvertrag zwischen dem Deutschen Reich und der Türkischen Republik vom 28.5.1929 (RGBl. 1930 II 747) – Auszug	20
3. Konsularvertrag zwischen der Bundesrepublik Deutschland und der Union der Sozialistischen Sowjetrepubliken vom 25.4.1958 (BGBl. 1959 II 233) – (Auszug)	41
III. Multilaterale Staatsverträge	46
1. Genfer UN-Abkommen über die Rechtsstellung der Flüchtlinge	46
2. New Yorker UN-Übereinkommen über die Rechtsstellung der Staatenlosen	55
IV. Kollisionsrecht der ehemaligen DDR	59
V. Vorschlag der EG-Kommission zu einer Erbrechtsverordnung (ROM IV-Verordnung) vom 14.10.2009	62
1. Kontext des Vorschlags	
1.1. Hintergrund	
1.2. Gründe und Ziele des Vorschlags	
2. Ergebnis der Konsultationen – Folgenabschätzung	
3. Rechtliche Aspekte	
3.1. Rechtsgrundlage	
3.2. Subsidiaritätsprinzip	
3.3. Grundsatz der Verhältnismäßigkeit und Wahl des Instruments	
4.4. Kapitel IV: Anerkennung und Vollstreckung	
4.5. Kapitel V: Öffentliche Urkunden	
4.6. Kapitel VI: Europäisches Nachlasszeugnis	

I. Innerstaatliches Recht

1. Einführungsgesetz zum Bürgerlichen Gesetzbuche (Auszug)

in der Fassung der Bekanntmachung vom 21.9.1994 (BGBl. I S. 2494, zuletzt geändert durch Gesetz vom 24.9.2009 (BGBl. I S. 3145) **1**

Artikel 3 Anwendungsbereich; Verhältnis zu Regelungen der Europäischen Gemeinschaft und zu völkerrechtlichen Vereinbarungen.

Soweit nicht
1. unmittelbar anwendbare Regelungen der Europäischen Gemeinschaft in ihrer jeweils geltenden Fassung, insb. die Verordnung (EG) Nr. 864/2007 des Europäischen Parlaments und des Rates vom 11. Juli 2007 (»Rom II«) (ABl EU L 199 S. 40) über das auf außervertragliche Schuldverhältnisse anzuwendende Recht, oder
2. Regelungen in völkerrechtlichen Vereinbarungen, soweit sie unmittelbar anzuwendendes innerstaatliches Recht geworden sind, maßgeblich sind, bestimmt sich das anzuwendende Recht bei Sachverhalten mit einer Verbindung zu einem ausländischen Staat nach den Vorschriften dieses Kapitels (Internationales Privatrecht).

Artikel 3a Sachnormverweisung; Einzelstatut

(1) Verweisungen auf Sachvorschriften beziehen sich auf die Rechtsnormen der maßgeblichen Rechtsordnung unter Ausschluss derjenigen des Internationalen Privatrechts.

(2) Soweit Verweisungen im Dritten und Vierten Abschnitt das Vermögen einer Person dem Recht eines Staates unterstellen, beziehen sie sich nicht auf Gegenstände, die sich nicht in diesem Staat befinden und nach dem Recht des Staates, in dem sie sich befinden, besonderen Vorschriften unterliegen.

Michael E. Völkl

Anhang

Artikel 4   Rück- und Weiterverweisung, Rechtsspaltung

(1) Wird auf das Recht eines anderen Staates verwiesen, so ist auch dessen Internationales Privatrecht anzuwenden, sofern dies nicht dem Sinn der Verweisung widerspricht. Verweist das Recht des anderen Staates auf deutsches Recht zurück, so sind die deutschen Sachvorschriften anzuwenden.

(2) Soweit die Parteien das Recht eines Staates wählen können, können sie nur auf die Sachvorschriften verweisen.

(3) Wird auf das Recht eines Staates mit mehreren Teilrechtsordnungen verwiesen, ohne die maßgebende zu bezeichnen, so bestimmt das Recht dieses Staates, welche Teilrechtsordnung anzuwenden ist. Fehlt eine solche Regelung, so ist die Teilrechtsordnung anzuwenden, mit welcher der Sachverhalt am engsten verbunden ist.

Artikel 5   Personalstatut

(1) Wird auf das Recht des Staates verwiesen, dem eine Person angehört, und gehört sie mehreren Staaten an, so ist das Recht desjenigen dieser Staaten anzuwenden, mit dem die Person am engsten verbunden ist, insb. durch ihren gewöhnlichen Aufenthalt oder durch den Verlauf ihres Lebens. Ist die Person auch Deutscher, so geht diese Rechtsstellung vor.

(2) Ist eine Person staatenlos oder kann ihre Staatsangehörigkeit nicht festgestellt werden, so ist das Recht des Staates anzuwenden, in dem sie ihren gewöhnlichen Aufenthalt oder, mangels eines solchen, ihren Aufenthalt hat.

(3) Wird auf das Recht des Staates verwiesen, in dem eine Person ihren Aufenthalt oder ihren gewöhnlichen Aufenthalt hat, und ändert eine nicht voll geschäftsfähige Person den Aufenthalt ohne den Willen des gesetzlichen Vertreters, so führt diese Änderung allein nicht zur Anwendung eines anderen Rechts.

Artikel 6   Öffentliche Ordnung (ordre public)

Eine Rechtsnorm eines anderen Staates ist nicht anzuwenden, wenn ihre Anwendung zu einem Ergebnis führt, das mit wesentlichen Grundsätzen des deutschen Rechts offensichtlich unvereinbar ist. Sie ist insb. nicht anzuwenden, wenn die Anwendung mit den Grundrechten unvereinbar ist.

Artikel 7   Rechtsfähigkeit und Geschäftsfähigkeit

(1) Die Rechtsfähigkeit und die Geschäftsfähigkeit einer Person unterliegen dem Recht des Staates, dem die Person angehört. Dies gilt auch, soweit die Geschäftsfähigkeit durch Eheschließung erweitert wird.

(2) Eine einmal erlangte Rechtsfähigkeit oder Geschäftsfähigkeit wird durch Erwerb oder Verlust der Rechtsstellung als Deutscher nicht beeinträchtigt.

Artikel 8   Entmündigung

(weggefallen)

Artikel 9   Todeserklärung

Die Todeserklärung, die Feststellung des Todes und des Todeszeitpunkts sowie Lebens- und Todesvermutungen unterliegen dem Recht des Staates, dem der Verschollene in dem letzten Zeitpunkt angehörte, in dem er nach den vorhandenen Nachrichten noch gelebt hat. War der Verschollene in diesem Zeitpunkt Angehöriger eines fremden Staates, so kann er nach deutschem Recht für tot erklärt werden, wenn hierfür ein berechtigtes Interesse besteht.

Artikel 10 Name

(1) Der Name einer Person unterliegt dem Recht des Staates, dem die Person angehört. 8

(2) Ehegatten können bei oder nach der Eheschließung gegenüber dem Standesbeamten ihren künftig zu führenden Namen wählen
1. nach dem Recht eines Staates, dem einer der Ehegatten angehört, ungeachtet des Artikels 5 Abs. 1, oder
2. nach deutschem Recht, wenn einer von ihnen seinen gewöhnlichen Aufenthalt im Inland hat.

Nach der Eheschließung abgegebene Erklärungen müssen öffentlich beglaubigt werden. Für die Auswirkungen der Wahl auf den Namen eines Kindes ist § 1617c des Bürgerlichen Gesetzbuchs sinngemäß anzuwenden.

(3) Der Inhaber der Sorge kann gegenüber dem Standesbeamten bestimmen, dass ein Kind den Familiennamen erhalten soll
1. nach dem Recht eines Staates, dem ein Elternteil angehört, ungeachtet des Artikels 5 Abs. 1,
2. nach deutschem Recht, wenn ein Elternteil seinen gewöhnlichen Aufenthalt im Inland hat, oder
3. nach dem Recht des Staates, dem ein den Namen Erteilender angehört.

Nach der Beurkundung der Geburt abgegebene Erklärungen müssen öffentlich beglaubigt werden.

(4) *(aufgehoben)*

Artikel 11 Form von Rechtsgeschäften

(1) Ein Rechtsgeschäft ist formgültig, wenn es die Formerfordernisse des Rechts, das auf 9
das seinen Gegenstand bildende Rechtsverhältnis anzuwenden ist, oder des Rechts des Staates erfüllt, in dem es vorgenommen wird.

(2) Wird ein Vertrag zwischen Personen geschlossen, die sich in verschiedenen Staaten befinden, so ist er formgültig, wenn er die Formerfordernisse des Rechts, das auf das seinen Gegenstand bildende Rechtsverhältnis anzuwenden ist, oder des Rechts eines dieser Staaten erfüllt.

(3) Wird der Vertrag durch einen Vertreter geschlossen, so ist bei Anwendung der Absätze 1 und 2 der Staat maßgebend, in dem sich der Vertreter befindet.

(4) Verträge, die ein dingliches Recht an einem Grundstück oder ein Recht zur Nutzung eines Grundstücks zum Gegenstand haben, unterliegen den zwingenden Formvorschriften des Staates, in dem das Grundstück belegen ist, sofern diese nach dem Recht dieses Staates ohne Rücksicht auf den Ort des Abschlusses des Vertrages und auf das Recht, dem er unterliegt, anzuwenden sind.

(5) Ein Rechtsgeschäft, durch das ein Recht an einer Sache begründet oder über ein solches Recht verfügt wird, ist nur formgültig, wenn es die Formerfordernisse des Rechts erfüllt, das auf das seinen Gegenstand bildende Rechtsverhältnis anzuwenden ist.

Artikel 12 Schutz des anderen Vertragsteils

Wird ein Vertrag zwischen Personen geschlossen, die sich in demselben Staat befinden, so 10
kann sich eine natürliche Person, die nach den Sachvorschriften des Rechts dieses Staates rechts-, geschäfts- und handlungsfähig wäre, nur dann auf ihre aus den Sachvorschriften des Rechts eines anderen Staates abgeleitete Rechts-, Geschäfts- und Handlungsunfähigkeit berufen, wenn der andere Vertragsteil bei Vertragsabschluss diese Rechts-, Geschäfts- und Handlungsunfähigkeit kannte oder kennen musste. Dies gilt nicht für familienrechtliche und erbrechtliche Rechtsgeschäfte sowie für Verfügungen über ein in einem anderen Staat belegenes Grundstück.

Anhang

Artikel 13 Eheschließung

11 (1) Die Voraussetzungen der Eheschließung unterliegen für jeden Verlobten dem Recht des Staates, dem er angehört.

(2) Fehlt danach eine Voraussetzung, so ist insoweit deutsches Recht anzuwenden, wenn
1. ein Verlobter seinen gewöhnlichen Aufenthalt im Inland hat oder Deutscher ist,
2. die Verlobten die zumutbaren Schritte zur Erfüllung der Voraussetzung unternommen haben und
3. es mit der Eheschließungsfreiheit unvereinbar ist, die Eheschließung zu versagen; insb. steht die frühere Ehe eines Verlobten nicht entgegen, wenn ihr Bestand durch eine hier erlassene oder anerkannte Entscheidung beseitigt oder der Ehegatte des Verlobten für tot erklärt ist.

(3) Eine Ehe kann im Inland nur in der hier vorgeschriebenen Form geschlossen werden. Eine Ehe zwischen Verlobten, von denen keiner Deutscher ist, kann jedoch vor einer von der Regierung des Staates, dem einer der Verlobten angehört, ordnungsgemäß ermächtigten Person in der nach dem Recht dieses Staates vorgeschriebenen Form geschlossen werden; eine beglaubigte Abschrift der Eintragung der so geschlossenen Ehe in das Standesregister, das von der dazu ordnungsgemäß ermächtigten Person geführt wird, erbringt vollen Beweis der Eheschließung.

Artikel 14 Allgemeine Ehewirkungen

12 (1) Die allgemeinen Wirkungen der Ehe unterliegen
1. dem Recht des Staates, dem beide Ehegatten angehören oder während der Ehe zuletzt angehörten, wenn einer von ihnen diesem Staat noch angehört, sonst
2. dem Recht des Staates, in dem beide Ehegatten ihren gewöhnlichen Aufenthalt haben oder während der Ehe zuletzt hatten, wenn einer von ihnen dort noch seinen gewöhnlichen Aufenthalt hat, hilfsweise
3. dem Recht des Staates, mit dem die Ehegatten auf andere Weise gemeinsam am engsten verbunden sind.

(2) Gehört ein Ehegatte mehreren Staaten an, so können die Ehegatten ungeachtet des Artikels 5 Abs. 1 das Recht eines dieser Staaten wählen, falls ihm auch der andere Ehegatte angehört.

(3) Ehegatten können das Recht des Staates wählen, dem ein Ehegatte angehört, wenn die Voraussetzungen des Absatzes 1 Nr. 1 nicht vorliegen und
1. kein Ehegatte dem Staat angehört, in dem beide Ehegatten ihren gewöhnlichen Aufenthalt haben, oder
2. die Ehegatten ihren gewöhnlichen Aufenthalt nicht in demselben Staat haben.
Die Wirkungen der Rechtswahl enden, wenn die Ehegatten eine gemeinsame Staatsangehörigkeit erlangen.

(4) Die Rechtswahl muss notariell beurkundet werden. Wird sie nicht im Inland vorgenommen, so genügt es, wenn sie den Formerfordernissen für einen Ehevertrag nach dem gewählten Recht oder am Ort der Rechtswahl entspricht.

Artikel 15 Güterstand

13 (1) Die güterrechtlichen Wirkungen der Ehe unterliegen dem bei der Eheschließung für die allgemeinen Wirkungen der Ehe maßgebenden Recht.

(2) Die Ehegatten können für die güterrechtlichen Wirkungen ihrer Ehe wählen
1. das Recht des Staates, dem einer von ihnen angehört,
2. das Recht des Staates, in dem einer von ihnen seinen gewöhnlichen Aufenthalt hat, oder
3. für unbewegliches Vermögen das Recht des Lageorts.

(3) Artikel 14 Abs. 4 gilt entsprechend.

(4) Die Vorschriften des Gesetzes über den ehelichen Güterstand von Vertriebenen und Flüchtlingen bleiben unberührt.

Artikel 220 Übergangsvorschrift zum Gesetz vom 25. Juli 1986 zur Neuregelung des Internationalen Privatrechts

(1) Auf vor dem 1. September 1986 abgeschlossene Vorgänge bleibt das bisherige Internationale Privatrecht anwendbar.

(2) Die Wirkungen familienrechtlicher Rechtsverhältnisse unterliegen von dem in Abs. 1 genannten Tag an den Vorschriften des Zweiten Kapitels des Ersten Teils.

(3) Die güterrechtlichen Wirkungen von Ehen, die nach dem 31. März 1953 und vor dem 9. April 1983 geschlossen worden sind, unterliegen bis zum 8. April 1983
1. dem Recht des Staates, dem beide Ehegatten bei der Eheschließung angehörten, sonst
2. dem Recht, dem die Ehegatten sich unterstellt haben oder von dessen Anwendung sie ausgegangen sind, insb. nach dem sie einen Ehevertrag geschlossen haben, hilfsweise
3. dem Recht des Staates, dem der Ehemann bei der Eheschließung angehörte.
Für die Zeit nach dem 8. April 1983 ist Artikel 15 anzuwenden. Dabei tritt für Ehen, auf die vorher S. 1 Nr. 3 anzuwenden war, an die Stelle des Zeitpunkts der Eheschließung der 9. April 1983. Soweit sich allein aus einem Wechsel des anzuwendenden Rechts zum Ablauf des 8. April 1983 Ansprüche wegen der Beendigung des früheren Güterstands ergeben würden, gelten sie bis zu dem in Abs. 1 genannten Tag als gestundet. Auf die güterrechtlichen Wirkungen von Ehen, die nach dem 8. April 1983 geschlossen worden sind, ist Artikel 15 anzuwenden. Die güterrechtlichen Wirkungen von Ehen, die vor dem 1. April 1953 geschlossen worden sind, bleiben unberührt; die Ehegatten können jedoch eine Rechtswahl nach Artikel 15 Abs. 2 und 3 treffen.

(4) *(weggefallen)*

(5) *(weggefallen)*

Artikel 236 Einführungsgesetz – Internationales Privatrecht

§ 1 Abgeschlossene Vorgänge

Auf vor dem Wirksamwerden des Beitritts abgeschlossene Vorgänge bleibt das bisherige Internationale Privatrecht anwendbar.

§ 2 Wirkungen familienrechtlicher Rechtsverhältnisse

Die Wirkungen familienrechtlicher Rechtsverhältnisse unterliegen von dem Wirksamwerden des Beitritts an den Vorschriften des Zweiten Kapitels des Ersten Teils.

§ 3 Güterstand

Die güterrechtlichen Wirkungen von Ehen, die vor dem Wirksamwerden des Beitritts geschlossen worden sind, unterliegen von diesem Tag an dem Artikel 15; dabei tritt an die Stelle des Zeitpunkts der Eheschließung der Tag des Wirksamwerdens des Beitritts. Soweit sich allein aus einem Wechsel des anzuwendenden Rechts nach S. 1 Ansprüche wegen der Beendigung des früheren Güterstandes ergeben würden, gelten sie bis zum Ablauf von zwei Jahren nach Wirksamwerden des Beitritts als gestundet.

Anhang

2. AHK-Gesetz 23 über die Rechtsverhältnisse verschleppter Personen und Flüchtlinge Vom 17. März 1950 (AHK ABl. 140)

Erster Teil
Allgemeine Vorschriften

16 Art. 1. Soweit das Einführungsgesetz zum Bürgerlichen Gesetzbuch bestimmt, dass die Gesetze des Staates, dem eine Person angehört, maßgebend sind, werden die Rechtsverhältnisse einer verschleppten Person oder eines Flüchtlings nach dem Recht des Staates beurteilt, in welchem die Person oder der Flüchtling zu der maßgeblichen Zeit den gewöhnlichen Aufenthalt hat oder gehabt hat, oder, falls ein gewöhnlicher Aufenthalt fehlt, nach dem Recht des Staates, in welchem die Person oder der Flüchtling sich zu der maßgeblichen Zeit befindet oder befunden hat.

Art. 2. Artikel 1 findet keine Anwendung auf die in Artikel 24 und 25 des Einführungsgesetzes zum Bürgerlichen Gesetzbuch geregelten Gegenstände.

Art. 3–9. (nicht abgedruckt)

Dritter Teil
Schlußvorschriften

17 Art. 10. Im Sinne dieses Gesetzes bedeutet:

a) Der Ausdruck »verschleppter Personen und Flüchtlinge« Personen, die nicht die deutsche Staatsangehörigkeit besitzen oder deren Staatsangehörigkeit nicht festgestellt werden kann, sofern sie ihren Aufenthalt im Gebiet der Bundesrepublik haben und eine amtliche Bescheinigung darüber besitzen, dass sie der Obhut der internationalen Organisation unterstehen, die von den Vereinten Nationen mit der Betreuung der verschleppten Personen und Flüchtlinge beauftragt ist;

b) der Ausdruck »Deutschland« die Länder Baden, Bayern, Bremen, Brandenburg, Hansestadt Hamburg, Hessen, Niedersachsen, Mecklenburg-Pommern, Nordrhein-Westfalen, Rheinland-Pfalz, Sachsen, Sachsen-Anhalt, Schleswig-Holstein, Thüringen, Württemberg-Baden, Württemberg-Hohenzollern und Groß-Berlin.

3. Art. 116 GG

18 (1) Deutscher im Sinne dieses Grundgesetzes ist vorbehaltlich anderweitiger gesetzlicher Regelung, wer die deutsche Staatsangehörigkeit besitzt oder als Flüchtling oder Vertriebener deutscher Volkszugehörigkeit oder als dessen Ehegatte oder Abkömmling in dem Gebiete des Deutschen Reiches nach dem Stande vom 31. Dezember 1937 Aufnahme gefunden hat.

(2) Frühere deutsche Staatsangehörige, denen zwischen dem 30. Januar 1933 und dem 8. Mai 1945 die Staatsangehörigkeit aus politischen, rassischen oder religiösen Gründen entzogen worden ist, und ihre Abkömmlinge sind auf Antrag wieder einzubürgern. Sie gelten als nicht ausgebürgert, sofern sie nach dem 8. Mai 1945 ihren Wohnsitz in Deutschland genommen haben und nicht einen entgegengesetzten Willen zum Ausdruck gebracht haben.

Anhang

II. Bilaterale Staatsverträge

1. Niederlassungsabkommen zwischen dem Deutschen Reich und dem Kaiserreich Persien vom 17.2.1929 (RGBl. 1930 II 1002) – (Auszug)

Art. 8

(1) Die Angehörigen jedes vertragschließenden Staates genießen im Gebiet des anderen Staates in allem, was den gerichtlichen und behördlichen Schutz ihrer Personen und Güter angeht, die gleiche Behandlung wie Inländer.

(2) Sie haben insb. freien und völlig ungehinderten Zutritt zu den Gerichten und können vor Gericht unter den gleichen Bedingungen wie Inländer auftreten. Jedoch werden bis zum Abschluß eines besonderen Abkommens die Voraussetzungen für das Armenrecht und die Sicherheitsleistung für Prozesskosten durch die örtliche Gesetzgebung geregelt.

(3) In Bezug auf das Personen-, Familien- und Erbrecht bleiben die Angehörigen jedes der vertragschließenden Staaten im Gebiet des anderen Staates jedoch den Vorschriften ihrer heimischen Gesetze unterworfen. Die Anwendung dieser Gesetze kann von dem anderen vertragschließenden Staat nur ausnahmsweise und nur insoweit ausgeschlossen werden, als ein solcher Ausschluß allgemein gegenüber jedem anderen Staat erfolgt.

Schlußprotokoll zu Art. 8 Abs. 3

Die vertragschließenden Staaten sind sich darüber einig, dass das Personen-, Familien- und Erbrecht, d.h. das Personalstatut, die folgenden Angelegenheiten umfaßt: Ehe, eheliches Güterrecht, Scheidung, Aufhebung der ehelichen Gemeinschaft, Mitgift, Vaterschaft, Abstammung, Annahme an Kindes Statt, Geschäftsfähigkeit, Volljährigkeit, Vormundschaft und Pflegschaft, Entmündigung, testamentarische und gesetzliche Erbfolge, Nachlassabwicklungen und Erbauseinandersetzungen, ferner alle anderen Angelegenheiten des Familienrechts unter Einschluss aller den Personenstand betreffenden Fragen.

2. Konsularvertrag zwischen dem Deutschen Reich und der Türkischen Republik vom 28.5.1929 (RGBl. 1930 II 747) – Auszug)

Artikel 16

Die Konsuln haben, soweit sie nach den Vorschriften ihres Landes dazu befugt sind, das Recht:

…

2. Verfügungen von Todes wegen von Angehörigen des von ihnen vertretenen Landes aufzunehmen, zu bestätigen oder zu beglaubigen.

…

Artikel 20

In Ansehung der in dem Gebiete des einen vertragschließenden Staates befindlichen Nachlässe von Angehörigen des anderen Staates haben die Konsuln die aus der Anlage dieses Vertrages ersichtlichen Befugnisse.

Anlage zu Artikel 20 des Konsularvertrages (Nachlassabkommen)

§ 1

(1) Stirbt ein Angehöriger eines Ertragsstaates im Gebiet des anderen Vertragsstaates, so hat die zuständige Ortsbehörde dem zuständigen Konsul des Staates, dem der Verstorbene angehörte, unverzüglich von dem Tode Kenntnis zu geben und ihm mitzuteilen, was ihr über die Erben und deren Aufenthalt, den Wert und die Zusammen-

setzung des Nachlasses sowie über das etwaige Vorhandensein einer Verfügung von Todes wegen bekannt ist. Erhält zuerst der Konsul (des Staates, dem der Verstorbene angehörte) von dem Todesfalle Kenntnis, so hat er seinerseits die Ortsbehörde (in gleicher Weise) zu benachrichtigen.

(2) Gehört der Sterbeort zu keinem Konsulatsbezirk, so ist die Mitteilung an den diplomatischen Vertreter des Staates, dem der Verstorbene angehörte, zu richten.

(3) Die der Ortsbehörde und dem Konsul alsdann obliegenden Verrichtungen bestimmen sich hinsichtlich des beweglichen Nachlasses nach §§ 2 bis 11 und hinsichtlich des unbeweglichen Nachlasses nach § 12.

§ 2

23 (1) Für die Sicherung des Nachlasses hat in erster Linie die zuständige Ortsbehörde zu sorgen. Sie hat sich auf Maßnahmen zu beschränken, die erforderlich sind, um die Substanz des Nachlasses unversehrt zu erhalten, wie Siegelung und Aufnahme eines Nachlassverzeichnisses. Auf Ersuchen des Konsuls hat sie in jedem Falle die von ihm gewünschten Sicherungsmaßnahmen zu treffen.

(2) Der Konsul kann gemeinsam mit der Ortsbehörde oder, soweit sie noch nicht eingegriffen hat, allein gem. den Vorschriften des von ihm vertretenen Staates entweder persönlich oder durch einen von ihm ernannten, mit seiner Vollmacht versehenen Vertreter den beweglichen Nachlass siegeln und ein Nachlassverzeichnis aufnehmen, wobei er die Hilfe der Ortsbehörden in Anspruch nehmen darf.

(3) Ortsbehörden und Konsul haben einander, sofern nicht besondere Umstände entgegenstehen, Gelegenheit zur Mitwirkung bei den Sicherungsmaßnahmen zu geben. Die Behörde, die hierbei nicht hat mitwirken können, ist befugt, im Falle einer Siegelung den angelegten Siegeln nachträglich ihr Siegel beizufügen. Hat die andere Behörde nicht mitwirken können, so ist ihr so bald als möglich beglaubigte Abschrift des Nachlassverzeichnisses und des Verhandlungsprotokolls zu übersenden.

(4) Dieselben Bestimmungen gelten für die gemeinschaftlich vorzunehmende Aufhebung der Sicherungsmaßregeln und insb. die Abnahme der Siegel. Jedoch kann sowohl die Ortsbehörde wie der Konsul allein zur Abnahme schreiten, falls die andere Behörde ihre Einwilligung dazu erteilt oder auf eine mindestens 48 Stunden vorher an sie ergangene Einladung sich nicht rechtzeitig eingefunden hat.

§ 3

24 Die Ortsbehörde soll die in dem Lande gebräuchlichen oder durch dieses Gesetz vorgeschriebenen Bekanntmachungen über die Eröffnung des Nachlasses und den Aufruf der Erben oder Gläubiger erlassen und diese Bekanntmachungen dem Konsul mitteilen; dieser kann auch seinerseits entsprechende Bekanntmachungen erlassen.

§ 4

25 Der Konsul kann die Nachlassregelung übernehmen. In diesem Falle gelten die Bestimmungen der §§ 5 bis 10 dieses Abkommens.

§ 5

26 (1) Der Konsul ist berechtigt, sich alle Nachlasssachen, mit Einschluss der Papiere des Verstorbenen, die sich im Gewahrsam von Privatpersonen, Notaren, Banken, Versicherungsgesellschaften, öffentlichen Kassen und dergleichen oder der Ortsbehörden befinden, unter denselben Voraussetzungen aushändigen zu lassen, und unter denselben Voraussetzungen zum Nachlass gehörige Forderungen einzuziehen, unter denen der Verstorbene selbst dazu befugt gewesen wäre. Wenn der Nachlass ganz oder zum

Teil beschlagnahmt worden ist oder sich unter Zwangsverwaltung befindet, kann der Konsul davon erst Besitz nehmen, nachdem die Beschlagnahme oder Zwangsverwaltung aufgehoben ist.

(2) Der Konsul ist ebenfalls berechtigt, die Herausgabe der von dem Verstorbenen errichteten Verfügungen von Todes wegen zu verlangen, und zwar auch dann, wenn sie von den Landesbehörden in amtliche Verwahrung genommen worden sind, die das Recht haben, die Verfügungen von vor der Herausgabe zu öffnen. Der Konsul hat eine beglaubigte Abschrift jeder in seinen Besitz gelangten und eröffneten Verfügung der Ortsbehörde mitzuteilen.

§ 6

Der Konsul hat das Recht und die Pflicht, alle Maßnahmen zu treffen, die er zur Erhaltung des Nachlasses als im Interesse des Erben liegend erachtet oder die er zur Erfüllung öffentlich-rechtlicher Verpflichtungen des Erblassers oder der Erben erforderlich sind. Insb. ist er gegenüber den zuständigen Behörden zur Erteilung von Auskunft über den Wert des Nachlasses verpflichtet. Er kann den Nachlass entweder persönlich verwalten oder durch einen von ihm gewählten und in seinem Namen handelnden Vertreter, dessen Geschäftsführung er überwacht, verwalten lassen. Der Konsul ist berechtigt, die Hilfe der Ortsbehörden in Anspruch zu nehmen.

§ 7

(1) Der Konsul hat den Nachlass, soweit er ihn in Besitz genommen hat, innerhalb des Landes seines Amtssitzes aufzubewahren.

(2) Der Konsul ist befugt, selbstständig im Wege der Versteigerung und gem. den Gesetzen und Gebräuchen des Landes seines Amtssitzes die Bestandteile des Nachlasses, die dem Verderben ausgesetzt sind und deren Aufbewahrung schwierig und kostspielig sein würde, zu veräußern.

(3) Er ist ferner berechtigt, die Kosten der letzten Krankheit und der Beerdigung des Verstorbenen, den Lohn von Hausbediensteten, Angestellten und Arbeitern, Mietzins und andere Kosten, deren Aufwendung zur Verwaltung des Nachlasses erforderlich ist, sowie im Notfalle den für die Familie des Verstorbenen erforderlichen Unterhalt, ferner Gerichtskosten, Konsulatsgebühren und Gebühren der Ortsbehörden sofort aus dem Bestande des Nachlasses zu entnehmen.

§ 8

Streitigkeiten infolge von Ansprüchen gegen den Nachlass sind bei den zuständigen Behörden des Landes, in dem dieser sich befindet, anhängig zu machen und von diesen zu entscheiden.

§ 9

(1) Die Zwangsvollstreckung in die Nachlassgegenstände ist zulässig, auch wenn diese sich in der Verwahrung des Konsuls befinden. Dieser hat sie der zuständigen Behörde auf Ersuchen herauszugeben.

(2) Falls die zuständige Behörde ein Konkursverfahren über den im Lande befindlichen Nachlass eröffnet, hat der Konsul auf Erfordern alle Nachlassgegenstände, soweit sie zur Konkursmasse gehören, die Ortsbehörde oder dem Konkursverwalter auszuliefern. Der Konsul ist befugt, die Interessen seiner Staatsangehörigen in dem Verfahren wahrzunehmen.

Michael E. Völkl

§ 10

31 Nach Ablauf von drei Monaten seit der letzten Bekanntmachung über die Eröffnung des Nachlasses oder, wenn eine solche Bekanntmachung nicht stattgefunden hat, nach Ablauf von vier Monaten seit dem Tode des Erblassers kann der Konsul die Nachlasssachen an die Erben, die ihr Recht nachgewiesen haben, oder sofern der Nachweis nicht geführt werden konnte, an die zuständigen Behörden seines Landes herausgeben. Er darf aber die Herausgabe nicht vornehmen, bevor alle die geschuldeten öffentlich-rechtlichen Abgaben des Erblassers und die staatlichen Abgaben sowie die zugehörigen den Nachlass belastenden Kosten und Rechnungen entrichtet oder sichergestellt sind, und bevor die bei ihm angemeldeten Forderungen an den Nachlass von Angehörigen oder Bewohnern des Staates, in dessen Gebiet sich der Nachlass befindet, befriedigt oder ordnungsmäßig sichergestellt sind. Diese Verpflichtung des Konsuls gegenüber den angemeldeten Forderungen erlischt, wenn er nicht binnen weiterer sechs Monaten davon in Kenntnis gesetzt wird, dass die Forderungen anerkannt oder bei dem zuständigen Gericht eingeklagt worden sind.

§ 11

32 (1) Falls der Konsul die Herausgabe nicht verlangt hat, ist die Ortsbehörde verpflichtet, die in ihrem Gewahrsam befindlichen Nachlassgegenstände den Erben unter denselben Bedingungen herauszugeben, unter denen der Konsul nach § 10 dazu verpflichtet ist.

(2) Führen die Interessenten nicht binnen sechs Monaten seit dem Todestage des Erblassers den Nachweis ihres Erbrechts, so hat die Ortsbehörde den Nachlass unter Mitteilung der darauf bezüglichen Akten an den Konsul abzuliefern, vorbehaltlich der in § 10 vorgesehenen Bedingungen. Der Konsul hat damit nach Maßgabe des § 10 zu verfahren.

§ 12

33 (1) In Ansehung des unbeweglichen Nachlasses sind ausschließlich die zuständigen Behörden des Staates, in dessen Gebiet sich dieser Nachlass befindet, berechtigt und verpflichtet, alle Verrichtungen nach Maßgabe der Landesgesetze und in derselben Weise vorzunehmen wie bei Nachlässen von Angehörigen ihres eigenen Staates. Beglaubigte Abschrift des über den unbeweglichen Nachlass aufgenommenen Verzeichnisses ist so bald wie möglich dem zuständigen Konsul zu übersenden.

(2) Hat der Konsul eine Verfügung von Todes wegen in Besitz genommen, worin Bestimmungen über unbeweglichen Nachlass enthalten sind, so hat er der Ortsbehörde auf ihr Ersuchen die Urschrift dieser Verfügung auszuhändigen.

(3) Das Recht des Staates, in dem sich der Konsul befindet, entscheidet darüber, was zum beweglichen und zum unbeweglichen Nachlass gehört.

§ 13

34 In allen Angelegenheiten, zu denen die Eröffnung, Verwaltung und Regelung der beweglichen und unbeweglichen Nachlässe von Angehörigen des einen Staates im Gebiet des anderen Staates Anlass geben, soll der Konsul ermächtigt sein, die Erben, die seinem Staate angehören und keinen Bevollmächtigten in dem anderen Staate bestellt haben, zu vertreten, ohne dass er gehalten ist, seine Vertretungsbefugnis durch eine besondere Urkunde nachzuweisen. Die Vertretungsbefugnis des Konsuls fällt weg, wenn alle Berechtigten anwesend oder vertreten sind.

§ 14

(1) Die erheblichen Verhältnisse bestimmen sich in Ansehung des beweglichen Nachlasses nach den Gesetzen des Landes, dem der Erblasser zur Zeit seines Todes angehörte.

(2) Die erbrechtlichen Verhältnisse in Ansehung des unbeweglichen Nachlasses bestimmen sich nach den Gesetzen des Landes, in dem dieser Nachlass liegt, und zwar in der gleichen Weise, wie wenn der Erblasser zur Zeit seines Todes Angehöriger dieses Landes gewesen wäre.

§ 15

Klagen, welche die Feststellung des Erbrechts, Erbschaftsansprüche, Ansprüche aus Vermächtnissen sowie Pflichtteilsansprüche zum Gegenstand haben, sind, soweit es sich um beweglichen Nachlass handelt, bei den Gerichten des Staates anhängig zu machen, dem der Erblasser zur Zeit seines Todes angehörte, soweit es sich um unbeweglichen Nachlass handelt, bei den Gerichten des Staates, in dessen Gebiet sich der unbewegliche Nachlass befindet. Ihre Entscheidungen sind von dem anderen Staate anzuerkennen.

§ 16

(1) Verfügungen von Todes wegen sind, was ihre Form anlangt, gültig, wenn die Gesetze des Landes beachtet sind, wo die Verfügungen errichtet sind, oder die Gesetze des Staates, dem der Erblasser zur Zeit der Errichtung angehörte.

(2) Das gleiche gilt für den Widerruf solcher Verfügungen von Todes wegen.

§ 17

Ein Zeugnis über ein erbrechtliches Verhältnis, insb. über das Recht des Erben oder eines Testamentsvollstreckers, das von der zuständigen Behörde des Staates, dem der Erblasser angehörte, nach dessen Gesetzen ausgestellt ist, genügt, soweit es sich um beweglichen Nachlass handelt, zum Nachweis dieser Rechtsverhältnisse auch für das Gebiet des anderen Staates. Zum Beweise der Echtheit genügt die Beglaubigung durch einen Konsul oder einen diplomatischen Vertreter des Staates, dem der Erblasser angehörte.

§ 18

Die Bestimmungen der §§ 1 bis 17 finden entsprechende Anwendung auf bewegliches oder unbewegliches Vermögen, das sich im Gebiet des einen Teils befindet und zu dem Nachlass eines außerhalb dieses Gebietes verstorbenen Angehörigen des anderen Teils gehört.

§ 19

(1) Wenn eine Person, die zur Besatzung eines Schiffes eines der beiden Staaten gehört, im Gebiet des anderen Staates stirbt und nicht diesem angehört, so sollen ihre Heuerguthaben und ihre Habseligkeiten dem Konsul des zuständigen Staates übergeben werden.

(2) Wenn ein Angehöriger des einen der beiden Staaten auf der Reise im Gebiet eines anderen stirbt, ohne dort seinen Wohnsitz oder gewöhnlichen Aufenthalt gehabt zu haben, so sollen die von ihm mitgeführten Gegenstände dem Konsul seines Landes übergeben werden.

(3) Der Konsul, dem die in Abs. 1 und 2 erwähnten Nachlasssachen übergeben sind, wird damit nach den Vorschriften seines Landes verfahren, nachdem er die

Anhang

von dem Verstorbenen während des Aufenthaltes in dem Lande gemachten Schulden geregelt hat.

3. Konsularvertrag zwischen der Bundesrepublik Deutschland und der Union der Sozialistischen Sowjetrepubliken vom 25.4.1958 (BGBl. 1959 II 233) – (Auszug)

Artikel 19

41 Der Konsul ist befugt, in seinen Amtsräumen, in seinen persönlichen Wohnräumen, in den Wohnungen von Staatsangehörigen des Entsendestaates mit deren Zustimmung und an Bord von Schiffen unter der Flagge des Entsendestaates folgende Handlungen vorzunehmen:
...
2. letztwillige Verfügungen und sonstige einseitige Rechtsgeschäfte und Willenserklärungen von Staatsangehörigen des Entsendestaates zu beurkunden:

Artikel 25

42 (1) Stirbt ein Staatsangehöriger des Entsendestaates im Konsularbezirk, so wacht der Konsul darüber, dass alle Maßnahmen ergriffen werden, die zum Schutze der berechtigten Interessen der Erben erforderlich sind.

(2) Die Behörden im Konsularbezirk setzen den Konsul von Todesfällen von Staatsangehörigen des Entsendestaates sowie von den ergriffenen oder zu ergreifenden Maßnahmen zur Regelung der Nachlassangelegenheiten in Kenntnis.

Artikel 26

43 Die Feststellung, Verwahrung und Siegelung des Nachlasses gehört zur Zuständigkeit der örtlichen Behörden. Auf Antrag des Konsuls ergreifen sie die zum Schutz des Nachlasses notwendigen Maßnahmen.

Artikel 27

44 Der Konsul hat hinsichtlich des Nachlasses von Staatsangehörigen des Entsendestaates, die sich im Konsularbezirk aufgehalten haben, folgende Rechte, die er selbst oder durch seine Bevollmächtigten wahrnehmen kann:
1. an der Aufnahme eines Nachlassverzeichnisses und der Unterzeichnung des entsprechenden Protokolls teilzunehmen;
2. sich mit den zuständigen Behörden des Empfangsstaates ins Benehmen zu setzen, um Beschädigung oder Verderb der Nachlassgegenstände zu verhindern und im Bedarfsfalle ihre Veräußerung sicherzustellen.

Artikel 28

45 (1) Der Konsul ist befugt, von den örtlichen Behörden die Übergabe der Nachlassgegenstände einschließlich der Schriftstücke des Verstorbenen zu verlangen, wenn die Erben Staatsangehörige des Entsendestaates sind und sich nicht im Gebiet des Empfangsstaates befinden.

(2) Bevor der Konsul die Nachlassgegenstände an die Erben übergibt oder in das Ausland verbringt, müssen in den Grenzen des Nachlasswertes die festgesetzten Abgaben bezahlt und die sonstigen von anderen im Empfangstaat wohnhaften Personen erhobenen und nachgewiesenen Ansprüche befriedigt sein. Diese Verpflichtungen des Konsuls erlöschen, wenn ihm nicht innerhalb von sechs Monaten nach dem Tode des Erblassers nachgewiesen wird, dass die Ansprüche dieser Personen als berechtigt anerkannt sind oder derzeit von den zuständigen Behörden überprüft werden.

(3) Hinsichtlich der unbeweglichen Nachlassgegenstände finden die Rechtsvorschriften des Staates Anwendung, in dessen Gebiet diese Gegenstände belegen sind.

Anhang

III. Multilaterale Staatsverträge

1. Genfer UN-Abkommen über die Rechtsstellung der Flüchtlinge

Kapitel I
Allgemeine Bestimmungen

Art. 1 Definition des Begriffs »Flüchtling«

A.

Im Sinne dieses Abkommens findet der Ausdruck »Flüchtling« auf jede Person Anwendung:
1. Die in Anwendung der Vereinbarungen vom 12. Mai 1926 und 30. Juni 1928 oder in Anwendung des Abkommens vom 28. Oktober 1993 und 10. Februar 1938 und des Protokolls vom 14. September 1939 oder in Anwendung der Verfassung der Internationalen Flüchtlingsorganisation als Flüchtling gilt.
Die von der Internationalen Flüchtlingsorganisation während der Dauer ihrer Tätigkeit getroffenen Entscheidungen darüber, dass jemand nicht als Flüchtling im Sinne ihres Statuts angesehen ist, stehen dem Umstand nicht entgegen, dass die Flüchtlingseigenschaft Personen zuerkannt wird, die die Voraussetzungen der Ziffer 2 dieses Artikels erfüllen.
2. Die infolge von Ereignissen, die vor dem 1. Januar 1951 eingetreten sind, und aus der begründeten Furcht vor Verfolgung wegen ihrer Rasse, Religion, Nationalität, Zugehörigkeit zu einer bestimmten sozialen Gruppe oder wegen ihrer politischen Überzeugung sich außerhalb des Landes befindet, dessen Staatsangehörigkeit sie besitzt, und die den Schutz dieses Landes nicht in Anspruch nehmen kann oder wegen dieser Befürchtungen nicht in Anspruch nehmen will; oder die sich als staatenlos infolge solcher Ereignisse außerhalb des Landes befindet, in welchem sie ihren gewöhnlichen Aufenthalt hatte, und nicht dorthin zurückkehren kann oder wegen der erwähnten Befürchtungen nicht dorthin zurückkehren will.
Für den Fall, dass eine Person mehr als eine Staatsangehörigkeit hat, bezieht sich der Ausdruck »das Land, dessen Staatsangehörigkeit sie besitzt« auf jedes der Länder, dessen Staatsangehörigkeit diese Person hat. Als des Schutzes des Landes, dessen Staatsangehörigkeit sie hat, beraubt, gilt nicht eine Person, die ohne einen stichhaltigen, auf eine begründete Befürchtung gestützten Grund den Schutz eines der Länder nicht in Anspruch genommen hat, deren Staatsangehörigkeit sie besitzt.

B.

1. Im Sinne dieses Abkommens können die im Artikel 1 Abschnitt A enthaltenen Worte »Ereignisse, die vor dem 1. Januar 1951 eingetreten sind« in dem Sinne verstanden werden, dass es sich entweder um
   a) »Ereignisse, die vor dem 1. Januar 1951 in Europa eingetreten sind« oder
   b) »Ereignisse, die vor dem 1. Januar 1951 in Europa oder anderswo eingetreten sind«
   handelt. Jeder vertragschließende Staat wird zugleich mit der Unterzeichnung, der Ratifikation oder dem Beitritt eine Erklärung abgeben, welche Bedeutung er diesem

Ausdruck vom Standpunkt der von ihm auf Grund dieses Abkommens übernommenen Verpflichtung zu geben beabsichtigt.[1]
2. Jeder vertragschließende Staat, der die Formulierung zu a) angenommen hat, kann jederzeit durch eine an den Generalsekretär der Vereinten Nationen gerichtete Notifikation seine Verpflichtungen durch Annahme der Formulierung b) erweitern.

48 C.
Eine Person, auf die Bestimmungen des Absatzes A zutreffen, fällt nicht mehr unter dieses Abkommen,
1. wenn sie sich freiwillig erneut dem Schutz des Landes, dessen Staatsangehörigkeit sie besitzt, unterstellt; oder
2. wenn sie nach dem Verlust ihrer Staatsangehörigkeit diese freiwillig wiedererlangt hat; oder
3. wenn sie eine neue Staatsangehörigkeit erworben hat und den Schutz des Landes, dessen Staatsangehörigkeit sie erworben hat, genießt; oder
4. wenn sie freiwillig in das Land, das sie aus Furcht vor Verfolgung verlassen hat oder außerhalb dessen sie sich befindet, zurückgekehrt ist und sich dort niedergelassen hat; oder
5. wenn sie nach Wegfall der Umstände, auf Grund derer sie als Flüchtling anerkannt worden ist, es nicht mehr ablehnen kann, den Schutz des Landes in Anspruch zu nehmen, dessen Staatsangehörigkeit sie besitzt.
Hierbei wird jedoch unterstellt, dass die Bestimmung dieser Ziffer auf keinen Flüchtling im Sinne der Ziffer. 1 des Abschnitts A dieses Artikels Anwendung findet, der sich auf zwingende, auf früheren Verfolgungen beruhende Gründe berufen kann, um die Inanspruchnahme des Schutzes des Landes abzulehnen, dessen Staatsangehörigkeit er besitzt;
6. wenn es sich um eine Person handelt, die keine Staatsangehörigkeit besitzt, falls sie nach Wegfall der Umstände, auf Grund deren sie als Flüchtling anerkannt worden ist, in der Lage ist, in das Land zurückzukehren, in dem sie ihren gewöhnlichen Wohnsitz hat. Dabei wird jedoch unterstellt, dass die Bestimmung dieser Ziffer auf keinen Flüchtling im Sinne der Ziffer 1 des Abschnitts A dieses Artikels Anwendung findet, der sich auf zwingende, auf früheren Verfolgungen beruhende Gründe berufen kann, um die Rückkehr in das Land abzulehnen, in dem er seinen gewöhnlichen Aufenthalt hatte.

49 D.
Dieses Abkommen findet keine Anwendung auf Personen, die zur Zeit den Schutz oder Beistand einer Organisation oder einer Institution der Vereinten Nationen, mit Ausnahme des Hohen Kommissars der Vereinten Nationen als Flüchtlinge, genießen.
Ist dieser Schutz oder diese Unterstützung aus irgendeinem Grunde weggefallen, ohne dass das Schicksal dieser Personen endgültig gem. den hierauf bezüglichen Entschließungen der Generalversammlung der Vereinten Nationen geregelt worden ist, so fallen diese Personen ipso facto unter die Bestimmungen dieses Abkommens.

---

1 Zur Auslegung des Abschnitts A hat *Burundi* bisher keine Erklärung abgegeben. Eine Erklärung i.S. von Abschnitt B Ziff. 1 a, haben *Kongo, Madagaskar, Malta, Monaco* und die *Türkei* abgegeben. Die *Bundesrepublik Deutschland* und alle übrigen Vertragsstaaten des Übk. legen den Abschnitt A i.S. von Abschnitt B Ziff. 1 b, d.h. ohne geographische Beschränkung auf Europa aus.

E.

Dieses Abkommen findet keine Anwendung auf eine Person, die von den zuständigen Behörden des Landes, in dem sie ihren Aufenthalt genommen hat, als eine Person anerkannt wird, welche die Rechte und Pflichten hat, die mit dem Besitz der Staatsangehörigkeit dieses Landes verknüpft sind.[2]

F.

Die Bestimmungen dieses Abkommens finden keine Anwendung auf Personen, in Bezug auf die aus schwerwiegenden Gründen die Annahme gerechtfertigt ist,
a) dass sie ein Verbrechen gegen den Frieden, ein Kriegsverbrechen oder ein Verbrechen gegen die Menschlichkeit im Sinne der internationalen Vertragswerke begangen haben, die ausgearbeitet worden sind, um Bestimmungen bezüglich dieser Verbrechen zu treffen;
b) dass sie ein schweres nichtpolitisches Verbrechen außerhalb des Aufnahmelandes begangen haben, bevor sie dort als Flüchtling aufgenommen wurden;
c) dass sie sich Handlungen zu Schulden kommen ließen, die den Zielen und Grundsätzen der Vereinten Nationen zuwiderlaufen.

Art. 2–11
(nicht abgedruckt)

Kapitel II
Rechtsstellung

Art. 12[3]   Personalstatut

(1) Das Personalstatut[4] jedes Flüchtlings bestimmt sich nach dem Recht des Landes seines Wohnsitzes oder, in Ermangelung eines Wohnsitzes, nach dem Recht seines Aufenthaltslandes.

(2) Die von einem Flüchtling vorher erworbenen und sich aus seinem Personalstatut7 ergebenden Rechte, insb. die aus der Eheschließung, werden von jedem vertragschließenden Staat geachtet, gegebenenfalls vorbehaltlich der Formalitäten, die nach dem in diesem Staat geltenden Recht vorgesehen sind. Hierbei wird jedoch unterstellt, dass das betreffende Recht zu demjenigen gehört, das nach den Gesetzen dieses Staates anerkannt worden wäre, wenn die in Betracht kommende Person kein Flüchtling geworden wäre.

Art. 13–16
(nicht abgedruckt)

---

2   S. dazu Abs. 2 Ziff. 5, FamRÄndG.
3   Einen Vorbehalt zu Art. 12 haben *Ägypten*, die *Bahamas*, *Finnland*, *Israel*, *Schweden* und *Spanien* erklärt. Die Vorschrift wird von diesen Staaten entweder überhaupt nicht oder nur mit Einschränkungen angewendet.
4   Der authentische englische und französische Text gebraucht in Art. 12 Abs. 1 und 2 die Begriffe »personal status« bzw. »statut personell«, die in der amtlichen österreichischen (öst. BGBl 1955, Abs. 55, 403) und Schweizer (AS 1955, 443) Übersetzung des Abk. zutreffend mit »personenrechtliche Stellung« übersetzt werden.

Anhang

2. **New Yorker UN-Übereinkommen über die Rechtsstellung der Staatenlosen** vom 28.9.1954,[5][6] (BGBl. 1976 II, 474) (Übersetzung)[7]

Kapitel I
Allgemeine Bestimmungen

Art. 1 Definition des Begriffs »Staatenloser«

55 (1) Im Sinne dieses Übereinkommens ist ein »Staatenloser« eine Person, die kein Staat auf Grund seines Rechtes als Staatsangehörigen ansieht.

(2) Dieses Übereinkommen findet keine Anwendung
i) auf Personen, denen gegenwärtig ein Organ oder eine Organisation der Vereinten Nationen, mit Ausnahme des Hohen Flüchtlingskommissars der Vereinten Nationen, Schutz oder Beistand gewährt, solange sie diesen Schutz oder Beistand genießen;
ii) auf Personen, denen die zuständigen Behörden des Landes, in dem sie ihren Aufenthalt genommen haben, die Rechte und Pflichten zuerkennen, die mit dem Besitz der Staatsangehörigkeit dieses Landes verknüpft sind;
iii) auf Personen, bei denen aus schwerwiegenden Gründen die Annahme gerechtfertigt ist,
   a) dass sie ein Verbrechen gegen den Frieden, ein Kriegsverbrechen oder ein Verbrechen gegen die Menschlichkeit im Sinne der internationalen Übereinkünfte begangen haben, die abgefaßt wurden, um Bestimmungen hinsichtlich derartiger Verbrechen zu treffen;
   b) dass sie ein schweres nichtpolitisches Verbrechen außerhalb ihres Aufenthaltslands begangen haben, bevor sie dort Aufnahme fanden;
   c) dass sie sich Handlungen zuschulden kommen ließen, die den Zielen und Grundsätzen der Vereinten Nationen zuwiderlaufen.

Art. 2–11

56 *(von einem Abdruck wird abgesehen)*

---

[5] Das Abk. ist für die Bundesrepublik Deutschland am 24.1.1977 im Verhältnis zu Algerien, Argentinien, Australien, Barbados, Belgien, Botsuana, Dänemark, Ecuador, Fidschi, Finnland, Frankreich, Griechenland, Guinea, Irland, Israel, Italien, Jugoslawien, Korea (Rep.) Lesotho, Liberia, Luxemburg, den Niederlanden, Norwegen, Sambia, Schweden, der Schweiz, Trinidad und Tobago, Tunesien, Uganda und dem Vereinigten Königreich in Kraft getreten (Bek. 10.2.1977, BGBl II, 235). Es gilt heute ferner für Costa Rica (seit 31.1.1978, BGBl 1982 II, 85), Kiribati (seit 12.7.1979, BGBl 1984 II, 482), St. Vincent und die Grenadinen (seit 27.10.1979, BGBl 1999 II, 691), Simbabwe (seit 18.4.1980, BGBl 1999 II, 807; Antiqua und Barbuda (seit 1.11.1981, BGBl 1989 II, 1 1989 II, 624), Bolivien (seit 4.1.1984, BGBl II, 12), Libyen (seit 14.8.1989, BGBl 1990 II, 803), Slowenien (seit 25.6.1991, BGBl 1993 II, 2166), Mazedonien (seit 17.9.1991, BGBl 1994 II, 2655), Kroatien (seit 8.10.1991, BGBl 1993 II, 1210), Bosnien-Herzegowina (seit 6.3.1992, BGBl 1995 II, 200), Armenien (seit 16.8.1994, BGBl II, 2655), Brasilien (seit 11.11.1996, BGBl II, 2793), Aserbaidschan (seit 14.11.1996, BGBl II, 2793), Spanien (seit 10.8.1997, BGBl II, 1542) und Tschad (seit 10.11.1999, BGBl II, 979).

[6] S. hierzu auch das New Yorker UN-Übk. zur Verminderung der Staatenlosigkeit vom 30.8.1996 (Abs. 271), sowie das Berner CIEC-Übk. zur Verringerung der Fälle von Staatenlosigkeit vom 13.9.1973.

[7] Authentisch sind gleichberechtigt der englische, französische und spanische Text.

Anhang

Kapitel II
Rechtsstellung

Art. 12[8] Personalstatut

(1) Das Personalstatut[9] eines Staatenlosen bestimmt sich nach den Gesetzen des Landes seines Wohnsitzes oder, wenn er keinen Wohnsitz hat, nach den Gesetzen eines Aufenthaltslandes.

(2) Die von einem Staatenlosen früher erworbenen, sich aus seinem Personalstatut5 ergebenden Rechte, insb. die aus der Eheschließung, werden von jedem Vertragsstaat vorbehaltlich der nach seinen Gesetzen gegebenenfalls zu erfüllenden Förmlichkeiten geachtet; hierbei wird vorausgesetzt, dass es sich um ein Recht handelt, das nach den Gesetzen dieses Staates anerkannt worden wäre, wenn der Berechtigte nicht staatenlos geworden wäre.

Art. 13–42
(von einem Abdruck wird abgesehen) 58

IV. Kollisionsrecht der ehemaligen DDR

§§ 25 und 26 RAG (Rechtsanwendungsgesetz)

Gesetz über die Anwendung des Rechts auf internationale zivil-, familien- und arbeitsrechtliche Beziehungen sowie auf internationale Wirtschaftsverträge vom 5.12.1975 (GBl. I, 718) in der Fassung des Gesetzes vom 11.1.1990 (GBl. I, 10). 59

§ 25 Recht der Erbfolge

(1) Die erbrechtlichen Verhältnisse bestimmen sich nach dem Recht des Staates, dessen Bürger der Erblasser im Zeitpunkt seines Todes war. 60

(2) Die erbrechtlichen Verhältnisse in Bezug auf das Eigentum und andere Rechte an Grundstücken und Gebäuden, die sich in der Deutschen Demokratischen Republik befinden, bestimmen sich nach dem Recht der Deutschen Demokratischen Republik.

§ 26 Wirksamkeit des Testaments

Die Fähigkeit zur Errichtung oder Aufhebung sowie die zulässigen Arten testamentarischer Verfügungen, deren Anfechtung und die Rechtsfolgen von Erklärungsmängeln bei ihrer Errichtung bestimmen sich nach dem Recht des Staates, in dem der Erblasser im Zeitpunkt der Errichtung des Testaments seinen Wohnsitz hat. 61

V. Vorschlag der EG-Kommission zu einer Erbrechtsverordnung (ROM IV-Verordnung) vom 14.10.2009

Kommission der europäischen Gemeinschaften
Brüssel, den 14.10.2009 KOM(2009) 154 endgültig 2009/0157 (COD)

Vorschlag für eine 62
Verordnung des europäischen paralemnts und des Rates

---

[8] Einen Vorbehalt zu Art. 12 haben *Botswana* und *Schweden* erklärt. Die Vorschrift bindet beide Staaten nicht. 57

[9] Der authentische englische und französische Text gebraucht in Art. 12 Abs. 1 und 2 die Begriffe »personal status« bzw. »statut personnel«, die in der amtlichen Schweizer Übersetzung (AS 1972, S. 2320) zutreffend mit »personenrechtliche Stellung« übersetzt werden.

Anhang

über die Zuständigkeit, das anzuwendende Recht, die Anerkennung und die Vollstreckung von Entscheidungen und öffentlichen Urkunden in Erbsachen sowie zur Einführung eines Europäischen Nachlasszeugnisses
{SEK(2009) 410} {SEK(2009) 411}
Begründung

1. Kontext des Vorschlags

1.1. Hintergrund

Artikel 61 des Vertrags zur Gründung der Europäischen Gemeinschaft (»EG-Vertrag«) sieht unter anderem durch Maßnahmen im Bereich der justiziellen Zusammenarbeit in Zivilsachen den schrittweisen Aufbau eines Raums der Freiheit, der Sicherheit und des Rechts vor. In Artikel 65 wird in diesem Zusammenhang ausdrücklich auf Maßnahmen zur »Verbesserung und Vereinfachung der Anerkennung und Vollstreckung gerichtlicher und außergerichtlicher Entscheidungen in Zivil- und Handelssachen« sowie zur »Förderung der Vereinbarkeit der in den Mitgliedstaaten geltenden Kollisionsnormen und Vorschriften zur Vermeidung von Kompetenzkonflikten« verwiesen. Das Erbrecht ist aus dem Anwendungsbereich der zahlreichen Rechtsakte, die auf dieser Grundlage bereits erlassen worden sind, insbesondere der Verordnung (EG) Nr. 44/2001,[10] bislang ausgeklammert worden.

Eine EU-Regelung zum Erbrecht findet sich jedoch schon im Wiener Aktionsplan[11] von 1998 unter den prioritären Vorhaben. Im Haager Programm[12] wird nunmehr eine umfassende Regelung zum Erbrecht gefordert, die das anwendbare Recht, Fragen der Zuständigkeit und Anerkennung sowie Maßnahmen administrativer Art (Ausstellung von Erbscheinen, Registrierung von Testamenten) einschließt. Eine EU-Initiative zum Testamentsregister wird im Einklang mit den Ergebnissen der Folgenabschätzung zu einem späteren Zeitpunkt folgen.

1.2. Gründe und Ziele des Vorschlags

In der EU gibt es eine bedeutende Anzahl grenzübergreifender Erbfälle, wie der Bericht über die Folgenabschätzung, der diesem Vorschlag beigefügt ist, deutlich macht. Die Verschiedenartigkeit sowohl der materiellrechtlichen Bestimmungen als auch der Vorschriften über die internationale Zuständigkeit und das anwendbare Recht, die Vielzahl der Behörden, die mit einem internationalen Erbfall befasst werden können, sowie die daraus unter Umständen resultierende Nachlassspaltung behindern die Freizügigkeit in der Europäischen Union. Personen, die Rechte aus einem Erbfall mit Auslandsbezug geltend machen wollen, stehen heute deshalb vor beträchtlichen Schwierigkeiten. Die unterschiedlichen Regelungen verhindern darüber hinaus die uneingeschränkte Ausübung des Rechts auf Eigentum, das nach ständiger Rechtsprechung des Gerichtshofs der Europäischen Gemeinschaften zu den Grundrechten gehört, deren Achtung der Gerichtshof zu gewährleisten hat.[13] Ziel des vorliegenden Vorschlags ist es, den in der Europäischen Union ansässigen Personen zu ermöglichen, ihren Nachlass vorab zu regeln, und die Rechte der Erben und/oder Vermächtnisnehmer sowie der anderen mit dem Erblasser verbundenen Personen und der Nachlassgläubiger wirksam zu wahren.

---

10 ABl. L 12 vom 16.1.2001, S. 1.
11 ABl. C 19 vom 23.1.1999.
12 Vgl. die Schlussfolgerungen des Vorsitzes, Europäischer Rat von Brüssel, 4./5. November 2004.
13 EuGH, 28.4.1998, Rs. C-200/96, *Metronome Musik*, Slg. 1998, I-1953; EuGH, 12.7.2005, verb. Rs. C154 und 155/04, *Alliance for Natural Health and others*, Slg. 2005, I-6451.

Anhang

2. Ergebnis der Konsultationen – Folgenabschätzung

Diesem Vorschlag ging eine umfassende Konsultation der Mitgliedstaaten, der anderen EU-Organe und -Institutionen sowie der breiten Öffentlichkeit voraus. Die Kommission hatte beim Deutschen Notarinstitut eine Studie mit dem Titel »Internationales Erbrecht in der EU« in Auftrag gegeben, die im November 2002 vorgelegt wurde.[14] Am 1.3.2005 veröffentlichte die Kommission ein Grünbuch zum Erb- und Testamentsrecht,[15] zu dem etwa 60 Beiträge eingingen. Es folgte eine öffentliche Anhörung am 30.11.2006.[16] Am 1.3.2006 setzte die Kommission die Sachverständigengruppe »Vermögensrechtliche Folgen der Ehe und anderer eheähnlicher Lebensgemeinschaften sowie Erb- und Testamentsrecht in der Europäischen Union« (PRM-III/IV) ein,[17] die zwischen 2006 und 2008 sieben Mal zusammenkam. Am 30.6.2008 veranstaltete die Kommission eine Sitzung mit nationalen Sachverständigen. In den Beiträgen zum Grünbuch wird die Notwendigkeit einer EU-Regelung in diesem Bereich bestätigt und die Annahme eines Vorschlags befürwortet, der unter anderem Fragen im Zusammenhang mit dem anzuwendenden Recht, der Zuständigkeit, der Anerkennung und Vollstreckung von Entscheidungen sowie die Einführung eines Europäischen Nachlasszeugnisses regelt.[18] Eine solche Regelung wird auch vom Europäischen Parlament[19] und vom Europäischen Wirtschafts- und Sozialausschuss[20] unterstützt. Die Kommission hat eine Folgenabschätzung vorgenommen, die diesem Vorschlag beigefügt ist.

3. Rechtliche Aspekte

3.1. Rechtsgrundlage

Gemäß Artikel 67 Absatz 5 EG-Vertrag beschließt der Rat die Maßnahmen nach Artikel 65 mit Ausnahme der »familienrechtlichen Aspekte« im Mitentscheidungsverfahren gemäß Artikel 251 EG-Vertrag.

Die große Mehrheit der Mitgliedstaaten mit Ausnahme der nordischen Staaten betrachten das Erbrecht aufgrund seiner überwiegend vermögensrechtlichen Aspekte als ein vom Familienrecht getrenntes Rechtsgebiet. Auch materiellrechtlich bestehen zwischen beiden Rechtsbereichen beträchtliche Unterschiede. Hauptzweck des Erbrechts ist die Regelung der Erbfolge und der eigentlichen Übertragung des Nachlasses. Demgegenüber regelt das Familienrecht in erster Linie die mit der Eheschließung und dem Eheleben sowie der Abstammung und dem Personenstand verbundenen Rechtsbeziehungen. Seine wesentliche gesellschaftliche Funktion ist der Schutz der Familie. Im Unterschied zum Erbrecht, in dem der Wille des Rechtssubjekts breiten Raum einnimmt, spielt der Wille des Einzelnen im Familienrecht, in dem die überwiegende Mehrheit der Rechtsverhältnisse durch den ordre public bestimmt werden, kaum eine Rolle.

Diese beiden Zweige des Zivilrechts sind somit hinreichend autonom, um unabhängig voneinander geregelt werden zu können. Da es sich in Artikel 67 Absatz 5 zweiter Gedankenstrich überdies um eine Ausnahme handelt, muss diese Bestimmung von den Organen eng ausgelegt und entsprechend angewandt werden. Diese Ausnahme gilt somit nicht für die vorliegende Verordnung über die Rechtsnachfolge von Todes wegen.

---

14 http://www.successions.org.
15 KOM(2005) 65, http://europa.eu/scadplus/leg/de/lvb/l16017.htm.
16 http://ec.europa.eu/justice_home/news/consulting_public/successions/news_contributions_succ essions_en.htm.
17 ABl. C 51 vom 1.3.2006, S. 3.
18 http://ec.europa.eu/justice_home/news/consulting_public/successions/contributions/summary_c ontributions_successions_fr.pdf. Die Zusammenfassung der Beiträge liegt nur in französischer Sprache vor.
19 Entschließung vom 16.11.2006, P6_TA(2006)0496.
20 Stellungnahme vom 26.10.2005, ABl. C 28 vom 3.2.2006, S. 1–5.

Michael E. Völkl

Anhang

Die Gemeinschaftsorgane verfügen bei der Entscheidung darüber, ob eine Maßnahme für das reibungslose Funktionieren des Binnenmarkts erforderlich ist, über einen gewissen Ermessensspielraum. Der vorliegende Vorschlag zielt darauf ab, alle Hindernisse für den freien Personenverkehr zu beseitigen, die sich aus den unterschiedlichen Regelungen der Mitgliedstaaten für internationale Erbfälle ergeben.

3.2. Subsidiaritätsprinzip

Die Ziele dieses Vorschlags lassen sich nur mit gemeinsamen Vorschriften erreichen, die im Interesse der Rechtssicherheit und der Berechenbarkeit für die Bürger einheitlich sein müssen. Ein einseitiges Vorgehen der Mitgliedstaaten wäre kontraproduktiv. Zwar gibt es das Haager Erbrechtsübereinkommen[21] vom 1.8.1989, doch ist dieses Übereinkommen nie in Kraft getreten. Dafür ist das Haager Übereinkommen vom 5. Oktober 1961 über das auf die Form letztwilliger Verfügungen anzuwendende Recht von 16 Mitgliedstaaten ratifiziert worden. Es wäre zu wünschen, dass auch die übrigen Mitgliedstaaten dieses Übereinkommen im Interesse der Gemeinschaft ratifizierten.

Die Tragweite der Probleme, die mit diesem Vorschlag behoben werden sollen, trat in sämtlichen Konsultationen und Studien klar zutage.

3.3. Grundsatz der Verhältnismäßigkeit und Wahl des Instruments

Der Vorschlag geht nicht über das zur Erreichung seiner Ziele erforderliche Maß hinaus. Er bewirkt weder eine Harmonisierung des Erbrechts noch des Sachenrechts der Mitgliedstaaten. Auch das Erbschaftsteuerrecht bleibt unberührt. Bei internationalen Erbfällen kann es daher nach wie vor zu Kollisionen zwischen den nationalen Steuersystemen und damit zu Doppelbesteuerung oder Ungleichbehandlung kommen. Die Kommission beabsichtigt, 2010 eine Mitteilung zu dieser Problematik vorzulegen.

Das Erfordernis der Rechtssicherheit und Berechenbarkeit verlangt klare, einheitliche Vorschriften, so dass eine Verordnung erforderlich ist. Die mit diesem Vorschlag verfolgten Ziele wären gefährdet, wenn den Mitgliedstaaten bei der Anwendung der Vorschriften ein Ermessensspielraum bliebe.

4.
Erläuterung der Artikel

4.1.
Kapitel I: Anwendungsbereich und Begriffsbestimmungen

Artikel 1

Der Begriff »Rechtsnachfolge von Todes wegen« ist autonom auszulegen. Er schließt alle mit der Rechtsnachfolge verbundenen Aspekte ein, insbesondere die Erbfolge und die Verwaltung und Abwicklung des Nachlasses.

Ausgeschlossen sind alle Rechte und Sachen, die auf anderem Weg als durch die Rechtsnachfolge von Todes wegen entstehen oder übertragen werden. Dies gilt nicht nur für die Formen des im *Common Law* bekannten »joint tenancy« (eine Art Gesamthandseigentum, bei dem sich die Gesamthandseigentümer gegenseitig beerben), sondern für alle Formen unentgeltlicher Zuwendungen des Zivilrechts.

Die für Trusts vorgesehene Ausnahme steht der Anwendung des nach Maßgabe dieser Verordnung geltenden Erbstatuts nicht entgegen.

---

[21] Haager Übereinkommen über das auf die Rechtsnachfolge von Todes wegen anzuwendende Recht vom 1.8.1989.

In Buchstabe j wird präzisiert, dass die Verordnung auf den Erwerb eines dinglichen Rechts im Wege der Rechtsnachfolge Anwendung findet, nicht aber auf den Inhalt dieses Rechts. Die Verordnung lässt den »*Numerus Clausus* des Sachenrechts« der Mitgliedstaaten unberührt wie auch die Qualifikation der Sachen und Rechte und die Prärogativen des Inhabers solcher Rechte. Folglich ist es prinzipiell nicht möglich, mit Hilfe des Erbrechts ein dingliches Recht rechtswirksam zu begründen, das am Ort der Belegenheit der Sache unbekannt ist. Das Erbstatut darf nicht zur Folge haben, dass es im Belegenheitsstaat zu einer Aufspaltung kommt oder dass eine eigentumsrechtliche Variante eingeführt wird, die dort nicht bekannt ist. So ist es beispielsweise nicht möglich, einen Nießbrauch in einem Staat zu begründen, der dieses Rechtsinstitut nicht kennt. Die Ausnahme gilt hingegen nicht für die Übertragung eines im Belegenheitsmitgliedstaat bekannten dinglichen Rechts im Wege der Rechtsnachfolge.

Ausgenommen ist ferner die Publizität dinglicher Rechte, insbesondere die Funktionsweise des Grundbuchs und die Wirkungen einer Eintragung bzw. einer fehlenden Eintragung.

Artikel 2
Gericht: Erbschaftsangelegenheiten werden in der Regel außergerichtlich geregelt. Der Begriff »Gericht« ist in dieser Verordnung weit gefasst und schließt auch andere Amtsträger wie Notare und Geschäftsstellenbeamte ein, soweit diesen Befugnisse übertragen wurden, die in die Zuständigkeit der Gerichte fallen.

4.2.
Kapitel II: Zuständigkeit

Artikel 4
Die Vorschriften über die gerichtliche Zuständigkeit in Erbsachen unterscheiden sich erheblich von Mitgliedstaat zu Mitgliedstaat. Hieraus ergeben sich positive Kompetenzkonflikte, wenn sich mehrere Mitgliedstaaten für zuständig erklären, oder negative Kompetenzkonflikte, wenn sich kein Gericht für zuständig hält. Um Schwierigkeiten dieser Art zu vermeiden, ist eine einheitliche Zuständigkeitsregelung erforderlich. Als Anknüpfung am weitesten verbreitet ist in den Mitgliedstaaten der Ort des letzten gewöhnlichen Aufenthalts des Erblassers, der häufig mit dem Ort der Belegenheit der Nachlassgegenstände zusammenfällt. Die Gerichte im Belegenheitsstaat – freiwillige wie streitige Gerichtsbarkeit – sollen daher über den gesamten Nachlass und alle damit verbundenen Aspekte entscheiden.

Artikel 5
Hat der Erblasser das Recht eines anderen Mitgliedstaats gewählt, sollte die Verweisung an ein Gericht dieses Mitgliedstaats nicht automatisch erfolgen. Das zuständige Gericht sollte insbesondere den Interessen des Erblassers, der Erben, Vermächtnisnehmer und Gläubiger sowie ihrem gewöhnlichen Aufenthalt Rechnung tragen. Auf diese Weise lässt sich eine ausgewogene Lösung vor allem in Fällen finden, in denen der Erblasser erst kurze Zeit in einem anderen Mitgliedstaat als seinem Heimatmitgliedstaat wohnte, seine Familie aber nach wie vor im Heimatmitgliedstaat wohnhaft ist.

Artikel 6
Für den Fall, dass der Erblasser seinen Wohnsitz in einem Drittstaat hatte, ist mit dieser Bestimmung der Rechtsschutz für Erben und Gläubiger aus der Gemeinschaft gewährleistet, wenn die Erbsache aufgrund der Belegenheit eines Nachlassgegenstands enge Bindungen zu einem Mitgliedstaat aufweist.

Anhang

Artikel 9
Die enge Verbindung zwischen dem Erbstatut und dem Realstatut erfordert einen außerordentlichen Gerichtsstand am Belegenheitsort der Nachlassgegenstände, wenn das Recht des Belegenheitsmitgliedstaats die Einschaltung seiner Gerichte vorschreibt. Dieser Gerichtsstand ist jedoch streng auf die sachenrechtlichen Aspekte der Übertragung der Gegenstände beschränkt.

4.3.
Kapitel III: Anzuwendendes Recht

Artikel 16
Nachlasseinheit

Die Nachteile eines Erbstatuts, das zwischen beweglichen und unbeweglichen Nachlassgütern unterscheidet und bewegliche Nachlassgüter dem Recht des Wohnsitzstaats des Erblassers unterwirft, unbewegliche Güter hingegen dem Belegenheitsstaat, traten bei den Konsultationen deutlich zutage. Infolge dieser Nachlassspaltung entstehen mehrere Nachlassmassen, für die jeweils ein anderes Recht maßgebend ist, das die Bestimmung der Erben und ihres Anteils sowie die Aufteilung und Abwicklung des Nachlasses anders regelt. Diese Nachteile werden mit einer Regelung auf der Grundlage der Nachlasseinheit vermieden, wonach der gesamte Nachlass einem einzigen Erbstatut unterworfen wird. Eine solche Regelung bietet dem Erblasser überdies die Möglichkeit, sein Vermögen unabhängig vom Belegenheitsort der Güter gerecht unter seinen Erben aufzuteilen.

Der letzte gewöhnliche Aufenthalt des Erblassers als Anknüpfungskriterium

Als Anknüpfungskriterium wird in der Verordnung nicht die Staatsangehörigkeit des Erblassers, sondern sein letzter gewöhnlicher Aufenthalt herangezogen, weil dieser dem Mittelpunkt der Lebensinteressen des Erblassers und häufig dem Ort entspricht, an dem sich der größte Teil seines Vermögens befindet. Diese Anknüpfung begünstigt die Integration im Mitgliedstaat des gewöhnlichen Aufenthalts und schließt jede Diskriminierung von Personen aus, die in diesem Staat wohnen, ohne dessen Staatsangehörigkeit zu besitzen. Das Kollisionsrecht mehrerer Mitgliedstaaten und alle modernen Rechtsinstrumente wie das Haager Erbrechtsübereinkommen stellen daher auf den gewöhnlichen Aufenthalt als Anknüpfungskriterium ab.

Artikel 17
Alle Rechtsordnungen in der EU sehen Bestimmungen vor, die den Lebensunterhalt von Personen sichern, die dem Erblasser nahe standen, vor allem in Form eines Pflichtteilsanspruchs. Gehört der Erblasser einem Mitgliedstaat an, in dem Schenkungen unter Lebenden unwiderruflich sind, kann er die Gültigkeit dieser Schenkungen bestätigen, indem er das Recht seines Heimatstaats als Erbstatut wählt. Ein zentrales Anliegen der Verordnung ist es, dafür zu sorgen, dass diese Garantien bestehen bleiben. Bei der Entscheidung, dem Erblasser die Möglichkeit der Rechtswahl zu geben, musste ein Ausgleich zwischen einerseits den Vorteilen einer solchen Rechtswahl wie Rechtssicherheit und einfachere Nachlassplanung und andererseits dem Schutz der berechtigten Interessen der Angehörigen des Erblassers, insbesondere des Ehegatten und der überlebenden Kinder, gefunden werden. Deshalb gestattet die Verordnung dem Erblasser neben dem Recht des Aufenthaltsstaats als Regelstatut nur die Wahl seines Heimatrechts. Diese Entscheidung ermöglicht dem Erblasser, der von der Freizügigkeit in der EU Gebrauch gemacht hat, dem aber gleichzeitig auch an einer engen Bindung zu seinem Heimatstaat gelegen ist, diese kulturelle Bindung über seine Nachlassregelung zu erhalten. Diese Lösung wurde auch vom Europäischen Parlament befürwortet.

Ausschluss anderer Rechtswahlmöglichkeiten: Die Wahl des Ehegüterrechts des Erblassers als Erbstatut wird in der Verordnung ausgeschlossen, da dies aufgrund der flexibleren Handhabung der Rechtswahl im Ehegüterrecht eine Vielzahl von Möglichkeiten für die Wahl des anzuwendenden Erbrechts eröffnet hätte. Dies hätte jedoch der Zielsetzung der Verordnung widersprochen.

Artikel 18
Für Erbverträge und gemeinschaftliche Testamente, von denen in manchen MitgliedstaatenGebrauch gemacht wird, um beispielsweise die Übertragung eines Unternehmens zu regeln und dem überlebenden Ehepartner die Nutzung des gemeinsamen Vermögens zu ermöglichen, müssen Vorschriften über das auf sie anzuwendende Recht festgelegt werden.

Artikel 21
Dieser Artikel trägt hauptsächlich den Besonderheiten der Rechtssysteme des *Common Law* – z.B. in England – Rechnung, wo die Erben nicht unmittelbar die Rechtsnachfolge des Erblassers antreten, sondern der Nachlass von einem Verwalter abgewickelt wird, der vom Gericht ernannt wird und der Aufsicht des Gerichts unterliegt.

Artikel 22
Bestimmte Immobilien, Unternehmen oder andere Arten von Vermögenswerten unterliegen im Belegenheitsmitgliedstaat aufgrund ihrer wirtschaftlichen, familiären oder sozialen Bestimmung besonderen Erbfolgeregeln, die es zu respektieren gilt. Eine solche Sonderregelung ist beispielsweise für landwirtschaftliche Familienbetriebe vorgesehen. Diese Ausnahme ist eng auszulegen, um die allgemeine Zielsetzung der Verordnung nicht zu unterlaufen. Sie gilt beispielsweise nicht für die Nachlassspaltung oder den Pflichtteilsanspruch.

Artikel 27
Der Rückgriff auf den ordre public muss die Ausnahme bleiben. Ein Unterschied zwischen den Regelungen über den Schutz der berechtigten Interessen der Angehörigen des Erblassers reicht für die Anwendung des ordre public nicht aus und wäre unvereinbar mit dem Ziel, die Anwendung nur eines Erbstatuts auf den gesamten Nachlass zu gewährleisten.

4.4. Kapitel IV: Anerkennung und Vollstreckung
Dieses Kapitel orientiert sich an den einschlägigen Bestimmungen der Verordnung (EG) Nr. 44/2001. Um dem Grundsatz der gegenseitigen Anerkennung in Erbsachen Geltung zu verschaffen, der auf dem Prinzip des gegenseitigen Vertrauens beruht, ist vorgesehen, dass alle gerichtlichen Entscheidungen und Vergleiche anerkannt werden. Die Nichtanerkennungsgründe wurden daher auf das notwendige Mindestmaß beschränkt.

4.5. Kapitel V: Öffentliche Urkunden
In Anbetracht der Bedeutung öffentlicher Urkunden für die Erbrechtspraxis sollte die Anerkennung dieser Urkunden in der Verordnung festgeschrieben werden, um ihren freien Verkehr in der EU zu ermöglichen. Die Anerkennung bedeutet, dass diesen Urkunden hinsichtlich ihres Inhalts und der dort festgehaltenen Sachverhalte dieselbe Beweiskraft zukommt wie inländischen öffentlichen Urkunden oder wie in ihrem Ursprungsstaat, dass für sie dieselbe Echtheitsvermutung gilt und sie in den in dieser Verordnung festgelegten Grenzen vollstreckbar sind.

Anhang

4.6. Kapitel VI: Europäisches Nachlasszeugnis

Zur raschen Abwicklung eines Erbfalls mit Auslandsbezug wird mit dieser Verordnung ein Europäisches Nachlasszeugnis eingeführt. Um den Verkehr solcher Zeugnisse in der Europäischen Union zu erleichtern, sollte ein einheitliches Muster festgelegt und die Behörde bestimmt werden, der die internationale Zuständigkeit für die Erteilung des Nachlasszeugnisses übertragen wird. Um die Übereinstimmung mit den Vorschriften, die die Zuständigkeit in der Sache regeln, zu gewährleisten, muss das Nachlasszeugnis von dem Gericht ausgestellt werden, das für die Erbsache selbst zuständig ist.

Das Europäische Nachlasszeugnis ersetzt nicht die in einigen Mitgliedstaaten bestehenden Bescheinigungen. In dem Mitgliedstaat der zuständigen Behörde erfolgt der Nachweis der Stellung als Erbe, Testamentsvollstrecker oder Nachlassverwalter somit nach innerstaatlichem Recht.

Vorschlag für eine Verordnung des europäischen Paralments und des Rates über die Zuständigkeit, das anzuwendende Recht, die Anerkennung und die Vollstreckung von Entscheidungen und öffentlichen Urkunden in Erbsachen sowie zur Einführung eines Europäischen Nachlasszeugnisses

2009/0157 (COD)

DAS EUROPÄISCHE PARLAMENT UND DER RAT DER EUROPÄISCHEN UNION -
  gestützt auf den Vertrag zur Gründung der Europäischen Gemeinschaft, insbesondere auf Artikel 61 Buchstabe c und Artikel 67 Absatz 5 zweiter Gedankenstrich,
  auf Vorschlag der Kommission,[22]
  nach Stellungnahme des Europäischen Wirtschafts- und Sozialausschusses,[23]
  gemäß dem Verfahren des Artikels 251 EG-Vertrag,
  in Erwägung nachstehender Gründe:
(1) Die Europäische Gemeinschaft hat sich zum Ziel gesetzt, einen Raum der Freiheit, der Sicherheit und des Rechts zu erhalten und weiterzuentwickeln. Zum schrittweisen Aufbau dieses Raums erlässt die Gemeinschaft Maßnahmen im Bereich der justiziellen Zusammenarbeit in Zivilsachen mit grenzüberschreitenden Bezügen, soweit dies für das reibungslose Funktionieren des Binnenmarkts erforderlich ist.
(2) Nach Artikel 65 Buchstabe b EG-Vertrag betreffen solche Maßnahmen unter anderem die Förderung der Vereinbarkeit der in den Mitgliedstaaten geltenden Kollisionsnormen und der Vorschriften zur Vermeidung von Kompetenzkonflikten.
(3) Auf seiner Tagung vom 15./16. Oktober 1999 in Tampere hat der Europäische Rat den Grundsatz der gegenseitigen Anerkennung von Urteilen und anderen Entscheidungen von Justizbehörden als Eckstein der justiziellen Zusammenarbeit in Zivilsachen unterstützt und den Rat und die Kommission ersucht, ein Maßnahmenprogramm zur Umsetzung dieses Grundsatzes anzunehmen.
(4) Daraufhin hat der Rat am 30. November 2000 das Maßnahmenprogramm zur Umsetzung des Grundsatzes der gegenseitigen Anerkennung gerichtlicher Entscheidungen in Zivil- und Handelssachen angenommen.[24] In diesem Programm sind Maßnahmen zur Harmonisierung der Kollisionsnormen aufgeführt, die die gegenseitige Anerkennung gerichtlicher Entscheidungen vereinfachen sollen. Zu diesen Maßnahmen zählt auch die Ausarbeitung eines Rechtsinstruments zum Erb- und Testamentsrecht. Dieser Rechtsbe-

---

22 ABl. C [...] vom [...], S. [...].
23 ABl. C [...] vom [...], S. [...].
24 ABl. C 12 vom 15.1.2001, S. 1.

reich war aus der Verordnung (EG) Nr. 44/2001 des Rates vom 22. Dezember 2000 über die gerichtliche Zuständigkeit und die Anerkennung und Vollstreckung von Entscheidungen in Zivil- und Handelssachen[25] ausgeklammert worden.

(5) Auf seiner Tagung in Brüssel vom 4./5. November 2004 beschloss der Europäische Rat ein neues Programm mit dem Titel »Haager Programm zur Stärkung von Freiheit, Sicherheit und Recht in der Europäischen Union«.[26] Danach soll bis 2011 ein Rechtsinstrument zum Erbrecht erlassen werden, das eine Regelung des Kollisionsrechts, der gerichtlichen Zuständigkeit, der gegenseitigen Anerkennung und Vollstreckung erbrechtlicher Entscheidungen sowie die Einführung eines Europäischen Erbscheins und eines Verfahrens vorsieht, mit dem sich eindeutig feststellen lässt, ob eine in der Europäischen Union ansässige Person ein Testament oder eine sonstige Verfügung von Todes wegen hinterlassen hat.

(6) Die Hindernisse für den freien Verkehr von Personen, denen die Durchsetzung ihrer Rechte im Zusammenhang mit einem internationalen Erbfall derzeit noch Schwierigkeiten bereitet, sollten ausgeräumt werden, um das reibungslose Funktionieren des Binnenmarkts zu erleichtern. In einem europäischen Rechtsraum muss es den Bürgern möglich sein, ihren Nachlass im Voraus zu regeln. Die Rechte der Erben und Vermächtnisnehmer sowie der anderen mit dem Erblasser verbundenen Personen und der Nachlassgläubiger müssen gewahrt werden.

(7) Um diese Ziele zu erreichen, bedarf es einer Verordnung, in der die Bestimmungen über die gerichtliche Zuständigkeit, das anzuwendende Recht, die Anerkennung und Vollstreckung von Entscheidungen und öffentlichen Urkunden in Erbsachen sowie über ein Europäisches Nachlasszeugnis zusammengefasst sind.

(8) Der Anwendungsbereich dieser Verordnung sollte sich auf alle zivilrechtlichen Fragen erstrecken, die sich im Zusammenhang mit einer Rechtsnachfolge von Todes wegen stellen, und zwar auf alle Formen des Eigentumsübergangs von Todes wegen, sei es im Wege der gewillkürten Erbfolge durch Testament oder Erbvertrag oder im Wege der gesetzlichen Erbfolge.

(9) Gültigkeit und Wirkungen unentgeltlicher Zuwendungen bestimmen sich nach der Verordnung (EG) Nr. 593/2008 des Europäischen Parlaments und des Rates vom 17. Juni 2008 über das auf vertragliche Schuldverhältnisse anzuwendende Recht (Rom I).[27] Sie sollten daher vom Anwendungsbereich dieser Verordnung ausgenommen werden ebenso wie andere Rechte und Sachen, die auf anderem Weg als durch die Rechtsnachfolge von Todes wegen entstehen oder übertragen werden. Ob diese unentgeltlichen Zuwendungen oder sonstige Verfügungen unter Lebenden mit sofortiger dinglicher Wirkung bei der Bestimmung der Anteile von Erben oder Vermächtnisnehmern eine Verpflichtung zur Ausgleichung oder Anrechnung begründen, entscheidet sich nach dem Erbstatut, das nach Maßgabe dieser Verordnung bestimmt wird.

(10) Während diese Verordnung die Art und Weise des Erwerbs eines dinglichen Rechts an einem körperlichen oder nicht körperlichen Gegenstand nach Maßgabe des anzuwendenden Erbstatuts regeln soll, sollte der *Numerus Clausus* der nach dem innerstaatlichen Recht der Mitgliedstaaten zulässigen dinglichen Rechte, der sich grundsätzlich nach der lex rei sitae bestimmt, den einzelstaatlichen Kollisionsnormen unterliegen. Von der Verordnung ausgenommen werden sollte auch die Publizität dieser Rechte, insbesondere die Funktionsweise des Grundbuchs und die Wirkungen einer Grundbucheintragung oder einer unterlassenen Eintragung, die ebenfalls dem Belegenheitsrecht unterliegen.

(11) Um den verschiedenen Vorgehensweisen bei der Abwicklung eines Erbfalls in den Mitgliedstaaten Rechnung zu tragen, sollte der Begriff »Gericht« in dieser Verordnung

---

25 ABl. L 12 vom 16.1.2001, S. 1.
26 ABl. C 53 vom 3.3.2005, S. 1.
27 ABl. L 177 vom 4.7.2008, S. 6.

weit ausgelegt werden, so dass die Verordnung auch die Zuständigkeit außergerichtlicher Stellen regelt, die insbesondere im Wege der Befugnisübertragung gerichtliche Aufgaben ausüben.

(12) In Anbetracht der zunehmenden Mobilität der europäischen Bürger sollte die Verordnung im Interesse einer geordneten Rechtspflege in der Europäischen Union und einer konkreten Anknüpfung zwischen dem Nachlass und dem für dessen Abwicklung zuständigen Mitgliedstaat für den gesamten Nachlass die Zuständigkeit der Gerichte des Mitgliedstaats vorsehen, in dem der Erblasser seinen letzten Aufenthalt hatte. Aus denselben Gründen sollte diese Verordnung es dem zuständigen Gericht unter bestimmten Voraussetzungen gestatten, den Fall ausnahmsweise an ein Gericht des Heimatstaats des Erblassers zu verweisen, wenn dieses den Fall besser beurteilen kann.

(13) Um die gegenseitige Anerkennung zu erleichtern, sollte ein Verweis auf die Zuständigkeitsvorschriften des einzelstaatlichen Rechts von nun an ausgeschlossen sein. In dieser Verordnung ist daher festzulegen, in welchen Fällen ein mitgliedstaatliches Gericht eine Auffangzuständigkeit ausüben kann.

(14) Im Interesse der Erben und Vermächtnisnehmer, die in einem anderen Mitgliedstaat als dem Mitgliedstaat leben, dessen Gerichte für die Abwicklung des Nachlasses zuständig sind, sollte ihnen diese Verordnung die Möglichkeit geben, Erklärungen über die Annahme der Erbschaft oder des Vermächtnisses oder den Verzicht auf die Erbschaft oder das Vermächtnis gegebenenfalls vor den Gerichten des Staates ihres gewöhnlichen Aufenthalts in der Form abzugeben, die nach dem Recht dieses Staates vorgesehen ist.

(15) Infolge der engen Verbindung zwischen dem Erbstatut und dem Realstatut sollte die Verordnung einen außerordentlichen Gerichtsstand am Belegenheitsort der Nachlassgegenstände vorsehen, wenn das Recht des Belegenheitsmitgliedstaats die Einschaltung seiner Gerichte vorschreibt, um sachenrechtliche Maßnahmen anzuordnen, die den Eigentumsübergang und die Eintragung der Sache in das Grundbuch betreffen.

(16) Im Interesse einer geordneten Rechtspflege ist zu vermeiden, dass in zwei Mitgliedstaaten Entscheidungen ergehen, die miteinander unvereinbar sind. Hierzu sollte die Verordnung allgemeine Verfahrensvorschriften nach dem Vorbild der Verordnung (EG) Nr. 44/2001 vorsehen.

(17) Damit die Bürger die Vorteile des Binnenmarkts ohne Einbußen bei der Rechtssicherheit nutzen können, sollte die Verordnung ihnen im Voraus Klarheit über das in ihrem Fall anwendbare Erbstatut verschaffen. Es sollten harmonisierte Kollisionsnormen eingeführt werden, um zu vermeiden, dass in den Mitgliedstaaten einander widersprechende Entscheidungen ergehen. Die allgemeine Kollisionsnorm sollte sicherstellen, dass der Erbfall einem im Voraus bestimmbaren Erbstatut unterliegt, zu dem eine enge Verbindung besteht. Im Interesse der Rechtssicherheit muss das Erbstatut für alle Nachlassgegenstände gelten ungeachtet ihrer Art oder Belegenheit, um die aus einer Nachlassspaltung resultierenden Schwierigkeiten zu vermeiden.

(18) Die Verordnung sollte den Bürgern durch die Wahl des anwendbaren Rechts mehr Möglichkeiten bieten, ihren Nachlass vorab zu regeln. Diese Rechtswahl sollte strengen Anforderungen unterliegen, damit die berechtigten Erwartungen der Erben und Vermächtnisnehmer gewahrt bleiben.

(19) Die Formgültigkeit der Verfügungen von Todes wegen ist in dieser Verordnung nicht geregelt. In dieser Hinsicht ist das Haager Übereinkommen vom 5. Oktober 1961 über das auf die Form letztwilliger Verfügungen anzuwendende Recht für diejenigen Mitgliedstaaten maßgebend, die dieses Übereinkommen ratifiziert haben.

(20) Um die Anerkennung der in einem Mitgliedstaat erworbenen Nachlassansprüche zu erleichtern, sollte die Kollisionsnorm die Gültigkeit von Erbverträgen durch Anerkennung alternativer Anknüpfungskriterien begünstigen. Die berechtigten Erwartungen Dritter sollten dabei gewahrt werden.

(21) Soweit dies mit der allgemeinen Zielsetzung dieser Verordnung vereinbar ist, sollte die Verordnung, um die Übertragung eines erbrechtlich erworbenen dinglichen Rechts zu erleichtern, der Anwendung bestimmter erschöpfend aufgeführter zwingender Vorschriften des Belegenheitsrechts nicht entgegenstehen.

(22) Bestimmte unbewegliche Sachen, Unternehmen oder andere Arten von Vermögenswerten unterliegen im Belegenheitsmitgliedstaat aufgrund ihrer wirtschaftlichen, familiären oder sozialen Bestimmung besonderen Erbvorschriften, die durch diese Verordnung gewahrt werden sollten. Diese Ausnahme von der Anwendung des Erbstatuts ist eng auszulegen, damit sie der allgemeinen Zielsetzung der Verordnung nicht zuwiderläuft. Sie gilt insbesondere weder für Kollisionsnormen, die unbewegliche Gegenstände einem anderen Recht unterwerfen als bewegliche Gegenstände, noch für den Pflichtteilsanspruch.

(23) Die unterschiedlichen Lösungen der Mitgliedstaaten in Bezug auf die Beanspruchung eines erbenlosen Nachlasses durch den Staat sowie die unterschiedliche Vorgehensweise in Fällen, in denen die zeitliche Reihenfolge des Ablebens einer oder mehrerer Personen nicht bekannt ist, können zu widersprüchlichen Ergebnissen führen oder vielmehr ein Vakuum schaffen. Diese Verordnung sollte zu einem kohärenten Ergebnis im Einklang mit dem materiellen Recht der Mitgliedstaaten führen.

(24) Aus Gründen des öffentlichen Interesses sollte den Gerichten der Mitgliedstaaten im Ausnahmefall die Möglichkeit gegeben werden, die Anwendung ausländischen Rechts in einer bestimmten Sache zu versagen, wenn seine Anwendung mit der öffentlichen Ordnung (ordre public) des Staates des angerufenen Gerichts unvereinbar wäre. Die Gerichte sollten die Anwendung des Rechts eines anderen Mitgliedstaats oder die Anerkennung oder die Vollstreckung einer Entscheidung, einer öffentlichen Urkunde, eines gerichtlichen Vergleichs oder eines Europäischen Nachlasszeugnisses aus einem anderen Mitgliedstaat auf der Grundlage dieses Ordre-public-Vorbehalts allerdings nur dann versagen dürfen, wenn dies gegen die Charta der Grundrechte der Europäischen Union, insbesondere gegen das Diskriminierungsverbot in Artikel 21, verstoßen würde.

(25) Diese Verordnung sollte in Anbetracht ihrer allgemeinen Zielsetzung, nämlich der gegenseitigen Anerkennung der in den Mitgliedstaaten ergangenen erbrechtlichen Entscheidungen, Vorschriften für die Anerkennung und Vollstreckung von Entscheidungen nach dem Vorbild der Verordnung (EG) Nr. 44/2001 vorsehen, die gegebenenfalls an die besonderen Anforderungen des hier behandelten Rechtsgebiets anzupassen sind.

(26) Um den verschiedenen Verfahren zur Regelung erbrechtlicher Fragen in den Mitgliedstaaten Rechnung zu tragen, sollte diese Verordnung die Anerkennung und Vollstreckung öffentlicher Urkunden gewährleisten. Öffentliche Urkunden können diesbezüglich allerdings gerichtlichen Entscheidungen nicht völlig gleichgestellt werden. Die Anerkennung öffentlicher Urkunden bedeutet, dass sie hinsichtlich ihres Inhalts die gleiche Beweiskraft und die gleichen Wirkungen wie im Ursprungsstaat haben und für sie die – widerlegbare – Vermutung der Rechtsgültigkeit gilt. Die Rechtsgültigkeit kann somit stets vor einem Gericht des Ursprungsmitgliedstaats nach den in diesem Staat geltenden Verfahrensvorschriften angefochten werden.

(27) Internationale Erbschaftsangelegenheiten lassen sich in der Europäischen Union schneller, kostengünstiger und effizienter abwickeln, wenn der Erbe, Vermächtnisnehmer, Testamentsvollstrecker oder Nachlassverwalter seinen Status in den Mitgliedstaaten, in denen sich Nachlassgegenstände befinden, einfach und ohne ein Verfahren anstrengen zu müssen nachweisen kann. Um den freien Verkehr solcher Nachweise in der Europäischen Union zu erleichtern, sollte in dieser Verordnung ein einheitliches Muster für ein Europäisches Nachlasszeugnis festgelegt und die Behörde bestimmt werden, die zur Ausstellung dieses Zeugnisses berechtigt ist. Das Europäische Nachlasszeugnis ersetzt entsprechend dem Subsidiaritätsprinzip nicht die innerstaatlichen Verfahren der Mitgliedstaaten. In der Verordnung ist zu klären, wie das Europäische Nachlasszeugnis und die innerstaatlichen Verfahren ineinandergreifen.

Michael E. Völkl

(28) Um die internationalen Verpflichtungen, die die Mitgliedstaaten eingegangen sind, zu wahren, darf sich die Verordnung nicht auf internationale Übereinkommen auswirken, denen ein oder mehrere Mitgliedstaaten zum Zeitpunkt der Annahme dieser Verordnung angehören. Um die allgemeinen Ziele dieser Verordnung zu wahren, muss die Verordnung jedoch im Verhältnis zwischen den Mitgliedstaaten Vorrang vor den Übereinkommen haben.

(29) Um die Anwendung dieser Verordnung zu erleichtern, sollten die Mitgliedstaaten verpflichtet werden, über das mit der Entscheidung 2001/470/EG des Rates vom 28. Mai 2001[19] eingerichtete Europäische Justizielle Netz für Zivil-und Handelssachen bestimmte Angaben zu ihrem Erbrecht zu machen.

(30) Die zur Durchführung dieser Verordnung erforderlichen Maßnahmen sollten gemäß dem Beschluss 1999/468/EG des Rates vom 28. Juni 1999 zur Festlegung der Modalitäten für die Ausübung der der Kommission übertragenen Durchführungsbefugnisse[20] beschlossen werden.

(31) Der Kommission sollte insbesondere die Befugnis übertragen werden, Änderungen der in dieser Verordnung vorgesehenen Formblätter nach dem Verfahren in Artikel 3 des Beschlusses 1999/468/EG zu beschließen.

(32) Bestimmt sich das anzuwendende Recht nach der Staatsangehörigkeit, ist dem Umstand Rechnung zu tragen, dass bestimmte Staaten, deren Rechtssystem auf dem *Common Law* gründet, das »domicile« und nicht die Staatsangehörigkeit als gleichwertiges erbrechtliches Anknüpfungskriterium heranziehen.

(33) Da die Ziele dieser Verordnung, nämlich die Sicherstellung der Freizügigkeit und der Möglichkeit für europäische Bürger, ihren Nachlass in einem internationalen Kontext im Voraus zu regeln, sowie die Wahrung der Rechte der Erben und Vermächtnisnehmer, der anderen mit dem Erblasser verbundenen Personen und der Nachlassgläubiger, auf Ebene der Mitgliedstaaten nicht hinreichend verwirklicht, sondern wegen des Umfangs und der Wirkungen dieser Verordnung besser auf Gemeinschaftsebene erreicht werden können, darf die Gemeinschaft entsprechend dem in Artikel 5 EG-Vertrag niedergelegten Subsidiaritätsprinzip tätig werden. Entsprechend dem in demselben Artikel genannten Grundsatz der Verhältnismäßigkeit geht diese Verordnung nicht über das für die Erreichung dieser Ziele erforderliche Maß hinaus.

(34) Diese Verordnung achtet die Grundrechte und Grundsätze, die mit der Charta der Grundrechte der Europäischen Union anerkannt wurden, namentlich Artikel 21, wonach Diskriminierungen insbesondere wegen des Geschlechts, der Rasse, der Hautfarbe, der ethnischen oder sozialen Herkunft, der genetischen Merkmale, der Sprache, der Religion oder der Weltanschauung, der politischen oder sonstigen Anschauung, der Zugehörigkeit zu einer nationalen Minderheit, des Vermögens, der Geburt, einer Behinderung, des Alters oder der sexuellen Ausrichtung verboten sind. Bei der Anwendung dieser Verordnung müssen die Gerichte der Mitgliedstaaten diese Rechte und Grundsätze achten.

(35) Gemäß den Artikeln 1 und 2 des Protokolls über die Position des Vereinigten Königreichs und Irlands im Anhang zum Vertrag über die Europäische Union und im Anhang zum Vertrag zur Gründung der Europäischen Gemeinschaft [haben das Vereinigte Königreich und Irland mitgeteilt, dass sie sich an der Annahme und Anwendung dieser Verordnung beteiligen möchten]/[beteiligen sich das Vereinigte Königreich und Irland unbeschadet des Artikels 4 des Protokolls nicht an der Annahme dieser Verordnung, die somit für das Vereinigte Königreich und Irland weder bindend noch anwendbar ist].

(36) Gemäß den Artikeln 1 und 2 des dem Vertrag über die Europäische Union und dem Vertrag zur Gründung der Europäischen Gemeinschaft beigefügten Protokolls über die Position Dänemarks beteiligt sich Dänemark nicht an der Annahme dieser Verordnung, die somit für Dänemark weder bindend noch in Dänemark anwendbar ist –

HABEN FOLGENDE VERORDNUNG ERLASSEN:

Kapitel I
Anwendungsbereich und Begriffsbestimmungen

Artikel 1 Anwendungsbereich

1. Diese Verordnung findet auf die Rechtsnachfolge von Todes wegen Anwendung. Sie gilt nicht für Steuer- und Zollsachen sowie verwaltungsrechtliche Angelegenheiten.
2. In dieser Verordnung bezeichnet der Ausdruck »Mitgliedstaat« alle Mitgliedstaaten mit Ausnahme Dänemarks[, des Vereinigten Königreichs und Irlands].
3. Vom Anwendungsbereich dieser Verordnung ausgenommen sind:
   (a) Fragen des Personenstands sowie Familienverhältnisse und Beziehungen, die vergleichbare Wirkungen entfalten;
   (b) die Rechts-, Geschäfts-und Handlungsfähigkeit natürlicher Personen vorbehaltlich des Artikels 19 Absatz 2 Buchstaben c und d;
   (c) die Verschollenheit, die Abwesenheit und der mutmaßliche Tod einer natürlichen Person;
   (d) Fragen des Ehegüterrechts sowie des Güterrechts, das auf Verhältnisse anwendbar ist, die mit der Ehe vergleichbare Wirkungen entfalten;
   (e) Unterhaltspflichten;
   (f) Rechte und Vermögenswerte, die auf andere Weise als durch die Rechtsnachfolge von Todes wegen entstehen oder übertragen werden, wie unentgeltliche Zuwendungen, gemeinschaftliches Eigentum mit Anwartschaft des Übergangs auf den Überlebenden, Rentenpläne, Versicherungsverträge und ähnliche Vereinbarungen vorbehaltlich des Artikels 19 Absatz 2 Buchstabe j;
   (g) Fragen des Gesellschaftsrechts wie Klauseln im Errichtungsakt oder in der Satzung einer Gesellschaft, eines Vereins oder einer juristischen Person, die das Schicksal der Anteile verstorbener Gesellschafter beziehungsweise Mitglieder regeln;

Artikel 2 Begriffsbestimmungen

Im Sinne dieser Verordnung bezeichnet der Ausdruck
(a) »Rechtsnachfolge von Todes wegen« jede Form des Eigentumsübergangs von Todes wegen, sei es im Wege der gewillkürten Erbfolge durch Testament oder Erbvertrag oder im Wege der gesetzlichen Erbfolge;
(b) »Gericht« jede Justizbehörde oder jede sonstige zuständige Stelle eines Mitgliedstaats, die gerichtliche Aufgaben in Erbsachen wahrnimmt; den Gerichten gleichgestellt sind Stellen, die hoheitliche Aufgaben wahrnehmen, die in die Zuständigkeit der Gerichte nach Maßgabe dieser Verordnung fallen;
(c) »Erbvertrag« eine Vereinbarung, durch die mit oder ohne Gegenleistung Rechte einer oder mehrerer an dieser Vereinbarung beteiligter Personen am künftigen Nachlass begründet, geändert oder entzogen werden;
(d) »gemeinschaftliches Testament« ein von zwei oder mehr Personen in derselben Urkunde errichtetes Testament, in dem sich die Personen gegenseitig als Erben einsetzen und/oder in dem ein Dritter als Erbe eingesetzt wird;
(e) »Ursprungsmitgliedstaat« den Mitgliedstaat, in dem je nach Fall die Entscheidung ergangen, der gerichtliche Vergleich gebilligt oder geschlossen oder die öffentliche Urkunde aufgenommen worden ist;
(f) »ersuchter Mitgliedstaat« den Mitgliedstaat, in dem die Anerkennung und/oder Vollstreckung der Entscheidung, des gerichtlichen Vergleichs oder der öffentlichen Urkunde beantragt wird;
(g) »Entscheidung« jede von einem Gericht eines Mitgliedstaats in Erbsachen erlassene Entscheidung ungeachtet ihrer Bezeichnung wie Urteil, Beschluss oder Vollstreckungsbescheid einschließlich des Kostenfestsetzungsbeschlusses eines Gerichtsbediensteten;

(h) »öffentliche Urkunde« ein Schriftstück, das als öffentliche Urkunde förmlich errichtet oder eingetragen worden ist und dessen Beweiskraft
 1. sich auf die Unterschrift und den Inhalt der öffentlichen Urkunde bezieht und
 2. durch eine Behörde oder eine andere vom Ursprungsmitgliedstaat hierzu ermächtigte Stelle festgestellt worden ist;
  (i) »Europäisches Nachlasszeugnis« eine von dem zuständigen Gericht nach Maßgabe des Kapitels VI erteilte Bescheinigung.

Kapitel II
Zuständigkeit

Artikel 3 Gerichte
Die Bestimmungen dieses Kapitels gelten für alle Gerichte der Mitgliedstaaten, finden auf außergerichtliche Stellen aber nur im Bedarfsfall Anwendung.

Artikel 4 Allgemeine Zuständigkeit
Für erbrechtliche Entscheidungen sind vorbehaltlich der Bestimmungen dieser Verordnung die Gerichte des Mitgliedstaats zuständig, in dessen Hoheitsgebiet der Erblasser im Zeitpunkt seines Todes seinen gewöhnlichen Aufenthalt hatte.

Artikel 5 Verweisung an ein zur Beurteilung des Falls geeigneteres Gericht
1. Hat der Erblasser als Erbstatut das Recht eines Mitgliedstaats gemäß Artikel 17 gewählt, kann das nach Artikel 4 befasste Gericht auf Antrag einer Partei und wenn nach seinem Dafürhalten die Gerichte des Mitgliedstaats, dessen Recht der Erblasser gewählt hat, die Erbsache besser beurteilen können, das Verfahren aussetzen und die Parteien auffordern, die Gerichte des betreffenden Mitgliedstaats anzurufen.
2. Das nach Artikel 4 zuständige Gericht setzt eine Frist, innerhalb deren die Gerichte des Mitgliedstaats, dessen Recht der Erblasser gewählt hat, gemäß Absatz 1 anzurufen sind. Werden die Gerichte innerhalb dieser Frist nicht angerufen, so bleibt das befasste Gericht zuständig.
3. Die Gerichte des Mitgliedstaats, dessen Recht der Erblasser gewählt hat, erklären sich spätestens acht Wochen, nachdem sie gemäß Absatz 2 angerufen wurden, für zuständig. Daraufhin erklärt sich das zuerst angerufene Gericht unverzüglich für unzuständig. Anderenfalls bleibt das zuerst angerufene Gericht zuständig.

Artikel 6 Restzuständigkeit
Hatte der Erblasser im Zeitpunkt seines Todes seinen gewöhnlichen Aufenthalt nicht in einem Mitgliedstaat, sind die Gerichte eines Mitgliedstaats dennoch zuständig, wenn sich in diesem Mitgliedstaat Nachlassgegenstände befinden und wenn
(a) der Erblasser seinen vorhergehenden gewöhnlichen Aufenthalt in dem betreffenden Mitgliedstaat hatte, sofern dieser Aufenthalt nicht länger als fünf Jahre vor der Anrufung des Gerichts zurückliegt, oder hilfsweise
(b) der Erblasser im Zeitpunkt seines Todes die Staatsangehörigkeit dieses Mitgliedstaats besaß, oder hilfsweise
(c) ein Erbe oder Vermächtnisnehmer seinen gewöhnlichen Aufenthalt in diesem Mitgliedstaat hat oder hilfsweise
(d) der Antrag ausschließlich diese Gegenstände betrifft.

Artikel 7 Widerklage
Das Gericht, bei dem ein Verfahren gemäß den Artikeln 4, 5 oder 6 anhängig ist, ist auch für die Prüfung einer Widerklage zuständig, soweit diese in den Anwendungsbereich dieser Verordnung fällt.

Artikel 8 Zuständigkeit für die Annahme oder Ausschlagung einer Erbschaft oder eines Vermächtnisses

Die Gerichte des Mitgliedstaats, in dem der Erbe oder Vermächtnisnehmer seinen gewöhnlichen Aufenthalt hat, sind auch für die Entgegennahme von Erklärungen über die Annahme oder Ausschlagung einer Erbschaft oder eines Vermächtnisses sowie für Erklärungen zur Begrenzung der Haftung des Erben oder Vermächtnisnehmers zuständig, wenn diese Erklärungen vor einem Gericht abzugeben sind.

Artikel 9 Zuständigkeit der Gerichte am Belegenheitsort

Schreibt das Recht des Mitgliedstaats, in dem Nachlassgegenstände belegen sind, ein Tätigwerden seiner Gerichte vor, um sachenrechtliche Maßnahmen zu veranlassen, die die Übertragung dieser Gegenstände, deren Eintragung in ein öffentliches Register oder deren Umschreibung betreffen, sind die Gerichte dieses Mitgliedstaats für solche Maßnahmen zuständig.

Artikel 10 Anrufung eines Gerichts

Für die Zwecke dieses Kapitels gilt ein Gericht als angerufen
(a) zu dem Zeitpunkt, zu dem das verfahrenseinleitende Schriftstück oder ein gleichwertiges Schriftstück bei Gericht eingereicht worden ist, vorausgesetzt, dass der Kläger es in der Folge nicht versäumt hat, die ihm obliegenden Maßnahmen zu treffen, um die Zustellung des Schriftstücks an den Beklagten zu bewirken, oder
(b) falls die Zustellung an den Beklagten vor Einreichung des Schriftstücks bei Gericht zu bewirken ist, zu dem Zeitpunkt, zu dem die für die Zustellung verantwortliche Stelle das Schriftstück erhalten hat, vorausgesetzt, dass der Kläger es in der Folge nicht versäumt hat, die ihm obliegenden Maßnahmen zu treffen, um das Schriftstück bei Gericht einzureichen.

Artikel 11 Prüfung der Zuständigkeit

Das Gericht eines Mitgliedstaats, das in einer Sache angerufen wird, für die es nach dieser Verordnung nicht zuständig ist, erklärt sich von Amts wegen für unzuständig.

Artikel 12 Prüfung der Zulässigkeit

1. Lässt sich der Beklagte, der seinen gewöhnlichen Aufenthalt im Hoheitsgebiet eines anderen Staates als des Mitgliedstaats hat, in dem das Verfahren eingeleitet wurde, auf das Verfahren nicht ein, so setzt das zuständige Gericht das Verfahren so lange aus, bis festgestellt ist, dass es dem Beklagten möglich war, das verfahrenseinleitende Schriftstück oder ein gleichwertiges Schriftstück so rechtzeitig zu empfangen, dass er sich verteidigen konnte oder dass alle hierzu erforderlichen Maßnahmen getroffen wurden.
2. An die Stelle von Absatz 1 tritt Artikel 19 der Verordnung (EG) Nr. 1393/2007 des Rates vom 13. November 2007 über die Zustellung gerichtlicher und außergerichtlicher Schriftstücke in Zivil-oder Handelssachen in den Mitgliedstaaten,[28] wenn das verfahrenseinleitende Schriftstück oder ein gleichwertiges Schriftstück nach Maßgabe jener Verordnung von einem Mitgliedstaat in einen anderen zu übermitteln war.
3. Sind die Bestimmungen der Verordnung (EG) Nr. 1393/2007 nicht anwendbar, so gilt Artikel 15 des Haager Übereinkommens vom 15. November 1965 über die Zustellung gerichtlicher und außergerichtlicher Schriftstücke im Ausland in Zivil-oder Handelssachen, wenn das verfahrenseinleitende Schriftstück oder ein gleichwertiges Schriftstück nach Maßgabe des genannten Übereinkommens ins Ausland zu übermitteln war.

---

[28] ABl. L 324 vom 10.12.2007, S. 79.

Anhang

Artikel 13 Rechtshängigkeit

1. Werden bei Gerichten verschiedener Mitgliedstaaten Klagen wegen desselben Anspruchs zwischen denselben Parteien anhängig gemacht, so setzt das später angerufene Gericht das Verfahren von Amts wegen aus, bis die Zuständigkeit des zuerst angerufenen Gerichts feststeht.
2. Sobald die Zuständigkeit des zuerst angerufenen Gerichts feststeht, erklärt sich das später angerufene Gericht zugunsten dieses Gerichts für unzuständig.

Artikel 14 Aussetzung wegen Sachzusammenhang

1. Sind bei Gerichten verschiedener Mitgliedstaaten Verfahren, die im Zusammenhang stehen, anhängig, so kann jedes später angerufene Gericht das Verfahren aussetzen.
2. Sind diese Verfahren in erster Instanz anhängig, so kann sich jedes später angerufene Gericht auf Antrag einer Partei auch für unzuständig erklären, wenn das zuerst angerufene Gericht für die betreffenden Verfahren zuständig ist und die Verbindung der Verfahren nach seinem Recht zulässig ist.
3. Verfahren stehen im Sinne dieses Artikels im Zusammenhang, wenn zwischen ihnen eine so enge Beziehung gegeben ist, dass eine gemeinsame Verhandlung und Entscheidung geboten erscheint, um zu vermeiden, dass in getrennten Verfahren möglicherweise widersprechende Entscheidungen ergehen.

Artikel 15 Einstweilige Maßnahmen einschließlich Sicherungsmaßnahmen

Die im Recht eines Mitgliedstaats vorgesehenen einstweiligen Maßnahmen einschließlich solcher, die auf eine Sicherung gerichtet sind, können bei den Gerichten dieses Staates auch dann beantragt werden, wenn für die Entscheidung in der Hauptsache nach dieser Verordnung die Gerichte eines anderen Mitgliedstaats zuständig ist.

Kapitel III
Anzuwendendes Recht

Artikel 16 Allgemeine Kollisionsnorm

Sofern diese Verordnung nichts anderes bestimmt, unterliegt die gesamte Rechtsnachfolge von Todes wegen dem Recht des Staates, in dem der Erblasser im Zeitpunkt seines Todes seinen gewöhnlichen Aufenthalt hatte.

Artikel 17 Freie Rechtswahl

1. Eine Person kann die Rechtsnachfolge in ihren gesamten Nachlass dem Recht des Staates unterwerfen, dessen Staatsangehörigkeit sie besitzt.
2. Die Wahl des auf die Rechtsnachfolge anzuwendenden Rechts muss ausdrücklich im Wege einer Erklärung erfolgen, die den Formerfordernissen einer Verfügung von Todes wegen entspricht.
3. Das Zustandekommen und die materielle Wirksamkeit der Rechtswahl unterliegen dem gewählten Recht.
4. Die Änderung oder der Widerruf einer solchen Rechtswahl durch ihren Urheber muss den Formvorschriften für die Änderung oder den Widerruf einer Verfügung von Todes wegen entsprechen.

Artikel 18 Erbverträge

1. Ein Erbvertrag, der den Nachlass einer einzigen Person betrifft, unterliegt dem Recht, das auf die Rechtsnachfolge dieser Person anwendbar gewesen wäre, wenn sie an dem Tag verstorben wäre, an dem der Erbvertrag errichtet worden ist. Ist der Erbvertrag nach diesem Recht unwirksam, so wird er dennoch als wirksam angesehen, wenn er

nach dem Recht wirksam ist, das im Zeitpunkt des Todes nach dieser Verordnung auf die Rechtsnachfolge anzuwenden ist. Der Erbvertrag unterliegt dann diesem Recht.
2. Ein Erbvertrag, der den Nachlass mehrerer Personen betrifft, ist nur dann materiell wirksam, wenn er nach dem Recht als wirksam gilt, das nach Maßgabe von Artikel 16 auf die Rechtsnachfolge einer der beteiligten Personen anwendbar gewesen wäre, wenn sie an dem Tag verstorben wäre, an dem der Erbvertrag errichtet worden ist. Ist der Erbvertrag nach Maßgabe des auf die Rechtsnachfolge einer einzigen dieser Personen anzuwendenden Rechts wirksam, findet dieses Recht Anwendung. Ist der Erbvertrag nach Maßgabe des auf die Rechtsnachfolge mehrerer dieser Personen anzuwendenden Rechts wirksam, unterliegt der Erbvertrag dem Recht, zu dem er die engste Verbindung aufweist.
3. Die Parteien können ihren Erbvertrag dem Recht unterwerfen, das die Person oder eine der Personen, deren Nachlass betroffen ist, nach Artikel 17 hätte wählen können.
4. Die Anwendung des in diesem Artikel vorgesehenen Rechts steht den Ansprüchen einer Person nicht entgegen, die nicht Partei des Erbvertrags ist und der nach dem gemäß Artikel 16 oder gemäß Artikel 17 bezeichneten Recht ein Pflichtteilsanspruch oder ein anderer Anspruch zusteht, der ihr von der Person, deren Nachlass betroffen ist, nicht aberkannt werden kann.

Artikel 19 Regelungsbereich des anzuwendenden Rechts
1. Dem nach Kapitel III bezeichneten Recht unterliegt die gesamte Rechtsnachfolge von Todes wegen vom Eintritt des Erbfalls bis zum endgültigen Übergang des Nachlasses auf die Berechtigten.
2. Diesem Recht unterliegen insbesondere:
   (a) die Gründe für den Eintritt des Erbfalls sowie Zeitpunkt und Ort;
   (b) die Berufung der Erben oder Vermächtnisnehmer einschließlich der Nachlassansprüche des überlebenden Ehegatten, die Bestimmung der Nachlassquoten dieser Personen, die ihnen vom Erblasser auferlegten Pflichten sowie sonstige Rechte auf den Nachlass, die mit dem Tod entstanden sind;
   (c) die Erbfähigkeit;
   (d) die besonderen Erbunfähigkeitsgründe;
   (e) die Enterbung und die Erbunwürdigkeit;
   (f) die Übertragung der Nachlassgüter auf die Erben und Vermächtnisnehmer einschließlich der Bedingungen für die Annahme oder Ausschlagung der Erbschaft oder des Vermächtnisses und deren Wirkungen;
   (g) die Rechte der Erben, Testamentsvollstrecker und anderer Nachlassverwalter, insbesondere zur Veräußerung der Güter und Befriedigung der Gläubiger;
   (h) die Haftung für Nachlassverbindlichkeiten;
   (i) der frei verfügbare Teil des Nachlasses, die Pflichtteile und andere Beschränkungen der Testierfreiheit einschließlich Zuteilungen aus dem Nachlass durch ein Gericht oder eine andere Behörde zugunsten von Personen, die dem Erblasser nahe stehen;
   (j) die Ausgleichung und Anrechnung unentgeltlicher Zuwendungen bei der Bestimmung der Anteile von Erben oder Vermächtnisnehmern;
   (k) die Gültigkeit, Auslegung, Änderung und der Widerruf einer Verfügung von Todes wegen mit Ausnahme ihrer Formgültigkeit;
   (l) die Verteilung des Nachlasses.

Artikel 20 Formgültigkeit der Annahme oder Ausschlagung einer Erbschaft oder eines Vermächtnisses
Unbeschadet des Artikels 19 ist die Annahme oder Ausschlagung einer Erbschaft oder eines Vermächtnisses oder eine Erklärung zur Begrenzung der Haftung des Erben oder Vermächtnisnehmers gültig, wenn die gesetzlichen Voraussetzungen des Staates, in dem

der Erbe oder Vermächtnisnehmer seinen gewöhnlichen Aufenthalt hat, eingehalten wurden.

Artikel 21   Anwendung des Belegenheitsrechts

1. Das auf die Rechtsnachfolge von Todes wegen anzuwendende Recht steht der Anwendung des Rechts des Mitgliedstaats, in dem Nachlassgüter belegen sind, nicht entgegen, soweit dieses Recht für die Annahme oder Ausschlagung einer Erbschaft oder eines Vermächtnisses Formvorschriften vorschreibt, die im Anschluss an die Formvorschriften zu erfüllen sind, die das auf die Rechtsnachfolge von Todes wegen anzuwendende Recht vorschreibt.
2. Das auf die Rechtsnachfolge von Todes wegen anzuwendende Recht steht der Anwendung des Rechts des Mitgliedstaats, in dem Nachlassgüter belegen sind, nicht entgegen, soweit dieses Recht
   (a) die Verwaltung und Abwicklung des Nachlasses von der Bestellung eines Verwalters oder Testamentsvollstreckers durch eine Behörde dieses Mitgliedstaats abhängig macht; das auf die Rechtsnachfolge anzuwendende Recht bestimmt die Personen wie Erben, Vermächtnisnehmer, Testamentsvollstrecker oder Verwalter, die mit der Verwaltung und Abwicklung des Nachlasses betraut werden können;
   (b) den endgültigen Übergang des Nachlasses auf die Berechtigten von der vorherigen Entrichtung der Erbschaftsteuern abhängig macht.

Artikel 22   Besondere Regelungen über die Rechtsnachfolge von Todes wegen

Das nach dieser Verordnung anzuwendende Recht lässt die Anwendung besonderer Regelungen über die Rechtsnachfolge von Todes wegen unberührt, denen bestimmte unbewegliche Sachen, Unternehmen oder andere besondere Arten von Vermögenswerten wegen ihrer wirtschaftlichen, familiären oder sozialen Bestimmung nach dem Recht des Mitgliedstaats unterliegen, in dem sie belegen sind, wenn nach diesem Recht diese Regelung unabhängig vom Erbstatut Anwendung findet.

Artikel 23   Kommorienten

Sterben zwei oder mehr Personen, deren Rechtsnachfolge von Todes wegen verschiedenen Rechten unterliegt, unter Umständen, die es nicht zulassen, die Reihenfolge ihres Todes zu bestimmen, und regeln diese Rechte diesen Sachverhalt nicht oder durch miteinander unvereinbare Bestimmungen, so hat keine dieser Personen Anspruch auf den Nachlass der anderen.

Artikel 24   Erbenloser Nachlass

Ist nach dem aufgrund dieser Verordnung anzuwendenden Recht weder ein durch Verfügung von Todes wegen eingesetzter Erbe oder Vermächtnisnehmer noch eine natürliche Person als gesetzlicher Erbe vorhanden, so hindert die Anwendung dieses Rechts einen Mitgliedstaat oder eine von ihm bestimmte Einrichtung nicht daran, sich den im Hoheitsgebiet dieses Staates belegenen Nachlass anzueignen.

Artikel 25   Universelle Anwendung

Das nach dieser Verordnung bezeichnete Recht ist auch dann anzuwenden, wenn es nicht das Recht eines Mitgliedstaats ist.

Artikel 26   Rück- und Weiterverweisung

Unter dem nach dieser Verordnung anzuwendenden Recht eines Staates sind die in diesem Staat geltenden Rechtsnormen unter Ausschluss derjenigen des Internationalen Privatrechts zu verstehen.

Artikel 27 Öffentliche Ordnung (ordre public)

1. Die Anwendung einer Vorschrift des nach dieser Verordnung bezeichneten Rechts kann nur versagt werden, wenn ihre Anwendung mit der öffentlichen Ordnung (ordre public) des Staates des angerufenen Gerichts unvereinbar ist.
2. Die Anwendung einer Vorschrift des nach dieser Verordnung bezeichneten Rechts kann nicht allein deshalb als mit der öffentlichen Ordnung des Staates des angerufenen Gerichts unvereinbar angesehen werden, weil sie den Pflichtteilsanspruch anders regelt als das Recht am Ort des angerufenen Gerichts.

Artikel 28 Staaten ohne einheitliche Rechtsordnung

1. Umfasst ein Staat mehrere Gebietseinheiten, von denen jede eigene Rechtsnormen für die Rechtsnachfolge von Todes wegen hat, so gilt für die Bestimmung des nach dieser Verordnung anzuwendenden Rechts jede Gebietseinheit als Staat.
2. Ein Mitgliedstaat, in dem verschiedene Gebietseinheiten eigene Rechtsnormen für die Rechtsnachfolge von Todes wegen haben, ist nicht verpflichtet, diese Verordnung auf Normenkollisionen anzuwenden, die nur diese Gebietseinheiten betreffen.

Kapitel IV
Anerkennung und Vollstreckung

Artikel 29 Anerkennung einer Entscheidung

Die in einem Mitgliedstaat in Anwendung dieser Verordnung ergangenen Entscheidungen werden in den anderen Mitgliedstaaten anerkannt, ohne dass es hierfür eines besonderen Verfahrens bedarf.

Bildet die Frage, ob eine Entscheidung anzuerkennen ist, als solche den Gegenstand eines Streites, so kann jede Partei, welche die Anerkennung geltend macht, in dem Verfahren nach den Artikeln 38 bis 56 der Verordnung (EG) Nr. 44/2001 die Feststellung beantragen, dass die Entscheidung anzuerkennen ist. Wird die Anerkennung in einem Rechtsstreit vor dem Gericht eines Mitgliedstaats, dessen Entscheidung von der Anerkennung abhängt, verlangt, so kann dieses Gericht über die Anerkennung entscheiden.

Artikel 30 Gründe für die Nichtanerkennung einer Entscheidung

Eine Entscheidung wird nicht anerkannt, wenn
(a) die Anerkennung der öffentlichen Ordnung (ordre public) des ersuchten Mitgliedstaats offensichtlich widersprechen würde, wobei die Vorschriften über die Zuständigkeit nicht zur öffentlichen Ordnung gehören;
(b) dem Beklagten, der sich auf das Verfahren nicht eingelassen hat, das verfahrenseinleitende Schriftstück oder ein gleichwertiges Schriftstück nicht so rechtzeitig und in einer Weise zugestellt worden ist, dass er sich verteidigen konnte, es sei denn, der Beklagte hat gegen die Entscheidung keinen Rechtsbehelf eingelegt, obwohl er die Möglichkeit dazu hatte;
(c) sie mit einer Entscheidung unvereinbar ist, die zwischen denselben Parteien im ersuchten Mitgliedstaat ergangen ist;
(d) sie mit einer früheren Entscheidung unvereinbar ist, die in einem anderen Mitgliedstaat oder in einem Drittstaat zwischen denselben Parteien in einem Rechtsstreit wegen desselben Anspruchs ergangen ist, sofern die frühere Entscheidung die notwendigen Voraussetzungen für ihre Anerkennung in dem ersuchten Mitgliedstaat erfüllt.

Artikel 31 Ausschluss einer Nachprüfung in der Sache

Die ausländische Entscheidung darf keinesfalls in der Sache selbst nachgeprüft werden.

Artikel 32 Aussetzung des Verfahrens

Das Gericht eines Mitgliedstaats, vor dem die Anerkennung einer in einem anderen Mitgliedstaat ergangenen Entscheidung beantragt wird, kann das Verfahren aussetzen, wenn gegen die Entscheidung ein ordentlicher Rechtsbehelf eingelegt worden ist.

Artikel 33 Vollstreckbarkeit

Die in einem Mitgliedstaat ergangenen und dort vollstreckbaren Entscheidungen sowie die in einem Mitgliedstaat geschlossenen und dort vollstreckbaren gerichtlichen Vergleiche werden in den anderen Mitgliedstaaten gemäß den Artikeln 38 bis 56 und Artikel 58 der Verordnung (EG) Nr. 44/2001 vollstreckt.

Kapitel V
Öffentliche Urkunden

Artikel 34 Anerkennung öffentlicher Urkunden

Die in einem Mitgliedstaat aufgenommenen öffentlichen Urkunden werden in den anderen Mitgliedstaaten anerkannt, sofern ihre Gültigkeit nicht im Ursprungsmitgliedstaat nach den dort geltenden Verfahren angefochten wurde und unter dem Vorbehalt, dass diese Anerkennung nicht der öffentlichen Ordnung (ordre public) des ersuchten Mitgliedstaats entgegensteht.

Artikel 35 Vollstreckbarkeit öffentlicher Urkunden

Öffentliche Urkunden, die in einem Mitgliedstaat aufgenommen und vollstreckbar sind, werden in einem anderen Mitgliedstaat auf Antrag nach dem Verfahren gemäß den Artikeln 38 bis 57 der Verordnung (EG) Nr. 44/2001 für vollstreckbar erklärt. Die Vollstreckbarerklärung ist von dem mit einem Rechtsbehelf nach Artikel 43 oder Artikel 44 befassten Gericht nur zu versagen oder aufzuheben, wenn die Zwangsvollstreckung aus der Urkunde der öffentlichen Ordnung (ordre public) des ersuchten Mitgliedstaats offensichtlich widersprechen würde oder wenn die Gültigkeit der Urkunde vor einem Gericht des Ursprungsmitgliedstaats angefochten wurde.

Kapitel VI
Europäisches Nachlasszeugnis

Artikel 36 Einführung eines Europäischen Nachlasszeugnisses

1. Mit dieser Verordnung wird ein Europäisches Nachlasszeugnis eingeführt, das als Nachweis der Stellung als Erbe oder Vermächtnisnehmer und der Befugnisse als Testamentsvollstrecker oder Fremdverwalter gilt. Das Europäische Nachlasszeugnis wird von der nach Maßgabe dieses Kapitels zuständigen Behörde im Einklang mit dem gemäß Kapitel III anzuwendenden Erbstatut erteilt.
2. Die Verwendung des Europäischen Nachlasszeugnisses ist nicht verbindlich. Das Europäische Nachlasszeugnis tritt nicht an die Stelle der innerstaatlichen Verfahren. Die Wirkungen des Europäischen Nachlasszeugnisses werden jedoch auch in dem Mitgliedstaat anerkannt, dessen Behörden das Zeugnis nach Maßgabe dieses Kapitels erteilt haben.

Artikel 37 Zuständigkeit für die Erteilung des Europäischen Nachlasszeugnisses

1. Das Europäische Nachlasszeugnis wird auf Antrag jeder Person erteilt, die verpflichtet ist, die Stellung als Erbe oder Vermächtnisnehmer und die Befugnisse als Testamentsvollstrecker oder Fremdverwalter nachzuweisen.
2. Das Europäische Nachlasszeugnis wird von dem zuständigen Gericht des Mitgliedstaats ausgestellt, dessen Gerichte gemäß den Artikeln 4, 5 und 6 zuständig sind.

Artikel 38 Inhalt des Antrags

1. Die Person, die die Erteilung eines Europäischen Nachlasszeugnisses beantragt, teilt, soweit ihr bekannt, anhand des Formblatts in Anhang I Folgendes mit:
   (a) Angaben zum Erblasser: Name, Vorname(n), Geschlecht, Personenstand, Staatsangehörigkeit, Personenkennziffer (sofern vorhanden), Anschrift des letzten gewöhnlichen Aufenthalts, Todesort und -zeitpunkt;
   (b) Angaben zum Antragsteller: Name, Vorname(n), Geschlecht, Staatsangehörigkeit, Personenkennziffer (sofern vorhanden), Anschrift, Verwandschafts- oder Schwägerschaftsverhältnis zum Erblasser;
   (c) die sachlichen oder rechtlichen Umstände, die den Anspruch auf den Nachlass und/oder das Recht zur Nachlassverwaltung und/oder Testamentsvollstreckung begründen; hat der Antragsteller Kenntnis von einer Verfügung von Todes wegen, ist dem Antrag eine Kopie dieser Verfügung beizufügen;
   (d) ob sie an die Stelle anderer Erben oder Vermächtnisnehmer tritt und wenn ja, den Nachweis ihres Todes oder des Umstands, der sie daran gehindert hat, die Rechtsnachfolge anzutreten;
   (e) ob der Erblasser einen Ehevertrag geschlossen hatte; wenn ja, ist dem Antrag eine Kopie des Ehevertrags beizufügen;
   (f) ob sie Kenntnis von einer Erbschaftsanfechtung hat.
2. Der Antragsteller muss die Richtigkeit der Angaben anhand von Urkunden nachweisen. Können die Urkunden nicht oder nur mit unverhältnismäßigem Aufwand vorgelegt werden, sind andere Beweismittel zulässig.
3. Das zuständige Gericht trifft geeignete Maßnahmen, um sich von der Richtigkeit der abgegebenen Erklärungen zu überzeugen. Das Gericht verlangt die Abgabe dieser Erklärungen unter Eid, wenn dies nach seinem innerstaatlichen Recht zulässig ist.

Artikel 39 Teilzeugnis

Ein Teilzeugnis kann beantragt und erteilt werden, um Folgendes nachzuweisen:
(a) die Rechte der einzelnen Erben oder Vermächtnisnehmer und deren Nachlassquote;
(b) den Anspruch auf die Übertragung eines bestimmten Gegenstands, wenn dies nach dem auf die Rechtsnachfolge anzuwendenden Recht zulässig ist;
(c) die Befugnis zur Verwaltung des Nachlasses.

Artikel 40 Erteilung des Nachlasszeugnisses

1. Das Europäische Nachlasszeugnis wird erst erteilt, wenn das zuständige Gericht die zur Begründung des Antrags angeführten Angaben als erwiesen ansieht. Das Nachlasszeugnis wird vom zuständigen Gericht unverzüglich erteilt.
2. Das zuständige Gericht veranlasst von Amts wegen entsprechend den Erklärungen des Antragstellers und den von ihm vorgelegten Urkunden und sonstigenBeweismitteln die zur Überprüfung der Angaben notwendigen Untersuchungen und erhebt nachträglich die ihm zweckmäßig erscheinenden Beweise.
3. Für die Zwecke dieses Kapitels gewähren die Mitgliedstaaten den zuständigen Gerichten der anderen Mitgliedstaaten Zugang insbesondere zu den Personenstandsregistern, den Registern, in denen Urkunden oder Angaben zur Rechtsnachfolge oder zum Ehegüterrecht der Familie des Erblassers offen gelegt werden, und zu den Immobilienregistern.
4. Das ausstellende Gericht kann die Berechtigten und etwaige Nachlassverwalter oder Testamentsvollstrecker vorladen sowie etwaige andere Nachlassberechtigte durch Bekanntmachung auffordern, ihre Rechte geltend zu machen.

Anhang

Artikel 41 Inhalt des Nachlasszeugnisses

1. Das Europäische Nachlasszeugnis wird unter Verwendung des Formblatts in Anhang II erteilt.
2. Das Europäische Nachlasszeugnis enthält folgende Angaben:
   (a) das ausstellende Gericht, die sachlichen und rechtlichen Gründe, aus denen das Gericht seine Zuständigkeit für die Erteilung des Nachlasszeugnisses herleitet, sowie das Ausstellungsdatum;
   (b) Angaben zum Erblasser: Name, Vorname(n), Geschlecht, Personenstand, Staatsangehörigkeit, Personenkennziffer (sofern vorhanden), Anschrift des letzten gewöhnlichen Aufenthalts, Todesort und -zeitpunkt;
   (c) etwaige Eheverträge des Erblassers;
   (d) das nach dieser Verordnung auf die Rechtsnachfolge anzuwendende Recht sowie die tatsächlichen und rechtlichen Umstände, auf deren Grundlage das anzuwendende Recht bestimmt wurde;
   (e) die sachlichen und rechtlichen Umstände, aus denen sich die Ansprüche und/oder Befugnisse der Erben, Vermächtnisnehmer, Testamentsvollstrecker oder Fremdverwalter herleiten: gesetzliche und/oder testamentarische und/oder erbvertragliche Erbfolge;
   (f) Angaben zum Antragsteller: Name, Vorname(n), Geschlecht, Staatsangehörigkeit, Personenkennziffer (sofern vorhanden), Anschrift, Verwandschafts- oder Schwägerschaftsverhältnis zum Erblasser;
   (g) gegebenenfalls für jeden Erben die Art der Annahme der Erbschaft;
   (h) bei mehreren Erben die Erbquote jedes Erben und gegebenenfalls das Verzeichnis der Nachlassgüter, die einem bestimmten Erben zustehen;
   (i) das Verzeichnis der Nachlassgüter, die den Vermächtnisnehmern nach dem auf die Rechtsnachfolge anzuwendenden Recht zustehen;
   (j) die erbrechtlichen Beschränkungen nach dem gemäß Kapitel III und/oder letztwilliger oder erbvertraglicher Bestimmungen auf die Rechtsnachfolge anzuwendenden Recht;
   (k) das Verzeichnis der Handlungen, die der Erbe, Vermächtnisnehmer, Testamentsvollstrecker und/oder Verwalter nach dem auf die Rechtsnachfolge anzuwendenden Recht an den Nachlassgütern vornehmen kann.

Artikel 42 Wirkungen des Europäischen Nachlasszeugnisses

1. Das Europäische Nachlasszeugnis wird in allen Mitgliedstaaten als Nachweis der Stellung der Erben und Vermächtnisnehmer sowie der Befugnisse der Testamentsvollstrecker oder Fremdverwalter von Rechts wegen anerkannt.
2. In allen Mitgliedstaaten wird die inhaltliche Richtigkeit des Nachlasszeugnisses während seiner Gültigkeitsdauer vermutet. Es wird vermutet, dass die Person, die im Nachlasszeugnis als Erbe, Vermächtnisnehmer, Testamentsvollstrecker oder Verwalter ausgewiesen ist, erb- oder vermächtnisberechtigt ist oder über die im Nachlasszeugnis angegebenen Verwaltungsbefugnisse verfügt und keine anderen Bedingungen und Beschränkungen als die dort angegebenen gelten.
3. Jede Person, die Zahlungen an den Inhaber eines Nachlasszeugnisses leistet oder ihm Gegenstände übergibt, leistet mit befreiender Wirkung, wenn letzterer aufgrund des Nachlasszeugnisses zur Vornahme solcher Handlungen befugt war, es sei denn, die Person wusste, dass das Nachlasszeugnis inhaltlich nicht den Tatsachen entspricht.
4. Bei jeder Person, die Nachlassgüter vom Inhaber eines Nachlasszeugnisses erworben hat, der aufgrund des dem Nachlasszeugnis beigefügten Verzeichnisses zur Veräußerung berechtigt war, gilt die Vermutung, dass die Güter von einer verfügungsberechtigten Person erworben wurden, es sei denn, der Erwerber wusste, dass das Nachlasszeugnis inhaltlich nicht den Tatsachen entspricht.

5. Das Nachlasszeugnis stellt einen gültigen Titel für die Umschreibung oder für die Eintragung des Erwerbs von Todes wegen in die öffentlichen Register des Mitgliedstaats dar, in dem die Nachlassgegenstände belegen sind. Die Umschreibung erfolgt nach dem Recht des Mitgliedstaats, unter dessen Aufsicht das betreffende Register geführt wird, und entfaltet die nach diesem Recht vorgesehenen Wirkungen.

Artikel 43 Berichtigung, Aussetzung oder Einziehung des Europäischen Nachlasszeugnisses

1. Das Gericht, das das Europäische Nachlasszeugnis erteilt hat, bewahrt die Urschrift des Nachlasszeugnisses auf und stellt dem Antragsteller oder jeder anderen Person, die ein berechtigtes Interesse geltend macht, eine oder mehrere Ausfertigungen aus.
2. Die Ausfertigungen entfalten für einen begrenzten Zeitraum von drei Monaten die in Artikel 42 genannten Wirkungen. Nach Ablauf dieses Zeitraums müssen die Inhaber des Nachlasszeugnisses oder andere Berechtigte bei dem ausstellenden Gericht eine neue Ausfertigung beantragen, um ihre Rechte geltend zu machen.
3. Das Nachlasszeugnis wird auf Antrag eines Berechtigten bei dem ausstellenden Gericht oder von Amts wegen von dem betreffenden Gericht
   (a) im Falle eines materiellen Fehlers berichtigt;
   (b) mit einer Randbemerkung versehen, die eine Aussetzung seiner Wirkungen zur Folge hat, wenn bestritten wird, dass das Nachlasszeugnis den Tatsachen entspricht;
   (c) eingezogen, wenn das Nachlasszeugnis nachweislich nicht den Tatsachen entspricht.
4. Die Berichtigung des Nachlasszeugnisses, die Aussetzung seiner Wirkungen oder seine Einziehung wird von dem ausstellenden Gericht am Rande der Urschrift des Nachlasszeugnisses vermerkt und dem/den Antragsteller(n) mitgeteilt.

Artikel 44 Rechtsbehelfe

Jeder Mitgliedstaat regelt die Rechtsbehelfe gegen Entscheidungen über die Erteilung oder Nichterteilung, die Berichtigung, Aussetzung oder Einziehung eines Europäischen Nachlasszeugnisses.

Kapitel VII
Allgemeine und Schlussbestimmungen

Artikel 45 Verhältnis zu bestehenden internationalen Übereinkünften

1. Diese Verordnung lässt unbeschadet der Verpflichtungen der Mitgliedstaaten aus Artikel 307 EG-Vertrag die Anwendung bilateraler oder multilateraler Übereinkünfte unberührt, denen ein oder mehrere Mitgliedstaaten zum Zeitpunkt der Annahme dieser Verordnung angehören und die Bereiche betreffen, die in dieser Verordnung geregelt sind.
2. Ungeachtet des Absatzes 1 geht diese Verordnung im Verhältnis zwischen den Mitgliedstaaten Übereinkünften vor, denen die Mitgliedstaaten angehören und die Bereiche betreffen, die in dieser Verordnung geregelt sind.

Artikel 46 Informationen für die Öffentlichkeit

Die Mitgliedstaaten stellen für die Öffentlichkeit über das Europäische Justizielle Netz für Zivil- und Handelssachen eine Beschreibung ihrer innerstaatlichen erbrechtlichen Vorschriften und Verfahren sowie den Wortlaut einschlägiger Bestimmungen bereit. Die Mitgliedstaaten teilen alle späteren Änderungen dieser Bestimmungen mit.

Artikel 47 Änderung der Formblätter

Jede Änderung der in den Artikeln 38 und 41 vorgesehenen Formblätter wird nach dem Beratungsverfahren gemäß Artikel 48 Absatz 2 beschlossen.

Anhang

Artikel 48 Ausschuss

1. Die Kommission wird von dem durch Artikel 75 der Verordnung (EG) Nr. 44/2001 eingesetzten Ausschuss unterstützt.
2. Wird auf diesen Absatz Bezug genommen, so gelten die Artikel 3 und 7 des Beschlusses 1999/468/EG unter Beachtung von dessen Artikel 8.

Artikel 49 Überprüfungsklausel

Die Kommission legt dem Europäischen Parlament, dem Rat und dem Europäischen Wirtschafts- und Sozialausschuss bis spätestens [...] einen Bericht über die Anwendung dieser Verordnung vor. Diesem Bericht werden gegebenenfalls entsprechende Anpassungsvorschläge beigefügt.

Artikel 50 Übergangsbestimmungen

1. Diese Verordnung findet auf die Rechtsnachfolge von Personen Anwendung, die nach dem Beginn ihrer Anwendbarkeit verstorben sind.
2. Hatte der Erblasser vor Anwendbarkeit dieser Verordnung das auf seinen Nachlass anzuwendende Erbstatut gewählt, gilt diese Wahl als wirksam, soweit sie den Anforderungen des Artikels 17 genügt.
3. Hatten die Parteien eines Erbvertrags vor Anwendbarkeit dieser Verordnung das auf diesen Erbvertrag anzuwendende Erbstatut gewählt, gilt diese Wahl als wirksam, soweit sie den Anforderungen des Artikels 18 genügt.

Artikel 51 Inkrafttreten

Diese Verordnung tritt am zwanzigsten Tag nach ihrer Veröffentlichung im *Amtsblatt der Europäischen Union* in Kraft.

Ihre Anwendung beginnt am [ein Jahr nach ihrem Inkrafttreten].

Diese Verordnung ist in allen ihren Teilen verbindlich und gilt gemäß dem Vertrag zur Gründung der Europäischen Gemeinschaft unmittelbar in den Mitgliedstaaten.

Geschehen zu Brüssel am

Anhang

ANHANG I: ANTRAG NACH ARTIKEL 38 DER VERORDNUNG

ANTRAG AUF ERTEILUNG EINES EUROPÄISCHEN NACHLASSZEUGNISSES
(Artikel 36 ff. der Verordnung [...] des Europäischen Parlaments und des Rates über die Rechtsnachfolge von Todes wegen)[29]

1. Mitgliedstaat

BE ☐ BG ☐ CZ ☐ DE ☐ EE ☐ [IE ☐] EL ☐ ES ☐ FR ☐ IT ☐ CY ☐ LV ☐ LT ☐ LU ☐ HU ☐ MT ☐ NL ☐ AT ☐ PL ☐ PT ☐ RO ☐ SI ☐ SK ☐ FI ☐ SE ☐ [UK ☐]

2. Angaben zum Erblasser

2.1. Name:

2.2. Vorname(n):

2.3. Geschlecht:

2.4. Personenstand:

2.5. Staatsangehörigkeit:

2.6. Personenkennziffer*:

2.7. Todestag:

2.8. Todesort: Anschrift des letzten gewöhnlichen Aufenthalts:

2.9. Straße und Hausnummer/Postfach:

2.10. Ort und Postleitzahl:

2.11. Land:

3. Angaben zum Antragsteller

3.1. Name:

3.2. Vorname(n):

3.3. Geschlecht:

3.4. Staatsangehörigkeit:

3.5. Personenkennziffer*:

3.6. Straße und Hausnummer/Postfach:

3.7. Ort und Postleitzahl:

3.8. Tel.:

3.9. E-Mail:

3.10. Verhältnis zum Erblasser – verwandt oder verschwägert*:

* falls zutreffend

---

[29] ABl. L [...].

Anhang

4. Zusatzangaben:

4.1. Sachliche oder rechtliche Umstände, die einen Nachlassanspruch belegen:

4.2. Sachliche oder rechtliche Umstände, die die Befugnis zur Testamentsvollstreckung und/oder Verwaltung des Nachlasses belegen:

4.3. Hat der Erblasser eine oder mehrere Verfügungen von Todes wegen hinterlassen?   ja ☐ nein ☐

Wenn ja, fügen Sie bitte die Verfügung(en) bei.*

4.4. Hatte der Erblasser einen Ehevertrag geschlossen? ja . nein .
Wenn ja, fügen Sie bitte den Ehevertrag bei.*

4.5. Treten Sie an die Stelle eines anderen Erben oder Vermächtnis-   ja ☐ nein ☐
nehmers?

Wenn ja, fügen Sie bitte einen Nachweis über den Tod dieser Person bei oder einen Nachweis über das Ereignis, das diese Person daran hindert, das Erbe oder das Vermächtnis anzutreten.*

4.6. Haben Sie Kenntnis von einer Erbschaftsanfechtung?   ja ☐ nein ☐

Wenn ja, teilen Sie hierzu bitte Näheres mit.*

4.7. Fügen Sie dem Antrag bitte ein Verzeichnis aller Personen bei, die dem Erblasser nahe standen, mit folgenden Angaben: Namen, Vorname(n), Art des Verhältnisses zum Erblasser, Geburtsdatum, Staatsangehörigkeit und Anschrift.

* Fügen Sie nach Möglichkeit Urkunden oder beglaubigte Abschriften bei.
Ich erkläre, dass mir nichts bekannt ist, was der Richtigkeit der vorstehenden Angaben entgegen steht.*

Datum:

Unterschrift:
* Artikel 38 Absatz 3, falls die Erklärungen unter Eid abgegeben werden.

Anhang

ANHANG II: EUROPÄISCHES NACHLASSZEUGNIS NACH ARTIKEL 41

EUROPÄISCHES NACHLASSZEUGNIS
(Artikel 41 der Verordnung [...] des Europäischen Parlaments und des Rates über die Rechtsnachfolge von Todes wegen)[30]

1. Mitgliedstaat des ausstellenden Gerichts

BE ☐ BG ☐ CZ ☐ DE ☐ EE ☐ [IE ☐] EL ☐ ES ☐ FR ☐ IT ☐ CY ☐ LV ☐ LT ☐ LU ☐ HU ☐ MT ☐ NL ☐ AT ☐ PL ☐ PT ☐ RO ☐ SI ☐ SK ☐ FI ☐ SE ☐ [UK ☐]

2. Angaben zum Gericht

2.1. Zuständiges Gericht gemäß:

Artikel 4 ☐ Artikel 5 ☐ Artikel 6 ☐ der Verordnung

2.2. Kontaktperson:

2.3. Anschrift:

3. Angaben zum Erblasser

3.1. Name:

3.2. Vorname(n):

3.3. Geschlecht:

3.4. Personenstand:

3.5. Staatsangehörigkeit:

3.6. Personenkennziffer*:

3.7. Todestag:

3.8. Todesort: Anschrift des letzten gewöhnlichen Aufenthalts:

3.9. Straße und Hausnummer/Postfach:

3.10. Ort und Postleitzahl:

3.11. Land:

3.12. Eheverträge:

3.13. Anzuwendendes Erbstatut:

4. Angaben zum Antragsteller

4.1. Name:

4.2. Vorname(n):

4.3. Geschlecht:

4.4. Staatsangehörigkeit:

4.5. Personenkennziffer*:

---

[30] ABl. L [...].

Michael E. Völkl

Anhang

4.6. Straße und Hausnummer/Postfach:

4.7. Ort und Postleitzahl:

4.8. Tel.:

4.9. E-Mail:

4.10. Verhältnis zum Erblasser – verwandt oder verschwägert*:

*falls zutreffend

5. Nachweis der Erbenstellung

5.1. Diese Bescheinigung gilt als Nachweis der Erbenstellung: ja ☐ nein ☐

5.2. Verzeichnis der Erben:*

Name	Vorname(n)	Geburtsdatum	Erbquote	Beschränkungen

5.3. Unterliegt die Annahme der Erbschaft einer Bedingung (z.B. Erstellung eines Nachlassverzeichnisses)?   ja ☐ nein ☐

Wenn ja, geben Sie bitte auf einem gesonderten Blatt Art und Wirkungen der Bedingung an.

5.4. Verzeichnis der Nachlassgüter, die einem bestimmten Erben zustehen:*

Name	Vorname(n)	Bezeichnung des Nachlassgegenstands

* Fügen Sie gegebenenfalls ein weiteres Blatt bei.

6. Nachweis der Stellung als Vermächtnisnehmer

6.1. Diese Bescheinigung gilt als Nachweis der Stellung als Vermächtnisnehmer: ja ☐ nein ☐

6.2. Verzeichnis der Vermächtnisnehmer:*

Name	Vorname(n)	Geburtsdatum	Dem Vermächtnisnehmer kraft Verfügung von Todes wegen zustehende Nachlassgüter

7. Nachweis der Stellung als Verwalter und/oder Testamentsvollstrecker

7.1. Diese Bescheinigung gilt als Nachweis der Stellung als Verwalter: ja ☐ nein ☐

7.2. Diese Bescheinigung gilt als Nachweis der Stellung als Verwalter: ja ☐ nein ☐

7.3 Geben Sie an, über welche Rechte der Verwalter und/oder Testamentsvollstrecker verfügt und auf welcher Rechtsgrundlage diese beruhen. Führen Sie beispielhaft die Handlungen auf, zu deren Vornahme der Verwalter und/oder Testamentsvollstrecker berechtigt ist:

Anhang 2: Länderberichte

Übersicht

		Rz.			Rz.
I.	Belgien	1	IX.	Österreich	58
	1. IPR	1		1. IPR	58
	2. Materielles Erbrecht	2		2. Materielles Erbrecht	59
	a) Gesetzliche Erbfolge	3		a) Gesetzliche Erbfolge	60
	b) Gewillkürte Erbfolge	4		b) Gewillkürte Erbfolge	61
	c) Pflichtteilsrecht	7		c) Pflichtteilsrecht	62
II.	Dänemark	8		d) Erbnachweis	63
	1. IPR	8		3. Erbschaftsteuer	64
	2. Materielles Erbrecht	9	X.	Polen	65
	a) Gesetzliche Erbfolge	10		1. IPR	65
	b) Gewillkürte Erbfolge	11		2. Materielles Erbrecht	66
	c) Pflichtteilsrecht	12		a) Gesetzliche Erbfolge	66
III.	England und Wales	13		b) Gewillkürte Erbfolge	67
	1. IPR	14		c) Pflichtteilsrecht	68
	2. Materielles Erbrecht	16	XI.	Portugal	69
	a) Gesetzliche Erbfolge	17		1. IPR	69
	b) Gewillkürte Erbfolge	18		2. Materielles Erbrecht	70
	c) Pflichtteilsrecht	19		a) Gesetzliche Erbfolge	70
IV.	Frankreich	20		b) Gewillkürte Erbfolge	71
	1. IPR	20		c) Pflichtteilsrecht	72
	2. Materielles Erbrecht	21	XII.	Schweden	73
	a) Gesetzliche Erbfolge	22		1. IPR	73
	b) Gewillkürte Erbfolge	23		2. Materielles Erbrecht	74
	c) Pflichtteilsrecht	24		a) Gesetzliche Erbfolge	75
	d) Erbnachweis	25		b) Gewillkürte Erbfolge	76
	3. Erbschaftsteuer	26		c) Pflichtteilsrecht	77
V.	Griechenland	30	XIII.	Schweiz	78
	1. IPR	30		1. IPR	78
	2. Materielles Erbrecht	31		2. Materielles Erbrecht	80
	a) Gesetzliche Erbfolge	31		a) Gesetzliche Erbfolge	80
	b) Gewillkürte Erbfolge	32		b) Gewillkürte Erbfolge	81
	c) Pflichtteilsrecht	33		c) Pflichtteilsrecht	82
VI.	Italien	34		d) Erbnachweis	83
	1. IPR	34	XIV.	Spanien	84
	2. Materielles Erbrecht	35		1. IPR	85
	a) Gesetzliche Erbfolge	36		2. Materielles Erbrecht	86
	b) Gewillkürte Erbfolge	37		a) Gesetzliches Erbfolge	87
	c) Pflichtteilsrecht	39		b) Gewillkürte Erbfolge	88
	d) Erbnachweis	40		c) Pflichtteilsrecht	90
VII.	Kanada	41		d) Erbnachweis	91
	1. IPR	41	XV.	Tschechische Republik	92
	2. Materielles Erbrecht	42		1. IPR	92
	a) Gesetzliche Erbfolge	43		2. Materielles Erbrecht	93
	b) Gewillkürte Erbfolge	45		a) Gesetzliche Erbfolge	94
	c) Pflichtteilsrecht	48		b) Gewillkürte Erbfolge	95
	3. Erbschaftsteuer	50		c) Pflichtteilsrecht	96
VIII.	Niederlande	53	XVI.	USA	97
	1. IPR	53		1. IPR	98
	2. Materielles Erbrecht	54		2. Materielles Erbrecht	99
	a) Gesetzliche Erbfolge	55		a) Gesetzliche Erbfolge	101
	b) Gewillkürte Erbfolge	56		b) Gewillkürte Erbfolge	102
	c) Pflichtteilsrecht	57		c) Pflichtteilsrecht	104

Anhang

I. Belgien

1. IPR

Das belgische IPR lässt eine Nachlassspaltung zu. Die Rechtsanwendung für bewegliches 1
Vermögen richtet sich gem. Art. 78 des am 16.7.2004 in Kraft getretenen IPRG nach dem letzten Wohnsitz des Erblassers. Bezüglich Immobilien gilt die lex rei sitae. Soweit das Gericht den Inhalt des Rechts, dem die jeweilige Sache unterliegt, nicht innerhalb einer angemessenen Frist feststellen kann, findet allerdings belgisches Recht Anwendung (Art. 15 § 2 IPRG). Gleiches gilt, wenn die Verbindung zu dem Staat, auf dessen Recht verwiesen wird, nur sehr schwach ist (Art. 19 § 1 Abs. 2 IPRG). Eine Nachlassspaltung kann der Erblasser gem. Art. 79 IPRG durch eine Rechtswahl für den gesamten Nachlass umgehen. Gewählt werden kann das Recht des Staates, dessen Staatsangehörigkeit der Erblasser im Zeitpunkt der Rechtswahl oder des Todes inne hatte oder das Recht des Staates, in dem der Erblasser im Zeitpunkt der Rechtswahl oder des Todes seinen gewöhnlichen Aufenthalt hatte.

2. Materielles Erbrecht

Das belgische materielle Erbrecht ist in den Art. 718 ff. Code Civil geregelt. 2

a) Gesetzliche Erbfolge

Maßgeblich für die gesetzliche Erbfolge (Art. 731–755 CC) sind die Gradnähe der Ver- 3
wandtschaft sowie die Zugehörigkeit zu einer von vier Verwandtschaftsklassen, wobei gradnähere Verwandte gradfernere Verwandte verdrängen (Art. 734 f. CC) und Erben höherer Klassen Erben niedriger Klassen ausschließen (Art. 745 ff. CC).

b) Gewillkürte Erbfolge

Testierfähigkeit erlangt man nach belgischem Recht mit Vollendung des 16. Lebensjahrs 4
hinsichtlich des halben Vermögens; mit Vollendung des 18. Lebensjahrs ist eine Verfügung über das Vermögen in vollem Umfang möglich (Art. 901 ff. CC).

Gültige Testamentsformen sind nach belgischem Recht das handschriftliche, das notari- 5
elle sowie das Internationale Testament (Art. 969 ff., 1001 CC).

Erbverträge und gemeinschaftliche Testamente werden vom belgischen Recht nicht 6
anerkannt.[1] Eine anerkannte Ausnahme hiervon stellt die sog. »institution contractuelle« dar, in der der Erblasser dem Begünstigten in einem Ehevertrag verspricht, ihm unentgeltlich Vermögenswerte zu hinterlassen.[2] Die Anordnung einer Vor- und Nacherbschaft ist gem. Art. 896 CC grundsätzlich verboten. Art. 1048 CC erlaubt jedoch als Ausnahme die Einsetzung von Kindern zu Vorerben und von Enkelkindern als Nacherben.

c) Pflichtteilsrecht

Das Pflichtteilsrecht (Art. 913 ff. CC) ist als echtes Noterbrecht ausgestaltet.[3] Pflichtteils- 7
berechtigt sind primär die Abkömmlinge und der Ehegatte des Erblassers. Die Pflichtteilsquote von Kindern beträgt bei einem Kind ½, bei zwei Kindern 2/3 und ab drei Kindern ¾. Ist neben den Kindern des Erblassers noch der Ehegatte vorhanden, so erstreckt sich dessen Pflichtteil von ½ verhältnismäßig auf den Pflichtteil der Kinder sowie den verbleibenden Teil. Sofern solche nicht vorhanden sind, sind auch sonstige Seitenverwandte pflichtteilsberechtigt.

---

1 *Staudinger/Dörner* Anh. zu Art. 25 f. EGBGB Rn. 98.
2 *Flick/Piltz/Cornelius* Rn. 453.
3 *Mayer/Süß/Tanck/Bittler/Wälzholz* § 16 Rn. 8.

Anhang

II. Dänemark

1. IPR

8 Nach dänischem IPR, das als solches nicht kodifiziert ist, gilt sowohl für Mobilien als auch für Immobilien das Wohnsitzprinzip. Zu einer Nachlassspaltung kann es jedoch ausnahmsweise kommen, wenn in dem Land, in dem eine Immobilie belegen ist, die »lex rei sitae« gilt und Wohnsitz des Erblassers einerseits und Belegenheit der Immobilie andererseits voneinander abweichen (z.B. Däne mit Ferienhaus in Frankreich).[4]

2. Materielles Erbrecht

9 Zum 1.1.2008 ist in Dänemark ein neues Erbgesetz (arvelov-ARL) in Kraft getreten, welches vor allem zu einer Stärkung der erbrechtlichen Stellung des überlebenden Ehegatten und der Testierfreiheit des Erblassers führt.[5]

a) Gesetzliche Erbfolge

10 Die gesetzliche Erbfolge ist nach dem Parentelsystem aufgebaut; gem. §§ 1 ff. ARL gibt es drei Ordnungen (Abkömmlinge des Erblassers, Eltern und deren Abkömmlinge, Großeltern sowie Onkel und Tanten ersten Grades). Angehörige der höheren Ordnung verdrängen diejenigen der niedrigeren Ordnung. Nach dem neuen Erbgesetz 2008 erbt der Ehegatte neben den Abkömmlingen des Erblassers nun nicht mehr 1/3 des Nachlasses, sondern die 1/2 (§ 9 Abs. 1 ARL). Sofern keine Abkömmlinge vorhanden sind, erbt der Ehegatte allein (§ 9 Abs. 2 ARL).

b) Gewillkürte Erbfolge

11 Nach § 62 Abs. 1 ARL ist testierfähig, wer das 18. Lebensjahr vollendet hat. Das dänische Recht unterscheidet zwischen ordentlichen Testamenten (Notar- und Zeugentestament) und dem Nottestament als außerordentliches Testament (§§ 63 ff. ARL). Ein Notartestament ist gültig, wenn es schriftlich abgefasst und vor dem Notar unterschrieben wird. Für ein gültiges Zeugentestament muss der Erblasser lediglich vor zwei Zeugen das Testament anerkennen, seine Unterschrift ist hierbei nicht erforderlich. Gemeinschaftliche und gegenseitige Testamente sind zulässig, auch ohne verheiratet zu sein, haben aber nur beschränkte Bindungswirkung.[6] Erbverträge sind nur mit Einschränkungen möglich (§§ 41 ff. ARL). Als mögliche Anordnungen kann der dänische Erblasser Erbeinsetzungen und Vermächtnisse vornehmen.[7] Vor- und Nacherbschaft wird grundsätzlich anerkannt, es sei denn, sowohl der Vor- als auch der Nacherbe sind im Zeitpunkt des Todes des Erblassers noch nicht geboren.[8]

c) Pflichtteilsrecht

12 Seit der Neuregelung 2008 beträgt der Pflichtteil eines Abkömmlings nur noch 1/4 des Erbteils und nicht mehr 1/2 (§ 5 Abs. 1 ARL). Zudem kann der Erblasser bestimmen, dass der Pflichtteil eines Abkömmlings ganz oder teilweise »eingefroren« werden soll, wenn dies dem Wohl des Erbes dienlich ist (§§ 53 ff. ARL). Auch der Pflichtteil des Ehegatten beträgt gem. § 10 ARL 1/4 seines gesetzlichen Erbteils.

---

4 *Flick/Piltz/Piltz* Rn. 504.
5 *Süß/Ring/Olsen-Ring* S. 414.; Zum neuen Recht s.a. *Steininger* ZErb 2007, 434 und *Ring/Olsen-Ring* ZEV 2008, 76; zur früheren Fassung *Looft* ZEV 2002, 264.
6 *Looft* ZEV 2002, 264, 267.
7 *Süß/Ring/Olsen-Ring* S. 436 ff., 448 f.
8 *Flick/Piltz/Piltz* Rn. 482.

III. England und Wales

Großbritannien ist ein Mehrrechtsstaat. England und Wales haben das gleiche Recht, während Schottland ein eigenes und abweichendes Recht hat. Das Recht von Nordirland entspricht weitgehend dem englischen Recht. Im Folgenden wird wegen der Bedeutung das Recht von England dargestellt.[9]

13

1. IPR

Das englische IPR ist nicht kodifiziert. Nach »Common Law« kommt es regelmäßig zu einer Nachlassspaltung. Für den unbeweglichen Teil des Nachlasses gilt das Recht am Belegenheitsort (lex rei sitae). Die Rechtsnachfolge in bewegliches Vermögen richtet sich nach dem Wohnsitzprinzip (domicile).[10] Der Begriff des Wohnsitzes (= domicile) wird allerdings in England spezifisch definiert. Für ein domicile reicht es nicht aus, eine längere Zeit an einem Ort gewohnt zu haben (residence), sondern es ist zudem erforderlich, dass die Absicht besteht, sich an diesem Ort auch dauerhaft niederzulassen. Ist die Niederlassungsabsicht zeitlich begrenzt, so wird kein »domicile of choice« begründet. Solange dieses nicht begründet ist, besteht das »domicile of origin« fort, das jeder mit der Geburt am Domizilort des Vaters, bzw. der Mutter bei der Geburt erwirbt.[11]

14

Das englische Recht überlässt die Abgrenzung zwischen Mobilien und Immobilien dem jeweiligen Belegenheitsrecht. Zu beachten ist, dass diese Abgrenzung inzwischen Mobilien und Immobilien anders als nach deutschem Recht gestaltet ist und deshalb einer detaillierten Prüfung, insb. bei dinglichen Rechten aus Grundstücken, bedarf.[12] So wird z.B. eine Kaufpreisforderung aus einem Grundstücksverkauf wie ein Immobiliarsachenrecht behandelt und den Immobilien zugeordnet.[13]

15

2. Materielles Erbrecht

Das englische Erbrecht ist nicht einheitlich kodifiziert. Wesentliche Teile sind im Wills Act 1837 (W.A.), im Administration of Estates Act 1925 (A.I.A.) und im Inheritance Act 1975 (I.A.) enthalten. Im Unterschied zum deutschen Erbrecht gilt im englischen Erbrecht nicht der Grundsatz der Universalsukzession, sondern das Prinzip der gesonderten Nachlassabwicklung. Der Nachlass geht demnach zunächst auf einen oder mehrere[14] Nachlassabwickler über, der im Testament bezeichnet (executor) oder vom Gericht ernannt (administrator) sein kann. Dieser selbst wird Inhaber des Nachlasses und verteilt schließlich, nachdem alle Nachlassgegenstände gesammelt und verwaltet und die Verbindlichkeiten getilgt wurden, den verbleibenden Nachlass an die Erben.[15]

16

a) Gesetzliche Erbfolge

Gesetzliche Erben sind zunächst die Abkömmlinge des Erblassers, nachfolgend die Eltern und die Großeltern. Es gilt das Repräsentationsprinzip. Die Erben der höheren Ordnung verdrängen diejenigen der niedrigeren Ordnung.[16] Darüber hinaus ist die erbrechtliche Stellung des überlebenden Ehegatten im englischen Recht sehr stark ausgeprägt. Allerdings muss er den Erblasser um mindestens 28 Tage überlebt haben. Neben andern Erben erhält der Ehegatte einen beträchtlichen Teil des Nachlasses (z.B. alle persönlichen Gegenstände

17

---

9 Eine Übersicht zum englischen Recht findet sich bei *Große-Wilde* EE 2009, 175.
10 AnwK-BGB Länderberichte: Großbritannien Rn. 3.
11 *Süß/Odersky* Rn. 5; *Ferid/Firsching/Heinrich*, Bd. III, Großbritannien, Rn. 43 ff.
12 *Süß/Odersky* England, Rn. 6.
13 *Süß/Odersky* England, Rn. 3.
14 Für eine Grundstücksübertragung sind 2 executors nötig.
15 *Henrich/Huber* S. 115 f., 121.
16 *Henrich/Huber* S. 119 f.

des Erblassers, einen festen Geldbetrag[17] sowie ein lebenslanges Nutzungsrecht an der Hälfte des danach verbleibenden Reinnachlasses).[18] Großeltern und deren Abkömmlinge schließt der Ehegatte aus.

b) Gewillkürte Erbfolge

18 Im englischen Erbrecht beginnt die Testierfähigkeit mit der Vollendung des 18. Lebensjahres.[19] Ein Testament (»will«) muss schriftlich – jedoch nicht zwangsläufig handschriftlich – verfasst und vom Erblasser und zwei Zeugen gleichzeitig unterschrieben werden.[20] Ein gemeinschaftliches Testament oder einen Erbvertrag gibt es als solche im englischen Recht nicht. Jedoch sind zusammengefasste Testamente mehrerer Personen (»joint wills«) und gegenseitige Testamente (»mutual wills«) zulässig, allerdings ohne Bindungswirkung.[21] Typische testamentarische Verfügungen im englischen Recht sind Vermögenszuwendungen, die dem Begünstigten endgültig zur freien Verfügung verbleiben sollen (»absolute interest«) und die Anordnung eines »testamentary trust«, d.h. eine vom Erblasser bestimmte Erbfolge, die sich unmittelbar an die Nachlassverwaltung anschließt.[22] Vor- und Nacherbschaft sind dem englischen Recht unbekannt.[23]

c) Pflichtteilsrecht

19 Ein Pflichtteilsrecht kennt das englische Erbrecht nicht. Eine Beschränkung der Testierfreiheit ergibt sich jedoch aus dem »Inheritance Act 1975«. Demnach muss das Gericht auf Antrag eine Versorgung (family provisions) naher Angehöriger aus dem Nachlass anordnen, sofern durch das Testament oder die gesetzliche Erbfolge keine angemessene finanzielle Versorgung für diese sichergestellt ist und der Erblasser sein domicile in England hatte. Antragsberechtigt sind der Ehegatte des Erblassers, ein früherer Ehegatte, der nicht wiederverheiratet ist, die Kinder sowie diejenigen Personen, die der Erblasser wie Kinder behandelt hat oder die unmittelbar vor dem Tod vom Erblasser unterhalten worden sind.[24] Der Antrag auf »family provisions« muss binnen 6 Monaten ab Bestellung des Nachlassverwalters bei Gericht gestellt werden.

IV. Frankreich

1. IPR

20 Das französische Erbrecht[25] ist in den §§ 720 ff. des Code Civil (CC) geregelt. Nach dem französischen internationalen Erbrechts kommt es regelmäßig zu einer Nachlassspaltung, weil für bewegliches Vermögen das Recht des letzten Wohnsitzes des Erblassers gilt, für Immobilien hingegen die lex rei sitae (Art. 3 Abs. 2 CC). Der letzte Wohnsitz (domicile) ist die hauptsächliche Niederlassung einer Person (Art. 102 Abs. 1 CC). Eine Rückverweisung wird sowohl für Mobilien als auch für Immobilien anerkannt, jedoch lässt das französische Recht eine Rechtswahl nicht zu.[26]

---

17 125.000 £, wenn Abkömmlinge vorhanden sind, sonst 200.000 £, s. 46, 1 A.E.A.
18 *Nöcker* ZErb 2004, 343 f.; *Odersky* ZEV 2006, 444.
19 *Flick/Piltz/Cornelius* Rn. 566.
20 *Bernstorff* S. 156 f.
21 *Brambring/Mutter/Riering* S. 958.
22 *Süß/Odersky* S. 734.
23 *Flick/Piltz/Cornelius* Rn. 570.
24 *Nöcker* ZErb 2004, 343, 346.
25 Vgl. hierzu auch den Überblick bei *Große-Wilde* EE 2008, 193.
26 *Staudinger/Dörner* Anh. zu Art. 25 f. EGBGB Rn. 241.

Anhang

2. Materielles Erbrecht

Zum 1.1. 2002 und 1.1.2007 wurde das französische Erbrecht grundlegend reformiert. Insb. im Pflichtteilsrecht, bei den Regelungen über Annahme und Ausschlagung der Erbschaft sowie der Erbauseinandersetzung wurden zahlreiche Änderungen vorgenommen. Zudem ist eine Vor- und Nacherbfolge seit 2007 nicht mehr begrenzt.[27]

a) Gesetzliche Erbfolge

Gesetzliche Erben sind nach Verwandtschaftsgrad eingeteilt in vier Klassen, wobei die gradnäheren Verwandten die Entfernteren verdrängen (vgl. Art. 734, 744 Abs. 1, 756 ff. CC). Es gilt das Repräsentationsprinzip. Mehrere Kinder erben zu gleichen Teilen (Art. 744 Abs. 2 CC). Daneben hat der Ehegatte die Wahl, entweder den Nießbrauch am gesamten Nachlass oder 1/4 zu Eigentum zu erhalten. Der Nießbrauch erstreckt sich auf sämtliche im Todeszeitpunkt vorhandenen Güter, soweit diese nicht vermächtnisweise anderen Personen zugewendet sind (Art. 757 CC). Er erlischt gem. Art. 617 CC mit dem Tod des überlebenden Ehegatten. Entscheidet sich der Ehegatte für den Nießbrauch am Nachlass, so kann dieser dennoch auf Antrag der Abkömmlinge oder des Ehegatten in eine Leibrente umgewandelt werden, über deren Höhe im Zweifel ein Gericht entscheidet (Art. 759 CC). Sind beim Erbfall weder Kinder noch Eltern des Erblassers vorhanden, so erbt der Ehegatte unter Ausschluss aller übrigen Klassen den gesamten Nachlass (Art. 757-2 CC).

b) Gewillkürte Erbfolge

Nach französischem Recht kann ein ordentliches Testament handschriftlich oder vor einem Notar unter Hinzuziehung zweier Zeugen französischer Sprache errichtet werden. Auch kann ein vom Erblasser errichtetes handschriftliches Testament einem Notar in einem verschlossenen Umschlag in Anwesenheit von zwei Zeugen übergeben werden (Art. 969 CC; zu den außerordentlichen Testamenten vgl. Art. 981 ff. CC). Gemeinschaftliche Testamente und Erbverträge sind nicht zulässig (Art. 968 CC), allerdings nur als Formverbot. Eine Ausnahme hiervon stellt die Schenkung unter Lebenden auf den Todesfall in Form der sog. »institution contractuelle« dar, bei der ein Ehegatte dem anderen die unentgeltliche Hinterlassung eines Vermögensteils oder seines gesamten Vermögens für den Todesfall verspricht (Art. 1082 ff. CC). Volle Testierfähigkeit erlangt man in Frankreich mit Vollendung des 18. Lebensjahrs; über die Hälfte des Vermögens können Minderjährige bereits mit Vollendung des 16. Lebensjahres (Art. 901 ff. CC) testieren. Durch letztwillige Verfügung können grundsätzlich neben den gesetzlichen Erben keine weiteren testamentarischen Erben eingesetzt werden, andere Personen können lediglich als Vermächtnisnehmer bedacht werden.[28] Die Anordnung einer Vor- und Nacherbschaft ist nunmehr zulässig (Art. 896 i.V.m. 1048, 1057 CC). Auch die Erteilung einer postmortalen Vollmacht zur Nachlassverwaltung ist durch die Reform 2007 neu eingeführt worden (Art. 812 ff. CC).

c) Pflichtteilsrecht

Das französische Pflichtteilsrecht verschafft dem Berechtigten ein Noterbrecht und nicht nur einen schuldrechtlichen Anspruch auf den Pflichtteil. Vielmehr ist der Pflichtteil als Eigentumsanteil fester Bestandteil des Nachlasses. Dieser kann durch testamentarische Verfügung nicht beseitigt werden.[29] Durch die Erbrechtsreform 2007 erhält das französi-

---

[27] Vgl. zur Erbrechtsreform 2007: *Gresser* ZErb 2006, 407 ff.; *Klima* ZEV 2006, 440; zur Erbrechtsreform 2002 *Rombach* ZEV 2002, 271.
[28] *Schömmer/Steinhauser/Haydu* S. 120.
[29] AnwK-BGB, Länderberichte: Frankreich Rn. 104.

sche Pflichtteilsrecht u.a. durch eine Legaldefinition des Pflichtteils in Art. 912 CC schärfere Konturen.[30] Die Höhe des Pflichtteils beträgt gem. Art. 913 CC bei Vorhandensein eines Abkömmlings ½, bei zwei Abkömmlingen 2/3 und bei drei oder mehr Abkömmlingen ¾. Der überlebende Ehegatte ist nur pflichtteilsberechtigt, wenn er nicht mit Abkömmlingen des Erblassers zusammentrifft (Art. 914 CC). Sind keine Abkömmlinge vorhanden, so beträgt die »réserve« des Ehegatten ¼ des Nachlasses. Das Noterbrecht wird durch Herabsetzungsklage geltend gemacht.[31]

d) Erbnachweis

25 Einen Erbschein kennt das französische Recht nicht. Die Nachlassabwicklung wird weitgehend vom Notar übernommen (Art. 730 CC). Dieser stellt die Erbeneigenschaft fest und errichtet einen »acte de notoriété« (Notariatsurkunde), in dem das Erbrecht aufgrund der Verwandtschaftsverhältnisse festgestellt wird. Der Erbnachweis durch Erbschein ist lediglich in Elsass-Lothringen möglich. Dieser wird dort vom »Tribunal d'Instance« ausgestellt und gilt auch im übrigen Frankreich. Ein deutscher Erbschein wird in Frankreich dann anerkannt, wenn er in einem Verfahren ergangen ist, das dem französischen Verfahren zur Ausstellung der »acte de notoriété« ähnlich ist.[32] Diese Voraussetzung dürfte nach dem deutschen Erbscheinverfahren zu bejahen sein.

3. Erbschaftsteuer

26 Frankreich gehörte zu den Ländern, mit denen Deutschland seit vielen Jahren zwar ein Einkommensteuer-DBA unterhielt, nicht aber ein Erbschaftsteuer-DBA. Dies führte in der Vergangenheit dazu, dass deutsche Staatsbürger, die Immobilien in Frankreich erbten, diese nach französischem Steuerrecht zu versteuern hatten. Da das französische Erbschaftsteuerrecht erheblich höhere Steuersätze und zugleich niedrigere Freibeträge[33] als das deutsche Erbschaftsteuerrecht vorsieht, führte dies in vielen Fällen zu bitteren Überraschungen. Insb. bei reinem Privatvermögen haben deutsche Staatsbürger, die im grenznahen Elsass wohnten oder eine Ferienwohnung in Frankreich besaßen, die erhebliche steuerliche Mehrbelastung häufig nicht bedacht, weil sie über die in Frankreich zwingende Regelung der Versteuerung in Frankreich gelegener Immobilien am Belegenheitsort nicht informiert waren. Wegen der höheren französischen Erbschaftsteuer waren in diesen Fällen auch Fragen der Doppelbesteuerung zu klären. Am 12.10.2006 wurde in Paris anlässlich der deutsch-französischen Regierungskonsultationen das Erbschaftsteuer-DBA Deutschland-Frankreich unterzeichnet.[34] Aufgrund von Verzögerungen im Ratifizierungsverfahren wurden die Ratifizierungsurkunden jedoch erst am 2.4.2009 ausgetauscht, sodass das Erbschaftsteuer-DBA erst am 3.4.2009 in Kraft getreten ist.[35] Damit endete im Verhältnis zwischen Deutschland und Frankreich ein vertragsloser Zustand, der in den Jahren zuvor insb. aufgrund der ansteigenden Zahl von Grenzgängern und deutschen Staatsbürgern mit Wohnsitz oder Immobilieneigentum in Frankreich zu zahlreichen Problemen bezüglich der Thematik der Doppelbesteuerung geführt hat. Nach wie vor ist allerdings auch nach Inkrafttreten des Erbschaftsteuer-DBA zu berücksichtigen, dass die Steuersätze nach französischem Erbschaftsteuerrecht höher und die Freibeträge niedriger sind als im deutschen Erbschaftsteuerrecht, auch wenn nunmehr die Anrechnung vertraglich geregelt ist.

27 Das neue DBA mit Frankreich findet Anwendung für Nachlässe und Erbschaften, wenn der Erblasser im Zeitpunkt seines Todes einen Wohnsitz in einem Vertragsstaat oder in

---

30 *Klima* ZEV 2006, 440, 442.
31 Zur Durchsetzung s. *Gresser* ZErb 2006, 407. 408.
32 *Süß/Döbereiner* S. 674 f.
33 Überblick bei *Große-Wilde* EE 2008, 193, 198.
34 BGBl. II 2007, 1402.
35 Vgl. *Troll/Gebel/Jülicher* § 2 Rn. 281.

beiden Vertragsstaaten hatte. Allerdings bestehen nach wie vor mögliche Konstellationen, die zu einer Doppelbesteuerung führen können, die vom DBA nicht erfasst sind. Das ist z.B. dann der Fall, wenn sich bei einer Doppelansässigkeit des Erwerbers in Frankreich und in Deutschland oder bei einem Wohnsitz des Erwerbers in Deutschland und Belegenheit von Vermögensgegenständen in Frankreich eine Doppelbesteuerung ergibt, die das DBA gerade ausschließen wollte.[36] Ferner regelt das DBA nunmehr ausdrücklich, dass unbewegliches Vermögen im Belegenheitsstaat besteuert werden kann. Forderungen gelten trotz hypothekarischer oder sonst durch eine Immobilie bestehende dinglicher Sicherung nicht als unbewegliches Vermögen. Zum unbeweglichen Vermögen gehören hingegen Zubehör, Inventar bei landwirtschaftlichen Betrieben und insb. Nutzungsrechte an unbeweglichem Vermögen.

Bezüglich der Vermeidung der Doppelbesteuerung wenden sowohl Frankreich als auch Deutschland die Anrechnungsmethode an. Hatte der Erblasser oder Schenker im Zeitpunkt des Todes oder der Schenkung seinen Wohnsitz in Frankreich, rechnet Frankreich auf die umfassend erhobene französische Steuer die Steuer an, die in Deutschland für das zu besteuernde Vermögen erhoben wird. Ist hingegen der Erblasser oder Schenker nicht gem. DBA in Frankreich ansässig, so hat Frankreich das Besteuerungsrecht allein aufgrund der Belegenheit. Die französische Steuer wird dann unter Berücksichtigung des gesamten nach französischem Recht besteuerungsfähigen Vermögens ermittelt. **28**

Erfolgt die Besteuerung in Deutschland, so rechnet Deutschland ebenfalls die aufgrund der Belegenheit in Frankreich anfallende Steuer an, wobei die innerstaatliche Anrechnungsnorm des § 21 ErbStG maßgebend ist. Allerdings erfolgt eine Anwendung von § 21 ErbStG nur insoweit, als die Regelung nicht in Widerspruch zum DBA steht. Nicht anwendbar ist deshalb der enge Auslandsvermögensbegriff des § 21 Abs. 2 Nr. 1 ErbStG. In der Sache weitet das DBA durch Bezugnahme auf französische Steuern die deutsche innerstaatliche Anrechnungsverpflichtung, z.B. auf Steuern für Hausrat einer französischen Ferienimmobilie, aus. **29**

V. Griechenland

1. IPR

Das griechische Erbrecht ist im griechischen Zivilgesetzbuch (ZGB) geregelt und wird vom Staatsangehörigkeitsprinzip geprägt (Art. 28 ZGB). Es gilt der Grundsatz der Nachlasseinheit. Lediglich bei der Besteuerung wird mit der Geltung des Territorialitätsprinzips hiervon eine Ausnahme gemacht. So sind die steuerlichen Vorschriften des griechischen Rechts unabhängig von der Staatsangehörigkeit des Erblassers für alle im Inland befindlichen Gegenstände des Nachlasses maßgeblich.[37] Dies gilt also nicht nur für Immobilien, sondern auch für bewegliche Nachlassgegenstände und Geldvermögen. **30**

2. Materielles Erbrecht

a) Gesetzliche Erbfolge

Es gibt vier Ordnungen der gesetzlichen Erben nach dem Parentelsystem (Art. 1813 ff. ZGB). Es gilt das Repräsentationsprinzip. Erben der vorherigen Ordnung schließen solche der höheren Ordnung von der Erbfolge aus (Art. 1819 ZGB). Die Abkömmlinge des Erblassers erben vor dessen Eltern und deren Abkömmlingen. Zur dritten Ordnung gehören die Großeltern und deren Abkömmlinge und zur vierten Ordnung die Urgroßeltern (hier erfolgt keine Repräsentation mehr). Der überlebende Ehegatte steht neben den jeweiligen Erben. Neben den Abkömmlingen des Erblassers erbt dieser zu ¼, neben Erben der ande- **31**

---

36 Kritisch daher *Jülicher* IStR 2007, 85, 86.
37 *Süß/Stamatiadis* S.686 f.

ren Ordnungen zu ½ (Art. 1820 ZGB). Zudem erhält der Ehegatte immer die gemeinsamen Haushaltsgegenstände.

b) Gewillkürte Erbfolge

32 Das griechische Erbrecht kennt ordentliche Testamentsformen (handschriftlich, öffentlich vor einem Notar unter Mitwirkung von drei Zeugen, verschlossen) sowie außerordentliche (Art. 1721 ff. ZGB). Gemeinschaftliche Testamente werden nicht als wirksam anerkannt (Art. 1717 ZGB). Der Erblasser kann Erbeinsetzungen treffen (Art. 1712, 1800 ff. ZGB) sowie Vermächtnisse (Art. 1714, 1967 ff. ZGB) und Nacherbfolge (Art. 1923 ZGB) anordnen.

c) Pflichtteilsrecht

33 Im Unterschied zu vielen anderen Rechtsordnungen ist der griechische Pflichtteilsberechtigte echter Erbe.[38] Pflichtteilsberechtigte sind die Abkömmlinge des Erblassers, der überlebende Ehegatte sowie die Eltern des Erblassers (Art. 1825 ZGB).

VI. Italien

1. IPR

34 Das italienische IPR folgt für den gesamten Nachlass dem Staatsangehörigkeitsprinzip (Grundsatz der Nachlasseinheit, Art. 46 Abs. 1 IPRG). Eine Rück- und Weiterverweisung wird nur anerkannt, wenn sie entweder zur Anwendung italienischen Rechts führt oder die den »renvoi« bestimmende ausländische Rechtsordnung selbst einen solchen annimmt (Art. 13 Abs. 1 IPRG). Zwischen Deutschland und Italien ist dies zu bejahen. Eine Rechtswahl ist für einen Italiener nur bei einem Wohnsitz im Ausland möglich. Diese verliert jedoch ihre Gültigkeit, wenn der Erblasser im Todeszeitpunkt seinen gewöhnlichen Aufenthalt nicht mehr dort hatte.[39]

2. Materielles Erbrecht

35 Das italienische Erbrecht ist im »Codice Civile« (CC) geregelt. Zwar gilt auch im italienischen Erbrecht das Prinzip der Universalsukzession.[40] Der Erwerb des Nachlasses erfolgt nach italienischem Recht aber nicht ipso-iure. Vielmehr bildet dieser zunächst eine selbstständige Masse ohne Rechtsträger.[41] Erst mit der Annahme der Erbschaft fällt er der berufenen Person zu (Art. 459, 470 CC). Bei in Italien belegenem Grundbesitz muss das Erbe ebenfalls ausdrücklich angenommen werden.

a) Gesetzliche Erbfolge

36 Das italienische Erbrecht teilt die gesetzlichen Erben in vier verschiedene Klassen ein (Art. 565 ff. CC), wobei der nähere den entfernteren Verwandtschaftsgrad ausschließt. Der Ehegatte erbt grundsätzlich neben Abkömmlingen (1/2 bei einem, 1/3 bei mehreren Kindern), Eltern, Großeltern, oder Geschwistern des Erblassers (je 2/3); Art. 581 CC. Es gilt das Repräsentationsprinzip (Art. 468 CC). Ist keiner der genannten Verwandten vorhanden, erbt der überlebende Ehegatte allein.

---

38 *Süß* ZErb 2002, 341, 345.
39 *Brambring/Mutter/Riering* S. 949.
40 S.a. BGH ZEV 1995, 298, 300.
41 *Süß/Cubeddu Wiedemann/Wiedemann* S. 876.

b) Gewillkürte Erbfolge

Das italienische Erbrecht kennt drei ordentliche Testamentsformen (Art. 603 ff. CC). Zum **37** einen kommt ein handschriftlich verfasstes Testament, das vom Erblasser unterschrieben und datiert sein muss, in Betracht. Zum andern gibt es das öffentliche Testament, welches vor einem Notar in Anwesenheit von zwei Zeugen errichtet und von allen Beteiligten unterschrieben wird und das sog. verschlossene Testament, welches vom Erblasser oder einem Dritten geschrieben und in einem verschlossenen Umschlag dem Notar in Anwesenheit von zwei Zeugen vom Erblasser übergeben wird. Hat jedoch ein Dritter im Falle des verschlossenen Testaments das Testament geschrieben, so muss der Erblasser jede Seite unterschreiben.

Testierfähigkeit erlangt man grundsätzlich erst mit Vollendung des 18. Lebensjahres (vgl. **38** Art. 591 CC). Gemeinschaftliche Testamente und Erbverträge sind als Sachverbot unwirksam (Art. 589 bzw. Art. 458 CC). Die Anordnung von Vor- und Nacherbschaft ist dem italienischen Erbrecht weitgehend unbekannt.[42] Das Vermächtnis ist als sog. Vindikationslegat ausgestaltet. Der Vermächtnisnehmer erlangt also eine dingliche Rechtsstellung hinsichtlich der Vermächtnisgegenstände (Art. 649 CC).[43]

c) Pflichtteilsrecht

Das Pflichtteilsrecht (Art. 536 ff. CC) ist als dinglich wirkendes Noterbrecht ausgestaltet **39** und führt zu einer Spaltung des Vermögens des Erblassers in einen Teil, über den dieser frei verfügen kann und den Pflichtteil, der seiner Testierfreiheit entzogen ist (»riserva«). Die Höhe des Pflichtteils ist nicht festgesetzt, sondern variiert abhängig von der Zahl der Pflichtteilsberechtigten und ihrem Verwandtschaftsgrad zum Erblasser.[44] 2006 wurde der patto de famiglia eingeführt, mit dem ein Unternehmer seinen Betrieb auf einen Abkömmling als Nachfolger mit Regelung der Pflichtteilsansprüche der übrigen Abkömmlinge übertragen kann.[45]

d) Erbnachweis

Ein Erbschein ist dem italienischen Recht unbekannt.[46] Der Erbnachweis wird durch die **40** sog. »atto di notarieta« geführt, für deren Erteilung das Registeramt am letzten Wohnsitz des Erblassers zuständig ist. Hatte der Erblasser seinen letzten Wohnsitz nicht in Italien, so ist das Registeramt in Rom zuständig.[47] Nach Art. 66 IPRG wird auch ein deutscher Erbschein in Italien anerkannt. Dieser hat jedoch weder Feststellungs- noch Gestaltungswirkung.[48]

VII. Kanada

1. IPR

Nach kanadischem IPR gilt grundsätzlich das Recht des letzten Domizils des Erblassers.[49] **41** Bezüglich Immobilien ist jedoch das Recht am Belegenheitsort maßgeblich. Kanadische Immobilien werden deshalb nach kanadischem materiellen Erbrecht beurteilt und versteuert. Eine Nachlassspaltung ist also möglich.[50]

---

42 *Flick/Piltz/Cornelius* Rn. 617.
43 AnwK-BGB, Länderberichte: Italien Rn. 76.
44 *Schömmer/Reiß* S. 171.
45 Einzelheiten bei *Dörner/Ferrante* ZEV 2008, 53.
46 In den Provinzen Bozen, Trient, Triest und einigen angrenzenden Bereichen gibt es als Hinterlassenschaft aus österreichischer Zeit den Erbschein (certifikato de eredità).
47 *Süß/Cubeddu Wiedemann/Wiedemann* S. 886 ff.
48 *Süß/Cubeddu Wiedemann/Wiedemann* S. 886 ff.
49 Domizil ist regelmäßig der letzte gewöhnliche Aufenthaltsort.
50 *Böhner* ZEV 1998, 251, 252.

2. Materielles Erbrecht

42 In Kanada gibt es kein einheitliches Erbrecht. Vielmehr gibt es in den einzelnen Provinzen und Territorien unterschiedliche Statute. Eine Besonderheit besteht in der Provinz Québec, die weitgehend vom französischen Recht geprägt ist (hier gilt der Code Civil), wohingegen das Erbrecht in den übrigen Gebieten auf dem für das anglo-amerikanische Recht typischen »Common Law« beruht.[51]

a) Gesetzliche Erbfolge

43 Grundsätzlich erfolgt ein Erbrecht nach Stämmen. Das Repräsentationsprinzip gilt uneingeschränkt. Es erben die Abkömmlinge des Erblassers und deren Abkömmlinge vor dessen Eltern, Geschwistern und deren Abkömmlingen. Der dritten Ordnung gehören die Großeltern und sonstige Seitenverwandte an. Der Ehegatte erbt neben den Abkömmlingen. Sind solche nicht vorhanden, erhält dieser in den meisten Provinzen den gesamten Nachlass.[52]

44 Zwar ist in Québec die Erbordnung wie diejenige in den common-law-Provinzen vorgesehen.[53] Eine Repräsentation erfolgt jedoch nur bei den Abkömmlingen des Erblassers (Art. 662 CC). Die Beteiligung am Nachlass richtet sich hierbei nach festen Quoten. Der Ehegatte erbt neben Abkömmlingen des Erblassers 1/3 des Nachlasses. Sind keine Abkömmlinge vorhanden, erhält er auch nach dem Erbrecht von Québec den gesamten Nachlass.

b) Gewillkürte Erbfolge

45 Testierfähigkeit erlangt ein kanadischer Erblasser grundsätzlich mit Vollendung des 18. Lebensjahres.[54] Als zulässige Formen letztwilliger Verfügungen kommen in den meisten Provinzen das holographische Testament, also ein vom Erblasser handschriftlich verfasstes und unterschriebenes Testament in Betracht, ferner ein Testament unter Hinzuziehung zweier Zeugen. In Québec ist darüber hinaus auch die Errichtung eines öffentlichen Testaments vor einem Notar zulässig.[55] Wegen des Grundsatzes der strengen Testierfreiheit sind Erbverträge sowie gemeinschaftliche und gegenseitige Testamente in ganz Kanada unzulässig.[56]

46 In den common-law-Provinzen kommen als zulässige Gestaltungsmöglichkeiten des kanadischen Erblassers insb. Zuwendungen in Betracht, welche zunächst von einem Nachlassverwalter gesammelt und erst dann an die Erben verteilt werden. Der Nachlass fällt somit nicht unmittelbar mit dem Erbfall den Erben zu. Die Unterscheidung Vermächtnis/Erbeinsetzung ist den common-law-Provinzen fremd. Durch die Errichtung eines sog. »Trusts« können die Rechtswirkungen einer Vor- und Nacherbschaft erzielt werden.[57]

47 Das Erbrecht von Québec kennt die Unterscheidung Vermächtnis/Erbeinsetzung. Auch fällt der Nachlass hier mit dem Erbfall den Erben direkt an (Universalsukzession). Ferner ist die Anordnung einer Vor- und Nacherbschaft zulässig (Art. 1218 ff. CC).[58]

---

51 *Staudinger/Dörner* Anh. zu Art. 25 f. EGBGB Rn. 383, 387.
52 *Flick/Piltz/Cornelius* Rn. 651, 653.
53 *Flick/Piltz/Cornelius* Rn. 652.
54 *Flick/Piltz/Cornelius* Rn. 659.
55 *Flick/Piltz/Cornelius* Rn. 661.
56 *Flick/Piltz/Cornelius* Rn. 660.
57 *Flick/Piltz/Cornelius* Rn. 662 ff.
58 *Flick/Piltz/Cornelius* Rn. 662 ff.

c) Pflichtteilsrecht

In den common-law-Provinzen besteht kein Pflichtteilsrecht. Es existieren lediglich gesetzliche Regelungen, die bestimmte nahe Verwandte insb. im Falle einer willkürlichen Enterbung durch Versorgungsansprüche absichern.[59] 48

Auch in Québec ist ein Pflichtteilsrecht als solches unbekannt. Anders als im übrigen Kanada gilt hier jedoch das Prinzip der völligen Testierfreiheit, was dazu führt, dass der Erblasser selbst nahe Verwandte ohne jegliche Versorgungsansprüche vollständig enterben kann. Lediglich der enterbte überlebende Ehegatte erhält einen Teil des Familienvermögens.[60] 49

3. Erbschaftsteuer

In Kanada ist die Erbschaftsteuer aufgegeben worden, stattdessen wird eine Kapitalgewinnsteuer erhoben, die in die Ertragsbesteuerung einfließt.[61] Diese anlässlich des Todesfalls erhobene Veräußerungsgewinnbesteuerung erfasst auch Schenkungen und den Wegzug aus Kanada. Bei Erblassern mit Wohnsitz in Kanada ist das gesamte Weltvermögen steuerpflichtig, ansonsten nur das kanadische Vermögen. 50

Die kanadische Bundessteuer beträgt maximal 29%. Hinzu kommen noch die Steuern der Einzelprovinzen, die grundsätzlich nach einem prozentualen Aufschlag auf die Bundessteuer berechnet werden.[62] 51

Bereits im allgemeinen Teil wurde darauf hingewiesen, dass die kanadische »Capital Gains Tax« wegen der Nichtvergleichbarkeit mit der deutschen Erbschaftsteuer in Deutschland keine Anrechnung findet. 52

VIII. Niederlande

1. IPR

Nach dem Gesetz über das Kollisionsrecht der Erbfolge bestimmt sich das anwendbare Recht nach den Vorschriften des Haager Übereinkommen über das auf die Erbfolge anzuwendende Recht vom 1.8.1989.[63] Somit ist das Recht an dem Ort maßgeblich, an dem der Erblasser zum Zeitpunkt seines Todes seinen gewöhnlichen Aufenthalt hatte, wenn er gleichzeitig Staatsangehöriger des betreffenden Staates war (Art. 3 Abs. 1 ErbRÜbk) oder wenn der Erblasser unmittelbar vor seinem Tod dort mindestens fünf Jahre seinen gewöhnlichen Aufenthalt hatte (Art. 3 Abs. 2 ErbRÜbk). Sind weder die Voraussetzungen des Art. 3 Abs. 1 noch des Art. 3 Abs. 2 ErbRÜbk gegeben, so ist das Heimatrecht maßgeblich (Art. 3 Abs. 3 ErbRÜbk). Im Rahmen des Art. 5 ErbRÜbk hat ein Erblasser auch die Möglichkeit, eine Rechtswahl über das auf die Erbfolge anzuwendende Recht (Erbstatut) zu treffen. Eine solche Rechtswahl ist jedoch nur dann gültig, wenn der Erblasser im Zeitpunkt der Rechtswahl oder im Zeitpunkt des Todes entweder die Staatsangehörigkeit des Staates, dessen Rechtsordnung für die Erbfolge maßgeblich sein soll, besaß oder dort seinen gewöhnlichen Aufenthalt hatte (Art. 5 I ErbRÜbk). Ist diese Voraussetzung nicht gegeben, so bestimmt sich das Erbstatut nach den allgemeinen Kollisionsnormen.[64] Darüber hinaus gilt grundsätzlich das Prinzip der Nachlasseinheit (Art. 7 ErbRÜbk). Dieses Prinzip kann aber u.a. durch eine Rechtswahl des Erblassers zugunsten mehrerer Rechtsordnungen durchbrochen werden (Art. 6 ErbRÜbk). Zu einer Nachlassspaltung kann es ferner kommen, wenn am Belegenheitsort von Immobilien und anderen besonderen Nachlassgütern besondere Erbrechtsvorschriften gelten (Art. 15 ErbRÜbk). 53

---

59 *Mayer/Süß/Tanck/Bittler/Wälzholz* § 16 Rn. 497.
60 *Mayer/Süß/Tanck/Bittler/Wälzholz* § 16 Rn. 498.
61 Näheres dazu bei *Troll/Gebel/Jülicher* § 21 Rn. 108.
62 Darstellung bei *Troll/Gebel/Jülicher*, ebd.
63 *Brambring/Mutter/Riering* S. 950.
64 *Süß/van Maas de Bie* S. 1052.

Peter E. Ouart

Anhang

2. Materielles Erbrecht

54 Seit dem 1.1.2003 gilt in den Niederlanden ein neues Erbrecht, welches sich im niederländischen Bürgerlichen Gesetzbuch (Burgerlijk Wetboek – BW) befindet. Hierin wurden insb. Änderungen hinsichtlich der gesetzlichen Erbfolge sowie eine Stärkung der Position des überlebenden Ehegatten vorgenommen. Ferner wurde das Pflichtteilsrecht geändert.[65]

a) Gesetzliche Erbfolge

55 Durch das neue Erbrecht vom 1.1.2003 wurde das bis dahin bestehende Gradualsystem, nach dem ein gradnäherer Verwandter grundsätzlich einen gradferneren Verwandten verdrängte, durch ein Parentelsystem ersetzt.[66] Gem. Art. 4:10 BW erben die Abkömmlinge des Erblassers vor den Eltern und Geschwistern. Der dritten Ordnung gehören die Großeltern, der vierten die Urgroßeltern des Erblassers an. Eine Repräsentation findet statt (Art. 4:10 Abs. 2 BW). Während der Ehegatte nach dem alten Erbrecht noch neben den Abkömmlingen erbberechtigt war, erbt er nach der Erbrechtsreform 2003 den gesamten Nachlass zu Eigentum.[67] Die Kinder des Erblassers haben lediglich schuldrechtliche Ausgleichsansprüche in Höhe ihres Erbteils, welche jedoch erst im Falle der Insolvenz oder des Todes des Ehegatten oder in den vom Erblasser in seiner letztwilligen Verfügung angeordneten Fällen fällig werden (Art. 4:13 ff. BW). Zu Lebzeiten des überlebenden Ehegatten können Kinder keine Ausgleichsansprüche gegen den überlebenden Elternteil geltend machen.

b) Gewillkürte Erbfolge

56 Die Testierfähigkeit beginnt im niederländischen Recht mit einigen Beschränkungen ab dem 16. Lebensjahr. Volle Testierfähigkeit wird mit Vollendung des 18. Lebensjahres erlangt (Art. 4:57 ff. BW). Ein Testament kann nur durch notarielle Beurkundung errichtet werden. Zwar kann der Erblasser auch in einer eigenhändig geschriebenen, unterzeichneten und datierten Urkunde Verfügungen treffen (sog. »Codizil«), dies aber nur hinsichtlich Bestattung, Zurverfügungstellung der Überreste für die Wissenschaft und vermächtnisweise Zuwendung bestimmter in Art. 4:97 BW abschließend aufgezählter persönlicher Gegenstände (z.B. Kleider, Hausrat, Bücher).[68] Auch ein gemeinschaftliches Testament und ein Erbvertrag sind unzulässig, allerdings nur als Formverbot.[69] Im Testament kann der niederländische Erblasser sowohl Erbeinsetzungen als auch Vermächtnisse anordnen.[70] Eine Vor- und Nacherbschaft kann jedoch nur als bedingte letztwillige Zuwendung konstruiert werden (Art. 4: 137 ff. BW).

c) Pflichtteilsrecht

57 Auch im Pflichtteilsrecht hat die Erbrechtsreform 2003 einschneidende Änderungen mit sich gebracht.[71] So ist das Pflichtteilsrecht nicht mehr als echtes Noterbrecht, sondern als schuldrechtlicher Anspruch ausgestaltet (Art. 4:63 ff. BW). Zudem kommt es zu einer erheblichen Stärkung der Position des überlebenden Ehegatten während das Pflichtteilsrecht der Abkömmlinge insb. durch das gesetzliche Erbrecht des überlebenden Ehegatten weitgehend ausgehöhlt wird.[72] Zwar sind die Abkömmlinge des Erblassers die einzigen

---

65 *Mayer/Süß/Tanck/Bittler/Wälzholz* § 16 Rn. 225.
66 *Flick/Piltz/Piltz* Rn. 752.
67 *Brambring/Mutter/Riering* S. 951.
68 *Süß/van Maas de Bie* S. 1069.
69 *Marck/Riering* ZEV 1995, 90.
70 *Flick/Piltz/Piltz* Rn. 767.
71 *Mayer/Süß/Tanck/Bittler/Wälzholz* § 16 Rn. 242.
72 *Flick/Piltz/Piltz* Rn. 775.

Pflichtteilsberechtigten (in Höhe der Hälfte des gesetzlichen Erbteils), während dem überlebenden Ehegatten lediglich pflichtteilsähnliche Rechte wie z.B. das unentgeltliche Recht auf Weiternutzung der Wohnung und des Hausrats zustehen.[73] Jedoch können die Abkömmlinge ihren Pflichtteil im Falle einer Stellung des Ehegatten als gesetzlicher Erbe wie ihr gesetzliches Erbrecht auch hier nicht vor dem Tode oder der Insolvenz des überlebenden Ehegatten geltend machen.[74] Im Gegensatz zum deutschen Pflichtteilsrecht, das eine Entziehung des Pflichtteils nur unter engen Voraussetzungen zulässt (vgl. § 2333 BGB), ist es nach niederländischem Pflichtteilsrecht somit möglich, den Abkömmlingen zumindest für die Zeit bis zum Tode des überlebenden Ehegatten ihren Pflichtteil gänzlich zu entziehen.

IX. Österreich

1. IPR

Das österreichische IPR knüpft grundsätzlich an die Staatsangehörigkeit des Erblassers an (§ 28 Abs. 1 i.V.m. § 9 IPRG). Da sich der Erwerbsvorgang bei unbeweglichem Vermögen (Einantwortung) jedoch nach der lex rei sitae richtet, erfolgt insoweit eine Nachlassspaltung. Eine Rückverweisung wird grundsätzlich anerkannt. Eine Rechtswahl ist nach österreichischem IPR unzulässig. 58

2. Materielles Erbrecht

Die Regelungen über das österreichische Erbrecht finden sich im Allgemeinen Bürgerlichen Gesetzbuch (ABGB). Das österreichische Erbrecht ist dem deutschen Erbrecht sehr ähnlich, insb. was die Regelungen zur gesetzlichen Erbfolge und zum Pflichtteilsrecht anbelangt.[75] 59

a) Gesetzliche Erbfolge

Das österreichische Recht ist als Verwandtenerbrecht mit einem Parentelsystem ausgestaltet, wobei Verwandte der näheren Ordnung solche der entfernteren Ordnung verdrängen (§ 731 ABGB). Innerhalb der jeweiligen Ordnungen gilt das Repräsentationsprinzip. Der überlebende Ehegatte erhält neben Erben der ersten Ordnung (Kinder und deren Abkömmlinge) 1/3, neben Erben der zweiten Ordnung (Eltern und deren Abkömmlinge) und Großeltern 2/3. Zudem erhält er die Teile der vorverstorbenen Großelternteile. In allen anderen Fällen erhält er den gesamten Nachlass. Darüber hinaus erhält der Ehegatte das sog. Vorausvermächtnis, also die zum ehelichen Haushalt gehörenden beweglichen Sachen sowie das Recht, in der Ehewohnung weiter zu wohnen (§§ 757–759 ABGB). 60

b) Gewillkürte Erbfolge

Das österreichische Erbrecht lässt verschiedene Möglichkeiten zur Errichtung eines Testamentes zu (§§ 752 ff. ABGB): So ist es zum einen möglich, ein vom Erblasser handschriftlich verfasstes und unterschriebenes Testament zu errichten, zum anderen besteht die Möglichkeit ein sog. fremdhändiges Testament zu verfassen, welches lediglich vom Erblasser unterschrieben sein muss, dessen Text hingegen mit PC, Schreibmaschine oder gar von einem Dritten geschrieben werden kann. Eine Bestätigung des Inhalts muss allerdings vor drei Zeugen erfolgen (§ 579 ABGB). Darüber hinaus kennt das österreichische Recht das mündliche Testament in Notsituationen, das gemeinschaftliche Testament ausschließlich zwischen Ehegatten und das öffentliche Testament. Die Anordnung von Vor- und Nach- 61

---

73 *Süß/van Maas de Bie* S. 1073.
74 *Flick/Piltz/Piltz* Rn. 775.
75 Das österreichische ABGB war das Vorbild für das deutsche BGB, vgl. *Kipp/Coing* § 4 VI.

erbschaft sowie gemeinschaftliche Testamente und Erbverträge (beide sind nur zwischen Ehegatten und Verlobten möglich) ist zulässig (§§ 602, 1248, 1249 ABGB). Bei einem Erbvertrag besteht jedoch nach österreichischem Recht die Besonderheit, dass der österreichische Ehegatte erbvertraglich bindende Verfügungen lediglich bis zu ¾ des Nachlasses treffen kann und ihm ¼ (sog. freies Viertel) des Nachlasses zur testamentarischen Verfügung verbleiben muss.[76] Eine Schlusserbeneinsetzung kennt das österreichische Recht nur in einem gemeinschaftlichen Testament zweier Ehegatten, welche allerdings vom Überlebenden frei widerrufen werden kann.[77]

c) Pflichtteilsrecht

62 Der Pflichtteil ist ähnlich dem deutschen Pflichtteilsrecht als schuldrechtlicher Anspruch ausgestaltet (§§ 762 ff. ABGB). Pflichtteilsberechtigt sind Kinder und der Ehegatte (jeweils 1/2 des gesetzlichen Erbteils) und Eltern und Großeltern (jeweils 1/3 des gesetzlichen Erbteils). Ein wesentlicher Unterschied besteht insofern, als der Erblasser den Pflichtteil für sein Kind maximal um die Hälfte mindern kann, wenn zwischen ihm und dem Kind zu keiner Zeit ein Näheverhältnis bestand, wie es in der Familie zwischen Eltern und Kindern gewöhnlich besteht.[78]

d) Erbnachweis

63 Um die Erbberechtigung nachzuweisen und über den Nachlass verfügen zu können, muss der Erbe im sog. Verlassenschaftsverfahren bestimmte Nachweise erbringen (§ 176 AußStrG). So kann er beispielsweise durch Vorlage eines gültigen Testaments oder Erbvertrags bei dem Notar am zuständigen Verlassenschaftsgericht seine Erbberechtigung nachweisen. Das Verfahren endet durch die sog. Einantwortung des Erben in die Verlassenschaft durch Beschluss des Verlassenschaftsgerichts (§ 177 AußStrG). Ein deutscher Erbschein wird von den österreichischen Gerichten nicht anerkannt.[79]

3. Erbschaftsteuer

64 In Österreich wurde die Erbschaftsteuer durch Gesetz vom 1.8.2008 abgeschafft.[80] Daraufhin hat Deutschland das mit Österreich bestehende DBA gekündigt. Diese auf den ersten Blick für deutsche Staatsangehörige mit österreichischem Vermögen günstig erscheinende Regelung stellt sich bei näherem Betrachten als erheblicher Nachteil dar, denn dadurch dass das in Österreich belegene Vermögen infolge des Wegfalls der österreichischen Erbschaftsteuer nicht mehr von der deutschen Steuer freigestellt wird, führt dies dazu, dass das gesamte österreichische Vermögen damit der reformierten deutschen Erbschaftsteuer unterstellt ist, sofern in Deutschland eine unbeschränkte Steuerpflicht des Erben besteht. Infolge der früher geltenden Regelung waren die österreichischen Erbschaftsteuern deutlich niedriger als die deutschen Erbschaftsteuern. Deshalb führt der Wegfall der österreichischen Erbschaftsteuer für deutsche Erben nicht zu einer Begünstigung, sondern möglicherweise sogar zu einer erheblichen steuerlichen Mehrbelastung. Dies hängt im Einzelfall nach dem Erbschaftsteuerreformgesetz in Deutschland allerdings davon ab, welche Erbschaftsteuerklasse maßgeblich ist und welche steuerlichen Belastungen nach Abzug der Freibeträge verbleiben.

---

76 *Flick/Piltz/Wachter* Rn. 802.
77 *Steiner* ZEV 2004, 362, 364.
78 OGH SZ 69/237.
79 *Süß/Haunschmidt* S. 1130 f.
80 *Gahleitner/Fugger* ZEV 2008, 405 ff.

Anhang

X. Polen

1. IPR

Nach polnischem IPR ist bei einem Erbfall das Heimatrecht des Erblassers zum Zeitpunkt seines Todes maßgebend (Art. 34 IPRG). Es gilt somit das Staatsangehörigkeitsprinzip.[81]

2. Materielles Erbrecht

a) Gesetzliche Erbfolge

Die gesetzliche Erbfolge ist in den Art. 931–940 des polnischen Zivilgesetzbuches (»kodeks zywilny« – im Folgenden: ZGB) geregelt. Zuvorderst sind die Abkömmlinge des Erblassers gesetzliche Erben. Der Ehegatte erbt neben diesen zu gleichen Teilen, jedoch mindestens ¼ des Nachlasses. Erben der zweiten Ordnung sind die Eltern und Geschwister. Neben solchen ist der Ehegatte zur Hälfte erbberechtigt. Sind gar keine gesetzlichen Erben vorhanden, so fällt die Erbschaft der Gemeinde zu, in welcher der Erblasser seinen letzten Wohnsitz hatte.

b) Gewillkürte Erbfolge

Als gültige Testamentsformen kennt das polnische Recht das handschriftlich verfasste und unterschriebene Testament, das notarielle Testament und das sog. allografische Testament, bei dem der Testator in Gegenwart von zwei Zeugen seinen letzten Willen vor dem Leiter der Kommunalverwaltung, dem Kreissekretär oder dem Leiter des Standesamtes mündlich erklärt (Art. 949 ff. ZGB). Unzulässig sind gemeinschaftliche Testamente und Erbverträge (Art. 942 ZGB).[82] Es können Ersatzerben bestimmt, Vermächtnisse (Art. 968 ZGB) und Auflagen (Art. 982 ZGB) angeordnet werden.[83]

c) Pflichtteilsrecht

Das polnische Pflichtteilsrecht ist genauso wie das deutsche Pflichtteilsrecht als Geldanspruch ausgestaltet. Pflichtteilsberechtigt sind die Abkömmlinge, der Ehegatte und die Eltern des Erblassers für den Fall, dass sie gesetzliche Erben geworden wären. Grundsätzlich steht ihnen der halbe Wert des gesetzlichen Erbteils zu. Ist ein Pflichtteilsberechtigter jedoch noch minderjährig oder dauernd arbeitsunfähig, so erhöht sich der Pflichtteil auf 2/3.[84]

XI. Portugal

1. IPR

Grundprinzipien des portugiesischen IPR sind das Staatsangehörigkeitsprinzip und die Nachlasseinheit (Art. 62 i.V.m. Art. 31 Código Civil). Für in Portugal belegene Immobilien gelten insoweit keine Sonderregelungen. Eine Rechtswahl erkennt das portugiesische IPR nicht an.

2. Materielles Erbrecht

a) Gesetzliche Erbfolge

Für die gesetzliche Erbfolge gilt das Repräsentationsprinzip. Erben der früheren Ordnung schließen Erben einer späteren Ordnung aus.[85] Die Abkömmlinge des Erblassers gehören

---

81 *Süß/Lakomy* S. 1147.
82 *Brambring/Mutter/Riering* S. 953.
83 *Süß/Lakomy* S. 1154.
84 AnwK-BGB, Länderberichte: Polen Rn. 64 ff.
85 *Süß/Huzel/Löber/Wollmann* S. 1182 ff.

zur ersten Ordnung. In den weiteren Ordnungen folgen die Eltern und Großeltern, die Geschwister und die weiteren Seitenverwandten bis zum vierten Grad (Art. 2133 Abs. 1 CC). Der Ehegatte erbt neben Erben der ersten Ordnung nach Köpfen, mindestens aber ¼ und neben den Eltern und Großeltern 2/3 des Nachlasses (Art. 2139 CC). Erben ab der dritten Ordnung werden durch das Erbrecht des Ehegatten ausgeschlossen.

b) Gewillkürte Erbfolge

71 Ein Unterschied zu anderen europäischen Rechtsordnungen besteht darin, dass das portugiesische Recht ein eigenhändiges Testament nicht zulässt. Es kann lediglich die Form des verschlossenen Testaments (also ein vom Testator eigenhändig geschriebenes und unterzeichnetes Testament) und des öffentlichen Testaments gewählt werden.[86] Auch ein gemeinschaftliches Testament ist als Sachverbot unwirksam (Art. 2181 CC). Erbverträge werden ebenfalls nicht anerkannt (Art. 2028 i.V.m. Art. 946 CC). Als Inhalt letztwilliger Verfügungen kommen Erbeinsetzungen, die Anordnung von Vor- und Nacherbschaft, Vermächtnisse sowie Auflagen in Betracht.[87]

c) Pflichtteilsrecht

72 Im portugiesischen Erbrecht ist der Pflichtteil als Noterbrecht einzelner Personen in Bezug auf einen bestimmten Teil der Erbschaft ausgestaltet (Art. 2156 ff. CC). Der Noterbe erhält somit die Stellung eines gesetzlichen Erben. Als Noterbberechtigte in Betracht kommen der Ehegatte, die Abkömmlinge sowie die Vorfahren (Art. 2157 CC).[88]

XII. Schweden

1. IPR

73 Das schwedische IPR knüpft durch das »Gesetz über die internationalen Rechtsverhältnisse betreffend Nachlässe« an die Staatsangehörigkeit des Erblassers, um die für den Nachlass maßgebliche Rechtsordnung zu bestimmen. Es gilt der Grundsatz der Nachlasseinheit. Eine Ausnahme hiervon wird für unbewegliches Vermögen gemacht, welches nach der lex rei sitae besonderen Bestimmungen unterliegt (z.B. Höferecht). Insoweit kann es also zu einer Nachlassspaltung kommen.[89]

2. Materielles Erbrecht

74 Das schwedische Erbrecht ist im Erbgesetzbuch (Ärvdabalken; ÄB) geregelt.

a) Gesetzliche Erbfolge

75 Die gesetzlichen Erben werden im schwedischen Recht in drei Klassen eingeteilt. Zur ersten gehören die Abkömmlinge des Erblassers bzw. deren Abkömmlinge. Zur zweiten Erbklasse gehören die Eltern des Erblassers und dessen Geschwister. Der dritten Klasse angehörig sind die Großeltern des Erblassers und dessen Onkel und Tanten. Besonderheiten ergeben sich für den Ehegatten. Ist der überlebende Ehegatte der erste Ehepartner des Erblassers, so erbt dieser allein (ÄB 3:1). Die gemeinsamen Kinder haben dann die Stellung von Nacherben, welche erst nach dem Tod des überlebenden Ehegatten in erster Ehe erben. Ist der Erblasser jedoch in zweiter oder weiterer Ehe mit dem überlebenden Ehegatten verheiratet, so erbt dieser neben den Kindern aus erster bzw. vorhergegangener Ehe.[90]

---

[86] *Staudinger/Dörner* Anh. zu Art. 25 f. EGBGB Rn. 684.
[87] *Süß/Huzel/Löber/Wollmann* S. 1187 ff.
[88] *Mayer/Süß/Tanck/Bittler/Wälzholz* § 16 Rn. 300.
[89] *Süß/Johansson* S. 1278.
[90] Vgl. insgesamt: AnwK-BGB, Länderberichte: Skandinavien Rn. 17 ff.

b) Gewillkürte Erbfolge

An die Errichtung von Testamenten werden im schwedischen Recht besondere Anforderungen gestellt. So kommen öffentliche Testamente im schwedischen Recht grundsätzlich nicht vor. Testamente bedürfen zu ihrer Wirksamkeit der Schriftform und müssen in Anwesenheit von zwei Zeugen unterschrieben werden (ÄB 10:1). Die Hinzuziehung eines Juristen oder Notars ist nicht erforderlich. Das Testament kann sogar mit der Schreibmaschine oder dem Computer geschrieben werden, solange der Testator und die Zeugen eigenhändig unterschreiben. Auch das gemeinschaftliche Testament ist in Schweden erlaubt. Dies gilt nicht nur unter Eheleuten, sondern z.B. auch unter Geschwistern. Erbverträge sind hingegen ungültig.[91]

c) Pflichtteilsrecht

Der Kreis der Pflichtteilsberechtigten ist im schwedischen Recht auf die Kinder des Erblassers sowie deren Abkömmlinge begrenzt. Die Summe der Pflichtteile darf die Hälfte des Nachlasses nicht überschreiten.[92]

XIII. Schweiz

1. IPR

Das anwendbare Recht bestimmt sich nach dem Bundesgesetz über das Internationale Privatrecht (IPRG) der Schweiz für das gesamte Vermögen nach dem Wohnsitzprinzip, also dem Wohnsitz des Erblassers zum Zeitpunkt des Todes. Unter Wohnsitz versteht das schweizerische Recht den Mittelpunkt seiner Lebensbeziehungen (Art. 92 Abs. 1, 90 f. IPRG). Hilfsweise wird an den gewöhnlichen Aufenthalt angeknüpft (Art. 20 Abs. 2 IPRG). Das Schweizer Recht[93] unterscheidet zwischen Erbstatut und Eröffnungsstatut. Während für das Erbstatut der letzte Wohnsitz des Erblassers maßgeblich ist, betrifft das Eröffnungsstatut die Durchführung einzelner Maßnahmen. Maßgeblich ist grundsätzlich die lex fori (Art. 92 Abs. 2 IPRG). Findet somit ein ausländisches Erbstatut Anwendung, so kann es hinsichtlich in der Schweiz befindlichem Vermögen zu einer Spaltung zwischen materiellem und formellem Recht kommen.[94] Eine Nachlassspaltung ist auch bei Immobilien im Ausland möglich, wenn für diese nach dem örtlichen Recht das Belegenheitsprinzip gilt, wie etwa in Frankreich. Besonderheiten bestehen bei Ländern, mit denen die Schweiz Staatsverträge geschlossen hat.[95]

Infolge des Wohnsitzprinzips (Art. 90 Abs. 1 IPRG) findet bei den in der Schweiz zuletzt wohnhaften ausländischen Erblassern grundsätzlich Schweizer Erbrecht Anwendung. War der in der Schweiz lebende ausländische Erblasser deutscher Staatsangehöriger, so gilt zugleich nach Art. 25 Abs. 1 EGBGB das in Deutschland maßgebliche Staatsangehörigkeitsprinzip. Bei unterschiedlichen materiell-rechtlichen Regelungen zwischen Deutschland und der Schweiz können sich die Erben den jeweils für sie nach den materiell-rechtlichen Regelungen günstigeren Gerichtsort aussuchen. U.U. kann dies auch zu einer effektiven Nachlassspaltung führen.[96] Dies kann der Erblasser durch eine rechtzeitige Rechtswahl in seinem Testament verhindern. Denn nach Schweizer IPR (Art. 90 Abs. 2 IPRG) kann ein in der Schweiz ansässiger Ausländer jederzeit durch Verfügung von Todes wegen sein Heimatrecht wählen. Voraussetzung hierfür ist, dass der Erblasser sowohl im

---

91 Vgl. zum Ganzen: *Süß/Johansson* S. 1296 ff.
92 *Mayer/Süß/Tanck/Bittler/Wälzholz* § 16 Rn. 312.
93 Eine Übersicht unter Einbeziehung der steuerlichen Seite findet sich bei *Große-Wilde* EE 2009, 1 ff.
94 *Süß/Wolf/Berger-Steiner* S. 1324 f.
95 Griechenland, Italien, IRAN (jeweils Heimatrecht) und USA (für unbewegliches Vermögen lex rei sitae), vgl. *Flick/Piltz/Wachter* Schweiz, Rn. 871.
96 *Ferid/Firsching/Lorenz*, Band VI, Schweiz (2002), Rn. 15.

Anhang

Zeitpunkt der Rechtswahl als auch im Zeitpunkt des Todes seinen ständigen Wohnsitz in der Schweiz hatte und zugleich keine Schweizer Staatsbürgerschaft besaß.[97]

2. Materielles Erbrecht

a) Gesetzliche Erbfolge

80 Das schweizerische Zivilgesetzbuch teilt die gesetzlichen Erben in drei Ordnungen ein (Art. 457–460 ZGB). Zur ersten Ordnung gehören die Kinder des Erblassers und deren Abkömmlinge. Zur zweiten Ordnung gehören die Eltern und deren Abkömmlinge, zur dritten Ordnung gehören die Großeltern und deren Abkömmlinge. Der Ehegatte ist grundsätzlich neben den gesetzlichen Erben erbberechtigt, und zwar neben Abkömmlingen des Erblassers zu ½, neben Erben der zweiten Ordnung zu ¾. Erben der dritten Ordnung werden durch den Ehegatten vollständig verdrängt (Art. 462 ZGB). Alternativ kann der Erblasser dem Ehegatten aber auch den Nießbrauch an der gesamten Erbschaft und zusätzlich den frei verfügbaren Teil von einem Viertel der Erbschaft testamentarisch zuwenden.[98]

b) Gewillkürte Erbfolge

81 Gem. Art. 467 ZGB beginnt die Testierfähigkeit mit der Vollendung des 18. Lebensjahres. Als zulässige Testamentsformen werden das handschriftliche Testament und das öffentliche Testament vor einem Notar oder einer sonstigen Urkundsperson unter Mitwirkung von zwei Zeugen anerkannt.[99] Das schweizerische Erbrecht lässt auch einen Erbvertrag zu (Art. 494, 512 ff. ZGB). Hingegen ist ein gemeinschaftliches Testament nicht möglich.[100] Im ZGB sind die Anordnungen, die der Erblasser in seinem Testament treffen kann, abschließend aufgezählt (Typenzwang). So sind beispielsweise Erbeinsetzungen (Art. 483 ZGB), Vermächtnisse (Art. 484 ZGB), Vor- und Nacherbschaft (Art. 488 ZGB), Auflagen und Bedingungen (Art. 482 ZGB) möglich. Inhaltlich können nach Schweizer Recht in einem Testament sowohl die Erbeinsetzung für die ganze Erbschaft als auch eine Erbeinsetzung nach Bruchteilen erfolgen. Bei der Anordnung von Vor- und Nacherbschaft gem. Art. 488 ZGB ist ferner zu beachten, dass es in der Schweiz öffentlich-rechtliche, von der Kantonsbehörde kontrollierte Sicherheitsvorkehrungen zugunsten des Erhaltes des Vermögens für den Nacherben gibt.[101]

c) Pflichtteilsrecht

82 Wichtigster Unterschied zum deutschen Recht ist das deutlich strengere Pflichtteilsrecht in der Schweiz, das als Noterbrecht ausgestaltet ist (Art. 470–480 ZGB).[102] Als Pflichtteilsberechtigte kommen die Abkömmlinge, die Eltern sowie der Ehegatte des Erblassers in Betracht (Art. 471 ZGB). Die Höhe des Pflichtteils beträgt für Abkömmlinge des Erblassers ¾ des gesetzlichen Erbteils, für den Ehegatten und die Eltern je ½ des gesetzlichen Erbteils (Art. 471 ZGB). Das Pflichtteilsrecht muss im Wege der Herabsetzungsklage geltend gemacht werden (Art. 522 ff. ZGB). Die Herabsetzungsklage, die auch vor deutschen Gerichten erhoben werden kann,[103] muss binnen 1 Jahres ab Kenntnis erhoben werden (Art. 533 ZGB). Schenkungen des Erblassers sind bei der Bemessung des Pflichtteils nur aus den letzten fünf Jahren vor dem Erbfall zu berücksichtigen (Art. 527 Nr. 3 ZGB). Die Berechnung eines Pflichtteilsanspruchs ist kompliziert.

---

97 Vgl. dazu *Süß/Wolf/Berger-Steiner* S. 892 ff.
98 Vgl. dazu *Wachter* RNotZ 2001, 65; ZEV 2002, 268.
99 *Druey* S. 109 ff.
100 *Flick/Piltz/Wachter* Rn. 844.
101 *Wachter* RNotZ 2001, 93.
102 *Mayer/Süß/Tanck/Bittler/Wälzholz* § 16 Rn. 322.
103 *Kroiß* S. 100.

d) Erbnachweis

Das schweizerische Erbrecht kennt den sog. »Erbenschein«, bei dem es sich um eine behördliche Bescheinigung darüber handelt, dass bestimmte Personen unter Vorbehalt erbrechtlicher Klagen die einzigen Erben des Erblassers sind (Art. 559 Abs. 1 ZGB). Hierbei stellt der Erbenschein einen bloß provisorischen Legitimationsausweis dar, da er ohne Prüfung der materiellen Rechtslage ausgestellt wird. Für den Nachweis der Erbfolge in Deutschland ist der schweizerische Erbenschein daher grundsätzlich nicht ausreichend.[104] Hier muss ein deutscher Erbschein beantragt werden. Der schweizerische Erbenschein berechtigt die darin bezeichneten Erben aber zu Verfügungen über alle Nachlassgegenstände. Ein Erbnachweis kann im Übrigen in der Schweiz grundsätzlich auch durch einen deutschen Erbschein erbracht werden (Art. 96 IPRG). 83

XIV. Spanien

Spanien ist ein Mehrrechtsstaat. Neben dem Codigo Civil (CC) gibt es in einigen Provinzen noch regionale Rechtsordnungen (Foralrechte), die durch den CC ergänzt werden.[105] Außerdem hat Katalonien ein eigenes Erbrecht.[106] Im Folgenden wird im Wesentlichen nur der CC erläutert. 84

1. IPR

In Spanien gilt nach Art. 9 Nr. 8 Código Civil das Staatsangehörigkeitsprinzip. Es findet somit das Heimatrecht des Erblassers im Zeitpunkt seines Todes Anwendung. Die Foralrecht werden nach Art. 13 f. CC angewandt. Darüber hinaus gilt der Grundsatz der Nachlasseinheit. Es gibt in Spanien damit keine Nachlassspaltung. Es wird nicht zwischen beweglichem und unbeweglichem Vermögen differenziert. Vielmehr unterliegt der gesamte Nachlass dem Heimatrecht des Erblassers.[107] Eine Rechtswahl ist unzulässig. Im spanischen internationalen Privatrecht sind im Übrigen sämtliche Verweisungen sog. Sachnormverweisungen. Es wird also nur auf das materielle Recht eines ausländischen Staates verwiesen; ein Weiterverweis, wie er nach deutschem internationalen Privatrecht bei einer Verweisung aus dem deutschen Recht auf ein ausländisches Rechtsstatut einschließlich des jeweiligen ausländischen IPR möglich ist, ist in Spanien ausgeschlossen. Eine Rückverweisung aus einem ausländischen IPR auf das spanische Recht wird allerdings anerkannt. 85

2. Materielles Erbrecht

Der gemeinspanische Código Civil erfährt in einigen Teilen Spaniens Einschränkungen durch den Vorrang sog. regionaler Foralrechte.[108] 86

a) Gesetzliches Erbfolge

Die gesetzliche Erbfolge bestimmt sich nach der Zugehörigkeit zu einer von vier Ordnungen (Art. 930–958 CC). Erben der ersten Ordnung sind die Kinder des Erblassers und deren Abkömmlinge. Erben der zweiten Ordnung sind die Eltern und Großeltern des Erblassers. Die erbrechtliche Position des Ehegatten, der neben den Geschwistern des Erblassers und deren Abkömmlingen zur dritten Ordnung zählt, ist im spanischen Recht verhältnismäßig schwach ausgestaltet. Sind Erben der ersten oder zweiten Ordnung vorhanden, so erbt der Ehegatte lediglich einen Nießbrauch an einem Nachlassanteil (z.B. 1/3 87

---

104 *Flick/Piltz/Wachter* Rn. 866.
105 In Aragon, Navarra, Galizien, Asturien, Murcia, in Teilen des Baskenlandes und auf den Balearen.
106 Codi de Successiones, Überblick bei *Große-Wilde* EE 2008, 95.
107 *Lopez/Artz* ZErb 2002, 278, 279.
108 *Löber/Huzel* S. 12.

Anhang

neben Abkömmlingen des Erblassers); Art. 834, 837 CC. Der Nießbrauch kann in eine Leibrente umgewandelt werden. Zur vierten Ordnung gehören schließlich die sonstigen Seitenverwandten. Einige Foralrechte[109] und Katalonien stellen den Ehegatten deutlich besser.

b) Gewillkürte Erbfolge

88 Nach spanischem Erbrecht ist derjenige testierfähig, der das 14. Lebensjahr vollendet hat und damit geschäftsfähig ist (Art. 662 f. CC). Als ordentliche Testamente kennt das spanische Erbrecht das handschriftliche Testament, welches allerdings nur von einem volljährigen (über 18-jährigen) Erblasser verfasst werden kann, das offene Testament vor einem Notar und das verschlossene Testament, welches vom Erblasser handschriftlich oder maschinell verfasst wird und verschlossen oder versiegelt einem Notar übergeben wird (Art. 676 ff. CC). Daneben können auch außerordentliche Testamente vorkommen (Militär- und Seetestament, »im Ausland errichtetes Testament«). Der Código Civil lässt im Gegensatz zu einigen Foralrechten[110] gem. Art. 1271 einen Erbvertrag nicht zu.[111] Nach Art. 669 CC ist auch ein gemeinschaftliches Testament unzulässig.[112]

89 Der spanische Erblasser kann Erbeinsetzungen treffen sowie eine Ersatzerbschaft und Vermächtnisse anordnen.[113] Möglich ist auch die Anordnung einer Vor- und Nacherbschaft (vgl. Art. 774–805 CC).

c) Pflichtteilsrecht

90 Das spanische Pflichtteilsrecht ist als echtes Noterbrecht und somit als echter Anteil am Nachlass ausgestaltet. Der Noterbe erhält somit automatisch die Stellung eines gesetzlichen Erben und kann folglich nicht vollständig enterbt werden.[114] Als Noterben in Betracht kommen die Kinder des Erblassers sowie deren Abkömmlinge (2/3 des Nachlasses), sofern solche nicht vorhanden sind, die Eltern und Großeltern (1/2 des Nachlasses); Art. 807, 834 ff. CC. Auch der überlebende Ehegatte ist mit einem Nießbrauchrecht pflichtteilsberechtigt. Deren Erbquote verringert sich dann auf 1/3 des Nachlasses; der Ehegatte erbt also neben den Erben der zweiten Ordnung zu 2/3. Neben Kindern hat der überlebende Ehepartner nur ein Nießbrauchsrecht zu 1/3 des Nachlasses. Ferner erhält der Ehepartner gesetzlich den Hausrat, ausgenommen Gegenstände von außergewöhnlichem Wert. Eine besondere Regelung besteht noch durch die sog. »mejoras«, Art. 823 ff. CC. Eltern können danach jeweils eines der beiden Drittel, die den Pflichtteil der Kinder ausmachen, zu Lebzeiten oder von Todes wegen zugunsten ausschließlich leiblicher oder adoptierter Kinder frei verteilen, so dass einzelne Kinder besonderes begünstigt werden können.

d) Erbnachweis

91 Im spanischen Nachlassverfahren existiert ein Erbschein als solcher nicht. Ein Nachweis bezüglich Immobilien erfolgt entweder durch ein Nachlasszeugnis infolge eines abgeschlossenen gerichtlichen Nachlassverfahrens oder durch Abschluss eines notariellen Nachlassverfahrens (»Acta de Notoriedad«). Örtlich zuständiges Nachlassgericht ist das Gericht am letzten Wohnsitz des Erblassers, bei im Ausland wohnhaften Spaniern das Gericht am letzten spanischen Wohnort, hilfsweise das Gericht am Ort der Belegenheit des Nachlasses. Ein deutscher Erbschein wird im spanischen Recht anerkannt Er entfaltet

---

109 Aragon, Navarra und die Balearen.
110 Aragon, Navarra, Baskenland.
111 *Flick/Piltz/Piltz* Rn. 892.
112 Anders in Aragon, Navarra, Galizien und im Baskenland.
113 *Brambring/Mutter/Riering* S. 955.
114 *Löber/Huzel* S. 25.

volle Beweiskraft für den Tod des Erblassers wie auch für das Bestehen des deutschen Erbrechts.[115]

XV. Tschechische Republik

1. IPR

Im tschechischen IPR gilt nach § 17 des Gesetzes über das internationale Privat- und Prozessrecht das Staatsangehörigkeitsprinzip.[116]

2. Materielles Erbrecht

Das tschechische Erbrecht ist im tschechischen Zivilgesetzbuch (Občanský Zákoník) geregelt, welches wie das IPRG auch nach der Auflösung der Tschechoslowakischen Republik zum 1.1.1993 in der damaligen Fassung ohne bedeutende Änderungen fortgilt.[117]

a) Gesetzliche Erbfolge

Das tschechische Erbrecht teilt die gesetzlichen Erben in vier Gruppen ein, wobei die dem Erblasser nähere Gruppe die Angehörigen entfernterer Gruppen ausschließt (§§ 473–475a OZ). Zur ersten Gruppe gehören die Kinder des Erblassers und deren Abkömmlinge. Der Ehegatte erbt neben diesen zu gleichen Teilen. Zur zweiten Gruppe gehören die Eltern des Erblassers. Der Ehegatte erbt daneben zu gleichen Teilen, jedoch mindestens die Hälfte des Nachlasses. Angehörige der dritten Gruppe sind die Geschwister des Erblassers (in der zweiten Gruppe erfolgt somit keine Repräsentation). Des Weiteren erben neben den Angehörigen der zweiten und dritten Gruppe noch diejenigen Personen, welche mit dem Erblasser unabhängig von verwandtschaftlichen Verhältnissen mindestens ein Jahr vor dessen Tod im gemeinsamen Haushalt gelebt und diesen mitgeführt haben (z.B. Pflegekinder, Lebensgefährten) oder auf Unterhalt des Erblassers angewiesen waren. Zur vierten Gruppe gehören schließlich die Großeltern und deren Kinder zu gleichen Teilen.[118]

b) Gewillkürte Erbfolge

Die Gestaltungsmöglichkeiten des tschechischen Erblassers sind darauf beschränkt, Erben einzusetzen (§ 477 Abs. 1 S. 1 OZ). Die Erbeinsetzung darf jedoch an keine Bedingung geknüpft werden (§ 478 OZ). Zudem sind Vermächtnisse dem tschechischen Recht unbekannt. Auch die Anordnung von Vor- und Nacherbschaft sowie Auflagen sind nicht zulässig.[119] Gemeinsame Testamente sieht das tschechische Recht nicht vor.[120] Als Testamentsformen kommen das handschriftliche Testament, das Testament in anderer Schriftform unter Hinzuziehung zweier Zeugen sowie das notarielle Testament in Betracht (§ 476 OZ). Die Datumsangabe ist vom Gesetz zwingend vorgeschrieben. Andernfalls ist das Testament bereits aus diesem Grund ungültig (§ 476 Abs. 2 OZ).

---

115 *Süß/Löber/Huzel* S.1455 ff.
116 *Staudinger/Dörner* Anh. zu Art. 25 f. EGBGB Rn. 856.
117 Auch die Slowakische Republik hat sowohl das tschechoslowakische IPRG als auch das ZGB in der damaligen Fassung übernommen und bis heute ohne bedeutende Änderungen fortgeführt; die Rechtslage in der Slowakei ist daher mit derjenigen in Tschechien weitgehend identisch; vgl. *Mayer/Süß/Tanck/Bittler/Wälzholz* § 16 Rn. 518.
118 *Süß/Rombach* S. 1486 ff.
119 *Trilsch-Eckardt* ZEV 1996, 4, 7.
120 *Brambring/Mutter/Riering* S. 956.

c) Pflichtteilsrecht

96 Der Kreis der Pflichtteilsberechtigten ist auf die Abkömmlinge des Erblassers begrenzt. Der Pflichtteil umfasst bei volljährigen Abkömmlingen die Hälfte des gesetzlichen Erbteils, bei Minderjährigen den vollen Wert.[121]

XVI. USA

97 Die USA sind wie Kanada ein Mehrrechtsstaat. Erbrecht und IPR fallen in die Gesetzgebungskompetenz der einzelnen Bundesstaaten und enthalten deshalb zum Teil unterschiedliche Regelungen.

1. IPR

98 In den USA ist das IPR nicht einheitlich geregelt. Vielmehr sind diese Regelungen in den Rechtsordnungen der einzelnen Bundesstaaten enthalten. Das Kollisionsrecht der meisten Bundesstaaten sieht eine Nachlassspaltung vor. Bei beweglichen Sachen richtet sich das anwendbare Recht nach dem letzten Wohnsitz (domicile) des Erblassers, der ähnlich wie im englischen Recht definiert wird. Hinsichtlich unbeweglichem Vermögen gilt die lex rei sitae.[122] Die Möglichkeit einer Rechtswahl besteht nicht in allen Bundesstaaten.[123]

2. Materielles Erbrecht

99 Das amerikanische Erbrecht unterscheidet sich in wesentlichen Grundsätzen vom deutschen Erbrecht. So ist das US-amerikanische Erbrecht grundsätzlich in den einzelnen Staaten separat kodifiziert.[124] Ein überstaatliches Regelwerk und den Versuch, ein einheitliches Erbrecht zu schaffen, stellt der Uniform Probate Code (UPC) von 1969 mit Reform von 1990 dar. Der UPC ist derzeit jedoch lediglich in 16 Staaten in Kraft.[125]

100 Der Grundsatz der Universalsukzession ist dem US-amerikanischen Erbrecht unbekannt. So gehen in den meisten Staaten lediglich unbewegliche Nachlassgegenstände unmittelbar auf die Erben über, während die beweglichen Nachlassgegenstände zunächst von einem Nachlassabwickler (»personal representative«) gesammelt und verwaltet und schließlich auf die Erben verteilt werden.[126] Zudem stellt der Nachlass nach dem Tode des Erblassers eine eigenständige juristische Person dar, welche als Rechtsnachfolger des Erblassers eigenständiger Träger von Rechten und Pflichten ist.[127]

a) Gesetzliche Erbfolge

101 Die gesetzliche Erbfolge nach US-amerikanischem Recht ist mit derjenigen der deutschen Parentelordnung vergleichbar. So erben grundsätzlich die Kinder des Erblassers vor den Eltern. Diese wiederum sind vor den Großeltern erbberechtigt. Grundsätzlich gilt auch das Repräsentationsprinzip[128] Die Höhe der Erbquote unterscheidet sich in den einzelnen Staaten nicht unerheblich und richtet sich nach dem Grad der Verwandtschaft zum Erblasser.[129] Der überlebende Ehegatte ist in manchen Staaten gesetzlicher Erbe neben den Verwandten des Erblassers. In anderen Staaten hingegen wird der Erblasser erbrechtlich über-

---

121 *Mayer/Süß/Tanck/Bittler/Wälzholz* § 16 Rn. 395.
122 *Flick/Piltz/Cornelius* Rn. 1018; eine Ausnahme besteht lediglich für Mississippi; dort untersteht der gesamte Nachlass (einschließlich des beweglichen Nachlassvermögens) dem Recht Mississippis.
123 Eine Rechtswahl ist bspw. möglich in Californien, Colorado, Michigan; vgl. *Flick/Piltz/Cornelius*.
124 *Siegwart* ZEV 2006, 110.
125 *Staudinger/Dörner* Anh. zu Art. 25 f. EGBGB Rn. 930.
126 *Reimann, M.* S. 205 f.
127 *Reinsdorf* ZErb 2007, 138, 139.
128 AnwK-BGB, Länderberichte: USA Rn. 37.
129 *Flick/Piltz/Cornelius* Rn. 979.

haupt nicht berücksichtigt, da er bereits güterrechtlich zur Hälfte am gemeinsamen ehelichen Vermögen beteiligt ist.[130]

b) Gewillkürte Erbfolge

Testierfähig ist nach US-amerikanischem Recht jede natürliche Person, die fähig ist, ein Testament zu errichten und die hieraus resultierenden Konsequenzen erkennen kann. Ein Testament kann somit auch von nicht geschäftsfähigen Personen errichtet werden, sofern sie die genannten Voraussetzungen erfüllen.[131] In den meisten Staaten ist die Testierfähigkeit ab der Vollendung des 18. Lebensjahres gegeben.[132]

102

Die Formanforderungen an ein gültiges Testament sind in den einzelnen Staaten unterschiedlich geregelt. So ist es vor allem zulässig, ein handschriftliches oder maschinell gefertigtes Testament zu errichten, welches zusammen mit zwei bzw. drei Zeugen unterschrieben wird. Teilweise wird auch wie im deutschen Recht ein handschriftlich verfasstes und eigenhändig unterschriebenes Testament ohne Hinzuziehung von Zeugen als ausreichend angesehen. Welche Testamentsformen in welchen Bundesstaaten zulässig sind, gilt es insb. im Falle ausländischer Erblasser mit Vermögen in den USA zu beachten. So wird bspw. im Bundesstaat Florida zwar das Zeugentestament anerkannt, nicht aber das holographische Testament. Hat also z.B. ein deutscher Erblasser sein vermietetes Haus in Florida durch ein in Deutschland errichtetes handschriftliches Testament übertragen, so wird dies vom Recht des Bundesstaates Florida mangels Zulässigkeit der holographierten Schriftform nicht anerkannt. Die Errichtung eines öffentlichen Testaments ist dem gesamten US-amerikanischen Recht unbekannt.[133] Gemeinschaftliche Testamente (»joint wills«) und wechselseitige Verfügungen (»mutual wills«) sind grundsätzlich zulässig.[134] Die Unterscheidung Erbeinsetzung/Vermächtnis existiert im US-amerikanischen Recht als solche nicht.[135] Der Erblasser kann allerdings eine Zuwendung anordnen, die auch mit Bedingungen verknüpft werden kann. In gewisser Weise können auch die Rechtswirkungen der Vor- und Nacherbschaft konstruiert werden.[136]

103

c) Pflichtteilsrecht

Ein Pflichtteilsrecht ist in den einzelnen Staaten als solches nur sehr rudimentär ausgestaltet. In manchen Staaten (sog. »community property-Staaten«) hat der überlebende Ehegatte einen gesetzlichen Anspruch auf einen Teil des Nachlasses. Die Höhe dieses Pflichtteils variiert in den einzelnen Staaten zwischen einem Drittel und der Hälfte des Nachlasses.[137] Hinsichtlich der Kinder des Erblassers besteht die Besonderheit, dass diese keinen Anspruch auf einen Pflichtteil haben und sogar vom Erblasser vollständig enterbt werden können.[138] Hier räumt das US-amerikanische Erbrecht der Testierfreiheit des Erblassers einen höheren Stellenwert ein als der Absicherung der Kinder im Erbfall.[139] Jedoch gilt die Nichtberücksichtigung der Kinder in den meisten Bundesstaaten als unschädlich, sofern der Erblasser diese nicht ausdrücklich enterbt.[140]

104

---

130 *Hay* Rn. 532.
131 *Reimann, M.* S. 210.
132 *Flick/Piltz/Cornelius* Rn. 985.
133 *Hay* Rn. 536.
134 *Burandt/Pfeiffer* ZErb 2001, 13, 14.
135 *Flick/Piltz/Cornelius* Rn. 988, 990.
136 Vgl. dazu *Flick/Piltz/Cornelius* Rn. 989.
137 *Reimann* S. 215.
138 *Siegwart* ZEV 2006, 110, 111.
139 *Hay* Rn. 543.
140 *Reinsdorf* ZErb 2007, 138, 139.

Sachregister

A
Abfärbetheorie Einl. vor
  §§ 2371–2385 93
Abfindung 2346 37
Abfindungsanspruch 2205 40
Abfindungsvertrag 2346 40
Abkömmling 1924 3 ff.; 2069 1
– eines Dritten 2070 1
– Vorerbe 2107 3
– Wegfall 2069 7
– Zuwendung 2069 3
Abwicklungsvollstreckung
  2203 14
Abzugsbetrag
– im Steuerrecht Einl. vor
  § 1922 83
Adoption
– Rechtsentwicklung Einl. vor
  § 1922 23
Adoptionsstatut Art. 25
  EGBGB 53
Adoptivkind 2346 5; 2349 14
Aktien 2205 52 ff.
Aktivbestand 2311 2 ff.
Aktivlegitimation 2018 5 ff.
Aktivprozess 2212 1
Aktivprozess der Gesamthand
  2032 38
Amtliches Verzeichnis
  2314 16 ff.
andere Verfügungen von Todes
  wegen gem. Art. 26 Abs. 4
  EGBGB Art. 26 EGBGB 38
Änderungsvorbehalt 2278 15,
  16 ff.
– Auslegung 2278 24 ff.
– Form 2278 24 ff.
– Widerruflichkeit 2278 26
– Zulässigkeit 2278 15
Andeutungstheorie 2247 59
– Beispiele 2084 11
Anfallprinzip 1942 1
Anfechtbarkeitseinrede 2083 1
Anfechtung 2018 12; Einl. vor
  §§ 2274–2289 24; 2279 12;
  2281 2 ff.; 2346 2
– Annahme der Erbschaft/des Vermächtnisses 2308 9

– Ausschluss 2281 13 ff.; 2285 6 ff.
– beschränkt Geschäftsfähige 2282 2
– Beweislast 1954 22; 2082 8
– der Fristversäumung 1956 1
– Drohung 2078 19
– Eigenschaftsirrtum 1954 9 ff.
– Erklärungsirrtum 1954 5 ff.; 2281 3
– Ersatzerbe 2096 9
– Fristablaufhemmung 2082 7
– Inhaltsirrtum 1954 5 ff.; 2281 3
– Irrtum des Vertreters 1954 15
– Mischfälle 2081 10
– Motivirrtum 1954 9 ff.
– Rechtsfolgen 2281 17 f., 18
– Testament 2078 1
– Verfahrensfragen/Beweislast 2078 25
– Verfügungsberechtigte 2081 9
– Wirkung 1954 21; 1957 1 f.; 2078 22
Anfechtungsberechtigte 1954 20;
  2080 1; 2281 4 ff.
Anfechtungserklärung 1955 1; 2081 1;
  2281 16 f.
– Inhalt 2081 11
Anfechtungsfrist 1954 16 ff.; 2082 1;
  2283 2
– Beginn 2082 2
Anfechtungsgegner 2281 4 ff., 7
Anfechtungsgrund 2281 8 ff.
Anfechtungsgründe 2078 7
Anfechtungsrecht
– Dritter 2281 4; 2285 1
Anfechtungsvoraussetzungen 2281 4 ff.
angewachsener Erbteil 2095 1
Anlegung von Geld 2119 2
Annahme
– als Kind 2303 11 f.
– Bedingung/Zeitbestimmung 1947 1
– konkludente 1943 5 ff.
– Stellvertretung 1943 9
– Teilannahme 1950 1
– Zeitpunkt 1946 1 ff.
Annahmeerklärung 1943 2 ff.
Anordnungen
– des Erblassers 2216 7
Anrechnung 2307 10
Anrechnungsfälle 2327 3 ff.
Anrechnungsmethode Einl. vor Art. 25,
  26 EGBGB 27

Sachregister

Anrechnungspflicht
- fremder Vorempfang 2315 19 ff.
- Voraussetzungen 2315 6 f.

Anspruch
- gegen den Beschenkten 2288 10

Anspruchkonkurrenzen 2329 12 f.

Anspruchsberechtigte und -verpflichtete 2314 19 ff.

Anspruchsberechtigter 2287 3; 2288 7

Anspruchsverpflichteter 2287 4; 2288 7

Anspruchsvoraussetzungen 2288 3 ff.
- Rechtsgeschäftliche Handlung des Erblassers 2288 4 f.
- tatsächliche Handlungen 2288 3

Anstandsschenkung 2113 21; 2330 1

Anwachsung 2094 2; 2159 2
- Ausschließung 2094 7
- Nacherbe 2110 1
- Vorerbe 2094 10

Anwartschaftsrecht
- Ersatzerbe 2096 9
- Schenkung von Todes wegen 2301 11
- Vererblichkeit 2108 2 f.

Anzeigepflicht
- Nacherbfall 2146 1

Arme 2072 1

Aufgabegewinn Einl. vor §§ 2371–2385 94

Aufgebotsantrag der Nachlassgläubiger
- Muster 1970 9

Aufgebotsverfahren 1970 1
- Einleitung 2216 6

Aufhebung
- Wirkung 2289 12

Aufhebung einer früheren Verfügung von Todes wegen 2289 3

Aufhebungstestament 2297 7

Aufhebungsvertrag 2290 2
- Form 2290 12; 2351 7
- Rechtslage beim Erblasser 2351 3
- Rechtslage beim Verzichtenden 2351 5
- Wirkungen 2351 9

Auflage 1940 1; 2192 4; **Einl. vor** §§ 2274–2289 12; 2278 4
- Kürzung 2322 1
- Vollziehung 2194 2
- Wegfall 2372 3

Auflösung
- Ehe/Verlobung 2077 1
- Erbvertrag 2279 11 f.

Aufsichtsfunktion 2202 12

Aufsichtsrecht 2203 8

Aufwendungen
- außergewöhnliche 2124 6

Aufwendungsersatz 1978 1; 2130 10; 2218 14 f.

Auseinandersetzung 2042 10
- Anhörung 2204 44
- Anhörungsschreiben 2204 52
- Anhörungsschreiben – Muster 2204 53
- Aufschub 2043 6; 2204 5, 10
- Auseinandersetzungsplan 2204 39
- Auseinandersetzungsplan – Checkliste 2204 63
- Auseinandersetzungsvertrag 2204 55
- Ausgleichungspflicht bei Wegfall eines Abkömmlings 2204 19
- Ausgleichungspflicht für Abkömmlinge als gesetzliche Erben 2204 17
- Ausgleichungspflicht für Abkömmlinge als gewillkürte Erben 2204 20
- Ausschluss 2044 5; 2204 6
- Berichtigung der Nachlassverbindlichkeiten 2204 11
- Berichtigung einer Gesamtschuld 2204 30
- Berichtigung einer Teilhaberschuld 2204 33
- Durchführung der Auseinandersetzung 2204 36
- Durchführung der Ausgleichung 2204 23
- Erbauseindersetzungen 2205 72
- Gewährleistung bei Zuteilung an einen Teilhaber 2204 34
- Mehrempfang 2204 24
- Teilung durch Verkauf 2204 27
- Teilung in Natur 2204 26
- Teilungsanordnungen 2204 15

- Übernahme eines Landgutes 2204 16
- Unverjährbarkeit des Aufhebungsanspruchs 2204 35
- Verkauf gemeinschaftlicher Forderungen 2204 29
- Verteilung des Überschusses 2204 14
- Verweisung auf § 2057 und 2057a 2204 37
- Widerspruch 2204 54
- Zuwendung an entfernteren oder angenommenen Abkömmling 2204 21
- Zuwendung aus dem Gesamtgut 2204 22

Auseinandersetzungsklage 2042 41

Auseinandersetzungsvertrag 2042 19
- gerichtliches Vermitttlungsverfahren 2042 31

Ausgleichsberechtigte 2057a 3
Ausgleichspflichtige 2057a 6
Ausgleichspflichtteil
- Berechnung 2316 7 ff.

Ausgleichung
- Berechnung 2055 3
- Durchführung 2055 1

Ausgleichungspflicht 2050 2; 2316 1
- Wegfall 2372 4

Auskunfts- und Rechenschaftspflicht 2218 6 ff.

Auskunftsanspruch 2027 14; 2174 12
- im Pflichtteilsrecht – Checkliste 2314 31
- Verjährung 2314 28 ff.

Auskunftsberechtigte 2028 3

Auskunftsklage 2314 25
- Pflichtteilsberechtigter – Muster 2314 36

Auskunftspflicht 2027 1
- Bestand des Nachlasses 2314 3 ff.
- Erbe 2314 1
- Güterstand 2314 9
- Inhalt 2314 2
- Umfang 2057 7
- Unternehmen oder Beteiligungen 2314 6 f.
- Zuwendungen und Schenkungen 2314 4 f.

Auskunftsrecht 2018 24; 2174 12
- Nacherbe 2127 1

auskunftsverpflichteter Personenkreis 2314 23 f.

ausländische Stiftung
- Erbfähigkeit 1923 14

Auslegung 2346 2
- Checkliste 2086 5
- Erbvertrag/gemeinschaftliches Testament 2084 15
- ergänzend 2084 23
- Umstände außerhalb des Testaments 2084 12
- Verfahrensrechtliche Fragen 2084 41
- wohlwollend 2084 18
- Wortlaut 2084 6
- Ziel 2084 1

Auslegungs- und Vermutungsregelungen
- Muster 2073 9

Auslegungsregel 2087 3; 2304 1

Ausschlagung 2069 11; 2310 2 ff.; 2326 7
- Anfechtung 2308 1
- Bedingung/Zeitbestimmung 1947 1
- mehrere Berufungsgründe 1949 8 ff.
- Muster 1945 27
- Nacherbe 2142 2
- Schwebezustand 1942 2
- Teilausschlagung 1950 1
- Zeitpunkt 1946 1 ff.

Ausschlagungserklärung
- des Ehegatten 1945 18
- Form 1945 1 ff., 8 ff.
- Inhalt 1945 16
- konkludente 1945 17
- Stellvertretung 1945 19 ff.

Ausschlagungsfrist 1944 1, 2
- Berechnung 1944 23 ff.
- Beweislast 1944 30 f.
- Erbeserbe 1952 6, 6
- Fristbeginn 1944 4 ff., 18 ff.
- Nacherbe 2142 6
- Nacherbfall 2142 3 ff.
- Schwebezustand 1942 9
- verlängerte 1944 27 ff.

Ausschlagungsrecht 1942 12 f.; **Einl. vor §§ 2274–2289** 14
- des Erben 1942 12 f.; 1944 3
- Fiskus 1942 14 f.

Sachregister

– Vererblichkeit 1952 1 ff., 1 ff.
Ausschließung 2310 2 ff.
Ausschluss
– der Anfechtung 2281 13
– des Anfechtungsrechts 2283 1
– von Nachlassgläubigern 1973
außergerichtliches Auskunftsbegehren des Pflichtteilsberechtigten
– Muster 2314 32 ff.
außerordentlichen Lasten 2126 1
Ausstattung 2050 14

B

baurechtliche Genehmigung Einl. vor §§ 2371–2385 80
Bedingung
– Abgrenzung Beweggrund 2074 8
– Begriff 2074 5
– Gegenwartsbedingung 2074 6
– Potestativbedingung 2074 10
– Rechtsfolgen bei Sittenwidrigkeit 2074 15
– teilweiser Eintritt 2350 6
Bedürftigentestament 2100 35 f.
Beeinträchtigung 2289 15
Beeinträchtigungsabsicht 2288 6
Beerdigungskosten 1968 1
Befreiung
– Vorerbe 2136 1
Befreiungsmöglichkeiten 2136 3
Befreiungsvermächtnis 2173 7
Befreiungswille 2136 9
Befristung 2198 6
Behindertentestament 2100 22 ff.; 2222 16
– Muster 2100 26
Beihilfeansprüche Einl. vor § 1922 62
Belegenheitsprinzip Einl. vor Art. 25, 26 EGBGB 1, 7, 29
belohnende Schenkungen 2325 16
Bereicherung 2021 1
Berliner Testament
– Erbschaftsteuerrecht 2269 24
– Nacherbe 2102 5
– Risiken 2269 26
– Vermächtnis Einl. vor § 2147 Vermächtnis 20

Berufungsgrund
– Doppelberufung 1948 9 ff.
– Irrtum 1949 1 ff.
– mehrere 1948 1 ff.
Beschenkter Dritter 2325 6
Beschenkter Pflichtteilsberechtigter 2327 1
beschränkte Geschäftsfähigkeit
– des Verzichtenden 2347 5
– Erblasser 2347 11
beschränkte Steuerpflicht Einl. vor § 1922 69
Beschränkungen und Beschwerungen
– Wegfall 2306 13 ff.
Beschränkungsbefreiung 2207 1 f.
Beschränkungsmöglichkeiten
– Erbverzicht 2346 10
Besitz
– Nacherbfall 2139 3
Besitzrecht 2018 15
Besitzvermächtnis 2169 4
Bestandsaufnahme 2121 1
Bestandsermittlungszeitpunkt 2311 8 f.
Bestandsverzeichnis 2027 6; 2218 9; 2314 10 ff.
Bestätigung 2284 1
Bestattung Einl. vor § 1922 40
Bestimmung durch Dritte 2065 1
– Bedingungen 2065 5 f.
– Verhältnis zur Auslegung 2065 3 f.
Bestimmungsrecht 2151 5; 2198 2 f.
Beteiligte 2198 7
Betreuung 2347 5
Betriebsvermögen Einl. vor §§ 2371–2385 93; Einl. vor Art. 25, 26 EGBGB 30
Beurkundungsverfahren 2276 13 f.
Beweis 2287 23
Beweislast 2018 22; 2022 10
Bezeichnung des Nacherben 2104 8
Beziehungssurrogation 2041 5
Bezugsberechtigung Einl. vor § 1922 56
Blinde 2233 6

Sachregister

Bösgläubigkeit 2024 2 ff.; 2366 6
Bruchteil 2088 1
– gemeinsame Einsetzung 2093 1
– keine Erschöpfung 2088 4
– mehrere Erben 2092 1
Bruchteile, mehrere
– keine Erschöpfung 2089 1
– Übersteigen des Ganzen 2090 1
Bruchteile, unbestimmte 2091 1
Bruchteilsgemeinschaft 2113 7
Buchwertfortführung Einl. vor §§ 2371–2385 94

C

cautela socini 2306 15

D

Damnationslegat 1939 2
Dauervollstreckung 2209 1 ff.; 2210 1
– Anordnung 2217 4
DDR-Erbrecht
– Kurzübersicht Art. 235 § 2 EGBGB 6 ff.
Deckungsverhältnis 2301 34
deutsch-türkischer Konsularvertrag Art. 25 EGBGB 4
– deutsch-türkische Doppelstaatler Art. 25 EGBGB 4
Dispositivnorm 2349 1
Doppelberechtigung 2325 3
Doppelbesteuerungsabkommen Einl. vor Art. 25, 26 EGBGB 26
Doppelstaater Art. 25 EGBGB 9
doppelte Zweckauflage 2193 4
Dreimonatseinrede 2014 1
Dreißigster 2346 27
Drittwiderspruchsklage 2115 6
Drohung 2078 19; 2281 8
Duldungsbescheid 2203 20
Duldungstitel 2208 12
Durchsetzungsfunktion Einl. vor § 2197 8
Dürftigkeitseinrede 1990 4; 2145 4

E

Eheauflösung 2077 1
Ehegatte 2346 5
– als pflichtteilsberechtigter Miterbe 2319 4
– Erbrecht des verwandten 1934 1
– künftiger 2346 5
Ehegattenerbrecht 1931 4 ff.
– Ausschluss 1933 1
– Rechtsentwicklung Einl. vor § 1922 26 ff.
Ehelicherklärung 2303 13
Ehescheidung
– Bezugsberechtigung Einl. vor § 1922 56
Ehevertrag Einl. vor §§ 2274–2289 41; 2276 25 ff.
– Formvorschriften 2276 21 ff.
eigennützige Verwendung 2134 2
Eigentum
– Verfassungsrecht Einl. vor § 1922 4
Eigenvermögen 1984 10
Einheitslösung 2269 30; 2280 3, 15
Einkommensteuer Einl. vor §§ 2371–2385 92 ff.
Einschränkung für Verfügungen von Todes wegen 2289 1
einseitige Verfügung Einl. vor §§ 2274–2289 17, 38; 2274 5; 2275 26; 2278 4 ff.; 2279 6; 2281 1; 2289 8
– Aufhebung 2299 6
– Erbvertrag 2299 1 ff.
Einsetzung auf den Überrest 2137 2
Einsichtsrecht 1953 10 ff.
– Erbvertrag 2300 9
Eintrittsklausel 1922 32
Eintrittsrecht 2311 19
Einvernehmen mit dem Erben 2206 10
Einwendung 2018 20
Einwilligung 2275 20
Einwilligungsklage 2219 20
Einwilligungspflicht
– Nacherbe 2120 2
Einwilligungsvorbehalt 2347 7
Einzelansprüche 2029 1
Einzelgegenstände 2087 25
Einzelverwaltung 2038 9
Einzelzuweisungen 2087 15
Einziehung
– Grundschuld 2114 3
Embryonen Einl. vor § 1922 46
emeinschaftliche Verwaltung 2038 9
Enterbung 1938 3 ff.
– des näher Berechtigten 2309 9
Entziehung der Verwaltung 2129 1
– Gutglaubenschutz 2129 2
Entziehungsgründe 2333 7 ff.

Sachregister

Erbanmaßung 2018 12
Erbauseinandersetzung 2204 1
Erbe 1922 9
– endgültiger 1942 8 ff.
– Ermittlung 1964 5 f.
– Fiskus/Staat 1964 1 ff.
– mehrere 1952 5
– nächstberufener 1953 4 ff.
– Unbekanntheit 1960 4 ff.
– vorläufiger 1942 8 ff.
Erbeinsetzung 2087 12; 2278 3, 4; 2280 9
– Abgrenzung zum Vermächtnis 2087 2
– aufschiebende Bedingung 2074 1
– Eheauflösung 2077 1
– mehrdeutige Bezeichnung 2073 1
Erbeinsetzungsvertrag 2278 14
Erbenermittlung
– weitere Hilfe 1960 28
Erbengemeinschaft 2032 2
– Auseinandersetzung 2042 2
– Auskunftspflicht 2057 2
– Ausübung Vorkaufsrecht 2034 12
– Haftung bis zur Teilung 2059 1
– Haftung nach der Teilung 2060 1
– Unternehmen 2032 44
– Verwaltungsarten 2038 9
– Vorkaufsrecht 2034 3
Erbentzug in guter Absicht 2289 23 f.
Erbeserbengemeinschaft 2034 8
Erbfähigkeit 1923 2 ff.
Erbfall 1922 3; Einl. vor §§ 2274–2289 15
Erbfallschulden 1967 7 f.; 2311 6
– Definition 2058 8
Erblasser Einl. vor §§ 2274–2289 22, 32; 2274 4; 2275 23; 2276 6; 2279 7; 2281 2, 4
– mutmaßlicher Wille 2279 15
Erblasserschulden 2311 5
– Definition 2058 7
Erblasserwillen
– Vorrang 2077 12
Erbquote 2278 22
Erbrecht
– Begriff des Erbrechts Einl. vor § 1922 10 ff.

– Fiskus 1936 1
– Funktion des Erbrechts Einl. vor § 1922 1 ff.
– Reform Einl. vor § 1922 29
– verwandter Ehegatte 1934 1
erbrechtliche Lösung 1931 28
Erbrechtsreform 1964 1 ff.; 2305 4 ff.; 2306 21
– Verjährung 2332 13
Erbschaft 1922 6 ff.
Erbschaftsanfall 1942 4 ff.
– Zeitpunkt 1942 9
Erbschaftsanspruch 2018 1
Erbschaftsbesitzer 2018 1, 10
Erbschaftserwerber 2030 1
Erbschaftsgegenstand 2374 2
Erbschaftskauf Einl. vor §§ 2371–2385 1
– Musterverträge 2385 9
Erbschaftsmittel 2019 5
Erbschaftsteuer 1952 7, 7; 2126 4; Einl. vor §§ 2371–2385 83 ff.; Einl. vor Art. 25, 26 EGBGB 26 ff.
– Freibeträge Einl. vor § 1922 86
– Nutzungsrecht Einl. vor § 1922 90
– Reform Einl. vor Art. 25, 26 EGBGB 12
– Reformgesetz Einl. vor § 1922 71; Einl. vor §§ 2371–2385 98
– Steuersätze Einl. vor § 1922 88
– Überblick Einl. vor § 1922 68 ff.
– und Verfassung Einl. vor § 1922 7
Erbschaftsteuergesetz Einl. vor § 1922 68
Erbschaftsteuerrecht. Einl. vor § 1922 71
Erbschein
– Antrag 2353 6
– Antragsberechtigte 2353 10
– Auskunftsverpflichtung 2362 5
– Ausland Einl. vor §§ 2353 ff. 5; 2369 10
– Einziehung 2361 10
– Ermittlungen Nachlassgericht 2358 2
– gemeinschaftlich Einl. vor §§ 2353 ff. 4; 2357 1
– Grundbuchverkehr 2365 8
– Gutglaubensschutz 2361 10
– Inhalt 2353 29
– Kraftloserklärung 2361 10
– Nacherbe 2363 8
– Nacherbfall 2139 8

Sachregister

- öffentlicher Glaube 2366 1
- Rechtsnatur Einl. vor §§ 2353 ff. 2
- Richtigkeitsvermutung 2365 1
- Testamentsvollstreckung 2364 2
- Unrichtigkeit 2361 3
- Zuständigkeit 2353 18

Erbscheinserbe 2367 1

Erbscheinserteilung
- Voraussetzungen 2359 2

Erbscheinserteilungsverfahren 2358 5

Erbstatut Einl. vor Art. 25, 26 EGBGB 4, 9; Art. 25 EGBGB 2 ff.
- Anwendungsbereich Art. 25 EGBGB 54 ff.
- Einzelprobleme Art. 25 EGBGB 55 ff.
- Erbfähigkeit Art. 25 EGBGB 55
- Erbschaftskauf Art. 25 EGBGB 56
- Erbvertrag Art. 25 EGBGB 57
- Erbverzicht Art. 25 EGBGB 58
- gemeinschaftliche Testamente Art. 25 EGBGB 59
- postmortale Vollmacht Art. 25 EGBGB 60
- Reichweite Art. 25 EGBGB 34 ff.
- Schenkungsversprechen von Todes wegen Art. 25 EGBGB 61
- Stellvertretung Art. 25 EGBGB 62
- Teilungsanordnung mit dinglicher Wirkung Art. 25 EGBGB 63
- Testamentvollstreckung Art. 25 EGBGB 64
- Testierfähigkeit Art. 25 EGBGB 65
- Testierverträge Art. 25 EGBGB 66
- verheirateter Erblasser Art. 25 EGBGB 38 ff.
- Vermächtnisse mit dinglicher Wirkung Art. 25 EGBGB 68
- Vertrag über den Nachlass eines noch lebenden Dritten Art. 25 EGBGB 69
- Verträge zugunsten Dritter auf den Todesfall Art. 25 EGBGB 67
- Vorfragen zur Reichweite Art. 25 EGBGB 35 ff.
- vorrangige Staatsverträge Art. 25 EGBGB 2 ff.
- vorzeitiger Erbausgleich Art. 25 EGBGB 70

Erbteil 1922 10
- hinterlassen 2306 2 f.
- mehrere 1951 1
- Wahlrecht 1951 13

Erbteilserwerber 2018 9

Erbteilsfeststellung 2310 1

Erbteilskauf 2381 6 ff.

Erbteilsübertragung
- Wirkung 2033 24

Erbteilungsklage 2042 41

Erbunwürdigkeit 2018 12; 2078 20; 2310 2 ff.; 2339 1
- Anfechtungsklage 2342 1
- Checkliste 2339 17
- des näher Berechtigten 2309 7 f.
- Geltendmachen 2340 1

Erbunwürdigkeitserklärung 2069 13
- Wirkung 2344 2

Erbvertrag 1937 12; 1941 3; 2197 18; Einl. vor §§ 2274–2289 10 ff., 37, 39, 42; 2274, 6; 2275 1; 2276 1; 2281 1; 2286 1
- Abgrenzung zu Rechtsgeschäft Einl. vor §§ 2274–2289 27
- Ablieferung 2300 5
- Abmahnung vor Rücktritt bei Gegenverpflichtung – Muster 2297 10
- Aufhebung durch gemeinschaftliches Testament 2292 1
- Aufhebung durch gemeinschaftliches Testament – Muster 2292 10
- Aufhebung durch Testament 2291 1
- Auflagen 2279 1
- Ausschlagung bei zweiseitigem 2298 10
- Ausschluss der Unwirksamkeit 2289 18
- Ausübung des Rücktritts 2293 6
- Ausübung des Rücktritts bei Gegenverpflichtung 2295 10
- Ausübung Rücktrittsrecht bei Verfehlung 2294 5
- Begünstigter der Verfügung 2278 8
- behinderte Personen 2276 22
- Beurkundung 2276 18

Sachregister

- Beweislast 2275 5
- Beweislast bei Rücktrittsrecht bei Verfehlung 2294 11
- bindenden Verfügung 2278 16
- Bindungswirkung **Einl. vor §§ 2274–2289** 17 f., 37; **2278** 3; **2279** 18
- Doppelnatur **Einl. vor §§ 2274–2289** 10; **2286** 1
- echter Vertrag 2275 1
- Ehevertrag **Einl. vor §§ 2274–2289** 41; **2275** 3; **2276** 21 ff.
- ehevertragliche Formvorschriften 2276 21 ff.
- einseitig **Einl. vor §§ 2274–2289** 22 ff.; **2281** 17
- Erbeinsetzung **Einl. vor §§ 2274–2289** 12
- erbrechtliche Wirkungen **Einl. vor §§ 2274–2289** 39
- ergänzende Auslegung 2084 29
- Eröffnung 2300 7
- Eröffnungsfrist 2300a 1
- Form bei Aufhebung durch Testament 2291 2
- Form bei gemeinschaftlichem Testament 2292 5
- Form des Rücktritts 2296 1
- formlos 2276 29 ff.
- Formstrenge 2276 1, 28
- gegenseitig **Einl. vor §§ 2274–2289** 23; **2279** 9
- Gegenverpflichtung, Rücktrittsvoraussetzungen 2295 3
- gemeinsame Schrift 2276 16
- Geschäftsunfähigkeit 2290 4
- gleichgeschlechtliche Lebenspartner **Einl. vor §§ 2274–2289** 19
- Höchstpersönlichkeit 2274 1
- Leistungsstörungen 2295 11
- mehrseitig **Einl. vor §§ 2274–2289** 22 ff.; **2290** 8
- Minderjährigenschutz 2276 10
- Muster 2276 33
- Muster Aufhebungsvertrag 2290 20
- Muster für Rücktrittserklärung 2293 16
- Nichtigkeit 2274 7; 2275 6; 2298 3
- notarielle Beurkundung 2276 2, 6
- rechtliche Einheit 2276 27
- Rechtsgeschäften unter Lebenden **Einl. vor §§ 2274–2289** 13
- Rücknahme aus amtlicher Verwahrung 2300 11
- Rücktritt bei Gegenverpflichtung – Muster 2297 12
- Rücktritt bei Vorbehalt 2293 1
- Rücktritt durch Testament, Abmahnung 2297 12
- Rücktritt durch Testament, Aufhebung 2297 7
- Rücktrittsbekanntgabe 2296 14
- Rücktrittsrecht bei Gegenverpflichtung 2295 1
- Rücktrittsrecht bei Verfehlung 2294 1
- Rücktrittsrecht bei Verfehlung – Muster 2294 12
- Rücktrittsvorbehalt und Änderungsvorbehalt 2293 4
- Rücktrittsvorbehalte – Muster 2298 14
- Schenkungsversprechen **Einl. vor §§ 2274–2289** 29
- Schriftform 2276 7
- Tatsachenkern bei Rücktrittsrecht bei Verfehlung 2294 10
- Testamentsregeln 2299 5
- Treu und Glauben bei Rücktritt 2293 8
- Umdeutung **Einl. vor §§ 2274–2289** 18, 33, 38; **2278** 3
- Verbindung mit Testament 2290 10
- verbundene Verträge **Einl. vor §§ 2274–2289** 40; **2276** 25 ff.
- Verfehlungen bei Rücktritt durch Testament 2297 4
- Verfügung von Todes wegen **Einl. vor §§ 2274–2289** 10, 37
- Verlobte 2275 9 ff.
- vertragliche Verfügungen von Todes wegen **Einl. vor §§ 2274–2289** 25
- vertragsmäßige Zuwendungen 2279 1
- Vertragspartner 2290 5
- Vertretung 2290 3
- Verweis auf Testamentrecht 2279 1 ff.
- Voraussetzungen bei Aufhebung durch gemeinschaftliches Testament 2292 3
- Voraussetzungen Rücktritt durch Testament 2297 3
- Wechselbezüglichkeit **Einl. vor §§ 2274–2289** 37

Sachregister

– Widerruf bei Aufhebung durch gemeinschaftliches Testament **2292** 8
– Widerruf bei Aufhebung durch Testament **2291** 4
– Wirkung des Rücktritts **2296** 10
– Zeitpunkt für Rücktrittsrecht bei Verfehlung **2294** 3
– zu Lebzeiten keine Rechte und Pflichten **2286** 1
– Zugang bei Rücktritt **2296** 3
– Zustimmung bei Aufhebung durch Testament **2291** 3
– zwei- oder mehrseitig **2281** 5
– zweiseitig **Einl. vor §§ 2274–2289** 22 ff.; **2281** 17; **2298** 1
Erbvertrag;
– Erlöschen des Rücktrittsrechts bei zweiseitigem **2298** 8
– Rücktritt durch Testament **2297** 1
Erbvertrag; Aufhebungsvertrag
– Anfechtung **2290** 16
– Verwahrung **2290** 13
Erbverzicht Einl. vor §§ 2274–2289 34; **2310** 5 f.
– Abfindung **2325** 10; **2349** 8
– auf gesetzliches Erbrecht **2350** 11
– Aufhebung **2351** 1
– Auslandsberührung **2346** 50
– Bedingung **2350** 5
– Beschränkungsmöglichkeiten **2346** 10
– Darlegungs- und Beweislast **2350** 16
– Form **2348** 2
– notarielle Praxis **2346** 52
– Rechtswirkungen **2346** 23
– Steuerrecht **2346** 48
– stillschweigend **2348** 8
– Verknüpfung mit Kausalgeschäft **2346** 44
– zeitliche Voraussetzung **2346** 8
– zugunsten eines anderen **2350** 4
– zugunsten mehrerer Personen **2350** 4
Erbverzichtsvertrag Einl. vor §§ 2274–2289 41
– Beurkundung **2348** 1
– Muster **2346** 62
ergänzende Vertragsaulegung 2281 13

Ergänzungspfleger 2215 9
Ergänzungsregel 2066 5
Ergänzungsvorbehalt 2086 1
Erhaltungskosten 2124 1
– gewöhnliche **2124** 3
– Unternehmen **2124** 10
Erklärungsirrtum 2281 10
Erlass 2317 8 ff.
erlöschensbedingte Akzessorität 2285 2
Ernennung
– Kenntniserlangung **2201** 1
Eröffnungsverbot 2263 1
Errichtungszeitpunkt 2084 14
Ersatzbeschwerter 2161 3
Ersatzerbe 2096 1
– Abgrenzung Nacherbe **2096** 3
– Abkömmlinge von Verwandten **2096** 8
– Formulierungsmuster **2096** 20
– gemeinschaftlicher Erbteil **2098** 2
– Lebensgefährte **2096** 8
– nahe Angehörige **2096** 8
– Stief-, Pflege- und Schwiegerkinder **2096** 8
– und Anwachsung **2099** 1
– wechselseitige Einsetzung **2098** 1
– Wegfall **2096** 4
Ersatznacherbe 2096 14; **2100** 10 ff.
– Anwartschaftsrecht **2100** 12
– Ausschlagung des Nacherben **2096** 15
– Formulierungsmuster **2096** 20
Ersatzsurrogation 2041 5
Ersatzvermächtnisnehmer 2190 1
Ersetzungsgrundsatz
– Sinn und Zweck **2019** 1 f.
Ersitzung 2026 1
Ertragswert 2312 9 f.
Erwerb als Ersatz 2111 5
Erwerb mit Mitteln der Erbschaft 2111 6
Erwerbsanwartschaft
– bei Schenkung **2301** 19
EU-Erbrechtsverordnung Art. 25 EGBGB 84 ff.
Exhumierung Einl. vor § 1922 40

1295

F

FamFG 1945 2; 1955 2; 1960 23; 1962 2; 1964 8
Familie
– Begriff der Familie **Einl. vor § 1922** 8
Familienerbrecht Einl. vor § 1922 8, 34
Familienstiftung 2210 14
Familienwohnheim Einl. vor § 1922 75
Feststellung des Personalstatutes
– effektive Staatsangehörigkeit **Art. 25 EGBGB** 14
Feststellungsbeschluss 1964 4
Feststellungsklage 2203 4; 2216 2; 2281 19; 2286 5
Fideikommiss Art. 25 EGBGB 22
Fiktion des Fortbestehens 2218 17
Fiskus
– Erbrecht 1936 1
Forderungsvermächtnis 2173 1
Form 2289 21
Formalien 2281 16
Formmangel
– Heilung 2348 13; 2371 14 ff.
– Nichtigkeit 2348 11
Formnichtigkeit
– Berufung auf 2371 19 f.
Formstatut nach Art. 26 EGBGB Art. 26 EGBGB 1
– Haager Übereinkommen **Art. 26 EGBGB** 2
– vorrangige Staatsverträge **Art. 26 EGBGB** 3 ff.
– zeitlicher Anwendungsbereich **Art. 26 EGBGB** 2
Fortsetzungsklausel 1922 31
Forum-Shopping Einl. vor Art. 25, 26 EGBGB 8
Freigabe 2217 1, 9
Freigabeerklärung 2217 10
– gegen Sicherheitsleistung – Muster 2217 14
Freistellungsmethode Einl. vor Art. 25, 26 EGBGB 29
Früchte 2020 1

G

Gattungsvermächtnis
– Haftung 2183 2
– Klage – Beispiel 2155 7
GbR 2205 30 ff., 83 f.
Gegenwartsbedingung 2074 6
Geldstrafe
– Rechtsnachfolge **Einl. vor § 1922** 66
gemeinschaftliche Amtsführung 2224 4
gemeinschaftlicher Erbteil 2093 2
– Stimmrechtsbindung 2093 5
gemeinschaftliches Testament 1937 10 f.; **Einl. vor §§ 2274–2289** 37; 2281 3; 2282 3; 2285 3; 2286 1; 2287 2
– Änderungsvorbehalte 2270 13
– Auslegungsregeln 2269 20 ff.
– Checklisten 2269 45
– Einheitslösung 2269 2 ff.
– Einzelfragen 2269 26 ff.
– gegenseitige Einsetzung 2269 1
– Muster 2269 46 ff.
– Nießbrauchsmodell 2269 8
– Nottestament 2266 2
– Pflichtteilsklausel 2269 35
– steuerliche Auswirkungen 2269 24 f.
– Teilunwirksamkeit 2085 10
– Trennungslösung 2269 7
– Vereinbarkeit mit ausländischem Recht **Einl. vor §§ 2265 ff.** 8
– Wechselbezüglichkeit 2270 1
gemischte Schenkung 2113 20
Genehmigung 2275 20, 23
– des Verzichtenden 2347 4
Genehmigungspflicht
– beim Erbschaftskauf **Einl. vor §§ 2371–2385** 79 ff.
Genossenschafts-Anteile 2205 56
Gerichtsstand 2018 23
Gesamtanspruch 2018 1
Gesamthandsvermögen 2113 6
Gesamtnormverweisung Einl. vor Art. 25, 26 EGBGB 10
Gesamtrechtsnachfolge 1922 13 ff.
– Grundsätze **Einl. vor § 1922** 36

Sachregister

Gesamtschuld
– Umwandlung in Teilschuld 2061 2
Gesamtschuldklage
– erbrechtliche Einwände 2058 42
Geschäftsfähigkeit Einl. vor §§ 2274–2289 38; 2275 1, 5 ff., 26
– Ehegatten 2275 9 ff.
– Genehmigung 2275 7
– unbeschränkt Einl. vor §§ 2274–2289 43
– Zustimmung 2275 7
Geschäftsführung ohne Auftrag 1959 2 f.
Geschäftsunfähigkeit
– des Erblassers 2347 12
– Verzichtender 2347 5
Gesellschaft
– Gründung 2325 12 ff.
Gesellschaftsanteile
– Verfügung 2113 4
Gesellschaftsbeteiligung 2205 36
– Surrogation 2111 11
gesellschaftsrechtliche Beteiligungen 2197 8
Gesellschaftsstatut Art. 25 EGBGB 44 ff.
– einfache Nachfolgeklausel Art. 25 EGBGB 48
– Eintrittklausel Art. 25 EGBGB 50
– qualifizierte Nachfolgeklausel Art. 25 EGBGB 49
– Vererbung von Kapitalgesellschaftsanteilen Art. 25 EGBGB 46
– Vererbung von Personengesellschaftsanteilen Art. 25 EGBGB 47
Gesetzliche Erben 2066 1
– 1. Ordnung 1924 28
– 2. Ordnung 1925 12
– 3. Ordnung 1926 1
– 4. Ordnung 1928 1
– Vorerbe 2105 1
getrennte Beurkundung von Annahme und Angebot 2348 2
gewagte Rechtsgeschäfte 2325 15
gewöhnliche Abnutzung 2132 1

Gläubiger 2018 7
– des Erben 2214 1
Gläubigerbenachteiligung 2346 2
Gleichlauftheorie 2369 3
GmbH
– Geschäftsanteilsübertragung 2204 49
GmbH & Co. KG 2205 57
GmbH-Anteil 2205 48 ff.; 2311 21
Grabpflege Einl. vor § 1922 40; 1968 5
– Kosten 1968 6
Grünbuch Einl. vor § 1922 30
Grundbuch
– Ersatznacherbe 2096 17
– Nacherbfall 2139 9
Grundbuchs
– Unrichtigkeit 2217 15
Grundbuchverkehr
– Erbschein 2365 8
Grunderwerbsteuer Einl. vor §§ 2371–2385 88 ff.
Grundschuld 2114 1
Grundstücke 2311 14 f.
Grundstücksgeschäfte 2202 22
Grundstücksvermächtnis 2166 6
Gruppenbildung im Testament 2093 3
Gruppenerbschein Einl. vor §§ 2353 ff. 4
guter Glaube
– Vorerbe 2113 26
Gütergemeinschaft 2113 8
– Erbquote 1931 40
güterrechtliche Lösung 1931 33
Güterstandswechsel 2325 17
Gütertrennung
– Erbquote 1931 36
Gutglaubensschutz 2019 12; 2366 2
gutgläubige Erwerb
– Surrogation 2111 24

H

Haager Erbrechtsübereinkommen Einl. vor Art. 25, 26 EGBGB 12
Haager Testamentsabkommen Einl. vor Art. 25, 26 EGBGB 4, 15

1297

Sachregister

Haager Übereinkommen Art. 26 EGBGB 5 ff.
Haftungsbeschränkung
– Nacherbe 2144 5
– Verlust 2319 5
Haftungsverschärfung 2023 5 ff.
Haftungsvorbehalt 2213 12
Handels- und gesellschaftsrechtliche Regelungen 2205 10 ff.
Handelsgeschäft 2205 11 ff., 80 f.
Handelsregister
– Eintragungspflicht 2205 47
Handelsunternehmen 2311 16 ff.
Hausgenossen 2028 1
Hausratsvermächtnis 2269 43 f.
Heim
– Definition 1923 28
Herausgabe
– Nacherbe 2103 2
– oder die Wiederherstellung 2288 9
Herausgabeanspruch 2018 1; 2130 2 f.; 2287 9, 19 f.
– Ausschluss 2287 21
– Beeinträchtigungsabsicht 2287 11
– objektive Beeinträchtigung 2287 10
Herausgabepflicht 2021 1; 2138 2; 2218 12
Herzschrittmacher Einl. vor § 1922 40
Höchstpersönlichkeit 2347 11
Höfeordnung Einl. vor § 1922 48; 2065 19; Einl. vor §§ 2274–2289 30
Hoferbrecht 2346 9
Höferecht 2276 29 ff.; Einl. vor Art. 25, 26 EGBGB 7
Hypothekenforderung 2114 1
hypothetische Erbstatut Art. 26 EGBGB 39
hypothetisches Erbstatut
– Errichtungsstatut Art. 26 EGBGB 39
– Vornahmestatut Art. 26 EGBGB 39

I
Individualisierung 2091 4
Inhaberpapiere
– Hinterlegung 2116 2
– Umschreibung 2117 1

Inhaltsirrtum 2078 9; 2281 10
inseitige Verfügung 2278 27 f.
Insichgeschäft 2205 65 ff.
Insolvenz 1942 17 ff.
institution contractuelle Einl. vor Art. 25, 26 EGBGB 22
Institution des Erbrechts Einl. vor § 1922 4
Interessenkonflikt 2205 65
Internationale Erbfälle 1960 24
Internationales Erbrecht
– Länderauswahl Art. 25 EGBGB 33
Internationales Nachlassverfahrensrecht Art. 25 EGBGB 74
Internationales Verfahrensrecht
– Anerkennung und Vollstreckung ausländischer Entscheidungen Art. 25 EGBGB 79 ff.
Internationales Verfahrensrecht in Erbschaftssachen Art. 25 EGBGB 71 ff.
– Internationales Nachlassverfahrensrecht Art. 25 EGBGB 74 ff.
– Internationales Zivilprozessrecht Art. 25 EGBGB 72 f.
Internationales Zivilprozessrecht Art. 25 EGBGB 72
Inventarerrichtung 1993 1; 2063 4
– Wirkung 2009
Inventarerrichtungsrecht 2216 6
Inventarfrist 1994 1; 2216 6
In-Vitro-Fertilisation 1923 9
ipso-iure-Erwerb 1942 1, 6; Einl. vor Art. 25, 26 EGBGB 18
Irrtum
– Erklärungshandlung 2078 8

J
joint wills Einl. vor Art. 25, 26 EGBGB 21

K
Kapitallebensversicherung Einl. vor § 1922 56
Katastrophenklausel 2269 40 f.
Kausalgeschäft 2346 39
– Anpassung 2346 43
– Bereicherungsanspruch 2346 40
– Leistungsstörungen 2346 42

– Nichtigkeit 2346 43
– Rücktritt 2346 40
Kenntnis 1944 4
– Anfall der Erbschaft 1944 8 ff.
– Berufungsgrund 1944 14 ff.
– gesetzliche Stellvertretung 1944 4
– gewillkürte Stellvertretung 1944 5
– Miterben 1944 4
– Nacherbschaft 1944 7
– nasciturus 1944 6
Kernbereich 2205 43, 50
Kettensurrogation 2041 7; 2111 3
Kinder 2068 1
– Auslegungsfragen 2068 6
– Vorversterben 2068 2
Kollision Einl. vor Art. 25, 26 EGBGB 8
Kommanditgesellschaft 2205 41 ff.
Kommorientenvermutung 1923 5
Kompetenzübertragung 2199 1
Konsularbeamte 2276 18
Konsularvertrag Deutschland/ UdSSR Art. 25 EGBGB 5
Kosten
– Auskunft/Wertermittlung 2314 27
Kraftloserklärungsverfahren 2362 2
Kreditaufnahme 2120 5
– Surrogation 2111 10
Kündigung zur Unzeit 2226 8
Kündigungsrecht 2226 1
– Vermietung 2135 5 ff.
Kürzungsrecht von Vermächtnissen
– Übersicht 2318 19

L
Länderberichte
– Belgien **Anhang** 1 ff.
– Dänemark **Anhang** 8 ff.
– England **Anhang** 13 ff.
– Frankreich **Anhang** 20 ff.
– Griechenland **Anhang** 30 ff.
– Italien **Anhang** 34 ff.
– Kanada **Anhang** 41 ff.
– Niederlande **Anhang** 53 ff.

– Österreich **Anhang** 58 ff.
– Polen **Anhang** 65 ff.
– Portugal **Anhang** 69 ff.
– Schweden **Anhang** 73 ff.
– Schweiz **Anhang** 78 ff.
– Spanien **Anhang** 84 ff.
– Tschechische Republik **Anhang** 92 ff.
– USA **Anhang** 97 ff.
Landgut 2312 4 ff.
– Definition 2049 2
– Wert 2312 1
latente Ertragssteuer 2311 15
Lebenspartner 2346 5
– künftiger 2346 5
– Verfassungsrecht Einl. vor § 1922 8
Lebenspartnerschaftsrecht 2275 11
Lebensversicherung 2077 17; 2169 9
– zugunsten Dritter 2325 11
lebzeitiges Eigeninteresse 2287 11; 2288 6
– bestehende Anfechtungsmöglichkeit 2287 16
– Pflicht- und Anstandsschenkungen 2287 14
– Schenkung zur Sicherung seiner Altersvorsorge 2287 13
– Schenkungen aufgrund veränderter Verhältnisse 2287 17
– Schenkungen aus mildtätigen Erwägungen 2287 15
letztwillige Verfügung 1937 8; Einl. vor §§ 2274–2289 3, 12; 2276 17

M
Mehrempfang 2056 2
Mehrheit
– von Erben 2214 4
Mehrheitsverwaltung 2038 9
– Außenverhältnis 2038 22
Minderjährige 2204 45; 2205 26
minderjährige Erben 2205 60 ff.
Minderjährigenhaftung 1967 3
Mindestteilhabe Einl. vor § 1922 35
Miterben
– Auskunftpflicht 2038 30
– Mitwirkungspflicht 2038 27
– unsichere Forderungen 2313 9 ff.
Miterbengemeinschaft 2032 19
Miterbengläubiger 2059 19
Mitteilungspflichten
– Erbvertrag 2300 4
Mittelsurrogation 2041 5

Mitvollstrecker 2224 9
Motivirrtum 2078 11; 2281 8, 11; 2346 2
Muster
– Behindertentestament 2100 26
Musterverträge
– Erbschaftskauf 2385 9 ff.
mutual wills Einl. vor Art. 25, 26 EGBGB 21

N
Nachabfindungen 2312 8
Nacherbe
– als Ersatzerbe 2096 2
– Anwachsung 2110 1
– Anwartschaftsrecht 2100 18
– auf den Überrest 2137 1
– ausländische Recht Einl. vor § 2100 24
– Auslegung 2100 5 f.
– Bedingung 2100 7 ff.
– Befristung 2100 7 ff.
– Drittwiderspruchsklage Einl. vor § 2100 10
– Einsetzung 2100 1
– Einwilligungspflicht 2120 2
– Ersatzerbe 2102 2 f.
– gesetzliche Erben 2104 4
– Nachlassverbindlichkeiten 2144 2
– nicht gezeugte Person 2101 3
– Pflichtteil 2142 5
– Prozessführung Einl. vor § 2100 5
– Rechtliche Stellung 2100 18 ff.
– Vorausvermächtnis 2110 2
– Wegfall 2069 22
Nacherbenvermerk 2096 17; Einl. vor § 2100 14; 2113 3
Nacherbenvollstreckung 2222 2
Nacherbfall
– bei Tod 2106 1
– nicht gezeugte Person 2106 4
Nacherbfolge
– Anordnung 2338 8 ff.
– Erbschaftsteuer Einl. vor § 2100 17
– gestaffelt 2109 5
Nacherbschaft Einl. vor § 2100 1 ff.; Einl. vor Art. 25, 26 EGBGB 17
– 30 Jahre 2109 2

– gemeinschaftliches Testament 2269 11
– übermäßig lange Bindung 2109 1
Nachfolgeklausel 1922 31; 2311 19
Nachfolgeklauseln
– in Personengesellschaftsverträgen 2306 12
Nachlass Einl. vor §§ 2274–2289 32
– Inbesitznahme 2205 59
– Wert 2311 1
Nachlassbestand
– Feststellung 2311 2 ff.
Nachlasseinheit Art. 25 EGBGB 19
Nachlasserbenschulden
– Definition 2058 9
Nachlassforderungen 2039 2
Nachlassgegenstände
– Verfügungen 2205 64
Nachlassgericht
– Mitteilungspflicht 1953 8 ff.; 1957 4
– Zuständigkeit 1962 1 ff.
Nachlassinsolvenz 1975 4
Nachlassinsolvenzverfahren
– Muster für Eröffnungsantrag 1980 18
Nachlasspfleger
– Aufgabe 1961 4 f.
– Einsetzung 1960 10 ff.
– Haftung 1962 6
– Vergütung 1960 17
Nachlasspflegschaft 1961 1 f.
– Antrag 1961 3
– Kosten 1961 9
– Rechtsmittel 1961 6 ff.
Nachlassschulden 2023 8
Nachlassschuldner 2018 12
Nachlasssicherung 1960 2 ff.
– Sicherungsmaßnahmen 1960 7 f., 9, 18, 19, 20, 22
Nachlassspaltung Einl. vor Art. 25, 26 EGBGB 1, 3, 7; Art. 25 EGBGB 20 ff.
– Erbeinsetzung 2087 13
– funktionale Einl. vor Art. 25, 26 EGBGB 18
– Rechtswahl Art. 25 EGBGB 24 ff.
– Rückverweisung Art. 25 EGBGB 23
– staatsvertragliche Sonderregelungen Art. 25 EGBGB 21
– Vorrang des Einzelstatuts Art. 25 EGBGB 22
Nachlassüberschuldung 2216 6
Nachlassverbindlichkeiten
– Haftung des Nacherben 2144 3
– Haftung des Vorerben 2145 1

Sachregister

– Nacherbe 2139 5
– Tilgung 2046 1
Nachlassverwalter
– Haftung 1985 13 ff.
Nachlassverwaltung 1975 3; 1981 3; 1985 6; 2205 1
– Antrag 2062 2; 2216 6
– Gegenstand 2205 4
Nachlassverzeichnis 1960 21; 2215 2
– Muster 2215 11
Nachlasswert
– Feststellung 2311 10 ff.
Nachvermächtnis 2191 1
– Anordnung 2338 11
Nachvermächtnisnehmer 2191 4; 2223 4
Nachvermächtnisvollstrecker 2223 1 ff.
Nahestehen 2270 7
nasciturus 1942 4, 10
– Erbfähigkeit 1923 7
nicht entstandene juristische Person 2101 7
nicht gezeugte Person 2101 1
nicht verbrauchbare Sachen 2325 21
nichteheliche Kinder 2303 8 ff.
– Erbersatzanspruch Einl. vor § 1922 17
– Rechtsentwicklung Einl. vor § 1922 17
– vorzeitiger Erbausgleich Einl. vor § 1922 21
Nichtehelichenrecht 2307 19
Niederstwertprinzip 2325 21
Nießbrauch 2113 10
Nießbrauchslösung 2269 33
Nießbrauchsvermächtnis Einl. vor § 2147 Vermächtnis 17
– Muster 2269 48
Nießbrauchsvermächtnislösung 2269 18
Notarielles Verzeichnis
– Nacherbe 2121 6 ff.
Notmaßnahmen 2224 11
Nottestament 2249 1; 2250 1; 2251 1
– Errichtung § 2266 2266 2
– gemeinschaftliches Testament 2266 1
– Gültigkeitsdauer 2252 1; 2266 3

notwendige Modernisierung 2120 5
Nutzungen 2020 1; 2023
– Surrogation 2111 15
Nutzungsrecht
– Vorbehalt bei Zuwendungen 2325 22 ff.

O

Obduktion Einl. vor § 1922 40
OECD-Musterabkommen Einl. vor Art. 25, 26 EGBGB 29
offene Vereinbarung 2210 20
öffentliche Lasten 2124 3
öffentliche Testament 2276 5 ff.
öffentlichen Urkunde 2356 4
öffentlicher Glaube 2366 1
öffentliches Testament
– letzter Wille 2276 6
öffentlich-rechtliche Positionen Einl. vor § 1922 58 ff.
OHG 2205 30 ff., 82
Orderpapiere 2116 2
Organentnahme Einl. vor § 1922 45

P

Parentel-System 1930 1
Passivbestand 2311 5 ff.
Patiententestament 1937 15
Patientenunterlagen
– Einsichtsanspruch Einl. vor § 1922 51
Personalstatut
– Asylberechtigte Art. 25 EGBGB 18
– Feststellung Art. 25 EGBGB 6 ff.
– Flüchtlinge oder Vertriebene Art. 25 EGBGB 16
– staatenlos Art. 25 EGBGB 15
– Staatsangehörigkeitsfeststellung Art. 25 EGBGB 13 ff.
– Statutenwechsel Art. 25 EGBGB 13
– zeitlicher Anwendungsbereich Art. 25 EGBGB 7 ff.
Personengesellschaft 2113 5
Personengesellschaftsanteil 2311 19 f.
Personengruppe 2071
– Arbeitnehmer 2071 4

– Auslegungsregel 2066 10; 2071 1
– Geschäftskunden 2071 4
Persönlichkeitsrecht
– postmortales Persönlichkeitsrecht **Einl. vor § 1922** 50
Pflegeleistungen 2057a 13
Pflicht des Testamentsvollstreckers zur Kündigung 2226 10
Pflicht zur ordnungsgemäßen Verwaltung 2216 1
pflichtgemäßes Ermessen 2227 7
Pflichtteil 2303 1
– Abgrenzung von Erbquote 2087 5
– Ausschlagung und Ersatzerbe 2097 2
– Geltendmachung 2317 11 ff.
Pflichtteilsanspruch 2213 7
– Berechnung 2315 8 ff.
– Haftung 2319 2 f.
– Pfändung 2317 20 ff.
– Übertragung 2317 15 ff.
– Vererbung 2317 19
– Verjährung 2332 1
Pflichtteilsberechnung
– Voraus 2311 22 ff.
Pflichtteilsberechtigte 1954 14; 2303 1, 3
– als Nacherbe 2306 6 ff.
– als Vermächtnisnehmer 2326 5 f.
– als Vorerbe 2306 5
– Miterben 2319
– Übergehung 2281 9
– unsichere Forderungen 2313 9 ff.
– Zuziehung 2314 13
Pflichtteilsbeschränkung
– in guter Absicht 2338 1
Pflichtteilsentziehung 2333 1 ff.
– Ehegattenpflichtteil 2335 2
– Elternpflichtteil 2334 1
– Form, Beweislast, Unwirksamwerden 2336 1
– schwere Verfehlung des Pflichtteilsberechtigten 2289 24
Pflichtteilsentziehungsgründe 2333 7
Pflichtteilsergänzung
– Beweislast 2325 35
– Klage – Muster 2329 15
– Prozessuales 2325 35

Pflichtteilsergänzungsanspruch 2325 1
– Checkliste 2325 36
Pflichtteilshöhe 2303 1, 4
Pflichtteilsklauseln 2074 22
Pflichtteilslast 2318 1; 2320 1, 8 ff.
– abweichende Anordnungen 2324 1
– Checkliste 2320 21
– Vermächtnisausschlagung 2321
Pflichtteilsrecht Einl. vor Art. 25, 26 EGBGB 20
– Abkömmlinge 2303 6 ff.
– Ausschluss 2303 7
– Checkliste 2318 20
– Ehegatten 2303 16 ff.
– Eltern 2303 14 f.
– Grundsätze 2303 1
– Lebenspartners 2303 24
– Umfang bei entfernterem Berechtigten 2309 10 f.
– Verfassung **Einl. vor § 1922** 9
– Zugewinngemeinschaft 2303 19 ff.
Pflichtteilsrecht und Güterstand
– Checkliste 2303 23
Pflichtteilsrecht und Pflichtteilsanspruch 2303 5; 2317 1
Pflichtteilsrestanspruch 2346 9
Pflichtteilsrestanspruch und Zugewinngemeinschaft 2305 2 f.
Pflichtteilsstraf- und Verwirkungsklauseln beim Behindertentestament 2317 22
Pflichtteilsvermächtnis 2346 9
Pflichtteilsverwirkungsklauseln 2306 15
Pflichtteilsverzicht 2346 16; 2349 7; 2350 2; **Einl. vor Art. 25, 26 EGBGB** 20
– Beschränkungsmöglichkeiten 2346 20
– Rechtswirkungen 2346 16
– Vertretung 2347 4
– zeitliche Voraussetzung 2346 8
Pflichtteilsverzichtsvertrag
– Muster 2346 63
Pflichtteilsverzichtsverträge 2278 29

Sachregister

Pflichtteilszuwendung
- Ehegatte beim Güterstand 2304 9 f.
- Eltern oder Abkömmlinge beim Güterstand 2304 11
- Erbeinsetzung, Vermächtnisanordnung 2304 2 ff.

Potestativbedingung 2065 5, 10; 2074 10

Privaterbfolge Einl. vor § 1922 32

Privaterbrecht Einl. vor § 1922 6

Pro-rata-Jahresregelung 2325 29

Prozessbevollmächtigter 1958 6

Prozessführung 2139 7

Prozessführungsbefugnis 2212 6 ff.
- passive 2213 1 ff.

Prozessstandschaft 2212 11

Prozessvergleich 2276 19; 2347 15

Q

qualifizierte Nachfolgeklausel 1922 31

Quotentheorie 2306 3

Quotenvermächtnis 2087 4

R

Rechenschaft legen 2130 11

Rechnungslegung
- Muster 2218 20

Recht zur Verfügung über einen Anteil am Nachlass 2205 64

Rechte unter Bedingung 2313 2 ff.

Rechtsdienstleistungsgesetz 2197 15

Rechtsgeschäfte unter Lebenden Einl. vor §§ 2274–2289 13, 27 ff.; 2278 29; 2281 6; 2287 1
- Beeinträchtigungsabsicht 2287 1

Rechtshängigkeit 2023 1, 4

Rechtsirrtum 2283 5

Rechtsmittelverfahren 2200 14

Rechtsnachfolge von Todes wegen
- Länderauswahl Art. 25 EGBGB 33

Rechtspfleger 2347 7

Rechtsstellung des Bedachten zu Lebzeiten des Erblassers 2286 3 ff.

Rechtssurrogation 2041 5

Rechtswahl Einl. vor Art. 25, 26 EGBGB 9

Rechtswahl nach Art. 25 Abs. 2 EGBGB Art. 25 EGBGB 25
- Formulierungsvorschläge Art. 25 EGBGB 99 ff.
- unbewegliches Vermögen Art. 25 EGBGB 26
- Widerruf Art. 25 EGBGB 30
- Wirksamkeit Art. 25 EGBGB 27 ff.

Restitutionsansprüche Einl. vor § 1922 67

Rheinische Tabelle 2221 7

Rücktrittserklärung 2281 16

Rückverweisung Einl. vor Art. 25, 26 EGBGB 10

S

Sachenrechtsstatut Art. 25 EGBGB 52

Sachverständige 2122 1

Schadensersatz 2023 1
- Rechtsstellung des Bedachten zu Lebzeiten des Erblassers 2286 4

Schadensersatzanspruch
- Herausgabe 2130 8

Schenkung 2077 17; 2287 6; 2325 7 ff.; 2346 38
- Bankguthaben 2301 25
- Bewertung 2325 18 ff.
- Einsatz von Hilfspersonen 2301 22
- Forderungserlass 2301 30
- Gesellschaftsanteile 2301 29
- Grundstücke 2301 23
- Verfügungsbegriff 2113 18
- vollzogene 2301 14

Schenkung von Todes wegen 2087 7; Einl. vor §§ 2274–2289 35
- Abgrenzung 2301 2
- Voraussetzungen 2301 5

Schenkung zugunsten Dritter
- Bankguthaben 2301 39
- Gesellschaftsanteile 2301 42
- Versicherungsleistungen 2301 41
- Wertpapiere 2301 40

Schenkungen
- böslich 2287 1
Schenkungsversprechen 2113 16; 2207 2
- auf den Todesfall Einl. vor § 2197 28
- unter Lebenden Einl. vor § 2197 28
Schiedsgerichtsverfahren 2042 57
Schiedsklausel 1937 26 ff.; 2203 9, 23
- Form 2203 25
- Muster 1937 32
Schönheitsreparaturen 2124 3
Schuldenberichtigungsanspruch 2042 44
Schuldvermächtnis 2173 8
Schwarzgeldkonten 2087 17
Seereise 2251 2
Seetestament 2251 1
Sicherheitsleistung
- des Erben 2217 11
- Nacherbe 2128 5
- Vorerbe 2128 2
Sonderbetriebsvermögen Einl. vor §§ 2371–2385 94
Sondererbfolge Einl. vor § 1922 47; 2205 32, 34, 37, 48
- Höfeordnung Einl. vor § 1922 48
- Kapitallebensversicherung Einl. vor § 1922 56
Sonderrechtsnachfolge 1922 23 ff.
Sorgerechtsverfügung 1937 13 f.
Sorgfaltspflicht
- Maßstab 2131 1
Sozialhilfe Einl. vor § 1922 59
Sozialhilfeträger
- Überleitung 2317 22
Sperrvermerk 2118 1
Staat
- Erbrecht 1936 1
Staatsangehörigkeitsprinzip Einl. vor Art. 25, 26 EGBGB 1, 5 ff., 8
Sterbegeld Einl. vor § 1922 61
Steuern Einl. vor § 1922 63
- Rechtsnachfolge Einl. vor § 1922 63

Steuerpflicht
- unbeschränkt Einl. vor § 1922 69
Steuerprozess 2212 5
Steuerrecht Einl. vor §§ 2274–2289 48
Stiftungen 1942 16
Stille Gesellschaft 2205 58
stille Reserven Einl. vor §§ 2371–2385 94
Straftat 2025 1, 1
Streitgenossen 2213 16
Stückvermächtnis 2165 2
Stufenklage 2018 24; 2314 25 f.
- Muster 2314 37
Stufenmahnung
- Muster 2314 33
Stundung 2331a 1
Stundungsberechtigte 2331a 3
Stundungsverfahren 2331a 7 ff.
Stundungsvoraussetzungen 2331a 5 f.
Surrogation 2019 3; 2111 2
- Realisierung einer Forderung 2111 8
Surrogationsprinzip 2164 3
Surrogationsvermächtnis 2169 5

T
Teilauseinandersetzung 2204 3
Teilerbschein Einl. vor §§ 2353 ff. 4
Teilkündigung 2226 3
Teilungsanordnung 2048 2; 2306 10 ff.
Teilungsplan 2204 46
Teilungsversteigerung 2115 3
Testament 1937 8; 2064 1; 2231 1; Einl. vor §§ 2274–2289 12, 37 f.
- Ablieferungspflicht 2259 1
- Checkliste 2064 8 f.; 2247 67 ff.
- Datumsangabe 2247 40
- eigenhändig 2247 1
- Form Einl. vor Art. 25, 26 EGBGB 15, 21 ff.
- Formulierungsvorschläge 2247 70 f.
- gemeinschaftlich Einl. vor §§ 2274–2289 18
- Leseunfähigkeit 2233 5 ff.

Sachregister

- öffentlich **2232** 1
- Ortsangabe **2247** 45
- persönliche Errichtung **2064**
- Pflegefälle **2247** 27
- Sittenwidrigkeit **2247** 25
- Vernichtung **2255** 2
- Verwahrung **2232** 15 f.
- Widerruf **2253** 1; **2254** 1; **2255** 1; **2256** 1; **2258** 1

Testament/Erbvertrag
- Checkliste **2064** 7

Testamentsanfechtung
- Zweck **2078** 1

Testamentsauslegung **2087** 3; **2247** 55 ff.

Testamentsrecht Einl. vor §§ 2274–2289 47; **2278** 28
- Auflagen Einl. vor §§ 2274–2289 47
- Zuwendungen Einl. vor §§ 2274–2289 47

Testamentsvollstrecker
- angemessene Vergütung **2221** 4
- Annahme **2202**
- Annahme bedingungsfeindlich **2202** 4
- Annahme gegenüber dem Nachlassgericht **2202** 4
- Annahme-/Ablehnungserklärung **2202** 17 f.
- Annahmeerklärung **2202** 1 ff.
- Annahmezeitpunkt **2202** 8
- Aufrechnung **2219** 18
- Auseinandersetzungsgebühr **2221** 23
- Auslagenersatz **2221** 29
- Auswahl **2200** 8 ff.
- beaufsichtigende Funktion **2208** 9
- Benennung – Muster **2198** 12
- Einschränkung der Verfügungsbefugnis **2208** 6
- einseitige Rechtsgeschäfte **2202** 15
- Einwilligungsklage **2219** 20
- Entlassung **2227** 1
- Entlassung als Ermessensentscheidung **2227** 12
- Entlassung auf Antrag eines der Beteiligten **2227** 8
- Entlassung wg.. grober Pflichtverletzung **2227** 3
- Entlassung, pflichtgemäßes Ermessen **2227** 7
- Erlöschensgründe **2225** 3 ff.
- Ernennung **2197** 1
- Ernennung durch Nachlassgericht **2200** 6 f.
- Fälligkeit der Vergütung **2221** 25
- Fristsetzungsbefugnis für Annahme **2202** 9 ff.
- Haftung **2219** 1
- Haftung im Innenverhältnis **2219** 14
- Haftungsverzicht **2219** 2
- Haftungszumessung **2219** 14
- juristische Person **2210** 6
- mehrere **2197** 10; **2224** 1
- mitwirkendes Verschulden des Erben **2219** 11
- Möhring,sche Tabelle **2221** 13
- Nachfolgerernennung **2210** 4
- Pflichten **2204** 1 f.
- Rechtsgeschäfte vor Amtsannahme **2202** 15 f.
- Schlussvergütung **2221** 26
- steuerliche Pflichten **2203** 17
- Umsatzsteuer **2221** 28
- Umsatzsteuer bei Vergütung **2221** 16
- Untätigkeit **2219** 5
- Unternehmensrisiko **2221** 24
- Unwirksamkeit der Ernennung **2201** 8
- Vergütung **2221** 1
- Vergütung bei Konstituierung **2221** 21
- Vergütung bei Verwaltung **2221** 22
- Vergütung des vermeintlichen TV **2221** 33
- Vergütungsgrundbetrag **2221** 14
- Verjährung der Haftungsansprüche **2219** 21
- Vorerbe **2112** 6

Testamentsvollstreckerzeugnis **2368** 1

Testamentsvollstreckung **2042** 16; **2306** 9; Einl. vor Art. 25, 26 EGBGB 18 f.
- beaufsichtigend **2205** 27
- Beendigung **2210** 14
- Erbschein **2364** 2
- Typen Einl. vor § 2197 31

Testamentsvollstreckungsanordnung
- Muster **2202** 21

Testierfähigkeit **2229** 1; **2275** 1
- Minderjährige **2233** 1

1305

Sachregister

Testierfreiheit Einl. vor § 1922 5, 33; 1937 16; Einl. vor §§ 2274–2289 2, 33; 2278 21
– Einschränkung Einl. vor §§ 2274–2289 33
– Schuldrecht 2302 2
– Umdeutung 2302 5
– unbeschränkte 2302 1
– Wiedererlangung 2298 10
Testierunfähigkeit 2229 4
– Demenz 2229 6
Tilgungsbestimmung 2022 3
Tod
– Definition 1922 3
– des Beauftragten 2218 16
Todeserklärung 2031 1; 2370 1
Todesfall Einl. vor §§ 2274–2289 36
Totalvorbehalt 2278 16 ff.
Totenfürsorge Einl. vor § 1922 40 ff.; 1922 22
– als sonstiges Recht Einl. vor § 1922 44
Totenruhe Einl. vor § 1922 41
Treuhänder 2219 8
Treuhandlösung 2205 17
Trust Einl. vor Art. 25, 26 EGBGB 14, 25

U

Übermaßfrüchte 2133 1
Überschuldung 1980 13; 1992 1; 2338 4
Überschussverteilung 2047 2
Übertragung
– land- oder forstwirtschaftliche Grundstücke 2204 50
Umbettung der Leiche Einl. vor § 1922 40
Umdeutung 2084 33; 2346 8
Umwandlung 2205 54
unbenannte Zuwendungen unter Ehegatten 2205 70
unentgeltliche Verfügungen 2138 5; 2205 69 ff.
unentgeltliche Zuwendung 2346 38
unerlaubte Handlung
– Haftung 2025 1, 1
ungewisse Rechte 2313 5 ff.

Universalsukzession Einl. vor § 1922 38; 1922 6; Einl. vor §§ 2353 ff. 1
unmittelbare Ersetzung 2019 1
Unmöglichkeit 2021 2; 2023 1
unsichere Rechte 2313 5 ff.
Untergang 2023 1
Unterhalt
– Auswirkungen des Erbverzichts 2346 33
– für werdende Mutter 2141 1
Unterhaltsgläubiger 1963 5 f.
Unterlassungsvertrag 2286 1
Unternehmen
– Surrogation 2111 18 ff.
– Vorerbe 2112 8 f.
Unwirksamkeit 2346 2
– späterer letztwilliger Verfügungen des Erblassers 2289 14 ff.
Unwirksamkeitsvermutung 2169 2
Urheberrecht
– Ausübungsübertragung 2210 7

V

Valutaverhältnis 2301 34
Veräußerungsgewinn Einl. vor §§ 2371–2385 94
Verbindlichkeiten 2206 1
– unter Bedingung 2313 2 ff.
verbotene Eigenmacht 2025 1, 1
verbrauchbare Sachen 2325 19 f.
verbundene Verträge 2276 25 ff.
verdeckte Vereinbarung 2210 21 f.
Verfahrensfragen 2329 14
Verfügung 2275 16; 2278 2
– Beeinträchtigung 2113 11 ff.
– befreiter Vorerbe 2113 22
– Definition 2033 9
– Feststellungslast 2113 24
– Grundstücke 2113 1
– Schiffe 2113 1
– unentgeltliche 2113 16
– Zustimmung des Nacherben 2113 15
Verfügung von Todes wegen 1937 5 ff.; Einl. vor §§ 2274–2289 3, 10, 33; 2278 4, 28
– Aufhebung Einl. vor §§ 2274–2289 33

Sachregister

– Errichtung Einl. vor §§ 2274–2289 33
Verfügungsbeschränkung
– Beginn 2211 5
– Erbe 2211 1
– Gutglaubenschutz 2211 12
– Vermeidung von Rechtsnachteilen 2211 15
Verfügungsgeschäfte 1959 4 ff.
Verfügungsunterlassungsvertrag 2286 8 ff.
Verjährung 2018 24; 2026 1
– Erbrechtsreform 2332 13
– Hemmung 2332 9
– Herausgabeanspruch 2130 3; 2287 22
– Neubeginn 2332 10
Verjährungsfrist
– Beginn 2332 3 ff.
Verlängerung 2210 8 ff.
Vermächtnis 1939 2 ff.; Einl. vor §§ 2274–2289 12; 2278 4
– Abgrenzung zur Erbeinsetzung 2087 2
– Anfall 2176 1
– Annahme 2180 2
– aufschiebend bedingt 2177 2
– Aufwendungsersatz 2185 3
– Ausschlagung 2180 4
– Ausschlagung – Muster 2180 10
– Ausschlagung und Annahme 2307 9 f.
– Bedeutung Einl. vor § 2147 Vermächtnis 1
– bedingte und befristete 2307 7 f.
– belasteter Erbteil 2307 15 ff.
– Belastungen 2165 1
– Beliebigkeit 2181 1
– Beschränkungen oder Bewertungen 2307 6
– Beschwerter 2147 2
– Bestimmungsrecht 2193 5
– Früchte 2184 1
– Gegenstand Einl. vor § 2147 Vermächtnis 4
– Hypothek 2166 1
– Kürzung 2322 1
– Lebensversicherung 2169 9
– neben Erbteil 2307 13 ff.

– nicht pflichtteilsbelasteter Erbe 2323 1
– Steuerrecht Einl. vor § 2147 Vermächtnis 9
– unbelasteter Erbteil 2307 14
– Unmöglichkeit 2171 1
– Unterschied zu Erbeinsetzung Einl. vor § 2147 Vermächtnis 3
– Untervermächtnis 2186 1
– Verjährungsfrist 2163 1
– Vermischung etc. 2172 1
– Vorrang 2189 1
– Wegfall 2372 3
– Wirksamkeit – Checkliste 2169 7
– Zubehör 2164 2
Vermächtnisanspruch 2174 1, 4
– Schwebezeit 2179 1
Vermächtnisausschlagung
– Fristsetzung 2307 11 f.
Vermächtniserfüllung
– Checkliste 2174
Vermächtnisinhalte
– Beispiele Einl. vor § 2147 Vermächtnis 16
Vermächtnislast 2320 12 ff.
Vermächtnisnehmer Einl. vor § 2147 Vermächtnis 5
– Haftung 2187 1
– noch nicht gezeugt 2178 1
– Rechtsstellung 2174 2
– Schutz vor Beeinträchtigungen 2288 1
– Sicherungsrechte 2174 16
Vermächtnisunwürdigkeit 2345 1
Vermächtnisvollstrecker 2223 1 ff.
Vermietung
– Vorerbe 2135 1
Vermögensgruppen 2087 18
Vermögensrechte 2205 32
Vermögensvorteile 2018 18
Vermutungswirkung 2365 2
Verpflichtungs- und Verfügungsbefugnisse 2208 1 ff.
Verpfründungsvertrag Einl. vor §§ 2274–2289 41; 2278 29
Verschaffungsvermächtnis 2170 2
– Haftung 2183 5
– Klage – Beispiel 2170 9
Verschlechterung 2023 1
Verschleißreparaturen 2124 3
Verschollenheitsgesetz 2031 1
Verschonungsabschlag Einl. vor § 1922 80 ff.
Verschuldensprinzip 1933 1

Sachregister

Verschwendung 2338 3
Versicherung an Eides Statt 2028 5 ff.
Versorgungszusage 2077 17
Vertrag zugunsten Dritter Einl. vor § 1922 57
Vertrag zugunsten Dritter auf den Todesfall 2301 31
Vertragsauslegungsregeln Einl. vor §§ 2274–2289 44
vertragsmäßige Verfügung Einl. vor §§ 2274–2289 17, 49; 2275 5; 2278 2; 2279 6; 2281 1; 2285 2
Vertretung 2282 1; 2347 3
Vertretungsausschluss 2064 3
Verwahrung 2248 1
– besondere amtliche 2300 1
Verwaltungs- und Dauervollstreckung 2207 3 ff.
Verwaltungs- und Verfügungsbefugnis 1984 2
Verwaltungsbefugnis 2205 3
Verwaltungsvollstreckung 2203 14; 2209 1 ff.
– Anordnung 2209 12
– Anordnung der Verwaltungstestamentsvollstreckung 2209 15 f.
– Anordnungszweck 2209 6 ff.
– Beendigung 2209 20
– bei Handelsgeschäften 2209 10 f.
– Dauervollstreckung bei Stiftung 2209 17 ff.
Verwandte 2067 1; 2346 5
Verweis auf Testamentsrecht 2279 1 ff.
Verwendungen 2022 3; 2023
– des Vorerben 2125 1
Verwendungsersatz 2018 2
Verwirkungsklauseln 2074 16
Verzeichnis des Nachlasses 2121 2
Verzeihung 2337 1; 2343 1
Verzicht
– Abkömmlinge 2349 1
– auf Zuwendung – Muster 2069 12
– Auslegungsregeln 2350 1
– Dritter 2346 7
– testamentarische Zuwendung 2069 9
– Zustimmung 2346 6

Verzichtsklausel 2284 5
Verzinsung
– des verwendeten Geldes 2218 13
Verzug 2024 5
Vollerbe 2280 12
Vollerbschaft
– Muster 2269 46
Vollmacht Einl. vor § 2197 9
– Erteilung Einl. vor § 2197 10
– Form der Vollmachtserteilung Einl. vor § 2197 14 ff.
– formfrei Einl. vor § 2197 14
– Generalvollmacht Einl. vor § 2197 16, 22
– postmortale Vollmacht Einl. vor § 2197 15, 19
– über den Tod des Vollmachtgebers hinaus Einl. vor § 2197 11
– Umfang Einl. vor § 2197 11
– unwiderrufliche Vollmacht Einl. vor § 2197 22
– Vollmachtserklärung 2202 22
– Vollmachtserteilung 2202 19 ff.
– Widerruf Einl. vor § 2197 20
Vollmachtlösung 2205 22
Vollrechtstreuhand 2205 18
Vollstreckung 2213 2
Vollziehung
– Schenkung 2301 17
Vonselbsterwerb 1922 2; 1942 1; 2139 2 ff.
Vor- und Nacherbschaft
– Muster 2269 47
Voraus 1932 1; 2346 9, 27
Vorausvermächtnis 2150 2
– Ersatzerbe 2096 12
– Gestaltungsmöglichkeiten 2150 7
Vorerbe
– kinderlos 2107 3
– rechtliche Stellung 2100 15
– Verfügung Begriff 2112 2
– Verfügungsrecht 2112 2 ff.
Vorerbenerbschein 2363 2
Vorerbschaft Einl. vor Art. 25, 26 EGBGB 17
Vorkaufsrecht 2034 1
– Nacherbe und Vorerbe 2100 17
Vorliegen einer Beeinträchtigung 2289 10 f.

1308

Sachregister

Vormundschaftsgerichtliche Genehmigungen Einl. vor §§ 2371–2385 81 f.

W

Wachstumsbeschleunigungsgesetz Einl. vor § 1922 91
Wahlrecht
– pflichtteilsberechtigter Erbe 2306 17 ff.
Wahlvermächtnis 2154 2
wechselbezügliche Verfügungen 2270 1
– im gemeinschaftlichen Testament 2289 4 f.
– Widerruf 2271, 3
Wechselbezüglichkeit 2278 13
– zweiseitiger Erbvertrag 2298 2
Wegfall
– Erbe 2051 2
– Miterbe 2094 3
Wegnahmerecht 2022 8
Wertermittlung Einl. vor § 1922 73 f.
– gegenüber dem Erben – Muster 2314 35
Wertermittlungsanspruch 2314 14
Wertermittlungsgrundsätze 2311 13 ff.
Wertersatzanspruch 2021 1
Wertindexierung 2315 15 ff.
Wertpapiere
– Hinterlegung 2116 2 f.
Werttheorie 2306 3
Wertverhältnisse 2087 21
Wertverschiebung 2087 17
Widerklage 2212 15
Widerruf Einl. vor §§ 2274–2289 37
Wiederaufleben von Rechtsverhältnissen 2143 2 f.
wiederkehrende Leistungen bis zum Tode 2295 4
Wiederverheiratungsklausel 2269 27 ff.; 2280 13
Willensmängel 2346 2
Wirtschaftsplan 2123 1
Wohngeld Einl. vor § 1922 60
Wohnraummiete
– Sondernachfolge Einl. vor § 1922 52

Wohnsitzprinzip Einl. vor Art. 25, 26 EGBGB 5 ff., 8

Z

Zahlungsunfähigkeit 1980 13
Zahngold Einl. vor § 1922 40
Zehnjahresfrist 2325 28 ff.
Zeitpunkt 2336 6
Zerrüttungsprinzip 1933 1
Zeugnisse der Geschichte 2087 19
ZGB/DDR
– § 375 2087 1
Zugewinngemeinschaft 2346 28
– Erbquote 1931 27
Zugriffsperre 2214 5
Zurückbehaltungsrecht 2018 2; 2022 6; 2029 3
Zusatzpflichtteil 2305 1
Zustimmung 2275 17 ff., 19, 26
Zuwendung 2065 20 f.
– an erbersatzberechtigte Personen 2304 8
– ausgleichungs- und anrechnungspflichtig 2316 24 f.
– Bedingung oder Anfangstermin 2066 10
– eines Geldbetrages 2087 27
– einzelner Gegenstände 2087 9
– Rechtsfolgen eines Verstoßes 2065 22
– unter auflösender Bedingung 2075 1
– unter Ehegatten 2325 9
– Verzicht 2352 1
Zuwendungsempfänger 2065 14 ff.
Zuwendungsverzicht 2349 7; 2350 2; 2352 4
– Aufhebung 2352 21
– aus Erbvertrag 2352 13
– bedingter 2352 8
– Beschränkung 2352 6
– Erstreckung auf Abkömmlinge 2352 19
– Form 2352 12
– Rechtswirkungen 2352 16
Zwangsvollstreckung 1958 9 ff.
– Vorerbe 2115 2
zweifelhafte Verbindlichkeiten 2313 5 ff.